Karl Heinz Burmeister
Magister Rheticus und seine Schulgesellen

Forschungen zur Geschichte Vorarlbergs
Herausgegeben vom Landesarchiv Vorarlberg

Band 11 (N.F)

Karl Heinz Burmeister

Magister Rheticus und seine Schulgesellen

Das Ringen um Kenntnis und Durchsetzung des heliozentrischen Weltsystems des Kopernikus um 1540/50

UVK Verlagsgesellschaft · Konstanz und München

Gedruckt mit Unterstützung des Landes Vorarlberg

Bibliografische Information der Deutschen Nationalbibliothek
Die Deutsche Nationalbibliothek verzeichnet diese Publikation in der
Deutschen Nationalbibliografie; detaillierte bibliografische Daten sind im Internet
über http://dnb.d-nb.de abrufbar.

ISSN 0949-4103
ISBN 978-3-86764-554-6 (Print)
ISBN 978-3-86496-759-7 (EPUB)
ISBN 978-3-86496-563-0 (EPDF)

Das Werk einschließlich aller seiner Teile ist urheberrechtlich geschützt. Jede Verwertung außerhalb der engen Grenzen des Urheberrechtsgesetzes ist ohne Zustimmung des Verlages unzulässig und strafbar. Das gilt insbesondere für Vervielfältigungen, Übersetzungen, Mikroverfilmungen und die Einspeicherung und Verarbeitung in elektronischen Systemen.

© UVK Verlagsgesellschaft mbH, Konstanz und München 2015

Einbandgestaltung: Susanne Fuellhaas
Einbandmotiv: M. Johan Carionis und .M. Salomon der statt Rüremund Physicum, Practica unnd prognostication bis auf das Jahr 1560, Straßburgk : Cammerlander, 1543. - [32] Bl. © Bayerische Staatsbibliothek München, digital, Titelblatt, Signatur Res/Astr.p. 206 x
Printed in Germany

UVK Verlagsgesellschaft mbH
Schützenstr. 24 · D-78462 Konstanz
Tel. 07531-9053-0 · Fax 07531-9053-98
www.uvk.de

Inhalt

Vorwort 13
Dank 14
Abkürzungen 15
Einleitung 17
    Die Aufgabe 17
    Feindschaften 18
    Zechkumpane 18
    Freundschaft .21
    Landsleute 23
    Die Erfassung des Freundeskreises 24
    Die engeren Kreise 26
    Mathematiker im 16. Jahrhundert 28

Rheticus, Georg Joachim, 1514–1574 47

Acontius, Balthasar, ca. 1523 – vor 1558 53
Acontius, Melchior, 1515-1569 53
Adam, Sebastian, † 1546 55
Aemilius, Georg, 1517–1569 56
Aerichalcus, Sebastian, † 1555 57
Agricola, Georg, 1494–1555 58
Agricola, Mikael, 1509–1557 59
Aichholz, Johannes, ca.1520–1588 63
Albert, Johannes, 1488–1558 64
Albertus, Johannes 64
Albis Aquilis, Johannes ab 65
Ales, Alexander, 1500–1565 65
Alexwangen, Jakob, d.J., † nach 1589 66
Amantius, Bartholomäus, 1505–1555 66
Amerbach, Veit, 1503–1557 68
Apel, Johannes, 1486–1536 69
Apelles, Valentin, 1514–1581 70
Apian, Peter, 1495–1552 71
Ardüser, Veit, ...72
Arpinus, Wenzelslaus, † 1582 73
Aurifaber, Andreas, 1513–1559 73
Aurifaber, Johannes, *Vinariensis*, 1519–1575 . .76
Aurifaber, Johannes, *Vratislaviensis*,
    1517–1568 77
Aurogallus, Matthäus, ca. 1490–1543 78
Axt, Basilius, 1486–1558 80
Axt, Theobald, 1520–1585 80
Ayrer, Melchior, 1520–1579 81
Ayrer, Nikolaus, † 1558 82
Bachofen, Friedrich, † nach 1557 83
Baier, Leonhard, ca. 1480 – nach 1538 83
Baldauf, Christoph, ca. 1519–1580 84
Bark, Olaf 85
Barth, Johannes, ca. 1530–1584 85
Basilikos Herakleides, Jakobos, ca. 1520–1563 .85
Bauman, Nils, *siehe* Clesen, Sigfridus
Baumann, Johannes, .86
Baumann, Sebald, ca. 1515 – vor 1592 86
Baumgartner, Hieronymus, d.Ä.,1498–1565 . .87
Baumgartner, Hieronymus, d.J., 1538–1602 . .88
Bech, Philipp, 1521–1560 88
Beckmann, Jakob 90
Behem, Kaspar 90
Behem, Nikolaus 91
Berbing, Andreas, ca. 1520–1550 91
Berndt, Ambrosius, † 1542 92
Berndt, Gregor d. J. .92
Bernhardi, Bartholomäus, 1487–1551 93
Bernhardi, Johannes, 1490–1534 94
Besler, Michael, 1512–1576 97
Besold, Hieronymus, 1520–1562 98
Besolt, Johannes 99
Beust, Joachim von, 1522–1597 99
Beuther, Johannes, 1523 – nach 1566 99
Beuther, Michael, 1522–1587 100
Beyer, Balthasar, † 1575 103
Beyer, Hartmann, 1516–1577 103
Bibliander, Theodor, 1505–1564 104
Bilau, Stephan 105
Birkhamer, Alexander 106
Birnstiel, Sebastian .107
Bischhausen, Liborius 108
Blankenstein, Kilian, ...108
Blochinger, Matthäus, 1520–1584 108
Bock, Ernst, † 1569 .109
Boethius Suecus 110
Bogner, Bartholomäus, † ca. 1569 110
Bombs, Lukas 110

Inhalt

Bömer, Christophorus, ...110	Camerarius, Johannes, 1531–1592.........145
Boner, Hans, d. J., 1516–1562 111	Camerarius, Ludwig, 1542–1582/87?.......145
Borner, Kaspar, 1492–1547 ....?112	Camerarius, Magdalena, 1529 – ? 146
Borrhaus, Martin, 1499–1564 114	Camerarius, Martha, 1531–1558 146
Borsdorfer, Ambros, † nach 1569 116	Camerarius, Philipp, 1537–1624 146
Bötticher, Daniel, ...116	Camerarius, Ursula, 1539–1604..........146
Botwidi, Magnus, † nach 1545...........117	Capiteyn, Pieter, 1511–1557 147
Brambach, Johannes, 1529–1593.........117	Cardano, Girolamo, 1501–1576..........148
Bramberger, Eucharius, 1521–1550 118	Carion, Johannes, 1499–1537 149
Brandt, Ahasver von, 1508–1560 119	Carlowitz, Christoph von, 1507–1578 150
Brassanus, Matthias, † 1552 119	Celle, Matthias 153
Brauer, Heinrich 120	Chemnitz, Martin, 1522–1586..........153
Braumensis, Canutus, † 1564.............120	Chuden, Valentin, † nach 1588..........155
Brecht, Ludolf........................120	Clauser, Christoph. 1491–1552 156
Bredow, Abraham von, † nach 1572 121	Clesen, Sigfridus 156
Brellochs, Anton, ca. 1488–1559 121	Coelestinus, Georg, 1525–1579 157
Brem, Peter, ca. 1520–1578 122	Collinus, Matthäus, 1516–1566..........157
Brettschneider (Placatomus), Johannes,	Conrad, Valentin.....................158
1514–1577 122	Conon, Johannes, ...158
Breu, Johannes 123	Copernicus, Nikolaus *siehe* Kopernicus, Nikolaus
Brewer, Bruno, d. Ä...................123	Copp, Johannes, 1487–1558 159
Brewer, Wolfgang 124	Cordes, Heinrich, † 1569 161
Briesmann, Paul, † nach 1573............125	Cordus, Valerius, 1515–1544 161
Brombeiss, Matthäus, 1517 – ? 126	Cracow, Georg, 1525–1575 162
Bromm, Nikolaus, 1517–1587...........126	Cranach, Lukas. d. Ä., ca. 1475–1553......163
Brotbeihel, Elias 127	Cranach, Lukas, d. J., 1515–1586.........164
Brotbeihel, Jeremias...................127	Crato, Johannes, 1519–1585 164
Brotbeihel, Matthias, † 1548............128	Crell, Joachim 165
Brotuff, Ernst, 1497 – 1565 130	Cruciger, Kaspar, d. Ä., 1504–1548 166
Brotuff, Ernst, d. J....................130	Cruciger, Kaspar, d. J., 1525–1597........169
Brucaeus, Heinrich, 1530–1593 131	Culmbacher, Nikolaus, † 1582 170
Brückner, Johannes, 1515–1572..........132	Cuno, Jakob, d. Ä., † nach 1579.........170
Brusch, Johannes.....................132	Cuno, Jakob, d. J., 1560 – ? 171
Brusch, Kaspar, 1518–1557 133	Curio, Georg, 1498–1556 171
Buchner, Johannes, 1494–1564 135	
Bugenhagen, Johannes, 1485–1558 136	Dasypodius, Konrad, 1531–1601 173
Burckhart, Franz, 1505–1560............137	Dasypodius, Peter, ca.1490–1559.........174
Busch, Georg, ca. 1525/30–1579 138	David, Lukas, 1503–1583 174
Buscoducensis, Hendrik, † 1576.........140	Delius, Johannes, ca. 1524–1555 175
Bussinus, Paul, † 1560 140	Delius, Matthäus, d. Ä., 1500–1565.......175
	Delius, Matthäus, d. J., 1523–1544.........176
Caesius, Nikolaus, † 1558................141	Dentener, Joachim, 1522–1610 176
Calon de La Porte, Jacques 141	Dentener, Wolfgang 177
Camerarius, Anna, d. Ä., † 1573..........143	Dietrich, Sebastian, 1521–1574 177
Camerarius, Anna, 1528–1558...........143	Dietrich, Sixt, 1494–1548 179
Camerarius, Gottfried, 1546 – ? 143	Dietrich, Veit, 1506–1549 179
Camerarius, Joachim, d. Ä., 1500-1574.....143	Donat, Valentin......................180
Camerarius, Joachim, d. J., 1534–1598......145	Donner, Georg, † 1544................180

Drembach, Martin von, 1500–1571 181
Dryander, Johannes, 1500–1560 182
Dürnhofer, Lorenz, 1532–1594 183
Durstenius, Johannes, 1502–1575 184

Eber, Paul, d. Ä., 1511–1569. 184
Eber, Paul, d. J., 1542–1572 187
Ebner von Eschenbach, Erasmus,
   1511–1577 188
De l'Écluse, Charles, 1526–1609 188
Edenberger, Lukas, ca. 1505–1548 189
Eichhorn, Johannes, 1512–1564. 191
Eichler, Erasmus, † 1572. 192
Eileman, Peter. 192
Eipelius, Johannes Berchthold. 193
Eisenhut, Albert 194
Eisenhut, Rabanus, ...194
Eitzen, Paul von, ca. 1521/22–1598 195
Engelhardt, Valentin, 1516–1587 195
Enzelt, Christoph, 1517–1583 198
Erast, Thomas, 1524–1585. 199
Ernst, Konrad 200
Erythraeus, Valentin, 1521–1576 200
Eschmann, Christoph, † 1543. 201

Fabricius, Blasius, *Brigantinus*, † nach 1543 . .202
Fabricius, Blasius, *Chemnicensis*,
   1523–1577 204
Fabricius, Georg, 1516–1571 204
Fabricius, Gregor. 205
Fabricius, Jacob, 1508–1564. 206
Fabricius, Paul, 1529–1589 206
Fabricius, Theodor, 1501–1570 208
Fachs, Ludwig, 1497–1554. 210
Falck, Erik, † 1569 211
Femel, Wolfgang, 1523–1580. 211
Fendt, Melchior, 1486–1564 212
Fetzer, Paul, † 1552. .213
Ficker, Johannes, 1519–1572 214
Fidler, Felix. ca. 1525–1553 214
Fidler, Valerius, 1525–1595 215
Finé, Oronce, 1494–1555. 216
Finkel, Georg 217
Fischer, Johannes, † ca. 1565. 218
Flacius Illyricus, Matthias, 1520–1575 221
Fleck, Matthäus, 1524–1592 222
Flock, Erasmus, 1514–1568 223
Forster, Georg, 1510–1568. 225

Forster, Johannes, 1496–1556. 226
Forster, Valentin, 1530–1608 227
Freder, Johannes, 1510–1562 228
Friedwald, Nikolaus, d. J., † vor 1546 229
Frisius, Gemma, 1508–1555. 229
Fritsch, Markus. 230
Fröschel, Sebastian, 1497–1570 231
Fuhrmann, Wolfgang, ...232
Funck, Andreas, 1528–1573. 233
Funck, Johannes, *Memmingensis*, Jurist,
   1523 – ? 233
Funck, Johannes, *Memmingensis*, Arzt,
   1536 – nach 1588 234
Funck, Johannes, *Norimbergensis*, Theologe,
   1518–1566 234
Fusius, Wolfgang, 1525–1560 236

Garcaeus, Johannes, d. J., 1530–1574 236
Gasser, Achilles Pirmin, 1505–1577. 237
Gattenhofen, Albert von, ca.
   1522 – nach 1566 240
Gelenius, Johannes, 1535 – ?. 241
Gelenius, Sigismund, *Bohemus* 1497–1554 . .241
Gelenius, Sigismund, *Transsilvanus*,
   ca. 1518–1569. 241
Gemusaeus, Hieronymus, 1505–1544 242
Genner, Petrus, 1520–1584 242
Gerbel, Nikolaus, 1485–1560 243
Gesner, Andreas, 1513–1559 244
Gesner, Jakob, 1527–1573 245
Gesner, Konrad, 1516–1565. 246
Giese, Tiedemann, 1480–1550. 248
Gilbert, Martin, ca. 1504–1572 249
Gislo, Jakob, † 1583 .250
Glaser, Sebastian, 1519–1577. 250
Gnapheus, Wilhelm, 1493–1568 251
Göbel, Simon, † 1565. 253
Göch, Andreas, 1518–1581. 254
Godecke, Michael. 254
Goldstein, Kilian, d. Ä., 1499–1568 254
Goldstein, Kilian, d. J., 1527–1588. 255
Goldwurm, Kaspar, 1524–1559 255
Gosmar, Balthasar. 257
Gothmann, Johannes 258
Grosner, Salomon 258
Gugler, Nikolaus, 1521–1577. 258
Gürrich, Wendelin, 1495–1556 264

Hack, Joachim. 264
Hack, Mads, ca. 1520–1555. 265
Hagius, Johannes, † 1604 266
Haintzel, Johannes Baptist, 1524–1581 267
Haintzel, Paul, 1527–1581. 269
Hajek, Thaddäus, 1525–1600. 271
Hartmann, Georg, 1489–1564. 272
Hauck, Laurentius. 274
Hauenreuter, Sebald, 1508–1589 274
Hedler, Desiderius † 1581. 275
Hegemon, Peter, 1512–1560 275
Hegius, Martin, ca. 1515–1544 276
Heintz, Paul 277
Heise, Matthias, † ca. 1560. 278
Heller, Joachim, 1518–1580. 278
Hemminga, Sixtus van, –1584 281
Hemmingsen, Niels, 1513–1600 283
Hener, Renatus, ca. 1532–1568 283
Henrici, Simon, † 1545. 284
Herlin, Christian, † 1562 285
Herold, David. 285
Herrant, Crispin, † 1549. 286
Hetzer, Lukas, † 1558. 286
Heyl, Christoph, † 1585 287
Hochmuth, Georg. 288
Höfer, Jakob 288
Hoffmann, Blasius. 289
Hoffmann, Hieronymus, ca. 1520–1575 289
Holzhuter, Thomas, 1532–1585. 290
Holzmüller, Wolfgang. 290
Hommel, Johannes, 1518–1562. 291
Hummelberg, Gabriel, 1490–1544. 293

Imser, Philipp, 1500–1570. 293
Irenäus, Christoph, 1522–1595 294
Irenäus, Matthäus, ca. 1520–1551 295
Iserin, Georg, ca. 1485–1528 296
Isinder, Melchior, 1519–1588. 298

Jahn, Andreas, † 1561? 298
Jahn, Paris. 299
Jonas, Christoph, ca. 1510–1582 299
Jonas, Jakob, 1500–1558 301
Jonas, Justus, d. Ä., 1493–1555. 302
Jonas, Justus, d. J., 1525–1567 303
Jöstel, Gregor, † 1565 303
Jöstel, Melchior, 1559–1611. 304
Jungermann, Kaspar, 1531–1606 305

Kaden, Michael, d. J., † 1561 305
Karg, Georg, 1513–1576 306
Kegler, Kaspar, d. J. 308
Keijoi, Thomas Francisci, † 1546 309
Kirchhof, Gallus 309
Kirchhof, Martin. .309
Kleefeld, Jakob 310
Klein, Balthasar, vor 1520–1594. 310
Klug, Konrad 311
Knauer, Andreas, † 1562. 312
Knobelsdorff, Eustachius, 1519–1571 312
Knoppert, Albert, † 1577 313
Kolrep, Peter, † 1593. 313
Koning, genannt Polyphemus, Felix, † 1549 . .314
Kopernikus, Andreas, ca. 1470–1518 314
Kopernikus, Erdmann, † 1573 315
Kopernikus, Nikolaus, 1473–1543. 316
Krage, Tileman, ca. 1520–1584 320
Kram, Franz, 1516–1568 320
Kramer, Kaspar, ca. 1548–1578 321
Kratzer, Nikolaus, 1487– nach 1550. 322
Kregel, Johannes 323
Krell, Johannes, 1490–1565 323
Kren, Paul, † 1570 .324
Kröll, Johannes Diepolt, † 1535 324
Krom, Friederich. .325
Krüger, Anton. 325
Krüger, Jakob, ca. 1530/35–1582 325
Kuhn, Jakob, ca. 1530–1583 326

Lagus, Friedrich, 1514–1593 327
Lagus, Konrad, ca. 1500–1546. 327
Langner, Christoph, † 1568 328
Larsson, Olof, † 1571 329
Laub, Bartholomäus 329
Lauterbach, Anton, 1502–1569 330
Lauterbach, Hieronymus, 1531–1577 331
Lauterbach, Johannes, *Lobaviensis*,
   1531–1593. 332
Lauterwaldt, Matthias, ca. 1520–1555 333
Lazius, Wolfgang, 1514–1565 337
Lemki, Wenzeslaus 338
Lemlius, Martin, † 1573. 338
Lemnius, Simon, 1511–1550 339
Lentz, Melchior. 344
Leowitz, Cyprian, 1524–1574 344
Leupold, Simon, 1517–1591 345
Lindemann, Kaspar, 1486–1536. 347

Inhalt

Lindemann, Kyriak, 1516–1568 347
Lindemann, Lorenz, 1520–1585 347
Lindener, Michael, ca. 1520–1562 348
Longicampianus, Paul 349
Lössel, Martin, † 1556 350
Lotichius, Petrus, 1528–1560 351
Lüders, Georg, † 1590 351
Ludolf, Dionysius 352
Ludwiger, Balthasar, d.J., ca. 1520–1577 352
Luther, Martin, 1483–1546 353
Lykosthenes, Konrad, 1518–1561 357

MacAlpin, John, ca.1500–1557 358
Magenbuch, Johannes, 1487–1546 358
Major, Georg, 1502–1574 359
Major, Johannes, *Augustanus*,
 ca. 1540–1615 360
Major, Johannes, *Joachimus*, 1533–1600 360
Malleolus, Johannes 361
Månsson, Nils, † 1543 362
Marbach, Johannes, 1521–1581 363
Marbeck, Leopold 366
Marcellus, Gallus, 1521–1547 366
Marcellus, Johannes, 1510–1551 367
Marolt, Ortolf, 1526–1595 368
Marshusius, Franz 369
Marstaller, Gervasius, † 1578 370
Masbach, Georg, 1526–1593 371
Matthäus, Sebastian, † nach 1551 372
Medelpadius, Olavus, ca. 1520–1595/97 372
Meder, Valentin, ca. 1530 – nach 1580 373
Meier, Johann Heinrich 374
Meißner, Aegidius, d.Ä., 1520–1563 375
Melanchthon, Philipp, 1497–1560 375
Melhorn, Georg, ca. 1513–1563 379
Mende, Nikolaus, ca. 1510– nach 1573 379
Menius, Eusebius, 1527– nach 1578 380
Menius, Matthäus, 1544–1601 381
Menzel, Johannes 383
Mercurius, Johannes, † 1567 383
Metsberger, Johannes, 1523–1594 385
Meurer, Wolfgang, 1513–1585 387
Milich, Jakob, 1501–1559 388
Milich, Sebastian 390
Minckwitz, Erasmus von, 1512–1564 390
Moiban, Johannes, 1527–1562 391
Möller, Eberhard, 1527–1588 391
Möller, Heinrich, 1530–1589 392

Möller, Joachim, d.Ä., 1500–1558 392
Möller, Joachim, d.J., 1521–1588 393
Mordeisen, Ulrich, 1519–1574 394
Moringk, Johannes 395
Mörlin, Joachim, 1514–1571 395
Mörlin, Jodok, ca. 1490–1550 397
Mörlin, Maximilian, 1516–1584 398
Morsing, Christiern Thorkelsen, 1485–1560 . 399
Müller, Johannes 400
Müller, Lorenz 400
Münster, Sebastian, 1488–1552 401
Münsterer, Leonhard, ca. 1533–1554 404
Münsterer, Sebald, d.Ä., 1495–1539 405
Münzer, Andreas, † 1572 406
Musa, Anton, ca. 1485–1547 407
Mykonius, Oswald, 1488–1552 408

Nabot, Alexius, 1520–1551 409
Nabot, Valentin, 1523–1593 410
Nachtrab, Paul, † 1580 411
Nausea, Friedrich, 1496–1552 411
Neefe, Kaspar, 1513–1579 413
Neobulus, Jodok, 1502–1572 414
Neodomus, Nikolaus, 1535–1578 414
Neumair, Christian, † 1543 415
Nolte, Andreas, † 1597 415
Noricus, Christian 417
Norman, Georg, ca. 1490–1552/53 418
Nostradamus, Michel, 1503–1566 419
Nuñez, Pedro, 1502–1578 421

Oder, Hieronymus 422
Oechslin, Blasius, –1570 422
Olavi, Reginaldus 423
Osiander, Andreas, 1498–1552 424
Othmann, Georg, † nach 1589 426
Otho, Peter, ca. 1550–1594 427
Otho, Valentin, ca. 1548–1603 428
Otto, Ambros, † 1564 429
Otto, Valentin, 1529–1594 430

Paceus, Johannes, 1528–1569 430
Paceus, Paul 431
Paceus, Valentin, d.Ä., 1502–1558 432
Paceus, Valentin, d.J. 434
Palladius, Niels, 1510–1560 434
Palladius, Peder, 1503–1560 434
Pantaleon, Heinrich, 1522–1596 435

Pappus, Hieronymus, 1500–1566.........436
Paracelsus, Philippus Theophrastus,
    1493/94–1541....................437
Path, Kaspar.........................442
Pedelius, Jakob......................442
Peifer, David, 1530–1602.............442
Peifer, Markus, ca. 1527/28– nach 1565.....444
Perlach, Andreas, 1490–1551..........444
Perren, Jean.........................445
Petreius, Johannes, *Norimbergensis*,
    1497–1550.......................446
Petreius, Johannes, *Vinariensis*, † 1574......448
Petri, Heinrich, 1509–1579...........448
Peucer, Kaspar, 1525–1602............449
Peyer, Martin, 1515–1582.............451
Pfeil, Johannes, um 1500–1544........452
Pfintzing, Martin, ca. 1520–1572.....453
Pfintzing, Paul, 1523–1570...........453
Pflüger, Konstantin..................454
Pförtner, Ernst......................455
Pistoris, Modestinus, 1516–1565......455
Pistoris, Simon, d.J., 1489–1562.....456
Pistorius, Friedrich, 1486–1553......457
Platter, Felix, 1536–1614............457
Platter, Thomas, 1499–1582...........459
Poach, Andreas, ca. 1514–1585........461
Pontanus, Christian, 1516–1567.......462
Pontanus, Gregor, d.J................462
Pontanus, Johannes, † 1572...........463
Porris, Magdalena, † 1553............463
Porris, Thomasina, ca.1495–1554......464
Portius, Matthias, ca, 1520– ?.......465
Poulsen, Peder, 1509–1572............465
Prasinus, Johannes, † 1544...........466
Preuss von Springenberg, Christoph,
    1515–1590.......................466
Prüfer, Sigismund, † 1558............467
Prunsterer, Johannes, ca. 1525–1553.......468
Pylander, Georg, † 1544..............469

Rab, Ludwig, 1523–1592...............469
Rade, Salomon, † 1579................470
Ramus, Petrus, 1515–1572.............471
Ranck, Johannes, † ca. 1542..........474
Rantzau, Heinrich von, 1526–1598.....476
Rapagelanus, Stanislaus, 1485–1545......477
Rascher, Bernhard, † nach 1584..........477
Ratzenberger, Johannes, 1531–1582.......478

Ratzenberger, Kaspar, ca. 1533–1603.......479
Ratzenberger, Matthäus, 1501–1559.......479
Rauscher, Hieronymus, *Lipsensis*,
    1517–1576.......................481
Rauscher, Hieronymus, *Norimbergensis*,
    † 1569..........................482
Reich, Bartolus, 1525–nach 1572..........483
Reich, Stephan, 1512–1588............483
Reiffenstein, Albert, ca. 1518–nach 1575....485
Reiffenstein, Johannes, 1522–1575........485
Reiffenstein, Wilhelm (Curio), 1515–1579...486
Reiffschneider, Johannes, 1518–1591......487
Reiffsteck, Alexander, ca. 1520–1575.......487
Reiffsteck, Christophorus, † nach 1586......488
Reiffsteck, Friedrich, ca. 1518–1578.......488
Reinhold, Erasmus, 1511–1553.........489
Reinhold, Erasmus, d.J., 1538–1592......495
Reinhold, Johannes, † 1553...........495
Reinhold, Nikolaus...................496
Reuter, Alban, † vor 1606............497
Rhode, Ambrosius, d.Ä., 1577–1633......497
Rhode, Ambrosius, d.J., 1605–1696......499
Rivenus, Wilhelm, 1505–1555..........499
Rivius, Johannes, 1500–1553..........500
Rivius, Johannes, d.J., 1528–1596......502
Rodewald, Franz......................503
Rodt, Matthias, ca. 1520–1575........504
Rörscheit, Johannes..................504
Rosa, Andreas, † 1602................505
Rösler, Bonaventura, *Görlicensis*......507
Rösler, Matthäus, *Lucanus*, 1527–1569....507
Rösler, Sebastian, ca.1530–1574......508
Roth, Heinrich, † 1575...............509
Roth, Johannes, *Naumburgensis*, † 1571.....509
Roth, Martin.........................510
Roth, Peter, † ca. 1559..............510
Roth, Sebastian, 1491–1555...........512
Ruber, Johannes, 1529–1584...........513
Rubigallus, Paul, 1510–1577..........513
Rucker, Anton, *Alstadiensis*........514
Rudolf, Nikolaus.....................515
Rueger, Jakob, d.Ä., † 1566..........515

Sabinus, Georg, 1508–1560............516
Sachse, Andreas......................518
Sachse, Jodok........................518
Sachse, Johannes, ca. 1507/08–1561......519
Sadolin, Jørgen Jensen, 1499–1559....520

Sager, Johannes 521
Scala, Ambros, 1495–1543 521
Schacht, Urban, † 1573 522
Schaller, Isaak, 1525– nach 1564 523
Schato, Andreas, 1539–1603 524
Schedel, Sebastian, ca. 1516–1547 524
Scheib, Sebastian, ...525
Scheib, Simon, † 1597 525
Scheib, Wolfgang, † 1573 526
Schenck, Johann Baptist, ca. 1528/30 – ?. . . .527
Schenck, Matthias, 1517–1571 528
Schet, Gregor, † 1557 528
Scheubel, Johannes, 1494–1570 529
Schiltel, Georg, d.Ä., ca. 1470–1545 529
Schiltel, Georg, d.J. .530
Schiltel, Johannes, ca. 1523–1581 530
Schiltel, Theodor, ca. 1523 – nach 1549 530
Schneeberger, Anton, 1530–1581 531
Schneider, Balthasar 532
Schönborn, Bartholomäus, 1530–1585 533
Schöner, Andreas, 1528–1590 535
Schöner, Johannes, 1477–1547 535
Schorkel, Sigismund 538
Schramm, Peter 539
Schreckenfuchs, Erasmus Oswald, *Austrius*,
   1511–1575 540
Schreiber, Hieronymus, ca. 1515–1547 541
Schröter, Johannes, 1513–1593 544
Schröter, Melchior .545
Schumann, Kaspar, † 1542 546
Schumann, Matthias 546
Schürer, Ambros, † 1584 547
Schürpf, Augustin, 1493–1548 547
Schürpf, Hieronymus, 1481–1547 549
Schürstab, Hieronymus, 1512–1573 550
Schüssler, Franz, † nach 1589 551
Schwalbe, Friedrich, d.J., 1517–1575 552
Seemann, Christian, ...552
Seger, Johannes, † 1552 553
Seidemann, Martin, † 1558 553
Seifried, Georg 554
Seifried, Georg, d.J. 555
Sella, Georg, 1508–1571 556
Siber, Adam, 1516–1584 557
Siebeneicher, Lorenz, ca. 1500/05 – ? 557
Sinapius, Johannes, *Svinfurtensis*,
   1505–1560 558
Sinapius, Johannes, *Weismanensis* 559
Sinning, Jens Andersen, † 1547 559
Skavbo, Claus Lauridsen, † 1590 560
Smedenstede, Hinrich, † 1554 561
Söll, Christoph, 1517–1552 561
Spieß, Andreas 562
Sprockhof, Bartholomäus, ca. 1525–1593 . . .562
Stackmann, Heinrich, 1485–1532 563
Stadius, Georg, ca. 1550–1593 564
Stadius, Johannes, 1527–1579 566
Staphylus, Friedrich, 1512–1564 567
Staudacher, Sigismund, † 1546 568
Stein, Bartholomäus, ca. 1476/77–1522/23 . .569
Stein, Bonaventura vom, † 1552 570
Steinmetz, Moritz, 1529–1584 570
Steinmetz, Valentin, ca. 1550–1597 571
Stella, Tileman, 1525–1589 573
Stetten, Georg von, d.J., 1520–1573 574
Stifel, Michael, ca. 1487–1567 575
Stigel, Johannes, 1515–1562 576
Stöckel, Blasius, † 1556 578
Stöckel, Leonhard, 1510–1560 579
Stoj, Matthias, 1526–1583 579
Stoltz, Johannes, ca. 1514–1556 581
Stösser, Fabian 582
Straub, Johannes, 1489–1560 583
Straub, Kaspar 584
Strigel, Viktorin, 1524–1569 585
Svansø, Niels, ca. 1500-1554 586
Taig, Peter, ca. 1520 – nach 1560 587
Teiti, Mårtin, † 1544 588
Tettelbach, Johannes, 1517–1598 588
Thamer, Theobald, 1515–1569 589
Thoming, Jakob, 1524–1576 590
Thym, Georg, 1520–1560 590
Thymäus, Johannes 591
Tilesius, Hieronymus, 1531–1566 592
Tratziger, Adam, 1523–1584 594
Trautenbul, Christoph 595
Trautenbul, Johannes, 1521–1585 595
Trütiger, Valentin 596
Tscherni, Daniel 596
Tschwirtzke, Georg 597
Tucher, Stephan, ca. 1512–1550 597
Tuppius, Lorenz, 1528–1614 598
Uelin, Matthäus, d.J. 599
Uelin, Oswald, † 1552 599

Inhalt

Uelin, Ulrich.........................600
Ulmer, Johann Konrad, 1519–1600........600

Vach, Balthasar, ca. 1475/80–1541.........602
Varnbüler, Ludwig, 1521–1553...........603
Venatorius, Thomas, 1488–1551..........603
Venediger, Georg von, 1519–1574.........607
Vetter, Andreas, 1520–?................607
Vetter, Johannes, ca. 1500–1539.........607
Viborgius, Johannes, *siehe* Sadolin, Jørgen Jensen
Villenbach, Johann Wilhelm.............608
Vischer, Johannes, 1524–1587...........609
Vögelin, Ernst, 1529–1589..............610
Vögelin, Georg, d.J., 1508–1542.........611
Vogler, Wolfgang, ca. 1520–1548.........614
Volmar, Johannes, ca. 1480–1536.........614

Wagner, Bartholomäus, *Regiomontanus*, 1520–1571......................618
Wagner, Bartholomäus, *Weißenfelsensis*, ca. 1530–1562....................619
Wagner, Franz, † 1566 620
Wagner, Philipp, 1526–1572............621
Walber, Wolfgang 621
Walther, Anton, † 1557................622
Wankel, Andreas, 1516–?...............622
Wankel, Matthäus, 1511–1571...........623
Warnhofer, Joachim....................624
Watzek, Christoph, † 1545.............624
Weicker, Erhard.......................625
Weiher, Martin, 1512–1556.............625
Weinman, Johannes, vor 1480–1542......626
Weinman, Martin.......................626
Weißgerber, Johannes, † 1561..........626
Wellendinger, Johann Ulrich, † 1577....627
Wenck, Andreas 628
Werden, Johannes von..................628
Werdmüller, Otto, 1513–1552...........629
Werlein, Johannes.....................630
Werner, Johannes, 1468–1522...........630
Werthern, Anton von, 1528–1579........631
Werthern, Christoph von, 1512–1566....632
Werthern, Dietrich von, 1468–1536.....632
Werthern, Georg von, 1515–1576........633
Werthern, Heinrich von, 1514–1566.....633
Werthern, Philipp von, 1525–1588......633
Werthern, Wolfgang von, 1519–1583.....634
Wesling, Andreas, † 1577..............635

Wiborg, Simon, Suecus, † 1550 635
Widmanstetter, Johann Albrecht, 1506–1557 636
Wigand, Johannes, 1523–1587............637
Wigbolt, Bernart, ca. 1515–1556........638
Wilde, Simon, ca. 1520–ca. 1560........641
Wildeck, Eusebius......................644
Wildfeuer, Thomas, † 1592..............644
Wilhelm, Bartholomäus, † ca. 1585......645
Wilhelm, Georg, † 1553.................645
Willenbrock, Johannes, 1531–1587.......645
Willich, Jodok, 1501–1552 646
Winsheim, Veit, d.Ä., 1501–1570........647
Winsheim, Veit, d.J., ca. 1529–1608....648
Wittich, Johannes, 1537–1596...........648
Wolf, Heinrich, 1520–1581..............649
Wolf, Hieronymus, 1516–1580............651
Wolf, Leonhard, *Carniolanus*..........652
Wolf, Leonhart, *Francus*, † 1570......653
Wolf, Martin, 1510–um 1580.............654
Wolner, Melchior, † 1562...............656
Wurstisen, Christian, 1544–1588........656

Zechendorfer, Gregor, ca. 1525–1575....658
Zeger, Magdalena, ca. 1491–1568........658
Zeger, Thomas, ca.1490–1544............659
Zeler, Georg, † 1553...................660
Zell, Heinrich, 1518–1564..............661
Zenckfrei, Martin......................662
Ziegler, Bernhard, 1496–1547...........663
Ziehenaus, Christoph, † 1567...........665
Ziehenaus, Hieroynmus, † vor 1587......666
Zöberer, Johannes......................666
Zöllner, Donat, † 1568.................666
Zörler, Friedrich, 1522–1587...........667

Quellen- und Literaturverzeichnis.........669

Vorwort

> *There are more things in heaven and earth, Horatio, than are dreamt of in your philosophy*
> *(Es gibt mehr Ding' im Himmel und auf Erden, als Eure Schulweisheit sich träumt, Horatio)*
> Shakespeare, Hamlet I, 5.

Mit dem Titel »Magister Rheticus und seine Schulgesellen«, der an die Sprache des 16. Jahrhunderts angelehnt ist, wird ein Kreis für ihn wichtig gewordener Zeitgenossen erfasst. Heinrich Roth, ein Leipziger Schüler von Rheticus, bezeichnete 1566 mit dem Ausdruck »Schulgesellen« seine ehemaligen Studienfreunde, wobei er mit Schule die Universität meinte. Mit *schola* (Schule) bezeichnete man in Wittenberg und in Leipzig die Universität. Der Untertitel »Das Ringen um Kenntnis und Durchsetzung des heliozentrischen Weltsystems des Kopernikus um 1540/50« legt einen besonderen Akzent auf das Wirken von Rheticus und dessen wissenschaftsgeschichtliche Bedeutung. In dem Jahrzehnt zwischen 1540 und 1550 verdankte die wissenschaftliche Welt in erster Linie Rheticus das Wissen um das kopernikanische System. Darauf spielt auch das Motto aus »Hamlet« an; denn nach einer These von Peter Usher (2010) geht es im »Hamlet«, der nach Shakespeare in Wittenberg studiert hatte, um die Ablösung des ptolemäischen Weltbildes, vertreten durch Hamlets Stiefvater Claudius, durch das kopernikanische Weltbild, vertreten durch Hamlet, zwischen denen Tycho Brahe einen Mittelweg gehen wollte, vertreten durch Rosenkrantz und Güldenstern.

Der 500. Geburtstag von Georg Joachim Rheticus forderte dazu heraus, erneut an das Bild des gelehrten Mathematikers und Astronomen Hand anzulegen. Die Biographie des Georg Joachim Rheticus, die ich vor nun fast 50 Jahren in Angriff genommen hatte und die jüngst durch die Arbeiten von Jesse Kraai, Dennis Danielson, Robert S. Westman und Philipp Schöbi in vieler Hinsicht ergänzt wurde, befindet sich immer noch in einer Phase der Annäherung an ein Ziel. Viele Fragen sind nach wie vor ungeklärt. Da aber neue Quellen nur begrenzt zu erwarten sind, erschien es ein vielversprechender Weg zu neuen Erkenntnissen zu sein, sich etwas genauer mit Rheticus' Umfeld zu beschäftigen. Denn das aktive und passive Verhalten von Rheticus, einerseits seine Forschungen, Publikationen oder Reisen, andererseits das Feldlager vor Mailand, die Hinrichtung seines Vaters, der Kappelerkrieg oder seine Relegation, waren von Menschen aus seiner Umgebung beeinflusst. Die Beschäftigung mit diesen Personen kann wesentlich dazu beitragen, Zusammenhänge besser zu verstehen und Ereignisse aus Rheticus' Leben sichtbar zu machen. Vorbild für die Biographien waren die Personenkommentare von Conradin Bonorand zum Briefwerk des St. Galler Humanisten Joachim Vadian. Ein weiteres Vorbild war das Personenlexikon von Heinz Scheible zum Melanchthonbriefwechsel.

Das Projekt erforderte angesichts der großen Masse von Personen, die für eine Aufnahme in dieses Lexikon in Frage kamen, von vornherein gewisse Beschränkungen. Praktische Überlegungen sprachen für eine räumliche Beschränkung auf Feldkirch und Zürich (Schulzeit) sowie auf Wittenberg und Leipzig (Studien- und Lehrtätigkeitszeit). Aber auch innerhalb dieser Zeiträume musste angesichts der in die Tausenden gehenden Wittenberger und Leipziger Studenten noch eine Auswahl getroffen werden. Einen Schwerpunkt für die Auswahl bildeten die Mathematiker und Astronomen, einen anderen die Mediziner. Hier wurden in einem geringen Ausmaß auch Personen einbezogen, die Rheticus auf seinem Lehrstuhl nachgefolgt sind, seinen direkten Unterricht aber nicht genossen haben. In einer Reihe von Fällen, insbesondere bedeutender Persönlichkeiten (etwa Luther, aber auch Melanchthon und Kopernikus) wurden nur gekürzte, auf Rheticus zugeschnittene Biographien aufgenommen.

Dank

Die 500. Wiederkehr seines Geburtstages hat in aller Welt die Diskussion über Georg Joachim Rheticus neu entfacht. Manches davon konnte in die vorliegende Publikation einfließen. Besonders wertvoll waren für mich die Gespräche, die ich bei dem internationalen Rheticus-Symposium am 15. Februar 2014 im Palais Liechtenstein in Feldkirch führen konnte, insbesondere mit den Teilnehmern der Podiumsdiskussion: Prof. Dennis Danielson, Prof. Harry Nussbaumer, Dr. Jürgen Hamel, Dr. Hans Günter Zekl, Dr. Philipp Schöbi und Dr. Helmut Sonderegger, aber auch den Verantwortlichen vor Ort, Stadtarchivar Dr. Christoph Volaucnik und Stadtbibliothekar Dr. Hans Gruber, die mit einer eindrucksvollen Ausstellung über den »Humanismus in Feldkirch« einen wesentlichen Beitrag für ein tieferes Verständnis von Rheticus und seiner Zeit erbracht haben.

Mit dem vorliegenden Band würdigt das Land Vorarlberg Georg Joachim Rheticus als einen der bedeutendsten Wissenschaftler des Landes. Mein Dank gilt daher der Vorarlberger Landesregierung für die großzügige finanzielle Unterstützung dieses Projekts. Besonderen Dank schulde ich Herrn Landesrat Mag. Harald Sonderegger für seinen persönlichen Einsatz anlässlich der Festakte in Feldkirch am 15. und 16. Februar und am 23. April 2014. Mein Dank gilt auch dem Landesarchivar Univ.-Prof. Dr. Alois Niederstätter, der als Herausgeber der Schriftenreihe »Forschungen zur Geschichte Vorarlbergs« meine Arbeit von Anfang an mit Rat und Tat begleitet hat.

Die Umsetzung meines Manuskripts, das aus den Ufern zu geraten drohte, in ein griffiges Buch war eine besondere Herausforderung für die UVK Verlagsgesellschaft und seine Mitarbeiter. Die vielfältigen Probleme wurden aber in bewährter Zusammenarbeit mit Frau Uta Preimesser gelöst, für deren Rat und Hilfe ich ganz besonders zu danken habe.

Hoyerberg, am 18. August 2014
Karl Heinz Burmeister

Karl Heinz Burmeister konnte das Erscheinen dieses Buches leider nicht mehr erleben. Er ist am 12. Dezember 2014 verstorben.

Abkürzungen

ADB	Allgemeine Deutsche Biographie
Bacc art.	Baccalaureus artium, Bakkalar der freien Künste
CR	Corpus Reformatorum
DB	Deutsche Biographie
HBLS	Historisch-Biographisches Lexikon der Schweiz
HLS	Historisches Lexikon der Schweiz
JHGG	Jahresbericht der Historisch-Antiquarischen Gesellschaft von Graubünden
JUD	Juris Utriusque Doctor, Dr. beider Rechte (kirchl., weltl.)
Lkr.	Landkreis
Mag. art.	Magister artium, Magister der freien Künste
MBW	Melanchthons Briefwechsel, kritische und kommentierte Gesamtausgabe, hg. v. Heinz Scheible, Stuttgart-Bad Cannstatt: Frommann-Holzboog, 1977-2013.
NCG	Nikolaus Copernicus Gesamtausgabe, Bd. 1-9, hg. v. Folkerts, Menso / Nobis, Heribert M. / Kirschner, Stefan / Kühne, Andreas, Berlin: De Gruyter, 2011-2014.
NDB	Neue Deutsche Biographie
Regg.	Regesten
SS	Sommersemester
WS	Wintersemester
ZGO	Zeitschrift für die Geschichte des Oberrheins

Practica vnnd prognostication

zweier fürnemlichen vnd weit berhümten inn der Mathematick. M. Johan Carionis/ vnd .M. Salomon der statt Rüremund Physicum/darinn/biß auff M.D.lx.jar wunderliche vnd erschröckliche Propheceien gemeldt/ eim jeden/Geystlichen vnd weltlichen/vast notwendig zůwissen.

Ein Christliche ermanung an. K. M.

Kõnig/Churfürsten/Fürsten/Grauen/herrn ʃc. vnd alle stände Christlicher versamlung Joh. Carionis.

Zů letst kompt die Offenbarung Raimundj/

darinn allen ständen/geystlich vnd weltlich/landten vnd leüten vil schwerer straffen getrawt/ Deßhalben inn dieser letsten zeit ein jeder sein leben wol mag bessern.

Astronomen unter dem Sternenhimmel
M. Johan Carionis und .M. Salomon der statt Rüremund Physicum, Practica unnd prognostication bis auf das Jahr 1560, Straßburgk : Cammerlander, 1543. - [32] Bl.
© Bayerische Staatsbibliothek München, digital, Titelblatt, Signatur Res/Astr.p. 206 x

Einleitung

Die Aufgabe

»Rhetikus« hat sich in den letzten Jahren mehr und mehr zu einem »Rheticus« gewandelt, so wie unter Missachtung der deutschen Rechtschreibregeln häufig aus »Kopernikus« ein »Copernicus« geworden ist. Die englische Orthographie hat die deutsche abgelöst. Die Forschungen zum Thema, die einst nur in Deutschland und Polen betrieben wurden, sind internationaler geworden. So sind im vergangenen Jahrzehnt eine ganze Reihe von Darstellungen zu Rheticus in englischer Sprache erschienen: Dazu gehören nicht nur wissenschaftliche Abhandlungen wie die Biographien von Kraai, Danielson oder Westman, populäre Sachbücher wie die von Jack Repchek oder Dava Sobel, freie Erzählungen oder Romane wie die von John Banville oder Ulrich Maché, Theaterstücke wie das von John Barrow. Unser Bild von Georg Joachim Rheticus hat an Schärfe zugenommen, es wurden aber auch neue Fragen gestellt, die auf eine Antwort harren.

Der unscharfe Begriff »Freunde« meint in erster Linie die Lehrer und Schüler. In einer akademischen Gesellschaft, in der alle – Lehrer und Schüler – gemeinsam das Ziel wissenschaftlicher Bildung verfolgen, entstehen Freundschaften. Erasmus Oswald Schreckenfuchs beschreibt dieses Phänomen in seiner hebräischen *Oratio funebis*, dem Nachruf auf seinen Freund Sebastian Münster (1552): »Zumal es nicht gut für den Menschen ist, alleine zu sein (1. Mose 2, 18), zog er einige Leute zu sich heran, die seine Gesellschaft erweitern und ihm bei seinen Arbeiten helfen würden«[1]. Seine Mitstudenten hätten ihn »den Vater der Wissenschaft« genannt. »Sie knieten vor ihm in großer Ehrfurcht und Scheu, ihre Seelen verlangten danach, mit der seinen vereint zu werden, sie strebten danach im Wetteifer, seine Kenntnisse zu erreichen und suchten seine Gesellschaft, seitdem er der berühmteste Student geworden war«[2].

Bei den Freunden des Rheticus handelt es sich in erster Linie um Mathematiker im damaligen Verständnis. Betrachtet man das Titelblatt von Carions und Salomons *Practica vnnd Prognosticacion* (Straßburg 1543)[3], so könnte man fast glauben, dass die Welt um die Mitte des 16. Jahrhunderts vorwiegend aus Mathematikern bestand, die Sonne, Mond und Sterne betrachteten, um in dieser – wie sie glaubten – bevorstehenden Endzeit kurz vor dem Weltuntergang herauszufinden, welche Strafen Gott Land und Leuten androhte, falls sie sich nicht zu einer Umkehr entschließen konnten.

Sinnfälliger Ausdruck akademischer Freundschaften sind die studentischen Stammbücher, lat. *Libri amicorum* (Bücher der Freunde). In ihnen verewigen sich Kommilitonen und Professoren mit Datum und Unterschrift sowie mit einem ausgewählten Sinnspruch, manchmal auch mit einer Zeichnung oder mit einem Wappen geschmückt. Sie werden seit 1998 an der Universität Erlangen-Nürnberg im *Repertorium Alborum Amicorum* (RAA) erfasst. Als Einzelbeispiele mögen hier in nicht repräsentativer Auswahl aufgeführt werden das Stammbuch des Nikolaus Reinhold, das im WS 1541/42 in Wittenberg begonnen wurde[4], als Rheticus Dekan der Artistenfakultät war; der *Liber Amicorum* von Konrad Gesner aus den Jahren 1555/65[5], das Stammbuch von Abraham und David Ulrich, benutzt 1549/77 bzw. 1580/1623[6] oder das Stammbuch des Joachim Strupp 1553-1578[7].

---

1 Schreckenfuchs 1960, S. 11.
2 Schreckenfuchs 1960, S. 9.
3 VD 16 C 1026;
4 Herse, Wilhelm (Hg.), Stammbuch eines Wittenberger Studenten 1542, Faksimiledruck, Berlin: Wölbing-Verlag, 1927; Clemen, Otto, Das Stammbuch des Nikolaus Reinhold, in: Clemen/Koch 1987, Bd. 8, S. 142.
5 Durling 1965.
6 Klose 1999.
7 Metzger/Probst 2002, S. 289-295 (Pal. Lat. 1884).

Für Rheticus ist die bisherige Ausbeute aus den Stammbüchern allerdings gering; vielleicht wird hier in Zukunft noch Unbekanntes ans Licht kommen.

Rheticus' Leben weist mehrere Brüche auf, die eine normale Entwicklung gestört haben, insbesondere die Zivil- und Strafprozesse gegen seinen Vater und dessen Hinrichtung 1528 oder die gegen ihn selbst gerichteten Zivil- und Strafprozesse und seine Relegation von der Universität Leipzig 1551. Auch die gescheiterten Ehepläne 1542, das gefälschte Vorwort Osianders 1543, die schweren Depressionen 1547 mögen ihn stark belastet haben. Diese Brüche haben bewirkt, dass teilweise auch die Freunde sich von Rheticus abwandten. Man spürt das sehr deutlich in einem schwindenden Quellenfluss nach 1551, der sich auch für unser Thema negativ ausgewirkt hat. Sogar Rheticus' Tod wurde für den April 1547 notiert, womit er beinahe in das viel beklagte Todesjahr 1551/52 kam. Die Wittenberger *Scripta Publice Proposita* von 1553 trauern um den Verlust von Johannes Marcellus, Bernhard Ziegler, Sebastian Münster, Kaspar Hedio, Peter Apian, Jodok Willich, Peder Svave (wiederholt Rektor der Universität Kopenhagen) und Erasmus Reinhold. Zur gleichen Zeit wird im Zusammenhang mit dem Tod eines Jünglings in der Schule von Goldberg (poln. Złotoryja) Klage geführt über den Tod von Luther, Cruciger, Reinhold, Marcellus, Johannes Hess und Jodok Willich.[8]

Feindschaften

Den Freunden stehen immer auch Feinde gegenüber. Tina Braun und Elke Liermann haben ihre an der Universität Münster entstandenen Magisterarbeiten unter dem Titel »Feinde, Freunde, Zechkumpane – Freiburger Studentenkultur in der Frühen Neuzeit« veröffentlicht. Sehr deutlich wird dieser Dualismus in den Epigrammen des Simon Lemnius (Wittenberg 1538), namentlich in seinem Rechtfertigungsversuch der *Apologia*. Sabinus, Stigel und Rheticus sind enge Freunde, der Buchdrucker Hans Lufft ist ein Feind, weil er Lemnius kritisiert hatte. Simon Wilde aus Zwickau schüttete 1541 seiner »herzallerliebsten Mutter« sein Herz aus und beklagte sich in einem Brief über den ihm übel gesinnten Landsmann Johannes Rudel. *Es sein vnter vns etlich schelm, böswicht vnd dieb (denne sie stellen vns ehr vnd vnser gerücht ab), die wollen vns gerne czu schanden brengen, vnd sonderlich verdreusst sie, das mich mein herczliebster vnd vetterlicher vetter alhie außhelt, vnd wollten mir gerne schadörter legen, vnd tichten allerley vbel vnd laster von mir …*[9].

Zechkumpane

Eine besondere Art von Freunden waren die Zechkumpane. Der Spruch »Der Wein erfreue des Menschen Herz« aus dem Psalm Davids 104, 15 fand vielfache Beachtung. Sebastian Münster, der Sohn eines Weinbauern, meinte zum Wein, *sine quo homo commode vivere nequit* (ohne den der Mensch nicht angenehm leben kann)[10]. Die Bibel und Münsters Kosmographie, die meist gedruckten Bücher des 16. Jahrhunderts, sind beide nicht weit von Handbüchern des Weinbaus entfernt[11]. Zu Unrecht wird Luther der Spruch zugeschrieben, »Wer niemals einen Rausch gehabt, der ist kein

---

8 HENCZNER, Johannes/GIGAS, Johannes, Epicedion Adolescentis Iohannis Puchneri (Wittenberg: Peter Seitz' Erben, 1553), VD 16 ZV 25760, BSB digital, image 11 f.
9 BUCHWALD 1894/1902, S. 98.
10 MÜNSTER, Sebastian, Rudimenta mathematica, Basel: H. Petri, 1551, S. 71.
11 Für die Bibel vgl. RIENECKER, Fritz (Hg.), Lexikon zur Bibel, Wuppertal: R. Brockhaus, 1960, Sp. 1517-1519; zur Kosmographie vgl. ESCHAUER, Heinz R., Sebastian Münster – Weinfachmann aus Ingelheim, in: Sebastian Münster (1488-1552), Universalgelehrter und Weinfachmann aus Ingelheim (Beiträge zur Ingelheimer Geschichte, 46); Ingelheim 2002, S. 40-51.

braver Mann«; Luther verachtete zwar einen guten Trunk Wein oder Bier nicht, braute auch selbst Bier im eigenen Haus, war aber kein Trinker[12]. Im Gegensatz zu dieser löblichen Abstinenz wurde in Leipzig im Zuge einer dringend notwenig gewordenen Universitätsreform die Unsitte beklagt, dass während der Vorlesungen außerhalb der Hörsäle Bier ausgeschenkt wurde und infolgedessen die Vorlesungen durch üble Geräusche gestört würden. Dieses wüste Treiben erstrecke sich dann aber nach dem Ende der Vorlesungen in die Auditorien selbst[13].

Zu Martin Luther bliebe noch zu ergänzen, dass er bei seinen Aufenthalten in Leipzig 1519 und 1539 jeweils als Gast von Heinrich Stromer in Auerbachs Keller wohnte. Anton Lauterbach, der 1539 an der Reise der Wittenberger Professoren (Luther, Melanchthon, Jonas, Cruciger) teilgenommen hatte, berichtet, dass schon auf der Hinreise im Wagen eine recht ausgelassene Stimmung herrschte. »Sehr lustig wetteiferten sie mit Liedern, die nach dem Alphabet hergesagt werden mussten«. Auf der Rückreise begleiteten die Fürsten Luther bis Grimma (Lkr. Leipzig); unterwegs stiegen sie in Eicha (Ortsteil von Naunhof, Lkr. Leipzig) aus, wo Johannes von Minckwitz sich einen Rittersitz erbaut hatte. Hier wurde gegessen und getrunken. »Da hat der Herzog Heinrich dem Dr. Martin aus dem Psalter zugetrunken, einen Vers recitierend von Wein, Wasser, Becher, Durst, Trunk, so daß er in bester Laune gewesen ist«[14].

Da man erst recht in Studentenkreisen in Gesellschaft von Freunden und Kommilitonen trank, stellten sich lärmende Zechkumpane rasch ein, die von Freunden kaum zu trennen sind. Mancher Doktorschmaus artete zu einem wüsten Gelage aus, wie uns die Dunkelmännerbriefe lehren. Bei dem dort geschilderten Aristotelischen Schmaus heißt es: »… wir tranken zum ersten Gericht drei Schluck Malvasier und beim ersten Wechsel setzten wir frische Semmeln darauf und machten Brodkugeln; und dann hatten wir sechs Schüsseln mit Fleischspeisen, und Hühnern und Kapaunen und eine mit Fischen; und beim Fortschreiten von einem Gericht zum andern tranken wir immer: Kotzburger Wein, Rheinwein und Einbecker Bier, auch Torgauer Bier und Naumburger Bier; und die ältern Magistri waren wohl zufrieden und sagten, dass die neuen Magistri sich wohl gelöffelt und Ehre eingelegt hätten«[15]. Während der Disputation tranken sich die Kontrahenten Kannen mit Bier zu, die sie in einem Atemzug leerten. In Italien waren die Deutschen allgemein als Säufer verschrien. Am 13. Februar 1541 warnte Melanchthon als Rektor die Studenten vor solchen Gelagen: *haec convivia non tantum expilant parentes, sed etiam sunt alimenta vitiorum* (solche Gelage plündern nicht nur die Eltern aus, sie bilden auch den Nährboden für Laster)[16]. Viele andere Humanisten und Reformatoren haben die Trunkenheit gegeißelt. So klagt etwa ein Leipziger Einblattdruck 1532 darüber, dass die Trunkenheit in allen Schichten der Bevölkerung zunehme, weshalb Gott die Christen durch die Türken strafe[17].

Auch Rheticus war dem Alkoholgenuss sehr zugetan. In Preußen schien er besonders gefährdet. Dort gehörten Zechereien zur Gewohnheit[18]; als Rheticus Preußen verließ, unterschob ihm Brusch die Worte: *Cum liqui bibulos promptos et ad arma Borussos*[19].

In Münsters Kosmographie wurde in vielen tausend Exemplaren ein Bild verbreitet, das eine Frau zeigt, die an einem Brunnen in einen großen Becher Wasser füllt, mit der Bildunterschrift *Die Weyber sollen Wasser trincken*[20]; in Preußen aber beteiligten sich die Frauen an den Bier- und Weingelagen. Als Rheticus 1551 aus Leipzig floh, hinterließ er hohe Schulden für Wein.

---

12 Küchenmeister 1881, S. 128.
13 Ludwig 1909, S. 250.
14 Zitiert nach Clemen/Koch 1987, Bd. 8, S. 203.
15 Hege 1978, S. 156-161 (lat. Text und dt. Übers.).
16 CR III, Sp. 99.
17 Clemen/Koch 1984, Bd. 5, S. 577-582.
18 Krause 1879, Bd. 1, S. 98, 209 f.
19 Dill/Jenny 2000, S. 262. Übers.: Als ich die versoffenen und stets zu den Waffen bereiten Preußen verließ.
20 Münster, Kosmographie, 1588, S. cccxii.

Viele seiner Kollegen und Freunde sind als Trinker bekannt. Zu ihnen gehörten etwa sein Feldkircher Landsmann Jodok Mörlin, der sich 1528, als ihm die Amtsenthebung als Pfarrer drohte, verpflichtete, *sich solch seines Saufens und Trinkens zu mäßigen*; Michael Toxites, der wegen seiner Trunkenheit aus dem Schuldienst entlassen wurde; Paul Eber, der sich von Rheticus Met aus Litauen beschaffen ließ und Kaspar Brusch, mit dem Rheticus sein Gedicht über die zwölf Tierkreiszeichen und das Breslauer Bier verfasste. In vielen Gedichten von Brusch spielt der Weingenuss eine wichtige Rolle. Brusch hatte, als er im Rausch ein Pferd bestieg, einen Unfall, bei dem er sich schwer verletzte. Simon Lemnius, der in seinen Epigrammen Zechgelage feierte, dichtete:

> *Cur mihi ponis aquam? Non sum conviva Ravennae*
> *Pluris ubi dulci venditur unda mero*[21].

Ein anderes Zechgelage wird von Lemnius anlässlich der Abreise von Aemilius und Preuss beschrieben: *Selig machender Krug, lass nun deinen Gerstensaft fließen! Heute wird uns nämlich dein Trank einheizen. Mögen wir an unserer Tafel eine so herrliche Nacht erleben, wie sie dir, Teucer, vergönnt war, als du nach Zypern abreistest. Ebenso große Becher wie der glückliche Achill bei seiner Abreise werden wir trinken – Wasser sei von unserem Tisch verbannt*[22]. Von Philipp Bech drang 1544 das Gerücht aus Leipzig nach Basel, dass er *more Bacchico* lebe[23]. Natürlich wehrte er sich gegen einen solchen Vorwurf, da er um sein Stipendium bangen musste. Zu weiteren Trinkgelagen vgl. auch die Biographie von Simon Leupold.

Trinkgelage stärkten diese Freundschaft; Jakob Milich veranlasste Rheticus' Freund Paul Eber, dass dieser am 16. Oktober 1556 dem Fürsten Joachim von Anhalt ein Trinkgeschirr in Gestalt eines Bären zuschickte, das ihm ein Freund aus Franken verehrt hatte (»Wir schlürfen gern in vollem Zug«)[24]. Stephan Reich wurde 1555 in einem Visitationsbericht als gelehrt, der hl. Schrift kundig und geschickter Seelsorger gepriesen, doch verwarnte man ihn ernstlich wegen unmäßigen Trinkens. »Offenbar war er in seiner Vaterstadt [Kahla], wo seine Verwandten und Jugendgefährten lebten, in das gesellige Leben hineingezogen worden, bei dem natürlich der Wein eine große Rolle spielte«[25]. Er gelobte Besserung. Georg Forster wurde 1566 vom Nürnberger Rat wegen Weinschmuggels abgemahnt. Ein Freund hatte für sein Epitaph die Verse vorgesehen:

> *Hie ligt D. Forster im grienen gras*
> *Der gern sauer kraut und schweinefleich aß*
> *Dranck auch gern gutten wein*
> *Der sellen got gnedig wel sein.*[26]

Georg Sabinus verfasste auf den Astronomen Carion das Epitaph: *Dr. Johannes Carion, Vertilger ungeheurer Weinkrüge, Wahrsager aus den Gestirnen, hochberühmt bei den Machthabern, ist beim Gelage im Wettkampf erlegen*[27].

Man wundert sich über die große Zahl der neulateinischen Dichtungen, in denen die Trunksucht angeprangert und die Abstinenz empfohlen wird, etwa die Erfurter Schrift *De generibus ebrio-*

---

21 Mundt 1983, Bd. 2, S. 12 f. mit der Übersetzung: Warum setzt du mir Wasser vor? Ich bin doch nicht zu Gast in Ravenna, wo das Wasser teurer verkauft wird als süßer Wein.
22 Zitiert nach der Übersetzung von Mundt 1983, Bd. 2, S. 77; dort auf S. 76 auch der lat. Text.
23 Burckhardt 1945, S.108.
24 Clemen 1907, S. 144, Anm. 1.
25 Herrmann 1952, S. 210.
26 Reinhardt 1939, S. 36.
27 Zitiert nach Wikipedia; ausführlicher, lat. und dt., bei Hoppmann 1998, S. 47 f.

sorum et ebrietate vitanda (1515)[28]. Eoban Hessus schrieb 1516 eine Elegie *De ebrierate vitanda*[29], Vincentius Opsopoeus († 1539) *De arte bibendi*. Johannes Brettschneider gab ein Buch von Eobanus Hessus *De tuenda bona valetudine* mit Anmerkungen heraus, *in quibus multa erudite explicantur, studiosis philosophiae plurimum profutura, eiusdem De natura et viribus cerevisiarum, et mulsarum opusculum, De causis, praeservatione et curatione ebriatatis dissertationes* (Frankfurt/Main: Egenolph, 1551). Oft sind die Dichter solcher Klagen selbst die größten Trinker gewesen, jedenfalls liegt der Verdacht nahe, dass sie sich damit reinwaschen wollten.

Die Zechgelage führten häufig zu Schlägereien, sei es auf den Buden der Studenten, sei es im Wirtshaus, sei es auch auf der Straße[30]. In Wittenberg endete 1544 ein Trinkgelage der schwedischen Kolonie mit einer Schlägerei, die ausführlich dokumentiert ist; einige der Beteiligten mussten für sechs Tage in den Karzer, nachdem sie mit Bierkrug und Dolch aufeinander losgegangen waren[31]; zwei Beteiligte, Andreas und Reginald Olavi, nahmen das Urteil nicht an; sie wechselten an die Universität Leipzig.

Freundschaft

Friedrich Stählin hat in seiner Schrift »Humanismus und Reformation im bürgerlichen Raum«, einer Untersuchung der biographischen Schriften des Camerarius, ein besonderes Augenmerk auf das Phänomen Freundschaft gelegt[32]; angesichts der engen Beziehungen zwischen Rheticus und Camerarius sind diese Ausführungen auf Rheticus zu übertragen, zumal die Gedanken des Camarius in Humanistenkreisen allgemein anerkannt waren. Die Freundschaft der Humanisten ist auf drei Grundwerten aufgebaut, die gemeinsam erlebt werden, die man gemeinsam hütet und fördert: *virtus*, *pietas* (auch *religio*) und *doctrina* (auch *eruditio*, *sapientia*). Im Mittelpunkt steht »die Lust an der Pflege der gemeinsamen Studien«. Das Verhältnis zu Lehrern oder Schülern kann sehr ungleich ausgestaltet sein, es kann vertrauter oder distanzierter sein, beinhaltet aber häufig auch ein engeres Verhältnis, eine Freundschaft, die aus einem gemeinschaftlichen Zurücklegen eines Stück Lebensweges entsteht. Erasmus Alber ist in seinem vielfach aufgelegten *Novum dictionarii genus* (Frankfurt/Main 1540) den Abstufungen der Freundschaft an Hand von Beispielen nachgegangen:

> *Petrodorsius est mihi pernecessarius, ist mein seer gutter freundt;*
> *Magna mihi cum Fendio familiaritas est;*
> *Alexis est mihi valde familiaris, familiarissi[mus];*
> *Est mihi cum Wilichio ius necessitudinis vel amicitiae etc.;*
> *Cum Zabelticio summa mihi familiaritas necessitudoque est;*
> *Est mihi magna cum Ludevico necessitudo familiaritasque;*
> *Summa mihi cum Laurentio consuetodo, et familiaritas est pervetus;*
> *Impendo Adamo consuetudinem vitae familiaris, ich hab mit jm gmeynschafft.*

Freundschaften sind von langer Dauer (*pervetus*), alte Freundschaften leben daher nach Jahren wieder auf. Als Melanchthon 1539 nach Jahren von seinem ehemaligen Schüler Kaspar Heldelin in Lindau die Hilfe für einen seiner Schüler suchte, leitete er seinen Brief mit der Feststellung ein:

---

28 Krause 1879, Bd. 1, S. 202.
29 Krause 1879, Bd. 1, S. 201.
30 Braun/Liermann 2007, S. 41 f.
31 Heininen 1980, S. 64-67.
32 Stählin 1936, S. 62-77.

Nullum arctius foedus existimari debet, quam quod societas studiorum et religionis efficit (es gibt kein festeres Band als das, was die Gemeinschaft der Studien und der Religion bewirkt)³³.

Johannes Mathesius aus St. Joachimsthal (Jáchymov) schrieb am 1. September 1549 an Johannes Marbach in Straßburg: ... *nolim intermori nostram amicitiam, quam Vitebergae constituimus et sanctissimis colloquiis ad biennium aluimus* (ich möchte unsere Freundschaft nicht erlöschen lassen, die wir in Wittenberg begründet und zwei Jahre lang bei den heiligsten Gesprächen [gemeint sind die Tischreden Luthers] verstärkt haben)³⁴. Johannes Gigas teilte am 31. Dezember 1565 aus Freystadt (Kożuchów, Woiwodschaft Lebus) dem Christoph Preuss, *amico antiquo et colendo*, den Tod des Mathesius mit: *amice optime, sic te amo et veneror, ut in summis meis occupationibus aliquid potius quam nihil ad te scribere malim* (bester Freund, so sehr liebe ich dich, verehre ich dich, dass ich dir trotz meiner größten Beschäftigungen lieber etwas als gar nichts schreiben wollte). Und er rief ihn auf, er möge ihre alte Verbundenheit im Gedächtnis bewahren (*veteris sodalitii nostri memor*)³⁵.

Rheticus' »Freundschaften« unterschiedlichster Stufen sollen hier aufgespürt werden. Lehrer, Freunde oder Schüler lassen sich nicht immer in drei getrennte Gruppen einordnen, vielmehr greifen diese Gruppen häufig ineinander über. Konrad Gesner, den Rheticus 1548 *vetus meus amicus* nannte, war 1528 in Zürich sein Mitschüler an der Frauenmünsterschule, trat nach 1545 als sein Freund in Erscheinung, wurde 1548 sein Lehrer und blieb danach ein befreundeter Kollege.

Im Umgang miteinander, etwa in Briefen, machen die Humanisten von dem Wort *amicus* verschwenderischen Gebrauch. Zur Schulung der Humanisten gehörte die Rhetorik; sie kannten daher die rhetorische Figur der *Captatio benevolentiae*; als solche ist die Anrede mit *amicus* zu sehen, man darf daher diesem Wort keine allzu große Bedeutung zulegen. Wenn wir heute die in Briefen üblich gewordene Formulierung *Sehr geehrter Herr* oder *Lieber* verwenden, darf man den Inhalt dieser Worte auch nicht überschätzen. In einem solchen Sinne ist auch *amicus* zu verstehen; es entspricht unserer Anrede *Lieber*.

Veit Amerbach hat sich über sein Verhältnis zu seinem besten Freund Johannes Straub d.Ä. in einer Dedikationsepistel tiefere Gedanken gemacht³⁶, denen eine grundsätzliche Bedeutung zukommt: *Nachdem ich augenblicklich weniger zu tun habe und vor amtlichen Arbeiten etwas Ruhe habe, dachte ich daran, wie ich unsere gegenseitige Freundschaft vor der Nachwelt kundtun könnte, vor allem aber, wie ich sie unseren Kindern ins Herz prägen möchte, damit sie einmal, mögen wir noch am Leben oder längst tot sein, selber miteinander Freundschaft schließen und sie ebenso durch treue gegenseitige Hilfe pflegen, wie wir es tun.* Amerbach fährt dann fort, dass ihm jede Form von Schmeichelei verhasst sei. *In diesem Punkte passen wir beide vorzüglich zusammen, und diese Geradheit hat nicht wenig dazu beigetragen, unsere gegenseitige Freundschaft stark und dauernd zu machen.*

Es gibt in der Wahrnehmung zwischenmenschlicher Begegnungen unterschiedliche Stufen. Melanchthon, der 1543 Hieronymus Schreiber ein Empfehlungsschreiben an Luca Gaurico mit auf den Weg gab, vermerkt darin den Wunsch seines Schülers, den berühmten italienischen Astrologen »zu sehen und wenn möglich auch zu hören« (*tui videndi, et, quantum conceditur, audiendi*)³⁷. Oder er kündigte Pruckner den Besuch Schreibers an, der die Absicht habe, ihn zu sehen und zu hören (*vos videret et audiret*)³⁸. Valerius Fidler ließ 1573 über Georg Chemnitz Grüße an die ihm unbekannten Heshusius und Wigand ausrichten, *quos videre et audire desiderans desidero*³⁹. Und der Musiker Sixt Dietrich kam 1540 aus Konstanz nach Wittenberg, weil er die Reformatoren selbst *sehen*

---

33   CR III, Sp. 785 f.
34   LOESCHE 1895, Bd. 2, S. 270.
35   CLEMEN/KOCH 1984, Bd. 5, S. 411.
36   AMERBACH, Veit, Antiparadoxa, Straßburg 1541, Bl. A²r ff.; Text und Übersetzung in Ausschnitten bei FISCHER 1926, S. 15-19. Die hier folgenden Zitate sind von Fischer übernommen.
37   CR V, Sp. 185 f.
38   CR V, Sp. 115.
39   LEUCKFELD, Johann Georg, Historia Heshusiana, Quedlinburg 1716, S. 97, Anm. n.

und hören wollte⁴⁰. Als Luther am 23. Mai 1539 nach Leipzig kam, »ergoß sich aus allen Vierteln und Winkeln eine sehr große Menschenmenge, die von allen Seiten unsern Wagen umringte, um Luther zu sehen«⁴¹. Schon das Sehen beinhaltet eine – wenn auch nur oberflächliche – Begegnung. So hebt ein Wittenberger Student einmal hervor, er habe Bartholomäus Bernhardi aus der Ferne »gesehen«; ein einfaches Sehen mag die Folge haben, dass man sich mit den Schriften des »gesehenen« Gelehrten auseinandersetzt. In der Regel reicht das bloße Sehen aber nicht aus, um Eingang in die Liste der Schüler zu finden. Dazu gehört immer auch das Hören im Sinne eines Besuchs einer Vorlesung oder mehr noch: ein Gespräch, so wie es Rheticus von seiner frühen Begegnung mit Paracelsus festhält: *cum eo locutus sum* (ich habe mich mit ihm unterhalten).

Landsleute

Wittenberg, das »deutsche Rom«, war seit Beginn der Reformation ein Magnet für Studenten aus ganz Europa. »Um von Meißnern, Sachsen, Rheinländern, Franken, Schwaben, Bayern, Österreichern, Schlesiern, Hessen, Märkern und Pommern zu schweigen, die ihre Söhne und Lehrer häufig dorthin verordneten, sah man Russen, Preußen, Holländer, Dänemärker, Schweden, Letten, Böhmen, Polen, Ungarn, Wenden, Winden, Siebenbürger, Wallonen, Franzosen, Spanier, Schotten, Engländer, Griechen …«⁴². In Wittenberg wurden neben Latein, Griechisch und Hebräisch alle diese Landessprachen gesprochen. Konrad Gesner hat im *Mithridates* (Zürich 1555) die Vielzahl der Sprachen nebeneinander gestellt und analysiert. Schon vor ihm hatte Sebastian Münster in seiner *Cosmographia* (Basel 1550) solche Sprachproben gegeben; er stellte jeweils das Vaterunser in den verschiedenen Landessprachen vor (Estnisch, Finnisch, Isländisch, Sardisch, Schwedisch). In Wittenberg zeigte man ein lebhaftes Interesse an den fremden Sprachen. Als Bugenhagen aus Dänemark zurückkehrte, verstand man ihn zunächst nicht, als er berichtete, er komme aus einem Land, in dem die Leute Schmeer essen und Öl trinken; er klärte dann seine Gesprächspartner auf, auf Dänisch bedeute *smør* Butter und *øl* Bier⁴³. Wittenberg spielte eine zentrale Rolle bei der Übersetzung der Bibel in die Volkssprache, nicht nur ins Deutsche durch Luther, sondern auch ins Dänische⁴⁴ oder ins Finnische⁴⁵.

Auf der Zugehörigkeit zu einer Sprachgruppe oder Sprachfamilie beruhte die Nationengliederung der mittelalterlichen Universitäten. Paris, Orléans oder Bourges, Bologna oder Wien kennen auch noch im 16. Jahrhundert solche Nationen, in Deutschland finden wir sie noch in Leipzig oder in Frankfurt/Oder, in Wittenberg kannte man sie nicht. Dennoch spielen auch in Wittenberg die Landsmannschaften eine große Rolle. Für viele Studenten sind Landsleute die erste Anlaufstelle, wenn sie in Wittenberg eintreffen. Häufig lässt sich auch beobachten, dass die Prüflinge für ein Bakkalaureat oder den Magistergrad bei Mitbürgern oder Landsleuten zum Examen antreten. Auch Rheticus versammelte um sich einen Freundeskreis von Landsleuten.

Rheticus war ungeachtet seiner amtlichen Funktionen, die er in Wittenberg oder Sachsen einnahm, Zeit seines Lebens als Bürger von Feldkirch österreichischer Untertan. Er selbst hat jedoch nur wenig seine Zugehörigkeit zu Österreich betont, ganz im Gegensatz etwa zu dem Niederösterreicher Erasmus Oswald Schreckenfuchs, der sich immer als *Austrius* oder *Austriacus* bezeichnete. Es mag an der übergroßen Ausdehnung des österreichischen Staatsgebietes liegen, das von Wien

---

40 ZENCK 1928 (Reprint 1967), S. 36.
41 Justus Jonas, in: CLEMEN/KOCH 1985, Bd. 8, S. 202.
42 LOESCHE 1971, Bd. 1, S. 50.
43 HERING 1888, S. 139.
44 SCHWARZ LAUSTEN 2010, S. 68-71.
45 GUMMERUS 1941, passim (siehe Register, Bibelübersetzung); HEININEN 1980, S. 47-49.

bis Freiburg im Breisgau und Ensisheim (Haut-Rhin) reichte und wohl dazu geführt hat, dass die Zugehörigkeit zu einer kleineren Region wie Rätien oder dem Bodenseegebiet wichtiger wurde. Heute wird Rheticus als Weltbürger gesehen, dessen Herkunft kaum je in den Vordergrund gerückt wird, es sei denn, dass man es in Vorarlberg nicht gerne sieht, wenn man den Vorarlberger zu einem Tiroler macht. So wie man aber auch im 16. Jahrhundert gerne die Leistungen eines Kopernikus als Ruhmestaten für das Ermland oder Preußen in Anspruch genommen hat, so bleibt es das Anliegen einer »geistigen Landesverteidigung«, Rheticus als Österreicher zu sehen. Rheticus ist nicht nur »Austrian-born«, wie die Encyclopedia Britannica aussagt, sondern wirklich »Austrian« (Österreicher). Als Beispiel für viele sei hier ein Aufsatz von Ernst Bernleithner erwähnt: »Rhetikus – ein Österreicher als Schüler und Freund des Kopernikus«[46]. Damit lässt sich Rheticus in die traditionsreiche Wiener Schule, wie sie von Johannes von Gmunden, Georg von Peuerbach und Johannes Regiomontan repräsentiert wird, im 16. Jahrhundert von Tannstetter, Stabius, Lazius und Fabricius fortgesetzt wurde, einreihen. Rheticus nimmt damit Anteil an dem Beitrag, den Österreich zur Astronomie gebracht hat.

Die Erfassung des Freundeskreises

Der Erfassung des Freundeskreises stehen eine Reihe von Hindernissen entgegen. Da ist einmal die große Zahl der Studenten, die es unmöglich macht, alle zu erfassen; denn dann müsste man gleich eine kommentierte Matrikelausgabe schaffen. Hauptquelle ist die Matrikel der Universität für die in Frage kommenden Jahre. So zählen wir für die Jahre 1532 bis 1542 eine beeindruckende Zahl von ca. 3.000 Studenten.[47] Dazu kommen aber noch eine Anzahl weiterer Studenten, die sich nicht eingeschrieben haben. Rheticus' Lehrer gehen teilweise noch weit in die Zeit vor 1532 zurück, sodass sich die angegebene Zahl weiter erhöht. Zwar wird Rheticus kaum alle diese Studenten auch nur vom Ansehen gekannt haben. Dennoch hat er in dieser Zahl einen Teil seiner Lehrer, Freunde und Schüler gefunden. Eine zweite Quelle sind die Aufzeichnungen über die Wittenberger Promotionen zu den Baccalaurei und Magistri der Artistenfakultät. 1532 bis 1542 wurden 216 Baccalaurei artium[48] und 299 Magistri artium[49] promoviert, die zu einem nennenswerten Teil Schüler von Rheticus gewesen sind. Auch hier erweitern sich die Zahlen dadurch, dass die Promotionen seiner Lehrer zu einem erheblichen Teil vor dem Jahr 1532 liegen.

Wir finden unter den ca. 3.000 Inskribenten auch eine größere Anzahl von Lehrern wieder: ordentliche Professoren, die erst nach 1532 nach Wittenberg gekommen sind, sodann in Wittenberg aufgenommene Magistri fremder Universitäten, die zu Lehrveranstaltungen verpflichtet waren. Hinzu kamen Privatlehrer, die über solche Fächer privatim lasen, die von der Universität zeitweise nicht angeboten wurden. Nicht zu vergessen sind auch die den Studenten vorgesetzten Präzeptoren, Präfekten oder Tutoren bis hinunter zu den Vorlesern bei Tisch; sie alle hatten die Aufgabe, für die Disziplin der nicht selten zur Ausgelassenheit neigenden Studenten zu sorgen. Bei der Ausbildung der Studenten fiel auch den *Poetae* eine nicht zu unterschätzende Rolle zu.

In Leipzig lagen die Verhältnisse kaum anders als in Wittenberg. In den Jahren 1542 bis 1551, in denen Rheticus in Leipzig weilte, wurden auch etwa 2.500 Studenten neu immatrikuliert.

Hier zeichnet sich bereits ab, dass es verschiedene, übergreifende Personengruppen gibt, die für Rheticus bestimmend geworden sind. Es gab an der Universität mehr oder weniger feste Kreise, denen sich ein offener Student wie Rheticus angeschlossen hat bzw. anschließen musste. Solche Kreise,

---

46 BERNLEITHNER 1973, S. 50-60.
47 FÖRSTEMANN 1842, Bd. 1, S. 141-195.
48 KÖSTLIN 1888, S. 14-16 und KÖSTLIN 1890, S. 5-8.
49 KÖSTLIN 1888, S. 20-23 und KÖSTLIN 1890, S. 10-14.

in denen Lehrer und Schüler vereinigt mitwirkten, waren etwa die churrätische Landsmannschaft, der astrologisch ausgerichtete Melanchthonzirkel oder der Wittenberger Dichterkreis. Es gab auf der anderen Seite die Lehrer und die Kommilitonen, die sich von Mann zu Mann begegneten. Es gab weiters die Prüfungsgemeinschaften, in denen sich Studenten gemeinsam auf eine Magisterprüfung vorbereiteten und ausgelassen ihren Erfolg feierten. Aus der Vielzahl der Scholaren rekrutierten sich die engeren Freunde. Diese Freundschaften, die zu Lebensfreundschaften wurden, entstanden oft dann, wenn Studenten zu Haus-, Tisch- oder gar Bettgenossen wurden. Sie entstanden auch etwa in der Ausübung musikalischer Tätigkeit oder bei der Aufführung von Schauspielen der antiken Literatur. Auch Sport- und Tanzveranstaltungen führten Gleichgesinnte zusammen, ganz abgesehen von den gelegentlich ausufernden Trinkgelagen. Die Studenten organisierten sich in Verbindungen wie etwa in der fragwürdigen Vereinigung der »Zyklopen«, die sich offenbar gegen den herrschenden Geist des Humanismus stellte.

Die auf Jahr und Tag erfolgte Eintragung in die Matrikel ist in der Regel der wichtigste Anhaltspunkt dafür, von welchem Zeitpunkt an ein möglicher Kontakt mit Rheticus erfolgt ist. Diese Rechnung geht aber nicht immer glatt auf. Wenn ein Student in eine Universitätsstadt einzieht, ist es für ihn nicht das vordringlichste Anliegen, sich vom Rektor in die Matrikel eintragen zu lassen, zumal er dafür auch meist eine Gebühr entrichten muss. Anderes ist wichtiger für ihn. Er muss sich, etwa durch den Verkauf seines Pferdes, Geld beschaffen, er muss sich eine Unterkunft suchen, etwa einen Platz in einem Kolleg oder eine Bude bei Bürgersleuten oder auch einen Tisch bei einem Professor. Erst dann schreitet er zur Immatrikulation. Oder auch nicht, wenn er sich das Geld für die Einschreibung ersparen will. Er trägt sich erst dann ein, wenn es unumgänglich geworden ist, etwa wenn bei der Anmeldung zu einer Prüfung ein Nachweis über die Immatrikulation gefordert wird. Ein ganz extremes Beispiel bietet Georg Forster (*Tinctoris*), der sich 1528 in die Heidelberger Matrikel eintragen ließ und dabei eingestehen musste, dass er viele Jahre die Vorlesungen besucht habe, ohne immatrikuliert zu sein (*intitulatus, cum multo tempore antea visitasset*)[50]. Widmanstetter studierte in den 1520er Jahren in Tübingen, Heidelberg und Basel, war aber in keiner dieser Universitäten immatrikuliert. Der Rektor musste daher den Studenten immer wieder einschärfen, dass sie sich immatrikulieren ließen.

Auch aus Wittenberg liegt eine solche Mahnung an die Studenten vor. Der Rektor Veit Oertel Winsheim ließ im Sommersemester 1540 einen vielsagenden Anschlag am Schwarzen Brett anbringen: *Audio advenisse plerosque scholasticos, qui fortasse ignari nostrae consuetudinis nondum ediderunt nomina apud Rectorem Academiae. Non est autem civile, in aliena urbe sine imperio et sine legibus vivere velle. Ideo mando, ut hospites illi ad me accedant ac promittant, se legibus nostris obtemperaturos esse. Erit et ipsis honestum, initio hoc specimen iustitiae et modestiae praebere in declarando studio erga magistratos*[51] (Ich höre, dass sehr viele Scholaren angekommen sind [in jenem Semester wurden 243 Studenten neu inskribiert], die vielleicht in Unkenntnis unseres Herkommens ihre Namen noch nicht beim Rektor der Universität bekannt gegeben haben. Es zeugt auch nicht gerade von einer guten Gesinnung, in einer fremden Stadt ohne Auftrag und ohne Gesetze zu leben. Daher ordne ich an, dass jene Gäste mich aufsuchen und das Versprechen abgeben, unseren Gesetzen zu gehorchen. Es wird auch für sie selbst schicklich sein, gleich zu Beginn dieses Zeichen der rechtlichen Stellung und der Fügsamkeit zu geben bei der Darlegung der Ergebenheit gegenüber Obrigkeiten und Gesetzen).

Eine andere Unsicherheit ist von daher gegeben, dass viele Studenten bei der Immatrikulation noch Kinder im Alter von 7, 9 oder 12 Jahren waren. Sie mussten erst einmal das als Unterrichtssprache verwendete Latein erlernen, ehe sie in der Lage waren, den Vorlesungen von Rheticus zu folgen. Diese Kinder können wir kaum in den Kreis der Schüler von Rheticus aufnehmen.

---

50 Töpke 1884, Bd. 1, S. 542.
51 Scripta publice proposita, Bd. 1, 1540-1553, Bl. G2r, BSB München, digital, Scan 103.

Einleitung

Die engeren Kreise

Auf der anderen Seite gibt es engere Kreise, die eine Zuweisung zum Freundeskreis des Rheticus erleichtern. Die Kreise müssen nicht unbedingt organisiert sein, sie können als lockere Vereinigungen offen sein. Zu erwähnen sind hier vor allem:

Der »Melanchthonzirkel«

Es ist im Rahmen einer Universität naheliegend, dass sich zu allererst die Vertreter eines bestimmten Faches zusammenfinden. Dieses Fach war in unserem Fall die Astrologie. Seit jeher war es ein auffälliger Befund, dass Wittenberg eine besonders große Zahl von Mathematikern, Astronomen und Astrologen hervorgebracht hat. Der neulateinische Dichter Nikodemus Frischlin (1547-1590) spricht in seinem Buch *De astronomicae artis cum doctrina coelesti et naturali philosophia congruentia* (Frankfurt/Main 1586) von *pene innumerabiles* (kaum zählbaren) Wittenberger Mathematikern.[52] Auf dieses Phänomen gründete der amerikanische Wissenschaftshistoriker Lynn Thorndike (1882-1965) in seinem achtbändigen Werk *A History of Magic and Experimental Science* erstmals 1941 seine These von einem Melanchthonzirkel in Wittenberg, in dem sich Melanchthons Partner, Kollegen, Schüler, Freunde und Briefpartner zusammenfanden. Nicht alle Mitglieder des Zirkels wohnten in Wittenberg, viele wohnten auch in Nürnberg, hatten aber doch Verbindungen zu Wittenberg, insbesondere zu Melanchthon.

Thorndike[53] beginnt die Liste der Mitglieder des Melanchthonzirkels mit Simon Grynäus, einem seiner ältesten Freunde, an den sich unmittelbar Rheticus anschließt, gefolgt von Joachim Camerarius d. Ä., Johannes Carion, Hieronymus Wolf, Jakob Milich, Achilles Pirmin Gasser, Kaspar Peucer, Michael Stifel, Erasmus Reinhold, Johannes Schöner, Joachim Heller, Erasmus Flock, Johannes Hommel, David Chyträus, Christoph Stathmion, Johannes Morsheymer und Hermann Wittekind. Diese Liste ist weder hinsichtlich der Reihenfolge der Aufzählung noch auch ihrer Vollständigkeit nach schlüssig. Wir lassen sie zunächst einmal so stehen, ohne auf die Persönlichkeiten im Einzelnen einzugehen, wozu später noch Gelegenheit sein wird. Wir gewinnen hier in jedem Fall einen ersten Einblick in einen Kreis von Gelehrten, die alle (bis auf die drei zuletzt genannten) für Rheticus von größerer Bedeutung gewesen sind.

Robert Westman hat 1975 Thorndikes Idee eines Melanchthonzirkels erneut aufgegriffen, diesen Kreis aber neu definiert. Die Astrologie tritt in den Hintergrund, in einem informellen Zirkel trafen sich unter der Führung Melanchthons Wittenberger Astronomen, die mit ihm die kopernikanische Theorie ablehnten. Auch bei Westman tritt Rheticus in den Vordergrund, in dem dieser durch seinen direkten Kontakt zu Kopernikus zum Kopernikaner wurde und damit aus der Gruppe ausscherte. Westman rechnet dem Zirkel andere Gelehrte zu: Philipp Apian, Jörgen Dybvad, Samuel Eisenmenger, Jakob Heerbrand, Johannes Hommel, Michael Neander, Johannes Praetorius, Friedrich Staphylus, Matthias Stojus, Viktorin Strigel und Thomas Erastus. Auch auf diese Namen werden wir später noch zurückkommen. Ob die These Westmans, dass es sich bei allen um Gegner der kopernikanischen Theorie handelt, zutrifft, lassen wir zunächst offen. In der Tat hat aber Rheticus 1542 einen offenen Bruch mit Wittenberg vollzogen, den er später sehr bedauert hat. Spannungen in dem von Westman beschriebenen Melanchthonzirkel mögen zu einer Erklärung dieses Bruchs beitragen.

Claudia Brosseder hat in ihrem Buch »Im Bann der Sterne« die beiden Modelle des Melanchthonzirkels von Thorndike und von Westman als Mythos entlarvt.[54] Dieser Mythos konnte sich deswegen bilden, weil die Universität Wittenberg in jener Zeit die bedeutendste Ausbildungsstätte

---

52 Zitiert nach BROSSEDER 2004, S. 11, Anm. 7.
53 Ich folge hier der Aufzählung von BROSSEDER 2004, S. 12.
54 BROSSEDER 2004, S. 11-17, besonders S. 17.

für Astrologen gewesen ist. Brosseder erweitert den Melanchthonzirkel um viele weitere Namen, teils ältere Astrologen wie das »Licht der Welt« Martin Pollich, Johannes Virdung oder Johannes Stöffler, teils neuere Gelehrte wie Martin Chemnitz, Georg Cracow, Paul Eber, Johannes Garcaeus d. J., Kaspar Gottschalck, David Herlitz, Martin Hosmann, Peter Hosmann, Kyriak Leovitz, Gervasius Marstaller, Christoph Pezel, Johannes Pfeyl, Georg Rollenhagen, Jakob Runge, Sigismund Schoerckel, Bartholomäus Schönborn, Johannes Stigel, Sebastian Dietrich, Nikolaus Winkler, dann auch Georg Caesius, Rudolf Goclenius d. J., Christopher Notnagel, David Origanus, Heinrich von Rantzau, Wolfgang Satler, Thomas Finck, Tilemann Stoltz, Veit Winsheim, schließlich noch Johannes Dryander, Gemma Frisius, Johannes Magirus, Simon Marius, Valentin Nabod, Nikolaus Pruckner, Thaddaeus Hayek und Leonhard Thurnheysser. Man könnte auch noch andere nennen, die wie die meisten hier Genannten Beziehungen zu Rheticus aufweisen, mögen auch einige von ihnen einer Zeit nach Rheticus angehören.

Die churrätische Landsmannschaft

Diese kommt auch darin zum Ausdruck, dass Marbach in dem amtlichen Vermerk zu seiner Magisterpromotion 1540 als *Iohannes Marbachius Lindoensis Rheticus*[55] aufscheint, so wie auch 1540 Reuchlins Verwandter *Antonius Reuchlinus Isnensis Rheticus*[56] oder 1541 *Matthaeus Brombisius Lyndaviensis Rheticus* und *Matthaeus Rodt Lindaviensis Rheticus*[57]. Man nimmt an, dass mit dem Zusatz »Rheticus« die Zugehörigkeit zu einer landsmannschaftlichen Fraternität zum Ausdruck gebracht werden sollte[58]. Zu diesem Kreis gehörten auch die Wittenberger Studenten Simon Lemnius Margadant *Rheticus* aus Santa Maria (Graubünden) und Johannes Hommel *Rheticus* aus Memmingen.

Der Wittenberger Dichterkreis

Die *Poetae*, die Dichter, nahmen bei der Ausbreitung des Humanismus an den deutschen Universitäten eine hervorragende Stellung ein. Sie konnten Professoren an der Artistenfakultät oder auch nur Studenten sein. Als vom Kaiser oder seinen Pfalzgrafen gekrönte *Poetae laureati* waren sie den Magistern gleichgestellt.

In den fingierten *Epistolae obscurorum virorum*, den Dunkelmännerbriefen unbekannter Gelehrter (Hagenau 1515, Köln 1516 und 1517)[59] berichtet einer von ihnen, ein der Scholastik verpflichteter Magister Philipp Schlauraff, in einem rhythmisch gefassten Brief an Ortwin Gratius von seiner Wanderung durch Deutschland, auf der er im Auftrag der Kölner Theologen die Universitäten besuchte und überall als Gegner des Humanismus von den *Poetae* übel traktiert wurde. Schlauraff trifft in Wittenberg auf die neulateinischen Dichter Georg Sibutus (1480-1528) aus Tannroda (heute Ortsteil der Stadt Bad Berka im Lkr. Weimarer Land, Thüringen), Philipp Engelbrecht (1490-1528) aus Engen (Lkr. Konstanz, Bad.-Württ.) und Balthasar Fabricius (1478-1541) aus Vacha (Wartburgkreis, Thüringen).

> »Schicke einen Teufel, dass er führe zum Galgen
> Poeten und Juristen, die mich heftig zwackten,
> Namentlich in Sachsen, wo ich die Logik studierte,
> Die mich Sibutus lehrte, der auch Medizin versteht,

---

55 Köstlin 1890, S. 12.
56 Ebenda.
57 Ebenda, S. 13.
58 Kraai 2003, S. 68.
59 Hübner 1996, S. 311.

> Dabei ein altes Weib hat, die gutes Bier verkauft.
> Auch ein Poet, der Balthasar von Facha heißt,
> Ist dort, des Quälerei mich arg geschmerzet hat.
> Dann Philippus Engentinus, der verdient noch größeres Minus.
> Er fing sofort einen Streit an, sodass ich von dort Reissaus nahm.«[60]

Alle drei Poeten hatten in Wittenberg studiert und dort auch die Poetik und Rhetorik (mit Logik) gelehrt. Sibutus und Engelbrecht waren nicht mehr da, als Rheticus sein Studium in Wittenberg aufnahm. Aber der von Kaiser Maximilian gekrönte P*oeta laureatus* Sibutus war immer noch ein Begriff, schon durch seine glorifizierenden Verse auf Wittenberg. Engelbrecht war Österreicher und ein Landsmann vom Bodensee, von dem er auch Kunde haben mochte, dass er 1512 unter dem Wittenberger Theologen Johannes Dölsch (1486-1523) aus Feldkirch zum Magister artium promoviert worden war. Einen unmittelbaren Kontakt dürfte Rheticus aber nur zu »Vach« gehabt haben, einem Freund Luthers und Melanchthons, der über Poetik und Rhetorik las, aber auch Gräzist war. Vach hatte Ulrich von Hutten während dessen Aufenthalt 1510/11 in Wittenberg beherbergt. Rheticus hat vermutlich unter Vach seine Lateinkenntnisse aufpoliert und dessen Vergilvorlesung gehört. Rheticus liebte, Vergil zu zitieren, etwa in seiner Rede über den Nutzen der Arithmetik (1536)[61], in bekannten Zitaten (1554)[62] oder in einem Brief an König Ferdinand I. (1557)[63].

Die Dunkelmännerbriefe waren indessen nicht überall günstig aufgenommen worden. Insbesondere gingen die wirklich Großen auf Distanz zu ihnen, nicht zuletzt auch Erasmus oder Luther.[64] Für Melanchthon lässt sich ganz allgemein sagen, dass er Gefallen an Gedichten hatte; aber in einem Brief an den Dichter Eoban Hessus (1488-1540) brachte er am 1. August 1537 zum Ausdruck, dass die Musik und die Poetik den Menschen um der Festigung der Religion willen gegeben sei. In treuer Gefolgschaft zu seinem Lehrer Melanchthon hat Paul Eber daher seine Dichtungen auf Kirchenlieder verlegt. Diese Tendenz zeigten auch andere Humanisten aus dem Melanchthonkreis. Selbst Lemnius, dessen satirische Gedichte Frauenliebe und das freie Burschenleben verherrlichten, schrieb ein Gedicht auf das Osterfest.

Mathematiker im 16. Jahrhundert

Habet nostra aetas multos eximios
artifices ac doctores mathematum[65]

Wertschätzung der Mathematik

Die Zeitgenossen hatten, wie man diesem Motto von Erasmus Reinhold entnehmen kann, eine hohe Wertschätzung für ihre Mathematiker. Die Mathematik war, nach der Theologie, die wichtigste Wissenschaft. Diese Wertschätzung der Mathematik bestand keineswegs immer, sie war eine Errungenschaft des Renaissancehumanismus, die den bis ins 16. Jahrhundert vorherrschenden scholastischen Traditionalisten abgerungen wurde. Vom Kampf dieser beiden Richtungen, in dem Leipzig eine Hochburg der Traditionalisten war, geben die Dunkelmännerbriefe einen Begriff. Man

---

60 Binder 1964, S. 139 f.
61 Burmeister 1967, Bd. 1, S. 29.
62 Burmeister 1968, Bd. 3, S. 121 f.
63 Ebenda, S. 137, 146.
64 Strauss (Hutten) 1914, S. 181.
65 Dt. Übers.: Unser Zeitalter hat viele ausgezeichnete Künstler und Lehrer der mathematischen Wissenschaften, Reinhold, Prutenicae Tabulae (Tübingen 1562), Bl. β2v.

feierte den Sieg des Renaissancehumanismus, Deutschland wurde zur Wiege der Mathematik[66] erklärt und erinnerte an Namen wie Peuerbach und Regiomontan, aber auch an Stöffler, Münster, Apian, Gemma Frisius, Reinhold, Rheticus, Hommel, Engelhardt, Schreckenfuchs, Dasypodius und viele andere mehr. Auch die Franzosen sind nicht zu vergessen, etwa Budé (1468-1540) oder Finé (1494-1555). In diesem Sinne preist Sebastian Münster die *excellentes mathematici, quos hodie habet Germania et Gallia*[67].

In den Zeugnissen, die Melanchthon verschiedenen Schülern von Rheticus und Reinhold ausgestellt hat, begegnen wir immer wieder der Formulierung, die an Platon anknüpft und den Sinn der Mathematik bzw. der Astronomie darin sieht, die Welt als Schöpfung Gottes zu erkennen. Melanchthon verwendet in einem Brief vom 8. August [1542?] gegenüber Hartmann, einem Wächter dieser göttlichen Weisheit, ähnliche Worte: Wo immer er könne, werde er nicht müde, die Jugend zu ermahnen, die mathematischen Wissenschaften aufzugreifen, zu lieben und zu lernen, um der Ehre Gottes willen und der vielfältigen Verwendungsmöglichkeiten im Leben[68]. Im Anschluss an Platons Phaedrus sieht Melanchthon in der Arithmetik und Geometrie die »Flügel des Geistes«, mit denen wir uns in den Himmel emporschwingen können[69]. »Wenn wir das Himmelsgewölbe mit seinen Sternen betrachten, so müssen wir an den Baumeister desselben denken. Wem sollte bei der festen Ordnung im Weltall nicht der Gedanke kommen, dass diese bewundernswerte Schöpfung nicht vergeblich eingerichtet und dass Gott nicht umsonst dem Menschengeschlecht die Kenntnis der Bewegung der Gestirne gegeben habe«[70]. In den zahlreichen Zeugnissen, die Melanchthon seinen Schülern ausgestellt hat, kehren regelmäßig Formulierungen wieder wie beispielsweise für Nikolaus Pulz *studiose didicit mathemata et dulcissimam doctrinam de coelestibus motibus*[71].

In der ständigen Wiederholung dieser Formulierungen durch Melanchthon spiegelt sich wider, dass der Kampf noch im vollen Gange war. Das wird beispielsweise an der Gestalt des heute vergessenen Leipziger Mathematikers und selbst in der Leipziger Universitätsgeschichte übergangenen Alexander Birkhamer deutlich, den man trotz seiner Lehrerfolge nicht hochkommen ließ. Als Melanchthon im Oktober 1537 beim Rat in Gotha ein Stipendium für seinen Schüler Engelhardt erwirken wollte, bat er seinen Freund Friedrich Mykonius um Hilfe und wies dabei auf das Beispiel Birkhamers hin. *Audi historiam* (höre Dir diese Geschichte an), schrieb Melanchthon, *Lipsiae ante annos triginta fuit homo excellenti doctrina in mathematicis, Magister Alexander. Is docuit multos feliciter. Scripsit librum, in quo omnes Aristotelis geometricas demonstrationes eruditissime enarravit, quem librum spero nos brevi edituros esse*[72] (in Leipzig ist vor dreißig Jahren ein Mann von ausgezeichneter Gelehrsamkeit in den mathematischen Wissenschaften gewesen: Magister Alexander. Dieser hat viele mit Glück unterrichtet. Er hat ein Buch geschrieben, in dem er alle geometrischen Beweise des Aristoteles mit größter Gelehrsamkeit dargelegt hat. Ich hoffe, dass wir dieses Buch in Kürze herausgeben werden). Trotz seiner Verdienste um die öffentlichen Studien wurde er in Leipzig nicht gefördert, vielmehr musste er nach Meißen ausweichen, wo er sich mit dem Schreiben von Liederbüchern und dem Verkauf von Tinte über Wasser halten musste. Manches an dieser Erzählung bleibt im Dunklen, so nennt Melanchthon nicht den vollen Namen; aber im Kern dürfte diese Geschichte stimmen.

Die Leipziger Artistenfakultät fasste am 14. April 1514 den folgenden Beschluss: *tota facultas statuit, quod lectoribus spere et mathematice non debeat in tantum praestari pro mercede, sed quilibet harum lectionum lector esse contentus in 14 flor. annuatim, ita quod pro mercede unius mutationis ha-*

---

66 Westman 2011, S. 168.
67 Münster, Organum uranicum, Basel 1536, S. 2.
68 CR IV, Sp. 853
69 Zitiert nach Hartfelder 1889, S. 189; vgl. dazu CR XI, Sp. 288.
70 Zitiert nach Hartfelder 1889, S. 191.
71 Strobel 1771, S. 119.
72 CR V, Sp. 415 f.

beat 7 flor. et non plus, quoniam huiusmodi lectores habent paucos auditores[73] (die ganze Fakultät hat beschlossen, dass den Dozenten der Astronomie und der Mathematik nicht so viel als Lohn gegeben werden soll, vielmehr jeder Dozent dieser Vorlesungen mit 14 Gulden im Jahr zufrieden sein soll, sodass er für jedes Semester sieben Gulden zu Lohn haben soll und nicht mehr, weil nämlich dieser Art Dozenten nur wenig Hörer haben). Die Auswirkungen zeigten sich recht deutlich vier Jahre später: Am 18. April 1518 schwanken die Gehälter der Dozenten zwischen 25 und 15 Gulden, wobei der *Lector sphere et arithmetice* Eisenmann mit 16 Gulden sein Auslangen finden musste[74], also an der unteren Grenze der Skala figurierte.

Nachdem man so Birkhamers Bezüge herabgesetzt hatte, las er statt der Mathematik Grammatik, studierte die Rechte und ließ sich zum Priester weihen. Er wurde somit zu einem Paradebeispiel für das in Leipzig umlaufende Wort, dass manchem Magister kaum mehr etwas anderes übrigblieb, als Dorfpfarrer zu werden *ader andere gerynge stende annemen*[75]. Konrad Wimpina deutete die Hintergründe dafür an:

> *Zu Leipzk regirt neyt und gunst,*
> *und selten die schulkunst*[76]

Ein Märchen? Die Pläne zur Herausgabe seines Buches konnten nicht verwirklicht werden. Aber diesen Magister Alexander gab es wirklich, er war sogar im Sommersemester 1516 Rektor Magnificus der Universität Leipzig. Zu seinen Schülern gehörten Johannes Volmar, Melchior Fendt oder Wolfgang Prunsterer, die sich in Wittenberg als Mathematiker einen Namen gemacht haben.

Kaspar Peucer hat sehr selbstbewusst eine *Series astrologorum usque 1550 ab condito mundo 5512* von der Erschaffung der Welt bis in die Gegenwart zusammengestellt, die mit Kopernikus endet.[77] Johannes Garcaeus d. J. hebt in seinem *Methodus astrologiae* (1576) unter den Beispielen der gelehrtesten Zeitgenossen am Rand jeweils die Mathematiker hervor, etwa Hommel (*Hic insignis fuit fuit mathematicus*), Leovitz (*Hic excellentissimus est mathematicus*), Johannes Sturion (*Hic fuit mathematicus et physicus*)[78]. Der Theologe Paul Eber, der sich selbst auch in den mathematischen Fächern engagiert hat, hat in seinem *Calendarium historicum* (Wittenberg 1550) die Geburtstage bzw. Horoskope zahlreicher Mathematiker überliefert. Er nennt Georg Peurbach, Johannes Regiomontan, Johannes Stöffler, Georg Hartmann, Johannes Schöner, Peter Apian, Nikolaus Kopernikus, Kaspar Cruciger, Jakob Milich, Gerolamo Cardano, Erasmus Reinhold, Georg Joachim Rheticus, Johannes Hommel, Valentin Engelhardt, Michael Stifel oder Kaspar Peucer. Auffällig ist, dass die Namen einiger bekannter Mathematiker fehlen wie beispielsweise Luca Gaurico, Thomas Venatorius, Jodocus Willich oder Gemma Frisius. Die jüngere Generation, d. h. Reinholds und Rheticus' Schüler, etwa Nikolaus Gugler, Heinrich Zell, Hieronymus Schreiber, Erasmus Flock, Joachim Heller, Sebastian Dietrich, Bartholomäus Schönborn u.a., konnte hier noch nicht vertreten sein.

Lange Zeit vor Peucer hatte Georg Tannstetter in seiner *Tabula primi mobilis Regiomontans* (Wien 1514) *Viri mathematici* mit ausführlichen Werkverzeichnissen zusammengestellt.[79] Er führte hier unter anderen Heinrich von Langenstein, Johannes von Gmunden, Georg Peurbach, Johannes Regiomontan, Johannes Stabius, Stephan Rosinus, Georg Ratzenberger, Jakob Ziegler, Johannes

---

73 ERLER, Bd. 2, S. 494.
74 Ebenda, S. 538.
75 BÜNZ 2008, S. 35, 38.
76 GESS 1894, S. 188.
77 PEUCER, Elementa doctrinae de circulis coelestibus et primo motu (Wittenberg 1551), VD 16 P 1984, BSB online, image 34.
78 GARCAEUS, Methodus astrologiae (Basel 1576), S. 158, 169, 190.
79 GRAF-STUHLHOFER 1996, S. 154-171.

Tscherte und sich selbst auf. Nicht nur Peter Apian[80], auch Jakob Milich[81], Achilles Pirmin Gasser[82], Michael Herr[83] zog es noch in den 1520er Jahren nach Wien, wo sie Tannstetter hörten.

Der Wittenberger Buchdrucker Gabriel Schnellboltz hat eine Sammlung *Warhaffte Bildnis etlicher gelarten Menner* (Wittenberg 1562) veröffentlicht, die auf seinen Lehrer Johannes Agricola (1494-1566) zurückging.[84] Diese mit Versen erläuterten Holzschnitt-Porträts sollten die in der klassischen Antike beobachtete Übung weiterführen, verdienten Persönlichkeiten *Statuas vnd Malzeichen* aufzurichten, um ihrer löblichen Taten eingedenk zu bleiben. Die Serie beginnt mit den Lehrern des Evangeliums, an ihrer Spitze Jan Hus, gefolgt von Luther, Melanchthon, Jonas, Cruciger, Bugenhagen, Eber, Förster, Major und dem Fürsten Georg III. von Anhalt, dessen jungen Neffen Joachim II. Ernst und Bernhard VII. das Büchlein gewidmet ist.[85] Eine zweite Reihe, die mehr vom Humanismus als von der Reformation geprägt ist, setzt ein mit Erasmus von Rotterdam, gefolgt von Eoban Hessus, Johannes Pfeffinger, Johannes Aepinus, Sebastian Fröschel, Jakob Milich, Erasmus Sarcerius und schließt – gänzlich unerwartet – mit einem Bildnis *des trefflichen Mathematici* Johannes Schöner. Viele der hier Genannten haben auch den Lebensweg von Rheticus mitgestaltet.

Es wäre vermessen, Georg Joachim Rheticus den großen Humanisten an die Seite zu stellen, einem Erasmus von Rotterdam, einem Melanchthon oder einem Kopernikus. Dennoch ist Rheticus, um mit den Worten zu sprechen, mit denen Charles Schmidt seine biographische Studie über Michael Toxites eingeleitet hat, »eine nicht unbedeutende Persönlichkeit, ein merkwürdiger Typus eines begabten, jedoch unsteten, von mancherlei Missgeschick heimgesuchten Gelehrten des 16. Jahrhunderts, der als Humanist und Poet seine Laufbahn begann, und sie endigte als Alchimist und paracelsischer Arzt«.[86] Diese Worte lassen sich mit kleinen Veränderungen auch auf Rheticus übertragen, auf den jedenfalls auch zutrifft, dass es hauptsächlich ein Lokal-Interesse ist, das eine ausführliche Schilderung kleinlicher Umstände seines Lebens rechtfertigt. Für eine kleine Stadt wie Feldkirch besteht ein großes Interesse daran, mit Stolz auf Rheticus zu blicken und ihn noch heute ihren Bürgern als Vorbild vorzustellen. So lag denn auch in allen meinen Rheticus-Darstellungen das Schwergewicht immer auf einem landesgeschichtlichen und nicht so sehr auf einem wissenschaftsgeschichtlichen Aspekt. Gerade die »kleinlichen Umstände« können dazu beitragen, eine Persönlichkeit genauer zu fassen; und wer sollte einen solchen Beitrag leisten, wenn nicht der Landeshistoriker? Die Bedeutung des lokalen Interesses wurde auch von den Humanisten erkannt. So versichert uns beispielsweise Bartholomäus Walther in seiner Biographie von Wolfgang Meurer, so wie Aristoteles seine Vaterstadt Stagira in Mazedonien bekannt gemacht habe, so hat auch Meurer seine wenig bekannte Heimat Altenburg in Thüringen berühmt gemacht (*patriam obscuram nobilitavit*).[87]

Definition der Mathematik

Johannes Garcaeus d.J. bemüht sich in der Vorrede zu seinem *Methodus astrologiae* (Basel 1576) um ausführliche Definitionen der mathematischen Fächer. Früher habe man alles als *Astrologia* bezeichnet, doch habe sich das geändert. Soweit sich die Wissenschaft mit den Bewegungen der Sterne, ihrer Position, ihrer Größe und ihrem Erscheinungsbild befasst, heißt sie Astronomie; die andere aber, die durch ständige Beobachtung die Wirkungen, Kräfte, Beschaffenheiten der Sterne

---

80 1519-1521; Witzlau, Reinhard, in: Röttel 1995, S. 28 f.; Günther 1882, S. 6 f.
81 1520-1524, Franck, J., in: ADB 21 (1885), S. 745.
82 1525-1527; Burmeister 1970, Bd. 1, S. 24-28.
83 1526-1527; Graf-Stuhlhofer 1996, S. 146-148.
84 VD 16 A 1040; BSB online.
85 Zu den Fürsten von Anhalt vgl. Scheible, MBW, Bd. 11, Personen, 2003, S. 72-75.
86 Schmidt 1888, S. V f.
87 Walther 1592, Bl. a recto, BSB online, Scan 21.

betrachtet und von daher die Ursachen der Luftveränderung, der Temperamente und Neigungen in den menschlichen Körpern berechnet, wird Astrologie genannt.[88]

Die Mathematik mit ihren Teilgebieten definierten u.a. Stephan Reich, wie Rheticus selbst Schüler von Melanchthon, Volmar, Milich und Cruciger. Reich schreibt in den Prolegomena zu seinem Kommentar zu Hesiods ἔργα και ημέρας (Leipzig 1580): *Quot sunt partes mathematicae? Quinque sunt Arithmetica, Geometria, Musica, Astronomia et Astrologia*[89] (Die Mathematik hat fünf Teile: Arithmetik, Geometrie, Musik, Astronomie und Astrologie). Es folgen Definitionen dieser fünf einzelnen Teile: Die Arithmetik, Rechenkunst, von ἀριθμός (Zahl), erforscht und erklärt die Natur und Eigenschaften der Zahlen. Die Geometrie, Visier- oder Meßkunst, von γη (Erde) und μετρειν (messen), betrachtet und erklärt die Größen, Gebilde und Grenzen oder misst deren Größen. Die Musik, von μουσα (Lied), erforscht Wesen und Eigenarten der Melodien oder sie ist die Kunst des Singens, Singerei oder Singkunst. Die Astronomie, von ἄστρον (Stern) und νόμος (Gesetz), ist die Wissenschaft von den Bewegungen der Sterne und deren Gesetzen, ihrer Ordnung, Stellung, Größe, Entfernung von der Erde, ihrer Begegnung, der Finsternisse, insoweit wie menschlicher Geist folgen kann. Die Astrologie erforscht und offenbart der Sterne Kräfte, Beschaffenheiten, Tätigkeiten und Wirkungen, welche sie durch ihre Bewegung, Licht, geheimen Einfluss, wie man sagt, oder eine besondere Kraft in Bewegung setzen und bewirken.

Eine andere Definition bietet Hartmann Beyer (1552) an. Die Mathematik umfasst vier Disziplinen, nämlich – das Quadrivium – Arithmetik, Geometrie, Musik und Astrologie, die zusammen mit – dem Trivium – der Grammatik, Rhetorik und Dialektik die sieben freien Künste bilden. Er definiert im Anschluss daran die vier einzelnen Wissenschaften Arithmetik, Geometrie und Musik und fährt dann fort: *Astrologia, quae ab astris nomen habet, veteribus comprehendebat Astronomiam et eam partem, quam nunc speciali nomine Astrologiam vocamus. Est igitur Astronomia doctrina, quae per Geometriam et Arithmeticam divinitus inquirit et demonstrat varios motus, magnitudines ac distantias corporum coelestium et quae omnes diversitates et vicissitudines apparentiarum in planetis et reliquis stellis aluat. Astrologia vero specialis est doctrina, quae ex stellarum virtute, natura et situ diversos motus qualitatis et quantitatis in corporibus, muationes atque effectus praedicit*[90] (Die Astrologie, die ihren Namen von den Sternen [*astra*] ableitet, umfasste nach altem Verständnis die Astronomie und deren Teilgebiet, das wir heute als Astrologie in einem engeren Sinn bezeichnen. Demzufolge ist die Astronomie eine Wissenschaft, die durch die Geometrie und die Arithmetik infolge göttlicher Fügung die verschiedenen Bewegungen, Größenverhältnisse und Entfernungen der Himmelskörper erforscht und darstellt und was alles diese Verschiedenheiten und Wechselwirkungen der Beschaffenheiten in den Planeten und übrigen Sternen hervorruft. Astrologie in engerem Sinne aber ist die Wissenschaft, die aus der Kraft, aus der Natur und aus der Lage der Sterne die verschiedenen Bewegungen der Qualität und der Quantität in den Körpern, die Veränderungen und Wirkungen voraussagt).

Konrad Dasypodius hat im Anhang zu seiner *Oratio de disciplinis mathematicis* ein *Lexicon mathematicum* in griech. Sprache veröffentlicht. In diesem Buch, das nach der gängigen Definition in die vier Teile Arithmetik, Geometrie, Astronomie und Musik eingeteilt ist, stellt er die Begriffe dieser einzelnen Disziplinen aus der antiken Literatur vor (Straßburg: Nikolaus Wiriot, 1579, im Kolophon irrtümlich 1573)[91].

Gemäß den oben angeführten Definitionen umfasste auch in den Bibliothekskatalogen die Mathematik alle diese Fächer. Der 1534 von Herzog Albrecht als Bibliothekar angestellte Felix König (Rex), genannt Polyphem, wies dem Schrank IX die folgenden Wissensgebiete zu: *Cosmographia,*

---

88 GARCAEUS 1576, Bl. a3v.
89 REICH, Hesiod (Leipzig 1580), VD 16 H 2717; BSB online, image 38.
90 BEYER (Hg.), Johannes de Sacrobosco, Quaestiones novae in libellum de sphaera (Frankfurt/Main 1552), BSB online, image 23.
91 BSB München, digital.

Astronomia, Geographia, Geometria, Arithmetica, Musica, Chiromantia[92]. Der Wittenberger Katalog von 1536 trennt die griechischen *Mathematici, Cosmographi, Geographi* von den lateinischen.[93]

Symbole und Wappen

Als Schutzgöttin der Wissenschaften galt allgemein die Muse der Philosophie Kalliope, dargestellt mit Schreibtafel und Griffel. Für die Astronomie kannte man die Muse Urania[94], dargestellt mit Himmelskugel und Zeigestab. Die Musik stand unter der Obhut der »liederreichen« Polyhymnia, deren Attribut die Leier war. Man findet die Symbole dieser Musen gelegentlich auf den Titelblättern der Bücher, die den mathematischen Wissenschaften gewidmet sind. Hier kamen auch noch weitere Musen hinzu, etwa die Astronomia[95], die Astrologia[96], die Arithmetica[97], die Geometria[98] und die Musica[99]. Im Vordergrund steht aber die von den Astronomen immer wieder angerufene Urania. Pontanus stellt eine Anrufung der Urania an die Spitze seines Lehrgedichtes *Urania sive de stellis* (Florenz 1514), Camerarius folgte ihm darin in seinem Gedicht über die Finsternisse (Basel 1540)[100]. Der Urania widmete auch der Rostocker Mathematiker und Arzt Gerard Nennius im Rahmen eines Epithalamiums an David Chytraeus Verse, abgedruckt in *De Chreichgoia oratio* (Wittenberg: Crato, 1562)[101].

Zum Selbstverständnis der Mathematiker gehört der Wunsch, es den Vorbildern in der Antike oder auch solchen in der Gegenwart gleichzutun und sich mit entsprechenden Titeln zu schmücken oder schmücken zu lassen. Man war sich einig, dass die Fortschritte in der Mathematik vor allem darauf beruhten, dass man auf die griech. Mathematiker zurückgriff, die man jetzt im Original las und nicht mehr in den tradierten lateinischen Übersetzungen. Ein frühes Beispiel ist der Leipziger Mathematiker Konrad Töckler, genannt *Noricus* († 1530). Auf seinem Holzepitaph in der Paulinerkirche konnte man lesen: *Decus fuit nec Astrorum in peritia Ptolemeo nec Medica in sapientia vel ipsi Aescolapio cessit*[102] (er stand in der Astronomie Ptolemäus und in der Medizin sogar dem Äskulap nicht nach). Paracelsus übernahm für sich den Namen des griechischen Botanikers und Naturforschers Theophrastos von Eresos. Rheticus feierte Kopernikus als *nostrae aetatis Hipparchus*[103]. Unter dem Porträt Apians auf dem Holzschnitt von Tobias Stimmer[104] heißt es:

> *Gaudeat aerisonus Ptolemaei nomine Nilus:*
> *Certe Germanis sum Ptolemaeus ego.*

Auf einem andern Stich heißt es über denselben Apian:
> *Germanus merito diceris Archimedes*[105].

---

92 Thielen 1953, S. 127.
93 Kusukawa 1995, S. xxxii sowie 120-125 und 125-131.
94 Abb. bei Mahlmann-Bauer 2003, S. 261;
95 Abb. bei Röttel 1995, S. 134, Vorlage Gregor Reisch. Margarita philosophica, Freiburg 1502 Titelholzschnitt zum Liber precum publicaum, London 1604.
96 Liebers 1999, S. 306, Vorlage Georg Peurbach, Theoricarium novarum, 1515.
97 Abb. bei Reich, Karin 2003, S. 219; Titelholzschnitt zum Liber precum publicaum, London 1604.
98 Ebenda.
99 Titelholzschnitt zum Liber precum publicaum, London 1604.
100 Ludwig 2003, S. 110, Anm. 57.
101 BSB München, digital, Scan 133-136.
102 Stepner 1675, S. 10, Nr. 38.
103 Burmeister 1968, Bd. 3, S. 138.
104 Abb. bei Pollet 1969, S. 315.
105 Röttel 1995, S. 52.

Als deutscher Archimedes galt auch Johannes Stöffler[106]. Ebenso wurde Kaspar Borner als Archimedes gesehen[107]. Konrad Gesner nennt sich auf einem Stich *Plinius alter*. Lemnius lobt Rheticus als den zweiten Ptolemaeus[108], während Ramus in ihm den zweiten Kopernikus sieht[109]. Zurückhaltender ist Konrad Dasypodius, er erwähnt beiläufig *quidam Erasmum Rheinholdum, quem alterum Ptolemaeum fere nominassem* (einen gewissen Erasmus Reinhold, den ich fast einen zweiten Ptolemaeus genannt hätte)[110]. Auch der Kosmograph Jakob Ziegler wurde als *Germaniae nostrae alter Ptolemaeus* gefeiert[111]. Sebastian Münster wird in einem durch seine Kosmographie verbreiteten Epitaph der deutsche Strabo genannt. Melanchthon, der schwäbische Sokrates, lobte den Juristen Hieronymus Schürpf als Papinian oder Ulpian[112]. Und der Arzt Pieter Capeteyn wird in seiner Grabschrift mit Galen verglichen.

Das hohe Ansehen, das die Mathematiker in der Gesellschaft hatten, äußert sich nicht zuletzt in Wappenverleihungen und Erhebungen in den Adelsstand. Prachtvolle Wappenbriefe erhielten zum Beispiel am 20. Juli 1541 Peter Apian[113], am 28. April 1548 Rheticus[114], am 4. August 1559 Joachim Heller[115], am 2. November 1561 Melchior Ayrer, am 22. Mai 1566 Kaspar Peucer.[116]

In den Wappen von Mathematikern bzw. in deren Helmzier begegnen uns einschlägige Motive der Mathematik. Ein Holzschnitt aus einer Krakauer Druckerei des 16. Jahrhunderts zeigt eine Armillarsphäre mit einem Astronom und seinen Schülern; zwischen ihnen befindet sich ein Wappen mit einem sechsstrahligen Stern[117]. Man erwartet im Wappen eines Mathematikers oder Astronomen denn auch einen Stern oder ein verwandtes Symbol. Michael Mästlin zeigt in seinem Wappen das Brustbild eines Astronomen mit einer Armillarsphäre[118]. Georg Tannstetter führt in seinem Wappen einen sechsstrahligen Stern[119], desgleichen Kaspar Peucer einen sechsstrahligen goldenen Stern in blauem Feld, Wolfgang Lazius kennt ebenfalls einen sechsstrahligen Stern, Kaspar Brusch zwei sechsstrahlige Sterne[120]. In einem Lübecker Druck von 1518, der *Praxis pace* des Priesters Simon Grothe aus Pommern erscheint ein Wappen mit Sonne, Mond und zwei Sternen, bedeckt mit einer Bischofsmütze[121]. Johannes Copp führt im Wappen einen Hahn, der auf einem Halbmond mit menschlichem Gesicht steht, darunter ein sechsstrahliger Stern (1520)[122]; der Hahn ist ein Symbol des Sonnenaufgangs, auch das Wappentier des Äskulap, des Gottes der Heilkunst. Das Wappen von Adam Ries zeigt im Andreaskreuz eine Neunerprobe mit den Zahlen 2 und 4[123] bzw. 3 und 6[124], das von Nikolaus Medler im Andreaskreuz eine Neunerprobe mit den Zahlen 3 und 6[125]. Burkhard Mithobius führt in seinem Wappen in Blau zwei in ein Andreaskreuz gelegte silberne Anker,

---

106 HALLER 1927, Bd. 1, S. 312.
107 FELLER 1686, BSB digital, Scan 59 f.
108 MUNDT 1996, S. 92
109 WESTMAN 2011, S. 168.
110 DASYPODIUS, Hypotyposes (Straßburg 1568), Widmungsbrief an Landgraf Wilhelm IV. von Hessen-Kassel.
111 HORAWITZ 1874, S. 165.
112 SCHAICH-KLOSE 1967, S. 35.
113 KOCH, Günther, Ein Brief und seine Geschichte, in: RÖTTEL 1995, S. 47-52 (mit farbiger Abb.).
114 BURMEISTER 2006, S. 151.
115 FRANK 1970, Bd. 2, S. 184.
116 KOCH 2002, S. 122 f. (mit farbiger Abb.).
117 ESTREICHER 1974, S. 94.
118 CELLIUS 1981, Bd. 1, S. 84.
119 GRAF-STUHLHOFER 1996, Abb. 13, 16 und 17.
120 BEZZEL 1982, S. 412, Abb. 5 und 6; HORAWITZ 1874, S. 171, Anm. 2.
121 KOKOTT, Wolfgang, in: MÜLLER 1993, S. 281 f., Nr. 114 (mit Abb.).
122 WALDE, Copp, 1937, S. 84 (Abb.).
123 Titelblatt von RIES, Adam, Rechnung nach der lenge, auff den Linihen vnd Feder (Leipzig: Jakob Berwalt, 1550), VD 16 R 24^15, BSB online, image 5; Briefmarke der deutschen Bundespost 1959 zum 400. Todestag.
124 Briefmarke der deutschen Bundespost 1992 zum 500. Geburtstag.
125 REICH 2003, S. 140, Abb. auf dem Umschlag und auf dem Titelblatt.

überhöht von einem goldenen Stern. Im Exlibris von Melchior Ayrer erscheinen vier Putten, von denen zwei Globen tragen, eine hält ein Buch, eine vierte eine Säulchensonnenuhr[126]. Im Wappen von Joachim Heller erscheint das Sternbild des Pegasus. Ein Stern über einem liegenden Halbmond erscheint im Siegel des mathematisch interessierten Frauenburger Domherrn Georg Donner (Testamentsvollstrecker von Kopernikus)[127]. Einen eigenwilligen Weg geht Johannes Wittich, dessen Wappen als Sinnbild der Heilkunst eine nackte Frau mit einem Kreuz in der Hand auf der Erdkugel sitzen zeigt, die ein Lamm streichelt, das vor einem Lebensbaum steht[128].

Ein Symbol der Mathematik, insbesondere der Geometrie, ist der Zirkel, von lat. *circulus* = Kreisbahn[129]. Mit großer Regelmäßigkeit finden wir ihn auf Landkarten. Es ist nicht möglich, diese hier alle aufzuführen; einige wenige Beispiele mögen für viele stehen, etwa die Deutschlandkarte von Sebastian Münster 1525 oder die Karte von Preußen von Heinrich Zell 1542. Der Zirkel erscheint auch in Buchdruckersigneten, etwa bei Christoph Plantin[130].

Peter Apian widmete sein *Instrumentum primi mobilis* (Nürnberg: Joh. Petreius, 1534) dem Augsburger Bischof Christoph von Stadion *ob illustrationem suae familiae insignium.*[131] Das Wappen von Rheticus weist als Helmzier auf *aines Mans Prustbild one Arme Inn ainem gelben claide, langem grawen bart vnd abgestutztem haar, habend auf seinem haupt ain gelbe oder goldenfarbe Haidnische Cron.* Dieses Mannsbild erinnert an den *Morosophus* des Gnapheus, der als Astrologe auftritt, indem er sich einen Bart stehen lässt und mit einem langen Mantel kleidet. Der Mantel ist gelb und bringt so den Astrologen mit der Magie in Verbindung, die heidnische Krone deutet auf einen antiken Astronomen hin und damit wohl auf Ptolemäus. Eine ähnliche Helmzier mit einem bärtigen Brustbild schmückt auch das Wappen von Tannstetter.

Einzelne Mathematiker haben sich nicht mit einem mathematischen Symbol in ihrem Wappen begnügt, sondern haben ihren Namen verändert. Das war Akademikern besonders leicht gemacht, weil sie ohnehin danach strebten, ihren Familiennamen in einen lat. oder griech. klingenden Gelehrtennamen umzuwandeln. Auch Rheticus hat ja seinen ital. Namen *de Porris*, dt. *von Lauchen*, durch Rheticus ersetzt. Der Humanist und Jurist Martin Prenninger, der in seinem Briefwechsel mit dem Neuplatoniker Marsiglio Ficino häufig auf den gestirnten Himmel zu sprechen kam, suchte für sich den Gelehrtennamen *Uranius* aus[132]. Der Name *Uranius* fand als Übersetzung für Himler weite Verbreitung, so etwa 1558 in einem *Epithalamion* auf die Tochter eines Georg Himler, *praefectus* in Wassertrudingen (Lkr. Ansbach, Mittelfranken, Bayern)[133]. Der Humanist Johannes Jäger (1480-1545), der als einer der Verfasser der Dunkelmännerbriefe gilt, nannte sich Crotus Rubianus nach dem Sternbild des Schützen, in dem er geboren war; das Sternbild heißt bei Columella *Crotos*, bei Hyginus *Croton*[134]. Ein anderes Beispiel bietet der Astronom Tilemann Stoltz, der seinen Namen in Tileman *Stella* (»Stern«) änderte. Bernart Wigbolt legte sich zeitweise den Namen *Arcturus* zu, den er als Anagramm aus der Matrikeleintragung *Bernhardus vigboldt*[135] herausgelesen hatte:

---

126 Wolfangel 1957, S. 32.
127 Thimm 1973, S. 50.
128 Abb. bei Hafemann 1956, S. 72.
129 Presas i Puig, Albert, Der Zirkel als Weltbild, in: Hantsche 1996, S. 41-73.
130 Van Hemminga 1583, Titelblatt.
131 Apian, Instrumentum (Nürnberg 1534), BSB online, image 9; vgl. dazu die Abb. 10 und 11 bei Folkerts, Menso, in: Röttel 1995, S. 227 sowie ebenda S. 330 f., Ziff. 10,41.
132 Zeller, Wolfgang, Der Jurist und Humanist Martin Prenninger gen. Uranius (1450-1501), Tübingen: Mohr, 1973, S. 75-79.
133 Clemen/Koch 1984, Bd. 5, S. 199; weitere Beispiele bei Zeller 1973 (wie vorige Anm.), S. 77.
134 Allen 1963, S. 352.
135 Förstemann 1841, Bd. 1, S. 143b.

Einleitung

A	Bernh **A** rdus vicboldt
R	Be **R** nhardus vicboldt
C	Bernhardus vi **C** boldt
T	Bernhardus vicbold **T**
U	Bernhard **U** s vicboldt
R	Bernha **R** dus vicboldt
V	Bernhardus **V** icboldt
S	Bernhardu **S** vicboldt

Der Stern Arcturus liegt im Sternbild des »Bärenhüters«, weshalb auch sein Vorname »Bernhard« für die Wahl von *Arcturus* sprach: »Bernhard«, zusammengesetzt aus »Bär« (ahd. bero, mhd. bër) und »hart« (ahd. hart, asächs. hard = stark), bedeutet »bärenstark«. Eine ähnliche Bedeutung hat auch »Wickbold«; es bedeutet »mutig im Kampf«. Beide Namen, »Bernhard« und »Wigbolt« entsprechen den Vorstellungen, die Griechen und Römer vom *Arcturus* hatten: Aratos nennt *Arcturus* δεινός (schrecklich, hart), Horaz *saevus* (schrecklich) und Plinius *horridum sidus* (schrecklicher Stern). Bei Plautus sagt der personifizierte Stern über sich selbst: *vehemens sum, cum exorior, cum occido vehementior* (ich bin schrecklich, wenn ich aufgehe, und noch schrecklicher, wenn ich untergehe)[136]. Die Seeleute sahen in ihm den Ursprung für Stürme.

Eine Reihe von Mathematikern wurden auch zu Hofpfalzgrafen ernannt, so etwa Sabinus 1533, Apian am 20. Mai 1544, Hommel am 28. November 1553. Dieses Ehrenamt gab ihnen das Recht, Wappen zu kreieren und zu verleihen.

Zahlenrätsel

Dem Anagramm vergleichbar sind die Zahlenrätsel. Auch in ihnen spiegelt sich die Begeisterung für die Mathematik.

Der Dichter Kaspar Brusch schlug 1542 Rheticus einige Texte vor, die unter das von Schenck gemalte Porträt gesetzt werden sollten; einer dieser Texte lautete: *Bis natus duo lustra fui et bis quattuor annos* (ich war zweimal zwei Zeiträume von fünf Jahren und zweimal vier Jahre alt)[137]. Beispiele anderer Art bieten Melanchthon und Paul Eber[138].

Ein Leitbild des Mathematikers

Sucht man nach einem Leitbild des Mathematiklehrers, so findet man ein solches besonders eindrucksvoll bei dem außerhalb unseres Kreises stehenden Theodor Graminaeus, Professor der Mathematik in Köln, der 1573, also noch zu Rheticus' Lebzeiten, gegenüber seinen Dienstherren versichert, er habe gar nichts an sich *lassen mangeln, sondern allen müglichen fleiß, mühsamkeit angewendet, dardurch die junge Leuth, so dem Studio von jren Eltern vnd Verwandten (nicht on grosse kosten) zugeeignet, der freyer Künsten, so mir zu lehren befohlen, gutte fundament vnd wissenschafft haben kündten, dann was für mühe vnnd fleiß die ware Mathematica erfordert, ist allen gelehrten, so den namen sampt der geschickligheit haben, gar wol bekannt, dieweil sie mit sicheren vnd warhafftigen zeugnissen erwiesen vnnd erklert wird, auch für ein wares fundament vnd grundfest aller wissenschafft bey den alten gelehrten Philosophen Pythagora, Platone vnd Aristotele gehalten worden ist, daher sie dann als die rechte kunst, so alle andere vbertreffe, den namen der lehr oder wissenschafft vberkommen hat, dann der nam* μαθήσεως, μαθήματος, μαθηματικης *ist ein nam der lehr, alo heist* μανθάνειν *lehrnen,* μαθητής

---

136 Zitate nach ALLEN 1963, S. 99 f.
137 DILL/JENNY 2002, S. 262.
138 CR, Bd. 10, Sp. 615.

ein junger oder schüller, vnnd nicht ein nam, wie etliche grobe vnerfahrne, tölpische eselsköpff, so mir offtermal fürkommen, der mir da die verbante vnnd verfluchte, abgöttische vnd teuffelische Magiam oder zauberkunst bezeichne vnd fürtrage.[139] Graminaeus bemüht sich hier nicht nur darum, seine eigenen Leistungen in das rechte Licht zu rücken, sondern er deutet auch das Bemühen seiner Generation an, die Mathematik von den Praktiken der Magie zu lösen und auf den Boden einer wahren Wissenschaft zu stellen, ja sie sogar zur wahren Wissenschaft schlechthin zu erklären.

Rheticus schlägt ähnliche Töne an wie Graminaeus, wenn er in der Vorrede zu seiner Wittenberger Arithmetik-Vorlesung von 1536 den Studenten rät: *Es kommt sehr viel darauf an, in den Vorlesungen die Arithmetik beständig einzuprägen und zu wiederholen, die sowohl sehr große Nutzanwendungen im ganzen Leben hat als auch im besonderen ein Eingang zur Philosophie ist und einen Zugang zum vorzüglichsten Teil der Philosophie, die Himmelskunde betreffend, eröffnet. Deshalb muss man sich sorgfältig Mühe geben, dass die Jugend sie nicht vernachlässigt. Es baten mich aber unsere Präzeptoren, dass ich diese Kunst wegen ihres Nutzens für die Studenten öffentlich lehre. Ich versprach daher, damit sich meine Tätigkeit nicht dem gemeinen Nutzen entzieht, dieses Werke auf mich zu nehmen.*[140]

Die Mathematik hat über den wissenschaftlichen Bereich hinaus auch noch andere Aufgaben zu erfüllen. Nicht nur die Professoren und Studenten der Artes liberales befassen sich mit der Mathematik, vielmehr beschäftigt diese auch den gemeinen Mann, der kein *Latinus* (Lateiner) ist. So steht dem Hauptwerk von Michael Stifel, der lateinischen *Arithmetica integra* (Nürnberg: Joh. Petreius, 1544) eine *Deutsche Arithmetica* (Nürnberg: Joh. Petreius, 1545) zur Seite. Stifel hat auch eine Reihe weiterer Rechenbücher für den gemeinen Mann geschrieben. Und auch viele andere Mathematiker der Zeit weisen eine derartige Doppelspurigkeit auf, indem sie sich mit lateinischen Büchern an die Wissenschaftler und mit deutschen Darstellungen an die Laien richten. So hat auch der berühmte Rechenmeister Adam Ries mit dem in deutscher Sprache abgefassten Lehrbuch *Rechenung auff der linihen und feder*, das seit 1522 wenigstens 120 Auflagen erlebt hat, einen großen Leserkreis von Laien angesprochen, insbesondere die Handwerker und kaufmännischen Lehrlinge.

Die Mathematik, insbesondere die Astrologie, richtete sich im 16. Jahrhundert in weit höherem Maße an große Teile der Bevölkerung als das vielleicht heute der Fall ist. Vielen galt die Astrologie als *Medicinae magistra*, als Lehrmeisterin der Medizin.[141] Die Menschen richteten sich Jahr für Jahr in ihrem täglichen Leben nach den verschiedensten Kalendertypen. Aus den Wandkalendern, Bauernkalendern, Almanachen, Praktiken oder Prognostiken erfuhr man Hinweise auf die Mondphasen und Tierkreiszeichen, Konjunktionen, Sonnen- und Mondfinsternisse, auf das zu erwartende Wetter, medizinische Ratschläge, die Sonntagsevangelien, Termine für kirchliche Feste oder weltliche Gedenktage, Termine für Märkte oder Messen, usw. Eine nicht unwichtige Funktion hatten diese Kalender aber, weil sie auf mögliche Strafen Gottes aufmerksam machten und die Menschen zu einer gottgefälligen Umkehr (*retraite*) auffordern sollten.

Die Kalender verwenden durchwegs die gleichen Symbole und Zeichen, sodass auch des Lesens und Schreibens Unkundige die Angaben verstehen konnten, auch Analphabeten konnten damit wirksam angesprochen werden. Ein Almanach war häufig nur auf ein einzelnes Blatt beschränkt und zwang zur Sparsamkeit in der Verwendung von Zeichen. Sternchen und Kreuze stehen für medizinische Eingriffe (Aderlassen, Baden, Einnahme von Arzneien). Man setzte aber auch Piktogramme und bloße Buchstaben ein. Eine Schere deutet darauf hin, an welchen Tagen man Haare oder Nägel schneiden soll. Die richtigen Termine für das Pflanzen und Säen werden mit einem Kleeblatt oder einer Gabel zum Ausdruck gebracht. Ein Jagdhorn weist auf die Termine für die Jagd, den Fischfang oder das Vogelstellen hin. Weiter geben drei Münzen an, wann man etwas kaufen oder verkaufen

---

139 GRAMINAEUS, Theodor, Erlerung oder Außlegung eines Cometen (Köln: 1573); VD 16 G 2799, SLUB Halle, online.
140 Übersetzung von DESSAUER 2003, Teil 2 (Übersetzung und Kommentar), S. 3 f.; ebenda auch der lat. Originaltext in Teil 1 (Handschrift und Transkription), Bl. 2r und 2v.
141 GRAF-STUHLHOFER 1996, S. 146–149.

soll; ein Schuh, wann man sich auf Wanderschaft begeben soll, ein Schiff, wann man auf dem Wasser fahren soll. Buchstaben bezeichnen schließlich das Wetter: K heißt kalte Luft, S Schnee, ein rotes W Gewitter, ein schwarzes W Wind, ein rotes R Reif, ein schwarzes R Regen, D Donner, F Feuchtigkeit, H Hagel.[142] Solche Symbole stehen auch heute noch in vielen Kalendern in Gebrauch. Ein Kalendarium der Vorarlberger Landes- und Hypothekenbank AG für 2012 enthält auf S. 124 unter der Überschrift »Mondzeichenerklärung« eine Übersicht über die heute gängigen Symbole.

Sehr häufig mussten die Käufer dieser Kalender allerdings die Erfahrung machen, dass die Vorhersagen nicht zutrafen. Der Besitzer eines *Prognosticons auf 1546* von Achilles Pirmin Gasser hat durch sein ganzes Exemplar immer wieder die Bemerkung *falsum* (falsch) angebracht.[143] Wie die meisten Astronomen schützte sich Gasser gegen etwaige Vorwürfe mit der Bemerkung, dass die Wirkung jedes einzelnen astronomischen Ereignisses durch andere himmlische Faktoren verändert oder gar aufgehoben werden könne. Mögen auch Gestirne den Menschen regieren, dennoch regiert sie Gott.[144] Die Allmacht Gottes steht über allem: *Nam fata movere Deus, tollere fata potest*[145] (denn Gott kann Schicksalsschläge in Bewegung setzen, er kann sie aber auch aus dem Weg räumen). Aus dem weit gespannten Interesse an der Astrologie mag ein kurzer Dialog hervorgegangen sein, den Carion zum Jahr 1543 aufgeschrieben hat: *Aber es schreyen alle Narren, Lieber Astronome, wenn wils einmal Guot werden? Den antwort jch, Nymmer*[146]. Solche Dialoge finden wir beispielsweise auch bei van Hemminga: *Dic quaeso oculatissime Astrologe; dic quaeso astrologe; quaeso ... o Gaurice, aut quisquis es oculatior es astrologe*[147].

Die Astrologie war wegen ihrer häufigen Irrtümer nicht ganz unumstritten. Ungeachtet der im italienischen Humanismus aufkommenden Kritik an der Astrologie blieb Melanchthon unbeirrt ihr Anhänger. Luther verachtete die Astrologie als *heidnische Kunst*. Diese lehre nicht, was man wirklich wissen wolle, etwa Zeit und Ort des Todes; sie bleibe ein *eitel* Räthlinswerk. Das Thema wurde zwischen Luther und Melanchthon häufig diskutiert; Luther blieb bei seiner Ablehnung. *Dass Astrologia ein gewiss Erkenntnis und Kunst sei, wird mich Philippus noch niemand bereden*[148]. In den Biographien vieler Astronomen finden wir, dass sie ihre Nativitäten und Praktica vor allem des Gewinns wegen pflegten. Kepler hat dafür größtes Verständnis gezeigt. Er sah in der *Astrologia ein närrisches Töchterlin* der Astronomie. Aber wo bliebe die Mutter, *die hochvernünftige Astronomia*, wenn sie diese närrische Tochter nicht hätte: *seind der Mathematicorum salaria so gering, dass die Mutter gewisslich Hunger leyden müsste, wann die Tochter nichts erwürbe*[149].

Sachiko Kusukawa hat in einem Beitrag »Andreas Nolthius's Almanach for 1575« am Beispiel des Kalenders eines Rheticusschülers die große volkstümliche Bedeutung dieser Gattung der astronomischen Literatur dargestellt. »They informed, shaped and guided the everyday lives of a large number of people. Calendars, as a genre of applied astronomy, are one of the most common and popular forms in which astronomical knowledge was consumed in early modern society"[150]. Luther aber blieb dabei, dass man zu solchen Vorhersagen einer Wissenschaft nicht bedürfe, auch die Bauern wüssten, *dass man im Sommer nicht Schnee* [in den Kalender] *setzt noch Donner im Winter, im Lenz pflügen und säen gegen den Herbst einernten*[151].

---

142 Hieronymus 1997, Bd. 1, S. 472-474, Nr. 177 (Sebastian Münster, Almanach für 1533).
143 Exemplar in Kraków, Biblioteka Jagiellońska, Signatur Matematyka 668; vgl. Burmeister 2003, S. 108.
144 Melanchthon anlässlich der Mondfinsternis vom 28. Oktober 1547, in: Bauer 1998, S. 175 f.
145 Kaspar Peucer, in: Bauer 1998, S. 169.
146 Carion, Bedeutnus vnd offenbarung warer himlischer influentz (Nürnberg: Georg Wachter, 1540), SLUB Halle, digital, image 20.
147 Van Hemminga 1583, S. 114, 138, 160.
148 Zitiert nach Hartfelder 1889, S. 195.
149 Zitiert nach Hartfelder 1889, S. 197.
150 Kusukawa 2011, S. 91-110, hier S. 105.
151 Zitiert nach Luthers Tischreden bei Hartfelder 1889, S. 195.

Zwischen den wissenschaftlichen Mathematikern und volksnahen Rechenmeistern lagen einige Autoren, die sich speziell an die Studenten gewandt haben. Ein Beispiel ist Andreas Perlacher in Wien, dessen *Commentaria ephemeridum* (Wien: E. Aquila, 1551) seien, wie es fast etwas großsprecherisch hieß, *ad usum studiosorum ita fideliter conscripta, ut quisque absque praeceptore, ex sola lectione integram inde artem consequi possit* (für den Gebrauch der Studenten so zuverlässig geschrieben, dass aus ihnen jeder auch ohne Lehrer allein durch die Lektüre die ganze Wissenschaft begreifen könne).

Die Lehrstühle und Vorlesungen

Für die Zeit, in der Rheticus wirkte, war der doppelt besetzte Lehrstuhl in den mathematischen Wissenschaften die Regel. Dieses Modell hatte sich zuerst wohl an der Universität Wien durchgesetzt, von wo es nach Wittenberg übernommen wurde. Der Stoff wurde auf zwei Professoren aufgeteilt; zudem war zwischen den Anfängern (Bakkalaureanden) und Fortgeschrittenen (Magistranden) zu unterscheiden. Demnach war die Aufgabenteilung zwischen Reinhold und Rheticus seit ca. 1536 folgendermaßen festgelegt.

VORLESUNGEN IN WITTENBERG (seit 1514)[152]
    Sommersemester für Bakkalaureanden
Computus ecclesiasticus (kirchliche Kalenderrechnung)
Sphaera mundi nach Johannes de Sacrobosco
    Wintersemester für Magistranden
Bücher aus *Euklid* nach dem Kommentar des *Proklos*[153] oder
Arithmetik nach Johannes de Muris (Jean de Meurs) oder
Musik, *Speculum musicae*, nach Johannes de Muris[154] oder
Theoricae planetarum nach Georg Peuerbach

Es gab aber neben diesem festen Programm Spielräume für weitere Vorlesungen. Und überdies konnten weitere Themen auch privatim vorgetragen werden.

Als die Universität Leipzig, wo Rheticus 1542 bis 1551 tätig wurde, seit 1540 im Sinne der Reformation umgestaltet wurde, machte Melanchthon für die Gestaltung des Faches Mathematik einen an dem Wittenberger Muster orientierten Vorschlag, der dann in den Folgejahren von Kaspar Borner und seiner Kommission auch umgesetzt wurde. *Mathematicae duae, quarum altera tradenda et subinde repetanda sunt elementa, ut Arithmetica, libelli de Sphaera, et Secundus Plinii, ad alterum Theoricae planetarum et Ptolemaei libri pertinent* (Mathematik doppelt, von denen die eine die Grundlagen vorträgt und von Zeit zu Zeit wiederholt, wie die Arithmetik, die Bücher über die *Sphaera*, das zweite Buch der Naturgeschichte des Plinius, zum anderen gehören die Theorien der Planeten und die Bücher des Ptolemaeus)[155].

Die Lehrbücher

Die öffentlichen und privaten Vorlesungen stützten sich auf Lehrbücher. Sie gingen wohl aus dem Wunsch hervor, die mühsam erstellten Kolleghefte zu ersetzen, an denen oft mehrere Studenten gleichzeitig schrieben; sie standen auch nur in einer geringen Stückzahl zur Verfügung. Ein solches

---

152 Nach Kathe, S. 39 f.
153 Scheible 2007, S. 31 (1526).
154 Schlüter 2010, S. 345
155 CR III, Sp. 1134-1136.

Kollegheft ist aus dem Besitz von Achilles Pirmin Gasser bekannt, stammt aber nicht aus dessen Wittenberger Studienzeit, sondern wurde von ihm erst nachträglich 1530 erworben; es enthält einen *Computus Nurembergensis,* Texte aus dem *Almagest* des Ptolemäus, die *Regula falsi,* astronomische Tafeln, Omas (Aomar) *De imbribus,* ein *Prognosticon* des Johannes de Lubeck, diverse Nativitäten, Texte von Bernhard Manlechen, Petrus Gaszowiec, Albert von Brudzewo, Peurbach u.a.[156] Ein anderes »Kollegheft«, entstanden in Wittenberg 1522-1524, aus Gassers Besitz, enthält Drucke griechischer Klassiker (Demosthenes, Lukian, Plutarch, Platon, Aristoteles, Thukydides) mit handschriftlichen Bemerkungen nach den Vorlesungen von Melanchthon.[157] Beispiele für solche Kolleghefte kennen wir von den Rheticusschülern Nikolaus Gugler oder Hieronymus Hesperg. Bemerkenswert ist auch eine Freiburger Kommentierung von Aristoteles' *Naturalis Philosophia* (Freiburg: Joh. Faber Emmeus, 1540), die 1549/50 von dem Feldkircher Studenten Bartholomäus Metzler nach Vorlesungen von Heinrich Glarean, Apollinaris Burckhart und Valentin Pistoris handschriftlich vorgenommen wurde.[158]

Die Lehrbücher (*Libri scholastici*) hatten den Vorteil, dass sie in großer Zahl zur Verfügung gestellt werden konnten. Auch konnte man bei ihnen davon ausgehen, dass sie von den vortragenden Dozenten autorisiert waren und von diesen regelmäßig in den *Intimationes* oder in den Vorlesungen selbst auch empfohlen wurden. Rheticus wies in der Ankündigung seiner Arithmetikvorlesung darauf hin, es seien hier in Wittenberg bei »Josippon« (Joseph Klug) unlängst Elementarbücher zur Arithmetik und Geometrie veröffentlicht worden; diese werde er in seiner Vorlesung erklären.[159] Ganz wesentlich war auch, dass die Studenten diese Lehrbücher um einen wohlfeilen Preis erwerben konnten. In der Regel waren sie auch zur Papierersparnis im Oktavformat gedruckt.

Zur Vorlesung gehörte in der Regel ein handgeschriebener oder ein gedruckter Text. Ein Beispiel bietet Erasmus Reinhold, der in der Ankündigung seiner Arithmetikvorlesung darauf hinweist, er habe dem Wunsch der Studenten nach dieser Vorlesung *ob inopiam exemplarium* (mangels Büchern) nicht entsprechen können. Nun aber sei auf seine Veranlassung hin der *Libellus Arithmeticus* des Gemma Frisius neu gedruckt worden (Wittenberg 1542), sodass er darüber ein Privatkolleg halten könne. *De loco et pretio facile conveniam cum meis auditoribus* (Über Ort und Preis werde ich mich mit meinen Hörern leicht einigen können). Er werde nächsten Sonntag um 12 Uhr im Hörsaal des *Collegium vetus* beginnen, *ut exemplaria possint interea comparari, quae quidem cras, ut puto edentur et apud Mauricium reperientur. Huic porro libello adiungant studiosi Epitomen Arithmeticam Glareani et si qui alii videbunter* (damit die Studenten in der Lage sind, sich in der Zwischenzeit Exemplare zu beschaffen, die, wie ich glaube, morgen herauskommen und bei Moritz zu haben sind. Diesem Büchlein können die Studenten auch den Abriss der Arithmetik Glareans hinzufügen oder was ihnen sonst unterkommt).[160] Um dieselbe Zeit kündigte er eine Vorlesung zur Geographie des Ptolemaeus an und empfahl dazu seinen Schülern, *ut emant Ptolemaei libellos, qui iam parvo pretio vendunter et parvos typos universales* (dass sie die Büchlein des Ptolemaeus kaufen, die schon um einen geringen Preis zu haben sind, und kleine Weltkarten).[161]

Diese Lehrbücher waren nicht nur in Wittenberg, sondern häufig auch an anderen Universitäten eingeführt. Der Messekatalog der Offizin Peter Braubachs in Frankfurt/Main, der zur Frankfurter Buchmesse 1555 erschienen ist, enthält eine eigene Rubrik *Libri scholastici*. Hier findet man, um nur einige Beispiele zu nennen, die *Grammatica graeca* von Melanchthon (in der Überarbeitung von Joachim Camerarius), die griech. Grammatik des Lonicerus, die griech. Grammatik des Johannes

---

156 HOLDER 1895, Bd. 3, S. 124-127.
157 PREISENDANZ 1926, S. 35 f.
158 BURMEISTER, Karl Heinz, Nachschrift einer Aristoteles-Vorlesung an der Universität Freiburg durch Bartholomäus Metzler von Feldkirch 1549/50, in: Montfort 59 (2007), S. 103-120.
159 DESCHAUER 2003, S. 2v.
160 SPP 1553, Bd. 1, BSB online, images 69-71.
161 Ebenda, image 74.

Metzler, Hesiods ἔργα και ημέρας mit den Scholien Melanchthons, Ciceros *De senectute*, *De amicitia*, *Paradoxa* und *Somnium Scipionis* mit den Scholien von Melanchthon und Johannes Bernhardi (Velcurio), Hartmann Beyers *Quaestiones in sphaeram Ioannis de Sacrobosco*, des Justinus *Historia* mit den Scholien von Georg Major, Tacitus' *Annales*, Valerius Maximus mit den *Scholien des Milichius*, Johannes Carions *Chronica*, Ovids *Fasti* mit den Scholien Melanchthons. Aus dem Rahmen fällt, schon durch das Folioformat, Giovanni Boccaccios *De claris mulieribus*.

Großen Erfolg mit seinen Schulbüchern hatte Lukas Lossius, die auf der Unterrichtsmethodik von Melanchthon aufbauten. Lossius verfasste sie für alle Fächer der *Artes liberales* (Grammatik, Dialektik, Rhetorik, Arithmetik, Musik). Als Lateinschullehrer wandte sich Lossius mit seinen Schulbüchern, die er *pueriles libelli* nannte, vor allem an jüngere Knaben, weniger an Studenten. Schon auf den Titelblättern finden sich Hinweise wie *ad usum scholarum 'quas vocant Triviales' breviter selecta et contracta*[162] oder auch *ad usum puerorum in breves interrogationes contracta*. Melanchthon lobte in einer Vorrede diese Methode von Lossius einer Kürzung des Stoffes und Einkleidung desselben in ein Frage- und Antwortspiel. *Utilissimum est pueritiae exercere eam per erotemata Nam hoc mutuo colloquio excitatur attentio* (es ist überaus nützlich, die Jugend durch Fragen einzuüben; denn dieses wechselseitige Gespräch entfacht Aufmerksamkeit). Ziel des Unterrichts in der lat. Grammatik ist es, die Schüler in der Handhabung des Lateins in Wort und Schrift einzuüben. Die Lehrbücher »wollen auf kürzestem Wege ihre Schüler zu guten Lateinern machen«.[163] Was Lossius für seine Schule in Lüneburg zu erreichen suchte, das verfolgte auch Nikolaus Medler mit seinen Schulschriften für die Schule in Hof. Auch er sprach alle Fächer der *Artes liberales* an (Arithmetik, Astronomie und Geometrie, Musik, lat. Grammatik, Dialektik, Rhetorik, hebr. Schrift).[164] Auch in Medlers Titeln finden wir ähnliche Formulierungen wie *captui tyronum accommodata, in gratiam studiosae iuventutis, per quae puer facillime omnia memoriter in digitis invenire potest, pro pueris incipientibus coniugare*.

Auch Johann Konrad Ulmer, ein Rheticusschüler, wollte mit seinem Lehrbuch über Sonnenuhren *De horologiis sciotericis* (Nürnberg: Joh. Berg und U. Neuber, 1556)[165] die Jugend ansprechen; denn Münsters *Horologiagraphia* (Basel 1533) sei an verschiedenen Stellen nur schwer verständlich.

Es gibt eine Reihe von Beispielen dafür, dass die Studenten sich die an sie gerichteten Lehrbücher auch beschafft haben. Ein Beispiel dafür liefert der Student Simon Wilde, der 1540 mit der Übersendung einer Preisliste seinen Onkel und Förderer Stephan Roth um Geld für Schulbücher anging:

Loci communes Philippi legati	vj gr.
Dialectica Caesarij	ij gr.
Physica Velcurionis	4 gr.
Dialectica Philippi	xxj d.
Dialectica Vuillichij	ij gr.
Commentarius de anima Philippi	xxxij d.
Biblia	xv gr.

Wir erfahren zugleich, dass Wilde auch genau die entsprechenden Vorlesungen belegt hatte, etwa die *Dialectica Caesarii*, die *Dialectica Philippi*, die *Physica Velcurionis* (gelesen von Veit Amerbach). Die Bibel brauchte er, da Melanchthon über den Propheten Daniel las. Das Schulbuch zur *Dialectica* Melanchthons hatte Wilde zwar in einer älteren Auflage in Besitz. Bei einem Vergleich mit

---

162 Lossius, Erotemata dialecticae et rhetoricae (1545), Titelblatt.
163 Hartfelder 1889, S. 275 f.
164 Vgl. dazu im Einzelnen die Bibliographie Medlers von Reich/Schönemann 2003, S. 167-171.
165 Zinner 1964, Nr. 2166, digital bei e-rara.ch.

der neuen Auflage würden aber Zweifel aufkommen, ob beide vom selben Autor stammen, *adeo multa sunt apposita et immutata* (so vieles sei hinzugekommen oder abgeändert). Wilde ist sich dessen bewusst, von seinem Onkel viel zu fordern. *Miraris forte multitudinem, sed quid sine libris discere possum? Sunt hercle omnes hi scholastici libri* (Du wunderst Dich vielleicht über die große Zahl der Bücher, aber was kann ich ohne Bücher lernen? Bei Gott, dies alles sind Schulbücher). Und an anderer Stelle des Briefes wiederholt er: *Quid igitur in lectione sine libris agerem? Idem quod miles in pugna sine armis, et oleum et operam perderem* [166] (Was könnte ich auch in der Vorlesung ohne Bücher machen? Es wäre dasselbe wie ein Soldat im Kampf ohne Waffen, Lampenöl und Mühe wären umsonst). Die Sorgen eines Studierenden finden hier ihren lebhaften Ausdruck.

Der Student Georg Tanner, immatrikuliert in Wittenberg 1543, später Gräzist und Jurist in Wien, kaufte mehrere Arithmetikbücher, darunter Rheticus' *In Arithmeticen praefatio* (1536), die er später zusammenbinden ließ und vermerkte: *Sequentes libellos arithmeticos iuvenis comparavi, et studiose audivi* (die folgenden Arithmetikbücher habe ich in meiner Jugend beschafft und fleißig gehört).[167] Gehört haben konnte er sie aber nur in einer Vorlesung.[168]

Der Mathematikunterricht

Im Mittelpunkt des Mathematikunterrichts standen die öffentlichen und privaten Vorlesungen der Professoren. Der Student musste die Hauptvorlesungen wenigstens zweimal hören, einmal vor der Bakkalaureatsprüfung, zum anderen vor der Magisterprüfung. Häufig wurde aber auch am Nachmittag oder sogar sonntags eine *Repetitio* (Wiederholung) angeboten, in der der Stoff wiederholt wurde.

Die Vorlesungen waren aber nur ein Teil des Unterrichts. Weitere Wesentliche Bestandteile waren auch praktische Übungen, insbesondere die nächtlichen Beobachtungen des Sternenhimmels. Melanchthon hat 1541 Stigel zu einer nächtlichen Sternbeobachtung mitgenommen.[169] Diese war kein Einzelfall. 1605 konnten Johannes Major und Dr. med. Georg Henisch das Augsburger Bauamt dazu bewegen, den Turm bei der Stadtbibliothek höher aufzumauern, *damit wann neue stern und meteora sich am himel erzeigen, man den horizonten sehen künde*.[170]

Einen Einblick in den Mathematikunterricht zur Zeit Volmars gewährt uns Nikolaus Medler, der 1523 in Wittenberg immatrikuliert wurde. Es wird berichtet, dass Medler in diesem Rahmen eigene astronomische Geräte gebaut hat, »zum Beispiel ein Instrument zur Bestimmung des Standes von Gestirnen bzw. zur Darstellung des Haupthimmelkreises sowie einen ‚planisphärischen Quadranten', ein Gerät, mit dem ein Gestirn anvisiert wurde, um seine Durchgangshöhe zu messen«.[171]

Mathematik und Musik

Johannes Wittich hat der Musik im menschlichen Leben einen besonderen Stellenwert eingeräumt; im Rahmen der Gesundheitsvorsorge gelten fünf Prinzipien, um sorgenfrei zu leben: *Das Wort Gottes, ein gutes Gewissen, die Musica, ein guter Wein und ein vernünftig Weib*[172]. Die Pflege der Musik hat Rheticus und seinen Schulgesellen sehr am Herzen gelegen. Und so finden wir unter ihnen einen Georg Forster, den berühmten Sammler weltlicher Lieder, Paul Eber und viele andere Dichter von Kirchenlieder, die heute noch gesungen werden; Komponisten wie Joachim Heller oder Mats Hack.

---

166 BUCHWALD 1894/1902, S. 86.
167 Zitiert nach BURMEISTER 1967/68, Bd. 1, S. 127 f., dort auch dt. Übers.
168 Ebenda.
169 BROSSEDER 2004, S. 16 f., hier besonders auch S. 16, Anm. 25.
170 Stadtarchiv Augsburg, Bauamt, Rechnungsbelege 83 (1593-1611), Bl. 108r.
171 HOHENBERGER 2003, S. 23; ZINNER ²1967, S. 37.
172 HAFEMANN 1956, S. 67.

Mathematik und Medizin

Aus einer Krakauer Druckerei des 16. Jahrhunderts stammt ein Holzschnitt mit einer bildlichen Darstellung der Medizin und der Astrologie, überschrieben *Nos ambae unum sumus* (wir beide sind eins)[173]. Kopernikus und Paracelsus, Gasser und Rheticus sind nur Beispiele für die enge Zusammengehörigkeit der beiden Fächer Mathematik und Medizin. Petra Schachtner hat die im 16. Jahrhundert verbreiteten Doppelkarrieren als Mathematiker und Mediziner am Beispiel von Johannes Dryander näher beleuchtet. Jeder Student hatte sich, bevor er Medizin studieren konnte, im Rahmen des Quadriviums mit dem Studium der Mathematik zu befassen. Für viele Sudenten blieb das Mathematikstudium nur eine Zwischenstufe auf dem Weg zu ihrem eigentlichen Berufsziel, viele aber ließen sich auch für die mathematischen Studien begeistern und blieben so in diesen Fächern hängen, ehe sie sich »der lukrativeren und prestigeträchtigeren Medizin zuwandten«. Es bestanden »gerade zwischen Mathematik und Medizin auch enge inhaltliche Beziehungen, wie sie sich vor allem in der an protestantischen Hochschulen vertretenen iatromathematischen Ausrichtung aufzeigen lässt, die eng mit der Universität Wittenberg und der Wissenschaftsphilosophie Philipp Melanchthons verbunden ist. Nicht wenige Verfasser von astrologisch-heilkundlichen Schriften unterschrieben ihre Werke und Korrespondenz denn auch selbstbewusst als ‚Medicus et Mathematicus', um ihr ‚ganzheitliches' Verständnis des menschlichen Körpers auf der Grundlage der Lehre umfassender Beziehungen zwischen Makro- und Mikrokosmos und der *astrologia naturalis* zu bekunden«[174].

Auch im Hochschulunterricht lagen die Fächer Mathematik und Medizin eng beisammen. In einem Gutachten zur Gründung der Universität Königsberg schlug Johannes Briesmann 1540 für die medizinische Fakultät zwei Ordinanarien vor, die mit 300 bzw. 200 Gulden dotiert sein sollten, und formulierte weiter: *In mathematicis oder astronomia. Einen, der auch daneben in medicinis etwas lese. Den wird man unter 1 ½ [hundert] gulden, so er tapfer gelert, nicht erheben.*[175] Dieser Vorschlag wurde später auch nach Möglichkeit umgesetzt. Bartholomäus Wagner, berufen 1544, war Mathematiker und Mediziner, desgleichen Balthasar Schneider, berufen 1551, und der Rheticusschüler Matthias Stoj, berufen 1553.

Die im 16. Jahrhundert rasant fortschreitenden neuen Erkenntnisse führten jedoch dazu, dass es immer schwieriger wurde, zwei Wissenschaften auf einmal zu beherrschen. Ein Beispiel dafür ist der Mathematiker und Arzt Georg Pylander. Es stand für ihn fest, dass jeder Mediziner auch Astronomie und Mathematik, Klimatologie und Geographie betreiben müsse. Doch »als er sein Lebensziel, ein tüchtiger Mediziner zu werden, klar vor sich sah, warf er alles, was ihm im Wege stand und hinderlich sein konnte, bei Seite und stürzte sich ganz und gar in seine medizinischen Studien. Denn – so schrieb er einmal an [Stephan] Roth – wer sich in einer Wissenschaft eine vollkommene und gründliche Kenntnis erwerben will, der dürfe nichts nebenher treiben«[176]. Er bat 1537 den Kurfürsten um ein Stipendium, um zur Fortsetzung seiner medizinischen Studien nach Italien und Frankreich zu reisen, *nicht aus Fürwitz oder als ob er an seinen Herren und Praezeptoren zu Wittenberg einen Mangel verspürte, sondern weil man dort in der Arznei gar leichtlich was sunderliches hören, sehen und erfahren könne*[177]. Solche Gedanken mochten auch Rheticus bewegt haben, als er zur Vollendung seiner mathematischen Kenntnisse 1539 Kopernikus und 1545 Cardano aufsuchte und dabei mehrmals für jeweils zwei bis drei Jahre seine akademische Tätigkeit unterbrach.

---

173 Abb. bei Estreicher 1974, S. 95.
174 Schachtner 1999, S. 789 f..
175 Tschackert 1890, Bd. 2, S. 393, Nr. 1224.
176 Clemen/Koch 1987, Bd. 8, S. 102.
177 Clemen/Koch 1987, Bd. 8, S. 103.

Viele zeitgenössische Gelehrte waren gleichzeitig Astronomen und Ärzte. Die lange Reihe beginnt mit Kopernikus und Paracelsus. Dazu gehören der Engländer Thomas Linacre, Begründer des Humanismus in England, der Franzose Michel Nostradamus, der Italiener Girolamo Cardano, die Niederländer Gemma Frisius und Pieter Capiteyn, der Däne Christiern Morsing, der Österreicher Wolfgang Lazius, der Slowene Andreas Perlach, der Tscheche Tadeáš Hajek, der Zürcher Stadtarzt Christoph Clauser, der St. Galler Bürgermeister Joachim Vadian, Rheticus' Lehrer Achilles Pirmin Gasser, Melchior Fendt, Jakob Milich, Johannes Carion, Johannes Dryander, Burckhard Mithobius, Michael Toxites, Balthasar Klein, Andreas Aurifaber und Rheticus, dessen zahlreiche Schüler und Freunde wie Melchior Ayrer, Hieronymus Schreiber, Erasmus Flock, Nikolaus Gugler, Simon Wilde, Philipp Bech, Matthias Stoj, Valentin Engelhardt, Kaspar Peucer, Johannes Sturion, Paul Praetorius, Moritz Steinmetz, Isaak Schaller, Sebastian Dietrich, Bartholomäus Schönborn, Melchior Jöstel, Viktorin Schönfeld, Bartholomäus Wagner, Balthasar Schneider, Christoph Meurer, Paul Fabricius, Nikolaus Winkler, Bartholomäus Reisacher, Jan Brożek. Zu erwähnen sind auch Erasmus Reinhold d.J., Ambrosius Rhode d.Ä., Ambrosius Rhode d.J. Man könnte diese Reihe endlos fortsetzen.

Mathematik und Hebraistik

Norbert Hofmann hat für Tübingen die Beobachtung gemacht, dass Hyltebrand und Schickart Mathematik u n d Hebräisch lehrten, wobei er als eine Erklärung vermutet, dass beide Fächer ähnliche Begabungsschwerpunkte verlangten.[178] In der Tat ist das Nebeneinander von Mathematik und Hebraistik sehr verbreitet. Es geht hier nicht darum, dass *homines trilingues* ein besonderes Interesse an der Mathematik gezeigt hätten, sondern dass eine Reihe von Gelehrten beide Fächer gleichwertig unterrichtet und auch in beiden Fächern publiziert haben. Hier dürfte an erster Stelle der in Valencia und später in Salamanca lehrende Hebraist Jeronimo Munoz zu erwähnen sein, der als einer der bedeutendsten Astronomen Spaniens im 16. Jahrhundert gilt. Weitere Beispiele sind Konrad Pellikan, Sebastian Münster, Kaspar Cruciger d.Ä., Paul Eber, Erasmus Oswald Schreckenfuchs, dessen Sohn Laurentius Schreckenfuchs; Matthäus Blochinger, 1560-1565 Rheticus' Nachfolger auf dem Lehrstuhl für niedere Mathematik, wechselte 1565 (bis 1571) auf die Professur für hebräische Sprache. Er war vor allem durch sein Theologiestudium zur hebräischen Sprache gelangt.

---

178 HOFMANN 1982, S. 132.

Colloquia Oder Tischreden Doctor Martini Lutheri. Titelblatt, S. 3.
Hrsg. Luther, Martin ; Lauterbach, Anton ; Aurifaber, Johann
Franckfurt am Mayn 1568
© Bayerische Staatsbibliothek München, digital, 977386 2 Th.u. 65 977386 2 Th.u. 65

COLLOQVIA Oder Tischreden Doctor Martini Lutheri / so er in vilen

Jaren / die Zeyt seines Lebens / gegen Gelehrten Leuthen /
Auch frömbden Gesten vnd seinen Tischgesellen geführet. Darin̄ von allen Artickeln vnser Religion /
Auch von hohen stücken / Fragen vnd Antwort / Item viel merklichen Historijs / vnd sonst
von allerley Lehre / Trost / Rath / Weissagung / Warnung vnd verma-
nung / Bericht vnd vnterricht zu finden.

Anfencklichs von M. Anthonio Lauterbach zůsamen getragen / Hernacher in gewisse
Locos Communes verfaßet / vn̄ auß viel anderer Gelehrter Leut Collectaneis gemehret

Durch Johannem Aurifabern.

Weiter ist auch hinzů kommen ein Newer Anhang / etlicher Tischreden / So der Thewre Mann Gottes / D.
Martin Luther / gegen Gelarten Theologis vnd Pfarrherrn / kurtz vor seinem End vnd seligen Abscheid auß
dieser Welt / geführet hat / sampt vielen Trostschrifften / Sendbriefen / Auch Historien / Antworten auff vielfaltige
Fragen / Bericht von den fürnembsten Heubtstücken Christlicher Religion / an gůthertzige Christen zum mehr-
theil geschrieben / vnd auch Mündtlichen geredt. Jetzunder auffs Newe auß vielen geschriebenen Büchern zůs-
sammen getragen / vnd allen Pfarrherrn / Studiosis / zů dienst vnd wolgefallen;

Durch einen liebhaber der Theologia an Tag geben.

Getruckt zů Franckfurt am Mayn / im Jar M. D. LXVIII.

# Personenlexikon

Rheticus, Georg Joachim, 1514–1574

Sicque statues de te eruditum quemque in Gallia virum,
ut de praestantissimo aetatis nostrae mathematico et sentire et loqui
(und so wirst du feststellen, dass jeder Gebildete in Frankreich über dich denkt und spricht,
als seiest du der vorzüglichste Mathematiker unserer Zeit)
Jacques Calon de La Porte (1563)

Georg Joachim Rheticus (Iserin, de Porris, von Lauchen), geboren am 16. Februar 1514 in Feldkirch (Vorarlberg, Österreich), gestorben am 4. Dezember 1574 in Kaschau (Košice, Slowakei), luth., Astronom, Mathematiker, Arzt (Paracelsist), Künder des kopernikanischen Weltbildes.
In Wittenberg findet man in der Fleischerstraße Nr. 4 eine der in der ganzen Stadt verbreiteten Gedenktafeln[1] mit der Inschrift

GEORG JOACHIM RHETICUS
1514-1574
Mathematiker, Mediziner
Universitätsprofessor

Georg Joachim Rheticus[2] war der Sohn des humanistisch gebildeten Arztes Georg Iserin. Der Vater Georg Iserin wurde 1528 durch ein Gericht in Feldkirch wegen Hochstapelei, Diebstahls, Betrugs und Zauberei zum Tode verurteilt und mit dem Schwert hingerichtet. Georg Joachim Iserin, wie Rheticus' Taufname ursprünglich lautete, nahm danach den Namen seiner Mutter Thomasina de Porris an, einer adligen Dame aus der Lombardei. In Wittenberg wurde er unter diesem Namen de Porris in die Matrikel eingetragen[3]. Am 27. April 1536 wird er im Zusammenhang mit seiner Promotion zum Magister artium erstmals mit seinem Gelehrtennamen Rheticus bezeichnet. Beispielgebend dafür war vermutlich sein Freund und Landsmann aus dem Churer Bistum Simon Margadant Lemnius aus Santa Maria, der sich bereits ein Jahr früher am 14. April 1535[4] den Beinamen *Rheticus* zugelegt hatte. Der Name sollte auf ihre gemeinsame Heimat Rätien hindeuten. Der Name de Porris, abgeleitet vom italienischen porro = Lauch, wurde vielfach auch in der deutschen Übersetzung als Lauch oder von Lauchen wiedergegeben.

Von Mitte September bis Mitte Dezember 1521 lebte Rheticus in einem Feldlager der St. Galler Landsknechte bei Mailand, die im Begriff waren, zusammen mit spanischen und italienischen Truppen die von den Franzosen besetzte Stadt zurückzuerobern; sein Vater diente dort als Dolmetscher. Hier begegnete Rheticus erstmals auch dem Feldkircher Maler Wolf Huber. Nach dem Tod seines Vaters besuchte Rheticus 1528 bis 1531 die Frauenmünsterschule in Zürich. Hier kam er früh mit der Reformation in Berührung. Um diese Zeit begegnete er auch dem großen Paracelsus.

Im Herbst des Jahres 1531 erschien der – später so genannte – Halleysche Komet. Kein zeitgenössischer Naturwissenschafter hat es versäumt, diesen Stern zu beobachten und zu beschreiben: Paracelsus, Gasser, Apian, Schöner, Johannes Vögelin, Johannes Brotbeyel (München), Johannes Carion (Menz, Landkreis Oberhavel, Brandenburg), Gemma Frisius (Leiden), Girolamo Fracastoro (Verona) oder Michael von Vislicza (Krakau). Vermutlich wurde Rheticus durch Paracelsus und durch Gasser auf diese Naturerscheinung gelenkt. Wie Rheticus selbst berichtet, ging seine Lebensplanung nicht dahin, Astronom zu werden. Vermutlich wollte er eine kaufmännische Lehre machen, zu der ihm seine Italienischkenntnisse eine gute Voraussetzung boten. Aber Gasser lenkte ihn durch seine Beobachtungen des Halleyschen Kometen auf die Astronomie und schickte ihn zu seinem ehemaligen Lehrer Melanchthon, der Rheticus vollends zum Studium der Astronomie brachte. Kurz bevor er sein 23. Lebensjahr erreichte, erhielt Rheticus eine der beiden Wittenberger Professuren für die mathematischen Wissenschaften.

Die Deposition

Der Eintragung in die Matrikel im SS 1532 ging die Deposition voraus; auf sie soll hier näher eingegangen werden, weil sie bisher in den Rheticus-Biographien nicht erwähnt wurde. Der neu angekommene Scholar galt, solange er nicht durch den *Depositor* deponiert war, nicht als Student, sondern als Schulfuchs, als *Beanus, Bean* oder *Bachant*. Das in Wittenberg geübte Brauchtum, das in mancher Hinsicht an die seemännische Aequatortaufe erinnert, war an der mittelalterlichen Universität von Paris entwickelt worden. »Nachdem der Depositor die nötigen hölzernen Instrumente, Axt, Beil, Hobel aus dem Sacke genommen hatte, brachte er außerdem ein Buch voll wunderlicher Zeichen herbei, und es fehlte nicht ein mit Ruß angefülltes Rohr, ein Zahn und ein Bohrer, wie auch Hörner hinzukamen. Hierauf behaute er dem Daliegenden vor Allem mit der Axt Arme, Hände, Schultern, Beine, indem er sagte, dass er dem Bachanten die Rinde abhaue. Nach der Axt kamen Beil und Säge, mit welchen er von dem guten Bean die gröberen Späne zu nehmen behauptete. Endlich machte er den Menschen mit Hobel und Bohrer so weich, dass ihm bei jedem Stoß die Augen übergingen. Doch durfte dieser nicht mucksen, weil ihm, so oft er muckste, der Mund mit Maulschellen gestopft wurde. Hierauf ließ er den zu Deponierenden sich auf die Knie aufrichten und aus einem vorgehaltenen Buch singen. Der Lohn des Sängers bestand in Ohrfeigen, welche in solcher Anzahl flogen, dass der Kopf geschwollen war wie ein Schwamm. Nachdem man ihm hierauf mit dem Rohre den Ruß in das Gesicht geblasen, Hörner aufgesetzt, den sogenannten Bachantenzahn ausgezogen hatte und tausend zotenhafte Reden hinzugefügt worden waren, befahl man dem Menschen, durch das Loch, welches der Zimmermann geblasen, zu entschlüpfen, worauf er, freigelassen und von dem Überstandenen erlöst, zur Tür hinausfloh. Nachdem der Jüngling wieder hereingeführt, bittet ihm der Depositor die zugefügten Beleidigungen ab, befiehlt ihm den Mund zu öffnen und tut ihm eine nicht geringe Portion Salz hinein mit den Worten: Empfange das Salz der Weisheit!«[5]

Der Rektor, die Dekane, die Professoren waren bei der Deposition zugegen, bei der auch wichtige Entscheidungen für den Studiengang getroffen wurden. Der »Neue« wird jetzt auch einem *paedagogus* zugeteilt, der sich um ihn kümmert. Auch Luther wohnte oft diesem Zeremoniell bei und richtete dabei ein Wort an die neuen Studenten. »Diese Ceremonie wird darum also gebraucht, auf dass ihr gedemütigt werdet, nicht hoffärtig und vermessen seid, noch euch zum Bösen gewöhnet..., lernet leiden und Geduld haben, denn ihr werdet euer Leben lang deponiert werden ..., leidet solch Kreuz mit Geduld, ohne Murmelung; gedenkt dran, dass ihr zu Wittenberg geweiht seid zum Leiden, und könnt sagen, wenn's nun kommt: Wohlan, ich habe zu Wittenberg ernstlich angefangen deponiert zu werden, das muss mein Leben lang wären. Also ist diese unsere Deposition nur eine Figur und Bild menschlichen Lebens, in allerlei Unglück, Plagen und Züchtigung«[6].

Die Professur in Wittenberg

Nach einem Studium von etwa vier Jahren trat Rheticus mit der Promotion zum Magister artium am 27. April 1536 in den Lehrkörper der Universität Wittenberg ein und nahm mit dem Sommersemester 1536 seine Unterrichtstätigkeit mit einer Arithmetikvorlesung auf[7]. Am 5. Januar 1537 wurde er in das Kollegium der Professoren der Artistenfakultät aufgenommen[8].

Es gab jetzt zwei Lehrstühle: Erasmus Reinhold hatte die höhere Mathematik inne, Rheticus die niedere Mathematik; die Grenzen zwischen den Lehrstühlen waren allerdings fließend. Um sein Wissen in den mathematischen Fächern zu ergänzen und zu vollenden, nahm Rheticus am Ende des Sommersemesters 1538 einen längeren (bezahlten) Urlaub. Er führte Gespräche mit Joachim Camerarius, Johannes Schöner, Philipp Imser, Johannes Scheubel, Peter Apian.

Die Narratio prima

Am 14. Februar 1540 schickte Andreas Aurifaber (wohl in Rheticus' Auftrag) die ersten drei Blätter (oder Bögen) der *Narratio prima* an Melanchthon. Der Druck wurde im März 1540 beendet. Rheticus schickte im März 1540 aus Danzig ein noch druckfrisches Exemplar der *Narratio prima* an Achilles Pirmin Gasser nach Feldkirch[9]. Am 21. April 1540 hielt der für die Astrologie begeisterte Herzog Albrecht in Königsberg ein Exemplar der *Narratio prima* in Händen, das ihm der samländische Bischof Speratus aus Marienwerder zugesandt hatte[10]. Am 23. April 1540 bedankte sich der Herzog bei Speratus. Am selben Tag schickte Giese, seit 1538 Nachfolger des Dantiscus als Bischof von Kulm (poln. Chełmo, Woiwodschaft Kujawien-Pommern), ein Exemplar der *Narratio prima* an Herzog Albrecht[11]. Ein Exemplar der *Narratio prima* widmete Rheticus seinem Freund Valentin Paceus: *Doctissimo et optimo viro d[omino] Valentino Hartung Paceo amico suo d[onum] d[edit]*[12]. Anscheinend hat Rheticus auch der Stadt Danzig ein Exemplar überlassen, hatte er doch die Stadt als Metropole Preußens gerühmt, »ausgezeichnet durch die Weisheit und Würde des Senats, durch seinen Reichtum und den Ruhm der neuentstehenden Wissenschaft«[13]; jedenfalls ist die Rede davon, die Stadt habe 1540 einen Mathematiker mit einem Geldgeschenk für eine Arbeit belohnt, in der Danzigs Lob gesungen wurde[14]. Auch Heinrich Zell schickte, wohl noch 1540, Exemplare an seine Freunde. So widmete er ein Buch an Dr. decr. Nikolaus Gerbel[15] in Straßburg, den Freund Luthers, Herausgeber des griech. Neuen Testaments (Hagenau 1521) und Förderer der Reformation: *D[onum] D[edit] Nicolao Gerbelio H. Zeellius mp.*[16]

Die Jahrhunderthitze von 1540

Ein Ereignis, das bisher nie mit Rheticus zusammengebracht wurde, ist die Jahrhunderthitze von 1540, meist als der heiße Sommer bezeichnet[17]. In Lindau war der Bodensee so ausgetrocknet, dass man trockenen Fußes um die Insel herumgehen konnte. Weihnachten 1540 war es in Schaffhausen noch so warm, dass die Jugend im Rhein baden gehen konnte[18]. Wilhelm Gnapheus, Rektor des Gymnasiums in Elbing, lässt in seiner Komödie Morosophus, die er Weihnachten 1540 präsentierte, einen Bauer auftreten, der sich mit den Worten einführt:

Guter Gott! Wohin soll die Trockenheit noch
führen? Wozu müssen wir unter dieser Affenhitze
leiden? Jetzt wird's schon drei Monate,
seit kein Regen mehr vom Himmel fiel. Die diesjährige
Ernte ist schon, soweit ich sehe, vernichtet. Das Getreide
verdirbt der Rost, die Wiesen die sengende Sonne, na, und
die Feldfrüchte? Hat alles einen Sonnenstich, kann man sagen.
Daher unser Seufzen, all unsere Tränen und jämmerliche Klagen.
Und nun sitzen wir da und sind zum Nichtstun verurteilt.
Weit und breit gähnt uns die Einöde auf den Feldern an,
Ganz zu schweigen von Groß-und Kleinvieh, das von
Hungersnot schon eingegangen ist[19].

Kopernikus und Rheticus mussten bei ihren Arbeiten auch unter dieser andauernden Hitze leiden, so wie auch Luther und Melanchthon über diese Hitze geklagt haben. Andererseits ging aus der Hitze ein Jahrtausendwein hervor. Das Weinbau-Museum in Speyer bewahrt noch eine letzte Flasche des Jahrgangs 1540 auf mit dem *Genius anni MDXL*[20].

Der Widerstand der Orthodoxie

Rheticus war der Erste gewesen, der die Lehre des Kopernikus der gesamten wissenschaftlichen Welt mitgeteilt hatte. Das heliozentrische Weltsystem, nach dem die Sonne im Mittelpunkt der Welt steht und die Erde, so wie die anderen Planeten, um die Sonne kreist, stieß jedoch auf eine breite Ablehnung. Luther und Melanchthon lehnten diese Lehre als ketzerisch ab, da sie im Widerspruch zur Bibel zu stehen schien. Rheticus verfasste eine eigene Schrift zu dieser Frage, die jedoch damals nicht gedruckt wurde und erst im 20. Jahrhundert wiederentdeckt wurde; sie liegt jetzt auch in einer deutschen Übersetzung vor[21]. Man warf Rheticus vor, nur aus Neuerungssucht diese neue These zu vertreten und zu verbreiten. Manche Universitäten haben verboten, die neue Lehre vorzutragen.

Als Rheticus im September 1541 aus Preußen nach Wittenberg zurückkehrte, stand eine Vorlesung über Ptolemaeus auf seinem Programm; diese hätte Anlass dazu gegeben, sich auch über die Lehre des Kopernikus auszubreiten. Um das zu verhindern, wählte man ihn für das SS 1541/42 zum Dekan der philosophischen Fakultät. Der Dekan war zugleich die universitäre Zensurbehörde; er war verpflichtet, gegen ketzerische Bücher einzuschreiten, sodass er zur Zurückhaltung gezwungen war. Melanchthon suchte 1542 Rheticus zu einer Heirat zu bewegen, damit er auf andere Gedanken käme.

Die Professur in Leipzig

Im Mai begab sich Rheticus nach Nürnberg, um dort bei Petreius den Druck des Hauptwerkes des Kopernikus *De revolutionibus orbium coelestium* zu beaufsichtigen. Spätestens im August 1542 kam es jedoch zu einem Bruch zwischen Rheticus und der Universität Wittenberg. Rheticus folgte einem Ruf an die Universität Leipzig. Er überließ jetzt die Beaufsichtigung des Druckes dem mathematisch versierten Reformator der Stadt Nürnberg Andreas Osiander, der dem Werk ein anonymes Vorwort unterschob. Dieses besagte, dass das heliozentrische Weltsystem nur eine These sei, was jedoch in eklatantem Widerspruch zu den Ausführungen von Kopernikus stand. Das Werk erschien im Frühjahr 1543 kurz vor dem Tod des Kopernikus. Er konnte der Fälschung nicht mehr entgegentreten; doch Kopernikus' Freund Tiedemann Giese ersuchte Rheticus, eine revidierte zweite Ausgabe des Buches noch 1543 in die Wege zu leiten. Dazu ist es jedoch nie gekommen, wohl deswegen nicht, weil Rheticus jetzt in Leipzig mit dem Lehrstuhl für Mathematik neue Aufgaben übernommen hatte.

Im SS 1545 begab sich Rheticus abermals auf eine längere Reise, die ihn zunächst nach Italien führte. Hier besuchte er im Frühjahr 1546 seinen Kollegen Girolamo Cardano in Mailand, mit dem er vor allem astrologische Probleme diskutierte. Im Herbst 1546 kehrte er über die Alpenpässe zurück zu seinen Eltern nach Bregenz. An eine Weiterreise nach Deutschland war nicht zu denken, weil der Schmalkaldische Krieg ausgebrochen war. Zudem war Rheticus 1547 schwer erkrankt; in Lindau hatte sein Freund Kaspar Brusch seine Pflege übernommen. Im Mai 1547 ging Rheticus nach Konstanz, wo er privatim Mathematikunterricht gab. Von Konstanz ging Rheticus nach Zürich, um bei seinem Freund Konrad Gesner Medizin zu studieren. Am 23. Februar 1548 schreibt Rheticus aus Basel, dass er wegen seiner Krankheit nicht nach Leipzig zurückkehren könne[22]. Er hatte die Absicht, sich in Baden im Aargau noch einer Kur zu unterziehen. Schließlich kehrte er nach dem Ende der Belagerung von Leipzig im September 1548 dorthin zurück. Rheticus wurde für das WS 1548/49 erneut zum Dekan der philosophischen Fakultät gewählt. Er publizierte 1549 seine *Elementa* des Euklid, 1550 die *Ephemerides novae* nach der Doktrin des Kopernikus und ein Prognosticon für das Jahr 1551, schließlich 1551 den von den Mathematikern mit größter Bewunderung aufgenommenen *Canon doctrinae triangulorum*. Rheticus stand auf dem Höhepunkt seiner Leistungsfähigkeit. Joachim Camerarius, Bernhard Ziegler, der Schotte Alexander Ales, der Franzose Pierre Loriot und Rheticus waren die tragenden Säulen der Universität Leipzig.

Rheticus hatte sich in diesen Jahren verausgabt, auch finanzielle Einbußen erlitten, die zu einem Rechtsstreit führten. Auch drohte ihm ein Strafprozess vor dem Universitätsgericht wegen eines schwerwiegenden Sittlichkeitsdeliktes, das er im Alkoholrausch an einem seiner Schüler begangen hatte. Rheticus ergriff im April 1551 die Flucht aus Leipzig, er verlor sein ganzes Vermögen, seine Bücher und seine astronomischen Instrumente, aber auch einen großen Teil seiner Freunde. Am 11. April 1552 wurde Rheticus für 101 Jahre von der Universität relegiert.

Prag und Wien

In Prag, wo er in Thaddäus Hajek einen einflussreichen Freund hatte, widmete sich Rheticus dem Studium der Medizin. Die Jahre von 1551 bis 1554 liegen noch sehr im Dunkeln; hier ist noch einige Forschungsarbeit zu leisten. Als um 1554 eine Reform der Universität Wien anstand, erging an Rheticus ein ehrenvoller Ruf auf die vornehmste mathematische Professur; doch Rheticus lehnte ab, er hat nie mehr eine Unterrichtstätigkeit übernommen.

Über Breslau (poln. Wrocław, Woiwodschaft Niederschlesien), wo er bei Crato seine Medizinstudien ergänzte, gelangte Rheticus nach Krakau (poln. Kraków, Woiwodschaft Kleinpolen). Es ist möglich, dass es ihm darum ging, seine Studien zu Kopernikus fortzusetzen. Dazu hatte ihm nämlich 1554 der reiche Kaufmann Hans Boner ermöglicht, auf seinem Grundstück einen Obelisk zur Beobachtung der Sterne zu errichten[23].

Rheticus trat in keine Verbindung zur Universität Krakau, es sei denn, dass er gelegentlich an medizinischen Disputationen als Gast teilgenommen hat. Im August 1563 erhielt Rheticus einen Ruf an die Universität Paris, wo er nach dem Wunsch von Petrus Ramus die Nachfolge des in ganz Europa bekannten königlichen Mathematikers Oronce Finé übernehmen sollte. Rheticus war lange darüber im Zweifel, ob er diesem Angebot folgen sollte. Noch am 12. April 1564 berichtete er seinem Freund Paul Eber nach Wittenberg: *Was ich tun soll, habe ich noch nicht entschieden*. Er lehnte schließlich diesen Ruf ab.

Als Arzt hatte Rheticus einen guten Ruf. In seiner Schulzeit in Zürich hatte Rheticus mit Paracelsus persönlichen Kontakt gehabt. Er neigte zu dessen unorthodoxen Ansichten, insbesondere zur Anwendung der Chemie. In einer Zeit, in der die Mehrzahl der Ärzte Paracelsus abgelehnt haben, befasste sich Rheticus sehr eingehend mit Paracelsus. Er übersetzte dessen Schriften, beispielsweise die *Archidoxa*.

Gelegentlich fungierte Rheticus als Leibarzt mächtiger Adliger. Ein verlockendes Angebot erhielt er 1563 von dem Moldaudespoten Jakobos Heraklides Basilikos. Rheticus lehnte ab; er wäre wohl auch nicht glücklich geworden, da Basilikos noch im gleichen Jahr erschlagen wurde.

Rheticus stand in enger Verbindung zu dem Arzt Anton Schneeberger aus Zürich, der ein Schüler Gesners war und ebenfalls in Krakau lebte. Schneeberger und Basilikos waren bekannte Militärschriftsteller. Basilikos widmete Kaiser Maximilian II. ein Buch über die Kriegskunst. Als Arzt, Astrologe und Zauberer stand Rheticus in die Diensten des polnischen Hofes.

Großes Interesse brachte Rheticus dem Bergbau entgegen. Das zeigt sich einmal in seiner (verschollenen) Beschreibung der Salinen von Wieliczka, an deren Verwaltung die Familie Boner Anteil gehabt hatte. Auch hatte Rheticus mit Hieronymus Furtenbach in Nürnberg um 1565 einen Vertrag geschlossen über die Auswertung einiger Bergwerke in Polen, die aber wohl nicht den Erwartungen entsprochen haben.

Rheticus nannte sich in Krakau *medicus et mathematicus*; er hatte demnach die Mathematik nie ganz aufgegeben. Er unterhielt ein privates mathematisches Institut, in dem er sechs Mitarbeiter beschäftigte. Ihre Aufgabe war die Verfeinerung seiner trigonometrischen Tafeln. Nach seinem Tod führte sein Schüler Valentin Otho mit finanzieller Unterstützung des Kaisers Maximilian II. und des Kurfürsten Friedrich IV. von der Pfalz diese Arbeiten fort, die schließlich im *Opus Palatinum* (Neustadt 1596) gedruckt vorgelegt wurden.

Kaschau

Um 1570 folgte Rheticus einer Einladung des kaiserlichen Feldobristen Hans Ruber nach Kaschau, um als dessen Leibarzt zu dienen. Rheticus kam als Bettler ins Land und machte in kurzer Zeit ein großes Vermögen. Um 1573 kam aus Wittenberg Valentin Otho zu Rheticus nach Kaschau. In einem Hause Rubers in Kaschau starb Rheticus am 4. Dezember 1574 um 2 Uhr nachts in den Armen seines Schülers Otho an einer Erkältungskrankheit. Vermutlich wurde er auf dem Friedhof bei der Michaelkapelle, der Grabkapelle des Doms von St. Elisabeth, bestattet; der Friedhof wurde 1771 aufgelassen und in einen Park umgewandelt. Otho wurde zum Erben und Testamentsvollstrecker erklärt. Er erbte die noch vorhandenen Bücher und astronomischen Instrumente aus Rheticus' Bibliothek, darunter auch, als größten Schatz, das Originalmanuskript von Kopernikus' *De revolutionibus*. Nach langen Irrfahrten gelangte dieses Buch zuletzt nach Krakau in die Jagiellonische Bibliothek[24].

1 STRAUCHENBRUCH 2008, S. 83. | **2** BURMEISTER 1967/68, Bd. 1-3; DANIELSON 2006; SCHÖBI-FINK 2010, ²2014; HILDEBRANDT 2014. | **3** FÖRSTEMANN 1841, Bd. 1, S. 146b. | **4** KÖSTLIN 1888, S. 22. | **5** Zitat nach BUCHWALD 1897, S. 32 f. | **6** BUCHWALD 1897, S. 33 f. | **7** DESCHAUER 2003. | **8** KÖSTLIN 1888, S. 25. | **9** BURMEISTER 1967, Bd. 2, S. 41, Nr. 7. | **10** Dieses oder das unten genannte weitere Exemplar ist möglicherweise identisch mit jenem, das sich heute in der UB Toruń befindet; vgl. dazu GINGERICH 2002, S. 168. | **11** SIKORSKI 1968, S. 118, Nr. 459 f. | **12** ROSEN, Edward, in: The Yale University Library Gazette 56 (1982), S. 78 f. | **13** ZELLER 1943, S. 111. | **14** SIMSON 1918/24, Bd. 2, S. 183. | **15** Über ihn vgl. HORNING, Wilhelm, Der Humanist Dr. Nikolaus Gerbel, Förderer lutherischer Reformation in Strassburg (1485-1560), Straßburg: Heitz, 1918. | **16** Zürich ETH-BIB, e-rara, digital. | **17** GLASER, Rüdiger, Klimageschichte Mitteleuropas, 1000 Jahre Wetter, Klima, Katastrophen, Darmstadt 2001, S. 108. | **18** BURMEISTER, Karl Heinz, Der Heiße Sommer 1540, in: Schrr VG Bodensee 126 (2008), S. 59-87. | **19** GNAPHEUS 2010, S. 59, übersetzt von Hans-Dieter Hoffmann, mit lat. Original S. 58. | **20** TEKAMPE, Ludger, Weinmuseum, hg. v. GREWENIG, Meinrad Maria, Speyer 1993, S. 50 (mit Abb. der Flasche). | **21** BIERI 2008. | **22** ZINNER 1943. S. 258. | **23** SONDEREGGER 2014. | **24** Vgl. dazu GINGERICH 2004, S. 37 f.

Acontius, Balthasar, ca. 1523 – vor 1558

Acontius, Balthasar, geboren um 1523 in Oberursel (Hochtaunuskreis, Hessen), gestorben vor 1558, luth., Magister[1].

Balthasar Acontius war der Sohn des Johannes (»Henchen«) Volz; Balthasar war, wie sein älterer Bruder Melchior, nach einem der Dreikönige benannt. Er immatrikulierte sich am 5. Oktober 1541 unter dem Rektor Kilian Goldstein an der Universität Wittenberg[2]. Balthasar versuchte sich auch als neulateinischer Dichter, ohne jedoch das Format seines Bruders Melchior zu erreichen. Ein kurzes Gedicht von drei Distichen ist als Beigabe zur dritten und den nachfolgenden Auflagen von Erasmus Alberus' *Praecepta morum* (Frankfurt/Main: Chr. Egenolff, 1548)[3] erschienen, abgedruckt auch in den Auflagen 1556[4], 1572[5] oder 1581[6]. Er dichtete auch vier Periochen (Inhaltsangaben) zu den vier Büchern der *Argonautica* des Apollonios von Rhodos (Basel: Joh. Oporin, 1550)[7]. Die magere Ausbeute erlaubt es nicht, ihn als neulat. Dichter zu bezeichnen. Drei Briefe von ihm an Hartmann Beyer aus den Jahren 1548/49 sind überliefert[8].

Beziehungen zu Rheticus sind bisher nicht bekannt geworden. Zwar ist anzunehmen, dass auch Balthasar an der Astronomie interessiert war. Schon die Namen Melchior und Balthasar, nach Matth. 2,1-12 die Sterndeuter aus dem Morgenland, mussten die Brüder auf die Sternkunde hinführen. Die Immatrikulation von Balthasar Acontius fällt zeitlich zusammen mit der Rückkehr des Rheticus aus Preußen. Man möchte fast meinen, dass Melchior seinen Bruder nach Wittenberg einbestellt hat, damit er hier die großen Neuigkeiten aus der Astronomie erfahren möge. Balthasar hat vermutlich die Vorlesungen von Rheticus im WS 1541/42 gehört und ihn auch bei verschiedenen Anlässen als Dekan erlebt. Melchior war zu dieser Zeit allerdings nicht mehr in Wittenberg, als Balthasar hier seine Studien aufnahm.

1 Thesaurus.cerl.org/record/ cnp01118188. | 2 Förstemann 1841, Bd. 1, S. 191a. | 3 VD 16 A 1532; Google Books, online; BSB digital. | 4 VD 16 A 1533, Google Books, online. | 5 VD 16 A 1535. | 6 VD 16 A 1537, BSB digital; Google Books, online. | 7 BSB München, digital, Scan 6-8. | 8 Krüger 1978, Bd. 1, S. 2.

Acontius, Melchior, 1515-1569

Melchior Acontius (Volz, Voltz, Foltze, Folstius), geboren um 1515 in Oberursel (Hochtaunuskreis, Hessen), gestorben am 22. Juni 1569 in Allstedt (Lkr. Mansfeld-Südharz, Sachsen-Anhalt), begraben in der Pfarrkirche von Stolberg (Ortsteil von Südharz, Lkr. Mansfeld-Südharz), luth., Humanist, neulat. Dichter, Diplomat[1].

Melchior Acontius war der Sohn eines Johannes (»Henchen«) Volz; Balthasar Acontius war sein jüngerer Bruder. Nachdem er zunächst in Heidelberg studiert hatte, wo er am 4. Juni 1533 immatrikuliert wurde, wechselte er im WS 1534/35 an die Universität Wittenberg[2]. Er war befreundet mit Sabinus und Micyllus. Der Eintragung in der Matrikel, die in Heidelberg und Wittenberg noch auf Voltzius/Folstius lautete, fügte Melanchthon den Humanistennamen Acontius hinzu, abgeleitet von griech. ἀκόντιον = Bolzen. Acontius promovierte am 11. Februar 1539 unter dem Dekan Veit Amerbach zum Mag. art.[3]; er belegte den ersten Rang in seiner Gruppe, der bedeutende Leute angehörten wie der Finne Michael Agricola, der Däne Niels Svansø, Theobald Thammer, Hartmann Beyer sowie die Nürnberger Hieronymus Rauscher und Johannes Funck. Im Zuge der Universitätsreform in Frankfurt/Oder von 1540 war Acontius für eine Professur der Dialektik und Rhetorik vorgesehen[4]. Um diese Zeit strebten auch andere junge Gelehrte wie Preuss oder Thamer nach Frankfurt/Oder. Acontius trat jedoch 1540 in Königstein (Hochtaunuskreis) als Rat in die Dienste des Grafen Ludwig von Stolberg (1505-1574)[5], der um diese Zeit die Reformation einführte. Der Graf betraute Acontius auch mit diplomatischen Missionen. Acontius hat am 29. April 1548 in seiner Heimatstadt Oberursel geheiratet.

Acontius, Melchior, 1515-1569

Acontius beteiligte sich früh an den Wittenberger Sängerwettstreiten, die Lemnius, Sabinus, Stigel und andere ausfochten[6]. Er begann 1536 seine schriftstellerische Arbeit unter der Leitung Melanchthons. Im Februar 1536 erschien ein kleiner Druck von nur 4 Bll. Umfang *In icona divi Georgii carmen* von Georg Aemilius (Wittenberg: Georg Rhau, 1536), den Melanchthon am 1. Dezember 1536 an Veit Dietrich in Nürnberg schickte. Zugleich damit schickte er noch einen weiteren gleichartigen Druck, ebenfalls 4 Bll. stark im Quartformat, der wenig später unter dem Titel *In icona divi Christophori carmen* von Melchior Acontius (Wittenberg: [Georg Klug], 1536)[7] erschienen war. Melanchthon wollte damit erreichen, dass diese allegorischen Darstellungen eines Heiligenbildes in Nürnberg durch dortige Künstler illustriert und eine zweite Auflage finden würden[8]. Der Entwurf zu diesen beiden Werkchen stammte von Melanchthon, seine Schüler Aemilius und Acontius hatten sie in lateinische Verse umgesetzt. Zu dem wohl im März/April 1536 erschienenen Büchlein des Acontius hatte Wigbolt zwei Beigaben geliefert, den Psalm LXXXIIII *Quam dilecta Tabernacula* und den Psalm CXXXIII *Ecce quam bonum* in lateinischen Versen[9]. 1536 heiratete Sabinus Melanchthons Tochter Anna. Zu diesem Anlass griff Acontius gleich mehrfach zur Feder.

Ebenfalls noch 1536 verfasste Acontius ein *Epicedion* und eine *Apotheosis* auf Erasmus von Rotterdam; beides erschien jedoch erst in Melanchthons *Liber selectarum declamationum* (Straßburg, 1541, S. 317-335). Zu dem *Epicedion* hat sich Luther in den Tischreden geäußert[10]. Lemnius spielt in seinem Epigramm II.58 (Wittenberg 1538) auf eine Reise an, die Preuss und Acontius (oder Aemilius) 1537 ins niederschlesische Goldberg (poln. Złoteryja) unternahmen, um Grabinschriften auf einen verstorbenen Bürgermeister dorthin zu überbringen[11]. In seiner *Apologia* nennt Lemnius die drei Dichter Acontius, Wigbolt (Arcturus Frisius) und Aemilius *ingenui adolescentes, qui omnes mecum familiarissime sunt versati* (würdige Jünglinge, die alle mit mir den vertrautesten Umgang hatten)[12]. Für Melanchthons *Philosophiae moralis epitome* (Straßburg: Mylius, März 1538) schrieb Acontius ein Gedicht *In Ethica Phil. Mel.*[13]. Eine weitere literarische Beigabe *Ad Typographum* fügte Acontius der posthumen Ausgabe der *Sylvae* des Jakob Micyllus bei (Frankfurt: Brubach, 1564). Die Gedichte des Acontius wurden später auch in verschiedenen Anthologien nochmals abgedruckt, so beispielsweise *Ex Epithalamio in nuptias Georgii Sabini* in Aegidius Perianders *Germania* (Frankfurt/Main 1567), desgleichen in verschiedenen Ausgaben von Eusebius Menius (Hg.), *Poemata Georgii Sabini et aliis additis* (u.a. auch mit Gedichten von Felix Fidler, Valerius Fidler, Johannes Schosser), Leipzig: Hans Steinmann, ²1578; Leipzig: Lantzenberger, Michael, ³1597; schließlich auch in den *Deliciae poetarum Germanorum* (Frankfurt/Main 1612).

In der Wittenberger Fakultätsmatrikel findet sich zu Acontius die Bemerkung *excellens poeta* (ausgezeichneter Dichter). Er gehört jedoch nicht zu den führenden Dichtern. Zu wenig beteiligte er sich an den *Sacra poemata*, wie sie in Melanchthons Urteil Maßstab für die besten Dichter sind. Auch ist sein Gesamtwerk nicht besonders groß, mag es auch noch nicht zur Gänze erforscht sein, da er sich als Autor oft nur mit dem Monogramm M.A.V. (Melchior Acontius Vrsellanus) zu erkennen gibt. In jüngster Zeit hat sich die Literaturgeschichte mit ihm befasst und unsere Kenntnis von ihm ständig verbessert. Acontius, der aus der Schule Melanchthons kam[14], hat insbesondere Publikationen seiner Freunde mit literarischen Beigaben geschmückt. Als Freunde sind Sabinus, Stigel, Lemnius, Aemilius, Wigbolt, Preuss, Gigas, Beuther, Brusch, Flacius Illyricus und Micyllus zu nennen. Einige Dichter haben Verse an ihn gerichtet wie Brusch in seinen *Ad viros epigrammata* (Nürnberg: Petreius, 1541)[15]. Michael Beuther widmete ihm zwei Gedichte in seinen *Epigrammata* (Frankfurt/Main: Egenolph, 1544)[16]. Georg Sabinus nennt Acontius in einem seiner Gedichte *nostri temporis alterum Tibullum* (den zweiten Tibull unserer Zeit)[17]. Sieben Briefe von ihm an Hartmann Beyer aus den Jahren 1542/66 sind überliefert[18]. Aus Anlass seines Todes widmete ihm und seinem im gleichen Jahr verstorbenen Jugendfreund Aemilius Joachim Schaub einen Nachruf unter dem Titel *Zwo Leichpredigten* (Mühlhausen: Hantzsch, 1569).

Die **Beziehungen** zwischen Rheticus und Acontius waren ziemlich intensiv. Acontius war über mehrere Jahre Kommilitone von Rheticus, beide waren eng mit Lemnius befreundet, sie gingen während der Pest 1535/36 ins Exil nach Jena. Zuletzt mag Acontius bis 1538 auch Schüler von Rheticus gewesen sein. Wie sein Freund Wigbolt, den Lemnius 1538 in einem Epigramm *Ad Arcturum Phrysium* wegen seines Übereifers für die Astronomie belächelte[19], begeisterte sich auch Acontius für die Sternkunde. Ein Zeugnis dafür ist das *Carmen in Meteora Plinii*, das 1540 zusammen mit Gedichten über Finsternisse von ihm veröffentlicht wurde[20]. Acontius greift darin auf einen Grundgedanken Melanchthons zurück, dass die *machina mundi* den Beweis für die Existenz des Schöpfergottes liefere:

> Esse Deum autorem pulcherrima mundi,
> Si tamen attendis, machina tota monet.

(Dass Gott der Schöpfer der Welt ist, daran erinnert ihre ganze so überaus schöne Konstruktion, wenn Du nur Deine Aufmerksamkeit auf sie richtest)[21]. Melanchthon, Camerarius, Stigel, Acontius, Aemilius und Gaurico schrieben Beiträge zu dem astrologischen Sammelwerk *Laurentii Bonincontri Miniatensis rerum naturalium et divinarum, sive de rebus coelestibus libri tres*, Basel: Robert Winter, 1540, wobei noch besonders bemerkenswert erscheint, dass im folgendem Jahr 1541 beim gleichen Drucker Rheticus' *Narratio prima* in zweiter Auflage erschienen ist. Acontius hat darin die Mondfinsternis vom 6. November 1538 und die Sonnenfinsternis vom 18. April 1539 beschrieben.

Acontius hat zu den für den Schulgebrauch mehrfach aufgelegten *Tabulae astronomicae* des Rheticus (Wittenberg 1542 u.ö.) ein Empfehlungsgedicht geschrieben. Ein solches Gedicht *Acontius studiosis* verfasste er auch für das wiederholt aufgelegte Studienbuch *Novae quaestiones in libellum de Sacrobosco* des Mathematikers Hartmann Beyer (Frankfurt/Main: Petrus Brubach, 1549, 1552 u.ö.)[22].

1 Schnorr von Carolsfeld, Franz, Melchior Acontius, in: Archiv für Literaturgeschichte 13 (1885), S. 297-314; Vredeveld, Harry, in: Killy Literaturlexikon, Bd. 1, S. 23 f.; Jaurmann 2004. S. 7 f.; Scheible, MBW, Bd. 11, Personen, 2003, S. 35; Trusen, Winfried, in: NDB 1 (1953), S. 39; Nebe, August, Zur Nassauischen Schriftstellergeschichte, in: Annalen des Vereins für Nassauische Altertumskunde und Geschichtsforschung 10 (1880), S. 113-156, hier S. 115 f.; Bauer, Karl, Zur Acontius-Forschung, in: Zeitschrift für Kirchengeschichte 42 (1923), S. 78 f.; Ellinger 1929/33, Bd. 2, S. 105-110. | **2** Förstemann 1841, Bd. 1, S. 156a. | **3** Köstlin 1890, S. 11. | **4** Höhle 2002, S. 442, 483. | **5** Clemen/Koch 1984, Bd. 5, S. 139. | **6** Merker 1908, S. 22. | **7** VD 16, ZV16676. | **8** Scheible (Hg.), MBW, Bd. T7, S. 287 f., Nr. 1816. | **9** Clemen 1983, Bd. 3, S. 24. | **10** Luther, WA, Tischreden, 4, 1886, S. 636. | **11** Mundt 1983, Bd. 1, S. 238; Bd. 2, S. 76 f. | **12** Mundt 1983, Bd. 1, S. 274; Bd. 2, S. 190 f. | **13** BSB digital, Scan 412. | **14** Fuchs 2008, S. 11, 129; Ludwig 2001, S. 30, 33, 35 f., 39, 42. | **15** Bezzel 1982, Sp. 417, Ziff. 3, BSB Digital. | **16** BSB digital., Scan 41 und 49. | **17** Sabinus, Poemata, Leipzig: Vögelin, 1568, S. 325. | **18** Krüger 1978, Bd. 1, S. 2. | **19** Mundt 1983, Bd. 2, S. 96 f. | **20** Ludwig 2003, S. 97-132. | **21** Übersetzung von Ludwig 2003, S. 131, Anm.143. | **22** VD 16 B 2492, BSB online, image 5 f.

Adam, Sebastian, † 1546

Sebastian Adam, Wittenberger Maler, gestorben vor 21. Dezember 1546, luth., Maler, Holzschneider[1].

Adams handwerkliche Tätigkeit ist seit 1536 bezeugt (Ausschmückung des Torgauer Schlosses). Luther widmete Adam 1537 zwei Predigten. Ein Holzschneider hat Kostümfiguren signiert mit S 1541, was man als Sebastianus pictor auflösen und auf Adam beziehen könnte. 1546 schuf er ein Lutherbildnis als Kirchenvater mit schwebender Taube und Stundenglas. Verschollen ist ein mehrfach bezeugter Einblattdruck, ein großer Holzschnitt mit einer Darstellung der Stadt Wittenberg, den Melanchthon am 10. August 1545 an Veit Dietrich schickte, am 13. August an Camerarius und an Bernhard Ziegler[2]. Gezeichnet bzw. geschnitten wurde die Ansicht von *Sebastianus pictor*, der auch im Briefwechsel von Luther, Justus Jonas und Georg Helt genannt wird[3]. Um diese Zeit bemühte sich Sebastian Münster mit besonderer Intensität darum, Stadtbilder für die Neuauflage seiner Kosmographie von 1550 in die Hand zu bekommen, hatte aber mit Wittenberg keinen Erfolg. Der Holzschnitt von Sebastian Adam ist wohl auch in Verbindung mit den Bestrebungen von Rheticus und Heinrich Zell um die Chorographie Preußens zu sehen.

1 Scheible, MBW, Bd. 11, Personen, 2003, S. 36. | **2** CR, Bd. 5, Sp. 830-832. | **3** Clemen/Koch 1983, Bd. 7, S. 96 f.

Aemilius, Georg, 1517–1569

Georg Aemilius (Aemylius, Ämylius, Emilius, Oemler, Oehmler, Öhmler), geboren am 25. Juni 1517 in der »Lutherstadt« Mansfeld (Lkr. Mansfeld-Südharz, Sachsen-Anhalt), gestorben am 22. Mai 1569 in Stolberg (Lkr. Mansfeld-Südharz), luth., Schulmann, neulat. Dichter, Theologe, Botaniker[1].

Georg Aemilius, Sohn des im Bergbau beschäftigten Mansfelder Bürgers Nikolaus Oehmler und der mit der Familie Luthers verwandten Anna Reinicke, immatrikulierte sich im WS 1532/33 an der Universität Wittenberg[2]. Seine wichtigsten Lehrer wurden Luther und Melanchthon. Er promovierte im Januar 1537 unter Melanchthon zum Mag. art. (3. Rang von 14 Kandidaten, gleichzeitig mit Hegemon (14. Rang)[3]. Aemilius, Acontius und Preuss hatten Grabgedichte geschrieben und unter dem Titel *Epitaphia viri optimi Georgii Helmerici, consulis quondam Goldbergensis* (Wittenberg: Joseph Klug, 1537) in Druck gegeben. In einem Gedicht *Proempticon Georgii Aemylii scriptum ad Melchiorem Acontium et Christophorum Pannonium, abeuntes in Sylesiam, anno MDXXXVII mense Februario* (Wittenberg: Joseph Klug, 1537) wird die Überbringung dieser Gedichte nach Goldberg (poln. Złotoryja, Woiwodschaft Niederschlesien) geschildert[4]. Lemnius hat in einem Gedicht das Zechgelage besungen, mit die Freunde Aemilius, Acontius und Preuss mit ihm ihren Abschied gefeiert haben[5]. Aemilius wurde nach seiner Rückkehr im August 1537 in den Rat der Artistenfakultät aufgenommen[6]. Er wurde Leiter einer Privatschule in Wittenberg[7]. Am 25. Oktober 1539 hielt er eine Disputation *De reprehensione*[8]. Mit einer Empfehlung Luthers, der ihn *seinen gar sonderlichen Gesellen, dazu auch still und sittig ist* nannte, verließ er 1540 Wittenberg und wirkte bis 1553 als Rektor der Lateinschule in Siegen (Kreis Siegen-Wittgenstein, Nordrhein-Westfalen). 1553 wurde er Superintendent in Stolberg. Am 5. Mai 1554 disputierte Aemilius unter dem Vorsitz Melanchthons zum Lic. theol.; am 8. Mai 1554 promovierte er in Wittenberg zum Dr. theol. in Anwesenheit einiger Adliger sowie aller Professoren und anderer Gäste, wobei Melanchthon, der die Eintragung vornahm, zum Rektor Sebastian Dietrich festgehalten hat *docens sphaericae doctrinae initia*[9]. Bis zu seinem Tode war Aemilius dann Superintendent in Stolberg. 1557 verfasste er einen Katechismus für den Schulgebrauch. Am 14. Februar 1540 lud Aemilius seinen Freund Acontius nach Siegen zu seiner Hochzeit mit Agnes Westerburg ein[10]. Eine Tochter aus dieser Ehe starb als Kind; Melanchthon schickte Agnes Westerburg am 30. Juli 1543 einen Trostbief in deutscher Sprache, an Aemilius einen in lat. Sprache[11]. Seit 1544 war Aemilius, wohl in zweiter Ehe, mit der Pfarrerstochter Anna Wagner aus Siegen verheiratet; ein Sohn Leonhard wurde Arzt, eine Tochter Gertrud heiratete einen Juristen (Kanzler).

Aemilius galt als dichterisches Talent. Melanchthon empfiehlt ihn am 15. Mai 1538 der Rat Ferdinands I. JUD Heinrich Reibisch und stellt diesem ein Lobgedicht auf seine Stadt in Aussicht. *Habet enim venam copiosam et facilem ad scribendum carmen*[12] (er hat nämlich eine reiche und leichte Anlage, um ein Gedicht zu schreiben). Gigas widmete ihm zwei Epigramme[13]. Er selbst hat mehrere Gedichtsammlungen veröffentlicht, die meist religiösen bzw. biblischen Inhalts sind, aber auch Pflanzen verherrlichen. Befreundet mit Valerius Cordus verfasste Aemilius botanische Schriften, die von Konrad Gesner und Jean Bauhin zitiert werden. Er hat auch zahlreiche lat. Epithalamien, Epitaphien und Elegien im Druck herausgegeben. In späteren Jahren schrieb Aemilius auch Gedichte in deutschen Reimen. Aus Anlass seines Todes widmete ihm und seinem im gleichen Jahr verstorbenen Jugendfreund Acontius Joachim Schaub einen Nachruf unter dem Titel *Zwo Leichpredigten*, Mühlhausen: Hantzsch, 1569.

Werke (in kleiner Auswahl): *In icona divi Georgii carmen*, Wittenberg: Georg Rhau, 1536; *De miserabili casu adolescentis cuiusdam Turingi, qui nuper in Albi flumine submersus est, Elegia*, Wittenberg 1537; *Biblicae historiae Latinis epigrammatibus illustratae*, Frankfurt/Main: Christian Egenolff, 1539.

Beziehungen: Rheticus und Aemilius begannen im gleichen Jahr ihre Studien in Wittenberg und schlossen sie etwa gleichzeitig ab; danach lehrten sie Wittenberg. Beide waren mit Lemnius befreundet[14], desgleichen mit Simon Leupold. Die überlieferte Nativität von Aemilius deutet auf ein astrologisches Interesse[15]. So schrieb er einen Beitrag zu dem astrologischen Sammelwerk *Laurentii Bonincontri Miniatensis rerum naturalium et divinarum, sive de rebus coelestibus libri tres*, Basel: Robert Winter, März 1540[16], wobei noch besonders bemerkenswert erscheint, dass im folgendem Jahr 1541 beim gleichen Drucker Rheticus' *Narratio prima* in zweiter Auflage erschienen ist. Im Einzelnen hat Aemilius in längeren lat. Gedichten eine Mondfinsternis von 1536, eine Sonnenfinsternis von 1536 und zwei Mondfinsternisse vom 24. Mai 1537 und vom 17. November 1537 besungen. Zu dem Kommentar von Milich zum zweiten Buch des Plinius schrieb Aemilius eine längere Elegie *Ad lectorem*. Im Oktober 1538 war Aemilius im Besitz einer lat. Ausgabe des Euklid (Basel: Herwagen, 1537), die später an Paul Eber überging[17]. Voraussagen waren für Aemilius auch sonst ein Thema; so verfasste er in deutschen Reimen *Etliche schöne Prophecien oder weißsagung des alten Testaments* (Eisleben: Gaubisch, 1560).

1 Kirchner, Joachim, in: NDB 1 (1953), S. 90 f.; Stupperich 1984, S. 157 (Oemler); Scheible, MBW, Bd. 11, 2003; S. 37. | 2 Förstemann 1841, Bd. 1, S. 147b. | 3 Köstlin 1888, S. 23. | 4 Ellinger 1933, Bd. 2, S. 112 | 5 Mundt 1983, Bd. 2, S. 76 f. (Epigr. II, 58). | 6 Köstlin 1888, S. 26. | 7 CR III. Sp. 592 f. | 8 Köstlin 1890, S. 23. | 9 Förstemann 1838, S. 38; Doktordisputation bei Hartmann 1679. | 10 Clemen/Koch 1984, Bd. 5, S. 139. | 11 CR V, Sp. 151 f. | 12 CR III, Sp. 523 f. | 13 Gigas, Silvae, Wittenberg 1540, Bl. 22v und Bl. 32r. | 14 Mundt 1983, Bd. 2, S. 183 f. | 15 Garcaeus 1576, S. 188 | 16 VD 16 B 9796, BSB digital. | 17 Folkerts, Menso, in: Müller 1993, S. 157.

Aerichalcus, Sebatian, † 1555

Sebastian Aerichalcus *Praesticenus* (tschech. Mosazny, auch Miedienny), geboren um 1510 in Přestice (Bezirk Plzeň-jih, Tschechien), gestorben am 20. November 1555 in Prag (an der Pest), Begräbnis in der Bethlehemskapelle, in der Jan Hus und Thomas Müntzer gepredigt hatten[1], luth., Humanist, Professor für Poetik und Rhetorik[2].

Aerichalcus immatrikulierte sich am 25. Mai 1540 an der Universität Wittenberg[3]. Unter Erasmus Flock promovierte er am 31. Januar 1544 zum Mag. art. (21. Rang von 35 Kandidaten)[4]. 1545 wurde er in das Magisterkollegium der Universität Prag aufgenommen, wo er seit 1550 Vorlesungen über geistliche Poetik hielt[5]. Er war Senior im Karolinischen Professoren-Kollegium. Im Studienjahr 1551/52 war er Rektor Magnificus der Universität Prag, am 16. Oktober 1552 wurde er für ein weiteres Jahr bis 1553 in diese Position wieder gewählt[6].

Werke: Eine Anzahl seiner Gedichte sind in der Sammlung *Farrago poetarum Bohemicorum* veröffentlicht, darunter eines *De horto suo*. Er bearbeitete mehrere Schulkomödien, die ungedruckt blieben, aber aufgeführt wurden, u.a. im Beisein von König Ferdinand I.; als 1575 das Schauspiel *Rebecca* von Nikolaus Frischlin zur Aufführung kam, hieß es, man habe seit dem Tod von Aerochalcus kein so schönes Stück gesehen. Er verfasste in Versen die *Descriptiones affectuum, quae extant in libello de anima* (Wittenberg 1546); *Argumenta in comoedias Terentii*; *De Terentiarum Comoediarum tum ad mores formandos, tum ad stylum expolendum praestantia, ad pueros, liberalium artium studiosos, epistola*, (Prostějov: Joh. Gunthaerus, 1550); *Oratio Vergiliana Annae sororis Didonis*; *Adnotationes in Ciceronis officia*; [Budaeus] *De asse*, bearb. nach dem böhmischen Münzfuß; Vorrede zu Thomas Mitis, I. Buch der *Sacrorum Carminum* (Prag: Joh. Cantor, 1554).

Aerichalcus war unverheiratet. Seine Leiche wurde unter große Beteiligung der Prager Bürgerschaft aus dem Karolinum auf den Friedhof überführt. Sein Kollege Simon Proxenus schrieb ein

Epicedion in mortem doctissimi viri M. Sebastiani Aerichalci (Wittenberg; Crato, 1556)[7]; auch Matthias Collinus widmete ihm eine Grabschrift, in der er ihn *vir eruditione pene solida morumque sanctitate quam rarissima, gravis, modestus, aequus, impiger, pius, laboriosus* (ein Mann von nahezu vollständiger Bildung, seltenster Sittenreinheit, ernst, bescheiden, gerecht, unermüdlich, fromm, arbeitsam) nannte. Zu dieser Charakteristik passt seine Reaktion, als er wider Erwarten als Rektor wiedergewählt wurde: *Fiat voluntas Domini Dei mei* (es geschehe der Wille meines Herrgotts).

Beziehungen zu Rheticus sind sehr wahrscheinlich. Aerichalcus widmete sich in erster Linie der Rhetorik und Poetik, studierte aber auch Physik, Mathematik und Theologie[8]. Er konnte Rheticus' Vorlesung im WS 1541/42 hören. Sein *Idyllion de piscibus a Jove in coelum translatis* deutet auf ein astronomisches Interesse. Auch promovierte Aerichalcus unter dem Rheticusschüler Flock. Aerichalcus gewann in Wittenberg viele Freunde. In der Physik wurde das berühmte Lehrbuch *Compendium physices* von Johannes Bernhardi *Velcurio* seit ca. 1540 abgelöst durch Melanchthons *Libellus Philippi de anima*; für diesen Wandel stehen u.a. Flock, Andreas Aurifaber, Eber, Peucer, Sebastian Dietrich, Thammüller und Bech. Ihnen schloss sich auch Aerichalcus mit seinem Lehrgedicht *De affectibus* (ca. 1546) an[9]. Als Rheticus im März 1551 aus Leipzig nach Prag floh, konnte er dort bald auf die Unterstützung seiner alten Freunde Aerichalcus und Hajek zurückgreifen. Die Universität Leipzig war in mehreren Briefen vom 3. Juni und 13. Juni 1551 an den Rektor in Prag in der *causa* Rheticus vorstellig geworden[10]; auch wenn Aerichalcus erst im Oktober 1551 zum Rektor gewählt wurde, darf man doch annehmen, dass er darüber genau informiert war.

1 RYBÁR 1976, S. 123; DITTRICH/SPIRK 1848, S. 151. | **2** KALINA VON JÄTENSTEIN 1818, S. 30-36. | **3** FÖRSTEMANN 1841, Bd. 1, S. 180a. | **4** KÖSTLIN 1890, S. 16. | **5** PELCI 1782, S. 6; TOMEK 1849, S. 199. | **6** TOMEK 1849, S. 360. | **7** VD 16 P 5115; Ex. in München SBS. | **8** KALINA VON JÄTENSTEIN 1818, S. 31. | **9** KOCH 1997, S. 338 f.; KOCH 1998, S. 213. 333; KATHE 2002, S. 97. | **10** Vgl. die Briefe bei BURMEISTER 1968, Bd. 3, S. 115-117.

Agricola, Georg, 1494–1555

Georg Agricola (eigentlich Bauer, Pawer), geboren am 24. März 1494 in Glauchau (Lkr. Zwickau, Sachsen), gestorben am 21. November 1555 in Chemnitz, Begräbnis auf Veranlassung seines Freundes Julius Pflug im Dom zu Zeitz (Burgenlandkreis, Sachsen-Anhalt), kath., Schulmann, Arzt, Politiker (Ratsmitglied, Bürgermeister, kurfürstl. Rat), Mineraloge[1].

Georg Agricola ist nicht zu verwechseln mit dem Arzt Georg Agricola Ambergensis (1530-1575)[2]. Nach Schulbesuch in Glauchau, Chemnitz und Zwickau immatrikulierte er sich im SS 1514 an der Universität Leipzig. Er wurde hier Schüler von Petrus Mosellanus, der ihm zur Latinisierung seines Namens riet. 1515 promovierte er zum Bacc. art. Er lehrte zunächst privat Griechisch und wurde 1519 Rektor in Zwickau, 1522 Lektor an der Universität Leipzig. 1523 bis 1526 studierte er Medizin in Italien (Bologna, Venedig, Padua) und promovierte zum Dr. med. 1527 bis 1530 war er Stadtarzt in Joachimsthal (tschech. Jáchymov, Bezirk Karoly Vary). 1531 ging er zurück nach Chemnitz, wurde 1532 Stadtarzt, 1542 sächsischer Hofhistoriograph, schließlich 1546 Bürger und Ratsmitglied von Chemnitz, wiederholt auch Bürgermeister, 1546 bis 1549 auch Rat des Kurfürsten Moritz von Sachsen.

Werke: Agricola schuf das erste Handbuch der Mineralogie *De natura fossilium* (1546); *De mensuris et ponderibus Romanorum atque Graecorum* (Basel: Hieronymus Froben & Nikolaus Episcopius, 1550)[3]; *De re metallica* (Basel: Froben, 1556[4], dt. Übers 1557); Sippschaft des Hauses Sachsen (1555); *De ortu et causis subterraneorum* u.a. (Basel: Hieronymus Froben & Nikolaus Episcopius, 1558, mit liter. Beigabe von Adam Siber)[5]; Zwölf Bücher vom Berg- und Hüttenwesen, mit 273 Holzschnitten, ins Deutsche übers. v. Philipp Bech, München: deutscher Taschenbuch Verlag, 1994.

Porträt überliefert als Kupferstich eines unbekannten Künstlers in Joh. Sambucus, Icones (Antwerpen 1574). Agricola heiratete 1526/27 in erster Ehe Anna Arnold († 1541), Tochter des Chemnitzer Bürgermeisters Hans Arnold, Witwe von Matthäus Meyner aus Schneeberg (Erzgebirgekreis, Sachsen); in zweiter Ehe heiratete er 1542 Anna, Tochter des Hüttenbesitzers Ulrich Schütz.

Die **Beziehungen** zwischen Rheticus und Agricola sind unerforscht, es muss sie aber gegeben haben. Dafür spricht ihr gemeinsames Fachinteresse, ein gemeinsamer Freundeskreis (Melanchthon, Camerarius, Eber, Bech u.a.). Zwei Neffen von Agricola waren in Leipzig Schüler von Rheticus. Mehrere Werke von Agricola befanden sich in Rheticus' Bibliothek, so z.B. *De mensuris et ponderibus Romanorum* (Basel: Froben 1550) und *De re metallica*, (Basel 1561)[6].

1 Scheible, MBW, Personen, Bd.11, 2003, S. 39 f.; Prescher, Hans, in: Viertel 1994, S. 7-53; Pieper, Wilhelm, in: NDB 1 (1953), S. 98-100. | 2 Über diesen Scheible, MBW, Personen, Bd. 11, 2003, S. 40. | 3 BSB München digital. | 4 VD 16 A 933; BSB München, digital. | 5 BSB München, digital. | 6 Kraków, Biblioteka Jagiellońska.

Agricola, Mikael, 1509–1557

Mikael (Michael) Agricola (eigentlich Mikael Olavinpoika), geboren um 1509 in Pernaja (schwed. Pernå, ehemalige Gemeinde, heute Stadtteil von Loviisa, schwed. Lovisa, Landschaft Uusimaa, Finnland), gestorben am 9. April 1557 in Polyany (finn. Uusikirkko, schwed. Nykyrka, Rußland), Grabstätte bei der 1940 zerstörten Domkirche von Wiborg (russ. Wyborg, finn. Viipuri, schwed. Viborg, Rußland), luth., Theologe, Bibelübersetzer, Reformator Finnlands[1].
Agricola war bevor er zum Studium nach Wittenberg ging, bereits 1528 zum Priester geweiht worden; er war Sekretär des Bischofs von Turku (schwed. Åbo, Finnland). Im SS 1536 immatrikulierte er sich, gemeinsam mit Martin Teiti, an der Universität Wittenberg[2]. Ziel der Studien von Agricola war weniger die Theologie; es ging vielmehr um die Humaniora und um den Erwerb eines Magistergrades. Gleichwohl wurde Luther für Agricola in vieler Hinsicht ein maßgeblicher Lehrer; er las dessen Schriften, hörte ihn in Predigten und erlebte ihn in theologischen Disputationen. Neben Luther wurde Melanchthon der wichtigste Lehrer Agricolas. Agricola hörte Melanchthons Vorlesungen zur griechischen Sprache, nicht nur Isoktrates, Euripides, Demosthenes, sondern vor allem auch die Ethik des Aristoteles und nicht zuletzt Ptolemäus über die Ursachen von Unwettern, Verfinsterungen von Himmelskörpern und die Bedeutung der Kometen. Melanchthons Ausführungen über die Astrologie und die Geographie des Ptolemäus haben Agricola besonders fasziniert, wie sich das auch in den Büchern seiner Bibliothek widerspiegelt. Am 3. April 1539 kaufte Agricola in Wittenberg um 3 1/2 Gulden die Geographie Strabons (Basel 1523); später befand sich in seiner Büchersammlung auch die *Cosmographia* (Basel: Heinrich Petri, 1544) von Sebastian Münster, des deutschen Strabon; diese erste Ausgabe der deutschen *Cosmographia* hatte Münster am 17. August 1544 dem König von Schweden Gustav Wasa gewidmet. Am 17. Februar 1539 hatten Studenten aus dem Umkreis von Rheticus (Heinrich Zell, Besold, Taig, Mende) in Wittenberg zur Fasnacht Plautus' Komödie *Amphitryon* aufgeführt. Agricola hat sich dieses Schauspiel wohl auch angesehen; denn 1539 kaufte er um 2 Gulden *M. Actii Plauti Comoediae viginti* (Lyon: Sebastian Gryphius, 1537).

Agricola und Teiti kamen in einen näheren Kontakt mit Magister Konrad Lagus, der eine Privatschule unterhielt und bei dem sie möglicherweise gewohnt haben. Weitere Lehrer waren Veit Oertel Winsheim, Johannes Sachse, Reinhold und Rheticus, der Hebraist Aurogallus. Am 11. Februar 1539 promovierte Agricola unter dem Physikprofessor Veit Amerbach zum Mag. art. und erreichte den 5. Rang, seine Mitbewerber waren u.a. Melchior Acontius (1. Rang), der Däne Niels Svansø (3. Rang), Theobald Thamer (4. Rang), Martin Teit (10. Rang) und Hartmann Beyer (11. Rang)[3]. Zum Freundeskreis Agricolas zählten Georg Norman und Nils Månsson, die später am schwedischen Hof von großem Einfluss waren. Månsson stellte in einem Brief vom 14. Juni 1539 an den König dem Agricola ein glänzendes Zeugnis aus. Magister Michael sei *ein fromer ehrlicher man, verstandig, gott fürchtig, und gelert, welcher umb seines erbars verstandes und wandels willen, auch bej den fremdden wolgeacht und lieb gehalten ist worden, der auch jm Studio jn Kurtzer Zeit sich seher gebessert.*

Zugleich bat Månsson, der selbst aus der Präbende der hl. Katharina am Dom zu Turku Einkünfte bezog, der König möge Agricola mit einem geistliches Lehen bzw. Kanonikat *versorghen auff das er sein ampt, seinem beruff nach, desto vleissiger und besser, warthen und mit nutz bestreiten möghe*[4]. Am 1. Mai 1539 machte sich Agricola gemeinsam mit Georg Norman auf die Heimreise über Lüneburg, Hamburg nach Lübeck, wo sie einige Wochen blieben, weil Norman noch seine Verwandten auf Rügen besuchte. Über Stralsund (Mecklenburg-Vorpommern) und Stegeborg (Söderköping, Östergötlands län) segelten sie nach Stockholm. Agricola wurde Domherr in Turku und war bis 1548 Rektor der Lateinschule in Turku, danach leitete er das Bistum Turku, das ihm 1554 in verkleinerter Form übertragen wurde. Der schwedisch-russische Krieg 1555/56 belastete seine Arbeit. Anfang 1557 wurde er mit einer Delegation nach Moskau geschickt, der auch Canutus Braumensis angehörte; nach dem Friedensschluss erfolgte im April 1557 die Heimreise, auf der Agricola starb. Agricola war seit ca. 1550 verheiratet Birgitta Olavintytär († 1595); sein Sohn Christian Agricola (1550-1586) wurde 1583 zum Bischof von Reval (estn. Tallinn, Estland) geweiht. In Wittenberg wird das Andenken an Agricola bis heute aufrechterhalten. Eine Gedenktafel findet man im Hof der Leucorea[5]. Eine weitere Gedenktafel ist am Wendelstein des Lutherhaus angebracht.

Werke: Agricola gilt als der Begründer der finnischen Literatursprache. Er schuf eine Fibel *Abckiria* (erstmals gedruckt 1543 als der erste finnische Druck überhaupt, ²1551, ³1559); *Rucouskiria*, Gebete auf biblischer Grundlage (Stockholm 1544); er übersetzte in Anlehnung an Luther das Neue Testament *Se Wsi Testamenti* (Stockholm 1548) und Teile des Alten Testaments wie Teile der Genesis, den Psalter, die Propheten (1551/52); eine finnische Messliturgie *Messu eli Herran Echtolinen* (1549); *Dauidin Psalttari* (1551).

Finnland war ein armes und rückständiges Land, sodass Agricola seine hochfliegenden Pläne nicht so verwirklichen konnte, wie ihm das vorschwebte; die Realität forderte von ihm, dass er zu einem guten Teil untergeordnete praktische Aufgaben zu erfüllen hatte, sei es als Schullehrer, sei es als Anfertiger von Steuerverzeichnissen. Dem irenisch veranlagten, stillen Humanisten war es nicht gegeben, sich gegenüber einem rücksichtslos auftretenden König durchzusetzen. Gleichwohl ist Michael Agricola durch seine Lebensarbeit als Autor und Übersetzer als geistiger Führer der lutherischen Reformation und als Begründer der finnischen Schriftsprache in die Geschichte eingegangen.

Beziehungen zu Rheticus: Vom SS 1536 bis SS 1538 konnte Agricola die Vorlesungen von Rheticus gehört haben. Das Interesse, das Agricola der Astrologie und den Himmelserscheinungen, insbesondere auch Ptolemäus entgegengebracht hat, macht es sehr wahrscheinlich, dass er diese Vorlesungen auch besucht hat.

Die Plautus-Aufführung vom 17. Februar 1539

Es gibt einen deutlichen Bezug Agricolas zu einer studentischen Plautus-Aufführung, die am 17. Februar 1539 in Wittenberg stattgefunden hat. Die Komödien des Plautus und Terenz nahmen im Lateinunterricht in Wittenberg eine zentrale Stellung ein. Die Dialoge der Komödien vermittelten ein gesprochenes Latein, wie man es im Alltag verwenden konnte. Man las daher zur Einübung im Unterricht die Texte mit verteilten Rollen und lernte die einschlägigen Texte auswendig. Einen besonderen Höhepunkt bildeten aber die Aufführungen einzelner Komödien, die meist in der Fastnachtszeit stattfanden und oft zahlreiche Besucher anlockten.

Eine Gruppe von Studenten führte am 17. Februar 1539 die Plautus-Komödie *Amphitruo* auf[6]. Quelle für diese Aufführung ist ein Ausgabe *M. Accii Plauti comoediae* (Basel: Johannes Herwagen, 1535) in der Ehemals Reichsstädtischen Bibliothek Lindau (Bodensee)[7]; hier wird auf S. 5 vermerkt: *Acta Vitebergae Ludis Bachanalibus anno 1539 17. Februarij*; zugleich sind zu den Personae handschriftlich die Namen der Darsteller dieser Aufführung vermerkt. Wer diese Eintragung vorgenommen hat, ist vorerst nicht bekannt.

MERCURIUS	keine Angabe
SOSIA	Hieronymus Besel [Besold] Noricus
JUPITER	Laurentius
ALCMENE	Petrus Taig Noricus
AMPHITRUO	Heilricus Zeelius Agrippinas
BLEPHARO	Nicolaus Mend
BROMIA	Georgius

Die Darsteller sind wohl alle Angehörige der Universität Wittenberg. Der größere Teil von ihnen ist leicht zu erfassen: es sind die Studenten Heinrich Zell aus Köln, Hieronymus Besold aus Nürnberg, Peter Taig aus Nürnberg und Nikolaus Mende ohne Herkunftsangabe. Zwei Darsteller werden nur mit ihrem Vornamen genannt, Laurentius und Georgius, sodass deren Identifizierung sich schwieriger gestaltet. In Heinrich Zell möchte man den »Theaterdirektor« sehen; er brachte einschlägige Erfahrung mit, denn er hatte bereits 1537 als Schulmeister von Alt St. Peter in Straßburg mit den Schülern der mittleren und oberen Klasse Szenen aus Terenz gelesen; 1539 begleitete er Rheticus als Famulus auf dessen Weg zu Kopernikus[8]. Hieronymus Besold wurde 1542 Luthers Haus- und Tischbursche; er wirkte später als Prediger an verschiedenen Kirchen in Nürnberg. Nikolaus Mende wurde Pfarrer in verschiedenen thüringischen Gemeinden.

In einem Aufsatz *Ett nytt bidrag till käänedomen om Michael Agricolas bibliotek* hat A. B. Carlsson auf eine Ausgabe der *M. Actii Plauti comoediae viginti* (Lyon: Sebastian Gryphius, 1537) hingewiesen, die Agricola gemäß einem handschriftlichen Besitzvermerk auf dem Titelblatt im Jahre 1539 in Wittenberg um zwei Gulden gekauft hat. Die Erwerbszeit verkürzt sich auf die ersten vier Monate des angegebenen Jahres, da Agricola am 1. Mai 1539 die Universitätsstadt an der Elbe in Richtung Schweden und Finnland verlassen hat. Man darf die Vermutung aussprechen, dass der Erwerb dieses Plautus-Bandes durch Agricola in einem ursächlichen Zusammenhang mit der Wittenberger Plautus-Aufführung vom 17. Februar 1539 steht; denn das Buch wurde im Hinblick auf die Aufführung präpariert: In Agricolas Plautus-Ausgabe ist allein in der ersten Komödie *Amphitruo* der Prolog bis zum Vers 153 unterliniert; auch sind im Ersten Akt einige im gedruckten Text fehlende Dialogeinsätze von Sosias und Mercurius nachgebessert worden, im Übrigen aber enthält der Band keinerlei Anmerkungen von alter Hand.

Was den Vorbesitzer von Agricolas Plautus-Ausgabe betrifft, so lässt sich dieser an Hand eines verschnörkelten und mit der Jahreszahl 1538 versehenen Monogramms identifizieren. Es handelt sich wohl um den schwedischen Adligen Knut Larsson Sparre, immatrikuliert in Wittenberg im WS 1537/38 als *Cunnutus Lorencij Suecus Nobilis*[9], auch *Canutus Laurentii, nobilis Sparre*[10]. Grundlage des Monogramms bildet der Buchstabe S; im oberen Bogen des Buchstaben S ist der Buchstabe C zu finden, ebenfalls im oberen Bogen des Buchstaben S der Buchstaben L. Wir haben damit eine Abkürzung für C[anutus] L[aurentii] S[parre]. Rätselhaft könnte noch der von links unten bis rechts oben, in den Fuß des Buchstaben L auslaufende »Vollziehungsstrich« sein; es gibt aber zahlreiche Beispiele dafür, dass der Fuß des Buchstaben L, so wie heute noch in der hier verwendeten Schrift Times New Roman, einen kleinen Strich nach links aufweist; in der Sütterlin-Schrift findet man stattdessen eine Schlaufe.

Der Zusammenhang zwischen der Plautus-Ausgabe des Agricola und der Wittenberger Aufführung des Stückes ist evident: Alle Eintragungen weisen auf die Komödie *Amphitruo* hin. Sie können aus dem Jahre 1538 stammen (als das Buch noch nicht in Agricolas Besitz war), müssen aber spätestens vor dem 1. Mai 1539 vorgenommen worden sein, da Agricola danach auf Reisen war. Die deutliche Verbindung, die zwischen der Plautus-Ausgabe des Agricola und der Aufführung vom 17. Februar 1539 besteht, führt zu einem Ergebnis, dass sich Agricola wohl unter den Zuschauern der Aufführung vom 17. Februar 1539 befunden hat. In der Regel war es so, dass der Rektor eine solche

Aufführung am Schwarzen Brett der Universität ankündigte und die akademische Jugend aufforderte, an der Vorstellung teilzunehmen. Es war für die Studenten eine Frage der Solidarität, dass sie einer solchen Einladung auch gefolgt ist. Teilweise waren sie auch durch Freundschaften zu einzelnen Darstellern dazu gehalten. Die Universität stellte auch die Räumlichkeiten für die Aufführung zur Verfügung. Was man bei solchen Anlässen seitens der Universitätsverwaltung allenfalls befürchtete, war die Möglichkeit, dass einzelne Studenten die Theateratmosphäre ausnutzend verkleidet oder maskiert herumlaufen würden.

Es bleibt die Frage, ob die Eintragungen in Agricolas Plautus-Ausgabe von dem Vorbesitzer des Jahres 1538, also Knut Larsson stammen, oder von Agricola. Die Beantwortung dieser Frage hängt nicht unwesentlich vom Todesdatum Knut Larssons ab. Der Überlieferung nach ist Larsson nach 1538 in Wittenberg gestorben. Man könnte eine solche Angabe auch so verstehen, dass sein Tod in das Jahr 1538 fällt. In diesem Fall hätten seine Erben die Plautus-Ausgabe an Agricola verkauft. Dann aber wird man die Eintragungen in der Plautus-Ausgabe eher dem Agricola zuschreiben müssen. Zwar setzte die Aufführung von *Amphitruo* eine gewisse Vorbereitungszeit voraus; aber man hat wohl nicht schon 1538 damit angefangen.

Jedoch könnte Larssons Tod auch später erfolgt sein, etwa 1539 oder 1540, was sich möglicherweise noch klären ließe. Immerhin deutet die wörtliche Auslegung der Todeszeit »nach 1538« darauf hin, dass Larsson frühestens 1539 gestorben. Diese Version ist auch deshalb wahrscheinlicher, weil Larsson, wie im Folgenden zu diskutieren ist, an der Aufführung vom 17. Februar 1539 selbst mitgewirkt hat. Wir stehen damit vor der Frage, wer Georgius und wer Laurentius ist. Georgius ist ein sehr verbreiteter Name, sodass es viele Möglichkeiten einer Zuordnung gibt. Geht man zunächst von der recht homogenen Gruppe Zell, Besold, Taig, Mende aus, so würde man in Georgius zuvörderst den Augsburger Studenten Georg von Stetten sehen, immatrikuliert im Sommersemester 1538 als Konsemester von Zell und Taig. Zell und von Stetten sich kannten sich auch schon von ihrem Studium in Basel her.

Man könnte aber auch noch an eine andere Lösung denken. Der deutsche Student, der die Eintragungen in dem Lindauer Exemplar vornahm, hatte offensichtlich Probleme, Georgius und Laurentius näher zu bestimmen. Er kannte diese beiden Personen nicht näher, ihm waren deren Familiennamen nicht geläufig, und so begnügte er sich mit den Vornamen Georgius und Laurentius. Waren die beiden, wie der offenkundige Zusammenhang mit der Plautus-Ausgabe des Agricola nahelegen könnte, Schweden? Darauf könnte auch der in Schweden verbreitete Namen Laurentius (Lars) hinweisen. Dann aber müsste man auch in Georgius einen Schweden sehen.

In der Wittenberger Matrikel des WS 1537/38 treffen wir nun auf zwei Schweden, deren Namen unmittelbar auf einander folgen: *Georgius Gulthe Suecus Nobilis* und *Canutus Lorentij Suecus Nobilis*, beide adliger Herkunft, Göran Gylta und Knut Larsson, Georgius und Laurentii, die beide ihrem Landsmann Agricola nahestanden. Zugegebenermaßen hat diese Argumentation einen Schönheitsfehler, indem hier willkürlich Laurentius mit Laurentii gleichgesetzt wird; aber auch das ließe sich mit der Unwissenheit des deutschen Schreibers und dessen Unvertrautheit mit schwedischen Namengebung erklären. Für ihn war Laurentii gleichbedeutend mit Laurentius; er dachte darüber nicht weiter nach. Folgt man dieser Argumentation, so hätte Knut Larsson die Rolle des Jupiter gespielt, Göran Gylta die Rolle der Sklavin Bromia. Die weitere Konsequenz wäre, dass Knut Larsson für die Rolle des Merkur nicht zur Verfügung stand. Die Unterstreichungen in den Plautus-Ausgaben stammen aber dann mit hoher Wahrscheinlichkeit nicht von Larsson, sondern von Agricola.

Allerdings bleibt hier eine Einschränkung zu machen. Der deutsche Schreiber der Lindauer Plautus-Ausgabe macht für die Rolle von Merkur keine Angaben. Daraus folgt, dass der für diese Rolle vorgesehene Agricola diese Aufgabe letztlich nicht übernommen hat. Dafür sind einige Gründe ersichtlich. Agricola passte nicht so recht in dieses studentische Theater-Ensemble. Abgesehen davon, dass er geweihter Priester war, fiel er auch als Magister aus dem Rahmen des Studententeams.

Vielleicht hatte ihm auch Melanchthon von einer Übernahme dieser Rolle abgeraten. Melanchthon schätzte zwar Plautus sehr, er vermisste aber bei ihm, im Gegensatz zu Terenz, den Sinn für das Schickliche. Gewisse Stücke von Plautus seien unbedenklich, einige aber durchaus anstößig[11], was in besonderem Maße für *Amphitruo* gilt. Es kam somit dazu, dass es bei der Besetzung der Rolle des Merkurs, der den Prolog spricht, einen Ausfall gegeben hat. Diese Rolle wurde schließlich vom Darsteller der Hauptrolle des Amphitruo, dem »Theaterdirektor« Heinrich Zell zusätzlich übernommen.

Zusammenfassend stellen wir fest: Die Aufführung des *Amphitruo* vom 17. Februar 1539 war möglicherweise eine deutsch-schwedische Koproduktion, an der vier deutsche und drei schwedische Studenten beteiligt waren. Agricola war für die Rolle des Merkur vorgesehen und hatte sich darauf vorbereitet; er kam aber letztlich nicht zum Einsatz, sodass Heinrich Zell mit dem Merkur eine zweite Rolle übernahm. Ein Beweis für diese vorstehenden Arbeitshypothesen steht allerdings noch aus.

1 Gummerus 1941; Tarkiainen, Viljo, Die Studien Michael Agricolas in Wittenberg, in: Sitzungsberichte der Finnischen Akademie der Wissenschaften 27 (1945), S. 135-159; auch in: Hubatsch 1967, S. 444-469; Scheible, MBW, Bd. 11, Personen, 2003; Callmer 1976, S. 19 f., Nr. 43; Heininen 1980, S., 5, 18, 21 f., 24-26, 29 f., 39 f. 46-53, 70-73, 98; Brockhaus-Enzyklopädie, 19. Aufl., Bd. 1, 1986, S.230. | **2** Förstemann 1841, Bd. 1, S. 163b. | **3** Köstlin 1890, S. 11. | **4** Zitiert nach Tarkiainen 1945, S. 153. | **5** Strauchenbruch 2008, S. 11. | **6** Zum Inhalt vgl. Aichele, Klaus, in: Jens, Walter (Hg.), Kindlers Neues Literatur Lexikon, Studienausgabe, Bd. 13, München 1996, S. 423 f.; lat. Text in W. M. Lindsay (Hg.), T. Macci Plauti comoediae, Bd. 1, Oxford 1955; dt. Übers. in Ernst Raimund Leander, Plautus, Komödien, München 1959, S. 35-88. | **7** StB Lindau, Signatur: Ca. III. 482, Bl. 3. | **8** Kolb, Albert, Der Kartograph Heinrich Zell, ein unbekannter Strassburger Drucker des 16. Jahrhunderts, in: Gutenberg-Jahrbuch 1972, S. 174-177. | **9** Förstemann 1841, Bd. 1, S. 168a, Nr. 10; Callmer 1976, S. 21. Nr. 51. | **10** Förstemann 1841, Bd. 1, S. 168a, Nr. 11; Callmer 1976, S. 21. Nr. 52. | **11** Hartfelder 1889, S. 389-394.

Aichholz, Johannes, ca.1520–1588

Johannes Emerich Aichholz (Acholzius, Eichholz, Eychholtz), geboren um 1520 in Wien, gestorben am 6. Mai 1588 in Wien, luth., Arzt, Botaniker[1].
Aichholz hatte zunächst seit dem SS 1536 in Wien studiert; dann immatrikulierte er sich gemeinsam mit seinem Landsmann Georg Tanner im Mai 1543 an der Universität Wittenberg[2]. Beide haben vermutlich bei Dr. med. Jakob Milich gewohnt und dessen Unterricht genossen[3]. Am 25. Februar 1546 promovierte Aichholz unter dem Dekan Johannes Stoltz zum Mag. art. (auf dem 39. Rang von 39. Kandidaten; Flacius Illyricus wurde bei diesem Magisterexamen Erster)[4].1555 promovierte er in Padua zum Dr. med. 1557 ließ er sich als Arzt in Wien nieder und wurde 1558 *Magister sanitatis* der Stadt Wien. Aichholz wurde Professor für Anatomie in Wien. Er war fünfmal Dekan der medizinischen Fakultät und stand 1574 der Universität Wien als Rector Magnificus vor. Bemerkenswert ist sein Verhältnis zu dem Arzt Jules Charles de l'Écluse, genannt *Clusius*, der 1573 durch die Vermittlung Cratos als Hofbotaniker Maximilians II. berufen wurde und bedeutende Forschungen zur Alpenflora leistete; Clusius wohnte im Haus von Aichholz in der Wollzeile, wo er einen botanischen Garten angelegt hat[5]. Hier machte er Versuche mit dem Anbau von Kartoffeln. Aichholz bestieg am 22. August 1574 zusammen mit Charles de l'Écluse und Paul Fabricius den Ötscher (Niederösterreich), um geographische Ortsbestimmungen vorzunehmen. 1581 wurde Aichholz zu Kaiser Rudolf II. nach Prag gerufen. Aicholz heiratete 1557 in erster Ehe Ursula N. († 1560), in zweiter Ehe Katharina N. († 1566), in dritter Ehe Anna Unverzagt. Er hatte einen Sohn Johannes und eine Tochter Katharina. Er vermachte dem Nürnberger Rat ein Kapital von 10.000 Gulden, das der Finanzierung von Reisen von Studenten der Medizin dienen sollte.

Werke: *Consilium in Hydrope monstroso* (in: Lorenz Scholz, Hanau: Wechel, 1610).

Eine direkte **Beziehung** zu Rheticus ist nicht gegeben, doch konnte Aichholz als der lebenslange Freund Tanners hier nicht übergangen werden. Paul Fabricius erwähnt Aichholz 1558 in seiner

Rheticus gewidmeten *Oratio*⁶. Aichholz und Tanner, auch Paul Fabricius u.a. müssen als Fürsprecher von Rheticus angesehen werden, als Kaiser Maximilian II. aufgerufen war, dessen wissenschaftlichen Nachlass zu retten.

1 SCHADELBAUER, Karl, in: NDB 1 (1953), S. 117 f.; SCHEIBLE, MBW, Bd. 11, 2003, S. 47. | 2 FÖRSTEMANN 1841, Bd. 1, S. 204b. | 3 Vgl. CR VI, Sp. 261. | 4 KÖSTLIN 1890, S. 18. | 5 GERSTINGER 1968, S. 162, Anm. 14. | 6 München BSB digital, image 53.

Albert, Johannes, 1488–1558

Johannes Albert (Albrecht), geboren 1488 in Zörbig (Landkreis Anhalt-Bitterfeld, Sachsen-Anhalt), gestorben 1558 in Wittenberg (Sachsen-Anhalt), luth., Rechenmeister[1].
Der Wittenberger Rechenmeister schuf ein viel gebrauchtes *Rechenbüchlein*, das in über 40 Auflagen erschienen ist, zuerst in Wittenberg 1534; es richtete sich an den gemeinen Mann und Laien sowie an die *jungen anhebenden liebhaber der Arithmetice*[2]. Weitere Ausgaben z. B. in Wittenberg 1541, 1550, 1554 usw.[3]

Bei dem am 13. Oktober 1540 in Wittenberg gratis immatrikulierten Johannes Alberti aus Wittenberg[4] könnte es sich um einen Sohn des Rechenmeisters handeln. Dieser könnte im WS 1541/42 ein Schüler von Rheticus gewesen sein. Die von Johannes Gigas in den *Silvae* (Wittenberg 1540) einem M[agistro] Alberto gewidmeten Verse beziehen sich wohl eher auf Vater, nicht auf den Sohn[5]. Magister wäre nicht als akademischer Grad, sondern als Rechen«meister« zu verstehen:

> *Pygmaea quamvis natus de stirpe videris*
> *Attamen ingenio maior Athlante vir est.*

(Obwohl du aus dem Stamme der Pygmäen geboren scheint, bist du dennoch an Geisteskraft größer als der Riese Atlas). Man ist versucht, einen Vergleich mit Adam Ries zu vermuten. Das Lehrbuch von Gemma Frisius *Arithmeticae practicae methodus*, das dank einer Initiative von Reinhold erstmals in Wittenberg 1542 gedruckt wurde und bis 1611 hier nicht weniger als 23 Auflagen und 14 weitere in Leipzig erlebte[6], enthält lit. Beigaben von Melanchthon, Heller, Stigel und Albert, mit dem Beginn *Hic numeris constat*.

1 REICH, Ulrich, Johann Albert (1488-1558), Rechenmeister zu Wittenberg in der Reformationszeit, in: Rechenmeister und Cossisten der frühen Neuzeit (Schriften des Adam-Ries-Bundes, 7), Annaberg-Buchholz 1996, S. 221 ff.; DESCHAUER 2003 II, S. 24 f. | 2 GEBHARDT 2005, S. 460 (mit Abb. des Titelblattes). | 3 Vgl. z. B. VD 16 A 1274-1284. | 4 FÖRSTEMANN 1841, Bd. 1, S. 187b. | 5 GIGAS 1540, Bl. 40b. | 6 VAN ORTROY, Fernand, Bio-bibliographie de Gemma Frisius, Bruxelles 1920 (Reprint Amsterdam 1966), Nr. 49, 51, 54, 57, 58, 61, 63, 64, 69, 76, 80, 83, 84, 88, 92, 95, 97, 105, 108, 113, 115, 117, 122.

Albertus, Johannes

Johannes Albertus (Albrich, Albrecht, Albert), geboren in Zwickau (Sachsen), luth., Arzt.
Johannes Albertus immatrikulierte sich im SS 1541 unter dem Rektor Kilian Goldstein an der Universität Wittenberg[1]. Am 25. Februar 1546 promovierte er unter dem Dekan Johannes Stoltz zum Mag. art.; er erreichte dabei den 30. Rang von 39 Kandidaten; Mitbewerber war Flacius Illyricus (1. Rang). Albertus wandte sich dann dem Studium der Medizin zu. Unter Jakob Milich promovierte er am 30. Dezember 1550 zum Dr. med.[2] In der Folge (1555) wurde er Stadtarzt in Joachimsthal (tschech. Jáchymov, Bezirk Karlsbad/Karoly Vary)[3].

Albertus könnte im WS 1541/42 die Vorlesungen von Rheticus besucht haben.

1 FÖRSTEMANN 1841, Bd. 1, S. 190b. | 2 KAISER 1982, S. 157; BUCHWALD 1894/1902, S. 70; SPP 1553, Bd. 1, 1540-1553, Bl. x2r, S. 696, Emden, Johannes a Lasco Bibliothek, digital (Einladung des Rektors zur Promotionsfeier). | 3 SCHMIDT 1656, Bd. 1, S. 512.

Albis Aquilis, Johannes ab

Johannes ab Albis Aquilis (von Albis Aquilis, ab Albisaquilis, tschech. Jan od bílého orla), aus Prag, luth., Universitätslektor[1].

Der vom Rat der Stadt Prag Melanchthon empfohlene Albis Aquilis immatrikulierte sich im WS 1539/40 an der Universität Wittenberg[2]. Hier promovierte er am 26. Februar 1540 unter Dekan Christian Neumair zum Bacc. art.[3] Im SS 1540 wechselte er nach Leipzig[4]. Um die Wende von April/Mai 1542 bat Melanchthon seinen Kollegen Marcellus, sich gegen eine besondere Entschädigung dieses Studenten anzunehmen. *Nec est rudis literarum, sed opus habet formatore styli* (er ist nicht ungebildet, aber er bedarf eines Stilbildners)[5]. Am 25. Januar 1543 wurde ihm unter dem Dekan Christoph Jonas der Grad eines Mag. art. verliehen; er erreichte den 24. Rang unter 31 Kandidaten[6]. 1543 wurde er in das Magisterkollegium der Universität Prag aufgenommen.

Beziehungen zu Rheticus sind möglich, da Albis Aquilis im WS 1541/42 dessen Vorlesungen hören konnte.

1 Eberhard 1985, S. 281. | **2** Förstemann 1841, Bd. 1, S. 177b. | **3** Köstlin 1890, S. 6. | **4** Erler, Bd. 1, S. 633, P16. | **5** CR IV, Sp. 808, Nr. 2481, wohl auch Nr. 2482. | **6** Köstlin 1890, S. 15.

Ales, Alexander, 1500–1565

Alexander Ales[1] (Hales, Alesius), geboren am 23. April 1500 in Edinburgh, gestorben am 17. März 1565 in Leipzig, beerdigt in Zweinaudorf (1934 nach Mölkau eingemeindet), Grabstein seit 1710 in der Kirche von Mölkau (heute Stadtteil von Leipzig), luth. Theologe.

Studierte seit 1512 an der Universität St. Andrews in Schottland, wurde dort Mag. art. und kam 1533 als Glaubensflüchtling auf einem deutschen Schiff nach Deutschland. Am 20. Juni 1533 immatrikulierte er sich an der Universität Wittenberg[2], wo er im WS 1534/35 Dekan der Artistenfakultät war.[3] In seinem Dekanat wurden u.a. Johannes Marcellus, Flacius Illyricus und Andreas Aurifaber zu Magistern[4], Georg Karg zum Bacc. art. promoviert.[5] Er lehrte 1535 vorübergehend in Cambridge, 1540 in Frankfurt/Oder, wo damals an der Artistenfakultät Georg Sabinus, Jodok Willich, Theobald Thamer und Christoph Preuss wirkten, und seit 1542 in Leipzig, wo er Nachfolger des umstrittenen Jakob Schenck wurde. Ales, 1542 bis 1565 Kollegiat des großen Fürstenkollegs[6], war 1545 bis 1558 fünfmal Dekan der theologischen Fakultät, im SS 1555 und im SS 1561 Rektor Magnificus. Sein Leipziger Schüler David Peifer hat über ihn festgehalten: »Alesius aber, der Nationalität nach ein Schotte, war ein scharfsinniger Disputierer. Er war nicht nur in der theologischen Wissenschaft gründlich ausgebildet, sondern er hatte auch die spitzfindige Wissenschaft des Scotus und des Thomas von Aquin kennen gelernt und verstand es, die Fragen, die jene nach ihrem Scharfsinn verfolgten, kunstvoll zu lösen und mit Argumenten aus der heiligen Schrift die Schlussfolgerungen der Gegner Punkt für Punkt zu widerlegen und gänzlich zu zermalmen«.[7] Kaspar Brusch verfasste ein Epigramm auf ihn, gedruckt in: *Ad viros epigrammata* (Nürnberg: Petreius, 1541).[8] Hieronymus Wolf erzählt in seiner Autobiographie von einer Zusammenkunft zwischen ihm, Ales und Melanchthon, die 1543 in Leipzig im Hause des Camerarius stattgefunden hat.[9] Seinem Schüler Abraham Ulrich schrieb Ales den Vers Joh. 3, 16 ins Stammbuch.[10]

Ales, der 1540/41 am Wormser Religionsgespräch teilnahm, war ein treuer Anhänger Melanchthons; er polemisierte gegen Cochläus, Johannes Eck und Osiander. Ales wohnte 1542 bis zu seinem Tod im Beguinenhaus, das zum großen Fürstenkolleg gehörte. Er war verheiratet mit einer Engländerin Catherine Mayn und hatte mehrere Kinder. Vor der Belagerung von 1547 floh er mit seiner Familie nach Rochlitz (Lkr. Mittelsachsen), verlor aber in Leipzig seine gesamte Habe einschließlich seiner Bibliothek.

Werke (in Auswahl): *Epistola contra decretum quoddam Episcoporum in Scotia* (Wittenberg 1533); *Apologia* (1542).

Beziehungen zu Rheticus sind offenkundig. Camerarius, Borner, Ziegler und Ales bildeten von Anfang an den Freundeskreis um Rheticus in Leipzig; so ließ Melanchthon am 9. Mai 1543 über Camerarius Grüße ausrichten ließ: *Ziglero, Bornero, Rhetico et Scoto*[11]. In seinem astronomisch angehauchten Wappen führte Ales eine Weltkugel, oben zwei Sterne (Symbol für den göttlichen Schutz), unten grüne Bäume (Symbol für die Hoffnung), er war aber kein Mathematiker oder Astronom. Doch hatte ihn Rheticus bereits im SS 1534 in Wittenberg als Dekan erlebt. In Leipzig dürfte Rheticus am 25. September 1543 an Ales' *prandium* aus Anlass von dessen Antrittsvorlesung teilgenommen haben, auch am 17. Oktober 1544 anlässlich seiner Aufnahme in die theologische Fakultät. Ales hatte Verbindungen zu Rheticus' Freund Kaspar Brusch oder zu seinem Schüler Hieronymus Wolf. Brusch nennt Ales *grande Musarum decus*.

1 Scheible, MBW, Bd. 11, 2003, S. 55 f.: Hammann, Gustav, in: Neue Deutsche Biographie 1 (1953), S. 191, Onlinefassung; Clemen/Koch 1987, Bd. 8, S. 21-23. | 2 Förstemann 1841, Bd. 1, S. 149b. | 3 Köstlin 1888, S. 15. | 4 Köstlin 1888, S. 22. | 5 Köstlin 1888, S. 15. | 6 Zarncke 1857, S. 752. | 7 Peifer 1996, S. 56. | 8 Bezzel 1982, Sp. 417, Ziff. 3, BSB Digital; | 9 Zitiert nach Fischer 1926, S. 8 f., Anm. 4. | 10 Klose 1999, S. 214. | 11 CR V, Sp. 103f.

Alexwangen, Jakob, d.J., † nach 1589

Jakob Alexwangen (Alexsvanck), geobren in Elbing (poln. Elbląg, Woiwodschaft Ermland-Masuren), luth.?, Jurist (Anwalt)[1].

Der Sohn des gleichnamigen Bürgermeisters Jakob Alexwangen d.Ä. (1485-1552) von Elbing, der 1535 das dortige Gymnasium gründete, immatrikulierte sich im SS 1544 unter dem Rektorat des Joachim Camerarius an der Universität Leipzig in der polnischen Nation zugleich mit Jakob Kleefeld[2]. Ein Jahr später schrieben sich beide gleichzeitig am 13. Oktober 1545 in Wittenberg ein[3]. Alexwangen ist später als Advokat in Elbing tätig. 1565 erhielt es das Gut Hansdorf (poln. Janów, Woiwodschaft Ermland-Masuren) zum Lehen, verkaufte dieses jedoch 1589.

Beziehungen zu Rheticus liegen insofern nahe, als dieser mit den Verhältnissen in Elbing vertraut gewesen ist. Beide Studenten, Alexwangen und Kleefeld, hatten die Möglichkeit, Rheticus' Vorlesungen im SS 1544, WS 1544/45 und im SS 1545 zu besuchen.

1 Freytag 1903, S. 45, Nr. 196. | 2 Erler, Bd. 1, S. 649, P 29 und P 30. | 3 Förstemann 1841, Bd. 1, S. 227b.

Amantius, Bartholomäus, 1505–1555

Bartholomäus Amantius (eigentlich Pelten, auch Minner, Mynner), geboren um 1505 in Landsberg am Lech (Oberbayern), gestorben 1555 in Lauingen (Lkr. Dillingen, Schwaben), Begräbnis im dortigen St. Martinsmünster, heute abgegangen, Epitaph überliefert[1]; **er hatte auch für sich selbst bei Lebzeiten ein Epitaph gedichtet**[2]; **luth., neulat. Dichter, Poeta laureatus, Humanist, Jurist**[3].

Der Sohn des gleichnamigen Bartholomäus Amantius wurde in Tirol vorgebildet und immatrikulierte sich in Ingolstadt, promovierte zum Bacc. art., danach schrieb er sich im SS 1521 in Leipzig als Baccalaureus Ingolstadensis ein[4], im SS 1523 in Wittenberg[5], wo er Schüler Melanchthons wurde. Als Paedagogus junger Adliger wirkte er in Innsbruck und Hall in Tirol; unter seinen Schülern waren Georg Sigmund Seld[6] und andere Tiroler Räte Ferdinands I. Am 31. Mai 1530 wurde Amantius durch Kaiser Karl V. in Innsbruck zum Poeta laureatus gekrönt, was einem Magistergrad gleichkam. So konnte er im Oktober 1530 an der Universität Ingolstadt als Professor für Rhetorik um 50 Gulden angestellt werden (1531 auf 70 Gulden erhöht); er lehrte hier *magna cum laude et auditorum frequentia* (mit großem Lob und Zulauf an Hörern). 1533 kam er zu Eoban Hessus nach Nürnberg. Mit Peter Apian ging er 1533 auf eine von Raimund Fugger bezahlte Reise nach Italien, als deren Ergebnis er mit Apian die *Inscriptiones* (Ingolstadt: P. Apian, 1534, mit einem Vorwort Melanchthons[7]) herausgab. Am 26. Oktober 1534 promovierte er in Ferrara zum JUD[8]. Promotor war Lodovico Cati (1490-1553), Zeugen Apian und Johannes Sinapius, Lektor für Medizin in Ferrara. Ostern 1535 gab er seine Professur in Ingolstadt auf und erhielt gnadenhalber ein Wegzugsgeld von 25 Gulden. Amantius wurde 1535 zum Professor für das Kanonische Recht in Tübingen ernannt[9]; für ihn war ein Gehalt von 160 Gulden vorgesehen (im Vergleich dazu sollte Camerarius 200, Leonhard Fuchs 160 und Sichardus 100 Gulden erhalten)[10].

Danach lehrte er 1541-1545 in Greifswald[11] und wirkte zugleich als pommerischer Rat. Für das Studienjahr 1541/42 wurde Amantius zum Rector Magnificus der Universität Greifswald gewählt[12]. Am 25. Mai 1542 wurde sein Famulus Joachim Winholt aus Warnemünde in die Matrikel eingeschrieben[13], am 28. Oktober 1543 ein Baccalaureus Ortolphus aus Bayern, ebenfalls sein Famulus[14]. Im Studienjahr 1543/44 wurde Michael Amantius von Landsberg gratis immatrikuliert, *quia amicus eiusdem domini rectoris*[15]. Während der Tätigkeit des Amantius in Greifswald wurde 1544 der Rheticusschüler Michael Beuther aus Wittenberg nach Greifswald berufen[16].

1545/48 wirkte er als Advokat der Stadt Nürnberg, danach wurde er Rat des Markgrafen Georg Friedrich von Ansbach und des Pfalzgrafen Ottheinrich, auch Beisitzer des Hofgerichts und des kaiserlichen Landgerichts. 1548 erhielt Amantius ein Kanonikat in Feuchtwangen (Lkr. Ansbach, Mittelfranken, Bayern). Er war dort vom Chordienst dispensiert und hielt juristische Vorlesungen; die daselbst geplante Universität kam jedoch nicht zustande. Amantius hatte in Feuchtwangen einen Chorherrenhof gekauft und aufwendig restauriert, ihn aber bald wieder aufgegeben; hier hatte seine bedeutende Bibliothek, *refertissima omni scriptorum genere*, Platz gefunden; ihr Wert wurde auf 1500 Gulden geschätzt. 1554 wurde ihm der Wegzug von Feuchtwangen gestattet, worauf er nach Lauingen übersiedelte.

Als Jurist gehörte Amantius mit Sichardus zur modernen Schule der humanistischen Jurisprudenz. Amantius hatte einen sehr weiten Freundeskreis, zu dem u.a. gehörten Stigel, Micyllus (*amicus vetustissimus ac longe charissimus*[17]). Brusch widmete ihm 1537, *Maecenato suo*, ein Exemplar seiner *Progymnasmata* (Tübingen 1537)[18]. Ein Beitrag von Amantius ist enthalten in Joachim Camerarius, *Oratio funebris de Princ. Eberhardo duce Wurtemberg.* (Tübingen 1537)[19]. Lemnius hat im dritten Buch seiner *Epigrammata* (*ex itinere* 1538) in einem Gedicht *Ad D. Bartholomeum Amantium* diesen beschworen, ihm gegen die *mendacia vana Lutheri* juristischen Beistand zu leisten[20]

Werke (in Auswahl): *Scholia in Epistolas Ciceronis* (ungedruckt, ÖNB Wien); *Psalmus septimus in rhytmos redactus*, Lauingen 1555; *Flores celebriorum sententiarum graecarum ac latinarum*, Dillingen: Mayer, 1556[21], hg. v. seinem Schwager, dem hennebergischen Kanzler Dr. leg. Johannes Gemelius (geboren 1503), nachdem Amantius 24 Jahre an diesem Buch gearbeitet hatte; *Libelli duo: unus contra Tyrannidem, alter de gloria*, Dillingen: Mayer, 1556; *Kurtzeliche Auslegung des hayligen Vatter unsers, erstlich durch Hieronymum Savonarola, Nun aber durch Bartholomeum Amantium in das Teutsch gebracht*, Lauingen: Mayer, 1556, ²1561[22], mit Widmungsbrief an Markgräfin Aemilia zu Brandenburg, geb. Herzogin zu Sachsen, Witwe des Markgrafen Georg Friedrich zu Ansbach, sowie deren Dankesbrief für die Zueignung, Ansbach, den 13. Dezember 1554.

Über Beziehungen zu Rheticus ist nichts bekannt, er muss sie aber über Apian, den Wittenberger Dichterkreis (Lemnius, Brusch, Stigel) oder über die Nürnberger Humanisten (Eoban Hessus, Haloander, Sebald Heyden, Venatorius) gehabt haben. Amantius' Famulus in Greifswald hatte sich am 10. April 1542 als *Joachimus Weinholtz Megaloburgensis* in Wittenberg eingeschrieben[23]; er könnte Rheticus noch erlebt haben, zumal die Immatrikulation oft erst erfolgte, nachdem das Studium bereits aufgenommen worden war.

| 1 Lat. Text mit deutscher Übersetzung abgedruckt bei LUDWIG 2002, S. 133. | 2 AMANTIUS, Flores 1556. | 3 GRASS, Franz, Nachtrag zu den typographischen Denkmälern aus dem fünfzehenden, und Büchermerkwürdigkeiten aus dem sechzehenden und siebenzehenden Jahrhunderte, Brixen 1791, S. 27 f.; PRANTL, Bd. 2, S. 489, Nr. 38; POLLET 1969, Bd. 1, S. 316; BÖNINGER, Lorenz, in: BOEHM 1998, S. 10; LUDWIG, Gernot, Bartholomäus Amantius (1505-1555); Ein Gelernter Jurist des 16. Jahrhunderts, in: Jahrbuch des Historischen Vereins Dillingen an der Donau 103 (2002), S. 127-135; SCHEIBLE, MBW, Bd. 11, Personen, 2003, S. 62. | 4 ERLER, Bd. 1, S. 578, B 7. | 5 FÖRSTEMANN 1841, Bd. 1, S. 118a. | 6 Zu ihm vgl. VOGEL, Walter, Der Reichsvizekanzler Georg Sigmund Seld, sein Leben und Wirken, Phil. Diss. Leipzig 1933; LAUBACH, Ernst, Der Reichsvizekanzler Georg Sigmund Seld im Dienst der Kaiser Karl V. und Ferdinand I.; beide Autoren erwähnen mathematische Interessen Selds. | 7 Abgedruckt in CR II, Sp. 697 f. | 8 PARDI 1900, S. 122 f. | 9 HALLER, Bd. 1, S. 337. | 10 FLOOD/SHAW 1997, S. 176; SCHIESS 1908/12, Bd. 1, S. 703 f. | 11 STÖLZEL, Bd. 1, S. 100. | 12 Matr. Greifswald, Bd. 1, S. 204. | 13 Matr. Greifswald, Bd. 1, S. 204. | 14 Matr. Greifswald, Bd. 1, S. 205. | 15 Matr. Greifswald, Bd. 1, S. 205. | 16 Matr. Greifswald, Bd. 1, S. 209. | 17 AMANTIUS, Flores 1556. | 18 VD 16 B 8793, BSB digital; HORAWITZ 1874, S. 25; BEZZEL 1982, Sp. 439, Ziff. 58. | 19 BEZZEL 1982, Sp. 446, Ziff. 85 | 20 MUNDT 1983, Bd. 2, S. 128 f.; vgl. auch Bd. 1, S. 256. | 21 VD 16 A 2152, BSB digital. | 22 Beide Auflagen BSB digital. | 23 FÖRSTEMANN 1841, Bd. 1, S. 204b.

Amerbach, Veit, 1503–1557

Veit Amerbach (Trolmann), geboren um 1503 in Amerbach (Ortsteil von Wemding, Lkr. Donau-Ries, Schwaben), gestorben am 13. September 1557 in Ingolstadt (im dortigen Münster beigesetzt), luth., seit 1543 kath. Theologe, Physiker, Philologe, neulateinischer Dichter[1].

Veit Trolmann, Sohn eines Bauern aus Amerbach, immatrikulierte sich nach Studium in Ingolstadt (1517) und Freiburg i. Br. (1521) im SS 1522 an der Universität Wittenberg[2]. Nachdem er 1526 durch Vermittlung Luthers als Lateinschullehrer in Eisleben tätig geworden war, promovierte er am 12. August 1529 unter dem Dekan Kilian Goldstein zum Magister artium[3] und wurde 1530 in die Artistenfakultät aufgenommen.[4] Im SS 1532 und im WS 1537/38 war er Dekan der Artistenfakultät. Er lehrte seit 1529 zunächst am Pädagogium und wirkte 1535-1542 als Professor für Physik (1543 wurde Eber sein Nachfolger)[5]. Nach Ratzenberger war er *ein gelehrter speculator und argutus disputator*.[6] Amerbach hatte ein lebhaftes Interesse an der Medizin (hatte diese auch studiert), ohne sich für den Arztberuf zu entscheiden. Lemnius, der ihn zu den Professoren zählt, mit denen er vertrautem Umgang hatte[7], nennt ihn *philosophus et medicus*.[8] Zwischen Amerbach, der zum Gegner Melanchthons wurde, und Milich, einem treuen Anhänger Luthers und Melanchthons, entwickelte sich zunehmend ein gespanntes Verhältnis[9]. Als der Rektor Melanchthon im Senat die Meinungen über die Relegation von Lemnius einholte, meinte Amerbach[10], man müsse eher den Verfasser der Schrift *De ingratitudine cuculi* (d.h. Melanchthon) ausschließen als Lemnius *ob ista epigrammata*[11]. Die Epigrammata wurden also kontrovers beurteilt. Auch andere haben die Ansicht von Amerbach geteilt, etwa jene Professoren, die Lemnius in der Apologia als seine Freunde nennt. Auch Camerarius nahm diese Epigramme weniger tragisch. Amerbachs *Quattuor libri de anima* (Straßburg: Crato Mylius, 1542, mit Widmung vom 22. September 1541 an den König Christian III. von Dänemark)[12] richteten sich gegen Melanchthons *Commentarius de anima* (1540). Amerbach war der Überzeugung, dass man ihn in Wittenberg nicht hochkommen ließ, was er vor allem Melanchthon anlastete. Er fühlte sich mit seinem Wirken für eine Wiedervereinigung der Kirchen nicht ernst genommen[13]. *Nihil tam serio precandum a Deo, quam ut Imperium nostrum et Christi Ecclesia tandem iterum post tam horribiles et plus quam tragicas discordias in illam suam perfectionem iterum coalesceret*[14] (Nichts ist von Gott so ernst zu erflehen, als dass unser Reich und die Kirche Christi nach so schrecklicher und mehr als tragischer Zwietracht endlich wieder zu jener ihrer Vollkommenheit gedeiht). 1543 konvertierte er zum Katholizismus und verließ mit seiner Familie verbittert Wittenberg. Die Familie seines Schülers Prunsterer in Nürnberg gewährte ihm Zuflucht auf dem Weg in die Heimat. Amerbach wurde Professor für Rhetorik und Nachfolger von Johannes Eck in Ingolstadt. Am 7. März 1545 widmete Amerbach dem Johannes Prunsterer seine *Breves Enarrationes orationum Ciceronis* (Ingolstadt: Alexander Weißenhorn, 1545). In Ingolstadt las Amerbach vor allem über Horaz und Cicero. Neulateinische Gedichte erschienen in *Variorum carminum Viti Amerpachii Liber* (Basel: Oporin, 1550).

Zu den weniger bekannten **Werken** gehört *Ad Andream Alciatum Epistola de furto per lancem et licium concepto* (Basel: Oporin, 1549)[15], ein Buch, das schon am 2. Juli 1546 beendet war, aber kriegsbedingt erst am 25. September 1548 dem Drucker übergeben wurde. Wir erfahren aus dem Widmungsbrief, dass der Graubündner Marcus Tatius (1509-1562), Professor für Poesie in Ingolstadt, mit Veit Amerbach befreundet und durch eine *amicitia hospitii* (Gastfreundschaft) verbunden war; vermutlich hat Amerbach nach seiner Übersiedlung nach Ingolstadt zunächst bei Tatius gewohnt.

Amerbach heiratete am 19. August 1529 in Jena Elisabeth NN, mit der er 11 Kinder hatte. Sein Haushalt eignete ich offenbar gut zur Aufnahme studentischer Kostgänger, jedenfalls war Amerbach als Praeceptor (Pädagoge) sehr gefragt. Zu dem großen Kreis seiner Schüler gehörten: der Taugenichts Balthasar Gosmar (imm. 1530), Johannes Kirchhoff (imm. 1531)[16], Matthäus Delius und sein Bruder Johannes Delius (imm. 1532)[17], der junge Herzog Johann Ernst von Sachsen-Koburg (WS 1534/35 Ehrenrektor der Univ. Wittenberg)[18], Melchior Acontius (imm. 1535)[19], Stephan Tucher (imm. 1535)[20], Johannes Lehmann (imm. 1535)[21], Christoph Rorer (imm. 1536)[22], der dänische Mönch Peter Pauli, genannt Generanus, aus Gjenner (Aabenraa, Syddanmark), (imm. 1536)[23], Bonaventura Rösler (imm. WS 1536/37)[24], Hieronymus Wolf (imm. 1538)[25], Ulrich Buchner (1539)[26], Simon Wilde (imm. 1540)[27], Kilian Windisch (imm. 1540)[28], Johannes Prunsterer (imm. 1540)[29].

Rheticus war einerseits Schüler Amerbachs, andererseits stand er ihm seit 1535/36 als Fachkollege und Professor der Physik besonders nahe, zumal die Vorlesung über das zweite Buch des Plinius viele Berührungspunkte mit der Astronomie hatte. Die Schüler- und Freundeskreise von Amerbach und Rheticus decken sich teilweise (Acontius, Rösler, Wolf, Lemnius[30], Wilde, Buchner, Prunsterer). Amerbach hielt 1538 eine Disputation *De M. Regulo et Iride*[31], wovon Teile im Kapitel *De Iride* in seinem Kommentar[32] zu Giovanni Giovano Pontano, *Liber de Meteoris* (Straßburg: Crato Mylius, 1539, Widmung an Ulrich Buchner vom 24. Juni 1539)[33] veröffentlicht sind.

1 Fischer 1926; Scheible, MBW, Personen, Bd. 11, 2003, S. 65; Trusen, Winfried, Amerbach, Veit, in: NDB 1 (1953), S. 248; Flachenecker, Helmut, in: Boehm 1998, S. 10. | 2 Förstemann 1841, Bd. 1, S. 113a. | 3 Köstlin 1888, S. 20. | 4 Köstlin 1888, S. 24. | 5 Fischer 1926, S. 159, Nr. 15. | 6 Fischer 1926, S. 34, Anm. 3. | 7 Mundt 1983, Bd. 1, S. 272. | 8 Fischer 1926, S. 24, Anm. 2. | 9 Kathe 2002, S. 115. | 10 Veit Amerbach (1503-1557) darf nicht verwechselt werden mit dem Astrologen und späteren Juristen Veit Winsheim (1501-1570). | 11 Frank 1997, S. 108 f.; vgl. dazu auch Kraai 2003, S. 72, besonders Anm. 193; Wachinger 1985 geht darauf nicht ein, obwohl man das in seiner Rechtfertigung Melanchthons erwarten würde. | 12 VD 16 A 2229; BSB digital. | 13 Fischer 1926, S. 130. | 14 Amerbach, Ereves enarrationes orationum Ciceronis, 1545, Vorrede; zitiert nach Fischer 1926, S. 179. | 15 VD 16 A 2227, BSB digital. Das Exemplar wurde von Johannes Sambucus dem Hieronymus Ziegler geschenkt. | 16 Förstemann 1841, Bd. 1, S. 143a. | 17 Förstemann 1841, Bd. 1, S. 147a. | 18 Fischer 1926, S. 8, 36 f.; Förstemann 1841, Bd. 1, S. 154. | 19 Förstemann 1841, Bd. 1, S. 156a. | 20 Förstemann 1841, Bd. 1, S. 156a. | 21 Förstemann 1841, Bd. 1, S. 158a; Freytag 1903, Nr. 117. | 22 Fischer 1926, S. 6 f., besonders Anm. 1; Förstemann 1841, Bd. 1, S. 161a. | 23 Förstemann 1841, Bd. 1, S. 162a. | 24 Förstemann 1841, Bd. 1, S. 120b. | 25 Förstemann 1841, Bd. 1, S. 169b. | 26 Fischer 1926, S. 57, Anm. 1. Amerbach widmet ihm als seinem Schüler den Pontanus, Liber de meteoris (1539). | 27 Fischer 1926, S. 5, Anm. 4; Förstemann 1841, Bd. 1, S. 178a. | 28 Förstemann 1841, Bd. 1, S. 184a. | 29 Förstemann 1841, Bd. 1, S. 184b. | 30 Mundt 1983, Bd. 2, S. 188 f., 192 f. | 31 Fischer 1926, S. 34. | 32 Fischer 1926, S. 34, 191 | 33 VD 16 P 4221 Ausgabe 1545); BSB digital, hier S. 164-173, Expositio zu S. 49-53.

Apel, Johannes, 1486–1536

Johannes Apel (Apelt), geboren 1486 in Nürnberg, gestorben am 27. April 1536 in Nürnberg, begraben auf dem Rochuskirchhof, luth., Jurist (Rechtslehrer, Hofgerichtsbeisitzer, Agent)[1].
Apel war 1502 in Wittenberg Gründungsstudent, Schüler von Hieronymus Schürpf, aber auch humanistisch sehr gebildet. 1524 wurde er Professor für Pandekten, las aber auch über das Kir-

chenrecht und einzelne Kapitel der Digesten. 1524 war er Rector. Apel wurde 1529 Beisitzer des Hofgerichts und ging 1530 nach Königsberg. Seit 1534 wirkte er in Nürnberg als Agent Herzog Albrechts. Eine Freundschaft verband Apel auch mit Thomas Venatorius und mit Joachim Camerarius (*Apellus svavissimus compater meus*).[2] Apel schickte am 8. April 1535 aus Nürnberg ein von Camerarius erstelltes Horoskop an Herzog Albrecht; da er niemanden finden konnte, dieses zu erklären, gab er dem Herzog den Rat, er möge sich an einen alten Domherrn von Frauenburg wenden[3]. Die Freundschaft zwischen Schürpf und Volmar stützt die Vermutung von Wattenberg[4], dass Reinhold und Rheticus schon vor 1536 von Volmar her über Kopernikus informiert waren.

Werke: *Methodica dialectices ratio* (Nürnberg: Peypus, 1535), die von Distichen des Thomas Venatorius einbegleitet war; *Isagoge per dialogum in IV libros institutionum Iustiniani* (Breslau: Andreas Winkler, 1540; weitere Auflage Köln: Birckmann, 1564).

Beziehungen zu Rheticus sind nicht nachweisbar, Rheticus könnte aber nach 1539 in Nürnberg mit Apel zusammengetroffen sein.

1 MUTHER 1866, S. 230-328; THIELEN 1953, S. 139. | **2** MUTHER 1866, S. 295, 324 f. | **3** BISKUP 1973, S. 155; WESTMAN 2011, S. 115, 534. | **4** WATTENBERG 1973, S. 36; THÜRINGER 1997, S. 303, möchte eine so frühe Erörterung der Lehre des Kopernikus in Wittenberg ausschließen.

Apelles, Valentin, 1514–1581

Valentin Apelles, geboren am 13. Februar 1514 in Guben (Lkr. Spree-Neiße, Brandenburg), gestorben am 1. August 1581 in Freiberg (Lkr. Mittelsachsen), Begräbnis in der Domkirche in der Nähe des Marienaltars an der Seite von Weller und Zeuner, Epitaph überliefert, luth., Schulmann, Schriftsteller[1].

Apelles immatrikulierte sich im WS 1532/33 an der Universität Wittenberg[2]. Er war insbesondere ein Schüler von Melanchthon und promovierte am 19. September 1538 unter Magister Konrad Lagus zum Mag. art. (zugleich mit Preuss, Mads Hak und Maximilian Mörlin)[3]. Als Nachfolger von Johannes Rivius wurde Apelles am 11. April 1545 Rektor der Lateinschule in Freiberg, die er gemeinsam mit Hieronymus Weller zu hohem Ansehen führte. Er war, schreibt Möller 1653, *ein gelehrter, sehr fleißiger und tapfferer Mann, der eine besondere rühmliche Dexterität und Art zu informiren gehabt, und die angeordneten Exercitia Poetica, Rhetorica, Logica und Physica gewaltig getrieben*. Sein Nachfolger wurde der Rheticusschüler Friedrich Zörler.

Apelles heiratete 1549 Katharina Müller, mit der er 13 Kinder hatte; sie ist am 14. Oktober 1576 gestorben, *quo Sol relicto Librae signo Scorpium ingreditur* (als die Sonne das Zeichen der Waage verließ und in den Skorpion eintrat). Die Söhne Elias und Sigismund verfassten Epigramme für die Gedenkschrift, die Michael Hempel herausgegeben hat[4], in der viele ehemalige Schüler mit Epigrammen ihre Dankbarkeit gegenüber ihrem Lehrer Apelles bezeugten. Zu seinem Freundeskreis zählten besonders Luther, Melanchthon, Stigel, Georg Fabricius, Jeger, Siber, Weller und Zeuner.

Beziehungen zu Rheticus sind nicht gesondert ausgewiesen. Beide waren jedoch Jahrgänger, fast am gleichen Tag geboren, und über mehrere Jahre hin Kommilitonen, vom SS 1536 bis SS 1538 mag Apelles die Vorlesungen von Rheticus besucht haben. Im Herbst 1538 trennten sich ihre Wege.

1 MÖLLER 1653, S. 295 f., 305 f. | **2** FÖRSTEMANN 1841, S. 147b. | **3** KÖSTLIN 1890, S. 10. | **4** VD 16 ZV 21388, Ex. Halle ULB Sachsen-Anhalt, digital zugänglich.

Apian, Peter, 1495–1552

Peter Apian (Apianus, eigentlich Bienewitz, Bennewitz, Pennewitz, lat. *apis* = Biene), geboren am 16. April 1495 in Leisnig (Lkr. Mittelsachsen), gestorben am 21. April 1552 in Ingolstadt (Oberbayern), kath., Mathematiker, Astronom, Instrumentenmacher, Kartograph, Buchdrucker[1]. Apian, Sohn eines Schuhmachers, studierte in Leipzig, wo er im WS 1516 immatrikuliert ist[2], ging im WS 1518/19 nach Wien (Schüler von Tannstetter, Freundschaft mit Aventin und Raimund Fugger). Seit 1527 wirkte er als Professor für Mathematik in Ingolstadt. Als kaiserlicher Hofmathmaticus stand Apian in hohem Ansehen.

Werke (in Auswahl): Zum Gesamtwerk vgl. VAN ORTROY 1963. Wandkalender für Regensburg und 1523[3]; Vorhersage für 1523[4]; *Practica teutsch* auf 1524 (Landshut: Weißenburger, 1523)[5]; *Ein künstlich Instrument oder Sonnen vr* (Landshut: J. Weißenburger, 1524)[6]; Vorhersage für 1525 (Landshut: Weißenburger, 1524)[7]; *Cosmographicus liber* (Landshut: J. Weißenburger, 1524)[8]; *Practica teutsch* auf 1526 (Landshut: Weißenburger, 1525)[9]; *Vnderweisung aller Kauffmanß Rechnung* (Ingolstadt 1527, Widmung an Hans Senftl, Bürger zu München, 7. August 1527; weitere Auflage Frankfurt/Main, Chr. Egenolph, 1544; Nachdruck Buxheim: Polygon-Verlag, 1995); *Practica* auf 1532 (Landshut: G. Apian)[10]; *Introductio geographica in Verneri annotationes* (Ingolstadt 1533, Widmung an Hans Wilhelm von Laubenberg, undatiert[11]); *Instrument Buch* (Ingolstadt: P. Apian, 22. August 1533, Widmung an Hans Wilhelm von Laubenberg zu Wagegg, Pfandherr der Herrschaft Hohenegg, Ingolstadt, am 22. August 1533[12], Facsimile-Ausgabe mit Nachwort von Jürgen Hamel, 1989); *Folium Populi, Instrumentum iam recens inventum*, Ingolstadt, Apian, 22. Oktober 1533, mit Widmung an Laubenberg, Ingolstadt, am 13. Oktober 1533, mit einem *Carmen* von Bartholomäus Amantius an Laubenberg[13]; *Instrumentum primi mobilis* (Nürnberg: Joh. Petreius, 1534)[14]; *Practica auff das 1539. Jar* (Landshut: Georg Apian, 1538)[15]; *Astronomicum Caesareum*, Ingolstadt: 1540[16], Nachdruck Leipzig: Ed. Leipzig, 1967); *Instrumentum sinuum seu primi mobilis* (Nürnberg: Joh. Petreius, 1541, Widmung an den Bischof von Augsburg Christoph von Stadion, Ingolstadt, am 28. August 1540)[17]; *Cosmographiae introductio* (Köln: Gymnycus' Erben, 1544, Widmungsbrief von Johannes Dryander an seinen *Affinis* Wolfgang Syboth in Leipzig, mit Grüßen an Lic. Kaspar (recte wohl Bernhard) Ziegler, Joachim Camerarius, Kaspar Borner und Mag. *Wüstenborg* (recte wohl Wüstenfeld), datiert Marburg, am 1. Mai 1543)[18]; *Libro de la Cosmographia* (Antwerpen 1548, spanisch)[19]; *Introductio cosmographiae* (Paris: Guillaume Cavellat *in pingui gallina*, 1551)[20].

Erhebung durch Kaiser Karl V. in den Reichsritterstand (mit Wappenbrief) mit dem Prädikat von und zu Ittlkofen, Regensburg, 20. Juli 1541[21], Ernennung zum päpstl. Hofpfalzgrafen am 29. Juli 1541 und zum kaiserl. Hofpfalzgrafen am 20. Mai 1544 mit dem Recht *duos quolibet anno Doctores, Licentiatos, Baccalaureos et Poetas laureatos creare et facere*[22]. Als Pfalzgraf hatte Apian auch das Recht, Wappenbriefe zu verleihen[23]. Apian war seit 1526 verheiratet mit Katharina Mosner († 6. Juli 1574), Tochter eines Landshuter Ratsherrn (14 Kinder, 9 Söhne, 5 Töchter, darunter namentlich der Mathematiker und Geograph Philipp Apian[24]). Peter Apians Porträt ist mehrfach überliefert[25].

Beziehungen zu Rheticus: Rheticus hat spätestens seit 1531 in Apian einen Meister der Sternkunde verehrt; denn als 1531 Gasser Rheticus mit seinen Beobachtungen des Halleyschen Kometen zur Astronomie zurückführte, musste er auch die diesbezüglichen Schriften von Apian, Schöner oder Johannes Vögelin zur Kenntnis nehmen. Apian war der Lieblingsautor Gassers. Nachdem Gasser 1544 sein Pestbuch dem Feldkircher Vogt Ulrich von Schellenberg gewidmet hatte, bedankte sich dieser bei Gasser mit einem wertvollen Buchgeschenk, nämlich Apians *Astronomicum Caesareum* (Ingolstadt 1540).

Als Rheticus sich 1538 dazu aufmachte, Kopernikus zu besuchen, wollte er zuvor mit Schöner in Nürnberg, Apian in Ingolstadt, Nachkommen der Stöfflerschule (Philipp Imser) in Tübingen und vor allem auch Gasser in Feldkirch sprechen. Wiewohl zu Kopernikus keine unmittelbare Verbindung zu dem Halleyschen Kometen besteht, ist es sicherlich kein Zufall, dass es sich hier genau jene Personen handelt, die sich 1531 über diesen Kometen in gedruckten Schriften geäußert haben, der Rheticus in seinen ersten Anfängen zur Astronomie hingeführt hat.

In Rheticus-Biographien ist die Behauptung, Rheticus habe sich abfällig über Apian geäußert, zu einem unauslöschlichen Topos geworden[26]. Ein solcher Vorwurf besteht jedoch zu Unrecht. Die Verwendung von Scheibengeräten (Vovellen) zur Darstellung von Planetenbewegungen ist auch keineswegs auf Apian beschränkt. Auch Peurbach, Regiomontan, Stöffler, Münster, Cardano und viele andere haben diese Technik angewandt. Auch in anatomischen Werken wurden solche Scheiben gebraucht. Sie werden auch heute noch in Umrechnungs- oder Entfernungstabellen verwendet.

Jesse Kraai hat darauf hingewiesen, dass in dem Brief des Rheticus an den Feldkircher Bürgermeister Heinrich Widnauer vom 13. August 1542 wohl die Besuche in Nürnberg und Tübingen erwähnt werden, nicht aber der Besuch bei Apian in Ingolstadt. Er kommt zu dem Schluss, dass die geplante Begegnung mit Apian nicht zustande gekommen ist.

1 Günther 1882; Zinner ²1967, S. 233 f.; Brockhaus Enzyklopädie, 19. Aufl., Bd. 1, Mannheim1986, S. 676; Röttel 1995; Schöner, Christoph, in: Boehm 1998, S. 15 f.; Scheible, MBW, Bd. 11, Personen, 2003, S. 81; Telle, Joachim, in: Killy, Bd. 1, 2008, S. 182 f. | **2** Erler, Bd. 1, S. 550, M 52. | **3** Zinner ²1964, S. 158, Nr. 1194. | **4** Zinner ²1964, S. 158, Nr. 1195. | **5** VD 16 A 3101; Zinner ²1964, S. 160. Nr. 1232; Green 2012, S. 159. | **6** Zinner ²1964, S. 160, Nr. 1229. | **7** VD 16 A 3102; Zinner ²1964, S. 164, Nr. 1290; Green 2012,m S. 159. | **8** Zinner ²1964, S. 160, Nr. 1230. | **9** VD 16 A 3103; Zinner ²1964, S. 165, Nr. 1311; Green 2012, S. 159. | **10** Zinner ²1964, S. 175. Nr. 1474. | **11** VD 16 A 3090; BSB München, digital; Zinner ²1964, S. 179, Nr. 1516. | **12** Zinner ²1964, S. 178, Nr. 1514; BSB München, digital. | **13** BSB München, digital; Zinner ²1964, S. 178. Nr. 1513. | **14** VD 16 A 3088; BSB München, digital; Zinner ²1964, S. 197, Nr. 1768. | **15** VD 16 A 3016; BSB München, digital; Zinner ²1964, S. 193, Nr. 1706. | **16** Zinner ²1964, S. 195, Nr. 1735. | **17** BSB München, digital; | **18** VD 16 A 3079; BSB München, digital; Zinner ²1964, S. 203, Nr. 1844. | **9** BSB München, digital. | **20** BSB München, digital. | **21** Abb. des Originalwappenbriefes in Farbe bei Röttel 1995, S. 51; Blasoniert bei Günther 1882, S. 17, Anm.; Abb. des Wappens bei Röttel 1995, S. 116 f., 121. | **22** Günther 1882, S. 15 | **23** Beispiel bei Röttel 1995, S. 67, Abb. 11). | **24** Über ihn vgl. Scheible, MBW, Bd. 11, Personen, 2003, S. 81 f.; Zinner ²1967, S. 234 f. | **25** Vgl. die Abb. bei Röttel 1995, S. 15, 52, 222 | **26** Björnbo 1907/13, S. 162, Anm. 1; Wolfschmidt, in: Rötteln 1995, S. 98; Kraai 2003, S. 82.

Ardüser, Veit,

Veit Ardüser (Ardiseus, Ardüseus, Ardyserus), *Rhetus*, **geboren im Bistum Chur, gestorben nach 1547 unbekannten Orts, ref., Mathematiker**[1].

Magister Veit (Titus!) Ardüser studierte 1525 an der Universität Paris; hier wurde er am 27. September 1527 zum Prokurator der alemannischen Nation gewählt[2]. Noch 1532/33 ist er in Paris nachzuweisen. Sebastian Lepusculus (Häsli), der Nachfolger Sebastian Münsters als Professor für Hebräisch an der Universität Basel, hat in seinem *Aristotelis Octavus Tropicorum Liber* mit den Scholien des Simon Grynäus (Basel: Hieronymus Curio, 1545) in dem Widmungsbrief vom 12. November 1544 an den Augsburger Stadtschreiber Claudius Pius Peutinger (1509-1551) die Studienverhältnisse in Basel detailliert beschrieben; hier nennt er u.a. den gewissenhaften Professor für Mathematik Veit Ardüser (*Vitum Ardisaeum Matheseos professorem diligentissimum*[3]). Ardüser, 1536/36 als *magister* immatrikuliert in Basel[4], wurde 1537 in die Artistenfakultät aufgenommen. 1538 widmete er eine Vorlesung den Elementen des Euklid. Er wirkte seit1541 bis zum Herbst 1547 als Professor für Mathematik in Basel als Nachfolger von Christiern Morsius. Ardüser war 1541/42 und 1545/46 Dekan der Aristenfakultät[5]. Ardüser war verheiratet mit der mehrfachen Witwe Barbara von Busch; die wenig glückliche Ehe wurde durch das Basler Ehegericht 1547 auf die Dauer von einem Jahr getrennt. Ardüser hat daraufhin Basel verlassen.

Beziehungen zwischen Rheticus und Ardüser sind nicht bekannt, doch war er als Fachkollege und Landsmann aus dem Churer Bistum kurz zu erwähnen.

1 HBLS Bd. 1, S. 427; Jenny 1967, Bd. 6, S. 93, Anm. 3. | 2 Vasella 1932, S. 169, Nr. 484. | 3 E-rara.ch, digital; vgl. auch UB Basel, Griechischer Geist aus Basler Pressen G 130. | 4 Wackernagel 1956, Bd. 2, S. 15. | 5 Wackernagel 1956, Bd. 2, S. 514.

Arpinus, Wenzelslaus, † 1582

Wenzeslaus Arpinus, geboren in Böhmisch-Kamnitz (tschech. Česká Kamenice), gestorben 1582, luth., Humanist und neulateinischer Dichter[1].

Arpinus immatrikulierte sich am 7. Juli 1530 unter dem Rektor Johannes Bernhardi Velcurio an der Universität Wittenberg[2], wo er mehr als zehn Jahre verbrachte. Er war insbesondere Schüler Melanchthons. 1539 hatte er die Aufgabe übernommen, während des Gemeinschaftstisches die üblichen Lesungen zu halten, wofür er ein geringes Quartalsgehalt von 3 Gulden bezog[3]. Arpinus promovierte ein Jahr später am 5. Februar 1540 unter dem Dekan Christian Neumair zum Magister der Philosophie[4]; er belegte den 15. Rang unter 15 Kandidaten. Er lehrte anschließend Griechisch an der Universität Prag und wurde 1542 Rektor der berühmten tschechischen Schule in Saaz (tschech. Žatec), wo er Latein unterrichtete. Er heiratete um 1548 Katharina, die Tochter seines Kollegen Nikolaus Artemisius, zu welchem Anlass Paulus Aquilinas ein Epithalamion verfasste (Prostějov: Joh. Guntherus, 1548).

Um diesem Dilemma zu entgehen, hatte Osiander schon am 1. Juli 1540 in einem Brief an Kopernikus vorgeschlagen, den Heliozentrismus als bloße Hypothese ins Gespräch zu bringen[5]. Am 20. April 1541 wiederholte er auch gegenüber Rheticus diesen Vorschlag.

Rheticus und Arpinus waren über mehrere Jahre Kommilitonen, später wurde Rheticus auch der Lehrer von Arpinus. Es ist anzunehmen, dass sie im Hause Melanchthons öfter zusammengekommen sind.

1 Biographisches Lexikon zur Geschichte der böhmischen Länder, hg. v. Heribert Sturm, Bd. 1, München 1979, S. 27 f.; Loesche, Georg, Luther, Melanthon und Calvin in Österreich-Ungarn, S. 161; Procházka, František Faustin, Miscellaneen der Böhmischen und Mährischen Litteratur, Prag 1784, S. 114 f. | 2 Förstemann 1841, Bd. 1, S. 139b. | 3 Burmeister 2011, S. 111. | 4 Köstlin 1890, S. 12. | 5 Tschackert 1890, S. 401, Nr. 1258.

Aurifaber, Andreas, 1513–1559

Andreas Aurifaber[1] (Goldschmidt), geboren am 29. November 1513[2] in Breslau (Wrocław, Woiwodschaft Nidederschlesien), gestorben am 12. Dezember 1559 in Königsberg i. Pr., luth., Schulmann, Mathematiker, Physiker, Arzt, Hauptstütze der Partei Osianders in Preußen[3].

Er war der Sohn des Breslauer Bürgers Valentin Goldschmidt und der Ursula Kirstein, Johannes Aurifaber *Vratislaviensis* (*1517) war sein jüngerer Bruder. Andreas Aurifaber schrieb sich am 8. August 1527 an der Universität Wittenberg ein[4]. Am 1. März 1532 promovierte er unter Magister Konrad Lagus zum Bacc. art.[5] Am 28. August 1534 erwarb er unter dem Dekan Alexander Ales den Grad eines Magisters artium[6] und wurde am 8. September 1537 unter dem Dekan Ambrosius Berndt in den Rat der Artistenfakultät aufgenommen[7]. Auf Empfehlung von Melanchthon wurde Aurifaber 1539 Rektor der Lateinschule (Trivialschule) St. Marien in Danzig, wo er seit 1539 bei Franz Rhode mehrere Drucke erscheinen ließ. Im Januar 1540 schrieb er eigenhändig die *Chronica Prussiae* des Petrus von Dusberg ab[8]. Seine Verbindung zu Rhode sowie seine Mitwirkung an der *Narratio prima* legen die Vermutung nahe, dass Aurifaber dieser Druckerei als Korrektor diente. Kremer hat mit Recht die Frage gestellt, ob nicht Aurifaber Rheticus mit Rhode in Verbindung gebracht hat[9]. Im SS 1540 wechselte Aurifaber an die Universität Leipzig[10]. Nach dem Beispiel von Flock, der am 10. Oktober 1540 über Melanchthons *Liber de anima* gelesen hatte, kündigte Aurifaber um etwa diese Zeit eine solche Vorlesung an[11]. 1541 wurde er als Nachfolger von Gnapheus

Aurifaber, Andreas, 1513–1559

Rektor der berühmten Lateinschule in Elbing (poln. Elbląg, Woiwodschaft Ermland-Masuren). Hier lebte er erneut in nächster Nähe von Rheticus und Kopernikus; in einem Brief, den Rheticus am 2. Juni 1541 an Paul Eber schrieb[12], muss *Salutat te Andreas* wohl auf keinen anderen als Aurifaber bezogen werden. Rheticus und Aurifaber hielten sich demnach zu dieser Zeit gemeinsam bei Kopernikus auf. Im Mai 1542 heiratete Aurifaber die Tochter des Wittenberger Druckers Hans Lufft[13]. Auch hier wäre daran zu denken, dass Aurifaber auch den Druck von *De lateribus et angulis triangulorum* (Wittenberg 1542) durch seinen Schwiegervater Hans Lufft vermittelt haben könnte[14].

Aurifaber wurde am 23. Juli 1542 von Herzog Albrecht zu seinem Leibarzt bestellt, nachdem dieser sich am selben Tag verpflichtet hatte, ein Jahr in Wittenberg oder Leipzig und zwei Jahre in Italien Medizin zu studieren[15]. Er widmete sich zunächst in Wittenberg dem Studium der Medizin, blieb aber auch an der Artistenfakultät tätig. Im SS 1543 war er Dekan der Artistenfakultät. Bugenhagen stellte ihm um diese Zeit das Zeugnis aus, er habe *einen guthen verstand in der Philosophie und beiden sprachen Latinisch und Grekisch, und studiret mit Vleis Medicina*[16]. Am 8. Oktober 1543 versuchten Bugenhagen, Luther, Camerarius und Melanchthon in einem Brief an Herzog Albrecht, Aurifabers Italienreise zu verhindern. Er könnte die Medizin genau so gut in Leipzig und Wittenberg erlernen, wo Ärzte lehrten, die lange in Italien gewesen seien. Er solle besser bei seiner Frau und seinen Kindern bleiben. *Den sie sind beide jung, und wie die Sitten in Italia sind, ist unverborgen*[17]. Am 8. April 1544 teilte Bugenhagen dem Herzog mit, dass Aurifaber jetzt doch nach Italien ziehen werde[18]. Am 12. August 1544 stellte ihm Melanchthon einen Empfehlungsbrief an Apollonio Massa aus[19]. Auf der Reise nach Italien logierte Aurifaber im Spätsommer 1544 in Nürnberg im Haus von Dr. med. Magenbuch, wo er Osiander kennenlernte; dabei lud Osiander ihn auch in sein eigenes Haus ein[20]. Aurifaber reiste damm weiter nach Padua, wo er zum Dr. med. promovierte und am 1. August 1545 nach Königsberg zurückkehrte. Herzog Albrecht ernannte ihn 1546 zum Professor der Physik. 1549 heiratete Aurifaber in zweiter Ehe Agnes, Tochter Osianders; die seit 1549 in Königsberg betriebene Lufftsche Druckerei versuchte Aurifaber für die Zwecke seines Schwiegervaters Osiander nutzbar zu machen[21]. 1550 wurde er Professor der Medizin in Königsberg; im WS 1558/59 war er Rektor Magnificus[22].

Aurifaber war Besitzer einer bedeutenden Privatbibliothek, die nach seinem Tod 1561 in die herzogliche Bibliothek in Königsberg übergegangen ist. Die Bestände der Schlossbibliothek wurden später zerstreut. Einige Bücher sind gekennzeichnet mit dem Vermerk *ligatus Witebergae* oder dem Monogramm *AG* oder *AGD*. Kremer hat eine erste Liste der Bücher aus dem Besitz Aurifabers erstellt[23]. Diese Liste muss ergänzt werden durch die von Tondel[24] verzeichneten 87 Bänden aus dem Besitz Aurifabers, meist antike Klassiker sowie Schriften von Luther und Melanchthon[25]. Liessem nennt einen Persius, *Satyrae*, Magdeburg: Michael Lotter, 1537 (mit handschriftlichem Vermerk auf dem Titelblatt *Sum Andreę Aurifabri M*[agistri] *1538*)[26].

Werke: *Schola Dantiscana, cum exhortatione ad literas bonas, Latina et Germanica*, Danzig: Franz Rhode, 1539[27]; *Methodus grammatices Donati plurimis variorum grammaticorum succinctis definitionibus et tabellis*, Danzig: Franz Rhode, 1540; *Practica Auff das Jar M.D.XLj*, Danzig: Franz Rhode, 1540 (26 Seiten)[28]; *Ein gut Regiment für die giftige Kranckheit der Pestilentz*, Leipzig: Nickel Wolrab, 1543; *De temperantia oratio*, Wittenberg: Hans Lufft, 1544; Demetrius Pepagomenus: *Phaemonis vteria philosophi, Cynosophion, seu De cura canum liber*, Wittenberg: Hans Lufft, 1545 (1. Oktober); Ermolao Barbaro: *Compendium ... in libros Aristotelis Physicos*, Königsberg: Joh. Weinreich, 1547 (1. April); *Ein nützlichs unnd tröstlichs Regiment wider die anfallende Gifft*, Königsberg: Hans Lufft, 1549 (Widmung an Bürgermeister und Rat der Altstadt Königsberg); *Praefatio in Dioscoridem, in qua praecipue explicantur utilitates ... ex simplicium medicamentorum diligenti cognitione*, Königsberg: Hans Lufft, 1550; *Succini historia, Ein kurtzer ... Bericht, woher der Agtstein ... komme*, Königsberg: Hans Lufft, 1551 (25. März); weitere Auflage Königsberg: Daubmann, 1572; *Disputatio medica de repletione et evacuatione*, Königsberg: 1554.

Beziehungen zu Rheticus: Aurifaber und Rheticus waren gleichaltrig und hatten einen ähnlichen Studiengang. Als Rheticus 1539 nach Preußen reiste, war Aurifaber als Rektor der Schule in Danzig wohl bereits da. So ergab es sich, dass Rheticus, als er 1540 bei Rhode in Danzig die *Narratio prima* in Druck gab, in Aurifaber einen wichtigen Mitarbeiter fand. Der luth. Bischof von Pomesanien in Marienwerder (poln. Kwidzyn, Woiwodschaft Pommern) Paul Speratus schickte die *Narratio prima* an Herzog Albrecht, der sie am 21. April 1540 erhielt und sich aus Königsberg am 23. April 1540 dafür bedankte. Zu den Autoren der auf Kopernikus beruhenden Schrift sagt Speratus, *ausgangen durch magistrum Joachim Reticum sampt seinem mithülfen magistrum Andreas Aurifabrum, schulmeister zu Danzigk*[29]. Der Herzog verspricht, *wollen auch, so wir anderer unser geschefft halben konnen, mit ganzem vleiss darin lesen und als viel uns moglich, wes obgenannter magister meynung, daraus erkunden*. Der Herzog will also das Buch nicht nur lesen, sondern auch versuchen, es zu verstehen. Angesichts der Vorliebe des Herzogs für die Sternkunde, dürfte er das Büchlein wirklich gelesen haben. Somit war Herzog Albrecht wohl einer der ersten Leser der *Narratio prima*.

Andreas Aurifaber bzw. Goldschmidt wurde 1539 von Melanchthon an den Rat von Danzig empfohlen, um dort eine Lateinschule bei St. Marien zu errichten. Noch 1539 brachte Aurifaber bei Franz Rhode einen teils lat., teils deutschen Druck heraus *Schola Dantiscana*, der den Bürgern von Danzig gewidmet war. Die Vermutung liegt nahe, dass es Aurifaber war, der die Verbindung seines alten Freundes Rheticus mit Rhode vermittelt hat. Gelegentlich wird auch darauf hingewiesen, dass Rheticus von dem Danziger Bürgermeister Johannes von Werden mit Rhode zusammengebracht worden war. Dieser war mit Kopernikus verwandt und Rheticus hat ihn im *Encomium Borussiae* lobend erwähnt und von einem Besuch und einer unvergesslichen Musikdarbietung in dessen Haus berichtet[30]. Wie immer das gewesen sein mag, Aurifaber war für Rheticus in Sachen Rhode doch der näher liegende Ansprechpartner. Es müsste überhaupt noch geklärt werden, inwieweit die Reisen von Aurifaber und Rheticus nach Preußen im Frühjahr 1539 in Zusammenhang stehen. Aurifaber hat 1539 und 1540 mehrere Schriften bei Rhode in Druck gegeben. So hatte er einen lat. Donat für seine Schüler verfasst *Methodus grammatices Donati plurimis variorum grammaticorum succinctis definitionibus et tabellis* (Danzig: Franz Rhode, 1540); im gleichen Jahr 1540 hatte er auch eine *Practica Auff das Jar M.D.XLj* bei Rhode drucken lassen. Aurifaber verkehrte also wohl regelmäßig in dessen Haus, verstand auch etwas von der Buchdruckerkunst (er war mit einer Buchdruckerstochter verheiratet). Möglichweise war Aurifaber sogar Korrektor bei Rhode; denn er war es auch, der die ersten Druckproben der Narratio prima an Melanchthon schickte, mithin also noch vor Rheticus Zugriff darauf gehabt hatte. Aurifaber und Rheticus sind wohl auch im Herbst 1541 gleichzeitig von Preußen nach Wittenberg zurückgekehrt. Rheticus hatte das Manuskript der *Narratio prima* am 3. September 1539 beendet, sodass sie nunmehr gedruckt werden konnte. Am 14. Februar 1540 schickte Aurifaber in Rheticus' Auftrag die ersten drei Blätter (oder Bögen) der *Narratio prima* an Melanchthon. Im März 1540 wurde der Druck beendet. Rheticus schickte ein erstes Exemplar an Gasser (heute in der Vaticana). Vermutlich ebenfalls noch im März, und zwar nach dem 13. März 1540, sandte Rheticus einige Exemplare der *Narratio prima* an Osiander. Danach begann der Versand des Buches an alle wichtigen Persönlichkeiten und Freunde.

Auch Rheticus hatte für Ende 1540 eine Vorlesung in Wittenberg angezeigt und damit seine Rückkehr nach Wittenberg geplant. Während Kraai annimmt, Rheticus sei nach Wittenberg zurückgekehrt, um seinen Lehrstuhl zu halten, und habe Ende 1540 die Vorlesung tatsächlich gehalten, sehe ich kaum eine Möglichkeit, eine solche Reise zeitlich unterzubringen. Für den Hin- und Rückweg muss man mit wenigstens zehn Tagen, insgesamt also 20 Tagen rechnen. Nimmt man für die Vorlesung weitere 30 Tage an, so kommt man auf eine Dauer von ca. 50 Tagen oder mehr. Theoretisch wäre das zu schaffen gewesen. Aber hätte Rheticus in diesen zwei Monaten in Wittenberg nicht irgendwelche Spuren hinterlassen? Und wären nicht die hohen Kosten, die Rheticus für die Reise nach Frauenburg beklagt, ein Hindernis für einen keineswegs zwingend nötigen

Besuch gewesen? Und warum musste Herzog Albrecht am 1. September 1541 an den Kurfürsten von Sachsen schreiben, man möge Rheticus in seiner Wittenberger Professur bestätigen, nachdem er sich nicht zuletzt auch *der gantzen vniversitet nicht zu geringer zier rhum vnd preis* in Preußen aufgehalten hatte[31], wenn er doch bereits Ende des Jahres 1540 in Wittenberg diese Angelegenheit mit der Universität geregelt hatte? Und warum musste Herzog Albrecht am 1. September 1541 ein ähnliches Schreiben an die Universität Wittenberg schicken?[32]

Aurifaber heiratete 1542/43 in erster Ehe eine Tochter des Wittenberger Buchdruckers Hans Lufft, der 1542 Kopernikus' und Rheticus' *De lateribus et anulis trinagulorum* druckte. Herzog Albrecht, von Rheticus durch Schürstab gebeten, setzte sich dafür ein, dass dieses Werk gedruckt wurde[33]. Rheticus schenkte Aurifaber am 20. April 1543 ein Exemplar von *De revolutionibus*[34]. Auch sein jüngerer Bruder Johannes Aurifaber, seit 1534 Kommilitone und seit 1538 Kollege von Rheticus, hat im November 1545 in Wittenberg ein Exemplar von *De revolutionibus* erworben[35]. Ungeachtet der Tatsache, dass Andreas Aurifaber in zweiter Ehe eine Tochter Osianders heiratete, blieb die Freundschaft mit Rheticus bestehen. Rheticus verehrte Aurifaber ein Exemplar seiner *Ephemerides* (Leipzig 1550)[36]. Man kann daher von einer Lebensfreundschaft sprechen, die über Jahrzehnte Bestand gehabt hat.

1 Freytag 1903, S. 88, Nr. 18; Hammann, Gustav, in: NDB 1 (1953), S. 456; Scheible, MBW, Bd. 11, Personen, 2003, S. 97 f.; Lawrynowicz 1999, S. 77. | 2 Garcaeus 1576, S. 339 | 3 Freytag 1903, S. 91, Nr. 37; Hammann, Gustav, in: NDB 1 (1953), S. 456 f.; Bautz, Friedrich Wilhelm, in: BBKL 1 (1990), Sp. 303.; Scheible, MBW, Bd. 11, Personen, 2003, S. 98. | 4 Förstemann 1841, Bd. 1, S. 130b. | 5 Köstlin 1888, S. 14. | 6 Köstlin 1888, S. 22. | 7 Köstlin 1888, S. 26. | 8 Tschackert 1890, Bd. 2, S. 394, Nr. 1228. | 9 Kremer 2010, S. 498, Anm. 5. | 10 Erler, Bd. 1, S. 633, P 1. | 11 SPP Bd. 1, BSB digital, scans 35-39; Kathe 2002, S. 97, Anm. 275. | 12 Burmeister 1968, Bd. 3, S. 27; Kraai 2003, S. 120, Anm. 123 (mit falschem Datum 2. Juni 1542). | 13 Mejer 1923, S. 12 f. plädiert für 1538 als Hochzeitsjahr. | 14 VD 16 K 2101, BSB digital. | 15 Tschackert 1890, Bd. 3, S. 14 f., Nr. 1443 f. | 16 Vogt 1888/1910, S. 275. | 17 Vogt 1888/1910, S. 274 f. | 18 Vogt 1888/1910, S. 283. | 19 CR VI, Sp. 465. | 20 Assion/Telle 1972, S. 378; Seebass 1967, S. 198, Anm. 162. | 21 Mejer 1923, S. 46. | 22 Matrikel Königsberg, Bd. 1, 1910, S. 23. | 23 Kremer 2010, S. 496. | 24 Tondel 2001, S. 51-129. | 25 Vgl dazu auch Kremer 2010, S. 502. | 26 Liessem 1884-1908 (Reprint 1965), Anhang, S. 72. | 27 Abgedruckt bei E. D. Schnaase, in: Altpreußische Monatsschrift 11 (1874), S. 456-480; vgl. auch E. D. Schnaase, Andreas Aurifaber und seine Schola Dantiscana, in: Altpreußische Monatsschrift 11 (1874), S. 304-325. | 28 Green 2010, S. 157-165. | 29 Tschackert 1890, Bd. 2, S. 398 f., Nr. 1246. | 30 Zeller 1943, S. 117 f., 185. | 31 Hipler 1876, S. 130 f. | 32 Hipler 1876, S. 130 f. | 33 Tschackert 1890, Bd. 2, S. 430, Nr. 1357. | 34 Gingerich 2002, S. 135; | 35 Gingerich 2002, S. 164. | 36 Hipler 1873, S. 225 f.

Aurifaber, Johannes, *Vinariensis*, 1519–1575

Johannes Aurifaber (Goldschmied, Golltschmidt) *Vinariensis*, geboren um 1519 in Weimar (Thüringen), gestorben am 18. November 1575 in Erfurt, Grabstein in der Predigerkirche, luth., Theologe[1].

Johannes Aurifaber *Vinariensis* immatrikulierte sich im SS 1537[2]; Konsemester waren Philipp Melanchthon d.J., Dionysius Ludolph, Melchior Isinder, Melchior Ayrer, Niels Svansø und Nikolaus Bromm. Aurifaber wurde vor allem ein Schüler Luthers. Unter Johannes Sachse promovierte er 1539 zum Bacc. art., wobei er den 8. Rang von 13 Kandidaten erreichte[3]; Mitbewerber waren u.a. die Lindauer Johannes Marbach und Matthäus Brombeiss (6. und 7. Rang). Weitere Grade hat er nicht mehr erworben. Er wurde 1541 Hauslehrer der Grafen von Mansfeld. 1544/45 zog er mit Graf Volrad von Mansfeld als Feldprediger nach Frankreich; auch im Schmalkaldischen Krieg wirkte er 1546/47 als Feldprediger. 1545/46 war er Famulus Luthers. 1547 ging er als Prediger an den Hof in Weimar. 1561 wurde er als Gnesiolutheraner entlassen, worauf er sich nach Eisleben zurückzog und an der Herausgabe der Werke und Briefe Luthers arbeitete. 1566 edierte er die Tischreden Luthers. 1577 und 1580 kaufte Herzog Julius von Braunschweig (*1528) seine Schriften an und gliederte sie seiner Bibliothek ein[4]. Aurifaber wirkte in seinen letzten Lebensjahren seit

1566 als Pfarrer und Superintendent in Erfurt. Eine Gedenktafel in der Lutherstadt Wittenberg am Haus Markt Nr. 6 würdigt Aurifaber als Herausgeber der Tischreden Luthers, bezeichnet ihn aber fälschlich als Mathematiker (Verwechslung mit Johannes Aurifaber *Vratislaviensis*). 1554 haben die Weimarer Hofprediger Johannes Aurifaber *Vinariensis* und Johannes Stoltz mit theologischen Argumenten eine Invektive gegen die zeitgenössischen Astrologen verfasst und sich abfällig zu der inflationären Verbreitung der Prognostica geäußert: *Weil aber gleichwol die jungen Mathematici zu dem fürwitz vnd aberglauben gezogen werden, vnd denselben so hoch hören rhümen, Auch sehen, das der gemeine Man sampt den grossen Hansen drauff fellet, so narren sie hernach mit hauffen, Daher auch kompt, das es alle jar so viel Practiken vnd Prognosticanten gibt. Also hat es dis jar nicht wenig solcher Prognosticanten geregnet*[5].

Beziehungen zwischen Rheticus und Aurifaber *Vinariensis* sind nicht bekannt. Aurifaber mag aber zur Vorbereitung seines Bakkalaureatsexamens Rheticus' Vorlesungen vom SS 1536 bis SS 1538 besucht haben. Später gab es wohl kaum noch Kontakte.

1 Jauering, Reinhold, Johannes Aurifaber, Lutherischer Prediger und Sammler von Lutherschriften, in: Brinkel/Hinzenhstern 1961/62, Bd. 1, S. 147-154; Hamann, Gustav, in: NDB 1 (1953), S. 457; Stupperich 1984, S. 31 f.; Scheible, MBW, Bd. 11, Personen, 2003, S. 98. | **2** Förstemann 1841, Bd. 1, S. 167a. | **3** Köstlin 1890, S. 6. | **4** Steinmann 2011, S. 27. | **5** VD 16 S 9266; BSB München, digital.

Aurifaber, Johannes, *Vratislaviensis*, 1517–1568

Johannes Aurifaber (Goldschmidt, *Vratislaviensis*, **geboren am 30. Januar 1517 in Breslau (poln. Wrocław, Woiwodschaft Niederschlesien), gestorben am 19.Oktober 1568 in Breslau, luth. Mathematiker, Theologe, Philippist**[1].

Johannes Aurifaber *Vratislaviensis*, nicht zu verwechseln mit Johannes Aurifaber *Vinariensis*), war der Sohn des Breslauer Bürgers Valentin Goldschmidt und der Ursula Kirstein, Andreas Aurifaber war sein älterer Bruder. Johannes Aurifaber schrieb sich am 4. November 1534 an der Universität Wittenberg ein[2] und wurde ein Schüler Melanchthons. Im Januar 1538 promovierte Aurifaber unter Magister Veit Oertel Winsheim zum Mag. art.; er erreichte den 5. Rang von 17 Kandidaten; Mitbewerber waren Lorenz Lindemann (1. Rang) und Erasmus Flock (4. Rang)[3]. Er disputierte am 3. Juli 1539 *De philosophia*[4]. Im Oktober 1540 wurde Aurifaber unter dem Dekan Smedestede in das Kollegium der Artisten aufgenommen[5]. Nach dem Lektionsplan von 1544/45 hielt Aurifaber eine Vorlesung über die *Sphaera*[6]. 1545 wurde ihm der [Rheticus-]Lehrstuhl für niedere Mathematik übertragen. Im SS 1545 war er Dekan der Artistenfakultät[7]. Nach vorübergehender kurzer Tätigkeit 1547 als Rektor der Schule in Breslau nahm er 1548 seine Vorlesungen in Wittenberg wieder auf. Für 1549 kündigte er eine Vorlesung über die *Sphaera* des Sacrobosco an[8].

Im Hinblick auf seine Übersiedlung nach Rostock disputierte Aurifaber am 19. Juni 1550 unter dem Vorsitz von Melanchthon zum Lic. theol., am 26. Juni wurde er durch Georg Maior zum Dr. theol. promoviert, woran sich ein *prandium libere* anschloss[9]. Am 2. Juli 1550 wurde er durch Bugenhagen ordiniert und von der Universität zum Predigtamt nach Rostock berufen[10]. Zugleich übernahm er eine Professur für Theologie an der Universität Rostock[11]. Er verfasste 1552 die Mecklenburgische Kirchenordnung. Im Mai 1554 wechselte er noch einmal als Professor für Theologie (Nachfolger Osianders) und Präsident des Bistums Samland nach Königsberg. 1565 kehrte er in seine Heimat zurück und wurde am 7. Mai 1567 auf Empfehlung Paul Ebers als Pfarrer an St. Elisabeth in Breslau angenommen. Aurifaber war seit 1543 verheiratet mit Sarah, einer Tochter des Breslauer Reformators Johannes Hess; aus der Ehe gingen ein Sohn und zwei Töchter hervor.

Werke: *Disputatio de ecclesia et propria ecclesiae doctrina* (Wittenberg: Johannes Lufft, 1550); *Vermanung an die Pfarherrn und Kirchendiener des Hertzogthumbs Preussen von wegen der itzt vorstehenden Sterbens leufft* (Königsberg: Johannes Daubmann, 1564).

Die **Beziehungen** zwischen Rheticus und Johannes Aurifaber waren stark ausgeprägt, wie schon daraus zu erkennen ist, dass Aurifaber für einige Jahre seinen Lehrstuhl für niedere Mathematik erhielt. Aurifabers Studiengang war zudem durch seinen Bruder Andreas vorgezeichnet, der zeitweise der engste Mitarbeiter von Rheticus war. 1534 bis 1536 waren Rheticus und Johannes Aurifaber Kommilitonen. Man darf unterstellen, dass Aurifaber später 1536 bis 1538 Rheticus' Vorlesungen gehört hat, Rheticus auch an seiner Magisterpromotion teilgenommen hat. So wie Andreas Aurifaber, war auch sein Bruder Johannes Besitzer eines Exemplars von Kopernikus' *De revolutionibus* (Nürnberg 1543), das sich heute in der Bibiothek von Kórnik (Woiwodschaft Großpolen) befindet; es zeigt neben den Initialen I A 1545 eine Eintragung *Anno Christi MDXLV iii die Novembris Vitebergae Johannes Aurifaber*. Möglicherweise hat das Buch den Vorlesungen Aurifabers gedient, die er um 1545 zu astronomischen Themen gehalten hat. Wie in anderen Exemplaren von Rheticus nahestehenden Besitzern dieses Buches hat auch Aurifaber auf der Titelseite *orbium coelestium* gestrichen[12]. Da sich das Buch 1629 im Besitz des Jesuitenkollegs in Glogau bei Breslau befunden hat, liegt die Annahme nahe, dass Aurifaber dieses Buch 1550 nach Rostock und Königsberg und zuletzt nach Breslau mitgenommen hat. Es gibt noch einen weiteren Hinweis auf Rheticus; denn die Sammlung enthält auch *De lateribus et angulis triangulorum* (Wittenberg 1542), in der Biblioteka Kórnicka in Kórnik wird auch ein Exemplar von Rheticus' *Narratio prima* (Basel 1541) aufbewahrt[13].

1 WAGENMANN, Julius Gustav, in: ADB 1 (1875), S. 690 f.; FREYTAG 1903, S. 91, Nr. 37; HAMMANN, Gustav, in: NDB 1 (1953), S. 456 f.; STUPPERICH 1984, S. 30 f.; BAUTZ, Friedrich Wilhelm, in: BBKL 1 (1990), Sp. 303; SCHEIBLE, MBW, Bd. 11, Personen, 2003, S. 98 f. | **2** FÖRSTEMANN 1841, Bd. 1, S. 155a. | **3** KÖSTLIN 1890, S. 10. | **4** KÖSTLIN 1890, S. 23. | **5** KÖSTLIN 1890, S. 20. | **6** KATHE 2002, S. 94. | **7** KÖSTLIN 1890, S. 218. | **8** KATHE 2002, S. 117. | **9** FÖRSTEMANN 1838, S. 35; Doktordisputation bei HARTMANN 1679. | **10** BUCHWALD 1894, S. 69, Nr. 1086. | **11** KRABBE 1854, S. 457-459. | **12** GINGERICH 2002, S. 164, Kórnik 1. | **13** GINGERICH 2002, S. 379.

Aurogallus, Matthäus, ca. 1490–1543

Matthäus Aurogallus (Goldhahn), geboren um 1490 in Komotau (tschech. Chomutov), gestorben am 11. November 1543 in Wittenberg, luth., Hebraist und Historiker[1].

Graf Bohuslaus Lobkowicz von Hassenstein (tschech. Hasištejnský z Lobkovic] auf Schloss Komotau begeisterte Aurogallus für den Humanismus. In Edlitz (tschech. Udlice), unweit von Komotau, wo es seit dem Mittelalter eine Judengemeinde gab, erlernte Aurogallus als Knabe *recht nach hebräischer weis* Hebräisch. Er studierte seit 1512 an der Universität Leipzig, promovierte 1515 zum Bacc. art. und kam 1519 nach Wittenberg, wo ihn Melanchthon und Luther wegen seiner hebräischen Kenntnisse schätzten, sodass ihm 1521 eine Professur für Hebräisch übertragen wurde. Aurogallus, der Luther bei der Übersetzung des Alten Testaments half, beschäftigte sich auch mit dem Aramäischen (Chaldäischen). Zu seinen Schülern gehörten spätere Hebraisten wie Jakob Jonas, Ambrosius Moiban, Lukas Edenberger, Theodor Fabricius, der englische Bibelübersetzer William Tyndale[2], der polnische Theologe Eustachius Trepka[3], aber auch viele einfache Studenten wie Johannes Mathesius, Georg Thym[4], Simon Wilde oder auch Rheticus. Aurogallus war ein Liebhaber alter Handschriften. Durch seine engen Kontakte zur *Hasisteina Bibliotheca*, die er auch von Wittenberg aus unterhielt, konnte er Luther und Melanchthon wichtige Handschriften zur Kenntnis bringen.[5]

Im SS 1542 war er Rector magnificus. Aus seiner Amtszeit sind mehrere *Intimationes* (Anschläge ans Schwarze Brett) überliefert.[6] Aurogallus stellte den hebräischen Sprachunterricht in den Dienst der Theologie. Sein Lehrbuch wird von Geiger als dürftiger Abriss eingeschätzt, es wurde aber von den Studenten als bequem und nützlich gelobt. Aurogallus setzte sich auch für das Weiterkommen seiner Studenten ein, so etwa in zwei Briefen vom September und Oktober 1531 an Stephan Roth in Zwickau zugunsten von Bartholomäus Silesius.[7] Am Tag nach dem Tode von Aurogallus, der lange unter heftigen Schmerzen der Lunge zu leiden hatte, nannte ihn Georg Thym *Ebraicae linguae in sua facultate peritissimus*.[8] Aurogallus war ein echter *homo trilinguis*, er hat viel bewirkt und der Hebraistik in Wittenberg einen hervorragenden Platz verschafft. Die Ausrichtung der Hebraistik auf die Theologie, wie sie von Aurogallus und Edenberger vertreten wurde, führte jedoch in eine Sackgasse, es wurde versäumt, den Weg in Richtung auf eine Judentumskunde und Orientalistik zu beschreiten. »Judaisierende« Gelehrte wie Elia Levita oder Fagius waren kein Thema für Aurogallus, nicht einmal Sebastian Münster, dessen Stiefsohn Heinrich Petri 1539 in Basel mehrere Werke des Wittenberger Hebraisten druckte. Als Luther einen Nachfolger für Aurogallus suchte, bat er am 3. Dezember 1543 den Kurfürsten Johann Friedrich von Sachsen, Edenberger den Vorzug zu geben, der ein *rechter Theologus* sei. »Denn viel Ebräisten sind, die mehr rabbinisch, den christlich sind«.[9]

Auch hat es den Anschein, dass einige Kollegen Aurogallus nicht nachsehen konnten, dass er es nie über ein Bakkalaureat hinaus zu einer Magisterprüfung gebracht hatte, was vielleicht auch eine Erklärung dafür ist, dass er nie zum Dekan der Artistenfakultät gewählt wurde und weder Bakkalare noch Magistri promovierte. Manche mochten ihm wohl auch die enge Freundschaft zu Luther verübeln.

Werke: *Compendium hebraeae grammatices* (Wittenberg: Josef Klug, 1523)[10]; 2. Aufl. Wittenberg: Josef Klug, 1525); das *Compendium* ist auch im Anhang zu Melanchthons *Institutio puerilis literarum gaecarum* erschienen (Hagenau; Joh. Secerus, 1525)[11]; *De hebraeis urbium locorumque nominibus libellus* (Wittenberg: 1526)[12]; 2. Aufl. (Basel: Heinrich Petri, 1539)[13]; eine weitere Auflage erschien unselbständig im Anhang zu Sebastian Münsters *Dictionarium trilingue* (Basel: H. Petri, 1543, S. 239-284)[14]; *Grammatica hebraeae chaldaeaeque linguae* (Wittenberg: 1531; Basel: Petri, 1539[15]).

Am 26. Mai 1521 ging Aurogallus eine Ehe ein, die offenbar durch das Verhalten der Frau wenig glücklich verlief. Man glaubte aus den Epigrammen des Lemnius Angriffe gegen diese Frau herauslesen zu können. Lemnius bestritt das in seiner *Apologia*. Immerhin gibt es in den Epigrammen II, 13, 46 und 76 sowie I, 63, 5 und II, 45 Anspielungen auf eine besonders schöne Frau, deren Namen Chryseida den Bestandteil »Gold« aufweist, also möglicherweise Goldhahn lautete. Lemnius verehrte diese Frau wegen ihrer Schönheit, doch sie hatte zahlreiche Liebhaber, sodass er nicht zum Zuge kam[16]. Der Verleumdungsvorwurf bleibt, wie in vielen anderen Fällen auch, in der Schwebe. Man kann sich aber vorstellen, dass es unter den Kollegen und vor allem den Studenten Gerüchte gegeben haben kann, die Lemnius hier verarbeitet hat. Da Luther im Lemniushandel die treibende Kraft war und alle Beschwerden für seine Kampagne sammelte[17], konnte Aurogallus, der täglich im Hause Luthers verkehrte, leicht dafür gewonnen werden, den Beleidigten zu spielen.

Rheticus hat während seiner Studienzeit 1532 bis 1536 Vorlesungen von Aurogallus besucht, wie es für sein Theologiestudium nötig war, hat sich dann aber ganz auf die mathematischen Fächer verlegt. Er war zwar auch Gräzist, aber ein Hebraist und damit ein homo trilinguis ist nie aus ihm geworden. Es gibt somit auch keine Hinweise auf fachliche oder persönliche Kontakte zwischen Rheticus und Aurogallus. Als Aurogallus im Mai 1542 sein Amt als Rektor antrat, war Rheticus im Begriff, Wittenberg zu verlassen. Enge Verbindungen zu Aurogallus pflegten Rheticus' Freunde Cruciger, Paceus und Bernhard Ziegler, die Hebraisten waren.

1 Seidemann, Johann Karl, in: ADB 1 (1875), S. 691 f.; Geiger 1870, S. 95 f.; Friedensburg 1917, S. 125 f.; Wendorf, Hermann, in: NDB 1 (1953), S. 457; Scheible, MBW, Bd. 11, Personen, 2003, S. 99. | **2** Dembek 2010, S. 48. | **3** Wotschke 1903, S. 89. | **4** Buchwald 1893, S. 172174, N. 297. | **5** Friedensburg 1917, S. 239; Pollet 1977, Bd. 3, S. 323 f.. | **6** Metzger/Probst 2002, S. 218 f. | **7** Buchwald 1893, S. 96, Nr. 107 und 108. | **8** Buchwald 1893, S. 172174, N. 297. | **9** Buchwald 1956, S. 260 f. | **10** VD 16 G 2550, ULB Halle digital. | **11** Online bei Googlebooks. | **12** VD 16 G 2556; Kusukawa 1995, S. 28, Nr. 182a. | **13** VD 16 G 2554, BSB online; Hieronymus 1997, S. 845, Nr. 276. | **14** VD 16 M 6665; BSB online; Burmeister 1964, S. 37 f., Nr. 25; Hieronymus 1997, S. 450-455, Nr. 168, 169. | **15** VD 16 G 2557, BSB online. Angefügt ist image 167-172 das Lied Mosis = Mosis et Isralitci populi carmen. | **16** Mundt 1983, Bd. 1, S. 229, 278; Bd. 2, S. 42, 56 f., 70 f., 86 f. | **17** Dazu besonders Mundt 1983, Bd. 1, S. 26.

Axt, Basilius, 1486–1558

Basilius (auch Blasius) Axt, geboren 1486 in Frankfurt/Oder, gestorben am 9. März 1558 in Königsberg i. Pr., begraben in der Löbenichtschen Kirche (Epitaph von Stoj), luth., Arzt[1].
Axt studierte seit 1506 in seiner Heimatstadt Frankfurt/Oder, als *pauper* immatrikuliert. Am 21. Mai 1520 schrieb er sich in Wittenberg ein[2], wo er am 3. Juni 1521 zum Bacc. med., am 9. Dezember 1523 unter Augustin Schürpf zum Lic. med. und am 22. Juli 1527 unter Heinrich Stackmann und Augustin Schürpf zum Dr. med. promovierte. Stackmann und Augustin Schürpf sperrten sich gegen eine durch ihn zu besetzende dritte medizinische Professur[3]. Seit etwa 1520 war Axt Provisor in der Apotheke des Lukas Cranach. Ende 1525 vermittelte Luther, nach einem vergeblichen Versuch in Nürnberg und in Zwickau (Sachsen), Axt eine Stadtarztstelle in Torgau (Lkr. Nordsachsen, Sachsen)[4]. Im August 1531 wurde er Leibarzt des Hz. Albrecht von Preußen. Luther, der Axt von Anfang an förderte, empfahl ihn dem Johann Brismann in Königsberg: *Commendo tibi hunc novum virum, Doctorem Basilium cum uxore, quos tibi notos esse arbitror* (ich empfehle dir diesen neuen Mann mit seiner Frau, die dir, wie ich glaube, bekannt sind). Axt heiratete 1524 in erster Ehe Ave von Schönfeld († November 1541), eine ehemalige Klosterfrau, die mit Katharina von Bora aus dem Zisterzienserinnenkloster Nimbschen bei Grimma (Lkr. Leipzig) entwichen war und ursprünglich Luther heiraten sollte; Axt hatte mit ihr drei Söhne (Theobald, Johannes, Hippolit) und eine Tochter, die Stanislaus Rapagelanus und nach dessen Tod Matthias Stoj ehelichte. 1542 heiratete er in zweiter Ehe N.N. († 1549 an der Pest).

Rheticus mag Axt in Preußen begegnet sein. Axt wurde der Schwiegervater von Matthias Stoj. Möglicherweise haben seine Söhne Theobald und Johannes in Wittenberg Vorlesungen von Rheticus besucht.

1 Scheible, MBW, Bd. 11, Personen, S. 102; Freytag 1903, S. 87, Nr. 12. | 2 Förstemann 1841, Bd. 1, S. 94a. | 3 Kaiser 1982, S. 139. | 4 Kaiser 1982, S. 185-187, 200.

Axt, Theobald, 1520–1585

Theobald Axt, geboren um 1520 (1524?) in Wittenberg, gestorben 1585 in Elbing (poln. Elbląg, Woiwodschaft Ermland-Masuren), luth., Theologe[1].
Der Sohn des Arztes Basilius Axt schrieb sich im SS 1538 an der Universität Wittenberg ein[2], ohne einen akademischen Grad zu erwerben. Er wurde Pfarrer in Paaris bei Rastenburg (poln. Kętrzyn, Woiwodschaft Ermland-Masuren), 1560 Pfarrer zu Wehlau (Snamensk, Oblast Kaliningrad, Russland) und 1573 Pfarrer an der Kirche zu den hl. Drei Königen in Elbing.

Am 22. Juli 1549 stimmte Basilius Axt in Ragnit (russ. Neman, Oblast Kaliningrad, Russland) der Heirat seines Sohnes Theobald mit der Tochter des Bürgermeisters der Altstadt Braunsberg (poln. Braniewo, Woiwodschaft Ermland-Masuren) zu[3], ihr Name war vermutlich Jutta Hein, die ihren 1585 gestorbenen Mann überlebte; sie heiratete in zweiter Ehe Nikolaus Waldau († 1620) aus Rastenburg.[4]

Zu erwähnen sind noch zwei Brüder Theobalds: Johannes Axt aus Torgau, immatrikuliert in Wittenberg am 17. November 1540[5], am 2. September 1542 von Hz. Albrecht an Christoph Jonas empfohlen[6]; und Hippolit Axt, der 1542 Andreas Aurifaber zur Erziehung anvertraut wurde.[7]

Beziehungen zu Rheticus sind nicht bekannt. Theobald und Johannes konnten im WS 1541/42 die Vorlesungen von Rheticus hören und ihm als Dekan begegnet sein. Hippolit Axt war dem Rheticus eng befreundeten Andreas Aurifaber zur Erziehung anvertraut.

1 Freytag 1903, S. 94, auch 96. | 2 Förstemann 1841, Bd. 1, S. 170b. | 3 Tschackert 1890, Bd. 3. | 4 Freytag 1903, S. 71, Nr. 424 und S. 94, Nr. 52. | 5 Förstemann 1841, Bd. 1, S. 185a. | 6 Freytag 1903, S. 96. | 7 Ebenda.

Ayrer, Melchior, 1520–1579

Melchior Ayrer (Eyrer), geboren am 10. April 1520 in Nürnberg, gestorben am 19. März 1579 Nürnberg (Grab auf dem Friedhof St. Johannis, Standort unbekannt), Arzt, Mathematiker, Physiker, auch Chemiker und Zoologe[1].

Melchior Ayrer war eines von zwölf Kindern des Nürnberger Salzhändlers Heinrich Ayrer[2] (1481-1554) und seiner Ehefrau Clara Seybotter (1478-1559). Nach dem Besuch des Aegidiengymnasiums in Nürnberg, begann er seine Studien 1533 an der Universität Erfurt, wo er am 2. Oktober 1536 zum Bacc art. promovierte. Im SS 1537 schrieb er sich in Wittenberg ein[3]. Es gibt keinen Hinweis darauf, dass er in Wittenberg auch als Bakkalar rezipiert wurde. Am 20. April 1542 wurde Ayrer unter dem Dekan Rheticus zum Mag. art. promoviert[4]. Promotor war, wie aus dem Bericht Wildes hervorgeht, Rheticus, nicht Melanchthon; wenn später sein Doktordiplom Melanchthon als Promotor nannte[5], so wohl deshalb, weil dessen Name bekannter war. Im WS 1542/43 ging Ayrer nach Leipzig[6], um sich dem Studium der Medizin zu widmen, das er in Italien (Rom, Neapel, Padua) fortsetzte und in Bologna am 16. Dezember 1546 mit der Promotion zum Dr. med. abschloss[7]. Sein Doktordiplom hat sich erhalten[8]. Ayrer wirkte danach als Stadtarzt in Nürnberg, 1549 wurde er Spitalmeister), seit 1570 Leibarzt der Witwe des Kurfürsten Friedrich II. von der Pfalz in Neumarkt, der Pfalzgräfin Dorothea von Dänemark. 1558 bis 1579 gehörte Ayrer als Genannter dem Nürnberger Größeren Rat an.

Ayrer heiratete am 14. Februar 1548 Cäcilia Fürberger (1525-1558), mit der er zwei Kinder hatte. Die am 19. März 1561 geschlossene zweite Ehe mit Maria Hopfer (1539-1595) blieb kinderlos. Der bekannte Kunstfreund war der Begründer der Ayrerischen Kunstkammer in Nürnberg. Am 2. November 1561 wurde Ayrer gemeinsam mit seinen Brüdern von Kaiser Ferdinand I. in den Adelsstand erhoben[9]. Von Ayrer sind zwei Porträtmedaillen aus den Jahren 1566 und 1567 bekannt; sie enthalten die Devisen *Beatus cuius dominus deus adjutor* (glücklich, der in Gott eine Hilfe findet) und *Tandem bona causa triumphat* (am Ende siegt die gute Sache)[10]. Jos Ammann hat ein Bildnis von Melchior Ayrer geschaffen[11]. Es existiert auch ein Kupferstich von J. Pfann (1640), Format 20,5×12 cm, mit seinem Wappen und Versen überliefert.

Ungeachtet seiner vielfältigen Interessen hat Ayrer nichts publiziert. Es fällt auf, dass Ayrer im Gegensatz zu Rheticus, Reinhold oder Flock der Astrologie und Kalendermacherei ferngeblieben ist[12]. In der Literatur werden die von Praetorius gefertigten astronomischen Instrumente meist einem Aegidius Ayrer zugeschrieben[13], doch lieferte sie Praetorius unzweifelhaft an Melchior Ayrer[14]. Der später genannte Besitzer dieser Instrumente wie auch der Kunstkammer Johann Aegidius Ayrer († 1626) ist ein Enkel Melchiors, ein Sohn seines Sohnes Julius Ayrer (*1555), der diese Instrumente offenbar nur geerbt hatte.

Beziehungen zu Rheticus. Ayrer wurde bisher als Mathematiker der Nürnberger Schule, wo er Schöner und Camerarius hörte, und Melanchthonschüler gesehen. Wolfangel übergeht jede Verbindung zu Rheticus. Tatsächlich aber stand Ayrer Rheticus besonders nahe, wie er mit Sicherheit auch ein Schüler von Reinhold gewesen ist. Ayrer konnte Rheticus' Vorlesungen vom SS 1537 bis SS 1538 und im WS 1541/42 in Wittenberg sowie auch in Leipzig im WS 1542/43 besucht haben. Rheticus war Ayrers Promotor bei der Magisterpromotion. Als Rheticus im Sommer 1542 nach Nürnberg ging, um dort den Druck des Hauptwerkes von Kopernikus zu beaufsichtigen, hat Ayrer ihn begleitet. Er folgte ihm auch im Herbst 1542 nach Leipzig; in der Leipziger Matrikel finden wir der Immatrikulation von *Georgius Ioachimus de Porris alias Rheticus magister* unmittelbar folgend die Einschreibung von Ayrer[15]. Beide widmeten sich in Leipzig dem Studium der Medizin. Vermutlich begegneten sich Rheticus und Ayrer auch 1545/46 in Italien. Ayrer war auch anderen Rheticusschülern wie beispielsweise Flock verbunden, mit dem er auch als Arzt enger zusammenarbeitete.

Gemeinsam mit Erasmus Flock und drei weiteren Ärzten schrieb Ayrer ein Zeugnis für Lienhard von Kitzingen, dass dieser frei von Aussatz sei (Nürnberg, 16. April 1549)¹⁶.

1 WOLFANGEL 1957; PILZ 1977, S. 248 f.; SCHEIBLE 2003, MBW, Bd. 11, Personen, S. 102; http://www.naa.net/ain/personen/show.asp?ID=494 (09.05.2012). | 2 Zu ihm SCHEIBLE, MBW, Personen, Bd. 11, 2005, S. 102. | 3 FÖRSTEMANN 1841, Bd. 1, S. 166b. | 4 KÖSTLIN 1890, S. 14. | 5 WOLFANGEL 1957, S. 9. | 6 ERLER, Bd. 1, S. 642 B 6. | 7 BRONZINO 1962, S. 38; vgl. auch S. 33 (16. Dezember 1542). | 8 GM Nürnberg; abgebildet bei WOLFANGEL 1957, S. 11. | 9 Vgl. dazu FRANK 1967, Bd. 1, S. 41. | 10 RENTZMANN, Wilhelm, Numismatisches Legenden-Lexicon des Mittelalters und der Neuzeit, Bd. 2, S. 104. | 11 Archives internationales d'histoire des sciences 12, 1959, S. 194. | 12 WOLFANGEL 1957, S. 33. | 13 DOPPELMAYR 1730, S. 83; ZINNER ²1967, S. 471. | 14 WOLFANGEL 1957, S. 32; auch S. VII, Anm. 71; WOLFSCHMIDT 2010, S. 86-89. | 15 ERLER, Bd. 1, S. 642. | 16 Archiv des Historischen Vereins von Unterfranken und Aschaffenburg, Band 12, S. 108.

Ayrer, Nikolaus, † 1558

Nikolaus Ayrer (Arer, Eirer, Eyrer), geboren in Nürnberg, gestorben 1558 in Unterhausen (Ortsteil von Oberhausen, Lkr. Neuburg-Schrobenhausen, Oberbayern), luth., Theologe¹.

Die Biographie des Nikolaus Ayrer bei Scheible bedarf einiger Korrekturen, da hier Vater und Sohn gleichen Namens mit einander vermengt werden. Da ist zunächst Heinrich IV., 1481-1554, im Stammbaum von Kroker² D XXVII, Scheible a.a.O. S. 102, Vater von Melchior Ayrer (1520-1579), EXII. Dieser Heinrich IV. hatte einen Bruder Nikolaus I., bei Kroker DXXVIII, Genannter 1524, gestorben am 20. August 1546, verheiratet in erster Ehe mit der Jungfrau Susanne Goltnerin, vier Kinder EXXII-EXXV (Franz, Leonhard, Nikolaus III., Anna), in zweiter Ehe mit Jungfrau Anna Hoffmann, ein Kind EXXVI(Susanna). Wenn wir Nikolaus II. füglich außer Betracht lassen (er ist 1532 in Kematen bei Steyr ertrunken), bleiben Nikolaus I. und sein Sohn Nikolaus III. Der Biographie von Scheible liegt weitestgehend die Gestalt Nikolaus I. zugrunde, die sich mit dem 1536 in Wittenberg begonnenem Studium nicht in Einklang bringen lässt; wohl aber passt ein solches Studium auf Nikolaus III., wie sich denn auch dessen spätere geistliche Karriere an das Studium sinnvoll anschließt.

Nikolaus III. Ayrer, ein Vetter Melchior Ayrers, Sohn des Nürnberger Bürgers und Genannten des Rats Nikolaus I., immatrikulierte sich am 23. Mai 1536 unter dem Rektor Jakob Milich an der Universität Wittenberg³; Konsemester war der Nürnberger Joachim Heller. Im Februar 1538 promovierte Nikolaus III. unter dem Dekan Veit Oertel Windsheim zum Bacc. art.⁴; er kam dabei auf den 17. Rang von 18 Kandidaten. Am 27. März 1538 empfahl Melanchthon Nikolaus Ayrer, auf den er gewisse Hoffnungen setzte, dessen *Praeceptor* Erasmus Eichler. *Video singularem esse gravitatem et diligentiam in omni officio. Spero Nicolaum, etsi est agresti natura, posse ad virtutem flecti consuetudine meliorum*⁵ (Ich sehe, dass er alle seine Pflichten mit Ernst und Sorgfalt erfüllt. Ich hoffe, dass Nikolaus, obwohl von bäurischer Natur ist, durch den Umgang mit den Besseren zur Tüchtigkeit hingelenkt werden kann). Nikolaus III. wurde so, wie es den Vorstellungen Melanchthons entsprach, Pfarrer von Milz (Ortsteil von Römhild, Lkr. Hildburghausen, Thüringen), dann Pfarrer in der Residenzstadt Römhild, und zuletzt Pfarrer in Unterhausen. Nikolaus III. heiratete die Jungfrau Kunigunde N., mit der er drei Kinder hatte: einen Sohn Sebald (Kroker FLXIII und zwei Töchter Barbara und Kunigunde (FLXIV und FLXV).

Im Hinblick auf die Bakkalaureatsprüfung dürfte Nikolaus Ayrer die Vorlesungen von Rheticus in der Zeit vom SS 1536 bis WS 1537/38 gehört haben.

1 SCHEIBLE, MBW, Bd. 11, Personen, 2003, S. 102. | 2 KROKER 1901, S. 169, 171 f., 176. | 3 FÖRSTEMANN 1841, Bd. 1, S. 160a. | 4 KÖSTLIN 1890, S. 5. | 5 CR III, Sp. 505, Nr. 1662.

Bachofen, Friedrich, † nach 1557

Friedrich Bachofen (Backhofen, Backofen, Bachhofenn, Bacchhof, Bachofer, Packoffen, Furnius), geboren in Leipzig, gestorben nach 1557 in Naumburg (Burgenlandkreis, Sachsen-Anhalt), luth., Theologe[1].

Bachofen war der Sohn des Leipziger Pelzhändlers Wynand Bachofen von Echt († 1532). Es hat den Anschein, dass Friedrich Bachofen bereits im Kindesalter im SS 1529 an der Universität Leipzig eingeschrieben wurde[2], wie das in Leipzig für die Stadtkinder vielfach üblich war. Am Januar 1534 wurde Bachofen an der Universität Wittenberg unter dem Rektor Sebald Münsterer inskribiert[3]. 1537 promovierte er unter Melanchthon zum Bacc. art. (4. Rang von 6 Kandidaten)[4]. Es folgte am 10. Juli 1539 unter dem Dekan Sachse die Promotion zum Mag. art. (3. Rang von 5 Kandidaten)[5]. Am 23. Mai 1540 wurde Bachofen durch Luther ordiniert und von der Universität auf die Pfarre S. Georgii nach Naumburg berufen[6]. Am 25. Juni 1541 hielt Bachofen eine öffentliche Disputation *De discrimine veteris ac novi testamenti*[7]. Georg Major und Melanchthon empfahlen ihn am 14. Januar 1543 dem Rat von Hammelburg (Lkr. Bad Kissingen, Unterfranken) als sehr wohl gelehrt in göttlichen Schriften und andern ehrlichen Künsten[8]. Nach der Disputation vom 24. Mai 1543 zum Lic. theol. erwarben Bachofen und Hieronymus Nopp am 26. April 1543 den Grad eines Dr. theol., Cruciger hielt als Promotor die *Oratio de Ecclesia Christi*, die auch im Druck erschienen ist (Wittenberg: Veit Kreutzer, 1543); die beiden Kandidaten gaben ein *prandium splendidum*[9]. Am 18. Oktober 1543 unterzeichnete Luther als Dekan der theologischen Fakultät ein von Melanchthon abgefasstes weiteres *Testimonium*, nachdem der Rat von Hammelburg Bachofen als Prediger berufen hatte[10]. Das Zeugnis bescheinigt ihm, *bono ingenio et honestis ac piis moribus esse,* ein *homo trilinguis* zu sein, er habe seine Gelehrsamkeit in Predigten und Disputationen genugsam bewiesen und den Grad eines Dr. theol. erlangt[11]. Wenig später überwarf sich Bachofen mit dem Stadtrat von Hammelburg, weil dieser nicht auf die Forderung eingehen wollte, die Juden zum Besuch seiner Predigten zu zwingen; darüber wurde Bachofen seit 1545 gemütskrank.

Rheticus und Bachofen waren seit 1534 waren Kommilitonen. Später könnte Rheticus auch der Lehrer Bachofens gewesen sein, insofern für das Bakkalaureat und das Magisterium Pflichtvorlesungen in den mathematischen Fächern zu besuchen waren. Solche könnte Bachofen, der sonst auf die Theologie ausgerichtet war, vom SS 1536 bis SS 1538 auch bei Rheticus gehört haben. Bachofen wohnte bei Melanchthon, wo er bei seinem Auszug 1543 sein Wappen anbringen ließ; auch hier musste Rheticus ihm begegnet sein.

1 Scheible, MBW, Bd. 11, Personen, 2003, S. 103 f. | 2 Erler, Bd. 1, S. 601, M 5. | 3 Förstemann 1841, Bd. 1, S. 151b. | 4 Köstlin 1888, S. 16. | 5 Köstlin 1890, S. 11. | 6 Buchwald 1894, S. 12, Nr. 186. | 7 Köstlin 1890, S. 23. | 8 CR V, Sp. 17 f. | 9 Förstemann 1838, S. 33; zu dem Promotionsverfahren vgl. auch Buchwald 1893, S. 164, 166. | 10 CR V, Sp. 203-205 | 11 CR V, Sp. 203-205.

Baier, Leonhard, ca. 1480 – nach 1538

Leonhard Baier (Beyer, Bayr, Baierus), geboren in Esslingen (Baden-Württemberg), gestorben nach 1538 in Lindau (Schwaben, Bayern), luth., Schulmann, Schreiber und Theologe[1].

Baier studierte, begleitet von seinem Landsmann Alexander Birkhamer, im SS 1494 an der Universität Leipzig und im WS 1495/96 an der Universität Heidelberg, wo er am 19. Mai 1496 den Grad eines Bacc. art. der *via antiqua* erlangte. In Lindau am Bodensee wurde Baier 1504 Benefiziat am Drei-Königs-Altar, 1507 Kaplan des Frauenaltars zu St. Stephan. Achilles Pirmin Gasser bezeichnete Baier als seinen Taufpaten. Aus dem Jahre 1514 ist ein Brief von ihm an den damaligen Pfarrer von Lindau Dr. Johannes Fabri überliefert, den späteren Bischof von Wien und Vorkämpfer der katholischen Gegenreformation[2]. Baier wurde um 1520 lateinischer Schulmeister; zu seinen

Schülern gehörte Achilles Pirmin Gasser. Spätestens seit 1526 bekannte sich Baier zu Reformation. Der Rat ernannte ihn zum Hospitalschreiber. Er war zugleich einer der ersten bekannten Archivare des Spitals; man müsste noch eine Bestätigung dafür suchen, ob nicht der Schreiber des mehrfach zitierten Weißlehenbuchs *Aranhart Baier* (sic!)[3] mit unserem Leonhard Baier identisch ist. Am 9. August 1538 war *Herr Lienhart Bayr* an der Gründung der Stadtbibliothek Lindau beteiligt[4].

Baier war auch dichterisch tätig. Er hat für Gassers Ausgabe der *Historiarum epitome* (Basel 1535) ein kurzes Epigramm geschrieben[5].

Achilles Pirmin Gasser hat seinem ersten Lehrer mehrere Ausgaben seines wohl am meisten verbreiteten Werkes *Historiarum epitome* gewidmet. Die erste Ausgabe ist in Basel bei Heinrich Petri, dem Stiefsohn von Sebastian Münster erschienen[6], der Widmungsbrief ist datiert mit Lindau, im Juni 1532[7]. Die stark überarbeitete Ausgabe Basel: Petri 1535[8] enthält einen Widmungsbrief an Baier, datiert aus Lindau am 1. Oktober 1534[9]. Eine weitere Ausgabe Straßburg: Crato Mylius, 1538 enthält einen dritten (jetzt jedoch undatierten) Widmungsbrief. Das Buch Gassers wurde mit den Widmungsbriefen an Baier ins Niederländische und Französische übersetzt und oft nachgedruckt. Rheticus könnte bei seinen wiederholten Aufenthalten in Lindau mit Baier zusammengetroffen sein.

1 WOLFART 1909, Bd. 1/1, S. 299, 405; Bd. 2, S. 329. | 2 Lindau, ehemals Reichsstädtische Bibliothek, Sign. Ki.I.62, eingeklebt. | 3 ZELLER 1952, S. 7; auch ZELLER, Bernhard, Die Quellen für uns Geschichte des Lindauer Spitals, in: Neujahrsblatt des Museumsvereins Lindau, 12, 1951, S. 42. | 4 Stadtarchiv Lindau, Ratsprotokoll für 1532/51, S. 88. | 5 GASSER, Achilles Pirmin, *Historiarum epitome*, Basel 1535, S. 2. | 6 HIERONYMUS 1997, Bd. 1, S. 800, Nr. 250. | 7 Im lat. Text u. dt. Übers. abgedruckt bei BURMEISTER 1975, S. 13-17. | 8 HIERONYMUS 1997, Bd. 1, S. 801, Nr. 251. | 9 Im lat. Text u. dt. Übers. abgedruckt bei BURMEISTER 1975, S. 24-27.

Baldauf, Christoph, ca. 1519–1580

Christoph (Christophorus) Baldauff (Waldauf, Walduff, Waldufius), geboren um 1519 in Zwickau (Sachsen), gestorben vor 14. Mai 1580 in Naumburg (Burgenlandkreis, Sachsen-Anhalt), luth., Schulmann[1].

Baldauf immatrikulierte sich mit einem Stipendium des Zwickauer Rates[2] im WS 1536/37 unter dem Rektorat von Juastus Jonas d.Ä. an der Universität Wittenberg[3]; Konsemester waren unterr vielen anderen seine Landsleute Adam Siber und Johannes Kun, dann Georg Fabricius aus Chemnitz, Joachim Möller d.J. aus Hamburg, Andreas Hohe aus Königsberg i. Pr., Ahasver von Brandt, aber auch der Finne Michael Agricola und Magister Kaspar Landsidel. Am 18. September 1539 promovierte Baldauf unter Johannes Sachse zum Mag. art. [4]; er kam auf den 5. Rang von 15 Kandidaten. Baldauf wurde zunächst 1539 Lehrer (Tertius) am Gymnasium in Zwickau. 1543 ging er als Rektor an das Gymnasium in Schneeberg (Erzgebirgskreis, Sachsen). Von 1554 bis 1579 leitete er das Gymnasium Schulpforta. Baldauf, für kurze Zeit an die Schule nach Zwickau zurückgekehrt, heiratete in zweiter Ehe am 3. November 1557 Anna Franck († 1580).

Baldauf war 1538 in den Lemniusskandal involviert. Er fungiert zwar nicht als Beteiligter, wohl aber als aufmerksamer Beobachter. Als erster hatte sich der Student Johannes Conon am 19. Juni 1538 bei dem Zwickauer Stadtschreiber Stephan Roth gemeldet. Obwohl er zugibt, kein Exemplar der Epigramme des Lemnius bekommen zu haben, ja kaum Gelegenheit hatte, sie zu lesen, gibt er an Roth die Meinung Luthers wieder, unter deren Einfluss er sichtlich steht. Alle Studenten seien aufgefordert, das Buch zu verbrennen, falls sie es in die Hand bekommen würden[5]. Für manchen Studenten war es deshalb ganz besonders reizvoll, sich in aller Heimlichkeit Exemplare zu beschaffen oder Abschriften davon anzufertigen. Sein Drucker Veit Kreutzer, *amicus meus*, gab ihm von ihm gedruckte Dokumente, die er heimlich abschreiben konnte, so etwa die Ladung, mit der Lemnius zitiert wurde, und die Verfügung der (noch nicht ausgeprochenen) Relegation; beides schickte Baldauf am 29. Juni 1538 an den Zwickauer Stadtschreiber Stephan Roth weiter. Zudem hatte er von seinem Kommilitonen Burckhard Schenck ein Exemplar der unterdrückten Epigramme erhalten, das er ebenfalls an Roth weitersandte in der Annahme, diesem damit einen großen Gefallen zu erweisen[6]. Am gleichen Tag schickte der Wittenberger Stadtschreiber Urban Baldwin an Roth insgeheim des *Lemnii Buchlein, das Ich noch verborgen bey mir gehabt* und bat um eine vertrauliche Behandlung[7].

1 HERZOG 1869, S. 78, Nr. 25, auch S. 88, Nr. 26; DORFMÜLLER 2006, S. 19 f.; SCHEIBLE, MBW, Personen, Bd. 11, 2003, S. 109. | 2 BUCHWALD 1893, S. 108 f. | 3 FÖRSTEMANN 1841, Bd. 1, S. 162b. | 4 KÖSTLIN 1890, S. 11. | 5 MUNDT 1983, Bd. 2, S. 321-323. | 6 MUNDT 1983, Bd. 2, S. 325 f. | 7 MUNDT 1983, Bd. 2, S. 325.

Bark, Olaf

Olaus (Holaus) Bark (Warck), Schvuecius (Schwede), luth., mehr nicht ermittelt[1].
Olaf Bark immatrikulierte sich mit einer Gruppe von vier weiteren Schweden (Boethius, Clesen, David Conradi und Falck) im WS 1531/32 an der Universität Wittenberg[2]. Beziehungen zu Rheticus sind wohl gegeben, weil seit dem SS 1532 Kommilitonen waren.

1 CALLMER 1976, S. 17 f., Nr. 26. | 2 FÖRSTEMANN 1841, Bd. 1, S. 143a.

Barth, Johannes, ca. 1530–1584

Johannes Barth, geboren um 1530 in Annaberg (Erzgebirgekreis, Sachsen), gestorben um den 27. Juni 1584 in Leipzig, luth., Student, Drogist?
Barth immatrikulierte sich im WS 1547 unter dem Rektorat von Wolfgang Meurer an der Universität Leipzig[1]. Am 28. Februar 1550 promovierte Barth zum Bacc. art.[2] Es scheint, dass er 1553 das Exemplar von Kopernikus' *De Revolutionibus* (1543) aus dem Besitz von Hieronymus Tilsch übernahm[3]. Tilsch, ein Kommilitone von Barth, stand den Theologen Ales und Pfeffinger nahe, gehörte aber auch dem Kreis um die Mathematiker Hommel, Johannes und Hieronymus Lauterbach, Tau, Bech und Johannes Paceus an. Barth trat sein Kopernikuserxemplar aber schon früh an seinen Kommilitonen Valentin Tau ab. Das könnte ein Hinweis darauf sein, dass er sich praktischen Aufgaben zuwandte: Er könnte identisch sein mit jenem Bürger und Materialisten (= Drogisten) Hanß Barth, der in Leipzig am 28. Juni 1584 gestorben ist; er war verheiratet mit Eva Rauscher († 31. Juli 1577), der Tochter des Sebastian Rauscher und seiner Frau Elisabeth[4]. Der Superintenent Nikolaus Selnecker hielt am 28. Juni 1584 eine Leichpredigt auf ihn, die jedoch keinerlei biographische Daten enthält; er wird ledigleich als *Iohannes Barth civis* bezeichnet.
  Beziehungen zwischen Rheticus und Barth in den Jahren 1548 bis 1551 sind anzunehmen, zumal Barth im Hinblick auf seine Bakkalaureatsprüfung die Vorlesungen von Rheticus besuchen musste. Hier mag sein Interesse für Kopernikus geweckt worden sein. Auch gehörten Barth so wie Tilsch und die Brüder Lauterbach der polnischen Nation in Leipzig an, was unter ihnen, die alle astronomische Studien betrieben, zu Diskussionen über ihren Landsmann Kopernikus geführt und sie alle (Barth, Tilsch und die Brüder Lauterbach) zu frühen Kopernikanern gemacht haben mag.

1 ERLER, Bd. 1, S. 668, M 79. | 2 ERLER, Bd. 2, S. 711. | 3 GINGERICH 2002, S. 69-71, Forschungsbibliothek Gotha. Signatur Druck 4° 466, mit Abb. des Titelblattes. | 4 STEPNER 1675 (1686), S. 346, Nr. 1956 f.

Basilikos Herakleides, Jakobos, ca. 1520–1563

Jakobos (Jacobus) Herakleides (Heraclides) Basilikos (Basilicus) Despota, geboren um 1520 auf Kreta (Griechenland), gestorben (erschlagen) am 9. November 1563 in Suceava (ehemalige Bukowina, Rumänien), ref., Kriegsknecht, Poeta laureatus, Hofpfalzgraf, Woiwode von Moldau[1].

Nach eigenen Angaben stammte er von den Fürsten von Samos (Nördliche Ägeis, Griechenland) und Paros (Südliche Ägeis, Griechenland) ab, die von den Türken vertrieben worden waren. Basilikos wurde westlich erzogen. Er studierte um 1550 Medizin in Montpellier, steht aber nicht in der Matrikel, müsste aber Kommilitone von Gervasius Marstaller, Charles de'l Écluse, Leonhard Münsterer und Felix Platter gewesen sein. Er leistete Kriegsdienste unter Karl V. und Philipp II. 1555 besuchte er Wittenberg und wurde von Melanchthon für die Reformation gewonnen.1556 ist er in Wittenberg (Dichterkrönung), Kopenhagen und Rostock, 1557 in Königsberg i. Pr. und bei König Sigismund II. August von Polen. 1561 machte er sich zum Fürsten der Moldau und förderte die Reformation. 1563 wurde er in seiner Burg Suceava belagert.

Beziehungen zu Rheticus könnten in das Jahr 1557 zurückgehen, als Basilikos den polnischen König besuchte. Wie Rheticus am 20. August 1563 seinem Freund Paul Eber mitteilte, war er von Basilikos zu seinem Leibarzt berufen worden: *In die Walachei bin ich gefordert an stipendio 400 taler vnd fraye Zerung auff vi. jar vnd vi. personen. Aber ich werde nicht ziehen*[2].

1 Scheible, MBW, Personen, Bd. 11, 2003, S. 118 f.; Sames, Arno, Heraclides, Jakobus Basilicus, in: Religion Past and Present, Brill Online, 2014: http://referenceworks.brillonline.com/entries/religion-past-and-present/heraclides-jakobus-basilikus-SIM_09639; Sommer, Johannes, Der clade Moldavicae elegiae XV, 15 Elegien über dass moldauische Unglück, Vita Jacobi Basilici Heraclidis Despotae, Das Leben des Jacobus Basilicus Heraclides Despota, hg., übers., kommentiert und eingeleitet von Lore Poelchau, 2001. | 2 Burmeister 1967, Bd. 1, S. 133.

Bauman, Nils, *siehe* Clesen, Sigfridus

Baumann, Johannes,

Johannes Baumann, aus Königsberg (Lkr. Haßberge, Unterfranken), luth., Scholar, Bakkalaureus. Baumann immatrikulierte sich im WS 1546/47 an der Universität Leipzig unter dem Rektorat von Konstantin Pflüger[1]. Er gehörte der bayerischen Nation an. Im WS 1548/49 wurde er unter dem Dekan Rheticus von Magister Ambros Borsdorfer zum Bacc. art. promoviert[2].

1 Erler, Bd. 1, S. 663, B 2. | 2 Erler, Bd. 2, S. 706.

Baumann, Sebald, ca. 1515 – vor 1592

Sebald Baumann (Baumannus), geboren um 1515 in Nürnberg, gestorben nach 1588/vor 1592 in Dresden, luth., Kantor, Komponist, Gastgeb[1].
Baumann immatrikulierte sich nach dem Besuch einer Nürnberger Schule im SS 1537 an der Universität Wittenberg[2]; Konsemester waren Philipp Melanchthon d.J., Hieronymus Besold, Christoph Langner, Johannes Eichhorn, Melchior Tschinder, Melchior Ayrer, Wolfgang Vogler, Niels Svansø, Johannes Aurifaber *Vinarienis*. Als in der Praxis tätiger Musiker strebte er keinen akademischen Titel an, sondern nahm schon um 1540 eine Berufung als Kantor auf die Kreuzschule nach Dresden an. Melanchthon hatte ihn für dieses Amt empfohlen. Am 9. August 1551 wurde Baumann in das Bürgerrecht von Dresden aufgenommen. Im gleichen Jahr kam es zu einem Konflikt Baumanns mit den Stadtpfeifer, weil dieser auf Hochzeiten aufspielte, wodurch die Einnahmen des Kantors geschmälert wurden. Der Stadtpfeifer hatte dem Kantor uf Zictzschmans Hochzeit sogar Prügel angedroht. Im Laufe der Jahre machte Baumann immer wieder Schulden, weswegen er wiederholt vor den Rat zitiert wurde. 1553 war Baumann im Rat ausfällig geworden; er kam dafür drei Tage lang ins Gefängnis. Kurz darauf wurde Baumann wegen Unfleisses und Vernachlässigung seiner Berufspflichten gekündigt. Baumann trat darauf als Tenorist in die kurfürstliche Kapelle. Durch die Neuaufnahme niederländischer Tenoristen und italienischer Instrumentalisten kam es zu Zwistig-

keiten zwischen und alten und neue Gesellen. 1557 wurde Baumann erneut vor den Rat vorgeladen, weil er die hohe Summe von 100 Gulden nicht zurückzahlen konnte; er musste wohl nochmals ins Gefängnis und verlor seine Stelle in der Hofkapelle. Baumann wurde daraufhin Gastgeb des Wirtshauses »Zum goldenen Löwen«.

Werke: Als Komponist schuf Baumann einige Messen und Motetten. In den Inventaren des Kreuzkantors scheinen auf: *Cantionale Missas aliquot, et sacras cantiones complectens*, auch unter dem Titel *Cantionale aliquot missarum Sebaldi Baumanni*[3].

Baumann war 44 Jahre lang verheiratet mit der am 12. Juni 1592 als Witwe verstorbenen Dorothea N. (*dieses Weib ist ein fromb vnd gleubig hertz gewesen*); sie war vor allem eine große Hilfe in der Gaststube. Der kurfürstlich-sächsische Hofprediger Matthäus Trage hielt auf sie eine *Leichpredigt* (Dresden: Gimel Bergen, 1592)[4].

Beziehungen zwischen Rheticus und Baumann sind für die Zeit vom SS 1537 bis SS 1538 anzunehmen, in der Rheticus der Lehrer Baumanns gewesen sein kann. Überdies hatte Rheticus eine Vorliebe für die Musik. Der Lebensweg Baumanns vom Studenten zum Gastwirt erinnert an Rheticus' Stiefbruder Bartholomäus Wilhelm, der vom Leipziger Studenten zum Gastgeb des Wirtshauses »Zum Mohrenkönig« in Bregenz wurde.

1 Held 1894, S. 13-17. | 2 Förstemann 1841, Bd. 1, S. 166a. | 3 Held 1894, S. 164 f. | 4 VD 16 ZV 23300; ULB Halle, digital.

Baumgartner, Hieronymus, d.Ä., 1498–1565

Hieronymus Baumgartner Paumgartner), geboren am 9. März 1498 in Nürnberg (Mittelfranken), gestorben am 18. Dezember 1565 in Nürnberg, luth., Ratsherr, Gesandter zu den Reichstagen[1].

Nach Studien in Ingolstadt (1511, Schüler von Locher *Philomusus*), Leipzig (1518) und seit dem WS 1518/19 in Wittenberg, wo er sich unter dem Rektor Bartholomäus Bernhardi eingeschrieben hat[2], trat er 1525 in den Nürnberger Rat ein, wo er sich vor allem um das Schul- und Bibliothekswesen bemühte. Er war selbst Besitzer einer bedeutenden Bibliothek. Bei der Rückkehr vom Reichstag in Speyer wurde er durch den Ritter Albrecht von Rosenberg in Boxberg (Main-Tauber-Kreis, Baden-Württemberg) gefangen genommen und erst nach 14 Monaten gegen Lösegeld entlassen[3]. Baumgartner war ein besonderer Förderer mathematischer Studien. Baumgartner führte einen umfangreichen Briefwechsel mit Melanchthon, mit dem er seit 1518 befreundet war, und mit Camerarius, der ihn als an Weisheit, Tüchtigkeit, wissenschaftlicher Gelehrsamkeit, Bildung und Menschlichkeit herausragend kennzeichnete. Baumgartner, der ursprünglich Luthers spätere Frau Katharina Bora heiraten sollte, ehelichte am 23. Januar 1526 Sibylle Dichtel, mit der er sechs Töchter und einen Sohn hatte. Sein Porträt ist in verschiedenen Darstellungen überliefert, u.a. in einer Medaille von Joachim Deschler (1553)[4].

Die **Beziehungen** zwischen Rheticus und Baumgartner währten über viele Jahre. Zwischen beiden herrschte allerdings eine erhebliche Distanz: Rheticus redete ihn mit *Amplitudo tua* = Deine Hoheit an, er sah in Baumgartner den *Patronus suus submisse colendus* = den demütig zu verehrenden Schutzherrn. Beider Interesse galt der Astrologie, worauf schon die Überlieferung von Baumgartners Horoskop durch Garcaeus[5] zeigt. Rheticus dürfte Baumgartner erstmals 1538 im Umkreis Schöners getroffen haben. Ähnlich wie mit Camerarius stand Rheticus noch zwanzig Jahre später mit ihm von Krakau aus im Briefwechsel. 1558 arbeitete Rheticus an einem Prognosticon, das er Baumgartner widmen wollte. Diesen Brief vom 6. Januar 1558 schickte Rheticus durch einen gewissen Hieronymus Zinie (Cynus) nach Nürnberg und kündigte an, dass sie künftig über diesen Boten häufiger Briefe wechseln könnten[6].

Baumgartner, Hieronymus, d.J., 1538–1602

Hieronymus Baumgartner d.J., geboren am 11. Juli 1538 in Nürnberg, gestorben am 8. Dezember 1602 in Nürnberg, luth., Ratsherr[1].

Der Sohn von Hieronymus Baumgartner d.Ä. und der Sibylle Dichtel besuchte die Lateinschule im Heilig-Geist-Spital in Nürnberg und wurde auch Schüler Melanchthons, der ihm am 1.November 1552 seinen *Liber de anima* zueignete, wobei er ihm ans Herz legte, den Fußstapfen seines Vaters zu folgen[2]; die ersten vier Auflagen des *Liber de anima* (1540 ff.) waren dem Vater Hieronymus Baumgartner d.Ä. gewidmet[3]. Der junge Baumgartner studierte seit dem SS 1554 an der Universität Leipzig[4]. Als er sich dort offenbar mathematischen Studien zuwandte, schenkte ihm Johannes Scheubel ein Exemplar seines Buches *Das sibend, acht vnd neuont buoch Euclidis* (Augsburg 1555) mit handschriftliche Widmung[5]. Nach weiteren Studien in Frankreich und Italien trat er 1563 in den Nürnberger Rat ein. Neben anderen politischen Aufgaben hatte Baumgartner später das Amt eines Kurators der Schule in Altdorf inne. Seit 25. Januar 1564 war er verheiratet mit Clara, der Tochter des Sigismund Oertel.

1554 weilte Rheticus nicht mehr in Leipzig, sodass er nicht Lehrer von Baumgartner sein konnte. Dennoch wäre es möglich, dass über das Vater und Sohn gemeinsame Interesse an der Mathematik und an Büchern ein Kontakt zwischen Rheticus und Baumgartner d.J. zustande gekommen ist. Auch der Rheticusschüler Peucer hat seit etwa 1558 einen regen Briefwechsel mit Baumgartner Vater und Sohn gepflegt[6]. Scheubel widmete dem jungen Baumgartner seine deutsche Euklidübersetzung (Augsburg 1555)[7].

| 1 Scheible, MBW, Bd. 11, Personen, 2003, S. 125 f. | 2 CR VII, Sp. 1123-1128. | 3 Clemen/Koch 1985, Bd. 6, S. 525. | 4 Erler, Bd. 1, S. 699, B 38. | 5 Reich 2000, S. 26, Abb. des Titelblattes, in: StB Nürnberg, Sign. Math. 4. 4°; siehe auch S. 55, Anm. 58. | 6 Kuropka 2004, S. 255, Anm. 93. | 7 Abb. des Titelblattes mit der handschriftlichen Widmung bei Reich 2000, S. 26.

Bech, Philipp, 1521–1560

Philipp Bech (Bäch, Bächi, Bächius, Bechi, Bechius), geboren um 1521 Freiburg i. Br., gestorben am 3. September 1560 in Basel, ref., Gräzist, Arzt[1].

Philipp Bech, der Sohn eines Trivialschulleiters in Freiburg i. Br., ein Neffe des Basler Theologen Johannes Gast, bezog zunächst 1537/38 die Universität Basel (Konsemester von Konrad Gesner)[2], wo er Schüler des mit Melanchthon befreundeten Simon Grynaeus wurde. Am 1. April 1541 promovierte Bech in Basel zum Bacc. art. Mit einem Basler Stipendium und einem Empfehlungsschreiben von Oswald Mykonius an Luther zog Bech zu Fuß nach Wittenberg, wo er am 21. April 1542 *gratis* in die Matrikel eingeschrieben und Tischgenosse seines Landsmanns Jakob Milich wurde[3]. Am 27. Mai 1542 sandte er einen ausführlichen Bericht über die Studienverhältnisse in Wittenberg an Oswald Mykonius[4]. Er hört um 6 Uhr morgens bei Melanchthon Euripides (demnächst Thukydides), um 7 Uhr bei Veit Oertel Windsheim Homer (im täglichen Wechsel mit Melanchthons griechischer Grammatik), um 8 Uhr Melanchthon über Ciceros *De oratore*, dessen eigene Dialektik und *Loci communes*, eine alles überragende Vorlesung. Um 9 Uhr geht er zum Frühstück. Um 12 Uhr hört er die mathematischen Fächer. Um 2 Uhr nachmittags hört er Sachses *Orationes Ciceronis*. Um 3 Uhr hört er montags und dienstags Luthers Genesis, um 4 Uhr im Wechsel Crucigers Johannes-Evangelium und Bugenhagens Psalmen Davids. Um 6 Uhr gönnt er sich zur körperlichen Erholung

Spaziergänge. Aber Wittenberg hat viele Nachteile, am liebsten wäre er in Basel. Das Wasser ist nicht trinkbar, die Speisen sind derb, das Bier ist nicht verträglich, man holt sich davon Räude und Fieber. Das billigste Essen kostet im Jahr 18 Gulden, man bekommt bei 2300 Studenten kaum eine Unterkunft, für die er 6 Gulden aufbringen muss. Im Februar 1543 wechselte Bech, da ihm Wittenberg zu teuer war, an die Universität Leipzig[5]. Ende Februar 1543 wurde er von Melanchthon an Camerarius empfohlen, dass er mit einem Brief an die Ehefrau von Andreas Franck unterwegs sei. *Proficiscitur autem libentius tui audiendi causa, nam in Graeca lingua praeclare promovit. Amo adolescentem et propter suavitatem ingenii ac studia ...* [6](Er reist um so lieber, weil er dich hören will, denn er hat in der griechischen Sprache Fortschritte gemacht, und hat bedeutende Geistesgaben. Ich habe den jungen Mann gern wegen seiner Geistesgaben und seines Studieneifers ...). 1544 hat Bech in Leipzig bei dem Juristen Andreas Franck eine Bleibe gefunden. Seine Lehrer wurden u.a. Rheticus, Camerarius und Ales. Zwar lobte Melanchthon Bechs Griechischkenntnisse, seine geistigen Fähigkeiten und seinen Eifer, doch kamen bald Gerüchte nach Basel, dass er mehr dem Wein als den Studien zuspreche. Das deutet darauf hin, dass er sich dem ausgelassenen Freundeskreis um Rheticus und Brusch angeschlossen hatte; Bech verfasste ein griechisches Gedicht für Bruschs *Sylvarum liber* (Leipzig: Michael Blum, 1544)[7] und eine Ode auf den scheidenden Brusch im Rahmen seiner *Odae tres* (Erfurt: Wolfgang Stürmer, 1544)[8]. Als Bacc. Basiliensis wurde Bech am 5. Juli 1545 unter die Leipziger Bakkalare rezipiert[9] und wenig später um den 24. Oktober 1545 zum Mag. art. promoviert; im WS 1548/49 wurde er in das Consilium der Artisten aufgenommen[10]. Seit dem SS 1546 las er als einer der sechs *minores* lat. Grammatik nach Melanchthon, im WS 1547/48 lat. Grammatik nach Thomas Linacre, im SS 1549 und WS 1549/50 Melanchthons *Liber de anima*, im SS 1550 und WS 1550/51 griechische Grammatik, vom WS 1551/52 bis WS 1553/54 Cicero bzw. die *elementa rhetoricae*[11]. Daneben hat er immer wieder Ämter bekleidet, u.a. 1549/51 das eines Conventors des Collegium Novum. Bech wandte sich seit dem SS 1548 von der Theologie ab und der Medizin zu. Am 9. Juli 1550 promovierte er zum Bacc. med.[12] und am 27. November 1553 zum Lic. med.[13] 1554 kehrte Bech nach Basel zurück, wo er zunächst an der Artistenfakultät Logik und Dialektik lehrte, 1558 aber an die medizinische Fakultät überwechselte.

Bech war spätestens seit 1555 mit NN verheiratet; er hatte wenigstens drei in Basel geborene Söhne: Samuel (*1555), Abraham (*1558), Johann Rudolf (*1559). Abraham, über den Felix Platter die Vormundschaft übernahm, studierte Medizin[14]. Die Witwe des allzu früh verstorbenen Bech beherbergte in Einzelfällen auch Studenten. Es ist ein literarisches Epitaph auf Bech überliefert. Vadian stellte 1543 dem noch jugendlichen Bech ein sehr positives Zeugnis aus: *Vix cognovi alium et moderatiorem et bonarum literarum amantiorem et [...] verae pietatis studiosiorem adolescentem*[15]. Bech hatte auch Kontakt zu Hieronymus Schürpf; so bat er 1549 aus Leipzig Amerbach um ausführliche Nachrichten über die Verhältnisse in der Schweiz, die er an Schürpf weitergeben wollte: *nihil enim est, quod suavius illum afficiat, quam si statum Helvetiorum adhuc esse incolumen intellexerit*[16]. Der Fall von Konstanz und die Rekatholisierung der Stadt waren für die Schweiz sehr beunruhigend gewesen.

Werke (in kleiner Auswahl): Am Beginn steht eine Übersetzung von Georg Agricolas *Vom Bergkwerck XII Bücher* (Straßburg 1546)[17]; Agricolas *Gründtlicher underricht ... aller vierfüssigen thier* (Straßburg 1546); *Annotationes* zu einer Vergilausgabe (Leipzig: Valentin Papst, 1546); er gab verschiedene Thesenpapiere in Druck, etwa die unter Meurer gehaltene Disputation *De catarrhis* (Leipzig: Valentin Papst, 1549) oder das unter Balthasar Klein entstandene Thesenpapier zu seiner Lizentiatsprüfung *De differentiia febrium disputatio prima* (Leipzig: Valentin Papst, 1553). Später veröffentlichte er eine Reihe von Werken bei Johannes Oporin in Basel, die teilweise auch posthum erschienen sind.

Rheticus und Bech hatten in Oswald Myconius einen gemeinsamen Lehrer. Beide wurden im WS 1542/43 etwa gleichzeitig in die Leipziger Matrikel eingeschrieben, beide gehörten der Bayerischen Nation an und waren landsmannschaftlich verbunden; wie Rheticus war auch Bech ein geborener Österreicher. In dem Brief vom Februar 1543 hatte Melanchthon Camerarius ersucht, Bech zu ermahnen, *ut plus operis tribuat philosophiae, in qua re adiuvari a Rhetico poterit*[18] (dass er sich mehr um die Philosophie bemüht, worin Rheticus ihm helfen könnte). Tatsächlich kümmerte sich Rheticus um ihn. Bech war zwar kein Mathematiker, hat aber ohne Zweifel auch die Vorlesungen von Rheticus besucht, vor allem musste ihm als Gräzisten Rheticus' Euklidvorlesung am Herzen liegen. Rheticus und Bech hatten in Valentin Papst den gleichen Leipziger Verleger. Unter Rheticus als Dekan wurde Bech im WS 1548/49 in das Kollegium der Artisten aufgenommen. Rheticus bezog nach seiner Rückkehr vier Räume im Collegium Novum, dessen Conventor Bech war. Vermutlich war Bech auch im Rahmen des Umbaus im SS 1550 mit diesen Räumen befasst gewesen; diese Ausbesserungsarbeiten wurden bereits Ende 1547 in einem Brief der Artistenfakultät an Rheticus angesprochen[19]. Schließlich war beiden auch das Interesse für die Medizin gemeinsam. Bech nahm auch gemeinsam mit Hommel wiederholt Rheticus' Vermögensinteressen wahr, etwa am 20. Mai 1551 bei der Sicherung seiner Habe oder bei der Inventarisierung seines Vermögens am 1./2. Februar 1552[20]. Man darf wohl sagen, dass Bech einer der profiliertesten Schüler von Rheticus war. Es ist gut möglich, dass die weitere Erforschung der Biographie von Philipp Bech neue Erkenntnisse auch zu Rheticus bringen wird.

1 HARTMANN/JENNY 1973, Bd. 7, S. 273-277; SCHEIBLE, MBW, Bd. 11, Personen, 2003, S. 133. | **2** WACKERNAGEL 1956, Bd. 2, S. 17. | **3** FÖRSTEMANN 1841, Bd. 1, S. 195. | **4** KOLDE 1883, S. 380 f. | **5** ERLER, Bd. 1, S. 642. | **6** CR V, Sp. 52 f. | **7** HORAWITZ 1874, S. 68, 84; BEZZEL 1982, Sp. 437, Nr. 65; JENNY 2000, S. 160. | **8** HORAWITZ 1874, S. 86-88; BEZZEL 1982, Sp. 437, Nr. 53; JENNY 2000, S. 160; BSB München, digital, Scan 12-14 (mit Antwort Bruschs auf den Leipzig bleibenden Bech). | **9** ERLER, Bd. 2, S. 683. | **10** Ebenda, S. 706. | **11** Ebenda, S. 690-731. | **12** Ebenda, S. 81. | **13** Ebenda, S. 81, unter Angabe der Disputationsthemen; 82. | **14** WACKERNAGEL 1956, Bd. 2, S. 213, Nr.16. | **15** ARBENZ/WARTMANN, Bd. 7, 1913, S. 103 f. | **16** HARTMANN/JENNY 1973, Bd. 7, S. 280; damit wird wohl auf die Bedrohung der Eidgenossenschaft angespielt, die seit 1548 mit dem Fall von Konstanz gegeben war. | **17** Ex. in: SUB Göttingen. | **18** CR V, Sp. 52. | **19** STÜBEL 1879, S. 602 f., Nr. 476. | **20** BURMEISTER 1967/68, Bd. 1, S. 118 f.

Beckmann, Jakob

Jakob Beckmann (Beckhman, Beckmannus), aus Danzig, luth., Student, mehr nicht ermittelt[1]. Beckmann immatrikulierte sich am 16.Oktober 1540 in Wittenberg[2]. 1542 promovierte er zum Mag. art.[3]

Beziehung zu Rheticus: Magisterpromotion unter Rheticus vom 9. Februar 1542, wo er den 17. Rang von 22 Kandidaten erreichte[4]. Beckmann konnte die Vorlesungen von Rheticus im WS 1541/42 besuchen.

1 FREYTAG 1903, Nr. 153. | **2** FÖRSTEMANN 1841, Bd. 1, S. 183b. | **3-4** KÖSTLIN 1890, S. 13.

Behem, Kaspar

Kaspar Behem (Behm, Boehm, Böhme, Boemus, Bohemus), aus Stolpen (Lkr. Sächsische Schweiz – Osterzgebirge, Sachsen), gestorben 1580 in Freyburg (Burgenlandkreis, Sachsen-Anhalt), luth., Theologe[1]. Kaspar Behem immatrikulierte sich im WS 1542/43 an der Universität Leipzig[2]. Er promovierte im WS 1543/44 zum Bacc. art.[3] Im WS 1548/49 erlangte er unter dem Dekanat des Rheticus die Würde eines Mag. art.[4] Magister Behem, der 1555 in einem Visitationsbericht als ein gelehrter Mann bezeichnet war, wurde zunächst 1549 Diakon in Freyburg und 1551 Diakon an St. Wenzel in Naumburg, seit 1553 war er Pastor in Leisnig (Lkr. Mittelsachsen). 1556 wurde Pfarrer und 1557 der erste Superintendent in Freyburg.

Beziehungen zu Rheticus sind gegeben, insbesondere durch Behems Magisterpromotion. Aber schon seit dem WS 1542/43 konnte Behem in Leipzig Vorlesungen von Rheticus besuchen.

1 Kamprad, Johann, Leisniger Chronica, Leisnig 1753, S. 206; Kreyssig ⁷1898, S. 356. | 2 Erler, Bd. 1, S. 643, M 53. | 3 Erler, Bd. 2, S. 676. | 4 Ebenda, S. 705.

Behem, Nikolaus

Nikolaus Behem (Boehm, Boemus), aus Annaberg (Erzgebirgekreis, Sachsen), luth., Magister.
Nikolaus Behem immatrikulierte sich im WS 1535/36 an der Universität Leipzig[1]. Er promovierte im WS 1542/43 unter Franz Wagner zum Bacc. art.[2] Im SS 1547 erlangte er die Würde eines Mag. art.; Promotor war Magister Paul Bussinus[3].

Beziehungen zu Rheticus sind gegeben, als Behem im Hinblick auf die Bakkalaureatsprüfung die Vorlesungen von Rheticus im WS 1542/43 besuchen musste, vielleicht auch noch danach besucht hat. Behem gehörte wohl zum Leipziger Freundeskreis um Kaspar Brusch und Rheticus. Zu den von Ambrosius Schürer veröffentlichten *Annotationes in M. Tullii Ciceronis dialogum de amicitia* (Leipzig: Wolrab, 1544) schrieben Brusch und Behem einige Verse.[4]

1 Erler, Bd. 1, S. 643, M 53. | 2 Erler, Bd. 2, S. 676. | 3 Ebenda, S. 705. | 4 Bezzel 1982, Sp. 451, Ziff. 104; BSB München, digital, Scan 155-156.

Berbing, Andreas, ca. 1520–1550

Andreas Berbing, geboren um 1520 in Kitzingen (Unterfranken), gestorben in der ersten Januarhälfte 1550 in Kitzingen, luth., Student, Schulmann[1].
Berbing wurde im WS 1537/38 in Wittenberg immatrikuliert[2]. Nach dem Januar 1542 promovierte er unter dem Dekan Rheticus zum Bacc. art.[3], dessen Vorlesung er vermutlich gehört hat. Im Oktober 1542 wurde er in seiner Heimatstadt Kitzingen probeweise als Kantor eingestellt, vermutlich als Nachfolger seines Studienfreundes Eucharius Bramberger.

In Wittenberg wurden Berbing und sein Freund Bramberger von ihrem Landsmann Paul Eber gefördert. Ein Brief von Friedrich Bernbeck aus Kitzingen, in dem er im Januar 1550 vom Tod Berbings und einer schweren Krankheit Brambergers berichtete, löste bei Eber große Trauer aus. In seinem Antwortschreiben vom 18. Januar 1550 bezeichnet Eber Berbing als *amicissimus homo optimeque de me meisque meritus* (einen sehr lieben Menschen, die sich in höchstem Grad um mich und die meinen verdient gemacht hat). Spontan verfasste Eber, obwohl er als Dekan der Artistenfakultät sehr beschäftigt, höchst unglücklich und tieftraurig war, ein kurzes, einfaches und wenig ausgefeiltes Gedicht (*Epitaphium*), das er Bernbeck schickte. Es war ihm ein Anliegen, damit seine Zuneigung und Dankbarkeit zum Ausdruck zu bringen. Zudem hatte auch sein Freund und Schüler Ortolf Marolt auf seine Bitte hin ein lateinisches *Carmen* geschrieben, das er gleichfalls an Berneck schickte mit der Bitte, über beides milde zu urteilen[4].

Beziehungen zu Rheticus sind gegeben durch die Promotion Berbings zum Bacc. art. kurz nach dem 23. Januar 1542 unter dessen Dekanat[5]. Er belegte in der zweiten Gruppe unter 15 Kandidaten den neunten Rang vor seinem Landsmann Bramberger. Beide konnten die Vorlesungen von Rheticus im WS 1537/38, im SS 1538 und im WS 1541/42 hören. Publikationen von Berbing sind nicht bekannt.

1 Häfele 1988, Bd. 1, S. 439 f., Nr. 010. | 2 Förstemann 1841, Bd. 1, S. 167b. | 3 Köstlin 1890, S. 8. | 4 Sixt 1843, S. 242 f. | 5 Köstlin 1890, S. 7.

Berndt, Ambrosius, † 1542

Ambrosius Berndt (Bernhard, Bernt), geboren in Jüterbog (Lkr. Teltow-Fläming, Brandenburg), gestorben um den 12. Januar 1542 in Wittenberg, luth., Universitätsprofessor (lat. Grammatik, Terenz), Theologe[1].

Berndt inskribierte sich im SS 1520 an der Universität Wittenberg[2], wo er am 20. Juni 1521 zum Bacc. art. promovierte (21. Rang von 33 Kandidaten)[3]. Er wurde Lehrer an St. Elisabeth in Breslau unter dem Rektor Andreas Winkler; 1526 erhielt er ein Stipendium des Rates von Breslau und eine Empfehlung von Johannes Metzler an Melanchthon. Am 30. April 1528 promovierte er unter den Dekan Franz Burckhard zum Mag. art[4]. Am 18. Oktober 1528 wurde er in den Rat der Artistenfakultät aufgenommen[5]. Er übernahm die zweite Professur in Latein, die nach seinem Tod an Stigel fiel[6]. Im SS 1530 war er Dekan der Artistenfakultät[7]. Eine Berufung als Pfarrer nach Schweidnitz (poln. Świdnica, Woiwodschaft Niederschlesien) scheiterte Ende 1530. Im März 1530 disputierte Berndt *De philosophia et sectis*[8], am 19. Januar 1537 *De absolutione*[9]. Im SS 1537 war er erneut Dekan; er promovierte 12 Bakkalare[10] sowie am 8. Juni 1537 drei Magistri und im September 1537 weitere 13 Magistri, darunter Balthasar Klein (7. Rang)[11]. Die von Melanchthon verfasste Rede, die Berndt bei der Magisterpromotion 1537 gehalten hat, liegt gedruckt vor unter dem Titel *Oratio de ingratitudine cuculi* (Wittenberg 1537)[12]. *Hic mores sanctissime rexit, et aliis doctrina et exemplo praeivit. Cum autem eius fides, assiduitas industria et diligentia magno fuerit usui Reipublicae decet omnes bonos interitu eius adfici*[13]. Er war ein in der Lehre und akademischen Verwaltung sehr engagierter Lehrer. Berndt war mehrfach verheiratet, in erster Ehe mit Barbara von Bora († 1532), in zweiter Ehe mit NN († 1537), am 27. November 1538 verlobt mit Lene Kaufmann, einer Nichte Luthers.

Berndt gehörte zu den Lehrern von Rheticus, seit 1536 waren beide Kollegen. Die Freundschaft zwischen Rheticus und Lemnius führte ihn mit der ganzen Familie Berndt zusammen: Ambrosius, Gregor d.Ä., dessen Ehefrau und allen ihren Söhnen, ganz besonders aber mit Gregor d.J.[14] Der Tod Berndts fällt in die Zeit von Rheticus' Dekanat; er hat daher zweifellos an der Beerdigung seines Kollegen teilgenommen.

1 SCHEIBLE, MBW, Bd. 11, Personen, 2003, S. 143 f.; FRIEDENSBURG, Geschichte, S. 223 f.; METZGER/PROBST 2002, S. 218, Pal. Lat. 1834, Bl. 123r-124r. | **2** FÖRSTEMANN 1841, Bd. 1, S. 91b. | **3** KÖSTLIN 1888, S. 11. | **4** Ebenda, S. 19. | **5** Ebenda, S. 24. | **6** KATHE 2002, S. 95 | **7** KÖSTLIN 1888, S. 20. | **8** KÖSTLIN 1890, S. 22. | **9** KÖSTLIN 1888, S. 26. | **10** Ebenda, S. 16. | **11** Ebenda, S. 23. | **12** CLEMEN/KOCH 1984, Bd. 4, S. 225, 227, 253; dies., Bd. 5, S. 521. | **13** Zitiert nach BUCHWALD 1893, S. 81, Anm. 2. | **14** MUNDT 1983, Bd. 2, S. 190 f.

Berndt, Gregor d. J.

Gregor Berndt (Bernhart, Bernt), d. J., geboren vermutlich in Görlitz (Sachsen), gestorben?, luth., Student.

Im Februar 1534 kam Gregor Berndt d. Ä. aus Görlitz nach Wittenberg, um sich an der Universität einzuschreiben. In seiner Begleitung befanden sich seine drei Söhne Gregor, Paul und Thomas, die gleichzeitig mit ihm immatrikuliert wurden[1]. Simon Lemnius bezog im Hause von Berndts Ehefrau Katharina NN.[2] (seit September 1535 Witwe) seine erste Bude in Wittenberg. Das Haus lag in der Brudergasse an der Badstube nahe dem alten und dem neuen Kolleg; um 1538/40 verkaufte die Witwe Katharina das Haus an den Theologen Johannes Agricola (1494-1566), der vor allem durch seine Sprichwörtersammlungen berühmt ist[3]. Hier befreundete sich Lemnius mit deren ältestem Sohn Gregor Berndt d.J.[4] Mutter und Sohn könnten Zeugnis ablegen für Lemnius' Rechtschaffenheit. Zwar war es zwischen der Witwe und Lemnius einmal zu einem Streit gekommen, doch hatten sich beide wieder ausgesöhnt, sodass sie ihn gleich wieder in ihr Haus aufgenommen hatte[5]. Zwischen Lemnius und Gregor Berndt d.J. herrschte größte Freundschaft (*summa familiaritas*). Da auch Rheticus zu Lemnius' Freunden zählte, dürfte auch zwischen Rheticus und seinem Kommilitonen Gregor Berndt d.J. eine engere Freundschaft bestanden haben.

1 Förstemann 1841, Bd. 1, S. 151b. | 2 Scheible, MBW, Personen, Bd. 11, 2003, S. 144. | 3 Über ihn Hammann, Gustav, in: NDB 1 (1953), S. 100 f. | 4 Mundt 1983, Bd. 1, S. 270; Bd. 2, S. 184 f. | 5 Mundt 1983, Bd. 2, S. 190 f.

Bernhardi, Bartholomäus, 1487–1551

Bartholomäus Bernhardi (Dr. Feldkirchen), geboren am 24. August 1487 in Schlins (Bezirk Feldkirch, Vorarlberg), gestorben am 21. Juli 1551 an einer aus Magdeburg eingeschleppten Infektionskrankheit[1] in Kemberg (Lkr. Wittenberg), bestattet in der Kirche von Kemberg, Grabschrift überliefert, luth., Universitätslehrer (Rhetorik, Physik), Theologe, Reformator (*instaurator coniugii sacerdoralis*)[2].

Der Sohn von Johannes Bernhardi und seiner Ehefrau Elsa geb. Rüchlin, der ältere Bruder von Johannes Bernhardi, bezog nach dem Besuch der Lateinschule in der Lutherstadt Eisenach (Thüringen) im SS 1504 die Universität Wittenberg[3], und zwar zusammen mit seinen Feldkircher Mitbürgern Johannes Dölsch und Christoph Metzler, dem späteren gegenreformatorischen Bischof von Konstanz. Er promovierte am 26. Mai 1505 zum Bacc. art. (15. Rang unter 22 Bewerbern) und am 21. Februar 1508 zum Mag. art. (1. Rang von fünf Kandidaten)[4]. Gemeinsam mit Johannes Dölsch, Nikolaus von Amsdorf und Andreas Karlstadt wurde er 1509 in den Rat der Artistenfakultät aufgenommen[5]. Im WS 1512/13 war er Dekan der Artistenfakultät[6]. Im WS 1518/19 war Bernhardi Rektor Magnificus. Parallel dazu lief seine theologische Laufbahn. Am 29. November 1512 promovierte er zum Bacc. biblicus[7]. 1513 empfing er die Weihe zum Subdiakon in Brandenburg an der Havel (Brandenburg), zum Diakon in Halberstadt (Lkr. Harz, Sachsen-Anhalt) und 1516 zum Priester in Chur (Graubünden, Schweiz). Unter der Leitung Luthers disputierte Bernhardi am 25. September 1516 über von ihm selbst formulierte Thesen, die sich mit Luthers Lehren deckten. In Anlehnung an Luthers Römerbrief-Vorlesung vertrat Bernhardi die These, der Mensch sei unfähig, die göttlichen Gebote ohne die Gnade zu erfüllen. Die Disputation Bernhardis war ein wesentlicher Schritt in Richtung des Thesenanschlags von 1517 gewesen[8]. Kurz darauf wurde Bernhardi zum Bacc. sententiarius kreiert[9]. Am 7. Juli 1518 erlangte er die nächste akademische Stufe eines *formatus*[10]. Am 18. Oktober erfolgte seine Wahl zum Rektor. Ob er 1519 Lic. theol. wurde[11], mag dahinstehen; das Dekanatsbuch enthält darüber keinen Vermerk. 1520 verließ Bernhardi die Universität, sodass er den obersten Grad eines Dr. theol. nicht mehr erlangte. Als Propst der Kirche von Kemberg, die der Universität Wittenberg inkorporiert war, übernahm Bernhardi eine besonders reiche Pfarre in der Nähe von Wittenberg. Hier betrieb er auch einen landwirtschaftlichen Hof, wie wir aus seiner Klage gegenüber Luther im Herbst 1536 entnehmen, seine Kühe würden wegen der Hexen seit zwei Jahren keine Milch mehr geben[12].

Am 24. August 1521 heiratete Bernhardi Gertraude Parnier aus Kemberg. Luther war bei der Hochzeit nicht zugegen, wie das eine bildliche Darstellung glauben macht, er war damals auf der Wartburg, von wo er seinem Freund Glück- und Segenswünsche schickte. Bernhardi war wohl nicht der erste Priester, der gegen das von ihm abgelegte Gelübde geheiratet hat, doch erregte sein Fall großes Aufsehen, weil der Erzbischof von Magdeburg seine Auslieferung an das geistliche Gericht forderte. Doch der Kurfürst von Sachsen schützte Bernhardi. Dieser rechtfertigte sich mit einer von Melanchthon oder Karlstadt überarbeiteten Schrift *Apologia pro M. Barptolomaeo praeposito, qui uxorem in sacerdotio duxit* (Erfurt 1521, mit Widmungsbrief von Johannes Lang, datiert Erfurt, 13. Dezember1521). Deutsche Übersetzungen dieser Schrift erschienen u.a. in: Colmar (Haut-Rhin): Amandus Farkall, 1521[13]; Wittenberg 1522; Speyer 1522[14]; Straßburg 1522; Wittenberg 1522; die Schrift wurde auch ins Englische und ins Französische übersetzt[15].

Im Schmalkaldischen Krieg wurde Bernhardi im April 1547 durch spanische Soldaten lebensbedrohlichen Misshandlungen ausgesetzt. Aus der Ehe mit Gertraude Parnier gingen zwei Söhne Johannes (* 1523) und Thomas (* 1524) und fünf Töchter Katharina (* 1522), Anna (* 1526), Elisabeth, Maria (* 1532) und Magdalena hervor. Am 3. November 1536 machte Bernhardi im Hause Luthers in der großen Stuben sein Testament[16]. Zeugen waren Luther, Jonas, Bugenhagen, Cruciger, Melanchthon, Friedrich Mykonius, Paul Knod (Verwalter der Güter des Wittenberger Allerheiligenstiftes) und Jodok Neobulus. Zu Testamentsvollstreckern ernannte er u.a. Justus Jonas und Augustin Schürpf. Der Sohn erhielt die Bücher, die Kleidung und einen Silberbecher zum Voraus, sonst wurde das reiche Erbe unter seiner Frau zur Hälfte und allen Kindern, männlichen und weiblichen, gleich aufgeteilt. In seiner Heimatgemeinde Schlins wurde Bernhardi vor der St. Annakapelle in Fromengärsch ein Denkmal errichtet.

Als Rheticus 1532 sein Studium in Wittenberg begann, gehörte Bernhardi längst nicht mehr dem Professorenkollegium an. Da jedoch Kemberg nur zehn Kilometer von Wittenberg entfernt lag und der Bruder Johannes Bernhardi noch bis 1534 in Wittenberg lebte, kam Bartholomäus Bernhardi häufiger nach Wittenberg, wo er auch seinen Freund Luther aufsuchen konnte. Zudem lebten in Wittenberg auch noch andere Feldkircher. Es ist anzunehmen, dass Rheticus Bernhardi als einen der ersten Reformatoren verehrt hat. Auch die Freundschaft zwischen Melanchthon und Bernhardi musste sich hier auswirken. Camerarius hebt in seiner Biographie Melanchthons hervor, dass Bernhardi, ein sehr ehrwürdiger alter Mann, Melanchthon in sehr enger Freundschaft verbunden war. Man darf auch die jüngere Generation nicht übersehen: der Sohn Johannes Bernhardi (* 1523) und seine Schwiegersöhne Matthäus Wankel, verheiratet mit Katharina Bernhardi (* 1522) und Andreas Wankel, verheiratet mit Anna Bernhardi (* 1526), waren in Wittenberg Kommilitonen, Schüler oder Kollegen von Rheticus. Der Zusammenhalt unter den Mitgliedern der Familie Wankel war sehr ausgeprägt; so immatrikulierten sich in Wittenberg an ein- und demselben Tag ein Johannes Wankel aus Hammelburg, Johannes Bernhardi, der Sohn des Bartholomäus Bernhardi, und Johannes Friedrich Bernhardi, der Sohn des Johannes Bernardi, Bruders von Bartholomäus[17]. Ebenso erscheinen am 5. Juni 1566 unter dem Rektor Veit Oertel Winsheim am gleichen Tag neben einander immatrikuliert Andreas Wankel aus Hammelburg, Johannes Wankel aus Kemberg und Peter Wankel und Martin Wankel aus Schmiedeberg[18]. Zur Familie Bernhardi-Wankel gehören nicht zuletzt auch die beiden Mathematiker und Ärzte Ambrosius Rhode d.Ä. und d.J.

1 CR VII, Sp. 817 f. | **2** SCHEIBLE, MBW, Bd. 11, Personen, 2003, S. 145 f.; LUDEWIG 1920, S. 120; VASELLA 1948, S. 119, Nr. 149. | **3** FÖRSTEMANN 1841, Bd. 1, S. 42b. | **4** KÖSTLIN 1887, S. 5 und S. 23. | **5** Ebenda, S. 28. | **6** Ebenda, S. 13 f., S. 26. | **7** FÖRSTEMANN 1838, S. 14. | **8** BRENDLER, Gerhard, Martin Luther, Theologie und Revolution, Berlin 1983. | **9** FÖRSTEMANN 1838, S. 19. | **10** Ebenda, S. 22. | **11** MCEWAN 1986, S. 21. | **12** LUTHERS Werke, WA, Tischreden, Bd. 3, 1914, S. 355 f., Nr. 3491. | **13** SLUB Dresden, digital. | **14** BSB München, digital. | **15** Vgl auch BAURMEISTER, Ursula, Eine unbekannte Ausgabe der Verteidigungsschrift für Bartholomäus Bernhardi, Gutenberg Gesellschaft, 1977. | **16** Text bei MCEWAN 1986, S. 48-51. | **17** FÖRSTEMANN 1841, Bd. 1, S. 182a. | **18** FÖRSTEMANN/HARTWIG 1894, Bd. 2, S. 103b.

Bernhardi, Johannes, 1490–1534

Johannes Bernhardi (Veltkirch, Feldkirchen, Feldtkirch, Velcurio, Velcurius, Veltkirchius, mit den Pseudonym Hans Walser von Rothenbrunnen, auch Hans Raidbach von Feldkirch), geboren 1490 in Schlins (Bezirk Feldkirch, Vorarlberg), gestorben 1534 in Wittenberg, luth., Universitätslehrer (Rhetorik, Physik), Reformator, Theologe[1].

Der jüngere Bruder des Wittenberger Theologen Bartholomäus Bernhardi immatrikulierte sich im SS 1512 in Wittenberg[2], und zwar zusammen mit den späteren Feldkircher Reformatoren Michael Lins und Hieronymus Pappus. Er wurde einer der Lieblingsschüler Luthers. Am 19. März 1515 promovierte er zum Bacc. art.[3]; er kam auf den 2. Rang von 16 Bewerbern. Er wurde schon sehr bald mit Vorlesungen betraut; er las 1517-1518 über aristotelische Physik und Metaphysik. Am 14. Februar 1519 erfolgte seine Promotion zum Mag. art. unter dem Dekan Augustin Schürpf[3]; auch diesmal schnitt er gut ab, indem er den 1. Rang von 14 Kandidaten belegte; Mitbewerber waren Melchior Fendt (7. Rang) und Martin Pollich von Mellerstadt (14. Rang). Am 23. Juni 1520 wurde Bernhardi unter dem Dekanat des Johannes Dölsch in den Rat der Artistenfakultät aufgenommen, wo ihm kurz zuvor am 18. Juni Johannes Volmar vorausgegangen war[5]. Im SS 1530 war Bernhardi Rektor Magnificus, im WS 1530/31 Vizerektor während der Abwesenheit des Rektors Justus Jonas. Bernhardi las 1532 über Quintilian[6], ebenso 1533[7]. Am 1. Februar 1534 befiel ihn eine Krankheit, die wenig später seinen Tod zur Folge hatte. Es ist richtig, dass Johannes seinem Bruder Bartholomäus gewöhnlich nachstehen muss, obwohl Johannes sich in den Jahren 1520 bis 1523 mehr als sein Bruder mit Schriften für die Wittenberger Bewegung eingesetzt hat und Bartholomäus in spektakulärer Weise der erste verheiratete Priester wurde und dadurch seinen Bruder in den Schatten gestellt hat. Mögen auch die anderen Publikationen von Johannes posthum sein, so bleibt das Gesamtwerk des jüngeren Bernhardi dem seines Bruders überlegen. Gleichwohl kommen insgesamt dem Bartholomäus sehr ehebliche Verdienste um die Reformation zu; es war nicht zuletzt seine Disputation von 1516, die Luther zu seinem Thesenanschlag von 1517 ermutigte.

Bernhardi war mit NN. verheiratet. Sein Sohn Johann Friedrich wurde am 14. Juli 1540 in Wittenberg gratis immatrikuliert, gleichzeitig mit seinem Vetter Johannes Bernhardi, dem Sohn seines Bruders Bartholomäus Bernhardi, geboren 1522 [8]. Im Hause Bernhardis wohnte der junge Marcellus (seit 1528 in Wittenberg)[9].

Werke: 1. Theologische Schriften, Predigten: Bernhardi verteidigte in einer kritischen Zeit Luther, zunächst im Mai 1520 anonym mit der *Confutatio inepti et impij libelli* F[ratris] August[ini] *Alueld*[i] (Wittenberg: Melchior Lotther d.J., 1520)[10]; unter dem Pseudonym Hans Walser von Rothenbrunnen trat er mit einem deutschen Gedicht für Luther ein; zwei Schriften erschienen unter dem Pseudonym Hans Raidbach (Reidbach, Reydbach) von Feldkirch, doch fehlt bisher ein Nachweis für die Identität mit Bernhardi (vgl. unten): *Ain Christliche Maynung von den wercken, wie man die vor Gott nutzlich vnnd verdienstlich machen soll* (Leipzig 1520[11]; Stuttgart: Hans von Erfurt, 1523[12]; Augsburg: Rammingen, 1523[13]; Augsburg: Heinrich Steiner, 1523[14]; Zürich: Christoph Froschauer. d.Ä., 1523)[15] und *Von vermessenheit Closter regeln* (Straßburg: Beck, 1523[16]; Straßburg: J. Schwan, 1523)[17].

Das Pseudonym Hans von Raidbach von Feldkirch: Eine Reihe von Gründen spricht für die Identität: die Überlieferung, dass Johannes Bernhardi mehrere lutherische Traktate veröffentlicht hat, die ohne das Opus von Raidbach nicht nachweisbar sind; das Fehlen einer Identität von Raidbach, der weder in Feldkirch noch in Wittenberg, Leipzig oder Erfurt bezeugt ist; der deutliche Hinweis auf Feldkirch und die häufige Bezeichnung von Bernhardi als Magister Feldkirch; die Übereinstimmung der Vornamen; die deutlichen Hinweise auf Wittenberg, nicht zuletzt in der Widmung der *Christlichen Maynung* an den Junker Friedrich von Arnstätt. Schließlich lässt sich ähnlich wie im Fall Wigbolt ein (wenn auch nicht ganz perfektes) Anagramm aus dem Namen Johannes herauslesen:

       H   JO**H**ANNES BERNHARDI
       A   JOH**A**NNES BERNHARDI
       N   JOHA**N**NES BERNHARDI
       S   JOHANNE**S** BERNHARDI
       R   JOHANNES BE**R**NHARDI
       A   JOHANNES BERNH**A**RDI
       I   JOHANNES BERNHARD**I**
       D   JOHANNES BERNHAR**D**I

B	JOHANNES **B**ERNHARDI
A	JOH**A**NNES BERNHARDI
(H)	JO**H**ANNES BERNHARDI
H	JOHANNES BERN**H**ARDI

Es fehlt nur der Buchstabe C, den wir hier durch ein (vorhandenes) zweites H ersetzt haben; diese Gleichsetzung von H mit CH ist insofern berechtigt, als der Name Johannes vom hebr. Jochanan abgeleitet ist. Geht man von der ahd. Form *pah* bzw. *bah* aus, so bedarf es ursprünglich im moderner geschriebenen Wort *Bach* gar nicht des Buchstaben c; hilfsweise könnte daher für ch auch ein hh stehen.

2. Philologische, ausschließlich postume Schriften: Es handelt sich in erster Linie um Texte, die Bernhardi seinen Schülern privatim diktiert hatte. Erasmus von Rotterdam, *De duplici copia verborum ac rerum commentarii*, hg. v. Melanchthon (Hagenau: Brubach, 1534[18]; Köln: Joh. Gymnicus, 1535[19]; Köln: Joh. Gymnicus, 1536[20]; Köln: Joh. Gymnicus, 1538[21]; Köln: Gymnicus, 1542[22]; Köln: Martin Gymnicus, 1545[23]; Köln: Martin Gymnicus, 1548[24]; Basel: Nikolaus Brylinger 1549)[25]; Leipzig: Valentin Papst, 1550[26]; Köln: Witwe Martin Gymnicus, 1551[27]; Basel: Nikolaus Brylinger 1555[28]; Basel: Nikolaus Brylinger 1560)[29]; Köln: Walter Fabricius, 1560[30]; Köln: Peter Horst, 1562[31]; London: John Kingstone, 1569; London: Henry Middleton, 1573; Leipzig: Gotthatrd Vögelin, ca. 1597[32].

Aristoteles: *In philosophiae naturalis partem omnium praestantissimam, hoc est Aristotelis de anima libros epitome* (Basel: Lasan und Platter, 1537, Vorrede von Joh. Oporin an Du Bellay, Basel, 1. Mai 1537)[33]; *Epitome physicae* (Erfurt: Melchior Sachse, 1538)[34]; dasselbe Werk mit neuem Titel *Ioannis Velcvrionis Commentarii in Vniuersam Physicam Aristotelis libri quatuor diligenter recogniti* (Tübingen: U. Morhard, 1540, hg. v. Sebald Hauenreuter, Widmung an Abt Ulrich von Alpirsbach, datiert Tübingen, 1. September 1539, griech. Epigramm von Flacius Illyricus ad Lectoren, Epicedion auf Bernhardi von Joachim Camerarius[35]); weitere Auflage Tübingen: Ulrich Morhard d.Ä., 1542[36]; *dasselbe*, 1544[37]; andere Ausgabe Lyon: Gryphius, 1544[38]; Straßburg: Wendelin Rihelius, März 1545, mit Widmung von Sebald Hauenreuter an den Bischof Erasmus von Straßburg, datiert Straßburg, 15. März 1545, ohne die Beigaben von Flacius und Camerarius der Tübingern Ausgabe; Tübingen: Morhard, 1547, mit den Beigaben[39]; weitere Ausgabe Lyon: Thibaud Payen, 1554[40]; Tübingen: Witwe Morhard, 1557, mit Beigaben wie früher[41]; Tübingen: Witwe Morhard, 1560, mit Beigaben wie früher[42]; Tübingen: Witwe Morhard, 1563, mit Beigaben wie früher[43]; andere Ausgabe Lyon: Gabiano und Petrus Fradin, 1564[44]; Tübingen: Witwe Morhard, 1566, mit Beigaben wie früher[45]; andere Ausgabe Lyon: Cloquenim & Michael, 1573; andere Ausgabe, jedoch mit den Tübinger Beigaben, Köln: Peter Hörst, 1575[46]; andere Ausgabe, mit den Tübinger Beigaben, London: George Bishop, 1588[47]; andere Ausgabe, hg. v. Johann Ludwig Hauenreuter, Wittenberg: Magister Simon Gronenberg auf Kosten von Andreas Hoffmann, 1595[48]. An der Universität Leipzig stellte die Physik des Velcurio ein eigenes Unterrichtsfach dar[49].

Livius: *Explicationes in T. Livii Patavini historiarum ab urbe condita libros* (Straßburg: Wendelin Rihelius, 1545)[50].

Cicero: *In selectiores M. T. Ciceronis orationes Phlippi Melanchtonis, Ioannis Velcurionis aliorumque ... enarrationes*, hg. von Stephan Reich (Leipzig: Jakob Apel, 1568)[51].

Quintilian: *Institutionum librum decimum ... annotationes Melanchthonis, Veltcurionis, Stigelij, Landsidelij*, hg. v. Stephan Reich (Leipzig: Jakob Apel, 1570)[52].

Beziehungen zwischen Rheticus und Johannes Bernhardi ergaben sich schon aus der Landsmannschaft sowie den gleich gelagerten Interessen für die Physik. Allerdings beschränkten sie sich auf den kurzen Zeitraum 1532 bis 1534 und endeten mit dem frühen Tod Bernhardis. Die Verbindung zur Familie Bernhardi-Wankel blieb aber noch lange bestehen

1 Scheible, MBW, Bd. 11, Personen, 2003, S. 145 f.; Dill/Jenny 2000, S. 263 f.; McEwan 1986, S. 55 f.; Vasella 1948, S. 126, Nr. 185; Clemen, Otto Constantin, Ein Brief von Johannes Bernhardi (an Joh. Lang in Erfurt) vom 18.3.1527, in: Archiv für Reformationsgeschichte 1 (1904), S. 192 f. | **2** Förstemann 1841, Bd. 1, S. 42b. | **3** Köstlin 1887, S. 16. | **4** Köstlin 1888, S. 17. | **5** Köstlin 1888, S. 24. | **6** Kathe 2002, S. 467. | **7** Buchwald 1893, S. 102. | **8** Förstemann 1841, Bd. 1, S. 182a. | **9** Krause 1879, S. 254. | **10** VD 16 B 2036; BSB München, digital. | **11** Exemplar u.a. in HAB Wolfenbüttel. | **12** VD 16 R 129. | **13** VD 16 R 127, 129, BSB München, digital. | **14** BSB München, digital. | **15** VD 16 R 130; e-rara, digital. | **16** VD 16 R 131; BSB München, digital. | **17** Karl-und-Faber-Kunst- und -Literaturantiquariat München, Katalog 20, Versteigerung am 20. Mai 1941, S. 25, Nr. 249, http://digi.ub.uni-heidelberg.de/diglit/karl_und_faber1941_05_20/0031 | **18** BSB München, digital. | **19** BSB München, digital. Vgl. dazu auch Burmeister, Karl Heinz, Ein Kommentar zur »Copia Verborum« des Erasmus von Rotterdam von Johannes Bernhardi, in: Montfort 22 (1970), S. 272-282. | **20** BSB München, digital. | **21** BSB München, digital. | **22** Exemplar in: BSB München. | **23** BSB München, digital. | **24** VD 16 E 2687; BSB München digital. | **25** VD 16 E 2688, BSB München, digital. | **26** BSB München, digital. | **27** BSB München digital. | **28** VD 16 E 2693, BSB München, digital. | **29** BSB München, digital. | **30** BSB München, digital. | **31** BSB München digital. | **32** BSB München digital. | **33** VD 16 B 2040; BSB München, digital. | **34** VD 16 B 2038; BSB München, digital. | **35** VD 16 B 2025, BSB München, digital. | **36** VD 16 B 2026; Müller 2004, S. 518, Nr. 4502. | **37** VD 16 B 2027; BSB München, digital. | **38** Exemplar in: BSB München, digital. | **39** VD 16 B 2028; BSB München, digital. | **40** Müller 2004, S. 518, Nr. 4501; Exemplar in BSB München. | **41** VD 16 B 2029, BSB München, digital. | **42** VD 16 B 2030, BSB München, digital. | **43** VD 16 B 2031, BSB München, digital. | **44** Bibliotheca Palatina, H 1161/ H 1162. | **45** VD 16 B 2032, BSB München, digital; Müller 2004, S. 584, Nr. 5216. | **46** VD 16 B 2034, BSB München, digital. | **47** Exemplar in: BSB München, digital. | **48** Exemplar in: BSB München, digital. | **49** Erler, Bd. 2, S. 663 (WS 1541/42), 667 (SS 1542). | **50** BSB München, digital. | **51** VD 16 R 672; BSB München, digital. | **52** VD 16 Q 102; BSB München, digital.

Besler, Michael, 1512–1576

Michael Besler (Bessler, Pesler), geboren 1512 in Nürnberg (Mittelfranken), gestorben um 1576 in Nürnberg, luth., Theologe[1].

Besler immatrikulierte sich im SS 1538 unter dem Rektor Melanchthon an der Universität Wittenberg[2]; Konsemester waren Heinrich Rantzau, Georg von Stetten, Heinrich Zell, Eustachius von Knobelsdorff, sowie seine Nürnberger Landsleute Johannes Schürstab, Jakob Haller, Christoph Baumgartner, Johannes und Christoph Geuder und Peter Taig. Am 15. September 1541 wurde er unter Johannes Marcellus zum Mag. art. promoviert; er erreichte den 20. Rang von 21 Kandidaten; Mitbewerber waren u.a. Hieronymus Schreiber (2. Rang), Johannes Bretschneider (3. Rang), Matthäus Delius (5. Rang), Dionysius Ludolf (10. Rang), Brombeiss (11. Rang), Matthias Rodt (15. Rang). Danach ergänzte er sein Theologiestudium und wurde am 4. Juni 1543 von Bugenhagen ordiniert und von der Universität nach Sprottau (poln. Szprotawa, Woiwodschaft Lebus) auf die St. Georgspfarre berufen[3]. Er war der erste evangelische Pfarrer in Sprottau. Da die erste Pfarrstelle in der Regel eine Übergangslösung darstellte, wechselte er am 9. Dezember 1544 nach Fürth (Mittelfranken, Bayern) und am 20. Juni 1547 an die Frauenkirche nach Wöhrd (Ortsteil von Nürnberg, Mittelfranken). 1554 wurde Besler Prediger an der Frauenkirche und der Barfüsserkirche in Nürnberg. Am 9. Januar 1566 wurde er zum dritten Superintendenten ernannt. Er ging 1572 in den Ruhestand, wurde aber nach Wien zur Einrichtung einer Schule geholt. Seine Söhne machten sich als Gelehrte einen Namen: Hieronymus Besler (1566-1632) wurde nach Studium in Jena (1583), Wittenberg (1586) und Promotion zum Dr. med. in Basel (15. August 1592)[4] Arzt, Botaniker und Naturaliensammler[5]; sein Bruder Basilius Besler († 1629) wurde Apotheker, Chemiker und Botaniker; er heiratete 1586 Rosina Flock, Tochter des Erasmus Flock; Basilius war bekannt mit den in Wien wirkenden Naturwissenschaftlern Charles de l'Écluse und Johann Aichholz, besaß ebenfalls ein vorzügliches Naturalien-Kabinett und legte für den Bischof von Eichstätt botanische Gärten an, worüber er ein prachtvolles Werk *Hortus Eystettensis* (Nürnberg 1613, ²1640) in vier Bänden publizierte; da er darin die Mitwirkung des Altdorfer Professors Ludwig Jungermann (1572-1653), eines Sohnes des Rheticusschülers Kaspar Jungermann und der Ursula Camerarius, verschwieg, kam er in den Ruf eines *Plagiarius*[6].

Werke: *Einfeltiger Bericht auß Gottes wort vom eidschweren* (Nürnberg: Merckel, 1554); ungedruckt blieb seine *Apologia contra Helingum*.

Zwischen Rheticus und Besler sind keine engeren **Beziehungen** anzunehmen. Besler könnte jedoch Rheticus' Vorlesungen im SS 1538 gehört haben. Da die Rückkehr von Rheticus aus Preußen und die Magisterpromotion von Besler zeitlich zusammenfallen, ist zu vermuten, dass Rheticus als der kommende Dekan der Artistenfakultät an der Promotionsfeier teilgenommen hat. Ein Kontakt könnte zudem im Rahmen der zahlreichen Nürnberger Mitbürger in Wittenberg bestanden haben.

1 Scheible, MBW, Bd. 11, Personen, 2003, S. 149; Will 1755, Bd. 1, S. 103 f. | 2 Förstemann 1841, Bd. 1, S. 172a. | 3 Buchwald 1894, S. 33, Nr. 511. | 4 Wackernagel 1956, Bd. 2, S. 400, Nr. 131. | 5 Will 1755, Bd. 1, S. 104 f. | 6 Will 1755, Bd. 1, S. 105 f.

Besold, Hieronymus, 1520–1562

Hieronymus Besold (Besholt, Pesolt, Besoldus, Besolthus), geboren um 1520 in Nürnberg, gestorben am 4. November 1562 an der Pest in Nürnberg, luth. Theologe, Gnesiolutheraner[1].

Hieronymus Besold, Sohn eines Kürschners, war in Nürnberg Schüler von Sebald Heyden und Joachim Camerarius gewesen. Auf Empfehlung des Hieronymus Baumgartner ging er nach Wittenberg und immatrikulierte sich im SS 1537[2]; Konsemester waren Ayrer, Isinder, Joh. Eichhorn, Wolfgang Vogler, Niels Svansø. Am 17. Februar 1539 (Fasnacht) fand in Wittenberg eine Aufführung von Plautus' *Amphitruo* statt; Besold spielte die Rolle des Sosias, Jupiters Diener, der zugleich auch als Theaterherold Merkur auftrat[3]. An der Aufführung beteiligt waren auch Heinrich Zell, Taig, Mende, v. Stetten. Besold wurde 1542 Luthers Haus- und Tisch-Bursche. Am 31. Januar 1544 promovierte Besold unter seinem Landsmann Erasmus Flock zum Mag. art. (4. Rang von 35 Kandidaten); Mitbewerber bei diesem Magisterexamen war der Ungar Sigismund Gelenius (1. Rang)[4]. Am 18. Oktober 1545 wurde er in den Rat der Artistenfakultät aufgenommen[5]. Besold kehrte nach der kriegsbedingten Schließung der Universität im November 1546 mit einer Empfehlung Melanchthons an Veit Dietrich (*ingenio valet, recte eruditus est*)[6] und an Hieronymus Baumgartner[7] nach Nürnberg zurück, wo er Vorlesungen am Ägidiengymnasium hielt. 1547 wurde er Diakon an St. Jakob und noch im gleichen Jahr Prediger im neuen Spital, 1555 Superintendent daselbst, 1562 Prediger an St. Lorenz. Besold sammelte die Tischreden Luthers und war Mitherausgeber von dessen Genesiskommentar. Er veröffentlichte auch in Gedichtform eine *Historia evangelica de Christo compescente tempestatem maris* (Nürnberg 1549).

Besold heiratete am 30. Januar 1548 Katharina, Tochter des Andreas Osiander. Aus der Ehe gingen zwei Söhne und drei Töchter hervor. Sein Haus im Pfaffengäßlein scheint von der Pest heimgesucht worden zu sein. Hier starb zuerst die *junckfrow Susanna, herrn Jeronymus Besolts tochter*[8], kurz darauf am 16. Oktober 1562 *Katharina herrn Jheronymuß Pesolts eewirtin*[9] und wenig später auch *der wirdig herr magister Jheronymus Pesolt, prediger bei S Lorenzen*[10]. Paulus Praetorius (1521-1564) schrieb aus Anlass von Besolds Tod ein Trauergedicht *Epicedion in obitum ... Hieronimi Besolthi* (Nürnberg: Berg, 1562).

Beziehungen zu Rheticus hat es zweifellos gegeben. Besold war mit anderen Rheticusschülern wie Zell oder Ayrer verbunden. Er hatte die Gelegenheit, Rheticus' Vorlesungen vom SS 1537 bis SS 1538 sowie im WS 1541/42 zu besuchen. Als Schüler von Melanchthon war Besold auch auf die Astrologie eingeschworen. 1551 richtete Melanchthon an ihn ein Gedicht über eine Mondfinsternis[11]. 1551 schickte Melanchthon *pagellae* des Rheticus an Besold[12], in denen es auch um von Rheticus vorhergesagte Finsternisse ging.

1 Zu ihm Scheible, Bd. 11, 2003, S. 149 f.; Schornbaum, Karl, in: NDB 2 (1955), S. 179; Will 1755, Bd,. 1, S. 108 f. | 2 Förstemann 1841, Bd. 1, S. 166a. | 3 Stadtbibl. Lindau, Sign. Ca.III,482, Plautus, Comoediae (Basel: J. Herwagen, 1535). | 4 Köstlin 1890, S. 14. | 5 Köstlin 1890, S. 22. | 6 CR VI, Sp. 258. | 7 CR VI, Sp. 258 f. | 8 Burger 1972,

Bd. 3, S. 269, Nr. 7381. | **9** Burger 1972, Bd. 3, S. 269, Nr. 7394. | **10** Burger 1972, Bd. 3, S. 272, Nr. 7455. | **11** Fuchs 2006, S. 56; CR 7, 827 f. = MBW 6187 | **12** Burmeister 1967/68, Bd. 1, S. 107

Besolt, Johannes

Johannes Besolt (Besoldt, Beseldt), aus Weiden (Oberpfalz, Bayern), luth., Scholar, Bakkalaureus.
Besolt immatrikulierte sich im WS 1547/48 an der Universität Leipzig unter dem Rektorat von Wolfgang Meurer[1]. Er gehörte der bayerischen Nation an. Im WS 1548/49 wurde er unter dem Dekan Rheticus von Magister Ambros Borsdorfer zum Bacc. art. promoviert[2]. Im WS 1549/50 hatte er sich einem *examen pauperum* zu unterziehen[3].

1 Erler, Bd. 1, S. 668, B 4. | **2** Erler, Bd. 2, S. 706. | **3** Erler, Bd. 2, S. 709.

Beust, Joachim von, 1522–1597

Joachim von Beust (Bustus, Bustius, Buest, Pust), geboren am 19. April 1522 in Möckern (Lkr. Jerichower Land, Sachsen-Anhalt), gestorben am 4. Februar 1597 in Planitz (seit 1544 Ortsteil von Zwickau, Sachsen), luth., Jurist, Rechtslehrer, Gutsherr[1].
Der Adlige Joachim von Beust, Sohn des erzbischöflich-magdeburgischen Hauptmanns Achim von Beust und der Elisabeth von Randau, begann sein Studium im SS 1539 an der Universität Leipzig[2]. Er promovierte am 13. September 1540 zum Bacc. art.[3] Seit 1544 setzte er sein Studium in Italien fort. 1545 bis 1547 ist er in Ferrara nachweisbar[4]. 1547 erscheint er in Bologna[5]. Am 18. März 1548 promovierte er in Siena zum JUD[6]. 1550 wurde er zum Professor der Digesten an die Universität Wittenberg berufen, zugleich auch in das Wittenberger Hofgericht; auch diente er den Kurfürsten von Sachsen als Rat. Er immatrikulierte sich in Wittenberg am 22. Mai 1552[7]. Am 2. August 1556 heiratete er in Wittenberg Barbara Brandt von Lindau. 1562 war er Dekan der Juristenfakultät, im WS 1555/56, WS 1569/70 und SS 1578 Rektor Magnificus. 1580 zog er nach Dresden und kaufte das Rittergut Planitz. Von Beust gilt mit seinem *Tractatus de sponsalibus et matrimonio* (Wittenberg 1586) als Begründer des sächsischen protestantischen Eherechts

    Beziehungen zwischen Rheticus und von Beust sind nicht nachzuweisen. Sie treten angesichts der juristischen Karriere wohl auch in den Hintergrund; doch könnte von Beust immerhin in Leipzig vom WS 1542/43 bis SS 1544 Vorlesungen von Rheticus gehört haben.

1 Scheible, MBW, Bd. 11, Personen, 2003 | **2** Erler, Bd. 1, S. 629, S 1. | **3** Erler, Bd. 2, S. 657. | **4** Pardi 1900, S. 140 | **5** Knod 1899, S. 42 f., Nr. 304. | **6** Weigle 1944, S. 219, Nr. 46. | **7** Förstemann 1841, Bd. 1, S. 277a.

Beuther, Johannes, 1523 – nach 1566

Johannes Beuther (Beuterus, Peutherus), geboren um 1523 in Karlstadt (Lkr. Main-Spessart, Unterfranken), gestorben nach 1566(?), luth., Student, mehr nicht ermittelt[1].
Johannes Beuther war der Bruder von Michael Beuther; beide Brüder wurden durch den Grafen Philipp von Rieneck gefördert. Beider Onkel, Bruder ihrer Mutter, war der Marburger Professor Johannes Drach (Draconites, 1494-1566), der beide Neffen nach dem frühen Tod ihres Vaters in sein Haus aufnahm. Beide Brüder begannen denn auch ihre Studien in Marburg, Michael 1536, Johannes 1537[2]. Michael und Johannes Beuther immatrikulierten sich im SS 1539 unter dem Rektor Melchior Kling an der Universität Wittenberg, wobei Johannes *gratis* inskribiert wurde[3]; Konsemester waren Bonaventura vom Stein, Johannes Marbach, Peter Brem, Daniel Greser, Paul von Eitzen.

1544 widmete Michael Beuther seinem Bruder Johannes ein Gedicht über ihren heimatlichen Fluss Main *De Moeno fluvio*[4].

Über den Bruder Michael war auch Johannes Beuther mit Rheticus bekannt. Er hat vermutlich Rheticus' Vorlesungen im WS 1541/41 gehört.

1 Jung 1957, S. 10, 89. | **2** Falkenheimer 1904, S. 120. | **3** Förstemann 1841, Bd. 1, S. 176a. | **4** Beuther, Epigrammata, Wittenberg 1544, BSB München digital, Scan 42 f.

Beuther, Michael, 1522–1587

Michael Beuther, geboren am 18. Oktober 1522 in Karlstadt (Lkr. Main-Spessart, Unterfranken), gestorben am 27. Oktober 1587 in Straßburg, luth., Mathematiker, neulat. Dichter, Historiker, Arzt (Empiriker), Jurist, Theologe[1].

Bei keinem anderen Schüler von Rheticus tritt sozusagen wie ein Korbgeflecht die Vielfalt der Wissenschaften so deutlich hervor wie bei Michael Beuther. Er selbst muss das so gesehen haben, sonst hätte er wohl nicht in einer Art spöttischer Selbstkritik sein Epigramm *In Cratem* (Auf das Geflecht) um 1544 veröffentlicht[2], das aber in gleicher Weise auf viele andere seiner Kommilitonen zutrifft:

> *Grammaticus doctus, doctus Dialecticus esses,*
> *Orator doctus, doctus Arithmeticus.*
> *Astrologus doctus, doctusque Geometer esses,*
> *Doctus et ante alios esse Poeta queas.*
> *Philosophus doctus, doctus Iurisque peritus.*
> *Tractares docte mystica verba Dei.*
> *Omnibus in studiis ita posses doctus haberi,*
> *Ni totus demens et sine laude fores.*

(Übersetzung: Ein gelehrter Grammatiker, ein gelehrter Dialektiker solltest Du sein, ein gelehrter Rhetoriker, ein gelehrter Arithmetiker. Ein gelehrter Astrologe und ein gelehrter Geometer solltest Du sein, vor allem aber könntest Du auch ein gelehrter Poet sein. Ein gelehrter Philosoph, ein gelehrter Rechtswissenschaftler, Du könntest gelehrt die geheimnisvollen Worte Gottes erörtern. In allen Studien könntest Du so gelehrt sein, wenn Du nicht ganz verrückt und bar jedes Lobes sein würdest).

Beuther hat, wenn auch erst nach der Entstehung dieses Gedichtes, in Padua Medizin studiert. Es fällt daher auf, dass die Medizin hier gänzlich außer Betracht bleibt, wiewohl nichts häufiger war als die Kombination der mathematischen Fächer Arithmetik, Astronomie und Geometrie mit der Medizin, wofür Rheticus selbst das beste Beispiel ist. Auch die Musik bleibt in dem Epigramm unerwähnt.

Beuther entstammt einer bischöflich-Würzburgischen Beamtenfamilie. Er begann sein Studium am 7. Oktober 1536 in Marburg[3], wo er 1538 zum Bacc. art. promovierte. Für kurze Zeit lehrte er darauf im Kloster Schlüchtern. Im SS 1539 immatrikulierte er sich an der Universität Wittenberg[4]. Hier erwarb er am 9. Februar 1542 unter dem Dekan Rheticus den Grad eines Mag. art., wobei den 10. Rang unter 22 Kandidaten erreichte[5]. Als Rheticus wenig später Wittenberg verließ, setzte er seine Studien unter Melanchthon und Reinhold fort, widmete sich zugleich aber auch unter Hieronymus Schürpf und Melchior Kling dem Rechtsstudium. Die 1544 gedruckten Epigramme an Rheticus, Schreiber, Stigel, Acontius und den »Feldkircher« aus Liechtenstein Johannes Pedioneius offenbaren seine Nähe zum Freundeskreis um Rheticus.

1544 wurde Beuther Professor für Geschichte, Poesie und Mathematik in Greifswald[6]. Im Februar 1547 wurde er nach dem Tod seines (Stief-)Vaters von seiner Familie nach Hause zurückgerufen[7].

Nachdem er 1548 kurze Zeit am Hof in Würzburg gewirkt hatte, ging er 1549 zum Studium nach Orléans, Poitiers, Angers, und Paris. 1551 kehrte er nach Würzburg zurück, wo er diplomatische Aufgaben wahrnahm. Beuther ging jedoch schon im nächsten Jahr erneut auf eine Bildungsreise und widmete sich in Padua bei dem Anatom Gabriel Fallopius dem Studium der Medizin; dieser bot ihm sogar einen Grad an und hielt ihn für einen Arzt[8]. Am 22. Februar 1553 reiste Beuther in Begleitung der Straßburger Studenten Johannes und Lorenz Schenckbecher nach Rom[9]. Am 8. Dezember 1552 ist Beuther in Pisa Zeuge bei der Promotion von Gervasius Marstaller zum Dr. med.[10], ebenso in Pisa am 30. April 1553 bei der Promotion von Johannes Brambach zum Dr. med.[11] Am 30. August 1554 promovierte Beuther in Ferrara zum JUD[12]. Zugleich wurde er nobilitiert und erhielt ein Wappen[13]; er nannte sich fortan *Beuther von Carlstatt*. 1555 kehrte er in den Dienst des Bischofs von Würzburg zurück. 1558 wurde Beuther von Pfalzgraf Ottheinrich als Bibliothekar und Kirchenrat nach Heidelberg berufen. Nachdem der Kurfürst 1559 gestorben war, zog sich Beuther ins Privatleben zurück; er wirkte seit 1560 in Oppenheim (Lkr. Mainz-Bingen, Rheinland-Pfalz), von wo er lebhafte Verbindungen nach Frankfurt/Main unterhielt. 1565 wurde er von Johannes Sturm als Professor für Geschichte nach Straßburg berufen, wo die Schule in eine Akademie umgewandelt wurde. Beuther wurde deren erster Dekan. Am 17. Juni 1565 wurde Beuther Bürger von Straßburg. Am 7. Februar 1568 wurde er Chorherr an St. Thomas.

Weitere **Werke** (in Auswahl): a) Poetik: *Epigrammaton libri II.* (Frankfurt/Main: Egenolph, 1544)[14]; b) Mathematik und Kalenderwesen: *Ephemeris historica* (Basel: Oporin, 1551, auch Paris: Michel Fezandat & Robert Granion, in taberna Gryphiana, 1551, Lyon 1552[15]); *De globo astronomico et circulis* (Straßburg: ungedruckt, um 1580)[16]; *De correctione novi calendarii Gregoriani* (Straßburg: um 1583)[17]; c) Geschichte (Motto: Mehr noch als der Astrologe zeigt der Historiker die Zukunft!): *Fasti Hebraeorum, Atheniensium et Romanorum* (Basel: Joh. Oporin, 1556, mit lit. Beigaben von Ortholf Marolt, Johannes Sambucus, Johannes Moibanus)[18]; *Chronica Johannis Carionis* (Frankfurt/Main: Zöpffel, 1564); *Kurzbegriffene Anzeigung vom Leben der Könige zu Dänemark* (Basel: Konrad Waldkirch, 1587); Johannes Sleidanus, *Ordentliche Beschreibung Vnd Verzeichniß allerley fürnemer Händel* (Straßburg: Theodosius Rihel, 1587)[19].

Von Beuther sind mehrere Porträts überliefert, u.a. ein Kupferstich von Isaak Brunn[20]. Zur Zeit der Wahl- und Krönungsfeierlichkeiten Maximilians II. vermählte sich Beuther mit Margarethe Reuß, Tochter des angesehenen Bürgers Hans Reuß aus Mainz; deren Schwester Katharina war mit dem Frankfurter Drucker David Zöpffel im Haus *Zum eysernen Hut* (Schnurgasse 56, im 2. Weltkrieg zerstört) verheiratet, der damit sein Schwager wurde. Aus der Ehe gingen sechs Kinder hervor, darunter der Theologe Michael Philipp Beuther (1564-1616), der Rechtslehrer Johann Michael Beuther[21] (1566-1618) und der Landschreiber in Bergzabern Jakob Ludwig Beuther (1573-1623). Wiederum fällt auf, wie sich Beuther gleich anderen Rheticusschülern (Paul Pfinzing) an der Krönung Kaiser Maximilians II. beteiligte. Paul (Pablo) Pfinzing verfasste 1562 in spanischer Sprache eine Schrift über die Krönung Maximilians II. unter dem Titel *Relation particular y sumaria de la manera que Maximilano segundo fue coronado*[22]. Parallel dazu schrieb Beuther eine Abhandlung *Ordentliche Verzeichnis, welchergestalt die Erwehlung und Krönung ... Maximilians ... 1562 geschehen* (Frankfurt: Zöpffl, 1563). Inwieweit eine gegenseitige Abhängigkeit besteht, bleibt noch abzuklären. Pfintzing hebt unter den Gästen die *Mathematici et Musici* heraus, an ihrer Spitze Orlando di Lasso. Auch Beuther schildert die Fürsten, ihr adliges Gefolge, die Räte, Doctores und Secretarii mit allen Titeln und Würden, das ganze adlige und gelehrte Deutschland[23].

Der Polyhistor Michael Beuther war einer der erfolgreichsten Schüler von Rheticus. Er ist vergleichbar mit dem gleichaltrigen Nikolaus Gugler, der sich *omnium facultatum doctor* nannte. Wie Gugler war auch Beuther Mathematiker, Jurist, Theologe und Arzt, um sich später vor allem auf die Geschichtswissenschaft zu konzentrieren. Zu erwähnen bleibt auch noch seine Bedeutung für die deutsche Literatur (Reinicke Fuchs, Paulis Schimpf und Ernst) und um die deutsche Orthographie.

Auch als Übersetzer hat Beuther Großes geleistet. Er übersetzte 1565 die *Praxis rerum criminalium* des niederländischen Kriminalisten Joost de Damhouders ins Deutsche. 1566 gab er Kaspar Hedios deutsche Übersetzung der Memoiren des französischen Historiker Philippe de Commynes neu heraus. In Anlehnung an Paolo Giovios *Elogia virorum illustrium* verfasste Beuther Lebensbeschreibungen unter dem Titel *Bildnisse* (Basel: Peter Perna, 1582).

Der Astronom Beuther zeigte sich in Greifswald, als er im Mai 1545 für das SS 1545 zum Dekan der Artistenfakultät gewählt worden war; seine erste Eintragung im Dekanatsbuch war ein Hinweis auf eine Sonnenfinsternis am 8. Juni 1545, die *elegiaco carmine descripsit et edidit decanus*[24]. Gegen Ende des Jahres hat Beuther ins Dekanatsbuch eingetragen: *Idem decanus in academia Gryphsualdensis primus conscripsit et edidit Ephemerides et annuas praedictiones astrologicas* (derselbe Dekan hat in der Universität Greifswald als Erster Ephemeriden und jährliche astrologische Vorhersagen verfasst und herausgegeben). Die Fakultät war sehr zufrieden mit der Arbeit Beuthers; denn als im Oktober 1545 die Wahl für den kommenden Dekan des WS 1545/46 anstand, wurde beschlossen, dass Beuther das Amt weiter ausüben sollte. Und als am 1. November 1545 dem Herzog Philipp von Pommern ein Sohn Ernst Ludwig geboren wurde, versprach der Dekan die Erstellung einer Nativität, die er in das Dekanatsbuch einzeichnete, aber nicht ausfüllte[25]. Auch sonst sind mehrere Horoskope von ihm bekannt[26]. Der Geist Melanchthons und Rheticus' hätte kaum deutlicher hervortreten können. Im April 1546 wurde Beuther für das SS 1546 zum dritten Mal zum Dekan gewählt. Anlässlich eines Promotionsaktes hielt Beuther als Dekan eine Rede *De viro sancto Martino Luthero purioris doctrinae Evangelij instauratore*; Luther war kurz zuvor am 8. Februar 1546 gestorben[27]. Für das WS 1546/47 wurde Beuther zum Rektor Magnificus gewählt[28]. In Paris setzte Beuther 1550/51 die Arbeit an seinen Ephemeriden fort und hielt eine öffentliche Vorlesung *De supputatione annorum*. In seinem *Calendarium historicum* (Frankfurt/Main: David Zöpffel, 1557) vermerkte er unter dem 19. Februar die Geburt von Kopernikus, *eines fürtrefflichen Mathematicus*[29]. Nach Jung war Beuther frühzeitig durch Rheticus und Reinhold mit der Lehre des Kopernikus vertraut[30]. Mit Rheticus verbindet Beuther auch sein Freundeskreis, dem u.a. Paul Eber, Crato, Peucer, Johannes Funck aus Nürnberg, Melchior Acontius, Hieronymus Wolf.

Die Beutherschen Ephemeriden bekamen einen besonderen Wert auch im täglichen Gebrauch. Man kaufte diesen wie auch andere Kalender (Eber, Carion), die auf den einzelnen Seite sehr viel freien Platz boten, um das Buch für eigene Zwecke zu nutzen, d.h. handschriftlich persönliche Eintragungen zu machen, wie auch heutige Kalender solchen Zwecken dienen. Dafür bieten die Ephemeriden Beuthers ein besonders eindrucksvolles Beispiel: Der französische Philosoph Michel de Montaigne hat in sein Exemplar zahlreiche persönliche Notizen, u.a. Hinweise auf Geburt oder Tod ihm nahestehender Persönlichkeiten eingetragen, die für die Forschung von erheblichen Interesse sind, sodass sogar ein Facsimiledruck dieses Exemplars erscheinen konnte. Es wäre eine lohnende Aufgabe, eine vollständige Bibliographie aller Ausgaben der Ephemeriden zu erstellen, um über die Provenienzen weitere historisch bedeutende Exemplare feststellen zu können. Das gilt in gleicher Weise auch für Paul Ebers *Calendarium historicum*. So hat beispielsweise der Straßburger Advokat Bernhard Freiherr von Botzheim[31] in sein Exemplar von Ebers Kalender viele Daten eingetragen, die sich auf seine Familie bzw. auf andere Ereignisse beziehen, etwa den Tod Melanchthons[32].

Beuther gehört zu den wenigen Schülern von Rheticus, die von ihrem Lehrer begeistert waren und ihn entsprechend in Versen gepriesen haben. Er verfasste auf Rheticus das folgende Epigramm, das 1544 im Druck erschienen ist:

Ad Georgium Ioachimum Rheticum, Mathemat[icum]

Ausa quidem magna est satis, ingeniosa Mathesis,
Quae rutilos didicit scandere sola polos.

Fallor? an hinc superûm conventus ipsa frequentans
Ex astris tandem fata futura monet.
Nemo igitur dubitet, quin vos, queîs dia Mathesis
Curae est, ex magna parte vel esse Deos.

(Übersetzung: An Georg Joachim Rheticus, den Mathematiker. Sie ist jedenfalls ein ziemlich großes Wagnis, die scharfsinnige mathematische Erkenntnis, die erforscht hat, dass die Erde den rötlich gefärbten Himmel besteigt. Gehe ich fehl? Belauscht sie von dort aus die Versammlungen der Götter des Himmels und prophezeit endlich aus den Sternen das kommende Geschick? Also wird niemand zweifeln, dass ihr, die ihr der Göttin Mathesis dient, zu einem guten Teil selbst Götter seid).

1 JUNG, Otto, in: NDB 2 (1955), S. 202; JUNG 1957; SCHEIBLE, MBW, Personen, Bd. 11, 2003, S. 152; KNOD 1900, Nr. 10. | 2 BEUTHER, Michael, Epigrammata (Frankfurt/Main: Egenolph, 1544), BSB digital; VD 16 B 2431 | 3 FALKENHEINER 1904, S. 120. | 4 FÖRSTEMANN 1841, Bd. 1, S. 176b. | 5 KÖSTLIN 1890, S. 14 | 6 Matr. Greifswald, Bd. 1, S. 209. | 7 Dekanatsbuch Greifswald, Artisten I, Bl. 117r. | 8 KNOD 1900, Nr.10. | 9 ILLMER u.a. 1980, Bd. 2/2, S. 480; vgl. auch SCHMIDLIN 1906, S. 351. | 10 WEIGLE 1959, S. 198, Nr. 38; S. 211, Nr. 250. | 11 WEIGLE 1959, S. 198, Nr. 38; S. 199, Nr. 51. | 12 PARDI 1900, S. 170. | 13 Abb. bei JUNG 1957, S. 42. | 14 VD 16 B 2431, BSB München, digital; dieses Exemplar enthält auf dem Titelblatt eine handschriftliche Widmung von Michael Beuther an den Pfarrer von Schlüchtern Sigfrid Hettenus. | 15 BSB München, digital; vgl. auch Le livre de raison de Montaigne sur l'Ephemeris historica de Beuther, Reproduction en facsimile, Paris: C.F.A.G., 1948. | 16 ZINNER ²1964, S. 271, Nr. 2916. | 17 ZINNER ²1964, S. 280, Nr. 3065. | 18-19 BSB München, digital. | 20 Abb. bei JUNG 1957, vor Titelblatt. | 21 Über ihn JUNG, Otto, Michael Philipp Beuther, Generalsuperintendent des Herzogtums Zweibrücken, Landau/Pfalz 1954. | 22 ÖNB Wien, CVP 8251; vgl. auch Stadtarchiv Aachen, Hs. 174. | 23 JUNG 1957, S. 61. | 24 Dekanatsbuch Greifswald, Artisten I, Bl. 112v, Mecklenburg-Vorpommern, Digitale Bibliothek, Scan 232. | 25 Dekanatsbuch Greifswald, Artisten I, Bl. 113r, Mecklenburg-Vorpommern, Digitale Bibliothek, Scan 233. | 26 JUNG 1957, S. 35. | 27 Dekanatsbuch Greifswald, Artisten I, Bl. 113v, Mecklenburg-Vorpommern, Digitale Bibliothek, Scan 234. | 28 Dekanatsbuch Greifswald, Artisten I, Bl. 298r, Mecklenburg-Vorpommern, Digitale Bibliothek, Scan 585. | 29 BSB München, digital, Scan 42. | 30 JUNG 1957, S. 32-35. | 31 Über ihn KNOD 1899, S. 57 f., Nr. 392. | 32 Vgl. das Exemplar der Ausgabe von 1550 in der BSB München, das digital zugänglich ist.

Beyer, Balthasar, † 1575

Balthasar Beyer (Beier), geboren in Sagan (poln. Żagań, Woiwodschaft Lebus), gestorben 1575 in Pegau (Lkr. Leipzig), luth., Bakkalaureus, Theologe[1].

Beyer immatrikulierte sich im WS 1545/46 unter dem Rektor Leonhard Badehorn an der Universität Leipzig[2]. Er gehörte der Polnischen Nation an. Im WS 1548/49 wurde er nach dem 21. März 1549 unter dem Dekan Rheticus von Magister Ambros Borsdorfer zum Bacc. art. promoviert[3]. Noch im gleichen Jahr 1549 wurde Beyer Diakon in Pegau, 1558 Diakon in Wiederau (Ortsteil von Pegau), 1566 Archidiakon in Pegau.

Beziehungen zwischen Rheticus und Beyer bestanden in den Jahren 1548 bis 1551. Beyers Promotion zum Bacc. art. fand unter dem Dekanat von Rheticus statt, Beyer musste für die Prüfungen zum Bakkalaureat die Vorlesungen von Rheticus hören.

1 KREYSSIG ²1898, S. 486, 669. | 2 ERLER, Bd. 1, S. 658, P 18. | 3 ERLER, Bd. 2, S. 706.

Beyer, Hartmann, 1516–1577

Hartmann Beyer (Beier, Baier, Bavarus), geboren am 30. September 1516 in Sachsenhausen (Stadtteil von Frankfurt/Main), gestorben am 11. August 1577 in Frankfurt/Main, luth., Mathematiker, Theologe[1].

Beyer, unter Micyllus in den alten Sprachen geschult, bezog am 21. Mai 1534 die Universität Wittenberg[2] (zugleich mit Valentin Engelhardt). Er promovierte am 11. Februar 1539 unter dem Dekan Veit Amerbach zugleich mit Engelhardt zum Mag. art.[3] Am 12. Februar 1541 disputierte er *De peccato in renatis*[4]. In der Folge wirkte er in seiner Stube in Wittenberg als Privatlehrer der Mathematik; für seinen privaten Schülerkreis verfasste er die *Quaestiones sphaericae*; das Buch wurde später gedruckt, zuerst 1549, dann mit einer lit. Beigabe von Acontius an die *Studiosi Astronomiae* (Frankfurt/Main: Peter Braubach, 1552)[5] und erlebte zahlreiche Auflagen, u.a. Frankfurt/Main 1560, 1571, in Wittenberg 1563, 1573, in Paris: Guil. Cavellat, 1569. Am 9. April 1541 wurde er unter dem Dekan Erasmus Reinhold in das Kollegium der Artistenfakultät aufgenommen[6]. Beyer heiratete am 30. April 1543 in Wittenberg seine erste Frau Barbara NN. Der aus dieser Ehe hervorgegangene Sohn Johann Hartmann Beyer (1563-1625) wurde ein bedeutender Mathematiker. Am 29. März 1546 wurde Beyer von Bugenhagen ordiniert und auf die Dreikönigspfarre nach Frankfurt berufen[7].

Als luth. Prediger in Frankfurt/Main hinterließ Beyer 49 Bände mit Predigten (heute in der Handschriftensammlung der StUB Frankfurt). Hier bekämpfte er, von Melanchthon gebilligt, mit seiner Schrift *Ein stück der predigt Theobaldi Thameri* (Frankfurt/Main: David Zöpfel, 1552) seinen ehemaligen Kommilitonen und Konkurrenten Thamer. Eine Lebensfreundschaft verband Beyer mit den Brüdern Melchior und Balthasar Acontius; es sind sieben Briefe von Melchior (1542-1566) und drei Briefe von Balthasar an ihn (1548/49)[8] überliefert.

Rheticus und Beyer waren anfangs Kommilitonen, seit 1536 konnte Beyer die Vorlesungen von Rheticus besuchen. Als Mathematiker schloss Beyer sich offenbar der Lehre von Kopernikus an[9]. Es hat den Anschein, als habe Beyer, ähnlich wie Engelhardt, früh ein Exemplar von *De revolutionibus* (1543) erworben. Beyer verfasste, um seinen Wittenberger Studenten das Nachschreiben zu ersparen, die *Questiones in libellum de sphaera Joannis de Sacro Bosco*, die er später auch im Druck herausgab (Frankfurt/Main: Peter Braubach 1549, mit weiteren Auflagen 1552, 1556, 1560, 1571 sowie Wittenberg 1561, 1563 und 1573)[10].

1 ANDERNACH, Dietrich, in: NDB 2 (1955), S. 203 f.; STEITZ 1852, BSB online; VON SCHADE 1981. | 2 FÖRSTEMANN 1841, Bd. 1, S. 153a. | 3 KÖSTLIN 1890, S. 11. | 4 Ebenda, S. 23. | 5 VD 16 B 2493, BSB online. | 6 KÖSTLIN 1890, S. 21. | 7 BUCHHOLZ 1894, S. 48, Nr. 751. | 8 KRÜGER 1978, Bd. 1, S. 2. | 9 GINGERICH 2002, S. 68, mit der unzutreffenden Bemerkung, Beyer sei der Empfänger der Widmung von Rheticus' Schrift *De lateribus et angulis triangulorum* (Verwechslung mit Georg Hartmann). | 10 ZINNER 1964, Nr. 1950, 2039, 2132, 2234, 2248, 2541 und 2604.

Bibliander, Theodor, 1505–1564

Theodor Bibliander (eigentlich Buchmann), geboren um 1505 in Bischofszell (Kanton Thurgau), gestorben am 26. September 1564 in Zürich, ref., Theologe, Orientalist, Linguist[1].

Der Sohn eines Ratsherrn ging in Zürich bei Oswald Mykonius in die Schule und wurde 1525 dessen Gehilfe. Seit 1526 hörte er Vorlesungen in Griechisch und Hebräisch in Basel ohne immatrikuliert zu sein. 1527-1529 lehrte er Rhetorik in Liegnitz (Legnica, Woiwodschaft Niederschlesien), war dann für kurze Zeit Lehrer in Brugg (Kanton Aargau), 1531 wurde er als Nachfolger Zwinglis Professor für Altes Testament in Zürich.

Werke (in kleiner Auswahl): *Propheta Nahum iuxta veritatem hebraicam* (Zürich: Froschauer, 1534)[2]; *Institutiones grammaticae de lingua hebraea* (Zürich 1535, Widmung an Oswald Mykonius)[3]; *De optimo genere grammaticorum hebraicorum commentarius* (Basel: Hieronymus Curio, August 1542)[4]; *De ratione communi omnium linguarum et literarum commentarius* (Zürich: Forschauer, 1548)[5]; *Quomodo legere oporteat sacras scripturas* (Basel: Joh. Oporin, 1550); *Oratio de restituenda pace in Germanico imperio* (Basel: ca. 1553)[6]; *Temporum a condito mundo usque ad ultimam ipsius aetatis supputatio* (Basel: Joh. Oporin, 1558)[7]. Biblianders Hauptwerk war die lat. Übersetzung des Korans (Basel: Joh. Oporin, 1543), mit der er der wissenschaftlichen Welt den Zugang zu den Quellen des Islam öffnete[8].

Das Porträt Biblianders ist überliefert, u.a. in einem Stich von Konrad Meyer aus dem 17. Jahrhundert[9]. Ein 1545 von Pellikan, Bibliander und Gesner gestiftete Glasgemälde deutet auf die gegenseitige Verbundenheit dieser drei Gelehrten hin[10]. Seit 22. Juni 1532 war Bibliander verheiratet mit Rosine Rordorf aus Zürcher Adelsfamilie (5 Kinder).

Man darf annehmen, dass es zwischen Rheticus und Bibliander **Beziehungen** gab, die in die Zeit von Rheticus' Besuch der Frauenmünsterschule zurückgehen. Zwar hat Rheticus Bibliander als Gehilfe von Mykonius 1525 noch nicht erlebt, seit 1526 war Bibliander von Zürich abwesend, kehrte aber 1531 zurück, sodass Rheticus ihn doch noch erleben konnte, wenn nicht als Lehrer, so vielleicht doch als Prediger.

1 Bächtold, Hans Ulrich, in: HLS 2009; Christ-v. Wedel 2005; Scheible, MBW, Personen, Bd. 11, 2003, S. 157 f.; Bobzin 1995, S. 1-4 und passim. | **2 – 7** BSB München, digital. | **8** Bobzin, Hartmut, Über Theodor Biblianders Arbeit am Koran (1542/43), in: Zeitschrift der Deutschen Morgenländischen Gesellschaft 136 (1986), S. 347-363. | **9** Abb. bei Christ-v. Wedel 2005, S. 6. | **10** Ebenda, S. 116.

Bilau, Stephan

Stephan Bilau (Bilaw, Belovius, Bylavius, Bylovius) aus Oschatz (Lkr. Nordsachsen), luth., Schulmann, Theologe[1].

Stephan Bilau immatrikulierte sich im SS 1532 an der Universität Wittenberg[2]. Er wurde Schüler von Melanchthon, den er als *licht gantzen deutschlandes* preist. Im WS 1541/42 wechselte Bilau an die Universität Leipzig[3] in der Absicht, hier sein in Wittenberg begonnenes Studium mit dem Grad eines Magisters abzuschließen. Er behauptete, in Wittenberg zum Bacc. art. kreiert worden zu sein, er wurde auch am 18. März 1542 unter die Leipziger Bakkalare aufgenommen[4]. Er meldete sich zum Magisterexamen und bestand auch erfolgreich die Prüfungen; das Examen legte unter Ambros Schürer ab, der gerade von Wittenberg nach Leipzig gewechselt war und am 6. Februar 1542 unter die Leipziger Magister rezipiert worden war[5]; vermutlich bestand eine Absprache zwischen Schürer und Bilau. Die Leipziger Artistenfakultät (Vizekanzler war Donat Zöllner) anerkannte Bilaus Leistungen, indem sie ihm eine *Licentia* zum Erwerb des Magistergrades zugestand, doch sollte ihm dieser Grad erst dann verliehen werden, wenn er ein Zeugnis der Universität Wittenberg über die bestandene Bakkalaureatsprüfung vorlegen würde[6]. Den Akten der Wittenberger Artistenfakultät lässt sich allerdings kein Bakkalaureat für Bilau entnehmen. Es wäre wohl möglich, dass diese Akten unvollständig sind. Letztlich konnte sich Bilau aber doch durchsetzen, jedenfalls führte er in späteren Jahren den Magistertitel.

Bilau machte danach als Schulmann und Prediger Karriere, auch wenn diese immer wieder Unterbrüche aufweist. 1549 bis 1552 war Bilau Prediger in Danzig. Er traf in Königsberg mit Osiander und Mörlin zusammen. Mörlin galt bis Februar 1551 als Osiandrist[7]. Auch in Danzig war Bilau Osiandrist, distanzierte sich aber unter dem Einfluss Mörlins von Osiander, nachdem es zwischen Mörlin und Osiander zu einem Zerwürfnis gekommen war. Ende 1551 bekam Bilau in Danzig Schwierigkeiten mit dem Rat. Und obwohl der König von Polen Bilau zu schützen suchte, verließ dieser Anfang 1552 Danzig. Um diese Zeit veröffentlichte Bilau seine Schrift *Ein Bekenntnis und kurtzer Bericht widder die irrige lehr Andree Osiandri* (Frankfurt/Oder: Eichhorn, 1552)[8], in der er sich vom Vorwurf des Osiandrismus zu reinigen suchte und sich entschieden gegen Osiander erklärte. Bilau findet am Ende seiner Streitschrift versöhnliche Worte: *Entlichen auch soll niemandt dencken, dass ich denn Osiandrum in seinem leben ader vernufftigen kunst vorachten wolt, dieweil ehr mir doch seine tage nichts böses gethan vnd vil gelerter ist (ausgenomen das erkentnis vnd die lehr Christi) den ich bin.*

1554 begab sich Bilau in die Dienste des Bischofs von Kammin (poln. Kamień Pomorski, Woiwodschaft Westpommern). Er wurde 1555 Prediger in Kolberg (poln. Kołobrzeg, Woiwodschaft

Westpommern) und Lehrer an der dortigen Schule, blieb aber nur kurze Zeit. 1557 wurde Bilau Prediger an der St. Johanniskirche in Thorn (poln. Toruń, Woiwodschaft Kujawien-Pommern). Zehn Jahre später im SS 1567 immatrikulierte sich Bilau an der Universität Frankfurt/Oder als *magister Stephanus Bylovius Ossatiensis*. Er hatte allerdings nicht vor, dort zu lehren oder zu lernen, vielmehr war er nur der Begleiter seines Sohnes, der sich gleich nach ihm als *magister Martinus Bylovius, filius, Lignicensis* eingetragen hat[9]. Die Herkunft aus Liegnitz (Legnica) ist wohl so zu verstehen, dass Martin das berühmte Gymnasium dort besuchte oder auch dort lehrte; in den Fakultätsakten wird er als Misnensis (aus Sachsen) bezeichnet. Am 10. Oktober 1567 hatte Martin Bilau den Grad eines Bacc. art. et philos. erworben, zur selben Zeit aber auch den Grad und die *Insignia* eines Mag. art.[10] Möglicherweise war Stephan Bilau später noch im Kurland (Lettland) tätig.

Beziehungen zwischen Rheticus und Bilau waren sehr eng. Beide waren Konsemester, später hat Bilau vermutlich die Vorlesungen von Rheticus besucht. Auch in Leipzig dürfte das weiterhin der Fall gewesen sein. Bilau scheint sich für die mathematischen Fächer besonders interessiert zu haben; denn Ambros Schürer, bei dem Bilau in Leipzig seine Magisterprüfung ablegte, hatte im SS 1542 vor der Ankunft von Rheticus die *Lectio mathematices* inne. Auffällig ist, dass sich Bilau in Königsberg gleichzeitig mit Mörlin, Lauterwaldt, Hegemon, Iisander und Staphylus (sie alle hatten ein Nahverhältnis zu Rheticus) gegen Osiander stellte. Man könnte auch noch weiter spekulieren, ob Bilau an den Gegensatz von Rheticus und Osiander anknüpfte und ob er im Hinblick auf Kopernikus dem Ruf an die St. Johanniskirche nach Thorn folgte. Mit dieser Kirche Św. Jana war auch Kopernikus vertraut, da sie im Mittelalter für festliche Auftritte, etwa Königsbesuche, verwendet wurde[11].

1 MÖLLER 1870, S. 502; FREYTAG 1903, S. 90, Nr. 30. | **2** FÖRSTEMANN 1841, Bd. 1, S. 146a. | **3** ERLER, Bd. 1, S. 636, M 14. | **4-5** ERLER, Bd. 2, S. 665. | **6** Ebenda, S. 670 f. | **7** DIESTELMANN 2003, S. 128 f. | **8** VD 16 B 5468, ULB Halle, digital; STUPPERICH 1973, S. 295. | **9** FRIEDLÄNDER 1887, S. 198b. | **10** BAUCH 1897, S. 57 f. | **11** RYMASZEWSKI 1969, S. 57 (polnisch), RYMASZEWSKI 1973, S. 54 f. (englisch).

Birkhamer, Alexander

Alexander Birkhamer (Birkhammer, Birckammer, Czeckler, Seckler, Secler, Seckeler, Segkeler, Secklerius, Sekeler, Eßlinger, Eßlingensis, A. de Eschlingen, de Esslingen, de Eislingen), geboren in Esslingen (Baden-Württemberg), gestorben ?, kath., Humanist, Mathematiker, Jurist, Theologe.

Ein verwandtschaftliches Verhältnis zur Familie des Humanisten Willibald Pirckheimer lässt sich nicht nachweisen[1]. Alexander von Esslingen, wie er oft genannte wird, immatrikulierte sich im SS 1494 an der Universität Leipzig[2]. In seiner Begleitung befand sich sein Landsmann und damals wohl bester Freund Leonhard Baier[3]. Im WS 1495 entschlossen sich die beiden Freunde, ihr Studium in Heidelberg fortzusetzen, wo sie sich am 28. November 1495 in die Matrikel einschrieben[4]. Dann aber trennten sich ihre Wege. Leonhard Baier promovierte am 19. Mai 1496 in Heidelberg zum Bacc. art. in der *via antiqua*[5], um dann später Kaplan und Lateinschulmeister in Lindau (Bodensee) zu werden. Birkhamer hingegen kehrte nach Leipzig zurück, wo er ebenfalls im SS 1496 den Grad eines Bacc. art. erwarb[6]. Im Ws 1501/02 promovierte er zum Mag. art.[7]. Er wandte sich dann vermutlich dem Studium der Rechte zu, blieb aber in Verbindung mit der Artistenfakultät, in deren Rat er am 28. Dezember 1508 aufgenommen wurde[8]. Vermutlich erteilte er hier *privatim* Unterricht. 1509 konnte Birkhamer zum Bacc. iur. utr. promovieren.[9] Es hat den Anschein, dass er aber danach seine Rechtsstudien nicht weiter fortsetzte, sondern sich voll in der Artistenfakultät engagierte. Im WS 1510/11 wurde er zum Dekan der Artisten gewählt[10]. Im SS 1514 hielt er als *Lector spere materialis* eine öffentliche Vorlesung über Astronomie[11], musste aber am 14. August 1514 eine Gehaltskürzung hinnehmen, die die *Lectores spere et mathematice* betraf[12]. Dessen ungeachtet blieb er im WS 1514/15 als *Lector spere materialis* tätig[13]. Im SS 1515 wechselte er auf das Fach Grammatik und las als *Lector grammatice*[14], im WS 1515/16 als *Lector grammatice communis*[15]. Danach gab er seine öffentliche Vorlesungentätigkeit ganz auf. Er übernahm jetzt wichtige Verwaltungsaufgaben, zuerst im SS 1516 als Rector Magnificus[16], dann als Vizekanzler im WS 1516/17[17] und im WS 1517/18[18], zuletzt 1520 als substituierter Vizekanzler. Um diese Zeit wandte er sich verstärkt der Theologie zu. Im Juni/Juli 1519 nahm er an der Leipziger Disputation Luthers mit Eck teil[19]. Am 21. Dezember 1521 wurde Birkhamer durch den Merseburger Bischof Adolf von Anhalt zum Subdiakon[20] und am 19. April 1522 zum Priester geweiht[21]. Im Verlaufe des SS 1522 lud er alle Magister der Artistenfakultät zu seiner Primizfeier ein; es nahmen aber nur der Dekan und ein weiterer Dozent teil, die Fakultät spendete zu diesem Anlass sechs Gulden[22]. Im SS 1522 nahm er noch einige wenige Bakkalaureatsprüfungen vor[23]. Am 18. Mai 1524 ließ er sich ein letztes Mal in die Organisation der Bakkalaureatsprüfungen einspannen[24]. Dann verschwindet er aus den Akten der Universität Leipzig. Zu seinen Leipziger Schülern gehörte eine Reihe von Gelehrten, die sich später in Wittenberg einen Namen gemacht haben, u.a. Lorenz Siebeneicher[25], Johannes Volmar[26], Melchior Fendt[27], Wolfgang Prunsterer[28].

1 REIMANN, Arnold, Die älteren Pirckheimer, hg. v. Hans RUPPRICH, Leipzig: Koehler & Amelang, 1944. | 2 ERLER, Bd. 1, S. 404, B 77. | 3 Ebenda, B 11. | 4 TOEPKE 1884, Bd. 1, S. 418. | 5 Ebenda, Anm. 6. | 6 ERLER, Bd. 2, S. 352. | 7 Ebenda, S. 383. | 8 Ebenda, S. 442. | 9 Ebenda, S. 41. | 10 Ebenda, S. 459 ff. | 11 Ebenda, S. 493. | 12 Ebenda, S. 494. | 13 Ebenda, S. 498. | 14 Ebenda, S. 501. | 15 Ebenda, S. 506. | 16 Ebenda, S. 547 f. | 17 Ebenda, S. 516. | 18 Ebenda, S. 524. | 19 CLEEN/KOCH 1984, Bd. 5, S. 505. | 20 BUCHWALD 1926, S. 146. | 21 Ebenda, S. 148. | 22 ERLER, Bd. 2, S. 568. | 23 Ebenda, S. 570. | 24 Ebenda, S. 581. | 25 Ebenda, S. 570. | 26 ERLER, Bd. 1 S. 547 f. | 27 ERLER, Bd. 2, S. 482. | 28 Ebenda, S. 525.

Birnstiel, Sebastian

[Johann[1]] Sebastian Birnstiel (Birnstil, Birnstyll), Coburg (Oberfranken), luth., Theologe[2]. Birnstiel, vielleicht ein Sohn oder wahrscheinlicher Neffe des Coburger Pfarrers Magister Johannes Birnstiel, immatrikulierte sich an der Universität Wittenberg am 23. Mai 1533 unter dem Rektorat von Cruciger[3]. Er musste sich anfänglich sein Studium verdienen und wirkte bis 1538 als Lehrer in Herzberg (vermutlich: Elbe-Elsterkreis, Brandenburg, als Ersatz für Valentin Paceus), bis er im August 1538 ein Stipendium der Stadt Coburg erhielt. In einem Brief an den Kurfürsten Johann Friedrich hatte sich Luther am 29. August 1538 persönlich für Birnstiel eingesetzt, der *ein feiner geschickter knabe, bereit seer gut latin schreibet vnd weiter studirn kann, was er sol, dazu ein arm wayse on eltern, sonst kein hulfe hat, …, damit er nicht musse vom studio lassen armutswegen*[4]. Nachdem er schon 1542 der Grad eines Mag. art. erlangt hatte, blieb er weiter an der Universität, um Theologie zu studieren. Am 25. November 1547 schrieb Melanchthon an Magister Birnstiel, *amico suo*, wegen dessen Ordination, er solle sich in seiner Heimatkirche darum bemühen, doch werde man ihm auch in Wittenberg weiterhelfen; zugleich bat er ihn, mit dem Predigen zu beginnen[5]. Am 8. Februar 1548 wurde dann Birnstiel durch Bugenhagen ordiniert und von der Universität zum Prediger der Herzogs Johann Albrecht von Mecklenburg nach Güstrow (Lkr. Rostock, Mecklenburg-Vorpommern) berufen[6].

Beziehungen zwischen Rheticus und Birnstiel sind zweifelsfrei gegeben.

Birnstiel konnte vom SS 1536 bis SS 1538 und im WS 1541/42 die Vorlesungen von Rheticus hören. Am 9. Februar 1542 promovierte Birnstiel unter Rheticus zum Mag. art (16. Rang von 22 Kandidaten). Mit dem Ende des WS 1541/42 trennten sich dann ihre Wege.

1 CLEMEN denkt an die Möglichkeit eines Doppelnamens und führt dazu an, dass viele Mütter ihre Söhne, auch mehrere Söhne, Johannes nannten, damit sie von Donnerschlag geschützt seien (vgl. Mk. 3,17); CLEMEN/KOCH 1985, Bd. 6, S. 280. Vgl. auch Johannes Daniel Tscherni. Nach LEHMANN 1852, Bd. 2, sub anno 1618, sind seit diesem Jahr die zweifachen

Taufnamen eingeführt worden. | **2** Axmann 1997, S. 165. | **3** Förstemann 1841, Bd. 1, S. 149a. | **4** Burckhardt, C. A. H., Dr. Martin Luther's Briefwechsel, Leipzig: F.C.W. Vogel, 1866 (Google Books), S. 311. | **5** CR VI, Sp. 737. | **6** Buchwald 1894, Bd. 1, S. 58, Nr. 925.

Bischhausen, Liborius

Liborius Bischhausen (Bishausen), aus Heiligenstadt (Lkr. Eichsfeld, Thüringen), luth., Scholar, Bakkalaureus.
Bischhausen immatrikulierte sich im WS 1547/48 an der Universität Leipzig unter dem Rektorat von Wolfgang Meurer[1]. Er gehörte der sächsischen Nation an. Im WS 1548/49 wurde er unter dem Dekan Rheticus von Magister Ambros Borsdorfer zum Bacc. art. promoviert[2]. Er wechselte darauf noch im WS 1548/49 an die Universität Erfurt[3].

Beziehungen zwischen Rheticus und Bischhausen bestanden seit dem WS 1547/48. Bischhausens Promotion zum Bacc. art. fand unter dem Dekanat von Rheticus statt, er musste für die Prüfungen zum Bakkalaureat die Vorlesungen von Rheticus hören.

1 Erler, Bd. 1, S. 668, S 12. | **2** Erler, Bd. 2, S. 706. | **3** Weissenborn 1884, S. 374, 35.

Blankenstein, Kilian,

Kilian Blankenstein (Blancostinus), geboren in Großenhain (Lkr. Meißen, Sachsen), luth., Student.
Blankenstein immatrikulierte sich im WS 1542/43 unter dem Rektor Watzek an der Universität Leipzig[1]; er war dabei in Begleitung von Paul Pfeffinger. Blankenstein gehörte zum Schülerkreis von Kaspar Brusch, der ihm und anderen Schülern im Rahmen von Ambrosius Schürers *Annotationes in M. Tullii Ciceronis dialogum de amicitia* (Leipzig: Nikolaus Wolrab, 1544) einige Verse widmete[2], in die auch Johannes und Bernhard Schmiedel, Gregor Zechendorfer, Johannes Gribe, Johannes Jakob Rost einbezogen waren. Mit seinem Konsemester Johannes Rivius aus Annaberg promovierte Blankenstein im WS 1544/45 zum Bacc. art.[3] Dazu musste er auch die Vorlesungen von Rheticus besuchen.

1 Erler, Bd. 1, S. 643, M 39. | **2** Bezzel 1982, Sp. 451, Ziff. 104; BSB München, digital, Scan 15. | **3** Erler, Bd. 2, S. 681.

Blochinger, Matthäus, 1520–1584

Matthäus Blochinger (Blöchinger, Plochinger, Blocher), geboren am 17. September 1520 in Wittenberg, gestorben am 17. Dezember 1584 in Kemberg (Lkr. Wittenberg), Grab in der St. Marienkirche, hölzernes Epitaph, luth., Mathematiker, Hebraist, Theologe.
Blochinger, Sohn des Wittenberger Küsters der Schlosskirche, immatrikulierte sich im SS 1526 an der Universität Wittenberg[1], wo er Luther, Jonas und Bugenhagen hörte. Am 28. April 1528 promovierte er unter Veit Winsheim zum Bacc. art., wobei er den 5. Rang von 18 Kandidaten erreichte[2]. Am 4. September erlangte er unter dem Dekan Wilhelm Ryvenus den Grad eines Mag. art.; er kam auf den 5. Rang von 34 Kandidaten; den 1. und 2. Rang besetzten Sebastian Dietrich und Justus Jonas d.J.[3] Am 1. Mai 1545 wurde er unter dem Dekan Johannes Durstenius in den Senat der Artistenfakultät aufgenommen[4]. Ende 1545 stand er als Nachfolger für Erasmus Flock auf den Lehrstuhl für niedere Mathematik zur Wahl, wobei ihm *ein gut Ingenium* bescheinigt wurde. Es kam jedoch Johannes Aurifaber *Vratislaviensis* zum Zuge[5]. Nachdem er 1553-1560 am Pädagogium lat. Grammatik gelehrt hatte[6], berief man ihn für die Jahre 1560-1565 als Nachfolger von Sebastian

Dietrich auf den Lehrstuhl für niedere Mathematik7. Vom 1565 bis 1571 lehrte er Hebräisch an der philosophischen Fakultät8. Blochinger war im WS 1553 und 1568 Dekan der Artistenfakultät, im WS 1557 Rektor Magnificus. Als Dekan lud er am 6. Januar 1554 mit einem langen lat. Gedicht zu einer Magisterfeier ein[9]. Nach seiner Ordinierung vom 10. April 1571 wurde er Propst von Kemberg[10], wo er in der St. Marienkirche predigte und die Aufsicht über die Schulen führte. Blochinger heiratete vor 1557 in erste Ehe Maria NN († 1570), in zweiter Ehe 1531 Anna Vogel aus Torgau (mehrere Kinder).

Die **Beziehungen** von Blochinger zu Rheticus müssen intensiv gewesen sein. Blochinger hatte, wie die Überlieferung seines Horoskops[11] andeutet, eine Vorliebe für die Astrologie. Während der gesamten Wittenberger Zeit von Rheticus war Blochinger sein Kommilitone bzw. später auch sein Schüler. Er konnte alle Vorlesungen von Rheticus besucht haben. Es ist somit kein Zufall, dass Blochinger 1560 den »Rheticus-Lehrstuhl« für niedere Mathematik erhielt.

1 FÖRSTEMANN 1841, Bd. 1, S. 127a. | 2 KÖSTLIN 1890, S. 5. | 3 Ebenda, S. 16. | 4 Ebenda, S. 22. | 5 FRIEDENSBURG 1917, S. 230. | 6 KATHE 2002, S. 465. | 7 Ebenda, S. 463. | 8 Ebenda, S. 461. | 9 CLEMEN/KOCH 1985, Bd 7, S. 59-63 (mit Abdruck des Textes). | 10 KÖSTLIN 1890, S. 22. | 11 GARCAEUS 1576, S. 344.

Bock, Ernst, † 1569

Ernst Bock (Bockius, Bochius), aus Celle (Niedersachsen), gestorben 1569 in Lüneburg, luth., Universitätslektor, Kanonikus in Bardowick (Lkr. Lüneburg), herzoglicher Rat.

Bock immatrikulierte sich im WS 1547/48 an der Universität Leipzig unter dem Rektorat von Wolfgang Meurer[1]. Er gehörte der sächsischen Nation an. Im WS 1548/49 wurde er unter dem Dekan Rheticus von Magister Ambros Borsdorfer zum Bacc. art. promoviert[2]. Danach wechselte er an die Universität Erfurt[3], kehrte aber wieder nach Leipzig zurück. Im WS 1554/55 wurde er zum Mag. art. kreiert[4]. Bock amtete im SS 1557 als Rektor Magnificus[5], 1558 als Vizekanzler. Am 24. April 1557 war Bock, damals Rektor, in den Senat der Artistenfakultät aufgenommen worden, allerdings unter der Bedingung, dass er zurücktreten müsse, falls ein mit Erlaubnis abwesendes Mitglied der Fakultät zurückkehren würde; diese Bedingung wurde am 14. Mai 1557 aufgehoben, nachdem Magister Georg Lüders aus der Fakultät ausgeschieden war[6]. Im WS 1558/59 übernahm Bock die Funktion eines Executors. Auch nahm er öfters Examina ab. Am 22. April 1559 wurde Bock für das Sommersemester zum Dekan der Artistenfakultät gewählt; er überließ dieses Amt aber im Juli 1559 seinem Kollegen Kaspar Jungermann, weil der Herzog von Braunschweig und Lüneburg seine Dienste anforderte; er nahm allerdings der Fakultät das Versprechen ab, seinen Platz nicht anderweitig zu besetzen[7]. Die Fakultätsmatrikel zeigt zu Beginn seiner Amtszeit als Dekan 1559 sein ererbtes Familienwappen: In blauen Feld einen rotbezungten schwarzen einen Bock, der gegen einen grünen Baum anspringt; dazu hat er einige lat. Verse geschrieben; ähnlich auch in der Rektoratsmatrikel 1557. Als Rektor hatte Bock am 11. Juli 1557 am Schwarzen Brett ein Gedicht angeschlagen, in dem er die Kriegstaten des Kurfürsten Moritz von Sachsen und dessen Verdienste um die Universitäten Leipzig und Wittenberg rühmte; zugleich forderte er alle Universitätsangehörigen auf, auf ein Glockenzeichen zu einem Gedächtnisakt in die Paulinerkirche zu kommen[8].

Beziehungen zwischen Rheticus und Bock bestanden in den Jahren 1548 bis 1551. Bocks Promotion zum Bacc. art. fand unter den Dekanat von Rheticus statt, Bock musste für die Prüfungen zum Bakkalaureat und die Vorlesungen von Rheticus hören.

1 ERLER, Bd. 1, S. 668, S 20. | 2 ERLER, Bd. 2, S. 706. | 3 WEISSENBORN 1884, Bd. 2, S. 374a, 35. | 4 ERLER, Bd. 2, S. 735. | 5 GERSDORF 1869, S. 38. | 6 ERLER, Bd. 2, S. 744. | 7 Ebenda, S. 751, 753. | 8 CLEMEN/KOCH 1985, Bd. 6, S. 604.

Boethius Suecus

Boethius (Boecius, Boetius) Schwecus, Schvuecius (Schwede), Vestrogothus, geboren in Västergötlands län, luth., Student, mehr nicht ermittelt[1].
Boethius immatrikulierte sich mit einer Gruppe von vier weiteren Schweden (Bark, Clesen, David Conradi und Falck) im WS 1531/32 an der Universität Wittenberg[2]. Im SS 1533 wechselte *Boetius Suecus* an die Universität Frankfurt/Oder[3]. Beziehungen zu Rheticus sind nur von kurzer Dauer gewesen; beide waren seit dem SS 1532 Kommilitonen, doch wechselte Boethius im SS 1533 nach Frankfurt/Oder.

1 CALLMER 1976, S. 17 f., Nr. 25. | 2 FÖRSTEMANN 1841, Bd. 1, S. 143a. | 3 FRIEDLÄNDER 1887, Bd. 1, S. 70b.

Bogner, Bartholomäus,† ca. 1569

Bartholomäus Bogner (Bogener, Bögner, Pögner, Pognerus), geboren in Kronstadt (rumän. Brașov, ungar. Brassó, lat. Corona, Stephanopolis, Rumänien), gestorben am 25. Juni 1557 in Zipser Neudorf (slowak. Spišské Nova Vés), luth., Schulmann, Theologe[1].
Nach dem Schulbesuch in Kronstadt bei Johannes Honter[2] immatrikulierte sich Bogner im SS 1538 unter dem Rektor Melanchthon an der Universität Wittenberg[3]. Bogner wurde zunächst Schulmeister in Czeben, das ist Hermannstadt (rumän. Sibiu, ungar. Nagyszeben, Rumänien). Am 12. April 1542 er durch Sebastian Fröschel ordiniert und auf das Priesteramt in Eperies (heute slowak. Prešow, ungar. Eperjes, Slowakei) berufen[4]. 1551 bis 1556 war Bogner Prediger in Leutschau (slowak. Levoča, ungar. Löcse, lat. Leutschovia, Slowakei). Sein Jahresgehalt betrug 100 Gulden an Geld und Naturalien wie Holz, Getreide und Wein[5]. 1557 wurde er Pfarrer in Zipser Neudorf.

Beziehungen zwischen Rheticus und Bogner können im SS 1538, vielleicht auch noch im WS 1541/42 bestanden haben. Als Rheticus nach 1570 nach Leutschau kam, war Bogner bereits verstorben. Während der Amtszeit Bogners als Pfarrer von Leutschau wurde dort ein Komet gesichtet und später auch in der Ortschronik beschrieben: *Anno 1556 Ist in Zipß ein Comet erschienen die 5 Martij und wehrete biß den 5 April. Sein Lauf war von Morgen gegen Mittag*[6].

1 SCHEIBLE, MBW, Personen, Bd. 11, 2003, S. 172. | 2 WITTSTOCK 1970, S. 253. | 3 FÖRSTEMANN 1841, Bd. 1, S. 171a. | 4 BUCHWALD 1894, Bd. 1, S. 25, Nr. 387. | 5 KATONA 2011, S. 42, 115 und passim. | 6 MALLY 1943, S. 23.

Bombs, Lukas

Lukas Bombs (Pumsen), aus Elterlein (Erzgebirgekreis, Sachsen), luth., Scholar.
Bombs immatrikulierte sich im SS 1544 an der Universität Leipzig unter dem Rektorat von Joachim Camerarius[1]. Er gehörte der Meißner Nation an. Im WS 1548/49 wurde er unter dem Dekan Rheticus von Magister Ambros Borsdorfer zum Bacc. art. promoviert[2]. Schon vom SS 1544 bis zum SS 1545 konnte Bombs Vorlesungen von Rheticus besucht haben.

1 ERLER, Bd. 1, S. 648, M 65. | 2 ERLER, Bd. 2, S. 705.

Bömer, Christophorus,

Christoph Bömer (Boemer, Bemer, Baemer, Boemerius), geboren in Bautzen (Sachsen), gestorben in ?, luth., Arzt.
Christoph Bömer, Sohn des Antonius Bömer, wurde im SS 1538 unter dem Rektor Melanchthon

an der Universität Wittenberg eingeschrieben[1]. Den Grad eines Mag.art. erlangte er unter dem Dekan Christian Neumair am 5. Februar 1540; er erreichte den 2. Rang unter 15 Kandidaten[2]. Am 24. September 1541 disputierte er als Magister unter dem Dekan Marcellus *De gloria*[3]. Bömer setzte das Studium der Medizin in Tübingen und Padua fort. Am 27. März 1548 promovierte er unter Lucas Stancari zum Dr. med.; Zeuge bei der Promotion war Jakob Heptenring aus Basel[4]. Bömer konnte im SS 1538 die Vorlesungen von Rheticus hören.

1 Förstemann 1841, Bd. 1, S. 169a. | **2** Köstlin 1890, S. 11. | **3** Ebenda, S. 23. | **4** Pardi 1900, S. 148 f.; über Heptenring vgl. Jenny 1967, Bd. 6, S. 530-532.

Boner, Hans, d.J., 1516–1562

Hans Boner (poln. Jan Bonar, lat. Fabanus), geboren um 1516 in Krakau (Kraków, Woiwodschaft Kleinpolen), gestorben 1562 daselbst, ref., Kaufmann, Mäzen, Protestantenführer.

Die Boner werden wegen ihres Reichtums als die Fugger Polens bezeichnet. Der Kaufmann und Bankier Hans Boner d.Ä. (ca. 1450-1523) aus Landau (Rheinland-Pfalz) wurde, nachdem er 1483 das Krakauer Bürgerrecht erhalten hatte, 1498 Mitglied des Stadtrats von Krakau und 1515 Burggraf von Krakau. 1520 wurde er in den polnischen Adelsstand erhoben. Er hatte auch noch andere Staatsämter inne, z. B. das eines Starosten von Rabsztyn, und galt als einer der reichsten Männer Europas[1]. 1514 heiratete er Szczęsna Morsztyn. Er wurde 1515 auch Betriebsleier der gewinnbringenden Salzmine von Wieliczka (Woiwodschaft Kleinpolen); die Schlösser Ojców und Rabsztyn erwarb er zu privatem Eigentum. Boner, der mit Johannes Dantiscus im Briefwechsel stand, machte sich einen Namen als Mäzen deutscher und italienischer Künstler (u.a. Dürer). Hans Boner ist auf einer Geschäftsreise in Breslau (Woiwodschaft Niederschlesien) gestorben.

Sein Neffe und Erbe Severin Boner (1486-1549), Grabmal in der Marienkirche in Krakau, war ebenfalls Kaufmann und Bankier. Hans Boner d.J., ein Großneffe von Hans Boner d.Ä., war Kastellan von Oświęcim (Auschwitz), später Burggraf von Krakau und Kastellan von Biecz (Woiwodschaft Kleinpolen) und Inhaber eines Gutes in Balice (Ortsteil von Zabierzów, Woiwodschaft Kleinpolen). Boner war der Sohn einer Schwester Katharina († 1558) von Johannes a Lasco (poln. Jan Łaski), eines der ersten Protestanten Polens. Er hatte in seinem Garten vor dem Nikolaitor der evangelischen Gemeinde in Krakau den Platz zum Bau eines Bethauses überlassen[2].

Beziehungen zwischen Rheticus und Boner begannen damit, dass Boner sich nach dem Vorbild seines Großonkels auch als Mäzen hervortat. Rheticus schrieb am 20. Juli 1554 an Crato in Breslau: *Ich habe einen Obelisk von 50 römischen Fuß errichtet, wozu mir der hochgeschätzte Herr Hans Boner ein ganz ebenes Feld zur Verfügung gestellt hat*[3]. 1557 wiederholte Rheticus diesen Satz in einem Brief an Kaiser Ferdinand I.: *Hier* [in Krakau] *habe ich mit der großzügigen Unterstützung des hochgeschätzten Herrn Hans Boner einen Obelisk errichtet*[4]. Tadeusz Przypkowski[5] und Helmut Sondergger[6] haben sich eingehend mit dem Oblisken des Rheticus befasst. Nach Sonderegger hatte der Obelisk seinen Standort in Balice auf dem Gut Boners. Der Obelisk wurde am 10. Oktober 1574 (während Rheticus' Abwesenheit in Kaschau) von katholischen Studenten als ketzerisches Objekt zerstört; auch das Haus, in dem die evangelische Kirche untergebracht war, wurde von den Studenten abgerissen[7].

Am 9. November 1558 schrieb Rheticus einen Brief an Joachim Camerarius; die Beförderung dieses Briefes übernahm Franz Boner, ein Bruder des Andreas Boner; Franz Boner wollte in Leipzig studieren[8]. Andreas und Franz Boner gehörten dieser Kaufmannsfamilie an.

1 Über ihn http://de.wikipedia.org/wiki/Hans_Boner (März 2014); Pilz, Kurt, in: NDB 2 (1955), S. 442 f. | **2** Dalton, Hermann, Johannes a Lasco, Gotha 1881 (Reprint Nieuwkoop 1970), S. 516. | **3** Burmeister 1968 Bd. 3, S. 124. | **4** Ebenda. 3, S. 148. | **5** Przypkowski, Tadeusz, La gnomonique de Nicolas Copernic et de Georges Joachim Rheticus, in:

Actes du VIIIe Congrès International d'Histoire des Sciences, Firenze 1956, S. 400-409. | **6** SONDEREGGER, 2014, S. 193-198. | **7** ESTREICHER 1974, S. 91 f. | **8** BURMEISTER 1968, Bd. 3, S. 158.

Borner, Kaspar, 1492–1547

Kaspar Borner (Bornerus, Bornerius, Börner, Berner, Burner), geboren um 1492 in Großenhain (Lkr. Meißen, Sachsen), gestorben am 2. Mai 1547 in Leipzig, begraben am 4. Mai vor dem Altar in der Paulinerkirche, Grabmonument im Kunstbesitz der Universität erhalten[1]; luth., Schulmann, Humanist, Mathematiker und Theologe, Erneuerer der Universität Leipzig[2].

Borner immatrikulierte sich im WS 1507/08 an der Universität Leipzig[3] und promovierte im SS 1509 zum Bacc. art.[4]. Im Wintersemester 1507/08 hatten sich der Poeta laureatus Johannes Aesticampianus[5] und sein Schüler Ulrich von Hutten[6] in Leipzig immatrikuliert. Beide bildeten den Kern einer humanistisch orientierten Gruppe, die sich in den Gegensatz zu der traditionellen Scholastik stellte, der die Masse der Leipziger Professoren angehörte. Auch noch andere Schüler von Aesticampianus tauchten in dieser Zeit in Leipzig auf und unterstützten ihren Lehrer: im SS 1508 Philipp (*Engentinus*) Engelbrecht[7] und Kaspar (*Bernhardi*) Ursinus[8], die sich beide als Dichter einen Namen machten. Dieser Gruppe neigte auch Borner zu. Als Aesticampianus 1509 Leipzig verlassen musste, folgte ihm Borner nach Italien, Paris und Köln, woselbst er sich Petrus Mosellanus anschloss. 1517 kehrte Borner nach Leipzig zurück und promovierte zum Mag. art.[9] (gleichzeitig mit Sebald Münsterer und Sebastian Fröschel); alle drei nahmen an der mit einer Rede von Mosellanus eröffneten Leipziger Disputation zwischen Luther, Karlstadt und Eck (27. Juni bis 15. Juli 1519) *aufm Schloss in der großen Hofstuben*[10] teil[11]. Borner ging daraufhin nach Wittenberg, wo er sich am 8. November 1519 immatrikulierte und als Professor für Mathematik wirkte. Auf Vorschlag von Melanchthon ging er an das Gymnasium in Nürnberg, wo er die erste mathematische Lehrstelle an einem deutschen Gymnasium antreten sollte, auf die in der Folge aber Johannes Schöner berufen wurde. Man mag daraus das hohe Ansehen Borners als Mathematiker erkennen. Borner übernahm 1522 das Rektorat an der Thomasschule in Leipzig, zugleich erhielt er auch Lehraufträge für Mathematik an der Universität. So hatte er im WS 1523/24 und im SS 1524 die *Lectio sphere cum appendiciis*[12], im WS 1529/30 die *Lectio mathematices* inne[13]; auch im SS 1537 und im SS 1539 las Borner die *mathemata*[14]. Aber auch andere Fächer wurden dem Humanisten anvertraut, so etwa im WS 1534/35, im WS 1535/36 und im WS 1539/40 Vergil[15], im SS 1536 Poetik[16] oder im SS 1540 Quintilian[17]. Im WS 1539/40 wurde Borner zum Rector Magnificus gewählt, ebenso für das WS 1541/42 und WS 1543/44. Borner promovierte am 6. September 1541 zum Bacc. theol. und am 10. Oktober 1543 zum Dr. theol.[18]. Borner machte sich um die im WS 1541/42 eingeleitete Universitätsreform in Leipzig im Geiste Luthers verdient[19]. Dazu gehörte auch der Umbau des Paulinerklosters der Dominikaner, in dem Borner und Camerarius wohnten[20]; er war 1536 bis 1538 Kollegiat des kleinen Fürstenkollegs, 1538 bis 1547 des großen Fürstenkollegs[21]. Während der Belagerung 1547 waren viele Leute aus den Vorstädten in das Paulinerkollegium aufgenommen worden; nach deren Abzug infizierte sich Borner bei der Reinigung des Gebäudes und verstarb. David Peifer, der selbst in dem Komplex wohnte, beschreibt Borner als einen energischen Mann, dem die Natur sittliche Kraft mitgegeben hatte, um Studien anzuregen und den Charakter der Jugend zu formen. »Er war Philipp Melanchthon überaus teuer wegen seiner außerordentlichen Tugenden und wegen seiner besonderen Kenntnisse in der Mathematik. So groß war sein Eifer für die Hebung der Leipziger Universität, dass er gleichsam für die Stärkung der Schule sein Leben darauf verwandt zu haben scheint«[22].

Von seinen **Werken** sind zu erwähnen die *Analogia, hoc est, declinandi et coniugandi formulae*, Leipzig: Michael Blum, 1539 (mit lit. Beigabe von seinem Schüler Georg Fabritius)[23]. Borners wissenschaftliche Studien galten in erster Linie der Mathematik und hier vor allem der Astronomie. Er sammelte auch geographische Karten und mathematische Instrumente[24]; Borner soll sogar selbst Himmelsgloben hergestellt haben[25]. Brusch sandte ihm einen ausgeliehenen Himmelsglobus zurück[26]. Unter den von Borner hinterlassenen Handschriften finden wir: *Utilitates globi syderei* (1519), *34 Canones* zum Gebrauch des Schönerschen Globus (um 1520), *Tabulae longitudinis et latitudinis* (um 1525), *Liber de stellis*. Auch sind Teile seiner Korrespondenz erhalten, in denen ebenfalls seine Liebe zur Mathematik hervortritt[27].

Borner war durch eine enge Freundschaft mit Melanchthon und Camerarius verbunden, aber auch mit Johannes Pfeil. Johannes Gigas widmete ihm ein Epigramm[28]. Brusch feierte ihn in den *Sylvae* (Leipzig 1543) als einen Gelehrten, der auf allen Gebieten beschlagen ist; er beglückwünschte ihn zu seiner Wahl zum Rektor. So wie die Jugend Roms stolz auf Cicero sein kann, die Athens auf Demosthenes, die Nürnbergs auf Baumgartner, so kann die Jugend Leipzigs stolz auf Borner blicken[29]. Anlässlich seines Todes würdigten ihn Cruciger, Camerarius, Johannes Musler, Leonhard Badehorn, Georg Fabricius u.a.

Beziehungen Borners zu Rheticus lassen erst spät feststellen. Das Verhältnis zwischen Borner und Rheticus ist gekennzeichnet einerseits durch den Respekt, den Rheticus Borner entgegenbrachte, andererseits aber auch durch das Wohlwollen Borners gegenüber Rheticus. Rheticus mag erstmals durch Melanchthon und Cruciger von Borner gehört haben, der sein Lehrer war. Borner hatte sich mit Verbesserungen zum *Computus ecclesiasticus* des Johannes de Sacrobosco befasst. Als Melanchthon im August 1538 auf eine Anregung von Rheticus hin seinen *Libellus de Sacrobosco de anni ratione* (Wittenberg 1538) dem Achilles Gasser widmete, schrieb er: »Du sollst wissen, dass das Büchlein von einem mit Gelehrsamkeit und Charakter begabten Mann, Kaspar Borner, auf Fehler durchgesehen wurde«[30]. Das im Unterricht überaus beliebte Lehrbuch des Sacrobosco hatte Melanchthon und Borner, Gasser und Rheticus zusammengeführt. Bei Rheticus' Wechsel von Wittenberg nach Leipzig im Frühjahr 1542 dürfte Borner eine Rolle gespielt haben, bei der wohl auch Melanchthon und Camerarius mitgewirkt haben. Am 25. Juli 1542 schrieb Melanchthon, vermutlich an Borner, Rheticus solle sich zwischen Wittenberg und Leipzig entscheiden, er selbst enthalte sich jedoch einer Einflussnahme[31]. Über die Abmachungen der Fakultät mit Rheticus vom 8. November 1542 erhielt diese ein Papier Borners, der Propst des *Collegium maius* war[32]. Es gilt als ein Hauptverdienst Borners, im Zuge der Reform von 1542/44 durch die Berufung gelehrter Männer wie Camerarius oder Rheticus die Leipziger Hochschule stark aufgewertet zu haben[33]. Rheticus' »Berufung war ein Zeichen der Aufgeschlossenheit und des Blickes für den Wert nicht in der Tradition gebundener Forschung«[34]. Da Borner auch Universitätsbibliothekar war, wird man ihm auch die frühe Anschaffung von Kopernikus' *De Revolutionibus* (Nürnberg 1543) zurechnen können, ohne dass damit gesagt sei, dass er auch ein Anhänger des heliozentrischen Systems gewesen sei.

Borner, Ziegler, Ales und Camerarius bildeten von Anfang an den Freundeskreis von Rheticus in Leipzig. Typisch dafür sind die Grüße, die Melanchthon am 9. Mai 1543 über Camerarius ausrichten ließ: *Ziglero, Bornero, Rhetico et Scoto*[35]. Am 15. August 1543 um 12 Uhr nach dem Mittagessen, als sich die Studenten wegen der Gefangennahme von Universitätsangehörigen durch den Rat gegen die Stadtknechte erheben wollten, wurden diese durch Reden von Dr. Sebastian Roth, Lic. Kaspar Borner und Rheticus zum Friedehalten gemahnt[36]. Ort dieser Reden war das Collegium Paulinum.

Wie schon 1541 in Wittenberg, so bekam Rheticus auch in Leipzig Probleme, als er 1545 auf eine Reise nach Italien ging und allzu lange wegblieb. Die Fakultät hatte ihn am 23. Juli 1546 zur Rückkehr aufgefordert, doch Rheticus ließ den Brief zunächst unbeantwortet, teilte aber Borner seine Wünsche mit. Am 18. November 1546 berichtete Borner dem Dekan Johannes Sinapius über den Inhalt eines weitschweifig abgefassten Briefes, in dem Rheticus sich mit seinen Studien und Arbeiten entschuldigte und darum ersuchte, sein Jahresgehalt auf 140 Gulden zu erhöhen oder eine Kollegiatur einzurichten. Borner drängte den Dekan auf eine rasche Entscheidung, um seinerseits schnell antworten zu können. Der Dekan berief deswegen den Rat der Fakultät ein, der zu dem

Ergebnis kam, er habe nicht das Recht, eine Kollegiatur einzurichten und auch keine Mittel, eine Gehaltsaufbesserung zu gewähren oder zu versprechen. Rheticus solle spätestens am 7. Mai 1547 seine Tätigkeit in Leipzig wieder aufnehmen, da die Universität eines herausragenden Lehrers nicht weiter entbehren könne. Borner billigte diese Entscheidung und versprach, diese dem Rheticus zu übermitteln[37]. Rheticus' Rückkehr zog sich jedoch bis zum Oktober 1548 hin, nicht zuletzt wegen des Schmalkaldischen Kriegs, der auch die Ursache für den vorzeitigen Tod Borners am 2. Mai 1547 wurde.

1 Abbildung bei KRAUSE 2003, S. 54. | 2 SCHEIBLE, MBW, Bd. 11, 2003, S. 180; KALLMEIER, Richard, Caspar Borner in seiner Bedeutung für die Reformation und für die Leipziger Universität, Diss. Leipzig 1898; HELBIG, Herbert, in: NDB 2 (1955), S. 469 f.; STUPPERICH 1984, S. 42; FELLER, Joachim, Oratio panegyrica memoriae Casparis Borneri, in: DERS., Catalogus Codicum Manuscriptorum Bibliothecae Paulinae in Academia Lipsiensi, Leipzig 1686 (BSB digital). | 3 ERLER, Bd. 1, S. 482. | 4 ERLER, Bd. 2, S. 449. | 5 ERLER, Bd. 1, S. 481, M 1. | 6 Ebenda, S. 483, B 30. | 7 Ebenda, S. 484, B 37. Über ihn NEFF, Joseph, Philipp Engelbrecht Engentinus, ein Beitrag zur Geschichte des Humanismus am Oberrhein, 1. Teil (Programm des Progymnasiums zu Donaueschingen für das Jahr 1898/99). Donaueschingen 1897 (Reprint 2010). | 8 ERLER, Bd. 1, S. 489, P 35. Über ihn BONORAND, Conradin, Personenkommentar II zum Vadianischen Briefwerk (Vadian-Studien. 11). St. Gallen 1983, S. 213-455, hier S. 392-394. | 9 ERLER, Bd. 2, S. 533. | 10 MYKONIUS 1990, S. 31. | 11 CLEMEN/KOCH 1984, Bd. 5, S. 507. | 12 ERLER, Bd. 2, S. 579, 581. | 13 Ebenda, S. 612. | 14 Ebenda, S. 640, 653. | 15 Ebenda, S. 633, 636, 655. | 16 Ebenda, S. 636. | 17 Ebenda, S. 656. | 18 Ebenda, S. 31. | 19 Vgl. dazu WOITKOWITZ 2003, S. 96 f., Anm. 14; HELBIG 1961, S. 33-35; KRAUSE 2003, S. 52-60. | 20 Vgl. dazu den Lageplan bei KRAUSE 2003, S. 55. | 21 ZARNCKE 1857, S. 766, 752. | 22 PEIFER 1996, S. 52 f. | 23 VD 16 B 6728, BSB digital. | 24 FELLER 1686, BSB digital, Scan 76; HELBIG 1953, S. 43. | 25 KALLMEIER 1898, S. 22, 25 f. | 26 HORAWITZ 1874, S. 77. | 27 MÜLLER, Christian Gottfried (Hg.), Epistolae Petri Mosellani, Casp. Borneri, Jani Cornarii ...: pleramque partem ad Jul. Pflugium ipsiusque Jul. Pflugium ipsiusque Jul. Pflugii nondum editae, 1802; POLLET 1969/73, Bd. 1-2, passim. | 28 GIGAS, Silvae (Wittenberg 1540), Bl. 20r. | 29 HORAWITZ 1874, S. 77. | 30 BURMEISTER 1975, Bd. 3. S. 42; lat. Text ebenda, S. 38. | 31 MBW Regg. III.3012 = Mel. Op. IV, Sp. 933 f., Nr. 2607 | 32 ERLER, Bd. 2, S. 671. | 33 KALLMEIER 1898, S. 72. | 34 HELBIG 1953, S. 94 f. | 35 CR V, Sp. 103f. | 36 SEIDEMANN 1875 (Schenk), S. 60. | 37 ERLER, Bd. 2, S. 696 f.

Borrhaus, Martin, 1499–1564

Martin Borrhaus (sprich Borrha'us, dictus Burreß, von griech. βορρᾶς = Nordmann, Cellarius, auch Sellarius), geboren 1499 in Stuttgart, gestorben (an der Pest) am 11. Oktober 1564 in Basel, Begräbnis im Kreuzgang des Basler Münsters, luth./ref., Privatlehrer der Mathematik, Universitätsprofessor (Rhetorik, Theologie)[1].

Borrhaus wurde am 4. März 1512 in Tübingen immatrikuliert, wo er im Juni 1513 zum Bacc. art. und am 24. Januar 1515 zum Mag. art. promovierte. Mit Melanchthon und Münster war Borrhaus ein Schüler Stöfflers. Am 21. Mai 1519 wechselte er nach Ingolstadt; hier wurde er Schüler von Reuchlin und von Eck. Ein Streit mit Eck führte ihn zu Luther hin; seit Sommer 1521 unterrichtete er in Melanchthons Privatschule Mathematik; am 7. April 1522 schrieb er sich an der Universität Wittenberg ein[2]; Konsemester waren die Konstanzer Thomas Blaurer und Konrad Zwick. Von April 1522 an führte er ein unstetes Wanderleben, er reiste nach Tübingen, Österreich, Krakau, Danzig und Königsberg i. Pr., war im Juni 1526 wieder in Wittenberg und im November 1526 in Straßburg, wo er bei Capito wohnte. 1536 ließ er sich in Basel nieder. Im Studienjahr 1538/39 immatrikulierte er sich an der dortigen Universität[3]; Konsemester waren hier Martin Peier, Rudolf Gualter, Johannes Reiffenstein, Heinrich Pantaleon. Ende 1541 wurde er dank der Vermittlung durch Simon Grynaeus Professor für Rhetorik, 1544 Professor für Altes Testament. Er promovierte am 9. Juli 1549 zum Lic. theol. und Dr. theol.; Promotor war Wolfgang Wyssenburg. Für die Studienjahre 1546/47, 1553/54 und 1564/65 wurde er zum Rektor Magnificus gewählt. Er starb während seines Rektorats, sodass seine Beisetzung besonders feierlich begangen wurde. Borrhaus stand bei seine Kollegen in hohem Ansehen. Er galt als ein hervorragender Lehrer. Als Theologe neigte er zu dissidenten Ansichten. Schon in Sachsen hatte er sich den Zwickauer Schwärmern angeschlossen.

Er war ein Gegner der Wiedereinführung des Orgelspiels. Als Orientalist hatte Borrhaus nicht nur Kenntnisse des Hebräischen und des Aramäischen, sondern auch des Syrischen. Borrhaus hat eine Selbstbiographie hinterlassen (UB Basel, Sign. A 2 II 22).

Werke (Auswahl): Borrhaus war ein vielseitiger Schriftsteller, der sich theologischen, philosophischen, mathematischen und kosmographischen Themen zuwandte: *De operibus Dei* (Straßburg 1527)[4]; *In Salomonis ecclesiastis concionem commentarius* (Basel: Robert Winter, März 1539, Widmung an Kaiser Karl V.)[5]; *De Censura veri et falsi* (Basel: Hospinian, 1541, Widmung an Herzog Ulrich von Württemberg, Basel am 1. September 1541)[6]; *In Aristotelis Politicorum annotationes* (Basel: Joh. Oporin, Januar 1545)[7]; *In tres Aristotelis De arte dicendi commentarii* (Basel: Joh. Parcus für Joh. Oporin, September 1551, Widmung an Herzog Christoph von Würtemberg, mit einem *Carmen* von Hieronymus Wolf)[8]; *De haereticis, an sint gladio puniendi*, 1554; *In Mosem commentarii* (Basel: Ludwig Lutz für Joh. Oporin, März 1555); *In Iesaiae oracula commentarii, Eiusdem in Apocalypsim Ioannis explicatio* (Basel: Joh. Oporin, 1561)[9]; Achilles Pirmin Gasser, zeitweise Kommilitone von Borrhaus, gab 1539 dessen *Elementale cosmographicum* (Straßburg: Crato Mylius, 1539, Widmung von Gasser an Peter Roth, *Veldkirchii Rhetię*, Mai 1539)[10] heraus, eine leicht fassliche Einführung in die Astronomie, die kaum überarbeitete Nachschrift einer Vorlesung, die dieser 1522 in der Schule Melanchthons diktiert hatte. Eine weitere Ausgabe (Basel 1541)[11] lässt sich nicht nachweisen. 1550 sandte Borrhaus das Buch an Oronce Finé, der es für wertlos hielt, aus Freundschaft aber doch überarbeitete und unter Beibehaltung von Gassers Widmung neu herausgab (Paris 1551)[12]. Eine weitere von Borrhaus umgestaltete Ausgabe *In cosmographiae elementa commentatio*(Basel: Joh. Oporin, 1555)[13] enthielt die Widmung nicht mehr, wohl aber einen Dank an Gasser.

Reste der Bibliothek von Borrhaus haben sich in der UB Basel erhalten, etwa die *Horologiographia* Sebastian Münsters (Basel: Heinrich Petri, 1533)[14], die dem Rheticusschüler Ulmer für sein Buch *De horologiis sciotericis* (Nürnberg 1556) zum Vorbild diente; Johannes Bugenhagens *Liber Psalmorum* (Basel 1524)[15]; Achilles Pirmin Gassers *Historiarum epitome* (Basel 1535)[16].

Borrhaus heiratete am 24. Juli 1527 in Straßburg die Witwe Odile von Berckheim, geb. v. Utenheim († 1535/36), wodurch er ins Straßburger Bürgerrecht eintrat; dank des Vermögens seiner Frau konnte ich Borrhaus jetzt ganz den Wissenschaften widmen. Später ging er noch zwei weitere Ehen ein; der Name der zweiten Frau ist nicht überliefert, die dritte Frau hieß Anna Schmid (erwähnt im von ihr gesetzten Epitaphium ihres Ehemanns).

Beziehungen zwischen Borrhaus und Rheticus sind nicht bekannt. Borrhaus mag aber Rheticus als Stöfflerschüler bekannt gewesen sein. Der Lebensweg von Borrhaus kreuzt sich auch mit einer Reihe von Rheticusschülern, sodass er hier nicht übergangen werden konnte. Die Widmung Gassers an Peter Roth galt einem Feldkircher Stadtarzt und damit einem Nachfolger von Rheticus' Vater Dr. Georg Iserin.

---

1 Riggenbach, Bernhard, Martin Borrhaus (Cellarius), ein Sonderling aus der Reformationszeit, in: Basler Jahrbuch 1900, Basel 1900, S. 47-84; Hartmann, Julius, in: ADB 3 (1876), S. 179 ; Teufel, Eberhard, in: NDB 2 (1955), S. 474; Scheible, MBW, Bd. 11, Personen, 2003, S. 279 (s.v. Cellarius). | **2** Förstemann 1841, Bd. 1, S. 113. | **3** Wackernagel 1956, Bd. 2, S. 20, Nr. 6. | **4** VD 16 B 6745. | **5** VD 16 B 6741; BSB München, digital. | **6** VD 16 B 6734; BSB München, digital. | **7** BSB München, digital. | **8** BSB München, digital. | **9** VD 16 B 6738; BSB München, digital. | **10** Zinner ¹1964, S. 193, Nr. 1708. | **11** Ebenda, S. 197, Nr. 1770. | **12** BSB München, digital. | **13** VD 16 B 6737; BSB München, digital; Zinner ¹1964, S. 222, Nr. 2113. | **14** Hieronymus 1997, S. 463, Nr. 172. | **15** Ebenda, S. 355-359, Nr. 134. | **16** Ebenda, S. 801, Nr. 251.

Borsdorfer, Ambros, † nach 1569

Ambros Borsdorfer (Borsdorf, Borsdorff, Bursdorff, Porstorf, Porßdorffer, Borstendorffius, Porstorfius), aus Meißen, gestorben nach 1569 in Zeitz (Burgenlandkreis, Sachsen-Anhalt), luth., Schulmann, Universitätslehrer (Griechisch, Physik), Arzt[1].

Borsdorfer immatrikulierte sich im WS 1537/38 in Leipzig.[2] Er promovierte im SS 1539 zum Bacc. art. Er nahm 1540 an der Lateinschule seiner Heimatstadt Meißen eine Stelle als »Bakkalar« (Hilfslehrer) an, schrieb sich aber auch am 16. November 1540 unter dem Rektor Georg Maior in der Matrikel der Universität Wittenberg ein. 1543 kehrte er an die Universität Leipzig zurück, wo er im WS 1544/45 unter dem Dekan Joachim Camerarius zum Mag. art. promovierte[3]. Vom SS 1546 bis zum WS 1550/51 hielt er Vorlesungen, und zwar über griechische Grammatik und Syntax, im SS 1550 über Physik. Im WS 1548/49 wurde er zugleich mit Bech und Fusius unter dem Dekan Rheticus in die Artistenfakultät aufgenommen; im gleichen Semester war er Examinator und Promotor von 54 Bakkalaren[4]. Im WS 1550/51 fungierte er als Vizekanzler. Auch sonst hatte er wiederholt Ämter an der Artistenfakultät eingenommen, sei es Examinator, als Exekutor, als Claviger und als Vermieter der Plätze im *Collegium novum*[5]. Dann wechselte er an die medizinische Fakultät und promovierte 1550 zum Bacc. med. und am 12. März 1551 zum Lic. med.[6] Am 28. April 1557 wurde er mit einer Gruppe von neun Lizentiaten, darunter auch Matthäus Häusler, zum Dr. med. promoviert[7]. Danach praktizierte er in Meißen, um 1569 wirkte er als Arzt in Zeitz.

Werke: Roth, Sebastian, *Decreta de ratione melancholicam dementiam curandi*, Leipzig: Valentin Papst, 1551 (Borsdorfer respondierte).[8] Unter dem Präsidium von Drembach sind Thesen im Druck erschienen zum Doktorat von Rascher, Peifer, Fleck, Machold, Joh. Hoffmann, Häusler, Borsdorfer, Zechendorfer und Ellinger *Quaestiones medicae*, Leipzig: Jakob Bärwald, 1557.

Beziehungen von Rheticus und Borsdorfer sind wahrscheinlich. Borsdorfer konnte schon in Wittenberg im WS 1541/42, dann aber auch vom WS 1542/43 bis zum WS 1544/45 die Vorlesungen von Rheticus besucht haben. Während des Dekanats von Rheticus im WS 1548/49 war Borsdorfer Examinator der Bakkalare. Später waren beide Kollegen in der Artistenfakultät. Beide waren zudem an der Medizin interessiert. Rheticus war vermutlich 1550 bei der Lizentiatsprüfung von Borsdorfer und Bech unter dem Dekan Sebastian Roth anwesend, jedenfalls war das von einem Kollegen und Medizinstudenten zu erwarten, zumal Rheticus im Hause wohnte. Borsdorffer, Bech und Häusler bildeten mit Rheticus einen engeren Kreis von Universitätsangehörigen, die gleichzeitig die Artes lehrten und Medizin studierten.

1 Rüling 1839, S. 236; http://thesaurus.cerl.org/record/cnp01221428. | 2 Erler, Bd. 1, S. 624 M 15. | 3 Erler, Bd. 2, S. 652, 681. | 4 Ebenda, S. 705. | 5 Ebenda, S. 712. | 6 Ebenda, Bd. 2, S. 81. | 7 Ebenda, Bd. 2, S. 81, 84. | 8 VD 16 ZV 16996; Worldcat s.v. Porstorfius.

Bötticher, Daniel,

Daniel Bötticher (Böticher, Puttiger), geboren in Kalbe/Milde (Altmarkkreis Salzwedel, Sachsen-Anhalt), luth., Bakkalaureus, Student.

Bötticher immatrikulierte sich im SS 1547 unter dem Rektor Paul Bussinus an der Universität Leipzig[1]. Er gehörte der Sächsischen Nation an. Im WS 1548/49 wurde er nach dem 21. März 1549 unter dem Dekan Rheticus von Magister Ambros Borsdorfer zum Bacc. art. promoviert[2]. Er wechselten dann nach Wittenberg, wo er sich am 2. November 1549 unter dem Rektor Erasmus Reinhold eingeschrieben hat[3].

Beziehungen zwischen Rheticus und Bötticher bestanden in den Jahren 1548 und 1549. Böttichers Promotion zum Bacc. art. fand unter dem Dekanat von Rheticus statt, er musste für die Prüfungen zum Bakkalaureat die Vorlesungen von Rheticus hören.

Botwidi, Magnus, † nach 1545

Magnus Botwidi (Botvidi, Budwidi), geboren in Norrköping (Östergötlands län, Schweden), gestorben nach 1545 vermutlich in Deutschland, luth., Student der Humaniora, Theologe[1].
Magnus Botwidi immatrikulierte sich gemeinsam mit Erik Petri im SS 1532 an der Universität Wittenberg[2]. Am 18. August 1542 promovierte Botwidi unter dem Dekan Paul Eber, wobei er auf den 7. Rang von 33 Kandidaten kam; zugleich mit ihm waren zur Prüfung angetreten u.a. Joachim Heller (6. Rang), Matthias Brassanus (10. Rang), der Schwede Erik Falck (14. Rang), Johannes Salmut (21. Rang), Peter Taig (23. Rang)[3]. Im Oktober 1544 fand in der Wohnung Botwidis ein Trinkgelage der schwedischen Kolonie statt, das in Handgreiflichkeiten und in einer Messerstecherei ausartete; der Gastgeber Botwidi war am Ausbruch der Streiterei nicht ganz unbeteiligt, hatte aber den Einsatz der Messer zu verhindern getrachtet. Melanchthon verfasste am 17. April 1545 für Botwidi ein Zeugnis, in dem er ihn gegenüber Georg Norman beschreibt als *vir eruditus in philosophia et doctrina Christiana, et honestissimis moribus ornans sua studia, et Deo vera pietate colens*[4]. Trotz seiner Gelehrsamkeit und Frömmigkeit konnte Botwidi 1544/45 weder in Schweden noch auch in Ermanglung deutscher Sprachkenntnisse in Deutschland eine Stelle im Kirchendienst finden.

Beziehungen zu Rheticus sind schon deshalb anzunehmen, weil er und Bodwidi Konsemester waren und zehn Jahre lang die gleiche Universität besuchten, bis 1536 als Kommilitonen und Schüler Melanchthons, danach trat Rheticus als sein Lehrer in Erscheinung. Botwidi konnte alle Vorlesungen von Rheticus vom SS 1536 bis SS 1538 und im WS 1541/42 besucht haben. Botwidi hat gewiss auch die mathematischen Fächer studiert, denn Melanchthon schreibt in seinem *Testimonium*, er sei in der ganzen Philosophie gebildet, ja er sei durch andere und bessere Studien daran gehindert worden, die deutsche Sprache zu erlernen; immerhin war er zwölf Jahre im Lande gewesen.

1 Callmer 1976, S. 18, Nr. 32; Heininen 1980, S. 22, 30 f., 64-66. | **2** Förstemann 1841, Bd. 1, S. 143a. | **3** Köstlin 1890, S. 14. | **4** CR V, Sp. 94 f.

Brambach, Johannes, 1529–1593

Johannes Brambach (wohl verschrieben Pampach, Brambachius), geboren am 19. Mai 1529 in Dresden, gestorben am 8. Mai 1593 in Dresden, Grabschrift überliefert, luth., Arzt, kurfürstl. Leibarzt[1].
Johannes Brambach, Sohn eines Johannes Brambach, immatrikulierte sich im WS 1544/45 unter dem Rektor Georg Zeler an der Universität Leipzig[2]. Ein Jahr später im WS 1545/46 promovierte er zum Bacc. art., gleichzeitig mit David Peifer, Heinrich Brauer, Eusebius Wildeck, Philipp Wagner[3]. Brambach ging im August 1547 mit Johannes Kentmann nach Italien, wo er sich in Padua, Bologna und Pisa dem Studium der Medizin widmete. Am 19. Februar 1549 zogen Brambach und Kentmann von Venedig nach Rom, Kentmann kehrte nach seiner Promotion in Bologna in die Heimat zurück, Brambach blieb in Italien. 1551 heiratete Kentmann Magdalena Sporer, deren Schwester Martha Sporer später Brambach heiratete. Am 30. April 1553 promovierte Brambach in Pisa zum Dr. med.[4] Am 8. Dezember 1552 war er in Pisa Zeuge bei der Promotion des Gervasus Marstaller[5], am 4. Juni 1553 Zeuge bei der Promotion des Johannes Sohetius aus Liège (Belgien)[6]. Brambach praktizierte als Arzt in Dresden; 1574 bis 1576 war er kurfürstlicher Leibarzt in Dresden. Brambach war verheiratet mit Martha Sporer, Tochter des in Dresden wirkenden Arztes Dr. med. Christophorus Sporer († 1540); damit war er zugleich der Schwager von Kentmann geworden. Seine Tochter

Magdalena heiratete 1572 Hieronymus Blantschmann aus Leipzig; Johannes Weizer aus Dresden verfasste dazu ein Epithalamium.

Beziehungen zwischen Rheticus und Brambach sind auf das WS 1544/45 und das SS 1545 beschränkt. Auf astrologische Interessen deutet die Überlieferung des Horoskops von Brambach durch Garcaeus[7].

1 Hantzsch 1906, S. 38, Nr. 388; Helm 1971, 29 f., Anm. 97. | **2** Erler, Bd. 1, S. 651. M 9. | **3** Erler, Bd. 2, S. 686 | **4** Weigle 1959, S. 199, Nr. 51. | **5** Ebenda, S. 211, Nr. 250. | **6** Ebenda, S. 211, Nr. 250. | **7** Garcaeus 1576, S. 343.

Bramberger, Eucharius, 1521–1550

Eucharius Bramberger (Bremberger), geboren am 24. Oktober 1521 in Kitzingen (Unterfranken), Sohn der Gastwirtsleute Georg und Margarethe Bramberger, gestorben am 9. Februar 1550 Kitzingen (an der Wassersucht), luth., Schulmann, städtischer Amtsträger, Ratsmitglied[1].
Bramberger wurde im WS 1537/38 in Wittenberg immatrikuliert (etwa gleichzeitig mit Andreas Berbing)[2]; er erhielt ein städtisches Stipendium in Höhe von 15 Gulden jährlich. 1542 promovierte Bramberger zum Bacc. art.[3]. 1542 wird als Kantor in Kitzingen genannt, wandte sich dann aber einer Karriere in der städtischen Verwaltung zu (Ungeldeinnehmer, Küchen- und Mühlmeister, kandidierte für das Amt des Stadtvogts). Seit April 1547 gehörte er dem Äußeren Rat an. Ein großes Vermögen erlaubte Bramberger, dem Rat Darlehen zu gewähren, so beispielsweise 1543 1000 Gulden zu einem Zinssatz von 4 %. 1549 stifte Bramberger 100 Gulden für Studienzwecke, seine Frau Anna geb. Vock weitere 50 Gulden.

In Wittenberg wurden Bramberger und sein Freund Berbing von ihrem Landsmann Paul Eber gefördert. Ein Brief von Friedrich Bernbeck aus Kitzingen, in dem er im Januar 1550 vom Tod Berbings und einer schweren Krankheit Brambergers berichtete, löste bei Eber große Trauer aus. In seinem Antwortschreiben vom 18. Januar 1550 zeigte Eber sich tief betroffen von der Lebensgefahr, in der Bramberger schwebte, *qui mihi ob virtutem et spem publicae ex eo utilitatis carissimus semper fuit* (der mir wegen seiner Tüchtigkeit und der in ihn gesetzten Erwartungen hinsichtlich seines Nutzens für die Öffentlichkeit immer sehr teuer gewesen ist), er bete täglich mit Inbrunst für ihn zu Gott. Schreibe bitte, schließt Eber seinen Brief, welche Hoffnung für die Gesundheit von Bramberger besteht, für die er zu Gott bete[4]. Wohl noch in Unkenntnis davon, dass Bramberger bereits gestorben war schrieb Eber noch einmal an Bernbeck am 21. Februar 1550: *Salutem opto et foelicem ac salutarem migrationem ex calamitosissima vita viro optimo Euchario, cuius desperata valetudo valde me adfligit* (Ich wünsche dem besten Manne Eucharius Heil und einen glücklichen und heilsamen Abgang aus diesem unheilvollsten Leben; sein hoffnungsloser Gesundheitszustand hat mir sehr zugesetzt[5].

Beziehungen zu Rheticus sind gegeben durch die Promotion Brambergers zum Bacc. art. kurz nach dem 23. Januar 1542 unter dessen Dekanat[6]. Bramberger belegte in der zweiten Gruppe unter 15 Kandidaten den zehnten Rang hinter seinem Landsmann Berbing. Beide konnten die Vorlesungen von Rheticus im WS 1537/38, im SS 1538 und im WS 1541/42 hören. Publikationen von Bramberger sind nicht bekannt.

1 Häfele 1988, Bd. 1, S. 451., Nr. 051; Bátori/Weyrauch 1982, S. 258, 372 und passim. | **2** Förstemann 1841, Bd. 1, S. 167b. | **3** Köstlin 1890, S. 8. | **4** Sixt 1843, S. 242 f. | **5** Ebenda, S. 243 f. | **6** Köstlin 1890, S. 7.

Brandt, Ahasver von, 1508–1560

Ahasver von Brandt (Brand, Branth), geboren um 1508 in Hohendorf (poln. Czernin), Ortschaft von Stuhm (poln. Sztum, Woiwodschaft Pommern), gestorben um 1560, luth., herzoglich-preußischer Rat, Diplomat[1].

Im SS 1527 immatrikulierte sich von Brandt an der Universität Leipzig[2]; Konsemester waren Ambros Scala, und Hieronymus Rauscher *Lipsensis*. Im WS 1536/37 wurde er unter dem Rektor Justus Jonas als herzoglicher Stipendiat in Wittenberg eingeschrieben[3]. 1538 kehrte er zurück nach Preußen, wo er in den Hofdienst eintrat, für zwei Jahre zur weiteren Ausbildung aber an den Hof von Paris geschickt wurde. 1544 wurde er herzoglicher Rat, 1548 Hauptmann auf Tapiau (russ. Gwardeisk, Oblast Kaliningrad, Russland). Seit 1551 war von Brandt verheiratet mit Esther Freiin von Heideck.

Auf Bitten von Ahasver von Brandt schrieb Melanchthon schrieb am 8. Oktober 1543 an Johannes von Werden, *cuius virtus in multis regionibus celebratur* (dessen Tüchtigkeit in vielen Ländern gefeiert wird), eine Empfehlung für den jungen begabten Studenten Johannes aus Schlieben (Lkr. Elbe-Elster, Brandenburg), der sich in Wittenberg aufgehalten habe und jetzt nach Danzig reisen wolle[4].

Von Brandt könnte 1536 bis 1538 Vorlesungen von Rheticus gehört haben. Auch stand von Brandt mit anderen adligen Landsleuten (Abraham von Bredow, Friedrich von Schönberg), Simon Lemnius und damit wohl auch wieder Rheticus nahe[5].

1 Freytag 1903, S. 35, Nr. 125; Bezzenberger 1904/53; Scheible, MBW, Bd. 11, Personen, 2003, S. 200. | **2** Erler, Bd. 1, 596, P 6. | **3** Förstemann 1841, Bd. 1, S. 163a; Freytag 1903, Nr. 125. | **4** CR V, Sp. 194 f. | **5** Mundt 1983, Bd. 1, S. 273; Bd 2, S. 190 f.

Brassanus, Matthias, † 1552

Matthias Brassanus (Braaß, Braas), geboren in Kempen (Kreis Viersen, Nordrhein-Westfalen), gestorben am 12. Januar 1552 in Lübeck, luth., Schulmann[1].

Vor der Reformation war Brassanus Zisterziensermönch im Kloster Neuenkamp in Franzburg (Lkr. Vorpommern-Rügen, Mecklenburg-Vorpommern), einem Tochterkloster des niederrheinischen Klosters Kamp-Lintfort. Als das Kloster säkularisiert wurde, schickte der Herzog Philipp I. von Pommern Brassanus und Leonhard Meifisch zum Studium nach Wittenberg. Hier immatrikulierte sich Brassanus am 20. Mai 1531[2]. Brassanus, lernend und lehrend zum *homo trilinguis* geworden, promovierte am 8. August 1542 unter dem Dekan Paul Eber zum Mag. art. Er erreichte den 10. Rang unter 30 Kandidaten; mit ihm wurden zu Mag. art. kreiert Joachim Heller (6. Rang), Johannes Salmut (21. Rang) und Peter Taig (23. Rang)[3]. Mit Taig verband ihn die Liebe zum Theater; als Lehrer führte er mit seinen Schülern in der Marienkirche in Stralsund das geistliche Spiel *Historia von Joseph* (Joseph und seine Brüder) auf. Am 12. August 1542 wurde Magister Brassanus ein Zeugnis ausgestellt. Er ging darauf 1542 als Schulmeister an die St. Nikolai-Schule in Stralsund. Sein wohl berühmtester Schüler Bartholomäus Sastrow hat Brassanus charakterisiert als ein *fein, messigs, zuchtigs, gelerts Menlin*. Im Gegensatz zu ihm entwickelte sich Meifisch zu einer rechten Epicurischen Sau[4]. Bartholomäus Sastrow berichtet, Brassanus hätte von seinen Schülern verlangt, dass sie während der Predigt alle in der Kirche blieben; er habe sich aber mit seinen Freunden unbemerkt davongemacht, Pfefferkuchen gekauft und in Branntweinkneipen verzehrt; schließlich hätten sie sich unter die Schüler gemischt, als diese von der Kirche zur Schule gingen. Einmal war es dabei zu einem Komasaufen gekommen; es hätten ihn *grosse Jungen auffheben vnnd zu Haus tragen mussen*.

Von Stralsund wurde Brassanus 1543 an das Katharinengymnasium nach Lübeck berufen, wo er bis zu seinem Tod tätig blieb. Brassanus war verheiratet mit einer Frau Gertrud, mit der er eine Tochter Elisabeth hatte, wie er in seinem Testament von 1547 erwähnt.

Beziehungen zwischen Rheticus und Brassanus muss man annehmen. Von 1532 bis 1536 waren sie Kommilitonen, später war Rheticus Lehrer von Brassanus.

1 Seelen, Johann Heinrich von Athenae Lubecensis, Bd. 4, Lübeck 1722, S. 69-71, Google e Book. | 2 Förstemann 1841, Bd. 1, S. 142a. | 3 Köstlin 1890, S. 14. | 4 Mohnike 1873, S. 75.

Brauer, Heinrich

Heinrich Brauer (Brawer, Prawer, Brauerus, Praxatoris), aus Leipzig, luth., Magister.
Heinrich Brauer immatrikulierte sich im SS 1539 an der Universität Leipzig[1]. Er promovierte im WS 1545/46 zugleich mit Philipp Wagner, Brambach, Wildeck, Paul Schumann und David Peifer zum Bacc. art.[2] Im WS 1548/49 erlangte er unter dem Dekanat des Rheticus die Würde eines Mag. art.[3] Mehr war vorerst nicht zu ermitteln.

Beziehungen zu Rheticus sind gegeben, insbesondere durch Brauers Magisterpromotion. Aber schon seit dem WS 1542/43 konnte Brauer Vorlesungen von Rheticus besuchen.

1 Erler, Bd. 1, S. 643, M 53. | 2 Erler, Bd. 2, S. 686. | 3 Ebenda, S. 705.

Braumensis, Canutus, † 1564

Canutus Johannis Braumensis, geboren in Eurajoki (schwed. Euraåminne, Landschaft Satakunta, Finnland), gestorben am 9. April 1564 in Wiborg (russ. Wyborg, finn. Viipuri, schwed. Viborg, Russland), luth., Theologe[1].
Canutus Braumensis hatte schon vor Beginn seines Studiums eine Pfründe in Turku (schwed. Åbo, Finnland) inne. Im SS 1532 immatrikulierte er sich als *Canotus Braumensis*, gemeinsam mit *Thomas vindlandensis* [Keijoi] an der Universität Wittenberg[2] und wurde Schüler von Luther, Melanchthon und Bugenhagen. Am 29. August 1536 promovierte er unter dem Dekan Melchior Fendt zum Mag. art.; er erreichte den 4. Rang unter sechs Kandidaten[3]. Danach kehrte er nach Finnland zurück, wo er allerdings erst 1541 als Pfarrer von Turku und Mitglied des dortigen Domkapitels genannt wird. Er war ein enger Mitarbeiter von Mikael Agricola, mit dem er auch als Visitator wirkte[4]. Im schwedisch-russischen Krieg kam er 1555 und 1557 als Diplomat zum Einsatz (Reisen nach Moskau). Canutus Braumensis wurde 1563 Bischof von Wiborg.

Beziehungen zu Rheticus wird man bejahen müssen. Als Lehrer kommt Rheticus jedoch nicht in Betracht. Beide waren aber vier Jahre lang Kommilitonen, fast Konsemester. Dafür promovierte allerdings Rheticus vier Monate früher als Braumensis. Sie befanden sich aber beide etwa gleichzeitig im Examensstress.

1 Callmer 1976, S. 18, Nr. 31; Heininen 1980, S. 20, 24-26, 46, 70-73. 2 Förstemann 1841, Bd. 1, S. 143b. 3 Köstlin 1888, S. 23. 4 Gummerus 1941, S. 104 f.

Brecht, Ludolf

Ludolf Brecht, aus Göttingen, luth., Theologe[1].
Ludolf Brecht war der Sohn des Geistlichen Konrad Brecht. Dieser hatte sich 1504 in Erfurt immatrikuliert[2]. Am 7. April 1538 als Pfarrer von Groß Schneen (Ortsteil von Friedland, Lkr. Göttingen)

hat er der Herzogin Elisabeth, der Gemahlin Herzogs Erich von Braunschweig, das hl. Sakrament in zweierlei Gestalt gegeben³. Ludolf Brecht gehörte mit Heise, Göbel, Marshusius und Sprockhof zu einer Gruppe Göttinger Bürgersöhne, die mit einem Stipendium der Stadt in Wittenberg studieren konnten. Er immatrikulierte sich an der Universität Wittenberg am 11. Oktober 1541⁴. Brecht wurde später Pfarrer von Groß Schneen.

Beziehungen von Brecht zu Rheticus sind wenig deutlich. Brecht war etwa gleichzeitig mit Rheticus in Wittenberg angekommen, wo er ihn als Dekan der Artistenfakultät erlebte. Er konnte im WS 1541/42 Rheticus' Vorlesungen gehört haben. Brecht hat jedoch keinen akademischen Grad in Wittenberg erworben.

1 LUBECUS 1994, S. 372, Anm. 7. | 2 Matrikel Erfurt, Bd. 2, S. 238b, Nr. 32. | 3 LUBECUS 1994, S. 352. | 4 FÖRSTEMANN 1841, Bd. 1, S. 191a.

Bredow, Abraham von, † nach 1572

Abraham von Bredow (a Breda, Praeda, von Bredaw), geboren vermutlich in Görne (Gemeindeteil von Kleßen-Görne, Lkr. Haveland, Brandenburg), gestorben nach 1572, luth., adliger Gutsherr. Die von Bredow sind eines der ältesten Adelsgeschlechter der Mark Brandenburg, das weit verzweigt war. Abraham und sein älterer Bruder Jakob wohnten im Ländchen Friesack (Lkr. Havelland, Brandenburg), wo sie in Görne auf einem Gutshof saßen und Viehzucht betrieben. Aus dem Jahre 1540 ist eine Schadlosverschreibung beider Brüder über 1400 Gulden überliefert¹. Abraham Bredow wird noch 1572 in Berlin in einem Adelsverzeichnis genannt².

Wittenberg war über viele Jahrzehnte die Hausuniversität der Familie. Abraham von Bredow immatrikulierte sich hier unter dem Rektorat des Justus Jonas im WS 1536/37³. Ein ernsthaftes Studium oder gar der Erwerb eines akademischen Grades lag ihm wohl eher fern. Mit anderen adligen Kommilitonen (Ahasver von Brandt, Friedrich von Schönberg, von Rakonitz) finden wir ihn bis zum Juni 1538 im Freundeskreis des Simon Lemnius⁴; das lässt auch auf eine nähere Bekanntschaft mit Rheticus schließen.

1 DILSCHMANN, Johann Ludewig., Diplomatische Geschichte und Beschreibung der Stadt und Festung Spandow, Berlin 1785, S. 60. | 2 EICKSTEDT, E. von, Beiträge zu einem neueren Landbuch der Marken Brandenburg, Magdeburg 1840, S. 77. | 3 FÖRSTEMANN 1841, Bd. 1, S. 163a. | 4 MUNDT 1983, Bd. 1, S. 273; Bd. 2, S. 190 f.

Brellochs, Anton, ca. 1488–1559

Anton Brellochs (Brelochs, Prellöx, Pröllöch, nach der Herkunft auch Bewelbach), geboren in Beuerlbach (Stadtteil von Crailsheim, Baden-Württemberg), gestorben 1559 in Schwäbisch Hall, kath., Arzt und Astronom, *insignis mathematicus*¹.
Da keine direkten Beziehungen zu Rheticus erkennbar sind, er aber doch in den Kontext der Wittenberger Mathematiker gehört, mag hier eine gekürzte Lebensskizze genügen. Brellochs studierte seit 1507 in Erfurt, Heidelberg und Ingolstadt, wo er 1514 zum Mag. art. promovierte. Später wurde er auch Dr. med. Von 1517 bis 1559 war er bestallter Stadtphysikus und Astronom (Kalendermacher) der Reichsstadt Schwäbisch Hall.

Werke: Zinner verzeichnet 23 Drucke für 1531 bis 1558², Green 22 Drucke für 1528 bis 1559, meist Praktiken³. *Eyn kurtzer gegründter Underricht, unnd Erklerung einer geschwinden, und überscharpffen Seüchten, yetzo von vielen der Englisch Schwayß, aber von den Alten das pestilentzisch Fieber genant* (Nürnberg: Gutknecht, 1529)⁴; *Practica Teutsch* auf 1531 (s.l., 1530)⁵; *Eyn sunderliche Prognosticon vber den Cometen im Augstmonat des 1531 Jahr zuo etzlichen malen erschinen* (Mainz? 1531)⁶; *Practica Teutsch* auf 1535 (Augsburg: Philipp Ulhart, 1534)⁷; *Practica Teutsch* auf 1542

(Augsburg: Heinrich Stainer, 1541)[8]; *Practica Teutsch* auf 1559 (Nürnberg: Valentin Geißler, 1558; Widmung datiert vom 23. April 1558)[9].

Beziehungen zwischen Rheticus und Brellochs sind nicht bekannt; Brellochs war jedoch als zeitgenössischer Astrologe zu erwähnen, zumal er auch wie Gasser, Paracelsus, Apian, Schöner u.a. den Halleyschen Kometen beschrieben hat.

[1] SCHEIBLE, MBW, Bd. 11, Personen, 2003, S. 212. | [2] ZINNER ²1964, S. 172-227, 458 f. | [3] GREEN 2012, S. 161 f. | [4] VD 16 B 7414, Exemplar in BSB München. | [5] VD 16 B 7416, ZINNER ²1964, S. 172, Nr. 1429, BSB München, digital. | [6] FREYTAG 1984, S. 58, Nr. 349; Flugschriften des späteren 16. Jahrhunderts, Nr. 201. | [7] VD 16 B 7416, ZINNER ²1964, S. 184, Nr. 1586, BSB München, digital. | [8] VD 16 B 7419, ZINNER ²1964, S. 199, Nr. 1792, BSB München, digital; Exemplar aus der Bibliothek von Johann Albrecht Widmanstetter. | [9] VD 16 B 7424, GREEN 2012, S. 162; BSB München, digital.

Brem, Peter, ca. 1520–1578

Peter Brem (Brehm, Preme), geboren um 1520 in Wangen (Lkr. Ravensburg, Baden-Württemberg), evtl. aber auch Ausbürger aus einer benachbarten Gemeinde, gestorben 1578 in Jena?, luth., Jurist (Rechtslehrer, Kanzler)[1].

Peter Brem, der einem vermögenden Bürgergeschlecht der Reichsstadt Wangen entstammte, immatrikulierte sich im SS 1539 unter dem Rektor Melchior Kling an der Universität Wittenberg[2]; Konsemester waren Bonaventura vom Stein, Johannes Marbach, Paul von Eitzen, Daniel Greser, Johannes Beuther. Vermutlich war er in Begleitung Marbachs nach Wittenberg gekommen, da sich beide zusammen eingeschrieben haben. Am 15. April 1540 promovierte er unter dem Dekan Christian Neumair zum Mag. art., wobei der den 3. Rang unter vier Kandidaten erreichte[3]; der Däne Niels Palladius erlangte den 1. Rang. Wo Brem sein juristisches Doktorat erworben hat, ist vorerst unbekannt. Am 19. Juni 1544 schrieb sich Peter Brem aus Wangen als *iurium doctor* in der Universität Heidelberg ein[4]. Brem wirkte ein Jahr lang wohl privatim als Rechtslehrer in Heidelberg. Danach wurde er Kanzler in Weimar. In dieser Eigenschaft publizierte er am 2. Februar 1558 die von Kaiser Ferdinand I. der Universität Jena verliehenen Privilegien. Im SS 1558 erscheint er selbst als Dr. leg. und *ill. duc. Sax. consiliarius* in der Matrikel der Universität Jena[5]. 1561 wurde er der erste Ordinarius der Juristenfakultät. Am 16. Juni 1573 wurde er seines Amtes enthoben, weil er sich dem Philippismus widersetzte. Im SS 1570 und im WS 1570/71 war Brem Rektor Magnificus der Universität Jena. Brem war verheiratet und hatte wenigstens einen Sohn Samuel Brem, immatrikuliert in Jena im SS 1570 gratis als *rectoris filius*[6].

Werk: *Vrtheil D. Petri Brem von dem jetzigen Buch D. Johan. Wigandi von der Erbsünden*, in: Flacius Illyricus, *Christliche Vnd dapffere Antwort* (o.O., 1573)[7].

Beziehungen zwischen Rheticus und Brem sind nicht bekannt; doch war Brem ein Landsmann von Rheticus; auch spricht die enge Verbindung zwischen Brem und Marbach für Kontakte mit Rheticus. Allerdings war Rheticus 1539/40 nicht in Wittenberg anwesend, doch könnten Brem und Marbach schon 1538 in Wittenberg angekommen sein.

[1] GÜNTHER 1858, S. 50 f. | [2] FÖRSTEMANN 1841, Bd. 1, S. 175a. | [3] KÖSTLIN 1890, S. 12. | [4] TÖPKE 1884, Bd. 1, S. 589. | [5] MENTZ 1944, Bd. 1, S. 32. | [6] MENTZ 1944, Bd. 1, S. 32. | [7] VD 16 ZV 16736; ULB Sachsen-Anhalt Halle, digital, hier Scan 35-42.

Brettschneider (Placatomus), Johannes, 1514–1577

Johannes Brettschneider (Bredtschneider, Brethschneider, Bretschneider, Placotomus), geboren 1514 in Münnerstadt (Lkr. Bad Kissingen, Unterfranken), gestorben am 6. Mai 1577, luth., Arzt, Professor für Medizin, Apotheker[1].

Brettschneider immatrikulierte sich am 3. April 1530 an der Universität Wittenberg[2]. Am 15. September 1541 promovierte er unter Johannes Marcellus als Dekan zum Mag. art.[3]; er erreichte den 3. Rang von 21 Kandidaten nach Hieronymus Schreiber (2. Rang); weitere Mitbewerber waren Matthäus Delius (5.), Dionyius Ludolph (10.), Matthäus Brombeiss (11.), Matthias Rodt (15.). Im Juni 1543 promovierte Brettschneider in Wittenberg unter Jakob Milich zum Dr. med.[4] 1544 wurde er an der neu gegründeten Universität Königsberg Professor für Medizin, zugleich auf Empfehlung Luthers Leibarzt des Herzogs Albrecht von Preußen, 1548/49 war er Rektor Magnificus in Königsberg. Als strenger Lutheraner geriet er 1551 in Streit mit Andreas Osiander und fiel beim Herzog in Ungnade; er wurde ausgewiesen. 1552 ging Brettschneider nach Danzig, wo er sich mit einer Abhandlung über das Danziger Bier einführte. Er wurde Stadtphysikus und 1555 Verwalter der Ratsapotheke. Wegen Streitigkeiten mit dem Bischof von Ermland Stanislaus Hosius verließ er Danzig, kehrte ab er 1558 wieder zurück und übernahm 1566 erneut die Leitung der Ratsapotheke. Er engagierte sich auch im Schulwesen, verfasste theologische Schriften und dichtete Kirchenlieder. Brettschneider heiratete 1543 in Eisleben (Lkr. Mansfeld-Südharz, Sachsen-Anhalt) Katharina NN.

Werke (in Auswahl): *Disputationes quaedam philosophicae in Academia Regiomontana propositae* (Wittenberg: Off. Georg Rhau, 1548); *De tuenda bona valetudine libellus, De natura et viribus cerevisiarum et mulsarum opusculum, De causis, preservatione et curatione ebrietatis dissertationes* (Frankfurt/Main: Christian Egenolff, 1551 und weitere Auflagen); *Pharmacopoea* (Antwerpen: Martinus Nutius, 1560); *Polybi de diaeta sabubri libellus,* aus dem Griech. übersetzt von Brettschneider (Antwerpen: Witwe Martinus Nutius, 1561); *Aphorismus Hippocratis ... In usum Tironum Medicinae* (Antwerpen: Witwe Martinus Nutius, 1562); *Ratio docendi iuventutem* (Leipzig: Off. Voegeliniana, 1566).

Beziehungen zwischen Rheticus und Brettschneider sind anzunehmen. Beide waren Jahrgänger, sie verbrachten zusammen ca. zehn Jahre als Kommilitonen und Kollegen an der Universität Wittenberg, es verband sie das Interesse für Griechisch und Medizin sowie eine enge Freundschaft mit Melanchthon und Milich. Ein gemeinsamer Freund war auch Felix Fidler. Es ist möglich, dass Rheticus an der Magisterpromotion Brettschneiders um den 15. September 1541 teilgenommen hat.

1 FREYTAG 1903, S. 89. Nr. 24; SIMSON 1918/24, Bd. 2, S. 136, 181 ff.; SCHWARZ, Holm-Dietmar, in: NDB 20 (2001), S. 495 f., sub voce Placatomus; Scheible, MBW, Bd. 11, Personen, 2003, S. 216 f. (Bretschneider). | 2 FÖRSTEMANN 1841, Bd. 1, S. 138b. | 3 KÖSTLIN 1890, S. 13. | 4 KAISER 1982, S. 152.

Breu, Johannes

Johannes Breu (Brew), geboren in Neumarkt i. d. OPf. (Oberpfalz), luth., Magister.
Joannes Brew Novoforensis immatrikulierte sich am 25. August 1540 unter dem Rektor Veit Oertel Winsheim an der Universität Wittenberg[1]. Am 20. April 1542 promovierte er unter dem Dekan Rheticus zum Mag. art.[2]; er kam auf den 7. Rang von zehn Kandidaten. Über sein weiteres Schicksal konnte nichts in Erfahrung gebracht werden.

1 FÖRSTEMANN 1841, Bd. 1, S. 182b. | 2 KÖSTLIN 1890, S. 14.

Brewer, Bruno, d.Ä.

Bruno Brewer (Breuer, Breyer, Breijer, Brayer, Braial, Breverius, Bruverius), als *Wittenbergensis* bezeichnet, vielleicht geboren im benachbarten Jessen (Lkr. Wittenberg), gestorben in Leutschau (slow. Levoča, ungar. Löcse, lat. Leutsovia, Slowakei), luth., Buchbinder, Buchführer, Buchhändler, Stammvater der Druckerfamilie Brewer in Leutschau, Inhaber einer der wichtigsten Offizinen in Ungarn im 17. Jahrhundert[1].

Bruno Brewer, möglicherweise ein Sohn des Pfarrers von Jessen Magister Wolfgang Brewer, würde als Buchhändler in dessen Familie gut passen; drei Söhne des Pfarrers Martin, Johannes und Athanasius Brewer haben studiert. Jedenfalls hatte Bruno Brewer in Wittenberg eine Reihe von Verwandten, die ebenfalls mit Büchern zu tun hatten. Nach einer entsprechenden Lehre in Wittenberg nahm er vor 1567 das Bürgerrecht in Leutschau an. Er reiste seit 1565 ständig mit einem Fuhrwerk zwischen Leutschau und Wittenberg hin und her, um die Lateinschule in Leutschau und dortige Bücherliebhaber mit Büchern zu versorgen. Zugleich nahm er gegenüber dem Rat in Leutschau eine Vertrauensstellung ein, da in dessen Auftrag den Leutschauer Studenten in Wittenberg laufend ihre Stipendien oder sonstige Zuwendungen auszahlte (Beispiele: 1568, 1569, 1572, 1573, 1577, 1586, 1606)[2]. Bruno Brewer war so sehr zu einer Institution geworden, dass er in den Quellen meist nur als *Bruno* bezeichnet wurde. Später übernahm sein Sohn Bruno Brewer d.J. diese Aufgabe; er hatte sich am 16. April 1589 in Wittenberg immatrikuliert[3]. Ein anderer Sohn Johannes Brewer hatte sich 1592 von Wittenberg aus um ein Stipendium in Leutschau beworben[4]; er war 1622 Diakon in Leutschau[5]. Ein anderer Sohn Lorenz (Laurentius) Brewer war im Alter Richter von Leutschau (1639-1641)[6].

Die **Beziehungen** zwischen Rheticus und Bruno Brewer fallen in die Zeit seines Aufenthaltes in Ungarn, liegen also nach 1571. Seit April 1568 (recte wohl 1566) hatte sich Hans Ruber, dem Rheticus später als Leibarzt diente, *mit ihm sein Weib und seinen gantzen hof* in Leutschau *in Feigitz hauß* für vier Monate niedergelassen, *ein gutter frommer Herr und wackherer Soldat*, wie die Chronik des Kaspar Hain versichert[7]. Ruber hatte von dem Feldobristen Lazarus Schwendi dessen Aufgaben als kaiserlicher Heerführer gegen die Türken übernommen. Für Rheticus war Brewer ein wichtiges Bindeglied zu Wittenberg (Paul Eber). Es ist denkbar, dass Brewer auch den Kontakt zwischen Rheticus und Ruber hergestellt hat, da er sozusagen ein Landsmann von Ruber gewesen ist.

1 PAVERCZIK, Ilona, A lőcsei Brewer-nyomda a XVII - XVIII században (Die Druckerei Brewer in Leutschau im 17. und 18. Jahrhundert), in: Országos Széczényi Könyvtár 1979, S. 353-408 und 1980, S. 349-373. | 2 Zahlreiche Belege bei KATONA 2011, S. 66 f., 74, 76, 169, 178, 186, 188, 191 und passim (vgl. Register). | 3 FÖRSTEMANN/HARTWIG 1841, Bd. 2, S. 364a. | 4 Nicht in der Matrikel eingetragen. | 5 KATONA 2011, S. 71, 312. | 6 Ebenda, S. 41, 321 f. | 7 MALLY 1943, S. 25.

Brewer, Wolfgang

Wolfgang (Woffangus) Brewer (Brauer, Breuer, Breverius, Bruverius, nach der Herkunft *Austrius*), geboren in Wels (Oberösterreich), gestorben?, luth., Theologe[1].

Brewer begann seine geistliche Laufbahn als kath. Priester der Diözese Passau, in deren Sprengel auch Wels lag. Er kam nach Wittenberg zu Luther und wirkte seit 1533 als Pfarrer in Jessen (Lkr. Wittenberg, Sachsen-Anhalt). Nach der Schlacht von Mühlberg im Mai 1547 ging er nach Frankfurt/Oder, um dort seine Studien mit der Promotion zum Mag. art. abzuschließen. Seine Pfarrstelle in Jessen wurde am 6. Juli 1547 mit Andreas Göch neu besetzt. Wolfgang Brewer war verheiratet mit N.N. Von seinen Söhnen haben die folgenden drei studiert:

Brewer, Martin: Er wurde am 1. März 1543 in Wittenberg unter dem Rektor Kaspar Cruciger immatrikuliert als *Martinus Brewer Wittebergensis, filius pastoris in Jessen*[2]. Im September 1545 promovierte *Martinus Bruverius Vitebergensis* unter dem Dekan Johannes Aurifaber *Vratislaviensis*, dem Inhaber der ehemaligen Rheticusprofessur, zum Bacc. art.[3]. Später wurde er wegen nächtlichen Tumults relegiert, nachdem er zweimal sein Wort gegeben hatte, vor dem Rektor zu erscheinen, jedoch in Kontumaz von hier gewichen sei[4]. 1548 wurde er als *Martinus Breverius Wittenbergensis, baccalaureus artium*, in Frankfurt/Oder eingeschrieben[5].

Brewer, Athanasius: Er wurde im SS 1551 unter dem Rektor John Faith (Fidelis) immatrikuliert als *Athanasius Brewer, filius magistri Woffangi Brewer pastoris Jessensis*[6].

Brewer, Johannes: Er wurde im SS 1551 unter dem Rektor John Faith (Fidelis) immatrikuliert als *Joannes Brewer Jessensis, filius magistri Wolfgangi pastoris Jessensis*[7].

Beziehungen zwischen Rheticus und Brewer sind nicht bekannt, wohl aber aus verschiedenen Gründen anzunehmen. Da Brewer in der Wittenberg und Kemberg benachbarten Jessen Pfarrer gewesen ist, kann man davon ausgehen, dass er häufig nach Wittenberg gekommen ist und dort wohl auch studiert hat. Bartholomäus Bernhardi (Kemberg), Brewer (Jessen) und Rheticus (Wittenberg) waren Österreicher; sie führen in Wertschätzung ihrer Heimat ihre Beinamen nach ihrer Herkunft aus Feldkirch, Oberösterreich und Rhätien. Es gibt aber noch einen weiteren Grund, die Biographie Brewers nicht zu übergehen: Brewer ist ein markantes Beispiel für die Auswirkungen, wie durch die Schließung der Universität Wittenberg 1546/48 im Schmalkaldischen Krieg Unsicherheit in die Examina gekommen ist. Das gilt insbesondere für die Juristen, die mit Hieronymus Schürpf nach Frankfurt/Oder gingen. Brewer ist ein Beispiel für die Studenten der Artistenfakultät, er hat sich im Juli 1547 in Frankfurt/Oder immatrikuliert, um dort am 1. September 1547 *uno actu* zum Bacc. art. und zum Mag. art. zu promovieren. In seinem Gefolge befanden sich auch Johannes Sachse, Matthias Lauterwaldt, Christoph Preuss, Kaspar Peucer sowie der schottische Theologe John Faith (*Fidelis*).

1 Scheible, MBW, Bd. 11, Personen, 2003, S. 202 (s.v. Brauer); Teichmann 1998, S. 15, 87, 96. | 2 Förstemann 1841, Bd. 1, S. 201b. | 3 Köstlin 1890, S. 9. | 4 Förstemann 1841, Bd. 1, S. 201b. | 5 Friedländer 1887, Bd. 1, S. 106a. | 6 Friedländer 1887, Bd. 1, S. 117b. | 7 Friedländer 1887, Bd. 1, S. 117b.

Briesmann, Paul, † nach 1573

Paul Briesmann (Briesemann, Brismanus, Briesmannus), Cottbus (Brandenburg), gestorben nach 1573 in Prag?, luth., Jurist (königl. und kurfürstl. Rat)[1].

Paul Briesmann, wohl ein Verwandter von Johannes Briesmann[2], immatrikulierte sich im WS 1536/37 unter dem Rektor Justus Jonas an der Universität Wittenberg[3]; Konsemester waren Adam Siber, Christoph Baldauf, Abraham von Bredow, Ahasver von Brandt, Johannes Crato, Paul Rubigallus, Mikael Agricola, Nikolaus Bromm, Matthias Rodt, Johannes Reinhold, Sebastian Glaser, Johannes Funck *Norimbergensis*. Am 8. August 1542 stellte Briesmann sich unter dem Dekan Paul Eber dem Magisterexamen[4]; er erreichte den 12. Rang unter 30 Mitbewerbern, von denen Kaspar Schumann auf den 1. Rang kam, Joachim Heller auf den 6., Magnus Botvidi auf den 7., Matthias Brassanus auf den 10., Eric Falck auf den 14., Peter Taig auf den 23. Rang. Briesmann wandte sich dem Studium der Rechte zu; als die Universität Wittenberg 1546 geschlossen wurde, ging Briesmann nach Frankfurt/Oder, wo er sich unter dem Rektor Dr. theol. Andreas Musculus immatrikulierte[5]; man darf vermuten, dass er seinem Lehrer Hieronymus Schürpf vorausgegangen ist, der 1547 folgte[6]. Hier wird auch nachträglich seine Promotion zum JUD vermerkt. 1553 finden wir Briesmann als königlichen Appellationsrat in Prag in habsburgischen Diensten, er nimmt 1554 an der Fränkischen Einung in Rothenburg ob der Tauber teil, desgleichen 1554 am Fränkischen Rittertag in Mergentheim[7]. König Ferdinand I. setzte 1555 für die Werbung zum Besuch des Reichstages von Regensburg 1556/57 Gesandte ein, darunter Briesmann, der für die Werbung in Kurbrandenburg, Brandenburg-Küstrin, Magdeburg und bei Herzog Heinrich II. von Braunschweig zum Einsatz kam[8]. 1561 erscheint Briesmann als kaiserlicher Rat und Rat des Kurfürsten von Brandenburg. Paul Briesmann war verheiratet; der 1573 an der Universität Frankfurt/Oder immatrikulierte *Christophorus Brisemannus Pragensis filius doctoris*[9] ist vermutlich sein Sohn.

Beziehungen zwischen Rheticus und Briesmann sind anzunehmen; Rheticus kommt für das WS 1536/37 bis zum SS 1538 sowie im WS 1541/42 als Lehrer in Frage; danach könnten sie sich noch einmal 1553 in Prag getroffen haben.

Brombeiss, Matthäus, 1517 – ?

1 Scheible, MBW, Bd. 11, Personen, 2003, S. 219. | 2 Über ihn Scheible, MBW, Bd. 11, Personen, 2003, S. 218 f. | 3 Förstemann 1841, Bd. 1, S. 162b. | 4 Köstlin 1890, S. 14. | 5 Friedländer 1887. Bd. 1, S. 96b. | 6 Höhle 2002, S. 540-546. | 7 Pflüger, Christine, Vertreulich communiciren und handeln, Die kommissarisch entsandten Räte König Ferdinands als königliche Autoritätsträger, in: Baumann, Anette (Hg.), Reichspersonal: Funktionsträger für König und Reich, Köln: Böhlau. 2003, S. 305. 318. | 8 Leeb, Josef, Deutsche Reichstagsakten, Der Reichstag zu Regensburg 1556/57, München: Oldenbourg, 2013, S. 85, besonders auch S. 149, Anm. 91 (Audienz vom 11. Februar 1557). | 9 Friedländer 1887. Bd. 1, S. 232a.

Brombeiss, Matthäus, 1517 – ?

Matthäus (Matthias) Brombeiss (Brombis, Bronbis, Bronbysius), geboren 1517 in Lindau, Sohn des Gregor Brombeiss und der Elisabeth Benz, gestorben in Lindau, luth., Theologe[1].
Am 25. Mai 1534 reiste Brombeiss, mit einem städtischen Stipendium versehen, von Konstanz aus gemeinsam mit Ulrich Bodmer und Matthias Schenck (aus Konstanz, * 1517) über Zurzach und Basel mit dem Schiff nach Straßburg, wo am 8. Juni Hans Hecht, Helfer an Jung St. Peter, als Praeceptor ihre Betreuung übernahm. Am 9. August 1538 gehörte Brombeiss zu den Mitbegründern der Stadtbibliohek Lindau[2]. Im April 1539 wurde Brombeiss in Wittenberg immatrikuliert[3]. Gemeinsam mit seinem Landsmann Johannes Marbach promovierte er 1539 unter dem Dekan Johannes Sachse zum Bacc. art.[4]. Brombeiss suchte sein weiteres Studium finanziell abzusichern, wobei ihm Melanchthon zu Hilfe kam. Er schrieb am 28. September auf die Bitte von Brombeiss an den Schulmeister Kaspar Heldelin in Lindau, dieser möge ihn der Lindauer Bürgerschaft empfehlen; es ist allerdings offen, ob statt Brombeiss Matthias Rodt gemeint war. Das Stipendium sei gut angelegt, bestätigte Melanchthon, Brombeiss sei in den Wissenschaften ziemlich glücklich fortgeschritten; er sei bereits fähig, den Schuldienst zu versehen[5]. Zwei Jahre später am 15. September 1541 erwarb Brombeiss zugleich mit seinem Freund Rodt unter dem Dekan Johannes Marcellus den Grad eines Mag. art. (11. Rang von 21 Kandidaten)[6]. Brombeiss wurde am 14. Dezember 1541 von Bugenhagen ordiniert und zum Pfarramt nach Grunau (Ortsteil von Laußig, Lkr. Nordsachsen) unter Asmus Spiegel (1500-1551, kursächs. Rat) bestimmt[7]. Vor 1549 wurde er Pfarrer in Krippen (Bad Schandau, Lkr. Sächsische Schweiz-Osterzgebirge). 1553 berief er den Schulmeister Burchard Oettel[8]. Sonst ist über seine Amtsführung wenig bekannt, außer dass er einen Garten aus dem ehemaligen Pfarrgut zu Naundorf (Lkr. Nordsachsen) kaufte und gegen eine andere Besitzung tauschte. Am 22. Juni 1558 wurde Brombeiss nach dem Tod von Jeremias Lins auf dessen Stelle nach Lindau berufen, schon bald darauf aber wieder entlassen, da seine Predigten der Gemeinde nicht gefielen[9].

Brombeiss bezeichnete sich 1541 anlässlich seiner Magisterpromotion als *Rheticus*. Er konnte aber bei Rheticus wegen dessen Abwesenheit keine Vorlesungen gehört haben. Vermutlich sind sich Brombeiss und Rheticus im Herbst 1541 in Wittenberg aber doch als »Landsleute« persönlich begegnet. Über Heldelin und Gasser sowie auch über Marbach und Matthäus Rodt bestand sogar eine besonders enge Beziehung, die ihren Ausdruck darin fand, dass Marbach, Brombeiss und Rodt sich den Beinamen *Rheticus* zulegten.

1 Geissler 1829, S. 210. | 2 Wolfart 1909, Bd. 1/1, S. 405. | 3 Förstemann 1841, Bd. 1, S. 174b. | 4 Köstlin 1890, S. 6. | 5 Scheible, MBW Regg. 2, S. 466, Nr. 2284; CR III, Sp. 785 f. | 6 Köstlin 1890, S. 13. | 7 Buchwald 1894, S. 23, Nr. 363. | 8 Geissler 1829, S. 210. | 9 Schulze 1971, S. 168 f.

Bromm, Nikolaus, 1517 – 1587

Nikolaus (Claus), Bromm (Bromme, Brun, Bromius, Brumius), geboren 1517 in Frankfurt/Main, gestorben am 30. September 1587 in Frankfurt/Main, luth., Ratsherr[1].
Sohn des Patriziers, Ratsherrn und Bürgermeisters Hans Bromm (1486-1536) und der Lisa von Rückingen. Er immatrikulierte sich gemeinsam mit seinem Landsmann Stephan Herden im Studi-

enjahr 1532/33 an der Universität Basel². Am 11.März 1535 treffen wir ihn in Tübingen. Im WS 1536/37 wechselte er nach Wittenberg³. 1538 benennt ihn Lemnius in seiner *Apologia* als Zeugen für sein ehrenwertes Betragen⁴. Bromm hatte im Haus Melanchthons gewohnt und hinterließ dort bei seiner Abreise 1538 sein Wappen (ebenso wie Georg von Stetten). Als er 1538 über Nürnberg nach Italien reiste, empfahl ihn Melanchthon dem Veit Dietrich. 1539 hielt er sich in Padua auf. 1540 heiratete er Anna Rauscher, die Ehe blieb kinderlos. Bromm wird häufig in Melanchthons Briefwechsel genannt⁵. 1546 wurde er Ratsherr in Frankfurt, 1554 jüngerer Bürgermeister und Scholarch. Am 6. November1553 wurde in Brüssel den Brüdern Johannes, Nikolaus, Daniel, Kraft und Hieronymus ein Wappenbrief ausgestellt⁶. 1557 beherbergte er Melanchthon in seinem Frankfurter Haus⁷. 1558 musste er wegen übermäßiger Verschuldung seine öffentlichen Ämter niederlegen.

Beziehungen zu Rheticus darf man für alle vier Brüder Crato⁸, Daniel⁹, Jeremias¹⁰ und Nikolaus annehmen. Im Rahmen der von Gugler nach Rheticus aufgezeichneten astrologischen Vorlesung *In astrologiam annotata* erscheint auch eine Nativität von Nikolaus Bromm¹¹.

1 Scheible, MBW, Bd. 11, Personen, 2003, S. 220. | **2** Wackernagel 1956, Bd. 2, S. 1, Nr. 3. | **3** Förstemann 1841, Bd. 1, S. 164a. | **4** Mundt 1983, Bd, 1, S. 273; Bd. 2, S. 189-191. | **5** Vgl. Scheible, loc. cit., wo alle betreffenden Stellen aufgeführt sind. | **6** Franck 1967, Bd. 1, S. 131. | **7** Von Schade 1981, S. 93-95. | **8** Scheible, MBW, Bd. 11, Personen, 2003, S. 220; Förstemann 1841, Bd. 1, S. 172a (imm. SS 1538). | **9** Scheible, MBW, Bd. 11, Personen, 2003, S. 220; Förstemann 1841, Bd. 1, S. 172a (imm. SS 1538). | **10** Scheible, MBW, Bd. 11, Personen, 2003, S. 220; Förstemann 1841, Bd. 1, S. 186a (imm. WS 1540/41). | **11** NB Paris, Ms. lat. 7395, Bl. 330; Kraai 2003, S. 49.

Brotbeihel, Elias

Elias (wohl fehlerhaft: Gelius) Brotbeihel, geboren in Kaufbeuren?, gestorben in?, luth., Magister, Schulmann¹.
Der Studiengang von Elias Brotbeihel ist noch nicht geklärt. 1552 bewirbt er sich vergeblich um eine Anstellung am Gymnasium St. Anna in Augsburg. Noch im gleichen Jahr 1552 ging er als Lehrer nach Ulm, wo er anscheinend noch 1562 tätig war.

Werke: *Practica Teütsch auff daß M.D.liij.Jar* (Ulm: Hans Varnier, 1552, lat. Epigramm von Salomon Milaeus, Widmung an Bürgermeister und Rat der Stadt Ulm, undatiert)²; *Prognostication auf das M.D.liiij. Jar* (Dillingen 1553)³; *Practica Teutsch auf 1563* (Ulm: Hans Varnier, 1562)⁴.

1 http://thesaurus.cerl.org/record/cnp01117523. | **2** VD 16 B 8394; Zinner ²1964, S. 235, Nr. 2299. | **3** VD 16 B 8395; Zinner ²1964, S. 460, Nr. 2079a. | **4** Zinner ²1964, S. 235, Nr. 2299.

Brotbeihel, Jeremias

Jeremias (Hieremias) Brotbeihel (Brothbeyell, Brodtpeihel, *Arthothomus Astrophebus Emptipolianus*, **Artotomus von griech. αρτος = Brot, τόμος = Schnitte; Astrophebus, von griech. ἄστρον = Stern, griech. ἥβη = Jugend, Emptipolitanus, von lat. emptio = Kauf, und griech. πόλις = Stadt), geboren in Kaufbeuren (Schwaben), gestorben ?, luth., Schulmann¹.**
Wenn als Schaffensperiode Brotbeihels der Zeitraum 1529-1562 genannt wird, so bedarf das einer Erläuterung insofern, als seine beiden ersten Praktiken von 1529 und 1530 wohl in der Hauptsache vom Vater erarbeitet wurden; Jeremias war dazu wohl noch zu jung. Es war aber üblich, dass ehrgeizige Väter und Lehrer die Jungen schon im Knabenalter öffentlich auftreten und auch publizieren ließen. Immerhin war das eine gute Schulung. Danach hat Jeremias dann auch zwanzig Jahre nichts mehr publiziert und erst nach dem Tod seines Vater wieder damit begonnen. Jeremias Brotbeihel studierte 1537 in Ingolstadt und immatrikulierte sich am 3. August 1541 an der Universität Hei-

delberg, wo er auch am 18. Juni 1544 zum Bacc. art. promovierte. Er versah 1548 und 1550 den Schuldienst in Miltenberg (Unterfranken, Bayern). Um diese Zeit begann er als Astrophebus, Astrophilus[2] bzw. *Freyer Natürlicher Künsten Liebhaber* mit der Publikation von Practica. Später führt auch den Titel eines Magisters der Philosophie. In der Practica auf 1561 hat Jeremias Brotbeihel sein Wappen mit der Jahrzahl 1560 abgebildet, das jedoch nicht genau dem seines Vaters entspricht. Auch den Wahlspruch seines Vaters *Ich halts mittel* hat er abgewandelt in *Ich halts mit Got Egomai to theo*.

Werke[3]: *Practica deutsch auf das 1529*[4]; *Practica deutsch auf das 1530. Jahr* (Augsburg: Heinrich Steiner, 1529)[5]; *Practica Teutsch auff das 1549. Jar* (Frankfurt/Main zum Bart: Kyriak Jakob, 1548; Widmung an den Erzbischof von Mainz Sebastian Heusenstamm, Miltenberg, 23. April 1548)[6]; Practica auf 1550[7]; *Practica Teutsch auf das 1551. Jar*, Druck 1550[8]; *Practica Duedsch vp dat Jar vnsers Herrenn M.D.LJJ.* (Dortmund: Philipp Maurer, 1551)[9]; Wandkalender für 1552 (Zürich: Christoph Froschauer, 1551)[10]; *Kurzer Unterricht, wie sich der Mensch zu jeder Zeit des Jahres leibpflegen soll*, 1551[11]; *Laßbüchlin sampt der schrybtafel*, 1551[12]; Wandkalender für 1554 (Speyer, 1553)[13]; *Practica Teutsch auff das 1556. Jar* (Druck 1555); *Practica Teutsch auff das M.D.LX. Jar* (Dillingen: Sebald Mayer, 1559[14]; *Practica Teütsch Auff das 1561. Jar* (Druck 1560, mit einem lat. Epigramm *Commendatio* des Autors von Hartmann Schopper, Widmung an Graf Ludwig Eysenburg zu Budingen, Mainz, 5. Januar 1560)[15]; *Kalender auf das Jahr M.D.LXI. Jar* (Dillingen: Sebald Mayer, 1560[16]; Practica Teutsch auf 1562 (Dillingen: Sebald Mayer, 1561)[17]; *Practica Teutsch auff das Jar 1563* (Dillingen: Sebald Mayer, 1562)[18]; ungeklärt ist vorerst die Autorschaft eines Manuskripts *Cronnica des hochloblichen Ertzstifft Saltzburg*, 1562, das u.a. auch Elias bzw. Jeremias Brotbeihel zugeschrieben wird.

Ein besonders bemerkenswertes Stück ist Jeremias Brotbeihels Kalender für 1561. Augustin Güntzer, der Besitzer dieses Kalenders, hat sein Exemplar Monat für Monat mit den Voraussagen des Nostradamus ergänzt, die als unfehlbar galten. Handschriftlich hat Güntzer auf dem Titelblatt festgehalten: *Et in singulos dies Michaelis dies Nostradamj praedictiones*. Der Kalender wurde von Augustin Güntzer seiner handschriftliche Übersetzung von *Michaelis Nostradami Salonensis prognosticon anni 1561* beigebunden (aus dem Französischen ins Lateinische übersetzt) und mit der Bemerkung versehen *in quod Augustinus Güntzer inscripsit Nostradami in singulos dies praedictiones*. Hier wird der Geist von Rheticus greifbar; denn es waren seine Schüler, die den Nostradamus für Deutschland entdeckt haben, zuerst Joachim Heller (1554), dann Hieronymus Wolf und sein Bruder Heinrich Wolf. Jeremias Brotbeutels Vater und sein Bruder Elias Brotbeihel hatten sich, wenn auch vergeblich, um eine Stelle am St. Anna-Gymnasium in Augsburg beworben, dessen Direktor 1557 bis 1580 Hieronymus Wolf gewesen ist.

1 http://thesaurus.cerl.org/record/cnp01117524; | 2 Zinner ²1964, S. 60. | 3 Green 2012, S. 162. | 4 Exemplar in: StSB Augsburg. Nicht in VD 16, nicht bei Zinner; Green 2012, S. 162. | 5 VD 16 B 8396; Zinner ²1964, S. 169, Nr. 1376; Green 2012, S. 162; vgl. auch S.125. | 6 VD 16 B 8397; Zinner ²1964, S. 211, Nr. 1953; BSB München, digital. | 7 Zinner ²1964, S. 213, Nr. 1981. | 8 VD 16 B 8398; Zinner ²1964, S. 215, Nr. 2010; Google Books, digital. | 9 VD 16 B 8399; Zinner ²1964, S. 217, Nr. 2041; ULB Münster, digital. | 10 Zinner ²1964, S. 217, Nr. 2040. | 11 VD 16 ZV 2545. | 12 VD 16 ZV 2545. | 13 Zinner ²1964, S. 220, Nr. 2080. | 14 VD 16 B 8400; Zinner ²1964, S. 229, Nr. 2211. | 15 VD 16 B 8401 und 8402. | 16 VD 16 ZV 2544; Exemplar in: BSB München, digital | 17 VD 16 ZV 25774; Zinner ²1964, S. 461, Nr. 2277c; Green 2012, S. 162. | 18 VD 16 B 8403; Green 2012, S. 162.

Brotbeihel, Matthias, † 1548

Matthias Brotbeihel (Brotbeyhel, Brotbeyhl, Brothbyehell, Brotbüchel, Prodtpeihel, Protpeichel), geboren in Kaufbeuren (Schwaben), gestorben am 3. Januar 1548 in Augsburg, luth., Schulmann, Astronom, Dramatiker, Musikus[1].

Matthias Brotbeihel begann sein Studium an der Universität Ingolstadt, wo er sich 1512 immatrikulierte und 1518 zum Magister artium promovierte. Im Anschluss daran wurde er Schulmeister an der Pfarrschule St. Ulrich in Augsburg. Um diese Zeit darf man auch seine Verehelichung annehmen. Er unterrichtete dann in Kaufbeuren, danach wurde er 1531 am bayerischen Hof in München bestallt, er wirkte zunächst in Freising (Oberbayern) als Präzeptor der jungen Knaben in der herzoglichen Kantorey, und war 1534 bis1535 Schulmeister in München[2]. In Brotbeihels *Practica* auf 1535 nennt er sich *Mathematicus vnd Ordinarius der Vniversiteit Heydelberch*[3]. Handelt es sich hier allein um eine werbewirksame Maßnahme, um die Verkaufszahlen zu erhöhen? Es fällt schwer daran zu glauben, dass Brotbeihel wirklich ordentlicher Professor der Mathematik in Heidelberg gewesen ist, zumal er auch im *Heidelberger Gelehrtenlexikon* von Dagmar Drüll keine Berücksichtigung gefunden hat. Allerdings bleibt auf die Beziehungen Brotbeihels zu dem Kurfürsten Ottheinrich von Pfalz hinzuweisen; zumindest hätte ihm der Kurfürst ein Versprechen in dieser Richtung geben können, das dann vorschnell in den Titel der *Practica* aufgenommen wurde. Auch ist zu beachgten, dass Brotbeihels Sohn Jeremias 1541 bis 1544 in Heidelberg studiert hat. Am 15. Mai 1541 erhielt Matthias Brotbeihel zu Regensburg einen kaiserlichen Wappenbrief[4]. 1543 verlor er die Gunst des Herzogs Wilhelm von Bayern. 1543 besuchte er den Bischof von Konstanz auf Schloss Meersburg (Bodenseekreis). Er fand schließlich Zuflucht in Augsburg, wo er sich 1547 vergeblich um eine Schulmeisterstelle am Gymnasium St. Anna bewarb. Brotbeihel war, wie das für einen Schulmann kaum anders möglich war, verheiratet. Auch seine Söhne Jeremias und Elias traten nach Studien in den Schuldienst und befassten sich mit der Herausgabe von Practiken.

Werke: Brotbeihel war der Verfasser einer großen Zahl von Praktiken, Kalendern mit Wetterprophezeiungen, Kometenschriften und anderen astronomischen und astrologischen Traktaten sowie auch volkstümliche Dramen, unter denen vor allem zu erwähnen ist *Ein künstliches kurtzweylig spil von abbyldung der vnzüchtigen leichtsinngen weibern* ... (Augsburg: Heinrich Steiner, 1541)[5]. Seit 1526 folgte regelmäßig eine *Practica Teutsch auff das 1526. Jar*[6] von Jahr zu Jahr weitergeführt. Dazu bietet Jonathan Green einen vollständigen Überblick der 25 Belege mit den Druckorten Augsburg, Bamberg, Nürnberg, Köln, Zürich enthält[7].

Ziemlich am Beginn seiner astronomischen Traktate steht eine Beschreibung des Halleyschen Kometen, mit der sich Brotbeihel in der Gesellschaft von Gasser, Paracelsus, Apian, Carion, Gemma Frisius, Vögelin in Wien, und Michael von Vislicza in Krakau befand[8]: *Bedeutung des vngewonlichen gesichts, so genent ist ein Comet* (o.O., 1531)[9]. Es folgt die Beschreibung des Kometen von 1532 *Bedeutung des ungewöhnlichen Gesichts, so genannt ist ein Komet, welcher nach dem abnehmenden Viertel des Monds am Tag Ruperti und davor nicht weit vom Mond im Zeichen des Löwen ... gesehen worden* (Augsburg 1532)[10]; dann die des Kometen von 1533 *Auszlegung mit grund der gechrifft Des erschrockenlichen Cometen, so im Jar M.D.XXX.III am XXVII. tag des Hewmonats vmb zwu vr nach mittnacht gesehenwoden ist* (Augsburg 1533)[11]; zuletzt beschribt Brotbeihel den am 5./6. Mai 1539 gesehenen Kometen unter dem Titel *Von dem neulichsten ... 1539 gesehenen Cometen Urteil* (o.O., o.J.)[12]. In der Richtung dieser Kometenschriften liegt auch noch der Traktat *Der dreyer Sonnen mit jren Regenbogen vnd ringen beschreibung, so im M.D.xlj. Jar am iiij Tag Winttermons ob der Statt Ballingen ... erschinen* (Augsburg: Heinrich Steiner, 1541)[13].

Die *Practica* Brotbeihels fanden auch im Ausland Beachtung und wurden ins Englische und ins Italienische übersetzt: *A prognostycacyon anno 1545* (London: Grafton, 1545); *Prognostico sopra la dispositione de l'anno 1548, composto per lo eccellente astrologo M. Mathio Brottbeychel Allemano* (Rom: Hieronimo de Cantulari, 1547). Die Schrift über die drei Sonnen wurde auch ins Spanische übersetzt: *Falsos soles y halos vistos en 1541*[14].

1 http://thesaurus.cerl.org/record/cnp01025752; ROTH, Friedrich, Die Lebensgeschichte des Matthias Brotbeihl, in: Oberbayerisches Archiv für vaterländische Geschichte 54 (1909), S. 286-289. | **2** Vgl. FLEISCHER-SCHUMANN, Jürgen, Einblicke in die Münchner Schulgeschichte, S. 63. | **3** VD 16 B 8418. | **4** FRANK 1967, Bd. 1, S. 132. | **5** VD 16 B 8412. | **6** VD 16

ZV 23331. | **7** Green 2012, S. 162 f. | **8** Kokott1994, S. 49. | **9** Freitag 1984, S. 60, Nr. 365; Zinner ²1964, S. 172, Nr. 1430; VD 16 B 8407 und 8408; Kokott 1994, S. 49, 106 f. | **10** VD 16 B 8407; Zinner ²1964, S. 176, Nr. 1481; BSB München, digital. | **11** Zinner ²1964, S. 179, Nr. 1520; BSB München, digital. | **12** VD 16 B 8428; Zinner ²1964, S. 193, Nr. 1710;BSB München, digital; Kokott 1994, S. 55, 108. | **13** VD 16 B 8411 und 8412. | **14** www.ikaros.org.es/perspectivas/ci/refraccion.htm

Brotuff, Ernst, 1497–1565

Ernst Brotuff (Protuff, Brodauf, Brothoff, Brottuffius), geboren 1497 in Frankenstein (Lkr. Mittelsachsen), später Bürger von Merseburg (Saalekreis, Sachsen-Anhalt), luth., Jurist, Chronist[1].
Ernst Brotuff d.Ä., immatrikuliert im SS 1513 in Leipzig[2], dann am 18. Mai 1515 in Wittenberg[3], aus Frankenstein (Lkr. Mittelsachsen), später Bürger von Merseburg, war ein wenig kritischer Historiker, der 1516-1525 als Schreiber im Kloster St. Peter in Merseburg begann, dann Rat und Advokat, nach seinem Übertritt zur Reformation 1543 Syndikus von Naumburg, 1544/45 unterstützte er Antonius Musa bei einer Visitation[4], 1550/51 war er Verwalter (*oeconomus*) von Schulpforta, 1552 Syndikus von Merseburg und zuletzt Bürgermeister daselbst; er gab mehrere Chroniken heraus[5], u.a. *Die Historia Viperti deutsch* (Leipzig 1520), eine Chronik von Merseburg (Bautzen: Nikolaus Wolrab, 1556) und eine Chronik der Fürsten von Anhalt (Leipzig: Jakob Berwald in der Niklasstraße, 1556), mit einem Vorwort von Melanchthon[6].

1 Schöttgen, Christian, Nachricht vom Leben Ernst Brotuffs, Dresden 1745 (SLUB Dresden, digital); Wegele, Franz Xaver, in: ADB 3 (1876), S. 365 f.; Scheible, MBW, Bd. 11, Personen, 2003, S. 221; Hecht, Michael, Ernst Brotuff - Chronist des anhaltischen Fürstenhauses im 16. Jahrhundert, in: Mitteilungen des Vereins für anhaltische Landeskunde 15 (2006), S. 67-78. | **2** Erler, Bd. 1, S. 527, M 6, mit der Herkunft Frankenstein. | **3** Förstemann 1841, Bd. 1, S. 56b, mit der Herkunft Frankenstein. | **4** Clemen/Koch 1584, Bd. 4, S. 61-116. | **5** VD 16 B 8431-8436. | **6** Google Books, digital.

Brotuff, Ernst, d.J.

Ernst Brotuff d. J. geboren vermutlich in Merseburg (Saalekreis, Sachsen-Anhalt), gestorben nach 1559, luth., angehender Jurist (mehr nicht ermittelt).
Der Sohn von Ernst Brotuff d.Ä.[1] wurde am 27. März 1540 zum *Tonsurista* geweiht[2], strebte also eine geistliche Karriere an. Nach dem Besuch von Schulpforta immatrikulierte er sich im WS 1545/46 unter dem Rektor Leonhard Badehorn an der Universität Leipzig[3]. Er gehörte der Meißner Nation an. Im WS 1548/49 wurde er nach dem 21. März 1549 unter dem Dekan Rheticus von Magister Ambros Borsdorfer zum Bacc. art. promoviert[4]. Später widmete er sich dem Rechtsstudium und promovierte 1559 zum Bacc. iur. utr., im Kirchenrecht bei Thoming, im weltlichen Recht bei Valerius Pfister[5]. Er hatte zwei Brüder, von denen sich Christoph im WS 1553 in Leipzig einschrieb[6], Georg später als Magister und Kandidat der Rechte in Bautzen lebte[7].
Beziehungen zwischen Rheticus und Brotuff bestanden in den Jahren 1548 bis 1551. Brotuffs Promotion zum Bacc. art. fand unter dem Dekanat von Rheticus statt, er musste für die Prüfungen zum Bakkalaureat und zum Magister die Vorlesungen von Rheticus hören. Für Rheticus musste Brotuff von besonderem Interesse sein, da dessen Vater Historiker und mit Melanchthon verbunden war.

1 Schöttgen 1745, S. 3. | **2** Buchwald 1926, S. 174. | **3** Erler, Bd. 1, S. 657, M 34. | **4** Erler, Bd. 2, S. 705. | **5** Ebenda, S. 65. | **6** Ebenda, S. 697, M 36. | **7** Schöttgen 1745, S. 3.

Brucaeus, Heinrich, 1530–1593

Heinrich (Henricus) Burcaeus (Broncus, niederl. Hendrik van den Brock), geboren in Aalst (Ostflandern, Belgien), gestorben am 4. Januar 1593 in Rostock, kath., zuletzt luth., Mathematiker und Astronom, Arzt, Universitätsprofessor für Medizin[1].

Brucaeus war der Sohn eines Ratsherrn seiner Heimatstadt Aalst. Nachdem er die Schule in Gent (Ostflandern) besucht hatte, studierte er drei Jahre in Paris, wo er Schüler von Petrus Ramus wurde. Weitere sieben Jahre studierte Brucaeus in Bologna, wo er am 10. November 1558 zum Dr. med. promovierte[2]. Er wurde zunächst praktischer Arzt, auch Ratsherr, in Aalst. Um 1567 wurde er im fürstlichen Kolleg in Rostock Professor für Medizin und höhere Mathematik (Astronomie), auch herzoglicher Leibarzt. 1568 war er Dekan der medizinischen Fakultät, 1569, 1575, 1581 und 1587 Rektor Magnificus. Berufungen nach Brandenburg, Dänemark, Lübeck und Lüneburg lehnte Brucaeus ab.

Werke (in Auswahl)[3]: *Libri III de motu primo et institutiones sphaerae* (Rostock 1570)[4]; *De motu primo libri III* (Rostock: Jakob Lucius, 1573[5], ²1578[6], ³1585[7]); *Mathematicarum exercitationes* (Rostock: Lucius, 1575)[8]; *Propositiones de scorbuto* (Rostock: Lucius, 1576); Aratus, *Phaenomena*, hg. v. Heinrich Brucaeus (Rostock: 1579)[9]; *De motu primo libri III*, hg. v. Erasmus Stockmann (Rostock: Stephan Myliander, 1604)[10]; *Musica theorica Henrici Brucaei*, hg. v. Joachim Burmeister (Rostock: Reusner, 1609)[11].

Brucaeus war verheiratet und hatte wenigstens eine Tochter Anna. Er starb unter Hinterlassung eines Testaments (Etwas 1740, S. 622). Heinrich Hoier hielt ihm einen lat. Nachruf in gebundener Form *Exequiae ... Henrico Brucaeo Belgae factae* (Rostock: Myliander, 1593)[12]. Aus Belgien hervorgegangen, lernte und lehrte Brucaeus in Frankreich, Italien und Deutschland; Brucaeus war somit in wahrem Sinn ein europäischer Gelehrter. Er beherrschte die Logik, Geographie, Astronomie, Physik sowie die Medizin. Mehr als ein *homo trilinguis* humanistischer Prägung war er ein πολύγλωττος, der das Niederländische, Hoch- und Niederdeutsche, Französische und Italienische beherrschte. Brucaeus war ein Gegner des Paracelsus und auch der Astrologie, weil der Glaube an die siderischen Einflüsse das ethische Verhalten negativ beeinflusse. Brucaeus unterhielt einen Briefwechsel mit Tycho Brahe, den er auch um 1566/68 persönlich in Rostock kennengelernt hatte.

Beziehungen zwischen Rheticus und Brucaeus sind nicht anzunehmen, wohl auch keine brieflichen. Als Brucaeus seine Karriere in Rostock begann, stand Rheticus kurz davor, von Krakau nach Kaschau zu ziehen. Brucaeus benützte Kopernikus für seine Arbeiten. Er übernahm auch einen Abschnitt aus *De revolutionibus* (aus dem 14. Kapitel *De triangulis sphaericis*) in seine *De motu primo libri III*. Auch erwähnte Brucaeus in seiner Übersicht über die Astronomiegeschichte Kopernikus als Erneuerer der Hypothesen des Aristarch[13]. Es gibt jedoch keinen Hinweis, darauf, dass Brucaeus das heliozentrische System anerkannt hätte[14]. Erwähnt sei noch, dass das Manuskript von Kopernikus' *Commentariolus* in Abschriften von Rheticus an Hajek, von diesem an Brahe, von diesem an Brucaeus und von diesem an den schottischen Mathematiker Duncan Liddel (1561-1613) übergegangen ist[15]. In dem erwähnten geschichtlichen Überblick wird auch Rheticus genannt: *Ioachimus Rheticus cuius canon extat de triangulis*. Vielleicht geht dieser Hinweis auf seinen Lehrer Ramus zurück, der dieses Buch mehrfach gelesen hat und Anlass dafür war, Rheticus nach Paris zu berufen.

1 Hamel, Jürgen, Der Nachdruck eines Kapitels des Hauptwerkes von Nicolaus Copernicus durch Heinrich Brucaeus, Rostock 1573, in: Beiträge zur Astronomiegeschichte 8 (2006), S. 19-36; Krabbe 1854, Bd. 2, S. 708-712. | 2 Bronzino 1962, S. 55. | 3 Ausführliche Bibliographie bei Hamel 2006, S. 32-35. | 4 Zinner ²1964, S. 248, Nr. 2517; BSB München, digital. | 5 Ebenda, S. 253, Nr. 2607; BSB München, digital. | 6 Ebenda, S. 265, Nr. 2808; BSB München, digital. | 7 VD 16 B 8440; ULB Sachsen-Anhalt Halle, digital. | 8 VD 16 B 8437; ULB Sachsen-Anhalt Halle, digital. | 9 Zinner ²1964, S. 269, Nr. 2876. | 10 Zinner ²1964, S. 329, Nr. 3981; BSB München, digital. | 11 VD 17:1:643633W. | 12 VD 16 ZV 18607; BSB München, digital. | 13 Brucaeus, De motu primo libri III, Ausgabe von Stockmann, 1604, BSB München,

digital, Scan 342. | **14** Hamel 2006, S. 28. | **15** Gingerich 2002, S. 268 (mit weiteren Literaturhinweisen); Rosen/Hilfstein 1992, S. 77 f.

Brückner, Johannes, 1515–1572

Johannes Brückner (Pontanus), geboren um 1515 in Eisleben (Lkr. Mansfeld-Südharz, Sachsen-Anhalt), gestorben am 9. Juli 1572 in Wien (auf einer Dienstreise), luth., Arzt, Alchimist[1].
Der Sohn eines Hüttenmeisters und Ratsherrn immatrikulierte sich an der Universität Wittenberg im WS 1534/35[2]. Am 15. September 1541 promovierte er unter Marcellus zum Mag. art.[3], wobei er den 9. Rang unter 21 Kandidaten erreichte; Mitbewerber waren u.a. Hieronymus Schreiber (2. Rang), Johannes Brettschneider (3. Rang), die Lindauer Brombeiss und Matthias Roth (11. und 15. Rang). 1544/45 war Brückner Professor an der Artistenfakultät in Königsberg. Er ging zur Fortsetzung seiner Studien nach Italien, wo er in Padua im Oktober 1552 zum Dr. med. promovierte und als Professor für Medizin und Physik nach Königsberg zurückkehrte. Er wurde Taufpate bei Georg Sabinus. Im WS 1552/53 war er Rektor Magnificus. Brückner wurde, wie auch Bartholomäus Wagner, vor November 1553 amtsenthoben und verließ im Juli 1554 als Gegner Osianders Königsberg[4]. 1558 wurde er Professor der Medizin in Jena und Leibarzt von Herzog Johann Friedrich dem Mittleren von Sachsen in Gotha und Johann Wilhelm in Weimar.

Werke: *Einfeltiger vnd gar kurtzer bericht, was man in den schweren Pestilentz leufften gebrauchen sol*[5] (in: Johannes Wittich, *De conservanda valetudine. Das ist: Von erhaltung menschlicher gesundheit*, Leipzig: Johannes Steinmann, 1587, unpag. Anhang [dt. Übers. des Buches von Heinrich Rantzau, *De conservanda valetudine*, Leipzig 1576])[6]; *Methodus componendi theriacam et praeparandi ambram factitiam* (in: Johannes Wittich, *Consilia, observationes atque epistolae medicae*, Leipzig: Henning Groß, 1604[7].

Beziehungen von Johannes Brückner, nicht zu verwechseln mit Johannes Pontanus, dem Sohn des Kanzlers Brück (imm. SS 1532[8]), zu Rheticus sind anzunehmen. Beide waren bis 1536 Kommilitonen, danach war Brückner Schüler von Rheticus. Vermutlich hat Rheticus die Magisterpromotion von Brückner mitgefeiert, mit der sie bis zum Frühjahr 1542 Kollegen wurden. Nicht zu vergessen ist auch die Schwester Klara Brückner, die Matthäus Ratzenberger ehelichte. Rheticus teilte mit Brückner das Interesse für die Alchemie.

1 Günther 1858, S. 116; Scheible, MBW, Bd. 11, 2004, S. 224. | **2** Förstemann 1841, Bd. 1, S. 155b. | **3** Köstlin 1890, S. 13. | **4** Stupperich 1973, S. 122, 344, 360. | **5** VD 16 P 4230, Pontanus, Tractatus de peste. | **6** VD 16 R 230; ULB Halle digital; vgl. Hafemann 1956, S. 65 f. | **7** Hafemann 1956, S. 69. | **8** Förstemann 1841, Bd. 1, S. 146a.

Brusch, Johannes

Johannes (Hans) Brusch, geboren um 1488 in der Reichsstadt Eger (tschech. Cheb, Karlovarský kraj), gestorben 1568 in Pettendorf (Lkr. Regensburg, Oberpfalz).
Der Bürger und Schuster in Eger war der Vater von Kaspar Brusch. Dieser war, wie Brusch mitteilt, sein *filius unicus* (einziger Sohn). Seine Mutter Barbara, Tochter von Kaspar Kurtzel, verwitwete Torffler, hatte Brusch bereits im Alter von zwei Jahren verloren; sie war 1520 in Schlaggenwald (tschech. Horni Slakov, Karlovarský kraj) an der Pest erkrankt und in Eger gestorben. Sie wurde in der St. Nikolauskirche in Eger beigesetzt, wo Kaspar Brusch 1541 ihr Grab besuchte. Der Vater hatte in zweiter Ehe in zweiter Ehe Veit Davids Witwe geheiratet, die Brusch die Mutter ersetzte. Der Vater hatte sein Schusterhandwerk aufgegeben und betrieb einen Handel mit Schleiern und anderen Kaufmannswaren, auch mit Büchern. 1529 war er nach Wunsiedel (Lkr. Wunsiedel im Fichtelgebirge, Oberfranken, Bayern) gezogen und dort Bürger geworden. Kaspar Brusch hat seinen Vater und seine Stiefmutter sehr geliebt. Dem Vater widmete er seine *Querela afflictae Germaniae*

(1541), die auf die Verluste im Türkenkrieg Bezug nimmt, der die Menschen in dieser Zeit sehr beschäftigt hat. Rheticus hat sehr wahrscheinlich im Leipziger Freundeskreis von Kaspar Brusch auch dessen Vater kennengelernt.

Brusch, Kaspar, 1518–1557

Kaspar (Gaspar) Brusch (Bruschius, Prusch), geboren am 19. August 1518[1] in Schlaggenwald (tschech. Horni Slakov, Karlovarský kraj), ermordet am 20. November 1557[2] zwischen Rothenburg ob der Tauber und Windsheim, beigesetzt in der Pfarrkirche von Steinbach (Ortsteil von Rothenburg ob der Tauber, Lkr. Ansbach, Mittelfranken), luth., Humanist, Schulmann, Musikus[3], neulat. Dichter, Poeta laureatus, Hofpfalzgraf, Historiker, Theologe[4].

Kaspar Brusch, Sohn des Schusters und Händlers Johannes Brusch und der Barbara Kurtzel (†1520), besuchte die Lateinschulen in Eger und in Hof (Oberfranken). Er immatrikulierte sich am 3. August 1531 als *Ratisbonensis* (aus dem Bistum Regensburg) an der Universität Wittenberg[5]; Konsemester waren u.a. Stigel, Brassanus, Seemann, Jean Perrin, Hieronymus Hofmann, Martin Wolf. Als seine Lehrer erwähnt Brusch Melanchthon und Veit Oertel Winsheim; er wohnte vielleicht im Hause des Nikolaus Medler, einst sein Lehrer in Eger[6]. Am 5. Oktober 1533 promovierte er unter Johannes Sachse *Holstenius* zum Bacc. art.[7] 1536/37 setzte Brusch sein Studium in Tübingen fort, wo Paul Phrygio sein Hauswirt war[8]. In der zweiten Jahreshälfte 1537 finden wir ihn als Kantor (Hilfslehrer) an der Lateinschule in Ulm. Hier leitete er die Gesangsausbildung der Schüler. 1538 heiratete der 20jährige Brusch die 40jährige Witwe Kunigunde Stumpf, † 1563 in Pettendorf (Lkr. Regensburg, Oberpfalz), Tochter des Ulmer Arztes und Astronomen Johannes Siebenhaar, der damit zum Schwiegervater Bruschs wurde. Am 4. Mai 1541 wurde Brusch auf dem Reichstag zu Regensburg durch Kaiser Karl V. zum Poeta laureatus gekrönt, was einem Magistertitel gleichkam. Über Nürnberg und Eger kam er im Oktober 1541 erneut nach Wittenberg[9], also genau zu dem Zeitpunkt, an dem auch Rheticus dorthin zurückkehrte und zum Dekan für das WS 1541/42 gewählt wurde. Brusch studierte jetzt jedoch vor allem Theologie und bereiste die nähere und weitere Umgebung.

Im WS 1542/43 taucht Brusch in Leipzig auf; unter der Vielzahl von Konsemestern figurieren Rheticus (B 5), Ayrer (B 6), Anton Rüger (B 13), Blasius Öchslin *Bovillus* (B 14), Bech (B 15), Ales (B 2), Johannes Furtenbach (B 24), Kram (P 16), Kaspar Behem (M 53) und viele andere mehr; dazu kamen solche, die bereits vor ihm in Leipzig waren, etwa Frank, Modestinus, Borner, Bernhard Ziegler; sie alle seine sind Rheticus' Freunde, Kollegen oder Schüler. Brusch hielt gegen geringes Entgelt Privatvorlesungen (teils in seiner Wohnung, teils im Collegium novum) über Ovid oder Vergil.

Brusch wohnte 1543 in Leipzig im Hause des »Fürstenmalers« Hans Krell[10]. Nach kurzer Tätigkeit 1544 in Arnstadt (Thüringen) leitete Brusch 1545 bis 1548 die Lateinschule in Lindau. Weitere Stationen führten Brusch nach Basel, Augsburg und Passau, ehe er sich 1557 als Pfarrer in Pettendorf niederließ.

Brusch war ein sehr geselliger Mensch und hatte einen großen Bekannten- und Freundeskreis[11], wobei er keine konfessionellen Grenzen kannte. Zu seinen Freunden gehörten Reformatoren wie Luther, Melanchthon, Cruciger, Veit Dietrich, Wenzel Link, Brenz, Frecht, Osiander, Professoren wie Ales, Veit Oertel Winsheim, Dichter wie Stigel, Sabinus, Acontius, Pedionäus, Schulmeister wie Johannes Sturm, Hieronymus Wolf, Juristen und Ärzte. Er hat es auch glänzend verstanden, sich mit geistlichen und weltlichen Fürsten als erhoffte Mäzene einzulassen, mit Äbten und Äbtissinnen, Bürgermeistern und Räten. Er bevorzugte Persönlichkeiten, die der Reformation nahestanden, aber auch Altgläubige waren ihm jederzeit willkommen. Eine erhebliche Rolle spielte im Freundeskreis Bruschs die Musik; ihre Bedeutung für Brusch, der ein Schüler des Komponisten Ulrich Brätel war, hat Jenny in den verschiedenen Aspekten ausgeleuchtet[12]. Brusch war als Wanderpoet immer unterwegs; ob zu Fuß, zu Pferd oder auch zu Schiff, der Gesang half vielfach über die Strapazen des Reisens hinweg.

Werke (in Auswahl, vollständige Bibliographie bei Bezzel 1982): *In viros aliquot ... epigrammata* (Nürnberg: Joh. Petreius, 1541)[13]; *Encomia hubae Slaccenwaldensis ac thermarum Carolinarum apud Boemos, Item liber elegiarum ac Epigrammatum* (Wittenberg: Joseph Klug, 1542)[14]; *In fastos P. Ovidii Nasonis* (Vorlesungsankündigung auf den 12. Juli 1543 im Neuen Kollegium in Leipzig)[15]; *Silvae* (Leipzig: 1544); *Odae tres*, darin u.a. Gedicht an Joachim Moerlin *amico suo*[16], Ode von Philipp Bech an den aus Leipzig scheidenden Brusch sowie einem Gedicht von Brusch an den in Leipzig bleibenden Bech *amico longe charissimo*[17], (Erfurt: Wolfgang Stürmer, 1544)[18]; *Ain uralte Practica, die nicht fehlen noch yemandt betriegen wirt, auf das Jahr 1548 vnd alle andere Jare biß zum ende der Welt, auß Gottes ewigem vnd warhafftigem wort* (Augsburg: Philipp Ulhart, 1547, Widmung an die Bürgermeister Johannes Bodmer und Johannes Nagel sowie an den Rat zu Lindau, Lindau, am 29. September 1547)[19]; *Magni operis de omnibus Germaniae epicopatibus epitomes I* (Nürnberg: Joh. Berg & Ulrich Neuber, 1549)[20]; *Tumulus ... Doctoris Henrici Stromeri Auerbachii medici ac senatoris Lipsici* (o.O. ca. 1550)[21]; *Monasteriorum Germaniae ... centuria prima* (Ingolstadt: Weißenhorn, 1551)[22]; *De Laureaco* (Basel: Oporin, 1553)[23]; *Echo* (Dank in 50 Zeilen an Hieronymus Wolf für Zusendung des Isokrates) (o.O., 1553)[24]; *Epitaphia Lutheri Gassari* (Augsburg 1554, mit Beiträgen von Kaspar Heldelin und Sixt Birk[25]; *Gründtliche Beschreibung des Fichtelbergs* (Wittenberg: Lorenz Seuberlich für Samuel Seelfisch, 1612)[26]; *Chronologia monasteriorum Germanicorum* (Sulzbach: Abraham Lichtenthaler für Georg Scheurer in Nürnberg, 1682)[27].

Aus dem reichen Schrifttum seien hier nur einige wenige Titel herausgehoben. Wie Gasser erwies sich auch Brusch als verlässlicher Beiträger zu Sebastian Münsters Kosmographie, für die er Beschreibungen Egers und des Fichtelgebirges lieferte. Mit der erfolgreichen Kosmographie und deren Übersetzungen fanden auch diese Beiträge Bruschs eine weite Verbreitung; Bezzel verzeichnet dazu mehr als dreißig Nummern[28]. Ebenfalls geographisch und historisch ausgerichtet sind Bruschs *Iter Helveticum* und sein *Iter Rhaeticum*, die von Ueli Dill und Beat Rudolf Jenny neu ediert und übersetzt wurden[29].

Ein außergewöhnliches, ja eher unerwartetes Buch ist Bruschs *Practica auff M.D.XLVIII.*[30], bei dem es sich nicht um eine *Practica* im herkömmlichen Sinne handelt, sondern um einen Traktat gegen die Astrologie. Den verbreiteten Praktiken wird hier ein nicht aus den Sternen, sondern allein aus der Bibel gewonnenes *Prognosticon* gegenübergestellt. Zinner führt in seiner Bibliographie diese Schrift nicht auf; sie hätte aber zu der ausführlichen Diskussion der Vereinbarkeit der Astrologie mit der Bibel bei Brosseder einiges beitragen können. Brusch weist den christlichen Leser eindringlich auf die Andersartigkeit seines *Prognosticons* hin. *Diese Practica vnnd dises Almanach wirdt vil ain andere art, form vnnd gstalt haben, dann deren Practicken vnnd Kalender, die sich Astrologos, das ist Sternseher vnd deuter nennen. Dann die Astrologischen Practick vnnd Almanach schreiber geben für vnd thuon sich bey menigklichen des auß leüchtfertigen, vngotsfürsichtigen vnd abergleübigen leüten damit zuo hofieren vnd bey den ainfältigen damit ainen namen, rhuom vnnd herrlich ansehen zuo bekommen, wie sy allain vermög jrer kunst, wissen vnd künnen auß der himlischen Cörper, Planeten vnd Constellation bewegung, derselben mancherlay zuosamenfügungen vnd Aspecten vnd anderer gestirn gelegenhait, Influentz vnd anzaigung, dises zeitlichen vnd vergengklichen lebens Tag, Monat, Jar vnd wie sich dieselben über allerlay sachen zuo glück oder vnglück der menschen verlauffen werden vnd sollen, auff Prophetische weiß zuo erklären vnd anzuozaigen, solcher mainungen (sag ich) soll diese mein Practick kaine haben, sondern ich will dises mein warhafftiges vnnd ewigwerendes Almanach allain auß Gotes wort fürn*. Schon in seiner Widmungsvorrede an die Lindauer Stadtväter hatte Brusch, damals Rektor der dortigen Lateinschule, seine Form der Praktik ausführlich dargelegt und sich von der abgöttischen und gottlosen Praxis unserer Astrologen distanziert, aus den heidnischen Autoren wie

Ptolemäus, Julius Firmicus, Albumasar, Hali, Hermes und andern zu schöpfen. Dabei hatte er der Hoffnung Ausdruck verliehen, dass ihm *Gottsälige vnd rechtschaffne gelerte diser zeyt Philosophi vnd Astronomi nicht feind sein, sonder solchen sachen selbst auch ferner nachdencken*.

Dieser Denkanstoß könnte unmittelbar an Rheticus gerichtet sein, Denn die Widmungsrede datiert aus Lindau vom 29. September 1547. Rheticus hatte von Ende Januar bis Mai 1547 krank in Lindau gelegen. Mitte Mai verließ er Lindau, als Brusch von einer Schweizerreise zurückkehrte; beide verfehlten sich im Gedränge des Hafens von Konstanz. Brusch berichtete im August 1547[31] an Camerarius in Leipzig über Rheticus: »Er hat hier sehr krank gelegen, fast fünf Monate lang. Ich habe ihn täglich besucht und habe mit ihm gesprochen und mich mit ihm unterhalten. In dieser Zeit habe ich ihm alles Biblische, was ich in deutscher und lateinischer Sprache in meiner Bibliothek hatte, übermittelt, ferner viele prophetische Schriften von Luther, Melanchthon und Cruciger. Er hat sie sorgfältig gelesen und fast bis ins Letzte durchstudiert.« Und weiter heißt es an anderer Stelle: »Mir war die Unterhaltung mit ihm sehr angenehm. Er selbst war bei mir in meinem Studienzimmer oder ich bei ihm.« Wir stehen damit mitten in der Diskussion der Beziehungen zwischen Rheticus und Brusch. Sie waren in Wittenberg 1532 bis 1536/37 Kommilitonen, im WS 1541/42 in Wittenberg und 1542/43 in Leipzig Kollegen. Brusch dichtete in Wittenberg für das damals entstandene Porträt des Rheticus einige Versunterschriften[32]. Wir treffen sie wiederholt als Zechkumpane an, wie das besonders in ihrem gemeinsamen, zugleich Andreas Aurifaber zugedachten Lied *De XII. signis zodiaci ac cerevisia Vratislaviana, scheps vocata, iocus*[33].

1 Garcaeus 1576, S. 171. | **2** Zum Todesjahr kritisch Bezzel 1982, Sp. 392, Anm. 6. | **3** Schlüter 2010, S. 295; vgl. auch Bezzel 1982, Sp. 458, Nr. 120 und 468, Nr. 166. | **4** Horawitz 1894; Bezzel 1982; Jenny 2000; Ludwig 2002; Scheible, MSW, Bd. 11, Personen, 2003, S. 226 f. | **5** Förstemann 1841, Bd. 1, S. 142b. | **6** Jenny 2000, S. 102. | **7** Köstlin 1888), S. 14. | **8** Jenny 2000, S. 103-106. | **9** Bezzel 1982, Sp. 402, Anm. 54; Jenny 2000, S. 14, Anm. 63. | **10** Brusch, Catechismus, Leipzig 1544, Widmungsbrief vom 6. November 1543. | **11** Vgl. dazu etwa Horawitz 1874, S. 247-249 und passim; Bezzel 1982. | **12** Brusch und die Musik, in: Jenny 2002, S. 141-144. | **13** VD 16 B 8753; BSB München, digital. | **14** LMU, UB München, digital. Dieses Exemplar wurde von Brusch eigenhändig Johannes Eisenhammer *amico veteri ac charissimo* gewidmet. | **15** BSB München, digital. | **16** BSB München, digital, Scan 10 f. | **17** BSB München, digital, Scan 12-14. | **18** Bezzel 1982, Sp. 437, Ziff. 53; BSB München, digital. | **19** VD 16 B 8799; BSB München, digital. | **20 – 23** BSB München, digital. | **24** Bezzel 1982, Sp. 420, Ziff. 9 | **25** VD 16 B 8761; BSB München, digital (Exemplar mit Eigentumsvermerk von Achilles Gasser); Bezzel 1982, Sp. 422 f., Ziff. 16 | **26** BSB München, digital. | **27** BSB München, digital. | **28** Bezzel 1982, Sp. 464-468, Nr. 135-165. | **29** Dill/Jenny 2002, S. 215-307. | **30** VD16 B 8799, BSB digital; Horawitz 1874, S. 113; Bezzel 1982, Sp. 443 f., Nr. 72; Jenny 2000, S. 145. | **31** Zur Datierung dieses Briefes vgl. Jenny 2000, S. 129, Anm. 113; Wortlaut des Briefes bei Horawitz 1874, S. 212-216; Burmeister 1967/68, Bd. 3, S. 73-77. | **32** Dill/Jenny 2002, S. 261 f. | **33** Abgedruckt in Brusch, Sylvae, Leipzig 1543.

Buchner, Johannes, 1494–1564

Johannes Buchner (Puchner, Bucherus, eigentlich Heller aus dem Buchnerland), d. Ä., geboren 1494 in Geisa (Wartburgkreis, Thüringen), gestorben Anfang März 1564 in Oschatz (Lkr. Nordsachen), luth., Theologe[1].

Buchner war zunächst Diakon in Jessen/Elster (Lkr. Wittenberg). Er wurde dann 1527 Diakon und Hofprediger in Torgau, soll 1539 als Pfarrer nach Oschatz geschickt werden; man werde ihn demnächst gratis promovieren[2]; er ging 1539 zunächst allein nach Oschatz und ließ erst am 6. November 1539 seine Frau mit sechs Kindern nachkommen, 1540 wurde er Superintendent. Am 9. Februar 1542 wurde er gratis zum Mag. art. promoviert.

Beziehung zu Rheticus: Die Magisterpromotion vom 9. Februar 1542 erfolgte unter Rheticus als Dekan. Der Magistergrad wurde Buchner als einer angesehene Persönlichkeit ehrenhalber verliehen. Er erreichte denn auch den 1. Rang unter 22 Kandidaten[3].

1 Kreyssig ²1898, S. 474; Scheible, MBW, Bd. 11, 2003, S. 232. | **2** Kawerau 1884, Bd.1, Jonas-Briefw. S. 371 f. u.ö. | **3** Köstlin 1890, S. 13.

Bugenhagen, Johannes, 1485–1558

Johannes Bugenhagen (seit 1522 Pomeranus, auch Pommer), geboren am 24. Juni 1485 in Wollin (poln. Wolin, Woiwodschaft Westpommern), gestorben am 20. April 1558 in Wittenberg, Begräbnis in der Schlosskirche, luth., Theologe, Reformator[1].

Bugenhagen immatrikulierte sich am 24. Januar 1502 an der Universität Greifswald, die er im Sommer 1504 wieder verließ, ohne dass er einen Grad erlangt hatte. Er lehrte darauf an der Stadtschule in Treptow an der Rega (Trezbiatów, Woiwodschaft Westpommern) Latein und legte die Bibel aus; bald wurde er Rektor dieser Schule. 1509 wurde er zum Priester geweiht und Vikar an der Marienkirche daselbst. 1517 unterrichtete er als Lektor im Kloster Belbuck (heute im Stadtteil Białoboki von Treptow). 1518 beendete er seine 1517 begonnene Chronik von Pommern *Pomerania*. Bugenhagen immatrikulierte sich am 29. April 1521 in Wittenberg[2]. 1523 wurde er Stadtpfarrer in Wittenberg. Am 17. Juni 1533 morgens um 8 Uhr wurden durch den Promotor Justus Jonas d.Ä. Bugenhagen zugleich mit Cruciger und Aepinus zu Doktoren der Theologie promoviert. In Anwesenheit zahlreicher Adelspersonen fand im Schloss auf Kosten des Kurfürsten ein *prandium splendidum* statt, an dem alle Doktoren und Magister sowie auch zahlreiche Studenten an 18 bis 20 Tischen speisten[3]. Bugenhagen trug sich ins Stammbuch des Abraham Ulrich am 31. Juli 1549 ein mit einem lat. Zitat von Threni 3, 25-31[4]; ebenso im Stammbuch des Joachim Strupp 1556[5]. Bugenhagen war seit 13. Oktober 1522 verheiratet mit Walpurga, der Schwester von Georg Rörer. Von seinen Kinder ragte besonders Johannes Bugenhagen d.J. († 1598)[6] hervor; zu seinen Schwiegersöhnen gehörten Gallus Marcellus und Georg Cracow.

Bugenhagen stand in einem engen Nahverhältnis zu Luther; er war Luthers Beichtvater, traute ihn mit Katharina Bora, taufte seine Kinder und hielt ihm die Grabrede in der Schlosskirche. Melanchthon hielt ihm eine Gedenkrede. Bugenhagen war neben Luther, Melanchthon, Jonas und Cruciger die bedeutendste Gestalt in Wittenberg zu Rheticus' Zeiten. Es kann hier auf die beeindruckende Fülle seiner theologischen Werke nicht eingegangen werden. Bugenhagen besaß ein Haus in der Neustraße und bewohnte mit seiner Familie die neu erbaute Superintendentur[7]. Eine Gedenktafel am Haus Kirchplatz 9 erinnert an ihn.

Es hat vermutlich keine fachlichen **Beziehungen** zwischen Rheticus und Bugenhagen gegeben. Bugenhagen stand 1532 bis 1535 Rheticus als Stadtpfarrer gegenüber, gehörte aber seit 1535 der theologischen Fakultät an. Es mochte aber akademischen Anlässe gegeben haben, an denen sie sich begegneten. So ist es gut vorstellbar, dass Rheticus als Student an der Disputation und an der feierlichen Promotion von Bugenhagen und Cruciger am 17./18 Juni 1533 teilgenommen hat. Als Rheticus im September 1541 aus Preußen zurückkehrte, suchte er Bugenhagen auf, um ihm die Grüße von Herzog Albrecht zu übermitteln[8]. Später übernahm Andreas Aurifaber eine ähnliche Funktion eines Mittlers zwischen dem Herzog und Bugenhagen, der ihn seinen lieben Herrn und Bruder nannte[9]. Bugenhagen war als Verfasser einer Chronik an der Geschichtsforschung interessiert, aber auch die Astrologie war ihm nicht fremd. Davon zeugt allein schon das von Garcaeus überlieferte Horoskop Bugenhagens[10]. In einem Vers auf Bugenhagen spricht auch Gigas die Sterne an[11]:

> *Per freta per terras variis Pomeranus in oris*
> *ambulat, ut veram monstret ad astra viam.*

(Bugenhagen wandelt an verschiedenen Küsten durch Meere und Länder, damit er den richtigen Weg zu den Sternen aufzeigt). Es geht hier allerdings weniger um die Sterne als um das Reich Gottes; gemeint sind die reformatorischen Reisen in norddeutsche Städte und Länder, nach Dänemark, Norwegen und Schleswig-Holstein. In einem Brief an Christian III. von Dänemark im Schmalkadischen Krieg warnte Bugenhagen den König am 13. November 1547, *die Sternekiker dreuen* *auch E[uer] M[aiestät] Landen*¹². Auch die Folgerungen, die Bugenhagen aus dem Erscheinen eines Regenbogens zog, lagen auf der Linie der Astrologen.

Der Regenbogen

Der Regenbogen als ein von Gott gesetztes Zeichen war durch die Bibel ein Begriff geworden (Gen. 9, 12-17). Rheticus war der Regenbogen seit seiner Schulzeit bekannt, namentlich durch drei Schriften des Paracelsus, in denen dieser 1531 göttliche Zeichen (Komet, Erdbeben, Regenbogen) vorgestellt hatte. Auch Bugenhagen sah im Regenbogen ein Zeichen Gottes, das er zum Gegenstand einer Predigt machte, kurz bevor die Eroberung von Wittenberg bevorstand¹³. In seiner Schrift *Wie es uns zu Wittenberg ... ergangen ist in diesem vergangen Krieg* (Erfurt: Gervasius Stürmer, 1547)¹⁴ beschreibt er, *als ich* am 17. November 1546 [die Universität war am 6. November geschlossen worden] *vmb 8 vhr/ außgienge zuo predgen in vnser Kirchen/, sahe ich am thorn vnd Kirchen die Sonne seer schön auffgehen/ damit fiele auch ein lieblich dünnes sonnen regenichen/ vnnd stunde ein herrlich Regenboge/ so schön vnd lieblich/ als ich meine tage nicht schöner gesehen habe recht an dem orte des Hymmels/ da es in der nacht auffs hefftigste gebrandt hatte gegen die Sonnen vber/ Das nam ich für ein gnaden zeychen/ wie auch der Regenboge darzuo gegeben ist von Gott/ Gen. IX. Da ich aber in die Kirche kam/ würde es balde etwas finster/ denn die Sonne verbarge sich/ vnd des regens würde ein wenig mehr/ Das bedeutet/ das wir erstlich etwas finster müssten leyden/ ee denn die gnade durch den lieblichen Regenbogen angezeygt/ wider ze vns keme/ Es solte aber nicht werden ein greulich wetter/ sturm/ donner vnd blitz/ wie wir vns doch musten befürchten/ vnd dafür greulich erschrecken/ sondern ein vbergang eines nützlichen Regens/ davon wir gebessert/ vnd nicht verderbet würden. Da von redet ich auff der Cantzel/ vnd vermanete das Volck zum Gebet. Solche bedeutung hat mich nicht betrogen/ sondern ist nachmals alles so geschehen/ Gott sey danck in ewigkeit.*

1 Wolf, Ernst, in: NDB 3 (1957), S. 9 f.; Stupperich 1984, S. 49-51; Clemen/Koch 1985, Bd. 6, S. 94-98 (Bugenhagen als Mensch); Scheible, MBW, Personen, Bd. 11, 2003, S. 234-238. | **2** Förstemann 1841, Bd. 1, S. 104a | **3** Förstemann 1838, S. 29 f. | **4** Klose 1999, Bl. 141r = S. 211-213. | **5** Metzger-Probst 2003, S. 290. | **6** Zu ihm vgl. Scheible, MBW, Personen, Bd. 11, 2003, S. 237 f.; Wolf, Ernst, in: NDB 3 (1957), S. 9 f. | **7** Strauchenbruch 2008, S. 26. | **8** Vgl. dazu Burmeister 1967, Bd. 1, S. 67. | **9** Vogt 1888/99, S. 407. | **10** Garcaeus 1576, S. 187. | **11** Gigas, Sylvie, 1540, Bl. 28b. | **12** Vogt 1888/99, S. 413. | **13** Vgl. dazu Hering 1888, S. 144. | **14** VD 16 B 9477, Erfurt 1547, ULB Sachsen-Anhalt Halle, digital, Scan 17 f.; Wittenberg 1547, BSB München, digital, Scan 35 f.

Burckhart, Franz, 1505–1560

Franz Burckhard (Burchart, Burghart, Burkhart, Burgrav, Borchardus), geboren am 9. Juli 1505¹ in Weimar (Thüringen), gestorben am 15. Januar 1560 in Weimar, luth., Jurist (Kanzler)².
Der Sohn eines Hofbeamten und Gutsbesitzers wurde am 15. Mai 1520 an der Universität Wittenberg immatrikuliert³. Sein wichtigster Lehrer wurde Melanchthon. Burckhart wurde am 4. Februar 1524 unter dem Dekan Johannes Agricola Mag. art.⁴ Zwei Jahre später am 1. Mai 1526 erfolgte seine Aufnahme in das Kollegium der Artistenfakultät⁵. 1526 bis 1535 amtete er als Professor für Griechisch⁶. Im WS 1532/33 war Burckhart Rektor Magnificus⁷, im WS 1527/28 und im WS 1534/35 Dekan der Artistenfakultät⁸. Daneben widmete er sich dem Studium der Rechte. 1535 wurde Burckhart an den kurfürstlichen Hof berufen und vorwiegend in diplomatischen Diensten eingesetzt. Seit 1542 wirkte er als Kanzler in Weimar.

Burckharts Porträt ist in einem Holzschnitt nach Lukas Cranach (1559) überliefert⁹. Eine Stammbucheintragung (Weimar, 1555) findet sich bei Joachim Strupp¹⁰. Burckhart war in erster Ehe seit 1549 verheiratet mit Barbara († 1551), Tochter von Viktorin Strigel, in zweiter Ehe seit 1558 mit Katharina († 1569), Tochter des Rechtslehrers Matthäus Wesenbeck.

Die **Beziehungen** zwischen Rheticus und Burckhart sind auf die Jahre 1532 bis 1535 beschränkt. Rheticus konnte die Griechischvorlesungen von Burckhart besucht haben, der ihm auch im WS 1532/33 als Rektor und im WS 1534/35 als Dekan gegenüberstand.

| **1** Dieses Datum nennt GARCAEUS 1576, S. 154. | **2** FABIAN, Ekkehart, in: NDB 3 (1957), S. 33; SCHEIBLE, MBW, Bd. 11, Personen, 2003, S. 243 f. | **3** FÖRSTEMANN 1841, Bd. 1, S. 93b. | **4** KÖSTLIN 1888, S. 18 | **5** KÖSTLIN 1888, S. 24. | **6** KATHE 2002, S. 460. | **7** FÖRSTEMANN 1841, Bd. 1, S. 147. | **8** KÖSTLIN 1888, S. 19 und S. 22. | **9** Abb. bei DODGSON, C., The Portrait of Franz Burckhart, in: The Burlington Magazin of Connoisseurs 12 (London 1907/08), S. 39 f. | **10** METZGER-PROBST 2002, S. 289 ff.

Busch, Georg, ca. 1525/30–1579

Georg Busch (Pusch), geboren um 1525/1530 in Nürnberg, gestorben am 29. August 1579 in Erfurt, luth., Maler, Astronom, Autodidakt[1].
Busch entstammte einer Nürnberger Ärztefamilie. Der Großvater Sebald Busch d.Ä. († vor 1539) studierte 1488 in Ingolstadt, ist spätestens 1510 Dr. med., gehörte 1512-1534 dem *Collegium medicum* in Nürnberg an und war Stadtarzt. Er verfasste deutsche Wandkalender für 1513, 1515, 1518, 1526 und 1531[2]. Wegen eines Kalenders, der Spott auf dem Papst enthielt, musste Busch um 1520 eine vierwöchige Turmstrafe absitzen. Dessen Sohn Sebald Busch d.J. († 1540), ebenfalls Magister, Physikus und Mitglied des *Collegium medicum* in Nürnberg, besaß hier 1530 und 1537 ein Haus, wirkte als Arzt in Weißenburg im Nordgau, zog jedoch 1538 nach Erfurt, wo er eine Pestschrift *Ein kurz nützliches Regiment für die Pest* (Erfurt 1540) publizierte.

Georg Busch verdankte seine Ausbildung in der Astronomie nach eigener Darstellung seinem Großvater Sebald Busch und seinem Vater Sebald Busch, d.h. vor 1539/40. Das in der Literatur angenommene Geburtsjahr wird man daher um einige Jahre rückwärts in Richtung 1525 verschieben müssen. Man darf vermuten, dass die Arbeit seines Großvaters am Kalender für 1531 und – wie bei Rheticus – der Halleysche Komet von 1531 für den Knaben besonders anregend waren. Das hier gewonnene Rüstzeug baute Busch durch fleißiges Studium der astronomischen Literatur aus. Auch verstand er sich auf die Handhabung astronomischer Instrumente.

1539 bis 1544 wirkt ein Georg Busch als Famulus bei dem Wittenberger Buchdrucker und Musikus Georg Rhau[3]. Dieser schickte wiederholt im Auftrag seines Prinzipals Musikalien an den Zwickauer Stadtschreiber Stephan Roth, der eine umfangreiche Bibliothek von Musikdrucken besaß. Roth hatte Busch als Diener an Rhau vermittelt[4]. Busch mag auch seine Malerausbildung in Wittenberg begonnen haben; jedenfalls zeigen sich bei ihm Einflüsse der Cranachschule[5]. Vermutlich setzte Busch später seine Malerlehre in Nürnberg fort. Gemäß Will zog er nicht mit seinem Vater nach Erfurt, vielmehr wandte er sich erst um 1570 dorthin, um sich fortan ganz der Astronomie zu widmen[6]. Mit seinen Vorhersagen blieb Busch ganz im Rahmen seiner Zeitgenossen. Er sieht in den Kometen Zeichen, mit denen Gott die Menschheit warnen will, *auff das solche von Sünden abstehe, und zu einem busfertigen Leben sich bekere*.

Die Beschreibung der Supernova von 1572 löste einen heftigen Konflikt mit Georg Busch aus, der Meißner mit seinen Beobachtungen zuvorgekommen war. Meißner hatte den Maler Busch als Handwerker herabgesetzt (»Schuster bleib bei deinen Leisten«), der sich dadurch schwer beleidigt fühlte und in seiner Erwiderung Hohn und Spott über Meißner ausschüttete[7]. Wenn keine Handwerker existierten, hielt ihm Busch entgegen, dann müsse Meißner nackt herumgehen. Dieses Buch hatte Busch, um eine entsprechende Resonanz hervorzurufen, einflussreichen Autoritäten der Stadt Erfurt gewidmet: dem obersten Ratsmeister Magister Paul Musaeus, dem Schlossherrn Magister Georg Ziegler und dem Ratsherrn Michael Kranachfeldt.

Werke: Vorhersage für 1573 (Erfurt: *zum bundten Lawen bey S. Paul, 1572*[8]; *Von dem Cometen, welcher in diesem 1572 Jar in dem Monat Novembris erschienen* (Augsburg: Michael Manger, 1572,

Sternkarte auf der Titelseite, 14 Bll. in 4°)[9]; *Von dem Cometen, welcher in diesem 1572. Jar in dem Monat November erschienen* (Magdeburg 1573,14 Bll. in 4°)[10]; *Von dem Cometen ... erschienen* (Erfurt: [Georg Baumann], 1573,14 Bll. in 4°, Text beendet am 4. Dezember 1572, Widmung an Bürgermeister und Rat der Stadt Nürnberg, datiert Erfurt, 10. Februar 1573)[11]; *Om then nyia stierno och cometa, som syntes Anno Domini. 1572. i nouembris månat* (Stockholm: Amund Laurentzson, 1573, 12 Bll. in 4°, schwed.)[12]; *Von dem Cometen ... erschienen* (Augsburg: Michael Manger, 1573,14 Bll. in 4°)[13]; *Von dem Cometen ... erschienen* (1573,14 Bll. in 4°)[14]; *Von dem Cometen, welcher in diesem 1572. Jahre ... ist gesehen worden, Gezogen aus dem schreiben Georgii Busch*, (o.O., 1573, 6 Bll. in 4°, mit Sternkarte auf dem Titelblatt)[15]; *Die anndere Beschribung von dem Cometen, welcher in dem ... 1572. Jar erschienen* (Erfurt: Dreher, zum bundten Lawen bey S. Paul, 1573, Widmung an Bürgermeister und Rat von Nürnberg, datiert Erfurt, 20. Februar 1573)[16]; *Entschueldigunng vnnd Schutzrede* [gegen Magister Aegidius Meißner] (Erfurt: *zum bundten Lawen bey Sanct Paul*, 1573), Widmung an Paul Musaeus, Georg Ziegler und Michael Kranichfeld in Erfurt, datiert Erfurt, 14. April 1573[17]; *Erklerung Der großen und gresslichen Finsternis, welche inn dem 1573. Jahr ... erschienen* (Erfurt: K. Dreher, 1574, 10 Bll. in 4°)[18]; *Beschreibung ... des grossen vnd erschrecklichen Cometen, welcher in diesem 1577. Jahre erschienen* (Erfurt: Esaia Mechler *zum bundten Lawen bey S. Paul*, 1577, 16 Bll. in 4°, Widmung an den Grafen Wilhelm zu Schwarzburg, datiert vom 1. Dezember 1577)[19]; *Komet* (Prag: Sebastian Ochs, 1578, 4 Bll. in 4°)[20]; *Von den Würckungen des Cometen* (Erfurt 1577)[21]; *Vorhersage für 1580* (Erfurt 1579)[22].

Wie stark die **Beziehungen** zwischen Rheticus und Busch waren, hängt im Wesentlichen davon ab, ob man die Tätigkeit bei Georg Rhau für Busch in Anspruch nehmen will. Denn als Famulus von Rhau konnte Busch täglich mit Rheticus zusammenkommen; als Bücherfreund und Musikliebhaber hat Rheticus wohl öfter den Buchladen Rhaus aufgesucht. Busch blieb zwar ein unstudierter Handwerker, sodass er kaum die Vorlesungen von Rheticus besucht hat. Dennoch musste Busch als Nürnberger mit Rheticus bzw. dessen Werk vertraut gewesen sein. Busch ist ein schönes Beispiel dafür, wie Rheticus nach seiner Flucht aus Leipzig zum Opfer einer *Damnatio memoriae* wurde. Busch führt eine lange Liste antiker und zeitgenössischer Astronomen auf, aus denen er geschöpft hat und die er für seine *Praeceptores* ansieht: Regiomontan, Peurbach, Glarean, Perlacher, Kopernikus, Cardano, Apian, Stöffler, Münster, Schöner, Reinhold, Montulmo, Gaurico und Valentin Engelhardt, *sampt andern, welche zu erzelen zu langwirig*. Später nennt er noch Dürer, Mithobius, Milich, Leowitz und Thurneisser. Und Rheticus? Es sieht so aus, als wollte Busch ihn ganz bewusst nicht erwähnen. Dabei liegt es auf der Hand, dass auch Busch zunächst wie alle andern erst aus der *Narratio prima* von Kopernikus gehört hatte.

1 http://naa.net/ain/personen/show.asp?ID=179; Pɪʟᴢ 1977, S. 231 f.; Oʀᴛʜ, Siegfried, Der Maler und Astronom Georg Busch, in: Mitteilungen des Vereins für Geschichte der Stadt Nürnberg 51 (1962), S. 231-235 (BSB München, digital); Pɪʟᴢ 1977, S. 231 f. | **2** Nachweise bei Zɪɴɴᴇʀ ²1964, S. 145, 148, 152, 165 und 172. | **3** Sᴄʜʟüᴛᴇʀ 2010, S. 267. | **4** Mᴇᴛᴢʟᴇʀ 2008, S. 197. | **5** Oʀᴛʜ 1962, S. 235. | **6** Wɪʟʟ 1755, Bd.1, S. 156 f. | **7** Bᴜsᴄʜ, Entschuldigung vnnd Schutzrede, Erfurt 1573, VD 16 ZV 16646, ULB Sachsen-Anhalt, Halle, digital. | **8** Zɪɴɴᴇʀ ²1964, S. 464, Nr. 2614a | **9** Zɪɴɴᴇʀ ²1964, S. 251, Nr. 2574. | **10** Ebenda, Nr. 2909. | **11** Ebenda, Nr. 2910. | **12** Ebenda,Nr. 2910. | **13** Ebenda,, Nr. 2911. | **14** Ebenda,, Nr. 2912. | **15** Ebenda,, Nr. 2613. | **16** VD 16 B 9878; Zɪɴɴᴇʀ ²1964, S. 253, Nr. 2614. | **17** VD 16 ZV 16646; ULB Sachsen-Anhalt, Halle, digital. | **18** Zɪɴɴᴇʀ ²1964, S. 257, Nr. 2666. | **19** VD 16 ZV 2727; Zɪɴɴᴇʀ ²1964, S. 262, Nr. 2764; BSB München, digital. | **20** Zɪɴɴᴇʀ ²1964, S. 466, Nr. 2847c. | **21** Ebenda, S. 262, Nr. 2765. | **22** Ebenda, S. 271, Nr. 2917.

Buscoducensis, Hendrik, † 1576

Hendrik (Henricus, Heinricus, Heinrich) Buscoducensis (Boskoducensis, Büscoducensis, eigentlich van Broeckhoven, auch Bruchhofen, in Anlehung daran Procopius), geboren in ‚s-Hertogenbosch (Noordbrabant, Niederlande), gestorben am 9. März 1576 in Lund (Skåne län, Schweden, damals zu Dänemark gehörig), luth., Theologe[1].

Der Sohn des niederländischen Humanisten Nicolaas van Broeckhoven *Buscoducensis* (1478-1553)[2] immatrikulierte sich im mit 248 neuen Studenten besonders stark frequentierten SS 1541 unter dem Rektor Kilian Goldstein[3]; Konsemester waren beispielsweise Franz Marshusius, Simon Göbel, Balthasar Acontius, Isaak Schaller, die drei Schweizer Johannes Heinrich Meier, Johannes Ulrich Wellendinger, Johannes Konrad Ulmer, Alexius Naboth. Am 4. September 1544 promovierte Buscoducensis unter dem Dekan Wilhelm Rivenius, seinem niederländischen Landsmann, zum Mag. art.[4]; er erreichte den 8. Rang unter 34 Mitbewerbern; auf Plätze vor ihm kamen Sebastian Dietrich (1.), Justus Jonas d.J. (2.), Matthäus Blochinger (5.), Viktorinus Strigel (6.); Valentin Erythräus erlangte den 23., Gervasius Marstaller den 34. Rang. Erst am Ende des WS 1548/49 unter dem Dekan Veit Oertel Winsheim wurde Buscoducensis in das Kollegium der philosophischen Fakultät aufgenommen[5]. Bugenhagen schreibt über ihn am 8. August 1552 an König Christian III., *das er von unser ganzen Universitet geliebet wird*; er wurde auf seine Empfehlung Hofprediger in Kopenhagen[6]. 1559 wurde er Dekan des Domkapitels in Lund. Buscoducensis war seit 1548 verheiratet mit Anna Zuckenranfft (1527-1560).

Beziehungen zwischen Rheticus und Buscoducensis sind möglich, aber wohl auf das WS 1541/42 in Wittenberg beschränkt.

1 Scheible, MBW, Bd. 11, Personen, 2003, S. 246 f. | 2 Über ihn Scheible, MBW, Bd. 11, Personen, 2003, S. 247. | 3 Förstemann 1841, Bd. 1, S. 189b. | 4 Köstlin 1890, S. 16. | 5 Köstlin 1891, S. 25. | 6 Vogt 1888/99, S. 534, 541, 549, 556 f., 559, 568.

Bussinus, Paul, † 1560

Paul Bussinus (Busse, Posse), geboren in Magdeburg, gestorben 1560 in Leipzig?, luth., Universitätsprofessor (Nova logica, De anima, Physices Aristotelis)[1].

Bussinus immatrikulierte sich im WS 1520/21 an der Universität Leipzig[2]. Im WS 1530/31 promovierte er zum Bacc. art.[3] Im WS 1537/38 wurde Bussinus zum Mag. art. kreiert[4]. Er las zuerst im SS 1537 während der Hundstage für die kommenden *Magistri* die *Elementa rhetoricae*, übernahm aber bereits im SS 1539 die *Lectio ordinaria* der *Nova logica*. Am 16. April 1541 wählte ihn die philosophische Fakultät einstimmig zum Dekan für das SS 1541[5]. Als Dekan las er jetzt *De anima*, vom SS 1542 bis WS 1543/44 die *Physica Aristotelis*. Danach ist er anscheinend aus dem Vorlesungsbetrieb ganz ausgeschieden, führte aber mit großer Regelmäßigkeit bis zum SS 1557 die Examina der Bakkalare und *Magistri* durch. Ebenso regelmäßig übernahm er vom SS 1541 bis zum SS 1559 die Funktionen eines Executors oder eines Claviger. Im SS 1543 und im SS 1547 war Bussinus Rektor Magnificus[6]. Vom 1546 bis 1560 war Bussinus Kollegiat im *Collegium Maius*. 1548 verheiratete er sich mit NN; durch diese Ehe verschwägerte er sich mit Kaspar Cruciger und dessen Ehefrau Apollonia Günterode (1520-1557)[7].

Beziehungen zwischen Rheticus und Bussinus sind wohl erst nach dem WS 1542/43 entstanden, als beide Kollegen an der philosophischen Fakultät nebeneinander wirkten. Auch trat Bussinus Rheticus im SS 1543 als Rektor gegenüber.

1 Scheible, MBW, Bd. 11, Personen, 2003, S. 247. | 2 Erler, Bd. 1, S. 577, S 19. | 3 Erler, Bd. 2, S. 616 (Name fehlt). | 4 Ebenda, S. 642. | 5 Ebenda, S. 660. | 6 Gersdorf 1869, S. 37. | 7 Über sie Scheible, MBW, Bd. 12, Personen, 2005, S. 204.

Caesius, Nikolaus, † 1558

Nikolaus Caesius (Casius, Cesius, Groe, Gro, Grau), geboren in Coburg (Oberfranken), gestorben am 24. Februar 1558 in Dresden, luth., Schulmann[1].
Nikolaus Caesius immatrikulierte sich am 10. Juni 1529 an der Universität Wittenberg[2]; Konsemester Joachim Westfal, Stephan Reich, Christoph Jonas, Laurentius Zoch, Johannes Schneidewein. Er promovierte am 10. Juli 1539 unter Magister Johannes Sachse *Holstenius* zum Mag. art.[3]; er kam auf den 1. Rang unter fünf Kandidaten, Mitbewerber Friedrich Bachofen *Furnius* (3. Rang). Durch Melanchthons Vermittlung wurde Caesius der erste evangelische Rektor der Kreuzschule in Dresden. Caesius hat sich wiederholt in Stammbücher eingetragen, so etwa 1554 in das Stammbuch des Johannes Valentin Deyger (Tübingen)[4] oder am 21. Januar 1556 in das Stammbuch des Arztes Joachim Strupp[5]. Melanchthon dichtete ein *Epicedion* auf Caesius[6].

Beziehungen zwischen Rheticus und Caesius sind zu vermuten, schon wegen beider Nähe zu Melanchthon. Caesius und Rheticus waren seit 1532 über Jahre Kommilitonen; auch mag Caesius im Hinblick auf seine Magisterprüfung die Vorlesungen von Rheticus seit dem SS 1536 bis zum SS 1538 besucht haben.

1 Scheible, MBW, Personen, Bd. 11, S. 249. | 2 Förstemann 1841, Bd. 1, S. 135b. | 3 Köstlin 1890, S. 11. | 4 Klose 1988, S. 403 (UB Tübingen); Domka, Nicole u.a., »In ewiger Freundschaft«, Stammbücher aus Weimar und Tübingen, Tübingen 2009, S. 20, 70. | 5 Metzger-Probst 2002, S. 290. | 6 CR, Bd. 10, Sp. 655, Nr. 351; Fuchs 2008, S. 127.

Calon de La Porte, Jacques

Jacobus (Jacques) Calonius Portanus (Calon de La Porte), geboren in Angers (Maine-et-Loire), gestorben in?, ref., Jurist, Diplomat, Agent[1].
Jacques Calon war adliger Herkunft; er war der Sohn des Juristen François Calon de La Porte (ca. 1500-1569), der gegen sein Lebensende hin des Protestantismus verdächtigt wurde; er war seit 1554 Rat und seit 1566 Präsident des Parlaments der Bretagne in Rennes. Der Vater hatte Jacques und dessen jüngeren Bruder René dem Juristen und Theologen Hubert Languet anvertraut, der auch die Kasse seiner beiden Zöglinge verwaltete. Jacques Calon studierte in Paris die Artes; hier war er, wie Ramus 1563 an Rheticus schrieb, »einst mein Schüler« und erwarb sich auf Auslandsreisen einen hohen Bildungsgrad[2]. In Deutschland lehrte er an verschiedenen Orten die *leges civiles*[3]. Die Voraussetzungen für eine solche Lehrtätigkeit waren günstig, weil sich damals die humanistische Lehrmethode des *mos gallicus* im Aufwind befand und daher Franzosen als Lehrer gefragt waren. Seine juristische Ausbildung hatte Calon in Bourges erhalten, wo er Schüler von François Douaren war, vermutlich aber auch schon Baudouin hörte, der bis 1555 in Bourges lehrte. Zu seinen Lehrern ist aber auch François Hotman zu zählen; er nennt Calon, der ihn bei einer Arbeit unterstützte, *adolescens eruditissimus et mihi amicissimus*[4]. Im Sommer 1557 reiste Melanchthon zum Wormser Gespräch, wo er eine hässliche Auseinandersetzung mit Staphylus hatte. Während dieser Tage starb seine Ehefrau Katharina Krapp am 11. Oktober 1557 in Wittenberg[5]. Hier begegnete Melanchthon erstmals Calon: *fuit nobis consuetudo dierum aliquot cum hoc Doct[ore] Iacobo Wormatiae*[6] (mit diesem Doktor Jakob hatten wir in Worms einige Tage Umgang). Den Aufenthalt in Worms nutzte Calon dazu, sich am 9. Dezember 1557 an der Universität Heidelberg einzuschreiben[7]. Hier veröffentlichte er eine kleine juristische Schrift *In L. filius quem, C. fam. erc. commentarius* (Heidelberg: Hans Kohl, Juni 1558)[8]. Stolz schickte mit einem Widmungsbrief, datiert vom 24. Mai 1558, sein Erstlingswerk seinem Vater als eine Probe seines Könnens zu[9]. Calon war in Heidelberg ein Schüler des Pandektisten François Baudouin; auch erwähnt er die ihm nahestehenden Räte Ottheinrichs Sebastian Meichsner und Johannes Knod.

Kurz vor dem 7. Februar 1559 kam Calon nach Wittenberg, um dort einen Brief des Königs Heinrich I. von Frankreich zu überbringen. Calon wurde von Melanchthon mit den besten Empfehlungen an den Juristen Ulrich Mordeisen weitergereicht; beide freundeten sich an. 1559 weilte Calon als Agent des Kurfürsten August von Sachsen in Wien[10]. Am 14. November 1559 immatrikulierte sich *Jacobus Calonius J. V. Doctor* an der Universität Wittenberg unter dem Rektor Georg Cracow, und zwar gemeinsam mit seinem Bruder *Rhenatus*[11]. René Calon war der Famulus von Languet. Am 20. November 1559 schrieb Mordeisen aus Dresden einen Brief an Languet in Wittenberg, in dem er auch *amanter et officiose* Grüße an Calon ausrichten ließ[12]. Vom 30. November 1559 aus Wittenberg datiert ein Brief von Calon an Mordeisen[13]. Wenig später war Calon Augenzeuge beim Tod Melanchthons, der ihn sehr belastet hat. Um 1561 kam Calon zu Johannes Crato nach Breslau, wo er sehr freundlich aufgenommen und an Rheticus nach Krakau empfohlen wurde. Von Krakau begab sich Calon zurück nach Wien. Im August 1563 ist Calon wieder in Paris nachweisbar. Hier besuchte er in Begleitung von Hubert Languet und des tschechischen Reisenden Simon Proxenus die Druckerei des André Wechel, dem Drucker von Petrus Ramus. Am 17. August 1563 schrieb Calon aus Paris an Rheticus in Krakau[14]. Calon und Ramus hatten die Absicht, Rheticus als Professor für Mathematik nach Paris zu holen. Beide Briefe zeigte Rheticus seinem alten Freund Camerarius, der darüber am 5. Juli 1564 an Christoph von Carlowitz berichtete, wobei er auch Calon *officiose* grüßen ließ[16]. Die Hoffnung, die Camerarius erfüllte, Rheticus werden den Ruf nach Paris annehmen und damit von der Medizin wieder zur Mathematik zurückkehren, sollte sich allerdings nicht erfüllen, wie Ramus später klagte.

Die **Beziehungen** zwischen Rheticus und Calon sind nicht durch ein Lehrverhältnis geprägt. Es hat den Anschein, dass es sich um eine im August 1563 abgesprochene konzertierte Aktion von Ramus und seinem ehemaligen Schüler Calon, der gute Kontakte zu Wittenberg hatte, gehandelt hat, die darauf aus gewesen sind, Rheticus nach Paris zu holen. Wie wir aber von Ramus aus seinen *Scholarum mathematicarum libri* wissen, zog es Rheticus vor, bei der Medizin zu bleiben. Wie Georg Am Wald in seinem *Kurtzen Bericht von der Panacea Am-Waldina* (Frankfurt/Main 1592) schreibt, hatte Rheticus an einen Gelehrten geschrieben: *Nostra Galenica medicina, non est Geometria, quae semper suum finem assequatur. Quanto enim plus in ea proficio, tanto plus in ea desidero* (Unsere galenische Medizin ist nicht wie die Geometrie, die immer ihr Ziel verfolgt; denn je mehr ich in der Medizin Fortschritte mache, desto mehr fehlt mir)[16]. Calon zeigte sich in Paris sehr begeistert über seine Begegnung mit Rheticus; »er hat mir«, schreibt Ramus an Rheticus, »auf meine neugierigen Fragen vieles so beredt und angenehm erzählt, von deiner einzigartigen Gelehrsamkeit, von deinen Büchern über die Dreiecke und die ungleichmäßigen Bewegungen, über vieles andere, was du geschrieben hast«[17].

1 NICOLIER-DE WECK, Béatrice, Hubert Languet, 1518-1581, un réseau politique international de Melanchthon à Guillaume d'Orange, Genf: Droz, 1995, S. 93-96 und 100 f., 108, 116, 176 f.; das hier vorliegende Lebensbild ist vorerst unvollständig. | 2 BURMEISTER 1968, Bd. 3, S. 174, 177. | 3 PROXENUS, Simon, Commentarii de itinere Francogallico, hg. v. Dana MARTINKOVÁ, Budapest 1979, S. 110. | 4 HOTMAN, François, Formularium antiquarum, in: CLAUSING, Johann Godeschalk, Jus publicum Romanorum, Bd. 3, Lemgo 1733, S. 755. | 5 Vgl. dazu CAMERARIUS 2010, S. 250-257. | 6 CR, Bd. 10, S. 735 f., Nr. 6683. | 7 TÖPKE 1886, Bd. 2, S. 12. | 8 VD 16 C 275; BSB München, digital. | 9 SCHOTTENLOHER 1953, S. 74, 226. | 10 BARTHOLD, F. W., Deutschland und die Hugenotten, Bremen 1848, S. 347. | 11 FÖRSTEMANN 1841, Bd. 1, S. 369a. | 12 LUDEWIG, Johann Peter, Arcana seculi decimi sexti (Halle 1699), Bd. 1, S. 21-23. | 13 LUDEWIG 1699, Bd. 1, S. 23 f. | 14 BURMEISTER 1968, Bd. 3, S. 169-171. | 15 CAMERARIUS 1595, S. 280. | 16 AM WALD, a.a.O., S. 48. | 17 BURMEISTER 1968, Bd. 3, S. 177.

Camerarius, Anna, d. Ä., † 1573

Anna Camerarius, geborene Truchseß von Grünsberg, aus fränkischem Adel aus der Gegend um Nürnberg stammend, gestorben am 15. Juli 1573 in Leipzig, luth., am 7. März 1527 heiratete sie in Nürnberg den Humanisten Joachim Camerarius d.Ä., dem sie fünf Söhne und vier Töchter zu Welt brachte. Melanchthon bewunderte sie wegen ihrer Bildung. Er widmete ihr die deutsche Ausgabe der *Loci* (Nürnberg 1559)[1].
Rheticus war mit Anna Camerarius d.Ä. gut bekannt. In einem Brief an Camerarius d.Ä. bedauerte er am 9. November 1558, dass es ihm und seiner Frau nicht besonders gut gehe, wie er von Crato erfahren habe[2]. In einem anderen Brief an Camerarius d.J. vom 1. Februar 1563 trägt Rheticus diesem Grüße an seine Mutter auf: *tuam dominam matrem, honestissimam matronam, meo nomine amanter saluta* (Deine Frau Mutter, die ehrwürdigste Dame, grüße liebevoll in meinem Namen)[3].

1 Jung 2010, S. 99. | 2 Burmeister 1968, Bd.3, S. 156 f. | 3 Ebenda, S. 168.

Camerarius, Anna, 1528–1558

Anna Camerarius, Tochter von Joachim Camerarius d.Ä. und der Anna Truchseß von Grünsberg, geboren 1528, gestorben am 16. September 1558 in Wittenberg, luth., verheiratet seit 1548 mit dem Rheticusschüler Magister Esrom Rüdinger.
Beziehungen zwischen Anna und Rheticus in den Jahren 1542 bis 1545 und 1548 bis 1551 sind anzunehmen, da Rheticus in Leipzig sowohl mit Annas Vater und Mutter als auch mit deren Söhnen enge Kontakte pflegte.

Camerarius, Gottfried, 1546 – ?

Gottfried Camerarius, Sohn von Joachim Camerarius d.Ä. und der Anna Truchseß von Grünsberg, geboren am 16. Juli 1546 in Leipzig, Rat des Pfalzgrafen Reinhard, Fürst von Simmern.
Beziehungen zu Rheticus in den Jahren 1548 bis 1551 sind anzunehmen, da Rheticus in Leipzig sowohl mit Annas Vater und Mutter als auch mit deren Söhnen enge Kontakte pflegte. Allerdings war Gottfried erst vier Jahre alt als Rheticus Leipzig verließ; er kommt daher als Lehrer Gottfrieds nicht in Betracht. Gottfried immatrikulierte sich in Leipzig erst im SS 1558[1]. Gottfried widmete sich dem Studium der Rechte.

1 Erler, Bd. 1, S. 722, B 72 (mit seinem Bruder Ludwig); er blieb als Minderjähriger bis 1564 unvereidigt.

Camerarius, Joachim, d. Ä., 1500-1574

Joachim Camerarius (Kammermeister) d.Ä., geboren am 12. April 1500[1] in Bamberg (Oberfranken), gestorben am 17. April 1574 in Leipzig, Begräbnis bei der Paulinerkirche, Marmorstein, den Eltern von ihren Kindern gesetzt, Inschrift überliefert[2], luth., Humanist, neulat. (und griech.) Dichter, Gräzist, Mathematiker[3].
Ging seit 1512 in Leipzig bei Georg Helt in die Schule[4], immatrikulierte sich hier im WS 1512/13[5], promovierte im SS 1514 zum Bacc art.[6], studierte seit 1516 an der Universität Griechisch bei Petrus Mosellanus, setzte seit 1518 sein Studium in Erfurt[7] fort (Eobanus Hessus, Mutianus Rufus) und ging 1521 nach Wittenberg, wo er sich Melanchthon anschloss. Er las hier seit 1522 über Plinius' *Naturalis historia* und Quintilian und wurde 1525 Professor für griechische Sprache. 1526 wurde er Professor für Griechisch und Latein am St. Aegidiengymnasium in Nürnberg. Seit 1535 wirkte er an

der Reformation der Universität Tübingen mit. 1541 wechselte er an die Universität Leipzig, wo er gleichfalls an der Reform mitwirkte. Er wurde hier bald zur Seele der Universität. 1541 bis 1574 war er Kollegiat des großen Fürstenkollegs[8]. Er war in Leipzig Rector Magnificus im SS 1544, SS 1546 und SS 1558, Vizekanzler 1563, Dekan der Artistenfakultät im WS 1544/45 und WS 1562/63. Er wurde mit Recht als *academiae Lipsicae professor et gubernator praecipuus* angesehen. Camerarius war seit 1527 verheiratet mit Anna Truchseß von Grünsberg. Aus der Ehe gingen fünf Söhne und vier Töchter hervor, die alle eine akademische Karriere machten oder sich standesgemäß verheiratet haben. Anlässlich seines Todes hielt ihm Pfarrer Heinrich Salmuth die Abdankungsrede[9].

Werke: Es würde den Rahmen sprengen, wollte man hier auf das von Camerarius geschaffene Werk schauen. Camerarius hat sehr viel veröffentlicht (Auflistung bei Will über mehrere Seiten). Er wirkte als Herausgeber, Übersetzer und Kommentator zahlreicher antiker Autoren, etwa von Homer, Herodot, Sophokles, Demosthenes, Thukidides, Xenophon usw., auch von Cicero und Quintilian. Seit 1535 druckte Petreius in Nürnberg für Camerarius, insbesondere dessen Edition und Übersetzung von Ptolemäus[10]; Ptolemaeus' *Megale Syntaxis* (Basel: Walder 1538[11]; *De eorum qui cometae apellantur, nominibus* [...] (Leipzig: Valentin Papst, 1558, ²1559[12], weitere Auflagen Leipzig: Joh. Steinmann, 1578[13], 1582[14]; weitere Ausgabe Braunschweig, 1561, 1588, 1600[15], auch deutsche Übersetzung *Von den Cometen* (Straßburg, P. Messerschmidt, 1561)[16].

Die **Beziehungen** zwischen Camerarius und Rheticus sind sehr vielseitig, zumal Camerarius selbst Mathematiker und Astronom war; Thorndike rechnet Camerarius dem Melanchthonzirkel zu[17]. Garcaeus hat sein Horoskop überliefert. Auch als Gräzist musste Camerarius Rheticus im Hinblick auf seine Arbeiten zu Euklid sehr beeindrucken. Camerarius, Borner, Ziegler und Ales bildeten von Anfang an den Freundeskreis von Rheticus in Leipzig. So ließ Melanchthon am 9. Mai 1543 über Camerarius Grüße ausrichten ließ: *Ziglero, Bornero, Rhetico et Scoto*[18]. Camerarius war als Einträger beliebt, etwa im Stammbuch des Abraham Ulrich[19] oder des Joachim Strupp[20]. Rheticus war von Ende 1538 ab mit der ganzen Familie Camerarius, mit Vater und Mutter, mit neun Kindern und deren Schwiegerkinder (Hommel. Rüdinger, Jungermann, Schiltel) bekannt und blieb es auch nach seiner Flucht aus Leipzig 1551. Gerade an diesem Beispiel zeigt sich, was Rheticus 1551 aufgeben musste.

Camerarius stand schon lange vor der Reise des Rheticus nach Frauenburg im Kontakt mit seinem fränkischen Landsmann Johannes Petreius (1497-1550), der seit 1523 in Nürnberg druckte; 1535 erschienen Werke von Camerarius bei Petreius. Es überrascht daher nicht, wenn Camerarius auch in den Druck von Kopernikus' *De revolutionibus* von 1543 eingebunden war. Camerarius verfasste, wie er es auch sonst sehr häufig tat, ein griechisches Gedicht in Form eines platonischen Dialogs, das den Druck einleiten sollte. Vermutlich zog er es aber später als guter Lutheraner zurück, weil das Buch dem Papst gewidmet worden war[21]. Der griechische Text dieses Gedichtes ist uns aber in zwei Ausgaben (Parma 1, Vicenza 1)[22] überliefert. Auch sonst war Camerarius dem Rheticus in vieler Hinsicht eine Hilfe. So übernahm Camerarius, während Rheticus in Italien weilte, stellvertretend dessen Vorlesungen im WS 1545/46, SS 1546 und WS 1546/47[23].

1 Die Nativität bei Garcaeus 1576, S. 150, nennt den 11. April 1500. | **2** Stepner 1675 (1686), S. 37, Nr. 104. | **3** Doppelmayr 1730, S. 64-74; Woitkowitz 2003, S. 32-46. | **4** Clemen 1907, S. 4 f., Anm. 4. | **5** Erler, Bd. 1, S. 522, B 80. | **6** Erler, Bd. 2, S. 496. | **7** Weissenborn,1884, Bd. 2, 302, Nr. 41. | **8** Zarncke 1857, S. 752. | **9** Salmuth 1580/81, Bd. 1, 18. Predigt, VD 16 S 1444, ULB Halle, digital. | **10** Zinner ²1964, S. 184-187, Nr. 1605, 1606, auch Nr. 1588 und 1623. | **11** Zinner ²1964, S. 192, vgl auch S. 198, Nr. 1782; S. 216, Nr. 2026; S. 220, Nr. 2073. | **12** Zinner ²1964, S. 228 f., Nr. 2186, 2214. | **13** VD 16 C 403, BSB München, digital. | **14** VD 16 C 404, BSB München, digital; Zinner ²1964, S. 265, Nr. 2811; S. 278, Nr. 3030. | **15** Ebenda, S. 321, Nr. 3842. | **16** Ebenda, S. 231, Nr. 2251. | **17** Brosseder 2004, S. 12. | **18** CR V, Sp. 103f. | **19** Klose 1999, S. 232 (Zitat aus Plautus, Trinummus). | **20** Metzger-Probst 2002, S. 289 ff.). | **21** Gingerich 2002, S. 355-361 (Facsimile des Originals, griech., lat. und engl. Text). | **22** Gingerich 2002, S. 128 und S. 135 f. | **23** Erler, Bd. 2, S. 686, 690 und 696.

Camerarius, Joachim, d.J., 1534–1598

Joachim Camerarius (Cammerarius) d.J., geboren am 6. November 1534 in Nürnberg, gestorben am 11. Oktober 1598 in Nürnberg, luth., Arzt, Botaniker, Chemiker[1].
Im SS 1544 wurden die beiden Söhne des Rektors Joachim Camerarius d.Ä. an der Universität Leipzig immatrikuliert, der 11jährige Joachim d.J.[2] und der 7jährige Philipp[3]. Beide besuchten ab 15. April 1548 Schulpforta[4]. Joachim d.J. promovierte am 15. Februar 1551 zum Bacc. art.; als Promotor fungierte Philipp Bech[5]. Er immatrikulierte sich am 21. Juli 1558 in Wittenberg[6], wo Peucer sein wichtigster Lehrer wurde. Gemeinsam mit Peucer, Erastus, Crato und Gesner bildeten sie als Antiparacelsisten eine Front gegen Rheticus. Erastus forderte sogar die Todesstrafe für die Paracelsisten, Gesner sah in einem Brief an Camerarius d.J. in den Anhängern des Paracelsus Ehebrecher, Hurer, Spieler und mit anderen Lastern behaftete Sünder[7]. In Breslau suchte er bei Crato, Erfahrungen für die medizinische Praxis zu machen. Crato bestimmte Camerarius d.J., seine Ausbildung in Italien zu vollenden. Er ging nach Padua und schloss am 27. Juli 1562 in Bologna seine Studien mit dem Grad eines Dr. med. ab. Auf Wunsch seines Vaters ließ er sich in Nürnberg nieder, wo er 1564 Stadtarzt wurde und 1592 das Collegium medicum gründete, dessen erster Dekan er wurde und bis zu seinem Lebensende blieb.
Beziehungen zu Rheticus waren von Anfang an vorhanden und durch den Vater vorgegeben. Camerarius dürfte die Vorlesungen von Rheticus in Leipzig besucht haben. Es sind mehrere Briefe von Rheticus an Camerarius d.J. aus den Jahren 1563-1569 überliefert[8]; es gibt zudem Hinweise auf weitere Briefe. Allerdings musste es für Rheticus eine bittere Enttäuschung sein, dass seine ältesten wie auch seine jüngeren Freunde sich unisono zu Feinden des von ihm verehrten Paracelsus bekannten.

1 Kaiser 1982, S. 156. | **2** Erler, Bd. 1, S. 647 B 37. | **3** Erler, Bd. 1, S. 647 B 38. | **4** Bittcher 1843, S. 11. | **5** Erler, Bd. 2, S. 718. | **6** Förstemann 1841, Bd. 1, S. 348a. | **7** Roebel 2004, S. 69 f. | **8** Burmeister 1968, Bd. 3, S. 168 f., 190-192.

Camerarius, Johannes, 1531–1592

Johannes Camerarius, Sohn von Joachim Camerarius d.Ä. und der Anna Truchseß von Grünsberg, geboren am 29. Juli 1531 in Nürnberg, gestorben am 6. Dezember 1592 in Königsberg, preußischer Regimentsrat.
Beziehungen zu Rheticus in den Jahren 1542 bis 1545 und 1548 bis 1551 sind anzunehmen, da Rheticus in Leipzig sowohl mit Annas Vater und Mutter als auch mit deren Söhnen enge Kontakte pflegte. Johannes immatrikulierte sich an der Universität Leipzig im WS 1545[1], als Rheticus abwesend war; gleichwohl könnte er schon in den Jahren vorher Vorlesungen von Rheticus besucht haben.

1 Erler, Bd. 1, S. 658, B 4.

Camerarius, Ludwig, 1542–1582/87?

Ludwig Camerarius, Sohn von Joachim Camerarius d.Ä. und der Anna Truchseß von Grünsberg, geboren am 25. Juni 1542 in Leipzig, gestorben am 14. Juni 1582 in Karlsbad, luth., Dr. med., Arzt.
Beziehungen zu Rheticus in den Jahren 1548 bis 1551 sind anzunehmen, da Rheticus in Leipzig sowohl mit Annas Vater und Mutter als auch mit deren Söhnen enge Kontakte pflegte. Als Lehrer kommt Rheticus jedoch nicht in Betracht; Ludwig immatrikulierte sich in Leipzig erst im SS 1558[1].

1 Erler, Bd. 1, S. 722, B 71 (mit seinem Bruder Gottfried); er blieb als Minderjähriger bis 1564 unvereidigt.

Camerarius, Magdalena, 1529 – ?

Magdalena Camerarius, Tochter von Joachim Camerarius d.Ä. und der Anna Truchseß von Grünsberg, geboren am 23. Dezember 1529 in Nürnberg, gestorben ?, luth., verheiratet in erster Ehe seit 1558 mit dem Rheticusschüler Magister Johannes Hommel († 1561), in zweiter Ehe heiratete sie den Arzt Dr. med. Schiltel.
Beziehungen zu Rheticus in den Jahren 1542 bis 1545 und 1548 bis 1551 sind anzunehmen, da Rheticus in Leipzig sowohl mit Annas Vater und Mutter als auch mit deren Söhnen enge Kontakte pflegte.

Camerarius, Martha, 1531–1558

Martha Camerarius, Tochter von Joachim Camerarius d.Ä. und der Anna Truchseß von Grünsberg, geboren am 29. Dezember 1532 in Nürnberg, gestorben am 15. Februar 1558 in Leipzig, Begräbnis bei der Paulinerkirche, Marmorstein, von ihrem Bruder Johannes gesetzt, Inschrift überliefert[1], luth., unverheiratet.
Beziehungen zu Rheticus in den Jahren 1542 bis 1545 und 1548 bis 1551 sind anzunehmen, da Rheticus in Leipzig sowohl mit Annas Vater und Mutter als auch mit deren Söhnen enge Kontakte pflegte.

1 STEPNER 1675 (1686), S. 37, Nr. 105.

Camerarius, Philipp, 1537–1624

Philipp Camerarius[1], Sohn von Joachim Camerarius d.Ä. und der Anna Truchseß von Grünsberg, geboren 1537, gestorben 1624, Nürnberger Ratskonsulent, Erster Prorektor der Universität Altdorf. Philipp wurde zunächst von seinem Vater unterrichtet, besuchte Schulpforta und Meißen (Georg Fabricius), studierte in Leipzig und in Wittenberg, wo er bei seinem Paten Melanchthon hörte. Über Straßburg ging er 1563 bis 1566 nach Italien, zuerst nach Ferrara, dann nach Rom, wo er als Ketzer ins Gefängnis kam. 1569 promovierte er in Basel zum JUD. 1571 heiratete er in Nürnberg Helena Pfintzing, Tochter des Rheticusschülers Martin Pfintzing.
   Beziehungen zu Rheticus sind für die Jahre 1542 bis 1545und 1548 bis 1551 anzunehmen, da Rheticus in Leipzig sowohl mit Annas Vater und Mutter als auch mit deren Söhnen enge Kontakte pflegte. Ludwig Camerarius widmete die von ihm herausgegebene Schrift seines Vaters *Commentarius de generibus divinationum* dem Heinrich von Rantzau[2].

1 WILL 1755, Bd. 1, S. 176-178; SCHEIBLE, MBW, Bd. 11, Personen, 2003, S. 259. | 2 VD 16 C 372, BSB München, digital.

Camerarius, Ursula, 1539–1604

Ursula Camerarius[1], Tochter von Joachim Camerarius d.Ä. und der Anna Truchseß von Grünsberg, geboren am 19. Juni 1539 in Tübingen, gestorben 1604, luth., verheiratet mit dem Rheticusschüler und Rechtslehrer JUD Kaspar Jungermann († 1581).
Beziehungen zu Rheticus in den Jahren 1542 bis 1545 und 1548 bis 1551 sind anzunehmen, da Rheticus in Leipzig sowohl mit Annas Vater und Mutter als auch mit deren Söhnen enge Kontakte pflegte.

1 SCHEIBLE, MBW, Bd. 11, Personen, 2003, S. 260.

Capiteyn, Pieter, 1511–1557

Pieter (Peder, Peter, Petrus) Capeteyn (Capiteyn, Capitain, Capitaneus, Stratageus, Stratag), geboren um 1511 in Middelburg (Zeeland, Niederlande), gestorben am 6. Januar 1557 in Kopenhagen, begraben im Chor der Kathedrale Unserer lieben Frau daselbst (lat. Chronogramm von Anton Baldersleven), das Grab wurde 1664 durch den Professor für Griechisch und Geschichte Erasmus Vinding erneuert; luth., Mathematiker und Arzt[1].

Capiteyn, der aus einer adligen Familie stammte, studierte in Löwen und Paris Mathematik, Astronomie, Astrologie und Medizin. An der Universität Valence (Drôme, Frankreich) erwarb er den Grad eines Dr. med. (artium et medicinae doctor). Danach lehrte er als Professor der Medizin zuerst in Köln und dann später seit 8. Mai 1545 in Rostock[2]. Am 9. Oktober 1545 wurde Capiteyn zum Rector Magnificus der Universität Rostock gewählt, wo er am 16. Oktober feierlich sein Amt antrat. Am 22. Januar 1546 schrieb er seinen Middelburger Landsmann Pieter Bartels, der sein Famulus war, in die Matrikel ein. Bis zum 11. August 1546 führte Capiteyn eigenhändig die Matrikel, um sie dann dem Vizerektor Magister Andreas Eggers zu übergeben[3]. Capiteyn beschäftigte sich mit Meteorologie, auf die der seine astronomischen und astrologischen Kenntnisse anwandte. Bekannt wurde er vor allem auch durch die Verbindung der astrologischen Anschauungen mit der Medizin, sodass er schon bald an die Universität Kopenhagen berufen wurde[4], wo er 1547 und 1551 Rektor Magnificus war. Nachdem er zuvor Leibarzt des Herzogs Friedrich gewesen war, wurde er jetzt Leibarzt des dänischen Königs Christian III. Für den ihm gewidmeten Almanach auf 1549 ließ der König am 8. Januar 1549 Capiteyn eine Lieferung eines Ochsen, zweier Schweinsseiten, einer halben Tonne frischer Butter sowie Käse zukommen[5].

Capiteyn war seit ca. 1536 verheiratet; der Name der Frau ist nicht bekannt. Sein Schwiegersohn war Magister Jens Pedersen Skjellerup (1509-1582), Professor der Physik in Kopenhagen; er hatte Susanne Lennertsdatter (ca. 1525-1584)[6], die Stieftochter Capiteyns, geheiratet. Capiteyn schrieb für ihn eine Empfehlung an die Universität Rostock, wo er zum Dr. med. promovieren wollte[7]. In der Rostocker Matrikel ist er im Juni 1556 als *Ioannes Scheilderup, dr. med., Danus* eingetragen[8]. Seine Hoffnungen, in den Besitz des Lehrstuhles von Capiteyn zu kommen, erfüllten sich nicht[9]; er wurde 1557 Bischof von Bergen (Norwegen).

Werke: Vorhersage für 1546, niederdeutsch[10]; *Almanach* auf das Jahr 1549, deutsch, König Christian III. gewidmet[11]; Almanach und Practica up dat Jaer MDL, deutsch (Ms. KB Kopenhagen); *De potentiis animae*, 1550; *Prophylacticum consilium anti-pestentiale ad cives Hafnienses*, 1553, zuerst gedruckt in dänischer Sprache, später in lat. Sprache hg. v. Thomas Bartholin, in: *Cista Medica*, Kopenhagen 1662.

Capiteyn war ein engagierter Lehrer, der sich für die Belange seiner Studenten einsetzte. Am 4. Juni und 17. Juli 1549 setzte sich Bugenhagen bei Christian III. ein, um auf Empfehlung von Capiteyn für einen Knaben aus Ribe (seit 2007 Teil von Esbjerg, Syddanmark, Dänemark) ein Studienstipendium zu bekommen; der Knabe, der sich in Wittenberg durch besonderen Fleiß auszeichnete, hatte zuvor in Kopenhagen studiert, war aber von seiner Verwandtschaft verlassen worden und in Armut geraten[12].

Bugenhagen nennt Capiteyn seinen lieben Freund. In einem Brief vom 18. Juni 1550 drückt Bugenhagen sein Bedauern darüber aus, dass Capiteyn auf der Reise beraubt wurde und nur knapp mit dem Leben davongekommen ist. *Da sprach ich: der fromme doctor mag sich mehr bas fürsehn, das er seine gulden ketten, und was er mehr von solcher ware lieb hat, solchen kaufleuten nicht anbiete, denn sie kaufen wol gerne, aber sie bezalen sehr übel mit böser munze*[13].

Eine direkte Verbindung zu Rheticus gibt es nicht. Capeteyn konnte aber nicht übergangen werden. Möglicherweise ergeben sich künftig noch Berührungspunkte. Capeteyn war ein Anhänger der medizinischen Astrologie. Seine beiden Almanache für 1549 und 1550 können für die Rheticusforschung bedeutend sein, weil Rheticus selbst für diese beiden Jahre 1549 und 1550 Praktiken in Druck gegeben hat. Als ein nicht weniger auffallender Befund erscheint es, dass Capiteyn unter dem Namen König Christians III. (nicht gedruckte) Ephemeriden verfasst hat, so wie Reinhold seine Ephemeriden zu Ehren Herzog Albrechts von Preußen *Tabulae Prutenicae* nannte. Capiteyn unterhielt auch Beziehungen zu Wittenberg. Er selbst war wiederum mit Leuten aus dem Melanchthonkreis verbunden, etwa mit Wigbolt, Macchabaeus, Noviomagus, Laetus, er wird von Melanchthon erwähnt[14]. Auch war Capeteyn darum bemüht, Cardano nach Kopenhagen zu bringen, wo Christian III. ihm ein Jahresgehalt von 800 Kronen zugesichert hatte; Cardano lehnte jedoch ab, nicht nur wegen der Ungunst des Klimas in Dänemark, sondern vor allem, weil er katholisch bleiben und nach italienischer Art leben wollte und nicht bereit war sein Vaterland und seine und seiner Ahnen Sitte und Art ganz aufzugeben[15].

1 PAQUOT, Jean-Noël, Mémoires pour servir à l'histoire littéraire des dix-sept provinces des Pays-Bas, Louvain 1768, Bd. 2, S. 34; ELOY, Nicolas.François-Joseph, Dictionnaire historique de la medicine ancienne et moderne, Mons 1778, Bd. 1, S. 530 f.; VAN DER AA, A. J., Biographisch woordenboek der Nederlanden: Bd. 3, Harlem 1858, S. 53; RØRDAM 1868/69, S. 614-619; SCHEIBLE, MBW, Bd. 11, 2003, S. 265. | **2** HOFMEISTER 1891, Bd. 2, S. 108. | **3** Ebenda, S. 109 f. | **4** KRABBE 1854, S. 460. | **5** RØRDAM 1868/74, Bd. 4, Aktstykker og breve, S. 47. | **6** RØRDAM 1868/69, S. 629-637. | **7** KRABBE 1854, S. 461. | **8** HOFMEISTER 1891, Bd. 2, S. 132, Nr. 25. | **9** Bulletin of the History of Medicine 80 (2006), S. 440. | **10** ZINNER ²1964, S. 1892a. | **11** Nicht bei ZINNER ²1964. | **12** VOGT 1888/99, S. 452, 461 | **13** Ebenda, S. 480. | **14** MBW 5318. | **15** HEFELE 1969, S. 22 f.

Cardano, Girolamo, 1501–1576

Girolamo (Geronimo, Hieronymus) Cardano, geboren am 24. September 1501 in Pavia (Lombardei), gestorben am 21. September 1576 in Rom, kath., Mathematiker, Arzt, Astrologe[1].
Cardano, Sohn eines Rechtsgelehrten, hatte seit 1520 in Pavia, 1522 in Mailand und 1524 in Padua studiert. In Padua, wo er 1525 Rektor war, promovierte er 1526 zum Dr. med., praktizierte danach als Arzt. Er lehrte an verschiedenen italienischen Universitäten, in Mailand, in Pavia, 1562 bis 1570 in Bologna, in Rom. 1570 wurde er auf Betreiben der Inquisition wegen Ketzerei verhaftet, jedoch bald wieder freigelassen. Seit 1531 war Cardano verheiratet mit Lucia Bandarini († 1546, 2 Söhne, 1 Tochter). Zu Weltruhm kam Cardano nicht zuletzt dadurch, dass seine seit 1539 von Osiander herausgegebenen und von Petreius gedruckten Werke auch außerhalb Italiens eine weite Verbreitung gefunden haben und in Frankreich (Paris, Lyon) nachgedruckt wurden. 1552 reiste er nach Schottland und besuchte Frankreich, Deutschland und die Schweiz. Bis heute sind zahlreiche seiner technischen Neuerungen nach ihm in allen Sprachen benannt: kardanische Aufhängung, Kardanwelle, Kardangelenk, Cardangitter, cardanische Kreise, Cardanische Formel.

Die **Beziehungen** zwischen Rheticus und Cardano beruhen auf persönlicher Bekanntschaft. Gemeinsam ist beiden das Streben nach umfassendem Wissen in allen Bereichen der Naturwissenschaften. Beide wurden für ihr Werk geehrte, indem man Krater auf dem Mond nach ihnen benannte. Beide waren zwar keine direkten Landsleute, aber sie waren dennoch wesensverwandt, stammte doch auch Rheticus von einer lombardischen Mutter ab. Dass es bereits 1527 während des Aufenthaltes von Rheticus im Feldlager bei Mailand zu einer Begegnung gekommen wäre, ist unwahrscheinlich; aber immerhin wirkte Cardano damals als Arzt im Mailändischen und auch Rheticus' Vater war als Arzt tätig.

Seiner erfolgreichen Reise nach Preußen 1539/41 hat Rheticus seine Reise nach Italien 1545/46 gegenübergestellt und diesen beiden Lebensabschnitten wiederholt große Bedeutung beigemessen[2]. Im Herbst 1545 besuchte er Cardano in Mailand, wo er sich längere Zeit aufhielt mit ihm gemeinsame Arbeiten durchführte, u.a. an dessen von Osiander herausgegebenem Hauptwerk zur Mathematik, der *Ars Magna* (Nürnberg: Joh. Petreius, 1545, mit Widmung von Cardano an Osiander, Pavia, 13. Januar 1545)³ sowie dessen Horoskopsammlung. Lobend äußerte sich auch Cardano auch in diesen seinen *De Sapientia libri quinque* (Nürnberg: Joh. Petreius, 1544, auf der Titelrückseite ein 14 Zeilen umfassendes Gedicht von Joachim Heller)⁴: »Just zu einer Zeit, als ich daran dachte, einige weitere Horoskope zu veröffentlichen, kam zufällig Georg Joachim Rheticus, ein Gelehrter und ungewöhnlich fähiger Mathematiker, aus Deutschland nach Italien. Dieser ehrenwerte und gewissenhafte hatte einige Horoskope berühmter Persönlichkeiten mitgebracht und überließ sie mir ohne Zögern, [unter anderen] die von Vesalius, Regiomontanus, Cornelius Agrippa, Poliziano, Jacobus Micyllus und Osiander«⁵. Cardano hat eines seiner Gespräche mit Rheticus, das am 21. März 1546 stattgefunden hat und das Horoskop einer Person zum Inhalt hatte, in wörtlicher Rede überliefert⁶. Auch ein weiteres Gespräch führten Cardano und Rheticus über eine Mailänder Zauberin⁷. Cardano stützt alle seine Erkenntnisse allein auf die Beobachtungen der Gestirne, bewegt sich also ganz im Rahmen der wissenschaftlichen Astrologie. Wenn Rheticus wie ein Schüler den Lehrer staunend ansah, so wurde er damit noch lange nicht zum Trottel wie Grafton meint. Ist nicht nach Platon das Staunen, τὸ θαυμάζειν, der Anfang der wissenschaftlichen Erkenntnis?

Nicht immer herrschte zwischen Rheticus und Cardano völliges Einvernehmen. So geht aus dem Briefwechsel mit Crato aus dem Jahre 1554 hervor, dass beide Anstoß daran genommen hatten, dass Cardano Regiomontan zeitweise die ihm zukommende Würdigung verweigert hatte⁸. Auch erwartete Rheticus in späteren Jahren mit Ungeduld Cardanos Metoposcopia. Ich wollte, schreibt Rheticus 1563 an Thaddäus Hajek, dass er seine Metoposkopie zu einem großen Band ausarbeiten würde, um Cardano den Ruhm wegzunehmen; denn dieser halte die wissenschaftliche Welt seit Jahren hin⁹. Es führt entschieden zu weit, wenn Grafton aus den Texten Cardanos Gehässigkeit oder Feindschaft herauslesen will. Cardano habe gleichsam als Sherlock Holmes Rheticus als Dr. Watson, als begriffsstutzigen und minderbemittelten Tölpel vorgeführt. Einen solchen Gegensatz zwischen Rheticus und Cardano hat es in Wirklichkeit nie gegeben. Cardano hat Rheticus als *vir humanus et in mathematicis haud mediocriter eruditus* (Humanist und in den mathematischen Fächern nicht nur mittelmäßig gebildet) und als *syderalium motuum peritissimum* (besonders erfahren in den Sternbewegungen) geschätzt. Und noch gegen Ende seines Lebens zählte Cardano in seiner Autobiographie Giorgio Porro aus Rhätien unter seinen Freunden auf¹⁰.

1 BROCKHAUS ENZYKLOPÄDIE, 19. Aufl., Bd. 4, Mannheim 1987, S. 328; SCHEIBLE, MBW, Bd. 11, Personen, 2003, S. 268; HEFELE (Hg.) 1969 (Autobiographie); GRAFTON 1999 (dt. Ausgabe); GRAFTON 1999 (engl. Ausgabe); GRAFTON 1991, in: FRASCA-SPADA/JARDINE 1991, S. 49-68. | 2 BURMEISTER 1968, Bd. 3, S. 108, 120. | 3 VD 16 C 877; BSB München, digital. | 4 VD 16 C 925; BSB München, digital; auch CARDANO, Opera omnia, Bd. 5, S. 491. | 5 GRAFTON 1999, dt. Ausgabe, S. 174 (mit dem lat. Originaltext in Anm. 9). | 6 Vgl. dazu BURMEISTER 2003, S. 117. | 7 Lat. Text und dt. Übers. bei BURMEISTER 2003, S. 118. | 8 BUMEISTER 1968, Bd. 3, S. 121 f., 123 f. | 9 Ebenda, S. 181 f. | 10 HEFELE 1969, S. 61.

Carion, Johannes, 1499–1537

Johannes Carion (Nägelin, *cariophyllon* = Nelke), geboren am 22. März 1499 in Bietigheim (Lkr. Ludwigsburg, Baden-Württemberg), gestorben 2. Februar 1537 in Magdeburg (oder Berlin?). **Mathematiker, Astrologe, Historiker, Arzt**¹.

»Carion war der angesehenste deutsche Astrologe in der ersten Hälfte des 16. Jahrhunderts«². Nicht umsonst wurde er von den Gegnern der Astrologie als *kern und ausbund* der Astrologen gesehen. Er war zunächst 1514 Schüler von Johannes Stöffler in Tübingen. Auch andere führende Mathematiker gehörten dem Schülerkreis um Stöffler an, nicht zuletzt Melanchthon oder auch Sebastian Münster. Seit 1521 war Carion in Berlin einflussreicher Hofmathematiker des Kurfürsten Joachim I. von Brandenburg. 1527 trat er auch in die Dienste des Herzog Albrechts von Preußen. Georg Sabinus verlieh als *Comes Palatinus* Carion 1535 die Würde eines Dr. med. *bullatus*. Carion fand jedoch schon bald wegen seiner Trunksucht und seiner epikureischen Lebensweise einen frühen

Tod. In einem von Sabinus verfassten Epitaph heißt es: *Dr. Johannes Carion, Vertilger ungeheurer Weinkrüge, Wahrsager aus den Gestirnen, hochberühmt bei den Machthabern, ist beim Gelage im Wettkampf erlegen*[3]. Ein Entwurf für eine fiktive Grabschrift geht noch weiter in der Aufzählung seiner Charakterschwächen, hebt aber ebenfalls in mehreren Zeilen seinen Alkoholismus hervor:

ingentium craterarum decoctor (Verschlinger ungeheurer Krüge),

inter calices demorienti (unter Bechern Sterbender)[4].

Carion hat ein bedeutendes Werk hinterlassen, insbesondere Practica auf die Jahre 1524 bis 1534 und auch solche weit über seine eigene Lebenszeit hinaus[5]. Viele Prognostica sind digital zugänglich.

Werke (in kleiner Auswahl): *Prognosticatio und Erklerung der grossen Wesserung* (Leipzig: Wolfgang Stöckel, 1522[6]; *Bedeutnus des iars M.D.XXXI* (Wittenberg: Georg Rhau, 1530)[7]; *Iudicium de anno* 1533 (Wittenberg 1532)[8]; *Chronica* (Wittenberg: Georg Rhau, 1533)[9]; weitere Ausgaben Augsburg: Heinrich Steiner, 1534[10]; Magdeburg: Lother, 1534[11]; Wittenberg 1546[12]; *Chronicon correctum et emendatum* (Frankfurt/Main: Peter Brubach, August 1546)[13]; *Chronica* (Wittenberg; Georg Rhaus Erben, 1552)[14]; gemeinsam mit Magister Salomon, *Practica unnd prognostication biß auff M.D.LX. jar* (Straßburg: Jakob Kammerlander, 1543)[15]; *Außlegung der verborgen Weyssagung Doctor Carionis* (Nürnberg: Wolf Heußler, 1546)[16]; *A wonderfull prophicye contynuyng tyll MDLX* (London, ca. 1550)[17].

Lukas Cranach d.Ä. hat um 1530 sein Porträt geschaffen[18]. Eine weiteres Porträt hat Crispin Herrant 1533 gemalt[19].

Beziehung zu Rheticus: Carion, dessen Horoskop Garcaeus überliefert[20], gehörte nach Thorndike zum Melanchthon-Circle[21]. Er scheint beinahe ein Konsemester von Rheticus zu sein, doch war Carion, als er sich im WS 1531/32 in Wittenberg immatrikulierte[22], bereits ein gemachter Mann, der um viele Jahre älter als Rheticus war, er brachte Melanchthon den Entwurf seiner Chronik mit; in der Matrikel wird er denn auch achtungsvoll als *Astronomus* bezeichnet. Tatsächlich war Carion als Stöfflerschüler eher ein Konsemester von Melanchthon. Das Interesse Carions und Melanchthons an der Geschichtsschreibung, die Chronica erschien 1532 lat. im Druck, 1533 dt. (beide in Wittenberg bei Georg Rhau), erfasste bald auch jüngere Historiker wie Eber, Rheticus oder Peucer. Rheticus hätte 1561/62 gerne gesehen, wenn Eber die Chronik des Carion für die neuere Zeit fortgeführt hätte.[23] Während des Aufenthaltes von Rheticus in Preußen war Carion bereits verstorben, doch kannte er ihn aus seiner Studienzeit, in der beide ihm Hause Melanchthons aus- und eingegangen waren.

1 SCHULTZE, Johannes, Carion, Johannes, in: NDB 3 (1957), S. 138 f.; Himmelszeichen und Erdenwege, 1999; BENNING, Stefan, Johannes Carion aus Bietigheinm, Eine biographische Skizze, in: Himmelszeichen und Erdenwege, 1999, S. 193-202; BAUER 1999; LIEBERS 1999; SCHEIBLE, MBW, Personen, Bd. 11, 2003, S. 269 f.; THIELEN 1953, S. 172 f.; FÜRST/HAMEL 1988. | **2** BROSSEDER 2004, S. 30 f. | **3** Zitiert nach Wikipedia; ausführlicher, lat. und dt., bei HOPPMANN 1998, S. 47 f. | **4** Zitiert nach HOPPMANN 1998, S. 48. | **5** Vgl dazu ZINNER ²1964, S. 155, f., 158, 161, 165 f., 168-173, 176, 179, 182, 187, 196, 198, 201, 203, 206, 209, 457 f. | **6** VD 16 C 1033; BSB München, digital. | **7** VD 16 ZV 17927; BSB München, digital. | **8 u. 9** BSB München, digital. | **10** VD 16 C 1000; BSB München, digital. | **11** VD 16 C 1011; BSB München, digital. | **12 – 14** BSB München, digital. | **15** VD 16 C 1026, BSB München, digital. | **16** VD 16 C 956; BSB München, digital. | **17** BSB München, digital. | **18** Abb. bei HOPPMANN 1998, S. 44; auch Wikipedia. | **19** Bildarchiv Foto Marburg. | **20** GARCAEUS 1576, S. 340 (22. März 1499); siehe dazu auch HOPPMANN 1998, S. 42. | **21** BROSSEDER 2004, S. 12. | **22** FÖRSTEMANN 1841, Bd. 1, S. 144b. | **23** BURMEISTER 1967/68, Bd. 3, S. 160 f., S. 162 f. (hier nennt er sie *Philippi Chronica*).

Carlowitz, Christoph von, 1507 –1578

Christoph von Carlowitz (Karlowitz, Karlewitz, Carlebicz, Carlovicius), geboren am 13. Dezember 1507[1] in Hermsdorf (Ortsteil von Ottendorf-Okrilla, Lkr. Bautzen, Sachsen), gestorben am 8. Januar 1578 in Rothenhaus (tschech. Červený Hrádek, Ortsteil von Görkau, tschech. Jirkov,

Bezirk Komotau, tschech. Chomutov), Grab in Görkau, kath. (mit luth. Neigungen), Erasmianer, Jurist (Beamter, kurfürstl.-sächs. Rat, auch kaiserl. Rat), Politiker[2].

Nach dem Besuch der Kreuzschule in Dresden immatrikulierte sich Carlowitz im SS 1520 unter dem Rektor Petrus Mosellanus an der Universität Leipzig[3]. Weitere Stationen seines Bildungsweges waren Basel, Köln, Löwen, Dôle (1528) und Besançon, wo er insbesondere auch die modernen Sprachen erlernte. In sächsischen Diensten reiste er nach England und Polen, wirkte 1534 bis 1553 als Hofrat in Dresden, war 1541/42 sächsischer Beisitzer im Reichskammergericht, erwarb 1554 das Rittergut Rothenhaus und war 1557 bis 1565 in habsburgischen Diensten Oberhauptmann in Joachimstal. Er war in erste Ehe verheiratet mit Brigitte von Drachsdorf († 1559), in zweiter Ehe seit 1560 mit Klara von Breitenbach, der Witwe des Heinrich von Gersdorf. Seine letzten Jahre verbrachte er auf sein Gut in Rothenhaus.

Werke: Lorenzo Valla, *In Poggium Florentinum antidoti libri IV* (Köln: Hero Alopecius, 1527, mit Widmung von Carlowitz an Wernher von Neuhausen, Köln, Ende April 1527)[4]; weitere Ausgaben Paris: Robert Étienne, 1529; Lyon: Sebastian Gryphius, 1532; Conrad Celtis, *Epitome in rhetoricam Ciceronis* (Ingolstadt: Apian, 1532)[5]; *Wahrhafftige anzeigung, welcher mass Romischer Kaiserlicher Maiestat mit den Türcken gescharmützelt* (Dresden: Stöckel, 1532).

Beziehungen zwischen Rheticus und Carlowitz waren, ähnlich wie im Falle von Komerstadt, durch Distanz geprägt. Es fehlte schon wegen des Altersunterschieds ein gemeinsames Erleben der *Aura academica*, zudem gehörten beide unterschiedlichen Fakultäten an. Der Professor der Artistenfakultät begegnete dem kurfürstlichen Rat und Politiker mit größter Hochachtung. Für diese Hochachtung gab es mehrere Gründe. Da war einmal das Wissen darum, dass Carlowitz mit Erasmus, dem »König« des Humanismus, persönlich bekannt war und mit ihm korrespondierte. Auch war Carlowitz wiederholt mit Melanchthon zusammengetroffen und stand in einen regen Briefwechsel mit Joachim Camerarius. Man kannte Carlowitz als Schüler des Mosellanus, auch als Freund von Julius Pflug und Georg Agricola. Carlowitz war auch mit Veröffentlichungen hervorgetreten. er hatte die gegen Poggio gerichteten Antidoti des Lorenzo Valla herausgegeben (Köln: 1527) Carlowitz hatte zudem große Verdienste um die Reorganisation der Universität Leipzig, deren man sich an der Universität bewusst war.

Carlowitz konnte aufgrund seiner außergewöhnlichen Bildung als ein Musterbeispiel eines Humanisten gelten. Camerarius lobt in seiner Biographie Melanchthons Carlowitz, »der vom Knabenalter ab in den humanistischen Wissenschaften ausgebildet war und der sich in wichtigsten und größten Staatsgeschäften zu größtem Lob bewährt hatte. Die beständig eifrig betriebenen wissenschaftlichen Studien dieses Mannes während der Staatsgeschäfte müssen wortreich gelobt werden – nicht nur seine Sorgfalt, sondern auch seine Geschicklichkeit und die damals nötige Schlauheit –, da er das Leben Philipp Melanchthons schützte und von ihm Gefahren abwehrte. Rheticus stand Camerarius sehr nahe, sodass er mit ihm diese Einschätzung teilte.

Rheticus stand mit Carlowitz auch in einem persönlichen Verkehr. So ließ sich Rheticus am 9. Januar 1550 durch seinen Famulus entschuldigen, er könne in einem anhängigen Zivilprozess zur Hauptverhandlung nicht erscheinen, weil er gerade den edlen Herrn Carlowitz in seinem Hause habe. Carlowitz zeigte eine große Vorliebe für die mathematischen Wissenschaften, wie sie auch in Dedikationsepisteln zum Ausdruck kommt. Erasmus Reinhold gab eine griech. Ausgabe mit lat. Übersetzung der *Megale Syntaxis* des Ptolemaeus heraus unter dem Titel *Ptolemaei mathematicae constructionis liber primus* (Wittenberg, Johannes Lufft, 1549)[6]; dieses Buch widmete er Ostern (21. April) 1549. Reinhold lässt sich in seinem *Prooemium*, dem ein griechisches Epigramm Melanchthons vorausgeht, eingehend über die Bedeutung der Mathematik für das menschliche Leben aus und schließt mit den Worten: Ich denke, dass es Dir nicht unlieb ist, wenn Dein Name und Deine Vorzüge in solchen Denkmälern der schönsten Künste zur Sprache kommen. Camerarius widmete Carlowitz seine Schrift *De cometis* (Leipzig: Joh. Steinmann, 1582)[7]. Auch Georg Agricola richtete am 5. Mai 1549 an Carlowitz seine metrologische Schrift *De mensuris quibus intervalla metimur* (Basel: Froben, 1550)[8]. Wie schon die Überlieferung seines Horoskops bei Garcaeus vermuten lässt, war Carlowitz auch ein begeisterter Anhänger der Astrologie. Dies ergibt sich auch aus seiner Korrespondenz mit Camerarius. Wiederholt bat er Camerarius zu Beginn des Jahres um astrologische Gutachten.

Vielleicht könnte auch noch ein nebensächlicher Aspekt Licht auf die Beziehungen von Carlowitz und Rheticus werfen, wiewohl es sich vorerst nur um eine Vermutung handelt. Carlowitz betrieb viele Jahre lang auf seinem Rittergut in Hermsdorf eine Papiermühle, aus der er seine Freunde mit Papier belieferte, u.a. auch Camerarius[9]. Auch Rheticus könnte einer seiner Kunden gewesen sein; denn es fällt auf, dass in seinem Lagerraum, den er bei Otto Spiegel angemietet hatte, große Mengen von Papier aufbewahrt wurden. Diese Lagerbestände wurden nach Rheticus' Flucht aus Leipzig am 1. Dezember 1551 auf Anordnung des Gerichts mit Arrest belegt und inventarisiert[10].

Der Widmungsbrief an Carlowitz

Um den oben zitierten Widmungsbrief des Rheticus an Carlowitz vom 11. November 1549 hat es eine Diskussion gegeben, sodass an dieser Stelle eine Stellungnahme angezeigt erscheint. Torsten Woitkowitz hat mit beachtlichen Gründen darauf hingewiesen, dass dieser Brief nicht von Rheticus selbst, sondern auf dessen Wunsch von Camerarius verfasst wurde[11]. Für diese These führt Woitkowitz an, dass erstens stilistische und inhaltliche Merkmale für eine Verfasserschaft von Camerarius sprechen, die überdies zweitens durch Äußerungen Dritter bezeugt werde. Dazu ist zu bemerken, dass Rheticus und Camerarius seit Jahren auf mathematischem Gebiet zusammengearbeitet haben. Camerarius hat Rheticus während dessen Abwesenheit in Italien vertreten und seine Vorlesungen gehalten. Bei der Überlänge dieses Briefes, in dem sich das Barockzeitalter anzukündigen scheint, liegt es besonders nahe an eine gemeinsame Herausgeberschaft von Rheticus und Camerarius bei der Euklidausgabe zu denken, und das umso mehr, als Rheticus auch die Übersetzung von Camerarius in seine Ausgabe aufnahm. Dadurch stellt sich das Buch zu einem guten Teil auch als ein Werk von Camerarius dar. Das Widmungsschreiben bringt das auch zum Ausdruck, wenn man die Formulierung *misimus ... et dedicavimus* (wir haben geschickt und wir haben gewidmet) nicht als einen auf Rheticus bezogenen *Pluralis maiestatis*, sondern wörtlich auffasst. Herausgeber der Leipziger Ausgabe des Euklid ist aber allein Rheticus (*Edebat Georg. Ioach. Rhet.*), er wird auch alleiniger Autor des Widmungsbriefes (*Georgii Joachimi Rhetici prooemium*) genannt. Es ist aber keine Frage, dass Rheticus dieses lange Vorwort mit Camerarius ausdiskutiert und abgestimmt hat, sodass auf diese Weise stilistische und inhaltliche Merkmale, die auf Camerarius deuten, in den Text gelangen konnten. Was aber die Drittzeugnisse angeht, so sollte man diese mit der gebotenen Vorsicht ansehen. Die Edition von Moritz Steinmetz, einem Rheticusschüler, die in Leipzig bei Johannes Steinmann 1577 gedruckt wurde, stellt sich als ein Werk des Camerarius dar. Steinmetz hatte im Zuge einer Euklidvorlesung festgestellt, dass in Leipzig keine griech. und lat. Exemplare des Euklid vorhanden waren, sodass er selbst Texte *in usum Delphini* herstellen ließ. Er versah seine Edition mit einem eigenen Vorwort an den JUD Heinrich von Bilau. Damit war der Widmungsbrief von Rheticus und Camerarius obsolet geworden. Zwar druckte ihn Steinmetz noch einmal ab, weil er doch wichtige Aussagen zum Fach Geometrie enthielt, aber er übernahm ihn ohne Unterschrift (die es ja im Original auch nicht gab) und ohne jeden Hinweis auf das Erscheinungsjahr 1549. Dass er in der Überschrift das Schreiben allein dem Camerarius zuerkannte, kann verschiedene Ursachen haben. Denn den Namen des Camerarius kannte jeder in Leipzig. Auch war Camerarius gerade erst (1574) gestorben, auch lebten die Witwe und die Kinder noch. Es war ein Gebot der Pietät, Camerarius zu erwähnen. Dagegen war Rheticus seit seiner Flucht aus Leipzig 1550 eine *Persona non grata*; Steinmetz übergeht geflissentlich seinen Namen in dem Prooemium (von Camerarius im Namen eines anderen *alterius nomine perscriptum*); er dürfte auch gewusst haben, dass Rheticus nicht mehr lebte. Alle späteren Versionen tragen zum Thema kaum etwas bei, da sie von Steinmetz abhängig sind. Die handschriftliche Kopie in der BSB München mit der Signatur clm. 10393 wurde von den Nachkommen des Camerarius zusammengetragen, die in der Frage der Autorschaft befangen waren. Die in Helmstedt erschienene Ausgabe der Elemente des Euklid *nunc iterum editi a L. Friderico Weise* kann ebenfalls übergangen werden.

1 GARCAEUS 1576, S. 261, gibt als astronomische Geburtsstunde dem 14. Dezember, 0 Uhr 26 an. | 2 SCHILLE, Christa, in: NDB 3 (1957), S. 145 f.; SCHEIBLE, MBW, Bd. 11, 2003, S. 270 f.; WOITKOWITZ 2003, S. 46-59. | 3 ERLER, Bd. 1, S. 573, M 29. | 4 Les Bibliothèques Virtuelles Humanistes, digital. | 5 VD 16 C 1899; BSB München, digital. | 6 BSB München, digital; KNOBLOCH, Eberhard, in: MÜLLER 1993, S. 210 f., Nr. 54. | 7 VD 16 C 404, BSB München, digital. | 8 PRESCHER, Hans, in: VIERTEL 1994, S. 39. | 9 WOITKOWITZ 2003, S. 59. | 10 BURMEISTER 2004, S.160-168, hier besonders S. 162 f. | 11 WOITKOWITZ 2003, S. 63, 68, 205 f.

Celle, Matthias

Matthias Celle, angeblich aus Meißen (Misnensis), luth., Student, Magister[1].
Matthias Celle Misnensis erscheint mehrfach in den Wittenberger Fakultätsakten: er fällt sogar besonders dadurch auf, dass er 1539 *gratis* zum Bacc. art. unter Dekan Johannes Sachse Holstenius promoviert, desgleichen am 9. Februar 1542 unter den Dekan Rheticus zum Mag. art. graduiert wurde, und zwar ebenfalls *gratis*[2]; er kam allerdings nur auf den 21. Rang von 22 Bewerbern. Mehr über ihn ist vorerst nicht bekannt, denn er lässt sich in der Matrikel nicht nachweisen; zu beiden Examina aber musste er immatrikuliert sein.

Beziehung zu Rheticus: Magisterpromotion unter Rheticus vom 9. Februar 1542. Celle könnte die Vorlesungen von Rheticus im WS 1541/42 besucht haben.

1 Celle ist bei SCHEIBLE, MBW, Bd. 11, Personen, 2003 nicht berücksichtigt. Die Angabe bei BURMEISTER 1967, S. 69, Matthias Celle sei als Historiker bekannt geworden, ist unzutreffend; vermutlich handelt es sich um eine Verwechslung mit Michael Beuther. Es besteht auch keine Identität mit dem Straßburger Theologen Matthias Celle, da dieser aus Kaysersberg (Haut-Rhin) gebürtig ist. | 2 KÖSTLIN 1890, S. 6.

Chemnitz, Martin, 1522 –1586

Martin Chemnitz[1], geboren am 9. November 1522 in Treuenbrietzen (Lkr. Potsdam-Mittelmark, Brandenburg), gestorben am 8. April 1586 in Braunschweig, begraben im Chor der Martinskirche (Epitaph überliefert)[2], luth., Theologe, Osiandergegner, Astrologe[3].
Martin Chemnitz war der Sohn eines Tuchmachers, von der mütterlichen Linie her verwandt mit Georg Sabinus. Er kam 1536 erstmals nach Wittenberg, besuchte hier ein halbes Jahr die Trivialschule, hörte Luthers Predigten und lernte Melanchthon kennen. Von 1539 bis 1542 besuchte er die Schule in Magdeburg. Hier musste er feststellen, dass er keine poetische Ader hatte, widmete sich aber der Dialektik und Rhetorik und der griechischen Sprache, aber auch den Anfangsgründen der Mathematik. 1545 studierte Chemnitz dann in Wittenberg die mathematischen Fächer und besonders die Astrologie, folgte aber 1547, als er kurz vor dem Magisterium stand, nach der kriegsbedingten Schließung der Universität seinem Vetter Sabinus nach Königsberg nach. Mit zwei anderen Studenten hatte er das Glück, am 27. September 1548 auf Kosten des Herzogs zu den ersten Magistern der Universität promoviert zu werden. In der Folge begann Chemnitz mit dem Studium der Medizin und auch der Jurisprudenz. Doch Sabinus riet ihm von der Rechtswissenschaft ab, da ihm dazu das *Ingenium aulicum* fehle. Schließlich wandte sich Chemnitz in der reich bestückten Bibliothek des Herzogs drei Jahre lang dem Studium der Theologie zu; zudem hörte er Vorlesungen bei Staphylus. Der Herzog gewährte ihm Tisch, Wohnung, Holz, Licht und Kleidung und bezahlte

ihm einen Famulus. Er wäre wohl immer in Preußen geblieben, *wenn nicht Osiander die Kirchen da turbiret hätte*. 1552 begehrte er seinen Abschied unter dem Vorwand, seine Studien vollenden zu wollen. Am 29. April 1553 traf er wieder in Wittenberg ein, wurde Tischgenosse Melanchthons. Am 18. Oktober 1553 wurde er unter dem Dekan Sebastian Dietrich in die Artistenfakultät aufgenommen.[4] Chemnitz übernahm Melanchthons Vorlesung über die *Loci communes*. Als er schließlich von Joachim Mörlin, *der mich in Preussen hatte kennen lernen*, auf den Posten eines Coadjutors nach Braunschweig berufen wurde, widerrieten ihm alle Wittenberger Professoren, Melanchthon eingeschlossen. Er zog jedoch, von Bugenhagen ordiniert, nach Braunschweig, wo er am 16. Dezember 1554 zu St. Ägidien über Johannes im Gefängnis predigte. Er heiratete am 19. August 1555 Anna, die Tochter des Rostocker Lic. iur. Hermann Jäger, mit der er zehn Kinder hatte.

Chemnitz, dessen Horoskop Garcaeus[5] überliefert, gehörte weder nach Thorndike[6] und noch nach Westman[7] einem Melanchthonzirkel an, Brosseder[8] zählt ihn dem weiteren Kreis Wittenberger Astrologen zu. Chemnitz würde einen Musterschüler von Rheticus abgeben, ist aber nie direkt Rheticus' Schüler gewesen. Wie er selbst berichtet, fand er nicht in Wittenberg, sondern in Magdeburg höchstes Vergnügen im Erlernen der Anfangsgründe der *Doctrina Sphaerica*. Als er 1545 an die Universität Wittenberg kam und sich nach dem Rat Melanchthons dem Studium der Mathematik widmete, war Rheticus nicht mehr greifbar. Chemnitz hörte Reinhold, der einige Bücher Euklids interpretierte und über die Planetentheorien las[9]. Reinhold begeisterte ihn so für die Astrologie, dass er darin ein Meister geworden wäre, wenn er sich nicht später auf das Studium der Theologie verlegt hätte. Aber, so fügt er hinzu, das Studium der Astrologie sei ihm letztlich doch sehr zugute gekommen, weil er durch jene Vorhersagen die Kosten für seine anderen Studien aufgebracht habe. Neben anderen Studien widmete er sich in Königsberg weiterhin den astrologischen Vorhersagen *und bin dadurch bey vielen bekant worden*. Am 18. November 1548 veröffentlichte er in Königsberg *ein Deutsch Almanach oder Calender und Practicam auf das Jahr 1549*.[10] Dazu verfasste Johannes Funck im Namen von Chemnitz eine *Praefatio*. Herzog Albrecht war begeistert und veranlasste Chemnitz, ein gleichartiges Almanch für das Jahr 1550 zu schaffen.[11] Schließlich ernannte ihn der Herzog, *weil ich S. F. Gnaden nicht allein aus dem Calender-Schreiben bekannt, sondern auch etlicher Potentaten Revolutiones S.F.G. expliciret hatte, zu seinem Hofbibliothekar. Das halte ich für das gröste Glück, das mir Gott zur Zeit meines Studirens gegeben hat*. Funck redete ihm zu, sich jetzt ganz der Astrologie zu widmen, doch Chemnitz lehnte ab. *Sed quia fundamenta praedictionum videbam admodum esse infirma, volui Astrologia tantum ita uti, ut inde necessaria subsidia ad alia studia corraderem, quod satis feliciter successit. Nugas tamen Arabicas et alia quaedam superstitiosula semper in illa arte fugi, contempsi et odi* (Aber weil ich sah, dass die Grundlagen der Vorhersagen ziemlich unsicher sind, wollte ich die Astrologie nur in soweit ausüben, als ich durch sie den Aufwand für meine übrigen Studien zusammenkratzen konnte, was auch recht gut gelang. Doch arabischen Possen und abergläubischen Spielereien bin ich in dieser Kunst immer ausgewichen, ich habe sie verachtet und gehasst). Zum Abschied, den er am 3. April 1553 nahm, hatte ihm der Herzog 200 Thaler versprochen, wofür er *jährlich etliche Revolutiones S.F.G. stellen sollte*. Weitere Geldgeschenke von verschiedener Seite folgten, da *meine praedictiones et calculationes gar genau eingetroffen hatten, war es in aulis köstlich Dieng mit meiner Sternkukerey*. Chemnitz scheint in seiner Braunschweiger Zeit die Astrologie nicht mehr betrieben zu haben, sieht man davon ab, dass er wohl im Hinblick auf Horoskope die Geburtsdaten seiner Kinder auf die Minute genau festgehalten hat. Und gegen Ende seines Lebens verfasste er 1584 für den Landgrafen von Hessen einen Bericht vom *newen Bäpstischen Gregoriano Calendario*.[12]

Als Chemnitz seine Lehrtätigkeit in Wittenberg gerade begonnen hatte, besuchte er seinen Freund Joachim Mörlin in Braunschweig, wo er dann dreißig Jahre hängen blieb und zahlreiche theologische Schriften veröffentlichte. Am 25. November 1554 war er von Bugenhagen ordiniert worden, um Mörlin als Koadiutor an die Seite gestellt zu werden. Ehrenvolle Berufungen nach Lüneburg und Brandenburg 1560, Dänemark 1564, Göttingen 1566 und Königsberg 1567 lehnte er ab. 1568 promovierte er in Rostock zum Dr. theol. und folgte Mörlin als erster Prediger und Superintendent in Braunschweig nach. Im Juli 1568 wurde er von Herzog Julius von Braunschweig-Wolfenbüttel zum Reformator seines Landes berufen.

Otter führt Chemnitz als den Nachfolger von Johannes Funck auf dem Königsberger Lehrstuhl für Mathematik an. Es bestehen aber doch erhebliche Zweifel, dass er dieses Amt tatsächlich ausgefüllt hat, zumal schon Anfang 1551 Schneider die mathematische Professur übernahm. Chemnitz war ein leidenschaftlicher und erfolgreicher Astrologe. Er mag auch privatim mathematische Vorlesungen gehalten haben. Beziehungen zu Rheticus sind nicht erkennbar und, wie bereits oben ausgeführt, eher unwahrscheinlich.

1 Otter/Buck 1764, S. 21-33: Lentz 1866, S. 75; Freytag 1903, S. 102, Nr. 98; Stupperich 1973, S. 112, 316; Stupperich 1984, S. 58 f.; Kaufmann 1997, S. 183-254; Scheible, MBW, Bd. 11, 2003, S. 282 f.; Chemnitz, Martin, Eigenhändige Lebensbeschreibung (Königsberg 1719), SLUB Dresden, digital. | 2 Otter/Buck 1764, S. 31-33. | 3 Neue biographische Sammelwerke übergehen gewöhnlich den Astrologen, wiewohl er von Chemnitz in seiner Autobiographie ganz besonders herausgestellt wird. | 4 Köstlin 1891, S. 27. | 5 Garcaeus 1576, S. 192 (10. November 1522!). | 6 Brosseder 2004, S. 12. | 7 Westman 1975, S. 171. | 8 Brosseder 2004, S. 16. | 9 Chemnitz 1719, S. 12; Kaufmann 1997, S. 194-196. | 10 Zinner 1964, Nr. 1953b. | 11 Ebenda, Nr. 1982b. | 12 Ebenda, Nr. 3131.

Chuden, Valentin, † nach 1588

Valentin von Chuden (Chudenius), geboren in Salzwedel (Altmarkkreis Salzwedel, Sachsen-Anhalt), gestorben nach 1588. luth., Stadtschreiber.
Nach Besuch der Schule in Salzwedel immatrikulierte sich Valentin Chuden im WS 1534/35 an der Universität Wittenberg unter dem adligen Rektor Johann Ernst von Sachsen-Coburg aus der ernestinischen Linie des Hauses Wettin und dem Vizerektor Kaspar von Tetleben[1]. Hier schloss er Freundschaft mit dem Musiktheoretiker Nikolaus Listenius, seit 1531 Wittenberger Mag. art., der zwei grundlegende Werke bearbeitete, die *Rudimenta musicae* (Wittenberg: Georg Rhau, 1533) und die *Musica* (Wittenberg: Georg Rhau, 1537). die beide in zahlreichen Auflagen verbreitet wurden. Am 18. September 1539 promovierte Chuden unter dem Dekan Johannes Sachse Holstenius zum Mag. art.[2], wobei er den 2. Rang von 15 Kandidaten erreichte; Mitbewerber u.a. Christoph Baldauf (5.), Andreas Musculus (7.), Simon Sinapius (13.). In der Folge wechselte Chuden an die Universität Frankfurt/Oder, wo er sich im SS 1541 als *liberalium artium Magister* eingeschrieben hat[3], wohl in der Absicht, an einer höheren Fakultät sein Studium fortzusetzen. Er zog es aber vor, als Stadtschreiber von Lüneburg eine Beamtenlaufbahn zu beginnen. Etwa um diese Zeit kamen auch Joachim Schulz, Christoph Preuss und Theobald Thamer aus Wittenberg nach Frankfurt/Oder. Aus seiner Arbeit als Stadtschreiber sei der am 15. Juni 1588 zu Lübeck abgeschlossene Vergleich zwischen Lübeck und Hamburg einereits, Lüneburg andererseits erwähnt, an dem Chuden als Gesandter mitgewirkt hat.

Werke: Neben zahlreiche Berichten, die Chuden als Stadtschreiber und Diplomat verfasste, wurde er in der gelehrten Welt vor allem durch zwei kleinere Epigramme, die er der *Musica* von Nikolaus Listenius voranstellte, ein lat. Epigramm *Lectori*, ein zweites in *Zoilum*. Man findet diese Epigramme in den zahlreichen Auflagen der *Musica*, so beispielsweise in der Auflage Nürnberg: Joh. Petreius, 1541[4] oder Leipzig: Georg Hantzsch, 1554[5].

Beziehungen zwischen Rheticus und Chuden haben in der Wittenberger Zeit bestanden. Anfangs waren beide Kommilitonen, später war Rheticus der Lehrer Chudens, zuletzt waren sie für kurze Zeit Kollegen. Es mag ein Zufall sein, aber mit Chuden kam auch Joachim Schulz aus Salzwedel 1542 nach Frankfurt/Oder[6].

1 Förstemann 1841, Bd. 1, S. 157a. | 2 Köstlin 1890, S. 11. | 3 Friedländer 1887, Bd. 1, S. 82, Nr. 43. | 4 BSB München, digital. | 5 Schlüter 2010, S. 221, 298. | 6 Bauch 1901, Bd. 2, S. 131.

Clauser, Christoph. 1491–1552

Christoph Clauser (Klauser), geboren 1491 in Zürich, gestorben 1552 in Zürich, ref., Arzt und Mathematiker[1].
Studierte 1504 Medizin in Pavia, später in Padua, promovierte am 10. November 1514 zum *Dr. artium et medicinae* in Ferrara[2] (wo er mit Paracelsus Freundschaft schloss), zuletzt in Krakau[3]. Clauser wurde sehr gerühmt, weil er 1530 in einer Vorhersage auf 1531 das Erscheinen des (Halleyschen) Kometen vorausgesagt hatte[4]. Clauser war dreimal verheiratet, mit Margret Holtzhalb, Margaretha Rüttimann und Elisabetha Aberlin; aus den drei Ehen ging mindestens 17 Kinder hervor. Eine Tochter Elisabeth (*1528) heiratete 1547 Samuel Pellikan.

Werke: *Wandkalender auf das Jahr 1531* (Zürich: Christoph Froschauer, 1530)[5]; *Das die betrachtung des menschlichen Harns von anderen bericht vnnütz ... seye ... Dialogus,* Zürich, 1531[6]; *Vorhersage für 1533,* Zürich: Christoph Froschauer, 1532[7]; *Practica tütsch auff das M.D.XLIII. Jar* (Zürich: Christoph Froschauer, 1542)[8]; *Kalender oder Laassbüchlin uffs Jar M. D. LII* (Zürich: Andreas Gessner und Rudolf Wyssenbach, 1551)[9].

Beziehungen zu Rheticus sind aufgrund der Tatsache anzunehmen, dass Rheticus um 1530 in Zürich lebte und dem Stadtarzt Clauser hier begegnet ist; auch hatte Rheticus Interesse an den Kometen (vgl. dazu Paracelsus). Clauser kann eventuell die Begegnung von Rheticus und Paracelsus gefördert haben.

1 Wehrli, G.A., Der Zürcher Stadtarzt Dr. Christoph Clauser und seine Stellung zur Reformation der Heilkunde im XVI. Jahrhundert, Zürich: Seldwyla, 1924. | 2 Pardi 1900, S. 114 f.; das Doktordiplom ist erhalten, Abb. bei Wehrli 1924, S. 38-39. | 3 Bonorand 1986, S. 336. | 4 Zinner ²1964, S. 22, 173; über Clauser als Kalenderschreiber ausführlich Wehrli 1924, S. 84-98. | 5 Zinner ²1964, S. 173, Nr. 1437; Wehrli 1924, Tafel VI. | 6 VD 16 C 4049, BSB digital; e-rara.ch, digital. | 7 Zinner ²1964, S. 179, Nr. 1524. | 8 VD 16 C 4051, Zinner ²1964, S. 201, Nr. 1818; e-rara.ch, digital. | 9 VD 16 C 4050, Zinner ²1964, S. 217, Nr. 2042; e-rara.ch, digital.

Clesen, Sigfridus

Sigfridus (Senfridus) Clesen (Claudii), auch Sigfridus Finno, alias Nils (Nicolai) Bauman, Schvuecius (Schwede), geboren in Finnland, luth., Schulmann[1].
Sigfridus Clesen immatrikulierte sich mit einer Gruppe von vier weiteren Schweden (Boethius, Bark, David Conradi und Falck) im WS 1531/32 an der Universität Wittenberg[2]. Am 28. August 1534 promovierte er unter dem Dekan Alexander Ales zum Mag. art., wobei er den 3. Rang unter 11 Mitbewerbern erlangte; Sebald Hauenreuter kam auf den 4. Rang, Flacius Illyricus auf den 6. Rang, Andreas Aurifaber auf den 9. Rang und Georg Pylander (Thormann) auf den 10. Rang. Clesen erscheint bereits 1533 als Rektor der Schule in Skara (Västragötalands län, Schweden).

Beziehungen zu Rheticus sind frühzeitig entstanden. Clesen und Rheticus waren seit 1532 Kommilitonen, doch schloss Clesen schon im SS 1534 seine Studien ab. Auffällig ist, dass Clesen sein Magisterexamen gemeinsam mit einer ganzen Gruppe künftiger Ärzte und Astronomen ablegte (Hauenreuter, Andreas Aurifaber, Pylander); das könnte ein Anzeichen dafür sein, dass auch er in den mathematischen und naturwissenschaftlichen Fächern interessiert war.

1 Callmer 1976, S. 17 f., Nr. 27. | 2 Förstemann 1841, Bd. 1, S. 143a.

Coelestinus, Georg, 1525–1579

Georg Coelestinus (Celestinus, Caelestinus), eigentlich Himmlisch (Hymlysch), geboren am 13. April 1525 in Plauen (Vogtlandkreis, Sachsen), gestorben am 13. Dezember 1579 in Berlin, luth., Theologe[1].

Coelestinus immatrikulierte sich im SS 1549 unter dem Rektor Joachim von Kneitlingen an der Universität Leipzig[2]. Er gehörte der Bayerischen Nation an. Am 3. Oktober 1551 trug sich Coelestinus unter dem Rektor Veit Oertel Winsheim in die Wittenberger Matrikel ein[3], nachdem er einen Tag zuvor den Grad eines Bacc. art. erworben hatte[4]. Am 5. November 1551 wurde Coelestinus nach einer öffentlichen Disputation in den Kreis der Leipziger Bakkalare rezipiert[5]. Im WS 1551/52 promovierte Coelestinus unter dem Dekan Peter Thomäus zum Mag. art. (zusammen u.a. mit Masbach, Erstberger, Peiffer, Freyhube, Johannes Paceus, Georg Lüders, Pedelius, Path)[6]. Darauf trat er in den Kirchendienst ein und wurde 1551 Subdiakon und 1552 Diakon an der Thomaskirche in Leipzig. Zugleich studierte er weiter Theologie und konnte am 20. September 1554 unter Ales den Grad eines Bacc. theol. erlangen (zugleich mit Harder, Freyhub, Lüders, Tilsch und Johannes Paceus). 1569 nahm anderwärts den Grad eines Dr. theol. an, nachdem er bereits 1559 wegen Unstimmigkeiten mit dem Leipziger Rat entlassen worden war. Coelestinus wurde Generalsuperintendent in der Mark Brandenburg, Oberhofprediger und Dompropst des Stiftes in Cölln an der Spree (Berlin). Der Pfarrer von Cölln Johann Hertzberg hielt bei seiner Beerdigung eine Trost-Predigt (Berlin: Michael Hentzken, 1580)[7].

Beziehungen zwischen Rheticus und Coelestinus waren nicht besonders eng, bestanden aber wohl doch in den Jahren 1549 bis 1551. Beide bewegten sich in dem gleichen mathematisch interessierten Freundeskreis (Paceus, Tilsch, Thau, Hieronymus Lauterbach, Stoj, Bech, Hommel).

1 Scheible, MBW, Bd. 11, Personen, 2003, S. 295 f. | 2 Erler, Bd. 1, S. 677, B 12. | 3 Förstemann 1841, Bd. 1, S. 270a. | 4 Köstlin 1891, S. 4 | 5 Erler, Bd. 2, S. 725. | 6 Erler, Bd. 2, S. 725. | 7 VD 16 H 2638; ULB Halle, digital.

Collinus, Matthäus, 1516–1566

Matouš Kolín (Kalina, Collinus, Colinus, seit 1542 Collinus a Choterina, Kolín z Chotěřiny), geboren 1516 Kouřim (Bezirk Kolín, Tschechien), gestorben am 4. Juni 1566 in Prag, Begräbnis in der Bethlehemkirche (Grabschrift überliefert), luth., Humanist, Dichter, Musiker, Schulmann, Theologe[1].

Collinus immatrikulierte sich im WS 1533/34 unter dem Rektor Sebald Münsterer gratis an der Universität Wittenberg[2]; Konsemester waren Simon Lemnius, Friedrich Backofen. Zu Melanchthon trat er in eine sehr enge Verbindung, die er auch später noch aufrecht erhielt. Am 23. September 1540 promovierte Collinus zum Mag. art.[3]; er erreichte den 5. Rang von 22 Mitbewerbern; auf den 1. Rang kam Johannes Mathesius, auf den 2. Johannes Gigas, auf den 3. Johannes Marbach und auf den 4. Adam Siber; unter den Mitbewerbern befanden sich auch noch Ambros Schürer (10. Rang), Anton Reuchlin (12.), Franz Kram (17.), Nikolaus Mende (18.). In der Folge ging Collinus für 1541 bis 1558 als Professor für Griechisch an die Universität Prag, die er wegen religiöser Differenzen verließ. In einem eigenen Haus in der Prager Neustadt führte Collinus bis 1566 eine private Schule. 1542 wurde ihm ein Wappenbrief verliehen, nach dem er das Prädikat *z Chotěřiny* führte. Sein Porträt ist überliefert.

Neben seinem Engagement an der Karlsuniversität unterhielt Collinus ein sehr erfolgreiches privates Internat für adlige und andere vermögende Schüler. Er gründete es bereits 1543 in einem Miethaus. Nach seiner Heirat 1546 kaufte er ein Haus mit Garten in der Prager Neustadt, wo er die Schule bis zu seinem Tod 1566 weiterführte.

Werke: Seine Gedichte sind vorwiegend religiösen Inhalts, z. B. *Elegia de natali Domini* (Wittenberg: Joseph Klug, 1540)[4]; Hieronymus Nopp, *De summa christianae religionis*, von Collinus in Verse umgesetzt (Nürnberg: Joh. Petreius, 1543)[5]. Es sind aber auch Gelegenheitsgedichte darunter, etwa Epithalamien, auch die *Brevia Epitaphia* zum Tod Melanchthons von Sabinus, Stigel, Collinus u.a.[6] Auch mehrere Lehrbüche stammen aus seiner Feder: *Elementarius libellus* (1550); *Nomenclatura rerum familiorum vulgo vocabularium Latine, Bohemice, Germanice* (1555).

Beziehungen zwischen Rheticus und Collinus sind anzunehmen; beide waren mehrere Jahre lang Kommilitonen; vermutlich hat Collinus auch die Vorlesungen von Rheticus vom SS 1536 bis SS 1538 gehört. Auch war Melanchthon ein Bindeglied zwischen beiden.

1 Scheible, MBW, Personen, Bd. 11, 2003, S. 298 f. | **2** Förstemann 1841, Bd. 1, S. 152b. | **3** Köstlin 1890, S. 12. | **4** VD 16 C 4597; BSB München, digital. | **5** VD 16 N 1843; BSB München, digital. | **6** VD 16 B 8090; BSB München, digital.

Conrad, Valentin

Valentin Conrad (Conradus, Cunradt), Ochsenfurt (Lkr. Würzburg, Unterfranken), luth., Student.
Conrad immatrikulierte sich im WS 1539/40 an der Universität Wittenberg[1]. Er promovierte 1542 um Bacc art. und am 31. Januar 1544 unter Erasmus Flock zum Mag. art.[2]

Beziehungen zu Rheticus sind gegeben durch die Promotion Conrads zum Bacc. art. kurz nach dem 23. Januar 1542 unter dessen Dekanat[3]. Er belegte dabei den zwöften Rang unter 15 Kandidaten in der zweiten Gruppe. Conrad hätte Rheticus' Vorlesungen im WS 1541/42 hören können. Er zeigte Interesse an den mathematischen Fächern, sonst wäre er nicht unter dem Rheticusschüler Flock zur Magisterprüfung angetreten.

1 Förstemann 1841, Bd. 1, S. 177b. | **2** Köstlin 1890, S. 15. | **3** Ebenda.

Conon, Johannes,

Johannes Conon (Kuhn, Kun), geboren in Zwickau, luth., Schulmann, Universitätslektor[1].
Es sei dahingestellt, ob der gräzisierte Name an den alexandrinischen Mathematiker Konon von Samos erinnern sollte. Conon immatrikulierte sich im WS 1536/37 unter dem Rektor Justus Jonas an der Universität Wittenberg[2]; Konsemester waren Georg Venediger, Adam Siber, Georg Fabricius. Magister Kaspar Landsidel, Martin Simon, Johannes Crato, Ahasver Brandt, Paul Rubigallus, der Finne Mikael Agricola, Matthias Rodt, Johannes Reinhold, Sebastian Glaser[3]. Am 5. Februar 1540 promovierte Conon unter Christian Neumair zum Mag. art.[4]; er erreichte den 12. Rang von 15 Kandidaten; vor ihm platzierten sich Lukas Hetzer (3. Rang), Johannes Reiffschneider (6. Rang), Johannes Tettelbach (10. Rang), nach ihm Ambros Otto (13. Rang), der Däne Matthias Genner (14. Rang) und der Tscheche Wenzel Arpinus (15. Rang). 1540 bis 1545 war Conon Schulmeister in Grimma (Lkr. Leipzig, Sachsen). Am 17. Juli 1546 wurde Conon in der Rat der Wittenberger Artistenfakultät aufgenommen[5].

Wir verdanken Conon wertvolle Berichte über das Leben an der Universität Wittenberg in den Jahren 1538 bis 1546 in einer Reihe von Briefen, die an den Zwickauer Stadtschreiber Stephan Roth gerichtet sind[6]. Am 19. Juni 1538 schrieb Conon ausführlich über die Lemniusaffäre[7].

Rheticus ist der Lehrer Conons gewesen; dieser muss im WS 1536/37 und im SS 1538 Vorlesungen von Rheticus gehört haben. Im WS 1541/42 waren Rheticus und Conon Kollegen.

Der Komet von 1539

Der Komet von 1539[8], der auch von Matthias Brotbeihel (München, 5./6. Mai)[9], Peter Apian (6./17. Mai)[10] oder Gemma Frisius (11. Mai)[11] beobachtet wurde, hat auch in Wittenberg die Gemüter bewegt. In seinen Briefen an Stephan Roth berührt auch Conon am 8. Juni 1539 die Bedrohungen durch den Kometen: *Non enim dubium est quin praesens Cometa nobis aliquid portendat. Physicae causae non sunt obscurae, quia primo erant flatus vehementiores ventorum, nunc nimis experimur inusitatas siccitates, quae fere corrumpunt segetes. Prohibeat deus ne astrologicae causae atrociora denuncient: de his tu pro tua eruditione melius poteris judicare, et obscuriores significationes diligentius inquirere*[12] (Außer Zweifel steht, dass der gegenwärtige Komet uns etwas ankündigt. Die physikalischen Ursachen liegen nicht im Dunkeln, weil wir zuerst heftigere Windstöße gespürt haben, jetzt aber vor allem ungewohnte Trockenheiten, die beinahe die Saaten vernichten. Gott behüte, dass astrologische Ursachen noch Schrecklicheres prophezeien; doch darüber kannst Du mit Deiner Gelehrsamkeit besser urteilen und die versteckteren Bedeutungen genauer erforschen).

1 Scheible, MBW, Personen, Bd. 11, 2003, S. 299 f. | **2** Förstemann 1841, Bd. 1, S. 162a. | **3** Ebenda, S. 162b. | **4** Köstlin 1890, S. 12. | **5** Ebenda, S. 22. | **6** Buchwald 1893, S. 135-138, 141-145, 147 f., 182 f. | **7** Mundt 1983, Bd. 2, S. 321-323 (lat. Ext und dt. Übers.). | **8** Kokott 1994, S. 54 f. | **9** Kokott 1994, S. 55, 108 f.; Zinner ²1964, S. 193, Nr. 1710. | **10** Kokott 1994, S. 55, 71 f. | **11** Ebenda, S. 55, 96 f. | **12** Buchwald 1893, S. 143.

Copernicus, Nikolaus *siehe* Kopernicus, Nikolaus

Copp, Johannes, 1487–1558

Johannes Copp (Kopp, Copinis, Copus, Kopus, seit 1532 geadelt mit dem Prädikat von Raumenthal, geboren 1487 in Landsberg am Lech (Oberbayern), gestorben um 1558 in Turku (schwed. Åbo, Finnland), luth., Arzt, Astrologe[1].
Copp begann seine Studien in Freiburg i. Br. am 2. Dezember 1514[2]; vermutlich war er aber bereits 1508 in Freiburg. Er wurde ein ganz früher Anhänger Luthers, der sein Freiburger Studentenleben unter seinem Lehrer Johannes Eck in seine Dialoge *Czwen neuw nutzliche vnd lustige Dialogi* (Erfurt: Mathes Maler, 1522) einbrachte. Dieses Buch ist auch in einer niederdeutschen Übersetzung erschienen: *Twe nyge nutte vnd lustige Dialogi* (Halberstadt: Lorenz Stuchs, ca. 1522). Copp wechselte im SS 1517 nach Wien, wo er Schüler des Astronomen und Mediziners Georg Tannstetter, seines Landsmanns aus Rain (Lkr. Donau-Ries, Schwaben, Bayern), wurde. Vor 1519 promovierte er in Wien oder in Italien zum Dr. med. Copp trat in die Dienste Kaiser Maximilians I., der jedoch 1519 starb. Daraufhin wurde Copp 1520 Stadtphysikus in Altenburg (Lkr. Altenburger Land, Thüringen). Hier verfasste er sein Luther gewidmetes Buch *Judicium astronomicum* (Leipzig: Wolfgang Stöckel, 1521)[3]. Gegen Ende des WS 1520/21 immatrikulierte sich Copp an der Universität Erfurt[4], wo er bis 1524 wirkte. Durch seine jährlichen Prognostica, die bei der Bevölkerung sehr beliebt waren, steigerte er sein Ansehen in der Universität. Johannes Stöffler in Tübingen, Lehrer einer ganzen Generation von Astronomen (u.a. von Münster, Melanchthon) hatte schon1499 für Februar 1524 eine große Sintflut prophezeit. Kaiser Karl V. forderte die Gelehrten zu einer Stellungnahme auf, die auch von Copp in seiner deutschen *Prognosticatio* für 1523-1524 abgegeben wurde (Wien: Johannes Singriener d.Ä., 1522)[5], Augsburg: Heinrich Steiner, 1522[6], Erfurt: Mathes Maler, 1522[7], Leipzig: Wolfgang Stöckel, 1522[8] und weitere Ausgaben.

Copp wurde Leibarzt des Rates von Joachimsthal (tschech. Jáchymov, Bezirk Karlsbad/Karoly Vary). Hier hatte er sich mit seiner Schrift *Wie man dies ... Astrolabium brauchen soll* (Bamberg: G. Erlinger, 1525, auch Augsburg: S. Otmar, 1525)[9] eingeführt, die später häufig nachgedruckt wurde: Breslau 1584, Breslau 1595, Leipzig 1597, Frankfurt/Main 1600[10]. 1526 brachte Copp einen

Deutschen Wandkalender für 1527 (Zürich: Chr. Froschauer, 1526)[11] heraus; zur Steigerung des Absatzes nannte er sich darin Dr. Johannes Copp aus Zürich. Der streitbare Franziskaner Thomas Murner veröffentlichte gegen Copp satirische Spottbilder *Der Lutherischen Evangelischen Kirchen Dieb und Ketzer Kalender* (Luzern: Thomas Murner, 1527). Um 1527 musste Copp wegen seiner Liebesaffären ins Gefängnis der nordböhmischen Stadt Brüx (tschech. Most). Danach fand er in Schlesien eine Stelle, von wo er 1528 zum Leibarzt König Ferdinands I. nach Prag berufen wurde. In Prag erwarb er ein Haus und legte einen botanischen Garten an. Copp verfasste hier ein stark astrologisch gefärbtes medizinisches Werk in deutscher Sprache, das von Hynek Krabic von Weitmil ins Tschechische übersetzt wurde und im Druck erschien unter dem Titel *Gruntownij a dokonaly regiment* (Prag: Jan Had auf Kosten des Autors, 1536). Mit diesem Buch hatte er sich finanziell übernommen; man machte ihm auch seine Verbindungen zu den böhmischen Brüdern zum Vorwurf. 1553 kam Copp erneut wegen erotischer Abenteuer ins Gefängnis. Er suchte in Schweden eine neue Bleibe; Copp kam im April 1555 nach Kalmar (Kalmar län, Schweden) an mit Frau Bonika, Kindern und Bibliothek. König Gustav Wasa ernannte ihn zu seinem Leibarzt und überließ ihm ein Haus in Stockholm, in dem er eine Apotheke einrichtete und im Garten Arzneipflanzen zog; seine Privatpraxis blieb unbedeutend. Hier bearbeitete er sein Werk *Empiricus Suecus*, das ungedruckt blieb und dessen Manuskript verschollen ist; erhalten ist nur das Vorwort[12] und die Widmung an Herzog Erik (KB Kopenhagen); der spätere König Erik XIV. hatte eine Vorliebe für die Astrologie[13]. Es währte nicht lange, da beschuldigten ihn neidische Kollegen beim König, dass seine Frau in Wirklichkeit gar nicht seine Ehefrau war. So zog er 1557 mit seiner Familie ins finnische Turku, wo er Leibarzt des dort residieren Herzogs Erik wurde.

Weitere Werke: a) Astronomisches: lat. *Practica* auf 1521 (Leipzig: Wolfgang Stöckel, 1520)[14]; *Practica deutsch* auf 1521 (Leipzig: Wolfgang Stöckel, 1520)[15]; *Practica deutsch* auf 1522 (Leipzig: Wolfgang Stöckel, 1521, Widmung an Graf Gunther von Schwartzburg, Erfurt, 7. Oktober 1521, Vorrede in deutschen Reimen)[16]; *Was auff disz 23. und 24. iar des hymmels lauff künfftig sein* (Leipzig: Stöckel, 1522)[17]; *Practica deutsch* auf 1524 (Erfurt: Mahes Maler,1523[18], Zwickau: Johannes Schönsperger d.J., 1523[19]); Deutscher Wandkalender (Aderlasszettel) für 1524[20]; b) Medizinisches: *Ein nutzlich Regiment wie man sich halten soll ... vor die pestilentz* (Erfurt: Mathes Maler, 1521); Pestbuch (Prag 1542).

Copp war mehrfach verheiratet, u.a. mit Lidmila Velenitz; er hatte mit ihr zwei in Prag geborene Söhne Polykarp (*1550) und Johannes (*1551, †1600); die Ehe ging aber wohl schon sehr bald in die Brüche; danach wird eine Frau Anna Streubel genannt, die zum Frauenzimmer des sächsischen Hofs gehörte. Es folgte eine Frau Bonika. Copps Porträt ist in einem Holzschnitt überliefert (1522)[21]. Er führte ein Wappen medizinisch-astronomischen Inhalts (Hahn, Symbol des Sonnenaufgangs, steht auf einem Halbmond mit menschlichem Antlitz, darunter ein sechsstrahliger Stern)[22]. Copp besaß eine erlesene Bibliothek[23] medizinischer Autoren (*Graeci, Arabes, Latini, Itali atque Galli*); die Einbände waren reich verziert und mit seinem Wappen versehen.

Copp war ein typischer Renaissancemensch[24], der alle Freiheiten für sich in Anspruch nahm, häufig aber auch aneckte und dann sein Heil in einer Flucht und Ortsveränderung suchte; darin gleicht ihm in mancher Hinsicht Rheticus (Wegzug von Wittenberg 1542, Flucht aus Leipzig 1551). Beide gleichen sich auch im Schuldenmachen und Streitereien mit den Gläubigern. Bartholomäus von Usingen schätzte Copp »als einen leutseligen und liebenswürdigen Menschen, der durch seine feine Bildung sich viel Dank unserer Universität [Erfurt] erworben hat«. Sein Wahlspruch war nach Gal. 1,10 »Wenn ich den Menschen noch gefällig wäre, so wäre ich Christi Knecht nicht«.

Beziehungen zwischen Rheticus und Copp sind nicht bekannt. Copp gehörte mit Carion zu den großen Astrologen der Zeit. Rheticus hat ein Zusammentreffen mit Copp mehrfach knapp versäumt, etwa 1527 in Zürich oder 1550 in Prag; doch dürfte hier wie dort das Gedenken an seine Anwesenheit noch lebendig gewesen sein, sodass Rheticus davon gehört haben mag.

1 Walde, Otto, Doktor Johann Copp, En astrolog och läkare från reformationstiden i svensk tjänst, in: Lychnos 1937, S. 79-111 und 1938, S. 225- 268; ders., Doktor Johann Copp, Ein Arzt und Astrologe aus der Reformationszeit, in: Lychnos 1937, S. 110 f. und 1938, S. 268 f. (deutsche Zusammenfassung); Kleineidam 1980, Bd. 3, S. 14-17, 22, 25, 162, 215, 220-224, 253 f., 259; Green 2012, S. 126-128; Theutenberg, Bo Johnson, Doktor Johannes Copp von Raumenthal, Ett livsöde i reformationens spår, Skara: Stiftshistorika sällskap, 2003. | 2 Meyer 1907, Bd. 1, S. 218, Nr. 18. | 3 Zinner ²1964, S. 155, Nr. 1145. | 4 Weissenborn 1884, Bd.2, S. 318, Nr. 10. | 5 VD 16 C 5025; Zinner ²1964, S. 158, Nr. 1200; Green 2012, S. 167; BSB München, digital. | 6 VD 16 C 5026; Zinner ²1964, S. 158, Nr. 1201; Green 2012, S. 167; BSB München, digital. | 7 VD 16 C 5027; Zinner ²1964, S. 158, Nr. 1202; Green 2012, S. 167. | 8 VD 16 C 5028; Zinner ²1964, S. 158, Nr. 1203; Green 2012, S. 167. | 9 VD 16 C 5029; Zinner ²1964, S. 164, Nr. 1295. | 10 Zinner ²1964, S. 164, Nr. 1294, 1295, S. 283, Nr. 3132, S. 308, Nr. 3609; S. 314, Nr. 3705, S. 321, Nr. 3844; vgl auch Zinner ²1967, S. 282. | 11 Zinner ²1964, S. 166, Nr. 1335, 1336. Vgl. dazu Götzinger, Ernst, Zwei Kalender vom Jahre 1527, Schaffhausen 1865, digital zugänglich über Google, E-Book. | 12 Lat. Wortlaut bei Walde 1538, S. 258-263 mit schwedischer Übersetzung (S. 263-267). | 13 Andersson, I., Erik XIV och astrologien, in: Lychnos 1936, S. 125 f. | 14 VD 16 C 5020, Green 2012, S. 167. | 15 VD 16 ZV 3859, Green 2012, S. 167. | 16 VD 16 C 5022; BSB München, digital; Green 2012, S. 167. | 17 Zinner ²1964, S. 158, Nr. 1200-1204. | 18 VD 16 C 5024; Zinner ²1964, S. 159, Nr. 1205; Green 2012, S. 168. | 19 VD 16 ZV 24182; Zinner ²1964, S. 159, Nr. 1206, Green 2012, S. 168. | 20 Zinner ²1964, S. 457, Nr. 1241a. | 21 Abgebildet bei Walde 1937, S. 96. | 22 Abgebildet ebenda, S. 84. | 23 Walde, Otto, Doktor Johann Copps bibliotek, in: Nordisk tidskrift foer bok- och biblioteksvaesen 21 (1934), S. 51-60. | 24 Kleineidam 1980, Bd. 3, S. 220.

Cordes, Heinrich, † 1569

Heinrich Cordes (Kordes, Coerdes, Cordus), geboren Braunschweig, gestorben 1569 in Leipzig, luth., Universitätsprofessor (Rhetorik), Jurist.

Cordes immatrikulierte sich im SS 1537 an der Universität Leipzig[1]. Er promovierte im SS 1539 zum Bacc. art. und im WS 1543/44 zum Mag. art.[2] Im WS 1544/45 las er über die *Copia verborum* des Erasmus von Rotterdam. 1545 bis 1569 war Cordes Mitglied des *Collegium minus*[3]. Am 15. April 1547 wurde er in den Rat der Artistenfakultät aufgenommen[4]. Für das SS 1547 wurde er zum Dekan gewählt. Er übernahm verschiedene Ämter im Rahmen der Artistenfakultät und nahm an Prüfungen teil. Im SS 1551 war Cordes Rektor Magnificus[5]. Neben seiner Arbeit in der philosophischen Fakultät studierte Cordes die Rechte. 1559 promovierte er zum Bacc. utr. iur.[6]

Cordes war Bürger von Leipzig. Er kaufte um 1554 ein Haus in der Peterstraße. Am 16. Oktober 1555 verkaufte er um 200 Gulden einen auf diesem Haus liegenden jährlichen Zins von 10 Gulden an die Kollegiaten des *Collegiums maius*[7]. Sein Wappen zeigt einen goldenen Löwen in rotem Feld, als Helmzier ein goldener Löwe[8].

Da Cordes im WS 1543/44 zum Mag. art. promovierte, kam Rheticus seit dem WS 1542/43 für ihn als Lehrer in Frage. Als Rektor und Vorsitzender des mit dem Fall Rheticus befassten Universitätsgerichtes hatte Cordes seit Anfang Mai die leidige Durchführung des Prozesses in Händen. Er traf dabei mehrere Entscheidungen, die im Interesse von Rheticus lagen. Seine nach Prag übersandten Ladungen vor das Universitätsgericht hat Rheticus jedoch ignoriert, sodass ein gutes Verhältnis zwischen ihnen nicht mehr aufkommen konnte. Cordes hat dabei allerdings nur seine Pflicht erfüllt, doch hat ihn möglicherweise Rheticus dafür verantwortlich gemacht, dass er um seine Bücher und astronomischen Instrumente gekommen ist.

1 Erler, Bd. 1, S. 622, S 15. | 2 Erler, Bd. 2, S. 652, 675. | 3 Zarncke 1857, S. 766. | 4 Erler, Bd. 2, S. 696. | 5 Gersdorf 1869, S. 38. | 6 Erler, Bd. 2, S. 65. | 7 Stübel 1879, S. 629, Nr. 511. | 8 Erler, Bd. 1, S. 686.

Cordus, Valerius, 1515–1544

Valerius Cordus, geboren am 18. Februar 1515[1] in Simtshausen[2] (Ortsteil von Münchhausen, Lkr. Marburg-Biedenkopf, Hessen), gestorben am 25. September 1544 Rom (Begräbnis in der deutschen Nationalkirche Santa Maria del' Anima, Grabschrift überliefert). Arzt und Botaniker[3].

Der Sohn des Arztes, Botanikers und neulat. Dichters Euricius Cordus (1486-1535) studierte seit dem Gründungssemester 1527 an der Universität Marburg, wo er 1531 zum Bacc. art. promovierte. Im WS 1533/34 wechselt er nach Leipzig[4] und im WS 1539/40 nach Wittenberg, hier *gratis inscriptus*[5], von Johannes Gigas mit einem Gedicht *Valerio Cordo* begrüßt.[6] Er wurde u.a. Schüler Melanchthons, widmete sich dem Studium der Medizin und begann hier zu lehren. Simon Wilde, der im Januar 1541 im gleichen Hospiz wohnte, nannte ihn *homo nescio quibus non in tota Germania, ut audio dici, in simplicium cognitione praeferendus* (ein Mann, von dem ich weiß nicht von welchen gesagt wird, er sei in ganz Deutschland in der Kenntnis der ungemischten Arzneimittel voraus)[7]. Am 29. September 1543 wurde ihm ein Stipendium zum Studium der Medizin in Italien gewährt. In Begleitung von Hieronymus Schreiber reiste er dorthin, er starb jedoch nach einem Unfall am 25. September 1544 in Rom. Die Einzelheiten der Reise beschreibt Schreiber in einem aus Padua am 1. Dezember 1544 datierten Brief an Wolfgang Meurer.

Posthum erschien seine Schrift *De halosantho seu spermate ceti vulgo dicto liber*, in: Konrad Gesner, *De omni rerum fossilium genere, gemmis, lapidibus, metallis, et huiusmodi, libri aliquot, plerique nunc primum editi*, Tiguri: excudebat Iacobus Gesnerus, 1565 (Widmung vom 30. Juni 1566 an den Kärntner Arzt Andreas Pellizer ist falsch datiert, da Gesner am 13. Dezember 1565 gestorben ist. Gesner verdankte dieses Buch dem Georg Aemilius in Stolberg und den Ärzten Wolfgang Meurer in Leipzig und Hieronymus Herold in Nürnberg.

Zwischen Rheticus und Cordus gab es vermutlich keine direkten **Beziehungen**, wohl aber ist er mit vielen seiner Freunde vertraut.

1 GARCAEUS 1576, S. 253. | 2 Es werden auch Kassel und Erfurt als Geburtsorte genannt; in der Grabschrift, die ihm Johann Baptist und Paul Haintzel in Rom setzten, wird er jedoch als SEMUSIUS bezeichnet. | 3 SCHEIBLE, MBW, Bd. 11, Personen, 2003, S.304. | 4 ERLER, Bd. 1, S. 612, B 12. | 5 FÖRSTEMANN 1841, Bd. 1, S. 178b. | 6 GIGAS, Silvae (Wittenberg 1540), Bl. 46r. | 7 BUCHWALD 1893, S. 156.

Cracow, Georg, 1525–1575

Georg Cracow (Crackow, Cracov, Cracau, Cracovius, Krakau), geboren am 7. November 1525 in Stettin (poln. Szczecin, Woiwodschaft Westpommern), gestorben nach einem angeblichen Selbstmordversuch am 13. Januar 1575 mit einem Messer im Kerker am 16. März 1575 Leipzig (Pleißenburg)[1]**, begraben auf seinem Gut Schönfeld (Ortsteil von Dresden), luth., Universitätsprofessor (Mathematik, Griechisch, Rechtswissenschaften), Jurist (Rat, Kanzler)**[2]**.**
Nach anfänglichem Studium in Rostock immatrikulierte sich Cracow im Mai 1542 an der Universität Wittenberg[3]. Am 30. April 1544 promovierte er als Schüler von Marcellus unter dem Dekan Flock zum Bacc. art.[4] und am 30. September 1546 zum Mag. art. unter dem Dekan Stigel[5]; er kam auf den 1. Platz von neun Kandidaten. Er wurde 1547 Professor für Mathematik (Geometrie) und Griechisch in Greifswald. Hier dichtete er für seinen Greifswalder Kollegen Jakob Runge ein Epithalamium (Wittenberg: Veit Kreutzer, 1549)[6]. Cracow gehört dem weiteren Kreis der Wittenberger Astrologen an[7]. Sein Gedicht Urania (Wittenberg: Veit Kreutzer, 1549) zeugt von seiner Vorliebe für die Himmelskunde[8]. In der Greifswalder Matrikel ist ein Gedicht von Cracow auf die Mondfinsternis vom April 1549 eingeschrieben[9]. Auch seinem alten Freund Stigel widmete Cracow ein Epitaph (Jena: Donat Richtzenhan, 1563)[10]. Cracow war ein enger Freund Melanchthons. Am 30. September 1549 wurde Cracow unter dem Dekan Erasmus Reinhold in den Senat der Wittenberger Artistenfakultät aufgenommen. Cracow las über Cicero, widmete sich aber vor allem dem Studium der Rechte. Am 7. August 1554 promovierte er zusammen mit Magister Leonhard Jöstel und Magister Paul Gusebel *Longicampianus* in Wittenberg zum JUD[11]. Das bei der feierlichen Promotion beobachtete Zeremoniell (*cathedra et libri, pileus, annulus, osculum* = Lehrstuhl und Bücher, Doktorhut, Ring und Kuss) ist im Detail in der von Melanchthon konzipierten und von Michael

Teuber vorgetragenen Rede beschrieben¹². 1555 wurde Cracow als Professor für Römisches Recht in die juristische Fakultät aufgenommen, deren Dekan er im WS 1558/59 und SS 1559 war; im WS 1559/60 bekleidete er das Amt eines Rektors Magnificus. Seit 1557 war Cracow Rat des Kf. August von Sachsen; 1565 wurde er als Kanzler Nachfolger von Ulrich Mordeisen. Er besuchte zahlreiche Reichstage und Religionsgespräche. 1574 wurde Cracow auf Betreiben der streng luth. Partei in Leipzig als Philippist bzw. Kryptokalvinist eingekerkert.

Cracow heiratete am 17. Juni 1549 Sara Bugenhagen (1525-1563), Tochter des Reformators, Witwe von Gallus Marcellus, mit der er vier Kinder hatte. Lukas Cranach d.J. schuf 1563 ein Epitaph für sie, auf dem auch Cracow porträtiert ist (Stadtpfarrkirche in Wittenberg); Johannes Major *poeta* dichtete ein Epitaph auf sie¹³. 1566 ging Cracow eine zweite Ehe ein mit Christina Funck, einer Schwester des Leipziger Juristen Andreas Funck¹⁴.

Beziehungen zu Rheticus sind nicht direkt überliefert. Durch seine Beschäftigung mit der Mathematik, Geometrie und Astrologie und seinen Umgang mit Reinhold, Peucer oder Stigel war Cracow in jedem Falle mit Leben und Werk von Rheticus vertraut.

1 Vogel 1716, S. 235. | 2 Kretzschmar, Hellmut, in: NDB 3 (1957), S. 385-387; Hieronymus 1997, S. 1089, Anm. 3; Scheible, MBM, Bd. 11, 2003, S. 308 f. | 3 Förstemann 1841, Bd. 1, S. 196a. | 4 Köstlin 1890, S. 8. | 5 Enenda, S. 19. | 6 VD 16 ZV 3944, ULB Halle, digital. | 7 Brosseder 2004, S. 16. | 8 Zinner 1964, S. 212, Nr. 1970. | 9 Friedländer 1893, Bd. 1, S. 225 f. | 10 VD 16 F 1099, ULB Halle, digital. | 11 Sennertus 1696, S. 108. | 12 Melanchthon/Teuber, Oratio de vita ... Hieronymi Schurffi (Wittenberg 1554), BSB München, digital, Scan 51-59; in der gedruckten Rede findet man auch die vom 5. August 1554 datierte Einladung an alle Doktoren und Studenten der Universität Wittenberg zu der Promotionsfeier, die am Schwarzen Brett angeschlagen wurde (ebenda, Scan 11-14). | 13 Major 1566, BSB München digital, Scan 175 f. | 14 Melzer 1716, S. 514.

Cranach, Lukas. d.Ä., ca. 1475–1553

Lukas Cranach d.Ä., geboren um 1475 in Kronach (Oberfranken), gestorben am 16. Oktober 1553 in Weimar im Hause seines Schwiegersohns JUD Christian Brück (Pontanus), Begräbnis in Weimar, luth., Maler, Graphiker, Ratsherr, Stadtkämmerer und Bürgermeister¹.

Cranach kam als Hofmaler verschiedener Fürsten zu Ansehen, Ruhm und Reichtum. Nach seinen Bildern bestand eine erhebliche Nachfrage. Lukas Cranach, Vater und Sohn, waren einflussreiche Persönlichkeiten und Besitzer mehrerer Häuser in Wittenberg, darunter insbesondere die Apotheke. 1547 folgte Lukas Cranach d.Ä. dem Kurfürsten Johann Friedrich dem Großmütigen ins Exil nach Augsburg, Innsbruck und zuletzt Weimar. An seinem Haus in der Schlossstraße 1 (Cranachhof) erinnert eine Gedenktafel an sein Wirken². Er war mit Luther befreundet und hat diesen mehrfach porträtiert sowie auch dessen Schriften illustriert. Lukas Cranach war verheiratet mit Barbara Brengbier, Tochter des Bürgermeisters von Gotha. Von seinen Töchtern heiratete Barbara den Juristen Christian Brück, Anna den Apotheker Kaspar Pfreundt.

Rheticus zeigte immer ein lebhaftes Interesse für die zeitgenössischen Künstler; er war ein großer Verehrer von Albrecht Dürer, war von Jugend auf mit seinem Landsmann Wolf Huber bekannt, schätzte Wittenberger Maler wie Vater und Sohn Lukas Cranach, unterhielt in Preußen Beziehungen zu den dortigen Hofmalern Crispin Herrant oder Hans Schenck genannt Scheußlich, der ihn 1542 porträtierte, und er wohnte in Leipzig zeitweise bei dem Fürstenmaler Hans Krell. Als Geograph und Chorograph war ihm die zeichnerische Gestaltung von Karten und Plänen stets ein Anliegen. Hier ist auch an den Wittenberger Maler Sebastian Adam zu denken, der 1545 eine Stadtansicht von Wittenberg geschaffen hat.

Im studentischen Alltag spielte die Apotheken eine herausragende Rolle. Jede *Disputatio* endete mit einer *Collatio*, bei der Wein und Marzipan kredenzt wurden. Marzipan kaufte man gewöhnlich in der Apotheke, die neben Arzneien auch Süßigkeiten aller Art anzubieten pflegte. In Basel verbot

1632 ein städtisches Mandat den Studenten unnötige Kosten, u.a. Ausgaben für Fechten, Reiten, Tanzen, Ballspiele, insbesondere aber auch den *Apothekenschleck, so nicht zu Arzneyen verordnet*[3]. So drängten sich wohl auch in Wittenberg täglich die Studenten in Cranachs Apotheke, um Süßigkeiten zu erstehen; denn nicht umsonst war Cranach der reichste Mann Wittenbergs. Ins Bild passt die »boshafte« Schilderung von Cranachs dicker Magd durch Simon Lemnius, die er für seinen Freund Prassinus passend findet: *sie ist gut durchwachsen, feist, urwüchsig, von unförmiger Fülle, ... eine Kugel*[4]. Eine Studentengruppe um den später als Liedersammler berühmt gewordenen Studiosus Georg Forster brachte eines Abends Cranach ein Ständchen, wobei es Forster sich nicht nehmen ließ, sich die Taschen mit Äpfeln und Birnen aus dem Garten des Malers zu füllen[5], obschon die akademischen Gesetze den Obstdiebstahl verpönt haben.

1 HINTZENSTERN, Herbert von, Lukas Cranach – der Maler unter dem Kreuz Jesu Christi als Prediger des Evangeliums, in: BRINKEL/HINZENSTERN 1962, Bd. 2, S. 161-167; SCHEIBLE, MBW, Bd. 11, Personen, 2003, S. 311. | 2 STRAUCHENBRUCH 2008, S. 30. | 3 FREY, Emil Remigius, Die Quellen des Basler Stadtrechts, Basel 1830, S. 59. | 4 MUNDT 1983, Bd. 1, S. 214; Bd. 2, S. 12 f. (Epigramm I, 15). | 5 REINHARDT 1939, S. 33.

Cranach, Lukas, d. J., 1515–1586

Lukas Cranach d. J., geboren am 4. Oktober 1515 in Wittenberg, gestorben am 25. Januar 1586 in Wittenberg, Grabstein und Epitaph in der Stadtpfarrkirche, luth., Maler, Graphiker, Zeichner, Holzschneider, wie sein Vater auch Ratsherr, Kämmerer und Bürgermeister[1].

Lukas Cranach d.J. wurde in der Wittenberger Werkstatt seines Vaters ausgebildet, die er seit 1550 leitete. An seinem Vaterhaus in der Schlossstraße 1 (Cranachhof) erinnert je eine Gedenktafel an ihn und seinen Vater[2]. Cranach heiratete am 20. Februar 1541 in Wittenberg in erster Ehe Barbara Brück (1518-1550), Tochter des Kanzlers Gregor Brück *Pontanus*, Schwester von Christian und Gregor Pontanus, (vier Kinder) und in zweiter Ehe am 24. Mai 1551 Magdalena Schürpf (1531-1606), Tochter von des Medizinprofessors Augustin Schürpf (fünf Kinder).

Beziehungen zwischen Rheticus und Lukas Cranach d.J. bestanden wie auch zum Vater, er konnte so gewichtigen Persönlichkeiten gar nicht entgehen (vgl. dazu oben). Vater und Sohn waren jedoch keine Universitätsangehörigen. Erst 1554 immatrikulierten sich unter dem Rektor Sebastian Dietrich die Brüder Lukas und Christian Cranach, die Söhne von Lukas Cranach d.J., zugleich mit ihrem Verwandten Christian Brück, dem Sohn des gleichnamigen Juristen[3].

1 SCHEIBLE, MBW, Bd. 11, Personen, 2003, S. 311 f | 2 STRAUCHENBRUCH 2008, S. 30 f. | 3 FÖRSTEMANN 1841, Bd.1, S. 300a.

Crato, Johannes, 1519–1585

Johannes Crato von Crafftheim, (Krafft von Krafftheim, Cratus), geboren am 20. oder 22. November 1519 in Breslau (poln. Wrocław, Woiwodschaft Niederschlesien), gestorben am 19. Oktober 1585 in Breslau, luth., Humanist, Arzt, Anhänger der Schulmedizin Galens, Gegner des Paracelsus[1].

Crato war in Breslau Schüler des Gräzisten Johannes Metzler gewesen, der bis zu seinem Tod 1538 den Studiengang Cratos als Mentor begleitete. Im WS 1534/35 immatrikulierte er sich an der Universität Wittenberg[2], verließ diese aber noch 1534 wegen der Pest in Richtung Heimat (zog also nicht nach Jena). Im WS 1536/37 schrieb er sich erneut in Wittenberg ein[3]. Er wohnte hier sechs Jahre lang bei Luther (empfohlen durch Johannes Hess) und schrieb während dieser Zeit ein Tagebuch. Nach gründlicher Ausbildung in den alten Sprachen und in der Theologie promovierte er am 20. April 1542 unter dem Dekan Rheticus[4], wobei er den 4. Rang unter zehn Kandidaten erreichte; vor ihm platzierte sich auf dem 1. Rang Johannes Stigel. Luther hielt Crato wegen seiner schwachen Stimme als nicht geeignet für die Theologie, sodass er sich dem Studium der Medizin widmete. Am 18. Oktober 1543 wurde Crato in den Rat der Artistenfakultät aufgenommen[5]. Er wechselte als Hofmeister des jungen Grafen von Wertheim nach Leipzig, wo er sich im SS 1544 in der polnischen Nation einschrieb[6] (zugleich mit Hajek). Darauf ging er nach Padua, wurde dort Schüler des Giovanni Battista Montano und promovierte am 22. August 1548 in Bologna zum Dr. med.[7], praktizierte in Verona und wurde 1550 Stadtarzt von Breslau. Seit 1560 war er kaiserlicher Leibarzt, ab 1563 in Wien, 1577 bis 1581 in Prag.

Werke (in Auswahl): *Idea doctrinae Hippocraticae*, 1554; *Methodus therapeutica ex Galeni et J.B. Montani sententia*, Basel 1555; Pestordnung, Breslau 1555; *Isagoge medicinae*, Venedig 1560; *Perioche methodica in libros Galeni*, Basel 1563; *De morbo gallico commentarius*, Frankfurt/Main 1594.

Crato war ein hochberühmter Arzt, der mit vielen gelehrten Zeitgenossen im Briefwechsel stand. 1567 wurde Crato von Kaiser Maximilian II. mit dem Prädikat von Krafftheim geadelt; seit 1568 führte er den Titel eines Pfalzgrafen, am 2. Februar 1575 zu Wien verlieh der Kaiser Crato das Palatinat *ad personam,* das nach seinem Tod an seinen Sohn Johann Baptist übergehen sollte[8]. Seit 1567 hielt er sich häufig in der von ihm erworbenen Herrschaft Rückerts auf (poln. Szczytna, bei Glatz = poln. Kłodzko, Woiwodschaft Niederschlesien). Hier erbaute er eine reformierte Kirche. Crato war seit Dezember 1550 verheiratet mit Maria, Tochter des Ratsschreibers Johannes Scharf von Werd (1 Sohn, 2 Töchter). Cratos Porträt ist mehrfach überliefert, u.a. als Kupferstich von Theodor de Bry nach Tobias Stimmer.

Die **Beziehungen** zwischen Rheticus und Crato waren sehr eng und währten über viele Jahrzehnte. Anfangs waren Kommilitonen mit gleichgerichteten Interessen, seit 1536 wurde Rheticus der Lehrer Cratos. 1542 promovierte Crato unter Rheticus zum Mag. art. Im SS 1544 sind sie sich in Leipzig wiederbegegnet. Kurze Zeit später finden wir beide Italien, doch ist nicht belegt, dass sie hier zusammengetroffen wären. 1553/54 ergänzt Rheticus in Breslau bei Crato seine medizinischen Kenntnisse. In diese Zeit fällt die Äußerung von Rheticus über Crato, *quem ut fratrem maiorem honorandum amo, observo, veneror, colam* (den ich wie einen zu verehrenden älteren Bruder liebe, achte, anbete und verehre): Rheticus ist um einige Jahre älter als Crato, aber er anerkennt ihn als den in der Medizin erfahreneren und ihm überlegeneren Freund. Am 21. Mai 1554 teilte Rheticus aus Krakau Crato seine Absicht mit, er hätte ihn persönlich aufsuchen wollen, doch sei er wegen Arbeitsüberlastung nicht dazu gekommen. Die Medizin habe er im Augenblick hintangesetzt. Weitere Brief folgten am 20. Juni, 20. Juli und 7. Oktober 1554[9], aber auch Briefe an Johannes Wittich und Johannes Sager, die sich bei Crato aufhielten. Der ungarische Humanist Dudith, der sich in Krakau niedergelassen hatte und dort vorwiegend mathematische Studien betrieb, suchte einen jungen Gelehrten als Hausgenossen. Camerarius gewann für ihn Johannes Prätorius, der 1569 zu ihm kam und fast drei Jahre blieb[10]. In seinen Briefen an Camerarius ließ Dudith auch Grüße an Rheticus bestellen[11].

1 Scheible, MBW, Bd.11, 2003, S. 313 f.; Eis, Gerhard, in: NDB 3 (1957), S. 402 f.; Gillet 1860 Googlebooks, vollst. Ausgabe. | 2 Förstemann 1841, Bd. 1, S. 156a, 34. | 3 Ebenda, S. 163a, 31. | 4 Köstlin 1890, S. 14 | 5 Ebenda, S. 21. | 6 Erler, Bd. 1, S. 649, P 3. | 7 Bronzino 1962, S. 40. | 8 Frank 1967, Bd. 1, S. 200. | 9 Burmeister 1968, Bd. 3, S. 119-129. | 10 Gillet, Bd. 2, S. 263 f. | 11 Costil 1935, S. 443.

Crell, Joachim

Joachim Crell (Krell, Krelle, Kreile), aus Neuruppin (Lkr. Ostprignitz-Ruppin, Brandenburg), luth., Jurist, Bürgermeister in Neuruppin[1].
Joachim Crell schrieb sich im SS 1541 unter dem Rektor Kilian Goldstein an der Universität Wittenberg ein[2]. Nach dem 23. Januar 1542 wurde er unter dem Dekan Rheticus zum Bacc. art. pro-

moviert³; er erreichte den 16. Rang unter 18 Kandidaten. Unter dem Dekan Melanchthon wurde er am 18. September 1548 zum Mag. art. graduiert⁴; er kam auf den 10. Rang von 25 Kandidaten.

Beziehungen zu Rheticus sind gegeben durch die Promotion Crells zum Bacc. art. kurz nach dem 23. Januar 1542 unter dessen Dekanat⁵. Crell konnte Rheticus' Vorlesungen im WS 1541/42 hören.

1 SCHEIBLE, MBW, Bd. 11, 2003, S. 314. | 2 FÖRSTEMANN 1841, Bd. 1, S. 189a. | 3 KÖSTLIN 1890, S. 8. | 4 KÖSTLIN 1891, S. 7. | 5 KÖSTLIN 1890, S. 7.

Cruciger, Kaspar, d. Ä., 1504–1548

Kaspar Cruciger (Kreuzinger, Kreutzer), d.Ä., geboren an 1. Januar 1504 in Leipzig, gestorben am 16. November 1548 in Wittenberg, Grab in der Stadtpfarrkirche, luth., Theologe[1].
Cruciger studierte an der Thomasschule in Leipzig (Schüler von Georg Helt und Kaspar Borner), seit 1513 an der Universität Leipzig (Schüler von Richard Croke und Petrus Mosellanus), seit 1523 in Wittenberg[2], gleichzeitig mit Achilles Gasser, Rudolf Ratzenburger, Kaspar Heldelin, Nikolaus Medler, Veit Dietrich; hier wurde er 1529 zugleich mit Veit Dietrich Mag. art.[3] Am 27. Juni 1533 wurden Cruciger, Bugenhagen und Johannes Aepinus in der Schlosskirche zu Doktoren der Theologie kreiert; der Kurfürst gab ein *prandium splendidum* an 18 oder 20 Tischen unter Teilnahme aller Doktoren und Magistri sowie zahlreicher Scholaren[4]. Im Herbst 1533 wurde Cruciger in die theologische Fakultät aufgenommen[5]. Cruciger wurde der herausragende Lehrer an der theologischen Fakultät, unterrichtete aber auch an der Artistenfakultät, wie denn überhaupt, auch bei Luther und Melanchthon, die Übergänge zwischen den beiden Fakultäten fließend waren. Cruciger stand darüber hinaus auch der medizinischen Fakultät nahe. Er verfügte über eine sehr breite wissenschaftliche Bildung. Cruciger war ein hervorragender Hebraist, der Luther bei seiner Bibelübersetzung zur Seite stand. Melanchthon hatte ihn 1547 für eine neu zu errichtende Universität in Jena als Theologen und als Hebraisten vorgesehen. Cruciger legte den ersten botanischen Garten in Wittenberg an und befasste sich mit der Herstellung von Arzneien. Eine große Vorliebe hatte Cruciger auch für die Mathematik und Astronomie. Cruciger wirkte 1539 an der Einführung der Reformation in seiner Vaterstadt Leipzig mit. Er hat – im Vergleich zu Luther oder Melanchthon – wenig publiziert und 1541 gegenüber Justus Jonas bekannt: »Du weißt, dass ich von Natur diesen Fehler habe, dass ich zum Schreiben zu faul bin«[6]. Andererseits wurde Cruciger als Schnellschreiber bewundert[7]. Cruciger war im WS 1530/31 Dekan der Artistenfakultät, vom SS 1546 bis WS 1548/49 Dekan der theologischen Fakultät sowie Rektor Magnificus im SS 1533, WS 1538/39, WS 1542/43, WS 1446/47 und SS 1548.

Cruciger galt als schwermütig und kränklich, er hatte viel häusliches Ungemach, blieb aber stets gelassen. Er war in erster Ehe mit Elisabeth von Meseritz († 1535) verheiratet, die ihrerseits mit Luthers Frau Katharina von Bora befreundet war; sie dichtete ein geistliches Lied, das Luther in sein Gesangbuch von 1524 aufgenommen hat. Eine zweite Ehe ging Cruciger mit der Leipziger Ratstochter Apollina Günterode († 1557) ein. Die Hochzeit fand am 24. April 1536 auf Schloss Eilenburg (Lkr. Nordsachsen) statt. Wittenberg kam für ein Hochzeitsessen nicht in Frage; denn »wenn der Haufe soll geladen werden, die Universität mit Kind und Kegel und dazu Andere, ... so bleibets weder bei neun noch bei zwölf Tischen«. Demnach hätte Rheticus vermutlich an der Hochzeitsfeier in Wittenburg teilgenommen, in Eilenburg aber wohl eher nicht, zumal drei Tage später seine Promotion zum Mag. art. anstand. 1537 kaufte Cruciger um 1300 Gulden das geräumige, aber noch nicht ausgebaute Haus des Augustin Schürpf. Das Porträt Crucigers ist mehrfach überliefert, u.a. in einem Kupferstich von Boissard von 1669. In Wittenberg erinnert eine Gedenktafel an Cruciger.

Schon zu seinen Lebzeiten wurde Cruciger in Gedichten gepriesen, etwa 1540 durch Gigas[8] oder 1541 durch Brusch[9]. Auch gegenüber Lemnius hatte Cruciger mehrfach großes Wohlwollen bezeugt. »Ja seine Sanftmut und Menschlichkeit sind so groß, dass meine derzeitigen unglücklichen Lebensumstände ... ihm ganz besonders weh getan haben«[10]. Zu Crucigers Tod verfasste Lotichius ein *Epicedion*[11], Bugenhagen hielt die Leichenpredigt, Melanchthon schrieb ihm 1549 eine Gedächtnisrede[12], die Erasmus Reinhold am 20. August 1549 vortrug: »Danken wir Gott, dass er uns einen solchen Kollegen und Doctor geschickt hat; ... folgen wir dem Beispiel seines Lebens und seiner Studien nach«[13]. Rheticus' Freund Paul Eber schrieb am 7. Dezember 1548 in einem Nachruf auf Cruciger: *Dici non potest quam iacturam fecerit ecclesia universa et schola nostra, omisso hoc viro, cuius eruditione, pietate, prudentia et virtute nunc maxime egere coepit, si unquam antehac. Sed desino illum deflere, cuius laudes nullius eloquentia efferre satis potest*[14] (Es ist nicht zu sagen, welcher Verlust die gesamte Kirche und unsere Schule getroffen hat durch den Tod dieses Mannes, dessen Gelehrsamkeit, Frömmigkeit, Klugheit und Tüchtigkeit uns jetzt mehr als je zuvor zu fehlen beginnt).

Beziehungen zu Rheticus: Cruciger, dessen Horoskop mehrfach überliefert ist[15], wird nicht dem weiteren Kreis der Wittenberger Astrologen zugerechnet. Er hatte die Anfangsgründe der Mathematik bei Kaspar Borner erlernt. In seinen letzten zehn Lebensjahren habe er es in den mathematischen Fächern so sehr zugewendet, dass er unter die Meister (*artifices*) gerechnet werden könne. Reinhold könne das am besten beurteilen, da er in dieser Zeit sein Studiengenosse gewesen sei und daher seine Talente und seine Fortschritte beurteilen konnte. Selbst bei Tisch habe Cruciger einen Euklid vor sich gehabt und Zahlen und Figuren in das Buch gemalt. Seine Freunde hätten ihn im Scherz mit Archimedes verglichen, der während des Einölens mit dem Öl Figuren gemalt habe. Ein Hauptthema war die μεγαλη συνταξις des Ptolemäus, wobei es nicht zuletzt um Kopernikus ging. »Unbefriedigt von dem Ptolemäischen System, schloss er [Cruciger] sich dem damals erst zur Geltung gelangenden Copernikanischen an, des neuen Lichts sich freuend, welches dasselbe über das Verhältnis der Sonne zur Erde verbreitete«[16]. Diese Studien »förderten die Durchsetzung des kopernikanischen Weltbildes«[17]. Es sei dahingestellt, ob diese Aussagen in dieser Schärfe zutreffen. Wie Reinhold aber berichtet, hätten er und Cruciger gemeinsam Beobachtungen gemacht mit der Folge: *Copernicum magis admirari et amare cepimus* (wir begannen, Kopernikus immer mehr zu bewundern und zu lieben).

Über den Zeitpunkt haben wir in der Tat nur die ganz grobe Einschätzung des Dezenniums 1543-1553. Walter Thüringer hat gute Gründe dafür vorgebracht, dass diese Beobachtungen erst nach Erscheinen von *De revolutionibus* (1543) möglich waren. Rheticus fehlte dabei, weil er inzwischen in Leipzig wirkte[18]. Man kann sogar noch weiter gehen; denn Reinhold sagt, dass Cruciger seine Beobachtungstätigkeit während des Schmalkaldischen Kriegs 1546/48 intensiviert habe, als er wegen des kriegsbedingten Vorlesungsausfalls viel Zeit hatte und seinen Frust (*moestitia*) überwinden wollte.

Gleichwohl bleibt zu fragen, ob nicht doch Kopernikus schon 1538 im Kreise der Mathematiker Cruciger, Reinhold und Rheticus diskutiert wurde. Wäre es nicht geradezu eine Pflichtverletzung gewesen, wenn die Wittenberger Mathematiker Kopernikus ignoriert hätten? Die Vermutung von Rudolf Wolf, dass in diesem Kreise über Kopernikus diskutiert wurde[19], hat viel für sich. Denn einzelne Mathematiker kannten längstens aus dem 1504/10 entstandenen *Commentariolus* die kopernikanische Lehre. Es ist auch immer wieder die Rede davon, dass das Jahrbuch, das Kopernikus 1535 einem Krakauer Freund mitgab, diese Kunde von seinem neuen Weltsystem verbreitet hat[20]. 1531/32 erörterte Gemma Frisius im Hause des mit Kopernikus befreundeten Danticus die neue Lehre. Im Sommer 1533 diskutierte Johann Albrecht Widmannstetter (1506-1557) mit dem Papst und Kardinälen die Lehre des Kopernikus. Es gab auch persönliche Kontakte zwischen Wittenberg und dem Ermland: In Wittenberg studierte Johannes Lehmann, ein Neffe des mit Kopernikus vertrautem Dantiscus; über dessen Studienfortschritte berichtete am 7. Oktober 1538 dessen *praeceptor* Veit Amerbach[21].

In dem Brief an den Feldkircher Stadtammann Heinrich Widnauer vom 13. August 1542 sagt Rheticus, er habe von Kopernikus gehört und sich entschlossen, ihn aufzusuchen, obwohl ihn damals die Universität Wittenberg zum Professor der Mathematik ernannt habe. »Damals« heißt am 5. Januar 1537, also vor Antritt seiner Reise nach Nürnberg bzw. Tübingen.

Der Entschluss, Kopernikus aufzusuchen, fiel nicht von heute auf morgen. Zu bedenken waren, wie Rheticus selbst ausführt, der Aufwand an Geld, die lange Reise und sonstige Beschwerlichkeiten; er musste einen Urlaub von der Universität erwirken. Vom ersten Hören bis zum Heranreifen eines Entschlusses war es ein längerer Weg. Die Reisen nach Nürnberg, Tübingen und Ingolstadt dienten der Vorbereitung. Und es ist nicht von der Hand zu weisen, dass der endgültige Entschluss zu der Reise erst in Nürnberg gefasst wurde; es ist aber auszuschließen, dass Rheticus erst in Nürnberg von Kopernikus gehört hat, um dann Hals über Kopf nach Frauenburg abzureisen. Mit Billigung Melanchthons erhielt Rheticus für das WS 1538/39 einen Urlaub; für den März 1539 ist eine Gehaltszahlung an Rheticus belegt, die einen solchen längeren Urlaub voraussetzt. Rektoren im SS 1538 und im WS 1538/39 waren Melanchthon und Cruciger; sie waren es also, die den Urlaub gewährt haben. Aber auch Reinhold musste dem zustimmen, weil ihn jetzt die Hauptlast für die Vertretung von Rheticus traf.

Das bedeutet, dass Melanchthon, Cruciger und Reinhold von Anfang an an diesen Reiseplänen beteiligt waren, ja diese auch gefördert hatten. Dazu stimmt auch, dass Melanchthon noch vor dem Erscheinen des *Narratio prima* von Rheticus drei Blätter der seit Februar 1540 eintreffenden ersten Druckbogen zugesandt erhielt; der Druck wurde im März 1540 beendet. Hier bleibt nun auch zu berücksichtigen, dass Rheticus und Reinhold (und mit ihm auch Melanchthon) unterschiedliche Positionen zur Lehre des Kopernikus bezogen.

Reinhold berichtet von Cruciger: *Opticen etiam probe intellexit, ut opera eius generis ipsius manu descripta ostendunt. Nam et Rhetici lucubrationem et Alhasen sua manu decripsit, ubi multa* διαγραμματα*, quae deerant addidit* (Auch auf die Optik verstand er sich gut, wie seine Arbeiten dieser Art, die er mit seiner Hand abgeschrieben hat, zeigen. Denn er hat sowohl die Veröffentlichung des Rheticus als auch den Alhasen mit eigener Hand abgeschrieben und dort viele Diagramme, die gefehlt haben, ergänzt)[22]. Rheticus hatte den erwähnten Alhasen zugleich mit dem Buch des portugiesischen Kartographen Pedro Nuñez (1502-1578) *De Crepusculis* (Lissabon: Rodrigues, 1542) erworben, dem der Alhasen im Anhang beigefügt war. Auf dem Titelblatt befindet sich ein Besitzvermerk *G. Ioachimo Rhætico*[23]. Rheticus' *Optik* konnte bisher nicht nachgewiesen werden; vermutlich handelte es sich nur um ein handschriftlich verbreitetes Vorlesungsmanuskript.

Rheticus hat sich während seiner Krankheit in Lindau im Frühjahr 1547 viele Schriften von Luther, Melanchthon und Cruciger beschafft, die er »sorgfältig gelesen, abermals gelesen und fast bis ins letzte durchstudiert« hat[24]. In seinem damaligen Zustand mochte ihn Luthers *In epistolam Pauli ad Timotheum priorem commentarius*, hg. v. Cruciger (Straßburg: Crato Mylius, 1542) besonders angesprochen haben. Als weitere Werke Crucigers kamen für Rheticus in Betracht: *Enarratio Psalmi 116 et 118* (Wittenberg: Joseph Klug, 1542); *Der XX. Psalm* (Wittenberg: Hans Lufft, 1546); *In Evangelium Joannis Apostoli enarratio* (Straßburg: Crato Mylius, 1546); und *Enarratio Psalmi 110-114* (Wittenberg: Joseph Klug, 1546, Kaspar Borner gewidmet). Wegen der engen Verbindung mit Straßburg waren Straßburger Drucke in Lindau leicht erhältlich.

Die letzten Jahre verbrachte Cruciger auf dem Krankenlager. Hier vollendete er seine Übersetzung von Luthers Predigt über die letzte Worte Davids, las die Psalmen und widmete sich weiterhin den Mathematikern Ptolemaeus, Theon, Euklid und Regiomontan. An seinem Krankenbett wachte der Mathematiker Hartmann Beyer[25], der 1549 sein Studienbuch *Novae quaestiones in libellum de Sacrobosco* (Frankfurt/Main: Petrus Brubach, 1549) publizierte[26]. Cruciger hatte sein Bett so aufstellen lassen, dass er von seinem Krankenlager aus den Himmel überschauen und beobachten konnte[27].

1 KÄHLER, Ernst, in: NDB 3 (1957), S. 427 f.; STUPPERICH 1984, S. 63 f.; PRESSEL 1862; SCHEIBLE, MBW, Bd. 11, Personen, 2003, S. 320-322. | **2** FÖRSTEMANN 1841, Bd. 1, S. 115b. | **3** KÖSTLIN 1888, S. 20. | **4** FÖRSTEMANN 1838, S. 30. | **5** Ebenda. | **6** PRESSEL 1862, S. 76. | **7** Ebenda, S. 40. | **8** GIGAS, Sylvae, Wittenberg 1540, Bl. 28v. | **9** BRUSCH, Kaspar, Ad viros epigrammata, Nürnberg: Petreius, 1541; BEZZEL 1982, Sp. 417, Ziff. 3, BSB online. | **10** MUNDT 1983, Bd. 2, S. 192-195. | **11** Petrus LOTICHIUS Secundus, Epicedion in obitum D. Casparis Crucigeri, in: Erasmus REINHOLD, Oratio de Casparo Crucigero (Wittenberg: Veit Creutzer, 1549), BSB online, image 29-35. | **12** Wittenberg: Veit Kreutzer, 1549; VD 16 M 3747; BSB München, digital. | **13** PRESSEL 1862, S. 75. | **14** SIXT 1843, S. 237. | **15** GARCAEUS 1576, S. 184; Reinhold 1549, BSB online, image 9. | **16** PRESSEL 1862, S. 11. | **17** Wikipedia Caspar Cruciger der Ältere (1. März 2012). | **18** THÜRINGER 1997, S. 303. | **19** WOLF 1877, S. 237 f. | **20** ZELLER, Karl, Des Georg Joachim Rheticus Erster Bericht über die 6 Bücher des Kopernikus von den Kreisbewegungen der Himmelsbahnen, München/Berlin 1943, S. 2. | **21** FISCHER 1926, S. 138-140. | **22** Erasmus REINHOLD, Oratio de Casparo Crucigero (Wittenberg: Veit Creutzer, 1549), BSB online, image 17. | **23** MÜLLER 1993, S. 233 f., Nr. 73 (mit Abb. des Titelblattes). | **24** BURMEISTER 1968, Bd. 3, S. 75. | **25** PRESSEL 1862, S. 73. | **26** VD 16 B 2492, BSB online. | **27** PRESSEL 1862, S. 73.

Cruciger, Kaspar, d. J., 1525–1597

Kaspar Cruciger d. J., geboren am 19. März 1525[1] in Wittenberg, gestorben am 16. April 1597 in Kassel, luth., Universitätslehrer (Poetik, Dialektik), Theologe, Philippist[2].
Kaspar Cruciger d.J. immatrikulierte sich im WS 1532/33 unter dem Rektor Franz Burckhart an der Universität Wittenberg[3]; Konsemester waren Kaspar Lindemann mit seinen Söhnen Lorenz und Friedrich, der Däne Mads Hack, die Schweden Olof Larsson und Nils Månsson, Maximilian Mörlin, Georg Sabinus. Am 27. Februar 1556 promovierte er zum Mag. art., wobei er den 1. Rang unter 37 Mitbewerbern erreichte[4]. Er hielt seit 1556 Vorlesungen über Ovids Metamorphosen und Ciceros *De officio*. Bereits am 1. Mai 1556 wurde er in das Kollegium der Artistenfakultät aufgenommen[5]. 1557 bis 1561 hatte er die Professur über Ethik inne. Daneben studierte er Theologie. Am 16. Mai 1561 promovierte er zum Lic. theol. Am 18. März 1570 wurde Cruciger mit einer Gruppe von Kandidaten, darunter auch Johannes Bugenhagen d.J. und der Hebraist Heinrich Moller, in das Kollegium der theologischen Fakultät aufgenommen. Sie verteidigten am 5. Mai ihre Thesen, vgl. die gedruckten *Propositiones complectentes summam praecipuorum capitum doctrinae* (Wittenberg: Joh. Schwertel, 1570)[6], und wurden am 11. Mai 1570 in einem feierlichen Akt unter dem Vorsitz des Dekans und Vizekanzlers Georg Maior zu Doktoren der Theologie kreiert. Im SS 1570 war er Rektor Magnificus. 1576 wurde er nach kurzer Haft in Leipzig als Kryptocalvinist des Landes verwiesen. Danach wirkte er als Pfarrer in Kassel. Seit 1561 war Cruciger verheiratet mit Elisabeth, einer Tochter von Sebastian Fröschel (4 Töchter, 1 Sohn).
Beziehungen zu Rheticus bestanden über den Vater; auch waren Rheticus und Cruciger d.J. seit 1532 Kommilitonen. 1536 wurde Rheticus der Lehrer Crucigers, der dessen Vorlesungen vom SS 1536 bid SS 1538 sowie im WS 1541/42 hören konnte. Dass er Interesse an der Astronomie hatte, zeigt ein mit Hilfe von Melanchthon entstandenes lat. Gedicht *De eclipsi lunae, quae erit die XXII. Aprilis Anno XLVIII*[7].

1 GARCAEUS 1576, S. 150 gibt, vermutlich irrtümlich, das Geburtsdatum mit dem 19. März 1526 an. | **2** STUPPERICH 1984, S. 64 f.; SCHEIBLE, MBW, Bd. 11, Personen, 2003, S. 322; LUDWIG, Ulrike, in: Sächsische Biografie (2006), http://www.isgv.de/saebi (4. Oktober 2013). | **3** FÖRSTEMANN 1841, Bd. 1, S. 147a. | **4** KÖSTLIN 1891, S. 17. | **5** Ebenda, S. 28. | **6** VD 16 ZV 12845, ULB Halle, digital. | **7** CLEMEN/KOCH 1985, Bd. 7, S. 54-56 (mit Abdruck des Textes).

Culmbacher, Nikolaus, † 1582

Nikolaus Culmbacher, geboren in Coburg (Oberfranken), gestorben am 2. Februar 1582 in Heldburg (Ortsteil von Bad Colberg-Heldburg, Lkr. Hildburghausen, Thüringen), luth., Schulmann, Theologe[1].

Culmbacher immatrikulierte sich am 16. November 1540 an der Universität Wittenberg[2]; Konsemester waren Hieronymus Hoffmann, Blasius Hoffmann, Johannes Prunsterer, Matthias Heise, Daniel Tscherni, Sixt Dietrich, Andreas Münzer und viele andere; mehr als 200 Studenten haben sich in diesem Semester immatrikuliert. Am 11. September 1543 promovierte er unter dem Dekan Andreas Aurifaber zum Mag. art., wobei er unter 29 Kandidaten den 23. Rang erreichte[3]; Mitbewerber waren u.a. Johannes Reinhold, ein Bruder des Mathematikers Erasmus Reinhold (3. Rang), Paul von Eitzen (4. Rang), Georg Seiler (14. Rang), Ludwig Rab (15. Rang), Alexius Naboth (20. Rang), Simon Göbel (26. Rang).

Als es 1544 um eine Besetzung der Stelle eines Konrektors für die Lateinschule in Coburg ging, riet Melanchthon zu einer Berufung von Simon Schwalb, äußerte aber Bedenken hinsichtlich Culmbachers. *Und wie wol ich Magistro Nicolao Culmbacher gutes gonne, und yhn zu fürdern geneigt binn*, erscheine er ihm zu wenig kooperativ, er sei besser in einem Amt einzusetzen, in dem er allein wirke, nicht in einem Schulkollegium. So wurde Culmacher 1544 Pfarrer und Superintendent in Rodach (heute Bad Rodach, Lkr. Coburg, Oberfranken). 1562 wurde Culmbacher Pfarrer und Superintendent in Heldburg.

Beziehungen zu Rheticus sind nicht bekannt, wären aber im WS 1541/42 möglich gewesen.

1 Axmann 1997, S. 156, 158. | 2 Förstemann 1841, Bd. 1, S. 185a. | 3 Köstlin 1890, S. 15.

Cuno, Jakob, d. Ä., † nach 1579

Jakob Cuno (Conon, Kune, Küne), d.Ä., aus Döbeln (Lkr. Mittelsachsen), gestorben nach 1579, luth., Mathematiker, Astrologe, Instrumentenmacher[1].

Cuno immatrikulierte sich im SS 1544 unter dem Rektor Camerarius an der Universität Leipzig[2], wo er auch im SS 1547 zum Bacc. art. promovierte[3]. Später setzte er seine Studien in Wittenberg fort. Am 31. Juli 1554 errang er dort den Grad eines Mag. art.[4] Anschließend reiste er nach Breslau, wo er bis Ende August 1555 blieb[5]. Seit 1555 wirkte Cuno als kurfürstlich brandenburgischer Hofmathematiker in Berlin bzw. in Frankfurt/Oder.

Cuno hat mehrere Vorhersagen im Druck veröffentlicht: *Von dem erschrecklichen Cometen* (Cöln a.d.Spree, 1556)[6]; Prognosticon Auff das Jhar 1556 (Wittenberg, 1556)[7]; *Almanach für 1557 aus den newen Tabulis Astronomicis* (Leipzig: G. Hantzsch, 1556)[8]; Vorhersage für 1557 (Leipzig: G. Hantzsch, 1556)[9]; Kalender für 1557 (Leipzig: G. Hantzsch, 1556)[10]. In den 1550er Jahren versorgte er Herzog Albrecht von Preußen mit einer Reihe von Nativitäten[11].

Danach verlegte sich Cuno auf die Herstellung komplizierter Planetenuhren, von denen sich aber keine erhalten hat[12]. Erhalten ist sein Türkengerät (*Torquetum*), das er 1561 Herzog Albrecht sandte. Eine Planetenuhr bot er 1579 dem Herzog Albrecht V. von Bayern an; von ihr ließ er ausführliche Beschreibungen in deutscher und lateinischer Sprache im Druck unter dem Titel *Brevis descriptio artificiosi, novi et astronomici automati horologii* bzw. *Kurtze Beschreibung eines künstlichen Newen Astronomischen Uhrwerks* (o.O., o.J., 1578) erscheinen[13]. Die Kunstuhr sollte »die wahre Bewegung der Planeten für 100 000 Jahre genau angeben, ein sich täglich drehendes Planisphaerium in der Mitte zeigen und den Aufgang und Untergang der Sonne durch 4 bis 6 stimmige Glocken anzeigen«[14]. Es schwebte Cuno eine Uhr vor, *cuius simile antehac non extitit* (wie sie bisher ohne gleichen ist) und die berühmte Straßburger Münsteruhr übertreffen sollte. Zugleich verfolgte er mit dieser Publikation auch ein pädagogisches Anliegen *iuventi studio et industria*. Stolz wies er darauf hin, dass er sich seit 24 Jahren mit Uhren befasse, d.h. seit seinem ersten Semester in Leipzig. Cuno war verheiratet mit Anna Schettin (Schatt?); zur Hochzeit brachte Johannes Schosser *Carmina* (Wittenberg: Crato, 1558) heraus.

Beziehung zu Rheticus: Jakob Cuno wird ungeachtet seiner lebhaften astrologischen Aktivitäten keinem der von Thorndike, Westman oder Brosseder beschriebenen Zirkel zugerechnet. Er kann in Leipzig vom SS 1544 bis zum SS 1545 die Vorlesungen von Rheticus gehört haben. Ohne Zweifel war Cuno Kopernikaner, wenn nicht schon von Rheticus her, so doch von Peucer oder Reinhold. Cuno war einer der ersten, der die neuen Prutenischen Tafeln gebrauchte für sein Prognosticon auf 1557[15].

1 ZINNER ²1967, S. 285 f. | 2 ERLER, Bd. 1, SS 1544, M 88. | 3 ERLER, Bd. 2, S. 699. | 4 KÖSTLIN 1891, S. 15. | 5 Annalen der Meteorologie 1973, S. 3, 16 f. | 6 ZINNER ²1964, S. 224, Nr. 2136. | 7 ZINNER ²1964, S. 224, Nr. 2137; Exemplar in: Stabi Berlin. | 8 ZINNER ²1964, S. 224, Nr. 2138. | 9 Ebenda, S. 226, Nr. 2169. | 10 Ebenda, S. 460, Nr. 2169a. | 11 THIELEN 1953, S, 179. | 12 Beschreibungen im Detail bei ZINNER ²1967, S. 286 f., auch S. 181. | 13 ZINNER ²1964, S. 408 f., Nr. 5215, 5216, 5217; S. 465, Nr. 2814a. | 14 Ebenda, S. 409, Nr. 5217. | 15 ZINNER 1943, S. 274.

Cuno, Jakob, d. J., 1560 – ?

Jakob Cuno (Kuno) d. J., geboren um 1560 in Frankfurt/Oder, luth., Mathematiker, Astronom, Astrologe.

Der gleichnamige Sohn Jakob Cuno d. Ä. wurde von seinem Vater frühzeitig in die Astrologie eingeführt, sodass für ihn zunächst nur ein Studium der Mathematik in Frage kam. Cuno d. J. immatrikulierte sich an der Universität seiner Heimatstadt Frankfurt/Oder, wo ihm wie Johannes Schosser d. Ä. und d.J., Matthäus Hostus, Edo Helricus, Jodocus Willich d. J. und Dr. med. Petrus Rivander unterrichteten. Am 18. April 1576 wurde Cuno zum Bacc. art. graduiert[1]. Er disputierte darauf im WS 1577/78 *De astronomia*[2]. Am 20. April 1580 promovierte Cuno zugleich mit David Origanus zum Mag. art.[3] Am 22. April 1580 wurde er in die Artistenfakultät aufgenommen[4]. Am 12. August 1581 hielt er eine Disputation. Und anlässlich einer Magisterpromotion am 12. Oktober 1581 erscheint Magister Cuno unter den Examinatoren[5]. Eine weitere Disputation *De anno astronomico* hielt er am 13. Januar 1582[6]. Und am 19. April 1582 tritt er sowohl bei der Prüfung von Bakkalaren als auch von Magistranden als Examinator auf[7]. Ein Jahr später entschloss er sich, sein Studium an einer anderen Universität fortzusetzen. Am 20. April 1583 ersuchte er daher die Fakultät, ihm seine Stelle für ein Jahr frei zu halten; sie wurde vorerst dem Mathematiker Magister David Origanus übertragen[8]; daraus folgt, dass auch Cuno über Mathematik gelesen hat. Cuno setzte die Arbeiten seines Vaters fort. Er verfasste *Themata de anno astronomico* (Frankfurt/Oder 1582)[9]; *Theses de calendario Juliano* (Frankfurt/Oder: J. Eichhorn, 1583)[10]; unsicher ist, ob ihm auch das Prognosticon für 1595 (Wien, 1594)[11] zuzurechnen ist.

Beziehungen zu Rheticus sind für Jakob Cuno d. J. nicht zu erwarten. Seine biographische Skizze wurde hier nur ergänzend zu der seines Vaters aufgenommen.

1 BAUCH 1901, S. 72. | 2 Ebenda, S. 74. | 3 Ebenda, S. 79. | 4 Ebenda, S. 80. | 5 Ebenda. | 6 Ebenda. 7 Ebenda, S. 81, 82. | 8 Ebenda, S. 84 f. | 9 ZINNER ²1964, S. 278, Nr. 3032. | 10 Ebenda, S. 280, Nr. 3073. | 11 Ebenda, S. 308, Nr. 3611.

Curio, Georg, 1498–1556

Georg Curio (Curia, Curion, Curius, Kleinschmidt, der Gelehrtenname Curio ist eine Latinisierung von Hof/Saale), geboren am 10. Juni 1498 in Schauenstein (Lkr. Hof, Oberfranken), gestorben am 29. August 1556 in Leipzig, luth., Philosoph, Arzt, Professor für Medizin in Wittenberg, Rostock und Greifswald, auch Theologe (Anhänger Osianders)[1].

Nach Studium in Leipzig (WS 1507/08) und Promotion zum Bacc. art. (SS 1514) und Mag. art. (WS 1522/23) unterrichtete Curio einige Jahre von 1523 bis 1529 an der Leipziger Artistenfakultät. Er las über *Petrus Hispanus*, über die *Sphaer*a, Rhetorik und *Problemata*[2]. Semester für Semester determinierten unter ihm ein oder zwei Bakkalaureanden, einmal auch ein Magistrand der freien Künste[3]. Daneben widmete er sich dem Studium der Medizin und wurde am 11. April 1528 von Dr. med. Georg Schiltel zum Bacc. med. promoviert[4]. Curio zeigte sich daher nur begrenzt fleißig in der Artistenfakultät. Er hat hier nie eines der Ämter übernommen, wurde auch nie Dekan, was wohl auch damit zu erklären ist, dass er unter einem sprachlichen Gebrechen litt und deswegen von der Universität benachteiligt wurde. Auf seine briefliche Bitte hin gewährte ihm die Artistenfakultät am 1. September 1529 für die Reise nach Italien eine Ehrengabe in Höhe eines Jahresgehaltes. 1531 promovierte Curio in Padua bei dem Galenisten Matteo Corti (1475-1542/44) zum Dr. med. Nach Leipzig zurückgekehrt, heiratete Curio hier am 29. Januar 1532 die verwitwete Ursula Schorer, eine Tochter seines älteren Kollegen Heinrich Stromer. 1533 floh er aus Leipzig nach Wittenberg. Er wirkte 1535/36 als Stadtphysikus in Braunschweig. 1537 bis 1542 las er in Wittenberg über Anatomie, womit er den medizinischen Unterricht revolutionierte; Milich und Fendt folgten ihm später in dieser Beziehung. Im WS 1539/40 war Curio Rektor Magnificus in Wittenberg, Er wurde 1541 Leibarzt Luthers, musste aber wegen angeblichen Ehebruchs und tätlichen Angriffs auf zwei Wittenberger Bürger gehen. Curio lehrte 1542 in Rostock, eine Monat später in Greifswald. Noch 1543 wurde ihm die Rückkehr nach Wittenberg gestattet, doch verließ er die Stadt schon kurz darauf und lehrte 1543 wieder in Rostock. 1545 bis 1548 wirkte er als Stadtphysikus in Lüneburg. 1548 war er Leibarzt des Herzogs von Pommern in Stettin. 1556 kehrte noch einmal für ganz kurze Zeit nach Wittenberg zurück. Curio war ein erfolgreicher Praktiker. Zu seinem Freundeskreis gehörten vor allem Luther, Melanchthon, Bugenhagen und Justus Jonas d.Ä. Er nahm im Januar 1542 mit Luther an der Bischofsweihe Amsdorfs in Naumburg teil. Curio galt aber als unstet, wie sich in seinem ständigen Wechsel des Aufenthaltsortes zeigt. Man hielt ihn auch für eine innerlich haltlose Persönlichkeit, ja sogar für *ingeniosus* in einem bösen Sinne.

Werke: Curio hat nur sehr wenig publiziert. Seine *Conclusiones* anlässlich seiner Doktor-Disputation sind 1531 in Padua als Einblattdruck unter den Namen seines Lehrers Matteo Corti erschienen[5]. Von Curio mit zwei Vorreden herausgegeben wurde: Cordus, Euricius, *Von der kunst, auch missbrauch und trug des harnsehens*. Magdeburg 1536[6]. Überliefert sind auch seine Wittenberger Rektoratsreden 1539/40[7].

Die **Beziehungen** von Curio zu Rheticus sind nicht besonders manifest. Beide waren jedoch 1537-1542 Kollegen, wenn auch an verschiedenen Fakultäten. Curio gehörte wohl nicht zum Umkreis der Wittenberger Astrologen, aber immerhin ist für ihn bei Garcaeus ein Geburtshoroskop überliefert[8]. Im WS 1524/25 hatte Curio auch die Vorlesung über die *Sphaera* inne. Auch bestand für Rheticus immer ein Interesse am Medizinstudium. Curio war auch der Lehrer mehrerer Schüler des Rheticus. Gigas widmete ihm 1540 ein Epigramm D. CVRIONI MEDECO[9]. Simon Wilde, der am 20. April 1542 unter Rheticus als Dekan zum Mag. art. promoviert wurde, war seit April 1541 Curios Tischgenosse, wurde von ihm in die Medizin eingeführt und war zuletzt Professor in Jena[10].

1 Kroker, Ernst, Doktor Georg Curio, Luthers Leibarzt, in: Neujahrsblatt der Bibliothek und des Archivs der Stadt Leipzig 4 (1908), S. 41-58; Friedensburg 1917, S. 213 f.; Disselhorst 1929, S. 85; Hein, Alfred W., in: NDB 12 (1980), S. 5 f.; Scheible, MBW, Bd. 11, Personen A-E, 2003, S. 326 f. | **2** Erler, Bd. 2, S. 576, 579, 583, 594, 598, 602. | **3** Ebenda, S. 578, 602, 603 605, 609. | **4** Ebenda, S. 75. | **5** Exemplar in der BSB München, Signatur: 999/4 Lat.rec.195; Digitalisierungsprojekt. | **6** VD 16 C 5105; vgl. dazu Dilg, Peter, Cordus, Euricius, in: Worstbrock (Hg.) 2009, Sp. 470-496, hier Sp. 491 f. | **7** In: Scripta publice proposita 1540/53, Wittenberg 1560. | **8** Garcaeus 1576, S. 337. | **9** Gigas, Johannes, Silvae (Wittenberg 1540), Bl. 21r. | **10** Buchwald 1893, S. 158;

Dasypodius, Konrad, 1531–1601

Konrad Dasypodius (Hasenfratz), geboren um 1531 in Frauenfeld (Thurgau), gestorben am 21. April 1601 in Straßburg, ref., Mathematiker[1].

Konrad Dasypodius studierte Mathematik in Straßburg bei Christian Herlin, dann in Paris und in Löwen. 1562 wurde er Professor für Mathematik an der Akademie in Straßburg. Er machte sich einen Namen durch die astronomische Uhr im Straßburger Münster, die nach seinen Plänen von den Schaffhauser Uhrmachern Isaak und Josias Harbrecht gebaut wurde. Wie schon sein Vater führte Konrad Dasypodius die Aufsicht über die Schweizer Stipendiaten, die in Straßburg studierten. Dasypodius edierte griech. Autoren wie Euklid und verfasste Studien zur Mathematik, Astronomie und zu den Kometen.

Werke (in Auswahl): *Eukleidou katoprika* (Straßburg: Rihels Erben, 1557, Widmung an Melanchthon vom 10. Februar 1557)[2]; *Hypotyposes orbium coelestium* (Straßburg 1568, Widmung an Landgraf Wilhelm IV. von Hessen-Kassel)[3]; *Wahrhaffige Außlegung des Astronomischen Vhrwercks zu Straßburg* (Straßburg: Nikolaus Wyriot, 1578, Widmungsbrief datiert Straßburg am 20. Februar 1578, unter den diversen Schaffhauser Widmungsempfängern der Rheticusschüler Magister Konrad Ulmer)[4]; *Oratio de disciplinis mathematicis, Eiusdem Hieronis Alexandrini Nomenclaturae vocabulorum geometricorum translatio, Eiusdem Lexicon Mathematicum, ex diversis collectum antiquis scriptis* (Straßburg: Wyriot, 1579); Konrad Dasypodius war viermal verheiratet. Ein Sohn Konrad Dasypodius' d.J. studierte in Rostock (1588), Heidelberg 1592 und Basel 1593, hier Lic. iur. utr.[5]

Zwischen Rheticus und Dasypodius bestanden keine direkten **Beziehungen**, auch wenn sie ähnliche Interessen hatten und die Straßburger Mathematiker eng mit Wittenberg verbunden waren. Bei Garcaeus findet man zwar kein Horoskop von Konrad Dasypodius, Dasypodius war es jedoch, der Heinrich von Rantzau eine Nativität erstellte, die dieser auf die Rückseite seines Astrolabs gravieren ließ[6].

Die Straßburger astronomische Uhr basierte auf einem Vertrag, den Konrad Dasypodius 1571 mit den Brüdern Isaak und Josias Harbrecht, Uhrmachern in Schaffhausen geschlossen hatte, zu deren künstlerischen Ausstattung noch der Schaffhauser Maler Tobias Stimmer (1539-1584) herangezogen wurde. Im Hintergrund beteiligt waren auch Michael Beuther, Lorenz Tuppius und Erasmus Oswald Schreckenfuchs, vermutlich auch Johann Konrad Ulmer. Die Zusammenarbeit zwischen Straßburg und Schaffhausen verlief nicht ganz ohne Reibungen. Die Brüder Harbrecht sahen sich als die geistigen Urheber der Uhr und erkannten Dasypodius lediglich eine beratende Funktion zu.

In das Bildprogramm der Münsteruhr wurde die Astronomie nicht, wie sonst vielfach üblich, durch ein Porträt von Ptolemäus repräsentiert, sondern durch ein solches von Kopernikus, dessen Vorlage Dasypodius eigens aus Danzig beschafft hatte. Es erhebt sich die Frage, warum Dasypodius, der einem traditionellen Weltbild huldigte, Kopernikus so sehr in den Mittelpunkt rückte. Günther Oestmann kommt zu dem Schluss, dass Dasypodius die sog. ‚Wittenberger Interpretation' favorisierte, deren Anhänger zwar Daten und Rechnungen des Copernicus pragmatisch benutzten, aber dessen kosmologische Ansichten ablehnten«[7]. Damit lag Dasypodius auf einer Linie mit dem geläuterten Melanchthon, Reinhold, Peucer und anderen. Bemerkenswert erscheint auch, dass Kopernikus nicht als katholischer Domherr und Kanonist porträtiert ist, sondern als Arzt mit den typischen Maiglöckchen in der Hand (vgl. dazu etwa auch die Porträts von Konrad Gesner, Hieronymus Bock, Johannes Wittich u.a.); damit fügte er sich besser in die Vorstellungen ein, die man in Wittenberg von einem Astronomen erwartete.

Unter dem Eindruck der Fortschritte, die in der Mathematik gemacht worden waren, war der Zeitpunkt gekommen, die bisherige Tabuisierung von Kopernikus aufzugeben. Die Arbeiten an der Uhr zogen sich über mehrere Jahre hin, vom Vertrag 1571 bis zur Ingangsetzung der Uhr 1574, der ja vermutlich die künstlerische Ausgestaltung erst noch folgte. Vielleicht ließe sich die Chronologie der Arbeit an der Uhr noch weiter präzisieren. Mit der Aufnahme des Kopernikus in das Bildprogramm der Münsteruhr käme man in etwa in die Zeit, in der Shakespeares Hamlet für die Lehre des Kopernikus eintrat[8].

1 Pilz 1977, S. 245 f.; Oestmann ²2000, S. 37; Sesiano, Jacques, in: HLS 2004. | **2** BSB München, digital. | **3** BSB München, digital. | **4** BSB München, digital. | **5** Wackernagel 1956, Bd. 2, S. 403, Nr.27. | **6** Abb. bei Oestmann 2000, S. 286, Tafel 6; vgl. auch ebd., S.271-276. | **7** Oestmann ²2000, S.83. | **8** Vgl. dazu Usher 2010, S. 69-170.

Dasypodius, Peter, ca.1490–1559

Konrad Dasypodius (Hasenfratz, Hasenfuß, Has, Häslein, Rauchfuß, abgeleitet von griech. δασυπους = Hase, eigentlich dichtbehaarter Fuß), geboren um 1490/1500 in Frauenfeld (Thurgau), gestorben am 28. Februar in Straßburg, ref., Schulmann, Komödiendichter, Prediger, Lexikograph[1].

Peter Dasypodius war 1524 Kaplan in Frauenfeld, 1527 bis 1530 Lehrer in Zürich, dann Lehrer und Prediger in Frauenfeld, seit 1533 Lehrer an der Schule am Karmeliterkloster in Straßburg, dann Lehrer der oberen Klassen am Sturm'schen Gymnasium in Straßburg. Am 27. September 1540 wurde er Stiftsherr an St. Thomas in Straßburg, 1551 dessen Dekan als Nachfolger Bucers. Dasypodius verfasste sehr erfolgreiche Wörterbücher der lat. und griech. Sprache (zahlreiche Auflagen bis ins 17. Jahrhundert). Um 1530 schrieb Dasypodius eine lat. Schulkomödie *Philargyrus comoedia, Lusus adolescentiae* (gedruckt Straßburg 1565).

Werke (in Auswahl): *Dictionarium Latinogermanicum* (Straßburg: Wendelin Rihel, 1536, mit liter. Beigaben von Jakob Bedrot, Johannes Hospinian, Johannes Sapidus)[2]; *Lexikon Graeco-latinum* (Straßburg: Wendelin Rihel, 1539)[3]; *De schola urbis Argentinensis* (Straßburg, November 1556)[4]; *Dictionarium triglotton, lat., graec., germ.* (Antwerpen: Johannes Gymnicus, 1567, mit den oben erwähnten liter. Beilagen von Bedrot, Hospinian usw.).

Peter Dasypodius war verheiratet mit Veronika NN.. Sein Sohn Konrad Dasypodius (1530-1601) wurde ein berühmter Mathematiker. *Theopolus Dasypodius Argentinensis*, immatrikuliert in Wittenberg im September 1560[5], dürfte auch ein Sohn gewesen sein.

Beziehungen zwischen Rheticus und Peter Dasypodius sind für die ersten Zürcher Jahre 1528 bis 1530 anzunehmen, da Dasypodius Lehrer an der von Rheticus besuchten Frauenmünsterschule gewesen ist.

1 Scheible, MBW, Personen, Bd. 11, 2003, S. 338 f.; Zymmer, Rüdiger, in: HLS 2004. | **2** VD 16 D 245; BSB München, digital. | **3** VD 16 D 257, BSB München, digital. | **4** VD 16 D 259; BSB München, digital. | **5** Förstemann/Hartwig 1894, Bd. 2, S. 8a.

David, Lukas, 1503–1583

Lukas (Łukasz) David (Dawid), geboren um 1503 in Allenstein (poln. Olstyn, Woiwodschaft Ermland-Masuren), gestorben im April 1583 in Königsberg (Preußen), luth., Universitätslektor (Anfängerübungen), Jurist, Geschichtsschreiber[1].

Der Sohn eines Tuchmachers immatrikulierte sich im SS 1526 an der Universität Leipzig[2]; Konsemester waren Melchior Wolner, Blasius Thammüller, Johannes Spremberger. Im SS 1532 promovierte David zum Bacc. art. und im WS 1538/39 unter Magister Sebastian Sibart zum Mag. art.[3]; mit ihm war gleichzeitig auch Johannes Spremberger zur Magisterprüfung angetreten. In der Folge scheint er sich dem Studium der Rechte gewidmet zu haben, sodass er sich nur am Rande in der Artistenfakultät betätigte, namentlich mit Anfängerübungen zur Ethik im SS 1533, WS 1533/34 und SS 1534[4]. Er blieb bis zum November 1539 an der Universität Leipzig; im WS 1537/38 gehörte er dem Senat der Polnischen Nation an. Ein wichtiger Schritt für seine weitere Karriere war, dass er um diese Zeit die reiche Witwe Margaretha heiratete, Tochter des Leipziger Buchdruckers Jakob Tanner; die Ehe blieb kinderlos. Obwohl David Lutheraner war, trat er 1541 in die Dienste des Tiedemann Giese, Bischofs von Kulm (poln. Chełmo, Woiwodschaft Kujawien-Pommern), dessen Kanzler er wurde[5]. Im November 1549 trat David in die Dienste des Herzogs Albrecht von Preußen als dessen Rat ein; er leistete am 26. März 1550 den Treueid in Anwesenheit des Burggrafen und des herzoglichen Sekretärs Balthasar Gans. Wiederholt wurde David auf diplomatische Missionen eingesetzt, so etwa 1552 (zusammen mit Ahasver von Brandt) zu dem Petrikauer Reichstag oder im März/April 1559 nach Livland. Aus seinem großen Vermögen stiftete David ein Studienstipendium in Leipzig für evangelische Studenten aus Allenstein. In seinen Mußestunden widmete sich David der Ausarbeitung seiner Preußischen Chronik, für die er die Maßstäbe kritischer Historiographie zugrundelegte. Er durchforschte die größeren Archive (Königsberg, Danzig, Thorn, Elbing) und sammelte über 2000 Urkunden. 1575 begann er mit der Niederschrift, gelangte aber nur bis zum Jahr 1410. Sein Werk blieb jedoch ungedruckt und wurde vergessen.

Beziehungen zwischen Rheticus und David hat es auf der akademischen Ebene nicht gegeben; David hatte Leipzig längst verlassen, als Rheticus hier im WS 1542/43 seine Tätigkeit dort aufnahm.

1 Hennig, Ernst (Hg.), M. Lucas Davids Preußische Chronik, Bd. 1-8, Königsberg 1812-1817, hier bes. Bd. 1, S. IX-XVI; Lohmeyer, Karl, in: ADB 4 (1876), S. 785 f.; Hubatsch, Walther, in: NDB 3 (1957), S. 537. | **2** Erler, Bd. 1, S. 594, P 2. | **3** Erler, Bd. 2, S. 616, 623. | **4** Erler, Bd. 2, S. 626, 627, 633. | **5** Borawska 1984, S. 181, 183, 220, 231, 298 f., 301, 325, 334, 360.

Delius, Johannes, ca. 1524–1555

Johannes Delius (Dillius), geboren um 1524 in Wittenberg, gestorben vor dem 14. April 1555 in Wittenberg, luth., Magister, Universitätslektor[1].

Im SS 1532 wurden an der Universität Wittenberg die Brüder Matthäus und Johannes Delius *gratis* eingeschrieben[2], beide Söhne von Matthäus Delius d. Ä. (1500-1565), Lehrer am Johanneum in Hamburg[3]. Delius wechselte 1541 nach Frankfurt/Oder, wo er als *Hamburgensis* und *pauper* eingeschrieben wurde[4]. Am 25. Februar 1546 promovierte Johannes Delius in Wittenberg unter dem Dekan Johannes Stoltz zum Mag. art.; er war zusammen mit Flacius Illyricus zur Prüfung angetreten: Flacius erreichte den 1. Rang von 39 Kandidaten, Delius den 10. Rang[5]. Am 13. April 1549 wurde Delius in den Rat der Artistenfakultät aufgenommen[6].

Beziehungen zwischen Rheticus und Delius sind nicht bekannt, liefen aber wohl über seinen Bruder Matthäus Delius d.J..

1 Scheible, MBW, Personen, Bd. 11, 2003, S. 341; Fischer 1926, S. 8. | **2** Förstemann 1841, Bd. 1, S. 147a. | **3** Über ihn Scheible, MBW, Personen, Bd. 11, 2003, S. 341. | **4** Friedländer 1887, Bd. 1, S. 84, Nr. 98. | **5** Köstlin 1890, S. 18. | **6** Köstlin 1891, S. 25 (nicht 1548).

Delius, Matthäus, d. Ä., 1500–1565

Matthäus Delius (Dillius), d.Ä., geboren um 1500 in Helmstedt (Niedersachsen), gestorben (an der Pest) am 30. September 1565 in Hamburg, luth., Schulmann[1].

Delius immatrikulierte sich am 19. Juli 1520 an der Universität Wittenberg[2], mit ihm 332 Konsemester. 1522 verheiratete er sich in Wittenberg, wo seine Söhne Matthäus und Johannes Delius zur Welt kamen und dort ebenfalls studierten. 1528 wurde Delius als Subrektor an das Johanneum in Hamburg berufen[3]. Später wurde er hier auch Rektor, nachdem er am 6. Februar 1533 unter dem Dekan Veit Dietrich zum Mag. art. promoviert worden war; er hatte den 3. Rang von sieben Kandidaten erreicht, sein Mitbewerber Wendelin Gürrich den 4. Rang[4]. Am 15. Juni 1539 sandte Melanchthon ein *Testimonium* an den Vater, *in Erinnerung unserer Freundschaft*[5]. Eine Beziehung zwischen Rheticus und Matthäus Delius d.Ä. besteht nicht, wohl aber zu seinem Sohn Matthäus d.J., der Konsemester von Rheticus war und über Jahre Kommilitone.

1 Über ihn SCHEIBLE, MBW, Personen, Bd. 11, 2003, S. 341; BERTHEAU, Carl, in. ADB 5 (1877), S. 41-43; POSTEL 1986, S. 346. | 2 FÖRSTEMANN 1841, Bd. 1, S. 96a. | 3 VOGT 1888/99, S. 76, 79. | 4 KÖSTLIN 1888, S. 21. | 5 CR III, Sp. 720 f., Nr. 1820.

Delius, Matthäus, d.J., 1523–1544

Matthäus Delius (Dillius), d.J., geboren um 1523 in Wittenberg, gestorben an Schwindsucht am 12. August 1544 in Wittenberg, neulat. Dichter, luth., Student der Theologie[1].
Im SS 1532 wurden an der Universität Wittenberg zwei Brüder *gratis* eingeschrieben, Matthäus und Johannes Delius, beide aus Wittenberg, die Söhne des inzwischen nach Hamburg berufenen Matthäus Delius d.Ä.; vermutlich hatte sich auch der Vater selbst in Wittenberg wieder zurückgemeldet, da er am 6. Februar 1533 zum Magisterexamen angetreten ist. Matthäus Delius d.J., Schüler von Veit Amerbach, promovierte am 15. September 1541 unter dem Dekan Johannes Marcellus[2]; er erreichte den 5. Rang unter 25 Kandidaten; Hieronymus Schreiber kam auf den 2., Johannes Brettschneider auf den 3., Dionysius Ludolph auf den 10., Matthäus Brombeiss auf den 11., Matthäus Rodt 15. Rang. Der früh verstorbene Delius galt als Hoffnungsträger der lateinischen Dichtung und der Theologie. Alexius Naboth verfasste zu seinem Tod ein *Epitaphium praestanti virtute doctrinaque ac pietate insigni praediti Matthaei Delii* (Wittenberg 1544)[3]. Auch Veit Amerbach erwähnt ihn in *Varia carmina* (Basel: Joh. Oporin, 1550)[4].
  Werke: *De arte iocandi lbri IV* (Wittenberg: Offizin Veit Kreutzer,1555, mit Vorwort von Melanchthon mit ausführlicher Charakteristik von Matthäus Delius d.J.)[5].

1 SCHEIBLE, MBW, Personen, Bd. 11, 2003, S. 342; BERTHEAU, Carl, in: ADB 5 (1877), S. 41-43; POSTEL 1986, S. 334, 346. | 2 KÖSTLIN 1890, S. 13. | 3 VD 16 N 6; BSB München, digital. | 4 VD 16 A 2254; FISCHER 1926, S. 202-204, Nr. 33, hier besonders S. 203. | 5 VD 16 D 451; BSB München, digital.

Dentener, Joachim, 1522–1610

Joachim Dentener (Dentenerus, wohl verschrieben Deutener, sicher falsch Dreutener), geboren bei Wemding (Lkr. Donau-Ries, Schwaben), gestorben 1610 in Megesheim (VG Oettingen, Lkr. Donau-Ries), luth., Theologe[1].
Joachim Dentener, dessen Mutter Anna Dentener um 1572 als verstorben erwähnt wird, immatrikulierte sich im SS 1538 unter dem Rektor Melanchhthon an der Universität Wittenberg[2]; in seiner Begleitung waren mehrere Studenten aus Wemding, u.a. Georg Seifried. Konsemester waren Lorenz Siebeneicher, Georg von Stetten, Heinrich Zell, Heinrich Rantzau, Eustach von Knobelsdorf, Simon Schwalbe, Peter Taig. Etwa zur gleichen Zeit hatte sein Vetter Ambros Dentener, Pfarrer zu Wolferstadt (VG Wemding, Lkr. Donau-Ries), der die Frühmesse durch einen Kaplan versehen ließ, diese Pfründe Joachim Dentener resigniert, der allerdings noch keine 17 Jahre alt war. Der Markgraf von Ansbach hatte dieser Regelung zugestimmt, jedoch die Bedingung gestellt, dass Joachim Dentener innert acht Jahre seine Studien beenden und gleichzeitig einen Kaplan bezahlen müsse; bis 1610 hatte Dentener diese Frühmesse inne. 1541 wird ein Joachim »Deutener« von Wemding von Georg Karg an Martin Moninger und Christoph Straß für den Pastoraldienst empfohlen, doch sei er noch zu jung[3]. Gleichwohl empfiehlt ihn Karg, der mit ihm verwandt ist, für die Kirche in Megesheim vice diaconi, nicht als animarum curator, aber doch sein Amt mit Singen und Lesen versehen könne. 1572 verkaufte Joachim Dentener, Pfarrer von Megesheim, zusammen mit zwei Schwestern einen von ihrer Mutter Anna Dentener ererbten Anteil an einem Zehent.

Aus der Wittenberger Studienzeit ist in der University Library of Pennsilvenia eine lat. Ausgabe von Euripides' *Hecuba* und *Iphigenia in Aulide* (Basel: Froben, 1524) mit einem Besitzvermerk von Joachim Dentener überliefert. Darin ist auch die Mitschrift einer Melanchthonvorlesung enthalten *In Melanchthonis Grammaticam dictata*[4].

Beziehungen zwischen Rheticus und Dentener sind gut denkbar; er könnte im SS 1538 und vieleicht auch noch später im WS 1541/42 Rheticus' Vorlesungen besucht haben.

[1] Nicht bei SCHEIBLE, MBW, Personen, Bd. 11, 2003; erste Hinweise auf eine noch zu erforschende Biographie in: Beiträge zu bayerischen Kirchengeschichte 1907, S. 189; ZSavRG, Kanon. Abt., 16 (1927), S. 362; Archivalische Zeitschrift 1975, S. 188. | [2] FÖRSTEMANN 1841, Bd. 1, S. 170a. In seiner Begleitung waren mehrere Studenten aus Wemding, u.a. | [3] WILKE 1904, Beilage I, S. 1f.. | [4] Early ms. annotations possibly by Joachim Dentener [?], Flickr.com

Dentener, Wolfgang

Wolfgang Dentener (Deutener, Dentenerus), geboren in Wemding (Lkr. Donau-Ries), gestorben ?, luth., Magister, Theologe.
Wolfgang Dentener immatrikulierte sich im WS 1534/35 an der Universität Wittenberg[1]; Konsemester waren Johannes Aurifaber *Vratislaviensis*, Augustin Eck, Melchior Acontius, Ulrich Mordeisen, Johannes Crato, Erasmus Eichler, Valentin Chuden. Am 23. September 1540 promovierte er unter dem Dekan Heinrich Smedenstede zum Mag. art., wobei er den 7. Rang unter 22 Kandidaten erreichte. Den 1. Rang belegte Johannes Mathesius, den 2. Johannes Gigas, den 3. Johannes Marbach, den 4. Adam Siber, den 5. Matthäus Collinus. den 10. Ambros Schürer, den 12. Anton Reuchlin, den 17. Franz Kram, den 18. Nikolaus Mende. Am 27. August 1542 wurde Dentener durch Sebastian Fröschel ordiniert und zum Pfarramt in Wiesbaden (Hessen) unter Graf Philipp von Nassau bestimmt.

[1] FÖRSTEMANN 1841, Bd. 1, S. 155b.

Dietrich, Sebastian, 1521–1574

Sebastian Dietrich (Theodoricus, Winshemius), Sebastian, geboren um 1521 in Windsheim (Lkr. Neustadt a.d.Aisch-Bad Windsheim, Mittelfranken), gestorben am 4. Oktober 1574 in Wittenberg, luth., Mathematiker, Arzt[1].
Dietrich immatrikulierte sich im WS 1537/38 WS an der Universität Wittenberg[2]. Er promovierte am 27. März 1538 unter Dekan Veit Amerbach zum Bacc. art.[3] und am 1. September 1544 zum Mag. art., wobei er den 1. Rang unter 34 Kandidaten erreichte.[4] Am 7. April 1545 wurde er in das Kollegium der Artisten aufgenommen.[5] Er stand schon Ende 1545 als Nachfolger Flocks zur Debatte, weil er in der Mathematik und in der Philosophie wohlgelehrt und von guten Sitten sei; man gab jedoch Johannes Aurifaber *Vratislaviensis* den Vorzug[6]. 1549 las Dietrich über Augustins Schürpfs medizinische Propädeutik[7]. 1550 wurde er Prof. für die niedere Mathematik als Nachfolger von Johannes Aurifaber, der ein kirchliches Amt übernahm. 1560 wurde Dietrich Professor für die höhere Mathematik in Wittenberg. Dietrich war zwischen SS 1553 und WS 1559/60 achtmal Dekan der Artistenfakultät; im SS 1554 und SS 1572 war er Rektor Magnificus, 1555 auch Vizerektor. Dietrichs Lehrer waren: Melanchthon, Paul Eber, Jakob Milich, Augustin Schürpf, Erasmus Reinhold und Kaspar Peucer (dessen Nachfolger Dietrich in der höheren Mathematik war). Schon als Bacc. art. hat sich Dietrich im WS 1541/42 seines jüngeren Landsmanns Bartholomäus Laub angenommen. Weitere Schüler waren (in kleiner Auswahl): Georg Palma (imm. 1559)[8]; Georg Mauricius von Nürnberg (imm. 1559)[9]; Gregor Peucer von Bautzen (imm. 1559), Halbbruder von Kaspar Peucer; Salomon Alberti aus Naumburg (imm. 1560, Mag. art. 1564); Johann Baptist

Lechel[10], Gabriel Gienger[11], Michael Reichart[12], Abraham Veldpacher[13], Freiherr Ehrenreich von Scherffenberg (imm. 1562)[14], die Freiherren Sigmund, Ludwig und Siegfried von Polheim und Wartenburg (1564).

Der Naturwissenschaftler Dietrich war schon immer als ungraduierter Arzt tätig, promovierte aber am 13. Juni 1571 unter Peucer zum Dr. med. Er trat daraufhin in die medizinische Fakultät über, wo ihm die dritte Professur übertragen wurde[15].

Dietrich heiratete 1546 in erster Ehe verheiratet Katharina Oertel Winsheim († 21. Juni 1560), Tochter von Oertel Winsheim, in zweiter Ehe 1561 Rebecca am Ende aus Bitterfeld. Die Tochter Dietrichs Katharina heiratete am 19. Juni 1565 in Wittenberg Mag. Johannes Galen, Sohn von Mag. Johannes Durstenius, Pfarrer von Belsig (Lkr. Potsdam-Mittelmark, Brandenburg).

Werke: Es dominieren Einführungsbücher in die Astronomie, die für Studenten geschrieben sind: *Breve, perspicuum et facile compendium logisticae astronomicae* (Wittenberg: Lufft, 1563[16]), mit Widmung an Bartholomäus Laub; ²1573 (Wittenberg: Clemens Schleich und Anton Schöne)[17]; *Novae quaestiones sphaerae*, mit 4 beweglichen Scheiben (Wittenberg: Joh. Crato, 1564[18]), auf Bl. A8 r & v Widmungsgedicht *Candido Lectori* von Magister Georg Mauricius, Widmungsbrief vom 13. Februar 1564 an die oberösterr. Freiherren Sigmund, Ludwig und Siegfried von Polheim und Wartenburg ²1567[19], 1573 (Wittenberg: Clemens Schleich und Anton Schöne, 1573)[20], 1578[21], 1583[22], 1591 (Wittenberg: M. Welack)[23], 1605[24]; *Canon sexagenarum et scrupulorum* (Wittenberg: Joh. Crato, 1564[25]), ²1583[26], 1609 (Druck: Erfurt)[27]. Außerdem liegen gedruckte Reden vor, die Dietrich als Dekan der Artistenfakultät bei Promotionsfeiern gehalten hat: *Oratio* (Wittenberg, 1553)[28]; *Oratio de sancto martyre Ignatio episcopo ecclesiae Antiochenae, recitata a Sebastiano Theodorico Winsemio* (Wittenberg: Johannes Crato 1568)[29].

Dietrich gehörte dem weiteren Kreis der Wittenberger Astrologen an.[30] Man darf von den Immatrikulationsdaten darauf schließen, dass Dietrich Vorlesungen von Rheticus gehört hat, dann aber doch vorwiegend ein Schüler Reinholds wurde. Mit dem Weltbild des Kopernikus wurde er wohl weniger über Rheticus als über Reinhold und Peucer vertraut. Dietrich nennt wiederholt neben Melanchthon Reinhold und Peucer als seine Lehrer, Rheticus hingegen nicht. Dietrich dürfte dem Rat von Peucer gefolgt sein, sich mit Kopernikus und mit den *Tabulae Prutenicae* Reinholds zu befassen[31].

Am 8. Mai 1554 promovierte Georg Aemilius in Wittenberg zum Dr. theol. in Anwesenheit einiger Adliger, aller Professoren und anderer Gäste, wobei Melanchthon, der die Eintragung vornahm, festgehalten hat, zum Rektor Sebastian Dietrich vermerkte *docens sphaericae doctrinae initia*[32].

Dietrich war Besitzer der Musikhandschrift Berlin SB, Mus.ms. 40195[33].

1 Brosseder, 2004, S. 139, Anm. 90; Scheible, MBW, Personen, Bd. 11, 2003, S. 350; Kathe 2002, S. 117 f., 463 f.; Koch 1998, S. 213, Anm. 47; Disselhorst 1929, S. 86 f. | 2 Förstemann 1841, Bd. 1, S. 167b. | 3 Köstlin 1890, S. 6. | 4 Köstlin 1890, S. 16. | 5 Köstlin 1890, S. 22. | 6 Friedensburg 1917, S. 230. | 7 Kaiser 1982, S. 15. | 8 König 1961, S. 6, Anm. 24. | 9 Ebenda. | 10 – 14 1564 im Stammbuch ihres Kommilitonen Palma; König 1561, S. 8, Anm. 35, StB Nürnberg St. Med. 117.8°. | 15 Kaiser 1982, S. 153. | 16 VD 16 D 1539; Zinner 1964, Nr. 2327; BSB digital. | 17 Zinner 1964, Nr. 2654. | 18 VD 16 D 1541; Zinner 1964, Nr. 2356; BSB digital. | 19 VD 16 D 1542; Zinner 1964, Nr. 2443. Diese drei Barone haben sich auch 1564 in das Stammbuch ihres Kommilitonen Georg Palma eingetragen; vgl. dazu König 1561, S. 10, Anm. 42, StB Nürnberg St. Med. 117.8°. | 20 VD 16 D 1543; BSB digital., nicht bei Zinner 1964. | 21 Zinner 1964, Nr. 2862; BSB digital. | 22 Zinner 1964, Nr. 3116. | 23 Ebenda Nr. 3471. | 24 Ebenda, Nr. 4066. | 25 VD 16 ZV 4533; Zinner 1964, Nr. 2357; BSB digital. | 26 Zinner 1964, Nr. 3117. | 27 Ebenda, Nr. 4258. | 28 Brosseder, 2004, S. 139, Anm. 90; vgl. dazu Koch 1990, S. 213, Anm. 47. | 29 Google books. | 30 Brosseder 2004, S. 16. | 31 Ludwig 2004, S. 45. | 32 Förstemann 1838, S. 38. | 33 Schlüter 2010, S. 343, 354

Dietrich, Sixt, 1494–1548

Sixt Dietrich, geboren um 1494 in Augsburg oder Konstanz, gestorben am 21. Oktober 1548 in St. Gallen (Schweiz), luth., Komponist[1].

1504 Chorknabe an der Domkantorei in Konstanz, wo er später Musik und Latein lehrte, nachdem er 1509 zeitweise in Freiburg i. Br. studiert hatte (Freundschaft mit Bonifaz Amerbach). 1519 zum Diakon und 1522 zum Priester geweiht, schloss sich 1527 der Reformation an. Am 21 Dezember 1540 in Wittenberg gratis immatrikuliert[2], wo er von Luther, Melanchthon und der anderen Reformatoren freundlich aufgenommen wurde. Er las hier *Musicam publice*, und *zwar nit on frucht der schuoler vnd zuohörenden*. man bot ihm sogar eine Professur mit einem Gehalt von 100 Gulden an. Doch kehrte er Mitte 1541 nach Konstanz zurück, weilte aber von März bis Oktober 1544 erneut in Wittenberg. Nach dem Konstanzer Sturm ging er 1548 ins Exil nach St. Gallen. Seit 1516 war Dietrich mehrfach verheiratet.

Wir verdanken Dietrich eine Schilderung seines Verhältnisses zu Wittenberg: *Wo mein frow so gern gezogen wer alß ich, glaub ich fürwar, ich wer hin ein gezogen, dan ich an kainem ort auff erdtrich lieber wolt sein; also gelert, frum vnd fraintlich herrn siend doselbst. D. M. Luther hat sonderlich grosse liebin zuo der music, mit dem ich vil vnd oft gesungen, ich geschweyg der ceremonien, die noch sein vnd erlich gehalten zum goczdienst. Alle festa singt man ein herlich ampt in figuris: Introit, Kyrie, Et in terra, Patrem, Alleluia, Sanctus, Agnus vnd Communio wie von alter her, also dass lüczel geändert ist.*[3] Am selben Ort, einem Brief an Bonifaz Amerbach vom 29. Mai 1543, legt Dietrich ein persönliches Geständnis ab: *Mein allerliebster her vnd bruoder, ich hab mich gantz vmgewendt vnd verkert: ich trinck nichs mer so fast, spil nichs, gang nicht muossig, sonder pfleg meiner music für vnd für, darzuo mich dan got beruofft hatt.* Georg Rhau druckte sein *Novum opus musicum* (Wittenberg 1545), das er Melchior Kling widmete.[4]

Beziehungen zu Rheticus: In der Zeit 1540/41, als Dietrich zum ersten Mal in Wittenberg weilte, war Rheticus abwesend. Dagegen ist es sehr wahrscheinlich, dass Rheticus mit Dietrich zusammengetroffen ist, als er vom September bis November 1547 in Konstanz Mathematik lehrte, galt doch die *Musica theorica*, wie auch Dietrich sie in Wittenberg vorgetragen hatte, als ein Teilgebiet der Mathematik. Es gibt jedoch keine unmittelbaren Belege für ein solches Zusammentreffen.

1 SCHEIBLE, MBW, Personen, 2005, S. 350 f.; SCHLÜTER 2010, S. 149 f., 170-180, 300; ZENCK, Hermann, Sixtus Dietrich, ein Beitrag zur Musik und Musikanschauung im Zeitalter der Reformation (Publikationen älterer Musik, III/2). Leipzig: Breitkopf & Härtel, 1928; VAN CREVEL 1940, S. 161-170. | 2 FÖRSTEMANN 1841, S. 186b. | 3 HARTMANN 1958, Bd. 5, S. 438 f. | 4 ZENCK 1928, S. 38, 40 f.

Dietrich, Veit, 1506–1549

Veit Dietrich (Dittrich, Theodorus, Theodoricus), geboren am 8. Dezember 1506 in Nürnberg, gestorben am 25. März 1549 in Nürnberg, luth., Theologe, Gegner des Interims[1].

Der Sohn eines Schusters besuchte die Lateinschule zu St. Lorenz in Nürnberg. Er immatrikulierte sich am 18. März 1522 gemeinsam mit Lazarus Spengler an der Universität Wittenberg; weitere Konsemester waren Kaspar Cruciger, Rudolf Ratzeberger, Achilles Gasser, Kaspar Heldelin[2]. Er wurde Hausgenosse und Sekretär Luthers sowie Schüler Melanchthons. Er begleitete Melanchthon 1529 zum Religionsgespräch nach Marburg. Im November 1529 promovierte er unter Veit Oertel Winsheim zum Mag art. und belegte den 2. Rang[3], zugleich mit Cruciger (1. Rang) und Kristoffer Andersson (3. Rang), dem späteren Kanzleichef des Königs von Schweden. Am 7. August 1530 oder wenig später wurde er in den Rat der Artistenfakultät aufgenommen[4]. Im WS 1532/33 war er Dekan der Artistenfakultät. Am 14. Dezember 1535 wurde er Prediger an St. Sebald in Nürnberg. Hier heiratete er am 27. Dezember 1535 Kunigunde Leys, mit der er drei Söhne und zwei Töchter hatte. 1537 besuchte er mit Osiander den Bundestag von Schmalkalden. Kaspar Brusch feierte ihn in seinen *Ad viros epigrammata* (Nürnberg: Petreius, 1541)[5]. 1547 wurde er wegen fortgesetzter Kritik am Kaiser mit einem Predigtverbot belegt, zugleich wandte er sich gegen das Augsburger Interim. Sein Porträt ist in verschiedenen Varianten überliefert, u.a. als Kupferstich von Virgilius Solis um 1550[6].

Werke: Dietrich veröffentlichte zahlreiche eigene Predigten sowie unter dem Titel *Hauspostille* die Predigten Luthers, die dieser 1530-1534 gehalten hatte, viele Ausgaben; *Agend Büchlein für die Pfar-Herren auff dem Land* (Nürnberg: Berg & Neuber, 23. Januar 1543).

Als Rheticus in die Universität Wittenberg eintrat, lehrte Dietrich dort bis Ende 1535; im WS 1532/33 stand Rheticus ihm als Dekan gegenüber. Aber auch nachher blieb Rheticus über den Nürnberger Kreis mit Dietrich verbunden. Mit Melanchthon teilte Dietrich eine Vorliebe für die Astrologie. Eine Handschrift *Prophecey vnnd Warnung Deutsches Lanndes vnnd des Hauses Sachsen*, ehemals in der Barfüßer-Bibliothek in Nürnberg[7], schickte Veit Dietrich Melanchthon zu[8]. Melanchthon gratulierte Dietrich am 20. Januar 1537 zur Geburt von Dietrichs Tochter Margartha und ließ tags darauf ein von ihm erstelltes Horoskop folgen[9], alles sei günstig, nur habe er gewünscht, dass nicht Saturn die Mitte des Himmels eingenommen hätte. Auch der Mond habe ziemlich günstig im Achtel gestanden, obgleich die Lebenslinien schwach seien. Aber man müsse Gott bitten, dass er ihr helfe und sie schütze[10].

1 Klaus, Bernhard, Veit Dietrich, Amanuensis D. Martin Luthers und Prediger an St. Sebald in Nürnberg (Einzelarbeiten aus der Kirchengeschichte Bayern, 32), Nürnberg: Verein für bayerische Kirchengeschichte, 1958; Reuther, Hans, in: NDB 3 (1957), S. 699; Scheible, MBW, Personen, Bd. 11, 2003, S. 351. | **2** Förstemann 1841, Bd. 1, S. 114b. | **3** Köstlin 1888, S. 20. | **4** Köstlin 1888, S. 24. | **5** Bezzel 1982, Sp. 417, Ziff. 3, BSB München, digital. | **6** Abb. bei Klaus 1958, gegenüber Titelblatt. | **7** UB Erlangen, Hs. 1700, Bl. 37r-39r. | **8** Klaus 1958, S. 142. | **9** CR III, 238 f. | **10** Zitat nach Klaus 1958, S. 141.

Donat, Valentin

Valentin Donat (Donatus, Weyse), aus Zerbst (Lkr. Anhalt-Bitterfeld, Sachsen-Anhalt), luth., Theologe

Am 9. Dezember 1534 wird der als Briefüberbringer fungierende Donat, der in Wittenberg studieren will, von Hausmann in Dessau dem Georg Helt empfohlen, der ihm Kost und Logis beschaffen soll[1]. Im SS 1536 immatrikulierte sich Valentin Donat an der Universität Wittenberg[2]. Hier promovierte er am 27. März 1538 unter Dekan Veit Amerbach zum Bacc. art.[3] und am 9. Februar 1542 unter dem Dekan Rheticus zum Mag. art. (9. Rang von 22 Kanidaten)[4]. Am 11. Februar 1545 wurde er von Bugenhagen von der Universität zum Pfarrer von Werningerrode (Lkr. Harz, Sachsen-Anhalt) ordiniert[5]. Durch seinen Studiengang war Rheticus Donat verbunden.

1 Clemen 1907, S. 82. | **2** Förstemann 1841, Bd. 1, S. 160a. | **3** Köstlin 1890, S. 6. | **4** Ebenda, S. 13. | **5** Buchwald 1894, Bd. 1, S. 42, Nr. 659.

Donner, Georg, † 1544

Georg Donner (Donder, Domner, Tonner, Conecz, Konitz), geboren in Konitz (poln. Chojnice, Woiwodschaft Pommern), gestorben am 4. April 1544 in Frauenburg (poln. Frombork, Woiwodschaft Ermland-Masuren), kath. (mit luth. Neigungen), Stadtschreiber, Theologe, Generalvikar[1]. Donner entstammte einer ratsfähigen Familie in Konitz. *Georgius Johannis Conecz de Conecz* begann sein Studium im SS 1514 an der Universität Krakau[2], das er seit dem WS 1515/16 in Leipzig fortsetzte[3]. Im SS 1517 promovierte er unter seinem Landsmann Gregor Breitkopf (*Laticephalus*)[4] zum Bacc. art.⁵ Unter demselben Lehrer Breitkopf, der im WS 1520 über die *Sphaera* und über *Arithmetik* las, erlangte Donner den Grad eines Mag. art.⁶ Im SS 1521 wurde ihm die Rhetorik-Vorlesung *actus dominicalis* anvertraut⁷. Donner kehrte darauf in seine Heimat zurück und wurde zuerst Stadtschreiber in Danzig (poln., Gdansk, Woiwodschaft Pommern). 1529 erhielt er eine Pfarrstelle an St. Katharinen in Danzig, stieß aber anfangs auf Widerstand, weil er als Anhänger der Reformation galt. 1537 übernahm er für kurze Zeit das Amt eines Offizials des Bischofs von Leslau (poln. Włocławek, Woiwodschaft Kujawien-Pommern) für Danzig. In dieser Eigenschaft schickte der Danziger Rat Donner 1538 nach Leipzig und Wittenberg, wo er durch die Vermittlung Melanchthons zwei Bewerber für das DanzigerSyndikat und Rektorat gewinnen konnte. Im April 1540 war Donner an der Kurie in Rom in den Besitz eines Frauenburger Kanonikats gelangt, sodass er seinen Wohnsitz jetzt dorthin verlegen konnte. Dantiscus war für ihn eingetreten und hatte ihn auch zum Generalvikar des Bistums Ermland ernannt. Als Donner sich in Frauenburg niederließ, war Rheticus hier bereits fast schon ein ganzes Jahr lang Gast von Kopernikus gewesen.

Als der Druck von *De revolutionibus* beendet war, schickte Rheticus Donner ein Exemplar mit einer persönlichen Widmung: *Reverendo D[omino] Georgio Donder canonico Varmiensi amico suo Joachimus Rheticus d[ono] d[edit]* (Dem ehrwürdigen Herrn Georg Donner, ermländischen Domherrn, seinem Freund, hat Joachim Rheticus als Geschenk gegeben). In diesem Exemplar waren die Wörter *orbium colestium* auf dem Titelblatt und im Index mit roter Tinte durchgestrichen, ebenso das Vorwort von Osiander und der Brief Schönbergs⁸. Ein zweites Exemplar, das Donner erhalten hatte, schickte er an Herzog Albrecht von Preußen mit der Bitte, *es lieb und wert zu halten*⁹. In seiner Antwort vom 28. Juli 1543 sagte der Herzog das zu: *Vnd soll bei vns obgenanthes gelehrthen ehrlichen Bidermanns halben lieb vnd werth gehaltenn werden*¹⁰. Später schied Herzog Albrecht dieses Buch aus seiner privaten Kammerbibliothek aus und stellte es der öffentlichen *Nova Bibliotheca* (Universitätsbibliothek) zur Verfügung. Heinrich Zell hat dieses Buch für die *Nova Bibliotheca* bibliothekarisch behandelt¹¹.

Die enge Freundschaft, die Donner und Kopernikus verbunden hat, bekam auch Rheticus zu spüren. Er nannte 1543 Donner seinen »Freund«. Donner stand Rheticus als der Jüngere näher als Giese; Rheticus sah auch eher in Donner als in Giese den Erben des Kopernikus¹².

1 THIMM 1973, S. 49-51. | **2** CHMIEL 1892, S. 154. | **3** ERLER, Bd. 1, S. 546, P 19. | **4** Breitkopf, immatrikuliert im WS 1490/91, im WS 1497/98 Mag. art., zuerst vor allem Dichter, später mehr Theologe, Dekan der Artistenfakultät im WS 1505/06 und WS 1519/20, Rektor Magnificus im WS 1508/09, + 1529. Vgl. ERLER, Bd. 1-3, passim; FREUDENBERGER 1988, S. 73, Anm. 92; BAUCH 1899, S. 80-91 und passim. | **5** ERLER, Bd. 2, S. 522. | **6** ERLER, Bd. 2, S. 556. | **7** ERLER, Bd. 2, S. 560. | **8** ZINNER 1943, S. 452; GINGERICH 2002, S. 209 (I, 171, Uppsala 1, Universitets Bibliothek) GINGERICH 2005, S. 180, Tafel 7.d.; THIMM 1973, S. 51. | **9** THIELEN 1953, S. 176, 224, Anm. 60; THIMM 1973, S. 51. | **10** HIPLER, Franz, Nikolaus Kopernikus und Martin Luther, Braunsberg: Eduard Peter, 1868, S. 48, Anm. 105. | **11** TONDEL 1991, S. 25-30. | **12** THIMM 1973, S. 50.

Drembach, Martin von, 1500–1571

Martin von Drembach (Dreinbeck, Drenbach, Drembeck, Trempach, Trembeck, Trempeck), geboren um 1500 in Leipzig, gestorben am 17. Dezember 1571 in Leipzig, Begräbnis im Beichthaus der Nikolaikirche, Holzepitaph mit Darstellung der Auferstehung Christi¹, luth., Universitätsprofessor für Therapeutik, Ratsherr der Stadt Leipzig.

Martin von Drembach immatrikulierte sich an der Universität Leipzig im SS 1512², promovierte im SS 1517 zum Bacc. art. und im SS 1521 zum Mag. art.³ Er trat an der Artistenfakultät nicht auf, sondern wandte sich gleich dem Studium der Medizin zu. Am 15. September 1529 promovierte er zum Dr. med.; an der Disputation beteiligten sich u.a. Heinrich Stromer, Georg Schiltel, Kaspar Kegel⁴. Drembach war 1555 bis 1571 Mitglied des Collegium maior⁵, 1542 Vizekanzler, 1553 und 1557 war er Dekan der medizinischen Fakultät[6]. Drembach war verheiratet mit Margaretha Widemann (1520-1575), Tochter des Leipziger Ratsherrn Wolfgang Widemann, Sein Sohn Philipp wurde im SS 1555 in Leipzig immatrikuliert[7]. Anlässlich seines Todes hielt ihm Pfarrer Heinrich Salmuth die Abdankungsrede[8].

Unter dem Präsidium von Drembach sind mehrere Thesenblätter im Druck erschienen: Bernhard Rascher, *De bile disputatio*, Leipzig: Georg Hantzsch, 1554; zum Doktorat von Rascher, Peifer, Fleck, Machold, Joh. Hoffmann, Häusler, Borsdorfer, Zechendorfer und Ellinger *Quaestiones medicae*, Leipzig: Jakob Bärwald, 1557.

Beziehungen zwischen Rheticus und Drembach sind nicht überliefert, es gab sie aber, da Rheticus in Leipzig auch Medizin studierte. Viele Schüler von Rheticus wurden auch Schüler von Drembach.

1 STEPNER 1675, S. 125, Nr. 438, 439. | **2** ERLER, Bd. 1, S. 519, M 81. | **3** ERLER, Bd. 2, S. 521, 564. | **4** Ebenda, S. 76. | **5** ZARNCKE 1857, S. 752. | **6** ERLER, Bd. 2, S. 83, 84. | **7** ERLER, Bd. 1, S. 705, M 46. | **8** SALMUTH 1588, Bd. 3, 47. Predigt, VD 16 S 1447, ULB Halle, digital.

Dryander, Johannes, 1500–1560

Dryander (Eichmann), Johannes, geboren am 27. Juni 1500 in Stadt Wetter (Lkr. Marburg-Biedenkopf, Hessen), gestorben am 20. Dezember 1560 in Marburg, luth., Mathematiker und Arzt[1]. Dryander immatrikulierte sich 1518 in Erfurt, wo er Famulus des Botanikers Euricius Cordus wurde. 1519 zum Bacc. art. promoviert befasste er sich gemeinsam mit Burckhard Mithobius an der Herstellung einer Ringsonnenuhr, wie sie auch von Regiomontan, Stabius und Georg Hartmann schon hergestellt worden waren; er veröffentlichte mehrere Schriften dazu, wie sie auch von Oronce Finé 1532 und Gemma Frisius 1534 beschrieben wurden.[2] Dryander setzte seine Studien in Bourges, Paris, wo er mit Finé zusammentraf, und seit 1531 in Mainz fort, um dort am 11. Juni 1533 zum Dr. med. zu promovieren. Er wurde Leibarzt des Erzbischofs von Trier und 1535 als Cordus' Nachfolger Professor für Medizin in Marburg. In seiner Antrittsvorlesung *Encomium Anatomiae* hob er die grundlegende Bedeutung der Anatomie für das Studium der Medizin hervor. Dryander war wiederholt Dekan der medizinischen Fakultät und Rektor Magnificus der Universität Marburg. Bezeichnend für ihn ist, dass er auch als Professor der Medizin an der Artistenfakultät Geometrie und Astronomie unterrichtete und Bücher zu diesen Themen verfasste.

Dryander war ein sehr fruchtbarer Schriftsteller, der allein an die 30 Marburger Drucke zur Medizin und Astronomie verfasste. Dryander veranlasste 1557 den Druck der Reisebeschreibung von Hans Staden *Warhaftige Historia und beschreibung eyner Landtschafft der wilden, nacketen, grimmigen Menschfresser Leuthen in der Newenwelt America gelegen*.

Dryander legte besonderen Wert auf astronomische Instrumente. Er hatte dem führenden französischen Mathematiker Oronce Finé auf dessen Wunsch Unterlagen über seine Ringsonnenuhr zur Verfügung gestellt, die dieser dann in seiner *Protomathesis* 1532 als seine eigene Erfindung veröffentlichte. Dryander griff ihn deswegen heftig an und beschuldigte ihn eines vorsätzlichen Plagiats. »Denn welche Instrumente auch bis zum heutigen Tage die deutschen Gelehrten, deren Leistungen in der Kenntnis der *Cyclicae artes* [d.h. Künste, die sich mit den Kreisbewegungen beschäftigen] die übrigen Nationen überragen, oder die Spanier oder die Italiener durch geschicktes Nachdenken mit Hilfe der Mathematik erfunden hatten – beinahe alle hat der Autor der Protomathesis zu seinem (eigenen) Ruhme ausgegeben, indem er die Namen ihrer Urheber unterdrückte«[3].

Beziehungen zu Rheticus sind bisher nicht bekannt. Dryander, dessen Horoskop Garcaeus überliefert hat[4], gehörte zwar nicht unmittelbar der Wittenberger Melanchthonschule an, stand ihr aber als Protestant doch sehr nahe[5].

1 Mahlmann-Bauer 2003, S. 223-227 und passim; Scheible, MBW, Bd. 11, 2003, S. 368; Schachtner 1999, S. 789-821; Zinner ²1967, S. 298 f. und passim. | **2** Zinner ²1967, S. 117 f. | **3** Zitiert nach der Übersetzung von Schachtner 1999, S. 805 f.; dort auch der lat. Text nach Dryanders Novi annuli astronomici, Marburg 1536, Widmungsvorrede. | **4** Garcaeus 1576, S. 338. | **5** Brosseder 2004, S. 17, auch 151, Anm. 145.

Dürnhofer, Lorenz, 1532–1594

Lorenz Dürnhofer (Dornhofer, Durnhofer, Durrenhofer), geboren am 29. Januar 1532 in Nürnberg, gestorben am 18. Juli 1594 in Nürnberg, luth., Schulmann, Universitätslektor, Theologe[1].
Anna Baur (Bauer) aus Prappach (Ortsteil von Haßfurt, Lkr. Haßberge, Unterfranken) hatte in erster Ehe den Händler Leonhard Dürnhofer geheiratet. Nach dessen Tod heiratete die Witwe Dürnhofer am 3. August 1545 in Nürnberg in zweiter Ehe den Buchdrucker Johannes Petreius, wobei sie u.a. ihren 13jährigen Sohn Lorenz mit in die Ehe brachte. Von da an übernahm Petreius die Vormundschaft über seinen Stiefsohn Lorenz Dürnhofer, die bisher bei Lorenz Spengler und Hans Meilndörfer gelegen hatte. Petreius gab seinen Stiefsohn vom 16. August 1545 bis 28. Oktober 1545 bei seinem Schwager, dem berühmten Rechenmeister Johannes Neudörfer in die Lehre, der ihn täglich eine Stunde im Schreiben und Rechnen unterrichten sollte. Am 6. November 1545 stattete ihn sein Stiefvater mit den erforderlichen Kleidern, Büchern usw. aus und schickte ihn auf die Poetenschule nach Salzburg. Am 7. November 1549 kehrte Dürnhofer aus Salzburg zurück, worauf man ihn nach Wittenberg schickte. Nachdem man bei Melanchthon vorgefühlt und sich dessen Unterstützung versichert hatte, wurde Dürnhofer am 14. März 1550 in die Matrikel eingeschrieben[2]. Er fand bei Paul Eber Unterkunft und Kost[3]. Am 3. August 1553 promovierte er unter dem Dekan Sebastian Dietrich zum Mag. art.; er erreichte den 4. Rang unter 18 Kandidaten[4]. Am 31. Oktober 1553 wurde Dürnhofer Schulmeister in Oelsnitz (Vogtlandkreis, Sachsen), kehrte aber nach Wittenberg zurück. Am 10. Juli 1555 wurde er unter dem Dekan Valentin Trutiger in den Rat der Wittenberger Artistenfakultät aufgenommen[5]. Für den 13. Oktober 1555 kündigte er eine Vorlesung über Homers *Ilias* und Ovids *Fasti* an[6]. Am 21. November 1557 wurde Dürnhofer durch Georg Major ordiniert und von der Universität auf das Amt des Sonntagspredigers in Wittenberg berufen[7]. Am 15. April 1562 wurde er Diakon an der Stadtpfarrkirche in Wittenberg. Für das SS 1566 wurde der Diakon Dürnhofer zum Dekan der philosophischen Fakultät gewählt[8]; am 20. August 1566 kreierte er 38 Magistri artium. Am 30. Oktober 1567 wurde Dürnhofer als Pfarrer an die Egidienkirche und Superintendent nach Nürnberg berufen.

Werke (in Auswahl): Dürnhofer hat eine eigenhändige Autobiographie verfasst, die jedoch bereits Will 1755 nicht zugänglich war. Dürnhofer und Thomas Venatorius lieferten literar. Beiträge zu Cardanos *De Subtilitate* (Lyon: Guillaume Rouillius, 1550); *Carmen elegiacum de corruptis huius seculi moribus, additus est Psalmus 36 hexametris graecis ab eodem redditus* (Wittenberg, 1551); 1551 beklagte Dürnhofer in Carmina den Abschied des Kaspar Goldwurm von Wittenberg[9]; zur Hochzeit von Bartholomäus Wankel mit Elisabeth Bernhardi, der Tochter von Bartholomäus Bernhardi, schrieb Dürnhofer ein *Epithalamion de nuptiis* (Wittenberg: Seitz, 1552); *Carmen in obitum Evae, filiae M. Sebastiani Matthaei*, Wittenberg 1560; Nikolaus Selnecker widmete seine *Quaestiones duae* (Leipzig: Rhamba, 1568) seinem Freund Dürnhofer[10]; *Naenia ad nobiles Geuderos* (Nürnberg 1591).

Lukas Cranach d.J. soll eine Zeichnung von Dürnhofer geschaffen haben, ein Brustbild von vorn, mit langem Bart und einem geschlossenen Buch in Händen, mit der Inschrift *Bis tria lustra Laurentius Dürnhofer*[11], also 2mal 3mal fünf Jahre, das ist 30 Jahre, d.h. um 1562, was zur Ernennung zum Diakon passen würde. Dürnhofer war in erster Ehe seit dem 16. Oktober 1553 verheiratet mit Elisabeth Balsmann († 1567) aus Torgau (11 Kinder); am 16. Juni 1568 heiratete Dürnhofer in zweiter Ehe in St. Sebald Katharina Lebender.

Auch wenn sich direkte **Beziehungen** zwischen Rheticus und Dürnhofer nicht nachweisen lassen, so bestehen doch Verbindungsmöglichkeiten über Petreius, Melanchthon, Venatorius, Paul Eber d.Ä. u.a.mehr.

1 WILL 1755, S. 301-303; BRECHER, Adolf, in: ADB 5 (1877), S. 487 f.KEUNECKE 1982, S. 124-128; SCHEIBLE, MBW, Personen, Bd. 11, 2003, S. 375 f. | 2 FÖRSTEMANN 1841, Bd. 1, S. 253a. | 3 REICH 1998, S. 118. | 4 KÖSTLIN 1891, S. 13. | 5 KÖSTLIN 1891, S. 28. | 6 SPP 1556, Bd. 2, Bl. 137 f. | 7 BUCHWALD 1894, Bd. 1, S. 108, Nr. 1735. | 8 SENNERT 1678, S. 114; BSB München, digital, Scan 132. | 9 FREY, Winfried, in: SILLER 2011, S. 282. | 10 diglib.hab.de | 11 NAGLER, Georg Kaspar, Die Monogrammisten, Bd. 4, München 1871, S. 322, Nr. 195. Durstenius, Johannes, 1502-1575

Durstenius, Johannes, 1502–1575

Johannes Durstenius[1] (Gölen, Galen, Galenus, Teuerstein, Turstenius, Dorstenius), geboren am 24. Februar 1502 in Dorsten (Lkr. Recklinghausen, NRW), gestorben 1575 in Belzig (Lkr. Potsdam-Mittelmark, Brandenburg), luth., Universitätslehrer, Theologe,
Wurde als *pauper* am 1. Januar 1529 gratis in Wittenberg immatrikuliert.[2] Er promovierte im Januar 1537 unter dem Dekan Melanchthon zum Mag. art.[3] Er disputierte am 22. November 1539 *De concupiscentia*.[4] Im WS 1540/41 wurde er in das Kollegium der Artisten aufgenommen.[5] Im WS 1544/45 war Durstenius Dekan der Artistenfakultät.[6] In dieser Eigenschaft erließ er eine Einladung zu einem Magisterexamen[7]; am 15. April 1545 hielt er eine Rede. Am 27. Mai 1545 wurde er durch Bugenhagen ordiniert und von der Universität zum Pfarramt in Belzig ernannt.[8] 1574 trat er in den Ruhestand.

Werke: *Oratio de Basilio episcopo Caesariensi* (s.l., 1545).

Sein Sohn Johannes Galen, geboren in Wittenberg, dort immatrikuliert am 18. Juni 1555, am 4. März 1561 Mag. phil., heiratete am 19. Juni 1565 Katharina, Tochter des Wittenberger Mathematikers Sebastian Dietrich, 1567 Pfarrer in Köthen (Lkr. Anhalt-Bitterfeld, Sachsen-Anhalt), 1574 als Nachfolger seines Vaters Pfarrer in Belzig, gestorben am 25. April 1580.

Beziehungen zu Rheticus sind anzunehmen. Durstenius und Rheticus waren 1532 bis 1536 Kommilitonen, 1537 bis 1542 Kollegen. Fachliche Übereinstimmungen sind nicht erkennbar.

1 SCHEIBLE, MBW, Bd. 11, Personen, 2003, S.376. | 2 FÖRSTEMANN 1841, Bd. 1, S. 134a. | 3 KÖSTLIN 1888, S. 23. | 4 KÖSTLIN 1890, S. 23. | 5 KÖSTLIN 1890, S. 20. | 6 KÖSTLIN 1890, S. 21. | 7 Scripta publice proposita Bd. 1, Bl. 118; KATHE 2002, S. 101, Anm. 294. | 8 BUCHWALD 1894, Bd. 1, S. 44, Nr. 686.

Eber, Paul, d. Ä., 1511–1569

Paul Eber (Eberus), geboren am 8. November 1511 in Kitzingen (Unterfranken), gestorben am 10. Dezember 1569 in Wittenberg, Epitaph, gestaltet von Lukas Cranach d.J., in der Stadtpfarrkirche[1]. In Wittenberg, Kirchplatz 9, erinnert eine Gedenktafel an den Theologen, Generalsuperintendenten, Universitätsprofessor[2].
Georg Buchwald hat in seiner Biographie Ebers hervorgehoben, dass er mit seinen Prüfungsgenossen (Rheticus, Karg und Reich) in lebenslanger Freundschaft verbunden blieb. »Gemeinsame Prüfung führt die Menschen oft einander näher«[3]. Eber war »Rheticus's best friend, … a friendship that flourished despite, or even because of, the two men's profound differences of character. Rheticus recognized in Eber depths of spirituality that he himself never did achieve and possibly never could«[4]. Der Sohn eines Schneiders, als Knabe infolge eines Unfalls verkrüppelt, war nach Besuch der Schule in Kitzingen, der Lateinschule in Ansbach (1523), der Lorenzschule und des Ägidiengymnasiums in Nürnberg (1525) 1532 an die Universität Wittenberg gewechselt, wo er sich – wie Rheticus – im SS 1532 immatrikulierte[5]. Beide waren Schüler Luthers und Melanchthons, beide waren Hausgenossen Melanchthons. Eber wohnte noch 1541 im Hause Melanchthons

(*Witebergae in aedibus Philippi Melanthonis*[6]). Vier Jahre lang besuchten Eber und Rheticus die gleichen Vorlesungen. Beide promovierten am gleichen Tag, am 27. April 1536 unter dem Dekan Mag. Jakob Milich zu Magistern der freien Künste[7]. Rheticus wurde im ersten Rang eingestuft, Eber im dritten. Rheticus wurde am 5. Januar 1537, Eber am 27. April 1537 in das Kollegium der Magister aufgenommen[8]. Rheticus wurde im Wintersemester 1541/42 Dekan der Artistenfakultät[9], Eber im anschließenden Sommersemester 1542[10]. Beide hielten Vorlesungen zur Mathematik, Eber war vielseitiger als Rheticus, er wirkte als Professor für lateinische Sprache (1541), Physik (1543) als Nachfolger von Veit Amerbach, lateinische Grammatik (1544) und hebräische Sprache (1553); 1557 wurde er Nachfolger des Hebraisten Forster. 1558 wechselte auf das geistliche Amt eines Stadtpfarrers von Wittenberg als Nachfolger Bugenhagens und Generalsuperintendent des kursächsischen Kreises. Zugleich aber lehrte er an der Universität Theologie, er wurde am 7. Dezember 1559 Dr. theol.[11] und am 2. März 1560 (zusammen mit Paul Crell) in die theologische Fakultät aufgenommen. Nachdem Rheticus 1542 einem Ruf an die Universität Leipzig gefolgt und dort für das Wintersemester 1548/49 zum Dekan der Artistenfakultät gewählt worden war[12], wurde Eber in Wittenberg 1550 erneut Dekan und 1552 sogar Rektor[13] der Universität. Auch Rheticus hätte die größten Aussichten gehabt, zum Rektor der Universität Leipzig gewählt zu werden, wäre er nicht 1551 relegiert worden; Rektor in Leipzig für das SS 1552 wurde Rheticus' Schüler und Nachfolger Johannes Hommel. Die Studiengänge und zugleich ihre akademischen Karrieren sind für Rheticus und Eber völlig parallel gelaufen, zumindest für die elf Jahre von 1532 bis 1542. Als Rheticus 1539 zu Kopernikus reiste, wurde Eber sein Sachwalter in Wittenberg; so nahm Eber beispielsweise die Quartalszahlungen für Rheticus in Empfang[14].

In seinem seit 1550 in vielen Auflagen und Übersetzungen erschienenen Kalender[15] verzeichnete Eber alle für die Erstellung von Horoskopen wichtigen Daten zahlreicher Fürsten, Gelehrter, Künstler und Pfarrer. So notierte er zum 16. Februar: *Georgius Ioachimus Rheticus nascitur in oppido Feltkirch anno Christi 1514 minutis novem ante horam secundam matutinam.*[16] Zum 16. Februar erscheint auch Melanchthon, zum 19. Februar Kopernikus, erwähnt werden auch Peurbach, Regiomontan, Stöffler, Georg Hartmann, Schöner, Milich, Apian, Cardano und Stifel. Zu erwähnen ist auch das Lobgedicht Ebers auf Vesal sowie dessen Horoskop[17].

Eber, für den ein Geburtshoroskop überliefert ist[18], gehörte nach Brosseder dem weiteren Kreis der Wittenberger Astrologen an. Zeit seines Lebens standen die mathematischen Fächer im Mittelpunkt seiner Interessen[19]. Eber war im Besitz der lat. Elemente des Euklid (Basel 1537)[20]; Vorbesitzer war Georg Aemilius. Eber war ein früher Kopernikaner; 1545 erwarb er in Wittenberg ein Exemplar von *De Revolutionibus* (Nürnberg 1543), das er mit seinen Anmerkungen versah[21]. Er bearbeitete 1545 die astronomischen Teile von Melanchthons *Initia doctrinae physicae* (Wittenberg 1549). Aus einer Vorlesung über das 2. Buch des Plinius ging eine Schrift *De vita et scriptis C. Plinii* (Wittenberg: Georg Rhaus Erben. 1556) hervor[22]. Sehr häufig aufgelegt wurde das die Arithmetik berührende Büchlein Ebers *Vocabula rei nummerariae ponderum* (Wittenberg: Joseph Klug, 1544)[23]. Weitere einschlägige Veröffentlichungen Ebers waren etwa die *Beschreibung des schrecklichen zeichens, so am 13. tag Martii, fast die gantze nacht uber zu Witteberg ... gesehen worden* (Wittenberg: Jakob Lucius Siebenbürger) oder die *Beschreibung des schrecklichen Zeichens zu Wittenberg* (Wittenberg: Knorr, 1562). Rheticus hat in einem Brief an Eber eine schöne Formulierung für seines und seines Freundes Tätigkeit gefunden. »Ich weiß, dass Du bei Deinen Betrachtungen des unsichtbaren Himmels den sichtbaren nicht vergisst, sondern manche Beobachtungen zu der Wirkungen der Sterne machst«[24].

Einen Beleg für die anhaltende Beschäftigung Ebers mit der Astrologie bietet Metzbergers *Confessio oder Bekentnis des Glaubens* von 1552. Ein Exemplar dieses Buches schenkte Eber als Zeichen seiner Dankbarkeit mit eigenhändiger Widmung an *Frau Katharina Diefstetterin* als Neujahrsgeschenk.[25] Am Ende des Bandes hat Eber zwei Horoskope, vermutlich ihrer Kinder, mit großer Sorgfalt eingezeichnet, und zwar das einer Ursula Tiefstetter, geboren am 1. November 1548 bei Annaberg (Erzgebirgskreis, Sachsen)[26], und das eines Wolfgang Tiefstetter, geboren am 27. Juli 1555 in Wittenberg.[27] In der Wittenberger Matrikel ist am 21. September 1565 ein *Wolfgangus Tieffstetter Monachensis* eingeschrieben[28].

Eber wurde aber von den Wittenberger Poeten (Lemnius, Brusch) ignoriert. Johannes Stigel schrieb eine Elegie auf ihn, Camerarius einen griechischen Text.[29] Mit seinem Freund Michael Beuther drohte ein Konflikt um die Priorität am *Calendarium historicum*., der aber 1555 durch einen versöhnlichen Brief Beuthers beendet wurde[30]. Eber ist selbst als Liederdichter in Erscheinung getreten; er verfasste aus aktuellem Anlass ein Landsknechtslied (Wittenberg 1546), *Ein schön New Geistlich Lobgesang* (ca. 1560); *Vier geistliche Lieder* (ca. 1560); *Ein Ander Lobgesang von der dienstbarkeit der heyligen Engeln* (ca. 1560); er gab *Cantilenae aliquot piae et suaves* (Wittenberg: L. Schenck, 1570) sowie *Etliche geistliche und liebliche Gesenge* (1570) heraus[31]. Einzelne Lieder sind: Helft mir Gottes Güte preisen, Herr Jesu Christ wahr'r Mensch und Gott, Wenn wir in höchsten Nöten sind, Herr Gott Dich loben wir, In Jesu Wunden schlaf ich ein, Zwei Ding, oh Herr bitt ich Dir.

Wie schon angedeutet, gingen die Interessen Ebers sehr viel weiter als die von Rheticus. Es gibt viele Gegensätze, aber auch viele Gemeinsamkeiten zwischen Eber und Rheticus. Beide waren wie auch Lemnius große Trinker. So versprach Rheticus seinem Freund 1563 litauischen Met. Rheticus verweigerte eine Eheschließung, wiewohl ihm gute Freunde dazu rieten. Eber hingegen hatte mit seiner Ehefrau Helene Kuffner (1523-1569) 14 Kinder. Zum Tod von Eber verfasste der Student der Rechte Johannes Schleifer aus Zerbst eine Elegie (Wittenberg: Schleich und Schöne, 1570)[32]. Eber stand voll im Lichte der Öffentlichkeit, er verkehrte mit zahlreichen Fürsten und allen Reformatoren aus dem ganzen deutschen Sprachgebiet. Rheticus verkörpert hingegen eher den Typus des stillen und einsamen Gelehrten[33].

1 STEINWACHS, Albrecht und PIETSCH, Jürgen M., Lucas Cranach d. J., Der Weinberg des Herrn Spröda: Edition Akanthius, 2001. | 2 STUPPERICH, Robert, Eber, Paul, in: NDB 4 (1959), S. 225; HÄFELE 1988, Kitzingen, S. 458 f., Nr. 074; THÜRINGER 1997, S. 285-321; KLOSE 1999, S. 236 f.; SCHEIBLE, MBM, Personen, Bd. 11, 2003, S. 377-379; SCHLÜTER 2010, S. 302; BURMEISTER 2011, S. 111-116. Ältere Darstellungen: SIXT, Christian Heinrich, Dr. Paul Eber, der Schüler, Freund und Amtsgenosse der Reformatoren, Heidelberg 1843; SIXT, Christian Heinrich, Paul Eber, Ein Stück Wittenberger Lebens aus den Jahren 1532 bis 1569, Ansbach 1857; PRESSEL, Theodor, Paul Eber, Elberfeld 1862; BUCHWALD, Georg, D. Paul Eber, der Freund, Mitarbeiter und Nachfolger der Reformatoren, Leipzig 1897. | 3 BUCHWALD 1897, S. 44. | 4 DANIELSON 2006, S. 167. | 5 FÖRSTEMANN 1841, Bd. 1, S. 145b. Nach eigenen Angaben im Calendarium historicum kam Eber erstmals am 1. Juni 1532 nach Wittenberg. | 6 BURMEISTER 1968, Bd. 3, S. 26 (1541). | 7 KÖSTLIN 1888, S. 23. | 8 EBENDA S. 25. | 9 EBENDA, S. 7 f., 13 f., 21. | 10 EBENDA, S. 8, 14, 23. | 11 HENRICUS, Martin, Carmen gratulatorium (Wittenberg: Georg Rhaus Erben, 1559);VD 16 H 2064, BSB online. | 12 ERLER 1895/1902, hier Bd. 2, S. 704. | 13 KÖSTLIN 1891, S. 24. | 14 BURMEISTER 2011, S. 111-116. | 15 ZINNER 1964, Nr. 1984, 2012, 2139, 2391, 2543, 2884, 3034. | 16 Eber, Paul, Calendarium historicum, Wittenberg: Georg Rhau 1550, S. 98; vgl. dazu auch REICH 1998, S. 112. | 17 ECKART 1998, S. 195; KOCH 1998, S. 212. | 18 GARCAEUS 1576, S. 185 (7. November 1511). | 19 SIXT 1857, S. 34. BURMEISTER 1968 Bd. 3, S. 160 f., 163 f. | 20 MÜLLER, Uwe (Hg.): 450 Jahre Copernicus »De revolutionibus«, S. 157. | 21 MÜLLER 1993, S. 26-228, Nr. 66 (mit Abb. Titelbl.); THÜRINGER 1997, S. 311, Anm. 156; GINGERICH 2004, S. 91-93. | 22 VD 16 M 4365, BSB online; MÜLLER-JAHNCKE 1998, S. 125; THÜRINGER 1997, S. 301 f.; POZZO 1998, S. 278, Anm. 42. | 23 VD 16 E 52, BSB online. | 24 BURMEISTER 1968 Bd. 3, S. 161 (Brief von Rheticus an Eber vom 8. Oktober 1561). Vgl. auch DANIELSON 2006, S. 224. | 25 METSBERGER, Confessio, VD16 C 4756, BSB München, digital. | 26 METSBERGER, Confessio, VD16 C 4756, BSB München, digital, Scan 308. | 27 METSBERGER, Confessio, VD16 C 4756, BSB München, digital, Scan 309. | 28 FÖRSTEMANN/HARTWIG 1894, Bd. 2, S. 90b. | 29 Literarische Beigabe zum Calendarium historicum (Wittenberg 1550) u.a. Ausgaben. | 30 JUNG 1957, S. 55-57, 121 f., 147-150. | 31 SCHLÜTER 2010, S. 302. | 32 VD 16 S 2952: ULB Sachsen-Anhalt Halle, digital. | 33 BROSSEDER 2004, S. 140.

Eber, Paul, d.J., 1542–1572

Paul Eber, d.J., geboren am 22. November 1542 in Wittenberg; gestorben am 9. Februar 1572 in Wittenberg, luth., Mathematiker, Schulmann[1].

Eber begann am 24. November 1551 im Alter von 11 Jahren seine Studien in Wittenberg. Er wechselte 1552 an die Universität Leipzig (nicht in der Matrikel), wurde aber wegen Krankheit schon bald wieder nach Hause geholt. 1558 zog er an die Universität Straßburg. Am 4. März 1561 promovierte er zum Mag. art. 1563 übernahm *D. P. Eber kindt* um den Lohn von 40 Gulden die Aufsicht über die markgräflich-ansbachischen Wittenberger Stipendiaten, d.h. er sollte sie visitieren und examinieren, so wie das zuvor sein Vater Paul Eber und vor diesem Bernhard Ziegler gemacht hatten[2]. 1563 musste er in Augsburg als Privatlehrer gegen einen kargen Lohn tätig werden, wo er kleine Kinder eines Bürgermeisters und einer Doktorswitwe unterrichte. Sein Vater sah darin einen Abstieg, scheute sich aber, ihn auf eine bessere Stelle zu empfehlen. 1567 wurde Eber zum Rektor der Wittenberger Stadtschule bestellt.

Werke: Schon im Alter von noch nicht acht Jahren begann Paul Eber d.J. bei verschiedenen Disputationen *Quaestiones* vorzutragen, u.a. bei der Promotion von Paul Nadin zum Dr. med. am 6. November 1550[3], bei der Promotion von Johann Schürstab zum JUD am 9. Dezember 1550[4], bei der Promotion von Georg Müller aus Mansfeld am 31. Mai 1552[5], bei der Promotion von Johannes Bachofen[6] zum Dr. med. 1553[7], bei der Promotion von Tilemann Heshusius zum Dr. theol. am 5. Mai 1553[8], *Quaestio an liceat Pastori habere superiorem iurisdictionem in praedio attributo* bei der Promotion von Konrad Becker zum Dr. theol. (1556)[9]; *Quaestio, cur Filius Dei nominetur* λογος (1559)[10]; *Quaestionis explicatio, an vera sit propositio, nova oboedientia non est necessaria*; *Utrum Pontifex Romanus habeat ius transferendi regna*. Eber machte sich wie sein Vater auch als Kirchenlieddichter einen Namen.

Eber heiratete am 16. Oktober 1564 die Tochter des Wittenberger Theologen Dr. Georg Maior Maria Major[11] († 18. Oktober 1569); aus der Ehe ging eine Tochter Theodora (1566-1569) hervor. In zweiter Ehe heiratete er Margarethe Matthaeus aus Wittenberg; der Schulmann und neulat. Dichter Johannes Clajus (1530-1592) verfasste ein Gedicht zur Wiederverheiratung von Paul Eber d. J. *Epithalamia honoris causa optimo et doctissimo viro Domino Magistro Paulo Ebero, clarissimi Domini Pauli Ebero filio, et honestae ac pudicae virgini Margaritae, Burcardi Matthaei civis Witebergensis filiae* (Wittenberg: Schwenck, 1570).

Auch zwei weitere Söhne Paul Ebers d. Ä., Johannes (1550-1580) und Martin (imm. Wittenberg 1579), waren wissenschaftlich tätig. Sie gaben das *Calendarium historicum* in erweiterter Form und deutscher Übersetzung neu heraus (Wittenberg: 1582)[12].

Beziehungen zu Rheticus: Als Paul Eber d. J. 1542 geboren wurde, hatte Rheticus gerade seinen Dienst an der Universität Leipzig aufgenommen. Und als Eber zum Studium nach Leipzig kam, hatte Rheticus die Stadt bereits wieder verlassen, kam also als Lehrer Ebers nicht mehr in Frage. Dennoch mag die Freundschaft von Rheticus und Paul Eber d. Ä. dazu geführt haben, dass Rheticus in die Studienplanung des Sohns einbezogen war. Der Knabe wurde bei Johannes Hommel, Rheticus' Freund und Nachfolger auf seiner Professur, untergebracht, um Mathematik zu studieren[13]. Auch noch 1561 in Straßburg versprach er, ein tüchtiger Mathematiker zu werden.

1 Scheible, MBW, Personen, Bd. 11, S. 379; Häfele 1988, Kitzingen, S. 459 f., Nr. 075. | **2** Jordan 1917, S. 331. | **3** CR X, Sp. 803-806; Kaiser 1982, S. 157. | **4** CR X, Sp. 806-808. | **5** CR X, Sp. 819-821. | **6** Über ihn vgl. Scheible, MBW, Bd. 11, Personen, 2003, S. 104. | **7** CR X, Sp. 833-836; Kaiser 1982, S. 157 (Bert. Wesel). | **8** CR X, Sp. 825-827; Förstemann 1838, S. 36 (19. Mai 1553). | **9** CR X, Sp. 864 f.; Literarische Blätter 3 (1803), Sp. 390; Förstemann 1838, S. 39. | **10** CR X, Sp. 881 f.; Literarische Blätter 3 (1803), Sp. 389. Vgl. dazu die Promotion von Johannes Kogler, Paul Crell und Erasmus Laetus zu Drs. theol. 1559 bei Förstemann 1838, S. 48 ff. | **11** Sixt 1857, S. 57; Pressel 1862, S. 93. | **12** Reich 1998, S. 107, 112. | **13** Pressel 1862, S. 93.

Ebner von Eschenbach, Erasmus, 1511–1577

Erasmus Ebner[1] von Eschenbach, geboren am 21. Dezember 1511 in Nürnberg, gestorben am 24. November 1577 in Helmstedt (Niedersachsen), luth., Jurist (Ratsmitglied, Diplomat, Hofrat)[2]. Erasmus Ebner, aus patrizischem Nürnberger Ratsgeschlecht, immatrikulierte sich im WS 1523/24 unter dem Rektor Melanchthon an der Universität Wittenberg[3]; Konsemester waren Hieronymus Schürstab, Matthias Sciurus, Jakob Milich. In Wittenberg hatte er zuvor schon die Privatschule Melanchthons besucht; lange Jahre blieb Ebner mit Melanchthon im Briefwechsel. Weitere Studien führten ihn nach Frankreich und Italien. Hier ist er 1531/32 an der Universität Orléans immatrikuliert. Er besuchte als Gesandter verschiedene Reichstage. Ebner reiste auch an die Königshöfe in England und Spanien.

1569 wurde Ebner braunschweigischer Hofrat; er war 1575 als Kirchenrat an der Gründung der Universität Helmstedt beteiligt. Ebner war auch als neulat. Dichter und als Übersetzer tätig. U.a. verfasste Ebner ein *Encomium formicarum*.

Ein Porträt Ebner ist mehrfach überliefert, sowohl als Ölgemälde im Familienarchiv in Eschenbach (Ortsteil von Pommelsbrunn, Lkr. Nürnberger Land, Unterfranken), als auch als Kupferstich Ebner war zweimal verheiratet: in erster Ehe mit Anna, der Tochter von Andreas Oertel, in zweiter Ehe mit Margarethe, der Tochter des Wolf Buffler. Aus beiden Ehen gingen mehrere Kinder hervor.

Beziehungen zwischen Rheticus und Ebner waren verhältnismäßig eng. Ebner war ein Förderer mathematischer Studien. Sein Horoskop ist bei Garcaeus überliefert[4]. Georg Sabinus widmete Ebner eines seiner ersten Werke, ein 26 Distichen umfassendes Gedicht über den Halleyschen Kometen, *Carmen de cometa qui conspectus est M[ense] Augusto a. 1531 Ad Erasmum Ebnerum* (Nürnberg 1532)[5], das auch später noch mehrfach abgedruckt wurde, u.a. in Sabinus' *Poemata* (Straßburg: Christoph Mylius, 1538)[6] oder auch in Eusebius Menius' *Poemata Georgii Sabini et aliis additis*, Leipzig: Hans Steinmann, 1589, hier S. 85-87.

Am 7. Juli 1542 schrieb Melanchthon an Erasmus Ebner, er möge dem Rheticus den im Nachlass Regiomontans befindlichen griechischen Codex des Apollonios *De conicis* zugänglich machen, damit er ihn herausgebe. ... *valde te oro, et ut editionem adiuves, et ut Ioachimum Rheticum, natum ad mathemata pervestiganda, complectare* (bitte ich dich sehr, dass du sowohl bei der Edition behilflich bist, als auch dass du den Joachim Rheticus, der dazu geboren ist, Mathematisches zu erforschen, wohlwollend aufnimmst[7]. In dem Brief wird Rheticus als *hospes vester* (Euer Gast) bezeichnet, was sich wohl allgemein auf die Stadt Nürnberg bezieht.

1 DOPPELMAYR 1730, S. 76 f.; SCHEIBLE, MBW, Personen, Bd. 11, S. 383; ILLMER 1980, II/2, S. 237 f., Nr. 896. | 2 SCHULTHEISS, Werner, in: NDB 4 (1959), S. 263 f. | 3 FÖRSTEMANN 1841, Bd. 1, S. 120b. | 4 GARCAEUS 1576, S. 170. | 5 BSB Signatur Res/4 P.o.lat. 756/27; nicht bei ZINNER 1964; nicht bei BAUER 1998. | 6 VD 16 S 132, hier Bl. G7v-G8v; BSB digital; ZINNER 1964, S. 193, Nr. 1700; BAUER 1998, S. 140.; weitere Ausgaben zum Beispiel in: SABINUS, Georg, Poemata (Leipzig: Steinmann, 1589), BSB digital, S. 85-87. | 7 Mel. Op. 4. Bd., Sp. 839, Brief 2514.

De l'Écluse, Charles, 1526–1609

Charles de l'Écluse, (de Lescluze, lat. Clusius, auch Esclusius), geboren am 19. Februar 1526 in Arras (Département Pas-de-Calais, Frankreich), gestorben am 4. April 1609 in Leiden (Südholland, Niederlande), kath., zuletzt ref., Arzt, Botaniker, Kartograph[1].

Der Sohn eines Gutsbesitzers widmete sich nach Schulbesuch in Arras und Gent (Ostflandern, Belgien) seit 1546 dem Studium der Rechte in Löwen und promovierte 1548 zum Lic. iur. Er setzte 1548 seine Studien (Medizin) in Marburg[2] und 1549 in Wittenberg[3] fort. Nachdem Melanchthon ihm vom Rechtsstudium abgeraten hatte, studierte er 1551 bis 1554 Medizin in Montpellier (Patron: Guillaume Rondelet)[4]; er wurde Sekretär von Rondelet, in dessen Haus er wohnte, und half diesem bei seinem Fischbuch *Libri de Piscibus Marinis* (Lyon 1554/55); er wird mehrfach im Tagebuch seines Kommilitonen Felix Platter genannt. Eine enge Freundschaft verband de l'Écluse mit dem Dichter Lotichius[5], der sich auch 1551 in Montpellier immatrikuliert hatte[6].

Nach ausgedehnten Reisen durch die Niederlande, Frankreich, Spanien und Portugal wurde er 1573 durch die Vermittlung Cratos von Maximilian II. zum Direktor des Kräutergartens in Wien bestellt. Hier leistete er bedeutende Forschungen zur Alpenflora; Clusius wohnte im Haus von Aichholz in der Wollzeile, wo dieser einen botanischen Garten angelegt hatte[7]. Hier machte er Versuche mit dem Anbau von Kartoffeln. Aichholz bestieg am 22. August 1574 zusammen mit de l'Écluse und Paul Fabricius den Ötscher (Niederösterreich), um geographische Ortsbestimmungen vorzunehmen. 1577 wurde er als Protestant seines Amtes enthoben, blieb aber in Wien wohnhaft. 1588 ging er nach Frankfurt/Main, 1593 als Professor für Botanik nach Leiden.

De l'Écluse blieb unverheiratet. Sein Porträt[8] ist mehrfach überliefert[9]. Kaiser Maximilian II. verlieh ihm auch ein Wappen.

Werke (in Auswahl): *Rariorum aliquot stirpium per Hispanias observatarum historia* (Antwerpen 1576); *Rariorum aliquot stirpium per Pannoniam, Austriam ... observatarum historia* (Antwerpen 1583); *Stirpium Nomenclator Pannonicus* (Némétújvár 1583, Antwerpen 1584); *Rariorum plantarum historia* (Antwerpen 1601). Landkarten: *Galliae Narbonensis ora maritima, recenter descripta*, in: A. Ortelius, *Theatrum Orbis Terrarum* (Antwerpen 1570; *Hispaniae nova descriptio* (ebenda 1571)[10].

Beziehungen zwischen Rheticus und de l'Écluse sind nicht bekannt. Die engen Beziehungen von de l'Écluse zu Aichholz, Paul Fabricius, Tanner, Crato und Maximilian II. sowie auch zum Kreis von Felix Platter in Montpellier (Hener, Münsterer, Lotichius usw.) sprachen aber für die Aufnahme dieser Kurzbiographie.

1 HUNGER, F.W.T., Clusius-Tentoonstelling, Catalogus, Leiden 1926; HUNGER, F.W.T., Charles de l'Escluse, Bd. 1-2, 's-Gravenhage 1927/42; DOLEZAL, Helmut, in: NDB 3 (1957), S. 296 f. | **2** FALCKENHEINER 1904, S. 50. | **3** FÖRSTEMANN 1841, Bd. 1, S. 247b | **4** GOURON 1957, S. 121, Nr. 1893. | **5** ZON 1983, S. 225-254. | **6** GOURON 1957, S. 122, Nr. 1908. | **7** GERSTINGER 1968, S. 162, Anm. 14. | **8** Abb. bei HUNGER 1926, nach S. 8. | **9** Vgl. dazun HUNGER 1926, S. 59-66, Nr. 224-246. | **10** BAGROW 1951, S. 342.

Edenberger, Lukas, ca. 1505–1548

Lukas Edenberger, (Magister Lukas, Edenburg, Odenbergius, Oldenberger, Name nach Edenbergen (Stadtteil von Gersthofen, Lkr. Augsburg), geboren um 1505 in Augsburg (?), gestorben 1548 in Weimar, luth., Theologe, Musiker, Komponist, Bibliothekar, Hebraist[1].

Edenberger immatrikulierte sich am 24. August 1523 an der Universität Wittenberg[2]. Hier schloss er Freundschaft mit dem späteren Theologen Christoph Lasius (1504-1572), immatrikuliert im WS 1522/23 gemeinsam mit Christian Herlin, Achilles Gasser, Nikolaus Hausmann, Nikolaus Medler und Veit Dietrich[3], zu denen sich 1523 die Hebraisten Ambrosius Moibar und Jakob Jonas hinzugesellten[4]. Die Hebraistik muss sich um diese Zeit unter Aurogallus einer besonders hohen Wertschätzung erfreut haben.

1525 wurde Edenberger, von Urban Rhegius empfohlen, Famulus des Wittenberger Theologen Johannes Agricola[5]. Aus einer Lukasvorlesung, die Agricola 1523 gehalten hatte, erwuchsen seine *Annotationes in Lucae Evangelium* (Augsburg: Simprecht Ruff, 1525)[6]; die Schrift ist Georg Spalatin aus Wittenberg am 15. November 1524 gewidmet (erschienen im April 1525). Edenberger hatte die Reinschrift dieses Buches verfertigt und dessen Druck in Augsburg vermittelt. Weitere Auflagen erschienen in Nürnberg: Joh. Petreius, 1525[7] und Hagenau: A. Farcallius, 1526[8]. Den *Annotationes* ist in allen Ausgaben ein lat. Traktat *Quid ex sacra historia requirendum sit* vorangestellt. Dieser Traktat von 13 Blättern Umfang wurde von Edenberger ins Deutsche übersetzt und als eigenes

Edenberger, Lukas, ca. 1505–1548

Büchlein mit dem Titel *Wie man die Hailig geschrifft lesen...soll* veröffentlicht (Augsburg: Silvanus Otmar, 1526)[9]. Edenberger widmete es unter dem Monogramm L[ucas] E[denberger] L[?] einem *wolgepornen Herren Herrn A. V. L.*, den er mit *gnediger Herr* und *Ewer gnaden* anredet. Es könnte sich auf einen Abt beziehen, der Buchstabe L könnte auf ein Kloster hindeuten, dem beide angehörten; auch ist die Rede von *anderen guotten brüdern*, die den Text ebenso gut übersetzt hätten können.

Edenberger wird 1528 als Magister (Promotion nicht bezeugt) Erzieher des Prinzen Johann Ernst von Sachsen und 1536 Bibliothekar der kurfürstlichen Schlossbibliothek in Wittenberg[10], deren 3000 Bände er 1547 nach Weimar überführte. Edenberger hielt daneben privatim Vorlesungen über das Hebräische. 1543 hielt er in einer Vorlesungsankündigung den Studenten die Bedeutung der Kenntnis des Hebräischen vor Augen[11]. Er habe deswegen beschlossen, über *Pauli Phagii Isagoge Ebreae Grammaticae* zu lesen. Es handelte sich dabei um die im September herausgekommene Neuerscheinung von Paul Fagius' *Compendiaria isagoge in linguam Hebraeam* (Konstanz: Jakob Froschesser, 1543), eine 88 Blätter starke Einführung in die hebräische Sprache.[12] Edenberger appellierte an seine Hörer, das Buch zu kaufen, zu hören und auswendig zu lernen. Er verweist damit auf die drei Stufen des Unterricht: den Text als Grundlage, dann die Vorlesung mit den entsprechenden Erläuterungen und schließlich das Auswendiglernen des Diktats, das der Lehrer am Schluss der Stunde seinen Schülern mit auf den Weg gibt.

Als getreuer Schüler des Aurogallus wurde er 1543 in dessen Nachfolge als Wunschkandidat Luthers Professor für hebräische Sprache neben Theodor Fabricius, der 1544 wieder ging, und dem von Melanchthon favorisierten Flacius Illyricus. 1546 musste Edenberger Flacius die Stelle ganz überlassen, weil dieser den Studenten jederzeit zur Verfügung stünde. Die ihm zugesagte neue Professur wurde wegen des Schmalkaldischen Kriegs nicht mehr vergeben.[13]

Luther schätzte Edenberger als »treu und fleißig, auch ernstlich ist über der reinen Lehre, welchs alles vonnöten ist dem, der Ebräisch lesen soll«.[14] Gleichwohl bemühte sich Edenberger 1541 als Bibliothekar in Venedig *thalmudicos libros* zu erwerben, doch waren die Preise dafür zu hoch.[15] Er war demnach für rabbinische Texte durchaus offen. Solche Einkäufe in Venedig hatten schon Tradition; 1533 bzw. 1535 vermehrte der für die Bibliothek verantwortliche Georg Spalatin den Bestand um in Venedig gekaufte griechische und hebräische Bücher.[16]

Hervorzuheben bleibt Edenberger noch als Musikfreund. Zu einer nicht näher bestimmten Zeit (es soll im Kloter in Erfurt, auf der Wartburg oder in Wittenberg geschehen sein) kam Edenberger mit einigen Gesellen, die alle gute Musici waren, und dem ehemaligen Leipziger Kantor Georg Rhau, zu Luther zu Besuch und fand ihn in einer Ohnmacht vor, aus der sie ihn durch das Singen seines Lieblingsliedes weckten[17]. Am 2. Januar 1525 lässt Edenberger durch Johannes Fabricius (Schmid) die St. Galler Joachim Vadian und Johannes Vogler vielmals grüßen[18]. Vogler, vielleicht ein Schüler Glareans in Paris, 1521 Organist in St. Gallen, der 1529 in Zürich Unterricht im Saitenspiel erteilte, später auch die württembergischen Prinzen in der Musik ausbildete, gestorben als Hofprediger in Montbéliard (ehemals württ. Enklave im heutigen Département Doubs, Frankreich), wo er den Protestantismus eingeführt hatte[19], muss in der Ausbildung Edenbergers eine Rolle gespielt haben. Am 25. Mai 1536 spielte anlässlich eines Abendessen bei Luther, an dem Bugenhagen, Cruciger und Wolfgang Musculus teilnahmen, Edenberger mit seinen *concentoribus et fistulatoribus* (Chor und Pfeifern) auf[20]. Edenberger ist Verfasser des *Edenbergisch Gesangbüchlein, Schoene christliche wolgestellte Haußlieder* (Frankfurt/Main: Christoff Rabe, 1583)[21].

Edenberger war mit einer Witwe Höfer verheiratet. Am 25. Mai 1536 führte Edenberger Wolfgang Musculus in sein Haus *videndae uxoris suae* (um ihm seine Frau vorzustellen)[22]. Die Witwe brachte ihren Sohn Jakob Höfer mit in die Ehe. Ein eigener Sohn ist im WS 1558 in Wittenberg als Lucas Oldenburger Wittebergensis immatrikuliert[23]. Er wurde 1562 Rektor in Bartenstein (poln. Bartoczyce, Woiwodschaft Ermland-Masuren), 1568 an der altstädtischen Schule in Königsberg, 1570 Pfarrer in Neuenburg (poln. Nowe, Woiwodschaft Kujawien-Pommern), 1574 Diakon an der

Marienkirche in Elbing, 1578 Pfarrer in Bärwalde (poln., Barwice, Woiwodschaft Westpommern), gestorben 1594[24].

Beziehungen zu Rheticus: Edenberger war ein um zehn Jahre älterer Kollege, sodass er kaum Veranlassung hatte, die Vorlesungen von Rheticus zu besuchen. Auch war Edenberger bis 1536 abwesend, Rheticus seinerseits war vom WS 1538/39 bis SS 1541 nicht in Wittenberg. In der Zeit von 1536 bis Oktober 1538 und dann wieder im WS 1541/42 könnte Rheticus jedoch die Hilfe des Bibliothekars in Anspruch genommen haben; denn Lehrende und Lernende hatten häufig den Wunsch, Bücher aus der Bibliothek einzusehen oder zu entlehnen. Auch mochte Rheticus den musikalischen Darbietungen von Edenberger gefolgt sein.

1 Scheible, MBW, Personen, Bd. 11, 2003, S. 388. | **2** Förstemann 1841, Bd. 1, S. 119a. | **3** Ebenda, S. 114a. | **4** Ebenda, S. 116a und 118a. | **5** Kawerau 1881, S. 36 f. | **6** VD 16 A 1000, BSB online. | **7** VD 16 A 1001, BSB online. | **8** VD 16 A 1002, BSB online. | **9** VD 16 A 1028, BSB online. | **10** Schlüter 2010, S. 182. | **11** Scripta publice proposita 1553, Bd. 1, Bl. 64-69; Friedensburg 1917, S. 221. | **12** VD 16 F 551, BSB online. | **13** Kathe 2002, 112 f., 460; Friedensburg 1917, S. 221 f. | **14** Buchwald 1956, S. 260. | **15** Friedensburg 1917, S. 239. | **16** Höss 1956, S. 377, Anm. 41. | **17** Siehe dazu u.a. Guicharrousse, Hubert, Les musiques de Luther, Genève: Labor et Fides, 1995, S. 65; Moser, Hans Joachim, Musikalischer Zeitenspiegel, Stuttgart: J. Engelhorns Nachf., 1922; Küchenmeister 1881, S. 43 f. | **18** Arbenz 1897, Bd. 3, S. 102. | **19** Stärkle 1939, S. 256 f., Nr. 520. | **20** Kolde 1883, S. 221. | **21** VD 16 E 526. | **22** Kolde 1883, S. 220 f. | **23** Förstemann 1841, Bd. 1, S. 349. | **24** Freytag 1903, S. 106, Nr. 124.

Eichhorn, Johannes, 1512–1564

Johannes Eichhorn (Aichhorn, Sciurus = lat., griech. Eichhörnchen), geboren um 1512 in Nürnberg, gestorben am 3. November 1564 in Königsberg i. Pr. (an der Pest), luth., Theologe, auch Mathematiker, Gräzist und Hebraist, Anhänger Osianders[1].

Um 1530 gehörte Eichhorn zu den 12 Alumni der Spitalschule Nürnberg (Flock)[2]. Am 7. Oktober 1535 immatrikulierte er sich in Tübingen (Hauenreuter). Im SS 1537 ging er an die Universität Wittenberg[3]. Konsemester waren Ayrer, Isinder, Gothmann, Wolfgang Vogler, Niels Svansø. Im SS 1542 wechselte er an die Universität Leipzig[4], kehrte aber nach Wittenberg zurück. Hier promovierte er am 1. September 1545 unter dem Dekan Johannes Aurifaber zum Mag. art., wobei er den 8. Rang unter 40 Kandidaten belegte.[5] Mit ihm wurde u.a. auch Johannes Reischacher, ehemals Mitschüler an der Spitalschule in Nürnberg, promoviert.

Auf Empfehlung von Melanchthon und Joachim Camerarius wurde Eichhorn 1546 nach Königsberg berufen. Sein Jahresgehalt betrug 150 Mark[6]. Er lehrte hier zunächst Mathematik, seit 1550 Griechisch (verbunden mit Ethik), seit 1554 Hebräisch. Bis 1558 wurde er auch mit theologischen Vorlesungen betraut. Mit der Übernahme der theologischen Vorlesungen stellte er seine mathematischen ein. Mit Andreas Aurifaber und Johannes Funck gehörte er zu den Anhängern Osianders. Mit einer Disputation *De fortitudine* geriet Eichhorn am 28. Mai 1552 in die Kritik und wehrte sich dagegen mit seiner *Apologia oder Schützred* gegen seine Kollegen Bartholomäus Wagner und Johann Hoppe, wobei ihn Osiander mit einer Flugschrift gegen Wagner unterstützte[7]. Es kam zu unschönen Szenen im Senat. Eichhorns frühere Freundschaft mit Sabinus zerbrach. Die Osiandristen, die mit Andreas Aurifaber, Eichhorn und Jagenteufel nur eine Minderheit bildeten, wurden überstimmt oder gar nicht erst eingeladen. Man weigerte sich, Jagenteufel die mathematische Professur als Nachfolger von Eichhorn zu geben, da er angeblich nicht Mathematik studiert habe. Mit Blick auf Eichhorn und Jagenteufel wurde vorgebracht, sie hätten bei der Jugend kein Ansehen, da sie aus Trivialschulen hervorgegangen seien, weswegen sie von den Scholaren verachtet würden und für ihre Vorlesungen nur wenige oder keine Zuhörer fänden[8]. Eichhorn war auch Hofprediger Herzog Albrechts. Eichhorn war im WS 1547/48 und SS 1550 Dekan der Artistenfakultät. Als Rektor Magnificus wirkte er im SS 1554 und im WS 1557/58[9].

Beziehungen zu Rheticus sind schon deswegen anzunehmen, weil Eichorn Mathematiker war. Er konnte Rheticus' Vorlesungen im SS 1537, WS 1537/38 und SS 1538 hören, vielleicht auch noch 1542 in Leipzig.

1 Will 1757, S. 663 f.; Otter/Buck 1764, S. 13; Freytag 1903, II, Nr. 48. | **2** Brusniak 1984, S. 32. | **3** Förstemann 1841, Bd. 1, S. 166b; Freytag 1903, Nr. II, 48. | **4** Erler I, 639. | **5** Köstlin 1890, S. 18. | **6** Töppen 1844, S. 165. | **7** Stupperich 1973, S. 322-324. | **8** Töppen 1844, S. 196 f. | **9** Matrikel Königsberg, Bd. 1, 1910, S. 18, 22.

Eichler, Erasmus, † 1572

Erasmus Eichler (Aichler, Aicher, Aichinger, Eichlerus), geboren in Nürnberg, gestorben 1572 (?) in Nürnberg, luth., Schulmann, Theologe[1].

Eichler gehörte um 1530 zu den *duodecim alumni*, die an der Nürnberger Schule des Heiliggeistspitals zu Chorschülern ausgebildet wurden; zu ihnen gehörte neben Hieronymus Wolf als *praeceptor* u.a. Erasmus Flock, Michael Kaden, Hieronymus Besold, Johannes Eichhorn, Michael Kilian, Hieronymus Rauscher, Johannes Reischacher. Sie blieben größtenteils auch später an den Universitäten mit einander verbunden. Im WS 1534/35 immatrikulierte sich Eichler an der Universität Wittenberg[2]; Konsemester waren Hieronymus Rauscher aus Nürnberg, Johannes *Aurifaber Vratislaviensis*, Johannes Crato, Melchior Acontius. Im Januar 1538 promovierte Eichler unter Veit Oertel Winsheim zum Mag. art[3]; er erlangte dabei den 11. Rang von 18 Kandidaten. Auf Plätze[4] vor ihm kamen die Mitbewerber Lorenz Lindemann (1.), Hieronymus Oder (2.), Erasmus Flock (4.), Johannes Aurifaber *Vratislaviensis* (5.). Am 27. März 1538 empfahl Melanchthon Nikolaus Ayrer, auf den er gewisse Hoffnungen setzte, dessen Praeceptor Erasmus Eichler. 1541 übernahm Eichler ein Schulmeisteramt in Döbeln (Mittelsachsen). Eichler wurde dann 1542 Schulmeister in Schweinfurt (Unterfranken), ging aber noch im gleichen Jahr nach Nürnberg. Er wurde hier seit 16. September 1542 Diakon an St. Sebald. Am 3. August 1545 wurde Eichler zum Vikar des von Gichtanfällen heftig geplagten Veit Dietrich bestimmt[5]. In diesem Amt verblieb er bis 1572.

1 Scheible, MBW, Bd. 11, Personen, 2003, S. 393. | **2** Förstemann 1841, Bd. 1, S. 156b. | **3** Köstlin 1890, S. 10. | **4** Stupperich, Robert, Eber, Paul, in: NDB 4 (1959), S. 225; Häfele 1988, Kitzingen, S. 458 f., Nr. 074; Thüringer 1997, S. 285-321; Klose 1999, S. 236 f.; Scheible, MBM, Personen, Bd. 11, 2003, S. 377-379; Schlüter 2010, S. 302; Burmeister 2011, S. 111-116. Ältere Darstellungen: Sixt, Christian Heinrich, Dr. Paul Eber, der Schüler, Freund und Amtsgenosse der Reformatoren, Heidelberg 1843; Sixt, Christian Heinrich, Paul Eber, Ein Stück Wittenberger Lebens aus den Jahren 1532 bis 1569, Ansbach 1857; Pressel, Theodor, Paul Eber, Elberfeld 1862; Buchwald, Georg, D. Paul Eber, der Freund, Mitarbeiter und Nachfolger der Reformatoren, Leipzig 1897. | **5** Klaus 1958, S. 202, 234 f.

Eileman, Peter

Peter Eileman (Eilemann, Elemannus, Elenianus), aus Gernrode (Ortsteil von Quedlinburg, Lkr. Harz, Sachsen-Anhalt), luth., Student, Schulmann.

Peter Eileman hat sich am 27. September 1534 an der Universität Wittenberg eingeschrieben[1]; Konsemester waren Flacius Illyricus, Hartmann Beyer und Balthasar Klein. Von dem im Stammesgebiet der Cherusker im Teutoburger Wald und Harz wohnhaften *Petrus Elenianus*, von dem Lemnius sagt, dass dieser mit ihm wie ein Achates stets eng verbunden war[2], ist unklar, ob es sich um einen Dichter handelt. Nach Mundt[3] steht Elenianus nicht in der Matrikel, ist aber wohl doch identisch mit dem dort genannten Peter Eileman aus Gernrode. Lemnius schildert ihn in einer bukolischen Szene, wie er aus Wittenberg heimgekehrt am Ufer der Bode, einem Nebenfluss der Saale, im Gras liegt, Vergil und Ovid liest, aber auch des Lemnius Gedichte, die durch ihn nicht nur den Cheruskern, sondern auch Eilemans Frau bekannt werden. Wie ich dich kenne, wirst du meine Gedichte oft lesen[4]. Eileman hatte vor 1538, anscheinend ohne einen akademischen Grad, sein Studium in Wittenberg beendet und war in seine Heimat Gernrode zurückgekehrt. Über seine Tätigkeit dort (Lehrer?) ist nichts bekannt.

In Wittenberg und im Exil in Jena (1535) stand Eileman dem Wittenberger Dichterkreis, dem Lemnius, Sabinus, Stigel, Melchior Acontius, Bernhart Wigbolt, Aemilius und Johannes Prasinus sowie auch Rheticus angehörten, besonders nahe. Lemnius nennt ihn seines treuesten Freund (*qui fuit mihi semper veluti Achates adiunctus*). Zu diesem Kreis zählten auch die beiden Koblenzer Adam Merula und Ludwig Kling, schließlich auch Stephan Herden aus Frankfurt/Main.

1 FÖRSTEMANN 1841, Bd. 1, S. 154a. | 2 MUNDT 1983, Bd. 1, S. 245, Bd. 2, S. 190 f. | 3 MUNDT 1983, Bd. 1, S. 245. | 4 MUNDT 1983, Bd. 2, S. 95, Epigrammata, 2. Buch, S. 91.

Eipelius, Johannes Berchthold

Johannes Berchthold Eipelius (Aepelius, Apelius, Eipelisius, Höpellius), geboren in Straßburg, gestorben ? in ?, luth., Astronom.

Eipelius immatrikulierte sich als *Joannes Bechtoldus Eipelisius argentinensis* nach dem Juli 1535 in Jena, wohin die Universität Wittenberg wegen der Pest verlegt worden war[1]; in seiner Begleitung war sein Landsmann Theobald Thamer aus Oberehnheim (Bas-Rhin), der später als Konvertit (*Apostata sceleratus*) aus der Matrikel gestrichen wurde. Beide gehörten hier in Jena dem Freundeskreis um Lemnius an, obwohl dieser Thamer wiederholt wegen seiner Geschwätzigkeit verspottet hat. Am 18. September 1539 promovierte Ioannes Berchtoldus Höpellius Argentinensis unter dem Dekan Johannes Sachse zum Mag. art., wobei er unter 15 Mitbewerbern den 4. Rang erreichte; Mitbewerber waren Johannes Sastrow, der 1544 Poeta laureatus wurde (1. Rang), Valentin Chuden (2. Rang), Christoph Baldauf (5. Rang), Johannes Moringen (6. Rang), Andreas Musculus (7. Rang)[2]. Im Frühjahr 1541 disputierte Eipelius unter dem Dekan Erasmus Reinhold *De victu, exercitiis corporis, de balneo, de viribus stellarum* [Jupiter, Sonne, zwei weitere Sterne] *ex Centiloquio Ptolemaei*[3]. Im Gegensatz zu seinem Studienfreund Martin Hegius wurden Eipelius und Moringius nicht in den Rat der Artistenfakultät aufgenommen. Das mochte sie veranlasst haben, Wittenberg den Rücken zu kehren und an die Universität Erfurt zu wechseln, wo sie als *Magistri legentes* angenommen wurden. Für Moringius steht dieser Wechsel fest[4]. Ob man Eipelius aber mit dem Magister Johannes Herpelius gleichsetzen kann, bleibt fraglich; wohl ist Eipelius 1544 in Erfurt durch seine dort publizierte Practica nachweisbar; doch erscheint für Herpelius fallweise auch der Vorname Ludwig, was gegen die Identifikation von Herpelius und Eipelius sprechen würde.

Mit seiner *Practica deudsch auf 1545* (Erfurt: Wolfgang Stürmer, 1544) hat Eipelius einen bemerkenswerten Beitrag zur Frage der Verbreitung der Prognostica geleistet, für die er die folgende Erklärung fand: *Und die weil ich weis, das viel seind die alle Practiken so sie bekomen können zu hauff kouffen, und gegen einander halten, darinn sie denn offt finden, das einer regen, der ander schnee, der dritte feuchte lufft etc.*[5]. Ähnlich haben sich zehn Jahre später 1554 auch die Weimarer Hofprediger Johannes Stoltz und Johannes Aurifaber *Vinariensis* zu der inflationären Verbreitung der Prognostica geäußert: *Weil aber gleichwol die jungen Mathematici zu dem fürwitz vnd aberglauben gezogen werden, vnd denselben so hoch hören rhümen, Auch sehen, das der gemeine Man sampt den grossen Hansen drauff fellet, so narren sie hernach mit hauffen, Daher auch kompt, das es alle jar so viel Praktiken vnd Prognosticanten gibt. Also hat es dis jar nicht wenig solcher Prognosticanten geregnet*[6]. Findige Verleger machten sich diesen Kaufwillen zunutze, indem sie gleich Sammeldrucke verschiedener Autoren herstellten: *Practica auff das 1565 Jar ... von allen, so dieses Jar practiziert haben zusammengezogen* (Frankfurt/Main: M. Lechler, 1564); er vereinigte in diesem Buch u.a. Prognostica von Sebastian Brellochs, Gregor Fabricius *Lutzensis*, Hebenstreit, Neodomus, Rosa, Stathmion, Moritz Steinmetz und Nikolaus Winkler[7].

Eipelius war in erster Linie ein Schüler von Erasmus Reinhold. Rheticus und Eipelius waren im Exil der Wittenberger Universität in Jena Kommilitonen, später war Rheticus der Lehrer von Eipelius, der vom SS 1536 bis SS 1538 dessen Vorlesungen besuchen konnte. In Rheticus' Wittenberger Vorlesung *In astrologiam annotata* (1538) erscheint u.a. auch die Nativität des Johannes Berchthold auf[8].

1 Förstemann 1841, Bd. 1, S. 158b. | 2 Köstlin 1890, S. 11. | 3 Ebenda, S. 23. | 4 Weissenborn 1893, Bd. 2, S. 351. | 5 Eipelius 1545, Bl. b4r, hier zitiert nach Green 2012 (Archiv), S. 6; siehe auch Green 2012, S. 115. | 6 VD 16 S 9266; BSB München, digital. | 7 Zinner ²1964, S. 240, Nr. 2386. | 8 Kraai 2003, S. 49.

Eisenhut, Albert

Albert Eisenhut, geboren in Öhringen (Hohenlohekreis, Baden-Württemberg), kath., Chorherr in Öhringen[1].
Albert Eisenhut schrieb sich am 11. September 1534 gemeinsam mit seinen Brüdern Rabanus und Philipp an der Universität Heidelberg ein. Er immatrikulierte sich im WS 1539/40 unter dem Rektor Dr. med. Georg Curio (Kleinschmidt) an der Universität Wittenberg; Konsemester waren Georg Tschwirtzke, Kaspar Goldwurm, Hieronymus Hesperg, Johannes Hommel, Matthias Schenck, Simon Wilde. Er folgte 1546 seinem Bruder Rabanus nach Bologna nach, wo er ihm auch 1549 im Amte eines Prokurators der Deutschen Nation folgte. 1551 erscheint Albert Eisenhut als Chorherr des Stiftes Öhringen.

Beziehungen zwischen Rheticus und Albert Eisenhut sind nicht anzunehmen; die beiden Brüder mussten aber hier aufgeführt werden, weil sie doch lose Verbindungen zu Schulgesellen von Rheticus hatten. Auch gehörten die Brüder Eisenhut zu einer Gruppe Wittenberger und Leipziger Italienfahrer (v. Beust, Theodor Schiltel, Kaspar Neefe, Paul Pfintzing, Johannes Trautenbul, Wolfgang Scheib, Adam Tratziger, Johannes Schall, Franz Schüssler).

1 Knod 1899, S. 109,.Nr. 750.

Eisenhut, Rabanus,

Rabanus Eisenhut, geboren in Öhringen (Hohenlohekreis, Baden-Württemberg), kath., Jurist (Sekretär, Hofrat)[1].
Rabanus Eisenhut, Sohn eines 1547 bereits verstorbenen Patriziers Johannes Eisenhut, war der älteste der drei Brüder Rabanus, Albert und Philipp. Rabanus begann sein Studium vermutlich in Leipzig, wo er allerdings nicht in der Matrikel steht. Am 1. Dezember 1529 kam er an die Universität Wittenberg[2]; Konsemester waren Leonhard Natter und Johannes Brettschneider. Er wechselte von dort nach Tübingen, wo er sich am 9. September 1533 eingeschrieben hat. Am 11. September 1534 immatrikulierten sich alle drei Brüder gemeinsam an der Universität Heidelberg[3]; dabei entschied sich Rabanus damals für ein Studium der Rechte[4]. Er setzte sein Studium in Italien fort. Hier treffen wir ihn 1543 in Bologna[5]. 1546 stellte sich auch sein Bruder Albert in Bologna ein. Am 7. Juli 1546 war Rabanus Zeuge bei der Promotion des Timotheus Jung; bei dieser Gelegenheit wird Rabanus als Sekretär des Kardinals Otto Truchsess von Waldburg, Bischofs von Augsburg genannt[6]. 1547 erscheint Rabanus als Prokurator der Deutschen Nation. Rabanus Eisenhut promovierte am 3. Oktober 1547 in Ferrara zum JUD[7]; Zeuge war u.a. sein Bruder Albert. Nach seiner Rückkehr in die Heimat wurde er 1549 *Supernumerarius* am Reichskammergericht in Speyer (bis zu seiner Renuntiation am 9. Juni 1552[8]), ging aber 1551 nach Innsbruck (noch 1556). Schließlich erscheint er unter den Hofräten des Bischofs von Augsburg.

Für die **Beziehungen** zwischen Rheticus und Rabanus Eisenhut gilt, was oben zu seinem Bruder Albert ausgeführt wurde.

1 Knod 1899, S. 109,.Nr. 751. | 2 Förstemann 1841, Bd. 1, S. 137b. | 3 Töpke 1884, Bd. 1, S. 558, Nr. 49-51. | 4 Töpke 1886, Bd. 2, S. 482. | 5 Knod 1899, S. 109, Nr. 751. | 6 Pardi ²1900, S. 142 f. | 7 Pardi ²1900, S. 146 f. | 8 Günther 1608, Bl. a8 recto.

Eitzen, Paul von, ca. 1521/22 –1598

Paul von Eitzen (von Eisen, ab Eisen, van Eissen), geboren am 25. Januar 1521 in Hamburg, gestorben am 25. Februar 1598 in Schleswig, Epitaph im Dom, luth., Schulmann, Universitätslektor (Logik), Theologe, Gnesiolutheraner[1].
Paul von Eitzen, der aus einer Hamburger Patrizierfamilie stammte, immatrikulierte sich im SS 1539 unter dem Rektor Melchior Kling an der Universität Wittenberg[2]; Konsemester waren Bonaventura vom Stein, Johannes Marbach, Peter Brem, Daniel Greser, Johannes Beuther. Von Eitzen wurde hier vor allem ein Schüler Melanchthons. 1542 (1547?) soll von Eitzen in Hamburg den ewigen Juden Ahasver gesehen und mit ihm gesprochen haben[3]. Am 11. September 1543 promovierte Eitzen unter dem Dekan Andreas Aurifaber zum Mag. art., wobei er den 4. Rang unter 29 Mitbewerbern erreichte[4]; auf den Platz vor ihm (3. Rang) kam Johannes Reinhold, der Bruder des Mathematikers, Alexius Naboth auf den 20. Rang. 1544 ging Paul von Eitzen zunächst als Rektor nach Berlin-Cölln. 1546 immatrikulierte er sich an der Universität Rostock, wo er 1547 als Wittenberger Magister rezipiert wurde und als *Professor logices* zum Einsatz kam, aber nur kurze Zeit hier wirkte[5]. 1548 wechselte, von Johannes Aepinus ordiniert, als Pastor und Superintendent an den Dom zu Hamburg. Am 27. Mai 1556 promovierte von Eitzen in Wittenberg zum Dr. theol. 1562 wurde er Generalsuperintendent des Herzogtums Holstein-Gottorf in Schleswig. Hier setzte er sich für die Errichtung einer Hochschule am Dom von Schleswig ein.

Paul von Eitzen war verheiratet mit Barbara, Tochter des Konrad Steder (1 Sohn, 3 Töchter). Sein Porträt ist überliefert in seinem Epitaph im Dom zu Schleswig. Von Eitzen hat sich im Stammbuch des Arztes Joachim Strupp verewigt[6]. Auch im Stammbuch des Abraham Ulrich hat er sich in Zerbst, am 10. Mai 1570, eingetragen[7].

Beziehungen zwischen Rheticus und von Eitzen sind nicht bekannt; sie sind aber wohl wahrscheinlich durch die Nähe beider zu Melanchthon; von Eitzen könnte die Vorlesungen von Rheticus im WS 1541/42 gehört haben.

1 Schüssler, Herman, in: NDB 4 (1959), S. 426 f.; Bautz, Friedrich Wilhelm, in: BBKL 1 (1975, ²1990), Sp. 1483 f.; Scheible, MBW, Bd. 11, Personen, 2003, S. 397 f. | 2 Förstemann 1841, Bd. 1, S. 176a. | 3 Nach einem 1602 anonym erschienenen Druck; vgl. dazu Roman »Ahasver« von Stefan Heym (München: Bertelsmann-Verlag, 1981). | 4 Köstlin 1890, S. 15. | 5 Krabbe 1854, Bd. 2, S. 537, Anm. **. | 6 Metzger-Probst 2002, S. 292. | 7 Klose 1999, S. 319 (Bl. 193r).

Engelhardt, Valentin, 1516–1587

Valentin Engelhardt, geboren am 5. März 1516 in Gotha (Thüringen), gestorben um 1587 in Schweinfurt (Unterfranken)[1], luth., Mathematiker, Instrumentenmacher, Arzt[2].
Engelhardt immatrikulierte sich am 20. Mai 1534 an der Universität Wittenberg[3], wo er ein Schüler Melanchthons wurde. Auch Veit Amerbach gehörte zu seinen Lehrern[4]. Engelhardt hatte 1537 im Hause Melanchthons eine Unterredung mit Friedrich Mykonius, von dem Melanchthon am 6. Oktober 1537 erbat, er möge beim Gothaer Rat ein Stipendium für ihn erwirken[5]. *Est autem Valentinus singulari dexteritate naturae praeditus in tractandis his artibus mathematicis* (Es ist aber Valentin von einzigartiger Gewandtheit in der Behandlung der mathematischen Künste). Melanchthon präzisiert gegenüber Mykonius, der wohl wie Luther Vorbehalte gegen die Astrologie hatte: *qui optima cum*

spe versatur in studiis mathematum, nec consectatur divinationes, sed alteram illam partem, plenam verae eruditionis, quae motuum coelestium rationem ex Arithmetica et Geometricis demonstrationibus quaerit. Opinor autem, te de illis ipsis artibus honorifice sentire, quibus amissis, conturbaretur anni ratio, nullos haberemus certos fastos, nullam historiarum series (er steckt mit größter Hoffnung in den mathematischen Studien, jagt aber nicht den Prophezeiungen nach, sondern befasst sich mit jenem anderen Teil, der nach dem Grund der himmlischen Bewegungen mit Hilfe der Arithemtik und den geometrischen Beweisen fragt, die, wie ich glaube, auch du in Ehren hältst, denn ohne sie käme unsere Jahresrechnung durcheinander, wir hätten keine sicheren Amtstage, keine historischen Abfolgen). Am Rande bemerkt, mag man aus diesen Bemerkungen herauslesen, dass zu diesem Zeitpunkt bereits über den Besuch von Rheticus bei Kopernikus diskutiert wurde.

Im WS 1540/41 schrieb er sich in Leipzig ein[6], kehrte aber nach Wittenberg zurück, wo sich Melanchthon 1543 erneut für ihn einsetzte und wiederholte, dass er *zur loblichen kunst mathematica sonderliche neigung hat*[7]. Engelhardt kehrte nach Wittenberg zurück, wo er deswegen gerühmt wurde, weil er die Schüler eine neue Art des Messens lehre. 1545 kaufte ein Exemplar von Kopernikus' *De Revolutionibus*. 1545 stand er neben Johannes Aurifaber *Vratislaviensis* für die Nachfolge Flocks zur Diskussion. Es hieß, Aurifaber lese anhaltender als Engelhardt, der ein wenig mehr die Geselligkeit pflege[8]. Da Aurifaber, den sich auch Flock zum Nachfolger gewünscht hatte, bevorzugt wurde, zog Engelhardt nach Erfurt[9]. Hier immatrikulierte er sich im WS 1547/48 und wurde 1548 Professor für Mathematik, 1550 jedoch wegen Nachlässigkeit abgesetzt und 1553 wieder eingesetzt. Später trat er als Hofmathematiker in die Dienste der Markgrafen von Brandenburg in Halle. 1565 ist Engelhardt als Dr. med. in Schweinfurt bezeugt[10].

Werke: Engelhardt hat eine große Zahl gedruckter Werke hinterlassen: *Libellus de compositione et usu quadrantis astronomici ac geometrici* (Erfurt: Martin von Dolgen, 1550)[11]; *Vorhersage für 1552* (Erfurt)[12]; *Kalender für 1552* (Erfurt)[13]; *Practica für 1552* (Erfurt: Berbern Sachstinne)[14]; *Kalender für 1552* (Erfurt)[15]; *Vorhersage für 1556* (Erfurt: Melchior Sachse d.J., 1555)[16]; *Wandkalender für 1556* (Erfurt: Melchior Sachse)[17]; *Observatio des Cometen, so 1556 im Mertz erschienen ist* (Erfurt: Melchior Sachs, 1556)[18]; *Observatio des Cometen, so 1556 im Mertz erschienen ist* (Magdeburg: Pankraz Tumpf, 1556)[19]; *Vorhersage für 1557* (Erfurt: M. Sachs)[20]; *Kalender für 1557* (Erfurt: M. Sachse)[21]; *Prognosticon für 1560* (Erfurt: Sachse, 1559)[22]; *Quadrans planispheri* (Wittenberg: Laurentius Schwenck, 1559)[23]; *De mundo et tempore, das ist von der Welt und der Zeit* (Erfurt: G. Baumann, 1562)[24], Widmung an Erzbischof Sigismund von Magdeburg, datiert Halle, 12. September 1561; er schreibt deutsch, um größere Kreise für die Astronomie zu gewinnen; im letzten Teil dieses Buches will Engelhardt *von der hohen kunst Astrologia reden, und den nützlichen gebrauch der zeit in der haushaltunge anzeigen, und mit einer defension oder vortrettung der Göttlichen Kunst Astrologiae, wider alle verechter derselbigen*. Diese Gedanken hat er auch in seinem Prognosticon für 1565 zum Ausdruck gebracht mit dem Untertitel: *mit einer nützlichen Vorrede, in welcher die ursache angezeigt ist, Warumb die kunst Astrologia jtziger zeit von so viel Leuten verachtet wird*; *Prognosticon auf 1565* (Erfurt: Melchor Sachse, 1565)[25]; *Vorhersage auf 1565* (Frankfurt, 1564)[26]; *Machina primi mobilis sphaerica* (Erfurt, 1564)[27]; *Machina primi mobilis sphaerica* (Wittenberg: Laurentius Schwenck, 1565)[28]; *Speculum astronomiae* (Erfurt 1565)[29]; *De mundo et tempore, das ist von der Welt und der Zeit* (Halle: J. F. Hartmann, 1591)[30].

Engelhardt war auch Instrumentenmacher. Seinem *Quadrans planisphaerii* (Wittenberg 1559) hat er einen Holzschnitt beigegeben, der zum Aufkleben auf eine Holzplatte gedacht war. Sein astronomischer Quadrant ist an einer Säule befestigt und waagerecht herumschwenkbar. Die Höhe der Sonne beobachtete er durch einen Spiegel[31]. Gemäß einem Inventar der sächsischen Kunstkammer von 1587 wurden aus Engelhardts Nachlass verschiedene Instrumente, meist aus vergoldetem Messing verkauft, darunter zwei astronomische Instrumente[32].

Reste seiner Bibliothek haben sich in der SLUB Dresden erhalten; sie wurden 1537 aus seinem Nachlass vom Kurfürsten angekauft. Eine genauere Untersuchung dieser Bestände steht noch aus. Es gehören jedoch dazu: Johannes Schöners *Algorithmus demonstratus* (Nürnberg: Petreius, 1534; Schöners *Tabulae astronomicae* (Nürnberg: Petreius, 1536); Euklids *Elementa* (Basel: Herwagen, 1537); ein weiterer Band, Johannes de Sacroboscos *Libellus de sphaera* (Wittenberg: Joseph Klug, 1538)[33], befindet sich in der Staatsbibliothek Berlin, zu dem Engelhardt eine umfangreiche Handschrift seiner *Annotationes in sphaeram Johannis de Sacrobosco* hinzugefügt hat (Ms. lat. Oct. 529). Auch Stifels *Arithmetica integra* (Nürnberg: Petreius, 1544) befand sich in seiner Bibliothek[34]. Fast alle diese Bände sowie auch sein Exemplar von *De revolutionibus* (Nürnberg 1543) hat Engelhardt jeweils im ersten Teil reichlich annotiert, vereinzelt auch in deutscher Sprache. Dabei lässt er einen großen Stolz auf Nürnberg erkennen, so wenn er etwa zu den Ausführungen Schöners über seine Meinungsverschiedenheit mit Oronce Finé über Regiomontan am Rand vermerkt *Laus Regiomontani nostri*[35] oder wenn er beiläufig Albrecht Dürer erwähnt: *Albertus Dürerus pictor dicere solitus est ingeniosos homines sine doctrina similes esse speculis impolitis* (Albrecht Dürer pflegte zu sagen, dass geistreiche Menschen ohne wissenschaftliche Bildung ungeputzten Spiegeln gleichen)[36].

Beziehungen zu Rheticus: Valentin Engelhardt ist bisher zu wenig gewürdigt worden, was seiner tatsächlichen Bedeutung nicht gerecht wird. Die neuere Rheticusliteratur kennt ihn kaum; er wird bei Burmeister (1967/68), Kraai (2003) und Danielson (2006) nicht genannt. Auch Thorndike, Westman[37] und Brosseder erwähnen den Melanchthonschüler, der ein umfangreiches astrologisches Werk aufzuweisen hat, nicht. Andererseits war Engelhardt in Wittenberg ein Freund und Kommilitone von Rheticus, sowie hier als auch wohl in Leipzig sein bevorzugter Schüler. Trotz seiner finanziellen Nöte kaufte Engelhardt 1545 in Wittenberg um den geringen Preis von einem Gulden Kopernikus' *De Revolutionibus*[38]. Und bei diesem Kauf zeigte sich die Freundschaft mit Rheticus: Engelhardt strich nicht nur den nicht autorisierten Zusatz *orbium coelestium*, sondern auch das Vorwort Osianders, womit er der Praxis seines Lehrers folgte; auch Rheticus hatte in den Exemplaren, die er Giese und Donner geschenkt hatte, den Zusatz *orbium coelestium* und das Vorwort Osianders gestrichen[39]. Engelhardt konnte das nur aus persönlichen Gesprächen mit Rheticus wissen.

Engelhardt hatte auch Kenntnis von dem Hinweis Schreibers, dass Osiander der Verfasser des Vorwortes von *De revolutionibus* war. Engelhardt teilte mit Rheticus die Bewunderung von Dürer. Darin zeigen sich die engen Kontakte Engelhardts zu Rheticus[40] und wohl auch zu Schreiber. Es gibt aber noch weitere Zeugnisse für die Freundschaft zwischen Rheticus und Engelhardt. Johannes Schöner veröffentliche 1536 bei Petreius in Nürnberg seine *Tabulae astronomicae*, die dem Nürnberger Rat gewidmet waren. Vorangestellt war auch ein Vorwort Melanchthons und ein Epigramm an den Leser von Thomas Venatorius[41]. Ein Exemplar dieses Werke machte Rheticus dem Engelhardt zum Geschenk; die Widmung hat Engelhardt wohl selbst auf das Titelblatt geschrieben, wie man daraus entnehmen kann, dass er Rheticus' Namen falsch geschrieben hat und seinen eigenen Namen nur abgekürzt angibt: *M[agister] Georgivs Ioachimus Rethicus (!) Val. Eng. suo d[onum] d[edit]*. Engelhardt hat in seinen handschriftlichen Annotationen zu diesem Buch wiederholt Jahreszahlen gesetzt, u.a. Anno domini 1539 non. Februarij Val. Eng. (= 1539 Februar 5)[42]. Zu vermuten ist, dass ihm Rheticus das Buch irgendwann vor dem 5. Februar 1539 geschenkt haben muss, also im zeitlichen Umfeld seiner Reisevorbereitungen.

Besondere Erwähnung muss auch noch der bereits genannte Sacrobosco (Wittenberg 1538) finden[43]. Dieses Buch hatte Melanchthon auf Bitten von Rheticus dem Achilles Pirmin Gasser gewidmet; Rheticus hatte dabei den Abschnitt über den *Computus* bearbeitet. Der Sacrobosco war damit teilweise ein Werk von Rheticus. Und Engelhardt hat sich, wie seine Annotationen zeigen, sehr eingehend mit diesem Werk des Rheticus beschäftigt.

Engelhardt hat auch nach Aussage seines *Quadrans planisphaerii* (Wittenberg 1559, Bl. D3r) am 20. November 1558 einen Sonnenort berechnet, der zu den Tafeln des Kopernikus stimmte[44].

Schließlich wirkte Engelhardt auch noch durch seinen Schüler Nikolaus Neodomus (1535-1578) im Geiste von Rheticus nach. Neodomus war zwar auch ein Schüler von Sebastian Dietrich und Kaspar Peucer gewesen, verdankte aber vor allem Engelhardt seine mathematische Ausbildung, unter dem er in Erfurt sein Studium begonnen und 1556 mit dem Mag. art. abgeschlossen hatte; er bekannte sich in seinem *Prognosticon auff 1577* zu Kopernikus.

1 Verkauf seines Nachlasses in Schweinfurt, vgl. HANTZSCH 1902, S. 227, 232. | 2 SCHEIBLE, MBW, Personen, Bd. 11, 2003, S. 403 f.; ZINNER ²1967, S. 309, auch 162 f., 190, 203 f., 223, 611, 614. | 3 FÖRSTEMANN 1841, Bd. 1, S. 153a. | 4 SCHÖNER, Tabulae (1536), SLUB Dresden, digital. | 5 CR III, Sp. 415 f. | 6 ERLER, Bd. 1, S. 634, M 29. | 7 EHWALD 1893. S. 7. | 8 FRIEDENSBURG 1917, S. 230 f. | 9 KLEINEIDAM 1980, Bd. 3, S. 74 f., 255 f. | 10 Nach ZINNER ²1964, Nr. 2362, nicht nachweisbar; vgl. auch HANTZSCH 1902, S. 227, 232. | 11 ZINNER ²1964, Nr. 1985; BSB online. | 12 ZINNER ²1964, Nr. 2043. | 13 Ebenda, Nr. 2044. | 14 Google Books, Engelhardt. | 15 ZINNER 1964, Nr. 2061. | 16 VD 16 ZV 5025; ZINNER 1964, Nr. 2140; RESKE 2007, S. 2007. | 17 ZINNER ²1964, Nr. 2141. | 18 Ebenda, Nr. 2142; Google Books, Engelhardt. | 19 Exemplar Stabi Berlin – Preussischer Kulturbesitz. | 20 ZINNER ²1964, Nr. 2170. | 21 Ebenda, Nr. 2171. | 22 Exemplar UB Eichstätt-Ingolstadt. | 23 ZINNER ²1964, Nr. 2216; Exemplar BSB München; vgl. dazu auch MÜLLER, Uwe, Der Wiener »Catalogus« der Praetorius-Saxonius-Bibliothek, in: MÜLLER 1993, S. 59-89, hier S. 73. | 24 VD 16 E 1244; BSB digital; ZINNER 1964, Nr. 2279; die bei ZINNER 1964, Nr. 2255 verzeichnete Ausgabe von 1561 dürfte nicht existieren; hier wurde die Widmung von 1561 fälschlich als Erscheinungsjahr angegeben. | 25 Exemplar SLUB Dresden. | 26 ZINNER²1964, Nr. 2335. | 27 Ebenda, Nr. 2336. | 28 Exemplar SStB Augsburg. | 29 ZINNER ²1964, Nr. 2362, nicht nachweisbar. | 30 Ebenda 4, Nr. 3437. | 31 ZINNER ²1967, S. 309, auch S. 162 f., 611. | 32 HANTZSCH 1902, S. 227-232. | 33 VD 16 J 723. | 34 SLUB Dresden, digital. | 35 SCHÖNER, Tabulae (1536), SLUB Dresden, digital, S. 169. | 36 SCHÖNER, Algorithmus (1534), SLUB Dresden, digital, S. 66. | 37 Neuerdings erwähnt ihn, wenn auch nur ganz beiläufig, WESTMAN 2011, S. 168. | 38 Exemplar in der SLUB Dresden; vgl. dazu ZINNER 1943, S. 255, 450; GINGERICH 2002, S. 67 f., Nr. I, 53; GINGERICH 2005, S. 129. Nach GINGERICH 2002, S. 67 kostete das Buch 2 fl., 10 g. Unzutreffend hat GINGERICH 2002, S. 32, ein weiteres Exemplar in der UB Kopenhagen Engelhardt zugewiesen; richtig ist Valentin Meder (siehe dort). | 39 BIRKENMAJER 1900, S. 652; ZINNER 1943, S. 452, 455. | 40 GINGERICH 2005, S. 141, 162-165. | 41 VD 16 S 3504; ZINNER ²1964, Nr. 1647; BSB digital. | 42 SCHÖNER, Tabulae (1536), SLUB Dresden, digital, S. 72. | 43 BURMEISTER 1967, Bd. 2, S. 56, Nr. 6. | 44 ZINNER ²1967, S. 204.

Enzelt, Christoph, 1517–1583

Enzelt (Encelius, Enzelder, Entzolt), Christoph, geboren um 1517 in Saalfeld (Lkr. Saalfeld-Rudolstadt, Thüringen), gestorben am 15. März 1583 in Osterburg (Lkr. Stendal, Sachsen-Anhalt), luth. Theologe, Historiker[1].

Enzelt immatrikulierte sich im WS 1531/32 an der Universität Wittenberg[2], wo er Schüler Luthers wurde. Er promovierte am 4. Juli 1536 unter dem Dekan Fendt zum Bacc. art.[3] und im Januar 1538 unter dem Dekan Veit Winsheim zum Mag. art.[4] Um 1539 wirkte Enzelt als Schulmeister in Tangermünde. Am 21. Mai 1541 disputierte er in Wittenberg *De bonis ecclesiasticis et causa fulminis*.[5] Er trat den in den Kirchendienst über, wurde um 1550 Pfarrer in Rathenow (Lkr. Havelland, Brandenburg), 1558 Pfarrer und Superintendent in Osterburg.

Werke: *De re metallica* (Frankfurt/Main: Chr. Egenolfs Erben, 1557)[6]; mit Vorrede Melanchthons vom 19. August 1551, in der er betont, dass Enzelt dem Werk von Georg Agricola keine Konkurrenz machen, sondern nur für die naturwissenschaftlichen Studien ein Hilfsmittel schaffen wollte; *Chronicon* (Magdeburg: Matthäus Gisecke, 1579[7]; Reprint Potsdam: Becker, 2011).

Rheticus und Enzelt waren 1532 bis 1536 Kommilitonen, danach bis 1538 Kollegen.

1 SCHEIBLE, MBW, Bd. 11, Personen, 2003, S. 407 f. | 2 FÖRSTEMANN 1841, Bd. 1, S. 144b. | 3 KÖSTLIN 1888, S. 15. | 4 KÖSTLIN 1890, S. 10. | 5 KÖSTLIN 1890, S. 23. | 6 SLUB Dresden, online. | 7 VD 16 E 1382.

Erast, Thomas, 1524–1585

Thomas Erast (Erastus, eigentlich Lüber, Lieber, Liebler, Lüberus), geboren in Baden (Aargau), gestorben am 31. Dezember 1583 in Basel, ref., Arzt, Theologe, Universitätsprofessor (Medizin, Ethik)[1].

Erast besuchte zunächst die Schule in Zürich und immatrikulierte sich im Studienjahr 1542/43 an der Universität Basel[2]. Hier studierte er unter Oswald Mykonius vor allem Theologie. 1544 wechselte er an die Universität Bologna, wo er acht Jahre lang blieb und sich einem gründlichen Medizinstudium widmete. Am 1. Juli 1552 promovierte er hier zum Dr. med.[3] Er galt später als einer der besten deutschen Ärzte. 1555 wurde er Leibarzt der Grafen von Henneberg, 1558 Leibarzt des Kurfürsten Ottheinrich von der Pfalz, der ihn als Professor für Medizin nach Heidelberg berufen hat. Er wurde am 3. Mai 1558 in Heidelberg immatrikuliert[4]; Konsemester waren Michael Beuther und Tilemann Heshusius. Erast wurde am 20. Dezember 1558 zum Rektor Magnificus für das folgenden Jahr gewählt; nochmals wurde er Rektor für das Jahr 1573. 1580 kehrte er nach Basel zurück als *Aggregatus* im *Collegium medicorum* und *Consiliarius* im *Consilium medicorum*. Seit 17. Januar 1583 war er Professor für Ethik. Als Arzt bekämpfte Erast Paracelsus. Er trat für ein Staatskirchentum ein, das die Kirche dem Staat unterordnete (Erastianismus). In der Schrift *De lamiis seu strigibus* befürwortete Erast die Hinrichtung von Hexen.

Werke (Auswahl): *Bestendige Ableinung der ungegründten beschuldigung, damit D. Johan Marbach das büchlein Thomas Erasti medici vom Verstand der Wort Christi, Das ist mein Leib, etc. unterstehet verdechtig zu machen* (Heidelberg: Mayer, 1565[5]; *Responsio ad libellum Jac. Schegkii de una persona* (Genf: Jean Crispin, 1567); *Defensio libelli Hieronymi Savonarolae De Astrologia divinatrice, adversus Christophorum Stathmionem* (o.O.: Johannes Le Preux & Johannes Parvus, 1569)[6]; *Disputationes de medicina nova Philippi Paracelsi* (Basel: Peter Perna, 1572)[7]; *Repetitio disputationis de lamiis seu strigibus* (Basel: Peter. Perna, 1578)[8]; *Disputatio de avro potabile* (Basel: Peter Perna, 1578)[9], darin enthalten, aber auch selbständig erschienen: *De cometarum significationibus sententia*[10]; *De Astrologia divinatrice epistolae*, hg. v. Johann Jakob Grynaeus (Basel: Peter Perna, 1580)[11]; *Varia opuscula medica* (Frankfurt/Main: Joh. Wechel für Jakob Castelvitreus, 1590)[12]; *Disputationes et epistolae medicinales* (zweite Auflage, hg. v. Theophil Mader, Zürich: Wolphius, 1595[13].

Seit 1552 war Erast in kinderloser Ehe verheiratet mit Isotta a Canonicis, der Tochter eines Bürgers von Bologna. Erast ist in Konrad Gesners *Liber amicorum* (1555-1565) enthalten[14]. Tischgenosse Erasts in Heidelberg war 1570/1 der Großneffe Achilles Pirmin Gassers Johann Philipp von Hohensax; Erast ließ Hohensax in einem Brief an Gasser diesem Grüße ausrichten[15]. Ein Porträt des Erast, ausgeführt von Tobias Stimmer, ist überliefert.

Die **Beziehungen** zwischen Rheticus und Erast sind nicht auf ein Verhältnis vom Lehrer zum Schüler gegründet. Aber Erast gehört zum Umkreis von Rheticus, wie denn auch Westmann Erast zum Melanchthonzirkel hinzurechnet[16]. Beide verbindet auch, dass sie in erheblichem Maße von ihrer Schulzeit in Zürich geprägt waren. Erast darf also hier nicht übergangen werden, mag auch eher als ein Gegner denn als Freund von Rheticus eingestuft werden: Gegner im Bereich der Astrologie und Gegner im Bereich der Medizin.

Erast gehört nach Brosseder zu den zeitgenössischen Starrköpfen, »die alle Arten von Wahrsagung und selbst die Astrologie verteufelten«[17]. Die Astrologie wird zu einer heidnischen und dämonischen Teufelskunst. In verschiedenen Schriften bekämpfte Erast die Astrologie, wobei er gegen Peucer und gegen Stathmion polemisierte. Hervorzuheben ist seine *Astrologia confutata, Ein wahrhafte gegründete unwidersprechliche Confutation der falschen Atrologei oder abgöttischen warsagung aus des himmels und der gestirnen lauff* (Schleusingen: Hermann Hamsing, 1557)[18]. Es handelt sich dabei um eine Übersetzung von Savanarolas Werk *Contra gli astrologi*.

Als führender Arzt wurde Erast zu einem erklärten Gegner des Paracelsus[19], der von Rheticus besonders verehrt wurde. Erast blieb nicht ohne Einfluss auf Dudith, der zum Antiparacelsisten wurde; dabei fällt auf, dass weder Gessner noch Dudith den Namen des Paracelsus je nennen; sie sprechen von der theophrastischen Medizin[20].

1 KARCHER 1949, S. 52; WESEL-ROTH, Ruth, Thomas Erastus, (Veröffentlichungen des Vereins für Kirchengeschichte in der evangelischen Landeskirche Badens, 15); phil. Diss. Freiburg i. Br. 1942; WESEL-ROTH, Ruth, in: NDB 4 (1959), S. 560; FELLER-VEST, Veronika, in: HLS 2005. | 2 WACKERNAGEL 1956, Bd. 2, S. 30, Nr. 19. | 3 BRONZINO 1962, S. 45. | 4 TÖPPEN 1886, Bd. 2, S. 14, Nr. 20. | 5 VD 16 3670; BSB München, digital. | 6 BSB München, digital | 7 VD 16 E 3679; BSB München, digital. | 8 VD 16 E 3692: BSB München, digital. | 9 VD 16 E 3674; BSB München, digital. Vgl. dazu auch NOWOTNY, Otto, De Auro potabiliin, in: Salzburger Beiträge zur Paracelsusforschung 7 (1967), S. 13-23. | 10 BSB München, digital, Scan 169-192; ZINNER ²1964, S. 270, Nr. 2883; | 11 BSB München, digital. | 12 VD 16 E 3689; BSB München, digital. | 13 VD 16 E 3680; BSB München, digital. | 14 DURLING 1965, S. 139. | 15 BURMEISTER 1975, Bd. 3, S. 425 f., 447 f. | 16 BROSSEDER 2004, S. 15. | 17 Ebenda, S. 249, 273, 286, 296. | 18 ZINNER ²1964, S. 227, Nr. 2183. | 19 KARCHER, Johannes, Erastus, ein unversöhnlicher Gegner des Theophrast Paracelsus, in: Gesnerus 14 (1957), S. 1-13. | 20 GLESINGER 1967, S. 7 f.

Ernst, Konrad

Konrad Ernst (Ernesti, Ernestus, Ernestius), geboren in Nordhausen (Thüringen), gestorben in?, luth., Arzt.

Johannes Spangenberg, seit 1524/25 Prediger an St. Blasii in Nordhausen, widmete die für seine Schüler bestimmte Schrift *Artificiosae memoriae libellus* (Leipzig: Michael Blum, 1539) dem Magister Andreas Ernst (1498-1569)[1]. In seinem Widmungsbrief vom 1. August 1539 erwähnt Spangenberg seinen *Compater* (Gevatter) Konrad Ernst, den Bruder des Andreas Ernst, sowie dessen gleichnamigen Sohn Konrad, *optimi viri optimus filius*. Dieser Konrad Ernst und sein jüngerer Bruder Ernst Ernst schrieben sich 1539 an der Universität Erfurt ein[2]. Beide wechselten gemeinsam an die Universität Wittenberg, wo sie sich am 18. Oktober 1540 unter dem Rektor Georg Major immatrikulierten[3]; Konsemester waren Gregor Joestel und der Sohn des Rektors Leonhard Major, beide am gleichen Tag eingeschrieben wie die Gebrüder Ernst, dann auch Johannes Prunsterer, Ambros Borsdorfer, Daniel Tscherni, Valentin Trutiger. Am 6. Juni 1542 promovierte Konrad Ernst unter Paul Eber zum Bacc. art.[4] und am 1. September 1545 unter Johannes Aurifaber *Vratislaviensis* zum Mag. art.[5]; bei letzterer Prüfung kam er auf dem 15. Rang unter 40 Mitbewerbern. Vor ihm platzierten sich Sebastian Glaser (1.), Kaspar Peucer (2.); Johannes Metsperger erreichte den 20. Rang, Marshusius den 22., Heise den 26. Rang. Das Studium an einer höheren Fakultät absolvierte Konrad Ernst in Italien. In Begleitung von Ortolf Marolt reiste er nach Venedig, wo sie den Sommer in Muße verbrachten[6]. Ernst promovierte am 12. September 1555 in Bologna zum Dr. med.[7] Er erscheint 1556 in Konrad Gesners *Liber amicorum*[8].

1 Über ihn SCHEIBLE, MBW, Bd. 11, Personen, 2003, S. 417 f. | 2 WEISSENBORN 1884, Bd. 2, S. 351. | 3 FÖRSTEMANN 1841, S. 184a. | 4 KÖSTLIN 1890, S. 8. | 5 Ebenda, S. 18. | 6 ARND, Karl (Hg.), Zeitschrift für die Provinz Hanau, Bd. 1, Hanau 1839, S. 370 (Google Books). | 7 BRONZINO 1962, S. 50. | 8 DURLING 1965, S. 139, 150, Anm. 39.

Erythraeus, Valentin, 1521–1576

Valentin Erythraeus (Rot, Roth), geboren 1521 in Lindau (Schwaben), gestorben am 29. März 1576 in Altdorf (Lkr. Nürnberger Land, Mittelfranken), luth., Schulmann, Theologe[1].

Valentin Erythraeus, der jüngere Bruder von Matthias Rot, hatte sein Studium 1537 in Straßburg begonnen, das durch die *Confessio Tetrapolitana* mit Lindau eng verbunden war. Erythraeus, der mit dem Lindauer Bufler-Stipendium studierte, wurde einer der bedeutendsten Schüler und Nachfolger von Johannes Sturm (1507-1589). Er wurde im Mai 1544 in die Matrikel in Wittenberg eingeschrieben² und konnte schon nach kurzer Zeit am 4. September 1544 zum Mag. art. promovieren (23. Rang von 34 Kandidaten)³; mit ihm promovierten zahlreiche Rheticusschüler wie Sebastian Dietrich (1. Rang), Justus Jonas d.J. (2. Rang), Matthäus Blochinger (5. Rang), Viktorinus Strigel (6. Rang), Gervasius Marstaller (34. Rang). Noch im SS 1544 schrieb er sich unter dem Rektor Camerarius an der Universität Leipzig ein⁴. Seit 1546 lehrte er wieder in Straßburg, wo er seit 1552 nach dem Interim mit Johannes Marbach an der Umgestaltung des Kirchenwesens und der Einführung der Kirchenagende in Lindau beteiligt war (gedruckt 1573)⁵. 1553 bis 1575 Professor für Rhetorik und Ethik am Gymnasium (seit 1566 Akademie) in Straßburg. 1574 war er hier Dekan der Artistenfakultät. Sambucus wollte 1574, dass sich Hugo Blotius um die Nachfolge der Professur von Erythraeus bewerben sollte⁶, doch brachte ihn Crato als Hofbibliothekar Kaiser Maximilians II. unter. Vom 26. Juni 1575 bis 29. März 1576 war Erythraeus erster Rektor Magnificus der Universität Altdorf, die er mit einer Rede *De fine studiorum* eröffnete. Erythraeus war verheiratet mit Susanna Pfeffinger aus Straßburg.

Werke: *Tabulae partitionum oratoriarum Ciceronis* (Straßburg, 1547; Straßburg: Christian Mylius, ²1560); *Libri duo, unus de grammaticorum figuris..., alter ... de modis* (Straßburg: Klöpfel, 1549); *Commentarii notationis artificii rhetorici ac dialectici in orationem M. T. Ciceronis Pro Licinio*, Straßburg: Wendelin Rihel, 1550⁷; *Tabulae duorum librorum partitionum dialecticarum* (Straßburg: Christian Mylius, 1551); *Tabulae tertii et quarti libri partitionum dialecticarum* (Straßburg: Christian Mylius, 1555); *In orationem M.T.C [iceronis] Pro lege Manilia annotationes*, Straßburg: Christian Mylius, 1556 (mit lit. Beigabe von Joh. Sambucus)⁸; *Annotationes* zu Cicero, *Oratio pro M. Marcello* (Paris: Thomas Richard, 1564); *De usu decem categoriarum* (Straßburg: Christian Mylius, 1566); *Syntaxis nova Philippi Melanchthonis* (o.O., 1568); Peter Gunther, *De arte rhetorica libri duo* (Straßburg 1568); *Oratio de honoribus academicis*, Straßburg: Nicolaus Wyriot, 1574⁹; *De ratione legendi... et scribendi epistolas* (Straßburg: Bernhard Jobin, 1576; im 16. Jh. 15 Auflagen, Widmung an Herzog Julius von Braunschweig-Lüneburg), Vorrede von Johannes Sturm¹⁰.

Beziehungen von Rheticus zu Valentin Erythraeus sind anders verlaufen als die seines jüngeren Bruders Matthias Rot und dessen Freunde Marbach und Brombeiss. Erythraeus konnte Rheticus in Wittenberg nicht mehr begegnen, wohl aber 1544 in Leipzig. Hier tat er sich mit dem Rheticusschüler Philipp Bech zusammen, mit dem er auch gemeinsam publiziert hat. Erythraeus und Bech wurden hervorragende Lehrer der Rhetorik. Zu den *Tabulae duorum librorum partitionum dialecticarum* (1551) lieferte Toxites, ein anderer Freund des Rheticus aus dessen Wittenberger Zeit, eine literarische Beigabe. Überliefert ist ein Porträt von Erythraeus mit einem Globus im Hintergrund¹¹, was auf astronomische Interessen hindeutet.

1 ADB 6, 335 f.; Dobras 1981, S. 16; Burmeister 2004/I, S. 73 f. | 2 Förstemann 1841, Bd. 1, S. 213a. | 3 Köstlin 1890, S. 17. | 4 Erler, Bd. 1, S. 646, B 11. | 5 Wolfart 1909, Bd. 1/1, S. 383. | 6 Gerstinger 1968, S. 177 f. | 7 VD 16 E 3890. | 8 VD 16 C 3397; BSB digital. | 9 VD 16 E 3900; BSB digital. | 10 VD 16 E 3904, UB Halle digital. | 11 Abgebildet bei Burmeister 2004/I, S. 116.

Eschmann, Christoph, † 1543

Christoph (Christophorus) Eschmann (Escheman), aus Uelzen (Niedersachen), gestorben am 3. Dezember 1543 in Wittenberg, luth., Student.

Eschmann immatrikulierte sich als *pauper* im SS 1540 an der Universität Wittenberg¹. Ob er ein Schüler von Rheticus war, ist nicht gewiss; er hätte aber dessen Vorlesungen im WS 1541/42 besuchen können. Er wird als für die Kirche hoffnungsvolles Talent beschrieben, *fuerunt mores ipsius pleni pietatis et virtutis*. Eschmann gehört zu den Studenten, die frühzeitig ihr Leben lassen mussten; er starb im Jünglingsalter in der Nacht auf den 3. Dezember 1543. Zu dem an diesem Tag um 12 Uhr stattfindenden Begräbnis, *ad quod studiosos convenire decet* (es geziemt sich, dass die Studenten sich dazu versammeln), lud der Rektor Fendt durch einen Anschlag am Schwarzen Brett ein[2]. Der Rektor erinnerte dabei an die Klage von Ovid über den frühen Tod seines jungen Freundes Tibull. Besonders betroffen mochte auch Henning Eschmann aus Uelzen gewesen sein, ein Bruder oder sonstiger Verwandter, der erst im Juli 1543 inskribiert hatte[3].

1 FÖRSTEMANN 1841, Bd. 1, S. 184a. | **2** CR V, Sp. 240 f., auch *Scripta quaedam in Academia Wittenbergensi ... publice proposita* (Wittenberg: Joseph Klug, 1549). | **3** FÖRSTEMANN 1841, Bd. 1, S. 214b.

Fabricius, Blasius, *Brigantinus*, † nach 1543

Blasius Fabricius, Schmid (Schmidt, Fabri), geboren in Bregenz, erwähnt 1520-1543, kath., OSB Mehrerau, seit 1542 luth., Theologe[1].

Der Sohn des begüterten und angesehenen Bregenzer Bürgers Blasius Schmid († 1502) und seiner Ehefrau Anna Mock immatrikulierte sich am 26. Juni 1520 an der Universität Freiburg i. Br.[2], er gehörte bereits dem Klerikerstand als Mönch des Benediktinerklosters St. Peter und Paul Mehrerau bei Bregenz an, war aber noch nicht zum Priester geweiht. In seiner Begleitung befand sich der Mehreauer Mönch Andreas Haberstrow, ein Verwandter des Kaspar Haberstrow (1475-1524), der seit 1502 Propst zu Lingenau (Bregenzerwald, Vorarlberg) war und 1510-1524 dem KlosterMehrerau als Abt vorstand. Auch dessen Nachfolger Johannes Schobloch, Abt der Mehrerau 1524-1533, hat in Freiburg studiert[3]. Zum Kreis dieser Bregenzer Studenten in Freiburg gehörten noch drei weitere Bregenzer: Johannes Mock (Metzger, Lanius), immatrikuliert am 2. Juli 1517[4], ein Verwandter der Mutter von Fabricius; Simon Stocker, ein Laie, der sich dem Studium der Rechte widmete, immatrikuliert am 2. Juli 1517[5], und schließlich Jakob Feuerstein (Fürstein), immatrikuliert am 18. Juni 1520[6]. Zu seinen Bekannten in Freiburg gehörte auch Jakob Klein aus Kempten, 1530-1555 deutscher Schulmeister in Lindau[7]. Als einer der Lehrer von Fabricius in Freiburg ist Jakob Milich hervorzuheben, desgleichen der Bludenzer Jakob Bedrot, der sich am 1. Juli 1521 als Priester und Magister artium in Freiburg eingeschrieben hat und Griechisch und Mathematik lehrte. Fabricius wurde in den frühen 1520er Jahren in Konstanz zum Priester geweiht, dann 1524 Pfarrvikar von St. Otmar in Grünenbach (Landkreis Lindau, bis 1806 zur Herrschaft Bregenz gehörig)[8], 1531 Pfarrer in Andelsbuch (Bregenzerwald, Vorarlberg) und 1534 Propst von Lingenau.

Am 9. August 1538 erreichte die Reformation in Lindau einen Höhepunkt, als die intellektuelle Spitze der Reichsstadt eine Bibliothek im Geiste des Humanismus und des Luthertums gründete.[9] Zu den Gründern dieser neuen Institution gehörten der Arzt Johannes Hener, die luth. Geistlichen Thomas Gassner, Jeremias Lins, Ottmar Schenck, Hans Reiner, Leonhard Bayer, Hans Hünlin, der Rektor der Lateinschule Kaspar Heldelin, die Bürger Jakob Feuerstein, Andreas Mürgel, Matthias Brombeiss, Simon Stocker, Stoffel Kröl und der deutsche Schulmeister Jakob Klein. Für den Melanchthonschüler Heldelin[10] bedeutete die Gründung der Stadtbibliothek eine Sternstunde. Noch im gleichen Jahr veröffentlichte er seine *Paraphrasis in XVI orationes Vergilii, quae quidem primo Aeneidos libro continentur* (Straßburg: Crato Mylius, 1538). Heldelin ehrte seine Freunde mit lateinischen Epigrammen, namentlich den Lindauer Reformator Thomas Gassner, den Kirchengutsverwalter Andreas Hünlin, Jakob Feuerstein sowie einige andere, darunter auch Blasius Fabricius[11].

Um 1538 hatte Heldelin Fabricius zu einem Sängerwettstreit eingeladen. Das ist der Inhalt des genannten Epigramms auf Fabricius, der als Sieger hervorging und als Preis einen Käse aus dem Bregenzerwald erhielt, vermutlich aus Lingenau, denn das evangelische Heiliggeistspital Lindau hatte Alpbesitz in der Umgebung von Lingenau. 1523 wurden im Sommer 121 Stück Vieh aus Lindau dorthin aufgetrieben.[12] Der Gewinner musste dem Verlierer eine Revanche bieten. Aus der Zueignung *Ad Blasium Fabricium Brigantinum suum*, d.h. »seinem Blasius Fabricius« könnte man auf eine bereits bestehende Freundschaft schließen. Eine solche ist keineswegs ungewöhnlich, da wir uns 1538 noch im vorkonfessionellen Zeitalter befinden; man hoffte ja immer noch, die Glaubensspaltung durch ein Konzil überwinden zu können.

Spätestens um die Jahreswende 1541/42 schloss sich Fabricius den Lutheranern an und floh *als anhennger der newen secten aus dem land*[13]. Am 27. April 1542 erscheint in der Matrikel der Universität Wittenberg *Dominus Blasius Fabri Brigantinus*[14]. Zu beachten ist, dass zu dieser Zeit Fabricius' ehemaliger Lehrer Milich als Rektor Magnificus der Universität Wittenberg vorstand. Zur gleichen Zeit war Rheticus Dekan der Artistenfakultät. Rheticus wiederum war bekannt mit Heinrich Widnauer, dem Feldkircher Stadtammann des Jahres 1542, der einst ebenfalls ein Schüler von Jakob Milich gewesen ist.

Am gleichen Tag wird unmittelbar auf Fabricius folgend der Adlige Hermann Graf von Neuenahr (Lkr. Ahrweiler, Rheinland-Pfalz) und Moers (Kreis Wesel, Nordrhein-Westfalen) in die Matrikel aufgenommen. Da junge Adligen meist in Begleitung eines Präzeptors oder Hofmeisters an eine Universität kamen, bleibt zu erwägen, ob nicht Fabricius als Erzieher in den Diensten des Grafen stand. Hermann von Neuenahr d. J. (1520-1578)[15], Neffe des Kölner Dompropstes und Universitätskanzlers Hermann von Neuenahr d. Ä. († 1482-1530), Großneffe des späteren Erzbischofs von Köln Hermann von Wied († 1552), seit 1538 verheiratet mit Magdalena Gräfin von Nassau-Dillenburg, einer Halbschwester Wilhelms I. von Oranien, an dessen Hochzeit mit Anna von Sachsen er am 24. August 1561 teilgenommen hat. Graf Hermann wurde am 5. Mai 1542 mit Krefeld und Cracau (Stadtteil von Krefeld, NRW) belehnt, wo er die Reformation begünstigte[16], Er war ein humanistisch gebildeter Staatsmann, kaiserl. Rat Karls V., Ferdinands I. und Maximilians II. 1560 bekannte sich Graf Hermann offen zum Luthertum und führte 1561 in seiner Grafschaft Moers eine lutherisch-melanchthonische Kirchenordnung ein. Ob und wie lange Fabricius und Graf Hermann zusammenblieben, ist nicht bekannt.

Nach dem 27. April 1542 verlieren sich die Spuren von Fabricius; es gibt keinen Anhaltspunkt dafür, dass er als Pfarrer nach Lingenau[17] oder nach Grünenbach[18] zurückgekehrt ist. Zu der Zeit als er in Wittenberg angekommen war, hatten sich die Behörden in Bregenz mit ihm bzw. mit seinem zurückgelassenen Vermögen zu befassen. Instruktionen der Regierung in Innsbruck vom 18. April und 6. Mai 1542 und vom 4. Juli 1543 führten dazu, dass dieses Vermögen zugunsten der Landesherrschaft eingezogen wurde.[19] Niemand rechnete offenbar mehr mit seiner Rückkehr.

Beziehungen zwischen Rheticus und Fabricius bestanden nicht nur aufgrund gemeinsamer Landsmannschaft (Rheticus wohnte seit 1542 offiziell in Bregenz), sondern sie wurden auch durch Milich vermittelt. Zu erwarten ist, dass es auch zu einer Begegnung mit Melanchthon gekommen ist und hier auch ihres gemeinsamen Freundes Heldelin gedacht wurde.

1 BURMEISTER 2002, S. 189-206. | **2** LUDEWIG 1920, S. 71, Nr. 113. | **3** LUDEWIG 1920, S. 69, Nr. 101. | **4** LUDEWIG 1920, S. 70, Nr. 107; der Name ist hier irrtümlich mit Nock angegeben. | **5** LUDEWIG 1920, S. 70, Nr. 108. | **6** LUDEWIG 1920, S. 70, Nr. 112. | **7** WOLFART 1909, Bd. 1/1, S. 407, Bd. 2, S. 336. | **8** MADER, Herbert, Grünenbacher Chronik, Grünenbach 2000, S. 286; Pfarrkirche St. Otmar, Grünenbach, Lindenberg: Kunstverlag Josef Fink, 2005. | **9** StA Lindau, Ratsprotokoll 1532-1551, S. 88. | **10** Über ihn vgl. DOBRAS, Werner, Caspar Heldelin war ein berühmter Pädagoge und ein brutaler Schläger, in: Lindauer Zeitung vom 6.Dezember 2010. | **11** BURMEISTER, Karl Heinz, Thomas Gassner, Ein Beitrag zur Geschichte der Reformation und des Humanismus in Lindau (Neujahrsblatt des Museumsvereins Lindau, 21), Lindau 1971, S. 38. | **12** ZELLER, Bernhard, Das Heilig-Geist-Spital zu Lindau im Bodensee, Lindau 1952, S. 163. | **13** Tiroler Landesarchiv Innsbruck, Buch Walgau, Bd. 3, Bl. 136r. | **14** FÖRSTEMANN 1841. S. 194b; LUDEWIG 1920, S. 131, Nr. 51. | **15** Über ihn vgl. ALTMANN, Hugo, in: NDB 19 (1999), S. 108; FAULENBACH, Heiner, Hermann von Neuenahr (1520-1578), in: Rheinische Lebensbilder 8 (1980), S. 105-123. | **16** BUSCHBELL, Gottfried, Geschichte der Stadt Krefeld, Bd. 1, Krefeld: Staufen Verlag, 1953, S. 76-97. | **17** HUNDSNURSCHER 2008, Bd. 1/2, S. 543 gibt dazu keine Bestätigung. | **18** So LUDEWIG 1920, S. 131, Anm. zu Nr. 51: *wurde 1543 Pfarrer zu Grünenbach (P. Lindner, Vor. Mus.-Ver. 41, S. 48)*; dafür findet sich bei MADER 2000, S. 286 keine Bestätigung, vielmehr wird hier von 1531 bis 1558 P. Martin Nußbaumer als Pfarrer aufgeführt; keine Bestätigung auch bei MADER, Herbert, Die Pfarrgeistlichkeit in den konstanzischen Dekanaten Isny, Lindau und Stiefenhofen von den Anfängen bis 1821, Stiefenhofen 2003, S. 34: Hier wird nach Nußbaumer ein P. Caspar Metzler aus der Mehreau für 1558-1567 als Pfarrer von Grünenbach genannt. | **19** Tiroler Landesarchiv Innsbruck, Buch Walgau, Bd. 3, Bl. 136r, 138r und Bd. 4, Bl. 90v.

Fabricius, Blasius, *Chemnicensis*, 1523–1577

Blasius Fabricius (Goldschmied), geboren 1523 in Chemnitz, gestorben 1577 in Straßburg, luth., Buchdrucker, Schulmann[1].

Sohn des Theologen und Poeta laureatus Georg Fabricius. Studierte seit SS 1543 an der Universität in Leipzig[2], wo er noch im WS 1547/48 nachweisbar ist (gemeinsam mit dem Rheticusschüler Matthias Lauterwaldt).[3] Hier konnte er bis zum SS 1545 Vorlesungen von Rheticus gehört haben, zugleich mit dem ihm auch später in Straßburg verbundenen Valentin Erythräus. Am 13. Januar 1549 heiratete Fabricius in Straßburg die Witwe des Buchdruckers Crato Mylius (Krafft Müller), der am 24. April 1547 in der Schlacht bei Mühlberg gefallen war. Fabricius führte dessen Betrieb bis 1558 weiter. Er druckte u.a. seines Vaters Georg Fabricius' *Antiquitatis aliquot monumenta* (1549)[4], Schriften von Melanchthon, Sleidanus, Johannes Sturm oder Valentin Erythräus, zuletzt auch die *War Historia wie Valentin Paceus ein end genommen*. Blasius Fabricius wirkte als Schulrektor in Bouxwiller (Bas-Rhin) und betätigte sich als Herausgeber, Übersetzer und neulat. Dichter. So schrieb er einen lit. Beitrag zu seines Vaters *Roma* (Basel: Joh. Oporin, 1560).[5] Besonders zu erwähnen ist Joachim Camerarius' *Von den Cometen, ihren schrecklichen bedeutungen historien* (Straßburg: Paul Messerschmidt, 1561)[6], dessen deutsche Übersetzung von Fabricius stammt. Auch das könnte ein später Hinweis darauf sein, dass Fabricius Schüler von Rheticus war, dessen Vorlesungen während dessen Italienreise Camerarius übernommen hatte. Einige Verse mögen hier die Übersetzung durch Fabricius illustrieren; sie zeigen deutlich, dass auch er wie viele seiner Zeitgenossen um Luther und Melanchthon von der Endzeitstimmung ergriffen war:

> Dieweil der lieb Gott warnen wil,
> Geschehen täglich wunder vil,
> Daran gespüret wird sein wil,
> Wie er eilet zum end vnd zil,
> Aber weren der noch so vil,
> So thuot die welt was sie selbst wil.
>
> Darumb auch nehmen vberhandt,
> Die straffen vber leut vnd landt,
> Durchaus in hoch vnd nidren standt,
> Wie aus erfarung ist bekandt,
> Nicht so vil ist schier kiss vnd sandt,
> Als vil würt funden sünd vnd schandt,
> So vbel seind an vns bewandt,
> Die gaben Gottes milter handt.

1 Reske 2007, S. 889. | **2** Erler, Bd. 1, S. 644, M 21. | **3** Erler, Bd. 2, S. 701. | **4** VD 16 F 291, BSB online. | **5** VD 16 F 372; BSB online. | **6** VD 16 C 405, BSB München, digital.

Fabricius, Georg, 1516–1571

Georg Fabricius (Goldschmidt, Goldschmied), geboren am 13. April 1516[1] in Chemnitz, gestorben am 15. Juli 1571 in Meißen, Epitaph in St. Afra in Meißen[2], luth., Schulmann, neulat. Dichter, Historiker[3].

Der Sohn des Chemnitzer Goldschmieds Georg Goldschmidt (kath., † 1534), besuchte die Schule in Annaberg unter Johannes Rivius und 1535 die Thomasschule in Leipzig, wo Kaspar Borner sein

Lehrer war. Im SS 1535 ist er an der Universität Leipzig eingeschrieben.[4] Im WS 1536/37 immatrikulierte er sich an der Universität Wittenberg.[5] Aus dieser Zeit dürfte ein *Carmen* GEORGIO FABRICIO von Johannes Gigas stammen.[6] 1539 ging Fabricius als Hauslehrer auf das Schloss Beichlingen, wo er die Erziehung des Wolfgang von Werthern übernahm. Letzterer begab sich auf den Rat seines Vetters Julius Pflug in Begleitung von Fabricius auf eine mehrjährige Italienreise. In Padua hörten sie Lazarus Bonamicus. Fabricius immatrikulierte sich 1541 in Bologna, Werthern 1543, sie besuchten 1542/43 Rom, gegen Ende des Jahres 1543 kehrten sie von Padua nach Beichlingen zurück. Fabricius hat diese ganze Italienreise eindrücklich geschildert. In Beichlingen übernahm Fabricius 1543 die Erziehung von Wolfgangs jüngeren Brüdern Philipp und Anton, die er 1544 nach Straßburg begleitete. 1546 wurde er an die neu gegründete Fürstenschule St. Afra nach Meißen berufen. Joachim Heller widmete ihm 1551 ein Gedicht [7]. 1554 hat sich Fabricius in Meißen in das Stammbuch des Joachim Strupp eingetragen[8]. 1570 wurde er durch Kaiser Maximilian II. zum Poeta laureatus gekrönt und in den Adelstand erhoben. Die von seiner Frau Magdalena, vier Söhnen und drei Töchtern gesetzte Grabschrift feierte ihn als *Poeta Christianus excellens, Grammaticus acutus und Historicus Saxoniae Electorum elegans*.

Werke (in geringer Auswahl): *Itinerum liber I.*, Basel: Joh. Oporin, 1560[9], Reise mit Wolfgang, Widmungsbrief an Philipp und Anton, Meißen, am 14. August 1547; Res Misnicae, Jena 1597, weitere Aufl. 1609.

Beziehungen zu Rheticus sind in verschiedener Hinsicht gegeben. Fabricius und Rheticus hatten in Kaspar Borner denselben Lehrer. Fabricius konnte in Wittenberg Rheticus' Vorlesungen besucht haben. Verbindungen bestanden auch über Joachim Heller, Wolfgang Meurer und evtl. über Johannes Fischer.

1 GARCAEUS 1576, S. 171 (22. April). | **2** Text bei MÖLLER 1653, S. 313. | **3** SCHÖNEBAUM, Herbert, in: NDB 4 (1959), S. 734 f.; KNOD 1899, S. 124, Nr. 867; POLLET 1969, Bd. 1, S. 468, Anm. 2. | **4** ERLER, Bd. 1, S. 617, M 10. | **5** FÖRSTEMANN 1841, Bd. 1, S. 162b. | **6** GIGAS, Silvae (Wittenberg 1540), Bl. 30a. | **7** BEZZEL 1992, S. 329. | **8** METZGER-PROBST 2002, 289 ff. | **9** Text digital bei Camena, Poemata.

Fabricius, Gregor

Gregor Fabricius (Faber?), geboren in Lützen (Burgenlandkreis, Sachsen-Anhalt), luth., Mathematiker, Arzt[1].

Gregor Fabricius (Faber?), nicht zu verwechseln mit Georg Fabricius (Goldschmidt), ist seit 1561 als Dr. med. (und Mag.art.) bezeugt. Er könnte identisch sein mit jenem *Gregorius Faber Lutzensis*, der sich im SS 1545 an der Universität Leipzig immatrikuliert hat[2]. Er muss irgendwann seine Studien an einem anderen Ort fortgesetzt und zum Abschluss gebracht haben. Er war dann als Arzt in Windsheim (Lkr. Neustadt a.d.Aisch-Bad Windsheim, Mittelfranken) tätig. Vom Jahre 1561 an brachte er einige Jahre lang regelmäßig Prognostica auf den Markt.

Werke: *Practica auff das Jar 1562* (Nürnberg: Valentin Neuber,1561)[3]; *Practica auff das Jar 1563* (Schweinfurt: Valentin Kröner, 1562, Widmung an den Rat der Reichsstadt Schweinfurt)[4]; *Practica auff das Jar 1565* (Nürnberg: Valentin Neuber,1564)[5]; *Practica auff das Jar 1565* (Augsburg: 1564)[6]; *Practica auff das 1565. Jar* (Straßburg: Th.Berger, 1564)[7]; *Practica auff das 1565. Jar ... von allen, so dieses Jar practiziert haben zusammengezogen* (Frankfurt/Main: M. Lechler, 1564, Sammeldruck mit Praktiken von Sebastian Brellochs, Gregor Fabricius, Johannes Hebenstreit u.a.)[8].

Beziehungen zu Rheticus sind für das SS 1545 anzunehmen, lassen sich aber derzeit kaum endgültig beurteilen.

1 http://thesaurus.cerl.org/record/cnp01120752. | **2** ERLER, Bd. 1, S. 655, M 26. | **3** VD 16 F 404. **4** VD 16 F 405. | **5** VD 16 F 406; ZINNER ²1964, S. 238, Nr. 2364 | **6** VD 16 ZV 5726; ZINNER ²1964, S. 238, Nr. 2363. | **7** Ebenda, S. 462, Nr. 2363a. | **8** Ebenda, S. 240, Nr. 2386.

Fabricius, Jacob, 1508–1564

Jacob Fabricius (Schmid, Schmidt), Jacobus, genannt *Holsatius*, geboren 1508 in Haderslev (Region Syddanmark, Dänemark, deutsch Hadersleben, heute Partnerstadt von Wittenberg), gestorben am 26. November 1564 in Øsby Sogn in Nordschleswig, seit 2007 in Haderslev aufgegangen, luth., Theologe, Universitätsprofessor (Physik) in Kopenhagen[1].

Jacobus Fabricius war ein Verwandter des Priesters Johan Schmidt, des ersten lutherischen Propstes im Amt Haderslev. Er immatrikulierte sich im gleichen SS 1532 wie Rheticus an der Universität Wittenberg[2] und wurde ein Schüler Luthers und Melanchthons. Wie Rheticus hatte er offenbar ein besonderes Interesse an den Naturwissenschaften (Physik). Rheticus und Fabricius waren Schüler des Mathematikers Johannes Volmar, beide besuchten bei Jakob Milich die Vorlesungen über das zweite Buch der *Naturalis historia* des Plinius. Am 27. April 1536 promovierte Fabricius gleichzeitig mit Rheticus zum Mag. art.[3] Rheticus belegte den 1. Rang, Georg Karg den 2. Rang, Paul Eber den 3. Rang, Fabricius kam auf den 4. Rang. 1539 wurde Fabricius *Professor paedagocicus* an der Universität Kopenhagen, 1540 Professor für Physik. 1544 war er Dekan der Artistenfakultät. Zeitweise wirkte er als Rentmeister der Universität. Er verließ schließlich die Universität, nachdem ihn sein Förderer Herzog Johann II. von Schleswig-Holstein-Hadersleben (1521-1580), ein Halbbruder Königs Christian III., zum Pfarrer von Øsby berufen hatte.[4]

Mit seiner Hausfrau Anne, einer Tochter des Pfarrers Mag. Georg Boetius von Haderslev, hatte Fabricius elf Kinder. Sein Sohn Philippus Jacobus ist 1599 als Diakon in Øsby bezeugt. Fabricius wurde am 28. November 1564 im Beisein mehrerer Priester in der Kirche von Øsby beigesetzt. Die Leichenpredigt hielt sein Schwiegervater Boetius, der den Pfarrkindern nicht wenig schmeichelte und dabei weinte. Er bekannte, Beichtvater von Fabricius gewesen zu sein, ohne aber auf dessen Geiz und Geldgier einzugehen. Knud Bramsen (1539-1608) schrieb in seinen *Naeniae* (Wittenberg 1569) eine Elegie auf Fabricius.

1 Rørdam Bd. 1, 1. Teil, 1868/69, S. 560-563, BSB online, image 582-585. | **2** Förstemann 1841, Bd. 1, S. 146a. | **3** Köstlin 1888, S. 23. | **4** Hansen, M. Mork und Nielsen, C. L., Kirkelig Statistik over Slesvig Stift, Bd.1, 2. Teil, København: C.A.Reitzels Forlag, 1893, S. 39 f.

Fabricius, Paul, 1529–1589

Paul (Pavel) Fabricius (Faber, vermutlich Schmidt), *Labensis, Silesius*, geboren 1529 in Lauban (poln.Lubań, Woiwodschaft Niederschlesien), gestorben am 20. April 1589 in Wien, luth., Arzt, Mathematiker, Instrumentenmacher, Kartograph, neulat. Dichter[1].

Die bildungsmäßigen Anfänge von Paul Fabricius sind in Nürnberg zu suchen; denn er wird als Schüler von Johannes Schöner bezeichnet. Auffällig ist, dass in Nürnberg ein Buchdrucker namens Julius Paul Fabricius (Schmidt) tätig ist. Und noch auffälliger ist, dass 1551 bei diesem Drucker die Vesalübersetzung von Hieronymus Lauterbach erschienen ist, der mit Fabricius die Schule in Görlitz und seit 1547 die Universität in Leipzig besucht hatte und die wenig später beide Lehrstühle für Mathematik in Wien innehatten und sehnsüchtig darauf warteten, dass Rheticus den dritten Lehrstuhl annehmen würde. *Paulus Faber Laubennensis* immatrikulierte sich in Leipzig im SS 1547[2]. Im WS 1547/48 erbrachte er den Nachweis, dass er unter die Armen fiel[3]. Als der Kaiser Ferdinand I. 1553 Fabricius an die Universität berief, war dieser bereits Lic. med. und Poeta, *vir magnae eruditionis et in omni artium genere probe exercitatus*[4]. Fabricius wurde der Hofmathematiker und Leibarzt der Kaiser Ferdinand I., Maximilian II. und Rudolf II. Er wurde zum kaiserlichen Hofpfalzgrafen ernannt. Als Hofastronom beobachtete er im März 1556 einen Kometen, der u.a.auch von Camerarius und Leowitz beschrieben wurde[5].

Werke (in Auswahl): A. Poetische Schriften: *Tityrus, Eydillion de nativitate Servatoris nostri Jesu Christi* (Nürnberg 1549)[6]; *Tityrus, Idyllion de navitate servatoris nostri Iesu Christi; Oratiuncula contra Turcos et Iudeos*[7]; *Actus poeticus in gymnasio Viennensi celebratus in quo, Paulus Fabricius Henrico Ecardo Noribergensi, lauream coronam imposuit* (Wien: Raphael Hofhalter, 1558)[8]; *Oratio et carmen de Carolo V. Caesare mortuo; Descriptio cometae qui flagravit anno MDLVIII mense Augusto*, darin auch noch anderes (Wien 1558)[9]. Fabricius beklagte nicht nur den Tod Karls V.[10], er verfasste auch ein Epigramm auf den Tod Maximilians II.[11] Zu Georg Tanner, *Maximiliani Bohemiae regis Viennae ad Danubii ripas amoenarii et horti descriptio* (Wien ÖNB, Cod. 8085) schrieb Fabricius eine lit. Beigabe. B. Astronomische Schriften: Vorhersage (lat. Practica seu Prognosticon) für 1556 (Wien 1555)[12]; *Cometa visus mense Martio LVI. Anno* (Wien: Joh. Singriner, 1556)[13]; *Der Comet im Mertzen des LVI. Jhars erschienen* (Nürnberg: G. Merckel, 1556)[14]; *Der Comet im Mertzen des LVI. Jhars erschienen*, Einblattdruck (Wien: Joh. Singriener, 1556), Auszug aus dem vorigen)[15]; *De eclipsi Lunae Anno 1556*[16]; *Tabulae astronomicae* (Wien 1558)[17]; *Prognosticon auß der revolution des 1562 Jars* (Wien: Joh. Singriner, 1561)[18]; Astronomische Tafeln (Wien: R. Hofhalter 1562)[19]; Kalender für 1562 (Wien: Hans Sigriener)[20]; Kalender (Almanach) für 1563 (Wien: W. Zimmermann)[21]; Vorhersage für 1567 (Wien: Kaspar Stainhofer 1566)[22]; Kalender für 1567[23]; Über den Neuen Stern von 1572 (Wien: Eber, 1573)[24]; *Stellae novae vel nothae potius,* auch dt., in: Hagecius, *Dialexis* (Frankfurt/Main: 1574)[25]; Kalender für 1576[26]; *Judicium de cometa qui anno 1577 conspectus est* (Wien: M. Apffel, 1577, 9 Bll.)[27]; *Cometa qui anno 1577 conspectus est* (Wien: M. Apffel, 1577, 2 Bll.)[28]; *Judicium de cometa qui anno 1577 conspectus est* (Wien: M. Apffel, 1578, 20 S.)[29]; Kalender für 1580 (Wien: M. Apffel)[30]; Vorhersage für 1580 (Wien: M. Apffel)[31]; Vorhersage für 1580 (Köln)[32]; Kalender für 1582 (Wien: M. Apffel)[33]; Kalender für 1583 (Wien: M. Apffel)[34]; Kalender für 1585 (Wien: M. Apffel)[35]; Vorhersage für 1585 (Wien: M. Apffel)[36]; Kalender für 1586 (Wien: M. Apffel)[37]; Vorhersage für 1586 (Wien: M. Apffel)[38]; Kalender für 1590 (Wien: M. Apffel)[39]. C. Medizinische Schriften: *Encomium sanitatis*, Rede anlässlich des ihm verliehenen Titels eines Dr. med. (Wien: Hofhalter, 1557).

Aus einem Brief vom 1. November 1558 an Wolfgang Meurer und Häusler erfahren wir eine kleine Episode, die sich in Wien abgespielt hat. Fabricius erzählt, dass Dr. Franz Kram als Gesandter des Kurfürsten August I. von Sachsen nach Wien gekommen sei, wo sie gemeinsam mit Joachim von Gersdorf beim Wiener Bischof Anton von Müglitz über den Kometen von 1556 und andere astronomische Fragen diskutiert hätten[40]. Als Astrologe vertrat Fabricius im Hinblick auf die häufigen Fehlprognosen die Ansicht, *Stella non necessarie, sed contingenter agere* (die Einwirkung der Gestirne ist nicht zwingend, sondern nur zufällig zutreffend). Schon Tannstetter hatte seinem *Judicium astronomicum pro anno 1513* das Motto vorangestellt:

> *Contra fata valent deus et prudentia tantum*
> *Prudens atque pius vincere fata potest.*
> (gegen das Schicksal helfen nur Gott und Klugheit, der Kluge
> und Gottesfürchtige kann das Schicksal besiegen.)

Als Kartograph schuf Fabricius um 1570 Karten von Österreich (verschollen) und Mähren. Er bestieg am 22. August 1574 zusammen mit Johannes Eichholz und dem niederländischen Botaniker Charles de l'Écluse den Ötscher (Niederösterreich), um geographische Ortsbestimmungen vorzunehmen.

Die **Beziehungen** zu Rheticus waren recht intensiv[41]. Paul Fabricius war zunächst Schüler des Rheticusschülers Georg Othmann in Görlitz, dann in Leipzig Schüler von Camerarius und später von Rheticus. Rheticus hätte in Wien sein Kollege werden können; denn Fabricius sollte dem Rang nach als *mathematicus secundus* zwischen Reisacher (*mathematicus primus*) und dem obersten Mathematiker Rheticus (*mathematicus tertius*) stehen. Fabricius war 1553, wohl gleichzeitig mit Rheticus, an die Universität Wien berufen worden. Auch wenn Rheticus diesen Ruf nicht angenommen hat, so blieben beide in Verbindung. In einem Gedicht aus Wien bat Fabricius 1554 Rheticus, seine *De triangulis doctrina* herauszugeben.[42] Fabricius sandte am 13. März 1556 Verse, die er dem Rheticus geschickt hatte, an Camerarius[43]. Am 31. März 1557 bezieht sich Fabricius in einem Brief an Camerarius auf Rheticus, dieser habe ihm mitgeteilt, Camerarius habe eine *Logistice* herausgegeben[44]. 1558 schickte Rheticus ein handschriftliches Exemplar seiner *Doctrina triangulorum* an Fabricius, dem dieses Buch auch gewidmet war[45]. 1558 widmete Fabricius dem Rheticus seine Schrift *Oratio et carmen de Carolo V. Caesare mortuo; Descriptio cometae qui flagravit anno MDLVIII*[46].

1 Zinner ²1967, S. 312, auch 124, 470, 604; aeiou – Österreichlexikon s.v. Fabricius, Paul; DaCosta Kaufmann, Thomas, Astronomy, Technology, Humanism and Art at the Entry of Rudolf II into Vienna 1577, in: Jahrbuch 85/86 (1989/90), S. 105-107. | **2** Erler, Bd. 1, S. 665, P 22. | **3** Erler, Bd. 2, S. 701. | **4** Eder 1559, SLUB Dresden online, image 106. | **5** Caesius, Georg, Catalogus cometarum (Nürnberg 1579), VD 16 C 152, BSB online, image 125. | **6** VD 16 F 471, BSB online. | **7** Mundt 2001, S. 287 f. | **8** VD 16 A 166. | **9** Zinner² 1964, S. 228, Nr. 2188. | **10** Auch der Jurist Georg Eder, seit 1557 wiederholt Rektor der Universität Wien, verfasste eine Schrift *Luctus archigymnasii Vienn. pro funere Caroli V. Rom. Imp.*, Wien 1559, VD 16 E 539. | **11** Gerstinger 1968, S. 203—206, 211 f. | **12** Zinner ²1964, S. 222, Nr. 2116. | **13** Ebenda, S. 224, Nr. 2143. | **14** Zinner ²1964, S. 224, Nr. 2144; Littrow 1856, S. 301-313. | **15** Zinner ²1964, S. 461, Nr. 2279b. | **16** In: Fabricius, Oratio de Carolo V. (Wien 1558), BSB online, image 30. | **17** Zinner ²1964, S. 228, Nr. 2187. | **18** VD 16 ZV 27801, BSB München, Sign. Res/Astr. p.208 q. | **19** Zinner ²1964, S. 233, Nr. 2279a. | **20** Ebenda, S. 461, Nr. 2279b. | **21** Ebenda, Nr. 2304a. | **22** Ebenda, S. 240, Nr. 2391a. | **23** Ebenda, S. 242, Nr. 2415. | **24** Ebenda, S. 253, Nr. 2620a. | **25** Ebenda, S. 257, Nr. 2673. | **26** Ebenda, S. 260, Nr. 2732. | **27** Z Ebenda, S. 262, Nr. 2771. | **28** Ebenda, S. 263, Nr. 2771a. | **29** Ebenda, S. 265, Nr. 2820. | **30** Ebenda, S. 272, Nr. 2925a. | **31** Ebenda,, S. 272, Nr. 2925b. | **32** Ebenda, S. 272, Nr. 2925. | **33** Ebenda, S. 278, Nr. 3035b. | **34** Ebenda, S. 280, Nr. 3073a. | **35** Ebenda, S. 287, Nr. 3183a. | **36** Ebenda, S. 287, Nr. 3183b. | **37** Ebenda, S. 289, Nr. 3220a. | **38** Ebenda, S. 289, Nr. 3220b. | **39** Ebenda, S. 207, Nr. 3376. | **40** Text online zugänglich bei BSB München digital, image 57-59. | **41** Burmeister 1967/68, Bd. 1, S. 125-127, 151, 159; Bd. 2, S. 10, 128-132, 159 f. | **42** Fabricius, Oratio de Carolo V. (Wien 1558), BSB online, image 38-41; Burmeister 1967/68 Bd. 3, S. 128-132 mit dt. Übers. | **43** Birkenmajer 1900, Bd. 1, S. 600, Nr. 16. | **44** Ebenda, S. 601, Nr. 18. | **45** Burmeister 1967/68, Bd. 2, S. 22, Nr. 3, 4 und 5 (alle drei Handschriften enthalten den Brief an Fabricius); Bd. 3, S. 159 f., Birkenmajer 1900, Bd. 1, S. 618. | **46** Vgl. dazu Littrow 1856, S. 301-313.

Fabricius, Theodor, 1501–1570

Theodor (Dietrich) Fabricius (Fabritius, Faber, Smit), geboren am 2. Februar 1501 in Anholt (heute Stadtteil von Isselburg, Kreis Borken, Nordrhein-Westfalen), gestorben am 15. September 1570 in Zerbst (Lkr. Anhalt-Bitterfeld, Sachsen-Anhalt), begraben in der Nikolaikirche, Wortlaut des Epitaphs überliefert[1], luth., Theologe, Hebraist[2].
Fabricius, der seine kranke Mutter pflegen musste, erlernte mit 11 Jahren das Schusterhandwerk. Ein Franziskanermönch Heinrich von Xanten gab dem 17jährigen Fabricius den Rat, das Handwerk an den Nagel zu hängen und die berühmte Schule in Emmerich (Kreis Kleve, Nordrhein-Westfalen) zu besuchen. Danach bezog er die Montanerburse an der Universität Köln, wo er jedoch von der *barbaries* der scholastischen Methode abgestoßen wurde, fallen doch gerade in diese Zeit die berüchtigten Dunkelmännerbriefe. Mit 22 Jahren wechselte er nach Wittenberg, wo er vier Jahre *in extrema paupertate* (größter Armut) von Wasser und Brot, selten Bier und Fleisch, niemals Wein lebte. Nachdem er hier zunächst die schönen Wissenschaften bevorzugt hatte, leuchtete ihm von Tag zu Tag das Licht des Evangeliums klarer hervor, sodass er sich auf die Theologie und die hebräische Sprache verlegte und darüber alle anderen Studien fahren ließ. Er begann *privatim* Hebräisch zu lehren. 1527 ging er nach Köln zurück, wo er ebenfalls Hebräisch lehrte und 1528, inzwischen Bürger von Köln geworden, seine Grammatik in Druck gab. Viele Mönche, aber auch Söhne und Töchter von Adligen führte er in das Hebräische ein. Als Lutheraner musste er aber bald gehen, nachdem er begonnen hatte, deutsch zu predigen und über den Sprachunterricht hinaus auch Theologie zu lehren. Im Hinblick auf seine Disputationen hatte er die *Articuli pro evangelica doctrina* veröffent-

licht. Auch war er für die nach langer Haft am 28. September 1529 in Köln als Ketzer verbrannten Märtyrer Adolf Clarenbach und Peter von Flisted eingetreten, wofür er sieben Wochen im Gefängnis verbüßen musste. Fabricius predigte zunächst in Jülich (Kreis Düren, Nordrhein-Westfalen), heiratete im Alter von 29 Jahren und trat 1531 als Diakon in Kassel in die Dienste des Landgrafen Philipp von Hessen, 1535 als dessen Feldprediger. 1536 wurde er Pfarrer in Allendorf (Ortsteil von Bad Sooden-Allendorf, Werra-Meißner-Kreis, Hessen). Als er sich 1540, wenn auch *amice* (in aller Freundschaft) gegen die Doppelehe des Landgrafen wandte, wurde er bis 1542 in Haft genommen. Nach Wittenberg zurückgekehrt freute er sich riesig über das Wiedersehen mit Aurogallus und vielen alten Freunden wie Luther, Melanchthon, Bugenhagen, Cruciger und Melchior Fendt. Auf der Suche nach einer Pfarrstelle führte Fabricius ausführliche Gespräche mit dem geistlichen Führer in Anhalt-Dessau Georg Helt, der seinem ehemaligen Schüler, dem Fürsten Georg von Sachsen darüber berichtete[3]. Zunächst aber wurde Fabricius in der Nachfolge des Aurogallus gemeinsam mit Edenberger und Flacius Professor für Hebräisch[4]. Fabricius verblieb zwei Jahre in diesem Amt und brachte 1545 als Hilfsmittel für den Unterricht seine *Tabulae duae* heraus. Fabricius pflegte weiterhin die Kontakte zu Wittenberg, das nur 40 km von Zerbst entfernt ist, um seine Freunde und Lehrer zu sehen. In Frankfurt/Oder trat Fabricius als Promotor von Doktoren der Theologie auf. Mehrfach wurde er als Pfarrer nach Frankfurt/Oder berufen, blieb aber in Zerbst.

Luther, Bugenhagen und Melanchthon stellten 1544 Fabricius das Zeugnis aus, *Versatus est in schola ecclesiae nostrae ea modestia et diligentia in literis, ut propter bonos mores et eruditionem ornatus sit gradu Doctorum Theologiae… Saepe enim eum audieramus et sciebamus, eum recte tenere summam Christianae veritatis et amplecti puram Evangelii doctrinam …*[5]. Am 23.Mai 1544 promovierte Fabricius unter dem Vorsitz von Martin Luther zum Lic. theol.; er wurde dann am 29. Mai 1544 von Cruciger in Anwesenheit der ganzen Universität zum Dr. theol. kreiert, woraufhin ein *prandium liberale* stattfand[6]. Am 23. Juli 1544 wurde er von Bugenhagen zum Pfarrer von Zerbst ordiniert; 1545 wurde er auch Superintendent[7]. Infolge seines heftigen Temperaments hatte er als Philippist heftige Kämpfe gegen die Gnesiolutheraner unter seinen Mitbrüdern und im Stadtrat zu bestehen. Seine Gegner brachten einen Katalog von zehn Verfehlungen vor, u.a. *habe er offtmals auff der Cantzel hochmüthig die Version des hochwürdigen Hn. Martini Lutheri getadelt, schimpflich damit umgegangen, und dieselbige bey den Bürgern wollen verächtlich machen*. In einer Stellungnahme betonte Fabricius, *id semper factum esse sine contemtu charissimi praeceptoris sui Lutheri* (das sei stets ohne Verachtung gegenüber seinem teuersten Lehrer geschehen)[8]. Ein Konvent auf dem Schloss in Dessau, der 1555 unter dem Vorsitz Melanchthons stattfand, suchte die Wogen zu glätten.

Theodor Fabricius liefert uns ein Beispiel für die zeitgenössische Furcht vor Kometen. Im Juni 1556 hörte er vom Erscheinen eines Kometen, den auch viele Rheticusschüler beschrieben haben (Erasmus Flock, Joachim Heller, Simon Titius, Valentin Engelhardt, Jakob Cuno, Jakob Gesner, Paul Fabricius u.a.). In einer Predigt ermahnte er seine Pfarrangehörigen zur Buße, *quisque vitae prioris poenitentiae ageret, Deum precaretur, quo malum, nobis hoc chasmate significatum, clementer averteret* (zu Gott zu beten, das Unglück, das uns dieser Komet anzeigt, abzuwenden). Alle sollte auf ihre Feuerstätten gut Acht haben. Er musste dafür viele Sticheleien einstecken, aber am 11. November um 11 Uhr nachts entstand aus Unachtsamkeit beim Biersieden ein Feuer und brannte das gemeindliche Armenhaus mit allen Vorräten nieder[9].

Werke: *Institutiones grammaticae in linguam sanctam* (Köln: Joh. Soter, 1528, ²1531); *Articuli pro evangelica doctrina* (Köln 1531); *Alle Acta Adolphi Clarenbach* (Straßburg: Jakob Cammerlander, 1531); *Tabulae duae, de nominibus Hebraeorum una, altera de verbis* (Basel: H. Petri, 1545); *Brevis de vitae meae historia* (Autobiographie, verfasst 1565)[10]. Ungedruckt blieben einige deutsche Schriften wie *Christliche Lehr- und Kirchenordnung, De adventu Christi et coelesti regno Chrisi* (deutsch) sowie einige lateinische und hebräische *opuscula*.

Fabricius heiratete um 1530 in erster Ehe Margaretha, die Tochter eines Claudius Johannis aus Siersdorf (Ortsteil von Aldenhoven, Kreis Düren, NRW), die am 7. Juli 1547 gestorben ist; in zweiter Ehe heiratete er am 12. September 1547 Ursula Flaming aus Zerbst[11]; er hatte sieben Kinder. Für sie schrieb er seine Autographie, die nicht für die Öffentlichkeit bestimmt war. Die Söhne Theodor und Johannes immatrikulierten sich 1566 in Wittenberg. Theodor Fabricius wurde Magister, am 1. Mai 1578 für St. Bartholomäus in Zerbst ordiniert und mit dem Einblattdruck Ministri ecclesiae ... M[agistro] Theodoro Fabricio collatae geehrt[12], wurde 1599 Pfarrer an der Marienkirche und Superintendent von Bernburg (Salzlandkreis, Sachsen-Anhalt) ernannt († 26. August 1611 an der Pest). Beide haben sich 1584 bzw. 1587 in Zerbst im Stammbuch des David Ulrich verewigt, Theodor mit einer polyglotten Eintragung von Matth. 6.10 Fiat voluntas tua Domine in Hebräisch, Aramäisch, Syrisch, Ostsyrisch und Arabisch[13]. Der Vater als Orientalist ist unverkennbar. Hermann Hamelmann, der Reformator Westfalens, nennt in seiner Historia ecclesiastica renati evangelii 1586/87 Fabricius insignis Hebraeus. Der gegenüber der Kultur aufgeschlossene Joachim Ernst, Fürst von Anhalt, stellte seinem Superintendenten zwei Tage nach dessen Tod das Zeugnis aus, er habe sein Amt als Seelenhirt treulich, christlich und redlich ausgeübt.

Beziehungen zu Rheticus. Fabricius weilte 1522 bis 1527 sowie 1543 bis 1544 in Wittenberg, sodass er mit Rheticus nicht zusammentreffen konnte. Selbst der einigen Rheticusschülern nahestehende Hebraist Anton Reuchlin war kein Schüler von Fabricius. Man hätte also hier auf eine Biographie von Fabricius verzichten können, die aber andererseits für das Verständnis der Zeit und die Verhältnisse in Wittenberg lehrreich ist.

1 FABRICIUS 1720, S. 105; MÜNNICH, Fritz, Theodor Fabricius, Lebensbeschreibung des ersten anhaltischen Superintendenten, unter Hinzufügung einer deutschen Übersetzung, in: Zerbster Jahrbuch 16 (1931/32), S. 37-94. | 2 MÜNNICH, Fritz, in: NDB 4 (1959), S. 738. | 3 CLEMEN 1907, S. 133. | 4 KATHE 2002, S. 112 f. | 5 FABRICIUS 1720, S. 106-108. | 6 FÖRSTEMANN 1838, S. 33. | 7 BUCHWALD 1894, S. 39, Nr. 604. | 8 FABRICIUS 1720, S. 84, 93. | 9 Ebenda, S. 97 f. | 10 Gedruckt in: FABRICIUS 1720, S. 65-105; MÜNNICH 1931/32, S. 37-94. | 11 FABRICIUS 1720, S.75 f., 84 f. | 12 Exemplar in der Herzogin Anna Amalia Bibliothek/Klassik Stiftung Weimar | 13 KLOSE 1999, S. 162-164 sowie Facsimileband Fol. 106r – 107r.

Fachs, Ludwig, 1497–1554

Ludwig Fachs (Fachse, Fachsius), geboren am 31. Januar 1497 in Langensalza (Unstrut-Hainich-Kreis, Thüringen), gestorben am 6. April 1554 in Leipzig, begraben in der Nikolaikirche außerhalb des Beichthauses[1], luth., Jurist (Rechtslehrer, Ratsmitglied der Stadt, Bürgermeister, Beisitzer im sächs. Oberhofgericht, Kanzler)[2].

Der Bildungsweg Fachs' ist in seinen Anfängen nicht bekannt. Er immatrikulierte sich im SS 1512 an der Universität Leipzig[3] und promovierte am 15. September 1520 zum Lic. utr. iur. und am 5. März 1521 zum JUD[4]. Sein wichtigster Lehrer war der Mayno-Schüler Simon Pistoris (1489-1562). Seit 1522 lehrte er an der Rechtsfakultät, 1542 wurde er Ordinarius. Gleichzeitig wirkte er seit 1524 im Leipziger Rat mit, war zwischen 1534 und 1552 wiederholt Bürgermeister, seit 1532 Beisitzer im sächs. Oberhofgericht, wurde 1548 Kanzler des Kurfürsten Moritz von Sachsen, trat als solcher im März 1549 zurück, blieb aber einflussreicher Rat am Hof.

Fachs war verheiratet mit Frau Barbara N., die am 22. November 1559 gestorben ist[5]. Von seinen Kindern sind bekannt: Ludwig Fachs d.J., immatrikuliert in Leipzig 1533[6], Georg Fachs, immatrikuliert in Leipzig 1533[7], gestorben 1555[8], Ernst Fachs, immatrikuliert in Leipzig 1533[9], Senator 1557 (laut Turmknopfurkunde des Leipziger Rathauses)[10]. Eine Tochter Barbara Fachs heiratete den Leipziger Rechtslehrer Modestinus Pistoris[11], sie ist gestorben am 18. März 1563[12].

Die **Beziehungen** zwischen Rheticus und Fachs dürften auf die festlichen Anlässe beschränkt gewesen sein, in denen man auch in der Universität den Bürgermeister erwarten durfte, zumal dieser seit 1542 auch Rechtslehrer war. Die Söhne Fachs könnten Schüler von Rheticus gewesen sein. In den Prozessen, die am Ende von Rheticus' Aufenthalt in Leipzig anstanden, war Fachs in das Zivilverfahren eingeschaltet[13], im Strafverfahren kam es zu Terminverschiebungen, weil man die Meinung des abwesenden Fachs hören wollte[14].

1 Vogel 1714, S. 199 f.; Stepner 1675, S. 127, Nr. 445, 2143. | **2** Muther, Theodor, in: ADB 6 (1877), S. 528-530. | **3** Erler, Bd. 1, S. 519, M 73. | **4** Erler, Bd. 2, S. 38, 44 f. | **5** Stepner 1675, S. 359, Nr. 2144. | **6** Erler, Bd. 1, S. 612, M 8. | **7** Ebenda, M 9. | **8** Stepner 1675, S. 295, Nr. 1441. | **9** Erler, Bd. 1, S. 612, M 10. | **10** Wortlaut bei Stepner 1675, S. 326-328, Nr. 1697. | **11** Osse 1717 | **12** Stepner 1675, S. 290, Nr. 1417. | **13** Burmeister 1967, Bd. 1, S. 102. | **14** Ebenda, S. 112.

Falck, Erik, † 1569

Erik Johannis Falck (Falk, Falcke, Falckius, Falco), geboren in Söderköping (Östergötlands län, Schweden), gestorben 1569 in Linköping (Östergötlands län, Schweden), luth., Theologe, Bischof[1].

Erik Falck immatrikulierte sich im WS 1531/32 zusammen mit vier anderen Schweden (Boethius, Clesen, Bark und David Conradi) an der Universität Wittenberg; Konsemester waren auch Johannes Carion, Bernhart Wigbolt, Joachim Mörlin und Liborius Florus[2]. Im WS 1538/39 zog Falck gemeinsam mit seinem schwedischen Landsmann Magister Arnold Arnoldson an die Universität Frankfurt/Oder[3], kehrte aber wieder nach Wittenberg zurück. Am 18. August 1542 promovierte Falck unter dem Dekan Paul Eber, wobei er auf den 14. Rang von 33 Kandidaten kam; zugleich mit ihm waren zur Prüfung angetreten u.a. Joachim Heller (6. Rang), Magnus Botwidi (7. Rang), Matthias Brassanus (10. Rang), Johannes Salmut (21. Rang), Peter Taig (23. Rang)[4]. Falck blieb bis 1543 in Wittenberg. Anschließend machte er Karriere als geistlicher Würdenträger, zunächst 1547 bis 1558 als Bischof von Skara (Västergötlands län, Schweden), dann 1558-1569 als Bischof von Linköping[5]. Falck übersetzte Johannes Spangenbergs *Margarita theologica* ins Schwedische und schuf damit die erste schwedische Zusammenfassung der Lehre Luthers.

Beziehungen zu Rheticus sind sehr wahrscheinlich, da sie von 1532 bis 1542 mit kleinen Unterbrechungen als Kommilitonen neben einander agierten; später konnte Rheticus auch der Lehrer von Falck gewesen sein, für den allerdings die Theologie im Vordergrund stand.

1 Callmer 1976, S. 18, Nr. 29; Heininen 1980, S. 18 f. | **2** Förstemann 1841, Bd. 1, S. 143a. | **3** Friedländer 1887, Bd.1, S. 78, Zeile 7 und 10. | **4** Köstlin 1890, S. 14. | **5** Vgl. dazu Thylesius 1845, Bd. 2, passim.

Femel, Wolfgang, 1523–1580

Wolfgang Femel (Femelius, Femellius, Fhemelius, Phemel), geboren 1523 in Frankenberg (Lkr. Mittelsachsen), gestorben 1580 in Eilenburg (Nordsachsen), luth., Theologe[1].

Femel immatrikulierte sich im SS 1538 unter dem Rektorat Melanchthons an der Universität Wittenberg, wobei sein späterer Wirkungsort Wurzen (Lkr. Leipzig) als Herkunftsort genannt wird[2]. Bei seiner Promotion zum Bacc. art. wird 1542 Frankenberg als Herkunftsort erwähnt. Am 20. April 1547 wurde Femel durch Bugenhagen ordiniert und zum Priesteramt in Wurzen bestimmt[3]. 1557 wurde er Pfarrer in Trebsen (Lkr. Leipzig), 1559 Pfarrer an der Bergkirche vor Eilenburg. Während der Pest 1575, die ihm viel Arbeit einbrachte, erhielt er einen Gehilfen. In zweiter Ehe heiratete Femel Johanna Martha Mannewitz, Tochter des Diakons zu Wurzen. Von seinen 20 Kindern wurden alle Söhne angesehene Männer in der Stadt (Schule, Kirche, Rat). Sein gleichnamiger Sohn Wolfgang Femel aus Eilenburg immatrikulierte sich am 28. August 1569 *gratis* an der Universität Wittenberg[4]; er war vom Dezember 1569 bis Dezember 1572 Sänger an der Wittenberger Schlosskirche[5].

Beziehungen zu Rheticus sind gegeben durch die Promotion Femels zum Bacc. art. am 23. Januar 1542 unter dessen Dekanat[6]. Er belegte dabei den ersten Rang. Erfahrungsgemäß stehen die Schüler auf den ersten Rängen ihrem Lehrer besonders nahe. Femel war jedoch vor allem Theologe. Ein Magister Christophorus Femel, Professor der Mathematik in Erfurt, vielleicht ein Sohn, trat Jahrzehnte später durch eine astronomische Publikation hervor: die *Synopticae tabulae elicendi vera loca planetarum ex Tabulis Prutenicis* (Wittenberg: S. Selfisch, 1599) nach dem Muster der *Tabulae resolutae* Virdungs[7]. Ein Wolfgang Femel aus Eilenburg, vermutlich sein Enkel (er war noch minderjährig) wurde im SS 1596 unter dem Rektorat des Mathematikers Johannes Hagius in Wittenberg immatrikuliert.

1 GEISSLER 1829, S. 154 f. | **2** FÖRSTEMANN 1841, Bd. 1, S. 170b. | **3** BUCHWALD 1894, S. 55, Nr. 863. | **4** FÖRSTEMANN 1894, Bd. 2, S. 165a. | **5** SCHLÜTER 2010, S. 304. | **6** KÖSTLIN 1890, S. 7. | **7** ZINNER ²1964, S. 320, Nr. 3810.

Fendt, Melchior, 1486–1564

Melchior Fendt (Fend, Vendius, Vendt, Chiron), geboren 1486 in Nördlingen Lkr. Donau-Ries, Schweaben), gestorben am 8. November 1564 in Wittenberg, Grabstätte in der Stadtpfarrkirche St. Marien[1], luth., Arzt, Prof. für Physik, seit 1543 Prof. für Medizin[2].
Studierte seit 1506 in Leipzig[3], wo er in den ihn prägenden Haushalt des Dr. med. Simon Pistoris aufgenommen wurde. Am 18. Mai 1513 promovierte er unter Magister Alexander Birkhamer zum Bacc. art., als *pauper* von den Gebühren befreit[4]. Fendt immatrikulierte sich in Wittenberg am 20. Juli 1513[5], hat sein Studium wiederholt durch eine Tätigkeit an Lateinschulen unterbrochen, in Torgau 1517, Plauen 1519, Eisleben 1520 und Göttingen 1528. Fendt wurde 1518 in Wittenberg als Leipziger Bacc. art. rezipiert[6] und promovierte am 14. Februar 1519 unter den Dekan Augustin Schürpf zum Mag. art. (7. Rang von 14 Kandidaten, zusammen mit Johannes Bernhardi (3. Rang) und Martin Pollich (14. Rang)[7] und wurde 1523 in das Kollegium der Artisten aufgenommen[8]. Er wandte sich daneben dem Studium der Medizin zu, übernahm 1527 ohne jeden medizinischen Grad das Amt eines Armenarztes und promovierte 1531 zum Lizeniaten der Medizin. Fendt las neben Veit Amerbach Physik, bevorzugte in seinen Disputationen aber medizinische Themen (*De temperamentis* 1536, *De formatione foetus* 1538). Er promovierte am 3. Juli 1543 zum Dr. med. und übernahm 1546 die dritte medizinische Professur; er las hier vor allem über die Araber (Avicenna, Rhasis), Milich hingegen über die Griechen. Während des Schmalkaldischen Kriegs 1547 blieb Fendt (neben Eber, Cruciger, Bugenhagen und Rörer) als einziger Professor der Medizin in Wittenberg[9]. Mit Milich sezierte Fendt 1554 die Leiche einer Kindsmörderin. 1543 gründete er das erste Studentenhospital in Wittenberg, 1560 stiftete er ein Kapital von 400 Gulden, dessen Zinsen für Notleidende zur Verfügung standen. Fendt war wiederholt Dekan der artistischen und der medizinischen Fakultät, dreimal auch Rektor Magnificus (WS 1532, WS 1543, SS 1553). Er galt als ein hervorragender Lehrer und erfreute sich auch als Arzt großen Ansehens. Zusammen mit Augustin Schürpf war Fendt der Leibarzt Luthers.

Fendt hat keine größeren **Werke** publiziert. Von seinen kleineren Gelegenheitsschriften (Reden) sind zu erwähnen: *De laude vitae scholasticae* (Wittenberg: Joseph Klug 1536)[10]; *Oratio de dignitate et utilitate artis medicae* (Wittenberg: Kreutzer, 1548); *Oratio de appellationibus panum* (Wittenberg: Veit Kreutzer, 1549); *Theodor Gerlacher, genannt Billican [...] bedencken vom schulwesen, sammt zweyen schreiben Philippi Melanthonis und Melchior Fenden [...]* (Nördlingen: Johann Christoph Hilbrandt, 1700). Bemerkenswert ist ein von Fendt als Dekan ausgestelltes ausführliches Zeugnis für Simon Wilde vom 20. Juli 1545[11]. Aus dem großen Kreis seiner Schüler sei Peucer erwähnt.

Im Februar 1529 heiratete Fendt Hanna Kerwitz (auch Körbitz) aus Wittenberg, wobei Georg Rörer als Vermittler (*mediator*) auftrat[12]. Fendt ist im Alter erblindet, sodass seit 1560 sein Schwiegersohn Johann Hermann (1527-1605) seine Vorlesungen übernahm; er wurde 1564 auch sein Nachfolger. Zum Andenken Fendts wurde in der Wittenberger Stadtkirche ein Epitaph aufgestellt, das ihn als greisen Simon bei der Taufe Christi zeigt.

Fendt hat im SS 1532 als Rektor Rheticus in die Wittenberger Matrikel eingeschrieben. Fendt wird bei Brosseder keinem der »astrologischen Zirkel« in Wittenberg zugerechnet, was aber dessen Beschäftigung mit der Astrologie nicht ausschließt, zumal diese auch in der Medizin häufig zur Anwendung kam, wie beispielsweise bei Milich. 1536 erschienen die Reden, die Rheticus *In arithmeticen* und Fendt *De laude vitae scholasticae* gehalten hatten, im Druck unter einem gemeinsamen Titelblatt. Durch seine Heirat mit Hanna Kerwitz, deren Schwester Margarethe mit Erasmus Flock, der 1542 Rheticus als Professor der Astronomie nachfolgte, wurde Fendt der Schwager Flocks. Auch verlangte das Fach Physik von Fendt eine Auseinandersetzung mit den Planeten, Kometen, besonders aber auch mit der Meteorologie, daher lag ihm die Astronomie nicht fern. Es ist daher durchaus möglich, dass ihm das Exemplar von Kopernikus' *De revolutionibus* gehörte (Nürnberg 1543), das mit einem Wittenberger Besitzvermerk *M F 1550* versehen ist[13].

1 Sennert 1678, S. 229, BSB München, digital, Scan 237. | 2 Scheible 2005, Bd. 12, S. 51 f.; Koch 1998, S. 208, Anm. 27; Haefele 1988, Nördlingen Nr. 171; Clemen, Otto: Der Wittenberger Medizinprofessor Melchior Fend, in: Sudhoffs Archiv für Geschichte der Medizin 29 (1936), S. 334-340, auch in Clemen/Koch 1985, Bd. 6, S.110-116; Disselhorst 1929, S. 85. | 3 Erler, Bd. 1, S. 472, B 71. | 4 Erler, Bd. 2, S. 482. | 5 Förstemann 1841, Bd. 1, S. 47a. | 6 Köstlin 1888, S. 5. | 7 Ebenda, S. 17. | 8 Ebenda, S. 24. | 9 Thüringer, Walter, in: Scheible (Hg.) 1997, S. 288, Anm. 18. | 10 Englische Übersetzung von Christine F. Salazar, in: Kusukawa 1999, S. 169-181. | 11 Abgedruckt bei Buchwald 1894/1902, S. 78. | 12 Buchwald 1893, S. 53. | 13 UB Erlangen, Signatur H62/CIM.M14; vgl. dazu Gingerich 2002, S. 67 f.

Fetzer, Paul, † 1552

Paul Fetzer (Feczer, Foetzer, Pheczer, Vetzer, Wetzer, Fecerus, Fettzerius, Veczerius), geboren in Nördlingen (Lkr. Donau-Ries, Schwaben)[1], gestorben am 3. März 1552 in Leipzig (an der Pest), luth., Humanist (Metaphysik, Physik, Dialektik), Arzt, Professor für Medizin[2].
Paul Fetzer immatrikulierte sich in der Universität Leipzig im WS 1515/16[3]. Im SS 1517 promovierte er unter Nikolaus Apel zum Bacc. art. und im WS 1521/22 unter Laurentius Apel zum Mag. art.[4] Er übernahm im WS 1522/23 die Vorlesung von Aristoteles' *De coelo*, im WS 1523/24 die Metaphysik, im SS 1524 und WS 1524/25 die Physik, wurde in diesem WS 1524/25 einstimmig in die Artistenfakultät aufgenommen. Er wechselte erneut das Fach, indem er im SS 1525 und im WS 1525/26 die Dialektik vortrug und im WS 1526/27 die *Parva naturalia*. Im SS 1526 war Fetzer Rektor Magnificus[5], im SS 1528 Claviger und im WS 1528/29 Dekan der Artistenfakultät[6]. Zudem wirkte er im WS 1526/27 als Examinator der Magistri, im SS 1530 als Examinator der Bakkalare. Er verließ danach Leipzig, um in Padua am 17. April 1533 mit dem Grad eines Dr. med. sein Studium zu beenden. Fetzer kehrte nach Leipzig zurück, um dort seinen Doktorgrad nostrifizieren zu lassen: Er disputierte am 18. März 1534 pro loco und hielt danach bis Ende September 1535 die Galenvorlesung. Danach hatte er mit der Universität nur mehr wenig zu tun. 1545-1552 war er Kollegiat des großen Fürstenkollegs[7]. 1548 war er als Vizekanzler an Promotionsverfahren der medizinischen Fakultät beteiligt, als Meurer, Thammüller und Klein zu Lizentiaten und am 12. Dezember 1548 zu Doktoren der Medizin kreiert wurden[8]. Beide Akte waren von Gastmählern gekrönt; beim Lizentiat wurde ein *Prandium lautum et laudatum* (ein ansehnliches und vortreffliches Mahl) geboten; der Doktorschmaus dürfte dem aber nicht nachgestanden sein.

Beziehungen zwischen Rheticus und Fetzer waren wohl nur peripher. Zwar hat Rheticus in Leipzig auch Medizin studiert; aber Fetzer war zu Rheticus' Zeiten kaum in der Lehre tätig. Sie mögen sich im Kreise der medizinischen Kollegen und Studierenden begegnet sein. Mit ziemlicher Sicherheit war Rheticus am Doktorschmaus vom 12. Dezember 1548 beteiligt, was er den befreundeten

Kandidaten Meurer, Thammüller und Klein schuldig war. Fetzers gleichnamiger Sohn Paul Fetzer war bei seiner Immatrikulation in Leipzig im WS 1548/49 erst fünf Jahre alt; er kommt deshalb als Schüler von Rheticus nicht in Betracht; er immatrikulierte sich im SS 1569 in Wittenberg[9] und promovierte hier 1580 zum JUD[10].

1 Laut ERLER, Bd. 1, S. 547, B 76. | 2 HAEFELE 1988, Bd. 2, S. 271, Nr. 174. | 3 ERLER, Bd. 1, S. 547, B 76. | 4 ERLER, Bd. 2, S. 522, 564. | 5 ERLER, Bd. 1, S. LXXIX. | 6 ERLER, Bd. 2, S. 608. | 7 ZARNCKE 1857, S. 752. | 8 ERLER, Bd. 2, S. 80. | 9 FÖRSTEMANN/HARTWIG 1894, S. 164a. | 10 SENNERT 1678, S. 109.

Ficker, Johannes, 1519–1572

Johannes Ficker (Fickher, nach der Herkunft auch Floss, Vloss, Floß), geboren 1519 in Floß (Lkr. Neustadt an der Waldnaab, Oberpfalz), gestorben am 3. September 1572 in Leipzig, luth., Theologe[1].

Floss kam 1534 als Augustinerchorherr nach Leipzig. Hier schrieb er sich im WS 1534/35 in die Matrikel der Universität ein[2]. Am 16. August 1539 wurde er als Kaplan an St. Thomas angenommen; er blieb in der Folge als Archidiakon mehr als dreißig Jahre an dieser Kirche tätig. Er wohnte in dem der Franziskanerkirche nächstgelegenem Haus. Ficker immatrikulierte sich im SS 1540 unter dem Rektor Veit Oertel Winsheim in Wittenberg[3]; Konsemester war Matthias Lauterwaldt. Ficker kehrte jedoch schon bald nach Leipzig zurück. Im SS 1542 promovierte er hier zum Bacc. art. und im WS 1544/45 zum Mag. art.[4] Ficker war verheiratet; seine drei Töchter Magdalena, Maria und Elisabeth wurden standesgemäß (Geistliche, Lehrer) verheiratet.

Die **Beziehungen** zwischen Rheticus und Ficker konzentrierten sich auf die Jahre 1542 bis 1545, in denen Ficker im Hinblick auf seine Magisterprüfung die Vorlesungen von Rheticus hören mussten. Aber auch in den Jahren 1548 bis 1551 lebten diese Beziehungen vermutlich wieder auf.

1 ALBRECHT 1799, Bd. 1, S. 327-329; KREYSSIG ²1898, S. 323; SCHEIBLE, MBW, Personen, Bd. 12, S. 57. | 2 ERLER, Bd. 1, S. 615, B 9. | 3 FÖRSTEMANN 1841, Bd. 1, S. 180a. | 4 ERLER, Bd. 2, S. 666, 681.

Fidler, Felix. ca. 1525–1553

Felix Fidler (Fiedler, Fidlerus), geboren um 1525 in Danzig (poln. Gdansk, Woiwodschaft Pommern), gestorben 1553 in Königsberg i. Pr., luth., neulat. und dt. Dichter, Poeta laureatus, Astronom[1].

Vorbemerkung: Der Name Felix Fidler ist über einen längeren Zeitraum nachweisbar; es handelt sich dabei offenbar um unterschiedliche Personen. So ist von dem 1553 verstorbenen Felix Fidler der gleichnamige Sohn seines Bruders Valerius Fidler zu unterscheiden, der ebenfalls ein neulat. Dichter war, aber in polnischen Diensten stand. Der Arzt Felix Fidler könnte eine dritte Persönlichkeit sein.

Der Sohn eines Schweizer Glaubensflüchtlings, Bruder von Valerius Fidler, war seit ca. 1535 Schüler von Gnapheus am Gymnasium in Elbing zusammen mit Alexander von Suchten. Um 1540/41 könnte er Famulus von Rheticus gewesen sein (siehe dazu unten). Am 28. April 1542 schrieb er sich an der Universität Wittenberg ein[2]. Im WS 1547 wechselte er nach Königsberg, wo er Schüler von Sabinus wurde. Am 5. April 1548 promovierte er gemeinsam mit seinem Bruder Valerius Fidler zum Bacc. art. 1550 ging er nach Deutschland, wurde dort kaiserl. Kriegsrat, von Karl V. geadelt und zum Poeta laureatus gekrönt und lebte noch 1552 am Kaiserhof in Brüssel.

Werke (in Auswahl): a) astronomische Themen: *De eclipsi lunae, quae conspecta est anno 1541*, Augsburg: Phil. Ulhard, 1541[3]; *Elegiae aliquot; Epithalamium quoddam; et Carmen de eclipsi, quae nuper conspecta est anno Domini 1547 die 28. Octobris*, Königsberg: Joh. Weinreich, 1547[4]; *De eclipsi* *lunae, quae conspecta est, anno M.D.LI, die vicesima Februarii*, Augsburg: Philipp Ulhard, 1551⁵; b) lat. Gedichte: *Elegia de radice malorum scripta in gratiam ornatissimi viri Iohannis Placatomi Doctoris artis medicae*, 2 Bl., 1549⁶; *Philotas, seu Ecloga ad Ant. Perrenotum Episc. Atrebatensem; De obitu Nicolai Perrenoti*, 1550⁷; *Epithalamium de nuptiis Georg. Sabini et Annae filiae Christophori Cromeri Regiomontani*, Königsberg: Lufft, 1550⁸; *De nuptiis principis Alberti, Marchionis Brandenburgensis;…; et nonnulla alia eidem principi loco epithalamij dedicata in academia Regijmontis*, Königsberg: Hans Lufft, um 1550⁹; *Synodus avium depingens miseram faciem ecclesiae*, Wittenberg: Veit Kreutzer, 1557 (wohl vorher entstanden, darin *Elegia de Staphylo, Apologus Felicis Fidleri in Fridericum Stapylum, Elegia eiusdem Felicis Fidleri de radice malorum in Fridericum Staphilum*)¹⁰; *In nuptias Principis … Erici, Ducus Brunsvicensis* (Woffenbüttel: Horn, 1576); Menius, Eusebius (Hg.), *Poemata Georgii Sabini et aliis additis* (u.a. mit Gedichten von Felix Fidler), Leipzig: Hans Steinmann, ²1578; ebenda, 1589; hier S. 381-384 und 384-388 Felix Fidler, *Ad Georgium Sabinum ex Borussia in Saxoniam abeuntem propemticon* und *De eiusdem reditu*; weitere Ausgabe u.a. Leipzig: Michael Lantzenberger, 1597; c) Hauptwerk: *Fluminum Germaniae descriptio*, mehrere Ausgaben, u.a. 1574.

Beziehungen zu Rheticus sind zunächst nicht zu sehen. Es gibt aber ein Interpretationsproblem, das über Fidler zu lösen wäre. Am 28. August 1541 entschuldigt sich Rheticus aus Frauenburg bei Herzog Albrecht, dass sein Junge, dem der Herzog auf seine Fürbitte ein Studienstipendium gewährt habe, jetzt vom Rat der Stadt Danzig abgeworben worden sei, nachdem er *Des knaben geschiklikait* festgestellt habe. Der Herzog möge das entschuldigen und ihm nicht übel nehmen, dass er ihn vergebens bemüht habe.¹¹ Der Name Fidler fällt nicht, Rheticus spricht nur von meinem Jungen, womit er seinen Famulus meint; die sonst genannten Famuli des Rheticus in Preussen wie Aurifaber oder Zell waren gleichaltrig mit ihm und sind daher eher als Mitarbeiter anzusehen. Der Junge ist, wie Rheticus schreibt, *ain Danzker kindt*. Das könnte auf Felix Fidler zutreffen, der in Danzig geboren wurde¹² und gewöhnlich als Danziger bezeichnet wird und von dem feststeht, dass er ein Stipendium der Stadt Danzig hatte, jedoch nicht, wie es erwartet wurde, in die Dienste der Stadt eingetreten¹³. Der Herzog scheint also den Knaben von den Danzigern zurückgeholt zu haben. 1550 quittierte Fidler dem Sabinus in Königsberg den Empfang von 100 Gulden, die vom Herzog kamen¹⁴. Felix Fidler war zuvor Schüler des mit Rheticus befreundeten Gnapheus in Elbing gewesen; für ein Nahverhältnis zu Rheticus sprechen auch Fidlers 1541 einsetzende astronomische Publikationen sowie auch die Tatsache, dass er sich am Ende des WS 1542 in Wittenberg immatrikuliert hat, möglicherweise aber mit Rücksicht auf seine Jugend (*kindt!*) noch nicht eidesfähig war und seine Einschreibung daher zunächst verschoben wurde. Ebenso gut könnte aber Rheticus auch dessen Bruder Valerius Fidler gemeint haben, der gleichen Alters war.

1 Freytag 1903, S. 41, Nr. 168; Thielen 1953, S. 150; Scheible, MBW, Bd. 12 (2005), S. 58; Altpreuß. Biogr. I, S. 181 f. | **2** Förstemann 1841, Bd. 1, S. 194b. | **3** Zinner 1964, S. 198, Nr. 1778. | **4** Jarzębowski/Jurewiczówna 1964, S. 109, Nr. 43; S. 129 f., Nr. 136 | **5** VD16-F 986.; Mikrofilm vorh. BSB, 4 Bll. | **6** Stabi Berlin. | **7** Mikrofilm, Bibliotheca Palatina, E 1151, München: Saur, 1990, 12 S. | **8** SLUB Dresden. | **9** VD 16 S 130; Exemplar in ThLUB Jena. | **10** VD 16 M 349, LUB Halle, digital. | **11** Hipler 1876, S. 128 f. | **12** Freytag 1903, S. 15. | **13** Simson 1967, S. 175. | **14** Töppen 1844, S. 244, Anm. 1.

Fidler, Valerius, 1525–1595

Valerius Fidler (Fiedler, Fidlerus, Fidelerius), geboren 1525 in Danzig (poln. Gdansk, Woiwodschaft Pommern), gestorben am 24. August 1595 in Königsberg i. Pr., neulat. Dichter, Arzt, Schulmann¹.
Der Sohn des Schweizer Glaubensflüchtlings Felix Fidler d.Ä., Bruder von Felix Fidler d.J., immatrikulierte sich an der Universität Königsberg², wo er ein Schüler von Sabinus wurde. Am 5. April 1548 wurden beide Brüder (Zwillinge?) zu den ersten Königsberger Bakkalaren der freien Künste

kreiert. Im WS 1550/51 schrieb sich Fidler an der Universität Leipzig mit dem Ziel eines Medizinstudiums ein[3]; in seiner Begleitung befand sich der 10jährige *Mauritius Fidlerus* aus Danzig[4], vielleicht ein Bruder von Felix und Valerius, desgleichen Matthias Stoj, der die Aufsicht über die herzoglichen Stipendiaten hatte[5]. Im Laufe dieses Semesters 1550/51 half Valerius Fidler dem verschuldeten Rheticus mit einem Darlehen von zehn Talern aus[6]. 1552 bis 1556 ging Fidler als Stipendiat Herzog Albrechts nach Italien und Frankreich. Von dort kehrte er als am 13. August 1555 in Bologna promovierter Dr. med.[7] nach Königsberg zurück, wo ihn der Herzog als Leibarzt anstellte und 1567 zum Erzieher des Prinzen Albrecht Friedrich machte. In einem Brief an Chemnitz, datiert aus Königsberg vom 6. Juli 1573, ließ er Grüße an die ihm unbekannten Heshusius und Wigand ausrichten[8]. 1578 wurde er Arzt in Danzig, 1582 Schulmeister in Elbing. Seit 1585 wirkte er als Arzt des Kneiphofs in Königsberg.

Werke: *Elegiae aliquot; Epithalamium quoddam; et Carmen de eclipsi, quae nuper conspecta est*, Königsberg: Joh. Weinreich, 1547; *De obitu Joachimi Mörlini*, Königsberg: Joh. Daubmann, 1571; auch Jena: Donat Ritzenhain, 1571[9]; *Oratio Johannis Wigandi continens confessionem de praecipuis doctrinae christianae capitibus; item oratio de dicto Salomonis, ut auris audiat et oculus videat*, Königsberg: Georg Osterberger, 1575; Wagner, Bartholomäus, *Von der pestilentz*, Danzig: Jakob Rhode, 1564, neue Ausgabe von Fidler, Valerius, Danzig: Franz Rhode, 1588; Menius, Eusebius (Hg.), *Poemata Georgii Sabini et aliis additis* (u.a. mit Gedichten von Valerius Fidler), Leipzig: Hans Steinmann, ²1578; 1589; in der Ausgabe 1589, S. 388-391 Valerius Fidler, *Ad Georgium Sabinum ex Germania reversum*; Lantzenberger, Michael, 1597.

Valerius Fidler war verheiratet mit Gertrud Ermgard und hatte mit ihr sechs Söhne und sechs Töchter, u.a. Konstantin, Superintendent in Stettin; Kaspar, Arzt; Felix, geb. um 1575, Sekretär des Königs von Polen, gefeierter neulat. Dichter. Laurentius Leufer verfasste eine Leichenpredigt, gedruckt unter dem Titel *Zwey Christliche Leychpredigt*, Königsberg: Georg Osterberger, 1596.

Die **Beziehungen** zwischen Rheticus und Fidler mochten sich schon um 1541 bei Rheticus' Aufenthalt in Preußen angebahnt haben (vgl. dazu die Ausführungen zu Felix Fidler). Eine solche alte Bekanntschaft wäre auch eine Erklärung, warum der studierende Stipendiat seinem Lehrer ein Darlehen gewährte. Über Felix Fidler, Matthias Stoj, Martin Chemnitz, Joachim Mörlin, Bartholomäus Wagner, Jakob Rhode u.a. könnten Kontakte zu Rheticus weiter bestanden haben.

1 FREYTAG 1903, S. 41, Nr. 168; THIELEN 1953, S. 150 f., 168; ANSELMINO 2003, S. 65-70; SCHEIBLE, MBW, Bd. 12 (2005), S. 58; Altpreuss. Biographie, 1941, S. 182. | **2** Matrikel Königsberg, Bd.1, 1910, S. 1. | **3** ERLER, Bd. 1, S. 684, P 12. | **4** ERLER, Bd. 1, S. 684, P 6. | **5** TÖPPEN 1844, S. 244. | **6** BURMEISTER 1967, Bd. 1, S. 118. | **7** BRONZINO 1962, S. 49. | **8** LEUCKFELD, Johann Georg, Historia Heshusiana, Quedlinburg 1716, S. 97, Anm. n; ebenda, S. 78 f., Anm. b, ein weiteres Schreiben von Fidler an Chemnitz vom 9. Juni 1571, in dem er sich Chemnitz als Nachfolger Joachim Mörlins als Bischof von Samland wünscht. | **9** VD 16 F 992, BSB online.

Finé, Oronce, 1494–1555

Oronce Finé (Fine, Finaeus, auch Orontius, nach der Herkunft auch Delphinatus), geboren am 20. Dezember 1494 in Briançon (Hautes-Alpes), gestorben am 8. August 1555 in Paris, kath., **Mathematiker, Geograph, Kartograph, Arzt, Musikus (Lutinist)**[1].
Der Sohn eines Arztes studierte am Collège de Navarre in Paris, 1518/24 war er zeitweise inhaftiert, vielleicht wegen Erstellens politisch unliebsamer Horoskope. Wirkte als Herausgeber von Ptolemäus, Sacrobosco und Peurbach und promovierte 1522 zum Bacc. med. 1525 wurde er Dozent für Mathematik am Collège de Maitre Gervai, 1532 Professor für Mathematik am Collège Royal (Collegium trilingue, später Collège de France).

Werke (in Auswahl): *Protomathesis* (Paris : Gérard Morrhe & Jean Pierre,1532, Widmung an König Franz I. von Frankreich)[2]; *Quadrans astrolabicus* (Paris: Simon Colinaeus, 1534)[3]; Reisch,

Gregor, *Margarita philosophica, ab Orontio Fineo castigata et aucta* (Basel: Heinrich Petri, 1535)[4]; *Le sphere du monde proprement ditte cosmographie* (Paris 1551)[5]; *Arithmetica practica* (Paris 1555)[6]; *De mundi sphaera sive cosmographia* (Paris 1555)[7]; *De rebus mathematicis* (Paris 1556)[8]; *Liber de geometria practica* (Straßburg: Knobloch, 1558)[9]; *De solaribus horologiis et quadrantibus* (Paris 1560)[10].

Sein Porträt ist mehrfach überliefert. Die *Protomathesis* (Paris 1532) zeigt eine Phantasiedarstellung in dem Blatt *Typus universi orbis*, darunter die Urania und einen jungen Gelehrten mit Buch, Astrolab und anderen Instrumenten; das zu diesem Gelehrten gehörige Schriftband ist leer, doch findet man häufig *Oronce Finé* nachgetragen, gelegentlich aber auch andere Mathematiker wie beispielsweise Achilles Pirmin Gasser[11].

Oronce Finé gehörte zu den führenden Mathematikern seiner Zeit, vergleichbar mit Pedro Nuñez oder Rheticus. Er unterhielt Kontakte zu Kollegen in ganz Europa, stieß aber nicht selten auch auf heftige Kritik, u.a. bei seinem ehemalign Kommilitonen Johannes Buteo (Jean Borrel), bei Nuñez, Johannes Dryander[12] oder Eustachius von Knobelsdorf[13]. Knobelsdorf widmete ihm in seiner *Lutetiae Descriptio* 1567 aus der zeitlichen Distanz lobende Verse; 1542 war er in einem Brief an Dantiscus anderer Meinung, wo er ihm mit Thraso, dem großsprecherischen Soldaten aus dem *Eunuchus* des Terenz vergleicht und weiter ausführt: *Astronomus regni Orontius est, natione Gallus, qui praeterquam quod raro legat, non satis fideliter quae sentit tradit* (Astronom des Reiches ist Orontius, ein Franzose, der abgesehen davon, dass er nur selten Vorlesungen hält, nicht zuverlässig wiedergibt, was er denkt). Die Franzosen hielten ihn für ein Orakel, und was er lehrte, hielten sie für göttlich, obwohl sehr vieles aus den Franzosen unbekannten deutschen Büchern gestohlen sei[14]. Kritische Stimmen sind bis in die Gegenwart hörbar, insbesondere in dem Urteil von Emmanuel Poulle, der über die Schriften Finés urteilt, sie seien populäre Fassungen seiner Vorlesungen.

Finé stand in Verbindung mit Gasser und Borrhaus, denen gegenüber er sich sehr entgegenkommend verhielt. Gasser hat sich 1533 Finés *Protomathesis* (Paris 1532) von der Frankfurter Messe nach Lindau kommen lassen; er führt in seiner Weltchronik *Historiarum epitome* (Lyon: Sulpice Sapidus für Antoine Constantinus, 1538) zum Jahre 1532 in der Reihe zeitgenössischer Gelehrter Orontius auf, neben u.a. Apian, Glarean, Camerarius und Münster[15]. Münster verwendete Finé sowohl für die Kosmographie als auch für die *Horologiographia* (1533, Einbeziehungen von Sonnenuhren Finés) und die *Rudimenta mathmatica* (1551).

Eine **Beziehung** zwischen Rheticus und Finé ist nicht bekannt, aber auch keineswegs ausgeschlossen. Rheticus war 20 Jahre jünger. Bemerkenswert erscheint, dass der mit dem Festungsbau vertraute Finé von König Franz I. sowohl in Mailand als auch in Pavia 1525 zu Rate gezogen wurde, als Rheticus mit den Gebrüdern Huber auf den Gegenseite stand. Im August 1563 erging an Rheticus ein Ruf nach Paris, einen vor einigen Jahren verstorbenen königlichen Mathematiker zu ersetzen; vermutlich ist damit Finé gemeint.

1 Poulle, Emmanuel, in: Dictionary of Scientific Biography; Marr 2009; O'Connor, J. J. und Robertson, E. F., in: http://www-history.mcs.st-andrews.ac.uk/Biographies/Fine/html (12. Februar 2014); Scheible, MBW, Personen, Bd. 12, 2005, S. 61. | 2 Google Books, digital zugänglich. | 3 BSB München, digital. | 4 VD 16 R 1041; BSB München, digital. | 5 – | 10 BSB München, digital. | 11 Vgl. die Abb. in: Reiss & Sohn, Schöne und seltene Bücher, 2009, S. 43. | 12 Zitiert nach der Übersetzung von Schachtner 1999, S. 805 f.; dort auch der lat. Text nach Dryanders Novi annuli astronomici, Marburg 1536, Widmungsvorrede. | 13 Sauvage 1978, S. 152 f., Nr. 76. | 14 Sauvage 1978, S. 41. | 15 Google Books, digital, S. 242

Finkel, Georg

Georg Finkel (Finckel, Funckel, Funckelius), geboren in Zwickau, luth., Student, Magister[1].
Finkel immatrikulierte sich am 8. März 1545 an der Universität Wittenberg[2]. Aus der Zeit vom August bis Dezember 1545 sind vier Briefe von ihm an Stephan Roth erhalten, in denen er die

Verhältnisse in Wittenberg schildert; er nennt seine Lehrer Melanchthon, Bugenhagen, Major und Luther, er schickt u.a. eine Stadtansicht von Wittenberg und Hochzeitsgedichte des *musicus* Sixt Dietrich[3]. Auch in einem Brief von 1543 spricht Dietrich davon, dass er fleissig komponiert und 112 Hymnen verfasst habe, die er zum Druck nach Wittenberg geschickt hat[4]. In der Zwickauer Ratssitzung vom 20. Oktober 1548 wurde Finkel das Stipendium entzogen, *weil er seinem studio mit gebührlichem vleis nicht nachkommet vnd sunsten auch leichtfertig ist*[5]. Möglicherweise war das der Anlass dafür, dass Finkel jetzt vom teuren Wittenberg in das preisgünstigere Leipzig wechselte, wo er sich im WS 1548/49 unter dem Rektor Donat Zöllner immatrikulierte[6]. Er stellte sich dann aber am 17. November 1549 in Wittenberg dem Bakkalaureatsexamen unter dem Dekan Johannes Marcellus[7]. Kurzes Zeit später am 7. Dezember 1549 respondierte er in Leipzig *pro loco* und wurde unter die dortigen Bakkalare aufgenommen[8]. Schließlich promovierte er am 29. Januar 1550 in Leipzig zum Mag. art.[9] Danach verlieren sich vorerst seine Spuren. Man hätte erwartet, dass er in den Schul- oder Kirchendienst der Stadt Zwickau eingetreten wäre.

Beziehungen zwischen Rheticus und Finkel hat es gegeben. Rheticus dürfte bei der Disputation am 7. Dezember 1549 anwesend gewesen sein, ebenso bei der Magisterpromotion am 29. Januar 1550.

1 Scheible, MBW, Personen, Bd. 12, S. 61. | **2** Förstemann 1841, Bd. 1, S. 219b. | **3** Buchwald 1893, S. 180 f. | **4** Hartmann 1958, Bd. 5, S. 439. | **5** Neues Archiv für sächsischen Geschichte und Altertumskunde 11 (1890), S. 49. | **6** Erler, Bd. 1, S. 674, M 21. | **7** Köstlin 1891, S. 4. | **8** Erler, Bd. 2, S. 709. | **9** Ebenda, S. 710.

Fischer, Johannes, † ca. 1565

Johannes Fischer (lat. auch Piscator, Piscatoris), geboren in Salz bei Neustadt an der Saale (Lkr. Röhn-Grabfeld, Unterfranken), gestorben um 1565, luth., Rechenmeister, Schulmann, Wanderlehrer, Verfasser erfolgreicher Rechenbücher[1].

Johannes Fischer immatrikulierte sich am 27. Januar 1520 an der Universität Wittenberg[2]. Von Anfang bestand eine enge Verbindung von ihm zu Melanchthon, der ihn am 30. September 1521 dem Johannes Hess für eine Stelle empfahl. Schon damals mochte er seine Tätigkeit als Wanderlehrer ausgeübt haben, doch kehrte er immer wieder nach Wittenberg bzw. zu Melanchthon zurück. Dieser setzte ihn 1544/45 zu Vorlesungen in der Arithmetik für Anfänger ein, worüber ausführliche Zeugnisse bestehen. Melanchthon verfasste 1544 einen Anschlag für das Schwarze Brett, in dem er empfehlend auf die Vorlesungen von Fischer hinwies[3]. *Extat libellus, cui titulus est isagoge Arithmetices, collecta et edita per Ioachimum Ammonium Nissenum, qui sine ambagibus brevissima praecepta continet, quorum maximus usus est. Hunc libellum Iohannes Fischer arithmeticus enarraturus est et exemplis illustraturus, praeleget autem hora duodecima. Utile est homini periti et artificis celeritatem et dexteritatem videre et considerare. Acuere enim et adiuvare discentes potest, nec poenitere debet studiosos laboris et dilgentiae in arithmetica. Magna laus est et magna utilitas, hanc artem tenere, quae et in omni vita tam magnam usum habet et aditum patefacit ad doctrinam de motibus coelestibus. Tantum impedimentum est progressuro in philosophia ignorare arithmeticam, quantum impedimentum est caecitas iter per loca inusitate faciendi. Et si quis aritthmeticam mediocriter didicerit, habet artem, quae provehere eum ad functiones varias potest et praesidio esse vitae, ideo non neglegenda est haec ars, quae quidem natura omnium prima est, ut numerorum agnitio primum lumen est mentis*[4]. (Es gibt ein Büchlein mit dem Titel Einführung in die Rechenkunst, das von Joachim Ammon aus Neiße zusammengestellt und herausgegeben wurde, das ohne Zweifel in aller Kürze die Regeln enthält, die am meisten gebraucht werden. Dieses Büchlein wird der Rechenmeister Johannes Fischer erklären und an Beispielen erläutern; er wird nämlich um 12 Uhr vorlesen. Es ist nützlich, die Schlagfertigkeit und Geschicklichkeit dieses erfahrenen Mannes und Meisters zu sehen und zu betrachten. Er kann nämlich den Geist der Lernenden schärfen und ihnen helfen, und es darf die Studierenden die Mühe und Sorgfalt in der Rechenkunst nicht reuen. Es gereicht zu großen Ruhm und Nutzen, diese Kunst zu beherrschen, die in allen Lebenslagen so nützlich ist und den Zugang zu der Lehre von den himmlischen Bewegungen gewährt. Es bedeutet ein großes Hindernis für den, der in der Philosophie Fortschritte machen will, wenn er von der Rechenkunst keine Ahnung hat, so wie die Blindheit den behindert, der seinen Weg durch unbekannte Örtlichkeiten sucht. Aber wenn einer die Rechenkunst auch nur einigermaßen erlernt hat, dann hat er die Befähigung, die ihn zu den verschiedensten Anwendungen weiterbringt und Hilfe für sein Leben. Daher ist diese Kunst nicht zu vernachlässigen, die jedenfalls von Natur aus die erste von allen ist: die Kenntnis der Zahlen ist das erste Licht der Vernunft).

Im Jahr darauf stellte Melanchthon Fischer ein Zeugnis über seine erfolgreiche Arbeit aus: *Testimonium Fischeri, arithmetici, Ph.M.*[5]

Aliquandiu in Academia nostra Iohannes Fischerus Schnebergensis, arithmeticen scholasticis tradidit, et comperimus, cum non tantum vulgaria artis praecepta tenere, sed etiam eruditiores vias magna celeritate explicare. Et mores eius sunt honesti. Cum autem magnus sit usus arithmetices cum in multis vitae negotiis, tum vero in reliquis artibus percipiendis, quarum haec quasi ianua dici potest, commendo hunc arithemticum omnibus bonis viris, qui gubernant studia literarum, et propter Deum oro, ut sint hortatores suis scholasticis, ut discant et ament arithmeticen, et huius artificis opera utantur. Plato inquit, res faciles esse has artes, quae Mathematicae vocantur, si tamen adhibeatur artifex, qui eas tradere possit. Experientur autem studiosi, magnam esse dexteritatem huius Iohannis, et arithmeticae initia, nisi in prima adolescentia percepta sunt, postea a grandidioribus infoeliciter tententur. Ideo boni gubernatores iuventutis ad haec artis initia cito adolescentiam transferant, et hoc quasi ludo tenera ingenia praeparari curent. Nec dubito, ei ipsos scholasticos, ubi aetas addet iudicium, pro hoc magno beneficio gratias acturos esse. Nos quidem decet, utilia monstrare adolescentiae, ut Deum aeternum, patrem domini nostri Iesu Christi, orare, ut det Ecclesiae suae bona ingenia eaque regat, et honesta studia doctrinae exuscitet. Bene valete, lectores. Die 7. Septembris 1545.

(Übersetzung: Philipp Melanchthons Zeugnis für den Rechenmeister Fischer. Der Schneeberger Johannes Fischer hat in unserer Hochschule den Studenten die Rechenkunst vermittelt, und wir erfahren, dass er nicht nur die gewöhnlichen Regeln der Kunst beherrscht, sondern auch mit Zügigkeit die feineren Methoden erklärt. Auch ist sein sittliches Verhalten aller Ehren wert. Da nun die Rechenkunst in vielen Angelegenheiten des täglichen Lebens von Nutzen ist, aber auch zum Verständnis der übrigen Wissenschaften beiträgt, für die sie sozusagen das Eingangstor genannt werden kann, empfehle ich allen Ehrenmännern, die mit der Regelung schulischer Belange betraut sind, diesen Rechenmeister. Und ich bitte um Gottes willen, dass sie ihre Schüler mahnen, die Rechenkunst zu erlernen und zu lieben und sich diese Kunst zu Nutze zu machen. Plato sagt, die sogenannten mathematischen Künste seien leicht fasslich, wenn man sich dabei nur eines Fachmanns bediene, der diese vermitteln kann. Die Schüler werden auch die große Geschicklichkeit dieses Johannes erfahren, und dass die Anfangsgründe der Rechenkunst, wenn sie nicht in frühester Jugend begriffen, später von den Älteren nur unglücklich erfahren werden. Deswegen werden die verantwortungsbewussten Scholarchen die Jugend frühzeitig zu dieser Kunst hinführen und darum bemüht sein, dass die zarten geistigen Anlagen gleichsam spielerisch bereit gemacht werden. Ich zweifle nicht daran, dass ihm selbst die Schüler für diese große Wohltat zu danken wissen, sobald ihnen das fortgeschrittene Alter ein Urteil darüber erlaubt. Unsere Aufgabe aber ist es, dass wir der Jugend die nützlichen Dinge aufzeigen, um den ewigen Gott, den Vater unseres Herrn Jesus Christus, bitten, dass er seiner Kirche gute Talente gibt und diese leitet und ehrenvolle wissenschaftlichen Studien anregt. Lebt wohl, Leser, Am 7. September 1545).

Schon bevor dieses Zeugnis ausgestellt wurde, hatte Fischer, der zunächst das von Melanchthon genannte Buch von Joachim Ammon *Isagoge Arithmetices* (Wittenberg: Georg Rhau, 1544) als Lehrbuch seiner Vorlesungen zugrundegelegt hatte, sich entschlossen, dieses durch eine eigene Publikation zu ersetzen. Diesen Leitfaden der Rechenkunst, wie er sein Werk benannte, mit dem lateinischen Titel *Arithmeticae Compendium* (Wittenberg: Georg Rhau, 1545), widmete er seinem Schüler Herrn Heinrich von Zelking, einem niederösterreichischen Adligen[6]. Johannes Stigel schrieb dazu ein Epigramm an den Leser, auch wurde die bekannte in Verse eingekleidete mathematische Textaufgabe Melanchthons *Mulae asinaeque*[7] aufgenommen.

Dieses Buch wurde ein großer Erfolg, es ist bis 1611 in 12 Auflagen erschienen. Die zweite Auflage (Leipzig: Jakob Bärwald, 1549) war auch Heinrich Zelking gewidmet. Das Exemplar in der SLUB Dresden enthält eine bemerkenswerte handschriftliche Widmung Fischers: D.G.F.CH.D.D. I.P.N., zu lesen wohl als *Domino Georgio Fabricio Chemnicensi donum dedit Iohannes Piscator* Neapolitanus (Herrn Georg Fabricius aus Chemnitz hat als Geschenk gegeben Johannes Fischer aus Neustadt). Es hat den Anschein, als sei Fischer nach dem Erhalt des Zeugnisses im Herbst 1545 aus Wittenberg nach Leipzig übersiedelt. Die dritte Auflage (Leipzig: Georg Hantzsch, 1554)[8] ist dem Ratsherrn Hieronymus Rauscher *Lipsensis* gewidmet (Leipzig, am 9. Juni 1554); unter diesem Datum setzt sich auch der Widmungsbrief in allen späteren Auflagen fort. Diese weiteren Auflagen sind: Leipzig: Rhamba, 1559[9]; Leipzig: Vögelin, 1561, 1565, 1574; Leipzig: Rhamba, 1577; Leipzig: Abraham Lamberg, 1588[10]; Leipzig: ohne Angabe des Druckers, 1598[11]; Leipzig: Bärwald, 1611; Wittenberg: Laurentius Seuberlich, 1611. Das Buch richtete sich ausdrücklich an die *Tyrones*, die Anfänger der Rechenkunst, nicht die »Tyroler«, wie Kraai will. Auch Melanchthon hatte betont, dass man in möglichst früher Jugend damit beginnen sollte, die Rechenkunst zu erlernen. Darin lag die Stärke dieses Buches, das in Sachsen zu einem amtlichen Schulbuch wurde. Die Zwickauer Schulordnung bestimmte, dass die Arithmetica am Freitag von 12 bis 1 Uhr gelesen werde; »es sollen aber die Praeceptores keine andere Arithmeticam dann Piscatoris brauchen und daraus in *quarta* Classe (-= die zweitoberste, wo Terenz und Cicero gelesen wurde) alleine die *species*, in *quinta* (oberste Klasse) aber die ganze Arithmeticam lesen«[12].

Das Rechenbuch Fischers erschien auch in einer deutschen Version *Ein kurtz Rechenbüchlein für anfahende Schüler gemacht*, Leipzig: Georg Hantzsch, 1554; weitere Auflagen: Stettin: Johannes Eichorns Druckerey, o.J.; Frankfurt/Oder, 1565; Magdeburg: Francke, 1587; zuletzt 1592. Nachdem Fischer als Rechenmeister in Schulpforta angestellt worden war, schrieb er für die Fürstenschüler zu Pforta und Grimma *Ein Künstlich Rechenbüchlein* (Wittenberg: Georg Rhaus Erben, 1559), das er in stark erweiterter Form zu Pforta am 1. Januar 1559 seinem Landesherrn Kurfürst August von Sachsen widmete. Fischer hat in seinen Rechenbüchern in der Anlage Rudolffs Buch nachgeahmt (Grundbüchlein, Exempelbüchlein, Practicierbüchlein) und folgt in der Methode dem Adam Ries, von dem er viele Aufgaben entlehnt hat. Fischers lateinisches Compendium war zum Gebrauch in den lateinischen Schulen Sachsens anbefohlen«[13]. Mehrere Leipziger Buchhändler haben die Rechenbücher Fischers geführt, so etwa 1563 der Buchladen des Christoph Ziehenaus 19 Exemplare der *Arithmetica Piscatoris*, im gleichen Jahr der Buchdrucker Valentin Papst 7 Exemplare der *Arithmetica*, 1568 der Buchhändler Christoph Schramm 8 Exemplare der *Arithmetica*. 1585 hatte der Buchführer Simon Hueter 134 Exemplare der *Arithmetica* auf Lager, 1586 132 Exemplare, 1590 Ludecke Brandes 9 Exemplare, 1594 Ernst Vögelins Erben 5 Exemplare des Rechenbüchleins und 46 Exemplare der *Arithmetica*, 1596 Johann Beyer 17 Exemplare von Fischers *Rechenbüchlein klein*. Der Buchführer Andreas Hoffman in Wittenberg verfügte 1600 über 23 Exemplare der *Arithmetica Piscatoris*. Sehr selten sind Nachweise für Fischers Rechenbücher im Privatbesitz: Der Bacc. art. Zacharias Brosmann besitzt 1568 die *Arithmetica Piscatoris*; Margaretha Ziehenaus, Witwe des Universitätsnotars Mag. art. Hieronymus Ziehenaus, hat 1587 ein Exemplar der *Arithmetica*[14].

Der im WS 1555/56 an der Universität Leipzig immatrikulierte Johannes Fischer aus Schneeberg[15] war vermutlich ein Verwandter. Nicht identisch ist auch der am 5. März 1557 in Pforta eingeschriebene Johannes Fischer, der aus Oschatz (Lkr. Nordsachsen) stammte, dort als Rektor wirkte und ebenfalls dort 1606 gestorben ist[16]. Hingegen könnte der im WS 1558/59 in Leipzig immatrikulierte Johannes Fischer *Neustadensis* mit dem Rechenmeister identisch sein[17].

1 SCHEIBLE, MBW, Bd. 12, 2005, S. 64. | **2** FÖRSTEMANN 1841, Bd. 1, S. 88. | **3** Vgl. dazu KATHE 2002, S. 87. | **4** CR V, Sp. 487 f., Nr. 3036; SPP 1553, Bd. 1, Bl. M4v-M5r, BSB München, digital, Scan 198 f. | **5** CR V, Sp. 844, Nr. 3261. | **6** FÖRSTEMANN 1841, Bd. 1, S. 209a (imm. WS 1543/44). | **7** CR X, Sp.566; FUCHS 2002, S. 79, Anm. 228. | **8** BSB München, digital. | **9** VD 16 F 1180. | **10** Württ. LB Stuttgart, digital. | **11** VD 16 ZV 22278, ULB Sachsen-Anhalt, Halle, digital. | **12** UNGER, S. 25. | **13** UNGER, S. 55. | **14** RÜDIGER, Bernd, Gedruckte Rechenbücher im Besitz von Leipziger Einwohnern bis 1600, in: GEBHARDT 2005, S. 421-434. | **15** ERLER, Bd.1, S. 706, M 64. | **16** BERTUCH 1612, S. 284, BSB München, digital, Scan 669. | **17** ERLER, Bd.1, S. 725, B 14.

Flacius Illyricus, Matthias, 1520–1575

Matthias Flacius Illyricus, kroat. Matija Vlačić alias Franković, geboren am 3. März 1520[1] in Labin (ital. Albona, dt. Tüberg, Istrien, Kroatien), gestorben am 11. März 1575 in Frankfurt/Main, kein kirchliches Begräbnis, luth., Gräzist, Hebraist, Theologe, Haupt der Gnesiolutheraner (Flazianer)[2].

Nach seiner Ausbildung in Venedig kam er 1539 nach Basel[3] und dann über Tübingen nach Wittenberg, wo er 1541 immatrikuliert und Schüler Melanchthons wurde[4]. Am 8. Februar 1543 urteilte Melanchthon über ihn, *adeo peritum esse graecae linguae, ut nulli celebratissimorum professorum postponendus est* (dass er in einem solchen Maße in der griechischen Sprache erfahren ist, dass man ihn keinem der berühmtesten Professoren nachsetzen kann)[5]. 1545 bis 1547 versah er neben Lukas Edenberger eine halbe Professur für Hebräisch, er galt als einer der führenden Hebraisten seiner Zeit[6]. Am 25. Februar 1546 promovierte er unter dem Dekan Johannes Stoltz zum Mag. art.[7]; er erreichte den 1. Rang unter 39 Kandidaten, wobei zu berücksichtigen ist, dass er als *professor hebreae linguae* und somit als Kollege zur Prüfung angetreten ist. Flacius wurde am 1. Mai 1546 in das Kollegium der Wittenberger Artistenfakultät aufgenommen[8]. Nach Schließung der Universität Wittenberg ging Flacius nach Braunschweig (Niedersachsen), kehrte aber im Herbst 1547 nach Wittenberg zurück. Im März 1549 emigrierte er nach Magdeburg. Er verfasste zahlreiche polemische Schriften gegen Wittenberg und Rom. Mit der kirchenhistorischen Arbeit *Catalogus testium veritatis* (1556, ²1562) gab er den Anstoß zu den Magdeburger Zenturien *Ecclesiastica historia* (1559/74). 1557 wurde er Professor der Theologie und Generalsuperintendent in Jena, geriet jedoch in Streit mit Viktorin Strigel und Andreas Hügel und wurde 1561 wieder entlassen und des Landes verwiesen[9]. 1566/67 übernahm er die luth. Gemeinde in Antwerpen. 1567 bis 1573 duldete man ihn in Straßburg, wo er von Marbach unterstützt wurde. Zuletzt fand er mit seiner Familie Zuflucht in Frankfurt/Main. »Die fortwährenden Streitigkeiten, in denen er sich erschöpfte, machten ihn schließlich in Deutschland verhasst. Er hatte kaum noch Freunde. So ist die Einschätzung seiner Person und Leistung vielfach verdunkelt worden«[10]. In Wittenberg erlebte Flacius eine regelrechte *Damnatio*: Man vermerkte in der Matrikel *Cuculus et Zoilus deinde factus et scholae et praeceptorum insectator* (er wurde danach ein Kuckuck und kleinlicher Kritiker und Gegner der Lehrer)[11]. Zu den wenigen Freunden, die an ihm festgehalten haben, gehörten die Lindauer Johannes Marbach, Achilles Pirmin Gasser und Kaspar Heldelin. Heldelin hielt ihm einen verspäteten Nachruf mit seiner *Christlichen predigt vber der Leiche des ... Herrn M. Matthiae Flacij Jllyrici* (Oberursel: Nikolaus Heinrich, 1575)[12].

Werke: Sein theologisches Hauptwerk ist *Clavis Scripturae sacrae*, Bd. 1-2 (Basel: Joh. Oporin, 1567)[13]. Viele Streitschriften. Große Bedeutung gewann Flacius auch als Kirchenhistoriker (Magdeburger Zenturien).

Porträt: Holzschnitt[14]. Flacius heiratete im Herbst 1545 in Wittenberg Elisabeth Faust († 1564), Tochter des Michael Faust (12 Kinder); eine zweite Ehe ging er nach 1564 mit Magdalena Illbeck († 1579) ein.

Beziehungen zwischen Rheticus und Flacius sind anzunehmen. Beide hatten eine italienische Mutter aus dem Adel bzw. Patriziat. Als Schüler Melanchthons kam Flacius im WS 1541/42 auch mit Rheticus in Kontakt.

1 Garcaeus 1576, S. 151, nennt den 3. März 1519 als Geburtsdatum. | 2 Preger, Wilhelm, Matthias Flacius Illyricus und seine Zeit, Bd. 1-2, Erlangen 1859/61; Diebner 1997, S. 157-182; Scheible, MBW, Personen, Bd. 12, 2005, S. 66-69; Stupperich 1983, S. 79 f. | 3 Wackernagel 1956, Bd. 2, S. 22. | 4 Förstemann 1841, Bd. 1, S. 153a. | 5 CR V, Sp. 33-35. | 6 Geiger 1870, S. 97. | 7 Köstlin 1890, S. 18. | 8 Köstlin 1890, S. 22. | 9 Günther 1858, S. 7 f. | 10 *Stupperich* 1983, S. 80. | 11 Köstlin 1890, S. 18. | 12 BSB München, digital. | 13 VD 16 F 1307 und 1308; BSB München, digital. | 14 Abgebildet bei Heldelin 1575; Diebner 1997, S. 182.

Fleck, Matthäus, 1524–1592

Matthäus Fleck (mit dem Gelehrtennamen Flaccus in Anlehnung an Quintus Horatius »Flaccus«, später germanisiert auch Flakkus, anfangs auch vereinzelt Macula = lat. Fleck), geboren 1524 in Zwickau (Sachsen), gestorben 1592 in Berlin, luth., Arzt[1].

Matthäus Flaccus ist zu unterscheiden von dem Mediziner Matthias Flacius, (1547-1593), dem Sohn des berühmten Matthias Flacius Illyricus. Matthäus Fleck war der Sohn des Tuchhändlers Simon Fleck und seiner Ehefrau Margaretha Kayn. Er immatrikulierte sich im SS 1543 an der Universität Leipzig[2]. Er promovierte im SS 1544 zum Bacc. art.[3] Im WS 1548/49 erlangte er unter dem Dekanat des Rheticus die Würde eines Mag. art.[4] Fleck widmete sich anschließend dem Studium der Medizin, übernahm aber daneben noch vom SS 1551 bis SS 1552 in der Artistenfakultät die Vorlesungen über lateinische Grammatik. Er promovierte am 31. Oktober 1556 zum Bacc. med. und kurz darauf zum Lic. med., schließlich am 28. April 1557 zum Dr. med.[5] Fleck wurde Stadtphysikus in Berlin.

Fleck war verheiratet mit Regina Schirmer (geboren 1536), mit der er elf Kinder hatte. Von seinen Söhnen wurde Karl Bürgermeister in Stendal, Friedrich Arzt in Berlin, Johannes Superintendent und Domprediger in Berlin. Eine Tochter Regina heiratete den Buchhändler Friedrich Groß. Von Fleck und seiner Frau sind Bildnisse auf einer Medaille überliefert; nach der Medaille wurden auch Kupferstiche mit seinem Porträt angefertigt.

Werke: Neben einige Handschriften, insbesondere Konsilien, und Briefen (u.a. mit Camerarius, David Chyträus) veröffentlichte er eine Pestschrift *Ein Erinnerung, was die Oberkeit zur Pestilentz Zeit bestelle, und wie sich menniglich für solcher grausamer Seuch preserviren und curirn soll*, Wittenberg 1566; *Aestimatio materiae medicae vtriusque generis*, Berlin: in Monasterio Leucophaeo, 1574. Unter dem Präsidium von Drembach sind mehrere Thesenblätter erschienen, so zum Lizentiat von Rascher, Peifer und Fleck *De sanguine et pituita disputatio*, Leipzig 1556; zum Doktorat von Rascher, Peifer, Fleck, Machold, Joh. Hoffmann, Häusler, Borsdorfer, Zechendorfer und Ellinger *Quaestiones medicae*, Leipzig: Jakob Bärwald, 1557.

Beziehungen zu Rheticus sind gegeben, insbesondere durch Flecks Magisterpromotion. Aber schon seit dem SS 1543 konnte Fleck Vorlesungen von Rheticus besuchen. Beide hatten auch eine Vorliebe für die Medizin, deren Studium sie sich in Leipzig widmeten.

1 Dunkel 1753, S. 203-210; Woitkowitz 2003, S. 252, Anm. 19. | 2 Erler, Bd. 1, S. 644, M 1. | 3 Erler, Bd. 2, S. 686. | 4 Ebenda, S. 705. | 5 Ebenda, S. 83-85.

Flock, Erasmus, 1514–1568

Erasmus Flock (Floccus, Flockius), geboren am 1. Januar 1514 in Nürnberg, gestorben am 21. Juli 1568 in Nürnberg (begraben auf dem Friedhof St. Johannis, Standort unbekannt)[1], luth., Mathematiker, neulat. Dichter und Arzt[2].

Flocks Bildungsweg begann in seiner Vaterstadt Nürnberg, wo damals vier Lateinschulen mit je 200 bis 250 Schülern bestanden. Neben dem Ägidiengymnasium gab es drei Trivialschulen, an denen das Trivium (Grammatik, Logik, Rhetorik) gelehrt wurde: an St. Lorenz, St. Sebald und im Heilig-Geist-Spital. Letztere Schule sollte insbesondere die für den Gottesdienst im Spital notwendigen Chorschüler ausbilden. Hier gab es um 1530 die Gruppe der *duodecim alumni*, zu denen gehörte neben Hieronymus Wolf als *praeceptor* u.a. Heinrich Weikersreuter, Erasmus Flock, Michael Kaden, Hieronymus Besold, Johannes Eichhorn, Erasmus Eichler, Michael Kilian, Hieronymus Rauscher, Johannes Reischacher. Sie blieben größtenteils auch an den Universitäten mit einander verbunden. »Die in der Internatszeit geknüpften Kontakte wurden in der Studienzeit weiter gefestigt«[3]. Von den Genannten, die alle in Wittenberg studierten und Rheticus nahe standen, wurden zwei Professoren der Mathematik (Flock, Eichhorn), drei Schulmeister (Wolf, Reischacher, Kilian), einer Jurist (Kaden) und vier Theologen (Weikersreuter, Rauscher, Besold, Eichler).

Da das Fach Mathematik an der Spitalschule nicht gelehrt wurde, hörte Flock dieses bei Johannes Schöner am Ägidiengymnasium. Er immatrikulierte er sich am 14. Mai 1533 an der Universität Wittenberg[4], wo er Schüler Luthers, Melanchthons und Volmars wurde. Im Januar 1538 promovierte Flock unter dem Dekan Veit Oertel Winsheim zum Mag. art. (4. Rang von 17 Kandidaten)[5]. Melanchthon erwirkte für 1538 in Nürnberg ein medizinisches Ratsstipendium. Flock wechselte 1538 an die Universität Erfurt[6], kehrte aber bald nach Wittenberg zurück. Am 1. Mai 1540 wurde Flock in den Senat der Artistenfakultät aufgenommen[7]. Am 29. Mai 1540 disputierte er *De balneis, caena, somno, Astrologica*[8]. Am 10. Oktober 1540 um 12 Uhr begann Flock auf Bitten einiger Studenten im größeren Hörsaal eine Vorlesung über Melanchthons soeben erschienenen *Liber de anima*.[9] Für den 19. Juni 1542 kündigte Flock eine Regiomontan-Vorlesung an.[10] Am 2. Februar 1543 wurde Flock der Lehrstuhl für niedere Mathematik übertragen, der durch den Wechsel von Rheticus nach Leipzig erledigt war[11]. Nach Melanchthons Aussage wurde Flock wegen seiner Bedürftigkeit und dank des Einsatzes seines Schwagers [wohl Fendt] vorgezogen.[12] 1546 hätte Hommel sein Nachfolger werden können, wenn er in Wittenberg anwesend gewesen wäre[13]; es folgte ihm aber der Rheticusschüler Johannes Aurifaber *Vratislaviensis*, der schon vor seiner Berufung Flock vertreten hat.

Für das WS 1543/44 wurde Flock zum Dekan der Artistenfakultät gewählt[14]. In seiner Eigenschaft als Dekan promovierte Flock 12 Bakkalare und 38 Magistri. Anlässlich einer Magisterpromotion hielt er 1544 eine auf Melanchthon zurückgehende Rede über Aristoteles. Zu den Schülern Flocks gehörte Peucer.

Neben seiner Lehrtätigkeit studierte Flock Medizin bei Augustin Schürpf, Milich, Curio und Fendt; er promovierte am 10. September 1545 in Wittenberg zum Dr. med., danach verließ er die Universität. Melanchthon stellte Flock am 23. September 1545 gegenüber Veit Dietrich ein hervorragendes Zeugnis aus, dessen Gespräche ihm großes Vergnügen bereiten und dessen Ratschläge seiner Gesundheit förderlich sein würden. Zugleich schrieb er an Hieronymus Baumgartner, Flock vereinige alle Sparten der Philosophie; er trage nicht eine verstümmelte Physik vor, sondern verbinde sie mit den Lehren *de motibus coelestibus et de causis universalibus*.[15]

Schwieriger war es, den Lehrstuhl neu zu besetzen. Die Universität schrieb im Dezember 1545 an den Kurfürsten Johann Friedrich von Sachsen und bat um eine Neubesetzung, *denn diese lection vil gutes gewirkt in dieser universitet, ist auch andern universiteten ein gut exempel gewesen: Tübingen, Leiptzik, Gripswald und Rostock, die dergleichen lection angericht. Dann dises studium ist ein anleitung zu vilen nutzlichen kunsten und macht das jung volk sittiger, denn es gibet ihnen ein gute übung mit dem rechnen und zundet ein lieb an zu adlichen natürlichen kunsten*[16]. Der Kurfürst wollte den häufigen Wechsel für die Zukunft unterbinden und verlangte daher, dass der neue Lehrstuhlinhaber sich für sieben oder acht Jahre verpflichten solle.

In seiner Heimatstadt Nürnberg wurde Flock, nachdem er zuvor zum Mathematicus bestellt worden war, kurz darauf am 12. Oktober 1545 vom Rat auch zur ärztlichen Praxis zugelassen. Am 8. Mai 1546 wurde er gegen ein Wartgeld von 50 Gulden zu Stadtphysikus angestellt. Am 24. September 1546 übernahm er das Neue Spital, widmete sich aber weiterhin mathematischen und astronomischen Studien und schrieb neulat. Gedichte. Das überlieferte Gutachten zu einer Leprosenschau durch mehrere Ärzte[17] stammt nicht von ihm, sondern von seinem gleichnamigen Sohn Erasmus Flock d. J. Es wird Flock nachgesagt, dass er an der ärztlichen Praxis weniger Gefallen hatte und sich deshalb lieber seinen Studien widmete. Flock war verheiratet mit Margaretha Kerwitz († 1573) aus Wittenberg, einer Schwester von Anna Kerwitz, der Ehefrau von Melchior Fendt und damit dessen Schwager; aus der Ehe gingen neun Kinder hervor, darunter der Erstgeborene Erasmus Flock d. J., der in Wittenberg studierte und auch Arzt wurde.

Werke: A. Poetische und rhetorische Schriften: *Oratio de Aristotele* (Wittenberg: Josef Klug, 1544)[18]; *Psalmus XLI* (Nürnberg 1559, Widmung an Konrad Pilenhofer, kurpfälz. Schreiber); *Psalmus XXX* (Nürnberg 1559, mit hs. Elegia auf Hieronymus Imhof in Nürnberg, hs. Widmung an Hieronymus Baumgartner); *Aegloga Antonini* (ungedruckt, Nürnberg 1558, hs. Widmung an Hans von Ponikau, kursächs. Kämmerer; und hs. Widmung an den Nürnberger Rat)[19]; hs. *Epithalamion in honorem Wolfgangi Furteri et virginis Susannae* (Nürnberg 1560)[20]; B. Astronomische Schriften: *In Ptolemaei Almagestum libri tredecim* = Regimontans *Epitome Almagesti Ptolemaici* (Nürnberg: Joh. Berg und Valentin Neuber, 1550)[21]; *Von dem lauff des Cometen, der MDLVI erschienen* (Nürnberg: Val. Neuber, 1557)[22]; *Von dem jüngsten Cometen, so von MDXXXI biss MDLVIII erschinen sein* (Nürnberg: Val. Neuber, 1558, Widmung an Bischof Friedrich von Würzburg)[23]; *Vaticinium de ultimis temporibus, ab Academia Parisiensi ante multos annos hexametris versibus conscriptus, Nunc denuo repertum & in lucem editum* (Nürnberg: Val. Neuber, 1559)[24]; Giovanni Nanni = Annius von Viterbo, *Prognostica de imperiis Christiano et Turcico*, neu hg. nach der Ausgabe Nürnberg 1471 von Flock (Nürnberg: Val. Neuber, 1560, Widmung an den kaiserl. Rat Graf Ludwig von Löwenstein)[25]. Eine Anzahl von Nativitäten blieben ungedruckt, u.a. für Simon Wilde (1543)[26], Hieronymus Baumgartner d. J. (1544)[27], Anna von Sachsen, spätere Braut des Wilhelm von Oranien (1544)[28]. Flock lieferte auch dem Herzog Moritz von Sachsen Revolutionen[29]; C. Medizinische Schriften: Gemeinsam mit Melchior Ayrer und drei weiteren Ärzten schrieb Flock ein Zeugnis für Lienhard von Kitzingen, dass dieser frei von Aussatz sei (Nürnberg, 16. April 1549)[30].

Flock war Bibliophile und Besitzer einer wohl nicht großen, aber ausgesuchten Bibliothek. Flock heiratete um 1543 die Schwester des vermögenden Nürnberger Kaufmanns Jobst Furter, dem Flock 1545 seine Lutherbibel schenkte, die er, mit handschriftlichen Eintragungen Luthers und Melanchthons, als Abschiedsgeschenk von Wittenberg erhalten hatte. Die *Ephemerides* Regiomontans (Nürnberg 1474) verkaufte Flock an Georg Hartung.[31] Konrad Lagus schenkte Flock ein Exemplar der *Epigrammata* des Simon Lemnius mit der Widmung C[onradus] *Lagus* M[agistro] *Erasmo Floccio* N[oribergensi] d[ono] d[at].[32]

Die Beurteilungen von Flock gehen auseinander. Simon Wilde nennt ihn *mathematicus celeberrimus*.[33] Aber man hätte lieber Schreiber als Nachfolger von Rheticus gesehen, weil Flock weniger qualifiziert war[34].

Beziehungen zu Rheticus. Flock war 1533 bis 1536 Rheticus Kommilitone, 1536/38 und nochmals 1541/42 sein Schüler und zugleich sein Kollege. Mit Rheticus gehörte er zum engeren Freundeskreis um Lemnius. Da er auch Rheticus' Nachfolger in Wittenberg wurde, hat man bisher dessen Einfluss allzu sehr in den Mittelpunkt gerückt; Flock war auch ein Schüler von Reinhold. Unter

Reinhold und Rheticus wurde auch Flock zu einem frühen Kopernikaner, wie seine Schrift *Von dem jüngsten Cometen* (Nürnberg: 1558) ausweist.³⁵ Flock behauptet in dieser Schrift, der Wahlspruch des Kopernikus sei gewesen *Merus mathematicus, merus idiota*, den er übersetzt *Der lauter auss des Firmaments lauff vnd naturlehr allein gründet, von sachen will reden, der ist ein lauter idiot oder leyh*. Flock konnte eine Kenntnis von diesem Wahlspruch nur als den Erzählungen des Rheticus haben, dessen Reise nach Frauenburg er ebenso wie Reinhold von Anfang an verfolgt haben mag. Offenbar sagte ihm dieser Wahlspruch deswegen besonders zu, weil er selbst für eine Einbeziehung aller Teile der Philosophie plädierte. Mit Schreiber, Flock, Johannes Aurifaber *Vratislaviensis* und Hommel waren vier Rheticusschüler für seine Nachfolge in Wittenberg im Gespräch, von denen sich Flock und später Aurifaber in Wittenberg, Hommel in Leipzig durchsetzten.

1 ZAHN, Peter, Die Inschriften der Friedhöfe St. Johannis, St. Rochus und Wöhrd zu Nürnberg, München: Druckenmüller, 1972, S. 121. | 2 http://www.naa.net/ain/personen/eflock.asp; SCHEIBLE 2005, MBW, Bd. 12, Personen, S. 72; REICH 1998, S. 114 f.; KOCH 1998, S. 211, Anm. 39; CLEMEN 1939, S. 195-202, Reprint 1985, S. 297-304; BRUHNS, Karl Christian, in: ADB 8 (1878), S. 280; DOPPELMAYR 1730, S. 64; WILL 1755, S. 449 f. | 3 BRUSNIAK 1984, S. 32. | 4 FOERSTEMANN 1841, Bd. 1, S. 149a, 20. | 5 KÖSTLIN 1890, S. 10. | 6 MVGN 69 (1982), S. 48; WEISSENBORN, 1884, Bd. 2, 349, Nr. 47. | 7 KÖSTLIN 1890, S. 20. | 8 Ebenda, S. 23. | 9 SPP 1553, Bd. 1, BSB online, image 30-35; BAUER 1999, S. 172; KATHE 2002, S. 97; KUSUKAWA 2006, S. 85 f. | 10 METZGER/PROBST 2002, S. 219. | 11 KATHE 2002, S. 117, 463. | 12 MBW, Regg., Bd.3, Nr. 3166; vgl. auch 3167, 3196 f. | 13 WOITKOWITZ 2008, S. 71. | 14 KÖSTLIN 1890, S. 8, 15 f., 21. | 15 CLEMEN 1939, S. 201 (Reprint 1985, S. 303). | 16 FRIEDENSBURG 1926, Bd. 1, S. 254 f. | 17 DEMAITRE 2007, S. 51.; vgl. HERRLINGER 1952, S. 34 f. | 18 VD 16 M 3740, BSB online; BROSSEDER 2004, S. 351. | 19 CLEMEN 1939, S. 195-198 (297-300). | 20 KURRAS, Lotte, Kataloge des GNM Nürnberg, Die Handschriften des GMN Nürnberg: Norica, Nürnberger Handschriften der frühen Neuzeit, Bd. 3. Wiesbaden: Harrassowitz 1983, S. 76. | 21 ZINNER 1964, S. 213, Nr. 1997; BROSSEDER 2004, S. 138 f., Anm. 89, S. 350. | 22 ZINNER 1964, S. 226, Nr. 2172. | 23 Ebenda, S. 228, Nr. 2189. | 24 http://wapedia.mobi/de/Erasmus_Flock | 25 CLEMEN 1939, S. 199 (Reprint 1985, S. 301) ; nicht bei ZINNER 1964. | 26 BUCHWALD 1894-1902, S. 111., Nr. 32 und Nr. 33. | 27 JÜRGENSEN 2002, Bd. 1, S. 112. | 28 WERZ, Sabine, Sex and Crime auf Königsthronen, Köln: Bastei Lübbe, 2010. | 29 BROSSEDER 2004, S. 138 f., Anm. 89. | 30 Archiv des Historischen Vereins von Unterfranken und Aschaffenburg, Band 12, S. 108. | 31 MÄLZER 1986, S. 150. | 32 LUDWIG 1994, S. 659. | 33 BUCHWALD 1894-1902, S. 111, Nr. 32. | 34 KRAAI 2003, S. 136. | 35 ZINNER 1943, S. 254; ZINNER 1964, S. 228, Nr. 2189.

Forster, Georg, 1510 –1568

Georg Forster (Förster, Tinctoris nach dem Beruf des Vaters), geboren um 1510 in Amberg (Oberpfalz), gestorben am 12. November 1568 in Nürnberg (Mittelfranken), luth., Botaniker, Arzt, Liedersammler¹.

Der Sohn des Schwarzfärbers Hans Forster besuchte die Amberger Stadtschule St. Martin; es fällt auf, dass in Forsters Liedersammlungen besonders viele Martinslieder aufscheinen. Forster kam 1521 als Sängerknabe an den Hof des Kurfürsten Ludwig V. von der Pfalz nach Heidelberg, wo er von dem Hofkapellmeister Lorenz Lemlin in der Komposition unterrichtet wurde. Hier fanden besonders der Gräzist Simon Grynäus und die Hebraist Sebastian Münster großes Gefallen an der wohlklingenden Sopranstimme des Knaben, dass sie ihn unentgeltlich unterrichteten². Von allgemeiner Bedeutung erscheint die Bemerkung Forsters, der sich 1528 als Georg Tinctoris in die Heidelberger Matrikel eintragen ließ, dass er viele Jahre die Vorlesungen besucht habe, ohne immatrikuliert zu sein (*intitulatus, cum multo tempore antea visitasset*)³. 1528 erwarb Forster den Grad eines Bacc. art., studierte seit 1531 Medizin bei Leonhard Fuchs in Ingolstadt und schrieb sich als Stipendiat der Stadt Amberg am 15. Oktober 1534 in Wittenberg unter dem Rektorat des Dr. med. Kaspar Lindemann ein⁴; Konsemester waren Valentin Engelhardt und Niels Palladius. Forster trat in die Tischgemeinschaft Luthers ein. Ein Detail aus der Wittenberger Studienzeit darf hier nicht übergangen werden: Eine Gruppe von Studenten brachte eines Abends dem Maler Lukas Cranach ein Ständchen, wobei Forster die Gelegenheit nutzte, sich die Taschen mit Äpfeln und Birnen aus dessen Garten vollzustecken⁵. Man kann sich gut vorstellen, dass sangesfreudige Kommilitonen wie Martin Wolf oder Kaspar Brusch auch zu dieser Gruppe gehört haben.

Am 20. Januar 1539 ging Forster als ungraduierter Arzt nach Amberg (Oberpfalz), praktizierte 1541/42 in Würzburg (Unterfranken), wurde Leibarzt des Pfalzgrafen Wolfgang in Heidelberg und promovierte am 27. September 1544 in Tübingen zum Dr. med. (wiederum bei Leonhard Fuchs)⁶. 1545 bis 1547 war er wieder in Amberg tätig, danach wirkte er als Stadtarzt in Nürnberg. Seit ca. 1546 war Forster verheiratet mit Sabine, Tochter des Peter Portner von und zu Theuern.

Schon als Student legte Forster unter Mithilfe von Fuchs ein Herbarium an, das später von dem Nürnberger Arzt Georg Palma erweitert wurde⁷. Sein Hauptverdienst lag aber in der Sammlung und Veröffentlichung weltlicher deutscher Lieder, vor allem in der Liedersammlung *Ein ausbund schöner Teutscher Liedlein, zu singen, vnd auff allerley instrument zugebrauchen*, Nürnberg: Johannes von Berg & Ulrich Neuber, 1549⁸. Es befinden sich in dieser Sammlung Lieder von Lorenz Lemlin, Paul Hofheimer, Ludwig Senfl, Sixt Dietrich und vielen anderen, darunter auch solche der Rheticusschüler Martin Wolf und (nicht gesichert) Kaspar Behem.

Beziehungen von Rheticus zu Forster darf man als sicher annehmen, schon weil die Musik als Teil der Mathematik galt. Rheticus war 1536 bis 1539 Forsters Lehrer; beide waren zudem auch an der Medizin interessiert. Es gibt auch ein sehr deutliches Zeichen der Freundschaft zwischen den beiden Gelehrten: Rheticus schenkte sein erstes Buch *Joannis de Sacrobusto libellus de sphaera* (Wittenberg 1538) mit einer handschriftlichen Widmung seinem Freund Forster: *D[omino] Georgio Forster G. Joachimus Rheticus d[ono] d[edit]*⁹.

1 KALLENBACH, Hans, Georg Forsters Frische Teutsche Liedlein (Gießener Beiträge zur deutschen Philologie, 29), Gießen 1931; GUDEWILL, Kurt, in: NDB 5 (1961), S. 303 f.; KÖNIG 1961, S. 41; REINHARDT 1939, S. 31-37; SCHLÜTER 2010, S. 306. | 2 REINHARDT 1939, S. 32. | 3 TÖPKE 1884, Bd. 1, S. 542. | 4 FÖRSTEMANN 1841, Bd. 1, S. 154b. | 5 REINHARDT 1939, S. 33. | 6 REINHARDT 1939, S. 34. | 7 Stadtbibliothek Nürnberg, St. Med., 194.2°. | 8 Die Partituren und Text sind zugänglich bei Royal Holloway Research online. | 9 PILZ 1977, S. 196.

Forster, Johannes, 1496–1556

Johannes Forster (Förster, Forscher, Vorster, Forsterus, Forsthenius), geboren am 10. Juli 1496¹ in Augsburg, gestorben am 8. Dezember 1556 in Wittenberg, Grabstätte in der Stadtpfarrkirche St. Marien², luth., Schulmann, Theologe, Hebraist³.

Forster schrieb sich nach Schulbesuch in Augsburg am 14. September 1515 an der Universität Ingolstadt ein, wo er ein Schüler von Reuchlin wurde. Hier promovierte er 1517 zum Bacc. art. und im Januar 1520 zum Mag. art. Wegen der Pest verließ er Ingolstadt und begab sich nach Leipzig, wo er sich im SS 1521 als *Magister Ingelstadiensis* in die Matrikel eintrug und Petrus Mosellanus hörte. 1525 wurde er als Hebräischlehrer an die Lateinschule nach Zwickau berufen, bat jedoch im April 1529 um seine Entlassung, weil er bei der Neubesetzung des Rektorats übergangen worden war. Am 1. Juni 1530 immatrikulierte sich Forster unter dem Rektorat von Johannes Bernhardi an der Universität Wittenberg als Magister *promotus Ingolstadij*⁴. Er kam als Prediger in der Schlosskirche zum Einsatz, war Tischgenosse Luthers und half diesem bei der Bibelübersetzung. 1535 ging Forster als Prediger nach Augsburg, 1539 als Professor für Hebräisch nach Tübingen. Hier promovierte er am 8. Dezember 1539 zum Dr. theol. 1541 wurde Forster Propsteiverwalter an St. Lorenz in Nürnberg. 1548 übernahm Forster den theologischen Lehrstuhl von Kaspar Cruciger in Wittenberg. Nachdem der Hebraist der Artistenfakultät Matthias Flacius 1549 Wittenberg verlassen hatte, übernahm Forster zusätzlich dessen Lehrstuhl, der jetzt an die theologischen Fakultät überging⁵. Forster bezog ein sehr hohes Gehalt, 200 Gulden als Theologe und 100 Gulden als Hebraist; er predigte sonntags und mittwochs in der Schlosskirche⁶. Im SS 1550 war Forster Rektor Magnificus der Universität Wittenberg.

Von seinen Werken bleibt herauszuheben das *Dictionarium hebraicum novum*, Basel: Hieronymus Froben und Nikolaus Episcopius, 1557; ²1564. Die damals führenden Hebraisten, Sebastian Münster in Basel und Johannes Forster in Wittenberg, konkurrierten miteinander. Münsters *Dictionarium hebraicum* war an vielen in- und ausländischen Universitäten als Lehrbuch eingeführt worden. Münster hatte in diesem Wörterbuch sehr stark das rabbinische Schrifttum berücksichtigt, während Forster, dabei von Luther unterstützt, sein Wörterbuch allein auf die Bibel beschränkt wissen wollte. Die Untertitel der beiden Wörterbücher bringen den Gegensatz klar zum Ausdruck. Während es bei Münster im Untertitel heißt *ex Rabbinorum commentariis collectum*, verwahrt sich Forster ausdrücklich dagegen mit einem *non ex Rabbinorum commentis depromptum*. Auch fügte Forster seinem Wörterbuch das Wort *novum* im Titel hinzu, um sich damit von dem eingefahrenen Werk Münsters abzugrenzen, das 1564 in der sechsten Auflage erschien. Beide Lexika sind übrigens in demselben Verlag in Basel erschienen.

Forster war schon länger erkrankt. Er führte mit seinen Freunden längere gelehrte und fromme Gespräche, was ihm über seine Schmerzen hinweghalf. Am Tag vor seinem Tod hatte er den Verlust seiner Lieblingstochter Margarete zu beklagen, was sein Ende beschleunigte. Forster wurde am 9. Dezember 1556 um 9 Uhr zu Grabe getragen. Melanchthon teilte David Chytraeus im Dezember (*die brumae*) 1556 den Tod Forsters mit: *Forsterum, honestum et doctum virum, linguae Ebraeae interpretem amisimus, qui multos utiliter docuit; ac de successore nobis deliberatio difficilis erit* (wir haben Forster verloren, einen ehrenwerten und gelehrten Mann, bei dem viele mit Nutzen in die Schule gegangen sind; und über seine Nachfolge wird es eine schwierige Diskussion geben)[7]. In einem Nachruf, der am Schwarzen Brett der Universität publiziert wurde, betonte Melanchthon, dass Forster durch seine Redlichkeit und Frömmigkeit allen lieb und teuer gewesen sei und der ganzen Universität und der Kirche großen Nutzen gebracht habe[8].

Beziehungen zwischen Rheticus und Forster sind nicht anzunehmen, da sie an verschiedenen Fakultäten lehrten; wohl mögen sie sich hin und wieder begegnet sein. Rheticus mag auch bis 1535 gelegentlich Predigten von Forster angehört haben; doch danach trennten sich ihre Wege. Aber wir verdanken Forster detaillierte Auskünfte über den Fortgang des Druckes von *De revolutionibus* in Nürnberg. Am 29. Juni 1542 teilte Forster dem Reutlinger Pfarrer Johannes Schradin mit, in Nürnberg sei derzeit ein Buch in Arbeit, das eine neue astronomische Lehre aus Preußen zum Gegenstand habe. Das Buch werde 100 Druckbogen umfassen; er habe vor einem Monat zwei Bogen davon gesehen. Ein Wittenberger Magister (Rheticus war im SS 1542 immer noch Inhaber des Wittenberger Lehrstuhls; er hatte sich noch nicht für Leipzig entschieden) korrigiere den Text[9].

1 GARCAEUS 1576, S. 187. | **2** SENNERT 1678, S. 226 f., BSB München, digital, Scan 234 f. | **3** JAUERING, Reinhold, in: NDB 5 (1961), S. 304; PILZ 1977, S. 195; SCHEIBLE, MBW, Bd. 12, 2005. | **4** FÖRSTEMANN 1841, Bd. 1, S. 139a. | **5** KATHE 2002, S. 113, 460. | **6** Ebenda, S. 123. | **7** CR VIII, Sp. 921 f., Nr. 6132. | **8** CR VIII, Sp. 919 f., Nr. 6130. | **9** FÖRSTEMANN, Karl Eduard, Zehn Briefe D. Johann Forster's an Johann Schradi, Prediger zu Reutlingen [...], in: Neue Mitteilungen aus dem Gebiet historisch-antiquarischer Forschungen 2 (Halle/Nordhausen, 1835/36, S. 85-107.

Forster, Valentin, 1530–1608

Valentin Forster (Förster), geboren am 20. Januar 1530 in Wittenberg, gestorben am 26. Oktober 1608 in Helmstedt (Niedersachsen), luth., Jurist (Rechtslehrer, Konsulent, Richter)[1].
Der Sohn eines Rentmeisters und Richters am sächsischen Hofgericht immatrikulierte sich im SS 1541 in Wittenberg[2]. Hier promovierte er unter Paul Eber am 14. August 1550 zum Mag. art. Anschließend studierte er die Rechte in Padua, Bourges und Poitiers; 1559 promovierte er unter Donellus zum JUD. Er hielt dann Vorlesungen in Wittenberg und Ingolstadt, wurde Präsident des Hofgerichtes in Hann. Münden (Lkr. Göttingen, Niedersachsen). 1569 bis 1580 lehrte er als Nachfolger von Oldendorp[3] in Marburg (1571/72 Dekan der juristischen Fakultät. 1579/80 Rektor

Magnificus). 1581 ging er als Nachfolger von Donellus nach Heidelberg, wo er ebenfalls Rektor Magnificus wurde. Am 21. November 1581 ließ er das Szepter der Universität reparieren[4]. 1595 wechselte er an die Universität Helmstedt; auch hier war er 1599 Rektor Magnificus. Forster war zweimal verheitatet und hatte drei Söhne.

Werke (in kleiner Auswahl): *Historia juris Romani*, Basel: Joh. Oporin, 1565[5]; *De jurisdictione Romana*, Lyon 1586.

Beziehungen zu Rheticus waren allenfalls peripher. Forster könnte die Vorlesungen von Rheticus im WS 1541/42 gehört haben, war aber damals erst 12 Jahre alt, sodass Zweifel bestehen. Immerhin war Forster Wittenberger, sodass er Kenntnis von Rheticus haben konnte. Nach dem Frühjahr 1542 sind aber keine Kontakte mehr zu erwarten. Es sei noch erwähnt, dass Forster zeitweise in Padua Mathematik unterrichtete, doch dürfte seine mathematische Ausbildung in den Händen von Reinhold gelegen haben.

1 STINTZING, Roderich von, in: ADB 7 (1878), S. 181 f. | **2** FÖRSTEMANN 1841, Bd. 1, S. 190a. | **3** MAHLMANN 1999, S. 659. | **4** TÖPKE 1884, Bd. 1, S. 27, Anm. 7. | **5** BSB München, digital.

Freder, Johannes, 1510–1562

Johannes Freder (Frederus, Fretther, gräzisiert Irenaeus, abgeleitet von ειρηναιος = friedlich)[1], geboren am 29. August 1510 in Köslin (poln. Koszalin, Woiwodschaft Westpommern), gestorben am 25. Januar1562 in Wismar (Lkr. Nordwestmecklenburg), luth. Theologe, Kirchenliederdichter[2].

Der Sohn eines Bürgermeisters immatrikulierte sich im SS 1522 an der Universität Wittenberg[3]. Er war Kostgänger im Hause Luthers, befreundet u.a. mit Veit Dietrich, Paul Eber, Stigel, Sabinus und Acontius. Zu seinen Lehrern gehörten auch Melanchthon, Cruciger, Bugenhagen und Jonas. Er promovierte am 25. September 1533 unter dem Dekan Johannes Sachse Holstenius zum Mag. art.[4] 1537 wurde Freder Konrektor am Johanneum in Hamburg, 1540 Pastor am Dom. 1547 wurde er zum Superintendenten in Stralsund ernannt. 1549 wurde er zum Professor der Theologie nach Greifswald berufen, seit 1550 wirkte er als Superintendent von Rügen. 1556 wurde er Superintendent in Wismar. Freder heiratete 1536 in Wittenberg Anna Falke, wodurch er mit Justus Jonas verschwägert wurde; ein gleichnamiger Sohn wurde Professor der Theologie in Rostock. In zweiter Ehe heiratete er Sophia, die Tochter des Greifswalder und Rostocker Professors für Grammatik und Logik Martin Brasch.

Freder betätigte sich auch als neulat., deutscher und plattdeutscher Dichter. Er übersetzte Luther. Seine Kirchenlieder werden heute noch gesungen. Bekannt wurde sein *Dialogus dem Ehestand zu ehren geschrieben* (Wittenberg: Nikolaus Schirlentz, 1545). Große Beachtung fand auch sein Justus Jonas gewidmetes Lobgedicht auf Hamburg *In laudem clarissimae urbis Hamburgae carmen* (Wittenberg 1537), mit Beiträgen von Melanchthon, Stigel und Priggius.

Beziehungen zu Rheticus sind nicht bekannt. Freder war in erster Linie Theologe. Sein Freundeskreis überschnitt sich jedoch teilweise mit dem von Rheticus, insbesondere mit dem Wittenberger Dichterkreis.

1 In Wittenberg führte um dieselbe Zeit auch Matthäus Friedrich aus Würzburg den Gelehrtennamen Irinaeus. | **2** MOHNIKE, Gottlieb, Des Johannes Frederus Leben, Stralsund: Löffler, 1837 (BSB digital); SCHRÖDER 1873, Bd. 2, S. 354-358; SCHEIBLE, MBW, Bd. 12, Personen, 2005, S. 89 f.; KÄHLER, Ernst, in: NDB 5 (1961), S. 387 f.; LUDWIG, Walter, Multa importari, multa exportarier jnde, Ein Lobgedicht auf Hamburg aus dem Jahre 1573, in: Humanistica Lovaniensia 32 (1983), S. 289-308; BERWINKEL, Roxane, Weltliche Macht und geistlicher Anspruch, Die Hansestadt Stralsund im Konflikt um das Augsburger Interim, Oldenbourg Akademieverlag 2008. | **3** FÖRSTEMANN 1841, Bd. 1, S. 122a. | **4** KÖSTLIN 1888, S. 21.

Friedwald, Nikolaus, d.J., † vor 1546

Nikolaus Friedwald (Fridewalt), geboren in Elbing, gestorben vor 1546 in Rom, kath., päpstlicher Trabant[1].

Der Sohn des Elbinger Bürgermeisters Nikolaus Friedwald d.Ä. (1494-1561) immatrikulierte sich am 24. Oktober 1541 in Wittenberg[2]. Er setzte später seine Studien in Heidelberg (immatrikuliert am 19. Mai 1543)[3] und in Padua fort. Er gehörte 1545 zu den Begleitern des Valerius Cordus und Hieronymus Schreiber auf deren Reise nach Rom.[4]

Beziehungen zu Rheticus: Die Ankunft in Wittenberg vermutlich wenige Tage vor seiner Immatrikulation am 24. Oktober 1541 könnte darauf hindeuten, dass er in der Gesellschaft von Rheticus von Preußen nach Wittenberg reiste, so wie möglicherweise auch Albert Gattenhofer, der sich am 27. Oktober 1541 in Wittenberg eingeschrieben hat. Hier freundete Friedwald sich mit Schreiber an, was zu dem weiteren Schluss führt, dass er auch die Vorlesungen von Rheticus im WS 1541/42 gehört hat.

1 Freytag 1903, S. 40, Nr. 165. | **2** Förstemann 1841, Bd. 1, S. 192a. | **3** Toepke 1884, Bd. 1, S. 585, Nr. 29. | **4** Hanhart 1824, S. 233, BSB online, image 259.

Frisius, Gemma, 1508–1555

Gemma (Reinersz) Frisius, geboren am 9. Dezember 1508 in der Hafenstadt Dokkum (Provinz Fryslân, Niederlande), gestorben 25. Mai 1555 in Löwen, Begräbnis in der Dominikanerkirche in Löwen, kath., Arzt, Mathematiker, Astronom, Kartograph, Instrumentenmacher[1].

Nach dem frühen Tod seiner Eltern bei seiner Stiefmutter in Groningen aufgewachsen studierte er seit 1526 in Löwen und wurde dort 1528 Magister artium. In März 1531 trat Frisius in die *Familia* von Dantiscus ein, der als polnischer Botschafter in Brüssel weilte[2]; 1532 kehrte Dantiscus nach Polen zurück, nachdem er zum Bischof von Kulm (poln. Chełmno, Woiwodschaft Kujawien-Pommern) ernannt worden war. Frisius heiratete 1534 und widmete sich, um seinen Lebensunterhalt zu sichern, dem Studium der Medizin, ohne aber die Mathematik aufzugeben. Wie später Rheticus, wurde auch Frisius zwischen den beiden Fächern hin- und hergerissen; so schrieb er 1539 an Dantiscus: *ego arte medica victum querito, artes vero Mathematicas non nihil sepono*[3]. 1536 wurde Frisius Lic. med., 1541 Dr. med. und wirkte als Leibarzt Kaiser Karls V. Frisius gab die *Cosmographia* Apians (1529) heraus und verfasste Berichte über astronomische Instrumente. 1544 schrieb er als einer der ersten einen Bericht über die *Camera obscura*, wobei ihm Erasmus Reinhold 1540 vorausgegangen ist. Zu Frisius' Schülern gehörte vor allem der Kartograph Gerhard Merkator (1512-1594). Gemma Frisius heiratete am 2. Juni 1534 Barbara NN., die ihm mehrere Kinder geboren hat, u.a. Cornelius (*1535).

Indirekt war auch Rheticus sein Schüler. Darauf hat bereits Antoine De Smet eindringlich hingewiesen, doch wurde Frisius von der Rheticusforschung wenig beachtet; Zinner[4], Hallyn[5] und Danielson[6] bilden hier eine Ausnahme. Der kaiserliche Leibarzt aus dem katholischen Löwen spielte im Melanchthonbriefwechsel so gut wie keine Rolle, sodass er in der auf Wittenberg bezogenen Geschichtsschreibung völlig in den Hintergrund geraten ist, sonst hätte man kaum übersehen, dass in mehr als 60 Auflagen von Frisius' *Arithmetica* Verse von Melanchthon abgedruckt sind. Die stärkste Präsenz zeigt Gemma Frisius in Wittenberg bzw. Sachsen mit seinem mathematischen Lehrbuch *Arithmeticae practicae methodus*, das dank einer Initiative von Reinhold erstmals in Wittenberg 1542 gedruckt wurde und bis 1611 hier nicht weniger als 23 Auflagen und 14 weitere in Leipzig erlebte[7], dazu kamen Auflagen in Paris, Lyon, Straßburg, Köln, Antwerpen, Halle/Saale und Amsterdam. Alle insgesamt 63 Auflagen sind mit Epigrammen *Mulae asinaeque* von Melanchthon, *Soli homini numerare datum est* von Johannes Stigel, *Hic numeris constat* von Johannes Albert und *Mulus portabat vinum* sowie *Acer in Aemonia fugientem* von Joachim Heller geschmückt. Bei dem Epigramm von Melanchthon handelt es sich um die lateinische Versübersetzung einer griechischen Textaufgabe, die Euklid zugeschrieben wird (17, test. 46) Ἡμίονος κἀι᾽ ὄνος[8].

Welche Bedeutung dieses Lehrbuch hatte, zeigen auch zahlreiche weitere Auflagen sowie Übersetzungen ins Flämische (1543) und Französische (1543, 1560 u.ö.), die ohne diese literarischen Beigaben aus Wittenberg erschienen sind. Rheticus hatte nach seiner Rückkehr aus Preußen immer noch das Fach »niedere Mathematik« zu vertreten, für das Frisius' Lehrbuch einschlägig war. Es ist jedoch nichts darüber bekannt, ob Rheticus die *Arithmetica* des Frisius benützt hat, sei es in der Ausgabe von Antwerpen 1540[9], sei es in der von Wittenberg 1542. Auch später in Leipzig könnte er dieses Lehrbuch verwendet haben.

»kopernikanischer als Kopernikus«

In seinen *Ephemerides novae* (Leipzig 1551) hat Rheticus Gemma Frisius als *quasi alterum hac aetate Copernicum* (sozusagen ein zweiter Kopernikus unserer Zeit) bezeichnet. Dieses Lob aus dem Munde von Rheticus wiegt umso mehr, wenn man weiß, wie hoch er Kopernikus als seinen Lehrer schätzte. Hier wird ganz unerwartet mit Gemma Frisius ein anderer an die Seite von Kopernikus gestellt. Frisius war vermutlich die erste niederländische Kopernikaner. Er wurde Jahre vor Rheticus mit dessen Lehre vertraut, als er um 1531/32 im Hause von Dantiscus, der seinerseits mit Kopernikus befreundet war, darüber diskutierte. Das folgt aus einem Brief vom 20. Juli 1541, in dem Frisius an Dantiscus schrieb: *et mihi praesenti olim de hoc authore celebri fecisti mentionem, cum de terrae coelique motu inter nos conferremus*[10]. Von jenem Augenblick an zeigte Frisius größtes Interesse an der neuen Lehre und mehr noch an den Berechnungen von Kopernikus[11]. In gespannter Erwartung sah Frisius der Drucklegung von Kopernikus' *De Revolutionibus* entgegen, wobei er ständig den Kontakt mit Dantiscus unterhielt, vermutlich aber auch mit Rheticus selbst. Als im März 1540 die *Narratio prima* erschien, äußerte sich Gemma Frisius in demselben Brief vom 20. Juli 1541 Dantiscus gegenüber mit dem begeisterten Ausruf: *ipsa sane Urania sedes ibi fixit novas*[12].

1 De Smet 1973; ders. 1974; ders. 1986. | **2** De Smet 1973, S. 72. | **3** Van Ortroy 1920, S. 406. | **4** Zinner ²1964, S. 226, Nr. 2164. | **5** Hallyn 2004, S. 69-83; Hallyn 2008, S. 211, vgl. dazu auch die Rezension von Thomas Horst, in: Francia 2009/4. | **6** Danielson 2006, S. 80, 116-119 und passim. | **7** Van Ortroy, Fernand, Bio-bibliographie de Gemma Frisius, Bruxelles 1920 (Reprint Amsterdam 1966), Nr. 49, 51, 54, 57, 58, 61, 63, 64, 69, 76, 80, 83, 84, 88, 92, 95, 97, 105, 108, 113, 115, 117, 122. | **8** Bezzel 1992, S. 297, 326 (Ziff. 39, 40); Fuchs 2002, S. 79, Anm. 228. Zu erwähnen ist noch, dass in der zeitnah zur Bartholomäusnacht erschienenen Ausgabe Paris 1572 die Versübersetzung Melanchthons zwar enthalten ist, sein Name jedoch getilgt wurde, vgl. Van Octroy 1920, Nr. 90. | **9** Ebenda, Nr. 48. | **10** Ebenda, S. 410; De Smet 1973, S. 73. | **11** Ebenda, S. 75; Ders. 1974, S. 318; Danielson 2006, S. 80, 116-118. | **12** Van Ortroy 1920, S. 409 f.; De Smet 1973, S. 73.

Fritsch, Markus

Markus Fritsch (Fritsche, Fritzsch, Fritzsche, Frytsche), geboren in Lauban (poln. Lubań, Woiwodschaft Niederschlesien), gestorben in?, neulat. Dichter, Astronom.

Fritsch, Sohn eines gleichnamigen Markus Fritsch (wie daraus erhellt, dass er sich Fritsch *junior* nannte), begann seine Studien im WS 1539/40 an der Universität Leipzig unter dem Rektorat von Kaspar Borner[1]. Er promovierte im SS 1540 unter Jakob Lüdecke zum Bacc. art. und am 21. März 1549 unter dem Dekan Simon Gerth als Promotor zugleich mit Bartolus Reich, Leonhard Wolf und Sebastian Rösler zum Mag. art.[2]

Werke: *Elegiae quatuor* (zwei auf Nativitas Christi, je eine auf Epiphania und Purificatio Mariae), Augsburg: Valentin Otmar, 1555, mit Widmung an den Bischof von Laibach (slow. Ljubljana)

Urban Textor; *De Meteoris, … item Catalogus prodigiorum*, Nürnberg: Berg & Neuber, 1555, mit Widmung an König Ferdinand I., datiert aus Augsburg, den 17. Juni 1555[3], weitere Auflage Nürnberg: Berg & Neuber, 1563[4]; enthält Ibn-Abi-Rigal, Abu-'l-Hasan: *Tractatus Albohazen Halii, filii Abenragelis, De cometarum significationibus per XII. signa Zodiaci*; weitere Auflagen des *Catalogus* hg. v. Johannes Hagius, Wittenberg 1581[5], 1583[6] und 1598[7]; *Catalogus prodigiorum*, Nürnberg: Berg & Neuber, 1555, mit Widmung an Erzherzog Karl von Österreich, am Ende Epitaph auf Franz Fritsch, Richter in Lauban, † 7. Januar 1539[8]; *Triumphus … Romani imperii procerum*, Breslau: Crispin Scharffenberg, 1558, ²1559; für das Pestbuch von Kaspar Kegler d.Ä., das durch seinen Sohn Melchior Kegler 1566 für eine zweite Auflage überarbeitet worden war, schrieb Fritsch ein Carmen[9].

Beziehungen zwischen Rheticus und Fritsch sind sehr wahrscheinlich. So könnte Fritsch die Vorlesungen von Rheticus vom WS 1542/43 bis SS 1545 und im WS 1548/49 gehört haben.

1 Erler, Bd. 1, S. 630, P 6. | 2 Erler, Bd. 2, S. 661, 710. | 3 Zinner ²1964, S. 222, Nr. 2117; Hamel 1987, Nr. 1149; VD 16 F 3027, BSB digital. | 4 Zinner ²1964, S. 235, Nr. 2305; Exemplar Ansbach SB. | 5 Hamel 1987, Nr. 1421; VD 16 F 3029, BSB digital. | 6 Hamel 1987, Nr. 1422. | 7 Ebenda, Nr. 1423. | 8 VD 16 F 3027, BSB digital. | 9 BSB digital.

Fröschel, Sebastian, 1497–1570

Sebastian Fröschel (Fröschl, Froschel), geboren am 24. Februar 1497 in Amberg (Oberpfalz), gestorben am 20. Dezember 1570 in Wittenberg, begraben im Chor der Pfarrkirche bei den Gräbern von Bugenhagen und Eber, Grabstein abgegangen (1808 noch vorhanden, Inschrift überliefert[1]), luth., Theologe[2].

Fröschel immatrikulierte sich in Leipzig im SS 1514[3], promovierte im SS 1515 zum Bacc. art.[4] und im WS 1518/19 zum Mag. art.[5], gleichzeitig mit Kaspar Börner und Sebald Münsterer. Sein Lehrer war u.a. Georg Helt. Griechisch lernte er *privatim* bei Johannes Metzler. Fröschel erlebte die Leipziger Disputation zwischen Luther und Eck (27. Juni bis 15. Juli 1519) mit, die ihn für die Reformation einnahm; er hat über die Leipziger Disputation einen ausführlichen Bericht hinterlassen[6]. Nachdem Fröschel 1521 zum Priester geweiht worden war, geriet er zunehmend wegen seiner lutherfreundlichen Gesinnung in Schwierigkeiten. So ging er im November 1522 nach Wittenberg, wo er sich im SS 1523 in die Matrikel einschrieb[7]. 1523 predigte er wieder in Leipzig, wurde aber des Landes verwiesen. Über Halle kehrte er 1525 nach Wittenberg zurück. Fröschel wurde neben Rörer und Johannes Mantel als dritter Diakon an der Stadtkirche angestellt. 1542 wurde er zum Archidiakon ernannt. Er verblieb bis zu seinem Tod in diesem Amt. Sehr häufig nahm er in Vertretung Luthers Ordinationen vor. Fröschel verfasste ausschließlich theologische Werke.

Fröschel hatte einen weiten Kreis von Freunden, die er auch als Seelsorger betreute. Dazu gehörten Luther, Melanchthon, Bugenhagen, Cruciger d.Ä., Eber, Forster, Benedikt Pauli, die Brüder Schürpf, Stockmann, Veit Winsheim und viele andere. Fröschel war seit Juni 1529 in erster Ehe verheiratet mit Elisabeth Kreff, einer ehemaligen Nonne, im August 1535 schloss er eine zweite Ehe mit Barbara Kotzel († 1548) aus Halle, wo er Bürgerrecht erwarb und Besitzer eines Hauses wurde. Von seinen drei Töchtern aus der zweiten Ehe wurde Elsa 1561 mit dem Theologen Kaspar Cruciger d.J. vermählt, die anderen blieben unverheiratet. In Wittenberg besaß Fröschel das Haus in der Priestergasse Nr. 32, aus Steinen erbaut, hatte zwei Stockwerke und neun Stuben, ein Geschenk des Kurfürsten Johann Friedrich; Nachbar war sein Amtskollege Johannes Mantel. Wie Luther war auch Fröschel Inhaber eines (steuerfreien) Bierbraurechts[8]. Es sind mehrere Porträts von ihm überliefert; u.a. ist er auf dem Gemälde Weinberg des Herrn von Lukas Cranach dargestellt, wie er Steine aus dem Weinberg schafft.

Beziehungen zu Rheticus werden nicht erwähnt. Rheticus war jedoch auf jeden Fall mit Fröschel als einem Diakon der Stadtkirche bekannt. Eine größere Anzahl von Rheticus' Schülern und Freunden wurden durch Fröschel ordiniert. Garcaeus hat Fröschels Horoskop überliefert[9]. Besonders zu erwähnen bleibt, dass auch Fröschel wie Luther an ein nahes Weltende dachte, das er für das Jahr 1582 berechnet hatte: *Wenn man wird zelen, 1582 Jar, Geschicht nicht was newes, so zergehet die Welt gar.* Bei einem Gastmahl 1531 im Hause von Hieronymus Schürpf fragte Luther den Mathematicus Mag. Volmar, *was er vom Himmel hielte, ob derselbige noch lange stehen vnd vmblauffen kündte*; darauf habe Volmar geantwortet, des Himmels Lauf *were gleich wie ein Rad, das schier ausgelauffen hette vnd bald vber einen hauffen würde fallen.* Luther habe oft dieser Antwort Volmars gedacht und gemahnt, dass der Jüngste Tag nahe sei[10].

1 Germann 1899, S. 113 f. | **2** Scheible, MBW, Bd.12, 2005, S. 99; Bautz, Friedrich Wilhelm, in: BBKL 2 (1990), Sp. 139 f.; Brockhaus, Clemens, in: ADB 8 (1878), S. 149 f.; Germann 1899, S. 1-126. | **3** Erler, Bd. 1, S. 531, B 35. | **4** Erler, Bd. 2, S. 504. | **5** Erler, Bd. 2, S. 533. | **6** Vgl. dazu Clemen/Koch 1984, Bd. 5, S. 496 f. sowie den Bericht von Clemen 1984, S. 496-509. | **7** Förstemann 1841, Bd. 1, S, 119a. | **8** Germann 1899, S. 122. | **9** Garcaeus 1576, S. 190.| **10** Germann 1899, S. 111.

Fuhrmann, Wolfgang

Wolfgang Fuhrmann (Furman, Furmann, Fuermann, Furimannus, Furmannus), geboren in Zerbst (Lkr. Anhalt-Bitterfeld, Sachsen-Anhalt), luth., Magister, Arzt (Empiriker).
Aus alter Zerbster Familie stammend immatrikulierte sich Fuhrmann im SS 1536 an der Universität Wittenberg unter dem Rektorat Milichs zugleich mit seinem Landsmann Valentin Donat[1]. Am 27. März 1538 promovierte er unter dem Dekan Veit Amerbach zum Bacc. art., wiederum zugleich mit Valentin Donat[2]. Es ist bekannt, dass Amerbach das Latein nach der Grammatik des Thomas Linacer *De emendata structura Latini sermonis* (London 1524) unterrichtete, die von Melanchthon empfohlen worden war. Amerbach beklagte, dass die Mediziner sich nicht am Beispiel dieses englischen Arztes orientierten; es gebe nichts Besseres als dieses Buch, wie er es später noch einmal gegenüber Hieronymus Wolf wiederholte[3]. Am 25. Januar 1543 promovierte Fuhrmann unter dem Dekan Christoph Jonas zum Mag. art. (12. Rang von 31 Kandidaten)[4]. Nach dem Erwerb des Magistergrades hat er sich dem Medizinstudium zugewandt und mehr als vier Jahre bei Augustin Schürpf gehört. Auch Milich wurde einer der ihm besonders nahe stehenden Lehrer; er führte in den Jahren nach 1550 einen umfangreichen Briefwechsel mit ihm[5]. Am 25. November 1547 stellte Melanchthon Wolfgang Fuhrmann das Zeugnis aus, dass er das Latein und die Elemente der Philosophie gelernt habe, aber danach lieber bei den Naturwissenschaften habe bleiben wollen und sich deshalb der Heilkunst zugewandt habe. Fuhrmann sei zu der Erkenntnis gelangt, dass die Schöpfung kein Zufall sei, auch die weise eingerichtete Ordnung der Bewegung der Himmelskörper von Gott stamme. Melanchthon empfahl Fuhrmann dem Fürsten Georg von Anhalt als Leibarzt. Um die Glaubwürdigkeit des Zeugnisses zu erhöhen, hängte der Rektor sein Siegel daran[6]. Zwei Briefe über das damalige Kriegsgeschehen hat Antonius Musa am 16. und 26. Januar 1547 aus Merseburg an Fuhrmann gerichtet[7]. Am 20. Juli 1549 teilte Justus Jonas aus Halle Fuhrmann den Tod seiner (zweiten) Frau mit[8]; einen weiteren Brief aus Halle schrieb ihm *fratri et amico charissmo* Jonas am 5. August 1549[9]. Weitere Briefe von 1550 ff. befinden sich im Zerbster Archiv[10]. Den ärztlichen Beruf übte Fuhrmann nicht als Dr. med. aus; er war vielmehr Empiriker.
   Beziehungen zu Rheticus sind anzunehmen. Fuhrmann konnte Rheticus' Vorlesungen vom SS 1536 bis SS 1538 und im WS 1541/42 hören. Aus dem Zeugnis von Melanchthon können wir entnehmen, dass Fuhrmann sich für die Himmelskunde interessierte.

1 Förstemann 1841, S. 160a. | **2** Köstlin 1890, S. 6. | **3** Fischer 1926, S. 29. | **4** Köstlin 1890, S. 15. | **5** Clemen 1907, S. 144. | **6** CR VI, Sp. 735-737. | **7** Wortlaut bei Clemen/Koch 1984, Bd. 4, S. 113-116. | **8** Kawerau 1885, Bd. 2, S.381. | **9** Kawerau 1885, Bd. 2, S. 382. | **10** Clemen 1907, S. 144, Anm. 1.

Funck, Andreas, 1528–1573

Andreas Funck (Funccius), geboren um 1528 in Schneeberg (Erzgebirgskreis, Sachsen), gestorben am 7. Dezember 1573 in Leipzig, begraben auf dem alten Gottesacker[1], luth., Jurist (Rechtslehrer, Bürgermeister von Zwickau, Stadtrat von Leipzig, Schöffe, Advokat am Oberhofgericht)[2].
Andreas Funck war der älteste Sohn des Schneeberger Münzmeisters und reichen Grubenbesitzers Sebastian Funck. Funck immatrikulierte sich im WS 1547/48 unter dem Rektor Wolfgang Meurer an der Universität Leipzig[3]. Er gehörte der Meißner Nation an. Im WS 1548/49 wurde er nach dem 21. März 1549 unter dem Dekan Rheticus von Magister Ambros Borsdorfer zum Bacc. art. promoviert[4]. Im WS 1550/51, wohl noch vor dem 15. Februar 1551, wurde Funck zum Mag. art. kreiert, zugleich mit Valentin Meder, Moritz Steinmetz, Sigismund Prüfer, Thomas Günther und den Brüdern Simon und Sebastian Scheib; Promotor war der Rektor Peter Thomäus[5]. Danach wandte er sich dem Studium der Rechte zu. Er promovierte am 4. Juli 1559 bei Valentin Pfister und Leonhard Badehorn zum Bacc. iur. utr., zugleich u.a. mit Cordes, Jungerman, Brotuff und Justus Jonas d.J.; noch am gleichen Tag wurde er Lic. iur. utr.[6] Am 14. Februar 1560 wurde Funck als JUD rezipiert[7]. 1563 wurde Funck Bürgermeister und Stadtsyndikus von Zwickau, dankte jedoch 1567 ab und kehrte nach Leipzig zurück. Hier wirkte er u.a. als Advokat am sächs. Oberhofgericht. Funck war verheiratet mit Charitas N., gestorben am 27. Juli 1590. Funcks Schwester Maria Funck war mit dem Leipziger Juristen Jakob Thoming verheiratet.

Beziehungen zwischen Rheticus und Funck bestanden in den Jahren 1548 bis 1551. Funcks Promotion zum Bacc. art. fand unter den Dekanat von Rheticus statt, er musste für die Prüfungen zum Bakkalaureat und zum Magister die Vorlesungen von Rheticus hören.

1 Inschrift überliefert bei STEPNER 1675 (1686), S. 338, Nr. 1831; vgl. auch S. 161, Nr. 644. | 2 MELZER 1716, S. 512-514. | 3 ERLER, Bd. 1, S. 667, M 3. | 4 ERLER, Bd. 2, S. 706. | 5 Ebenda, S. 718. | 6 Ebenda, S. 65. | 7 FRIEDBERG, 1909, S. 106, Nr. 130.

Funck, Johannes, *Memmingensis*, Jurist, 1523 – ?

Johannes Funck (Fünck, Funckius), geboren 1523 in Memmingen (Schwaben), luth., Jurist (Praktiker, kein Rechtslehrer)[1].
Der Jurist Johannes Funck (*1523) ist zu unterscheiden von dem gleichnamigen Arzt Johannes Funck (*1536) aus Memmingen. Der Sohn des Valentin Funck und der Anna Steudlin immatrikulierte sich am 2. November 1535 an der Universität Tübingen[2], wo er im Dezember 1537 zum Bacc. art. promovierte. Am 31. Oktober 1541 schrieb er sich an der Universität Wittenberg ein.[3] Am 5. April 1543 kam er an die Universität Basel, wo er Schüler von Bonifaz Amerbach wurde. Außer den *Leges* studierte er vor allem Platon und Aristoteles in Griechisch sowie Cicero.[4] Im Oktober/November 1543 besuchte er Beatus Rhenanus in Schlettstadt (Bas-Rhin), der ihn Jakob Spiegel vorstellte. Funck besichtigte die Bibliothek Spiegels. Am 23. Dezember 1544 berichtete er Amerbach, dass er besonders die modernen Juristen wie Zasius, Budé, Alciat und Oldendorp schätzt und drei Jahre in Italien bleiben will, wo er fleißig Italienisch lernt. Er möchte noch 2 Jahre nach Frankreich gehen, um Französisch zu lernen. Er schrieb sich am 17. August 1545 in Siena ein und promovierte am 22. März 1546 in Bologna zum JUD.[5] Im WS 1547/48 wurde Funck als JUD von Bologna in die Matrikel in Leipzig eingeschrieben, wurde aber nicht an der Universität[6], sondern am Reichskammergericht in Speyer tätig. Er lebte aber wohl zeitweise auch in Leipzig. Angeblich kaufte er 1557 das Haus des Ambros Schürer, wird aber nur als Magister bezeichnet, sodass die Identität überhaupt fraglich erscheint. Im Januar 1559 begegnet uns Funck in der Matrikel von Jena *honoris causa gratis*. 1559 reiste er nach Frankfurt/Oder, dann nach Wittenberg und schließlich nach Breslau. Funck, nach Bucelin angeblich unvermählt, war mit NN. aus Riga verheiratet.[7]

Beziehungen zu Rheticus sind nicht bekannt. Funck hätte aber im WS 1541/42 die Vorlesungen von Rheticus hören können. Funck, seit dem WS 1547/48 in Leipzig, konnte nach dem WS 1548/49 bis April 1551 Rheticus begegnet sein. zumal sie sich aus Wittenberg kannten und in einem weiteren Sinne Landsleute waren. Diese spätere Verbindung kann aber kaum eng gewesen sein.

1 Scheible, MBW, Bd. 12, S. 108 f. | 2 Hermelink 1906, Bd. 1, S. 281. | 3 Wackernagel 1956, Bd. 2, S. 32. | 4 Hartmann/Jenny, AK Bd. 5, 1958, S. 466, Nr. 2593; Bd. 6 (1967), S. 78-80, Nr. 2675. | 5 Knod 1899, S. 146, Nr. 1056. | 6 Erler, Bd. 1, S. 668, B 12. | 7 Erwähnt bei Scheible, MBW, Bd. 12, S. 109 unter Hinweis auf MBW 8934.

Funck, Johannes, *Memmingensis*, Arzt, 1536 – nach 1588

Johannes Funck (Funncius), geboren am 2. Mai 1536 in Memmingen (Schwaben), gestorben nach 1588, luth., Arzt[1].

Der Arzt Johannes Funck ist zu unterscheiden von dem gleichnamigen Juristen Johannes Funck aus Memmingen. Der aus dem Memminger Patriziat stammende Sohn des Hans Funck von Senftenau und der Anna Furtenbach immatrikulierte sich am 17. November 1552 in Tübingen, 1555/56 in Basel[2], 1557 in Paris[3], am 15. Juni 1558 in Montpellier[4], wo er zum Dr. med. promovierte, im November/Dezember 1559 in Padua. Lebte 1563 in Zürich, wo auch seine verwitwete Mutter wohnte; Funck ist häufig in Zürich gewesen, er ist in Gesners *Liber amicorum* verzeichnet[5], er spielte eine große Rolle im Briefwechsel zwischen Gesner und Gasser.[6] Gesner nennt Funck *affinis meus*. Funcks Schwester Regina war verheiratet mit dem Zürcher Buchdrucker Jakob Gesner. 1563 wurde Funck Stadtarzt in Memmingen, seit 1567 in Kaufbeuren (1588 entlassen).[7]

Beziehungen zu Rheticus hat es wohl nicht gegeben, sieht man davon ab, dass seine Schwester Regina mit dem Rheticusschüler Jakob Gesner verheiratet war.

1 Scheible, MBW, Bd. 12, S. 108 f. | 2 Wackernagel 1956, Bd. 2, S. 95. | 3 Jenny/Dill 2002, S. 362 f. | 4 Gouron 1957, S. 143, Nr. 2234. | 5 Durling 1965, S. 139. | 6 Burmeister 1975, Bd. 3, passim (siehe Register). | 7 Jenny, AK Bd. 6 (1967), S. 80, Anm. 4; Fuchs, Adolf, Geschichte des Gesundheitswesens der freien Reichsstadt Kaufbeuren, Kempten 1955, S. 14 f.

Funck, Johannes, *Norimbergensis*, Theologe, 1518–1566

Johannes Funck (Funccius, Funcke), geboren am 7. Februar 1518[1] in Wöhrd (Stadtteil von Nürnberg), gestorben am 28. Oktober 1566 in Königsberg (enthauptet), luth., Theologe (Parteigänger Osianders), Chronist, Dichter[2].

Funck immatrikulierte sich im WS 1536/37 an der Universität Wittenberg[3]. Am 28. April 1538 promovierte er gemeinsam mit Rauscher zum Bacc. art.[4] und am 11. Februar 1539 unter dem Dekan Veit Amerbach, wiederum gemeinsam mit Rauscher, zum Mag. art.[5] Am 12. Januar 1541 wurde Funck von Bugenhagen ordiniert und als Diakon nach Seyda (Ortsteil von Jessen/Elster, Lkr. Wittenberg) geschickt.[6] Kurz darauf wurde er Diakon in Oschatz (Lkr. Nordsachsen). Hier feierte er 1542 einen großen Erfolg durch die mehrfache Aufführung seiner Komödie *David und Bathseba* in deutschen Versen, die von vielen Adligen und Bürgern besucht wurde[7]. Schon nach einem Jahr verließ Funck Oschatz wieder und wurde 1543 Pfarrer in Nürnberg-Wöhrd. Hier wurde er wegen des Interims 1546 entlassen und kam 1549 als Pfarrer und Hofprediger nach Königsberg; er wurde auch geistlicher Rat des Herzogs. Funck hatte sich als führender Osiandrist wiederholt der Kritik ausgesetzt. Er mischte sich zu sehr in die Politik ein, sodass ihn am Ende die ständische Opposition zu Fall brachte. Die Räte Funck, Matthias Horst und Johann Schnell wurden als Landesverräter angeklagt, gefoltert und am 28. Oktober 1566 in Königsberg auf dem Kneiphöfischen Markt durch den Scharfrichter enthauptet, während die Zuschauer geistliche Lieder sangen. Die Leichen der

Hingerichteten wurden in einem gemeinsamen Grab beigesetzt; ein (nicht mehr vorhandenes) Epitaph verband ihr Schicksal mit einer Warnung:

> Christlicher Leser, wer du bist,
> Merk auf, wer hier begraben ist.
> Es war'n drey Männer wohlgelehrt
> Die g'richtet worden mit dem Schwerdt.
> Der Erst Jann Funck, Magister,
> Ein Prädikant und ein Priester;
> Der andre Matthis Horst gemeldt,
> Ein beredter und frischer Held.
> Der dritte hieß Johannes Schnell,
> Im Rechten ein erfahrner G'sell.
> Waren Fürstlich Räth alle drey,
> Den'n Gott der Herr barmherzig sey.
> Woll ihnen und uns allen geben
> Nach dieser Zeit das ewige Leben.

Funck war bereits 1547 in Nürnberg verheiratet; 1560 vermählte er sich in zweiter Ehe mit Agnes, der Tochter Osianders und Witwe seines Freundes Dr. med. Andreas Aurifaber, des herzoglichen Leibarztes. Was das Trinken angeht, so mochte ihm Carion überlegen sein, doch auch Funck machte das Eingeständnis, »dass ich also von Jugend auf gewohnt bin, und nun ohne Leibesgefahr nicht abstellen kann, bei guten Freunden einen ziemlichen Trunk mitzutun«[8].

Werke in Auswahl: Die *Chronologia ab orbe condito* (Nürnberg: G. Wachter, 1545) war in ihrer Zeit hochgeschätzt und ist oft gedruckt worden. Der erste Teil erschien 1545 in Nürnberg (mit einem griech. Epigramm von Hieronymus Wolf[9] und einem lat. Epigramm von Joachim Heller)[10], das vollendete Werk ist in Königsberg (Luffts' Erben, 1552) erschienen und Herzog Albrecht gewidmet; eine zweite Auflage wurde bis 1566 fortgeführt, eine dritte in Wittenberg bis 1578; die von Funck fortgesetzte Chronik Carions, die auch in Plattdeutsch erschienen ist; eine weitere Auflage, die in Basel bei Parcus auf Kosten von Oporin 1554 gedruckt wurde, enthält anstelle des Epigramms von Heller ein solches von Kaspar Brusch[11]; Funck fand große Anerkennung und wurde *als Chronographorum sua tempestate princeps* gefeiert. Weitere Werke: *Warhafftiger und grundlicher Bericht, wie und was Gestalt die ergerliche Spaltung von der Gerechtigkeit des Glaubens sich anfenglich im Lande Preußen erhoben etc.* (Königsberg 1553); *Auslegung des 103. Ps.* u. a. m.

Otter führt Johannes Funck als den Nachfolger von Bonaventura vom Stein auf dem Königsberger Lehrstuhl für Mathematik an. Funck hätte diese Aufgabe demnach um 1548/49 übernommen, als bereits Lauterwaldt für dieses Amt in Aussicht genommen war. Lauterwaldt wurde auch wegen seiner Einmischung in den Osiandrischen Streit gleich wieder nach Wittenberg zurückgeschickt; und Anfang 1551 übernahm Schneider die mathematische Professur. Man kann Funck allenfalls wegen seiner Chronik in die Reihe der Mathematiker einreihen, er ist aber doch dem Fach eigentlich fremd geblieben. Auch Beziehungen zu Rheticus sind nicht erkennbar, auch wenn er vom WS 1536/37 bis SS 1538 dessen Vorlesungen gehört haben mag. Auch ist zu vermuten, dass Rheticus bei seinem Aufenthalt bei Schöner in Nürnberg mit Funck zusammengetroffen ist.

---

1 Geburtsdatum überliefert bei Garcaeus 1576, S. 375 (Nativität). | **2** Otter/Buck 1764, S. 14-21; Möller, in: ADB 8 (1878), S. 197-199; Hase, Karl Alfred von, Herzog Albrecht von Preußen und sein Hofprediger, eine Königsberger Tragödie aus dem Zeitalter der Reformation, Leipzig; Breitkopf & Härtel, 1879; Freytag 1903, II, Nr. 45. | **3** Förstemann 1841, Bd. 1, S. 165b. | **4** Köstlin 1890, S. 5. | **5** Köstlin 1890, S. 11. | **6** Buchwald 1894, S. 17, Nr. 263 | **7** Hoffmann, Chronik von Oschatz, 8. Abt., Diakone. | **8** Zitiert nach Hubatsch 1960, S. 180. | **9** VD 16 F 3381; BSB München digital, Titelseite. | **10** VD 16 F 3381; BSB München digital, Titelrückseite. | **11** Horawitz 1874, S. 176 f.; Bezzel 1982, Sp. 457, Ziff. 118; das ganze Werk ist zugänglich bei BSB München digital.

Fusius, Wolfgang, 1525–1560

Wolfgang Fusius[1] (Fues, Fuss), **geboren 1525 in Colditz (Lkr. Leipzig), gestorben am 19. Januar 1560 in Leipzig, Schulmann, Universitätsprofessor (Latein, Ethik), Notar, Stadtschreiber.**
Wolfgang Fusius, der Sohn des gleichnamigen luth. Pfarrers von Chemnitz, immatrikulierte sich im April 1539 an der Universität Wittenberg[2]. Hier promovierte er an Simon & Juda 1545 zum Bacc. art.[3] Im SS 1545 schrieb sich Fusius (gemeinsam mit Adam Siber) an der Universität Leipzig ein[4]; dort wird am 7. November 1545 der *doctus iuvenis* als *Baccalaureus Wittenbergensis* unter die Leipziger Bakkalare rezipiert und im gleichen WS 1545/46 (mit Esrom Rudinger und Philipp Bech) zum Mag. art. graduiert.[5] Fusius und Bech wurden am 21. März 1549 unter Rheticus als Dekan in den Rat der Artistenfakultät aufgenommen. Im WS 1548/49 lasen Rheticus die Mathematik, Meurer Aristoteles, Fusius Quintilian, Rudinger Vergil und Bech lateinische Grammatik[6]. Im SS 1551 las Fusius über die Ethik des Aristoteles, im SS 1554 und im SS 1555 über Terenz. Im SS 1557 resignierte er seinen Sitz im Kollegium der Artistenfakultät. Seit 1550 wirkte Fusius als Universitätsnotar, 1555 Substitut des Oberstadtschreibers, um sich zuletzt ganz dem Stadtschreiberamt zu widmen.

Fusius hielt am 11. Juli 1554 eine Gedächtnisrede auf den Kurfürsten Moritz von Sachsen, die auch im Druck herausgekommen ist (Leipzig: Georg Hantzsch, 1554). Zu seinem Tod erschienen im Druck die *Elegiae scriptae de obitu … Wolfgangi Fusii* (Leipzig: Ernst Vögelin, 1560)[7] mit Beiträgen von Stigel, Adam Siber, Georg Fabricius, Christoph Schellenberg, Jakob Strasburg und Gregor Bersmann.

Die **Beziehungen** zwischen Rheticus und Fusius bestanden vermutlich schon in Wittenberg, wo Fusius Rheticus' Vorlesungen im WS 1541/42 im Hinblick auf sein Bakkalaureatsexamen gehört haben mag. Später basierten sie nach Rheticus' Rückkehr aus Italien nach Leipzig zum einen auf ihrer gemeinsamen Arbeit in der Artistenfakultät, zum andern auf der Funktion des Fusius als Universitätsnotar.

1 Scheible, MBW, Bd. 12, 2005, Personen, S. 113 f. | 2 Förstemann 1841, Bd. 1, S. 174b. | 3 Köstlin 1890, S. 9. | 4 Erler, Bd. 1, S. 656, M 60. | 5 Erler, Bd. 2, S. 685. | 6 Erler, Bd. 2, S. 704-706. | 7 ULB Halle, digital.

Garcaeus, Johannes, d. J., 1530–1574

Johannes Garcaeus (Gahrtze, Gartze, Gartz, Garz) d. J., geboren am 13. Dezember 1530 in Wittenberg, gestorben am 22. Januar 1574 in Neustadt/Dosse (Lkr. Ostprignitz-Ruppin, Brandenburg), luth., Astrologe, Theologe, Verfasser einer umfangreichen Nativitäten-Sammlung[1].
Johannes Garcaeus d. J. war der Sohn des aus Hamburg gebürtigen Theologen Johannes Garcaeus d. Ä. († 1558), zuletzt Superintendent in Neubrandenburg (Lkr. Mecklenburgische Seenplatte); ein weiterer Sohn Daniel Garcaeus, geboren am 31. März 1535, studierte ebenfalls in Wittenberg[2]. Am 17. Januar 1551 wandte sich Melanchthon an die Stadt Hamburg, um für Johannes Garcaeus d. J. eine Unterstützung zu erhalten, *da beyde gotfürchtig und züchtig sindt und löblich studieren, und insonderheit hat der elter in loblichen Kunsten und Christlicher lehr solchen grundt und verstandt, das er itzundt nutzlich erbeytet mit lesen und unterweisung anderer in sprachen und ehrlichen kunsten*[3]. Garcaeus hatte sich im WS 1545/46 unter dem Rektor Augustin Schürpf an der Universität Wittenberg immatrikuliert[4]. Hier schloss er sich eng an Melanchthon und Kaspar Peucer an; aber auch Paul Eber und Erasmus Reinhold gehörten zu seinen Lehrern. Garcaeus promovierte am 14. August 1550 unter dem Dekan Paul Eber zum Mag. art., wobei er den 16. Rang unter 50 Kandidaten erlangte[5]. 1551 bis 1553 wirkte er als Lehrer in Leitmeritz (tschech. Litoměřice). Unter dem Dekan Kaspar Peucer wurde Garcaeus am 7. Juli 1554 in das Kollegium der Artistenfakultät

aufgenommen⁶. Schon im folgenden Jahr 1555 wurde als Professor der Theologie an die Universität Greifswald berufen. 1561 wurde Garcaeus zum Superintendenten für Neustadt/Dosse ernannt. Nach einer am 26. Mai gehaltenen Disputation wurden Garcaeus am 29. Mai 1570 in Wittenberg die Insignien eines Dr. theol. feierlich überreicht. Mit seinen Mitbewerbern lud er nach alter Sitte zu einem *prandium magnificum* ein⁷.

Werke: Garcaeus hat zahlreiche Schriften hinterlassen, darunter auch mehrere astrologische Traktate, u.a. *Tractatus brevis et utilis de tempore, conscriptus in gratiam studiosorum* (Wittenberg: Joh. Crato, 1563)⁸; *Secundus tractatus de tempore, sive de ortui et occassu stellarum fixarura* (Wittenberg: Joh. Crato, 1565)⁹; *Tertius tractatus de usu globi astriferi* (Wittenberg: Joh. Crato, 1565)¹⁰; *Tractatus brevis et utilis de erigendis figuris coeli* (Wittenberg: Joh. Schwertel, 1573)¹¹. Sein Hauptwerk *Methodus astrologiae*, erschienen in zwei Auflagen Basel: Heinrich Petri, 1574¹² und Basel: Heinrich Petri, 1576¹³, enthält 400 Nativitäten meist von Zeitgenossen. Das Buch wurde bereits 1570 dem Kurfürsten August von Sachsen gewidmet, in dem Garcaeus die Meinung vertritt, *Deus vult nos astra intueri* (Gott will, dass wir die Sterne betrachten); Georg Cracow steuerte ein Lobepigramm bei. »Im ganzen betrachtet, verfolgt Garcaeus in seinem Werk astrologische Absichten, es geht ihm um das Erstellen von Horoskopen, denen möglichst genaue astronomische Daten zur Geburtsstunde zugrunde liegen«¹⁴.

Zwischen Rheticus und Garcaeus sind keine näheren **Beziehungen** bekannt. Die Sammlung der Nativitäten im *Methodus astrologiae* (1576) enthält Horoskope von Kopernikus, Melanchthon, Paul Eber, Carion, Milich, Osiander, Camerarius, Cruciger, Flacius, Albrecht Dürer, Erasmus Reinhold, Erasmus Flock und viele andere mehr. Rheticus selbst ist mit zwei Horoskopen vertreten: Georgius Velcurio *physicus* [Rheticus], ausgehend von einer Geburtszeit 1514 Februar 15, 15 Uhr p.m., 26 Min.¹⁵ und Ioachimus Rheticus *mathematicus*, 1514 Februar 15, 13 Uhr p.m., 30 Min.¹⁶ Garcaeus hat demnach Rheticus sowohl als Astronomen wie auch als Arzt zur Kenntnis genommen.

1 Reich, Karin, in: Müller 1993, S. 303 f., Nr. 129; Hieronymus 1997, Bd. 2, S. 1082-f., Nr. 378. | 2 Förstemann 1841, Bd. 1, S. 266b (SS 1551); | 3 Flemming 1904, S. 32 f. | 4 Förstemann 1841, Bd. 1, S. 266b; | 5 Köstlin 1891, S. 10. | 6 Köstlin 1891, S. 27. | 7 Förstemann 1838, S. 54. | 8 VD 16 G 464; Zinner ²1964, S. 235, Nr. 2306; Hieronymus 1997, Bd. 2, S. 1252, Nr. 428; BSB München, digital. | 9 VD 16 G 465; Zinner ²1964, S. 239, Nr. 2366; BSB München, digital. | 10 Zinner ²1964, S. 239, Nr. 2367; BSB München, digital. | 11 VD 16 G 463; Zinner ²1964, S. 254, Nr. 2623; BSB München, digital. | 12 Zinner ²1964, S. 257, Nr. 2672; möglicherweise gibt es die Auflage 1574 gar nicht, siehe dazu Hieronymus 1997, S. 1082. | 13 Zinner ²1964, S. 261, Nr. 2734. | 14 Reich, a.a.O., S. 304; Hieronymus 1997, Bd. 2, S. 1082 f., Nr. 378. | 15 Garcaeus 1576, S. 153. | 16 Garcaeus 1576, S. 341.

Gasser, Achilles Pirmin, 1505-1577

Achilles Pirmin Gasser, geboren am 3. November 1505 in Lindau (Schwaben), gestorben 4. Dezember 1577 in Augsburg, luth., Humanist, Historiker, Astronom, Arzt¹.

Gasser entstammte einer Chirurgenfamilie (Wappen: aufsteigender Löwe, der ein Chirurgenmesser hält), die in Lindau das Haus in der Grub 12 *Zum Wilden Mann* besaß. Nach Elementarbildung in Lindau besuchte er die Schule von Johannes Sapidus in Schlettstadt (Bas-Rhin) und lernte 1522 drei Monate unter Urbanus Rhegius in Langenargen (Bodenseekreis) die Physik. 1522 setzte Gasser sich für die Einführung der Reformation in Lindau ein. Er studierte seit 1522 in Wittenberg Lat., Griech., Hebr., Mathematik und Medizin, 1525 Medizin in Wien, 1527 in Montpellier, 1528 in Avignon und promovierte am 30. September 1528 in Orange (Vauclus) zum Dr. med. Im Herbst 1529 eröffnete Gasser in Lindau eine Praxis, die er 1536 nach Feldkirch (wo er am 22. Mai 1536 Bürger wurde unter Beibehaltung seines Lindauer Bürgerrechts) und 1546 nach Augsburg verlegte. Gasser war ein erfolgreicher Arzt, er stand in Briefverkehr mit den führenden Ärzten seiner Zeit. In seinen letzten Lebensjahren geriet er wegen seiner Parteinahme für Matthias Flacius in Konflikte mit Augsburg und Lindau. Seine Bibliothek von ca. 2900 Bänden ist in bedeutenden Resten erhalten[2].

Gasser war verheiratet in erster Ehe 1536 mit Katharina Werder aus Feldkirch († vor 1546), in zweiter Ehe 1546 mit Anna Maria Tucher, geb. Ehem († 1551), und in dritter Ehe 1552 mit Scholastika Bühler (1561 geschieden). Aus den ersten beiden Ehen gingen zwei Söhne und zwei Töchter hervor.

Beziehungen zu Rheticus: Gasser, Melanchthon und Kopernikus haben in erster Linie das Leben von Rheticus gestaltet, wobei Gasser zeitlich voranging, aber seinerseits auch schon nicht unwesentlich von Melanchthon geformt worden war. Gasser wurde seit 1540 einer der ersten Anhänger der kopernikanischen Lehre. Er besorgte die zweite und dritte Auflage von Rheticus' *Narratio prima* (Basel 1541, Basel 1566) und die zweite Auflage von Kopernikus' *De revolutionibus* (Basel 1566).

Gasser und Rheticus kannte sich aber wohl schon um das Jahr 1530. Gasser war es, der Rheticus überhaupt über Melanchthon zur Astronomie hingeführt hat. Aus einem Brief Melanchthons an Gasser vom August 1538 erfahren wir, Rheticus habe ihn ersucht, dass er (Melanchthon) seinen *Libellus Ioannis de Sacro Busco* (Wittenberg 1538) Gasser widmete als Zeichen seiner Dankbarkeit, »weil du ihm selbst die Anregung zu diesen Studien gegeben hast, und er durch die Himmelszeichen bewegt wurde, nachdem er selbst einen Horror vor dieser Philosophie hatte und eine ganz andere Lebensplanung umzusetzen begonnen hatte ... und durch deinen Einfluss zu diesen Wissenschaften zurückgerufen worden ist« (»*quod ipsi ad haec studia hortator fueris, coelestibus significationibus motus, cum ipse longe aliud vitae iter et abhorrens ab hac philosophia ingressus esset ... auctoritate tua ad has artes revocatus sit*«). Rheticus wollte wohl, so wie sein Schwager Martin Groß (Ehemann seiner Schwester Magdalena Iserin) Kaufmann werden. Denn Crato schreibt 1569 in einem Brief an Joachim Camerarius d. J. zu Rheticus' Begegnung mit Paracelsus: »*Rhaeticus anno 1532 fuit 16 annorum et mercatoria tum ei magis nota fuerunt quam medica*« (Rheticus war 1532 16 Jahre alt und zu der Zeit lagen ihm kaufmännische Geschäfte näher als die Medizin)[3]. Diese Darstellung Melanchthons wird durch Rheticus selbst bestätigt. In seinem Brief an den Feldkircher Bürgermeister vom 13. August 1542 sagt Rheticus unter Bezugnahme auf seine Lehrer: »Unter ihnen nimmt der Stadtarzt Achilles Gasser, der auch die Himmelszeichen beobachtet und mich zu dieser Art des Studiums ermuntert hat, nicht den letzten Platz ein«.[4] In dem gleichen Brief sagt Rheticus, Melanchthon habe ihm die mathematischen Studien empfohlen, »weil ich hier gewisse Vorkennnisse hatte« (»*quod numerorum cognitione essem aliquo modo instructus*«). Gasser rief Rheticus zurück zu diesen Vorkenntnissen (»*revocatus*«). Wo aber hatte Rheticus diese Vorkenntnisse erworben? Einerseits von seinem Vater, andererseits an der Lateinschule in Feldkirch (»*harum artium in patria perceperim*«), vielleicht auch noch in Zürich.

Rheticus muss Gasser nicht unbedingt in Feldkirch begegnet sein. Da ist zwar möglich, da Gasser auch Leibarzt der Herren von Hohenems war und vermutlich häufiger auch nach Feldkirch gekommen ist, sei es 1532 oder auch schon früher, frühestens aber 1528 nach dem Tod Dr. Iserins und nach der Promotion Gassers zum Dr. med. 1528. Es gibt aber keinen Beleg dafür, dass sich Gasser um die erledigte Feldkircher Stadtarztstelle beworben hätte.

Es gibt aber ein anderes chronologisches Problem, nämlich den Zeitpunkt der zweiten Eheschließung von Thomasina de Porris, die sich nach Bregenz verheiratet hat, aber wohl nicht vor 1530. Gasser könnte 1530, 1531 oder 1532 mit Rheticus in Bregenz zusammengekommen sein. Es ist bis heute ungeklärt, wer nach dem Tod Dr. Iserins der Vormund von Thomasina de Porris und von Rheticus wurde. Gasser käme von seiner sozialen Stellung her gut für ein solches Amt in Frage. Gasser war wie Dr. Iserin nicht nur Dr. med. und Arzt, er war auch von seiner Mutter (v. Randegg) her adliger Herkunft. Als Vormund hätte Gasser auch die entsprechende Autorität gehabt, Rheticus zum Studium nach Wittenberg zu schicken.

Rheticus führt in seinem Brief an der Feldkircher Bürgermeister vom 13. August 1542 unter seinen Lehrern in der Astronomie auch Gasser an, unter denen »*non postremum locum tenet D[ominus] Achilles Gasser physicus, qui etiam caelestes significationes secutus, me ad hoc studiorum genus cohortatus est*« (nicht den geringsten Platz nimmt Herr Achilles Gasser, ein Arzt, ein, der aber auch, als er die Himmelszeichen beobachtet hat, mich zu dieser Art Studien ermuntert hat). Hier ist einmal zu beachten, dass diese Bemerkung unmittelbar an Rheticus' Ausführungen anknüpft, er habe sich die wissenschaftlichen Grundlagen in den mathematischen Fächern in seiner Vaterstadt Feldkirch angeeignet. Hier in Feldkirch und vielleicht auch noch in Zürich, befasste sich Rheticus erstmals mit der Mathematik. Dann hängte er aber die mathematischen Fächer an den Nagel, um sich einer künftigen Berufsausbildung zuzuwenden. Und nun taucht plötzlich Gasser auf, der ihn wieder zu den mathematischen Fächern zurückführte, um ihn dann an Melanchthon weiterzuempfehlen, der ihn ganz für die Mathematik gewann. Es war also Gasser, vor Rheticus' Bezug der Universität Wittenberg im Sommersemester 1532 gelungen, diesen Wandel durch praktische Beobachtungen der Himmelszeichen zu bewirken. Damit liegt es sozusagen auf der Hand, dass es Gassers Beobachtungsreihen des (damals freilich noch nicht so genannten) Halleyschen Kometen waren, die er in seiner ersten Kometenschrift von 1531 veröffentlicht hat. Die vergleichbaren Beobachtungen des Kometen von 1532 kommen hier nicht in Frage; denn dieser Komet zeigte sich erst seit dem 20./21. September 1532, als Rheticus längst in Wittenberg war. Der Halleysche Komet wurde von Gasser vom 10. August 1531 bis in den September hinein beobachtet und in einem Einblattdruck beschrieben. Gasser hat im Oktober 1531 diese seine erste Kometenschrift dem Grafen Hugo XVII. von Montfort-Bregenz[5] persönlich überreicht. Graf Hugo war bis 1531 österreichischer Vogt der Herrschaft Feldkirch; danach trat er in bayerische Dienste und wurde Pfleger von Höchstädt (Lkr. Dillingen, Schwaben). Graf Hugo hatte Gassers Einblattdruck »*mit gnädiger fründtlicher geberdt*« in Empfang genommen.[6] Gasser fühlte sich dadurch ermuntert, seine zweite Kometenschrift mit Datum aus Lindau den 22. Oktober 1532 dem Grafen Hugo mit einem vorangestellten Widmungsbrief zuzueignen.

Die Vermutung drängt sich auf, dass Rheticus im August und September 1531 an Gassers Beobachtungen des Halleyschen Kometen beteiligt war. Damals haben auch viele andere Sterngucker diesen Kometen beobachtet und beschrieben, u.a. auch Paracelsus (Zürich)[7] sowie die Gasser nahe stehenden Tannstetterschüler Apian[8], Schöner[9], Vögelin, aber auch Matthias Brotbeyel (München)[10], Johannes Carion (Menz, Lkr. Oberhavel, Brandenburg)[11], Gemma Frisius (Leiden), Girolamo Fracastoro (Verona) oder Michael von Vislicza (Krakau). Dabei wies Apian in seiner Publikation auf die Beobachtungen von Schöner und Vögelin hin. Er selbst, so sagte Apian, habe seine Beobachtungen im Kreise seiner »*Discipuli oder Junger, so zuo Ingelstat allhie ... von mir vnderrichtet werden*« vorgenommen. Schöner berichtet, er habe den Kometen 1531 zu Nürnberg »*mit einem Torquet in beysein viler erbern leut vast alle Täg observiert*«.[12] Auch von dem Rheticusschüler Andreas Nolthius, Rektor der Stiftsschule in Einbeck (Landkreis Northeim, Niedersachsen), erfahren wir aus seiner *Practica auf das Jahr 1580*, dass er an der Schule Religion und Sprachen unterrichtete, hingegen seine mathematischen Studien nur für sich »*und bisweilen für meine Collegas*« betreibe. Es war also durchaus üblich, dass die Astronomen zu ihren Beobachtungen andere Interessierte heranzogen.

Alle diese hier genannten Autoren haben mit ihren Kometenschriften von 1531 Astronomiegeschichte geschrieben. Apian bringt zum Ausdruck, er habe es »*für guot angesehen, sölhe observation zu einer doctrin oder leer den anfengern der Astronomey in den druck zu bringen*«. Ähnliche Absichten mögen Gasser bewogen haben, den jungen Rheticus durch die Praxis der Beobachtungen für die Astronomie zu gewinnen. Für Rheticus mochte eine solche Erprobung neuer Wege in der Astronomie ein besonderes Erlebnis sein, das ihn zur Rückkehr zu den mathematischen Wissenschaften bewog.

Apian führte aber auch buchhändlerisch eine Neuerung ein, wobei ihm auch sein Bruder, der Buchdrucker Georg Apian, bei dem sein Buch gedruckt wurde, eine Hilfe war. Es war eine alte Erfahrung, dass die jährlichen Praktiken nach Jahresfrist nicht mehr aktuell waren und zur Makulatur wurden. Dem wollte Apian vorbeugen, indem er seine Beobachtungen des Halleyschen Kometen in seine Jahrespraktik für 1532 packte, *Dieweil nun, on allen zweyfel, ditz büchlein, von den liebhabern dißer kunst, also, nicht wie ein Jarpractica vnnder die banck gestossen, sonder mit grossem vleyß in acht auffgehebt vnd gehaltn möcht werden...*[13].

Nicht in die Diskussion einbezogen ist hier vorerst die Frage, ob nicht Rheticus auch in Zürich mathematische Studien betrieben hat. Denn in Zürich hielt Konrad Pellikan, der Lehrer Sebastian Münsters, seit 1526 Vorlesungen in Hebraistik, aber auch in den mathematischen Fächern. Pellikan war um 1500 Johannes Stöffler persönlich begegnet, »*qui tunc in manibus habebat opus egregium Sphaerae signorum*«, er sah wenig später auch dessen Ephemeriden.

Gasser scheint mit seinen Kometenschriften von 1531 und 1532 kein ungetrübtes Glück gehabt zu haben. In einer dritten Kometenschrift veröffentlichte er seine Beobachtungen des Jahres 1533.[14] Diese Schrift ist in einer ersten Ausgabe dem Rat der Stadt Lindau gewidmet, eine zweite Ausgabe enthält dagegen nur mehr einen Brief Gassers an den Leser.

1 BURMEISTER 1970/75, Bd. 1-3. | **2** BURMEISTER 1986; SIEWERT 1997. | **3** Vgl. Birkenmajer 1900, S. 613). | **4** BURMEISTER 1967, Bd. 3, S. 53. | **5** BURMEISTER 1975, Bd. 3, S. 17-19. **6** Dieser Einblattdruck ist abgedruckt bei Friedrich Simon ARCHENHOLD, Alte Kometen-Einblattdrucke, Berlin [ca. 1917], Nr. 3. | **7** FREITAG 1984, S. 369, Nr. 2309. | **8** FREITAG 1984, S. 13, Nr. 77. | **9** FREITAG 1984, S. 425, 2575, 2576. | **10** FREITAG 1984, S. 60, Nr. 365. | **11** FREITAG 1984, S. 69, Nr. 413. | **12** Peter APIAN, Practica auff das 1532 Jar (Landshut: Georg Apian, 1532), BSB München digital. | **13** Widmungsbrief vom 23. November 1531 in: APIAN, Practica auff 1532, Bl. A2r, BSB München digital. | **14** ZINNER ²1964, Nr. 1527, 1528; BSB München digital.

Gattenhofen, Albert von, ca. 1522 – nach 1566

Albert von Gattenhofen (Gattenhofer, Caenhofer), geboren in Königsberg (heute Kalingrad, russ. Exklave), gestorben nach 1566, luth., Gutsbesitzer[1].

Der Sohn des herzoglichen Kanzlerschreibers und Kammermeisters Christoph von Gattenhofen (+ 1537) und nachmalige Stiefsohn des Kammerrats Kaspar von Nostiz immatrikulierte sich am 27. Oktober 1541 an der Universität Wittenberg.[2] Herzog Albrecht hatte ihn am 30. Juli 1541 Luther, Melanchthon und Christoph Jonas empfohlen. Gattenhofer reiste von Wittenberg aus mit Magister Christoph Jonas nach Italien. 1544 wurde Jonas Professor der Rechte in Königsberg. Hier schrieb sich auch Gattenhofer 1544 ein[3], wurde aber später wegen Unfleisses relegiert. Seit 1549 lebte er als Erbherr auf Nordkitten (Kreis Insterburg, heute Tschernjachowsk, russ. Exklave Kaliningrad) auf seinen Gütern.

Beziehungen zu Rheticus: Herzog Albrecht hatte sein Empfehlungsschreiben vom 30. Juli 1541 zu einer Zeit abgefasst, als er auch in Kontakt mit Rheticus war. Die Ankunft Gattenhofers in Wittenberg, vermutlich wenige Tage vor seiner Immatrikulation am 27. Oktober 1541, könnte vermuten lassen, dass er in der Gesellschaft von Rheticus und evtl. auch Friedwalds nach Wittenberg gekommen ist. Er dürfte aus landsmannschaftlicher Solidarität die Vorlesungen von Rheticus im WS 1541/42 gehört haben. Sicher ist das aber nicht, da der herzogliche Protegé ein »Epikuräer oder Zyklop« war, der für die Studien wenig übrig hatte, wie seine Relegation in Königsberg zeigt. Auf der Italienreise trafen Jonas und sein Begleiter am 9. April 1544 auf den Rheticusschüler und Rechtsstudenten Magister Joachim Moller, der zu der Reisegruppe um Schreiber und Friedwald gehörte. Es sei noch beiläufig erwähnt, dass der Vater Christoph Gattenhofer[4] als Sekretär Albrechts 1520 ein Briefkonzept in Sachen freien Geleits für Kopernikus erstellt hat[5].

1 FREYTAG 1903, S. 40, Nr. 166; SCHEIBLE, MBW, Personen, Bd. 11, 2003, S. 122. | **2** FÖRSTEMANN 1841, Bd. 1, S. 192b. | **3** Matrikel Königsberg, Bd. 1, 1910, S. 3. | **4** SCHEIBLE, MBW, Personen, Bd. 11, 2003, S. 122. | **5** NCG 1994, Bd. 6, 1, S. 43, Nr. 26.

Gelenius, Johannes, 1535 –?

Johannes Gelenius, geboren am 25. Dezember 1535 in Leitmeritz (tschech. Litoměřice), Mathematiker[1].
Gelenius wurde am 13. Juni 1553 in in Wittenberg immatrikuliert[2]. Hier promovierte er am 1. August 1555 zum Mag. art.[3]; er erreichte den 16. Rang unter 30 Bewerbern; auf der 5. Rang kam Lorenz Tubbe. Examinatoren waren u.a. Melanchthon, der Dekan Valentin Trutiger, Peucer und Martin Simon. **Beziehungen** zu Rheticus sind nicht bekannt. Er war aber hier doch als hervorragender Mathematiker zu erwähnen. Garcaeus[4] bezeichnet ihn in seinem Horoskop als *Mathematum studiosus Lytomericensis ingenius et capacissimus*. Er dürfte als Schüler Dietrichs und Peucers anzusprechen sein.

1 Scheible, MBW, Personen, Bd. 12, 2005, S. 128. | 2 Förstemann 1841, Bd. 1, S. 282b. | 3 Köstlin 1891, S. 16. | 4 Garcaeus 1576

Gelenius, Sigismund, *Bohemus*, 1497 –1554

Sigismund Gelenius (Gellenius, tschech. Gelensky, auch Zikmund Hrubý z Jelení), genannt Bohemus, geboren 1497 in Prag. gestorben 1554 in Basel, ref., Philologe und Humanist[1].
Gelenius *Bohemus* entstammte einer reichen und adligen Familie. Er studierte in Prag, Bologna und Venedig, wo er bei Musurus Griechisch lernte. 1524 kam er nach Basel, wo er als Korrektor bei Froben tätig wurde und ein Freund von Erasmus wurde (zeitweise sein *Amanuensis*). Von der Universität Basel hielt es sich fern. Gelenius *Bohemus* wusste sich seine Unabhängigkeit als freier Gelehrter zu bewahren. Gelenius verfasste eine Zusammenstellung gleichklingender Wörter aus dem Griech., Lat., Deutschen und Tschechischen (1537, 1544). Für Froben übersetzte er das *Bellum Judaicum* des Flavius Josephus. Gelenius war seit ca. 1530 verheiratet mit Elsbeth Senger (3 Söhne). Weiteres **Werk**: C. Plinii Secundi, *Historiae Mundi libri XXXVII* (Basel: Froben, 1539)[2].
 Beziehungen zu Rheticus sind nicht überliefert, doch konnte ein Hinweis auf ihn nicht übergangen werden, schon im Hinblick auf den gleichnamigen ungarischen Humanisten Sigismund Gelenius *Transsilvanus* nicht. Es gibt auch deutliche Berührungspunkte mit Melanchthon und Camerarius, die ihn gerne als Lehrer zusammen mit Schöner am Gymnasium in Nürnberg gesehen hätten. Schon die Wertschätzung von Gelenius *Bohemus* durch Melanchthon konnte Rheticus nicht entgangen sein. Ob es 1548 in Basel zu einer persönlichen Begegnung zwischen Rheticus und Gelenius gekommen war, muss offen bleiben. In den Jahren nach 1551 während seines Aufenthaltes in Prag könnte dort noch einmal das Gespräch auf ihn gekommen sein.

1 Wackernagel 1956, Bd. 2, S. 6; Scheible, MBW, Personen, Bd. 12, 2005, S. 128 f.; Dill, Ueli, in: HLS, 2008. 2 ULB Düsseldorf. digital.

Gelenius, Sigismund, *Transsilvanus*, ca. 1518 –1569

Sigismund Gelenius (Gélous, Gellenius, Geleus, Gelaeus, Gelous, auch Torda, ungar. Zsigmond Gyalui Torda), *Transsilvanus, Pannonius, Ungarus, Hungarus,* geboren um 1518 in Gyalu, gestorben am 14. März 1569 in Pressburg (slowak. Bratislava), luth., führender ungarischer Humanist, auch Arzt[1].
Gelenius *Transsilvanus* ist zu unterscheiden von Magister Sigismundus Gelenius *Bohemus*, dem namhaften Philologen S. Gelensky[2]. Im Unterschied zu Gelenius *Bohemus* entstammte Gelenius *Transsilvanus* nicht einer adligen und reichen Familie. Er studierte zunächst 1535 in Krakau. Im WS

1539/40 immatrikulierte er sich unter dem Rektor Dr. med. Georg Curio an der Universität Wittenberg[3]; Konsemester waren Kaspar Goldwurm, Johannes von Albisaquilis, Hieronymus Hesperg, Johannes Hommel, Matthias Schenck aus Konstanz, Simon Wilde. 1543 treffen wir ihn in Löwen und in Frankfurt/Main. Am 31. Januar 1544 promovierte er unter Erasmus Flock zum Mag. art.[4]; er erreichte den 1. Rang unter 35 Mitbewerbern, unter ihnen Christian Stella (3. Rang), Hieronymus Besold (4. Rang), Paul Noviomagus (14. Rang). Am 27. März 1545 wurde er in den Rat der Artistenfakultät aufgenommen[5]. 1550 promovierte er in Padua zum Dr. med. Er wurde Rektor der Lateinschule in Eperies (slowak. Prešow). Seit 1550 war er verheiratet mit Eufemia, der Tochter des Georg Werner, zu welchem Anlass Collinus ein *Epithalamium* dichtete.

Beziehungen zwischen Rheticus und Gelenius sind sehr weahrscheinlich. Gelenius hat vermutlich die Vorlesungen von Rheticus im WS 1541/42 gehört, worauf nicht zuletzt auch seine Magisterpromotion unter Flock hindeutet. Er war wegen seiner Verbndungen zu Melanchthon, Camerarius, Nidbrück, Maximilian II., Crato, Lauterwaldt, Rubigallus u.a. unbedingt zu erwähnen.

1 Okál, Miloslaus, La vie et l'oeuvre de Sigismond Gélous, in: Zborník filozofickej fakulty university Komenského, Graecalatina et orientala 6 (1974), S. 105-155; Scheible, MBW, Personen, Bd.12, 2005, S. 129 f. | 2 Wackernagel 1956, Bd. 2, S. 6. | 3 Förstemann 1841, Bd. 1, S. 177a. | 4 Köstlin 1890, S. 14. | 5 Köstlin 1890, S. 22.

Gemusaeus, Hieronymus, 1505–1544

Hieronymus Gemusaeus (eigentl. Gmües, Gschmus), geboren 1505 in Mülhausen (Haut-Rhin), gestorben am 29. Januar 1544 in Basel, ref., Universitätslehrer, Mathematiker, Arzt[1].

Gemusaeus besuchte seit 1517 die Lateinschule des Sapidus in Schlettstadt (Bas-Rhin), an der er 1522 Lehrer wurde. Im SS 1522 begann er sein Studium an der Universität Basel[2]; Konsemester war der St. Galler Chronist Johannes Rütiner, dem wir wertvolle Nachtrichten über Rheticus bzw. Georg Iserin verdanken. 1524 promovierte Gemusaeus, der Schüler von Glarean war, zum Bacc. art. und 1525 zum Mag. art. Danach widmete er sich dem Studium der Mathematik und der Medizin. Längere Reisen führten ihn nach Frankreich und Italien. In Turin las er 1532 bis 1535 an der medizinischen Fakultät über Rhetorik und Logik. 1533 promovierte er in Turin zum Dr. med. 1537 wurde er Professor für Physik an der Universität Basel.

Werke: Als Herausgeber, Übersetzer und Kommentator antiker medizinischer Schriften machte sich Gemusaeus einen Namen. Er übersetzte Strabons *Geographia* ins Lateinische und edierte Schriften von Aristoteles, Plutarch und Galen. Gemusaeus ist auch Herausgeber von Ptolemaeus' *Opera omnia, geographica excepta* (Basel: Heinrich Petri, 1541)[3].

Gemusaeus heiratete am 2. Dezember 1537 Sibylle, die Tochter des Buchdruckers Andreas Cratander (4 Kinder).

Beziehungen zwischen Rheticus und Gemusaeus sind nicht bekannt, er musste hier aber als Basler Physiker und Mathematiker kurz erwähnt werden, da Rheticus über eine Reihe von Schülern mit Basel sehr verbunden war.

1 Dill, Ueli, in: HLS 2008; Scheible, MBW, Personen, Bd. 12, 2005, S. 131 f. | 2 Wackernagel 1951, Bd. 1, S. 351, Nr. 7. | 3 Zinner ²1964, S. 198, Nr. 1782; Hieronymus 1997, S. 852-854, N. 283.

Genner, Petrus, 1520–1584

Petrus (Peder, Peter) **Paulsen** (Pauli) **Genner** (Gjenner, Generanus), geboren in Genner (Kirchspiel Øster Løgum, Aabenraa Kommune, Syddanmark), gestorben am 17. April 1584 in Aabenraa, luth., Theologe[1].

Petrus Genner immatrikulierte sich im WS 1536/37 unter dem Rektor Justus Jonas an der Universität Wittenberg[2]; Konsemester waren Georg Venediger, Adam Siber, Georg Fabricius. Magister Kaspar Landsidel, Martin Simon, Johannes Crato, Ahasver Brandt, Paul Rubigallus, der Finne Mikael Agricola, Matthias Rodt, Johannes Reinhold, Sebastian Glaser. Am 5. Februar 1540 promovierte Genner unter dem Dekan Christian Neumair zum Mag. art. und belegte den 14. Rang von 15 Kandidaten[3]. Unter den Mitbewerbern waren Lukas Hetzer (3. Rang), Johannes Tettelbach (10. Rang) und der Tscheche Wenzeslaus Arpinus (15. Rang). Am 21. Juli 1543 trat Genner unter dem Dekan Andreas Aurifaber zu einer Disputation an *De peccato, Dialecticen esse* ποιητικὴν, *de causa sine qua non, de igne lapidis et de terre motu*[4]. 1546 wurde Genner zweiter herzoglicher Hofprediger in Haderslev (Syddanmark), 1548 Pastor und Propst in Aabenraa. Vor 1559 heiratete Genner Gertrud Blume († 14. November 1596 in Aabenraa). Am 2. Juni 1565 schrieb Genner *suo amico ac contubernali Domino Jonae Schuler in perpetuam sui memoriam* einige Verse ins Stammbuch[5].

Werke: 1541 übersetzte Genner die schmalkadischen Artikel Luthers ins Lateinische *Articuli a reverendo D. Doctore Martino Luthero scripti* (Wittenberg: Joseph Klug, 1541)[6]; Luther: *Capita fidei christianae contra papam er portas inferorum* (Wittenberg: Joseph Klug, 1542).

Genner konnte die Vorlesungen von Rheticus vom WS 1536/37 bis SS 1538 gehört haben, vielleicht auch noch im WS 1541/42, als Rheticus Dekan der Artistenfakultät und Kollege von Genner war.

1 http://thesaurus.cerl.org/record/cnp00801053 (23. Oktober 2013); FISCHER 1926, S. 96 f.; ANDERSEN, A., in: Schleswig-holsteinisches biographisches Lexikon, 1970, S. 147 f. | **2** FÖRSTEMANN 1841, Bd. 1, S. 162a. | **3** KÖSTLIN 1890, S. 12. | **4** Ebenda, S. 24. | **5** Königliche Bibliothek den Haag, Albuminscriptie 131 E 22, Resolver.kb.nl, Album Amicorum, fol. 290v. Ein Johannes Schuler aus Halle wurde in Wittenberg am 27. September 1564 immatrikuliert. Möglicherweise hielt sich Genner damals wegen des dänisch-schwedischen Kriegs zeitweise in Wittenberg auf. | **6** VD 16 L 3872; BSB München, digital; FISCHER 1926, S. 96.

Gerbel, Nikolaus, 1485–1560

Nikolaus Gerbel (Gerbelius, Musophilus), geboren 1485 in Pforzheim (Baden-Württemberg), gestorben am 20. Januar 1560 in Straßburg (Bas-Rhin), luth., Gräzist, Schulmann, Jurist (Kanonist, Rechtskonsulent, Sekretär)[1].

Nikolaus Gerbel, Sohn eines Malers, besuchte die Lateinschule in Pforzheim (wie Reuchlin, Capito, Melanchthon, Franciscus Irenicus, Simon Grynaeus, Hedio, Wendelin Gürrich) und studierte in Wien (1501), Köln (1507), Tübingen (1508), Mainz (1510). 1511/12 wirkte er als Präzeptor an der Lateinschule zu Pforzheim[2]. 1512 nahm er das Studium der Rechte in Wien wieder auf und promovierte 1514 in Bologna zum Dr. decr. 1515 wurde er kirchlicher Rechtskonsulent in Straßburg, 1521 Sekretär des Domkapitels. 1541 bis 1543 lehrte Gerbel als Professor für Geschichte an der Akademie in Straßburg.

Werke (in Auswahl): *Novum Testamentum graece* (Hagenau: Thomas Anselm, 1521). Gerbels Hauptwerk ist eine Landeskunde von Griechenland *Pro declaratione picturae sive descriptionis Graeciae Sophiani* (Basel: Joh. Oporin, 1550)[3]. Für die Jahre 1519 bis 1529 hat Gerbel ein lat. Tagebuch geführt *Diarium Gerbelii*[4].

Ein Porträt von Gerbel ist abgebildet bei Kremer 1997, S. 149. Nikolaus Gerbel war mehrfach verheiratet, 1518 in erster Ehe mit Agnes Lamprecht, in zweiter Ehe 1525 mit Dorothea Kirsser († 1542), mit der er vier Kinder hatte, und in dritter Ehe1543 mit Elisabeth Riser. Der Sohn Nikolaus Gerbel d.J. (1527-1541) entstammte der zweiten Ehe. Ein weiterer Sohn Theodosius Gerbel wurde 1551 Schreiber des Großen Rats zu Straßburg,

Gerbel führte einen umfangreichen Briefwechsel. Er hatte in Straßburg einen großen Freundeskreis: Matthäus Zell, Heinrich Zell, Bucer, Capito, Bedrot, Otto Brunfels, Hedio, Fagius, Sturm,

Marbach; er pflegte auch Kontakte zu Erasmus und Oekolampad sowie zu Melanchthon, Luther und Justus Jonas. Zu Gassers *Historiarum epitome* verfassten Gerbel und sein Sohn lobende Verse[5]. 1526 war Gerbel mit Paracelsus in Verbindung. Um Rheticus hatte sich Gerbel besonders verdient gemacht, als er in die von ihm herausgegebene Sammlung der Reden Melanchthons *Selectae declamationes* (Straßburg: Crato Mylius, 1544, mit Widmungsrede an Jakob Milich vom 1. Januar 1541) drei Reden von Rheticus aufgenommen hat: *Oratio de physica* (S. 341-349), *Oratio de astronomia* (S. 350-361) und *De utilitate arithmetices oratio* (S. 372-384). Heinrich Zell schickte 1540 ein Exemplar der *Narratio prima* an Nikolaus Gerbel in Straßburg mit dem handschriftlichen Vermerk D[onum] D[edit] Nicolao Gerbelio H. Zeellius mp.[6]

1 Über ihn vgl. HORNING, Wilhelm, Der Humanist Dr. Nikolaus Gerbel, Förderer lutherischer Reformation in Strassburg (1485-1560), Straßburg: Heitz, 1918; SCHEIBLE, MBW, Personen, Bd. 12, S. 135 f. | 2 KREMER 1997, S. 114 f. | 3 BSB München, digital. | 4 Straßburg, Thomas-Archiv. | 5 BURMEISTER 1970, Bd. 2, S. 52-54. | 6 Zürich ETH-BIB, e-rara, digital.

Gesner, Andreas, 1513–1559

Andreas Gesner, geboren 1513 in Zürich, gestorben am 26. November 1559 in Zürich, ref., Krämer, Buchdrucker[1].

Andreas Gesner d. J., (jun., filius), war ein Sohn von Konrad Gesners Bruder, des Krämers Andreas Gesner d. Ä., der ältere Bruder von Jakob Gesner. Beide waren Neffen von Konrad Gesner, der keine eigenen Kinder hatte, doch wurden die Kinder von Andreas Gesner d. Ä. als Nachkömmlinge Konrad Gesners angesehen (Ferdinand I.). Andreas Gesner d. J. war zweimal verheiratet, in erster Ehe mit Anna Hutter, in zweiter Ehe mit Katharina Kripp. Ein Sohn Tobias führte später die Druckerei weiter.

Andreas Gesner war zunächst Krämer, wurde 1536 Bürger von Zürich, zu Safran zünftig, erlernte das Buchdruckerhandwerk. 1551/54 und 1557 verband er sich mit Rudolf Wyssenbach zu einer Buchdruckergemeinschaft. Er kaufte die Offizin Wyssenbachs im Haus an der Frankengasse, firmierte 1552/53 allein, seit 1554 mit seinem Bruder Jakob, der nach seinem Tod 1559 die Firma weiterführte. Konrad Gesner ließ seine Werke bei zwei Druckern erscheinen, bei Christoph Froschauer d. Ä. und bei seinen Neffen Andreas und Jakob Gesner. Beide werden häufig in Konrad Gesners Briefen genannt.[2]

Zu seinen frühen Drucken gehörte der *Kalender oder Laassbüchlin uffs Jar M. D. LII / [Calculus Christophori Clauseri Tigurini, urbis Tigurinae archiatri]*, Getruckt zuo Zürych: by Andrea Gessner dem Jüngeren und Ruodolffen Wyssenbach, [1551][3]. Nachdem er sich verselbständigt hatte, war einer seiner ersten Drucke *Thesaurus Evonymi Philiatri de remediis secretis* (Zürich 1552); Evonynus ist ein Pseudonym für Konrad Gesner, der dieses Buch seinem Neffen Andreas zu Gefallen, der gerade Buchdrucker geworden war, geschrieben und weniger sorgfältig bearbeitet hatte. Eine zweite Ausgabe erschien bei Andreas Gesner (ohne Wyssenbach) 1554[4], eine deutsche Übersetzung von Johann Rudolf Landenberger in Zürich: *bey Andrea und Jacobo den Gessneren gebrüder, im jar als man zalt von Christi vnsers Heylands geburt*, 1555.[5] Weiters erschienen unter seinen Drucken eine deutsche Übersetzung von Konrad Pellikans Buch *Ruth*, 1555[6], Andreas bearbeitete mit seinem Bruder Jakob Gesner einen *Catalogus cometarum omnium fere qui ab Augusto ... usque ad hunc 1556 annum apparuerunt* (Zürich 1556).[7] Er selbst gab heraus [Jakob de Strada], *Imperatorum Romanorum omnium ... imagines ex antiquis numismatis quam fidelissime delineatae*, Zürich: Andreas Gesner, 1559.[8]

Gemeinsam mit seinem Bruder Jakob Gesner druckte er u.a.: Jodok Willichs P. *Terentii Fabulae*, [ca. 1555?]; Montanus, Johannes Fabricius, *Differentiae animalium quadrupedum secundum locos communes, opus ad animalium cognitionem apprime conducibile, Similitvdinvm Ab omni animalivm genere desvmptarvm libri VI, ex optimis quibusq[ue] athoribus sacris & profanis, Graecis et Latinis, per Othonem Vuerdmüllerum collecti [...]*, Zürich: Gbr. Andreas und Jakob Gesner, 1555[9]; Konrad Gesners *Descriptio Montis Fracti sive Montis Pilati* (Zürich: Andreas und Jakob Gesner, 1555); Konrad Gesners *De piscibus*, [1556][10]; Jan Dubravius, *De piscinis et piscium qui in eis aluntur naturis* (Zürich: Andreas Gesner, 1559)[11].

1 Kelchner, Ernst, in: ADB 9 (1979), S. 95 f.; Reske 2007, S. 1042 f.; Leemann-van Elck, P., Die Offizin Gessner in Zürich im 16. Jahrhundert, in: Der Schweizer Sammler und Familienforscher 1939, S. 1-7, 65-70, 82-88, 114-125, 152-160. | **2** Vgl Burmeister 1975, Bd. 3, S. 134, 136, 138, 222 (Andreas) und S. 220-222, 237, 239, 288-290, 344 f. (Jakob). | **3** VD 16 C 4050; Zinner ²1964, S. 217, Nr. 2042; e-rara.ch, digital; vgl. dazu Wehrli 1924, S. 85 und passsim. | **4** ZB Zürich, e-rara.ch, digital. | **5** VD 16 G 1808, mit Vorrede von Landenberger vom 1. August 1555, ZB Zürich, e-rara.ch, digital. | **6** VD 16 B 3047, ZB Zürich, e-rara.ch, digital. | **7** Zinner ²1964, S. 460, Nr. 2148a. | **8** ZB Zürich, e-rara.ch, digital. | **9** ZB Zürich, e-rara.ch, digital. | **10** VD 16 O 1620, ZB Zürich, e-rara.ch, digital. | **11** VD 16 D 2830, ZB Zürich, e-rara.ch, digital.

Gesner, Jakob, 1527–1573

[Hans] Jakob Gesner (Gessner, Geßner, Gesnerus), geboren 1527 in Zürich, gestorben nach 1573 in Zürich, Drucker, Herausgeber, Übersetzer, Astronom[1].

Jakob Gesner war ein Sohn des Krämers Andreas Gesner d. Ä., ein Bruder von Andreas Gesner und Neffe von Konrad Gesner (zu seiner Herkunft siehe Gesner, Andreas). Er immatrikulierte sich im WS 1548/49 als *Iacobus Gesnerus Tigurinus* an der Universität Leipzig und wurde der Bayerischen Nation zugeteilt[2]; hier erwarb er am 9. Juni 1549 den Grad eines Baccalaureus artium.[3] Unter dem Dekan Hommel promovierte er im WS 1552/53 zum Magister artium (gleichzeitig mit Hieronymus Tilesius)[4]. Danach trat er mit astronomischen Publikationen hervor. Es ist kein Zufall, dass sein Bruder Andreas als eines der ersten Druckwerke den Kalender des Zürcher Stadtarztes Christoph Clauser für 1552 herausbrachte, der außer einer Tierkreiszeichen-Figur im Titelblatt für jeden Tag die Stellungen der Planeten enthält[5]; dieser Druck dürfte Andreas von seinem Bruder Jakob ans Herz gelegt worden sein. Jakob Gesner veröffentlichte *An almanacke and prognostication for 1555*, [London: Printed by John Kingston and H. Sutton, 1554][6], desgleichen bearbeitete er zusammen mit seinem Bruder Andreas Gesner einen *Catalogus cometarum omnium fere qui ab Augusto … usque ad hunc 1556 annum apparuerunt* (Zürich 1556)[7]. Jakob Gesner war zweimal verheiratet, u.a. mit Regina Funck aus Memmingen, einer Schwester des Arztes Johannes Funck. Er hatte wenigstens zwei Söhne Jonas (* 1571) und Josias.

Wie andere Akademiker auch wechselte Jakob Gesner in das Handwerk über, wo sein Bruder Andreas als gelernter Buchdrucker den Boden bereits vorbereitet hatte. So wie dieser wurde auch Jakob Gesner 1554 zu Safran zünftig und trat in die Druckerei seines Bruders Andreas ein, mit dem er zahlreiche Bücher herausbrachte. Insgesamt sind ca. 40 Titel aus der gemeinsamen Offizin bekannt, darunter vor allem Werke ihres berühmten Oheims Konrad Gesner.

Nach dem Tod seines Bruders Andreas firmierte er seit 1560 zunächst allein, seit 1561 mit seinem Neffen Tobias Gesner, dann 1561-1566 wieder allein (1562 auch einmal gemeinsam mit seinem 1559 verstorbenen Bruder Andreas). 1566 ging er in Konkurs und wurde als Buchhändler und Krämer tätig. Jakob Gesner druckte zahlreiche Werke, vor allem aus dem Bereich der Theologie und Werke von Konrad Gesner. Erwähnt seien hier etwa: Gesner, Konrad, *Sanitatis tuendae praecepta cum aliis, tum literarum studosis hominibus, & iis qui minus exercentur, cognitu necessaria, Contra luxum conviviorum, Contra notas astrologicas ephemeridum de secandis venis*, [um 1561][8]; Gesner, Konrad (Hg.), *Cassii iatrosophistae naturales et medicinales quaestiones LXXXIIII, circa hominis naturam & morbos aliquot, his accedit Catalogus medicamentorum simplicium et parabilium, quae pestilentiae veneno adversantur, quorum & veteres & recentiores clarissimi quique scriptores meminerunt*, [1562][9]; Toxites, Michael, *Scholien zu Theokrits Idyllion primum*, [1562][10]; Willich, Jodok, *Ars magirica, hoch est coquinaria*, 1563[11]; Gesner, Konrad, *De omni rerum fossilium genere, gemmis, lapidibus, metallis, et huiusmodi, libri aliquot, plerique nunc primum editi*, 1565[12]; Cordus, Valerius, *De halosantho seu spermate ceti vulgo dicto liber*, in: Konrad Gesner, *De omni rerum fossilium genere, gemmis, lapidibus, metallis, et huiusmodi, libri aliquot, plerique nunc primum editi*, 1565 (Die Widmung vom 30. Juni 1566 an den Kärntner Arzt Andreas Pellizer ist falsch datiert, da Konrad Gesner am 13. Dezember 1565 gestorben ist. Konrad Gesner verdankte dieses Buch dem Georg Aemilius in Stolberg und den Ärzten Wolfgang Meurer in Leipzig und Hieronymus Herold in Nürnberg.[13] Jakob Gesner verwendete das Druckersignet seines Bruders, im Schild einen Totenkopf, über demselbem ein Stundenglas.

Beziehungen zu Rheticus liegen auf der Hand. Schon bei Rheticus' Aufenthalt in Zürich 1547/48 musste Rheticus, vermutlich im Hause Konrad Gesners, mit Jakob Gesner zusammengetroffen sein. Jakob Gesner nahm sein Studium in Leipzig zur gleichen Zeit mit Rheticus' Rückkehr nach Leipzig auf. Das legt die Vermutung nahe, dass beide die Reise von Zürich nach Leipzig gemeinsam gemacht haben. In Leipzig konnte Gesner alle Vorlesungen des Rheticus bis zum Ende des WS 1550/51 hören. Den Magistergrad hat Gesner unter dem Dekan Johannes Hommel erlangt, den Nachfolger auf Rheticus' Lehrstuhl. Die astronomischen Arbeiten Jakob Gesners, die Praktik auf 1555 und der Kometenkatalog von 1556, zeigen deutlich, dass seine Studien auf die Astronomie ausgerichtet waren. Es mag noch erwähnt werden, dass in der gemeinsamen Offizin der Gebrüder Gesner ein Werk gedruckt wurde, das auf Arbeiten des Zürcher Rheticusschülers Otto Werdmüller beruhte, die *Similitvdinvm ab omni animalivm genere desvmptarvm libri VI.*, hg. v. Konrad Gesners engem Mitarbeiter Johannes Fabricius Montanus, einem Neffen von Leo Jud (Zürich: Andreas und Jakob Gesner, 1555)[14].

1 KELCHNER, Ernst, in: ADB 9 (1979), S. 95 f.; RESKE 2007, S. 1043; LEEMANN-VAN ELCK, P., Die Offizin Gessner in Zürich im 16. Jahrhundert, in: Der Schweizer Sammler und Familienforscher 1939, S. 1-7, 65-70, 82-88, 114-125, 152-160. | **2** ERLER, Bd. 1, S. 674, B 1. | **3** ERLER, Bd. 2, S. 707. | **4** ERLER, Bd. 2, S. 728. | **5** ZINNER ²1964, S. 217, Nr. 2042, vgl. auch ZB Zürich, e-rara.ch, digital; WEHRLI 1924, Tafel II-V. | **6** Early English Books, 1475-1649, 641,12; Google Books. | **7** ZINNER ²1964, S. 460, Nr. 2148a. | **8** VD 16 G 1795, ZB Zürich, e-rara.ch, digital, auch SLUB Dresden, digital. | **9** VD 16 C 1436, ZB Zürich, e-rara.ch, digital. | **10** SCHMIDT 1888, S. 121, Nr. 15. | **11** VD 16 W 3223, ZB Zürich, e-rara.ch, digital. | **12** ZB Zürich, e-rara.ch, digital. | **13** ZB Zürich, e-rara.ch, digital. | **14** ZB Zürich, e-rara.ch, digital.

Gesner, Konrad, 1516-1565

Konrad Gesner (Gessner, Gesnerus, Pseudonym Evonymus), geboren am 26. März 1516 in Zürich, gestorben am 13. Dezember 1565 (an der Pest) in Zürich, ref., Polyhistor (Universalgelehrter), Arzt, Naturforscher, Linguist, Gräzist, Bibliograph, Theologe, er wurde auch als der Aristoteles der Renaissance bezeichnet[1].

Der Sohn eines Kürschners besuchte die Frauenmünsterschule, wo er Kostgänger des Oswald Mykonius war. Nach Studium 1532/34 in Bourges und Paris lehrte er zunächst in Zürich Griechisch, 1537/40 an der Akademie in Lausanne. 1537/38 immatrikulierte sich Gesner an der Universität Basel (Konsemester Johann Konrad Ulmer, Philipp Bech)[2], promovierte nach Aufenthalt bei Rondelet in Montpellier im Februar 1541 in Basel zum Dr. med. und ließ sich als Arzt in Zürich nieder. Zugleich unterrichtete er an der *Schola Tigurina* als Nachfolger von Otto Werdmüller die Physik (Naturphilosophie, Mathematik, Astronomie und Ethik). Gesner legte in Zürich einen botanischen Garten an. 1554 wurde er Stadtarzt von Zürich, 1558 Chorherr am Großmünster. 1564 wurde Gesner in den Adelsstand erhoben.

Das Porträt Gesners ist vielfach überliefert, u.a. in einem Ölgemälde von Tobias Stimmer[3], in einem Holzschnitt von Ludwig Fry (1564)[4], in einem Stich von Konrad Meyer 1662. Gesner war seit 4. April 1535 verheiratet mit Barbara Singysen; die Ehe blieb kinderlos. Gesner förderte aber seine Neffen Andreas und Jakob Gesner, die beide Buchdrucker und Rheticusschüler waren. Kaiser Ferdinand I. verlieh ihm 1564 ein Wappen.

Gesner war »einer der wichtigsten Multiplikatoren naturwissenschaftlichen Wissens im frühneuzeitlichen Zürich«[5]. Sein *Liber Amicorum* stellt seine europaweiten Kontakte unter Beweis[6]. Nicht weniger weitreichend war sein Briefwechsel mit führenden Gelehrten, u.a. mit Jean Bauhin, John Caius[7], Joachim Camerarius, Crato[8], Leonhard Fuchs, Achilles Gasser[9], Johannes Kentmann[10], Adolf Occo, Theodor Zwinger. Mit der *Bibliotheca universalis* (Zürich 1545, mit Ergänzungen 1548, 1555) schuf er eine heute noch unverzichtbare Bibliographie der Gelehrsamkeit seiner Zeitgenossen. Seine prachtvollen Tierbücher (Vierfüßler, Vögel, Fische, Schlangen usw.) und Pflanzenbücher sind heute zum großen Teil digital einsehbar. Pseudonym erschien sein Buch *Thesaurus Evonymi Philiatri de remediis secretis* (Zürich: Andreas Gesner, 1552). Gesner war als Linguist nicht nur Humanist, *homo trilinguis,* sein Interesse ging weit darüber hinaus auch anderen orientalischen Sprachen (Arabisch, Äthiopisch); er beherrschte aber auch die modernen Sprachen wie Französisch, Italienisch oder Holländisch (*Niderlendisch, Flemmisch, Watlendisch oder Batauisch Titsch*). Zeugnis für seine Vorliebe für die Sprachen gibt sein *Mithridates, De differentiis linguarum* (Zürich 1555)[11]. Sein umfangreiches wissenschaftliches Werk begann er mit Studien zur griechischen Sprache, u.a. verfasste er ein griechisches Wörterbuch *Lexicon sive Dictionarium Graecolatinum* (Basel 1557).

Obwohl Gesner als Professor für Physik an der Schola Tigurina, seit 1546 Nachfolger von Otto Werdmüller, auch Astronomie unterrichtete, ist er auf die Lehre von Kopernikus nicht eingegangen, »obschon sie ihm bekannt war (R. Steiger). Vielleicht fürchtete er den Konflikt mit der (protestantischen) Geistlichkeit«[12].

Konrad Gesner, den Rheticus 1548 *vetus meus amicus* nannte, war 1528 in Zürich sein Mitschüler an der Frauenmünsterschule; auch Gesner hat 1545 in der *Bibliotheca universalis* auf seine gemeinsame Schulzeit mit Rheticus hingewiesen. Gesner wurde 1547 sein Lehrer in der Medizin und blieb danach ein befreundeter Kollege; zu den Schülern Gesners gehörte auch Anton Schneeberger, später ein enger Freund von Rheticus. Rheticus und Gesner hatten im Kindesalter den gewaltsamen Tod ihrer Väter erleben müssen: Rheticus' Vater wurde am 6. Februar 1528 hingerichtet, kurz vor Rheticus' 14 Geburtstag; Gesners Vater fiel am 24. Oktober 1531 in der Schlacht von Kappel, als Gesner gerade 15 Jahre alt war.

Die Korrespondenz, die Rheticus und Gesner geführt haben, ist verloren gegangen. Im Frühjahr 1547 unternahm Kaspar Brusch auf Anregung von Rheticus eine Reise in die Schweiz; Rheticus gab ihm Empfehlungsschreiben an Gesner und an andere seiner Zürcher Freunde (Bullinger, Gwalter, Bibliander, Johannes Stumpf, Otto Werdmüller) mit, bei denen sich Brusch aufgehalten hat[13]. Gesner (und nach seinem Tod Josias Simler) haben in der *Bibliotheca* (1574) Rheticus ein Denkmal gesetzt, indem sie auf heute verlorene Handschriften hingewiesen haben.

Während seiner Aufenthaltes in Zürich 1548 verfasste Rheticus eine Abhandlung über die Vorteile der Schrägeinteilung der Geräte und einer anderen Einteilung des Dreistabes, die er seiner Leipziger Fakultät widmete. Gesner hat diese Abhandlung in seinen *Pandectarum sive partitionum libri XXI* (Zürich: Christoph Froschauer, 1548) abgedruckt[14].

Im Unterschied zu Rheticus kannte Gesner Paracelsus nicht persönlich[15], er stand ihm auch kritisch gegenüber, als Paracelsus um die Mitte des 16. Jahrhundert in Basel an Bedeutung gewann; Gesner rechnete Paracelsus nicht zu den *boni scriptores*[16]. Gesner wusste aber dennoch die Leistungen von Paracelsus zu würdigen. Gesner war ein religiöser und frommer Mann, in dessen Weltbild ein Paracelsus mit seinen weltlichen Ansichten nicht so recht passte.

1 Scheible, MBW, Bd. 12, 2005, S. 140-142; Telle, Joachim, in: Killy 1989, Bd. 4, S.147b f.; Fueter, Eduard K., in: NDB 6 (1964), S. 342-345; Fischer 1966. **2** Wackernagel 1956, Bd. 2, S. 16 f. **3** Abb. in Farbe bei Fischer 1966, vor dem Titelblatt. **4** Abb. auf dem äußeren Einband bei Fischer 1966. **5** Leu, Urs B., Konrad Gessner. Naturforscher und Lehrer, in: Bächtold 1999, S. 38-41, hier S. 39. **6** Durling 1965. **7** O'Malley 1965, S. 30 f., 44 f. **8** Helmich, E., Die

Briefe Konrad Gesners an Crato von Krafftheim, Düsseldorf 1938. **9** BURMEISTER 1975, Bd. 3, passim (ca. 40 lat. Briefe Gesners an Gasser mit dt. Übersetzung). **10** HANHART, Johannes, Epistolarum medicinalium Conradi Gessneri liber IV., Winterthur 1823. **11** Reprint Aalen: Scientia, 1974, mit einer Einleitung von Manfred PETERS. **12** FISCHER 1966, S. 24. **13** BURMEISTER 1968, Bd. 3, S. 73-77; JENNY 2002, S. 130. **14** ZINNER ²1967, S. 491; BURMEISTER 1968, Bd. 2, S. 71 f., Nr. 33. **15** ZEKERT 1968, S. 157, Anm. 30; FISCHER 1966, S. 87-89. **16** KARCHER, Johannes, Theodor Zwinger und seine Zeitgenossen, Basel 1956, S. 27 ff.; vgl. auch MILT, Bernhard, Conrad Gesner und Paracelsus, in: Schweizer medizin. Wochenschrift 59, Nr. 18 (1929).

Giese, Tiedemann, 1480–1550

Tiedemann (Tilmann, Tydeman) Bartholomäus Giese (Kyße, fälschlich Grese), geboren am 1. Juni 1480 in Danzig, gestorben am 23. Oktober 1550 in Heilsberg (poln. Lidzbark Warmińki, Woiwodschaft Ermland-Masuren), kath., Theologe, Humanist, Staatsmann, Kirchenfürst[1].

Der aus einer Danziger Patrizier- und Kaufmannsfamilie stammende Giese, immatrikulierte sich im WS 1492/93 an der Universität Leipzig[2], promovierte im SS 1495 zum Bacc. art. und im WS 1499 zum Mag. art.[3] Danach widmete er sich weiter dem Studium an der Sapienza in Rom, wurde 1503 Procurator und Notar an der Rota. 1504 trat er, inzwischen zum Priester geweiht, in das Frauenburger Domkapitel ein, dem Kopernikus seit 1497 angehörte, mit dem Giese eine Lebensfreundschaft schloss. Giese und Kopernikus waren in der Auseinandersetzungen mit dem Deutschen Orden und dem Wiederaufbau nach dem Krakauer Frieden vom 8. April 1525 die eigentliche Seele des Capitels (Hipler). Giese pflegte gute Beziehungen auch zu Herzog Albrecht. »Er war ein Anhänger des unaufhörlichen Studierens für ‚unabhängige Geister'. Er schätzte hoch den Wert des antiken Kulturerbes, kaufte gerne Bücher, las Poesie und war ein Kenner des Rechts und der Geschichte Preußens. Er wollte der Jugend eine entsprechend hohe Bildung verschaffen, und zwar nicht nur in der Theologie, sondern auch der weltlichen Disziplinen« (Borawska)[4]. Giese übernahm immer wieder große und kleine Ämter innerhalb des Domkapitels. 1538 bis 1549 war Giese als Nachfolger von Dantiscus Bischof von Kulm (poln. Chełmo, Woiwodschaft Kujawien-Pommern), 1549 bis 1550, wiederum als Nachfolger von Dantiscus, Bischof von Ermland (poln. Warmia, Woiwodschaft Ermland-Masuren). Ein Porträt Gieses aus der Zeit 1549/50 von einem unbekannten Künstler (Hans Heffner?) ist überliefert[5].

Rheticus war nach Frauenburg gekommen, um Kopernikus zu bewegen, sein Buch »Über die Sternenläufe« (*De revolutionibus*) zu veröffentlichen. Damit kam er einem seit langer Zeit gehegten Anliegen von Giese entgegen. Wie Kopernikus selbst 1543 in der Widmung an Papst Paul III. schreibt, waren es der Kardinal Schönberg und nächst ihm »mein sehr geliebter Tidemann Giese«, der ihn oft gemahnt, ja mit Ungestüm aufgefordert hatte, diese Schrift, die nicht neun Jahre (1534-1543), sondern an die viermal neun Jahre (1507-1543) bei mir geruht, ans Tageslicht treten zu lassen. Diese Darstellung wird durch Rheticus in der *Narratio prima* bestätigt. Giese wies auch den Wunsch von Kopernikus zurück, sich mit der Veröffentlichung von Tafeln zu begnügen; denn auf diese Weise würde man dieses neue System nie kennen lernen und dann sei alle Arbeit verloren. Erst dieses Zureden Gieses vermochte Kopernikus umzustimmen, sodass es letztlich Giese zu verdanken ist, dass Kopernikus seine Lehre bekannt gemacht hat.

Giese hatte aber noch mehr getan. Er bekannte sich, so wie auch später Rheticus, in einer Schrift mit dem von Erasmus von Rotterdam entlehnten Titel vorbehaltlos zum heliozentrischen System.

Im weiteren Zusammenhang mit Rheticus kann mit Tiedemann Giese im Einzelfall auch eine andere Person gemeint sein als der Bischof. Der Bischof Tiedemann hatte einen Vetter Tiedemann Giese (1491-1556), der Ratsherr und Bürgermeister von Danzig[6] war und die Stadt auf Reichstagen und Hansetagungen vertreten hat. Zudem hatte der Bischof einen Neffen, den Sohn seines jüngeren Bruders Georg (Jerzy) Giese (1497-1562), der als Kaufmann in London lebte; dieser Neffe Tiedemann Giese (1543-1582)[7], Dr. und Sekretär am polnischen Hof, war Konrad Dasypodius und seinen Schaffhauser Mitarbeitern bei der Erstellung der astronomischen Uhr im Straßburger Münster behilflich: Er beschaffte aus dem Kopernikusnachlass für Tobias Stimmer die Vorlage des Porträts von Nikolaus Kopernikus, das im Bildprogramm der Uhr anstelle des sonst üblichen Ptolemäus einen Platz gefunden hat[8].

1543 sandte Rheticus je zwei Exemplare von *De revolutionibus* an die befreundeten Frauenburger Domherrn Giese und Donner, als Dank dafür, dass sie ihn beide bei seinem Aufenthalt in Preußen unterstützt hatten. Während er in der Widmung Donner als seinen Freund anspricht, blieb sein Verhältnis zu Giese respektvoll distanziert: Es war geprägt von Verehrung, Ergebenheit, Achtung. Rheticus hätte es nicht gewagt, Giese seinen Freund zu nennen; er bleibt für ihn »Euer Gnaden« oder »seine ehrwürdigen Gnaden«. Rheticus bewunderte 1539 bei seinem Besuch auf Schloss Löbau eine aus Stein gefertigte Stabsonnenuhr von Nikolaus Kratzer, die dieser vor 1539 für Tiedemann Giese hergestellt hatte[9]. In der *Narratio prima* lobte Rheticus Kratzer ohne Namensnennung als *einen sehr guten Meister und wohlgebildeten Mathematiker*[10]. 1543 schenkte Giese diese Sonnenuhr dem Herzog Albrecht von Preußen als Dank dafür, dass der Herzog Albrecht ihm eine kreuzförmige Sonnenuhr als Elfenbein geschenkt hatte, die Georg Hartmann 1541 in Nürnberg für den Herzog hergestellt hatte[11].

1 BORAWSKA 1984; HIPLER, Franz, in: ADB 9 (1879), S. 151-156); TRILLER, Anneliese, in: NDB 6 (1964), S. 379. | **2** ERLER, Bd. 1, S. 393, P 8. | **3** ERLER, Bd. 2, S. 349, 371. | **4** BORAWSKA 1984, S. 396 f. | **5** Abb. bei BORAWSKA 1984, S. 444. | **6** SIMSON 1918/24, Bd. 2, S. 123, 176. | **7** SIMSON 1918/24, Bd. 2, S. 275, 346; BORAWSKA 1984, Genealogische Tafel nach S. 418. | **8** OESTMANN ²2000, S. 73. | **9** ZINNER 1943, S. 418; ZINNER ²1967, S. 81, 107, 361, 419 f., 605. | **10** ZELLER 1943, S. 117, dazu auch S. 185. | **11** SONDEREGGER 2014.

Gilbert, Martin, ca. 1504–1572

Martin Gilbert de Spaignard (Gibertus, auch Nervius, nach dem antiken belgischen Volksstamm der Nervier), geboren um 1504 in Mons (ndl., dt. Bergen, Provinz Hainaut, Belgien), gestorben am 16. April 1572 in [Bad] Liebenwerda (Lkr. Elbe-Elster, Brandenburg), Begräbnis in der Kirche; luth., Schulmann, Theologe, Musikus[1].

Martinus Gilbertus de Berge in hennigow, adliger Herkunft und französischer Muttersprache (*Gallus*), immatrikulierte sich am 30. Dezember 1528 an der Universität Wittenberg[2], wo er Schüler Luthers und Melanchthons wurde. Er promovierte 1535 unter dem Dekan Franz Burckhart zum Mag. art., wobei der unter 12 Kandidaten den 9. Rang erreichte[3]; von seinem Mitbewerbern erlangte der Schwede Nils Månsson den 1. Rang, Erasmus Reinhold den 2. Rang, Martin Monniger den 3. Rang, Christoph Jonas den 4. Rang, Joachim Mörlin den 10. Rang. Nachdem er zeitweise als Schulmeister in Luckau (Lkr. Dahme-Spreewald, Brandenburg) gewirkt hatte, wurde er am 12. April 1542 von Sebastian Fröschel ordiniert und zum Predigeramt auf Marienberg (Erzgebirgskreis) bestimmt[4]. Hier gab es jedoch Schwierigkeiten[5]. 1545 wurde er Pfarrer und Superindendent in Liebenwerda; die Wittenberger Theologen Luther, Bugenhagen, Cruciger, Georg Maior und Melanchthon hatten sich beim Kurfürsten Johann Friedrich von Sachsen für Gilbert eingesetzt, *der uns sehr wohl bekannt ist, und ist bei acht Jahren allhie in der Universität gewesen, darnach het er die Schul zu Luckau regiert, und von derselben ist er auf den Marienberg als Prediger erfordert, und ist bei 40 Jahren, und wir achten ihn für tüchtig*[6]. Gilbert korrespondierte mit Luther und mit Melanchthon, *amico suo*. Am 12. April 1542 hatte Melanchthon Gilbert ein ausführliches Testimonium ausgestellt[7]. An anderer Stelle heißt es über ihn: *Est vir doctus graece et latine, Musicus [...] Mores sunt modesti, pii et placidi*.

Gilbert war verheiratet mit Maria von Gaillad. Er wurde zum Stammvater eines verbreiteten Theologengeschlechts. Wie Melanchthon am 22. Juli 1542 an Burckhart Mithobius schrieb, lehnte Gilbert eine Berufung nach Niedersachsen ab, weil er nicht plattdeutsch reden und predigen wollte;

hingegen sagte ihm der sächsische Dialekt und die freundliche Volksart in Sachsen mehr zu: *Homo Gallus maluit in Mysia vivere propter dialectum et fortasse quia Mysnicae gentis comitate delectatur*[8].

Rheticus und Gilbert waren 1532 bis 1535 Kommilitonen. Die Kontakte zwischen beiden dürften aber nicht sehr eng gewesen sein, da Gilbert in erster Linie Theologe und außerdem zehn Jahre älter war.

1 FLEMMING 1904, S. 16-19; CLEMEN/KOCH 1985, Bd. 5, S. 485, Anm. 3. | **2** FÖRSTEMANN 1841, Bd. 1, S. 132b. | **3** KÖSTLIN 1888, S. 22. | **4** BUCHWALD 1894, S. 25, Nr. 386. | **5** CR V, Sp. 359 -361., Nr. 2913, Nr. 2915. | **6** CR V, Sp.577 f., Nr. 3113. | **7** Lat. Wortlaut bei FLEMMING 1904, S. 16. | **8** CR IV, Sp. 847, Nr. 2525.

Gislo, Jakob, † 1583

Jakob Gislo (Gysler, Gytzel, Giesler, Gislonis, Gislo), geboren in Uppsala (Uppsala län, Schweden), gestorben am 15. September 1583 in Veckholm (Uppsala län, Schweden), luth., Theologe, Geschichtsschreiber[1].

Gemeinsam mit Reginaldus Olavi aus Stockholm hatte Jakob Gislo am 3. April 1542 sein Studium an der Universität Rostock aufgenommen[2]. Im August 1543 schrieb sich Gislo an der Universität Wittenberg ein[3]. Auch Jakob Gislo war an der Schlägerei vom 31. Oktober 1544 beteiligt gewesen, aber er hatte versucht, unter den Streithähnen zu vermitteln[4]. Er begleitete seinen von der Universität Wittenberg relegierten Freund Reginaldus Olavi nach Leipzig, wo er sich wie dieser im SS 1545 an der Universität Leipzig eingeschrieben hat[5]. Es wurde die Möglichkeit erörtert, dass Gislo, allerdings unter dem Namen *Iacobus Wermelandus Suecus,* am 16. Februar 1552 am gleichen Tag an der Universität Rostock zum Bacc. art. und zum Mag. art. promoviert wurde. 1563 wurde Gislo Pfarrer in Veckholm; er blieb es bis zu seinem Tod 1583.

Gislo ist Verfasser einer Weltgeschichte, die posthum von seinem gleichnamigen Sohn Jakob Gislo im Druck herausgegeben wurde unter dem Titel *Chronologia seu temporum series* (Stockholm: Andreas Gutterwitz, 1592); das Buch beruhte auf antiken und mittelalterlichen Quellen sowie auf Luther, Melanchthon und David Chyträus.

Beziehungen zwischen Rheticus und Gislo kann es im SS 1545 gegeben haben, vielleicht auch noch im WS 1548/49 oder auch noch später, falls er so lange in Leipzig verblieben ist. Die Chronologie, der sich Gislo widmet, galt allgemein als mathematisches Fach, das auch bei Rheticus hoch geschätzt wurde.

1 CALLMER 1976, S. 23, Nr. 66; HEININEN 1980, S. 57, 64 f.; CALLMER 1988, S. 18, Nr. 317. | **2** HOFMEISTER 1891, Bd. 2, S. 101a; CALLMER 1988, S. 18, Nr. 317. | **3** FÖRSTEMANN 1841, Bd. 1, S. 206a; CALLMER 1976, S. 23, Nr. 66; | **4** HEININEN 1980, S. 64 f. | **5** ERLER, Bd. 1, S. 653, S 32.

Glaser, Sebastian, 1519–1577

Sebastian Glaser, geboren am 31. Dezember 1519[1] **in Eisfeld (Lkr. Hildburghausen, Thüringen), gestorben am 9. April 1577 in Schleusingen (Lkr. Hildburghausen, Thüringen), luth., Schulmann, neulat. Dichter, Geschichtsschreiber, Jurist (Kanzler)**[2].

Glaser immatrikulierte sich im WS 1536/37 unter dem Rektor Justus Jonas an der Universität Wittenberg[3]; Konsemester waren Georg Fabricius, Magister Kaspar Landsidel, Ahasver von Brandt, der Finne Mikael Agricola, Nikolaus Bromm, Matthias Rodt, Johannes Funck *Norimbergensis*. Glaser wurde Schüler von Melanchthon. Am 2. Februar 1538 promovierte er unter dem Dekan Veit Oertel Winsheim zum Bacc. art.[4] Er nahm daraufhin, wie viele ärmere Studenten, eine Stelle als Lehrer in Schleusingen an. 1543 nahm er sein Studium in Wittenberg wieder auf und wurde am 1. September 1545 unter dem Dekan Johannes Aurifaber *Vralislaviensis* zum Mag. art. graduiert[5]; Glaser errang den 1. Rang unter 40 Kandidaten, den 2. Rang machte Kaspar Peucer; auf dem 20. Rang finden wir Johannes Metsberger, auf dem 22. Rang Franz Mertzhausen, auf dem 26. Rang Matthias Heise, auf dem 29. Rang Bartholomäus Sprockhof. Zur Promotion Glasers verfasste Johannes Stoltz ein *Carmen gratulatorium de gradu magisterii Magistro Sebastiano Glasero* (Wittenberg: Rhau, 1545). 1547 ging Glaser als Rat der Grafschaft Henneberg nach Schleusingen zurück und wurde 1550 Kanzler. Auf zahlreichen Reichstagen ist er als Gesandter der Grafschaft Henneberg vertreten.

Sein Hauptwerk, eine hennebergische Chronik *Rapsodia sive Chronicon Hennebergicum* wurde erst posthum von Christoph Albrecht Erck herausgegeben (Meiningen: Joh. Günther Scheidemantel, 1755)[6]. Von seinen Dichtungen seien hier genannt: *Epithalamium de nuptiis Georgii Ernesti principis in Henneberg* (Wittenberg: Georg Rhau, 1543)[7]; *Elegia in qua ecclesia Christi Germaniam hortatur ad Pannoniae defensionem* (Wittenberg: Georg Rhau,1545); *De festo S. Joannis Baptistae carmen, eiusdem carmen de pentecoste* (Wittenberg: Seitz, 1546); Glaser steuerte zu einem Musikdruck von Georg Rhau Verse *Ad Lectorem* auf der Titelrückseite *Magnificat* (Wittenberg: Georg Rhau,1544) bei[8]; zu Kaspar Brusch, *Monasteriorum Germaniae centuria prima* (Ingolstadt: Weißenhorn, 1551) lieferte Glaser einen lit. Beitrag[9]; zu Erasmus Reinhold, *Primus über tabularum directionum* (Tübingen: Ulrich Morharts Erben, 1554) trugen Johannes Stigel und Glaser lit. Beigaben bei[10]; zu Johannes Ditmar, *De nuptiis principis Friderici Wilhelmi* (Jena: Richtzenhan, 1583) erschien ein *Carmen dimetrum Iambicum* von Sebastian Glaser (Sohn?)[11].

Glaser heiratete in erster Ehe am 19. Oktober 1551 Elisabeth (*Elissa*) Faber, Tochter eines Schleusinger Ratsherrn; Ortolf Marolt schrieb zu dieser Hochzeit ein Epithalamium *De nuptiis Sebastiani Glaseri* (Wittenberg: Georg Rhaus Erben, 1551)[12]. In zweiter Ehe vermählte er sich mit Katharina Fierling, Witwe des Hofschneiders Johannes Lattermann in Jüchsen (Ortsteil der Gemeinde Grabfeld, Lkr. Schmalkalden-Meiningen, Thüringen). Glaser hatte zwei Söhne und zwei Töchter. Am 31. Oktober 1552 versprach Melanchthon Glaser, ihm ein Horoskop für seine Tochter zu beschaffen[13].

Zu Rheticus konnte Glaser vom WS 1536/37 bis zum WS 1537/38 Kontakt gehabt haben. Da er als Schüler Melanchthons offenbar an der Astronomie und Astrologie interessiert war, darf man als sicher annehmen, dass er im Hinblick auf sein Bakkalaureatsexamen Rheticus' Vorlesungen gehört hat. Danach wurde Glaser Schüler Reinholds.

1 Garcaeus 1576, S. 160. | 2 Franz, Günther, in: NDB 6 (1964), S. 432; Scheible, MBW, Personen, Bd. 12 | 3 Förstemann 1841, Bd. 1, S. 164b. | 4 Köstlin 1890, S. 5. | 5 Köstlin 1890, S. 18. | 6 BSB München, digital. | 7 VD 16 G 2200; BSB München, digital. | 8 Gottwald 1993, S. 7, Misc. 95/3. | 9 Bezzel 1982, Sp. 434, Ziff. 45 | 10 VD 16 R 968; Zinner ²1964, S. 222, Nr. 2103; BSB München, digital, hier Bl. 232v (Stigel) und Bl. 236r (Glaser). | 11 BSB München, digital, Bl. E3v = Scan | 12 CAMENA, Delitiae poetarum, Bd. 4, 0254 ff.; vgl. dazu auch Melanchthon, in: CR VII, S. 834 f., Nr. 4955. | 13 CR VII, S. 1121 f., Nr. 5254.

Gnapheus, Wilhelm, 1493–1568

Guilelmus (Wilhelm) Gnapheus (eigentlich Willem Claesz. van de Voldersgraft oder de Volder, genannt Fullonius, Gnapheus, von griech., γναφεύς, κναφεύς = Walker, Tuchscherer), geboren um 1493 in s-Gravenhage (= Den Haag, Südholland), gestorben am 29. September 1568 in Norden (Lkr. Aurich, Niedersachsen), luth., ref., Humanist, Schulmann, Dramatiker, Musikus[1].
Nach Studium in Köln (26. Mai 1512), hier promoviert am 25. November 1512 zum Bacc. art., wurde 1522 Schulrektor in Den Haag. Nachdem er mehrfach mit der Inquisition in Konflikt geraten war, ging er 1531 nach Elbing, wo er 1535 bis 1541 als Rektor der neugegründeten Lateinschule wirkte. Von dem ermländischen Bischof Dantiscus vertrieben fand Gnapheus Zuflucht bei Herzog Albrecht in Königsberg i. Pr.; er wurde Rektor des Pädagogiums und ohne höheren akademischen Grad 1544 ao. Professor der Poetik an der neu gegründeten Universität. 1547 betrieb Friedrich Staphylus, herzoglicher Rat und Zensor, seine Ausweisung[2]. Gnapheus fand durch die Vermittlung von

Johannes a Lasco Aufnahme als Sekretär und Prinzenerzieher bei Anna von Oldenburg, der Gräfin von Ostfriesland, in Aurich, Emden (Niedersachsen) und von 1560 an als Rentmeister in Norden.

Am 1. Oktober 1540 datierte Gnapheus sein an Dantiscus gerichtetes Vorwort zum *Triumphus eloquentiae* (Danzig: Franz Rhode, 1541)[3], ein Lobgedicht auf die *Bonae artes*. Gnapheus widmet einen Teil des Buches den Elbinger Ortsgrößen, u.a. Jakob von Alexwangen, Georg Kleefeld, Felix Fidler und Nikolaus Friedwald. In dem Lobgedicht auf Elbing erwähnt Gnapheus gebührend den König von Polen Sigismund I. und den Herzog Albrecht von Preußen, ebenso die geistlichen Größen Johannes Dantiscus, *plurima doctus homo*, und Tiedemann Giese, *honestis Musarum studiis deditus, arte bonus*. In Verbindung mit dem neuen Gymnasium nennt er sich selbst und seine Kollegen Heyl, auch Andreas Münzer. Er vergisst auch nicht das preußische Bier hervorzuheben. Er erwähnt aber auch seine früheren holländischen Kollegen, u.a. den herzoglichen Bibliothekar und Erasmusschüler Felix König (Rex), genannt Polyphemus[4]; dieser ließ 1544 im Vorwort zur Tragikomödie *Hypocrisis* Grüße an Jodok Willich ausrichten. Polyphem war mit einer niederländischen Adligen Katharina von Kralingen verheiratet. Der *Triumphus eloquentiae* wurde auch vertont; die Musik dazu schrieb der Kantor Johannes Donatus.

In Elbing veröffentlichte Gnapheus eine Sammlung von Gedichten seiner Schüler *Prima Aelbingensis scholae foetura, silva carminum sive schediasmata scholasticae iuventutis* (Danzig: Franz Rhode, 1541)[5].

Gnapheus wurde durch eine Reihe von Schuldramen bekannt, die an Terenz orientiert waren. Sein größter Erfolg wurde die Komödie *Acolastus* (Antwerpen: Godfridus Dumaeus, 1529), die Geschichte vom verlorenen Sohn, die im 16. Jahrhundert 50 Auflagen erlebte[6]. Er brachte das Stück in Elbing vor Abgesandten der herzoglichen Stände zur Aufführung[7].

Im *Morosophus* (Danzig: Franz Rhode, 1541)[8] wird ein Astronom verspottet, der aus den Gestirnen falsche Voraussagungen gemacht hatte, wie das ja oft tatsächlich der Fall war. Wir haben neuerdings Hans-Dieter Hoffmann eine lat. Ausgabe des Morosophus mit dt. Übers. zu verdanken[9]. Hoffmann folgt blind den eingetretenen Pfaden der Kopernikusforschung, wie sie etwa in NCG VI/1 und IX dokumentiert wird, ja er gibt sich dabei noch päpstlicher als Papst, wenn es im Klappentext seines Buches heißt: » In der Person des Morosophus wird Kritik an Kopernikus und seiner neuen Lehre und damit seinem Weltbild geübt. Gnapheus, ein erzkonservativer Gelehrter, noch im mittelalterlichen Denken verhaftet, gießt in dieser Komödie bösartigen Spott über den großen Zeitgenossen Kopernikus aus und unterstellt ihm, dass er die wahre Weisheit (in biblisch-dogmatischer Sicht) verlassen habe, um sich der scheinbaren Weisheit, d. h. der neuen (Natur-)Wissenschaft, insbesondere der Astronomie, hinzugeben«. Eigentlich hätte Hoffmann zögern müssen, einen Humanisten, der wiederholt von der Inquisition bedrängt und auch in protestantischer Umgebung immer wieder als Ketzer aus seinen Ämtern gejagt wurde, als »erzkonservativen Gelehrten« zu bezeichnen. Wenn überhaupt, so hat sich Gnapheus allenfalls indirekt über die (im Stück gar nicht erwähnte) Lehre des Kopernikus lustig gemacht, wie es Kasimir Lawrynowicz in seinem Buch Albertina (1999) ausgedrückt hat[10]. Gnapheus hatte keine Satire auf Kopernikus beabsichtigt[11]. Überzeugend sind die Ausführungen von Fidel Rädle »Zum dramatischen Schaffen des Guilelmus Gnapheus im preußischen Exil «[12], die für das gesamte weite Feld der Kopernikusforschung erlösend sind, denn seit dem 17. Jahrhundert sind darüber zahlreiche Fehlbeurteilungen entstanden.

Die Tragikomödie *Hypocrisis* (Basel: Bartholomäus Westhemerus, 1544)[13] hat Thomas Platter in Basel zur Aufführung gebracht. Ein weiteres Stück, vor 1531 entstanden, gab Gnapheus unter dem Titel *Tobias ende Lazarus heraus* (1547).

Zu erwähnen bliebe noch das *Engkomion* auf Emden und Ostfriesland, das auch in deutscher Übersetzung von Heinrich Babucke vorliegt (Emden: Heynet, 1875).

Gnapheus war (wohl bereits als Rektor in Den Haag) verheiratet mit NN. Er hatte einen Sohn Albrecht (Albertus); dieser immatrikulierte sich am 4. November 1562 an der Universität Wittenberg als *Albertus Gnaphaeus Regiomontanus Borussus*[14].

Die Beziehungen zwischen Rheticus und Gnapheus waren sehr eng, als nämlich Rheticus 1539 bis 1541 im Elbing benachbarten Frauenburg wohnte. Gnapheus widmete ihm, vermutlich im Juli 1541, seinen *Morosophus* mit der handschriftlichen Zueignung *Expertissimo viro rei Mathematicae D[omino] Rhetico et amico suo syncero G[uilielmus] Gnaph[eus] Hagen[sis] d[onum] d[edit]*[15]. Zu beachten bleibt, dass der Morosophus bei Franz Rhode in Danzig erschienen ist, in der Druckerei, die auch für Andreas Aurifaber und Rheticus tätig war. Gnapheus, der im Hinblick auf die *Narratio prima* die mathematischen Kenntnisse von Rheticus besonders hervorhebt, hätte nicht die geringste Ursache gehabt, Kopernikus zu verspotten. Gnapheus hat im Übrigen auch Aurifaber, der sein Amtsnachfolger in Elbing wurde, ein Exemplar des *Morosophus* gewidmet. Es besteht eine auffällige Ähnlichkeit zwischen dem *Encomium Borussiae* des Rheticus (vor September 1539) und dem Lobgedicht auf Elbing von Gnapheus (vor Oktober 1540); eine gegenseitige Beeinflussung ist durchaus denkbar; in jedem Fall besteht eine geistige Verwandtschaft.

1 ROODHUYZEN, Hendrik, Het leven van Guilhelmus Gnapheus, een' der eerste hervormers in Nederland, Amsterdam 1858; FREYTAG 1910, S. 57 f.; VAN CREVEL 1940, S. 178, 192, 194-203, 209; Tarot, Rolf, in. NDB 6 (1964), S. 482 f.; KÜHLMANN, Wilhelm, in: Killy 1989, S. 180 f.; SCHEIBLE, MBW, Personen, Bd. 12, 2005, S. 156 f. | 2 LAWRYNOWICZ 1999, S. 63. | 3 VD 16 V 2276; BSB München, digital. | 4 THIELEN 1953, S. 127, 139, 169. | 5 SANJOSÉ 1993, S. 124. | 6 P. MINDERAA, Guilemus Gnapheus, Acolastus, Latijnse text met Nederlandse vertaling, Zwolle 1956. | 7 SANJOSÉ 1993, S. 35, 40 f., 44 | 8 VD 16 V 2269-2270. | 9 HOFFMANN, Hans-Dieter, Morosophus, Ein törichter Weiser, Von der wahren und der scheinbaren Weisheit, Lateinisch und deutsch (Lateres, 8), Frankfurt/Main: Peter Lang, 2010. | 10 LAWRYNOWICZ 1999, S. 63. | 11 SANJOSÉ 1993, S. 50. | 12 In: HAYE 2000, S. 221-250. | 13 VD 16 V 2265; BSB München, digital. | 14 FÖRSTEMANN/ HARTWIG 1894, Bd. 2, S. 44b. | 15 BURMEISTER 1968, Bd. 2, S. 42, Nr. 9; Exemplar in Universitätsbibliothek Warschau. Vgl auch BURMEISTER 1967, Bd. 1, S. 63-65, auch 88.

Göbel, Simon, † 1565

Simon Göbel (Göbelius), geboren in Göttingen (Niedersachsen), gestorben nach langer Krankheit am 16. August 1565 in Göttingen, begraben in der Johanniskirche *im choro furm hogn altar*, luth., Schulmann, Theologe[1].

Göbel gehörte mit Heise, Marshusius, Sprockhof, Brecht und Grimp zu einer Gruppe Göttinger Bürgersöhne, die mit einem Stipendium der Stadt in Wittenberg studieren konnten. Er immatrikulierte sich im SS 1541 in Wittenberg[2]. Am 11. September 1543 promovierte er unter Andreas Aurifaber zum Mag. art. (26. Rang unter 29 Kandidaten)[3]. Göbel fand 1545 eine Anstellung am Pädagogium in Göttingen. Danach wirkte als Prediger in Gandersheim (Lkr. Northeim, Niedersachsen), wurde aber von dort 1549 durch Herzog Erich vertrieben und kam als Pfarrer nach Hameln (Lkr. Hameln-Pyrmont, Niedersachsen). Um Ostern 1550 wurde er vom Rat ohne Wissen der Gemeinde nach Göttingen berufen und wurde zunächst am Pädagogium tätig. Es entstand ein Streit über die Rechtmäßigkeit dieser Berufung. Die Anhänger Joachim Mörlins arbeiteten auf eine Vertreibung von Göbel, Marshusius und Sprockhof hin. 1552 wurde Göbel Pfarrer an St. Johannis. Die Pfarrkinder haben Magister Göbel nicht akzeptiert, der als *wolf, der nicht recht zum schafstal hineingegangen* verschrien wurde, ja sogar die Schulknaben *schriben ime an die thuer, auf den predigstul »lupus«* (Wolf)[4]. Er blieb jedoch ca. 15 Jahre Pfarrer an St. Johannis; er wird als *wirdiger und wohlgelarter her bezeichnet*. Göbel verfasste eine Schrift *Kurtzer Unterricht, wie die Sacrament, so da heilig und von Christo eingesetzt, Gottes Werk sind*, Wittenberg: Veit Kreutzer, 1553

Die **Beziehungen** von Göbel zu Rheticus sind weniger greifbar als die seiner Göttinger Kommilitonen Heise und Sprockhof. Dennoch wird man annehmen dürfen, dass auch Göbel im WS 1541/42 Rheticus' Vorlesungen gehört hat.

1 Lubecus 1994, S. 40, 362, 372, 378, 391-393, 399, 422. | 2 Förstemann 1841, Bd. 1, S. 189b. | 3 Köstlin 1890, S. 15. | 4 Lubecus 1994, S. 391 f.

Göch, Andreas, 1518–1581

Andreas Göch (Goche, Gocher, Goeche, Iocche), geboren 1518 in Jüterbog (Lkr. Teltow-Fläming, Brandenburg), gestorben 1581 in Jessen (Lkr. Wittenberg), luth., Theologe[1].
Göch immatrikulierte sich im WS 1536/37 unter dem Rektor Justus Jonas an der Universität Wittenberg[2]; Konsemester waren u.a. Adam Siber, Georg Fabricius, Johannes Crato, Paul Briesmann, Ahasver Brandt, Nikolaus Bromm, Matthias Rodt, Johannes Reinhold. Unter dem Dekan Magister Johannes Sachse promovierte Göch am 15. Oktober 1539 zum Bacc. art.[3] Am 3. Februar 1545 wurde er unter dem Dekan Johannes Durstenius zum Mag. art. kreiert, wobei er den 25. Rang unter 29 Mitbewerbern erreichte[4]. Am 6. Juli 1547 wurde Göch durch Johannes Bugenhagen ordiniert und zum Priesteramt nach Jessen berufen. Am 18. November 1563 wurde er Professor in Schulpforta[5]. 1565 wurde er Pfarrer und Superintendent in Pegau (Lkr. Leipzig, Sachsen), 1574 Pfarrer und Superintendent in Pirna (Lkr. Sächsische Schweiz-Osterzgebirge). Göch machte sich als erfolgreicher Obstzüchter einen Namen (Melanchthonbirnen).
Beziehungen zwischen Rheticus und Göch waren vom WS 1536/37 bis SS 1538 sowie im WS 1541/42 möglich.

1 Scheible, MBW, Bd. 12, Personen, 2005, S. 158 (Göche); www.ahnu-bad-schoenborn.de/.../Die_Melanchthonbirne_zu_Pegau.pdf | 2 Förstemann 1841, Bd. 1, S. 164b. | 3 Köstlin 1890, S. 6. | 4 Köstlin 1890, S. 17. | 5 Bittcher 1843, S. 34.

Godecke, Michael

Michael Godecke (Gottingk), geboren in Blankenburg (Lkr. Harz, Sachsen-Anhalt), luth., Bakkalaureus.
Godecke immatrikulierte sich im SS 1545 unter dem Rektor Joachim von Kneitlingen an der Universität Leipzig[1]. Er gehörte der Sächsischen Nation an. Im WS 1548/49 wurde er nach dem 21. März 1549 unter dem Dekan Rheticus von Magister Ambros Borsdorfer zum Bacc. art. promoviert[2].
Beziehungen zwischen Rheticus und Godecke bestanden in den Jahren 1545 und 1548 bis 1551. Godeckes Promotion zum Bacc. art. fand unter den Dekanat von Rheticus statt, er musste für die Prüfungen zum Bakkalaureat die Vorlesungen von Rheticus hören.

1 Erler, Bd. 1, S. 653, S 24. | 2 Erler, Bd. 2, S. 706.

Goldstein, Kilian, d.Ä., 1499–1568

Kilian Goldstein, d. Ä., geboren am 25. März 1499 in Kitzingen (Lkr. Mainfranken, Unterfranken), gestorben am 25. Januar 1568 in Halle/Saale (Sachsen-Anhalt), luth., Jurist (Prokurator, Syndikus)[1].
Goldstein begann seine Studien im SS 1515 an der Universität Leipzig[2], wo er im SS 1516 mit Konrad Lagus zusammentreffen musste. Goldstein wechselte am 30. April 1521 an die Universität Wittenberg[3], wo er Schüler und Freund Melanchthons wurde; er hat dessen lat. Grammatik herausgegeben. Am 10. Januar 1526 promovierte Goldstein zum Mag. art.[4], wobei er den 1. Rang von drei Kandidaten belegte; auf den 3. Rang kam Sebastian Fröschel. Am 18. Oktober 1528 wurde er in den Rat der Artistenfakultät aufgenommen[5] und später für das SS 1529 zum Dekan gewählt.

Seit 1530 war er wiederholt Ratsherr in Wittenberg, 1533 wurde er Prokurator am Oberhofgericht in Leipzig. 1536 promovierte Goldstein in Wittenberg zum JUD. Für das SS 1541 wurde er zum Rektor Mágnificus gewählt. Seit 1541 wirkte er als Syndikus in Halle/Saale. Goldstein war in erster Ehe verheiratet mit Margarete Blaknenfeld, mit der er acht Kinder hatte; nach 1548 heiratete er in zweiter Ehe Maria Heidelberger († 1583).

Beziehungen zu Rheticus sind kaum bekannt. Erwähnt sei ein handschriftliches Horoskop, das seinem *Enchiridion processus iudiciarii* (Frankfurt/Main 1579) vorangestellt wurde[6]. Während Goldsteins Rektorat im SS 1541 war Rheticus noch in Preußen abwesend, könnte aber mit dessen Rückkehr befasst gewesen sein.

1 Scheible, MBW, Bd. 12, 2005, Personen, S. 161 f.; Volz, Hans, in: NDB 6 (1964), S. 622 f. | 2 Erler, Bd. 1, S. 549, B 62. | 3 Förstemann 1841, Bd. 1, S. 104b. | 4 Köstlin 1888, S. 19. | 5 Köstlin 1888, S. 24. | 6 VD 16 G 2579, BSB online.

Goldstein, Kilian, d. J., 1527–1588

Kilian Goldstein d. J., geboren am 20. August 1527 in Wittenberg; gestorben am 24. Oktober 1588 in Weimar, luth., Jurist in den Diensten verschiedener Fürsten, mecklenburgischer Geheimrat in Schwerin, dann sächsischer Kanzler in Weimar[1].

Der Sohn des Wittenberger Juristen Kilian Goldstein d. Ä. und der Margarete Blankenfeld († 1548) wurde von Martin Luther aus der Taufe gehoben, *hernachmals von seinen Eltern von jugent auff zur schule gewehnet*[2]. Er immatrikulierte sich im SS 1538 an der Universität Wittenberg[3]. 1541 folgte er seinem Vater nach Halle/Saale (Sachsen-Anhalt). Im WS 1550/51 ging er an die Universität Leipzig.[4] Am 22. August 1553 promovierte er in Wittenberg *mit sondern lob* zum JUD. Am 29. September 1553 beriefen ihn die Grafen von Mansfeld zu ihrem Rat und Kanzler. Vom 1564 bis 1568 wirkte er in Schwerin (Mecklenburg) als Kanzler des Herzogs Johann Albrecht von Mecklenburg. 1575 bestellte ihn Herzog Johann Wilhelm zu Sachsen, Landgraf in Thüringen, zu seinem Rat. 1582 bis 1585 wurde er als Obersyndikus zu Braunschweig tätig. Schließlich trat er erneut als Kanzler in Weimar in die sächsischen Dienste.

Goldstein heiratete um 1555 Anna Hermann, mit der er bei seinem Tod vier überlebende Söhne (Gebhard, Christoph, Kilian, Paul) und zwei Töchter (Amelia, Dorothea) hatte. Vor seinem Tod wiederholte er öfter die Worte *Veni Domine Ihesu veni* (Komm, Herr Jesus, komm). Am 27. Oktober 1588 wurde Goldstein in Weimar zu Grabe getragen, die Leichenpredigt hielt der Hofprediger Magister Josua Loner.

Beziehung zu Rheticus: Goldstein hätte im SS 1538 in Wittenberg die Vorlesungen von Rheticus besuchen können, ebenso im WS 1550/51 in Leipzig. Für ein Interesse an Astrologie spricht das von Garcaeus d.J. überlieferte Horoskop.[5] Im Mai 1551 machte er gegen das mit Arrest belegte Vermögen des Rheticus eine Schuld in Höhe von 9 Talern geltend. Im Mai 1552 war er zusammen mit Andreas Siber, Johannes Hommel und dem Notar Fusius beauftragt, Rheticus' Hausrat zu schätzen und zu verkaufen und den Erlös an die Gläubiger zu verteilen.[6]

1 Scheible, MBW, Bd. 12, 2005, Personen, S. 162. | 2 Loner 1588, Bl. D2v. | 3 Förstemann 1841, Bd. 1, S. 171b. | 4 Erler, Bd. 1, S. 686, S 4. | 5 Garcaeus 1576, S. 161. | 6 Burmeister 1967, S. 118 f.

Goldwurm, Kaspar, 1524–1559

Kaspar (Kasper) Goldwurm (Goltwurm, *Athesinus*), geboren 1524 in Sterzing (ital. Vipiteno, Südtirol), gestorben 1559 in Weilburg (Lkr. Limburg-Weilburg, Hessen), luth., Theologe, Reformator der Grafschaft Nassau-Weilburg, Astrologe[1].

Goldwurm, Kaspar, 1524–1559

Der 15jährige Kaspar Goldwurm ließ sich vom damaligen Rektor Dr. med. Georg Curio um den 18. Oktober 1539 in die Matrikel der Universität Wittenberg einschreiben. Unter seinen 130 Konsemestern finden wir etwa Johannes Hommel, Hieronymus Hesperg, Matthias Schenck oder Simon Wilde. Er wurde Schüler von Luther und Melanchthon, ebenso von Paul Eber, Georg Major, Johannes Marcellus (Poetik), Veit Oertel Winsheim (Rhetorik). Melanchthon vermittelte ihm die Astrologie; er führte die große Hitzewelle von 1540, unter der ganz Europa litt, auf eine Sonnenfinsternis zurückgeführt[2]; auch Goldwurm sah diese Hitze, *dergleichen in vielen Jaren nicht gewest*, als eine Folge von Wundererscheinungen (u.a. Kometen) an[3]. Lehrer Goldwurms dürfte auch der später zum Katholizismus konvertierte Theobald Thamer gewesen sein, der 1539 in Wittenberg zum Magister artium promovierte und über Aristoteles las. Lemnius hat einige spöttische Epigramme auf ihn (*Thelesius*) verfasst[4]; er warf ihm Geschwätzigkeit vor, zählte ihn aber doch zum Kreis seiner Freunde und nannte ihn *homo maximi studii et probitatis* (Mann von größtem Fleiß und größter Rechtschaffenheit)[5]. Goldwurm traf ihn später in Marburg wieder, wo er seit 1547 durch seine Zweifel an der lutherischen Rechtfertigungslehre aneckte und zum *Apostata sceleratus*[6] wurde. Melanchthon forderte sogar die Todesstrafe für Thamer. Goldwurm, den Thamer als Rhetoriker schätzte und ihn *nicht nur für wortreich hielt, sondern auch gewandt im Ausdruck*, übersetzte einige lat. Predigten Thamers auf dessen Bitte ins Deutsche, er ermahnte ihn aber schon damals, von seinen Irrtümers abzustehen. 1551 griff Goldwurm Thamer in einer Predigt in Frankfurt/Main wegen seines gottlosen Abfalls scharf an; Thamer gab ihm daraufhin ein Buchmanuskript zu lesen, um dessen Rückgabe er noch 1553 vergebens kämpfte, als er in Siena zum Dr. theol. promovierte.

Von Wittenberg begab sich Goldwurm um 1541 in seine Heimat zurück, die er 1542 wieder verlassen hat; er immatrikulierte sich am 4. Dezember 1542 an der Universität Basel[7]. Konsemester war der berühmte Mediziner Andreas Vesal aus Brüssel; Konsemester war aber auch Pellikans Neffe Magister Konrad Lykosthenes, der später ein ähnliches Buch wie Goldwurm über Wunderwerke verfasste *Prodigiorum ac ostentorum chronicon* (Basel: Heinrich Petri, 1557)[8], ins Deutsche übersetzt von seinem Freund Johann Herold *Wunderwerck oder Gottes unergründtliches vorbilden* (Basel: H. Petri, 1557)[9]. Vermutlich wurde Goldwurm in Basel auch ein Schüler des Hebraisten Sebastian Münster, der in den 1540er Jahren bestrebt war, in Wort und Bild *Portenta* in seine Cosmographia (Basel: H. Petri, 1544 ff.) aufzunehmen (z. B. das *Monstrum Cracoviae*).

1544 kam Goldwurm nach Marburg[10], wo er die *Schemata Rhetorica*[11] in deutscher Sprache (Marburg: Andreas Kolb, 1545) herausbrachte. 1546 wurde er Hofprediger des Grafen Philipp III. von Nassau-Weilburg. Durch das Augsburger Interim wurde die Amtstätigkeit Goldwurms unterbrochen; er ging 1550 nach Jena, Leipzig und Wittenberg. In Jena war er Gast der Professoren Erhard Schnepf, Viktorin Strigel, Johannes Stigel u.a. In Leipzig wurde er von Erasmus Sarcerius und andern Theologen freundlich aufgenommen. Und auch in Wittenberg wurde er von den Professoren, *so mich vor etlichen Jahren gekannt, ehrlich empfangen*. Der Hebraist Johannes Forster lud ihn zu einer Predigt auf dem Schloss ein, die Goldwurm über Luk. 7, 11-17 hielt, den Jüngling von Nain; er stellte darin eine Verbindung zwischen der Stadt Nain, *welches weiß oder leuchtend heißt*, und Wittenberg her. Goldwurm geriet in große Gefahr, weil er zum Gebet für den ehemaligen Kurfüsten Johann Friedrich I. von Sachsen aufgerufen hatte, womit er den Zorn des Kurfürsten Moritz erregte. Als Goldwurm Wittenberg verließ, wurden zu seiner Ehren etliche Carmina gedichtet, u.a. von Daniel Greser und Lorenz Dürnhofer, einem Stiefsohn der Nürnberger Buchdruckers Petreius. Zu Goldwurms *Historia von Joseph*[12] (Wittenberg: Georg Rhauw, 1551) schrieb Melanchthon eine Vorrede. 1552 kehrte Goldwurm als Superintendent nach Weilburg zurück, wo er 1553 eine Kirchenordnung schuf. Am 16. April 1554 heiratete Goldwurm die Frankfurter Patrizierstochter Anna Blum, eine Kammerzofe der Gräfin von Nassau-Weilburg, *in Gegenwart vieler Grafen, Edelleute und ehrenwerter Bürger*.

Als Goldwurm sein Studium in Witteberg aufnahm, hatte Rheticus gerade die Stadt verlassen. Über Melanchthon und andere Wittenberger Kollegen bestand jedoch eine Verbindung. Vielleicht führte auch der Besuch Goldwurms in Leipzig 1550 zu einer Begegnung mit Rheticus. Das wissenschaftliche Werk Goldwurms steht ganz im Zeichen der Prophezeiungen und der Astrologie, sodass sein Name hier erwähnt werden musste. Das gilt besonders für sein Hauptwerk *Wunderwerk und Wunderzeichen Buch* (Frankfurt/Main: David Zöpfel (Zephelius), 1557)[13], dem weitere Titel dieser Art folgten. Goldwurm bearbeitete verschiedene Kalender (1553, 1554), einen *Kirchen-Calender* (Frankfurt/Main 1559)[14], mit vielen weiteren Auflagen, eine *Biblische Chronica* (Frankfurt/Main 1558 u.ö.). Er übersetzte auch ein astrologisches Werk des Antonio Torquato ins Deutsche, das *Prognosticon de eversione Europeae*, u.a. (Wittenberg: Hans Lufft, 1534[15] oder Nürnberg: Joh. Petreius, 1535), deutsch unter dem Titel *Prognosticon, Weissagungen vnd Vrteyl, von betrübungen vnnd grossen anfechtungen Europe* (Frankfurt/Main 1558)[16], mit weiteren Ausgaben, Frankfurt/Main 1561[17] und Leipzig: Zacharias Berwald, 1594[18].

1 Siller 2011; BBKL 23 (2004), Sp. 542 f. | **2** Kokott, Wolfgang, in: Müller, Uwe, 450 Jahre Copernicus »De revolutionibus«, Astronomische und mathematische Bücher aus Schweinfurter Bibliotheken (Veröffentlichungen des Stadtarchivs Schweinfurt, 9), Schweinfurt 1993, S. 295-297. | **3** Goldwurm, Wunderwerck, Frankfurt/M. 1567, Bl. LXVIIIv.. | **4** Mundt 1983, Bd. 2, Epigrammata I, 9, 59, 69; II, 53, 79. | **5** Mundt 1983, Bd. 2, S. 182 f., 190 f. | **6** Köstlin 1890), S. 11. | **7** Wackernagel, Bd. 2, S. 31, Nr. 27. | **8** Zinner ²1964, Nr. 2177. | **9** Ebenda, Nr. 2178. | **10** Falkenheiner 1904, S. 68. | **11** VD 16 G 2600, BSB digital. | **12** VD 16 G 2601, BSB digital. | **13** VD 16 G 2602; BSB München, digital. Vgl. dazu Bauer 1999, Bd. 2, S. 411-416. sowie Siller 2011, passim. | **14** Zinner ²1964, S. 229, Nr. 2217. | **15** VD 16 T 1579; Green 2012, S. 198; Zinner ²1964, S. 184, N r. 1580a; vgl. auch S. 185, Nr. 1613-1615, S. 189, Nr. 1651 und passim. | **16** Zinner ²1964, S. 229, Nr. 2208; vgl. dazu auch Green 2012, S. 211, Anm. 8. | **17** Zinner ²1964, S. 233, Nr. 2276. | **18** Ebenda, S. 308, Nr. 3600a.

Gosmar, Balthasar

Balthasar Gosmar, aus Halle/Saale (Sachsen-Anhalt), luth., Pädagoge, Theologe.
Gosmar war ein Verwandter von Stephan Roth und Simon Wilde. Er immatrikulierte sich am 20. Mai 1530 unter dem Rektorat des Johannes Bernhardi an der Universität Wittenberg[1]. Von Georg Rörer erfahren wir am 3. Juni 1530, der gelehrte Veit Amerbach habe Gosmar als Schüler angenommen, doch habe sich Gosmar dann nicht mehr sehen lassen. Am 5. Juni 1530 schreibt Gosmar selbst, er habe mit Magister Ambros Berndt einen gelehrten *Praeceptor* gewonnen, der sogar Dekan sei. Zu Dritt hätten sie ein Schlafgemach mit Betten gemietet, wofür sie bis Ende September drei Goldstücke aufbringen müssten; das Essen nehme er im Kollegium ein[2]. Am 1. Dezember 1531 berichtet er, dass er sich dem Studium der Rechte widme, insbesondere die Institutionen Justinians *privatim* höre, das Studium der Humaniora aber nicht ganz aufgegeben habe[3]. 1536 weist er es aus Zeitmangel von sich, einen Knaben zu unterrichten[4]. Am 19. Juli 1540 lässt Wilde in einem Brief an Roth dem Balthasar Grüße ausrichten (*affinem nostris in castris Milensibus cum Domino suo generosissimo*)[5]. Danach lebte Gosmar um diese Zeit in der Burg Mylau (Vogtlandkreis, Sachsen) bei dem luth. Theologen Joseph Lewin Metzsch (1507-1571), der sich um die Reformation im Vogtland verdient gemacht hat. Am 30. September 1545 wurde Gosmar, Erzieher der Kinder von Georg von Minckwitz zu Trebsen (Lkr. Leipzig), durch Bugenhagen ordiniert und zum Pfarrer von Eychen (wohl Eicha, Ortsteil von Naunhof, Lkr. Leipzig) berufen[6].

Beziehungen zwischen Rheticus und Gosmar sind nicht bezeugt. Gosmar neigte eher zur Theologie als zu den mathematischen Fächern. Dennoch muss er hier erwähnt werden, da er mit einigen Schülern von Rheticus, besonders aber auch über Veit Amerbach, verbunden war, etwa mit Simon Wilde[7].

1 Förstemann 1841, Bd. 1, S. 139a. | **2** Buchwald 1893, S. 80 f. | **3** Ebenda, S. 98. | **4** Ebenda, S. 120. | **5** Buchwald 1894/1902, S. 91. | **6** Buchwald 1894, Bd. 1, S. 45, Nr. 715. | **7** Siehe auch Frank 1997, S. 104.

Gothmann, Johannes

Johannes [Arnold] Gothmann (Gutmannus), aus der Reichsstadt Dinkelsbühl (Lkr. Ansbach, Mittelfranken), luth., Student.
Gothmann immatrikulierte sich im SS 1537 an der Universität Wittenberg[1]. Konsemester waren Ayrer, Isinder, Langner, Besold, Joh. Eichhorn, Wolfgang Vogler, Niels Svansø, Johannes Aurifaber *Vinariensis*). Einen akademischen Grad hat er nicht erlangt, doch bescheinigte ihm Melanchthon, auch in Namen seiner Kollegen, in einem Testimonium vom 7. Juli 1544 ein untadeliges Betragen, gute Geistesgaben, hervorragende Lateinkenntnisse in Prosa und Poesie. *Feliciter etiam philosophiae studium et mathemata ac dulcissimam illam de motibus coelestibus doctrinam inchoavit* (er hat erfolgreich auch das Studium der philosophischen Fächer, der Mathematik und jener überaus lieblichen Lehre von den Bewegungen der Himmelskörper begonnen); es wäre daher zu wünschen, dass er noch längere Zeit bei diesen Studien bleiben könnte, was Kirche und Staat zugute kommen würde. Auch mit der Theologie habe er sich beschäftigt[2].

Beziehungen zu Rheticus hat es zweifellos gegeben; von einem Mathematikstudium ist ausdrücklich die Rede; er kann Rheticus vom SS 1537 bis SS 1538 sowie im WS 1541/42 gehört haben.

1 Förstemann 1841, Bd. 1, S. 166b.| 2 CR V, Sp. 436 f.

Grosner, Salomon

Salomon Grosner (Gresner, Grosnerus), geboren in Grimma (Lkr. Leipzig), luth., Bakkalaureus.
Grosner immatrikulierte sich im WS 1547/48 unter dem Rektor Wolfgang Meurer an der Universität Leipzig[1]. Er gehörte der Meißner Nation an. Im WS 1548/49 wurde er nach dem 21. März 1549 unter dem Dekan Rheticus von Magister Ambros Borsdorfer zum Bacc. art. promoviert[2].

Beziehungen zwischen Rheticus und Grosner bestanden in den Jahren 1548 bis 1551. Grosners Promotion zum Bacc. art. fand unter den Dekanat von Rheticus statt, er musste für die Prüfungen zum Bakkalaureat die Vorlesungen von Rheticus hören.

1 Erler, Bd. 1, S. 667, M 25. | 2 Erler, Bd. 2, S. 706.

Gugler, Nikolaus, 1521–1577

Nikolaus Gugler (Guglerus, Gügler), geboren am 15. April 1521 in Nürnberg, gestorben am 4. Februar 1577 in Speyer, luth., Astronom, Instrumentenmacher[1], Arzt, Jurist[2].
In NB Paris Ms. lat. 7417 und danach abschriftlich auch in UB Tübingen Mc 64 sind zwei Horoskope enthalten, von denen eines Johannes Schöner für einen Nikolaus Gugler erstellt hat, geboren am 7. April 1502 in Amberg[3], das andere wurde von Nikolaus Gugler, geboren am 15. April 1521, am 17. Mai 1539 auf sich selbst gemacht[4]. Schöner hatte das erstgenannte Horoskop 1535 erstellt und am 13. Januar 1539 seinem Schüler Nikolaus Gugler geschenkt. Im Folgenden soll ausschließlich von dem jüngeren Gugler die Rede sein.

Nikolaus Gugler ist der Sohn eines Johannes Gugler (1480-1560) aus der *villa* Tafelhof und dessen Ehefrau Helena Hanf? (1500-1545) aus Nürnberg[5]. Das Dorf Tafelhof am Stadtrand lieferte einst Speis und Trank für die königliche Tafel, heute ist es nur mehr als Straßennamen erhalten; seit ca. 1538 wurde es bekannt durch die dort tätigen Waschfrauen, die mit ihrem Gewerbe den Ort prägten[6].

Gugler wurde am Aegidiengymnasium in Nürnberg gemeinsam mit Joachim Heller von Johannes Schöner in die mathematischen Wissenschaften eingeführt. Sehr früh wurde auch sein Interesse an der Medizin geweckt, vermutlich durch den Nürnberger Stadtphysikus Dr. med. Johann Magenbuch[7], einen Schüler des Wittenberger Mediziners Augustin Schürpf. So erscheint der gut vorgebildete 15jährige Gugler 1536 in Wittenberg als *Astronomiae et Medicinae studiosus etc. N. G.*, ohne dort an der Universität inskribiert zu sein. Vielmehr hat er sich nach wie vor als Schüler seines Gymnasiums betrachtet; wenn unsere Auflösung des Kürzels *N. G.* als *Norimbergensis Gymnasii* richtig ist. Im SS 1536, das am 23. April begonnen hat, ist *Nicolaus Gugler* ohne Herkunftsbezeichnung an der Universität Leipzig intituliert[8]. Eine Identität ist möglich, aber nicht zwingend, jedenfalls ist Gugler bald wieder nach Wittenberg zurückgekehrt, wo er sich 1538 in die Matrikel eintragen ließ. Seine weitere Biographie haben Embach und Moulinier-Brogi bis zu seinem Tod 1577 detailliert dargelegt.

Nikolaus Gugler, auch bezeichnet als d. J., gelangt bei Kraai[9] nicht über den Status eines Studenten der Astronomie und Mathematik, oder um mit Zinner zu sprechen, eines Kalendermachers[10], hinaus. Hingegen überträgt Kraai die Biographie, wie sie von Embach und Moulinier-Brogi für Nikolaus Gugler d. J. dargelegt wurde, auf Nikolaus Gugler d. Ä.[11] Dagegen spricht aber die aus den Pariser Handschriften hervorgehende eindeutige Überlieferung, die von der eigenen Hand des jüngeren Gugler stammt. Schon die Prämisse, von der Kraai ausgeht, dass beide Gugler aus Nürnberg stammen[12], ist falsch; denn dem Horoskop Schöners auf Nikolaus Gugler d. Ä. lässt sich entnehmen, dass der ältere Gugler aus Amberg und nicht aus Nürnberg gebürtig war.

Als Rheticus im Oktober 1538 zu seiner langen Reise, die ihn zu Kopernikus führte, aufbrach, begleitete ihn Gugler, zuerst nach Nürnberg, wo beide sich im Hause Schöners aufhielten, dann nach Tübingen, wo sich Gugler am 28. April 1539 immatrikulierte[13]. Im Dezember 1540 ist Gugler immer noch als *studiosus* in Tübingen nachzuweisen[14]. 1541 begab sich nach Ingolstadt, wo er am 23. Januar 1542 immatrikuliert ist[15]. Vielleicht lag es in Guglers Absicht, hier unter Philipp Imser[16] seine mathematischen Studien zu vollenden. Andererseits war für ihn die Zeit gekommen, eine höhere Fakultät zu wählen. Er setzte 1544 sein Studium in Bologna fort[17]. Am 29. März 1544 war in Ferrara Zeuge bei der Promotion des deutschen Juristen Michael Sauber aus Gunzenhausen (Lkr. Weißenburg-Gunzenhausen, Mittelfranken)[18]. Wo er schließlich selbst zum Dr. utr. iur. promovierte, ist vorerst nicht bekannt, vermutlich jedoch in Italien. Noch 1544 wurde er zum Advokaten gemeiner Bürgerschaft in Nürnberg erwählt.

In die kurze Nürnberger Zeit Guglers fällt eine kleine Episode, die aber für die Rheticusschüler von Interesse ist. Guglers Jugendfreund Joachim Heller, Klassenkamerad in Nürnberg und Kommilitone in Wittenberg, veröffentlichte 1547 seine erste Schrift, die *Practica Auff das M.D.XLviij. Jar gestelt* (Nürnberg: Johannes von Berg & Ulrich Neuber). Dieses Büchlein übersandte er am 27. September 1547 mit einer handschriftlichen Widmung dem hochberühmten Mann, Herrn Nikolaus Gugler zum Geschenk: *CL[arissimo] V[iro] D[omino] N[icolao] G[uglero] Joach[imus] D[ono] d[edit]*. Und er fügte noch das folgende Epigramm hinzu:

Dum mihi crebra negant aditum negotia, saltem
Hoc placuit nostri mittere Μνημοσυνον.[19]

(Während mir zahlreiche Geschäfte den Weg zu Dir verweigern, wollte ich wenigstens dieses Souvenir geschickt haben).

Wie andere Bücher aus Guglers Besitz ist auch die *Practica* Hellers heute in der NB Paris zu finden (Signatur: Rés, V, 1175). Man verwahrt daselbst auch andere Bücher Hellers, von denen man annehmen möchte, dass auch sie oder doch einige von ihnen über Gugler dorthin gekommen sein mögen[20]. Eine Untersuchung dieser Bestände könnte neues Material zur Biographie Guglers erschließen.

Aus der Bibliothek Guglers stammt die Handschrift NB Paris Ms. lat. 6952[21], eine in Speyer entstandene Sammelhandschrift aus der 1. Hälfte des 15. Jahrhunderts; sie enthält den *Liber simplicis medicinae*, auf Bl. 156r-232r einen Text der Hildegard von Bingen. Dem Besitzvermerk *Nunc sum doctoris Nicolai Gugleri* geht der Vermerk eines Vorbesitzers voraus: *sum Cosme Tir[..]brellii, artium et medicinae doctoris*.

1548 ist Gugler angeblich in Nürnberg gestorben[22]. An diesem Tod wurden jedoch Zweifel geäußert. Gugler hat wohl mit Sicherheit 1548 Nürnberg verlassen; es liegt daher nahe, dass man ein *abiit* (ist weggezogen) für ein *obiit* (ist gestorben) verlesen hat. Für diese These spricht auch der Einwand Embachs, dass es weder in St. Sebald noch in St. Lorenz einen Bestattungseintrag aus dem Jahre 1548 für Gugler gibt[23].

Gugler war denn auch in der Folge hauptsächlich als Jurist und Verwaltungsbeamter außerhalb Nürnbergs tätig. Da er von seiner vielseitigen Bildung sehr eingenommen war, liebte er es, seine Ämter und Titel in seinen Schreiber- oder Besitzvermerken aufzuzählen, so beispielsweise 1562 als *Nicolaus Gugler Noripergensis Vtriusque Iuris Doctor Imperialis Camerae Iudicii Advocatus, Serenissimi Regis Daniae Consiliarius*[24] oder als *Omnium facultatum Doctor, imperialis camerae antiquus Advocatus, Canonicus et Custos Maior ecclesiae Weissenpurgensis*[25] oder als *Nicolaus Gugler Norimpergensis authoritate Pontifica et Caesarea Iudex ordinarius, utriusque iuris doctor, officialis Spirensis, medicus et mathematicus*[26]. Es fehlt diesen Aufzählungen, die zu unterschiedlichen Zeitpunkten vorgenommen wurden, in einigen Fällen an einer verlässlichen Datierung.

Zuerst taucht Gugler 1548 als Advokat am Reichskammergericht in Speyer auf[27]. Hier erstreckt sich seine Tätigkeit über eine ganze Reihe von Jahren, wie beispielsweise 1560 September 4, Gugler, Advokat am RKG, wegen Bestellung eines Bevollmächtigten in dessen Erbsache[28]; 1563 Gugler, Advokat am Reichskammergericht, Kläger versus Erzbischof von Köln[29].

Zu irgendeinem Zeitpunkt hat Gugler seine Advokatur am Kammergericht aufgegeben, wie daraus zu entnehmen ist, dass er sich *antiquus advocatus* (Alt-Advokat) nennt. Möglicherweise besteht ein Zusammenhang mit seiner Beratertätigkeit für den König von Dänemark, die wir vorerst nicht zeitlich einordnen können. Zu denken ist an König Christian III. († 1559), der mit den Wittenberger Reformatoren einen regen Briefwechsel führte, aber auch Mathematik und Astronomie studierte[30], oder mehr noch an dessen Sohn Friedrich II. († 1588); Friedrich II., der Förderer Tycho Brahes, war an den Naturwissenschaften sehr interessiert; ihm widmete Konrad Dasypodius die *Oratio* [...] *De Disciplinis Mathematicis* (Straßburg: Nikolaus Wyriot, 1579[31]. Mit Recht hat Moulinier-Brogi diese allenfalls beiläufige Beratertätigkeit Guglers heruntergespielt[32]; keinesfalls darf man ihn als Kanzler[33] sehen.

In Speyer begab sich Gugler auch in den kirchlichen Verwaltungsdienst. Auch hier war wiederum in erster Linie der Jurist gefragt, der als Vorsitzer eines kirchlichen Gerichtes (*officialis*) wirkte. Zu seinen Aufgaben gehörte die Ehegerichtsbarkeit oder die Erteilung von Dispensen; doch liegen für Gugler diese Aufgaben noch im Dunklen.

In einer Urkunde vom 22. April 1562 erscheint Gugler als Offizial des Speyrer Dompropstes Wolfgang von Dalberg[34] (1537-1601), der 1582 Erzbischof von Mainz wurde. Mit dieser Urkunde gestattet Gugler dem Pfarrer von Nothenfels Johannes Stadelin gegenüber genannten Bürgern von Bischweier (Landkreis Rastatt, Baden-Württemberg), Verfügungen über Ackerland zu treffen.

In diesem Zusammenhang ist der Hinweis zu sehen, dass Gugler, *Canonicus et Custos Maior ecclesiae Weissenpurgensis* sei. Weißenburg ist ohne Frage auf Wissembourg (Département Bas-Rhin, Frankreich) zu beziehen[35]. Die dortige Benediktinerabtei St. Peter und Paul wurde 1524 in ein weltliches Kollegiatsstift umgewandelt; und 1545 wurde die Propstei mit dem Bischof von Speyer verbunden, der bis zur Aufhebung des Stiftes in der Französischen Revolution Propst von Weißenburg war.

Mit der *ecclesia Mariae* könnte, wenn die Lesart richtig wäre, der Kaiserdom in Speyer gemeint sein; dieser ist der hl. Maria geweiht und führt deren Bildnis in seinem Siegel. Doch ist die Lesart *Custos maior* (Embach) in jedem Falle der Version *Mariae ecclesiae* (Röckelein, Moulinier-Brogi) vorzuziehen. *Mariae ecclesiae* ist sprachlich ein Torso, so sagt man nicht, hier müsste es etwa *ecclesia Beatae Mariae virginis* heißen. Hingegen ist *Custos maior* seit dem Mittelalter ein eingefahrener Begriff des Kirchenrechts: Der *Custos maior* ist ein Domherr oder Chorherr, der die ihm obliegenden Vorbereitungen am Altar nicht selbst ausführt, sondern durch subalterne Küster.

Als Student hat Gugler in den Jahren 1536 bis 1540 mehrere astronomisch-medizinische Handschriften angefertigt, die erhalten geblieben sind. Im einzelnen sind hier zu nennen:

NB Paris Ms. lat. 7395[36]: Diese Handschrift, die vermutlich über Pierre de la Ramée und den Kardinal Mazarin (1602-1661) in die Nationalbibliothek kam und dort 1744 beschrieben wurde, hat seit jeher das besondere Interesse der Rheticusforschung gefunden. Die wesentlichsten Bestandteile der Handschrift, die von Kraai detailliert beschrieben wurde[37], sind: eine *Sphaera Johannis de Sacrobosco*, Nachschriften von Rheticus-Vorlesungen *Annotata in spheram Procli, Annotata in Alfraganum* und *in Astrologiam Annotata* sowie ein *Tractatus integer de nativitatibus* (mit einer Reihe von Horoskopen von berühmten Persönlichkeiten, u.a. von Melanchthon, Luther, Erasmus, Johannes Schöner, Albrecht Dürer oder Rheticus selbst sowie seinen Schülern [Sebastian] Schedel, Berchtoldus Eipelius und Nikolaus Bromm.[38] Besondere Aufmerksamkeit verdient noch das *Prognosticum Stephani Norimbergensis*, das November 1534 in Bologna durch Luca Gaurico (1475-1558) erstellt und am 30. November 1538 im Hause Schöners von Gugler nach dem handschriftlichen Original Gauricos abgeschrieben und in sein Kollegheft eingefügt wurde. Gaurico stand seit 1530 im Briefwechsel mit Melanchthon.[39] Dieses Horoskop könnte sich auf den Rheticusschüler Stephan Tucher beziehen. Außer Gugler war noch ein weiterer Schreiber B an dieser Handschrift beteiligt, vermutlich ein Kommilitone Guglers; beide Schreiber wechseln sich ab, zuweilen sogar innerhalb eines Kapitels.

Die *Sphaera Johannis de Sacrobosco* gehört nicht zu den Vorlesungen des Rheticus. Mit dieser Ansicht bin ich Ludwik Antoni Birkenmajer gefolgt; auch Lynn Thorndike hat in dieser Schrift ein Werk Guglers gesehen[40]. Jesse Kraai hat diese Meinung jetzt jedoch entschieden zurückgewiesen, ohne allerdings mit seiner Argumentation zu überzeugen[41]. Kraai trägt vier Argumente vor, die für Rheticus' Autorschaft der Sphaera sprechen:

1. Hauptargument gegen diese Autorschaft sei die Tatsache, dass Gugler 1536 in Leipzig und nicht in Wittenberg immatrikuliert gewesen sei, die Vorlesung sei also in Leipzig gehalten worden. Tatsächlich hat aber dieses Argument für die Gegner von Rheticus' Autorschaft nie eine Rolle gespielt, abgesehen davon, dass die Identität des Leipziger und Wittenberger Gugler nicht eindeutig feststeht, wenn sie auch wahrscheinlich ist. Dass Gugler, wie Kraai fälschlich behauptet, als *Noricus* eingetragen[42], ist frei erfunden und steht im Widerspruch zu der von ihm angegebenen Quelle, wo seine Herkunft nicht erwähnt wird[43]. Niemand hat je bestritten, dass Gugler 1536 tatsächlich in Wittenberg war, wenn er auch nicht immatrikuliert war.
2. Dem zweiten Argument, dass die Struktur der *loci* (Erklärung mathematischer Begriffe) fast identisch ist mit derjenigen von Rheticus' Sacrobosco-Vorlesung des Jahres 1540, steht erstens entgegen, dass nicht Rheticus, sondern Joachim Schulz aus Salzwedel den Sacrobosco vorgetragen hat (vgl. dazu unter Hesperg, Hieronymus). Überdies folgen diese Begriffe den Worten des Sacrobosco, sodass damit für den Beweis einer Autorschaft des Rheticus nichts gewonnen wird.
3. werde der *Sphaera* eine Definition der Astronomie vorangestellt, die jener in Rheticus' Alfraganus-Vorlesung »sehr ähnelt«. Es liegt aber wohl in der Natur der Sache, dass Definitionen in wesentlichen Punkten mehr oder weniger übereinstimmen. Da zudem die Alfraganus-Vorlesung erst nach

1537 entstanden ist, konnte Gugler seine Definition kaum von dort übernehmen. Also ist auch dieses dritte Argument kein Beweis für Rheticus' Autorschaft an der *Sphaera*.

4. Es werde eine Polhöhe von 52° genannt, die derjenigen von Wittenberg entspreche. Hier dreht sich die Argumentation Kraais im Kreis; denn das Entstehen der Handschrift in Wittenberg ist gänzlich unstreitig und sagt im Grunde nichts über Rheticus' Autorschaft an der *Sphaera* aus. Im Übrigen liegt Wittenberg auf 51° 51′ N, Leipzig auf 51° 21′ N, der Unterschied ist also nur sehr geringfügig.

Was bei Kraai fehlt, ist eine genaue Analyse der *Sphaera*, die er auffälligerweise auch im 2. Teil seiner Dissertation unter den Original Works übergeht, was eigentlich seiner eigenen Überzeugung entgegensteht. Bei einer solchen Analyse wäre es ihm nicht entgangen, dass Gugler schon im Titelblatt seiner Erstlingsschrift die *Sphaera* voller Stolz als sein eigenes Werk ausgibt: *per me Nicolaum Gugler* und als *in compendium digesta*. Es heißt nicht *scripta*, sondern *digesta*, Gugler bringt nicht ein Diktat des Rheticus zu Papier, so wie das etwa bei den *Annotata in Alfraganum* der Fall ist, er bearbeitet selbständig den Text des Sacrobosco. Es liegt damit eine eigenständige wissenschaftliche Leistung von ihm vor[44].

Es ist durchaus zuzugeben, dass Gugler bei der Ausarbeitung seines Compendiums eine Vorlesung von Rheticus verwertet hat. Ich würde auch dem zustimmen, dass man Guglers *Sphaera* in eine Reihe stellt mit anderen Vorlesungen von Rheticus, etwa über die Arithmetik, die *Sphaera* des Proklos oder über Alfraganus. Es bleibt aber festzuhalten, dass die *Sphaera* keine »authentische Rheticus-Vorlesung« ist, wie Stephan Deschauer Kraai zustimmend bemerkt hat[45], sondern eine Überarbeitung des Sacrobosco durch Gugler. Man darf dieser Schrift des 15jährigen Gugler, der Züge von Narzissmus an sich hatte[46], nicht allzu hoch einzuschätzen, sie geht in der zeitgenössischen Massenproduktion zur *Sphaera* des Sacrobosco unter. Thorndike, der allerdings das Werk nur nach der Bibliographie von Houzeau/Lancaster kannte, merkt spöttisch an: »It is hard to imagine how the Sphere of Sacrobosco could be reduced to more of a compendium than it is«[47].

NB Paris Ms. lat. 7417[48] mit zwei Urintraktaten in deutscher Sprache sowie einem von Gugler selbst verfassten astronomischen Traktat *Compositiones instrumentorum astronomicorum una cum quorumdam usum ac utilitates authoris D[omino] Nicolao Guglero astronomo 1539* (Bl. 2r); *Descripsit Nic. Gugler Noricus ex manu sua anno 1540* (Bl. 261v). Darin enthalten auf Bl. 274r ein ganzfigürliches Selbstportrait eines ein Uringlas betrachtenden Arztes mit seinem (stark verkleinerten und damit zur Bedeutungslosigkeit herabgestuften) Famulus im Hintergrund[49]. NB Paris Ms. lat. 7443 C (olim 7431)[50] (Vermerk Bl. 335r, 1562). UB Tübingen, Mc.64[51] mit Texten von Stöffler, Imser, Regiomontans und Schöner, geschrieben von Gugler in Tübingen 1538/40.

Wie Rheticus oder Cardano legte auch Gugler großen Wert darauf, zu Studienzwecken die Nativitäten berühmter Persönlichkeiten zu sammeln[52]. Er dankte ausdrücklich Melanchthon und Eber für entsprechende Auskünfte[53].

Von Gugler liegt nur eine einzige gedruckte Schrift vor, ein *Prognosticon astrologicum* auf 1564 (Heidelberg: M. Schirat, [1563])[54]. Diese Schrift wird immer wieder nach Zinner zitiert, ohne dass aber je ein Standort dafür genannt worden wäre. In diesem Büchlein beklagt Gugler die ungehemmte Veröffentlichung von Vorhersagen durch Unerfahrene und verlangt, dass von Reichs wegen das Verfassen von Prognostica nur mehr ausgewiesenen Astrologen gestattet werden solle. Gugler bemühte sich offenbar darum, der zunehmenden Kritik an der Astrologie entgegenzuwirken.

Das Familienwappen der Nürnberger Gugler zeigt »in Rot einen goldenen Löwen mit der rechten Pranke schulternd einen blau weiß gestückten Stamm, aus dessen obern Abschnitte ein kleiner Zweig mit runden Blatte hervorkommt. Helm: der Löwe wachsend«[55]. Es passt zum Selbstverständnis Guglers, wenn er auf sich selbst 1551 eine Medaille prägen ließ[56]. Diese zeigt auf der Vorderseite sein Familienwappen, in einem behelmten Schild einen aufgerichteten Löwen mit der Überschrift

D. NICOLAVS GVGLER, auf der Rückseite in zierlicher Umrahmung die Inschrift: NA (ein Monogramm) ‖ IR SOLLET ‖ MEIN … ‖ … INGEDENCK ‖ …SEIN ‖ 1551.

Moulinier-Brogi hat darauf hingewiesen, dass Gugler nicht verheiratet war und auch keine eigenen Kinder hatte[57]. Es liegt nahe, daran zu denken, dass er 1542 in Ingolstadt konvertiert ist und später auch eine Weihe empfangen hat. Einerseits bedarf es einer Erklärung, warum Gugler 1548 seine protestantische Heimat verlassen und in einer altgläubigen Diözese eine Karriere gesucht hat. Andererseits setzte sein Amt als geistlicher Richter die Priesterweihe voraus. Hier bestehen also noch Fragen, die einer Beantwortung harren.

In dieser Hinsicht bietet sich ein Vergleich mit einem anderen Schüler der Rheticus, nämlich Hieronymus Hoffmann (ca. 1520-1575), der nach dem Rechtstudium in den höheren kirchlichen Verwaltungsdienst in Würzburg eintrat. Er war zunächst 1549 Kapitelschreiber, seit 1553 Syndikus des Kanonikerstiftes St. Burkhard, später, inzwischen zum JUD promoviert, Vizekanzler des Deutschmeisters und 1558 Vizekanzler des Bischofs von Würzburg. Hoffmann, der Laie und zweimal verheiratet war, blieb im katholischen Dienst Lutheraner. Es war kein Ausnahmefall, dass man im katholischen Würzburg über die Mitte des 16. Jahrhunderts hinaus Fachkräfte beschäftigte, die in Wittenberg studiert hatten[58].

Die Biographie Guglers weist keine klare Linie auf, sie enthält vielmehr Brüche, wie das von einem *Doctor omnium facultatum* nichts anders zu erwarten ist. Er gleicht in mancher Hinsicht dem sagenhaften Dr. Faust. Moulinier-Brogi hat sichtbar Mühe, ihn einzuordnen[59]. Ist er Mathematiker oder Arzt? Ist er Astronom oder Astrologe oder nur ein Kalenderschreiber? Ist er wirklich auch Instrumentenmacher gewesen? Man tut ihm aber Unrecht, wenn man ihn etwas minachtend als »Hobbyastrologen« bezeichnet[60]. Inwieweit ist er Jurist, Anwalt und Richter? Welche Stellung nimmt er als Lutheraner oder Katholik ein? Viele Fragen bleiben offen. Warum ist Gugler bis in unsere Zeit so gut wie unbekannt geblieben? Und wie kann man seine Bescheidenheit und seinen Narzissmus auf einen Nenner bringen? Gugler hat von jedem etwas, ohne aber in den diversen Fächern wirklich an die Spitze vorzudringen. Er erinnert an seine Lehrer Schöner und Rheticus, hinter denen er aber weit zurückbleibt.

1 ZINNER 1925, Nr. 3884 f.; ZINNER ²1967, S. 328. | 2 MOULINIER-BROGI 2005, S. 23-38; vgl. auch PILZ 1977, S. 42, 216; GRAFTON 1999, S. 140-142, 147, 182; KRAAI 2003, S. 25-35, 76 f.; BROSSEDER 2004, S. 140. | 3 NB Paris Ms. lat. 7417, Bl. 144r-159, zitiert nach MOULINIER-BROGI 2005, S. 24; UB Tübingen Mc 64, Bl. 111r-120v; zitiert nach RÖCKELEIN 1991, S. 179. | 4 NB Paris Ms. lat. 7417, Bl. 112r-143, zitiert nach MOULINIER-BROGI 2005, S. 24; UB Tübingen Mc 64, Bl. 121r-129r; zitiert nach RÖCKELEIN 1991, S. 179. | 5 NB Paris Ms. lat. 7417, Bl. 112r, zitiert nach MOULINIER-BROGI 2005, S. 24 f., dort unsichere Lesung Taffetsoff (?). | 6 Af der Wäsch, dou gibt's Madla wäi di Frösch, Als Tafelhof noch ein Dorf war, in: Nürnberger Zeitung Nr. 96 vom 27. April 2010 (http:www. nordbayern.de/nuernberger-zeitung/stadtleben/af-der-wasch…(30. November 2011). | 7 MOULINIER-BROGI 2005, S. 26; zu Magenbuch vgl. ASSION/TELLE, 1972, S. 353-421. | 8 ERLER, Bd. 1, S. 619, B 27. | 9 KRAAI 2003, S. 28 f. | 10 ZINNER ²1964, S. 21. | 11 KRAAI 2003, S. 29. | 12 Ebenda, S. 28 f. | 13 HERMELINK, Bd. 1, S. 295 (112, 29). | 14 RÖCKELEIN 1991, S. 179. | 15 PÖLNITZ 1937, Bd. 1, S. 577; WOLFF 1973, S. 359. | 16 SCHÖNER 1994, S. 395; er promovierte hier später auch zum Dr. med. | 17 KNOD 1899, Nr. 1253; der Name Gugler ist verschrieben in Bugler. | 18 PARDI 1900, S. 135. | 19 BEZZEL 1992, S. 321, Nr. 1. | 20 Vgl BEZZEL 1992, S. 307, Nr. 13; S.320, Nr. 76; S. 321, Nr. 2; Nr. 3; Nr. 4; S. 322, Nr. 10; S. 324, Nr. 26; Nr. 30; S. 327, Nr. 42 (2 Exemplare); S. 327 f., Nr. 46; Nr. 47 (2 Exemplare). | 21 EMBACH 2003, S. 322-329. | 22 NOPITSCH, Christian Konrad, Nachtrag zum Nürnbergischen Gelehrten-Lexikon, Altdorf 1802, S. 409. | 23 EMBACH 2003, S. 324, Anm. 1. | 24 NB Paris Ms. lat. 7443 C (olim 7431), Bl. 1r, zitiert nach MOULINIER-BROGI 2005, S. 30; EMBACH 2003, S. 324; KRAAI 2003, S. 29, Anm. 60. | 25 NB Paris Ms. lat. 7417, Bl. 91r, zitiert nach EMBACH 2003, S. 324; RÖCKELEIN 1991, S. 179. | 26 NB Paris Ms. lat. 7443 C (olim 7431), Bl. 335r, zitiert nach MOULINIER-BROGI 2005, S. 30; EMBACH 2003, S. 324; KRAAI 2003, S. 9, Anm. 60. | 27 KAUL 1953, S. 202; Traktat 749. | 28 www.bayreuth.de/files/pdf/Dienststellen/…/Kopialbücher.pdf (1. Dezember 2011). Es ging wohl um das Erbe seines Vaters Johannes Gugler, der am 3.August 1560 (vgl. MOULINIER-BROGI 2005, S. 25) gestorben war. | 29 OEDIGER 1957 | 30 SCHWARZ LAUSTEN 2010, S. 129-131 und passim. | 31 MÜLLER 1993, S. 157 f. | 32 MOULINIER-BROGI 2005, S. 30. | 33 So aber THORNDIKE ²1951, S. 370 f.; RÖCKELEIN 1991, S. 179. | 34 ZGO 27 (1875) | 35 MOULINIER-BROGI 2005, S. 36, besonders Anm. 83. | 36 BIRKENMAJER 1924, S. 357; THORNDIKE ²1951, S. 371; BURMEISTER 1967, Bd. 1, S. 30 f.; Bd. 2, S. 18 f.; KRAAI 2003, S. 25-37; EMBACH 2003, S. 324; MOULINIER-BROGI

2005, S. 25 f. | **37** KRAAI 2003, S. 26-28. | **38** Vgl dazu KRAAI 2003, S. 47-63. | **39** SCHEIBLE, MBW, Bd. 12, 2005, S. 123; HOPPMANN 1999, S. 64-68 und passim. | **40** THORNDIKE 1941, ²1951, S. 371. | **41** KRAAI 1999, S. 188 f.; KRAAI 2003, S. 28-31. | **42** KRAAI 1999, S. 188, Anm. 12. | **43** ERLER, Bd. 1, S. 619. | **44** Vgl. BURMEISTER 1967, Bd. 1, S. 30 f.; Bd. 2, S. 18 f. | **45** DESCHAUER 2003, S. VII, Anm. VI. | **46** MOULINIER-BROGI 2005, S. 35. | **47** THORNDIKE 1941, ²1951, S. 371, Anm. 180. | **48** ZINNER 1925, S. 3886a; THORNDIKE, S. 371; EMBACH 2003, S. 324 f. | **49** MOULINIER-BROGI 2005, S. 32-35, mit Abb. auf S. 37; siehe dazu auch EMBACH 2003, S. 323-325. | **50** MOULINIER-BROGI 2005, S. 30. | **51** RÖCKELEIN 1991, S. 176-180. | **52** GRAFTON 1999, S. 140-142; MÜLLER-JAHNKE 2004, S. 88; BROSSEDER 2004, S. 140. | **53** GRAFTON 1999, S. 141 f. | **54** ZINNER ²1964, S. 21 und S. 237, Nr. 2337. | **55** Siebmacher, Bürgerliche Wappen, Bd. 9, Nürnberg 1912, S. 39 und Tafel 47. | **56** HIRSCH, S. 49 | **57** MOULINIER-BROGI 2005, S. 26. | **58** WENDEHORST 2001, S. 52. | **59** MOULINIER-BROGI 2005, S. 35 f. | **60** Steckbrief von Nicolaus Gugler, in: www.naa.net/ain/personen/

Gürrich, Wendelin, 1495-1556

Wendelin Gürrich (Girrich, Gyrrich, Gierrich, Gyrrichius, wohl falsch Sirichius), geboren um 1495 in Neureut (Stadtteil von Karlsruhe), gestorben am 8. April 1556 in Freiberg (Lkr. Mittelsachsen), luth., Theologe[1].

Gürrich hatte 1520 seine geistliche Laufbahn als kath. Frühmesser in Eggentein (Lkr. Karlsruhe) begonnen. Er immatrikulierte sich am 7. Mai 1524 an der Universität Wittenberg[2]; Konsemester waren Johannes Sinapius *Suinfurtensis* und Heinrich Smedenstede. Am 6. Februar 1533 promovierte Gürrich zum Mag. art.[3]; er kam dabei auf den 4. Rang von 7 Kandidaten; sein Mitbewerber war Matthäus Delius d.Ä., der den 3. Rang erreichte. Am 1. Oktober 1534 wurde Gürrich in den Rat der Fakultät aufgenommen[4]. Im Juni 1539 (aber wohl auch schon früher) unterhielt Gürrich einen Studententisch; denn Melanchthon wollte Anfang Mai 1542 mit ihm reden: Marcellus hatte hier einen Tisch, den er in dessen Abwesenheit dem Albisaquilis überlassen sollte[5]. Schon in Jahre 1533 hatte Simon Leupold bei Magister Gürrich gewohnt. Gürrich war auch Praeceptor von Matthäus Blochinger gewesen. Gürrich disputierte am 7. Juni 1539 *De poenitentia*[6]. Am 27. Juli 1539 wurde Gürrich durch Bugenhagen ordiniert und von der Universität als Hofprediger an den Dom nach Freiberg berufen[7], 1541 wurde er hier Pfarrer von St. Petri. Vor 1538 heiratete Gürrich NN., mit der er einen Sohn Wendelin[8] hatte.

Beziehungen zwischen Rheticus und Gürrich sind sehr wahrscheinlich. Seit 1533 konnte Gürrich Lehrer von Rheticus sein, seit 1536 auch Kollege in der Artistenfakultät. Gürrich gehörte zum trinkfesten Freundeskreis um Aemilius (Öhmler), Leupold und Lemnius, dem auch Rheticus nahestand. 1538 ruft Lemnius in seiner *Apologia* Gürrich mit anderen zum Zeugen dafür auf, »dass Lemnius ein sehr ehrenwerter Mann ist«[9].

1 SCHEIBLE, MBW, Bd. 12, Personen, 2005, S. 205 f.; HANNEMANN, Kurt, Wendelin Gürrich der Ältere und der Jüngere, in: ZGO 126 (1978), S. 145-221. | **2** FÖRSTEMANN 1841, Bd. 1, S. 121a. | **3** KÖSTLIN 1888, S. 21. | **4** KÖSTLIN 1888, S. 25. | **5** CR, Bd. 4, Sp. 608. | **6** KÖSTLIN 1890, S. 23. | **7** SEIDEMANN 1875, S. 36. | **8** Über ihn SCHEIBLE, MBW, Bd. 12, Personen, 2005, S. 206. | **9** MUNDT 1983, Bd. 2, S. 191; Bd. 1, S. 273.

Hack, Joachim

Joachim Hack (Hake, Hacke, Hak) Bruder von Mads Hack, geboren um 1520/25 in Svenborg (Syddanmark), gestorben ?, luth., Magister aus Kopenhagen, Mathematikstudent in Wittenberg[1].
Joachim Hack erscheint erstmals in der Matrikel von Rostock als Famulus des Mathematikers Dr. med. Thomas Zeger[2]. Zeger dürfte damit sein erster Lehrer in den mathematischen Fächern gewesen sein. Am 13. Januar 1546 bat Bugenhagen in einem Brief an König Christan III. von Dänemark um Hilfe für den Bruder von Mads Hack, der einige Monate nach seiner Ankunft schwer erkrankt sei, er liege jetzt bei einem Arzt. Er sei auf dem Wege der Besserung, doch müsse er hohe Kosten tragen. Auch Mads Hack selbst hatte am 14. Januar 1546 dem König geschrieben und um Hilfe

gebeten, wobei er darauf hinwies, dass sein Bruder *eins sonderlichen ingenii vnd großer verhoffnung* sei und dafür Bugenhagen zum Zeugen anführte³. Der König schickte 50 Taler, die Mads Hak an seinen Bruder und andere Studenten verteilen sollte. Doch noch am 5. Juni und am 20. August musste Bugenhagen dem König mitteilen, dass Mads Hack abgereist und noch nicht zurückgekommen sei, das Geld aber noch bei ihm liege. Beziehungen von Joachim Hack zu Rheticus gab es wohl nicht; als Bruder von Mads Hack konnte man ihn aber hier nicht übergehen.

1 In denn Quellen erscheint er fast nur ohne Vornamen; der Vorname Joachim ergibt sich aus der Matrikel von Rostock, wo Joachim Hake als Famulus von Thomas Zeger aufscheint. | 2 Hofmeister 1891, Bd. 2, S. 100a. | 3 Schumacher, Gelehrter Männer Briefe, Bd. 3, S. 188 f.

Hack, Mads, ca. 1520–1555

Mads (Mats, Mattis, Matthias) Hack (Hak, Hacke, Hacus, Hachus, Hagus), geboren vor 1520 in der auf der Insel Fünen gelegenen Hafenstadt Svenborg (Syddanmark), gestorben 1555 in Augsburg (oder in Italien?), luth., Mathematiker, Musiker, Komponist, neulat. Dichter[1].
Hack immatrikulierte sich im WS 1532/33 an der Universität Wittenberg[2], wo er sich, zunächst unter Volmar, dann unter Reinhold und Rheticus besonders der Mathematik widmete. Er promovierte am 19. September 1539 unter dem Dekan Konrad Lagus zum Mag. art. (gleichzeitig mit Christoph Preuss).[3] Hack war 1539 bis 1545 als Lesemeister in der Mathematik der erste Vertreter dieses Fachs an der Universität Kopenhagen, wo er als solcher auch die *Lectio in musica* innehatte. Sein Gehalt bestand in den Einkünften einer Kanonikerpfründe am Domstift im damals dänischen (seit 1658 schwedischen) Lund.

Hack war als Direktor des Königlichen Chors auch in der musikalischen Praxis tätig, indem er mit seinen Schülern Aufführungen gestaltete[4]. Von seinen Kompositionen ist in den traditionellen Notenbüchern eine fünfstimmige Fuge bekannt. Am 14. August 1540 brachte die Königin Dorothea von Sachsen-Lauenburg-Ratzeburg (1511-1571), die Gemahlin Königs Christian III., ihren Sohn Magnus zur Welt. Als sie nach der Geburt zum ersten Mal wieder in die Kirche ging, führte Hack mit 50 Sängern ein von ihm komponiertes Musikstück mit 24 Stimmen auf.

1545 begab er sich auf eigene Kosten unter Beibehaltung seiner Pfründe zur Weiterbildung ins Ausland (*das er muchte so weit sich erkunden in der mathematica*)[5]. Auf der Reise von Kopenhagen nach Wittenberg wurde ihm in Holstein von einem Hauptmann sein gutes Pferd als Zoll einbehalten, wodurch ihm ein Schaden von 80 Gulden entstanden war. Trotz der Fürsprache des Rates von Lübeck nicht konnte er das Pferd nicht wiederbekommen. Bugenhagen wandte sich deswegen an den König von Dänemark, denn für Kirchen- und Schuldiener sowie für Studenten bestehe Zollfreiheit. Einige Monate nach seiner Ankunft in Wittenberg erkrankte Hack und musste im Haus eines Arztes gepflegt werden, wodurch abermals große Kosten aufliefen. Hätte er das vorausgesehen, wäre er in Kopenhagen geblieben. Der König schickte daraufhin am 3. März 1546 an Bugenhagen 50 Taler. Nachdem Hack sich von Bugenhagen für kurze Zeit verabschiedet hatte, am 5. Juni 1546 aber noch nicht zurückgekehrt war, nahm Bugenhagen das Geld in Verwahrung, doch wartete man am 20. August 1546 immer noch auf seine Rückkehr und wusste auch nicht, wo er sich aufhielt.[6] Möglicherweise hielt er sich 1546 in Augsburg und 1547 auch in Köln auf. 1550 wird er in Löwen als *Regni Daniae mathematicus* bezeichnet; er war demnach trotz langer Abwesenheit immer noch in seiner dänischen Heimat in Amt und Würden. Schließlich hatte Hack seine Reise angetreten, *damit er gnug muchte thun in Euer Königlich Majestät Schulen zu Copenhagen und bestehn wie in andern Universiteten*.[7] Die von ihm 1546 und 1547 praktizierten und im Druck veröffentlichten astronomischen Vorhersagen dienten wohl nicht zuletzt auch dem Zweck, das Ansehen seines Lehrstuhls zu steigern.

Hack veröffentlichte in Gedichtsform eine Vorschau auf die Fínsternisse des Jahres 1538 *Eclipses anni 1538 carmen* (Nürnberg: Joh. Petreius, 1537)[8]. In deutscher Prosa ist von ihm eine Practica Teutsch auff das M.D.XXXXVII. Jar (Augsburg: Heinrich Steiner, 1546) erschienen[9]. Darin enthalten sind zwei lat. Gedichte zu jeweils vier bzw. sieben Hexametern, die eine Vorschau auf die Monate und die Sternbilder geben. In der Vorrede werden aus der üblichen theologischen Sicht die Sterne als Warnungen Gottes verstanden, von zwei gräulichen Lastern, der Füllerei und dem Geiz, abzulassen und Gott zu danken, dass er *vns nicht allein sein wort, sonder auch seine zeichen fürhelt [...] Deshalben so wöllen wir jm dancken vmb sein liebes wort vnd vmb seine lieben zaychen, die er vns gibt an Sonn vnd Mond vnd sternen vnd wöllen die gerne warnemen.* Diesen Gedanken brachte er auch in einem weiteren *Carmen prognosticum in annum 1548* (Köln: Martin Gymnich, 1547) zum Ausdruck, dass er mit einer frommen Mahnung an den Leser verband und ein Gebet an Gott, der in seiner Allmacht Übel von den Menschen abwenden oder doch abmildern kann[10].

Beziehungen zu Rheticus werden nicht ausdrücklich erwähnt, sind aber als sicher anzunehmen. Beide waren zunächst Kommilitonen, später auch Kollegen, beide lehrten das Fach Mathematik, beide publizierten bei Petreius in Nürnberg, beide verfassten Prognostica, Hack auf 1537, 1547 und 1548, Rheticus 1549 und 1551.

1 Rørdam 1868/69, Bd. 1, S. 563-568; Schlüter 2010, S. 309. | **2** Förstemann 1841, Bd. 1, S. 147b. | **3** Köstlin 1890, S. 10. | **4** Vgl. dazu seine Rechnung von 1545 bei Rørdam 1868/74, Bd. 4, Aktstykker og breve, S. 31 f. | **5** Bugenhagen an König Christian III. von Dänemark, in: Vogt 1888/1910, S. 347. | **6** Vogt 1888/1910, S. 355, 357, 361, 372. | **7** Vogt 1888/1910, S. 347. | **8** VD 16 H 92; Zinner ²1964, S. 190, Nr. 1667; Green 2012, S. 178. | **9** VD 16 H 93; Zinner ²1964, S. 209, Nr. 1924; Green 2012, S. 144, 178. | **10** Exemplar in der UB Urbana, Illinois; VD 16 ZV 7210; Green 2012, S. 178.

Hagius, Johannes, † 1604

Johannes Hagius (Hagen), geboren um 1555/60 in Innsbruck, gestorben 1604 in Wittenberg, luth., Physiker, Mathematiker[1].

Die Identifizierung von Hagius bereitet einige Schwierigkeiten. Ein *Joannes Hagius Insbrucensis* immatrikulierte sich im Studienjahr 1573/74 an der Universität Basel und promovierte hier auch am 8. April 1578 zum Bacc. art. [2] Dieser Befund lässt sich nur schwer mit der Eintragung in der Wittenberger Matrikel vom 16. Oktober 1550[3] vereinbaren, zumal hier als Herkunftsort Wittenberg angegeben wird. Man kann sich aber nur schwer darüber hinwegsetzen, weil dazu ein späterer Zusatz *profess. mathemat.* erscheint, der aber wohl irrtümlich erfolgte. Denn von dem Basler Bakkalaureat wäre eine klare Linie bis zur Aufnahme der Lehrtätigkeit von Hagius in Wittenberg gegeben, die etwa 1581 einsetzt. Zwar ist Hagius erst seit 1592 als einer der Nachfolger auf dem Lehrstuhl für niedere Mathematik, den Rheticus einst innegehabt hatte; es heißt aber von ihm, dass er schon seit Beginn der 1580er Jahre *mit gutem Nutzen der Auditoren etlich mathematische Traktat extraordinarie gelesen habe*[4]. An anderer Stelle wird auch berichtet, er sei Professor für Physik gewesen. Bei Kathe findet man ihn allerdings nicht als Inhaber einer solchen Professur verzeichnet[5], da er *intra privatos parietes* (innerhalb der eigenen vier Wände) gelesen hat. In jeden Fall zeigen die von ihm mehrfach herausgegeben *Meteora*, dass er ein ausgesprochener Kenner des zweites Buches von Plinius war, an dem sich die Physikvorlesungen gewöhnlich orientiert haben. Im SS 1596 war der *mathematum professor* Hagius Rektor Magnificus der Leucorea, in welcher Eigenschaft er 346 Immatrikulationen vornahm. Zu unterscheiden wären auch noch mehrere gleichnamige Gelehrte: der Komponist und Theologe Johannes Hagen (1530-1596) aus Marktredwitz, der am 22. April 1552 in Wittenberg eingeschrieben ist[6]; Magister Johannes Hagius aus Würzburg, immatrikuliert am 2. Mai 1554[7], der Freund und Verfasser der ersten Biographie des Petrus Lotichius Secundus (Leipzig 1586)[8] und der Arzt Johannes Hagius aus Neumarkt, immatrikuliert in Wittenberg am 25. April 1583.

Werke: [Fritsch, Markus:] *Meteora, ... item Catalogus prodigiorum*, Nürnberg: Berg & Neuber, 1555[9], weitere Auflagen hg. v. Johannes Hagius, Wittenberg: Lufft, 1581[10], EBENDA, 1583[11] und Wittenberg: Cratonis, 1598[12]; Notes on astrological computations ab 1586[13]; Vorwort zu Johannes Schöner, *Tabulae resolutae*, Wittenberg: M. Welak, 1587, mit Widmung von Hagius an den Kurfürsten Christian I. von Sachsen, datiert aus Wittenberg, den 10. August 1587[14]; weitere Auflage Wittenberg: M. Welak, 1588[15]; als Manuskript überliefert *Calculus ecclipsium*, Wittenberg 1587[16] und Wittenberg 1591[17]; *Annotata in sphaera Procli*, Wittenberg 1591, Wien ÖNB, 11637[18]. Als Rektor und Prorektor hat Hagius einige amtliche Publikationen hinterlassen, so beispielsweise eine Todesanzeige (Wittenberg 1596)[19], ein Geleitwort zu einer Leichpredigt (Wittenberg: Zacharias Lehmann, 1597)[20] oder zu Johannes Cramer, *Oratio de concordia* (Wittenberg: Simon Gronenberg, 1597)[21].

Beziehungen zu Rheticus sind von Hagius nicht zu erwarten. Hagius begann seine Studien sozusagen im Sterbejahr von Rheticus. Aber Hagius war hier zu erwähnen, weil er über einen Zeitraum von 25 Jahren in Wittenberg die Aufgaben von Rheticus wahrgenommen hat, zunächst seit ca. 1580 *privatim*, dann seit 1592 *publice* als Inhaber von Rheticus' Lehrstuhl für niedere Mathematik. Als Bearbeiter der Meteora befasste er sich mit dem zweiten Buch von Plinius' *Naturalis historia*. Und Hagius' *Annotata in sphaeram Procli* haben ihr Gegenstück in Rheticus' *Annotata in spheram Procli*.

1 FRIEDENSBURG 1917, S. 318, 513 f.; KATHE 2002, S. 146 f., 167, 173, 463; BROWN 2003, S. 46 f. | 2 WACKERNAGEL 1956, Bd. 2, S. 221, Nr. 30. | 3 FÖRSTEMANN 1841, Bd. 1, S. 260b. | 4 KATHE 2002, S. 146. | 5 KATHE 2002, S. 466 f. | 6 FÖRSTEMANN 1841, Bd. 1, S. 279a. | 7 FÖRSTEMANN 1841, Bd. 1, S. 292a. | 8 Vgl. dazu ZON 1983, S. 20, Anm. 8 und passim. | 9 HAMEL 1987, Nr. 1149; BSB digital. | 10 HAMEL 1987, Nr. 1421; BSB digital | 11 HAMEL 1987, Nr. 1422.; Exemplar in München, BSB. | 12 HAMEL 1987, Nr. 1423. | 13 KRISTELLER, Iter, 4, 439b. | 14 ZINNER ²1964, S. 292, Nr. 3275 (ohne Erwähnung von Hagius); VD 16 S 3006, BSB digital. | 15 Ex. in Halle ULB, Sign.: 91 A 4106. | 16 www.jordanus.org/.../iccmsm-search.pl?; KRISTELLER, Iter, 3, 389b, 4, 439a. | 17 Wien ÖNB, 11637, fol. 169r-189v. | 18 BROWN 2003, S. 46 f. | 19 GM Nürnberg, Graphische Sammlungen. | 20 ULB Halle, digital. | 21 ULB Halle, digital.

Haintzel, Johannes Baptist, 1524–1581

Johannes Baptist Haintzel, (Heintzel, Hencelius u.ä.), geboren am 26. Juni 1524 in Augsburg, gestorben am 25. Oktober 1581 in Augsburg, begraben in der St. Annakirche[1], luth., reichsstädtischer Amtsträger[2].

Der Ursprung der Familie lag in Degerstein (Parzelle in Bad Schachen, Ortsteil von Lindau, Schwaben). Johannes Hainzel (1478-1543), seit dem 3. Februar 1506 verheiratet mit Katharina Welser, deren Schwester Margarete die Ehefrau des Juristen Konrad Peutinger war, nahm 1513 das Augsburger Bürgerrecht an und war 1536 Bürgermeister. Die Familie wurde 1538 unter die Geschlechter (Patriziat) aufgenommen.

Der Sohn Johannes Baptist war zunächst 1535-1538 Schüler des Augsburger Humanisten Sixt Birk (Xistus Betuleius) an der Schule der Dominikaner in Basel, immatrikuliert 1535/36 an der Universität Basel[3], wo er Bonifaz Amerbach hörte. Am 4. Oktober 1538 wechselte er nach Tübingen.[4] Am 3. Januar 1542 immatrikulierte sich Johann Baptist Haintzel unter dem Rektor Jakob Milich an der Universität Wittenberg[5]; sein Bruder Paul kam erst später nach, als er sich zusammen mit Johann Baptist im Oktober 1542 in Wittenberg immatrikulierte[6]; es scheint, dass Johann Baptist als *praeceptor* einer Gruppe Augsburger Studenten fungierte, zu der auch Adam Rem und Johannes Niss gehörten. Johann Baptist blieb bis Mai 1545 in Wittenberg, ebenso auch sein Bruder Paul. Im Anschluss daran begaben sich beide Brüder nach Tübingen, wo sie sich am 1. Oktober 1545 immatrikulierten.[7] Im April 1546 schrieben sich beide Brüder an der Universität Orléans ein[8]. Sie widmeten sich hier dem Studium der Rechte, nutzten aber ihren Aufenthalt zu einer gemeinsamen Reise durch Südfrankreich. Nach Augsburg zurückgekehrt hielt Johann Baptist Hochzeit mit Veronika Imhoff (*1530), mit der er 20 Kinder zeugte. 1552 wurde er Schulherr und Kirchenpfleger, 1558 bis 1567 Bürgermeister und 1568 bis 1581 Geheimer Rat[9].

Sebastian Lepusculus, der Nachfolger Sebastian Münsters als Professor für Hebräisch an der Universität Basel, hat seinen *Aristotelis Octavus Tropicorum Liber* mit den Scholien des Simon Grynäus (Basel: Hieronymus Curio, 1545) dem Augsburger Stadtschreiber Claudius Pius Peutinger (1509-1551), einem Sohn des Humanisten Konrad Peutinger, zugeeignet und in dem Widmungsbrief vom 12. November 1544 die auffälligen Beziehungen zwischen Augsburg und Basel dargestellt. Er nennt Sixt Birk, Urban Rhegius, Georg von Stetten, die Brüder Johann und Paulus Haintzel, Adam Rem und viele andere.[10] Johannes Baptist und Paul Haintzle gingen von ihrer Geburt an bis zum Tode gemeinsam denselben Weg, sei es als Schüler von Sixt Birk, sei es beim Studium, sei es bei ihren Reisen durch Italien und Frankreich, sei es in der Augsburger Stadtpolitik, sei es schließlich der beiden gemeinsame Leichenprediger Georg Mylius. Beide hatten einen großen Freundeskreis, beide traten durch pietätvolle Stiftungen hervor, indem sie beispielsweise ihren Freunden Valerius Cordus in Rom[11], ihrem Lehrer Sixt Birk in Augsburg[12] oder Hieronymus Wolf, dem »schwäbischen Sokrates« (Melanchthon), in Augsburg auf ihre Kosten ein Denkmal setzten.[13] Beide Brüder waren im Besitz bedeutender Bibliotheken, beide machten sich um die Augsburger St. Annaschule verdient. Melanchthon schrieb am 1. Januar 1559 an ihn einen Neujahrswunsch mit einem Gedicht über den Evangelisten Johannes.[14] Die Brüder standen im Briefwechsel[15] mit Melanchthon[16], Tycho Brahe, Hieronymus Wolf, Achilles Pirmin Gasser[17], Jakob Andreae, Simon Sulzer u.a.).

Johann Baptist Haintzel war in erster Linie Historiker, er war Mitarbeiter an den Augsburger Annalen Gassers, der ihm seine Chronik widmete. Flacius Illyricus widmete ihn die achte Zenturie (Basel 1564)[18]. Er hatte aber, so wie sein Bruder Paulus, auch eine Vorliebe für die Astronomie. Diese geht schon in die Schulzeit unter Sixt Birk zurück, der interessierten Schülern Astronomieunterricht erteilte[19]. Auch Tycho Brahe bezeugt: *ambo literis humanioribus egregie exculti, Astronomico etiam studio plurimum delectabunter* (sie waren beide in den humanistischen Wissenschaften hervorragend gebildet, hatten aber die größte Freunde an der Astronomie)[20].

Beziehungen zu Rheticus müssen bestanden haben, zumal Johann Baptist Haintzel an der Astronomie interessiert war. Er war bereits im Januar 1542 in Wittenberg anwesend, konnte also Rheticus' Vorlesungen hören und ihn als Dekan erleben. Man kann noch auf die Verbindungen hinweisen, die Johann Baptist Haintzel mit Rheticus' Freunden hatte, etwa mit Achilles Pirmin Gasser, Konrad Gesner[21], Valerius Cordus, Hieronymus Schreiber, Wolfgang Meurer, Hieronymus Wolf oder Petrus Ramus.

1 Leichenpredigt von Georg MYLIUS (Miller), Christliche Predigt Bey der Begräbnuss ... Johann Baptist Haintzels (Lauingen: Leonhard Reinmichel, 1581); lat. Gedicht von Nikolaus REUSNER, Lacrymae, Ad fratres Hainzelios. | **2** SCHEIBLE, MBW, Bd. 12, 2005, S. 215; JENNY, in: AK, Bd. 7, 1973, S. 30-32; ILLMER 1980, Bd. I/2, S. 457 f., Nr. 1218; CLEMEN 1985, Bd. 6, S. 157; REINHARD 1996, S. 223 f., Nr. 342. | **3** WACKERNAGEL 1956, Bd. 2, S. 9. | **4** HERMELINK, Bd. 1, S. 293. | **5** FÖRSTEMANN 1841, Bd. 1, S. 193a. | **6** FÖRSTEMANN 1841, Bd. 1, S. 198b.. | **7** HERMELINK, Bd. 1, S. 322. | **8** RIDD. Bd. I/1, S. 385, 29. | **9** Sein Porträt abgebildet bei BELLOT 1984, S. 39. | **10** E-rara.ch, digital; vgl. auch UB Basel, Griechischer Geist aus Basler Pressen G 130. | **11** ADAM 1620, S. 44 f. | **12** JENNY, in: AK, Bd. 7, 1973, S. 31. | **13** SCHMIDBAUER 1963, S. 66. | **14** FUCHS 2008, S. 60; CR 9, Sp. 721 f. | **15** Vgl. dazu JENNY, in: AK, Bd. 7, 1973, S. 31; ILLMER 1980, Bd. I/2, S. 457, Nr. 1218. | **16** CLEMEN/KOCH 1985, Bd. 6, S. 156-164. | **17** BURMEISTER 1975, Bd. 3, S. 450-452, 458-460, 516, 535 f. | **18** Ebenda, 261-284. | **19** KEIL/ZÄH 2004, S. 146 f. | **20** BRAHE, Opera omnia, Bd. 2, S. 343; DREYER 1894, S. 31-34. | **21** BURMEISTER 1975, Bd. 3, S. 196, 198, 223 f., 339, 348, 351.

Haintzel, Paul, 1527–1581

Paul (Paulus) Haintzel, geboren am 29. März 1527 in Augsburg, gestorben am 12. Mai 1581 in Augsburg (begraben in der St. Annakirche)[1], luth., reichsstädtischer Amtsträger, Jurist, Astronom[2].
Der jüngere Bruder von Johann Baptist Haintzel, Sohn des Patriziers Johann Haintzel und der Katharina Welser, im Hause seines Vaters getauft durch den »Lindauer« [*Philiranus*] Urbanus Rhegius (einen Zasiusschülers). Er wurde Schüler von Sixt Birk, in dessen Begleitung er am 19. März 1541 nach Basel zog, um dort Simon Grynäus zu hören. Er immatrikulierte sich unter dem Rektor Bonifaz Amerbach zugleich mit den Augsburgern Johannes Metsberger und Johann Baptist Schenck[3]. Grynaeus ist am 1. August 1541 an der Pest gestorben. Der junge neulat. Dichter Johannes Pedionaeus (1520-1550) verfasste aus diesem Anlass ein Epicedium[4], in das er auch einige *Epitaphia* seiner Schüler aufnahm, u.a. von Paulus Haintzel, Johannes Metsperger und Johann Baptist Schenck. Der 14jährige Paulus Haintzel gab damit im September 1541 seine Erstlingsarbeit in Druck[5]. Im selben Jahr 1541 brachte Achilles Pirmin Gasser die zweite Auflage von Rheticus' *Narratio prima* bei dem selben Basler Drucker Robert Winter in Druck.

Zusammen mit seinem Bruder Johann Baptist immatrikulierte sich Paulus Haintzel im Oktober 1542 an der Universität Wittenberg[6]. Da die Brüder sehr stark aneinander hingen, ist nicht einzusehen, warum nicht auch Paulus so wie Johann Baptist, der sich im WS 1541/42 Anfang Januar in Wittenberg immatrikuliert hat, auch schon um diese Zeit nach Wittenberg gekommen ist. Denn nach dem Tod von Grynaeus stand auch für ihn ein Wechsel der Universität an. Wir sehen, dass seine Augsburger Freunde aus Basel wegzogen. So taucht Metsberger schon am 8. November 1541 in Wittenberg auf, Schenck und Rem sind im SS 1542 im nahe gelegenen Leipzig immatrikuliert. Man kann sich schlecht vorstellen, dass die Freunde Paulus Haintzel, Metsberger, Schenck und Rem nicht gemeinsam von Basel nach Sachsen gereist sind.

Paulus blieb, wie auch sein Bruder Johann Baptist, bis Mai 1545 in Wittenberg. Im Anschluss daran begaben sich beide Brüder nach Tübingen, wo sie sich am 1. Oktober 1545 immatrikulierten[7]. Im April 1546 immatrikulierte sich beide Brüder an der Universität Orléans[8]. Sie widmeten sich hier dem Studium der Rechte, nutzten aber ihren Aufenthalt zu einer gemeinsamen Reise durch Südfrankreich. Am 29. Juli 1551 und am 26. Februar 1552 ist Paul Haintzel in Ferrara Zeuge bei Doktorpromotionen[9].

Paul Haintzel heiratete am 13. Mai 1553 Elisabeth Rem, mit der er 13 Kinder hatte. 1559 wurde er Mitglied des Kleinen Rats, 1562 bis 1567 Proviantherr, 1568 bis 1581 einer der sechs Bürgermeister. Seit 1570 wohnte er auf seinem Landgut in Göggingen (heute Stadtteil von Augsburg).

Die Brüder Johann Baptist und Paul Haintzel waren keine Zwillinge, gingen aber von ihrer Geburt an bis zum Tode gemeinsam denselben Weg, sei es als Schüler von Sixt Birck, sei es beim Studium in Wittenberg, Tübingen oder Orléans, sei es bei ihren Reisen durch Italien und Frankreich, sei es schließlich in der Augsburger Stadtpolitik. Beide hatten einen großen Freundeskreis, beide traten durch pietätvolle Stiftungen hervor, indem sie beispielsweise ihren Freunden Valerius Cordus in Rom[10] oder Hieronymus Wolf, dem »schwäbischen Sokrates« (Melanchthon), in Augsburg auf ihre Kosten ein Denkmal setzten[11].

Paul Haintzel war bekannt als *astrologus* und *mathematicus*. Beide Brüder hatten eine bereits von Sixt Birk geweckte[12] Vorliebe für die Astronomie, wie Tycho Brahe bezeugt: *ambo literis humanioribus egregie exculti, Astronomico etiam studio plurimum delectabuntur, praesertim amplissimus ille et doctissimus Paulus Haintzelius, qui huic arti impensius, naturae quodam ductu, addictus videbatur* (sie waren beide in den humanistischen Wissenschaften hervorragend gebildet, hatten aber die größte Freunde an der Astronomie, besonders jener ansehnlichste und hochgelehrte Paulus, der dieser Wissenschaft, von der Natur geleitet, eifriger zu obliegen schien)[13]. Wie Ptolemäus, Kopernikus oder Rheticus gab auch Paulus Haintzel seinen Namen für die Bezeichnung eines Mondkraters her, mit der er von dem italienischen Astronomen Riccioli geehrt wurde. Der Mondkrater Hainzel hat einen Durchmesser von 70 km, er liegt 41° 18' 0" S, 33° 30' 0" W.

Der Astronom Paulus Haintzel kommt auch noch in einem ihm von Hieronymus Wolf am 1. Januar 1558 mit einer langen Widmungsepistel zugeeigneten Folioband zum Ausdruck, nämlich einer griech.-lat. Ausgabe des Proklos zugeschriebenen Tetrabiblos des Ptolemäus mit einigen Zusätzen, des Porphyrius *Introductio in Ptolemaei opus de effectibus astrorum*, des Hermes Trismegistos *De revolutionibus nativitatum* (Basel: Heinrich Petri, 1559).[14] Der Tetrabiblos des Ptolrmäus war das klassische Lehrbuch der Astrologie.

Tycho Brahe hatte 1568 von Rostock aus Wittenberg besucht, sich 1568 unter dem Rektorat des Simon Sulzer in Basel immatrikuliert (im selben Studienjahr wie Jacobus Hack, Pierre de la Ramée Johann Heinrich Haintzel [1553-1618], ein Sohn von Johann Baptist, und Johann Philipp von Hohensax[15] [1553-1596], ein Großneffe Gassers, 1574 Magister artium Oxoniensis, 1582 Gouverneur von Geldern)[16] und 1569/70 längere Zeit in Augsburg zugebracht hat, wo er bei den Brüdern Haintzel aus- und einging.

Achilles Gasser hat dieses Ereignis in seine Augsburger Chronik aufgenommen. *Der Mertz gegenwertigen Jars [1570] ward so gar gelind, daß so lang derselbig gewehret, es nicht geschneiet oder gereiffet hatte. Da zur selben Zeit Burgermeister [Paulus] Heintzel auff seinem Gut bey dem Dorff Geggingen, kaum enen Steinwurff von hier gegen Nidergang gelegen, ein vmblauffenden Quadranten nach Astronomischer Kunst, auff angeben vnd rath Tychonis Brachae eines Dennenmärckers, auß Tennenhöltzern, vnder freyem Himmel auffrichten lassen, in solcher Grösse, daß bißhero in gantz Teutschlandt kein grösserer nicht gesehen worden: Dann die halbe Circkels linien ward 21. Geometrische Schuch lang, vnd begriffe im Zodiaco nach der Kunst 90. Grad, der Sonnen, Sternen, vnnd deß gantzen Himmels lauff zuerkennen, alles in Messing, in zimlicher Grösse gegraben. Derselbe ward im vierdten Jar hernach vom grossen Windt eingerissen*[17].

Tycho Brahe schildert ein Gespräch, das er mit Paulus Haintzel führte. Brahe beklagte, dass die Astronomen bisher nur mit kindlichem Werkzeug gearbeitet hätten und schlug vor, einen Quadranten zu konstruieren, der so groß sei, dass man jede ganze Minute leicht ablesen und die Bruchteile der Minute geschätzt werden könnten. Er habe schon Quadranten von drei oder vier Cubitus Radius gemacht. Haintzel sagte spontan zu, auf seine Kosten einen Quadranten von 14 Cubitus Radius (18 Fuß) machen zu lassen. Nach einem Monat stand das riesige, aus Eichenholz gefertigte Instrument; 20 Mann hatten größte Mühe, den Quadranten auf einem Hügel in Haintzels Garten in Gögginen aufzustellen. Hier wurde er fünf Jahre lang gebraucht, ehe es im Dezember 1574 durch einen heftigen Sturm zerstört wurde[18]. Zuvor hatte Paulus Haintzel die berühmte Stella Nova von 1572 beobachtet, die er erstmals am 7. Oktober um 6 Uhr abends gesehen hatte. Der zerstörte Quadrant wurde anscheinend wieder aufgebaut, denn 1577 schrieb Johann Major an Brahe, er sei noch in Gebrauch[19]. Noch andere Instrumente hatte Haintzel für Tycho Brahe anfertigen lassen[20]. Auch führte Haintzel mit Brahe einen lebhaften Briefwechsel. Im Umkreis Haintzels traf Brahe auch auf Pierre de la Ramée und Hieronymus Wolf. Christoph Schißler d. Ä.[21], der berühmteste Augsburger Hersteller mathematischer und astronomischer Instrumente, machte 1576 Tycho Brahe ein Angebot, um den Preis von 1000 Goldgulden eine Himmelskugel von 8 oder 10 Fuß Durchmesser mit Triebwerk, zerlegbar in 40 Teile, leicht zu Land und See zu transportieren, herzustellen, doch ging dieser nicht darauf ein[22].

Der Geist der Brüder Haintzel, Hieronymus Wolfs und Gassers wirkte in Augsburg noch lange nach; wie das Gebäude der Stadtbibliothek mit dem astronomischen Turm neben dem St. Annagymnasium auf einem Kupferstich von 1622 zeigt. Auffällig ist aber auch der dänische Einfluss auf die Brüder Haintzel durch Morsius, Oxe und Brahe.

Beziehungen zwischen Haintzel und Rheticus müssen bestanden haben. Wahrscheinlich konnte auch Paulus Haintzel in Wittenberg Vorlesungen von Rheticus hören, wenn unsere Vermutung zutrifft, dass er dort bereits im Januar 1542 anwesend war, auch wenn er zunächst nicht in der Matrikel stand. Er konnte auch aus den Erzählungen oder aus den Kollegheften seines Bruders oder eines anderen Bekannten aus dem weiten Augsburger Freundeskreises einiges über Rheticus in Erfahrung gebracht haben. Haintzel reiht sich in die große Gruppe der Rheticusschüler und -freunde ein, die ebenfalls ausführlich über die Stella Nova von 1572 berichtet haben wie Crato, Hajek, Paul Fabricius, Nolthius, Wolfgang Schuler und viele andere mehr.

1 Georg MYLIUS, Ein Christliche Leichtpredig Auß dem 20. 21. vnnd 22. vers, des 68. Psalmen, bey der Christlichen Leich vnnd Begräbnuß des … Paulus Haintzels (Lauingen: Leonhard Reinmichel, 1581), VD 16 M 5255, BSB digital. | **2** JENNY, in: AK, Bd. 7, 1973, S. 30-32; Detlef ILLMER, in: RIDDERIKSHOFF 1971/1988 (1980), Bd. I/2, S. 457 f., N. 1219; REINHARD 1996, S. 224 f., Nr. 343. | **3** WACKERNAGEL 1956, Bd. 2, S. 25. | **4** PEDIONEUS, Johannes, In Simonem Grynaeum antistitem, pietatis et doctrinae vindicem praeclarissimum, epicedium (Basel: Robert Winter, 1541), VD 16 P 1119 E-rara.ch, digital. | **5** PEDIONEUS 1541, S. 26. | **6** FÖRSTEMANN 1841, Bd. 1, S. 198b. | **7** HERMELINK, Bd. 1, S. 322. | **8** RIDDERIKSHOFF 1971, Bd. I/1, S. 385, 30 | **9** PARDI 1900, S. 160-163. | **10** ADAM 1620, S. 44 f. | **11** SCHMIDBAUER 1963, S. 56. | **12** KEIL/ZÄH 2004, S. 146 f. | **13** BRAHE 1913/29, Bd. 2, S. 343; DREYER 1894, S. 31-34. | **14** VD 16 P 5250, BSB digital; HIERONYMUS 1997, 2. Halbband, S. 860-863, Nr. 285. | **15** Über ihn vgl. BURMEISTER 1975, Bd. 3, S. 410, Anm. 1 sowie 410/16, 418/21, 424/28, 446/49, 452/58, 467/92, 513/15, 525/31; vgl zu ihm AEBI, Richard, Leben und Taten des Freiherrn Johann Philipp von Hohensax, in: Jahrbuch »Unser Rheintal« 1966, S. 95-103. | **16** WACKERNAGEL 1956, Bd. 2, S. 176, Nr. 3, 9, 52, 86, 100). | **17** GASSER 1595, S. 128. | **18** DREYER 1894, S. 31-33. | **19** DREYER 1894, S. 85, Anm. 3. | **20** DREYER 1894, S. 33 f.; vgl. ZINNER ²1967, S. 211, 379. | **21** Zu ihm BOBINGER 1966, S. 99-118; BOBINGER, Maximilian, Christoph Schißler der Ältere und der Jüngere, Augsburg: Die Brigg, 1954. | **22** BOBINGER 1966, S. 335.

Hajek, Thaddäus, 1525–1600

Thaddäus (Tadeáš) Hajek (Hayck, Hagecius, Nemicus = tschech. *Hain*, lat. *nemus*, tschech. Hájek z Hájku, geboren am 1. Dezember 1525 in Prag, gestorben am 1. September 1600 in Prag, Astronom und Arzt[1].

Hajek immatrikulierte sich im SS 1544 unter dem Rektor Joachim Camerarius mit einer größeren Anzahl Tschechen an der Universität Leipzig[2], Konsemester war auch Magister Johannes Crato. Im WS 1546/47 wechselte er an die Universität Wien. Am 14. Juli 1550 promovierte er in Prag zum Bacc. art., kurz darauf am 29. April 1552 stellte sich Hajek mit neun weiteren Bakkalaren der Philosophie zur Magisterprüfung[3]. Hajek studierte danach Medizin in Wien unter Wolfgang Lazius; es wäre noch zu klären, ob er auch hier von Rheticus begleitet wurde; Rheticus wäre demnach also in Wien gewesen, als man ihn dorthin zum Professor für Mathematik berief. Am 28. November 1560 promovierte Hajek in Bologna zum Dr. med.[4] Er lehrte darauf in Prag Mathematik und Astronomie. Doch 1558 verließ er die Universität, eröffnete eine Arztpraxis und befasste sich mit der Anfertigung von Horoskopen und der Verlegung von Practica.

Werke (in Auswahl): *Practica Teutsch, auff das 1550 Jar* (Wien: H. Syngriner, 1549)[5]; *Diagrammata seu Typi eclipsium Solis et Lunae futurarum anno a Christo nato* 1551[6]; *De laudibus geometriae* (Prag 1557); *Aphorismorum metoposcopicorum libellus unus, nunquam antea editus* (Prag: Melantrichus, 1562); *Herbarz, ginak Bylinář, welmi vžitceňý, a Figurami … ozdobený…*, mit Pier Andrea Mattioli (Prag: G. Melantrych, 1562), Reprint Prag: Odeon, 1982; *Astrologica opuscula antique* (Prag: Georg Melantrich, 1564)[7]; *De investigatione loci stellae novae in Zodiaco* (Wien 1573)[8], weiterer Druck hg. v. Bartholomäus Reischacher, *De mirabili novae et splendiosae stellae* (Wien: C. Stainhofer, 1573)[9]; *Dialexis de novae stellae apparitione* (Frankfurt/Main 1574), mit weiteren Schriften zum Thema von Paul Fabritius, Cornelius Gemma, Johann Vögelin, Regiomontan[10]; Reprint in Cimelia Bohemica, Prag: Pragopress, 1967; *Responsio ad Hannibalis Raymundi scriptum, stellam … non novam, sed veterem fuisse* (Prag: G. Nigrinus, 1576)[11]; *Descriptio Cometae, qui apparuit a.d. 1577, Adiecta sunt spongia contra cucurbitulas Hannibaldis Raymundi* (Prag: Georg Melantrich von Aventin, 1578)[12]; *De cometarum significatione commentariolus* (Basel 1579); *Spongia secunda ad insanas cucurbitulas*

Hannibalis Raymundi (Prag: 1579)[13]; *Epistola ad Martinum Mylium, in qua examinatur sententia Michaelis Moestlini et Helisaei Roeslin de cometa anni 1577* (Görlitz: Ambrosius Fritsch, 1580)[14]; *Apodixis physica et mathematica de cometis* (Görlitz: Ambrosius Fritsch, 1581)[15]; *Commentarii in Hermetis Trismegisti aphorismos sive 100 sententias astrologicas* (Frankfurt/Main 1584; *De cerevisia, eiusque conficiendi ratione opusculum* (Frankfurt/Main: Andreas Wechels Erben, 1585); weitere Ausgabe 1597; siehe auch Horace Tabberer Brown, *Brewing and Malting Three Hundred Years Ago* (London 1898); *Actio medica adversus Philippum Fanchelium Belgam, incolam Budovicensem, medicastrum et Pseudoparacelsistam* (Amberg: Forster, 1596).

Hajek führte eine umfangreiche gelehrte Korrespondenz, u.a. mit Tycho Brahe, Kepler und Dudith. Hajek war dreimal verheiratet; er hatte drei Söhne und eine Tochter. Am 19. Januar 1552 zu Prag gewährte der Kaiser den Gebrüdern Georg, Ursin, Johannes, Labus, Veit, Flavius und Thaddäus ein Wappen[16]. 1554 wurde Hajek durch Kaiser Ferdinand I. in Adelsstand erhoben. Hajek wirkte auch als Leibarzt der Kaiser Maximilian II. und Rudolf II. 1571 erfolgte seine Erhebung in den Ritterstand. 1574 begleitete er Kaiser Maximilian II. nach Regensburg.

Die Beziehungen zu Rheticus waren zeitweise recht intensive, wie bereits oben angedeutet. Meine früher geäußerte Ansicht, dass Rheticus Hajek aus seiner Prager Zeit kannte, muss korrigiert werden. Hajek war in Wien zeitweise der einzige Schüler von Andreas Perlach, der als Mitbewerber von Rheticus um dessen Professur in Leipzig genannt wurde. Vermutlich wurde Hajek bereits hier in Leipzig Rheticus' Schüler, wo er sich im SS 1544 gleichzeitig mit Crato immatrikuliert hatte. Man könnte zwar einwenden, dass Hajek in Leipzig Medizin studiert hat; doch auch Rheticus studierte dort Medizin; auch war Hajek sehr stark nach der Astronomie und Mathematik (Euklid) hin ausgerichtet, sodass er sicher das Gespräch mit Rheticus gesucht hat. Es ist zu vermuten, dass Rheticus bei der Promotion von Hajek zum Mag. art. in Prag anwesend gewesen ist. Rheticus und Hajek waren Schüler und Freunde von Cardano (den Hajek 1553/54 in Mailand besuchte) gewesen. Ein gemeinsamer Freund beider war auch Paul Fabricius in Wien. Aus dem Briefwechsel von Hajek in Prag und Rheticus in Krakau haben sich zwei Briefe aus den Jahren 1563 und 1567 erhalten. Rheticus spricht darin ihre Freundschaft (*nostra amicitia*) an und bedauert, nicht täglich mit ihm sprechen zu können.[17] Gerne würde sich Rheticus mit ihm über Paracelsus und insbesondere dessen Astronomie unterhalten[18]. Wie Rheticus war auch Hajek Paracelsist. Hajek hatte einen guten Einblick in die Arbeit von Rheticus. So konnte er in einem Brief an Tycho Brahe berichten, Rheticus habe Apians *Astronomicon Caesareum* oft *ein faden kunst* genannt[19]. Hajek war auch im Besitz von Kopernikus' eigenhändig geschriebenen *Commentariolus*[20]; dieses Buch kann nur auf dem Wege über Rheticus in dessen Besitz gekommen sein.

1 Scheible, MBW, Bd. 12, 2005, S. 215 f.; Krömer 1973, S. 11-20; Horský, Zdeněk, in: Hajek, Dialexis, Reprint in Cimelia Bohemica, Prag: Pragopress, 1967, S. 25-32 (auch engl.). | 2 Erler, Bd. 1, S. 649, P 16. | 3 Dittrich/Spirk 1848, S. 146 f. | 4 Bronzino 1962, S. 60. | 5 Exemplar in Staatsbibl. PKB Berlin. | 6 Zinner ²1964, S. 215, Nr. 2014. | 7 Zinner ²1964, S. 237, Nr. 2338. | 8 Zinner ²1964, S. 254, Nr. 2625. | 9 Zinner ²1964, S. 256, Nr. 2547. | 10 Zinner ²1964, S. 257, Nr. 2673. | 11 Zinner ²1964, S. 261, Nr. 2736. | 12 BSB digital; Zinner ²1964, S. 266, Nr. 2824. | 13 Zinner ²1964, S. 270, Nr. 2886. | 14 Zinner ²1964, S. 272, Nr. 2926. | 15 Zinner ²1964, S. 275, Nr. 2979. | 16 Frank 1970, Bd. 2, S. 154. | 17 Burmeister 1968, Bd. 3, S. 181 f. | 18 Burmeister 1968, Bd. 3, S. 186 f. | 19 Zinner ²1964, S. 195, Nr. 1734. | 20 Rosen/Hilfstein 1985, S. 76.

Hartmann, Georg, 1489–1564

Georg Hartmann (Hartman, Hartmannus), geboren am 9. Februar 1489 in Eggolsheim (Lkr. Forchheim, Oberfranken), gestorben am 8. April 1564 in Nürnberg, Grab auf dem Johannisfriedhof[1], luth., Theologe, Mathematiker und Instrumentenbauer[2].

Paul Eber gedenkt in seinem *Calendarium historicum* (Wittenberg 1550) des Geburtstages von Georg Hartmann, den er als *insignis mathematicus* bezeichnet. Wie Werner oder Schöner gehörte er dem geistlichen Stand; in der Fachwelt genoss er höchstes Ansehen. Nach dem Studium seit 1510 in Köln und einer Italienreise wurde er zum Priester geweiht und kam 1518 nach Nürnberg, wo er bis an sein Lebensende als Vikar an St. Sebald tätig war, trat aber wohl nach der Reformation in den Laienstand zurück. Er stellte zahlreiche Instrumente her wie Quadranten, Kompasse, Globen, Astrolabien[3]. Er schuf beispielsweise die drei Sonnenuhren an der St. Sebaldskirche. Hartmann entdeckte, wohl während seines Aufenthaltes in Rom, die Missweisung der Magnetnadel; er kam 1544 nochmals darauf zurück[4]. Eng befreundet war Hartmann mit Dürer, Pirckheimer, der Familie Geuder und Melanchthon, ebenso mit Johannes Werner († 1522). Hartmann korrespondierte auch 1541 bis 1545 mit Herzog Albrecht von Preußen[5].

Werke: Hartmann, von dem eine Reihe von Manuskripten erhalten geblieben sind, hat nur sehr wenig im Druck veröffentlicht. Im Druck erschienen: Peckham, Johannes: *Perspectiva communis* (Nürnberg: Joh. Petreius, 1542)[6]; astrologischer Traktat *Directorium* (Nürnberg 1554)[7].

Beziehungen zu Rheticus:. Rheticus verehrte Hartmann als einen erfahrenen Kollegen *doctrina praestans*, wie er ihn 1542 angeredet hat[8]. Er widmete ihm das einen Auszug aus *De revolutionibus* bildende Buch *De lateribus et angulis triangulorum* (Wittenberg 1542)[9]. Es ist nicht bekannt, seit wann Rheticus persönliche Kontakte zu Hartmann gehabt hat, vermutlich erst nach dem Antritt seiner Reise zu Kopernikus, die ihn ja über Nürnberg führte. Über Melanchthon könnte Rheticus aber schon früher von Hartmann gehört haben. Der Vermutung von Oliver Thill, Rheticus habe vielleicht erstmals von Hartmann etwas über Kopernikus erfahren[10], kann ich nicht folgen. Hartmann kannte von seinem Studium in Italien her Andreas Kopernikus († 1519), den Bruder von Nikolaus Kopernikus, letzteren aber wohl nicht[11]; ja es scheint fast so, als habe erst Rheticus Hartmann auf Kopernikus aufmerksam gemacht, bat er ihn doch über das ihm gewidmete Buch Kopernikus zu lieben (*amandum auctorem*). In Wittenberg dürfte eher Melanchthon von Kopernikus gewusst haben; ihm stand Rheticus sicherlich näher als Hartmann, ganz abgesehen davon, dass er schon durch Volmar Kenntnis von Kopernikus haben konnte.

Am 22. Dezember 1531 ließ Melanchthon Camerarius wissen, dass dessen ehemaliger Lehrer Georg *Vorchemius* [Hartmann] jetzt sein Tischgenosse sei und einige Zeit in Wittenberg bleiben werde[12]; zu dieser Zeit war Rheticus noch nicht in Wittenberg. In den Zeugnissen, die Melanchthon verschiedenen Schülern von Rheticus und Reinhold ausgestellt hat, begegnen wir immer wieder der Formulierung, die an Platon anknüpft und den Sinn der Mathematik bzw. der Astronomie darin sieht, die Welt als Schöpfung Gottes zu erkennen. Melanchthon verwendet in einem Brief vom 8. August 1542 gegenüber Hartmann, einem Wächter dieser göttlichen Weisheit, ganz ähnliche Worte: Wo immer er könne, werde er nicht müde, die Jugend zu ermahnen, die mathematischen Wissenschaften aufzugreifen, zu lieben und zu lernen, um der Ehre Gottes willen und der vielfältigen Verwendungsmöglichkeiten im Leben[13].

Hartmann bedankte sich bei Rheticus für die Zueignung von *De lateribus et angulis triangulorum*, indem er ihm zwei Manuskripte von Johannes Werner überließ. Die Edition der Wernerschen Schriften durch Rheticus gelangte 1557 aber nicht über das an König Ferdinand gerichtete Vorwort hinaus. Diese Widmung an Ferdinand I. war kein Zufall; denn der König hatte seit Jahren die Arbeiten Hartmanns verfolgt. Am 29. August 1542 widmete Hartmann die *Perspectiva communis* Ferdinands Baumeister Johannes Tscherte. Ein Exemplar dieses Buches hat einen Besitzvermerk von Rheticus; er überließ es später dem Johannes Praetorius[14].

Ein Bindeglied zwischen Rheticus und Hartmann war Rheticus' Schüler Johannes Prunsterer, der zu einem Kupferstich mit dem Porträt Hartmanns ein Distichon verfasste:

> *Treulich auf kleine Globen malt er die goldenen Sterne,*
> *Und den Schiffen zur See deutet er kunstreich den Weg*[15].

Wie in Matth. 2, u. 9 weisen Sterne den Weg; manche haben an den Halleyschen Komet gedacht, der dann 1531 wiederkehrte, die Astronomen dieser Zeit begeisterte, nicht zuletzt auch Rheticus.

1 Deutsche Übersetzung des Epitaphs bei BALMER 1956, S. 287. | 2 ADB; NDB; DOPPELMAYR 1730, S. 56-58; BALMER 1956, S. 287-292 und passim; WISSNER, Adolf, in: NDB 7 (1966), 742; ZINNER ²1967, S. 357-368; PILZ 1977, S. 169-176; SCHEIBLE, MBW, Bd. 12, 2005, S. 230. | 3 WOLFSCHMIDT 2009, S. 138 f.; WOLFSCHMIDT 2010, S. 52 f. | 4 WOLFSCHMIDT 2009, S. 60; Wolfschmidt 2010, S. 47, 49. | 5 THIELEN 1953, S. 178 f., 225, Anm. 66; Wortlaut des Briefes bei BALMER 1956, S, 290-292. | 6 VD 16 J 678; BSB München, digital | 7 ZINNER ²1964, S. 220, Nr. 2083. | 8 BURMEISTER 1968, Bd. 3, S. 49-49 (lat. Text und dt. Übers.). | 9 ZINNER ²1964, S. 199, Nr. 1795. | 10 THILL in: GASSENDI/THILL 2002, S. 193. | 11 PROWE 1883/84, Bd. I/2, S. 483. | 12 CR II, Sp. 553 f., Nr. 1020. | 13 CR IV, Sp. 853 | 14 KÜHNE, Andreas, in: MÜLLER 1993, S. 320 f., Nr. 143 (mit Abb. des Titelblattes). | 15 Zitiert nach BALMER 1956, S. 287.

Hauck, Laurentius

Laurentius Hauck (Haug), geboren in Schweinfurt (Unterfranken), luth., Bakkalaureus.
Hauck immatrikulierte sich im SS 1548 unter dem Rektor Johannes Sinapius an der Universität Leipzig[1]. Er gehörte der Bayerischen Nation an. Im WS 1548/49 wurde er nach dem 21. März 1549 unter dem Dekan Rheticus von Magister Ambros Borsdorfer zum Bacc. art. promoviert[2].

Beziehungen zwischen Rheticus und Hauck bestanden in den Jahren 1548 bis 1551. Haucks Promotion zum Bacc. art. fand unter den Dekanat von Rheticus statt, er musste für die Prüfungen zum Bakkalaureat die Vorlesungen von Rheticus hören.

1 ERLER, Bd. 1, S. 670, B 26. | 2 ERLER, Bd. 2, S. 706.

Hauenreuter, Sebald, 1508–1589

Sebald Hauenreuter, geboren 1508 in Nürnberg, gestorben 1589 in Straßburg, luth., Magister und Arzt[1].
Sebald Hauenreuter, Sohn des Zuckerbäckers Georg Hauenreuter, kam, gefördert von Ebner und Baumgartner,1527 nach Wittenberg, wurde aber erst am 23. Mai 1532 (gratis) immatrikuliert[2]. Er hörte die öffentlichen Vorlesungen von Luther und Melanchthon und suchte auch deren privaten Kontakt; auch Fendt und Johannes Bernhardi (Velcurio) werden als seine Lehrer genannt. Er bewährte sich in Studien und Sitten, sodass er sich großer Beliebtheit erfreute. Am 28. August 1534 promovierte er unter Alexander Ales zum Mag. art., zusammen mit Johannes Marcellus (1. Rang) und Andreas Aurifaber (9. Rang).[3] Er schlug die Gelegenheit zu einer Bildungsreise nach Italien und Frankreich aus, da er seine verwitwete Mutter versorgen musste. Und so wechselte er mit der Berufung des Camerarius nach Tübingen; auch andere Nürnberger Kommilitonen schlossen sich an, die sich am 27. September 1535 als sechsköpfige Gruppe immatrikulierten; weitere zehn Scholaren mit ihrem *praeceptor* Laurentius Engler, später *Professor musicae* in Straßburg, folgten am 7. Oktober 1535, darunter Weikersreuter und Eichhorn. In Tübingen wurden ihm die Vorlesungen über Ethik und Dialektik anvertraut. Hauenreuter suchte aber möglichst rasch zu einem Abschluss zu kommen, er promovierte am 16. September 1539 unter Jakob Schegk zum Dr. med. Am 10. November 1540 kam er nach Straßburg, wo er aufgrund von Empfehlungen von Camerarius Stadtarzt und Professor der Medizin wurde. Hauenreuter hat fünfmal geheiratet: Anna König, Margaritha Becherer, Anna von Odrazheim, die Witwe Apollonia Ruelin und zuletzt Anna von Drukheim. Sein Sohn Dr. med. Johann Ludwig Hauenreuter (1548-1618) trat seine würdige Nachfolge in der medizinischen Professur an. 1548 wohnte Hieronymus Wolf in seinem Hause in Straßburg.

Werke: Ein frühe Publikation ist ein Gedicht, das er zu Camerarius' *Oratio funebris* auf Herzog Eberhard von Tübingen beisteuerte (Tübingen 1537)[4]; außer einigen *Disputationes* hat er kaum etwas veröffentlicht (vgl. aber unten), umso mehr aber durch seine Lehre gewirkt.

Beziehungen zu Rheticus sind nicht bezeugt. Beide wurden 1532 immatrikuliert, waren also Konsemester und drei Jahre lang Kommilitonen. Sie hatten gemeinsame Lehrer wie den Feldkircher Bernhardi und gemeinsame Freunde (Eichhorn, Aurifaber, Hieronymus Wolf). Vater und Sohn Hauenreuter ehrten das Andenken an Bernhardi, indem sie dessen erfolgreiches Lehrbuch der Physik neu herausgaben: Sebald Hauenreuter *Ioannis Velcvrionis Commentarii in Vniuersam Physicam Aristotelis libri quatuor diligenter recogniti* (Tübingen: U. Morhard, 1540) und Johann Ludwig Hauenreuter *Ioannis Velcvrionis Commentariorvm Libri IIII. in Vniuersam Aristotelis Physicen* (Wittenberg: Magister Simon Gronenberg auf Kosten von Andreas Hoffmann, 1595).

1 Adam 1620, S. 311-314. | **2** Förstemann 1841, Bd. 1, S. 143b. | **3** Köstlin 1888, S. 22. | **4** Bezzel 1982, Sp. 446, Ziff. 85.

Hedler, Desiderius † 1581

Desiderius Hedler (Heydler), geboren in Hof (Oberfranken), gestorben um 1581 oder später, luth., Bakkalaureus, lokaler Beamter.

Hedler wurde 1546 ein öffentliches Stipendium von 40 Gulden zuerkannt für ein juristisches Studium[1]. Er hatte vermutlich bereits irgendwo studiert, ehe er sich im WS 1547/48 unter dem Rektor Wolfgang Meurer an der Universität Leipzig immatrikulierte[2]. Hedler gehörte der Bayerischen Nation an. Im WS 1548/49 wurde er nach dem 21. März 1549 unter dem Dekan Rheticus von Magister Ambros Borsdorfer zum Bacc. art. promoviert[3]. Das Bakkalaureat und seine juristischen Interessen bildeten eine optimale Voraussetzung für seine berufliche Karriere in der Verwaltung. Hedler war zunächst Sekretär der Äbte Konrad II. (1543-1552) und Johannes IV. (1552-1562) des Zisterzienserklosters Ebrach (Lkr. Bamberg, Oberfranken, Bayern). Er ließ sich dann in Kulmbach (Oberfranken, Bayern) nieder, wo sich die Markgräfliche Kanzlei befand und wo er selbst ein Haus kaufte (1565)[4]. 1568 bis 1581 amtete er als markgräflich-brandenburgischer Kastner von Wunsiedel.

Beziehungen zwischen Rheticus und Hedler bestanden in den Jahren 1548 bis 1551. Hedlers Promotion zum Bacc. art. fand unter den Dekanat von Rheticus statt, er musste für die Prüfungen zum Bakkalaureat die Vorlesungen von Rheticus hören.

1 Layritz 1804, Bd. 1, S. 8. | **2** Erler, Bd. 1, S. 668, B 1. | **3** Erler, Bd. 2, S. 706. | **4** Bartl, Walter, Stadtarchiv Bayreuth, Findmittel, Akten 15. Jh. bis 18. Jh. und Sammlungsgut, S. 41.

Hegemon, Peter, 1512–1560

Peter Hegemon (Herzog), geboren 1512 in Ansbach (Mittelfranken), gestorben am 26. März 1560 in Königsberg i. Pr., luth., Theologe, Gnesiolutheraner, Gegner des Augsburger Interims und Gegner Osianders[1].

Hegemon immatrikulierte sich am 29. Oktober 1533 an der Universität Wittenberg[2], wo er im Januar 1537 unter dem Dekan Melanchthon zum Mag. art. promovierte[3]. Danach wirkte er als Lateinschullehrer in Königsberg. 1541 kehrte er als Stipendiat des Herzogs[4] nach Wittenberg zurück, um Theologie zu studieren. Am 4. März 1542 wurde er unter Rheticus als Dekan in die Artistenfakultät aufgenommen[5]. Melanchthon stellte ihm am 18. Februar 1543 gegenüber Herzog Albrecht von Preußen ein solides Zeugnis aus: Er ist ein ehrlicher ernster Mann, der in Kirchen wohl zu gebrauchen sein wird[6]. Am 3. Juli 1545 promovierte Hegemon unter Luther als Dekan zum Lic. theol., am 17. September 1545 zum Dr. theol.; Promotor in Anwesenheit der ganzen Universität war Georg Major[7]. Hegemon ließ es sich nicht nehmen, ein *prandium magnificum* zu geben. Am 30. September 1545 wurde er durch Bugenhagen ordiniert und Pfarrer am Dom in Königsberg[8]. Seit 1547 wirkte er auch als ao. Professor für Theologie an der neu gegründeten Universität, 1550 war er Pfarrer an der Löbenichtschen Kirche und herzoglicher Rat. Gemeinsam mit Georg von Venediger und Joachim Mörlin wandte sich Hegemon mit dem Buch *Von der Rechtfertigung des Glaubens* gegen die Lehren Osianders (Königsberg: Hans Lufft, 1552)[9]. Hegemon genoß in Königsberg hohes Ansehen; er war ein geschickter Verhandlungsführer, der in klarer und unverfälschter Weise die Wittenberger Theologie vortrug. Hegemon war verheiratet mit Ursula NN. und hatte mehrere Kinder. Er nennt 1549/1550 Matthias Stoj *affinis suus charissimus* bzw. *affinis suus amandissimus*[10].

Beziehungen zu Rheticus sind gesichert. Beide waren über Jahre Kommilitonen und später Kollegen an der Artistenfakultät. Hegemon hat mit großer Wahrscheinlichkeit mathematische Vorlesungen bei Rheticus gehört. Möglicherweise sind Hegemon und Rheticus Ende September 1541 gemeinsam von Preußen nach Wittenberg gereist. Denn am 3. September 1541 stand Hegemon unmittelbar vor der Abreise nach Wittenberg[11]; am 20. September 1541 beantwortete Herzog Albrecht aus Königsberg Rheticus' Briefe vom 28. und 29. August 1541, schickte ihm einen Portugaleser und bestellte durch Rheticus, der nach Wittenberg reist, Grüße an Luther, Melanchthon und Bugenhagen[12]. Und aus Königsberg vom 21. September 1541 datieren Briefe des Herzogs an Luther und Melanchthon, in denen der Überbringer Hegemon empfohlen wird[13]. In einem Brief an Matthias Stoj aus Königsberg vom 8. Dezember 1549 lässt Hegemon Grüße ausrichten an *M. Rheticum et alios communes amicos*; danach gehörte Rheticus zu den gemeinsamen Freunden von Hegemon und Stoj[14].

1 Scheible, MBW, Bd. 12, 2005, S. 246; ADB, Bd. 1, S. 690; Freytag 1903, Nr. 35, auch S. 16; Stupperich 1973, S. 69-73; Stupperich 1984, S. 99 f. | **2** Förstemann 1841, Bd. 1, S. 151a. | **3** Köstlin 1888, S. 23. | **4** Tschackert 1890, Bd. 2, S. 428, Nr. 1353; S. 430, Nr. 1356; S. 431 f., Nr. 1363 | **5** Köstlin 1890, S. 21. | **6** CR V, Sp. 43. | **7** Förstemann 1838, S. 33 f.; Doktordisputation bei Hartmann 1679. | **8** Buchwald 1894, Bd. 1, S. 46, Nr. 719. | **9** VD 16 V 561; BSB München, digital. | **10** Clemen/Koch, Bd. 5, S. 402, 403, 404. | **11** Tschackert 1890, Bd. 2, S. 431, Nr. 1359. | **12** Tschackert 1890, Bd. 2, S. 431, Nr. 1362. | **13** Tschackert 1890, Bd. 2, S. 431 f., Nr. 1363. | **14** Clemen/Koch, Bd. 5, S. 403.

Hegius, Martin, ca. 1515–1544

Martin Hegius (ursprünglich Hecken), genannt *Frisius*, **geboren um 1515 in Esens (Lkr. Wittmund, Niedersachsen), gestorben in der Nacht vom 9. auf 10. April 1544 in Wittenberg, luth., Universitätslektor** (*Magister legens*), **angehender Theologe.**

Am 7. Dezember 1521 ist ein *Gerhardus Hecken Esensis dioc. Bremen.* an der Universität Wittenberg intituliert[1]. Dieser ist höchstwahrscheinlich ein Verwandter von Martin Hegius und liefert uns einen Hinweis auf den ursprünglichen Familiennamen Hecken, der in Anlehnung an den berühmten münsterländischen Humanisten Alexander Hegius zu dem Gelehrtennamen Hegius latinisiert wurde. Hegius hat sich etwa zehn Jahre später am 19. Juni 1531 in Wittenberg eingeschrieben, wobei er lediglich seinen Vornamen angegeben hat: *Martinus Esensis*[2]. Er wurde *gratis* immatrikuliert; Konsemester waren Matthias Brassanus, Christian Seemann (18. Juni), Hieronymus Rauscher *Lipsensis* sowie die künftigen Poetae laureati Kaspar Brusch und Johannes Stigel. Am 18. September 1539 promovierte Martinus Hegius Frisius unter dem Dekan Johannes Sachse zum Mag. art., wobei er unter 15 Mitbewerbern den 3. Rang erreichte; Mitbewerber waren Johannes Sastrow, der 1544 Poeta laureatus wurde (1. Rang), Valentin Chuden (2. Rang), Johannes Eipelius (4. Rang), Christoph Baldauf (5. Rang), Johannes Moringen (6. Rang), Andreas Musculus (7. Rang)[3]. Am 12. März 1541 disputierte Hegius *Contra dubitationem*[4]. *Dubitatio* (Zweifel) ist ein Begriff aus der Rhetorik, sodass man annehmen darf, dass Hegius die Rhetorik gelehrt hat, die auch sein Lehrer Sachse vorgetragen hat. Am 10. Januar 1543 wurde Hegius unter dem Dekan Christoph Jonas in den Rat der Artistenfakultät aufgenommen[5].

Am Gründonnerstag, den 10. April 1544, hatte der Rektor Melchior Fendt die traurige Aufgabe, die Universitätsangehörigen zur Beerdigung von Hegius zu laden. Er ließ einen Anschlag plakatieren, in dem es hieß: *Decessit hac nocte Magister Martinus Hegius, natus in oppido Frisiae orientalis Esensa, quem meminimus omnes fuisse virum eruditum et honestum, et eum doctrinam Christi praeclare intelligeret, Deum vera pietate coluisse, et contulisse industriam et operam ad studia literarum propaganda. Tali vitae genere et tali militia quid melius contingere homini in hac aerumnosa vita potest? Atque utinam diutius nobiscum in hoc curriculo versari potisset. Sed Deo visum est in aliam meliorum et eruditiorum scholam eum evocare. Funus igitur ei fiet hora iiij. illo ipso tempore, quo filius Dei egressus est ad montem Oliveti, ubi agonem sustinuit ...*[6] (Heute Nacht ist Magister Martin Hegius von uns gegangen, geboren in der Stadt Esens in Ostfriesland, der, wie wir alle wissen, ein gelehrter und ehrenhafter Mann gewesen ist, der die Lehre Christi ausgezeichnet erfasst, Gott mit wahrer Frömmigkeit verehrt und sich mit Fleiß um die Ausbreitung der schönen Wissenschaften bemüht hat. Was kann einem Menschen in diesem trübseligen Leben Besseres widerfahren als eine solche Lebensart und ein solcher Dienst? Aber hätte er nicht länger mit uns auf dieser Lebensbahn verbleiben können? Gott hielt es jedoch für besser, ihn an eine andere Schule der Tüchtigeren und der Gelehrteren zu berufen. Seine Leichenfeier findet um vier Uhr statt zu jener Stunde, in der auch Gottes Sohn auf den Ölberg hinausgezogen ist, wo er den Kampf auf sich genommen hat).

Hegius war, soweit wir sehen, ein stiller und arbeitsamer Gelehrter. Er scheint die fidele Gesellschaft eines Lemnius, Brusch oder Stigel gemieden zu haben. Er hat nichts publiziert, auch wurden ihm keine Gedichte oder Werke zugeeignet. Hegius war auch unverheiratet.

Beziehungen zwischen Rheticus und Hegius sind nicht ausdrücklich erwähnt, es muss sie aber gegeben haben. Rheticus und Hegius waren vermutlich Jahrgänger, seit 1532 waren sie Kommilitonen, seit 1536 gehörte Rheticus zum Kreis der möglichen Lehrer von Hegius. Seit dem Herbst 1539 waren Rheticus und Hegius Kollegen in der gleichen Fakultät, im WS 1541/42 war Rheticus dem Hegius als Dekan vorgesetzt.

1 FÖRSTEMANN 1841, Bd. 1, S. 109a. | **2** FÖRSTEMANN 1841, Bd. 1, S. 143b | **3** KÖSTLIN 1890, S. 11. | **4** KÖSTLIN 1888, S. 23. | **5** KÖSTLIN 1890, S. 21. | **6** Scripta publice proposita, ab anno 1544, Wittenberg: Klug, 1546), Bl. B3v-B4r, BSB München, digital, Scan 24 f.

Heintz, Paul

Paul Heintz (Heinrich, Hentzerus), aus Lüben (Lubin, Woiwodschaft Niederschlesien), luth., Magister.
Paul Heintz hat sich am 6. November 1529 an der Universität Wittenberg *gratis* immatrikuliert[1]. Am 31. Januar 1531 promovierte Heintz unter dem Dekan Kaspar Cruciger zum Mag. art.; er erreichte den 3. Rang von sechs Kandidaten, der mit ihm gleichzeitig geprüfte Johannes Sachse Holstenius den 1. Rang; auf den 2. Rang kam Wilhelm Rivenus[2]. Heintz heiratete die Witwe des Medizinprofessors Heinrich Stackmann († 20. September 1532). 1538 wurde Heintz auf ewige Zeiten relegiert und des Landes verwiesen.

Wo liegt der Hund begraben?

Dem Lemniusskandal vom Juni 1538 war ein Jahr zuvor ein anderer Skandal vorausgegangen, *Quae quidem res per totum occidentem sparsa fuit et Vitebergensibus perpetuam peperit infamiam* (der im ganzen Abendland bekannt geworden und und den Wittenbergern ewige Schande gebracht hat), worauf Lemnius nicht ohne Hähme hingewiesen hat³. Um sich in den Besitz des Vermögens zu setzen, das der Knabe von seinem Vater [Stackmann] geerbt hatte, brachte Heintz seinen Stiefsohn während der Pest von 1535 bei einem Bauern in Jütebog (Lkr. Teltow-Fläming, Brandenburg) in Pflege, erklärte ihn dann aber 1537 für tot und ließ ihn feierlich begraben. Die ganze Universität, die Stadt und viele geistliche Herren aus der Umgebung folgten dem Trauerzug, aber Heintz hatte im Sarg nur einen Hund begraben lassen, was, wie Lemnius behauptet, zu dem Sprichwort geführt habe. Heintz hatte sich danach reuig gezeigt, auch glaubhaft versichert, dass er das Vermögen an den Knaben zurückzugeben gesonnen war, sodass er mit einer Relegation von der Universität und einer Landesverweisung relativ gut weggekommen ist, während Luther lieber die Todesstrafe gegen ihn erwirkt hätte. In der Rektoratsmatrikel wurde er mit der Bemerkung gestrichen *relegatus in perpetuum*. In der Fakultätsmatrikel heißt es zufolge einer späteren Bemerkung *exclusus postea decreto academiae*⁴.

1 Förstemann 1841, Bd. 1, S. 134a. | 2 Köstlin 1888, S. 20. | 3 Mundt 1983, Bd. 1, S. 277 f., Bd. 2, S. 200 f.; Vogt 1888/99, S. 150-153; Buchwald 1893, S. 139 f. | 4 Köstlin 1888, S. 20.

Heise, Matthias, † ca. 1560

Matthias Heise (Heisen, Heiso, Heisse, Jasen), aus Göttingen, gestorben um 1560 in Neubrandenburg (Lkr. Mecklenburgische Seenplatte), luth., Theologe[1].

Heise gehörte mit Göbel, Marshusius, Sprockhof und Brecht zu jenen Göttinger Bürgersöhnen, die mit einem Stipendium der Stadt in Wittenberg studieren konnten. Er immatrikulierte sich an der Universität Wittenberg am 15. November 1540[2], wurde im Januar 1542 Bacc. art. und promovierte am 1. September 1545 unter Johannes Aurifaber *Vratislaviensis* zum Mag. art. (26. Rang von 40 Kandidaten), zugleich mit Marshusius und Sprockhof[3]. Magister Matthias Jasen [sic!] wurde am 19. Mai 1546 von Bugenhagen ordiniert und von der Universität zum Pfarramt nach Lemgow (Lkr. Lüchow-Dannenberg, Niedersachsen) berufen[4]. Magister Heise wurde dann zu Ostern 1550 zu einem neuen Schulmeister in Göttingen angenommen, aber schon im Winter wieder entlassen, *weil er nicht so ein ansehnlicher, ernsthafter mahn in der schule war*[5]. Er wurde daraufhin Klosterprädikant in Neubrandenburg. 1552 bezog er vom Rat ein Gehalt von 50 Gulden sowie Naturalien. Er war noch 1558 im Amt.

Beziehungen von Heise zu Rheticus sind schon dadurch gesichert, dass Heise kurz nach dem 23. Januar 1542 unter dem Dekan Rheticus zum Bacc. art. promovierte und dabei den 1. Rang erreichte, Sprockhoff den 2. Rang[6]. Heise konnte im WS 1541/42 Rheticus' Vorlesungen gehört haben.

1 Mecklenburgische Jahrbücher 69/70 (1904), S. 122; Jahrbuch der Gesellschaft für Niedersächsische Kirchengeschichte 5/6 (1900), S. 52. | 2 Förstemann 1841, Bd. 1, S. 185a. | 3 Köstlin 1890, S. 18. | 4 Buchwald 1894, S. 49, Nr. 766. | 5 Lubecus 1994, S. 392. | 6 Köstlin 1890, S. 7.

Heller, Joachim, 1518–1580

Joachim Heller (Leucopetreius), geboren um 1518 in Weißenfels (Burgenlandkreis, Sachsen-Anhalt), gestorben nach 1580 in Nürnberg (?), Mathematiker, Astronom, Musiker und Buchdrucker[1].

Heller wurde im SS 1536 unter Rektor Milich in Wittenberg immatrikuliert[2]. Als Schüler von Melanchthon, Reinhold und Rheticus promovierte am 8. August 1542 unter dem Dekan Paul Eber zum Magister artium (6. Rang von 30 Kandidaten).[3] Melanchthon empfahl ihn am 25. Januar 1543 an Veit Dietrich und an Hieronymus Baumgartner: *Mores, vim ingenii, eruditionem, nitorem orati-*

onis et versuum splendorem scio vos probaturos esse, aetatem robustiorem esse optarim[4] (Ich bin sicher, dass ihr sein sittliches Betragen, seine Geisteskraft seine Bildung, den Glanz seiner Rede und die Zierlichkeit seiner Verse schätzen werdet, doch wünschte ich, er wäre altersmäßig gefestigter). Er könne ihn auch als Musiker besonders für den Schuldienst empfehlen. Heller wurde im Mai 1543 Rektor des St. Aegidiengymnasiums, wo er zunächst Griechisch und Latein lehrte, aber auch den erkrankten Schöner vertrat. In einem Brief an Schöner vom 13. November 1544 versicherte ihm Melanchthon, dass er und Erasmus Reinhold ihn wie einen Vater liebten; zugleich bat er ihn, ein astrologisches Werk des Joachim Heller in Druck zu geben[5]. Am 1. März 1545 erschien in Nürnberg die *Chronologia* des Johannes Funck mit Epigrammen von Wolf und Heller[6]. 1546 wurde Heller als Nachfolger Schöners Professor für Mathematik. Heller konnte sich nach Schöners Tod auch als offizieller Kalenderschreiber in Nürnberg durchsetzen. 1556 wurde er als Schulleiter abgesetzt, behielt aber eine reduzierte mathematische Professur. Seit 1551 unterhielt er beim Schulhaus in einem *stüblein bei sanndt Egidien* eine Druckerei (Flugblätter, Kalender, Praktiken). Heller heiratete vor dem 5. März 1544 Barbara Puchner (dadurch mit Veit Dietrich verwandt). 1559 erhielt er das Nürnberger Bürgerrecht. Im März 1563 wurde Heller wegen seines Lebenswandels und seiner Parteinahme für den Flacianismus aus Nürnberg verbannt; er zog mit seiner Familie nach Eisleben (Landkreis Mansfeld-Südharz, Sachsen-Anhalt). Hier musste er 1564 seinen religiösen Irrtümer abschwören, nannte sich seit 1565 *mansfeldischer Astronomus* und druckte weiterhin (zeitweise unter der Firmierung Joachim Heller d. J.), aber auch seit 1566 fünf Ausgaben des anspruchsvollen Werkes von Francisco Alvarez einer Reise nach Äthiopien (Lissabon 1540) in deutscher Übersetzung. Wir treffen Heller 1576 in Leipzig, 1579 in Schneeberg.

Heller war seit 1544 verheiratet mit Barbara Buchner aus Schwabach (Mittelfranken); ein Sohn Joachim Heller d.J. wurde am 20. August 1547 in St. Sebald getauft[7]. Das Porträt Hellers findet man bei Matthäus 2010, S. 190 (Kupferstich um 1720). Sein Wappen erhielt Heller am 4. August 1559 in Augsburg durch eine Wappenbestätigung und eine Wappenbesserung[8]: Es zeigt in einem vierfach schwarz und weiß geteilten Schild, in 1 eine Krone mit einem Stern, in 2 das Sternbild des Pegasus (ein geflügeltes Pferd), in 3 einen Mohrenkopf und in 4 ein Bullauge, durch das man ein gekreuztes Segel einer Karavelle erkennen kann. Auf dem geschlossenen Helm die Krone mit Stern, darauf als Helmzier wieder das Sternbild des Pegasus. Die unter dem Wappen stehenden Buchstaben S.P.Q.R., auf Wappen der Reichstädte für die Staatsmacht stehend (*Senatus Populusque Romanus*), greift Hellers Devise *Sperne Pulcra, Quaere Recta* auf, *Recht Ist Fein, Meidt Falschen Schein*. Tatsächlich erregt Heller hier aber einen falschen Schein; denn ein gebildeter Leser wird nicht zögern, die Buchstaben mit *Senatus Populusque Romanus* aufzulösen und Heller für den Inhaber einer staatlichen Gewalt ansehen.

Das Sternbild des Pegasus[9] wird schon von Ptolemäus erwähnt. Die Sterne α (*Markab*, arab. Pferdesattel)[10], β (*Scheat*, arab. Bein)[11], γ (*Algenib*, arab. Flanke)[12] bilden zusammen mit dem Stern α der Andromeda (*Sirrah*, arab. Pferdenabel)[13] das bekannte Pegasusviereck, den Pferdeleib. Alle vier Sterne sind in Wappenbild und Zierrat gut zu erkennen. Das Wappensymbol kennzeichnet Heller ebenso als Astronomen wie auch als Dichter. Krone, Mohrenkopf und Karavelle stellen wohl eine Verbindung zu der Reisebechreibung des Franciscos Alvarez in das Land des afrikanischen Priesterkönigs Johannes her. Dieses von Heller 1566 bis 1573 mehrfach gedruckte Buch darf mit ihren schönen Drucktypen als seine bedeutendste typographische Leistung gelten.

Heller machte sich einen Namen als Komponist; im *Elogium musicae* vertonte er eine Dichtung von Georg Agricola. Als Dichter erscheint Heller nicht im weiten Kreis der neulateinischen Dichter. Er hielt sich aber wohl für einen Dichter, wie der Pegasus im Wappen zeigt. Heller hat eine große Zahl kleinerer und größerer Gedichte hinterlassen, meist als Beigaben zu seinen Drucken. Beispiele sind zwei längere Widmungsgedichte von 258 Zeilen an die Stadt Nürnberg[14] und von 247 Zeilen an Kurfürst August von Sachsen (1556)[15], Gedicht von 36 Zeilen *in astrologiae contemptores*[16], Gedicht *ad lectorem* von vier Zeilen (1544)[17], Gedicht von 36 Zeilen zu Schöners *De iudiciis nativitatum* (1545)[18], Gedicht von 32 Zeilen in *Hoseam prophetam* (1545, 1546, 1552)[19], Eligidion von 20 Zeilen auf Brusch[20], 14 Zeilen auf Cardano (1547)[21], 12 Zeilen auf Johannes Funck, *Chronologia* (1545)[22], acht Zeilen zu Michael Roting (1545)[23], drei Gedichte von 14, acht und sechs Zeilen an Sophonias Päminger (1557)[24], drei Gedichte von je vier Zeilen, u.a. Taufe Christi, Stillung des Sturms (1551)[25]. Zur *Arithmetica* (1542 ff.) des Gemma Frisius lieferte Heller zwei Epigramme, die in mehr als 60 Auflagen verbreitet wurden.

Heller hatte einen großen Freundeskreis, zu dem u.a. gehörten: Osiander, Camerarius d. Ä.[26], Hieronymus Lauterbach, Nikolaus Gugler (1547 Sept. 27[27], hs. Widmung der Practica auf 1548), Johannes Gigas, Georg Fabricius, Johannes Stigel, Stephan Reich[28], Eobanus Hessus oder Kaspar Brusch[29]. Heller gehörte dem weiten Kreis Wittenberger Astrologen an, nach Thorndike zum Melanchthonzirkel[30]. Heller entwickelte sich zu einem »umtriebigen Mathematicus«, ohne aber als Drucker je das Format eines Petreius zu erreichen[31]. Für Heller standen die astrologischen Praktiken ganz im Vordergrund[32]. Beinahe Jahr für Jahr brachte Heller eine *Practica* oder Verwandtes heraus, darunter aber auch solche mit höheren wissenschaftlichen Ansprüchen[33]. Es gab um diese Zeit Tendenzen, die Astrologie dadurch aufzuwerten, dass man von Reichs wegen nur mehr berufsmäßigen Astrologen die Veröffentlichung von Praktiken gestatten sollte (so Hellers Freund Gugler in seiner Vorhersage auf 1564, Heidelberg: M. Schirat, [1563])[34]. Die astrologischen Werke Hellers wurden seit dem 18. Jahrhundert ignoriert, die astronomischen Werke hingegen gerühmt[35].

Heller brachte, zunächst noch gemeinsam mit Schöner, mehrere wissenschaftliche astrologische Lehrbücher heraus: Schöner, Johannes (Hg.), *Scripta ... Joannis Regiomontani ...*, (Nürnberg: Johannes Montanus & Ulrich Neuber, 1544)[36]; Abū Ali al-Hayyat, *De Judiciis nativitatum* (Nürnberg: Johannes Montanus & Ulrich Neuber, 1546)[37], Widmung 1. April 1546 an Melanchthon; Johannes Hispanus, *Epitome totius astrologiae*, (Nürnberg: Johannes Montanus & Ulrich Neuber, 1548)[38]; Abū Ali al-Hayyat, *De Judiciis nativitatum* (Nürnberg: Johannes Montanus & Ulrich Neuber, ²1549)[39]; Māšā'allāh, *De elementis et orbibus coelestibus* (Nürnberg: Johannes Montanus & Ulrich Neuber, 1549)[40]; Māšā'allāh, *De revolutione annorum mundi* (Nürnberg: Johannes Montanus & Ulrich Neuber, 1549)[41]; *Ein Erschrecklich und Wunderbarlich Zeychen. Aus frantzösischer Sprach Tranßferiert von M. Joachim Heller*. Einblattdruck über einen von Nostradamus über Salon beobachteten Kometen. Erste bekannte Übersetzung ins Deutsche, 1554[42]; Kometenschrift 1556.

Beziehung zu Rheticus: Heller war ein Schüler von Reinhold und Rheticus. Es hat aber den Anschein, dass Heller Reinhold bevorzugt hat. Noch als Student hatte Heller zur *Arithmetica* des Gemma Frisius (Wittenberg: Georg Rhau, 1542) lateinische Verse beigesteuert, die 1544 durch eine weitere in Verse gefasste mathematische Scherzfrage ergänzt und bis ins 17. Jahrhundert immer wieder abgedruckt wurden.[43] Frisius, den Rheticus *quasi alterum hac aetate Copernicum* nannte, gehörte mit Reinhold, Rheticus, Gasser und Georg Vögelin zu jenem kleinen Kreis von Mathematikern, die vor 1542 für die Veröffentlichung von Kopernikus *De revolutionibus* eintraten. Dabei kam Frisius aufgrund seiner alten Freundschaft mit Dantiscus eine Führungsrolle zu. Man könnte daher vermuten, dass Heller schon 1542 Kopernikus zuneigte, ein früher Kopernikaner war, wenn auch eher im Sinne Reinholds, nicht vorbehaltslos wie Rheticus.

Heller berechnete nicht nur seine Praktiken auf der Grundlage von Kopernikus, sondern er wies auch im Text[44] oder auf dem Titelblatt ausdrücklich auf *die new vnd wol gegründte Astronomiam, welche Nicolaus Copernicus in seinem werck demonstriert* hin, desgleichen im Almanach für 1553[45], in den Praktiken für 1562, 1563, 1564[46] oder im Schreibkalender 1565[47]. Das war geradezu eine Werbung für Kopernikus, der sonst in reformierten Kreisen eher verpönt war. Der schon von Gasser 1531, erst später so benannte Halley'sche Komet, wurde sehr ausführlich von Heller und Paul Fabricius beschrieben[48].

1558 suchte Rheticus Abschriften der Briefe von Regiomontan, Bianchini u.a. zu bekommen, die sich im Besitz Hellers befanden[49]. Zugleich nahm er Stadius gegen Angriffe von Heller in Schutz und riet Heller dazu, so wie Leowitz Ephemeriden auszuarbeiten.

1 Doppelmayr 1730, S. 54 f.; Scheible 2005, MBW Bd. 12 (Personen F-K), S. 262; Bezzel 1992, S. 295-330. | **2** Förstemann 1841, Bd. 1, S. 159a. | **3** Köstlin 1890, S. 14. | **4** CR V, Sp. 24 f. | **5** CR VI, Sp. 526 f. | **6** VD 16 F 3381; BSB München digital, Titelrückseite. | **7** Bezzel 1992, S. 302, Anm 76. | **8** Frank 1970, Bd. 2, S. 184. | **9** Allen 1963, S. 321-329. | **10** Ebenda, S. 324 f. | **11** Ebenda, S. 325 f. | **12** Ebenda, S. 326 f. | **13** Ebenda, S. 35. | **14** Bezzel 1992, S. 329, Ziff. 55. | **15** Ebenda, S. 311, Ziff. 29. | **16** Ebenda, S. 330, Ziff. 55. | **17** Ebenda, S. 328, Ziff. 49. | **18** Ebenda, S. 329 f., Ziff. 54. | **19** Ebenda, S. 325, Ziff. 33, 34, S. 327, Ziff.43, 44. | **20** Ebenda, S. 325, Ziff. 35. | **21** Ebenda, S. 325, Ziff. 36. | **22** Ebenda, S. 326, Ziff. 38. | **23** Ebenda, S. 327, Ziff. 45. | **24** Ebenda, S. 329 f., Ziff. 50. | **25** Ebenda, S. 329, Ziff. 53. | **26** Ebenda, S. 312, Ziff. 35. | **27** Ebenda, S. 321. **28** Ebenda, S. 311, Ziff. 29, 36, 37. **29** Ebenda, S. 325, Ziff. 35, S. 328, Ziff. 47. **30** Brosseder 2004, S. 12, 16. | **31** Matthäus 2010, S. 189 f. | **32** Zinner 1964, zählt sie (inkl. Kometenschriften) in beeindruckender Zahl auf: Nr. 1913, 1930, 2045, 2063, 2063a, 2085, 2121, 2151, 2175, 2196, 2196a, 2218, 2219, 2236, 2258,2258a, 2280, 2307, 2340, 2373, 2826, 2928. Vgl. auch Matthäus 1968, Sp. 1025-1038; Bezzel 1992, S. 304-330. | **33** Zum Beispiel das lat. Prognosticon astrologicum auf 1547, vgl. Zinner 1964, Nr. 1913, nicht bei Bezzel 1992. | **34** Zinner 1964, S. 21, auch S. 237, Nr. 2337. | **35** Brosseder 2004, S. 312 f. | **36** Zinner 1964, Nr. 1857; Müller 1993, S. 254-256 (mit Abb. des Titelblatts). | **37** Zinner 1964, Nr. 1949; Bezzel 1992, S. 324 (Ziff. 31). | **38** Zinner 1964, Nr. 1931. | **39** Ebenda, Nr. 1949; Bezzel 1992, S. 324 (Ziff. 31). | **40** Zinner 1964, Nr. 1962; Müller 1993, S. 100, 301-303. | **41** Zinner 1964, Nr. 1963. | **42** Ebenda, S. 220, Nr. 2088; abgebildet bei Hess 1911, S. 3, Abb. 1. | **43** Bezzel 1992, S. 297, 326 (Ziff. 39, 40); Müller 1993, S. 171. | **44** Practica auf 1551, Bl. A2r; Bezzel 1992, S. 321, Ziff 4. | **45** Bezzel 1992, S. 321, Ziff. 7. | **46** Ebenda, S. 323, Ziff. 22, 23, 24, 25, 26. | **47** Ebenda, S. 319, Ziff. 73. | **48** Zinner 1964, Nr. 2175; Littrow 1856, S. 301-313. | **49** Burmeister 1968, Bd. 3, S. 153-155.

Hemminga, Sixtus van, –1584

Sixtus (Sicken) Hemminga (Hemmema, Hemminganus), van, geboren am 6. Februar 1533 in Berlikum (fries. Berltsum, Dorf der Gemeinde Menaldumadeel, fries. Menameradiel, Friesland), gestorben am 15. April 1584 in Leeuwarden (Friesland), ref., Mathematiker, Arzt[1].

In seiner grundlegenden biographischen Skizze hat P. J. D. van Slooten Sixtus van Hemminga als *een vergeten grootheit* (vergessene Größe) bezeichnet. Er ist es bis heute geblieben. Erst in den letzten Jahren haben ihn Günther Oestmann und Robert S. Westman für die Astrologiegeschichte wiederentdeckt. Sixtus van Hemminga entstammte einer vornehmen Familie. Er war Inhaber eines Feudums (Lehens), das die Herzöge von Sachsen seinem Großvater Duco (Doecke) van Hemminga 1502 verliehen hatten und das im Erbwege 1572 von seinem Vater an ihn gekommen war. Der Sohn des Hette (Hektor) van Hemminga und der Berber (Barbara) van Gratinga bezog nach Schulbesuch in Groningen (Niederlande) die Universitäten Köln, Löwen (Schüler von Gemma Frisius, Johannes Stadius) und Paris. Eine Krankheit, die ihn im Dezember 1559 an den Rand des Todes brachte, veranlasste ihn, mit Eifer Medizin zu studieren. Er wurde schließlich als Arzt in Leeuwarden tätig. Seine Hauptbedeutung liegt in seiner ausdrücklich gegen Leovitz, Cardano und Gaurico gerichteten Schrift *Astrologiae, ratione et experientia refutatae liber* (Antwerpen: Plantin, 1583)[2]. Am 2. August 1563 heiratete er die 16jährige Assa van Bootsma, mit der er zehn Kinder (vier Söhne, sechs Töchter) hatte. Er veröffentlichte sein eigenes Horoskop sowie die seines unverheirateten Bruders Duco (* 1527), seiner Frau Asse (* 1546) und der Söhne Sixtus d.J. (* 1569), Duco d.J. (* 1571), Hector d.J. (* 1578)[3]. Der ältere Bruder Duco (1527-1568) war ein Fachgenosse, nach Studium in Löwen und Orleans Professor in Löwen, der sich mit Geometrie und Optik befasste, eine (heute verschollene) große Weltkarte schuf[4] und zugleich ein neulat. Dichter war.

Beziehungen zwischen van Hemminga und Rheticus hat es schon wegen des Alters nicht gegeben. Auch hat van Hemminga nicht in Wittenberg oder Leipzig studiert. Gleichwohl lässt van Hemminga sehr enge Verbindungen zu Sachsen erkennen. So findet man unter den Beispielen, mit denen er die Fragwürdigkeit der Astrologie zu beweisen sucht, die Horoskope der Herzöge Johann

Friedrich und Moritz von Sachsen. Aber auch Adressaten, gegen die van Hemminga seine Einwände gegen die Astrologie vorbringt, nämlich Leovitz, Cardano und Gaurico, hatten in Wittenberg einen hohen Stellenwert. Liest man die Namen, auf die van Hemminga Bezug nimmt, so hat man das Gefühl, dass einem der ganze weitere Melanchthonzirkel entgegentritt, wie ihn Brosseder beschreibt[5]: Melanchthon, Camerarius, Caspar Cruciger, Georg Major, Justus Menius, Regiomontanus, Stöffler, Schöner, Dürer, Eobanus Hessus, Eber, Milich, Mycillus, Valerius Cordus, Kilian Goldstein, Sabinus, Veit Oertel Winsheim, Wilhelm Megel, Erasmus Reinhold d.Ä., Rheticus, Andreas Aurifaber, Hieronymus Wolff, Erasmus Flock, Michael Beuther, Georg Fabricius, Heinrich von Rantzau, Erasmus Reinhold d.J., Valentin Naboth, Johannes Stadius, Andreas Vesal, Gemma Frisius[6], Cornelius Gemma Frisius, Charles de l'Écluse, Konrad Dasypodius, Johannes Sleidanus, Johannes Brenz. Schon im Hinblick auf diesen Personenkreis konnte man an van Hemminga nicht vorbeigehen. Über Rheticus sagt er: *Georgius Ioachimus Rethicus, multiplici eruditione clarus, natus anno 1514, 15. Februarij, Mercurium habuit combustum, retrogradum in domo cadente positum, terminmo Saturni, eiusque aspecto quadrato*[7]. Und er erwähnt ihn noch einmal: *Georgius Ioachimus Rheticus, natus anno 1514, 15. Februarij h.13 min 51 ex fine Aquarij, Mercurium habuit quadrato placito respicientem Lunam, in initio Sagittarij positam.*[8]

Die Wittenberger Mathematikerszene war van Hemminga sehr vertraut. Er sparte nicht mit Komplimenten, selbst seinen Hauptkontrahenten gegenüber. Leovitz *Mathematicus huius aevi longe clarissimus atque doctissimus*; Cardano *vir alioqui summus et scriptor imprimis celebris*; Gaurico *Astrologus spectatissimus*; Regiomontan *mathematicus summus*; Camerarius *fuisse excellenti ingenio, multiplici doctrina, eloquentia admirabili et prope divina*; Eobanus Hessus *numine poetico plenissimus*; Dürer *pictor nobilissimus*; Valerius Cordus *medicus doctissimus et rei herbariae longe peritissimus*; Sabinus *qui non pauca excellentis ingenij monumenta edidit*; Erasmus Reinhold d.Ä. *mathematicus* clarissimus; Erasmus Reinhold d.J. *medicus et mathematicus eximius*; Hieronymus Wolff *eximius bonarum artium cultor et huis aevi scriptor insignis*; Mycillus *scriptor sate celebris*; Georg Fabricius *poeta celebris et antiquitatis omnis studiosissimus*; Veit Winsheim *scriptor non obscurus*; Heinrich Cornelius Agrippa *in omni genere absconditae eruditionis absolutissimus*; Valentin Naboth *Mathematum in Academia Coloniensi doctissimus*; Andreas Vesal, *Anatomicus sine controversia summus*; Gemma Frisius *medicus et mathematicus praestantissimus, ingenio supra modum quietus et pacificus*; Cornelius Gemma Frisius *medicus et mathematicus eximius*; Johannes Stadius *Mathematicus eximius*; Charles de l'Écluse *herbaricae peritissimus et diligentissimus inquisitor*; Konrad Dasypodius *doctissimus virus*. Quelle für dieses Wissen waren wohl Paul Ebers *Calendarium historicum* und Sammlungen von Horoskopen, nicht zuletzt aber auch eigene Erfahrungen.

Diese Fülle von Lobeshymnen auf die Kollegen wird verständlich, wenn man liest, wie bescheiden van Hemminga sich selbst einschätzte. *De meo autem ingenio hoc solum dicam, mediocritatem quandam a natura mihi obtigisse, qua contentus nemini maiorem ingenii felicitatem invideo*[9] (über meine geistigen Anlagen möchte ich nur das sagen, dass mir von der Natur nur eine gewisse Mittelmäßigkeit zuteil geworden ist, mit der ich zufrieden hin und keinen um seine glücklicheren geistigen Anlagen scheel ansehe).

1 biografischportaal.nl/persoon/15851247 (10. April 2013); HALBERTSMA, Justus Hiddes, Het geslacht der van Haren's, Fragmenten, Deventer: J. de Lange, 1829, S. 38 f.; SLOOTEN, P. J. D. van, Sixtus van Hemminga, Een vergeten grootheid, in: Friesche Volksalmanak voor het jaar 1893, S. 35-60; OESTMANN 2004, S. 62, 127-133, 137, 151, 175, 177, 179-189, 193-203, 236; WESTMAN 2011, S. 172 f., 179, 227 f., 322 f., 406, 427, 555 f. | **2** BSB München, digital. | **3** VAN HEMMINGA 1583, S. 225, 216-224, 256, 258, 260, 262. | **4** BAGROW 1951, S. 346. | **5** BROSSEDER 2004, S. 16 f. | **6** Über ihn ein ausführliches Horoskop bei VAN HEMMINGA 1583, S. 208-215. | **7** Ebenda, S. 237. | **8** Ebenda, S. 2 | **9** Ebenda 1583, S. 237.

Hemmingsen, Niels, 1513–1600

Niels Hemmingsen (Hemming, Hemmingius), geboren am 4. Juni 1513 in Errindlev auf der Ostseeinsel Lolland (Region Sjælland, Dänemark), gestorben am 23. Mai 1600 in Roskilde (Region Sjælland), luth., Theologe, *Praeceptor Daniae*[1].

Hemmingsen, der Sohn eines Bauern, immatrikulierte sich an der Universität Wittenberg im WS 1537/38 unter dem Rektorat von Augustin Schürpf als *Nicolaus Iplandus Danus alias D. Hemmuchius*[2]. Auf dem Weg nach Wittenberg war er unter die Räuber gefallen, die ihm alles abnahmen[3]. Hemmingsen schloss sich eng an Melanchthon an, hörte aber auch bei Luther Theologie. Ob er in Wittenberg den Grad eines Magisters erwarb, muss fraglich erscheinen, zumal überhaupt nur knapp 15 % der dänischen Studenten bis 1559 diesen Abschluss machten[4]. Auch Paul Noviomagus, der in Wittenberg studiert hat, kam ohne einen Grad nach Kopenhagen, wo er Hofprediger wurde. Gegen seine angebliche Promotion am 11. Februar 1539 bestehen Bedenken, da es hier um Niels Schwanseus geht. Bei der Promotion des Nicolaus Holsatius am 11. September 1543 kommt nur *Nicolaus Holsatius ex Jhohu* = Itzehoe)[5] in Frage. Auch würde diese verspätete Promotion mit der Biographie von Hemmingsen Probleme machen, ganz abgesehen davon, dass man in Wittenberg einen so ehrgeizigen Theologen nicht auf den letzten (29.) Rang platziert hätte. 1542 kehrte Hemmingsen in seine Heimat zurück, wo er 1543 Professor für Griechisch und in Kopenhagen 1545 Professor für Dialektik und Hebräisch wurde. In Kopenhagen wechselte er 1553, inzwischen Hofprediger an der Heiliggeistkirche, in die theologische Fakultät und promovierte er 1553 zum Bacc. theol., was einen fehlenden Magistergrad ohne weiteres wettmachen konnte; 1557 zum Dr. theol., dem höchsten Grad unter allen akademischen Titeln. 1550, 1558 und 1571 war er Rektor Magnificus. 1579 wegen Verdachts des Kryptokalvinismus entlassen und lebte als Domherr in Roskilde.

Beziehungen zu Rheticus. Hemmingsen war obwohl in erster Linie Theologe, als Schüler Melanchthons an der Astrologie stark interessiert. Er nahm in dieser Hinsicht eine ähnliche Haltung ein wie Paul Eber. Hemmingsen sah wie Melanchthon in der Astronomie und Astrologie eine vornehmliche Aufgabe des Menschen, die Wunder der göttlichen Schöpfung zu sehen und aufgrund ihrer durch Beobachtung gemachten Erfahrung Vorhersagen zu machen. Dabei ist zu beachten, dass die Sterne die kommenden Ereignisse nicht bewirken, sondern nur anzeigen. Hemmingsen hätte im WS 1537/38, im SS 1538 sowie im WS 1541/42 Rheticus' Vorlesungen besuchen können. Es mag noch erwähnt werden, dass 1571/72 Hemmingsens Kommentare zu den Apostelbriefe bei dem Rheticusschüler Ernst Vögelin in Leipzig gedruckt wurden[6].

1 Scheible, MBW, Personen, Bd. 12, 2005, S. 267; BBKL II, 1990; RGG III, 2000. | 2 Förstemann 1841, Bd. 1, S. 167b. | 3 Schwarz Lausten 2010, S. 108. | 4 Ebenda. | 5 Förstemann 1841, Bd. 1, S. 206a. | 6 ULB Halle, digital.

Hener, Renatus, ca. 1532–1568

Renatus (Renat) Hener (Henner, Henerus), geboren um 1532 in der Reichsstadt Lindau (Schwaben), gestorben um 1568 in Lindau, luth., neulat. Dichter, Arzt[1].

Renatus Hener war der Sohn des Lindauer Stadtarztes Dr. med. Johannes Hener und seiner 1530 geehelichten Frau Magdalena Rad, Tochter des Lindauer Stadtschreibers Leonhard Rad; er war blutsverwandt mit der Feldkircher Humanistenfamilie Krayer. Hener besuchte zunächst die Lateinschule seiner Vaterstadt, wo Kaspar Brusch sein Lehrer war. Im April und Mai 1547 begleitete Hener Brusch auf einer Reise in die Schweiz (Zürich, Baden, Schaffhausen, Konstanz, Lindau), die im *Iter Helveticum* beschrieben ist und zu der Rheticus die Anregung gegeben hatte. Am 3. September 1548 immatrikulierte sich Hener an der Universität Tübingen[2]. Hier wohnte er bei dem berühmten Botaniker Leonhard Fuchs. 1550 schickte Brusch ein lat. Gedicht über seine Rheinreise *Iter*

Rhenanum (August 1549 bis März 1550) an Hener nach Tübingen. Als Brusch im März 1550 nach Lindau zurückkehrte, wohnte er bei Heners Vater Johannes Hener; er traf mit dem Rheticusschüler Matthias Rodt und mit Hieronymus Pappus zusammen. Bruschs Klostergeschichte *Centuria I.* (Ingolstadt 1551) enthält eine in Verse gehaltene Widmung an den Konstanzer Bischof Christoph Metzler[3]. Diesem Gedicht ist das *Idyllion de Wasserburgo*[4] angehängt; es ist von Brusch an Hener gewidmet: *Renato Henero Lindaviensi Medicinarum studioso in Academia Tubingensi*[5].

1551 treffen wir Renatus Hener in Paris. Hier veröffentlichte er seine Gedichtsammlung *Bucolica*[6]; dazu lieferte Petrus Lotichius Secundus einen Beitrag[7]. An Hener richtete Lotichius ein Gedicht *De puella formosissima ex Celtiberis, quae Claudiam diu a se adamatam facie repraesentabat*[8]. Gleichzeitig brachte auch Loticius seinen *Elegiarum liber* (Paris 1551) heraus. Damit spielte Lotichius auf seine frühere Liebe Claudia an[9], der die Geliebte von Hener glich. Viele Studenten legten sich einheimische Freundinnen zu, um so die Landessprache besser lernen zu können. Thomas Platter warnte seinen Sohn Felix, der um diese Zeit auch in Montpellier studierte, eindringlich davor, *dass er sich hüte, dass er nit etwan von welschen wiberen ingenommen werde*[10].

Von Paris zog Hener weiter nach Montpellier, wo er sich am 29. August 1551 immatrikulierte und den Professor Jean Schyron zu seinem Patron wählte[11]. Wenig später folgte ihm Lotichius, der sich am 23. November 1551 in Montpellier eingeschrieben hat und ebenfalls Schyron zu seinem Patron aussuchte[12]. Zuletzt schloss Hener sein Medizinstudium in Padua ab. Als sein Vater um 1553 gestorben war, konnte er dessen Stellung als Lindauer Stadtarzt übernehmen.

Werke: *Bucolica* (Paris 1551): *Adversus Jacobi Sylvii depulsionum anatomicarum calumnias, pro Andrea Vesalio apologia* (Venedig: 1555)[13]; weitere Auflage in: Galen, *De ossibus, Graece et Latine* (Leiden: D. van der Boxe, 1665). Um 1560 verfasste Hener in Versform eine *Descriptio Lindaviae*, die jedoch ungedruckt blieb; sie ist nur in Fragmenten in Jakob Heiders *Genealogia Lindaviensis* im Rahmen der Familienartikel Bensperg[14] und Varnbüler[15] überliefert.

Renatus Hener heiratete um 1559 Waldburga Waldmann, mit der er drei Söhne hatte: Andreas (*1560), Peter (*1561) und Sigmund (*1563)[16]. Um 1568 ist Hener in noch jungen Jahren gestorben; die Kinder waren 1568/69 mit dem Prediger Georg Necker[17], einem Schüler Luthers, und mit Klaus Lepus bevogtet.

1 BURMEISTER, Karl Heinz, Die Lindauer Ärztedynastie Hener im 16. Jahrhundert, in:Jahrbuch des Landkreises Lindau 14 (1999), S. 51-58, hier bes. S. 54 f.; JENNY 2000, S. 93-214, hier bes. 133, 210 f. (Exkurs 2); DILL/JENNY 2000, S. 224 f.; BURMEISTER 2004, S. 38. | 2 HERMELINK 1906, Bd. 1, S.337. | 3 BRUSCH, Centuria I.,, Ingolstadt 1551, BSB München, digital, Scan 420-424. | 4 ALTWECK, Fridolin, Das Idyllion de Wasserburgo, in: Jahrbuch für den Landkreis Lindau 10 (1995), S. 107-111. | 5 BRUSCH, Centuria I.,, Ingolstadt 1551, BSB München, digital, Scan 424-426. | 6 Exemplar in der Württembergischen LB Stuttgart. | 7 ZON 1983, S. 386, Anm. 18. | 8 Auch in: LOTICHIUS, Poemata, Dresden 1708, S. 60-64. | 9 Siehe dazu ZON 1983, S. 99-126. | 10 FECHTER 1840, S. 158. | 11 GOURON 1957, S. 120, Nr. 1880. | 12 GOURON 1957, S. 122, Nr. 1908. | 13 BSB München, digital. | 14 Stadtarchiv Lindau, STOLZE, Heiders Genealogia Lindaviensis, Nr. 18, S. 37. | 15 Stadtarchiv Lindau, STOLZE, Heiders Genealogia Lindaviensis, Nr. 276, S. 148 und 161b. | 16 Stadtarchiv Lindau, STOLZE, Heiders Genealogia Lindaviensis, Nr. 110, S. 109a. | 17 BURMEISTER, 2004, S. 63.

Henrici, Simon, † 1545

Simon (Simo) Henrici (Wiporgh, Wiburgensis, Viburgensis), aus Wiborg (russ. Wyborg, finn. Viipuri, schwed. Viborg, Rußland), gestorben um 1550 vermutlich in Deutschland, luth., Universitätslektor, Theologe[1].
Simon Henrici immatrikulierte sich an der Universität Wittenberg im WS 1532/33[2]. 1538 war er in seine Heimat zurückgekehrt, jedoch bald darauf kam er wieder nach Wittenberg. Hier promovierte er unter Erasmus Reinhold am 22. Februar 1541 zum Mag. art., wobei er den 4. Rang unter 22 Kandidaten erreichte; Mitbewerber waren Staphylus (1. Rang), Hommel (2. Rang), Hieronymus Haunold (6. Rang), Bernhard Tillmann (10.Rang), Andreas Wankel (19. Rang)[3]. Zu Beginn des

Jahres 1543 begab er sich zusammen mit Nils Månsson und Olof Larsson auf eine Reise nach Italien. Am 1. Mai 1543 wurde er in den Rat der Artistenfakultät aufgenommen⁴, setzte aber sein Theologiestudium fort. Im Sommer 1544 reiste er wieder in seine Heimat, wo er vermutlich Domherr von Turku (schwed. Åbo, Finnland) wurde, ohne aber dort zu residieren. Im Oktober 1544 finden wir ihn abermals in Wittenberg, wo er sich bei einer Studentenschlägerei als Mediator versuchte. Simon Henrici war ohne Zweifel die führende Persönlichkeit der kleinen finnischen Kolonie« in Wittenberg⁵. Vermutlich hat er zu dieser Zeit sein Theologiestudium fortgesetzt; denn aus seinem Besitz hat sich ein Sammelband mit verschiedenen Drucken von Brenz und Luther, alle aus dem Jahre 1544, erhalten, dessen Einband die Initialen SHW mit der Jahreszahl 1545 aufweist⁶.

Beziehungen zu Rheticus waren mit hoher Wahrscheinlichkeit gegeben. Beide waren Kommilitonen, Henrici kam nur ein Semester später nach Wittenberg; später waren sie Kollegen. Wenn wir Henrici im Kreise von Reinhold, Staphylus und Hommel sehen, so möchte man annehmen, dass er auch mit Rheticus gut bekannt war, wie das auch für seine finnischen Kommilitonen Michael Agricola und Martin Teiti gilt. Vermutlich hat Henrici auch noch Rheticus im WS 1541/42 als Dekan der Artistenfakultät erlebt. Wenn es von Henrici heißt, *vir in bonis artibus apprime doctus et in theologiae studio feliciter exercitatus*, so umfasste das auch die mathematischen Fächer.

1 Callmer 1976, S, 18 f., Nr. 34; Heininen 1980, S. 17, 21 f., 30, 39, 43, 46 f., 50, 64 f., 98. | 2 Förstemann 1841, Bd. 1, S. 147b. | 3 Köstlin 1890, S. 12. | 4 Köstlin 1890, S. 21. | 5 Heininen 1980, S. 21. | 6 UB Helsinki, Sign. 764.I.6. Vgl. Heininen 1980, S. 46f., hier besonders Anm. 39.

Herlin, Christian, † 1562

Christian Herlin (Herling, Herlinus), geboren in Straßburg, gestorben am 21. Oktober 1562 in Straßburg, luth., Mathematiker¹.
Der Neffe des Straßburger Ammeisters Martin Herlin bezog nach anfänglichem Studium in Freiburg (1518) und Heidelberg (1519), wo er am 21. Januar 1521 zum *Bacc. art. viae modernae* promovierte, am 19. Oktober 1522 die Universität Wittenberg; Konsemester waren Achilles Pirmin Gasser, Nikolaus Medler, Nikolaus Hausmann, Kaspar Heldelin, Kaspar Cruciger, Ambros Moibanus; wenig später kamen Georg Amantius, Jakob Jonas, Georg Vögelin, Veit Oertel Winsheim, Ulrich Uelin, Lukas Edenberger, Hieronymus Schürstab, Jakob Milich und Erasmus Ebner hinzu. Um 1530 wurde Herlin Lehrer für Mathematik in Straßburg, 1538 Professor an der Schule des Johannes Sturm. Im Februar 1539 reiste Herlin mit Sturm und Calvin nach Frankfurt/Main, um Melanchthon zu begrüßen. 1541 wurde Herlin Nachfolger von Jakob Bedrot. Zu seinem Tod brachte sein Kollege Matthias Huebner ein *Carmen in obitum ... Christiani Herlini* (1562) heraus².

Werke: *Analyseis geometricae sex librorum Euclidis*, zusammen mit Konrad Dasypodius (Straßburg: Iosias Rihelius, 1566)³.

Beziehungen zwischen Rheticus und Herlin sind nicht bekannt; Herlin steht aber in enger Verbindung zu Rheticus' Freundeskreis.

1 Scheible, MBW, Bd. 12, 2005, Personen, S. 275. | 2 BSB München, digital. | 3 BSB München, digital.

Herold, David

David Herold (Heroldt, Heroldus), geboren in Leipzig, luth., Bakkalaureus, Student.
Herold immatrikulierte sich im SS 1544 unter dem Rektor Joachim Camerarius an der Universität Leipzig¹. Er gehörte der Meißner Nation an. Im WS 1548/49 wurde er nach dem 21. März 1549 unter dem Dekan Rheticus von Magister Ambros Borsdorfer zum Bacc. art. promoviert². Sein Bru-

der Philipp Herold immatrikulierte sich im WS 1555/56 in Leipzig[3]. Beide Brüder gingen dann gemeinsam nach Wittenberg, wo sie sich am 26. Juni 1559 in die Matrikel eintrugen[4].

Philipp Herold, der offenbar Theologe war, hat später zwei kleine Schriften publiziert: *De persona et officiis spiritus sancti*[5] und *De lapsu et redemtione generis humani* (beide Leipzig: Georg Hantzsch, 1557). Gemeinsam mit seinem Studienfreund Jakob Strasburg aus Freiberg (Lkr. Mittelsachsen) gab er zur Hochzeit des Andreas Spiegel ein lat. Gratulationsgedicht heraus: *Duo epithalamia in nuptias D. Andreae Spigel* (Leipzig: Georg Hantzsch, 1557)[6].

Beziehungen zwischen Rheticus und Herold bestanden in den Jahren 1544 bis 1545 und 1548 bis 1551. Herolds Promotion zum Bacc. art. fand unter den Dekanat von Rheticus statt, er musste für die Prüfungen zum Bakkalaureat die Vorlesungen von Rheticus hören.

1 ERLER, Bd. 1, S. 648, S 24. | 2 ERLER, Bd. 2, S. 705. | 3 ERLER, Bd. 1, S. 706, M 48. | 4 FÖRSTEMANN 1841, S. 362b. | 5 VD 16 H 2561. | 6 VD 16 S 9383, BSB München, digital.

Herrant, Crispin, † 1549

Crispin Herrant (Herranth, Harrand), gestorben 1549 in Königsberg i. Pr., luth., Maler[1].
Crispin Herrant, ein Schüler von Albrecht Dürer, war 1529 nach Preußen gereist. Herzog Albrecht hatte ihn zuvor um den Gefallen gebeten, Zeichnungen von Gebäuden und insbesondere von in Nürnberg gegossenen neuen Geschützen mitzubringen. Er wurde noch im selben Jahr als Hofmaler bestallt, malte die Mitglieder der Familie und gefangene oder erlegte Tiere, kopierte 1534 für den Herzog Bilder aus der Sammlung des Dantiscus und solche aus der Galerie des Herzogs für Dantiscus. Er schuf 1533 ein Porträt des am Hof weilenden Astronomen Carion sowie 1549 Bildnisse von Luther und Melanchthon[2].

Beziehungen zu Rheticus: Was Herrant mit Rheticus in Verbindung gebracht haben mochte, ist sein Anerbieten, eine Karte des Herzogtums Preußen zu schaffen; denn auch Kopernikus, Rheticus und Zell verfolgten ähnliche Pläne. Durch solche gemeinsame Arbeiten wurde Herrant zu Rheticus' Freund; zumindest sagt Rheticus 1541, er habe seine *Chorographia tewsch* auf die Bitte vieler Freunde, u.a. auch des Hofmalers Crispin Herrant, Dürers Schüler, verfasst[3]. Der Mathematiker und Theologe Thomas Venatorius veröffentlichte gemeinsam mit Eobanus Hessus *Epicedia* auf Dürer (1528), in denen es heißt: *Nicht bloß in der Kunst, sondern auch in der Wissenschaft, der Mathematik, hat er das Höchste geleistet; er lehrte die Städte befestigen und gab eine wissenschaftliche Theorie seiner Kunst. So ist sein Ruhm unsterblich*[4]. Auch Rheticus brachte Albrecht Dürer die größte Wertschätzung entgegen. In seinen Wittenberger Vorlesungen über die Astrologie nahm er Stellung zu Dürers Horoskop mit dem rektifizierten Datum 20. Mai 1471, das auch bei Garcaeus angegeben ist[5]; man findet sonst auch das Datum 21. Mai 1471[6]. In der Chorographie empfiehlt er den Malern das Studium von Dürer. *Albrecht Durer leret in seinen buchern, wie man ain landschafft die ainer in das gesicht bringen kann abconterfaitten solle*[7].

1 THIEME-BECKER, Bd. 16, S. 535; WRÓBLEWSKA 2001. | 2 THIELEN 1953, S. 47, 50 f., 173. | 3 BURMEISTER 1968, Bd. 3, S. 28-32; HIPLER 1876, S. 135. | 4 KRAUSE 1879, Bd. 2, S. 48. | 5 GARCAEUS 1576, S. 148. | 6 KRAAI 2003, S. 49 f.; HOPPMANN 1998, S. 107. | 7 Zitiert HIPLER 1876, S. 137.

Hetzer, Lukas, † 1558

Lukas Hetzer (Heczer, Hezer), geboren in Torgau (Lkr. Nordsachsen), gestorben am 21. Mai 1558 in Wittenberg, luth., Theologe[1].
Hetzer immatrikulierte sich im SS 1536 unter dem Rektor Jakob Milich an der Universität Wittenberg; Konsemester waren u.a. Joachim Heller, Valentin Donat, Nikolaus Mende[2]. Unter dem

Dekan Christan Neumair promovierte er zum Bacc. art.³. Den Grad eines Mag. art. erlangte er ebenfalls unter Christian Neumair am 5. Februar 1540. wobei er den 3. Rang von 15 Kandidaten belegte; mit ihm waren u.a. Johannes Tettelbach (10.), der Däne Peter Genner (14.) und der Tscheche Wenzel Arpinus (15.) angetreten⁴. Hetzer blieb auch in den folgenden Jahren der Wissenschaft verbunden. Er disputierte am 3. September 1541 *De canonicis satisfactionibus*⁵ und wurde am 1. Mai 1544 in den Rat der Artistenfakultät aufgenommen (zugleich mit Sigismund Schörckel)⁶. Am 29. Februar 1548 wurde Hetzer von Bugenhagen ordiniert und zum Priesteramt (Diakon) in Wittenberg berufen⁷. Er blieb aber weiterhin wissenschaftlich tätig. Er wurde für das SS 1551 zum Dekan der Artistenfakultät gewählt; in seiner Amtszeit promovierte er 11 Bakkalare und 40 Magistri, unter den letzteren war Veit Örtel Winsheim d.J., auch wurden neun Magister in das Kollegium der Artistenfakultät aufgenommen, darunter Michael Neander und Tileman Hesnusius⁸. Hetzer trug als Dekan die von Melanchthon verfasste Rede *Oratio de definitione iustitiae, quae extat apud Clementem Alexandrinum* (Wittenberg: Veit Kreutzer, 1551) vor⁹; Hetzer schrieb dazu ein längeres Epigramm an den Leser. Hetzer unterschrieb 1551 die Confessio Saxonica.

Beziehungen zwischen Rheticus und Hetzer sind nicht ausdrücklich überliefert. Hetzer konnte vom SS 1536 bis SS 1538 im Hinblick auf die Prüfungen von 1539 und 1540 Vorlesungen von Rheticus besucht haben.

1 SCHEIBLE, MBW, Bd. 12, 2005, S. 295. | 2 FÖRSTEMANN 1841, Bd. 1, S. 161b. | 3 KÖSTLIN 1890, S. 6. | 4 KÖSTLIN 1890, S. 12. | 5 KÖSTLIN 1890, S. 23. | 6 KÖSTLIN 1890, S. 21. | 7 BUCHWALD 1894, Bd. 1, S. 59, Nr. 729. | 8 KÖSTLIN 1891, S. 4, 11 f., 26. | 9 VD 16 M 3755; ULB Halle, digital.

Heyl, Christoph, † 1585

Christoph (Christophorus) Heyl (Heil, Heyll, Heilman, Heylman, Soter, Soterus), geboren in Wiesbaden (Hessen), gestorben 1585 in Elbing (poln. Elbląg, Woiwodschaft Ermland-Masuren), luth., Schulmann, Arzt¹.

Durch seine lat. Autobiographie *Vitae meae Historia* (1560)² sind wir über den Schulbesuch und Werdegang von Christoph Heyl sehr genau unterrichtet; auf sie sei hier hingewiesen, da sie in vieler Hinsicht paradigmatisch ist. Im SS 1519 immatrikulierte sich Heyl unter dem Rektor Arnold Wüstenfeld an der Universität Leipzig³; hier wurde er der Bayerischen Nation zugewiesen. Heyl absolvierte alle für den Magistergrad notwendigen Lektionen und nahm im WS 1525/26 den Grad eines Magisters artium an. Im Anschluss daran wandte er sich 1528 dem Medizinstudium in Montpellier (wo gleichzeitig auch Georg Vögelin, Achilles Pirmin Gasser, Oswald Uelin, Ulrich Uelin und Nostradamus studierten) und Paris zu, um schließlich 1530 in Orange (Département Vaucluse) zum Dr. med. zu promovieren; an dieser kaiserlichen Universität hatte auch Achilles Pirmin Gasser 1528 den medizinischen Doktorgrad erlangt. Heyl war bis ca. 1534 Rektor der Schule in Stolp (poln. Słupsk, Woiwodschaft Pommern), worauf ihm Cornelius Prusinus nachfolgte. Heyl ging nach Königsberg i. Pr., wo er 1534/36 als Arzt praktizierte und den Bürgern Vorlesungen über Latein und Griechisch gehalten hat. Zwei Jahre lang unterrichtete er Sophia, die Tochter des Herzogs Albrecht von Preußen, später verheiratet mit Herzog Johann von Mecklenburg, in Latein⁴. 1540 wurde er Stadtpysikus in Elbing. Zugleich lehrte er an dem 1535 gegründeten Gymnasium in Elbing Griechisch; hier war Gnaphaeus bis 1541 Rektor, dem dann Andreas Aurifaber im Amt nachfolgte.

Werke: *Galeni de renum affectus dinotione et medicatione liber* (Mainz: Joh. Schöffer, Juni, 1530, Widmung an Kardinal Albrecht von Brandenburg, Erzbischof von Mainz und Magdeburg, Aschaffenburg, am 22. April 1530)⁵; Bertrucius, Nicolaus, *Claudii Galeni ... De usu partium corporis humani libri XVII* (Basel: Andreas Cratander und Joh. Bebel, 1533) enthälts Heyls *Artificialis medicatio*; *Artificialis medicatio constans paraphrasi in Galeni librum de artis medicae constitutione* (Mainz: Ivo Schoeffer, 1534, Widmung an die Herzöge Barnim und Philipp von Pommern, Stolp, den 20. April

1533)⁶. Heyl übersetzte auch Lukian von Samosata *De insomnio seu vita Luciani ... encomium* (Danzig: Franz Rhode, 1546). Er widmete dem Herzog Albrecht ein Almanach⁷.

1537 heiratete Heyl die pommerische Adlige Walpurgis Dametzen. Ein Sohn Heilmand Heyl (1538-1570), geboren in Elbing, immatrikuliert nach Schulbesuch in Kolberg und Stettin in Wittenberg, studierte Theologie⁸; ein anderer Sohn (?) Christoph Heil (aus Kolberg) 1569 in Frankfurt/Oder⁹.

Zwischen Rheticus und Heyl bestanden **Beziehungen**, die in die Zeit seines Frauenburger Aufenthaltes 1539/41 zurückgehen und in dem Kreis um Gnapheus, Andreas Aurifaber, Heinrich Zell und Franz Rhode zu suchen sind. Heyl stand wohl auch noch 1554 mit Rheticus im Briefwechsel¹⁰.

1 Günther 1904, S. 243-264; Freytag 1904, S. 56, 58 f. | 2 Günther1904, S. 246-267 (lat. Originaltext). | 3 Erler, Bd. 1, S. 568, B 72. | 4 Thiele 1953, S. 182. | 5 VD 16 G 216, BSB München, digital. | 6 VD 16 H 3438, BSB München, digital. | 7 Thiele 1953, S. 226, Anm. 70; nicht bei Zinner, nicht bei Green. | 8 Freytag 1903, S. 58, Nr. 301. | 9 Friedländer 1887, Bd. 1, S. 209b. | 10 Burmeister 1968, Bd. 3, S. 123, 125.

Hochmuth, Georg

Georg Hochmuth (Hochmut, Hohmuth, Hohmuet), geboren in der Hansestadt Uelzen (Niedersachsen), gestorben nach 1575, luth., lokaler Amtsträger.

Hochmuth immatrikulierte sich im SS 1546 unter dem Rektor Joachim Camerarius an der Universität Leipzig¹. Er gehörte der Sächsischen Nation an. Im WS 1548/49 wurde er nach dem 21. März 1549 unter dem Dekan Rheticus von Magister Ambros Borsdorfer zum Bacc. art. promoviert². Er setzte danach sein Studium an der Universität Wittenberg fort, wo er sich am 14. Februar 1550 unter dem Rektor Erasmus Reinhold immatrikulierte³. Hochmuth wählte eine Karriere im weltlichen Verwaltungsdienst. Für das Jahr 1575 ist eine bürgerliche Gerichtssitzung unter dem Stadtvogt Georg Hochmuth bezeugt⁴.

Beziehungen zwischen Rheticus und Hochmuth bestanden in den Jahren 1548 bis 1551. Hochmuths Promotion zum Bacc. art. fand unter den Dekanat von Rheticus statt, er musste für die Prüfungen zum Bakkalaureat die Vorlesungen von Rheticus hören. Hochmuth mag 1551 Grüße von Rheticus an Reinhold überbracht haben.

1 Erler, Bd. 1, S. 661, S 22. | 2 Erler, Bd. 2, S. 705. | 3 Förstemann 1841, Bd. 1, S. 253a. | 4 Matthias, Gustav, Geschichte der Stadt Uelzen, 1926, S. 197.

Höfer, Jakob

Jakob Höfer (Hoffer, Hofer, Hoefer), geboren in Torgau (Lkr. Nordsachsen), luth., Theologe.

Jakob Höfer war der Sohn der Witwe Höfer aus Torgau, die 1536 in zweiter Ehe den Wittenberger Hebraisten und Bibliothekar Lukas Edenberger heiratete. Damit wurde Höfer der Stiefsohn Edenbergers. Er wurde im SS 1541 an der Universität Wittenberg *gratis* und ohne Angabe des Herkunftsortes eingeschrieben; beides deutet auf Wittenberg als Wohnort hin. Am 25. Juli 1553 bat Melanchthon seinen ehemaligen Schüler und jetzigen Augsburger Ratsherrn Georg von Stetten für Höfer um eine finanzielle Unterstützung für ein weiteres Jahr, nachdem ihm bereits *etliche Jahre mit einem Stipendio Hülfe gethan*¹. Höfer fand dann auch wenig später eine Stelle im Kirchendienst. Er wurde am 14. März 1554 durch Bugenhagen ordiniert und von der Universität nach Ungrischhausen (?, wohl verschrieben für Wusterhausen/Dosse, Lkr. Ostprignitz-Ruppin, Brandenburg) zum Pfarramt berufen².

Beziehungen zwischen Rheticus und Höfer sind nicht bekannt. Höfer hätte allerdings Rheticus' Vorlesungen im WS 1541/42 besuchen können. Auch hätten beide über Edenberger zusammentreffen können. Es war eventuell auch kein Zufall, dass der Rheticusschüler Georg von Stetten Höfer finanziell unterstützt hat. Ein Verwandter Höfers, der am 30. April 1545 in Wittenberg immatrikulierte Ambrosius Höfer aus Torgau[3], war ein mathematisch interessierter Schüler Peucers; er besaß dessen Buch *Elementa doctrinae de circulis coelestibus*, Wittenberg: Joh. Crato, 1551[4].

1 CR VIII, Sp. 129 f. | **2** BUCHWALD 1894, S. 93, Nr. 1486. | **3** FÖRSTEMANN 1841, Bd. 1, S. 223b. | **4** VD 16 P 1984; BSB München, digital; HAMEL/ROEBEL 2004, S. 328, Nr. 9.

Hoffmann, Blasius

Blasius Hoffmann (Hoffman, Hofeman), aus Oschatz (Lkr. Nordsachsen), luth., Student.
Hoffmann immatrikulierte sich an der Universität Wittenberg am 4. November 1540[1]. 1542 promovierte er zum Bacc. art. Im WS 1544/45 immatrikulierte sich Hoffmann an der Universität Leipzig[2]. Mehr ist über ihn vorerst nicht bekannt. Der 1549 geborene Blasius Hoffmann[3] könnte vom Namen und seiner Tätigkeit her sein Sohn sein. Dieser ist identisch mit dem am 24. September 1568 in Wittenberg immatrikulierten Blasius Hofman aus Dahme/Mark (Lkr. Teltow-Fläming, Brandenburg)[4], der Diakon an St. Marien in Berlin war, der Bibliothek eine *Psalmodia* von Lukas Lossius schenkte[5] und 1627 als Magister Blasius Hoffmann verstorben ist; zu dessen Tod hat Andreas Mauritz eine *Leichpredigt auf Blasius Hoffmann, archichidiacon* (Berlin 1627) verfasst[6], die mir nicht zugänglich war, aber weitere Klärung bringen könnte. Zu fragen wäre auch noch, wo jener Blasius Hoffman aus Ochatz unterzubringen ist, der am 4. Februar 1579 in Wittenberg eingeschrieben wurde[7].

Beziehungen zu Rheticus sind gegeben durch die Promotion Hoffmanns zum Bacc. art. kurz nach dem 23. Januar 1542 unter dessen Dekanat[8]. Hoffmann belegte in der zweiten Gruppe unter 15 Kandidaten den dritten Rang. Man darf annehmen, dass Hoffmann Rheticus' Vorlesungen im WS 1541/42 gehört hat. Hoffmann folgte im WS 1544/45 Rheticus nach Leipzig nach.

1 FÖRSTEMANN 1841, Bd. 1, S. 184b. | **2** ERLER, Bd. 1, S. 651, M 26. | **3** http://pfarrerbuch.de/sachsen/pfarrer/blasius-hoffmann-1549/ (16. Januar 2013). | **4** HARTWIG 1894, Bd. 2, S. 147b, 4. | **5** LAMINSKI, Adolf, Die Kirchenbibliotheken zu S. Nicolai und St. Marien, ein Beitrag zur Berliner Bibliotheksgeschichte (Beiheft Zentralblatt für Bibliothekswesen, 98), Leipzig: Bibliogr. Institut, 1990. | **6** Ex. in SBB, Sign. 2 in: Ee 518. | **7** HARTWIG 1894, Bd. 2, S. 279b, 36. | **8** KÖSTLIN 1890, S. 7.

Hoffmann, Hieronymus, ca. 1520–1575

Hieronymus Hoffmann[1] **(Hoffman, Hofman), geboren um 1520 in Frickenhausen (Gemeinde der Verwaltungsgemeinschaft Eibelstadt, Lkr. Würzburg, Unterfranken), gestorben am 11. März 1575 in Würzburg, Grabstätte mit seinen beiden Ehefrauen in der Franziskaner-Minoritenkirche**[2]**), Jurist, Laie, leitender kirchlicher Verwaltungsbeamter.**
Hieronimus hoffman ex frickenhausen Diocesis Wirczburgensis immatrikulierte sich am 21. Oktober 1540 an der Universität Wittenberg[3]. Am 20. April 1542 promovierte er unter dem Dekan Rheticus zum Mag. art.[4] Danach widmete er sich dem Studium der Rechte und erlangte um 1555 (?) den Grad eines JUD. Schon vor dem Doktorat trat er als Laie in den kirchlichen Verwaltungsdienst, zuerst vom 9. März 1549 bis 20. November 1550 als Kapitelschreiber des Kanonikerstiftes St. Burkhard in Würzburg. Am 7. März 1553 kehrte er, immer noch als Magister, als Syndicus in die Dienste des Kapitels zurück. Am 29. Januar 1558 gab er die Stelle auf, um Vizekanzler des Deutschmeisters zu werden. Später trat er dann als Vizekanzler in die bischöflichen Dienste[5], blieb aber fallweise als Advokat für das Stift tätig.

Beziehungen zu Rheticus sind nicht greifbar. Hoffmann mag Rheticus' Vorlesungen des WS 1541/42 besucht haben. Rheticus wurde auch sein Promotor bei der Verleihung der Magisterwürde, doch dann trennten sich ihre Wege für immer. Es sei noch vermerkt, dass man im kath. Würzburg über die Mitte des 16. Jahrhunderts hinaus Fachkräfte beschäftigte, die in Wittenberg studiert hatten[6].

1 Wendehorst 2001, S. 128 f. | 2 Eubel 1884, S. 33, Nr. 86. | 3 Förstemann 1841, Bd. 1, S. 184a, 36. | 4 Köstlin 1890, S. 14; Buchwald 1894-1902, S. 103 f.; Buchwald 1898, S. 159. | 5 Reuschling 1984, S. 257 f.; Bayerische Archivinventare 22, U 277 f. (1566, Dr., Vizekanzler). | 6 Wendehorst 2001, S. 52.

Holzhuter, Thomas, 1532–1585

Thomas Holzhuter (Holtzhuter, Holzhütter, Holtzhoder, Holthoder), geboren am 14. Dezember 1532[1] in Greifswald, gestorben 1585 (an der Pest) in Gadebusch (Lkr. Nordwestmecklenburg), luth., Theologe, Historiker, Mathematiker, Flazianer[2].
Holzhuter, wohl ein Sohn des am 11. Januar 1548 in Greifswald verstorbenen Magisters Erasmus Holzhütter aus Pyritz (poln. Pyrzyce, Woiwodschaft Westpommern), Professors für Mathematik und Physik[3]. Er promovierte am 9. Oktober 1550 nach einem Examen durch Sigmund Schörkel und Eusebius Menius zum Bacc. art.[4]. Danach immatrikulierte er an der Universität Wittenberg am 9. Oktober 1554 unter dem Rektorat von Sebastian Dietrich[5]. Holzhuter wurde 1565 Pastor zu St. Nicolai in der Hansestadt Wismar (Lkr. Nordwestmecklenburg). Wegen seines Widerstandes gegen das Konkordienbuch und weil er in seiner Privatwohnung Konventikel gehalten hatte, musste Holzhuter 1578 die Stadt verlassen. Die Gemeinde ließ diesen *hochbeliebten, gelehrten und treuherzigen Mann* nur ungern ziehen. Er ging nach Stralsund und Pritzwalk (Lkr. Prignitz, Mecklenburg-Vorpommern), schließlich wurde er auf Empfehlung des Wismarer Rates vom Herzog als Prediger in Gadebusch wieder eingestellt. Thomas Holtzhuter gehört zu den Magdeburger Zenturiatoren; er war mit Wigand, Flacius Illyricus und Corvinus beteiligt an der *Duodecima centuria* (Basel: Oporin, 1569) und der *Decimatertia centuria* (Basel: Oporin 1574).

Beziehungen zu Rheticus sind nicht bekannt. Er war aber hier doch als Student der Mathematik zu erwähnen, auch als Schüler von Sigmund Schörkel und Eusebius Menius. Garcaeus hat sein Horoskop überliefert, in dem er als *Mathematum studiosus* bezeichnet wird. Er dürfte als Schüler Dietrichs und Peucers anzusprechen sein.

1 Garcaeus 1576, S. 401. | 2 Wagenmann, Julius August, in: ADB 13 (1881), S. 30 f. | 3 Dekanatsbuch Greifswald, Artisten I, Bl. 116v. | 4 Friedländer 1893, Bd. 1, S. 230 f. | 5 Förstemann 1841, Bd. 1, S. 299b.

Holzmüller, Wolfgang

Wolfgang Holzmüller, aus Delitzsch (Lkr. Nordsachsen), luth., Ratsherr[1].
Holzmüller immatrikulierte sich im SS 1538 an der Universität Wittenberg[2]. 1542 promovierte er zum Bacc. art., um dann in seiner Heimatstadt als Ratsherr tätig zu sein. Über mehrere Generationen stellte seine Familie Ratsherrn und Bürgermeister.

Beziehungen zu Rheticus sind gegeben durch die Promotion Holzmüllers zum Bacc. art. kurz nach dem 23. Januar 1542 unter dessen Dekanat[3]. Er belegte dabei den fünften Rang der zweiten Gruppe. Er konnte Rheticus' Vorlesungen, die ja auch für die Bakkalaureatsprüfung obligatorisch waren, im SS 1538 und im WS 1541/42 gehört haben.

1 Wilde, Manfred, Das Häuserbuch der Stadt Delitzsch, Bd.1-2 (Schriftenreihe der Stiftung Stoye, 24/25), Neustadt an der Aisch: Degener, 1993/94; Lehmann 1852, Bd. 1-2. | 2 Förstemann (1841, Bd. 1, S. 170b. | 3 Köstlin 1890, S. 7.

Hommel, Johannes, 1518–1562

Johannes Hommel, der auf Wunsch seiner zweiten Ehefrau seinen Namen in Humelius (Homelius) änderte, wurde geboren am 2. Februar 1518 in Memmingen (Schwaben), gestorben um den 3. Juli 1562 in Leipzig, Grabschrift überliefert[1], luth. Theologe, Instrumentenmacher, Mathematiker, Astronom, Kartograph[2].

Begann sein Studium in den Jahren 1534 bis 1539 in Straßburg. Die große Zahl bedeutender Lehrer gewährleistete ihm eine solide humanistische Ausbildung. Die Bayerische Nation in Leipzig pflegte einen neuen Rektor aus ihrem Gremium mit einer Lobrede zu feiern, wie sie der Pfarrer von St. Thomas Heinrich Salmuth auf Hommel vortrug, als dieser am 9. Mai 1560 sein Amt als Rektor antrat[3]. In dieser Rede werden als Lehrer Hommels in Straßburg genannt Wolfgang Capito, Kaspar Hedio, Martin Bucer, Nikolaus Gerbel, Jakob Bedrot, Johannes Sturm, Johannes Sapidus und der Mathematiker Christian Herlin. Im WS 1539/40 immatrikulierte Hommel sich als Stipendiat der Reichsstadt Memmingen zum Studium der Theologie in Wittenberg[4], wo er Schüler von Luther, Melanchthon, Reinhold und Rheticus wurde. Er promovierte am 22. Februar 1541 unter dem Dekan Reinhold zum Mag. art.[5] Nachdem 1541 eine Anstellung als Prediger in Isny nicht zustande gekommen war, kehrte Hommel nach Wittenberg zurück, wurde aber am 28. Februar 1543 von Bugenhagen ordiniert und aus der Universität nach Königstein im Taunus unter Graf Stolberg[6] geschickt, dann nach 1543 luth. Pfarrer in Pleß (Lkr. Unterallgäu, Schwaben).

Am 27. Februar 1542 stellte Melanchthon gegenüber dem Rat von Memmingen ein Zeugnis aus, dass bemeldeter Humelius sehr guter Sitten, *verständig und wolgelahrt ist, ... Er hat allhier guten Fleiß gethan, und nicht allein selb studirt, sondern auch andern fortgeholfen, ihnen gelesen und sie geübt, dass viele ein besonder Gefallen an ihm gehabt*[7]. Am 28. Februar empfielt er ihn nochmals an Veit Dietrich als Briefüberbringer, Hommel kehrte nach Memmingen zurück[8]. Er musste jedoch 1548 nach dem Interim gehen. Hommel gehört zu jener kleinen Minderheit, die später von der Theologie zur Philosophie zurückkehrte. Für ihn war dafür wohl der Anlass, dass er aufgrund des Interims seine Pfarrstelle verloren hatte. Schon als Pfarrer hatte er sich aber nicht nur mit der Seelsorge, sondern auch mit der Astronomie befasst[9]. Am 13. Juni 1546 widmete ihm der österreichische Astronom Oswald Schreckenfuchs (1511-1579) seine gemeinsam mit seinem Lehrer Sebastian Münster (1488-1552) bearbeitete *Sphaera mundi* des Abraham bar Chija und *Arithmetica* des Elia ben Abraham Misrachi (Basel: Heinrich Petri, 1546)[10]. Hommel, der von Haus aus Theologe war, blieb in Wittenberg, wo er nie ein Amt bekleidete, als *insignis mathematicus*[11] im Gedächtnis.

Am Hof Karls V. konnte Hommel neben Apian und Mercator seine Kenntnisse einsetzen, indem er u.a. eine astronomische Uhr konstruierte, ein Geschenk des Kaisers für den türkischen Sultan Süleyman I. (um 1494-1566). Karl V. soll 1000 Gulden dafür gezahlt haben[12]. Hommel konnte sich aber als Protestant am Hof nicht halten. Er immatrikulierte sich im WS 1549 an der Universität Leipzig, wo er am 19. Mai 1551 mit einem Gehalt von 120 Gulden als Professor für die höhere Mathematik angestellt wurde. Er war 1555 bis 1562 Kollegiat des großen Fürstenkollegs[13]. Seit 1555 befasste sich Hommel als Rat des Kurfürsten August mit der sächsischen Landvermessung; seit 1558 hatte er im Dresdener Schloss eine Dienstwohnung.[14] Hommel war Rektor Magnificus im SS 1552 und im SS 1560.[15] Zu den Schülern Hommels gehörten Bartholomäus Scultetus[16] (1540-1614) aus Görlitz und der dänische Astronom Tycho Brahe[17] (1546-1601), als Famulus diente Hommel Richard Kantzler und 1559 Scultetus[18].

Hommel heiratete 1558 in zweiter Ehe Magdalena (1529- 27. Juli 1590[19]), Tochter des Joachim Camerarius. Kaiser Karl V. erhob Hommel in den Adelsstand. Er wurde auch am 23. November 1553 in Brüssel zum Hofpfalzgrafen kreiert[20]. Das Wappen Hommels zeigt in Schwarz auf grünem Dreiberg einen goldenen Kranich mit goldenem Stein in der rechten Klaue.[21] Im 17. Jahrhundert wurde ein Mondkrater nach Hommel benannt.

Hommel, Johannes, 1518–1562

Hommel hat keine gedruckten Werke hinterlassen, wohl aber einen beachtlichen handschriftlichen Nachlass. Bei seiner Berufung nach Leipzig hatte er deswegen Schwierigkeiten, als Camerarius und Carlowitz übereinstimmten, Hommel möge baldmöglichst eine glänzende Probe seiner Gelehrsamkeit herausgeben[22]. Bekannt sind: Über das geometrische Quadrat, den Quadranten und den Jakobsstab (lat.), 1545[23]; Pläne und Risse, 1556-1562[24]; eine Gnomonik (lat.) 1561[25].

Graf Wolrad von Waldeck, der 1548 Hommel in seiner Werkstatt in Augsburg besuchte, hat seine Einschätzung hinterlassen: *Dicitur autem Hummelius ille adeo gnarus rei astronomicae et mathesis, ut ipso Apiano cedere non videatur* (Es wird auch behauptet, dass jener Hommel in Dingen der Astronomie und Mathematik so beschlagen ist, dass er nicht einmal hinter Apian zurückzustehen scheint)[26].

Beziehungen zu Rheticus: Johannes Hommel, dessen Horoskop Garcaeus[27] überliefert, gehört nach Thorndike[28] und Westman[29] dem Melanchthonzirkel an, Brosseder[30] zählt ihn dem weiteren Kreis Wittenberger Astrologen zu. Hommel hatte wegen der längeren Abwesenheit von Rheticus 1539/41 keine Möglichkeit, dessen Vorlesungen zu hören, dürfte aber wohl im WS 1541/42 an dessen Ptolemaeusvorlesung teilgenommen haben. Kaspar Peucer sagt über Hommel, *quem ingenio cum Rhetico, diligentia cum Erasmo, doctrina cum utroque conferendum* (der an Talent mit Rheticus, an Sorgfalt mit Erasmus Reinhold, an Bildung mit beiden zu vergleichen ist)[31].

Die Berufung von Hommel nach Leipzig ist verschiedentlich falsch eingeschätzt worden. Unzutreffend ist die Angabe bei Ersch/Gruber, Rheticus habe Hommel freiwillig das Feld überlassen, weil er Streitigkeiten mit ihm befürchtet hätte. Auch verfolgte die Berufung ursprünglich nicht die Absicht, einen Nachfolger für Rheticus zu finden[32], vielmehr ergab sich dieser Aspekt erst im April 1551, nachdem Rheticus fluchtartig Leipzig verlassen hatte. Die Anstellung von Hommel erfolgte zeitnah am 19. Mai 1551, sodass dieser Eindruck leicht entstehen konnte. In Wittenberg hatte sich seit 1521 die doppelte Besetzung des mathematischen Lehrstuhls nach dem Wiener Vorbild über Jahrzehnte bewährt. Auch in Leipzig war nach diesem Beispiel die *mathematica maior* mit Rheticus, die *mathematica minor* mit Montag besetzt. Melanchthon, Reinhold und Rheticus beklagten wiederholt, dass die Mathematik zu gering eingeschätzt wurde, und zeigten stets ein Interesse daran, diese aufzuwerten.

1 Stepner 1675 (1686), S. 356, Nr. 2094, 2095. | **2** Bruhns, Christian, Hommel, Johann, in: ADB 13 (1881), S. 58; Zinner 1979, S. 388 f.; Klose 1999, S. 229 f.; Woitkowitz 2003, S. 204, Anm. 30; Woitkowitz, Torsten, Der Landvermesser, Kartograph, Astronom und Mechaniker Johannes Humelius (1518-1562) und die Leipziger Universität um die Mitte des 16. Jahrhunderts, in: Sudhoffs Archiv 92 (2008), S. 65-97. | **3** Pfeffinger/Salmuth 1588, ULB Halle, digital, Scan 32-42. | **4** Förstemann 1841, Bd. 1, S. 177b. | **5** Köstlin 1890, S. 12. | **6** Buchwald 1894, S. 31, Nr. 478. | **7** CR IV, Sp. 782. | **8** CR IV, Sp. 783. | **9** Lindgren, Uta, in: Müller 1993, S. 349, Nr. 166. | **10** Hieronymus 1997, S. 745-751, Nr. 228; vgl. dazu auch Knobloch, Eberhard, in: Müller 1993, S.217-219, Nr. 60; Wertheim, Gustav, Die Arithmetik des Elia Misrachi, Ein Beitrag zur Geschichte der Mathematik, Braunschweig ²1896. | **11** Vgl. Köstlin 1890, S. 12; Garcaeus 1576, S. 158. | **12** Zinner 1979, S. 461. | **13** Zarncke 1857, S. 752. | **14** Zinner 1979, S. 388. | **15** Gersdorf 1869, S. 38 f., Nr. 286, 302. | **16** Lindgren, Uta, in: Müller 1993, S. 265 f. | **17** Dreyer 1894, S. 17 f., 21, 347. | **18** Zinner 1979, S. 400 und 532. | **19** Stepner 1675 (1686), S. 356, Nr. 2095. | **20** Woitkowitz 2008, S. 74 f-. Anm. 58; Frank 1970, Bd. 2, S. 228; Beschorner, Hans, Zur ältesten Geschichte der sächsischen Kartographie, in: Neues Archiv für Sächsische Geschichte 28 (1902), S. 298-300. | **21** Siebmachers Wappenbuch, Abgestorbener Bayerischer Adel, Bd. 2, bearb. v. Gustav A. Seyler, Nürnberg 1906, S. 78 mit Abb. Taf. 49. | **22** Woitkowitz 2003, S. 194, 197, auch 192. | **23** Lindgren, Uta, in: Müller 1993, S. 349, Nr. 166 | **24** Bagrow 1951, S. 348. | **25** Lindgren, Uta, in: Müller 1993, S. 348, Nr. 165. | **26** Tross 1861, S. 86. | **27** Garcaeus 1576, S. 158 (21. Juli 1521!). | **28** Brosseder 2004, S. 12. | **29** Westman 1975, S. 171. | **30** Brosseder 2004, S. 16. | **31** Zitiert nach Kästner 1796/97, Bd. 2, S. 353. | **32** In diesem Sinne etwa Zinner 1979, S. 388.

Hummelberg, Gabriel, 1490–1544

Gabriel Hummelberg, geboren 1490 in Ravensburg (BadenWürttemberg), gestorben am 7. Januar 1544 in Isny (Lkr. Ravensburg), kath., Humanist, Arzt, Botaniker[1].
Gabriel Hummelberg, Sohn des Kramers und langjährigen Zunftmeisters Michael Hummelberg, jüngerer Bruder und Erbe des Humanisten Michael Hummelberg, studierte 1507 bis 1512 in Paris. Von dort zog er gemeinsam mit Leonhard Ulrich Helt aus Nürnberg nach Montpellier, wo sie sich am 16. Mai 1512 an der dortigen medizinischen Fakultät immatrikuliert haben und bei Professor Honoré Piquet wohnten[2]. Er promovierte am 27. November 1516 in Bologna zum Dr. med. Danach scheint er noch in Italien, vor allem in Bologna, weitere Studien betrieben zu haben, wo er am 1. August 1515 ein Buch erwarb. Spätestens 1517 wurde er neben Iserin Stadtarzt in Feldkirch. 1518 heiratete er Veronika Imgraben, vermutlich eine Tochter oder Verwandte des Feldkircher Chronisten Ulrich Imgraben. Hummelberg wurde zum Stammvater eine bedeutenden Geschlechtes. Drei Söhne und fünf Töchter gingen aus dieser Ehe hervor. König Ferdinand I. gewährte den Söhnen in Innsbruck am 15. Oktober 1555 eine Wappenbesserung, einen goldenen Steinbock in blauem Feld. Hummelberg war Besitzer einer bedeutenden Bibliothek (Reste in der Stadtbibliothek Feldkirch). Er trug entscheidend zur Überlieferung des Humanisten-Briefwechsels seines Bruders bei (BSB München, Cod. 4007).

Werke: (Pseudo-)Musa, *De herba Vetonica*, (Pseudo-)Apuleius, *De medicaminibus herbarum* (Zürich: Christoph Froschauer, 1537)[3]; Placitus, Sextus, *De medicina animalium* (Zürich: Christoph Froschauer, 1539)[4]; Serenus, Quintus, *De re medica* (Zürich: Froschauer, 1540)[5]; Apicius Caelius, *De opsoniis et condimentis sive arte coquinaria* (Zürich: Off. Froschauer, 1542)[6]; eine weitere Ausgabe des Apicius, u.a. mit den Anmerkungen von Hummelberg, ist erschienen in Amsterdam: bei den Janssonius-Waesbergischen, 1709[7].

Beziehungen zwischen Rheticus und Gabriel Hummelberg sind nicht bekannt, bestanden aber sehr wohl zu seinem Vater Dr. med. Georg Iserin. Hummelberg und Iserin verfassten 1524 gemeinsam im Auftrag der Stadt eine Feldkircher Apothekentaxe[8]. Iserin und Hummelberg waren leidenschaftliche Büchersammler. Nachdem Hummelberg 1527 die Bibliothek seines Bruders Michael nach dessen Tod geerbt hatte, wurde Hummelbergs Sammlung für Iserin besonders interessant. Nach Iserins Tod 1528 erwarb Hummelberg die prachtvolle Ausgabe der *Opera* des Hippokrates (Basel: Andreas Cratander, 1526).

Gabriel Hummelberg hatte auch mathematische Interessen; so bat er 1529 Willibald Pirckheimer um ein Exemplar von Albrecht Dürers *Underweysung der messung mit dem zirckel und richtscheyt* (Nürnberg: H. Andreae, 1525).

1 Welti, Ludwig, in: NDB 10 (1974), S. 56; Burmeister, Karl Heinz, Der Humanist und Botaniker Gabriel Hummelberg (ca. 1490.1544), in: Festschrift für Claus Nissen, Wiesbaden 1973, S. 43-71. | 2 Gouron 1957, S. 21, Nr. 339 und 340. | 3 – 7 BSB München, digital. | 8 Dobras, Werner, Die Feldkircher Apothekertaxe von 1524, in: Pharmazeutische Zeitung 116 (1971), S. 790-793; ders., Die älteste Feldkircher Apothekertaxe, in: Österreichische Apotheker-Zeitung 25 (1971), S. 985-987.

Imser, Philipp, 1500–1570

Philipp Imser (Immser, Imsser, Imbser, Ymbsa, Imss.), geboren um 1500 in Straßburg, gestorben am 20. Oktober 1570 in Weil der Stadt (Lkr. Böblingen, Baden-Württemberg), luth., Mathematiker, Astronom, Uhrmacher[1].
Philipp Imser studierte seit 16. Juli 1526 an der Universität Tübingen. Hier wurde er ohne Magistertitel als Nachfolger des berühmten Johannes Stöffler 1531 bis 1535 Professor für Mathematik und Astronomie, wechselte 1536 wegen der Reform der Universität nach Freiburg i. Br., kehrte aber

dann für die Zeit von 1537 bis 1557 nach Tübingen zurück. Im Juli 1545 promovierte er in Ingolstadt zum Dr. med. Seit 1554/55 wohnte er in Weil der Stadt. 1557 begab es sich in Dienste des Kurfürsten Ottheinrich von der Pfalz. 1568 wurde Philipp Apian, der wegen seines luth. Glaubens Ingolstadt verlassen musste, Nachfolger Imsers in Tübingen.

Werke: Stöffler, Johannes, *Ephemerides a capite anni ... M.D.XXXII. in alios XX. proxime subsequentes* (Tübingen: Ulrich Morhart, 1533, Widmung an König Ferdinand I. von Philipp Imser vom 24. Juni 1531[2], weitere Auflage 1549[3]); Geometrievorlesung (Tübingen 1533)[4]; *In Purbachii Theoricas, tabulis utilissimis adiectis*, in: Schreckenfuchs, Erasmus Oswald, *Commentaria in Novas Theoricas Planetarum Georgii Purbachii* (Basel: Heinrich Petri, 1556)[5]; *Pestlentz-Büchlein für die armen Handwerks- und Bauersleute* (Tübingen 1567). Manche seiner Werke sind nur handschriftlich überliefert (UB Tübingen, LB Karlsruhe). Imser hat vor allem kunstvolle Uhren gefertigt, zum Beispiel in Graz[6], Tübingen[7] und am Hof Ottheinrichs[8].

Seit ca. 1544 war Imser verheiratet mit Anna Klaiber († 1569, Epitaph in der kath. Pfarrkirche St. Peter und Paul in Weil der Stadt)[9], der Tochter des Juristen Michael Klaiber. Der württembergische Rat Dr. Johannes Kraus war Imsers Schwager.

Beziehungen zwischen Rheticus und Imser sind nicht bekannt. Als er vor seiner Reise zu Kopernikus 1538/39 Camerarius und die Nachfolger Stöfflers in Tübingen aufsuchte, hat er möglicherweise auch Imser neben Scheubel und Nikolaus Gugler getroffen.

| **1** JENNY, Beat Rudolf, in: HARTMANN/JENNY 1973, Bd. 8, S. 309, Anm. 13; HOFMANN 1982, S. 130 f. und passim; SCHEIBLE, MBW, Personen, Bd. 12, 2005, S. 348; ZINNER ²1967, S. 397 f. und passim. | **2** ZINNER ²1964, S. 175, Nr. 1469. | **3** Ebenda, S. 459, Nr.1976a. | **4** BETSCH, Gerhard, Eine Geometrievorlesung von Philipp Imser (Tübingen 1533), in: HYKŠOVÁ, Magdalena (Hg.), Eintauchen in die mathematische Vergangenheit (Algorismus, 76), Augsburg: Raumer, 2011, S. 38-51. | **5** ZINNER ²1964, S. 226, Nr. 2162; HIERONYMUS 1997, S. 1072-1078, Nr. 375. | **6** PFISTERER, Heinrich, Die Astronomische Kunstuhr von Graz und deren Schöpfer Philipp Imser, in: Blätter für Heimatkunde der Steiermark 19 (1941), S. 9-12. | **7** RAU, Reinhold, Die Kunstuhr des Philipp Imser, in: Tübingen Blätter 49 (1962), S. 25-32. | **8** ROTT, Hans, Die Planeten-Prunkuhr des Philipp Imser, in: POENSGEN 1956, S. 185-193; HELFERICH-DÖRNER, A., Die Planeten-Prunkuhr des Philipp Imser, inm: Die Uhr 14 (1960), Nr. 11. | **9** SAELIGER-ZEISS, Anneliese, Die Inschriften des Landkreises Böblingen, L. Reichert-Verlag, 1999, S. 142.

Irenäus, Christoph, 1522–1595

Christoph Friedrich (Fridericus, Irenaeus), geboren in Schweidnitz (poln. Świdnica, Woiwodschaft Niederschlesien), gestorben in 1595 in Buchenbach/Jagst (Lkr. Hohenlohekreis, Baden-Württemberg), luth., Theologe, Flazianer[1].

Friedrich immatrikulierte sich in Wittenberg am 26. November 1541 unter dem Rektor Milich[2]. Er promovierte zum Bacc. art. Beziehungen zu Rheticus sind gegeben durch die Promotion Friedrichs zum Bacc. art. kurz nach dem 23. Januar 1542 unter dessen Dekanat[3]. Er belegte dabei den fünfzehnten Rang von 15 Kandidaten. Ob Friedrich im WS 1541/42 noch Zeit gefunden hätte, eine Vorlesung von Rheticus zu besuchen, muss offen bleiben. 1545 wurde er Schulmeister in Bernburg (Salzlandkreis, Sachsen-Anhalt) und 1548 in Aschersleben (Salzlandkreis). 1549 Promotion in Wittenberg zum Mag. art. unter dem Dekan Veit Örtel Winsheim[4]; er belegte den 36. Platz von 45 Kandidaten; mit ihm im Examen waren Matthias Lauterwaldt (1. Rang), Johannes Vischer (2. Rang), Balthasar Schneider (5. Rang). 1552 in Wittenberg ordiniert als Diakon von Aschersleben, 1559 Archidiakon, 1562 Pfarrer von Eisleben (Lkr. Mansfeld-Südharz, Sachsen-Anhalt), 1571 Hofprediger in Weimar (Thüringen), 1574 als Flazianer ausgewiesen. 1581 Pfarrer in Horn (Niederösterreich). Irenäus heiratete 1551 in erster Ehe Irene, Tochter des Petrus Plateanus (1 Sohn Wolfgang, heiratete 1577 Anna, die Tochter des Flacius Illyricus), 1582 in zweiter Ehe Veronika NN.

1 SCHEIBLE, MBW, Personen, Bd. 12, 2005, S. 349. | **2** FÖRSTEMANN 1841, Bd. 1, S. 193a. | **3** KÖSTLIN 1890, S. 8. | **4** KÖSTLIN 1891, S. 8.

Irenäus, Matthäus, ca. 1520–1551

Matthäus Irenaeus (Friedrich, Fridericus), geboren um 1520 in Würzburg (Unterfranken), gestorben am 25. Januar 1551 in Speyer, durch einen unglücklichen Fenstersturz aus dem Gerichtsgebäude), luth., Jurist[1].

Matthäus Irenaeus aus Würzburg ist zu unterscheiden von Christoph Irenaeus aus Schweidnitz und Johannes Freder, auch genannt Irenaeus, aus Köslin. Matthäus immatrikulierte sich im Frühjahr 1536, als die Universität aus dem Pestexil aus Jena nach Wittenberg zurückgekehrt war[2]. Schon am 1. März 1536 konnte er (zusammen mit Johannes Stoltz) unter Jakob Milich zum Bacc. art. promovieren[3]. Am 19. September 1538 konnte er unter Magister Konrad Lagus zusammen mit einer ganzen Reihe von Rheticusschülern den Magistergrad erwerben; in der Rangfolge belegten von 14 Kandidaten Nikolaus Reinhold den 1. Platz, Christoph Preuss den 2., Irenäus den 3., Valentin Apelles den 6., Mads Hack den 7., Maximilian Mörlin den 11. und Sebastian Göre den 13. Platz[4]. Irenäus hielt im Namen der übrigen Magister die Dankesrede *Declamatio Encomium Franciae*; sie wurde später in Melanchthons *Selectae Declamationes* (Straßburg 1541) abgedruckt[5]. Johannes Marbach aus Lindau, damals ein Kommilitone in Wittenberg, schenkte ihm ein Exemplar der *Historiarum et chronicorum totius mundi epitome* des Lindauers Achilles Pirmin Gasser (Straßburg: Crato Mylius, 1538) mit der eigenhändigen Widmung *Joannes Marbachius D[onum] D[edit] M[agistro] Mattheo Irineo amico suo summo.*(Joh. Marbach gab es als Geschenk seinem besten Freund Magister Matthäus Irenäus)[6]. Vielleicht handelte es sich um ein Geschenk Marbachs zum gerade erworbenen Magistergrad seines Freundes.

Joachim Camerarius, damals in Tübingen, hatte im Herbst 1538 Melanchthon besucht, musste aber seinen Aufenthalt in Wittenberg wegen einer wieder aufgebrochenen Fußverletzung abbrechen, um in Begleitung von Irenäus nach Tübingen zurückzukehren[7]. Im August 1543 schrieb Melanchthon Irenäus ein Zeugnis, aus dem zu entnehmen ist, dass er sich in Venedig auf die Jurisprudenz verlegen wollte[8]. Danach wechselte Irenäus im WS 1545/46 an die Universität Leipzig, wo er sich als *artium ac philosophiae magister* immatrikulierte[9] und seine alte Freundschaft zu Camerarius erneuerte. Irenäus studierte hier weiter die Rechtswissenschaften, begab sich aber bald wieder fort, um 1548 den Grad eines JUD zu erwerben. Danach trat er zur weiteren Ausbildung ins Reichskammergericht ein.

Um das Bild der Persönlichkeit dieses jung verstorbenen Juristen abzurunden, soll hier die Charakteristik folgen, die Camerarius von ihm gegeben hat. »In der Tat glaube ich niemals jemanden gesehen zu haben, der im gleichen Alter mit einem schärferen und klarerem Geist begabt und von einem brennenden Eifer beseelt war, oder einen, der fleißiger das durchdacht, ausgearbeitet und ausgeführt hätte, worauf er einmal sein Interesse gerichtet hatte. Er besaß ein so gutes Erinnerungsvermögen, dass er alles Beliebige mit bewundernswerter Leichtigkeit erfasste und mit größter Zuverlässigkeit behielt. Mit dieser so großen Kraft seines Geistes verband sich ein sittlich guter Wille und ein Herz, welches alles Falsche und Künstliche ablehnte, alles Wahre und Einfache liebte«[10]. Der unglückliche Todessturz des Irenaeus löste in Wittenberg große Trauer aus[11].

Beziehungen zu Rheticus sind sehr wahrscheinlich. Irenäus konnte vom SS 1536 bis SS 1538 alle Vorlesungen von Rheticus hören. Als er nach Leipzig kam, war Rheticus bereits von dort nach Italien abgereist. Die Freundschaft mit Marbach und der Besitz des Buches von Gasser sind deutliche Anzeichen dafür, dass Irenäus ein Schüler von Rheticus war. Irenaeus galt als ein besonders guter Kopfrechner.

1 SCHEIBLE, MBW, Personen, Bd. 12, 2005, S. 349 f. | 2 FÖRSTEMANN 1841, Bd. 1, S. 159 b. | 3 KÖSTLIN 1888, S. 15. | 4 KÖSTLIN 1890, S. 10. | 5 LUDWIG, Walther, Opuscula aliquot elegantissima des Joachim Camerarius und die Tradition des Arat, in: Joachim Camerarius, hg. v. Rainer Kössling, Tübingen 2003, S. 97-132, hier S. 123, Anm. 111. | 6 BURMEISTER

noch nicht erschienen. | **7** CAMERARIUS 2010, S. 145. | **8** CR V, Sp. 169 f. | **9** ERLER, Bd. 1, S. 659, B 36. | **10** Übersetzung von Volker WERNER, in: CAMERARIUS 2010, S. 145 f. | **11** CR VII, Sp. 748, 753.

Iserin, Georg, ca. 1485–1528

Georg Iserin (Ysarinus), geboren um 1485 in Mazzo di Valtellina (Provinz Sondrio, Italien), gestorben (mit dem Schwert hingerichtet) am 6. Februar 1528 in Feldkirch (Vorarlberg), kath., Arzt, Humanist[1].

Iserin, vielleicht die dt. Übersetzung eines ital. Namens, studierte die Humaniora und Medizin in Italien. Hier erwarb er – vermutlich um 1510 – den akademischen Grad eines Doktors der freien Künste und der Medizin. Iserin war Besitzer einer erlesenen Bibliothek; bekannt sind daraus u.a. Konrad Schellig, *In pustulas malas*, o.O., o. J., mit Besitzvermerk: *Georg. Iserini ab Mazo artium et utriusque Med. do[ctoris], Patricii Pediophani*; Horaz, *Epistolae*, mit Besitzvermerk: *Liber Georgij Iserinj De Mazo, Artium Et V[triusque] M[edicinae] d[oct]or*; Hippokrates, Basel 1526.

Um 1512 heiratete er die lombardische Adlige Thomasina de Porris, die um 1513 eine Tochter Magdalena und am 16. Februar 1514 in Feldkirch einen Sohn Georg Joachim zur Welt brachte. Iserin hatte sich Anfang 1514 in Feldkirch niedergelassen, wo er am 23. April 1514 das Bürgerrecht für sich und seine Familie erwarb. Iserin wurde auch zum Stadtarzt von Feldkirch bestellt. Noch im selben Jahr kam es zu einem Streit mit Hans Tratzberger in Tosters und Feldkirch, der gegen den *ersamen gelerten vnseren getrewen lieben Doctor Jorgen Yserin von Matzo* klagte wegen *Injurien, auch Geld und etliche Clainot*. Beide Parteien erschienen in Innsbruck vor Statthalter und Regenten.

Im selben Jahr 1514 begleitete der Hebraist Konrad Pellikan den Provinzial der Franziskaner auf einer Visitationsreise[2], der sie auch ins Kloster Ottobeuren (Lkr. Unterallgäu, Schwaben) führte, wo damals Nikolaus Ellenbog zu seinem Leidwesen als Kellermeister wirkte; lieber hätte er Griechisch und Hebräisch gelehrt. Pellikan war auf der Jagd nach hebräischen Handschriften. Und genau zu dieser Zeit kam auch Iserin in Kontakt mit Nikolaus Ellenbog. Wie Nikolaus Ellenbog seinem Bruder Johannes, Pfarrer in Wurzach, schrieb, bewunderte er Iserin wegen seiner Griechischkenntnisse. Er erwartete sehnlichst von Iserin einen Brief und eine griechische Bibel. Gegen Ende des Jahres 1515 wünschte Nikolaus Ellenbog seinem Bruder Johannes, er möge schöne Tage mit seinem Gast Dr. Iserin verleben, vor allem aber möge er sich das Wildpret, das der Abt ihm geschickt habe, gut schmecken lassen. Noch im Prozess gegen Iserin im Februar 1528 wurde in das Gerichtsprotokoll vermerkt, der Klagepunkt wegen des Buches, das Iserin beim Pfarrer von Wurzach Johannes Ellenbog († 1526) ohne Erlaubnis mitgenommen hatte, *sol morgen im Rat erledigt werden*[3]; möglicherweise wurde dieser Punkt gar nicht mehr behandelt, nachdem das Todesurteil gegen Dr. Iserin ohnehin feststand. Vom 15. September bis 15. Dezember 1521 weilte Iserin als Arzt und Dolmetscher mit seiner Familie im kaiserlichen Feldlager in Mailand. In der Folgezeit sehen wir Iserin oft als Wanderarzt tätig, etwa in St. Gallen, im Alpen-Rheintal, in Chur, Konstanz, Straßburg; seine Methoden waren nicht immer ganz sauber, sodass es öfter zu Klagen kam. 1524 schuf Iserin gemeinsam mit Gabriel Hummelberg eine Apothekentaxe für Feldkirch. Es kam dadurch zu Spannungen mit den Apothekern, vor allem mit Hans Zoller, der 1526 eine Beschwerde gegen Iserin in Erwägung zog. Am 3. Januar 1528 klagte Zoller Iserin beim Rat an, Iserin sei während drei Pestjahren pflichtwidrig aus der Stadt geflohen, auch habe Iserin trotz Verbotes klistiert.

Georg Iserin, Zauberer oder Betrüger?

Manfred Tschaikner hat sich gegen die herkömmliche Darstellung gewandt, dass Dr. Georg Iserin 1528 als Zauberer und Hexenmeister hingerichtet worden sei; in Wirklichkeit sei das Todesurteil gegen ihn als gegen einen Dieb und Betrüger ergangen[4]. Dem hat sich die neueste Literatur ange-

schlossen, so beispielsweise Danielson: »that Rheticus's father faced a striking number of charges, most of them alleging that he took dishonest advantage of his position as a doctor, even betraying his own patients. Evidence points to his having been a swindler and kleptomaniac«.[5] Es schiene aber wohl richtiger, beide Möglichkeiten von Betrug und Zauberei zuzulassen. So vertritt Margarethe Ruff (2001) die Ansicht, Iserin »wurde wegen Betrugs und Zauberei hingerichtet. Er soll ebenfalls einen solchen Glasteufel besessen haben«.[6] Jack Repcheck (2007) verweist auf die verwirrenden Gerichtsprotokolle, die beide Möglichkeiten offen ließen: »The court records are obscure and confusing – he was condemned for one of two crimes: the practice of sorcery or theft«[7].

Die älteste Schilderung in der Chronik von Fridolin Sicher um 1530 sagt: *Je nach langem pschiß, den er mit den lüten im arznien gebrucht hat, des er gefangen, bekent und verjechen, gestolen und also vil mengklichem abtragen han. Je dass man in in diß jars uf 6 tag februarii uß gnaden (dann man solt in gehenkt han) zuo Veldkilch mit dem schwert gericht hat*.[8] Hier steht der Betrug mit falschen Arzneien ganz im Vordergrund, daneben auch Diebstahl. Erst am Schluss seines Chronikeintrags kommt Sicher auf die Zauberei zu sprechen. *Man sagt, er hett diabolum inclusum. Dem Got dannocht gnad*. Es geht also nicht um ein einzelnes Delikt, sondern um eine Fülle von Straftaten. Diese hat Erich Somweber in einer langen Reihe zusammengefasst.[9] Er sah die Anmaßung eines Adels- und Doktortitels gegeben, Betrug in zwei Fällen, Diebstahl in sechs Fällen, Eidbruch, Meineid, Steuerhinterziehung, Erzeugung, Verkauf und wissentliches Eingeben falscher Medizin, Zauberei, Unzucht und Bund mit dem Teufel. Wir kommen nicht darüber hinweg, dass in dem Bekenntnis Iserins die Teufels- und Unzuchtgeschichte ausdrücklich erwähnt wird, auch Iserins nachfolgende Distanzierung von dieser Tat, seine Reue, sein Widerwille, seine Beichte und Buße. Auch der Aktenvermerk aus dem 17. Jahrhundert lässt erkennen, dass sich das Feldkircher Malefizgericht mit dem Tatbestand der Zauberei und Hexerei befasst hat. Zwar fehlen dazu die Prozessakten, Urteile und Rechtsgutachten. Diese hat es, wie Tschaikner vermutet, vielleicht wirklich nie gegeben. Denn die Zeit drängte: Die Geständnisse Iserins datieren vom 3. und 4. Februar 1528, die Hinrichtung Iserins erfolgte bereits am 6. Februar 1528. Hätte da ein »Hexenprozess« oder gar die Einholung von Gutachten zeitlich überhaupt noch möglich sein können? Über den Dorsualvermerk auf dem Mantelbogen des Prozessaktes aus dem 17. Jahrhundert kommt man nicht hinweg, nämlich die gegen Iserin neben Diebstahl und Betrug erhobene Klage zum Inhalt gehabt hat: *Vnndt Entlichen gar [habe er] mit dem Theuffel (zwar zum Thail Vnwissend) Commercia Vnndt in Vnzucht zue schaffen gehabt*.[10] Es ist damit eindeutig erwiesen, dass das Gericht über die Schuld Iserins an dem Teufelspakt diskutiert hat; denn sonst hätte die Formulierung *zwar zum Thail Vnwissend* keinen Sinn. Hier kann es nur um eine konkrete Erkenntnis des Gerichtes bei der Abwägung der Schuld gehen, die im Übrigen eine Teilschuld Iserins an dem Teufelspakt impliziert. Das würde auch erklären, warum das Urteil wegen der verminderten Schuld des Beklagten nur auf Hängen wegen Diebstahls und nicht auf den für Zauberei üblichen Feuertod lautete.

Die **Beziehungen** zwischen Rheticus und Georg Iserin waren besonders eng. Der Verlust des Vaters durch eine grausame Hinrichtung, verbunden mit der Verweigerung eines christlichen Begräbnisses, musste in dem 14jährigen Knaben Wunden hinterlassen. Rheticus verlor mit dem Vater seinen ihm angeborenen Namen. Die enge spätere Bindung an Kopernikus, in dem er so etwas wie einen Ersatzvater sah, mag eine Folge dieses Traumas sein. Rheticus hat des Öfteren seines Vaters gedacht: So erinnerte er sich 1542 daran, dass er seinem Vater die Kenntnis der Zahlen verdankte[11]. Oder er dachte 1550 an den Aufenthalt in Mailand 1521[12]. Rheticus war im Besitz von Büchern seines Vaters, in denen er sich mit Eigentumsvermerken verewigt hatte. Vater und Sohn waren durch ihre Tätigkeit als Ärzte, Astrologen, Alchimisten und Zauberer verbunden.

1 Somweber 1968, S. 295-325.| **2** Vulpinus, Theodor J. H., Die Hauschronik Konrad Pellikans von Rufach, Ein Lebensbild aus der Reformationszeit, Straßburg: Theodor Heitz und Mundel, 1892, S. 48; Riggenbach, Bernhard, Das Chronikon des Konrad Pellikan, Basel: Bahnmaier's Verlag (C. Detloff), 1877, S. 47. | **3** Somweber 1968, S. 311-313.

| 4 Tschaikner 2011, S. 71-76; auch Tschaikner 1989, S. 145-150. | 5 Danielson 2006, S. 13 f. | 6 Ruff, Margarethe, Zauberpraktiken als Lebenshilfe, Magie im Alltag vom Mittelalter bis heute. Frankfurt/Main-New York 2003, S. 287 f. | 7 Repcheck, 2007, S. 112. | 8 Götzinger, Ernst (Hg.), Fridolin Sichers Chronik, St. Gallen 1885, S. 76. | 9 Somweber, S. 306-308. | 10 Somweber, S. 310. | 11 Burmeister 1968, Bd. 3, S. 52. | 12 Ebenda, S. 110.

Isinder, Melchior, 1519–1588

Melchior Isinder (Isinderus, Tschinder), Melchior, geboren am 7. November 1519[1] in Schweidnitz (poln. Świdnica, Woiwodschaft Niederschlesien), gestorben am 16. Januar 1588 (seit 1552 geisteskrank) in Königsberg i. Pr., Begräbnis im Professorengewölbe am Dom[2], luth., Theologe[3]. Isinder immatrikulierte sich an der Universität Wittenberg im SS 1537[4] und wurde Schüler von Melanchthon. Er war Konsemester von Melchior Ayrer. Bei seiner Promotion zum Mag. art. erreichte er den 3. Rang; Mitbewerber waren Tucher (4.), Beuther (11.), Schwalbe (13.), Langner (14.), Birnstiel (16.). 1543 empfahl ihn Melanchthon an das Gymnasium in Königsberg, wo er 1544 als Professor für Griechisch an die Universität übernommen wurde. Zugleich wurde er Gründungsdekan der dortigen Artistenfakultät und entwarf die ersten Statuten für diese. Am 8. November 1548 promovierte Isinder zum Lic. theol. unter Melanchthon und Cruciger d. Ä.; am 12. November 1548 wurde er unter Georg Major Dr. theol.[5] Am 14. November 1548 schrieb Melanchthon an Herzog Albrecht von Preußen, Isinder habe auf seinen Rat hin den Grad eines Dr. theol. erworben. *Scimus mores eius honestos esse et natura facundus est* (wir wissen, dass seine Sitten ehrenhaft sind und er von Natur aus redegewandt ist)[6]. Isinder wurde zum zweiten Professor der Theologie in Königsberg ernannt. Im WS 1549/50 war Isinder Rektor Magnificus in Königsberg. Isinder geriet in heftige Streitigkeiten mit Gnaphaeus und Osiander [7](dessen Anhänger er anfangs gewesen war), die ihn letztlich 1552 in eine geistige Umnachtung und zu seinem Rückzug aus dem Universitätsleben führten.

Werke: *Epistola Philippi Melanthonis ad Rempublicam*, hg. v. Isinder (Königsberg: Johannes Weinreich, 1544); *Libellus Ioachimi Camerarii ... de invocatione sanctorum* (Königsberg: Weinreich, April 1546); *Disputatio theologica de poenitentia* (Wittenberg: Lufft, 1548)[8]; *Oratio recitata in renunciatione gradus theologici* (Wittenberg: Lufft, 1548)[9].

Beziehung zu Rheticus: Magisterpromotion unter Rheticus vom 9. Februar 1542, wo er den 3. Rang von 22 Kandidaten erreichte[10]. Isinder hatte die Möglichkeit, die Vorlesungen von Rheticus im SS 1537 bis SS 1538 und im WS 1541/42 zu hören. Er war auch astrologisch interssiert, wie die Überlieferung seiner Nativität durch Garcaeus andeutet. Sein Hauptinteresse galt jedoch der Theologie.

1 Geburtsdatum bei Gracaeus 1576, S. 193. | 2 Lawrynowicz 1999, S. 496. | 3 Freytag 1903, S. 94, Nr. 49; Scheible, MBW, Bd. 12, 2005, Personen, S. 355. | 4 Förstemann 1841, Bd. 1, S. 166b. | 5 Förstemann 1838, S. 35, BSB München, digital, Scan 48; Doktordisputation bei Hartmann 1679. | 6 CR VII, Sp. 191. | 7 Vgl. dazu Stupperich 1973, passim (Register). | 8 VD 16 M 3066; BSB München, digital. | 9 VD 16 M 3908; BSB München, digital. | 10 Köstlin 1890, S. 13

Jahn, Andreas, † 1561?

Andreas Jahn (Jando, Iando, Ian, Gandt, irrtümlich Lando, durch Druckfehler auch Fando), *Vandalus*, nach seiner Herkunft aus Spremberg (Lkr. Spree-Neiße, Brandenburg), gestorben 1561 in Dresden ?, luth., Schulmann, Kantor[1].

Andreas Jahn immatrikulierte sich im SS 1536 an der Universität Leipzig[2]. Im WS 1543/44 schrieb er sich unter dem Rektor Fendt an der Universität Wittenberg ein[3]. An die Universität Leipzig zurückgekehrt, promovierte er im SS 1548 zum Bacc. art.[4] Im WS 1548/49 erlangte er unter dem Dekanat des Rheticus die Würde eines Mag. art.[5] 1549 wurde Jahn als Kantor und Lehrer an die

Nikolaischule berufen⁶, doch schon unmittelbar darauf zum Rektor der Thomasschule in Leipzig bestellt, wo er bis 1559 blieb. Unter seinem Rektorat entstand 1553 ein neues Schulgebäude. 1555 erhielt Jahn eine Gratifikation von 12 Gulden, weil er zur Fasnacht mit seinen Schülern den *Heautontimorumenos* des Terenz aufgeführt hatte⁷. 1560 wurde er *ex schola senatoria Lipsiensi* als Kantor an die Kreuzschule nach Dresden berufen, wo er nur bis 1561 tätig blieb, vermutlich wohl dort gestorben ist.

Werke: Antonio Mancinelli (1452-1505), *Ein Spiegel von löblichen, erbarn Sitten, guten Lehren und tugentreichen Emptern ... im Latein genant Speculum de moribus et officiis*, in deutsche Reime übersetzt von Andreas Jahn, Leipzig 1559⁸.

Beziehungen zu Rheticus sind gegeben, insbesondere durch Jahns Magisterpromotion. Es darf als sicher angenommen werden, dass Jahn die Vorlesungen von Rheticus im WS 1548/49 besucht hat. Auch als Rektor der Thomasschule dürfte der Kontakt Jahns zu Rheticus bis zum Frühjahr 1551 nicht ganz abgerissen sein.

1 Held 1894, S. 21-23 (unter dem irrtümlichen Namen Lando). | 2 Erler, Bd. 1, S. 620, P 14. | 3 Förstemann 1841, Bd. 1, S. 209a. | 4 Erler, Bd. 1, S. 703. | 5 Erler, Bd. 2, S. 705. | 6 Held 1894, S. 22; Simon, Tobias, Oratio de praecipuis beneficiis huc usque in scholam Dresdensem a Deo collatis, Dresden: Gimel Bergen, 1619; Neubert 1860, S. 51 (allerdings ohne Nennung der Schule). | 7 Witkowski 1909, S. 77. | 8 Exemplar in UB Leipzig.

Jahn, Paris

Paris Jahn (Gan, Ianus, Jhan), geboren in Hof (Oberfranken), luth., Bakkalaureus, Theologe.

Jahn immatrikulierte sich im SS 1546 unter dem Rektor Joachim Camerarius an der Universität Leipzig¹. Er gehörte der Bayerischen Nation an. Im WS 1548/49 wurde er nach dem 21. März 1549 unter dem Dekan Rheticus von Magister Ambros Borsdorfer zum Bacc. art. promoviert². Am 16. Mai 1554 wurde Jahn von Bugenhagen ordiniert und von der Universität weg zum Priesteramt nach Sulzbach (Stadtteil von Sulzbach-Rosenberg, Lkr. Amberg-Sulzbach, Oberfranken) berufen³.

Beziehungen zwischen Rheticus und Jahn bestanden in den Jahren 1548 bis 1551. Jahns Promotion zum Bacc. art. fand unter den Dekanat von Rheticus statt, er musste für die Prüfungen zum Bakkalaureat die Vorlesungen von Rheticus hören.

1 Erler, Bd. 1, S. 660, B 62. | 2 Erler, Bd. 2, S. 706. | 3 Buchwald 1894, S. 94, Nr. 1508.

Jonas, Christoph, ca. 1510–1582

Christophorus Jonas (Jona, Ihon, Ihan), geboren um 1510 in Königsberg i. Pr., gestorben am 21. Februar 1582 in Königsberg, Jurist, Professor der Rechte in Königsberg, fürstl. Rat¹.

Der Sohn des Ratsherrn Nikolaus Jonas immatrikulierte sich am 22. August 1529 an der Universität Wittenberg, wo er mit einem Stipendium des Herzogs Albrecht studierte². Er promovierte im Frühjahr 1535 unter dem Dekan Franz Burckhard zum Mag. art.³, wobei er den 4. Rang unter 12 Kandidaten erreichte; vor ihm platzierten sich Nils Månsson auf dem 1. Rang und Erasmus Reinhold auf dem 2. Rang. Jonas wurde unter dem Dekan Magister Konrad Lagus in den Rat der Artistenfakultät aufgenommen⁴. Am 3. August 1539 disputierte er *De expensis studiosorum et de defensione*⁵. Im Frühjahr 1542 war Jonas als Gründungsrektor für Königsberg im Gespräch, doch wandte sich Melanchthon nach Rücksprache mit Jonas dagegen: es wäre schade, wenn dieser sein glücklich begonnenes Rechtsstudium aufgebe⁶.

Jonas konnte aber, wie Melanchthon am 7. Mai 1542 nach Königsberg berichtete, einen *armen Gesellen*, den Mathematikstudenten *Matthias von Melbing* [so fälschlich für Lauterwaldt] dafür gewinnen, in die Dienste des Herzogs einzutreten. Im WS 1542/43 war Jonas Dekan der Artistenfakultät[7]. Am 25. Januar 1543 promovierte er 31 Kandidaten zu Magistern der freien Künste[8], ebenso in Februar, März und April acht zu Bakkalaren[9]. Am 10. Januar 1543 wurde unter ihm der Friese Martin Hegius und am 1. Mai 1543 der Schwede Simon Henrici in den Rat der Artistenfakultät aufgenommen[10].

Auf Anraten Melanchthons begab sich Jonas 1543 auf eine Italienreise, u.a. nach Rom und Padua, wo er vor dem 9. April 1544 Joachim Möller traf. Auf Christoph Jonas bezieht sich dessen rätselhafte Empfehlung an Alciat in Ferrara durch Bonifaz Amerbach[11]. Jonas promovierte am 9. Mai 1544 in Ferrara zum Dr. iur. civ.[12] Nach seiner Promotion zum JUD wurde er, von Melanchthon empfohlen, am 16. Juli 1544 zum Professor für Institutionen nach Königsberg berufen. Er wurde 1544 der erste Dekan der juristischen Fakultät. 1548 war er Rektor Magnificus.

Jonas verließ 1554 die Universität, behielt aber einen bevorzugten Platz im Senat. Er wurde fürstlicher Rat, 1562 Vizekanzler. Der Herzog hatte großes Vertrauen zu Jonas, er schickte ihn wiederholt auf diplomatische Missionen, u.a. nach Polen.

Werke: Jonas hat kaum publiziert. Er hielt am 25. Januar 1543 als Dekan eine Promotionsrede *Oratio de Paulo Apostolo*, gedruckt zusammen mit einer Rede von Kaspar Cruciger *Oratio de Policarpo* (Wittenberg: Josef Klug, 1543)[13]. In der Rede vergleicht Jonas die Universität Wittenberg, *quam merito amamus, tanquam fidam nutricem, alentem nos et coelesti doctrina et omnibus aliis honestis artibus* (die wir mit Recht lieben wie eine treue Amme, die uns mit der göttlichen Lehre und allen anderen schönen Künsten bildet), mit dem Schiff, das Paulus von Judäa nach Malta im heftigsten Sturm unversehrt in den Hafen brachte, weil es Paulus trug. Und so wird auch die Universität die gefährlichen Zeitumstände und die Veränderungen der Reiche überstehen, solange sie auf Paulus hört. Ich vertraue angesichts der *rabies Turcica* (türkischen Raserei) Gott unser Deutschland an, auf das in diesem Unheil ach leider der Name *Alemannia* allzu treffend stimmt, denn אַלְמָנָה (*almānāh*) heißt bei den Hebräern die Witwe.

Rheticus und Jonas waren seit 1532 Kommilitonen, seit 1536 Kollegen in der Artistenfakultät in Wittenberg. In einem Brief vom 8. Juli 1544 aus Wittenberg an Camerarius in Leipzig teilte Jonas diesem ein dringendes Anliegen mit. *Egi cum Rhaetico de hac re coram* (ich habe darüber mit Rheticus von Angesicht zu Angesicht gesprochen): Rheticus habe ihm eines oder auch mehrere seiner Werke versprochen, die in einem Bündel von Büchern enthalten seien, das Dr. Magenbuch oder auch Hieronymus Schürstab aus Nürnberg nach Leipzig geschickt habe; er bitte Camerarius, dieses Bündel anzunehmen und ihm (Jonas) die Werke des Rheticus so schnell wie möglich zuzusenden; er werde die Frachtkosten verlässlich ersetzen[14]. Warum es sich handelte, bleibt unklar. Sicher ist nicht *De revolutionibus* (1543) gemeint; denn dieses Buch war kein Werk von Rheticus. Auch um *De lateribus* (1542) kann es sich nicht handeln, da dieses Buch in Wittenberg gedruckt wurde und nicht aus Nürnberg geschickt werden musste. Denkbar wäre aber, dass es um jene Zusätze geht, die Tiedemann Giese einer Neuauflage von *De revolutionibus* hinzufügen wollte, nämlich das *Opusculum de terrae motu* und Rheticus' Biographie von Kopernikus. Es gibt zwar keinen Nachweis für einen Druck dieser beiden Schriften; doch lässt Jonas' Brief auch zu, an handschriftliche Ausfertigungen zu denken. Da Jonas aus Königsberg gebürtig war und 1542 in Verbindung mit Lauterwaldt aus Elbing stand, hatten er selbst und auch Lauterwaldt ein Interesse an der Biographie ihres Landsmannes Kopernikus, weshalb er so auf deren Erhalt drängte (*etiam atque etiam oro, rogo vehemenmter*). Vielleicht hoffte Jonas auch, aus *De terrae motu* Argumente zu finden, um Herzog Albrecht von seinen theologisch bedingten Vorbehalten gegenüber dem Heliozentrismus abzubringen.

1 Freytag 1903, S. 17-20, 33, Nr. 99; Meyer, Rudolf, Christoph Jonas und Levin Buchius,m Die Anfänge der rechtswissenschaftlichen Fakultät der Universität Königsberg im 16. Jahrhundert, in: Rauschning 1995, S. 87-101; Scheible, MBW, Personen, Bd. 12, 2005, S. 365. | 2 Förstemann 1841, Bd. 1, S. 136a. | 3 Köstlin 1888, S. 22. | 4 Köstlin 1890, S. 20. | 5 Ebenda, S. 23. | 6 Töppen 1844, S. 87 f. | 7 Freytag 1903, S. 20. | 8 Köstlin 1890, S. 14 f. | 9 Ebenda, S. 8. | 10 Ebenda, S. 21. | 11 Barni 1953, S. 195 f., Nr. 127; v gl.dazu Jenny in: Hartmann/Jenny 1967, Bd. 6, S. 15, Anm. 1.

| **12** Pardi 1900, S. 136 f.; der Name ist hier entstellt in Christophorus Lovas prutenus. | **13** VD 16 M 3803 und VD 16 C 5861, BSB digital; CR 11, 618-630. | **14** Birkenmajer 1900, Bd. 1, S. 590, Nr. 10.

Jonas, Jakob, 1500–1558

Jakob Jonas, geboren um 1500 in Götzis (Vorarlberg), gestorben am 28. Dezember 1558 in Abensberg (Lkr. Kelheim, Niederbayern), begraben in Ingolstadt in der Universitätskirche St. Moritz, kath., Humanist, Hebraist, Jurist, Reichsvizekanzler[1].
Jonas, Leibeigener der Herren von Ems, Sohn des Leonhard Jahn und der Klara Benzer, nach Schulbesuch in Chur, wo Jakob Salzmann und Johannes Fleischer seine Lehrer waren, ging er 1522 nach Leipzig, wechselte am 15. Mai 1523 nach Wittenberg, wurde Schüler von Melanchthon (Griechisch) und Aurogallus (Hebräisch). Seine Konsemester waren der spätere (luth.) Theologe Christoph Lasius (1504-1572), immatrikuliert im WS 1522/23 gemeinsam mit Christian Herlin, Achilles Gasser, Nikolaus Hausmann, Nikolaus Medler und Veit Dietrich[2], zu denen sich 1523 die künftigen Hebraisten Lukas Edenberger und Ambrosius Moiban hinzugesellten[3].
   Jonas promovierte unter dem Rhetoriker Laurentius Lyranus zum Bacc. art.[4], 1525 in Chur zum Priester geweiht, nahm 1526 an der Badener Disputation teil, wurde 1526 Lektor für Hebräisch und Griechisch in Tübingen, wo aber 1527 seine Magisterpromotion daran scheiterte, dass er Wittenberger Bacc. art. war; die Hinrichtung des Abtes Schlegel von St. Luzi festigte seine katholische Haltung, er gab seine Pläne zu einer Karriere im Kirchendienst auf und heiratete im 1530 Anna Elisabeth Eisengrein (1505-1556), Tochter des Bürgermeisters von Stuttgart Martin Eisengrein, Geliebte des Herzogs Ludwig X. von Bayern, 1532 promovierte er in Tübingen zum Dr. iur., dabei von Johann Fabri und Bernhard Cles unterstützt[5], 1533-1537 Kanzler des Bischofs von Konstanz, in diplomatischer Mission nach Rom, 1538 Assessor am Reichskammergericht in Speyer, am 10. März 1541 durch Kaiser Karl V. in den Adelsstand erhoben, 1541 in Aschaffenburg Kanzler des Erzbischofs von Mainz und Magdeburg Albrecht von Brandenburg, mit dem er auch 1541 auf dem Regensburger Reichstag anwesend war[6], 1543 als Visitator des Reichskammergerichts von den protestantischen Ständen abgelehnt, am 15. Januar 1542 durch die Heirat seiner Stieftochter Anna von Leonsberg (1525-1559) Schwiegervater und enger Freund des Johann Albrecht Widmannstetter, Freundschaft auch mit dem Hofrat Johann Ulrich Zasius (1521-1570), einem Sohn des großen Ulrich Zasius († 1535), 1544 in Wien Vizekanzler König Ferdinands I. und Mitglied der Juristenfakultät, deren Dekan er 1548 war, 1554 mit der Reform der Wiener Universität befasst, 1556 Reichsvizekanzler, 1556 heiratete er in zweiter Ehe die 18jährige Tochter einer Waschfrau des Wiener Hofes, was ihm viel Spott einbrachte. Jonas wurde 1545 mit der Burg Neumontfort (Götzis, Vorarlberg) und 1555 mit der Burg Amberg (Feldkirch, Vorarlberg) belehnt.
   Das Epitaph in Ingolstadt ist überliefert; es feierte Jonas als einen Mann, der durch seinen Adel und seine Bildung herausragte und als *trium linguarum peritissimus* (sehr beschlagen in den drei Sprachen)[7]. Jakob Salzmann schmähte ihn als geschwätzig und ruhmselig, unsittlich und liederlich, als einen Trinker, auf den kein Verlass sei, dessen Gelehrsamkeit kaum über die Anfangsgründe hinausreiche und mehr Zungenfertigkeit sei[8], während Sebastian Münster des Lobes voll war. Bei den Protestanten galten Jonas, seine Freunde Matthias Held und Konrad Braun als *hostes evangelii*[9]. Während die Gegner nach seinem Tod ein Lied in Umlauf setzten, der Teufel habe Jonas geholt, berichtete 1562 sein Freund Johann Ulrich Zasius, Jonas habe wegen seiner Mesalliance Trost im Alkohol gesucht und sei *durch gleichförmige wein disciplin erst solcher gestalt zu einem menschen gemacht worden, dz er zuletzt nizz allain niemandten kain pedschafft versagt, sonder auch khain danckh mehr außgeschlagen habe*[10].
   Die **Beziehungen** zu Rheticus sind sehr vielfältig, sie gehören unterschiedlichen Epochen an. Direkte Zeugnisse für eine Verbindung fehlen bis jetzt. Es gab über Jahrzehnte solche Beziehungen,

die aber stets belastet waren durch die Zugehörigkeit zu verschiedenen konfessionellen Lagern. Ein nicht unwesentlicher Faktor war, dass Rheticus mit Melanchthon, Aurogallus und Volmar die gleichen Lehrer hatte wie Jonas, wenn auch zeitverschoben um ein Jahrzehnt.

1 BURMEISTER, Karl Heinz, in: NDB 10 (1974), S. 593; SCHEIBLE, MBW, Bd. 12, Personen, 2005, S. 366. | 2 FÖRSTEMANN 1841, Bd. 1, S. 114a. | 3 FÖRSTEMANN 1841, Bd. 1, S. 116a und 118a. | 4 KÖSTLIN 1888, S. 14. | 5 HELBLING 1941, S. 176. | 6 RÖSSNER 1991, S. 81 f. | 7 LUDEWIG 1920, S. 58, Nr. 72. | 8 VASELLA 1954, S. 76 f. | 9 Martin Frecht 1541 bei ARBENZ/ WARTMANN, Bd. 6/1, 1906, S. 30. | 10 MEUSSER 2004, S. 65.

Jonas, Justus, d. Ä., 1493–1555

Justus (Jodocus, Jobst) Jonas (eigentlich Koch), geboren am 5. Juni 1493 in der damaligen Reichsstadt Nordhausen (Thüringen), gestorben am 9. Oktober 1555 in Eisfeld (Lkr. Hildburghausen, Thüringen), luth., Jurist, Humanist, Theologe, Kirchenliederdichter[1].

Justus Jonas, Sohn eines Ratsherrn und Bürgermeisters, bezog im SS 1506 die Universität Erfurt [2] und promovierte dort im WS 1507/08 zum Bacc. art.[3] und 1510 zum Mag. art.[4] Im SS 1511 immatrikulierte er sich unter dem Rektor Andreas Karlstadt als *Mag. art. Erfurdiensis* an der Universität Wittenberg[5]. Am 8. Januar 1513 promovierte Jonas zum Bacc. utr.iur. Seine Kontakte zur Universität Erfurt erhielt er aufrecht; er kehrte 1515 nach Erfurt zurück und erlangte hier am 16. August 1518 den Grad eines Lic. utr. iur. 1519 wurde er Professor an der juristischen Fakultät; am 2. Mai 1519 wurde er zum Rektor Magnificus der Universität Erfurt gewählt. Seit 1521 war Jonas Propst der Schlosskirche in Wittenberg. Er war seit 1522 über lange Jahre Dekan der theologischen Fakultät in Wittenberg; sein Tod wurde im *Liber decanorum* der theologischen Fakultät eingetragen; dabei wurde er als *Lutheri fidelis amicus* bezeichnet[6]. Als Jonas 1542 als Superintendent nach Halle/ Saale berufen wurde, legte er seine Vorlesungstätigkeit nieder. 1546 war er beim Tod Luthers in Eisleben (Lkr. Mansfeld-Südharz, Sachsen-Anhalt) anwesend. Im Schmalkaldischen Krieg musste er zeitweise Halle verlassen. 1548 kehrte er nach Halle zurück, wurde aber nicht mehr in sein Amt eingesetzt. 1550 wurde er Hofprediger in Coburg (Oberfranken), 1552/53 Reformator in Regensburg, zuletzt 1555 Pfarrer und Superintendent in Eisfeld.

Werke: Jonas hat sich große Verdienste um das Kichen- und Schulwesen erworben. Er hat als Autor, Übersetzer und Herausgeber ein umfangreiches Werk reformatorischer Schriften hinterlassen. Er war auch an Luthers Bibelübersetzung beteiligt. Zudem hat er einen sehr ausgedehnten Briefwechsel unterhalten[7].

Ein Porträt von Jonas hat sich u.a. in einem Holzschnitt aus dem 16. Jahrhundert (datiert mit 1555, dem Todesjahr) erhalten. Auch in dem berühmten Gemälde vom *Weinberg des Herrn* von Lukas Cranach d.J. ist Jonas dargestellt. Jonas wohnte in der Kanzlei gegenüber der Schlosskirche, wo eine Gedenktafel an ihn erinnert[8]; das Gebäude war ursprünglich die Propstei der Schlosskirche und wurde von Jonas 1528 käuflich erworben. Jonas war seit 1522 in erster Ehe verheiratet mit Katharina Falcke, in zweiter Ehe seit 1543 mit Magdalene N. (1521-1549), in dritter Ehe seit 4. Mai 1550 mit Margarethe Farnroeder († 1555).

Beziehungen zwischen Rheticus und Jonas hat es auf fachlicher Ebene wohl nicht gegeben. Jonas war aber als Propst der Schlosskirche in Wittenberg und als Professor für Theologie eine Persönlichkeit, der sich ein Dozent wie Rheticus nicht entziehen konnte. Jonas wird in der Affäre um Lemnius neben Luther als Angegriffener genannt. Um 1540 hat Johannes Gigas ihm eine ganze Reihe von Lobgedichten gewidmet[9]. Garcaeus hat Jonas' Horoskop überliefert[10], was auf astrologische Interessen schließen lässt.

1 SCHEIBLE, MBW, Personen, Bd. 12, 2005, S. 367-369; STUPPERICH 1984, S. 110 f.; DELIUS, Walter, Justus Jonas, 1493-1555, Lehre und Leben, Gütersloh: C. Bertelsmann, 1952. | 2 WEISSENBORN 1884, Bd. 2, S. 244a, Nr. 42. | 3 SCHWINGES/ WRIEDT 1995, S. 287, Nr. 7. | 4 KLEINEIDAM, Bd. 2, Nr. 1104. | 5 FÖRSTEMANN 1841, S. 35a. | 6 FÖRSTEMANN 1838,

S. 38 f. | **7** Kawerau 1884/85, Bd. 1-2. | **8** Strauchenbruch 2008, S. 55. | **9** Gigas, Silvae (Wittenberg 1540), Bl. 11v, 20r, 25v, 28v. | **10** Garcaeus 1576, S. 143.

Jonas, Justus, d. J., 1525–1567

Justus Jonas d.J., geboren am 3. Dezember 1525[1] in Wittenberg, gestorben (enthauptet) am 28. Juni 1567 in Kopenhagen (Dänemark), luth., Diplomat, Jurist[2].
Der Sohn von Justus Jonas d.Ä. immatrikulierte sich bereits als Kind im WS 1530/31 unter dem Rektorat seines Vaters an der Universität Wittenberg[3]; Konsemester waren Franz Kram und Erasmus Reinhold, doch bleibt der Altersunterschied zu berücksichtigen. Am 15. Oktober 1539 wurde Jonas unter dem Dekan Johannes Sachse Holstenius Bacc. art.[4]; Johannes Luther, Justus Jonas d.J. und Philipp Melanchthon d.J., Söhne der führenden Reformatoren, belegten den 1., 2. und 3. Rang. Am 4. September 1544 promovierte Jonas unter dem Dekan Johannes Ryvenus zum Mag. art.[5]; er kam auf den 2. Rang von 34 Kandidaten. Der 1. Rang ging an Sebastian Dietrich; Mitbewerber waren auch Franz Rodwald (3.), Matthäus Blochinger (5.), Viktorin Strigel (6.), Valentin Erytraeus (23.) und Gervasius Marstaller (34.). Jonas wurde noch im selben Jahr in den Rat der Artistenfakultät aufgenommen[6]. Der 1544 von Bonifaz Amerbach dem Alciat empfohlene Jonas ist nicht Justus Jonas d.J.[7], sondern Christoph Jonas aus Königsberg. Zuvor hatte er 1543 Melanchthon nach Bonn begleitet, weitere Reisen folgten. Im WS 1551/52 immatrikulierte sich Jonas unter dem Rektor Kaspar Landsidel an der Universität Leipzig[8]. Er heiratete 1553 Martha Hausner. Er diente verschiedenen Herren. 1558 wurde er als Rechtslehrer Substitut von Laurentius Lindemann in Wittenberg, trat 1559 in die Dienste des Kurfürsten August von Sachsen. In Leipzig promovierte er am 4. Juli 1559 zum Bacc. iur.utr. und zum Lic. iur. utr.[9], schließlich am 14. Februar 1560 zum JUD. Jonas war ein begeisterter Schüler von Loriot. Der Dienst bei verschiedenen Herren und seine Verwicklung in die Grumbachschen Händel führten zu seiner Gefangenschaft, Anklage wegen Hochverrats und Hinrichtung.

Beziehungen zwischen Rheticus und Jonas sind seit 1532 anzunehmen ungeachtet der Jugendlichkeit von Jonas, da er als Kind bei Luther zu Hause war (Freundschaft der Mutter mit Luthers Frau). Jonas könnte im Hinblick auf seine Bakkalaureatsprüfung im SS 1538 Rheticus gehört haben. In Leipzig kamen beide nicht mehr zusammen.

1 Garcaeus 1576, S. 362 (2. Dezember 1525). | **2** Scheible, MBW, Personen, Bd. 12, 2005, S. 369-371. | **3** Förstemann 1841, Bd. 1, S. 140a. | **4** Köstlin 1890, S. 6. | **5** Ebenda, S. 17. | **6** Ebenda, S. 22. | **7** Siehe dazu Jenny in: Hartmann/Jenny 1967, Bd. 6, S. 15, Anm. 1. | **8** Erler, Bd. 1, S. 689, S 9. | **9** Erler, Bd. 2, S. 65 f.

Jöstel, Gregor, † 1565

Gregor Jöstel (Jöstelius, Joestel, Iostellius, Gostel), Gregor, geboren in Dresden, gestorben 1565 in Weißensee (Lkr. Sömmerda, Thüringen), luth., Theologe[1].
Er immatrikulierte sich am 18. Oktober 1540 an der Universität Wittenberg[2]. An ihn richtete Johannes Gigas 1540 ein Epigramm[3]. Jöstel promovierte am 3. Februar 1545 unter dem Dekan Durstenius zum Mag. art.[4] Am 10. Oktober 1546 wurde er durch den Merseburger Bischof Fürst Georg III. von Anhalt ordiniert[5] und zugleich zum Pfarrer von Lauchstädt (Saalekreis, Sachsen-Anhalt) berufen. 1548 wurde er Pfarrer und Superintendent in Weißensee.

Beziehungen zu Rheticus sind nicht bekannt; er konnte aber Rheticus' Vorlesungen im WS 1541/42 gehört haben. Für sein Interesse an der Himmelskunde spricht seine Schrift *Wunderbarliche Gesicht am Himmel und Wolcken, zu Weisensehe in Döringen, den XIX. Februarii zu abend zwischen VIII. und IX. uhr wahrhafftig gesehen, Im Jahr 1554*, Erfurt: von Dolgen, 1554[6].

1 Scheible, MBW, Bd. 12, Personen, 2005, S. 374; Hantzsch 1906, Nr. 345. | **2** Förstemann 1841, Bd. 1, S. 184a. | **3** Gigas, Sylvae (Wittenberg 1540), Bl. 24b. | **4** Köstlin 1890, S. 17. | **5** Buchwald 1926, S. 181. | **6** VD 16 J 310, Ex. in München BSB.

Jöstel, Melchior, 1559–1611

Melchior Jöstel (Jöstelin, Iostelius), geboren am 10. April 1559 in Dresden, gestorben am 13. Juni 1611 in Freiberg (Lkr. Mittelsachsen), luth., Mathematiker, Astronom.

Der Sohn eines Goldschmieds immatrikulierte sich am 22. Mai 1577 an der Universität Wittenberg[1]. Am 19. März 1583 erwarb er den Magistergrad. Nachdem er zuerst Mitarbeiter des Mathematikers und Münzmeisters Abraham Ries, eines Sohne von Adam Ries, in Annaberg gewesen war, wurde er 1594 in den Rat der Artistenfakultät aufgenommen. 1600 und 1606 war er Dekan dieser Fakultät, im SS 1606 auch Prorektor. 1595 übernahm er den Lehrstuhl für höhere Mathematik. Zugleich hatte er sich dem Studium der Medizin gewidmet und war am 3. Oktober 1600 unter Andreas Schato mit einer Dissertation *De vertigine* (Wittenberg: Lehmann, 1600) zum Lic. med. promoviert, um kurz darauf am 14. Oktober 1600 mit einer *Oratio de contagione* (Wittenberg: Lehmann, 1801) zum Dr. med. aufzusteigen. Am 3. November 1601 hatte er in Wittenberg Martha Moller (1577-1617) geheiratet. 1611 wurde er zum Leiter der Dresdner Kunstkammer berufen, doch verhinderte der Tod seinen Amtsantritt.

Jöstel hielt 1595 eine Vorlesung über die Herstellung und Verwendung des ptolemäischen Dreistabes[2]. Er befasste sich vor allem mit Trigonometrie und der Berechnung der Mondbahnen. Er stand in Verbindung mit Tycho Brahe und Johannes Kepler, der 1611 als sein Nachfolger auf dem Wittenberger Lehrstuhl im Gespräch war[3].

Werke: [Abraham Ries:], *Algorithmus geometricus* (Handschrift 1584)[4]; *Oratio de initiis, progessu, dignitate ... mathematum* (Wittenberg 1595); *Lectiones in trigonometriam Pitisci* (Handschrift Wittenberg 1597)[5]; *Lunae deliquium*, Wittenberg: Zacharias Lehmann, 1599[6]; *Logistica prothaphairesis astronomica triangula sphaerica* (Handschrift, Wittenberg 1599)[7].

Aus Anlass seiner Promotion zum Dr. med. gratulierten ihm seine Verwandten und Freunde mit der Schrift *Clarissimo ... Melchiori Jostelio de summo in facultate medica gradu ornabatur, gratulantur affines et amici* (Dresden 1600). Helwig Garth hielt eine *Christliche Leich- und Trostpredigt ... bey dem Leichbegängnuß des ... Melch. Jöstelii* (Wittenberg 1611).

Beziehungen zu Rheticus sind schon infolge des Atersunterschieds nicht zu erwarten. Gleichwohl besteht eine gewisse Verbindung dadurch, dass Jöstel zu den Nachfolgern auf Rheticus' Lehrstuhl gehört, auf den er 1595 berufen wurde. Hier war ihm Peter Otho, der Bruder von Rheticus' wissenschaftlichen Erben, unmittelbar vorausgegangen. Eine der ersten Vorlesungen Jöstels ging über den Dreistab, mit dem sich auch Rheticus befasst hatte[8]. Unter den Praetorius-Manuskripten befindet sich eine trigonometrische Abhandlung von Rheticus, der am Ende ein Exzerpt *ex libro D[omini] Jöstelij, quem habuit M. Lucas Prunn*[9]. Jöstel führte auch nach dem Vorbild von Rheticus astronomische Beoabchtungen auf dem Wittenberger Befestigungswall durch, ja er wollte hier sogar ein Observatorium errichten.

1 Förstemann 1894, Bd. 2, S. 268a. | **2** Zinner ²1967, S. 202, 398. | **3** Hoppmann 1998, S. 143 f. | **4** Dresden SLUB, Mscr. Dresd. App. 1708. | **5** Dresden SLUB Mscr. Dresd. C.2. | **6** Zinner ²1964, S. 320, Nr. 3817. | **7** Dresden SLUB Mscr. Dresd. C.82. | **8** Zinner ²1967, S. 202. | **9** Folkerts, Menno, in: Müller 1993, S. 49, 359, vgl. auch S. 74.

Jungermann, Kaspar, 1531–1606

Kaspar Jungermann, geboren 1531 in Zerbst (Lkr. Anhalt-Bitterfeld, Sachsen-Anhalt), gestorben 1606 in Leipzig, luth., Jurist[1].

Jungermann immatrikulierte sich am 2. September 1546 an der Universität Wittenberg[2], zog aber noch im gleichen Semester weiter nach Leipzig, wo er sich unter dem Rektor Joachim Camerarius eingeschrieben hat[3]. Er gehörte hier der Sächsischen Nation an. Im WS 1548/49 wurde er nach dem 21. März 1549 unter dem Dekan Rheticus von Magister Ambros Borsdorfer zum Bacc. art. promoviert[4]. Im WS 1553/54 wurde Jungermann zum Mag. art. kreiert (zusammen u.a. mit Ernst Vögelin)[5]. Die Aufnahme in den Rat der Fakultät erfolgte am 29. Februar 1556[6]. Er bekleidete in der Folge verschiedene Ämter in der Fakultät und wurde am 17. April 1557 zu deren Dekan gewählt, war ab Juli 1559 Vizedekan, nachdem der Dekan Bock weggezogen war und wurde 1561 erneut Dekan der Artistenfakultät. Jungermann war insgesamt sieben Mal Rektor Magnificus (jeweils im SS 1563, 1571, 1575, 1579, 1581, 1587, 1591). Nach seiner Promotion zum Mag. art. studierte Jungermann die Rechtswissenschaften, erlangte 1559 den Grad eines Bacc. utr. iur. und wurde am 22. August 1570 in Leipzig JUD. 1573 wurde er *honoris causa* in die Matrikel der Universität Jena eingetragen[7]. Das Wappen Jungermanns zeigt einen Kriegsknecht, dessen Lanzenspitze in ein Hauszeichen übergeht[8]. Er war verheiratet mit Ursula Camerarius, einer Tochter von Joachim Camerarius d.Ä. Ein Sohn Joachim Jungermann (1562-1591) wurde Arzt und Botaniker. Ludwig Jungermann (* 4. Juli 1572) wurde ebenfalls Arzt, Botaniker und Professor für Anatomie in Altdorf. Ein anderer Sohn Gottfried Jungermann (* um 1577/78) wurde Leiter der Druckerei Wechel in Hanau (Main-Kintzig-Kreis, Hessen).

Werke (Auswahl): *Carmen de excubiis S. Michaelis et omnium angelorum pro ecclesia Christi* (Leipzig: Hantzsch, 1554); Joachim Camerarius: *Oratio habita in declaratione magistrorum* [...], enthaltend einen Nachruf und Epicedien auf Johannes Hommel, u.a. von Kaspar Jungermann und Valentin Thau (Leipzig: Ernst Vögelin, 1563); *Oratio in funere Leonharti Badehorni* (Leipzig: Joh. Beyer, 1587)[9]; *Disputation VII. de litispendentia* (1596); *Theses quinquaginta ex textibus juris* (1600); *Panegyricum de iuris et legum laudibus* (Leipzig: Lantzenberger, 1609)[10].

Beziehungen zwischen Rheticus und Jungermann bestanden in den Jahren 1548 bis 1551. Jungermanns Promotion zum Bacc. art. fand unter den Dekanat von Rheticus statt, er musste für die Prüfungen zum Bakkalaureat die Vorlesungen von Rheticus hören. Ungeklärt bleiben muss vorerst die Identität von Heinrich Jungermann, Besitzer eines Exemplars von Kopernikus' De lateribus (Wittenberg 1542) und *De revolutionibus* (Nürnberg 1543); er hat das Vorwort Osianders durchgestrichen, was als Zeichen für ein Nahverhältnis zu Rheticus gedeutet werden könnte; das Exemplar in der NB Warschau wurde 1944 im Krieg zerstört[11].

1 Friedberg 1909. S. 107, Nr. 136. | 2 Förstemann 1841, Bd. 1, S. 237a. | 3 Erler, Bd. 1, S. 662, S 26. | 4 Erler, Bd. 2, S. 706. | 5 Ebenda, S. 731. | 6 Ebenda, S. 739. | 7 Mentz 1944, S. 175. | 8 Erler, Bd. 2, S. 751. | 9 BSB München, digital. | 10 BSB München, digital. | 11 Gingerich 2002, S. 170, I. 143; vgl. auch Zinner 1943, S. 450.

Kaden, Michael, d.J., † 1561

Michael Kaden (Kadenn, Chaden, Cada), Michael von d. J., geboren wohl nicht in Nürnberg[1], gestorben am 26. Dezember 1561 (nicht 1578) in Speyer (?), luth., Jurist[2].

Michael Kaden d. Ä., Magister, Syndikus und Gesandter von Nürnberg mit großer Auslandserfahrung, gestorben um 1540/1541; er war verheiratet mit 1) Anna N. N. († 1532), 2) Kunigunde NN., 3) Nürnberg 30. Januar 1536 Ursula Hepplein († 1549); 10 Kinder aus 1), u. a. Sohn Michael, eine Tochter aus 2), eine Tochter aus 3)[3].

Der gleichnamige Sohn Michael Kaden d.J. war um 1530 Alumnus der Spitalschule in Nürnberg (siehe Flock)[4]. Er bezog im SS 1532 die Universität Wittenberg[5]. Schon 1534 wechselte er nach Ingolstadt und schrieb sich am 9. Juni 1536 in Heidelberg ein[6]. Ein Stipendium der Stadt Nürnberg ermöglichte ihm ein juristisches Studium in Bourges. Als JUD wurde er 1540 Advokat, 1541 Prokurator am Reichskammergericht in Speyer[7], gehörte 1548 zu den *Procuratores antiqui*[8]. Seit 1543 am Reichskammergericht in Speyer Prokurator von Nürnberg, 1545 Syndikus des Domkapitels Worms, seit 1554 bis zu seinem Tod Syndikus für die Stadt Windsheim (Lkr. Neustadt a. d. Aisch-Bad Windsheim, Mittelfranken).

Kaden heiratete 1552 in zweiter Ehe die Tochter des Kammergerichts-Assessors Nikolaus Zinner, aus welchem Anlass ihm der Rat *ein silberin Vergullten dupplett und trinkgeschirr* verehrte. Er besaß eine wertvolle Bibliothek, die auf seinen Vater zurückging[9].

Beziehungen zu Rheticus sind nicht bekannt. Kaden und Rheticus waren Konsemester. Kaden war aber wohl von seinem Vater her von Anfang an auf das Rechtsstudium ausgerichtet. Auch hat er schon 1534 Wittenberg wieder verlassen. In Kadens Bibliothek sind einige Mathematiker vorhanden (Regiomontan, Schöner, Apian, Carion, Cardano u.a., nicht aber Kopernikus' *De revolutionibus orbium coelestium*).

1 In der Heidelberger Matrikel erscheint er als Michael de Kaden nobilis iam Noricus. Das setzt voraus, dass er bzw. sein Vater vorher an einem anderen Ort beheimatet war. | 2 MUMMENHOFF, Ernst, in: ADB 14 (1881), S. 782-785. | 3 SEEBASS, Gottfried, in: NDB 10 (1974), S. 722. | 4 BRUSNIAK 1984, S. 32. | 5 FÖRSTEMANN 1841, Bd. 1, S. 146a. | 6 TOEPKE, Bd, 1, S. 563. | 7 KAUL 1953, S. 193, Anm. 48. | 8 WILL 1756, Bd. 2, S. 191 f. | 9 STEINMANN, Wolfgang, Die juristische Fachbibliothek des Dr. Michael von Kaden, Ms. einer Hausarbeit am Bibliotheks-Lehrinstitut des Landes Nordrhein-Westfalen, Köln 1970; überarbeitet: Eine vom Humanismus geprägte Juristenbibliothek, Mainz 2011 (CD-R).

Karg, Georg, 1513–1576

Georg Karg (Cargius, Parsimonius, Parcus, Karck), geboren um 1513 in Heroldingen (Ortsteil von Harburg, Landkreis Donau-Ries, Schwaben), gestorben 27. November 1576 in Ansbach (Mittelfranken), begraben auf dem dortigen Stadtfriedhof, luth., Theologe, Reformator des Ries[1]. Georg Karg, der bäuerlicher Herkunft war, immatrikulierte sich im März 1532 in Wittenberg.[2] Eine Gruppe von Scholaren um ihren Erzieher Jakob Schenck bildete einen engeren Freundeskreis, dem Georg[3] Caesar und Johann Wörlin (Verus), beide aus Nördlingen, und Johann Stoltz aus Wittenberg (alle imm. 1534) angehörten. Dem Freundeskreis stand auch ihr älterer und bereits verheirateter Landsmann Martin Moninger nahe (imm. 1534)[4], dessen Nachfolger als Stadtpfarrer von Ansbach Karg 1552 wurde. Moninger wohnte zunächst bei Fendt, dann bei Medler, wo er und seine Frau Dorothea geborene Clausichin aus Nördlingen, zweifache Witwe von Doktoren der Medizin, »zwei ganze Jahre höchst-vergnüglich lebten«; und Fendt erinnerte sich später, »wie viel hundert vergnügte Stunden er und der im Hebräischen trefflich geübte D. Foerster in des Moningers liebreichen Umgang hingebracht habe«[5]. Sie alle hörten die Vorlesungen von Luther, Melanchthon, Bugenhagen und Justus Jonas. Zu diesem Kreis gehörte auch Michael Schenck (imm. 1525), der Bruder von Jakob Schenck, der allerdings kein *Latinus* war und später als Schichtmeister nach Joachimsthal ging. Vergeblich hatte Jakob Schenck versucht, seinen Bruder Michael als Prediger unterzubringen.

Karg promovierte 1534 unter dem aus Schottland gebürtigen Alexander Ales zum Bacc. art.[6], Stoltz und Wörlin 1536 unter Melchior Fendt. Karg erlangte am 27. April 1536 unter dem Dekan Jakob Milich den Grad eines Magisters artium[7]. Zusammen mit ihm wurde Paul Eber promoviert, der im späteren Leben Kargs für ihn von großer Bedeutung war. Als 1560 Kargs Tochter Salome 1540-1606) den Dekan der Wittenberger Artistenfakultät und späteren Superintendenten von Crailsheim Matthias Gunderam[8] (1529-1564) in Ansbach heiratete, gehörte Eber zu den Gratulanten; zehn Gedichte auf das Paar erschienen im Druck. Am 25. Januar 1539 wurde Karg unter dem

Dekan Veit Amerbach in das Kollegium der Artistenfakultät aufgenommen[9], was darauf schließen lässt, dass er eine akademische Laufbahn anstrebte. Das bestätigt auch Jakob Schenck, der sich 1537 rühmte, er habe Karg für die theologische Laufbahn gewonnen, denn er hätte sich sonst der Philosophie zugewendet.

Karg hatte, wie andere Theologiestudenten auch, schon früh damit begonnen, sich im Predigen zu üben. Er trat als Prediger in der Schlosskirche auf, jedoch eigenmächtig, *non rite vocatus*. Auch Michael Schenck handelte ähnlich. Gegen dieses Auftreten Nichtordinierter wandten sich Luther, die Universität und die Behörden. Jakob Schenck, Hofprediger in Freiberg, holte daher seinen Bruder Michael und Karg zu sich, desgleichen auch Wörlin. Indes neigte der schwärmerische, von Anhängern Sebastian Franks beeinflusste Karg wiedertäuferischen Ideen zu und übte Kritik an den Lehren Luthers, wurde aber von Jakob Schenck in die Schranken gewiesen. Es kam, ähnlich wie bei dem Skandal um Lemnius (zu dem Karg keinen Kontakt hatte), wenn auch aus ganz anderen Gründen, zu einer Affäre, die Karg um die Wende des Jahres 1537/38 mehrwöchigen Hausarrest und Gefängnis einbrachte. Luther, Jonas, Cruciger und Melanchthon vermittelten einen glücklichen Ausgang, jedoch hat Karg bald darauf Wittenberg verlassen. Sowohl Luther als auch Melanchthon haben wiederholt ihre Wertschätzung Kargs zum Ausdruck gebracht.

Karg wurde am 10. August 1539 durch Bugenhagen ordiniert[10] und Hofkaplan bei den Grafen von Oettingen, wo er sich große Verdienste um die Reformation erwarb; bald darauf wurde er zum Superintendenten der Region berufen. Am 12. August 1539 wurde er von Melanchthon dem Grafen Ludwig von Oettingen empfohlen[11].

Vor dem 26. Oktober 1539 heiratete Karg Barbara N. († 1558) in Öttingen. Aus der Ehe gingen zahlreiche Kinder hervor, wenigstens drei Töchter, darunter Hedwig, Kunigunda und Salome (heiratet 1560 Matthias Gunderam), Sohn Andreas. Karg heiratete am 17. Januar 1559 in Ansbach in zweiter Ehe Barbara Bockel, verwitwete Berchtold.

Als im Verlaufe des Schmalkaldischen Kriegs der Kaiser am 22. März 1547 den evangelischen Gottesdienst in Oettingen abschaffte, musste Karg in die Verbannung gehen. Er trat in die markgräflich-brandenburgischen Dienste, zuerst 1547 als Stadtpfarrer in Schwabbach (Mittelfranken) und 1552 als Stadtpfarrer (1553 Generalsuperintendent) in Ansbach, wo es bis zu seinem Tod 1576 wirkte. Karg machte sich um die Seelsorge verdient, u.a. durch die Einführung eines Kommunikantenregisters (1552) sowie Tauf-, Ehe- und Sterberegister (1556). 1557 nahm er am Wormser Religionsgespräch teil. Karg neigte zu abweichenden theologischen Meinungen, was ihn wiederholt in Streitigkeiten brachte. 1557 geriet er über die Abendmahlsfrage in Streit mit dem Ansbacher Stiftsdechanten Wilhelm von Tettelbach, 1563 über die Satisfaktionslehre mit dem Stiftsprediger Peter Ketzmann. Sein alter Freund Paul Eber versuchte vergeblich zu vermitteln. Karg wurde zeitweise suspendiert und musste sich 1570 vor der theologischen Fakultät in Wittenberg verantworten, wurde aber durch den Vermittler Jakob Andreae (1528-1590) wieder feierlich in sein Amt eingesetzt. Kargs letzte Worte waren »Gott segne Dich Strohstatt, ich habe ein sanfter Ruhebette funden«. Er wurde in Ansbach beigesetzt. Ein gedrucktes Epitaph feierte ihn als *Praeco Dei fidus, meritis insignis et arte*.

Als Schriftsteller ist Karg wenig hervorgetreten. Die Verteidigungsschriften zu seinen Lehrmeinungen blieben ungedruckt. Bedeutung erlangte jedoch sein seit 1557 wiederholt überarbeiteter und mehrfach aufgelegter *Catechismus*.

Karg promovierte am 27. April 1536 gemeinsam mit Rheticus zum Magister. Georg Wilke hat die Zugehörigkeit von Karg zu der Prüfungsgemeinschaft beschrieben, auch wenn er nur Eber (nicht aber Rheticus) mit Namen nennt.[12] Während seines Studiums in Wittenberg widmete sich Karg auch den mathematischen Fächern, er war daher wohl gemeinsam mit Reinhold und Rheticus ein Schüler von Volmar. Dafür spricht auch seine enge Freundschaft mit Jakob Schenck, der Famulus Volmars und zugleich Erzieher Kargs war.

Anders als Eber, der weiterhin der Astrologie seine Aufmerksamkeit schenkte, fehlten für Karg die Berührungspunkte mit Rheticus, er teilte mit ihm aber die Freundschaft mit Eber. Karg und Rheticus treffen sich auch in ihrem Aufbegehren gegen die Orthodoxie; ähnlich wie Rheticus, der das heliozentrische Weltsystem als Wahrheit verteidigte und darüber mit Luther und Melanchthon in Konflikt geriet und Wittenberg verlassen musste, so trat auch Karg wiederholt gegen orthodoxe Lehrmeinungen auf, gab aber letztlich doch nach. Für die Zeit nach dem Wegzug Kargs aus Wittenberg (1539) gibt es keine Hinweise auf ein Fortbestehen der **Beziehungen** zu Rheticus.

1 Scheible, MBW, Bd. 12, 2005, S. 389 f.; Kuhr, Georg: Karg, Georg, in: NDB 11 (1977), S. 151 f. (Onlinefassung); Wilke, Georg, Georg Karg (Parsimonius), sein Katechismus und sein doppelter Lehrstreit. Diss. theol. Erlangen 1904; Haefele 1988, Nördlingen, Nr. 371. | 2 Förstemann 1841, Bd. 1, S. 144b. | 3 Seidemann 1875 nennt ihn stets Christoph; richtig ist Georg, vgl. Scheible, MBW, Bd. 11, Personen, 2003, S. 248. | 4 Förstemann 1841, Bd. 1, S. 153b. | 5 Zindel 1754, S. 745. | 6 Köstlin 1888, S. 15. | 7 Köstlin 1888, S. 23. | 8 Scheible, MBW, Bd. 12, Personen, 2005, S. 203. | 9 Köstlin 1890, S. 20. | 10 Buchwald 1894, S. 6, Nr. 72. | 11 CR III, Sp. 760 f. | 12 Wilke 1904, S, 12 f.

Kegler, Kaspar, d.J.

Kaspar Kegler d.J., (Kegeler, Kegel, Keyel, Kögler), geboren nach 1505 in Leipzig, gestorben ?, luth., Universitätslektor, Arzt.

Kaspar Kegler ist nicht zu verwechseln mit seinem gleichnamigen Vater Kaspar Kegler von Thiersheim (Lkr. Wundsidel, Oberfranken, Bayern), der auch Arzt war; er hatte an der Leipziger Disputation zwischen Luther, Karlstadt und Eck (27. Juni bis 15. Juli 1519) teilgenommen[1]. Das seit 1529 bis ins 17. Jahrhundert immer wieder aufgelegte Pestbuch stammt vom Kaspar Kegler d.Ä.[2] Eine zweite Auflage gab dessen Sohn Melchior Kegler, Syndikus des Domstiftes Breslau, heraus (Leipzig: Rhamba, 1566, mit einem *Carmen* von Markus Fritsch)[3].

Kaspar Kegler d.J., Sohn von Kaspar Kegler d.Ä. und der Margaretha Wolkenstein[4], immatrikulierte sich an der Universität Leipzig im SS 1519 gemeinsam mit seinen jüngeren Brüdern Melchior und Balthasar[5]. Er promovierte im SS 1525 zum Bacc. art.[6] und im WS 1529/30 zusammen mit Christoph Montag zum Mag. art.[7] Am 28. Februar 1533 wurde er in den Rat der Artistenfakultät aufgenommen[8]. Am 22. April 1536 wurde Kegler zum Dekan der Artistenfakultät gewählt[9]. An der Artistenfakultät, an der Kegler mehr als zehn Jahre tätig war, hat er sich sonst kaum engagiert, weder mit Prüfungen, noch mit der Übernahme von Ämtern. Er hat sich wohl mit aller Kraft dem Studium der Medizin gewidmet, da ihm das Berufsziel durch den Vater vorgegeben war. Am 13. März 1542 stellte sich Apollonio Massa, Mag. art. und Dr. med. chirurgiae, einem Rigorosum, in dem er über Galen und Avicenna geprüft wurde. Am 29. März 1542 wurden Massa und der zugleich mit ihm zur Prüfung angetretene Kegler mit dem Grad eines Bacc. med. und Lic. med. ausgezeichnet. Am 24. Mai 1542 erhielten beide zugleich auch die Würde eines Dr. med., Promotor war Stromer, Compromotor Georg Schiltel, beteiligt waren auch Roth und Reusch[10]. Keglers Tochter Magdalena heiratete 1559 den späteren Leipziger Professor für Medizin Georg Masbach.

Beziehungen zu Rheticus sind nicht besonders ausgeprägt. Beide waren Kollegen, wenn auch an verschiedenen Fakultäten; doch interessierte sich Rheticus schon immer auch für das Medizinstudium. Rheticus hat zwar die Promotion von Apollonio Massa in Leipzig nicht persönlich miterlebt, wohl aber muss er im Herbst 1542 mit Kegler darüber gesprochen haben, weil er selbst im März 1542 in Wittenberg Promotor bei der Ehrenpromotion von Massa gewesen war.

1 Clemen/Koch 1984, Bd. 5, S. 504. | 2 Mehrere Auflagen zugänglich bei BSB digital. | 3 BSB digital. | 4 Stepner 1675 (1686), S. 195, Nr. 929 und 930. | 5 Erler, Bd. 1, S. 569, M 46, 47, 48. | 6 Erler, Bd. 2, S. 596. | 7 Ebenda, S. 612. | 8 Ebenda, S. 623. | 9 Ebenda, S. 636. | 10 Ebenda, S. 77 f.

Keijoi, Thomas Francisci, † 1546

Thomas Francisci Keijoi (Thomas Vindlandensis), geboren in Rauma (schwed. Raumo, Landschaft Satakunta, Finnland), gestorben 1546 in der Landschaft Satakunta (schwed. Satakunda, Finnland), luth., Schulmann, Theologe[1].

Gemeinsam mit Canutus Johannis reiste Keijoi nach Wittenberg, wo sich beide im WS 1531/32 immatrikulierten[2]. Keijoi kehrte im Herbst 1535 ohne einen akademischen Grad in seine Heimat zurück, um die Stelle als Rektor der Domschule in Turku (schwed. Åbo, Finnland) zu übernehmen. Zugleich wurde er Pfarrer von Hämeenkyrö (schwed. Tavastkyro, Landschaft Pirkanmaa, Finnland). 1539 ging er aber erneut nach Wittenberg, um seine unterbrochenen Studien fortzusetzen. Er widmete sich vor allem der Theologie; 1540 kaufte er in Wittenberg das Augustinuskompendium *Omnium operum divi Aurelii Augustini* epitome (Köln 1539)[3]. Als er 1543 nach Finnland zurückkehrte, konnte er im Domkapitel von Turku nicht mehr unterkommen, vielmehr musste er eine Stelle als einfacher Landpfarrer in der Provinz Satakunta annehmen, wo er bereits 1546 gestorben ist. **Beziehungen** zu Rheticus sind nicht bekannt, aber anzunehmen; sie wären im WS 1541/42 möglich gewesen. Es kommt hinzu, dass Rheticus und Keijoi 1532 bis 1535 Kommilitonen waren.

1 Callmer 1976, S. 18, Nr. 30; Heininen 1980, S. 20 f., 25 f., 30, 39, 46, 52, 69, 73, 98. | 2 Förstemann 1841, Bd. 1, S. 143b. | 3 UB Helsini, Sign. 730. II. 3; Heininen 1980, S. 46, Anm. 38.

Kirchhof, Gallus

Gallus Kirchhof (Kirchof), geboren in Delitzsch (Lkr. Nordsachsen), luth., Bakkalaureus.

Gallus Kirchhof immatrikulierte sich im WS 1547/48 unter dem Rektor Wolfgang Meurer an der Universität Leipzig[1]. Er gehörte der Meißner Nation an. Im WS 1548/49 wurde er nach dem 21. März 1549 unter dem Dekan Rheticus von Magister Ambros Borsdorfer zum Bacc. art. promoviert[2].

Beziehungen zwischen Rheticus und Gallus Kirchhof bestanden in den Jahren 1548 bis 1551. Kirchhofs Promotion zum Bacc. art. fand unter den Dekanat von Rheticus statt, er musste für die Prüfungen zum Bakkalaureat die Vorlesungen von Rheticus hören.

1 Erler, Bd. 1, S. 667, M 14. | 2 Erler, Bd. 2, S. 706.

Kirchhof, Martin

Martin Kirchhof (Kirchoff), geboren in Lauban (poln. Lubań, Woiwodschaft Niederschlesien), luth., Bakkalaureus, Theologe.

Martin Kirchhof immatrikulierte sich im SS 1547 unter dem Rektor Paul Bussinus an der Universität Leipzig[1]. Er gehörte der Polnischen Nation an. Im WS 1548/49 wurde er nach dem 21. März 1549 unter dem Dekan Rheticus von Magister Ambros Borsdorfer zum Bacc. art. promoviert[2]. Martin Kirchhof setzte sein Studium in Wittenberg fort, wo er sich am 15. November 1551 unter dem Rektor Paul Eber in die Matrikel eingetragen hat[3]. Am 8. März 1559 wurde Martin Kirchhof zum Kirchendienst nach Troitschendorf (poln. Trójca, Woiwodschaft Niederschlesien) berufen[4].

Beziehungen zwischen Rheticus und Martin Kirchhof bestanden in den Jahren 1548 bis 1551. Kirchhofs Promotion zum Bacc. art. fand unter den Dekanat von Rheticus statt, er musste für die Prüfungen zum Bakkalaureat die Vorlesungen von Rheticus hören.

1 Erler, Bd. 1, S. 665, P 14. | 2 Erler, Bd. 2, S. 706. | 3 Förstemann 1841, Bd. 1, S. 272a. | 4 Buchwald 1894, S. 114, Nr. 1857.

Kleefeld, Jakob

Jakob Kleefeld (Clevelt, Kleenold), geboren in Elbing (poln. Elbląg, Woiwodschaft Ermland-Masuren), kath., Kanzleischreiber[1].

Im SS 1544 unter dem Rektorat des Joachim Camerarius immatrikulierten sich in der polnischen Nation zwei Studenten aus Elbing, Jakob Alexwangen[2] und Jakob Kleefeld[3]; letzterer war wohl ein Sohn jenes Georg Kleefeld, dem Gnapheus sowie auch dem Jakob Axelwangen d.Ä. seinen *Triumphus eloquentiae* (Danzig 1541) widmete. Beide jungen Kleefeld und Alexwangen haben sich etwa ein Jahr später wiederum gleichzeitig am 13. Oktober 1545 in Wittenberg eingeschrieben[4]. 1552 erscheint Jakob Kleefeld als katholischer Pfarrer von Elbing. 1555 wird Kleefeld in Rom als *scriptor brevium apostolorum* genannt.

Beziehungen zu Rheticus liegen insofern nahe, als dieser mit den Verhältnissen in Elbing vertraut gewesen ist. Beide Studenten hatte die Möglichkeit, Rheticus' Vorlesungen im SS 1544, WS 1544/45 und im SS 1545 zu besuchen.

1 FREYTAG 1903, S. 45, Nr. 196 | 2 ERLER, Bd. 1, S. 649, P 29. | 3 Ebenda, S. 649, P 30. | 4 FÖRSTEMANN 1841, Bd. 1, S. 227b.

Klein, Balthasar, vor 1520–1594

Balthasar Klein, geboren vor 1520 in Naumburg (Burgenlandkreis, Sachsen-Anhalt), gestorben am 9. Dezember 1594 in Sankt Joachimsthal (tschech. Jáchymov in Bezirk Karlsbad/Karoly Vary), begraben in der Spitalkapelle[1], luth., Mathematiker, Arzt[2].

Klein begann seine Studien in Wittenberg am 11. Mai 1534[3] und promovierte im September 1537 unter dem Dekan Ambrosius Berndt zum Mag. art.[4]; er belegte den 7. Rang von 13 Mitbewerbern, unter ihnen Anton Lauterbach (1. Rang). Im WS 1540 begegnen wir ihm an der Universität Leipzig, wo er als Wittenberger Magister rezipiert worden war und öfter versuchte, an der Artistenfakultät öffentlich zu respondieren, was ihm erst nach einer Intervention des Kurfüsten Moritz um Ostern 1542 auch gestattet wurde; hingegen wandte sich die Fakultät dagegen, Klein als Konkurrenten um den Lehrstuhl für die höhere Mathematik zu akzeptieren, da sie auf Rat Melanchthons Rheticus den Vorzug geben wollte.[5] Klein ließ sich seit dem SS 1542 das Lektorat der *mathematica minor* übertragen, um mit dieser Vorlesungstätigkeit über kleine Einkünfte zu verfügen, auch im WS 1542/43, SS 1543 und WS 1543/44 ist er als Lektor der niederen Mathematik bezeugt[6], später löste ihn Montag in diesem Amt ab. Daneben widmete sich Klein dem Studium der Medizin. Zum Jahreswechsel 1543/44 sandte Klein an Herzog Albrecht von Preußen ein Prognosticon.[7] Nach dem Krieg 1546/47 verlegte sich Klein erfolgreich auf den Erwerb der medizinischen Grade. Er promovierte 1548 zum Bacc. med., zum Lic. med., 1553 zum Dr. med.[8] Zuletzt wirkte er als Stadtarzt in Sankt Joachimsthal.

Klein stand in brieflichen Verkehr mit Melanchthon[9]. Mathesius verfasste auf Klein ein Gedicht von 27 jambischen Reimpaaren[10]. Klein war verheiratet mit Katharina (als sein Schwiegervater erscheint am 12. Januar 1547 Martin Pissinks/Pissicks in Leipzig)[11]. Ein Balthasar Klein von Leipzig, vermutlich sein Sohn, immatrikulierte sich im SS 1552[12], war 1573/74 Pastor des Landesschule Pforta, später Superintendent von Weißenfels (+ 1580)[13]. Zugleich mit ihm schrieb sich auch ein Konrad Klein aus Leipzig ein[14]. Ein weiterer Sohn war Hieronymus Klein, geboren am 4. Mai 1553, gestorben 1594 als Dr. med. und Stadtphysikus in Zeitz (Burgenlandkreis, Sachsen-Anhalt), Grabtafel in der Klosterkirche[15].

Werke: *Arzneibuch* (nur handschriftlich)[16]; *Aphorismus divini Hippocratis duodecimus* (Leipzig 1548); mit Sebastian Roth, Wolfgang Meurer und Blasius Thammüller: *Quaestiones et conclusio-*

nes medicae (Leipzig: Selbstverlag, 1548); mit Philipp Bech: *De differentiia febrium disputatio prima* (Leipzig: Valentin Papst, 1553); mit Maximus Geritz: *De causis febrium in genere* (Leipzig: G. Hantzsch, 1556); *Epistola de ligno in Armenium lapidem converso*, in: Johan Antonides van der Linden, *De scriptis medicis libri II* (Amsterdam 1637, ²1662), S. 86.

Beziehungen zu Rheticus: Klein wird bei Brosseder keinem der »astrologischen Zirkel« in Wittenberg zugerechnet.[17] Der junge Klein gehört aber als Schüler Melanchthons und Wittenberger Magister zweifellos in diesen Zusammenhang; er war Kommilitone von Rheticus und hat später in Leipzig mindestens vier Semester die *Sphaera Mundi* des Sacrobosco gelesen und ein (als Druck nicht nachgewiesenes) *Prognosticon* auf 1544 verfasst. Auch ist Klein 1542 in einen Wettbewerb um den Lehrstuhl für Mathematik mit Rheticus getreten. Das *Prognosticon auf 1544* fand Anerkennung durch Herzog Albrecht von Preußen, der in seinem Dankschreiben aus Königsberg am 25. Februar 1544 – ganz im Sinne Melanchthons – schrieb: *dem ewigen goth lob unnd danck, das seine almechtigkeit in disen ferlichen zeitenn bei unnserem lebenn solche leudt herfur ann tag bringt, di da selbst wissen unnd vorstehenn, wo zu di loblichen freien kunste vonn dem liebenn goth erschaffenn, was sie nutzen unnd welcher massenn sie gebraucht soltenn werdenn. Dieweil wir dann solches zu gleich aus ewerm briff unnd prognosticon verstehen, so ist uns das prognosticon deste lieber unnd angenehmer, achtenn auch gewiß und eigentlich nicht vor unutz, das ihr unnd andere, so dartzu geschicket, ian solchenn loblichen kunsten allenn moglichen vleiss furwendet unnd durch ewre schreiben nicht allein di regenten und obristen, so bisweillen zu gotlicher straff, unngluk unnd villerley ubel ursach gebenn, sonder auch den gemeinen man unnd alle weldt der kunfftigen straff unnd betrubnus verwarnnen thuet*[18]. Da Rheticus sich in seinen letzten Semestern in Leipzig in besonderem Maße auch dem Studium der Medizin zuwandte, musste er mit Klein und besonders auch mit dessen Schüler Bech täglichen Umgang haben.

1 Grabschrift von Johannes Mathesius d.Ä. in: Schöne geistliche Lieder […] Item Epitaphia. Nürnberg: Katharina Gerlachin und Johannes von Bergs Erben, 1580 (gewidmet von Felix Zimmermann der Witwe Katharina Klein), erwähnt bei Wackernagel, Philipp, Das deutsche Kirchenlied, Bd. 1, S. 511. | **2** Scheible, MBW, Bd. 12, 2005, S. 422. | **3** Förstemann 1841, Bd. 1, S. 153a. | **4** Köstlin 1888, S. 23. | **5** Erwähnt bei Danielson 2006, S. 104. | **6** Erler 1895/1902, Bd. 2, S. 668 f., 673, 676. | **7** Thielen 1953, S. 171 f. | **8** Erler 1895/1902, Bd. 2, S. 78, 80, 82. | **9** Scheible, MBW, Bd. 5. Nr. 5062, 5380; Loesche 1895, Bd. 2, S. 189; Bd. 2, S. 211. | **11** Langenn, Friedrich Albert, Moritz, Herzog und Churfürst zu Sachsen, 1841, S. 323. | **12** Erler 1895/1902, Bd. 1, S. 691 M 54. | **13** Dorfmüller 2006, S. 25 f., 165. | **14** Erler 1895/1902, Bd. 1, S. 691, M 55. | **15** Voigt/Schubert 2001, S. 129. | **16** Hagenmaier 1996, S. 39, Hs. 191: In dem 1629 angelegten Arzneibuch von Johann Dannrey aus Dangolsheim (Bas-Rhin) wird wiederholt aus dem Arzneibuch des Balthasar Klein geschöpft. | **17** Brosseder 2004, S. 16 f. | **18** Geheimes Staatsarchiv Preußischer Kulturbesitz, ehem. Königsberger Staatsarchiv, Ostpreußische Folianten (Briefregistranten der herzogl. Kanzlei), Nr. 30, S. 86, zitiert nach Thielen 1953, S. 171 f.

Klug, Konrad

Konrad Klug (Klugk, Kling), geboren in Magdeburg, luth., Bakkalaureus.
Klug immatrikulierte sich im SS 1546 unter dem Rektor Joachim Camerarius an der Universität Leipzig[1]. Er gehörte der Sächsischen Nation an. Im WS 1548/49 wurde er nach dem 21. März 1549 unter dem Dekan Rheticus von Magister Ambros Borsdorfer zum Bacc. art. promoviert[2].

Beziehungen zwischen Rheticus und Konrad Klug bestanden in den Jahren 1548 bis 1551. Klugs Promotion zum Bacc. art. fand unter den Dekanat von Rheticus statt, er musste für die Prüfungen zum Bakkalaureat die Vorlesungen von Rheticus hören.

1 Erler, Bd. 1, S. 662, S 30. | **2** Erler, Bd. 2, S. 706.

Knauer, Andreas, † 1562

Andreas Knauer (Knauerius), geboren in Sonneberg (Thüringen), gestorben am 6. Dezember 1562 in Leipzig, luth., Universitätsprofessor, Theologe[1].
Andreas Knauer immatrikulierte sich im WS 1532/33 an der Universität Leipzig[2]. Er promovierte im WS 1538/39 zum Bacc. art. und im WS 1542/43 zum Mag. art.[3] Im SS 1547 wurde er in den Rat der Fakultät aufgenommen. Im WS 1550/51 war er Dekan der Artistenfakultät und im SS 1556 Rektor Magnificus. Bis zum WS 1552/53 sehen wir Knauer regelmäßig in Funktionen der Artistenfakultät (meist als *Executor*) und als *Examinator*. Im WS 1549/50 wurde er Baubeauftragte (zusammen mit Montag und Bech), wofür er am 12. März 1551 ein Honorar von 4 Gulden erhielt[4]. Am 11. Oktober 1550 wurde er zum Dekan der philosophischen Fakultät gewählt, im SS 1556 war er Rektor Magnificus. Hingegen übte Knauer keine öffentliche Lehrtätigkeit aus, sondern widmete sich dem Studium der Theologie. Bereits 1549 wurde er Bacc. theol., 1553 lic. theol. und 1558 Dr. theol., womit er in der Rat der theologischen Fakultät überging[5].

Werke: Seine Disputation für die theologische Lizenziatsprüfung vom 20./21. März 1552 wurde gedruckt unter dem Titel *Disputatio de bonis operibus* (Leipzig: Valentin Papst, 1553)[6]. Am 22. Juli 1552 stellte er weitere Thesen vor: *Sequentes de vera Dei invocatione conclusiones* (Leipzig: Gunterus, 1552). Es folgte eine *Disputatio de obedientia legitimo magistratui praestanda* (o.O., 1559). Schließlich verfasste er auch ein Buch *De peccato* (Leipzig: Rhamba, 1562).

Es ist möglich, dass Rheticus an der Magisterpromotion von Knauer im WS 1542/43 teilgenommen hat, ohne dass er aber auch einer seiner Lehrer gewesen wäre. Danach waren Rheticus und Knauer Kollegen. In das Dekanat Knauers im WS 1550/51 fällt die Flucht des Rheticus vor drohenden Prozessen; Knauer war als Dekan in diesem Fall besonders gefordert.

1 SCHEIBLE, MBW, Personen, Bd. 12, 2005, S. 428. | 2 ERLER, Bd. 1 | 3 ERLER, Bd. 2, S. 649, 670. | 4 Ebenda, S. 715. | 5 Ebenda, S. 33 f. | 6 Google Books, digital; ÖNB Wien.

Knobelsdorff, Eustachius, 1519–1571

Eustachius von Knobelsdorff, geboren am 14. März 1519 in Heilsberg (poln. Lidzbark Warmiński, Woiwodschaft Ermland-Masuren), gestorben am 11. Juni 1571 in Breslau, kath., neulat. Dichter, Theologe, Diplomat[1].
Knobelsdorff, Sohn eines Heilsberger Bürgermeisters, besuchte zunächst die Universität Frankfurt/Oder[2]. Er promovierte hier im SS 1537 zum Bacc. art.[3] Für kurze Zeit wechselte nach Leipzig (nicht in der Matrikel). Im SS 1538 schrieb er sich unter dem Rektor Melanchthon in die Wittenberger Matrikel ein[4]; Konsemester waren Heinrich Zell, Heinrich Rantzau, Georg von Stetten, Peter Kolrep, Hieronymus Wolf, Peter Taig. 1540 richtete Gigas in den *Silvae* ein Gedicht an ihn[5]. Er kehrte 1540 nach Polen zurück, da König Sigismund das Studium in Wittenberg verboten hatte. Noch 1540 begab er sich dann zur Fortsetzung seiner Studien nach Löwen, 1541 nach Paris und 1543 nach Orléans (Loiret). 1544 wird er Domherr (Kustos) in Frauenburg. 1553 wurde er zum Priester geweiht. 1557 wurde er Domherr in Breslau, auch Kanzler, Domdekan, Offizial und Generalvikar.

Werke (Auswahl): *Eligia de bello Turcico* (Wittenberg 1539); *Lovanii descriptio* (Löwen 1542); *Lutetiae Parisiorum descriptio* (Paris 1543); *Ioannis Dantisci epicedium* (Danzig 1548); *Poloniae Regis Sigismundi I. epicedium* (Krakau 1548); *Ecclesia catholica afflicta* (Neißen: Officina Joh. Crucigeri, 1557); *In obitum divi Ferdinandi Primi Romanorum imperatoris ... epicedion* (Breslau: Krispin Scharffenberg, 1564). Von der *Lutetiae descriptio* ist ein Facsimile mit einer französischen Übersetzung erschienen (Sauvage, Odette, Lutetiae descriptio par Eustache Knobelsdorf, Publications de l'Université des langues et lettres de Grenoble 1978).

Knobelsdorff hätte im SS 1538 die Vorlesungen von Rheticus besuchen können. 1541 schickte Dantiscus Kobelsdorff nach Löwen, damit er Gemma Frisius über das Fortschreiten der kopernikanischen Lehre informiere. 1543 teilte Knobelsdorff dann Gemma Frisius das Erscheinen von Kopernikus' *De revolutionibus* mit[6], worauf dieser seit Jahren gewartet hatte.

1 Freytag 1903, S. 37, Nr. 134; Illmer, in Ridderikshoff 1971/08 (1980), Bd. I/2, S. 504; Sanjosé 1993, S. 125; Scheible, MBW, Bd. 12, 2005, S. 430 f. | 2 Friedlaender 1887, Bd. 1, S. 73a; Höhle 2002, S. 556 f. | 3 Bauch 1897, S. 82. | 4 Förstemann 1841, Bd. 1, S. 169b. | 5 Gigas, Silvae, Wittenberg 1540, Bl. 31r. | 6 Starnawski, Jerzy, Eustachius von Knobelsdorff (1519-1571), Ein lateinischer Dichter des Renaissance, in: Daphnis 23 (1994), S. 431-449, hier S. 433.

Knoppert, Albert, † 1577

Albert (Albret) Knoppert, Knopper, Knipper, Kopper, Kopperus), geboren in Zwolle (Overijssel, Niederlande), gestorben (ermordet) 1577, luth., Jurist und Rechtslehrer[1].
Im August 1547 immatrikulierte sich JUD Albertus Knoppert *professor Haffniensis* an der Universität Rostock[2]; er wurde hier 1549 Professor für Institutionen. Um 1550 ging er zurück nach Kopenhagen, wo er wiederholt Rektor Magnificus der dortigen Universität war. Eine Druckgraphik mit dem Porträt des Rechtgelehrten Albert Knoppert befindet sich in der ÖNB Wien[3].
Beziehungen zwischen Rheticus und Knoppert bestanden nicht, doch war er hier wegen der engen Verbindungen zwischen Wittenberg und Kopenhagen zu erwähnen; Koppert war ein Freund von Bernhart Wigbolt und ein Förderer von Priggius.

1 Krabbe 1854, Bd. 1, S. 463, 469; Rørdam 1868/69, Bd. 1, S. 623-628. | 2 Hofmeister 1891, Bd. 2, S. 112, Nr. 124. | 3 www.europeana.eu/.../58F79630D6E642BE1B8.

Kolrep, Peter, † 1593

Peter Kolrep (von Kolrep, Colreib, Collrepp, Kolrev, Colrepius), geboren in Wusterhausen/Dosse (Lkr. Ostprignitz-Ruppin, Brandenburg), gestorben am 17. September 1593 in Kolberg (poln. Kołobrzeg, Woiwodschaft Westpommern) luth., Schulmann, Musikus.
Peter Kolrep, Sohn des märkischen Adligen Michael von Kolrep, Erbherrn zu Kolrep in der Mark und zu Fundhof in Pommern, wurde im SS 1538 unter dem Rektor Melanchthon in die Matrikel der Universität Wittenberg eingetragen[1]; Konsemester waren Heinrich Zell, Heinrich Rantzau, Georg von Stetten, Eustachius von Knobelsdorff, Hieronymus Wolf, Peter Taig. Als die Stadt Stolp (poln. Słupsk, Woiwodschaft Pommern) 1540 Ersatz für Prusinus suchte, wandte sie sich an Bugenhagen, der sehr unglücklich über diese Fehlentwicklung war und nicht wusste, wer letztlich daran schuld war. In dieser Situation empfahl er die Bestellung von Kolrep als Schulmeister; dieser verstehe beide deutsche Sprachen (Niederdeutsch, Hochdeutsch), Latein und Griechisch, könne mit der Jugend gut umgehen, sei gelehrt, fromm, sittlich, still und pflichtbewusst. *Er ist ein künstlicher Musikus vndt gutter Senger, der vnser Chor mit Chorgesengen vndt in figurativis so regieret, daß vnser Stadt [Wittenberg] vndt die ganze Uniuersitet ein Wohlgefallen daran gehabt hatt*[2]. Kolrep blieb zwanzig Jahre in Stolp; danach war er 1562 bis 1593 Rektor der Ratsschule in Kolberg. Kolrep war in Kolberg Mitglied der vornehmsten Gilde, der Sülzgilde, geworden. Er heiratete standesgemäß ein Fräulein von Berg[3].
Beziehungen zwischen Rheticus und Kolrep sind für 1538 zu vermuten; Kolrep hätte die Vorlesungen von Rheticus besuchen können.

1 Förstemann 1841, Bd. 1, S. 170a. | 2 Kaffke, J.S., in: Pommerisches Archiv der Wissenshaften und des Geschmaks, Bd. 4, 1784, S. 297-299. | 3 Stoewer 1927, S. 101.

Koning, genannt Polyphemus, Felix, † 1549

Felix Koning, auch deutsch König. lat. Rex, genannt Polyphemus, geboren in Gent (Provinz Ostflandern), gestorben im Herbst 1549 in Königsberg i. Pr., ref., Briefbote[1], Bibliothekar[2].

Felix Koning, ein Schüler des Erasmus von Rotterdam, kam zu Beginn der 1530er Jahre mit einer Gruppe flüchtiger niederländischer Sakramentarier um Wilhelm Gnapheus nach Ostpreußen. Durch die Vermittlung von Johannes Dantiscus war Koning an den Hof des Herzogs Albrecht von Preußen gekommen und dort 1534 bis 1549 als Schlossbibliothekar tätig[3]. In seinem Lob auf die Stadt Elbing (poln. Elbląg, Woiwodschaft Ermland-Masuren) nennt Gnapheus ihn einen Verwandten (nepos), der mit einer holländischen Adligen Katharina von Kralingen aus Amsterdam (Nordholland) verheiratet war. Auch im Vorwort zu seiner Tragikomödie Hypocrisis (Basel: Westhemerus, 1544) lässt Gnapheus Grüße an Jodok Willich in Frankfurt/Oder, dem er das Buch am 25. Juli 1544 aus Königsberg widmete, ausrichten; diesen Grüßen schließen sich an der herzogliche Leibarzt Johannes Pryseus[4], ebenfalls ein Niederländer, und Koning, *Felix Polyphemus, homo tui et bonorum omnium studiosus.*

Beziehungen zwischen Rheticus und Koning hat es zweifellos gegeben. Bücher bildeten ein zentrales Thema zwischen Rheticus und Herzog Albrecht, sodass er an dem herzoglichen Bibliothekar nicht vorbeikam. Auch mit Koning als Freund von Gnapheus in Elbing musste Rheticus zusammenkommen. Die Nachfolger von Koning als herzogliche Bibliothekare wurden 1550 bis 1553 Martin Chemnitz und 1557-1564 Heinrich Zell, die beide Rheticus' Schulgesellen waren.

1 HARTMANN 1953, Bd. 4, S. 8 f., Nr. 1488, Anm. 5 (1531). | 2 FÖRSTEMANN, J., in: Zentralblatt für Bibliothekswesen 16 (1899), S. 306-315; VAN CREVEL 1940, S. 198 f.; HARTMANN/JENNY 1967, Bd. 6, S. 89-91, Nr. 2681 (1545). | 3 TONDEL 1992, S. 47, Anm. 2 und passim; THIELEN 1953, S. 127, 139, 169. | 4 THIELEN 1953, S. 166.

Kopernikus, Andreas, ca. 1470–1518

Andreas Kopernikus (Coppernick, Coppernigk, poln. Andrzej Kopernik), geboren um 1470 in Thorn (poln. Toruń, Woiwodschaft Kujawien-Pommern), gestorben vor November 1518[1] in Rom, kath., Kirchenrechtler, Domherr[2].

Auch die Erziehung des Patriziersohn Andreas Kopernikus, des Bruders von Nikolaus Kopernikus, lag in den Händen seines Onkel Lukas Watzenrode, des Bischofs von Ermland. Andreas war der ältere[3] Bruder des Astronomen; für Andreas als älteren Bruder spricht, dass in den Protokollen des Domkapitels gelegentlich von einem *dominus Andreas Coppernigk senior* die Rede ist, d.h. dem »älteren Kopernikus«[4]. Andreas schlug denselben Bildungsweg ein und strebte das gleiche Berufsziel an wie sein Bruder Nikolaus. Beide haben sich im WS 1491/92 an der Universität Krakau immatrikuliert. Um 1494 kehrten die Brüder in ihre Heimat zurück; ihre Bewerbungen um Domherrnstellen blieben ohne Erfolg; erst 1497 erhielt Nikolaus ein ermländisches Kanonikat, während seines Studienaufenthaltes in Bologna um 1499 auch Andreas. 1498 hatte sich Andreas sich in Bologna immatrikuliert[5], wo sein Bruder bereits seit 1496 anwesend war. Beide pilgerten im Jubeljahr 1500 zu den Feierlichkeiten nach Rom. Nikolaus Kopernikus hielt vom Frühjahr 1500 bis Frühjahr 1501 astronomische Privatvorlesungen *in magna scholasticorum frequentia et corona magnorum virorum et artificum in hoc doctrinae genere* (unter großem Zulauf von Scholaren und einer Schar großer Persönlichkeiten und Fachleuten in dieser Art Wissenschaft). Vermutlich hat sich auch der Bruder Andreas solche Anlässe nicht entgehen lassen; dafür spricht jedenfalls seine in Rom begründete Freundschaft mit dem Nürnberger Mathematiker Georg Hartmann. 1501 kehrten beide Brüder nach Frauenburg zurück, aber in erster Linie deswegen, weil sie um weiteren Studienurlaub angesucht haben. Dieser wurde auch gewährt, und zwar Nikolaus zum Studium der Medizin, damit er künftig dem Bischof und dem Domkapitel als Leibarzt zur Verfügung stehen könne, dem Andreas aber nur insoweit er fähig sei, den Wissensstoff aufzunehmen. Andreas sollte das Kirchenrecht in Bologna zu Ende studieren⁶. Machte sich hier vielleicht die kommende Krankheit schon bemerkbar? Aber auch andere Gründe für eine gewisse Behinderung sind denkbar⁷; diese wären auch ein Erklärung für die rätselhafte Benachteiligung des älteren Bruders im Bildungsgang. Nikolaus absolvierte sein Medizinstudium in Padua ohne einen akademischen Grad, promovierte aber am 31. Mai 1503 in Ferrara zum Dr. decr.⁸ Auch sein Bruder Andreas erlangte den Doktorgrad, vermutlich ebenfalls im Kirchenrecht; jedenfalls wird er in den Kapitels-Protokollen seit 1508 *Doctor* genannt⁹. In den Aufzeichnungen der Promotionen von Ferrara klafft für die Zeit nach dem 22. Juni 1503 bis 1512 eine Lücke; Andreas könnte nach dem 22. Juni 1503 und dem Jahr 1505, dem Zeitpunkt seiner Rückkehr nach Frauenburg, in Ferrara zum Dr. decr. promoviert worden sein; allerdings war für ihn vorgesehen, in Bologna zu promovieren, worüber jedoch keine Unterlagen vorhanden sind. Am 18. April 1507 optierte Andreas Kopernikus einen außerhalb der Stadt gelegener Domherrnhof *extra muros*. Damals zeigte sich seine Leprakrankheit, gegen die Nikolaus vergeblich zu helfen versucht hatte. Daraufhin erbat sich Andreas einen Urlaub für einen Arztbesuch in Italien, der auch für ein Jahr gewährt und später wohl auch verlängert wurde. Im Hinblick auf die Ansteckungsgefahr zeigte sich das Domkapitel großzügig. Jedoch am 4. September 1512 hob das Kapitel jede Gemeinschaft mit Andreas auf; zugleich sollten seine Einkünfte beschnitten werden. Andreas legte gegen diesen Beschluss Protest ein, doch vermittelte sein Bruder Nikolaus eine gütliche Lösung. Andreas wurde die Wahl eines neuen Hofes *extra muros* in weiter Entfernung von der Kathedrale in Frauenburg gestattet. Das letzte Wort sollte der Hl. Stuhl haben. 1514 sollte auf Wunsch des polnischen Königs Danticus der Koadjutor von Andreas werden, doch kam diese Lösung nicht zustande. 1516 bestellte der Papst für Andreas einen Prokurator für sein ermländisches Kanonikat in der Person des Bernardinus Korner.

Beziehungen zwischen Rheticus und Andreas Kopernikus konnte es aus zeitlichen Gründen nicht geben. Als Rheticus seine *Vita Copernici* schrieb, musste Kopernikus seinen Bruder erwähnen. Andreas Kopernikus war somit ein Thema in ihren Gesprächen. Rheticus hatte 1542 Kenntnis von Andreas' Freundschaft mit Georg Hartmann: *audio amicitiam tibi Romae fuisse cum auctoris fratre*¹⁰. Auch mit Tiedemann Giese und Georg Donner hätte Rheticus über Andreas Kopernikus sprechen können.

1 Gassendi/Thill 2002, S. 74: Seine Domherrnstelle ging im November 1518 über an Alexander Scuteti; Sikorski 1966, Regest Nr., 4, 9-11, 21, 35, 73, 78, 84, 87, 92, 192b, 303, auch S. 146. | 2 Prowe 1883/84, Bd. 1/2, S. 24-32. | 3 Kritisch dazu Hamel 1994, S. 98, 109. | 4 Prowe 1883/84, Bd. 1/2, S. 31, Anm. **. | 5 Knod 1899. S. 269, Nr. 1859. | 6 Gassendi/Thill 2002, S. 46. | 7 Ebenda, S. 72. | 8 Pardi ²1900, S. 110 f.; Righini, Giulio, La Laurea di Copernico allo Studio di Ferrara, Ferrara 1932. | 9 Zitiert nach Prowe 1883/84, Bd. 1/2, S. 22, 28. | 10 Burmeister 1968, Bd. 3, S. 46.

Kopernikus, Erdmann, –1573

Erdmann (Ertmann, Erdmanus, Ertmannus) Kopernikus (Copernicus), aus Gransee (Lkr. Overhavel, Brandenburg), gestorben am 25. August 1573 in Frankfurt/Oder, luth., neulat. Dichter, Komponist, Jurist¹.
Kopernikus immatrikulierte sich an der Universität Wittenberg am 4. Mai 1545 unter dem Rektorat von Ulrich Mordeisen². Am 25. Februar 1546 promovierte er unter dem Dekan Johannes Stoltz zum Mag. art. (9. Rang von 39 Kandidaten); zugleich mit ihm promovierten Flacius Illyricus (1. Rang) und Johannes Eichholz (39. Rang)³. Nach Schließung der Universität Wittenberg im Schmalkaldischen Krieg wechselte Kopernikus an die Universität Frankfurt/Oder. Er ging dann als Rektor der Schule in die Neustadt vn Brandenburg. Seit 1556 setzte er sein Studium der Rechte in Wittenberg fort. Er wurde 1561 Professor für die Institutionen. Zu seiner Promotion zum JUD schrieben ihm zu Ehren seine Freunde Glückwunschgedichte (Frankfurt/Oder: Eichhorn, 1573).

Kopernikus war verheiratet. Erdmann Kopernikus d.J., vermutlich sein ältester Sohn, ist vor 1558 im Kindesalter (*filiolus*) verstorben; der Poeta laureatus Zacharias Praetorius aus Mansfeld verfasste ein an den Vater gerichtetes Epitaph[4].

Werke (in Auswahl): *De angelis carmen* (Wittenberg: Lorenz Schwenck, 1557); *Oratio de prima iuris origine ... in exordio lectionis Institutionum Iuris* (Frankfurt/Oder: Eichhorn, 1561). Es gibt noch eine Reihe anderer Gratulationsgesdichte auf Kollegen in Frankfurt/Oder.

Beziehungen zwischen Rheticus und Erdmann Kopernikus hat es nicht gegeben. Allein schon wegen des Namens war Kopernikus hier beiläufig zu erwähnen.

1 SCHLÜTER 2010, S. 298; SCHEIBLE, MBW, Bd. 11, Personen, 2003, S. 301. 2 | FÖRSTEMANN 1841, Bd. 1, S, 223a. | 3 KÖSTLIN 1890, S. 18. | 4 PRAETORIUS, Zacharias, Epitaphia XXXI, Wittenberg 1558, Nr. XVIII; VD 16 P 4693, BSB München digital.

Kopernikus, Nikolaus, 1473 –1543

Nikolaus Kopernikus (Copernicus, Coppernicus, Koppernik, Koppernigk), geboren am 19. Februar 1473 in Thorn (poln. Toruń, Woiwodschaft Kujawien-Pommern), gestorben am 24. Mai 1543 in Frauenburg (poln. Frombork, Woiwodschaft Ermland-Masuren), Begräbnis in der dortigen Kathedrale Maria Himmelfahrt und St. Andreas, kath., Jurist (Administrator), Arzt, Mathematiker, Geograph, Wiederentdecker des heliozentrischen Weltbildes[1].

Nikolaus Kopernikus steht im Zentrum dieses Buches. Es kann daher hier nicht darum gehen, ihm eine weitere biographische Skizze zu widmen, vielmehr beschränken wir uns auf die wichtigsten Tatsachen seines Lebens und befassen uns vor allem mit seinem Verhältnis zu Rheticus. Kopernikus entstammt dem deutschsprachigen Bürgertum der Hansestadt Thorn, die politisch zum Königreich Polen gehörte; er war mithin polnischer Untertan. Mehr noch: Dantiscus äußert nicht ohne Stolz, dass Kopernikus ein Kleriker seines Bistums sei. Diesen Stolz empfanden so auch andere Angehörige des Bistums Ermland und seiner näheren Umgebung. Diesem regionalen Faktor kommt noch eine wesentlich größere Bedeutung zu als dem nationalen Aspekt. Kopernikus und sein wissenschaftliches Werk sind eine ermländische und damit eine polnische Leistung.

Kopernikus' Erziehung lag in den Händen seines Onkels Lukas Watzenrode, Bischofs von Ermland. Kopernikus studierte 1491 bis 1494 in Krakau (poln. Kraków) *Humaniora*, 1496-1503 in Bologna und Padua Medizin und kanonisches Recht, promovierte 1503 in Ferrara zum Dr. decr., wurde Sekretär und Leibarzt seines Onkels und 1510 Domherr. Mit seinem *De hypothesibus motuum coelestium commentariolus*[2] teilte er um 1514 oder auch schon früher einem kleinen Kreis das heliozentrische System mit, wonach sich die Erde um ihre eigene Achse dreht, der Mond die Erde umkreist und die Erde sich wie die übrigen Planeten um die Sonne bewegt. 1539 bis 1541 wurde Rheticus Kopernikus' erster und einziger Schüler. Er konnte von ihm die Zustimmung erhalten, einen ersten Bericht über dieses neue Weltsystem in Druck zu geben, der unter dem Titel *Narratio prima* (Danzig 1540) erschien. Offenbar wurde Rheticus dabei durch seinen Freund Andreas Aurifaber unterstützt[3]. Mit der *Narratio prima* wurde die Lehre des Kopernikus in der wissenschaftlichen Welt und auch darüber hinaus bekannt, besonders nachdem Achilles Pirmin Gasser in Basel 1541 eine zweite Auflage herausgebracht hatte. Zwar konnte Rheticus, als er gegen Ende August 1541 Frauenburg verließ, eine Abschrift von Kopernikus' Hauptwerk nach Wittenberg mitnehmen, doch erst danach veranlasste Tiedemann Giese Kopernikus, sein Werk Rheticus für eine Drucklegung zuzuschicken.

Rheticus reiste nach dem Ende seines Dekanats im Mai 1542 nach Nürnberg, um mit der Drucklegung von *De revolutionibus* zu beginnen. Alle Vorbereitungen waren getroffen, sodass Petreius endlich mit dem Druck beginnen konnte.

Bei der Betrachtung des Verhältnisses zwischen Kopernikus und Rheticus sind zwei unterschiedliche Sichtweisen zu beachten. Von Rheticus' Standpunkt aus war Kopernikus der Lehrer, dem er alles schuldete. Rheticus wird nicht müde, Kopernikus zu loben. Gasser, der aber hier zweifellos eine Ansicht von Rheticus wiedergibt, nennt Kopernikus 1540 einen Mann von unzweifelhaft beispielloser Gelehrsamkeit und von herkulischer, ja von atlantischer Arbeitskraft[4].

Rheticus' Verdienst ist es gewesen, dass er der Erste war, der die kopernikanische Lehre der gesamten wissenschaftlichen Welt verkündet hatte; und für lange Zeit blieb er auch mehr oder weniger der Einzige, der im heliozentrischen System eine physikalische Wahrheit sah, die er gegen jedermann verteidigte. Aber nur wenige sind ihm gefolgt. Das kopernikanische System konnte sich im 16. Jahrhundert nicht durchsetzen[5]. Erst 1566 kam eine zweite Auflage von *De revolutionibus* auf den Markt. Und dabei blieb es vorerst.

Rheticus hatte mit der *Narratio prima* (Danzig 1540) die Publikation von *De revolutionibus* (Nürnberg 1543) vorweggenommen. Wenn Rheticus damit zum ersten Verkünder des Heliozentrismus wurde, so muss man doch sehen, dass es nicht nur sein Werk gewesen ist. Auf verschiedenen Ebenen und mit unterschiedlicher Intensität war an der Veröffentlichung der *Narratio prima* ein ganzes Team beteiligt. Da ist einmal Kopernikus selbst mit seinen geistlichen Mitbrüdern Johannes Dantiscus, Tiedemann Giese und Georg Donner, die alle katholisch waren, dann Rheticus mit seinen engeren Mitarbeitern Andreas Aurifaber, Heinrich Zell und dem Buchdrucker Franz Rhode, die alle lutherisch waren. Im Hintergrund stehen besonders erfahrene Fachwissenschaftler, auf katholischer Seite der Kardinal Schönberg, Johann Albrecht Widmanstetter, Gemma Frisius, auf der lutherischen Seite Philipp Melanchthon und Johannes Schöner. Dann sind für die zweite Auflage der Narratio prima (Basel 1541) zu erwähnen Achilles Pirmin Gasser, Georg Vögeli und der Buchdrucker Robert Winter.

Mit der Publikation von *De revolutionibus* treten weitere lutherische Persönlichkeiten ans Licht: der Drucker Johannes Petreius, dessen Agent Andreas Osiander (der Reformator Nürnbergs), dann Joachim Camerarius, vielleicht auch, bisher kaum beachtet, Christoph Jonas. Alle hier genannten Personen, insgesamt 16 Beteiligte (es mögen aber auch mehr gewesen sein), hatten ernsthafte gelehrte Absichten, aber ihre jeweiligen Interessenslagen waren doch sehr unterschiedlich. Und das muss bei einer Diskussion über die beiden Werke, insbesondere auch das unterschobene Osiandervorwort, berücksichtigt werden.

Rheticus stellte sich gegen führende Persönlichkeiten (Luther, Melanchthon), von denen er abhängig war. Er wurde auf diese Weise, so wie es Arthur Koestler formuliert hat, zum *enfant terrible*, zum *genialen Narr*, zum *Condottiere der Wissenschaft*[6]. Er musste am Ende Wittenberg, das ihn groß gemacht hatte, verlassen.

Rheticus verkannte, dass in der damaligen wissenschaftlichen Welt eine andere Sichtweise von ihm ein anderes Verhalten gefordert hätte. Rheticus hat den heute weitgehend anerkannten Standpunkt vertreten, dass wissenschaftlicher Fortschritt der Erkenntnis der Wahrheit dienen müsse. Wissenschaftlicher Fortschritt wurde zwar auch damals grundsätzlich begrüßt, aber nur dann, wenn er mit dem vorbehaltlos anerkannten System des Aristoteles und damit auch dem des Ptolemäus vereinbar war. Offene Kritik war unzulässig. »Eine mächtige Kirchenbürokratie versuchte jeden, der von den offiziellen Glaubenswahrheiten abzuweichen wagte, zum Schweigen zu bringen.«[7] Ein Verstoß gegen diesen Grundsatz hatte zur Folge, dass man sich dem Vorwurf eines Charakterfehlers aussetzte, nämlich aus reiner Neuerungssucht zu handeln, ja man konnte als Ketzer gelten und entsprechend verfolgt werden.

Kopernikus hatte sein System lange zurückgehalten, weil er sich als hoher Geistlicher nicht dem Vorwurf der Ketzerei aussetzen wollte. Treffend wird er »Revolutionär wider Willen« genannt[8]. Viele andere maßgebliche Gelehrte, etwa Sebastian Münster, gaben sich den Anschein, als würden sie Kopernikus nicht kennen. Auch Peter Apian ignorierte wider besseres Wissen das heliozentrische

System. Man könnte noch andere Beispiele nennen, ganz besonders auch Melanchthon, der Luther in der Ablehnung folgte und seine Argumente in den *Initia doctrinae physicae* ausführlich darlegte. Es lässt sich ganz allgemein beobachten, dass sich die Universitäten gegen die Neuerungen sperrten, die versuchten, Aristoteles und Ptolemäus außer Kraft zu setzen. In Basel wurde es dem Professor für Mathematik Christian Wurstisen (1544-1588) ausdrücklich verboten, das kopernikanische System vorzutragen. Die großen Leistungen in der Astronomie kamen nicht von Universitätsprofessoren, sondern von dem Domherrn Kopernikus, von dem Juristen Tycho Brahe (1546-1601), von dem Theologen Johannes Kepler (1571-1630)[9]. Rheticus musste letztlich aus Wittenberg weichen mit dem Odium, dass sein hartnäckiges Festhalten allein auf billige Neuerungssucht zurückzuführen sei und damit eine ernsthafte Charakterschwäche offenbare. Man versuchte, dafür in seiner Jugendlichkeit einen Entschuldigungsgrund zu finden. Und der ein oder andere mag sich in seiner ablehnenden Haltung gegenüber Rheticus auch dadurch bestätigt gefühlt haben, dass Rheticus vorübergehend in Irrsinn verfiel. Es hätte aber auch für Rheticus schlimmer ausgehen können, wie die Beispiele von Giordano Bruno (1542-1600) oder Galileo Galilei (1564-1642) zeigen.

Rheticus' Kopernikus-Biographie

Rheticus ist der Verfasser der ersten Biographie des Kopernikus, die während seines Aufenthaltes in Frauenburg entstanden ist, also wohl um 1540/41. Ein Titel ist nicht überliefert; Tiedemann Giese bezeichnet sie in seinem Brief vom 26. Juli 1543 als *Vita Authoris*. Ihre Abfassung lag aber zeitlich um einige Zeit zurück; denn Giese sagt *olim legi* (die ich einst gelesen habe). Giese lobte diese Schrift auch als *eleganter scriptam*. Da es in erster Linie Kopernikus selbst war, der Rheticus das Material für diese Lebensbeschreibung lieferte, ist sie sozusagen unter den Augen von Kopernikus entstanden und darf daher als eine autorisierte Biographie angesprochen werden. Leider ist diese Biographie heute verschollen, ja sie war schon 1617 für Jan Brożek nicht mehr greifbar, der vermutete, *vel periit vel alicubi latet* (entweder ist sie verloren gegangen oder sie ist irgendwo versteckt). Brożek war sich nicht einmal sicher, ob Giese oder Rheticus der Autor war. Gieses Wunsch war, dass Rheticus diese Biographie einer noch für das Jahr 1543 in Aussicht genommenen zweiten Auflage von *De revolutionibus* voranstellen sollte.

Diese zweite Auflage nach den Vorstellungen von Giese kam aber nie zustande. Auch hat Rheticus offenbar keinen Weg gefunden, diese Schrift auf sonst irgendeine Weise zu publizieren. Es mag dafür verschiedene Gründe geben. Denn durch den Tod von Kopernikus am 24. Mai 1543 fehlte der Druck, mit einer solchen Publikation dem alten Lehrer und Meister eine Freude zu machen. Ich kann zwar der Auffassung von Jadwiga Dianni nicht folgen, Rheticus hätte wegen der ablehnenden Haltung der deutschen Intellektuellen jegliches Interesse an Kopernikus verloren; soweit würde ich nicht gehen. Aber es ist durchaus richtig, dass im Hinblick auf ein solches Desinteresse eine zweite Auflage 1543 kein Thema war, zumal diese doch nicht ohne finanziellen Aufwand zu bewerkstelligen war. Wer kam in Nürnberg schon als Mäzen für ein Buch in Frage, das dem Papst gewidmet war? Mit Recht hat auch Erna Hilfstein gegen Dianni eingewendet, dass Rheticus keineswegs das Interesse an Kopernikus aufgegeben hatte, wobei sie insbesondere darauf hingewiesen hat, dass Rheticus 1563 von Kopernikus sagt *nostrae aetatis nunquam satis laudatus Hipparchus* (der Hipparch unserer Zeit, der niemals genug gelobt wird)[10].

Rheticus über Kopernikus

Es mag nützlich erscheinen, hier die wichtigsten Äußerungen von Rheticus über Kopernikus zusammenzustellen. Damit wird freilich die verschollene Biographie nicht ersetzt, wohl aber erhalten wir einen Einblick in die Gesamtwertung des Kopernikus durch Rheticus.

Rheticus schreibt im Frühjahr 1542 über Kopernikus: *Man kann ihn mit den größten schöpferischen Geistern der Antike vergleichen. Wir müssen unserem Zeitalter Glück wünschen, dass es uns einen solchen Geist hinterlassen hat ... Mir jedenfalls ist niemals ein größeres Glück widerfahren als der Umgang mit einem so bedeutenden Menschen und Gelehrten; alles schulde er diesem Gelehrten*[11].

Im August 1543 kommt Rheticus auf die Mühseligkeiten seiner Reise nach Frauenburg zu sprechen. *Ich kann sagen, dass ich weder den Aufwand an Geld bereue noch den langen Weg, noch die sonstigen Beschwerlichkeiten. Denn ich sehe einen großen Lohn für diese Mühen darin, dass ich den ehrwürdigen Mann mit einem gewissen jugendlichen Übermut dazu bewegen konnte, seine Überlegungen auf diesem Fachgebiet der ganzen Welt zu einem früheren Zeitpunkt mitzuteilen. Alle Gelehrten werden sich meinem Urteil anschließen, sobald die Bücher, die wir zur Zeit in Nürnberg unter der Presse haben, erschienen sind*[12].

Achilles Pirmin Gasser richtete am 27. Juli 1545 an Rheticus die Aufforderung, im Sinne von Kopernikus weiter zu arbeiten. *Jener unermüdliche Eifer um die Wiederherstellung der Astronomie, der mit unaufhörlichem und übervollem Streben immer wieder wünscht, begehrt und bittet, dass du jene neue und paradoxe Lehre der Sternkunde fortführst, die du jetzt, wo dein Lehrer, der hochberühmte Nikolaus Kopernikus nicht mehr unter den Lebenden weilt, allein mit nicht geringem Erfolg vertrittst, indem du uns ungebildeten und für so hohe Dinge ohne einen Theseus weniger geeigneten Menschlein eine verständliche Einführung und besser zu begreifende Beweisführung gibst, vor allem aber dem gewöhnlichen Verstand zugängliche Tafeln endlich ans Licht bringst*[13].

An Georg von Kummerstad richtete Rheticus im Oktober 1550 die Worte: *Was für Drangsal habe ich ertragen, wie Herkules durch die Welt irrend, aber nicht um einen Gürtel oder einen Apfel zu suchen und den Meinen zu bringen, sondern die Wahrheit über die größten und notwendigsten Dinge, die gleichsam aus den niedergerungenen Ungeheuern der Irrtümer erkannt und in Besitz genommen werden konnte. ... Was habe ich ... für langwierige und schwierige Reisen unternommen, während ich nach einem Lehrer suchte, der mir die Himmelsbahnen und Gestirne zeigte. ... Aber ich konnte von ihnen, so berühmt sie auch waren, nur wenig für meine Studien dazulernen. In Preußen aber lernte und begriff ich die großartige Wissenschaft der Astronomie, während ich bei dem sehr bedeutenden Herrn Nikolaus Kopernikus weilte. Um das alles auszuarbeiten, zu erweitern und auszuschmücken, kann weder das Leben noch die Arbeit eines einzelnen ausreichen. Und so haben heute durch meine Vorsorge die Studenten dieser Wissenschaften vom Autor selbst das vollendet und herausgegeben, worin sie sich mit Nutzen und mit Ruhm üben können*[14].

Dem Kaiser Ferdinand I. legte Rheticus 1557 dar: *Nachdem ich etwa drei Jahre in Preußen verbracht hatte, hat der edle Greis mir beim Abschied auferlegt, danach zu trachten, das zu vollenden, was er selbst, soweit er durch sein Alter und seinen Tod gehindert werde, nicht mehr vollenden könnte. ... Da dieses Forschungsgebiet so wichtig ist und uns diese Aufgabe von dem Herrn Kopernikus auferlegt worden ist, den ich nicht nur wie meinen Lehrer, sondern auch wie meinen Vater verehrt, hochgehalten und immer zu gefallen getrachtet habe, habe ich ... Krakau als Beobachtungsort auserwählt. Kopernikus hatte Frauenburg zu seinem Beobachtungsort genommen; Krakau aber liegt auf dem gleichen Meridian, ebensoweit westlich. Hier habe ich mit der großzügigen Unterstützung des hochgeschätzten Herrn Hans Boner einen Obelisk errichtet, 45 römische Fuß hoch. Denn nach meinem Urteil gibt es kein besseres astronomisches Instrument als den Obelisk*[15].

Im Oktober 1563 teilte Rheticus seinem Prager Freund Hajek mit: *Ich habe gegenwärtig das Werk des Kopernikus in die Hand genommen und denke daran, es mit meinem Kommentar zu erläutern. Denn einige Freunde*[16] *bitten und drängen mich, diese Arbeit zu übernehmen*[17].

1 Zinner 1943; Schmauch, Hans, in: NDB 3 (1957), S. 348-355, s.v. Copernicus; Schmeidler 1970; Rosen 1984; Hamel 1994; Carrier 2001; Gassendi/Thill 2002; Shea 2003; Scheible, MBW, Personen, Bd. 11, 2003, S. 301 f., s.v. Copernicus. | **2** Rosen/Hilfstein 1992, S. 75-126. | **3** Green 2010, S. 157-165. | **4** Burmeister 1968, Bd. 3, S. 18. | **5** Kleineidam 1980, Bd. 3, S. 55. | **6** Koestler 1959, S. 153. | **7** Sagan, Carl, Die Planeten, Reinbek bei Hamburg:

Rowohlt Taschenbuch Verlag, 1970, S. 21. | **8** WOLFSCHMIDT (Hg.) 1994, Untertitel. | **9** KLEINEIDAM 1980, Bd. 3, S. 252. | **10** BURMEISTER 1968, Bd, 3, S. 138. | **11** Ebenda, S. 48. | **12** Ebenda, S. 52. | **13** Ebenda, Bd. 3, S. 70. | **14** Ebenda, Bd. 3, S. 110. | **15** Ebenda, Bd. 3, S. 148. | **16** Gemeint sind Ramus, Calon und Camerarius. | **17** BURMEISTER 1968, Bd. 3, S. 182.

Krage, Tileman, ca. 1520–1584

Tileman Krage (Gragaw, Kragge, Cragius), geboren um 1520 in Lüchow (Wendland, Lkr. Lüchow-Dannenberg, Niedersachsen), gestorben nach 1584?, luth., Theologe[1].
Krage immatrikulierte sich im WS 1537/38 an der Universität Wittenberg[2] und promovierte 1542 zum Mag. art.[3] Krage wurde am 19. Juli 1542 von Bugenhagen ordiniert zum Pfarrer in Northeim (Niedersachsen)[4], 1544 entlassen, 1546 Archidiakon in Kiel, 1547 Prediger in Minden, war dann in England, wurde 1553 Pfarrer an St. Andreas in Hildesheim, 1555 Superintendent, 1557 entlassen, danach führte er ein unstetes Wanderleben.
Werke: *De imagine Dei* (Wittenberg: Krafft, 1549, mit einer *Praefatio* Melanchthons); *Von dem Bilde Gottes* (Wittenberg:[Georg Rhaus Erben?], 1550, mit Vorrede Melanchthons); *Geheimnis des Leibs vnnd Bluts Christi* (1555); *Wider die falschen Brüder und Feinde des Bluts Jhesu Christi warhaftrige Lere* (Eisleben 1558).
Beziehung zu Rheticus: Magisterpromotion unter Rheticus vom 9. Februar 1542, wo er den 6. Rang von 22 Kandidaten erreichte[5]. Weiteres ist nicht bekannt; Krage war in erster Linie Theologe.

1 SCHEIBLE, MBW, Bd. 12, 2005, Personen, S. 455; WAGENMANN, Julius August, in: ADB 4 (1876), S. 545. | **2** FÖRSTEMANN 1841, Bd. 1, S. 168a. | **3** KÖSTLIN 1890, S. 13. | **4** BUCHWALD 1894, S. 27, Nr. 419. | **5** KÖSTLIN 1890, S. 13.

Kram, Franz, 1516–1568

Franz Kram (Kramm, Chramm, Crammius), geboren 1516 in Sagan (poln. Żagań, Woiwodschaft Lebus, Polen), gestorben am 28. April 1568 in Leipzig, luth., Jurist, Universitätsprofessor, kurfürstl. Rat, Gesandter, Ober-Hofgerichtsassessor[1].
Kram immatrikulierte sich im WS 1530/31 an der Universität Wittenberg[2], gleichzeitig mit Hieronymus Berbing, im gleichen Semester auch wie Erasmus Reinhold. Am 23. September 1540 promovierte Kram unter Heinrich Smedenstein zum Mag. art.[3], erreichte aber nur den 17. Rang von 22 Kandidaten; die ersten fünf Plätze belegten Berühmtheiten wie Mathesius, Gigas, Marbach, Siber und der Tscheche Collinus. Im WS 1542/43 wurde Kram als Magister an der Universität Leipzig eingeschrieben[4]; er gehörte der polnischen Nation an. Konsemester waren Leowitz, Kaspar Brusch und Georg Schiltel. Kram wandte sich dem Studium der Rechte. 1546 wurde er zum kurfürstlichen Rat ernannt. Nachdem er 1552 Professor für Codex geworden war, promovierte am 15. November 1553 zum Bacc. utr. iur. und zum Lic. utr. iur.[5] Es folgte am 6. März 1554 die Promotion zum JUD[6]. Kram war 1554 bis 1568 Kollegiat des großen Fürstenkollegs[7]. Er wurde für das WS 1554/55, WS 1560/61 und das WS 1564/65 zum Rektor Magnificus gewählt.
Krams Name ist mit den Plautus-Ausgaben des Joachim Camerarius von 1545 und 1549 verknüpft. Es war zunächst Kram, der Camenarius vorschlug, dass er seine M. Accii Plauti Comoediae V (Leipzig: Valentin Pabst, 1545)[8] den Söhnen Franz-Otto und Friedrich des Herzogs Ernst von Braunschweig-Lüneburg widmete; diese Ausgabe (Leipzig: Valentin Pabst, 1549)[9] enthielt auch die »verpönte« Komödie *Amphitruo*[10]. Eine erweiterte Auflage, diese ohne *Amphitruo*, eignete Camerarius dann Kram zu, weil dieser gerne solche Stücke zu seiner Unterhaltung las[11].
Kram war seit 1552 verheiratet mit Anna Schiltel (1532-1601), Tochter des Leipziger Professors für Medizin Georg Schiltel d.Ä. (2 Söhne, 7 Töchter). Krams Sohn Friedrich heiratete Barbara Cordes (1554-1605), die Tochter seines Leipziger Kollegen Heinrich Cordes. Franz Kram fand sein

Grab auf dem allgemeinen Gottesacker, ein Enkel ließ 1654 zu seinem Andenken im *Vaporarium* des roten Kollegs ein Bildnis von Kram aufhängen, dessen Inschrift überliefert ist[12].

Die **Beziehungen** zwischen Rheticus und Kram waren sehr eng. Kram gehörte, so wie Erasmus Reinhold oder Paul Eber, zu den ältesten Bekannten von Rheticus in Wittenberg. Vom SS 1532 bis zum WS 1541/42 waren sie dort Kommilitonen und Kollegen; und als Rheticus im WS 1542/43 nach Leipzig wechselte, ging auch Kram dorthin, so wie beispielsweise auch Ayrer. Kram blieb damit für weitere zehn Jahre in der Nähe von Rheticus. Natürlich war Kram Jurist und damit kein Fachkollege, aber es bleibt doch zu beachten: In einem Brief vom 1. November 1558 an Wolfgang Meurer und Häusler erzählt Paul Fabricius, dass Dr. Franz Kram als Gesandter des Kurfürsten August I. von Sachsen nach Wien gekommen sei, wo sie gemeinsam mit Joachim von Gersdorf beim Wiener Bischof Anton Brus von Müglitz (1518-1580) über den Kometen von 1556 und andere astronomische Fragen diskutiert hätten.

1 http://de.wikipedia.org./wiki/Franz_Kram (6. Dezember 2013); Woitkowitz 2003, S. 142, Anm. 5, und passim (Register). | **2** Förstemann 1841, Bd.1, S. 141a. | **3** Köstlin 1890, S. 12. | **4** Erler, Bd. 1, S. 642, P 16. | **5** Erler, Bd. 2, S. 63. | **6** Ebenda, S. 39, 64. | **7** Zarncke 1857, S. 752. | **8** VD 16 P 3386; BSB München, digital. | **9** VD 16 P 3387; BSB München, digital. | **10** BSB München, digital, Scan 64-138. | **11** Woitkowitz, Torsten, Joachim Camerarius und die Räte des Herzogs und Kurfürsten Moritz von Sachsen, in: Kößling/Wartenberg 2003, S. 61-77.hier S. 64 | **12** Vogel 1714, S. 221.

Kramer, Kaspar, ca. 1548–1578

Kaspar (Casper) Kramer (Cramer, Crömer, Kromer, Krömer, Kramerus), geboren um 1548 in Leutschau (slow. Levoča, ungar. Lőcse, lat. Leutsovia, Slowakei), gestorben vor dem 30. November 1578 daselbst, luth., Schulmann, Theologe[1].

Vorbemerkung: Das Zipserland, insbesondere seine deutschsprachigen Bürger, neigte zum Luthertum und unterhielt enge Beziehungen nach Wittenberg. Die gewöhnliche Laufbahn im Dienste einer Stadt im Zipserland führte vom Studium an einem Gymnasium (des Auslandes, z.B. Görlitz oder Goldberg) oder einer Universität (Wittenberg) in den Schuldienst, wo man über den Hilfslehrer zum Konrektor (*collega secundae classis*) und Rektor aufsteigen konnte. Die weitere Karriere konnte geistlich (Kaplan, Diakon, Pfarrer) oder weltlich (Ratsherr, Richter) sein[2].

Kaspar Kramer d.Ä. ist erst unlängst durch einen Antiquariatskatalog in das Gesichtsfeld der Rheticusbiographie getreten. Das Antiquariat INLIBRIS, Gilhofer Nfg. in Wien und KOTTE Autographs Autographenhandlung in Rosshaupten haben in einem gemeinsamen Katalog A Selection of Books, Autographs und Manuscripts (o.J., 2013?) ein zweibändiges Werk im Oktavformat aus der Bibliothek von Georg Joachim Rheticus angeboten[3]. Es handelt sich um ein Ausgabe von Homers *Ilias* und *Odyssee*, erschienen in Straßburg bei Wolfgang Köpfel 1550[4]. Diese beiden Bücher hat Rheticus Kaspar Kramer d.Ä. aus Freundschaft gewidmet, vermutlich schon im Jahre 1570, nicht erst 1574, wie die Katalogbeschreibung angenommen hat und aufgrund eines älteren Forschungsstandes annehmen musste; inzwischen wurde diese Reise des Rheticus in die Slowakei früher angesetzt, zuerst 1977 von Karl Heinz Burmeister[5], dann 2004 (allerdings stillschweigend als seine eigene Entdeckung ausgegeben und ohne Burmeister zu zitieren!) von András Szabó[6].

Kaspar Kramer war der Sohn des Ratsherrn Michael Kramer, der um 1548/49 einer Gesandtschaft der Stadt Leutschau an den Wiener Hof angehörte[7]. Er dürfte etwa um diese Zeit in Leutschau geboren sein. Am 2. November 1563 immatrikulierte sich *Casparus Crörner Leitskoviensis Vngarus* unter dem Prorektor Veit Oertel Winsheim an der Universität Wittenberg. Mit Winsheim stand auch Rheticus noch 1564 in Kontakt. Kramer konnte mit einem Stipendium der Stadt Leutschau studieren. Wiederholt überbrachte ihm der Buchhändler Bruno Brewer größere Beträge an Bargeld, die meist um 50 Gulden jährlich liegen, oft aber darüber hinausgehen. Diese Zahlungen wurden über einen Zeitraum von zehn Jahren von 1563 bis 1572 geleistet[8]. Um diese Zeit dürfte Kramer den Grad eines Mag. art. erlangt haben. Dazu stimmt, dass erstmals 1573 44 Gulden an den Schulmeister Kramer bezahlt wurden; er war demnach nach Abschluss seiner Studien in den Dienst der Stadt Leutschau getreten[9].

Vor seiner Abreise nach Wittenberg hatte ihn die Stadt Leutschau neu ausstaffieren lassen. Folgende Kosten entstanden 1563: am 22. September Fuhrlon fl. 5; 26. September Unterhaltskosten fl. 46, d. 24; dazu Schneiderlohn für Rock, Hosen und Wams fl. 1, d. 53; 8. Oktober Gewand fl. 5, d. 38; 17. Oktober Fell für Hosen und Wams fl. 3, Schuhe d. 82[10]. Am 19. September 1565 wurden Kramer weitere 50 Gulden durch Bruno Brewer geschickt[11].

Jährliche Zahlungen von 44 Gulden an den Schulmeister sind belegt für die Jahre 1574 bis 1577[12]. Ob die 1578 getätigte Zahlung von 40 Gulden *Rectorj* noch an Kramer erfolgte[13], muss bezweifelt werden; denn er ist vermutlich Ende 1577 oder Anfang 1578 gestorben. Das folgt aus der Wiederverheiratung seiner Witwe mit dem ehemaligen Lehrer und jetzigen Notar und Stadtschreiber Philipp Queschin, der am 30. November 1578 *zum Anfangkh seiner wirtschafft* vom Rat 20 Gulden erhielt, *da er die nach gelassene Herrn Caspar Cromerß seeligen gewesenen Schulmeisters allhie wittib im zum Weib genommen*[14].

Zwischen Rheticus und Kramer bestand ein beträchtlicher Unterschied, sowohl hinsichtlich des Lebensalters als auch in der gesellschaftlichen Stellung. Es scheint jedoch, dass Rheticus von dem jungen Schulmeister ähnlich begeistert war wie von Valentin Otho. Rheticus hätte sonst kaum seinen Homer weggegeben, den er offenbar sehr schätzte, weil er die beiden Bände mit ins Zipserland genommen hatte. Auch zeigen seine Annotationen, dass er sich eingehend als Humanist und Gräzist mit Homer befasst hat. Wie im Fall von Otho mochte es für Rheticus eine besondere Freude sein, mit einem Studenten aus Wittenberg sich über die dortige Lage zu unterhalten. Jedenfalls lässt die Widmung der beiden Bände des Homer eine besondere Wertschätzung von Kramer seitens Rheticus erkennen: *Ornatissimo et Doctissimo viro Domino Casparo Kramero amico suo integerrimo Ioachimus Rheticus d*[onum] *d*[edit] (dem hoch geehrten und hoch gelehrten Mann, Herrn Kaspar Kramer, seinem aufrichtigsten Freund machte Joachim Rheticus zum Geschenk). Kramer hat selbst mehrere Besitzvermerke eingetragen, z.B. *Ex libris Caspari Crameri Leutschoviensis*.

1 Katona 2011, S. 45 f., 60, 66, 72, 74, 161, 169, 188, 191 f., 204. | 2 Katona 2011, S. 46. | 3 a.a.O., S. 32-34 (mit Abb. des Titelblattes und der handschriftlichen Widmung). | 4 VD 16 H 4655, H 4695. | 5 Burmeister, Karl Heinz, Neue Forschungen über Georg Joachim Rhetikus, in: Jahrbuch des Vorarlberger Landesmuseumsvereins 1974/75 (Bregenz 1977), S. 37-47, hier S. 47. | 6 Szabó, András, Der Copernicus-Jünger Georg Joachim Rheticus in Ungarn, in: Kühlmann, Wilhelm und Schindeling, Anton (Hg.), Deutschland und Ungarn in ihren Bildungs- und Wissenschaftsbeziehungen während der Renaissance (Contubernium, Tübinger Beiträge zur Universitäts- und Wissenschaftsgeschichte, 62), Stuttgart 2004, S. 219-225, hier S. 221. | 7 Katona 2011, S. 37. | 8 Ebenda, S. 66, 161, 165, 169, 178, 181, 183, 186, 188. | 9 Ebenda, S. 192. | 10 Ebenda, S. 166. | 11 Ebenda, S. 169. | 12 Ebenda, S. 195, 197, 200, 203. | 13 Ebenda, S. 205. | 14 Ebenda, S. 204.

Kratzer, Nikolaus, 1487 – nach 1550

Nikolaus Kratzer (Cratzerus, Cracher, Krach, Krache, Kratcher, Kratz). Nikolaus, geboren 1487 in München, gestorben nach 1550, Uhrmacher des König Heinrich VIII., kgl. Mathematiker und Astronom, Instrumentenmacher[1].

Kratzer studierte 1506 in Köln und angeblich in Wittenberg (nicht in der Matrikel), ging dann nach Wien, wo er Glarean traf. 1517 wurde er Professor am Corpus Christi College in Oxford, wo er Vorlesungen über Sonnenuhren und astronomische Instrumente sowie auch über Euklid, die Geographie des Ptolemäus und über Sacrobosco hielt. Er führte die in Deutschland beliebten vielflächigen Sonnenuhren in England ein und wurde zu einem Vermittler deutschen Wissens nach England. Zu seinen zahlreichen Werken gehörten eine Blocksonnenuhr für Kardinal Wolsey

(Oxford, Museum History of Science), 1520 vielflächige Sonnenuhr in Oxford, vor der Kirche St. Mary, 1520/30 Blocksonnenuhr für den Garten des Corpus Christi College (verschollen), vor 1539 steinerne Sonnenuhr für Tiedemann Giese (verschollen), 1546 pergamentene Scheibengeräte, gelangten in die Bibliothek von Ottheinrich.

Dürer schuf 1520 ein Porträt von Kratzer (verschollen); ein von Hans Holbein 1528 geschaffenes Gemälde, das Kratzer in seiner Werkstatt zeigt, befindet sich im Louvre in Paris[2].

Werke (Handschriften in Oxford): *Canones Horopti*, 1520, Widmung an König Heinrich VIII.; *De compositione horologorum; Astrolabii aliorumque instrumentorum mathematicorum figuris perquam illustratus*.

Beziehungen zu Rheticus gab es wohl nicht. Rheticus bewunderte seine Stabsonnenuhr, die er vor 1539 für Tiedemann Giese hergestellt hatte[3]. In der *Narratio prima* lobte Rheticus ihn ohne Namensnennung als *einen sehr guten Meister und wohlgebildeten Mathematiker*[4]. 1542 kam Rheticus durch Georg Hartmann in den Besitz eines Manuskripts von Johannes Werner; zwei Jahrzehnte zuvor hatte Kratzer über Dürer vergeblich dem Nachlass von Werner nachgeforscht[5].

1 WISSNER, Adolf, in: NDB 12 (1980), S. 678 f.; NORTH, John D., Nicolaus Kratzer – the King's Astronomer, in: HILFSTEIN, Erna et al. (Hg.), Science and History, Studies in Honor of Edward Rosen (Studia Copernicana 16), Ossolineum 1978, S. 205-234; ZINNER ²1967, S. 419 f. | **2** Abb. bei ZINNER ²1967, Tafel 10. | **3** ZINNER 1943, S. 418; ZINNER ²1967, S. 81, 107, 361, 419 f., 605. | **4** ZELLER 1943, S. 117, dazu auch S. 185. | **5** KRESSEL 1963, S. 301.

Kregel, Johannes

Johannes Kregel (Cregelius), aus Walsrode (Lkr. Heidekreis, Niedersachsen), luth., Magister, Notar?

Kregel wurde im WS 1541/42 an der Universität Leipzig immatrikuliert[1]. Im Mai 1544 wechselte Kregel an die Universität Wittenberg, wo er eingeschrieben wurde[2]. Am 5. August 1546 promovierte er unter Magister Johannes Stigel zum Mag. art.[3], wobei er auf den 12. Rang von 24 Kandidaten kam; Mitbewerber waren Stoj (1. Rang), Markus Jordan (3. Rang), Isaak Schaller (7. Rang), Friedrich Zörler (8. Rang). Kregel könnte in Leipzig Vorlesungen von Rheticus gehört haben. Kregel gehörte zum Freundeskreis von Kaspar Brusch. Er lieferte zwei kurze lat. Gedicht zu Bruschs Übersetzung von Melanchthons *Catechesis puerilis*, deutsch *Catechismus, Das ist ein Kinderlehr* (Leipzig: Michael Blum, 1544)[4].

1 ERLER, Bd. 1, S. 638, S 17. | **2** FÖRSTEMANN 1841, Bd. 1, S. 212b. | **3** KÖSTLIN 1890, S. 18. | **4** VD 16 M 2642; ULB Sachsen-Anhalt, digital; CLEMEN/KOCH 1984, Bd. 5, S. 434-538; BEZZEL 1982, S. 462, Nr. 130; dort auch unter Nr. 131 und 132 zwei Ausgaben Nürnberg: Hans Guldenmund, 1544 (VD 16 M 2643, ULB Sachsen-Anhalt, digital) und Nürnberg: Valentin Neuber. o.J.

Krell, Johannes, 1490–1565

Johannes (Hans, Johan) Krell (Krel), geboren um 1500 in Crailsheim (Lkr. Schwäbisch Hall, Baden-Württemberg), gestorben zwischen 29. März/6. November 1565 in Leipzig (Sachsen), luth., Maler der Renaissance, bekannt als *furstenmaler*[1].

Krell stand, ehe er nach Sachsen kam, in den Diensten des Markgrafen Georg von Brandenburg-Ansbach, des Albrecht von Brandenburg-Ansbach in Preußen und des Königs Ludwig II. von Ungarn und seiner Gemahlin Maria von Österreich. Um 1531 kam er nach Leipzig, erwarb dort ein Haus auf dem Alten Neumarkt, genannt *Die Arche*. Am 19. Juni 1533 erhielt Krell auf Wunsch des Herzogs Georg das Bürgerrecht von Leipzig. Im Mai/Juni 1534 wurde er zugleich auch Bürger zu Freiberg (Lkr. Mittelsachsen). Seinen Beinamen führt er deshalb, weil er zahlreiche Könige, Fürsten und Adelspersonen porträtiert hat. Zu seinen Werken gehört vermutlich auch der mit dem

Monogramm HK (Hans Krell?) signierte Holzschnitt von 1547 *Warhafftige abconterfeyung der Stadt Leipzig* (Leipzig, Stadtgeschichtliches Museum)[2]. Vermutlich hat Krell auch Brusch gemalt[3].

Krell war verheiratet mit der dem Patriziat angehörigen Anna Schumann aus Freiberg, Tochter des dortigen Ratsherrn und Schöffen Pankraz Schumann. Aus der Ehe gingen sieben Kinder hervor, von denen Johannes d.J. und August das Malerhandwerk ausübten. Am 29. März 1565 machte er sein Testament, das am 6. November 1565 eröffnet wurde. Alle Kinder wurden in gleicher Weise bedacht.

Beziehungen zwischen Rheticus und Krell gab es auf Umwegen. Der mit Rheticus eng befreundete Kaspar Brusch wohnte 1543 im Hause des »Fürstenmalers« Hans Krell[4], sodass auch Rheticus häufiger hier als Gast weilte.

1 LOCHER, Kurt, Der Maler Hans Krell aus Crailsheim in den Diensten des Markgrafen Georg von Brandenburg-Ansbach und König Ludwigs II. von Ungarn, in: Jahrbuch des Historischen Vereins für Mittelfranken 97 (1994/95), S. 151-186. | 2 JACOB, Frank-Dietrich, Leipzig, in: Behringer/Roeck 1999, S. 264-268, hier besonders S. 264 f. mit Abb. 113. | 3 CLEMEN, Otto, Ein Porträt von Kaspar Brusch, in: CLEMEN/KOCH 1984, Bd. 5, S. 434-438. | 4 BRUSCH, Catechismus, Leipzig 1544, Widmungsbrief vom 6. November 1543 in Hans Krelen Malers Behausung; eine andere Ausgabe Nürnberg: Hans Guldenmund, 1544, VD 16 M 2643, ist einsehbar in der ULB Sachsen-Anhalt in Halle, digital.

Kren, Paul, † 1570

Paul Kren (Kreen, Kreenn, Kraen, Creneus, Craeneus = Krainer, der Mann aus der Krain, slow. Dežela Kranjska, genannt *Illyricus*), aus Gottschee (heute Kočevje, Slowenien), gestorben am 19. Mai 1570, luth., um 1552 wieder kath., jedoch noch 1566/67 der Häresie verdächtigt, Schulmann, Theologe[1].

Nach Studium in Erfurt immatrikulierte er sich im SS 1536 an der Universität Wittenberg[2] und wurde 1542 *gratis* zum Mag. art. promoviert. Am 24. September 1542 wurde er durch Sebastian Froeschel ordiniert zum Prediger in Crossen (Saale-Holzland-Kreis, Thüringen)[3]. Im WS 1546/47 immatrikulierte er sich als *Paulus Kreenn Illiricus magister* zusammen mit dem Rheticusschüler Matthias Stoj an der Universität Frankfurt/Oder[4]. Seit 1551 wirkte er in Neiße (Nysa, Woiwodschaft Oppeln, Oberschlesien) als Rektor des Pfarrgymnasiums und bischöflicher Kaplan. Das WS 1552/53 verbrachte er in Wien. Der Bischof schlug ihn für das Archidiakonat vor, doch verlangte das Breslauer Domkapitel wegen seines Studiums in Wittenberg einen Absolutionsbrief des päpstlichen Legaten. 1553 wurde er Archidiakon in Breslau (poln. Wrocław, Woiwodschaft Niederschlesien) und konnte weitere Pfründe an sich bringen.

Beziehung zu Rheticus: Magisterpromotion unter Rheticus vom 9. Februar 1542, wo er den 19. Rang von 22 Kandidaten erreichte[5]. Kren konnte die Vorlesungen von Rheticus vom SS 1536 bis SS 1538 und im WS 1541/42 besuchen. Er war in Frankfurt/Oder Tischgenosse des mit Rheticus befreundeten Christoph Preuss, Professor für Poesie und Dekan des SS 1548.

1 SCHEIBLE, MBW, Bd. 12, 2005, S. 466; HÖHLE 2002, S. 557 f. | 2 FÖRSTEMANN 1841, Bd. 1, S. 160b. | 3 BUCHWALD 1894, S. 29, Nr. 445. | 4 FRIEDLÄNDER 1887, Bd. 1, S. 97b. | 5 KÖSTLIN 1890, S. 13.

Kröll, Johannes Diepolt, † 1535

Johannes (Hans) Diepolt (Theobulus) Kröll (Kreel), geboren in Lindau (Schwaben), gestorben 1535 in Wittenberg, luth., Student[1].

Johannes Diepolt war eines der elf Kinder des durch ein Porträt von Dürer bekannten Lindauer Bürgermeisters Oswald Kröll († 1534)[2] und der Agatha von Essendorf, wohnhaft im Haus zum Storchen (In der Grub Nr. 36). Nach dem Besuch der Lindauer Lateinschule, die seit 1528 von dem Melanchthonschüler Magister Kaspar Heldelin geleitet wurde, bezog Kröll im WS 1532/33 die

Universität Wittenberg³. Hier ist er 1535 in jungen Jahren gestorben, vermutlich an der Pest, die in diesem Jahr zum Exodus der Universität nach Jena geführt hatte.

Beziehungen zu Rheticus sind durch die Landsmannschaft gegeben. Kröll und Rheticus waren Kommilitonen, fast Konsemester, da sie nur ein Semester auseinander lagen. Die damaligen Lindauer Studenten in Wittenberg nannten sich alle Rheticus, so etwa Matthäus Rot (imm. 1536/37), Brombeiss (imm. 1538) und Marbach (imm. 1539); zur Zeit von Kröll war dieser Name noch nicht üblich.

1 Ludwig 1984, S. 25, Nr. 26; auch Tafel II. | 2 Über ihn vgl. Ludwig 1984, S. 18. | 3 Förstemann 1841, Bd. 1, S. 147a.

Krom, Friederich

Friedrich Krom, geboren in Langensalza (Unstrut-Hainich-Kreis, Thüringen), luth., Bakkalaureus, Theologe.

Krom immatrikulierte sich im WS 1547/48 unter dem Rektor Konstantin Pflüger an der Universität Leipzig¹. Er gehörte der Meißner Nation an. Im WS 1548/49 wurde er nach dem 21. März 1549 unter dem Dekan Rheticus von Magister Ambros Borsdorfer zum Bacc. art. promoviert². Krom wurde am 20. Juli 1559 als Pfarrer nach Milckow (poln. Miłków, heute Ortsteil von Podgórzyn, Woiwodschaft Niederschlesien) berufen³.

Beziehungen zwischen Rheticus und Krom bestanden in den Jahren 1548 bis 1551. Kroms Promotion zum Bacc. art. fand unter den Dekanat von Rheticus statt, Krom musste für die Prüfungen zum Bakkalaureat und zum Magister die Vorlesungen von Rheticus hören.

1 Erler, Bd. 1, S. 663, M 1. | 2 Erler, Bd. 2, S. 706. | 3 Buchwald 1894, S. 114, Nr. 1892.

Krüger, Anton

Anton Krüger, geboren in Forst /Lausitz, (Lkr. Spree-Neiße, Brandenburg), gestorben?, luth., Schulmann, Theologe.

Anton Krüger immatrikulierte sich im SS 1546 an der Universität Leipzig¹. Er promovierte im WS 1547/48 zum Bacc. art.² Im WS 1548/49 erlangte er unter dem Dekanat des Rheticus die Würde eines Mag. art.³ Beziehungen zu Rheticus sind gegeben durch Krügers Magisterpromotion.

Falls eine Identität zutrifft, lässt sich die weitere Karriere von Anton Krüger so zusammenfassen. Krüger wurde als Nachfolger von Valentin Hertel (+ 1547) Rektor der Lateinschule in Chemnitz (Sachsen)⁴. In den 1560er Jahren ist er Diakon in Thal/Mansfeld (Lkr. Mansfeld-Südharz, Sachsen-Anhalt); er bezieht dort 1569 ein Gehalt von 100 Gulden⁵. 1572 forderte ihn nach einem Colloquium in Mansfeld der aus Lindau (Schwaben) gebürtige Theologen Kaspar Heldelin d.J. zu einer Disputation über Flacius Illyricus heraus; doch Krüger lehnte es ab, sich mit einem Fremden auf eine Disputation einzulassen⁶.

1 Erler, Bd. 1, S. 662, P 1. | 2 Erler, Bd. 2, S. 702. | 3 Ebenda, S. 705. | 4 Prescher 1994, S. 37. | 5 Bernsdorff 2007, S. 170, Anm. 142; vgl. auch S. 98. | 6 Ersch/Gruber 1829, Sect. 2: H-N, Teil 5, Google Books, S. 56.

Krüger, Jakob, ca. 1530/35 – 1582

Jakob Krüger (Kröger, Kruger), geboren um 1530/35 in Hamburg, gestorben am 19. September 1582 in Hamburg, luth., Theologe¹.

Krüger immatrikulierte sich am 22. Dezember 1549 unter dem Rektor Erasmus Reinhold an der Universität Wittenberg² und am 1. September 1552³ an der Universität Rostock. In der Leipziger

Matrikel wird er nicht erwähnt, was aber einen Aufenthalt dort nicht ausschließt. Krüger wurde zunächst in Eiderstedt (Nordfrieslandkreis, Schleswig-Holstein) tätig, um dann am 24. Juni 1557 in das Amt eines Predigers an der St. Jakobikirche in Hamburg zu wechseln[4]. 1562 zeichnete Krüger die Verhandlungen in Hamburg über das Lüneburgische Mandat in plattdeutscher Sprache auf[5].

Krüger war ein luth. Geistlicher mit astronomischen Interesse; er würde vermutlich dem von Brosseder beschriebenen weiteren Kreis Wittenberger Astrologen zuzurechnen sein, wenn man mehr über ihn wüsste. Seine Bedeutung für die Astronomiegeschichte liegt darin, dass er in sein Exemplar von Johannes Stadius' *Ephemerides novae et auctae ... 1554 ad annum 1576* (Köln: Birckmann, 1560) zu Rheticus notierte: *Excellens mathematicus, qui vixit et docuit Lipsiae aliquandiu, post vero circa annum 1550 ea urbe aufugit propter Sodomitica et Italica peccata. Ego hominem novi* (hervorragender Mathematiker, der in Leipzig eine Zeit lang lebte und lehrte, aber um 1550 aus der Stadt floh, wegen geschlechtlicher Vergehen; ich kannte den Mann[6]).

Krüger ist immerhin in die Weltliteratur eingegangen: Zwei bedeutende Schriftsteller, die ursprünglich in Österreich-Ungarn beheimatet waren, nämlich Hermann Kesten[7] (1900-1996) und Arthur Koestler[8] (1905-1983) haben ihn, wenn auch nur beiläufig, erwähnt. In der wissenschaftlichen Literatur wird Krüger aber kaum erwähnt, sieht man von wenigen Ausnahmen ab wie beispielsweise Danielson[9] oder Westman.

1 Westman 2011, S. 542, Anm. 63; Zinner 1943, S. 259. | **2** Förstemann 1841, Bd. 1, S. 251b. | **3** Hofmeister 1891, Bd. 2, S. 123b. | **4** Staphorst, Nikolaus, Historia Ecclesiae Hamburgensis Diplomatica, Bd. 1-2, Hamburg 1729, S. 21-33. | **5** Lau, Georg Johann Theodor, Geschichte der Einführung und Verbreitung der Reformation in den Herzogtümern Schleswig-Holstein bis zum Ende des 16. Jahrhunderts. Hamburg 1867, S. 245, Anm. 2; der Text ist publiziert in der Bibliotheca Danica, St. VII, S. 204-236. | **6** Übersetzung von Kesten 1948, S. 369 f. | **7** Kesten 1948, S. 369 (dt.); Kesten 1946, S. 305 (engl.); Kesten 1951, S. 390 (französ.); Kesten 1960. S. 348 f., 363 (ital.). | **8** Koestler 1959, S. 187 (dt.), Koestler 1968, S. 188 (engl.); Koestler 1960, S. 164 (schwed.). | **9** Danielson 2006, S. 144.

Kuhn, Jakob, ca. 1530–1583

Jakob Kuhn (Conon, Cuno, Khuen, Kühn, Kuno, Kune), geboren um 1530 in Döbeln (Lkr. Mittelsachsen), gestorben 1583 in Frankfurt/Oder, luth., Mathematiker, Astronom, Instrumentenmacher[1].

Jakob Kuhn immatrikulierte sich im SS 1544 unter dem Rektor Joachim Camerarius d.Ä. an der Universität Leipzig[2]. Er gehörte der Meißner Nation an. Im SS 1547 promovierte er in Leipzig zum Bacc. art.[3]. Jakob Kuhn wechselte im August 1553 unter dem Rektorat von Melchior Fendt an die Universität Wittenberg[4]. Am 31. Juli 1554 wurde er unter dem Dekan Kaspar Peucer zum Mag. art. promoviert, examaniert durch Melanchthon, Peucer und Willebrock; er erreichte den 28. Rang unter 50 Kandidaten. Kuhn wurde kurz darauf 1555 zum kurfürstlich-brandenburgischen Hofastronom bestallt.

Werke: Newe zeitung. *Des Tuerckischen Keisers Absagebrieff; Ein Himlisch Zeichen des Cometen* (o.O., 1556)[5]; *Von dem erschrecklichen Cometen* (Cölln an der Spree, 1556)[6]; *Prognosticon Auff das Jhar 1556* (Wittenberg: 1556)[7]; *Prognosticon auff das Jahr 1557* (Leipzig: G. Hantzsch, 1556, Widmung an mehrere geistliche und weltliche Fürsten, datiert Berlin, 1. November 1556)[8]; *Vorhersage für 1557* (Leipzig: Georg Hantzsch, 1556)[9]; *Kalender für 1557* (Leipzig: Georg Hantzsch, 1556)[10]; *Brevis decriptio artificiosi horologii* (Frankfurt/Oder: um 1580)[11]; dt. Übers. *Kurtze Beschreibung eines künstlichen Newen Astronomischen Uhrwercks*[12]; *Themata de anno astronomico eiusdem inaequalitate* (Frankfurt/Oder 1582)[13]. Späteren Drucke stammen vom Sohn Magister Jakob Kuhn alias Cuno d.J., immatrikuliert in Frankfurt/Oder im WS 1569/70[14], der als Bakkalaureus im WS 1577/78 in Frankfurt/Oder *De astronomia* disputierte[15]; er promovierte am 20. April 1581 zum Mag. art. (zugleich mit David Origanus) und wurde bereits am 22. April in die Artistenfakultät aufgenommen;

am 12. August hielt er eine Disputation ab[16]. Ihm sind zuzuweisen die *Theses de calendario Juliano* (Frankfurt/Oder: J. Eichhorn, 1583)[17], desgleichen das *Prognosticon auf 1595* (Wien 1594)[18].

Kuhn befasste sich sehr intensiv mit der Herstellung aufwendiger Instrumente (Türkengerät, Planetenuhren). Er verfolgte sogar ein Projekt, das die Straßburger astronomische Uhr übertreffen sollte.

Beziehungen zwischen Rheticus und Kuhn sind sehr wahrscheinlich. Kuhn dürfte die Vorlesungen von Rheticus vom SS 1544 bis zum SS 1545 gehört haben, ebenso die Vorlesungen vom WS 1548/49 bis zum WS 1550/51.

1 ZINNER ²1967, S. 285 f., auch 181, 417; OESTMANN ²2000, S. 121 f. | 2 ERLER, Bd. 1, S. 648, M 88. | 3 ERLER, Bd. 2, S. 699. | 4 FÖRSTEMANN 1841, Bd. 1, S. 283a. | 5 VD 16 ZV 22342, ULB Sachsen-Anhalt, Halle, digital. | 6 ZINNER ²1964, S. 224, Nr. 2136. | 7 Ebenda, S. 224, Nr. 2137; Exemplar in StaBi Berlin. | 8 Ebenda, S. 224, Nr. 2138; BSB München, digital. | 9 Ebenda, S. 226, Nr. 2169. | 10 Ebenda, S. 460, Nr. 2169a. | 11 VD 16 C 6322; ZINNER ²1964, S. 408, Nr. 5215, 5216; BSB München, digital. | 12 ZINNER ²1964, S. 409, Nr. 5217. | 13 Ebenda, S. 280, Nr. 3073. | 14 FRIEDLÄNDER 1887, Bd. 1, S. 215. | 15 BAUCH 1902, Bd. 2, S. 74. | 16 Ebenda, Bd. 2, S. 79 f. | 17 ZINNER ²1964, S. 278, Nr. 3032. | 18 Ebenda, S. 308, Nr. 2611.

Lagus, Friedrich, 1514–1593

Friedrich Lagus (Hase), geboren 1514 in Creuzburg (Wartburgkreis, Thüringen), gestorben am 13. Oktober 1593 in Linz (Oberösterreich), luth., Arzt.

Friedrich Lagus, jüngerer Bruder von Konrad Lagus, immatrikulierte sich 1536 unter dem Rektor Justus Jonas an der Universität Wittenberg[1]. Er promovierte am 19. September 1538 unter dem Dekanat seines Bruders Magisters Konrad Lagus; er erreichte den 3. Rang unter 14 Mitbewerbern[2]. Im SS 1540 disputierte Magister Friedrich Lagus *De principiis natura notis*; . . . ebenso *Contra* απαθειαν[3]; diese Disputation wurde auch gedruckt[4]. Melanchthon schickte ihn 1542 nach Oberösterreich, wo er bis 1551 den Kirchendienst versah. 1551 ging er zum Studium der Medizin nach Italien. Am 17. September 1555 promovierte er in Bologna zum Dr. med.[5] Lagus kannte die Aphorismen des Hippokrates auswendig wie das Vaterunser. Er wurde Physikus der oberösterreichischen Stände. Lagus blieb unverheiratet. In seinen letzten Lebensjahren wandte er sich der Theologie zu, insbeondere Luther. Der Prediger der Stände, Magister Johannes Caementarius, hielt auf Lagus im Landhaus zu Linz eine Leichpredigt (Tübingen: Georg Gruppenbach, 1594)[6].

Lagus konnte die Vorlesungen von Rheticus von 1536 bis 1538 hören, ebenso waren beide im WS 1541/42 noch Kollegen.

1 FÖRSTEMANN 1841, Bd. 1, S. 165a. | 2 KÖSTLIN 1890, S. 10. | 3 Ebenda, S. 23. | 4 CLEMEN/KOCH 1985, Bd. 6, S. 223, Ziff. 34. | 5 BRONZINO 1962, S. 60. | 6 BSB München, digital, hier besonders Scan 30 zur Herkunft.

Lagus, Konrad, ca. 1500–1546

Konrad Lagus (Hase, Hasi, Häss, Häß), geboren um 1500 in Creuzburg (Wartburgkreis, Thüringen)[1], gestorben 7. November 1546 in Danzig, luth., Philosoph, Jurist (Rechtslehrer, Syndikus)[2].
Lagus begann seine Studien im SS 1516 in Leipzig[3], wo er auch im SS 1518 zum Bacc. art. promovierte[4]. Am 16. November 1519 immatrikulierte er sich an der Universität Wittenberg[5], wo er Freundschaft mit Melanchthon schloss. Seit 1522 unterhielt er in Wittenberg eine Privatschule mit Pensionat und hielt privatim juristische Vorlesungen; er strebte unter dem Einfluss von Johannes Apel und Melanchthon eine Systematik des Rechts an. Unter dem Dekan Kilian Goldstein d.Ä. promovierte er am 12. August 1529 zum Mag. art.[6], wobei er den 1. Rang von 13 Kandidaten erreichte; auf den 2. Rang kam Veit Amerbach, auf den 4. Rang Ambros Scala, auf den 10. Rang

Johannes Garcaeus d. Ä. Am 5. August 1530 wurde Lagus unter dem Dekan Ambros Berndt in den Rat der Fakultät aufgenommen; unter demselben Dekan folgten Veit Dietrich, Veit Amerbach und Ambros Scala[7]. Lagus wurde für das WS 1531/32 und später noch einmal für das SS 1538 zum Dekan der Artistenfakultät gewählt. 1536 wirkte er als Justitiar der Universität. Seine Schüler in der Artistenfakultät waren Matthäus Irenäus und Christoph Sangner, aber auch die beiden finnischen Studenten Mikael Agricola und Martin Teiti[8]. 1533 lobte der Student Christoph Sangner in einem Brief an Stephan Roth in Zwickau die Vorlesung von Lagus: *Scitote Magistrum nostrum Lagum summa diligentia quantum ego sentio atque ex aliis audio nobis Institutiones artificiose, clare, perspicue ac plane methodice tradere ac praelegere* (Ihr sollt wissen, dass unser Magister Lagus nach meinem Gefühl und nach dem, was ich von anderen höre, uns mit größter Sorgfalt die Institutionen nach allen Regeln der Kunst, klar, durchschaubar und ganz methodisch vermittelt und vorträgt)[9]. Gleichzeitig zollt er Lagus und seiner Methode großes Lob: *Scias me abhuc Domini Magistri Lagi, viri ut insignae probitatis, ita doctrinae non mediocris privata opera uti, qui praeterquam nobis diligentissime literas ut vocant polytiores tradit, fidelissime quoque institutiones imperiales praelegit, quarum studio quotidie magis ac magis accendor, neque adeo videtur studium difficile, modo observassent meliorem quandam ordinem ac methodum. Hinc enim fit quod tam confuse omnia tradant quodque tantas inanes, frivolas, scrupulosasque et fere circa singula verba quaestiones moveant. Quapropter noster praeceptor, quod mihi valde placet, quoad fieri potest, ordine, methodice dialectique tradere conatur. Hoc interim unicum, si aliud nihil observavi eum esse vere artificem qui posset leges apte et convenienter allegare, decisiones legum noscere, similes quaestiones depromere, oppositiones contrariorum posse solvere.* Das erst Buch beendete Lagus mit einer Disputation über den Titel *De iure naturae et gentium et civile*.[10]

1539 arbeitete Lagus an der Zwickauer Stadtrechtsreformation. Nach seiner Promotion zum JUD im Frühjahr 1540 verließ er Wittenberg wegen Unstimmigkeiten mit den etablierten Juristen, vor allem mit Hieronymus Schürpf. Lagus wurde 1540 Syndikus der Stadt Danzig. Lagus war seit ca. 1529 verheiratet; seine Frau stammte aus Zwickau, mit ihr hatte er mehrere Töchter.

Beziehungen zwischen Rheticus und Lagus sind anzunehmen, da sie Kollegen in der Artistenfakultät waren. Lagus war zudem nach der *Apologia* des Simon Lemnius[11] befreundet mit Lemnius, Milich, Veit Amerbach und Straub, die alle auch Rheticus nahestanden.

1 Die breit angelegte Diskussion zum Herkunftsort bei Troje 1997, S. 255 f., Anm. 3, erübrigt sich, da in der Leichpredigt von Konrads Bruder Friedrich Lagus Creitzburg in Thüringen als Geburtsort genannt wird. | **2** Freytag 1903, S. 86, Nr. 9; Clemen/Koch 1984, Bd. 5, S. 258; Troje 1997, S. 255-283. | **3** Erler, Bd. 1, S. 549, M 28. | **4** Erler, Bd. 2, S. 530. | **5** Förstemann 1841, Bd. 1, S. 87a, 16. | **6** Köstlin 1888, S. 20. | **7** Ebenda, S. 24. | **8** Heininen 1980, S. 53, bes. Anm. 85. | **9** Buchwald 1893, S. 107. | **10** Ebenda, S. 105 f. | **11** Mundt 1983, Bd. 1, S. 271; Bd. 2, S. 184 f.; Merker 1908, S. 20.

Langner, Christoph, † 1568

Christoph Langner (Langener, Longinus, auch Grötzer genannt, irrtümlich Laugner), geboren 1521 in Goldberg (poln. Złotoryja, Woiwodschaft Niederschlesien), gestorben am 30. November 1568 in Königsberg i. Pr., luth., Schulmann, Theologe[1].

Langner immatrikulierte sich im SS 1537 an der Universität Wittenberg[2]. Er promovierte 1542 zum Mag. art. Am 14. November 1548 teilte Melanchthon an Herzog Albrecht von Preußen mit, dass Langner sich für ein kirchliches Amt in seinen Diensten zur Verfügung stellen würde; er beschrieb ihn als *vir doctus et honestus*, der Theologie studiert habe; Näheres werde er mündlich von Isinder erfahren[3]. Am 1. Mai 1551 wurde Langner in das Kollegium der Artistenfakultät aufgenommen[4]. Langner wurde 1554 Rektor der Stadtschule in Liegnitz (Legnica, Woiwodschaft Niederschlesien), 1560 Pfarrer an St. Marien in Liegnitz, wurde aber 1567 beurlaubt. Er ging als Hofprediger nach Königsberg, wurde jedoch bald abgesetzt und Pfarrer an der altstädtischen Kirche in Königsberg.

Langner hat eine von ihm in der Kirche von Parchwitz (poln. Prochowice, Woiwodschaft Niederschlesien) gehaltene Leichenpredigt im Druck veröffentlicht *Sermon über der Leiche des Herrn Anthoni Kessler* (Wittenberg 1563).

Beziehungen zu Rheticus: Magisterpromotion unter Rheticus vom 9. Februar 1542, wo er den 14. Rang von 22 Kandidaten erreichte[5]. Langner war ein Konsemester von Melchior Isinder und Melchior Ayrer. Er konnte Rheticus' Vorlesungen vom SS 1537 bis SS 1538 und im WS 1541/42 besuchen.

1 Ehrhardt 1789, S. 215 f.; Freytag 1903, Nr. II, 47. | **2** Förstemann 1841, Bd. 1, S. 166a. | **3** CR VII, Sp. 191. | **4** Köstlin 1891, S. 26. | **5** Köstlin 1890, S. 13.

Larsson, Olof, † 1571

Olof Larsson (Volfgangus Larzson, Olaus Laurentii), geboren in Stockholm, gestorben 1571, luth., Staatsdiener, Diplomat[1].

Olof Larsson immatrikulierte sich gemeinsam mit Nils Månsson im WS 1532 unter dem Rektor Franz Burckhard an der Universität Wittenberg[2], wo er bis 1536 blieb. Konsemester, zugleich mit ihm eingeschrieben, war Mads Hack. Larsson und Månsson waren die führenden Persönlichkeiten in der schwedischen Kolonie in Wittenberg. Er setzte später seine Studien zunächst in Marburg fort und wechselte danach nach Leipzig. Dem schwedischen König lieferte er laufend Berichte über Ereignisse in Deutschland und in der Welt, etwa über den später durch die Novelle von Kleist berühmt gewordenen Michael Kohlhase (22. Mai 1540 hingerichtet) oder über die Eroberung von Peru; Larsson war auch vom König beauftragt, deutsche Technik für den Eisenbergbau zu erkunden und Fachleute anzuwerben. Am 1. Januar 1543 reiste Larsson mit Nils Månsson und dem Finnen Simon Henrici nach Italien, wo sie ihre Studien ergänzen und Informationen sammeln wollten, kehrten aber im Sommer wieder zurück. 1545 machte sich Larsson auf den Rückweg nach Schweden, wo er der engste Vertraute des Königs Gustav Wasa wurde. 1557 führte ihn ein diplomatischer Auftrag nach Moskau. Der Marburger Professor Draconites widmete Larsson seine Predigt über den Psalm 113, neu hg. v. Heinrich Milde, *Des Joh. Draconites ... Auslegung des 113. Psalms* (Halle: Linck, 1728, mit der Widmung an Larsson, datiert Lübeck, 16. April 1550)[3].

Beziehungen zwischen Rheticus und Larsson wird man annehmen müssen. Zwar kommt Rheticus als Lehrer von Larsson weniger in Betracht. Beide waren aber vier Jahre lang Kommilitonen, fast Konsemester.

1 Callmer 1976, S. 19, Nr. 35; Heininen 1980, S. 17, 21, 28, 32 f.; Heininen 2001, S. 94 f. | **2** Förstemann 1841, Bd. 1, S. 147b. | **3** VD 18, digital, SLUB Dresden, Scan 33–39.

Laub, Bartholomäus

Bartholomäus Laub (Law, Lau), geboren in Ochsenfurt (Lkr. Würzburg, Unterfranken), gestorben nach 1563, luth., herrschaftlicher Beamter.

Laub hatte zugleich mit Sebastian Dietrich (Theodoricus) in Nürnberg die St. Laurentiusschule unter dem Rektor Johannes Kezmann und dem Konrektor Georg Sella besucht und wohl auch den Unterricht des Mathematikers Johannes Schöner genossen. Er wechselte im SS 1539 an die Universität Wittenberg[1], wohin ihm Sebastian Dietrich bereits im WS 1537/38 vorausgegangen war[2]. Beide gingen hier in die Schule von Paul Eber sowie auch Melanchthons. 1542 promovierte Laub zum Bacc. art. Seine weitere Karriere ist vorerst nicht bekannt, doch finden wir ihn 1563 in der angesehenen Stellung eines herrschaftlichen *Praefectus* in Sommerhausen (Lkr. Würzburg Unterfranken).

Beziehungen zu Rheticus sind gegeben durch die Promotion Laubs zum Bacc. art. kurz nach dem 23. Januar 1542[3]. Er belegte dabei den neunten Rang in der zweiten Gruppe. Laub hätte Rheticus' Vorlesungen im WS 1541/42 hören können. Laub hatte offenbar Interesse an der Astronomie; er scheint die Rheticus-Vorlesungen gemeinsam mit seinem fränkischen Landsmann und Freund Sebastian Dietrich (* 1521) besucht zu haben. Dietrich wurde später Professor für höhere Mathematik an der Universität Wittenberg und verfasste eine Einführung in die Astronomie *Breve, perspicuum et facile compendium logisticae astronomicae* (Wittenberg 1563), die er Bartholomäus Laub als *veteri meorum studiorum socio* (meinem alten Studienfreund), als *suo fratri* (seinem Bruder in übertragenem Sinne) und als *amicus carissimus* (liebster Freund) als Zeichen ihrer Freundschaft widmete[4]; Dietrich forderte Laub liebevoll auf, ihn, der sich weiterhin um ihn eifrig bemühen werde, auch fortan mit seiner Freundschaft gewogen zu bleiben. Dietrichs Widmungsschreiben ist ganz dem Geiste Melanchthons verpflichtet: das Studium der Arithmetik mache den Geist klarer und schärfer, die Zahlen beweisen, dass die Welt nicht zufällig entstanden ist, sondern von einem ewigen Geist regiert werde.

1 Förstemann 1841, Bd. 1, S. 175b. | 2 Ebenda, S. 167b. | 3 Köstlin 1890, S. 7. | 4 VD 16 D 1539; BSB digital.

Lauterbach, Anton, 1502–1569

Anton Lauterbach (Luterbach), geboren in Stolpen (Lkr. Sächsische Schweiz-Osterzgebirge), gestorben am 18. Juli 1569 in Pirna (Lkr. Sächsische Schweiz-Osterzgebirge), Epitaph in der Kirche von Pirna, luth., Schulmann, Theologe[1].
Anton Lauterbach, Sohn eines Bürgermeisters, studierte zunächst in Leipzig, wo er im SS 1517 eingeschrieben ist[2]. In Leipzig promovierte er im WS 1518/19 zum Bacc. art.[3], um dann zunächst als Lehrer in Freiberg (Sachsen) tätig zu werden. Zehn Jahre später immatrikulierte sich am 21. April 1529 an der Universität Wittenberg[4]; Konsemester waren Matthäus Wankel, Johannes Marcellus, Peter Brubach, Johann Jakob Varnbüler[5], Martin Gilbert, Christian Neumair, Georg Norman. Er wurde Hausgenosse und Tischgänger Luthers. Am 28. Januar 1533 übernahm er Tischdienste bei der Taufmahlzeit von Luthers Sohn Paul. 1532 folgte Lauterbach einer Berufung als Diakon nach Leisnig (Lkr. Mittelsachsen), wo er Valentin Hartung Paceus nachfolgte. 1536 kehrte er nach Wittenberg zurück und wurde 1537 Diakon an der Stadtpfarrkirche. Im September 1537 promovierte er unter dem Dekan Ambros Berndt zum Mag.art.[6]; er erreichte den 1. Rang unter 13 Kandidaten, unter seinen Mitbewerbern befand sich Balthasar Klein (7. Rang). 1538 verfasste er sein berühmtes Tagebuch[7]. 1539 wurde Lauterbach als Pfarrer und Superintendent nach Pirna berufen. Lauterbach war seit ca. 1533 verheiratet mit Agnes NN., einer ehemaligen Nonne[8]. Über sein Äußeres erfahren wir, dass er ein lang aufgeschossener Mann war[9].

Beziehungen zwischen Rheticus und Lauterbach sind sehr wahrscheinlich. Sie könnten bereits 1532 begonnen haben, wobei möglicherweise Paceus ein Schlüsselrolle zugekommen ist. Als Lauterbach sein Magisterexamen vorbereitete, könnte er 1536 und 1537 Vorlesungen von Rheticus besucht haben. Rheticus musste auch dem Diakon an der Stadtpfarrkirche öfter begegnen. In seinem Tagebuch äußerte sich Lauterbach nach dem 20. Juni 1538 mehrfach zum Lemniusskandal[10]. Auch zeigte Lauterbach Interesse an Himmelserscheinungen: Er berichtet über die Beobachtung des Kometen von 1538 durch Luther, Jonas, Melanchthon, Milich und Flock[11]. Melanchthon machte ihn (*amice carissime*) um den 21. März 1548 auf zwei Prodigia aufmerksam, die am hellichten Tag bei Quedlinburg und unweit von Halle am Himmel beobachtet wurden[12].

1 Kreyssig 1898, S. 357; Seidemann, J. K., in: Lauterbach 1538, S. III-XIV. | 2 Erler, Bd. 1, S. 557, M 46. | 3 Erler, Bd. 2, S. 534. | 4 Förstemann 1841, Bd. 1, S. 133a. | 5 Über ihn Burmeister 2004, S. 91. | 6 Köstlin 1888, S. 23.

| 7 Lauterbach 1872, Reprint 2010. | 8 Clemen 1907, S. 61, Anm. 4. | 9 Seidemann, J. K., in: Lauterbach 1538, S. VII. | 10 Merker 1908, S. 38. | 11 Lauterbach 1538, S. 13. | 12 CR VI, Sp. 825 f., Nr. 4171.

Lauterbach, Hieronymus, 1531–1577

Hieronymus Lauterbach (Lauterbachius), geboren am 16. Juni 1531 im damals österr. Löbau (Lkr. Görlitz, Sachsen), gestorben 1577 in Graz (Steiermark), luth., neulat. Dichter, Schulmann, Mathematiker, Astronom, Instrumentenmacher[1].

Hieronymus Lauterbach immatrikulierte sich im SS 1547 an der Universität Leipzig[2], sein Zwillingsbruder Johannes, der mit ihm oft verwechselt wird, folgte im SS 1548[3]. Hieronymus promovierte am 21. März 1549 unter den Dekan Rheticus zum Bacc. art.[4] Lauterbach war an der deutschen Übersetzung der *Epitome* des Andreas Vesalius beteiligt, gedruckt als *Anatomia Deutsch*, Nürnberg: Julius Paul Fabricius, 1551.

Im Oktober 1554 schrieb Lauterbach sich an der Universität Wien ein, wo er 1556 den Grad eines Mag. art. erwarb. Er übernahm 1555 den mit 80 (später 100) Gulden bezahlten Lehrstuhl des ersten Mathematikers von Bartholomäus Reisacher. 1560 brachte die Universität Wien eine von Petrus a Rotis angelegte und dem späteren (seit 1562/64) Kaiser Maximilian II. gewidmete Sammlung von Gedichten unter dem Titel *Corona poetica* (Wien: Raphael Hofhalter, 1560)[5] heraus, in der auch Gedichte von Hieronymus Lauterbach und Paul Fabricius aufscheinen. Darauf wurden am 16. Dezember 1560 Hieronymus Lauterbach gemeinsam mit seinen Brüdern, dem Poeta laureatus Johannes, Tobias und Jonas von Kaiser Ferdinand I. mit dem Adelsstand und einer Wappenbesserung ausgezeichnet[6]. 1561 wurde Lauterbach zum Dekan der Artistenfakultät gewählt, trat aber zurück, weil er sich mit Erfolg um eine Berufung nach Graz als Professor am landschaftlichen Gymnasium und Landschaftsmathematiker beworben hatte; die Stelle wurde mit 200 Gulden bei freier Wohnung, Heizung und Beleuchtung bezahlt. Zuletzt war er Rektor dieser von David Chyträus 1573/74 reformierten Stiftsschule. Sein Amtsnachfolger Georg Stadius (1550-1593) lobte 1578 die Schule, in der *neben anderer gutter khünst und sprachen erklerung das studium Astronomicum, sovil müglich gewesen, ist colirt und fleißig proponirt ist worden.*[7] Vom 11. April 1594 bis 30. September 1600 hatte Magister Johann Kepler dieses Amt inne.

Werke: A. Poetische Schriften: *Epicedium* auf Remigius Albulanus, in: Erasmus Rotenbucher, *Oratio paraenetica* (Nürnberg: 1551)[8]; auch in: Eder, *Luctus Caroli V.*, Wien 1559[9]; *Epithalamia in honorem nuptiarum Joh. Dreheri* (Wien 1559); *Elegia funebris in obitum M. Hieronymi Osii* (o.O., 1575). B. Astronomische Schriften: *Almanach* auf das Jahr 1562 (Wien: 1561?)[10]; *Aequatorium omnis generis horarum* (Graz: Andreas Franck, 1563)[11]; *Täflein der tag vnd nachtleng auff die Polushöhe 45, 46, 47, 48* (Graz: Zacharias Bartsch, um 1570), je 8 Bll. in 4°[12]; *Ein Newer Historien vnd Schreibkalender* für 1572 (Graz: Zacharias Bartsch)[13], mit: *Practica aufs Jar* 1572 (Graz: Zacharias Bartsch)[14]; *Almanach Auff das Jahr 1573*, mit *Practica aufs Jar 1573* (Graz: Zacharias Bartsch)[15]; *Almanach Auffs 1574 Jar* (Graz: Zacharias Bartsch)[16]; *Almanach Auffs Jar 1575*, mit: *Prognosticon Vnnd Practica auf das jar 1575* (Graz: Zacharias Bartsch)[17]; *Almanach auff das jar 1576*, mit *Prognosticon. Vnnd Practica aufs Jar 1576* (Graz: Zacharias Bartsch)[18]; Kalender für 1577[19]; *Ephemeris latina* für 1590[20]; C. Astronomische Instrumente: (1) *Aequatorium*, Graz 1563, Erzherzog Karl II. gewidmet[21]; (2) *Säulchensonnenuhr*, 178 cm hoch, Erzherzog Karl II. gewidmet (Museum Joanneum in Graz, Abb. bei Zinner ²1967, Tafel 47, Nr. 2)[22].

Die **Beziehungen** zwischen Rheticus und Lauterbach waren sehr eng. Sie liefen anfangs über den Rheticusschüler Georg Othmann, der in Görlitz Lehrer Lauterbachs war und ihn 1547 mit einem Dutzend Mitschülern, darunter auch sein Mitbürger Paul Fabricius, nach Leipzig brachte. Rheticus war zunächst noch abwesend, sodass sie die mathematischen Vorlesungen bei Camerarius hörten; er kam aber dann im Herbst 1548. Beider Interesse galt vor allem der Astronomie und der Medizin. Es kam nicht von ungefähr, dass Lauterbach bei der Übersetzung von Vesals *Epitome* ins Deutsche mitwirkte und diese 1551 im Druck erscheinen ließ. Es ist sogar denkbar, dass Rheticus Vesals *Epitome anatomica* (Basel: Johannes Oporin, 1543) aus Zürich mitgebracht hatte. Die weitere Karriere von Lauterbach in Wien deckt sich mit den Namen von Paul Fabricius und Bartholomäus Reisacher, die ebenfalls mit Rheticus verbunden sind. Nach dem Vorbild von Rheticus hat auch Lauterbach im Hinblick auf Nativitätenstellung eine Sammlung von Geburts- und Sterbedaten angelegt[23], eine *Geniture collection*, wie sie Antony Grafton beschrieben hat. Der Historienkalender von 1572 steht in der Tradition der von Luther, Melanchthon, Paul Eber, Kaspar Goldwurm *Athesinus* u.a. verfassten Kalendarien, an denen auch Rheticus großes Interesse zeigte. In den Jahren 1548 bis 1551 hat Rheticus einige Kalender geschaffen, auf die er besonders stolz gewesen ist. Lauterbach hat hier bei Rheticus erste Einblicke in die die hohe Schule des Kalendermachens bekommen.

1 GÜNTHER, Sigmund, in: ADB 18 (1883), S. 74 f.; ZINNER ²1967, S. 425 f.; HAYE 2001, S. 215 f., auch S. 15 f., 64-71; sehr ausführlich bei SUTTER 1975, S. 211-263, 329 f. sowie Tafel 1-3. | **2** ERLER, Bd. 1, S. 665, P 3. | **3** Ebenda, S. 673 P 13. | **4** ERLER, Bd. 2, S. 706. | **5** VD 16 R 2887. | **6** FRANK 1972, Bd. 3, S. 117. | **7** STADIUS, Georg, Practica auf 1578. | **8** VD 16 R 3198, BSB online. | **9** VD 16 E 539; BSB online, image 49. | **10** ZINNER ²1964, S. 233, Nr. 2282. | **11** Ebenda, S. 465, Nr. 2706a; SUTTER 1975, S. 212. | **12** Ebenda, S. 409, Nr. 5222-25. | **13** Ebenda, S. 464, Nr. 2583b; SUTTER 1975, S. 329, Nr. 1, Titelblatt abgebildet bei SUTTER, Tafel 1. | **14** ZINNER ²1964, S. 464, Nr. 2583a; SUTTER 1975, S. 329, Nr. 1, Titelblatt abgebildet bei SUTTER, Tafel 2. | **15** SUTTER 1975, S. 329, Nr. 2. | **16** Ebenda, S. 329, Nr. 3; Titelblatt abgebildet bei SUTTER, Tafel 3. | **17** ZINNER² 1964, S. 465, Nr. 2706a; SUTTER 1975, S. 329, Nr. 4. | **18** Ebenda, S. 329, Nr. 5. | **19** ZINNER ²1964, S. 465, Nr. 2780a. | **20** Ebenda, S. 469, Nr. 3385a, wohl ein Irrtum. | **21** SUTTER 1975, S. 212, auch S. 213, Anm. 13; SMOLA, Gertrud, Aequatorium, in: Graz als Residenz, Innerösterreich 1564-1619, Katalog der Ausstellung, Graz 1964, S. 165, Nr. 403. | **22** ZINNER ²1967, S. 124, 425 f.; SMOLA, Gertrud, in: Renaissance in Österreich, Wien 1974, S. 172, Nr. 455a; SUTTER 1975, S. 212. | **23** Ebenda, S. 233 ff.

Lauterbach, Johannes, *Lobaviensis*, 1531–1593

Johannes Lauterbach, geboren am 16. Juni 1531 im damals österr. Löbau (Lkr. Görlitz, Sachsen), gestorben am 11. Oktober 1593 in Heilbronn (Baden-Württemberg), Epitaph in St. Kilian, luth., Schulmann, neulat. Dichter[1].

Johannes Lauterbach darf nicht mit dem gleichnamigen neulat. Dichter und JUD Johannes Lauterbach auf Noscowitz (aus Meißen, 1550-1616) verwechselt werden. Der aus Löbau gebürtige Johannes Lauterbach, daher oft *Lobaviensis* oder *Hexapolitanus* (nach der Zugehörigkeit von Löbau zum Oberlausitzer Sechsstädtebund) genannt, begann sein Studium wie sein Bruder Hieronymus Lauterbach im SS 1548 an der Universität Leipzig[2], wurde 1549 bis 1554 in Wittenberg ein Schüler Melanchthons, auf dessen Empfehlung er Hofmeister des Grafen Ludwig Kasimir von Hohenlohe-Neuenstein wurde. 1556 heiratete er am Hof in Neuenstein (Hohenlohekreis, Baden-Württemberg) eine Kammerzofe. 1555-1567 war er Rektor der Lateinschule in Öhringen (Hohenlohekreis, Baden-Württemberg). Johannes Lauterbach wurde am 19. September 1558 in Wien von Paul Fabricius zum Poeta laureatus gekrönt. Am 16. Dezember 1560 in Wien wurde Johannes Lauterbach gemeinsam mit seinen Brüdern, Hieronymus, Tobias und Jonas von Kaiser Ferdinand I. mit dem Adelsstand und einer Wappenbesserung ausgezeichnet.[3] 1567 wurde er Rektor der Lateinschule in Heilbronn. Er stand in lebhaften Austausch mit Nikodemus Frischlin, Martin Crusius und Nikolaus Reusner, für dessen Icones (Straßburg 1587) er zahlreiche Elogia schrieb. Lauterbach erwarb sich große Verdienste um die musikalische Erziehung der Jugend. Er legte den Grundstock zum »Heilbronner Musikschatz«, indem er mit vielen Komponisten und Kapellmeistern in ganz Europa briefliche Verbindung aufnahm.

Weitere **Werke** (in Auswahl): *Europa, eidyllion* (Wien: Raphael Hofhalter, 1558); Epigrammatum libri VI (Frankfurt/Main: Lucius, 1562)[4]; *Carmen de coronatione Maximiliani II.*, in: Strotschius, Ibrahim, *De electione et inauguratione Maximiliani Austrii II. Rom. Regis* (Frankfurt/Main: Georg

Corvinus, Sigismund Feyerabent, und Erben von Wigand Gallus, 1563)[5]; *Aesopi Phrygis fabulae* (Frankfurt/Main: Georg Corvinus, Sigismund Feyerabent, und Erben von Wigand Gallus, 1566); *Enchiridion veteris et novi testamenti* (Franckfurt/Main: Paul Reffeler u.a., 1573); *Panaretōn, in quo describuntur I. Pietas, II. Ethica etc.* (Frankfurt/Main: Joh. Saur für Joh. Spieß, 1594).

Beziehungen zu Rheticus bestehen in erster Linie zu seinem Bruder Hieronymus Lauterbach. Es ist aber sehr gut möglich, dass auch Johannes Lauterbach 1548/49 in Leipzig Vorlesungen von Rheticus gehört hat. Besonders auffällig ist die Dichterkrönung Lauterbachs durch den Mathematiker Paul Fabricius 1558 in Wien, der mit Rheticus befreundet war. Fabricius aus Lubań war ein Landsmann der Brüder Johannes und Hieronymus Lauterbach aus Löbau; Lubań und Löbau gehörten dem Oberlausitzer Sechsstädtebund an.

1 Eitner, Robert, in: ADB 18 (1883), S. 75; Düchting, Reinhard, in: Killy, Bd. 7 (1988/91), S. 179; Wössner, Walter, Johannes Lauterbach. 1567-1593, in: 350 Jahre Gymnasium in Heilbronn (Veröffentlichungen des Archivs der Stadt Heilbronn, 17), Heilbronn 1971, S. 65-68. | 2 Erler, Bd. 1, S. 673 P 13. | 3 Frank 1972, Bd. 3, S. 117. | 4 VD16 L 746, Exemplar in BSB. | 5 VD 16 K 2683, BSB online, image 85 f.

Lauterwaldt, Matthias, ca. 1520–1555

Matthias Lauterwaldt (Lauterwalt, oft fälschlich Lauterbach, missverstanden auch als Matthias von Melbing!), geboren um 1520 in Elbing (poln. Elbląg, Woiwodschaft Ermland-Masuren), gestorben um 1555 in Eperies (slow. Prešow, ungar. Eperjes, Slowakei), luth., Theologe, Mathematiker und Astronom, Gegner Osianders.

Lauterwaldt studierte mit einem Stipendium Herzog Albrechts von Preußen in Wittenberg, wo er sich am 11. Juni 1540 immatrikulierte[1] und Schüler von Luther, Melanchthon und Reinhold, im WS 1541/42 auch von Rheticus wurde.

Im Frühjahr 1542 war Christoph Jonas als Gründungsrektor für Königsberg im Gespräch, doch wandte sich Melanchthon nach Rücksprache mit Jonas dagegen[2]. Jonas konnte aber, wie Melanchthon am 7. Mai 1542 nach Königsberg meldete, einen *armen Gesellen*, den Mathematikstudenten *Matthias von Melbing* (sic!) dafür gewinnen, in die Dienste des Herzogs einzutreten[3]. Im SS 1543 studierte Lauterwaldt in Leipzig[4], vermutlich jedoch eher bei Bernhard Ziegler als bei Rheticus[5]. In einem Brief vom 17. Februar 1545 suchte Lauterwaldt – wohl vergeblich – Rheticus zu einer Diskussion herauszufordern[6]. 1545 wurde Lauterwaldt dann nach Königsberg auf den Lehrstuhl für Mathematik berufen, der jedoch vorerst von Bonaventura Stein verwaltet wurde. Am 30. Juni 1545 teilte Georg Sabinus, der mit dem Aufbau der Universität beschäftigt war, aus Königsberg Melanchthon in einem Postscriptum mit: *Inter studiosos, quos Dux Prusssiae Viteberga nunc revocat, est quidam ex oppido (nisi fallor) Elbingensi Mathematicus, Huic princeps permittit, ut diutius illic maneat, donec nostrae Academiae usui esse possit. Hoc ei indicabis*[7]. Am 3. August 1546 legte Stoj eine *Quaestio de periodis imperiorum* vor, auf die Kaspar Cruciger und Lauterwaldt antworteten[8]. Viel länger konnte Lauterwaldt allerdings nicht in Wittenberg bleiben, da die Universität im November 1546 kriegsbedingt geschlossen wurde, begab sich Lauterwaldt an die Universität Frankfurt/Oder, wo er sich im SS 1547 immatrikulierte[9], mit ihm auch Magister Kaspar Peucer[10]. Nach dem Kriegsende promovierte Lauterwaldt am 19. Februar 1549 unter dem Dekan Veit Amerbach zum Mag. art.[11] Seine Rede *De Fato Stoico* ist überliefert[12]. Lauterwaldt kehrte jetzt in seine Heimat zurück, um endlich die Professur in Königsberg anzutreten, geriet jedoch gleich zu Beginn seines Aufenthaltes in einen heftigen Streit mit Osiander. Am 15. Juli 1550 sah er sich gezwungen, nach Wittenberg zurückzukehren. Hier wurde der *honestus et eruditus vir* Magister Matthias Lauterwaldt am 18. Oktober 1550 in den Senat der Artistenfakultät aufgenommen[13]. Lauterwaldt liebte es weiterhin zu disputieren; und so hielt er am 14. März 1551 eine Disputation *De actione creationis* und 1552 eine *De poenitentia* ab[14]. Am 8. April 1551 wurde Lauterwaldt von Bugenhagen ordiniert und als Prediger nach Schulpforte (Ortsteil des Stadtteils Bad Kösen von Naumburg, Sachsen-Anhalt) geschickt[15], 1552 wurde er nach Prešow berufen[16].

Werke (in Auswahl): *Themata contra disputationem Andreae Osiandri* (1549); *De luce inaccessabili et de tenebris* (1549); *De creationis actione disputatio* (Wittenberg, 1551)[17]; *Quod dissimilis sit praesentia Filii Dei … commonefactio pia contra Osiandrum* (Wittenberg: Veit Kreutzer, 1552); *Was unser Gerechtigkeit heisse* (Wittenberg: Veit Kreutzer, 1552)[18]; *Fünff schlussprüche wider Andream Osiander* (Wittenberg: Veit Kreutzer, 1552)[19]; *Ein Bedencken von Johannis Taulers Offenbarung* (Wittenberg: Veit Kreutzer, 1553[20], Nachdruck in: Ammersbach, Heinrich, *Christianismus Stegmannianus*, Quedlinburg 1665, nach S. 205, S. 1-98)[21]; *De poenitentia disputatio* (Wittenberg: Veit Kreutzer, 1553). Die schmucklosen Schriften Lauterwaldts, die weder persönliche Zueignungen noch literarische Beigaben aufweisen, sind einseitig von der Gegnerschaft gegen Osiander geprägt.

Der Brief Lauterwaldts an Rheticus (1545)

Lauterwaldt darf dennoch als einer der bemerkenswertesten Schüler von Rheticus gelten, auch wenn er bei ihm wenig Gegenliebe fand und durch einen frühen Tod daran gehindert wurde, sich in der Gelehrtenwelt einen wirklichen Namen zu machen. Thorndike und Brosseder haben Lauterwaldt nicht unter die Wittenberger Astrologen aufgenommen, hingegen rechnet Westman ihn dem Melanchthon Circle zu[22]. Zinner würdigte Lauterwaldt in seiner Rezeptionsgeschichte des Kopernikus unter einem falschen Namen[23], was aber der Tatsache keinen Abbruch tut, dass Lauterwaldt ein Kopernikaner der ersten Stunde war. Lauterwaldt verehrte Kopernikus schon als seinen Landsmann. Dem Beispiel seines Lehrers Reinhold folgend überprüfte Lauterwaldt alle Berechnungen des Kopernikus und fand dessen Tafeln bestätigt. Und ebenso überprüfte Lauterwaldt auch Rheticus. In dem genannten Brief rechnete Lauterwaldt Rheticus dessen Fehler vor und appellierte an ihn, diese zu berichten: »Wir werden den Coppernicus lieben und gegen die Angriffe und die Missgunst der Übelwollenden verteidigen. Und wenn auch zuzugeben ist, dass einige unverzeihliche Rechenfehler vorkommen, so ist es doch ehrlich, sie in aller Offenheit zu verbessern, und es geziemt sich nicht, die Fehler auszuposaunen und vor den zur Unzeit feiernden Menschen zu übertreiben«[24].

Christian-Paul Berger[25] hat in diese Auseinandersetzung von Lauterwaldt und Rheticus Klarheit gebracht. Die Einwände Lauterwaldts gegen Rheticus bestanden zu Recht. Berger hat dessen Vorausberechnungen der Mondfinsternis vom 29. Dezember 1544 mit modernen Mitteln überprüft und ist dabei zu dem Ergebnis gelangt, dass Rheticus' Prognose um ca. 1 Stunde falsch gewesen ist, während Lauterwaldts Prognose auf ca. 10 Minuten genau ist. Da jedoch die kopernikanischen Tafeln zu wenig genau sind, um eine Finsternis auf 10 Minuten genau zu prognostizieren, liegt der Verdacht nahe, dass Lauterwaldt geschwindelt hat, indem er seine Beobachtung nachträglich als Prognose ausgegeben hat. Falls das so zutrifft, hat die Prognose von Rheticus doch eher dem entsprochen, was mit den kopernikanischen Tafeln möglich war.

Wissenschaftshistorisch bemerkenswert sind nach Berger vor allem die von Lauterwaldt angewandten Zeitmessungsmethoden. Die Wittenberger Uhr sei nicht richtig gegangen, mit Hilfe einer Sanduhr hat Lauterwaldt den Gang der Kirchturmuhr überprüft. »Ganz besonders interessant in Lauterwaldts Brief ist der neue Argumentationsstil: Nunmehr werden die Hypothesen durch die Erfahrung überprüft, man appelliert nicht mehr an Autoritäten, sondern versucht vielmehr, die Vorhersagen empirisch zu verifizieren«[26].

Gleichwohl wird man weder Lauterwaldt noch Rheticus eine absichtliche Täuschung unterstellen können. Dr. Georg Iserin, Rheticus' Vater, mag ein Schwindler gewesen sein. Lauterwaldt und Rheticus aber sind bei Melanchthon durch die hohe Schule wissenschaftlicher Ethik gegangen. Konnte man im Sinne des Vergilzitats *Felix qui potuit rerum cognoscere causas* mit einer Täuschung wirklich glücklich werden?

Aus dem Brief Lauterwaldts bleibt noch ein weiteres Detail hervorzuheben, das uns Einblick in die Arbeitsweise von Rheticus gewährt, nämlich die Verwendung von Zetteln. *Nunc vero, cum in quadam schedula tua manu scripta legerim, initium eclipsis lunae in decembri superioris anni apparuisse Lipsiae hora 3 ½, medium vero hora 5 ½, deinde hanc observationem respondisse calculo Copernici, non potui, quin aliquid saltem tibi scriberem* (Nun aber, nachdem ich auf einem Zettel, den du eigenhändig geschrieben hast, gelesen habe, der Beginn der Mondfinsternis im Dezember des vorigen Jahres war in Leipzig um 3 ½ Uhr, die Mitte um 5 ½ Uhr, wonach diese Beobachtung der Berechnung des Kopernikus entsprochen hatte, da konnte ich nicht anders, als dir wenigstens kurz zu schreiben). Rheticus gilt in der Wissenschaftsgeschichte als einer der ersten, der mit Zetteln gearbeitet hat[27]. Auch ist zu diesem Brief noch nachzutragen, dass es sich bei dem genannten Dr. Christoph um Christoph von Carlowitz handelt, seit 1543 von Herzog Moritz Amtmann von Leipzig mit Sitz auf der Pleißenburg eingesetzt, der viel für die Universität getan hat und dem Rheticus seinen Euklid (Leipzig: Valentin Bapst, 1549) gewidmet hat[28].

Schließlich ist noch eine Korrektur zu dem *Hospes* angebracht, den Rheticus im Namen von Lauterwaldt grüßen soll; hier wäre wohl eine Übersetzung von *hospes* mit Gastwirt (statt Gast) sinnvoller. In diesem Falle würde es sich um den Hausherrn handeln, bei dem Lauterwaldt während seines Leipziger Aufenthaltes im SS 1543 Haus- und Tischgenosse war. Zu denken wäre an den Wirt des Gasthauses »Zum güldenen Kreuz«, in dem Rheticus gewohnt[29] und vermutlich auch Lauterwaldt gewohnt hat. In Frage würde aber als Hausvater auch Bernhard Ziegler kommen. Diesem fiel seit November 1546, vielleicht aber auch schon früher, die Aufsicht über die markgräflich-ansbachischen Stipendiaten in Leipzig und Wittenberg zu[30], zu denen auch Lauterwalt gehörte. Das macht auch die oben zitierte Entscheidung des Herzogs Albrecht von 1545 verständlicher, Lauterwaldt länger studieren zu lassen. Und das würde auch erklären, warum Ziegler 1549 zu einem sehr frühen Zeitpunkt Lauterwaldt gegen Osiander in Schutz genommen hat.

Fünf Jahre später bemängelten Wittenberger Astronomen erneut eine Prognose des Rheticus bezüglich einer Mondfinsternis für den 20. Februar 1551 und einer Sonnenfinsternis für den 31. August 1551, die beide in den *Ephemerides novae* (Leipzig 1550) beschrieben sind. Mit Sicherheit gehörte auch Lauterwaldt diesem Kreis an, da er seit Oktober 1550 Mitglied der Artistenfakultät war und hier 1551 und 1552 disputiert hat. Als Sprecher dieses Kreises Wittenberger Astronomen (Westmans Melanchthon Circle) klagte Melanchthon: »*Diligentiam Rhetici novistis. Et tamen videtur Eclipsis initium antecessisse id tempus, quod annotavit*« (Ihr kennt die Sorgfalt von Rheticus. Aber doch hat es den Anschein, dass der Beginn der Finsternis vor der Zeit lag, die er vermerkt hat)[31].

Wie Rheticus auf den Brief von Lauterwaldt reagierte, wissen wir nicht, jedenfalls hat er den Brief aufgehoben. Ganz und gar unglaubwürdig ist die These von Zinner, Rheticus habe es auf den Brief Lauterwaldts hin für angebracht gehalten, Leipzig für einige Zeit zu verlassen[32]. Immerhin wurde Lauterwaldt noch im gleichen Jahr 1545 auf den Lehrstuhl für Mathematik in Königsberg berufen, was sicher nicht ohne Rücksprache mit Melanchthon, Camerarius und wohl auch Rheticus geschehen ist.

Auch ein Brief von Lauterwaldt an Matthias Stoj aus Königsberg vom 5. August 1549 ist überliefert, in dem weitere (verlorene) Briefe Lauterwaldts an Magister Heiling und Erasmus Reinhold erwähnt werden[33]. Stoj führte die Aufsicht über die herzoglichen Stipendiaten (u.a. Lauterwaldt, Felix Fidler).

Der Lauterwaldtsche Streit (1549/52)[34]

»Der Streit, der zunächst theologische, für einfach Gläubige schwer zu begreifende Detailsfragen betraf, ging bald weit über das rein Theologische hinaus. Osianders Lehre und Tun trafen in Königsberg nicht nur bei den hiesigen Theologen, sondern auch bei der Aristokratie auf erbitterten Widerstand. Herzog Albrecht stand auf Osianders Seite, wodurch der Konflikt eine politische Dimension erhielt. Universität und Stadt zerfielen dabei in zwei unversöhnliche Lager – orthodoxe Lutheraner und ›Osiandristen‹«.[35]

Nach seiner glänzenden Magisterprüfung war Lauterwaldt nach Königsberg gereist, um dort seine Professur anzutreten. Hier kam es Anfang April 1549 zu dem Lauterwaldtschen Streit[36]. Osiander hatte am 5. April 1549 in Anwesenheit des Herzogs Albrecht und des Bischofs von Samland seine Antrittsdisputation *De Lege et Evangelio* in 49 Thesen gehalten. Der streitlustige Lauterwaldt wagte es, mit seinen *Themata contra disputationem Andreae Osiandri*[37] einzugreifen, indem er dessen Standpunkt, wie die Rechtfertigung aus dem Glauben zu verstehen sei, in Zweifel zog. Osiander reagierte sehr heftig und verhöhnte Lauterwaldt vor der ganzen Corona, er habe mit schlechtem Erfolg Dialektik studiert und hätte besser daran getan, sich von den Wissenschaften fernzuhalten[38]. Lauterwaldt antwortete schon am nächsten Tag, den 6. April 1549, als er durch öffentlichen Anschlag zwölf Gegenthesen aufstellte und ankündigte, diese auch bei Gefahr des Lebens verteidigen zu wollen. Anfang Mai 1549 schlug Lauterwaldt unter dem Titel *De luce inaccessabili et de tenebris* neue Thesen an und ließ sie durch Druck verbreiten. Lauterwaldt stellte u.a. in der 40. und 41. These fest, dass die Sonne zu der Zeit, als Hiskia krank lag, am Himmel wieder zurückgegangen sei, sodass sie denen, denen sie zuvor unterging, wieder aufgegangen sei und umgekehrt. Nach dem Wortlaut der Vulgata hatte Lauterwaldt durchaus Recht, doch wurde seit Paulus von Burgos (ca. 1353-1435) argumentiert und jetzt auch von Osiander eingewendet, dass in der Hl. Schrift von der Sonne gar keine Rede sei, sondern nur von den Schatten am Sonnenzeiger des Ahas[39].

Inzwischen begannen sich die Konfliktparteien in diesem Streit zu formieren. Auf der Seite Osianders standen sein Schwiegersohn Andreas Aurifaber und sein späterer Schwiegersohn Johannes Funck, vor allem aber der Herzog, der die Thesen verbot. Auf der anderen Seite standen mit Lauterwaldt Briesmann und Hegemon, der Mediziner Brettschneider (Plakatomus), der Gräzist Fabian Stösser, zu denen sich später noch der Jurist Christoph Jonas, Staphylus, Stoj und Isinder, Michael Stifel, Bernhard Ziegler, Martin Chemnitz und Joachim Mörlin gesellten. Auch Melanchthon darf zu den Osiandergegnern gerechnet werden. Auf Seiten der Studenten hatten sich Bernd Tanner, Josias Menius, Heinrich Möller und Michael Saur mit Gedichten für Lauterwaldt erklärt. Wie Tanner, dessen Enthauptung ein Gutachten sogar gefordert hatte, bestraft wurde, ist nicht bekannt. Menius wurde für zehn Jahre aus Preußen verwiesen, Saur erhielt eine Gefängnisstrafe, Möller war geflohen. Auch Brettschneider wurde des Landes verwiesen, Stösser fristlos entlassen. Unter den Gegnern Osianders befanden sich eine ganz erhebliche Zahl von Rheticus' Schülern, Kommilitonen und Freunden.

Der Herzog verfügte, dass Lauterwaldt bis zur Beilegung des Streits nicht zu seiner Professur zugelassen werde und keine Besoldung erhalte. Im September 1549 wurde der Streit noch einmal aufgeheizt. Ziegler hatte an eine Leipziger Disputation ein *Problema* angehängt und (ohne Osiander namentlich zu nennen) behauptet, der Himmel sei schon vor der Schöpfung in der Welt gewesen. Osiander sah darin eine Unterstützung für die von ihm als häretisch angesehene 40. und 41. These Lauterwaldts über 2 Kö [4 Kö] 20, 9-11; er warf in seiner *Epistola* (Königsberg: Hans Lufft Erben, 1549)[40] Ziegler vor, er habe ihn *dem Lauterwaldt zugefallen, mit gräulicher schwermerey zu verunglimpfen sich unterstanden*[41]. Ziegler antwortete mit seiner *Oratio* (Leipzig: Valentin Bapst, 1549). Lauterwaldt und Osiander blieben unversöhnlich. Obwohl Stoj an den Thesen seines Freundes Lauterwaldt Kritik übte, blieb dieser hartnäckig, ja er warnte Stoj davor, Gedichte zu schreiben, denn »Osiander erkläre diejenigen, die sich mit Poesie befassten, für schlecht und wolle den gelehrten Stand in die Gosse ziehen«[42]. Lauterwaldt und Osiander hetzten unentwegt gegen einander, der Herzog neigte einseitig Osiander zu. Schließlich wurde Lauterwaldt am 15. Juli 1550 befohlen, sein Studium in Wittenberg fortzusetzen, um seine noch vorhandenen Wissenslücken auszubessern. Für den 1½ jährigen Aufenthalt in Königsberg wurde ihm ein Betrag von 66 Gulden zuerkannt.

Lauterwaldt war ein sehr begabter Student. In der Magisterprüfung erreichte er den ersten Rang unter 43 Kandidaten[43]. Zu seiner Eintragung in der Frankfurter Matrikel wurde später eine Bemerkung angefügt *insignis mathematicus, postea theologus*. Aber Lauterwaldt war auch ein schwieriger Charakter, der Züge von erheblicher Selbstüberschätzung aufwies. Er legte sich jeweils ohne Not 1545 mit Rheticus an, 1549 mit Osiander, 1554 geriet er mit seiner Gemeinde Eperies und mit dem Pfarrer von Bartfeld (Bardejov/Bártfa) in Konflikt. Lauterwaldt wurde des Calvinismus beschuldigt. Der als Schiedsrichter angerufene Melanchthon riet dazu, Lauterwaldt abzusetzen, falls er auf seiner Meinung beharre[44]. In einem Brief an Matthäus Collinus in Prag 1554 bezeichnete Melanchthon Lauterwaldt zwar als *vetus amicus noster* (unser alter Freund), schränkte aber doch ein, dass er unter dem Deckmantel von Disputationen ohne wahre Ursache die Kirchen verwirre; er habe ihn oft liebevoll beschworen, seine streitbare Natur zu zügeln[45]. An anderer Stelle heißt es von Lauterwaldt, er sei »ein höchst seltsames Geschöpf, das nicht leben konnte, wenn es nicht zu streiten hatte«[46]. In jedem Fall bleibt Lauterwaldt als Mathematiker und als Theologe ein bemerkenswerter Gelehrter, für den eine Monographie längst überfällig ist.

1 Förstemann 1841, Bd. 1, S. 180b. | 2 Töppen 1844, S. 87 f. | 3 Mel. Op. 4. Bd., Sp. 812-815, Brief Nr. 2487. | 4 Erler, Bd. 1, S. 644, Poloni Nr. 16. | 5 Ebenda, P 16. | 6 Burmeister 1968, Bd. 3, S. 59-67. | 7 Sabinus, Georg, Poemata (Leipzig: Ernst Vögelin, 1563?), BSB digital, Bl. m6 verso; Scheible, MBW, Texte, Bd. 9, S. 234, Nr. 3933. | 8 CR X, Sp. 763-775. | 9 Friedländer Matr Ffo, Bd. 1, S. 100, Nr. 43. | 10 Ebenda, S. 99, Nr. 15. | 11 Köstlin 1891, S. 7. | 12 CR X, Sp. 785-790. | 13 Köstlin 1891, S. 26. | 14 Ebenda, S. 30. | 15 Buchwald 1894, S. 73, Nr. 1148; Bittcher 1843, S. 562. | 16 Ebenda S. 562. | 17 BSB digital. | 18 Ebenda. | 19 Jarzębowski/Jurewiczówna 1964, S. 116, Nr. 77. | 20 BSB digital. | 21 Books,google.de, vollständige Ansicht. | 22 Westman 1975, S. 171. | 23 Zinner 1943 (irrtümlich Lauterbach, so auch noch Zinner ²1988), S. 257 f., 265 f., 270. | 24 Zinner 1943, S. 265; vgl. auch Burmeister 2006, S. 155-157. | 25 Berger, Christian-Paul, Rekonstruktion einer Mondfinsternis aus dem Jahre 1544, erwähnt in einem Briefe Matthias Lauterwalts an Georg Joachim Rheticus, in: Montfort 42 (1990), S. 257-271. | 26 Berger 1990, S. 261. | 27 Vgl. dazu Krajewski 2002. | 28 Woitkowitz 2003, S. 205-226. | 29 Burmeister 1967/68, Bd. 1, S. 83. | 30 Jordan 1917, S. 331. | 31 Scheible, Heinz und Thüringer, Walter, MBW, Bd. 6, Stuttgart-Bad Cannstatt 1988, S. 202, Regest Nr. 6187. | 32 Zinner 1943, S. 258. | 33 Clemen/Koch 1984, Bd. 5, S. 400 f. | 34 Jordan 1917, S. 155-167. | 35 Lawrynowicz 1999, S. 64. | 36 Zum Folgenden Stupperich 1973, S. 36-54 und passim. | 37 Abgedruckt bei Lehnerdt 1839, S. 186; Hauss-Leiter 1897, S. 77 ff. | 38 Möller 1870, S. 314. | 39 Ebenda, S. 320; Stupperich 1973, S. 43. | 40 Seebass 1967, S. 42, Nr. 307. | 41 So Osiander in einem Brief an Herzog Albrecht. | 42 Stupperich 1973, S. 66. | 43 Ebenda, S. 39 und Anm. 16 spricht nur von 24 Kandidaten; in der Matrikel ist jedoch ausdrücklich die Rede von *tribus et quadraginta doctis ac honestis viris*, also 43 Kandidaten; vgl. Köstlin 1891, S.7 f., wo auch alle namentlich aufgeführt sind. | 44 Loesche 1909, SA. 176. | 45 CR. Bd. 8. Sp. 301, Nr. 5618. | 46 Planck, Jakob Gottlieb, 1796; zitiert nach Stupperich 1973, S. 365.

Lazius, Wolfgang, 1514–1565

Wolfgang Lazius (Laz, seit 1546 von Lazius), geboren am 31. Oktober 1514 in Wien, gestorben am 19. Juni 1565 in Wien, Grabstein in der Peterskirche in Wien, Inschrift überliefert, kath., Geograph. Kartograph, Geschichtsschreiber, Arzt, Professsor für Medizin[1].

Der Sohn des aus Stuttgart zugewanderten Arztes Simon Lazius studierte in Wien und Ingolstadt, wurde dort Dr. med., dann Lektor an der Universität Wien, seit 1541 Professor, achtmal Dekan der medizinischen Fakultät, Leibarzt Ferdinands I. Er schrieb die erste Stadtgeschichte von Wien *Vienna Austriae* (Basel: Joh. Oporin, 1546)[2], Chorographie von Ungarn (Wien: Michael Zimmermann, 1556)[3] und einen Atlas von Österreich (Wien 1561). Lazius war ein engagierter Mitarbeiter von Sebastian Münsters Kosmographie. Das kommt etwa in der überformatigen Stadtansicht von Wien zum Ausdruck. Münster und Lazius besuchten um 1549 gemeinsam die Schwarzwald-Klöster St. Blasien und St. Trudbert, um nach alten Handschriften zu suchen.

Lazius' Porträt, geschaffen von Hanns Lautensack 1554, zeigt auch sein Wappen, von dem auch ein Holzschnitt in der *Vienna Austriae* (Basel 1546) zu finden ist; es zeigt in einer Schildhälfte einen sechsstrahligen Stern[4]. Lazius war verheiratet in erster Ehe mit Anna Stronsdorfer, in zweiter Ehe mit Elisabeth, Tochter des Bartholomäus Amassöder zu Pillichsdorf.

Beziehungen zwischen Rheticus und Lazius sind nicht bekannt, aber doch möglich (vgl. dazu die Biographie von Hajek). In eine literarische Fehde geriet Lazius mit Kaspar Brusch, den er – zu Unrecht – des Plagiats bezichtigte[5].

1 KRATOCHWILL, Max, in: NDB 14 (1985), S. 14 f. | 2 BSB München, digital. | 3 VD 16 L 852; BSB München, digital. | 4 BSB München, digital, Scan 175. | 5 HORAWITZ 1874, S. 134 f., 168 f.

Lemki, Wenzeslaus

Wenzeslaus (Wenceslaw) Lemki (Lemke, Lemichen, Lemmchen, Lämmchen, Agnus), Prutenus (Preuße), gestorben?., luth., Theologe[1].
Lemki immatrikulierte sich im WS 1532/33 unter dem Rektor Franz Burckhart an der Universität Wittenberg[2]; Konsemester waren Maximilian Mörlin, Kaspar Cruciger d.J., Mads Hack, Georg Aemilius, Georg Sabinus, Ludwig Kling, Adam Merula, Christoph von Minckwitz. Im Januar 1537 promovierte er unter dem Dekan Melanchthon zum Mag. art., wobei er den 5. Rang von 14 Kandidaten erreichte[3]; Georg Aemilius kam auf den 3. Rang, Peter Hegemon auf den 14. Rang. Melanchthon stellte Lemki am 30.April 1537 ein *Testimonium de studiis, moribus et gradu* aus[4]. *Visus est nobis singulari morum humanitate ac modestia praeditus, et in literarum ac philosophiae studiis haud poenitendam operam posuit. Ad haec adiunxit studium doctrinae Christianae [...] Ideo cum peteret a nobis gradum et insignia magisterii in artium et philosophiae studio, summa voluntate eum ei honorem decrevimus...* (Er erschien uns von einzigartigem Anstand und Sittsamkeit begabt, und er hat sich in den Studien der Wissenschaften und der Philosophie eine nicht zu verachtende Mühe gegeben. Und zudem hat er das Studium der Lehre Christi hinzugefügt [...] Daher haben wir ihm, als er von uns den Grad und die Ehrenzeichen des Magisteriums in den Künsten und im Studium der Philosophie begehrte, sehr gerne beschlossen, ihm diese Ehre zu gewähren).

Rheticus und Lemki waren seit 1533 Kommilitonen, 1536 wurde Rheticus Lehrer von Lemki, der im Hinblick auf seinen Magisterprüfung dessen Vorlesungen gehört haben kann. Auch überschneiden sich die Freundeskreise von Rheticus und Lemki.

1 FREYTAG 1903, Nr. 107. | 2 FÖRSTEMANN 1841, Bd. 1, S. 147b. | 3 KÖSTLIN 1888, S. 23. | 4 CR III, Sp. 357 f., Nr. 1568.

Lemlius, Martin, † 1573

Martin Lemlius (Lembius, Lemblicus, Lemichen, Lerulius), geboren in Königsberg i. Pr., gestorben am 12. März 1573 in Marienburg (poln. Malbork, Woiwodschaft Pommern), luth., Theologe[1].
Lemlius immatrikulierte sich im 8. September 1540 unter dem Rektor Veit Oertel Winsheim an der Universität Wittenberg[2]; Konsemester waren der Sohn des Rektors Veit Oertel Winsheim d.J., Anton Reuchlin, Johannes Gigas, Andreas Vetter. Er wechselte noch im SS 1540 an die Universität Leipzig, wo er der polnischen Nation angehörte; Konsemester waren hier weitere Angehörige der polnischen Nation wie Magister Andreas Aurifaber oder Johannes de Albisaquilis aus Prag[3]. Er kehrte aber nach Wittenberg zurück, wo er im März 1543 unter seinem Landsmann, dem Dekan Christoph Jonas, zum Bacc. art. promovierte[4]. 1545 wurde Lemlius Pfarrer in Memel (lit. Klaipėda,

Litauen). Er wirkte dann als Diakon am Königsberger Dom (Kneiphöfische Kirche)⁵; hier war er Kaplan von Peter Hegemon, dann 1550 bis 1553 von Joachim Mörlin. Am 2. März 1552 beschwerte sich Herzog Albrecht bei Joachim Mörlin über dessen Kaplan Lemichen; dieser habe vor Schneidern, Schustern und anderen Handwerkern der Lehre Osianders widersprochen; er habe gesagt, er wolle sich in tausend Stücke reißen, bevor er dessen Lehre akzeptiere⁶. 1557 wurde Lemlius Prediger in Marienburg.

Lemlius war möglicherweise im WS 1541/42 Schüler von Rheticus. Seine Verbindungen mit Andreas Aurifaber, Albisaquilis, Hegemon und Joachim Mörlin deuten auch auf eine Bekanntschaft mit Rheticus hin.

1 Freytag 1903, Nr. 151. | **2** Förstemann 1841, Bd. 1, S. 182b. | **3** Erler, Bd. 1, S. 633 P 13. | **4** Köstlin 1890, S. 8. | **5** Möller 1968, Bd. 1, S. 68. | **6** Stupperich 1973, S. 315.

Lemnius, Simon, 1511–1550

Simon Lemnius (Margadant), geboren um 1511 in Santa Maria (Val Müstair, Graubünden), gestorben an der Pest am 24. November (oder 7. Dezember) 1550 in Chur (Graubünden), neulat. Dichter, Humanist und Schulmann, *Musicus maximus*, Poeta laureatus¹. Obwohl Lemnius an einer evangelischen Lateinschule unterrichtete, galt er als »außerhalb jeder Kirche stehend«². Lemnius kam als fahrender Scholar über München und Ingolstadt nach Wittenberg, wo er sich am 19. April 1534 immatrikulierte³. Am 14. April 1535 promovierte er unter Melanchthon zum Magister artium⁴. Lemnius hatte den 3. Rang von vier Kandidaten erreicht. In seiner *Apologia* schildert er die Promotion, allerdings ohne den etwas abgehobenen Winkler zu erwähnen. *Magister Iodocus Neobulus vir doctus ac probus, Magister Iodocus Saxo, quorum uterque mihi non solum familiarissimus, verum etiam una mecum promotus et ornamentis studiorum est decoratus*⁵ (Magister Jodok Neuheller, ein gelehrter und tüchtiger Mann, Magister Jodok Saxo, die mir beide nicht nur sehr vertraut waren, sondern auch zugleich mit mir promoviert und mit den Insignien der Wissenschaft ausgezeichnet wurden). Im Sommer 1535 wurde Wittenberg von der Pest heimgesucht und der Universitätsbetrieb deshalb nach Jena verlegt, von wo man im Frühjahr 1536 wieder zurückkehrte. Lemnius wurde von Melanchthon stark gefördert; er unterstützte seine Griechischstudien und erwirkte ihm im September 1537 ein Stipendium der Stadt Augsburg. Vermutlich in der Absicht, eine Professur zu erhalten, veröffentlichte Lemnius Anfang Juni 1538 seine zwei Bücher *Epigrammata* bei Nikolaus Schirlentz, erregte damit aber den Zorn Luthers, da dieses Büchlein seinem Hauptfeind, dem humanistisch gesinnten Kardinal Albrecht von Brandenburg, Erzbischof von Mainz und Magdeburg, gewidmet war und die Moral Wittenberger Bürger verspottete. Luther verbot den weiteren Verkauf der Bücher und ordnete deren Verbrennung an. Lemnius sollte vor das Universitätsgericht gestellt werden, seine Habe wurde beschlagnahmt. Lemnius wurde auf den 18. Juni, 12 Uhr, vor den Senat zitiert⁶. Nachdem er aber am 16. Juni geflohen war und Luther in einer vorverurteilenden Erklärung »entschieden« hatte, Lemnius hätte seinen Kopf verwirkt, wurde er am 23. Juni auf den 3. Juli, 12 Uhr, erneut vor den Senat in die Schlosskirche zitiert, »um mit Aug und Ohr die Relegation von unserer Universität entgegenzunehmen«⁷. Das Urteil stand also bereits fest und wurde am 4. Juli ausgesprochen: Relegation wegen der schmähenden Epigrammata und Eidbruchs (*periurium, desertam arestationem*). Melanchthon strich seinen Namen aus der Matrikel und fügte hinzu *exclusus anno 1538*. Von einem gerechten Verfahren gegen Lemnius kann keine Rede sein. Auch heute noch gelten bei vielen seine Einlassungen als Lügen. Hendrix H. Scott zeigt sich in einer Rezension des Buches von Mundt von dessen Argumenten zugunsten von Lemnius nicht ganz überzeugt, gesteht aber immerhin zu, »Lemnius certainly had good reasons for feeling he had been unjustly treated in Wittenberg; and the fact that he reacted with bitterness and ridicule is understandable«. Camerarius hat in seiner Biographie Melanchthons ein in jeder Hinsicht treffendes Urteil über Lemnius getroffen: »Sicherlich schienen jene Spottgedichte, deretwegen damals so große Unruhe entstand, für alle unparteiisch und einfach Urteilenden keine offensichtliche Schmähung oder bitteres Unrecht gegen irgendjemanden zu enthalten. Dennoch veröffentlichte der entflohene Autor später mit schamlosen Lügen so schändliche und hässliche Schriften, dass alle Wohlmeinenden der Ansicht waren, dass man ihm das frühere nicht verzeihen dürfe und dass das, was auch immer ihm widerfahren sei, sanfter sei, als es seine verbrecherische Raserei verdiene«[8]. In der Tat sind nicht die im Juni 1538 erschienenen *Epigrammata*, die Lemnius' Relegation zur Folge hatten, dessen Untat gewesen, sondern erst seine auf die Spitze getriebene Polemik gegen Luther, nämlich die um ein drittes Buch der Epigramme und eine *Querela* erweiterte zweite Auflage der *Epigrammata* (*ex itinere*, September 1538), eine *Apologia* (Köln: Johann Gymnich, [Frühjahr] 1539) und die pseudonyme *Monachopornomachia* [ohne Ort, Frühjahr 1539]. Text und Übersetzung aller dieser Schriften wurden von Lothar Mundt veröffentlicht[9].

Lemnius wirkte danach seit 1539 als Lehrer an der Nikolaischule in Chur, wo er seine Probleme, die er in Wittenberg gehabt hatte, verschwieg. Doch auch hier geriet er wegen seiner lasziven Gedichtsammlung *Amores* (o.O., 1542) in Schwierigkeiten und verlor seine Stelle. Lemnius ging nach Italien, wurde 1543 in Bologna zum Poeta laureatus gekrönt[10] und übersetzte den griechischen Geographen Dionysios Periegetes in lateinische Verse (Venedig 1543), er konnte 1545 sein Lehramt in Chur erneut antreten, er veröffentliche eine lateinische Versübersetzung *Odyssaei Homeri* und der pseudohomerischen *Batrachomyomachia* (Basel: Johann Oporin 1549), wurde 1550 in Basel immatrikuliert[11]. Hier, wo er sich »von seinem aufregenden literarischen Abenteuer in Wittenberg erholt, finden wir ihn im Kreise der fröhlichen Zechkumpane um Heinrich Pantaleon, der ihm in der *Prosopographia* (Basel: Brylinger, 1566, 3. Teil, S. 299)[12] ein Porträt widmete[13]; in der beigefügten Biographie wird der Wittenberger Skandal mit keinem Wort angedeutet. Lemnius starb am 7. Dezember 1550[14] als letztes Opfer der Pest in seiner Wohnung im Salvatorviertel in Chur. Er verfasste mit eigener Hand noch ein Epitaph[15]. Posthum erschienen seine *Bucolicorum Eclogae* (Basel 1551). Lemnius verfasste das rätischen Nationalepos *Raeteis* über den Calvenkrieg von 1499, das nur handschriftlich überliefert ist[16]. Sein ungedrucktes Lehrgedicht *De virtutibus moralibus* (1549) ist in der Offizin von Johannes Oporin verschollen[17].

Für Lemnius war die Poetik l'art pour l'art. Er zeigte wenig Interesse an den Realien, am ehesten noch an der Astronomie. Zu seinen ersten Arbeiten gehörte ein griechisches Gedicht, das Johannes Stigels Progosticon anno MDXXXVII (Wittenberg 1536) beigegeben war[18]. Darauf deuten auch seine Epigramme II, 62 oder II, 94. Auch seine Zuwendung zur Geographie (Übersetzung des Dionysios Periegetes) geht in die Richtung. Und in seiner Grabschrift versetzte er sich in Anlehnung an die antike Apotheose unter die Sterne:

»Droben weilet mein Geist in den glänzenden Räumen des Himmels«[19].

Mit den Schmähschriften gegen Luther hat Lemnius am wenigsten sich selbst einen Gefallen getan. Diese Pamphlete, von denen niemand etwas wissen wollte, verschwanden in den »Giftschränken« der Bibliotheken, soweit sie nicht überhaupt vernichtet wurden. Melanchthon hatte Lemnius noch im September 1537 als *wol gelart in Grekischer und Latinischer sprach* gelobt. Seine Überreaktion gegen Luther machte ihn unmöglich, er verlor selbst seine besten Freunde wie etwa Johannes Stigel. Wilhelm Jenny hat sich »Zum Verständnis des Poeten und des Menschen Simon Lemnius« geäußert und Schuld und Tragik über dessen Lebensweg gesehen. Begabung und ungestüme Arbeitskraft, dazu ein großer Meister wie Melanchthon gewährten ihm einen kometenhaften Aufstieg, aber »das Auseinanderklaffen von sprachlicher Virtuosität und charakterlicher Unreife wurde zum Grund seiner Lebenstragik«. Lemnius hat es versäumt wie seine Landsleute Travers, Bifrun oder Campell an seine Heimat zu denken. Er hat nie eine Zeile in romanischer Sprache gedichtet. »Die lateinische Odyssee war im Grunde überflüssig. Eine rätoromanische dagegen wäre als Durchbildung und

Bereicherung einer bisher literarisch noch kaum benützten Sprache ein kühnes, einzigartiges Werk geworden«[20]. Anders als Jenny hat der Jurist Placidus Plattner (1834-1924), der Herausgeber und Übersetzer der *Raeteis*, in Lemnius »den größten und genialsten Epiker« der Schweiz gesehen, der auf dem Wege war, der Vergil seines Volkes zu werden.

Man wird in der Beurteilung von Lemnius kaum je auf einen Nenner kommen. Lothar Mundt hat sich bemüht, ein möglichst objektives Bild von Lemnius nachzuzeichnen. Das hat jedoch den Widerstand von Franz Wachinger heraufbeschworen, der Mundts These von der etwas zwielichtigen Rolle Melanchthons korrigiert wissen will. Wachinger erhebt gegen Mundt den Vorwurf, dieser habe sich allzu sehr an Lemnius Äußerungen orientiert und diese für bare Münze genommen.

Lemnius stand anfangs mit seiner Verteidigung nicht allein da. Der Physiker Veit Amerbach[21], seit 1529 Wittenberger Magister artium[22], der später wieder katholisch und 1543 Nachfolger von Johannes Eck in Ingolstadt wurde, gehörte zu den Professoren, mit denen Lemnius vertrauten Umgang hatte.[23] Als der Rektor Melanchthon im Senat die Meinungen über die Relegation von Lemnius einholte, meinte Amerbach, man müsse eher den Verfasser der Schrift *De ingratitudine cuculi* (d.h. Melanchthon) ausschließen als Lemnius *ob ista epigrammata*[24]. Die Epigrammata wurden also kontrovers beurteilt. Auch andere mögen die Ansicht von Amerbach geteilt haben, etwa jene Professoren, die Lemnius in der Apologia als seine Freunde nennt.

Wenn wir die Epigramme II, 59-63 betrachten, so geht es ganz allgemein um die sexuelle Moral. Man neigt bei einem Wittenberger Autor dazu, dessen Gedichte auf Wittenberg zu beziehen, worauf auch Personen (Marcellus, Stigel, Sabinus, Professoren und ihre Schüler) und Örtlichkeiten (Vorstadtgärten) hinzudeuten scheinen. Erasmus Reinhold und Veit Oertel Winsheim fühlten sich durch Epigramme angesprochen. Für Wachinger steht fest, dass Lemnius in diesem Zyklus die sexuelle Moral in Wittenberg anprangern wollte[25]. Aber ist das wirklich der Fall?

Wir haben uns angewöhnt, das an Empedokles gerichtete Epigramm auf Reinhold zu beziehen. In der Tat hatte Lemnius für Reinhold wenig übrig, wie andererseits auch dieser die Poeten verachtete. Ob Lemnius aber im Epigramm II, 62 wirklich Reinhold verspottet hat, bleibt zweifelhaft.

Ad Empedoclem
Ne tibi discipulus dominae sit forte magister,
Si potes hoc prudens ipse cavere, cave.
Tu foris astra vides, intus videt ille maritam,
Res agis, uxoris res agit ille tuae.

(Übersetzung von Mundt: An Empedocles. Nimm dich, wenn du's vermagst, klüglich in acht, dass dein Schüler nicht zum Lehrer deiner Frau wird. Du betrachtest draußen die Sterne, er besorgt's deiner Frau«)[26].

Empedokles war in Wittenberg aktuell, seit in Basel bei Froben und Episcopius 1533 die Erstausgabe von Diogenes Laertios im Druck erschienen war. Er wird beispielsweise in Melanchthons Briefwechsel mehrfach genannt[27]. Auch lässt sich eine sachliche Verbindung von Empedokles und Reinhold herstellen, da Reinhold die Kosmologie und auch Astronomie lehrte.[28] Zwingend ist aber diese Gleichsetzung von Empedokles und Reinhold nicht. Lemnius hat denn auch in seiner *Apologia* eine von ihm gewollte Anspielung auf Reinhold bestritten. Nicht er, sondern Reinhold selbst habe eine solche Verbindung hergestellt[29]. »Wenn ihre Frauen ehrenhaft sind«, fragt Lemnius, »warum entehren sie sie dann selbst, indem sie darum wetteifern, Argyrologusse und Empedoklesse zu sein?« Von dem Epigramm II, 63 *Ad Argyrologum*[30] glaubte sich Veit Oertel Winsheim betroffen, was Lemnius mit den gleichen Argumenten zurückwies. Dasselbe gilt für Marcellus im Epigramm II, 60[31].

Die an Martial geschulten Poeten griffen ein satirisches Motiv wie in den genannten Epigrammen II, 59-63 gerne auf[32]. Dafür hatten sie bekannte Vorbilder. Kein geringerer als der hoch verehrte Thomas Morus hatte 1518 mit dem Gedicht *In astrologum, uxoris impudicae maritum* ein Beispiel für das Empedoklesepigramm geliefert[33]. Euricius Cordus veröffentlichte im Buch XII seiner *Epigrammata* (1520) ein Gedicht *In Aesculum astrologum*.

> Conspicis in supero quid agat Venus Aescule coelo,
> Atque domi nescis quid paret illa tuae

(Auf den Astrologen Aesculus: Du betrachtest, Aesculus, was Venus im Himmel oben treibt; aber du hast keine Ahnung, was sie in deinem Haus im Sinn hat).

Mit Aesculus (= Eiche) war der Astronom und spätere Arzt Johann (Eichmann) Dryander gemeint, der um diese Zeit in Erfurt Famulus von Cordus war, seit 1533 Professor der Mathematik und Medizin in Marburg; er verfasste eine *Anatomia* (1537) und die *Astrolabii canones brevissimi* (1538), auch gab er Abraham ibn Ezras *De nativitatibus* (Köln 1537) heraus[34].

Alle diese Epigramme liegen auf einer Linie. Morus und Codrus sowie ihnen folgend Lemnius griffen zu einem beliebten Sujet der neulateinischen Epigrammatik; es ging Cordus dabei aber nicht um einen persönlichen Angriff auf Dryander, so wenig wie Lemnius Reinhold schmähen wollte. In den Zyklus der Epigramme II, 59-63 gehört auch das als freundschaftliche Mahnung an seinen Schüler Arcturus Frisius gerichtete Epigramm II, 94. »Sag mir doch, ob du auch siehst, was vor deinen Füßen liegt, während du voller Eifer die Himmelszeichen erforschst!«[35]

Eines der wenigen Epigramme, das die Dinge beim Namen nennt, ist II, 54 *In Aerem*. Es ist gegen den Buchdrucker Hans Lufft gerichtet, dessen Frau Lemnius wegen seines Flötenspiels die Wohnung gekündigt hatte.[36]

Im dritten Buch der Epigramme ließ Lemnius dann alle Rücksichten fallen. Wenn Veit Oertel Winsheim noch Zweifel hatte, ob Lemnius ihn in dem früheren Epigramm II, 63 gemeint hatte, so musste ihm das Epigramm III, 14 *In Vitum Vinsemium* letzte Klarheit verschaffen:

> »Während du mit heiserem Geschrei die Schriften des Titus strapazierst,
> genießt ein hübscher Liebhaber die Umarmungen deiner Frau«[37].

Die **Beziehungen** zwischen Rheticus und Lemnius waren besonders eng. Rheticus und Lemnius waren etwa gleichaltrig, sie waren Landsleute aus dem Bistum Chur, beide nannten sich nach ihrer alpenländischen Herkunft *Rheticus*, Lemnius war teilweise romanischer Herkunft, Rheticus hatte italienische Wurzeln. Es hat früher nicht an Versuchen gefehlt, Lemnius zu diskriminieren, indem man von ihm, der selbst seine dunkle Hautfarbe beklagte, glaubte, dass »vom Vater her ein gut Teil romanisches Blut in seinen Adern floss und dass so manche moralische Entgleisung seinem heißblütigen südlichen Naturell zugute gerechnet werden muss«[38]. Kraai behauptet: »... many historians have wondered why there was never any collaboration between Rheticus and Reinhold, not to mention the slightest friendship. The Lemnius scandal certainly put an end to any affection between the two«[39]. Kraai meint, die Reise zu Kopernikus sei durch die persönliche Verstrickung von Rheticus in den Lemniusskandal veranlasst worden[40]. Rheticus wollte sich demnach, Lemnius vergleichbar, durch eine Flucht der Verantwortung entziehen. Immerhin liegen aber mehr als vier Monate zwischen der Flucht von Lemnius (16. Juni 1538) und der Abreise von Rheticus (Mitte Oktober 1538). Kraai lässt es als Beweis dafür genügen, dass Rheticus Mitte Oktober 1538 Wittenberg verlassen habe und erst nach langer Zeit zurückkehrte, wobei er übersieht, dass diese lange Abwesenheit mit Melanchthon (und auch mit Reinhold) abgesprochen war[41]. Nach Kraai mochte Rheticus wohl auch ein wissenschaftliches Anliegen mit seiner Reise verfolgen, aber der eigentliche Anlass für die Flucht aus Wittenberg sei Lemnius gewesen. Das könne man aus dem Brief Melanchthons an Camerarius vom Oktober 1538[42] schließen, Rheticus habe »in the midst of the scandal« Wittenberg verlassen.[43] Tatsächlich enthält dieser Brief keinerlei Anhaltspunkte für eine solche Schlussfolgerung. Der Höhepunkt des Lemniusskandals war dessen Flucht am 16. Juni 1538, mögen auch später das im September 1538 erschienene dritte Buch der Epigramme, in dem Rheticus aber gar nicht erwähnt wird, oder die *Apologia* und die *Monachopornographia* zu einer Eskalation geführt haben; doch erschienen diese beiden Schriften des Lemnius erst im Frühjahr 1539⁴⁴, als Rheticus längst auf Reisen war. Kraai lässt auch offen, worin Rheticus' Verstrickung in den Lemniusskandal bestand. In den Epigrammen, die im Juni 1538 erschienen, wird Rheticus mit keinem Wort erwähnt. Rheticus gehörte nicht zu den »Helfershelfern« der Flucht von Lemnius, hieran waren nur Sabinus und Stigel beteiligt. Der Name von Rheticus fiel erst im Frühjahr 1539 in der *Apologia*: Rheticus sollte mit anderen genannten Dozenten und Scholaren aus alter Freundschaft für Lemnius' Rechtschaffenheit Zeugnis ablegen⁴⁵. Sein Freund Paul Eber nahm für ihn am 2. März 1539 stellvertretend von der Universität seine Quartalsbesoldung in Empfang⁴⁶. Zugleich mit Rheticus hatte Lemnius auch noch andere Professoren, Magistri sowie viele Scholaren aufgefordert, seine Rechtschaffenheit zu bezeugen. Als Professoren, mit denen er freundlichen Umgang hatte, nennt Lemnius auch Sebald Münsterer, Jakob Milich, Veit Amerbach, Konrad Lagus, Johann Bugenhagen, Hieronymus Schürpf, Kaspar Cruciger⁴⁷. Sie alle hatten nicht anders als Rheticus zeitweise mit Lemnius freundlichen Umgang, ohne dass sie deswegen in den Lemniusskandal verwickelt waren. Wie haltlos die These von Kraai ist, lässt auch das Epigramm gegen den Buchdrucker Johannes Lufft II, 54 erkennen, dem Rheticus gleich nach seiner Rückkehr aus Preußen den Druck von *De Lateribus et angulis triangulorum* anvertraute (Wittenberg 1542).

Lemnius wurde als Dichter im Kreis der Schüler von Rheticus noch viele Jahre nach dem Skandal geschätzt. Leonhard Wolf veröffentliche 1549 und ²1570 bei Ernst Vögelin in Leipzig eine griech.-lat. Ausgabe von Homers *Batrachomyomachia*, der die lat. Versübersetzung des Lemnius beigegeben war⁴⁸. Der griech. Text der *Batrachomyomachia* war noch um 1570 in Rheticus' Bibliothek im Zipserland greifbar.

1 Clà Riatsch, in: HLS (2007) sub voce Lemnius, Simon; Ferdinand Vetter, in: ADB 18 (1883), S. 236-239; Merker 1908; Ellinger 1921; Ellinger 1929, Bd. 2, S. 95 ff.; Jenny 1969/70, Bd. 1, S. 284 f., 315-340; Bd. 2, 258 f., 272, 356; Mundt 1983, Bd. 1-2, vgl. dazu auch die Rezension von Scott H. Hendrix in: The Sixteenth Century Journal 16 (1985), S. 384 f.; Wachinger 1985; Wachinger 1986; Mundt 1996. | **2** Jenny 1969/70, Bd. 1, S. 349; Bd. 2, S. 258 f.; ähnlich Wachinger 1986, S. 142, Anm. 7. | **3** Förstemann (wie Anm. XY), Bd. 1, S. 152. | **4** Köstlin 1888, S. 22; Mundt 1983, Bd. 2, S. 182 f. | **5** Ebenda, Bd. 2, S. 188. | **6** Ebenda, Bd. 2, S. 318. | **7** Ebenda, S. 323-325. | **8** Camerarius 2010, S. 145; Übersetzung von Volker Werner. | **9** Mundt 1983, Bd. 1-2. | **10** Knod 1899, S. 298, Nr. 2064. | **11** Wackernagel 1956, Bd. 2, S. 67, Nr. 14. | **12** BSB München, digital. | **13** Buscher 1947, S. 22. | **14** Als Todesdatum wird auch der 24. November 1550 genannt; vgl. Merker 1908, S. 106. | **15** Jenny 1969, Bd. 1, S. 324. | **16** Plattner, Placidus (Hg.), Die Raeteis. Schweizerisch-deutscher Krieg von 1499. Epos in IX Gesängen. Chur 1874. | **17** Jenny 1969, Bd. 1, S. 322 f. | **18** Wachinger 1986, S. 142, Anm. 9. | **19** Jenny 1969, Bd. 1, S. 324. | **20** Ebenda, S. 325-333. **21** Fischer 1926. | **22** Köstlin 1888, S. 20. | **23** Mundt 1983, Bd. 1, S. 272. | **24** Frank 1997, S. 108 f.; vgl. dazu auch Kraai 2003, S. 72, besonders Anm. 193; Wachinger 1985 geht darauf nicht ein, obwohl man das in seiner Rechtfertigung Melanchthons erwarten würde. | **25** Wachinger 1986, S. 148. | **26** Mundt 1983, Bd. 1, S. 240; Bd. 2, S. 80 f.; vgl. auch Kraai 2003, S. 69 f. | **27** Scheible, MBW, Bd. 11, Personen, 2003, S. 401. | **28** Kranz, Walther, Empedokles, Antike Gestalt und Romantische Neuschöpfung. Zürich: Artemis, 1949, S. 144-146. | **29** Mundt 1983, Bd. 2, S. 222 f. | **30** Mundt 1983, Bd. 1, S. 80 f.; Bd. 2, S. 220 f. | **31** Mundt 1983, Bd. 2, S. 78 f. | **32** Levy 1903, S. 85 | **33** Vgl. dazu Mundt 1983, Bd. 1, S. 240, der auf Levy, Richard, Martial und die deutsche Epigrammatik des 17. Jahrhunderts, Stuttgart 1903, S. 85, hinweist. | **34** Zu ihm Brosseder 2004, S. 17, 151. | **35** Mundt 1983, Bd. 2, S. 96 f. | **36** Mundt 1983, Bd. 1, S. 237; Bd. 2, S. 74 f. | **37** Mundt 1983, Bd. 2, S. 116 f., vgl. dazu auch S. 251. | **38** Merker 1908, S. 3. | **39** Kraai 2003, S. 70. | **40** Ebenda, S. 65, S. 70. | **41** Melanchthon sagt am 5. Oktober 1538 in dem Brief an Camerarius, dass es einige Zeit dauern werde, bevor Rheticus bei ihm in Tübingen ankomme. | **42** Scheible, in: MBW, Regg. Bd. 2, S. 395, Nr. 2100. | **43** Kraai 2003, S. 73. | **44** Mundt 1983, Bd. 2, S. VIII f., S. X und S. XII. | **45** Mundt 1983, Bd. 1, S. 269; Bd. 2, S. 182 f. | **46** Burmeister, eberda. | **47** Mundt 1983, Bd. 2, S. 188 f., 192 f. | **48** ULB Halle, digital.

Lentz, Melchior

Melchior Lentz (alias Leitsch), geboren in Langensalza (Unstrut-Hainichkreis, Thüringen), luth., Bakkalaureus.
Lentz immatrikulierte sich im SS 1548 unter dem Rektor Johannes Sinapius an der Universität Leipzig[1]. Er gehörte der Meißner Nation an. Im WS 1548/49 wurde er nach dem 21. März 1549 unter dem Dekan Rheticus von Magister Ambros Borsdorfer zum Bacc. art. promoviert[2].
 Beziehungen zwischen Rheticus und Lentz bestanden in den Jahren 1548 bis 1551. Die Promotion von Lentz zum Bacc. art. fand unter den Dekanat von Rheticus statt, er musste für die Prüfungen zum Bakkalaureat die Vorlesungen von Rheticus hören.

1 ERLER, Bd. 1, S. 668, B 10. | **2** ERLER, Bd. 2, S. 706.

Leowitz, Cyprian, 1524–1574

Cyprian (Cyprián) von Leowitz (Leovitz, Leovitius, Leoviticus, tschech. Karásek, seit 1547 Lvovický ze Lvovic, lat. Leovitius a Leonicia), geboren am 9. Juli 1524[1] in Königgrätz (tschech. Hradec Králové), gestorben am 25. Mai 1574 in Lauingen (Lkr. Dillingen, Schwaben), Astronom, Astrologe, Schulmann[2].
Nach Schulbesuch in Königsgrätz und seit 1540 in Breslau (Wrocław, Woiwodschaft Niederschlesien) bezog Leowitz im WS 1542/43 unter dem Namen *Ciprian Lwowitzky Gretzensis* die Universität Leipzig[3], wo er der polnischen Nation angehörte, ebenso wie Kaspar Brusch *poeta* und Magister Franz Kram, die beide zusammen mit Rheticus aus Wittenberg nach Leipzig gewechselt waren. Man darf davon ausgehen, dass Leowitz zunächst bis 1544 ein Schüler von Rheticus war, ehe er nach Wittenberg weiterzog, wo er bei Melanchthon und Reinhold in die Schule ging. Vermutlich kam er um 1546 nach Wittenberg, als die Universität kriegsbedingt geschlossen wurde; sein Name fehlt in der Matrikel. 1547 trat er in Nürnberg in Verbindung mit Schöner; damals wurde hier in Nürnberg Wittenberg als Rumpfuniversität fortgesetzt; Schöner, der aber bereits am 16. Januar 1547 gestorben ist, und Heller vertraten die Mathematik. 1548 lebte er in Augsburg am Hof der Fugger mit Johann Baptist Haintzel und Hieronymus Wolf. Man darf also wohl feststellen, dass Leowitz über Jahre seine mathematische Grundausbildung im Kreis von Rheticus' Schulgesellen erhalten hat, ehe er einer der führenden Astronomen seiner Zeit und 1557 Hofastronom des Pfalzgrafen Ottheinrich in Lauingen wurde. Mit Recht wird Leowitz bei Brosseder dem weiteren Kreis des Wittenberger Astrologenkreises zugeordnet[4]. Nach dem Tod des Pfalzgrafen wirkte Leowitz als Rektor des Gymnasiums in Lauingen. Leowitz war verheiratet mit Diana Clelia (1534-1581), der Witwe von Heinrich Helffandt, die später in dritter Ehe den Magister Petrus Agricola heiratete[5].
 Werke (in kleiner Auswahl): Bibliographie bei Mayer[6], Zinner[7] und Oestmann[8]: *Tabula ascensium obliquarum, et positionum particularis*, Augsburg 1551; *Tabula positionum pro variis ac diversis poli elevationibus*, Augsburg: Philipp Ulhard, 1551[9]; *Tabula directionum et profectionum Ioannis Regiomontani*, Augsburg : Philipp Ulhard, 1551, Widmung an Georg und Ulrich Fugger, mit einem Vorwort Melanchthons, liter. Beigaben in Griech. u. Lat. von Hieronymus Wolf und Edward Henryson[10]; *Eclipsium omnium ab anno domini 1554 usque in annum Domini 1606 accvrata descriptio et pictura*, Augsburg: Philipp Ulhard, 1556, Widmung an Pfalzgraf Ottheinrich[11]; *Ephemeridum novum atque insigne opus ab anno Domini 1556 usque in 1606 accuratissime supputatum*, Augsburg: Philipp Ulhard, 1557, Widmung an Pfalzgraf Ottheinrich, mit liter. Beiträgen von JUD Andreas Rosetus aus Bautzen, Achilles Pirmin Gasser, Hieronymus Wolf, Kaspar Brusch[12]; *Prognosticon und weyssagung der fürnemsten dingen so vom M.D.LXIIII. Jar sich zutragen werden*, Auszug aus Samuel Eisenmenger, Bern: Apiarius, 1563 (unter Verwendung des Titelblattes von Sebastian Münster, *Can-*

ones super novum instrumentum luminarium, Basel: Andreas Cratander, 1534)[13]; *De coniunctionibus magnis insignioribus superiorum planetarum, solis defectionibus et cometis,* Lauingen: Emanuel Salzer, 1564, Widmung an König Maximilian II., mit liter. Beiträgen von Johannes Mercurius, Wenzel von Kaltenstein[14]; *Grundliche, klärliche beschreibung ... der fürnemsten grossen zusammenkunfft der obern planeten, der Sonnen Finsternussen, der Cometen,* Lauingen: Saltzer, 1564, Widmung an König Maximilian II.[15]; *Von dem newen Stern,* Lauingen 1573[16]; *De nova stella iudicium,* Lauingen 1573[17]; *De nova stella iudicia duorum praestantium mathematicorum D. Cypriani Leovitii a Leonicia et D. Cornelii Gemmae,* 1573[18]. Einzelne Werke von Leowitz sind auch in englischer, französischer und tschechischer Sprache erschienen, so beispielsweise *Prédictions pour trente cinq ans des choses plus memorables* (Lyon: Benoist Rigaud, 1574)[19].

Die **Beziehungen** zu Rheticus wurden bereits oben angesprochen. Es fällt auf, dass die Lebenszeiten von Rheticus und Leowitz übereinstimmen. Als eine Nebensächlichkeit mag noch erwähnt werden, dass Leowitz sich auf das Bierbrauen verstand; er suchte mit Erfolg in Königsgrätz um die Erlaubnis an, Bier brauen zu dürfen, wofür er seine Dienste zur Verfügung stellen wollte[20]; im Leipziger Freundeskreis von Rheticus und Brusch spielte das Bier eine beträchtliche Rolle, wie aus dem Gedicht Bruschs über das Breslauer Bier hervorgeht; dazu mochte auch Leowitz aus seiner Breslauer Schulzeit etwas beizutragen haben.

1 Nach GARCAEUS 1576, S. 169, geboren am 8. Juli 1524 (mit dem Vermerk Hic excellentissimus est Mathematicus). | **2** OESTMANN 2002, S. 348-359. | **3** ERLER, Bd. 1, S. 642, P 17. | **4** BROSSEDER 2002, S. 16; vgl. auch ebenda passim. | **5** Zu ihr und ihren drei Ehemännern vgl. SEITZ, Reinhard, in: Jahrbuch des Historischen Vereins Dillingen 111 (2010), S. 27-69. | **6** MAYER, Joseph, Der Astronom Cyprianus Leovitius (1514-1574) und seine Schriften, in: Bibliotheca Mathematica 3. F., 4 (1903), S. 134-159) | **7** ZINNER ²1964, passim (vgl. Register). | **8** OESTMANN 2002, S. 357-359 zu der handschriftlichen Überlieferung. | **9** BSB München, digital; ZINNER ²1964, S. 215, Nr. 2020. | **10** VD 16 M 6558; BSB München, digital; ZINNER ²1964, S. 216, Nr. 2027. | **11** VD 16 L 1261, e-rara, digital. | **12** VD 16 L 1263, e-rara, digital. | **13** VD ZV 9581, e-rara, digital. | **14** VD 16 L 1257, BSB München, digital | **15** VD L 1259, BSB München, digital. | **16** ZINNER ²1964, S. 254, Nr. 2631. | **17** Ebenda, S. 254, Nr. 2632. | **18** Ebenda, S. 254, Nr. 2633. | **19** BSB München, digital. | **20** OESTMANN 2002, S. 349.

Leupold, Simon, 1517–1591

Simon Leupold (Leupolt, Leippoldi, Leypoldt, Lupoldus, Leupoldus, Leopoldus), geboren 1517 in Prettin an der Elbe (Ortsteil von Annaburg, Lkr. Wittenberg), gestorben um 1591 in Güstrow (Lkr. Rostock), luth., Hofbeamter, kaiserl. Notar, Musikus[1].

Leupold immatrikulierte sich *gratis* im WS 1531/32 an der Universität Wittenberg[2]; Konsemester waren neben Erik Falck und vier weiteren schwedischen Studenten der Friese Bernhart Wigbolt, der Astronom Johannes Carion, Joachim Mörlin, Liborius Florus. Leupold schloss sich eng an Melanchthon an. Er wohnte 1532 *auf den Collegio beim Magister Ambrosius Scala,* 1533 beim Magister Wendelin Gürrich. Angeblich promovierte Leupold am 8. Januar 1534 zum Bacc. utr. iur.; diese Angabe ist jedoch falsch, er wurde unter dem Dekan Wilhelm Rivenius Bacc. art.[3]; er kam auf den 3. Rang von vier Kandidaten; den 1. Rang erreichte Sebastian Matthäus. Am 29. August 1536 wurde Leupold unter dem Dekan Melchior Fendt zum Mag. art. graduiert[4]; hier erreichte er den 6. Rang unter sechs Mitbewerbern; Sebastian Matthäus kam auf den 2. Rang. Leupold blieb noch bis 1539 in Wittenberg, um seine Studien zu ergänzen.

Zum engeren Freundeskreis Leupolds in Wittenberg gehörten Magister Anton Rucker und Magister Georg Aemilius (Öhmler); man wird auch Simon Lemnius hinzurechnen dürfen[5]. Es sei an dieser Stelle auf einige Einladungen zu Zechgelagen hingewiesen, die in das Jahr 1536 fallen[6]. *Veniam ad symposium vespere libenter et ut amicum decet prompte; porro hoc mihi velim ignoscas, si unam tantum umbram mecum adduxero. Invitavi enim tuo et meo nomine Johannem Rörscheyt, qui migrabit in aedes vestras* (Ich komme zu dem Gelage heute Abend gern und bereitwillig, wie es sich für einen

Freund gehört. Aber, ich wollte, Du würdest mir verzeihen, wenn ich einen einzigen Schatten mit mir bringe. Ich habe in Deinem und meinem Namen Johannes Rörscheit eingeladen, der in Euer Haus kommt). *Miror quod heri vesperi ad me non veneris, a me praesertim expectatus et vocatus. Sed hunc errorem facile tibi ignoscam, ea tamen lege, ut hodie vesperi a coena circa horam octavam ad me venias. Curabo ut habemus cantorem unum atque alterum et cantarum cerevisiae. Plura polliceri non possum. Mea enim crumena laborat hoc tempore febri vel phtisi* (Ich wundere mich, dass Du gestern abends nicht zu mir gekommen bist, zumal ich Dich erwartet und eingeladen hatte. Aber ich verzeihe Dir leicht diesen Mangel, allerdings nur unter der Bedingung, dass Du heute Abend gegen 8 Uhr nach dem Essen zu mir kommst. Ich werde dafür sorgen, dass wir den ein oder anderen Sänger haben und einen Humpen Bier. Mehr kann ich nicht versprechen. Denn mein Geldbeutel leidet zur Zeit an Fieber oder Schwindsucht). Typisch für die ständigen finanziellen Nöte der Studenten im teuren Wittenberg ist auch das folgende Schreiben von Aemilius an Leupold: *Quaeso te, humanissime Magister Symon, ut mihi vel fl., si tantum non poteris, 15 gr. vel ad minimum 1/2 fl. Habeo enim iam maxime opus pecunia, nec obolus est domi* (Ich bitte Dich, menschenfreundlichster Magister Simon, um einen Gulden, oder wenn Du soviel nicht vermagst, 15 Groschen oder wenigstens einen halben Gulden. Ich brauche nämlich dringendst Geld und es ist kein Pfennig im Hause).

Gegen Ende des Jahres 1539 begab sich Leupold in die Dienste des Herzogs Heinrich von Mecklenburg als dessen Sekretär. Am 10. November 1539 hatte ihm Melanchthon zu Händen des Herzogs Heinrich ein glänzendes Zeugnis ausgestellt[7]. Später wurde Leupold auch von Herzog Johann Albrecht übernommen. Leupold nahm in seinem Amt kirchliche, politische und administrative Aufgaben wahr: 1541-1552 als Kirchen- und Schulvisitator, 1554-1556 als Gesandter, u.a. nach Dänemark, seit 1555 als Sekretär der Landstände. 1564 übernahm er die Leitung der Rostocker Universitätsbuchdruckerei[8].

Leupold hat auch Gedichte verfasst, doch sind diese wohl nicht gedruckt worden. Was in dem Zeugnis Melanchthons keine Beachtung gefunden hat, ist Leupolds Musikalität. Er hinterließ lat. Oden in horazischem Versmaß von ihm *gedichtet und componiert*. Simon Leupold war viermal verheiratet. In erster Ehe heiratete er 1546 Anna Bugner († 1563), Tochter des Stadtvogtes von Güstrow. In zweiter Ehe vermählte er sich mit Elisabeth Netzband († um 1565). Eine dritte Ehe ging er 1566 mit der vornehmen Katharina Kolinger aus Hamburg ein. Schließlich wurde 1572 das adlige Fräulein Sophie Kröpelin seine vierte Frau. Sein Sohn Sebastian aus zweiter Ehe war Notar, Geometer und geschworener Landmesser; er schuf eine *Musica Davidica, Davids Harffenspiel, die Psalmen zum Singen* (Güstrow 1625).

Die **Beziehungen** zwischen Rheticus und Leupold liegen klar auf der Hand. Beide waren seit 1532 Kommilitonen, beide promovierten 1536 zu Magistri artium, beide waren Schüler von Johannes Volmar. Im *Testimonium* von 1539 heißt es zum Inhalt der Studien Leupolds: ...*tum vero initia doctrinae physices et illius pulcherrimae partis, quae ostendit rationem motuum coelestium*[9] (aber auch die Anfangsgründe der Physik und ihres allerschönsten Teils, der die Art und Weise der Bewegungen der Himmelskörper zeigt).

1 LISCH, Georg Christian Friedrich, Biographie des Secretairs Simon Leupold, in: Jahrbücher des Vereins für mecklenburgische Geschichte und Altertumskunde 5 (1840), S. 135-168. | **2** FÖRSTEMANN 1841, Bd. 1, S. 144b. | **3** KÖSTLIN 1888, S. 15. | **4** Ebenda, S. 23. | **5** Vgl. MUNDT 1983, Bd. 2, S. 76 f. (Epigr. II, 58). | **6** LISCH 1840, S. 138, Anm. 1. | **7** LISCH, Georg Christian Friedrich, Philipp Melanthons Universitätszeugnis für den Herzoglich-Mecklenburgischen Secretair Mag. Simon Leupold, in: Zeitschrift für die historische Theologie 11 (1841), S. 55-62 (zugänglich Google, E-Book, 11. Dezember 2013). | **8** Vgl. dazu auch KRABBE 1854, Bd. 2, S. 618f. | **9** LISCH 1841, S. 61.

Lindemann, Kaspar, 1486–1536

Kaspar Lindemann, geboren 1486 in der Lutherstadt Eisleben (Lkr. Mansfeld-Südharz, Sachsen-Anhalt), gestorben 6. September 1536 in Wittenberg, Grab in der Stadtpfarrkirche, Grabschrift überliefert[1], luth., Arzt, Professor für Medizin[2].

Lindemann, verwandt mit Luther, studierte zunächst an der Universität Leipzig, wo er sich im SS 1503 immatrikulierte[3], im SS 1505 zum Bacc. art[4]. und 1507 zum Mag. art. promovierte[5]. 1511 wurde er in Bologna zum Dr. med. kreiert. Er wirkte zeitweise als kurfürstlicher Leibarzt und war 1527/28 in Leipzig bei Prüfungen eingesetzt[6]. Im WS 1532/33 immatrikulierte er sich an der Universität Wittenberg[7]. Hier wurde er zum Rektor Magnificus für das SS 1534 gewählt. Da sich Rheticus frühzeitig für die Medizin interessierte, ist zu vermuten, dass er in der Zeit vom WS 1532/33 bis SS 1536 auch Vorlesungen von Lindemann gehört hat. Auch bestanden Kontakte zu den Söhnen von Lindemann, die Rheticus' Kommilitonen waren.

1 SENNERT 1678, S. 225 f. | **2** HELM 1971, S. 33. | **3** ERLER, Bd. 1, S. 451, S 35. | **4** ERLER, Bd. 2, S. 415. | **5** Ebenda, S. 434. | **6** Ebenda, S. 75. | **7** FÖRSTEMANN 1841, Bd. 1, S. 148a.

Lindemann, Kyriak, 1516–1568

Kyriak (Cyriacus) Lindemann, geboren 1516 in Gotha (Thüringen), gestorben am 12. März 1568 in Gotha, luth., Schulmann[1].

Kyriak Lindemann, Sohn eines Bürgers von Gotha, immatrikulierte sich am 14. Juni 1533 unter dem Rektor Kaspar Cruciger an der Universität Wittenberg[2]; Konsemester waren Erasmus Flock, die Gebrüder Johannes, Albert und Wilhelm von Reiffenstein. 1535 unterbrach er für 1 1/2 Jahre sein Studium, um als Lehrer in Gotha zu unterrichten. Im Herbst 1536 setzte er sein Studium in Wittenberg wieder fort, das er am 11. September 1543 mit dem Grad eines Mag. art. unter dem Dekan Andreas Aurifaber abschloss; er erlangte den 5. Rang unter 29 Bewerbern; Plätze vor ihm belegten Sigismund Schörkel (2.), Johannes Reinhold, der Bruder von Erasmus Reinhold (3.) und Paul von Eitzen (4.)[3]. Er wirkte dann fünf Jahre lang als Supremus am Gymnasium in Freiberg (Lkr. Mittelsachsen) und ging 1546 nach Pforta, wo er 1548 bis 1551 Rektor war. 1549 folgte er einem Ruf nach Gotha, zuerst als Konrektor, seit 1562 war er Rektor. Luther, Melanchthon, Jonas, Camerarius und Stigel standen mit ihm im Briefwechsel. Ein Porträt Lindemanns ist überliefert[4]. Seit 1548 war Lindemann verheiratet mit Barbara Mykonius, einer Tochter des Gothaischen Superintendenten Friedrich Mykonius; aus der Ehe gingen zwei Kinder hervor, eine Tochter und ein Sohn. Zu seinen hinterlassenen **Werken** gehört der Hymnus *O Deus magni fabricator orbis*[5].

Beziehungen zwischen Rheticus und Lindemann sind anzunehmen. Beide waren 1533 bis 1535 Kommilitonen, vom WS 1536/37 bis SS 1538 und im WS 1541/42 konnte Lindemann die Vorlesungen von Rheticus besuchen.

1 DORFMÜLLER 2006, S. 107-110; MÖLLER 1653, S. 313; SCHUMANN, in: ADB 19 (1884), S. 807-809. | **2** FÖRSTEMANN 1841, Bd. 1, S. 149b. | **3** KÖSTLIN 1890, S. 15. | **4** Abb. bei DORFMÜLLER 2006, S. 107. | **5** In: TENZEL, Historiae Gothanae, Jena 1716.

Lindemann, Lorenz, 1520–1585

Lorenz (Laurentius) Lindemann, geboren um 1520 in Wittenberg, gestorben 1585[1], luth., Jurist (Rechtslehrer, kurfürstl.-sächsischer Rat)[2].

Lindemann, ein Sohn des Arztes Kaspar Lindemann, begann sein Studium am 14. Juni 1533 unter dem Rektor Franz Burckhart in Wittenberg, wo er zugleich mit seinem Vater und seinem Bruder

Friedrich in die Matrikel eingeschrieben wurde[3]. Konsemester waren u.a. Maximilian Mörlin, Johann Theobul Kröl und der Däne Mads Hack. Im WS 1535/36 immatrikulierte er sich mit seinem Bruder Friedrich an der Universität Leipzig[4]. Im Januar 1538 promovierte Lindemann in Wittenberg unter dem Dekan Veit Oertel Winsheim zum Mag. art., wobei er den 1. Rang von 17 Kandidaten erreichte[5]; Hieronymus Oder kam auf den 2. Rang, Erasmus Flock kam auf den 4., Johannes Aurifaber *Vratislaviensis* auf den 5. Rang. Am 21. Februar 1540 disputierte Lindemann *De donatione Constantini*[6] und widmete sich dem Studium der Rechte. Als im WS 1547/48 Hieronymus Schürpf an die Universität Frankfurt/Oder berufen wurde[7], folgte ihm sein Schüler Lindemann[8]. Er wurde hier zum JUD promoviert, übernahm ein Ordinariat in Greifswald und kehrte 1549 nach Wittenberg zurück, wo er Ordinarius für Kirchenrecht wurde. 1552/53 war ein Jahr lang Rektor Magnificus[9]; wegen der Pest wurde die Universität vorübergehend nach Torgau verlegt. Von 1561 an zog sich Lindemann von der Vorlesungstätigkeit zurück, die von Justus Jonas d.J. übernommen wurde. 1563 wurde Lindemann ein Adelsdiplom verliehen. Lindemann war verheiratet mit Brigitta, einer Tochter von Paul Longicampianus, die nach dem Tod ihres Mannes als Witwe den Juristen Johannes Monachus (Münch), geboren am 15. August 1536 in Schneeberg (Erzgebirgskreis), gestorben am 10. August 1599, seit 1573 Prof. in Jena, 1588 in Leipzig.

Beziehungen zwischen Rheticus und Lindemann sind anzunehmen. Beide waren seit 1533 Kommilitonen. 1536 bis 1538 kommt Rheticus als Lehrer von Lindemann in Betracht. Im WS 1541/42 waren sie Kollegen.

1 So jedenfalls WILL 1756, S. 651 f. | 2 FRIEDBERG 1909, 266; FRASSEK 2005, S. 135. | 3 FÖRSTEMANN 1841, Bd. 1, S. 148a. | 4 ERLER, Bd. 1, S. 618, M 12. | 5 KÖSTLIN 1890, S. 10. | 6 Ebenda, S. 23. | 7 HÖHLE 2002, S. 543 f. | 8 FRIEDLAENDER 1891, S. 102. | 9 Vgl. dazu auch den Plakatdruck des Rektors bei CLEMEN/KOCH 1985, Bd. 7, S. 65-68.

Lindener, Michael, ca. 1520–1562

Michael Lindener (Tilianus), geboren um 1520 in Leipzig, gestorben (als Totschläger hingerichtet) am 7. März 1562 in Friedberg (Lkr. Aichach-Friedberg, Schwaben), luth., unsteter Wanderpoet, Schwankdichter, Chronist, Übersetzer, Fälscher, Buchführer, zuletzt Schulmann[1].
Michael Lindener hat sich im SS 1544 unter dem Rektor Camerarius an der Universität seiner Heimatstadt Leipzig immatrikuliert[2], vermutlich aber schon vorher dort Vorlesungen besucht. Lindener war vor 1540 *Famulus* des äußerst konservativen und den Dunkelmännern zugerechneten Hieronymus Dungersheim (Magister Ochsenfurt), es sei dahingestellt ob wirklich oder nur in Lindeners *Ein häuslicher Rat, von einem Doctor seinem Famulus gegeben*. Lindener greift darin die Knauserigkeit seines Meisters an, der sich in der Fastenzeit kein Abendessen, sondern nur eine halbe Maß Bier gegönnt habe. Nachdem der Meister die Kanne geleert habe, hieß er seinen Famulus, sie mit Wasser auszuspülen und auf den Ofen zu setzen, so werde aus dem Spülwasser Bier; doch der Famulus folgte diesem Rat nicht, sondern habe statt der halben Maß zwei Maß geholt und heimlich lauteres Bier getrunken[3]. Auch Johannes Stigel hat in einem Gedicht *In Ochsenfortium Pontificium* Dungersheim als das Urbild eines Geizhalses dargestellt[4]. Im Oktober 1544 erscheint in Wittenberg ein *Michael Tilianus Schuebutzensis* zugleich mit einem *Christophorus Peutlerus Suibusianus*[5]; ich habe keine Bedenken, in diesem Tilianus Lindener zu sehen[6]; denn es passt gut ins Bild, wenn er von sich sagt, er sei fünf Jahre lang *Commensalis* Melanchthons gewesen; nach 1550 wäre ein solches *Quinquennium* in seiner Biographie nicht mehr unterzubringen. Von untergeordneter Bedeutung ist es, wenn er hier seine Herkunft aus Schwiebus (Świebodzin) andeutet, wobei er sich wohl der Herkunft seines Begleiters Christophorus Peutlerus unterordnet, der sich im WS 1547/48 in Leipzig unter dem Rektor Meurer immatrikuliert[7], vielleicht wiederum in Begleitung von Lindener, der nicht eingetragen wurde, weil er ohnehin schon im SS 1544 intituliert worden war. Man sagt Lindener falsche Angaben nach, er nenne sich zu Unrecht Poeta Laureatus oder gar Doctor. Oder

hat man sich nur daran gewöhnt, sein zweideutiges P.L. (*Poeta Lippsensis*) fälschlich als *Poeta Laureatus* aufzulösen, wogegen von ihm natürlich keine Einwände zu erwarten waren. Seit ca. 1550 bis 1556 war Lindener in Nürnberg für Johannes Daubmann, Valentin Neuber und auch für Johannes Petreius als Korrektor tätig. Die letzten Jahre 1557 bis 1562 verbrachte Lindener in Augsburg, wo er endlich als Lehrer an der Schule von St. Ulrich eine Anstellung fand. Doch ereilte ihn hier das Schicksal, als er einen Wirt erstach und zum Tode verurteilt wurde.

Werke: *Gebäth des Hochlöbl. Churfürsten ... Johan Fridriche Hertzog zu Sachssen...* (Wittenberg: 1557)[8]; *Loci scholastici egregii* (Augsburg 1557)[9]; *Der Erste Theyl, Katzipori, ...* (Augsburg: Gegler, 1558); *Christliche Frag vnd Antwort den Glauben vnnd die Lieb betreffendt; Zu den zwölff Articken des ... D. Vrbani Regii* (Augsburg: Gegler, 1558, Widmung an den Ulmer Rat Georg Besserer)[10]; *Antiquität und Ursprung ... der Grafen von Oettingen* (1559); Melanchthon, Philipp, *Vnterweisung: Von der beicht vnd dem Hochwirdigen Sacrament des Altars*, deutsche Übers. von Michael Lindener, Nürnberg: Heußler, 1561[11]; *Wunderbarliche Hystoria von dem Ursprunge und namen der Guelphen* (o.O., 1561)[12]; Savonarola, Girolamo, *Der kurtz und guldine Griff der gantzen hayligen Schrifft* (Augsburg: 1562)[13]; Savonarola, Girolamo, *Siben schöner, tröstlicher Predig*, dt. Übers. von Lindener (Lauingen: Saltzer, 1564, Widmung an die Stadt Ulm, datiert 1. Mai 1557)[14]; *Rastbüchlein* (Augsburg 1568)[15]; Lindener, Michael, Schwankbücher: Rastbüchlein und Katzipori, hg. v. Kyra Heidemann, Bd. 1-2, (Bern: Peter Lang, 1991).

Beziehungen zwischen Rheticus und Lindener darf man als gegeben annehmen. Wenn Lindener nach eigenen Angaben um 1544 Schüler von Kaspar Neefe und von Blasius Thammüller, Inhaber der Vorlesung *Physica Bernhardi*, war, so hat er wohl auch zur gleichen Zeit die Vorlesungen von Rheticus und von Camerarius besucht. Man darf das aus seinen naturwissenschaftlichen Interessen ableiten. Rheticus und Lindener standen sich auch in ihrem unsteten Charakter und ihrer Liebe zu einem guten Trunk nahe. Lindener plante ein - nie erschienenes lat. Werk - *Dieta und Methodus* für die guten Schlucker[16], er beschrieb die Saufgelage in den Klöstern, er dichtete ein Trinklied *Declinatio vini per omnes casus*. Lindener hätte gut zu dem Gespann Rheticus-Brusch gepasst; doch wird er bei dem bereits 1544 aus Leipzig abgereisten Brusch nicht erwähnt; auch Simon Lemnius stand Lindener in seiner ausschweifenden Gesinnung nicht nach. Die Astrologie, wie sie Rheticus und Melanchthon lehrten, ist Lindener nicht fremd; so erwähnt er in seinem »Savonarola« den Kometen von 1556 und sagt den baldigen Weltuntergang voraus.

1 UKENA, Peter, in: NDB 14 (1985), S. 597; SCHMIDT, Erich, in: ABD 18 (1883), S. 693-695; WENDELER, C., Michael Lindener als Übersetzer Savonarolas, in: Archiv für Literaturgeschichte 7 (1877/78), S. 434-484; WITOWSKI 1909, S. 95 f. | 2 ERLER, Bd. 1, S. 648, M 75. | 3 FREUDENBERGER 1988, S. 386 f. | 4 Ebenda, S. 384 f. | 5 FÖRSTEMANN 1841, Bd.1, S. 216a. | 6 So auch WENDELER 1877/78, S. 456; anderer Ansicht dagegen CLEMEN/KOCH 1984, Bd. 5. 537. | 7 ERLER, Bd. 1, S. 668, P 2. | 8 VD 16 G 578 | 9 VD 16 L 1898. | 10 VD 16 L 1891; BSB München, digital. | 11 VD 16 L 1910; BSB München, digital. | 12 VD 16 A 4011; BSB München, digital. | 13 VD 16 L 1896; BSB München, digital. | 14 VD 16 L 1903; BSB München, digital. | 15 VD 16 L 1900; BSB München, digital. | 16 CLEMEN/KOCH 1984, Bd. 5, S. 537.

Longicampianus, Paul

Paul Gusebel genannt Longicampianus, geboren um 1525 in Wittenberg, gestorben am 24. März 1556 in Wittenberg, luth., Jurist (Syndikus)[1].

Paul, der Sohn des Mathematikers Johannes Gusebel Longicampianus, hat anfangs noch den Namen seines Vaters Gusebelius geführt; er ist aber meist unter dessen Gelehrtennamen Longicampianus bekannt. Im SS 1541 immatrikulierte er sich unter dem Rektor Kilian Goldstein als *Paulus Longicampianus Witebergensis*[2]; Goldstein war der Schwager von Paulus' Vater, der mit einer Schwester seiner Mutter verheiratet war. Er setzte sein Studium in Königsberg fort. Am 7. Mai 1554 wurden an der Universität Wittenberg drei Kandidaten zu Doktoren beider Rechte promoviert: M.

Leonhard Jöstel, Paul Gusebelius Longicampianus und M. Georg Cracow[3]. Eine Urkunde vom 4. Juli 1554 nennt ihn *den achtbar hochgelarten her Paulus Longicampianus der Recht Doktor vnd der Stadt Luckow Syndicus*[4]; gemeint ist hier Luckow (Lkr. Vorpommern-Greifswald). Longicampianus heiratete am 19. Mai 1550 Magdalene Monicer; zu diesem Anlass schrieb Friedrich Dedekind Hochzeitsgedichte (Wittenberg: Veit Kreutzer, 1550)[5]. Longicampianus hinterließ bei seinem Tod 1556 mehrere unmündige Töchter, darunter Brigitta, die in ihrer ersten Ehe den Juristen Lorenz Lindemann heiratete, nach dessen Tod 1585 den Juristen Johannes Monachus (Münch)[6], geboren am 15. August 1536 in Schneeberg (Erzgebirgskreis, Sachsen), gestorben am 10. August 1599, seit 1573 Prof. in Jena, 1588 in Leipzig.

Beziehungen: Ob es zwischen Paul Longicampianus und Rheticus eine Verbindung gegeben hat, ist unsicher. Longicampianus hätte im WS 1541/42 die Vorlesungen von Rheticus besuchen können. Von dem Sohn eines Mathematikers hätte man das erwarten können.

1 Volz 1964, S. 468 f. | 2 Förstemann 1841, Bd. 1, S. 189b. | 3 Sennert 1678, S. 108. | 4 Ledebur, Leopold von (Hg.), Allgemeines Archiv für die Geschichtskunde des preußischen Staates, Bd. 10, Berlin 1833, S. 247. | 5 Exemplar in HAB Wolfenbüttel. | 6 Über ihn Will 1756, S. 651 f.

Lössel, Martin, † 1556

Martin Lössel (Lößl, Lussel, Lussl, Lussol, Lassol, Losselius), geboren in Jauer (poln. Jawor, Woiwodschaft Niederschlesien), gestorben am 27. Juli 1556 in Leipzig, Begräbnis auf dem Paulinerfriedhof (Epitaph 1558 gesetzt)[1], luth., Jurist (Universitätsrichter, Ratmann, Schöppe, Stadtsyndikus, Bürgermeister)[2].

Lössel immatrikulierte sich im SS 1511 an der Universität Leipzig[3], wo er der polnischen Nation angehörte. Er promovierte 1512 zum Bacc. art. und 1516 zum Mag. art. 1521 wurde er in den Rat der philosophischen Fakultät aufgenommen. Vom SS 1521 bis WS 1522/23 hielt Lössel Vorlesungen über Aristoteles, insbesondere aber auch über den spätantiken Philosophen Themistios[4], hatte aber nur wenig Hörer. Er studierte danach die Rechte in Bologna 1523 und 1524, wo er auch Prokurator der Deutschen Nation war[5]. Auf dem Weg nach Bologna hatte er mit einigen Söhnen aus dem Adel Konrad Peutinger aufgesucht, der ihm eine finanzielle Unterstützung vermittelte, weil ich [Peutinger] etwan, *als ich jung und auf der schul gewesen, solich beschwerd auch gehabt*[6]. 1526 wechselte er als JUD in die juristische Fakultät. 1527 bis 1545 war er Mitglied des Universitätsgerichts. Am 2. Juni 1530 nahm er das Leipziger Bürgerrecht an. Seit 1534 war er Ratmann (zuletzt 1555), seit 1534 auch Schöppe und Stadtsyndikus. 1552 und 1554 war er Bürgermeister der Stadt Leipzig. Er hielt auch seine Verbindung zur Universität bei. 1549 sitzt er als Senior der Juristenfakultät im Ehrenbeirat des Rektors.

Lössel war verheiratet. Ein Sohn Martin Lössel immatrikulierte sich im SS 1544 an der Universität Leipzig; Lössel respondierte am 15. Juli 1552 unter dem Vorsitz von Johannes Musler *De iuris arte universa, in notarum rationem formamque redingenda ex L. 2 off. de statu hominum* (Leipzig: Valentin Bapst, 1552); er promovierte am 15. November 1553 zum Bacc. utr. iur.[7] Eine Tochter Magdalena ist am 20. Dezember 1563 gestorben[8], eine Tochter Katharina (*1533 oder 1536) ist 1570 gestorben. Lössel verewigte sich 1554 in Leipzig im Stammbuch des Joachim Strupp[9]. Lössel war berüchtigt als Wucherer, der Geld zu einem Zinssatz von 40 % pro Jahr verlieh.

Beziehungen zwischen Rheticus und Lössel sind anzunehmen, da Lössel in der Universität großes Ansehen genoss. Möglicherweise hat Lössel sich auch als langjähriges Mitglied des Universitätsgerichtes für den Fall Rheticus 1551 interessiert. Sehr wahrscheinlich ist auch Lössels gleichnamiger Sohn Martin Lössel Schüler von Rheticus während der Jahre 1544/45 und 1548/51 gewesen.

1 Stepner 1686, S. 23, Nr. 69. | 2 http://thesaurus.cerl.org/record/cnp01105073 (16. Februar 2014); Friedberg 1909, S. 103, Nr. 89. | 3 Erler, Bd. 1, S. 509, P. | 4 Vgl. dazu Helbis 1953, S. 31. | 5 Knod 1899, S. 322. | 6 König 1923, S. 379 (1523). | 7 Erler, Bd. 2, S. 64. | 8 Stepner 1686, S. 72, Nr. 224. | 9 Metzger/Probst 2002, S. 290.

Lotichius, Petrus, 1528–1560

Petrus Lotichius Secundus (eigentlich Lotz), geboren am 2. November 1528 in Niederzell (Ortsteil von Schlüchtern, Main-Kinzig-Kreis, Hessen), gestorben am 7. November 1560 in Heidelberg, luth., führender neulat. Dichter, Arzt, Botaniker[1].

Der Neffe des Abtes Petrus Lotichius von Schlüchtern besuchte 1535/37 die von seinem Onkel gegründete Klosterschule. Er ging danach bei Jakob Mycillus in die Lehre. Seit 1544 studierte er in Marburg[2], wechselte dann zu Camerarius nach Leipzig und anschließend 1546 zu Melanchthon nach Wittenberg, wo er sich unter dem Rektor Marcellus eingeschrieben hat[3]. Im Schmalkaldischen Krieg kämpfte er im Winter 1546/47 auf protestantischer Seite. Nach der Wiedereröffnung der Universität Wittenberg wurde er am 18. September 1548 Mag. art. unter dem Dekan Melanchthon; er erlangte den 3. Rang unter 25 Kandidaten[4]. 1548 verliebte sich Loticius in Claudia, die er in seinen Gedichten besang. 1550 begleitete er einige Studenten nach Paris, wo er sich bis 1551 aufhielt. Am 23. November 1551 immatrikulierte er sich an der Universität Montpellier und wählte den Professor Jean Schyron zu seinem Patron[5]; hier traf er den ihm aus Paris bekannten Renatus Hener wieder. Lotichius richtete eine Elegie an die Stadt *Ad Montem Pessulanum*[6]. Auch an Professor Guillaume Rondolet richtete er eine Elegie *In obitum Callirhoes puellae formosissimae* 1554 wechselte Lotichius nach Padua. Am 20. Mai 1556 promovierte er in Bologna zum Dr. med.[7] Darauf wurde er 1557 durch den Kurfürsten Ottheinrich von der Pfalz als Professor für Medizin und Botanik nach Heidelberg berufen.

Werke (in Auswahl): *Elegiarum liber* (Paris 1551); *Elegiarum liber secundus* (Lyon 1553); *Carminum libellus* (Bologna 1556); *Poemata* (Leipzig 1563), *Poemata* (Dresden 1708)[8].

Beziehungen zwischen Rheticus und Lotichius sind nicht bekannt; sie hätten sich aber in Leipzig treffen können. Zu denken ist auch an die Verbindungen, die Lotichius zu Camerarius und Melanchthon hatte. In den Poemata werden seine Verbindungen zu einer Reihe von Rheticus' Schulgesellen deutlich, u.a. zu Stigel, Cracow, Marolt, de l'Écluse, Reiffsteck, Georg Fabricius, Lucanus, Georg Schet, Leonhard Münsterer, Matthias Stoj, Sabinus, Paul Luther u.a. Eine kurze Elegie *In defectum Lunae* könnte auf ein astronomisches Interesse schließen lassen[9]. Ein Porträt von ihm ist überliefert[10].

1 Drüll 2002, S. 358 f.; Zon 1983. | 2 Falckenheiner 1904, S. 99. | 3 Förstemann 1841, Bd. 1, S. 232a. | 4 Köstlin 1891, S. 7. | 5 Gouron 1957, S. 122, Nr. 1908. | 6 Loticius, Poemata, 1708, BSB München, digital, Scan 76-79. | 7 Bronzino 1962, S. 51. | 8 BSB München, digital. | 9 Loticius, Poemata, 1708, BSB München, digital, Scan 190. | 10 Abb. bei Zon 1983, vor S. 1.

Lüders, Georg, † 1590

Georg Lüders (Luders, Luderus), geboren in Braunschweig, gestorben im Oktober 1590 in Merseburg (Saalekreis, Sachsen-Anhalt), luth., Theologe[1].

Lüders immatrikulierte sich im WS 1547/48 unter dem Rektor Wolfgang Meurer an der Universität Leipzig[2]. Er gehörte der Meißner Nation an. Im WS 1548/49 wurde er nach dem 21. März 1549 unter dem Dekan Rheticus von Magister Ambros Borsdorfer zum Bacc. art. promoviert[3]. In den Rat der Artistenfakultät wurde Lüders im WS 1554/55 aufgenommen und für das SS 1555 zum Dekan gewählt[4]. Unterdessen hatte er sich dem Theologiestudium gewidmet; schon 1554 promovierte er zum Bacc. theol., erst sehr viel später am 11. September 1572 zum Lic. theol. und endlich 1573 zum Dr. theol. In der Artistenfakultät wirkte er vom WS 1555/56 bis zum SS 1557 als Examinator der Magistranden und Excutor mit; am 14. Mai 1557 schied er aus der Fakultät unter Wahrung einer Rückkehrmöglichkeit, nachdem er 1556 Pastor an der Stadtkirche St. Maximi in Merseburg geworden war [5]. 1573 wurde er als Superintendent nach Weimar (Thüringen) berufen, wo man allerdings nicht mit ihm zufrieden war. Er kehrte deshalb 1578 an seine frühere Pfarrstelle nach Merseburg zurück.

Beziehungen zwischen Rheticus und Lüders bestanden in den Jahren 1548 bis 1551. Die Promotion von Lüders zum Bacc. art. fand unter den Dekanat von Rheticus statt, er musste für die Prüfungen zum Bakkalaureat die Vorlesungen von Rheticus hören.

[1] LUDOVICI 1738, Sp. 770. | [2] ERLER, Bd. 1, S. 668, S 9. | [3] ERLER, Bd. 2, S. 706. | [4] Ebenda, S. 735, 736-738. | [5] Ebenda, S. 739-744.

Ludolf, Dionysius

Dionysius Ludolf (Ludolphus, Ludike), geboren in Magdeburg, gestorben ?, luth., neulat. Dichter, Theologe, Flazianer.

Ludolf immatrikulierte sich 1536 unter dem Rektorat des Justus Jonas an der Universität Wittenberg[1], wo er Schüler seines Landsmanns Veit Amerbach wurde[2]. Konsemester waren u.a. Joachim Möller d.J., Magister Kaspar Landsiedel, Christoph Baldauf, Johannes Crato, Ahasver Brandt, Paul Rubigallus, der Finne Michael Agricola, Nikolaus Bromm, Johannes Funck. Gemeinsam mit Stephan Tucher schuf er 1538 erste lateinische Gedichte, die unter dem Titel *Duo Poemata gratulatoria Vito Amerbacho eius filiolo nuper nato scripta* im Druck erschienen (Wittenberg: Joseph Klug, 1538)[3]. Es folgte im Jahr darauf die *Oda Dionysii Ludolphi de natali Christi* (Wittenberg, 1539, mit einer Widmung an seinen Patron Dr. theol. Nikolaus Amsdorf[4]. Am 15. September 1541 promovierte Ludolf unter Johannes Marcellus zum Mag. art.[5]; er erreichte den 10. Rang von 21 Mitbewerbern, darunter Matthias Brombeiss (11. Rang) und Matthias Rodt (15. Rang). Am 20. Mai 1545 wurde Ludolf von Bugenhagen ordiniert und von der Universität weg zum Priesteramt nach Brandenburg in die Neustadt berufen[6]. Dort blieb er aber nur kurze Zeit. Während des Schmalkaldischen Krieges begab er sich nach Magdeburg, wo er sich mit Tucher, Amsdorf, Alber und Nikolaus Gallus zum harten Kern der Flazianer bekannte.

Ludolf, zunächst Kommilitone von Rheticus, könnte vom SS 1536 bis SS 1538 dessen Vorlesungen gehört haben, vielleicht auch noch im WS 1541/42. Diese Vermutung gewinnt an Wahrscheinlichkeit, weil sich sein Freund Tucher in diesem Semester unter Rheticus zur Magisterprüfung angemeldet hat. Rheticus war Mitte September 1541 aus Preußen zurückgekehrt, hätte also auch an der Promotionsfeier von Ludolf teilnehmen können.

[1] FÖRSTEMANN 1841, Bd. 1, S. 164a. | [2] FISCHER 1926, S. 7; FRANK 1997, S. 104. | [3] Laut Worldcat nur ein Exemplar nachgewiesen in: The British Library, British National Bibliography, in: Wetherby, West Yorkshire, LS23 7BQ, United Kingdom. | [4] UB Rostock. | [5] KÖSTLIN 1890, S. 13. | [6] BUCHWALD 1894, S. 43, Nr. 681.

Ludwiger, Balthasar, d.J., ca. 1520–1577

Balthasar Ludwiger (Luduiger, Lutswiger, Lutwiger), d.J., geboren nach 1520 in Halle/Saale (Sachsen-Anhalt), gestorben 1577 in Halle/Saale, luth., Jurist.

Balthasar Ludwiger, Sohn des Stadtarztes von Halle Dr. med. Balthasar Ludwiger d.Ä., begann sein Studium im WS 1537/38 an der Universität Wittenberg (Konsemester von Joachim Schultz, Isinder, Ayrer, Svansø)[1]. Im SS 1540 ging er an die Universität Leipzig[2], wo er fünf Jahre verblieb.

Er wechselte darauf für zwei Jahre an die Universität Padua. Am 17. Februar 1547 promovierte er in Ferrara zum JUD (Zeugen waren Joachim von Beust und Johannes Mylius aus Straßburg)³.

Beziehungen von Ludwiger zu Rheticus sind nicht nachzuweisen. Er könnte jedoch sowohl in Wittenberg im WS 1537/38 und im SS 1538 als auch in Leipzig vom WS 1542/43 bis SS 1545 die Vorlesungen von Rheticus gehört haben.

1 Förstemann 1841, Bd. 1, S. 166b. | 2 Erler, Bd. 1, S. 632, S 17. | 3 Pardi ²1900, S. 144 f.

Luther, Martin, 1483–1546

Martin Luther, geboren am 10. November 1483 in Eisleben (Lkr. Mansfeld-Südharz, Sachsen-Anhalt), gestorben am 18. Februar 1546 in Eisleben, Begräbnis in der Schlosskirche von Wittenberg, Reformator.

Nach Studium der *Artes* an der Universität Erfurt 1501 bis 1505, mit dem Mag. art. abgeschlossen, trat er 1505 in das Kloster der Augustinereremiten ein. 1507 wurde er zum Priester geweiht. 1510 bis 1511 schickte ihn sein Orden zum Studium der Theologie nach Rom. 1512 promovierte er in Erfurt zum Dr. theol. und übernahm eine Professur für Bibelexegese. Der Thesenanschlag vom 31. Oktober 1517, eigentlich eine Einladung zu einer Disputation, wurde zum Auftakt für die Reformation. Am 13. Juni 1525 heiratete Luther die ehemalige Klosterfrau Katharina von Bora (3 Söhne, 3 Töchter). Katharina von Bora war Luther eine große Hilfe, insbesondere bei der Beherbergung von Studenten. Die erste vollständige Ausgabe von Luthers Bibelübersetzung (Wittenberg: Hans Lufft, 1534) ist während Rheticus' Studienzeit erschienen. Bis 1545 hielt Luther regelmäßig Vorlesungen an der Universität Wittenberg, seit 1535 nur mehr über das Buch Genesis. Eine ausführliche biographische Skizze würde den Rahmen dieses Buches sprengen; es soll daher hier nur von einigen wichtigen Berührungspunkten zwischen Luther und Rheticus die Rede sein.

Obwohl Rheticus in Wittenberg nicht Theologie studiert hat, so hat es sich doch kein Student versagt, mehr oder weniger regelmäßig die Vorlesungen von Luther besuchen. Philipp Bech, der in Wittenberg wie Rheticus die *Artes* studierte, bringt das in seinem Bericht von 1542 deutlich zum Ausdruck: Er hört wöchentlich um 3 Uhr montags und dienstags Luthers Genesis, um 4 Uhr im Wechsel Crucigers Johannes-Evangelium und Bugenhagens Psalmen Davids. Es kommt hinzu, dass die Mehrzahl der Studenten auch die Predigten Luthers besucht hat.

Wittenberg war zu allererst die Universität Luthers. Man ging nach Wittenberg, um Luther zu hören und zu erleben. Überdeutlich spüren wir das bei Gasser, dessen Verehrung für Luther sehr tief wurzelt. Gasser gab sogar seinem Sohn den Vornamen »Luther«, er blieb bis zu seinem Lebensende dem reinen Luthertum verpflichtet und nahm als Gnesiolutheraner schwere Konflikte mit seiner geliebten Vaterstadt Lindau in Kauf. Es war Gassers Idee gewesen, Rheticus zum Studium nach Wittenberg zu schicken. Zweifellos dachte Gasser, der sich als den eigentlichen Urheber der Reformation in Lindau betrachtete und 1522 Luthers Schüler geworden war, dabei nicht nur an Melanchthon, sondern auch an Luther: Rheticus sollte Luther erleben.

Das Verhältnis von Rheticus zu Luther blieb aber wohl immer distanziert. Rheticus war Naturwissenschaftler und kein Theologe. Es mochte Rheticus tief getroffen haben, dass Luther, gerade weil dieser auch für ihn ein Vorbild war, schon im Juni 1539 gegen Kopernikus Stellung bezog, bevor dessen Lehre überhaupt richtig bekannt war. Möglicherweise wurde diese Stellungnahme Luthers durch einen ersten brieflichen Bericht von Rheticus aus Frauenburg nach Wittenberg ausgelöst.

Um weitere befürchtete Abweisungen durch die Theologen aufzufangen, waren Kopernikus und Rheticus gemeinsam mit ihrem Freund Tiedemann Giese, vermutlich schon im August 1539 überein gekommen, die bevorstehende Veröffentlichung des heliozentrischen Systems mit einem *Treatise on Holy Scripture and the Motion of the Earth* zu begleiten[1]. Dieser um 1539 bis 1541[2] von Rheticus verfasste Traktat über die Heilige Schrift und die Bewegung der Erde blieb jedoch zunächst ungedruckt und wurde erst 1984 von Reijer Hooykaas entdeckt, publiziert und kommentiert. In diesem Traktat hat Rheticus bewiesen, dass er aus den Vorlesungen Luthers das nötige theologische Rüstzeug durchaus erlernt hatte[3].

Vielleicht war die Ablehnung des heliozentrischen Weltsystems durch Luther und Melanchthon ein Grund dafür, dass Rheticus 1542 mit Wittenberg brach. In den ersten Jahren seiner Leipziger Professur 1542-1545 erschien Rheticus seinen Kollegen als Atheist,

>»der nichts als die Zeichen des Himmels betrachtete
>und selbst kaum glaubte, dass es einen himmlischen Vater
>auf Erden gebe und einen Lenker, der das, was wir auf
>Erden machen, alles weiß und aus dem Himmel sieht«[4].

Eine schwere Erkrankung ließ Rheticus wieder zu einem frommen Lutheraner werden. Rheticus beschaffte sich im Frühjahr 1547 Schriften von Luther, Melanchthon und Cruciger. »Er hat sie sorgfältig gelesen, abermals gelesen und fast bis ins letzte durchstudiert. In manchen Stunden hat er von ganzem Herzen und mit brennenden Gelübden, oft auch mit Tränen, den Sohn Gottes angerufen, von dem allein er noch Erlösung erwartete. Und wenn Du Joachim wiedersiehst, dann wirst Du einen völlig anderen sehen als den, der er in Leipzig war… Ganz den Studien und heiligen Lesungen hingegeben, hat er uns hier einmal sehr ernst gepredigt gegen die beispiellose Sicherheit der Welt und des Menschengeschlechts, mit dem wir in den Tag lebten ohne einen Glauben an das Dämonische und an jene Rächer unserer Verbrechen und ohne jede Gottesfurcht alles tun, was uns beliebt«[5].

Rheticus blieb, 1548 nach Leipzig zurückgekehrt, bei dieser inneren Umkehr. 1550 intervenierte Melanchthon bei der Universität Leipzig zugunsten von Rheticus, dieser möge formell in das Kollegium der Theologen aufgenommen werden; damit sollte sein Rang gegenüber den andern Magistern der philosophischen Fakultät erhöht werden. Um 1549/51 schrieb Rheticus einem Studenten, dem späteren Generalsuperintendenten für Anhalt Abraham Ulrich (1526-1577), den Vers 1, Petr. 1.8 ins Stammbuch: *Sobrij estote et vigilate, quoniam adversarius vester Diabolus obambulat tanquam Leo rugiens, quaerens quem devoret. I. Petri V. Georgius Joach[imus] Rheticus Lipsiae*[6] (Seid nüchtern und wachet, denn euer Widersacher, der Teufel, geht umher wie ein brüllender Löwe und sucht, welchen er verschlinge). In Rheticus' Bücherlager finden wir ein 1550 bei Valentin Bapst gedrucktes Werk des schwäbischen Reformators Johannes Brenz mit dem Titel »*Wie man sich Christlich zu dem sterben bereiten sol*«. Rheticus selbst verfasste ein Gedicht zu einer bildlichen Darstellung des Schnitters Tod, das er auf dem Titelblatt seines Prognosticons auf das Jahr 1551 veröffentlichte und das wie ein Kirchenlied klingt:

>Dis bild erschrecklich denen ist,
>Die ihren vleiß zu aller frist,
>Legen auff dis lebens pracht
>Vnd geben weiter gar nicht acht,
>Auff Gott des Herren will vnd wort
>Vnd IESV Christ, des ewigen hort,
>Der vns vom Teuffel, Sünd vnd Todt
>Erlöset und hilfft aus aller not,
>Vnd tröstet vns inn ewigkeit
>Dem sey lob, ehr, zu aller zeit.

Nach Konradin Bonorand blieb Rheticus in konfessionellen Fragen »ein Kind seiner Zeit«.[7] So klagte Rheticus 1562 in einem Brief an Paul Eber über die Machenschaften des Papstes in Krakau, womit dieser erreichen wollte, dass die ganze Welt das Papsttum wieder annehme[8]. Auch dankte er 1563 seinem Wittenberger Freund Eber für dessen Schrift *Vom heiligen Sakrament des Leibes und Blutes unseres Herrn Jesu Christ* (Wittenberg: Georg Rhaus Erben, 1562).

Durch die seit vielen Jahren geforderte und erwartete Reformation hatte sich unter Martin Luther Wittenberg zu einem deutschen Rom entwickelt. Die Universität Luthers wurde zur größten und führenden deutschen Universität. Der bei weitem größte Teil der Universitätsangehörigen hatte Vorlesungen bei Luther und Melanchthon gehört, was auch uneingeschränkt für Rheticus gilt. Rheticus festigte sein theologisches Wissen auch durch die Kontakte, wie er sie beispielsweise mit seinem engen Freund Paul Eber pflegte, die sich vorzugsweise der Theologie gewidmet haben.

Der Komet von 1538

Seit der Halleysche Komet 1531 die Welt aufgeschreckt hatte, wandten sich Astronomen und Laien besonders intensiv der Beobachtung von Kometen zu. Wie wir vermutet haben, war auch Rheticus 1531 durch Gasser und seine Beobachtungen des Halleyschen Kometen zur Astronomie hingeführt worden, nachdem er zuvor ein anderes Berufsziel (Kaufmann) verfolgt hatte. Eine Reihe von Astronomen haben 1538 den Kometen beschrieben, u.a. Gasser, Apian und Gemma Frisius[9]. Zu erwähnen wäre auch noch Matthias Brotbeihels *Grüntliche ... Beschreibung des seltzamen Cometen* (1538)[10] oder Johannes Haselbergers *Wunderbärliche Newezeitung von dem Wunderzeichen am Himmel erschinen anno MDXXXVIII*[11].

Anton Lauterbach schreibt in seinem Tagebuch: *18 Ianuarii vesperi hora 6 apparuit Cometa, obscurus quidem, sed mirae magnitudinis in longitudine, in 20 fere gradus extensa cauda per signum piscis ab occasu brumali ad solstitialem ortum. Hic cometa duobus diebus ab aliquibus conspectus dicebatur. Hunc Lutherus, Jonas, Philippus, Milichius et Erasmus viderunt summa cum admiratione* (Am 18. Januar 1538 abends um 6 Uhr erschien ein Komet, verdunkelt zwar, aber von erstaunlicher Größe hinsichtlich seiner Länge, fast 20 Grad in der Ausdehnung betrug sein Schweif durch das Sternzeichen des Fisches winterlichen Untergang bis zum Aufgang der Sonnenwende. Angeblich wurde dieser Komet von anderen an zwei Tagen gesehen. Diesen haben Luther, Jonas, Melanchthon, Milich und Reinhold mit höchstem Staunen gesehen). Luther meinte dazu: *Ich will Germaniae nicht ex astris war sagen, sed ego illi iram dei ex theologia annuncio. Nam impossibile est, Germaniam sine plagis magnis fore, quia deus irritatur indies ad perdendum nos. Peribit pius cum impio* (Ich will Deutschland nicht aus den Sternen wahrsagen, aber kündige dem Land aus theologischen Gründen den Zorn Gottes an. Denn es ist unmöglich, dass Deutschland von großen Schlägen verschont bleibt, weil Gott von Tag zu Tag gereizt wird, uns zu vernichten. Der Fromme wird ebenso zugrundegehen wie der Gottlose). *Last uns nur beten vnnd gott vnnd sein wordt nicht verachten* [...][12].

Während Luther eine astrologische Deutung des Kometen ablehnte, zögerte Melanchthon nicht, eine solche ins Spiel zu bringen. Er wies schon im Rahmen der gemeinsamen Beobachtung durch die Wittenberger Professoren darauf hin, dass auch 1505 vor dem Venedigerkrieg ein Komet erschienen sei.

Melanchthon hat sich mehrfach zu dem Kometen von 1538 geäußert. In einem Brief an Veit Dietrich vom 27. März 1538 führt er die gegenwärtige Trockenheit auf den Kometen zurück[13]. Am 31. März 1538 schrieb er an Camerarius, er hätte sich gleich nach dem Erscheinen des Kometen ausführlich mit Milich über Ptolemäus unterhalten. Die Flamme sei sehr klein gewesen, aber sehr lang, sie habe sich ganz in Art eines Wurfspießes vom Flügel des Pegasus bis zu dessen Fuß hingezogen. In einer keineswegs sehr langsamen Bewegung habe er sich zum Haupt der Andromeda angenähert, beinahe vom winterlichen Untergang nach Süden[14]. Camerarius hat das Erscheinen des Kometen in seine Biographie Melanchthon aufgenommen[15]. Zum Komet von 1539 vgl. auch Johannes Conon.

Luthers Ablehnung von Kopernikus

Der Versuch von Andreas Kleinert, Luthers Ablehnung von Kopernikus als eine »handgreifliche Geschichtslüge« abzutun[16], überzeugt nicht. Richtig ist, worauf bereits Hooykaas hingewiesen hat, dass Luther an dem astronomischen Problem des Heliozentrismus nur wenig interessiert gewesen ist; man darf daher Luthers Äußerung vom 4. Juni 1539 nicht überbewerten. Aber wird damit allein die viel beschworene Ablehnung von Kopernikus durch Luther zu einer handgreiflichen Geschichtslüge? Schon das Wort Geschichtslüge lässt nichts Gutes ahnen; es mag in politischen Propagandaschriften seinen festen Platz haben, nicht aber in der Diskussion einer wissenschaftlichen Frage. Es könnte auch leicht auf den Autor zurückfallen, der gezielt die Biographie Aurifabers verfälscht, damit diese in seinen Argumentationsstrang passt. Kleinert besteht darauf, dass Aurifaber erst 1545 nach Wittenberg gekommen sei und daher von dem Tischgespräch am 4. Juni 1539 gar nichts wissen konnte. Tatsache ist aber, dass sich *Joannes Golltschmidt Wiemariensis* gegen Ende des SS 1537 in die Wittenberger Matrikel einschreiben ließ[17]; unter Magister Johannes Sachse promovierte derselbe *Joannes Aurifaber Vinariensis* 1539 zum Bakkalaureus der freien Künste[18]; vermutlich zum üblichen Prüfungstermin im Mai 1539; denn am 15. Oktober 1539 traten weitere Kandidaten bei Sachse zum Examen an. 1540 bis 1543 unterrichtete Aurifaber als Hauslehrer zwei junge Grafen von Mansfeld, ehe er 1544 als Feldprediger nach Frankreich zog, um dann nach seiner Rückkehr 1545 Luthers Famulus zu werden. Wenn aber nun Aurifaber im Mai 1539 in Wittenberg zu einer Prüfung angetreten ist, hätte er unschwer von dem Tischgespräch am 4. Juni 1539 hören können, falls er nicht sogar selbst anwesend war. Betrachtet man das Titelblatt von Aurifabers Ausgabe der Tischreden von 1568, so sieht man in Hörweite des Tisches eine erhebliche Zahl von Zaungästen, die die Gespräche mit verfolgt haben. Nicht nur die Gesprächspartner Luthers wie Melanchthon, Bugenhagen, Eber, Justus Jonas, Forster, Cruciger oder Veit Dietrich waren Multiplikatoren der Aussprüche Luthers, die bald in Wittenberg und darüber hinaus die Runde machten. Auch der »Umstand«, wie man die Zaungäste gewöhnlich nannte, trug dazu bei, dass Luthers Aussprüche bekannt wurden. Hier wäre für Kleinert ein Blick in die Quellen ganz heilsam gewesen, den er anderen mit Nachdruck ans Herz legt (»Die Geschichte vom Anticopernicaner Luther zeigt, ... dass auch vielen hauptberuflichen Historikern ein genaues Quellenstudium zu mühsam ist«, S. 109). Es mag ja sein, dass Aurifaber bei seiner Editionstätigkeit auf Lauterbach zurückgegriffen hat, schließt aber keineswegs aus, dass er nicht schon 1539 von diesem Gespräch Kenntnis bekommen hat.

Eine weitere Frage ist, was man wirklich gewinnt, wenn man Luther vom Makel seines Ausspruches vom 4. Juni 1539 befreit. Denn mit oder ohne diese Äußerung Luthers bleibt doch der Widerstand, der von der Kirche gegen den Heliozentrismus ausging, eine nicht zu leugnende Tatsache. Was will eigentlich Johannes Petreius sagen, wenn er am 1. August 1540 gegenüber Rheticus bemerkt, er würde eine Bereicherung für die Wissenschaft darin sehen, wenn Rheticus das Hauptwerk des Kopernikus veröffentlichen würde, auch wenn dessen Lehre nicht der gewöhnlichen Schulmeinung entspricht? Oder was meint Osiander damit, wenn er vorschlägt, durch sein künftig zu unterschiebendes Vorwort die *Peripathetici et theologi* zu beruhigen, oder gehört etwa Luther nicht zu den *theologi*? Oder wie soll man Achilles Pirmin Gasser verstehen, wenn er 1541 in der zweiten Auflage zur *Narratio prima* den Heliozentrismus als ketzerisch einstuft? Warum musste Rheticus seine Abhandlung *De terrae motu* schreiben? Warum ist Konrad Gesner als zuständiger Professor für Physik und Astronomie in Zürich nie auf die Lehre des Kopernikus eingegangen, die er wohl kannte?[19] Warum wurde Christian Wurstisen verboten, im Rahmen seiner Vorlesungen an der Universität Basel das heliozentrische System zu lehren? Warum, so muss man sich schließlich fragen, neigte Kopernikus dazu, dem Beispiel der Pythagoreer zu folgen, »welche die Geheimnisse der Philosophie nur ihren Verwandten und Freunden, nicht schriftlich, sondern nur mündlich zu überliefern pflegten«, warum lag sein Buch bis »in das vierte Jahrneunt hinein verborgen« (Kopernikus, Vorrede an

Papst Paul III., vor 1543). Alles das läuft doch letztlich auf eine Rücksichtnahme auf die Theologen hinaus, unter denen Luther nicht der *ultimus* gewesen ist. Kleinert unterdrückt geflissentlich alle diese Fragen, die seiner These von der handgreiflichen Geschichtslüge naturgemäß entgegenstehen.

Ob Luther Kopernikus einen Narren genannt hat oder nicht, erscheint allenfalls von untergeordneter Bedeutung. Für Aurifaber war die gesamte Astrologie *eitel Narrenwerk*, wie er in seiner Schrift *Kurtze Verlegung der unchristlichen Practica Magistri Joh. Hebenstreito auff das jar 1554 zu Erffurd ausgangen* mehrfach betont; ja er beruft sich dabei sogar ausdrücklich auf Luther, zum 1. Gebot im 1. lat. tom., S. 3: *Aber sie* [die Astrologie] *kan jre angeborne Narrheit nicht lassen*[20].

1 Vgl. dazu auch WARDĘSKA 1973, S. 159-162, vgl. dazu besonders HOOYKAAS 1984, BIERI 2008. | 2 ROSEN, Edward, Rheticus' earliest extant Letter to Paul Eber, in: Isis 61 (1970), S. 384; HOOYKAAS 1984, S. 144. | 3 Vgl. dazu auch WARDĘSKA 1973, S. 159-162. | 4 Übersetzung eines lateinischen Zitates nach HORAWITZ 1874, S. 212-214; BURMEISTER 1968, Bd. 3, S. 74 f. | 5 Übersetzung eines lateinischen Zitates nach HORAWITZ 1874, S. 212-214; BURMEISTER 1968, Bd. 3, S. 75 f. | 6 KLOSE, Wolfgang, Wittenberger Gelehrtenstammbuch, Halle 1999, f. 201r = S. 330 f. | 7 Ungedruckte Rezension des Buches von BURMEISTER 1967, Exemplar im Vorarlberger Landesarchiv. Misc. 339/22. | 8 BURMEISTER 1968, Bd. 3, S. 165 f. | 9 KOKOTT 1984, S. 53 f., 184-186. | 10 ZINNER ²1964, S. 192, Nr. 1683. | 11 Ebenda, S. 458, Nr. 1590a. | 12 LAUTERBACH 1538, S. 13. | 13 CR III, Sp. 505, Nr. 1662. | 14 CR III, Sp. 506, Nr. 1663. | 15 CAMERARIUS 2010, S. 143, § 53. | 16 KLEINERT 2003, S. 101-111. | 17 FÖRSTEMANN 1841, Bd. 1, S. 167a. | 18 KÖSTLIN 1890, S. 6. | 19 FISCHER 1966, S. 24. | 20 VD 16 S 9266, BSB München digital, Scan 34.

Lykosthenes, Konrad, 1518–1561

Konrad Lykosthenes (Wolffhart), geboren am 8. August 1518 in Rufach (Haut-Rhin), gestorben 25. März 1561 in Basel, Grab in der St. Leonhardskirche, Epitaph überliefert, ref., Theologe, enzyklopädisch gebildeter Gelehrter[1].

Seine Mutter Elisabeth Kürschner war eine Schwester von Konrad Pellikan. Lycosthenes studierte seit 1535 in Heidelberg (dort 1541 Mag. art.) und lehrte seit 1542 in Basel Grammatik und Dialektik[2]. Zugleich war er seit 11. Februar 1545 Diakon an St. Leonhard. Lykosthenes war verheiratet mit Christine Herbster, einer Schwester des Buchdruckers Johannes Oporin. Lykosthenes und die Drucker Oporin und Herwagen weilten oft mit ihren Frauen bei Pellikan in Zürich. Tobias Stimmer schuf 1560 sein Porträt.

Werke (in Auswahl): *Apophthegmata* (Basel: Joh. Oporin, 1555)[3]; *Prodigiorum ac ostentorum chronicon* (Basel: Heinrich Petri, 1557)[4] sowie die deutsche Übersetzung von seinem Freund Johann Herold *Wunderwerck oder Gottes unergründtliches vorbilden* (Basel: H. Petri, 1557)[5].

Lykosthenes, mit Sebastian Münster befreundet, lieferte für dessen Kosmographie den Beitrag über Rufach und erstellte das Register für die lat. *Cosmographia* (Basel: H. Petri, 1550). Aus der Kosmographie übernahm er die ursprünglich auf Olaus Magnus zurückgehende *Carta Marina* in sein *Prodigiorum chronicon*.[6] Münsters Ausgabe der *Geographia* des Ptolemäus gab er neu heraus (Basel: H. Petri, 1552, mit Widmungsbrief an Pellikans Schwager Johannes Fries)[7] und verfasste dazu zwei Namensregister. Auch Münsters Ausgabe von Tschudis *Vralt Alpisch Rhetia* (Basel: Michael Isingrin, 1538) sowie Münsters lat. Übersetzung *Alpina Rhaetia* (Basel: Michael Isingrin, 1538) gab er neu heraus (Basel: Witwe Isingrin, 1560)[8]. In Johannes Basilius Herolds Dialog *Scipio* (Basel 1558)[9] tritt Lykosthenes neben Oporin als Sprecher auf[10].

Beziehungen zu Rheticus sind nicht bekannt, Lykosthenes musste jedoch hier genannt werden, da er sich wie die Schüler Schöners bzw. Rheticus' Erasmus Flock, Joachim Heller, Valentin Engelhardt oder Paul Fabricius ausführlich mit dem Kometen von 1556 beschäftigte hat[11]. Zudem war er ein Verwandter von Rheticus' frühem Lehrer Konrad Pellikan. Es mag auch schon in Zürich zu einer persönlichen Begegnung des 15jährigen Rheticus mit dem damals 12jährigen Lykosthenes gekommen sein, der im Juni 1529 zu Pellikan geschickt wurde, *ut mecum proficeret litteris* (dass er mit mir in den Wissenschaften Fortschritte mache)¹². Neben dem Hebräischen dürfte ihn Pellikan hier vor allem die Astronomie gelehrt haben.

1 BEYER, Jürgen, in: BBKL 33 (2012), Sp. 793-798. | 2 WACKERNAGEL 1956, S. 28; HIERONYMUS 1997, S. 1090, Nr. 380. | 3 Sammlung von Aussprüchen berühmter Männer aus antiken Autoren; vgl. dazu auch SENTENSER: Conrad Lycosthenes' Apophthegmata : i Søren Poulsen Judichaers udvalg., Kopenhagen: Hjorths Tryk, 1959. | 4 ZINNER 1964, Nr. 2177. | 5 ZINNER 1964, Nr. 2178. | 6 KNAUER 1981, S. 114. | 7 HIERONYMUS 1997, S. 545, Nr. 197. | 8 BURMEISTER 1964, S. 128 f., Nr. 173 und 174. | 9 VD 16 H 2555. | 10 BURCKHARDT, Andreas, Johannes Basilius Herold (Basler Beiträge zur Geschichtswissenschaft, 104), Basel/Stuttgart: Helbing & Lichtenhahn, 1967), S. 107. | 11 LITTROW 1856, S. 301-313; KOKOTT 1994, S. 154 f. | 12 RIGGENBACH 1877, S. 119.

MacAlpin, John, ca.1500–1557

John MacAlpin (Machabeus, Macchabaeus, Maccabaeus, Alpinas, Scotus), geboren vor 1500 in Schottland, gestorben am 5. Dezember 1557 in Kopenhagen, luth., Theologe¹.

Macalpin, von Melanchthon in Macchabaeus umbenannt, entstammte einer adligen Familie aus Schottland. Er war 1532 bis 1534 Prior des Dominikanerklosters (Blackfriars) in Perth (Schottland), musste aber, als er wie Alexander Ales der Häresie beschuldigt wurde, aus Schottland fliehen. Von Köln, wo er Bacc. theol. form. wurde, kam er am 25. November 1540 nach Wittenberg². Hier hörte er vor allem die Vorlesungen Luthers. Zugleich gründete er eine Familie durch seine Heirat mit Agnes Matheson (1503-1589); der aus dieser Ehe hervorgegangene Sohn Christian Macchabaeus wurde 1541 in Wittenberg geboren; er wurde später Professor der Theologie in Kopenhagen († 1598). John MacAlpin promovierte am 3. Februar 1542 zum Lic. theol. und am 9. Februar 1542 zum Dr. theol.³ Er war im März 1542 für die Stelle in Straßburg vorgesehen, ging aber als Professor der Theologie an die Universität Kopenhagen. Er las dort über den Römerbrief, das Johannesevangelium und die Loci communes. Auch machte er sich verdient um die Übersetzung der Bibel ins Dänische und deren Verbreitung.

Die **Beziehungen** zu Rheticus beschränken sich auf die Promotionsfeier vom 9. Februar 1542.

1 RØRDAM 1868/69, S. 587-597; VOGT 1888/99, S. 230; PETERSEN, Frederic Bredahl, Dr. Johannes Macchabæus, John MacAlpin, Scotland's Contribution to the Reformation in Denmark, Edinburgh: University Press, 1937. | 2 FÖRSTEMANN 1841, Bd. 1, S. 186a. | 3 FÖRSTEMANN 1838, S. 32, 81.

Magenbuch, Johannes, 1487–1546

Johannes Magenbuch (Magenbuoch, Magenbuchius), geboren 1487 in Blaubeuren (Alb-Donau-Kreis, Baden-Württemberg), gestorben am 14. Oktober 1546¹ (auf einer Reise) im Lager Karls V. bei Eichstätt (Oberbayern), Begräbnis auf dem Johannesfriedhof in Nürnberg, luth., Arzt².

Magenbuch, der nicht selten mit seinem Kollegen Johannes Meckbach (1495-1555), genannt *Megabachus*, verwechselt wird, immatrikulierte sich am 29. April 1517 unter dem Rektor Balthasar Vach an der Universität Wittenberg³. Unter dem Einfluss von Luther und Melanchthon wurde er für die Reformation gewonnen. Er promovierte an 11. Oktober 1519 zum Bacc. art., wobei er den 18. Rang von 38 Mitbewerbern erreichte⁴. Am 6. Februar 1522 wurde er unter dem Dekan Stackmann zum Mag. art. kreiert; er kam auf den 1. Rang von 11 Kandidaten⁵. 1523 erlangte er unter Eschaus den Grad eines Bacc. med. und kurze Zeit später den eines Dr. med.⁶ 1524 wurde er Stadtphysikus von Nürnberg. Hier führte er seit 1526 die Krankengeschichten ein. Magenbuch wirkte mehr als 20 Jahre in Nürnberg, wo zahlreiche Bürger seine Patienten waren. Magenbuch bewohnte ein Haus gegenüber dem Predigerkloster und besaß einen Garten vor dem Neuen Tor.

Magenbuch ging bereits 1522 seine erste Ehe ein; er heiratete die schlesische Adlige Priska Hunnia von Schweinitz; aus der Ehe gingen zwei Söhne hervor sowie eine Tochter Helena (geboren am

14. März 1524), die ihrem Vater in der Praxis half; sie heiratete am 26. August 1545 Andreas Osiander in dessen dritter Ehe und folgte ihm 1549 nach Königsberg; sie ist 1597 gestorben. In zweiter Ehe heiratete Magenbuch in Nürnberg am 7. August 1538 Margaretha Plech aus Amberg; auch aus dieser Ehe gingen mehrere Kinder hervor. Ein Porträt Magenbuchs ist einem Kupferstich des 17. Jahrhunderts von H. I. Schollenberger überliefert[7].

Werke: Der überwiegende Teil ist handschriftlich überliefert (Rezepte, Konsilien). Im Druck erschienen ist ein Pestbuch *Ain nützlichs vnd Bewaerts gemains Regiment ... der Pestilentz* (Augsburg: Philipp Ulhart d.Ä., 1532).

Über **Beziehungen** zwischen Rheticus und Magenbuch ist wenig bekannt. Rheticus konnte Magenbuch in Wittenberg nicht erleben; er konnte aber von Gasser Kenntnis über Magenbuch haben, da Gasser 1523/24 eine Vorlesung Magenbuchs zu Avicenna mitgeschrieben hat[8]. Eher dürfte Rheticus Magenbuch in Nürnberg begegnet sein. Auf seiner Reise nach Italien logierte Andreas Aurifaber im Spätsommer 1544 in Nürnberg im Haus von Dr. med. Magenbuch, wo er Osiander kennenlernte; dabei lud Osiander ihn auch in sein eigenes Haus ein[9]. Magenbuch galt nach seinem Tod in der Ärzteschaft als Paracelsist. Magenbuch hat bereits vor Paracelsus chemische Arzneimittel verfertigt und seinen Patienten verabreicht. Nach einer Überlieferung des Paracelsusgegners Thomas Erastus hat sich Paracelsus große Verdienste erworben im Bereich der Destillation; er habe diese Fertigkeiten nicht zuletzt Magenbuch zu verdanken. Paracelsus war 1529 nach Nürnberg gekommen, wo er sich sehr negativ über die dortigen Stadtphysici äußerte, möglicherweise aber Magenbuch ausgenommen hat. Rheticus mag in Magenbuch einen gleichgesinnten Anhänger des Paracelsus gesehen haben; allerdings darf man nicht übersehen, dass die neue Begeisterung von Rheticus für Paracelsus erst in den 1550er Jahren aufgekommen ist.

1 Zum Todesdatum vgl. Assion/Telle 1972, S. 374 f., hier besonders Anm. 102 f. | **2** Assion/Telle 1972, S. 353-421; Axmann 1997, S. 180-182. | **3** Förstemann 1841, Bd. 1, S. 71b. | **4** Köstlin 1888, S. 8. | **5** Köstlin 1888, S. 13. | **6** Kaiser 1982, S. 150. | **7** Abb. 1 bei Assion/Telle 1972. | **8** Burmeister 1970, Bd. 2, S. 11, Nr. 1. | **9** Assion/Telle 1972, S. 378; Seebass 1967, S. 198, Anm. 162.

Major, Georg, 1502–1574

Georg Major (Meier, Meyer), geboren am 25. April 1502 in Nürnberg, gestorben am 28. November 1574 in Wittenberg, luth., Theologe[1].

Major kam als Chorknabe der kurfürstlichen Hofkapelle nach Wittenberg[2], wo er bereits im WS 1511/12 noch im Kindesalter in die Matrikel eingeschrieben wurde[3]. Unter dem Dekan Heinrich Stackmann promovierte er am 31. März 1522 zum Bacc. art.; er kam auf den 1. Rang von 11 Kandidaten[4]. Kurze Zeit später wurde er 1523 zum Mag. art. kreiert[5]. Major schloss sich eng an Luther und Melanchthon an. 1529 wurde er Rektor der Lateinschule in Magdeburg, 1537 Prediger an der Schlosskirche in Wittenberg. Als Justus Jonas 1542 nach Halle/Saale übersiedelte, wurden dessen Vorlesungen von Major übernommen. Zu diesem Zweck musste Major 1544 den Grad eines Dr. theol. erwerben[6]. Am 12. Dezember 1544 respondierte Major unter dem Vorsitz Luthers für den Grad eines Lic. theol., am 18. Dezember 1544 wurden ihm vom Promotor Johannes Bugenhagen die Insignien eines Dr. theol. überreicht; 1545 wurde er in die theologische Fakultät aufgenommen[7]. Major war 1547/48 Superintendent am Dom in Merseburg (Saalekreis, Sachsen-Anhalt), 1551/52 Generalsuperintendent in Eisleben (Lkr. Mansfeld-Südharz, Sachsen-Anhalt). Major war im WS 1540/41, WS 1544/45, SS 1561 und SS 1567 Rektor Magnificus der Universität Wittenberg, im SS 1559 Prorektor. Über Jahre war Major auch Dekan der theologischen Fakultät. 1561 erließ er eine Ordnung für die Feierlichkeiten der Universität in der Schlosskirche.

Majors Porträt ist u.a. in einem Kupferstich von Theodor de Bry überliefert. Major war seit 10. August 1528 verheiratet mit Margarethe von Mochau, mit der er 12 Kinder hatte; der älteste Sohn

Georg Major d.J. († 1558) wurde im WS 1536/37 in Wittenberg immatrikuliert[8], war jedoch im Kindesalter, sodass er als Schüler von Rheticus kaum in Frage gekommen ist. Eine Tochter Marie heiratete am 16. Oktober 1564 Magister Paul Eber d.J.

Beziehungen zwischen Rheticus und Major gab es vor allem in den Jahren 1537/38 und wohl auch im WS 1541/42, sowohl über Melanchthon, als auch über das Predigtamt in der Schlosskirche. Major war auch astrologisch interessiert, worauf die Überlieferung seines Horoskops deutet[9].

1 STUPPERICH 1984, S. 136 f. | 2 SCHLÜTER 2010, S. 323. | 3 FÖRSTEMANN 1841, Bd. 1, S. 40a. | 4 KÖSTLIN 1888, S. 13. | 5 KÖSTLIN 1888, S. 18. | 6 Doktordisputation bei HARTMANN 1679. | 7 FÖRSTEMANN 1838, S. 33. | 8 FÖRSTEMANN 1841, Bd. 1, S. 164b. | 9 GARCAEUS 1576, S. 185.

Major, Johannes, *Augustanus*, ca. 1540–1615

Johannes Major (Maior, Mayer, Mayr), geboren vermutlich um 1540 in Augsburg, gestorben 1615 in Augsburg[1], luth. Schulmann, Mathematiklehrer[2].

Johannes Major immatrikulierte sich am 11. Juni 1555 an der Universität Wittenberg.[3] Hier erlangte er anscheinend keinen akademischen Grad, vermutlich wechselte er die Universität, da er später den Magistergrad führt. Er wurde 1560 vom Scholarchat von Wittenberg als Lehrer an das Gymnasium bei St. Anna in Augsburg berufen. Er unterhielt einige Kostgänger, die für ihre Verpflegung jährlich 32 Gulden zu bezahlen hatten (inklusive Schul-, Wasch- und Bettgewandgeld. 1572 betreute Major in der 2. Klasse (die 7. Klasse war die unterste) 38 Schüler. Seit 1563 unterrichtete er gegen besondere Bezahlung Arithmetik und führte astronomische Beobachtungen durch. Er war an den Beobachtungen beteiligt, die Paulus Haintzel und Tycho Brahe in Göggingen machten und setzte diese später fort. Major war 1573 bis 1584 Briefpartner von Tycho Brahe[4], den er im Kalenderstreit um seine Meinung bat; Brahe kritisierte die Augsburger Theologen, weil sie sich hier einmischten, obwohl es sich nicht um eine religiöse Angelegenheit handele.

Am 20. Juni 1605 wandte sich Major gemeinsam mit dem Arzt und Mathematiker Dr. Georg Henisch (1549-1618) an das städtische Bauamt mit dem Vorschlag, *auf dem thurm bei der bibliothec zu mauren, und ein ganz herumb zumachen, damit wann neue stern und meteora sich am himel erzeigen, man den horizonten sehen künde.*[5] Am 30. August wiederholten sie mit Erfolg diese Bitte; denn der Stadtplan des Hans Rogel von 1563 zeigt den Turm bei St. Anna noch ohne den Aufbau, während die Erhöhung in einer Ansicht von 1614 gut erkennbar ist.

Beziehungen zu Rheticus oder Reinhold konnte Major nicht gehabt haben. Immerhin wurde Major von deren Nachfolgern auf den beiden Lehrstühlen Sebastian Dietrich und Kaspar Peucer in den mathematischen Fächern ausgebildet.

1 Epitaph von Elias Ehinger, dem Rektor von St. Anna, auf ihn, das ihn *doctissimus et praestantissimus* nennt. | 2 KÖBERLIN 1931, S. 92 f., 97, 108, 128; KEIL/ZÄH 2004, S. 150 und passim. | 3 FÖRSTEMANN 1841, Bd. 1, S. 308a, 27. | 4 Vgl. dazu insbesondere die Briefe bei KEIL/ZÄH 2004, S. 177 f., 185 f., 186-188, 192 f. | 5 Stadtarchiv Augsburg, Bauamt, Rechnungsbelege 83 (1593-1611), Bl. 108r.

Major, Johannes, *Joachimus*, 1533–1600

Johannes Major (Mayer, Maier, Meier, spottweise Hänsel Mayer, nach der Herkunft *Joachimus*), geboren im Januar 1533 in Joachimstal (tschech. Jáchymov, Bezirk Karoly Vary), gestorben am 16. März 1600 in Zerbst (Lkr. Anhalt-Bitterfeld, Sachsen-Anhalt), Begräbnis in der Fürstl. Schlosskirche St. Bartholmes, luth., Universitätslehrer (Poetik), Theologe, Philippist, *Poeta laureatus*, Wittenberger Universitätspoet[1].

Johannes Major begann sein Studium 1549 in Wittenberg[2], wo er sich eng an Melanchthon anschloss. 1551 ging er nach Leipzig[3], kehrte aber nach Wittenberg zurück, wo er am 27. Februar

1556 unter dem Dekan Anton Walter zum Mag. art. promovierte[4]; er erlangte den 5. Rang von 37 Kandidaten, vor ihm platzierte sich Kaspar Cruciger d.J. (1. Rang). Major lehrte danach in Würzburg (Unterfranken) und promovierte in Mainz (Rheinland-Pfalz) zum Dr. theol. 1558 wurde er durch König Ferdinand zum *Poeta laureatus* gekrönt. 1561 erhielt er den Lehrstuhl für Poetik in Wittenberg, geriet aber als Philippist mehrfach in Schwierigkeiten und wurde schließlich um 1590 entlassen, woraufhin er sich als Privatmann nach Zerbst zurückzog. Wolfgang Amling hielt ihm eine Leichpredigt *Christliche Erklerung ... von dem Edlen Weitzenkorn* (Zerbst: Johannes Schleer, 1600)[5].

Werke: Johannis Maioris Ioachimi, *Opera omnia*, Bd. 1-3, Witt. 1574, 1574, 1566, alle BSB digital, darin u.a. in Bd. 1, Scan 34 ff. *de nuptiis filii Pauli Praetorii*, Scan 277 ff. *Consideratio Ardoris coeli* (28.Dez. 1561), Scan 329 ff. *Metamorphosis Flacci Illyrici in Papistam*, Scan 339 ff. *Epicedion* auf Justus Menius, Scan 338 *Elegia de Staphylo*; Bd. 2, 1574, Scan 39-53, *De sancto Urbano in laudem vini et eius usum*; Scan 53-56 *Consideratio eclipseos quae est facta Anno 1563 Mense Iunio D. 20, H.6, M.16 P.M. Witebergae.*

In dem um 1557 verfassten Spottgedicht *Synodus avium, depingens miseram faciem ecclesiae*[6] ordnet Major die Theologen Vögeln zu, hier in alphabetischer Folge: Johannes Agricola – Grille, Nikolaus Amsdorf – Amsel, Johannes Aurifaber *Vinariensis* – Elster, Gabriel Didymus – Rabe, Paul von Eitzen – Eisvogel, Georg Fabricius – Phönix, Flacius Illyricus – Kuckuck, Nikolaus Gallus – Hahn, Luther – Schwan, Mathesius – Lerche, Melanchthon – Nachtigal, Justus Menius – Taube, Joachim Mörlin – Specht, Osiander – Osyna (?), Erasmus Sarcerius – Grünfink, Erhard Schnepf – Krammetsvogel, Johannes Stigel – Stieglitz, Johannes Stoltz – Uhu, Johannes Wigand – Dohle.

Beziehungen zwischen Rheticus und Major sind wohl auszuschließen. Melanchthon war wohl ein geistiges Bindeglied zwischen beiden, wie sich etwa an dem Interesse Majors für die Astronomie zeigt.

[1] Frank, G., Johann Major, der Wittenberger Poet, Halle 1863; Ludwig, Ulrike, in: Sächsische Biographie, Online-Ausgabe, http://www.isgv.de/saebi (01. November 2013). | [2] Nicht in der Matrikel. | [3] Nicht in der Matrikel. | [4] Köstlin 1891, S. 17. | [5] VD 16 A 2273; ULB Sachsen-Anhalt Halle, digital. | [6] Major, Opera omnia, Bd. 1, Wittenberg 1574; VD 16 M 295; BSB digital, Scan 300-313.

Malleolus, Johannes

Johannes Malleolus (Maler, Maeler, Meler, Meller), geboren in Memmingen (Schwaben), luth., Bakkalaureus.

Eine Verbindung zu Martin Malleolus († 1587), Lehrer am Gymnasium in Straßburg und seinem Sohn Isaak Malleolus (1564-1645), Professor für Mathematik in Straßburg, besteht nicht; in beiden Fällen geht der latinisierte Name auf ein Hämmerlin zurück. Johannes Malleolus wird man hingegen der Familie eines Geistlichen namens Veit Malleolus (Maler, Maeler, Meler, Meller) zurechnen müssen; dieser stiftete 1484 ein Stipendium für Memminger Studenten[1]. Im WS 1542/43 immatrikulierte sich *Ioannes Malleolus Memmingensis bacc*[alaureus] an der Universität Leipzig[2], der in der Bayerischen Nation Aufnahme fand. Johannes Malleolus hat sonst in Leipzig keine Spuren hinterlassen. Eine Beziehung zu Rheticus könnte insoweit bestehen, als Malleolus als Konsemester von Rheticus erscheint, der ebenfalls im WS 1542/43 der Bayerischen Nation in Leipzig zugeteilt wurde. In Ergänzung seiner Studien, die vielleicht auf einen Magistergrad abzielten, hätte Malleolus Vorlesungen von Rheticus besuchen können.

[1] Cowie, Murray Aiken, The Works of Peter Schott (1460-1490), University of North Carolina Press, 1971, S. 739. | [2] Erler, Bd. 1, S. 642, B 18.

Månsson, Nils, † 1543

Nils Månsson, Nicolaus Magni de Suetico, Arbogensis, geboren in Arboga (Västmanlands län, Schweden), gestorben am 24. November 1543 in Marburg, luth., Universitätslektor, Diplomat, Jurist, neulat. Dichter[1].

Nils Månsson, in den deutschen Quellen meist Nicolaus Magni oder Nicolaus Magnus genannt, war lange Zeit zugleich mit Olof Larsson die führende Persönlichkeit unter den Schweden in Wittenberg. Er leistete seinem König Gustav Wasa und anderen schwedischen Größen wertvolle Dienste als Informant. Wie Larsson schickte auch Månsson seinem König Berichte über Ereignisse in Deutschland, etwa über den Fortgang der Reformation oder über die Wiedertäufer in Münster. Am 30. Oktober 1524 immatrikulierte sich Månsson, gemeinsam mit dem Dänen Nicolaus Petri, in Wittenberg[2]. Nach seiner Rückkehr nach Schweden leitete er die königliche Kammer. Im Frühjahr 1532 begegnet er uns in Venedig. Noch in demselben Jahr setzte er seine Studien in Wittenberg fort und promovierte 1535 unter dem Dekan Franz Burckhart gemeinsam mit Erasmus Reinhold zum Mag. art., wobei er den 1. Rang von 12 Kandidaten erreichte, Reinhold den 2. Rang[3]. Am 30. April 1536 wurde er in die Artistenfakultät aufgenommen[4]. Er wandte sich dann dem Studium der Rechte zu und promovierte (wann und wo ist unbekannt) zum JUD. Månsson begleitete Melanchthon zu dem Religionsgespräch nach Kassel (Dezember 1534), später begleitete er Melanchthon nach Süddeutschland. Zusammen mit dem Marburger Professor Draconites setzte er sich bei König Gustav für eine Wiedereröffnung der Universität Uppsala ein. Am 1. Januar 1543 reiste er mit Olof Larsson und dem Finnen Simon Henrici nach Italien, um die Studien zu ergänzen und Informationen zu sammeln, kehrte aber bereits im Sommer wieder nach Wittenberg zurück. Månsson wurde als Lehrer in Marburg tätig, wo er bald darauf gestorben ist. Draconites und Olof Larsson schrieben ihm ein Epitaph.

Beziehungen zwischen Rheticus und Månsson sind mit Sicherheit anzunehmen. Das wird schon durch die engen Verbindungen von Månsson und Melanchthon nahegelegt. Seit 1532 waren Rheticus und Månsson Kommilitonen, seit 1536 Kollegen in der Artistenfakultät. Dazu kommt das enge Verhältnis von Månsson zu Reinhold, das wohl in erster Linie auf der Mathematik basierte.

Manneius und Mannus

Simon Lemnius hat in mehreren Epigrammen zwei Dichter Manneius und Mannus aufs Korn genommen, deren Identifikation bisher nicht möglich war[5]. Vermutlich verbergen sich zwei unterschiedliche Personen hinter diesen Namen. Einer von ihnen ist der Ungar Pál Rubigallus, wie sich ziemlich klar aus Epigr. II, 31 ergibt. Der Name dieses Dichters *Mannus* sei aus Mann und Brombeere (lat. *rubus*) zusammengesetzt. Mundt war auf dem richtigen Wege, als er dahinter einen Mann namens Brommann, Beermann oder so ähnlich vermutete. Rubigallus aber passt noch besser, vor allem dann, wenn man das Epigr. II, 24 hinzunimmt. Und tönt nicht der Versanfang in Epigr. II, 31 *Rusticus es* wie Rubigallus? Tatsächlich würden beide Bestandteile des Namens *Rubigallus* übereinstimmen: die Brombeere *rubus*, und das lateinische Wort *mannus*, das ein kleines gallisches Pferd (Pony) bezeichnet[6]. Auch Epigr. II, 20 ließe sich noch auf Rubigallus beziehen, der schlechte Gedichte schreibt, wie auch in Epigr. II, 31 nochmals wiederholt wird. In allen drei Fällen heißt der Dichter Mannus.

Von diesem Mannus ist der Dichter Manneius in Epigr. I, 11 und I, 14 zu unterscheiden. Im Gegensatz zu Mannus/Rubigallus, der einfacher Student war und sich erst im WS 1536/37 immatrikulierte, also kein Magister war, führte Manneius den Magistergrad, lehrte an der Universität und legte in seiner Eitelkeit besonderen Wert darauf, ein *bellus magister* zu sein: Er trug daher Ringe und Juwelen an seiner Hand. Aber Månsson war nicht nur Magister, er war zudem auch ein Dichter, der die Freundschaft eines Eoban Hessus suchte. Månsson hatte zur Geburt des Kronprinzen Erik am 13. Dezember 1533 ein *Carmen genethliacum, seu oratio natalibus illustrissimi principis Sueciae Erici sacra* (Olmütz: Friedr. Milichtaler, 1534)[7] verfasst und drucken lassen. Månsson zeigte sich auch sonst gegenüber der neulat. Dichtung aufgeschlossen; so schickte er am 27. Juli 1535 aus Wittenberg ein Spottepitaph auf Papst Clemens VII. nach Schweden[8]. Die Gedichte des Manneius, spottet Lemnius, würden Ovid in den Schatten stellen; Manneius ärgere sich mit Recht darüber, dass seinem Buch ein anderes Buch vorgezogen würde, das eine Nachdichtung der Psalmen zum Inhalt habe[9]. Die Frage erhebt sich, ob Manneius nicht mit Månsson gleichzusetzen ist, wurde er doch in Wittenberg oft Mannus genannt. Auch wird er in einer späteren Bemerkung in der Fakultätsmatrikel als *Ordinis equestris Suecus* bezeichnet[10]; eine solche Zuordnung zum Adelsstand würde das Tragen kostbarer Ringe und Juwelen erklären. Oder sollte Lemnius gar Kenntnis davon erhalten haben, dass Månsson 1532 aus Venedig einen kostbaren Ring an Gustav Wasa geschickt habe und darauf anspielen? Mundt geht davon aus, dass persönliche Gründe Lemnius zu seiner Abneigung gegen Manneius geführt haben. Solche Gründe sind im Übrigen klar erkennbar. Lemnius hatte seine Epigramme gedichtet, weil er sich von der Universität einen Lehrauftrag oder gar eine Professur erhofft hatte. Er hat aber einen solchen nicht erhalten; hingegen war Månsson im April 1536 zugleich mit Erasmus Reinhold in den Rat der Artistenfakultät aufgenommen worden. Damit ist ein weiteres Reizwort gefallen: Reinhold hatte 1535 gemeinsam mit Månsson das Magisterexamen bestanden. Månsson scheint sich sehr eng an Reinhold angeschlossen und dessen Freundschaft gesucht haben, während Lemnius Reinhold gar nicht hold war: Lemnius verspottete in den Epigrammen angeblich Reinhold als Empedokles. Aristoteles hatte Empedokles in seinem verlorenen Dialog *Sophistes* als den Erfinder der Rhetorik gerühmt, von seinen poetischen Leistungen aber nicht viel gehalten. Er schrieb in seiner *Poetik*, Empedokles sei ein Naturforscher gewesen, der mit einem wirklichen Dichter wie Homer außer dem Versmaß nichts gemeinsam habe. Umgekehrt verachtete Reinhold die Poetik und die sprachlichen Fächern, denen er jeden wissenschaftlichen Wert absprach[11]. Eine Publikation Månssons, bei der es sich wohl nur um einige Druckseiten handeln mochte, ist bisher nicht bekannt worden; wohl aber haben einige Humanisten und ihre Schüler, Melanchthon an der Spitze, die Nachdichtung von Psalmen gepflegt. Ganz konkret zu denken wäre vor allem an *In Psalmos enarrationes* (Hagenau: Brubach, 1535)[12], mit Beiträgen von Melanchthon, Hermann von Neuenahr, Eoban Hessus, Jakob Milich. Gegen ein solches Schwergewicht konnte der als Dichter weniger gefeierte Månsson kaum konkurrieren, sodass er bei einem Wettbewerb anscheinend auf der Strecke blieb.

1 CALLMER 1976, S. 15, Nr.10; HEININEN 1980, S. 15-17, 33-35 und passim; HEININEN 2001, S. 55. | 2 FÖRSTEMANN 1841, Bd. 1, S. 123a. | 3 KÖSTLIN 1888, S. 22. Bem. Ordinis equestris Suecus. | 4 KÖSTLIN 1888, S. 25. | 5 MUNDT 1983, Bd. 1, S. 213. | 6 Der kleine Stowasser, 1971, S. 308. | 7 Ein Exemplar dieses Drucks konnte bis jetzt nicht nachgewiesen werden; vgl. HEININEN 1980, S. 16, Anm. 27. Das Buch hat einen Umfang von 7 Seiten; es ist bibliographiert in Serapeum 24 (1863), S. 82, wo es von der KB Stockholm gesucht wurde. | 8 Vgl. den Begleitbrief bei HEININEN 1980, S. 74-78, bes. S. 75; zur Sache siehe auch CLEMEN/KOCH 1984, Bd. 4, S. 144-151. | 9 MUNDT 1983, Bd. 2, S. 10-14; Bd. 1, S. 213 f. | 10 KÖSTLIN 1888, S. 22. | 11 MUNDT 1983, Bd. 1, S. 280. | 12 Vgl. dazu FUCHS 2008, S. 145-153.

Marbach, Johannes, 1521–1581

Johannes Marbach (Marpach, Marbachius, Marpachius), geboren am 14. April 1521 als in Lindau (Schwaben), gestorben am 17. März 1581 in Straßburg, luth., Theologe[1].
Johannes Marbach, Sohn des Bäckers Walter Marbach und der Anna Saltzmann, besuchte die Lindauer Lateinschule unter dem Melanchthonschüler Kaspar Heldelin. Hier gehörte er wohl auch zu den Schülern, die 1527 unter der Leitung Heldelins erstmals die Psalmen in deutscher Sprache gesungen haben. 1534 wurde er zum Studium nach Straßburg geschickt. »Ein ernster und freuden-

reicher Augenblick war's für einen die Heimat verlassenden Schüler, wenn er, begleitet vom Vater und der Mutter auf das Verdeck des Schiffes stieg, dann Abschied von ihnen nahm, und nun die Ruderstangen in die grünlichen Fluten des Bodensees tauchten und das Schiff lustig von dannen schwebte. In Basel, in Breisach wurde gewöhnlich gerastet und ein Mahl genommen; dann ging es wieder vorwärts... Aus dem Rhein fuhr man in die Ill, und bei der Schindbrücke pflegte man das Schiff anzulegen. Das Schiff fuhr an's Gestade und legte Anker vor dem Kaufhaus«[2]. Diese an sich belanglose Schiffsreise mag als ein Hinweis auf das bevorzugte Reisen mit dem Schiff verstanden werden. So schickte auch Bedrot am 13. Juli 1538 an Vadian einen Brief auf dem Bodensee *in navi scriptas* (auf den Schiff geschrieben)[3]; oder Heshusius schrieb am 28. Mai 1565 einen Brief an Marbach auf dem Rhein *ex navi non procul a Hirzenach* (heute Ortsteil von Boppard, Rhein-Hunsrück-Kreis, Rheinland-Pfalz).

In Straßburg widmete sich Marbach dem Studium des Griechischen unter Jakob Bedrot[4] und verkehrte im Kreise der Reformatoren Matthäus Zell, Martin Bucer, Capito und Hedio. Da die Akademie in Straßburg noch kein Promotionsrecht hatte, wechselte Marbach 1538 an die Universität Wittenberg, wo er – zusammen mit Mathesius – Haus- und Tischgenosse Martin Luthers wurde[5]. Luther, Melanchthon, Bugenhagen, Jonas, Cruciger und Forster wurden seine wichtigsten Lehrer. Marbach promovierte am 19. April 1538 in Wittenberg zum Bakkalaureus artium (6. Rang von 13 Kandidaten, Brombeiss erreichte den 7. Rang)[6] und am 23. September 1540 zum Magister artium (3. Rang von 22 Kandidaten), zusammen mit Mathesius (1. Rang), Gigas (2. Rang), Siber (4. Rang), Collinus (5. Rang)[7]. Am 22. Juni 1541 wurde Magister Marbach durch Bugenhagen ordiniert und von der Universität nach Jena entsandt[8]. Am 16. Februar 1543 erlangte er den Grad eines Lic. theol.[9], am 20. Februar wurde er zum Dr. theol. promoviert, worüber das Dekanatsbuch berichtet: *Anno 1543 die februarii 16 sub Decano D. Martino Luthero Respondit pro licentia in sacra Theologia Venerabilis vir Dominus Magister Iohannes Marpach Lindoensis, Vocatus pastor in Ecclesiam Isni, praesidens fuit D. Martinus Luther, promotor D. Iohannes pomeranus pastor Vittembergensis. Sequente feria 3 promotus coram tota Vniversitate Insignitusque Doctoralibus. Deditque danda Et prandium magnificum*[10]. Marbach wirkte 1543/45 als Pfarrer an St. Nikolaus in Isny (Lkr. Ravensburg, Baden-Württemberg), 1545 wurde er Pfarrer an St. Nikolaus und Professor der Theologie in Straßburg, 1552 als Nachfolger Hedios Präsident des Straßburger Kirchenkonvents. 1552 war er Gesandter auf dem Konzil von Trient. Marbach stand lange Jahre an der Spitze der evangelischen Kirche in Straßburg. Wie alle Lindauer Reformatoren (Heldelin, Gasser, Matthäus Rodt) vertrat auch Marbach das orthodoxe Luthertum. Er setzte es in Straßburg gegen Johannes Sturm durch.

Marbach war seit 1544 verheiratet mit Anna Weißland aus Isny. Von den acht Kindern aus dieser Ehe wurden Erasmus (1548-1593) und Philipp (1550-1611) Professoren der Theologie, Anna heiratete den Juristen Hubert Giphanius, Barbara den Juristen Georg Obrecht.

Von seinen **Werken** seien erwähnt: *Themata de imagine Dei*, Straßburg: Sam. Emmel, 1562; *Christlicher und warhafter underricht von den worten der einsatzung des hl. Abendmals*, Straßburg: Christian Müller 1565; *Christlicher und warhaftige erweisung, das Jesus Christus in alle göttl. Herrlichkeyt und maiestet erhaben und gesetzt seye*, Straßburg 1567; *Themata de natura hominis*, Straßburg: Josia Rihel, 1570; *Von Mirackeln und Wunderzeichen*, Straßburg 1571.

Die **Beziehungen** von Rheticus zu seinem Schüler Marbach verlangen eine ausführlichere Darstellung. Zu den häufig beschriebenen Szenen vieler Kopernikus-Biographien gehört die Ankunft des jungen Georg Joachim Rheticus in Frauenburg Ende Mai 1539[11]. Rheticus brachte drei gewichtige Folianten als Geschenke mit, deren Inhalt sechs Einzeltitel umfasste. Diese drei ansehnlichen Folianten, die gleichartig gebunden sind und auf den ersten Blick wie ein einheitliches dreibändiges Werk erscheinen[12], kamen nach Kopernikus' Tod 1543 in die Dombibliothek von Frauenburg, von wo sie 1626 im polnisch-schwedischen Krieg nach Schweden entführt wurden. Hier befinden sie sich heute noch in der Universitätsbibliothek von Uppsala unter der Signatur Upps. Copernicana 8-10.

Owen Jay Gingerich hebt in seiner Beschreibung der Reste der Kopernikus-Bibliothek in Uppsala die drei Folianten besonders hervor: »Most thrilling of all were the three folios, uniformly bound in white pigskin, brought and signed over to ›my teacher, Copernicus‹ by the young itinerant astronomer Georg Joachim Rheticus. Here was the Greek edition of Ptolemy's Almagest that had been recently published in Basel, but perhaps even more cunningly, there were three books published by Johannes Petreius in Nuremberg. [...] It took no great leap of imagination to see Rheticus handing over the handsome volumes of Regiomontanus' *De triangulis*, Apianus' *Instrumentum primi mobilis*, and Witelo's *Optika*, all beautifully crafted in Nuremberg, with the not-so-subtle implication that Petreius' press would be exactly the right place for Copernicus' own work to be printed«[13]. Es handelte sich durchwegs um hoch geschätzte Klassiker der Mathematik und Astronomie: Euklid, Ptolemäus, Ǧābir ibn Aflaḥ, Witelo, Regiomontan und Apian[14].

Der Almagest, obwohl 1538 frisch aus der Druckerpresse, hatte vor Rheticus einen Vorbesitzer, nämlich einen Bücherfreund mit dem Kürzel I.M.L. Da das Buch erst 1538 in Basel erschienen war, konnte es nur kurze Zeit im Besitz des I.M.L. gewesen sein. Als er 1538 seinen Wohnort nach Wittenberg verlegte, nahm er offenbar das Buch mit, um es vermutlich noch 1538 oder im Frühjahr 1539 in Wittenberg seinem Lehrer Rheticus zu überlassen.

Marbach hatte ein besonderes Interesse an der Astronomie. Das zeigt sich allein schon in dem Erwerb des Almagest durch den erst 17jährigen Studenten, der wirtschaftlich nicht besonders gut gestellt war. Dieses Interesse an der Astronomie mag man auch daraus entnehmen, dass der lutherische Astrologe und Theologe Johannes Garcaeus d. J. (1530-1574) in seiner Sammlung *Methodus astrologiae* (Basel 1570, ²1576) ein Horoskop Marbachs abgedruckt hat[15]. Zwischen Rheticus und Marbach bestand ein besonderes Nahverhältnis. Dieses kommt auch darin zum Ausdruck, dass Marbach in dem amtlichen Vermerk zu seiner Magisterpromotion 1540 als *Iohannes Marbachius Lindoensis Rheticus*[16] aufscheint, so wie auch 1540 Reuchlins Neffe *Antonius Reuchlinus Isnensis Rheticus*[17] oder 1541 *Matthaeus Brombisius Lyndaviensis Rheticus* und *Matthaeus Rodt Lindaviensis Rheticus*[18]. Man nimmt an, dass mit dem Zusatz »Rheticus« die Zugehörigkeit zu einer landsmannschaftlichen Fraternität zu Ausdruck gebracht werden sollte[19]. Zu diesem Kreis gehörten auch die Wittenberger Studenten Simon Lemnius Margadant *Rheticus* aus Santa Maria (Graubünden) und Johannes Hommel *Rheticus* aus Memmingen.

Am 9. August 1538 wurde die Lindauer Stadtbibliothek gegründet[20], die von Anfang an im Dienste der Reformation stand. Von 1538 datiert auch das erste Buch in Marbachs Bibliothek, der, wie vermutet wurde, »zumindest einen Schrank voll Bücher sein eigen genannt haben wird«[21]. Marbach und sein Schüler und Nachfolger Johannes Pappus besaßen sehr bedeutende Bibliotheken. Als Marbach 1551 als Gesandter zum Konzil von Trient reiste, nahm er einen Teil seiner Bücher mit. Für die Rückführung der Bücher entstanden ihm Kosten von 42 Gulden[22]. Seit ca. 1550 verwendete er ein Exlibris, einen Holzschnitt mit einer symbolischen Darstellung von David und Goliath, geschaffen von Tobias Stimmer (oder einem seiner Schüler) in Straßburg[23] oder auch von Anton Woensam in Worms[24]. Später gingen auch die Einbände seiner Bücher in die Geschichte ein, so beispielsweise die Bände des Straßburger »Marbach-Meisters«[25]. Beispiele dafür befinden sich in der Universitätsbibliothek Tübingen[26]. Die Sammlung von Pappus belief sich auf 3.026 gebundene und 4.282 ungebundene Bücher[27]. Die Stadt Straßburg kaufte 1617 diese Sammlung an; sie wurde 1870 bei der Belagerung von Straßburg als Teil der dortigen Universitätsbibliothek vernichtet.

Bibelwort ein Hauptargument gegen »die sowohl dummen als auch überheblichen Feinde und Verächter aller schönen Künste, die auch diese philosophische Lehre mit großem Hochmut verachten und verlachen«[35].

1 Horning 1887; Stupperich 1984, S. 138 f.; Schindeling, Anton, in: NDB 16, 1999, S. 102 f.; Mahlmann, Theodor, in: Biographisch-Bibliographisches Kirchenlexikon, Bd. 5, 1993, Sp. 747-753. | 2 Horning 1887, S. 12; Burmeister 2014, S. 27-33. | 3 Arbenz/Wartmann 1905, Bd. 5/2, S. 497 f. | 4 Horning 1887, S. 14. | 5 Horning, Wilhelm, Johann Marbach, Haus- und Tischgenosse Luther's, in: Beiträge 1881; Horning, Wilhelm, Der junge Marbach in Wittenberg, in: Beiträge 1883; Horning 1887, S. 23-27. | 6 Köstlin 1890, S. 6. | 7 Köstlin 1890, S. 12. | 8 Buchwald 1894, Bd. 1, S. 20, Nr. 315. | 9 Doktordisputation bei Hartmann 1679. | 10 Förstemann 1838, S. 32. | 11 Hamel 1994, S. 210; Shea 2003, S. 42; Danielson 2006, S. 58. | 12 Vgl. die Abb. bei Gingerich 2004, Farbtafel 4a nach S. 162. | 13 Gingerich 2004, S. 41. | 14 Czartoryski 1978, S. 368. | 15 Garcaeus 1576, S. 188. | 16 Köstlin (wie Anm. 23), S. 12. | 17 Köstlin 1890, S. 12. | 18 Köstlin 1890, S. 13. | 19 Kraai 2003 (http://archiv.ub.uni-heidelberg.de/volltextserver/volltexte/2003/3254/pdf/PSDissertation.pdf), S. 68. | 20 Stadtarchiv Lindau, Ratsprotokoll 1532-1551, S. 88. | 21 Dobras, Werner, Lindauer Privatbibliotheken, in: Jahrbuch des Landkreises Lindau 22 (2007), S. 85-94, hier S. 87. | 22 Horning 1887, S. 78. | 23 Exlibris-Zeitschrift, Jg. 1898, S. 49-51. | 24 Leiningen-Westerburg, Karl Emich, Deutsche und österreichische Bibliothekszeichen, Exlibris: ein Handbuch für Sammler, Bücher- und Kunstfreunde, Stuttgart 1901, S. 153, S. 344. | 25 Schunke, Ilse, Studien zum Bilderschmuck der deutschen Renaissance-Einbände (Beiträge zum Buch und Bibliothekswesen, 8), Wiesbaden 1959, S. 137. | 26 Brinkhus, Gerd, Bücher im Wandel der Zeiten: eine Ausstellung aus den Beständen der Universitätsbibliothek Tübingen, Tübingen 1977, S. 23, Nr. 28 (1567). | 27 Horning 1891, S. 36-38.

Marbeck, Leopold

Leopold Marbeck (Marpeck, Maurbeck), geboren in Weißkirchen an der Traun (Bezirk Wels-Land, Oberösterreich), luth., Theologe?
Marbeck immatrikulierte sich an der Universität Wittenberg im SS 1538.

Pilgram Marbeck[1] (1495-1556) aus Rattenberg (Tirol) war eine führende Persönlichkeit des süddeutschen Täufertums, seit 1525 als Bergrichter in Rattenberg tätig, später ein gesuchter Wasserbauingenieur, im Lat. und Griech. wohl gebildet, der luth. Theologie nahestehend. Er war in erster Ehe seit 1520 mit Sophia Harrer († vor 1528) verheiratet, in zweiter Ehe seit 1528 mit NN, die drei Kinder verunglückter Bergleute adoptierte. Seit 1532 lebte die Familie an verschiedenen Orten in Südtirol, seit 1530 in Straßburg, hatte aber bis 1544 keinen festen Wohnsitz, dann seit 1544 in Augsburg. Die wenig präzise Herkunftsbezeichnung *Austriacus* (Österreicher) in der Wittenberger Matrikel würde dazu passen, für Leopold Marbeck eine Verwandtschaft mit dem Täuferführer anzunehmen; sie ist aber in keiner Weise gesichert.

Beziehung zu Rheticus sind gegeben durch die Magisterpromotion unter Rheticus vom 9. Februar 1542, wo er den 15. Rang von 22 Kandidaten erreichte[2]. Marbeck konnte Rheticus' Vorlesungen im SS 1538 und im WS 1541/42 besuchen.

1 Kiwiet, Jan J., Pilgram Marbeck (ca. 1495-1556), sein Kreis und seine Theologie. Diss. Zürich 1955; Klassen, William, Covenant and Community, The Life, Writings and Hermeneutics of Pilgram Marpeck. Grand Rapids (Michigan) 1968; Boyd, Stephen B., Pilgram Marpeck, his life and social theology (Veröffentlichungen des Instituts für Europäische Geschichte, Mainz), Mainz : von Zabern, 1992.S. 6 f. 2 Köstlin 1890, S. 13.

Marcellus, Gallus, 1521–1547

Gallus Marcellus (Merckel, Merkel), geboren um 1521 in der 1945 geteilten Stadt Guben (Kreis Spree-Neiße, Brandenburg) bzw. (poln. Gubin, Woiwodschaft Lebus), gestorben am 14. Oktober 1547 in Zerbst (Lkr. Anhalt-Bitterfeld), luth., Universitätslektor (Ovid), Theologe [1].
Marcellus immatrikulierte sich am 14. Mai 1533 an der Universität Wittenberg[2]. Er promovierte am 22. Februar 1541 unter unter Erasmus Reinhold zum Mag. art. und erreichte dabei den 11. Rang unter 22 Kandidaten; vor ihm platzierten sich Staphylus (1. Rang) und Hommel (2. Rang)[3]. Am 9. Mai 1543 heiratete er Sara Bugenhagen (1525-1563), die Tochter des Reformators, die nach dem frühen Tod ihres Mannes 1549 Georg Cracow ehelichte. Marcellus »von Cotbus« wurde am 27. Juni 1543 durch Bugenhagen ordiniert und von der Universität zum Priesteramt als Diakon an

die Stadtpfarrkirche in Wittenberg berufen[4]. Am 6. Januar 1544 wurde Marcellus in der Rat der Artistenfakultät aufgenommen[5]. Nach dem Lektionsplan 1544/45 las er über Ovids Metamorphosen[6].

Beziehungen zwischen Rheticus und Gallus Marcellus sind dadurch gegeben, dass beide von 1533 bis 1539 sechs Jahre lang Kommilitonen waren, 1541 bis 1542 auch Kollegen an der Artistenfakultät.

[1] Vogt 1888/1910, S. 389, 412, 414. | [2] Förstemann 1841, Bd. 1, S. 149b. | [3] Köstlin 1890, S. 12. | [4] Buchwald 1894, Bd. 1, S. 33, Nr. 510. | [5] Köstlin 1890, S. 21. | [6] Kathe 2002, S. 94

Marcellus, Johannes, 1510–1551

Johannes Marcellus (Märkel, Merkel), geboren 1510 in Königsberg (Lkr. Haßberge, Unterfranken), gestorben am 25. Dezember 1551 in Wittenberg (an »hitzigem Fieber«), luth., Universitätslektor (lat. Grammatik, Poetik), neulat. Dichter[1].

Marcellus, am gleichen Ort wie Regiomontan geboren, studierte seit 1526 in Erfurt, wo er Schüler von Eobanus Hessus war[2]. Er immatrikulierte sich am 16. November 1528 in Wittenberg[3], wo er Philosophie (Latein, Griechisch) und auch Medizin studierte. Marcellus promovierte am 1534 unter dem Dekan Alexander Ales zum Mag. art.[4]; er kam auf den 1. Rang von 11 Kandidaten, unter ihnen Flacius Illyricus (6. Rang) und Andreas Aurifaber (9. Rang). Als einer seiner Lehrer wird Camerarius hervorgehoben, der ihn als Landsmann schätzte. Eine besondere Freundschaft verband Marcellus mit dem sächsischen Kanzler Gregor Brück, genannt Pontanus (1484-1557). Am 1. Januar 1537 wurde Marcellus unter dem Dekanat Melanchthons in das Kollegium der Artisten aufgenommen, dem Rheticus wenige Tage später am 5. Januar 1537 nachfolgte[5]. Am 19. Juli 1539 hielt er eine Disputation *De fide*[6]. 1541 folgte er Balthasar Vach nach in Professur für Poesie. Marcellus wurde eine Stütze des Unterrichts in Wittenberg. Er las 1541 vor allem über Ovid (Metamorphosen, Fasti, Tristien), später auch über Livius. Über ihn und Reinhold heißt es, *fuit autem utriusque labor in docendo felix* (beide hatten in der Lehre eine glückliche Hand) und viele Gelehrte könnten *de industria et fide Marcelli in docendo* (über den Fleiß und die Zuverlässigkeit des Marcellus in der Lehre) ein Zeugnis ablegen. Eber lobte insbesondere seine *pietas* und *eruditio* sowie auch seinen Einsatz für die Universität[7]. Marcellus konnte viele Schüler um sich sammeln. Dazu gehörten u.a. Kaspar Goldwurm, Simon Wilde, Hieronymus Schreiber, Johannes Brettschneider, Matthäus Delius, Matthäus Brombeis, Matthäus Rodt, Eberhard Möller, Martin Säuberlich, Georg Cracow, Kyriak Spangenberg.

Als Dekan des SS 1541 bemühte sich Marcellus um eine Neugestaltung der Disputationen, wobei er insbesondere eine vermehrte Präsenz der Magister verlangte, »um den Bildungseffekt des Disputierens für die Studenten zu erhöhen«. Marcellus soll sich um Albisaquilis kümmern, Gürrich unterhielt im Juni 1539 (wohl auch schon früher) einen Studententisch. Melanchthon will Anfang Mai 1542 mit Marcellus reden. Marcellus hatte hier einen Tisch, den er in Abwesenheit Albisaquilis überlassen soll[8]. Marcellus war im SS 1546 Rector Magnificus, im WS 1549/50 nochmals Dekan der Artistenfakultät. 1545 bis 1551 gehörte Marcellus auch dem Rat der Stadt Wittenberg an.

Marcellus hat im Unterschied zu Reinhold nur sehr wenig publiziert, sich aber große Verdienste um die Sammlung der *Scripta publice proposita* für den Zeitraum 1544 bis 1551 erworben[9]. Marcellus verfasste Vorlesungsankündigungen in Versen[10], Melanchthon richtete 1551 ein Gedicht an ihn[11]. Heinrich Möller verfasste 1552 ein Trauergedicht auf Marcellus, das er dem Arzt Brettschneider in Danzig widmete; ebenso schrieb er ein Epitaph auf Marcellus: um ihn trauern die Universität, die Bürger, das Vaterland und das verwaiste Haus[12].

Die **Beziehungen** zwischen Rheticus und Marcellus waren recht eng. Man darf hierbei nicht außer Acht lassen, dass Marcellus im Hause des Feldkircher Physiklektors Johannes Bernhardi wohnte[13]. Sie waren fünf Jahre lang Kommilitonen und weitere fünf Jahre lang Kollegen; beide traten im Januar 1537 in den Rat der Artistenfakultät ein. Im WS 1541/42 stand Rheticus Marcellus als Dekan gegenüber. Rheticus und Marcellus hatten viele gemeinsame Schüler.

Gegenüber Lemnius nahmen beide gegensätzliche Positionen ein. Marcellus gehört zu den Wittenberger Dichtern, die von Lemnius abgelehnt wurden, vermutlich aus Konkurrenzneid; denn Marcellus lehrte seit 1537 Latein und wurde 1541 Professor für Poetik. In den an Marcellus gerichteten Epigrammen 2, 60 und 3, 15 zeichnet Lemnius ein negatives Bild von ihm: Marcellus, du zweite Hoffnung der lateinischen Sprache. Auch sagt er dem frisch verheirateten Marcellus voraus, dass ihn seine Frau mit ihrem Vermögensverwalter betrügen werde[14].

1 Mundt 1983, Bd. 2, S. 239, S. 251; Klose 1999, S. 237 f. | **2** Krause 1879, S. 251 f. | **3** Förstemann 1841, S. 132a. | **4** Köstlin 1888, S. 22. | **5** Köstlin 1888, S. 25. | **6** Köstlin 1890, S. 23. | **7** Eber, Scripta publice proposita, Bd. 1, 1553, BSB online, image 12; Kathe 2002, S. 96 f. | **8** CR IV, Sp. 608. | **9** Kathe 2002, S, 94 f. | **10** Fuchs 2008, S. 69; Eber, Scripta publice proposita, Bd. 1, 1553, BSB online, image 54-57, 75 f., 90-92. | **11** Fuchs 2008, S. 57, Anm. 54. | **12** Eber, Scripta publice proposita, Bd. 1, 1553, BSB online, image 16 f. | **13** Krause 1879, S. 254. | **14** Mundt 1983, Bd. 1, S. 239; Bd. 2, S. 78 f., 116-119.

Marolt, Ortolf, 1526–1595

Ortolf Marolt (Marold, Maroldt), geboren 1526 in Sülzfeld (Lkr. Schmalkalden-Meiningen, Thüringen), gestorben 1595 in Schmalkalden, luth., neulat. Dichter, Arzt.

Marolt immatrikulierte sich an der Universität Wittenberg im Juli 1542 unter dem Rektor Matthäus Aurogallus[1]. Marolt begleitete 1554 Konrad Ernst nach Venedig, wo er den Sommer in Muße verbrachte[2]. Über Padua zogen sie weiter nach Bologna. Hier promovierte Marolt am 6. Mai 1556 zum Dr. med.[3]; auch Lotichius kam am 20. Mai 1556 in Bologna zu akademischen Ehren als Dr. med. Auf der Heimreise besuchte Marolt 1556 Konrad Gesner in Zürich[4]. Marolt bekam eine Lebensstellung als Stadtarzt von Schmalkalden und hennebergischer Leibarzt. Er heiratete am 7. Februar 1558 in Schmalkalden Eva Maria Steitz (1542-1586) von dort (Sohn: Balthasar).

Marolt hat sich als neulat. Dichter einen Namen gemacht. Seit 1550 gab er immer wieder seine Gedichte in Druck, u.a. Epithalamien auf Arnold Artus (1550)[5], Johannes Dumerich (1551)[6], Sebastian Glaser (1551)[7], auf Lukas Cranach und seine Braut Magdalena Schürpf (1551)[8]. Er schrieb ein Epigramm zu Peucers *Elemeta doctrinae de circulis coelestibus* (Wittenberg: Joh. Crato, 1551)[9]. Einen literar. Beitrag lieferte Marolt zu Beuthers *Fastorum libri II* (1556)[10]. Auch zur Fachliteratur steuerte Marolt einige Arbeiten bei, etwa *Geistliches Regiment, wie sich ein Christ in Sterbensläufen halten solle* (1567)[11] oder *Practica medica* (Frankfurt/Main: Beyer, 1650)[12].

Als Marolt 1542 seine Studien in Wittenberg aufnahm, war Rheticus bereits abgereist. Es dürfte daher kaum zu einer Begegnung zwischen beiden gekommen sein. Es bestanden aber Verbindungen zu Rheticusschülern wie Peucer oder Beuther, die sogar auf ein Interesse an den mathematischen Fächern hinweisen.

1 Förstemann 1851, Bd. 1, S. 197b. | **2** Arnd, Karl (Hg.), Zeitschrift für die Provinz Hanau, Bd. 1, Hanau 1839, S. 370 (Google Books). | **3** Bronzino 1962, S. 50. | **4** Durling 1965, S. 142. | **5** VD 16 M 1060 (Wittenberg: Veit Kreutzer, 1550). | **6** VD 16 ZV 21814. | **7** VD 16 M 1063 (Wittenberg: Georg Rhaus Erben 1551). | **8** VD 16 M 1061 (Wittenberg: Georg Rhaus Erben 1551). | **9** VD 16 P 1984, BSB München, digital; auch in Ausgabe 1576: VD 16 P 1990. | **10** VD 16 B 2433. | **11** VD 16 M 1062. | **12** BSB München, digital.

Marshusius, Franz

Franz (Franziskus) Marshusius (Marshusen, Marshausen, Marschhausen, Mertzhausen), geboren in Göttingen, gestorben in Hildesheim?, luth., Schulmann, Theologe[1].

Marshusius gehörte mit Göbel, Heise, Sprockhof und Brecht zu einer Gruppe Göttinger Bürgersöhne, die mit einem Stipendium der Stadt in Wittenberg studieren konnten. Er immatrikulierte sich im SS 1541 in Wittenberg[2] und promovierte am 1. September 1545 unter dem Dekan Johannes Aurifaber *Vratislaviensis* zum Mag. art. (22. Rang von 40 Kandidaten), zugleich mit Heise (26. Rang) und Sprockhof (29. Rang); Kaspar Peucer kam im gleichen Examen auf den 2. Rang[3]. Marshusius wurde noch 1545 Superintendent in Seesen (Lkr. Goslar, Niedersachsen), wurde jedoch von dort vertrieben und kam als Lehrer an der Lateinschule nach Göttingen. Seit 1548 wirkte er als Diakon an St. Johannis in Göttingen und wurde ein enger Freund von Joachim Mörlin; er wird als *des hern Doctoris Morlini sein diaconus und cappelan* bezeichnet. Nachdem Mörlin aus Göttingen vertrieben worden war, beklagte Marshusius am 25. Januar und am 13. Februar 1550 öffentlich auf dem Rathaus, *dass Mörlin Gewalt und Unrecht geschehen sei. Bei dieser Haltung wolle er bleiben, und sollte es ihm den Hals kosten*[4]. Doch auch Marshusius wurde am 27. Februar 1550 entsetzt, ebenso Sprockhof[5]. Marhusius musste Göttingen verlassen. Die Herzogin Elisabeth stellte Mörlin und Marshusius am 18. August 1550 das Zeugnis aus, sie hätten das liebe heilige Wort Gottes mit rechtem, guten und christlichen Eifer unverfälscht, lauter und rein gelehrt und gepredigt[6]. Mit Hilfe der Herzogin Elisabeth konnten beide im Preußen Herzog Albrechts einen neuen Wirkungskreis finden, Mörlin in Königsberg, Marhusius in Schippenbeil (Sępopol, Woiwodschaft Ermland-Masuren). Hier wurde Marhusius am 26. Oktober 1550 als Pfarrer investiert[7] und verblieb bis 1555. Anschließend (1561) wurde er *pastor* bzw. Prediger an der St. Michaeliskirche in Hildesheim[8].

Im Zusammenhang mit Osiander entstanden neue Konflikte, in denen sich Marshusius unbeirrt auf die Seite Mörlins stellte. Erwähnt werden sollte aus der Entstehungszeit dieser kommenden Konflikte, dass am Tag nach einem Gastmahl im seinem Hause Funck und Mörlin gemeinsam eine Spazierfahrt auf dem vereisten Pregel zu Michael Stifel nach Haffstrom (russ. Schosseiny, Stadtkreis Kalingrad, Russland) unternahmen[9]. Später entwickelte Marshusius gegen den herzoglichen Hofprediger und geistlichen Rat Johannes Funck eine besonders heftige Gegnerschaft[10].

Marshusius führte mit Bugenhagen und Corvinus die Reformation im Herzogtum Braunschweig und im Bistum Hildesheim durch. Er erlangte für die Kirchengeschichte dadurch besondere Bedeutung, als in einer *Farago* betitelte Briefsammlung 160 Briefe von Mörlin an ihn überliefert sind[11]. Diese Briefe sind zugleich auch ein Zeugnis für die enge Freundschaft der beiden Familien; Mörlin versäumte es nie, Grüße an Marhusius' Ehefrau Gesa auszurichten[12].

Beziehungen zu Rheticus sind anzunehmen. Marshusius konnte Rheticus' Vorlesungen im WS 1541/42 gehört haben. Auch stand Rheticus ihm in dieser Zeit als Dekan gegenüber. Im Osianderschen Streit sehen wir Marshusius auf der Seite der Gegner Osianders: Mörlin, Hegemon, Lauterwaldt, Staphylus, die alle mit Rheticus verbunden bzw. seine Schüler waren. Vermutlich konnte es auch nicht ausbleiben, dass Marshusius infolge seiner Freundschaft mit dem leidenschaftlichen Astrologen Chemnitz[13] auch mit der Sterndeutung in Berührung gekommen ist.

---

1 Stupperich 1973, S. 114 und passim (vgl. Register); Diestelmann 2003, S. 90 f., 113-115 und passim. | **2** Förstemann 1841, Bd. 1, S. 189a. | **3** Köstlin 1890, S. 18. | **4** Diestelmann 2003, S. 90. | **5** Lubecus 1994, S. 391. | **6** Zitiert nach Diestelmann 2003, S. 116. | **7** Stupperich 1973, S. 114. | **8** Leuckfeld, Johann Georg, Historia Heshusiana, Quedlinburg 1716, S. 22; Helmolt, Karl von, Tileman Heßhus, Leipzig 1859, S. 57. | **9** Stupperich 1973, S. 121. | **10** Hase, Karl Alfred von, Herzog Albrecht von Preußen und sein Hofprediger, eine Königsberger Tragödie aus dem Zeitalter der Reformation, Leipzig; Breitkopf & Härtel, 1879, S. 222. | **11** Wolfenbüttel HAB, Cod. Guelf.33.18 Aug. 2°. | **12** Diestelmann 2003, S. 115. | **13** Vgl. dazu Hoppmann 1998, S. 48.

Marstaller, Gervasius, † 1578

Gervasius Marstaller (Marstallerus, nach der Herkunft *Brisgoicus*), geboren in Neuenburg (Lkr. Breisgau-Hochschwarzwald, Baden-Württemberg), gestorben am 3. Juni 1578 in Celle (Niedersachsen), luth., neulat. Dichter, Arzt[1].

Gervasius Marstaller begann seine Studien am 17. Oktober 1537 an der Universität Freiburg. Hier promovierte er auch 1539 zum Bacc. art. In Wittenberg schrieb er sich am 18. Oktober 1541 ein[2]. Am 4. September 1544 promovierte Marstaller unter dem Dekan Wilhelm Rivenius zum Mag. art., wobei er allerdings nicht über den 34. Rang unter 34 Bewerbern hinausgelangte[3]; mit ihm waren zur Prüfung angetreten Sebastian Dietrich (1. Rang), Justus Jonas d.J. (2. Rang), Matthäus Blochinger (5. Rang), Viktorin Strigel (6. Rang), Valentin Erythraeus (23. Rang). Wegen der Kriegsgefahr verließ er 1546 gemeinsam mit Johannes Mercurius Wittenberg in Richtung Worms und seine oberrheinische Heimat. Bei dieser Gelegenheit stellte Melanchthon ihm am 15. Juli 1546 ein *Testimonium* aus, er habe fünf Jahre in Wittenberg *cum magna laude modestiae et diligentia in omni officio, et bonam philosophiae partem et doctrinae Eclesiae Dei recte et feliciter didicerit* (mit großem Lob, Bescheidenheit und Fleiß in jeder Obliegenheit einen guten Teil der Philosophie und der Theologie erlernt) und den Grad eines Mag. art. erworben[4]. Marstaller und Mercurius kamen zusammen in Heidelberg an, Marstaller immatrikulierte sich hier am 28. August 1546 als Magister artium Wittenbergensis[5]; Mercurius war bereits 1535 immatrikuliert worden. Im ersten Halbjahr 1547 promovierte Mercurius in Heidelberg zum Mag. art.; Promotor war Magister Arnold Opsopoeus, Professor für Rhetorik[6]. Wir dürfen annehmen, dass Marstaller bei der Promotion seines Freundes anwesend war. Marstaller setzte seine Studien in Tübingen und dann in Paris im Collegium von Beauvais fort und genoss hier den Unterricht von Oronce Finé, um sich dann später der Medizin zuzuwenden; ein weiterer Lehrer war der Astrologe Antoine Mizauld (1510-1578). Am 7. Januar 1550 schrieb er sich in die Matrikel der medizinischen Hochschule von Montpellier ein, wo Professor Antoine Saporta sein Patron wurde[7]. Hier freundete er sich mit Jean Sanravy aus Montpellier an, der später den Aischylos ins Lateinische übersetzte (Basel: Johannes Oporin, 1555), nachdem Marstaller ihn zum Studium nach Basel empfohlen hatte.[8] Am 8. Dezember 1552 promovierte Marstaller in Pisa zum Dr. med.[9]; als Zeugen der Promotion traten mehrere Rheticusschüler auf wie Michael Beuther, Johannes Brambach und Leonhard Münsterer[10]. Nach Deutschland zurückgekehrt eröffnete Marstaller 1553 eine Praxis in Braunschweig (Niedersachsen). 1570 wurde Marstaller Professor der Medizin an der Universität Jena[11]. Er wurde auch Leibarzt der Anhaltiner, später Leibarzt des Herzogs Wilhelm von Braunschweig-Lüneburg.

Marstaller heiratete 1555 Dorothea Trütiger, die Schwester seines Wittenberger Kommilitonen Valentin Trütiger. Aus dieser Ehe stammte der in Braunschweig geborene Sohn Gervasius Marstaller d.J., der 1572 in Jena und 1576 in Basel Medizin studiert hat. Ein anderer, in Braunschweig geborener Sohn Martin Marstaller (1561-1615) war Kammerrat und Bibliothekar des Herzogs Bogislaw von Pommern; Martin Marstaller korrespondierte mit Heinrich Rantzau.

Werke (in Auswahl): *Artis divinatricis quam Astrologiam vocant encomia* (Paris: Christian Wechel, 1549, mit Widmung an seinen Freund und Lehrer Oronce Finé, Paris, *ex collegio Bellovacensi*, 13. Januar 1549)[12]; *Bucolicon* (o.O., August 1549)[13]; *Epitalamion in nuptias Gervas. Marstalleri et Dorotheae Trutigerae Halensis* (Wittenberg 1555); *In natalem nuper nati principis Francisci Georgii Anhaltini* (Wittenberg: Schwenck, 1567); *De vita et obitu Bernhardi principis Anhaltini* (Wittenberg: Lorenz Schwenck, 1570)[14]; *Kurtzer vnd einfeltiger Bericht, Wie man sich fuer der Pestilentz bewaren muege, angehängt Luthers Buechlein, Ob man vor dem Sterben fliehen muege* (Uelzen: Michel Kröner, 1577, Widmung an die Stände des Niedersächsischen Kreises, Celle, 10. November 1576)[15], weitere posthume Auflage Halle: Paul Gräber, 1597[16].

Beziehungen zu Rheticus: Marstaller gehörte zum weiteren Kreis der Wittenberger Astrologen[17]. Man darf daher annehmen, dass er im WS 1541/42 die Vorlesungen von Rheticus besucht hat. Dafür spricht auch seine Sammlung von Aussagen zum Lobe der Astrologie *Artis divinatricis encomia* (1549)[18], in der Melanchthon, Milich, Schöner, Heller aufscheinen; diesem Kreis steht auch Eberhard Schleusinger mit seiner *Assertio contra calumiatores Astrologiae* (Nürnberg: Joh. Petreius, 1539, hg. von Schöner mit Versen *Lectori* von Thomas Venatorius)[19] geistig nahe; Dr. med. Eberhard Schleusinger (ca. 1430-1488) aus Goßmannsdorf am Main (seit 1972 Ortsteil von Ochsenfurt, Lkr. Würzburg, Unterfranken) hatte schon in den 1470er Jahren Kometenschriften veröffentlicht; 1482 erscheint er in der Matrikel von Basel[20].

1 http://thesaurus.cerl.org/record/cnp00121103 (21. September 2013). | 2 Förstemann 1841, Bd. 1, S. 192a. | 3 Köstlin 1890, S. 17. | 4 CR VII, S. 198 f., Nr. 3511. | 5 Töpke 1884, Bd. 1, S. 595. | 6 Töpke 1886, Bd. 2, S. 458. | 7 Gouron 1957, S. 116, Nr. 1808. | 8 Griechischer Geist aus Basler Pressen, GG 201. | 9 Weigle 1959, S. 211, Nr. 250. | 10 Jenny, in: Amerbachkorrespondenz, Bd. 9/1, S. 37, Anm. 14. | 11 Mentz 1944, Bd. 1, S. 198. | 12 BSB München, digital. | 13 VD 16 M 1138; BSB München, digital. | 14 VD 16 M 1142. | 15 VD 16 M 1140; VD 16 L 5530; LUB Sachsen-Anhalt Halle, digital. | 16 VD 16 ZV 20358; UB Leipzig, digital. | 17 Brosseder 2004, S. 16. | 18 Brosseder 2004, S. 241. | 19 BSB München, digital. | 20 Wackernagel 1951, Bd.1, S. 82; Green 2012, S. 64, 192.

Masbach, Georg, 1526–1593

Georg Masbach (Maßbach, Maspach, Mosbach, Mossbach, Masbachius, Mastpachius, Mospachius), geboren 1526 in Schweinfurt (Unterfranken), gestorben am 12. April 1593 in Leipzig[1], luth., Universitätslektor (griech. u. lat. Grammatik), Schulmann, Arzt, Professor für Medizin.

Masbach immatrikulierte sich im SS 1548 unter dem Rektor Johannes Sinapius an der Universität Leipzig[2]. Er gehörte der Bayerischen Nation an. Im WS 1548/49 wurde er nach dem 21. März 1549 unter dem Dekan Rheticus von Magister Ambros Borsdorfer zum Bacc. art. promoviert[3]. Im WS 1551/52 wurde Masbach unter dem Dekan Peter Thomäus zum Mag. art. kreiert (zusammen u.a. mit Erstberger, Peiffer, Freyhube, Johannes Paceus, Georg Lüders)[4]. Die Aufnahme in den Rat der Fakultät erfolgte im SS 1554[5]. Die folgenden fünf Jahre engagierte er sich voll in der Fakultät, besonders als Examinator der Magistranden und als Executor[6]. 1559 heiratete Masbach und wurde Rektor der Nikolaisschule. Doch schon von nächsten Jahr an übernahm er wieder bis 1571 zahlreiche Funktionen in der Artistenfakultät, 1560 und 1566 auch als Dekan; im SS 1566, SS 1572 und SS 1574 war Masbach Rektor Magnificus[7]. Jeweils zur Amtseinführung des Rektors hielt Heinrich Salmuth am 8. Juni 1572 und am 23. Mai 1574 eine panegyrische Rede[8].

Seit 1559 war für ihn das Studium der Medizin in den Vordergrund getreten. Am 16. März 1559 disputierte er bei Simon Scheib zum Thema *De victu acutorum*, worüber ein gedrucktes Thesenpapier vorliegt (Leipzig: Valentin Papsts Erben, 1559)[9]. Er disputierte danach unter Wolfgang Meurer *De recte medendi ratione* (Leipzig: Joh. Rhamba, 1562, mit einem griech. Epigramm von Joachim Camerarius)[10] und zuletzt unter Martin Drembach *De apoplexia* (Leipzig: Joh. Rhamba, 1571)[11]. Mit diesen Disputationen erlangte er die Grade eines Bacc. med. am 2. November 1564, eines Lic. med. am 7. Dezember 1570 und eines Dr. med. 1571. Masbach wurde zum ständigen Dekan der medizinischen Fakultät gewählt. Die unter seinem Namen laufenden Schriften *De victu salubri* (Leipzig: 1574) und *De melancolia* (Leipzig: Joh. Beyer, 1583)[12] waren unter ihm entstandene Disputationen.

Masbach heiratete 1559 Magdalena Kegler, Tochter des Leipziger Professors für Medizin Kaspar Kegler. Seine Studienfreunde Jakob Strasburg und Simon Sten schrieben ihm zu diesem Fest ein Hochzeitsgedicht *Epithalamion* (Leipzig: Johannes Rhamba d.Ä., 1559). Ein Sohn aus dieser Ehe war Georg Masbach d.J., 1594 Stadtphysikus von Dresden, Professor für Botanik und Leibarzt des Kurfürsten Christian II. von Sachsen[13].

Beziehungen zwischen Rheticus und Masbach bestanden in den Jahren 1548 bis 1551. Masbachs Promotion zum Bacc. art. fand unter den Dekanat von Rheticus statt, er musste für die Prüfungen zum Bakkalaureat die Vorlesungen von Rheticus hören.

1 Vogel 1714, S. 278. | 2 Erler, Bd. 1, S. 669, B 3. | 3 Erler, Bd. 2, S. 706. | 4 Erler, Bd. 2, S. 725. | 5 Erler, Bd. 2, S. 733. | 6 Erler, Bd. 2, S. 735-753. | 7 Gersdorf 1869, S. 40. | 8 Pfeffinger/Salmuth 1588, Oratio VII und VIII, ULB Halle, digital. | 9 VD 16 ZV 13830, UB Leipzig, digital. | 10 VD 16 M 5023,BSB München, digital. | 11 VD 16 ZV 4757, ULB Halle, digital. | 12 Müller 2004, S. 361, Nr. 2968. | 13 Wackernagel 1956, Bd. 2, S. 369, Nr.70.

Matthäus, Sebastian, † nach 1551

Sebastian Matthäus (Mattheus, Mathaei), aus Wittenberg, gestorben nach 1551 in Wittenberg?, luth., Universitätslehrer, Theologe.

Matthäus entstammt wohl einem in Wittenberg ansässigen Geschlecht: Gregor Mathei ist im WS 1503/04 immatrikuliert, ein weiterer Gregorius, zugleich mit einem Michael Mattheus im SS 1534, ein Andreas Mattheus im SS 1540[1]. Sebastian Matheus schrieb sich am 21. Juni 1530 unter dem Rektor Johannes Bernhardi *Velcurio* in die Matrikel ein[2]; Konsemester waren u.a. Magister Johannes Forster, Balthasar Gosmar, Sebastian Gore. Am 13. Januar 1534 wurde Matthäus unter dem Dekan Rivenus Bacc.art.[3], am 29. August 1536 unter dem Dekan Melchior Fendt Mag. art.[4]; er erreichte den 2. Rang von 6 Kandidaten. Am 16. Juli 1541 disputierte Matthäus *De discrimine potestatis ecclesiae et civilis*[5]. Am 10. August 1541 wurde Matthäus in den Rat der Artistenfakultät aufgenommen[6]. Nach zehnjähriger Tätigkeit wurde Matthäus für das WS 1550/51 zum Dekan der Artistenfakultät gewählt; unter ihm fanden 45 Promotionen statt[7]. Merkwürdig ist, dass sein Name in der Fakultätsmatrikel gestrichen und mit einem Totenkreuz versehen wurde. Man könnte vermuten, Matthäus sei ein Opfer der Pest geworden, die 1551 zu einem Exil der Universität nach Torgau geführt hatte. Es ist aber nicht üblich, Verstorbene aus der Matrikel zu streichen, es sei denn, sie hätten Selbstmord begangen, sie wären relegiert worden (wie Lemnius) oder sie wären zum Katholizismus konvertiert; in dieser Hinsicht haben wir aber keinerlei Nachrichten über Matthäus.

Rheticus und Matthäus waren seit 1532 Kommilitonen, seit 1536 Kollegen, seit 1541 saßen beide im Fakultätsrat.

1 Förstemann 1841, Bd. 1, S. 13a, 153b, 180a. | 2 Förstemann 1841, Bd. 1, S. 139b. | 3 Köstlin 1888, S. 15. | 4 Köstlin 1888, S. 23. | 5 Köstlin 1890, S. 23. | 6 Köstlin 1890, S. 21. | 7 Sennert 1678, S. 123, BSB München, digital, Scan 131.

Medelpadius, Olavus, ca. 1520–1595/97

Olavus (Olaus, Uuolffgangus) Petri Medelpadius, alias Nordman, geboren um 1520, gestorben um 1595/97 in Uppsala (Uppsala län), luth., Schulmann, Theologe[1].

Olaus Petri Medelpadius immatrikulierte sich am 5. Januar 1542 unter dem Rektor Milich an der Universität Wittenberg[2]. Wie viele seiner Landsleute war auch Medelpadius am 31. Oktober 1544 an dem Trinkgelage der Schweden im Hause des Magisters Magnus Botwidi beteiligt[3]. Es liegt sogar eine lateinisch geschriebene Zeugenaussage von ihm vor[4]. Der Finne Lars Frese, der bei Magister Botwidi wohnte, war der eigentliche Gastgeber des Festes. Er hatte das Gerücht in die Welt gesetzt, dass Medelpadius sich mit der Syphilis *a scortis conducto* (von Huren erworben) angesteckt habe[5]. Die Stimmung war aufgeheizt, der Alkohol floss in Strömen, *omnes hilares fuimus bibendo, commedendo et propinando aliis* (alle sind wir fröhlich gewesen im Trinken, Essen und anderen zutrinkend); aber schließlich artete das Bankett aus zu einem *pessimum convivium* (Scheißgelage). Im SS 1545 begleitete Medelpadius seinen ausgewiesenen Freund Reginaldus Olavi nach Leipzig, wo er sich in die Matrikel eingeschrieben hat[6]. Er kehrte aber schon bald nach Wittenberg zurück, um dort am 25. Februar 1546 unter den Dekan Johannes Stoltz als *Olavus Petri Suecus* zum Mag. art. zu promovieren; er kam auf de 21. Rang von 39 Kandidaten[7]; den 1. Rang machte Facius Illyricus. In die Heimat zurückgekehrt wirkte er zunächst 1549 bis 1552 als Schulmeister in Uppsala. Er war dann anschließend 1554 bis 1556 Pfarrer in Rasbo (Uppsala län), 1556 bis 1576 in St. Nicolai in Stockholm, abgesetzt, dann 1576/77 Dompropst in Uppsala.

Beziehungen zwischen Rheticus und Medelpadius sind anzunehmen. Als sich Medelpadius am 5. Januar 1542 in Wittenberg eingeschrieben hat, war er sicher schon einige Zeit im Land. Er konnte mithin Rheticus' Vorlesungen im WS 1541/42 hören. Zudem war Rheticus in dieser Zeit Dekan der Artistenfakultät, der auch Medelpadius angehörte. Im SS 1545 war Medelpadius erneut mit Rheticus zusammengetroffen; wieder konnte er dessen Vorlesungen besuchen.

1 Callmer 1976, S. 22, Nr. 60. | 2 Förstemann 1841, Bd. 1, S. 193b.; Callmer 1976, S. 22, Nr. 60. | 3 Heininen 1980, S. 64 f. | 4 Im Wortlaut gedruckt bei Heininen 1980, S. 85 f. | 5 Heininen 1980, S. 84. | 6 Erler, Bd. 1, S. 653, S 51. | 7 Köstlin 1890, S. 19.

Meder, Valentin, ca. 1530 – nach 1580

Valentin Meder, geboren um 1530 in Görsbach (Lkr. Nordhausen, Thüringen), luth., Mathematiker, Astronom, Botaniker, Jurist (Rat).
Vgl. die Vorbemerkung zu Moritz Steinmetz. Valentin Meder immatrikulierte sich an der Universität Leipzig im WS 1541/42[1], promovierte im SS 1547 zum Bacc. art.[2] und im WS 1550/51 zum Mag. art.[3], jeweils gemeinsam mit Moritz Steinmetz. 1559 besuchte Meder Konrad Gesner in Zürich[4]. 1562 ist JUD Valentin Meder als Rat des Grafen Albert Georg von Stolberg bezeugt. In diesem Jahr heiratete er Katharina Pictorius, zu welchem Anlass Anton Probus (1537-1613) ein *Carmen epithalamion* (o.O, 1562) verfasste. Am 23. März 1577 zu Jüterbog (Lkr. Teltow-Fläming, Brandenburg) unterzeichnete Meder namens der Äbtissin von Quedlinburg (Lkr. Harz, Sachsen-Anhalt) und namens der Grafen von Stolberg (Lkr. Mansfeld-Südharz, Sachsen-Anhalt) den Abschied des obersächsischen Kreiskonventes.

Werke: Vorhersage für 1552[5]. Meders Landsmann Valentin Steinmetz hat ihm seine Schrift *Von dem Cometen 1577* (Drucke Leipzig: N. Nerlich 1577[6], Magdeburg 1577[7], Augsburg: M. Manger, 1577[8], 1578[9], evtl. auch zwei weitere Drucke 1577[10]) gewidmet im Hinblick auf dessen Interesse an der Astronomie und seine mathematischen Fertigkeiten. Das Buch von Steinmetz fand auch bei dem kritischen Tycho Brahe positive Beachtung. Von ca. 1570 existiert eine Kartenskizze (Harz) von Meder.

Beziehungen zu Rheticus. Valentin Meder und Moritz Steinmetz hatten während ihrer gesamten Studienzeit die Möglichkeit, die Vorlesungen von Rheticus zu hören. Hier promovierte er am 25. Februar 1545 unter dem Dekan Johannes Stoltz zum Mag. art., wobei der den 21. Rang unter 39 Kandidaten erreichte[11]. Meders Vorhersage für 1552, die 1551 entstanden sein muss, lässt den unmittelbaren Einfluss von Rheticus erkennen; denn er bekennt sich darin zu Kopernikus. In der Practica auf 1552 wird gemäß Zinner von »Val. behauptet, dass Koppernicks observation mehr zutreffe als die anderer Leute, womit er wohl Reinholds Jahrbücher für 1550/51, die auf Koppernicks Beobachtungen gegründet waren, meinte.«[12] Irrtümlich spricht Zinner von Valentin Steinmetz, Verfasser der Practica auf 1552 ist aber Valentin Meder. Diese Fehleinschätzung Zinners begegnet uns auch in dessen »Entstehung und Ausbreitung der coppernicanischen Lehre«, wo noch weiter ausgeführt wird, »dass die coppernicanischen Angaben mehr zutreffen als andere Angaben, die um halbe oder ganze Tage nicht übereinstimmen, und fühlte sich daher bewogen, sich um die coppernicanische Lehre zu kümmern«[13]. Im Übrigen muss Meder nicht unbedingt Reinholds Tafeln für 1550/51 im Auge gehabt haben; es würde eigentlich näher liegen, wenn er an Rheticus' Ephemeriden für 1551 gedacht hätte. Für Reinhold könnte allerdings sprechen, dass der mit Valentin Meder eng befreundete Valentin Steinmetz sehr viel später in seiner Vorhersage für 1581 (Leipzig, [1580])¹⁴ Reinhold beim Namen nennt: *Dergleichen fleis, mühe und arbeit haben auch noch zu unsern zeiten gehabt und angewendet etzliche vortreffliche Leute, als der Nicolaus Copernicus, Erasmus Reinholdus, und andere mehr, welche alle nur dahin gesehen, das da möchte diese kunst Astronomia richtig und gewis erhalten werden und bleiben*¹⁵.

Owen Gingerich hat darauf hingewiesen, dass die Zuweisung der Practica auf 1552 an Valentin Steinmetz (c.1550-c.1597) für diesen zu früh sei. Entweder sei die Jahreszahl 1552 falsch oder aber wahrscheinlicher sei Valentin Engelhardt gemeint, von dem auch eine Vorhersage auf 1552 vorliegt¹⁶. Es besteht aber kein Grund, die bei Birkenmajer überlieferte Angabe *Valentinus Med Gersbachius* nicht mit Valentin Meder in Bezug zu setzen.

1 Erler, 1895/1905, Bd. 1, S. 637, M 29 und M 30. | **2** Erler, 1895/1905, Bd. 2, S. 699. | **3** Erler, 1895/1905, Bd. 2, S. 718. | **4** Durling 1965, S. 142. | **5** Zinner 1964, S. 218, Nr. 2054, jedoch mit falscher Zuordnung an Valentin Steinmetz; Birkenmajer 1900, S. 644. | **6** Zinner 1964, S. 264, Nr. 2794. | **7** Zinner 1964, S. 264, Nr. 2795. | **8** Zinner 1964, S. 264, Nr. 2796. | **9** Zinner 1964, S. 268, Nr. 2860. | **10** Zinner 1964, S. 264, Nr. 2797/98. | **11** Köstlin 1890, S. 18 f. | **12** Zinner 1564, S. 218. | **13** Zinner 1943, S. 270. | **14** Zinner 1964, S. 277, Nr. 3014. | **15** Steinmetz, Practica auf 1581, Bl. A4 recto und verso, zitiert nach Hamel 1994, S. 258. | **16** Gingerich 2002, S. 32, unter Hinweis auf Zinner 1964, S. 217, Nr. 2043.

Meier, Johann Heinrich

Johann Heinrich Meier (Maioris, Meyer), aus Bern, ref., mehr nicht ermittelt¹.
Meier immatrikulierte sich 1536/37 an der Universität Basel². Er wechselte dann nach Wittenberg, wo er sich am 7. Oktober 1541 als *Joannes Henricus Maioris ex Berna oppido Helvetiorum* (gemeinsam mit den Schweizern Ulmer und Wellendinger) eingeschrieben hat³. Am 20. April 1542 wurde Meier unter dem Dekan Rheticus zum Mag. art. promoviert⁴. Von zehn Kandidaten belegte Meier die 3. Rangstufe. Meier verblieb noch einige Zeit in Wittenberg und kehrte gemeinsam mit Wellendinger nach Bern zurück. Melanchthon stellte beiden ein gutes Zeugnis aus⁵.

Die Schweizer Studenten galten in Wittenberg als »Ketzer« und waren nicht gut angesehen. Rheticus' alter Freund Kaspar Brusch konnte es als Verehrer Martin Luthers nicht lassen, 1542 einen Streit mit Meier vom Zaun zu brechen, nachdem dieser sich in einer Gesellschaft, an der beide teilgenommen hatte, abfällig über die Dichtkunst geäußert hatte. Brusch antwortete mit 26 bissigen Hexametern, in denen er »das hochmütige, aus den Höhlen Helvetiens hergelaufene Magisterlein davor warnte, die Poeten weiterhin zu verunglimpfen und ihre Arbeit als töricht zu qualifizieren«. Habe denn Bern ihn an die Elbe geschickt, Luther und den lutherischen Kultus herunterzumachen? »Selbst zur Dichtkunst unbegabt, müsse er alles, was diese an Großem hervorbringe, verächtlich machen«⁶. Im Juni 1542 publizierte Brusch einige Verse auf die Magister Meier und Wellendinger im *Liber elegiarum et epirammatum* (im Anhang zu seinen *Encomia hubae Slaccenwaldensis* (Wittenberg: Joseph Klug, 1542)⁷.

Beziehungen zu Rheticus sind nicht besonders ausgeprägt. Meier konnte im WS 1541/42 Rheticus' Vorlesungen gehört haben. Am 20. April 1542 fungierte Rheticus als Promotor bei seiner Magisterpromotion.

1 HBLS 5, S. 99 (?). | **2** Wackernagel 1956, Bd. 2, S. 13, Nr. 29. | **3** Förstemann 1841, Bd. 1, S. 191a, 22. | **4** Köstlin 1890, S. 14. | **5** MBW, Regg. Bd. 3, Nr. 3175. | **6** Jenny 2000, S. 115 (Zitat gekürzt). | **7** UB München, digital, Scan 21.

Meißner, Aegidius, d. Ä., 1520–1563

Aegidius (Egid) Meißner (Misner, Meissner, Misnerus, Misnensis) d. Ä., geboren um 1520 in Meißen, gestorben am 8. November 1563 in Erfurt[1], luth., neulat. Dichter, Astronom.

Die Biographie Meißners steht noch unter gewissen Vorbehalten. Zunächst sind Aegidius Meißner d. Ä. aus Meißen und Aegidius Meißner d. J. aus Leipzig zu unterscheiden. Der ältere Meißner immatrikulierte sich im SS 1535 an der Universität Leipzig[2], wo er dem Collegium Paulinum angehörte. Am 26. Februar 1542 promovierte er unter seinem Landsmann Mag. Thammüller zum Bacc. art.[3] Im WS 1547/48 trat Meißner zur Magisterprüfung an: Examinatoren waren u. a. der Physiker Magister Blasius Thammüller, als Vizekanzler fungierte der Mathematiker Magister Christophorus Montag, Promotor war der Rektor Wolfgang Meurer. Im Hinblick auf die Arbeit, die Meißner der Universität und der Fakultät unter dem Rektor Kaspar Borner als dessen *Amanuensis* geleistet hatte, wurden ihm die Prüfungsgebühren in Höhe von 4 Gulden, 14 Groschen und 6 Pfennigen erlassen, dasselbe galt auch für seinen Kommilitonen Naumann[4]. Meißner scheint zeitweise an der Fürstenschule Pforta unterrichtet zu haben.

Beziehungen zwischen Rheticus und Meißner sind anzunehmen. Meißner hatte Gelegenheit, vom WS 1542/43 bis SS 1545 Vorlesungen von Rheticus zu besuchen. Er mochte zudem als *Amanuensis* von Kaspar Borner, der zeitweise Rheticus bei dessen Abwesenheit in Italien vertreten hat, zusätzlich einiges über dessen Arbeit erfahren haben.

1 So Bertuch 1612, S. 290, BSB München.digital, Scan 675. | 2 Erler, Bd. 1, S. 618, M 21. | 3 Erler, Bd. 2, S. 664. | 4 Erler, Bd. 2, S. 701 f.

Melanchthon, Philipp, 1497–1560

Philipp Melanchthon, geboren am 16. Februar 1497 in Bretten (Lkr. Karlsruhe), gestorben am 19. April 1560 in Wittenberg, letzte Ruhestätte in der Schlosskirche von Wittenberg, luth., *Praeceptor Germaniae*, Humanist, Schulreformer, Theologe, Gräzist, neulat. Dichter, Mathematiker, wichtigster Mitarbeiter Luthers, Verfasser zahlreicher Lehrbücher[1].

Melanchthon war über viele Jahrzehnte die prägende Gestalt an der Universität Wittenberg. Eine Kurzbiographie an dieser Stelle kann seiner Bedeutung nicht gerecht werden; daher soll hier im Wesentlichen nur seine Beziehung zu Rheticus dargestellt werden. Melanchthon war einer der herausragenden Verkünder des Humanismus, dessen Wesen er 1545 in einer Universitätssatzung umschrieben hat. »Obwohl eine große Zahl von Menschen unsere Anstrengungen und das Schulleben für eine frevelhafte Zeitverschwendung hält und auch nicht anerkennt, dass die Beschäftigung mit der Wissenschaft Teil des bürgerlichen Lebens ist, müssen wir uns immer wieder vor Augen halten, dass die Wissenschaften nicht nur Zierde, sondern Nerv segensreicher Staatsleitung sind«[2].

Melanchthon, der Neffe Reuchlins, studierte seit 1509 in Heidelberg, wurde dort 1511 Bacc. art., seit 1512 war er in Tübingen, hier wurde er 1514 Mag. art., seit 1518 widmete er sich dem Studium der Theologie in Wittenberg. In seinem naturwissenschaftlichen Verständnis wurde Melanchthon durch seinen Tübinger Lehrer Johannes Stöffler geprägt, der auch der Lehrer von Münster, Imser und vielen anderen Mathematikern gewesen ist. Melanchthon war seit 1520 verheiratet mit Katharina Krapp (1497-1557) aus Wittenberg, er wohnte seit 1536 im damals neu erbauten Melanchthonhaus (seit 1954 Museum), in dem auch zahlreiche Gelehrte und Studenten wohnten, u.a. auch Rheticus.

Zunächst einmal gilt für Rheticus das, was ganz allgemein immer wieder gesagt wurde, dass Melanchthon *scholae nostrae* [gemeint sind vor allem Wittenberg und Leipzig] *communem praecep-*

torem vocant (unsere Schulen nennen ihren gemeinsamen Lehrer) war. Darüber hinaus wurde aber Rheticus von Melanchthon ganz besonders gefördert.

Bevor Rheticus zum Studium nach Wittenberg ging, wollte er eigentlich Kaufmann werden, als er sich plötzlich durch das Erscheinen des Halleyschen Kometen wieder zur Astronomie hingezogen fühlte. Vermutlich ließ Achilles Gasser ihn an seinen Beobachtungen des Kometen teilhaben. Die 1531 durch den Halleyschen Kometen neu geschaffene Situation der Kometenbeobachtung hat Camerarius in der Biographie Melanchthons angesprochen. »In diesen drei aufeinanderfolgenden Jahren wurden auch Kometen gesehen. Über diese schrieb Philipp Melanchthon viel an seine Freunde, wobei er ihnen seine eigenen Überlegungen mitteilte, doch auch deren Meinungen dazu erforschte«[3]. So hatte Melanchthon am 17. August 1531 an Carion geschrieben[4]. Am 19. August 1531 schrieb er an Camerarius, von dem er auch wissen wollte, was Schöner dazu sagte[5]; und am 9. September 1531 erneut an Camerarius[6]. Am 20. September 1531 bat er Wilhelm von Reiffenstein, er möge ihm von der Frankfurter Messe Bücher über den Kometen beschaffen[7]. Am 21. September 1531 wandte sich Melanchthon wegen des Kometen an Johannes Agricola[8]. Am 29. September 1531 kam er in einem Brief an Camerarius erneut auf den Kometen zu sprechen, ebenso an demselben Tag in einem Brief an Friedrich Mykonius[9], am 30. September 1531 gegenüber Johannes Brenz, nochmals im September 1531 an Camerarius[10]. Am 2. November 1531 schickte Melanchthon an Camerarius das Urteil eines polnischen Gelehrten über den Kometen[11]. Der Halleysche Komet war zwei Monate lang ein zentraler Gegenstand von Melanchthons Korrespondenz, vermutlich auch in seinem Briefwechsel mit Gasser. Auch Paracelsus, mit dem Rheticus um diese Zeit sprach, hatte eine Schrift über den Halleyschen Kometen verfasst.

Als der 18jährige Rheticus 1532 mit einem Empfehlungsschreiben Gassers in Wittenberg eintraf, wurde er von Melanchthon als Hausgenosse aufgenommen. Melanchthons Interessen galten ganz besonders auch den Naturwissenschaften, insbesondere der Physik, der Astronomie und der Geographie[12]. Er war es auch, der Rheticus für diese Fächer begeisterte: »Mein Lehrer Philipp Melanchthon, der wie kein anderer unser Jahrhundert mit Ruhm erfüllt, hat mir dann die mathematischen Fächer zum Studium empfohlen, weil ich hier gewisse Vorkenntnisse hatte, vielleicht auch aus einem anderen Grunde. Jedenfalls habe ich es mit größtem Eifer getan; denn auf dem Fachgebiet, das er mir empfohlen hatte, wollte ich nicht eine nur nachlässige Tätigkeit entfalten«[13].

Melanchthon selbst las über die *Tetrabilos* des Ptolemäus[14], das astrologische Hauptwerk. Gewisse Bestrebungen, die Astrologie zu einem akademischen Fach aufzuwerten scheiterten. Vor allem war Luther ein Gegner der Astrologie. So las denn auch Melanchthon die *Tetrabiblos* als Vorlesungen zum Griechischen, nicht zur Astrologie.

Walter Thüringer hat die verbreitete und auch von mir vertretene Darstellung in Frage gestellt, dass die heliozentrische Lehre des Kopernikus bereits 1538 in einem kleinen Kreis von Wittenberger Gelehrten diskutiert wurde[15], worauf Rheticus den Entschluss fasste, nach Frauenburg zu reisen. Dieser zeitliche Ansatz sei zu früh, vielmehr sei zu vermuten, dass Rheticus erst 1539 bei seinem Besuch bei Schöner in Nürnberg zu dieser Reise bewogen worden ist[16]. In die gleiche Richtung haben sich inzwischen auch Jesse Kraai, Peter Barker und Bernard R. Goldstein geäußert[17]. Diese Entscheidung für die Reise nach Frauenburg fiel aber kaum von heute auf morgen. Zu bedenken waren, wie Rheticus selbst ausführt, der Aufwand an Geld, die Bezahlung eines Famulus, die lange Reise und die sonstigen Beschwerlichkeiten; er musste einen Urlaub von der Universität erwirken. Vom ersten Hören bis zum Heranreifen eines Entschlusses war es ein längerer Weg. Die Reisen nach Nürnberg, Tübingen und Ingolstadt dienten der Vorbereitung. Und es ist nicht von der Hand zu weisen, dass dieser endgültige Entschluss erst in Nürnberg gefasst wurde; es ist aber auszuschließen, dass Rheticus erst in Nürnberg von Kopernikus gehört haben soll, um dann Hals über Kopf nach Frauenburg abzureisen. Überdies war über Rheticus' Urlaub schon im Oktober 1538 entschieden worden; und am 2. März 1539, also lange vor dem Antritt der Reise nach Frauenburg, kassierte

Paul Eber verabredungsgemäß für Rheticus dessen Quartalsgehalt ein[18]. Hamel nimmt an, dass die Reisepläne für Rheticus etwa Mitte 1538 Gestalt angenommen haben[19].

Es gibt einen Hinweis darauf, dass bereits 1537 über das heliozentrische System diskutiert worden ist. Valentin Engelhardt hatte 1537 im Hause Melanchthons eine Unterredung mit Friedrich Mykonius, vom dem Melanchthon am 6. Oktober 1537 erbat, er möge beim Gothaer Rat ein Stipendum für Engelhardt erwirken[20]. *Est autem Valentinus singulari dexteritate naturae praeditus in tractandis his artibus mathematicis* (Es ist aber Valentin von einzigartiger Gewandtheit in der Behandlung der mathematischen Künste). Melanchthon präzisiert gegenüber Mykonius, der wohl wie Luther Vorbehalte gegen die Astrologie hatte: *qui optima cum spe versatur in studiis mathematum, nec consectatur divinationes, sed alteram illa partem, plenam verae eruditionis, quae motuum coelestium rationem ex Arithmetica et Geometricis demonstrationibus quaerit. Opinor autem, te de illis ipsis artibus honorifice sentire, quibus amissis, conturbaretur anni ratio, nullos haberemus certos fastos, nullam historiarum series* (er steckt mit größter Hoffnung in den mathematischen Studien, jagt aber nicht den Prophezeiungen nach, sondern befasst sich mit jenem anderen Teil, der nach dem Grund der himmlischen Bewegungen mit Hilfe der Arithemetik und den geometrischen Beweisen fragt, die, wie ich glaube, auch du in Ehren hältst, denn ohne sie käme unsere Jahresrechnung durcheinander, wir hätten keine sicheren Amtstage, keine historischen Abfolgen).

Der genannte Gelehrtenkreis umfasste Erasmus Reinhold und Rheticus sowie deren dienstliche Vorgesetzte Melanchthon und Cruciger, die Rektoren des SS 1538 und des WS 1538/39, die beide ebenfalls als Fachgelehrte der mathematischen Wissenschaften gelten dürfen. Die Gewährung des Urlaubs fiel in die Zuständigkeit von Melanchthon und Cruciger, aber auch Reinhold musste dem zustimmen, weil ihn fortan die Hauptlast für die Vertretung von Rheticus traf. Die Reise des Rheticus lag demnach in den Händen dieser vier Professoren. Alle vier mussten daher vorher über Kopernikus und seine Thesen diskutiert haben. Diederich Wattenberg ist sogar noch einen Schritt weiter gegangen. Er zieht aus der Tatsache, dass es Reinhold und Rheticus waren, die der Lehre des Kopernikus zu einem Durchbruch verhalfen, den Schluss, dass beiden schon von ihrem Lehrer Johannes Volmar das Interesse für Kopernikus und für die heliozentrischen Lehre in die Wiege gelegt worden war[21]. Zwar hat sich Volmar nie zu Kopernikus geäußert. Aber Kopernikus und Volmar sind aus der gleichen angesehenen Krakauer Schule hervorgegangen, ja sie hatten sogar in Jan von Glogau den gleichen Lehrer. Und hatte nicht Jan von Glogau die Vorrangstellung der Sonne unter den Planeten betont?

Über Melanchthons Stellung zu Kopernikus hat Walter Thüringer ein sehr ausgewogenes Urteil abgegeben. Melanchthon hat sich sehr eingehend mit Kopernikus beschäftigt, er war auch im Besitz einer Ausgabe von *De revolutionibus*[22]. Seine Einstellung blieb aber nicht immer gleich. Die anfangs heftige Ablehnung in den *Initia doctrinae physicae* hat er in zunehmenden Maße abgemildert[23].

Von Anfang an gab es Bedenken gegen eine Veröffentlichung des heliozentrischen Systems. Kopernikus hatte aus gutem Grund sein Werk nicht publiziert; er selbst hat seine Bedenken in der Widmung an den Papst formuliert. Nur mühsam konnten Giese und Rheticus von Kopernikus die Druckerlaubnis erwirken. Hauptargument war der Augenschein, aber insbesondere auch der Widerspruch, der sich zwischen der hl. Schrift und dem Heliozentrismus auftat. Schon 1540 deutete Gasser an, dass der Vorwurf der Ketzerei erhoben werden konnte, was vielfach ja auch der Fall war. Zudem hatte die Kirche in Jahrhunderten das auf Aristoteles gegründete geozentrische System des Ptolemäus ihrem Weltbild zugrundegelegt. Es konnte keine wissenschaftliche Neuerung dagegen geben. Luther sah in Kopernikus einen Narren. Und auch Melanchthon, der anfangs die Reise von Rheticus zu Kopernikus gefördert hatte, stellte sich seit 1540 entschieden auf den biblizistischen Standpunkt, ja er verlangte sogar am 16. Oktober 1541, dass die Obrigkeit gegen eine solche Lehre vorgehen müsse. Zu diesem Zeitpunkt war Rheticus gerade nach Wittenberg zurückgekehrt. Am 18. Oktober 1541 trat Rheticus sein Amt als Dekan an, zu dem er sicherlich auf Drängen von

Melanchthon gewählt wurde. Rheticus sah darin eine besondere Auszeichnung für seine Person, die ihn mit der Ablehnung des Heliozentrismus durch Melanchthon einigermaßen versöhnen musste. Andererseits wurde er als Dekan zur universitären Zensurbehörde; es wurde ihm damit praktisch unmöglich, in öffentlichen Vorlesungen den Heliozentrismus zu vertreten. Melanchthon hat Rheticus vorerst zum Schweigen gebracht.

So konnte das freundschaftliche Verhältnis zwischen dem Lehrer und dem Schüler weiterhin aufrecht erhalten werden. Nach Ablauf des Dekanats Anfang Mai 1542 blieb Rheticus zunächt dem Wittenberger Lehrkörper erhalten; wohl dachte er über einen Wechsel nach Leipzig nach, er riss sich aber nicht darum, wie Melanchthon an Camerarius schrieb[24]. Noch Ende Juli 1542 stand der Wechsel in der Schwebe. Am 25. Juli 1542 schrieb Melanchthon an Kaspar Borner, Rheticus möge sich zwischen Wittenberg und Leipzig entscheiden, er selbst wolle aber keinerlei Einfluss auf diese Entscheidung nehmen[25]. Melanchthon war also bereit, Rheticus weiterhin in Wittenberg zu halten. Noch am 10. August 1542 wird Hieronymus Schreiber als Stellvertreter auf dem Lehrstuhl von Rheticus genannt[26]. Im Sommer 1542 gab Rheticus auch einen Abschnitt aus *De revolutionibus* unter dem Titel *De lateribus et angulis triangulorum* (Wittenberg: Rhau, 1542) in Druck, desgleichen seine *Orationes duae* (Nürnberg: Petreius, 1542), die wenig später Melanchthon in seine *Selectae declamationes* (Straßburg 1544) aufnahm.

Erst mit dem Beginn des Wintersemesters 1542/43 am 14. Oktober 1542 kam es zu einer Entscheidung. Die Universität Leipzig bestellte Rheticus zum Professor für die höhere Mathematik. Zwar warnte Melanchthon um dem 17. Oktober 1542 Camerarius vor etwaigen Eigenmächtigkeiten des Rheticus, mit dem man sehr genaue Abmachungen treffen müsse[27]. Gleichwohl aber empfahl er am 18. November 1542 Rheticus seinem besonderen Schutz[28]. Insgesamt dürfen wir feststellen, dass Melanchthon in den Monaten Mai bis November 1542 Rheticus durchaus freundschaftlich verbunden blieb, obwohl dieser die Veröffentlichung von *De revolutionibus* betrieb. Recht bald kam jedoch auch Melanchthon, vermutlich gestärkt durch Erasmus Reinhold, zu der Ansicht, dass man Kopernikus doch nicht im Bausch und Bogen verdammen und verschweigen konnte; man musste ja den Heliozentrismus nicht übernehmen und konnte so mit dem Augenschein und der Bibel im Einklang bleiben.

Während seiner Krankheit im Sommer 1547 stieg Rheticus' Interesse an theologischen Fragen. Er begann, sich u.a. mit den Schriften Melanchthons auseinanderzusetzen[29]. Schon vorher, am 18. Februar 1543 hatte Melanchthon Camerarius vorgeschlagen, dass Rheticus sich des Studenten Philipp Bech annehmen sollte, am 25. Januar 1544 hatte Melanchthon versprochen, eine theologische Schrift an Rheticus zu schicken. Auch in der Folge blieb Melanchthon Rheticus in Freundschaft verbunden. So ließ er ihn in einem Brief an Camerarius vom 18. September 1548 grüßen, schlug am 15. April 1550 Camerarius vor, Rheticus in das Collegium theologicum zu berufen, lud ihn am 19. Mai 1550 zur Hochzeit seiner Tochter mit Peucer ein. Auch nach Rheticus' Flucht aus Leipzig (April 1551) lobte Melanchthon dessen Sorgfalt in seinen Berechnungen in einem Brief an Besold.

Es gibt anscheinend keine Hinweise darauf, wie Melanchthon Rheticus' Verbrechen beurteilt hat. Rheticus war, seit er nicht mehr in Leipzig war, aus dem Wittenberger Gesichtsfeld entschwunden. Es bleibt aber zu berücksichtigen, dass Paul Eber, der Statthalter Melanchthons, Rheticus in enger Freundschaft verbunden blieb. So war es für Melanchthon kein Problem, die *Quaestio* von Rheticus *An leges damnent praedictiones astrologicas* in seine *Quaestiones* (Wittenberg: Gerog Rhaus Erben, 1557) aufzunehmen[30]. Auch noch nach Melanchthons Tod wünschte sich Rheticus 1562, Eber möge die von Melanchthon herausgegebene *Chronica* des Carion weiterführen[31]. Auch die Freundschaft mit Camerarius und mit Peucer wurde von Rheticus weitergepflegt. Rheticus hatte sich infolge seiner Wohnsitze in Böhmen, Polen und Ungarn mit seinen Wittenberger und Leipziger Freunden auseinandergelebt; es gab aber kein offenes Zerwürfnis. Auch Valentin Otho wollte anfangs in Wittenberg das Opus Palatinum beenden, bis die Zahlungen Kaiser Maximilians II. durch dessen Tod versiegten und Otho zwangen, seine Tätigkeit nach Heidelberg zu verlegen.

1 Scheible 1997; Rhein ²1998. | **2** Zitat nach Strauchenbruch 2008, S. 70. | **3** Camerarius 2010, S. 121, § 45. | **4** MBW 1177. | **5** CR II, Sp. 518 f., Nr. 998. | **6** CR II, Sp. 537 f., Nr. 1004. | **7** CR II, Sp. 541 f., Nr. 1006. | **8** MWB 1187. | **9** CR II, Sp. 546 f., Nr. 1009. | **10** CR II, Sp. 548, Nr. 1011. | **11** CR II, Sp. 551 f., Nr. 1015. | **12** Bernhardt 1865; Hartfelder 1889, S. 187-197; Frank/Rhein 1998, hier besonders die Beiträge von Karin Reich, Wolf-Dieter Müller-Jahncke, Barbara Bauer, Uta Lindgren und Eberhard Knobloch. | **13** Rheticus an Widnauer, 13. August 1542, Burmeister 1968, Bd. 3, S. 52. | **14** CR V, Sp. 199. dulcis pars. | **15** Wolf 1877, S. 237 f.; Burmeister 1967, S. 32 f., 36. | **16** Thüringer 1997, S. 303. | **17** Barker/Goldstein 2003, S. 345-368. | **18** Burmeister 2011, S. 111. | **19** Hamel 1994, S. 206. | **20** CR III, Sp. 415 f. | **21** Wattenberg 1973, S. 36. | **22** Thüringer 1997, S. 311 f. | **23** Vgl. dazu auch Thüringer 1997, S. 316-320. | **24** MBW Regg. III.2953 = Mel. Op. 4. Bd., Brief 2489. DAN 104. | **25** MBW Regg. III.3012 = Mel. Op. IV, Sp. 933 f., Nr. 2607; auch MBW Regg. III.3015. | **26** Mel. Op. 4. Bd., Brief 2534. | **27** MBW Regg. III.3066 = Mel. Op. 4. Bd., Brief 2574. | **28** MBW Regg. III.3090 = Mel. Op. 4. Bd., Brief 2577. | **29** Burmeister 1968, Bd. 3, S. 73, 75. | **30** Burmeister 1968, Bd. 2, S. 55, Nr. 1. | **31** Burmeister 1968, Bd. 3. S. 162-164.

Melhorn, Georg, ca. 1513–1563

Georg Melhorn (Mehlhorn), geboren um 1513 in Altenberg (Erzgebirgekreis, Sachsen), gestorben am 5. April 1563 in Waldenburg (Lkr. Zwickau), luth., Schulmann, Theologe[1].
Melhorn begann sein Studium im WS 1543/44 (April 1544) an der Universität Wittenberg[2], wechselte aber noch im folgenden SS 1544 nach Leipzig, wo er sich unter dem Rektor Joachim Camerarius d.Ä. immatrikulierte[3]. Hier promovierte er am 14. September 1545 zum Bacc. art.[4] 1549 treffen wir ihn als Rektor in Großenhain (Lkr. Meißen, Sachsen). Am 11. Februar 1550 wurde er in Wittenberg unter dem Dekan Johannes Marcellus zum Mag. art. graduiert; er belegte den 2. Rang von 42 Kandidaten, nach Kyriak Spangenberg (1. Rang), Bartholomäus Lasan kam auf den 8. Platz[5]. Auf Empfehlung Melanchthons wurde er 1551 Rektor von Schulpforta, kehrte aber schon 1552 nach Wittenberg zurück. Am 22. Februar 1553 wurde Melhorn als Prediger ordiniert und an die Barfüsserkirche nach Augsburg geschickt[6]. 1555 wurde er entlassen, worauf er bis Februar 1559 nach Ravensburg ging. Schließlich wurde er Pfarrer und Superintendent in Waldenburg.

Beziehungen zu Rheticus sind kaum ausgeprägt. Melhorn hat wohl im Hinblick auf sein Bakkalaureatsexamen die Vorlesungen von Rheticus im SS 1544, WS 1544/45 und SS 1545 besucht.

1 Dorfmüller 2006, S. 116. | **2** Förstemann 1841, Bd. 1, S. 210b. | **3** Erler, Bd. 1, S. 648, M 74. | **4** Erler, Bd. 2, S. 679. | **5** Köstlin 1891, S. 9 f. | **6** Buchwald 1894, Bd. 1, S. 85, Nr. 1356.

Mende, Nikolaus, ca. 1510 – nach 1573

Nikolaus Mende (Mendius), geboren ca. 1501/10 in Siebenlehn (Stadtteil von Großschirma, Lkr. Mittelsachsen), gestorben nach 1573 in Sulza (Saale-Holzland-Kreis, Thüringen), luth., Theologe[1].
Mende ist 1533 als Mönch und Priester im Benediktinerkloster Paulinzella (im Rottenbachtal in Thüringen, heute Ruine) bezeugt. Er konnte auf Kosten seiner Herrschaft, der Grafen von Schwarzburg, studieren, und zwar zunächst 1533 an der Universität Erfurt[2], wo der sich dem Augustiner Dr. Johannes Lange anschloss, dann seit dem 23. Mai 1536 in Wittenberg[3], wo er Schüler Luthers und Melanchthons wurde. Am 17. Februar 1539 (Fasnacht) fand in Wittenberg eine Aufführung von Plautus' *Amphitruo* statt; Mende spielte die Rolle des Blepharon, des Kapitäns des Feldherrnschiffes[4]. An der Aufführung beteiligt waren auch Heinrich Zell, Taig, Besold, v. Stetten). Am 23. September 1540 promovierte Mende unter dem Dekan Smedenstein zum Mag. art. (am gleichen Termin wie Marbach, Mathesius, Gigas, Adam Sieber und Anton Reuchlin)[5]. Am 30. März 1541

wurde Mende in Wittenberg durch Bugenhagen ordiniert[6]; er wirkte von 1541 bis 1560 als Pfarrer an der Liebfrauenkirche in Arnstadt (Ilm-Kreis, Thüringen), von 1561 bis 1573 in Sulza.

Mende lebte als Pfarrer in sehr ärmlichen Verhältnisse, war seit 1541 verheiratet mit Agnes N. (1526-1594) und hatte zehn lebende Kinder. Die Witwe übersiedelte nach Arnstadt, wo Mende ein kleines Häuschen zur Versorgung seiner Familie erworben hatte (heute Markt 9). Mende war strenger Lutheraner, ohne aber Flazianer zu sein. Er bekam wegen seines theologischen Standpunkts mehrfach Schwierigkeiten, erwies sich jedoch als ein standhafter Charakter und eine starke Persönlichkeit von hervorragender theologischer Bildung.

Kaspar Brusch, der von Graf Günther von Schwarzburg als Lateinschulmeister nach Arnstadt berufen worden war, verfasste während einer Predigt Mendes in der Liebfrauenkirche zum Thema *Littera occidit, Spiritus vivificat* ein *Idyllion*, in dem er die rohen und barbarischen Mönche aufs Korn nahm. Dieses Gedicht widmete Brusch dem Magister Nikolaus Mende und schickte es auch an seinen Freund Dr. Johannes Lange.[7] In Arnstadt gehörte Mende zum Freundeskreis von Kaspar Brusch. Brusch berichtet, Mende habe ihm einen Brief des Pilatus in einer sehr schlechten deutschen Übersetzung gezeigt; er habe daraufhin eine neue Übnersetzung gemacht, die er unter dem Titel *Missive odder Sendtbrieff Lentuli vnd Pantii Pilati an Kayser Tiberium* (Erfurt: Gervasius Stürmer, 1549)[8].

Es gehörte zum Studiengang Mendes, dass er die Vorlesungen von Reinhold und Rheticus besuchte. Auch hatte Mende eine nähere Beziehung zu Heinrich Zell, wie diese in der Theatergruppe von 1539 ihren Ausdruck gefunden hatte (zugleich mit Zell, Besold, Laurentius N., v. Stetten, Taig).

1 Friess 1965, S. 37-45. | **2** Weissenhorn 1884, Bd. 2, S. 340, Nr. 35. | **3** Förstemann 1841, Bd. 1, S. 160b. | **4** Stadtbibl. Lindau, Sign. Ca.III,482, Plautus, Comoediae (Basel: J. Herwagen, 1535), S. 3 (handschriftliche Eintragung). | **5** Köstlin 1890, S. 12. | **6** Buchwald 1894, S. 18, Nr. 271. | **7** Nur handschriftlich überliefert in Cod. Mon. 10366 und Cod. Goth. 399, lateinischer Text abgedruckt bei Horawitz 1874, S. 232 f. | **8** Bezzel 1984, Sp. 463 f., Nr. 134; Clemen/Koch 1984, Bd. 5, S. 434, Anm. 2

Menius, Eusebius, 1527 – nach 1578

Eusebius Menius (Maenius, Mening, Menige), geboren am 19. Januar 1527 in Erfurt, gestorben nach 1578 in Wittenberg (?), luth., Universitätsprofessor (Mathematik, lat. Grammatik, Rhetorik), Philippist[1].

Eusebius war der Sohn von Justus Menius (1499-1558), dem Reformator Thüringens[2]. Am 7. April 1542 immatrikulierte sich Eusebius Menius unter dem Rektor Jakob Milich an der Universität Wittenberg; in seiner Begleitung befand sich sein älterer Bruder Justinus Menius (*1524)[3]. Am 19. Februar 1549 promovierte Eusebius Menius unter dem Dekan Veit Oertel Winsheim zum Mag. art.[4]; er erreichte den 24. Rang unter 45 Kandidaten, weit vor ihm waren Matthias Lauterwaldt auf dem 1. Rang und Johannes Vischer auf dem 2. Rang plaziert.

Um den erkrankten Mathematikprofessor Johannes Reinhold zu ersetzen, kam im Mai 1550 Eusebius Menius nach Greifswald, von Melanchthon und dem Kanzler Franz Burckhart empfohlen. Reinhold kehrte im Juli 1550 in seine Heimat zurück, sodass Menius als sein Nachfolger bestimmt wurde. Er wurde am 10. November 1550 für das WS 1550/51 zum Dekan der Artistenfakultät gewählt[5]. Am 29. April 1551 wurde sein Dekanat auf das SS 1551 verlängert[6]. Am 2. Dezember 1551 trat Sigismund Schoerkel sein drittes Dekanat an; da er jedoch am 16. Januar 1552 die Universität verließ, wurde Menius gebeten, für den Rest des Semesters das Dekanat der Artistenfakultät zu übernehmen[7]. Für das WS 1552/53 wurde wiederum Menius zum Dekan gewählt[8]. Genannt wird als sein *Famulus* Johannes Erik aus Greifswald[9]. Am 28. Februar 1553 fand eine feierliche Promotion statt; unter den Promovenden zum Bakkalaureat befand sich Georg Menius, der Bruder des Dekans, der auch von diesem geprüft wurde[10]. Aus Anlass dieser Promotion hielt Menius eine Rede *Cum omnia videantur minitari exitium studiis litterarum, quid prosit in iis versari* (Wenn alles scheinbar den wissenschaftlichen Studien den Untergang prophezeit, was nützt es, bei diesen zu verweilen?). Danach kehrte Menius nach Wittenberg zurück. Erst 1560 übernahm er hier das Lehramt von Blochinger im Pädagogium; er trug lat. Grammatik und Syntax nach dem Lehrbuch Melanchthons vor und übte an Hand von Terenz, Plautus, Vergil und Ovid die Grammatik ein. Für das WS 1566/67 wurde Menius zum Rektor Magnificus der Universität Wittenberg gewählt[11].

Menius war verheiratet mit einer Enkelin Melanchthons, einer Tochter des Georg Sabinus; auf diese Weise war er sowohl mit Melanchthon als auch mit Peucer verwandt. Zur Hochzeit verfasste Heinrich Granifeld ein *Epithalamium scriptum M. Eusebio Menio et Annae filiae Georgii Sabini* (Wittenberg: Rhau, 1558). Zacharias Orth schrieb zum gleichen Anlass eine *Elegia de dignitate coniugii* (Wittenberg: Kreutzer, 1558). Menius wird später als alter und schwacher Mann geschildert, dem es schwer fällt, seine Frau und seine vielen unversorgten Töchter zu ernähren. Auf eine als Kind verstorbene Tochter Anna verfasste der Universitätspoet Johannes Major Joachimus ein Epitaph[12]. Derselbe beklagte auch den Tod von Menius' Sohn Philipp in einem Epitaph[13]. Gegen den Willen der Stadt nutzte Menius die erbliche Braugerechtigkeit, die auf seinem Wittenberger Haus lag. Vor den Toren der Stadt bestellte er einen Garten, auf den der Universitätspoet Johannes Maior ein Gedicht *In hortum D. Eusebii Menii* geschrieben hat[14].

Werke: Menius übersetzte für Melanchthon Carions Chronik ins Deutsche: *Chronica Carionis* (Wittenberg: Georg Rhaus Erben, 1560)[15]; eine weitere Ausgabe erschien in Frankfurt/Main: Sigmund Feyerabend, 1566[16]; *Oratio complectens historiolam colloqui habiti ... anno 1541 in urbe Ratisbona, de controversiis in religione* (Wittenberg: Crato, 1561). Auch verfasste Menius einen Nachruf auf Jakob Milich; diese seine *Oratio* vom 17. Februar 1562 ist gedruckt in Melanchthons *Orationes postremae scriptae* (Wittenberg 1565).

Beziehungen zwischen Rheticus und Justus Menius, dem Vater des Eusebius, hat es nicht gegeben, da dieser lange vor 1532 in Wittenberg studiert hatte. Auch für Eusebius selbst ist die Frage nach dessen Kontakten zu Rheticus schwer zu beantworten; denn als Eusebius sich am 7. April 1542 immatrikulierte, war Rheticus im Begriff, die Leucorea zu verlassen. Es könnte aber sein, dass die Immatrikulation des Eusebius erst erfolgte, nachdem er sich bereits einige Wochen in Wittenberg aufgehalten hatte; dann könnte Eusebius doch Rheticus' Vorlesungen im WS 1541/42 besucht haben. Bemerkenswert ist, dass Garcaeus die Nativitäten für mehrere Mitglieder der Familie überliefert hat: für den Vater Justus Menius (geboren am 23. Dezember 1499)[17], Eusebius Menius[18], für Georg Menius (geboren am 24. September 1533)[19].

1 Kosegarten 1857, S. 199, Nr. 17; Friedensburg 1917, S. 212, 274, 306 f.; Kathe 2002, S. 93, 97, 130, 135, 147, 465. | 2 Schmidt, Gustav Lebrecht, Justus Menius, der Reformator Thüringens, Bd. 1-2, Gotha 1867 (Reprint Nieuwkoop 1968); Stupperich 1984, S. 143 f. | 3 Förstemann 1841, Bd. 1, S. 195b. | 4 Köstlin 1891, S. 8. | 5-6 Friedländer 1893, Bd. 1, S. 233. | 7 Ebenda, S. 235. | 8 Ebenda, S. XVI, 237. | 9 Ebenda, S. 236. | 10 Ebenda, S. 237 | 11 Förstemann/Hartwig 1894, Bd. 2, S. 106. | 12 Maior, Opera omnia, Bd. 3, Wittenberg: Georg Rhaus Erben, 1566; VD 16 M 294; BSB München, digital, Scan 136 f. | 13 Maior, Opera omnia, Bd. 3, Wittenberg: Georg Rhaus Erben, 1566; VD 16 M 294; BSB München, digital, Scan 137 f. | 14 Maior, Opera omnia, Bd. 2, Wittenberg 1574; VD 16 M 296; BSB München, digital, Scan 57-63. | 15 VD 16 ZV 26324; BSB München, digital. | 16 Zugänglich bei Google Books. | 17 Garcaeus 1576, S. 189. | 18 Garcaeus 1576, S. 170. | 19 Garcaeus 1576, S. 170.

Menius, Matthäus, 1544–1601

Matthäus (Matthias) Menius[1] (Maine, Mein, Meine, Meinius, Maevius), geboren 1544 in Danzig, gestorben am 3. Juni 1601 in Königsberg i. Pr., luth., Schulmann, fürstl. Bibliothekar, Mathematiker.

Menius ist wohl der interessanteste unter den vielen kurzlebigen Mathematikern der Universität Königsberg. Er hat nicht nur eine staunenswerte Publikationsliste hinterlassen, sondern er war auch durch sein Studium in Wittenberg und seine Bekanntschaft mit Matthias Stoj den Begründern der Königsberger Mathematiker-Schule Rheticus und Reinhold (Menius nennt Rheticus an erster Stelle!) geistig eng verbunden. Diese Verbundenheit äußert sich auch in einem begeisterten Bekenntnis zu Kopernikus. »An der Universität trat Menius öffentlich für Copernicus' heliozentrisches Weltbild ein, dessen Vorzüge er im Jahre 1595 in einer seiner Arbeiten darlegte«[2].

Dabei mag der Stolz auf seine Vaterstadt Danzig mitgespielt haben; denn hier war 1540 die *Narratio prima* bei Rhode gedruckt worden, bei dessen Nachkommen auch Schriften von Menius gedruckt wurden. Das Exemplar von *De revolutionibus* (1543), das am 20. März 1580 über Stoj an Menius gelangte, kam ursprünglich wohl aus dem unmittelbaren Besitz von Rheticus; diese Vermutung hat Gingerich aus der Streichung der Worte *orbium coelesticum* und des Vorwortes von Osiander gefolgert[3]. Ein weiteres Bekenntnis zu Rheticus finden wir bei Bartholomäus Scultetus, dessen Gnomonik (Görlitz 1572) Menius als Drucker und Verleger betreut hat. Hier stellt sich Scultetus in einem Einleitungsgedicht Rheticus und Reinhold (wiederum Rheticus an erster Stelle!) an die Seite:

Menius immatrikulierte sich am 20. Oktober 1558 an der Universität Wittenberg[4], wo er noch den alten Melanchthon hörte. Mathematik lehrte zu dieser Zeit Sebastian Dietrich, die höhere Mathematik Kaspar Peucer, die Physik Esrom Rüdinger. Am 29. August 1570 promovierte Menius zum Magister der Philosophie. 1571 ging er nach Görlitz, wo er Klara Weidner, die Tochter des Bürgermeisters heiratete. Noch 1571 wurde er in Danzig Rektor der Johanniterschule und 1572 Professor der Astronomie am Gymnasium. Hier machte er nicht nur durch seine mathematischen Vorlesungen von sich reden, sondern auch durch seine Beobachtungen der Supernova von 1572 die er Tycho Brahe zur Verfügung stellte. 1576 vollendete er auch sein Buch *De ortu et occasu lunae supputando*, das aber ungedruckt blieb.

Werke: Sein Erstlingswerk, bei dem er zwar nicht als Autor, aber als Verleger fungierte, war die *Gnomonik* seines Freundes Bartholomäus Scultetus (Görlitz: Menius, 1572)[5]; *Von aller geschlecht der Cometen* (Danzig: J. Rhode, 1578)[6]; Gründliche Observationes Astronomicae, d.i. Absehung oder Abmessung des einigen Cometen (Danzig 1581)[7]; Kalender für 1581 (Alten Stettin, 1580)[8]; *Calendarium et ephemeris sive diarium ad annum 1581* (Leipzig: J. Beyer, 1580)[9]; Vorhersage für 1581[10]; Vorhersage für 1582 (Königsberg 1581)[11]; Kalender für 1582 (Alten Stettin 1581)[12]; Kalender für 1583 (Alten Stettin 1583)[13]; Kalender für 1583 (Königsberg: Osterberger, 1582)[14]; Kalender für 1584 (Königsberg: Osterberger, 1584)[15]; Kalender für 1585 (Königsberg: Osterberger, 1585)[16]; Kalender für 1586 (Königsberg: Osterberger, 1586)[17]; Kalender für 1587 (Königsberg: Osterberger, 1587)[18]; Kalender für 1588 (Königsberg: Osterberger)[19]; Vorhersage für 1588[20]; Kalender für 1589 (Königsberg: Osterberger, 1589)[21]; Kalender für 1590 (Königsberg: Osterberger, 1590)[22]; Kalender und Vorhersage für 1591, mit Mitteilung über den Kometen von 1590 (Königsberg: Osterberger, 1591)[23]; Kalender und Vorhersage für 1592 (Königsberg: Osterberger, 1592)[24]; Kalender für 1593, Alt und New Schreibkalender (Königsberg: G. Osterberger)[25]; Vorhersage für 1593 (Königsberg: Osterberg)[26]; Kalender und Vorhersage für 1594 (Königsberg: Osterberger, 1594)[27]; Kalender und Vorhersage für 1595 (Königsberg: Osterberg, 1595)[28]; Kalender und Vorhersage für 1596 (Königsberg: Osterberg, 1596)[29]; *Supputatio plenilunii ecliptici* 1598, 9. Febr. (Königsberg 1596)[30]; Kalender und Vorhersage für 1597 (Königsberg: Osterberg, 1597)[31]; *Supputatio plenilunii ecliptici* 1596, Apr. 2 (Königsberg 1597)[32]; Kalender und Vorhersage für 1598 (Königsberg: Osterberg, 1598)[33]; *Calculus eclipseos solis anni 1598* (Königsberg 1598)[34]; Kalender und Vorhersage für 1599 (Königsberg: Osterberg, 1599)[35]; Kalender und Vorhersage für 1600 (Königsberg: Osterberg, 1600)[36]; Kalender und Vorhersage für 1601 (Königsberg: Osterberg, 1601)[37]; Kalender und Vorhersage für 1602 (Königsberg: Osterberg, 1602)[38].

1 Otter/Buck 1764, S.45-47: Freytag 1903, S. 55, Nr. 281; Jensen 2006, S. 38 f. | **2** Lawrynowicz 1999, S. 75. | **3** Gingerich 2002, S. 32, I, 14 (Exemplar heute in der UB Kopenhagen); siehe auch Gingerich 2004, S. 62 f. | **4** Förstemann 1841, Bd. 1, S. 353. | **5** Grad, Ute, in: Müller 1993, S. 265 f., Nr. 103; Zinner ²1964, S. 252, Nr. 2594. | **6** Zinner

²1964, S. 267, Nr. 2839. | **7** Ebenda, S. 296, Nr. 2991. | **8** Ebenda, S. 276, Nr. 2992. | **9** Ebenda S. 276, Nr. 2993. | **10** Ebenda, S. 276, Nr. 2994. | **11** Ebenda, S. 276, Nr. 2995. | **12** Ebenda, S. 279, Nr. 3043. | **13** Ebenda, S. 281, Nr. 3089. | **14** Ebenda, S. 281, Nr. 3090. | **15** Ebenda, S. 285, Nr. 3151. | **16** Ebenda, S. 287, Nr. 3191. | **17** Ebenda, S. 289, Nr. 3230. | **18** Ebenda, S. 291, Nr. 3264. | **19** Ebenda, S. 293, Nr. 3303. | **20** Ebenda, S. 293, Nr. 3304. | **21** Ebenda, S. 295, Nr. 3348. | **22** Ebenda, S. 298, Nr. 3390. | **23** Ebenda, S. 301, Nr. 3449. | **24** Ebenda, S. 303, Nr. 3506. | **25** Ebenda, S. 305, Nr. 3542. | **26** Ebenda, S. 305, Nr. 3543. | **27** Ebenda, S. 307, Nr. 3577. | **28** Ebenda, S. 309, Nr. 3622. | **29** Ebenda, S. 312, Nr. 3671. | **30** Ebenda, S. 312, Nr. 3672. | **31** Ebenda, S. 312, Nr. 3671. | **32** Ebenda, S. 315, Nr. 3728. | **33** Ebenda, S. 318, Nr. 3780. | **34** Ebenda, S. 318, Nr. 3781. | **35** Ebenda, S. 320, Nr. 3823. | **36** Ebenda, S. 322, Nr. 3856. | **37** Ebenda, S. 324, Nr. 3902. | **38** Ebenda, S. 327, Nr. 3938.

Menzel, Johannes

Johannes Menzel (Mencel, Menczel, Mentzel, Menczelius), geboren in Freiberg (Lkr. Mittelsachsen), luth., Bakkalaureus.

Menzel immatrikulierte sich im WS 1545/46 unter dem Rektor Leonhard Badehorn an der Universität Leipzig¹. Er gehörte der Meißner Nation an. Im WS 1548/49 wurde er nach dem 21. März 1549 unter dem Dekan Rheticus von Magister Ambros Borsdorfer zum Bacc. art. promoviert². Im WS 1549/49 musste sich Menzel einem *examen pauperum* (Feststellung seiner Bedürftigkeit) stellen³.

Beziehungen zwischen Rheticus und Menzel bestanden in den Jahren 1548 bis 1551. Die Promotion von Menzel zum Bacc. art. fand unter den Dekanat von Rheticus statt, er musste für die Prüfungen zum Bakkalaureat die Vorlesungen von Rheticus hören.

1 ERLER, Bd. 1, S. 657, M 13. | **2** ERLER, Bd. 2, S. 705. | **3** ERLER, Bd. 2, S. 709.

Mercurius, Johannes, † 1567

Johannes Mercurius (Merkur, Morsheim, Morsemer, Morsheimer, Morsheymer), geboren in Morschheim (Donnersbergkreis, Rheinland-Pfalz), gestorben 1567 in Heilbronn, luth., Schulmann, Universitätslektor, Mathematiker, Astrologe, Philologe¹.

Mercurius begann seine Studien am 22. November 1535 an der Universität Heidelberg²; am 17. Juni 1539 wurde er zum Bakkalaureatsexamen zugelassen. *Johannes Mercurius Wormaciensis* immatrikulierte sich danach am 15. Oktober 1540 unter dem Rektor Veit Oertel Winsheim an der Universität Wittenberg³; Konsemester dieses mit 243 Studenten starken akademischen Halbjahrs waren u.a. Anton Reuchlin, Johannes Gigas, Matthias Lauterwaldt. Mercurius nennt als seine Lehrer besonders Melanchthon und Erasmus Reinhold, zu denen künftig auch Kaspar Peucer hinzukam. Wegen der Kriegsgefahr verließen Mercurius und Marstaller gemeinsam Wittenberg in Richtung ihrer oberrheinische Heimat. Ihr Ziel wurde zunächst Heidelberg, wo sich Marstaller Ende August 1546 immatrikulierte (Mercurius war dort bereits eingeschrieben). Im ersten Halbjahr 1547 promovierte Mercurius in Heidelberg zum Mag. art.; Promotor war Magister Arnold Opsopoeus, Professor für Rhetorik⁴. Mit dem Jahre 1548 setzte seine Publikationstätigkeit astronomischer, arithmetischer und philologischer Schriften ein. Am 15. Januar 1550 ließ sich Magister Mercurius in die Juristenfakultät aufnehmen⁵. Mercurius betrieb in Heidelberg eine Privatschule, die er wegen sinkender Schülerzahlen im Sommer 1562 aufgab. Er blieb aber auch an der Artistenfakultät mit öffentlichen Vorlesungen präsent, z. B. die *Lectio sphaerae*. Seit April 1553 las er als *lector mathematicae* die *difficiliores partes mathematicae*. Um 1560 fiel Mercurius wegen eines bukolischen Gedichts bei Kurfürst Friedrich III. in Ungnade. 1561 gewährte ihm die Universität ein positives Sittenzeugnis, um das er angesucht hatte. 1562 verließ er Heidelberg.

Mercurius, Johannes, † 1567

Zum Heidelberger Freundeskreis des Mercurius gehörte der Mediziner und 1547 berufene erste Professor für Mathematik und seit 1556 Professor für Medizin Jakob Curio (1497-1572) aus Hofheim (Lkr. Haßberge, Unterfranken, Bayern); auch dessen Vorgänger Johannes Wagenmann zählte dazu, desgleichen die Dichter Jakob Micyllus und Petrus Lotichius Secundus; 1558 wurde Mercurius Vormund der Kinder des Micyllus. Am 7. April 1553 wird Mercurius' *Famulus* Johannes Geschel aus Rottenbach (Bezirk Grieskirchen, Oberösterreich) *gratis* eingeschrieben[6], am 15. Januar 1555 sein *Famulus* Jakob Rottmaier Salisburgensis[7]. Zu seinen begabten Schülern gehörte 1554 bis 1558 der lat. und dt. Dichter Johannes Posthius aus Germersheim. Als 1557 Peucer zum Wormser Religionsgespräch fuhr, besuchte er auch Heidelberg; Melanchthon hatte ihm im August 1557 eine Empfehlung mitgegeben und Mercurius gebeten, Peucer freundlich aufzunehmen[8].

Mercurius wechselte in den Schuldienst. Ende 1562 wurde er Rektor der neuen Schule in Lauingen (Lkr. Dillingen, Schwaben). Für den Unterricht an dieser Schule hatte er eigens 1563 seinen *Donatus Mercurii* geschaffen. Um 1566/67 begegnet uns Mercurius als Rektor des Heilbronner Gymnasiums, wo ihn dann Johannes Lauterbach ablöste, ein Schüler von Melanchthon und Rheticus. Vor 1563 heiratete er Sabina NN. Mercurius, der sich als φιλομαθηματικος bezeichnet, bedient sich häufig des Kürzels I.M.M.

Hinsichtlich des Todesjahres bestehen noch einige Ungereimtheiten. Wie konnte er beispielsweise zu Martin Rulands *Balnearium* (1579) einen lit. Beitrag leisten, ein Epigramm *Corporis ut variis* ....[9] Oder erst recht, wie konnte er ein Epitaph zum Tod der am 11. Oktober 1585 verstorbenen Ehefrau von Sophonias Paminger verfassen? Handelt es sich um einen gleichnamigen Sohn, von dem aber sonst nirgends die Rede ist?

Werke (in Auswahl) : *Divisio vocabuli astronomiae iuxta methodum dialecticam,in usum studiosae juventutis* (Heidelberg: Joh. Eberbach, 1548, Widmung an Pfalzgraf Ottheinrich, 18. Januar 1548, mit liter. Beigabe von Philipp Rhynerus)[10]; *Orationes duae ... de motibus coelestibus*, (Heidelberg: Johannes Aperbach, 1551, Widmung an Pfalzgraf Friedrich, 21. August 1551)[11]; *Institutionis puerilis rudimenta grammatices ex Donati methode ... tradita* (Frankfurt/Main: Braubach, 1556, Widmung an Graf Georg d.J. v. Erbach, 28. Februar 1556, mit lit. Beigabe von Jakob Micyllus)[12]; zweite Auflage als *Donatus Mercvrii Latinogermanicus ... in usum novae scholae Laugingensis* (Lauingen: Saltzer, 1563); Curio,Jakob, *Chronologicarum rerum libri II* (Basel: Heinrich Petri, 1557, Epigramm von Mercurius *Lectori*)[13]; *Explicatio gravis quaestionis de praesignificationibus astrologicis, Accessit huic CC. Ptolemaei vita* (Basel: Joh. Oporin, Mai 1559, mit Widmung an den Heidelberger Rektor Magnificus Pfalzgraf Georg Johann, 1. November 1558, mit einigen lat. Gedichten zum Lob der Astrologie von Karl Hügel († 1565, gehörte zum Dichterkreis von Lotichius Secundus[14]), Johannes Posthius und M.A.G. (?)[15]; *Propaideumata Arithmetica Erotematica Pro Pveris ...: Accesserunt autem ab initio prolegomena de partitione arithmetices*, Frankfurt/Main: Peter Braubach, 1562, Widmung an Philipp Albert Spannagel, Heidelberg, 1. Oktober 1561[16]; Leowitz, Cyprian, *De coniunctionibus magnis* (Lauingen: Emanuel Saltzer, 1564, mit lit. Beigabe von Mercurius)[17]; Ruland, Martin, *Synonyma, copia graecorum verborum* (Augsburg: Matthäus Franck, 1567, Widmung an Ulrich Sitzinger, Lauingen, 6. Januar 1566, mit lit. Beigaben von Mercurius (an Ruland), Martin Crusius, Stephan Culing, Samuel Eisenmenger und Michael Toxites)[18]; Ruland, Martin, *Balnearium restauratum* (Basel: Off. Henricpetrina, März 1579, Widmung an den Pfalzgrafen Philipp Ludwig, Lauingen, 14. August 1578, mit mehreren lit. Beigaben, u.a. von Mercurius)[19]; Pamiger, Sophonias, *De morte Annae Weinzirlin uxoris* (Nürnberg: Nikolaus Knorr, 1586, mit Epitaphien zahlreicher Autoren, u.a. von Karl Hügel und von Mercurius[20].

Aus der Reihe fällt ein besonders reizvolles Werk, nämlich die lat. Tragödie Hamanus von Thomas Naogeorg. Diese hat Mercurius, unterstützt von seinem Schüler Posthius, um 1559/62 zum Zwecke einer Aufführung am Hof ins Deutsche übersetzt; die Handschrift ist im Heidelberger Cod. Pal. Germ. 387 erhalten geblieben[21].

Beziehungen zwischen Rheticus und Mercurius hat es gegeben. Es wurde schon erwähnt, dass die Freunde Marstaller und Mercurius Rheticus' Vorlesungen im WS 1541/42 besucht haben. Im Rahmen seiner *Divisio* (1548)[22] publizierte Mercurius eine *Tabula de speciebus continuae quantitatis*, von der er ausdrücklich sagt, diese sei *ex Euclide et aliis bonis authoribus olim Vitebergae collecta et nunc in quaestiones redacta*. In jedem Fall musste der an der Mathematik begeisterte Mercurius auf Rheticus gestoßen sein.

1 Drüll, Dagmar, Heidelberger Gelehrtenlexikon, 2002; Roth, F. W. E., in: ZGO 49 (1895), S. 448-455. | **2** Töpke 1884, Bd. 1, S. 561. | **3** Förstemann 1841, Bd. 1, S. 183b. | **4** Töpke 1886, Bd. 2, S. 458. | **5** Töpke 1386, Bd. 2, S. 492. | **6** Töpke 1884, Bd. 1, S. 617. | **7** Töpke 1886, Bd. 2, S. 3. | **8** Kuropka 2004, S. 248, 251. | **9** BSB München, digital; Scan 13 f. | **10** VD 16 M 4825; Zinner ²1964, S. 210, Nr. 1940; BSB München, digital; Google eBook. | **11** VD 16 M 4831; BSB München, digital; Google eBook. | **12** BSB München, digital; Google eBook. | **13** VD 16 C 6449; Hieronymus 1997, Bd. 2, S. 1137-1139, Nr. 395; BSB München, digital, Epigramm von Mercurius: Scan 193. | **14** Zon 1983, S. 376 f. | **15** Zinner ² 1965, S. 230, Nr. 2222; BSB München, digital; Google eBook. | **16** BSB München, digital; Google eBook. | **17** VD 16 L 1257; BSB München, digital. | **18** VD 16 R 3689; LUB Sachsen-Anhalt Halle, digital. | **19** Hieronymus 1997, B d. 2, S. 1590, Nr. 566. | **20** VD 16 P 68; WDB-Wolfenbütteler Digit., Scan 40. | **21** http://digi.ub.uni-heidelberg.de/cpg 387. | **22** BSB München, digital, Scan 34.

Metsberger, Johannes, 1523–1594

Johannes Metsberger (Maetsperger, Mätschberger, Matsperger, Mattsperger, Metsberger, Metzberger, Medoreus, Paedoreus), Johannes, geboren am 25. Dezember 1523 in Augsburg, gestorben am 17. Februar 1594 in Augsburg, luth., Theologe[1].

Der nur selten gebrauchte Gelehrtename steht in drei Versionen zur Auswahl: *Paedoraeus*[2] [Pedoreus], *Medoraeus*[3] [Medorȩus] und *Bedoreus*[4]; einen Sinn ergibt aber nur Paedoreus, abgeleitet von griech. παις, παιδός = Mädchen, entspricht mhd. *metze* = Mädchen; und griech. όρειος = Bergler, Berger. Der Name wird zurückgehen auf eine Erfindung von Pedioneus < Παιδιονειος, abgeleitet von griech. παιδιον = Kindlein, für den Familiennamen Kindle.[5]

Metsperger, der Sohn eines Gewürzkrämers, begann seine akademische Ausbildung an der Universität Basel im Studienjahr 1540/41[6], wo er gleichzeitig mit Paul Haintzel (* 1527) und Johann Baptist Schenck immatrikuliert ist. In der Matrikel erscheint es als *Joannes Medorȩus* [verbessert aus Bedoreus] *vulgo Metsperger Augustanus*. Metsberger hat dort wohl zunächst bei Johannes Pedioneus (1520-1550) in der ehemaligen Dominikanerschule Latein und dann auf der Universität bei Simon Grynäus Griechisch gelernt. Grynäus ist jedoch am 1. August 1541 unerwartet an der Pest gestorben, sodass die drei Augsburger Studenten ihr Studium in Basel abbrachen. Ihr Lateinlehrer Pedioneus verfasste ein Trauergedicht auf Grynaeus[7] und veranlasste seine Schüler Metsberger, Haintzel und Schenck in lat. Verse gekleidete *Epitaphia* beizusteuern, die er seinem im September 1541 im Druck erschienenen Büchlein anhängte. Metsbergers Beitrag *Ioannis Paedoraei adolescentis Augustani, in obitum doctissimi ...* ist mit 25 Distichen das längste Gedicht.[8] Metsberger, *adolescens*, war mit 19 Jahren der Älteste in der Gruppe, Haintzel, ebenfalls *adolescens*, war 15 Jahre alt, Schenck, *puer*, war noch nicht 14. Jahre alt. Und so übernahm es Metsberger, im Namen der Augsburger mit einem zweiten Gedicht *Ioannis Paedoraei adolecentis, Augustani, ad Pedioneum Rhetum, carmen hendecasyllabum*[9] ihrem Lehrer zu danken. Darin bezeugt er den Dank der Schüler und er tröstet sich damit, dass Grynäus seinen Platz im Olymp gefunden habe, wo er glückselig, rechtschaffen, unsträflich und gottgeweiht lebe. Zu den Lateinlehrern der Augsburger gehörte auch Hieronymus Gunz († 1552) aus Biberach, ehemaliger Famulus Zwinglis, dem Pedionaeus als *amico et amicissimo charoque docto* am 5. August 1541 sein *Epicedion* gewidmet hat. Gunz war überdies Korrektor bei Robert Winter. Ein weiteres Exemplar widmete Pedionaeus als Zeichen der Freundschaft dem Johannes Metsberger: *Pedioneius Paedoreo in amicitiae symbolum D[onum] D[edit] 1541*[10].

Am 8. November 1541 immatrikulierte sich Metsberger an der Universität Wittenberg[11], zweifellos in der Absicht, unter Luther und Melanchthon Theologie zu studieren. Er legte dann auch zügig seine akademischen Prüfungen ab. Am 26. September 1542 promovierte er unter dem Dekan Paul Eber zum Baccalaureus artium[12] und am 1. September 1545 unter dem Dekan Johannes Aurifaber *Vratislaviensis* zum Magister artium.[13] Schon im Oktober 1544 war Metsberger von Melanchthon an Musculus empfohlen worden, am 8. März 1547 vom Augsburger Rat zu einem *expectanten des kirchendiensts* versuchsweise angenommen. Das Dienstgeld betrug 60 Gulden und wurde um 40 Gulden erhöht, als Metsberger am 21. Februar 1548 zum Helfer bei St. Moritz[14], während des Interims dem Pfarrer von St. Anna Johann Heinrich Held als Helfer an die Seite gestellt wurde. Gasser berichtet in der Augsburger Chronik[15], dass am 26. August 1551 alle Prediger vor eine Kommission in das Haus des Hans Jakob Fugger geladen wurden. Diese stand unter dem Vorsitz Granvelles, auch Seld und Has gehörten ihr an. Die Prediger wurden einzeln in der Saal gerufen, wo man ihnen eröffnete, dass sie fortdauernd das Interim verletzt hätten und daher noch am Tage mit Weib und Kind die Stadt zu räumen hätten und auf Reichsboden nicht mehr predigen dürften. Jedem wurde darüber ein Eid abgenommen. Unter den Predigern finden wir auch *Hans Heinrich Held, Pfarrherr zu S. Anna, vnnd Johann Maetsperger, Helffer daselbst*. Fast alle haben sich in die Schweiz begeben.[16] Auch Metsberger suchte bei Musculus in Bern Trost und Hilfe. Nachdem sich aber die politische Lage durch das Eingreifen des Kurfürsten Moritz von Sachsen entscheidend geändert hatte, wurden die *Interimistischen Predicanten* wieder zurückgerufen und fingen am 12. Juli 1552 wieder an zu predigen, nachdem sie zuvor durch Herzog Moritz von ihrem Eid entbunden worden waren.[17] Metsberger wurde zunächst Prediger im Spital und zugleich Pfarrverweser von St. Georg, 1555 wurde er erneut in die Stelle bei St. Anna eingesetzt, die er bis zu seinem Tod innehatte. Zu erwähnen ist noch ein Aufsehen erregender theologischer Streit, den Metsberger gegen Karg führte.

Metsberger war in erster Ehe verheiratet mit Barbara Hertz, in zweiter Ehe mit Sibylla Hermann, die ihren Mann um einige Jahre überlebte; sie ist am 13. Dezember 1609 gestorben.[18]

Werke: Metzberger übersetzte Melanchthons *Confessio Augustana* ins Deutsche unter dem Titel Confessio oder Bekentnis des Glaubens (Augsburg: Philipp Ulhart, 1552)[19]; *Confession, das ist ain Bekandtnuß der Saechssischen Kirchen leer* (Augsburg: Philipp Ulhart, 1552)[20]. Im Übrigen beschränken sich seine Werke auf neulat. Gratulationsgedichte, Epithalamien und auf einen Nachruf auf Hieronymus Wolf: *Gratulatio de adventu D. Maximiliani II. Rom. imp. ... ad comitia Augustana, anno M.D.LXVI.* (Augsburg: Matthäus Franck, 1566)[21]; *Epithalamion in honorem nuptiarum ...Ioachimi Mannharti ... et ... Barbarae Agnetis Melaenae Augustariae...* (Augsburg: Philipp Ulhart d.J., 1573)[22]; *Epithalamion theologicum in honorem nuptiarum ornatissimi viri ... Magistri Iacobi Rulichii et Annae Reisinn* (Augsburg: Michael Manger, 1574)[23]; *Epithalamium in honorem nuptiarum ... Ioannis Heinrici Haintzelij et Barbarae Neithardinae* (Augsburg: Valentin Schönig, 1575)[24]; *Elegia obitus clarissimi ... viri D. Hieronymi Wolfii Oetingensis* (Augsburg: 1580)[25]; *Epithalamium in honorem nuptiarum Adami Gumpelzhaimeri, ludimagistri et musici Augustae, in schola D. Annae et Barbarae Wismillerin* (Augsburg: Valentin Schönig, 1585)[26].

Beziehungen zu Rheticus sind von Metzberger über Pedionaeus anzunehmen. Metsberger war sowohl Schüler von Pedionaeus als auch Schüler von Rheticus. Und man könnte noch darauf verweisen, dass Johannes Aurifaber *Vratislaviensis*, ein Nachfolger auf Rheticus' Lehrstuhl für niedere Mathematik, Promotor bei der Magisterprüfung Metzbergers war. Doch alle diese Bemerkungen sind letztlich wenig ergiebig. Metsberger war eben in erster Linie Theologe und neulat. Dichter, kein Mathematiker.

1 Bosl 1983, ; Hans, Julius, Geschichte der St. Anna-Kirche in Augsburg (Augsburg: Schlosser, 1876); BBKL 21 (2003), Sp. 907-912. | 2 Pedionaeus, Johannes, In Simonem Grynaeum antistitem, pietatis et doctrinae vindicem praeclarissimum, epicedium (Basel: Robert Winter, 1541), S. 25, 27, e-rara.ch, online; vgl. dazu Dill 2000, S. 78 f. | 3 Wackernagel 1956, Bd. 2, S. 25. | 4 Wackernagel 1956, Bd. 2, S. 25. | 5 Vgl dazu auch Dill 2000, S. 77, Anm. 1. | 6 Wackernagel 1956,

Bd. 2, S. 25. | **7** Pedioneaus, Johannes, In Simonem Grynaeum antistitem, pietatis et doctrinae vindicem praeclarissimum, epicedium (Basel: Robert Winter, 1541), VD 16 P 1119, E-rara.ch, digital. | **8** Pedioneus 1541, S. 24 f. | **9** Pedioneus 1541, S. 27 f. | **10** Pedionaeus, In Sim. Grynaeum epicedion, Basel 1541, Titelblatt, BSB München, digital. | **11** Förstemann 1841, Bd. 1, S. 192b. | **12** Köstlin 1890, S. 8. | **13** Köstlin 1890, S. 18. | **14** Roth 1907, 3d. 3, S.482, 486, 509, Anm. 151, 544. | **15** Vgl. dazu auch Roth 1911, S. 351-355. | **16** Gasser 1595, S. 80. | **17** Gasser 1595, S. 85. | **18** Prasch 1624, S. 65. | **19** VD 16 C 4816. | **20** VD 16 C 4817. | **21** VD 16 M 1621, Ex. in BSB München. | **22** VD 16 M 1619; Exemplar in Stabi Berlin. | **23** VD 16 M 1620. | **24** Exemplar in Stabi Berlin. | **25** VD 16 M 1618, Ex. in BSB München. | **26** Exemplar in Stabi Berlin.

Meurer, Wolfgang, 1513–1585

Wolfgang Meurer, geboren am 13. Mai 1513[1] in Altenburg (Lkr. Altenburger Land, Thüringen), gestorben am 6. Februar 1585 in Leipzig, begraben in St. Paulinerkirche, luth., Schulmann, Arzt, Prof. f. Medizin, Meteorologe, Ratsherr in Leipzig.

Meurer immatrikulierte sich im SS 1529 an der Universität Leipzig[2], wo er zunächst Latein, Griechisch und Mathematik, anschließend Medizin studierte. Er promovierte im SS 1531 zum Bacc. art. und im WS 1534 zum Mag. art.[3] Er wurde im SS 1538 in die Artistenfakultät aufgenommen.[4] Meurer war Schüler und Famulus von Kaspar Borner. Er wurde Konrektor an der Thomasschule in Leipzig, 1535 bis 1540 war er Rektor der Nikolaischule in Leipzig. Meurer war im WS 1540 Dekan der Artistenfakultät, im WS 1546/47 und SS 1547 Vizekanzler und im WS 1547 Rector Magnificus[5]. Meurer war 1538-1547 Kollegiat des kleinen Fürstenkollegs, trat dort aber zurück, nachdem er 1547 in das große Fürstenkolleg aufgenommen worden war, dankte jedoch auch hier 1571 ab[6].

1541 bis 1543 verbrachte Meurer auf einer Bildungsreise durch Italien. In Begleitung von Wolfgang von Werthern, Ulrich Mordeisen, Johannes Spremberger und Georg Fabricius, denen sich später auch Valerius Cordus anschloss, besuchte er Venedig, Padua, Rom, Neapel, Siena, Pisa, Florenz, Bologna, Ferrara und wieder Padua.

Danach widmete er sich dem Studium der Medizin, wurde am 28. Mai 1548 zugleich mit Blasius Thammüller und Balthasar Klein (Promotor war Sebastian Roth) Bacc. med. und am 12. Dezember 1548 zum Dr. med. promoviert; dabei reichten die drei Kandidaten ein *prandium doctoratus honestissimum*.[7] Zu den Lehrern Meurers zählten Heinrich Stromer, Georg Schiltel, Johann Pfeil und Apollonius Massa. 1570 wurde Meurer Stadtphysikus und Ratsherr, 1571 Professor der Medizin; 1571-1585 war er Dekan der medizinischen Fakultät.

Nach seiner Promotion zum Dr. med. verheiratete sich Meurer mit Margarethe Blachbalge, mit der er sechs Söhne und drei Töchter hatte. Anlässlich der Hochzeit erschienen im Druck die *Epithalamia scripta nuptiis Leonhardi Badehorni et Wolfgangi Meureri* (Leipzig: Valentin Bapst, 1549).

Meurer ist am 6. Februar 1585 in Leipzig gestorben[8]. Er wurde unter großer Beteiligung in der Universitätskirche St. Paul neben seiner Frau († um 1575) und seinem Sohn Wolfgang beigesetzt. Die Leichenrede hielt Dr. theol. Wolfgang Harder, Pfarrer an der Nikolaikirche[9]. Meurers Schüler Magister Bartholomäus Walther (1542-1590), Professor für Ethik, 1582 Dekan der Artistenfakultät, 1588 Rektor an Schulpforta, verfasste eine *Vita D. Wolfgangi Meureri* (Leipzig: Abraham Lamberg, 1587), die 1592 in zweiter Auflage gedruckt wurde.[10] Auch Meurers Sohn Christophorus, geboren um 1558, Professor der Mathematik und Stadtarzt, gestorben am 11. August 1616, wurde in der Paulskirche beigesetzt[11].

Werke: Roth/Meurer: *De Anima Dispvtatio Sebastiani Roth Avrbachii: Anno Christi Salvatoris M.D.XLVIII.* o.O. 1548; *De catarrhis disputatio* (Leipzig: Valentin Bapst, 1549)[12]; *De vera corroborandi ratione capita* (Leipzig: Valentin Bapst, 1555)[13]; *De recta medendi ratione* (Leipzig: Johannes Rhamba, 1562)[14]; [Aristoteles] *De anima* (Leipzig: Ernst Vögelin *Constantiensis*, 1564[15]; Straßburg: Samuel Emmel, 1568)[16]; *Commentarii meteorologici*, hg. v. seinem Sohn Christophorus Meurer. (Leipzig: Valentin Vögelin, 1592)[17].

Meurer pflegte einen großen Freundeskreis, an dessen Spitze sein Lehrer Kaspar Borner stand. *Huic multum placuit Meureri ingenium, eruditio et diligentia, ideo eum sibi adiunxit et laborum scholasticorum socium esse voluit eique supremum post se locum inter collegas assignavit. Et retinuit Bornerus ad altiora evectus eundem erga Meurerum animum. Neque minor observantia Meureri erga Bornerum fuit, quem veluti alterum parentem amare et ut patronum summum colere omni vitae tempore, etiam absens non destitit* (Diesem gefielen Meurers geistige Anlagen, dessen Bildung und Sorgfalt, sodass er ihn sich zugesellte und zu einem Genossen seiner schulischen Arbeiten machte, er räumte ihm unter seinen Kollegen den obersten Platz nach sich selbst ein. Und auch nachdem Borner zu Höherem berufen worden war, hielt er an dieser seiner Gesinnung gegenüber Meurer fest. Und nicht geringer war auch die Hochachtung Meurers gegenüber Borner, den er sein ganzes Leben lang stets, auch in Abwesenheit, wie einen zweiten Vater liebte und als seinen obersten Schirmherrn verehrte). An zweiter Stelle der Freunde Meurers stand Camerarius, der regelmäßig die Schriften Meurers mit griech. Epigrammen versah. Es folgten in Leipzig Johannes Pfeffinger, Alexander Ales, Heinrich Salmuth, Leonhard Badehorn und Viktorinus Strigel, in Wittenberg Luther, Melanchthon, Justus Jonas und Peucer, in Zürich Konrad Gesner, in Tübingen Fuchs und Scheck, in Straßburg Sturm und Gerbel. Neben den Gefährten seiner Italienreise galt Meurers Verehrung dem berühmten Georg Agricola sowie seinen italienischen Freunden Nicolò und Apollonio Massa und Luca Gaurico.

Beziehungen zu Rheticus: Rheticus wird in der *Vita Meureri* von Bartholomäus Walther genannt, wenn auch nur bei einem Lob auf den Kurfürsten Moritz, der es verstanden habe, Camerarius aus Tübingen und Rheticus aus Wittenberg, *excellentissimum mathematicum*, nach Leipzig zu holen. Im Januar 1550 war Meurer dazu ausersehen, einen Vergleich im Prozess zwischen Rheticus und dem Goldschmied Lorenz Albrecht herzustellen. Meurer zählte Rheticus nicht zu seinen Freunden, vermutlich deshalb nicht, weil Rheticus nach seiner Flucht aus Leipzig viel von seinem Ansehen eingebüßt hatte und Meurers Biograph ihn auch nicht mehr näher gekannt hat. Rheticus und Meurer hatten aber gleichwohl eine Reihe von gemeinsamen Bekannten. Auffällig ist, dass Brusch sich nicht zu Meurer geäußert hat, was aber wohl durch dessen Abwesenheit in Italien zu erklären ist.

1 WALTHER 1592, BSB online, image 21, nennt als Geburtsdatum XXIII. Maij 1513. | **2** ERLER, Bd. 1, S. 557, M 6. | **3** ERLER, Bd. 2, S. 617, 631. | **4** ERLER, Bd. 2, S. 645. | **5** ERLER, Bd. 2, S. XCIII. | **6** ZARNCKE 1857, S. 766, 752. | **7** ERLER, Bd. 2, S. 78, 80. | **8** Vgl. dazu STEPNER 1675, S. 84 f., Nr. 283-285. | **9** HARDER, Leychpredigt auf Wolfgang Meurer, Leipzig: Defner, 1585. | **10** DORFMÜLLER 2006, S. 153 f. (mit Abb. seines Grabsteins). | **11** STEPNER 1675, S. 85, Nr. 285. | **12** VD 16 M 5020, BSB online, Ex. mit Widmung Meurers an Mag. Georg Uthman, *amico suo*. | **13** VD 16 M 5024, BSB online, Ex. mit Widmung an Mag. Caspar Peucer, *mathematum professori in inclyta Academia Witebergensi, Domino et amico suo colendo*. | **14** VD 16 M 5023, BSB online. | **15** VD 16 A 3321, BSB online, mit Vorrede an Konrad Gesner. | **16** VD 16 A 3322, BSB online. | **17** VD 16 M 5021, BSB online.

Milich, Jakob, 1501–1559

Jakob Milich[1] (Mühlich, Müelich, Milichius), geboren am 21. (oder 24.) Januar 1501 in Lehen (Ortsteil von Freiburg i. Br.), gestorben am 10. November 1559 in Wittenberg, Grabstätte auf dem Friedhof der Stadtpfarrkirche St. Marien[2], luth., Mathematiker, Astronom und Arzt.[3]
Studierte seit 1513 in Freiburg i. Br., war dort Schüler von Erasmus und Zasius, Kommilitone war Heinrich Widnauer (1542 Stadtammann von Feldkirch[4]), wurde dort 1520 Mag. art., wechselte zum Studium der Medizin nach Wien und immatrikulierte sich 1524 in Wittenberg, wo er von Melanchthon als Tischgenosse aufgenommen und gefördert wurde. Nachdem er 1525 die Pliniusvorlesung und 1527 die Professur für Kosmologie übernommen hatte, wurde er 1529 als Professor für die niedere Mathematik ausersehen. 1536 promovierte er zum Dr. med. und wechselte an die medizinische Fakultät. Er förderte hier die Abkehr von der arabischen Medizin hin zu den Griechen. Seit 1528 war er wiederholt Dekan der Artistenfakultät, seit 1538 mehrfach auch Dekan der

medizinischen Fakultät, viermal auch Rektor Magnificus. Auf diese Ehrenämter gehen seine zahlreichen Reden zu medizinischen Themen zurück. Auch wirkte er als Leibarzt der Fürsten von Anhalt. Sein Marburger Kollege Burkhard Mithobius lobte Milich als *in mathematica scientia nobilis*.[5]

Milich hatte eine große Vorliebe für die Astrologie.[6] Wiederholt gedruckt wurde seine *Oratio de dignitate astrologiae*.[7] Milich war, ebenso wie Camerarius, einer der engsten Mitarbeiter von Melanchthon[8], der mehrfach seinen mathematischen Unterricht lobte. Milich half Melanchthon bei der Übersetzung des Ptolemäus, ebenso bei der *Physica* sowie *De anima*, ebenso war er Melanchthons Berater in medizinischen Fragen.[9] Die Vorlesungen Milichs galten vor allem dem 2. Buch der *Historia naturalis* des Plinius, worüber vor ihm Melanchthon gelesen hatte. Dieses Buch galt weithin als Einführung in die Astrologie, wurde aber von Melanchthon und Milich für die Anfänger der Physik vorgetragen, insbesondere als eine Einführung in die Erkenntnis Gottes.[10] Der Plinius-Kommentar liegt in zahlreichen Auflagen vor: *Commentarii in librum secundum … Plinii* (Hagenau: P. Brubach, 1535[11]; Schwäbisch Hall: P. Brubach, 1538[12]; Frankfurt/Main: P. Brubach, 1543[13]; Wittenberg 1550[14]; Frankfurt/Main: P. Brubach, 1553[15]; Frankfurt/Main: P. Brubach, 1563[16]; Leipzig: J. Steinmann, 1573, bearbeitet von Bartholomäus Schönborn[17]. 1534 widmete Melanchthon Milich ein Briefgedicht[18]. Seit 1529 war Milich mit Susanna Moschwitz, einer Schwägerin des aus St. Gallen gebürtigen Mediziners Augustin Schürpf, verheiratet. Theodor Plateanus widmete ihm ein *Epicedion* (Wittenberg: Schwenck, 1560). Milich verfügte über eine ungewöhnlich große Bibliothek, die 1539 ca. 3.000 Bände umfasste, davon waren ein Viertel medizinische Bücher[19]. Er unterhielt auch ein Bücherlager, aus dem er Stücke an seine Freunde verkaufte oder verschenkte[20]; es handelte sich um Schriften von Luther oder Melanchthon, insbesondere aber auch von Erasmus, dessen Schüler Milich gewesen war.

Ein gleichnamiger Sohn Jakob Milich, immatrikuliert in Wittenberg am 23. April 1544[21], ist gleichfalls mit einer astronomischen Schrift, einem *Prognosticon astrologicum* auf 1571, hervorgetreten.[22] Zu seiner Hochzeit mit Ursula Cranappel verfasste Franz Rodewaldt ein *Epithalamium* (Wittenberg: Lehmann, 1582). Sein älterer Bruder Heinrich Milich schrieb sich am 22. April 1544 in Wittenberg ein[23] und wurde Stadtarzt von Brandenburg. Zu seiner Hochzeit mit Anna Schneidewein dichteten seine Freunde lat. Glückwünsche *In coniugium … Henrici Milichii* (Wittenberg: Schwenck, 1571).

Beziehungen zu Rheticus: Milich, für den ein Geburtshoroskop überliefert ist[24], gehörte nach Thorndike[25] zum Melanchthonzirkel. Milich, ein »denkender, sterbsamer Gelehrter«[26] war ein besonderer Freund Melanchthons, teilte dessen Interesse an der Astrologie[27], richtete an ihn 1534 ein Briefepigramm[28] und verfasste 1559 auf ihn ein Epitaph. Für Rheticus wurde Milich in mehrfacher Hinsicht von Bedeutung. Milich lehrte 1529-1536 die niedere Mathematik; er war damit Rheticus' Lehrer. Von Milichs Schriften dürfte sich Rheticus vor allem mit dessen wichtigster Publikation *Commentaria in secundum librum Plinii* beschäftigt haben; doch ist die von Kraai Rheticus zugewiesene Vorlesungnachschrift zu dem gleichen Thema wohl eher Milich als Rheticus zuzuordnen. In dem für Rheticus bedeutungsvollen Semestern, dem SS 1535 war Milich Dekan der Artistenfakultät, im SS 1536 und WS 1541/42 Rektor. Nikolaus Gerbel, der Herausgeber der Sammlung der Reden Melanchthons *Selectae declamationes*, deren Bd. 1 er am 1. Januar 1541 Milich widmete (Straßburg: Crato Mylius, 1544) enthält drei Reden von Rheticus: *Oratio de physica* (S. 341-349), *Oratio de astronomia* (S. 350-361) und *De utilitate arithmetices oratio* (S.372-384). Lemnius zählte Milich ebenso wie Rheticus zu den ihm befreundeten Professoren[29]. Trinkgelage stärkten diese Freundschaft; Milich veranlasste den gemeinsamen Freund Paul Eber, dem Fürsten Joachim von Anhalt am 16. Oktober 1556 ein Trinkgeschirr in Gestalt eines Bären zuzuschicken, das ihm ein Freund aus Franken verehrt hatte (»Wir schlürfen gern in vollem Zug«)[30].

1 ADB; Disselhorst 1929, S. 84 f.; Koch 1998, S. 209, Anm. 28; Klose 1999, S. 231; Kathe 2002, S. 114 f. | **2** Sennert 1678, S. 238 f., BSB München, digital, Scan 247 f. | **3** Helm 1971, S. 33, Anm. 117. | **4** Ludewig 1920, S. 97, Nr. 386.

| **5** Mithobius, Stereometria (Frankfurt/Main 1544). | **6** Fuchs 2008, S. 86, besonders Anm. 278; Brosseder 2004, S. 17, 315 f. | **7** Zinner ²1964, S. 458, Nr. 1691a, S. 202, Nr. 1829. | **8** Kusukawa 1995/I, S. 86, 136, Anm. 71. | **9** Kusukawa 1995/I, S. 83 f., 105; Koch 1997, S. 333; Fuchs 2008,S. 127, Anm. 560, S. 131, Anm. 592. | **10** Kusukawa 1995/I, S. 136 f., 180 f.; Koch 1997, S. 333. | **11** Zinner ²1964, S. 185, Nr. 1599. | **12** Zinner ²1964, S. 192, Nr. 1691. | **13** Zinner ²1964, S. 202, Nr. 1829. | **14** Zinner ²1964, S. 213, Nr. 1992. | **15** Zinner ²1964, S. 219, Nr. 2071. | **16** Zinner ²1964, S. 236, Nr. 2317. | **17** Zinner ²1964, S. 255, Nr. 2644. | **18** Fuchs 2008, S. 113. | **19** Disselhorst 1929, S. 85. | **20** Clemen 1907, S. 144 f. | **21** Förstemann 1841, Bd. 1, S. 221. | **22** Zinner ²1964, S. 250, Nr. 2549. | **23** Förstemann 1841, Bd. 1, S. 221. | **24** Garcaeus, S. 213. | **25** Brosseder 2004, S. 12. | **26** Disselhorst 1929, S. 84. | **27** Fuchs 2008, S. 86, Anm. 278; Brosseder 2004, passim (vgl. Register); Bauer 1998, S. 138, Anm. 5; 148; die im Register angegebenen S. 144 f. beziehen sich nicht auf Milich, sondern auf Jakob Micyllus, dessen Name im Register fehlt. | **28** Fuchs 2008, S. 113. | **29** Mundt 1983, Bd. 2, S. 272. | **30** Clemen 1907, S. 144, Anm. 1.

Milich, Sebastian

Sebastian Milich (Millichius), geboren in München, luth., Bakkalaureus.
Milich immatrikulierte sich im SS 1546 unter dem Rektor Joachim Camerarius an der Universität Leipzig[1]. Er gehörte der Bayerischen Nation an. Im WS 1548/49 wurde er nach dem 21. März 1549 unter dem Dekan Rheticus von Magister Ambros Borsdorfer zum Bacc. art. promoviert[2].
Beziehungen zwischen Rheticus und Milich bestanden in den Jahren 1548 bis 1551. Milichs Promotion zum Bacc. art. fand unter den Dekanat von Rheticus statt, er musste für die Prüfungen zum Bakkalaureat die Vorlesungen von Rheticus hören.

1 Erler, Bd. 1, S. 649, B 5. | 2 Erler, Bd. 2, S. 706.

Minckwitz, Erasmus von, 1512–1564

Erasmus von Minckwitz (Minkwitz, Mynckwitz, Minguiz, Minnewitz, Minewitz), sächsischer Adliger, luth., Jurist (Beisitzer am Hofgericht, Rat und Kanzler)[1].
Erasmus von Minckwitz, Sohn des Kaspar von Minckwitz († 1568), Hofmarschall des Kurfürsten Johann Friedrich von Sachsen, immatrikulierte sich im SS 1526 an der Universität Wittenberg zugleich mit seinen Brüdern Christoph, Wolfgang und Johannes[2]; weitere Konsemester waren u.a. Matthäus Blochinger und Jakob Schenck. 1533 reiste Minckwitz in einer Gruppe von Studenten nach Italien, u.a. mit Sabinus. Die Reise führte über Augsburg, Tirol, Trient, Verona, Vicenza nach Venedig und von dort weiter nach Padua. Hier wandten sich Minckwitz und Sabinus dem Studium der Rechte zu; Sabinus, die die Reise in einem Hodoeporicum beschrieben hat, schreibt in einer angefügten Elegie, in der Bartolus anredet und damit zu erkennen gibt, dass er dem traditionellen *Mos italicus* huldigte:

> *Iamque voluminibus iuris studioque forensi*
> *Deditus ipse tuus Bartole miles eram.*[3]

(Jetzt aber war ich den Wälzern des Rechts und dem Studium des Gerichtsgebrauchs hingegeben, Bartolus, als Dein Kämpfer).

Während Sabinus in die Heimat zurückreiste, wurde Minckwitz zum Rektor der Universität gewählt und zum JUD kreiert. Seit ca. 1547 wirkte er als Kanzler des Herzogs Johann Wilhelm von Sachsen-Weimar, danach als Rat und Kanzler des Kurfürsten Johann Friedrich d.Ä., zuletzt um 1555 bis 1559 als Kanzler des Kurfürsten Ottheinrich von der Pfalz. Minckwitz war befreundet mit Joannes Sleidanus, für dessen Geschichtswerk er 1554 im Archiv in Weimar Nachforschungen anstellte[4].

Nikolaus Selnecker verfasste ein Trauergedicht auf den verstorbenen Kanzler *Epicedion de morte* (Leipzig: Berwald, 1566). Minckwitz war hoch angesehen, er förderte die Prediger und Gelehrten.

Johannes Stigel verglich Minckwitz mit *einem herrlichen schönen Garten, der mit allerley köstlichen guten Bäwmen, Kreutern und Gewechsen besetzt, voller edler holdseliger lieblicher Früchte ist, deren jederman, wer nur hinein kömpt, mit Lust geniessen und gebrauchen mochte*[5].

Rheticus und Minckwitz waren 1532 und 1533 nur für kurze Zeit Kommilitonen; danach bestanden wohl keine Kontakte mehr zwischen ihnen. Dennoch musste Erasmus von Minckwitz hier wegen seines Bruders Johannes erwähnt werden, der wie Rheticus dem Lemnius besonders nahe stand.

1 Zedler 1739, Bd. 21, Sp. 298. | 2 Förstemann 1841, Bd. 1, S. 127a. | 3 Sabinus 1568, S. 77. | 4 Baumgarten 1881, S. 269. | 5 Zitiert nach Spangenberg, Kyriak, Adelsspiegel, Teil 2, Schmalkalden: Michael Schmück, 1594, S. 71.

Moiban, Johannes, 1527–1562

Johannes Moiban (Moibanus), geboren am 27. Februar 1527 in Breslau, gestorben am 9. Mai 1562 in Augsburg, luth., Gräzist, Arzt, Porträtmaler, Musiker[1].

Der Sohn des Breslauer Reformators Ambros Moiban (1494-1554) immatrikulierte sich im Mai 1544 unter dem Rektor Sachse an der Universität Wittenberg. 1548 wurde Moiban unter dem Dekan Melanchthon zum Mag. art. promoviert[2]; er erlangte den 2. Rang unter 13 Kandidaten; vor ihm platzierte sich Ulrich Sitzinger auf dem 1. Rang; Valentin Trutiger kam auf dem 13. Rang. Moiban ging zunächst als Privatlehrer nach Nürnberg. 1551 ging nach Italien, wo er am 11. Oktober 1554 in Bologna zum Dr. med. promovierte[3]. Er praktizierte einige Jahre in Amberg (Oberpfalz), heiratete 1555 in Augsburg und wurde 1558 Stadtarzt daselbst.

Werke: Übersetzungen griech. Autoren ins Lateinische: Hippokrates, Galen, Dioskorides.

Als Moiban nach Wittenberg kam, hatte Rheticus bereits die Stadt verlassen; als Lehrer Moibans kam Rheticus nicht in Betracht. Dennoch konnte hier auf eine Kurzbiographie nicht verzichtet werden, da Moiban dem Kreis der Rheticus-Freunde sehr nahestand. Moiban hatte Verbindungen zu Gasser, Gesner[4], Crato, Beuther, Heller und Hieronymus Wolf. Rheticus könnte auch auf dem Weg nach Krakau 1553/54 Moiban in Breslau begegnet sein.

1 Keil, Inge, in: stadtlexikon-augsburg.de | 2 Köstlin 1891, S. 6. | 3 Bronzino 1962, S. 48. | 4 Burmeister 1975, Bd. 3, S. 196-212.

Möller, Eberhard, 1527–1588

Eberhard (Evert) Möller (Moller, Müller), geboren 1527 in Hamburg, gestorben 1588 in Hamburg, luth., Ratsmitglied, Bürgermeister[1].

Der Sohn des Joachim Möller vom Hirsch d.Ä. und ältere Bruder von Joachim d.J. und Heinrich Möller immatrikulierte sich, mit einem Stipendium ausgestattet[2], am 30. März 1541 unter dem Rektorat des Jakob Milich an der Universität Wittenberg[3]. Am 30. April 1544 promovierte er unter dem Dekan Erasmus Flock als Schüler von Marcellus zum Bacc. art., Mitbewerber war Georg Cracow. 1565 wurde Möller in den Hamburger Rat aufgenommen und 1571 Bürgermeister von Hamburg. Er war verheiratet mit Gesche, einer Tochter des Ratsherrn Vincent Möller vom Baum.

Beziehungen zu Rheticus sind nicht nachzuweisen; es mag sie aber im Wege über seinen Bruder Joachim Möller d.J. und über Melanchthon gegeben haben; er könnte auch Rheticus' Vorlesungen im WS 1541/42 gehört und auch mit Rheticus als Dekan zu tun gehabt haben. Der Bruder Joachim feierte im Februar 1542 mit Rheticus seinen Magistertitel.

1 Bueck 1840, S. 43. | 2 Postel 1986, S. 328. | 3 Förstemann 1841, Bd. 1, S. 194a.

Möller, Heinrich, 1530–1589

Hinrich (Heinrich) Möller (Moller, Müller), geboren am 12. April 1530 in Hamburg, gestorben am 26. November 1589 (an einem Schlaganfall), luth., Hebraist, Theologe, ungraduierter Arzt[1]. Der Sohn von Joachim Möller vom Hirsch d.Ä. und jüngere Bruder von Joachim d.J. und Eberhard Möller immatrikulierte sich am 14. Juni 1546 an der Universität Wittenberg unter dem Rektorat von Johannes Marcellus[2]. 1547 wechselte er angeblich nach Rostock[3]. Am 24. Februar 1551 promovierte er in Wittenberg unter dem Dekan Sebastian Matthäus zum Mag.art., wobei er den 3. Rang unter 45 Kandidaten erreichte[4]. Nach Aufenthalt in Hamburg 1554 wieder in Wittenberg, wo er Vorlesungen über Herodot hielt[5], aber erst 1560 als Professor für Hebraistik an der Artistenfakultät als Nachfolger Paul Ebers angestellt wurde[6]. Möller war 1562 Dekan der Artistenfakultät, 1565 und 1570 Rektor Magnificus. Am 18. März 1570 wurde Moller mit einer Gruppe von Kandidaten, darunter Kaspar Cruciger d.J. und Johannes Bugenhagen d.J. in das Kollegium der theologischen Fakultät aufgenommen. Sie verteidigten am 5. Mai ihre Thesen, vgl. die gedruckten *Propositiones complectentes summam praecipuorum capitum doctrinae*, Wittenberg: Joh. Schwertel, 1570[7], und wurden am 11. Mai 1570 in einem feierlichen Akt unter dem Vorsitz des Dekans und Vizekanzlers Georg Major zu Doktoren der Theologie kreiert. *Hunc actum et prandium ornarunt multi praestantes viri* (danach haben viele herausragende Persönlichkeiten den Doktorschmaus beehrt), darunter die Leipziger Professoren Pfeffinger und Salmuth sowie elf Freiherren[8]. 1574 wurde Möller des Kryptokalvinismus beschuldigt und zeitweise inhaftiert; er musste am 8. August 1574 Wittenberg verlassen[9]. Er kehrte nach Hamburg zurück, wo der sich dem Theologiestudium widmete und eine ärztliche Praxis ausübte. Möller war verheiratet mit Margaretha Kordes und hatte mehrere Kinder. Auf zwei verstorbene Kinder Möllers hat Johannes Major Poeta ein Epitaph verfasst[10]. Moller hat sich im Stammbuch von Dr. med. Joachim Strupp verewigt[11].

Werke (Auswahl, durchwegs Vorlesungen bzw. Thesenpapiere): *Adhortatio ad cognoscendam linguam Ebraeam*, Wittenberg 1560; *Enarratio brevis et grammatica concionum Hoseae*, Wittenberg: Joh. Schwertel auf Kosten von Konrad Rühl, 1567[12]; *In Malachiam prophetam commentarius*, Wittenberg: Joh. Lufft, 1569[13]; *Enarratio Psalmorum Davidis*, Bd. 1-3, Wittenberg: Joh. Krafft d.Ä., 1573/74[14]; *In Jesaiam prophetam commentarius*, Zürich: Froschauer, 1588.

Beziehungen zu Rheticus gab es wohl nicht. Doch konnte Rheticus dem Hinrich Möller kein Unbekannter sein, da er über den Vater und die Brüder Joachim und Eberhard sowie auch über Melanchthon etwas über ihn wusste. Hinrich Möller war hier vor allem im Hinblick auf die Bedeutung seiner Familie für Wittenberg aufzunehmen.

1 ADB 22 (1885), S. 758 f.; Hinrich Möller Hamburgensis ist zu unterscheiden von Heinrich Möller Hessus (1528-1567), über diesen FREYTAG 1903, S. 104, II, Nr. 109. | 2 FÖRSTEMANN 1841, Bd. 1, S. 234a. | 3 HOFMEISTER 1891, Bd. 2, S. 111b; POSTEL 1986, S. 339. Dieser Henricus Moller Brunsvicensis dürfte aber wohl kaum mit dem Hamburger Hinrich Möller identisch sein. | 4 KÖSTLIN 1891, S. 11. | 5 KATHE 2002, S. 122 f. | 6 KATHE 2002, S. 113 f., bes. Anm. 349. | 7 VD 16 ZV 12845, ULB Halle, digital. | 8 FÖRSTEMANN 1838, S. 53 f. | 9 Vgl. dazu FÖRSTEMANN 1838, S. 55 f. | 10 MAIOR, Opera, Bd. 3, Wittenberg 1566, BSB München digital, Scan 173 f. | 11 METZGER-PROBST 2002, S. 290. | 12 VD 16 B 3853, BSB München, digital. | 13 VD 16 B 4000, SBB München, digital. | 14 VD 16 B 3227, ULB Halle, digital.

Möller, Joachim, d.Ä., 1500–1558

Joachim Möller (vom Hirsch, Moller, Muller, Molitor), d.Ä., geboren am 25. März 1500 in Hamburg, gestorben 1558 auf Schloss Ritzenbüttel (Cuxhaven, Niedersachsen), luth., Fernkaufmann[1]. Wegen der Häufigkeit des Namens ist eine Identifizierung mit in Betracht zu ziehenden Studenten nicht mit letzter Sicherheit möglich[2]; vermutlich begann Möller seine Studien im SS 1514 an der Universität Wittenberg. Von da wechselte er an die Universität Rostock, wo er sich am 16. April

1516 eingeschrieben hat³. 1521 absolvierte er das Examen zum Bacc. art.⁴ Im SS 1524 promovierte er in Rostock zum Mag. art.⁵ Joachim Möller d.Ä. war seit 1529 Ratsherr, zuletzt 1558 Proconsul, 1527-1531 Führer der Lutheraner in Hamburg. Er gehörte der England- und Schonenfahrerschiffergesellschaft an. Am 27. September 1537 stellte ihm König Heinrich VIII. von England einen Wappenbrief aus, ebenso Kaiser Karl V. am 25. Mai 1541.

Seit 1520 war Möller verheiratet mit Anna Nigel (1494-1574); mit ihr hatte er sechs Töchter und fünf Söhne. Der älteste Sohn Joachim Möller d.J. kam 1521 zur Welt. Bei dem im SS 1535 an der Universität Wittenberg immatrikulierten *Magister Joachimus Muller Hamburgensis*⁶ kann es sich durchaus um den Vater handeln, der auf der Suche nach einer Studienmöglichkeit für den Sohn war; denn diese Immatrikulation fand erst in der zweiten Jahreshälfte in Jena statt, wohin die Hochschule wegen der Pest verlegt worden war. Der Sohn wurde dann erst im WS 1536/37 in Wittenberg immatrikuliert⁷, war aber vermutlich schon 1535 in der Begleitung des Vaters. Möglicherweise wurde die Immatrikulation hinausgezögert, weil der Sohn noch zu jung für die Eidesleistung war.

Möller ist der Verfasser von *Dat Slechtbôk*, einer Familienchronik, die er seinem ältesten Sohn Joachim 1541 diktierte⁸. Auch war er der Herausgeber von Albert Krantz, *Ecclesiastica Historia sive metropolis* (Basel: Joh. Oporin, 1548 [im Impressum fälschlich 1568], mit Widmung an den König Christian III. von Dänemark, Hamburg, den 8. September 1547)⁹. Urbanus Rhegius widmete Möller seinen *Psalmus octuagesimus septimus de gloriosa Christi ecclesia* (Hamburg: Franz Rhode, 1536, mit Widmung vom 6. Mai 1536); das Buch wurde von Richard Robinson ins Englische übersetzt (London 1587, 1590, 1594)¹⁰. Melanchthon bat am 5. Januar 1547 und am 6. Januar 1547 in zwei Briefen an Joachim Möller d.J., er möge seinen Vater von ihm grüßen¹¹.

Beziehungen zu Rheticus bestehen in erster Linie durch seinen Sohn Joachim Möller d.J., vielleicht auch über Melanchthon. Da Möller in Wittenberg als Magister eingeschrieben war, könnte er auch privatim gelesen haben.

1 POSTEL 1986, S. 130 f., 351, 387 und passim. | 2 POSTEL 1986, S. 351 hat einen Zuweisung vorgenommen, die sehr viel Wahrscheinlichkeit für sich hat. | 3 HOFMEISTER 1891, Bd. 2, S. 66b. | 4 HOFMEISTER 1891, Bd. 2, S. 81a. | 5 HOFMEISTER 1891, Bd. 2, S. 85a. Die Zweifel von POSTEL 1986, S. 387 am Magistertitel Mollers sind nicht berechtigt; denn bei seiner Inskription in Wittenberg (Jena) 1535 wird er ausdrücklich als Magister bezeichnet. | 6 FÖRSTEMANN 1841, Bd. 1, S. 158b.| 7 FÖRSTEMANN 1841, Bd. 1, S. 162a. | 8 Hg. von Otto BENEKE, Hamburg 1876, ULB Düsseldorf, digital. | 9 VD 16 K 2248, BSB online; vgl. BEZZEL 1982, Sp. 409; POSTEL 1986, S. 130 f. | 10 LIEBMANN 1980, S. 394, Nr. 111; KÖNIG 2006, S. 66. | 11 CR VI, Sp. 345, Nr. 3690; Sp. 348-350, Nr. 3693.

Möller, Joachim, d.J., 1521-1588

Joachim Möller (Möller vom Hirsch, Moller), d.J., geboren am 25. September 1521 in Hamburg, gestorben am 2. August 1588 in Bardowick (Lkr. Lüneburg), dort im Dom beigesetzt, luth., Jurist (Rat, Kanzler) ¹.

Joachim Möller war der Sohn des gleichnamigen Hamburger Ratsherrn Joachim Moller d.Ä. Er kam wohl schon im Juli 1535 mit seinem Vater an die Universität Wittenberg, damals im Exil in Jena, und wurde im WS 1536/37 immatrikuliert.² Möller wurde Schüler Melanchthons, dem er 1540 auch als Schreiber diente. Am 9. Februar 1542 promovierte er unter dem Dekan Rheticus zum Mag. art. (2. Rang von 22 Kandidaten).³ Aus der Wittenberger Zeit stammt eine Rede Möllers *Declamatio de exemplo emendati latronis* (Wittenberg: J. Klug, 1540). Melanchthon widmete ihm seine *Collatio actionum forensium Atticarum et Romanorum* (Wittenberg: 1546, 2. Aufl. bei Crato 1554). Bei seinem Abschied 1543 ließ Möller im Melanchthonhaus sein Wappen anbringen. Melanchthon führte 1545 bis 1560 einen regen Briefwechsel mit Möller⁴, an den er auch Gedichte schickte⁵. Auch mit einem jüngeren Bruder Hinrich Möller (1530-1589), später Professor de Theologie in Wittenberg, stand Melanchthon im Briefwechsel.

Anschließend studierte Möller die Rechte in Padua, Bologna und Ferrara. Auf ihrer Italienreise trafen Justus Jonas d.J. und sein Begleiter am 9. April 1544 den Rheticusschüler und Rechtsstudenten Möller, der zu der Reisegruppe um Schreiber und Friedwald gehörte. Möller begegnet uns 1545 in Bologna.[6] Am 22. Dezember 1547 promovierte er in Ferrara zum JUD; Zeugen waren Johannes Sinapius, Leibarzt der Herzogin von Ferrara, Friedrich Reiffsteck, Sebastian Truchsess von Rheinfelden[7] aus dem Suntgau, Hermann Rodenborch[8] aus Hamburg, Laurentius Schlenriet aus Würzburg. Möller trat mit 1. Oktober 1548 als Rat in die Dienste des Herzogs Ernst von Braunschweig. Er war verheiratet seit 1549 mit der Tochter seines Amtsvorgängers Anna Klammer (1533-1595), von der er acht Söhne und vier Töchter hatte. Er wurde mit verschiedenen Lehen begabt, die er zu einem beachtlichen Güterkomplex zusammenfügte (u.a. Klostergut Heiligenthal in Lüneburg). Seine Ratschläge stellte er auch der Stadt Hamburg sowie anderen Fürsten zur Verfügung, u.a. auch König Friedrich II. von Dänemark. Am 18. März 1570 in Prag erhob der Kaiser Joachim Möller und seinen Bruder Johann Heinrich in den Adelsstand, zugleich bestätigte er das am 25. Mai 1541 zu Regensburg ihrem Vater Joachim Möller verliehene Wappen.

Beziehungen zu Rheticus. Da Möller von Rheticus mit sehr guten Erfolg promoviert wurde, darf man annehmen, dass er auch dessen Vorlesungen vom WS 1536/37 bis SS 1538 und im WS 1541/42 gehört hat.

1 KRAUSE, Karl Ernst Hermann, in: ADB 22 (1885), 125 f., 795; PRAUSS, Joachim, in: NDB 17 (1994), S. 741 f.; KNOD 1899, S. 351, Nr. 2407; POSTEL 1986, S. 130-132, 323, 339, 387 f.; ECKHARDT 1965, S. 46-74. | **2** FÖRSTEMANN 1841, Bd. 1, S. 162a. Die Angabe bei KNOD 1899, *im Juli 1535* ist falsch, sie bezieht sich auf den Vater. | **3** KÖSTLIN 1890, S. 13. | **4** Vgl. dazu die Übersicht in CR X. Sp. 389 f. | **5** FUCHS 2008, S. 60. | **6** KNOD 1899, S. 351, Nr. 2407. | **7** KNOD 1899, S. 448, Nr. 3040. | **8** POSTEL 1986, S. 340, 346; FÖRSTEMANN 1841, Bd. 1, S. 179a und 213b.

Mordeisen, Ulrich, 1519–1574

Ulrich Mordeisen, geboren am 13. Juli 1519 in Leipzig (aus einer Kaufmannsfamilie aus Hof), gestorben am 5. Juni 1574 in Dresden, sächsischer Kanzler, Jurist (kurfürstl. Rat)[1].

Mordeisen studierte seit dem WS 1529/30 an der Universität Leipzig[2]; Konsemester war Modestinus Pistoris. Im WS 1534/35 wechselte er nach Wittenberg[3], wo er sich dem Studium der Rechte widmete. Dieses setzte er in Padua fort. Er promovierte in Wittenberg am 28. Juni 1543 mit einer Disputation unter dem Vorsitz von Hieronymus Schürpf zum JUD[4]. Mordeisen war Schürpfs Lieblingsschüler, *qui eum ut filium dilexit, cum ipse contra praeceptorem amaret ut parentem*[5] (der ihn wie einen Sohn geliebt hat, wie auch im Gegenzug dieser den Lehre wie einen Vater liebte). Am 12. August 1543 wurde Mordeisen ao. Prof. der Rechte in Wittenberg. Im SS 1545 war er Rector Magnificus. In dieser Funktion forderte er das Erlernen der Grammatik, weil die Kirche selbst gleichsam eine grammatische Schule sei[6]. 1544 heiratete er Margaretha, die Tochter des Leipziger Ratsherrn Heinrich Scherlin, was Kaspar Brusch mit einem *De nuptiis Huldenrici Mordyssii et Martini Pfinzingij epithalamion* (Erfurt: Wolfgang Stürmer, 1544) feierte[7]. Der mit zahlreichen Siegeln versehene Ehevertrag hat sich im Stadtgeschichtlichen Museum Leipzig erhalten[8]. 1546 wurde Mordeisen, der durch seine Rednergabe berühmt war, vom Kurfürsten Moritz von Sachsen an den Hof nach Dresden berufen und zu diplomatischen Missionen eingesetzt. 1554 wurde er o. Prof. an der Universität Leipzig. 1565 fiel er wegen allzu großer Eigenständigkeit in Ungnade und wurde unter Hausarrest auf sein Gut Kleinwaltersdorf (Stadtteil von Freiberg (Lkr. Mittelsachsen) verbannt. Sein Grabmal mit Epitaph befindet sich in der dortigen Kirche. Mordeisen war Besitzer einen bedeutenden Bibliothek mit 1500 Titeln. Nach dem Tod seiner Frau 1564 ging er 1570 eine zweite Ehe ein mit der Witwe Magdalena, geb. Ziegler, seines Kollegen Modestinus Pistoris († 1565).

Beziehungen zu Rheticus sind nicht überliefert. Mordeisen und Rheticus waren vom WS 1534/35 bis SS 1538 Kommilitonen, sodass sie mit einander bekannt sein mussten. Zwar studierte

Mordeisen die Rechte, lässt aber durchaus ein Interesse an der Grammatik erkennen. Gemeinsam mit Georg Fabritius und Camerarius schrieb Mordeisen an den Grabinschriften für das Monument des Kurfürsten Moritz im Freiberger Dom. Mordeisen hatte auch Interesse an der Astrologie, wie aus der Überlieferung seines Horoskops durch Garcaeus hervorgeht[9]. Hinzu kommt, dass Mordeisen im Hause von Hieronymus Schürpf wohnte, der seinerseits mit Volmar befreundet war[10]. Auch an den Freundeskreis um Kaspar Borner und Wolfgang Meurer ist zu erinnern. Es ist wahrscheinlich, dass Rheticus 1544 zu den Gästen bei der Doppelhochzeit seiner Schüler Mordeisen und Martin Pfinzing gehörte.

1 Herrmann, Johannes, in: NDB 18 (1997), S. 90 f. | **2** Erler, Bd. 1, S. 601, M 4. | **3** Förstemann 1841, Bd. 1, S. 156a. | **4** Buchwald 1893, S.167 f., vgl. auch S. 170. | **5** Osse 1717, S. 54. | **6** Kathe 2002, S. 101. | **7** Horawitz 1874, S. 254; Bezzel 1982, S. 438, Nr. 52. | **8** Rodekamp 1997, S. 184 (mit Abb. der Pergamenturkunde). | **9** Garcaeus 1576, S. 269. | **10** Klose 1967, S. 32 f.

Moringk, Johannes

Johannes Moringk (Möring, Moringus), geboren in Stendal (Sachsen-Anhalt), luth., Arzt.
Der aus armen Verhältnissen stammende Johannes Moring hatte 1535/36 sein Studium in Erfurt begonnen[1]. Er immatrikulierte sich im WS 1537/38 unter dem Rektor Augustin Schürpf an der Universität Wittenberg[2], wo er unter die *Pauperes gratis inscripti* fiel; Konsemester waren Joachim Schultz und Nikolaus Gugler. Im SS 1539 wurde er unter dem Dekan Johannes Sachse *Holstenius* zum Bacc. art. promoviert;[3] er erlangte den 9. Rang von 13 Kandidaten, Mitbewerber waren Marbach (6.), Brombeiss (7.) und Johannes Aurifaber *Vinariensis* (8.). Danach zog er nach Basel, wo er sich 1540/41 unter dem Rektor Bonifaz Amerbach eingeschrieben wurde[4], Konsemester waren die Augsburger Johann Baptist Schenck, Paul Heintzel und Johannes Metsberger, die später in Wittenberg Rheticus' Schüler wurden. Erneut stellte sich für ihn das Problem seiner Mittellosigkeit. Er wurde nicht nur als *pauper* von der Zahlung der Immatrikulationsgebühren befreit, sondern gewann auch in Sebastian Münster einen Fürsprecher, der im Spätherbst 1540 für den armen, aber fleißigen Studenten beim Rektor Bonifaz Amerbach um eine Unterstützung aus der Erasmusstiftung bat[5]. Am 30. Dezember 1559 promovierte in Bologna ein *Dominus Iohannes Moringerus Germanus* zum Dr. med.[6]

Beziehungen zwischen Rheticus und Moringk sind für das WS 1537/38 und das SS 1538 denkbar.

1 Weissenborn 1894, Bd. 2, S. 344, Nr. 31. | **2** Förstemann 1841, Bd. 1, S. 168b. | **3** Köstlin 1890, S. 6. | **4** Wackernagel 1956, Bd., 2, S. 25, Nr. 9. | **5** Hartmann 1958, Bd. 5, S. 306; Sebastian Münster 1488-1988, Katalog der Ausstellung Ingelheim, Ingelheim 1988, S. 79. | **6** Bronzino 1962, S. 58.

Mörlin, Joachim, 1514 –1571

Joachim Mörlin, geboren am 6. April 1514[1] in Wittenberg, gestorben am 23. Mai 1571 in Königsberg i. Pr., Begräbnis im Dom, luth., Theologe, Gegner Osianders[2].
Joachim Mörlin, Sohn des aus Feldkirch (Vorarlberg) gebürtigen Theologen Jocok Mörlin, älterer Bruder von Maximilian Mörlin, immatrikulierte sich im WS 1531/32 an der Universität Wittenberg[3]; Konsemester waren der Astronom Carion, der Friese Bernhart Wigbolt, die Schweden Boethius, Eric Falck, Olaf Bark, Sigfridus Clesen und David Conradi. Mörlin promovierte 1535 unter Dekan Franz Burkhard zum Mag. art.[4], wobei er den 10. Rang von 12 Kandidaten erreichte, sein Mitbewerber Erasmus Reinhold kam auf den 2. Rang. Am 10. August 1539 wurde Mörlin durch Bugenhagen ordiniert und zum Diakon an der Pfarrkirche in Wittenberg (»Kaplan Luthers«) bestimmt[5]. 1540 wurde er als Lic. theol. Pfarrer in Arnstadt (Thüringen) und am 16. September

1540 unter dem Promotor Luther *coram tota universitate* zum Dr. theol. promoviert, worauf er ein *prandium splendidum benevolenter* gab[6]. 1543 wurde er wegen seiner Kritik an der Obrigkeit entlassen. Er ging 1544 als Superintendent nach Göttingen. Wegen des Interims musste er von hier gehen und fand 1550 ein neues Wirkungsfeld als Domprediger in Königsberg i. Pr. Hier wurde er in den Osiandrischen Streit gezogen. Mörlin musste erneut weichen und ging nach Braunschweig, wo ihm auf seinen Wunsch Martin Chemnitz als Koadjutor zugeordnet wurde. Die Preußischen Stände holten Mörlin zurück, der nur ungern von Braunschweig schied; Chemnitz wurde hier sein Nachfolger. Mörlin wurde zum Bischof von Samland (heute Oblast Kaliningrad, Rußland) ernannt. In der Auseinandersetzung mit Osiander und später auch mit Flacius hielt sich Mörlin in Grenzen. »Er war zwar Streittheologe«, urteilt Robert Stupperich, »aber einer von der besten Art, aufrecht, gerade, rechtschaffen, wenn auch bisweilen hart, ein starker Charakter«[7].

Werke (in geringer Auswahl, ausführliche Bibliographie bei Diestelmann 2003, S. 375-385). *Epistolae ad D. Andream Osiandrum. Et Responsiones* (o.O. 1551)[8]; *Schmeckbier. Aus D. Joachim Mörleins Buch* [...] (Königsberg: Weynreich, 1552)[9]; *Historia welcher gestalt sich die Osiandrische schwermerey im lande Preussen erhaben* (Magdeburg: Lotter, 1554)[10]; *Contra Sacramentarios* (Eisleben: Urban Gaudisch, 1561)[11]; *Wider die Landtluegen der Heidelbergischen Theologen* (Eisleben: Andreas Petri, 1565)[12]; *Themata de imagine Dei in homine* (Wittenberg: Schwertel, 1570[13]. Für seine polnischsprachigen Bistumsangehörigen ließ Mörlin die Hauspostille Luthers ins Polnische übersetzen; die Übersetzung war jedoch misslungen, weil sie zu viele Germanismen enthielt, und wurde nie gedruckt[14]. Der mit Mörlin eng befreundete Franz Marshusius hat in einer *Farrago* betitelten Briefsammlung 160 Briefe von Mörlin an ihn überliefert[15]. Zu weiteren Briefen von Joachim Mörlin vgl. Otto Clemen[16].

Das Porträt Mörlins ist mehrfach überliefert, u.a. in einem Kupferstich (Braunschweigisches Landesmuseum)[17]. Mörlin war seit 1536 verheiratet mit Anna Cordes bzw. auch Cordus († 3. November 1570), mit der er 12 Kinder hatte. Anna Cordes war die Tochter des Bürgermeisters Sebastian Cordes von Themar (Lkr. Hildburghausen, Thüringen), die Schwester von Mörlins Schüler Wolfgang Cordus. Eine anderer Schüler Mörlins war der Thüringer Friedrich Schwalbe, der 1542 unter dem Dekan Rheticus zum Mag. art. promovierte. Mörlin hat sich am 27. Januar 155? in das Stammbuch des Abraham Ulrich eingetragen mit einem lateinischen und deutschen Text zu Matth. 10.42[18].

Zu den Freunden Mörlins gehörte auch Kaspar Brusch, dessen *Odae tres* ein Gedicht an Moerlin *amico suo*[19] enthalten (Erfurt: Wolfgang Stürmer,1544)[20]. Überdies hat Brusch Jodok Mörlin mit seinen Söhnen Joachim und Maximilian in seinem Lob auf Feldkirch verewigt: *Hinc etiam Mauri, pater et duo pignora cara*« (Hierher stammen auch die Mörlin, der Vater und die beiden lieben Kinder)[21]. Am 26. November 1570 ließ Mörlin sein Testament beglaubigen, in dem er vor allem seine noch lebenden acht Kinder bedachte, aber auch seine beiden Mägde Maria und Katharina, die sich um seine verstorbene Hausfrau verdient gemacht hatten und ihr *in diese fernen Landes gefolget sind*[22]. Auf den Tod Mörlins verfasste Valerius Fidler einen *Epicedium* und ein *Epitaphium* in Gedichtform (Jena: Ritzenhain, 1571)[23].

Beziehungen von Mörlin zu Rheticus waren über viele Jahre zweifellos vorhanden. Beide waren Jahrgänger und hatten eine gemeinsame Wurzel in Feldkirch. Beide waren in Wittenberg seit 1532 Kommilitonen und später Kollegen; auch an Mörlins jüngeren Bruder Maximilian bleibt zu denken. Auch als Diakon musste Mörlin für Rheticus in Erscheinung treten. Es fällt auch auf, dass Garcaeus für beide eine Nativität überliefert hat, was auf astrologische Interessen schließen lässt. Zu klären bliebe aber die Frage, welche Stellung Mörlin zur Astrologie seines Freundes Chemnitz bezogen hat. Seit 1538 haben sich die Wege der Brüder Mörlin von Rheticus getrennt, nachdem diese sich ganz auf die Theologie verlegt hatten und Drs. theol. wurden.

1 GARCAEUS 1576, S. 191, nennt den 5. April 1514. | **2** DIESTELMANN 2003; MAGER, Inge, in: NDB 17 (1994), S. 679 f. | **3** FÖRSTEMANN 1841, Bd. 1, S. 144b. | **4** KÖSTLIN 1888, S. 22. | **5** BUCHWALD 1894, S. 5, Nr. 67. | **6** FÖRSTEMANN 1838, S. 32. | **7** STUPPERICH 1984, S. 147. | **8 – 10** BSB München, digital. | **11** Early works to 1800, digital. | **12** VD 16 M 5895; BSB München, digital. | **13** VD 16 ZV 21687; BSB München, digital. | **14** DIESTELMANN 2003, S. 340 f | **15** Wolfenbüttel HAB, Cod. Guelf.33.18 Aug. 2°. | **16** CLEMEN/KOCH 1983, Bd. 6, S. 385-396, hier besonders die einleitende Übersicht S. 385. | **17** Abb. bei DIESTELMANN 2003, gegenüber Titelblatt; ebenda noch weitere Porträts, teilweise auch in Farbe. | **18** KLOSE 1999, S. 243-245 (Bl. 151v-152r). | **19** BSB München, digital, Scan 10 f. | **20** BEZZEL 1982, Sp. 437, Ziff. 53; BSB München, digital. | **21** Iter Rhaeticum, vgl. DILL/JENNY 2002, S. 254 f. | **22** Zitiert nach DIESTELMANN 2003, S. 345. | **23** VD 16 F 992; BSB München, digital.

Mörlin, Jodok, ca. 1490–1550

Jodok Mörlin (Morlin, Mörleyn, Mörle, Morel, Mörling, Möllin, Morlinus, Maurus), geboren um 1490 in Feldkirch (Vorarlberg), gestorben am 15. September 1550 in Westhausen (Lkr. Hildburghausen, Thüringen), luth., Universitätslektor (alte Sprachen im Pädagogium, Metaphysik), Theologe[1].

Die Familie, die einen Mohrenkopf im Wappen führt, ist seit dem 14. Jh. in Feldkirch nachweisbar. Mörlin, der während seiner Wittenberger Jahre nicht dem Klerikerstand angehörte und sich daher früh verheiraten konnte, begann seine Studien mit der Immatrikulation am 13. September 1508 an der Universität Freiburg i. Br., wo Johannes Eck sein Lehrer war. Er wechselte im SS 1509 an die Universität Leipzig[2]. Im SS 1510 immatrikulierte er sich mit einer Gruppe von fünf weiteren Feldkirchern (Arbogast Steinhauser, Johannes Steinhauser, Jodok Werlin, Kaspar Remishuber und Jodok vom Rhein) an der Universität Wittenberg[3]. Hier promovierte er am 6. Oktober 1510 zum Baccalaureus artium, schnitt aber nicht besonders gut ab: Er kam auf den 26. Rang von insgesamt 27 Kandidaten[4]. Am 10. Februar 1512 schloss Mörlin unter dem Dekanat seines Landsmanns Johannes Dölsch seine Studien mit dem Magister artium ab; unter sieben Kandidaten kam er auf den 2. Rang[5]. Mörlin wurde 1514 in den Rat der Artistenfakultät aufgenommen. Im Sommersemester 1516 übte er das Amt eines Dekans aus. Mörlin hielt zunächst *privatim* Vorlesungen. Als 1518 im Zuge der Universitätsreform Melanchthons am Wittenberger Pädagogium zwei neuen Stellen eingerichtet wurden[6], deren Inhaber künftigen Studenten Anfängerunterricht in den drei alten Sprachen Latein, Griechisch und Hebräisch erteilen sollten, wurde Mörlin auf eine dieser Stellen berufen. Als *homo trilinguis* musste er jederzeit in der Lage sein, kleinen Knaben die Anfangsgründe der drei Sprachen zu vermitteln. Kurz darauf bekam Mörlin noch eine weitere Aufgabe. Der 1518 errichtete Lehrstuhl für Physik, der mit dem für Metaphysik verbunden war, wobei beide nach der neuen Übersetzung des Aristoteles vorzutragen waren, wurde zunächst seinem Landsmann Bartholomäus Bernhardi übertragen. 1519 bis 1521 hatte ihn dann Mörlin inne, ehe er 1521 auf Heinrich Stackmann überging; 1523 wurde die Metaphysik wieder ein selbständiger Lehrstuhl[7]. Der Gedanke liegt nahe, dass Bernhardi hier seinem notleidenden Landsmann Mörlin helfen wollte, wie er denn auch schon zuvor 1517/18 seinem Bruder Johannes Bernhardi die Physik und Metaphysik überlassen hatte, obwohl dieser nur Bakkalaureus war und erst im Februar 1519 zum Magister artium promovierte. Hier war offenbar eine Feldkircher »Mafia« aktiv.

Mörlin hatte zunehmend unter materieller Not zu leiden. Er war ursprünglich kein Kleriker, auch nicht während seiner Tätigkeit an der Artistenfakultät in Wittenberg, und hatte früh geheiratet; er hatte bereits 1514, als er gerade in das Kollegium der Fakultät aufgenommen wurde, ein Kind, 1516 am Ende seines Dekanats wurde ihm ein zweites Kind geboren. Die Besoldung an der Universität war sehr niedrig und nicht für Familienväter gedacht. Und da er kein Kleriker war, konnte man ihn auch nicht über eine kirchliche Pfründe versorgen. Diese wirtschaftliche Notlage führte schließlich zu seinem frühen Ausscheiden aus der Leucorea. M. konnte damit seiner Situation erheblich verbessern, wozu eine Aussage Luthers vom August 1540 überliefert ist, als er in seinen Tischreden bemerkte: »*Morels* [d.h. Joachim Mörlins] *vater freyett aus lieb ein arm schön kindt und hat nicht das brott im haus; nuhn beschertt im Gott eine gute pfarr und hat im feine kinder geben, denn Gott gedenckt: Es ist mein ordinatio; ich muß im gnug gebe*[8]. Luther hatte Mörlin auf die der Universität Wittenberg inkorporierte Pfarre Westhausen empfohlen. Voraussetzung dafür war jetzt freilich ein Übergang in den geistlichen Stand; Mörlin wurde jetzt zu einem Priester des Erzbistums Magdeburg geweiht. 1528 drohte Mörlin die Amtsenthebung als Pfarrer von Westhausen; er musste sich dazu verpflichten, *sich solch seines Saufens und Trinkens zu mäßigen.*

Jodok Mörlin war verheiratet mit Margaretha, der Tochter eines kursächsischen Weingutverwalters, was zweifellos nicht ohne Einfluss auf seine Trunksucht war. Seine vier Söhne Joachim (*1514), Maximilian (*1518), Stephan (*1520) und Hieronymus (*1545) haben alle studiert und folgten als namhafte Theologen den Spuren ihres Vaters nach.

Beziehungen zwischen Rheticus und Mörlin gab es wegen des Altersunterschieds nicht; dennoch war Jodok Mörlin für Rheticus als Landsmann ein Begriff, zumal dessen Söhne Joachim und Maximilian über längere Zeit seine Kommilitonen waren. Auch war Mörlin gelegentlich zu Besuch in Wittenberg, wo Rheticus ihm wohl begegnet sein mag.

1 Diestelmann 2003, S. 7 f. | **2** Erler, Bd. 1, S. 494. | **3** Förstemann 1841, Bd. 1, S. 32a. | **4** Köstlin 1887, S. 10. | **5** Köstlin 1887, S. 26. | **6** Hartfelder 1889, S. 506-514. | **7** Kathe 2002, S. 464 und S. 466. | **8** Luther, WA Tischreden IV, Nr. 5151, S. 685, 19-11; Kaufmann 2006, S. 78, Anm. 44.

Mörlin, Maximilian, 1516-1584

Maximilian Mörlin, geboren am 14. Oktober 1516 in Wittenberg, gestorben am 20. April 1584 in Coburg (Oberfranken), luth., Theologe[1].

Maximilian Mörlin und Joachim Mörlin waren Söhne des Theologen Jodok Mörlin; zwei weitere Brüder waren Stephan Mörlin (1520-1604), Superintendent in Coburg, und Hieronymus Mörlin (1545-1602), Pfarrer in Tilsit. Er immatrikulierte sich im WS 1532/33 an der Universität Wittenberg[2], wo er seinen älteren Bruder Joachim bereits vorfand. Hier promovierte er am 19. September 1538 unter dem Dekan Magister Konrad Lagus zum Mag. art.; er erreichte den 11. Rang von 14 Kandidaten; gleichzeitig mit ihm promovierten u.a. Preuss (2. Rang), Matthäus Irenäus (3. Rang), Mads Hack (7. Rang) und Christoph Sangner (8. Rang)[3]. Am 17. August 1539 wurde Mörlin von Bugenhagen ordiniert und zum Priesteramt nach Pegau[4] geschickt. Kurz darauf wurde er Pfarrer in Zeitz (Burgenlandkreis, Sachsen-Anhalt) und 1543 Pfarrer in Schalkau (Lkr. Sonneberg, Thüringen), ehe er 1544 als Hofprediger und wenig später 1546 als Superintendent nach Coburg berufen wurde. Unter dem Dekan Kaspar Cruciger promovierte Mörlin am 12. März 1546 zum Lic. theol.; er wurde drei Tage später von Cruciger als Promotor zum Dr. theol. kreiert[5]. 1561 wurde Mörlin *honoris causa* an der Universität Jena eingeschrieben[6]; er führte hier 1564 als Prokanzler die erste theologische Promotion durch (Johannes Stössel). In den theologischen Auseinandersetzungen stand er zunächst auf der Seite von Flacius, doch entfernte er sich bald von ihm und musste 1569 das Land verlassen. Er wirkte danach in Dillenburg (Lahn-Dill-Kreis, Hessen) und Siegen (Nordrhein-Westfalen), ehe er 1573 nach Coburg zurückkehrte.

Werke: Im Gegensatz zu seinem Bruder Joachim Mörlin hat Maximilian M;örlin nur sehr wenig publiziert. *Apophtegmata sive scite et pie dicta, collecta ex Eusebii historia ecclesiastica et tripartita* (Nürnberg: Joh. Berg & Ulrich Neuber, 1552)[7]; *Lazarvs resuscitatvs, Das ist, Vom verstorbenen vnd widerauferweckten Lazaro, Einfeltiger vnd kurtzer vnterricht* (Frankfurt/Main: Brubach, 1572); *Eine Christliche Trostschrifft vnnd Vnterricht von den vngetauften kindlein, die da nit können zu der Tauff gebracht werden*, in: Bugenhagen, Johannes, *Tröstlicher warhaffter vnterricht von der Tauf* (Nürnberg: Dietrich Gerlach, 1575, Bl. 67r-85r, Coburg, 20. März 1566)[8].

Mörlin hinterließ aus seiner ersten Ehe 12 Söhne; als Witwer ging am 17. Januar 1581 eine zweite Ehe ein; er heiratete die Schulmeisterswitwe Anna Weißgerber, geborene Rhau, eine Tochter des Buchdruckers Georg Rhau; sie wurde am 31. März 1584 zu Grabe getragen[9], während er selbst drei Wochen später starb. Mörlin hat sich 1551 in das Stammbuch des Abraham Ulrich eingetragen mit einem hebräischen und lateinischen Text zu Matth. 12.50[10].

Beziehungen von Mörlin zu Rheticus waren über viele Jahre vorhanden. Der Altersunterschied zwischen beiden war gering (Rheticus war zwei Jahre älter) und beide hatten eine gemeinsame Wurzel in Feldkirch. Beide waren in Wittenberg seit 1532 Kommilitonen und später Kollegen; auch an Mörlins älteren Bruder Joachim sowie an beider Vater Jodok Mörlin, der öfter in Wittenberg anzutreffen war, bleibt zu denken. Es fällt auf, dass Garcaeus für beide Brüder Mörlin eine Nativität überliefert hat[11], was auf astrologische Interessen schließen lässt. An der Magisterpromotion von Maximilian Mörlin am 19. September 1538 hat wohl Rheticus noch teilgenommen. Dann aber trennten sich der gemeinsame Weg der Brüder Mörlin mit Rheticus, die sich ganz auf die Theologie verlegten und Drs. theol. wurden.

1 STUPPERICH 1984, S. 147 f. | 2 FÖRSTEMANN 1841, Bd. 1, S. 147a. | 3 KÖSTLIN 1890, S. 10. | 4 BUCHWALD 1894, S. 6, Nr. 74. | 5 FÖRSTEMANN 1838, S. 34 (BSB München, digital, Scan 48); Doktordisputation bei HARTMANN 1679. | 6 MENTZ 1944, S. 212, 1561b, Nr. 1. | 7-8 BSB München, digital. | 9 AXMANN 1997, S. 162. | 10 KLOSE 1999, S. 326 f. (Bl. 199v). | 11 GARCAEUS 1576, S. 191 (nur der Geburtsmonat angegeben).

Morsing, Christiern Thorkelsen, 1485–1560

Christiern Thorkelsen Morsing (Morsius, Morsianus, Morssianus), geboren 1485 auf der Insel Mors (Kommune Morsø, Nordjylland, Dänemark), gestorben am 27. Juli 1560 in Kopenhagen, begraben im Dom Vor Frue Kirke, luth., Gelehrter, Jurist, Arzt, Mathematiker[1].
Morsing ist als der Reformator der Universität Kopenhagen in die Geschichte eingegangen und wurde bereits von dem Zeitgenossen Sam. Meiger gepriesen als *ein Licht des Reiches Dennemarcken und ein Ausbund aller gelahrten Leute*. Er gehörte nicht dem Adel an, war aber mit der dänischen Gesellschaft eng verbunden, insbesondere mit der Familie des Peder Oxe. Nach Besuch einer heimischen Schule wurde der zum kath. Priester geweihte eine Stütze des Luthertums. Er besuchte 1514 die Universität Löwen, durchreiste viele Länder, und kehrte 1519 als Magister artium und Baccalaureus utriusque iuris zurück und wurde Schulrektor und Vikar am Dom in Kopenhagen, 1520 Professor an der Universität, 1522 erstmals Rektor, ging aber dann wieder ins Ausland, zuerst 1527 nach Leipzig, 1528 nach Köln und Löwen, wo er Vorlesungen über Arithmetik und Astronomie hielt. Um diese Zeit schuf er die erste Ausgabe seiner *Arithmetica brevis* (ca. 1528). 1531 sehen wir Morsing wieder als Lesemeister an der Universität Kopenhagen und Vikar an St. Margarete. Morsing wurde 1531 als Erzieher des jungen Peder Oxe wieder auf Reisen geschickt. Er widmete sich in Montpellier, immatrikuliert am 7. Oktober 1533[2], dem Studium der Medizin, dann in Basel, immatrikuliert 1534/35, gleichzeitig mit Andreas Karlstadt, Thomas Platter und Georg von Stetten[3]. 1534 promovierte Morsing in Basel zum Dr. med. und begann Mathematik zu lehren. In seiner Begleitung befand sich nach wie vor Peder Oxe, der nicht in der Matrikel steht, 1535/36 folgte Johann Baptist Haintzel[4], der mit Oxe *convictor* (Tischgenosse) und Mitschüler von Morsing wurde und von ihm in die Mathematik und Astronomie eingeführt wurde. Zugleich lernten alle bei Simon Grynäus Griechisch, in dessen Haus zu dieser Zeit auch der Glaubensflüchtling Flacius Illyricus lebte. Zum Schülerkreis des Grynäus gehörte auch Heinrich Pantaleon, der ihn in einem Brief an Karlstadt *studiorum pater atque mecenas* nannte[5]. 1539 wechselte Pantaleon in die Schule des Sixt Birk in Augsburg.

Noch eine andere Basler Szene soll hier kurz beleuchtet werden, nämlich Morsings Beziehung zu dem Kosmographen und Stöfflerschüler Sebastian Münster. Im März 1536 erschien, zusammen mit der von Jacques Lefèvre d'Etaples herausgegebenen *Arithmetica speculativa* des Anicius Manlius Severinus Boethius eine zweite Ausgabe von Christiern Morsings *Arithmetica practica*, unter dem gemeinsamen Titel *Arithmetica speculativa Boetij per Iacobum Fabrum Stapulensem in compendium redacta. Arithmetica practica Christierni Morssiani in quinque partes digesta* (Basel: Heinrich Petri, 1536)[6]. Dieser Druck führte Morsing, begleitet von Oxe, wohl häufiger in das Haus Münsters, wo sie von dessen Frau Anna Selber, Witwe von Adam Petri, Mutter von Heinrich Petri umsorgt wurden. Münster führte noch über Jahre eine Korrespondenz mit Morsing, *amico suo incomparabili* (seinem unvergleichlichen Freund). In einem Brief vom 23. November 1543 bat Münster Morsing um Material über Dänemark für seine Kosmographie und fügte am Ende seines Briefes an: *Salutat te uxor mea vehementerque cupit scire ubi et quid agat Petrus Ochs, olim discipulus tuus*[7].

1537 kehrte Morsing nach Kopenhagen zurück, er wurde Professor für Medizin und 1537/38 der erste luth. Rektor Magnificus der Universität. Mit Bugenhagen schuf er 1537 eine Universitätsordnung, in der bestimmt wurde, dass die Professoren für Medizin auch die Fächer Physik, Mathematik und Kosmographie vortragen sollten. Morsing wurde noch häufiger zum Rektor gewählt, 1541/44 war er akademischer Kurator des Doms. 1546 zog er wegen einer Pest nach Knardrup (nordwestlich von Kopenhagen gelegenes, 1536 aufgehobenes Zisterzienserkloster).

Beziehungen zwischen Rheticus und Morsing sind nicht bekannt. Morsing war jedoch nicht nur als Fachkollege ein Begriff für Rheticus; er kannte ihn auch als ein Stütze des Luthertums in Kopenhagen. Morsing und Rheticus hatten auch gemeinsame Schüler, wie etwa Heinrich Zell, Johann Baptist Haintzel oder Georg von Stetten.

1 Ulff-Møller 2005, S. 383-399. | 2 Gouron 1957, S. 69, Nr. 1097. | 3 Wackernagel 1956, Bd. 2, S. 7. | 4 Wackernagel 1956, Bd. 2, S. 9. | 5 Buscher 1946, S. 5 f. | 6 VD 16 L 953, BSB digital; die Arithmetik von Morsing hier auf S. 26-75; Ulff-Møller 2005, S. 389-394. | 7 Burmeister 1964/II, S. 71-73.

Müller, Johannes

Johannes Müller, geboren in Ohrdruf (Lkr. Gotha, Thüringen), gestorben ?, luth., Student.
Johannes Müller hatte im SS 1547 an der Universität Erfurt sein Studium begonnen[1], wo er sich gleichzeitig mit seinem Mitbürger Jakob Pedelius eingeschrieben hat; Konsemester waren auch die drei Wittenberger Magister Seidemann, Strigel und Alexius Naboth. Müller immatrikulierte sich dann im WS 1549/50 in Leipzig[2], wo er wiederum mit Pedelius zusammentraf. Mehr ist nicht bekannt. **Beziehungen** zwischen Rheticus und Johannes Müller bestanden in den Jahren 1549 bis 1551, jedenfalls hätte er in dieser Zeit dessen Vorlesungen besuchen können.

1 Weissenborn 1884, Bd. 2. S. 367a, Nr. 23. | 2 Erler, Bd. 1, S. 679, M 4.

Müller, Lorenz

Lorenz (Laurentius) Müller, geboren in Schmalkalden (Lkr. Schmalkalden-Meiningen, Thüringen), gestorben ?, luth., Magister.
Lorenz Müller hat im WS 1543/44 an der Universität Leipzig unter dem Rektor Kaspar Borner sein Studium begonnen[1]. Hier erwarb er zügig die üblichen akademischen Grade. Er promovierte im SS 1545 zum Bacc. art. und im WS 1550/51 zum Mag. art.[2]

Beziehungen zwischen Rheticus und Lorenz Müller bestanden vom WS 1543/44 bis SS 1545 und dann wieder vom WS 1548/49 bis WS 1550/51. Sowohl für das Bakkalaureat wie auch für das Magisterium musste Müller Vorlesungen von Rheticus besuchen.

1 Erler, Bd. 1, S. 646, B 9. | 2 Erler, Bd. 2, S. 684 und 718.

Münster, Sebastian, 1488–1552

Sebastian Münster (Munsterus, Monsterus, Monsterius, Mönster u.ä.), geboren am 20. Januar 1488 in Nieder-Ingelheim (Lkr. Mainz-Bingen, Rheinland-Pfalz), gestorben am 26. Mai 1552 in Basel (an der Pest), begraben im Kreuzgang des Basler Münsters, ref., Universitätslehrer, Hebraist, Mathematiker, Kosmograph, Theologe[1].

Der Sohn des Weinbauern und Spitalmeisters Andreas Münster studierte seit 1503 in Heidelberg, ca. 1507 in Löwen und ca. 1508 in Freiburg i. Br., hier war Schüler von Gregor Reisch. Da er in den Matrikeln nicht verzeichnet ist, muss vermutet werden, dass er nicht die Universitäten, sondern als Angehöriger des Franziskanerordens die Generalstudien seines Ordens besucht hat, an denen er später auch als Lektor wirkte. Seit 1509 finden wir ihn bei Konrad Pellikan im Kloster in Rufach (Haut-Rhin), wo er sich intensiv dem Hebräischstudium widmete. Im September 1511 begleitete er Pellikan nach Pforzheim, wo er ihm als Famulus diente. Am 18. April 1512 wurde er zum Priester geweiht. 1514 begleitete Münster Pellikan nach Tübingen, wo er Schüler von Johannes Stöffler wurde und auch Melanchthon kennenlernte und mit Capito in Verbindung trat. 1518 wechselte Münster nach Basel, wo er an der von Adam Petri herausgegebenen Lutherausgabe mitwirkte und Luthers Zehn Gebote ins Deutsche übersetzte[2]. Seit 1521 lebte Münster in Heidelberg, wo er 1524 den Lehrstuhl für Hebräisch übernahm und eine Lebensfreundschaft mit dem Gräzisten Simon Grynaeus schloss. In diesen Jahren veröffentlichte er in Basel zahlreiche hebraistische Werke, 1527 auch eine Grammatik und ein Wörterbuch des Aramäischen; zugleich wandte er sich auch, ähnlich wie schon sein Lehrer Pellikan oder sein späterer Gegner Agostino Steuco, auch dem Äthiopischen zu. 1529 entschied sich Basel für die Reformation. Simon Grynaeus und Sebastian Münster wurden als Professoren für Griechisch bzw. für Hebräisch nach Basel berufen; beide haben sich 1532 gemeinsam in Basel immatrikuliert[3], zugleich mit ihnen auch Simon Sulzer[4] und die späteren Rheticusschüler Nikolaus Bromm, Heinrich Zell und Otto Werdmüller[5].

Münster wohnte im Falckensteiner Hof, einem Domherrenhaus auf dem Münsterplatz Nr. 11. Seit etwa 1530 war er mit Anna Selber, der Witwe des Buchdruckers Adam Petri, verheiratet. Am 24. November 1532 wurde seine Tochter Aretia getauft. Am 22. Dezember 1535 erhielt er das Basler Bürgerrecht. 1536 trat er in die Zunft zu Hausgenossen (Bärenzunft) ein. 1547 wurde Münster zum Rektor Magnificus gewählt. Zahlreiche Studenten lebten als Kostgänger in seinem Haus; unter ihnen waren beispielweise Calvin und Lelio Sozzini.

Beziehungen zu Rheticus sind bisher nicht bekannt geworden. Münster und Rheticus waren grundverschiedene Charaktere. Münster bemühte sich zwar auch sehr, einen hervorragenden Platz in den Wissenschaften zu erlangen, er war aber geprägt von franziskanischer Bescheidenheit. Münster war in erster Linie Hebraist, ja nach dem Urteil des Vermittlungstheologen Georg Witzel war er in diesem Fach unübertrefflich: *Sebastianus Munsterus, bone Deus, qualis et quantus vir? Quid ille rerum Hebraicarum non exquisivit excussitque? An victurum speras, qui melius de Hebraeorum studiis mereri queat? Sacrarium quoddam eius linguae is mihi esse videtur, et scientiae exoticae pelagus. Hunc rogo vos amore singulari complectimini, hunc admiremini…*[6] Auf Rheticus, der sich nie ernsthaft mit dem Hebräischen befasst hat, mochte der Hebraist Münster nur wenig Eindruck machen.

Aber Münster war zugleich auch Mathematiker, besonders Gnomoniker, einigen galt er sogar als der Vater der Gnomonik, Verfertiger astronomischer Instrumente[7], Kalendermacher (mit Skepsis gegenüber der Astrologie), Kosmograph (mit Vorliebe für die Geschichte) und Geograph, Herausgeber des Ptolemäus, Mela und Solin, Illustrator von Scheubels Euklid, Schüler Stöfflers, dessen Nachlass er bewahrte, Lehrer von Heinrich Zell und Erasmus Oswald Schreckenfuchs, Freund der Tannstetterschüler Simon Grynaeus und Joachim Vadian[8], Freund des dänischen Mathematikers Christiern Morsing, Stiefvater von Heinrich Petri, der die zweite Auflage von Kopernikus' *De revolutionibus* druckte.

Ernst Zinner nimmt in seiner »Entstehung und Ausbreitung der coppernicanischen Lehre« (1943) keine Notiz von Sebastian Münster, es sei denn, dass er auf dessen Sonnenuhren und Instrumente hinweist; auch in seiner Bibliographie verzeichnet Zinner 20 astronomische Werke Münsters. Ähnlich wie Apian stand auch Münster dem Weltsystem des Kopernikus fremd und teilnahmslos gegenüber und hielt an der ptolemäischen Kosmologie fest. »Und doch möchte vielleicht«, schreibt Siegmund Günther in Hinsicht auf Apian, »ein tiefer blickender Geschichtsschreiber in dem gänzlichen Stillschweigen ... eher ein günstiges, denn ein ungünstiges Anzeichen für dessen Stellung zu Coppernic's Reform erblicken!«[9] Auch bei Münster finden wir ein ähnliches Stillschweigen zu Kopernikus wie bei Apian, für das Günther die Ursache in Fakultätsbanden und in der scholastischen Tradition sieht. Diesen Standpunkt teilt auch Matthew McLean (2007): »In the sixteenth century Nicolaus Copernicus produced in his *De Revolutionibus* (1543) which explained observed celestial phenomena by advancing a heliocentric system; in so doing it required the abandonment of much of Aristotle's philosophy"[10]. Auch Günther Wessel vermutet (2004): «Vielleicht kennt Münster doch die Annahmen des Astronomen, kann oder will sie aber nicht niederschreiben, weil sie auch ihm ketzerisch erscheinen. Denn das geht den meisten seiner Zeitgenossen so. Deshalb wird Kopernikus' Buch im 16. Jahrhundert nur noch einmal, und zwar 1566 von der Druckerei Henricuspetri«[11], dem Drucker der Kosmographie und vieler anderer Werke Münsters sowie des Kopernikaners Christian Wurstisen, dem es 1564 bis 1586 verboten wurde, an der Universität dessen Weltbild vorzutragen. Wie Wessel so urteilte auch Jean Bergevin in »Déterminisme et Géographie« (1992), Münster habe das heliozentrische System des Kopernikus zwar nicht übernommen, aber es sei nur schwer möglich, dass er es nicht gekannt habe und übrigens höchst wahrscheinlich, dass er es aus wissenschaftlichen, religiösen und politischen Gründen nicht angenommen habe[12].

Im März 1532 veröffentlichte Simon Grynaeus seinen *Novus orbis*, eine Sammlung von Seefahrer-Berichten, die er seinem Wiener Lehrer Georg Tannstätter gewidmet hat. Es sind davon vier Auflagen erschienen[13]: Basel: Joh. Herwagen, (März) 1532; Paris: A. Augereau für J. Petit & G. DuPré (Oktober) 1532 mit einer von Oronce Finé geschaffenen, in Paris bei C. Wechel gedruckten Weltkarte, datiert Juli 1531[14]; Basel: Herwagen 1537; Basel: Herwagen, 1555[15]. Münster zeichnete um 1531/32 für die erste Ausgabe eine Weltkarte *Typus cosmographicus universalis*[16] (mit Randausschmückungen von Hans Holbein d.J.); dieser Holzschnitt weist die Besonderheit auf, dass je ein Putto am Nord- und Südpol mit einer Kurbel die Erdachse bewegt. Und sie bewegt sich doch?

Unterschiedliche Bewertungen sind hier möglich. Es gibt eine Meinung, dass es sich bei Münsters *Typus cosmographicus* um die erste bildliche Darstellung des heliozetrischen Systems handelt. In einem Verkaufsangebot dieser Karte durch die Firma W. Graham Arader III Gallery (New York) heißt es: »The map was progressive, even groundbreaking, for it was one of the first world maps to reflect the Copernican theory of a heliocentric universe"[17].

Andere zweifeln an dieser Auslegung. Die Frage stellt sich, warum spätere Auflagen den *Typus cosmographicus* von 1532 durch eine andere Weltkarte *Typus orbis universalis* ersetzt haben, auf der die kurbelnden Putti fehlen[18]. Zu berücksichtigen bleibt auch, dass Münster im Titelholzschnitt seines *Organum uranicum* (Basel: Heinrich Petri, 1536)[19] ein ähnliches Bild bringt; es »zeigt eine Planetenscheibe, die mittels zweier Kurbeln an einer Achse von vier über den Wolken schwebenden Putti gedreht wird (gewissermaßen als Hinweis auf die im Text realiter drehbaren Scheiben)[20]. Hier geht es eindeutig nicht um eine bildliche Darstellung des heliozentischen Systems.

1531/32 erörterten Gemma Frisius und Dantiscus die neue Lehre; im Sommer 1533 diskutierte Johann Albrecht Widmannstetter mit dem Papst und Kardinälen diese Lehre. So wie diese Gelehrten, konnte auch Münster 1531/32 etwas von der neuen Lehre gehört haben. 1532 wurde Simon Grynaeus und Sebastian Münster gemeinsam in die Basler Universitätsmatrikel eingeschrieben; im Abstand von nur zwei weiteren Namen folgen in der Matrikel zwei kommende Rheticusschüler und künftige Kopernikaner: Heinrich Zell und Otto Werdmüller. Es fällt schwer daran zu glauben, dass

Münster sein Wissen nicht an diese beiden Schüler weitergegeben hat. Münster hat, als er gerade mit dem *Typus cosmographicus* beschäftigt war, doch mit den künftigen Kartographen Zell über diese Weltkarte diskutiert. Bereits 1533 schuf Zell seinerseits eine Europakarte und 1542 die berühmte Karte von Preußen, die später wiederum die Kosmographie bereichern sollte[21].

Es geht hier nicht darum, Münster zu einem Kopernikaner zu machen, sondern nur um die Frage, ob er bereits 1531 von Kopernikus wissen konnte. Wie Apian stand jedoch auch Münster unter Zwängen, sich offen mit Kopernikus auseinanderzusetzen. Schon sehr früh kam es zu einer Tabuisierung von Kopernikus und seinem heliozentrischen System. Diese Lehre war ketzerisch, wie erstmals Münsters Freund Gasser bemerkt hat, es stehe in einem Gegensatz zu der Schulmeinungen und man könnte es, wie die Mönche sagen würden, für ketzerisch (*haereticus*) halten[22]. Man erwähnte daher tunlichst den Namen Kopernikus nicht. In den 1540er Jahren haben Luther und Melanchthon der Namen Kopernikus nicht ausgesprochen, selbst Reinhold hat sich damit sehr zurückgehalten. Ja sogar Rheticus, der eifrigste Verfechter des heliozentrischen Systems, spricht noch in seiner *Chorographia tewsch* (1541) von der Möglichkeit, *der Sonnen, des mons, planeten vnd alles gestirns motus ... zu rechnen*[23]. Der Name war ein Tabu, man wollte aus wissenschaftlichen, theologischen und politischen Rücksichtnahmen nicht darüber sprechen.

Zinner erwähnt einen Brief, mit dem Rheticus sich am 23. Februar 1548 aus Basel entschuldigt, wegen Krankheit erst verspätet nach Leipzig zurückkehren zu können[24]. Da Rheticus damals in Zürich lebte, kommt einem solchen Abstecher nach Basel hohe Wahrscheinlichkeit zu. Rheticus hatte in Basel viele alte Bekannte aus seiner Schulzeit in Zürich, beispielsweise Oswald Mykonius oder Thomas Platter, auch der leistungsfähige Basler Buchhandel musste ihn locken, nicht zuletzt aber Sebastian Münster. Münster war der amtierende Rektor der Universität, sodass man es als selbstverständlich annehmen kann, dass Rheticus als der kommende Dekan der Leipziger Artistenfakultät ihm einen Höflichkeitsbesuch schuldig war, ganz abgesehen davon, dass sie gemeinsame wissenschaftliche Anliegen verfolgten. So hatte Rheticus ein Kalender auf 1548 geschaffen[25], Münster gab bei Petri einen Kalender für 1549 in Druck[26]. Münster arbeitete mit Hochdruck an der Ausgabe der Kosmographie von 1550, wobei Rheticus ihm nützlich sein konnte. Beider Vorstellungen über die Geographie decken sich. Zahlreiche Gelehrte aus Rheticus' Umfeld haben Beiträge zur Kosmographie Münsters geliefert: Gasser (Allgäu, Lindau, Feldkirch, Augsburg), Brusch (Eger), Georg Agricola (Bergbau), Zell (Preußen), Johannes Dryander (Hessen), Alexander Ales (Edinburg) und viele andere. Herzog Albrecht von Preußen bedauerte, Münster keine Abbildungen der preußischen Städte zur Verfügung stellen zu können[27]. Rheticus hat später in einem Brief Münsters genealogische Arbeiten erwähnt. Zu erwähnen bleiben noch die beiden Studeten Johannes Moringk aus Stendal und Andreas Saxo aus Belgern, die 1540 von Wittenberg nach Basel kamen. Die 1540 in Basel immatrikulierten Augsburger Studenten zogen später nach Wittenberg (Paul Heintzel, Johann Baptist Schenck, Metsberger).

1 Burmeister 1963; Burmeister 1964 (Bibliogr.); Burmeister 1964 (Briefe); Büttner/Burmeister 1979, S. 111-128; Schadl, Sybille, Planetentafeln des Sebastian Münster (Faksimile), Zürich: Belser, 1989; Bergevin, Jean, Déterminisme et géographie, Presses de l'Université Laval, 1992, S. 115-163; Uhde, Karsten, Ladislaus Sunthayms geographisches Werk und seine Rezeption durch Sebastian Münster, Bd. 1-2, Köln: Böhlau, 1993; Raupp, Wernher, in: BBKL 6 (1993), S. 316-326; Burmeister, Karl Heinz, in: TRE 23 (1993), S. 407-409; Hieronymus 1997, passim; Priesner, Claus, in: NDB 18 (1997), S. 539-541; Vogel 2002, S. 123-155; Wessel 2004; McLean, Matthew, The Cosmographia of Sebastian Münster, Describing the World in the Reformation, Ashgate, 2007; Greyerz, Kaspar von, in: HLS, 2008; Basse, Michael, Martin Luthers Dekalogpredigten in der Übersetzung von Sebastian Münster, Köln: Böhlau, 2011. | **2** Basse, Michael, Martin Luthers Dekalogpredigten in der Übersetzung von Sebastian Münster (Archiv zur Weimarer Ausgabe, 10), Köln u.a.: Böhlau, 2011. | **3** Wackernagel 1956, S. 2, Nr. 12 und 13. | **4** Wackernagel 1956, S. 1, Nr. 5. | **5** Wackernagel 1956, S. 1, Nr. 3 und S. 2, Nr. 16 und 17. | **6** Böning, Adalbert, Georg Witzel (1501-1573) als Hebraist und seine Lobrede auf die Hebräische Sprache, Schwerte: Katholische Akademie, 2004, S. 100-103, daselbst auch deutsche Übersetzung. | **7** Zinner ²1964, S. 48; Zinner ²1967, S. 455 f. und passim (vgl. Register); Kokott 1994, S. 37, 39, 42. | **8** Bonorand 1988, S. 81, 83, 135. | **9** Günther 1882, S. 62. | **10** McLean 2007, S. 316. | **11** Wessel 2004, S. 62. | **12** Bergevin 1992, S. 134.

| **13** Die genauen bibliogr. Daten vgl. bei BURMEISTER 1964, S. 60 f., Nr. 60-63. | **14** Abb. bei REISS & SOHN, Auktion 132, 28. Oktober 2009, Das Bild der Welt vor 1600, Atlanten, Bücher, Weltkarten, S. 11, Nr. 2544. | **15** Diese Ausgabe ist zu finden bei BSB digital. | **16** Abgebildet bei BAGROW 1951, S. 75, mit Text S. 72; Abb. bei REISS & SOHN, a.a.O., S. 10, Nr. 2543. | **17** münster sebastian-typus-AbeBooks.com (27. Oktober 2012). | **18** Abb. bei HIERONYMUS 1997, Bd. 1, S. 518 f., Nr. 195-5. | **19** BURMEISTER 1964, S. 49, Nr. 43; BSB digital. | **20** HIERONYMUS 1997, S. 490, Nr. 181. | **21** HORN, Werner, Sebastian Münster's Map of Prussia and the Variants of it, in: Imago Mundi 7 (1950), S. 67-73. | **22** GASSER 1540 an Georg Vögelin, vgl. BURMEISTER 1975, Bd. 3, S. 50-54. | **23** HIPLER 1876, S. 135. | **24** ZINNER 1943. S. 258; der Standort dieses Briefes ist unbekannt. | **25** BURMEISTER 2006, S. 177-179. | **26** BURMEISTER 1964 (Bibliogr.), S. 51, Nr. 48. | **27** THIELEN 1953, S. 52.

Münsterer, Leonhard, ca. 1533–1554

Leonhard Münsterer (Munsterer, Munster), geboren um 1533 in Wittenberg, gestorben im September 1554 in Rom, luth., Student der Medizin, neulat. Dichter[1].

Leonhard Münsterer, der den Namen seines Großvaters, eines Nürnberger Ratsherrn trug, war wohl der Jüngere der beiden Brüder, die als Kleinkinder unter dem Rektorat ihres Vaters Sebald Münsterer am 26. April 1534 in Wittenberg eingeschrieben wurden[2]; ihre Schwester Anna heiratete den Juristen Ulrich Sitzinger. Wie viele andere deutsche Studenten setzte Leonhard Münsterer seine Studien in Frankreich und in Italien, ohne dass er vorher einen Grad in den *Artes liberales* erlangt hatte; denn in Frankreich und in Italien wurden solche Grade nicht verlangt. Am 5. November 1551 schrieb sich Münsterer in die Matrikel der berühmten medizinischen Hochschule Montpellier ein[3]. Als Herkunftsort gab Münsterer die ungewöhnliche Diözese *Leivoriensis* an, wohl richtig *Leucoriensis*, also Wittenberg. Es war üblich, dass jeder Student sich einen Professor als »Pater« aussuchte, den er jederzeit um Rat fragen konnte. Münsterers Wahl fiel auf Jean Schyron († 1556); dieser hatte schon 1527 Achilles Pirmin Gasser betreut[4] und ihm hatte sich auch am 29. August 1551 Renatus Hener aus Lindau (Schwaben) anvertraut[5]. Auch andere Mitglieder der Deutschen Nation studierten damals in Montpellier, so beispielsweise Felix Platter[6], dem wir eine farbige Schilderung des dortigen Studentenlebens verdanken[7]. Hener verliebte sich in ein einheimisches Mädchen[8]; das mag Thomas, dem Vater von Felix, zu Ohren gekommen sein; denn dieser warnte seinen Sohn, dass er sich hüte, *dass er nit etwan von welschen wiberen ingenommen werde*[9]. Leonhard Münsterer ging in der Folge in Begleitung anderer Rheticusschüler wie Beuther oder Marstaller zur Fortsetzung seines Studiums nach Italien. Bei der Promotion von Gervasius Marstaller zum Dr. med. am 8. Dezember 1552 in Pisa war Leonhard Münsterer gemeinsam mit Beuther Zeuge[10]. 1553 ist Leonhard Münsterer erneut Zeuge bei der Promotion des Johannes Brambach aus Dresden in Pisa[11], der in Leipzig Rheticus' Schüler war. 1554 ist Münsterer in Rom gestorben; am 29. September 1554 schickte Melanchthon einen Brief an Hieronymus Baumgartner, in dem über den Tod von Münsterer berichtet wurde[12].

Die **Beziehungen** zu Rheticus liegen zunächst ähnlich wie bei seinem Bruder Sebald d.J. Da Leonhard Münsterer bei der Immatrikulation noch ein Kleinkind war, kann man ihn nicht als Kommilitonen von Rheticus bezeichnen. Rheticus, der im Hause Melanchthons verkehrte, kannte vermutlich den Jungen vom Ansehen, hat ihn aber vor seiner Abreise nach Frauenburg 1538 kaum unterrichtet; möglich wäre jedoch, dass Leonhard die Vorlesung im WS 1541/42 besucht hat. Jedenfalls hatte Leonhard eine Vorliebe für die Astronomie. Man möchte in ihm sogar einen frühen Kopernikaner sehen; zumindest hatte er 1551 ein Exemplar von Kopernikus' *De revolutionibus* (Nürnberg: Petreius, 1543) in seinem Besitz[13]. Er besaß auch einen Sammelband astrologischer Schriften, dem er das Motto aus Ptolemäus *Sapiens dominatur astris* voranstellte[14].

Zu Münsterers Freundeskreis gehörte der neulateinische Dichter und spätere Arzt und Botaniker Petrus Lotichius, ein weiterer Rheticus- und Melanchthonschüler, der um 1551 gleichfalls in Italien studierte; er hat ein *Carmen ad L. Munsterum* verfasst[15]:

AD LEONARDUM MUNSTERUM
Sollicitas habili citharae dum pellice fila
Succinis et tenui murmure, vive tibi
Et vitare mones praelustria: chordaque dulces
Pulsa dat et chordas vox imitata sonos.
Ducere cum Musis videor Munstere choreas:
Quoque sedes Helicon est locus ille mihi.
Quis Deus afflatum rapit hoc super aethera pectus?
Monstrat et affectus posse docere lyra?

(Während Du mit geschicktem Daumen die Saite der Zither schlägst und mit leisem Summen einstimmst, sei ganz mit Dir beschäftigt; und Du mahnst sehr helles zu meiden, und die ständig geschlagene Saite gibt süße Töne und die nachgeahmte Stimme die Saiten. Münsterer, ich scheine mit den Musen einen Tanz zu halten. Auch ist der Sitz Helicon für mich der Ort. Welcher Gott entrückt die erfüllte Brust über die Himmel? Das beweist, auch die Leidenschaft kann die Laute lehren). Musik und Tanz bis in den frühen Morgen wurde von den deutschen Studenten sehr gepflegt; Felix Platter war ein hervorragender Lautenist, sodass er in Montpellier bald den Übernamen erhielt *l'Allemand du lut*[16].

1 WILL-NOPITSCH 1802, S. 463 f. | 2 FÖRSTEMANN 1841, Bd. 1, S. 152b. | 3 GOURON 1957, S. 122, Nr. 1902. | 4 GOURON 1957, S. 53, Nr. 878. | 5 GOURON 1957, S. 120, Nr. 1880. | 6 GOURON 1957, S. 126, Nr. 1969. | 7 FECHTER 1840, passim; LÖTSCHER 1976, passim. | 8 Vgl. dazu ZON 1983, S. 369-371, 386. | 9 FECHTER 1840, S. 158. | 10 WEIGLE 1959, S. 199, 212. | 11 Ebenda, S. 199 | 12 CR VIII, Sp. 349 f., Nr. 5669; SCHEIBLE, MBW 7, S. 251. | 13 GINGERICH 2002, S. 81 (Stadtbibliothek Lindau, Signatur D.II.92); DOBRAS 1988, S. 84, Nr. 69. | 14 UB Erlangen, Trew 044/446; MAURER 1967, Bd. 1, S. 237. | 15 LOTICHIUS, Poemata, Dresden 1708, BSB digital. | 16 FECHTER 1840, S. 125.

Münsterer, Sebald, d. Ä., 1495–1539

Sebald Münsterer (Mönsterer, Munsterer, Monster, Munster), d.Ä., geboren um 1495 in Nürnberg, gestorben am 26. Oktober 1539 in Wittenberg (an der Pest), Begräbnis in der Schlosskirche, Epitaph von Lukas Cranach (mit Darstellung auch von Frau und Kindern[1], luth., Universitätslehrer, Jurist[2].

Der Sohn des Leonhard Münsterer, des größeren Rats in Nürnberg, und der Anna Ortolf, begann seine Studien als Schulgeselle von Camerarius im SS 1515 in Leipzig[3] und promovierte im SS 1516 zum Bacc. art.[4] Im WS 1518/19 promovierte Münsterer in Leipzig unter Simon Eisenmann, dem Inhaber der Euklidvorlesung, zum Mag. art.[5] (gleichzeitig mit Kaspar Börner und Sebastian Fröschel). Alle drei nahmen an der Leipziger Disputation zwischen Luther, Karlstadt und Eck (27. Juni bis 15. Juli 1519) *aufm Schloss in der großen Hofstuben*[6] teil[7]. Am 13. Mai 1520 immatrikulierte sich *Magister Sebaldus Nurnbergen.* an der Universität Wittenberg[8]. 1527 promovierte er in Wittenberg zum Dr. leg.; er wollte das Kirchenrecht nicht lesen, sondern er las über die Institutionen, erst 1530 übernahm er den Lehrstuhl von Johannes Apel und zugleich auch dessen Haus[9]. Am 15. Oktober 1533 wurde er zum Rektor Magnificus gewählt[10]. Nach dem 20. September 1532 hatte er Anna Krapp[11] aus Wittenberg geheiratet, die Witwe des Johannes Schwertfeger; sie ist am 25. Oktober 1539 in Wittenberg an der Pest gestorben. Ihre Schwester Katharina Krapp (1497-1557) war die Ehefrau Melanchthons[12]. Die beiden Söhne Sebald und Leonhard Münsterer, die am 26. April 1534 als *Wuittembergenses* an der Universität Wittenberg immatrikuliert wurden, müssen noch in einem sehr kindlichen Alter gewesen sein. Die Ehefrau Münsterers hatte 1539 zwei pestkranke Adlige aus der Familie Geuder zur Pflege angenommen und dabei sich und ihren Mann infiziert. Veit Oertel Winsheim würdigte in seiner *Laudatio funebris D. Seb. Munsteri* (sic!) diesen als Musterbeispiel für

Pflichterfüllung[13]. Nach dem Tode der Eltern nahm Martin Luther die beiden Knaben und deren Schwester Anna in seinen Haushalt auf[14]; später wurden sie von Melanchthon übernommen und erzogen[15]. Anna Münsterer († 1567) heiratete 1548 JUD Ulrich Sitzinger, Kanzler von Zweibrücken.

Im SS 1535 lag das Rektorat in den Händen des Herzogs Albrecht von Braunschweig, für den Münsterer die Geschäfte führte. Wegen der Pest wurde der Universitätsbetrieb nach Jena verlegt. Simon Lemnius rief in seiner Apologia (1538) Sebald Münsterer als Zeugen für seine Rechtschaffenheit an und nennt dazu bemerkenswerte Details aus den letzten Tagen in Jena. »Im Hause des Wirts Ganserinus habe ich mich nämlich mit hochehrenwerten Männern und Studenten an Musik und Gesang erheitert; in dieser Nacht zog ich gemeinsam mit anderen mit größter Fröhlichkeit, jedoch mit Anstand in das Haus des Bürgermeisters und des Rektors -angeführt vom Stadtschultheißen, unter Gesang und mit Begleitung von Musikinstrumenten. Tags darauf aber begleitete ich den Wagen des Rektors und der Familie Melanchthon bei Musik und großem Gepränge; danach befand ich mich bis zu unserer Ankunft in Wittenberg in der wohlanständigen Gesellschaft des Rektots Dr. Sebaldus, eines hochgelehrten und höchst rechtschaffenen Mannes«[16]. Es ist sehr wahrscheinlich, dass auch Rheticus, den in Jena eine besonders enge Freundschaft mit Lemnius verbunden hat, an diesen Ereignissen teilgenommen hat.

Werke: Münsterer hat wenig publiziert. *Oratio in promotione cuiusdam iurisconsulti habita* (Wittenberg: Klug, 1533)[17]; *Oratio in promotione cuiusdam iurisconsulti habita* (Hagenau 1533)[18]; Will führt zwei Reden aus dem Jahre 1532 auf: *Res non diiudicandas secundum arbitrium iudicis, sed secundum scriptum ius*; *De Irnerio et Bartolo iurisconsultis*.

1 Ehemals in Wittenberg, heute in Pommersfelden (Lkr. Bamberg, Oberfranken, Bayern) in der Gräflich Pommersfeldischen Galerie. | 2 WILL, Georg Andreas, Nürnbergisches Gelehrten-Lexicon. | 3 ERLER, Bd. 1, S. 540, B 7. | 4 ERLER, Bd. 2, S. 514. | 5 ERLER, Bd. 2, S. 533. | 6 MYKONIUS 1990, S. 31. | 7 CLEMEN/KOCH 1984, Bd. 5, S. 507. | 8 FÖRSTEMANN 1841, Bd. 1, S. 93a. | 9 BUCHWALD 1893, S. 81. | 10 FÖRSTEMANN 1841, Bd. 1, S. 152b. | 11 SCHEIBLE, MBW, Bd. 12, 2005, S. 458. | 12 SCHEIBLE, MBW, Bd. 12, 2005, S. 460 f. | 13 In: MELANCHTHON, Declamationes, Bd. 2, S. 444. | 14 KABUS, Ronny, in: KAISER/VÖLKER 1982, S. 98. | 15 CAMERARIUS 2010, S. 147 f. | 16 Zitiert nach MUNDT 1983, Bd. 2, S. 185; CR XI, 215; CLEMEN/KOCH 1984, Bd. 4, S. 247. | 17 MELANCHTHON, Oratio pro Marcello, Bl. C6v-Dr; CLEMEN/KOCH 1984, Bd. 4, S. 245. | 18 VD 16 M 3911; BSB München, digital, Scan 102-110 (Bl. G2v-G6r); CLEMEN/KOCH 1984, Bd. 4, S. 245; CR XI, 215.

Münzer, Andreas, † 1572

Andreas Münzer (Müntzer, Muncer, Muncerus, Muncz, Myncerus, Mynczerus), geboren in Elbing, gestorben am 15. Januar 1572 in Königsberg i. Pr., neulat. Dichter, herzogl. Kanzleischreiber[1]. Sein gleichnamiger Vater Andreas Münzer d. Ä., Inhaber des Gutes Wachsdorf bei Wittenberg, der 1503 in Wittenberg zum Bacc. art. und 1509 zum Mag. Art. promovierte[2], wurde 1530 Ratsherr in Elbing († 21. September 1542); er war Taufpate für den am 1. Januar 1538 geborenen Heilmamm Heyl, Sohn des Arztes Dr. Christoph Heyl[3]. Dessen gleichnamiger Sohn besuchte die Lateinschule in Elbing unter Gnapheus. Bereits in diesem Rahmen verfasste er einen kleinen Beitrag zu Gnapheus' *Prima Aelbigensis scholae foetura* (Danzig 1541), einer Sammlung von Gedichten von 16 Schülern der Lateinschule in Elbing[4]. Münzers Beitrag lautet *Praecatio Coronidis cuiuspiam vice ad Deum Opt. Max., ut studia sua benigne provehat, ad nominis sui gloriam et proximi salutem*. Das darin angesprochene »Wohl des Nächsten« könnte darauf hindeuten, dass Münzer – ähnlich wie sein Freund Milesius – ein Studium der Medizin im Sinn hatte. Münzer immatrikulierte sich denn auch am 27. April 1541 an der Universität Wittenberg[5], wo er Schüler Melanchthons wurde. Nach der Universitätsgründung in Königsberg 1544 wurde er Schüler des Sabinus, Professor der Poesie, wo er sich weiter in der lateinischen Dichtung versuchte. Sabinus feierte Münzer in einem Gedicht überschwänglich als herausragenden Dichter Preußens[6]. Diese gute Meinung hatte Münzer wohl auch von sich selbst; denn er versicherte seinen Mitbürgern von Elbing, er werde die Stadt so berühmt machen wie Vergil seinen Geburtsort Mantua.

Münzer war dem gesamten Dichterkreis um Sabinus eng verbunden, so etwa mit Johannes Schosser, Felix Fidler oder David Milesius. 1546 hielt Münzer sich in Wittenberg auf, um das vom Vater geerbte Gut Wachsdorf an die Witwe Luthers zu verkaufen; bei dieser Gelegenheit berichtete er am 7. März 1546 dem Herzog Albrecht über den Tod Luthers[7]. Am 15. Januar 1549 bestellte Herzog Albrecht Münzer zu seinem lat. Kanzleischreiber[8]. Hier bewohnte er ein Haus in der Nähe des Münzplatzes[9]. Dieses neue Betätigungsfeld, wie aber auch – nach einer Vermutung Mundts – der Wegzug des Sabinus aus Königsberg 1555, ließ Münzers dichterische Aktivitäten in der Hintergrund treten. Eine Freundschaft verband Münzer mit Christoph Heyl, dessen Sohn Heilman er aus der Taufe hob[10].

Werke: *Elegiarum libri III., eiusdem aliquot Eclogae* (Königsberg: Joh. Lufft's Erben, 1550)[11], darin enthalten u.a. die *Elegia Graeciae ad Germaniam*, die in den Griechen Verbündete gegen die Türken sucht.

Beziehungen zu Rheticus sind nicht nachzuweisen. Münzer könnte sich jedoch schon vor seiner Immatrikulation in Wittenberg aufgehalten und eine Rheticus-Vorlesung im WS 1541/42 gehört haben. Als Landsmann von Kopernikus und Schüler von Gnapheus wäre er durchaus interessiert gewesen, eine solche Vorlesung zu hören. Man kann auch ein Interesse Münzers an der Astronomie feststellen: In der Ekloge auf die zweite Hochzeit Herzog Albrechts umschreibt Münzer das Hochzeitsdatum, den 26. Februar 1550, mit der astronomischen Formulierung, »es war zu der Zeit, als die Sonne sich anschickte, vom Sternbild des Wassermanns in das der Fische zu wechseln«[12]. Aus Münzers Feder stammt auch eine dem Sabinus gewidmete *Elegia de eclipsi solis quae decima quarta Ianuarii die apparebit* (Königsberg: Joh. Lufft's Erben, 1553)[13]. Mit Rheticus teilte Münzer wohl auch das Interesse an der Medizin.

1 Freytag 1903, S. 39, Nr. 154, auch S. 85, II, Nr. 2; Mundt 2003, S. 443-446. | **2** Köstlin 1887, S. 24. | **3** Günther 1904, S. 262. | **4** Sanjosé 1993, S. 121; Małłek 2001, S. 183. | **5** Förstemann 1841, Bd. 1, S. 187b. | **6** Sabinus, Poemata aucta et emandatius denuo edita von Eusebius Menius (Leipzig: Vögelin, 1563), S. 289; lat. Text mit dt. Übers. bei Mundt 2003, S. 444. | **7** Förstemann, Karl Eduard, Denkmale, dem D. Martin Luther von der Hochachtung und Liebe seiner Zeitgenossen errichtet, Nordhausen 1846, S. 141 f. | **8** Thielen 1953, S. 150. | **9** Lohmeyer, Karl, Kaspar von Nostitz Haushaltungsbuch des Fürstentums Preußen: 1578, Leipzig: Duncker & Humblot, 1893. | **10** Günther 1904, S. 262. | **11** Jarzębowski/Jurewiczówna 1964, S. 120, Nr. 95; Mundt 2003, S. 445, Anm. 26. | **12** Zitiert nach Mundt 2003, S. 488. | **13** Mundt 2003, S. 446, Anm. 27.

Musa, Anton, ca. 1485–1547

Anton Musa (eigentlich West, Wesch, den Gelehrtennamen Musa gab ihm Eoban Hessus), geboren um 1485 in Wiehe (Kyffhäuserkreis, Thüringen), gestorben Anfang Juni 1547 in Merseburg (Saalekreis, Sachsen-Anhalt), Gedächtnistafel in der Michaeliskirche in Jena, luth., Theologe, Komponist[1].

Nach Studium in Erfurt (imm. SS 1506), hier Bacc. art. (1507) und Leipzig (1509[2]) promovierte Musa 1517[3] zum Mag. art. (7. Rang von 15 Kandidaten). Am 11. Mai 1521 wurde er Pfarrer an St. Moritz in Erfurt, später an der Augustinerkirche. Musa wurde 1524 Prediger, 1527 Pfarrer und 1529 Superintendent in Jena. Als die Universität Wittenberg 1535 wegen der Pest nach Jena verlegt wurde, schrieb sich Musa in die Matrikel ein[4]. 1537 wurde Musa Pfarrer in Rochlitz (Lkr. Mittelsachsen), wo er mit dem Schulmeister und Komponisten Martin Wolf zusammentraf. 1544 wurde Musa Pfarrer und Superintendent in Merseburg, wo er am 29. Juni 1544 im Dom die erste evangelische Predigt hielt. Kurz zuvor promovierte er am 28. Mai 1544 an der Universität Leipzig[5] mit einer Disputation *De Christi Iesu resurrectione* (Leipzig: Valentin Bapst, 1544[6]). Am 2. Dezember

1543 hatte Musa in Leipzig bei einer akademischen Feierlichkeit ein Rede gehalten, die ebenfalls 1544 bei Valentin Bapst im Druck erschien.

Luther sagte über Musa *Caput habet musicum* (er hat einen musi[kali]schen Kopf). 1524 brachte er in Erfurt ein Gesangbuch *Enchiridion* heraus. Es sind eine Reihe von Motetten und Kantaten von ihm handschriftlich überliefert[7].

Musa war seit 1531 Besitzer eines Hauses in Jena in der Saalgasse hinter der Michaeliskirche; er hatte auch einen Weinberg inne. Mit seiner Frau Anna hatte er einen Sohn, der 1551 in Jena studierte, und neun Töchter. Die Tochter Anna war mit dem Theologen Johannes Stössel (1524-1576) verheiratet.

Beziehungen zu Rheticus haben 1535/36 während des Jenaer Exils der Universität Wittenberg bestanden. Darauf weist insbesondere der Umstand hin, dass Lemnius Musa als Zeugen für seine Rechtschaffenheit anruft[8]. Eine Begegnung Musas mit dem *Musicus maximus* Lemnius in Jena war unausweichlich; und daran nahm, wie anzunehmen ist, auch Rheticus als engster Freund von Lemnius teil. Auch die späteren Leipziger Auftritte von 1543 und 1544 mochten Rheticus und Musa noch einmal zusammengeführt haben, zumal Rheticus gehalten war, solche akademischen Anlässe zu besuchen. Einen gemeinsamen Freund hatten beide u.a. auch in Valentin Paceus oder in Kaspar Brusch[9].

1 KLEINEIDAM 1980, Bd, 3, S. 18, Anm. 66; JAUERING, Reinhold, Antonius Musa, Ein unermüdlicher Erbauer des lutherischen Kirchenturms, in: BRINKEL/HINTZENSTERN 1961, Bd. 1, S. 118-131;CLEMEN, Otto, Briefe von Antonius Musa an Fürst Georg von Anhalt 1544-1547, in: CLEMEN/KOCH 1984, Bd. 4, S. 61-126. | 2 ERLER, Bd. 1, S. 497b, M 65. | 3 Nicht 1527 wie häufig in der Literatur zu finden. | 4 FÖRSTEMANN 1841, Bd. 1, S. 158b. | 5 ERLER, Bd. 2, S. 31 f. | 6 VD 16 W 2208, LUB Halle digital. | 7 JAUERING 1961, S. 129; STEUDE 1978, S. 19, 32, 38 und passim; SCHLÜTER 2010, S. 325; DEHNHRARD, Walther, Die deutsche Psalmmotette in der Reformationszeit, Wiesbaden 1971. | 8 MUNDT 1983, Bd. 1, S. 270; Bd. 2, S. 182 f. | 9 HORAWITZ 1874, S. 207.

Mykonius, Oswald, 1488−1552

Oswald Mykonius (eigentlich Geisshüsler, nach dem Beruf des Vaters auch Molitoris), geboren 1488 in Luzern, gestorben (an der Pest) am 14. Oktober 1552 in Basel, ref., Theologe, Reformator, Universitätsprofessor[1].

Mykonius hat sich 1510 an der Universität Basel eingeschrieben[2]. 1514 promovierte er zum Bacc. art. Er wurde zunächst Lehrer in Basel an der Schule von St. Theodor und St. Peter, dann 1516 am Großmünster in Zürich, 1519 in Luzern. 1522 wurde er wegen seiner Predigten gegen das Reislaufen abgesetzt und musste Luzern verlassen. 1523 wurde er Lehrer an der Frauenmünsterschule in Zürich. 1531 wurde er Pfarrer an St. Alban in Basel und 1532 Nachfolger Oekolampads als Antistes der Basler Kirche. Im Titelstreit lehnte er die verpflichtende Annahme der akademischen Grade für die Universitätsprofessoren ab. Während Mykonius als Lehrer seinen Schülern den Geist von Erasmus zu vermitteln suchte, stand er als Theologe unter dem Einfluss der Reformatoren.

Das Porträt von Mykonius ist mehrfach überliefert, u.a. in einem Kupferstich aus dem 18. Jahrhundert von Johann Jakob Schönauer. Mykonius war seit 1514 verheiratet mit NN.; er hatte einen Sohn Felix. Ein Adoptivsohn Johann Jakob Mykonius wurde Arzt in Mülhausen (Haut-Rhin); er hatte seit 1553 mit Felix Platter in Montpellier studiert und 1556 in Avignon (Vaucluse) den Grad eines Dr. med. erlangt[3].

Werke: Glarean, Heinrich, *Descriptio de situ Helvetiae et vicinis gentibus ..., cum commentariis Osvadi Myconij* (Basel: Joh. Froben, März 1519[4]; *Ad sacerdotes Helvetiae* (Zürich: Christoph Froschauer, Februar 1524)[5]; Oekolampad, Johannes, *Annotationes ... in Ioseam, Ioelem, Amos etc.*, hg. v. Mykonius (Basel: Andreas Cratander, 1535); *In Evangelium Marci ... Expositio* (Basel: Thomas Platter, 1538)[6]. Mykonius hat die erste Biographie von Ulrich Zwingli *De vita et obitu H. Zwinglii* verfasst und dessen Briefe herausgegeben (Basel: Thomas Platter & Balthasar Lasius, 1536)[7]. Platter: *Zwingli und Myconius sind viele Jahre gar gute Fründ gsyn.*

Mykonius hatte zahlreiche Kostgänger, an erster Stelle Platter, der ihn als Vater und seine Frau als Mutter ansprach. Zu seinen Tischgenossen gehörten auch Theodor Bibliander und Konrad Gesner, vermutlich auch Rheticus, der Mykonius hauptsächlich als Humanisten und Erasmianer erlebt haben dürfte. Rheticus hat zweifellos am 14. März 1529 miterlebt,«als man zu Zürich das Evangelium *Vom rychen mann und armen Lazaro uff dem münsterhof gantz zierlich gspielt, in gegenwesen einer grossen menge des folcks, frömbds und heymschs.*[8] Am 29. April 1530 wurde im Münsterhof das Osterspiel *Von dem verlorenen son* aufgeführt[9].

1 Egloff, Gregor, in: HLS 2009; Kuhn, Thomas Konrad, in: NDB 18 (1997), S. 662 f. | 2 Wackernagel 1951, Bd. 1, S. 300. | 3 Wackernagel 1956, Bd. 2, S. 54; Gouron 1957, S. 127, Nr. 1993. | 4 VD 16 L 2675; BSB München, digital. | 5 VD 16 G 829; BSB München, digital. | 6 u. 7 BSB München, digital. | 8 Stumpf 1932, S. 131. | 9 Stumpf 1932, S. 153.

Nabot, Alexius, 1520–1551

Alexius Nabot (Nabod, Naboth, Nabuth, Nobotensis, Nabodus), geboren um 1520 in Calau (sorb. Kalawa, Lkr. Oberspreewald-Lausitz, Brandenburg), gestorben nach 1551, luth., neulat. Dichter, Theologe[1].

Alexius und sein jüngerer Bruder Valentin entstammten einer ursprünglich jüdischen Familie. Der Name Nabot ist aus der Bibel bekannt (1. Kön., 21). Man kann sich des Eindrucks nicht erwehren, als würden beide Brüder wegen ihrer jüdischen Herkunft von der Universitätsgeschichte stiefmütterlich behandelt; im Jahr der Immatrikulation von Valentin Nabot 1543 erschien Luthers antijudaistisches Buch *Schem hamphoras.*

Alexius Nabot immatrikulierte sich am 17. Oktober 1541 in Wittenberg[2], kam also etwa gleichzeitig mit Rheticus dort an und konnte dessen Vorlesungen im WS 1541/42 besuchen. Alexius machte rasch Karriere, promovierte am 11. September 1543 unter Andreas Aurifaber zum Mag. art. (20. Rang von 29. Kandidaten)[3] und wurde am 17. August 1544 in den Rat der Fakultät aufgenommen[4], wo er bis 1551 tätig blieb. Von Wittenberg wechselte Alexius Naboth nach Erfurt[5].

In Wittenberg hatte Alexius Nabot sich dem Studium der Theologie gewidmet. Am 25. Oktober 1550 legte er zu einer Disputation *Propositiones de lege et Evangelio* (Wittenberg: Veit Kreutzer, 1550)[6] vor. Auch seine schriftstellerische Produktion konnte sich sehen lassen; jährlich kamen seit 1544 neue Titel hinzu; er arbeitete mit Luther, Melanchchton, Bugenhagen u.a. zusammen: besonders gefragt waren seine neulat. Dichtungen (Epithalamien, Epitaphien, Gratulationsgedichte usw.). Als ein Beispiel für viele sei das *Epitaphium Magistri Matthaei Delii* (Wittenberg, 1544)[7] erwähnt. Umso erstaunlicher nimmt man die Löschung seines Namens in der Matrikel zur Kenntnis, die mit der bösen Bemerkung verbunden ist *Postea nebulo insignis factus* (später wurde aus ihm ein bemerkenswerter Taugenichts)[8]. Hier bleiben vorerst einige Fragen offen.

Werke (in Auswahl): *Ein schöner Trost, den betrübten Christen, ... aus d. XLI.Cap. Esaie* (Wittenberg 1546)[9]; *Der Evangelischen frölige Danksagung für das Erkenntnus des ewigen Evangelii Christi* (Wittenberg: Veit Kreutzer, 1546)[10]; *Für die deudsche Kirche. Von vnterscheid des Gesetzes vnd Euangelij* (Wittenberg: Veit Kreutzer, 1549)[11].

1 http://thesaurus.cerl.org/record/cnp01107165 | 2 Förstemann 1841, Bd. 1, S. 192b. | 3 Köstlin 1890, S. 15. | 4 Ebenda, S. 21. | 5 Weissenborn 1884, Bd. 2, S. 366, 27. | 6 VD 16 N 9; LUB Sachsen-Anhalt Halle, digital. | 7 VD 16 N 6; BSB München, digital. | 8 Köstlin 1890, S. 15. | 9 VD 16 N 11; BSB München, digital. | 10 VD 16 N 7; BSB München, digital. | 11 VD 16 N 8; Stabi Berlin PKB, digital.

Nabot, Valentin, 1523–1593

Valentin Nabot (Naboth, Neboth, Naibod, Nabod, Nabut, Naiboda, Naibodaeus, wohl irrtümlich Naibold), geboren am 14. Februar 1523 in Calau (sorb. Kalawa, Lkr. Oberspreewald-Lausitz, Brandenburg), gestorben am 3. März 1593 in Padua, luth./kath.?, Mathematiker, Astrologe und Arzt[1]. Valentin Nabot, aus einer ursprünglich jüdischen Familie, war der jüngere Bruder des später aus der Wittenberger Matrikel gestrichenen Alexius Nabot. Valentin Nabot wurde im WS 1543/44 unter dem Rektor Dr. med. Melchior Fendt an der Universität Wittenberg *gratis* immatrikuliert[2]. Er promovierte in Wittenberg zum Bacc. art., wofür jedoch nur ein Beleg aus Erfurt vorliegt; hier immatrikulierte sich Nabot im WS 1550/51[3] und wurde als *Baccalaureus Wittenbergensis* rezipiert. 1553 promovierte er in Erfurt zum Mag. art.[4] Nabot besaß eine außerordentliche mathematische Begabung, sodass der Fakultätsrat schon vor der Promotion Nabots zum Mag.art. in Erwägung zog, ihm den mathematischen Unterricht anzuvertrauen, zumal der Inhaber des mathematischen Lehrstuhls Valentin Engelhardt nur sehr nachlässig einen Verpflichtungen nachkam. Schon am 16. August 1551 wurde Nabot die Mathematik und die *Sphaera materialis* übertragen; er hat diese Fächer auch im SS 1552 und WS 1552/53 gelesen, obwohl die Pest herschte; Nabot war einer der ganz wenigen, der die Vorlesungen gehalten hat. Gleichwohl kam es zu Unstimmigkeiten mit dem Dekan Liborius Mangold, Professor für Physik und Rhetorik; als die Universität Nabot ein Darlehen zum Magisterexamen gewährte, schrieb der Dekan ins Dekanatbuch, *quod prius nunquam nec visum nec auditum fuit* (so etwas habe man früher niemals gesehen und gehört). Im SS 1553 verschwand Nabot aus Erfurt; und obwohl jetzt Engelhardt darauf drängte, wieder in seine alte Professur eingesetzt zu werden, wollte die Fakultät lieber die Rückkehr Nabots abwarten[5]. Dieser aber hatte an der Universität Köln längst ein neues Betätigungsfeld gefunden, wo er sich am 25. Mai 1553 eingeschrieben hatte. Zehn Jahre später wechselte er noch einmal nach Padua, wo er sich als Astronom einen Namen gemacht hat. Ähnlich wie Hieronymus Wolf befürchtete Nabot aufgrund astrologischer Anzeichen einen Mordanschlag. Um dieser Gefahr auszuweichen, verschanzte sich Nabot mit umfangreichen Lebensmittelvorräten in seinem Haus und schloss alle Läden; gerade das aber führte Räuber zu der Fehleinschätzung, das Haus sei unbewohnt; sie brachen ein und trafen Nabot an, den sie umbrachten, um unerkannt zu bleiben[6].

Werke: Euklid, *Elementorum Geometricorum liber I.* (Köln: Arnold Birckmanns Erben, 1556)[7]; *De calculatoria numerorumque natura* (Köln: Arnold Birckmanns Erben, typis Joh. Bathenii, 1556, Widmung an den kaiserl. Rat Gasparus Doucius Florentinus, Dominus in Hobecken & Grubecken)[8]; *Enarratio elementorum astrologiae* (Köln: A. Birckmanns Erben, 1560)[9]; *Commentatio in sphaeram Ioannis de Sacrobosco*, (Köln 1570)[10]; *Primae de coelo et terra institutiones* (Venedig 1573, Widmung an Stephan Báthory, damals Fürst von Siebenbürgen, datiert Venedig, am 31. Januar 1573)[11].

Obwohl ein direkter Kontakt zwischen Rheticus und Nabot aus zeitlichen Gründen in Wittenberg nicht bestand, konnte Nabot Schüler von Reinhold, Peucer und Engelhardt hier nicht übergangen werden. In seiner Unstetigkeit, Unruhe, Unzuverlässigkeit und auch Rücksichtslosigkeit, aber auch in der mathematischen Begabung gleicht Nabot Rheticus; beide waren typische Renaissancemenschen mit einem ausgeprägten Individualismus.

1 http://thesaurus.cerl.org/record/cnp01237666; KLEINEIDAM 1980, Bd. 3, S. 74 f., 255 f., 259, 264.; BROSSEDER 2004, S. 17, 280 f. | **2** FÖRSTEMANN 1841, Bd.1, S. 211b. | **3** WEISSENBORN 1884, Bd. 2, S. 380a, 6 | **4** KLEINEIDAM 1980, Bd. 3, S. 264. | **5** Ebenda, S. 74 f., 255 f. | **6** BROSSEDER 2004, S. 280, Anm.92. | **7** VD 16 E 4156; BSB München, digital. | **8** VD 16 N 13; BSB München, digital. | **9** VD 16 N 14; ZINNER ²1964, S. 230, Nr. 2239; BSB München, digital. | **10** ZINNER ²1964, S. 248, Nr. 2525; nicht nachzuweisen. | **11** BSB München, digital.

Nachtrab, Paul, † 1580

Paul Nachtrab (Nachrab), geboren in Eschenbach (Lkr. Neustadt an der Waldnaab, Oberpfalz), gestorben nach 1580, kath., Jurist (höhere Verwaltung)[1].
Nachtrab immatrikulierte sich im SS 1544 unter dem Rektor Joachim Camerarius an der Universität Leipzig[2]. Er gehörte der Bayerischen Nation an. Am 27. August 1547 trug er sich an der Universität Ingolstadt als *pauper* ein, kehrte aber nach Leipzig zurück. Im WS 1548/49 wurde er nach dem 21. März 1549 unter dem Dekan Rheticus von Magister Ambros Borsdorfer zum Bacc. art. promoviert[3]. Später ging Nachtrab nach Italien, um seine Rechtskenntnisse zu erweitern. Wir treffen ihn 1555 in Bologna und am 17. Januar 1557 in Padua. Am 26. März 1557 promovierte er in Bologna zum JUD. 1580 handelte er als Vertreter des Hoch- und Deutschmeisters von Mergentheim Heinrich von Bodenhausen (1514-1595, im Amt 1572-1590).

Beziehungen zwischen Rheticus und Nachtrab bestanden in den Jahren 1548 bis 1551. Nachtrabs Promotion zum Bacc. art. fand unter den Dekanat von Rheticus statt, er musste für die Prüfungen zum Bakkalaureat die Vorlesungen von Rheticus hören.

1 Knod 1899, S. 366, Nr. 2501. | 2 Erler, Bd. 1, S. 647, B 85. | 3 Erler, Bd. 2, S. 705.

Nausea, Friedrich, 1496–1552

Friedrich Nausea (Grau, Grawe, Groe, Grohe, griech./lat. *nausea* = Seekrankheit, Übelkeit, Ekel bzw. Grauen empfinden, alias *Blancicampianus*), geboren um 1496 in Waischenfeld (Lkr. Bayreuth, Oberfranken), gestorben am 6. Februar 1552 in Trient (Trento, Italien), Grabmal im Stephansdom in Wien, kath., neulat. Dichter, Humanist, Jurist, Theologe, geistl. Würdenträger (Bischof)[1].
Der Theologe Friedrich Nausea gehört nicht zum Umkreis von Rheticus, sodass sich diese verkürzte biographische Skizze auf den mathematischen Aspekt beschränkt. Der Sohn eines Wagners bezog im SS 1514 die Universität Leipzig[2]. 1516 verließ er wegen einer Pest Leipzig; offenbar promovierte er an einer anderen Universität zum Mag. art., jedenfalls führte er später diesen Titel. 1518 ging er nach Pavia, wo er 1519 als neulat. Dichter zwei Schriften veröffentlichte. In einer Dedikationsepistel (Venedig 1521) rühmte er *Glarean, virum ad divinam poeticen natum, totius philosophiae mathematicesque encyclopediam perdoctum*, desgleichen Joachim Vadian, Hieronymus Schürpf, Urban Rhegius, Bruno und Bonifaz Amerbach, Oswald Myconius u.a.[3] Er setzte seine Studien in Padua und Siena fort und promovierte 1523 in Padua zum JUD. Wegen einer Krankheit verbot ihm der Arzt für einige Zeit das Rechtsstudium, gestand ihm aber Gesang und Zitherspiel zu. 1524/25 begleitete er als Sekretär Lorenzo Campeggio auf seinen diplomatischen Reisen nach Deutschland und wurde 1525 zum Diakon geweiht. Er wirkte als Pfarrer in Frankfurt/Main und Domprediger in Mainz. Am 9. Januar 1533 promovierte Dr. iur. civ. Federigus Nausea in Siena zum Dr. theol.[4] 1534 wurde er Hofprediger König Ferdinands I. und 1538 Koadjutor des Wiener Bischofs Johannes Fabri; Fabri selbst hatte sich ihn gewünscht. 1541 wurde er dessen Nachfolger, erst jetzt zum Priester geweiht. 1547 bis 1552 war Nausea auch Propst des Chorherrenstiftes St. Margarethen in Waldkirch (Lkr. Emmendingen, Baden-Württemberg). Nausea führte einen umfangreichen Briefwechsel, der von ihm teilweise veröffentlicht wurde[5]; weitere Briefe wechselte er u.a. mit Fabri, Amerbach, Pflug[6]. Seit 1551 besuchte er das Konzil von Trient. Am 3. Februar 1552 diktierte Nausea vom Krankenbett aus einem Notar sein Testament, das am 8. Februar ausgefertigt wurde[7]. Ein Porträt Nausea hat sich in einer Grabplatte in Waischenfeld erhalten[8].

Werke (auf die Mathematik beschränkt): Am Anfang stehen zwei Einführungslehrbücher, *Isagoge in arithmeticen* und *Isagoge in musicen*; beide Bücher, bei denen es sich um Kollegienhefte aus Padua handelte, existieren nicht mehr, da sie 1525 im Hause von Johannes Cuspinian in Wien verbrannt sind, wo er sie für den Druck hinterlegt hatte[9]; *Ad sacratissimum Caesarem Ferdinandum ... super huius anni ... M.D.XXXI. et quolibet alio cometa exploratio* (Köln: Peter Quentell, 1531)[10], Sonderdruck aus dem folgenden Werk: *Libri mirabilium septem* (Köln: P. Quentell, 1532, Widmung an Campeggio, Mainz, XIX. Kal. Martias (sic!) 1532, worin er auf Bl. 54-70 mit besonderer Widmung an Ferdinand I. über den Halleyschen Kometen berichtet)[11]; engl. Übersetzung von Abraham Flemming, *Of All Blasing Starrs in Generell* (London: Thomas Woodcocke, 1577)[12]. bemerkenswert erscheint eine Äußerung Nauseas gegenüber Fabri (1530), die hl. Schrift lasse sich ohne naturwissenschaftliche Kenntnisse nicht gehörig verstehen. In den naturwissenschaftliche Bereich gehört auch eine Untersuchung Nauseas über die Terme in Abano (Provinz Padova, Italien) *De natura commendationeque thermarum fontis praesertim Aponi Italiae*[13]. Einige kleinere Werke haben auch einen chorographischen Inhalt, so etwa ein *Encomium* auf Mainz[14]; nur handschriftlich erhalten sind ähnliche Arbeiten wie u.a. *Historica descriptio Vangorum et de Wormatia* oder *De Erfordia*[15]. Als letzte naturwissenschaftliche Arbeit ist noch zu nennen *De locustis* (Wien: Singriner, 1544), worin Nausea Namen, Verschiedenheit, Herkunft, Flugart, Schädlichkeit und Vorbedeutungen der Heuschrecken abhandelt[16].

Nausea stand der missbräuchlichen Astrologie, die eine wahre Pest sei, kritisch gegenüber und sagte ihr den Kampf an, den *magos insanientes* (wahnsinnigen Magiern), *necromanticos furientes* (tobsüchtigen Schwarzkünstlern*), astrologos fabulantes* (schwatzhaften Sterndeutern), *geomanticos nugantes* (Possen treibenden aus der Erde Wahrsagenden), *chiromanticos delirantes* (verrückten Handlesern) *et quoscunque demum huius farinae alios* (und was immer es sonst noch an solchen Gelichtern gibt)[17].

Auch wenn es keine direkten **Beziehungen** zwischen Rheticus und Nausea gegeben haben mag, so steht Nausea dessen Umkreis doch sehr nahe. Nausea ist bekannt mit Oswald Mykonius, Urban Rhegius, mit Johannes Fabri, den langjährigen Pfarrer von Lindau, sodann mit Hieronymus Schürpf. Sein Lob auf Glarean unterstreicht seine besondere Vorliebe für die Mathematik. So wie Rheticus und Gasser beobachtete Nausea 1531 den Halleyschen Kometen und er beschrieb ihn ausführlich[18]. Als ein Bindeglied zwischen Rheticus und Nausea darf auch der neulateinische Dichter Johannes Prasinus (Brasch) aus Hallein gelten, der in Wittenberg mit Lemnius und damit auch mit Rheticus befreundet war. Prasinus war der Sekretär Nauseas; er verfasste einen dichterischen Nachruf auf den 1541 verstorbenen Johannes Fabri, Bischof von Wien. Auf dem Konzil von Trient sind die Rheticusschüler Marbach und Christoph Söll Nausea nicht mehr begegnet, da er bereits gestorben war, als sie dort ankamen. Mit Melanchthon war Nausea bei den verschiedenen Religionsgesprächen häufiger zusammengekommen; 1524 hatte er Melanchthon in Wittenberg besucht und vergeblich versucht, ihn für den kath. Glauben zurückzugewinnen[19]. Melanchthon stand auch im Briefwechsel mit Nausea[20]. In seinem Buch über *Des Vichtelbergs land* (Nürnberg: Joh. Petreius, 1542)[21] nennt Kaspar Brusch den Wiener Bischof Nausea als Persönlichkeit aus dieser Region[22]; auch an anderer Stelle hat Brusch ihm als Koadjutor (also vor 1541) lobende Verse gewidmet[23]. Lobende Verse auf Nausea als Theologus Viennensis finden sich auch in einer Sammlung der katholischen wie auch der protestantischen Teilnehmer des Wormser Religionsgespräches von 1541[24].

1 METZNER, Joseph, Friedrich Nausea von Waischenfeld, Bischof von Wien, Bamberg 1884; Schauinsland 1906, S. 62 ff. (Porträt); GOLLOB, Hedwig, Bischof Friedrich Nausea, Nieuwkoop ²1967 (1. Auflage Wien 1952); GOLLOB, Hedwig, Die Nausea Illustrationen, Straßburg: J. H. E. Heitz, 1942; BÄUMER, Remigius, in: NDB 18 (1997), DS. 775 f. | **2** ERLER, Bd. 1, S. 532b, B 81. | **3** BONORAND 1987, S. 315-325. | **4** WEIGLE 1944, S. 230, Nr. 327. | **5** NAUSEA 1550. | **6** Regesten bei HELBLING 1941, passim (Register); weitere Briefe u.a. auch bei HARTMANN-JENNY (Amerbachkorrespondenz), hier besonders Bd. 8, S. 141 ff., 164 ff.; POLLET (Julius Pflug). | **7** Wortlaut bei METZNER 1884, S. 94-97. | **8** Abb. bei GOLLOB 1967, gegenüber Titelblatt. | **9** NAUSEA 1550, S. 483; GOLLOB 1967, S. 148, Nr. 117 und Nr. 118; METZNER 1884, S. 19 f. | **10** ZINNER ²1964, S. 174, Nr. 1449. | **11** VD 16 N 250; ZINNER ²1964, S. 177, Nr. 1498; BSB München, digital; vgl. dazu auch METZNER 1884, S. 38 f. | **12** BSB München, digital. | **13** GOLLOB 1967, S. 140, Nr. 44; METZNER 1884, S. 39. | **14**

METZNER 1884, S. 39. | **15** GOLLOB 1967, S. 140, Nr. 39 = BSB München, Cod. 24163; S. 144, Nr. 83 = BSB München, Cod. 24163. | **16** METZNER 1884, S. 71. | **17** Ebenda, S. 102. | **18** ZINNER ²1964, S. 174, Nr. 1449; KOKOTT 1994, S. 32, 100 f.; FREITAG 1984, S. 345, Nr. 2163. | **19** CAMERARIUS 2010, S. 94. | **20** NAUSEA 1550, passim (Uni Mannheim, 2008, digital). | **21** BEZZEL 1982, Sp. 423 f., Nr. 18. | **22** HORAWITZ 1874. S. 59. | **23** HORAWITZ 1874 | **24** CLEMEN/KOCH 1984, Bd. 5, S. 653.

Neefe, Kaspar, 1513–1579

Kaspar Neefe (Nefe, Neve, Näve, Naevius, Nephius), geboren am 10. April 1513 in Chemnitz, gestorben am 22. November 1579 in Leipzig, begraben in Chemnitz, luth., Universitätslektor (Anima, Physik), Arzt[1].

Neefe begann sein Studium an der Universität Leipzig im WS 1531/32[2]; Konsemester war der spätere Jurist Wolfgang Scheib. Neefe wurde am 21. Mai 1534 unter dem Rektor Dr. med. Kaspar Lindemann an der Universität Wittenberg immatikuliert[3]; Konsemester waren Kaspar Weiher, Flacius Illyricus, Balthasar Klein, Valentin Engelhardt, Nils Palladius, Hartmann Beyer, Peter Eilemann, Georg Forster. Im WS 1532/33 promovierte Neefe zum Bacc. art.[4]; zugleich mit ihm trat Ulrich Mordeisen zum Examen an. Den Grad eines Mag. art. erlangte Neefe im WS 1541/42 unter Kaspar Landsiedel, dem alternierend die Vergil- und Terenzvorlesung oblag[5]. Neefe konnte sich jetzt dem Studium der Medizin widmen, ließ sich aber vom SS 1542 bis zum WS 1543/44 in den Unterricht an der Artistenfakultät integrieren. Ihm wurden die niederen Vorlesungen über die *Libri de anima* (SS 1542) und die *Rudimenta physicae* (WS 1542/43 bis WS 1543/44) anvertraut. Danach zog Neefe nach Italien, wo er am 18. Januar 1548 in Bologna zum Dr. med. promovierte[6]. Sein Doktorat musste allerdings in Leipzig nostrifiziert werden, als er in den Rat der medizinischen Fakultät aufgenommen werden wollte. So disputierte er am 17. Dezember 1548 *pro loco* und erhielt den Platz nach Wolfgang Meurer[7].

Neefe wirkte als ein tüchtiger und gefragter Arzt in Chemnitz und in Leipzig. Er wurde 1553 Leibarzt der Kurfürsten Moritz und August von Sachsen. Georg Pylander führte ihn bereits 1540 (sic!) neben Kaspar Lindemann, Georg Agricola und Johannes Pfeil als namhaften sächsischen Arzt an, dem man auch im Ausland respektvoll nenne[8]. Neefe gehörte neben dem Senior Meurer der medizinischen Fakultät an. Gelegentlich fiel er aber auch unangenehm auf. So hatte er bei der Pest 1575 mit Weib und Kind die Stadt verlassen. Beim Tod des Bürgermeisters Hieronymus Rauscher *Lipsensis* 1576 war er mit dem *wälschen Doktor* Simon Simonius in einen heftigen Wortwechsel geraten, dass sie die Wehren zückten und beinahe einer den andern erstochen hätte[9]. Der polnische König Stephan gewährte ihm am 9. Januar 1577 die ungehinderte Druchfahrt durch seine Länder.

Werke: Medizinisches aus seiner Feder ist in den von Lorenz Scholz hg. *Consilia medicinalia* (Frankfurt/Main: Andreas Wechels Erben et al., 1598) enthalten.

Ein Porträt Neefes wird im Schlossbergmuseum in Chemnitz aufbewahrt. Kaspar Neefe wurde am 20. Mai 1559 zusammen mit seinen Brüdern Johannes (* 1499), Paul (* 1507) und Jakob in den erblichen Adelsstand erhoben. 1548 heiratete Kaspar Neefe Barbara Stromer (1530-1591), die Tochter des Arztes Heinrich Stromer von Auerbach. 1553 hat sich Neefe im Stammbuch seines Kollegen Joachim Strupp verewigt[10].

Beziehungen zwischen Rheticus und Neefe bestanden ohne jeden Zweifel; beide waren Kollegen; sie hielten im WS 1542/43 bis zum WS 1543/44 neben einander Vorlesungen. Man kann auch als sicher annehmen, dass Rheticus als Dekan der Artistenfakultät an der feierlichen Disputation von Neefe am 17. Dezember 1548 teilgenommen hat.

1 http://www.naves-historia.de/img/caspar-neefe (4. Dezember 2013); | **2** ERLER, Bd. 1, S. 602, M 5. | **3** FÖRSTEMANN 1841, Bd. 1, S. 153a. | **4** ERLER, Bd. 2, S. 623. | **5** Ebenda, S. 664. | **6** Bronzino 1962, S. 40. | **7** ERLER, Bd. 2, S. 80. | **8** CLEMEN 1909, S. 344. | **9** LUDWIG 1909, S. 239, 243. | **10** METZGER-PROPST 2002, S. 289 ff.

Neobulus, Jodok, 1502–1572

Jodok (Jost) Neobulus (Enneobolus, Neuheller, Nuynhellis), geboren 1502 in Ladenburg (Rhein-Neckar-Kreis, Baden-Württemberg), gestorben 1572 in Entringen (Ortsteil von Ammerbuch, Lkr. Tübingen), Grabmal in der Pfarrkirche St. Michael, luth., Theologe.

Neobulus immatrikulierte sich am 1. Dezember 1522 an der Universität Heidelberg[1]. Er wechselte im SS 1532 an die Universität Wittenberg[2], wo er am 14. April 1535 zum Mag. art. promoviert wurde[3]; er erreichte den zweiten Rang; ähnlich wie Winkler (1. Rang) war er schon von Alter her reifer als andere Mitbewerber. Lemnius schwärmte in seiner Apologia 1538/39 von dieser Promotion, bei der neben ihm selbst (3. Rang) Andreas Winkler, Jodok Neobulus und Jodok Sachse (4. Rang) graduiert wurden. *Magister Jodocus Neobulus, ein ebenso gelehrter wie rechtschaffener Mann, und Magister Jodocus Saxo - beide waren mit mir nicht nur eng befreundet, sondern wurden auch mit mir zusamen promoviert und für ihre wissenschaftlichen Leistungen mit Auszeichnungen bedacht*[4]. 1536 bis 1538 war Neobulus Hausgenosse und *Famulus* Luthers. In diesen Jahren korrespondierten Martin Bucer, Wolfgang Capito und mit Martin Frecht mit ihm[5].

Neobulus wirkte von 1540 bis 1557 und 1560 bis 1568 als Pfarrer in Entringen. In dieser Position wurde er 1551/52 auf das Konzil nach Trient geschickt; der Papst verbot allerdings die Anhörung der Protestanten, sodass er wieder zurückkehrte.

Rheticus und Neobulus waren Konsemester und blieben bis 1535 Kommilitonen. Über Lemnius, der Neobulus *familiarissimus* nennt, war auch Rheticus eng mit Neobulus verbunden.

1 TOEPKE 1884, Bd. 1, S. 532. | 2 FÖRSTEMANN 1841, Bd. 1, S. 145b. | 3 KÖSTLIN 1888, S. 22; MUNDT 1983, Bd. 2, S. 182 f. | 4 MUNDT 1983, Bd. 2, S. 189. | 5 KOLDE 1883, S. 232, 234, 253, 255, 280 f., 286, 306 f., 317.

Neodomus, Nikolaus, 1535–1578

Nikolaus Neodomus, (Neuhaus, Neuheuser, Newheuser), geboren um 1535 in Erfurt, gestorben am 28. August 1578 (an Wassersucht) in Königsberg i. Pr., luth., Mathematiker[1].

Neodomus begann seine Studien in seiner Heimatstadt Erfurt; hier wurde er 1553 Schüler von Valentin Engelhardt. Am 24. September 1554 immatrikulierte er sich an der Universität Wittenberg unter dem Rektor Sebastian Dietrich, *qui Arithmeticam et initia doctrinae de circulis coelestibus docet*[2], dessen Schüler er wurde, ebenso wie Schüler von Kaspar Peucer. 1556 promovierte er in Erfurt zum Mag. art. 1560 wurde Neodomus als Professor für Mathematik nach Königsberg i. Pr. berufen und hier am 17. Juni 1561 in die Artistenfakultät aufgenommen. Für das SS 1573 und das SS 1577 wurde er zum Rektor Magnificus gewählt. 1563 trat Neodomus hervor mit der Aufführung des Jedermann-Spiels *Hecastus* des neulat. Dramatikers Georg Macropedius (Antwerpen 1539)[3].

Werke: Neodomus hatte schon in seiner Jugend Kalender angefertigt. Ein frühes, aber nicht nachweisbares Werk ist die *Disputatio de eclipsibus* (um 1550?)[4]. Weitere Werke sind: *Von des Cometen Bedeutung ... aus gutem grund der Astrologey gestellet ...* (Erfurt: Melchior Sachse, 1558, mit einem Epigramm von Ludwig Helmbolt)[5]; *Prognosticon oder Practica auf 1565* (Wittenberg 1565)[6]; *Practica auf 1565*, verschiedener Verfasser, u.a. auch von Brellochs, Stathmion, Nikolaus Winkler, Moritz Steinmetz (Frankfurt/Main: M. Lechler)[7]; Kalender für 1566 (Königsberg)[8]; Vorhersage für 1566 (Königsberg)[9]; Kalender für 1567 (Königsberg)[10]; Vorhersage für 1567 (Königsberg)[11]; *Eclipsium tabulae*, mit einem Privileg von König Sigismund August auf 15 Jahre, datiert Gnesen, am 1. August 1568[12]; *Prognosticon auff 1577*; *De cometa 1577 viso*, geplant, aber nicht mehr vollendet; *In honorem ... Alberti senioris, marchionis Brandenburgensis, Ducis Prussiae* (Königsberg o.J.).

Beziehungen zu Rheticus waren nur sekundär vorhanden: Neodomus war ein Schüler der Rheticusschüler Valentin Engelhardt, Sebastian Dietrich und Kaspar Peucer. Neodomus bekannte sich zu Kopernikus[13].

1 Otter/Buck 1764, S. 41 f.; Lawrynowicz 1999, S. 74 f.; Thielen 1953, S. 146, 156, 180. | 2 Förstemann 1841, Bd. 1, S. 296a. | 3 Goedeke 1865, S. 218, BSB digital. | 4 Zinner 1964, Nr. 1994. | 5 VD 16 ZV 11443; Zinner 1964, Nr. 2200; ULB Halle, digital. | 6 Zinner 1964, Nr. 2375; Exemplar in SLUB Dresden. | 7 Zinner 1964, Nr. 2386. | 8 Ebenda, Nr. 2397. | 9 Ebenda, Nr. 2398. | 10 Ebenda, Nr. 2429. | 11 Ebenda, Nr. 2430. | 12 Koipitz 2008, S. 395. | 13 Hamel, S. 259.

Neumair, Christian, † 1543

Christian Neumair (Neymayr, irrtümlich Newman), geboren in Traunstein (Oberbayern), gestorben im Mai 1543[1] in Döbeln (Lkr. Mittelsachsen), luth., Universitätslektor, Theologe.

Neumair immatrikulierte sich an der Universität Wittenberg am 18. März 1529[2]. Am 4. September 1531 promovierte er zum Mag. art.[3] Magister Neumair wurde am 1. Juni 1535 unter dem Dekan Milich in die Artistenfakultät aufgenommen. Am 28. Mai 1536 schrieb Neumair einen Besitzvermerk in eine Vergilausgabe (Venedig: Aldus, 1527), die er am 10. Juni 1537 an Andreas Poach verkaufte[4]. Neumair disputierte am 31. Juni 1539 *De Cometis et peccato*[5]. Für das WS 1539/40 wurde er zum Dekan der Artistenfakultät ernannt. In diesem Amt promovierte er an einem nicht näher bestimmten Termin um die Jahreswende 1539/40 vier Bakkalare, am 26. Februar 1540 weitere vier und am 20. März 1540 nochmals acht Bakkalare[6], am 5. Februar 1540 fünfzehn und am 15. April vier Magistri[7]. Am 11. April 1540 wurde Magister Neumair von Luther ordiniert und auf das Pfarramt nach Döbeln berufen[8]. Um diese Zeit heiratete er eine Adlige aus der brandenburgischen Familie von Queis.

Beziehungen zu Rheticus sind nicht bekannt. In den ersten Jahren seines Wittenberger Aufenthalts trat Rheticus Neumair als Schüler gegenüber, später sind beide mehrere Jahre lang in der gleichen Fakultät tätig gewesen. Obwohl Neumair mehr zur Theologie hinneigte, befasste er sich doch in seiner Disputation 1539 mit dem zumindest teilweise astronomischen Thema der Kometen, die in den Jahren 1531 bis 1539 großes Interesse erweckt hatten[9].

1 Brief Luthers an Pfeffinger vom 28. Mai 1543. 2 Förstemann 1841, Bd. 1, S. 133b. | 3 Köstlin 1888, S. 20. | 4 Clemen/Koch 1984, Bd. 5, S. 36. | 5 Köstlin 1890, S. 23. | 6 Ebenda, S. 6. | 7 Ebenda, S. 11 f. | 8 Buchwald 1894, Bd. 1, S. 13, Nr. 176. | 9 Kokott 1994.

Nolte, Andreas, † 1597

Andreas Nolte (Nolde, Nolle, Noldis, Nolthe, Nolthius, Noltius), geboren in Einbeck (Lkr. Northeim, Niedersachsen), gestorben 1597 an der Pest in Einbeck, luth., Schulmann, Astronom, Theologe[1].

Andreas Nolle [de] Eimbick immatrikulierte sich um 1553 an der Universität Erfurt[2]. Von dort zog er anscheinend 1554 nach Krakau, wo er ein Mitarbeiter von Rheticus wurde. 1564 wurde Nolte Kantor (zweiter Lehrer nach dem Rektor) an der Alexandrischule und stieg 1566 zum Rektor der Stiftsschule auf. Dieses Amt hatte er bis zu seinem Tode inne. Nolte lehrte die Fächer Latein, Musik, Griechisch, Hebräisch und Logik. Hingegen betrieb er die Mathematik und Astronomie nur als Hobby; er hielt Vorträge im Kreis von Kollegen und Freunden. Neben dem Schulamt füllte er aber auch noch ein geistliches Amt aus: er wurde 1566 Vikar des Alexanderstifts, 1587 Koadjutor des erkrankten Pfarrers und 1594 Pastor der Alexandrikirche (seit 1595 hatte er wegen eines Sprachgebrechens einen Helfer).

Nolte, Andreas, † 1597

Werke (in Auswahl): *Practica auf 1572* (s.l., s.t., s.a.[1571])[3]; *Observatio vnd Beschreibung des Newen Cometen, so ... 1572 ... erschienen* (Erfurt: Georg Baumann, zur Schweinsklawen bey S. Paul, 1573, Widmung an den Landgrafen Wilhelm IV. von Hessen-Kassel, datiert Einbeck, 11. Februar 1573)[4]; *Almanach auf 1575* (Erfurt: Georg Baumann bey S. Paul, 1574, Widmung an Oberst Georg von Holle)[5]; *Practica auf 1575* (Erfurt: Georg Baumann bey S. Paul, 1574)[6]; *Observatio, Vnd Beschreibung des Cometen, welcher ... 1577 erschienen* (Erfurt: Georg Baumann, auffm Fischmarkt, 1578, Widmung an Herzog Philipp von Braunschweig-Lüneburg, datiert Einbeck, 2. Februar 1578)[7]; *Practica auf 1579* (Erfurt: Georg Baumann, 1579, Widmung an Burckhart von Saldern, datiert Einbeck, 1. Mai 1578)[8]; *Schreibkalender auf 1580* (Erfurt: Georg Baumann, 1579, Widmung an Herzog Wolfgang von Braunschweig-Lüneburg, datiert Einbeck, 29. Juni 1579)[9]; Kalender auf 1580 (Danzig: Jakob Rhode, 1579)[10]; *Practica auff 1580* (Erfurt: Georg Baumann, auffm Vischmarkt, 1579, datiert Einbeck, 29. Juni 1579)[11]; *Practica auff 1581*(Erfurt: Georg Baumann, 1580)[12]; *Practica auff 1582* (Erfurt: Georg Baumann, 1581)[13].

Die **Beziehungen** zwischen Rheticus und Nolte waren nur von kurzer Dauer. Nolte war 1554 Mitarbeiter von Rheticus, er bewährte sich allerdings nicht. Rheticus hatte ihn mit Euklid befasst; doch am 20. Juli 1554 schrieb Rheticus an Crato, dass er sich von Nolte getrennt habe. Immerhin hatte die kurze Lehrzeit von Nolte bei Rheticus, der um diese Zeit den Obelisk in Krakau aufstellen ließ, dazu geführt, dass Nolte sich zu Kopernikus bekannte, den er 1572 als *artifex divinus* (göttlichen Künstler) bezeichnet. Noltes Publikationen bestehen aus alljährlichen Praktiken auf 1572 bis 1581, jährlichen Schreibkalendern (Almanachen) 1575 bis 1580 sowie Observationen, wissenschaftlich angelegten Beobachtungen der Supernova von 1572 und der Supernova von 1577. Nolte deutete die neuen Sterne als Kometen, wie er überhaupt einen an Aristoteles orientierten traditionellen Standpunkt einnahm[14], wobei er auf den Widerstand vieler Kollegen stieß. Einige Gelehrte hielten die Supernova von 1572 (ebenso die von 1577) für einen neuen Stern, so beispielsweise der Landgraf Wilhelm IV., Cornelius Gemma, Erasmus Reinhold d.J., Maestlin; die Mehrheit, darunter eine ganze Anzahl von Rheticusschülern, vertrat hingegen die Meinung, es handele sich um einen Kometen: Paul Haintzel, der spanische Hebraist und Astronom Jeronimo Munoz, Wolfgang Schuler, Johannes Praetorius, Philipp Apian, Elias Camerarius, Cyprian Leowitz, David Chyträus, Andreas Nolte, Georg Busch, Bartholomäus Reisacher, Nikolaus Winkler, Andreas Rosa, Bartholomäus Scultetus, Konrad Dasypodius, Valentin Steinmetz, Theodor Grammäus, Thaddäus Hajek und John Dee. Wenn auch die zeitgenössischen Astronomen nur wenig Lob für Nolte fanden (womit sie das negative Urteil von Rheticus bestätigten), so wurde er doch europaweit bekannt: Er ging in die Fachliteratur ein: Otto Casmann 1599[15]; Thomas Feyens und Libert Froidmont 1619[16], Adam Tanner 1621[17], Scipione Chiaramonti erwähnt ihn 1621[18] und 1628 [19], Jan Mikolaj Smogulecki 1626[20], Tycho Brahe 1648[21], Raffaele Aversa 1650[22], Giovanni Battista Riccioli 1651[23], Pierre Gassendi 1655[24], Johann Andreas Bose 1665[25], Stanislaw Lubienietzki 1666[26] und 1681[27], Edward Sherburne 1675[28], Johann Georg Schiele 1679[29], Giovanni Siri 1719[30]. Die Prognosen Noltes beruhen immer auf nach wissenschaftlicher Methode aus den Sternen oder aus den Kometen gewonnenen Erkenntnissen; aber es liegt in Gottes Hand, diese Vorhersagen jederzeit zu korrigieren. »Und über dies alles bey Gottes geheimen Rath vnd Willen allein Ziel und Maß steht, was für Zornzeichen seine Göttliche Maiestet der rohen, sichern, bösen Welt für die Augen stellen will, Als kann mans nicht eigentlich zuvor wissen, ob und wenn angezogene natürliche Himmlische Ursachen einen Cometstern zu erwecken genug oder aber zu wenig sein, sondern muss solches Gott dem Herrn für allem heimgestellet werden«[31]. Die Praktiken enden in der Regel mit einem Stoßseufzer, der zur Umkehr auffordert, denn durch Reue und Gebet können Pest, Hunger oder Krieg, wie sie die Sterne andeuteten, verhindert werden. So hatte Melanchthon es gelehrt und so lehrten es seine Schüler.

Das seit vielen Jahrhunderten gültige aristotelische Weltbild befand sich in der zweiten Hälfte des 16. Jahrhunderts im Umbruch[32]. Gegensätzliche Meinungen dazu prallten auf einander. So bildeten sich auch in der Beurteilung der Kometen verschiedene Ansichten, die Riccioli in seinem *Almagestum novum* in drei Klassen einteilte: Die I. Klasse folgte Aristoteles und hielt die Kometen für sublunar (*infra lunam*). Zu dieser Gruppe von Astronomen rechnete Riccioli Nolte, Busch, Grammaeus, Thomas Erastus, Konrad Dasypodius, Nikolaus Winkler. Die II. Klasse vertrat die Ansicht, die Kometen seien *supra lunam*. Hierzu zählte er Tycho Brahe, Cardano, Galileo, Giordano Bruno und den Wittenberger Ambros Rhode. Die Vertreter der III. Klasse sahen die Kometen teils für *supra lunam*, teils für *infra lunam*; hierher gehören Maestlin, Cornelius Gemma. Thaddäus Hajek, Philipp Apian, Johannes Praetorius, Bartholomäus Scultetus, Elias Camerarius, Adam Tanner.

1 Burmeister 2010, S. 231-255; Kusukawa 2011, S. 91-110. | **2** Weissenborn 1884, Bd. 2, S. 386b, Nr. 1. | **3** Exemplar in Stabi Berlin. | **4** VD 16 N 1813, Zinner ²1964, S. 255, Nr. 2637; ULB Sachsen-Anhalt, digital. | **5** Exemplar in der University Library Cambridge, England; Kusukawa 2011, S. 91-110. | **6** Exemplar in der University Library Cambridge, England. | **7** VD 16 N 1812; Zinner ²1964, S. 267, Nr. 2841. | **8** Ebenda, S. 270, Nr. 2895; Exemplar in HAB Wolfenbüttel, Abb. des Titelblattes bei Burmeister 2010, S. 236. | **9** VD 16 N 1816. | **10** Zinner ²1964, S. 271, Nr. 2896; bisher kein Exemplar nachgewiesen. | **11** VD 16 N 1814; Zinner ²1964, S. 273, Nr. 2949; BSB München, digital. | **12** Zinner ²1964, S. 276, Nr. 3002; Exemplar in Stabi Berlin. | **13** Ebenda, S. 279, Nr. 3046; Exemplar in Stabi Berlin. | **14** Weihenhan 2004, S. 466; vgl. dazu auch Kokott 1994, S. 136, Anm. 39; Führer 1998, besonders S. 9 ff. | **15** Casmann, Astrologia, chronographia et astromanteia, Frankfurt/Main 1599. | **16** Feyens/Froidmont, De cometa anni MDCXVIII dissertationes (Univ. Löwen), Antwerpen 1619. | **17** Tanner, Dissertatio peripatetico-theologica de coelis, Ingolstadt 1621, S. 124. | **18** Ciaramonti, Antitycho, Venedig 1621, S 329. | **19** Ciaramonti, De tribus stellis, ... quae 1572 ... comparuere, Cesena 1628, S. 575. | **20** Smogulecki, Sol illustratus ac propugnatus, Freiburg i. Br. 1626 (Respondens unter dem Praeses Georg Schönberger), S. 35. | **21** Brahe, Opera omnia, Frankfurt/Main 1648, S. 157. | **22** Aversa, Philosophia, metaphysicam physicamque complectens, Bologna 1650, Bd. 2, S. 112. | **23** Riccioli, Almagestum novum, Pars posterior, Bd.1, Bologna 1651, S. 28. | **24** Gassendi, Tychonis Brahei vita, den Haag 1655, S. 95. | **25** Bose, De significatione cometarum dissertationes et judicia doctorum hominum, Jena 1665, S. 77. | **26** Lubienietzki, Theatrum cometicum, Braak 1666, S. 366. | **27** Lubienietzki, Historia cometarum, Leiden 1681, S. 366. | **28** Sherburne, The sphere of Marcus Manilius, London 1675, S. 61. | **29** Schiele, Bibliotheca enucleata, Wien 1679, S. 192. | **30** Siri, Universa philosophia Aristotelico-Thomistica, Bd. 3, Venedig 1719, S. 114. | **31** Nolte, Observatio 1572/73, Bl. A4 recto. | **32** Weihenhan 2004.

Noricus, Christian

Christian Noricus (Nornberger, Noriberg, Nürnberger), **geboren in Quedlinburg** (Lkr. Harz, Sachsen-Anhalt), **gestorben ?, luth., Stadtschreiber.**
Möglicherweise ist Noricus identisch mit Christophorus Noriberg aus Quedlinburg, der sich im SS 1538 unter dem Rektor Melanchthon in Wittenberg eingeschrieben hat; er wäre also ein Konsemester von Heinrich Zell gewesen. Noricus immatrikulierte sich im WS 1547/48 unter dem Rektor Wolfgang Meurer an der Universität Leipzig[1]. Er gehörte der Sächsischen Nation an. Im WS 1548/49 wurde er nach dem 21. März 1549 unter dem Dekan Rheticus von Magister Ambros Borsdorfer zum Bacc. art. promoviert[2]. Noricus wurde dann Stadtschreiber in Eisleben (Lkr. Mansfeld-Südharz, Sachsen-Anhalt). Hier verheiratete er sich mit Margarita N. Sie wurde, unter Hinterlassung mehrerer Kleinkinder und ihrer Mutter, am 13. Oktober 1563 in Eisleben beerdigt, wobei sein Leipziger Kommilitone Henrich Roth die Abdankungsrede hielt[3].

Beziehungen zwischen Rheticus und Noricus bestanden vielleicht schon 1538 in Wittenberg, jedenfalls aber auch in den Jahren 1548 bis 1551. Die Promotion von Noricus zum Bacc. art. fand unter den Dekanat von Rheticus statt, er musste für die Prüfungen zum Bakkalaureat die Vorlesungen von Rheticus hören.

1 Erler, Bd. 1, S. 668, S 4. | **2** Erler, Bd. 2, S. 706. | **3** Roth, Heinrich, Vom Sangerheusischen Tode, Eisleben 1566, Bl. 263v-276v; ULB Halle, digital.

Norman, Georg, ca. 1490–1552/53

Georg Norman (Normann, Nortman, Normannus), geboren um 1490 auf Rügen (Mecklenburg-Vorpommern), gestorben um die Jahreswende 1552/53 in Stockholm, luth., schwedischer Reichsrat und Kanzler[1].

Der aus pommerschem Adel stammende Georg Norman inskribierte am 25. April 1524 als *Georgius Norman Zundensis* an der Universität Rostock[2]; Konsemester war Burkhard Mithobius. Norman lehrte dann um 1528 einige Zeit am Pädagogium in Greifswald[3], immatrikulierte sich am 21. Januar 1529 an der Universität Wittenberg[4], lehrte dann 1534-1537 wiederum an der Stadtschule in Greifswald. Angeblich promovierte er 1538 zum Mag. art., wofür aber kein Beleg vorhanden ist. Im Mai 1539 reiste Norman gemeinsam mit Mikael Agricola nach Schweden, wo er in den Dienst des Königs eintrat. Am 12. Mai 1539 hatte Melanchthon ein Empfehlungsschreiben an den König für Norman und Mikael Agricola verfasst. Norman *ist guter Sitten, gottfürchtig, wohlgelahrt und verständig*. Beide könnten Stützen einer wieder zu errichtenden Universität Uppsala sein[5]. Norman wurde Lehrer der Prinzen Erik XIV. und Johann III., auch Ratgeber des Königs in Religionsfragen. Auch als Diplomat unternahm Norman im Auftrag des Königs viele Reisen, u.a. nach Frankreich und Russland.

Eine enge Freundschaft verband Norman mit Sebastian Münster, der ihn beschwor, *tui Munsteri nunquam obliviscaris sicut et ille tui et tuorum beneficiorum nunquam obliviscetur* (vergiss Deinen Münster nicht, wie auch dieser Dich und Deine Freundlichkeiten nie vergessen wird). Norman war Münsters Mann im Norden, mit dem er briefliche Kontakte hielt[6], die über seinen Neffen Joseph Münster in Lüneburg, aber auch über Wittenberg liefen. Norman besuchte auch Münster in Basel, den er von etlichen seiner Bücher her kannte. Münster befragte ihn, ob es tunlich sei, die damals noch ungedruckte deutsche Kosmographie dem König von Schweden zu widmen. Nachdem Norman die Vorarbeiten Münsters besichtigt hatte, stimmte er ihm zu. Der König sei, wie die sorgfältige Erziehung seiner Söhne *in Christlichen Tugenden vnnd Adelichen Künsten* beweise, *allen Gelehrten vnnd Kunstreichen* geneigt. Schon vor dem Erscheinen des Buches ließ Norman durch seinen Kollegen und Wittenberger Magister Kristoffer Andersson[7] Münster eine schwere Silbermünze mit dem Wappen des Königs von Schweden überreichen. Und so widmete Münster sein Werk am 17. August 1544 dem König von Schweden. Der König bedankte sich 1546 bei Münster mit einem Brief und einem großzügigen Geschenk: doch der Brief war lange unterwegs, sodass Münster ihn erst im Januar 1550 beantwortete, wobei er auch des hochgelehrten Georg Norman gedachte[8]. Münster freute sich wie ein Kind über den Brief des Königs, küsste ihn und drückte ihn an sein Herz. Am 17. März 1550 dedizierte Münster die stark erweiterte Neuauflage der deutschen Kosmographie wiederum dem König Gustav Wasa, nicht ohne Norman zu nennen. Münster war auch sehr darum bemüht, über seinen Neffen in Lüneburg ein Exemplar der zweiten Auflage der deutschen Kosmographie (Basel: Heinrich Petri, 1545) für Norman prächtig binden zu lassen und ihm zuzuschicken.

Werke: Ahnfelt, Otto (Hg.), *Georg Normans »Ein kurtz Ahnleithung« med Svensk öfversättning af Rasmus Ludvigsson och »Explicatio articulorum fidei«* in: Acta Universitatis Lundensis 35/1/1, S. 1-54 (Lund: E. Malmströms Boktryckeri, 1899).

Beziehungen zwischen Rheticus und Norman hat es zweifellos gegeben, waren doch beide in den Jahren 1532 bis 1539, wenn auch mit Unterbrechungen, Kommilitonen und Kollegen. Norman war durch sein Alter, seine adlige Herkunft und seine humanistische Ausstrahlung für Rheticus in erster Linie eine Respektsperson, kein Zechkumpan.

1 SVALENIUS, Ivan, Georg Norman. En biografisk Studie, Lund 1937; ders., in: Svenskt biografiskt lexikon 27(1990/91), S. 577, auch digital http:///www.nad.riksarkivet.se/sbl (24. August 2013). | 2 HOFMEISTER 1891, Bd. 2, S. 86a; CALLMER 1988, S. 18, Nr. 310. | 3 BUCHHOLZ, Kindheit und Jugend in der Neuzeit 1500-1900, hg. v. Werner BUCHHOLZ, S. 53, Anm. 40 | 4 FÖRSTEMANN 1841, Bd. 1, S, 133a. | 5 CR III, Sp. 705 f., Nr. 1807. | 6 Diese lat. Briefe mit dt. Übersetzung

vom 27. Juli 1543 und 20. August 1545 vgl. bei BURMEISTER 1964, S. 62-66 und 112-120. | **7** Über ihn CALLMER 1976, S. 16, Nr. 12. | **8** Vgl. BURMEISTER 1964, S. 155-160.

Nostradamus, Michel, 1503–1566

Michel de Nostredame, lat. Michaletus de Nostra Domina, meist Nostradamus, geboren am 14. Oktober 1503 in Saint-Rémy-de-Provence (Bouche-du-Rhône), hier Nostradamus-Haus und Museum, gestorben am 2. Juli 1566 in Salon-de-Provence (Bouche-du-Rhône), Begräbnis in der Minoritenkirche, Grab 1791 geschändet, Umbettung in die Dominikanerkirche Saint-Laurent-de-Salon, Vorfahren vom Judentum konvertiert, kath., doch als Anhänger Luthers verdächtigt, Apotheker, Arzt (Empiriker?), Alchimist, Mathematiker, Astrologe, Seher[1].

Bis in die heutige Zeit gilt Nostradamus aufgrund seiner Prophezeiungen als der Astrologe schlechthin; in zahlreichen Romanen, Filmen, Opern, Musicals und Comics hat dieses Bild von ihm Verbreitung gefunden. Paracelsus vergleichbar führte er ein Wanderleben, sodass seine Biographie oft nur schwer zu fassen ist. Unmittelbare **Beziehungen** zu Rheticus sind nicht überliefert; dennoch durfte ein Hinweis auf ihn nicht fehlen, wiewohl er als Astrologe angeblich ein Versager war, der nicht einmal in der Lage gewesen ist, die Ephemeriden *lege artis* zu handhaben. Auch war er eigentlich kein Arzt, da er als Apotheker vom Studium der Medizin ausgeschlossen war.

Nostradamus begann seine Studien 1518 an der Universität Avignon, unterbrach diese aber wegen der Pest und nahm sie am 23. Oktober 1529 in Montpellier wieder auf. Seit 1533 führte er ein Wanderleben mit Aufenthalten in Agen, Bordeaux, Marseille, Aix, Lyon und Salon, später auch in Italien und in Blois, zuletzt Leibarzt König Karls IX. In seinen letzten Lebensjahren beschäftigte sich Nostradamus vor allem als Astrologe, der sich vor Bestellungen kaum mehr retten konnte. »Sein Arbeitszimmer, in dem mehrere Sekretäre zugange waren, machte den Eindruck einer betriebsamen kleinen Fabrik«[2].

Werke: Hauptwerk sind *Les Prophéties de Maistre Michel Nostradamus* (Lyon 1555), zahlreiche Ausgaben, u.a. von Jean Charles de Fontbrune, 11. Aufl. Cahors 1958; die Orakelsprüche bzw. Prophetien in gereimten Vierzeilern (*Quatrains*) sind in Hundertschaften (*Centuries*) zusammengefasst[3]; 1781 wurde Nostradamus von der katholischen Kirche auf den Index der verbotenen Bücher gesetzt, weil er den Untergang des Papsttums prophezeit hatte. Weitere Werke in Auswahl: *Prognostication-Nouvelle, pour l'an Mil-cenq-cens-cinquante-et-huict* (o.O., o.J., Vorwort: Salon, 1. Mai 1557); *An almanacke for 1559*; *Prognosticon ad annum 1560, d.i. ain kurtze Practica* (aus dem Französ, ins Deutsche übersetzt, o.O., 1559)[4]; *Almanach, pour l'an 1561* (Paris: Guillaume Le Noir, 1560); *Almanack* (London 1563); *Il vero prognostico, ... il qual narra ... que deve incorrere l'anno 1566* (Bologna: Alessandro Benatio, 1566).

Nostradamus' Porträt, gemalt von seinem Sohn César, ist überliefert[5]; eine Büste ziert den Nostradamusbrunnen in seiner Heimatstadt Saint-Rémy-de-Provence, wo auch eine Straße nach ihm benannt ist. Nostradamus war mehrfach verheiratet, in erster Ehe um 1533 in Agen (Lot-et-Garonne), in zweiter Ehe vermählte er sich am 11. November 1547 mit Anne Ponsarde († 1584), der vermögenden Witwe des Jean Baulme (3 Söhne, 3 Töchter).

Eine Reihe von Rheticus' Schulgesellen hatten Verbindungen zu Nostradamus. Zumindest etwa zur gleichen Zeit wie Nostradamus studierten in Montpellier Georg Vögelin, ein Mitwirkender an der zweiten Auflage der *Narratio Prima* (Basel 1541), immatrikuliert am 1. September 1527[6], und Achilles Pirmin Gasser, immatrikuliert am 12. Dezember 1527[7]. Noch zwei weitere Landsleute und Wittenberger Kommilitonen kommen hinzu: die Brüder Oswald und Ulrich Uelin aus Ravensburg, immatrikuliert in Montpellier am 24. Oktober 1528[8].

Der Rheticusschüler Joachim Heller übersetzte Nostradamus, als dessen erste bekannte Übersetzung ins Deutsche erschien ein Einblattdruck *Ein Erschrecklich und Wunderbarlich Zeychen. Aus frantzösischer Sprach Tranßferiert von M. Joachim Heller* (1554)[9].

Noch stärker fühlten sich der Rheticusschüler Hieronymus Wolf und sein Bruder Heinrich Wolf zu Nostradamus hingezogen. Hieronymus Wolf trat in einen Briefwechsel mit Nostradamus ein.

Sein Bruder Heinrich Wolf, der nicht nur in Montpellier studiert hatte, sondern auch in Bourges (Département Cher) pflegte dorthin Kontakte zu seinem ehemaligen Lehrer Jean Liparin (*Liparinus*), dem er 1560 mitteilte, er plane eine Zusammenkunft mit Nostradamus, die sein Bruder Hieronymus Wolf bereits vermittelt habe. Mit ihm wolle er viele Fragen über die Sternkunde und über die Zukunft besprechen. Er glaube an die Prophezeiungen des Nostradamus, zumal jetzt der Weltuntergang drohe und wir nichts Gutes zu erwarten haben. *Talia futura esse praecinit is, qui novit omnia, cuius vaticinia in plerisque impleri, quotidie videmus* (Er, der alles weiß und dessen Vorhersagen sich in den meisten Fällen erfüllen, wie wir täglich sehen können, hat eine solche Zukunft vorausgesagt)[10]. Als am 11. Dezember 1558 seine zweite Tochter Esther zur Welt kommt, bat er seinen Bruder Hieronymus um ein exaktes Horoskop, bedauerte aber das Ausbleiben eines Sohnes; auch in dieser Frage bat er Nostradamus als Astrologen um Rat.

Den Kontakt zu Nostradamus suchte auch der Jurist Lorenz Tuppius, der später an der Sturmschen Akademie in Straßburg Vorlesungen über die Institutionen und Pandekten hielt[11].

Trotz aller Kriege zwischen Karl V. und Franz I. erfreute sich die Universität von Montpellier in Deutschland größter Beliebtheit. Dazu mag die Kosmographie von Sebastian Münster, eines der erfolgreichsten Bücher des 16. Jahrhunderts, beigetragen haben: *denn dort lesen und disputieren die allergelehrigsten Doctores auf dem Collegio von der Artzney, dort erklärt ein erfahrener und gelehrter Apotheker alle Drogen, Materien und Spezereyen in Französischer Sprach, es gibt eine Anatomey und einen Königlichen Garten, auch sind die Bewohner der Stadt insbesondere löblicher Teutschen Nation günstig und wol gewogen*; Heinrich Wolf, am 25. Oktober 1547 in Montpellier immatrikuliert[12], wo er Guillaume Rondelet zum Patron hatte; Wolf war seit 1553 Stadtarzt in Nürnberg, er riet allen Patriziern seiner Stadt, ihre Kinder zum Studium nach Montpellier zu schicken und bot sich an, bei seinen alten Lehrern für sie Verköstigung und Bettstatt zu finden[13].

Um die Mitte des 16. Jahrhunderts drängten sich deutschsprachige Studenten in Montpellier. Hier seien beispielhaft nur die genannt, die zu Rheticus in einer Beziehungen stehen: am 7. Januar 1550 Gervasius Marstaller (Patron: Jean Saporta)[14], am 23. Mai 1550 Gregor Schet (Patron: Jean Schyron)[15], am 29. August 1551 Renatus Hener (Patron: Jean Schyron)[16]; am 13. Oktober 1551 Charles de l'Écluse (Patron: Guillaume Rondelet, dessen Sekretär er wird)[17]; am 5. November 1551 der frühe Kopernikaner Leonhard Münsterer (Patron: Guillaume Rondelet)[18]; am 23. November 1551 der neulat. Dichter Petrus Loticius Secundus (Patron: Schyron)[19]; am 4. November 1552 Felix Platter (Patron: Jean Saporta)[20]. Eine gewisse Pikanterie mag darin bestehen, dass Wolf, Münsterer und de l'Écluse Rondelet zu ihrem Patron wählten und de l'Écluse sogar dessen Sekretär wurde; es war Rondelet in seiner Funktion als Prokurator der Studenten gewesen, der seiner Zeit Nostradamus aus dem *Liber scholasticorum* gestrichen hatte[21].

1 Gouron 1957, S. 58, Nr. 943; De Fontbrune, Jean Charles, Nostradamus, Historiker und Prophet, Wien: Paul Zsolnay, 1982; Schlosser, Louis, La vie de Nostradamus, Paris: Pierre Belfond, 1985. | **2** Grafton 1999, deutsche Ausgabe, S. 228. | **3** Jens, W. (Hg.), Kindlers Neues Literartur Lexikon, Studienausgabe, Bd. 12, München 1996, S. 516 f. | **4** Digital zugänglich http://www.zannoth.de | **5** Abb. in: De Fontbrune 1982, S. 27. | **6** Gouron 1957, S. 51, Nr. 862. | **7** Ebenda, S. 53, Nr. 878. | **8** Gouron 1957, S. 55, Nr. 907 und 908. | **9** Bezzel 1992, S. 308; Zinner ²1964, S.220, Nr. 2088; abgebildet bei Hess 1911, S. 3, Abb. 1. | **10** Zitiert nach Berchtold 1959, S. 44. | **11** Dupèbe 1983, passim. | **12** Gouron 1957, S. 109, Nr. 1689. | **13** Brechtold 1959, S. 44 f. | **14** Gouron 1957, S. 116, Nr. 1808. | **15** Ebenda, S. 116, Nr. 1814. | **16** Ebenda, S. 120, Nr. 1880. | **17** Ebenda, S. 121, Nr. 1893. | **18** Ebenda, S. 122, Nr. 1902. | **19** Ebenda, S. 122, Nr. 1908. | **20** Ebenda, S. 126, Nr. 1969. | **21** Ebenda, S. 58, Nr. 943.

Nuñez, Pedro, 1502–1578

Pedro Nuñez (Nuñes, Nunes, lat. Petrus Nonius Salaciensis), geboren 1502 in Alcácer do Sal (Alentejo, Portugal), gestorben am 11. August 1578 in Coimbra (Portugal), kath., portug. Mathematiker, Astronom (Spezialgebiet Navigation), Kartograph[1].

Nuñez studierte in Salamanca (Kastilien und León, Spanien), wo er 1523 zum Bacc. med. promovierte. 1527 kehrte er nach Portugal zurück, wo er zunächst als Prinzenerzieher wirkte und in Kontakte mit Seefahrern eintrat, u.a. mit den Seefahrern und künftigen Vizekönigen von Indien Martim Afonso de Sousa und João de Castro. 1529 wurde er zum königlichen Kosmographen ernannt. Zugleich begann er an der Universität Lissabon mit seiner Lehrtätigkeit; er unterrichtete 1529 Ethik, 1530 Logik, 1532 Metaphysik. Anfang 1535 promovierte er zum Lic. phil. und Dr. phil.; seine Unterrichtstätigkeit stellte er ein, nahm diese aber 1544 als Professor für Mathematik in Coimbra wieder auf. 1557 bis 1561 lehrte er in Lissabon, 1562 zog er sich von der Universität zurück. Nuñez galt als einer der bedeutendsten Mathematiker seiner Zeit, ganz besonders aber auf dem Gebiet der Navigation; er pflegte Kontakte zu Kollegen in ganz Europa, u.a. mit John Dee. Papst Gregor XIII. konsultierte ihn in Sachen der Kalenderreform. Auch mit Kopernikus hat sich Nuñez am Rande auseinandergesetzt, insbesondere korrigierte er dessen Fehler. Die Ausgabe von *De revolutionibus* (Basel 1566) in der UB Salamanca enthält zahlreiche Hinweise auf Nuñez, zum Beispiel Bl. 20 *damnat Nonius*[2]. Weitere Beispiele, auch für die Ausgabe von 1543, bei Gingerich S. 113: *lapsus est hic Copernicus; decipitur in hac parte Copernicus; hallucinatur hic Copernicus; labitur hic Copernicus*; S. 126 *errat Copernicus*; S. 142: *lapsus est Copernicus* usw. Dasselbe tat auch sein Schüler Christoph Clavius (1537-1612), der ein Exemplar von *De revolutionibus* (Nürnberg 1543) besaß[3].

Werke (in Auswahl): *Tratado da sphera, com a theoria do Sol e da Lua* (Lissabon 1537); *De Crepusculis* (Lissabon 1542, 2. Aufl. Coimbra 1571; Facsimile München: Obernetter, 1915); *De erratis Orontii Finei* (1546, ²1571); *Opera* (Basel: Heinrich Petrinische Offizin, September 1566)[4]; *Libro de álgebra en arithmética y geometria* (Antwerpen 1567); *Opera* (Basel: Sebastian Heinrichpetri, ²1592)[5].

Im September 1566 erschienen in Basel in der Offizin Heinrich Petris zeitgleich zwei bedeutende Werke: Einerseits *De revolutionibus* von Kopernikus (Nürnberg 1543) samt der von Gasser in zweiter Auflage herausgegebenen *Narratio prima* des Rheticus (Basel 1541)[6], andererseits die weitgehend der Nautik gewidmeten *Opera* des Pedro Nuñes. Beide Werke waren für die wissenschaftliche Welt keine große Neuigkeit; denn Kopernikus und Rheticus kannte man, während die vorwiegend für die portugiesischen Seefahrer geschaffenen Werke von Nuñez lateinische Übersetzungen volkssprachlicher Schriften waren[7].

Das Porträt von Nuñez ist mehrfach überliefert. Nuñez war seit 1523 verheiratet mit der Spanierin D. Guiomar Áreas (2 Söhne, 4 Töchter). Ein Mondkrater trägt nach ihm den Namen Nonius.

Nuñez war zu seiner Zeit ein in ganz Europa bekannt, nicht zuletzt auch Rheticus. Über persönliche **Beziehungen** zwischen Rheticus und Nuñez ist nichts bekannt; ein brieflicher Kontakt wäre allerdings möglich. Rheticus war im Besitz des Traktates von Nuñez über die Dämmerung *De crepusculis* (Lissabon: Rodrigues, 1542, mit Rheticus' eigenhändigem Besitzvermerk *G. Ioachimo Rhaetico*)[8].

1 Almeida. A. A. Marques de, O Mundo de Pedro Nunes e Damiao de Gois (Lissabon 2002). | 2 Gingerich 2002, S. 203. | 3 Gingerich 2002, S. 112 f. | 4 Vgl. unten; Zinner ²1964, S. 2304. Nr. 3511; BSB München, digital. | 5 BSB München, digital; Zinner ²1964, S. 304, Nr. 3511. | 6 Zinner ²1964, S. 240, Nr. 2390; Hieronymus 1997, S. 1343-1345, Nr. 483a. | 7 Zinner ²1964, S. 241, Nr. 2399; Hieronymus 1997, S. 1346 f., Nr. 484. | 8 Lindgren, Uta, in: Müller 1993, S. 233 f., Nr. 73.

Oder, Hieronymus,

Hieronymus Oder (Öder, Oeder, Oderus, Oedyrus), geboren in Annaberg (Erzgebirgskreis), gestorben in ?, luth., Universitätslektor, Arzt, Professor für Medizin.
Oder begann seine Studien im SS 1534 an der Universität Leipzig[1]. Im WS 1535/36 immatrikulierte sich Oder unter dem Rektor Jakob Milich an der Universität Wittenberg[2], d.h. nach der Rückkehr der Universität aus Jena, also erst 1536; in Jena inskribierte Konsemester waren Magister Anton Musa, Otto Werdmüller, Eipelius und Theobald Thamer; sie alle kamen im Frühjahr 1536 nach Wittenberg. Eine besondere Freundschaft verband Oder mit Melanchthon. Im Januar 1538 promovierte Oder unter Veit Oertel Winsheim zum Mag. Art[3]; er erlangte dabei den 2. Rang von 18 Kandidaten. Auf Plätze vor ihm kamen Lorenz Lindemann (1.), nach ihm Erasmus Flock (4.), Johannes Aurifaber *Vratislaviensis* (5.) und Erasmus Eichler (11. Rang). Am 13. März 1540 hielt Oder eine Disputation *De nutritione* ab[4], die seine Hinwendung zum Medizinstudium andeutet. Am 5. Februar 1541 wurde Oder in den Rat der Artistenfakultät aufgenommen[5]. Am 3. Juli 1543 promovierte Oder unter Jakob Milich zum Dr. med., zugleich mit dem ihm besonders befreundeten Melchior Fendt[6]. 1543 wurde Oder zum Ordinarius für Medizin nach Greifswald und zum Leibarzt von Herzog Philipp von Pommern berufen[7]. 1544 war er Rektor Magnificus der Universität Greifswald, in welchem Amt ihm Michael Beuther (1546) und Lorenz Lindemann (1548) folgten; 1549 wurde Oder erneut zum Rektor gewählt. Oder spendete 1547 einen Taler für die Anfertigung der sogen. Kleinen Szepter der Universität Greifswald. Zu klären bliebe noch jene spätere (falsche?) Bemerkung in die Fakultätsakten *postea JUD*[8]; hier dürften wohl Vater und Sohn vermischt worden sein; der Sohn begegnet uns im SS 1560 in Wittenberg[9] und 1574 in der Matrikel von Jena als *gratis* intitulierter Jeronymus Oder Wolgastanus[10]. 1542 hatte Oder in seinem Wittenberger Freundeskreis Hochzeit gefeiert[11]; einer in Greifswald geborenen Tochter Oders stellte sein Kollege und Rheticusschüler Michael Beuther am 4. August eine Nativität und sagte ihr ein langes Leben voraus[12]. Auch Melanchthon freute sich über die Geburt einer Tochter Oders, *deum oro, ut te et matrem et filiam servet incolumes*[13].

Werk: *Radt und Artzney wider die Pestilentz* (Wittenberg: Veit Kreutzer, 1550)[14].

Oder könnte ein Schüler von Rheticus gewesen sein und dessen Vorlesungen vom SS 1536 bis WS 1537/38 besucht haben. Seit 1541 war Oder ein Kollege von Rheticus. Oder glaubte an die Astrologie. An der Hochzeitsfeier Oders hat Rheticus wohl kaum mehr teilgenommen, da er wohl nicht mehr in Wittenberg war.

1 Erler, Bd. 1, S. 613, M 3. | 2 Förstemann 1841, Bd. 1, S. 159a. | 3 Köstlin 1890, S. 10. | 4 Ebenda, S. 23. | 5 Ebenda, S. 20. | 6 Kaiser 1982, S. 152. | 7 Kosegarten 1857, Bd. 1, S. 197. | 8 Köstlin 1890, S. 20. | 9 Förstemann/Hartwig 1894, Bd. 2, S. 8a. | 10 Mentz 1944, Bd. 1, S. 227. | 11 Clemen/Koch 1985, Bd. 6, S. 114 f. | 12 Jung 1957, S. 35. | 13 CR VI, Sp. 669 f., Nr. 4005. | 14 VD 16 ZV 11925; BSB München, digital.

Oechslin, Blasius, –1570

Blasius (Blese, Blesi) Oechslin (Öchslin, Oechsli, Ochs, Bovillus, Bovislus), geboren in Schaffhausen, gestorben 1570 in Schaffhausen, ref., Theologe.
Blasius Oechslin besuchte die öffentliche Schule seiner Vaterstadt und erhielt 1540, zugleich mit Ulmer und Rueger, ein Studienstipendium. Zusammen mit Rueger immatrikulierte sich Oechslin im WS 1542/43 an der um diese Zeit zur Reformation übergegangenen Universität Leipzig[1]; Konsemester war u.a. Philipp Bech. Im September 1543 wechselte Rueger an die Universität Wittenberg[2], wohin ihm Oechslin im November 1543 folgte[3]; weitere Konsemester waren hier Luthers Söhne Martin Luther d.J. und Paulus Luther, Stoj, Christian Stella und Valentin Naboth. Melanchthon nahm sich liebevoll der drei Schaffhauser Studenten an, von denen Ulmer bereits den Magistergrad

erworben hatte. Auch Martin Luther lebte noch, zudem mochten die Studenten bei Cruciger, Eber und Bugenhagen gehört haben. Melanchthon erreichte für Oechslin und Rueger eine Verlängerung ihres Stipendiums um ein Jahr.

1547 bis 1550 war Oechslin Pfarrer von Beringen (Schaffhausen). Am 29. November 1562 wurde er Pfarrer im Spital von Schaffhausen. 1569 folgte er Ulmer als Münsterpfarrer und Dekan von St. Johann. Blasius Oechsli war verheiratet mit Anna Brümsi. Ein Sohn Blasius wurde 1557 geboren. Eine Tochter Rahel heiratete 1570 den Chronisten Johann Jakob Rueger d.J., den Sohn von Oechslins Studienfreund Jakob Rueger d.Ä.; diese Ehe blieb kinderlos.

Beziehungen von Oechslin zu Rheticus werden nicht erwähnt, sind aber als sicher anzunehmen. Wie Rueger und Oechslin hatte sich auch Rheticus im WS 1542/43 an der Universität Leipzig eingeschrieben. Beide hörten hier wohl dessen Vorlesungen, auf die sie sowohl Ulmer als auch Bech aufmerksam gemacht haben mochten; zudem waren sie mehr oder weniger obligatorisch zu besuchen.

1 ERLER, Bd. 1, S. 642, B 14. | 2 FÖRSTEMANN 1841, Bd. 1, S. 208a. | 3 Ebenda, S. 206b.

Olavi, Reginaldus

Reginaldus (Ragvaldus, Reinaldus, Reinold, Reinhold) Olavi (Wolffgangi), geboren in Stockholm, luth., Schulmann[1].

Der Sohn des Stadtsekretärs und späteren königlichen Kanzlers Olaus Petri Phase (1493-1552) begann seine Studien am 3. April 1542 als *Reinaldus Holmensis Upsaliensis* an der Universität Rostock[2]; er war in Begleitung von Jakobus Gislo. Im Juni 1543 immatrikulierte sich *Reinaldus Wolffgangi Schwecus* an der Universität Wittenberg[3]. Reginaldus Olavi war am 31. Oktober 1544 maßgeblich in die Schlägerei verwickelt, die anlässlich eines Banketts der schwedischen und finnischen Kolonie im Hause des Magisters Magnus Botwidi ausbrach. Reginaldus hatte im Verlauf des Streites ein Messer und einen Dolch gezückt und einen Kommilitonen am Kopf verletzt, sodass ein Wundarzt gerufen werden musste. Am 5. November 1544 wurden Andreas Olavi und sein Waffenträger Reginaldus Olavi wegen dieser Untat vom Konsistorium der Professoren zu sechs Tagen Karzer verurteilt. Da sie aber dieses Urteil nicht annehmen wollten, wurden beide für fünf Jahre von der Universität relegiert; schon am 6. November 1544 wurde die Relegationsverfügung am Schwarzen Brett angeschlagen[4]. Reginaldus wollte aber die Erkenntnisse des Konsistoriums nicht gelten lassen, er verfasste einen eigenen Bericht, den er in lat. Sprache eigenhändig geschrieben hat; er tadelte das Urteil der Professoren, das allein durch Missgunst und falsche Zeugenaussagen zustande gekommen sei. Er verlangte eine Berufung an den Kurfürsten, was ihm jedoch verwehrt wurde[5]. Reginaldus verließ daraufhin Wittenberg und schrieb sich als *Raynaldus Olavi Phace Suecus* im SS 1545 in Leipzig ein[6]; in seiner Begleitung befanden sich Benedictus Olavi und Jakob Gislo, der auch an der Schlägerei beteiligt war, aber versucht hatte, unter den Streithähnen zu vermitteln[7]. Reginaldus kehrte nach Ablauf der fünfjährigen Verbannungszeit nach Wittenberg zurück, um dort mit Erfolg das Magisterexamen abzulegen. Am 19. Februar 1549 trat er unter dem Dekan Veit Oertel Winsheim zu diesem Magisterexamen an und erreichte dabei den 21. Rang von 45 Kandidaten, gefolgt von seinem Landsmann Nils Carlsson auf dem 22. Rang und Eusebius Menius auf dem 24. Rang; vor ihnen platziert waren die Mitbewerber Matthias Lauterwaldt (1. Rang) und Balthasar Schneider (4. Rang) und Johannes Aurifaber *Vratislaviensis* (5. Rang)[8]. Carlsson, der sich erst am 13. November 1544 in Wittenberg immatrikuliert hat, war auch an der Schlägerei vom 31. Oktober 1544 beteiligt gewesen, ja er hatte den Anlass zu dem Fest gegeben, weil er bei seiner Ankunft Geld aus der Heimat mitgebracht hatte[9]. Reginaldus kehrte 1549 in seine Heimat zurück, kam aber 1550 erneut nach Deutschland, wo er sich im SS 1551 an der Universität Frankfurt/Oder immatrikulierte[10], vermutlich um seine Studien an einer höheren Fakultät fortzusetzen. Da Frankfurt in dieser Zeit von der Pest schwer heimgesucht wurde, hat Reginaldus wohl bald wieder die Heimreise angetreten. Er ist möglicherweise identisch mit dem 1553 genannten Stockholmer Schulmeister *mäster Reinhold*.

Beziehungen zwischen Rheticus und Reginaldus Olavi kann es im SS 1545 gegeben haben, aber vielleicht auch noch im WS 1548/49. Reginaldus war zweifellos ein fleißiger Student; so hören wir etwa von ihm, dass er in Wittenberg auf dem Wege zu einer Vorlesungen von Stigel *in veteris collegii atrio* (im Saal des alten Kollegs) war, dann aber doch umkehrte, um den gerade angekommenen Landsmann *Petrus Johannis Arosiensis* nach üblichen Gebrauch zu begrüßen *foelicem faustumque gratulans adventum* (indem er ihm zu der glücklichen und gedeihlichen Ankunft gratulierte). Bemerkenswert erscheint noch, dass Reginaldus zugleich mit Lauterwaldt, dem Rheticus nicht sehr gut gesonnen war, zur Magisterprüfung angetreten ist.

1 CALLMER 1976, S. 23, Nr. 65. | **2** HOFMEISTER 1891, Bd. 2, S. 101a; CALLMER 1988, S. 18, Nr. 315 und 318 (irrtümlich doppelt geführt). | **3** FÖRSTEMANN 1841, Bd. 1, S. 205a; CALLMER 1976, S. 23, Nr. 65. | **4** SPP Ab anno 1544 usque ad finem anni 1545 (Wittenberg, 1546?), BSB München digital, Scan 65-67; HEININEN 1980, S. 64, 66 f. | **5** Wortlaut bei HEININEN 1980, S. 83-87. | **6** ERLER, Bd. 1, S. 653, S 41. | **7** HEININEN 1980, S. 64 f. | **8** KÖSTLIN 1891, S. 7. | **9** HEININEN 1980, S. 64. | **10** FRIEDLÄNDER 1887, Bd. 1, S. 117a.

Osiander, Andreas, 1498–1552

Andreas Osiander, geboren am 19. Dezember 1498 in Gunzenhausen (Lkr. Weißenburg-Gunzenhausen, Mittelfranken), gestorben am 17. Oktober 1552 in Königsberg i. Pr., luth., Mathematiker, Hebraist und Theologe[1].

Nach Studium unter Eck in Ingolstadt wurde Osiander 1520 in Nürnberg zum Priester geweiht. Er lehrte anfangs Hebräisch im Augustinerkloster, wurde 1522 Pfarrer an St. Lorenz und der erste luth. Prediger. Osiander verfasste mit Johannes Brenz die Brandenburgisch-Nürnbergische Kirchenordnung, 1542 die Pfalz-Neuburgische Kirchenordnung. 1548 kam er als Professor für Theologie und Pfarrer nach Königsberg i.Pr., wo es über seine Rechtfertigungslehre zum Osiandrischen Streit kam, die schließlich mit der Konkordienformel gegen Osiander entschieden wurde. Osiander war ein sehr fruchtbarer Schriftsteller, der mit einer Unzahl von Traktaten in die theologische Diskussion eingegriffen hat. Auf eine Aufzählung seiner Werke mag hier verzichtet werden, zumal alle leicht greifbar sind. Erwähnt seien die *Harmoniae evangelicae libri IIII, Graece et Latine* (Basel 1537)[2]. Der Osiandrische Streit brachte eine Flut von Streitschriften hervor, an denen sich nicht zuletzt auch Rheticus' Gesellen beteiligt haben, allen voran der streitsüchtige Lauterwaldt, aber auch Isinder, Hegemon, Joachim Mörlin und viele andere mehr[3].

Kaspar Brusch zählte in einem Brief vom 21. Dezember 1544 Osiander zu seinen alten Freunden; er hatte ihn in Nürnberg besucht; er hatte sich von ihm eine Anstellung in Nürnberg erhofft[4]. Schon 1541 hatte Brusch ein Gedicht auf Osiander verfasst, das in der Sammlung *Ad viros epigrammata*, (Nürnberg: Petreius, 1541) erschienen war[5]. Auf der Reise nach Italien logierte Andreas Aurifaber im Spätsommer 1544 in Nürnberg im Haus von Dr. med. Magenbuch, wo er Osiander kennenlernte; dabei lud Osiander ihn auch in sein eigenes Haus ein[6].

Als Schüler von Johannes Reuchlin galt Osiander nicht nur als Kenner des Hebräischen und des Aramäischen; er plante 1529 die Schaffung einer Grammatik und eines Wörterbuchs der aramäischen Sprache. Man vermutete, dass Osiander auch der türkischen und der arabischen Sprache mächtig sei, was sich allerdings nicht bestätigte. Martin Frecht glaubte, dass Osiander in der Lage sei, die Inschrift einer arabischen Münze zu entziffern. Osiander korrespondierte auch mit dem großen jüdischen Gelehrten Elia Levita in Venedig; er äußerte sich ihm gegenüber abfällig über Luthers antijudaistische Schrift *Schemhamphoras* (1543).

Zu den Portraits von Andreas Osiander vgl. Seebass 1967, S. 277-295 sowie die Bildtafeln 1-8. Osiander war verheiratet: in erster Ehe mit Katharina Preu (1508-1537); in zweiter Ehe mit der reichen Witwe Helene Künhofer (1519-1545), in dritter Ehe mit Helene Magenbuch (1523-1597), der Tochter des Nürnberger Stadtarztes Johannes Magenbuch; die 1526 geborene Tochter Katharina Osiander aus erster Ehe heiratete 1548 Hieronymus Besold (bekannt von der Amphytruo-Aufführung 1539); die 1530 geborene Tochter Agnes, ebenfalls aus erster Ehe, heiratete Andreas Aurifaber, nach dessen Tod 1560 Johannes Funck *Norimbergensis*.

Osiander als Mathematiker

In der Biographie Osianders ist der Theologe, Prediger und Reformator, vielleicht auch noch der Orientalist, vorherrschend, sodass man leicht dazu neigt, den Mathematiker zu übersehen. Osiander war als Astrologe tätig[7]. Wenn Garcaeus die Nativität von Osiander überliefert[8], so muss das allein noch nicht viel heißen; aber es deutet doch auf ein astrologisches Interesse Osianders hin. Osiander hat mit Melanchthon wiederholt Daten für die Erstellung von Horoskopen ausgetauscht. Osiander war auch 1540 in Kontakt mit Cardano getreten[9]. Cardano publizierte auch ein Horoskop Osianders[10].

Als Astronom spielte Osiander bei der Herausgabe von Kopernikus' *De revolutionibus* eine wesentliche Rolle, und zwar schon lange vor dem Erscheinungsjahr 1543. Der Streit um das Vorwort ist in der Kopernikusforschung bis heute ein ungelöstes Problem. Es reicht von einer Schandtat, der *mala fides* (Untreue) und dem Betrug des Petreius, der den Einflüsterungen eines neidischen Astronomen erlegen ist, der nicht hinnehmen wollte, sein bisheriges geozentrisches Weltbild aufzugeben, falls sich die neue Lehre durchsetzen sollte, bis hin zu der Annahme, dass Kopernikus mit dem anonymen Vorwort des Osiander einverstanden gewesen sei, ja sogar, dass dieses Vorwort von Rheticus selbst stamme.

Osiander war schon seit längerer Zeit mit dem Nürnberger Buchdrucker Johannes Petreius verbunden, ja er darf als sein Agent bezeichnet werden. Einige Schriften Osianders sind bei Petreius erschienen, so etwa die *Epistulae duae* 1527 oder die Predigt *Wie und wohin ein Christ die ... pestilentz fliehen soll* 1533; weitere folgten dann 1543, 1544 und 1545. Auch weist man Osiander die Herausgeberschaft bei den Nürnberger Drucken von Cardano zu[11]. Osiander und Petreius waren 1539 an den Nürnberger Gesprächen beteiligt, die Rheticus vor seiner Reise nach Frauenburg mit Johannes Schöner geführt hat. Seit dieser Zeit mag eine Freundschaft zwischen Rheticus und Osiander entstanden sein. Jedenfalls spricht Osiander Rheticus an mit *amicus noster charissimus*, wenn auch eine solche Formulierung nicht überbewertet werden sollte.

Als Andreas Aurifaber Mitte Februar 1540 die ersten Druckbögen der *Narratio prima* verschickte, ergingen solche einerseits an Melanchthon, andererseits aber auch an Osiander. Möglicherweise löste das Erscheinen der *Narratio prima* bei Rhode in Danzig Befürchtungen bei Petreius aus, der Druck des Hauptwerkes könne ihm entgehen. Und so wandte sich Osiander am 13. März 1540 an Rheticus, er möge ihm zu einer Freundschaft mit Kopernikus verhelfen, *tuam mihi offers amicitiam, ita diligentiam adhibeas, ut eius viri amicitiam quoque mihi concilies*. Tatsächlich schrieb Kopernikus am 1. Juli 1540 an Osiander; doch scheint Osiander den Brief erst im März 1541 erhalten zu haben[12]. In diesem verlorenen Brief antwortete Kopernikus auf Osianders Vorschlag, die heliozentrische Lehre als bloße These auszugeben, wie das 1543 auch in dem unterschobenen Vorwort zum Ausdruck kam. Osiander wollte damit erreichen, dass der Widerspruch gegen die neue Lehre in Grenzen gehalten würde. Oder anders formuliert: Osiander wollte Kopernikus davor bewahren, sich dem Spott der Aristoteliker und Theologen auszusetzen[13].

Die Vorgangsweise von Osiander wurde von den Freunden des Kopernikus übel aufgenommen, da jedermann zu dem Schluss kommen musste, Kopernikus selbst habe dieses Vorwort verfasst.

Tiedemann Giese und Rheticus verdächtigten Petreius, doch dieser wies jede Schuld von sich. Für Rheticus musste klar sein, dass Osiander der Schuldige war, zumal dieser ihn schon 1540 auf die Hypothesenlösung aufmerksam gemacht hatte. Rheticus stellte Osiander auch zur Rede, dass er künftig bei seiner Berufung zur Theologie bleiben und sich nicht in die Angelegenheiten der Astronomen einmischen sollte. Aber letztlich verlief die Sache im Sande. Man kann Rheticus den Vorwurf machen, dass er es an der nötigen Sorgfalt bei der Überwachung des Drucks hat fehlen lassen; aber es geht keineswegs an, Rheticus für die Eingriffe in das Manuskript des Kopernikus verantwortlich zu machen. Dagegen spricht vor allem die erkennbare Wut, mit der Rheticus in den ihm zur Hand stehenden Exemplaren die Veränderungen des Osiander gestrichen hat.

Am 1. August 1540 hatte Petreius Rheticus gebeten, ihm bei der Beschaffung des Manuskripts behilflich zu sein; denn so schrieb er, »ich hege große Hoffnungen, dass diese Werke in die ganze Wissenschaft Licht bringen werden«. Dabei ließ Petreius durchblicken, dass er in Kopernikus eine wertvolle Bereicherung für die Wissenschaft sehen würde, obwohl diese Lehre nicht der gewöhnlichen Schulmeinung (*ratio usitata, qua in scholis artes docentur*)[14].

Kopernikus hatte daher schon immer Bedenken gehabt, seine Lehre zu veröffentlichen. Nachdem Luther am 4. Juni 1539 – aber wohl auch schon vorher – sein Verdikt über die heliozentrische Lehre gesprochen hatte, legte sich auch Melanchthon in seinem Urteil auf den biblizistischen Standpunkt fest. Das hatte zur Folge, dass Rheticus seinen *Tractatus de terrae motu* verfasste. Mag auch die Bemerkung Melanchthons vom 16. Oktober 1541 in dem Brief an Burckhard Mithobius, mit der ein obrigkeitliches Einschreiten gegen die Neuerer forderte, nur ein unüberlegter Ausrutscher gewesen sein[15], so herrschte doch überwiegend die Anschauung, dass die neue Lehre ketzerisch sei, wie Gasser es 1541 ausdrückte, wohl aber prophezeite, dass sie eines Tages überall Anerkennung finden werde.

Um diesem Dilemma zu entgehen, hatte Osiander schon am 1. Juli 1540 in einem Brief an Kopernikus vorgeschlagen, den Heliozentrismus als bloße Hypothese ins Gespräch zu bringen[16]. Am 20. April 1541 wiederholte er auch gegenüber Rheticus diesen Vorschlag.

Am 29. Juni 1542 teilte der Hebraist Johannes Forster dem Reutlinger Pfarrer Johannes Schradin mit, in Nürnberg sei derzeit ein Buch in Arbeit, das eine neue astronomische Lehre aus Preußen zum Gegenstand habe. Das Buch werde 100 Druckbogen umfassen; er habe vor einem Monat zwei Bogen davon gesehen. Ein Wittenberger Magister (Rheticus war im SS 1542 immer noch Inhaber des Wittenberger Lehrstuhls; er hatte sich noch nichtendgültig für Leipzig entschieden) korrigiere den Text[17].

1 Brockhaus Enzyklopädie, 19. Aufl., Bd. 16, Mannheim 1991, S. 298; Doppelmayr 1730, S. 58-60; Seebass 1967; Stupperich 1994, S. 160 f.; Seebass, Gottfried, Andreas Osiander d.Ä. und der Osiandrische Streit, in: Rauschning u.a. (Hg.) 1995, S. 33-47; Andreas Osiander Gesamtausgabe, hg. v. Gerhard Müller und Gottfried Seebass, Bd. 1-10, Gütersloher Verlagshaus, 1975-1997. | 2 VD 16 B 4626; BSB München, digital. | 3 Stupperich 1973, passim. | 4 Horawitz 1874, S. 97, 211. | 5 Bezzel 1982, Sp. 417, Ziff. 3, BSB Digital. | 6 Assion/Telle 1972, S. 378; Seebass 1967, S. 198, Anm. 162. | 7 Seebass 1967, S. 85-87. | 8 Garcaeus 1576, S. 139 f. | 9 Grafton 1999 (dt. Ausgabe), S. 151, 164. | 10 Ebenda, S. 174. | 11 Seebass 1967, S. 59, Anm. 26. | 12 List 1978, S. 455. | 13 Zimmermann 1985, S. 320-343. | 14 Burmeister 1968, Bd. 3, S. 20. | 15 In diesem Sinne Thüringer 1997, S. 306. | 16 Tschackert 1890, S. 401, Nr. 1258. | 17 Förstemann, Karl Eduard, Zehn Briefe D. Johann Forster's an Johann Schradi, Prediger zu Reutlingen [...], in: Neue Mitteilungen aus dem Gebiet historisch-antiquarischer Forschungen 2 (Halle/Nordhausen, 1835/36, S. 85-107.

Othmann, Georg, † nach 1589

Georg Othmann (Uthman, Uthmannus, Ottomann), Görlitz (Sachsen), luth., Schulmann, Ratmann und Bürgermeister.
Othmann, *ex honestissima et laudatissima Ottomanorum familia*, war Schüler von Valentin Trozendorf[1] in Goldberg (poln. Złotoryja, Woiwodschaft Niederschlesien) und schloss sich in Wittenberg

besonders an Melanchthon an. Eine Immatrikulation in Wittenberg ist nicht zu finden. Jedenfalls promovierte Othmann am 9. Februar 1542 unter Rheticus zum Mag art.[2] 1544 wurde Othmann Rektor der Schule in Görlitz. Melanchthon dankt ihm, *amico veteri et carissimo*, für einen Rehbock und läd ihn zum Essen ein; er lobt ihn, weil er nicht nur Wissen vermittle, sondern auch auch *doctrinam pietatis* an die Jugend weitergebe[3]. Am 1. September 1547 schrieb er ihm, seinem Mitphilosophen und Freund, er freue sich über seine Liebe, die er ihm entgegenbringe, *ac inter nos perpetuam amicitiam esse volo*[4].

Im SS 1547 immatrikulierte sich in Leipzig *Georgius Otthomannus Gorlicensis artium et philosophiae magister*[5], zugleich mit ihm auch zahlreiche Görlitzer Schüler, u.a. Johannes Albinus[6], Gregor Eckardt[7], Daniel Göritz[8], Helias Meltzer[9], Georg Schmidt[10], Melchior Steinbergk[11], Georg Troger[12] und Johannes Vogel[13]. Dazu gehörten aber vor allem auch die beiden Österreicher Hieronymus Lauterbach und Paul Fabricius aus Lauban (poln. Lubań, Woiwodschaft Niederschlesien). Wolfgang Meurer schenkte 1549 *Magister Georg Uthman amico suo* sein Buch De catharris disputatio (Leipzig: Valentin Bapst, 1549)[14].

1560 wurde Othmann, der seit 1562 im Rat der Stadt Görlitz saß, zum zweiten Mal Rektor der dortigen Schule. 1564 wurde er Syndikus der Stadt Görlitz. 1565 ging das Rektorat an seinen Freund Vincentius über. Er selbst trat sechsmal als Bürgermeister an die Spitze der Stadt[15]. Othmann wurde 1589 mit einem Wappenbrief mit gemaltem Wappen ausgezeichnet[16].

Die **Beziehungen** zwischen Rheticus und Othmann sind als besonders eng zu bewerten. Es sei hier auf das Kopernikus-Seminar verwiesen (vgl. dazu Tilsch). Othmann, wie Rheticus auch mit Melanchthon befreundet, war unter Rheticus Magister geworden, war 1547 mit mehr als einem Dutzend Schülern aus Görlitz und Umgebung, die alle der polnischen Nation angehörten, nach Leipzig gekommen, als Rheticus noch abwesend war, aber zurückerwartet wurde. Als Rheticus dann im Herbst 1548 nach Leipzig kam, waren es vor allem die zwei genannten (österreichischen) Scholaren aus Löbau und aus Lauban, die sich eng an Rheticus anschlossen. Ihr Interesse galt vor allem der Astronomie und der Medizin. Die Fäden zur Medizin liefen über Meurer, der 1549 Othmann sein medizinisches Thesenblatt schenkte.

1 Vgl. dazu CLEMEN/KOCH 1985, Bd. 6, S. 508-513. | 2 KÖSTLIN 1890, S. 14. | 3 CR X, Sp. 34 f. | 4 CR VI, Sp. 660. | 5 ERLER, Bd. 1, S. 665, P 10. | 6 Ebenda, S. 665, P 11. | 7 Ebenda, S. 665, P 15. | 8 Ebenda, S. 665, P 19. | 9 Ebenda, P 12. | 10 Ebenda, S. 665, P 21. | 11 Ebenda, S. 665, P 17. | 12 Ebenda, S. 665, P 16. | 13 Ebenda, S 665, P 18. | 14 VD 16 M 5020, BSB online, Ex. mit Widmung Meurers an Mag. Georg Uthman, *amico suo*. | 15 Neues lausitzisches Magazin 35 (1859), S. 123 (Google Books). | 16 Auktionshaus Dr. Hüll, Köln, Auktion vom 11. Dezember 2010, Los-Nr. 25.

Otho, Peter, ca. 1550 –1594

Peter Otho (Otto), geboren ca. 1550 in Magdeburg, gestorben (nach längerer Krankheit) am 23. September 1594[1] in Wittenberg, Grabstätte in der Schlosskirche[2], luth., Mathematiker[3].
Otho, der jüngere Bruder von Valentin Otho, wurde am 13. März 1569 an der Universität Wittenberg immatrikuliert[4]. Nach dem Wegzug von Valentin Otho 1581 blieb der Lehrstuhl für höhere Mathematik längere Zeit vakant. Vergeblich hatte sich die Universität bemüht, Michael Maestlin dafür zu gewinnen. Am 9. Oktober 1583 fand man ein Provisorium: Peter Otho sollte probeweise auf ein Jahr den Lehrstuhl erhalten, doch nur 2/3 der bisherigen Besoldung bekommen. Das übrige Drittel war für Johannes Hagius vorgesehen. 1588 ging die volle Professur an Otho, während Hagius die niedere Mathematik erhielt[5]. Für das SS 1594 war Otho zum Rektor Magnificus gewählt worden, konnte aber wegen seiner Erkrankung das Amt nicht ausüben, das von Andreas Schato als Vizerektor übernommen wurde[6].

Beziehungen von Peter Otho zu Rheticus gab es nicht, doch war Otho als Nachfolger auf dem Lehrstuhl für Mathematik zu erwähnen. Es gab aber wohl noch einen weiteren Grund. Peter Otho war ein Verwandter von Valentin Otho, der den Nachlass von Rheticus in Besitz hatte. Man hoffte, durch die Berufung des Verwandten Peter Otho eine Rückkehr von Valentin Otho erleichtern zu können. Die Universität war sehr daran interessiert, das später so genannte *Opus Palatinum,* das trigonometrische Hauptwerk von Rheticus, als eine Leistung der Leucorea herausgeben zu können, um damit den eigenen Ruhm zu vergrößern[7].

1 Förstemann/Hartwig 1894, Bd. 2, S. 410. | **2** Sennert 1678. S. 200, BSB München, digital, Scan 208. | **3** Kathe 2002, S. 146 f., 464 f. (höhere Mathematik 1583-1594). | **4** Förstemann /Hartwig1894, Bd. 2, S. 153a. | **5** Friedensburg 1917, S. 318, 513 f. | **6** Förstemann/Hartwig 1894, Bd. 2, S. 410. | **7** Friedensburg 1917, S. 513 f.

Otho, Valentin, ca. 1548–1603

Lucius Valentin Otho (Ottho, Otto), geboren um 1548 in Magdeburg, gestorben am 8. April 1603 in Heidelberg, Begräbnis in der Peterskirche, ref., Mathematiker[1].
Otho immatrikulierte sich am 13. April 1561 unter dem Rektor Petrus Vincentius an der Universität Wittenberg[2]. Er wurde Schüler von Peucer und Praetorius. Im März 1566 promovierte er zum Mag. art. und blieb zunächst in Wittenberg, um weitere mathematische Studien zu betreiben. 1573 begab sich Otho zu Rheticus nach Kaschau (slow. Košice). Rheticus starb jedoch am 4. Dezember 1574; seinen unvollendeten wissenschaftlichen Nachlass überließ er Otho als seinem Testamentsvollstrecker; diese Lösung wurde durch Kaiser Maximilian II. und den oberungarischen Landeshauptmann János Rueber gefördert. Nach dem Tod Kaiser Maximilians II. (1576) war die Finanzierung des Projektes nicht mehr gesichert; daher berief der sächsische Kurfürst 1576 Otho aus Kaschau auf die Professur für höhere Mathematik an die Universität Wittenberg, wobei sich die Verhandlungen bis 1578 hinzogen. Als der Kurfürst 1580 die Professoren auf die kursächsische Kirchenordnung verpflichtete, verweigerte Otho seine Unterschrift, was 1581 zu seiner Amtsenthebung führte[3]. Otho hielt sich danach an verschiedenen Orten auf, u.a. in Breslau als Mitarbeiter von Andreas Dudith; zuletzt wohl auch in Prag, von wo er in Begleitung mehrere Studenten nach Heidelberg zog. Hier immatrikulierte er sich als Magister *gratis* am 28. Mai 1586. 1587 wurde Otho für seine astronomischen Beobachtungen das Gartenhaus der Universität in der Plöck zugewiesen. Unter Mitwirkung eines *Famulus* widmete er sich vor allem der Fertigstellung von Rheticus' Hauptwerk. Als *Famulus* stand Otho Laurentius Lanius aus dem Öhringen (Hohenlohekreis, Baden-Württemberg) zur Verfügung, *gratis* immatrikuliert am 31. Oktober 1593, erwähnt am 5. März 1596 als verheiratet und 23 Jahre alt. Er wurde am 13. April 1596 auf ewige Zeiten relegiert, weil er seinen Herrn mittels eines Einbruchs bestohlen hatte; der Kurfürst wollte dieses Urteil anfänglich nicht bestätigen, sondern verlangte eine härtere Bestrafung nach der pfälzischen Malefizordnung. 1596/97 nahm Otho wegen der Pest seinen Aufenthalt in Neustadt an der Weinstraße (Rheinland-Pfalz), wo das Tafelwerk unter dem Titel *Opus Palatinum de triangulis* (Neustadt: Matthäus Harnisch, 1596, Vorrede an den Leser vom 13. August 1596) erschien und am 1. August 1596 dem Kurfürsten Friedrich IV. von der Pfalz gewidmet war[4]; bereits am 24. Januar 1594 hatte Kaiser Rudolf II. in Prag dem Werk ein Druckprivileg auf zwölf Jahre gewährt.

Weniger glücklich versah Otho seine Heidelberger Professur der Mathematik, die er seit September 1601 gegen eine Besoldung von 160 Gulden, Naturalien und Behausung innehatte. Otho litt unter Gicht und Lähmungen, sodass er ohne Hilfe nicht auskam. Er bot daher seinen Rücktritt an, um nach Prag zu ziehen. Am 5. März 1603 verlangte der Kurfürst, dass Otho bis September 1603 seine Vorlesungen noch halten sollte. Unterstützt wurde Otho durch seinen Kollegen Jakob Christmann. Zugleich gewährte er ihm auf Lebenszeit ein jährliches Gehalt von 52 Gulden, weitere 30 Gulden, 1/2 Fuder Wien und acht Malter Korn, sowie *Wohnung in unserem newen hospital in der Pflegk alhier.* Otho starb jedoch kurz darauf. Otho blieb unverheiratet und kinderlos.

Valentin Otho nimmt im Leben von Rheticus eine ähnliche Stellung ein wie Rheticus in Bezug auf Kopernikus. Otho wurde von Rheticus *humanissime* empfangen. Wörtlich soll Rheticus gesagt haben: *Profecto in eadem aetate ad me venis, qua ego ad Copernicum veni*[5] (In der Tat, du kommst im gleichen Alter zu mir, in dem ich zu Kopernikus gekommen bin). Otho vollendete das Werk des Rheticus, so wie Rheticus das Werk des Kopernikus vollendet hatte. Der in pfälzischen Diensten stehende Thomas Blarer d.J., der Sohn des gleichnamigen Konstanzer Reformators, verfasste ein Einleitungsgedicht für das Opus Palatinum: Der Anfang sei schwierig gewesen, die Fertigstellung aber nicht weniger. Der Leser möge daher beide Autoren schätzen:

Rheticus incepit, quo non solertior alter,
Addidit at summam Lucius Ottho manum.

(Rheticus hat es begonnen, keiner war kunstfertiger als er, doch Lucius Otho hat die letzte Hand angelegt). Rheticus war sich bewusst, welche Rolle für ihn Otho jetzt spielte. Otho hat sich stets als Schüler von Rheticus bezeichnet; er bezeichnete Rheticus wiederholt als *carissimus praeceptor*, blieb sich aber auch der Herkunft von Kopernikus, Reinhold, Rheticus und Peucer bewusst.

Die Aufgabe, die Otho in Kaschau übernahm, war für die Wissenschaftsgeschichte von erheblicher Bedeutung; denn eine große Schar von Astronomen in ganz Europa wartete sehnsüchtig auf das trigonometrische Tafelwerk des Rheticus: Petrus Ramus in Paris, Konrad Dasypodius in Straßburg, Konrad Gesner in Zürich, Tadeáš Hájek in Prag, Johannes Crato und Paul Fabricius in Wien, Joachim Camerarius in Leipzig, Kaspar Peucer in Wittenberg, Andreas Dudith, Wolfgang Schuler und Johannes Praetorius in Krakau[6].

Rheticus und Otho nahmen sogleich ihre Arbeit auf. Sie wurde unterbrochen, als Rheticus 1574 Otho nach Krakau schickte, um von dort ein wertvolles Manuskript zum großen *Canon doctrinae triangulorem* abzuholen. Otho kehrte am 28. November 1574 nach Kaschau zurück. Wegen des schlechten Wetters hatte sich die Reise hingezogen. Möglicherweise waren die Strapazen dieser Reise eine Ursache für Othos *leibsblödigkeit*. Unerwartet starb Rheticus wenige Tage nach Othos Rückkehr am 4. Dezember 1574 in dessen Armen (*in complexu meo*). Zu Rheticus' Büchern, die – von Ruber übergeben – in den Besitz von Otho kamen, gehörte auch die Originalhandschrift von Kopernikus' *De revolutionibus*. Bemerkenswert ist aber auch ein Exemplar von *De revolutionibus* (Basel 1566), das sich vermutlich im Besitz von Otho befand; in dieses Exemplar hat Otho Korrekturen eingefügt, die er aus einem von Rheticus annotierten Exemplar übernahm[7].

1 Drüll S. 426 f.; Hilfstein 1988, S. 221-225. | 2 Hartwig 1894, Bd. 2, S. 16. | 3 Kathe 2002, S. 136. | 4 BSB München, digital; SLUB Dresden, digital; Müller 2004, S. 72, Nr. 236. | 5 Otho, Opus Palatinum, Neustadt 1596, Vorrede an den Leser, BSB München, digital, Scan 20; vgl. dazu auch Hilfstein 1988, S. 221. | 6 Danielson, The First Copernican, S. 249, Anm. 24. | 7 Gingerich 2002, S. 326 f.

Otto, Ambros, † 1564

Ambros Otto, geboren in Leipzig, gestorben am 21. Juni 1564 in Leipzig, luth., Theologe[1].
Otto immatrikulierte sich im WS 1547/48 unter dem Rektor Wolfgang Meurer an der Universität Leipzig[2]. Er gehörte der Meißner Nation an. Im SS 1549 promovierte er unter Philipp Beck als Promotor zum Bacc. art.[3] Im WS 1551/52 wurde Otto unter dem Dekan Thomäus zum Mag. art. kreiert, zugleich mit Andreas Erstenberger, Andreas Freyhub, David Peiffer, Kaspar Geschke, Johannes Paceus, Georg Mosbach, Jakob Pedelius u.a.[4] Anschließend ging er in den Kirchendienst und wurde 1552 Subdiakon und 1559 Diakon an der St. Thomaskirche in Leipzig. Otto hätte vom WS 1548/49 bis WS 1550/51 die Vorlesungen von Rheticus hören können, war aber wohl vorwiegend auf die Theologie ausgerichtet.

1 Albrecht 1799, Bd. 1, S. 342 f.; Kreyssig ²1898, S. 325. | 2 Erler, Bd. 1, S. 667, M 50. | 3 Erler, Bd. 2, S. 708. | 4 Erler, Bd. 2, S. 725.

Otto, Valentin, 1529–1594

Valentin Otto (Ott), geboren 1529 in Markkleeberg (Lkr. Leipzig), gestorben (begraben!) am 17. April 1594 in Leipzig, luth., Musikus, Kantor[1].
Valentin Otto immatrikulierte sich im SS 1548 unter dem Rektor Johannes Sinapius *Weismainensis* an der Universität Leipzig[2]; Konsemester waren Kaspar und Valentin Pacaeus d.J., Söhne von Rheticus Freund Valentin Pacaeus d.Ä. 1553/54 bis 1564 war Otto Kantor an der Stadtpfarrkirche St. Wenzel in Naumburg/Saale (Burgenlandkreis, Sachsen-Anhalt). Danach war er dreißig Jahre lang Thomaskantor in Leipzig. Eine Beziehung zu Rheticus erscheint möglich.

1 VOLLHARDT 1899, S. 176; EITNER 1902, Bd. 7, S. 262. | 2 ERLER, Bd. 1, S. 671, M 98.

Paceus, Johannes, 1528–1569

Johannes Paceus (Hartung, Fried), geboren um 1528 in Wittenberg, gestorben am 18. August 1569 in Eger (tschech. Cheb), luth., Theologe, Reformator des Egerlandes, Astrologe.
Johannes Paceus war der älteste Sohn des Theologen Valentin Paceus, der seit 1533 als Diakon in Leisnig (Lkr. Mittelsachsen) wirkte. Im SS 1545 immatrikulierte sich der Vater Paceus als *Magister Wittebergensis* gemeinsam mit seinen beiden Söhnen Johannes und Paulus an der Universität Leipzig[1]. Am 18. August 1546 schrieben sich beide Brüder an der Universität Wittenberg ein[2], kehrten aber kriegsbedingt bald nach Leipzig zurück. Nach dem 21. März 1549 promovierte Johannes Paceus in Leipzig unter dem Dekan Rheticus zum Bacc. art.[3]; etwa um diese Zeit wurde er von Rheticus als Famulus angestellt. Im WS 1551/52, also erst nach Rheticus' Flucht aus Leipzig, erlangte Paceus den Grad eines Mag. art.[4] Nach dem Magisterium widmete er sich dem Studium der Theologie. Am 20. September 1554 wurde er unter dem Dekan Dr. theol. Ales zum Bacc. theol. promoviert (gleichzeitig mit Hieronymus Tilsch)[5]. Paceus ging in den Kirchendienst und wurde Pfarrer in Wiehe (Kyffhäuserkreis, Thüringen). 1565 wechselte er als Prediger in die Reichsstadt Eger und ins Egerland, wo er sich (zugleich mit Hieronymus Tilsch) um die Durchführung der Reformation bemühte[6]. Am 13. Februar 1565 war Paceus in Eger als Prediger angestellt worden bei einem Gehalt von 200 Gulden, Wohnung und Naturallieferungen.

Werke: Zu seinen frühesten Veröffentlichungen gehören das *Das Gebetlein der lieben veter* (1556)[7]; sodann sechs hebräische Zeilen, die als literarische Beigabe zu der griech. Ausgabe der Werke des Ignatius von Antiochia beigefügt sind[8]; auch eine Disputation *De sancta catholica ecclesia propositiones* (Leipzig. 1559) wurde gedruckt[9]. Bedeutender sind einige astrologische Schriften. Weder Thorndike noch Westman zählen Paceus den Melanchthonzirkeln zu, auch Brosseder rechnet ihn nicht zu dem weiteren Kreis der Wittenberger Astrologen, wiewohl sie eine seiner einschlägigen Schriften zitiert[10]. Johannes Paceus blieb mit seinen Publikationen auch als Theologe der Astrologie treu. Schon sein Vater Valentin Paceus hatte ein Interesse für die Astronomie gezeigt; denn Rheticus widmete ihm ein Exemplar der *Narratio prima* (Danzig 1540)[11]. Johannes Paceus veröffentlichte ein *Prognosticon …Auff das Jar M.D.LXI* (Augsburg: Gegler, 1560), gewidmet den Herren Christoph, Heinrich, Georg, Wolf und Philipp von Werthern aus thüringischem Adelsgeschlecht[12]. Es folgte ein *Prognosticon … auff das Jahr 1563* (Nürnberg, 1562)[13]. Im Prognosticon auf 1561 offenbart sich Paceus als Kopernikaner. Bemerkenswerter ist die *Astrologia vindicata: Warhaffige und gründtliche Ablainung der ungegründten unnd unerfindtlichen Aufflag, darmit yetziger Zeyt die Astrologey als unchristlich, aberglaubisch und gottestesterisch verdampt wirdt* (Nürnberg: Nikolaus Knorr, 1562), eine dem Rat von Freiberg gewidmete Verteidigung der Astrologie[14], die aber zuweilen fälschlich als Ablehnung der Astrologie verstanden worden ist[15]. Mit zahlreichen Stellen aus der Schrift und den Kirchenvätern kämpft Paceus gegen die unqualifizierten Versuche an, dass *die Astronomos semptlich* *vnd sonderlich als die ergsten Ketzer dem Teuffel in rachen gesteckt vnd in bann, acht vnd aberacht gethan werden*. Der Methode seines Vaters folgend liebte er es, die Schriftstellen zunächst einmal in lateinischer Transkription auf Hebräisch zu zitieren und dann eine lateinische oder deutsche Übersetzung anzufügen. So verweist er beispielsweise auf Jeremia 10, 2: *Vmeothoth haschomaijm al thechathu, Das ist: Vnd für den zeichen des himels förcht euch nit*. Oder er zitiert Hiob 37, 9: *Min hacheder thaf o suphah, umimmesorim horah*. (Nach alter translation) *Ab interioribus egreditur tempestas et ab arcturo frigus. Vom Mittag herkompt Wetter/ vnd von mitternacht kelte*.

Beziehungen zu Rheticus: Johannes Paceus war in den letzten Jahren vor der Relegation sein Famulus gewesen. Als die Stadt Leipzig am 5. Mai 1551 ein zivilrechtliches Verfahren gegen Rheticus eingeleitet hatte, ließ der Rat dessen gesamtes Vermögen durch die Universität namens der Stadt beschlagnahmen. Da Hommel, der die Schlüssel zu Rheticus' Wohnung hatte, abwesend war, wollte der Rektor Cordes zunächst dessen Rückkehr abwarten, begab sich aber dennoch am gleichen Tag in das *Collegium Novum*, um eine Versieglung vorzunehmen. In einem der vier Räume lag der fieberkranke Famulus in seinem Bett. Der Rektor konnte ihn nicht gut aus der Wohnung weisen, machte ihm aber bei Strafe der Relegation die Auflage, niemand hereinzulassen. Der Famulus versprach das per Handschlag. Eine Ausnahme sollte nur für den Bruder [Paulus] gelten, der ihm das Essen brachte. Am 14. Mai 1551 reihte sich die Gemeinschaft des *Collegium Novum* in den Kreis von Rheticus' Gläubigern ein, da sie 12 Groschen für die Ernährung des Famulus aufgewendet hatte[16].

1 ERLER, Bd. 1, SS 1545, B 57-59. | 2 FÖRSTEMANN 1841, Bd. 1, S. 235b. | 3 ERLER, Bd. 2, S. 705. | 4 Ebenda, S. 725. | 5 Ebenda. 2, S. 33. | 6 ENGELHART/BAIER 1884, S. 251, 256, 294, 298, 301 f., 311, 325; WOLF 1850, S. 10-27. | 7 MARWINSKI 1999, Bd. 21, S. 37. | 8 Ignatius [Antiochenus]: … opuscula omnia … in … lingua Graeca, (Dillingen: Sebald Mair, 1557), VD 16, I 57; BSB digital, hier Bl. A1 verso. | 9 Exemplar in SLUB Dresden. | 10 BROSSEDER 2004, S. 369. | 11 ROSEN 1982, S. 78 f. | 12 ZINNER 1964, S. 232, Nr. 2264. | 13 Ebenda, S. 235, Nr. 2313. | 14 VD 16 P 53; ZINNER 1964, S. 233, Nr. 2285; BSB digital. | 15 JÜRGENSEN, Renate, in: Bibliotheca Norica, Patrizier und Gelehrtenbibliotheken in Nürnberg zwischen Mittelalter und Aufklärung, Wiesbaden 2002, S. 1265: »Auch eine kritische Stimme gegen die Astrologie ist zu vernehmen«, ist unzutreffend, zumindest aber missverständlich. | 16 BURMEISTER 1967/68, Bd. 1, S. 117 f.

Paceus, Paul

Paul (Paulus, Paulinus) Paceus (Pacäus, Pacaeus, Hartung, Fried), geboren um 1530 in Wittenberg (Sachsen-Anhalt), luth., Bakkalaureus, Student.

Der vermutlich zweitälteste Sohn des Theologen Valentin Paceus immatrikulierte sich im SS 1545 gemeinsam mit seinem Vater und seinem älteren Bruder Johannes an der Universität Leipzig.[1] Er gehörte in Einklang mit seinem Geburtsort der Sächsischen (nicht der Meißner) Nation an. Kurz darauf besuchte er ab 24. Juli 1546 das Gymnasium Schulpforta[2]. Am 18. August 1546 schrieben sich beide Brüder Johannes und Paul an der Universität Wittenberg ein, kehrten aber wegen der wenige Monate später erfolgten kriegsbedingten Schließung der Universität nach Leipzig zurück[3]. Am 17. März 1551 berichtet der Vater Valentin Paceus Julius Pflug von einer Begegnung, die er mit seinem Sohn Paul mit dem Bischof von Merseburg gehabt habe, der sie *humanissime receperat*[4]. Nach dem 13. September 1551 promovierte Paul Paceus in Leipzig zum Bacc. art.[5] Danach verlieren sich seine Spuren.

Werke: Zur frühesten Veröffentlichung gehören drei lateinische Distichen *Ad lectorem*, die als literarische Beigabe zu der griech. Ausgabe der Werke des Ignatius Antiochenus beigefügt sind.[6]

Beziehungen zu Rheticus: Auch Paul Pacaeus könnte Rheticus' Vorlesungen in Leipzig besucht haben. Im Mai 1551 hat er seinem älteren Bruder Johannes, der krank in Rheticus' Wohnung im Collegium Novum im Bett lag, mit Essen versorgt.

1 Erler, Bd. 1, S. 655, B 57-59. | **2** Bittcher 1843, S. 9. | **3** Förstemann 1841, S. 235b. | **4** Pollet 1977, Bd. 3, S. 364. | **5** Erler, Bd. 2, S. 722. | **6** Ignatius [Antiochenus]: … opuscula omnia … in … lingua Graeca, (Dillingen: Sebald Mair, 1557), VD 16, I 57; BSB digital, hier Bl. B4 recto.

Paceus, Valentin, d. Ä., 1502–1558

Valentin (Hartung, auch Fried) Paceus (auch Εἰρηναιος)[1], geboren um 1502 in Geisa (Wartburgkreis, Thüringen), gestorben vor dem 13. März 1558 auf dem Weg von Lauingen nach Dillingen (als vermeintlicher Jude ermordet, weil er den Würfelzoll nicht zahlen konnte)[2], Theologe, Hebraist, Gräzist.

Nach anfänglicher Studienzeit in Erfurt immatrikulierte sich Valentin Paceus am 19. Juni 1525 unter dem Rektor Augustin Schürpf an der Universität Wittenburg[3]. Unter dem Dekan Jakob Milich promovierte er am 15. September 1528 zum Mag. art.[4] Als *heros trilinguis*, Kenner des Griechischen und Hebräischen, erfreute sich Paceus besonderer Wertschätzung durch Melanchthon. Dieser versuchte, wenn auch ohne Erfolg, Paceus an der Artistenfakultät in Erfurt unterzubringen. Wir sehen ihn um 1530 an der Schule in Herzberg (Elbe-Elsterkreis, Brandenburg) und noch 1530 (bis 1532) als Diakon in Leisnig (Lkr. Mittelsachsen). Um sein Ziel, ein Doktorat der Theologie zu erringen, setzte ihm der Kurfürst eine Pension von 60 Gulden aus, die ihm erlaubte, seine Familie (er war seit 1527 verheiratet und hatte 1533 sechs Kinder) durchzubringen und in Wittenberg weiter zu studieren und eine Lehrtätigkeit auszuüben. 1535 ging er wegen der Pest mit der Universität ins Exil nach Jena. Durch Melanchthons Vermittlung wurde er 1535/40 Schulmeister in Göttingen. Um 1542 nahm er an den Tischgesprächen Luthers teil. 1542 wurde er Prediger an St. Lamperti in Querfurt (Saalekreis, Sachsen-Anhalt), wo er die erste evangelische Predigt hielt. 1544 wurde er Pfarrer und Superintendent in Lützen. Im SS 1545 immatrikulierte sich Paceus als Magister Wittebergensis gemeinsam mit seinen beiden Söhnen Johannes und Paulus an der Universität Leipzig[5]. 1547 wurde er nach Leipzig berufen, wo er als Diakon an St. Nikolai und als Professor für Theologie und alte Sprachen an der Universität wirkte. Am 2. Oktober 1549 promovierte er in Leipzig zum Bacc. theol., präsentiert durch den Theologen Ales, promoviert durch den Hebraisten Bernhard Ziegler (1496-1566), damaligen Dekan der theologischen Fakultät. Schon am folgenden Tag, dem 3. Oktober 1549, schloss sich die Promotion zum Lic. theol. an.[6] Paceus, der 1552 als Abgesandter zum Konzil von Trient, seine Reise dorthin aber abbrach, besuchte 1554 den Konvent zu Naumburg und 1555/57 den Reichstag zu Regensburg. 1557 nahm er am Wormser Religionsgespräch teil. Ähnlich wie Staphylus konvertierte Paceus wenige Jahre vor seinem Tod zum Katholizismus; er mochte an der neu gegründeten (kath.) Universität Dillingen eine Zukunft für sich gesehen haben. Paceus führte eine weitläufige Korrespondenz. Zu den Briefpartnern gehörten u.a. Antonius Musa oder Julius Pflug[7]. In seinen letzten Lebensjahren seit ca. 1550 korrespondierte Paceus mit Paul Fagius[8], Jean Calvin[9], Konrad Pellikan und Heinrich Bullinger.[10]

Werke: Am Anfang stehen zwei Drucke, die wohl im Zusammenhang mit seiner Promotion zum Lic. theol. zu sehen sind: *Duae Disputationes* (Leipzig, ca. 1550) und die *Disputatio de verbo Dei ac traditionibus* (1552).[11] Es folgten die *Prosomeliae … ac disputationes… de praecipuis aliquot sacrosanctae religionis christianae controversiis hodiernis* (Leipzig, 1554). Zuletzt erschien von Paceus die griech. Ausgabe der Werke des Ignatius von Antiochia (Dillingen: Sebald Mair, 1557).[12] Eine dt. und eine lat. Übersetzung standen vor dem Druck, der durch Paceus Ermordung verhindert wurde.

Valentin Paceus war ein schwieriger Charakter. Luther nannte ihn *homo ambitiosus, … Ipse non est sua sorte contentus. Ambit doctoratum, will seiden und sammt tragen*.[13] Auch Paceus' Freund Anton Musa nannte ihn 1542 *homo mire* δυστροπος (»außerordentlich eigenwillig«); andererseits wird er als »gelehrter und ansehnlicher Mann, von großer Autorität, welchen jedermann sehr liebte, als ein exemplarischer Lehrer«[14] geschildert. Er galt als *pius et literatus* und führte allem Anschein nach ein vorbildliches Familienleben. Manche empfanden es als Hochmut und Eitelkeit, wenn er auf der Kanzel den hebräischen oder griechischen Originaltext der Bibel zitierte. Nach seiner Rückkehr zum Papsttum sah man ihn als Apostata und Heuchler, als ungetreuen Mietling und abgefallenen Mameluck, dessen Ermordung man als göttliche Rache feierte. Auch Melanchthon, der seine Begabung immer hoch geschätzt hatte, erhob gegen ihn den Vorwurf, zum Schmeichler des Augsburger Kardinals geworden zu sein. Gegenüber Mathesius bezeichnete Melanchthon den tragischen Mord an Paceus als *triste exemplum*.

Beziehungen zu Rheticus: Als Rheticus in Wittenberg begann, war der wesentlich ältere und verheiratete Paceus schon längere Zeit Magister und als Lehrer tätig gewesen, der seit ca. 1533 sein Studium in Wittenberg fortsetzen wollte. Paceus war ein ähnlich schwieriger Charakter wie Rheticus, was ihre Freundschaft gefestigt haben mag. Rheticus übereignete Paceus ein Exemplar seiner *Narratio prima* (Danzig 1540) mit einer handschriftlichen Widmung: *Doctissimo et optimo viro d*[omino] *Valentino Hartung Paceo amico suo d*[onum] *d*[edit][15]. Am 26. Mai 1546 nahm Paceus von Leipzig aus Briefkontakt mit Joachim Vadian in St. Gallen auf, dem er die Grüße seines Landsmanns Hieronymus Schürpf und dessen Familie ausrichten ließ. *Salutare te iubent cum aliis, praesertim Ioachimo Rhaetico et Camerario…*[16] Auch mit andern Schweizern stand Paceus in brieflichem Kontakt, so etwa auch mit Gesner, Bibliander oder Bucer.[17] Am 2. Oktober 1555 präsentierte Lic. theol Valentin Paceus den mit Rheticus gut bekannten Konstanzer Ernst Vögelin, einen Bruder des frühen Kopernikaners Dr. med. Georg Vögelin, zur Promotion zum Bacc. theol., der dann durch den Dekan der theologischen Fakultät Dr. theol. Johannes Pfeffinger promoviert wurde.[18]

Rheticus war für Paceus nicht nur ein alter Freund aus den Wittenberger und Leipziger Universitätstagen, vielmehr mochte er den Kollegen auch als Gräzisten besonders geschätzt haben. Beide hatten ähnliche Interessen; Rheticus plante seit 1542 die Herausgabe einer griechischen Handschrift des Apollonios von Perga über die Kegelschnitte τὰ κωνικά aus dem Nachlass von Regiomontan und griff dieses Vorhaben 1558 erneut auf; 1549 brachte er bei Valentin Papst die στοιχεια des Euklid heraus; und Paceus, der im Besitz griechischer Handschriften war, gab 1557 die apokryphen Briefe des Ignatius Antiochenus in griechische Sprache in Druck heraus, wobei er von seinen Söhnen Johannes (Rheticus' ehemaligen Famulus) und Paulus begeistert unterstützt wurde[19].

Neben Johannes und Paulus Paceus waren zwei weitere Söhne des Valentin Paceus vermutlich Schüler von Rheticus, nämlich Kaspar Paceus[20] und Valentin d.J. Paceus[21]. Ein Sohn Ambrosius Paceus, der in der Matrikel seine Herkunft mit Querfurt bezeichnet, erscheint im WS 1552/53 in der Leipziger Matrikel; er dürfte daher um 1542/44 dort geboren sein; als Schüler von Rheticus kommt er aus zeitlichen Gründen nicht in Betracht, ebenso auch nicht der im WS 1554/55 immatrikulierte Augustin Paceus[22].

1 Voigt 1926, S. 1-25; Pollet 1977, Bd. 3, S. 174 f. und passim. | **2** Über die Umstände seiner Ermordung vgl. Martyr, Christian, Ware historia unnd Geschicht wie Valentin Paceus … ein Tod und end genommen (Straßburg, 1558); vgl. auch die Chronik von Sebastian franck (1585), S. 858: *Schreckliche Histori des abtrünnigen Valentin Pacei*. | **3** Förstemann 1841, Bd. 1, S. 125b. | **4** Köstlin 1888, S. 19. | **5** Erler, Bd. 1, SS 1545, B 57-59. | **6** Erler, Bd. 2, S. 32. | **7** Pollet 1969-1982, hier Bd. 3, S. 322-327 | **8** Nachweis bei Voigt 1926, S. 3; nicht erwähnt bei Raubenheimer 1957. | **9** Voigt 1926, S. 14-16. | **10** Pollet, in: Gäbler/Herkenrath 1975, S. 157-176. | **11** Vgl. dazu Voigt 1926, S.14. | **12** Ignatius [Antiochenus]: … opuscula omnia … in … lingua Graeca, (Dillingen: Sebald Mair, 1557), VD 16, I 57; BSB digital, hier Bl. A1 verso. **13** Luther, WA Tischreden, Bd. 5, Nr. 6111, vgl. das Zitat bei Zürcher 1975, S. 224. Anm. 3. | **14** Voigt 1926, S. 2. | **15** Rosen 1982, S. 78 f. | **16** Arbenz/Wartmann 1908, Bd. 6/2, S. 844-846, Nr. 1694. | **17** Zürcher 1975, S. 224. | **18** Erler, Bd. 2, S. 33. | **19** VD 16, I 57; BSB digital. | **20** Erler, Bd. 1, SS 1548, S. 671, M 99. | **21** Erler, Bd. 1, SS 1548, S. 671, M 100. | **22** Erler, Bd. 1, S. 702, M 15.

Paceus, Valentin, d.J.

Valentin Paceus (Pacaeus, Hartung, Fried) d.J., geboren in Leipzig, gestorben nach 1577 im Egerland?, luth., Theologe.

Der kinderreiche Valentin Paceus d.Ä., der 1544 gegenüber Antonius Musa seine Not beklagte, *adeo ut ne liberos quidem suos et vestire et alere pro necessitate saltem commode posset* (dass er nicht einmal seine Kinder ausreichend kleiden und ernähren könnte)[1], ließ immerhin sechs Söhne studieren: Johannes, Paul, Kaspar[2], Valentin d.J., Ambros und Augustin. Kaspar und Valentin schrieben sich im SS 1548 gemeinsam an der Universität Leipzig ein, beide als *pauperes*[3]. Valentin d.J. folgte den Spuren seines Vaters. 1576 wurde er Diakon in Adorf (Vogtlandkreis, Sachsen) und 1577 Pfarrer in Stein (Kámen, Ortsteil von Graslitz, tschech. Kraslice) bei Schönbach (tschech. Luby) geworden[4].

Beziehungen zwischen Rheticus und Valentin Paceus d.J. sind nicht nachzuweisen, sie haben allerdings über den Vater und die Brüder bestanden. Ob Valentin d.J. und Kaspar aber auch Schüler von Rheticus waren, ist nicht sicher, da sie vielleicht zu jung waren. Valentin besuchte 1553 das Gymnasium Schulpforta.

1 CLEMEN/KOCH 1984, Bd. 4, S.64. | 2 Am 31. Juli 1549 in Schulpforta; vgl. BITTCHER 1843, S. 14. | 3 ERLER, Bd. 1, S. 671, M 99 und 100. | 4 KREYSSIG ²1898, S. 2.

Palladius, Niels, 1510–1560

Niels Palladius, geboren 1510 in Ribe (Kommune Esbjerg, Syddanmark), gestorben am 17. September 1560 in Lund (Skåne län, Schweden), luth., Theologe[1].

Niels Palladius, jüngerer Bruder von Peder Palladius, immatrikulierte sich am 2. Juni 1534 unter dem Rektor Kaspar Lindemann an der Universität Wittenberg[2]; Konsemester waren Martin Weiher, Martin Möninger, Peter Eilemann, Georg Forster. Bei seiner Promotion zum Mag. art. am 15. April 1540 unter dem Dekan Christian Neumair erreichte er den 1. Rang unter vier Bewerbern[3]. 1551 bis 1560 war Palladius Superintendent des Stiftes Lund.

Rheticus und Palladius waren 1534 bis 1536 Kommilitonen, danach kommt Rheticus von 1536 bis 1538 als Lehrer von Palladius in Frage.

1 SCHWARZ LAUSTEN, Martin, Biskop Niels Palladius, Et bidrag til den danske kirkes historie 1550-60, København 1968. | 2 FÖRSTEMANN 1841, S. 153b. | 3 KÖSTLIN 1890, S. 12.

Palladius, Peder, 1503–1560

Peder Palladius, geboren 1503 in Ribe (Kommune Esbjerg, Syddanmark), gestorben am 3. Januar 1560 in Kopenhagen, luth., Theologe, Übersetzer von Werken Luthers, Reformator Dänemarks[1].

Peder Palladius, älterer Bruder von Niels Palladius, immatrikulierte sich 1531 an der Universität Wittenberg. Am 25. September 1533 promovierte er unter dem Dekan Johannes Sachse Holstenius zum Mag. art.[2]; er erreichte den 2. Rang unter sechs Kandidaten. Am 1. Juni 1537 wurde er unter dem Dekan Luther Lic. theol.[3] und am 6. Juni 1537 Dr. theol.[4] Er wechselte danach als Professor der Theologie nach Kopenhagen, wo er 1538 und 1553/55 Rektor Magnificus der Universität war. Palladius wurde Bischof von Roskilde (Sjælland, Dänemark).

Beziehungen zwischen Rheticus und Palladius waren nicht besonders eng, aber doch möglich. Beide waren immerhin von 1532 bis 1537 Kommilitonen. Rheticus mag auch am 6. Juni 1537 an der Promotion von Palladius zum Dr. theol. teilgenommen haben (*coram tota universitate*).

1 Schwarz Lausten 2010, S. 111-120, 191-194; Stupperich 1984, S. 162. | 2 Köstlin 1888, S. 21. | 3 Förstemann 1838, S. 31. | 4 Clemen 1907, Helt-Brief. 111.

Pantaleon, Heinrich, 1522–1596

Heinrich Pantaleon (eigentlich Pantlin), geboren am 13. Juli 1522 in Basel, gestorben am 3. März 1596 daselbst, Grab, gemeinsam mit seiner Frau, im Kreuzgang des Basler Münsters, ref., Polyhistor, Historiker, Theologe, Arzt, Poeta laureatus[1].

Sehr früh folgte Pantaleon den Vorlesungen Oporins über die Viten des Plutarch; wollte man die Biographien nach dem Vorbild von Plutarchs Parallelbiographien anlegen, so würde sich Pantaleon als Gegenstück zu Felix Platter anbieten. Platter ist der feingebildete Arzt, der in Montpellier die Schulmedizin nach Hippokrates und Galen gelernt hat, aber auch Andreas Vesal verehrt, französischen Lebensstil pflegt, Pantaleon ist sehr viel weniger Arzt, um so mehr Historiker, Philosoph und Theologe, er setzt in der Medizin auf den weithin verachteten Paracelsus, hat auch die Medizin nur »mit der linken Hand« studiert und seinen Doktorgrad in Valence (Drôme), einem *refugium miserorum*, erworben. Platter konnte kaum fassen[2], dass Pantaleon ihm in Montpellier als Doktor der Medizin begegnete, da er von ihm zu wissen glaubte, dass er in Basel nie eine medizinische Vorlesung besucht hatte. Im Gegensatz zum modebewussten Platter kleidete sich Pantaleon grob, ja lächerlich, mit kindlicher Kopfbedeckung, Pantaleon bemühte sich weniger um die Landessprache, sondern sprach alle Leute lateinisch an, er liebte ausschweifende Zechgelage.

Pantaleon erlernte zunächst die Buchdruckerkunst. 1538/39 schrieb er sich an der Universität Basel ein[3]. Am 14. Oktober 1540 immatrikulierte er sich - als Basler Student bezeichnet - in Heidelberg[4], wo er am 21. Juni 1541 zum Bacc. art. promovierte. Am 20. Juni 1542 wurde er als Heidelberger Bacc. art. in die Basler Artistenfakultät aufgenommen. Am 23. April 1544 promovierte Pantaleon in Basel zum Mag. art. Er lehrte hier zunächst lat. Sprache, wandte sich aber seit dem 29. September 1545 der Theologie zu, um am 2. Juni 1552 zum Lic. theol. zu promovieren. Seit 1548 war er Professor für Rhetorik. 1553 promovierte er in Valence zum Dr. med. Am 19. April 1557 wurde er in Basel Professor für Physik, 1558 wurde er in die medizinsche Fakultät aufgenommen. Pantaleon war Dekan der Artistenfakultät 1547 und 1556, Dekan der medizinischen Fakultät 1559, 1567, 1570, 1574, 1579 und 1588, im Studienjahr 1585/86 Rektor Magnificus.

Werke: Publizistisch ist Pantaleon sehr stark hervorgetreten, als Autor, Herausgeber und Übersetzer[5]. Sein Hauptwerk *Der Teutschen Nation wahrhaffte Helden* ist 1567 bis 1576 lat. und dt. erschienen. Weitere Werke (in Auswahl): *Epicedium in obitu Carlstadii* (Basel 1541); *Philargirus, Comoedia* (Basel 1546); *Nutzliche unnd trostliche underrichtung, wie sich menncklich ... in der pestilentz halten solle* (Basel 1564); Paolo Giovio, Von den türckischen Keyseren härkommen ... durch Heinrich Pantaleon verteutschet (Basel 1564)[6]; *Diarium historicum* (Basel: H[einrich] P[antaleon], 1572)[7]; *Warhafftige vnd fleissige beschreibung der Vralten Statt vnd Graveschafft Baden* (Basel: Heinrich oder Sebastian Henricpetri, 1578)[8]. Während in den 1540er Jahren einige Werke des in Italien verpönten Girolamo Cardano in Nürnberg bei Johannes Petreius gedruckt wurden, erschien Cardano in den 1550er Jahren in Basel bei Heinrich Petri. Das gab wohl auch den Anstoss zu Pantaleons Übersetzung *Offenbarung der Natur und natürlichen Dingen* (Basel: Heinrich Petri, März 1559)[9]; hier kamen auch Aspekte der Astronomie zur Sprache.

Pantaleons Porträt ist in einem Kupferstich des 16. Jahrhunderts verbreitet. Er war seit 19. Februar 1545 verheiratet mit Kleopha Koesy, mit der er 1594 das seltene Fest der goldene Hochzeit feierte (4 Söhne, 8 Töchter). Kaiser Maximilian II. krönte ihn zum Poeta laureatus und ernannte ihn 1566 zum Hofpfalzgrafen[10].

Beziehungen zwischen Rheticus und Pantaleon sind zwar nicht bekannt, doch fällt auf, dass Pantaleon mit vielen Schulgesellen von Rheticus befreundet war oder Kontakte gepflegt hat, insbesondere mit Sebastian Münster, seinem Lehrer, dessen Arbeitsstil (Materialbeschaffung durch Rundfragen) er übernahm, Philipp Bech, Heinrich Zell, Johannes Reifenstein, Rudolf Gwalter, Ulrich Uelin, Martin Borrhaus, Martin Peyer, Simon Lemnius und viele andere mehr. Besonders eindrucksvoll ist die Liste der von ihm für sein Heldenbuch benutzten Autoren: hier treffen wir u.a. auf Erasmus, Camerarius, Brusch, Konrad Gesner, Johannes Gigas, Georg Fabricius, Erasmus Oswald Schreckenfuchs, Konrad Lykosthenes, Ludwig Rabus, Johannes Marbach, Johannes Oporin, Flacius Illyricus, Johannes Sleidanus, Ernst Brothoff, Johannes Stigel, Johannes Stumpf, Johannes Sturm usw. Unter den Helden Pantaleons erscheinen vorwiegend geistliche und weltliche Fürsten und Adlige, aber auch viele Humanisten wie Erasmus, Reuchlin, Ulrich von Hutten, Pirckheimer oder Peutinger. Man findet aber auch Heinrich Stromer genannt Auerbach; nachdem er *die ersten fundament in spraachen vnd freyen künsten gelegt*, kam er nach Leipzig, *wo er gantz fleißig in der Philosophey gestudieret, sich auff die artzney vnd Mathematicam begeben*; dann etwa auch Justus Jonas, Johannes Stöffler, Martin Luther, Petrus Mosellanus, Johannes Eck, Johann Froben, Ulrich Zwingli.

Zwar war in Basel die Lehre des heliozentrischen Systems verboten; aber dennoch kannte man Kopernikus und Rheticus, deren Werke 1566 in Basel bei Petri gedruckt wurden. So können uns auch zwei Daten, die Pantaleon in seinem Diarium (1572) nennt, nicht überraschen, die Geburt von Kopernikus unter dem 19. Februar 1478 (sic!)[11], aber auch die Geburt von Rheticus; so heißt es unter dem 15. Februar *Georgius Ioachimus Rheticus Vuittenbergensis professor Feldkirchij natus 1514*[12]. Quelle dafür ist Paul Eber.

1 BUSCHER 1947; ZELLER, Rosmarie, in: HLS, 2008; VON LEHSTEN, in: http://www.personengeschichte.de/index (1. März 2014). | 2 BUSCHER 1947, S. 34. | 3 WACKERNAGEL 1956, Bd. 2, S. 21, Nr. 21. | 4 TÖPKE 1884, Bd. 1, S. 576, Nr. 63. | 5 Überblick bei BUSCHER 1947, S. 66-73. | 6 BSB München, digital. | 7 VD 16 P 219; BSB München, digital. | 8 HIERONYMUS 1997, S. 1583-1587, Nr. 563. | 9 HIERONYMUS 1997, S.1031-1033, Nr.352. | 10 ROHRLACH, Peter P., Hofpfalzgrafen-Register, 1964, Bd. 1, S. 113-129. | 11 PANTALEON, Diarium, Basel 1572, S. 53. | 12 PANTALEON, Diarium, Basel 1572, S. 50.

Pappus, Hieronymus, 1500–1566

Hieronymus Pappus (Bappus), geboren um 1500 in Feldkirch (Vorarlberg, Österreich), gestorben am 22. September 1566 in Lindau (Schwaben), Begräbnis auf dem Friedhof in Lindau-Aeschach, luth., Bürgermeister, Begründer der protestantischen Linie der Pappus[1].

Pappus immatrikulierte sich im SS 1512 an der Universität Wittenberg, und zwar gemeinsam mit Johannes Bernhardi aus Schlins und mit Michael Lins aus Feldkirch[2]. Lins und Pappus promovierten am 28. März 1514 zum Bacc. art.[3], wobei sie den 11. und 12. Rang erreichten; als ihre Mitbewerber kamen die beiden Bludenzer Lucius Matt und Hieronymus Huser auf die beiden letzten Ränge 18 und 19. Als der Arzt Janus Cornarius aus Zwickau 1528 über Pappus die durch die Hinrichtung von Dr. Georg Iserin frei gewordene Stadtarztstelle in Feldkirch anstrebte, konnte ihm Pappus nicht weiterhelfen, weil er sich inzwischen nach Lindau ins Exil begeben hatte. 1532 erhielt Pappus Lindauer Bürgerrecht. Hier machte er sehr rasch Karriere als Schulherr, Gründer der Stadtbibliothek (1538), Custaffel (Leiter) der Sünfzengesellschaft, Vorsitzender des Ehegerichts (1543), Gesandter zu den Reichstagen (1541, 1548, 1551, 1555); 1554 bis zu seinem Tod war er Bürgermeister. Pappus unterschrieb 1555 den Augsburger Religionsfrieden. 1554 verkaufte er sein Schloss Halbenstein bei Lochau (Vorarlberg) und erwarb dafür das rebenreiche Gut auf dem westlichen Hoyerberg (Bodolz, Lkr. Lindau, Schwaben); er besaß auch einen Weingarten und einen Torkel auf der hinteren Insel in Lindau. Pappus war dreimal verheiratet, in erster Ehe mit Afra Zehender von Feuerfels, in dritter Ehe am 25. Oktober 1545 mit Barbara Funck, Tochter eines Bürgermeisters von Memmingen (Schwaben); dieser dritten Ehe entstammt sein Sohn Johannes Pappus (*16. Januar 1549), Schüler und Nachfolger von Marbach[4].

Beziehungen zwischen Rheticus und Pappus hat es im universitären Bereich nicht gegeben. Rheticus war aber wiederholt in Lindau (1542, 1548); er hätte Pappus auch auf dem Reichstag von Augsburg 1548 treffen können. Auch über seine vielen Lindauer Schüler konnte Rheticus Kontakte mit Pappus haben. Rheticus und Pappus sind auch durch das von Brusch dem Hieronymus Pappus gewidmete Lobgedicht auf Feldkirch mit einander verbunden.

1 Burmeister 2010, S. 88; Ludewig 1920, S. 125, Nr. 26; Vasella 1948, S. 125 f., Nr. 184. | 2 Förstemann 1841, Bd. 1, S. 42b. | 3 Köstlin 1887, S. 15. | 4 Über ihn Stupperich 1984, S. 162 f.

Paracelsus, Philippus Theophrastus, 1493/94 – 1541

Philipp Aureolus Theophrast Bombast von Hohenheim, genannt Paracelsus, geboren 1493/94 in Egg (Ortsteil von Einsiedeln, Kanton Schwyz), gestorben am 24. September 1541 in Salzburg, Begräbnis auf dem Friedhof der St. Sebastianskirche (1752 in die Kirche umgebettet), kath., Arzt, Naturforscher, Philosoph, legendär als Alchimist, Goldmacher und Magier gefeiert[1].
Paracelsus gehört zu den herausragenden Persönlichkeiten des 16. Jahrhunderts, vergleichbar einem Kopernikus oder Nostradamus. Hervorstechendes Merkmal ist für Paracelsus seine Ungebundenheit, die den Hintergrund für sein Wanderleben bietet. Er selbst nimmt legendäre Züge an, die an die Gestalt eines Faust denken lassen. Und sowohl einem Faust oder Paracelsus nicht ungleich sind auch, wenn auch in einem verkleinerten Maßstab, Iserin und sein Sohn Rheticus. Auch im Falle von Paracelsus geht es hier nicht darum, eine umfassende Kurzbiographie zu erarbeiten, sondern wir beschränken uns darauf, die Beziehungen zwischen Paracelsus und Rheticus darzustellen.

Paracelsus war der Sohn eines schwäbischen Arztes und einer Schweizer Mutter. Nach dem Rechtsgrundsatz *Partus sequitur ventrem* war Paracelsus ein Leibeigner des Klosters Einsiedeln. Er studierte 1509 in Basel, wurde 1510 Bacc. med. in Wien und promovierte 1516 zum Doktor der Chirurgie in Ferrara; doch sind alle diese Daten nicht durch Eintragungen in die Matrikeln gesichert. Danach führte er das Leben eines Wanderarztes. Stationen waren 1524/25 Salzburg, 1526 erhielt er das Bürgerrecht in Straßburg, 1527/28 Basel (Streitigkeiten mit der Universität), über Colmar kam er 1529 nach Nürnberg, danach Süddeutschland und Schweiz (1531 St. Gallen und Zürich, Appenzell und 1533 nochmals St. Gallen, 1535 Pfäfers, 1536 Augsburg, zuletzt nach Österreich (Linz, Mähren, Pressburg, Wien, Kärnten). Paracelsus war unverheiratet. Über seinen frühen Tod kursierten verschiedene Gerüchte, dass Gewalt im Spiel gewesen sei. Auch wurde spekuliert, er sei im Rausch eine Treppe heruntergestürzt.

Rheticus und Paracelsus trafen in zwei Bereichen aufeinander, zuerst 1531/32 in Fragen der Astronomie (Beobachtung des Halleyschen Kometen), später – seit den 1560er Jahren in Krakau – trat Rheticus als Arzt für Paracelsus ein gegen die wachsende Zahl der Antiparacelssten, wie sie sich etwa um Thomas Erast scharten. Eine frühe Begegnung von Rheticus mit Paracelsus, wie immer man sie bewerten mag, wurde zu einer feste Größe in seiner Biographie.[2] *Theophrastus mihi notus fuit et anno 1532 cum eo locutus sum* (Paracelsus habe ich gekannt und ich habe im Jahr 1532 mit ihm gesprochen).[3] Zu dieser Zeit war Paracelsus längst als ein Revolutionär in den Wissenschaften bekannt. In Zürich, wo sich Rheticus 1528 bis 1531/32 aufgehalten hat, wusste man genau Bescheid über den Konflikt, den er mit der Universität Basel ausgefochten hat, dass er Vorlesungen in deutscher Sprache hielt und dass er Neuerungen in der Medizin einführen wollte. Deutliche Kritik übte Paracelsus an Avicenna und Galen. Es mochte daher für Rheticus, der sich später ja auch für die durch Kopernikus eingeleitete Revolution in der Himmelskunde begeisterte, besonders reizvoll sein, ein Gespräch mit Paracelsus zu suchen, zumal er in der Nähe greifbar war. Von Basel aus hielt Paracelsus Kontakt zu den Studenten in Zürich, zu deren Kreis direkt oder indirekt auch Rheticus gehörte.

Für Rheticus mochte auch eine Rolle gespielt haben, dass beide sich 1531 mit dem Halleyschen Kometen befasst hatte. Nach meiner Einschätzung war Rheticus durch das Erlebnis des Halleyschen Kometen zur Astronomie zurückgeführt worden, die er zuvor in seiner Lebensplanung zugunsten einer Kaufmannslehre aufgegeben hatte. Crato schätzte 1569 in einem Brief an Joachim Camerarius d.J. Rheticus' Begegnung mit Paracelsus nicht sehr hoch ein: »*Rhaeticus anno 1532 fuit 16 annorum et mercatoria tum ei magis nota fuerunt quam medica*« (Rheticus war 1532 16 Jahre alt und zu der Zeit lagen ihm kaufmännische Geschäfte näher als die Medizin).[4] Allerdings irrte sich hier Crato bezüglich des Lebensalters: Rheticus war 1532 nicht 16, sondern 18 Jahre alt. Auch Rheticus hätte sich leicht irren können; denn 1569, also 37 Jahre später, konnte er sich wohl kaum noch aufs Jahr genau an diese Begegnung erinnern. Er wusste allenfalls sicher, dass diese Begegnung vor seiner Immatrikulation in Wittenberg lag; die Begegnung mit Paracelsus muss vor der Osterbeichte liegen, die Rheticus im März 1532 in Feldkirch abgelegt hat; die Begegnung hätte daher ebenso gut wie 1532 auch noch 1531 stattfinden können, als Rheticus sich anschickte, seinen Aufenthalt in Zürich zu beenden.

Bindeglied zwischen Rheticus und Paracelsus könnte der Zürcher Stadtarzt Dr. Christoph Clauser (1491-1552) gewesen sein, ein leidenschaftlicher Astronom und Astrologe. Dieser hatte gemeinsam mit Paracelsus in Ferrara studiert und dort 1514 den Grad eines Dr. med. erworben. Diese alte Studienfreundschaft dauerte an, wenn auch nicht immer ganz ungetrübt. Im Herbst 1527 hatte Paracelsus, Professor und Stadtarzt in Basel, seinen Freund und Kollegen Clauser in Zürich besucht. Vermutlich brachte er sein neuestes Werk *De urinarum libellus*, eine Vorlesung des Sommers 1527, mit, die Clauser zu seinem *Dialogus* über den Harn veranlasst haben mag (Zürich 1531). Am 10. November 1527 schickte Paracelsus, jetzt wieder zurück in Basel, das Manuskript seiner Arbeit *De gradibus et compositionibus receptorum et naturalium* an Clauser mit der Bitte, um deren Drucklegung bemüht zu sein. Am 11. November 1527 schrieb Paracelsus an die Studenten in Zürich, denen er den Tod Johannes Frobens († 27. Oktober 1527) mitteilte, der ihn veranlasst hatte, sich über Clauser um einen Drucker in Zürich zu bemühen.[5] Damals war Rheticus zwar noch nicht in Zürich; aber wir halten fest, dass Paracelsus Kontakt zu den Studenten in Zürich hatte. Es sprach sich in Zürich herum, wer Paracelsus war.

Im Februar 1528 verließ Paracelsus im Streit Basel und zog unstet durch das Elsass und Süddeutschland. Er wandte sich jetzt den Prognostica zu. Von den 24 Schriften, die zu seinen Lebzeiten gedruckt wurden, waren 16 solche Praktiken. Sein erstes *Prognosticon*, das er für die Jahre 1530-1534 erstellte (Nürnberg: Fr. Peypus, 1529)[6], wurde ein riesiger Erfolg.[7]

Ende 1530 kam Paracelsus nach St. Gallen. Der Wanderarzt und Gegner der Schulmedizin konnte mit dem etablierten Stadtarzt und Bürgermeister Joachim Vadian nicht warm werden[8]. Clauser hatte 1530 bei Froschauer in Zürich einen Kalender für 1531 publiziert, in dem er für dieses Jahr das Erscheinen des (Halleyschen) Kometen vorausgesagt hatte.[9] Clauser wurde dafür später sehr gerühmt[10], u.a. auch von Vadian, der ihm am 11. September 1531 mit Bezug auf diesen Kometen schrieb, *quam tu pro eximia eruditione tua hoc anno adparituram praedixisti* (dessen Erscheinen du dank deiner außerordentlichen Gelehrsamkeit vorhergesagt hast).[11] In dem genannten Brief vom 11. September 1531 schrieb Vadian an Clauser, Freunde hätten ihm berichtet, dass Paracelsus ein Prognosticum im Druck herausgebracht habe, de *crinita illa stella nuper diebus aliquot visa* (Über den langhaarigen Stern der neulich einige Tage zu sehen war). Dabei handelte es sich um Paracelsus' *Vsslegung des Cometen erschynen im hochgebirg* (Zürich 1531). Vadian konnte, wie er in dem Brief berichtet, wegen Arbeitsüberlastung dieses Buch bisher nicht lesen. Clauser mögen ihm seine Ansicht wissen lassen, ob dieses Buch etwas tauge oder nicht (da er selbst seine Werke allzu sehr empfehle); Clauser solle ihm sein Urteil über das Büchlein des Paracelsus brieflich mitteilen. Er sei bereit, nicht unwillig aufzunehmen, was erfahrene Naturwissenschaftler glauben, was man von einem in der Natur entstandenen Stern halten soll. Was die Frömmigkeit angeht, tue ich mich nicht schwer; ich weiß, wer der Schöpfer der Natur ist. Er bitte Clauser, durch den Überbringer seine Antwort zu schicken.

Paracelsus' *Vsslegung des Cometen* (Zürich 1531) steht im Rahmen einer Trilogie. Ein Erdbeben, das im Oktober die Alpen erschütterte, beschrieb Paracelsus in einer *Uslegung der Erdbiben*; einen Regenbogen, der am 28. Oktober den Bodensee überspannte, führte zu einer *Uslegung des Fridbogens*. Der Regenbogen zeigt an, dass Gott die durch den Kometen angekündigten Strafen wieder zurücknehmen will. Über alle diese Vorgänge wurde Rheticus in Zürich, wie wir annehmen dürfen, gut unterrichtet. Paracelsus musste für ihn zu einem Begriff werden, so wie Clauser ein Begriff für ihn war. Die Begegnung mit ihm war insofern alles andere als ein Zufall. Und hier kommt nun, so lautet meine These, noch ein dritter Arzt und Astronom ins Spiel: Achilles Pirmin Gasser. Der (Halleysche) Komet, der sich nach Georg Caesius von 6. August bis 3. September 1531 zeigte[12], wurde zu einem Dreh- und Angelpunkt gemeinsamen Interesses für Clauser, Paracelsus und Gasser, die ihn alle drei beobachtet und darüber geschrieben haben, aber auch für Vadian und Rheticus.

Nachdem Zwingli am 11. Oktober 1531 in der Schlacht bei Kapell am Albis (Bezirk Affoltern, Kanton Zürich) den Tod gefunden hatte, war für den Österreicher Rheticus in Zürich kein Platz mehr. Rheticus ist um diese Zeit in seine Heimat zurückgekehrt. Auf dem Rückweg hat er dann Paracelsus aufgesucht; der Ort der Begegnung mag vorerst dahinstehen; in Frage kommen Zürich, St. Gallen oder Appenzell. Für St. Gallen würde sprechen, dass sich Paracelsus hier aufgehalten hat. Auch lässt Vadian später einmal in einem Brief Grüße an Rheticus ausrichten; beide müssen daher mit einander bekannt gewesen sein. Als Zeitpunkt für ein solches Bekanntwerden kommt am ehesten das Jahr 1531 in Frage.

Jahrzehnte später lebte das Interesse von Rheticus für Paracelsus und damit auch die Erinnerung an die frühere Begegnung wieder auf. Jetzt war es der Arzt Rheticus, der sich Paracelsus zuneigte. Aus wirtschaftlichen Gründen hatte sich Rheticus in seinen letzten Lebensjahren von der Mathematik und Astronomie der Medizin zugewandt. In der Geometrie komme ich immer zum Ziel, nicht aber in der Medizin, schrieb Rheticus 1558; denn je mehr Fortschritte ich in der Medizin mache, desto mehr empfinde ich, was mir noch fehlt[13]. 1563 wies er auf die Rolle des Paracelsus zu seinem Verständnis von der Medizin hin: Er könne die Heilkunde als Ganzes nicht erfassen, bevor er nicht alle philosophischen, astronomischen, chemischen und medizinischen Werke des Paracelsus vor sich habe, auf die er sein Lehrgebäude der Medizin errichtet hätte. Die Suche nach Werken des Paracelsus bekam für ihn oberste Priorität. Diese Hinwendung zur Medizin auf Kosten der Mathematik und Astronomie stieß bei vielen seiner Freunde, die vorwiegend Ärzte waren, auf Widerstand. Sie erwarteten von Rheticus sehnsüchtig sein trigonometrische Tafelwerk: Pierre Ramée in Paris, Konrad Dasypodius in Straßburg, Konrad Gesner in Zürich, Tadeáš Hájek in Prag, Johannes Crato und Paul Fabricius in Wien, Joachim Camerarius in Leipzig, Kaspar Peucer in Wittenberg, Andreas Dudith, Wolfgang Schuler und Johannes Praetorius in Krakau[14]. Sie alle waren mit dem Vorgehen von Rheticus nicht einverstanden und übten einen beträchtlichen Druck auf Rheticus aus, von der Medizin zur Mathematik zurückzukehren. Rheticus wurde mit Briefen bombardiert, die von ihm eine Umkehr verlangten. So schrieb etwa Dudith am 8. Februar 1570 an Joachim Camerarius, er, Schuler und Praetorius wollten ihn zur Mathematik zurückholen[15].

Noch ein anderes Problem kam hier hinzu. Es ging um die von der Schulmedizin abgelehnten Lehren des Schweizer Arztes Theophrastus Paracelsus. Paracelsus hatte sich wiederholt auch in Ungarn aufgehalten, so etwa 1521/24. 1537 besuchte Paracelsus Pressburg, wo ihm 1937 am Primatialplatz eine Gedenktafel mit seinem Bildnis errichtet wurde und der Inschrift *In hac platea habitavit A. D. 1537 D. D. Paracelsus de Hohenheim* (In dieser Gasse wohnte im Jahre 1537 der Herr Dr. Paracelsus von Hohenheim). Paracelsus war aber andererseits auch in Ungarn umstritten. So schrieb etwa der Pressburger Arzt Andreas Muschler aus Neuburg an der Donau 1580 in ein Album, das im Budapester Nationalmuseum aufbewahrt wird:

Paracelsus, Philippus Theophrastus, 1493/94–1541

> *Der Theophrast ist ein Ehrlicher man,*
> *Der mehr lügen als wahr reden kann.*

Unter den Ärzten genoss Paracelsus keine große Anhängerschaft. Und gerade in Rheticus' Freundeskreis finden wir besonders profilierte Antiparacelsisten, zu denen sein alter Studienfreund Johannes Crato, aber auch sein väterlicher Freund Achilles Pirmin Gasser gehörten. Der ungarische Humanist Dudith, der kein Arzt war, versuchte zwar objektiv zu bleiben, machte aber aus seiner Ablehnung des Paracelsus keinen Hehl[16]. Wie Dudith in einem Brief vom 12. April 1573 an Hájek beklagte, huldige Rheticus in Ungarn dem Paracelsus: *Theophrastum admiratur, quem Erastus, ut scis, male accepit* (Er bewundert Theophrast, den Erastus, wie du weißt, übel aufgenommen hat)[17].

Rheticus war infolge seiner Vorliebe für die Chemie ein begeisterter Anhänger des Paracelsus. Er versuchte, durch Übersetzungen die Werke des Paracelsus in Osteuropa (*exterae nationes*) zu verbreiten. Wie der Paracelist Toxites in seinen *Onomastica* (Straßburg 1574) berichtet[18], hatte Rheticus die Übersetzung von Gerard Dornaeus kritisiert. Während nämlich Rheticus mit dem Schwyzerdütsch des Paracelsus vertraut war, hat der Flame Dornaeus viele Stellen nicht richtig verstanden und daher falsch übersetzt. In Absprache mit Toxites schuf Rheticus eine neue lateinische Übersetzung der Archidoxa. Toxites stellt dieser Übersetzung, die Mitte März 1574 fertig vorlag, das Zeugnis aus *optime conversa*. Er kündigte an, dass er diese Übersetzung des Rheticus in Kürze um des allgemeinen Nutzens willen herausgeben werde; sie wollten nicht, dass man die Fehler des Dornaeus dem Paracelsus zurechne. Dornaeus selbst hatte 1568 seine Übersetzung von Pyrophilia unter einen Vorbehalt gestellt: *quanto fidelius debuit ac ratio materiae patitur*. Vermutlich kam der geplante Druck aber nicht zustande, weil Rheticus 1574 im weit entfernten Kaschau (Košice, Slowakei) weilte und dort noch im selben Jahr gestorben ist. Im Übrigen hat Rheticus auch den alchemistischen Traktat des (Pseudo)-Paracelsus *De Alchimia liber vexationis* ins Lateinische übersetzt[19].

Rheticus trug auch seinerseits zur Legendenbildung um Paracelsus bei. Paracelsus, der Theophrast unseres Jahrhunderts, hat viele ähnliche Wunder vollbracht, über die sich alle einig sind. In St. Veit an der Glan (Kärnten) besuchte Paracelsus in Begleitung des königlich-polnischen Leibarztes Jan Benedykt Solfa (1483-1567) einen Kranken, der nach dem Urteil aller nur noch wenige Stunden überleben konnte. Paracelsus »lud den Kranken auf den nächsten Morgen zum Frühstück ein. Und nachdem er ihm ein Destillat von drei Tropfen im Wein dargereicht hatte, stellte er diesen Mann wieder her, dass er noch in derselben Nacht genas und am folgenden Tag in der Herberge des Paracelsus erschien, gesund zum größten Erstaunen aller. Während er aus der Gnade Gottes viele solche Wunder vollbrachte, erntete er nichts als Verleumdungen und Schmähungen«[20].

So sehr die Freunde Rheticus als mathematische Koryphäe achteten, so sehr missbilligten sie seine Vorliebe für Paracelsus. Man kann sich des Eindrucks nicht erwehren, dass sie darüber hinter vorgehaltener Hand tuschelten, sodass selbst Dudith darüber erschrak, mit welchem kalten Ton sich Camerarius über Rheticus äußerte[21]. Die von Dudith gegenüber Hájek gebrauchte Formulierung *Noveras hominem* (Du hast den Mann gekannt) entbehrt nicht einer gewissen abwertenden Note, zumal Dudith im gleichen Text fortfährt und Hájek als *multis dotibus ornatissimum* (mit vielen Gaben ausgezeichnet) lobt, *qualibus ille carebat* (die jenem gefehlt haben). Auch andere Worte von Dudith fielen in diesem Sinne, wenn er etwa meinte, *Rheticus sui similis esse pergit* (Rheticus fährt fort, sich selbst treu zu bleiben)[22].

In einem Brief ging Dudith mit Rheticus hart ins Gericht[23]: *Rheticus non desinit argonauta esse, Theophrasto Helvetio gubernatore: naufragus est identidem, nec tamen oceanum et monstra ista Neptunia fugit, donec absorbeatur. Quod certe non longe abest. Doleo et saepe illud ei occino „Quam quisque novit artem, in ea re se exerceat", sed frustra. Quare neque Praetorius neque Schulerus neque ego quidquam efficimus, cum ad mathemata eum revocamus. Medicinam laudamus et quaestuosam esse scimus, sed alibi quam in Theophrasto quaerendam iudicamus. Nam videmus eius cultores ex artis usu et infamiam et egestatem referre* (Rheticus kann es nicht lassen, ein Argonaute zu sein, der unter dem Steuermann

Theophrast aus der Schweiz fährt. Er hat mehrfach Schiffbruch erlitten und er meidet dennoch nicht den Ozean und diese Meerungeheuer bis dass er am Ende von ihnen verschluckt wird. Gewiss lässt das nicht lange auf sich warten. Ich bedaure das und oft habe ich ihm jenes Wort [aus Erasmus' Adagia 1182] entgegengerufen „Die Kunst, die einer beherrscht, in der soll er sich auch entfalten; aber umsonst! Daher haben weder Praetorius noch Schuler noch ich etwas ausgerichtet, als wir ihn zur Mathematik zurückrufen wollten. Wir loben die Medizin und wir wissen, dass sie etwas einbringt, aber sie ist nach unserem Urteil anderswo als in Theophrast zu suchen. Denn wir sehen, dass seine Anhänger aus der Anwendung der Kunst sowohl Schimpf als auch Dürftigkeit davontragen).

Werke (in kleiner Auswahl): *Von der frantzösischen Kranckheit,* Nürnberg: Friedrich Peypus 1530, Widmung des Paracelsus an den Ratsschreiber Lazarus Spengler, datiert aus Nürnberg am 23. November 1529[24]; *Practica, gemacht auff Europen, anzufahen in den nechstkunfftigen 30. Jar biß auff das 34. nachuolgendt,* Nürnberg: Fr. Peypus, 1529[25]; *Practica D. Theophrasti Paracelsi, gemacht auff Europen, anzufahen in dem 30. Jar, Biß auff das 34. nachuolgendt,* Augsburg: Alexander Weissenhorn bey S.Vrsula kloster, 1530[26]; *Practique D. Theophrasti Paracelsi composée sur Europe, Commençant l'an mil D.xxx durant jusques en l'an xxxiiiJ. suyvant,* Genf: Wygand Koeln, 1530[27]; *Vsslegung des Cometen erschynen im hochbirg zu mittlem Augusten,* Zürich: Christoph Froschauer d.Ä., 1531, Widmung von Paracelsus an Magister Leo Jud, datiert Zürich am 26. August 1531[28]; *Ußlegung deß Fridbogens, so erschinen ist im Winmon uff den Bodenseeischen Grentzen, Im jar 1531, der da abkündt den unfriden, so der Comet im Ougstmon erschinen, angezaigt hat,* s.l. 1531[29]; *Große Wundarzney,* Bd. 1-2, Augsburg: Heinrich Steyner, 1536, Widmung von Paracelsus an König Ferdinand I., datiert aus Augsburg am 11. August 1536[30]; *Prognosticon auff 24 Jar zukünftig,* Augsburg: Heinrich Steyner, 23. August 1536[31]; *Prognosticatio ad vigesimum quartum annum duratura,* Augsburg: Heinrich Steyner, 26. August 1536, mit liter. Beigaben von Markus Tatius Alpinus[32]; *Das Buoch Paramirum,* hg. v. Adam Bodenstein, Mülhausen im obern Elsäß: Peter Schmid, 1562, ursprünglich gewidmet von Paracelsus an Vadian am 15. März 1531[33]; *Pyrophilia vexationumque liber,* Basel: Petrus Perna, 1568, hg. v. Adam Bodenstein (1528-1577)[34], ins Lat. übersetzt von Gerardus Dornaeus (*quanto fidelius debuit ac ratio materiae patitur*)[35]; *Archidoxa ... zehen Bücher,* Straßburg: Rihel, 1570, Widmung von Michael Toxites an Kaiser Maximilian II., aus Straßburg am 28. Januar 1570[36]; *Astronomia Magna,* Frankfurt/Main: Feyerabend, 1571[37]; *De lapide philosophorum,* Straßburg: Nikolaus Wiriot, 1572[38]; *Archidoxa,* ins Dt. übersetzt von Michael Toxites, Straßburg: Christian Müller, 1574; mit Widmung des Toxites an Kaiser Maximilian II.[39]; *Vom ursprung ... des Bads Pfeffers in Oberschweitz,* Basel: Samuel Apiarius, 1576, mit der ursprünglichen Widmung des Paracelsus an den Abt Johann Jakob Russinger von Pfäfers, datiert aus Pfäfers am 31. August 1535[40]; Glauber, Johann Rudolph, *Opus mineralis,* Bd. 3, Amsterdam: Janssonius, 1652[41].

1 Gantenbein, Urs Leo, in: HLS 1998/2013; Strunz, Franz, Theophrastus Paracelsus, Leipzig 1903; Sudhoff, Karl, Paracelsus, Leipzig 1936; Vogt, Alfred, Theophrastus Paracelsus als Arzt und Philosoph, Stuttgart 1956; Kerner, Dieter, Paracelsus, Stuttgart 1965; Zekert, Otto, Paracelsus, 1968; Burmeister 2000, S. 3-14; Benzenhöfer, Udo, Paracelsus, Hamburg ³2003; Kühlmann/Telle 2004. | 2 Sudhoff, Karl, Rheticus und Paracelsus, in: Verhandlungen der Naturforschenden Gesellschaft Basel 16 (1903), S. 349-361; ders., Noch einmal Rheticus und Paracelsus, in: Ebda; ders., Rheticus und Paracelsus, in: Münchener Medizinische Wochenschrift 50 (1903), S. 1850; Burmeister 1967, S. 22-24; Danielson 2006, S. 164-166. | 3 Rheticus in einem Brief vom 29. Mai 1569, vgl. Burmeister 1968, Bd. 3, S. 151 f. | 4 Birkenmajer 1900, S. 613. | 5 Zekert 1968, S. 57. | 6 Zinner ²1964, S. 170 f., Nr. 1387, auch Nr. 1388, 1389, 1411, 1412, 1413, 1414, 1415, 1416. | 7 Zekert 1968, S. 70-72. | 8 Zum Verhältnis Vadians zu Paracelsus vgl. Bonorand 1983, S. 354 f. | 9 Zinner ²1964, S. 173, Nr. 1437; Wehrli 1924, Tafel VI. | 10 Zinner ²1964, S. 22. | 11 Arbenz/Wartmann 1903, Bd. 5, S. 16, Nr. 642. | 12 Kokott 1994, S. 156. | 13 Burmeister 1968, Bd. 3, S. 156-159. | 14 Danielson, The First Copernican, S. 249, Anm. 24. | 15 Dudithius 1995, Bd. 2, S. 63. | 16 Glesinger 1967, S. 3-12. | 17 Dudithius 1995, Bd. 2, S. 395. | 18 Toxites, Michael, Onomastica, Bd. 2, Straßburg 1574, S. 430 (VD 16 T 1769). | 19 Sogenanntes Florentiner Fragment, in: NB Firenze, Ms. Magl. Cl. XVI, fol. 24, im Umfang von 1 Bl. enthalten in einem Sammelband Opuscula chimica. Vgl. dazu Figala 1971, S. 247-256; Burmeister 1974, S. 177-185. | 20 Burmeister 1968, Bd. 3, S. 157 f. | 21 Dudithius 1995, S. 89. | 22 Ebenda, S. 155. | 23 Ebenda, S. 123. | 24 BSB München, digital. | 25 VD

16 P 535; BSB München, digital; Green 2012, S. 186. | **26** VD 16 P 536; BSB München, digital; Green 2012, S. 186. | **27** e-rara, digital. | **28** VD 16 P 411; e-rara digital; Zinner ²1964, S. 174, Nr. 1450; Wehrli 1924, Fig 7. | **29-30** BSB München, digital. | **31** VD 16 P 543; BSB München, digital; Zinner ²1964, S. 188, Nr. 1639. | **32** VD 16 P 544; BSB München, digital; Zinner ²1964, S. 188, Nr. 1640 und 1641. | **33** VD 16 P 518; BSB München, digital. | **34** Über ihn Eis, Gerhard, in: NDB 2 (1955), S. 356; Gilly, Carlos, in: HLS 2002. | **35** VD 16 P 597; BSB München, digital. | **36** VD 16 P 395; BSB München, digital. | **37** VD 16 P 401; BSB München, digital; Zinner ²1964, S. 250, Nr. 2551. | **38** VD 16 P 488; BSB München, digital. | **39** VD 16 P 397; BSB München, digital. | **40** VD 16 P 661; BSB München, digital. | **41** BSB München, digital.

Path, Kaspar

Kaspar Path (Pate, Pade, Bade, Badt), geboren in Bautzen (Sachsen), gestorben ?, luth., Magister.
Path immatrikulierte sich im SS 1545 unter dem Rektor Joachim von Kneitlingen an der Universität Leipzig[1]. Er gehörte der Polnischen Nation an. Im WS 1546/47 musste sich Path einem examen pauperum (Feststellung seiner Bedürftigkeit) stellen[2]. Im WS 1548/49 wurde er nach dem 21. März 1549 unter dem Dekan Rheticus von Magister Ambros Borsdorfer zum Bacc. art. promoviert[3]. Im WS 1551/52 wurde Path unter dem Dekan Peter Thomäus zum Mag. art. kreiert (zusammen u.a. mit Masbach, Erstberger, Peifer, Freyhube, Johannes Paceus, Georg Lüders, Pedelius)[4].

Beziehungen zwischen Rheticus und Path bestanden im SS 1545 und vor allem in den Jahren 1548 bis 1551. Die Promotion von Path zum Bacc. art. fand unter den Dekanat von Rheticus statt, er musste für die Prüfungen zum Bakkalaureat und Magisterium die Vorlesungen von Rheticus hören.

1 Erler, Bd. 1, S. 653, P 29. | **2** Erler, Bd. 2, S. 696. | **3** Ebenda, S. 705. | **4** Ebenda, S. 725.

Pedelius, Jakob

Jakob Pedelius (Bedelius), geboren in Ohrdruf (Lkr. Gotha, Thüringen), gestorben ?, luth., Magister.
Pedelius hatte im SS 1547 an der Universität Erfurt sein Studium begonnen[1], wo er sich gleichzeitig mit seinem Mitbürger Johannes Müller eingeschrieben hat; Konsemester waren auch die drei Wittenberger Magister Seidemann, Strigel und Alexius Naboth. Pedelius immatrikulierte sich dann im SS 1548 unter dem Rektor Johannes Sinapius an der Universität Leipzig[2], wohin ihm sein Freund Müller im WS 1549/50 nachfolgte. Beide gehörten der Meißner Nation an. Im WS 1548/49 wurde Pedelius nach dem 21. März 1549 unter dem Dekan Rheticus von Magister Ambros Borsdorfer zum Bacc. art. promoviert[3]. Im WS 1551/52 wurde Pedelius unter dem Dekan Peter Thomäus zum Mag. art. kreiert (zusammen u.a. mit Masbach, Erstberger, David Peifer, Freyhube, Johannes Paceus, Georg Lüders, Path)[4].

Beziehungen zwischen Rheticus und Pedelius bestanden in den Jahren 1548 bis 1551. Die Promotion von Pedelius zum Bacc. art. fand unter den Dekanat von Rheticus statt, er musste für die Prüfungen zum Bakkalaureat und Magisterium die Vorlesungen von Rheticus hören.

1 Weissenborn 1884, Bd. 2. S. 367a, Nr. 24. | **2** Erler, Bd. 1, S. 672, M 112. | **3** Erler, Bd. 2, S. 705. | **4** Ebenda, S. 725.

Peifer, David, 1530–1602

David Peifer (Pfeifer), geboren am 3. Januar 1530 in Leipzig, gestorben am 2. Februar 1602 in Dresden, Begräbnis auf dem Kirchhof der Frauenkirche, luth., Jurist, kursächsischer Kanzler, Schriftsteller, Historiker, Poeta laureatus[1].

Sohn des Rechtsgelehrten Nikolaus Peifer, seit 1539 luth., immatrikulierte er sich im SS 1540 an der Universität Leipzig, gemeinsam mit seinem Bruder Abraham, besuchte ab 4. Juni 1544 Schulpforta[2] und wurde im WS 1545/46 zum Bacc. art. promoviert[3]. Er promovierte im WS 1551/52 zum Mag. phil.[4] Peifer war u.a. Schüler von Borner, Camerarius, Rheticus. 1550 ernannte König Ferdinand I. auf dem Augsburger Reichstag Peifer zum Poeta laureatus. Peifer widmete sich dann in Leipzig den Rechtswissenschaften, ging 1555 nach Bologna und promovierte hier 1558 zum Dr. iur. utr., wurde 1558 Professor an der Leipziger Juristenfakultät und 1565 Rat des Kurfürsten August von Sachsen, dessen reichstreue Politik er vertrat. Peifer war in vielen diplomatischen Missionen tätig. Kaiser Maximilian II. erhob ihn 1570 mit seinen fünf Brüdern in den Adelsstand. 1563 heiratete er in Leipzig Barbara († 1591), die Tochter des herzoglichen Leibarztes Blasius Grünewald, mit der er 15 Kinder hatte; zur Hochzeit verfasste Johannes Bocer ein *Epithalamium in nuptiis Davidis Peiferi* (Leipzig: Rhamba, 1563). 1570 wurde Peifer mit seinen Brüdern durch Kaiser Maximiian II,. in den Adelsstand erhoben. Nach dem Tod seiner Frau blieb Peifer Witwer. Die Leichenpredigt auf Peifer hielt Polykarp Leyser, *Ein christliche Predigt bey dem Begräbnis David Peifers* (Dresden: Matthes Stöckel, 1602)[5].

Werke: *Panegiricum carmen de adventu in Misnia Caes. Caroli V.* (Leipzig 1547); *Imperatores Turcici, libellus ... carmine conscriptus* (Basel: Oporin, 1550, mit Epigramm von Kaspar Brusch[6], Widmung Peifers an den kaiserl. Rat Damian Pflug, lit. Beigabe von Georg Sabinus u.a.)[7]; Gedicht von Peifer, in: Kaspar Brusch, *Monasteriorum Germaniae centuria I* (Ingolstadt: Gbr. Weißenhorn, 1551)[8]; *Epistola ecclesiae afflictae*, mit Responsio von Andreas Erstenberger (Leipzig: Valentin Papst, 1552)[9]; *Elegia in nvptiis Hieronymi Tilesii* (Leipzig 1554); *Oratio de Paulo apostolo* (Leipzig: Lamberg 1587). Von einzigartigem Wert ist Peifers Stadtgeschichte *Lipsia*, die aber erst 1689 in vier Bänden im Druck erschienen ist.

Beziehungen zwischen Rheticus und Peifer hat es gegeben. Peifer konnte 1542 bis 1545 und dann wieder 1548 bis 1551 Vorlesungen von Rheticus besucht haben, ja er charakterisiert diese Vorlesungen sogar. Peifer sah in seiner *Lipsia* für seine Zeit in Borner, Camerarius, dann in dem Theologen und Hebraisten Bernhard Ziegler, in Alexander Ales, in dem Juristen Peter Lorioz sowie in Rheticus die größten Stützen der Universität Leipzig. »Joachim Rheticus war Lehrer für Mathematik. Er erklärte Euklids Geometrie seinen Schülern sehr zu Nutzen, indem er gewandt und klug Größen, Abstände, Linien, Figuren und Berechnungen behandelte. Diesem, der wegen eines Rechtshandels, von dem er befürchtete, dass er gegen ihn eröffnet werde, von Leipzig fortging, wurde Johannes Homel, in dieser Zeit unstrittig der führende Mann in der Astrologie. nachgewählt«[10].

Noch ein Detail verdient hier Erwähnung: In Verbindung mit Johannes Rivius d.Ä. ist ausführlich davon die Rede, welche Rolle im Lateinunterricht den römischen Komödien des Plautus und Terenz zukam. Hingewiesen sei auch auf Heinrich Zell, Hieronymus Besold, Nikolaus Mende, Peter Taig und Georg von Stetten, die 1539 in Wittenberg den *Amphitryon* von Plautus aufgeführt haben. In dieser Hinsicht wurde David Peifer geradezu berühmt. Peifer spielte im *Euchnuchus* des Terenz die Rolle des Chaerea. Er hatte schon als Knabe unter Leitung seines privaten Hauslehrers Simon Malecast in dem elterlichen Gärten die Rolle des verlorenen Sohns in der Komödie *Acolastus* des Willem Gnapheus gespielt, *multis ex oppido confluentibus spectatoribus* (unter vielen aus der Stadt herbeiströmenden Zuschauern); unter diesen befand sich auch der Arzt Johannes Reusch, der gestand, er sei dreimal zu Tränen gerührt gewesen. Zugrunde lag wohl die Ausgabe von Gnaphaeus *Acolastus* (Leipzig: Faber, 1538). Wegen seines spektakulären Erfolges wurde der junge Peifer immer wieder als Darsteller verpflichtet[11]. Auch Rheticus dürfte als enger Freund von Gnapheus' unter den Zuschauern des *Acolastus* nicht gefehlt haben, falls eine Aufführung in Zeiten seiner Anwesenheit in Leipzig (1542-1545, 1548-1551) stattgefunden haben sollte.

1 Peifer 1996; Knod 1899, S. 403 f., Nr. 2767; Woitkowitz 2003, S. 203 f. | **2** Bittcher 1843, S. 4, Nr. 64. | **3** Erler, Bd. 2, S. 686. | **4** Erler, Bd. 2, S. 725. | **5** SLUB Dresden, digital. | **6** Horawitz 1874, S. 255. | **7** BSB München, digital.

| **8** Bezzel 1982, Sp. 433 f. | **9** VD 16 ZV 12257; ULB Sachsen-Anhalt Halle, digital. | **10** Peifer 1996, S. 56. | **11** Witkowski 1909, S. 76.

Peifer, Markus, ca. 1527/28 – nach 1565

Markus Peifer (Pfeifer), geboren um 1527/27 in Leipzig, gestorben nach 1565, luth., Magister, Arzt.
Ältester Sohn des Rechtsgelehrten Nikolaus Peifer (* um 1497, † 14. August 1565), der aus Ochsenfurt (Lkr. Würzburg, Unterfranken) nach Leipzig gekommen war, und seiner Frau Kunigunde Wolfhard (*um 1499, † 10. September 1558). Die vier Söhne Markus, Justus, David und Abraham setzten ihren Eltern bei S. Nikolai ein Denkmal mit einer Darstellung des Jonas und der Inschrift
Im Sturm wirfft man ihn aus dem Schiff,
Den schlingt der Fisch im Wasser tieff[1].
Die Familie bekannte sich seit 1539 zu Luther. Markus Peifer immatrikulierte sich im WS 1534/35 an der Universität Leipzig[2], zusammen mit einem jüngeren Bruder Justus (Iodocus) Peifer. Im WS 1540/41 wurde Markus Peifer zum Bacc. art. promoviert[3]. Er erlangte dann im WS 1551/52 den Grad eines Mag. phil.[4] und wandte sich danach dem Studium der Medizin zu, übernahm also keine Aufgaben in der Artistenfakultät. Er brachte sein Medizinstudium zügig zu Ende, wurde 1553 Bacc. med., 1556 Lic. med. und 1557 Dr. med.[5] Ungeachtet dieses medizinischen Grades verblieb Peifer Mitglied der philosophischen Fakultät[6].

Beziehungen zwischen Rheticus und der Familie Peifer sind anzunehmen. Rheticus und Markus Peifer studierten beide Medizin und hatten auch gemeinsame Freund und Bekannte (Bech).

1 Stepner 1686, S. 132, Nr. 461. | **2** Erler, Bd. 1, S. 615, M 20. | **3** Erler, Bd. 2, S. 660. | **4** Ebenda, S. 702. | **5** Ebenda, S. 82-84. | **6** Ludwig 1909, D. 139, Anm. 1.

Perlach, Andreas, 1490–1551

Andreas (Andrej) Perlach (Perlacher, Perlah, Perlachius), geboren am 17. November 1490 in Wittschein (heute Svečina, Slowenien), gestorben 11. Juni 1551 in Wien (Grabstein am Stephansdom), Mathematiker, Astronom, Instrumentenmacher, Arzt[1].
Perlach immatrikulierte sich Ende 1511 an der Universität Wien, wo er über viele Jahre hin Schüler Tannstetters in der Astronomie und Philosophie war. Er bekennt 1519, von Tannstetter die *prima huis disciplinae rudimenta* empfangen zu haben und nennt ihn 1518 *praeceptor meus et colendissimus et fidelissimus*.[2] Perlach lehrte 1515 bis 1551 an der Universität Wien, wo er 1530 Dr. med. wurde, 1549 Rektor, Dekan der Artistenfakultät und viermal Dekan der medizinischen Fakultät war, zugleich Hofastrologe Ferdinands I.

Am 25. Juli 1542, bevor Rheticus sich für die Professur in Leipzig entschieden hatte, schrieb Melanchthon an Camerarius, Perlach, der damals in Nürnberg weilte, komme für Leipzig in Frage. Melanchthon gab jedoch zu bedenken, Perlach habe sich gegenüber Tannstetter als undankbar erwiesen.[3] Ein Konflikt zwischen beiden war 1532 entstanden und konnte erst durch Tannstetters Tod 1535 ausgeräumt werden.[4] Camerarius hatte 1532 das von ihm herausgegebene Buch *Astrologica* Perlach als *praestanti astrologo* gewidmet (Nürnberg: Joh. Petreius, 1532).[5] Darin hatte Camerarius zum Ausdruck gebracht, dass er Perlach schon lange aus seinen Schriften kenne, jetzt aber vor allem durch ihren gemeinsamen Freund Schöner bestärkt worden sei, ihm das Buch zu widmen. Der griech. Teil des Buches ist Jakob Milich in einem griech. Brief zugeeignet. Johannes Carion schreibt zu seiner Vorhersage 1544, *Es hat aber mich Magister Fixfax von Wien Andreas Perlachius schier erschrecket, in dem als er saget, Die Finsternus bedeute nichts arges*[6]. Perlach hatte in seinen *Ephe-*

merides für 1528 Carions Vorhersage bis 1540 aus dem Jahre 1526 (gedruckt 1530)[7] widerlegt.[8] Ein Schüler Perlachs war Johannes Schröter, der die Arbeiten seines Lehrers fortsetzte.

Werke: Andreas Stiborius und Georg Tannstetter machten 1514 einen Vorschlag zur Kalenderreform *De Romani calandarii correctione* (Wien: Joh. Singriener, 1515); das erhaltene Manuskript ÖNB Cod. 10.358 zu diesem Druck stammt von der Hand Perlachs, der damit in irgendeiner Weise (evtl. nur Schreiber nach Diktat) daran beteiligt war.[9] Erstlingswerk war ein Gedicht *Ad doctissimum Georgium Tannstetter … Preceptorem suum … Octostichon*, in: Georg Tannstetter (Hg.), *Tabulae Eclypsium Magistri Georgij Peurbachij* (Wien: Joh. Winterburger für Leonhard und Lukas Alantse, 1514, Bl. aa7verso)[10]; *Almanach novum super anno MDXVIII* (Wien: Hieronymus Vietor, 1517)[11]; *Usus almanach seu Ephemeridum*, von Perlach hg. Einführungsvorlesung Tannstetters in die Astrologie (Wien: Hieronymus Vietor auf Kosten von Joh. Metzker, 1518, mit Beigabe von Philipp Gundel *Lectori*)[12]; *Almanach novum super anno MDXVIIII* (Wien: Hieronymus Vietor, 1518)[13]; *Ephemerides pro anno domini MDXXVIII* (Wien: Hieronymus Vietor, 1527)[14]; *Ephemerides pro anno domini MDXXIX* (Wien: Hieronymus Vietor, 1528)[15]; *Judicium Viennense ex Andreae Perlachii Ephemeridibus per Clementem Kukitz Mathematices studiosum* (Wien: Joh. Singriener 1530, Vorrede vom 28. Dezember 1529)[16]; *Ephemerides pro anno domini MDXXX* (Wien: 1529)[17]; *Ephemerides pro anno domini MDXXXI, Prognosticon superioris anni eclipsium* (Wien: 1530, Widmung an Joh. Zolner in Wien, lit. Beigabe von Clemens Kukitz)[18]; *Bedeutung der zwayer finsternus Sun und Mons* (Wien 1530, deutsche Übersetzung des lat. Textes von 1530)[19]; *Des Cometen unn ander erscheinung in den lüfften, Im XXXI. Jahr gesehenn bedütung* (Nürnberg: Joh. Stuchs, 1531)[20]; *Commentaria ephemeridum* (Wien: Egidius Aquila, 1551)[21].

Perlach erwähnt in seinen *Ephemerides* für 1531 zwei von ihm gefertigte Instrumente, das *Astrolabium arithmeticum* und das *Organum Ptholemei*.[22]

Beziehungen zu Rheticus sind dadurch gegeben, dass beide sich 1542 um den Lehstuhl in Leipzig beworben haben. Zudem hatte Johannes Schröter, der wichtigste Schüler von Perlach, zugleich mit Rheticus bei Volmar Mathematik studiert.

1 HORN, SONIA, Andreas Perlachius (slowenisch) in: Grenzüberschreitende Medizin zwischen Ljubljana und Wien, Ljubljana 2004. | 2 GRAF-STUHLHOFER 1996, S. 55, Anm. 192. | 3 MBW Regg. III.3013 = Mel. Op. 4. Bd., Brief 2526. | 4 GRAF-STUHLHOFER 1996, S. 75, Anm. 281. | 5 Onlineversion unter e-rara.ch, image 63-65. | 6 CARION/SALOMON, Practica (Nürnberg: Georg Wachter, 1543), SLUB Halle digital, zu 1544. | 7 ZINNER 1964, S. 171, Nr. 1402. | 8 Ebenda, S. 170, Nr. 1390. | 9 GRAF-STUHLHOFER 1996, S. 125 f., besonders auch Anm. 495. | 10 VD 16 P 2056, BSB online, image 18; GRAF-STUHLHOFER 1996, S. 91-93, bes. S. 92. | 11 ZINNER 1964, S. 152, Nr. 1093. | 12 Ebenda, S. 152, Nr. 1094; GRAF-STUHLHOFER 1996, S. 144 f. | 13 ZINNER 1964, S. 152, Nr. 1095. | 14 Exemplar nicht nachgewiesen, doch von PERLACH erwähnt in Ephemerides für 1529 = ZINNER 1964, S. 170, Nr. 1390. | 15 ZINNER 1964, S. 170, Nr. 1390. | 16 Ebenda, S. 171, Nr. 1417. | 17 Exemplar nicht nachgewiesen, doch von Perlach erwähnt in den Ephemerides für 1531 = ZINNER 1964, S. 174, Nr. 1451. | 18 ZINNER 1964, S. 174, Nr. 1451. | 19 Ebenda, S. 174, Nr. 1452. | 20 Ebenda, S. 174, Nr. 1453. | 21 VD 16 P 1444; BSB online; ZINNER 1964, S. 215, Nr. 2023. | 22 ZINNER ²1967, S. 134,463.

Perren, Jean

Johannes (Jean) Perren (Pyranus, Kegel), aus Zermatt (Wallis, Schweiz), luth.?, Magister artium. Hier ist zunächst eine Vorbemerkung zu Name und Herkunft zu machen: Die folgende biographische Skizze setzt eine Identität der Eintragung zur Magisterpromotion *Johannes Kegel ex faucibus Alpinis* (aus den Alpenschluchten) und derjenigen der Matrikel *Joannes Pyranus ex Pesalpio* voraus. In Basel ist 1585 ein *Joannes Piranus Valesianus*[1] immatrikuliert, dem der Familienname Pierig, Pierren, Perren zugrunde liegt. Der Name Perren war zu Beginn des 16. Jahrhunderts in Zermatt heimisch, er ist es auch heute noch. *Pesalpio* bzw. *fauces alpinae* deuten auf die Engpässe über die Alpen hin, die der Geograph Sebastian Münster in seiner *Cosmographia* (Basel 1552)[2] als bezeichnend für diese Landschaft herausstellt: *Montes qui Valesiam a meridie cludunt, habent multa passagia, ut vocant,* *in Lombardiam* (Die Berge, die das Wallis nach Süden hin abschließen, haben viele so genannte Durchlässe in die Lombardei). Es werden viele solche Engpässe (*fauces*) aufgezählt, u.a. *A Vespa iter extenditur per montem Saser, et ab alio latere per montem Matter ad oppida quaedam Mediolanensis ditionis* (Von Visp erstreckt sich eine Straße über den Saaserberg, und auf den anderen Seite über den Matterberg zu einigen Städten im Mailänder Gebiet). Hier mag nun die kegelförmige Felsenpyramide des Matterhorns Anlass dafür gewesen sein, den an eine Pyramide erinnernden Namen *Pyranus* in *Kegel* umzutaufen. Sehr wahrscheinlich ist Johannes Perren ein Verwandter von Paul Perren von Zermatt, der 1505 als Bürger von Visp genannt wird, 1509 Bürger von Sitten wurde und 1514 Vizelandeshauptmann des Wallis war.[3]

Johannes Perren immatrikulierte sich am 18. September 1531 an der Universität Wittenberg[4]; Konsemester war Kaspar Brusch und Johannes Stigel. Am 27. April 1536 promovierte Perren gleichzeitig mit Rheticus zum Mag. art.[5]

1 WACKERNAGEL 1956, Bd. 2, S. 333. | 2 Biblioteca Nacional Lisboa online (http://purl.pt/13845/3/P390.html -21. März 2012. | 3 TRUFFER, Bernard, in: HLS (2009). | 4 FÖRSTEMANN 1841, Bd. 1, S. 142b. | 5 KÖSTLIN 1888, S. 23.

Petreius, Johannes, *Norimbergensis*, 1497–1550

Johannes Petreius, geboren um 1496/97 in Langendorf (Ortsteil von Elfershausen, Lkr. Bad Kissingen, Unterfranken), gestorben am 18. März 1550 in Nürnberg, luth., Magister artium, Buchdrucker [1].

Johannes Petreius wurde im gleichen Ort geboren wie der Basler Buchdrucker Adam Petri (1454-1527); es darf daher angenommen werden, dass beide mit einander verwandt waren und Petreius bei Adam Petri in Basel in die Lehre gegangen ist. Johannes Petreius wurde im WS 1512/13 an der Universität Basel immatrikuliert[2]. Hier promovierte er im Februar/März 1515 zum Bacc. art und im Februar 1517 zum Mag. art. 1519 wurde er Korrektor in der Offizin des Adam Petri. Als solcher begegnet uns *Hanns Petri* am 23. November 1519 in einer Rechtssache zugleich mit Adam Petri und dessen Ehefrau Anna Selber, die später in zweiter Ehe Sebastian Münster heiratete; Petreius dürfte um diese Zeit auch mit Münster bekannt geworden sein, der 1520 als Autor bei Adam Petri in Erscheinung getreten ist. Heinrich Petri, der Sohn von Adam Petri, später Stiefsohn von Sebastian Münster, brachte die zweite Auflage von Kopernikus' *De revolutionibus* (Basel: Heinrich Petri, 1566); er fügte diesem Werk die *Narratio prima* (Basel: Winter, 1541) hinzu[3].

Petreius heiratete 1523 Barbara Neudörfer, die Schwester des berühmten Nürnberger Schreib- und Rechenmeisters Johannes Neudörfer, und trat in das Bürgerrecht der Stadt Nürnberg ein. Barbara Neudörfer brachte ihm vier Kinder zur Welt: Margaretha (*um 1530), Barbara (*6. November 1533), Katharina (*22. Juni 1536) und Johannes (*18. Februar 1544); sie ist im Frühjahr 1545 gestorben. Petreius heiratete am 3. August 1545 Anna Dürnhofer, die den 13jährigen Sohn Lorenz Dürnhofer in die Ehe brachte. 1533 erwarb Petreius um 356 Gulden das Haus *undter der vesten, an der obern Schmidgassen* (heute Am Ölberg 9)[4].

Werk: Das bedeutendste Buch aus Petreius' Druckerei und Verlag ist Kopernikus' *De revolutionibus* (1543). Aber auch noch andere bedeutende Astronomen wurden von Petreius herausgebracht, insbesondere Schöner, Hartmann, Apian, Rheticus, Cardano, Gaurico. Besonders eindrucksvoll ist auch das von Haloander bei Petreius herausgegebene *Corpus iuris civilis* (Institutionen und Digesten 1529, Codex 1530, Novellen 1531). Insgesamt lassen sich aus der Offizin des Petreius über 400 Drucke nachweisen[5]. Darunter befinden sich ca. 170 Werke der Theologie (reformatorische Literatur, Bibeldrucke), 85 philologische Bücher (antike und humanistische Autoren, Grammatiken), 35 Bücher zu aktuellen politischen Anlässen, 70 naturwissenschaftliche und medizinische Publikationen, 21 Musikdrucke[6], 15 juristische und historische Werke.

Im Mittelpunkt der **Beziehungen** zwischen Rheticus und Petreius steht der Druck von Kopernikus' Hauptwerk *De revolutionibus*, der im Mai 1542 unter Rheticus' Aufsicht begann[7]. Im Herbst 1542 war Rheticus gezwungen, diese Aufsicht an Andreas Osiander abgeben, da er selbst seine Professur in Leipzig antreten musste. Am 8. November 1542 wurde Rheticus in die Leipziger philosophische Fakultät aufgenommen. Rheticus hatte im Herbst 1538 die Bekanntschaft von Petreius gemacht, als er zur Vorbereitung seiner Reise zu Kopernikus nach Frauenburg Johannes Schöner in Nürnberg besuchte. Petreius, darin unterstützt von seinem rührigen Agenten Andreas Osiander, war daran interessiert, die Lehre des Kopernikus in seinem Verlag zu veröffentlichen, »auch wenn sie nicht der gewöhnlichen Schulmeinung entspricht«. Er bestärkte demgemäß Rheticus in der Absicht, Kopernikus zur Drucklegung seines Buches zu bewegen. Dies brachte Petreius, der die *Narratio prima* (Danzig: Rhode, 1540) kannte, in einem Brief an Rheticus vom 1. August 1540 zum Ausdruck, mit dem er ihm das Buch des Antonio de Montulmo *De iudiciis nativitatum*, mit Zusätzen von Regiomontanus (Nürnberg: Petreius, August 1540) widmete[8].

Im Sommer 1542, als Rheticus sich längere Zeit in Nürnberg aufgehalten hat, gab er bei Petreius seine Wittenberger akademischen Reden *Orationes duae, prima de Astronomia et Geographia, Altera de Physica* in Druck (Widmung vom 13. August 1542)[9]. Etwa zur gleichen Zeit zeigte Rheticus sein Interesse für einen weiteren Druck des Petreius, nämlich die von Georg Hartmann herausgegebene *Perspectiva communis* des Johannes Peckham (Widmung vom 29. August 1542)[10]. Es ist ein Exemplar davon mit einem Besitzvermerk von Rheticus überliefert[11].

Als im April 1543 der Druck von Kopernikus' Hauptwerk beendet war, lösten die Eingriffe Osianders und besonders das unterschobene anonyme Vorwort bei Rheticus und Giese Bestürzung und Ärger aus. Giese konnte erst im Juli 1543 reagieren, da er längere Zeit am polnischen Hof abwesend gewesen war. Da das gefälschte Vorwort Osianders anonym war, konnte für Giese nur Petreius für die *mala fide* vorgenommenen Eingriffe verantwortlich sein. Giese verlangte vom Nürnberger Rat die Bestrafung des Petreius, doch konnte sich dieser wirksam entschuldigen. Gieses Vorschlag, Rheticus möge sich als der »Chorführer« der Drucklegung darum bemühen, noch im Jahre 1543 eine bereinigte zweite Auflage herauszubringen, erweitert um ein neues, von ihm zu verfassendes Wort, seine Biographie des Kopernikus und seinen Traktat *De terrae motu*; doch ist es zu einer solchen zweiten Auflage im Hause des Petreius nie gekommen. Die Gründe für ein solches Scheitern sind nicht bekannt. Die häufig wiederholte böswillige Behauptung, Rheticus habe mit der Publikation des Hauptwerkes jedes Interesse an Kopernikus verloren, ist aber falsch und steht in völligem Widerspruch zu den Tatsachen. Rheticus hatte wohl zunächst in Leipzig andere Aufgaben übernommen. Es mag auch der Tod des Kopernikus am 24. Mai 1543 eine Rolle gespielt haben; mit diesem Ausfall fehlte ein unmittelbarer Druck; denn der hohe Aufwand für eine zweite Auflage lohnte sich nur dann, wenn dieser einer bestimmten Person zugutekam und nicht nur der verletzten Eitelkeit eines Rheticus oder auch eines Tiedemann Giese diente. Es hat jedoch den Anschein, dass Rheticus anfänglich doch im Sinne Gieses aktiv wurde und erste Schritte zur Realisierung dieses Vorschlages eingeleitet hat. Dafür spricht die Unterredung, die Rheticus vor dem 8. Juli 1544 mit Christoph Jonas hatte, bei der es möglicherweise um diese Angelegenheit ging; doch bleibt das nur eine Vermutung. Eine endgültige Aufklärung könnte eine Wiederauffindung der verschollenen Biographie des Kopernikus bringen, die Rheticus verfasst hat.

1 Wolfschmidt 2010, S. 50 f.; Keunecke, H.-O., Johann Petreius (1496/97-1550), Ein Beitrag zu Leben und Werk des Nürnberger Buchdruckers, Verlegers und Buchhändlers, in: MVGN 69 (1982), S. 110-129; Pilz 1977; S. 168 f. und passim. | **2** Wackernagel 1951, Bd. 1, S. 314, Nr.16. | **3** Zinner ²1964, S. 240, Nr. 2390. | **4** Abb. bei Wolfschmidt 2010, S. 51. | **5** Den wesentlichen Teil verzeichnet Shipman, Joseph C., Johannes Petreius, Nuremberg Publisher of Scientific Works, 1524-1550, in: Homage to a Bookman, Essays on Manuscripts, Books and Printing, Written for Hans P. Kraus, Berlin: Gebr. Mann Verlag, 1967, S. 147-182. | **6** Teramoto, Mariko und Brinzing, Armin, Katalog der Musikdrucke des Johannes Petreius in Nürnberg (Catalogus Musicus, 14), Kassel: Bärenreiter, 1993. | **7** Keunecke 1982, S. 120-123. | **8** Lat.

Widmungsbrief mit deutscher Übersetzung bei BURMEISTER 1968, Bd. 3, S. 19-25. | **9** Ebenda, S. 68, Nr. 29, mit Abb. des Titelblattes auf S. 70. | **10** VD 16 J 678, BSB München, digital. | **11** KÜHNE, Andreas, in: MÜLLER 1993, S. 320 f., Nr. 143.

Petreius, Johannes, *Vinariensis*, † 1574

Johannes Petreius, geboren 1518 in Weimar, gestorben 1574 in Mühlhausen (Unstrut-Hainich-Kreis, Thüringen), luth., Theologe[1].

Die häufige Angabe, Johannes Petreius sei in Nürnberg als Sohn des gleichnamigen Buchdruckers geboren, ist unzutreffend; der berühmte Drucker von Kopernikus' *De revolutionibus* (1543) hatte keinen in Frage kommenden Sohn Johannes; auch hat er erst 1523 geheiratet[2]. Diese Angabe widerspricht auch der Tatsache, dass Johannes Petreius *Vinariensis* sich selbst als *Doringus* (Thüringer) bezeichnet. Dazu würde dann allerdings die Wittenberger Immatrikulation eines Johannes Petreius *Vinarienis* (aus Weimar) im WS 1534/35[3] passen. Nach seiner Promotion zum Mag. art. (wo?) wurde er 1540 Pfarrer in Ehrenfriedersdorf (Erzgebirgekreis, Sachsen), 1541 Archidiakon in Meißen (Sachsen). 1544 war er als Landprediger tätig. 1554 erfolgte seine Berufung zum Superintendenten nach Zwickau. Hier versuchte er 1563, den Altar in der Marienkirche in protestantischen Sinn umzugestalten[4]. Obwohl man ihn in Zwickau gerne länger behalten hätte, wechselte er um 1569/70 als Superintendent nach Mühlhausen. Hier erwarb er sich dadurch Verdienste, dass er die Kirchen mit Bibeln aus säkularisierten Klöstern ausgestattet hat. Er ist der Verfasser eines polemischen antirömischen *Ablas-Büchleins* (Mühlhausen, 1571).

Beziehungen zwischen Rheticus und Petreius *Vinariensis* haben vermutlich bestanden, solange sie 1534 bis 1539 Kommilitonen waren.

1 SCHMIDT 1656, S. 392-394; KREYSSIG ²1898, S. 148, 403, 705. | **2** KEUNECKE 1982, S. 111-129. | **3** FÖRSTEMANN 1841, Bd. 1, S. 156a. | **4** LANGER, Otto, Der Kampf des Pfarrers *Joh. Petrejus* gegen den Wohlgemuthschen Altar in der Marienkirche, in: MittAVZwickau 11, 1914, S. 31-49.

Petri, Heinrich, 1509–1579

Heinrich Petri, nach Erhebung in den Adelsstand Henric-Petri, geboren 1508 in Basel, gestorben 24. April 1579 in Basel, Grabstein überliefert[1], ref., Buchdrucker, Verleger der zweiten Auflage von Kopernikus' *De revolutionibus* (1566), Staatsmann (Ratsherr, Scholarch u.a.)[2]

Der Sohn des Basler Buchdruckers Adam Petri (1454-1527) und der Anna Selber, Tochter eines Basler Notars, begann sein Studium an der Universität Wittenberg, wo er sich im WS 1523/24 unter dem Rektor Melanchthon immatrikuliert hat. Konsemester waren Erasmus Ebner, Jakob Milich und Magister Stephan Roth[3]; in den vorangehenden Semestern hatten sich Achilles Gasser am 27. Oktober 1522, Kaspar Cruciger und Kaspar Heldelin jeweils am 13. April 1523 und Georg Vögelin am 20. Juli 1523 in Wittenberg eingeschrieben. Gasser wurde später als einer der Hauptmitarbeiter Münsters ein herausragender Autor des Verlegers Heinrich Petri. Der Tod seines Vaters zwang Petri, sein Studium zu unterbrechen und nach Basel zurückzukehren. Hier wurde er am 31. Dezember 1527 Mitglied der Safranzunft. 1529/30 heiratete seine Mutter Anna Selber den Basler Hebraisten, Kosmographen und Mathematiker Sebastian Münster, wodurch Petri dessen Stiefsohn und wichtigster Verleger wurde. Petri war ein sehr geschäftstüchtiger Buchhändler, der 108 mal die Frankfurter Messe besucht hat. Er druckte Werke aus allen Fächern, vor allem historische und philologische Schriften, insbesondere jedoch die Werke seines Stiefvaters Sebastian Münster, darunter die Kosmographie, eines der erfolgreichsten Bücher des 16. Jahrhunderts. Petri wurde der bedeutendste Drucker von Karten und Plänen sowie auch von hebräischen Büchern.

Werke: Ausführliches Verzeichnis sämtlicher Drucke bei HIERONYMUS 1997 (Nr. 1-647).

Porträt von Heinrich Petri ist überliefert auf einer Silber-Medaille von 1567[4]. Am 4. August 1556 wurde Petri durch Kaiser Karl V. zu Augsburg in den rittermäßigen Adelsstand erhoben[5]. Petri heiratete 1529 in erster Ehe die ehemalige Nonne Dorothea Hütschy, mit der er 17 Kinder hatte; diese und deren Nachkommen führten das Geschäft später weiter. Nach deren Tod verehelichte er sich 1565 mit Barbara Brand, der Tochter des Basler Bürgermeisters Theodor Brand, die Witwe des Buchdruckers Hieronymus Froben.

Direkte **Beziehungen** zwischen Rheticus und Petri sind wahrscheinlich, zumal wenn Rheticus 1548 Basel besucht hat (Brief vom 23. Februar 1548). Als Petri die zweite Auflage von Kopernikus' *De revolutionibus* (Basel 1566)[6] herausgab, fügte er Rheticus' *Narratio prima* an, wobei er die zweite Auflage der *Narratio prima* (Basel: Winter, 1541) zugrundelegte. Dafür mögen praktische Gründe ausschlaggebend gewesen sein; vielleicht wollte er aber auch seine ehemaligen Wittenberger Studienfreunde Gasser und Vögelin damit ehren. Die Anregung zu dieser zweien Auflage gab vermutlich der Kopernikaner Christian Wurstisen in Basel.

1 Inschrift bei HIERONYMUS 1997, S. E12, Abb. E9. | **2** PALLMANN, Heinrich, in: ADB 25 (1887), S. 520-522; HIERONYMUS 1997, S. E6-E15, E25, E29, E 32, E50-E61. | **3** Zu dem späteren Stadtschreiber von Zwickau vgl. METZLER 2008, S. 86-135 (mit vielen Details). | **4** Abb. bei HIERONYMUS 1997, S. XIII. | **5** Facsimile des Diploms in Farbe bei HIERONYMUS 1997, S. E57. | **6** HIERONYMUS 1997, S. 1343-1345, Nr. 483a; Exemplar in der Stadtbibliothek Feldkirch (nicht bei GINGERICH 2002), Abb. des Titelblattes in GRUBER 2014, S. 25.

Peucer, Kaspar, 1525 –1602

Kaspar Peucer (Beutzer), geboren am 6. Januar 1525 in Bautzen/sorb. Budyšin (Sachsen), gestorben am 25. September 1602 in Dessau (Sachsen-Anhalt), Astronom, Arzt, Historiker[1].
Nach Besuch des Gymnasiums in Goldberg (heute Złotoryja, Woiwodschaft Niederschlesien) kam Peucer 1540 nach Wittenberg, wo er in Melanchthons Haus aufgenommen wurde[2]. Hier besuchte er zur Aufbesserung seiner Sprachkenntnisse eine propädeutische Schule, immatrikuliert wurde er erst im WS 1542/43 am 26. März 1543.[3] Seine Lehrer waren u.a. Melanchthon, Reinhold, Rheticus, Flock, Oertel Winsheim und Milich. Am 1. September 1545 promovierte er unter dem Dekan Johannes Aurifaber *Vratislaviensis* zum Mag. art.[4]; Peucer erreichte den 2. Rang unter 40 Kandidaten, vor ihm auf dem 1. Rang platzierte sich Sebastian Glaser, auf den 6. Rang kam Johannes Natter. Peucer hatte von 1545 bis 1560 den Lehrstuhl für Geographie inne[5], 1560 bis 1574 lehrte er Geschichte[6]. Daneben widmete er sich dem Studium der Medizin. Als die Universität im November 1546 kriegsbedingt aufgehoben wurde, wechselte Peucer zum Medizinstudium an die Universität Frankfurt/Oder, kehrte dann aber 1548 nach Wittenberg zurück, wo er Mitglied des Kollegiums der Artisten wurde[7] und Mathematik lehrte. Als Dekan der Artistenfakultät disputierte Peucer am 25. Juni 1554 *De differentibus coctionum generibus et anni ratione*, danach am 15. Dezember 1554 noch einmal *De causis liberarum actionum hominis ethicis et physicis, de differentibus in homine potentiis, et de demonstratione*[8]. 1554 bis 1560 erhielt er als Nachfolger Reinholds den Lehrstuhl für höhere Mathematik[9]. Peucer setzte unter Milich sein Medizinstudium fort, promovierte zugleich mit Johannes Natter am 27. Juni 1552 zum Lic. med. und wirkte als Arzt. Ihre Thesen erschienen im Druck unter dem Titel *Praesidente Iacobo Millichio artis medicae doctoris, respondebit M. Capar Peucerus, de sequentibus M. Iohannes Natherus*, Wittenberg: Veit Kreutzer, 1552[10]. Peucer und Balthasar Schneider, beide Wittenberger Magister, immatrikulierten sich im SS 1552 an der Universität Leipzig[11]. 1554 bis 1560 war Peucer in Wittenberg als Nachfolger Reinholds Inhaber des Lehrstuhls für höhere Mathematik[12]. Peucer hat sich in verschiedene Stammbücher von Studenten eingetragen[13].

Am 30. Januar 1560 promovierte Peucer zum Dr. med. und wechselte auf die medizinische Fakultät. Er las über Galen und Hippokrates, aber auch über alle anderen Gebiete der Medizin,

auch die Pharmazie[14]. Peucer galt in der älteren Literatur als Haupt der Wittenberger Paracelsisten; Peucer hat sich wohl mit Paracelsus auseinandergesetzt, war aber »als überzeugter Galenist ein entschiedener Antiparacelsist«[15]. Im SS 1560 war Peucer Rektor Magnificus der Universität Wittenberg; er war insgesamt 14mal Dekan der dortigen medizinischen Fakultät. Kaiser Maximilian II. erhob Peucer am 10. bzw. 22. Mai 1566 zu Augsburg in den rittermäßigen Reichsadel[16].

1574 wurde Peucer des Kalvinismus verdächtigt, seines Amtes enthoben und auf Schloss Rochlitz (Lkr. Mittelsachsen) inhaftiert, 1576 bis 1586 auf der Pleißenburg bei Leipzig in verschärfter Haft gehalten. Hier verfasste er die Memoiren über seine Haftzeit *Historia Carcerum* (Zürich 1605)[17] sowie 1583 das *Idyllion de Lusatia* (gedruckt Bautzen: Michael Wolrab, 1594). Die junge sächsische Kurfürstin Agnes Hedwig von Anhalt (1573-1616) erwirkte seine Entlassung, sodass er fortan als Leibarzt und Rat am anhaltischen Hof in Dessau seine letzten Lebensjahre verbringen konnte.

Peucer heiratete am 2. Juni 1550 in Wittenberg die Tochter Melanchthons Magdalena (1531-1575), mit der er zehn Kinder hatte. Eine zweite Ehe ging er am 30. Mai 1587 in Dessau mit Christine Schild ein, der Witwe des Bautzener Bürgermeisters Hieronymus Berckmann.

Werke (in Auswahl): *Vocabula rei nummerariae* (Wittenberg: Joseph Klug, 1544)[18], weitere Ausgaben (Wittenberg: Klug 1546; 1549 u.ö.) [19]; *De dimensione terrae* (Wittenberg: Peter Seitz' Erben, 1550)[20]; *Elementa doctrinae de circulis coelestibus*, (Wittenberg: Johannes Crato, 1551)[21], viele weitere Ausgaben; *Logistice astronomica Hexacontadon* (Wittenberg: Georg Rhaus Erben, 1556)[22], weitere Ausgaben; *Commentarius de praecipuis generibus divinationum* (Wittenberg 1553)[23], weitere Ausgaben; *Hypothyposes orbium coelestium* (Straßburg: Th. Rihel, 1568, auch Wittenberg: Johannes Schwertel, 1571)[24]; *De prodigiosa stella ... 1572* (Wittenberg 1573)[25]; *Quaestiones Sphaerae* (Wittenberg: Schleich u. Schöne. 1573)[26]. Peucer besaß eine beachtliche Bibliothek medizinischer, historischer, philosophischer, theologischer und poetischer Werke[27].

Beziehungen zu Rheticus: Kaspar Peucer, gehört nach Thorndike[28] und nach Westman[29] dem Melanchthonzirkel an, Brosseder[30] zählt ihn dem weiteren Kreis Wittenberger Astrologen zu. Garcaeus hat Peucers Horoskop überliefert[31]. Reinhold und Rheticus waren seine vornehmlichsten Lehrer in den mathematischen Fächern. Da Rheticus erst im September 1541 aus Preußen zurückkehrte, hatte Reinhold die größere Wirkung auf Peucer (*Reinhold ... praeceptor mihi carissimus et perpetua gratitudine celebrandus*)[32], auf dessen Linie er auch in der Anerkennung der Lehren des Kopernikus blieb. Peucer war früh im Besitz eines Exemplars von Kopernikus' *De Revolutionibus*[33].

Zu der Hochzeitsfeier Peucers mit Magdalena Melanchthon im Juni 1550 war auch Rheticus eingeladen, allerdings ist nicht bekannt, ob er dieser Einladung auch gefolgt ist. Das Gastspiel, das Peucer und Sartorius im SS 1552 in Leipzig gaben, verfolgte vermutlich den Zweck, Bücher aus dem ehemaligen Besitz von Rheticus zu erwerben. Denn am 22. März 1552, also kurz vor Beginn des Sommersemesters, sollten diese Bücher veräußert werden. Vielleicht wollten sie aber auch bei der Feier der Einsetzung ihres Freundes Hommel als Rektor anwesend sein.

Noch von Krakau aus unterhielt Rheticus mit Peucer Verbindungen aufrecht. So bat er 1561 in einem Brief an Eber, dieser möge den Studenten Jodok Rab Peucer empfehlen, 1564 ließ er in einem weiteren Brief an Eber Peucer *amanter* grüßen[34]. Peucer gehörte zu den Mathematikern, die das trigonometrische Tafelwerk von Rheticus sehnsüchtig erwarteten. Ungeduldig verlangte Peucer von Rheticus die in Arbeit befindliche Trigonometrie und verlangte in seinen *Hypotheses* (Wittenberg 1571), dass Rheticus die Medizin aufgeben und zur Mathematik zurückkehren solle; er könne mit der Wiederherstellung der Astronomie seinen Namen für kommende Generationen unsterblich machen[35].

Peucer, der das heliozentrische Weltsystem ablehnte, war ungeachtet dessen einer der Ersten, der um 1551 mit dem von Luther und Melanchthon gepflegten Vorurteil gegenüber Kopernikus brach; er sah in Kopernikus den größten Astronomen seit Ptolemäus[36]. In seiner Schrift *De dimensione terrae*, die er am 1. März 1554 Camerarius widmete, nennt er Reinhold und Rheticus seine *praeceptores*

carissimi: Optarem totam extare doctrinam de triangulis integra et iusta Methodo traditam. Cumque sciam duos summos artifices Erasmum Reinholdum et Georgium Ioachimum Rheticum in hoc incubuisse, ut quae Regiomontanus sparsim tractavit, Copernicus concise nimis et argute, ea redacta in ordinem auctaque illustrarent, et Erasmum ab instituto iamque inchoato opere immatura mors abripuerit, hortor obtestorque alterum et publico nomine pro mea privatim erga ipsum benevolentia atque observantia, ut quod foeliciter exorsus est, pertexat atque absolvat in hoc doctrinae genere, neque alium ullum rectius id praestare posse Rhetico, qui ingenio est acerrimo, natus ad artium Mathematicarum illustrationem, vere iudico.

1 Koch 2002; Hasse/Wartenberg 2004. | **2** Neddermeyer 1997, S. 71; Ludwig/Hennen 2002, S. 36; Ludwig 2004, S. 34. | **3** Förstemann 1841, S. 202a. | **4** Köstlin 1890, S. 18. | **5** Kathe 2002, S. 458. | **6** Ebenda, S. 458. | **7** Köstlin 1891, S. 25. | **8** Ebenda, S. 30. | **9** Kathe 2002, S. 464. | **10** LUB Halle, digital. | **11** Erler, Bd. 1, S 691, P 1 und P 2. | **12** Kathe 2002, S. 118, 464. | **13** Klose 1999, S. 241-243, so 1554 für Abraham Ulrich; dort Hinweise auf weitere Eintragungen. | **14** Disselhorst 1929, S. 85 f. | **15** Roebel/Eckart 2002, S. 60. | **16** Koch 2002, S. 122 f. (mit farbiger Abb.). | **17** BSB digital. | **18** VD 16 E 52; BSB digital; nicht bei Hamel/Roebel 2004. | **19** Hamel/Roebel 2004, Nr. 1, 3, 4, 5 (mit Paul Eber), 10 (mit Eber) usw. | **20** Zinner 1964, S. 213, Nr. 1995; Hamel/Roebel 2004, Nr. 8. | **21** Zinner 1964, S. 215, Nr. 2024; Hamel/Roebel 2004, Nr. 9. | **22** Zinner 1964, S. 225, Nr. 2156; Hamel/Roebel 2004, Nr. 29; BSB digital. | **23** Ebenda S. 219, Nr. 2058; Hamel/Roebel 2004, Nr. 13. | **24** Zinner 1964, S. 244, Nr. 2458 und S. 250, Nr. 2552; Hamel/Roebel 2004, Nr. 101, Nr. 120. | **25** Zinner 1964, S. 255, Nr. 2640; Hamel/Roebel 2004, Nr. 134. | **26** Zinner 1964, S. 255, Nr. 2641; Hamel/Roebel 2004, Nr. 135. | **27** Kolb 1976; Kathe 2002, S. 118, Anm. 377. | **28** Brosseder 2004, S. 12. | **29** Westman 1975, S. 170. | **30** Brosseder 2004, S. 17. | **31** Garcaeus 1576, S. 336 (5. Januar 1525). | **32** Peucer, Elementa doctrinae de circulis, Wittenberg 1551, hier in der Series astrologorum, am Ende. | **33** Gingerich 2002, S. 40, I.22; Thüringer, Eber, S. 311, Anm. 156. | **34** Burmeister 1967/68, Bc. 3, S. 160 f., 183 f. | **35** Danielson 2006, S. 183 f. | **36** Vgl. dazu Hamel 1994, S. 255-260.

Peyer, Martin, 1515–1582

Martin Peyer (Baier), geboren 1515 in Schaffhausen, gestorben am 20. Mai 1582 in Schaffhausen, ref., Jurist (Universitätslehrer, Eherichter, Verwaltungsbeamter, Rechtsberater)[1].

Über den Studiengang Peyers sind wir dank der Forschungen von Beat Rudolf Jenny sehr gut informiert; da hier nur die wichtigsten Stationen wiedergegeben sind, sei ausdrücklich auf Jenny verwiesen. Der Sohn des Schaffhauser Bürgermeisters Hans Peyer (1516-1582) immatrikulierte sich im WS 1534/35 an der Universität Wittenberg[2], zugleich mit den Schaffhausern Balthasar Thonig und Lorenz Wiser; als weitere Konsemester sind zu nennen Johannes Aurifaber *Vratislaviensis*, Melchior Acontius, Ulrich Mordeisen, Stephan Tucher, Johannes Crato, Friedrich Schwalbe; auch Otto Werdmüller und Theobald Thamer gehörten dazu, wiewohl sie sich erst im SS 1535 immatrikuliert haben. Peyer verließ Wittenberg wegen der Pest in Richtung Jena, wo er sich mit Lemnius, Rheticus, Stigel und Thamer zu einem Freundeskreis zusammenschloss[3]; denn der bisher nicht zu identifizierende Martin Helvetius[4] dürfte wohl kein anderer als Peyer sein. Im WS 1538/39 schrieb Peyer sich an der Universität Basel ein (zusammen mit Stephan Willi)[5]; weitere Konsemester waren Magister Martin Borrhaus, Heinrich Pantaleon, Rudolf Gwalter (der Peyer seinen *Theseus* nennt), Johannes Reiffenstein. Wegen einer drohenden Pest wichen Peyer und Gwalter im Spätherbst 1538 nach Straßburg aus, wo beide im Hause Jakob Bedrots wohnten. Gwalter schreibt noch Mitte Dezember 1538, *est apud Bedrotum et mensae et cubiculi socius mihi Martinus Peyer* (es ist Martin Peyer bei Bedrot mein Tisch- und Zimmergenossen). Im Frühjahr 1539 ist Peyer wieder in Wittenberg, wo er sich vor allem der Theologie und dem Griechischen widmete. Er war Kostgänger bei Jakob Milich und wohnte bei Wilhelm Wittenbach. Anfang 1541 kehrte er nach Basel zurück, wo er als Korrektor bei Oporin wohnte. Hier heiratete er Katharina zur Kilch († 1556), mit der er mehrere Kinder hatte, u.a. Sara, geb. am 23. Januar 1541, Barbara (getauft am 4. Dezember 1543 in St. Peter). Im Dezember 1544 promovierte er in Dôle zum JUD und wurde 1545 als Nachfolger des Johann Ulrich Zasius Professor für Codex in Basel. 1547 übersiedelte er nach Schaffhausen, wo er im Haus *zur Fels* wohnte. Er wirkte seit 1547 als Gerichtsherr in Haslach (Kanton Schaffhausen), 1563/67 als Obervogt in Neunkirch (Schaffhausen). Reste seiner Bibliothek haben sich erhalten (UB Basel). Johannes Jezler, Schulrektor in Schaffhausen, publizierte einen Nachruf *Martini Peyeri Scaphusiani I. V. Doctoris* ἐγκώμιον (Basel: Officina Episcopiana, 1583); diese Schrift enthält auch ein längeres *Epicedion* von Johann Konrad Ulmer auf seinen Wittenberger Studienfreund Peyer.

Beziehungen zwischen Rheticus und Peyer hat es auf verschiedenen Ebenen gegeben, sei es durch den Freundeskreis um Lemnius, sei es durch Werdmüller und Gwalter, sei es durch den Rheticusschüler Ulmer, sei es durch Melanchthon und Milich, sei es durch die Druckergemeinschaft Oporin/Winter in Basel. Rudolf Gwalter, der für Werdmüller auf der Ostermesse in Frankfurt/Main 1541 nach der *Narratio prima* (Danzig 1540) Ausschau hielt, widmete Peyer seine Übersetzung *Iulii Pollucis Onomasticon*, die in Basel bei Robert Winter 1541 erschienen ist[6]; im gleichen Jahr hatte Winter auch die zweite Auflage der *Narratio prima* gedruckt. Rheticus und Peyer waren seit 1535 Kommilitonen, auch ist Peyer für 1536 bis 1538 als Schüler von Rheticus in Betracht zu ziehen.

1 Jenny, Beat Rudolf, in: Hartmann/Jenny 1967, Bd. 6, S. 53-56. | 2 Förstemann 1841, Bd. 1, S. 157a | 3 Mundt 1983, Bd. 2, S. 182 f. | 4 Mundt 1983, Bd. 1, S. 270. | 5 Wackernagel 1956, Bd. 2, S. 19 f. | 6 VD 16 P 4057; BSB München, digital.

Pfeil, Johannes, um 1500–1544

Johannes Pfeil (Pfeyl, Pfeilius, mit Gelehrtennamen Philo, angelehnt an den Familiennamen, jedoch mit Blick auf den griech. Philosophen Philon), **geboren um 1500 in Dresden, gestorben 1544 in Leipzig, begraben in der Kirche St. Johannes (Epitaph von Georg Fabricius überliefert), luth., Arzt und Mathematiker**[1].

Pfeil begann seine Studien im WS 1512 in Leipzig[2], wo er nach dem 24. Februar 1515 zum Bacc. art. promovierte[3]. Er wechselte 1518 an die Universität Frankfurt/Oder, wo er am 27. Januar 1519 zum Mag. art. promovierte. Er setzte dann seine Studien in Italien an Spitälern in Florenz und in Rom fort. Danach kehrte er nach Leipzig zurück, wo er am 16. Oktober 1529 für das WS 1529/30 das Amt als Rektor Magnificus antrat[4] und an der Artistenfakultät die Vorlesung über die *Problemata* übernahm, während gleichzeitig Kaspar Borner Mathematik las[5]. In diesem Semester fand zwischen dem 21. September und 16. Oktober die Belagerung von Wien durch die Türken statt; es wurde in Leipzig Geld gegen die Türken gesammelt. Anschließend widmete sich Pfeil dem Studium der Medizin. Für das SS 1532 übernahm Pfeil die Vorlesungen in der Mathematik[6]. Er promovierte am 18. April 1532 zum Bacc. med. und am 17. August 1535 unter dem Promotor Heinrich Stromer zum Dr. med. Am Tag darauf feierte er seine Hochzeit[7]. Fortan wirkte er als Professor der Medizin in Leipzig. Zu seinen Schülern gehörten berühmte Ärzte wie Matthias Cornax, Wolfgang Meurer oder Johannes Kentmann[8]. Pfeil wurde jedoch nach kurzer Zeit als Leibarzt des Herzogs Moritz von Sachsen an den Hof nach Dresden berufen.

Pfeil war Kollegiat des großen Fürstenkollegs[9]; er gehörte 1541 einem Siebenmännerkollegium an, das eine Universitätsreform durchführen sollte[10]. Georg Witzel lässt in einem Brief aus Eisleben vom 2. Januar 1538 an Julius Pflug Grüße an Pfeil ausrichten[11]. Pfeil starb in jungen Jahren offenbar an einem Gehirntumor; nach seinem Tod willigten seine Freunde in eine Sezierung des Kopfes ein.

Werke: Pfeil hat wenig publiziert, galt aber als vielseitiger Gelehrter, hervorragender Kenner des Lateinischen und Griechischen, *arte medica atque astrologorum scientia praeclare instructus, nec poeseos rudis*. So hat er schon in jungen Jahren *bonae indolis iuvenis* (Jüngling mit guter Begabung) drei kleine lateinische Gedichte zur *Confutatio apologetici cuiusdam sacre scripture falso inscripti* des Hieronymus Dungersheim (Leipzig: 1514)[12] beigetragen. Der Niederländer Bernart Wigbolt, im WS 1531/32 in Wittenberg immatrikuliert, Kommilitone von Rheticus mit besonderer Vorliebe für die Astronomie und wie dieser Tischgenosse Melanchthons, verfasste eine (heute verschollene) *Ex-*

plicatio Ptolemaei, bei deren Entstehung Pfeil behilflich gewesen war[13]; auch hier mag es sich nur um ein Gedicht zu den Bacchanalien 1536 oder 1537 handeln. Der Fürst von Anhalt konsultierte 1540 Pfeil zu einem Horoskop[14]. Medizinisches aus seiner Feder ist in den von Lorenz Scholz hg. *Consilia medicinalia* (Frankfurt/Main: Andreas Wechels Erben [u.a.], 1598, auch Hanau 1610) enthalten.

1 ADAM 1620, S. 40-42, BSB digital, Scan 68-70; HELM 1971, S. 32, Anm. 109. | **2** ERLER, Bd. 1, S. 523, M 7. | **3** ERLER, Bd. 2, S. 500. | **4** ERLER, Bd. 1, S. 74. | **5** ERLER, Bd. 2, S. 612. | **6** Ebenda, S. 620. | **7** Ebenda, S. 76 f. | **8** HELM 1971, S. 77. | **9** STÜBEL 1879, S. 491, 508. | **10** WOITKOWITZ 2003, S. 97. | **11** POLLET 1969, Bd. 1, S. 426, 433, | **12** VD 16 D 2947; BSB digital; vgl. FREUDENBERGER 1988, S. 72-76. | **13** Erwähnt in SCHEIBLE, MBW, Teil 7, 2006, S. 543. | **14** BROSSEDER 2004, S. 71, Anm. 195.

Pfintzing, Martin, ca. 1520–1572

Martin Pfintzing (Pfinzing), geboren um 1520 in Nürnberg, gestorben 1572 in Leipzig, luth., Jurist, Kaufmann, Ratsherr.

Martin Pfintzing ist ein Sohn des Nürnberger Patriziers und Kaufmanns Martin (*Mertn*) Pfintzing d.Ä. (1490-1552), von dem Albrecht Dürer um 1510 ein mit Silberstift gezeichnetes Porträt in seinem Skizzenbuch geschaffen hat[1]. Am 15. Mai 1510 erhielt er zugleich mit seinen zahlreichen Brüdern von Maximilian I. einen Wappenbrief, der 1554 durch Karl V. bestätigt wurde. Martin Pfintzing d.Ä. führte 1542 als Oberst das Kontingent der Reichsstadt gegen die Türken an. Ihm hat der Prediger von St. Sebald Veit Dietrich am 25. Mai 1542 seine Schrift *Wie man das volck zur Buß vnd ernstlichem gebet wider den Türcken auf der Cantzel vermanen sol* (Nürnberg: Johannes vom Berg & Ulrich Neuber, 1542) gewidmet[2]. Die Familie kam 1530 in den Besitz des Schlosses Henfenfeld (Lkr. Nürnberger Land), nach dem sie sich Pfintzing von Henfenfeld nannten.

Martin Pfintzing d.J. immatrikulierte sich in Wittenberg im SS 1532 zugleich mit seinem jüngeren Bruder Paul Pfintzing und einer ganze Gruppe von Nürnberger Studenten (Schreiber, Sebastian Schedel, Markus Furtenbach, Joachim Haller u.a.)[3]. Er erlangte vor 1544 den Grad eines Dr. leg. 1544 heiratete Pfintzing Katharina, die Tochter des Leipziger Ratsherrn Heinrich Scherl. Zu der Doppelhochzeit von Ulrich Mordeisen und Martin Pfintzing schrieb Kaspar Brusch das *De nuptiis Huldenrici Mordyssii et Martini Pfinzingij epithalamion* (Erfurt: Wolfgang Stürmer, 1544)[4]. Pfintzings Freund Ulrich Mordeisen hatte gleichzeitig Katharinas Schwester Margaretha geheiratet. Die mit zehn Siegeln versehene Pergamenturkunde über den Ehevertrag hat sich im Stadtgeschichtlichen Museum Leipzig erhalten[5]. Pfintzings Tochter Helena heiratete 1571 den JUD Philipp Camerarius, den Sohn des Humanisten Joachim Camerarius.

Beziehungen zwischen Rheticus und Martin Pfintzing sind anzunehmen. Rheticus und Pfintzing waren Konsemester. Seit 1536 war Rheticus möglicherweise auch Lehrer Pfintzings; jedenfalls konnte er alle Vorlesungen von Rheticus besuchen. Rheticus dürfte wie Brusch sowie auch Paul Pfintzing und Ulrich Mordeisen 1544 in Leipzig auch Gast bei der Hochzeit von Martin Pfintzing gewesen sein.

1 UNVERFEHRT 2006, S. 99. | **2** BSB München digital; KLAUS 1958, S. 3, Nr. 3, auch S. 191-193. | **3** FÖRSTEMANN 1841, Bd. 1, S. 146b. | **4** HORAWITZ 1874, S. 254; BEZZEL 1982, S. 438, Nr. 52. | **5** RODEKAMP 1997, S. 184 (mit Abb. der Pergamenturkunde).

Pfintzing, Paul, 1523–1570

Paul (in Spanien stets Pablo) Pfintzing, geboren am 13. August 1523 in Nürnberg, gestorben am 3. Oktober 1570 in Spanien (Alcázar de Segovia?), kath., Jurist, Kanzleirat Karls V. und Philipps II.[1]
Paul Pfintzing aus Nürnberger Patrizierfamilie war ein Sohn von Martin Pfintzing, der Faktor der Nürnberger Firma in Leipzig war und 1543 das dortige Bürgerrecht annahm. Paul Pfintzing im-

matrikulierte in Wittenberg im SS 1532 zugleich mit seinem älteren Bruder Martin Pfintzing und einer ganze Gruppe von Nürnberger Studenten (Schreiber, Sebastian Schedel, Markus Furtenbach, Joachim Haller u.a.)[2]. Veit Dietrich widmete in Nürnberg *ex parochia Sebaldina* am 1. Februar 1538 sein Buch *Psalterium Davidis carmine redditum per Eobanum Hessum cum annotationibus* (Straßburg: Crato Mylius, 1539)[3] dem jungen Paul Pfintzing als eine Aufmunterung zum Studium. Das Buch erlebte zahlreiche Auflagen, u.a. in Straßburg 1541[4], 1542[5], 1545[6], Leipzig 1546[7], 1557, 1559[8], Frankfurt 1548, 1570[9], Paris 1565. Am 29. Dezember 1545 ist Paul Pfintzing in Ferrara Zeuge bei der Promotion seines ehemaligen Wittenberger Kommilitonen Franz Schüssler aus Nordhausen (Thüringen)[10]. Am 7. Juli 1546 ist er wiederum Zeuge bei der Promotion des Augsburgers Timotheus Jung[11].

1554 bestätigte Karl V. den Adels- und Ritterstandsrang der Familie. Paul Pfintzing wirkte spätestens seit 1549 als kaiserlicher Sekretär Karls V. in Brüssel. Er zeigte sich 1555 über die Abdankungspläne Karls V. frühzeitig informiert[12]. 1558 wurde er Sekretär des Bischofs von Arras Antoine Perrenot de Granvelle. 1559 begleitete er Philipp II. nach Spanien und blieb dessen Sekretär bis 1570. 1571 brachte der Herzog Alba als Nachfolger den sprachbegabten Ogier Ghislain de Busbecq (1522-1592) ins Gespräch. Aufgabe Pfintzings war es, für den König Aktenstücke zusammenzufassen und Übersetzungen der einlaufenden Korrespondenz aus dem Reich anzufertigen[13]. 1562 nahm Pfintzing an der Krönung Maximilians II. in Frankfurt/Main persönlich teil. Für Philipps Sohn Don Carlos (1545-1568), der in Schillers Drama fortlebt, verfasste er 1562 eine Schrift über die Krönung Maximilians II.: Pablo Pfintzing de Henffenfelt, *Relation particular y sumaria de la manera que Maximilano segundo fue coronado*[14]. Auch berichtete er 1568 über den tragischen Tod des Infanten[15]. 1565 bemühte sich Pfintzing darum, von Kaiser Maximilian II. im Hinblick auf die dem Haus Österreich geleisteten treuen Dienste seiner Vorfahren den Titel eines Rates zu bekommen[16]. Paul Pfintzing blieb unverheiratet. Sein Motto *Patriae et Amicis* wird aus seinem langen Auslandsaufenthalt verständlich.

Beziehungen zwischen Rheticus und Paul Pfintzing sind anzunehmen. Rheticus und Pfintzing waren Konsemester. Seit 1536 war Rheticus möglicherweise auch Lehrer Pfintzings, jedenfalls konnte er alle Vorlesungen von Rheticus besuchen. Rheticus dürfte mit Paul Pfintzing, Brusch und Ulrich Mordeisen 1544 in Leipzig Gast bei der Hochzeit von Martin Pfintzing gewesen sein. Auffällig ist auch, dass Pfintzing 1562 in seinem Bericht über die Krönung Maximilians II. eine eigene Gruppe *Mathematici et Musici* heraushebt, an deren Spitze Orlando di Lasso steht.

1 Ferreirós, Aquilino Iglesia/Sánchez-Lauro, Sixto, Centralismo y autonomismo en los siglos XVI-XVII, Editions Universitat Barcelona, 1989, S. 528-530. | 2 Förstemann 1841, Bd. 1, S. 146b. | 3 Klaus 1958, S. 16, 181; Krause 1879, Bd. 2, S. 205 f.; Ex. in BSB München. | 4 BSB München, digital. | 5 UB u. LB Sachsen-Anhalt in Halle, digital. | 6 UB u. LB Sachsen-Anhalt in Halle, digital. | 7 UB u. LB Sachsen-Anhalt in Halle, digital. 8 UB u. LB Sachsen-Anhalt in Halle, digital. | 9 UB u. LB Sachsen-Anhalt in Halle, digital. | 10 Pardi 1900, S. 140 f. | 11 Pardi 1900, S. 142 f. | 12 Meusser 2004, S. 113, 185. Zu dieser Position vgl auch Pollet 1977, Bd.3, S. 508; Laubach 2010, S. 57. | 13 Edelmayer, Fridrich, Söldner und Pensionäre, Das Netzwerk Philipps II. im Heiligen Römischen Reich, Oldenbourg Verlag, 2002, S. 42. | 14 ÖNB Wien, CVP 8251; vgl. auch Stadtarchiv Aachen, Hs. 174. | 15 Langenn 1854, S. 323. | 16 Koch, Matthias, Quellen zur Geschichte des Kaisers Maximilian II., Leipzig: Voigt & Günther, 1857, S. 150.

Pflüger, Konstantin

Konstantin Pflüger (Ploger), geboren in Glogau (poln. Glogów, Woiwodschaft Niederschlesien), gestorben ? in?, luth., Universitätslektor (Ethik, Terenz).
Pflüger immatrikulierte sich an der Universität Leipzig im SS 1535[1]. Er promovierte im SS 1538 unter Magister Johannes Spremberger zum Bacc. art.[2]. Im WS 1539/40 trat er unter Magister Matthias Häusler erfolgreich zum Magisterexamen an[3]. Im WS 1541/42 lehrte Pflüger an der Artistenfakultät die *exercitia ethicorum*, im WS 1544/45 wurde ihm auf zwei Jahre eine Vorlesung über

die *Andria* des Terenz übertragen⁴. Pflüger war seit 1544 Kollegiat des *Collegiums beatae Mariae virginis*⁵. Während des WS 1545/46 übte Pflüger das Amt eines Dekans der Artistenfakultät aus⁶. Seine Amtszeit beginnt im Dekanatsbuch mit einer Darstellung der Concordia sowie wie von zwei Raben; ein Mann zerbricht einzelne Stäbe, ein anderer versucht vergeblich, ein Bündel von Stäben zu zerbrechen. Während seiner Amtszeit spendierte die Fakultät fünf Taler für die von einem Brand heimgesuchte Stadt Gotha. Im WS 1546/47 war Pflüger Rektor Magnificus⁷. Unter dem Rektorat Pflügers wurde wegen der drohenden Kriegsgefahr und Belagerung am 27. Dezember 1546 die Universität vorübergehend nach Meißen verlegt⁸. Doch nach dem Friedensschluss *kehrten die Doktoren und Studenten, die während des Waffenlärms auf ihr Wohl bedacht die Stadt verlassen hatten und hierhin und dorthin, wo jeder Sicherheit erhoffte, zerstreut waren, in ihre Wohnungen nach Leipzig zurück und nahmen die Arbeit für Gott und die Musen wieder auf*⁹. Spätestens im September 1547 ist Pflüger wieder in Leipzig, wo er am 15. Februar 1548 letztmals als Examinator der Bakkalare wirkte¹⁰; danach schied er aus der Fakultät aus. Aus einer Notiz im Dekanatsbuch der Artisten vom 1. September 1550 geht hervor, dass Pflüger Leipzig (mit der Möglichkeit einer Rückkehr) verlassen hatte¹¹.

Beziehungen zwischen Rheticus und Pflüger waren bis zum SS 1545 insoweit gegeben, als beide an der Artistenfakultät gelehrt haben. Während des Dekanats und des Rektorats von Pflüger war Rheticus von Leipzig abwesend.

1 Erler, Bd. 1, S. 617, P 28. | 2 Erler, Bd. 2, S. 644. | 3 Ebenda, S. 655. | 4 Ebenda, S. 663, 681. | 5 Zarncke 1857, S. 777, Nr. 32. | 6 Erler, Bd. 2, S. 684-689. | 7 Gersdorf 1869, S. 37. | 8 Vogel 1714, S. 160; Helbig 1953, S. 101; Krause 2003, S. 567. | 9 Peifer 1996, S. 58. | 10 Erler, Bd. 2, S. 699, 702. | 11 Erler, Bd. 2, S. 716.

Pförtner, Ernst

Ernst Pförtner (Pfortner, Pfertner), geboren in Schweidnitz (poln. Świdnica, Woiwodschaft Niederschlesien), gestorben ?, luth., Bakkalaureus.

Pförtner immatrikulierte sich im SS 1545 unter dem Rektor Joachim von Kneitlingen an der Universität Leipzig¹. Er gehörte der Polnischen Nation an. Im WS 1548/49 wurde er nach dem 21. März 1549 unter dem Dekan Rheticus von Magister Ambros Borsdorfer zum Bacc. art. promoviert².

Beziehungen zwischen Rheticus und Pförtner bestanden im SS 1545 und vor allem in den Jahren 1548 bis 1551. Die Promotion von Pförtner zum Bacc. art. fand unter den Dekanat von Rheticus statt, er musste für die Prüfungen zum Bakkalaureat die Vorlesungen von Rheticus hören.

1 Erler, Bd. 1, S. 653, P 11. | 2 Erler, Bd. 2, S. 705.

Pistoris, Modestinus, 1516–1565

Modestinus Pistoris (Pistorius, mit Adelsprädikat von Seußlitz), geboren am 9. Dezember 1516 in Leipzig, gestorben am 15. September 1565 in Leipzig¹, luth., Jurist (Rechtslehrer, kurfürstl. Rat, Stadtrichter), Bürgermeister².

Der Sohn des Leipziger Rechtslehrers Simon Pistoris d.J. immatrikulierte sich im WS 1529/30 an der Universität Leipzig³. Er promovierte im SS 1532 zum Bacc. art.⁴ Anschließend wandte er sich dem Rechtsstudium zu und erlangte am 3. Februar 1535 den Grad eines Bacc. iur. utr.⁵ Danach setzte er sein Rechtsstudium fünf Jahre lang in Italien fort; er hörte in Pavia Alciat, in Padua Mariano Sozzini d.J. († 1556), den Vater des Theologen Lelio Sozzini († 1562). Nach Leipzig zurückgekehrt promovierte er am 22. Februar 1541 unter Andreas Frank als Vizekanzler zum Lic. iur. utr. und kurz darauf am 7. Februar 1542 unter dem Dekan Ludwig Fachs, seinem Schwiegervater *in spe*, zum JUD[6]; schon tags darauf wurde er in die Juristische Fakultät aufgenommen. 1554 folgte er Fachs in dessen Professur nach; *er zog vita scholastica dem Hofdienst vor* (Osse). Häufig wurde er auch als Rechtsgutachter in Anspruch genommen[7].

Modestinus Pistoris heiratete in erste Ehe Barbara, Tochter des Juristen Ludwig Fachs, gestorben am 18. März 1563[8]; danach ging Pistoris eine zweite Ehe mit Magdalena, geb. Ziegler, ein (eine Tochter). Von den zwölf Kindern aus der ersten Ehe wurden drei Söhne im SS 1554 in Leipzig immatrikuliert: Ludwig[9], Modestinus[10] und Simon[11].

Beziehungen zwischen Rheticus und Pistoris hat es nicht gegeben, sieht man davon ab, dass beide Kollegen in verschiedenen Fakultäten waren, was sie hin und wieder doch zusammengeführt hat. Sein Vater Simon Pistoris war schon um 1544 Besitzer eines Exemplars von Kopernikus' *De revolutionibus* (Nürnberg 1543). Die Söhne von Modestinus Pistoris kommen als Schüler von Rheticus nicht in Betracht, da sie zu jung waren.

1 STEPNER 1675, S. 289 f., Nr. 1416. | **2** OSSE 1717, S. 51 f. | **3** ERLER, Bd. 1, S. 601, M 11. | **4** ERLER, Bd. 2, S. 620. | **5** Ebenda, S. 56. | **6** Ebenda, S. 60-64. | **7** BAR/DOPFFEL 1995, S. 60-84. | **8** STEPNER 1675, S. 290, Nr. 1417. | **9** ERLER, Bd. 1, S. 700, M 95, nicht vereidigt. | **10** Ebenda, S. 700, M 96, nicht vereidigt. | **11** Ebenda, S. 700, M 97, nicht vereidigt.

Pistoris, Simon, d.J., 1489–1562

Simon Pistoris (Pistorius, eigentlich Becker, seit 1521 Pistoris von Seußlitz), geboren am 28. Oktober 1489 in Leipzig, gestorben am 3. Dezember 1562 in Seußlitz (Ortsteil von Nünchritz, Lkr. Meißen), Grabschrift von Georg Fabricius überliefert, luth., Jurist (Rechtslehrer, Rat, Kanzler, Beisitzer des Oberhofgerichts), Kanoniker in Merseburg und Naumburg[1].

Der Sohn des Professors der Medizin Simon Pistoris d.Ä. studierte zunächst in Leipzig (imm. 1496[2], Bacc. art. 1504[3]) und in Wittenberg (imm. 1507[4]), wo damals Richard Sbrulius als Professor für Poetik und Rhetorik wirkte. 1510 ging Pistortis nach Pavia, wo er bis 1512 blieb[5]. Im März 1512 kam Ulrich von Hutten zum Rechtsstudium nach Pavia; ihn musste Pistoris schon von Leipzig her kennen. 1509 promovierte Pistoris in Leipzig zum Bacc. utr. iur. und 1513 zum Lic. utr. iur., schließlich 1515 zum JUD[6]. 1519 bis 1523 war er Professor für den Codex. Pistoris korrespondierte 1525 bis 1530 mit Erasmus. Seine *Consilia* wurden durch seinen Sohn Modestinus veröffentlicht (Leipzig 1587). Pistoris verfasste 1527 eine Anleitung zum juristischen Studium *Ratio discendarum legum*[7]. 1523 bis 1530 und nach Unterbrechung 1541 bis 1549 Kanzler, danach ging er in den Ruhestand auf sein von ihm 1546 umgebautes Schloss Seußlitz, wo er sich wissenschaftlichen Arbeiten, insbesondere Rechtsgutachten widmete.

Pistoris hatte von seinem Lehrer Jason de Mayno dessen Wahlspruch übernommen *calamus est, qui facit jurisconsultum* (die Rohrfeder macht den Juristen).»Zu Hause wie auf Reisen hatte Pistoris die Gewohnheit, um Mitternacht aufzustehen und bis 4 Uhr morgens zu arbeiten, dann genoss er ein paar Stunden Ruhe, worauf er um 6 Uhr die ihm liebgewordene Tätigkeit wieder begann«[8]. Er war Besitzer einer bedeutenden Bibliothek, die nicht nur juristische Bücher enthielt.

Pistoris war dreimal verheiratet und hatte 23 Kinder. Von seiner Ehefrau Klara Pantzschmann hatte er den Sohn Modestinus Pistoris (1516-1565), der ebenfalls ein bedeutender Rechtslehrer wurde. Am 4. August 1555 wurde Simon Pistoris von Kaiser Ferdinand I. mit dem Prädikat *von Seuselitz* in den erblichen Reichsritterstand erhoben. In der Staatlichen Münzsammlung in München wird eine Goldmünze mit seinem Porträt aufbewahrt. Ein Porträt (1535) ist abgebildet bei Pollet[9].

Beziehungen zwischen Rheticus und Pistoris hat es zunächst in der Weise gegeben, dass sie sich während der Jahre 1542 bis 1551 bei festlichen Anlässen begegnet sind. Pistoris war aber auch sehr früh Besitzer eines Exemplars von Kopernikus' *De revolutionibus* (Nürnberg 1543)[10]. Denn auf dem Einband erscheinen neben der Jahrzahl 1544 die Bilder von Luther, Melanchthon, Erasmus und Karl V. sowie ein goldenes Medaillon mit seinem Porträt mit der Inschrift SIMON PISTOR V[ITAE] ETA[TIS] XLVII und dem Wappen mit der Inschrift AN[NO] MDXXXVII PEL EME API VI CE RES. Es ist denkbar, dass Rheticus bei dem Ankauf des Buches beratend zur Seite stand. Da 1543 auch die Artistenfakultät in Leipzig ein Exemplar dieses Buches ankaufte, mochte Pistoris davon Kenntnis erlangt haben.

1 Eisenhart, Johann August, in: ADB 26 (1888), S. 186-194; Pollet 1969, Bd. 1, S. 244-246; Rücer, Conrad Alfred, Leben und Schicksal des sächsischen Rechtsgelehrten und Kanzlers Simon von Pistoris auf Seuselitz (1489-1562), Waiblingen 1977. | 2 Erler, Bd. 1, S. 414, M 27. | 3 Erler, Bd. 2, S. 415. | 4 Förstemann 1841, Bd. 1, S. 23a. | 5 Bonorand 1986/87, S. 350. | 6 Erler, Bd. 2, S. 38-41. | 7 Burmeister 1974, S. 92, 173, 228-230, 254. | 8 Zitat aus Eisenhart, S. 188 f. | 9 Pollet 1969, Bd. 1, S. 245. | 10 Gingerich 2002, S. 210, I, 172 (Uppsala 2, Universitets Bibliothek).

Pistorius, Friedrich, 1486–1553

Friedrich Pistorius (Beck, Becker), geboren 1486 in Nürnberg, gestorben am 10. Juni 1553 in Nürnberg (St. Johannis, erneuerte Messingtafel, Zahn), letzter Abt des Ägidienklosters, luth. Pfarrer an St. Lorenz[1].
Übergab 1521 sein Kloster und seine Einkünfte an die Stadt und wurde gelegentlich als Korrektor beschäftigt. Er half Osiander 1543 beim Vorwort zu Kopernikus, der ihm ein Exemplar mit Widmung *compatri suo* schenkte (jetzt LB Darmstadt)[2]. Pistorius gilt als »Beteiligter an dem Schwindel« des Osiander (Pilz). 1544 ließ ihn Venatorius in drei Briefen vom 6. Juni, 18. Juni und 4. August aus Rothenburg grüßen[3].
Pistorius heiratete am 28. Juni 1551 Anna, die Tochter des Georg Schwarz[4], Eobanus Hessus verfasste zu diesem Anlass ein Gedicht.
Beziehungen von Rheticus zu Pistorius sind nicht überliefert; doch musste Pistorius dem Rheticus wegen der Begleiterscheinungen um den Kopernikusdruck bekannt sein. Eine Verbindung mochte auch über Venatorius gelaufen sein.

1 Würfel, Andreas, Dypticha ecclesiae Egydianae, Nürnberg 1757, S. 18; Pilz 1977, S. 209 f. | 2 Zinner 1943, S. 253, 454; Gingerich 2002, S. 65. | 3 Der Nürnberger Geschicht-, Kunst- und Altertumsfreund 1 (1842), S. 226. | 4 Der Nürnberger Geschicht-, Kunst- und Altertumsfreund 1 (1842), S. 225.

Platter, Felix, 1536–1614

Felix Platter (Platerus, Platterus), geboren 28. Oktober 1536 in Basel, gestorben am 28. Juli 1614 daselbst, ref., Arzt, Professor für Medizin[1].
Der Sohn des Schulmanns und Buchdruckers Thomas Platter, wie der Vater berühmt durch seine Selbstbiographie[2], war vom Vater bestens vorgebildet. Bereits als Knabe spielte er in der von seinem Vater zur Aufführung gebrachten Tragikomödie *Hypocrisis* von Willem Gnapheus (Basel: Bartholomäus Westhemerus, 1544)[3] eine Mädchenrolle, nämlich eine der drei Grazien, wie sie etwa 1530 von Lucas Cranach d.Ä. gemalt worden sind; in dem Stück traten die drei Grazien im Chor auf. Er trug bei der Aufführung die Kleider der Buchdruckerstochter Gertrud Herwagen, die ihm viel zu groß waren und ihn in Schwierigkeiten brachten. Die Rolle der Psyche spielte Theodor Zwinger.
Felix Platter begann sein Studium an der Universität Basel 1551/52 unter dem Rektor Bonifaz Amerbach[4]. Am 4. November 1552 schrieb sich Platter an der Universität Montpellier ein[5], wo er sich Antoine Saporta zum Patron auswählte. Auch wenn er sehr ernsthaft studierte, so hat Platter doch die angenehmen Seiten des Studentenlebens ausgekostet. Im Laufe seines Aufenthaltes zog Platter um in ein anderes Haus, *so groß und zierlich. Do hatt ich ein sal in; hernoch macht ich mir ein studiol von tilen oben in der kammer, daß ziert ich inwendig mit gmäl und gab mir mein [Haus-]herr ein vergülten seßel darin, dan er mich gar wol hielte, also das wer darin kam, sich verwundert, daß eß so*

schön was. Es was ein hübsche altonen hoch oben am schnecken, doruf ich die stat übersah, auch bis zum meer, daß ich zu zeiten hort brusen. Do studiert ich oft. ... Sas dick under dem laden und schlug die luten, do mir die vorüber in herren S. Georgi hus zuloßten, sunderlich sein schwester die damoiselle Martha[6]. Platter war stadtbekannt als *l'Alemandt du lut (der Teutsche Lutenist)*[7]. Der Vater, der in Basel für seinen Sohn auf Brautschau ging, warnte denn auch den Sohn, der ein begeisterter Tänzer war, *dass er sich hüte, dass er nit etwan von welschen wiberen ingenommen werde*[8]. Felix Platter promovierte am 28. Mai 1556 zum Bakkalaureus der Medizin; Promotor im *Collegio Regio* war Saporta. *Es disputierten nur die doctores medici der hochen schul daslbst wider mich und weret der actus von 6 uren biß 9. Darnach zog man mir ein rot kleid an, darin danckt ich ab carmine, darinnen ich auch der teutschen gedacht; hatt im anfang ein lange orationem, recitiert ich ußwendig, zalt hernach 11 francen und 3 sos und gab man mir brief und sigel. Die teutschen wunschten mir glick, denen ich zu danck ein pancket gehalten hab.*[9] Der Vater mahnte ihn, der Obrigkeit und den Bürgern zu liebe in Basel zu doktorieren, *dan so ich anderswo doctoriret, wie die andre, so man sagt nit so geschickt sein, das sy in unser hohenschul den gradum annemmendt, und sye die gemein redt: accepimus pecuniam et mittimus stultos in Germaniam*. Ein Gegenstück zu Platter bildete der Paracelsist Heinrich Pantaleon, der ohne vertiefte medizinische Ausbildung blieb und in einem anspruchslosen Schnellverfahren in Valence (Drôme) zum Dr. med. promovierte[10]. Auch über die Doktorpromotion in Basel liegt eine detaillierte Schilderung von Platter vor. Am Beginn stand eine *Collation* im Hause des Dekans, wo man Malvasier trank. Danach zog man zum *Collegio*, Platter in roten Hosen und rotem Wams. In der überfüllten *Aula medicorum* nahmen Platter und die Professoren ihre Plätze ein. Platter trug seine (lange!) *oration* auswendig vor. Es folgten die üblichen *solenniteten*: Aufsetzen des gekränzten Samtbaretts, Anstecken des Rings, Ausrufen zum Doktor, Auslegung eines Hippokratestextes aus dem Stegreif, Danksagung des neuen Doktors mit einer (wiederum langen!) *oration*. Von vier Bläsern angeführt begab sich die Prozession in das Gasthaus *zu der Cronen, do daß pancquet angestelt war*[11].

Platter war Dekan der medizinischen Fakultät in den Studienjahren 1562, 1572, 1578, 1581, 1590, 1592, 1594, 1598[12], Rektor Magnificus 1570/71, 1576/77, 1582/83, 1588/89, 1595/96, 1605/06. 1571 wurde Platter zum Stadt- und Spitalarzt bestellt. Er machte sich besonders verdient während der Pestepidemien von 1564 und 1610. Er richtete in Basel einen botanischen Garten und ein anatomisches Theater (erste Sektion 1557) ein und legte Sammlungen von Kunstgegenständen (u.a. Porträts), Gesteinsproben und Musikinstrumenten an. Michel de Montaigne besuchte um den 30. September 1580 das berühmte Herbarium Platters sowie seine Anatomie, bestaunte aber auch sein Haus. *Nous y vismes de singulier la maison d'un médecin nommé Felix Platerus, la plus pinte et enrichie de mignardises à la françoise qu'il est possible de voir; laquelle ledit medecin a batie fort grande, ample et sumptueuse*[13].

Werke (Auswahl): *De corporis humani structura et usu libi III., tabulis ... explicati, iconibus accurate illustrati* (Basel: Ambrosius Froben, 1583)[14]; *De febribus liber* (Frankfurt/Main: Andreas Wechels Erben 1597, mit lat. Gedichten von Guillaume Budé und Theodor Zwinger)[15]; *Observationes in hominis affectibus plerisque* (Basel: Konrad Waldkirch für Ludwig König, 1614).

Es sind zahlreiche Bildnisse von Platter überliefert[16]. Ein Ölgemälde von Hans Bock d.Ä. befindet sich in der alten Aula der Universität Basel[17]. Felix Platter heiratete 1557 die vom Vater favorisierte Margarete Jeckelmann, Tochters eines Wundarztes und Ratsherrn; die Ehe blieb kinderlos. Platter führte europaweit einen sehr ausgedehnten Briefwechsel (UB Basel). Platter, Kaspar Bauhin und Zwinger waren die führenden Basler Mediziner in ihrer Zeit. »Felix Platter war vor allem ein glücklicher Arzt, der als ungewöhnlich begabter Lebenskünstler bei gleichzeitigen ärztlichen Höchstleistungen in ungetrübter Lebensführung ein hohes Alter erreichen durfte«[18]. Der musikalisch talentierte Platter war ein sehr geselliger Mensch; er unterhielt seine Gäste und Freunde mit eigenen Versen, Gesang und Lautenspiel (Koelbing).

Beziehungen zwischen Rheticus und Felix Platter sind nicht bekannt. Dennoch konnte hier auf eine Kurzbiographie Platters nicht verzichtet werden, da er zu vielen Schulgesellen von Rheticus Kontakt hatte (z.B. Achilles Gasser[19], Philipp Bech, Charles de l'Écluse usw.). Insbesondere verdanken wir Platter allgemeine Einblicke in das zeitgenössische akademische Leben.

1 KARCHER 1949; PASTENACI, Stephan, in: NDB 20 (2001), S. 518 f.; KOELBING, Huldrych M. F., in: HLS 2010. | 2 FECHTER 1840 (Thomas und Felix Platter); RETTER 1972, S. 85-107 (Felix Platter); LÖTSCHER, Valentin (Hg.), Felix Platter, Tagebuch (Lebensbeschreibung) 1536-1567) (Basler Chroniken, 10), Basel/Stuttgart: Schwabe, 1976. | 3 VD 16 V 2265; BSB München, digital. | 4 WACKERNAGEL 1956, Bd. 2, S. 73, Nr. 35. | 5 GOURON 1957, S. 126, Nr. 1969. | 6 FECHTER 1840, S. 148 f. | 7 LÖTSCHER 1976, S. 72. | 8 FECHTER 1840, S. 158. | 9 Ebenda, S. 155. | 10 BUSCHER 1947, S. 34 f. | 11 KARCHER 1949, S. 29 f. | 12 WACKERNAGEL 1956, Bd. 2, S. 513 f. | 13 MONTAIGNE, Journal de voyage en Italie par la Suisse et l'Allemagne, hg. v. Maurice Rat, Paris: Garnier, 1955, S. 14 f. | 14 VD 16 P 3352; BSB München, digital. | 15 BSB München, digital. | 16 Zu den Bildnissen KARCHER 1949, S. 109-111. | 17 Abb. bei KARCHER 1949, gegenüber Titelblatt; auch Abb. bei LÖTSCHER 1976, nach S. 536, Tafel 56. | 18 KARCHER 1949, S. 112. | 19 BURMEISTER 1975, Bd. 3, S. 324 f., 327, 329.

Platter, Thomas, 1499–1582

Thomas Platter, geboren am 10. Februar 1499 in Grächen (Kanton Wallis), gestorben am 26. Januar 1582 in Basel, begraben im Kreuzgang des Münsters, Grab noch vorhanden, ref., Humanist, Schulmann, Buchdrucker[1].

Thomas Platter hat eine Autographie[2] hinterlassen, die nicht nur einen Einblick in sein Leben gewährt, sondern auch exemplarisch das Schüler- und Studentenleben erfasst, so wie das auch für die Autobiographie seines Sohnes Felix Platter gilt[3]. Thomas war der Sohn armer Eltern und diente zunächst als Hirtenjunge, zog dann durch Deutschland und die angrenzenden Länder (Schlesien, Polen, Ungarn), wobei er sich mit seiner schönen Stimme den Lebensunterhalt verdiente. Er besuchte die Schule des Johannes Sapidus in Schlettstadt, wo er den Donat *aufs Nägelein hinaus* auswendig lernte. In der Absicht, Priester zu werden, kam er 1526 nach Zürich, wo er in die von Oswald Mykonius geleitete Schule eintrat, Latein, Griechisch und Hebräisch studierte und zugleich auch das Seilerhandwerk erlernte. Teilweise hielt er sich in Basel und auch immer wieder im Wallis auf. 1529 heiratete Platter Anna Dietschi aus Meilen am Zürichsee, die seit Jahren Magd im Hause von Oswald Mykonius war (Sohn Felix).

Die Frauenmünsterschule 1523–1531

Rheticus wurde in Zürich einerseits zwischen dem alten Glauben und der aufkommenden Reformation hin- und hergerissen, aber auch zwischen Österreich und der Schweiz. Obwohl Rheticus erst 1528 nach Zürich kam, sind die Ausführungen Platters über die Frauenmünsterschule doch auch für Rheticus gültig. Als Mykonius 1523 sein Amt antrat, meinte er: *»Das ist ein hübsche Schule«*, sie war nämlich erst vor kurzem neu erbaut worden, *»aber mich bedünkt, es seien ungeschickte Knaben darin; doch wollen wir sehen, wendet nur guten Fleiß an!«*[4]. Mykonius stellte hohe Anforderungen. Er las in der Schule den Terenz; die Schüler mussten jedes Wort der ganzen Komödie deklinieren oder konjugieren. Mykonius hielt auch Vorlesungen über die heilige Schrift, die von vielen Laien besucht wurden. Platter, Kustos und Famulus, hatte die Aufgabe, mit den Tischgängern, die bei Mykonius wohnten und speisten, den Donat und die Deklinationen einzuüben.

Platter vermittelt auch jenen Zwiespalt, den viele beim Übergang zur Reformation empfinden mussten. So wie in Feldkirch sonntags die Schüler unter der Leitung ihrer Lehrer in einer Prozession in die Kirche zogen und dort in den Chorgesang eingebunden waren, so gestaltete sich auch der Gottesdienst in Zürich. Die neue Lehre hatte sich ungeachtet der Predigten eines Zwingli oder Mykonius noch nicht voll durchgesetzt. Platter schreibt: *damals betete und fastete ich mehr, als mir* lieb war. Dabei hatte ich meine eigenen Heiligen und Patrone, deren jeden ich um etwas bat. Unsere liebe Frau: dass sie bei ihrem Kinde meine Fürsprecherin sei, St. Katharina: dass ich recht gelehrt werden möchte, St. Barbara: dass ich nicht ohne das Sakrament stürbe, St. Peter: dass er mir den Himmel aufschließe[5]. Als aber Meister Ulrich Zwingli streng dawider predigte, zweifelte ich, je länger, je mehr[6]. Es kamen ihm Bedenken, Priester zu werden; er disputierte mit seinen Mitgesellen über den alten Glauben; denn *zu dieser Zeit hatte man zu Zürich immer noch Messen und abgöttische Bilder*[7].

Auch Mykonius predigte im Sinne des Evangeliums, er befand sich in einem ähnlichen Zwiespalt wie Platter, *musste aber doch mit seinen Schülern zum Frauenmünster in die Kirche gehen, Vesper, Frühmetten und Messen singen, sowie den Gesang leiten«.* In dem erfahrenen Sängerknaben Platter fand Mykonius einen Stellvertreter. Mykonius gestand ihm, *ich wollte jetzt lieber vier Lektionen halten als eine Mette singen. Lieber, tu mir den Gefallen und vertritt mich manchmal, wenn man kleine Messen singt und das Requiem; ich will dir's schon lohnen*[8].

Einmal ging Platter in vorauseilendem Gehorsam einen Schritt weiter. Mykonius hatte ihn mit dem Amt eines Kustos betraut, mit dem er auch für die Heizung sorgen musste. *Eines Morgens wollte Zwingli vor Tag im Frauenmünster predigen, und als man zur Predigt läutete, hatte ich wieder einmal kein Holz. Da dachte ich: ‚Du hast kein Holz und stehen doch so viele Götzen in der Kirche'.* Platter nahm eine Holzplastik des hl. Johannes von einem Altar und heizte damit die Kirche. Darüber gerieten zwei Priester in einem heftigen Streit: *Du lutherischer Schelm, du hast mir meinen Johannes gestohlen.* Erst Jahre später bekannte sich Platter gegenüber Mykonius, der sich noch gut an den Vorfall erinnern konnte, zu seiner Untat[9]. Im Kappeler Krieg haben Zwingli und Mykonius Platter oft als Boten in die Urkantone zu den Anhängern des Evangeliums eingesetzt. Aus den Erzählungen Platters ist zu erkennen, dass auch Rheticus gehalten war, die Predigten von Zwingli und Mykonius anzuhören und sich in einem ähnlichen Dilemma befunden haben muss, wenn er auch nie die Absicht hatte, Priester zu werden. Am 14. Januar 1529 erließ der Zürcher Rat ein Mandat, dass bei Strafe niemand mehr eine Messe in Zürich oder auch in der Umgebung der Stadt besuchen dürfe[10].

Der Hebraist Theodor Bibliander wirkte als Provisor (Gehilfe) bei Mykonius. Er lehrte Platter das Hebräische. Sobald Platter das Hebräische, sowohl Gedrucktes als auch Geschriebenes lesen konnte, stand er »*alle Morgen früh bei Zeiten auf, heizte erst des Mykonius Stüblein, setzte mich dann vor den Ofen und schrieb, während Bibliander noch schlief, dessen hebräische Grammatik ab, ohne dass er es je inne ward*[11]. Von Pellikan erwarb Platter um eine Krone eine hebräische Bibel und fing an, »den Urtext mit der deutschen Übersetzung zu vergleichen«[12]. Platter trat danach in die Dienste des Konrad Pur, Predigers zu Mettmenstetten (Bezirk Affoltern, Kanton Zürich) und *begann mit ihm des Doktor Münsterus Grammatik zu lesen*[13].

Für Rheticus dürfte jene Tagung in Feldkirch am 14. bis 17. Februar 1529 eher unangenehm gewesen sein, als dort die fünf katholischen Kantone ihr Bündnis mit König Ferdinand eingingen[14]. In der Schweiz wurde dieses Bündnis mit dem »Erbfeind« als eine Ungeheuerlichkeit empfunden, die *ein ungeschmackt sach was in eyner Eidgnoschaft.* Wie tief auch der einzelne Eidgenosse davon betroffen sein konnte, mag man einem damals entstandenen *Spruch* entnehmen:

> *Es macht mich graw*
> *Daß sich der pfaw* [Österreich]
> *Darzu der stier* [Uri]
> *Und sonst noch vier* [Schwyz, Unterwalden, Luzern, Zug]
> *Jetzt hand vereyndt.*
> *Wer hets gemeyndt.*
> *Die doch fürwar*
> *Gar menge jar*
> *Gewesen sind*
> *Recht erblich fynd*[15]

Am 11. Oktober 1531 fiel Zwingli in der Schlacht bei Kappel am Albis. Dieses Ereignis blieb nicht ohne Folgen für die kirchlichen und schulischen Verhältnisse in Zürich. Heinrich Bullinger wurde im November 1531 an die Spitze der Zürcher Kirche gewählt, Bibliander übernahm den theologischen Lehrstuhl Zwinglis, Mykonius ging Ende 1531 nach Basel, Gesner nach Straßburg, Rheticus nach Feldkirch.

Thomas Platter in Basel

Platter übernahm die Buchdruckerei des Andreas Cratander, die er 1535 bis 1543 führte; aus seiner Offizin ging u.a. Jean Calvins *Christianae religionis institutio* (1536) hervor. Auch wirkte er als Griechischlehrer und Rektor des Gymnasiums. Zu der Universität Basel unterhielt er einen losen Kontakt. Hier hatte er sich 1534/35 inskribiert[16], Konsemester waren Andreas von Bodenstein Carolostadius, Georg von Stetten und der Däne Christiern Morsing. 1544 bis 1578 war er Rektor der Lateinschule auf Burg (Pädagogium), wo 40 Schüler in seiner Kost standen. Nach dem Tod seiner ersten Frau heiratete Platter 1572 in zweiter Ehe Hester Gross, der Tochter von Nicolaus Megander, Leutpriesters in Lützelfluh (Verwaltungskreis Emmental, Kanton Bern).

Das Porträt Platters ist mehrfach überliefert, u.a. in einem Ölgemälde von Hans Bock von 1581 (Öffentliche Kunstsammlung Basel, Kunstmuseum)[17]. Platter war im Besitz mehrerer Häuser in Basel, u.a. am Hasengässlein und an der Freien Straße[18]. 1549 kaufte Platter das Gundeldinger Wasserschlösschen (Gundeldingerstr. 280)[19].

1 Bonjour, Edgar, in: HLS 2010; Pastenaci, Stephan, in: NDB 20 (2001), S. 517 f.; Meyer/von Greyerz 2002. | 2 Vom Geißhirtlein zum Professor, Thomas Platters Leben, von ihm selbst erzählt, Elberfeld: Im Aue-Verlag, 1939. | 3 Fechter 1840 (Thomas und Felix Platter); Retter 1972, S. 47-84 (Thomas Platter), S. 85-107 (Felix Platter) | 4 Platter 1939, S. 32. | 5-7 Ebenda, S. 35. | 8 Platter 1939, S. 33. | 9 Platter 1939, S. 34. | 10 Stumpf 1932, S. 131. | 11 Platter 1939, S. 40 f. | 12-13 Ebenda, S. 41. | 14 Vgl. dazu Bilgeri 1977, Bd. 3, S. 62-83, besonders S. 66-69. | 15 Stumpf 1932, S. 135. | 16 Wackernagel 1956, Bd. 2, S. 7, Nr. 3. | 17 Abb. bei Meyer/von Greyerz 2002, S. 7; weitere Bildnisse abgebildet bei Lötscher 1976, nach S. 536, Tafel 49, 50, 51, 52, 54, 53, 54. | 18 Vgl. dazu den Plan bei Meyer/von Greyerz 2002, S. 45, Nr. 1 und Nr. 2. | 19 Meyer/von Greyerz 2002, S. 47-55.

Poach, Andreas, ca. 1514–1585

Andreas Poach (Boch), geboren um 1514 in Eilenburg (Lkr. Nordsachsen), gestorben am 2. April 1585 in Utenbach (Ortsteil von Apolda, Lkr. Weimarer Land, Thüringen), luth., Theologe[1].
Poach immatrikulierte sich 1530 an der Universität Wittenberg[2]. Am 19. September 1538 promovierte er unter Lagus zum Mag. art. (4. Rang von 14 Kandidaten[3], gleichzeitig mit Nikolaus Reinhold (1. Rang), Christoph Preuss (2. Rang), Matthäus Irenäus (3. Rang), Mads Hack (7. Rang), Maximilian Mörlin (11. Rang). Er blieb bis 1541 an der Universität, wurde dann Prediger in Jena und an der Marienkirche in Halle, 1550 Pfarrer zu St. Blasii in Nordhausen (Thüringen). 1566/69 versah er die einzige luth. Professor der Theologie in Jena. 1573 wurde er Pfarrer von Utenbach. Er bearbeitete die Predigten von Luther. Marbach, Melanchthon, Flacius, Matthias Wanckel, Neumair u.a. widmete ihm ihre Werke[4].

Beziehungen zu Rheticus dürfen als gesichert gelten. Beide waren Jahrgänger, über Jahre hin in Wittenberg Kommilitonen und später Kollegen an der Artistenfakultät. Danach verloren sie sich aus den Augen.

1 Stupperich 1984, S. 167 f. | 2 Förstemann 1841, Bd. 1, S. 139b. | 3 Köstlin 1890, S. 5. | 4 Clemen/Koch 1984, Bd. 5, S. 33 f., 37.

Pontanus, Christian, 1516–1567

Christian Pontanus (Brück, Bruck), geboren um 1516 in Wittenberg, gestorben am 18. April 1567 in Gotha (Hinrichtung durch Vierteilung), luth., Jurist (Kanzler)[1].
Der Sohn des kursächsischen Kanzlers Gregor Brück d.Ä. immatrikulierte sich im SS 1532 an der Universität Wittenberg[2], zugleich mit seinen Brüdern Gregor d.J. und Johannes sowie mit Rheticus. Melanchthon widmete ihm 1537 seine *Philosophiae moralis epitome* (Straßburg: Crato Mylius, März 1538[3], mit einem lat. Gedicht von Melchior Acontius)[4]. 1542 ist er in Bologna immatrikuliert[5]. Am 3. Februar 1543 promovierte er in Wittenberg zum JUD[6]. Während des Promotionsverfahrens wurde ihm eine *Quaestio* gestellt. Nach 1547 trat er in die Dienste des Herzogs Johann Friedrichs de Mittleren von Sachsen. 1556 wurde er auf drei Jahre, 1559 auf sechs Jahre zum Kanzler bestellt. 1558 spielte er eine maßgebliche Rolle bei der Einweihung der Universität Jena. 1558 erscheint er auch in der Matrikel der Universität Jena[7], zugleich mit seinem Bruder Johannes[8]. 1566 wurde er seines Amtes entsetzt, zugleich wurde ihm das auf Lebenszeit verliehene Amt Tenneberg wieder genommen, jedoch noch 1566 wurde er von Herzog Friedrich wieder als Rat angenommen. Gegen ihn wurde der Vorwurf erhoben, er bringe die kirchliche und weltliche Regierung in Thüringen durcheinander, da er »wie eine wilde Sau einen Acker zerwühle«. Pontanus war in die Grumbachschen Händel verwickelt und wurde wegen falscher Ratschläge nach der Einnahme von Gotha als Hochverräter verurteilt und hingerichtet.
Pontanus heiratete 1543 Barbara Cranach, die Tochter des Malers Lukas Cranach d.Ä. Am 16. Oktober 1553 verstarb Lukas Cranach d.Ä. im Haus seines Schwiegersohns Pontanus[9]. Christian Brück hat sich im Stammbuch des Joachim Strupp verewigt[10].
Beziehungen zu Rheticus bestanden über einen längeren Zeitraum. Fast unmittelbar vor der Einschreibung von Rheticus in die Wittenberger Matrikel im SS 1532 stehen die Namen von drei Wittenberger Brüdern: Christian, Gregor und Johannes Pontani[11], die Söhne des kursächsischen Kanzlers Gregor Brück (1485-1557). Im Hinblick auf die nach der Immatrikulation übliche Deposition ist davon auszugehen, dass die drei Brüder enge Freunde von Rheticus wurden. Sie waren alle drei Konsemester von Rheticus, blieben über mehr als zehn Jahre bis 1542 seine Kommilitonen.

1 SCHEIBLE, MBW, Personen, Bd. 11, 2003, S. 221 f. | 2 FÖRSTEMANN 1841, Bd. 1, S. 146a. | 3 CR Bd. 3, Sp. 359 f.; Text des Widmungsbriefes in engl. Übersetzung bei KUSUKAWA 1999, S. 139-143 | 4 BSB München, digital, hier Scan 17 f. das Gedicht des Acontius | 5 KNOD 1899, S. 417 f., Nr. 2839. | 6 CR X, Sp. 738 f. | 7 MENTZ 1944, S. 242. | 8 MENTZ 1944, S. 35. | 9 VÖLKER 1982, S. 172. | 10 METZGER/PROBST 2002, S. 292. | 11 FÖRSTEMANN 1841, Bd. 1, S. 146a.

Pontanus, Gregor, d.J.

Gregor Pontanus (Brück) d.J., geboren in Wittenberg, gestorben am 12. Dezember 1557 in Wittenberg?, Grabmal in der Michaeliskirche in Jena[1], luth., Ratsherr in Wittenberg[2].
Der Sohn des kursächsischen Kanzlers Gregor Brück d.Ä. immatrikulierte sich im SS 1532 an der Universität Wittenberg[3], zugleich mit seinen Brüdern Christian und Johannes sowie mit Rheticus. Gregor Pontanus d.J. war verheiratet mit Johanna, einer Tochter des Johannes Bugenhagen.
Beziehungen zu Rheticus: wie Christian Pontanus.

1 Abb. des Grabdenkmals bei FABIAN 1957, S. 382. | 2 SCHEIBLE, MBW, Personen, Bd. 11, 2003, S. 223. | 3 FÖRSTEMANN 1841, Bd. 1, S. 146a.

Pontanus, Johannes, † 1572

Johannes Pontanus (Brück), geboren in Wittenberg Sachsen-Anhalt), gestorben am 9. Juli 1572 auf einer Dienstreise in Wien (Österreich), luth., Arzt (Universitätsprofessor, Leibarzt)[1].
Der Sohn des kursächsischen Kanzlers Gregor Brück d.Ä. immatrikulierte sich im SS 1532 an der Universität Wittenberg[2], zugleich mit seinen Brüdern Christian und Gregor d.J. sowie mit Rheticus. Johannes Pontanus promovierte in Padua zum Dr. med. 1544/45 war er Professor für Philosophie in Königsberg i. Pr., 1552 daselbst Professor für Medizin und Physik[3]. Wegen des Osiandrischen Handels ging er nach Jena. Hier erscheint er 1558 in der Universitätsmatrikel[4]. Er war gothaischer, zuletzt weimarischer Leibarzt.
Werke: Pontanus ist der Verfasser mehrerer Pestschriften. Er übersetzte gemeinsam mit seinem Weimarer Kollegen Johannes Wittich Heinrich von Rantzaus *De conservanda valetudine* ins Deutsche und hängte mehrere kleine Pestschriften aus seiner eigenen Feder an (Leipzig: Hans Steinman, 1585; auch Leipzig: Hans Steinman, 1587[5]; *Einfeltiger vnd gar kurtzer bericht/ was man in den schweren Pestilentzleufften gebrauche sol* (Leipzig, 1594)[6].
Beziehungen zu Rheticus wie Christian Pontanus.

1 Günther 1858, S. 116; Scheible, MBW, Personen, Bd. 11, 2003, S. 223. | 2 Förstemann 1841, Bd. 1, S. 146a. | 3 Lawrynowiccz 1999, S 54, 67; vgl. auch Stupperich 1973, S. 122, 344, 360. | 4 Mentz 1944, S. 242. | 5 ULB Sachsen-Anhalt Halle, digital. | 6 BSB München, digital.

Porris, Magdalena, † 1553

Magdalena de Porris, vor 1528 auch Magdalena Iserin, später auch Magdalena Wilhalmin (Wilhelm), nach ihrer Heirat Magdalena de Petro (auch Groß), geboren um 1512 in Italien, gestorben um 1553 in Ravensburg (Baden-Württemberg), luth., ältere Schwester von Rheticus, Tochter von Dr. med. Georg Iserin und Thomasina de Porris[1].
Das gemeinsame Erlebnis, dass ihr Vater durch Henkershand sterben musste, mag die beiden Geschwister Magdalena und Georg Joachim besonders eng aneinander gebunden haben. Beide Geschwister wuchsen seit 1514 zweisprachig in einer teils italienischen, teils deutschen Umwelt auf. Es ist daher natürlich, dass der Bruder während seiner Krankheit und Rekonvaleszenz bei der Schwester Trost und Heilung suchte.
Magdalena de Porris war verheiratet mit dem Ravensburger Kaufmann Martin Groß, der italienischer Herkunft war. Ein Martino de Petro genannt Groß, erwarb 1548 das Bürgerrecht in Ravensburg[2]. Bürge bei dieser Bürgerrechtsverleihung war ein gewisser Junker Martin Groß genannt Walch, also offenbar auch ein Italiener, der aber dann aus den Quellen verschwindet. Er verkaufte 1545 um 50 Pf. Pf. einen Zins von 2 Pf., 10 Schilling, von vier Rebstücken an den Pfleger der Heiligkreuzkapelle und der Sondersiechen in Ravensburg[3]. Der andere Martin Groß alias Martino de Petro war evangelisch; er machte in Ravensburg Karriere, saß 1549 und noch 1551 als Zunftmeister im Rat; 1552 versteuerte er ein Vermögen von 1668 Mark. Die adelige Herkunft des Martino de Petro wurde jedoch in Ravensburg nicht anerkannt, er blieb im Handwerkerstand. Nach dem Tod seiner Schwester Magdalena, deren Ehe mit Martin Groß kinderlos blieb[4], prozessierte Rheticus vor dem Stadtgericht Krakau »mytt ßeynem Schwoger Mertin Groß Burger zu Rauenspurgk« um das Erbe seiner Schwester und Mutter[5].

1 Vgl. dazu Haefele 1927, S. 133. | 2 Dreher, Alfons, Das Patriziat der Reichsstadt Ravensburg, Stuttgart 1966, S. 254 f., 342, 371, 397. | 3 Haefele 1927, S. 131; er nennt als Quelle die Urkunde im Spitalarchiv Ravensburg 32, 2m R. | 4 Ebenda, S. 133. | 5 Stadtarchiv in Kraków, Plenipotentia 1551/58, msc. 759. S. 914 f.

Porris, Thomasina, ca.1495–1554

Thomasina de Porris (von Lauchen), geboren um 1495 in der Lombardei (Italien), vielleicht in Mailand, gestorben um 1554 in Bregenz (Vorarlberg), kath., Witwe von Dr. med. Georg Iserin, Mutter von Rheticus, in zweiter Ehe verheiratet mit Georg Wilhelm, Kaufmann in Bregenz[1].

Thomasina de Porris entstammte einem lombardischen Adelsgeschlecht. Als ihre Eltern werden ein mailändischer Gesandter Antonio Porro und dessen Gemahlin, Tochter eines Giovanni Ferrarii genannt[2]. Thomasina ließ sich um 1514 mit ihrem Mann Dr. med. & art. Georg Iserin in Feldkirch nieder, doch wurde ihr Mann hier 1528 hingerichtet. Ihre Kinder Magdalena (*um 1512) und Georg Joachim (*1514) legten infolge der mit der Hinrichtung verbundenen *damnatio memoriae* (Auslöschen des Andenkens) den Namen ihres Vaters ab und benannten sich seither nach ihrer Mutter »de Porris«. Das Wappen der Mutter ist nach einer Beschreibung in der Mailänder Matrikel von 1779: *Unter goldenem Schildeshaupte, worin ein gekrönter schwarzer Adler, sind in dem von Rot und Gold sechsmal schrägrechts abgetheilten Schilde, drei weisse Lauchstauden mit aufwärts gekehrten grünen Blättern neben einander gestellt.* Mit dieser Wappenbeschreibung stimmt das Wappen im Siegel von Rheticus überein, der in seinen Siegeln das Wappen seiner Mutter geführt hat; nach seiner Erhebung in den Adelsstand 1548 wurden die drei Lauchstangen durch drei Rettiche (Anspielung auf den Namen »Rheticus«) ersetzt. Mit ihrer Wiederverheiratung nahm Thomasina de Porris den Namen ihres zweiten Ehemanns Wilhelm an.

Thomasina heiratete in erster Ehe um 1510 den gelehrten Arzt Georg Iserin, der vermutlich aus dem Veltlin (Mazzo?) stammte und Stadtarzt von Feldkirch war. Er wurde 1528 wegen Betrugs und Zauberei zum Tode verurteilt und mit dem Schwert hingerichtet. Thomasina verkaufte vor 1542 ihr Haus in Feldkirch, behielt aber einen Weinberg von 17,25 Ar am Ardetzenberg, der sich noch 1578 im Besitz Erben Groß befand. Sie heiratete in zweiter Ehe den reichen, im Garnhandel tätigen Bregenzer Kaufmann Georg Wilhelm († um 1553). Wilhelm war Witwer und brachte aus seiner ersten Ehe mit Ursula Mock einen Sohn Bartholomäus Wilhelm mit in die Ehe. Georg Wilhelm war Mitglied des Bregenzer Stadtrates, er wurde 1541 als Abgeordneter zum gesamtösterreichischen Ausschusslandtag nach Linz geschickt, 1542 bis 1548 wirkte er als Stadtammann von Bregenz. Er galt 1542 bei der Regierung in Innsbruck als guter Kenner der Schweiz. 1542 reiste er nach Frankfurt am Main, 1544 bestätigte ihm der Kaiser in Speyer sein Wappen. Als Stadtammann von Bregenz erwirkte Wilhelm 1548 auf dem Augsburger Reichstag bei König Ferdinand I. ein Privileg für einen Wochenmarkt in Bregenz.

Thomasinas Stiefsohn *Bartholomaeus Wilhelmus* immatrikulierte sich an der Universität Leipzig, an der ihr Sohn Rheticus lehrte; er war offenbar dessen Schüler. Ein Gesuch Georg Wilhelms bei der Regierung in Innsbruck, seinem Sohn die Fortsetzung des Studiums in Leipzig zuzugestehen, wurde am 18. Februar 1549 abgelehnt. Barthomoläus Wilhelm brach daraufhin sein Studium ab; er ist 1553 in Bregenz als Wirt zum »Mohrenkönig« in der Kirchstraße bezeugt († nach 1585).

Die Persönlichkeit der Thomasina des Porris ist mangels entsprechender Quellen nur sehr schwer greifbar. Ihr Inventar mit Silbergeschirr (teilweise mit Adelswappen verziert), Kleinodien, kostbaren Gewändern und zahlreichen Devotionalien lässt Schlüsse auf den Status einer reichen und besonders frommen adligen Dame zu. Als Mutter zweier unmündiger Kinder hat sie 1528 bei der Regierung in Innsbruck vergebens versucht, mit hohem finanziellem Aufwand die drohende Hinrichtung ihres Ehemanns abzuwenden. Als man bei ihrem Sohn Georg Joachim 1547 in Lindau eine Besessenheit diagnostizierte, drängten ihn Georg Wilhelm und Thomasina de Porris heftig, zu dem Heiligtum des Sankt Anastasius in Vergaville bei Dieuze (Département Moselle) zu pilgern, wo viele Besessene Heilung gefunden hatten. Als überzeugter Protestant weigerte sich Rheticus jedoch, dieser Aufforderung nachzukommen. Er suchte Erlösung allein in Christus, empfahl sich der Kirche und ihren Gebeten und ging immer innerlicher zum Abendmahl, sowohl in Lindau als auch bei seiner Schwester Magdalena in Ravensburg.

Das Sterbedatum der Thomasina de Porris steht nicht fest, fällt aber mit hoher Wahrscheinlichkeit in das Jahr 1554. Sie ist vermutlich in Bregenz gestorben, wo sie spätestens seit 1542 im Haus Kirchstraße Nr. 13 (ehemaliges Schirmgeschäft Heinrich) gewohnt hatte. Zu ihrem und ihres zweiten Ehemanns Gedächtnis wurde in der Bregenzer Pfarrkirche St. Gallus um den 16. Oktober eine Jahrzeit gehalten: … *Jergen Wilhalms, Bartholomeen, seins Sons, Thonasina de Thonasina de Porus, ain Hausfraw gewesen Georgen Wilhalms, Magdalenen Irer Dochter,…* Ihr Sohn, der Lutheraner Georg Joachim Rheticus, wurde in die Jahrzeit nicht aufgenommen. Ihre nachgelassenen Mobilien, die in einer Truhe *Ettliche Jar hinder der Statt Bregentz verwarungsweiß versorgt* waren, wurden 1576 von städtischen Beamten inventarisiert.

1 Heyer von Rosenfeld, [Carl Georg] Friedrich, Wappenbuch des Königreichs Dalmatien (J. Siebmacher's großes und allgemeines Wappenbuch, Bd. 4, 3. Abt.), Nürnberg 1873, S. 125, dazu Tafel 66; Haefele 1927, S. 122-137; Bilgeri 1948, S. 160 f.; Bilgeri 1965, S. 37 f.; Dreher, Alfons, Das Patriziat der Reichsstadt Ravensburg, Stuttgart 1966, S. 254 f., 342, 371, 397; Burmeister 1996, S. 352 f.; Burmeister 1997; Burmeister 2006, S. 150-159. | **2** Vorarlberger Landesarchiv Bregenz, Adelsakten 36.

Portius, Matthias, ca, 1520 – ?

Matthias Portius, geboren um 1520 in Halberstadt (Lkr. Harz, Sachsen-Anhalt), luth., Student, Magister.

Matthias Portius immatrikulierte sich im WS 1536/37 unter dem Rektor Justus Jonas an der Universität Wittenberg[1]; Konsemester waren Georg Fabricius, Johannes Crato, Martin Simon, Ahasver Brandt, Paul Rubigallus, Mikael Agricola, Nikolaus Bromm, Matthias Rodt, Johannes Reinhold, Friedrich Lagus. Am 11. September 1543 promovierte er unter Andreas Aurifaber zum Mag. art.[2]; er erreichte den 22. Rang unter 29 Mitbewerbern; Sigmund Schörkel kam auf den 2., Johannes Reinhold auf den 3., Paul von Eitzen auf den 4., Ludwig Rabus auf den 15., Alexius Naboth auf den 20. Rang. 1538 rief Lemnius den adligen Jüngling Portius auf, das beste für ihn auszusagen[3]. Portius könnte vom WS 1536/37 bis SS 1538 und im WS 1541/42 Vorlesungen von Rheticus gehört haben.

1 Förstemann 1841, Bd. 1, S. 164b. **2** Köstlin 1890, S. 15. **3** Mundt 1983, Bd. 1, S. 274; Bd. 2, S. 190 f.

Poulsen, Peder, 1509 –1572

Peder (Peter, Petrus) Poulsen (Paulsen, Pauli, Paulinus), geboren 1509 in Aarhus (Mydtjylland, Dänemark), gestorben am 22. September 1572 in Roskilde (Sjælland, Dänemark), Begräbnis in der Domkirche, luth., Universitätslektor (Griechisch), Theologe[1].

Poulsen immatrikulierte sich am 24. September 1533 unter dem Rektor Kaspar Cruciger an der Universität Wittenberg[2]; Konsemester waren Erasmus Flock, Sebastian Birnstiel, die Brüder Johannes, Albert und Wilhelm Reiffenstein. 1538 kam Poulsen, inzwischen Mag. art. und Bacc. theol., an die Universität Kopenhagen, wo er Professor für Griechisch wurde. 1541 war er Rektor Magnificus der Universität Kopenhagen. Wie Bugenhagen an König Christian III., der einen deutschen Prediger für den dänischen Hof suchte, am 19. August 1542 schrieb, ließ er Paulsen trotz seiner mangelhaften Deutschkenntnisse predigen, um ihn an die Sprache zu gewöhnen; der König werde in ihm einen guten und gelehrten Prediger finden[3]. Er rät dem König gleichzeitig, Poulsen in der Theologie zu promovieren. Der König folgte diesem Vorschlag aber nicht. Poulsen ging als Prediger an die Domkirche von Roskilde, wo er bis an sein Lebensende tätig blieb. 1564 erhielt er hier ein Kanonikat. Poulsen war verheiratet und hinterließ sieben Kinder, die im Kirchendienst tätig wurden. Gedruckte Werke von ihm kamen nicht heraus; wohl sind handschriftlich einige Predigten überliefert, u.a. *Ratio absolvendi homicidas*; *Concio super Evangelium dominicale Mat. 7 s. attendite a falsis prophetis*.

Rheticus und Poulsen waren zunächst 1533 bis 1536 Kommilitonen, von 1536 an bis Ende 1537 konnte er der Lehrer von Poulsen sein.

1 RØRDAM 1868/69, Bd. 1, S. 547-550; VOGT 1888/99, S. 238, Anm. | 2 FÖRSTEMANN 1841, Bd. 1, S. 150b. | 3 VOGT 1888/99, S. 236.

Prasinus, Johannes, † 1544

Johannes Prasinus (Brasch, Prasch, Prassinus), geboren in Hallein (Salzburg), gestorben 1544 in Wien, kath., neulateinischer Dichter und Dramatiker[1].

Auf dem Wege nach Wittenberg hatte sich Prasinus als Ioannes Brasch de Saltzburgk im WS 1534/35 an der Universität Leipzig eingeschrieben[2]. Er immatrikulierte sich dann am 19. Mai 1536 unter dem Rektor Jakob Milich an der Universität Wittenberg[3]. Hier schloss er sich hier dem Dichterkreis um Simon Lemnius an. Nach der *Apologia* standen Lemnius der Südtiroler Christoph Sell (*Sol Athesinus*) und Prasinus besonders nahe. Lemnius richtete an ihn *Ad Prassinum* zwei schlüpfrige Epigramme 1, 15 und 2, 74.[4]

In Wittenberg schuf Prasinus eine lateinische Versübersetzung von Buch 9-12 von Homers Odyssee *Ex Odyssea libri quatuor* [Buch 9-12], *elegiaco carmine redditi* (Wittenberg 1539)[5]. Eine ähnliche Versübersetzung ist auch von Lemnius bekannt.

Prasinus verfasste unter dem Titel *Threnologia in et de obitu Joan. Fabri* einen Nachruf auf den Bischof von Wien, ehemaligen Pfarrer von Lindau, einen geschworenen Feind des Protestantismus (Wien: Johannes Singriener, 1541)[6]. Prasinus wurde Sekretär von Fabris Nachfolger als Bischof von Wien Friedrich Nausea (1496-1552).

Prasinus' lat. Tragödie *Philoemus* ist posthum herausgekommen (Wien 1548).

Beziehungen zwischen Rheticus und Prasinus haben zweifellos bestanden. Diese waren schon durch die enge Bindung an den Kreis um Lemnius gegeben. Auffällig ist zudem noch, dass unter den Bavari, den Angehörigen der Bayerischen Nation in Leipzig, zugleich mit Rheticus ein Georgius Prasch Hellensis prope Saltzburg erscheint[7], offenbar ein Verwandter von Prasinus.

1 HOLSTEIN, H., in: ADB 26 (1888), S. 509 f.; MIKENDA, Gerhard, Johannes Prasinus und das allegorische Humanistendrama, Diplomarbeit (Ms.) Wien 1970; MUNDT 1983, Bd. 1, S. 214, 242; GARLAND, Mary, Prasinus, Johannes (d. 1544), in: GARLAND, Henry (Hg.), The Oxford Companion to German Literature, Oxford: University Press, 1997, Oxford Reference Online. | 2 ERLER, Bd. 1, S. 615, B 13. | 3 FÖRSTEMANN 1841, Bd. 1, S. 160a. | 4 MUNDT 1983, Bd. 2, S. 12 f., 86 f.; Bd. 2, S. 214. | 5 VD 16 H 4715; Exemplar in: BSB München. | 6 BSB München, digital; Google Books digital. | 7 ERLER, Bd. 1, S. 642, B 12.

Preuss von Springenberg, Christoph, 1515–1590

Christoph Preuss (Breyss, Prays, Prusius, genannt »Pannonius«), geadelt als Preuss von Springenberg, geboren am 25. Januar 1515 in Pressburg (slow. Bratislava, ungar. Pozsony, Slowakei), gestorben am 9. April 1590 in Königsberg i. Pr., luth., neulateinischer Dichter und Professor für Rhetorik[1].

Die Biographie von Christoph Preuss bereitet einige Schwierigkeiten.[2] Lemnius nennt in seiner Apologia (Frühjahr 1539) bei der Aufzählung seiner Freunde, die Mitglieder der Universität sind, hintereinander einen Christophorus Prusius und einen Magister Prusius[3], beide sind demnach zu trennen. Der spätere Magister Prusius wurde bereits früher im Epigramm II, 58 genannt, wenn auch unter dem Namen Pannonius und damals auch noch nicht als Magister. Das Epigramm ist überschrieben *De discessu Aemilii et C. Pannonii*; es beschreibt, wie der Poet Georg Aemilius und Christoph Pannonius gemeinsam mit Lemnius bei großen Bechern voll Gerstensaft ihren Abschied feiern, bevor sie am nächsten Morgen ins Goldland (*Crocontiadas plagas, Crocontia regna*) fahren[4]. Mundt identifiziert diesen Pannonius mit Christoph Preyss aus Posen [5]; dem ist zuzustimmen[6], allerdings passt die Herkunft aus Posen nicht zu dem Beinamen Pannonius; statt Posen muss es richtig heißen Pozsony, der ungarische Name für Pressburg. Der zweite Christophorus Preuss, geboren am 23. Oktober 1521, stammt hingegen aus Leitmeritz, tschech. Litoměřice[7].

Preuss immatrikulierte sich nach Schulbesuch in Goldberg (poln. Złotoryja, Woiwodschaft Niederschlesien) im SS 1536 an der Universität Wittenberg[8], war Schüler von Luther, Melanchthon und Rheticus und promovierte am 19. September 1538 zusammen mit Mads Hack, Matthäus Irenäus und Maximilian Mörlin unter dem Dekan Magister Konrad Lagus, dem späteren Juristen, zum Magister artium[9]. Er begleitete 1541 Melanchthon zu den Religionsgesprächen nach Worms und zum Reichstag von Regensburg.

Preuss wurde 1540 Professor für Poesie in Frankfurt/Oder[10]. Er war hier mehrfach Dekan der Artistenfakultät (1542, 1548, 1556)[11] und Rektor Magnificus (SS 1543, SS 1553). Er begleitete 1542 den Kurfürsten Joachim II. von Brandenburg als lateinischer Sekretär nach Ungarn im Feldzug gegen die Türken. 1558 wurde er Syndikus von Olmütz (tschech. Olomouc). Kaiser Ferdinand I. erhob ihn in den Adelsstand mit dem Prädikat »von Springenberg«. 1564 ging er als Syndikus und Protonotar nach Thorn (Toruń, Polen). Seit 1580 wirkte er als Professor für Rhetorik an der Universität Königsberg; 1582 war er Rektor Magnificus. Preuss korrespondierte mit Melanchthon, der ihm Gedichte schickte[12]. Zu seinen alten Freunden aus der Studienzeit gehörte Johannes Gigas[13].

Die **Beziehungen** zwischen Rheticus und Preuss waren sehr eng. Preuss war vom SS 1536 bis SS 1538 Schüler von Rheticus, danach sein Kollege. 1541 hielt Preuss sich bei Rheticus in Frauenburg auf.

1 Höhle 2002, S. 485-487 und passim (vgl. Register); Freytag 1903, Nr. II, 40. | 2 Burmeister 1968, Bd. 3, S. 27 f. | 3 Mundt 1983, Bd. 2, S. 190 f.; diese sind nach Mundt 1983, Bd. 1, S. 273 nicht zu identifizieren. | 4 Mundt 1983, Bd. 2, S. 76 f., mit näherer Deutung der Umstände in Bd. 1, S. 238. | 5 Mundt 1983, Bd. 1, S. 238. | 6 Rosen 1970, S. 384. | 7 Garcaeus 1576, S. 321. | 8 Förstemann 1841, Bd. 1, S. 161a. | 9 Köstlin 1890, S. 10. | 10 Friedländer 1887, Bd. 1, S. 85b; vgl. Höhle 2002, passim. | 11 Bauch 1901, S. 19 f., 27, 34, 45. | 12 Fuchs 2008, S. 57, 63, Anm. 108, 235-239. | 13 Clemen/Koch 1984, Bd. 5, S. 411.

Prüfer, Sigismund, † 1558

Sigismund Prüfer (Brufer, Priver, Priverr, Prüffer, Pruferus), geboren in Glogau (poln. Głogów, Woiwodschaft Niederschlesien), gestorben am 15. Februar 1558 in Leipzig (Selbstmord), begraben in Holzhausen (seit 1999 Stadtteil von Leipzig), luth., Universitätsprofessor (Rhetorik).

Sigismund Prüfer kam im SS 1549 nach Leipzig, wo er in nicht ganz zehn Jahren eine Bilderbuchkarriere machte: Bacc. art., Mag. art., Aufnahme in die Fakultät, Universitätsnotar, Dekan, Rektor; und dann das bittere Ende durch Selbstmord im Kollegium. Prüfer immatrikulierte sich im SS 1549 in Leipzig[1]. Er war 1555-1558 Kollegiat im *Collegium beatae Mariae virginis*[2]. Am 15. März 1550 erlangte er den Grad eines Bacc. art.; Promotor war Magister Andreas Knauer[3]. Im WS 1550/51, wohl noch vor dem 15. Februar 1551, wurde Prüfer zum Mag. art. kreiert, zugleich mit Valentin Meder, Moritz Steinmetz und den Brüdern Simon und Sebastian Scheib; Promotor war Peter Thomäus[4]. Im WS 1554/55 wurde Prüfer in den Senat der Artistenfakultät aufgenommen[5]. Er war danach in der Fakultät sehr aktiv. Er wirkte bis zum SS 1557 häufig als Examinator der Bakkalare, wurde im WS 1555/56 in die Fakultät aufgenommen und wurde deren Dekan war auch

Universitätsnotar und übernahm im SS 1556 die Rhetorik-Vorlesung. Im WS 1556/57 war Prüfer Rektor Magnificus[6]. Am 15. Februar 1558 schloss er sich in sein Zimmer ein, legte sich ins Bett und beging Selbstmord aus Melancholie. Der noch am gleichen Tag erfolgte Abtransport der Leiche auf dem Fuhrwerk eines Bauern, der ihn auf freiem Feld verscharrte[7], entspricht der üblichen Behandlung von Selbstmördern, die in der Verweigerung eines christlichen Begräbnisses für ihre Tat eine postume Strafe erleiden sollten.

Die **Beziehungen** von Rheticus zu Prüfer beschränken sich auf einen kurzen Zeitraum zwischen dem SS 1549 und dem April 1551. Im Hinblick auf seine Examina 1550 und 1551 war Prüfer gehalten, die Vorlesungen von Rheticus zu besuchen.

1 ERLER, Bd. 1, S. 676, P 19. | **2** ZARNCKE 1857, S. 777. | **3** ERLER, Bd. 2, S. 711. | **4** Ebenda, S. 718. | **5** Ebenda, S. 735. | **6** ERLER, Bd. 1, S. 712. | **7** VOGEL 1714, S. 206b.

Prunsterer, Johannes, ca. 1525–1553

Johannes (Ianus) Prunsterer, (Brünst, Brunster, Prünsterer, Prinsterer, Brunsterus u.ä.), Nürnberg, geboren um 1525 in Nürnberg, gestorben am 23. April 1553 in Nürnberg, Begräbnis auf den Johannisfriedhof, luth., Arzt[1].

Prunsterer stammte aus einer begüterten Kaufmannsfamilie; er immatrikulierte sich in Wittenberg am 23. Oktober 1540[2]. Auf seine Bitten hin stellte Melanchthon ihm am 1. Mai 1546 ein Zeugnis, das ihm bescheinigte, dass er gründlich Latein gelernt und sechs Jahre lang in allen Teilen der Philosophie studiert habe, wobei Mathemata und Physicen besonders hervorgehoben werden; er habe auch mit dem Studium der Medizin begonnen[3]. Zu den Lehrern Prunsterers gehörte insbesondere der Lektor für Physik Veit Amerbach. Als dieser 1543 verbittert Wittenberg verließ, gewährte ihm die Familie Prunsterers in Nürnberg Zuflucht auf dem Weg nach Ingolstadt. Am 7. März 1545 widmete Amerbach Prunsterer seine *Breves Enarrationes orationum Ciceronis* (Ingolstadt: Alexander Weißenhorn, 1545)[4]. Reisen führten ihn nach Italien und Frankreich, wo er vermutlich den Grad eines Dr. med. erwarb. Johannes Prunsterer wird seit 1545 in den Nürnberger Gerichtsbücher häufig als Hausbesitzer und Inhaber von Hauszinsen genannt. Er wohnte in der Nähe des Rathauses in der heutigen Rathausgasse. Er wirkte seit ca. 1545 als Stadtarzt. Aus sener Bibliothek hat sich ein brauner Lederband mit drei Werken von Veit Amerbach erhalten, mit handschriftlicher Widmung Vitus Amerpachius d. d. Johanni Prunstero mit in Gold aufgedrucktem Monogramm J. P. N.[5] Prunsterer war verheiratet mit Justina Bernbeck. Vater, Schwiegervater und Ehefrau mussten den Tod des erst 28jährigen Arztes miterleben, den sie in einem würdigen Grabmonument als *rerum medicarum et optimarum artium peritissimus* und mit einer metrischen Grabschrift, vermutlich von Veit Amerbach, priesen[6].

Beziehungen zu Rheticus sind gegeben. Da Prunsterer von Nürnberg nach Wittenberg kam, hatte er zweifellos von Schöner Kenntnis von Rheticus und besuchte dessen Vorlesung im WS 1541/42. In dem schon erwähnten Zeugnis lässt Melanchthon Prunsterers Vorliebe für die Astronomie erkennen: *motus coeli et siderum diligenter elaboravit, in ea parte omnium dulcissima, quae motus et effectus siderum inquirit* (er hat die Bewegungen des Himmels und der Sterne sorgfältig erarbeitet, in dem reizvollsten Teil von allem, wo nach den Bewegungen des Himmels und den Wirkungen der Sterne geforscht wird). Ein Bindeglied zwischen Rheticus und Prunsterer war Georg Hartmann, zu dessen Kupferstichporträt Prunsterer ein Distichon schrieb[7].

1 PILZ, Kurt, 600 Jahre Astronomie in Nürnberg, Nürnberg 1977, S. 218. | **2** FÖRSTEMANN 1841, Bd. 1, S. 184b. | **3** CR VI, Sp. 124-126. | **4** FISCHER 1926, S. 119, 13, 194, Text der Vorrede S. 177-181. | **5** CLEMEN/KOCH 1984, Bd. 5. S. 15. | **6** STROBEL 1771, S. 114-117. | **7** BALMER 1956, S. 287.

Pylander, Georg, † 1544

Georg Pylander (Pylandrus, Thormann, Thornmann, Thuorman, Thor Thurm), geboren in Zwickau (Lkr. Zwickau), gestorben 1544 in Mailand, luth., Arzt und Astronom¹.

Der Sohn des Tuchmachers Peter Thormann immatrikulierte sich in Wittenberg am 11. Juni 1531, im gleichen Semester wie Sebald Hauenreuter (23. Mai), Hieronymus Rauscher *Lipsensis* (28. Juli), Kaspar Brusch (3. August) und Johannes Stigel (15. Oktober)². Pylander wurde Schüler von Melanchthon und Luther, ebenso auch von Augustin Schürpf. Pylander bezog ein Stipendium vom Kurfürsten und von Jakob Bernwalder, Pfarrer an St. Margarethen in Zwickau. Pylander bat am 6. Juli 1533 im Hinblick auf das Magisterexamen um eine Erhöhung des Stipendiums³. Am 28. August 1534 promovierte er unter dem Dekan Alexander Ales zum Mag. art. und erreichte den 10. Rang; von seinen gleichzeitig geprüften Kandidaten kam Marcellus auf den 1., Hauenreuter auf den 4., Flacius auf den 6. Rang⁴. Pylander wandte sich unter Dr. med. Kaspar Lindemann dem Studium der Medizin zu. Im März 1536 weilte er mit Lindemann für einen Monat in Leipzig. Im Oktober 1536 ist er noch in Wittenberg, 1537 bittet er um Fortgewährung des kurfürstlichen Stipendiums, da er in Frankreich und Italien weiter Medizin studiere. Zunächst ging er jedoch für kurze Zeit nach Kopenhagen mit dem Auftrag, aus aufzuhebenden Klöstern eine Universitätsbibliothek aufzubauen⁵. Am 23. Oktober 1538 immatrikulierte er sich an der medizinischen Universität Montpellier, wo er dem Dr. med. Denis Fontanon zugewiesen wurde⁶. Er praktizierte in Rom und anderswo.

Georg Pylander war wohl unverheiratet. Er hatte einen jüngeren Bruder Kaspar, den er zu fördern versuchte, indem er ihn Stephan Roth als *hominem modestum, simplicem et probum* empfahl⁷. Kaspar Thorman begann sein Studium im SS 1541 an der Universität Leipzig⁸. Zum Freundeskreis Pylanders gehörte sein Landsmann Janus Cornarius, der das von ihm herausgegebene Buch über Pflanzen und Steine *Macri, De materia medica lib. V. versibus conscripti* (Frankfurt/Main: Chr. Egenolph, 1540)⁹ Pylander gewidmet hat.

Werke: Hippokrates, περι νούσων, von Thormann ins Lat. übers. *Libri IV. de morbis* (Paris: C. Wechel, 1540)¹⁰; *De anulo astronomico aut sphaerico* (Mailand: Vincenzo da Meda per l'Aurore, 1544)¹¹.

Rheticus und Pylander waren 1532 bis 1536 Kommilitonen; beide waren Schüler Melanchthons und an den mathematischen Fächern wie auch an der Medizin interessiert.

1 ADAM 1620, S. 39; CLEMEN, Otto, Georg Pylander, in: Neues Archiv für sächsische Geschichte 30 (1909), S. 335-348. | 2 FÖRSTEMANN 1841, Bd. 1, S. 142 f. | 3 BUCHWALD 1893, S. 103 f., auch S 117 f. | 4 KÖSTLIN 1388, S. 22. | 5 VOLZ 1966, S. 166 f. | 6 COURON 1957, S. 82. | 7 BUCHWALD 1893, S. 118. | 8 ERLER, Bd. 1, S. 636, M 64. | 9 VD 16 O 275, Exemplar in der BSB München. | 10 LIPEN, Martin, Bibliotheca realis medica, Frankurt/Main 1679, S. 288; Exemplar in der BN Paris. | 11 BCU Lausanne-; Bibl. Sainte-Geneviève Paris; Zedler Sp. 1794; British Libr. vorh.; Nach GRAESSE, Bd.6,1, S. 515, Exemplar in der Bibl. Jena, vgl. Memorabilia Bibliothecae Academiae Jenensis ... von Johann Christoph MYLIUS, Jena u. Weißenfels 1746, S. 135, Nr. 1079: annulus sphaericus in membrana impressus, 1544.

Rab, Ludwig, 1523–1592

Ludwig Rab (Rab genannt Günzer, Rabus, Rauss), geboren am 10. Oktober 1523 in Memmingen (Schwaben), gestorben am 22. Juli 1592 in Ulm, luth., Universitätslehrer, Theologe¹.

Rab begann seine Studien am 27. März 1538 an der Universität Tübingen. Er wechselte am 1. Dezember 1541 unter dem Rektor Jakob Milich nach Wittenberg². Er wurde ein Schüler von Martin Luther. Am 11. September 1543 promovierte er hier unter dem Dekan Andreas Aurifaber zum Mag. art.³; er kam auf den 15. Rang von 29 Kandidaten; vor ihm platzierten sich Sigismund Schörkel (2.), Johannes Reinhold (3.), Paul von Eitzen (4.). Rab erhielt 1544 einen Ruf als Hilfsgeistlicher an das Straßburger Münster als Gehilfe von Matthias Zell. Nach dessen Tod wurde Rab sein Nachfolger als Erster Münstergeistlicher am Straßburger Münster. Während des Interims mussten die protestantischen Geistlichen das Münster verlassen. Rab predigte in dieser Zeit in der sogenannten Neuen Kirche (Predigerkirche). 1552 wurde er zum Professor für Theologie am Straßburger protestantischen Gymnasium und zum Pfarrer und Vorsteher des Collegium Wilhelmitanum berufen. Am 19. April 1553 wurde ihm von der Universität Tübingen die theologische Doktorwürde verliehen. Am 11. September 1553 verlieh der Kurfürst Ottheinrich den Brüdern Ludwig, Jakob und Paul ein Wappen[4]. Am 22. November 1556 trat er in Ulm sein Amt als Pfarrer und Superintendent an. Im Streit um Schwenckfeld polemisierte Rab gegen Katharina Zell, wobei er sich wenig galant zeigte. Am 30. Juni 1573 berichtete Rab an Marbach über einen Besuch des Johannes Pappus, Sohn des Hieronymus Pappus, *ich vermag kaum zu sagen, wie angenehm mir der Verkehr und die trauliche Unterhaltung mancher Stunde mit dem ehrwürdigen und hochangesehenen Mann, Herrn M. Pappus, deinem Landsmann und Kollegen, gewesen ist.* Zugleich bat er Marbach, er möge ihn in Pappus' Namen zuvorkommend und ehrerbietig grüßen. Zwanzig Jahre später schrieb Pappus an Marbuch: *Ich bin auch zu Ulm gewesen, bei D. Rabus; er hat zwar Verstand genug, aber die Memoria ist dahin, darf ein Ding wohl 6mal fragen*[5]. Rab war verheiratet; er hatte fünf Söhne und neun Töchter. Sein Porträt, das ihn 1571 im Alter von 46 Jahren zeigt, ist in einem Holzschnitt von Tobias Stimmer überliefert[6].

Werke (in Auswahl): *Der Feldbaw, oder das Buch von der Feldarbeyt* (Straßburg: Theodosius Rihel, 1551, Widmung an Pfalzgraf Ottheinrich, Straßburg, am 21. Oktober 1551); *Historien der Heyligen*, 1 (Straßburg: Balthasar Becken Erben, 1552, Widmung an Graf Philipp von Hanau, Straßburg, am 24. Februar 1552)[7]; *Der Veldtbaw* (Straßburg: Samuel Emmel, 1554)[8]; *Historien der Heyligen*, 1 (Straßburg: Emmel, 1555)[9]; *Historien der Heyligen*, 5 (Straßburg: Emmel, 1556, mit Widmung an Graf Wilhelm von Nassau, Straßburg, 13. August 1556)[10]; *Wider Neun Haubtlaster* (Nürnberg: Joh. Berg und Ulrich Neuber, 1561)[11]; *Conciliationes locorum S. Scripturae*, 2 (Nürnberg: Joh. Neuber, 1561).

Obwohl Rab nur zwei Jahre in Wittenberg verbrachte und Rheticus schon Frühjahr 1542 Wittenberg verließ, mag Rab doch im WS 1541/42 Vorlesungen von ihm gehört haben. Auffällig ist eine Umschreibung des Jahres 1561 mit *qua iuxta doctissimorum exactissimas supputationes ante 1528 annos ... Christus crucifixus...* (in dem nach den genauesten Berechnungen der Gelehrtesten vor 1528 Jahren Christus gekreuzigt wurde)[12]. 1561 empfahl Rheticus Jodok Rab als Überbringer von Briefen an Paul Eber und Kaspar Peucer; Rab hatte in Wittenberg und an anderen Universitäten studiert und beabsichtigte, in Wittenberg seine Studien fortzusetzen[13]. Eine etwaige Verwandtschaft zu Ludwig Rab bedarf noch einer Klärung.

1 Appenzeller, Bernhard, in: BBKL 7 (1994), Sp. 1177-1180; Stupperich 1984, S. 174. | 2 Förstemann 1841, Bd. 1, S. 193a. | 3 Köstlin 1890, S. 15. | 4 Rabus, Karl und Bernhard Rabus, Familie Rabus, Stammbuch und Geburtsregister des 16. und 17. Jahrhunderts, in: Blätter für fränkische Familienkunde 34 (2011), S. 7-46. | 5 Horning 1891, S. 291, 306. | 6 Abb. bei Rabus/Rabus 2011, S. 45. | 7 VD 16 R 31; BSB München, digital. | 8 VD 16 ZV 15824. | 9 BSB München, digital. | 10 BSB München, digital. | 11 BSB München, digital. | 12 Rab, Conciliationes, Bd. 2, Nürnberg 1561; BSB München, digital, Scan 8. | 13 Danielson 2006, S. 224.

Rade, Salomon, † 1579

Salomon Rade (Radi, Roda, Rode, Rhoda, Rothe), geboren in Grimma (Lkr. Leipzig), gestorben 1579 in Lommatzsch (Lkr. Meißen), luth., Schulmann, Theologe[1].
Rade immatrikulierte sich im SS 1541 unter dem Rektor Kilian Goldstein an der Universität Wittenberg[2]; Konsemester waren Balthasar Schneider, Franz Marshusius, Paul Gusebel *Longicampianus*, Balthasar Acontius, Johann Konrad Ulmer, Alexius Naboth. Am 5. Juli 1542 promovierte er unter Paul Eber zum Bacc. art.[3]. Am 3. Februar 1545 wurde er unter dem Dekan Johannes Durstenius zum Mag. art. kreiert[4]; er erreichte den 24. Rang von 29 Kandidaten. Die Schließung der Univer-

sität Wittenberg dürfte seinen Wechsel nach Leipzig veranlasst haben, wo er sich im WS 1547/48 unter dem Rektor Wolfgang Meurer als Wittenberger Magister immatrikuliert hat, ohne jedoch einen Platz unter den Magistern zu beanspruchen. Er dürfte wohl schon vor seiner Einschreibung in Leipzig das Amt eines Rektors der Schule in Grimma übernommen haben. Am 31. Januar 1554 wurde Rade durch Bugenhagen ordiniert und für das Pfarramt in Rossleben (Kyffhäuserkreis, Thüringen) bestimmt[5]. 1568 wurde er Pfarrer in Lommatzsch, wo er 1579 resignierte.

Beziehungen zwischen Rheticus und Rade sind für das WS 1541/42 anzunehmen, in dem er die Vorlesungen von Rheticus besucht haben dürfte, zumal er im Juli 1542 unter Paul Eber zur Bakkalaureatsprüfung angetreten ist. Es bleibt offen, aber keineswegs unwahrscheinlich, ob Rade in den Jahren 1548 bis 1551 noch einmal mit Rheticus zusammengetroffen ist.

[1] KREYSSIG ²1898, S. 384. | [2] FÖRSTEMANN 1841, Bd. 1, S. 189b. | [3] KÖSTLIN 1890, S. 8. | [4] Ebenda, S. 17. | [5] BUCHWALD 1894, S. 92, Nr. 1472.

Ramus, Petrus, 1515–1572

Petrus Ramus, französ. Pierre de la Ramée, geboren 1515 in Cuts (Département Oise, Pikardie), gestorben am 26. August 1572 in Paris infolge der Ausschreitungen der Bartholomäusnacht, kein Begräbnis (Leichnam wurde in die Seine geworfen), kath., seit 1562 ref., Humanist, Philosoph, Pädagoge, Mathematiker[1].

Diese Kurzbiographie will nur auf den Werdegang des Gelehrten und die Beziehungen zwischen Rheticus und Ramus eingehen, nicht aber den vielseitigen Philosophen, Unterrichtsreformer, Lehrbuchautor und Mathematiker umfassend darstellen. »Als einer der letzten schrieb er über die sieben freien Künste in enzyklopädischer Form« (Zischka).

Der Lebensweg von Ramus gleicht in mancher Hinsicht dem von Rheticus. Ramus entstammte einer verarmten Adelsfamilie. Er wurde bis 1527 zu Hause erzogen und kam dann im Alter von 12 Jahren nach Paris auf das Collège de Navarre. 1536 promovierte er zum Mag. art. (im selben Jahr wie Rheticus in Wittenberg); in seiner Magisterthese *Quaecumque ab Aristotele dicta essent, commentita esse* (1536) forderte er eine neue nicht-aristotelische Logik. Danach führte er den Kampf gegen Aristoteles fort, u.a. mit seinen *Aristotelicae animadversiones* (1543). Darauf wurde er mit einem Verbot belegt, Philosophie zu lehren, worauf er sich der Mathematik zuwandte. Seit 1551 lehrte er am Collège de France Philisophie und Rhetorik, musste aber nach seinem Übertritt zum Calvinismus 1562/63 seine Lehrtätigkeit erneut unterbrechen. Bedeutende Schüler waren Theodor Zwinger (1553), Hendrik Brucaeus (1554) und der Jurist Johann Thomas Freigius (1568), der als eifriger Ramist das Erbe seines Lehrers antrat, 1575 von der Universität Freiburg i. Br. ausgeschlossen wurde und 1583 in Basel als Korrektor bei den Henricpetrinischen (an der Pest) gestorben ist. Ramus gab 1567 erneut seine Lehrtätigkeit in Paris auf, nachdem einer seiner Gegner dort Professor für Mathematik geworden war. Als er 1568 für kurze Zeit nach Paris zurückkam, fand er seine Bibliothek zerstört, so wie auch Rheticus nach seiner Flucht aus Leipzig 1551 den Verlust seiner Bücher und seiner Instrumente erleben musste. Ramus gelangte 1568/69 an die Universität Basel[2], 1569/70 nach Heidelberg[3]. Nachdem es im Januar 1570 schon bei seiner ersten Vorlesung zu tumultartigen Szenen, sodass die Universität beim Kurfürsten Friedrich III. auf deine Entlassung drängte, weil er die seit *2000 jar bewerte lehr des Aristoteles zuwiderfechten* beginne. Ramus verließ im Januar/März 1570 Heidelberg.

Werke (in Auswahl): *Dialectique* (Paris 1555)[4], lat. Übers. *Dialecticae libri II* (Paris 1556)[5]; *Ciceronianus* (Frankfurt/Main: Wechel, 1580, Vorrede datiert Paris, 6. Dezember 1556)[6]; *De moribus veterum Gallorum* (Frankfurt/Main: Wechel, 1585, Vorrede datiert Paris, 9. Dezember 1558)[7]; *Liber de militia C. Iul. Caesaris* (Frankfurt/Main: Wechel, 1584,)[8]; *Scholae in liberales artes* (Basel: Episcopius, 1569, Reprint Hildesheim 1970)[9]; *Scholarum mathematicarum libri XXXI* (Basel: Episcopius, 1569)[10]; *Defensio pro Aristotele adversus Jac. Schecium* (Lausanne: J. Probus, 1571); dazu auch *Iacobi Schegkii ... Hyperaspistes responsi ad quatuor epistolas Petri Rami contra se aeditas* (Tübingen: Morhart, 1570)[11]; *Grammaire* (Paris: André Wechel, 1572)[12]; *Commentariorum de religione Christiana libri IV.* (Frankfurt/Main: Andreas Wechel, 1577); *Rudimenta grammaticae latinae* (Frankfurt/Main: Wechel, 1585)[13]; *Grammatica graeca* (Frankfurt/Main: Wechel, 1586)[14].

Ein Porträt von Ramus ist mehrfach überliefert; Ramus war ziemlich groß von Gestalt, dunkelhäutig und hatte einen schwarzen Bart. Er war mäßig im Essen und Trinken. Infolge des Heiratsverbots für Professoren blieb Ramus unverheiratet, hatte aber gelegentlich Freundinnen.

Die **Beziehungen** zwischen Rheticus und Ramus entstanden erst in der Krakauer Zeit. Es wurde schon darauf hingewiesen, dass es in den Biographen der beiden Gelehrten Übereinstimmungen gab: das beinahe gleiche Lebensalter, die adlige Herkunft, die frühe Erziehung zu Hause, der gleichzeitige Erwerb des Magistergrades. Auch anderes kam hinzu wie die Ehelosigkeit, der Verlust ihrer Bibliotheken, das zeitweise Wanderleben, die hohe Wertschätzung der Mathematik und der persönliche Einsatz für die Freiheit der Wissenschaften. Beide kannte jedoch lange Zeit diese Gemeinsamkeiten nicht, da sie sich persönlich und auch da nur brieflich erst in einem fortgeschrittenen Alter begegneten, als beide bereits einen Namen in der Mathematik hatten.

Rheticus stand zu Beginn der 1560er Jahre in Paris in einem hervorragendem Ruf als Wissenschaftler, ja er galt als »der gelehrteste Mathematiker unserer Zeit«. Für Ramus war Rheticus' *Canon doctrinae triangulorum* (Leipzig: Wolfgang Günter, 1551) der Anlass, sich mit Rheticus direkt in Verbindung zu setzen; er hatte dieses Buch immer wieder gelesen. Ramus, der ja selbst Professor für Rhetorik, nicht für Mathematik war, wollte einen Nachfolger für Oronce Finé gewinnen, dessen Lehrstuhl immer noch nicht besetzt war. Solltest du, schrieb er an Rheticus, nach Frankreich kommen, »würde ich dir nicht nur meine Liebe erklären, dir wie dem liebsten Gast, falls du nach Paris kommst, jede Aufmerksamkeit und Gefälligkeit versprechen...« Es ging Ramus darum, die Forschungsergebnisse von Rheticus, insbesondere die Befreiung der Astronomie von allen Hypothesen durchzusetzen, zu publizieren und zu sichern. Im Einzelnen ist hier auf den genannten Brief sowie auf die Untersuchungen von Edward Rosen[15] dazu hinzuweisen. Ähnliche Hoffnungen hegten auch Camerarius und ein ganzer Kreis von Mathematikern, dass Rheticus die für ihn einträgliche Medizin aufgeben würde, um sich wieder ganz der Mathematik zuwenden zu können; doch alle diese Hoffnungen wurden enttäuscht, Rheticus folgte der von Calon und Ramus vorgebrachten Einladung nicht, obwohl er sie mit Camerarius eingehend besprochen hat. Man liest gelegentlich, Rheticus habe gut daran getan, nicht nach Paris zu gehen, wo er vermutlich auch ein Opfer der Bartholomäusnacht geworden wäre; doch dagegen bleibt einzuwenden, dass es auch in Krakau religiös bedingte Ausschreitungen gegeben hat, etwa den gewalttätigen Abriss der evangelischen Kirche 1574[16]; bei dieser Gelegenheit wurde auch Rheticus' Obelisk in Krakau als ketzerisches Objekt zerstört.

Rheticus und Ramus werden auch noch in einem anderen Zusammenhang genannt. In je einem Exemplar von Kopernikus' *De revolutionibus* 1543 (NB Warschau)[17] und 1566 (UB Toronto)[18] finden wir die Bemerkung zu dem anonymen Vorwort: *Petrus Ramus in epistola sua ad Rheticum de conformanda logicis legibus astrologia existimat hanc esse Rhetici praefationem* (Petrus Ramus glaubt in seinem Brief an Rheticus, eine Übereinstimmung der Astronomie mit den Regeln der Logik herzustellen, dieses Vorwort sei von Rheticus). Der Gedanke, der auch von anderen Autoren vertreten wird, Rheticus könne der Urheber des Vorwortes sein, ist absurd; ganz abgesehen davon, dass diese Behauptung so dezidiert in dem Ramusbrief gar nicht enthalten ist, deutet ja auch die Formulierung *existimat* nicht auf ein sicheres Wissen, sondern allenfalls auf eine bloße Vermutung hin. Auch hat Rheticus in einigen Exemplaren das anonyme und im Gegensatz zum Widmungsbrief von Kopernikus an den Papst stehende Vorwort als Fälschung durchgestrichen. Die vagen Aussagen von Ramus über Rheticus als angeblichen Autor des anonymen Vorworts sind daher völlig unglaubwürdig und tragen nichts zur Sache bei.

Im Folgenden sei noch auf zwei weniger bekannten Quellen hingewiesen, in denen Ramus sich zur Geschichte der Mathematik geäußert:

Scholarum mathematicarum libri (1569)

Ramus stellt in den *Scholarum mathematicarum libri XXXI* (Basel 1569) auf S. 66 f. nach der Hervorhebung der Bedeutung Nürnbergs die Frage: Wozu soll ich die übrigen Hochschulen, die wegen ihrer Pflege der mathematischen Fächer gelobt werden, erwähnen? An erster Stelle nennt er das von Melanchthon und Luther bestimmte Wittenberg, wo aber nicht nur die Theologie, sondern auch die Mathematik mit Spitzenleistungen hervortritt. Er nennt insbesondere Milich (der es aber vorgezogen hat, Arzt zu werden) und Reinhold, spricht Peucer als den Herold Melanchthons an, um dann auf andere Universitäten überzugehen: Gemma Frisius in Löwen, Apian in Ingolstadt, Stöffler und Scheubel in Tübingen, Münster und Wurstisen in Basel, Schreckenfuchs in Freiburg, Jean Tagault in Genf, Valentin Nabod in Köln, Johannes Stenius in Lüneburg, Herlin in Straßburg, Valentin Engelhardt in Erfurt, Rheticus und Hommel in Leipzig, Rheticus hat auch Krakau mit mathematischen Studien berühmt gemacht hat, dann Hieronymus Wolf in Augsburg, Daniel Santbech, Stadius in Paris, es folgen Crato, Samuel Siderocrates (Eisenmenger) und Kyprian Leovitz, schließlich Landgraf Wilhelm IV. von Hessen-Kassel sowie die Universität Heidelberg mit Virdung, Curio, Mercurtus usw. Für unsere Fragestellung sind vor allem die Ausführungen über Wittenberg und Leipzig von Interesse, bei denen Melanchthon an die Spitze gestellt wird. Ramus nennt Rheticus nicht unter den Wittenbergern, sondern unter den Leipziger Mathematikern.

Zu Rheticus machte Ramus noch die zusätzliche Bemerkung: *et literis nostris ac studium liberandae hypothesibus Astrologiae spem quoque illustrandae Parisiensis academiae dederat, ac nisi medicinam mecaenatis cuiusdam loco perdiscere et exercere coactus esset, iam pridem alterum Copernicum mathemata celebrarent* (und unserer Wissenschaft hat auch sein Bemühen, die Astrologie von Hypothesen zu befreien, zu der Hoffnung Anlass gegeben hat, der Hochschule von Paris Glanz zu verleihen, wenn er nicht durch einen Posten bei irgendeinem Mäzen veranlasst worden wäre, die Medizin noch gründlicher zu erlernen und auszuüben; schon längst könnten ihn die mathematischen Wissenschaften als einen zweiten Kopernikus feiern).

Basilea (1570)

1570 schrieb Ramus auf der Heimreise nach Paris in Genf eine Lobrede *Basilea* auf die Stadt Basel (1572, Neuausgabe 1606)[19]. *Memini, viri Basilenses*, redet er die Ratsherren an, denen er die Schrift widmet, *semperque dum vivam meminero, quam iucunda, quam liberalis, quam humana Basiliensis habitatio nobis acciderit* (Ich denke daran, ihr Basler Männer, und ich werde, solange ich lebe, immer daran denken, wie erfreulich, wie großzügig, wie humanistisch uns der Aufenthalt in Basel entgegengetreten ist). Was aber dann kommt, ist eine vollständige Universitätsgeschichte von Basel. Hier sollen im Wesentlichen nur die aufgeführt werden, die wir auch - in einem weiteren Sinne - als Schulgesellen von Rheticus kennengelernt haben, etwa die Buchdrucker Adam Petri, Kaspar Herwagen oder Johannes Oporin, dann Bonifaz und Basilius Amerbach, Zwingli und Pellikan, Urban Rhegius, Heinrich Glarean, Paracelsus, Oswald Mykonius, Martin Borrhaus, Hieronymus Gemusaeus, Simon Grynaeus, Sebastian Münster, Sebastian Lepusculus, Thomas Platter und Felix Platter, Johannes Sichardus, Claudius Cantiuncula, Heinrich Pantaleon, Christian Wurstisen,

Konrad Gesner, Philipp Bech, Konrad Lykosthenes, Hieronymus Wolf, Theodor Zwinger, Johann Thomas Freigius, aber noch viele andere mehr. Und jeder einzelne wird charakterisiert. Als Beispiel mag hier Münster genannt werden, weil seine *Cosmographie universelle* (Basel: Petri 1552) auch in französischer Übersetzung vorlag und von Michel de Montaigne, der etwa zur gleichen Zeit 1580 Basel besuchte und dieses Buch als seinen Baedeker gebrauchte. *Ad Hebraicam itaque sacrae linguae professionem venio, in qua Sebastianus Münsterus tam multa, tamque praeclara monimenta edidit, ut vel ad nomina librorum recensenda, libro pene sit opus. Sed ingenii foecunditas, etiam in Historiarum et Mathematum fines latissime redundavit, hinc Historiae conversae, hinc Horologia, organum Uranicum, Canones luminarium, geographicae in Melam et Solinum commentationes, sed Geographia etiam, separato praegrandi opere demonstrant, hoc Basiliensis Varronis ingenium* κέρας ἀμαλθείας *insigne quoddam fuisse* (Ich komme zur Professur des Hebräischen, der heiligen Sprache, in der Sebastian Münster so vieles und ebenso berühmte Dokumente herausgebracht hat, dass man beinahe ein Buch braucht, um die Titel der Bücher aufzuzählen. Aber die Fruchtbarkeit seines Geistes hat auch die Grenzen der Werke der Geschichte und der Mathematik in aller Breite überflutet, hier umgestaltete Geschichtswerke, hier Sonnenuhren, hier das Organum uranicum, hier die Canones der Lichter, geographische Erklärungen zu Mela und Solin, aber auch die Geographie hat er in einem besonderen sehr großem Werk genau bezeichnet, dieser Geist eines Basler Marcus Terentius Varro ist ein Füllhorn ohnegleichen gewesen). Ramus muss jedes Buch von Münster selbst in die Hand genommen haben, sonst hätte er die Titel kaum so genau wiedergeben können. Auch Münsters Nachfolger Sebastian Lepusculus, fügt Ramus noch an, lehre mit einer so umgänglichen Leichtigkeit, dass wenn er zu einem solchen Studiengang gerufen würde, er sich wünschte, vor allem einen solchen Lehrer zu bekommen.

1 Sellberg, Erland, »Petrus Ramus«, The Stanford Encyclopedia of Philosophy (Spring 2014 Edition), Edward N. Zalta (ed.), forthcoming URL = <http://plato.stanford.edu/archives/spr2014/entries/ramus/; Zischka 1961, S. 526; Uthemann, Karl-Heinz, in: BBKL 7 (1994), Sp. 1307-1312; Ong, Walter J., Ramus, Method and the Decay of Dialogue, Cambridge, MA., Harvard 1958; O'Connor, J./Robertson, E.F., in: http://www-history.mcs.st-and.ac.uk/.../Ramus.html (6. März 2014). | **2** Wackernagel 1956, Bd. 2, S. 176, Nr. 9. | **3** Töpke 1886, Bd. 2, S. 3; Drüll 2002, S. 463 f. | **4** BSB München, digital. | **5 – 8** BSB München, digital. | **9** VD 16 L 530; BSB München, digital. | **10** VD 16 L 534; Zinner ²1964, S. 247, Nr. 2499; BSB München, digital. | **11** VD 16 S 2478; BSB München, digital. | **12 – 14** BSB München, digital. | **15** Rosen, Edward, The Ramus-Rheticus-Correspondence, in: Journal of the History of Ideas 1 (1940), S. 363-368. | **16** Estreicher 1974, S. 91 f. | **17** Gingerich 2002, S. 170 f. | **18** Ebenda, S. 17. | **19** BSB München, digital.

Ranck, Johannes, † ca. 1542

Johannes Ranck (Ranccius), geboren in Hof/Saale (Oberfranken), gestorben um 1542, luth., Mathematiker.

Johannes Ranck aus Hof ist uns vorerst nur durch ein Epitaph bekannt, das ihm Kaspar Brusch gesetzt hat. Brusch hatte in den Jahren 1529 bis 1531 die von Nikolaus Medler geleitete Schule in Hof besucht[1]. Möglicherweise war dort auch Johannes Ranck einer seiner Lehrer. Vielleicht ist aber Brusch auch nur auf den Grabstein Rancks gestoßen, der ihm als Dichter Anlass gewesen ist, ein Epitaph zu schreiben. Dieses ist zeitlich vor dem 12. Juni 1542 einzuordnen. Ranck wird in der Wittenberger Matrikel nicht verzeichnet. Eine **Beziehung** zu Rheticus besteht nur indirekt über dessen Freundschaft mit Brusch. Immerhin stammt das Epitaph aus einem Wittenberger Druck, nämlich aus Kaspar Bruschs *Narratio tumultus cujusdam Magdeburgi nuper a monacho quodam Carmelito excitati cum epitaphiis quibusdam*, gedruckt bei Nikolaus Schirlentz 1542[2]. Bruschs Epitaph auf Ranck war hier nicht zu übergehen, zumal in diesem Gedicht die vielfältige Tätigkeit eines *Mathematicus* in dieser Zeit umschrieben ist. Diese beschränkt sich nicht auf die Mathematik, auf die Astronomie und Astrologie, vielmehr erstreckt sie sich auch auf die Geographie und die Meteorologie.

EPITAPHION IOANNI RANCCIO Curiano Mathematico. P.

Hunc quicumque vides tumultum subsiste viator,
Est aliquid mihi quod te quoque scire velim.
Aurea dum vixi scrutabar sidera coeli
Et mundi quicquid versat uterque polus.
Omnia scrutabar variarum semina rerum,
Fulgura quo fierent quo pluviaeque modo.
Quae modo longorum, brevium modo causa dierum,
Quidque pares faceret noctibus esse dies.
Quis Solis cursus, gelidae quae passio Lunae,
Pestiferos morbos qualia signa ferant.
Flammivomos cerni faciat quae causa Cometas
Astra quid ostendant illa vel illa mali.
Talibus ac studiis qui me insudare videbant,
Illis ludus ego et fibula saepe fui.
Iam quia saeva meo mors mentem e corpore traxit
Artibus his didici certius esse nihil.
Hasque Panomphaeum video invenisse Tonantem
Omnia qui verbo condidit ista suo.
De stellis igitur vere coeloque loquentes
In pretio posthac care viator habe
Fatorum seriem coelestia sidera monstrant
Quae spectare etiam te iubet ipse Deus.
Vade viator, habes quod significare volebam
Fata sinant multos te numerare dies.

(dt. Übers.: Wenn auch immer Du dieses Grabmal siehst, Wanderer, bleib stehen; denn ich habe etwas, was ich auch Dir zur Kenntnis bringen möchte. Bei Lebzeiten habe ich die güldenen Sterne am Himmel erforscht und was auf der Erde zwischen den Polen sich dreht. Alle Ursachen habe ich erforscht der unterschiedlichen Dinge, wie die Blitze entstehen und wo die Regen herkommen; wo liegt der Grund für die langen und die kurzen Tage, was macht die Tage den Nächten gleich, wie ist der Lauf der Sonne, wie die Bewegung des eisigen Mondes, welche Sternbilder bringen tödliche Krankheiten, welche Ursache lässt die feuerspeienden Kometen entstehen, welche Übel zeigen die Sternbilder an. Die mich bei solchen Studien schwitzen sahen, denen bin ich oft Kurzweil und Gerede gewesen. Nun hat ein grimmiger Tod den Geist meinem Körper entrissen. Durch diese Künste habe ich gelernt, dass nichts gewisser ist. Diese hat, wie ich sehe, Jupiter als Urheber aller Orakel erfunden, der das alles mit seinem Wort geschaffen hat. Im Gespräch also über die Sterne und den Himmel lass es künftig gelten, teurer Wanderer. Die Gestirne am Himmel zeigen die Kette der Geschicke an, die zu betrachten Dir Gott selbst auferlegt hat. Gehe hin, Wanderer behalte, was ich Dir sagen wollte, die Weissagungen erlauben Dir, noch viele Tage zu zählen.)

1 Jenny 2000, S. 100-102. | **2** VD 16 B 8787, BSB online.

Rantzau, Heinrich von, 1526–1598

Heinrich von Rantzau (Rantzow, Ranzovius), geboren am 11. März 1526 auf der (heute abgegangenen) Burg Steinburg im Ortsteil Steinburg der Gemeinde Süderau (Kreis Steinburg, Schleswig-Holstein), gestorben am 31. Dezember 1598 auf Schloss Breitenburg (Kreis Steinburg), luth., Astrologe, Geograph, Jurist, Statthalter des dänischen Königs in Schleswig-Holstein[1].

Heinrich von Rantzau entstammte einer dem Ritterstand angehörigen Amtmannfamilie. Er bezog im SS 1538 die Universität Wittenberg[2] und wohnte mit seinem Lehrer und Hofmeister Johannes Sachse im Hause Luthers. Er war auch Schüler von Melanchthon, Paul Eber, Erasmus Reinhold und Rheticus. Rantzau war Besitzer einer bedeutenden Bibliothek auf Schloss Breitenburg, die zahlreiche ältere und neuere Werke der Astronomie enthielt[3].

Werke (in Auswahl): *Catalogus imperatorum*, Leipzig: Joh. Steinmann, 1581[4]; Leipzig: Defner, 1584[5]; Leipzig 1590[6]; *Horoscopographia*, Straßburg: A. Bertram, 1585[7]; Wittenberg: Zacharias Lehmann, 1588[8]; Schleswig 1591[9]; Paulus Alexandrinus, *Eisagoge*, Wittenberg: Zacharias Lehmann, 1588[10]; *Calendarium Ranzovianum*, Hamburg 1590[11]; Leipzig 1592[12]; *Diarium sive Calendarium Romanum*, Wittenberg: Chr. Axinus, 1593[13]; Hamburg: E. Jandech, 1594[14]; Hamburg 1596[15]; Leipzig 1596[16]; Wittenberg 1598[17]; *Thematum coelestium directiones*, Frankfurt/Main: Joh. Bringer, 1611[18]; Frankfurt: N. Hoffmann, 1615[19]; Frankfurt/Main: C. Eifrid, 1624[20]; *Tractatus astrologicus*, Frankfurt/Main: J. Wechel, 1593[21]; Hamburg 1594[22]; Frankfurt/Main 1600[23]; Frankfurt 1602[24]; Frankfurt/Main 1625[25]. Rantzau führte einen weit gespannten Briefwechsel (u.a. mit David und Nathan Chyträus, Michael Beuther, Gerhard Merkator, Tycho Brahe, Niels Hemmingsen). Er förderte tatkräftig die Arbeiten von Mark Jorden um die Kartographie Dänemarks und Schleswig-Holsteins[26].

Das Porträt Rantzaus ist mehrfach überliefert, etwa im Ölbild eines unbekannten Malers von 1586[27]; Kupferstich nach Goltzius in Dominicus Custos (Augsburg 1600). Seit 1554 war Rantzau verheiratet mit Christine von Halle (1533-1603); aus der Ehe gingen 12 Kinder hervor (7 Söhne, 5 Töchter). König Friedrich II. von Dänemark verlieh Rantzau 1580 den Elephantenorden, den höchsten dänischen Orden.

Beziehungen von Rantzau zu Rheticus sind naheliegend. Es bleibt allerdings zu beachten, dass der Schwerpunkt der astrologischen Aktivitäten zeitlich gegen das Ende des Jahrhunderts verschoben ist, als Rheticus sich in sein Exil nach Polen begeben hatte oder bereits verstorben war; für Rantzau war er daher nicht aktuell. Rantzau gehörte wie Rheticus zum Kreis der Wittenberger Astrologen[28]; beide haben sich sehr intensiv mit der Astrologie befasst. Ob der erst 12jährige Rantzau bereits im SS 1538 Vorlesungen von Rheticus gehört hat, erscheint fraglich; mit Sicherheit ist er aber im WS 1541/42 diesen Vorlesungen gefolgt. Rantzau folgte Reinhold, indem er die astronomisch-mathematischen Teile übernahm, die kopernikanische Kosmologie jedoch ablehnte. In der mit astronomischen Werken reich bestückten Bibliothek Rantzaus ist weder Rheticus' *Narratio prima* noch Kopernikus' *De revolutionibus* weder in der Ausgabe von 1543 noch in der von 1566 vorhanden[29]; aber Rantzau kannte beide Werke. In der *Horoscopographia*, hg. v. Thomas Finck (1561-1656), Straßburg: A. Bertram, 1585, hat der Herausgeber der Tafel des Rantzau die Berechnung der vier Himmelspunkte des Rheticus und die Lehre des Ptolemäus hinzugefügt[30].

1 OESTMANN 2004. | 2 FÖRSTEMANN 1841, Bd. 1, S. 169b. | 3 Siehe dazu OESTMANN 2004, S. 35-42. | 4 ZINNER ²1964, S. 276, Nr. 3007. | 5 Ebenda, S. 285, Nr. 3156. | 6 Ebenda,, S. 298, Nr. 3400. | 7 Ebenda, S. 351, Nr. 4327 | 8 Ebenda, S. 293, Nr. 3309. | 9 Ebenda, S. 301, Nr. 3460. | 10 Ebenda,, S. 293, Nr. 3309. | 11 Ebenda, S. 298, Nr. 3399. | 12 Ebenda, S. 304, Nr. 3514. | 13 Ebenda, S. 306, Nr. 3550. | 14 Ebenda, S. 307, Nr. 3589. | 15 Ebenda,, S. 312, Nr. 3678. | 16 Ebenda, S. 312, Nr. 3679. | 17 Ebenda, S. 319, Nr. 3790. | 18 Ebenda,, S. 351, Nr. 4327. | 19 Ebenda, S. 363, Nr. 4521. | 20 Ebenda, S. 393, Nr. 4993. | 21 Ebenda, S. 306, 3551. | 22 Ebenda, S. 307, Nr. 3588. | 23 Ebenda, S. 322, Nr. 3863. | 24 Ebenda, S. 327, Nr. 3941. | 25 Ebenda, S. 395, Nr. 5018. | 26 WITT 1982, S. 50-65. | 27 Abb.

bei OESTMANN 2004, vor dem Titelblatt. | **28** BROSSEDER 2004, S. 17, vgl. auch Register. | **29** Oestmann 2004, S. 34, 42. | **30** ZINNER ²1964, S. 288, Nr. 3199.

Rapagelanus, Stanislaus, 1485–1545

Stanislaus Rapagelanus (lit. Rapalionis, poln. Rapajłowicz, auch Lituanus), geboren um 1485 bei Eišiškės (Litauen); gestorben am 13. Mai 1545 in Königsberg i. Pr., Grabstätte im Dom, Leichenpredigt von Johannes Biersmann, luth., Theologe[1].

Rapagelanus entstammte einem litauischen Adelsgeschlecht. Nach Studium der Sprachen und der Theologie in Krakau, wo er Bacc art. wurde, kam er als homo trilinguis, aber auch des Polnischen und Litauischen mächtig, nach Königsberg und ging als Stipendiat Herzogs Albrecht von Preußen nach Wittenberg, wo er sich am 22. März 1542 einschrieb[2], er mag aber schon 1541 dort angekommen sein. Er hielt Vorlesungen im Fach Hebräisch. 1544 wurde er Lic. theol. und promovierte am 29. Mai 1544 gemeinsam mit Theodor Fabricius unter Luthers Vorsitz zum Dr. theol. Er übernahm die erste theologische Professur in Königsberg, wo er über die Psalmen las. Im November 1544 heiratete er die Tochter des herzoglichen Leibarztes Basilius Axt. Seine Vorlesungen hielt Rapagelanus stets vor vollbesetztem Auditorium; oft befand sich auch Herzog Albrecht unter seinen Zuhörern[3].

Mit Rapagelanus, der ein Passionslied in litauischer Sprache verfasste, beginnt die litauische Literaturgeschichte. Er hatte auch damit begonnen, das Neue Testament ins Polnische zu übersetzen, konnte diese Arbeit aber nicht vollenden. Weiteres Werk: *Duae disputationes, prior de ecclesia et eius notis, proposita in Academia Regiomontana Prußiae, ...* (Eisleben: Urban Gaubisch, 1558).

Beziehungen zu Rheticus sind nicht bekannt. Rapagelanus war nur für kurze Zeit in Wittenberg, er gehörte zudem der theologischen Fakultät an. Rapagelanus und Rheticus sind sich aber wohl bei universitären Anlässen begegnet.

1 STUPPERICH 1984, S.175 f. | **2** FÖRSTEMANN 1841, Bd. 1, S. 194a. | **3** LAWRYNOWICZ 1999, S. 52, 62, 495.

Rascher, Bernhard, † nach 1584

Bernhard Rascher (Rascherus), geboren in Mühlberg/Elbe (Lkr. Elbe-Elster, Brandenburg), luth., gestorben nach 1584 in Mühlberg, luth., Universitätsdozent (Libri de anima, elementa physices), Arzt.

Rascher immatrikulierte sich im SS 1538 an der Universität Leipzig[1]. Er promovierte im WS 1540/41 zum Bacc. art. und im WS 1544/45 zum Mag. art.[2] Am 1. September 1550 wurde er in den Rat der Artistenfakultät aufgenommen[3]. Er las im SS 1551 über die *Libelli de anima*, ebenso im WS 1551/52. Vom SS 1552 bis SS 1555 hatte er die Lektion *Physices* inne, auch versah er in der Fakultät verschiedene Funktionen als Examinator, Executor und Claviger. Im SS 1554 war er Dekan der Artistenfakultät. 1554 bis 1559 war er Mitglied des *Collegium minus*. Am 20. Juli 1556 wechselte er ganz in die medizinische Fakultät, nachdem er schon lange zuvor das Medizinstudium aufgenommen hatte. Er promovierte am 9. Juni 1553 zum Bacc. med., 1557 zum Lic. med. und am 28. April 1557 zum Dr. med.[4] Unter dem Präsidium von Drembach sind mehrere Thesenblätter von Rascher im Druck erschienen: Zum Bakkalaureat *De bile disputatio* (Leipzig: Georg Hantzsch, 1554); zum Lizentiat von Rascher, Peifer und Fleck *De sanguine et pituita disputatio* (Leipzig 1556); zum Doktorat von Rascher, Peifer, Fleck, Joh. Machold, Joh. Hoffmann, Häusler, Borsdorfer, Zechdorfer und Andreas Ellinger *Quaestiones medicae,* (Leipzig: Jakob Bärwald, 1557). 1559 zog er von Leipzig fort. Am 4. April 1569 wurde *Bernhardus Rascher Mulbergensis doctor medicinae Lipsiae promotus* in die Wittenberger Matrikel eingetragen[5]. Rascher wurde Stadtphysikus in Zeitz. Hier ist seine Frau Katharina Rascher am 12. Mai 1584 gestorben; sie wurde in der Klosterkirche im Chorfußboden beigesetzt. Er selbst zog noch im gleichen Jahr 1584 in seine Heimatstadt Mühlberg[6].

Beziehungen zwischen Rheticus und Rascher sind gegeben. Rascher musste im Hinblick auf sein Magisterexamen die Vorlesungen von Rheticus vom WS 1542/43 bis WS 1544/45 besuchen. Im SS 1550 und WS 1550/51 waren beide Kollegen und zudem am Studium der Medizin interessiert.

1 ERLER, Bd. 1, S. 626, M 35. | **2** ERLER, Bd. 2, S. 660 und S. 681. | **3** Ebenda, S. 716. | **4** Ebenda, S. 81 f., 84. | **5** FÖRSTEMANN/HARTWIG 1894, Bd. 2, S. 154a. | **6** VOIGT/SCHUBERT 2001, S. 223.

Ratzenberger, Johannes, 1531–1582

Johannes Ratzenberger (Racebergius), geboren 1531 in Wangen (Lkr. Ravensburg, Baden-Württemberg)[1], gestorben 1582 in Weimar?, luth., Arzt[2].
Johannes Ratzenberger ist ein Sohn des Laientheologen und Arztes Matthäus Ratzenberger aus Wangen; das wird auch aus dem Werdegang von Vater und Sohn plausibel, die beide als Leibärzte am Hof in Weimar wirkten. Auch der Vorname könnte auf den Großvater Johannes Ratzenberger aus Wangen hindeuten[3].

Aus dem Schreiben Melanchthons an Stathmion vom am 5. Februar 1556 erhellt, dass Ratzenberger schon zu diesem Zeitpunkt in Coburg (Oberfranken) die ärztliche Kunst ausgeübt hat. Stathmion möge ihn freundlich aufnehmen und ihm behilflich sein. *Iudico in hoc iuvene bonum et modestum ingenium esse* (meiner Meinung nach steckt in dem Jüngling eine gute und züchtige Anlage)[4]. Er muss daher bereits in seinen Studien fortgeschritten gewesen sein, erscheint aber nicht in der Wittenberger Matrikel. Möglicherweise ging seine Immatrikulation in den Wirren des Schmalkaldischen Kriegs unter; Ratzenberger war auf jeden Fall um diese Zeit Schüler Melanchthons. 1549 erscheint *Iohannes Ratzenbergius Wangensis M*[agister] unter dem Rektorat von Johannes Stigel in der Matrikel von Jena[5]. Ratzenberger blieb anscheinend sein Leben lang Magister (erstmals nachweisbar 1549), damit also Empiriker, er hat nie den Grad eines Dr. med. erworben. Von 1559-1566 blieb Ratzenberger als Medicus in Diensten der Stadt Coburg tätig. Hier besuchten ihn seine ehemaligen Wittenberger Studienfreunde Johannes Marquard aus Glogau (poln. Głogów, Woiwodschaft Niederschlesien), immatrikuliert 1560[6], und Balthasar Flöter aus Sagan (poln. Żagań, Woiwodschaft Lebus), als Leipziger Magister immatrikuliert 1564[7], die auf der Suche nach Manuskripten des Paracelsus waren[8]. Ratzenberger ist 1564 als *medicus Coburgensis* an der Universität Jena *gratis* immatrikuliert[9]. In Coburg brachte Ratzenberger zwischen 1556 und 1568 vier Kinder zur Taufe. Um 1568 hat er Coburg verlassen, um am fürstlich Sachsen-Weimarischen Hof als Leibarzt tätig zu sein. 1574 bezog Magister Johannes Ratzenberger als Leibarzt an Geld und Naturalien 344 Gulden[10]. Er war Besitzer einer ansehnlichen Bibliothek, von der noch heute Reste vorhanden sind; diese Bücher sind mit einem gedruckten Exlibis mit seinem Wappen versehen[11].

Beziehungen zu Rheticus hat es nicht gegeben; im Hinblick auf den Vater Matthäus Ratzenberger erschien jedoch eine Berücksichtigung sinnvoll, zumal es bisher keine Kurzbiographie von ihm gibt. Dass man Ratzenbergers Hilfe bei der Forschung nach Manuskripten des Paracelsus suchte, könnte auf ähnliche Bestrebungen von Rheticus zurückgehen, der um diese Zeit auch Paracelsus nachforschte.

1 Folgt aus einem Brief Melanchthons an Stathmion, in: CR VIII, Sp. 671 f.; vgl. dazu auch AXMANN 1997, S. 173. | **2** AXMANN 1997, S. 173. | **3** So auch AXMANN 1997, S. 210, Anm. 360. Der Name Ratzenberg ist aber nicht mit Ratzenberg im Coburger Land in Verbindung zu bringen, sondern auf das Wangen im Allgäu benachbarte Ratzenberg im Landkreis Lindau zu beziehen, das seit dem 15. Jahrhundert urkundlich nachweisbar ist. | **4** CR VIII, Sp. 671 f. | **5** LOCKEMANN/SCHNEIDER 1927, S. 11. | **6** FÖRSTEMANN/HARTWIG 1894, Bd. 2, S. 6a. | **7** Ebenda, Bd. 2, S. 78a. | **8** KAISER 1982, S. 158. | **9** MENTZ 1944, 1564b, 42. | **10** KIUS 1863, S. 532. | **11** HAB http://diglib.hab.de/?grafik=exlib-belepsch-16-2-00092; abgebildet auch http://kulturerbe.niedersachsen.de (22. April 2013); Exlibris: Buchkunst und angewandte Graphik 6 (1871), S. 61 (Google Books).

Ratzenberger, Kaspar, ca. 1533–1603

Kaspar Ratzenberger, geboren am 15. Februar 1533 in Saalfeld (Lkr. Saalfeld-Rudolstadt. Thüringen), gestorben am 22. November 1603 in Ortrand (Lkr. Oberspreewald-Lausitz, Brandenburg), Arzt, Botaniker[1].

Die Annahme, dass Kaspar ein Sohn oder Verwandter[2] des Arztes Matthäus Ratzenberger gewesen sei, ist nicht gesichert; vielmehr könnte der im WS 1515/16 in Leipzig eingeschriebene Georg Ratzenberger aus Saalfeld als Vater in Betracht zu ziehen sein. Kaspar Ratzenberger immatrikulierte sich am 24. April 1549 an der Universität Wittenberg[3], wo er Schüler von Veit Oertel Winsheim und Kaspar Peucer war; er nennt aber auch Joachim Camerarius und Janus Cornarius als seine Lehrer. Nach Fortsetzung seines Studiums ging er 1558 nach Jena, wo in der Matrikel ein Zusatz mit roter Tinte erscheint *nunc doctor*[4], und reiste 1559 über Augsburg, Landsberg, Innsbruck, Trient nach Padua und Venedig, besuchte auch Rom und Neapel und wandte sich 1560 nach Südfrankreich. Hier immatrikulierte er sich an der Universität Orange (Vaucluse) und am 3. November 1560 an der Universität Montpellier (Herault)[5]; in seiner Begleitung befand sich Leonhard Probstelius aus Füssen (Lkr. Ostallgäu, Schwaben). Ratzenberger promovierte in Montpellier zum Dr. med. und begab sich dann auf die Heimreise über Valence, Lyon, Genf, Lausanne, Solothurn, Zürich, Konstanz, Ravensburg, Memmingen, Augsburg, Ingolstadt, Nürnberg nach Saalfeld.

Kaspar Ratzenburger ließ sich um 1562 als Arzt in Naumburg (Burgenlandkreis, Sachsen-Anhalt) nieder. Hier heiratete er 1562 die Tochter Julie des Dr. Johannes Steinhöfer aus Lübeck, der von 1531 bis 1564 Inhaber der Apotheke zum Goldenen Löwen in Naumburg war. Ratzenburger wurde am 20. März 1564 Bürger von Naumburg. Im gleichen Jahr übernahm er die Löwenapotheke, die er 1588 wieder verkaufte[6]. Er verfügte in seinem Haus über eine vortreffliche Naturaliensammlung, insbesondere von Konchilien. Er sammelte ein Herbar in vier Bänden (abgeschlossen 1592), das als das älteste Herbar in Deutschland gilt; er wird auch als der Erfinder des Pflanzenauflegens in Deutschland betrachtet, wofür wohl der Italiener Ghini Vorbild war[7]. Kaspar Ratzenberger stand im Briefwechsel mit Leonhard Thurneiser[8].

Beziehungen zu Rheticus gibt es nicht. Kaspar Ratzenberger konnte aber als angebliches Mitglied der Familie Ratzenberger nicht übergangen werden. Auch steht er als Schüler von Winsheim, Peucer, Camerarius und Cornarius Rheticus geistig nahe. Auch die botanischen Bestrebungen sind eine typische Zeiterscheinung (Gesner, Cordus, Aichholz, de l'Écluse); Rheticus war schon in Feldkirch damit vertraut geworden, wo man sich insbesondere um Alpenpflanzen bemühte.

1 Kessler, Hermann Friedrich, Das älteste und erste Herbarium Deutschlands, im Jahre 1592 von Dr. Caspar Ratzenberger angelegt, Kassel 1870; Brecher, Adolf, in: ADB 27 (1888), S. 372; Völker 1982, S. 175 f., auch S. 167 f. | 2 Wilde 1999, S. 276. | 3 Förstemann 1841, Bd. 1, S. 245a. | 4 Mentz 1944, 1558a, 51. | 5 Gouron 1957, S. 150, Nr. 2356. | 6 Museum Naumburg: Apothekerliste (http//www.mv-naumburg.de, 22.April 2013). | 7 Poeckern 1982, S. 197. | 8 Moehsen 1783, S. 91.

Ratzenberger, Matthäus, 1501–1559

Matthäus Ratzenberger (Ratzeberger, Racebergius, Raizenbergius), Bürger von Wangen (Lkr. Ravensburg, Baden-Württemberg), geboren 1501 auf der Burg Ratzenberg (Gemeinde Opfenbach, Lkr. Lindau, Schwaben), gestorben am 3. Januar 1559 in Erfurt (Thüringen), luth., Laientheologe, Arzt[1].

Ratzenberger hatte den rechtlichen Status eines Ausbürgers, d.h. er wohnte im Umland außerhalb der Stadtmauern, hatte aber alle Rechte und Freiheiten der Bürger, aber im Gegensatz zu den in der Stadt ansässigen Bürgern keinen Anteil am Stadtregiment[2]. Diesen rechtlichen Status hatte wohl auch schon der mutmaßlicher Vater, der im WS 1483/84 an der Universität Leipzig eingeschriebene Johannes Ratzenberger aus Wangen[3]. Schon im WS 1450 wurde in Leipzig ein Konrad Ratzenberger ohne Herkunftsangabe immatrikuliert[4], der aber der Bayerischen Nation angehörte und deswegen als ein Verwandter von Matthäus Ratzenberger gelten könnte. Das *hauß* Ratzenberg bzw. der *hoff vff dem Ratzeberg* im Bereich der Gemeinde Opfenbach wird seit der zweiten Hälfte des 15. Jahrhunderts öfters erwähnt[5]. Der Burgstall ist heute weitgehend zerstört (Mauern abgetragen, Gräben aufgefüllt)[6].

Im SS 1516 immatrikulierte sich Ratzenberger an der Universität Wittenberg. Er hatte zuvor wohl die 1513 bezeugte Lateinschule in Wangen besucht, der Heimat des berühmten Schulmeisters Johannes Susenbrotus. Am 13. Oktober 1517 promovierte Ratzenberger zum Bacc. art.[7] Er nennt sich später zwar Magister, doch ist eine Graduierung mit dem Magistergrad nicht nachzuweisen. Schon vor Abschluss seiner Studien ging Ratzenberger 1525 als Arzt nach Brandenburg an der Havel (Brandenburg) und wurde Leibarzt der Kurfürstin Elisabeth von Brandenburg in Berlin, einer Schwester des dänischen Königs Christian II., die zum Luthertum neigte; auf Verlangen des Kurfürsten Joachim I. musste Ratzenberger jedoch 1527 Berlin verlassen. Er kehrte nach Wittenberg zurück. Am 9. Oktober 1528 promovierte er unter Eschaus und Schürpf[8] (oder Stackmann?[9]) zum Lic. med. Erst 1536 wurde er von Augustin Schürpf zum Dr.med. kreiert, etwa gleichzeitig mit Jakob Milich oder Hieronymus Schaller d.Ä. Ratzenberger wurde gleichwohl nie in die medizinische Fakultät aufgenommen. Er wirkte als Leibarzt der Grafen von Mansfeld in der Lutherstadt Eisleben (Lkr. Mansfeld-Südharz, Thüringen) und kam 1538 an den kursächsischen Hof, wo er Leibarzt des Kurfürsten Johann Friedrich von Sachsen (1503-1554) und seiner Gemahlin Sibylla von Jülich-Kleve-Berg[10] (1512-1554) wurde. 1538 bezog er als Hofarzt ein Gehalt von 150 Gulden[11]. Bis 1546 blieb er auch neben Fendt, Curio und Schürpf der Leibarzt Luthers, an dessen Totenbett er stand. 1546 kam er nach Nordhausen (Thüringen), von dort 1550 nach Erfurt (Thüringen), wo er Stadtphysikus wurde. Im WS 1553/54 ist in Frankfurt/Oder ein *Matthäus Razenbergius Wangianus* immatrikuliert[12], wohl einer der Söhne von Matthäus Ratzenberger.

Ratzenberger war seit ca. 1536/38 verheiratet mit Klara Brückner, einer Schwester des Gothaer Arztes Dr. Johannes Brückner, mit der er fünf Söhne und vier Töchter hatte. Luther war Pate bei der Taufe der Tochter Klara. Ratzenberger war von Beginn seiner Studien an ein Hausfreund Luthers, er war einer der frühesten Lutheranhänger (noch vor 1517) und war durch seine Ehefrau mit Luther verwandt. So wurde er auch einer der Vormünder der Kinder Luthers. Luther widmete ihm seine Schrift *Wider das Papstthum zu Rom, vom Teufel gestiftet* (1545). Ratzenberger war mehr theologischer Laie als Arzt, er zog das Lesen in der Bibel, die er täglich las, der Lektüre von Hippokrates und Galen vor. Am 18. Oktober 1555 verewigte sich Ratzenberger im Stammbuch des Mediziners Joachim Strupp (1530-1606)[13].

Werke: Ratzenberger arbeitete an der Jenaer Lutherausgabe mit. Er hinterließ Aufzeichnungen über Luthers Leben, Krankheiten und Tod, hg. v. Christian Gotthold Neudecker unter dem Titel *Die handschriftliche Geschichte Ratzenberger's über Luther und seine Zeit*, Jena 1850[14]; Laurentius Scholz gibt als Quelle für seine *Consilia Medicinalia* (Frankfurt/Main 1598, Hanau 1610) auch Matthäus Ratzenberger an. Weitere Werke: *Ein Dialogus, oder Gespräch etlicher Personen vom Interim*, Augsburg: Gegler, 1548[15]. Johannes Wittich erwähnt in seinem *Artzneybuch fuer alle menschen* (Leipzig 1595), S. 221, *Ein gut Gerstenwasser D. Ratzenbergers* gegen Fieber.

Beziehungen zu Rheticus werden nicht ausdrücklich erwähnt. Beide haben zeitweise in Wittenberg neben einander gelebt. Rheticus dürfte daher Matthäus Ratzenberger im Hause Luthers begegnet sein, er dürfte auch dessen Promotion miterlebt haben. Auch mochte Rheticus ihn als

Arzt oder Lehrer des *Ars medica* aufgesucht haben. Zudem standen sich beide als Landsleute aus der Bodenseeregion nahe.

Nicht zu der Wangener Familie Ratzenberger gehört der aus Bayern gebürtige Georg Ratzenberger[16], gestorben am 11. Mai 1537, Dr. med., kaiserlicher Physikus und Astronom in Wien, Rektor der Bürgerschule zu St. Stephan. Hier war er um 1502 Lehrer des berühmten Freiherrn Sigmund von Herberstein. Georg Tannstetter hatte eine hohe Meinung von Ratzenberger; er widmete ihm seine Tabellen des Regiomontan (1514). Er nennt ihn auch in seiner Wissenschaftsgeschichte *Viri mathematici* (1514): »Magister Georg Ratzenberger, aus Reb, ein Bayer. Ein durch seine vielseitigen Kennntnisse ausgezeichneter Mann. Und unter den übrigen Beweisen seiner Gelehrsamkeit ragt er in der Astronomie so sehr heraus, dass er mit Recht den gelehrtesten Männern seiner Kunst zugezählt werden kann«[17]. Seine bedeutende Büchersammlung vermachte er der Stadtbibliothek in Wien.

1 BBKL; DBE ²2007, Bd. 8, S. 198; Brecher, Adolf, in: ADB 27 (1888), S. 372 ff.; Müller, G., Dr. Ratzeberger, in: Brinkel/Hintzenstern 1961, Bd. 1, S. 109-117; Völker 1982, S. 269 f. und passim. | **2** Vgl. dazu Scheurle, Albert, Wangen im Allgäu, Das Werden und Wachsen einer Stadt, Wangen 1966, S. 75. | **3** Erler, Bd. 1, S. 389. B 2. | **4** Erler, Bd. 1, S. 169, B 1. | **5** Belege bei Löffler, Heinrich, Stadt- und Landkreis Lindau, in: Historisches Ortsnamenbuch von Bayern, Schwaben, München 1973, S. 73, Nr. 392. | **6** Horn, Adam und Meyer, Werner, Stadt und Landkreis Lindau (Bodensee), in: Die Kunstdenkmäler Bayern, Schwaben, München 1954, S. 417. | **7** Köstlin 1887, S. 21. | **8** Kaiser 1982, S. 151. | **9** Völker 1982, S. 269. | **10** Burckhardt, C.A.H., Briefe der Herzogin Sibylla von Jülich-Cleve-Berg, in: Zeitschrift des Bergischen Geschichtsvereins 5 (1868), S.1-183, hier S. 58, 83, 98, 162, 181. | **11** Kius 1863, S. 530 | **12** Friedländer 1887, Bd. 1, S. 127. | **13** Metzger-Probst 2002, S. 289 ff. | **14** BSB München, digital. | **15** Württ. Landesbibliothek Stuttgart, digital. | **16** Über ihn Krückel, Martin, Oratio funebris in obitum clarissimi viri magistri Georgii Ratzenpergii, Wien: J. Singriener, 1537. | **17** Graf-Stuhlhofer 1996, S. 169, auch S. 92 f.

Rauscher, Hieronymus, *Lipsensis*, 1517–1576

Hieronymus Rauscher, geboren am 12. März 1517 in Leipzig[1], gestorben am 6. Dezember 1576 in Leipzig[2], luth., Kurfürstlicher Rat, Bürgermeister von Leipzig.

Hieronymus Rauscher entstammte einer reichen Kaufmannsfamilie in Leipzig. Er war ein Sohn des Ulrich Rauscher, der Ratsherr war. Hieronymus begann sein Studium im SS 1527 an der Universität Leipzig[3]. Von dort wechselte an die Universität Wittenberg, wo er am 28. Juli 1531 immatrikuliert wurde; an der Identität besteht kein Zweifel, da ein späterer Zusatz in der Matrikel ihn als *Cos. Lips.* (Ratsherr in Leipzig)[4] bezeichnet. Am 11. Februar 1539 promovierte ein *Hieronymus Rauscherus Nornbergensis* unter dem Dekan Veit Amerbach zum Mag. art, wobei eine spätere Bemerkung *Consul Lipsensis*[5] lautet; hier ist diese Bemerkung aber falsch, weil es eindeutig um den gleichnamigen Nürnberger Studenten geht, der auch sonst als Magister bezeichnet wird, während wir bei dem Leipziger Hieronymus Rauscher nie auf einen solchen Grad treffen. Hieronymus Rauscher hatte keine tiefere Bildung, er war Kaufmann (Tuchhändler), wurde aber ein einflussreicher Ratsherr in Leipzig. 1559 war er Baumeister und sechsmal Bürgermeister, so 1566 vom Kurfürsten ernannt; 1574, 1575 und 1576 blieb er drei Jahre lang Bürgermeister und machte so sein Amt zu einer *perpetua dictatura*[6]. In dieser Zeit hat der Kurfürst sämtliche gelehrten Räte aus dem Leipziger Stadtrat entfernt (u.a. Wolfgang Scheib, Badehorn, Meurer). Rauscher galt als ehrgeizig und intelligent, aber auch als intrigant, herrschsüchtig und gewalttätig[7], er wurde vielfach angefeindet, ja angeblich wurde er sogar vergiftet. Andererseits hatte er sich während der Pest 1574/75 wie kein anderer eingesetzt. Rauscher war verheiratet mit Anna geb. Pistoris (ca. 1499-1550), Witwe des Markus Schütz, aus Leipzig. Sein Porträt in einem Kupferstich im Stadtgeschichtlichen Museum in Leipzig. Melchior Saur (Saverus) aus Zwickau widmete Rauscher ein *Carmen de missione spiritus sancti* (Wittenberg: Johannes Crato d.Ä., 1555)[8]. Derselbe Saur widmete dem Ratsherrn Rauscher ein *Carmen de missione in carnem filli Dei* (Wittenberg: Joh. Crato d.Ä., 1556)[9]. Magister Johannes

Neldel (1554-1612) aus Glogów (poln. Glogów, Woiwodschaft Niederschlesien), Student der Medizin, verfasste einen Nachruf *Manibus ... Hieronymi Rauscheri* (Leipzig: Rhamba, 1577).

Beziehungen zwischen Rheticus und Rauscher sind nicht bekannt, doch mag Rheticus dem Ratsherrn gelegentlich begegnet sein. Denkbar wäre auch noch, dass sein Neffe Ulrich Rauscher, der Sohn seines älteres Bruders Johannes, der sich im SS 1550 in Leipzig immatrikulierte[10], ein Schüler von Rheticus gewesen ist.

1 Auf seinem gedruckten Porträt wird Nürnberg als Geburtsort angegeben, was durchaus möglich ist. | 2 STEPNER 1675 (1686), S. 357, Nr.2115; VOGEL 1714, S. 237. | 3 ERLER, Bd. 1, S. 596, M 3. | 4 FÖRSTEMANN 1841, Bd. 1, S. 142b. | 5 KÖSTLIN 1890, S. 11. | 6 OSSE 1717, S. 104. | 7 RICHTER 1863, S. 128. | 8 VD 16 S 1891; ULB Sachsen-Anhalt, digital. | 9 CLEMEN/KOCH 1984, Bd. 5, S. 270. | 10 ERLER, Bd. 1, S. 683, M 85.

Rauscher, Hieronymus, *Norimbergensis*, † 1569

Hieronymus Rauscher (Rauscherus), geboren in Nürnberg (Mittelfranken, Bayern), gestorben 1569 in Amberg (Oberpfalz) oder Neuburg a.d.Donau (Lkr. Neuburg-Schrobenhausen, Oberbayern), luth., Theologe[1].

Hieronymus Rauscher war um 1530 Alumnus der Spitalschule in Nürnberg gewesen[2] und immatrikulierte sich im WS 1534/35 an der Universität Wittenberg[3.] Am 18. April promovierte er unter dem Dekan Veit Oertel Winsheim zum Bacc. art., zusammen mit Joh. Funck aus Nürnberg[4]; Rauscher kam auf dem 4. Rang von 18 Kandidaten; vor ihm konnten sich platzieren Melchior Acontius (1. Rang) und Johannes Funck (3. Rang), nach ihm Matthäus Blochinger (5. Rang). Am 11. Februar 1539 erlangte er unter dem Dekan Veit Amerbach den Grad eines Mag. art., wobei er auf den 7. Rang von 13 Kandidaten kam; von seinen Mitbewerbern erreichte Melchior Acontius den 1. Rang, der Däne Niels Svansø den 3. Rang, Theobald Thamar den 4. Rang, der Finne Michael Agricola den 5. Rang, Hartmann Beyer den 11. und Funck den 13. Rang[5]. Nach der Magisterprüfung setzte Rauscher sein Studium der Theologie fort und publizierte sein erstes Buch *Ein nützliches Gespräch eines christlichen Fürsten mit seynen Reten ... von Ursach des gegenwertigen Unglucks in teutschen Landen* (o.O., ca. 1541). Im Frühjahr 1544 ging er mit einem Empfehlungsschreiben Melanchthons nach Schweinfurt (Unterfranken); am 21. Mai 1544 wurde Magister Rauscher durch Bugenhagen in Wittenberg ordiniert und zum Predigtamt nach Schweinfurt berufen[6]. Er kündigte jedoch sogleich wieder, weil ihm der Rat Vorschriften für das Predigen machen wollte. Als weitere Stationen seiner Tätigkeit schlossen sich an: 1548 Diakonat an St. Lorenz in Nürnberg (bis zum Interim)[7], dann 1552 das Predigeramt in Neumarkt (Oberpfalz), 1557 das Predigeramt in Kemnat (Lkr. Tirschenreuth, Oberpfalz) und das Hofpredigeramt in Amberg (Oberpfalz). Zuletzt war er seit 1560 Hofprediger in Neuburg a.d.Donau. Er verfasste zahlreiche polemische und satirische Schriften gegen den Papst und die katholische Kirche; auf ihn geht auch die Popularisierung der antijudaistischen Ritualmordlegende zurück. Sein Hauptwerk ist ein Katechismus mit dem Titel *Loci communes doctrinae christianae, Die fürnembsten Artickel Christlicher Leere* (Nürnberg: Johannes vom Berg und Ulrich Neuber, 1557)[8]. Rauscher war zweimal verheiratet und hatte mehrere Kinder.

Beziehungen zwischen Rheticus und Rauscher sind anzunehmen; beide waren 1534 bis 1536 Kommilitonen, vom SS 1536 bis SS 1538 konnte Rauscher vor Vorlesungen von Rheticus gehört haben, über die er in seinen Prüfungen befragt werden konnte.

1 WAGENMANN, Julius August, in: ADB 27 (1888), S.447 f.;BURMEISTER, Heike., Der »Judenknabe«, Studien und Texte zu einem mittelalterlichen Marienmirakel in deutscher Überlieferung, Göppingen: Kümmerle-Verlag, 1998, S. 190 f., 328. | 2 BRUSNIAK 1984, S. 32. | 3 FÖRSTEMANN 1841, Bd. 1, S. 156b. | 4 KÖSTLIN 1890, S. 5. | 5 Ebenda, S. 11. | 6 BUCHWALD 1894, Bd. 1, S. 38, Nr. 597. | 7 HERRMANN, F., Bericht des Hieronymus Rauscher, Diacon zu St. Lorenz in Nürnberg, über die Entlassung der interimsfeindlichen Geistlichen im November 1548, in: Beiträge zur bayerischen Kirchengeschichte 5 (1899), S. 280-286. | 8 VD 16 R 407; BSB München, digital. | 9 VD 16 S 1891; ULB Sachsen-Anhalt, digital.

Reich, Bartolus, 1525 – nach 1572

Barthold (lat. Bartolus) Reich (Reichius, Reiche, Richius, Rick), geboren am 18. August 1525[1] in Holzminden (Niedersachsen), gestorben nach 1572, luth., Jurist, höherer Verwaltungsbeamter, zuletzt dem Klerus angehörig[2].

Reich immatrikulierte sich im SS 1542 an der Universität Leipzig[3], promovierte 1544 unter Magister Christoph Montag zum Bacc. art. und am 20. Januar 1550 unter dem Dekan Simon Gerth zum Mag. art.[4] Am 12. März 1551 wurde er in den Rat der Artistenfakultät aufgenommen und am 18. April für das SS 1551 zum Dekan gewählt[5]. 1552 erscheint er in der Matrikel von Jena, wirkte aber 1553 doch wieder in Leipzig als Rector Magnificus. 1555 schied er aus der Universität Leipzig aus, um seine Studien in Bologna fortzusetzen, wo er 1557 zum JUD promovierte. Im April 1555 besuchte er Florenz und auf der Heimreise am 16. März 1558 Konrad Gesner in Zürich[6]. 1558 wurde er Rat des Herzogs Heinrich von Braunschweig-Wolfenbüttel, 1569 von dessen Nachfolger Herzog Julius bestätigt. 1570 erscheint er als Dechant des Stiftes St. Blasien in Braunschweig. Sein Sohn Heinrich Julius (1588 in Nürnberg verunglückt) studierte in Altdorf.

Beziehungen zu Rheticus sind nicht bekannt. Reich promovierte zum Bakkalaureus und Magister als Rheticus in Leipzig aktiv war, sodass er an den Promotionsfeiern anwesend war. Reichs Dekanat und Rektorat fällt hingegen in die Zeit nach dem Wegzug von Rheticus. Bis dahin hatten beide der gleichen Fakultät angehört, sie waren Kollegen, doch scheint Reich nicht in die Lehre eingebunden zu sein, dürfte sich daher vorwiegend dem Studium der Rechte gewidmet haben.

1 Garcaeus 1576, S. 176. | 2 Knod 1899, S. 449 f., Nr. 3047. | 3 Erler, Bd. 1, S. 640. S 15. | 4 Erler, Bd. 2, S. 710. | 5 Ebenda, S. 720. | 6 Durling 1965, S. 145.

Reich, Stephan, 1512 – 1588

Stephan Reich (Riccius), geboren 25. Dezember 1512 in Kahla (Saale-Holzland-Kreis, Thüringen), gestorben 1588 in Lissen (Stadtteil von Osterfeld, Burgenlandkreis, Sachsen-Anhalt), luth., Theologe, Schulmann, Gräzist[1].

Nach Besuch der Lateinschule in Jena immatrikulierte er sich am 9. Juni 1529 in Wittenberg[2], er war Zögling an der von Melanchthon in seinem Hause unterhaltenen *Schola privata*[3], studierte an der Artistenfakultät, und hörte theologische Vorlesungen bei Luther, Jonas und Cruciger, später auch juristische, vermutlich bei Kling. 1533 empfahl ihn Melanchthon dem Juristen Johann Stratius in Posen als Lehrer des Griechischen, wobei er ihn als fleißig, bescheiden, regen Geistes und guter Sitten lobte. Reich kehrte nach 1 ½ Jahren nach Wittenberg zurück und promovierte am 27. April 1536 unter dem Dekan Jakob Milich zum Magister artium[4]. Für eine akademische Laufbahn zeigte er kein Interesse. Sein Hauptanliegen war, der Jugend solide Kenntnisse in den Sprachen und Literatur zu vermitteln, wobei er die antiken Klassiker auch über die deutsche Sprache zu vermitteln suchte.

Reich wurde Lateinschulmeister in Jena, heiratete dort 1537 auf dem Rathaus die Bürgerstochter Barbara Rosenhain († 1569), die ihm acht Söhne (Stephan, Martin, Philipp, Gabriel) und eine Tochter Katharina zur Welt brachte. 1540 wurde Reich Schulmeister in Saalfeld, wo er 1542 zum Diakon gewählt und von Bugenhagen ordiniert wurde[5]. In Saalfeld wurde er besonders durch seinen Superintendenten Kaspar Aquila (1488-1560) gefördert, der ihm beim Erlernen des Hebräischen helfen sollte[6]. 1545 wechselte Reich auf die besser dotierte Pfarre Langenschade (Ortsteil von Unterwellenborn, Landkreis Saalfeld-Rudolstadt, Thüringen), dann 1547 in seine Heimatstadt Kahla. Dort bezeichnete ihn eine Visitation 1555 als gelehrt, der hl. Schrift kundig und als geschickten Seelsorger, verwarnte ihn aber wegen unmäßigen Trinkens. 1558 wurde seine Frau wegen Ehebruchs verleumdet und nach Folter zur Auspeitschung und Ausweisung verurteilt. Reich gab sein Pfarramt auf und folgte seiner Frau in die Verbannung. 1559 wurde er Pfarrer an der gut dotierten Propsteikirche in Lissen, wo er bis 1588 wirkte. Hier entfaltete er eine umfangreiche schriftstellerische Tätigkeit: Ausgaben, Kommentare und Übersetzungen von Luther, Cruciger, Urbanus Rhegius[7] sowie von lateinischen und griechischen Klassikern (Cicero, Quintilian, Vergil, Terenz, Plautus, Hesiod), darunter *M. T.Ciceronis orationes Philippi Melanchthonis, Iohannis Velcurionis aliorumque enarrationes*, 2 Bde (Leipzig: Joh. Rhamba, 1568)[8]; eine dt. Übers. von Ciceros *Epistulae familiares* (Bautzen: Joh. Wolrab, 1570), einem Enkel Melchior Klings gewidmet[9] oder ein *Commentarius in Hesiodi erga kai hemeras* (Leipzig: Georg Defner für Jakob Apel, 1580)[10]. Ciceros *Epistolae familiares* VII et VIII (Leipzig: Jakob Apel 1597) wurden von seinem Sohn Gabriel Reich herausgegeben. Reich hat sich 1553 in Aachen im Stammbuch des Abraham Ulrich verewigt mit A.E.I.O.U. (Allein Evangelium Ist Ohn' Verlust)[11].

Während seines Studiums in Wittenberg widmete sich Reich auch den mathematischen Fächern, war daher wohl gemeinsam mit Reinhold und Rheticus ein Schüler von Volmar. Reich hinterließ eine Definition der Mathematik, wie sie zu seiner Zeit verstanden wurde: *Quinque sunt [partes]: Arithmetica, Geometria, Musica, Astronomia et Astrologia*[12]. (Die Mathematik hat fünf Teile: Arithmetik, Geometrie, Musik, Astronomie und Astrologie). Diese einzelne Teile werden dann genauer definiert, so beispielsweise die *Musica Theorica: Est pars Mathematicae, seu scientia, quae scrutatur et patefacit naturas et proprietates numerorum, consideratorum secundum intervalla seu sonos, vel est ars canendi, Singerey oder Singekunst, a* μουσα, *ein Gedicht* [13]. (Die theoretische Musik ist ein Teil der Mathematik, oder eine Wissenschaft, die Wesen und Eigenarten der Melodien erforscht und offenbart, der Beurteiler nach den Intervallen oder Tönen, oder sie ist die Kunst des Singens, Singerei oder Singkunst, von *musa*, ein Gedicht).

Reich ist ein Musterbeispiel dafür, wie aus dem jahrelangen gemeinsamen Studium auch Rückschlüsse auf Rheticus gezogen werden können. Denn Reichs Kommentare gründen auf Vorlesungsmitschriften seiner Wittenberger Kollegen. So bekennt er in seinem Hesiod ausdrücklich, er stütze sich in seinem Kommentar auf die Scholien gelehrter Männer, *quos ego adolescens in Academia Vuittebergensi audivi* (die ich als Heranwachsender auf der Universität Wittenberg gehört habe). Ein anderes Beispiel bietet sein Terenzkommentar (Wittenberg: 1566), der schon im Titel klar sagt *Ex publicis praelectionibvs doctissimorvm virorvm, qui olim in celeberrima academia Vvitebergensi floruerunt* (aus öffentlichen Vorlesungen der gelehrtesten Männer, die einst an der hochberühmten Universität Wittenberg blühten). Reich bezieht sich dabei auf datierte Terenzvorlesungen von Johannes Stigel (1528), Franz Burckhart (1532), Melanchthon (1524, 1535), Ambrosius Berndt (1537, 1540), auf solche von Hermann Tulichius, Johannes Rivius oder Kaspar Cruciger d.Ä., um nur einige Beispiele zu nennen. So wie Reich hätte auch Rheticus die eine oder andere dieser Vorlesungen hören können.

Beziehungen zu Rheticus. Für die Zeit nach 1536 gibt es keine Hinweise auf ein Fortbestehen der Beziehungen zwischen Reich und Rheticus.

1 Koch 1886; Herrmann 1952, S. 207-212; Stupperich 1984, S. 177. | **2** Förstemann 1841, Bd. 1, S. 135b. | **3** Hartfelder 1889, S. 494. | **4** Köstlin 1888, S. 23. | **5** Buchwald 1894, S. 27, Nr. 416; Vogt 1888/99, S. 654, Ordinationszeugnis vom 7. Juli 1542. | **6** Biundo, Georg: Kaspar Aquila, Ein Kämpfer für das Evangelium in Schwaben und in der Pfalz, in Sachsen und Thüringen (Veröffentlichungen des Vereins für Pfälzische Kirchengeschichte, 10). Grünstadt/Pfalz 1963, S. 160, auch S. 48, 312. | **7** Liebmann 1980, S. 399 f. | **8** VD 16 R 672. | **9** VD 16 C 3081. | **10** VD 16 H 2717; BSB online. | **11** Klose 1999, S. 295 (Fol. 180v). | **12** Reich, Hesiod (Leipzig 1580), VD 16 H 2717; BSB online, image 38. | **13** Reich, Hesiod (Leipzig 1580), VD 16 H 2717; BSB online, image 38 f.

Reiffenstein, Albert, ca. 1518 – nach 1575

Albert (Albrecht) von Reiffenstein, geboren um 1518 in Stolberg/Harz (Lkr. Mansfeld-Südharz, Sachsen-Anhalt), gestorben nach 1575 in Ingolstadt (?), luth., Verwaltungsbeamter Herzogs Albrecht von Bayern.

Wegen ihrer Namensähnlichkeit und ihres gemeinsamen Auftretens dürfen die drei Brüder Wilhelm (Curio), Albert und Johannes Reiffenstein nicht mit den drei Brüdern Friedrich, Alexander und Christoph Reiffsteck verwechselt werden. Ihr Vater, Wilhelm von Reiffenstein (ca. 1482-1538) war führender Beamter der Grafschaften Stolberg/Harz und Werningerode (Lkr. Harz, Sachsen-Anhalt). Er war mit Luther und Melanchthon eng befreundet[1], was seinen Söhnen in Wittenberg zugutekam. Albert Reiffenstein immatrikulierte sich mit seinen Brüdern Wilhelm (Curio) und Johannes am 24. August 1533 unter dem Rektor Kaspar Cruciger an der Universität Wittenberg[2]. Albert und sein jüngerer Bruder Johannes besuchten Melanchthons *Schola privata*, etwa gleichzeitig mit Sabinus und Stephan Reich[3]. Melanchthon kümmerte sich sehr intensiv um die Ausbildung der drei Söhne seines Freundes Wilhelm Reiffenstein[4]. Während seiner Studienzeit hat Albert Reiffenstein auf Veranlassung Melanchthons ein Gedicht gegen Cochläus verfasst, der Alexander beleidigt hatte[5]. Im Sommer 1531 widmete Melanchthon seine Rhetorik den Brüdern Albert und Johannes Reiffenstein[6]. Sehr viel später besuchten die Brüder Albert und Johannes Reiffenstein Konrad Gesner in Zürich, in dessen *Liber amicorum* sie (ohne Datum, vielleicht 1562) eingetragen sind[7].

Beziehungen: Rheticus und Albert Reiffenstein waren seit 1533, vermutlich schon 1532 Kommilitonen; seit 1536 mag Albert Reiffenstein auch die Vorlesungen von Rheticus besucht haben; die von Melanchthon geförderten mathematischen und astrologischen Studien von Alberts Bruder Johannes deuten in diese Richtung.

1 Vgl. dazu METZGER/PROBST 1998, S. 685-716. | **2** FÖRSTEMANN 1841, Bd. 1, S. 150a. | **3** HARTFELDER 1889, S. 494. | **4** METZGER/PROBST 1998, S.715. | **5** CLEMEN/KOCH 1984, Bd. 5, S. 369. | **6** METZGER/PROBST 1998, S. 693; MBW 1183. | **7** DURLING 1965, S. 145, auch 155, Anm. 122.

Reiffenstein, Johannes, 1522 –1575

Johannes (auch Johann Wilhelm) Reiffenstein (Rifenstein, Reifsteinus), geboren 1522 in Stolberg (Lkr. Mansfeld-Südharz, Sachsen-Anhalt), gestorben am 18. März 1575 in Stolberg, luth., Humanist[1].

Die drei Söhne des Wilhelm von Reiffenstein (ca. 1482-1538), Rentmeisters der Grafen von Stolberg, haben sich am 24. August 1533 gemeinsam in Wittenberg immatrikuliert[2], wo sie von Melanchthon gefördert wurden. Johannes besuchte Melanchthons *Schola privata*. Schon 1531 hatte Melanchthon ihm und seinem Bruder Albert seine Rhetorik gewidmet[3]. Johannes Reiffenstein zeigte eine besondere Vorliebe für die Astrologie. Er war Schüler von Melanchthon, Volmar und Milich, auch von Luther und Justus Jonas. Anlässlich der Promotion von Jakob Milich zum Dr. med. am 16. November 1536 trug der erst 14jährige Johannes Reiffenstein eine an diesen gerichtete, von Melanchthon formulierte, astrologische *Quaestio* vor. Der Sinn eines solchen Auftritts lag darin, dass man im Schauspiel des feierlichen Promotionsaktes Knaben das Wort gab, damit diese sich frühzeitig für die akademischen Grade begeisterten und Freude an den *artes liberales* fanden (vgl. dazu auch Paul Eber d.J.). Nach einem allgemeinen Lob der Ärzte stellt er die Frage, ob die Astrologie für das Erkennen und Heilen von Krankheiten von Nutzen sein könne? Viele bewährte Ärzte würden das verneinen. Dagegen hält Reiffenstein die Ansichten von Hippokrates, Diokles und Galen. Er führt dann auch ein Beispiel an, das der hoch gelehrte Volmar über einen Mathematiker des ungarischen Königs Matthias Corvinus berichtet habe: Dieser Mathematiker sah die Ursache für die Krankheit des Königs in einer Eklipsis in dessen Horoskop. Der König wurde in kurzer Zeit geheilt.

Reiffenstein schließt mit einem Zitat des Ptolemaeus, *non esse venam secandam, cum Luna in signo est*. Man könnte noch viele Beispiele dazu bringen, doch wolle er die Frage an seinen Lehrer, den hoch gelehrten Herrn Dr. Milich mit der Bitte weitergeben, dass er sie uns bei Gelegenheit ausführlich erkläre und entscheide[4]. Melanchthon dedizierte seinem Schüler Reiffenstein im August 1536 das geometrische Lehrbuch des Johannes Vögelin (Wittenberg: Joseph Klug, 1536). 1539 schenkte ihm Justus Jonas eine Ausgabe von Plinius' *Naturalis historia* (Basel: Froben, 1539). Reiffensteins Begeisterung für die mathematischen Fächer und besonders für die Astrologie kommt auch darin zum Ausdruck, dass Garcaeus sein Horoskop überliefert hat[5].

Im Studienjahr 1538/39 schrieb er sich an der Universität Basel ein[6], wo er Schüler von Simon Grynaeus wurde; Konsemester waren Martin Peyer, Heinrich Pantaleon, Rudolf Gwalter. Simon Grynäus widmete seinem Schüler Proklos' *Hypotyposis ton astronomicon hypotheseon/Hypotyposis astronomicarum positionum* (Basel: Walder, 1540)[7]; in dem Widmungsschreiben deutet Grynäus an, dass Reiffenstein in der Musik seinen Meistern bereits gleichkomme, müsse aber jetzt die kosmischen Disziplinen hinzufügen. Später verband ihn eine Freundschaft mit Konrad Gesner, dem er Gesteinsproben und ein gotisches Alphabet schickte[8]. Besonders verdient machte sich Reiffenstein auch um die althochdeutsche Literatur (Otfried von Weißenburg).

Reiffenstein war eng befreundet mit Luther, Jonas und Melanchthon. Er war Tischgenosse Luthers, der ihm ein Exemplar der Bibel (Wittenberg: Hans Lufft, 1545) schenkte, in dem sich auch Bugenhagen und Cruciger verewigt haben. Reste seiner Bibliothek sind in der Bibliothek von Wernigerode erhalten. Reiffenstein war verheiratet und hatte eine Tochter.

Beziehungen zwischen Rheticus und Johannes Reiffenstein stehen außer Frage. Beide waren über Jahre seit 1532 Kommilitonen und Kollegen in Wittenberg, zeigten die gleichen Interessen für die mathematischen Fächer (Astrologie, Geometrie, Physik, Musik) und die Medizin. Über Melanchthon, Milich, Gasser und Gesner bestanden weitere Kontakte.

1 JAKOBS, Eduard, in: ADB 27 (1888), S. 691-693; METZGER/PROBST 1998, S. 693. | 2 FÖRSTEMANN 1841, Bd. 1, S. 150a. | 3 METZGER/PROBST 1998, S. 693. | 4 CR X, Sp. 715-717. | 5 GARCAEUS 1576, S. 175. | 6 WACKERNAGEL 1956, Bd. 2, S. 21, Nr. 18. | 7 VD 16 P 4953; BSB München, digital. | 8 BURMEISTER 1975, Bd. 3, S. 233.

Reiffenstein, Wilhelm (Curio), 1515–1579

Wilhelm (Curio) von Reiffenstein, geboren um 1515 in Stolberg (Lkr. Mansfeld-Südharz, Sachsen-Anhalt), gestorben 1579 in Wernigerode (Lkr. Harz, Sachsen-Anhalt), luth., Adliger, Verwaltungsbeamter.

Wilhelm (Curio) Reiffenstein, der älteste Sohn des Stolbergischen Rentmeisters Wilhelm Reiffenstein, immatrikulierte sich mit seinen Brüdern Albert und Johannes am 24. August 1533 unter dem Rektor Kaspar Cruciger an der Universität Wittenberg[1]. Schon 1531 hatte ihm Melanchthon seine lateinische Syntax nach Linacre zugeeignet[2]. Wilhelm Curio wurde vor allem dadurch bekannt, dass er Melanchthon nach der Schlacht bei Mühlberg auf seinem Schloss in Wernigerode Aufnahme gewährte.

Zwischen Rheticus und Wilhelm (Curio) Reiffenstein agb es vermutlich keine engeren **Beziehungen**, außer dass sie seit 1532 zeitweise Kommilitonen waren.

1 FÖRSTEMANN 1841, Bd. 1, S. 150a. | 2 METZGER/PROBST 1998, S. 693; MBW 1131.

Reiffschneider, Johannes, 1518–1591

Johannes Reiffschneider (Reiffschneitter, Reifschnitter, Reifschniter, Reifsneider, Ryffschneiderus, lat.-griech. *Cyclotomus*), geboren um 1518 in Frankfurt/Main, gestorben am 23. August 1591 in Leipzig, Begräbnis auf dem Alten Gottesacker, luth., Jurist (Universitätsprofessor, kurfürstl. Rat, Oberhofgerichtsassessor), Domdekan in Merseburg[1].

Johannes Reiffschneider immatrikulierte sich im WS 1536/37 unter dem Rektor Justus Jonas an der Universität Wittenberg[2]; Konsemester waren Georg von Venediger, Adam Siber, Georg Fabricius, Johannes Crato, Paul Rubigallus, Mikael Agricola, Nikolaus Bromm, Matthias Rodt, Johannes Reinhold, Sebastian Glaser. Am 5. Februar 1540 promovierte er unter dem Dekan Christan Neumair zum Mag. art.[3]; er erreichte den 6. Rang von 15 Kandidaten; vor ihm kam Lukas Hetzer auf den 3. Rang. Am 17. Juni 1542 disputierte er unter dem Dekan Paul Eber *De sectis philosophorum*[4]. Wir finden Reiffschneider 1545 als Sekretär in den Diensten des Fürsten Georg von Anhalt; er ist als Notar und Beisitzer Mitglied des Merseburger Konsistoriums[5].

Im WS 1550/51 wechselte Reiffschneider unter dem Rektor Peter Thomäus an die Universität Leipzig[6], wo er der Bayerischen Nation angehörte; Konsemester waren Matthias Stoj und Valerius Fidler. Hier widmete er sich dem Studium der Rechte, das er zügig vorantrieb; am 15. November 1553 promovierte er zum Bacc. iur. utr. und zugleich zum Lic. iur. utr., am 6. März 1554 zum JUD[7]. Am 4. Juli 1559 trat er als Promotor bei der Promotion eines Bacc. iur. utr., 1560, 1562, 1566 und 1572 bei Promotionen zum JUD. 1574 wurde Reiffschneider *honoris causa* an der Universität Jena *gratis* immatrikuliert[8]. Bei dem am 18. April 1592 in Basel promovierten *Joannes Reifschneiter Lipsensis*[9] handelt es sich wohl um einen gleichnamigen Sohn oder auch Verwandten.

Beziehungen zwischen Rheticus und Reiffschneider sind wahrscheinlich. Rheticus kommt für die Jahre 1536 bis 1538 sowie für das WS 1541/42 als Lehrer von Reiffschneider in Betracht. Auch im WS 1550/51 mögen sie sich in Leipzig wiederbegegnet sein, zumal sich auch andere Wittenberger Bekannte wie Stoj und Fidler in der Begleitung Reiffschneiders befanden. Der Rheticusschüler Michael Beuther richtete an ihn ein Gedicht *Ad Ioannem Reyffschnitter Francofortanum*, das ein Lob auf die *Artes* (*Musica, Poesis, Mathesis*) zum Inhalt hat[10].

1 STEPNER 1686, S. 263 f., Nr. 1269; CLEMEN/KOCH 1984, Bd. 4, S. 89, Anm. 5, 91, 95-97, 101. | 2 FÖRSTEMANN 1841, Bd. 1, S. 165b. | 3 KÖSTLIN 1890, S. 11. | 4 KÖSTLIN 1890, S. 23. | 5 FRASSEK 2005, S. 149. | 6 ERLER, Bd. 1, S. 685, B 13. | 7 ERLER, Bd. 2, S. 63 f., auch S. 39. | 8 MENTZ 1944, Bd. 1, S. 252. | 9 WACKERNAGEL 1956, Bd. 2, S. 393, Nr. 49. | 10 BEUTHER, Epigrammata (Frankfurt/Main: Egenolf, 1544), BSB München, digital, Scan 18 f.

Reiffsteck, Alexander, ca. 1520–1575

Alexander Reiffsteck (Reifensteck, Reyfftochius, Rebstock, geboren um 1520 in Worms, gestorben vor dem 28. Oktober 1576 in Speyer, luth., Jurist (Prokurator am Reichskammergericht)[1].
Wegen ihrer Namensähnlichkeit und ihres gemeinsamen Auftretens dürfen die drei Brüder Friedrich, Alexander und Christoph Reiffsteck nicht mit den drei Brüdern Johann, Albert und Wilhelm Reiffenstein verwechselt werden. Alexander Reiffsteck, der Sohn von Friedrich Reiffsteck d.Ä., Anwalts am Reichskammergericht in Worms (später in Speyer), jüngerer Bruder von Friedrich und älterer Bruder von Christophorus Reiffsteck, begann seine Studien im SS 1538 gemeinsam mit seinem Bruder Christophorus an der Universität Erfurt[2]. Am 24. August 1538 schrieben sich alle drei Brüder Friedrich, Alexander und Christophorus unter dem Rektor Melanchthon an der Universität Wittenberg ein[3]. Die Brüder gingen dann auf eine Bildungsreise nach Frankreich und Italien, wo sie ihre Rechtsstudien fortsetzten. Zuerst finden wir ihn am 18. Oktober 1543 in Dôle (zusammen mit seinem Bruder Christoph). Dann immatrikulierte er sich 1546 in Orléans, wo er am 8. Oktober 1546 als Prokurator der Deutschen Nation nachweisbar ist, 1547 als Receptor (Einnehmer), wobei

er sich um ein am 1. März 1547 neu angelegtes Rechnungsbuch verdient machte. Alle drei Brüder schrieben sich 1548 in Bologna ein[4]. Alle drei Brüder promovierten in Siena zum JUD: Friedrich am 18. bzw. 19. Januar 1548[5], Alexander am 4. Juli 1549[6], Christophorus am 25. Oktober 1551[7]. Alle drei Brüder wurden, wie schon ihr Vater, Prokuratoren am Reichskammergericht in Speyer: Friedrich 1548, Alexander am 14. April 1549[8] und Christophorus am 1. Juni 1556[9]. 1550 wurde Alexander zum Sachwalter des Kurfürsten von Brandenburg am Reichskammergericht ernannt. 1564 erscheint er am Reichskammergericht als Syndikus der Stadt Nürnberg. Noch 1575 ist er als Prokurator am Reichskammergericht tätig[10]. Alexander besaß von seinem Vater her ein Haus in der Herdgasse in Speyer, das er 1550 mit seiner Mutter Ottilia Linck bewohnte.

Alexander Reiffsteck kann im SS 1538 die Vorlesungen von Rheticus besucht haben, vielleicht auch noch im WS 1541/42. In Orléans war Alexander 1546/47 mit dem Rheticusschüler Wigbolt zusammengetroffen.

1 Illmer 1980, Bd. I/2, S. 417-419, Nr. 1177. | **2** Weissenborn 1884, Bd. 2, S. 349, Nr. 4 und 5. | **3** Förstemann 1841, Bd. 1, S. 171b. | **4** Knod 1899, S. 439, Nr. 2987, 2988 und 2989. | **5** Weigle 1944, S. 233, Nr. 382. | **6** Weigle 1944, S. 233, Nr. 381. | **7** Weigle 1944, S. 233, Nr. 380. | **8** Günther 1608, Bl. d4r. | **9** Günther 1608, Bl. d4r. | **10** Brunotte/Weber 2001, S. 421, Nr. 3550; S. 445, Nr. 3579.

Reiffsteck, Christophorus, † nach 1586.

Christophorus (Christoph) Reiffsteck (Reifensteck, Reyfftochius, Rebstock, geboren um 1525 in Worms, gestorben in Speyer, luth., Jurist (Prokurator am Reichskammergericht)[1].

Christophorus (Christoph) Reiffsteck, der Sohn von Friedrich Reiffsteck d.Ä., Anwalts am Reichskammergericht in Worms (später in Speyer), jüngerer Bruder von Friedrich und Alexander Reiffsteck, begann seine Studien im SS 1538 gemeinsam mit seinem Bruder Alexander an der Universität Erfurt[2]. Am 24. August 1538 schrieben sich alle drei Brüder Friedrich, Alexander und Christophorus unter dem Rektor Melanchthon an der Universität Wittenberg ein[3]. Alle drei Brüder gingen dann auf eine Bildungsreise nach Frankreich und Italien. Zusammen mit seinem Bruder Alexander immatrikulierte sich Christophorus am 18. Oktober 1543 in Dôle. 1546 schrieb er sich in Orléans ein, wo sein Bruder Alexander Prokurator der Deutschen Nation war. 1548 tauchen alle drei Brüder Friedrich, Alexander und Christophorus in Bologna auf[4]. Christophorus promovierte am 25. Oktober 1551 in Siena zum JUD[5]. Am 1. Juni 1556 wurde er Prokurator am Reichskammergericht in Speyer, wo er bis 1586 tätig blieb[6]. Reiffsteck hatte Grundbesitz in der Löffelgasse und in der oberen Fleischschranne in Speyer. In der Löffelgasse kaufte er 1578 ein Haus um 315 Gulden. 1556 heiratete er in Worms Barbara Hess, die Tochter eines Juristen; mit ihr hatte er drei Töchter Ottilia, Barbara und Katrina. Ottilia († 1628) heiratete 1580 den Juristen Nikolaus Rucker, der im gleichen Jahr seinem Schwiegervater seine Sammlung italienischer Rechtsgutachten von Giovanni Battista Ziletto *Matrimonialium consiliorum libri duo* (Frankfurt/Main 1580) zueignete.

Christophorus Reiffsteck kann im SS 1538 die Vorlesungen von Rheticus besucht haben, vielleicht auch noch im WS 1541/42.

1 Illmer 1980, Bd. I/2, S. 484 f., Nr. 1252. | **2** Weissenborn 1884, Bd. 2, S. 349, Nr. 4 und 5. | **3** Förstemann 1841, Bd. 1, S. 171b. | **4** Knod 1899, S. 439, Nr. 2987, 2988 und 2989. | **5** Weigle 1944, S. 233, Nr. 380. | **6** Brunotte/Weber 2000, S. 346, Nr. 2677; Brunotte/Weber 2001, S. 461, 463, Nr. 3602 f.

Reiffsteck, Friedrich, ca. 1518–1578

Friedrich (auch Johann Friedrich) Reiffsteck (Reifenstecken, Reyffsteck, Reiffstock), geboren in Worms, gestorben 1578 in Speyer, luth., Jurist (Anwalt am Reichskammergericht, Rat des Grafen Wilhelm von Nassau und der Bischöfe von Metz und Toul)[1].

Friedrich Reiffsteck d. J., der Sohn des Friedrich Reiffsteck d. Ä., Anwalts am Reichskammergericht in Worms (später in Speyer), älterer Bruder von Alexander und Christophorus Reiffsteck, begann seine Studien am 15. Dezember 1533 (nicht 1534) an der Universität Heidelberg[2]. Im Studienjahr 1536/37 wechselte er an die Universität Basel[3]. Am 24. August 1538 schrieben sich die drei Brüder Friedrich, Alexander und Christophorus unter dem Rektor Melanchthon an der Universität Wittenberg ein[4]. Alle drei Brüder gingen in der Folge auf eine Bildungsreise nach Frankreich und Italien. Zunächst wird Friedrich am 29. Januar 1544 als Zeuge in Siena genannt, am 22. Dezember 1547 in Ferrara als Zeuge bei der Promotion des Rheticusschülers Joachim Möller d. J.[5] und noch einmal am 1. Februar 1548[6]. Alle drei Brüder schrieben sich 1548 in Bologna ein[7]. Alle drei Brüder promovierten in Siena zum JUD: Friedrich am 18. bzw. 19. Januar 1548[8], Alexander am 4. Juli 1549[9], Christophorus am 25. Oktober 1551[10]. Doch schied Friedrich sehr bald wieder aus; er wurde 1550 Rat des Grafen Wilhelm von Nassau und der Bischöfe von Metz und Toul[11]. Friedrich heiratete am 25. August 1551 in Augsburg Katharina Lauginger († 1572).

Friedrich Reiffsteck kann im SS 1538 die Vorlesungen von Rheticus besucht haben, vielleicht auch noch im WS 1541/42.

1 Knod 1999, S. 439, Nr. 2989. | 2 Töpke 1884, Bd. 1, S. 559. | 3 Wackernagel 1956, Bd. 2, S. 12, Nr. 19. | 4 Förstemann 1841, Bd. 1, S. 171b. | 5 Pardi 1900, S. 146 f. | 6 Pardi 1900, S. 146 f. | 7 Knod 1899, S. 439, Nr. 2987, 2988 und 2989. | 8 Weigle 1944, S. 233, Nr. 382. | 9 Weigle 1944, S. 233, Nr. 381. | 10 Weigle 1944, S. 233, Nr. 380. | 11 Knod 1999, S. 439, Nr. 2989.

Reinhold, Erasmus, d. Ä., 1511–1553

Erasmus Reinhold d. Ä., geboren am 21. Oktober 1511 in Saalfeld/Saale (Lkr. Saalfeld-Rudolstadt, Thüringen), gestorben am 19. Februar 1553 in Saalfeld/Saale, wohin er wegen der Pest in Wittenberg ausgewichen war, griech. Epitaph von Melanchthon[1], luth., Astronom, auch Astrologe, Mathematiker, nicht jedoch Arzt[2], Lehrer zahlreicher Astronomen des 16. Jahrhunderts, einer der ersten Verehrer des Kopernikus[3].

Reinhold immatrikulierte sich in Wittenberg im Wintersemester 1530/31 unter dem Rektor Justus Jonas[4]; Konsemester waren Justus Jonas d. J., Franz Kram und Hieronymus Berbing. Reinhold promovierte im Frühjahr 1535 unter dem Dekan Franz Burckhart zum Magister artium[5], wobei er den 2. Rang von 12 Kandidaten erreichte; vor ihm auf den 1. Rang platzierte sich der Schwede Nils Månsson, auf den 4. Rang kam Christoph Jonas, auf den 9. Rang der Wallone Martin Gilbert Spaignard und auf den 10. Rang Joachim Mörlin. Reinhold wurde am 30. April 1536, gemeinsam mit Nils Månsson, in das Kollegium der Artistenfakultät aufgenommen[6]. Er war im Wintersemester 1540/41 und im SS 1549 Dekan der Artistenfakultät[7], im Wintersemester 1549/50 Rektor Magnificus. Reinhold setzte sich sehr für das Wohl der Universität ein. In der Artistenfakultät sollte samstags abwechselnd eine Disputation bzw. Deklamation stattfinden, zu der alle Magister und Professoren verpflichtet waren[8]. Reinhold disputierte am 9. August 1539 *De anno*[9]. Reinhold zeichnete 1549 in einer Einladung zu einer Magisterprüfung ein Bild der himmlischen Akademie: »Nichts ist im menschlichen Leben süßer als solche Gespräche über die Lehre, die ein Bild jener eigenen Akademie sind, *in qua audiemus doctorem filium Dei, et cum Angelis, Prophetis et Apostolis de mirandis Dei operibus suavissime disputabimus*[10]. Reinhold hatte sowohl zu Luther als auch zu Melanchthon ein sehr freundschaftliches Verhältnis. Am 18. Januar 1538 beobachtete er gemeinsam mit Luther eine Mondfinsternis[11]. Melanchthon verfasste literarische Beilagen zu verschiedenen Werken Reinholds, u.a. dessen Ausgabe von Ptolemäus' *Mathematicae constructionis liber primus* (Wittenberg 1549)[12]; er half bei der Finanzierung der Prutenischen Tafeln. Während Melanchthon über den *Tetrabiblos* des Ptolemäus und *De anima* des Aristoteles las, später über die *Initia doctrinae physicae*, stellten seine Schüler Reinhold und Rheticus im Anschluss an ihn die mathematischen Wissenschaften vor.

Rheticus rechtfertigte die astronomischen Studien mit Gen. 1,14. Beide, Reinhold und Rheticus, lasen über die Bewegungen der Himmelskörper im Hinblick auf die Erkenntnis Gottes, *ad agnitionem Dei*[13]. Als Inhaber des Lehrstuhls für höhere Mathematik war Reinhold gleichwohl verpflichtet, auch die mathematischen Fächer vorzutragen. Es heißt über Reinhold und Marcellus, *fuit autem utriusque labor in docendo felix* (beide hatten eine glückliche Hand in der Lehre)[14]. Reinhold las über die Planetentheorie nach Georg Peurbach, über die Geographia des Ptolemäus[15], über die Lehre von den Proportionen nach Euklid, über Arithmetik und mehr[16].

Astronomie bedeutete in Wittenberg vor allem aber auch Astrologie. Die Astronomie war nach Rheticus nur eine Hilfswissenschaft der Astrologie; wie Melanchthon sah er in der Astronomie den Zweck, den Willen Gottes in seiner astrologischen Vorsehung zu erforschen[17]. Für Melanchthons Kinder erstellte Reinhold deren Nativitäten. Die Astrologie war angesichts der schlechten Bezahlung der Professoren der Artistenfakultät eine nicht unbedeutende zusätzliche Einnahmequelle, insbesondere wenn lebhafte Kontakte zu den Fürstenhöfen bestanden[18]. Aber selbst Studenten wurden zur Kasse gebeten; so staunte 1543 der Rheticusschüler Simon Wilde, der immer knapp bei Kasse war, nicht schlecht, als ihm Erasmus Flock für ein ihm erstelltes Geburtshoroskop drei Gulden abverlangte[19]. Der Nürnberger Drucker Johannes Petreius lieferte dazu die buchhändlerische Unterstützung[20]. Rheticus und Reinhold waren »versierte astrologische Praktiker«[21]. Reinhold stellte die Astrologie auf eine höhere Entwicklungsstufe, indem er seinen Horoskopen seine Tafeln zugrunde legte, die er nach Kopernikus neu berechnet hatte[22]. Wiewohl Reinhold und seine Schüler Chytraeus, Peucer oder Gracaeus den Nutzen der Astrologie betonten, konnten sie deren langsamen Niedergang nicht aufhalten[23]. Als Astrologen behaupteten sich Reinhold und Rheticus noch im 17. Jahrhundert neben Michael Walther (1638-1692) und Aegidius Strauch (1632-1682)[24]. Johann Friedrich Weidler (1692-1741) hingegen rühmte in vielen Schriften und besonders in seiner *Historia Astronomiae* (Wittenberg 1741) die astronomischen Werke von Peucer, Rheticus, Schöner oder Heller, ließ aber deren astrologische Schriften nicht gelten[25].

Brosseder hat für Reinhold dessen astrologische Praxis an konkreten Beispielen überzeugend nachgewiesen[26]. Die Behauptung von Kraai, Reinhold sei kein passionierter Astrologe gewesen, und die daraus abgeleitete Folgerung, er könne deswegen als Autor einer Sammlung von Horoskopen nicht in Frage kommen, entbehrt jeder Grundlage[27]. Die Astrologen, so bezeugt auch für Reinhold und Rheticus, legten Sammlungen handschriftlicher Horoskope an, um bei ihren Interpretationen darauf zurückgreifen zu können[28]. Während in Italien auch Horoskope auf Jesus Christus veröffentlicht wurden, scheuten sich die Wittenberger Astrologen davor, nicht jedoch Reinhold, dessen Christushoroskop aber immerhin ungedruckt blieb[29]. Eine Horoskopsammlung Reinholds ist zwischen 1540 und 1550 entstanden[30]; die Horoskope-Sammlung von Ritter, darin Reinhold, Rheticus, Eber u.a.[31]; Paul Ebers *Calendarium historicum* (Basel 1550) hält die Geburtsstunden von Peuerbach, Regiomontan, Schöner, Kopernikus, Reinhold und Rheticus fest, spätere Auflagen fügen die von Peter Apian, Cardano, Stifel, Milich u.a. hinzu[32]. Ein Horoskop Reinholds ist auch bei Garcaeus überliefert[33].

Werke: [Peurbach, Georg, hg. v. Erasmus Reinhold:] *Novae Theoricae planetarum* (Wittenberg: Joseph Klug, 1535, mit Vorrede von Melanchthon an Simon Grynaeus)[34]; [Peurbach, Georg, hg. v. Erasmus Reinhold:] *Theoricae novae planetarum, ..., Inserta item methodica tractatio de illuminatione Lunae, Typus eclipsis solis futurae anno 1544* (Wittenberg: Johannes Luft, 1542, 1551, 1553, 1561, Basel, 1568; Wittenberg: J. Cratos Erben, 1580[35]; weitere Ausgabe Paris: Wechel, 1550); *Themata, quae continent methodicam tractationem de horizonte* (Wittenberg: 1541, 1544 [Joseph Klug], weitere Auflagen im Anhang zu [Melanchthon], *Sphaera von Sacrobosco* 1545, 1550, 1553, 1558, 1561 1578)[36]; *Calendarium novum*, in: [Luther:] *Enchiridion piarum precationum*, (Wittenberg 1543)[37]; *Oratio de Regiomontano* (Wittenberg 1549, weiterer Druck in Melanchthon, *Selectae declamationes*, Bd. 3, Basel 1553)[38]; *Ptolemaei Mathematicae constructionis liber primus* (Wittenberg: Joh. Lufft,

1549[39]); *Ephemerides duorum annorum 50 et 51 ... ad meridianum Wittebergensem* (Tübingen: U. Morhard, 1550)[40]; *Prutenicae tabulae* (Tübingen: U. Morhard, 1551; Wittenberg 1561; Tübingen: U. Morhards Witwe, 1562; Tübingen: O. u. G. Gruppenbach, 1571; Wittenberg: M. Welack, 1584)[41]; *Primus liber tabularum directionum discentibus prima elementa astronomica necessarius et utilissimus* (Tübingen: U. Morhards Erben, 1554[42]; neue Ausgabe durch Johannes Sturm in Rostock, 1598)[43]. Ungedruckt blieb ein Kommentar zu Kopernikus' *De revolutionibus orbium coelestium*[44]; andere Arbeiten Reinholds wurden später durch seinen Sohn herausgegeben.

Während Reinhold dem Dichter Johannes Stigel eng verbunden blieb, war sein Verhältnis zu Lemnius gespannt. Auch Kaspar Brusch hat Reinhold ignoriert, obwohl beide beinahe Konsemester waren; der leichtlebige Brusch konnte sich wohl für den ernsten Reinhold nicht erwärmen. Auch konnte Brusch Reinhold darin nicht folgen, dass dieser die Naturwissenschaften hoch über die Geisteswissenschaften stellte, die mathematischen Wissenschaften stehen für Reinhold im Rang über Fächern wie Rhetorik oder Dialektik, die nur die Art und Weise, sich richtig auszudrücken vermitteln[45].

Reinhold war verheiratet in erster Ehe 1537 mit Margaretha Bauer aus Wittenberg († 1548), in zweiter Ehe 1550 mit Martha, Tochter eines Richters in Görlitz († 1552). Zu dieser zweiten Hochzeit verfassten zwei seiner Schüler Gedichte, Matthias Stoj eine astrologisch ausgerichtete *Elegia gratulatoria*, Johannes Seckerwitz[46] ein *Epithalamium* (Wittenberg 1550)[47]. Reinhold ist am 19. Februar 1553 in Saalfeld/Saale vermutlich an Lungenschwindsucht gestorben. Peucer hat seine letzten Worte überliefert: *Vixi et quem dederas cursum mihi Christe peregi* (Ich habe gelebt, Christus, und bin den Weg, den Du mir vorgegeben hast, gegangen)[48]. Seine Grabstätte ist nicht mehr vorhanden. Auf Reinholds Tod haben einige Gelehrte Epitaphien verfasst. Ein griechisches Epigramm stammt aus der Feder von Melanchthon[49]. Melanchthon fand besonderes Lob für das *Epicedion* von Camerarius, das mit Gelehrsamkeit und Geschmack geschrieben sei[50]. Ein *Epicedion* verfasste auch sein ehemaliger Schüler Johannes Willenbroich aus Danzig[51]. Ein Porträt Reinholds ist nicht überliefert. In Wittenberg erinnert eine Gedenktafel an seinem Haus in der Mittelstraße Nr. 43a an ihn[52]. Reinhold hat sich im Stammbuch des Abraham Ulrich mit mit einer griechischen Nachdichtung des Psalms 133 von Camerarius verewigt[53].

Reinhold und Rheticus

Reinhold und Rheticus gelten als die ersten Kopernikaner, anfangs gehörte wohl auch ihr Lehrer Melanchthon dazu. Sie alle waren im Besitz von Kopernikus' *De Revolutionibus*: Melanchthon[54], Reinhold[55] und Rheticus[56]. Gegenüber Kopernikus und dessen heliozentrischem Weltsystem nahmen sie in Laufe der Entwicklung sehr unterschiedliche Positionen ein.

Hier ist zunächst einmal festzuhalten, dass auch die damalige Wissenschaft neue Erkenntnis anstrebte und begrüßte, aber man verlangte von diesen neuen Erkenntnissen, dass sie nicht im Widerspruch zum traditionellen Weltbild standen, sondern dieses vielmehr bestätigten. Geprägt war dieses zum Dogma gewordene traditionelle Weltbild von Aristoteles, der aber durch die Humanisten zunehmend in Frage gestellt wurde und um die Wende des 16. zum 17. Jahrhundert ganz in den Hintergrund rückte. Daraus resultierte von Anfang an eine Gefahr für die neue Lehre des Kopernikus, die das auf Aristoteles gegründete ptolemäische Weltbild in Frage stellte. Wer solche umstößlerischen Lehren vertrat, galt als neuerungssüchtig und setzte sich dem Verdacht einer Charakterschwäche aus, ja Melanchthon fand es nicht anständig, solche widersinnigen Behauptungen in jugendlichem Leichtsinn zu vertreten. Dieser Vorwurf traf insbesondere diejenigen, die wie Kopernikus und Rheticus den Heliozentrismus als physische Realität ansahen. Das war auch der Grund, warum Kopernikus so lange zögerte, sein heliozentrisches Weltbild zu veröffentlichen.

Niemand hat diesen Aspekt deutlicher zum Ausdruck gebracht als der Feldkircher Stadtarzt Achilles Pirmin Gasser, Rheticus' Lehrer und Mentor, der bereits 1540 prophezeite, die »Mönche«, gemeint sind die Hardliner unter den Theologen beider Konfessionen, würden im heliozentrischen Weltsystem eine Ketzerei sehen; dabei stehe aber schon jetzt fest, dass eines Tages alle Gelehrten diese Lehre vorbehaltslos bejahen würden. Unterstützt wurde Gasser von seinem schwäbischen Landsmann und Kollegen Georg Vögelin aus Konstanz, der aber frühzeitig ein Opfer der Pest wurde und sich daher als Kopernikaner nicht so recht in Szene setzen konnte; aber immerhin vertrat sein Bruder Ernst Vögelin diese Linie.

Bekanntlich hatte sich Luther schon sehr früh aus theologischen Gründen gegen die kopernikanische Lehre gestellt, eventuell um 1535, als man nur aus dem Vernehmen nach aus dem *Commentariolus* von ihr eine vage Kenntnis hatte, nicht erst im Juni 1539, als erste Berichte aus Frauenburg von Rheticus eintrafen. In Wittenberg gaben die Theologen den Ton an, sodass auch Melanchthon auf die von Luther vorgegebene Linie zurückfand. Der im Grunde sehr überzeugende Versuch von Rheticus, mit seiner Schrift *De terrae motu* die Vereinbarkeit des Heliozentrismus mit der Bibel zu beweisen, hatte gegen die weithin anerkannte Autorität Luthers kaum eine Chance. Dieser Traktat wurde nicht einmal gedruckt, er wurde unterdrückt und verschwand für Jahrhunderte in der Anonymität.

Kopernikus wurde unter diesen Umständen zu einem Tabu. Niemand sprach seinen Namen aus, wenn man von Rheticus absieht. Luther, und auch Melanchthon, sprachen nur von einem *quidam novus astrologus* oder abwertend von einem sarmatischen Astronom. Auch Reinhold wagte es nicht, den Namen Kopernikus auszusprechen. Reinhold hatte sich zwar seit 1542 wiederholt zu Kopernikus bekannt, jedoch fast immer ohne Namensnennung. Rheticus hingegen hatte keine Hemmungen, die *persona non grata* Kopernikus stets beim Namen zu nennen, sei es 1540 auf dem Titelblatt der *Narratio prima*, sei es 1541 in einem Brief an Herzog Albrecht von Preußen[57], sei es 1542 in dem Brief an den Feldkircher Bürgermeister Heinrich Widnauer[58], auf dem Titelblatt der von ihm herausgegebenen Schrift des Kopernikus *De Lateribus et angulis triangulorum* (Wittenberg 1542)[59].

Reinhold und Rheticus erscheinen in dem Jahrzehnt von 1531 bis 1542 wie Zwillinge. Reinhold, nur wenig älter als Rheticus, liegt dabei in seiner Karriere immer etwa um ein Jahr Rheticus voraus. Im Übrigen aber begannen beide um 1531/32 fast gleichzeitig ihr Studium in Wittenberg, beide verzichteten auf ein Bakkalaureat, beide promovierten zum Magister artium und beide wurden in noch jugendlichem Alter in das Kollegium der Artistenfakultät aufgenommen und lösten sich dort 1541/42 im Amt eines Dekans ab. In ihrer Lehrtätigkeit bekannten sich beide zu dem Ziel der Suche nach der Wahrheit und der *agnitio Dei*. Beide waren ernsthafte Wissenschaftler, die in ihrer *professio* aufgingen, jedoch im täglichen Leben Schwierigkeiten hatten, mit dem Geld umzugehen und so durch hohe Aufwendungen für ihre Berechnungen in Schulden gerieten.

Beide waren geprägt durch ihre Lehrer Volmar, Melanchthon und Milich. Beide waren in ihrer Zeit gefragte Astrologen, die auf diesem Gebiet eine lebhafte Tätigkeit entfaltet haben. Beide sind als Kopernikaner der ersten Stunde in die Geschichte eingegangen, beide kämpften gegen erhebliche Widerstände für Kopernikus und trugen zur Ausbreitung seiner Lehre bei.

Reinhold hat 1551 in seinem Vorwort zu den *Prutenicae tabulae* Kopernikus seinen Dank abgestattet und ihn als zweiten Ptolemäus gefeiert[60]; Rheticus bekannte, alles, was immer er für die Wissenschaft geleistet habe, Kopernikus zu schulden. Rheticus ließ 1543 Kopernikus Hauptwerk bei Petreius in Nürnberg drucken; denselben Drucker hatte Reinhold 1548 für sein Hauptwerk, die *Prutenicae tabulae*, in Aussicht genommen, doch verhinderte dessen vorzeitiger Tod die Ausführung dieses Plans[61]. Beide bearbeiteten Ephemeriden für das Jahr 1551. Nach beiden Gelehrten wurden 1651 Ringgebirge auf dem Mond benannt. In der Literatur wird einmal Reinhold als der bedeutendste Mathematiker des 16. Jahrhunderts bezeichnet, zum andern wurde aber auch Rheticus dieser Ehrentitel zugesprochen[62].

So sehr Reinhold und Rheticus sich rein äußerlich in ihrer Karriere auch gleichen, so sind dennoch gravierende Unterschiede zwischen ihnen festzustellen. Es mochte schon eine gewisse Eifersucht in Rheticus erregen, dass Reinhold ihm stets um ein Jahr voraus war. Auch hat man den Eindruck, dass Reinhold von Luther und Melanchthon mehr bevorzugt wurde. Das geschah nicht ganz ohne Grund. Denn zum einen setzte sich Reinhold weit mehr für die Belange der Universität ein als Rheticus. Rheticus war sehr lange abwesend, nicht nur Monate, sondern Jahre, und in dieser Zeit lag die ganze Last der Vorlesungen auf Reinholds Schultern.

Bei näherem Hinsehen nahmen Rheticus und Reinhold auch unterschiedliche Positionen gegenüber Kopernikus ein. Eigentlich hätte man erwartet, dass Rheticus und Reinhold sich gemeinsam für die neue Lehre stark gemacht hätten. In den Wittenberger Vorlesungsankündigungen dieser Jahre fehlt aber jeder Hinweis darauf. Reinhold hielt sich zurück, Rheticus verließ Wittenberg im Frühjahr 1542, sodass mit ihm zunächst nicht mehr zu rechnen war.

Auch sonst bestanden gewaltige Unterschiede zwischen Reinhold und Rheticus. Reinhold war verheiratet und Familienvater, Rheticus blieb sein Leben lang unverheiratet. Beide machten zwar davon Gebrauch, ihre Werke mit Epigrammen zu schmücken, Reinhold von Camerarius, Stigel und Stoj, Rheticus von Acontius und Stoj. Jesse Kraai bemerkt zum Verhältnis der beiden Gelehrten: »… many historians have wondered why there was never any collaboration between Rheticus and Reinhold, not to mention the slightest friendship. The Lemnius scandal certainly put an end to any affection between the two"[63]. Tatsächlich war Rhticus in keiner Weise in den Lemniusskandal involviert. Auch lässt sich ein freundlicher Verkehr zwischen Reinhold und Rheticus nicht gänzlich in Abrede stellen. Beide unterschieden sich aber doch wiederum sehr: Kaspar Peucer sagt über Hommel, *quem ingenio cum Rhetico, diligentia cum Erasmo, doctrina cum utroque conferendum* (der an Talent mit Rheticus, an Sorgfalt mit Erasmus Reinhold, an Bildung mit beiden zu vergleichen ist)[64]. Rheticus erhob gelegentlich versteckte Vorwürfe gegen Reinhold[65], aber von Feindschaft kann keine Rede sein. Schon Melanchthon hat beide verbunden, mochte dessen Zuneigung auch mehr Reinhold als Rheticus gelten. Der Besuch von Rheticus bei Kopernikus war das Werk aller drei Gelehrter, auch wenn Rheticus allein nach Preußen reiste. Reinhold war diese Reise nicht zumutbar, da er verheiratet war und kleine Kinder im Hause hatte; er trug aber in Wittenberg die Last, indem er die Vorlesungen von Rheticus übernehmen musste. Auch Melanchthon war beteiligt, indem er im Herbst 1538 für Rheticus die Freistellung von dessen akademischen Pflichten bewerkstelligte und 1540 die Korrekturbogen der *Narratio prima* durchsah. Höchst bemerkenswert ist das vor dem 13. April 1542, als Rheticus noch in Wittenberg weilte, von Reinhold formulierte Lob des – namentlich nicht genannten – Kopernikus. Reinhold preist Ptolemäus und fügt unmittelbar darauf an: *Tametsi video quendam recentiorem praestantissimum artificem, qui magnam de se apud omnes concitavit expectationem restituendae Astronomiae et iam adornat aeditionem suorum laborum*[66] (doch ich sehe einen neueren ganz vortrefflichen Meister, der für seine Person bei allen die große Erwartung einer wiederhergestellten Astronomie erweckt und der gerade jetzt die Herausgabe seiner Werke in Angriff nimmt). *Omnes* sind alle irgendwie Beteiligten: Reinhold, Rheticus, Melanchthon, aber auch Schöner, Camerarius, Andreas Aurifaber oder Petreius; die *editio suorum laborum* bezieht sich auf die *Narratio prima*, aber auch auf *De lateribus triangulorum* (Wittenberg: Joh. Lufft, 1542). Dahinter sind eigentlich nur Fachgespräche zwischen Reinhold und Rheticus zu vermuten. Und für eine gemeinsame Arbeit spricht auch, dass beide 1542 ihre Arbeiten bei demselben Wittenberger Drucker in Auftrag gegeben haben. Und natürlich wusste Reinhold auch, dass Rheticus, Camerarius, Osiander und andere bei Petreius in Nürnberg den Druck von *De revolutionibus* in Arbeit hatten; 1548 versuchte auch Reinhold, Petreius für den Druck seiner noch unveröffentlichten Prutenischen Tafeln zu gewinnen[67]. In der posthumen Ausgabe der *Theoricae novae planetarum,* die aber noch von Reinhold selbst bearbeitet wurde, gab er seine Zurückhaltung gegenüber Kopernikus auf; dort spricht er in diesem Buch an etwa derselben Stelle von dem *nostra aetate doctissimus vir Copernicus, qui cum omnibus veteribus Astronomiae artificibus merito comparari potest*[68] (in unserer Zeit sehr gelehrten Mann Kopernikus, der mit Recht allen alten Meistern der Astronomie an die Seite gestellt werden kann).

Reinhold hatte eine sehr große Schülerzahl, die das ehrende Andenken an ihn bewahrt haben. Ein Beispiel dafür ist Eusebius Menius, der als Dekan der Artistenfakultät in Greifswald den Tod seines Landsmanns und Lehrers in das Dekanatsbuch eingetragen hat: *anno 1553, mgr. Erasmus Rheinholdus, Thuringus, excellens mathematicus, illustrator Ptolomaei et Copernici, aeditis multis etiam aliis scriptis utilibus plerisque tamen relictis imperfectis necdum aeditis, morte immatura praereptus est in patria Salveldia, quo pestis metu secesserat*[69] (im Jahre 1553 wurde Magister Erasmus Reinhold, ein Thüringer, ein herausragender Mathematiker, der Ptolemäus und Kopernikus aufgehellt hat, durch einen unzeitigen Tod in seiner Vaterstadt Saalfeld dahingerafft, wohin er sich aus Furcht vor der Pest zurückgezogen hatte, nachdem er aber auch noch viele andere nützliche Schriften im Druck hinterlassen hat, aber auch viele andere unvollendete und ungedruckte). Eine extreme Position nahm Bartholomäus Schönborn ein; für ihn stand die Lehre des Kopernikus außerhalb jeder Diskussion. *Nam et Copernici et nostri praeceptoris Erasmi labores merito magnificamus ac retinemus* (Denn sowohl die Arbeiten des Kopernikus als auch die meines Lehrers Reinhold halten wir mit Recht hoch und geben sie nicht auf)[70]. Schönborn stellt hier Kopernikus und Reinhold auf dieselbe Stufe, drei Jahre später aber erkennt er in seinem *Computus* den Ehrentitel eines *Mathematum instaurators* nur mehr seinem Lehrer Reinhold zu[71].

1 CR X, Sp. 614 f. | **2** Sein Sohn Erasmus Reinhold d. J. war Arzt. | **3** Siegmund GÜNTHER, in: ADB 28 (1889), S. 77-79; Andreas KÜHNE, in: NDB 21 (2003), S. 367 f.; Uni Halle, FB Math./Inf./History/Reinhold (Internet); SEIDEL/GASTGEBER 1997, S. 19-51; KATHE 2002, S. 116 f.; BROSSEDER 2004, S.113-121 und passim; Person [Saalfeld] 2010, S. 29-31. | **4** FÖRSTEMANN 1841, Bd. 1, S. 141a. | **5** KÖSTLIN 1888, S. 22. | **6** Ebenda, S. 25. | **7** Ebenda, S. 23. | **8** KATHE 2002, S. 84. | **9** KÖSTLIN 1888, S. 23, 26. | **10** KATHE 2002, S. 109. | **11** LUDOLPHY 1986, S. 101. | **12** REICH 1998, S. 111. | **13** KUSUKAWA 1995/I, S. 179 (Rheticus) und S. 180 (Reinhold). | **14** EBER, Scripta publice proposita, Bd. 1, 1553, BSB online, image 12. | **15** So z. B. 1540, vgl. KUSUKAWA 1995/I, S. 184. | **16** EBER, Scripta publice proposita, Bd. 1, 1553, BSB online, image 12, 59-62, 62-64, 69-71, 72-74, 79-82, 85-90. | **17** KRAAI 2003, S. 76. | **18** BROSSEDER 2004, S. 71. | **19** BUCHWALD 1894/1902, S. 111. | **20** BROSSEDER 2004, S. 147-149; KRAAI 2003, S. 76-81. | **21** BROSSEDER 2004, S. 142. | **22** Ebenda, S. 160. | **23** Ebenda, S. 299. | **24** Ebenda, S. 308. | **25** Ebenda, S. 312. | **26** Ebenda, S. 113-122. | **27** KRAAI 2003, S. 60. | **28** GRAFTON, Geniture collections, S.60; Beispiele bei FLEMMING 1904, Stegenevieve S. 44, 45 Joachimus = Rhet.?, 47. | **29** BROSSEDER 2004, S. 124 f. | **30** MÜLLER-JAHNCKE 1998, S. 134. | **31** Ebenda, S. 130. | **32** REICH 1998, S. 112. | **33** GARCAEUS 1576, S. 149, 323; ein handschriftliches Horoskop Reinholds ist enthalten in: Reinhold, Prutenicae Tabulae (Tübingen 1562), BSB online. | **34** VD 16 P 2059; BSB München.digital; ZINNER ²1964, S. 185, Nr. 1602. | **35** INNER 1964, Nr. 1802, 2025, 2072, 2270, 2462, 2951. | **36** Ebenda, Nr. 1784, Nr. 1858, Nr. 1881, 2850. | **37** Ebenda, Nr. 1832. | **38** Ebenda, Nr. 1969. | **39** VD 16 P 5201; BSB München. digital. | **40** ZINNER 1964, Nr. 1999. | **41** Ebenda, Nr. 2029, 2270, 2288, 2553, 3200; REICH, Karin, in: MÜLLER 1993, S. 249-251. | **42** ZINNER 1964, Nr. 2103. | **43** Ebenda, Nr. 3791. | **44** Hs. Staatsbibl. Berlin. | **45** KATHE 2002, S. 116. | **46** SECKERWITZ, Johannes, aus Breslau, ca. 1530-1583, 1556/58 Prof. der Poetik in Tübingen, seit 1574 in Greifswald.; vgl. ADB und KILLY. Seine astronomischen Interessen werden auch deutlich in einem Huldigungsgedicht an Tycho Brahe greifbar sowie in einer lat. Schrift über die Supernova 1572, Neiße: J. Cruciger, 1573; vgl. ZINNER 1964, S. 256, Nr. 2652, DREYER 1894, S. 143. | **47** ZINNER 1964, S. 459, Nr. 2004a; vgl. CAMENA, unter Stoius. | **48** PEUCER, Elementa doctrinae de circulis, Wittenberg 1553, hier in der Series astrologorum, am Ende. | **49** FUCHS 2008, S. 40 f.; CR 10, S. 616 f., Nr. 267. | **50** FUCHS 2008, S. 40. | **51** In: REINHOLD, Theoricae, Wittenberg 1553; siehe dazu auch Fuchs 2008, S. 122, 126, 128. | **52** STRAUCHENBRUCH 2008, S. 81. | **53** KLOSE 1999, S. 238 f. | **54** Sein Exemplar nicht erhalten, vgl. THÜRINGER 1997, S. 311 f. | **55** THÜRINGER 1997, S. 311, Anm. 156, mit den Initialen E[rasmus] R[einholdus] S[alveldensis] 1543 auf dem Einband; GINGERICH 2002, S. 268, I.217; ein weiteres Exemplar aus dem Umkreis Reinholds beschreibt GINGERICH 2002, S. 8-15, I.8. | **56** GINGERICH 2002 | **57** BURMEISTER 1968, Bd. 3, S. 28. | **58** Ebenda, Bd. 3, S. 50. | **59** BURMEISTER 1967, Bd. 2, S. 66, Nr. 25. | **60** REICH, Karin, in: MÜLLER 1993, S. 250. | **61** REICH, Karin, in: MÜLLER 1993, S. 250; KATHE 2002, S. 117. | **62** SMITH 1923, S. 333: »the leading mathematical astronomer in the Teutonic countries in the middle of the 16th century«. | **63** KRAAI 2003, S. 70. | **64** Zitiert nach KÄSTNER 1796/97, Bd. 2, S. 353. | **65** ZINNER 1943, S. 267. | **66** REINHOLD, Theoricae novae planetarum Georgii Purbacchii (Wittenberg: Hans Lufft, 1542), Bl. C7r = BSB München, digital, Scan 48. | **67** REICH, Karin, in: MÜLLER 1993, S. 250. | **68** REINHOLD, Theoricae novae planetarum Georgii Purbacchii (Wittenberg: Hans Lufft, 1553), Bl. 23r = BSB München, digital, Scan 67. | **69** FRIEDLAENDER 1893, Bd. 1, S. 236. | **70** SCHÖNBORN, Bartholomäus, Oratio de studiis astronomicis (Wittenberg 1564), S. 36 des BSB-Digitalisats. | **71** Schönborn, Bartholomäus, Computus (Wittenberg 1567), Bl. a5v (BSB digital).

Reinhold, Erasmus, d. J., 1538 –1592

Erasmus Reinhold d. J., geboren am 22. Januar 1538 in Wittenberg, gestorben am 30. November 1592 in Rudolstadt (Lkr. Saalfeld-Rudolstadt, Thüringen), luth., Mathematiker, Arzt, Bergbeamter[1].

Erasmus Reinhold d.J. kommt aus Altersgründen als Schüler von Rheticus nicht in Frage; dennoch sei er hier kurz dargestellt, da er in den Spuren seines Vaters wandelte und als Herausgeber von dessen Schriften tätig wurde. Erasmus Reinhold d.J., Sohn von Erasmus Reinhold d.Ä. und seiner ersten Frau, immatrikulierte sich am 7. August 1548 unter dem Rektor Kaspar Cruciger an der Universität Wittenberg[2]. Am 5. August 1557 promovierte er zum Mag. art., wobei er den 5. Rang unter 35 Kandidaten erreichte; seine Examinatoren waren u.a. Melanchthon, Sebastian Dietrich und Kaspar Peucer[3]. Sein Studium der Medizin setzte er an der Universität Jena fort, wo er sich 1558 als Magister Erasmus Reinhold junior immatrikulierte[4]. Am 20. Februar 1561 promovierte er in Bologna zum Dr. med.[5] Reinhold wurde 1564 in der Heimatstadt seines Vaters in Saalfeld/Saale als Stadtphysikus angestellt. Seit Mitte der 1570er Jahre wandte er sich dem Bergbau zu; er wurde 1574 zum kurfürstlich-sächsischen Bergvogt für das Saalfelder Bergbaugebiet ernannt und verfasste 1575 eine Saalfelder Bergbauordnung; 1578 wurde er aus gesundheitlichen Gründen von seinen Amtspflichten entbunden. Reinhold d.J. darf auch zu den frühen Kopernikanern gezählt werden; vermutlich erbte er von seinem Vater das Exemplar von *De revolutionibus*[6]. 1574 besuchte ihn Tycho Brahe in Saalfeld; Reinhold zeigte seinem Gast die Manuskripte seines Vaters[7].

Werke: Erasmus Reinhold d.J. beobachtete die Supernova von 1572[8]; er verfasste astrologische Praktiken und gab Schriften seines Vaters heraus: Vorhersage für 1568 (Erfurt: G. Baumann, 1567)[9]; Vorhersage für 1569[10]; *Practica auff das 1569. Jar*, Sammeldruck verschiedener Autoren, u.a. Reinholds[11]; Vorhersage für 1572 (Erfurt: G. Baumann, 1571)[12]; Practica auf 1573 (Erfurt: Georg Baumann, 1572[13]; Practica auf 1574 (Erfurt: Georg Baumann, 1573[14]; Vorhersage für 1575 (Erfurt: G. Baumann, 1574)[15]; *Gründlicher und warer Bericht vom Feldmessen [...]; desgleichen vom Marscheiden* (Erfurt: Georg Baumann, 1574[16], weitere Auflage Frankfurt/Main: Joh. Bringker, 1616)[17].

1 Kaiser 1982, S. 154, 161; Völker 1982, S. 168,m 174 f.; Fleischer, Heidi, in: Erasmus Reinhold Gymnasium Saalfeld, Kurzbiographie Erasmus Reinhold d.J., 2004. | **2** Förstemann 1841, Bd. 1, S. 241a. | **3** Köstlin 1891, S. 19. | **4** Mentz 1944, S. 253, 1558a, Nr. 32. | **5** Bronzino 1962, S. 60. | **6** Gingerich 2002, S. 268, I.217. | **7** Dreyer 1894, S. 88. | **8** Zinner ²1964, S. 258, Nr. 2681. | **9** Ebenda, S. 247, Nr. 2466. | **10** Ebenda, S. 247, Nr. 2500. | **11** Ebenda, S. 248, Nr. 2512. | **12** Ebenda, S. 252, Nr. 2589; Exemplar in BSB München. | **13** Ebenda, S. 255, Nr. 2645; BSB München, digital. | **14** Exemplar in BSB München. **15** Zinner ²1964, S. 259, Nr. 2710. | **16 u. 17** BSB München, digital.

Reinhold, Johannes, † 1553

Johannes Reinhold, geboren in Saalfeld/Saale (Lkr. Saalfeld-Rudolstadt, Thüringen), gestorben an der Pest 1553 in Saalfeld, luth., Theologe, Professor für Mathematik.

Johannes Reinhold, Bruder von Erasmus Reinhold, d. Ä., immatrikulierte sich im WS 1536/37 unter dem Rektor Justus Jonas an der Universität Wittenberg[1]; Konsemester waren Georg Fabricius, Magister Kaspar Landsidel, Ahasver von Brandt, der Finne Mikael Agricola, Nikolaus Bromm, Matthias Rodt, Johannes Funck *Norimbergensis*, Sebastian Glaser. Am 6. April 1541 promovierte Johannes Reinhold unter seinem Bruder, dem Dekan Erasmus Reinhold, zum Bacc. art.[2]; er erreichte dabei den 8. Rang von 9 Mitbewerbern. Am 11. September 1543 wurde er unter Andreas Aurifaber zum Mag. art. graduiert[3]; er kam auf den 3. Rang von 29 Kandidaten; Mitbewerber waren u.a. Paul von Eitzen (4. Rang), Ludwig Rab (15. Rang), Alexius Naboth (20. Rang), Nikolaus Culmbacher (23. Rang) und Simon Göbel (26. Rang). Am 18. Oktober 1544 wurde Johannes Reinhold in den Rat der Artistenfakultät aufgenommen[4]. Melanchthon versuchte am 8. Mai 1546 Johannes Reinhold bei dem Grafen Isenburg im Kirchendienst unterzubringen, weshalb er einen Empfehlungsbrief an Wilhelm Knuttel, den Rat des Grafen Wilhelm von Nassau schickte. Er empfahl ihn als *modestus et doctus* (bescheiden und gelehrt). Er habe eine genaue und klare Aussprache sowie eine Stimme, an der nichts auszusetzen ist. *Et amat Musicen. Adhaec non est alienus a Mathematicis studiis* (Und er liebt die Musik. Und dazu sind ihm mathematische Studien nicht fremd)[5]. Die Liebe zur Mathematik setzte sich jedoch durch. Reinhold wurde im SS 1549 zum Professor für Mathematik an die Universität Greifswald berufen. Wegen einer Erkrankung, vermutlich der Pest, kehrte er jedoch schon im Juli 1550 in seine Heimat zurück, worauf noch im gleichen Jahr Eusebius Menius zu seinem Nachfolger bestellt wurde[6]. Er selbst wurde 1553 in Saalfeld ein Opfer der Pest.

Beziehungen zwischen Rheticus und Johannes Reinhold sind als sicher anzunehmen, zumal letzterer an den mathematischen Fächern Interesse zeigte. Dabei war auch der Bruder Erasmus Reinhold ein Bindeglied. Johannes Reinhold könnte Rheticus' Vorlesungen vom WS 1536/37 bis SS 1538 gehört haben, wohl auch noch die im WS 1541/42.

1 FÖRSTEMANN 1841, Bd. 1, S. 164b. | 2 KÖSTLIN 1890, S. 7. | 3 Ebenda, S. 15. | 4 Ebenda, S. 21. | 5 CR VI, Sp. 131. | 6 KOSEGARTEN 1857, Bd.1, S. 199.

Reinhold, Nikolaus

Nikolaus Reinhold (Reinholdt[1], Reynhald), geboren in Zwickau, gestorben 1571, luth., Jurist (Syndikus, Rat), Ratsherr[2].
Nikolaus Reinhold war möglicherweise der Sohn oder jedenfalls ein Verwandter des gleichnamigen Ratsherrn Nikolaus Reinhold (erwählt 1509, † 1536). Er immatrikulierte sich im SS 1532 an der Universität Leipzig[3]. Im WS 1535/36, nach der Rückkehr der Wittenberger Universität aus Jena, schrieb er sich in Wittenberg ein[4]. 1537 stand er wegen einer Verlängerung seines Zwickauer Stipendiums mit dem Stadtschreiber Stephan Roth im Gespräch[5]. Er promovierte am 18. September 1538 unter dem Dekan Magister Konrad Lagus zum Mag. art.; er erreichte den 1. Rang von 14 Kandidaten; gleichzeitig mit ihm promovierten u.a. Preuss (2. Rang), Matthäus Irenäus (3. Rang), Mads Hack (7. Rang), Christoph Sangner (8. Rang) und Maximilian Mörlin (11. Rang)[6]. Am 7. Februar 1540 disputierte Reinhold *De distinctione dominiorum*[7]. Seinem Landsmann Simon Wilde, der 1542 kurz vor der Magisterprüfung stand, lieh Reinhold einen Gulden aus *pro sumptibus cotidianis*[8]. Während seiner Wittenberger Zeit legte Reinhold ein Stammbuch an, in dem sich vor allem seine Lehrer verewigt haben: Luther, Melanchthon, Bugenhagen, Kaspar Cruciger d.Ä., Georg Major, dann auch Georg Rörer, Hieronymus Nopus, Georg Helt, schließlich auch die Geistlichen Leonhard Baier, Johann Göbel, Paul vom Rode[9]. Um 1544/45 heiratete Reinhold eine Tochter des Zwickauer Bürgermeisters Oswald Lasan. Er promovierte zum JUD. Seine juristische Karriere begann er 1547 als Kanzler von Julius Pflug in Zeitz. Im Juli 1556 wurde er wegen Unterschlagung öffentlicher Gelder (4.500 Gulden) abgesetzt.

Rheticus kommt ab dem SS 1536 bis zum SS 1538 als Lehrer von Reinhold in Betracht. Es fällt auf, dass Rheticus' Name im Stammbuch von Nikolaus Reinhold fehlt. Spätere Kontakte (nach 1542) sind eher unwahrscheinlich.

1 POLLET 1977, Bd. 3, S. 463, Anm. 2. | 2 SCHMIDT 1656, Bd. 1, S. 466, 473. | 3 ERLER, Bd.1, S. 608, m 40. | 4 FÖRSTEMANN 1841, Bd. 1, S. 159a. | 5 BUCHWALD 1893, S. 130. | 6 KÖSTLIN 1890, S. 10. | 7 Ebenda, S. 23. | 8 BUCHWALD 1894/1902, S. 103. | 9 Stammbuch 1542, hg. Wilh. HERSE, 1927; CLEMEN, Otto, Das Stammbuch des Nikolaus Reinhold, in: CLEMEN/KOCH 1987, Bd. 8, S. 142.

Reuter, Alban, † vor 1606

Alban Reuter (Reiter, Reitter, Reuther, Reuterus), geboren in Thurnau (Lkr. Kulmbach, Oberfranken), gestorben ?, luth., Bakkalaureus, Theologe.

Reuter immatrikulierte sich im WS 1545/46 unter dem Rektor Leonhard Badehorn an der Universität Leipzig[1]. Er gehörte der Bayerischen Nation an. Im WS 1548/49 wurde er nach dem 21. März 1549 unter dem Dekan Rheticus von Magister Ambros Borsdorfer zum Bacc. art. promoviert[2]. Reuter setzte seine Studium 1552 an der Universität Jena fort[3]. Er ist um 1600 als Pfarrer in Peesten (Ortsteil von Kasendorf, Lkr. Kulmbach, Oberfranken) nachweisbar[4]. Reuter war verheiratet mit Anastasia N. († 26. Dezember 1606).

Beziehungen zwischen Rheticus und Reuter bestanden in den Jahren 1548 bis 1551. Die Promotion von Reuter zum Bacc. art. fand unter den Dekanat von Rheticus statt, er musste für die Prüfungen zum Bakkalaureat die Vorlesungen von Rheticus hören.

1 ERLER, Bd. 1, S. 659, B 39. | 2 ERLER, Bd. 2, S. 705. | 3 MENTZ, Bd. 1, S. 257, 1552a, 52; LOCKEMANN/SCHNEIDER 1927, S. 30. | 4 KUHR 1979, S. 261, Nr. 2218.

Rhode, Ambrosius, d. Ä., 1577–1633

Ambrosius Rhode (Rode, Rhodius, Rodius) d. Ä., geboren am 18. August 1577 in Kemberg (Lkr. Wittenberg), gestorben am 24. August 1633 in Wittenberg, luth., Mathematiker, Astronom, Arzt[1].

Ambrosius Rhode, Sohn des gleichnamigen Bürgermeisters von Kemberg und seiner Ehefrau Maria Wankel, bezog gemeinsam mit seinem älteren Bruder Jakob Rhode, der später die geistliche Laufbahn einschlug, am 28. März 1590 die Universität Wittenberg[2]. Zunächst besuchten sie die Schule von Grimma (Lkr. Leipzig); erst am 9. Oktober 1595 nahmen sie ihr Studium an der Universität auf. Beide Brüder promovierten 1600 zu Magistern der Philosophie. Die niedere Mathematik lag damals in den Händen von Johannes Hagius, die höhere Mathematik vertrat Melchior Jöstel. Auf die an Rhodes Lehrer Jöstel gerichtete Bitte von Tycho Brahe, ihm einen Mathematiker zu schicken, sandte dieser Rhode nach Prag, wo er bei Brahe und Kepler tiefe Einblicke in die Astronomie gewann. Am 8. September 1602 kehrte Rhode nach Wittenberg zurück, wurde 1603 in die Philosophische Fakultät aufgenommen, las privatim die mathematischen Fächer und erhielt 1607 eine außerordentliche Professur für Mathematik, ehe er 1609 den [Rheticus-]Lehrstuhl für niedere Mathematik übernahm, von dem er 1611 als Nachfolger von Jöstel auf die höhere Mathematik wechselte. Zuvor war er 1610 unter Ernst Hettenbach zum Dr. med. promoviert worden[3]. Rhode war 1608, 1610, 1614, 1618, 1623 und 1629 Dekan der philosophischen Fakultät. 1616 und 1630 auch Rektor Magnificus der Universität Wittenberg. Als solcher leitete er die festliche Begehung der Hundertjahrfeier der Confessio Augustana. Rhode war seit dem 4. Februar 1612 verheiratet mit Katharina Zanger, Tochter des Rechtslehrers JUD Johannes Zanger. Rhode besuchte regelmäßig die Predigten und las während seines Ehestandes zwölfmal die Bibel von Anfang bis Ende. Diese war ihm auch eine Quelle für viele *Baw- und Messungssachen*. Rhode hatte sich ein eigenes Observatorium errichtet und mit sehr kostspieligen Instrumenten ausgestattet. Rhode erfreute sich unter seinen Kollegen großer Beliebtheit. Sein ehemaliger Schüler, der Superintendent Paul Röber, gab eine der Witwe gewidmete Leichpredigt in Druck mit dem sinnreichen Titel *Geistlicher Rohrstab zur Abmessung des Tempels, Altars und derer, so darin anbeten* (Wittenberg: Johannes Hake, 1634)[4]. Im Anhang findet man zehn Epitaphien von Kollegen und Freunden in Kemberg, darunter auch eines von Erasmus Schmidt, der 1614 bis 1637 den [Rheticus-]Lehrstuhl für niedere Mathematik innehatte.

1623 erläuterte Rhode seine Vorstellungen von der Mathematik, die er in 14 Wissenschaften einteilte, ausgehend vom biblischen Schöpfungsbericht. Gott schuf alles in Zahl (Arithmetik), Maß (Geometrie) und Masse (Statik), er schuf Himmel und Erde (Astronomie, Gnomonik = Lehre von den Sonnenuhren, Chronologie, Geographie, Nautik), er wollte, dass alle Menschen seine Werke betrachteten (Optik), sie sollten in Häusern und Städten leben (Architektonik) und sich vor feindlichen Angriffen schützten (Fortifikation, Geschützkunst, Castrametation = Vermessung bei Errichtung eines Feldlagers). Schließlich lobt der Mensch den Schöpfer durch Lieder (Musik)[5]. Die meisten dieser Punkte sind auch im Schöpfungspsalm 104 angesprochen.

Rhode hat eine Reihe von in Wittenberg gedruckten Thesenpapieren hinterlassen, die unter ihm als Praeses verteidigt wurden, darunter auch eine eigene Disputation vom 14. Februar 1599 unter dem Praeses Anton Euonymus *De categoria* του ποσου (Wittenberg: Zacharias Lehmann, 1599[6], Widmung an seinen Onkel, den Poeta und Historiker Johannes Wankel, und an seinen Kemberger Verwandten Martin Parnier[7]; sein Schüler Paul Röber hielt unter ihm im »Auditorio maiori« eine *Disputatio de stella magorum* (Wittenberg 1613)[8], u.a. sind auch zu nennen: *Disputatio De refractionibus astronomicis* (Wittenberg 1613)[9]; *Disputatio astronomica De parallaxibus* (Wittenberg 1620)[10]. Als ao. Professor der Mathematik gab er die lat. Elementa des Euklid mit seinen Anmerkungen neu heraus, um einem Mangel an Exemplaren abzuhelfen: *Euclidis elementorum libri XIII* (Wittenberg, Paul Helwig, 1609, Widmung an den Kurfürsten Christian II. von Sachsen, datiert Wittenberg, 23. Juli 1609, mit liter. Beigaben, u.a. einem Epigramm auf ihn selbst *nepotem ex sorore carissimum* von seinem Onkel Johannes Wankel[11]. Rhode saß auch wiederholt als Praeses medizinischen Disputationen vor, z.B. *De recta cibi potusque in morbis administratione* (Wittenberg: Wolfgang Meissner, 1612)[12].

Weitere **Werke**: *Optica ..., cui additus est tractatus de crepusculis* (Wittenberg: Lorenz Seuberlich auf Kosten von Samuel Seelfisch, 1611, Widmung an den Kurfürsten Johann Georg I. von Sachsen, 6. August 1611)[13]; Cometa per Bootem anno 1618 (Wittenberg 1619)[14]; *Mathesis militaris, oder Kriegs Mathematic* (Wittenberg: Christian Tham, 1623)[15]; *Quum in occulto veritas lateat* (Wittenberg: Auerbach, 1630).

Beziehungen zwischen Rheticus und Rhode haben nicht bestanden. Als Rhode geboren wurde, war Rheticus bereits drei Jahre tot. Rhode war aber hier als Nachfolger auf dem [Rheticus-]Lehrstuhl für niedere Medizin zu nennen. Zugleich musste er auch als Urenkel von Bartholomäus Bernhardi erwähnt werden, der sozusagen als Stammvater der Vorarlberger Professoren und Studenten in Wittenberg gilt. Rhode war sich auch der Tradition bewusst, die mit seinem Lehrstuhl verbunden war. Das zeigt sich etwa in seiner Euklidausgabe. Rheticus hatte nicht nur Euklids Elemente mit der lateinischen Übersetzung von Camerarius in Leipzig herausgegeben, vielmehr wollte er noch später in Krakau erneut seinen Euklid überarbeiten, worüber es zum Bruch mit Andreas Nolte kam. Rhode war sich dieser Arbeiten bewusst, denn er sagte in seinem Widmungsbrief an den Kurfürsten über die Elemente des Euklid, *quae hactenus aliis doctissimis viris sine imperfectione, immo cum abundante perfectione edita sunt* (die bisher schon von andern, sehr gelehrten Männern ohne Unvollkommenheit, ja sogar mit überreicher Vollkommenheit herausgegeben wurden).

1 http://de.wikipedia.org/wiki/Ambrosius_Rhodius; ZEDLER 1742, Bd. 31, Sp. 1165 f.; KATHE 2002, S. 210, 228-231, 233, 463 f.; SCHÖNEBURG, Silvia, Zur mathematik-didaktioschen Leistung des Wittenberger Mathematikers Ambrosius Rhodius, zugänglich http://sundoc.bibliothek.uni-halle.de/diss-online/07/07H208/t4.pdf). | **2** FÖRSTEMANN/HARTWIG 1894, Bd. 2, S. 372a, Nr. 29 und 30. | **3** Rhode schrieb auf seinen Lehrer ein Epicedion, abgedruckt bei BALDUIN, Friedrich, Leichpredigt auf Ernst Hettenbach (Wittenberg: Gorman, 1616), ULB Sachsen-Anhalt Halle, digital. | **4** VD 17 1:040731L; ULB Sachsen-Anhalt Halle, digital. | **5** KATHE 2002, S. 228. | **6** BSB München, digital. | **7** Immatrikuliert in Wittenberg am 3. Oktober 1595, vgl. FÖRSTEMANN-HARTWIG 1894, Bd. 2, S. 425a. | **8** Exemplar in: SLUB Dresden. | **9** ZINNER ²1964, S. 357, Nr. 4436. | **10** Ebenda, S. 383, Nr. 4837. | **11** VD 17 3:012747M; BSB München, digital. | **12** BSB München, digital. | **13** BSB München, digital; SLUB Dresden, digital. | **14** ZINNER ²1964, S. 380, Nr. 4782. | **15** SLUB Dresden, digital.

Rhode, Ambrosius, d. J., 1605–1696

Ambrosius Rhode (Rhodius) d. J., geboren am 10. November 1605 in Kemberg (Lkr. Wittenberg), gestorben 1696 in Oslo, luth., Astronom, Arzt, Paracelsist[1].
Der Sohn des Jakob Rhode, eines Bruders von Ambrosius Rhode d. Ä., genoss bei seinem Onkel den Unterricht in den mathematischen Fächern. Über Königsberg gelangte er nach Skandinavien, wo er als Astrologe und Arzt tätig wurde. Er wurde Professor für Physik und Mathematik in Christiania (heute Oslo, Norwegen) und war auch als Arzt tätig. Rhode befasste sich intensiv mit dem dänischen Paracelsisten Pederm Sørensen, latinisiert Severinus (1542-1602).

Werke: *Dissertatio de scorbuto*, Kopenhagen: 1635; *Dialogus de transmigratione animarum pythagorica*, 1638; *Disputationes supra idem medicinae philosophicae Petri Severini* (Kopenhagen: Salomon Sartorius, auf Kosten des Autors, 1643).

Beziehungen zwischen Rheticus und Rhode konnte es nicht geben. Rhode musste aber hier in Ergänzung zu seinem Onkel Ambrosius Rhode d. Ä. erwähnt werden. Als Ururenkel von Bartholomäus Bernhardi gehörte zur Familie Bernhardi-Wankel-Parmier.

1 Zedler 1742, Bd. 31, Sp. 1166.

Rivenus, Wilhelm, 1505–1555

Wilhelm Rivenus (Ryvenus, Rivenius, Rivenna), auch Rutenius, geboren um 1505 im Bistum Utrecht (Niederlande), gestorben am 7. Oktober 1555 in Lübeck, luth., Schulmann, Humanist, Universitätslehrer[1].
Die doppelte Namensführung, Rivenus in Wittenberg, Rutenius in Lübeck, bedarf einer kurzen Erörterung. Wenn wir die Eintragung in der Wittenberger Matrikel *Wilhelmus Hagnis Traiecten. dioc.* auf Rivenus beziehen, dann ist Hagnis als Ortsname aufzufassen. Zu denken ist also an einen Wilhelm von Hagnis. Da es in Wittenberg üblich war, Gelehrtennamen nach dem örtlichen Herkunftsnamen zu bilden, wäre es sehr plausibel, Rivenus vom lat. *rivus* (Bach) abzuleiten, falls das ndl. *haag* wirklich die Bedeutung von Bach hat. Die Grundbedeutung des ndl. haag, dt. Hecke, ist aber Umzäunung, die aus Buschwerk oder aus Stangenholz (*Ruten*) bestehen kann. Somit führt uns Hagnis zu Rutenius. Zu denken ist dabei auch an den in den Niederlanden und am deutschen Niederrhein (der teilweise auch zum Bistum Utrecht gehörte) sehr verbreiteten Familiennamen ndl. Rutten oder dt. Rütten. Über die Herkunft des Namens Rutten/Rütten gibt es viele Hypothesen, wobei auch die Ableitung von einem Flurnamen nicht ausgeschlossen wird.

Rivenus, der mit einer guten Vorbildung nach Wittenberg gekommen war, immatrikulierte sich hier am 14. Januar 1529 als *Wilhelmus Cleuenus Vigen. Dio. traiecten*[2]. Schon zwei Jahre später konnte er am 31. Januar 1531 unter dem Dekan Kaspar Cruciger zum Mag. art. promovieren; er erreichte den 2. Rang von sechs Kandidaten, der mit ihm geprüfte Johannes Sachse den 1. Rang; auf den 3. Rang kam Paul Heintzel[3]. Rivenus und Sachse, wurden am 6. April 1531 in den Senat der Artistenfakultät aufgenommen[4]. Als Fach lehrte Rivenus in erster Linie Grammatik, vielleicht auch Rhetorik, Geschichte und Griechisch. Im WS 1533/34 bekleidete Rivenus das Amt eines Dekans der Artistenfakultät, als welcher er sieben Bakkalare und neun Magister promovierte[5].

Bereits 1531 wurde Rivenus durch den Schulgründer und bisherigen Rektor, zum Superintendenten erhobenen Hermann Bonnus zu seinem Nachfolger an der Katharinenschule in Lübeck berufen. Während des Rektorats hielt Bonnus theologische Vorlesungen im *Lectorium Catharinianum*. Ein weiterer Mitarbeiter von Rivenus war Erasmus Sarcerius[6]. So ließ es sich einrichten, dass Rivenus im WS 1533/34 das Dekanat in Wittenberg übernehmen konnte, das ihn nicht übermäßig beschäftigt hat (anders als im SS 1544).

1543 verließ Rivinus Lübeck in Richtung Wittenberg, wo er erneut zum Dekan der Artistenfakultät für das SS 1544 gewählt wurde[7]; er kreierte als Dekan zwei Bakkalare und 33 Magistri, darunter später berühmt gewordene Gelehrte wie Sebastian Dietrich, Justus Jonas d.J., Matthäus Blochinger, Viktorinus Strigel, Valentin Erythräus, Peter Vincentius und Gervasius Marstaller[8]. Drei Anschläge, die er als Dekan am Schwarzen Brett anbringen ließ, sind überliefert vom 3., 5. und 31. August 1544[9]; am 3. August feierte man den Jahrestag der Schlacht vom Plataeae, in der die Griechen über die Perser siegten. Mit dem Ende des SS 1544 verließ Rivenus Wittenberg, um auf Empfehlung Melanchthons das Rektorat der Stadtschule in Magdeburg zu übernehmen. In einem Brief vom 21. Januar 1547 bat Melanchthon Johannes Aurifaber *Vinariensis*, er und Veit Oertel Winsheim möchten mit Rivenus reden, einen gewissen Josephus als Hilfslehrer unterzubringen[10]. Während der Belagerung von Magdeburg vom 22. September bis 5. November 1550 lag die Schulleitung in den Händen des *rector vicarius* Magister Matthäus Judex. Die Belagerung und Schwierigkeiten, die er mit Judex hatte, veranlassten ihn, sein Amt aufzugeben. Er ging zurück nach Lübeck, wo er aber nur mehr privat lebte und nach wenigen Jahren starb. So wie 1543 mit Brassanus ein Wittenberger Studienfreund Nachfolger von Rivenus im Rektorat des Katharineums geworden war, so folgte diesem am 4. November 1552 mit Peter Vincentius abermals einer seiner Wittenberger Schüler und Freunde.

Rivenus wird unterschiedlich beurteilt. Vorherrschend ist eine positive Sicht, die sich auf Aussagen seiner ehemaligen Schüler stützt (Domprediger Sack). Während sich Rivenus gemäß Rathmann[11] Verdienste um die Schule erworben hat und Hoffmann[12] seine Geschicklichkeit rühmt, wird ihm von anderen Unfähigkeit unterstellt. Immerhin hatte Rivenus 15 Jahre erfolgreich an der Universität Wittenberg gewirkt und 12 Jahre das Katharinengymnasium in Lübeck geführt.

Beziehungen zwischen Rheticus und Rivenus liegen nicht klar zutage, da Rivenus längere Zeit abwesend war. Beide waren jedenfalls Melanchthonschüler. Rheticus hätte auch Rivenus' Schüler sein können; doch spielte für ihn der Grammatikunterricht kaum mehr eine nennenswerte Rolle. Immerhin stand Rheticus im WS 1533/34 dem Rivenus als Dekan gegenüber. Es fällt auch auf, dass Rivenus 1544 als Dekan einige Magister kreierte, die eine besondere Nähe zur Astrologie hatten (Dietrich, Blochinger, Marstaller).

1 de.wikipedia.org/wiki/Wilhelm_Rivenus; SEELEN 1722, S. 56 f. | 2 FÖRSTEMANN 1841, Bd. 1, S. 132b. | 3 KÖSTLIN 1888, S. 20. | 4 Ebenda, S. 24. | 5 Ebenda, S. 15, 21. | 6 SEELEN 1722, S. 57. | 7 SPP, Bd. 1, Bl. 94. | 8 KÖSTLIN 1890, S. 9, 16 f. | 9 SPP 1553, Bd. 1, BSB München digital, image 192 f., 196 f.; KATHE 2002, S. 110. | 10 CR VI, Sp. 338, Nr. 3685; MBW, Texte, Bd. 4/1, 2003, S. 477. | 11 RATHMANN, Heinrich, Geschichte der Stadt Magdeburg, Bd. 4, Magdeburg: Creutz, 1816, S. 34, Google eBook. | 12 HOFFMANN, Friedrich Wilhelm, Geschichte der Stadt Magdeburg, Magdeburg: Baensch, 1850, S. 192, Google eBook.

Rivius, Johannes, 1500–1553

Johannes Rivius (Bachmann), geboren am 1. August 1500 in Attendorn (Kreis Olpe, Nordrhein-Westfalen), gestorben am 1. Januar 1553 an der Pest in Meißen, luth., Schulmann, Theologe[1].
Rivius begann seine Studien an der Universität Köln. 1519 ging er nach Leipzig, um bei Petrus Mosellanus und Richard Crocus seine Griechischkenntnisse zu erweitern, blieb aber nur kurze Zeit, um in den Schuldienst zu wechseln. Erst im WS 1541/42 nahm Rivius sein Studium in Leipzig unter dem Rektor Kaspar Borner wieder auf[2]. Im WS 1544/45 promovierte er zum Bacc. art. und im WS 1547/48 zum Mag. art. Noch 1519 gelangte Rivius durch die Vermittlung von Georg Agricola als Griechischlehrer nach Zwickau, wo er Konrektor wurde. Das Zwickauer Gymnasium erhielt 1523 eine der ältesten Schulordnungen[3]; es war dreisprachig und wurde geführt von Leonhard Natter als Rektor; ihm standen Rivius als Gäzist und Johannes Forster als Hebraist zur Seite. In der Folgezeit wechselte Rivius häufig seine Stelle. Er wurde 1527 Schulmeister in Annaberg (Erzgebirgekreis),

1530 in Marienberg (Erzgebirgekreis), 1535 in Schneeberg (Erzgebirgekreis), 1537 in Freiberg (Lkr. Mittelsachsen). 1540 wurde er Hofmeister des Prinzen August von Sachsen in Leipzig. Er machte sich seit 1543 um die Einrichtung der Fürstenschulen verdient, deren Inspektion ihm 1545 anvertraut wurde.

Rivius hat ein umfangreiches **Werk** hinterlassen, insbesondere Texte von Terenz und Sallust. Am Anfang steht eine Edition der *Comediae* des Terenz (Nürnberg: Petreius, 1534, mit einer lit. Beigabe von Melanchthon und undatierten Widmung an Julius Pflug[4]. In der Bayrischen Staatsbibliothek in München befindet sich ein Exemplar der von Rivius herausgegebenen *Comoedia sex* des Terenz (Nürnberg: Johannes Petreius, 1534)[5], als dessen Erstbesitzer sich ein Johannes Vehlin verewigt hat. Das Buch bietet ein Beispiel für die Beliebtheit der Lektüre von Terenz, der nicht nur häufig in Schüleraufführungen auf die Bühne kam, sondern den man auch im Unterricht mit verteilten Rollen gelesen hat. Vehlin hat darin auf einem Vorsatzblatt des Buches Akt für Akt und Szene für Szene mit den jeweiligen Szenenanfängen festgehalten, welche Teile der »Andria« des Terenz er als Sprecher übernommen hatte. Darin heißt es:

                Sequitur persona mea (Es folgt meine Person)
1 [I,2] In I Act. scena II sum Davus [*servus* = Sklave]
2 [I,3] In Enimvero sum Davus [*servus*]
                In Act. 2
3 [II,1] Quid ais sum Birria [*servus*]
4 [II,4] Reviso sum Simo [*senex* = Alter]
5 [II,5] Hero sum Pamphilus [*adulescens* = Jüngling]
                In Act. 3
6 [III,1] Ita pol sum Davus [*servus*]
7 [III,2] Adhuc Arch. sum Davus [*servus*]
8 [III,3] Ad te ibam Chremes [*servus*], ursprüngl. statt Chremes Davus, gestr.
9 [III,4] Iubeo Chre. sum Chremes [*servus*], ursprünglich Davus, gestrichen
10 [III,5] Vbi illic sum Pamphilus [*adulescens*]
                In Act. 4
11 [IV,1] Hoccine sum Pamphilus [*adulescens*]
12 [IV, 2] Iam ubi sum Pamphilus [*adulescens*]
13 [IV,3] Nihil ne est sum Davus [*servus*]
14 [IV,4] Revertor sum Chremes [*servus*]
15 [IV,5] In hac sum Crito [*hospes* = Fremder von der Insel Andros]
                In act. 5
16 [V,2] Animo sum Dromo [lorario = Zuchtmeister]
17 [V,4] Mitte orare sum Crito [*hospes*]

Am Schluss des Buches[6] hat Vehlin/Vöhlin noch einer weiteren Lektüre der »Andria« mit verteilten Rollen gedacht, in der er andere Szenen übernommen hatte:

                Sequitur persona mea
Inn I. scena sum Sosia [*libertus* = Freigelassener]
In V scena sum Pamphilus [*adulescens*]
In Act. II in 1. scena sum Pamphilus [*adulescens*]
In Act. II in 2. scena sum Pamphilus [*adulescens*]
In Act. II in 3. scena sum Pamphilus [*adulescens*]
In Act. II in 4. scena sum Pamphilus [*adulescens*]
In Act. II in V. scena sum Pamphilus [*adulescens*]
In Act. III in 1. scena sum Mysis [*ancilla* = Sklavin]

Es wäre von Bedeutung, den hier genannten Johannes Vehlin/Vöhlin zu identifizieren. Es könnte sich um Hans Vöhlin aus dem Memminger bzw. Augsburger Kaufmannsgeschlecht handeln, geboren um 1526, verheiratet seit 1543 mit Anna Lauinger aus Augsburg, seit 1559 (1560) Mitglied des Geheimen Rats gestorben 1562; er hatte Beziehungen zu Georg von Stetten, der 1539 vermutlich in Wittenberg an der Aufführung von Plautus' »Amphitryon« mitgewirkt hat.

1 Herzog 1869, S. 86, Nr. 19. | **2** Erler, Bd. 1, S. 637, M 1. | **3** Clemen/Koch 1987, Bd. 8, S. 180. | **4** VD 16 T 403. | **5** VD 16 T 403; BSB München, digital. | **6** VD 16 T 403; BSB München, digital, Scan 360.

Rivius, Johannes, d.J., 1528–1596

Johannes Rivius, d.J., geboren um 1528 in Annaberg (Erzgebirgekreis), gestorben am 8. Mai 1596 in Riga (Lettland), luth., Universitätslektor (Rhetorik, Philosophie), Schulmann[1].
In seinen gedruckten Schriften bezeichnet er sich stets als *Ioannes, Ioannis Atthendorensis filius, Rivius*. Er war der älteste Sohn des berühmten Pädagogen und Theologen Johannes Rivius[2] aus Attendorn (Kreis Olpe, Nordrhein-Westfalen), 1500-1553, und dessen Ehefrau Anna, Tochter des Zwickauer Bürgermeisters Peter Bernwalder. Rivius d.J. immatrikulierte sich im WS 1541/42 unter dem Rektor Kaspar Borner an der Universität Leipzig[3]. Er wollte zuerst Medizin studieren, wandte sich dann aber doch mehr der Rhetorik und der Philosophie zu, die für ihn sein ganzes Leben lang im Mittelpunkt standen. Im WS 1544/45 promovierte er zum Bacc. art.[4] Im WS 1547/48 erlangte er den Grad eines Mag. art., nachdem zuvor sein Status als *pauper* überprüft worden war[5]. Rivius wurde überraschend schnell in die Artistenfakultät aufgenommen; im WS 1548/49 und im SS 1549 wurde ihm die bezahlte Rhetorikvorlesung anvertraut[6]. Als sich ihm jedoch die Möglichkeit bot, die Leitung der Stiftsschule in Zeitz (Burgenlandkreis, Sachsen-Anhalt) zu übernehmen, verließ er die Universität. Rivius wurde der erste Rektor in Zeitz 1549/50 bis 1563. 1571 übernahm er als Rektor die Stadtschule in Halle/Saale; er legte 1576 das Rektorat nieder, gab aber weiterhin Privatunterricht. Er wurde dann erneut an der Artistenfakultät in Leipzig tätig. 1584 nahm er dort seinen Abschied, um einer Einladung nach Polen in *ferne entlegene landen* zu folgen. Sein Leipziger Kollege Simon Simonius (1532-1602), der nach 1580 Leibarzt des polnischen Königs Stefan I. Barthory wurde, hatte Rivius an den Woiwoden von Traken (lit. Trakai, poln. Troki, Litauen) als Lehrer für seine Kinder empfohlen. Gottfried Kettler (1517-1587), Landmeister des Deutschen Ordens von Livland, nach der Abtretung Livlands an Polen Herzog von Kurland, verheiratet mit Anna, der Tochter Albrechts VII. von Mecklenburg (1533-1602), berief Rivius dann zum Hofmeister seiner Söhne Friedrich (* 1569) und Wilhelm (* 1574). Rivius verbrachte neun Jahre am kurländischen Hof, wo er als Prediger insbesondere bei der Herzogin viel Beifall fand. Er nahm 1585 an der Synode von Wilna (Vilnius, Litauen) teil. Um 1589 wurde er vom Magistrat der Stadt Riga zum Rektor der Stadt- oder Domschule Riga bestellt, um deren Reorganisation er sich bemühte. 1594 wurde er auch zum Inspektor der Schule ernannt. Rivius' Bruder Hieronymus, geboren um 1530, war Ende 1552 wegen der Pest mit dem Vater auf dessen Landgut an der Elbe geflohen, nachdem die Mutter und einige Familienmitglieder bereits gestorben waren; doch auch der Vater fiel der Seuche zum Opfer. Ein Epitaph, das Hieronymus auf seinen Vater dichtete, ist überliefert[7]. Rivius d.Ä. hatte 1551 ohne Erfolg versucht, seinem Sohn über Julius Pflug eine Stelle zu verschaffen; später finden wir Hieronymus als Schulkollegen bei Matthäus Dabercrusius in Schwerin. Ein Johannes Rivius *Livonus* (aus Livland) ist im WS 1580/81 an der Universität Rostock immatrikuliert; es könnte sich um einen Sohn von Rivius d.J. handeln; auch Rivius' Zögling Wilhelm Kettler studierte später in Rostock (WS 1590/91).
In der Literatur werden Vater und Sohn sehr häufig verwechselt. Es gibt aber auch noch andere Träger des gleichen Namens. So wird vor allem Johannes Rivius († 1586), lettischer Prediger von

Doblen (lett. Dobele, Lettland), der Luthers *Kleinen Cathechismus* in lettischer Sprache herausgebracht hat (Königsberg i. Pr.: Georg Osterberg, 1586)[8], in die Biographie von Rivius d.J. integriert.

In seinem Buch *Loci communes* suchte Rivius Melanchthons *Loci* mit den ramistischen Methoden zu verbinden[9]. Am Vorbild von Petrus Ramus' *Oratio de studiis philosophiae et eloquentiae conjungendis* (Paris: Matthieu David, 1549) orientiert sich auch der Titel der letzten Schrift des Rivius.

Werke: Rivius verfasste 1565 in Zeitz mit dem *Index librorum veteris bibliothecae* den ersten Katalog der Bücher von Julius Pflug, des letzten Bischofs von Naumburg († 1564)[10]. Eine Geschichte von Naumburg, die er Georg Fabricius zur Begutachtung schickte, ist verschollen. Weitere Werke: *Schematismoi, Tabulae trium M. T. Ciceronis librorum de officiis* (Basel: Joh. Oporin, 1561, Widmung an Julius Pflug, datiert Zeitz, 1. Juli 1560)[11]; *Loci communes philosophici, qui ad logicam spectant* (Glauchau, 1580, Widmung an Joachim Friedrich von Brandenburg, Administrator des Erzstiftes Magdeburg, datiert Halle, 1. Oktober 1579)[12]; *De historiae lectione* (Wilna, 1585); *Oratio de instituta Academia Zamosciana* (Riga: Niklas Mollyn, 1595); *Oratio de conjungendis studiis philosophiae cum studio eloquentiae* (Riga: Niklas Mollyn, 1597).

Während für den Vater Johannes Rivius keine **Beziehungen** zu Rheticus bestanden, musste der Sohn im Hinblick auf seine Bakkalareatsprüfung die Vorlesungen von Rheticus besuchen. Im Herbst 1548 war Rheticus Dekan der Artistenfakultät, der auch Rivius angehörte. In dem im Dekanatsbuch aufgezeichnetem Vorlesungsprogramm für das WS 1548/49 und das SS 1549 stehen Rheticus und Rivius jeweils in der gleichen Rubrik der Vorstände der *Doctrina publica*, Rheticus für die Mathematik, Rivius für die *Partitiones Ciceronis*. Mit Rheticus teilte Rivius auch dessen Begeisterung für Ramus.

1 Recke/Napiersky 1831, Bd. 3, S. 553 f.; Müller, Georg, in: ADB 28 (1889), S. 713; Pollet 1977. Bd. 3, S. 455 f.vgl. auch | **2** Über ihn Jahn, Cajetan August, Versuch einer Lebensbeschreibung des Johann Rivius von Attendorn, Bayreuth 1792; Pollet 1969/1973/1977, Bd.1, S. Bd. 2, S. 81, Anm. 5. | **3** Erler, Bd. 1, S. 637, M 1. | **4** Erler, Bd. 2, S. 681. | **5** Ebenda, S. 701 f. | **6** Ebenda, S. 705, 707. | **7** Rivius, Johannes, d.Ä., Opera theologica omnia Basel: Joh. Oporin, 1562), VD 16 R 2660, UB Basel,. e-rara, digital, Scan 22 f. | **8** Recke/Napiersky 1831, Bd. 3, S. 552. | **9** Steiner, Benjamin, Die Ordnung der Geschichte: Tabellenwerke in der Frühen Neuzeit, Köln: Böhlau, 2008, S. 68. | **10** Domstiftsarchiv Naumburg, Tit. XVI, Nr. 3, Bl. 74-82 und Bl. 1-73; siehe auch Pollet 1969, S, 4 und 1977, Bd. 3, S. 456. | **11 u. 12** BSB München, digital.

Rodewald, Franz

Franz (Franciscus) Rodewald (Rodwalt, Sylvicola), d.Ä., Braunschweig, luth., Schulmann, Arzt. Franz Rodewald immatrikulierte sich im März 1534 unter dem Rektor Sebald Münsterer an der Universität Wittenberg[1]. 1539 ging er als Rektor der Ägidienschule nach Braunschweig. Am 4. September 1544 promovierte er unter dem Dekan Ryvenus zum Mag. art.[2]; er erreichte den 3. Rang von 34 Kandidaten, zusammen mit Sebastian Dietrich (1. Rang), Justus Jonas d.J. (2. Rang), Matthaeus Blochinger (5. Rang). Am 28. Mai 1556 wurde er in Wittenberg unter Johannes Hermann zum Dr. med. kreiert. [3] Aus diesem Anlass ging eine Oratio in Druck (Wittenberg: Rhau, 1556). Rodewald wurde Physicus in Lüneburg und Stadtarzt in Hamburg. Rheticus und Rodewald waren 1534 bis 1536 Kommilitonen; danach kommt Rheticus als Lehrer Rodewalds in Frage; er dürfte dessen Vorlesungen 1536 bis 1538 gehört haben.

1 Förstemann 1841, Bd. 1, S. 152b. | **2** Köstlin 1890, S. 16. | **3** Kaiser 1982, S. 157.

Rodt, Matthias, ca. 1520–1575

Matthias (Matthäus) Rodt (Rot, Roth, Roder, selten Erythraeus), geboren um 1520 in Lindau (Schwaben), gestorben am 29. März 1575 in Lindau, luth., Schulmann, Theologe[1].
Rodt wurde im WS 1536/37 an der Universität Wittenberg *gratis* immatrikuliert[2], wo er Schüler Luthers wurde. Er promovierte am 19. April 1538 unter dem Dekan Veit Amerbach zum Bacc. art.[3] Ob er tatsächlich am 28.September 1539 mit einer Empfehlung Melanchthons an Heldelin heimgeschickt wurde[4], bedarf noch einer Klärung, weil hier auch Matthias Brombeiss gemeint sein könnte. Am 18. April 1540 wurde Rodt in Wittenberg von Luther ordiniert zum Priesteramt nach Bitterfeld (Lkr. Anhalt-Bitterfeld, Sachsen-Anhalt) entsendet[5]. Am 15. September 1541 erlangte er unter Johannes Marcellus den Grad eines Mag. art., wobei er den 15. Rang unter 21 Kandidaten erreichte[6]. 1545 wurde Rodt Prediger in Lindau (das von Luther unterschriebene Ordinationszeugnis befindet sich im Stadtarchiv Lindau), zweimal jedoch wegen extremer Positionen des Amtes enthoben. Um 1550 begegnet er uns in Lindau als Freund von Kaspar Brusch, der damals dort Lateinschulmeister war. 1551 ging er für kurze Zeit nach St. Gallen (Schweiz), da Lindau nach seiner Unterwerfung das Interim angenommen hatte. Im Januar 1552 stellte ihm Achilles Pirmin Gasser, der ihn *seinen lieben gevatter* nennt, eine Empfehlung an Johann Friedrich von Sachsen d.Ä. aus, *das er zu ainem theologo gelertt, der leer rain, on secten vnd abergloben, ains erbaren wesens, vmm 32 iar ain man ist, damit ain christliche gemaindt oder statt wol versehen mag werden*[7]. Inzwischen wieder als Prediger in Lindau angenommen, verfasste er ein Buch *Wie man sich zu einem seligen absterben schicken solle* (Tübingen: 1556)[8], gewidmet zu Lindau am 2. Februar 1556 den Bürgermeistern Bernhard Mitler, Hieronymus Pappus und Kaspar von Kirch sowie dem ganzen Rat der Stadt Lindau. 1557 erscheint er als Mag. art. in Tübingen. 1559/60 wurde er, vermutlich über seinen in Straßburg wirkenden Bruder Valentin Erythraeus, Schulmeister in Reichenweier (Haut-Rhin); 1560/61 Pfarrer in Hunaweier (Haut-Rhin), schließlich 1561/64 Pfarrer in Jebsheim (Haut-Rhin). Rodt war zweimal verheiratet, in erster Ehe mit einer Frau aus seiner ersten Pfarrstelle in Sachsen-Anhalt, in zweiter Ehe mit Judith Oelerin aus Lindau (aus der gleichen Familie, aus der auch der berühmte Mathematiker Leonhard Euler abstammte). Mit seinen fünf Kindern führte Rodt ein armseliges Leben, sodass er den Rat um ein Darlehen angehen musste[9]. Ein Sohn Antonius Erythraeus (1567-1606), in Tübingen Mag. art., auch Lehrer und Pfarrer, ging als 5jähriger Knabe in die Klimageschichte ein, da ihn bei der Seegförne 1573 eine Magd über das Eis von Lindau nach Bregenz getragen hatte.

Beziehungen zu Rheticus: Rodt konnte vom WS 1536/37 bis SS 1538 Rheticus' Vorlesungen gehört haben. Vermutlich sind sich Rodt und Rheticus auch noch im Herbst 1541 in Wittenberg als »Landsleute« persönlich begegnet. Das Trio Rodt, Marbach und Brombeiss unterhielt eine besonders enge Beziehung zu Rheticus, die darin gipfelte, dass alle drei sich den Beinamen *Rheticus* zulegten. Ursprünglich gehört dieser Gruppe noch ein vierter Lindauer an, nämlich Ulrich Bodmer, Sohn des Bürgermeisters, der allerdings unterwegs verstorben ist: *praemature mortuus*[10].

1 Bopp 1959, Nr. 4377; Dobras 1981, S. 49. | **2** Förstemann 1841, Bd. 1, S. 164a. | **3** Köstlin 1890, S. 6. | **4** Scheible, MBW Regg. 2, S. 466, Nr. 2284; CR III, Sp. 785 f. | **5** Wolfart 1909, Bd. 1/1, S. 315. | **6** Köstlin 1890, S. 13. | **7** Burmeister 1975, Bd. 3, S. 104. | **8** VD 16 R 2730, BSB München digital. | **9** Wolfart 1909, Bd. 1/1, S. 393. | **10** Burmeister 2004/I, S. 12, mit Hinweis auf die Quelle.

Rörscheit, Johannes

Johannes Rörscheit (Rörscheyt, Ruhrscheidt), geboren in Bautzen (Sachsen), luth., Student.
Rörscheit immatrikulierte sich im WS 1534/35 an der Universität Wittenberg[1]; Konsemester waren Johannes Aurifaber *Vratislaviensis*, Andreas Wankel, Melchior Acontius, Ulrich Mordeisen, Stephan Tucher, Johannes Crato, Friedrich Schwalbe. Im SS 1544 schrieb sich an der Universität Leipzig ein

Johannes Rörscheit aus Bautzen ein². Rörscheit war in Wittenberg Kommilitone von Rheticus; seit 1536 könnte Rheticus der Lehrer Rörscheits gewesen sein, vielleicht auch noch 1544/45 in Leipzig.

1 Förstemann1841, Bd. 1, S. 156b. | **2** Erler, Bd. 1, S. 649, P 24.

Rosa, Andreas, † 1602

Andreas Rosa (Rose, Rohs), geboren in Schweinfurt (Unterfranken), gestorben 1602 in Amberg (Oberpfalz), luth., Astronom, Arzt¹.

Andreas Rosa immatrikulierte sich im WS 1547/48 unter dem Rektor Wolfgang Meurer an der Universität Leipzig²; er gehörte der bayerischen Nation an. Im SS 1549 promovierte er zum Bacc. art., zugleich mit Jakob Gesner aus Zürich³, einem Verwandten von Konrad Gesner. Den Grad eines Mag. art. erlangte er im WS 1551/52, zugleich mit Freihub, Johannes Pacels, David Peifer, Georg Lüders, Georg Masbach, Georg Coelestinus, Jakob Pedelius⁴. Vermutlich hat er sich dann dem Studium der Medizin zugewandt. Am 16. Juni 1557 schrieb er sich unter dem Vizerektor Paul Eber an der Universität Wittenberg ein. Eber vermerkte in die Matrikel *Lipsiae ornatus titulo Magisterii*; er kannte ihn wohl; Ebers Söhne Johannes und Melchior Eber waren Konsemester, ebenso Kaspar Peucer; insgesamt war es ein starker Jahrgang von 315 Scholaren⁵. In Wittenberg promovierte Rosa am 27. Juli 1559 unter Johannes Hermann, dem Schwiegersohn von Melchior Fendt, mit einem gedruckten Thesenpapier zum Lic. med. (Wittenberg: Lorenz Schwenck, 1559)⁶ und am 3. August 1559 zum Dr.med.⁷ Rosa begab sich in die Dienste des Burggrafen Heinrich von Meißen in Schleiz (Saale-Orla-Kreis, Thüringen), wo er seit ca. 1563 als burggräflicher Leibarzt und Bürgerarzt bis 1575 tätig wurde. Rosa gründete in dieser Zeit auch die erste Apotheke in Schleiz. Um 1577 verlegte Rosa seinen Wohnsitz nach Amberg, wo er als Stadtarzt und Leibarzt des Pfalzgrafen Otto Heinrich II. (1556-1604) praktizierte.

Neben seiner ärztlichen Tätigkeit hat er mit großem Fleiß, einem Brellochs, Winkler oder Stathmion vergleichbar, astrologische Vorhersagen publiziert. Rosa war mit der Veröffentlichung einer seiner ersten Practica auf Widerspruch gestoßen. Es gab insbesondere Theologen, die sich gegen die Astrologie wandten. Die einen hielten die Astrologie für teuflisch, andere für Träumerei, wieder andere verdammten sie aus purer Ignoranz. Rosa verteidigt sich gegen solche Fehlurteile. Nachdem der Rheticusschüler Nikolaus Gugler 1564 ein Reichsgesetz gefordert hatte, das nur mehr berufsmäßigen Astrologen die Veröffentlichung von Praktiken erlauben sollte, bemühten sich die Verfasser solcher Vorhersagen darum, ihre Arbeit ins rechte Licht zu rücken. So betont auch Rosa, dass er seine Practica *fleissig und nach grund der Astronomey gestellet* habe; oder Andreas Nolte betont, dass seine Vorhersagen *aus bewerter Astrologia ohne alle Superstition gestellet* seien. Im üblichen Stil, wie Melanchthon es vorgegeben hatte, enthalten auch die Praktiken Rosas in der Regel einen Aufruf, *durch ware Busse, Hertzliches Gebett vnd vernünfftige Messigkeit ... Schaden zuvorkommen oder durch Gottes Güte abzuwenden, Amen*⁸. Ungeachtet seines Fleißes war Rosa, ähnlich wie Winkler oder Nolte, kein bedeutender Astronom. Sieht man davon ab, dass ihm die Vorhersagen ein nicht ganz unbedeutendes Nebeneinkommen verschafften, so war für ihn die Astrologie auch eine Art von Gottesdienst, mit dem er die Schöpfung und Gott als den obersten Sternkündiger zu ehren suchte.

Werke (in Auswahl): Handschriftlich überliefert ist ein Band mit medizinischen Konsilien, teilweise in Amberg datiert, 1559-1582⁹; Vorhersage für 1563¹⁰; Vorhersage für 1564¹¹; *Practica auf 1565* (Nürnberg: Valentin Neuber, 1564)¹²; *Practica auf 1565* (Frankfurt/Main: M. Lechler, 1564, Sammelband mit Vorhersagen u.a. von Brelochs, Hebenstreit, Neodomus, Rosa, Stathmion, Moritz Steinmetz, Winkler)¹³; Vorhersage für 1566¹⁴; *Practica auf 1567* (Nürnberg: Neuber, 1566)¹⁵; Vorhersage für 1568 (Nürnberg: Valentin Neuber, 1567¹⁶; *Practica auf 1569* (Nürnberg: Neuber, 1568, mit Widmung an Bürgermeister und Rat von Schweinfurt, datiert Schleiz, 4. Juli 1568)¹⁷; *Practica* *auf 1570* (Nürnberg: Neuber, 1569)[18]; Kalender für 1571 (Nürnberg: Valentin Neuber, 1570)[19]; Bamberger Domkapitel-Kalender auf 1571 (Nürnberg: Valentin Neuber, 1571) [20]; *Schreibkalendar auf 1572* (Nürnberg: Valentin Neuber, 1571); *Practica auf 1572* (Nürnberg 1571)[21]; *Practica auf 1573* (Nürnberg: Neuber, 1572)[22]; *Practica auf 1574* (Nürnberg: Valentin Neuber, 1573)[23]; Wandkalender auf 1574[24]; Practia auf 1575[25] (Nürnberg 1574); *Practica auf 1578* (Nürnberg: Valentin Neuber, 1577, Widmung an die Pfalzgräfin Elisabeth, geborene Landgräfin von Hessen, Amberg, 12. Juni 1577)[26]; Schreyb Kalender für 1579 (Nürnberg: Valentin Neuber, 1578)[27]; Vorhersage für 1581 (Nürnberg 1580)[28]; Vorhersage für 1582 (Nürnberg, Valentin Neuber, 1581)[29]; dasselbe, größerer Umfang, 2 Holzschnitte[30]; Kalender für 1582[31]; *Practica auf 1583* (Nürnberg: Valentin Neuber, 1582)[32]; Kalender für 1583[33]; *Kurtzes wolmeynet und friedliebendt Bedencken von dem newen römischen Kalender* (Nürnberg: Neuber, 1583, ²1584); *Newer und Allgemeiner Schreib Kalender, mit newen Historien*, Nürnberg: Valentin Neuber, 1582)[34]; *Practica auf 1585* (Nürnberg: Valentin Neuber,1584)[35]; *Practica auf 1586* (Nürnberg: Valentin Neuber,1585, Widmung an Otto Heinrich II. von Pfalz-Neuburg, 1556-1604), Amberg, 26. Juli 1585)[36]; *Practica auf 1587* (Nürnberg 1586)[37]; *Alter und Neuer Schreibkalender für 1587* (Nürnberg: Fuhrmann, 1586)[38]; *Practica auf 1588* (Nürnberg: Valentin Fuhrmann, 1587)[39]; Kalender für 1588 (Nürnberg: Fuhrmann, 1587)[40]; *Practica auf 1589* (Nürnberg: Valentin Fuhrmann, 1588)[41]; *Practica auf 1590* (Nürnberg: Valentin Fuhrmann, 1589)[42]; Kalender für 1590 (Nürnberg: Fuhrmann, 1589)[43]; *Practica auf 1591* (Nürnberg 1590)[44]; *Practica auf 1592* (Nürnberg 1591)[45]; *Practica auf 1593* (Nürnberg: Valentin Fuhrmann, 1592)[46]; *Practica auf 1594* (Nürnberg: Valentin Fuhrmann, 1593)[47]; *Alter und Newer Schreibkalender für 1595* (Nürnberg:Valentin Fuhrmann, 1594)[48]; *Practica auf 1596* (Nürnberg: Valentin Fuhrmann, 1595, Widmung an Bürgermeister und Rat der beiden Städte Nabburg und Neunburg vorm Wald, Amberg, 18. Juli 1595)[49]; *Practica auf 15 97* (Nürnberg: Christoph Lochner für Valentin Fuhrmann, 1596, Widmung an Otto Heinrich II., Amberg, 18. Juli 1596)[50].

Rosa war verheiratet. Sein Sohn Johannes Rosa (1579-1643) setzte als Arzt in Amberg die Arbeit seines Vaters fort, verlegte sich aber vorwiegend auf die Medizin. Er veröffentlichte u.a. eine Kurtze Beschreibung des Wildbads in Weißenburg (Amberg 1613). Reste aus der Bibliothek von Andreas und Johannes Rosa befinden sich in der Universitätsbibliothek Erlangen[51].

Die **Beziehungen** zwischen Rheticus und Rosa waren auf dessen Leipziger Studienjahre 1548 bis 1551 beschränkt. Rosa war im Hinblick auf seine Bakkalaureats- und Magisterprüfung gehalten, die Vorlesungen von Rheticus zu besuchen. Wir sehen ihn auch besonders bei der Bakkalaureatsprüfung in einem Kreis von Rheticusschülern.

1 HELMREICH, Ernst, Die Ärzte Andreas und Johannes Rosa, Bd. 1-2, Med. Diss. Erlangen 1949; REIER, Herbert, Zwei Amberger Ärzte: Andreas und Johann Rosa, in: Sudhoffs Archiv 39 (1955), S. 178 ff. | **2** ERLER, Bd. 1, S. 669, B 22. | **3** ERLER, Bd. 2, S. 707. | **4** Ebenda, S. 725. | **5** FÖRSTEMANN 1841, Bd. 1, S. 331a. | **6** VD 16 H 2354, BSB München, digital. | **7** KAISER 1982, S. 157. | **8** Practica auf 1586, am Ende. | **9** UB Erlangen B 321, vgl. PÜLTZ 1973, S. 180. | **10** ZINNER ²1964, S. 236, Nr. 2318. | **11** Ebenda, S. 237, Nr. 2347. | **12** Ebenda, S. 239, Nr. 2380. | **13** Ebenda, S. 240, Nr. 2386. | **14** Ebenda, S. 241, Nr. 2404. | **15** Ebenda, S. 243, Nr. 2435; BSB München. | **16** S. 245, Nr. 2466a. | **17** ZINNER ²1964, S. 247, Nr. 2502; BSB München, digital. | **18** ZINNER ²1964, S. 249, Nr. 2529. | **19** Ebenda, S. 463, Nr. 2554b. | **20** Ebenda, S. 463, Nr. 2554c. | **21** Ebenda, S. 252, Nr. 2591; Exemplar in Exemplar in BSB München. | **22** ZINNER ²1964, S. 256, Nr, 2649a. | **23** Ebenda, S. 258, Nr. 2683. | **24** Ebenda, S. 465, Nr. 2683a. | **25** Exemplar in Exemplar in BSB München. | **26** ZINNER ²1964, S. 264, Nr. 2790; BSB München, digital. | **27** ZINNER ²1964, S. 271, Nr. 2900. | **28** Ebenda, S. 274, Nr. 2954a. | **29** Ebenda, S. 279, Nr. 3051. | **30** Ebenda, S. 279, Nr. 3052. | **31** Ebenda, S. 279, Nr. 3053. | **32** Ebenda, S. 282, Nr. 3108. | **33** Ebenda, S. 283, Nr. 3107. | **34** Ebenda, S. 286, Nr. 3164. | **35** Ebenda, S. 288, Nr. 3203. | **36** Ebenda, S. 290, Nr. 3239; BSB München, digital. | **37** ZINNER ²1964, S. 292, Nr. 3273. | **38** Ebenda, S. 292, Nr. 3272. | **39** Ebenda, S. 294, Nr. 3319. | **40** Ebenda, S. 294, Nr. 3318. | **41** Ebenda,, S. 296, Nr. 3358. | **42** Z Ebenda, S. 298, Nr. 3403. | **43** Ebenda, S. 298, Nr. 3402. | **44** Z Ebenda, S. 301, Nr. 3461. | **45** Ebenda, S. 304, Nr. 3516. | **46** Ebenda, S. 306, Nr. 3553. | **47** Ebenda, S. 307, Nr. 3591. | **48** Ebenda, S. 309, Nr. 3632; Exemplar in BSB München. | **49** VD 16 R 3073; ZINNER ²1964, S. 309, Nr. 3633 und S. 313, Nr. 3683; BSB München, digital. | **50** ZINNER ²1964, S. 316, Nr. 3744; BSB München, digital. | **51** FISCHER 1971, S. 456, 548, 557, 686, 692.

Rösler, Bonaventura, *Görlicensis*

Bonaventura Rösler (Röslerus, Roslerus, Rosslerus) [*Gorlicensis*][1], geboren in Görlitz (Sachsen), gestorben ?, luth., Magister, Universitätslektor[2].
Rösler immatrikulierte sich an der Universität Wittenberg im WS 1536/37[3]. Sein Lehrer wurde Veit Amerbach, unter dessen Dekanat er am 19. April 1538 (zugleich mit Schwalbe) zum Bacc. art. promovierte[4]. 1542 wurde er Mag. art. Unter dem Dekan Andreas Aurifaber wurde Rösler am 27. August 1543 (zugleich mit Stigel) in den Rat des Artistenfakultät aufgenommen[5]. Nach der Schließung der Universität Wittenberg mag er nach Görlitz zurückgekehrt sein, wo 1547 und 1550 ein Bürger Bonaventura Rösler (allerdings ohne Magistertitel) nachweisbar ist.
 Beziehung zu Rheticus: Magisterpromotion unter Rheticus vom 9. Februar 1542, wo er den 4. Rang von 22 Kandidaten erreichte[6]. Er konnte die Vorlesungen von Rheticus vom WS 1536/37 bis SS 1538 und im WS 1541/42 besuchen.

1 Fischer 1926, S. 7, 40, Anm. 1. | 2 Zu unterscheiden von dem gleichnamigen und berühmteren Schulmann, Stadtschreiber und Kalligraph in Breslau Johann Bonaventura Rösler *Vratislaviensis* (1517–1575), der auch in Wittenberg studiert hatte (imm. 1524); über ihn vgl. http://thesaurus.cerl.org/record/cnp01110681 (10. Januar 2013). | 3 Förstemann 1841, Bd. 1, S. 163b. | 4 Köstlin 1890, S. 6. | 5 Ebenda, S. 21. | 6 Ebenda, S. 13.

Rösler, Matthäus, *Lucanus*, 1527–1569

Matthäus Rösler (Rosler, Röseler, griech. Ροσληρος), nach der Herkunft auch *Lucanus*), geboren um 1527/28 in Luckau (Lkr. Dahme-Spreewald, Brandenburg), gestorben am 23. April 1569 in Wittenberg, luth., neulat. Dichter, Astrologe, Arzt, Jurist[1].
 Matthäus Rösler wird häufig als *Magister Lucanus* bezeichnet, was gelegentlich eine Identifizierung erschwert hat[2]. Rösler immatrikulierte sich am 17. Oktober 1541 an der Universität Wittenberg[3]. Am 25. Februar 1546 promovierte er unter den Dekan Johannes Stoltz zum Mag. art., wobei er den 2. Rang von 39 Kandidaten erreichte; er wurde nur von dem auf dem 1. Rang platzierten Flacius Illyricus übertroffen[4]. Die kriegsbedingte Auflösung der Universität führte dann dazu, dass er im Ausland die Medizin und die Rechte studierte und es in beiden Fächern bis zum Lizentiat brachte. Im SS 1550 immatrikulierte er sich an der Universität Rostock. Er wurde am 2. August 1550 als Wittenberger Magister in die philosophische Fakultät aufgenommen und am 9. Oktober 1551 zu deren Dekan gewählt. Im Frühjahr 1557 wurde er zum Rektor Magnificus gewählt, ebenso im Herbst 1560, inzwischen Dr. med. und Lic. jur. Seine juristische Tätigkeit nahm jetzt zu, zunächst im Dienst der Herzöge. Die Pest veranlasste ihn 1565 die Stadt in Richtung Preußen zu verlassen. Er sollte als Nachfolger Mörlins Präsident des Bistums Pomesanien werden. Er ging daher nach Wittenberg, um dort den theologischen Doktorgrad zu erwerben. Die Fakultät hatte jedoch Bedenken. So übernahm er 1565 die Stellung eines Syndikus der Stadt Rostock.
 Das Epitaph, das sein Bruder Georg ihm gesetzt hatte, feierte ich als einen Mann *excellentis ingenii, doctrinae et eloquentiae singularis*. Rösler wird gerne als Polyhistor bezeichnet. Dieser Begriff würde aber wohl nur dann zutreffen, wenn auch ein vielseitiges Werk vorliegen würde, was jedoch nicht der Fall. Die akademischen Titel allein machen nicht einen Polyhistor aus. Treffender wäre die Bezeichnung *Omnium facultatum Doctor*, wie sie Nikolaus Gugler für sich gewählt hat:
 Aus der Zeit seiner der Zugehörigkeit zur Wittenberger Artistenfakultät stammt ein dichterisches astrologisches Werk mit dem Titel *Urania* (Wittenberg: Veit Kreutzer, 1549)[5]. Das dem Fürsten Joachim von Anhalt gewidmete Buch verrät die Schule Melanchthons, zitiert Schöner und Gaurico, enthält Beigaben Melanchthons, Petrus Lotichius Secundus, vor allem aber solche von Georg Cracow, darunter ein *De utilitate astrologiae carmen*, es beschreibt eine eingetretene *Eclipsis* vom 12.

April 1549 und enthält drei Nativitäten von 1544, 1548 und 1549. In einem Dialog, in dem ein Horoskop ausgelegt wird, wird festgestellt:
> Quam bene descripta est humana his vita figuris
> Semper sunt laetis tristia mixta bonis.

(Wie gut mit diesen Zeichnungen das menschliche Leben beschrieben ist, so ist den angenehmen Vorteilen immer auch Unheilvolles zugemischt). Ein weiteres Werk sind die ebenfalls in Gedichtform gekleideten *Aphorismi Hyppocratis* (Rostock: Ludwig Ditius, 1554, mit Vorwort von Melanchthon).

Die **Beziehungen** zwischen Rheticus und Rösler sind kaum zu übersehen. Beide trafen zu Beginn des WS 1541/42 in Wittenberg ein, sodass der vielseitig interessierte Rösler Rheticus' Vorlesungen noch hören konnte. Die Erinnerung an Rheticus blieb in den folgenden Jahren erhalten, sei es durch astrologische Studien oder die Beobachtungen von Eklipsen, sei es durch seinen Freundeskreis, dem Melanchthon, Beuther, Cracow angehörten.

1 Krabbe 1854, S. 513-517. | **2** Beispiele: Zon 1983, S. 146 (unidentified) | **3** Förstemann 1841, Bd. 1, S. 191b. | **4** Köstlin 1890, S. 18. | **5** Zinner ²1964, S. 212, Nr. 1970, Google Books, digital.

Rösler, Sebastian, ca.1530–1574

Sebastian Rösler (Rosler, Roczler, Roeslerus, Roslerus), geboren vor 1530 in Wunsiedel (Lkr. Wunsiedel im Fichtelgebirge, Oberfranken), gestorben am 30. September 1574 in Wunsiedel, luth., Schulmann, Universitätsprofessor (Dialektik) [1].

Sebastian Rösler, Sohn eines Ratsherrn (und 1531 Bürgermeisters) von Wunsiedel, immatrikulierte sich im SS 1543 an der Universität Leipzig[2]. Er promovierte um den 21. März 1549 zum Bacc. art., gleichzeitig mit Johannes Paceus[3]. Promotor war Magister Ambros Borsdorffer. Am 29. Januar 1550 erlangte Rösler die Würde eines Mag. art., zugleich mit Bartolus Reich und Markus Fritsche[4]. Magister Rösler wurde danach zum Rektor der Thomasschule in Leipzig bestellt, blieb aber weiterhin auch an der Universität tätig. Vom SS 1551 bis SS 1552 übernahm er die Vorlesung über die Dialektik nach dem Lehrbuch Melanchthons. Am 30. Januar 1557 wurde Rösler in die Artistenfakultät aufgenommen[5]. Im SS 1557 fungierte er als Claviger und Examinator der Bakkalare. Im SS 1558 bat er um Absenz auf eine unbestimmte Zeit, doch deutete er seine mögliche Rückkehr an[6]. Hintergrund für diese Auszeit war, dass er 1558 zum Rektor der alten Lateinschule in Görlitz bestellt worden war. Als 1566 Peter Vincentius Rektor der erneuerten Lateinschule von Görlitz wurde, konnte Rösler nur mehr eine Stelle als Tertius (dritter Lehrer) erhalten, sodass er enttäuscht resignierte[7] und 1567 wieder an die Universität Leipzig zurückging. Für das WS 1568/69 wurde er zum Dekan der Artistenfakultät gewählt, der er sich Jahr für Jahr bis 1572 für zahlreiche Funktionen zur Verfügung stellte. 1571 wirkte er als Vizekanzler. 1574 kehrte er nach Wunsiedel zurück, wo er am 28. September 1574 sein Testament machte. Da er kinderlos war, begründete er mit 400 Gulden eine Studienstiftung.

Beziehungen zwischen Rheticus und Rösler konnten sich in den Jahren von 1543 bis 1551 gut entwickeln, danach hören sie aber auf. Rösler war Schüler von Rheticus, nach 1550 Kollege an der gleichen Fakultät. Vermutlich war Rheticus an Röslers Promotionen 1549 zum Bacc. art. und 1550 zum Mag. art. (als Gast) beteiligt.

1 Haefele 1988, S. 595 f., Nr. 106. | **2** Erler, Bd. 1, S. 644, B 20. | **3** Erler, Bd. 2, S. 705. | **4** Erler, Bd. 2, S. 705. | **5** Erler, Bd. 2, S. 742. | **6** Erler, Bd. 2, S. 749. | **7** Neues lausitzisches Magazin 35 (1859), S. 127 (Google Books).

Roth, Heinrich, † 1575

Heinrich (Henrich, Henrichus, Henricus) Roth (Rot, Rott, Rother, Rhother), geboren in Sangerhausen (Lkr. Mansfeld-Südharz, Sachsen-Anhalt), gestorben in Eisleben (Lkr. Mansfeld-Südharz, Sachsen-Anhalt), luth., Theologe[1].

Heinrich Roth begann seine Studien gleichzeitig mit seinem Bruder Martin in Wittenberg, wo sie sich am 15. bzw. 16. Mai 1545 immatrikulierten[2]. Im SS 1546 schrieben sich beide unter dem Rektor Joachim Camerarius an der Universität Leipzig ein[3]. Sie gehörten der Meißner Nation an. Im WS 1548/49 wurden beide nach dem 21. März 1549 unter dem Dekan Rheticus von Magister Ambros Borsdorfer zum Bacc. art. promoviert[4]. Roth kehrte nach Wittenberg zurück, wo er am 31. Juli 1554 unter dem Dekanat des Rheticusschülers Kaspar Peucer zum Mag. art. kreiert wurde; er erreichte den 42. Rang von 50 Kandidaten[5]. Unter den Mitbewerbern waren Andreas Fabricius (1. Rang), der Bruder des berühmten Georg Fabricius, und Nikolaus Selnecker (6. Rang). Als Examinatoren fungierten Melanchthon, Kaspar Peucer und Johannes Willenbrock, alle gewiegte Mathematiker.

Nach seiner ersten geistlichen Amtsstelle in seiner Heimatgemeinde Sangerhausen an St. Ulrich war er 1567 bis 1569 Pfarrer an St. Anna in Eisleben, dann 1569-1575 Archidiakon an St. Andreas ebenda. Er hat ein reiches publizistisches Werk hinterlassen, größtenteils Leichpredigten, u.a. auch eine oft aufgelegte *Catechismi Predigt* (Görlitz: Ambros Fritsch, 1581)[6], viele **Werke** davon auch postum erschienen; eine ausführliche Liste findet man bei Berndorff[7]. Die erste Auflage seiner *Catechismi Predigt* (Eisleben: Urban Gaubisch, 1573)[8] widmete er den Grafen und Gräfinnen von Mansfeld; sie war mit einer überlangen Vorrede des Mansfelder Generalsuperintendenten Hieronymus Menzel (1517-1590) versehen. Die *Leychpredigten ... zu Sangerhausen* widmete Roth am 26. Oktober 1566 als Zeichen der Liebe und Treue zu seinem Vaterland seinen *redlichen Sangerheusern*, Bürgermeistern und Rat, vor allem aber den in der Fremde lebenden Brüdern und Vettern sowie einigen *Schulgesellen*, unter denen sein Bruder Martin Roth den ersten Platz einnahm. Aus dem Nachlass hat Peter Lagus, Archidiakon zu Querfurt, Heinrich Roths *Aus dem 79. Psalm Fuenff Tuerckenpredigten* (Leipzig: Zacharias Bärwald, 1594)[9] herausgegeben.

Beziehungen zwischen Rheticus und Heinrich Roth bestanden vielleicht schon im SS 1545, vor allem aber in den Jahren 1548 bis 1551. Roths Promotion zum Bacc. art. fand unter den Dekanat von Rheticus statt, er musste für die Prüfungen zum Bakkalaureat die Vorlesungen von Rheticus hören.

1 Berndorff 2009, S. 375 f. | 2 Förstemann 1841, Bd. 1, S. 224a. | 3 Erler, Bd. 1, S. 661, M 85, 34. | 4 Erler, Bd. 2, S. 706. | 5 Köstlin 1891, S. 15. | 6 Müller 2004, S. 150, Nr. 1038. | 7 VD 16 R 3237-3251; davon VD 16 R 3248 (Leychpredigten, 1581), zugänglich ULB Halle digital. | 8 VD 16 R 3240, BSB München, digital. | 9 VD 16 R 3237, ULB Halle, digital.

Roth, Johannes, *Naumburgensis*, † 1571

Johannes Roth (Rott, Rhott, Rotha, Rothe, Rothius) aus Naumburg/Saale (Burgenlandkreis, Sachsen-Anhalt), gestorben am 19. Februar 1571 in Zeitz (Burgenlandkreis, Sachsen-Anhalt), luth., neulat. Dichter, Jurist, Domherr[1].

Johannes Roth immatrikulierte sich im SS 1545 an der Universität Wittenberg[2]. Im SS 1546 wechselte er an die Universität Leipzig[3]. Er promovierte im WS 1547/48 zum Bacc. art. und im WS 1548/49 unter dem Dekanat von Rheticus zum Mag. art.[4] Er widmete sich danach dem Studium der Rechte. Julius Pflug, der ihm aus Trient zum Tod seines Vaters kondolierte, ermunterte ihn zum Studium *persequere studia tua*. Am 19. Oktober 1552 immatrikulierte sich Roth an der Universität Ingolstadt[5], wo er zum Dr. decr. promovierte. Vom 13. November 1555 bis 1559 (vielleicht bis

1564) war Roth bischöflicher Rat in Naumburg; in Naumburg war er Inhaber der Vikarie St. Sigismundi, seit 1559 auch einer Minorpräbende am Dom und einer Präbende am Marienstift. Seit 1556 war er Domherr der Stiftskirche in Zeitz; hier besaß er ein Haus in der Domherrengasse. 1566 wurde Roth auch Domherr von Merseburg (Saalekreis, Sachsen-Anhalt), wo sein Wappen unter den Wandmalereien im Kapitelhaus am Dom aufscheint (1569). Nachdem er 1561 Gertraud N. geheiratet hatte, geriet er in Schwierigkeiten, konnte sich aber Hilfe des Kurfürsten August von Sachsen halten. 1561 und 1570 verzichtete Roth auf seine Pfründen in Naumburg zugunsten seines Sohnes Johannes, damit dieser weiter studieren konnte.

Neben zahlreichen Gelegenheitsgedichten schuf Roth ein größeres dichterisches Werk *In epistolas S. Pauli apostoli paraphrasis poetica* (o.O., 1568), zu dem sein Freund Andreas Ellinger (1526-1582, 1557 Prof. der Medizin in Leipzig) einen Beitrag lieferte[6].

Beziehungen zu Rheticus bestehen dadurch, dass Roth unter seinem Dekanat zum Magister artium promoviert wurde. 1549 bis zum Frühjahr 1551 waren sie Kollegen.

1 POLLET 1977, Bd. 3, S. 457, Anm. 1; WIESSNER 1998, S. 1107; VOIGT/SCHUBERT 2001, S. 83. | 2 FÖRSTEMANN 1841, Bd. 1, S. 223b. | 3 ERLER, Bd. 1, S. 660, M 5. | 4 ERLER, Bd. 2, S. 702, 705. | 5 PÖLNITZ 1937, Bd. 1, Sp. 693. | 6 VD 16 ZV26958; Exemplar in: Stiftsbibliothek Zeitz.

Roth, Martin

Martin Roth (Rott, Rother, Rhother), geboren in Sangerhausen (Lkr. Mansfeld-Südharz, Sachsen-Anhalt), luth., Jurist.

Martin Roth begann seine Studien gleichzeitig mit seinem Bruder Heinrich in Wittenberg, wo sie sich am 15. bzw. 16. Mai 1545 immatrikulierten[1]. Im SS 1546 schrieben sich beide unter dem Rektor Joachim Camerarius an der Universität Leipzig ein[2]. Sie gehörten der Meißner Nation an. Im WS 1548/49 wurden beide nach dem 21. März 1549 unter dem Dekan Rheticus von Magister Ambros Borsdorfer zum Bacc. art. promoviert[3]. Am 26. Oktober 1566 ist Martin Roth, fürstlich-bambergischer Hofrat, Widmungsempfänger von Seiten seines Bruders Heinrich.

Beziehungen zwischen Rheticus und Martin Roth bestanden vielleicht schon im SS 1545, vor allem aber in den Jahren 1548 bis 1551. Roths Promotion zum Bacc. art. fand unter den Dekanat von Rheticus statt, er musste für die Prüfungen zum Bakkalaureat die Vorlesungen von Rheticus hören.

1 FÖRSTEMANN 1841, Bd. 1, S. 224a. | 2 ERLER, Bd. 1, S. 661, M 85, 84. | 3 ERLER, Bd. 2, S. 706.

Roth, Peter, † ca. 1559

Peter Roth (Rot, Rhotus), geboren in Straßburg[1], gestorben vor dem 2. Juli 1559 in Straßburg, luth., Arzt.

Peter Roth hatte seit 1522 in Heidelberg studiert und war dort 1527 Magister artium geworden. Sein Promotor Johannes Sinapius nannte ihn *multa eruditione et morum svavitate elegantissimus medice professionis studiosus*[2]. Roth setzte sein Studium 1529 in Padua[3] und später in Ferrara fort, wo er am 12. Dezember 1530 zum Dr. med. promovierte[4]. Am 2. Januar 1534 wurde er in Feldkirch für vier Jahre als Stadtarzt bestellt gegen ein Wartgeld von 24 Gulden[5]. Später wirkte er als Arzt in Straßburg. Ein Sohn Michael Roth studierte 1554 in Wien 1554[6], ein Sohn Sigismund Roth erscheint in Straßburg als *iuvenis medicus*[7], dem Michael Toxites 1578 seine Schrift *De morbo Gallico* widmete[8]; ein Enkel Peter Roth studierte 1585/86 in Basel[9].

Der Brief Gassers an Peter Roth

Am 2. Mai 1539 widmete Achilles Pirmin Gasser seinem ehemaligen Feldkircher Kollegen Peter Roth, der damals bereits wieder in seine Straßburger Heimat zurückgekehrt war, die Ausgabe von Martin Borrhaus' *Elementale cosmographicum* (Straßburg: Crato Mylius, im September 1539)[10]. Es handelte sich um eine leicht fassliche Einführung in die Astronomie, die Borrhaus 1522 in Wittenberg seinen Schülern *privatim* diktiert hatte; eine Abschrift davon mochte Gasser während seines Studiums in Wittenberg (1522 bis 1525) in die Hände gekommen sein. Später hat Oronce Finé, der das Buch zwar für wertlos hielt, es aus Freundschaft zu Borrhaus aber doch überarbeitet und unter Beibehaltung der Widmung Gassers erneut herausgegeben (Paris: Guillaume Cavellat, 1551)[11]. In dem Widmungsbrief an Peter Roth, der ganz im Geiste Melanchthons gehalten ist, spielt Gasser versteckt auf die Lehre des Kopernikus an:

Wie erfreulich, wie nützlich, wie notwendig aber auch die mathematischen Wissenschaften sind, sowohl die Überlieferungen als auch die **neuen Erkenntnisse**, *und zwar nicht nur zum Erwerb einer gediegenen Allgemeinbildung, sondern auch für die täglichen Lebensbedürfnisse, wird niemand, wenn er auch nur ein wenig Humanist (parum humanus) ist, in irgendeiner Weise leugnen oder abstreiten können*[12].

Da diesem Büchlein jeder wissenschaftliche Wert abging, hatte Gasser gewisse Hemmungen, es Roth zu widmen; er bestimmte es daher für die vor dem Studieren stehenden Kinder Roths: Es sollte diese frühzeitig davon überzeugen, dass ohne die Mathematik kein Zugang zu anderen Wissenschaften möglich sei; die Mathematik gehöre zur Allgemeinbildung, erleichtere das tägliche Leben. Es könne auch dienlich sein, dass Roths Kinder sich leichter mit den himmlischen Zeichen beschäftigen können, die voraussagen, dass einige von ihnen in der Wissenschaft herausragen werden. Ganz offensichtlich hatte man für die Kinder Roths Nativitäten erstellt. Der Gedanke, dass »jede andere Wissenschaft der Welt unvollständig ist und stecken bleibt, sofern nicht wenigstens eine mittelmäßige Kenntnis der Mathematik gegeben ist«, ist natürlich Melanchthon pur; er wurde auch von Rheticus und seinem Schüler Simon Wilde vertreten. So wie es Melanchthon zu tun pflegte, berief sich auch Gasser auf das Wort Platons ἀγεωμέτρητος οὐδεὶς εἰσίτω (Keiner, der nicht Mathematiker ist, darf eintreten), das 1543 auch auf dem Titelblatt von Kopernikus' *De revolutionibus* erschien.

Dieser Brief Gassers ist in der Kopernikusliteratur nie diskutiert worden. Angesichts der Tatsache, dass Gasser einer der ersten gewesen ist, der die seit April 1540 ausgelieferte *Narratio prima* von Rheticus erhalten hat und bereits 1541 deren zweite Auflage besorgte, liegt aber doch die Vermutung nahe, dass Gasser in diesem Brief auf die in Gang befindliche Veröffentlichung des heliozentrischen Systems durch Rheticus 1540 anspielt, die dann endgültig in Nürnberg durch Johannes Petreius 1543 erfolgte. Gewisse Andeutungen, die damals Gasser und Rheticus beschäftigt haben, scheinen jedenfalls darauf hinzuweisen. Um das genauer feststellen zu können, müssen wir uns hier etwas eingehender mit der Chronologie befassen.

Im Oktober 1538 kündigte Melanchthon seinem wohl besten Freund Joachim Camerarius, der damals in Tübingen lebte, den Besuch von Rheticus an. Camerarius war in den Petreiusdruck von 1543 von Anfang an eingeweiht; denn ursprünglich sollte dem Hauptwerk des Kopernikus ein griechisches Epigramm von Camerarius beigefügt werden, was jedoch unterblieben ist. Rheticus ist im April 1539 mit Gasser in Feldkirch zusammengetroffen, wo er ihm mehrere Bücher schenkte, nämlich Johannes Werners *De motu*, Schöners *Opusculum astrologicum* und die *Tetrabiblos* des Ptolemäus (Nürnberg: Petreius 1535, mit der lat. Übersetzung des Camerarius)[13]. Am 14. Mai 1539 treffen wir Rheticus in Posen auf dem Weg zu Kopernikus an. Am 23. September 1539 beendete Rheticus in Frauenburg das Manuskript seiner *Narration prima*[14], die in Danzig bei Franz Rhode 1540 in Druck ging. Im Mai 1539 verfasste Gasser seinen Brief an Peter Roth. Das bedeutet, dass Gasser noch ganz unter dem Eindruck des Besuches von Rheticus stand, den dieser ihm im April

1539 in Feldkirch abgestattet hatte. In den Gesprächen, die Gasser und Rheticus im April 1539 geführt haben, spielten die folgenden Themen unterschiedlicher Gewichtung eine Rolle:
1. Die herausragende Bedeutung der Mathematik für die übrigen Wissenschaften. Gasser und Rheticus schlossen sich dabei eng an ihren Lehrer Melanchthon an, wobei sie auch das Wort Platons ἀγεωμέτρητος οὐδεὶς εἰσίτω diskutierten, auf das Gasser in dem Brief an Roth anspielt und das 1543 auf den Titelblatt von *De revolutionibus* wieder auftauchte.
2. Über das heliozentrische System des Kopernikus.
3. Über die vorliegenden Nativitäten der Kinder Roths.

1 Burmeister 1970/75, Bd. 1, 39 f., 43, 72, 96-98, 105; Bd. 3, S. 48, Anm. 48. | **2** Flood/Shaw 1997, S. 48. | **3** Knod 1900, S. 452, Nr. 16 | **4** Pardi 1900, S. 118 f. | **5** Sander, Hermann: Bestellung des Doktors Peter Rot zum Stadtphysikus, in: 43. Jahresbericht des Vorarlberger Museums-Vereines über das Jahr 1905, Bregenz 1906, S. 27. | **6** Gall, Franz, Matrikel Wien, Bd. 3, S. 107, Nr. 17. | **7** Zu ihm vgl. Durling 1965, S. 137, 149, Ziff. 28. | **8** Schmidt 1888, S. 129 f. | **9** Wackernagel 1956, Bd. 2, S. 337. | **10** Vgl. dazu Burmeister 1970, Bd. 1, S. 39 f., 43, 72, 96-98 105. | **11** Reprint LaVergne, Tennessee, 2010. | **12** Burmeister 1975, Bd. 3, S. 46. | **13** Kraai 2003, S. 83. | **14** Tschackert 1890, Bd. 2, S. 389, Nr. 1208.

Roth, Sebastian, 1491–1555

Sebastian Roth (Rodt, Roet, Radt, Rotha), geboren im September 1491 in Auerbach (Vogtlandkreis, Sachsen), gestorben am 20. April 1555 in Leipzig, begraben auf dem »alten Gottesacker«[1], luth., Arzt, Professor für Medizin[2].

Sebastian Roth immatrikulierte sich an der Universität Leipzig im SS 1505[3]. Im SS 1507 promovierte er zum Bacc. art., im WS 1512/13 zum Mag. art.[4], beide Male unter seinem Landsmann Dr. med. Heinrich Stromer. Er widmete sich dann dem Studium der Medizin und promovierte zum Dr. med. In Leipzig ist er erstmals 1542 als Dr. med. bezeugt und gemeinsam mit Stromer an Promotionsverfahren beteiligt. 1542-1555 war Roth Kollegiat des großen Fürstenkollegs[5]. Herzog Moritz von Sachsen setzte ihn 1544 als einen der vier Beiräte des Rektors ein[6]. Roth war 1545, 1548 und 1550 Dekan der medizinischen Fakultät. 1554 hat sich Roth im Stammbuch seines jungen Kollegen Dr. med. Joachim Strupp verewigt[7]. Roth war ein erfolgreicher Lehrer, der auf zahlreiche Schüler von Rang und Namen blicken konnte, u.a. Kentmann, Klein, Thammüller.

Werke[8]: *Quaestiones et conclusions medicae*, Leipzig 1548; *De Anima Dispvtatio Sebastiani Roth Avrbachii : Anno Christi Salvatoris M.D.XLVIII*. Leipzig 1548; *Disputatio de ortu et cura morbi comitialis* […], Leipzig 1548.

Roth war verheiratet mit Barbara (* 1507), Tochter des Leipziger Ratsmitglieds Andreas Maystels, die ihm sieben Kinder zur Welt brachte; sie ist am 25. Juni 1534 in Dresden gestorben und dort begraben. Ihr und ihrem Mann, der auf dem gewöhnlichen Friedhof begraben wurde, setzten die überlebenden Kinder im Chor der St. Nikolaikirche in Leipzig ein Holzepitaph mit der Darstellung einer Verklärung[9].

Über **Beziehungen** von Roth zu Rheticus ist wenig bekannt. Beide trafen sich jedoch bei akademischen Anlässen, Artisten und Mediziner waren im *Collegium Paulinum* auf engem Raum zusammen. Einen gemeinsamen Auftritt hatten Roth, Borner und Rheticus, als sie am 15. August 1543 die gegen die Stadtknechte aufgebrachten Studenten zum Frieden mahnten[10]. Rheticus hatte zudem eine Neigung zum Studium der Medizin. Roth saß im Beirat des Rektors, wo er auch über Angelegenheiten von Rheticus zu befinden hatte.

1 Inschrift bei Stepner 1675 (1686), S. 356 f., Nr. 2108. 2109. | **2** Helm 1971, S. 32, Anm. 112; Vogel 1714, S. 200 f. | **3** Erler, Bd. 1, S. B 51. | **4** Erler, Bd. 2, S. 432, 477. | **5** Zarncke 1857, S. 752. | **6** Stübel 1879, S. 572; Helbig 1953, S. 86. | **7** Metzger-Probst 2002, S. 289 ff. | **8** Vgl. VD 16 R 3262-3264. | **9** Inschrift überliefert bei Stepner 1675, S. 114 f., Nr. 395 und 396 (BSB digital, Scan 136 f.). | **10** Seidemann 1875, S. 60.

Ruber, Johannes, 1529–1584

Johannes (Hans) Ruber (Rueber, Rüber), ungar. János (Ján) Ruber, Freiherr zu Pixendorf (Ortschaft von Michelhausen, Bezirk Tulln, Niederösterreich) und Grafenwörth (Bezirk Tulln, Niederösterreich), geboren 1529, gestorben am 22. März 1584 in Groß-Scharosch (ungar. Nagysáros, slow. *Velký Šariš*, Prešovský kraj, Slowakei), Begräbnis im Dom der hl. Elisabeth von Kaschau, Marmordenkmal heute in der Ungarischen Nationalgalerie in Budapest, luth., kaiserl. Feldoberst in Diensten Karls V., Ferdinands I., Maximilians II. und Rudolfs II., mit Lazarus Schwendi sicherte er die habsburgisch-türkische Grenze, Förderer des Protestantismus[1].

Nach Besuch der Landschaftsschule in Wien trat er in die Kriegsdienste König Philipps II., kämpfte in Spanien, Piemont, Flandern und Ungarn. 1568 übernahm er als Hauptkapitän von Lazarus Schwendi den Oberbefehl über die habsburgischen Truppen in Oberungarn und wurde Obergespan (Kreisoberst) von Nagysáros. Seit April 1568 hatte sich Ruber, *mit ihm sein Weib und sein gantzer hof* in Leutschau *in Feigitz hauß* für vier Monate niedergelassen, *ein gutter frommer Herr und wackherer Soldat*, wie die Chronik des Kaspar Hain versichert[2]. Um 1570/71 berief Ruber, gewöhnlich der *Hauptmann von Kassa* genannt, Rheticus zu seinem Leibarzt; Rheticus starb im Dezember 1574 in einem Haus Rubers in Kaschau. Im Auftrag Kaiser Maximilians II. sicherte Ruber den wissenschaftlichen Nachlass von Rheticus.

Ruber führte als Wappen in Rot einen goldenen Balken mit einer natürlichen Rübe; dieses Wappen erinnert an die drei Rettiche im Wappen von Rheticus. Der Überlieferung nach war Ruber *klein von Statur und mit einer schwachen Stimme begabt*. Ruber war dreimal verheiratet und hatte 12 Kinder: in erster Ehe mit Anna, Tochter des Thomas de Hannon aus Belgien; in zweiter Ehe 1564/65 mit Marianna von Welsberg (1540-1575), in dritte Ehe im Oktober 1578 mit Judith Beheim von Friedensheim (1542-1588). Nikodemus Frischlin (1547-1590) widmete ihm eine lat. Elegie, in: *Operum poeticorum pars elegiaca* (Straßburg: Jobin, 1601, Elegia XVII), in dem er ihn als Förderer der Wissenschaften und Bücherliebhaber charakterisiert.

Rheticus unterhielt sehr enge **Beziehungen** zu Ruber, der ihn um 1570 als Leibarzt berufen hatte. Rheticus hielt sich während seiner letzten Jahre vor allem in Kaschau auf, wo Ruber residierte, aber auch an andern Orten des Zipserlandes. Als sich Andreas Dudith 1575 bei Kaiser Maximilian II. nach dem Verbleib des Nachlasses von Rheticus erkundigte, verwies ihn dieser auf Ruber[3]. Es war Dudith aber bewusst, dass Rheticus sich an verschiedenen Orten des Zipserlandes aufgehalten hat; er spricht daher auch von »*illa loca*« in der Zips, an die Rheticus berufen wurde[4]. Gemeinsam mit Valentin Otho und unter finanzieller Hilfe des Kaisers gelang es Ruber, den Nachlass von Rheticus zu retten und die Vollendung des später sogen. Opus Palatinum in die Wege zu leiten, indem man Otho eine Professur in Wittenberg gab. Als die Geldmittel mit dem Tod des Kaisers († 12. Oktober 1576) aussetzten, führte Otho seine Arbeiten in Heidelberg fort.

1 http://de.wikipedia.org/wiki/Hans_Rueber_zu_Pixendorf (28. Februar 2014); vgl. auch Adel im Wandel, Politik, Kultur, Konfession 1500-1700, Katalog der Niederösterreichischen Landesausstellung auf der Rosenburg vom 12. bis 28. Oktober 1990, Wien 1990, S. 337. | 2 MALLY 1943, S. 25. | 3 Vgl. dazu SZABÓ, Der Copernicus-Jünger, S. 221. | 4 DANIELSON, The First Copernican, S. 188, 193-195, 249, Anm. 24.

Rubigallus, Paul, 1510–1577

Paul (Pál) Rubigallus (Rubigally, Rothan, auch Paulus *Pannonius*), geboren um 1510 in Kremnitz (Kremnica, Slowakei), gestorben 1577, luth., neulat. Dichter[1].

Rubigallus, aus vornehmer Familie gebürtig, immatrikulierte sich an der Universität Wittenberg im WS 1536/37[2], wo er - mit Unterbrechungen - mehr als sieben Jahre blieb. Er lehnte sich eng an Melanchthon an, der ihm am 27. April 1545 ein Testimonium ausstellte. Pannonien (Ungarn) sei für ganz Europa ein Schutzwall gegen die Türken; daher sei man verpflichtet, die Gäste, die von dort kommen, besonders zu unterstützen. Die Schriften des Rubigallus zeugten von seiner hohen Bildung und seinem Fleiß. Er sei durch seine Redlichkeit jedermann lieb und teuer gewesen; er selbst bekennt, *singulari eum benevolentia semper dileximus*. Er wünscht Rubigallus, dass er in seiner Heimat einen seinem Fleiß und seiner Tüchtigkeit entsprechenden Platz finden werde[3]. Rubigallus wurde später in Schemnitz (heute Banská Štiavnica, Slowakei) wohnhaft. Melanchthon und seine Freunde in Wittenberg blieben Rubigallus weiterhin verbunden. Am 31. März 1551 teilte Melanchthon Stigel mit, dass er beschlossen habe, mit Camerarius, Eber und Erasmus Reinhold zur Hochzeit von Rubigallus zu reisen, die am 26. Mai in Breslau stattfinden solle[4]. Die Wittenberger Dichterfreunde Acontius und Wigbolt haben die *Querela* des Rubigallus mit je einem Epigramm eingeleitet. Rubigallus' Schrift *Hodoeporicon itineris Constantinopolitani* (1544) weist literarische Beigaben von Melanchthon und Joachim Camerarius auf, eine weitere Schrift *Epistola Pannoniae ad Germaniam* (Wittenberg 1545) solche von Camerarius und Sigismund Gelous[5].

Werke: *Querela Pannoniae ad Germaniam*, Wittenberg: Nikolaus Schirlentz, 1537; *Hymni duo, prior de nato filio dei domino nostro Iesu Christo, posterior de Stephano matyre*, Wittenberg: Josef Klug, 1544; *Hodoeporicon itineris Constantinopolitani* (Wittenberg: Veit Kreutzer, 1544); *Epistola Pannoniae ad Germaniam recens scripta*, Wittenberg: Georg Rhau, 1545.

Beziehungen zwischen Rheticus und Rubigallus hat es zweifellos gegeben, vor allem über Melanchthon. Vom WS 1536/37 bis SS 1538 und im WS 1541/42 konnte Rubigallus die Vorlesungen von Rheticus besucht haben. Zur Astrologie hatte Rubigallus offenbar keine Beziehung. Rubigallus wird, obwohl Dichterkollege, von Lemnius nicht genannt, es sei denn, man würde den wiederholt von ihm verspotteten Dichter Manneius[6] oder Mannus[7] mit ihm gleichsetzen. Lemnius sagt in einem Epigramm, der eigentliche Name dieses Dichters *Mannus* sei aus Mann und Brombeere (lat. *rubus*) zusammengesetzt. *Rubigallus* würde tatsächlich beide Bestandteile des Namens enthalten: die Brombeere *rubus*, und das lateinische Wort *mannus*, das ein kleines gallisches Pferd (Pony) bezeichnet[8]. Lemnius hat Rubigallus wohl aus persönlichen Gründen abgelehnt. Er »trägt verschiedene Jaspisringe an einem Finger und seine beiden Hände sind mit Juwelen geschmückt. Weißt du, warum er das tut? Er will ein hübscher Magister sein und durch seine Juwelen gelehrter aussehen«[9]. Lemnius findet für ihn den Namen ὄνος (Esel) passender als *mannus*[10]. Er schreibt schlechte Gedichte, und so schlecht sie auch sind, Mannus liebt sie[11], er treibt sich ständig im Wald umher und macht als Wildling so ungeschlachte Gedichte[12].

1 Okál, Miloslavs, Pauli Rubigalli Panninii carmina (Bibliotheca scriptorum Graecorum et Romanorum Teubneriana), Leipzig: Teubner, 1980; Fuchs 2008, S. 108 f. | 2 Förstemann 1841, Bd. 1, S. 163b. | 3 CR V, Sp. 750 f.., Nr. 3182. | 4 CR VII, S. 761, Nr. 4873. | 5 Okál 1980, S. 12 f., 41 f. | 6 Mundt 1983, Bd. 2, S. 10 f., Epigrammata, 1. Buch, 11; S. 12 f., Epigrammata, 1. Buch, 14. | 7 Mundt 1983, Bd. 2, S. 60 f., Epigrammata, 2. Buch, 20; S. 62 f., Epigrammata, 2. Buch, 24. S. 64 f., Epigrammata, 2. Buch, 31. | 8 Der kleine Stowasser, 1971, S. 308. | 9 Mundt 1983, Bd. 2, S. 11. | 10 Ebenda, S. 62 f. | 11 Ebenda, S. 60 f. | 12 Ebenda, S. 64 f.

Rucker, Anton, *Alstadiensis*

Anton Rucker (Rukker, Ruckerus, Ruiggerus), geboren in Allstedt (Lkr. Mansfeld-Südharz, Sachsen-Anhalt). Mehr nicht ermittelt.

Anton Rucker *Alstadiensis* ist zu unterscheiden von dem gleichnamigen Anton Rucker *Hallensis*, der seit 1532 in Leipzig studierte (dort 1537 Mag. art.). Anton Rucker aus Allstedt immatrikulierte sich im WS 1532/33 an der Universität Wittenberg[1]. Am 27. April 1536 promovierte er gleichzeitig mit Rheticus zum Mag. art.[2] Von Wittenberg ging Magister Rucker nach Tübingen; Kaspar Brusch erwähnt ihn in seiner Erstlingsschrift *Progymnasmata* (Tübingen: Ulrich Morhard, 1537)[3]; Brusch empfiehlt ihn neben vielen anderen der Thalia, der Muse der komischen Dichtung.

1 Förstemann 1841, Bd. 1, S. 148b. | **2** Köstlin 1888, S. 23. | **3** Horawitz 1874, S. 24; VD 16 B 8793; BSB München, digital, Scan 37 f.

Rudolf, Nikolaus

Nikolaus Rudolf (Rudloff, Rudolphus, Rodolphus), geboren in Weimar, gestorben in ?, luth., Magister, Schulmann.

Am 12. Mai 1531 nahm Rudolf sein Studium an der Universität Wittenberg auf[1]. Unter dem Dekan Franz Burckhart promovierte Rudolf 1535 zum Mag. art.[2]; er erreichte unter 12 Kandidaten den 8. Rang; vor ihm platzierten sich Nils Månson (1.), Erasmus Reinhold (2.), Martin Monniger (3.), Christoph Jonas (4.). 1536 wurde Rudolf Konrektor de Lateinschule in Zwickau (Sachsen), doch verschob sich die Aufnahme seiner Arbeit bis Februar 1537 wegen einer fiebrigen Krankheit[3]. Rudolf blieb auf dieser Stelle bis 1542 (1543?)[4]. Als Lehrer in Zwickau wird er 1540 wiederholt genannt[5]. Von Zwickau kehrte er nach Wittenberg zurück. Von dort schrieb er am 28. Februar 1545 an Stephan Roth über die Papstbilder Cranachs und die Schriften Luthers gegen das Papsttum. In einem undatierten Brief aus Goldberg (poln. Złotoryja, Woiwodschaft Niederschlesien) lässt Valentin Trotzendorf über Georg Othmann Grüße an Rudolf *et totum coetum istic docentium* (und die ganze Schar der dort Unterrichtenden ausrichten)[6]; Othmann war seit 1544 Rektor der Schule in Görlitz; Rudolf könnte für kurze Zeit in Görlitz gelehrt haben. Am 18. Oktober 1545 wurde Rudolf in den Rat der Wittenberger Artistenfakultät aufgenommen[7]. Rudolf war verheiratet, in einem Brief berichtete er am 28. Juni 1536 dem Friedrich Mykonius über seine bevorstehende Hochzeit[8]. Ein in Zwickau geborener Sohn *Christophorus filius magistri Nicolai Rodolphi* immatrikulierte sich 1556 an der Universität Jena[9].

Rheticus und Rudolf waren von Anfang an Kommilitonen; dass Rudolf später bei Othmann in Görlitz wirkte, würde passen, da Othmann ein Schüler von Rheticus war.

1 Förstemann 1841, Bd. 1, S. 141b. | **2** Köstlin 1888, S. 22. | **3** Buchwald 1893, S. 128. | **4** Herzog 1869, S. 88. | **5** Metzler 2008, S. 415, Nr. 186; S.419 f., Nr. 191; evtl. auch S. 235 und S. 453, Nr. 228. | **6** Clemen/Koch 1985, Bd. 6, S. 508-511. | **7** Köstlin 1890, S. 22. | **8** Delius 1960, S. 41, Nr. 141. | **9** Mentz 1944, S. 264.

Rueger, Jakob, d.Ä., † 1566

Jakob Rueger (Rüger, Roger, Rugerus), geboren in Schaffhausen, gestorben im März 1566 in Schaffhausen (an der Pest), ref., Theologe[1].

Jakob Rueger wurde 1538 als Spitalerkind in die öffentliche Schule seiner Vaterstadt aufgenommen und erhielt 1540, zugleich mit Ulmer und Oechslin, ein Studienstipendium. Zusammen mit Oechslin immatrikulierte sich im WS 1542/43 der um diese Zeit zur Reformation übergegangene Rueger an der Universität Leipzig[2]; Konsemester war Philipp Bech. Im November 1543 wechselte er an die Universität Wittenberg[3], wohin ihm Oechslin kurz zuvor im September 1543 vorausgegangen war[4]; weitere Konsemester waren hier Luthers Söhne Martin Luther d.J. und Paulus Luther, dann auch Stoj, Christian Stella und Valentin Naboth. Sein Leipziger Studienfreund und Mitbürger Jakob Rueger hatte sich bereits im September 1543 in Wittenberg immatrikuliert. Melanchthon nahm sich liebevoll der drei Schaffhauser Studenten an, von denen Ulmer bereits den Magistergrad erworben hatte. Auch Luther lebte noch, zudem mochten sie bei Cruciger, Eber und Bugenhagen gehört haben. Melanchthon erreichte für Oechslin und Rueger eine Verlängerung ihres Stipendiums. Rueger verließ 1546 Wittenberg und schloss danach seine Studien in Zürich ab. Rueger blieb auch als Pfarrer wissenschaftlich tätig, vor allem in der Theologie. Er pflegte einen lebhaften Kontakt mit Zürich (Bullinger, Gwalter), aber auch mit Ulmer in Lohr, dessen Rückkehr nach Schaffhausen er 1566 in die Wege leitete, aber nicht mehr miterlebte. 1546 wurde Rueger

Sechseprediger (Frühprediger) am Münster St. Johann. 1547 wirkte er, u.a. wieder mit Oechslin, am Entwurf einer Schaffhauser Kirchenordnung mit. 1551 wurde er Münsterpfarrer (Nachfolger wurde 1566 Ulmer), 1554 in den Scholarchenrat gewählt (Schulvisitationen, Prüfung der Stipendiaten). Rueger bekämpfte vehement die Wiedertäufer. Er war besonders sittenstreng, er kritisierte gegenüber Bullinger die in Zürich üblichen *festa bachi*. Dabei war er selbst Besitzer eines Weinberges und Eigentümer eines Hauses an der Wepfergasse, das in die Abtei Salem (Bodenseekreis, Baden-Württemberg) zinspflichtig war.

Jakob Rueger war verheiratet mit Elisabethe Thurneisen aus Zürich, mit welcher er acht Kinder hatte, zwei Söhne und sechs Töchter. Sein Sohn Johann Jakob Rueger d.J. (1548-1606) machte eine Karriere im Kirchendienst, zuerst als Helfer im Münster, dann als Pfarrer von Büsingen (Lkr. Konstanz, Baden-Württemberg, jedoch im Kanton Schaffhausen, Schweiz, gelegen), zuletzt 1569 als Münsterpfarrer; vor allem aber wurde er als Chronist der Stadt Schaffhausen bekannt[5].

Beziehungen von Rueger zu Rheticus werden nicht erwähnt, sind aber als sicher anzunehmen. Wie Rueger und Oechslin hatte sich auch Rheticus im WS 1542/43 an der Universität Leipzig eingeschrieben. Beide hörten hier wohl dessen Vorlesungen, auf die sie sowohl Ulmer als auch Bech aufmerksam gemacht haben mochten; zudem waren sie mehr oder weniger verpflichtet, diese zu besuchen.

1 SCHALCH 1836, S. 37, 76, 98, 122; MEZGER 1859, S. 3-9 und passim. | 2 ERLER, Bd. 1, S. 642, B 14. | 3 FÖRSTEMANN 1841, Bd. 1, S. 208a. | 4 Ebenda, S. 206b. | 5 RUEGER, Chronik der Stadt und Landschaft Schaffhausen, Schaffhausen 1880-1910. Vgl zu ihm Feller-Vest, Veronika, in: HLS.

Sabinus, Georg, 1508–1560

Georg Schuler, der sich seit 1528 nach dem römischen Dichter der augusteischen Zeit Sabinus nannte, dem Freund Ovids (*Amores* II, 18; Epistulae ex Ponto IV, 16), geboren am 23. April 1508 in Brandenburg an der Havel (Brandenburg), gestorben am 2. Dezember 1560 in Frankfurt/Oder (Brandenburg), luth., neulat. Dichter, Historiker, Jurist, Diplomat[1].

Der Sohn des Bürgermeisters von Brandenburg studierte seit ca. 1523/24 in Wittenberg (in der Matrikel erst im WS 1532/33[2]), wo er Hausgenosse und Lieblingsschüler Melanchthons wurde. Er war befreundet mit Camerarius und Eoban Hessus. 1533 bereiste er Italien, wo er eine Freundschaft mit dem gelehrten Pietro Bembo begründete. In Italien wurde er päpstlicher Pfalzgraf und Poeta laureatus. 1538 war er in den Lemniusskandal verwickelt. Lemnius hatte an Sabinus zahlreiche lobende Epigramme gerichtet[3]. Er war neben Stigel der beste Freund des Lemnius; beide verhalfen ihm zur Flucht[4]. Sabinus musste Wittenberg verlassen und ging als Professor für Poesie und Rhetorik nach Frankfurt/Oder. Auch andere Dichter richteten Verse an Sabinus, u.a. Gigas in seinen *Silvae* (Wittenberg 1540) oder Brusch in seinen *Ad viros epigrammata* (Nürnberg: Petreius, 1541)[5]. Sabinus war einer der führenden neulateinischen Dichter, dessen Vorbild Ovid mit seiner Liebeslyrik blieb, was ihn bei seinen Gegnern leicht als *poeta levissimus* (so urteilte Andreas Aurifaber) erscheinen lassen konnte. Berühmt wurden seine Ovidvorlesungen. 1544 wurde Sabinus der Gründungsrektor der Universität Königsberg. Im Zuge des Osiandrischen Streits kehrte er 1555 als Rat und Professor nach Frankfurt/Oder zurück. Diplomatische Reisen führten ihn nach Polen und Italien. Er konnte auf eine große Schar von Schülern blicken, die in der Fasnacht am 1. März 1552 begeistert *Elegiam Sabini de capta Roma* (Sacco di Roma) rezitierten[6]. Manche wurden namhafte Poeten wie Andreas Münzer, Johannes Schosser, Felix Fidler, Valerius Fidler, David Melissus und viele andere mehr. Zu dem Gelehrtenkreis um Sabinus gehörten auch der Arzt Alexander von Suchten, der Poet Bernhard Holtorp, der Jurist Abraham Culvensis, der Theologe Isinder, schließlich auch die Rheticusschüler Staphylus und Stoj.

Sabinus heiratete in erster Ehe 1536 in Wittenberg Melanchthons Tochter Anna (1522-1547), in zweiter Ehe 1550 in Königsberg Anna Cromer. Eine Tochter Anna heiratete 1558 Eusebius Menius, eine Tochter Katharina († 1562)[7] ebenfalls 1558 Michael Aeneas Meienburg. Seine Schwägerin Magdalena Melanchthon (1531-1575) heiratete 1550 den Mathematiker Kaspar Peucer.

Sabinus war »ein typischer Vertreter jenes gemeineuropäischen Humanismus, eine rechte Renaissancepersönlichkeit, die fest im Leben gründete; ein Mensch der Höfe, der Diplomatie[8], gefeierter Rhetor und Poet, der allein den aufwühlenden Grundfragen der Reformation ohne Verständnis gegenüberstand«[9].

Sabinus wurde in der bisherigen Literatur kaum als Rheticus' Freund beachtet[10]. Eine Ausnahme bildet Kraai, der die Stellung von Rheticus im Kreis der Wittenberger Poeten um Lemnius, Toxites, Stigel, Acontius, Aemilius, Preuss (Pannonius), Brusch und Flacius Illyricus gut herausgearbeitet und mit Recht betont hat, dass dieser Freundeskreis über den Lemniusskandal vom Frühjahr 1538 hinaus noch weiter Bestand gehabt hat[11]. Im Briefwechsel, den Melanchthon und Camerarius führten, erscheint auch Sabinus; Sabinus ließ noch 1549 Grüße an Rheticus ausrichten[12].

Rheticus' Freundschaft mit Sabinus oder mit Lemnius sagt freilich nichts über eine angebliche Verstrickung von Rheticus in den Lemniusskandal aus, wie es Kraai will, der behauptet, Rheticus habe im Oktober 1538 Wittenberg verlassen müssen, so wie auch Sabinus sich nach Frankfurt/Oder zurückgezogen habe[13]. Die entscheidende Ursache für den Zorn Luthers gegen Lemnius waren weniger dessen Epigramme als vielmehr deren Widmung an seinen Hauptfeind, den Erzbischof Albrecht von Brandenburg (Juni 1538) gewesen. Sabinus war bei der Flucht des Lemnius neben Stigel der verlässlichste Helfer gewesen, ja Sabinus hatte bereits im März 1535 seine *Poemata* (gedruckt in Straßburg bei Crato Mylius im März 1538) demselben Erzbischof zugeeignet und sich dabei der Worte bedient *Ego igitur velut unus ex populo te propter has virtutes et admiror et amo* (Ich jedenfalls als einer aus dem Volk bewundere und liebe Dich wegen dieser Tugenden). Sabinus war also in den Skandal ganz anders involviert als Rheticus.

Einzelne Poeten aus diesem Kreis waren eng mit der Astrologie verbunden. Ganz besonders gilt das für Stigel, der ein *Prognosticon auf 1536* sowie zahlreiche Finsterniselegien publiziert hat[14], für Arcturus Frisius alias Bernart Wigbolt, nicht zuletzt aber auch für Sabinus, der weder bei Thorndike, noch bei Westman dem Melanchthon Circle zugerechnet und auch von Brosseder übergangen wird. Sabinus hat auch ein *Carmen de cometa qui conspectus est M[ense] Augusto a. 1531 Ad Erasmum Ebnerum* (Nürnberg 1532)[15] geschrieben, ein 26 Distichen umfassendes Gedicht über den Halleyschen Kometen, den auch Achilles Pirmin Gasser in einem Einblattdruck (Nürnberg 1531)[16] beschrieben hat; dieses Gedicht ist mehrfach abgedruckt worden, u.a. in Sabinus' *Poemata* (Straßburg: Christoph Mylius, 1538)[17] oder auch in Eusebius Menius (Hg.), *Poemata Georgii Sabini et aliis additis*, Leipzig: Hans Steinmann, 1589, hier S. 85-87.

Sabinus blieb auch sonst den Naturwissenschaften treu, auch in seinen Ovidvorlesungen. Über die Metamorphosen Ovids sagt Sabinus, *continet idem Poema tot Astronomica, tot Physica passim inserta, tot denique nomina et descriptiones, ut (si quis eruditum habuerit interpretem) addiscere hinc queat magna ex parte Geographiam, Sphaeram et naturae expositionem*[18] (Vieles ist in den Metemorphosen enthalten, Astronomie und Physik, und man kann einen guten Teil Geographie, Himmels- und Naturkunde aus ihnen lernen). Sabinus war einer der mathematischen Berater des Herzogs Albrecht, der eine sehr starke Neigung zur Astrologie hatte. Neben Carion und Chemnitz stand dem Herzog auch Sabinus als Astrologe zur Seite. Er sandte dem Herzog einen Brief Mercators vom 23. August 1554 an Melanchthon weiter, in dem vom Bau einer Planetenuhr am Kaiserhof die Rede ist.[19] 1558 ließ Sabinus den Herzog wissen, dass der Erzbischof von Magdeburg dem König von Polen ein mathematisches Instrument schenken wolle, »auf welchem die Bewegung der Planeten zu sehen ist. Es ist von Silber sehr künstlich gemacht und vergoldet«; 1400 Gulden sollen für die Verfertigung aufgewendet worden sein[20].

1 Töppen 1844; Ellinger, Georg, Sabinus, Georg, in: ADB 30 (1890), S. 107-111; Scheible, Heinz, Georg Sabinus (1508-1560), Ein Poet als Gründungsrektor, in: Rauschning 1995, S.17-31; Höhle 2002, S. 479-484 und passim; Scheible, Heinz/Ebneth, Bernhard, in: NDB 22 (2005), S. 320 f. | **2** Förstemann 1841, S. 148a. | **3** Mundt 1983, Bd. 2, S. 4 f.; 18 f.; 26 f.; 52 f.; 48 f.; 58 f.; 90 f.; 142-145. | **4** Mundt 1983, Bd. 1, S. 213, 265, 269; Bd. 2, S. 160-163. | **5** Bezzel 1982, Sp. 417, Ziff. 3, BSB Digital. | **6** Thielen 1953, S. 149. | **7** Garcaeus 1576, S. 369. | **8** -9 Thielen 1953, S. 148. | **10** Burmeister 1967, Bd. 1, S. 103; ohne Befund auch Danielson 2006. | **11** Kraai 2003, S. 66 f., 137 f. | **12** Töppen 1844, S. 241, unter Hinweis auf Epist. 520. | **13** Kraai 2003, S. 65, S. 70. | **14** Bauer 1998, S. 140. | **15** BSB Signatur Res/4 P.o.lat. 756/27; diese Ausgabe nicht bei Zinner 1964; nicht bei Bauer 1998. | **16** Zinner 1964, S. 457, Nr. 1440a. | **17** VD 16 S 132, hier Bl. G7v-G8v; BSB digital; Zinner 1964, S. 193, Nr. 1700; Bauer 1998, S. 140; weitere Ausgaben zum Beispiel in: Sabinus 1568, S. 85-87; Sabinus, Georg, Poemata (Leipzig: Steinmann, 1589), BSB digital, S. 85-87. | **18** Sabinus, Georg, Fabularum Ovidii interpretatio (Wittenberg: Schleich und Schöne, 1572), VD 16 S 124; Bl. A6 verso f. | **19** Knobloch 1998, S. 268-272. | **20** Zinner ²1967, S. 606.

Sachse, Andreas

Andreas Sachse (Saxo), geboren in Belgern (Ortsteil von Belgern-Schildau, Lkr. Nordsachsen), luth., Magister.
Im Studienjahr 1537/38 unter dem Rektor Dr. theol. Andreas Karlstadt erscheint an der Universität Basel ein *Andreas Sachse Lipsensis*[1]. Dieser ist vermutlich identisch mit jenem *Andreas Sachse Lipsensis*, der 1540/41 unter dem Rektor Bonifaz Amernbach in die Basler Matrikel eingeschrieben wurde[2]. In beiden Fällen wird er als *pauper* geführt, war also von den Immatrikulationsgebühren befreit; es kostete ihn also nichts, sich doppelt eintragen zu lassen. Sachse blieb nicht lange in Basel; denn noch im SS 1541, das mit dem 18. Oktober endete, taucht er in der Matrikel von Wittenberg als *Andreas Sachse Belgerensis* auf, gleichfalls wieder als *gratis inscriptus*[3]. Zu bemerken ist noch, dass sich 1540/41 in seiner Begleitung ein Studienfreund befand, auch er *pauper*[4], der im Herbst 1540 auf Anraten seines Lehrers Sebastian Münster vor dem Wintereinbruch in die Heimat zurückkehrte, *quod ob vestitum nuditatem timeat se non posse transigere hanc hyemem; habet autem domi meliora indumenta*[5] (weil er fürchtete, er könne wegen zu dürftiger Kleidung diesen Winter nicht überstehen, zu Hause aber habe er bessere Kleidungsstücke). Im SS 1545 schrieb sich Sachse als *Andreas Sachse Belgeranus* unter dem Rektor Joachim von Knetlingen an der Universität Leipzig ein und zwar auch wiederum als *pauper*[6]; Konsemester waren der Wittenberger Magister Johannes Moringk *Duderstatensis*, Valentin Paceus mit seinen beiden Söhnen, Bartholomäus Wilhelm, der Stiefbruder von Rheticus, und Johannes Venatorius. Sachse, inzwischen zum Mag. art. promoviert, wechselte zu Beginn des Jahres 1554 unter dem Rektor Johannes Stigel nach Jena, wo er als *M. Andreas Sachse Belligranus* erscheint[7].

Beziehungen zwischen Rheticus und Sachse dürften gegeben sein, denn er konnte sowohl in Wittenberg im WS 1541/42 als auch in Leipzig im SS 1545 dessen Vorlesungen besuchen. Bemerkenswert erscheint, dass die beiden Studenten in Basel 1540 dem Sebastian Münster von Rheticus berichten konnten; im Frühjahr 1540 war die *Narratio prima* erschienen und wurde bald darauf 1541 in Basel erneut gedruckt. Umgekehrt konnte auch Sachse dem Rheticus über Münster berichten.

1 Wackernagel 1956, Bd. 2, S. 18, Nr. 34. | **2** Ebenda, S. 25, Nr. 10. | **3** Förstemann 1841, Bd. 1, S. 191b. | **4** Wackernagel 1956, Bd. 2, S. 25, Nr. 9. | **5** Hartmann 1958, Bd. 5, S. 306. | **6** Erler, Bd.1, S. 656, M 75. | **7** Lockemann/Schneider 1927, S. 46; Mentz 1944, S. 276.

Sachse, Jodok

Jodok Sachse (Saxo), aus Rammelburg (heute Ortsteil von Mansfeld, Lkr. Mansfeld-Südharz, Sachsen-Anhalt), aus dem 1648 aufgehobenen Bistum Halberstadt (Lkr. Harz, Sachsen-Anhalt), Lebensdaten unbekannt, luth., Magister.

Es besteht kein Zweifel, dass der im Promotionseintrag von 1535 genannte *Iudocus Hammelburgensis ex diocesi Halberstadensi*[1] und der *Magister Jodocus Saxo*, den Lemnius in seiner *Apologia* (1538/39) als seinen Freund (*familiarissimus*) bezeichnet[2], ein und dieselbe Person sind. Die Herkunftsbezeichnung *Hammelburgensis* steht jedoch im Widerspruch zu der Angabe *ex diocesi Halberstadensi*. Aus diesem Dilemma würde eine geringfügige textkritische Konjektur herausführen: statt *Hammelburgensis* würde sich *Rammelburgensis* anbieten, die Bezeichnung für das Schloss bzw. das mansfeldische Amt Rammelburg, heute Ortsteil der Lutherstadt Mansfeld, das lehnsrechtlich mit dem Hochstift Halberstadt verbunden war. Jodok Sachse erscheint nicht in der Wittenberger Matrikel, er könnte aber mit dem am Ende des WS 1534/35 inskribierten Jodocus Adamita (ohne Herkunft) identisch sein; denn Adamita bezeichnet einen besonders harten Stein (lat. *saxum*).

Jodok Sachse erreichte bei seiner Promotion zum Mag. art. am 14. April 1535 den vierten Rang, wurde aber nicht in das Kollegium der Artistenfakultät aufgenommen. Als Mitte Juni 1535 der Universitätsbetrieb wegen der Pest nach Jena verlegt wurde, ging auch Sachse, so wie Rheticus und Lemnius, dorthin. Im Frühjahr 1536 kehrte er nach Wittenberg zurück. Noch am 16. Juni 1538, dem Tag von Lemnius' Flucht, dürfte er sich in Wittenberg aufgehalten haben, wo er vermutlich sein Studium fortgesetzt hat.

Da über Jodok Sachse kaum etwas bekannt ist, lässt sich über seine **Beziehungen** zu Rheticus nichts sagen. Sie beschränkten sich wohl darauf, dass beide zum engeren Freundeskreis von Lemnius gehörten.

1 Köstlin 1888, S. 22. | **2** Mundt 1983, Bd. 2, S. 188.

Sachse, Johannes, ca. 1507/08–1561

Johannes Sachse (Saxo, Saxe, Saxonius, Hattestedius, genannt auch Holstenius oder Holsatiensis), geboren um 1507/08 in Hattstedt (Kreis Nordfriesland, Schleswig-Holstein), gestorben am 10. März 1561 als Domdechant in Hamburg, luth., Universitätslektor (Rhetorik), Jurist (Bartolist)[1]. Sachse begann sein Studium in Wittenberg im WS 1524/25; er wurde hier Kostgänger (*conviva*) Luthers[2]; in den Tischreden Luthers wird er häufig genannt. Am 31. Januar 1531 promovierte Sachse unter dem Dekan Kaspar Cruciger zum Mag. art.[3]; bereits am 6. April 1531 wurde er unter dem Dekan Kaspar Cruciger in die Artistenfakultät aufgenommen[4]. Sachse wirkte auch als Hofmeister seines Landsmanns Heinrich Rantzau. Im SS 1533 und im SS 1539 war er deren Dekan[5]. Im SS 1544 war er Rektor Magnificus[6].

Nach einer Reise, die ihn zu Alciat nach Pavia führte, wurde ihm 1541 in Wittenberg der Lehrstuhl für Rhetorik übertragen.[7] Daneben widmete er sich dem Rechtsstudium, er war u.a. Schüler von Hieronymus Schürpf[8]. 1546 war er in Dänemark. Er verließ Wittenberg wegen des Schmalkaldischen Krieges und schrieb sich im SS 1547 an der Universität Frankfurt/Oder ein[9]. Nach kurzem Aufenthalt in Basel, wo er als *Iurista Wittebergen.* durch den damaligen Rektor Magnificus Sebastian Münster freundlich aufgenommen wurde[10], zog Sachse weiter nach Pavia, wo er am 20. September 1547 bei Alciat zum JUD promovierte[11]. Hier besuchte er die Gräber der Postglossatoren Baldus de Ubaldis († 1400) und Jason de Mayno († 1519). Im Januar 1548 kehrte er mit einer Empfehlung aus Pavia an Amerbach nach Basel zurück[12]; hier wurde er von der Universität festlich bewirtet, hier gab er seine *Assertio de glossis* in Druck. Sachse besuchte danach Viglius Aytta van Zwichem in Mecheln (Prov. Antwerpen) und wurde 1549 Professor der Rechte in Erfurt[13]. 1550 wurde er Domherr und Dekan in Hamburg, 1554 zog er nach Bremen und wurde 1555 Kanzler im Herzogtum Holstein-Gottdorf in Kiel. Im Oktober 1556 treffen wir ihn am dänischen Hof in Kopenhagen. Sachse war unverheiratet. Im September 1544 wird in Wittenberg ein Verwandter *gratis* immatrikuliert: *Petrus Harringus Hatstedius, Valentini filius ex Frisia minori, Rectoris ex sorore nepos*[14].

Werke: *Poemata quaedam* (Wittenberg: Nikolaus Schirlentz, 1537; *Duae orationes, prior de vita Rudolfi Agricolae, posterior de D. Augustino* (1539 u.ö.); *Commentariolus in Ciceronis orationem pro Ligario* (Wittenberg, 1542); *Commentariolus in Ciceronis orationem pro Roscio Amerino* (Basel: Joh. Oporin, 1546); *Assertio de glossis Accursianis et Bartholi consimiliumque doctorum commentariis, absque iis ius civile intelligi non posse* (Basel: Joh. Oporin, 1548). Außerdem sind verschiedene Wittenberger Programme bzw. Reden in den *Scripta Academiae Witebergensis publica ab a. 1540-1553 proposita* abgedruckt, u.a. *De utilitate studii dicendi* und *De observandis legibus*.

Befreundete Juristen bezeichnen ihn als *vir doctissimus* bzw. *magnae eruditionis summique iudicii vir*[15]. Auch Luther schätzte ihn positiv ein, anderen galt er als *impurus & plane Epicureus* (1543). Von Lemnius wird er im Epigramm *In M. Ioan. Holstensem* und *In Ruffum Holstensem*[16] sehr negativ beurteilt. Sachse trat gegen den mächtig werdenden *mos gallicus* auf und verteidigte den traditionellen *mos italicus*. Nach Guido Kisch sicherte er sich damit ein - wenn auch bescheidenes - Plätzchen in der juristischen Wissenschaftsgeschichte des Reformationszeitalters[17]. Darin erwies er sich als getreuer Schüler seines von den Zeitgenossen hoch geachteten Lehrers Hieronymus Schürpf.

Beziehungen zu Rheticus sind nicht bekannt. Sachse war bereits Magister, als Rheticus sein Studium begann. Rheticus hatte im SS 1533 mit dem Dekan Sachse zu tun, während dessen Dekanat im SS 1539 und Rektorat im SS 1544 war Rheticus abwesend. Beide waren seit 1536 Kollegen in der gleichen Fakultät, vertraten jedoch unterschiedliche Fachrichtungen.

1 Hoche, Richard, in: ADB 30 (1890), S. 461; Jenny, Beat Rudolf, in: AK, Bd. 6 (1967), S. 515 f. Kisch 1969, S. 185-197. | **2** Förstemann 1841, Bd. 1, S. 127a. | **3** Köstlin 1888, S. 20. | **4** Ebenda, S. 24. | **5** Ebenda, S. 25. | **6** Förstemann 1841, Bd. 1, S. 211. | **7** Kathe 2002, S.467. | **8** Kisch 1969, S. 191, Anm 8, *praeceptor meus*; nicht erwähnt bei Schaich-Klose 1967, S. 32 f. | **9** Friedländer 1887. Bd.1, S. 99a. | **10** Jenny 1973, Bd.7, S. 11 f. | **11** Bonorand 1986, S. 346. | **12** Jenny 1973, Bd. 7, S. 11 f. | **13** Kleineidam 1980, Bd. 3, S. 191 f. | **14** Förstemann 1841, Bd. 1, S. 215b. | **15** Jenny 1973, Bd. 7, S. 11 f. | **16** Mundt 1983, Bd. 2, S. 122 f., S. 127 f.; vgl. auch Bd. 1, S. 253 f. | **17** Kisch 1969, S. 188.

Sadolin, Jørgen Jensen, 1499–1559

Jørgen (Georg, Georgius) Jensen (Johannis) Viborgius (Vibergius, Vibergensis) Danus, geboren um 1499 in Viborg (Mydtjylland, Dänemark), gestorben am 29.Dezember 1559 in Odense (Syddanmark), luth., Reformator, Theologe[1].

Vorbemerkung: In den Wittenberger Darstellungen, insbesondere bei Köstlin[2], wird der Student Jørgen Jensen Sadolin falsch zugeordnet und mit seinem berühmteren Sohn, den neulat. Dichter und *Poeta laureatus* Hans Jørgensen Sadolin (1528-1600) vermengt. Er selbst hat auch den lat. Namen Sadolinus, dän. Sadelmager = Sattler, nicht geführt, er wurde von seinem Sohn auf ihn übertragen. Die Eintragung in die Matrikel *Joannes vibergius Danus* muss richtig lauten *Joannis vibergius Danus*, ebenso muss der Promotionsvermerk statt *Iohannes Vibergius Danus* richtig heißen *Iohannis Viborgius Danus*. Durch diese Missdeutungen wurde der Studiengang des Vaters nie richtig erfasst.

Jörgen Viborgius, möglicherweise unehelich geboren, begann seine Karriere als Geistlicher und später Chorherr der Kathedrale von Viborg. König Frederik I. erlaubte ihm 1525, in Viborg eine Schule zu gründen. Wenn er bei dieser Gelegenheit als Magister bezeichnet wird, so ist das nicht als akademischer Titel zu verstehen, sondern ganz schlicht als Schulmeister; denn den Magistergrad erwarb er erst 1537 in Wittenberg. 1533 veröffentlichte Sadolin die erste dänische Übersetzung der *Confessio Augustana*.

Viborgius machte danach in Wittenberg sehr schnell Karriere. Er immatrikulierte sich im SS 1535 unter dem Rektor Sebald Münsterer[3], und zwar gleich nach der Rückkehr des Universitätsbetriebes aus Jena, d.h. im Frühjahr 1536. Schon am 4. Juli 1536 wurde er unter dem Dekan Melchior Fendt zum Bacc. art. graduiert[4]; er belegte dabei den 1. Rang. Und nur wenig später im Januar 1537 promovierte er unter dem Dekan Melanchthon zum Mag. art.[5]; er kam auf den 4. Rang von 14

Kandidaten, vor ihm kam sein Landsmann Hans Sinningius auf den 1. Rang, der Dichter Georg Aemilius (Oehmler) auf den 3. Rang; es folgten dann sein Landsmann Georg Suaningius auf den 7. Rang, Andreas Kegel (9.), Matthias Wankel (11.), Peter Hegemon (14.). Am 2. September 1537 wurde er von Bugenhagen zum ersten luth. Bischof von Fünen ordiniert.

Rheticus war zunächst für kurze Zeit noch Kommilitone von Sadolin, als dieser sein Studium in Wittenberg begann, wurde dann aber sein Lehrer; jedenfalls konnte Sadolin die Vorlesungen von Rheticus im SS 1536 und im WS 1536/37 besucht haben. Allerdings war Sadolin in erster Linie Theologe. Simon Lemnius ruft in seiner *Apologia* 1538 einen dänischen Magister Johannes als Zeugen für seine Rechtschaffenheit auf. Nach Lothar Mundt kommen dafür drei Magister in Frage: Johannes Suaningius, Johannes Sinningius und Johannes Viborgius[6]; der Letztere kommt aber deswegen nicht in Frage, weil sich Lemnius auf eine gemeinsame Zeit mit Kyriak Malss und Konrad Malss in Jena bezieht, in der aber Sadolin (Viborgius) noch nicht der Universität angehörte.

1 Wikipedia. | 2 KÖSTLIN 1888, S. 23. | 3 FÖRSTEMANN 1841, Bd. 1, S. 159a. | 4 KÖSTLIN 1888, S. 15. | 5 Ebenda, S. 23. | 6 MUNDT 1983, Bd. 1, S. 274; Bd. 2, S. 190 f.

Sager, Johannes

Johannes Sager (Sagerus, Saugerus), geboren in Wittstock/Dosse (Lkr. Ostprignitz-Ruppin, Brandenburg), gestorben in?, luth., Mathematiker, Arzt[1].

Johannes Sager Wistocensis immatrikulierte sich 1541 an der Universität Frankfurt/Oder unter den *pauperes iurati*[2]; Konsemester war Johannes Delius. Am 21. Juni 1547 promovierte Sager zum Bacc. art. und am 1. September 1547 zum Mag. art.[3] Am 9. August 1549 schrieb er sich unter dem Rektor Jakob Milich an der Universität Wittenberg ein[4]. Am 19. Januar 1552 wurde er Lehrer für Griechisch und Latein an der St. Elisabethschule in Breslau. Danach promovierte er zum Dr. med.[5] und gab sein Schulamt auf.

Werke: *Grammatices Thomae Linacri ... per quaestiones et tabulas explicatio* (Breslau: Krispin Scharffenberg, 1557, Widmung Sagers an den Rat von Breslau, undatiert; griech. Gedicht von Johannes Reter)[6]; *Tabulae in grammaticam Thomae Linacri* (Basel: Johannes Parcus für Joh. Oporin, August 1560, Widmung an den Rat von Breslau, datiert Breslau am 1. Oktober 1556)[7]. Nach dem Hinweis im Dekanatsbuch von Frankfurt/Oder wäre Sager Stadtarzt in Lübeck (Schleswig-Holstein) geworden. Könnte er auch identisch sein mit Dr. med. Johannes Sager, der in den 1570er Jahren Physikus in Meißen war und mit Leonhard Thurneisser korrespondierte?

Rheticus kam wohl erst spät in Berührung mit Sager, d.h. nach seiner Flucht aus Leipzig, als er sich der Medizin zuwandte und vermutlich bei Crato in die Lehre ging. Rheticus hat 1554 in Briefen an Crato in Breslau wiederholt Sager *amanter* grüßen lassen[8].

1 SCHEIBLE 2010, S. 355, 359, 361. | 2 FRIEDLÄNDER 1887, Bd. 1/1, S. 84a. | 3 BAUCH 1901, S. 33. | 4 FÖRSTEMANN 1841, Bd. 1, S. 248a, mit der nachträglichen Bemerkung D. Med. | 5 So eine nahträgliche Bemerkung im Dekanatsbuch der philosophischen Fakultät Frankfurt/Oder: Postea medicinae Doctor et archiatrus Lubeccensis (BAUCH 1901, S. 33). | 6 VD 16 ZV 18395; Stabi Berlin, PK, digital. | 7 VD 16 ZV 25011; UB Basel, e-rara. | 8 BURMEISTER 1968, Bd. 3, S, 121, 123, 125.

Scala, Ambros, 1495–1543

Ambros (Ambrosius) Scala (Scale, Schala, Schale, nach der Herkunft *Atrisilvius*), geboren am 30. März 1495 in Finsterwalde (Lkr. Elbe-Elster, Brandenburg), gestorben um 1543 in Greifswald, luth., Universitätslektor, Arzt, Professor für Medizin.

Im SS 1527 finden wir Ambros Scala an der Universität Leipzig[1], wo er der polnischen Nation angehört hat. Konsemester waren hier Ahasver von Brandt und Hieronymus Rauscher *Lipsensis*. Scala immatrikulierte sich dann am 5. November 1528 an der Universität Wittenberg[2]; Konsemester waren Johannes Marcellus, Peter Brubach, Johann Jakob Varnbüler, Martin Gilbert, Jakob Wolthausen, Matthias Wankel, Christian Neumair, Georg Norman. Schon am 12. August 1529 wurde Scala unter dem Dekan Kilian Goldstein zum Mag. art. kreiert[3]; er erreichte dabei den 4. Rang von 13 Kandidaten; von seinen Mitbewerben gelangte Konrad Lagus auf den 1. Rang, Veit Amerbach auf den 2. Rang, Johannes Garcaeus d.Ä. auf den 10. Rang. 1530 wurden Konrad Lagus, Veit Dietrich, Veit Amerbach und Ambros Scala in den Rat der Artistenfakultät aufgenommen[4]. 1532 berichtet der Student Simon Leupold, dass er *auf dem Collegio beim Magisters Ambrosius Scala* wohne. 1534 führte Johannes Carion Verhandlungen mit Scala, um diesen als Leibarzt für Herzog Albrecht von Preußen zu gewinnen[5].

Am 16. November 1539 wurde Scala, inzwischen zum Dr. med. promoviert, zum erste Rektor der neu eröffneten (lutherischen) Universität Greifswald gewählt; zugleich wurde er zum Stadtphysikus und herzoglichem Leibarzt ernannt. Seine *Famuli* waren Hieronymus Eichholz Lusacius und Mauricius Hasse aus Stettin[6]. 1543 wurde Hieronymus Oder Amtsnachfolger des verstorbenen Scala.

Man darf davon ausgehen, dass zwischen Rheticus und Scala enge Verbindungen bestanden. Scala gehörte 1532 bis 1536 zu den Lehrern von Rheticus, von 1537 bis 1539 waren sie Kollegen in der Artistenfkultät. Beide waren sowohl an Astronomie wie auch an Medizin interessiert. Garcaeus d.J. hat Scalas Nativität seiner Sammlung einverleibt[7].

1 Erler, Bd. 1, S. 596, P 10. | **2** Förstemann 1841, Bd. 1, S. 132a. | **3** Köstlin 1888, S. 20. | **4** Ebenda, S. 24. | **5** Voigt 1841, S. 151. | **6** Friedländer 1893, Bd. 1, S. 201. | **7** Garcaeus 1576, S. 339.

Schacht, Urban, † 1573

Urban Schacht, geboren in Magdeburg, gestorben am 10. Dezember 1573 in Leipzig, luth., Universitätslektor (Rhetorik), Besitzer eines landwirtschaftlichen Hofes, Bierbrauer.
Schacht immatrikulierte sich an der Universität Leipzig im WS 1532/33[1]. Er promovierte im WS 1535/36 unter Magister Heinrich Gottschalk zum Bacc. art.[2]. Im WS 1538/39 trat er unter Magister Heinrich Pyrgallus erfolgreich zum Magisterexamen an[3]; gleichzeitig mit ihm wurden Melchior Wolner und Blasius Thammüller geprüft. Im WS 1541/42 wurde Schacht in der Rat der Artistenfakultät aufgenommen[4]. Im SS 1539 lehrte Schacht *actus dominicalis* (Rhetorik), im WS 1541/42 und SS 1542 *rhetorica Ciceronis*. Während des SS 1543 übte Schacht das Amt eines Dekans der Artistenfakultät aus[5]. Von 1544 bis 1573 war Schacht Kollegiat des kleinen Fürstenkollegs[6]. Wiederholt übte er die Funktion eines Executors und Examinators aus, beteiligte sich mithin eifrig an der Selbstverwaltung der Fakultät. Ungeachtet dessen wurde Schacht im WS 1545/46 unter dem Dekan Konstantin Pflüger aus dem Rat der Artistenfakultät hinausgedrängt. Nach den von ihm selbst beeideten Statuten durften die Mitglieder des Rates keinem bürgerlichen Gewerbe nachgehen, Schacht befasste sich jedoch mit dem Kochen von Bier. Der Rat tat sich schwer, einen verdienten Kollegen so einfach auszuschließen, er wollte sich auch nicht den Anschein geben, als neide man Schacht seinen Profit. Und so wurden Magister Ambros Lobwasser und Magister Melchior Wolner beauftragt, Schacht auf diplomatischen Wege dazu zu bringen, freiwillig zurückzutreten. Diese Mission hatte Erfolg, und man erleichterte Schacht die Entscheidung dadurch, dass man ihm zugestand, falls es glaube, ein besseres Recht zu haben, so möge er dieses einklagen[7].

Nachdem Schacht auf diese Weise im März 1546 seinen Posten geräumt hatte, wurde er Bürger von Leipzig und widmete sich seinen profanen Geschäften, vermutlich dem einbringlichen Bierbrauen. Wenig später, am 24. Juni 1546, nahmen Schacht und seine Frau Anna bei den Kollegiaten des großen Fürstenkollegs ein Darlehen von 115 Gulden auf, das sie bis September 1550 zurückzuzahlen versprachen⁸. Am 31. Januar 1551 verkauften Schacht und seine Frau Anna um 100 Gulden einen jährlichen Zins von fünf Gulden ab ihrem Haus und Hof im Brühl zu Leipzig⁹. Vermutlich stand das Darlehen von 1546 in Verbindung mit dem Kauf dieser Liegenschaft. Nach vielen Jahren wird 1569 dieses Anwesen einmal mehr genannt, als Schacht, Kollegiat und Bürger von Leipzig, sein Haus mit Gärten, Nebengebäuden und Ländereien um 400 sächsische Gulden an Magister Lukas David verpfändete, der in den 1530er Jahren vermutlich sein Lehrer und daher ein guter Bekannter gewesen war. Schacht war wohl selbst Kollegiat des großen Fürstenkollegs¹⁰. Anlässlich seines Todes hielt ihm Pfarrer Heinrich Salmuth die Abdankungsrede¹¹.

Die **Beziehungen** zwischen Rheticus und Schacht waren geprägt durch Kollegialität. Rheticus kam im Herbst 1542 nach Leipzig, Schacht hat im März 1546 seinen Abschied von der Fakultät genommen, Rheticus war bereits gegen Ende des SS 1545 nach Italien abgereist. Im SS 1543 stand Schacht als Dekan Rheticus gegenüber; auch als Executor war Schacht für Rheticus ein Gesprächspartner, wenn es galt, Termine für Vorlesungen oder Disputationen festzulegen. Zwar blieb Schacht in Leipzig, doch hatten beide 1548 bis 1551 keinen amtlichen Kontakt mehr.

1 Erler, Bd. 1, S. 610, S 8. | 2 Erler, Bd. 2, S. 635. | 3 Ebenda, S. 649. | 4 Ebenda, S. 665. | 5 Ebenda, S. 672-674. | 6 Zarncke 1857, S. 766, Nr. 88. | 7 Erler, Bd. 2, S. 687 f. | 8 Stübel 1879, S. 591, Nr. 466; Zarncke 1857, S. 740 f., Nr. 19. | 9 Stübel 1879, S. 617, Nr. 492; Zarncke 1857, S. 741, Nr. 20. | 10 Hennig 1812, Bd. 1, S. XII. | 11 Salmuth 1580/81, Bd. 1, 10. Predigt, Schlusbemerkung, VD 16 S 1444, ULB Halle, digital.

Schaller, Isaak, 1525 – nach 1564

Isaak Schaller (Schaler, Scheller), geboren um 1525 in Buchholz (Lkr. Harburg, Niedersachsen), gestorben nach 1564 in Dresden, luth., Astronom, Arzt¹.

Der Sohn des Bartholomäus Schaller aus Buchholz immatrikulierte sich im SS 1541 an der Universität Wittenberg². Sein Bruder Israel Schaller folgte ihm am 3. Dezember 1541, doch erwies er sich als untauglich für ein Studium und wurde wieder nach Hause geschickt. Beide waren Schüler Melanchthons, der mit dem Vater korrespondierte³. Am 5. August 1546 promovierte Isaak Schaller unter dem Dekan Johannes Stigel zum Mag. art.⁴; er erreichte den 7. Rang, von seinen Mitbewerbern kam Stoj auf den 1. Rang, Markus Jorden auf den 3. Rang, Zörler auf den 8. Rang. Danach wandte Schaller sich dem Studium der Medizin zu⁵. Am 5. März 1552⁶ oder am 31. Oktober 1556 promovierte er in Bologna zum Dr. med.⁷ Isaak Schaller war 1556 bis 1559 Stadtarzt von Chemnitz⁸; 1561 wurde ihm als Stadtphysikus von Bautzen (Sachsen) erlaubt, seine Praxis auch auf dem Land auszuüben⁹. 1564 wird er als Dr. med. in Neuburg a. d. Donau (Lkr. Neuburg-Schrobenhausen, Oberbayern) erwähnt.

Werke: Medizinisches aus seiner Feder ist in den von Lorenz Scholz hg. *Consilia medicinalia* (Frankfurt/Main: Andreas Wechels Erben et al., 1598) enthalten.

Beziehungen zu Rheticus: Schaller wird als Mitglied des engeren bzw. weiteren Melanchthonzirkels bei Thorndike, Westman und Brosseder übergangen, bleibt auch bei Burmeister 1967, Zambelli 1986, Hoppmann 1998, Reich 1998, Kraai 2003, Danielson 2006 unerwähnt. Beide Brüder Schaller können Rheticus im WS 1541/42 gehört haben. Isaak Schaller, der sich nachweislich mit der *Narratio prima* befasst hat, ist ein früher Kopernikaner gewesen¹⁰. Schaller ist aber wohl mehr als ein Schüler von Reinhold und Peucer zu sehen.

1 RAG. | 2 Förstemann 1841, Bd. 1, S. 190a. | 3 CR V, Sp. 479 f., Nr. 3028; Scheible, MBW, Texte 2003, S. 412, Nr. 4360; S. 424, Nr. 4394. | 4 Köstlin 1890, S. 19. | 5 Kaiser 1982 übergeht ihn. | 6 Bronzino 1962, S. 44. | 7 Ebenda, S. 60. | 8 Kramm, Heinrich, Studien über die Oberschichten der mitteldeutschen Städte im 16. Jahrhundert: Sachsen, Thüringen, Anhalt, Band 1. Böhlau, 1981, S. 405. | 9 Hasse/Wartenberg 2004, S. 228 f. | 10 Zinner 1943, S. 454; Gingerich 1981, S. 47-52; Thüringer 1997, S. 311, Anm. 156.; Gingerich 2002, S. 22.

Schato, Andreas, 1539–1603

Andreas Schato (Schadt, Scato, Schatonus), geboren am 19. August 1539 in Torgau (Lkr. Nordsachsen), gestorben am 17. März 1603 in Wittenberg, Grabstätte in der Schlosskirche[1], luth., Mathematiker, Physiker, Arzt[2].

Schato begann seine Studien 1555 in Jena. Am 19. Juni 1559 wechselte er nach Wittenberg[3], wo er Schüler von Sebastian Dietrich, Matthias Blochinger und Kaspar Peucer wurde. Am 8. Oktober 1562 promovierte er zum Mag. art. und wurde 1563 in die Artistenfakultät aufgenommen. Nach Schuldienst in Stargard (poln. Stargard Szczeciński, Woiwodschaft Westpommern) und Stettin (poln. Szczecin, Woiwodschaft Westpommern) kehrte er 1570 nach Wittenberg zurück, hielt privatim Vorlesungen und wurde 1574 auf den Lehrstuhl für niedere Mathematik berufen, den er bis 1581 innehatte[4]. Daneben studierte er Medizin und promovierte am 16. Mai 1578 in Wittenberg mit einer Dissertation *De morbis mesenterii* zum Lic. med. und am 26. Mai 1578 mit der *Oratio de Moso* zum Dr. med. 1592 wurde Schato Professor für Medizin. Er war im SS 1574 und im WS 1583/84 Dekan der Artistenfakultät, im WS 1581/82, WS 1593/94 und WS 1599/00 Rektor Magnificus, außerdem im SS 1594 Vizerektor anstelle des erkrankten Peter Otho[5]. Schato war seit ca. 1570 verheiratet mit Rebecca Thimaeus aus Stettin, mit der er vier Söhne und zwei Töchter hatte. Eine Tochter Margarete (* 1578) heiratete 1603 den Arzt Daniel Sennert (1572-1637), einen Vorkämpfer der Iatrochemie. Kaiser Rudolf II. erhob Schato mit dem Prädikat von Schattenthal in den Adelsstand. Von Schato ist ein Ölporträt überliefert[6].

Werke (in Auswahl): Schato gab eine im Besitz von Rantzau befindliche griech. Handschrift des Paulus Alexandrinus heraus und übersetzte sie ins Lat.: *Rudimenta in doctrinam de praedictis natalitijs* (Wittenberg: Zacharias Lehmann, 1586[7]; eine weitere Auflage Wittenberg: Zacharias Lehmann 1588, angehängt ist Rantzaus *Horoscopographia*[8].

Beziehungen zu Rheticus konnte es für Schato nicht geben; wohl aber kamen seine Lehrer aus der Schule von Rheticus. Schato musste auch deshalb erwähnt werden, weil er einer der Nachfolger von Rheticus auf dessen Wittenberger Lehrstuhl für niedere Mathematik war. Schato war ein Anhänger der Astrologie. Er hatte Kontakte zu Tycho Brahe und Kepler. Er führte auch in den Jahren 1585-1587 einen regen Briefwechsel mit dem Astrologen Heinrich Rantzau[9]. Schato zeigte auch Interesse an Paracelsus.

1 SENNERT 1678, S. 202, SBS München, digital, Scan 210. | 2 Wikipedia; OESTMANN 2004, S. 62 f. | 3 FÖRSTEMANN 1841, Bd. 1, S. 362a. | 4 KATHE 2002, S. 129, 463. | 5 FÖRSTEMANN/HARTWIG 1894, Bd. 2, S. 302, 406, 410, 462. | 6 Abb. bei OESTMANN 2004, S. 62. | 7 ZINNER ²1964, S. 290, Nr. 3235. | 8 Ebenda, S. 293, Nr. 3309. | 9 OESTMANN 2004, S. 62 f., 145, 151, 153.

Schedel, Sebastian, ca. 1516–1547

Sebastian Schedel, geboren um 1516/17 in Nürnberg, gestorben (erschossen) am 5. Juli 1547 bei Nürnberg, Begräbnis auf dem Johannisfriedhof (Grabplatte noch vorhanden), luth., Arzt, *famosissimus Archimedicus*[1].

Mehrere Personen dieses Namens sind zu unterscheiden; alle entstammen dem Nürnberger Patriziat: Sebastian Schedel d.Ä. (1494-1541), Sohn des Nürnberger Chronisten Hartmann Schedel[2]; dessen Sohn Sebastian Schedel d.J. (ca. 1516-1547) und schließlich der Botaniker Sebastian Schedel (1570-1628), der Verfasser eines Kalenders mit botanischen Motiven[3].

Sebastian Schedel, ein Enkel des berühmten Nürnberger Chronisten, war der Sohn von Sebastian Schedel d.Ä. und der Barbara Pfintzing. Er bezog im SS 1532 unter dem Rektorat von Melchior Fendt die Universität Wittenberg[4]; in seiner Begleitung waren acht weitere Nürnberger, u.a. die Brüder Martin und Paul Pfintzing sowie Hieronymus Schreiber. Andere Konsemester waren Rheticus, die drei Brüder Christian, Gregor und Johannes Brück (Söhne des kursächsischen Kanzlers Gregor Brück), die Brüder Matthäus und Johannes Delius, der Leipziger Magister Georg Helt, Michael von Kaden, Paul Eber, Jodok Neobulus. Schedel heiratete 1536 Magdalena Holzschuher[5]. Er verblieb bis 1539 in Wittenberg, wo er gemäß seinem Abgangszeugnis vom 10. April 1539[6] mit durchschnittlichem Erfolg Griechisch erlernt hatte, aber eine besondere Vorliebe für die Physik und die Astronomie zeigte. Später wandte sich Schedel, so wie auch Rheticus, der Medizin zu. 1545 finden wir Schedel in Padua, wo er als Consiliarius der deutschen Nation bei einer Neufassung der Nationsakten mitwirkte.

Während des Schmalkaldischen Krieges wurde Schedel, als er zu seinem Landgut bei Bamberg (Oberfranken) reiste, von spanischen bzw. italienischen Soldaten Kaiser Karls V. im Sebalder Reichswald (zwischen Tennenlohe, Kalchreuth, Uttenreuth und Neunhof) erschossen, ebenso sein Begleiter Christian Pfintzing. Eine Erinnerungsstele (der wegen ihrer Form sogen. »*Maulaufreißer*«) im Sebalder Wald wurde 1962 zerstört, inzwischen aber als Replik neu aufgestellt an der Kreuzung des Tennenloher Waldes mit der Dormitzer Straße[7].

Die engen Beziehungen zu Rheticus kommen besonders deutlich in der Edition der Wittenberger Matrikel von Förstemann zum Ausdruck, wo die Namen von Georg Joachim de Porris und Sebastian Schedel in der gleichen Spalte aufscheinen, nur durch wenige Namen von einander getrennt. Beide blieben 1532 bis 1536 Kommilitonen, 1536 bis 1539 war Rheticus auch der Lehrer Schedels.

1 STAUBER, Richard, Die Schedelsche Bibliothek, hg. v. Otto HARTIG, Freiburg i. Br. 1908 (Nachdruck Nieuwkoop 1969), S. 7 f. | 2 Über ihn vgl. GÜMBEL, Albert, Sebastian Schedel, der Dürersche Unbekannte im Pradomuseum?, Straßburg: Heitz, 1926. | 3 http://www.portraitindex.de (31. Juli 2014). | 4 FÖRSTEMANN 1841, Bd. 1, S. 146b. | 5 WILL 1757, S. 502. | 6 Berliner Cod. Germ. 2° 447, Fol. 278, zitiert nach STAUBER 1908, S. 7. | 7 http://www.nordbayern.de/region/erlangen/panzer-der-us-armee (31. Juli 2014).

Scheib, Sebastian

Sebastian Scheib (Scheibe, Scheibius, Scheub), Leipzig, luth., Arzt.
Bruder von Simon Scheib. Beide Brüder begannen gemeinsam ihr Studium, promovierten zugleich zum Bacc. art. und erwarben am gleichen Tag den Grad eines Mag. art. Sebastian Scheib immatrikulierte sich im SS 1532 an der Universität Leipzig[1]. Am 21. März 1545 promovierte Sebastian Scheib zugleich mit seinem Bruder Simon zum Bacc. art.[2] Im WS 1550/51 wurde Sebastian Scheib zugleich mit seinem Bruder Simon zum Mag. art. kreiert[3]. Magister Sebastian Scheib promovierte am 18. September 1556 in Leipzig zum Bacc. med. und stand zur Lizentiatsprüfung an[4]. Am 26. Februar 1561 promovierte er in Bologna zum Dr. med.[5]

Beziehungen zwischen Sebastian Scheib und Rheticus sind anzunehmen, weil das Studium der mathematischen Fächer sowohl für den Grad eines Bacc. art. wie auch eines Mag. art. unabdingbar waren. Diese Fächer konnten sie aber vom WS 1542/43 an bis zu ihrer Magisterprüfung vor allem bei Rheticus hören. Beide hat wohl auch die Nähe zur medizinischen Fakultät verbunden.

1 ERLER, Bd.1, S. 608, M 34, spätere Bemerkung uterque medicinae doctor. | 2 ERLER, Bd. 2, S. 681. | 3 Ebenda, S. 718. | 4 Ebenda, S. 83 f. | 5 BRONZINO 1962, S. 60.

Scheib, Simon, † 1597

Simon Scheib (Scheibe, Scheub, Scheibius, ital. Sciaib), geboren in Leipzig, gestorben am 2. Oktober 1597 in Leipzig, luth., Arzt, Professor für Medizin.
Er entstammte einer Leipziger Professorenfamilie, sein Bruder war Sebastian Scheib. Beide Brüder begannen gemeinsam ihr Studium, promovierten zugleich zum Bacc. art. und erwarben am gleichen

Tag den Grad eines Mag. art. Simon Scheib immatrikulierte sich im SS 1532 an der Universität Leipzig[1]. Am 21. März 1545 promovierte Simon Scheib zugleich mit seinem Bruder Sebastian zum Bacc. art.[2] Im WS 1550/51 wurde Simon Scheib zugleich mit seinem Bruder Sebastian zum Mag. art. kreiert[3]. Zur Vertiefung seiner Studien begab sich Simon Scheib nach Italien; hier begegnet er uns in Pisa als Zeuge bei der Promotion des Johannes Hardenraeth aus Köln, der am 17. November 1555 zum JUD promovierte[4]. Scheib selbst promovierte in Leipzig zum Dr. med. und wurde Professor für Medizin. Am 26. Oktober 1556 disputierte Scheib *De acuti morbi natura* aus Anlass seiner Aufnahme in die medizinische Fakultät (Leipzig 1556)[5]. Am 16. März 1559 disputierte sein Schüler Georg Masbach *De victu acutorum disputatio*, worüber ein gedrucktes Thesenpapier vorliegt (Leipzig: Valentin Papsts Erben, 1559)[6]. Am 23. September 1569 disputierte sein Schüler Michael Barth aus Annaberg *De causis ac modo famis animalis* (Leipzig: Rhamba, 1569). Am 17. Januar 1583 disputierte Franz Tidicaeus unter Scheib *De morborum generibus* (Leipzig: Georg Deffner, 1583)[7]. Ein Einblattdruck von Masbach als Vizekanzler und Scheib als Dekan wurde zu einer Promotionsfeier gedruckt (Leipzig: Joh. Beyer, 1591). Drei Kandidaten für das medizinische Doktorat disputierten 1592 unter Scheib: *De vertigine* Johannes Steinmetz, *De phtisi seu tabe* Christoph Meurer und *De tumore ventriculi* Joachim Tancke (Leipzig: Beyer, 1592). Wiederholt wurde Scheib zum Rektor Magnificus gewählt für das WS 1565/66, das SS 1570 und das WS 1579/80. Aus seinem ersten Rektorat ist als Einblattdruck ein Ausschreiben zum Weihnachtsfest 1565 überliefert. Der Superintendent Georg Weinrich hielt auf Scheib eine *Leichpredigt* (Leipzig: Johann Börner, 1597).

Werke: Sieht man von den Thesenpapieren ab, so hat Scheib keine eigenen Werke veröffentlicht. Einen Brief von Scheib (Leipzig, 6. Januar 1575) an ihn hat Jakob Horst (1537-1600) abgedruckt in seiner deutschen Übersetzung von Levinus Lemnius' *Occultae naturae miracula, Wunderbarliche Geheimnisse der Natur* (Leipzig: Valentin Vögelin, 1592/93)[8]. Horst hat in seinen *Epistolae philosophicae et medicinales* (Leipzig: Valentin Vögelin, 1596)[9] weitere neun Briefe aus den Jahren 1560 bis 1589 von und an Scheib, darunter auch ein Brief von Theodor Zwinger an Scheib, zum Druck befördert.

Beziehungen zwischen Simon Scheib und Rheticus sind anzunehmen, weil das Studium der mathematischen Fächer sowohl für den Grad eines Bacc. art. wie auch eines Mag. art. unabdingbar waren. Diese Fächer konnte er vom WS 1542/43 an bis zur Magisterprüfung vor allem bei Rheticus hören. Beide hat zudem die Nähe zur medizinischen Fakultät verbunden.

1 Erler, Bd.1, S. 608, M 35, spätere Bemerkung uterque medicinae doctor. | 2 Erler, Bd. 2, S. 681. | 3 Ebenda, S. 718. | 4 Weigle 1959, S. 206, Nr. 169 und S. 216, Nr. 345. | 5 VD 16 ZV 28902, UB Leipzig, digital, Ex. mit handschriftl. Widmung an Leonhard Badehorn. | 6 VD 16 ZV 13830, UB Leipzig, digital, Ex. mit handschriftl. Widmung an Leonhard Badehorn. | 7 VD 16 ZV 27378, UB Leipzig, digital. | 8 VD 16 L 1119, hier S. 450 f.; ULB Sachsen-Anhalt, digital. | 9 VD 16 H 5013, ULB Halle, digital.

Scheib, Wolfgang, † 1573

Wolfgang Scheib (Scheibe, Scheybe, Schaube, Scheub), geboren in Leipzig, gestorben am 8. Februar 1573 in Leipzig, Begräbnis bei der Paulinerkirche, luth., Jurist (Richter im Stadtgericht, Rechtslehrer)[1].

Wolfgang Scheib immatrikulierte sich im WS 1531/32 an der Universität Leipzig[2]; Konsemester war Kaspar Neefe. Zusammen mit Theodor Schiltel promovierte Scheib am 19. Februar 1539 unter Magister Wolfgang Meurer zum Bacc. art.[3] Im WS 1542/43 ging er an die Universität Frankfurt/Oder. Am 3. November 1543 ist er in Ingolstadt als stud. iur. immatrikuliert. Danach studierte er 1545/46 in Ferrara. Hier begegnet er uns am 23. November 1545 mit Theodor Schiltel als Zeuge bei der Promotion des Adam Tratziger aus Nürnberg zum JUD[4], am 29. Dezember 1545, wiederum mit Theodor Schiltel, als Zeuge bei der Promotion des Franz Schüssler zum JUD[5] und am 2. Juni

1546 als Zeuge bei der Promotion des Thomas Schober aus Ingolstadt zum JUD[6]. Er wechselte noch im gleichen Jahr 1546 nach Bologna. Hier wirkte er 1548 als Procurator der Deutschen Nation. Am 6. Juni 1549 promovierte er in Bologna zum JUD[7]. 1550 wurde er Hofgerichtsbeisitzer und Hofgerichtsanwalt in Marburg. Er kehrte dann nach Frankfurt/Oder zurück, wo er Professor der Rechte wurde. Am 24. April 1552 wurde er zum Rektor Magnificus gewählt, 1556 war er Vizerektor. Er verließ Frankfurt/Oder 1557 und wurde am Leipziger Schöppenstuhl tätig. Am 6. Dezember 1559 wurde er in die Leipziger Rechtsfakultät (ohne Vorlesungsverpflichtungen) aufgenommen[8]. Er ist seit 1560 wiederholt als Schöffe des Leipziger Stadtgerichts bezeugt, wurde aber bei einer Neubesetzung am 26. Februar 1572 nicht mehr bestätigt; als daraufhin alle gelehrten Ratsherrn aus Solidarität mit Scheib nicht zu einer Sitzung erschienen, wurden sie 1573 vom Kurfürsten aus dem Rat ausgeschlossen[9]. Anlässlich des Todes von Scheib hielt ihm Pfarrer Heinrich Salmuth die Abdankungsrede[10].

Die **Beziehungen** zwischen Rheticus und Scheib beschränken sich auf das WS 1542/43, in dem Rheticus seine Professur in Leipzig antrat und Scheib zum Bacc. art. promovierte; im Hinblick auf diese Prüfung könnte Scheib Vorlesungen von Rheticus besucht haben.

1 Knod 1899, S. 485, Nr. 3291; Höhle 2002, S. 543, Anm. 925. | **2** Erler, Bd.1, S. 606, spätere Bemerkung JUD et scabinus. | **3** Erler, Bd. 2, S. 649. | **4** Pardi 1900, S. 140 f. | **5-6** Pardi 1900, S. 140 f. | **7** Knod 1899, S. 485, Nr. 3291. | **8** Erler, Bd. 2, S. 39. | **9** Osse 1707, S. 86 f. | **10** Salmuth 1580/81, Bd. 1, 16. Predigt, VD 16 S 1444, ULB Halle, digital.

Schenck, Johann Baptist, ca. 1528/30 – ?

Johann Baptist Schenck (Schenckius, Scenkius), geboren um 1528/30 in Augsburg, gestorben in ?, luth., Magister, Universitätsdozent (lat. Grammatik).

Schenck begann sein Studium an der Universität Basel 1540/41[1], wo er gleichzeitig mit seinen Mitbürgern Paul Haintzel (* 1527) und Johannes Metsberger immatrikuliert ist. Er lernte bei Johannes Pedionaeus (1520-1550) im Pädagogium auf Burg Latein sowie auf der Universität bei Simon Grynäus Griechisch. Nachdem Grynaeus, damals Rector Magnificus, am 1. August 1541 unerwartet an der Pest gestorben war, verließen die drei Augsburger Studenten Basel. Pedioneus gab im September 1541 ein Trauergedicht auf Grynaeus in Druck[2] und veranlasste seine Schüler Metsberger, Haintzel und Schenck in lat. Verse gekleidete *Epitaphia* beizusteuern, die er seinem Büchlein anhängte. So erschien auch *Ioannis Baptistae Scenkii pueri, Augustani, in obitum Simonis Grynei, Epitaphium* als seine Erstlingsarbeit bei Robert Winter in Basel im Druck.[3]

Schenck begab sich, nicht zuletzt aus Furcht vor der Pest, begleitet von seinem Augsburger Studienkollegen Adam Rem[4], zum SS 1542 nach Leipzig.[5] Hier promovierte Schenck am 27. Februar 1544 zum Bacc. art. und im SS 1547 zum Magister artium.[6] Danach wandte der sich dem Studium an einer höheren Fakultät (welcher ist unbekannt) zu. Er verdiente sich sein Zubrot damit, dass er seit dem SS 1549 als gering bezahlter *professor minor* das Fach *grammatica latina*[7] las. Auch im WS 1549/50 und im SS 1550 übernahm er diese Aufgabe, die lateinische Grammatik nach dem Lehrbuch Melanchthons zu lesen[8], verließ jedoch noch in diesem Semester Leipzig, nachdem ein Stellvertreter für ihn gefunden wurde (*a cuius abitione substitutus et postea legitime electus est Magister Hermannus Butger Northusanus*[9]).

Beziehungen zu Rheticus haben bestanden. Abgesehen von dem rein zufälligen Befund, das im gleichen Jahr 1541 bei Robert Winter in Basel nicht nur das Epitaphium Schencks auf Simon Grynäus, sondern auch die zweite Auflage von Rheticus' *Narratio prima* gedruckt wurde, gehörten Schenck und Rheticus der gleichen Fakultät der Artisten an, wo sie vom SS 1549 bis SS 1550 als Kollegen neben einander lasen. Beide waren in ihrer wissenschaftlichen Arbeit Melanchthon verpflichtet.

1 Wackernagel 1956, Bd. 2, S. 25. | 2 Pedionaeus, Johannes, In Simonem Grynaeum antistitem, pietatis et doctrinae vindicem praeclarissimum, epicedium (Basel: Robert Winter, 1541), VD 16 P 1119, E-rara.ch, digital; vgl. dazu Dill 2000, S. 78 f. | 3 Pedionaeus, a.a.O., S. 28. | 4 Wackernagel 1956, Bd. 2, S. 25; Erler, Bd. 1, S. 639. | 5 Erler, Bd. 1, S. 639. | 6 Erler, Bd. 2, S. 699. | 7 Ebenda, S. 707. | 8 Ebenda, S. 709. | 9 Ebenda, S. 715.

Schenck, Matthias, 1517–1571

Matthias Schenck, geboren 1517 in Konstanz, gestorben 1571 in Augsburg, luth., Schulmann und Bibliothekar[1].

Schenck war der Sohn eines Konstanzer Münzmeisters; in seiner Autobiographie (1571) hat er seine Eltern nicht mit Namen erwähnt, wohl aber auf seine Familie kurz hingewiesen. Daraus lässt sich zur Person seines Vaters Hanns Schenck d. Ä. entnehmen, dass er nicht über besondere Reichtümer verfügte. Matthias Schenck studierte zunächst 1534 bis 1539 in Straßburg, seit Juli 1539 in Marburg[2], seit Februar 1540 in Wittenberg[3], lernte 1541 in Isny bei Paul Fagius Hebräisch und war vom März 1543 bis zum Konstanzer Sturm 1548 Rektor der Lateinschule seiner Heimatstadt. Er verfasste ein lateinisches Gedicht auf den Konstanzer Sturm *Constantia exulans et supplex*[4]. Schenck, der in Konstanz nur noch privaten Unterricht erteilen konnte, übersiedelte 1553 mit seiner schwangeren Frau und sieben Kindern nach Augsburg, wo er von 1554 bis zu seinem Tod am 21. Juli 1571 als stellvertretender Rektor am St. Anna-Gymnasium wirkte.

Matthias Schenck war mehrfach verheiratet, in erster Ehe 1542 mit Elisabeth Labhart aus Konstanz, in zweiter Ehe 1558 mit Maria Stumpf aus Augsburg und in dritter Ehe 1566 mit Anna Miller. Aus der ersten Ehe ging ein Sohn Johannes Schenck (1544-1588) hervor, der in Padua Medizin studierte und als Stadtarzt von Nürnberg wirkte[5].

Beziehungen zwischen Rheticus und Schenck in Wittenberg erscheinen aus zeitlichen Gründen fraglich. Es gab sie hingegen mit großer Wahrscheinlichkeit während des mehrmonatigen Aufenthaltes von Rheticus in Konstanz, als dieser dort Mathematik lehrte. Auch war Schenck wegen seines Gedichtes auf den Konstanzer Sturm hier aufzunehmen; Rheticus hat Melanchthon über die Vorgänge in Konstanz unterrichtet.

1 Schmidbauer 1963, S. 46-54; Köberlin 1931, S. 42-50; Issel, Ernst: Die Reformation in Konstanz, hauptsächlich nach historischen Quellen dargestellt. Freiburg u.a.: Mchr, 1898, S. 112. | 2 Falkenheiner 1904, S. 142. | 3 Förstemann 1841, Bd. 1, S. 177b. | 4 Autograph in der Stadtbibliothek Augsburg, 2° Cod. S. 245. | 5 Schmidbauer 1963, S. 52.

Schet, Gregor, † 1557

Gregor Schet (Schett, Schedt, Scheth, Sheth, Schetus), geboren in Leipzig, gestorben am 11. Januar 1557, luth., Arzt.

Im SS 1537 haben sich zwei Brüder (?) Gregor Schet und Georg Schet an der Universität Leipzig immatrikuliert[1]. Es handelt sich also um zwei verschiedene Personen, wiewohl die Vornamen Gregor und Georg oft austauschbar sind. Am 23. Mai 1550 immatrikulierte sich in Montpellier (Patron: Jean Schyron) ein Gregor Schetus Lypsensis[2], am 29. Mai 1553 verließ er die Stadt[3]. Nach Leipzig zurückgekehrt wurde er 1554 Professor für Anatomie und Chirurgie an der Universität Leipzig.

Eine **Beziehung** zu Rheticus ist nicht bekannt, könnte aber während der Jahre 1542 bis 1545 bestanden haben.

1 Erler, Bd. 1, S. 624, M 40 und M 41. | 2 Gouron 1957, S. 116, Nr. 1814. | 3 Lötscher 1976, S. 148.

Scheubel, Johannes, 1494–1570

Johannes Scheubel (Scheuble, Scheiblin, Schewbil, Scheyblin, Scheubelius), geboren am 18. August 1494 in Kirchheim unter Teck (Lkr. Esslingen, Baden-Württemberg), gestorben am 20. Februar 1570 in Tübingen, luth., Mathematiker, Astronom, Kartograph, Geometer[1].
Nach Studium in Wien (1513), wo er mit der gesamten Wiener Mathematikerschule (Tannstetter, Stabius, Stiborius, Johannes Vögelin), vermutlich aber auch mit Peter Apian zusammentraf, immatrikulierte sich Scheubel im WS 1532/33 in Leipzig[2], wo er im SS 1533 bei Friedrich Peypus, dem Lehrer für Metaphysik und Physik, zum Bacc. art. promovierte[3]. 1535 wanderte er an die Universität Tübingen weiter und promovierte hier 1540 zum Mag. art. 1543 bis 1570 hielt er die Professur für Euklid inne; seine Nachfolger wurden 1570-1583 Philipp Apian, 1583 bis 1631 Michael Mästlin[4]. Seine Veröffentlichungen hatten vor allem Euklid zum Thema. Seine *Euclidis ... sex libri priores* (Basel: Johannes Herwagen, 1549) hat Sebastian Münster mit über 500 Zeichnungen illustriert. Manche seiner Euklidarbeiten sind nur handschriftlich überliefert. Im Bereich der Arithmetik publizierte Scheubel *De numeris et diversis rationibus* (Leipzig 1545) und ein *Compendium arithmeticae artis* (Basel 1549). Scheubel schuf die erste Landkarte von Württemberg (Tübingen: Ulrich Morhards Witwe, 1559)[5].

Scheubel war verheiratet, in erster Ehe mit NN. († 1554), in zweiter Ehe 1556 mit der Witwe Anna Stöffl, die Kinder aus ihrer ersten Ehe mitbrachte. Sein Porträt ist in einer Holzmedaille von Hans Kels (1539) überliefert[6].

Beziehungen zwischen Scheubel und Rheticus mochten bei seinem Besuch 1538 in Tübingen in die Wege geleitet sein. Zwar war Scheubel damals noch nicht Magister und er übernahm die Euklidvorlesung erst 1543, aber er war dennoch auch ohne den Titel als ernst zu nehmender Wissenschaftler ein Mann, mit dem Rheticus ins Gespräch kommen konnte. Auch konnte sie ein gemeinsames Interesse an der Chorographie zusammenführen; die Bestrebungen Sebastian Münsters waren 1538 längst bekannt; sie gründeten letztlich auch im Lebenswerk Stöfflers, um die es Rheticus bei seinem Besuch in Tübingen ging. Es sollte noch erwähnt werden, dass in der Bibliothek Scheubels, die um 1570/73 in die Universitätsbibliothek übergegangen ist, auch Bücher von Rheticus vorhanden waren[7]. Eine Klammer, die die Mathematiker des 16. Jahrhunderts verbindet, ist schließlich auch das berühmte auf Euklid zurückgehende Gedicht Melanchthons *Mulae asinaeque*, das Scheubel in *De numeris et diversis rationibus* (1545) aufnahm[8]; es begegnet uns beispielsweise auch in den zahlreichen Auflagen der *Arithmetica* des Gemma Frisius (1542 ff.); es gab damals wohl keinen Studenten der Mathematik, der dieses Gedichtchen nicht auswendig kannte.

[1] Reich 1996, S. 151-182; Reich, Ulrich, in: NDB 22 (2005), S. 709 f. | [2] Erler, Bd. 1, S. 609, P. 1. | [3] Erler, Bd. 2, S. 625. | [4] Hofmann 1982, S. 249. | [5] Reich, Ulrich, Johann Scheubel und die älteste Landkarte von Württemberg 1559 (Karlsruher Geowissenschaftliche Schriften, Reihe C, 14), Karlsruhe 2000. | [6] Abb. 19 bei Reich 2000, S. 46. | [7] Röckelein 1991, S. 39; Reich 1996, S. 174. | [8] Reich 2000, S. 22, mit einer deutschen Übersetzung von Walter Thüringer.

Schiltel, Georg, d.Ä., ca. 1470–1545

Georg Schiltel (Schiltl, Schiltelius), geboren 1470 in Hambach (Lkr. Amberg-Sulzbach, Oberpfalz), gestorben 1545 in Leipzig, luth., Arzt (Professor für Medizin).
Georg Schiltel d.Ä. begann seine Studien im WS 1496/97 in Leipzig[1]. Er promovierte im SS 1498 zum Bacc. art., im WS 1501/02 unter Konrad Wimpina zum Mag. art.[2] Am 1. Januar 1503 besuchte der gelehrte Kardinal Raimund Peraudi Leipzig, der am Stadttor bei der Jakobuskirche vom ganzen Lehrkörper der Universität empfangen und von Konrad Wimpina mit einer Rede begrüßt wurde; der Kardinal nahm am 5. Januar 1503 in einem festlichen Akt in der Paulskirche Wimpinas Kreierung zum Dr. theol. vor. Zum Schluss richtete der Kardinal einige Worte des Dankes an die

Schiltel, Georg, d.J.

Versammlung, wobei er besonders den *distributores iocalium* Nikolaus Apel, Heinrich Stromer und Schiltel dankte; es war üblich, an die feierliche Disputation scherzhafte Reden anzuschließen[3]. Vom SS 1503 bis SS 1505 hielt Magister Schiltel an der philosophischen Fakultät regelmäßig Bakkalaureatsprüfungen ab. Schiltel setzte sein Studium der Medizin dann in Italien fort und kehrte nach seiner Promotion am 12. November 1510 als Dr. med. Bononiensis[4] nach Leipzig zurück. 1512 wurde er bei einem Gehalt von 14 Schock = 40 Gulden zum Stadtarzt ernannt. Am 12. Januar 1512 respondierte er pro loco und wurde in den Rat der medizinischen Fakultät aufgenommen[5]. Die Fakultät stiftete zwischen 1509 und 1523 zwei öffentliche Lectiones im *Collegium maius*, von denen eine an Simon Pistoris, die andere an Georg Schiltel vergeben wurde; Schiltel las jeweils um 7 Uhr[6]. Unter Schiltel als *Praeses* respondierte Georg Curio mit der Disputation *De hydropico morbo* (Leipzig, im September 1528)[7] zum Bacc. med. Am 15. Oktober 1532 wirkte Schiltel bei einer medizinischen Promotion als Vizekanzler mit[8]. 1537 bis 1545 war er Mitglied des Collegium maius. Angeblich soll er noch am 1. April 1546 Dekan der medizinischen Fakultät gewesen, was aber im Widerspruch zu seinem Todesdatum steht; Georg Schiltel d.J. kann nicht gemeint sein. Georg Schiltel war verheiratet mit Anna Hütter. Von seinen Söhnen haben Theodor (imm. SS 1531), Johannes (SS 1536) und Georg d.J. (imm. WS 1542/43) studiert.

Beziehungen zwischen Rheticus und Georg Schiltel d.Ä. sind anzunehmen, auch zu seinem Sohn Georg Schiltel d.J.

1 Erler, Bd. 1, S. 416, B 34. | **2** Erler, Bd. 2, S. 364, 384. | **3** Negwer 1909, S. 78-85. | **4** Bronzino 1962, S. 11. | **5** Erler, Bd. 2, S. 73. | **6** Stübel, S. 366, Nr. 277. | **7** Exemplar in der UB Leipzig. | **8** Erler, Bd. 2, S. 78.

Schiltel, Georg, d.J.

Georg Schiltel d.J., geboren in Leipzig, luth., Student.
Der Sohn von Georg Schiltel d.Ä., Professor der Medizin, begann sein Studium in Leipzig im WS 1542/43[1]; Konsemester waren Kaspar Brusch, Paul Pfeffinger, Rheticus, Alexander Ales, Georg Prasch, Philipp Bech, Melchior Ayrer. Sein weiteres Schicksal ist unbekannt.

1 Erler, Bd. 1, S. 643, M 56.

Schiltel, Johannes, ca. 1523–1581

Johannes Schiltel, geboren vor 1523 in Leipzig, gestorben am 3. April 1581 in Leipzig?, luth., Jurist.
Seit 1523 bemühte sich Georg Schiltel d.Ä. für seine Söhne Theodor und Johannes *praeceptores* zu finden (vgl. dazu Schiltel, Theodor). Johannes Schiltel immatrikulierte sich dann im SS 1536 an der Universität Leipzig[1]; Konsemester waren Nikolaus Gugler und Philipp von Werthern. Johannes Schiltel heiratete die Witwe Magdalena Hommel, die dritte Tochter von Joachim Camerarius[2].

1 Erler, Bd. 1, S. 620, M 45. | **2** Schelhorn, Vita Homelii.

Schiltel, Theodor, ca. 1523 – nach 1549

Theodor (Theodoricus) Schiltel (Schiltl, Schiltell, Schiltelius), geboren vor 1523 in Leipzig, luth., Jurist.
Georg Schiltel d.Ä., Professor für Medizin, und seine Frau bemühten sich seit 1523 bei Hermann Tulich, Sebastian Fröschel und Georg Helt für ihre Söhne Theodor und Johannes einen Haus-

lehrer zu bekommen¹. Am 11. Juni 1533 richtete Theodor Schiltel selbst einen Brief an Helt in Wittenberg: *Salutem dico liber her magister, wiszet, das ich sambt meinem Bruder vnd gesellen gern wolt studiren, aber es mangelt mir an einem lermeister. wolt fleis, haben, das ich einen, der guter sitten vnd sprach sey neben dem, das er zimlich gelart ist in grammatica, bekomme*². Bereits im SS 1531 war Theodor Schiltel noch im Kindesalter an der Universität Leipzig eingeschrieben worden³, hatte aber sein Studium wohl noch nicht wirklich aufgenommen. Es dauerte immerhin eine Reihe von Jahren, ehe er am 19. Februar 1539 zugleich mit Wolfgang Scheib unter Magister Wolfgang Meurer zum Bacc. art. promovieren konnte⁴. Er setzte später (wiederum begleitet von Wolfgang Scheib) sein Studium in Italien fort. Hier tritt er in Ferrara als *studens Ferrarie in utroque iure* am 23. November 1545, am 29. Dezember 1545⁵ und am 2. Juni 1546⁶ als Zeuge auf. Er studierte anschließend seit 1546 in Bologna, war dort 1549 Prokuratur der deutschen Nation und promovierte 1549 zum Lic. utr. iur. und am 31. Oktober 1549 zum JUD⁷. **Beziehungen** zu Rheticus sind wohl nicht gegeben.

1 CLEMEN 1907, S. 13, 35, 46 f. | **2** Ebenda, S. 48. | **3** ERLER, Bd. 1, S. 605, M 14. | **4** ERLER, Bd. 2, S. 649. | **5** PARDI ²1900, S. 140 f. | **6** KNOD 1899, S. 491, Nr. 3321. | **7** KNOD 1899, S. 491, Nr. 3321.

Schneeberger, Anton, 1530–1581

Anton Schneeberger (Snebergerus, poln. Antoni Szneberger), geboren 1530 in Zürich, gestorben am 18. März 1581 in Krakau (poln. Kraków, Woiwodschaft Kleinpolen), calv., zuletzt kath., Arzt, Botaniker¹.

Der aus einem Patriziergeschlecht stammende Anton Schneeberger war zunächst um 1547/48 in seiner Heimatstadt Zürich ein Schüler von Konrad Gesner. Schneeberger hatte Gesner wiederholt mit seltenen Pflanzen versorgt; Gesner nennt ihn *civis ac discipulus quondam meus charissimus*. 1549/50 bezog Schneeberger die Universität Basel². Seine Studien setzte Schneeberger im WS 1553/54 an der Universität Krakau fort, wo er bis 1557 blieb. Von dort ging er nach Zürich zurück, von wo er nach Genf ging. Am 12. September 1557 schrieb sich Schneeberger an der Universität Montpellier ein; wie lange zuvor Gesner, wählte er Guillaume Rondolet zum Patron³; man kann daher davon ausgehen, dass Schneeberger mit Empfehlungsschreiben von Gesner gekommen ist. 1558 wechselte Schneeberger nach Paris, wo er zum Dr. med. promovierte. Die Verlobung mit der Arzttochter Katherine Antonin aus Krakauer Patriziat führte ihn dann endgültig nach Krakau, wo er aber, um praktizieren zu können, noch einmal zum Dr. med. promovierte. Am 4. Juni 1560 erscheint Schneeberger als *medicinae et philosophiae doctor* in der Matrikel der Universität Königsberg in Preußen⁴, vermutlich handelt es sich um eine Ehreneintragung. Schneeberger blieb in Krakau. 1569 verheiratete er sich mit Anna Alantsee, der Tochter eines Apothekers.

Werke: Gesner, Konrad, *Catalogus stirpium ... Latine et Polonice conscriptum* (Zürich 1557)⁵; *Catalogus medicamentorum ..., quae pestilentiae veneno adversantur*, in: Cassius, *Naturales et medicinales quaestiones*, übers. v. Konrad Gesner (Zürich: Jakob Gesner, 1562)⁶; *De bona militum valetudine conservanda* (Krakau: Lazarus Andreae, 1564, gewidmet dem König Sigismund August von Polen)⁷; *Medicamentorum parabilium ... enumeratio* (Frankfurt/Main: Andreas Wechel, 1580, auch 1581)⁸; *Enumeratio medicamentorum ... adversus ... articulorum dolores*, in: Campolongus, Aemilius, *Liber de arthritide* (Speyer: Bernhard Albinus, 1592)⁹.

Die **Beziehungen** zwischen Rheticus und Schneeberger waren sehr eng. Beide dürften gemeinsam um 1547/48 bei Gesner medizinische Vorlesungen gehört haben. In seiner Studienzeit in Krakau ist Schneeberger dann Rheticus erneut begegnet. Beide fanden als Landsleute erst recht zusammen, nachdem sich Schneeberger auf Dauer in Krakau niedergelassen hatte. Beide gewannen die Freundschaft des reichen Kaufmann Jan Boner, in dem sie einen großzügigen Mäzen fanden; Boner errichtete Rheticus einen Obelisk zur Sternbeobachtung, Schneeberger lieferte Gesner laufend Materialien für seine Tier- und Pflanzenbücher; auch ließ Boner Gesner finanzielle Hilfe zukommen. Rheticus und Schneeberger hatten auch in Krakau in Lazarus Andreae denselben Drucker. In Zürich ließ Schneeberger bei dem Rheticusschüler Jakob Gesner drucken. Sein Buch *De bona militum valetudine conservanda* (1564) dedizierte Schneeberger mit einer handschriftlichen Widmung dem Rheticusschüler und herzoglichem Leibarzt Matthias Stoj in Königsberg[10]. Zu den Korrespondenten Schneebergers gehörten neben Gesner auch Camerarius und Crato, alle drei alte Freunde von Rheticus. Auch Achilles Gasser gehörte zu diesem Kreis; an ihn schrieb Gesner am 17. März 1563: ich erhalte einen weiteren Brief von Dir, den Du mir zusammen mit dem Brief meines Schneebergers schickst, schwer von Gold, denn er enthielt fünf Doppeldukaten, die mir ein polnischer Edelmann zum Geschenk gemacht hatte, und zwar auf die Empfehlung Schneebergers hin, damit ich in Polen einen Gönner hätte, der mir von Zeit zu Zeit seltene Dinge, insbesondere für meine Geschichte der Tiere, schicken könnte. Denn der berühmte Herr Boner, der das bisher besorgt hat, ist gestorben. ... Ich antworte Schneeberger und bitte Dich, den Brief so bald wie möglich zu besorgen«[11].

Am 13. Dezember 1563 nahmen Rheticus und Schneeberger an einer Disputation in der Universität Krakau teil; Stanislaw Zawadzki stellte sich zu Begrinn seiner medizinischen Professur; er wandte sich gegen Astrologie, Alchemie, Amulette und Beschwörungen[12]. Als Rheticus um 1571 nach Kaschau (slow. Košice) übersiedelte und seinen Haushalt in Krakau teilweise auflöste, schenkte er Schneeberger einen Teil seiner Bücher, u.a. einen Sammelband mit Schriften von Georg Agricola mit dem Vermerk *Joachimus Rhaeticus hunc librum Antonio Schneebergero medico dedit*.

1 BARYCZ 1935, S. 241, 439-442, 596; HRYNIEWIECKI, Boleslaw, Anton Schneeberger (1530-1581, ein Schüler Konrad Gesners in Polen, (Veröffentlichung des Geobotanischen Institutes Rübel in Zürich, 13), Bern: H. Huber, 1938; FISCHER 1966, S. 112, 114, 124, 142. | 2 WACKERNAGEL 1956, Bd. 2, S, 65, Nr. 37. | 3 GOURON 1957, S. 140, Nr. 2194. | 4 ERLER 1910, Bd. 1, S. 25b. | 5 BARYCZ 1935, S. 241. | 6 VD 16 C 1436; BSB München, digital. | 7-8 BSB München, digital. | 9 JARZĘBOWSKI/JUREWICZÓWNA 1964, S.103, Nr. 18. | 10 BSB München, digital, Titelseite. | 11 Lat. Text bei BURMEISTER 1975, Bd. 3, S. 223-226. | 12 HRYNIEWIECKI 1938, S. 20 f.

Schneider, Balthasar

Balthasar Schneider (Sartorius), geboren in Breslau, gestorben daselbst (?), luth., Universitätsprofessor (Mathematik), Arzt[1].

Der Arzt und Mathematiker Balthasar Schneider/Sartorius *Vratislaviensis* ist zu unterscheiden von dem Theologen Balthasar Sartorius (1534-1609) aus Oschatz (Lkr. Nordsachsen)[2], der von Gingerich und Westman als Verwandter von Paul Wittich in Erwägung gezogen wird[3]. Für die Verbindung zu Paul Wittich kommt aber nur Balthasar Schneider *Vratislaviensis*[4] in Frage.

Dieser Balthasar Schneider, Onkel von Paul Wittich (1546-1586)[5], immatrikulierte sich im SS 1541 unter dem Rektor Kilian Goldstein an der Universität Wittenberg[6]; Konsemester waren Balthasar Acontius, die drei Schweizer Johann Heinrich Meier, Johann Ulrich Wellendinger und Johann Konrad Ulmer, Paul Longicampianus. Am 19. Februar 1549 promovierte Schneider unter dem Dekan Veit Oertel Winsheim zum Mag. art.[7], wobei er den 5. Rang von 45 Kanditaten erreichte; vor ihm platzierte sich Matthias Lauterwaldt auf dem 1. Rang. Im August 1549 wurde Schneider unter Dekan Reinhold in das Kollegium der Artistenfakultät aufgenommen[8]. In einem Brief an Crato empfahl ihn Melanchthon am 13. Februar 1550 für ein Studium in Italien: *Huius aetas magis idonea est Italiae, et in universa philosophia, in mathematicis, in arte medica ac in utraque lingua praeclare eruditus est*[9]. Er wird auch als Schüler von Rheticus ausgewiesen[10]. Am 9. Januar 1551 ist Schneider auf dem Weg von Wittenberg nach Königsberg in Leipzig; im März 1551 ist er in Königsberg, wo er den in Ungnade gefallenen Lauterwaldt als Professor für Mathematik ersetzen sollte, gab jedoch schon im August 1551die Stelle wieder auf, um sein Studium, wie schon früher geplant, in Italien fortzusetzen. Im Januar 1552 begleitete Schneider Melanchthon, der auf dem Weg zum Konzil von Trient war, von Wittenberg bis Leipzig. Später vertrat Schneider Peucer in Wittenberg als Professor für Astronomie. Im SS 1552 immatrikulierten sich an der Universität Leipzig drei Wittenberger Magister: Kaspar Peucer, Valentin Trütiger und Balthasar Schneider[11]; vielleicht machten sie sich Hoffnung auf eine Nachfolge von Rheticus, vielleicht wollten sie aber nur Bücher aus seinem Nachlass erwerben, der zu dieser Zeit unter den Hammer kam. Hier bleibt jedenfalls zu beachten, dass Schneider aus Rheticus' Bibliothek ein von Kopernikus eigenhändig geschriebenes Exemplar von dessen *Commentariolus* in Besitz hatte[12]. Nach seiner Promotion zum Dr. med. in Bologna am 7. Juni 1554[13] ließ sich Schneider in Breslau als Arzt nieder. Melanchthon empfahl ihn Crato am 13. Augsut 1552: *Est enim, ut scis, vir doctus et integer* (Er ist nämlich, wie du weisst, ein gelehrter und rechtschaffener Mann)[14].

Werke: Medizinisches aus seiner Feder ist in den von Lorenz Scholz hg. Consilia medicinalia (Frankfurt/Main: Andreas Wechels Erben et al., 1598) enthalten; nur als Handschrift haben sich erhalten die *Fata astrologica Ferdinandi I. imperatoris subnexis nativitatibus 31 familiae Habsburgicae a Friderico III. imperatori usque ad Ernestum archiducem filium Maximilianum II.* (1553)[15].

Beziehungen zwischen Rheticus und Schneider waren sehr intensiv. Sie dürften in das WS 1541/42 zurückreichen, lebten aber in der Krakauer Zeit wieder auf. In einem Brief von Dudith an Johannes Praetorius wird behauptet, man könne in Rheticus' Haus viele Briefe finden, die Schneider an Rheticus geschrieben habe; einige Brieffragmente von 1555 und 1556 bestätigen das[16].

1 OTTER/BUCK 1764, S. 34; FREYTAG 1903, Nr. II, 68; FLEMMING 1904, S. 37, Anm. 1; LAWRYNOWICZ 1999, S. 74; SCHEIBLE 2010, S. 361. | 2 ERLER, Bd. 1, S. 706, M 10. | 3 GINGERICH/WESTMAN 1988, S. 10. | 4 ERLER, Bd. 1, S. 691, P 1. | 5 GINGERICH/WESTMAN 1988, S. 31. | 6 FÖRSTEMANN 1841, Bd. 1, S. 189a. | 7 KÖSTLIN 1891, S. 7. | 8 Ebenda, S. 25. | 9 CR VII, Sp. 545b f. | 10 SCHEIBLE, MBW 5866, 5924. | 11 ERLER, Bd. 1, S. 691, P 2, S 3, P 1. | 12 http://www.history.mcs.st-andrews.ac.uk/Biographies/Wittich.html (11. November 2013). | 13 BRONZINO 1562, S. 48. | 14 FLEMMING 1904, S. 37. | 15 ÖNB Wien, 10.678; ZINNER 1925, Nr. 9922a. | 16 BIRKENMAJER 1900, Bd. 1, S. 600 f..; BURMEISTER 1968, Bd. 3, S. 12, 166.

Schönborn, Bartholomäus, 1530–1585

Bartholomäus Schönborn, geboren am 7. Juni 1530 in Wittenberg (Sachsen-Anhalt), gestorben am 27. Juni 1585 in Zerbst (Lkr. Anhalt-Bitterfeld), luth., Mathematiker, Astronom, Astrologe, Physiker, Arzt, Schulmann[1].

Schönborn immatrikulierte sich am 30. April 1543 in Wittenberg[2]. Er promovierte am 3. August 1553 in Wittenberg zum Mag. art.[3] und wurde am 1. Mai 1555 in das Kollegium der Artistenfakultät aufgenommen[4]. Schönborn zählte vor allem Melanchthon, Paul Eber, Reinhold, Jakob Milich und Peucer zu seinen Lehrern. Von 1560 bis 1565 war er ao. Prof., 1565 bis 1576 o. Prof. für niedere Mathematik[5]. Er las 1561 über das 2. Buch des Plinius, über *De dimensione terrae* und *De meteoris* des Giovanni Pontano, 1563 hielt er eine Vorlesung über Astrologie und die Nativitäten. Schönborn lud im WS 1563/64 als Dekan zu den *Catharinalia* ein, der Feier der Fakultätsheiligen Katharina am Abend vor dem 25. November, die nach ihrer Abschaffung jetzt wieder neu eingeführt wurde, um durch eine Rede für die Erhaltung der *Artes liberales* Dank zu sagen und zu deren Studium anzuregen[6]. Im WS 1572 war Schönborn Prorektor zur Erledigung der Geschäfte für einen Adligen als Rektor und Dekan der Artistenfakultät. 1576 bis 1577 hatte er den Lehrstuhl für Physik inne[7].

Schon 1572 hatte Schönborn unter Peucer den Grad eines Lic. med. erlangt, wozu ein Thesenblatt *Themata de asthmate* im Druck erschien[8]. Er wechselte 1576 in die medizinische Fakultät und promovierte im Juni 1576 zum Dr. med. Er erhielt die zweite medizinische Professur, wiewohl Peucer nur wenig von seinen medizinischen Kenntnissen hielt. Schönborn wurde 1581 entlassen, weil er als Kryptokalvinist galt und die Konkordienformel ablehnte[9]. Seine letzten Lebensjahre verbrachte er im Exil als Stadtarzt und Rektor des Gymnasiums in Zerbst[10]. Zu den Schülern Schönborns gehörte der Schriftsteller Georg Rollenhagen (1542-1609), der eine *Astrologia Genethliaca brevis et perspicua* (1595) verfasste[11]. Der *Computus* Schönborns stand in der Bibliothek des Praetorius, ebenso seine Plinius-Ausgabe[12].

Schönborn war seit 1559 verheiratet mit Elisabeth Warbeck († 1589) aus Wittenberg, mit der er zwölf Kinder hatte. Die widersprüchlichen biographischen Angaben bei Freytag beziehen sich wohl teilweise auf den gleichnamigen Sohn Bartholomäus Schönborn[13].

Werke: Schönborn schuf als kolorierte Einblattdrucke anatomische Klappbildtafeln für den Unterricht (Wittenberg: Gronenberg, 1573)[14]. Er gab eine gedruckte Dekanatsrede *Oratio de studiis astronomicis* (Wittenberg: Joh. Crato, 1564)[15] in Druck, eine weitere Rede *Oratio de inclyto oppido Vitebergae* (Wittenberg 1575); eine Sammlung antiker Zitate *Versi sententiosi* (Wittenberg, 1565[16], ²1570, viele weitere Auflagen bis 1613); ein astronomisches Lehrbuch *Computus vel Calendarium astronomicum* (Wittenberg: Joh. Schwertel, 1567[17]; weitere Auflage Wittenberg: Joh. Cratos Erben, 1579)[18]. Auch als Herausgeber wirkte er: *Hymnus in natalem filii Dei* von Georg Sabinus (Wittenberg 1571); Plinius, *Liber secundus: De mundi historia* mit dem Kommentar von Jakob Milich (Leipzig: Joh. Steinmann, 1573)[19]. Zu erwähnen sind noch ein Einblattdruck *Kurtzer bericht in vorstehender sterbensgefahr* (Zerbst 1582) und ein *Dialogus de peste* (1582, gedruckt 1613)[20].

Beziehungen zu Rheticus. Brosseder rechnet Schönborn dem offenen weiteren Kreis der Wittenberger Astrologen zu[21]. Schönborn hat keine Vorlesungen mehr bei Rheticus gehört, sondern er war ein Schüler Reinholds. Diese Vermutung von Gingerich[22] wird von Schönborn selbst bestätigt: *D. Erasmi Reinholdi Mathematum instauratoris peritissimi ac praeceptoris mei observantia perpetua colendi*[23] (des Herrn Erasmus Reinhold, des sehr kundigen Erneuerers der mathematischen Wissenschaften und meines Lehrers, den ich mit lebenslänglicher Aufmerksamkeit verehre). Gleichwohl war Schönborn hier als ein Nachfolger auf Rheticus' Wittenberger Lehrstuhl und wegen des inneren Zusammenhangs mit der Ausbreitung der kopernikanischen Lehre zu erwähnen. Für Schönborn stand diese außerhalb jeder Diskussion. *Nam et Copernici et nostri praeceptoris Erasmi labores merito magnificamus ac retinemus* (Denn sowohl die Arbeiten des Kopernikus als auch die meines Lehrers Reinhold halten wir mit Recht hoch und geben sie nicht auf)[24]. Schönborn stellt hier Kopernikus und Reinhold auf die gleiche Stufe, drei Jahre später erkennt er den Ehrentitel eines *Mathematum instaurators* nur mehr seinem Lehrer Reinhold zu. In seiner wissenschaftlichen Erstlingsarbeit disputierte Rheticus 1536 über die Frage der rechtlichen Zulässigkeit astrologischer Vorhersagen. Auch Schönborn verteidigte in seiner *Oratio de studiis astronomicis* (1564) die Rechtmäßigkeit der Astrologie, wobei hinter Rheticus und Schönborn ihr gemeinsamer Lehrer Jakob Milich mit seiner Promotionsrede vom 18. Juli 1535 *De dignitate astrologiae* stand[25].

1 KOCH 1997, 323-340; REICH 1998, S. 114 f.; GROHMANN 1801, S. 184 f. | **2** FÖRSTEMANN 1841, Bd. 1, S. 203b. | **3** KÖSTLIN 1891, S. 13. | **4** Ebenda, S. 27. | **5** KATHE 2002, S. 128-130; 463. | **6** Ebenda, S. 133. | **7** Ebenda, S. 466. | **8** KOCH 1997, S. 331, hier besonders Anm. 57. | **9** DISSELHORST 1929, S. 87. | **10** HOOPMANN 1998, S. 85, 93. | **11** BROSSEDER 2004, S. 79, 162; HAB Wolfenbüttel 4, 1 Extra. | **12** ZINNER 1943, S. 430, Nr. 48; S. 434, Nr. 130; MÜLLER 1993, S. 65, 71; GRAD, Ute, in: MÜLLER 1993, S. 107 (mit hs. Widmung Schönborns an Praetorius, die PLINIUSausgabe hingegen existiert nicht mehr (Kriegsverlust); REICH, Karin, in: MÜLLER 1993, S. 282 f., Nr. 115 (mit einer Analyse dieses Werke sowie dem Wortlaut der Widmung an Praetorius als *amico colendo*). | **13** FREYTAG 1903, II. Nr. 81. | **14** KOCH 1997, S. 331, hier besonders Anm. 54-56; KOCH 1998, S. 218. | **15** VD 16 S 3364; ZINNER ²1964, S. 238, Nr. 2348, BSB digital. | **16** BSB digital. | **17** VD 16 S 3362; ZINNER ²1964, S. 243, Nr. 2436; BSB digital; Googlebücher, Vollst. Ansicht. | **18** ZINNER ²1964, S. 271, Nr. 2901; BSB digital. | **19** VD 16 P 3548; ZINNER ²1964, S. 255, Nr. 2644; BSB digital. | **20** Vgl. dazu KOCH 1997, S. 331, hier besonders Anm. 58 und 59. | **21** BROSSEDER 2004, S:16, auch S.51, 64 f., 68, 144, 381. | **22** GINGERICH/WESTMAN 1988, S. 31. | **23** SCHÖNBORN, Bartholomäus, Computus (Wittenberg 1567), Bl. a5v. | **24** SCHÖNBORN, Bartholomäus, Oratio de studiis astronomicis (Wittenberg 1564), S. 36 des BSB-Digitalisats. | **25** KUSUKAWA 1999, S. 120-125 (englische Übersetzung dieser Rede); KUSUKAWA 2006, S. 180 f.

Schöner, Andreas, 1528–1590

Andreas Schöner (Schonerius), geboren wohl nicht wie meist angegeben 1528, sondern am 21. Juni 1530[1] in Nürnberg, gestorben 1590 in Kassel oder Umgebung, luth., Mathematiker[2]. Andreas Schöner, Sohn des Astronomen Johannes Schöner und dessen erster Ehefrau Anna Zech. Er besuchte den Unterricht seines Vaters am Gymnasium in Nürnberg und immatrikulierte sich im WS 1548/49 an der Universität Leipzig (zugleich mit Jakob Gesner)[3]. Er soll noch weitere Universitäten besucht haben. Andreas Schöner gab Werke seines Vaters und von Regiomontan heraus: *Opera mathematica Ioannis Schoneri Carolostadii in unum volumen congesta* (Nürnberg: Joh. v. Berg u. Ulrich Neuber, 1551)[4]; Regiomontan, Johannes, *Fundamenta operationum quae fiunt per tabulam generalem* (Neuburg a.d.D.: Kilian, 1557)[5]. Weitere Werke sind: ein *Prognosticon auff die zukünfftige finsternus der Sonnen, so den XXI. Augusti dises gegenwertigen Jars erscheinet* (1560)[6]; *Gnōmonikē mēchanikē, Ein kurtzer vnd gruendlicher aller art Sonnen vhren zu machen* (Nürnberg: Joh. v. Berg und Ulrich Neuber, 1561, Widmung aus Nürnberg, den 25. August 1561 an Moritz Weißhaupt, Dechant zu St. Gangolff in Bamberg)[7]; *Gnomonice ... De descriptionibus horologiorum sciotericorum omnis generis libri tres* (Nürnberg: Joh. v. Berg und Ulrich Neuber, 1562)[8]. Ungedruckt blieben Andreas Schöners *Annotationes* zu Regiomontans *Opusculum de cometis*.

Andreas Schöner wurde als Hofmathemathematiker durch den Landgrafen Wilhelm IV. von Hessen-Kassel berufen. Andreas Schöner war verheiratet; er hatte einen Sohn Lazarus Schöner, der als Lehrer der Mathematik am Gymnasium in Corbach (Fürstenthum Waldeck) wirkte und stark von Ramus und Thomas Freigius beeinflusst war. Von ihm stammen u.a. *P. Rami arithmetica cum algebra et logistica numerorum figuratorum* (Frankfurt 1586)[9]; *P. Rami Arithmeticae libri II, Geometriae XXVII*, Frankfurt/M.: Wechel, 1599 und Frankfurt/M.: Aubrius & Schleich, 1627)[10] sowie viele weitere Werke, u.a.: *De numeris geometricis, Of the nature and proprieties of geomtricall numbers*, engl. Übers. v. Thomas Bedwell, London: Richard Field, 1614.

Beziehungen zu Rheticus: Andreas Schöner und Jakob Gesner sind im WS 1548/49 vermutlich gleichzeitig in Leipzig angekommen. Für Gesner haben wir vermutet, dass er gemeinsam mit Rheticus nach Leipzig gereist ist; möglicherweise hat sich ihnen Schöner in Nürnberg angeschlossen. Beide machten Rheticus' Dekanatszeit mit und hörten seine Vorlesungen. Während Gesner weiter studierte und 1551 unter Johannes Hommel zum Mag. art. promovierte, verließ Andreas Schöner Leipzig.

1 Laut dessen Horoskop nach Tycho Brahe, abgebildet bei Röttel 1995, S. 135, Abb. 4. | 2 Doppelmayr 1730, S. 79-81; Will 1757, Bd. 3, S. 562; Thorndike 1951, S. 369; Zinner ²1967, S. 527 f. und passim (Register); Pilz 1977, S. 228-230. | 3 Erler, Bd. 1, S. 674, B 10. | 4 Zinner ²1964, S. 217, Nr. 2033. | 5 VD 16 M 6536; Zinner ²1964, S. 227, Nr. 2181; Zinner ²1968, S. 325 f., mit Abb. des Titelblattes auf Taf. 20. | 6 Google Bücher. | 7 Zinner ²1964, S. 234, Nr. 2290; BSB digital. | 8 VD 16 S 3458; Zinner ²1964, S. 234, Nr. 2291; BSB Signatur Hbks/R 31 a.; vgl. Reich, Karin, in: Müller 1993, S. 264 f., Nr. 102. | 9 Müller 1993, S. 63. | 10 Müller 1993, S. 179 f., Nr. 31.

Schöner, Johannes, 1477–1547

Johannes Schöner (Schonerus), geboren am 16. Januar 1477 in Karlstadt (Lkr. Main-Spessart, Unterfranken, Bayern), gestorben am 16. Januar 1547 in Nürnberg (Mittelfranken), luth., Mathematiker, Astronom, Astrologe, Geograph, Kartograph, Instrumentenmacher[1].
Eine zeitgenössische Porträtsammlung von Reformatoren und Humanisten würdigte Schöner mit den deutschen Versen

Der ewig Gott durch seine gnad,
    Die edle Kunst erhalten hat,
Die Astronmey, welche recht lern,
    Den lauff des Himels vnd der Stern.
Was die ordnung der Zeit betrifft,
    Dasselb vielfeltig sie anstifft.
Der Sternen auff vnd nidergang,
    Ob tag vnd nacht sey gleiche lang.
Die krafft vnd Wirckung aller Stern,
    Mit gantzem grund sie recht thut lern.
Derhalb er auch erfarne gut,
    In dieser Kunst erwecken thut.
Wie hier zu sehn an diesem Man,
    Johann Schönerus ist sein nam.
Der hat die edle Kunst so weis
    Erklert, gelert mit allem vleis.
Dem ewign Gott solln wir allzeit,
    Vor solch gnad danckn in Ewigkeit.[2]

Die gelehrte Welt sieht in Schöner ein Geschenk Gottes. Schöner studierte Theologie, Medizin und Mathematik seit 1494 in Erfurt[3], wo er im Frühjahr 1498 zum Bacc. art. promovierte[4]. Einen weiteren akademischen Grad hat er nicht erlangt, sodass er sich nicht berufen fühlte, an einer Universität tätig zu werden. 1500 wurde er zum Priester geweiht und wirkte danach 1501 bis 1504 als Geistlicher in Hallstadt (Lkr. Bamberg, Oberfranken) und 1504 bis 1506 in Karlstadt. Danach war er 1515-1524 als Stiftsherr in Bamberg tätig. 1524 wurde er, weil er sich nicht von seiner Konkubine trennen wollte, als Frühmesser nach Kirchehrenbach (Lkr. Forchheim, Oberfranken) strafversetzt, verlor aber auch hier seine Pfründen. Nach seinem Übertritt zur Reformation wurde er 1526 auf Melanchthons Empfehlung Professor für Mathematik am Ägidiengymnasium in Nürnberg. Für zwei Jahrzehnte stand Schöner an der Spitze der Astronomie in Nürnberg. Nachdem er seine geistlichen Pflichten zugunsten der Astronomie in den Hintergrund verdrängt hatte, wurde er als Astronom und Astrologe weithin berühmt. Schöner betrieb auch eine eigene Hausdruckerei, wo er Holzschnittsegmente, insbesondere die Sternkarten für seine astronomischen Instrumente herstellte. Schöner unterhielt auch eine bedeutende Bibliothek astronomischer und geographischer Bücher. Schöner, der eng mit dem Nürnberger Drucker Johannes Petreius verbunden war, spielte zu Beginn der 1540er Jahre eine große Rolle bei der Veröffentlichung der *Narratio prima* sowie von Kopernikus' *De revolutionibus*. Auch wenn er es wohl nicht war, der Rheticus 1538 erstmals auf Kopernikus aufmerksam gemacht hat, so hatte er doch einen entscheidenden Anteil daran, indem er Rheticus 1539 bestärkte, seine Reise zu Kopernikus in die Tat umzusetzen, wie dieser denn auch seine *Narratio prima* (Danzig 1540) Schöner gewidmet hat.

1527 heiratete Schöner in Nürnberg in erster Ehe die um viele Jahre jüngere (*iuvencula*) Anna Zeler († 1537), 1537 in zweiter Ehe Veronika Koch. Die Söhne Andreas (* 1528) und Burckhard (* 1535) entstammen seiner ersten Ehe. Ein Porträt Schöners nach Lukas Cranach d.Ä. war seit 1960 auf den Banknoten der Deutschen Bundesbank zu 1000 Deutsche Mark zu sehen[5]. Ein weiteres Porträt Schöners von 1528, Hans Springinklee zugeschrieben, befindet sich in der Niedersächsischen Landesgalerie in Hannover[6]. Zu Ehren Schöners wurde ein Marskrater nach ihm benannt.

Werke: Schöner hat ein sehr ansehnliches Werk hinterlassen, das teils aus astronomischen Instrumenten, teils aus gedruckten Schriften bestand. Zu den Instrumenten gehören Sonnenuhren, Erdgloben und Himmelsgloben (vgl. dazu im Einzelnen Pilz 1977, S. 179-185). Die von Schöner veröffentlichten Druckwerke sind geographischen, astronomischen und astrologischen Inhalts, wobei Gedrucktes und Ungedrucktes zu unterscheiden ist.[7] Als Astrologe war Schöner nicht zuletzt auch im Auftrag des Nürnberger Rats als offizieller Kalenderschreiber tätig. Schöner publizierte eine Vielzahl von Prognostica, setzte sich aber auch theoretisch mit der Astrologie auseinander. Die Vielzahl seiner Praktiken für die Jahre 1534 bis 1547 Jahre sei hier weitgehend übergangen; sie sind bei Zinner ²1964 und bei Green 2012[8] verzeichnet und meist auch digital zugänglich[9]. Die meisten Schriften wurden auch von Schöners Sohn Andreas im Rahmen einer Gesamtausgabe neu herausgebracht. Werke in kleiner Auswahl: *Horarii cylindrini canones*, Bamberg 1515, Widmung Schöners an Magister Daniel Schmidt, datiert aus Bamberg am 12. Februar 1515[10]; *Luculentissima quaedam terrae totius descriptio*, Nürnberg: Johannes Stuchs, 1515, mit liter. Beigaben von Johannes Hiltner aus Lichtenfels, Johannes Stabius und Frater Nikolaus Hortulanus, Widmung Schöners an den Bischof Georg von Bamberg[11]; *Equatorii astronomici omnium ferme uranicarum theorematum explanatorii canones,* Nürnberg: Fr. Peypus, 1522[12]; *De nuper sub Castiliae ac Portugaliae regibus serenissimis repertis insulis ac regionibus,* 1523[13]; *Coniectur odder abnemliche auszlegung ... vber den Cometen so im Augstmonat des M.D.XXXj. jars erschinen ist*, Nürnberg: Peypus, 1531, mit Widmung an den Rat und die Bürgerschaft von Nürnberg[14]; weitere Ausgaben Leipzig: Michael Blum, 1531[15]; Magdeburg: Heinrich Öttinger 1531[16]; Zwickau: Wolfgang Meyerpeck d.Ä., 1531[17]; Joannis de Monteregio, *De cometae magnitudine problemata XVI*, Nürnberg: Fr. Peypus, 1531[18]; *Ephemeris ... pro anno domini M.D.XXXII, accuratissime supputata*, Nürnberg: Joh. Petreius, 1531, Widmung Schöners an die Räte von Nürnberg[19]; *Joannis de Regiomonte De triangulis libri V*, Nürnberg: Joh. Petreius, 1533[20]; *Globi stelliferi, sive sphaerae stellarum fixarum usus*, Nürnberg: Joh. Petreius, 1533, liter. Beigabe von Joachim Camerarius, Widmung Schöners an Herzog Johann Friedrich II. den Mittleren von Sachsen[21]; *Eigentliche anzaigung rechter zeytte, der Sunnen Finsternus dises M.D.XXXIIII. jars am 14. tage Januarij geschehen*, Nürnberg: Peypus, 1534[22]; *Algorithmus demonstratus*, Nürnberg: Joh. Petreius, 1534, Widmung an Georg Volcamer[23]; Abrusahk Azarchel [= Abu Ishak Ibrahim Ibn Yahya, genannt Ibn Zarkil], *Sapheae recentiores doctrinae*, Nürnberg: Schöner, 1534, Widmung Schöners an Johann Wilhelm von Loubenberg, Herrn zu Wagegg[24]; Joannis de Monregio, *Tabulae astronomicae,* Nürnberg: Joh. Petreius, 1536, mit Vorwort von Melanchthon, liter. Beigabe von Thomas Venatorius, Widmung Schöners an den Nürnberger Rat[25]; *Practica auff das 1540. jare*, Nürnberg: Kunigunde Hergot, 1539[26]; *Nothwendige Regel, welche zeit man ein yetliche Ertzney bereyten und brauchen soll*, Nürnberg: beim Petreo, 1543[27]; *Scripta clarissimi mathematici M. Joannis Regiomontani*, Nürnberg: Berg & Neuber, 1544[28]; *De iudiciis nativitatum libri III*, Nürnberg: Berg & Neuber, 1545, mit Vorrede Melanchthons, literar. Beigabe von Joachim Heller, Widmung Schöners an Herzog Albrecht von Preußen[29]; *Ein nutzliches Büchlein vieler bewerter Ertzney,* Frankfurt/Main: Hermann Gülfferich, 1549[30].

Beziehungen zu Rheticus: Schöner gehörte nach Thorndike zum Melanchthon-Zirkel[31]. In einem Brief an Schöner vom 13. November 1544 versicherte ihm Melanchthon, dass er und Erasmus Reinhold ihn wie einen Vater liebten; zugleich bat er ihn, ein astrologisches Werk des Joachim Heller in Druck zu geben[32]. Man könnte weitere Beispiele dazu anführen, wie sich die Schulgesellen um Rheticus als eine fest zusammenhaltende Familie zeigen. Es mag hin und wieder Unstimmigkeiten gegeben haben, etwa zwischen Melanchthon und Rheticus, zwischen Reinhold und Rheticus, zwischen Heller und Rheticus; aber ihre fürs Leben geschlossene Freundschaft war dadurch nicht gefährdet. Der als ihr gemeinsamer Lehrmeister verehrte Schöner steht in diesem Freundschaftsbündnis eine Stufe höher; Unstimmigkeiten zwischen Rheticus und Schöner sind geradezu undenkbar. Die Rücksprache, die Rheticus im Spätjahr 1538 mit Schöner in dessen Haus in Nürnberg führte, wurde entscheidend für Rheticus' Reise nach Frauenburg und seine weitere wissenschaftliche Karriere.

| **1** Doppelmayr 1730, S. 45-50; Zinner ²1967, S. 528 f. und passim; Pilz 1977, S. 177-193; Klemm, Hans Gunther, Der Fränkische Mathematicus Johann Schöner (1477-1547) und seine Kirchehrenbacher Briefe an den Nürnberger Patrizier Willibald Pirckheimer, Kirchehrenbach: Klemm, 1992; Schmeidler, Felix, in: NDB 23 (2007), S. 405 f.; Boehm 1998, S. 15 f.; Maruska, Monika, Johannes Schöner - »Homo est nescio qualis«, Leben und Werk eines fränkischen Wissenschafters an der Wende vom 15. zum 16. Jahrhundert, Hist.-kulturwiss. Diss. Wien 2008 (digital zugänglich); Wolfschmidt 2010, S. 82 f. und passim. | **2** Agricola, Johannes, Warhaffte Bildnis etlicher gelarten Menner (Wittenberg: Gabriel Schnellboltz, 1562), BSB München, digital, image 55. | **3** Weissenborn 1884, Bd. 2, S. 185, Nr.10. | **4** Schwinges/Wriedt 1995, S. 257, Nr. 22. | **5** Pick, Albert, Catalogue of European Paper Money since 1900, New York: Sterling Publishing Co., ²1971, S. 100, Nr. 24. | **6** Abb. bei Pilz 1977, Tafel 21. | **7** Vgl. dazu vor allem Zinner ²1964, passim (Register); Pilz 1977, S. 185-193. | **8** VD 16 S 3491 - 3501; Green 2012, S. 192 f. | **9** BSB München. | **10** VD 16 ZV 23074; ULB Sachsen-Anhalt Halle, digital; Zinner ²1964, S. 149, Nr. 1038. | **11** VD 16 S 3475; BSB München, digital; Zinner ²1964, S. 207, Nr. 1884. | **12** Zinner ²1964, S. 157, Nr. 1186. | **13** VD 16 S 3489. | **14** VD 16 S 3473; BSB München, digital; Green 2012, S. 192. | **15** VD 16 S 3471; BSB München, digital; Green 2012, S.192. | **16** VD 16 S 3472; Green 2012, S.192. | **17** VD 16 S 3474; Green 2012, S.192. | **18** Zinner ²1964, S. 174, Nr. 1459. | **19** BSB München, digital; Zinner ²1964, S. 178, Nr. 1503; Shipman 1967, S. 156. | **20** BSB München, digital; Zinner ²1964, S. 181, Nr. 1542. | **21** VD 16 S 3469; BSB München, digital; Zinner ²1964, S. 181, Nr. 1545; Shipman 1967, S. 157. | **22** BSB München, digital; Zinner ²1964, S. 183, Nr. 1575. | **23** VD 16 A 1876; BSB München, digital; Shipman 1967, S. 157. | **24** VD 19 I 2; BSB München, digital; Zinner ²1964, S. 183, Nr. 1577; Pilz 1977, S. 190. | **25** VD 16 S 3505; BSB München, digital; Zinner ²1964, S. 188, Nr. 1647; Shipman 1967, S. 158. | **26** VD 16 S 3498; BSB München, digital; Zinner ²1964, S. 197, Nr. 1762; Green 2012, S. 193. | **27** VD 16 S 3476; BSB München, digital; Zinner ²1964, S. 203, Nr. 1837; Shipman 1967, S. 161. | **28** VD 16 M 6569; BSB München, digital; Zinner ²1964, S. 204, Nr. 1857. | **29** VD 16 S 3470; BSB München, digital. | **30** VD 16 S 3487; BSB München, digital. | **31** Brosseder 2004, S. 12. | **32** CR VI, Sp. 526 f.

Schorkel, Sigismund

Sigismund Schorkel, (Schoerkel, Schorckelius), geboren in Naumburg (Burgenlandkreis, Sachsen-Anhalt), gestorben ?, luth., Universitätslehrer (Ethik, bonae artes), Astrologe, Arzt, neulat. Dichter[1].

Sigismund Schorkel wurde im SS 1539 unter dem Rektor Melchior Kling an der Universität Wittenberg immatrikuliert[2]; Konsemester waren Johannes Marbach, Peter Brem, Michael Beuther, dessen Bruder Johannes Beuther, Paul von Eitzen. Er absolvierte zügig das Studium der Artes liberales, wurde aber dazwischen zeitweise auch als Schulmeister in Naumburg tätig. Am 11. September 1543 hat er unter dem Dekan Andreas Aurifaber den Grad eines Mag. art. erworben[3]; dabei erreichte er den 2. Rang von 29 Bewerben, darunter Johannes Reinhold (3. Rang), Paul von Eitzen (4. Rang), Ludwig Rab (15. Rang), Alexius Nabot (20. Rang), Nikolaus Culmbacher (23. Rang), Simon Göbel (26. Rang). Schorkel strebte eine akademische Laufbahn an; am 1. Mai 1544 wurde er unter dem Dekan Erasmus Flock in den Rat der Artistenfakultät aufgenommen (zugleich mit Lukas Hetzer)[4]. Melanchthon, von Schorkel als *praeceptor meus venerandus* bezeichnet, äußerte sich über Schorkel gegenüber Petrus Vincentius: *Amo eius ingenium, et propter studia et candorem animi valde eum diligo*[5] (Ich schätze seine geistigen Anlagen, und ich liebe ihn wegen seines Studieneifers und der Redlichkeit seines Charakters). Auch am 6. April 1546 hatte Melanchthon Schorkel dem Justus Jonas empfohlen[6]. Im SS 1546 erhielt Schorkel einen Ruf als Professor für Ethik an die Universität Greifswald[7]. Um diese Zeit zogen auch Michael Beuther, Petrus Vincentius oder Johannes Reinhold nach Greifswald. 1548 geriet Schorkel in einen heftigen Streit mit Georg Cracow. In den folgenden Jahren wurde Schorkel wiederholt in akademische Ämter gewählt, zum Rektor Magnificus für das WS 1549/50, zum Dekan der Artistenfakultät für das WS 1547/48, das SS 1548 und das WS 1551/52. Während der Pest 1550 gehörte Schorkel zu den wenigen Professoren, die ihre Vorlesungen gehalten haben. Während seines dritten Dekanats resignierte Schorkel mit herzoglicher Erlaubnis wegen seiner angeschlagenen Gesundheit und um sein Studium der Medizin fortzusetzen[8]. Er schloss dieses Studium am 14. November 1560 in Wittenberg bei Kaspar Peucer zugleich mit Joachim Strupp mit dem Grad eines Dr. med. ab; eine gemeinsame These ist unter dem Titel *Oratio de cerebro* im Druck erschienen (Wittenberg: Lorenz Schwenck, 1560)[9]. Am 7. November 1560 hatte sich Schorkel im Stammbuch seines Kollegen Joachim Strupp (1530-1606) verewigt[10]. Schorkel übte danach in Naumburg eine ärztliche Praxis. Er war bereits in Greifswald (seit 1546?) verheiratet; sein gleichnamiger Sohn Sigismund Schorkel, geboren am 27. November 1547 in Greifswald[11], wanderte von Naumburg nach Graz aus, wo er 1578 Magdalena, die Tochter des Ratsbürgers und Stadtschreibers Martin Pangrießer heiratete. Als Inhaber der Hofapotheke gelangte er zu großem Reichtum und machte seine Familie zur angesehensten der Stadt.[12]

Schorkel war mit seinem Kollegen Johannes Freder, einem Theologen, eng befreundet. Freder beschreibt Schorkel 1552 als *ein ehrlichen, aufrichtigen, gotteligen und gelehrten Mann*.[13]

Werke: *Ad ... D. Philippum I. ducem Pomeraniae ... ob filium recens natum gratulatorium*, Lübeck: Joh. Balhorn d.Ä. 1550; Melanchthon, Philipp, *Oratio scholastica de concordia*, vorgetragen von Schorkel am 10. März 1548 in Greifswald, Wittenberg 1551[14]; *Elegia de contemplatione astrorum et eclipsis lunaris conspectae anno 1551 die 20. Februarij*, Wittenberg: Veit Kreutzer, 1551[15]; Helmold von Bosau, *Chronica Slavorum, studio M. Sigismundi Schorkelii*, Frankfurt/Main: Peter Brubach, August 1556, mit Vorrede von Melanchthon an Herzog Johann Friedrich von Pommern, mit Widmung Schorkels an denselben Herzog, datiert aus Naumburg am 1. September 1556[16]; ²1573[17]; *In tumulum reverendi ... D. Philippi Melanthonis, praeceptoris sui carissimi*, Wittenberg: Lorenz Schwenck, 1560[18].

Beziehungen zu Rheticus: Schorkel ist dem weiteren Kreis des von Melanchthon angeführten Wittenberger Astrologenzirkels zuzurechnen[19]. Das wird durch eine Lehrer-Schüler-Linie Melanchthon – Reinhold/Rheticus – Andreas Aurifaber – Erasmus Flock – Peucer bestätigt.

1 Kosegarten 1857, S. 198; Clemen/Koch 1985, Bd. 6, S. 589, Anm. 11. | **2** Förstemann 1841, Bd. 1, S. 175a. | **3** Köstlin 1890, S. 15. | **4** Ebenda, S. 21. | **5** CR, Bd. 7, Sp. 569, Nr. 4696. | **6** Kawerau 1884/85, Bd. 2, S. 192. | **7** Matrikel der Universität Greifswald, Bd. 1, Bl. 154 recto; Friedländer 1893, Bd. 1, S. 214. | **8** Friedländer 1893, Bd. 1, S. 235. | **9** VD 16 P 2010; Hamel/Roebel 2004, S. 334, Nr. 49; M | **10** Metzger/Probst 2002, S. 293. | **11** Der stolze Vater, damals Dekan der Artistenfakultät war, hat die Geburt seines Sohnes mit der astrologisch bedeutsamen Uhrzeit in das Greifswalder Dekanatsbuch eingetragen (Bl. 116 verso). | **12** Popelka, Fritz, Geschichte der Stadt Graz Bd. 2, Graz: Styria, 1959, S. 314, 363. | **13** Mohnike 1837, Bd. 2, S. 15. | **14** VD 16 M 3755; VD 16 S 3803; LUB Sachsen-Anhalt in Halle, digital. | **15** VD 16 S 3802. | **16** VD 16 H 1788; BSB München, digital. | **17** VD 16 H 1789. | **18** Müller 2004, S. 255, Nr. 2026. | **19** Brosseder 2002, S. 16.

Schramm, Peter

Peter Schramm (Schram), geboren Wonsees (Lkr. Kulmbach, Oberfranken), luth., Magister, Theologe.

Schramm immatrikulierte sich im WS 1544/45 unter dem Rektor Georg Zeler an der Universität Leipzig[1]. Er gehörte der Bayerischen Nation an. Im WS 1546/47 musste sich Schramm einem *examen pauperum* (Feststellung seiner Bedürftigkeit) stellen[2]. Im WS 1548/49 wurde er nach dem 21. März 1549 unter dem Dekan Rheticus von Magister Ambros Borsdorfer zum Bacc. art. promoviert[3]. Im WS 1556/57 wurde Schramm zum Mag. art. kreiert; Promotor war Sigismund Prüfer[4]. Schramm wurde Pfarrer im oberfränkischen Raum.

Beziehungen zwischen Rheticus und Schramm bestanden vielleicht schon im WS 1544/45 und im SS 1545, vor allem aber in den Jahren 1548 bis 1551. Die Promotion zum Bacc. art. fand unter den Dekanat von Rheticus statt, er musste für die Prüfungen zum Bakkalaureat die Vorlesungen von Rheticus hören.

1 Erler, Bd. 1, S. 651, B 43. | **2** Erler, Bd. 2, S. 686. | **3** Ebenda, S. 705. | **4** Ebenda, S. 742.

Schreckenfuchs, Erasmus Oswald, *Austrius*, 1511-1575

Erasmus Oswald Schreckenfuchs, genannt *Austrius* (der Österreicher), geboren 1511 auf dem zu der Burg Merkenstein (seit 1683 Ruine in Großau, Gemeinde Bad Vöslau, Bezirk Baden, Niederösterreich) gehörigen Bauerngut, gestorben vor dem 14. August 1575[1] in Freiburg i. Br., kath., Mathematiker, Astronom, Instrumentenmacher, Hebraist, Musikus[2].

Schreckenfuchs studierte in Wien, das er als seine Heimatstadt ansah, und in Ingolstadt. Zweifelhaft ist die Immatrikulation im SS 1530 in Leipzig, wo *Furt* als Herkunftsort angegeben ist[3]. 1539 kaufte er in Venedig ein *diarium hebraicum*. Er wurde um 1540 Lateinschulmeister in Memmingen, wo er sich mit Johannes Hommel anfreundete, und danach in Bietigheim. 1549 wurde Schreckenfuchs dem Senat in Tübingen als Hebräischlehrer vorgeschlagen; er wurde aber nicht berufen, ging aber gleichwohl nach Tübingen, wo er privatim Hebräisch lehrte. 1556 wurde er erneut für den Hebräischlehrstuhl in Aussicht genommen[4], war aber zu dieser Zeit bereits in Freiburg in Amt und Würden. Er wurde am 8. März 1550 in Tübingen immatrikuliert und promovierte dort am 12. März 1550 zum Bacc. art. und am 7. Februar 1551 zum Mag. art.[5]; er lehrte dort Mathematik. In Freiburg wurde er am 13. Juli 1552[6] immatrikuliert, nachdem er bereits am 7. Juni 1552 mit 80 Gulden Gehalt als Professor für Mathematik und Hebräisch angestellt worden war. Er wurde für das WS 1555/56 zum Dekan der Artistenfakultät gewählt, später nochmals 1568 und 1571; im WS 1563/64 war er Rektor Magnificus. 1569 besuchte ihn Tycho Brahe.[7] Schreckenfuchs wurde als »alter Mathematicus« auch zu den Arbeiten an der berühmten astronomischen Uhr im Straßburger Münster herangezogen.[8] Sein Nachlass an Büchern (166 Drucke, zwei hebr. Handschriften) und 50 Instrumenten nebst Landkarten und Globen fiel an die Universität Freiburg; unter den Büchern waren 15 musikalische Werke, u.a. von Orlando Lasso.[9] Eine in Venedig gedruckte z6weibändige hebr.-chaldäische Bibel schenkte Schreckenfuchs seinem Sohn Laurentius, der sie 1609 der Universitätsbibliothek vermachte.[10]

Schreckenfuchs heiratete in erste Ehe um 1540 Barbara Meyer aus Memmingen, Drei seiner Söhne aus dieser ersten Ehe haben studiert: der älteste Laurentius, geboren ca. 1546 in Memmingen, Mag. art. am 12. Februar 1566 in Freiburg, danach in Ingolstadt, wurde 1575 sein Nachfolger auf dem Lehrstuhl für Mathematik in Freiburg (†1611); Johann Oswald, geboren 1548 in Bietigheim, Mag. art. am 12. Februar 1566 in Freiburg, immatrikuliert im WS 1569/70 in Basel[11], wurde dort 1570 Prof. für Rhetorik, promovierte mit einer Dissertation *De arthritide* am 21. August 1571 zum Dr. med. und wurde 1583 Stadtarzt von Mülhausen (Haut-Rhin); Philipp Jakob, ebenfalls Mag. art. am 12. Februar 1566 in Freiburg, studierte vor 1575 in Dôle. Eine zweite Ehe ging Schreckenfuchs im Dezember 1571 mit Juliana Spielmann ein. Der bekannte Ramist Johann Thomas Freigius (1543-1583) war der Schwiegersohn, Schreckenfuchs dessen Schwiegervater.

Werke: *Epistola Hebraica ... ad Sebastianum Munsterum*, datiert Memmingen im Monat Sivan (Mai/Juni) 5301 = 1541 (Basel: Heinrich Petri, 1542)[12]; *Sphaera mundi* des Abraham bar Chija und *Arithmetica* des Elia ben Abraham Misrachi (Basel: Heinrich Petri, 1546; Widmungsbrief aus Memmingen vom 15. Juni 1546 an Johannes Hommel)[13]; *Ptolemaei ... omnia opera quae extant praeter geographica* (Basel: Heinrich Petri, 1551, mit Widmung aus Tübingen 23. Januar 1551 an den Abt von Kempten Wolfgang von Grünenstein)[14]; *Cantica canticorum & Ecclesiastes*, Basel: Heinrich Petri, 1553, mit Widmung aus Freiburg vom 15. Mai 1553 an den Abt von Kempten Wolfgang von Grünenstein, lit. Beigabe von Christoph Casean (Lurkäs aus Traben-Trarbach, Lkr. Bernkastel-Wittlich, Rheinland-Pfalz); beigefügt die *Oratio funebris hebraica in obitum Sebastiani Munsteri*, Basel: Heinrich Petri, 1553[15]; *Commentaria in novas theoricas planetarum Georgii Purbachii*, mit Tabellen von Philipp Imser, Basel: Heinrich Petri, 1556, mit Widmung aus Freiburg vom 8. August 1556 an den Erzbischof von Salzburg Michael von Kuenburg, lit. Beigabe von Christoph Casean [Mosellanus] und Markus Hopper[16]; *Annotationes* zu Honter, Johannes (Hg.), *Procli de Sphaera*

(Basel: Heinrich Petri, 1561)[17]; *Primum mobile* (Basel: Officina Henricpetrina, 1567)[18]; *Commentaria in Sphaeram Ioannis de Sacrobosco*, Basel: Officina Henricpetrina, 1569, mit Widmung aus Freiburg vom 14. August 1569 an den Konstanzer Domherrn JUD Jakob Kurz, lit. Beigaben von Joh. Hartung und Joh. Stadler aus Augsburg)[19]; *Opus novum nobiliss. Gentium ... calendaria*, hg. v. Laurentius Schreckenfuchs (Basel: Officina Henricpetrina, 1576)[20]; *Annotationes* zu Honter, Johannes (Hg.), *Procli de Sphaera* (Basel: Sebastian Henricpetri, 1585)[21]; *Trauerrede zum Gedächtnis seines Lehrers Sebastian Münster* (Beiträge zur Ingelheimer Geschichte, 12), Ingelheim 1960.

Beziehungen zu Rheticus und seiner Schule: Schreckenfuchs, über seinen Lehrer Münster der Stöfflerschule verpflichtet, widmete am 13. Juni 1546 seinem Freund und Kollegen Johannes Hommel die *Sphaera mundi* des Abraham bar Chija und die *Arithmetica* des Elia ben Abraham Misrachi. Von Hommel mochte er alles über die Wittenberger Schule erfahren haben. Jedenfalls gilt Schreckenfuchs als früher Kopernikaner.[22] Schreckenfuchs nannte 1567 Kopernikus *miraculum mundi*[23] und fand auch viel Lob für Reinhold (*vir subtilissimi ingenii*), Joh. Virdung, Apian, Schöner, Camerarius und Jakob Curio. Das 1567 neu gebundene Exemplar von Kopernikus' *De Revolutionibus* (Basel: Officina Henricpetrina, 1566)[24] in der Bibliothèque Mazarine in Paris war jedoch nicht in seinem Besitz, die Angaben von Gingerich[25] beziehen sich nicht auf Schreckenfuchs, sondern auf seine Söhne [Philipp] Jakob und Johann Oswald. Es ist aber denkbar, ja sogar wahrscheinlich, dass Schreckenfuchs 1566 irgendwie an der zweiten Auflage von *De revolutionibus* beteiligt war, zumal er schon lange zu den Autoren von Heinrioch Petri gehörte.

1 Nicht 1579 wie gemeinhin im Anschluss an GÜNTHER zu lesen ist; im Senatsprotokoll vom 14. August 1575 heißt es unmissverständlich *defuncto domino Schreckenfuchsio*. | 2 SCHREIBER 1857/59, Bd. 2, S. 252-263; GÜNTHER, Siegmund, Schreckenfuchs, E. O., in: ADB 32 (1891), S. 467 f.; GERICKE 1955, S. 29 ff.; ZINNER ²1967, S. 530, auch 42, 154, 162, 209. | 3 ERLER, Bd. 1, S. 602, B 2. | 4 GEIGER 1870, S. 106 f. | 5 Matr. Tübingen 1, S. 346. | 6 MAYER, Matr. Freiburg i. Br., 1, S. 391. | 7 BRAHE, Tycho, Opera omnia, Kopenhagen 1913/29, Bd. 7, S. 79; DREYER 1894, S. 86; ZINNER 1943, S. 294, 390; ZINNER ²1967, S. 42, 530. | 8 JAKOB VON KÖNIGSHOVEN, Elsässische und Straßburgische Chronicke, Straßburg 1698, S. 578. | 9 REST, Josef, Freiburger Bibliotheken und Buchhandlungen im 15. und 16. Jahrhundert, in: Aus der Werkstatt, Den Deutschen Bibliothekaren zu ihrer Tagung in Freiburg Pfingsten MCMXXV, Freiburg i. Br. 1925, S. 5 – 61, hier S. 26 f. | 10 REST 1925, S. 26 f.; WERK 1842, S. 403. | 11 WACKERNAGEL 1956, S. 190, Nr. 19. | 12 BURMEISTER 1964, S. 26, Nr. 11; HIERONYMUS 1997, S. 551-554, Nr. 202. | 13 VD 16 ZV 19; VD 16 A 44; BSB digital; BURMEISTER 1964, S. 111 f., Nr. 146; ZINNER ²1964, S. 207, Nr. 1891; HIERONYMUS 1997, S. 745-751, Nr. 228; SCHMEIDLER, Felix und KNOBLOCH, Eberhard, in: MÜLLER 1993, S.217-219, Nr. 60. | 14 VD 16 P 5205, Google Books, online; ZINNER ²1964, S. 216, Nr. 2026; HIERONYMUS 1997, S. 855-859, Nr. 284; KNOBLOCH, Eberhard, in: MÜLLER 1993, S.212 f., Nr. 55; Tycho Brahe kaufte 1560 diese Ausgabe (ZINNER 1943, S. 290). | 15 HIERONYMUS 1997, S. 762-764, Nr. 230; Google Books online. | 16 VD 16 P 2063, BSB digital; e-rara, digital; ZINNER ²1964, S. 226, Nr. 2162; HIERONYMUS 1997, S. 1072-1078, Nr. 375; SCHMEIDLER, Felix, in: MÜLLER 1993, S. 236 f., Nr. 76. | 17 ZINNER ²1964, S. 232, Nr. 2267; HIERONYMUS 1997, S. 812-816, Nr. 257. | 18 ZINNER ²1964, S. 243, Nr. 2438; HIERONYMUS 1997, S. 1078-1081, Nr. 376; SCHMEIDLER, Felix und KOKOTT, Wolfgang, in: MÜLLER 1993, S. 237 f., Nr. 77. | 19 BSB digital; ZINNER ²1964, S. 247, Nr. 2505; HIERONYMUS 1997, S. 1082, Nr. 377; zu seinem Urteil über Kopernikus vgl. ROSEN/HILFSTEIN 1992, S. 139. | 20 ZINNER ²1964, S. 257, Nr. 2672; HIERONYMUS 1997, S. 1089, Nr. 378a, zus. mit GARCAEUS, Astrologiae methodus (= S. 1082-1088, Nr. 378). | 21 ZINNER ²1964, S. 288, Nr. 3197; HIERONYMUS 1997, S. 816, Nr. 258. | 22 ROSEN/HILFSTEIN 1992, S. 139; GASSENDI/THILL 2002, S. 269. | 23 HIERONYMUS 1997, S. 1080 f. | 24 HIERONYMUS 1997, S. 1343-1345, Nr. 483a. | 25 GINGERICH 2002, S. 39

Schreiber, Hieronymus, ca. 1515–1547

Hieronymus (Jerôme, fälschlich auch Jeremias) Schreiber[1] (Grapheus, Scriba, Schreiberus), geboren um 1515 in Nürnberg, gestorben 1547 in Paris, Astronom, Arzt.

Schreiber, der einer Nürnberger Bürgerfamilie entstammt[2], besuchte das Ägidiengymnasium in Nürnberg, wo er von seinen Lehrern Schöner und Veit Dietrich hohe Anerkennung fand. Er immatrikulierte sich im SS 1532 an der Universität Wittenberg, fast gleichzeitig mit Rheticus und zugleich mit zehn anderen Nürnberger Studenten, darunter Michael von Kaden oder Sebastian

Schedel, ein Enkel des berühmten Chronisten³. Schreiber war mit dem Nürnberger Medizinstipendium ausgestattet, das er vor allem Melanchthon und Baumgartner verdankte. Er verschaffte sich gründliche Kenntnisse in der Medizin, neigte aber auch zu einem umfassenden Studium der Philosophie (*studiosissimus philosophiae*); er suchte nicht *umbram philosophiae, sed veras et utiles artes* (nicht den Schatten der Philosophie, sondern die wahren und tauglichen Künste).

Melanchthon stellte 1543 Schreiber wiederholt ein vorzügliches Zeugnis aus: Es gäbe an der Wittenberger Hochschule, lobte er ihn, kein geschickteres Talent und keiner der Professoren sei gelehrter in der gesamten Philosophie; er schreibe lateinische Reden in Prosa und habe auch im Dichten eine glückliche Hand, er beherrsche die mathematischen Fächer, ganz zu schweigen von seinem sittlichen tadellosen Verhalten. Eine Vorliebe hatte Schreiber für die griechische Sprache und vor allem für die Astronomie⁴. Melanchthon empfahl Schreiber der Stadt Nürnberg besonders *propter doctrinam mathematicam* (wegen seiner mathematischen Gelehrsamkeit)⁵.

In einem Exemplar von Stöfflers *Ephemeriden*, das später in den Besitz Keplers gelangte, beschreibt Schreiber die Sonnenfinsternis vom 6. April 1540⁶, in der Melanchthon und seine Schüler die Ursache für die Jahrtausenddürre dieses Jahres sahen⁷. 1541 verehrte Schöner dem Studenten der Mathematik und zugleich seinem Freund drei Traktate: *Tractatus Georgii Peurbachii super propositiones Ptolemaei de sinubus et chordis. Item compositio tabellarum sinuum per Johannem de Regiomonte. Adiectae sunt et Tabulae sinuum duplices per eundem Regiomontanum* (Nürnberg: Joh. Petreius, 1541), wobei Schöner in dem Widmungsbrief die Himmelskunde als »das ewige Band unserer Freundschaft« beschwor und ihn aufforderte, weiterhin das Studium der Astronomie zu betreiben⁸. Schreiber promovierte am 15. September 1541 unter dem Dekan Johannes Marcellus zum Mag. art.⁹ Als Rheticus um diese Zeit aus Frauenburg zurückkehrte und die lang angekündigte »Ptolemäusvorlesung« hielt, gehörte Schreiber mit Sicherheit zu seinen Hörern. Am 1. April 1542 wurde Schreiber unter dem Dekan Rheticus in das Kollegium der Artisten aufgenommen und als dessen Nachfolger in Aussicht genommen¹⁰. Schreiber nahm hier vorübergehend Pflichten an der Artistenfakultät wahr, da Rheticus seit dem Frühjahr 1542 einen Wechsel an die Universität Leipzig erwog. Dennoch wurde Schreiber bei der Besetzung der Lehrstühle für Mathematik sowohl in Wittenberg (hier als Nachfolger von Rheticus) als auch in Leipzig (hier als Konkurrent von Rheticus) übergangen. Melanchthon machte für diese Bevorzugung von Flock die Bescheidenheit Schreibers verantwortlich, sah aber auch bei sich selbst einen Fehler, dass er ihn für Rheticus' Nachfolge zu spät in Vorschlag gebracht habe. Auch habe man Flock in Wittenberg wegen seiner Bedürftigkeit und dank des Einsatzes seines Schwagers [wohl Fendt] vorgezogen¹¹.

Schreiber erhielt als einer der Ersten als Geschenk von Petreius das Hauptwerk des Kopernikus *De revolutionibus* (Leipzig UB)¹². Gegen die Vermutung, dass der Zeitpunkt dafür im April/Mai 1543 lag, spricht jedoch, dass er ab 17. April auf Reisen war und diese Reise an den Rhein nicht über Nürnberg ging; am 23. Mai 1543 treffen wir Schreiber in Bonn, von wo er zu Pruckner reisen wollte. Erst im Juli kehrte er von Aachen zurück und Anfang Oktober 1543 hören wir, dass er zu Beginn der Italienreise seine Mutter in Nürnberg besuchen wollte. Für die Astronomiegeschichte erlangte dieses Buch besondere Bedeutung, weil es in einer Notiz Schreibers festgehalten hat, dass das Vorwort zu *De revolutionibus* nicht von Kopernikus, sondern von Andreas Osiander stammte.

Schreiber war Hausgenosse Melanchthons und diente ihm auch als Sekretär. Am 17. April 1543 nahm Melanchthon ihn und Justus Jonas d. J. mit auf eine Reise nach Bonn, wo der dem Evangelium zuneigende Kurfürst Hermann von Wied residierte. Hier trafen sie auch mit Bucer und Hedio zusammen. In einem Brief vom 21. Juli 1543 an Schreiber, der damals in Aachen weilte, lässt Melanchthon Grüße an den gelehrten Arzt Simon Richwin ausrichten¹³; Richwin lieferte für Münsters Kosmographie die Beiträge über die Eifel, Trier und Metz sowie die Stadtansicht von Trier¹⁴. Anfang Oktober 1543¹⁵ bereitete Schreiber von Wittenberg aus eine Italienreise vor, die ihn zunächst nach Nürnberg zu seiner Mutter führen sollte; auch wollte er der Stadt und Hieronymus Baumgartner für die finanzielle Studienhilfe danken. Melanchthon versah ihn mit drei Empfehlungsschreiben an Hieronymus Baumgartner, Veit Dietrich und an den italienischen Astrologen Luca Gaurico. Schreiber, der *praecipue doctrinam de syderum motibus et viribus amet* (der vor allem die Wissenschaft von den Bewegungen und Kräften der Gestirne liebt), habe große Sehnsucht danach, Gaurico zu sehen und wenn möglich auch zu hören.

Die Italienreise, auf der ihn Justus Jonas d.J. begleitete, führte Schreiber 1544 nach Venedig, dann nach Rom und Neapel und wieder zurück nach Padua. Diese Reise wirft einiges Licht auf seinen Freundeskreis künftig bedeutender Gelehrter. Zu diesem zählten der Leipziger Meteorologe Wolfgang Meurer, der Botaniker Valerius Cordus, drei Rheticusschüler, nämlich der Arzt Andreas Aurifaber und der Jurist Joachim Möller, Nikolaus Friedwald sowie der Arzt Cornelius Sittard und andere. Valerius Cordus ist am 25.September 1544 in Rom gestorben und wurde gegen anfängliche Widerstände in der deutschen Kirche St. Anima begraben. Während dieser Krankheit des Cordus hatte sich Schreiber aufopferungsvoll um den Freund gekümmert und sich als treuer Achates erwiesen.. Über viele Details dazu berichtet Schreiber am 1. Dezember 1544 aus Padua an Meurer, der diese Nachrichten an Georg Agricola weitergab[16]. Schreiber blieb noch mehrere Jahre in Padua, von wo er am 27. Juli 1547 einen Brief an den Theologen Francisco de Enzinas (Dryander) schrieb, der wie er selbst einst Hausgenosse Melanchthons war[17].

Jeder Student hatte sich schon im Trivium mit der Poetik zu befassen. Melanchthon bescheinigte Schreiber Fortschritte: *carmen foeliciter tenet*[18]. Ein Dichter wurde aber nicht aus ihm, es sind nur wenige Gedichte von ihm bekannt. Mehrere Wittenberger Kommilitonen dichteten Epigramme auf ihn, so etwa 1540 Gigas:

HIERONYMO SCHREIBER
Et Paphios ignes et desidis otia vitae
Sperno cupidinei furta dolenda cori,
Non mea lascivae respondet vita camoenae
Littera lasciva est, sobria vita mea est.[19]

(Während du die der Venus heiligen Feuer und die literarischen Beschäftigung meidest, verschmähe ich die schmerzhaften Streiche des leidenschaftlichen Caurus [Nordwestwind]; doch mein Leben entspricht nicht einem lockeren Gedicht: Das Wort ist locker, doch mein Leben ist enthaltsam).

Ein anderes Epigramm hat Michael Beuther an Schreiber gerichtet:
Ad Hieronymum Grapheum Noribergensem Mathematicum
Dum tu levioreis Hieronyme docte Lycaeis
    Sidera pervigili sedulitate doces.
Me tenet herbosis dives locus undique campis
    Qui tenet a solis nomina iusta locis.
Cynthius hic gelidus, sed nonum viribus auctus,
    Dulci sono obliquas murmure voluit aquas.
Ad quas Cynthiades lepidas sinuare choreas,
    Conspicio et capio, quae mihi serta parent.[20]

(Während Du, gelehrter Hieronymus, mit wachsamem Fleiß den unaufmerksamen Schülern die Sterne deutst, ergötzt mich ein Platz reich mit blumigen Feldern, der zu Recht die Namen von Sonnenplätzen trägt. Hier wollte der kühle, noch nicht mit seinen Kräften gestärkte Sonnengott versteckte Gewässer mit süßer Stimme murmeln lassen. Ich sehe und fühle, dass hier des Sonnengottes Töchter zierliche Girlanden flechten und mir Kränze bereiten).

Werke: Schreiber hat nur sehr wenig publiziert. *De morbo et obitu Valerii Cordi ad Wolfgangum Meurerum epistola* (hs., Rom 1544, gedruckt als Beigabe zu Valerius Cordus, *Stirpium descriptionis libri V.* (Straßburg: Josias Rihel, 1560, ²1563, weitere Ausgabe Nürnberg: J. M. Saligmann, 1751).

Schreiber ist gegen Ende des Jahres 1547 in noch jugendlichem Alter von 32 Jahren während eines Studienaufenthaltes in Paris gestorben. Er war schon vorher nicht ganz gesund. Anlässlich seiner Rheinfahrt im Frühjahr 1543 suchte er in den Thermen von Aachen Heilung wegen eines Leberleidens. Nach seinem Tod entdeckten Ärzte in seinem geöffneten Herzen einige Knorpel und Knöchelchen sowie einen muskatnussgroßen Stein[21].

Beziehungen zu Rheticus: Schreiber und Rheticus waren Konsemester, die seit 1532 über längere Zeit einen gemeinsamen Studienweg unter Melanchthon und Volmar zurückgelegt haben. Es war daher nur folgerichtig, dass man in Schreiber den idealen Nachfolger für Rheticus gesehen hat. Schreiber ist in die Astronomiegeschichte eingegangen, weil sein Exemplar von Kopernikus' *De revolutionibus* in den Besitz von Kepler kam; in diesem Buch fand sich eine Notiz Schreibers, dass das von Rheticus gestrichene Vorwort von Osiander stammt. Es ist dies ein Beleg für Schreibers Insiderwissen und seine für Nähe zu Rheticus[22]. Diese besondere Nähe wird auch daraus ersichtlich, dass Schreiber in seinem Exemplar von *De revolutionibus* die nachfolgenden Worte *orbium coelestium* gestrichen hatte, wie es auch Rheticus selbst gehandhabt hat.

1 Pilz 1977, S. 216. | 2 Vgl. dazu Will 1757, 3. Teil, S. 576. | 3 Förstemann 1841, S. 146b. | 4 Volland, Johann Ignaz, Merita Phil. Melanchthonis in rem literariam Norimbergensium (Altdorf 1719), BSB online, S, 51, Nr. 20. | 5 Lat. Text bei List 1978, S. 447. | 6 Nach List 1978, S. 449, Anm. 29, ist der Verfasser der Ephemeriden nicht bekannt; es dürfte sich wohl um das Exemplar von Stöfflers Ephemeriden mit Annotationen Keplers handeln, das sich in der Stadtbibliothek Breslau befand, vgl. dazu Vierteljahrsschrift der Astronomischen Gesellschaft 72 (1937), S. 63 und 77 (1942), S. 274. | 7 Vgl. dazu Burmeister, Karl Heinz, »Der Heiße Sommer« 1540 in der Bodenseeregion, in: Schrr VG Bodensee 126 (2008), S. 59-87. | 8 VD 16 P 2071, BSB online; List 1978, S. 448 f. | 9 Köstlin 1890, S. 13. | 10 Ebenda, S. 21. | 11 MBW, Regg., Bd.3, Nr. 3166; vgl. auch 3167, 3196 f. | 12 Pilz 1977, S. 216; List 1978, S. 446-449; Thüringer 1997, S. 311, Anm. 156; Gingerich 2002, S. 76. | 13 Mel. Op. 5. Bd., Sp. 146-148, Brief Nr. 2729. | 14 MClean 2007, S. 160, 224; Meurer, Peter H., Der kurtrierische Beitrag zum Kosmographie-Projekt Sebastian Münsters, in: Kurtrierisches Jahrbuch 35 (1995), 189-225. | 15 Nicht 1542 wie in der Literatur meist angegeben; vgl. dazu List 1978, S. 448 mit völlig überzeugender Begründung. | 16 Hanhart 1824, S. 232-240; BSB online, image 250-258; eine weitere Quelle dazu in: Botanische Zeitung 15 (1857), Sp. 245-248. | 17 García Pinilla, Ignacio J. (Hg.), Francisco de Enzinas, Epistolario: Texto latino, traducciòn española y notas. Genf: Droz, 1995. | 18 Fuchs 2008 ist allerdings ohne Fundort. | 19 Gigas, Silvae (Wittenberg 1540), Bl. 29 verso. | 20 Beuther, Michael, Epigrammata (Frankfurt/Main: Egenolff, 1544); VD 16 B 2431; BSB digital. | 21 Schenda 1998, S. 183. | 22 Gingerich 2005, S. 141, 162-165.

Schröter, Johannes, 1513–1593

Johannes Schröter (Schröder, Schroter, Schroterus, seit 1557 von Schröter), geboren 1513 in Weimar (Thüringen), gestorben am 31. März 1593 in Jena (Thüringen), luth., Astronom, Arzt (Prof. der Medizin)[1].

Schröter, der Sohn des Bürgermeisters Peter Schröter, bezog 1533 nach Schulbesuch in Weimar und Naumburg die Universität Wittenberg (nicht in der Matrikel), wo er vier Jahre lang Humaniora und insbesondere auch Mathematik studierte. Als seine Lehrer sind Melanchthon und Volmar zu vermuten. 1537 begab es sich auf Wunsch des Vaters auf Reisen, übernahm aber in Stams (Bezirk Imst, Tirol) das Amt eines Schulrektors. Nach einigen Jahren kehrte er jedoch nach Wittenberg zurück, um dort Medizin zu studieren; jetzt immatrikulierte er sich am 28. Dezember 1541[2]. Zu seinen Lehrern gehörten Luther, Melanchthon, Milich und Reinhold, wohl auch Rheticus und Johannes Stoltz († 1556), auf den er einen Nachruf schrieb. Am 16. April 1545 promovierte er unter dem Dekan Johannes Durstenius zum Mag. art.; er erreichte den 6. Rang unter 10 Kandidaten[3]. Wegen seiner Qualitäten als Lehrer wurde er 1545 zum Rektor der Landschule in Wien berufen. Er bat 1549 um seine Entlassung, um sein Studium der Medizin fortzusetzen. Dazu begab er sich nach Padua, kehrte aber wieder nach Wien zurück, wo er Anfang 1552 zum Dr. med. promovierte. Er heiratete in Wien Ursula Groshaupt, die Witwe des Vizekanzlers von Petri; in zweiter Ehe vermählte er sich mit Katharina, der Witwe des Rechtslehrers Basilius Monner (1500-1566). Schröter wurde

Leibarzt der Kurfürsten Johann Friedrich I. und II. von Sachsen und 1554 Professor der Medizin an der zu gründenden Universität Jena. Er erbaute die Kollegienhäuser und kümmerte sich 1557 um die Ausfertigung der Konfirmationsakte. Schröter wurde der erste Rektor der neuen Universität. Auch später war er noch mehfach Rektor Magnificus der Universität Jena. Er wurde in den Adelsstand erhoben und 1579 in Padua zum Hofpfalzgrafen ernannt. 1586 wurde nach seinen Plänen ein Botanischer Garten in Jena angelegt. Schröters Begräbnis fand in der Stadtkirche St. Michael statt; die Leichpredigt hielt Georg Mylius[4].

Werke: *Praelusio... qua praelectiones in Tabulas eclipsium Purbachii gratis se habiturum indicit*, Wien 1549[5]; *Iudicium Viennense generale, ad annum MDLI*, Wien: Egidius Aquila, 1550, Widmung an die Chorherren Johannes Weiß und Xystus Beyschl in Klosterneuburg[6]; *Tabulae ... qua via praedictiones rerum futurarum elici debeant ad usum studiosorum in Academia Viennensi compositae*, Wien: Egidius Aquila, 1551, Widmung Schröters an den königl. Rat Erasmus Höckelberger von Höhenberg, Wien, am 23. Dezember 1550[7]; *Commentaria Ephemeridum ... Andreae Perlachii*, Wien: Egidius Aquila, 1551[8]; *Typus ex Hippocrate, Galeno aliisque bonis autoribus, per quem cognitis ex motu siderum mutationibus anni ...de futuris... morbis facile praedicere poterit*, Wien: Egidius Aquila, 1551[9]; *Si quis optimus medicus eundem et mathematum esse debere*, Wien: Egidius Aquila, 1552[10]; *Compositio quadrantis ad omnes elevationes*, Wien 1560[11]; Pestbuch *Einfeltiger ... Bericht*, Leipzig: Rhambaw, 1566[12]; Pestbuch *Einfeltiger ... Bericht*, Leipzig: Berwalds Erben, 1583, mit literar. Beigabe von Magister Johannes Steinmetz in Leipzig, dem Ehemann von Schröters Tochter Ursula[13].

Beziehungen zu Rheticus. Beide waren etwa gleich alt und studierten 1533 bis 1537 als Kommilitonen in Wittenberg; hier waren sie, zugleich auch mit Erasmus Reinhold, Schüler von Johannes Volmar. Nach seiner Rückkehr aus Stams *in Rhaetia* konnte Schröter noch im WS 1541/42 Vorlesungen von Rheticus besuchen.

1 Günther 1858, S. 113-115; Brendel, Zacharias, De vita ... Ioannis Schroeteri ... oratio, Jena: Donat Richtenzahn 1595 (BSB München, digital). | 2 Förstemann 1841, S. 193a. | 3 Köstlin 1890, S. 17. | 4 Mylius, Georg, Ein Christliche Leichpredigt, Jena: Donat Richtenzahn, 1593; vgl. Müller 2004, S. 292, Nr. 2272. | 5 Zinner ²1964, S. 212, Nr. 1973. | 6 VD 16 S 4268; BSB München, digital. | 7 VD 16 S 4273; BSB München, digital; Zinner ²1964, S. 217, Nr. 2034. | 8 Zinner ²1964, S. 215, Nr. 2023. | 9 VD 16 S 4274; BSB München, digital; Zinner ²1964, S. 217, Nr. 2035. | 10 Zinner ²1964, S. 218, Nr. 2051a. | 11 Zinner ²1964, S. 231, Nr. 2243. | 12 VD 16 S 4264; BSB München, digital. | 13 VD 16 S 4265; BSB München, digital.

Schröter, Melchior

Melchior Schröter (Schreter, Schrotter), geboren in Freyburg (Burgenlandkreis, Sachsen-Anhalt), luth., Magister.

Melchior Schröter immatrikulierte sich im SS 1546 unter dem Rektor Joachim Camerarius an der Universität Leipzig[1]. Er gehörte der Meißner Nation an. Im WS 1548/49 wurde er nach dem 21. März 1549 unter dem Dekan Rheticus von Magister Ambros Borsdorfer zum Bacc. art. promoviert[2]. Er ging dann in der Folge an die Universität Wittenberg, wo er sich am 4. Oktober 1556 eingeschrieben hat[3]. Von Wittenberg wechselte er 1557 an die Universität Jena[4], kehrte aber nach Wittenberg zurück. Hier promovierte er am 15. August 1559 unter dem Dekanat des ehemaligen Leipziger Professors Esrom Rüdinger zum Mag. art.; er erlangte den 16. Rang unter 25 Kandidaten[5]. Bei der Prüfung wirkten Rheticus' Lehrer Melanchthon sowie die Rheticusschüler Rüdinger, Sebastian Dietrich und Kaspar Peucer mit. **Beziehungen** zwischen Rheticus und Schröter bestanden in den Jahren 1548 bis 1551. Schröters Promotion zum Bacc. art. fand unter den Dekanat von Rheticus statt, er musste für die Prüfungen zum Bakkalaureat die Vorlesungen von Rheticus hören.

1 Erler, Bd. 1, S. 660, M 10. | 2 Erler, Bd. 2, S. 706. | 3 Förstemann 1841, Bd. 1, S. 324a. | 4 Lockemann/Schneider 1927, S. 68. | 5 Köstlin 1891, S. 22.

Schumann, Kaspar, † 1542

Kaspar Schumann (Schuman, Sumanus), *Silesius*, geboren in Bunzlau (poln. Boleslawiec, Woiwodschaft Niederschlesien), gestorben am 11. Oktober 1542 in Wittenberg, luth., Magister.

Kaspar Schumann immatrikulierte sich im SS 1536 unter dem Rektor Jakob Milich an der Universität Wittenberg[1]. Am 8. August 1542 promovierte er unter Paul Eber zum Mag. art., wobei er den 1. Rang unter 30 Mitbewerbern errang, unter ihnen Joachim Heller (6. Rang), Brassanus (10. Rang), Peter Taig (23. Rang). Er konnte sich des so glänzend erworbenen Magistergrades nur kurze Zeit erfreuen, da er bereits im Oktober 1542 verstarb.

Matthäus Aurogallus, der Rektor des auslaufenden SS 1542, gab am 12. Oktober 1542 den Universitätsangehörigen den tragischen Tod des jungen Magisters am Schwarzen Brett bekannt. *Heri discessit vir doctrina, pietate et virtute eximia praeditus M. Caspar Sumannus Boleslaviensis Silesius, cui funus fiet hora duodecima. Mandamus igitur, ut scholastici conveniant paulum infra collegium, ut pius funerum ritus conservetur. Et recordatio virtutis huius Caspari exempla suppeditat iuventuti, digna memoriae et imitatione. Mater praedicat tantam eius a prima pueritia fuisse modestiam, ut nulla in re unquam offenderet parentes. Et ut erat in eo singularis pudor, ita castitatem et puritatem corporis tueri acerrimo studio solebat*[2].(Gestern ist von uns geschieden ein Mann von außerordentlicher Gelehrsamkeit, Frömmigkeit und Tüchtigkeit, Magister Kaspar Schumann aus Bunzlau, ein Schlesier, dessen Begräbnis auf 12 Uhr angesetzt ist. Wir geben also die Anweisung, dass sich die Scholaren ein wenig unterhalb des Kollegiums einfinden, damit ein frommes Begräbnisritual eingehalten werden kann. Denn das Gedenken an diesen tüchtigen Kaspar liefert für die Jugend ein Beispiel, das der Erinnerung und der Nachahmung würdig ist. Wie die Mutter lobend hervorgehoben hat, war er von frühester Jugend an von einer so großen Fügsamkeit, dass er sich in keiner Angelegenheit gegen seine Eltern gestellt hat. Und in ihm steckte eine so einzigartige Züchtigkeit, dass er mit größtem Eifer die Keuschheit und die Reinheit des Körpers zu bewahren pflegte).

1 Förstemann 1841, Bd. 1, S. 160a. | 2 Scripta Publice Proposita, I, 1553, BSB München, digital, Scan 126.

Schumann, Matthias

Mathias (Matthias) Textor alias Schumann (Schumanus), aus Thorn (poln. Toruń, Woiwodschaft Kujawien-Pommern), luth., Schulmann.

Matthias Schumann immatrikulierte sich im SS 1536 an der Universität Leipzig[1]. Konsemester waren unter den Poloni Andreas Jando, unter den Bavari Nikolaus Gugler, unter den Misnenses Philipp von Werthern. Im SS 1538 promovierte Schumann unter seinem Landsmann Spremberger zum Bacc. art.[2] Unter den Dekanat von Rheticus wurde er im WS 1548/49 zum Mag. art. kreiert[3]. Dann verlieren sich seine Spuren. Der 1587 genannte Magister Matthes Schumann, *Supremus* des Gymnasiums in Dresden[4], ist nicht identisch; bei ihm handelt es sich um den 1555 in Wittenberg zum Mag. art. promovierten Matthias Schumannus Dresdensis[5], immatrikuliert am 14. Mai 1550[6].

Beziehungen zwischen Rheticus und Schumann aus Thorn bestanden vielleicht schon 1542 bis 1545, besonders aber in den Jahren 1548/49 (evtl. bis 1551). Die Promotion von Schumann zum Mag. art. fand unter den Dekanat von Rheticus statt, er musste für die Prüfungen zum Magisterium dessen Vorlesungen hören.

1 Erler, Bd. 1, S. 620, P 12. | 2 Erler, Bd. 2, S. 645. | 3 Ebenda, S. 705. | 4 Greser 1587, BSB München digital, Scan 77. | 5 Köstlin 1891, S. 16. | 6 Förstemann 1841, Bd. 1, S. 256a.

Schürer, Ambros, † 1584

Ambros Schürer (überwiegend Schurer, Schurerius,), geboren in Crottendorf (Erzgebirgskreis), gestorben 1584 in Erfurt, luth., Humanist (Dozent für Mathematik und Rhetorik), Jurist, Rechtslehrer, Syndikus[1].

Schürer, für den als Herkunftsort nur vereinzelt Crottendorf[2], meist aber das benachbarte und bekanntere Annaberg (Erzgebirgskreis, Sachsen) genannt wird, hat hier auch unter Magister Johannes Rivius seine erste Ausbildung erfahren. Er immatrikulierte sich im Frühjahr 1535 an der Leukorea unmittelbar nach der Rückkehr des Universitätsbetriebes aus dem Exil in Jena[3]; Konsemester waren Nikolaus Reinhold und Matthäus Irenäus. Unter Melanchthon als Promotor wurde Schürer im SS 1537 Bacc. art. (2. Rang von sechs Kandidaten; Friedrich Backofen erlangte den 4. Rang[4]. Am 23. September 1540 promovierte Schürer unter Magister Heinrich Smedenstein zum Mag. art.[5], er kam auf den 10. Rang von 22 Kandidaten; die ersten sechs Ränge nahmen Berühmtheiten wie Mathesius, Gigas, Marbach, Siber und Collinus ein; zu dieser Crew 40 gehörten auch Anton Reuchlin (12. Rang), Franz Kram (17. Rang) oder Nikolaus Mende (18. Rang).

Die Leipziger Juristenfakultät hat Schürer als JUD am 26. November 1549 in ihr Gremium aufgenommen[6]. Am 28. Dezember 1550 schrieb sich Schürer an der Universität Marburg ein[7]. 1553 ist er wieder in Leipzig, wo er als juristischer Beirat des Rektors agiert. Die Stadt Leipzig nahm Schürer am 11. Juli 1556 in ihr Bürgerrecht auf. Am 30. April 1557 verkaufte Schürer, in der Absicht, wegzuziehen, sein Haus zwischen Marstall und Schloss und Dr. Schiltels Haus an Magister Johannes Funck.

Beziehungen zwischen Rheticus und Schürer bestanden, schon durch den gemeinsamen Lehrer Melanchthon begründet, sowohl in der Wittenberger (1535-1539) wie auch in der Leipziger Zeit (1542-1551), danach aber kaum noch. In Wittenberg war Rheticus Schürers Lehrer, in Leipzig waren beide Kollegen in der Artistenfakultät. Besonders zu beachten ist, dass Schürer im SS 1542 in Leipzig, also vor der Ankunft von Rheticus dort, die *Lectio mathematices* innehatte[8]; es ist daher zu vermuten, dass neben Melanchthon auch Schürer bei diesem Wechsel nach Leipzig eine Rolle gespielt hat. Auf jeden Fall musste Schürer dieser Vorlesung der Mathematik gewachsen sein, er muss also in Wittenberg die Vorlesungen von Rheticus (und Reinhold) besucht haben. Schürer pflegte Kontakte zu Kaspar Brusch. Brusch schickte seinem Freund Schürer ein Gedicht, das eine Einladung zu einem Gastmahl beinhaltet, zu dem auch Bruschs Vater und zwei gelehrte polnische Adlige kommen sollen. Diese könnten viele Neuigkeiten berichten[9].

1 Knod 1899, S. 512 f., Nr. 3420; Kleineideam 1980, Bd. 3, S. 204 f. und passim (Register). | 2 Im Bürgerbuch Leipzig, vgl. Knod 1899, S. 513. | 3 Förstemann 1841, Bd. 1, S. 159a. | 4 Köstlin 1888, S. 16. | 5 Köstlin 1890, S. 12. | 6 Erler, Bd. 2. S. 39. | 7 Knod 1899, S. 513; Falckenheiner 1904, S. 149. | 8 Erler, Bd. 2, S. 667. | 9 Horawitz 1874, S. 76.

Schürpf, Augustin, 1493–1548

Augustin Schürpf (Schurff, Schurfft, Schurvius), geboren am 6. Januar 1493 in St. Gallen, gestorben am 9. Mai 1548 in Wittenberg, Grabstätte auf dem Friedhof der Stadtpfarrkirche St. Marien[1], luth., Arzt[2].

Augustin Schürpf, ein jüngerer Bruder des Juristen Hieronymus Schürpf, begann seine Studien im WS 1509/10[3], promovierte am 18. März 1512 unter dem Dekan Johannes Dölsch zum Bacc. art. (8. Rang von 35 Kandidaten)[4] und am 20. Januar 1518 *primo loco* zum Mag. art.[5] Am 28. Mai 1517 wurde er in den Rat der Artistenfakultät aufgenommen[6]. Wie schon zuvor sein Bruder Hieronymus 1502-1505 las er 1518-1521 die Aristotelische Logik[7]. Daneben studierte er, wie es vom Vater vorgegeben war. Medizin (auch sein Bruder Hieronymus dachte zeitweise daran, Medizin zu studieren). 1518 promovierte er zum Bacc. med.[8] Am 14. Februar 1519 wurde er zum Dekan der

Artisten-Fakultät gewählt. In dieser Eigenschaft promovierte er am 12. April 1519 36 Bakkalare[9]. Er nahm ebenso wie sein Bruder Hieronymus an der Leipziger Disputation zwischen Luther, Karlstadt und Eck (27. Juni bis 15. Juli 1519) teil[10]. 1521 promovierte er unter dem Dekan Peter Burckhardt zum Dr. med. 1526 nahm Schürpf im Kreise seiner Kollegen die erste öffentliche Sektion vor. Unter seinen Schülern sind zu nennen[11]: Basilius Axt, Melchior Fendt, Georg Seyfried, Jakob Milich, Georg Sturz, Johannes Magenbuch, Janus Cornarius, Heinrich Stackmann, Georg Pylander, Fuhrmann, Sebastian Dietrich, Prunsterer[12]. Schürpf wirkte u.a. auch als Hausarzt Luthers und Melanchthons; im Sommer 1529 begleitete er den jüngeren Kurfürsten als Leibarzt nach Prag[13]. Am Hof spielte er überhaupt eine bedeutende Rolle, nicht nur als Leibarzt, sondern auch als Ratgeber und Freund. 1544 erklärte er sich bereit, den Fürsten Georg in sein Haus aufzunehmen, aber Luther den Vortritt zu lassen[14]. Schürpf war dreimal Rector Magnificus im SS 1525, im WS 1537/38 und im WS 1545/46. 1548 erhielt er einen Ruf nach Jena[15], 1527 Vizerektor während des Pestexils.

Werke: Handschriftlich sind überliefert *Quorundam particularium morborum theoria et practica* (1545/47), *Tractatus medicus*; gedruckt liegen vor: ein Thesenblatt anlässlich der Promotion des Joh. Placatomus zum Lic. med.; ferner Petrus Sibyllinus, *De peste Liber* (Prag: Jiří Melantrich z Aventina, 1564), wo auf Heilmittel von Schürpf zurückgegriffen wird; Laurentius Scholz gibt als Quelle für seine *Consilia Medicinalia* (Frankfurt/Main 1598, Hanau 1610) auch Augustin Schürpf an.

1522 heiratete er Anna Moschwitz († 27. Januar 1540) aus Wittenberg. Eine Tochter Magdalena wurde geboren am 19. August 1531 († 3. Januar 1606); sie ehelichte 1551 Lukas Cranach d.J. (1515-1586). Seit 1529 war Milich mit Susanna Moschwitz, einer Schwägerin Augustin Schürpfs verheiratet.

In zweiter Ehe heiratete Augustin Schürpf Anna Krapp, eine Nichte Melanchthons. Als Schürpfs kleiner Sohn starb, ordnete der Rektor Melanchthon an, dass alle Studenten an der auf 8 Uhr morgens angesetzten Beerdigung teilzunehmen hatten[16]. Zum Wittenberger Freundeskreis Augustin Schürpfs gehörten sein Bruder Hieronymus, Luther, Melanchthon, Jonas[17], Bugenhagen[18], Cruciger, Eber, Milich.

Melanchthon, der am 9. Mai, dem Todestag Schürpfs, Christoph Preuss darüber Mitteilung macht, sagt von ihm, er sei nicht nur ein herausragender und erfahrener Arzt gewesen, *sed etiam in eo virtutes omnes viro bono convenientes, et quaedam philosophica et Socratica animi moderatio* (vielmehr waren in ihm auch alle Tugenden, die sich für einen guten Mann schicken, ja sogar eine philosophische und sokratische Selbstbeherrschung)[19]. Am selben Tag wandte Cruciger als Rektor mit ähnlichen Worten an die Studenten und fügte noch als Tugenden hinzu *agnitio et timor Dei, iusticia in omni officio, prudentia in gubernatione domestica et publica* (Erkenntnis Gottes und Gottesfurcht, Gerechtigkeit in allen Amtsgeschäften, Klugheit in der Hausverwaltung und öffentlichen Angelegenheiten)[20]. Dem Fürsten Georg von Anhalt empfahl Melanchthon Schürpfs Töchter.

Was das Verhältnis der Brüder Schürpf zu einander angeht, so ist darüber dasselbe zu sagen, was darüber zu Hieronymus Schürpf ausgeführt wurde. Das gilt auch für die Beziehungen von Augustin Schürpf zu Rheticus.

Augustin Schürpf als Anlaufstelle für St. Galler Studenten

Die Brüder Schürpf waren in der Zeit von ca. 1520 bis zur Schließung der Universität 1546 eine Anlaufstelle für Studenten aus St. Gallen und aus der Schweiz. Ansprechpartner in Wittenberg war vor allem Augustin Schürpf, der sehr viel jünger war als sein Bruder Hieronymus und der Artistenfakultät angehörte, wo man gewöhnlich das Studium begann; kein Anfänger wandte sich sogleich dem Rechtsstudium zu, sodass Hieronymus Schürpf als Senior der Juristenfakultät weniger gefragt war. So wandte sich beispielsweise ein Magister Erhard Wyss († 1537) aus Zürich am 25. August 1520 an Vadian mit der flehendlichen Bitte, er möge ihm und seinem Neffen Johannes Wyss einen

Empfehlungsbrief an Magister Augustin Schürpf ausstellen; er habe diesem bereits durch einen Studenten einen Brief und Geld geschickt[21]. Tatsächlich sind unter dem 5. Mai 1520 sechs Zürcher Studenten in Wittenberg immatrikuliert, darunter auch der – wohl mit dem Neffen identische – *Joannes weissn de Turego*[22]. Wittenberg wurde damit von einer Studentenflut überrannt; im SS 1520 zählte man 333 Immatrikulationen. Es war daher in jedem Falle hilfreich, vor Ort einen verlässlichen Patron zu haben, wie es Erhard Wyss vorschwebte. Am 18. März 1522 immatrikulierten sich in Wittenberg zwei Schweizer Studenten: *Joannes Aihenarius* [Kessler[23]] *de s. Gallo* und *Wolfgang Fibularius* [Spengler[24]] *de scto. Gallo*[25]. Diese hatten zwar keinen Empfehlungsbrief, wohl aber hatten sie auf ihrem Weg von Basel, wo sie vorher studiert hatten, nach Wittenberg am 5. März 1522 zu Jena im Gasthaus zum Bären ein höchst seltsames Erlebnis, als sie dort mit Luther an einem Tisch saßen, ohne ihn zu erkennen.

1 Sennert 1678, S. 238, BSB München, digital, Scan 246. | **2** Staerkle 1939, S. 261, Nr. 544.; Muther 1866, S. 227, Anm. 114; Disselhorst 1929, S. 83 f., Schaich-Klose 1967, S. 35 f. | **3** Förstemann 1841, Bd. 1, S. 30b. | **4** Köstlin 1887, S. 12. | **5** Ebenda, S.27. | **6** Ebenda, S. 29. | **7** Kathe 2002, S. 462. | **8** Friedensburg 1917, S. 132-138. | **9** Köstlin 1888, S. 6 f. | **10** Clemen/Koch 1984, Bd. 5, S. 499. | **11** Vgl. Kaiser 1982, S. 150 f. | **12** CR VI, Sp. 525. | **13** Buchwald 1893, S. 63. | **14** Clemen 1907, S, 140 und passim, mit Einblicken in Schürpfs Tätigkeit als Arzt. | **15** Hartfelder 1889, S. 537. | **16** CR III, Sp. 590, auch Sp. 593. | **17** Kaweraw 1884/85, Bd. 1, S. 105, 123,225, 302, 304, 308; Bd. 2, S. 18, 36, 174, 348. | **18** Vogt 1888/99, S. 67, 80, 85, 144, 304. | **19** CR VI, Sp. 902. | **20** CR VI, Sp. 903. | **21** Arbenz 1894. Bd. 2, S. 306, Nr. 114. | **22** Förstemann 1841, Bd. 1, S. 92a. | **23** Staerkle 1939, S. 280 f., Nr. 658. | **24** Ebenda, S. 281, Nr. 659; Förstemanns Rückübersetzung »Nadler« dürfte unzutreffend sein. | **25** Förstemann 1841, Bd. 1, S. 109b.

Schürpf, Hieronymus, 1481–1547

Hieronymus Schürpf (Schurff, Schirpff, Sirfius) geboren am 12. April 1481 in St. Gallen (Schweiz), gestorben am 6. Juni 1554 in Frankfurt/Oder (Brandenburg), Grabstein in der Marienkirche vor 1853 abgegangen, Epitaph überliefert, Gedächtnisrede von Melanchthon, luth., angesehener Jurist[1].

Schürpf, Sohn eines Arztes, studierte in Freiburg (1494), seit WS 1494/95 in Basel, dort Bacc. art. (via antiqua), 1498 Mag. art.[2], anschießend Studium der Rechte unter Ulrich Krafft, dem er 1501 nach Tübingen folgte. 1502 kam er an die neu gegründete Universität Wittenberg, wo er unter dem Rektor Martin Polich von Mellerstadt als Gründungstudent auf der ersten Seite der Matrikel steht[3]. Er setzte sein Rechtsstudium fort und las als Tübinger Magister die Logik des Aristoteles nach Dun Scotus sowie dessen naturphilosophische Bücher *De celo et mundo* und *De generatione et corruptione*[4].

Er nahm wie auch sein Bruder Augustin an der Leipziger Disputation zwischen Luther, Karlstadt und Eck (27. Juni bis 15. Juli 1519) teil[5]. Er missbilligte 1520 die Verbrennung der Dekretalen. 1521 begleitete er Luther als Rechtsberater nach Worms. Es gab erhebliche Meinungsverschiedenheiten zwischen ihm und Luther. Seit 1534 diente Schürpf den Fürsten von Anhalt als Rat von Haus aus[6]. Lemnius nannte in der *Apologia* 1538 u.a. Schürpf, *iurisconsultorum, qui istic sunt, maximus*, einen Freund, *ad me defendendum paratus* (der bereit war, ihn zu verteidigen)[7]. Schürpf blieb aber in erste Linie immer der Rechtskonsulent der Wittenberger Reformation. Nach der Schließung der Universität Wittenberg im Schmalkaldischen Krieg ging Schürpf 1547 nach Frankfurt/Oder, wo er mehrfach Promotionen vornahm[8], sonst aber nicht mehr besonders hervortrat. Einem 1548 an ihn ergangenem Ruf als Beisitzer an das Reichskammergericht folgte er nicht. So berühmt Hieronymus Schürpf auch als Jurist gewesen war, heute ist er weitgehend vergessen.

Schürpf war seit 1512 vierzig Jahre lang mit einer Frau namens Susanna († 1552) verheiratet. Von den drei Kindern aus dieser Ehe studierte Hieronymus 1525 in Wittenberg, die Tochter Katharina heiratete 1535 den Juristen Lorenz Zoch († 1547), in zweiter Ehe den Juristen Johann von Borken, eine andere Tochter († 1538) den Juristen Christoph Tettelbach. Zu Schürpfs Schülerkreis zählten Kling und Mordeisen, die ebenso wie Borken lange in seinem Haus lebten, sodann Gregor Brück, Johann Schneidewein und Michael Teuber. Zum Freundeskreis Schürpfs gehörten alle Wittenberger Theologen, insbesondere Luther und Melanchthon, der in ihm einen Lehrer und Freund sah, nicht zu vergessen auch Georg Helt[9], es gehörten dazu seine juristischen Kollegen, von denen einige seine Schüler waren, der sächsische Hofmeister Hans Doltzig, aber auch der Mathematiker Volmar und nicht zuletzt auch Lukas Cranach, Vater und Sohn. Sein Porträt ist mehrfach überliefert, vor allem durch einige Bilder von Lukas Cranach d.Ä.[10]. In jüngerer Zeit wurde er auch durch ein Relief am Berliner Dom geehrt, das ihn mit Luther und Eck auf dem Wormser Reichstag von 1521 zeigt[11].

Die Brüder Hieronymus und Augustin Schürpf hatten von Jugend auf vieles gemeinsam erlebt. Viele Jahre verbrachten sie zusammen in Wittenberg, wo sie das Luthertum und die Universität Luthers nach Kräften förderten. Ihre Zuneigung zu einander wurde dadurch stark gefördert. Cruciger hat das in Worte gefasst: der Jurist Hieronymus Schürpf *fratrem non solum propter naturalem coniunctionem, sed etiam propter ipsius ingenium, eruditionem et virtutes valde dilexit* (habe den Bruder sehr geliebt, nicht nur wegen des Blutbandes, sondern auch wegen seiner Geistesgaben, seiner Bildung und seiner Tugenden)[12].

Anlässlich des Todes seines Bruders Augustin forderte der Rektor Cruciger alle Hörer der Universität auf, am 10. Mai 1548 um 12 Uhr dem Begräbnis beizuwohnen. Die Gebrüder Schürpf hätten gegenüber der christlichen Gesellschaft den besten Willen gezeigt und sich um viele ehrenhafte Menschen verdient gemacht. Solchen Männern sei ein Andenken zu bewahren[13].

Werke: Den ersten Platz nehmen seine in mehreren Bänden und Auflagen erschienenen *Consilia* ein, teilweise von seinem Schwiegersohn Zoch herausgegeben. Zu erwähnen sind auch seine Reden *De dignitate legum* (1538) und *De legibus* (1550).

Was Cruciger am 10. Mai 1548 über die Brüder Schürpf sagte, *eos bene meritos esse de multis honestis hominibus*, schloss auch Rheticus mit ein, der ein Jahrzehnt seines Lebens mit ihnen verbracht hat. Zahlreiche akademische Anlässe brachten sie zusammen. Rheticus kannte St. Gallen. Sein Vater hatte hier als Arzt gewirkt. Schon im Kindesalter hatte Rheticus im Feldlager einer St. Galler Söldnereinheit in Mailand gelebt. Als Knabe und Jüngling hatte er St. Gallen besucht; hier war er vermutlich mit Paracelsus zusammengetroffen. Für Rheticus waren die Brüder Schürpf Landsleute. Als heimatbewusste St. Galler pflegten die Brüder Schürpf den Gallustag am 16. Oktober zu feiern. Es gibt einen Beleg dafür, dass Volmar als Freund von Hieronymus Schürpf einer solchen Festlichkeit am Gallustag beigewohnt hatte. Warum hätte er nicht auch Rheticus zu einem solchen Fest mitnehmen können? Mochten die Brüder Schürpf auch andere Fachrichtungen vertreten als Rheticus, so waren doch Medizin und Mathematik eng mit einander verbunden; und Rheticus hatte sich zu seiner Magisterdisputation ein juristisches Thema ausgewählt, nämlich ob nach dem römischen Recht die Astrologie erlaubt sei. Der Arztsohn Rheticus interessierte sich auch immer für die Medizin.

1 SCHAICH-KLOSE 1967; MUTHER 1866, S. 178-229; WEBER, Andreas Otto, in: NDB 23 (2007), S. 760 f. | **2** WACKERNAGEL 1951, S. 231. | **3** FÖRSTEMANN 1841, Bd. 1, S. 1. | **4** KATHE 2002, S. 9. | **5** CLEMEN/KOCH 1984, Bd. 5, S. 499. | **6** JABLONOWSKI, Ulla, Der Regierungsantritt der Dessauer Fürsten Johann, Georg und Joachim 1525/1530, in: Mitteilungen des Vereins für Anhaltische Landeskunde 15 (2006), S. 24-59, hier S. 46. | **7** MUNDT 1983, Bd. 2, S. 192; auch Bd. 1, S. 274. | **8** HÖHLE 2002, S. 541 und passim. | **9** CLEMEN 1907, S. 19, 27, 86, 93. | **10** Vgl. die Abb. bei SCHAICH-KLOSE 1967. | **11** Abb. im Wikipedia-Artikel Hieronymus Schürpf. | **12** CR VI, Sp. 904. | **13** CR VI, Sp. 904.

Schürstab, Hieronymus, 1512–1573

Hieronymus Schürstab (Schurstab), geboren 1512 in Nürnberg, gestorben am 19. September 1573 in Nürnberg, luth., Agent, Theologe, Ratsmitglied[1].

Hieronymus Schürstab gehörte einem Nürnberger Patriziergeschlecht an. Schürstab immatrikulierte sich im WS 1533/34 unter dem Rektor Melanchthon[2]. Seit den 1530er Jahren wirkte Schürstab als Sekretär des Herzog Albrechts von Preußen sowie als dessen Agent in Nürnberg. Er spielt in der Korrespondenz des Herzogs eine große Rolle, da er für ihn die Verbindungen zu Nürnberger Künstlern und Gelehrten herstellte. Später wirkte er mehr in seiner Heimatstadt. Er war seit 1545 Mitglied des Rats, Pfarrer an St. Leonhard, 1550 bis 1565 Pfleger des Bruderhauses, 1571 Mitbegründer der *Erbarn Musicalischen Versammlung*. Seit 1543 war Schürstab verheiratet mit Dorothea († 1545), Tochter des Franz Schleicher; in zweiter Ehe mit Barbara, Tochter des Leonhard Kobolt.

Die **Beziehungen** zwischen Rheticus und Schürstab waren sehr eng. Beide waren in Wittenberg Kommilitonen. 1541 wurde Schürstab in Königsberg als herzoglicher Sekretär mehrfach für Rheticus aktiv. Er verfasste im Namen seines Herrn am 1. September 1541 zwei Briefe an den Kurfürsten von Sachsen und die Universität Wittenberg, um dessen lange Abwesenheit in Preußen zu entschuldigen[3]. In einem Brief vom 8. Juli 1544 aus Wittenberg an Camerarius in Leipzig kündigte Christoph Jonas eine Büchersendung an, die Magenbuch oder Schürstab aus Nürnberg nach Leipzig senden werde. Unter diesen Büchern seien auch *opera Rhaetici* (Werke von Rheticus), die Camerarius im Namen von Jonas annehmen solle; er werde ihm die Frachtkosten verlässlich ersetzen. Zugleich bittet er sehr dringlich, ihm (Jonas) die Werke von Rheticus möglichst umgehend zuzusenden[4].

Es sei hier die Vermutung ausgesprochen, dass es sich bei diesen Werke entweder um Abschriften oder gar Andrucke von Rheticus' *Opusculum de terrae motu* und um seine Kopernikus-Biographie handeln könnte. Jonas und Lauterwaldt waren als Landsleute des Kopernikus an diesem beiden Schriften sehr interessiert. Giese hatte am 26. Juli 1543 gewünscht, dass Rheticus *De revolutionibus* durch eine zweite Auflage herausbringen möge, in der die ersten Blätter mit dem unterschobenen Vorwort des Osiander durch diese beiden Schriften von Rheticus ersetzt werden sollten. Diese Annahme gewinnt zusätzlich an Bedeutung dadurch, dass Lauterwaldt in seinem Brief vom 15. Februar 1545 Rheticus lobt *propter excellentem pietatem et fidem qua uteris in ornando tuo praeceptore* (wegen deiner herausragenden Liebe und Treue, mit der du deinen Lehrer Kopernikus ehrst)[5]. Giese hatte am 27. August 1543 rechtliche Schritte gegen Petreius eingeleitet. Dieser Plan wurde jedoch nicht umgesetzt, aber nicht weil, Rheticus an Kopernikus nicht mehr interessiert gewesen wäre[6], sondern wohl weil er in seinem ersten Semester in Leipzig zu stark mit seinen akademischen Verpflichtungen befasst war. Wir hätten hier eine erste Spur für die beiden verschollenen Werke des Rheticus.

1 http://thesaurus.cerl.org/record/cnp01282976 (21. November 2013); Thiele 1953, S. 32, 63-65,171. | **2** Förstemann 1841, Bd. 1, S. 120a. | **3** Burmeister 1968, Bd. 3, S. 39-41. | **4** Birkenmajer 1900, Bd. 1, S. 590, Nr. 10. | **5** Ebenda, S. 591, Nr. 11. | **6** Vgl. dazu Hilfstein 1980, S. 72.

Schüssler, Franz, † nach 1589

Franz (Franciscus) Schüssler (Schussler, fälschlich Schrisler), geboren in Nordhausen (Thüringen), gestorben nach 1589 in Stolberg ?, luth., Jurist (Rat, Kanzler).
Franz Schüssler begann seine Studien an der Universität Ingolstadt. Er immatrikulierte sich im SS 1538 unter dem Rektor Melanchthon an der Universität Wittenberg[1]; Konsemester waren hier Georg von Stetten, Heinrich Zell, Eustachius von Knobelsdorff, Heinrich Rantzau, Peter Kolrep, Kilian Goldstein d.J., Peter Taig. Schüssler setzte sein Studium in Italien fort, zunächst in Padua, dann in Ferrara, wo er am 29. Dezember 1545 zum JUD promovierte[2]; Zeugen waren Timotheus Jung, Paul Pfintzing, Wolfgang Scheib, Thomas Schober und Theodor Schiltel. Schüssler trat als Rat in die Dienste der Grafen von Stolberg. Als solcher lässt er sich am 5. Juli 1549 auf dem Schloss in Schwarza (Lkr. Schmalkalden-Meiningen, Thüringen) fassen[3]. Am 7. Juli 1551 ist Schüssler als stolbergischer Rat Testamentszeuge auf Schloss Stolberg/Harz (Ortsteil von Südharz, Lkr. Mansfeld-Südharz, Sachsen-Anhalt)[4]. Schüssler ist Inhaber des Dorfes Bischoffsrode (Ortsteil der Gemeinde

Am Ohmberg, Lkr. Eichsfeld, Thüringen). 1572 wird er, jetzt gräflich-stolbergischer Kanzler zu Stolberg, mit Lehengütern des kaiserlich freien weltlichen Stiftes Quedlinburg belehnt[5].

Beziehungen zwischen Rheticus und Schüssler sind in Wittenberg im SS 1538 und im WS 1541/42 möglich. Nicht ausgeschlossen scheint auch, dass beide sich 1545 in Italien begegnet sind.

[1] FÖRSTEMANN 1841, Bd. 1, S. 170b. | [2] PARDI ²1900, S. 140 f. | [3] MÖTSCH, Johannes, Regesten des Archivs der Grafen von Henneberg-Römhild, 2006, S. 1304, Nr. 3063. | [4] MÖTSCH, ebenda, S. 1327, Nr. 3088. | [5] LÜCKE, Dietrich, Findbuch der Akten des Reichskammergerichts im Landesarchiv Magdeburg, 1997.

Schwalbe, Friedrich, d. J., 1517–1575

Friedrich Schwalbe (Schwalb, Schualbius, Sualbius, Schwol), geboren 1517 in Heldburg (Ortsteil von Bad Colberg-Heldburg, Lkr. Hildburghausen, Thüringen), gestorben 1575, luth., Schulmann[1].

Hier sei zunächst kurz der Vater Friedrich Schwalbe d.Ä. vorgestellt; geboren in Lichtenfels (Oberfranken), wurde er Pfarrer und Superintendent in Heldburg, woselbst er am 22. August 1553 gestorben ist. Friedrich Mykonius bat ihn im November 1545 nach dem Brand von Gotha, in seiner Gemeinde eine Kollekte zu veranstalten; im Januar 1546 bedankte er sich für das gesammelte Geld[2].

Der Sohn, Friedrich Schwalbe d. J., immatrikulierte sich im WS 1534/35 an der Universität Wittenberg[3]; Konsemester waren Johannes Aurifaber *Vratislaviensis*, Melchior Acontius, Ulrich Mordeisen, Johannes Crato. Schwalbe (*Schwol*) wird 1535 als Schüler von Joachim Mörlin bezeichnet, mit dem er in diesem Jahr seinen Vater Jodok Mörlin in Westhausen (Lkr. Hildburghausen, Thüringen) besuchte[4]. Am 19. April 1538 wurde er unter dem Dekan Veit Amerbach (zugleich mit Bonaventura Rösler *Gorlicensis*) zum Bacc. art.[5] und 1542 zum Mag. art. promoviert. 1543 wurde Magister Fridericus Schualbius an die Ratsschule nach Meißen (Sachsen) berufen[6], wo er bis 1548 neben dem *Musicus excellens* Johannes Reusch[7] (1525-1582) wirkte. Im Oktober 1545 heiratete Schwalbe Anna Behr, die älteste Tochter des Ratsherrn Wolf Behr. Als Gäste zu dieser Hochzeit erschienen sein Bruder Heinrich Schwalbe, Notar und Sekretär in Coburg, der ihm einen silbernen Becher von 12 Lot Gewicht schenkte, und sein Vetter Simon Schwalbe, der ihm drei ungarische Gulden verehrte. 1546 kaufte Schwalbe um 365 Taler ein Haus an der Domstiege, das er aber im Januar 1548 wieder verkaufte[8].

Beziehungen zu Rheticus: Magisterpromotion unter Rheticus vom 9. Februar 1542, wo er den 13. Rang von 22 Kandidaten erreichte[9]. Er konnte Rheticus' Vorlesungen vom SS 1536 bis SS 1538 und im WS 1541/42 besuchen; vom WS 1534/35 bis SS 1536 waren beide Kommilitonen.

[1] AXMANN 1997, S. 156-158. | [2] DELIUS 1960, S. 182, Nr. 418; S. 188, Nr. 429; ULBRICH 1962, S. 84, Nr. 418, S. 88, Nr. 429 und 429a. | [3] FÖRSTEMANN 1841, Bd. 1, S. 157a. | [4] Diestelmann 2003, S. 15. | [5] KÖSTLIN 1890, S. 6. | [6] FABRICIUS, Georg, Res Misnicae, Jena 1597, S. 93 (Google Books; digital). | [7] Über ihn SCHLÜTER 2012, S. 333. | [8] RÜLING, Johann Ludwig, Geschichte der Reformation zu Meißen im Jahre 1539 und folgenden Jahren, Meißen: Klinkicht, 1839. S. 81, 126, 201, 236. | [9] KÖSTLIN 1890, S. 13.

Seemann, Christian

Christian Seemann (Soeman, Seman, Seheman, geboren in Hamburg, luth., angehender Jurist[1].

Christian Seemann immatrikulierte sich am 18. Juni 1531 an der Universität Wittenberg.[2] Zwei Jahre später, am 7. Juli 1533, erwarb er unter den Dekan Johannes Sachse den Grad eines Bacc. art.[3] Am 27. April 1536 promovierte er gleichzeitig mit Rheticus zum Mag. art.[4] Seemann hat sich danach zu einem Studium an einer höheren Fakultät entschlossen. Am 27. November 1538 schrieb er sich an der Universität Heidelberg ein.[5] Dort nahm er unter dem Dekretalisten Dr. iur. Wendelin Schelling, dem Dekan des WS 1538/39 das Studium der Rechte auf.[6] Auffällig ist, dass Seemann in Heidelberg nicht als Magister aufgetreten ist, sodass Zweifel hinsichtlich einer Identität bestehen mögen. Danach verlieren sich seine Spuren.

1 POSTEL, Rainer, Die Reformation in Hamburg 1517-1528 (Quellen und Forschungen zur Reformationsgeschichte, 52. Gütersloh 1986, S. 341, 345 f. | 2 FÖRSTEMANN 1841, Bd. 1, S. 142a. | 3 KÖSTLIN 1888, S. 14. | 4 Ebenda, S. 23. | 5 TOEPKE 1884, Bd. 1, S. 570. | 6 TOEPKE 1886, Bd. 2, S. 484 f.

Seger, Johannes, † 1552

Johannes Seger (Serranus), aus Kempten, geboren im Kempten/Allgäu (Schwaben), gestorben am 9. April 1552 in Roßfeld (Stadtteil von Crailsheim, Lkr. Schwäbisch Hall, Baden-Württemberg), luth., Theologe[1].
Seger immatrikulierte sich im SS 1520 unter dem Rektorat des Petrus Mosellanus an der Universität Leipzig[2]. Er promovierte am 6. März 1522 zum Bacc. art.[3] Im SS 1541 schrieb er sich an der Universität Wittenberg ein[4]. Nach dem Tod seiner Eltern musste Seger aus Geldmangel nach Kempten zurückkehren, wo er eine Stelle als Prediger annahm. Wegen eines Streites mit dem Zwinglianer Jakob Haistung wurde er abgesetzt und ging als Lateinschullehrer und Kaplan nach Ansbach (Mittelfranken), wurde dann Pastor in Lehrberg (Lkr. Ansbach), wo er heiratete und drei Söhne zeugte. Nach dem Tod seiner Frau und einer zweiten Heirat ging er als Pastor nach Roßfeld. Mit dem Rheticusschüler Georg Karg nahm er an den Beratungen der ansbachischen Theologen über die Teilnahme am Konzil von Trient teil und reiste mit diesen nach Wittenberg, wo er die Confessio Saxonica unterschrieb. Nach der Heimkehr erkrankte er und starb. Georg Karg, der ihn als *compater meus carissimus* bezeichnete, teilte seinen Tod am 13. April 1552 an Martin Moninger mit. Johannes Hoffer aus Coburg, in Wittenberg immatrikuliert am 29. März 1550[5], später JUD, schrieb in seinen *Epicedia* (Wittenberg: Joh. Crato, 1556) auf Seger einen Nachruf in griechischen Versen.

Beziehungen zu Rheticus wären im WS 1541/42 wohl denkbar, doch war Seger schon zu alt und zu sehr Theologe, als dass er sich mit mathematischen Fächern beschäftigt hätte. Es heißt von ihm, dass er in Wittenberg eifrig hebräische Sprachstudien betrieb.

1 CLEMEN/KOCH 1984, Bd. 5, S. 217 f. | 2 ERLER, Bd. 1, S. 571, B 4. | 3 ERLER, Bd. 2 | 4 FÖRSTEMANN 1841, Bd. 1, S. 190b. | 5 FÖRSTEMANN 1841, Bd. 1, S. 253b.

Seidemann, Martin, † 1558

Martin Seidemann (Seidemanus, Sidemanus, Sidemann, genannt Rheticus), geboren in Füssen (Lkr. Ostallgäu, Schwaben), gestorben 1558 in Wittenberg, luth., Schulmann, Gräzist, Theologe[1].
Seidemann immatrikulierte sich wegen Bedürftigkeit *gratis* im SS 1536 an der Universität Wittenberg[2]. Um 1543 wirkte er als Schulmeister in Mansfeld, von wo er engen Kontakt mit Melanchthon aufrechterhielt[3]. Im SS 1547 wechselte er an die Universität Erfurt, wo er als Magister Wittenbergensis rezipiert wurde[4]; es gibt allerdings keinen Beleg für eine Promotion in Wittenberg. In Erfurt unterrichtete er Griechisch und Theologie am Collegium Saxonicum, dessen Dekan er 1553 wurde. Damit wurde er auch zum Sprecher der Lutheraner in Erfurt. Am 2. Juli 1556 kündigte er in Wittenberg eine Vorlesung *Locorum communium et Paediae Cyri* im Haus Ebers an[5]. Seidemann folgte dann 1557 einem Ruf nach Wittenberg. Nach der Rückkehr nach Wittenberg wohnte im Haus neben Paul Eber. Seidemann war verheiratet mit einer Tochter des Erfurter Reformators Dr. theol. Johannes Lange (ca. 1487-1548). Er machte sich dadurch verdient, dass er den von seinem Schwiegervater geerbten Brieffundus durch seinen *Amanuensis* Siegfrid Asterius[6] abschreiben ließ (Codex Gothanus A 399).

Seidemann verfasste eine *Oratio funebris* auf den am 1. Juni 1550 verstorbenen Magister Joseph Kirchner, den Sohn des Magisters Sigismund Kirchner (Erfurt: Dolgen, 1550). Seidemann verewigte sich in einigen Stammbüchern, etwa am 1. Mai 1557 in Wittenberg bei Abraham Ulrich *fratri suo carissimo*[7] oder am 12. Mai 1557 bei Joachim Strupp[8].

Beziehungen von Rheticus zu Seidemann sind anzunehmen. Darauf deutet auch hin, dass Seidemann sich im Hinblick auf seine alpine Herkunft Rheticus nannte. Er könnte Rheticus' Vorlesungen vom SS 1536 bis zum SS 1538 gehört haben.

1 KLEINEIDAM 1980, Bd. 3, S. 294. | 2 FÖRSTEMANN 1841, Bd. 1, S. 161b. | 3 CR V, Sp. 168 f.; FISCHER 1926, 85, 116; vgl. dazu besonders auch SCHEIBLE, MBW, Texte, Bd. 9, S. 469-471, 493-497. | 4 WEISSENBORN 1884, Bd. 2, S. 366a, Nr. 25. | 5 SPP, Bd. 2, Wittenberg 1556, S. 201 f., ULB Halle, digital, Scan 429 f. | 6 Über ihn SCHEIBLE, MBW, Bd. 11, Personen, 2003, S. 93. | 7 KLOSE 1999, S. 260 f. | 8 METZGER-PROBST 2002, S. 290.

Seifried, Georg

Georg (Gregor) Seifried (Seyfrid, Seufridi, Seyfridus), geboren in Sulzfeld (Lkr. Kitzingen, Unterfranken), luth., Arzt, Astronom, Historiker[1].

Georg Seyfried immatrikulierte sich am 17. Mätrz 1520 in Wittenberg[2]; in diesem Semester konnte sich Wittenberg eines besonders großen Zustroms von Studenten erfreuen, man zählte 333 neue Scholaren. Achilles Pirmin Gasser, der 1522 folgte, war zeitweise sein Kommilitone. 1527 unterbrach er sein Studium und wurde Schulmeister in Kitzingen Am 23. Januar 1531 promovierte er unter Augustin Schürpf zum Dr. med., gleichzeitig mit Melchior Fendt, der seinen Lic. med. machte[3]. Danach lehrte er eine Zeitlang an der Leucorea; denn Seifried wird in einer Liste der Wittenberger Professoren der Medizin geführt[4]. 1536 wird er in einer Kitzinger Steuerliste als Doktor bezeichnet. 1539 ist er Dr. med. in Ansbach. 1540 wird er als Physikus nach Kitzingen berufen. 1541 ist er Leibarzt der Markgrafen Georg und Albrecht von Brandenburg[5].

In den 1540er Jahren stießen Geschichtsschreibung und Genealogie auf ein zunehmendes Interesse. Hier sind die Namen von Luther. Melanchthon, Eber, Carion, Münster, Gasser oder Brusch zu nennen; ähnliche Bestrebungen förderte Herzog Albrecht von Preußen. Und so verfasste 1540 Georg Seifried einen Stammbaum der Markgrafen zu Brandenburg, den er 1541 an den Hof nach Königsberg schickte[6]. Der Text dieser Genealogie *Kurze Beschreibung des Stammes der Markgrafen zu Brandenburg* liegt in einer kalligraphischen Abschrift aus dem Jahre 1582 vor[7]. Die Genealogie erschien auch im Druck in der deutschen Fassung *Beschreibung des fürstlichen Stammes und Herkommens der Marggrafen zu Brandenburg* (Wittenberg 1555) sowie in einer lateinischen Übersetzung *Genealogia illustrissimorum principum Marchionum Brandenburgensium* (Wittenberg: Lufft, 1555). Die nach Königsberg geschickte Publikation steht wohl in einem Zusammenhang mit der Tatsache, dass Georg Seifried Leibarzt der Markgrafen Georg und Albrecht von Brandenburg in Ansbach war. Zur Vermählung des Kitzinger Rats Friedrich Bernbeck schrieb Seifried ein Hochzeitsgedicht, angehängt an Hoffer, Johannes, *Epithalamion scriptum ... Friderico Bernbeck* (Wittenberg: Peter Seitz' Erben, 1555).

Eine weitere Publikation zeigt die enge Verbindung der Geschichtsschreibung und Genealogie mit dem Kalenderwesen, wie sie später von dem Kalendermacher Hieronymus Lauterbach, einem Rheticusschüler, gepflegt und vollendet wurde. Georg Seifried, Dr. zu Ansbach, verfasste 1539 einen Wandkalender für das Jahr 1540, der bei in Nürnberg bei Hans Guldenmundt im Druck erschien[8]. Vermutlich ist dieser Druck identisch mit dem Einblattdruck, der bei Zinner verzeichnet ist unter dem Titel *Deutscher Wandkalender* für 1540, Bauernkalender mit Merkmalen für Tage und Heilige, Nürnberg: Hans Guldenmundt[9]. Ein ebenfalls von Georg Seifried verfasster Almanach auf 1544 befand sich früher in einem Sammelband der Bibliothek in Königsberg, ist jedoch heute verschollen[10]. Dieser Sammelband vereinigt Praktiken aus den frühen 1540er Jahren verschiedener

Autoren aus dem Umfeld von Rheticus, neben Georg Seifried u.a. von Gasser, Apian, Schöner, Andreas Aurifaber, Carion, Salomon von Roermond, Johannes Virdung von Haßfurt, Anton Brellochs, Matthias Brotbeihel, Johannes Freund, Georg Salzmann[11].

Das Interesse für die Astronomie war bei Georg Seifried frühzeitig vorhanden. Am 23. April 1538 schrieb ihm Melanchthon einen Brief, mit dem er sich gegen die Spötter der Astrologie zur Wehr setzte. *Quare tibi persuadebis, me et studia tua probare et amicitia tua magnopere delectari. Pertinet autem et ad rempublicam consensus eruditorum, ut maioribus copiis bonae artes defendi adversus ineruditos, qui vastitatem et barbariem quandam efficere connantur. Nam qui nos calumniantur propter astrologiam, mihi crede, nihilo sunt aequiores universae philosophiae. Sed astute hanc partem lacerant, cuius reprehensio est plausibilior. Saepe audio pariter damnantes divinatricem et demonstrationem de motibus. Hoc quid aliud est quam Arithmeticam et Geometricam damnare, et tollere annorum descriptionem, quam tamen Deus observari praecipit. Tantam impudentiam quis ferat aequo animo? Quare pro virili studiosos adhortari soleo ad studia universae philosophiae, et te nolim animo frangi aut deterreri calumniis ineruditorum, quo minus ad Galeni Physicen adiungas doctrinam de motibus et effectibus coelestibus. Caeterum rixari te cum illis ineptis hominibus nolo. Ut enim Homerus inquit, nullum esse foedus inter homines et leones, ita scito aeternum et naturale odium esse inter ingenia philosophica et sophistica, quae suis cupiditatibus aliquam doctrinae umbram praetexunt*[12]. (Deshalb sei überzeugt, dass ich Deine Studien befürworte und mich über Deine Freundschaft sehr freue. Die übereinstimmende Überzeugung der Gelehrten dient dem Staat, dass die schönen Künste mit allen Mitteln gegen die Ungelehrten verteidigt werden, die es auf eine Verödung und Barbarei anlegen. Denn jene, die uns wegen der Astrologie übel nachreden, glaube mir, schätzen die ganze Philosophie gering ein, aber sie verunglimpfen in ihrer Verschlagenheit diese Sparte, weil der gegen sie gerichtete Tadel einleuchtender ist. Oft höre ich ihr Geschrei, das sich in gleicher Weise gegen die Weissagung und die Demonstration der Sternbewegungen richtet. Das heißt aber nichts anderes, als die Arithmetik und die Geometrie zu verdammen und die Ordnung der Jahre aus dem Weg zu räumen, die einzuhalten uns Gott befohlen hat. Wer aber kann eine solche Unverschämtheit gleichmütig hinnehmen? Darum pflege ich nach Kräften meine Schüler zum Studium der ganzen Philosophie anzuspornen, und ich möchte nicht, dass Du Dich durch die Verleumdungen der Ungelehrten entmutigen und davon abhalten lässt, der Physik Galens die Lehre von den Bewegungen und Wirkungen der Himmelskörper hinzuzufügen. Im Übrigen möchte ich nicht, dass Du Dich mit jenen Taugenichtsen herumstreitest. Denn wie Homer sagt, gibt es keinen Pakt zwischen Menschen und Löwen. Erkenne also, dass ein ewiger und von Natur gegebener Hass besteht zwischen philosophischem und sophistischem Geist, der seine Gelüste mit dem Schatten einer Wissenschaft zu verbrämen sucht).

1 Clemen-Koch 1985, Bd. 6, S. 214, Anm.1; 1985, Bd. 6, S. 214, Anm.1; Haefele 1988, Bd. 2, S. 517, Ziff. 30. | **2** Förstemann 1841, Bd. 1, S. 88b. | **3** Kaiser 1982, S. 151. | **4** Sennert 1678, S. 139, BSB München digital, Scan 147. | **5** Brusch, Ad viros aliquot eruditos ... epigrammata (Nürnberg: Joh. Petreius, 1541), BSB München, digital, Scan 10 f. | **6** Thielen 1953, S. 159. | **7** UB Heidelberg. Cod. Pal. germ. 103, zugänglich UB Heidelberg online. | **8** Zinner ²1964, S. 197, Nr. 1763. | **9** Zinner ²1964, S. 458, Nr. 1748a. | **10** Päsler 2004, S. 225. | **11** Vgl. dazu Zinner ²1964, S. 195-204, wo alle genannten Drucke aufscheinen. | **12** CR III, Sp. 515 f., Nr. 1668.

Seifried, Georg, d.J.

Georg Seifried (Seyfrid, Seyfridt, Seufridi, Seifridus, Sigefridus), geboren in Wemding (Lkr. Donau-Ries, Schwaben), luth., Arzt.
Ein genealogischer Zusammenhang mit Georg Seifried d.Ä. ist nicht erwiesen. Georg Seifried d.J. immatrikulierte sich im SS 1538 unter dem Rektor Melanchthon an der Universität Wittenberg[1]; Konsemester waren Siebeneicher, von Stetten, Heinrich Zell, Rantzau, Knobelsdorff, Simon Schwalbe, Peter Taig u.a. Er promovierte am 25. Januar 1543 unter dem Dekan Christoph Jonas[2];

er kam auf den 11. Rang von 31 Kandidaten; bessere Plätze erreichten Wolfgang Vogler (2. Rang), Ludolf Priggius (7. Rang), Simon Schwalbe (8. Rang). Seifried könnt im SS 1538 und im WS 1541/42 die Vorlesungen von Rheticus besucht haben. Sein Studium der Medizin schloss Seifried am 19. Oktober 1552 in Bologna ab[3].

1 Förstemann 1841, Bd. 1, S. 170a. **2** Köstlin 1890, S. 15. **3** Bronzino 1962, S. 45.

Sella, Georg, 1508–1571

Georg Sella (Secstel, Sessel, Sesler), geboren 1508 in Tirschenreuth (Oberpfalz), gestorben am 13. Januar 1571 in Nürnberg, begraben auf dem Friedhof von St. Johannis, luth., homo trilinguis, Mathematiker, Lateinschulmeister und Theologe[1].

Sella begann sein Studium im WS 1528/29 in Leipzig[2]. Im WS 1529/30 gehörte er zu einer Gruppe von sechs Studenten, die beim Dekan begründen mussten, warum sie lieber bei Bürgern als in den von der Universität approbierten Unterkünften wohnen wollten[3]. Um den 15. Februar 1535 bestand Sella, der vom Dekan Laurentius Siebeneicher aus Freising geprüft wurde, sein Examen als Bacc. art.[4] Nach Will soll Sella in Wittenberg Schüler von Luther und Melanchthon gewesen sein (nicht in der Matrikel) und dort auch Magister geworden sein (Nachweis fehlt). Sella war zunächst Schulmeister in Ochsenfurt (Lkr. Würzburg, Unterfranken). 1537 wurde er an die bekannte Stiftsschule nach Ansbach berufen, an der u.a. Bernhard Ziegler Hebräisch lehrte, ging aber 1539 nach Nürnberg[5]. Hier wurde er am 29. August 1542 Konrektor an der Schule von St. Lorenz und zugleich Bürger von Nürnberg, nach Ostern 1543 anstelle des verstorbenen Johannes Kezmann Rektor. 1548 widersetzte er sich dem Interim, wurde jedoch von Hieronymus Baumgartner wieder eingesetzt. Sella stimmte zunächst auch der Osianderschen Lehre von der Rechtfertigung zu, unterschrieb aber später ein anti-osianderisches Bekenntnis. Sein Sohn Johannes Sella ist 1558 in Wittenberg immatrikuliert.[6] Ein anderer Sohn Christoph Sella konvertierte und studierte in Ingolstadt, wo er 1580 disputierte *De vera et falsa differentia veteris et novae legis contra fundamentum Lutheranae doctrinae*.

Sella war, wenn überhaupt, nur für kurze Zeit Kommilitone von Rheticus, keinesfalls aber Schüler. Er muss aber, falls er wirklich in Wittenberg studiert hat, Schüler von Volmar gewesen sein. Im jedem Fall hatte er Interesse an der Astronomie. Dieses mag auch dadurch gefördert worden sein, dass Johannes Schöner an der St. Lorenzschule, die Sella leitete, Mathematik unterrichtet hat. Johannes Kentmann, seit 13. Dezember 1543 Unterlehrer (»Baccalaureus«) an dieser Schule, berichtet, dass er hier um 1544/45 Vorlesungen von Schöner gehört hat[7]. Es steht außer Zweifel, dass Schöner, dem 1540 die *Narratio prima* von Rheticus gewidmet worden war, auch auf Kopernikus zu sprechen gekommen ist. Sella kaufte am 23. Juni 1550 in Nürnberg das Exemplar von *De revolutionibus*, das zuvor dem Abt von St. Ägidien Friedrich Pistorius gehört hatte[8]. Johannes Sella kaufte am 2. Januar 1558 in Nürnberg um 6 Batzen den *Catalogus cometarum* des Julius Obsequens (Basel, Johannes Oporin, 1552)[9]. Am 2. Juni 1544 kaufte Sella den Kommentar des Erasmus zum Neuen Testament *Des. Erasmi Roterodami in Novum Testamentum Annotationes* (Basel: Joh. Froben, 1519), das er reichlich mit Anmerkungen versehen hat. Der neue Besitzer vermerkte *Georgius Sella Norimbergae sibi et suis emit 4 Nonas Junii Anno 1544* mit der Preisangabe *1 M*[10].

1 Will 1757, Bd. 3, S. 669 f.; Will/Nopitsch 1808, Bd. 8, S. 197 f.; Helm 1971, S. 33, Anm. 119. | **2** Erler, Bd. 1, S. 599, B 4. | **3** Erler, Bd. 2, S. 614. | **4** Ebenda, S. 632. | **5** Fuchs, Johann Michael, Einige Notizen zur Schul-Geschichte von Heilsbronn und Ansbach, Ansbach: Brügel, 1837, S. 41. | **6** Förstemann 1841, Bd. 1, S. 347a. | **7** Helm 1971, S. 33 f. | **8** Gingerich 2002, S. 65. | **9** Hausmann 2000, S. 64 f.; VD 16 O 178. | **10** Bassenge, Berlin-Grunewald, Auktion 103 (Wertvolle Bücher, 9./10. April 2014), S. 309-311, Nr. 1058.

Siber, Adam, 1516–1584

Adam Siber, geboren am 8. September 1516 in Schönau/Wildenfels (Lkr. Zwickau), gestorben am 24. September 1584 in Grimma (Lkr. Leipzig), luth., Schulmann, neulat. Dichter[1].

Adam Siber, Sohn des ersten luth. Predigers in Schönau, wuchs nach dem frühen Tod seiner Eltern in der Familie des Stephan Roth in Zwickau auf. Im WS 1536/37 immatrikulierte er sich an der Universität Wittenberg[2], wo er Luther, Melanchthon, Cruciger, Jonas und Bugenhagen hörte. Am 2. September 1540 promovierte er (gemeinsam mit Mathesius, Gigas, Marbach, auch Anton Reuchlin und Nikolaus Mende) zum Mag. art.[3] Simon Wilde machte sich Adam Siber zu seinem Vorbild. Begeistert schrieb er an Stephan Roth: *Scito Adamum nostrum quod foelix faustumque sit iam cum viginti duobus ad magisterium promovisse, ipsumque quartum inter eos locum habuisse* (Wisse dass unser Adam glücklicherweise mit 22 Kandidaten zum Magister promoviert wurde und selbst den vierten Platz errungen hat). Wilde befürchtete, dass Siber Wittenberg verlassen werde, denn mit niemand sonst als mit ihm und Simon Sinapius könne er offen über die Wissenschaften und andere Angelegenheiten disputieren. Zugleich ließ er seinem Onkel als Geschenk des Buchdruckers Georg Rhau die *Silvae* von Gigas übersenden, die am Tage seiner Promotion im Druck erschienen waren. *Sane adeo mihi pompa ea placuit, ut omnes labores spernendi sint quo quamprimum ego etiam assequar: sic enim prosus mecum constitui deo favente ut ab hinc anno etiam eum assequar* (Tatsächlich hat mir diese Feier so sehr gefallen, dass alle Anstrengungen zu überwinden sind, damit ich sobald wie möglich gleichkomme. Und so habe ich kurz bei mir beschlossen, ihn mit Gottes Hilfe in einem Jahr einzuholen).[4]

Im SS 1545 schrieb sich Siber (gemeinsam mit Wolfgang Fusius) an der Universität Leipzig ein[5], aber wohl nicht, um dort seine Studien fortzusetzen. Siber wirkte an verschiedenen Schulen (Freiberg, Halle/Saale, Chemnitz, dann drei Jahrzehnte als Rektor an der kurfürstl. Landesschule in Grimma).

Eine Randbemerkung in der Leipziger Matrikel nennt Siber *poeta elegantissimus et Christianos inspirans*. Seine lat. Dichtungen, etwa die *Poematum libri V* (Basel: Joh. Oporinus, 1562) oder die *Poemata sacra varia* (Basel: Joh. Oporinus, 1565/66), zeigen den religiösen Charakter seiner Gedichte an. Sein Freund Gigas widmete ihm die Verse *Adamo Sibero*[6].

Die **Beziehungen** zu Rheticus mögen in Sibers frühe Semester 1536 bis 1538 zurückgehen. Ob sie sich im Sommer 1545 nochmals in Leipzig begegnet sind, darüber ist nichts überliefert.

1 Müller, Georg: ADB 34 (1892), 125-130. | **2** Förstemann 1841, Bd. 1, S. 162b. | **3** Köstlin 1890, S. 12. | **4** Buchwald 1893, S. 155. | **5** Erler, Bd. 1, S. 656, M 61. | **6** Gigas, Silvae (Wittenberg 1540), Bl. 29v.

Siebeneicher, Lorenz, ca. 1500/05 – ?

Lorenz (Laurentius) Siebeneicher (Sibeneicher, Sibenaicher, Sibeneycher, Siebenecker, Sibeney), Lorenz, geboren um 1500/1505 in Freising (Oberbayern), gestorben (unbekannt), luth., Jurist, Rechtslehrer in Wittenberg, Kopenhagen, Ingolstadt und Rostock.

Siebeneicher begann sein Studium im WS 1520/21 an der Universität Leipzig[1]. Im September 1522 unterzog er sich bei Magister Alexander Seckler der Prüfung zum Bacc. art., im WS 1527/28 bei Magister Konrad Lorch dem Examen zum Mag. art.[2] Im SS 1529 prüfte er zwei Kandidaten zum Bacc. art. Am 23. September 1533 wurde er in das Gremium der Artistenfakultät aufgenommen und am 22. Dezember 1533 zum Examinator für die Magistranden, am 21. Februar 1533 für die Baccalaureanden[3], am 18. April 1534 zum Executor gewählt[4]. Am 10. Oktober 1534 standen zwei gleichwertige Kandidaten für die Wahl des Dekans der Artistenfakultät an; Nikolaus Sabelius verzichtete gegen das Versprechen, dass man ihn bei der nächsten Wahl in zwei Jahren berücksichtigen werde; Siebeneicher wurde zum Dekan und Executor gewählt[5]. Als Dekan prüfte er zwei Kandidaten für das Bakkalaureat, darunter Georg Sella[6]. Siebeneicher hielt keine Vorlesungen, da er sich jetzt auf das Studium der Rechte konzentrierte. Am 3. Februar 1535 promovierte er *uno actu* zum Bacc. iur.utr. und Lic. iur. utr.[7]

Im SS 1538 immatrikulierte er sich unter dem Rektorat von Melanchthon an der Universität Wittenberg als Licentiatus, zugleich mit Georg von Stetten, Heinrich Zell, Hieronymus Wolf[8]. Doch schon bald ging er nach Kopenhagen, wo er bis 1541 als Lector juris unterrichtete[9]. Am 27. April 1541 wurde er in Rostock ehrenhalber in die Matrikel eingeschrieben (*fuit honoratus cum salario matriculae*)[10]. Danach wechselte er nach Ingolstadt, wo er sich am 3. Juni 1541 als *magister artium et utriusque iuris licentiatus Lipsensis* eingeschrieben hat[11]. Vor 1557 wurde er in Rostock Professor für die Institutionen. Sein Nachfolger wurde der 1557 zum Lic. promovierte Joachim Gripswald aus Lüneburg[12].

Beziehungen zu Rheticus gab es nicht, wohl aber zu einigen seiner Schüler und Freunde, namentlich zu Georg Sella. Da er bei seiner Immatrikulation in Wittenberg 1538 bereits Lic. iur. war, hat er wohl keine Vorlesungen in den mathematiaschen Fächern besucht. Immerhin mögen sich beide bei akademischen Anlässen im Jahre 1538 begegnet sein. Ein Bindeglied zwischen Rheticus und Siebeneicher war auch Melanchthon.

1 Erler, Bd. 1, S. 575, B. 33. | **2** Erler, Bd. 2, S. 570, 606. | **3** Erler, Bd. 2, S. 626 f. | **4** Erler, Bd. 2, S. 629. | **5** Erler, Bd. 2, S. 630. | **6** Erler, Bd. 2, S. 632. | **7** Erler, Bd. 2, S. 56. | **8** Förstemann 1841, Bd. 1, S. 169a. | **9** Rørdam 1869, Bd. 1, S. 535 f. | **10** Hofmeister 1891, Bd. 2, S. 102. | **11** Wolff 1973, S. 166. | **12** Krabbe 1854, S. 473.

Sinapius, Johannes, *Svinfurtensis*, 1505–1560

Johannes Sinapius (Senff), geboren am 12. Dezember 1505 in Schweinfurt (Unterfranken), gestorben am 13. Dezember 1560 in Würzburg (Unterfranken), luth., Gräzist, Arzt[1].

Johannes Sinapius, Sohn des Ratsherrn und Bürgermeisters der Reichsstadt Schweinfurt Kaspar Senff (ca. 1481-1535) studierte 1520 in Erfurt[2], wo er zum Bacc. art. promovierte, immatrikuliert im SS 1523 unter dem Rektor Petrus Mosellanus in Leipzig[3], wo er um den 13. Juli 1523 *pro loco* disputierte[4], am 7. Mai 1524 eingeschrieben in Wittenberg[5] (Konsemester von Wendelin Gürrich, Heinrich Smedenstede), 1526 in Heidelberg[6], wo er am 6. August 1527 Mag. art. wurde[7], auch eine Zeit lang von 1529 bis 1531 Griechisch lehrte, dann aber sein Studium der Medizin in Italien fortsetzte, zuerst 1532/33 in Padua, dann 1533 in Ferrara, wo er am 23. Juni 1535 zum Dr. med. promovierte[8]. Er lebte bis 1548 in Ferrara, von Besuchen in der Heimat (Basel, Tübingen, Konstanz) abgesehen. In Ferrara wurde er immer wieder 1533 bis 1548 Anlaufstelle für deutsche Studenten und Zeuge bei deren Promotionen zum Dr. med. oder JUD[9]. Ein Beispiel für viele ist der Arzt Heinrich Eggeling aus Braunschweig, der am 14. Januar 1535 in Ferrara durch Giovanni Mainardi promoviert wurde (Zeuge Sinapius)[10]. Sinapius wirkte als Leibarzt am Hof von Ferrara, wo er dem Humanistenkreis um Ercole II. d'Este angehörte. Hier war er auch Tutor der Olympia Fulvia Morata. Am 17. Juli 1545 wurde Sinapius zu Worms durch Kaiser Karl V. in den Adelsstand erhoben[11]. Im Juni 1548 wechselte er als Leibarzt zum Fürstbischof Melchior Zobel nach Würzburg und dessen Nachfolger. Er bezog hier ein jährliches Gehalt von 250 Gulden. Sinapius heiratete 1538 Françoise de Boussiron († 1553); er hatte eine Tochter Theodora.

Werke: Sinapius führte einen bedeutenden Briefwechsel, u.a. mit Erasmus, Bucer, Calvin, Alciato, Bonifaz Amerbach, Jakob Bedrot, Heinrich Bullinger, Vadian, Sebastian Münster, Melanchthon, Camerarius, Veit Oertel Winsheim. Für Münsters Kosmographie lieferte einen Beitrag über Schweinfurt. Weitere Werke: *Defensio eloquentiae*, Hagenau: Joh. Setzer, 1528; *Adversus ignaviam*, Hagenau: Joh. Setzer, 1530; Übersetzung von Lukians *Podagra*, Frankfurt/Main: Chr. Egenolf, 1538.

Beziehungen zwischen Rheticus und Sinapius sind nicht bekannt; er musste jedoch mit einer Kurzbiographie hier berücksichtigt werden, da er immer wieder in Verbindung mit Schulgesellen aus dem Rheticuskreis genannt wird, vor allem bei den Wittenberger und Leipziger Studenten in Ferrara. Sinapius' Interesse an der Astronomie zeigt sich in der Überlieferung seines Horoskops[12]. Es ist noch zu vermerken, dass Sinapius 1528 in Heidelberg unter Dr. Peter Roth zum Mag. art. promovierte, der 1534 Stadtarzt von Feldkirch und damit einer der Nachfolger von Rheticus' Vater Georg Iserin wurde.

1 FLOOD/SHAW 1997; DRÜLL 2002, S. 504 f. | 2 WEISSENBORN 1884, Bd. 2, S. 315, Nr. 3. | 3 ERLER, Bd. 1, S. 588, B 15. | 4 ERLER, Bd. 2, S. 577. | 5 FÖRSTEMANN 1841, Bd. 1, S. 121 a. | 6 TÖPKE 1884, Bd. 1, S. 540. | 7 TÖPKE 1886, Bd. 2, S. 444 f. | 8 PARDI ²1900, S. 124 f. | 9 Vgl. dazu PARDI ²1900, S. 122-147. | 10 KLEINEIDAM 1983, Bd. 2, S. 217 f. | 11 Diplom publiziert bei FLOOD/SHAW 1997, S. 274-276. | 12 Abgebildet bei FLOOD/SHAW 1997, S. 2.

Sinapius, Johannes, *Weismanensis*

Johannes Sinapius (Senff), geboren in Weismain (Lkr. Lichtenfels, Oberfranken), gestorben nach 1561, luth., Universitätslehrer (Aristoteles).

Johannes Sinapius immatrikulierte sich im WS 1536/37 unter dem Rektor Christoph Montag an der Universität Leipzig[1], wo er der Bayerischen Nation angehörte. Im WS 1538/39 promovierte er zum Bacc. art.[2] Am 21. Oktober 1541 schrieb sich Sinapius an der Universität Wittenberg ein[3]; hier war er Konsemester von Ulrich Sitzinger, Gervasius Marstaller, Nikolaus Friedwald. Im WS 1542/43 wurde er von Leonhard Wolf zum Mag. art. graduiert[4]. Im WS 1544/45 war er für zwei Jahre bestimmt worden, den Aristoteles zu erklären[5]. Am 23. Juni 1546 war er in den Rat der Fakultät aufgenommen worden. Im SS 1546 war Sinapius Dekan der philosophischen Fakultät; im SS 1549 fungierte er als Claviger. Von 1546 bis 1561 war er Kollegiat des kleinen Fürstenkollegs; danach resignierte er. Im SS 1548 war Sinapius Rektor Magnificus[6]; unter ihm wurden 266 Studenten neu aufgenommen; zugleich wurden vier Studenten relegiert, davon zwei öffentlich auf zwei Jahre, zwei stillschweigend auf ein halbes bzw. ein viertel Jahr[7]. In der Matrikel ist seine Rektoratseintragung mit einem farbigen Wappen illuminiert: Schwarze, mit vier Sporen versehene Klaue im gelben Feld, über dem Helm ein gekrönter Mohr mit einer Lanze in der Hand[8].

Beziehungen zwischen Rheticus und Sinapius muss es gegeben haben. Im WS 1541/42 konnte Sinapius in Wittenberg Vorlesungen von Rheticus gehört haben, in Leipzig gehörten beide 1542 bis 1545 als Kollegen der gleichen Fakultät an; auch vom Herbst 1548 bis zum Frühjahr 1551 waren sie wieder Kollegen.

1 ERLER, Bd. 1, S. 621, B 2. | 2 ERLER, Bd. 2, S. 650. | 3 FÖRSTEMANN 1841, Bd. 1, S. 192a. | 4 ERLER, Bd. 2, S. 670. | 5 Ebenda, S. 681. | 6 GERSDORF 1869, S. 37. | 7 ERLER, Bd. 1, S. 751. | 8 Erler, Bd. 1, S. 669.

Sinning, Jens Andersen, † 1547

Jens (Johannes) Andersen (Andreae) Sinning (Sinningius, Syningius, Sening), Danus, geboren in Aarhus (Mydtjylland, Dänemark), gestorben am 21. November 1547 (an der Pest) in Kopenhagen, Epitaph von Anders Vedel[1], luth., Universitätsprofessor (Rhetorik, Hebräisch), Theologe.

Johannes Andreae Danus wurde am 30. Mai 1534 unter dem Dekan Alexander Ales bereits vor seiner Immatrikulation unter die Wittenberger Bakkalare rezipiert[2]. Er immatrikulierte sich am 2. Oktober 1534 unter dem Rektor Kaspar Lindemann an der Universität Wittenberg[3]; Konsemester waren sein dänischer Landsmann Niels Palladius, Matthias Flacius, Balthasar Klein, Valentin Engelhardt, die Brüder Christoph und Johannes Trautenbul, der musikbegeisterte Georg Forster. Im Januar 1537 wurde Sinning unter dem Dekan Melanchthon zum Mag. art. graduiert[4]; er belegte den 1.

Rang unter 14 Mitbewerbern; seine Landsleute Jørgen Jensen Sadolin und Jørgen Svaning kamen auf den 4. und 7. Rang. Sinning wurde 1538 Professor für Rhetorik, 1541 auch für Hebräisch in Kopenhagen. In einem Brief Bugenhagens vom 19. August 1542 an König Christian III. wurde Sinning als deutscher Prediger am dänischen Hof vorgeschlagen, er verstehe so viel Deutsch, dass er mit deutschen Herren reden könne[5].

Posthum erschien von ihm eine auf Melanchthon basierende und von Sinning 1545 an die Studenten der Universität von Kopenhagen gerichtete *Oratio de studiis philosophicis theologiae studioso necessariis*, die in einem Facsimile mit dänischer und englischen Übersetzung wieder greifbar ist (SINNING, Jens Andersen, Tale om nødvendigheden af filosofiske studier for den teologiske student, 1545, Kopenhagen: Tusculanum-Press, 1991). Den hier entwickelten Grundsätzen kommt Allgemeingültigkeit für die Zeit von Rheticus' Tätigkeit in Wittenberg und Leipzig zu. Nicht nur Rhetorik, Dialektik und Ethik sind Grundlagenfächer für das Studium der Theologie, sondern auch die Physiologie und die Mathematik; denn in den Propheten, Psalmen und historischen Büchern der Hl. Schrift sind zahlreiche Stellen nur aus der Kenntnis der Physik verständlich. *Jam vero et historiae et computationes temporum in iis summopere considerandae, deinde et locorum variae descriptiones, quae passim in literis sacris extant, requirunt et Geographiae scientiam et numerandi cognitionem aliasque Mathematicae partes, quae Physicae annumerantur*[6] (die Geschichte und die Zeitrechnung sind darin in höchstem Grade zu beachten, sodann aber auch erfordern die verschiedenen Beschreibungen der Lokalitäten, die in der Hl. Schrift vorkommen, die Wissenschaft der Geographie und die Kenntnis des Rechnens und andere Teile der Mathematik, die der Physik zugezählt werden).

1 SINNING 1991, S. 66 f. (lat., dän.), S. 97 (engl.) | **2** KÖSTLIN 1888, S. 15. | **3** FÖRSTEMANN 1841, Bd. 1, S. 154a. | **4** KÖSTLIN 1888, S. 23. | **5** VOGT 1910, S. 236, 240, 419. | **6** SINNING 1991, S. 42.

Skavbo, Claus Lauridsen, † 1590

Claus Lauridsen Skavbo (Scavenius), geboren in Skagen (seit 2007 Ortschaft der Kommune Friderikshavn, Nordjylland, Dänemark), gestorben am 18. August 1590 in Kopenhagen, luth., Rechenmeister, Mathematiker[1].

Nach Besuch der Schule in Aalborg (Nordjylland, Dänemark) besuchte er die Universität Kopenhagen, wo Christiern Morsing »sein lieber Lehrmeister« im Fach Mathematik wurde. Im Juli 1543 schrieb er sich als Nicolaus Laurentii in Wittenberg ein[2]. Er war von einigen Adligen begleitet, als deren *Praeceptor* er anzusehen ist, nämlich Balthasar Jacobi[3] und Joannes Oxe[4]. Johan Oxe war der Bruder von Peder Oxe. Dank dieser Verbindung kam Skavbo in den Genuss eines Stipendiums. Er besuchte mehrere deutsche und französische Universitäten, u.a. 1552 Paris. 1555 promovierte er in Kopenhagen unter Mads Hack zum Mag. art., dessen Nachfolger er 1556 auf dem Lehrstuhl für Mathematik in Kopenhagen wurde. 1564 wurde ihm der Lehrstuhl fürPhysik übertragen. Skavbo übernahm Ämter in der Universitätsverwaltung, u.a. als Fiscarius; er war wiederholt Rektor Magnificus. Skavbo war kein herausragender Wissenschaftler; auf ihn könnte die Klage von Tycho Brahe zutreffen, dass er lange Zeit keine Fortschritte gemacht habe, weil er keinen Mathematiker, sondern nur einen Rechenmeister als Lehrer hatte. Eine direkte Beziehungen zwischen Rheticus und Skavbo gab es wohl nicht; doch war er als Schüler von Morsing und Hack hier zu erwähnen.

Werke: *Arithmetica Regnekvnst, bode med Cyphret oc regnepenningh*, Paris: Estienne Mesviere, 1552.

1 ULFF-MØLLER 2005, S. 383-399, besonders S. 394-399; RØRDAM, H. F., Skavbo, Claus Lauridsen, in; Dansk biografisk Lexikon, Bd. 16, 7-8. | **2-4** FÖRSTEMANN 1841, Bd. 1, S. 205b.

Smedenstede, Hinrich, † 1554

Hinrich Smedenstede (Smedenstedt, Smedenstein, Smedenskin, Smedenstenius), aus Lüneburg, luth., Universitätslehrer, Theologe[1].

Smedenstede immatrikulierte sich am 22. Mai 1524 an der Universität Wittenberg[2]; Konsemester war Johannes Sinapius aus Schweinfurt. Am 28. August 1532 errang er unter Veit Amerbach den Grad eines Mag. art. und belegte den 1. Rang unter sieben Kandidaten; Mitbewerber war Jakob Schenck aus Waldsee[3]. Smedenstede wurde noch 1533 in das Kollegium der Artistenfakultät aufgenommen[4]. Im WS 1540/41 wurde er zum Dekan gewählt[5]; in diesem Amt kreierte er 22 Magistri, darunter Mathesius, Gigas, Marbach, Siber, Collinus, Schürer, Kram, dazu auch 15 Bakkalare, unter denen sein eigener Bruder Hieronymus war[6]. Am 7. Juli 1542 promovierte Smedenstede unter dem Vorsitz des Dekans Luther zum Lic. theol., worauf ihm am 11. Juli der Grad eines Dr. theol. verliehen wurde. Der Festakt schloss mit einem *prandium splendidum*[7]. Smedenstede wurde danach von Herzog Heinrich von Mecklenburg als Professor der Theologie nach Rostock berufen. Hier wurde er am 23. November 1542 zusammen mit seinem Bruder Hieronymus *honoris causa gratis* in die Matrikel eingeschrieben. Zugleich wurde er durch den Herzog zum Pastor von St. Nicolai bestellt. Durch seine Polemik machte er sich jedoch viele Feinde. Am 8. Dezember 1547 nahm Smedenstede in Greifswald in Gegenwart des Herzogs Philipp von Pommern die erste theologische Promotion vor[8]. Er wechselte 1548 an die Universität Greifswald, nachdem er in Rostock abgesetzt worden war, hielt aber nur *privatim* Vorlesungen. 1550 wurde er zum Pastor in Lunden (Kreis Dithmarschen, Schleswig-Holstein) berufen, doch auch hier gab es viel Streit, sodass er schließlich 1552 nach Wismar ging, wo er ebenfalls Unruhe verursachte.

Schmedenstede genoss als Theologe hohes Ansehen und galt als scharfsinniger Dialektiker, neigte aber dazu, die Gemüter zu erhitzen. Er gehörte seit 1532 zu den Lehrern von Rheticus, von 1536 bis 1542 waren sie Kollegen. Smedenstede war jedoch in erster Linie Theologe, sodass beide fachlich eher wenig miteinander zu tun hatten. Rheticus dürfte aber an der Promotionsfeier für Smedenstede teilgenommen haben.

1 Krause, in: ADB 31 (1890), S. 632 f.; Krabbe 1854, S. 441-443, 454-456. | 2 Förstemann 1841, Bd. 1, S. 121a. | 3 Köstlin 1888, S. 21. | 4 Ebenda, S. 25. | 5 Köstlin 1890, S. 23. | 6 Ebenda, S. 7. | 7 Förstemann 1838, S. 31. | 8 Krabbe 1854, S. 454.

Söll, Christoph, 1517–1552

Christoph(orus) Söll (Soell, Sell, Seel, Schöll, Sol, Solius, genannt *Athesinus*), geboren um 1517 in Bruneck (ital. Bruneco, Pustertal, Südtirol), gestorben am 18. November 1552 in Straßburg, luth., Schulmann, Theologe, Kirchenliederdichter[1].

Christoph Söll immatrikulierte sich im WS 1537/38 unter dem Rektor Augustin Schürpf[2]; Konsemester waren Joachim Schultz, Nikolaus Gugler. Söll schloss sich eng an seinen rätischen Landsmann Simon Lemnius an, der ihn in seiner *Apologia* (1539) als seinen Hausgenossen und besten Freund (*meus domesticus et intimus amicus*) nannte[3]. Zu diesem Kreis gehörten auch Rheticus, Sabinus, Stigel, Acontius, Aemilius, Peter Eileman, der Dichter Johannes Prasinus und der Friese Bernhart Wigbolt.

Von Wittenberg zog er nach Straßburg, wo er zunächst als Hauslehrer wirkte, dann aber sein Theologiestudium unter Bucer, Hedio und Fagius fortsetzte. Im Herbst 1542 nahm Bucer Söll als Gehilfen mit nach Bonn zu seinen Reformationsversuchen. Hier entstand ein gegen Söll gerichtetes anonymes Pamphlet *In Christophorum quendam Buceriastrum epigramma* (Mainz 1543)[4], auf das er mit einem Schmähbüchlein *Christophori Athesini Responsio ad famosum libellum cuiusdam* antwortete (Bonn 1544?)[5]. 1544 wurde er paedagogus der Zöglinge im neu eingerichteten geistlichen

Studienstift St. Wilhelm. Im Juli 1544 wurde er von Bucer als Diakon zu St. Wilhelm ordiniert. Nach einem kurzen Besuch in der Heimat wurde er Diakon in Kirrwiller (Bas-Rhin), 1547 Diakon an St. Aurelien in Straßburg. 1548 ehelichte er Aletheia, Tochter des Basler Reformators Oekolampad, deren Mutter als Witwe zuerst Capito, nach dessen Tod Bucer geheiratet hatte; auf diese Weise wurde Söll zum Schwiegersohn Bucers. Als nach Einführung des Interims in Straßburg Bucer und Fagius am 1. März 1549 ausgewiesen wurden, erhielt auch Söll ein Predigtverbot[6]. Im Februar/März 1552 begleiteten Sleidan, Marbach und Söll die Gesandtschaft der Stadt Straßburg auf das Konzil von Trient, sie kehrten aber bereits im April 1552 wieder zurück[7]. Söll schuf für das Straßburger Gesangbuch von 1568 einige geistliche Lieder. Seinen Plan einer Biographie Martin Bucers († 1551) konnte er nicht mehr verwirklichen. Bucer sagte über Söll: »Nach Fagius ist hier keiner, der das Reich Christi so glühend und zugleich volkstümlich verkündet«[8].

Beziehungen zwischen Rheticus und Söll waren in den Jahren 1537 und 1538 sehr eng, da Söll sich mit dem Wittenberger Dichterkreis solidarisierte und, wie Rheticus selbst, zu den besten Freunden von Simon Lemnius gehörte.

1 l.u., in: ADB 34 (1892), S. 570 f.; SILLER (Hg.) 2011, S. 115, 256, 290. | 2 FÖRSTEMANN 1841, Bd. 1, S. 168a. | 3 MUNDT 1983, Bd. 2, S. 192 f.; Bd. 1, S. 274. | 4-5 SCHLÜTER 2005, S. 132 f., 190; Exemplar in Stabi Berlin. | 6 RAUBENHEIMER 1957, S. 99. | 7 Vgl. dazu den Bericht Sleidans, in: BAUMGARTEN 1881, S. 243-245; POLLET 1977, Bd. 3, S. 428, 476, Anm. 4. | 8 Zitiert nach RAUBENHEIMER 1957, S. 122.

Spieß, Andreas

Andreas Spieß (Spies, geboren in Dresden, luth., Theologe[1].
Spieß immatrikulierte sich im SS 1546 unter dem Rektor Joachim Camerarius an der Universität Leipzig[2]. Er gehörte der Meißner Nation an. Im WS 1548/49 wurde er nach dem 21. März 1549 unter dem Dekan Rheticus von Magister Ambros Borsdorfer zum Bacc. art. promoviert[3]. Spieß wurde Lehrer an der Kreuzschule, zuerst Bakkalaureus (Unterlehrer), dann Konrektor[4]. Um 1558 war Andreas Spieß Diakon an der Kreuzkirche in Dresden.

Beziehungen zwischen Rheticus und Spieß bestanden in den Jahren 1548 bis 1551. Die Promotion von Spieß zum Bacc. art. fand unter den Dekanat von Rheticus statt, er musste für die Prüfungen zum Bakkalaureat die Vorlesungen von Rheticus hören.

1 MEINHARDT 2009, S. 537. | 2 ERLER, Bd. 1, S. 660, M 10. | 3 ERLER, Bd. 2, S. 706. | 4 KREYSSIG ²1898, S. 125.

Sprockhof, Bartholomäus, ca. 1525–1593

Bartholomäus (Barthold) Sprockhof (Sprockhoff, Sprockhövel, Sprockhovius, Spracovius), geboren um 1525[1] in Göttingen, gestorben 1593 in Wunstorf (Lkr. Region Hannover), luth., Schulmann, Theologe[2].
Sprockhof gehörte mit Göbel, Heise, Marshusius und Brecht zu einer Gruppe Göttinger Bürgersöhne, die mit einem Stipendium der Stadt in Wittenberg studieren konnten. Er immatrikulierte sich am 29. November 1540[3], wurde 1542 Bacc. art. und promovierte am 1. September 1545 unter Johannes Aurifaber *Vratislaviensis* zum Mag. art. (29. Rang von 40 Kandidaten), zugleich mit Marshusius (22. Rang) und Heise (26. Rang)[4]. Sprockhof, ordiniert in Pattensen (Ortsteil von Winsen, Lkr. Harburg, Niedersachsen) durch Magister Anton Corvinus (1501-1553), den dortigen Pfarrer und Superintendenten des Fürstentums Braunschweig-Calenberg, war zunächst Konrektor der Lateinschule in Göttingen. Er wurde am 27. Februar 1550 zugleich mit Marshusius wegen Widerstandes gegen das Interim abgesetzt. Sprockhof wurde Superintendent in Northeim (Niedersachsen), dann Prediger an der Jakobi und Georgii Kirche in Hannover. Am 5. Juni 1553 wurde Sprockhof durch

die Herzogin Elisabeth als Prediger auf das Stift St. Cosmas und Damian in Wunstorf präsentiert. 1558 wird er als einer der vier Stiftspriester, 1562 als Canonicus und Stiftssenior [Propst], 1570 als *Wunstorpiae Ecclesiae pastor et senior*, 1589 als Superintendent erwähnt. Sprockhof war befreundet mit Magister Friedrich Dedekind (1525-1598)[5], Pfarrer im Nachbarort Neustadt am Rübenberge (Lkr. Region Hannover), der verheiratet war mit Juliana Cordus (1528-1577), der Tochter des Botanikers und Arztes Euricius Cordus. Dedekind und Sprockhof wirkten mehrfach in Kommissionen, die über theologische Fragen zu befinden hatten, zusammen, so etwa am 3. Februar 1561 in Braunschweig, als beide bei Joachim Mörlin zum Abendessen geladen waren, u.a. auch Martin Chemnitz und David Chyträus[6]; oder am 16. Januar 1570 in Göttingen (Chemnitz, Dedekind)[7]. An der Beerdigung des am 3. Mai 1589 verstorbenen Herzogs Julius von Braunschweig nahm eine riesige Prozession von Adligen, Räten, Geistlichen, Gelehrten, Bürgern, Studenten und Schülern teil, darunter auch Sprockhof [8]sowie, kaum hier erwartet, Erasmus Reinhold d.J.[9] Sprockhof war verheiratet; der Theologe Barthold (Berthold) Sprockhof aus Göttingen, immatrikuliert in Erfurt 1557[10], dort 1561 Mag. art. und 1591 Professor († 1600)[11], war vermutlich sein Sohn, ebenso wohl auch Eberhard Sprockhof Wunstorpensis[12].

Beziehungen zu Rheticus sind gegeben durch die Promotion Sprockhofs zum Bacc. art. kurz nach dem 23. Januar 1542 unter Rheticus' Dekanat[13]. Sprockhof belegte in der zweiten Gruppe unter 15 Kandidaten den zweiten Rang hinter seinem Landsmann Heise. Seit dem SS 1542 mag Sprockhof seine mathematischen Studien bei Erasmus Reinhold bis zu seiner Promotion zum Mag. art. im September 1545 fortgesetzt haben. Es gibt jedenfalls ein Zeugnis für seine mathematischen Interessen; es existiert eine lat. Ausgabe von Euklids *Elementa* (Basel: Joh. Herwagen, 1537), deren blindgeprägter Einband den Namen *Bartolemeus Sprockhoe* mit der Jahreszahl *1545* aufweist[14]; ein Exemplar der griech. Ausgabe (Basel: J. Herwagen, 1533) hatte Rheticus 1539 Kopernikus als Gastgeschenk mitgebracht[15].

1 BÖDEKER, Hermann Wilhelm, Die Reformation der Altstadt Hannover im Jahre 1533, Hannover: Hahn, 1833, S. 13, setzt das Geburtsjahr um 1510 an; man wird es aber wohl wesentlich später ansetzen müssen, etwa auf 1525, da es wenig wahrscheinlich ist, dass Sprockhof erst mit 32 Jahren seinen Bakkalaureus artium gemacht hat. | 2 BRASEN, Johann Christoph, Geschichte des freyen weltlichen Stifts Wunstorf bis 1800, Hannover: Hahn, 1815, S. 113 f., 246-250, zugänglich BSB digital. | 3 FÖRSTEMANN 1841, Bd 1, S. 186a. | 4 KÖSTLIN 1890, S. 18. | 5 Über ihn DOLL, Eberhard, in: BBKL 20 (2002), Sp. 373-379. | 6 Bremisches Jahrbuch 3 (1868), S. 296. | 7 LUBECUS 1994, S. 435. | 8 BÜNTING, Heinrich, Braunschweig-Lüneburgische Chronica, 1722, S. 1074. | 9 BÜNTING 1722, S. 1076. | 10 WEISSENBORN 1884, Bd. 2, S. 393a, 51. | 11 KLEINEIDAM 1983, S. 189, Anm. 666, S. 265. | 12 WEISSENBORN 1884, Bd. 2, S. 426, 47. | 13 KÖSTLIN 1890, S. 7. | 14 ZISSKA & SCHAUER, Auktion 62, 6.-8. November 2013, S. 102, Nr. 359. 15 UB Uppsala, Copernicana 9, vgl. dazu CZARTORYSKI, Paweł, The Library of Copernicus, in: Science and History, Studies in Honor of Edward Rosen (Studia Copernicana, 16), Wrocław/Warszawa/Kraków/Gdańsk 1978, S. 367, Nr. 5.

Stackmann, Heinrich, 1485–1532

Heinrich Stackmann (Stakman, Stockmann, Stackmannus, Stakmannus, Stagmannus, wohl irrtümlich Stadmann), geboren um 1485 in Fallersleben (Wolfsburg, Niedersachsen), gestorben am 20. September 1532 in Wittenberg, luth., Universitätslehrer (Latein, Physik, Medizin), Arzt[1]. Nach Studium in Leipzig (imm. 1504, Bacc. art. 1506, Mag. art. 1512) immatrikulierte sich Stackmann am 26. April 1512 an der Universität Wittenberg. Am 28. April 1513 wurde er in den Senat der Artistenfakultät aufgenommen. 1517 wurde er Professor für lat. Grammatik. Für den Unterricht publizierte er zehn Briefe des Hieronymus unter dem Titel *Decem Divi Hieronymi epistolae ad vitam mortalium instituendam accomodatissimae* (Wittenberg 1517). Zugleich studierte er Medizin. Im Zuge der Universitätsreform von 1521 erhielt Janus Cornarius die Professur für lat. Grammatik, Stackmann von Jodok Mörlin die Physik[2]. Am 3. Juni 1521 promovierte er unter Augustin Schürpf zum Lic. med. und wurde in die medizinische Fakultät aufgenommen. Am 5. November 1522 wurde ihm, nachdem sich Luther mit anderen Professoren für ihn verwendet hatten, darunter auch Johannes Bernhardi, Professor für praktische Medizin als Nachfolger von Stephan Wild. Die Professur für Physik ging jetzt an Johannes Magenbuch. Am 9. Dezember 1525 promovierte Stackmann unter Eschaus zum Dr. med.; sein bisheriges Gehalt von 50 Gulden wurde auf 70 Gulden erhöht. Stackmann war im WS 1521/22 Dekan der Artistenfakultät, im SS 1527 und im WS 1529/30 Dekan der medizinischen Fakultät, im SS 1527 auch Rektor Magnificus. Stackmann war ein vielseitiger Gelehrter, der sich auch mit Theologie und Rechtswissenschaften beschäftigte. Als neulat. Dichter verfasste er Epigrammata. Stackmann war verheiratet gewesen; seine Witwe heiratete den Wittenberger Magister Paul Heintz, der 1537 einen Skandal auslöste und relegiert und des Landes verwiesen wurde.

Stackmann gehörte zu der iatroastrologischen Generation Wittenberger Mediziner, der auch Luther anhing: *Gestern war ich fein, heute ists gar umgewendet! Es ist die mutatio aeris. Die Menschen sind die natürlichsten und besten Mathematici, sie fühlens in ihrem Leibe und Gliedern bald, wenn am Himmel und an den Sternen eine Conjunction, Opposition oder Veränderung des Wetters fürhanden ist*[3].

Beziehungen zwischen Rheticus und Stackmann hat es kaum gegeben, da dieser bereits kurz nach der Ankunft von Rheticus in Wittenberg gestorben ist. Rheticus hat aber 1537 den Skandal miterlebt, den sein Kollege Paul Heintz ausgelöst hat, nachdem er die Witwe Stackmanns geheiratet hatte. Heintz wollte sich in den Besitz des Vermögens bringen, das dem mit in die Ehe gebrachten Sohn Stackmanns gehörte. Heintz hatte diesen während der Pest von 1535 außerhalb in Pflege gegeben, aber ihn dann 1537 für tot ausgegeben und eine Scheinbeerdigung in Wittenberg veranstaltet, an der die gesamte Universität und die Stadt teilgenommen hatten, also wohl auch Rheticus.

1 Disselhorst 1929, S. 84; Kaiser 1982, S. 133-135, 150 f.; Kathe 2002, S. 42, 45, 70, 459, 466. **2** Kusukawa 1995, S. 49-51, 61. **3** Zitiert nach Kaiser 1982, S. 13.

Stadius, Georg, ca. 1550-1593

Georg Stadius (Stadt, Stadtt), Georg, geboren um 1550 in Stein an der Donau (Stadtteil von Krems, Niederösterreich); gestorben im April (?) 1593 in Graz (Steiermark), luth., Astronom, Historiker, Jurist, Kalendermacher[1].

Georg Stadius, in Wien vorgebildet, immatrikulierte sich, mit einem Stipendium seiner Heimatstadt begabt, am 22. Mai 1572 an der Universität Wittenberg unter dem Rektorat des Mathematikers und Mediziners Sebastian Dietrich.[2] Hier wurde er 1573 (?) von Andreas Wolfgang Freiherrn von Polheim (1557-1592) zum Magister der Philosophie promoviert, wobei er den 2. Rang unter 36 Kandidaten errang. Danach lehrte Stadius in Wittenberg Rhetorik. 1576 kam er nach Graz, wo er Thesen zu Schuldisputationen aus dem Bereich der Astronomie anschlug und verteidigte. Auch lehrte er mit Erfolg aushilfsweise an der Stiftsschule Arithmetik und Astronomie. Nach dem Tod des Landschaftsmathematikers Hieronymus Lauterbach übernahm er dessen Aufgabe, den Kalender für 1578 fertig zu stellen, begleitete aber noch 1577 einige Adlige als Erzieher nach Italien und Frankreich, wo er seine Studien vertiefen und die Landessprachen erlernen wollte. In Paris, wo er Schüler seines berühmten Namensvetters Johannes Stadius (1527-1579) in der Mathematik war, vollendete er im Juli 1578 den Kalender für 1579. In der Folge widmete er sich auch dem Studium der Rechte in Padua, wo er mit den Rheticusschülern Johannes Aichholz und Georg Tanner zusammentraf. Er kehrte erst nach fünf Jahren im Frühjahr 1582 nach Graz zurück. Stadius wurde zum ordentlichen Professor der Astronomie, der Geschichte und auch der Pandekten bestellt; er bekleidete damit drei Professuren, wofür er ein Gehalt von 150 Gulden bezog nebst freier Herberge in der Stiftsschule. 1586-1590 las er die Institutionen.

1583 wurde Stadius in den Kalenderstreit einbezogen, als die katholischen Stände gegen die lutherischen Widerstände den gregorianischen Kalender einführen wollten. Obwohl Stadius als Mathematiker eine Kalenderreform für sinnvoll hielt, suchte er gleichwohl seinen lutherischen Vorgesetzten zu entsprechen. Er wich auf die historische Entwicklung aus, in der es Befürworter und Gegner gegeben hatte; als Befürworter erscheinen Regiomontan, Kopernikus, Stöffler, Reinhold und Johannes Stadius. Er machte aber auch Einwendungen gegen »den teuflischen Griff«, der vom Papst kam. Er hielt eine Verschiebung um 10 Tage für überzogen, weil die Bauernregeln durcheinander kämen und man dem mit Sicherheit zu erwartenden Weltuntergang näher käme. Letztlich fügte sich aber die Landschaft im Dezember 1583 dem Patent des Landesfürsten, womit der von Stadius erarbeitete Kalender für 1584 unbrauchbar wurde.

Stadius begab sich 1584 in seine Heimat, wo er die Witwe Ursula N. heiratete; ihr zu Liebe wollte er fortan in Stein leben, er legte seine Ämter in Graz nieder. Die steirische Landschaft dankte ihm für die Einladung zur Hochzeit mit einem silbernen Trinkgeschirr. Stadius behielt auch gegen ein Entgelt von 32 Gulden seine Funktion als Landschaftsmathematiker, d.h. als Kalendermacher. Da er jedoch in Stein als lutherische Lehrperson von der Ausweisung bedroht war, kehrte er noch im selben Jahr 1584 auf seine alte Stelle zurück, wo man sein Gehalt auf 200 Gulden – 32 Gulden für das Kalendermachen aufbesserte; auch erhielt er freie Wohnung mit zwei Stuben, zwei Kammern und zwei Küchen im Westtrakt der Stiftsschule mit Aussicht auf die Mur und die Schlachtbänke. Später erhielt er weitere 50 Gulden für Erstellung von Nativitäten. Nach seinem Tod wurde auch die Witwe versorgt.

Werke: Die Haupttätigkeit bestand in der jährlichen Erarbeitung des Grazer Kalenders mit beihefteter Practica. Im Einzelnen sind nachweisbar: Kalender und Vorhersage für 1578 (1577)[3]; Kalender für 1579, Vorwort datiert Paris, den 23. Juli 1578 (1578)[4]; Vorhersage, 4°, 14 Bl. (Wittenberg: H. Kraffts Erben, 1579)[5]; Almanach 1579?, 1580?, (Graz: Hans Schmidt, 1580)[6]; Gutachten zur Kalenderreform: *M. Georgii Stadii Mathematici judicium wegen anrichtung des neuen Calenders*, (1583)[7]; Kalender für 1584 (Graz: Hans Schmidt, 1583)[8]; Vorhersage für 1586 (Graz: Hans Schmidt, 1585)[9]; Kalender (*Ephemerides astronomicae*) für 1589 (Graz: Hans Schmidt, 1588)[10]. Lateinischer Kalender, der nach Italien ausgeliefert wurde (Graz: Hans Schmidt, 1589)[11]; Kalender (*Ephemeris latina, italiana et gallica*) für 1590 (Graz: Hans Schmidt, 1589)[12]; *Der Welsch Discorso*, Übers. aus dem Italienischen (Graz: Hans Schmidt, 1591)[13]; Kalender und Vorhersage für 1593 (Graz: Hans Schmidt, 1592)[14]; Gutachten zu vier lat. Büchlein des neapolitanischen Apostaten Franz Quiricus (1593)[15]; Nativitäten und Historienstellung sind nicht nachweisbar[16].

Während seiner Wittenberger Zeit führte Stadius als Stammbuch eine durchschossene Ausgabe in Oktavformat der *Emblemata* des Andrea Alciato (Lyon: Guillaume Rovill., 1566), die zahlreiche Devisen in griech., lat., hebr., arab. und dt. Sprache enthält, u.a. von Tilruius, Rhagius, Moller, J. Major, U. Rhegius, J. Fabricius sowie fünf Adelswappen.[17]

Georg Stadius ist aus der Wittenberger Mathematikerschule Volmar, Reinhold, Rheticus hervorgegangen, die auch der Astrologie stark verpflichtet war. Stadius lernte auch bei zwei Wiener Astronomen, die der Wittenberger Schule nahe standen, nämlich bei Paul Fabricius und Johannes Lauterbach. Wie sein Amtsvorgänger Lauterbach beschäftigte sich auch Stadius als Landschaftsmathematiker in erster Linie mit der Erstellung jährlicher Kalender. Beide sahen in der Astronomie eine von Gott gegebene Kunst, die den Menschen in der Himmelswelt die Allmacht, Weisheit und Liebe des Schöpfers offenbaren sollte. Zwar gingen sie davon aus, dass die Gestirne das menschliche Schicksal beeinflussen und man aus ihnen künftige Ereignisse vorhersagen könne, sie nahmen aber Bedacht darauf, sich von unnützer Superstition fernzuhalten. So meint Lauterbach, eine Hungersnot sei weniger durch die Sterne bedingt als durch die menschliche Gewinnsucht, Getreide zu horten bis es den Höchstpreis erlangt. Viele böse Händel entstehen durch Üppigkeit, Wohlleben und Unzucht. Stadius teilt die Ansicht von Fabricius, dass die Einwirkung der Gestirne nicht zwingend, sondern nur zufällig zutreffend sei. Kriege entstünden nicht aus den Sternen, doch mit dem Wüten der Türken sei als Strafe für unsere Sünden auch in Zukunft zu rechnen; denn auch einfaches Nachdenken und historische Betrachtungen führten zu der Erkenntnis, dass dieser Feind »zur längeren Erhaltung, ja größeren Ausbreitung dieses mahometischen Reiches sein äußerstes Vermögen versuchen« wird. Böse Sterne und widerwärtige Aspekte können Krankheiten hervorrufen, doch der Mensch kann ihnen gegensteuern, wenn er der Lebensregel folgt:

> *Aller vberflus schad, merk eben,*
> *Das mittel erhelt dir langes Leben.*
> *Darumb in Speis, Lieb, Arbeit, Tranck,*
> *Im Schlaff halts mittel, so wirst nicht kranck.*

Stadius war nur ein kleines Licht am Astronomenhimmel. Kein Mondkrater ist nach ihm benannt, wohl einer nach seinem bedeutenderen Namensvetter Johannes Stadius. Als vielseitig gebildeter Gelehrter suchte er überall die Mitte, bekannte sich treu, aber ohne Fanatismus zu Luther, er bemühte sich im Kalenderstreit, nicht anzuecken. Er war kein Kepler, wiewohl er diesem als seinem Amtnachfolger im Kalendermachen zum Vorbild wurde.

1 Sutter 1971, S. 209-373, hier passim. | 2 Förstemann 1894, Bd. 2, S. 214b, Nr. 34. | 3 Zinner 1964, S. 466, Nr. 2857a. | 4 Peinlich 1872, S. 480. | 5 Zinner 1964, S. 466, Nr. 2904a. | 6 Reske 2007, S. 308; VD16 S 8455. | 7 Original im Stmk. Landesarchiv, Graz, abgedruckt bei Peinlich 1872, S. 482-487. | 8 Zinner 1964, S. 467, Nr. 3171a. | 9 Ebenda, S. 468, Nr. 3243a. | 10 Ebenda, S. 468, Nr. 3362a; Peinlich 1872, S. 489. | 11 Peinlich 1872, S. 489. | 12 Zinner 1964, S. 469, Nr. 3413a; Peinlich 1872, S. 489. | 13 Peinlich 1872, S. 489. | 14 Zinner 1964, S. 469, Nr. 3560a. | 15-16 Peinlich 1872, S. 489. | 17 In: Serapeum 12 (1851), S. 111 f.

Stadius, Johannes, 1527–1579

Johannes Stadius (niederl. Jan van Staeyen, van Ostaeyen, französ. Jean Stade, lat. Estadius), geboren am 1. Mai 1527 in Loenhout (Ortsteil von Wuustwezel, Provinz Antwerpen), gestorben am 31. Oktober 1579 in Paris, Grabschrift überliefert[1], Mathematiker, Astronom, Astrologe[2].

Nach Studium an der Universität Löwen, wo er Schüler von Gemma Frisius war, trat er 1554 in die Dienste des Herzogs von Savoyen, dann des Fürstbischofs von Lüttich Robert de Bergen, später wirkte er in Löwen und in Paris als Professor am Collège Royal, dann auch in Köln und in Brüssel. Stadius wurde bekannt durch seine *Ephemerides novae et exactae ab anno 1554 ad annum 1570*, Köln: Arnold Birckmann, 1556; diesen folgten die *Tabulae Bergenses*. Ziel dieser Ephemeriden war eine leichtere Handhabung als der Prutenischen Tafeln von Erasmus Reinhold; Gemma Frisius, der 1555 ein Vorwort zu Stadius' *Ephemerides novae* schrieb, forderte diesen auf, die veralteten Alphonsinischen Tafeln nach seinen eigenen, auf Kopernikus gegründeten Erkenntnissen, zu ersetzen.

Weitere **Werke** bzw. Auflagen: *Tabulae Bergenses aequabilis et apparentis motus orbium coelestium* (Köln: A. Birckmanns Erben, 1560)[3]; *Commentarius in L. Iulii Flori de Gestis romanorum historiarum libri* (Antwerpen: Christoph Plantin, 1567); *Ephemerides novae, auctae et repurgatae* (3. Aufl., Köln: A. Birckmanns Erben 1570)[4]; *Ephemerides novae, auctae et repurgatae* (4. Aufl., Köln: A. Birckmanns Erben 1575)[5]; *Here after followeth a table of the sunnes declination* (London 1581)[6]; Pierre de la Ramée, *Arithmeticae libri II*, hg. v. Joh. Stadius (Paris: Dionysius Du Val, 1581)[7].

Ein Porträt von Stadius unbekannter Herkunft ist überliefert[8]. Stadius war verheiratet; sein Sohn Hieronymus Stadius gab die erweiterten *Ephemerides* seines Vaters (Köln: A. Birckmann's Erben, 1581, mit Vorwort an den Landgrafen Wilhelm IV. von Hessen-Kassel, datiert Paris am 25. Dezember 1580, heraus)[9]. Der Mondkrater *Stadius* wurde nach ihm benannt.

Zwischen Rheticus und Stadius sind keine Verbindungen bekannt; dennoch war Stadius hier als Kopernikaner und Ramist, auch als Schüler von Gemma Frisius zu erwähnen. Auch verdient Beachtung, dass Hieronymus Stadius, der Sohn von Johannes Stadius, sich im Widmungsbrief an den Landgraf Wilhelm IV. von Hessen-Kassel zur Ausgabe der Ephemerides novae seines Vaters (Köln 1581) zu Kopernikus bekennt und dabei auch Rheticus mit Namen nennt: *Ptolemaei non pauca emendavit et ad huius nostri seculi rationem perite et industrie revocavit. Cuius vestigijs inhaerendo, Reinholdus & Rheticus nostris hominibus plurimum profuerunt*[10] (der nicht weniges von Ptolemäus verbessert und zur Anschauung dieser unserer Zeit kenntnisreich und fleißig wiederhergestellt hat. Auf dessen Fußstapfen haben sich Reinhold und Rheticus ganz verlegt und unseren Zeitgenossen größten Nutzen gebracht). Deren Anschauung und Grundsätzen sei sein Vater Johannes Stadius gefolgt, indem er teils anderes ans Licht gebracht hat, was von den Gelehrten überaus gelobt wird, teils indem er Ephemeriden auf der Grundlage von Kopernikus erarbeitet hat, die nach Meinung aller ein nicht geringes Lob an Fleiß und Urteilskraft verdient haben.

1 Stadius, Ephemerides, Köln 1581, BSB München, digital, Scan 4; es gibt aber wohl mehrere parallele Überlieferungen, an anderer Stelle wird der 17. Juni 1569 als Todestag angegeben. | **2** Wikipedia, Johannes_Stadius. | **3** VD 16 S 8483; BSB München, digital; Zinner ²1964, S. 231, Nr. 2245. | **4** VD 16 S 8480; BSB München, digital; Zinner ²1964, S. 249, Nr. 2532. | **5** Zinner ²1964, S. 260, Nr. 2714. | **6-7** BSB München, digital. | **8** Auf dem Titelblatt zu Stadius, Tabulae Bergenses (Köln 1560); es zeigt Stadius im Alter von 32 Jahren = 1559. **9** Zinner ²1964, S. 277, Nr. 3012; BSB München, digital. **10** Stadius, Ephemerides, Köln 1581, BSB München, digital, Scan 11.

Staphylus, Friedrich, 1512–1564

Friedrich Staphylus (Stapellage), geboren am 27. August 1512 in Osnabrück, gestorben am 5. März 1564 in Ingolstadt, luth., seit 1553 kath. Theologe, 1559 Dr. theol. *[bullatus]*, auch Gräzist und Mathematiker[1].

Staphylus, nach dem frühen Tod seiner Eltern bei Verwandten in Danzig, Kaunas (Litauen) und Vilnius (Litauen) aufgewachsen, lernte Litauisch und Russisch, später auch beim Studium an der Universität Krakau Polnisch, studierte danach 1530 Theologie in Padua. Er war demnach bereits ein fortgeschrittener Gelehrter mit europaweiter Erfahrung, als er im Januar 1539[2] die Universität Wittenberg aufsuchte, um weitere zehn Jahre Philosophie und Theologie zu studieren. Er promovierte am 22. Februar 1541 unter dem Dekan Reinhold zum Magister artium[3], am 18. Oktober 1543 wurde er in das Kollegium der Artistenfakultät aufgenommen[4]. Melanchthon nennt ihn am 4. November 1543 *homo ingeniosus, et Graece et Latine praeclare doctus*[5]. 1546 wurde er auf Empfehlung von Melanchthon[6] und Bugenhagen[7] Professor der Theologie in Königsberg. Staphylus' bedeutendster Lehrer wurde Melanchthon, mit dem er sich 1553 heftig verfeindete. Wie Melanchthon war auch Staphylus »ein – theologisch interessierter – Artist«[8]. Melanchthon stellte ihm das Zeugnis aus, *Est et in vita moderatus et gravis ac coelestam doctrinam colit, primum ut Deum recte agnoscat et invocet*[9]. In Übereinstimmung mit Melanchthon betonte Staphylus den Nutzen der alten Sprachen, besonders des Griechischen, für Theologen, Mediziner und Juristen. In den biographischen Studien wird Staphylus als Mathematiker zu Unrecht kaum erwähnt. Ohne Frage haben sowohl Reinhold als auch Rheticus einen Einfluss auf ihn ausgeübt. Aus einem Brief Reinholds an Staphylus vom 8. September 1549 erfahren wir, dass mit dem Namen *Prutenicae tabulae* vor allem Kopernikus, weniger Herzog Albrecht, geehrt werden sollte[10]. Am 16. Oktober 1550 schlug Melanchthon dem Herzog Albrecht Staphylus als Kandidaten für die Mathematik-Professur in Königsberg vor[11].

Von Melanchthon und Bugenhagen (als *vir candidus et sincerus, amator veritatis*[12]) empfohlen wurde Staphylus 1546 Professor für Theologie an der neu gegründeten Universität. Herzog Albrecht selbst äußerte die Absicht, Stapylus' Vorlesungen *mit vleis zubesuchenn sooft wir es bey bringen mogenn*; dabei bekennt er sich zum lebenslangen Lernen, *dann so alt wir auch sein, schemenn wir unns doch nicht, einen schuler in der heiligenn schrieft zusein*[13]. Zu seinen Hörern gehörte auch Martin Chemnitz, der jedoch wenig Begeisterung für Staphylus zeigte[14]. 1547 setzte Stapylus die Ausweisung des von ihm der Schwärmerei bezichtigten Wilhelm Gnapheus durch[15], für den sich Sabinus einsetzte. Wegen der Pest begab er sich nach Breslau, wo er am 29. Oktober 1549 Anna Hess (1528-1564), Tochter des Breslauer Reformators, heiratete. Anfang 1551 erhielt er den Lehrstuhl für Mathematik in Königsberg, wo er sich in den Osianderschen Streit einmischte, 1552 aber die Stadt für immer verließ. 1553 kehrte er zur katholischen Kirche zurück, trat in Verbindung mit Hosius und Canisius, wurde 1555 Rat König Ferdinands I. und 1558 des Herzogs Albrecht V. von Bayern. 1559 wurde er in Augsburg im päpstlichen Auftrag zum Dr. theol. promoviert und Professor in Ingolstadt, vom Papst belohnt und vom Kaiser in den Adelsstand erhoben. Als Superintendent der Universität spürte Staphylus 1560 der Rechtgläubigkeit Apians nach[16].

Die **Beziehungen** zwischen Rheticus und Staphylus waren sehr eng. Staphylus war zwei Jahre älter als Rheticus, dessen Schüler (nicht Kommilitone oder Kollege) er war. Staphylus gehört nach Westman[17] dem Melanchthonzirkel an, Brosseder zählt ihn dem weiteren Kreis Wittenberger Astrologen nicht zu, wohl deswegen, weil er vor allem Theologe war. Seine mathematische Ausbildung verdankte Staphylus angeblich in erster Linie Reinhold, doch hörte er wohl die Ptolemäusvorlesung, die Rheticus im WS 1541/42 nach seiner Rückkehr aus Frauenburg gehalten hat; im Übrigen sagt Melanchthon, dass Staphylus bei Rheticus Mathematik studiert habe (*in Academia nostra et apud Rheticum diu magna cum laude in studiis mathematum versatus est*[18]); Staphylus hat demnach Rheticus nicht nur während des einen Semesters in Wittenberg gehört. 1551 folgte Staphylus dem Matthias Lauterwald auf dem Lehrstuhl für Mathematik in Königsberg.

1 Tschackert, Paul, Friedrich Staphylus, in: ADB 35 (1893), S. 457-461 (Onlinefassung); Freytag 1903, Nr. 55; Mennecke-Haustein 1997, S. 405-426; Flachenecker, Helmut, in: Boehm 1998, S. 40ß f. | 2 Förstemann 1841, Bd. 1, S. 173b. | 3 Köstlin 1890, S. 12. | 4 Ebenda, S. 21. | 5 CR V, Sp. 222. | 6 CR VI, Sp. 145. | 7 Vogt 1888/99, S. 359-361. | 8 Mennecke-Haustein 1997, S. 411. | 9 CR VI, Sp. 145. | 10 Thielen 1953, S. 177. | 11 CR VII, Sp. 675 f. | 12 Bugenhagen, Briefwechsel, S. 359 f., 366. | 13 Thielen 1953, S. 188. | 14 Kaufmann 1997, S. 199 f., Anm. 52. | 15 Roodhuyzen 1858, S. 30-66. | 16 Günther 1882, S. 88 f. | 17 Westman 1975, S. 171. | 18 CR VII, Sp. 675 f., Nr. 4804.

Staudacher, Sigismund, † 1546

Sigismund Staudacher, aus Tirol (Tirolanus, auch Austriacus), gestorben 1546 in Rothenburg ob der Tauber (Lkr. Ansbach, Mittelfranken), luth., Prediger.

Staudacher wurde am 15. Mai 1533 als Magister artium der Universität Wien in Wittenberg immatrikuliert[1]. Vermutlich wollte er dort Theologie studieren und Luther hören; ob er auch an der Artistenfakultät oder privatim Unterricht erteilt hat, ist nicht bekannt. Staudacher wurde als Pfarrer nach Zahna (Ortsteil der Stadt Zahna-Elster, Lkr. Wittenberg) berufen. Dort wurde sein Sohn Hieronymus Staudacher geboren, gestorben 1591 (Grabplatte außen an der Südostecke des Turms der ev. Pfarrkirche St. Georg und Nikolaus) als luth. Pfarrer von Unterheimbach (seit 1975 Ortsteil der Gemeinde Bretzfeld, Hohenlohekreis, Baden-Württemberg)[2]. Ein weiterer Sohn Paulus Staudacher, wohl gleichfalls in Zahna geboren, obwohl in der Wittenberger Matrikel (nach seinem damaligen Wohnort) als Rothenburger ausgewiesen, immatrikulierte sich am 8. August 1546 an der Universität Wittenberg[3]. Nachdem Thomas Venatorius, der Reformator der Stadt, willens war, nach Nürnberg zurückzukehren, wandte sich der Rat von Rothenburg ob der Tauber am 9. August 1544 an Melanchthon mit der Bitte, einen geeigneten Kandidaten für dessen Nachfolge zu schicken. Der von ihm vorgeschlagene Staudacher wurde zu einer Probepredigt eingeladen und zum Nachfolger bestimmt; er starb aber bereits 1546[4]. Ihm folgte dann für kurze Zeit Erasmus Alber[5]. Venatorius war am 3. November 1544 nach Nürnberg zurückgekehrt.

Mit Rheticus verbindet ihn nur, dass er ein Landsmann und Kollege war. Staudacher war in erster Linie Theologe.

1 Förstemann 1841, Bd. 1, S. 149a. | **2** Drös, Harald, Die Inschriften des Hohenlohekreises, Bd. 1, Dr. Ludwig Reichert Verlag, 2008, S. 465. | **3** Förstemann 1841, Bd. 1, S. 242b. | **4** Melanchthon an Justus Jonas, Wittenberg, den 6. April 546, vgl. CR Bd. 6, S. 101 f., Nr. 3435. | **5** Winterbach, Johann David Wilhelm von, Rothenburg's Kirchen-, Schul- und Literaturwesen, Rothenburg ob der Tauber 1827, S. 48-51, BSB digital; Kolde 1906, S. 182, 192.

Stein, Bartholomäus, ca. 1476/77 –1522/23

Bartholomäus (Barthel) Stein (Stenius, Stenus, Sthenius), geboren um 1476/77 in Brieg (poln. Brzeg, Woiwodschaft Oppeln), gestorben um 1522/23 in Breslau, kath., Humanist, Geograph[1]. Sohn des Georg Stein, Bürgermeisters von Brieg, und seiner aus vornehmer Familie stammenden Ehefrau Anna, studierte nach Aussage eines Schöppenbriefs im Archiv der Stadt Brieg in Padua. Er immatrikulierte sich 1495 an der Universität Krakau[2], promovierte hier 1498 zum Bacc. art. und 1501 zum Mag. phil. In Krakau hielt er 1501 und 1506 Vorlesungen über die *Achilleis* des Statius, Aristoteles und Cicero. 1505 studierte er Medizin an der Universität Wien, wechselte zu einer anderen Universität (Padua?) und kehrte 1506 nach Krakau zurück. Im SS 1508 schrieb er sich in Wittenberg als *artium et philosophiae magister* ein[3], wo er als Erzieher adliger Landsleute wirkte. 1509 erhielt er durch Vermittlung des Nürnbergers Christoph Scheurl den ersten Lehrstuhl für Geographie und las bis 1512 über den *Orbis pictus* des Pomponius Mela. Der Lehrstuhl blieb unbesetzt, doch wurde dafür 1514 der erste Lehrstuhl für Mathematik eingerichtet. Stein gilt als Begründer der Chorographie als einer akademischen Disziplin[4]. Dazu gab er ein auf Hermolao Barbaro beruhendes Unterrichtsbuch (Wittenberg: Joh. Rhau-Grunenberg) heraus. Am 25. November 1509 hatte Stein am Jahresfest der Artistenfakultät die Ehre, die Katharinenrede zu halten; dabei stellte er die Verbindung zu seinem Fach her, indem er sich eingehend mit der Stadt Alexandria, dem Geburtsort der Heiligen, beschäftigte[5]. Über Leipzig kehrte er in die Heimat zurück, wo er 1512 den Grabstein für seine Eltern in der St. Nikolaikirche in Brieg erneuerte.

Stein wurde zum Priester geweiht und trat dem Johanniterkonvent zum Corpus Christi in Breslau bei. Möglicherweise war er auch bei den Johannitern als ungraduierter Arzt tätig. Stein war auch Leiter der Breslauer Domschule. Um 1516 verfasste er die *Descriptio totius Silesiae atque civitatis regiae Wratislaviensis*, die lange Zeit ungedruckt blieb[6]. Seine Geschichte des jüdischen Volkes *Ducum, Judicum, Regum populi Israelitici historica methodus* (Nürnberg: Hieronymus Holtzel, 1523)[7] gab Thomas Venatorius mit einer Widmung an den aus Nürnberg gebürtigen Reformator Johannes Hess, Pfarrer von St. Maria Magdalena in Breslau, heraus, der ihm die Handschrift aus dem Nachlass (?) beschafft hatte.

Beziehungen zu Rheticus hat es aus Altersgründen nicht gegeben. Dennoch war Stein hier aus mehreren Gründen zu erwähnen. Zum einen war sein Lehrstuhl für Geographie 1514 in einen Lehrstuhl für Mathematik umgewandelt worden, unter andern war es auch die Chorographie, der das besondere Interesse von Rheticus galt. Stein war somit für Rheticus wissenschaftsgeschichtlich ein Vorreiter gewesen. Es war zudem Thomas Venatorius, der Landsmann und Freund von Rheticus gewesen, der Steins jüdische Geschichte herausgegeben hat.

1 Bauch, Gustav, in: ADB 35 (1893), S. 601 f., Onlinefassung; Hoffmann, Heinrich, in: Monatschrift von und für Schlesien 1 (1829), S. 94-112, Google Books digital; Gössner 2006, S. 133-152. | **2** Matr. Krakau, S. 37. | **3** Förstemann 1841, Bd. 1, S. 25b. | **4** Fleischer 1984, S. 60. | **5** Friedensburg 1917, S. 106. | **6** Text zugänglich: Descriptio tocius Silesiae et civitatis regie Vratislaviensis, Breslau: Wohlfarth, 1901 (lat.); Markgraf, Carl August Hermann, Barthel Steins Beschreibung von Schlesien und seiner Hauptstadt Breslau (1512/13), in deutscher Übersetzung herausgegeben, Breslau: E. Morgenstern, 1902; Żerelik, Rościsław, Bartlomieja Steina renesansowe opisanie Wrocławia, Wrocław: Arboretum, 1995 (poln.). | **7** Kolde 1906, S. 107 f.

Stein, Bonaventura vom, † 1552

Bonaventura vom Stein (Steyn, Petreius), geboren in Königsberg i. Pr., gestorben im September 1551 (1552?) in Königsberg i. Pr., luth., Mathematiker Theologe[1].
Bonaventura vom Stein immatrikulierte sich im SS 1539 an der Universität Wittenberg[2], wo er am 1. September 1545 unter dem Dekan Johannes Aurifaber *Vratislaviensis* zum Mag. art. promovierte (17. Rang von 40 Kandidaten)[3]. Am 9. Oktober 1546 empfahl Melanchthon ihn dem Herzog Albrecht, da er in Königsberg Theologie studieren wolle: *vixit enim honeste et mores boni sunt, et eruditione philosophica et cognitione doctrinae filii dei recte instructus* (er hat tugendhaft gelebt und sein Betragen ist gut, er ist sowohl in der philosophischen Bildung als auch in der Kenntnis der Lehren des Sohns Gottes wohl unterrichtet)[4]. 1548 wurde er Archipädagogus und Professor für Mathematik an der Universität Königsberg. In diesem Amt war er nicht lange tätig, da er noch im selben Jahr zum Hofprediger bestellt wurde. 1550 wurde er Pfarrer zu Rastenburg (poln. Kętrzyn, Woiwodschaft Ermland-Masuren), starb aber bereits kurze Zeit später.

Beziehungen zu Rheticus sind nicht bezeugt, jedoch könnte er dessen Vorlesungen im WS 1541/42 besucht haben. Da vom Stein Mathematiker war, muss ein solcher Kontakt angenommen werden; nach dem Frühjahr 1542 wurde Stein ein Schüler von Erasmus Reinhold.

1 Otter/Buck 1764, S. 14; Freytag 1903, S. 37 f., Nr. 141. | **2** Förstemann 1841, Bd. 1, S. 175a. | **3** Köstlin 1890, S. 18. | **4** Faber, Karl (Hg.), Philipp Melanthons Briefe an Albrecht Herzog von Preußen, Königsberg: Hartung, 1817, S. 123.

Steinmetz, Moritz, 1529–1584

Moritz (Mauritius) **Steinmetz** (Latomus), geboren am 27. April 1529 in Görsbach (Lkr. Nordhausen, Thüringen)[1], gestorben am 1. Juli 1584[2] in Leipzig, *Leichpredigt* von Nikolaus Selnecker[3], luth., Mathematiker, Astronom, Arzt, Botaniker.
Vorbemerkung: In der Literatur werden die Biographien der Mathematiker Valentin Meder, Moritz Steinmetz und Valentin Steinmetz häufig vermengt. Alle drei sind aus Görsbach gebürtig. Valentin Meder und Moritz Steinmetz waren gleichaltrige Freunde; Valentin Steinmetz hingegen gehört einer jüngeren Generation an. Es fällt auf, dass der Immatrikulation des Valentin Meder in Leipzig im WS 1541/42 unmittelbar die des Moritz Steinmetz folgt[4]. Im SS 1547 geht der Zulassung des Moritz Steinmetz zum Bakkalaureatsexamen die des Valentin Meder unmittelbar voraus[5]. Beide fallen am 1. September 1550 dadurch auf, dass sie gemeinsam auf ihr Recht pochten, Angehörige der sächsischen Nation zu sein; das wird ihnen aber seitens der sächsischen Nation verweigert.[6] Und einmal mehr werden beide im WS 1550/51 in unmittelbarer Folge zum Magisterexamen zugelassen und durch Petrus Thomäus promoviert[7]. Zehn Jahre lang, von 1541 bis 1550, erscheinen Moritz Steinmetz und Valentin Meder in Leipzig als unzertrennliche »Brüder«. Es kommt hinzu, dass beide ein großes Interesse für die mathematischen Fächer zeigten und beide einschlägig publizierten. Und damit stimmen sie wiederum mit Valentin Steinmetz überein, was dazu geführt hat, dass auch dieser mit ins Boot geholt wurde, indem man willkürlich Moritz Steinmetz einen Doppel-Vornamen »Moritz Valentin« verlieh.

Nach Immatrikulation an der Universität Leipzig im WS 1541/42[8], Promotion zum Bacc. art. im SS 1547 und Mag. art. im WS 1550/51[9] entschloss sich Moritz Steinmetz, ein Studium der Medizin anzuhängen. Er war Mitglied des kleinen Fürstenkollegs. Um sich finanziell abzusichern, unterrichtete er an der Artistenfakultät. Er las im SS 1553 und WS 1553/54 die *Elementa grammaticae Latinae*[10]. Im SS 1554 und WS 1554/55 übernahm er die niedere Mathematik (die so genannte kleine Professur), die er auch noch im SS 1558 vortrug[11]. Im SS 1555 las er die *Elementa sphaerica*[12]. Nachdem er im WS 1554/55 in das Kollegium der Artistenfakultät aufgenommen worden war, übernahm er immer wieder Ämter als Executor, als Clavigerus, Examinator und Promotor 1560-1581[13]. Im SS 1560 und im SS 1570 war er Dekan der Artistenfakultät, 1561 Vizekanzler. Am 2. November 1564 promovierte Steinmetz zum Bacc. med. und am 17. April 1567 zum Lic. med.; einen Doktorgrad hat er nicht erlangt. Er war zweimal Dekan der medizinischen Fakultät, wurde Bürger von Leipzig und Inhaber der Apotheke *Zum goldenen Löwen* sowie der erste Professor für Botanik in Leipzig. Seit 1580 leitete Moritz Steinmetz d. Ä. den *Hortus medicus* an der Nordseite der Paulinerkirche am Grimmischen Tor[14]. Seit 1560 war Steinmetz Inhaber der Salomonisapotheke in der Grimmischen Gasse; er hatte die Tochter Katharina seines Vorgängers geheiratet. Diese folgte ihm als Witwe im Besitz der Apotheke nach, danach ihr Sohn Moritz Steinmetz d. J.[15]. Ein weiterer Sohn Valentin Steinmetz wurde am 9. Juli 1599 Dr. utr. iur. in Tübingen.

Werke: *Kurtzes Verzeichnis der Kometen bis 1558*, Leipzig 1558[16]; *Practica auf 1565*[17]; *Arithmeticae praecepta*, Leipzig: Joh. Rhamba, 1568[18]; Leipzig: Joh. Rhamba, 1575 (mit Widmung an die Grafen Johann Günter, Wilhelm und Albert von Schwarzburg, Einleitungsgedicht von Gregor Bersmanus, Prof. f. Poetik in Leipzig und griech. Gedicht seines Bruders Johannes Steinmetz)[19]; *Prognosticon auf 1579* (Erfurt: Melchior Sechsen, 1578)[20]; *Euclidis Elementorum libri sex conversi in Lat. serm. a I. Camerario. Quibus adjectae sunt trium priorum librorum* (Leipzig 1577). Lic. med. Moritz Valentin Steinmetz und Mag. art. Valentin Steinmetz haben 1582 gemeinsam ein Gutachten zur Kalenderreform unterzeichnet[21].

Beziehungen zu Rheticus: Moritz Steinmetz wird als Mitglied des engeren bzw. weiteren Melanchthonzirkels bei Thorndike, Westman und Brosseder übergangen, bleibt auch bei Burmeister 1967, Zambelli 1986, Hoppmann 1998, Reich 1998, Kraai 2003, Danielson 2006 unerwähnt, erste Hinweise hingegen bei Birkenmajer 1900[22] und ihm folgend Zinner 1943[23], die jedoch Valentin Steinmetz mit Moritz Steinmetz gleichsetzen. Tatsächlich handelt es sich um zwei Personen, die so bereits im Register zu Zinners Bibliographie[24] ausgewiesen sind. Man darf als sicher annehmen, dass Moritz Steinmetz Vorlesungen von Rheticus gehört hat, zumal er ein besonderes Interesse an den mathematischen Fächern hatte. In Frage kommen das WS 1542/43 bis SS 1545 und das WS 1548/49 bis SS 1550/51.

1 Nicht in Gersbach, Lkr. Lörrach, Baden-Württemberg. | 2 Vogel 1714, S. 248; zum Todesdatum vgl. Erler 1895/1902, Bd. 2, S. 699 (Notiz). | 3 Selnecker 1590, 93. Predigt, ULB Sachsen-Anhalt Halle, digital. | 4 Erler, 1895/1905, Bd. 1, S. 637, M 29 und M 30. | 5 Erler, 1895/1905, Bd. 2, S. 699. | 6 Ebenda, S. 716. | 7 Ebenda, S. 718. | 8 Erler, 1895/1905, Bd. 1, S. 637, M 30. | 9 Erler, Bd. 2, S. 699, 716. | 10 Ebenda, S. 729, 731. | 11 Ebenda, S. 734, 735, 737, 740 f., 748. | 12 Ebenda, S. 737. | 13 Ebenda, S. 738 f., 744 f., 750, 753. | 14 Krause 2003, S. 538. | 15 Wustmann, Bd. 3, S. 197, 203. | 16 Zinner 1964, S. 51; S. 229, Nr. 2206. | 17 Ebenda, S. 240, Nr. 2384a. | 18 Ebenda, S. 245, Nr. 2471. | 19 Ebenda, S. 260, Nr. 2716; BSB München, digital. | 20 Beckmann 1795, Bd. 4/1, S. 144. | 21 Sächs. HStA Dresden, Locat 7285/2, Bl. 28-32. | 22 Birkenmajer 1900, S. 644. | 23 Zinner 1943, S. 270. | 24 Zinner 1964, S. 447.

Steinmetz, Valentin, ca. 1550–1597

Valentin Steinmetz (Steinmezius), geboren um ca. 1550/55 in Görsbach (Lkr. Nordhausen, Thüringen), gestorben nach ca. 1597 in ?, luth., Astronom, Philomathes[1], Theologe.
Vgl. die Vorbemerkung zu Moritz Steinmetz. Ergänzt sei noch, dass es neben dem Leipziger Astronomen auch noch einen spätere Juristen Valentin Steinmetz gibt. Der Jurist Steinmetz aus Leipzig wurde im WS 1578/79 in Leipzig immatrikuliert, promovierte zum Herbsttermin 1593 zum Bacc. art. und am 30. Januar 1595 zum Mag. art., 1599 in Tübingen zum Dr. iur. utr Von ihm liegen mehrere juristische Schriften vor. Aus dem Titelblatt einer von Konrad Ley verfassten Gratulationsschrift *Melos Alcaicum* (Tübingen: Gruppenbach, 1599) geht hervor, dass Valentin ein Sohn von Mag. art. und Lic. med. Moritz Steinmetz in Leipzig war.[2] Demnach sind zu unterschieden: der

Astronom Valentin Steinmetz aus Görsbach (ca. 1550/55-1597) und der Jurist Valentin Steinmetz (ca. 1570-1599) aus Leipzig.

Valentin Steinmetz aus Görsbach begann seine Studien in kindlichem Alter im WS 1565 in Leipzig, wo er im September 1570 den Grad eines Bacc. art. erwarb.[3] Er promovierte am 28. Januar 1574 zum Mag. art., zusammen mit Johannes Schilter[4] aus Leipzig, Pankraz Süssenbach[5] aus Hirschberg (poln. Jelenia Góra, Woiwodschaft Niederschlesien), David Gumprecht[6] aus Sahlis (Lkr. Leipzig) und Heinrich Fabricius[7] aus Erfurt, zu deren Promotion Johannes Steinmetz ein *Carmen gratulatorium* (Leipzig, Rhamba, 1574) verfasste. Er lehrte an der Leipziger Universität und war im SS 1580 Dekan der Artistenfakultät[8].

Ein Magister Valentin Steinmetz war 1588, falls sich die Identität bestätigen lässt, Pfarrer in Tunzenhausen (Ortsteil von Sömmerda, Thüringen)[9].

Von Valentin Steinmetz stammt eine mehrfach aufgelegte Schrift *Von dem Cometen 1577* (Drucke Leipzig: Nickel Nerlich, 1577[10], Magdeburg 1577[11], Augsburg: M. Manger, 1577[12], 1578[13], evtl. auch zwei weitere Drucke 1577[14]) Steinmetz widmete die Kometenschrift seinem Landsmann Valentin Meder im Hinblick auf dessen Interesse an der Astronomie und seine mathematischen Fertigkeiten. Das Buch von Steinmetz fand auch bei dem kritischen Tycho Brahe positive Beachtung.

Weitere **Werke:** Die Zuschreibung der Vorhersage für 1552 an Valentin Steinmetz aus Görsbach bei Zinner[15] ist falsch; Autor ist vielmehr Valentin Meder aus Görsbach; *Practica auff das Jahr nach der Frewdenreichen Geburt und Menschwerdung Jesu Christi M. D. LXXXI.* (Leipzig: Joh. Beyer, [1580])[16]; Vorhersage für 1582 (Erfurt: [1581])[17]; für 1583 (Erfurt: Joh. Beck, [1582])[18]; Schreibkalender auf 1585 (Leipzig: Nickel Nerlich, 1584); Vorhersage für 1592 (Leipzig, [1591])[19]; Schreib Calender auff das Jahr 1594 (Leipzig: Johann Beyer, [1593])[20]; Vorhersage für 1596 (Erfurt: Jakob Singe, [1595])[21]; für 1597 (Erfurt, [1596])[22]; Kalender und Vorhersage für 1597 (Erfurt: J. Singe, [1596])[23]. Mag. art. & Lic. med. Moritz Steinmetz und Mag. art. Valentin Steinmetz haben 1582 gemeinsam ein Gutachten zur Kalenderreform unterzeichnet[24].

Beziehungen zu Rheticus haben nicht bestanden, allenfalls gab es solche indirekt über Moritz Steinmetz. Valentin Steinmetz erwarb *sibi suisque* (für sich und die Seinen) am 26. August 1572 in Leipzig ein Exemplar von Kopernikus' *De Revolutionibus* (1543), das sich in der Forschungsbibliothek Gotha erhalten hat[25]. In der Practica auf 1581 findet Steinmetz großes Lob für Kopernikus, Reinhold *und andere mehr* [hier könnte auch Rheticus gemeint sein], *welche alle nur dahin gesehen, das da möchte diese kunst Astronomia richtig und gewis erhalten werden und bleiben*[26].

1 ZINNER 1964, S. 60. | **2** VD 16 ZV 17836; BSB digital. | **3** ERLER 1909, S. 447. | **4** ERLER, Bd. 1, S. 725, imm. WS 1558/59 M 15. | **5** ERLER 1909, S. 458, imm. SS 1568 M 112. | **6** Ebenda, S. 458, imm. SS 1569 M 160. | **7** Ebenda, S. 101, imm. WS 1572 M 25. | **8** Erler 1909, S. CIV. | **9** BECKMANN 1795, Bd. 4/1, S. 145. | **10** ZINNER 1964, S. 264, Nr. 2794. | **11** ZINNER 1964, S. 264, Nr. 2795. | **12** Ebenda, S. 264, Nr. 2796. | **13** Ebenda, S. 268, Nr. 2860. | **14** Ebenda, S. 264, Nr. 2797/98. | **15** Ebenda, S. 218, Nr. 2054. | **16** Ebenda, S. 277, Nr. 3014; BECKMANN 1795, Bd.4/1, S. 144; vgl. dazu HAMEL 1994, S. 258. | **17** ZINNER 1964, S. 279, Nr. 3056. | **18** Ebenda, S. 282, Nr. 3113. | **19** Ebenda, S. 304, Nr. 3520. | **20** Exemplar in Stabi Berlin, Preußischer Kulturbesitz, Signatur Oz 21<a>-Nr. 11. | **21** ZINNER 1964, S. 313, Nr. 3687; BSB München, digital. | **22** ZINNER 1964, S. 316, Nr. 3747. | **23** Ebenda, S. 316, Nr. 3748. | **24** Sächs. HStA Dresden, Locat 7285/2, Bl. 28-32. | **25** GINGERICH 2002, S. 69-72, Sign. Druck 4° 95/2. Die Forschungsbibliothek Gotha besitzt noch ein zweites Exemplar dieses Werkes aus der Provenienz von Hieronymus Tilsch (siehe dort). | **26** Zitiert nach HAMEL 1994, S. 258; GASSENDI/THILL 2002, S. 271.

Stella, Tileman, 1525–1589

Tileman Stella (Stoltz, Stolz, Stoll), geboren am 15. April 1525 in Siegen (Kreis Siegen-Wittgenstein, Nordrhein-Westfalen), gestorben am 10. Februar 1589 auf einer Postkutschenreise in Wittenberg[1], luth., Bibliothekar, Wasserbauingenieur, Mathematiker, Astronom, Kartograph, Globenhersteller[2].

Nach dem Besuch der Lateinschule in Siegen als Schüler von Aemilius immatrikulierte sich Stella im August 1542 an der Universität Wittenberg[3]. Er setzte seine Studien 1544 in Marburg[4] und in Köln fort. Als sein erstes gedrucktes Werk erschien *Methodus quae in chorographica et historica totius Germaniae descriptione observabitur*, Rostock: Jacobus Transylvanus, 1546. Berühmt wurde sein Karte von Palästina[5], die er mehrfach bearbeitete. Mit einem Brief an Georg von Kummerstadt vom 10. Mai 1552 empfahl Melanchthon Stella, der dem Kurfürsten von Sachsen ein Exemplar seiner Karte von Palestina widmen wollte[6]. Melanchthon hatte sich selbst mit der Geographie des heiligen Landes befasst und Stella dazu ermuntert[7]. 1552 trat Stella in die Dienste des Herzogs Johann Albrecht I. von Mecklenburg, den er 1560 auf einer Reise nach Wien und Ungarn begleitete[8]. 1561 wurde er Bibliothekar der herzoglichen Büchersammlung in Schwerin.

Hervorzuheben ist die Neubearbeitung der Deutschlandkarte Sebastian Münsters in einem Einblattdruck *Die gemeine Landtaffel des Deutschen Landes*, Siegen 1560[9]. Wie in Münsters *Instrument der Sonnen* von 1525 wird eine Landkarte von Deutschland vom Tierkreis und Jahreskreis umgeben, in der Mitte mit vier Kreisfiguren des *Diurnal* und *Nocturnal*, des *Cirkels der Jarzal und gleichen stund*, mit den Jahresmerkmalen für 1556-1609 und dem *Cirkel des Horoskopi und Planeten stund*[10]. Dazu schuf eine an Sebastian Münster anknüpfende ausführliche Gebrauchsanweisung *Kurtzer und klarer Bericht vom Gebrauch und nutz der newen Landtafflen*, Wittenberg: Hans Krafft, 1560, mit Widmung an Herzog Johann Albrecht von Mecklenburg (Wittenberg, 1. Oktober 1560)[11]; weitere Ausgaben u.a. 1563, 1567, Wittenberg, Seitz, 1571[12]. Weitere Kartenwerke sind der Grafschaft Mansfeld[13], dem Herzogtum Pfalz-Zweibrücken[14] und Mecklenburg[15] gewidmet.

Stella hat zudem mehrere Himmelsgloben hergestellt. 1553 schuf er im Auftrag von Herzog Johann Albrecht einen Himmelsglobus, der jedoch verschollen ist. Einen weiteren Himmelsglobus fertigte er 1555 an und widmete ihn dem Kurfürsten August I. von Sachsen[16].

Stella war seit 1554 in erster Ehe verheiratet mit Helena Rotermund, Tochter des Bürgermeisters von Schwerin († 1572, beerdigt in Dom von Schwerin), seit 1569 in zweiter Ehe mit Anna Hofmann; zu ihrer Hochzeit schrieb der mecklenburgische Kanzler Heinrich Husanus, ein Schüler von Stigel, dem *M[agistro] Tilemanno Stellae mathematico* ein *Epithalamium*[17]. Ein anderes Gedicht *Nuptiis Tilemanni Stellae et Annae Hoffmanniae* verfasste Nathan Chytraeus (1543-1598), Professor der Poetik an der Universität Rostock[18]. Stella hatte aus beiden Ehen mehrere Söhne, von denen Christoph Stella, der nach Studium in Jena als Mathematicus und Geometer wirkte.

Beziehungen zu Rheticus: Stella gehört zu dem weiteren Kreis der Wittenberger Astrologen[19]. Er wird gewöhnlich als Schüler von Reinhold und Rheticus[20] bezeichnet. Während das für Reinhold zweifellos gilt, liegt das bezüglich Rheticus nicht so klar. Stella immatrikulierte sich im August 1542 in Wittenberg. Um diese Zeit hat Rheticus aber in Wittenberg nicht mehr gelesen und stand auch für einen privaten Unterricht nicht mehr zur Verfügung, da er sich meist in Nürnberg und am Bodensee aufhielt. Stella, der eine Bereicherung für Rheticus' Schülerkreis darstellen würde, muss wohl aus der Liste seiner Schüler gestrichen werden. Er war aber dennoch in die Liste der Mathematiker aufzunehmen, die aus der Wittenberger Schule (Melanchthon, Volmar, Reinhold, Rheticus) hervorgegangen sind. Stella hat sich auf jeden Fall mit Rheticus beschäftigt. Stellas Erstlingswerk *Methodus* erinnert an Rheticus' und Münsters chorographische Arbeiten. Eine Auseinandersetzung mit der Chorographia von Preußen vermutet auch Rudhardt Oehme.

Stetten, Georg von, d.J., 1520–1573

1 Es wird auch angenommen, dass hier gar nicht Wittenberg, sondern Wittenburg (Lkr. Ludwigslust-Parchim, Mecklenburg-Vorpommern) gemeint ist, was einiges für sich hat. | 2 Hofmeister, Adolf, in: ADB 36 (1893), S. 32 f.; Bagrow 1951, S. 366. | 3 Förstemann 1841, Bd. 1, S. 198a. | 4 Falckenheiner 1904.S. 160. | 5 Oehme/Zögner 1989.S. 17-24 (mit Abb.). | 6 CR VII, Sp. 1000, Nr. 5116. | 7 Lindgren 1998, S. 240, 250. | 8 Opll, Ferdinand, »Iter Viennnese Cristo auspice et duce«, Wien im Reisetagebuch des Tilemann Stella von 1560, in: Jahrbuch des Vereins für die Geschichte der Stadt Wien 52/53 (1996/97), S. 321-360. | 9 Oehme/Zögner 1989.S. 25-34 (mit Abb. S. 27). | 10 Zinner ²1964, S. 231, Nr. 2246. | 11 VD 16 S 9275, BSB München, digital. | 12 VD 16 S 9278, ULB Halle, digital. | 13 Oehme/Zögner 1989, S. 34-37 (mit Abb.) | 14 Oehme/Zögner 1989, S. 74-79. | 15 Oehme/Zögner 1989, S. 38-43 (mit Abb.). | 16 Oehme/Zögner 1989, S. 38 (mit Abb. S. 39); Zinner ²1967 hat Stella nicht erwähnt. | 17 Merkel 1898, S. 267, Anm. 5; zugänglich in Husanus, Horae, Rostock 1577, Bl. 107-109; BSB München digital, Scan 222-226. | 18 Chytraeus, Poemata, Rostock 1579, Bl. 90-95, BSB digital, Scan 179-189. | 19 Brosseder 2004, S. 17, 79. | 20 Oehme/Zögner 1989.S. 9, 80, Anm. 3; Hoppmann 1998, S. 49.

Stetten, Georg von, d.J., 1520–1573

Georg von Stetten, d.J., geboren 1520 in Augsburg, gestorben 1573 in Augsburg, luth., Gutsherrensohn, Ratsherr.
Georg von Stetten d.J. war der Sohn des Kaufmanns und Ratsherrn Georg von Stetten d.Ä. (1489-1562), und der Susanna, einer Tochter des vermögenden Ulrich Fugger. Georg d.Ä. erwarb 1524 das Gut Boxberg und führte das Dasein eines Feudalherrn. Georg d.J. wurde am 8. März 1533 in Tübingen[1] und 1534/35 in Basel immatrikuliert[2]. Lepusculus führt in der Vorrede seines *Aristoteles* (Basel: Oporin, 1544) den *ingenuus ille iuvenis D. Georgius a Stetten* auf[3]. Im SS 1538 schrieb er sich (zusammen mit Heinrich Zell) unter dem Rektorat Melanchthons an der Universität Wittenberg ein[4]. Er wohnte bei Melanchthon und ließ 1538 in dessen neuem Haus sein Wappen anbringen. Am 17. Februar 1539 (Fasnacht) fand in Wittenberg eine Aufführung von Plautus' *Amphitruo* statt, in der von Stetten die Rolle der Bromia, der Sklavin des Amphytryon spielte[5]. Da jedoch der Darsteller der Bromia nur mit dem Vornamen Geirg genannt wird, ist dessen Identifizierung mit Georg von Stetten nicht erwiesen. An der Aufführung beteiligt waren auch Heinrich Zell, Besold, Taig, Mende). 1548 trat er in das Augsburger Stadtgericht in die Stelle seines Vaters ein. Seit 1554 führte Georg d.J. eine eifrige Korrespondenz mit Bullinger, seit 1560 auch mit Gwalter[6]. Georg d.J. war verheiratet mit Regina N., die 1573 an dem Briefwechsel mit Bullinger beteiligt war.

Beziehungen zu Rheticus sind nicht bekannt, sind aber durch dessen Verbindung zu Melanchthon und Heinrich Zell wahrscheinlich; von Stetten konnte auch im SS 1538 Rheticus' Vorlesungen hören. Durch Melanchthons Vermittlung gewährte der reiche von Stetten dem armen Waisen Jakob Höfer über Jahre eine finanzielle Hilfe.

1 Hermelink 193, 11. | 2 Wackernagel 1956, Bd.2, S. 7. | 3 Siehe dazu Hartmann/Jenny 1967, Bd. 6, S. 16, Anm. 1. | 4 Förstemann 1841, Bd. 1, S. 169a. | 5 Stadtbibl. Lindau, Sign. Ca. III, 482, Plautus, Comoediae (Basel: J. Herwagen, 1535). | 6 Hartmann/Jenny 1967, Bd. 6, S. 16, Anm. 1.

Stifel, Michael, ca. 1487–1567

Michael Stifel, geboren um 1487 in Esslingen am Neckar, gestorben am 19. April 1567 in Jena, luth., Theologe, Mathematiker, Kirchenliederdichter[1], Gegner Osianders, Flazianer[2].
Als Augustinermönch in Esslingen 1511 zum Priester geweiht. Er veröffentlichte 1522 eine Schrift *Von der Christförmigen rechtgegründeten leer Doctoris Martini Lutheri* und andere theologische Traktate, wo er mit Thomas Murner in einen heftigen Streit geriet. Luther vermittelte ihm 1522 eine Stelle als Prediger in Mansfeld (Lkr. Mansfeld-Südharz, Sachsen-Anhalt), wo er mit seinen mathematischen Studien begann. 1524 ging Stifel nach Österreich, kehrte aber 1527 nach Wittenberg zurück. Er wurde 1528, von Luther gefördert, Pfarrer in Lochau (früherer Name von Annaburg, Lkr. Wittenberg, Sachsen-Anhalt), wo er die Witwe seines Vorgängers Günther heiratete. 1532 setzte sich Melanchthon bei Ambrosius Blarer ein, dieser möge in Esslingen ein Gesuch Stifels in einer Erbschaftssache unterstützen. Melanchthon bezeichnete Stifel als trefflichen Mann, der das Evangelium unter Gefahr und schwerer Bedrängnis gepredigt und wahrhaft christliche Geduld gezeigt habe[3].

Ein etwas fragwürdiges Ergebnis seiner mathematischen Studien war *Ein Rechen-Büchlin vom EndChrist* (Wittenberg: Georg Rhau, 1532)[4], in dem Stifel für den 19. Oktober 1533 um 8 Uhr morgens einen Weltuntergang vorausgesagt hatte. Das hatte schlimme Folgen, weil viele Bauern ihre Habe verkauften und das Geld verjubelten. Stifel wurde seines Amtes enthoben und ins Gefängnis geworfen, aber auf die Fürsprache Luthers und Melanchthons freigelassen und wieder in sein Amt eingesetzt. In einem Epigramm *De Stifelio* verspottete Lemnius den Astrologen; dieser habe aber nicht gelogen, denn für die Bauern, die ihr Gut verprasst hätten, sei tatsächlich der Jüngste Tag gekommen[5]. Das Andenken an die Vorhersage des Weltuntergangs hat sich in dem Studentenlied »Stifel muss sterben, ist noch so jung, so jung« bis in die Gegenwart erhalten[6].

1535 übernahm Stifel eine Pfarrstelle in Holzdorf (Ortsteil von Jessen/Elster, Lkr. Wittenberg), unterrichtete aber auch die Arithmetik *privatim* in Wittenberg. Am 25. Oktober 1541 schrieb sich Stifel *gratis* an der Universität Wittenberg ein[7]. Er veröffentlichte einige mathematische Bücher. Der Schmalkaldische Krieg zwang ihn 1547 zur Flucht, er fand jedoch neue Pfarrstellen: 1549 in Memel, 1550 in Eichholz (Pr. Eylau), 1551 in Haffstrom (russ. Schosseiny, Stadtkreis Kaliningrad).

Es liegt auf der Hand, dass man anlässlich der Universitätsgründung von 1544, aber auch schon im Vorfeld der Gründung, keinen besseren Kandidaten als Stifel für den mathematischen Lehrstuhl hätte finden können. Stifel gehörte zum Melanchthonzirkel, wie ihn Thorndike bestimmt hat; er ist auch dem weiteren Kreis der Wittenberger Astrologen zuzurechnen, wie in Brosseder bestimmt hat[8]. Seine Immatrikulation in Wittenberg am 25. Oktober 1541 lässt auch die Vermutung zu, dass Stifel Vorlesungen von Rheticus gehört haben kann. Stifels Hauptwerk, die *Arithmetica integra* erschien mit einem Vorwort Melanchthons (Wittenberg, am 1. Januar 1543) und einem Widmungsbrief an Jakob Milich (Wittenberg, im September 1543) in Nürnberg bei Petreius 1544[9]. Stifel veröffentlichte auch Rechenbücher für den Laien wie beispielsweise die *Deutsche Arithmetica* (Nürnberg: Joh. Petreius, 1545)[10].

Die nachdrückliche Empfehlung, die Melanchthon in der *Arithmetica integra* aussprach, lautete: *Hoc Arithmeticum scriptum Michaelis Stifelij studiosae iuventuti commendandum esse duxi, quod cum ad exercitationem proderit, tum vero ad causas praeceptionum quaerendas plurimum lucem afferit* (Diese arithmetische Schrift habe ich geglaubt der studierenden Jugend empfehlen zu müssen, da sie einerseits der Übung dienen wird, andererseits auch viel Licht auf der Suche nach den Ursachen der Vorschriften bringt). Auch in dem Widmungsbrief an Milich bringt Stifel den Wunsch zum Ausdruck, dass seine Arbeit den *studiosi lectores* willkommen sein möge. Konnte ein Autor eines solchen Buches für die Übernahme eines Lehramtes besser empfohlen sein? Stifel wirkte vor allem durch seine Schriften, er mag auch von Haffstrom aus *privatim* theologische und mathematische Vorlesungen gehalten haben[11], es kam jedoch nicht zu einer eigentlichen Berufung an die Universität, da er zu den Hauptgegnern des vom Herzog geschätzten Osiander zählte. Schließlich musste er aus Preußen weichen, gab jedoch hier noch sozusagen als Abschiedsgeschenk mehrere Bücher heraus: *Kurtzer Abriß der gesamten Lehre Euklids im zehnten Buch seiner Elemente* (Königsberg: 1551), *Ein sehr wunderbarliche Wortrechnung* (Königsberg: 1553) und *Die Coss Christoph Rudolffs* (Königsberg: Alexander Behm von Lutomysl, 1554, weitere Ausgabe o.O. 1571[12]); das letztgenannte Werk war am 30. September 1553 seinem Königsberger *Freund und Gönner* Christoph Ottendorfer gewidmet. Stifel ging 1554 als Pfarrer nach Brück (damals Sachsen, heute Lkr. Potsdam-Mittelmark, Brandenburg). 1559 wurde er wiederum Professor für Arithmetik in Jena.

Es gibt die These einer auffälligen Verbindung zwischen Stifel und Kopernikus bzw. zwischen ihren Hauptwerken *De revolutionibus* und *Arithmetica integra*, die 1543/44 etwa gleichzeitig erschienen sind[13]. Beide Werke sind beim gleichen Drucker Johannes Petreius in Nürnberg erschienen. Melanchthon verfasste ein Vorwort für Stifel, er hatte ursprünglich auch beabsichtigt, ein Vorwort zu Kopernikus zu schreiben, diese Absicht aber wieder aufgegeben, doch mag man einen Ersatz dafür in dem griechischen Gedicht des Camerarius sehen, das aber dann doch auch gestrichen wurde; es ist nur aus zwei Exemplaren von *De revolutionibus* bekannt[14]. Dazu Meretz: »Ein personeller Zusammenhang zwischen Kopernikus und Stifel ergibt sich auch durch die Person des soeben erwähnten Georg Joachim Rheticus (1514-1574) als ein möglicher Mathematiklehrer von Stifel«.

1 SCHLÜTER 2010, S. 341; MERETZ 1998 (siehe Anm. unten). | 2 OTTER/BUCK 1764, S. 34-38; FREYTAG 1903, S. 98, II., Nr. 73; HOFMANN 1968; AUBEL 2008. | 3 SCHIESS 1908, Bd. 1, S. 347. | 4 VD 16 S 9014, BSB Volltext. | 5 MUNDT 1983, Bd. 1, S. 28 f.; Bd. 2, S. 219 f. | 6 HELM 1967, S. 39 unter Hinweis auf das deutsche Kommersbuch. | 7 FÖRSTEMANN 1841, Bd. 1, S. 195a. | 8 BROSSEDER 2004, S. 12. | 9 SLUB Dresden, digital. | 10 VD 16 S 9007, BSB online. | 11 So HELM 1968, S. 34. | 12 VD 16 R 3437, BSB online. | 13 Vgl. dazu MERETZ, Wolfgang, Der Mathematiker Michael Stifel zu Esslingen (1487? bis 1567) als Dichter von Reformationsliedern (Berlin 1998), besonders S. 31. | 14 GINGERICH 2002, S. 128 und S. 135 f.

Stigel, Johannes, 1515-1562

Johannes Stigel[1] **(Stigelius), geboren am 13. Mai 1515 in Gotha, gestorben am 11. Februar 1562 in Jena, beigesetzt in der St. Michaelskirche, luth., neulateinischer Dichter, Theologe, zählt zu den Anhängern Melanchthons (Gegner der Flazianer).**

Stigel wurde am 15. Oktober 1531 in Wittenberg immatrikuliert[2], wo er Schüler Melanchthons und Mitschüler von Rheticus wurde. 1535 wechselte er mit der Universität wegen der Pest für ein halbes Jahr nach Jena. Am 20. April 1542 promovierte er zum Mag. art., wobei er den ersten Rang belegte. [3] Schon vorher war er 1541 von Karl V. in Regensburg zum Poeta laureatus gekrönt worden[4], was einem Magistergrad gleichkam. 1542 erhielt Stigel in Wittenberg eine Professur für Terenz, wurde 1543 in das Kollegium der Artistenfakultät aufgenommen[5] und las nach dem Lektionsplan von 1544/45 über Ovids *Fasti*.[6] Stigel richtete 1548 die Schule in Jena ein, der er als Inspector vorstand. Aus dieser Schule ging die 1558 gegründete Universität Jena hervor[7], zu deren Eröffnung er eine Rede *De utilitate studiorum eloquentiae* hielt.

Stigel ist in erster Linie als neulateinischer Dichter bekannt. Mit Georg Sabinus und anfangs auch mit Simon Lemnius[8] bildete dieses eng befreundete Dreigespann den Kern eines Wittenberger Dichterkreises, der auch Melanchthons Wohlwollen fand. Zwar wirkte Melanchthon darauf hin, dass die Gedichte weniger heidnisch und mehr christlich sein sollten (vgl. etwa Stigels Psalmenparaphrasen); die Orientierung an den römischen Vorbildern war aber unverzichtbar. Mit anderen Dichtern wie Acontius oder Paul Eber traten Stigel, Sabinus und Lemnius in einen Sängerwettstreit[9], andere Dichter wie Gigas[10], Kaspar Brusch[11], Beuther oder Lotichius wetteiferten mit Stigel oder lobten sich gegenseitig.

Beziehungen von Stigel zu Rheticus waren eng. Brosseder rechnet Stigel dem weiteren Kreis der Wittenberger Astrologen zu. Der Poet Stigel hat auch Astronomie studiert[12]; Melanchthon soll ihn 1541 zu einer nächtlichen Sternbeobachtung mitgenommen hat.[13] Zwangsläufig musste Stigel auch Rheticus begegnen.

Eines seiner ersten Werke widmete Stigel der Arithmetik. Es war damals eine verbreitete Praxis, als Hilfsmittel für die Studenten (*in gratiam studiosae iuventutis*) Übersichtstafeln, sogenannte *Tabulae*, auf den Markt zu bringen, wie sie auch Rheticus für seine astronomischen Vorlesungen ausgearbeitet hat, wobei er allerdings seine Verfasserschaft verschwieg. Alle Auflagen von Rheticus' *Tabulae astronomicae* (Wittenberg o.J., Wittenberg [ca. 1542], Wittenberg 1545) wurden von einem Widmungsgedicht *Ad Lectorem* des Melchior Acontius einbegleitet.[14] Wir haben hier dasselbe Modell: Herausgeber ist ein Professor, ein Student fügt ein Widmungsgedicht hinzu. Als 1551 in Leipzig ein Inventar über Rheticus' Buchbestände aufgenommen wurde, fand man unter ihnen 240 Exemplare der *Tabulae astronomicae*. Auch die *Tabula de speciebus continuae quantitatis ex Euclides et aliis bonis autoribus collecta* (Wittenberg: Joseph Klug, 1538)[15], die von einem Widmungsgedicht Stigels *Lectori* eingeleitet wird, nennt keinen Verfasser; doch wird gewöhnlich Stigel als Verfasser angesehen. Die Autorschaft beschränkt sich dabei ja auch nur auf ein Sammeln (*colligere*), wie es in ähnlicher Weise auch Acontius für die *Tabulae astronomicae* zum Ausdruck bringt (*transcribi iussit et edi*).[16] Im Übrigen bleibt es sehr viel näherliegend, dass von Stigel nur das Widmungsgedicht stammt und der eigentliche Herausgeber Melanchthon war.

Die *Tabula* steht in einem engen Zusammenhang mit der Arithmetik-Vorlesung, die Rheticus im Herbst 1536 gehalten hat. Sie hatte die Aufgabe, einleitend gewisse Grundbegriffe wie *linea, punctum, circulus, angulus* usw. vorzustellen. Rheticus weist im Vorwort zu seiner Arithemik-Vorlesung ausdrücklich darauf hin: *Libelli editi sunt nuper hic a Iosippo, qui continent Arithmetices et Geometriae elementa hunc explicare decrevi* (neulich sind hier von Josippon Büchlein herausgegeben worden, den ich auslegen will).[17] Josippon (Name eines hebräischen Volksbuches aus dem Mittelalter) steht hier für den Wittenberger Buchdrucker Joseph Klug, der auch die *Tabula* gedruckt hat. Gemeint ist eines der damals üblichen Standardwerke zur Arithmetik, nämlich Georg Peurbachs *Elementa Arithmetices* (Wittenberg: Joseph Klug, 1536), erschienen mit einem Vorwort Melanchthons und Justus Jonas d.J. zugeeignet. Es mag sich aber auch um die frühere Ausgabe (Wittenberg: Joseph Klug, 1534)[18] gehandelt haben.

Ausführlich wird Stigels astrologisches Werk von Stefan Rhein[19] und von Barbara Bauer gewürdigt. Bauer hat insbesondere die separat publizierten Drucke *Prognosticon anni 1537* (Wittenberg 1536)[20] und *De eclipsi Solis anni 1551 elegia* (Wittenberg 1551)[21] erwähnt, aber auch auf seine reichhaltige Sammlung von Finsterniselegien verwiesen, die in den verschiedenen Ausgaben seiner *Poemata* abgedruckt wurden. Sie sind reich an mythologischen Details, auch rechtfertigen sie ihre Existenz durch moralische Auslegungen und Mahnungen zur Reue und Umkehr.[22] Ganz im Zeichen der Astrologie steht auch Stigels Hochzeitsgedicht auf David Chytraeus (Wittenberg 1553). Stigel blieb auch in Jena an der Astrologie interessiert. So schickte ihm Melanchthon das Lehrbuch *De dimensione terrae* (Wittenberg 1550) des damals noch wenig bekannten Kaspar Peucer.[23] Der Bedarf an solchen elementaren Lehrbüchern war sehr groß. Hier sind insbesondere zu erwähnen Johannes Vögelins *Elementa Geometriae ex Euclide ... collecta* (Wittenberg: Joseph Klug, 1536)[24], dem Ausgaben aus Wien, Straßburg oder Paris zur Seite standen. Vögelins *Elementa* stimmen im Titel weitgehend mit der Stigelschen *Tabula* überein. Auch dem Georg Tannstetter gewidmeten Büchlein Vögelins ist ein Gedicht *Lectori* beigegeben, das von dem niederländischen Theologen Gerhard Geldenhauer (1482-1542) stammt. Die Reihe dieser Klugschen Elementarbücher wurden seit 1542 durch das Buch von Gemma Frisius *Arithmeticae practicae methodus* erweitert, das über 60 Auflagen erlebte.[25] Viele dieser Auflagen weisen Epigramme von Melanchthon, Albertus und den Rheticusschülern Stigel und Heller auf.

Albertus ist ebenso wie Melanchthon ein Bindeglied zwischen den Klugschen Ausgaben von Peuerbach und Gemma Frisius; denn hier wie dort begegnen uns die gleichen Verse *Hic numeris constat*. Es muss eine Verbindung zwischen Albertus und Melanchthon geben.

Stigel heiratete 1544 in erster Ehe Barbara Künhold aus Weimar, in zweiter Ehe Katharina Melissa[26]. Die Freundschaft zwischen Rheticus und Stigel blieb nicht auf das Fachliche beschränkt. Als Stigel 1544 seine erste Heirat mit Barbara Künhold vorbereitete, schrieb Michael Toxites *Rhoeticus* ein *Epithalamium*, in dem er Melanchthon, Ziegler und den Mathematiker Rhetus (sic!) zur Hochzeit Stigels einlud (o.O., 1545)[27]. Auf Stigel wurde eine große Zahl von Gedichten verfasst. An erste Stelle ist Lemnius zu nennen, der in seinen *Epigrammata* (Wittenberg 1538) ein Gedicht an ihn richtet (Epigr. I, 12)[28]. Gigas adressierte 1540 gleich vier Epigramme an Stigel[29]. 1541 nahm ihn Brusch in seine Sammlung *Ad viros aliquot epigrammata* (Nürnberg: Joh. Petreius, 1541)[30] auf. 1544 schrieb Michael Beuther ein Epigramm auf Stigel (auf den 4. Oktober). Eobanus Hessus gedenkt Stigels in seinen *Farragines* (1549)[31]. Stigels Tod 1562 beklagte sein Schüler Heinrich Husanus, mecklenburgischer Kanzler, in einer Elegie[32].

1 HARTFELDER, Karl, Stigel, Johann, in: ADB 36(1893), S. 228-230; KUHN, Thomas K., in: Biographisch-Bibliographisches Kirchenlexikon, Bd. 10, Sp. 1463; KLOSE 1999, S. 234 f.; KOCH 1939; PFLANZ 1936. | **2** FÖRSTEMANN 1841, Bd. 1, S. 143a. | **3** KÖSTLIN 1890, S. 14 | **4** PFLANZ 1936, S. 20. | **5** KÖSTLIN 1890, S. 21. | **6** KATHE 2002, S. 94. | **7** STEINMETZ, Max (Hg.), Geschichte der Universität Jena 1548/58 – 1953, Festgabe zum vierhundertjährigen Universitätsjubiläum, Bd.1-2. Jena 1962; SCHNEIDER 2002. | **8** MUNDT 1982, Bd. 1, S. 265, 269, Bd. 2, S. 160, 183, 213. | **9** MERKER 1908, S. 22. | **10** GIGAS, Silvae (Wittenberg 1540), Bl. C6r, D7r f., E5r f, F5v f. | **11** BRUSCH Ad viros epigrammata (Nürnberg: Petreius, 1541), vgl. BEZZEL 1982, Sp. 417, Ziff. 3, BSB Digital. | **12** PFLANZ 1936, S. 9. | **13** BROSSEDER 2004, S. 16 f., hier besonders auch S. 16, Anm. 25. | **14** Vgl. BURMEISTER 1967/68, Bd. 2, Nr. 26, Nr. 27 = VD 16 J 280, BSB digital, Nr. 28. | **15** VD 16 T 5, BSB digital. | **16** BURMEISTER 2004/II, S. 164 f. | **17** DESCHAUER 2003, Bl. 2v. | **18** VD 16 P 2048. | **19** RHEIN 1997, S. 40-42. | **20** ZINNER 1964, S. 188, Nr. 1648. | **21** Ebenda, S. 217, Nr. 2037. | **22** BAUER 1998, S. 140-142, 146, 153. | **23** KUROPKA 2004, S. 251. | **24** VD 16 E 4165. | **25** VAN ORTROY 1920, S. 222-316, Nr. 48-120 | **26** PFLANZ 1936, S. 14, 35 f. | **27** Exemplar in der Staatsbibliothek Berlin, Preußischer Kulturbesitz. | **28** MUNDT 1982, Bd. 2, S. 10-13. | **29** GIGAS, Sylvae, Wittenberg 1540, Bl. 21r, 30r, 36r und 44v. | **30** BEZZEL 1982, Sp. 417, Ziff. 3, BSB Digital. | **31** KRAUSE 1879, Bd. 2, S. 222. | **32** Zugänglich in HUSANUS, Horae, Rostock 1577, BSB München digital, Scan 206-211.|

Stöckel, Blasius, † 1556

Blasius Stöckel, geboren in Nürnberg, gestorben am 4. April 1556 in Nürnberg, luth., Theologe[1]. Der reformationsfreundliche Prior der Kartause in Nürnberg nahm 1525 an dem Nürnberger Religionsgespräch auf der Seite der Evangelischen teil. Er übergab am 9. Oktober 1525 dem Nürnberger Rat sein Kloster. 1528 wurde er Frühmesser in Heroldsberg (Lkr. Erlangen-Höchstadt, Mittelfranken), 1531 daselbst auch Pfarrer. Stöckel immatrikulierte sich als *Dominus* (geistlicher Herr) am 14. Mai 1533 unter dem Rektor Kaspar Cruciger an der Universität Wittenberg[2]; Konsemester waren sein Landsmann Erasmus Flock, Sigismund Staudacher, Sebastian Birnstiel. Stöckel wurde 1542 Pfarrer in Hersbruck (Lkr. Nürnberger Land)[3]. 1546 wurde Stöckel nach Ravensburg entsandt, um dort für die Reformation zu wirken. 1547 bis 1556 war Blasius Stöckel Diakon an St. Jakob in Nürnberg und Frühprediger bei St. Klara. Seit Januar 1526 war Stöckel verheiratet mit Anna, einer ehemaligen Nonne aus dem Kloster Engelthal, Tochter des Nürnberger Posaunisten und Stadtpfeifers Hans Neuschel d.J. (1465-1533)[4]. Sein Sohn Andreas studierte die Rechte in Wittenberg und wurde Advokat der Stadt Nürnberg.

Zwischen Rheticus und Stöckel gab es vermutlich Kontakte. Beide waren seit dem SS 1533 Kommilitonen, obwohl Stöckel kein gewöhnlicher Student war, sondern ein gesetzter geistlicher Herr. Insofern kommt Rheticus auch kaum als Lehrer von Stöckel in Betracht. Ein Bindeglied zwischen beiden könnte Thomas Venatorius gewesen sein.

1 Will 1757, Bd. 3, S. 780f. | 2 Förstemann 1841, Bd. 1, S. 149a. | 3 Klaus, 1958, S. 202 f. und passim | 4 Grieb 2007, Bd. 2, S. 1076 f.

Stöckel, Leonhard, 1510–1560

Leonhard (Lenard) Stöckel, geboren in Bartfeld (slowak. Bardejov, Slowakei), gestorben am 7. Juni 1560 in Bartfeld, luth., Schulmann, Theologe, Dramatiker, *Praeceptor Hungariae*[1].
Der aus einer Bartfelder Bürgerfamilie stammende Stöckel immatrikulierte sich im WS 1530/31 unter dem Rektor Justus Jonas an der Universität Wittenberg[2]; Konsemester waren Justus Jonas d.J., Franz Kram, Hieronymus Berbing, Erasmus Reinhold. Stöckel wurde hier vor allem Schüler von Luther und Melanchthon. 1534 bis 1536 unterrichtete er in Eisleben (Lkr. Mansfeld-Südharz, Sachsen-Anhalt), setzte danach sein Studium in Wittenberg fort und wurde im Herbst 1539 Rektor der Schule in Bartfeld, wo er bis an sein Lebensende im Sinne der Wittenberger Reformation wirkte. Stöckel begann mit Schüleraufführungen des *Eunuchus* von Terenz, brachte dann aber vorwiegend biblische Stoffe auf die Bühne (Kain und Abel, Joseph, Judith, Susanna). Darüberhinaus verfasste er Schulbücher, *Annotationes* zu Melanchthons *Loci communes* (1552) u.a. Besondere Bedeutung erlangte seine *Confessio Pentapolitana* als erste lutherische Bekenntnisschrift in Ungarn (1549).

Zwischen Rheticus und Stöckel sind Kontakte anzunehmen. 1532 bis 1534 waren sie Kommilitonen und durch Melanchthon verbunden. 1536 bis 1538 konnte Stöckel auch Schüler von Rheticus gewesen sein. Stöckel mag wohl auch der Aufführung von Plautus' *Amphitruo* durch Heinrich Zell und andere Schüler des Rheticus im Februar 1539 beigewohnt haben.

1 Mollitor, Markus und Reimund B. Sdzuj, in: Killy, S. 284. | 2 Förstemann 1841, Bd. 1, S. 141a.

Stoj, Matthias, 1526–1583

Matthias (Matthäus) Stoj (Stoius), geboren am 26. April 1526 in Königsberg i. Pr., gestorben 15. Januar 1583 in Königsberg (Begräbnis im Dom)[1], luth. Mathematiker, Arzt, neulateinischer Dichter[2].
Stoj studierte als herzoglicher Stipendiat. Er immatrikulierte sich in Wittenberg im November 1543[3]. Er promovierte am 5. August 1546 unter dem Dekan Stigel zum Mag. art.[4] Im WS 1546/47 immatrikulierte sich Stoj an der Universität Frankfurt/Oder, offenbar in Begleitung von Paul Kren, eines anderen Rheticusschülers[5]. 1547 wurde er in Königsberg Inspektor der Alumnen. 1549 setzte er in Wittenberg sein Studium der Medizin fort, wechselte 1550 nach Leipzig[6]. Peter Hegemon schickte ihm am 31. Oktober 1549 Osianders *Epistola, in qua confutantur nova quaedam et fanatica deliramenta* (Königsberg 1549). Er bat ihn, ihm alle Leipziger und Wittenberger Disputationen sorgfältig zu sammeln und ihm zu schicken.[7] 1551 nach Nürnberg und wurde am 15. Juni 1552 in das Kollegium der Artistenfakultät in Wittenberg aufgenommen[8].

Seit August 1549 trug sich Stoj mit dem Gedanken, nach Italien zu reisen. Sein Freund Lauterwaldt, der ihn sehr schätzte (*Amo, mi Matthia, tuum candorem et apertum animum*) gab ihm als seinem *amicus singularis* aus Königsberg gute Ratschläge. Gott möge ihn glücklich dorthin geleiten und in Begleitung seines Schutzengels wieder zurückführen. Er möge zum Herrn beten, nicht zuzulassen, dass er in Italien mit den falschen Meinungen und den gewöhnlichen Sitten vergiftet werde. Er solle sich hüten, Gedichte zu schreiben; denn Osiander argumentiere: Er schreibt Gedichte, also ist er ein Bösewicht. *Und ihr sollt euch nicht lassen Meister nennen* (Matth. 23,10). Also sollen die akademischen Grade von Hunden bepisst werden, sie sind eine Erfindung des Teufels[9].

1553 wurde er ao. Prof. der Medizin in Königsberg. Erst danach ging er nach Padua, um am 26. Oktober 1553 in Bologna zum Dr. med. zu promovieren[10]. Stoj wurde 1560 zweiter und 1576 erster o. Prof. der Medizin. Stoj war Rektor Magnificus in Königsberg im WS 1562, 1566, 1570, 1574 und 1578. Seit 1560 war er auch fürstlicher Leibarzt. In einer Festrede zum Todestag Herzog Albrechts sagte Stoj aus, dieser habe den Wunsch geäußert, auf seinem Epitaph zusammen mit den Bildnissen von Luther und Melanchthon dargestellt zu werden[11]. Stoj war in erster Ehe mit Agnes verheiratet. Zur Hochzeit von Stoj mit Elisabeth Langen gab Sebastian Hartmann ein *Epithalamium* (Königsberg: Osterberg, 1579) heraus[12]. Stoj verfasste ein Epitaph auf seinen Schwiegervater Basilius Axt († 9. März 1558 in Königsberg). Anlässlich des Todes von Stoj gab Joachimus Cimtarsius ein *Carmen funebre* in Druck (Königsberg 1583)[13].

Werke: *Ad scriptum de vapore editum a D. Scalichio Responsio Matthiae Stoii* (Königsberg, um 1550)[14]; *Ecloga de coniugio Caspari Peuceri Budissensis et Magdalenae filiae Philippi Melanthonis* (Wittenberg: [Veit Kreutzer], 1550); *Epithalamion Doctissimo Viro Erasmo Reinholt Salveldensi Mathematum professori in Academia Witebergensi, Et honestissimae virgini Marthae natae patre Praetore Görlicensi, scriptum a Iohanne Sekerwitz. Elegia Gratulatoria, Scripta a Mathia Stoio Regiomontano* (Wittenberg 1550)[15]; *De baptismo filii Dei elegia* (Wittenberg, 1550).

Das von Stoj geführte Journal ist abgedruckt in den Acta Borussica, Bd. 1, 1730, S. 675-709. Als neulateinischer Dichter erscheint Stoj in den zitierten Epithalamien, sehr häufig auch in den Gedichten des Petrus Lotichius Secundus[16]. Kostproben der Dichtungen von Stoj findet man in den *Delitiae Poetarum Germanorum*. Zu einer von Melanchthon verfassten, von Stigel gehaltenen akademischen Rede schrieb Stoj einen literarischen Beitrag: *Oratio recitata a Iohanne Stigelio, cum testimonium eruditionis tribueretur... Disputatio de loco Platonis de periodis imperiorum, cuius fit mentio in octavo libro Platonis de Republica et in quarto Polit. Aristotelis* (Wittenberg: Veit Kreutzer, 1546).[17] Laurentius Scholz gibt als Quelle für seine *Consilia Medicinalia* (Frankfurt/Main 1598, Hanau 1610) auch Matthias Stoj an.

Beziehungen zu Rheticus: Matthias Stoj, dessen Horoskop Garcaeus[18] überliefert, gehört nach Westman[19] dem Melanchthonzirkel an, Brosseder[20] zählt ihn dem weiteren Kreis Wittenberger Astrologen zu. Stoj hatte mit Luther und Melanchthon die gleichen Lehrer wie Rheticus, jedoch immatrikulierte er sich, ähnlich wie Tilemann Stella, erst zu einer Zeit in Wittenberg, als Rheticus dort nicht mehr gelesen hat[21]. Stoj hörte in der Astronomie vor allem Reinhold und Flock, in der Physik Eber, seine Lehrer waren ferner Melanchthon, Stigel, Milich, Fendt und Peucer, schließlich verband ihn eine Freundschaft mit Andreas Aurifaber in Königsberg, sie alle haben zum engeren Umfeld von Rheticus gehört. In einem Brief an Matthias Stoj aus Königsberg vom 8. Dezember 1549 lässt Peter Hegemon Grüße ausrichten an *M. Rheticum et alios communes amicos*; danach gehörte Rheticus zu den gemeinsamen Freunden von Hegemon und Stoj[22]. 1550 führte ihn sein Medizinstudium nach Leipzig, wo er in unmittelbaren Kontakt zu Rheticus trat und als φιλομαθησ dessen begeisterter Schüler in der Astronomie wurde, wie seinem Einleitungsgedicht zu Rheticus' *Canon doctrinae triangulorum* und dem ebenda veröffentlichten Dialogus zu entnehmen ist. Auch jetzt brach der direkte Kontakt zu Rheticus bald ab, da dieser Leipzig verließ. Anlässlich der Hochzeit von Peucer mit Melanchthons Tochter Magdalena am 2. Juni 1550, zu der auch Rheticus eingeladen war, verfasste Stoj eine Ekloge, ebenso 1550 ein *Epithalamion* zur Hochzeit Reinholds. Man wird daher Stoj mit gutem Recht als Rheticusschüler bezeichnen können. Es kommt noch hinzu, dass in Stojs Exemplar von Kopernikus' *De Revolutionibus* die Worte *orbium coelestium* und das Vorwort von Osiander gestrichen sind; das hat Gingerich zu der Vermutung geführt, dass dieses Exemplar über Rheticus an Stoj gekommen ist[23]. Zu denken gibt auch, dass Stoj als wohl bestallter Professor der Medizin in Königsberg 1578/79 Vorlesungen über Geometrie gehalten hat; Stoj hatte vermutlich vom Tod seines Lehrers Rheticus und die dadurch ausgelösten Bemühungen um dessen Nachlass erfahren.

1 Lawrynowicz 1999, S. 496. | **2** Freytag 1903, Nr. 182 sowie S. 16, 18 f. | **3** Förstemann 1841, Bd. 1, S. 208. | **4** Köstlin 1890, S. 18. | **5** Friedländer 1887, Bd. 1, S. 97b. | **6** Erler, Bd. 1, S. 684, P 11. | **7** Clemen/Koch 1984, Bd. 5, S. 403. | **8** Köstlin 1891, S. 26. | **9** Clemen/Koch 1984, Bd. 5, S. 401. | **10** Bronzino 1962, S. 47. | **11** Thielen 1953,

S. 50. | **12-13** Exemplar in der HAB Wolfenbüttel. | **14** Exemplar Stabi Berlin. | **15** ZINNER ²1964, S. 459, Nr. 2004a. | **16** LOTICHIUS, Poemata (Dresden 1708), BSB digital; ZON 1983, S. 108 f., 110 f., 125, Anm. 14. | **17** HAB Wolfenbüttel. | **18** GARCAEUS 1576, S. 158. | **19** WESTMAN 1975, S. 171. | **20** BROSSEDER 2004, S. 17. | **21** Anderer Ansicht ist WESTMAN 1975, S. 171; Stoj habe 1541 nach der Rückkehr aus Frauenburg dessen Vorlesungen gehört; so früher auch BURMEISTER 1967/68, Bd. 1, S. 72. | **22** CLEMEN/KOCH 1984, Bd. 5, S. 403. | **23** GINGERICH 2002, S. 32 (Exemplar in der UB Kopenhagen); vgl. dazu auch GINGERICH 2005, S. 62 f.

Stoltz, Johannes, ca. 1514–1556

Johannes Stoltz (Stoltze, Stolcz, Stolsius, Stoltzius), geboren um 1514 in Wittenberg, gestorben 1556 in Weimar, wo er am 15. Juli bestattet wurde, luth., Philosoph, Theologe, Gegner der Astrologie, Flazianer[1].

Das Geburtsjahr ist wohl mit 1514 einige Jahre zu früh angesetzt, da die Studenten aus Wittenberg eher in jüngeren Jahren an die Universität strebten. Stoltz, der Sohn eines Sattlers, kam aus ärmlichen Verhältnissen, sodass er im WS 1533/34 unter dem Rektor Sebald Münsterer *gratis* immatrikuliert wurde[2]. Er promovierte am 1. März 1536 unter dem Dekan Melchior Fendt zum Bacc. art.[3] und am 18. September 1539 unter Johannes Sachse zum Mag. art. promoviert (12. Rang von 15 Kandidaten)[4]. Luther, der sich sehr für seinen Schüler einsetzte, bezeichnet ihn als *arm und schüchtern* und lobt ihn als *vortrefflich durch seine Begabung und Sprache in Prosa und Versen. Nunmehr gut zu verwenden und würdig eines hohen Amtes*. Schon drei Tage nach seiner Promotion zum Magister wird Stoltz durch Bugenhagen zum Diakon für Jessen (Lkr. Wittenberg) ordiniert[5]. Er wurde aber nicht als Seelsorger, sondern als Erzieher und Lehrer des späteren Kurfürsten August von Sachsen in Dresden eingesetzt. Im Juli 1540 kehrte er nach Wittenberg zurück. Am 29. Januar 1541 disputierte er *De iustificatione*[6]. Im März 1541 erhielt er ein Stipendium und wurde weiterhin als Hauslehrer adliger Studenten verwandt. Am 8. Januar 1544 wurde Stoltz in die Artistenfakultät aufgenommen[7]; er übernahm die Vorlesungen von Paul Eber. Nach dem Lektionsplan von 1544/45 las er über Terenz und Melanchthons lat. Syntaxis[8]. Im WS 1545/46 war Stoltz Dekan der Artistenfakultät; in dieser Funktion promovierte er im Januar/Februar 1546 18 Bakkalare[9], darunter Wolfgang Fusius, und am 25. Februar 1546 39 Magistri, darunter mit 1. Rang den berühmten Matthias Flacius Illyricus oder, wenn auch nur mit dem 39. und letzten Rang den späteren Wiener Arzt Johannes Eichholz[10]. Im Schmalkaldischen Krieg, noch im März 1547, als viele Professoren Wittenberg bereits verlassen hatten, hielt Stoltz seine Vorlesungen. Am 31. Mai 1547 wurde er zum Hofprediger nach Weimar berufen. Stoltz war als Professor für die neu zu gründende Universität Jena vorgesehen, die dann allerdings erst 1558 nach seinem Tod eröffnet wurde. Spätestens seit Oktober 1542 war Stoltz mit einer Wittenbergerin verheiratet; er hatte wenigstens einen Sohn und mehrere Töchter. Es sei noch erwähnt, dass er sich am 19. Oktober 1555 im Stammbuch des Dr. med. Joachim Strupp verewigt hat[11].

Die **Beziehungen** zu Rheticus sind nicht besonders ausgeprägt. Stoltz war zunächst für einige Jahre Rheticus' Kommilitone, in Luther, Melanchthon und Fendt hatten beide die gleichen Lehrer, dann war Stoltz vermutlich auch Rheticus' Schüler, jedenfalls konnte er dessen mathematische Vorlesungen vom SS 1536 bis SS 1538 hören. Zur Zeit von Rheticus' Dekanat im WS 1541/42 waren beide Kollegen, teilweise hatten beide die gleichen Schüler.

Als erklärter Gegner der Astrologie machte Stoltz seinen Lehrern Melanchthon und Rheticus keine Ehre. Gemeinsam mit seinem Hofprediger-Kollegen Johannes Aurifaber *Virariensis* verfasste er eine Invektive gegen die Astrologen seiner Zeit, d.h. insbesondere gegen den Erfurter Mathematiker Johannes Hebenstreit. Dieser hatte eine Practica auf 1554 (Erfurt 1553) in Druck gegeben und dem Kurfürsten Johann Friedrich von Sachsen zugeeignet. Stoltz und Aurifaber verfassten eine Gegenschrift *Kurtze verlegung der unchristlihen Practica Magistri Joh. Hebenstreito auff das jar 1554 zu Erffurd ausgangen* (Jena: Christian Rödinger, 1554)[12], die sie ihrerseits sub dato Weimar, den

5. Januar 1554, dem Kurfürsten widmeten. Sie beklagten darin, dass in den letzten 15 Jahren die Almanachschreiber ihre *observationes astrologicas* dem gemeinen Mann für *gewiss und wahrhaftig* verkauften. Noch dazu hätten *etliche Hochgelarten in den Schulen geholffen, da mit ja die Jugent in solcher Egyptischer finsternis vnd Chaldaischen fürwicz erzogen, Dernach wenn sie zu jaren komen, dieselbe ausbreiten, vnd von tag zu tag widerumb auff die Beine bringen möchten. Derwegen von jar zu jar jmer mehr vnd mehr Prognosticanten sich herfür getan, vnd nicht allein die gemeinde Calculation vnd enderung der Zeit vnd wetters, wie zuvor gebreuchlich, sondern auch die Planeten vnd des Himels wirckung, in der Menschen hertzen, zuneigungen, Rathschlegen, leben vnd thun, auch im zustand der Königreich vnd der Herrschafften, gesucht vnd gegrüblt haben. So ist der Menschen fürwitz drauf gefallen, das man alsbalde solche Practiken auffgekaufft, sich darinnen erkundet, nicht allein des Wetters, der zeit, oder der Finsternissen, sondern ob man sich Krieges oder friedens, Theurung oder wolfeiler zeit, gesundheit oder Pestilentz etc. zu versehen hette. Auch Nativiteten vnd Revolutiones stellen lassen, damit sie jres gantzen Lebens laufft vnd zustand erforschen möchten.* Das alles erklären die beiden Prediger für Teufelswerk und eitel Narretei und sie legen noch einmal nach: *Weil aber gleichwol die jungen Mathematici zu dem fürwitz vnd aberglauben gezogen werden, vnd denselben so hoch hören rhümen, Auch sehen, das der gemeine Man sampt den grossen Hansen drauff fellet, so narren sie hernach mit hauffen, Daher auch kompt, das es alle jar so viel Practiken vnd Prognosticanten gibt. Also hat es dis jar nicht wenig solcher Prognosticanten geregnet.*

Die Kritik stellt zu einem guten Teil das in Frage, was an vielen Universitäten gehegt und gepflegt wurde und allgemeine Praxis war. Es sei hier nur auf Melanchthon, etwa auf seinen Brief an Georg Seifried von 1538 verwiesen. Oder es sei etwas auf das Dekanatsbuch der Artistenfakultät in Greifswald hingewiesen, wo bedenkenlos solche Nativitäten mit dem Protokoll von Wahlen vermengt wurden. Eine ganz Literaturgattung wird von den Predigern mit einem Federstrich verworfen. Die große Zahl der Schüler von Melanchthon oder Schöner, von Rheticus oder Reinhold, sehen sich an den Pranger gestellt. Und am Rand wird der große Carion als oberster Rabbi verteufelt. Andere Namen von Zeitgenossen werden nicht genannt; denn es geht den Autoren wohl in erster Linie darum, ihre jungen Kollegen aus welchen Gründen auch immer bloßzustellen. *Vnter allen ist der kern vnd ausbund Magister Johannes Hebenstreit, mit seiner großen Practica, als der mehr denn die andern alle jemals auff einen bissen gefasst.* Nachdem Hebenstreit eine Reihe von theologischen Missverständnissen vorgeworfen wurde, wobei Luther als Skeptiker der Astrologie als Kronzeuge ins Spiel gebracht wurde, ergeht zuletzt die Aufforderung an Hebenstreit, Buße zu tun, Gott um Verzeihung zu bitten und *seine übelthat durch öffentlichen Druck zu widerruffen*.

1 Jauernig 1951, S. 229-237. | **2** Förstemann 1841, Bd. 1, S. 152b. | **3** Köstlin 1888, S. 15. | **4** Köstlin 1890, S. 11. | **5** Buchwald 1894, S. 7, Nr. 88. | **6** Köstlin 1888, S. 23. | **7** Köstlin 1890, S. 21. | **8** Kathe 2002, S. 94. | **9** Köstlin 1890, S. 9 f. | **10** Ebenda, S. 18 f. | **11** Metzger-Probst 2002, S. 289 ff. | **12** VD 16 S 9266; BSB München, digital.

Stösser, Fabian

Fabian Stösser, Fabian, von Konitz (poln. Chojnice, Woiwodschaft Pommern), luth., Gräzist, Gutsbesitzer[1].

Stösser immatrikulierte sich im WS1536/37 Leipzig[2] und WS 1537/38 in Wittenberg[3]. Am 1. September 1545 promovierte er zum Mag. art. unter Johannes Aurifaber *Vratislaviensis* zugleich mit Eichhorn, Reischacher und Peucer[4]. 1546 wurde er Professor in Königsberg. Am 15. März 1547 empfahl Melanchthon Stösser dem Sabinus: *Fabianum iudico modestum hominem esse et de te beneloquentem saepe in magna testium frequentia audivi.* Am 17. März 1547 empfahl er Stösser dem Herzog Albrecht, den er als Boten an ihn schickte; er entschuldigte ihn, dass sich dessen Rückkehr verzögere, da er ihm geraten habe, abzuwarten, wie die Belagerung von Leipzig ausgehe. Stösser überbringe einen Bericht über die Gefangennahme des Markgrafen Albert[5]. 1549 erhielt er die griechische Lektion. 1550 Juli wurde er als Osiandergegner fristlos entlassen und ging nach Konitz auf seine Güter; er wird noch 1556 als Grundbesitzer in Konitz genannt[6]. 1561 unternahm er eine Reise ins Hl. Land mit David Furtenbach und vielen anderen von Feldkirch nach Kairo und auf die Halbinsel Sinai[7].

Beziehungen zwischen Rheticus und Stösser sind möglich; Stösser könnte im WS 1537/38 und SS 1538 die Vorlesungen von Rheticus gehört haben. Dafür spricht auch, dass er unter Johannes Aurifaber *Vratislaviensis* zur Magisterprüfung angetreten ist.

1 FREYTAG 1903, S. 36, Nr. 128. | 2 ERLER, Bd. 1, S. 621, P 3. | 3 FÖRSTEMANN 1841, Bd. 1, S. 167a | 4 KÖSTLIN 1890, S. 18. | 5 MEL. OP. Bd. 6, Sp. 437-439, Brief Nr. 3783, 3784. | 6 FREYTAG 1903, S. 36, Nr. 128. | 7 FISCHER 1791, S. 255.

Straub, Johannes, 1489–1560

Johannes Straub (Strawb, Strub, Strobius, Strubius, Strieb), geboren 1489 in Oberstaufen[1] (Lkr. Oberallgäu, Schwaben), gestorben 1560 in Wittenberg, luth., Arzt, Ratsherr[2].

Als Herkunftsort Straubs wird meist die ehemalige Reichsstadt Isny (Lkr. Ravensburg, Baden-Württemberg) genannt, womit aber nur ein bekannterer Ort angegeben werden sollte; tatsächlich ist die Heimat Straubs aber im benachbarten Oberstaufen (bis 1921 Staufen, daher *Stoffensis*) zu suchen. Überdies hatte Isny in Wittenberg einen besseren Klang als das katholische Oberstaufen.

Straub, von dem man annehmen darf, dass er im heimischen Kollegiatstift St. Peter und Paul seine erste Schulbildung erfahren hat, immatrikulierte sich im WS 1511/12 als *Iohannes Strawb de Stoffen* an der Universität Leipzig[3]. Konsemester war Leonhard Natter aus Lauingen; befreundet war er mit dem im SS 1511 immatrikulierten Andreas Hafen[4] aus Füssen (Lkr. Ostallgäu, Schwaben). Hafen und Straub machten sich durch *varios et multiplices excessus* unangenehm bemerkbar, sodass beide im WS 1515/16 auf vier Jahre relegiert wurden, Straub auch noch zusätzlich wegen seines jämmerlichen Outfits (*pro deplorato habitus*)[5]. Um diese Zeit wirkten auch die Wanderpoeten Aesticampianus, Richard Sbrullius und Ulrich von Hutten in Leipzig, wo sie versuchten, der vorherrschenden Scholastik den Geist des Humanismus entgegenzusetzen. Es ist gut denkbar, dass Hafen und Straub als Anhänger des Humanismus Anstoß bei den etablierten Professoren erregten. Aesticampianus war bereits im Herbst 1511 relegiert worden. In jedem Fall wurde Straub durch solche Lehrer mit geformt.

Straub wandte sich darauf nach Wittenberg, wo er sich am 28. November 1516 unter dem Rektor Johannes Döltsch aus Feldkirch eingeschrieben hat[6]. Konsemester waren einige Feldkircher wie Jakob Imgraben, Leonhard Steinhauser oder Adam Höfer (aus Satteins, Vorarlberg) sowie der Musiker und Tübinger Magister Andreas Vogelsang, genannt Ornithoparchus (* 1490), Verfasser des *Musicae activae micrologus* (Leipzig: Valentin Schumann, 1517)[7]. Am 14. Oktober 1518 promovierte Straub *gratis* zum Bacc. art. (24. Rang von 32 Kandidaten)[8], am 13. September 1518 wurde Augustin Schürpf Bacc. med.[9], im Februar 1519 promovierten Johannes Bernhardi Velcurio, Melchior Fendt und Martin Pollich Mellerstadt zu Magistern der freien Künste. 1518 wurde auch Melanchthon nach Wittenberg berufen. Wann und wo Straub einen Magistergrad erworben hat, ist ebenso wenig bekannt wie eine Graduierung zum Dr. med. Man konnte auch ohne Graduierung als Arzt tätig werden, wie das Beispiel des Amerbachschülers Simon Wilde zeigt. In jedem Fall wurde Straub zu einem geachteten Arzt (*excellens medicus*), der zudem auch Ratsherr der Stadt Wittenberg wurde. Straub war in Wittenberg eine stadtbekannte Persönlichkeit, die nur in einer losen Beziehung zur Universität stand. Zeitweise schien er mit seinem Status nicht zufrieden zu sein[10].

Straub pflegte eine besonders enge Freundschaft zu Veit Amerbach, der dem *amico optimo* sein Buch *Antiparadoxa*, Straßburg: Crato Mylius, 1541, widmete[11]. Es richtete sich gegen Ciceros Schrift *Paradoxa* und die Philosophie der Stoiker; angehängt sind zwei Reden, die Amerbach vermutlich im WS 1537/38 als Dekan bei Promotionen vorgetragen hat, *De laudibus patriae* und *De ratione studiorum*. In der letztgenannten Rede empfiehlt er den Medizinern empfiehlt als das beste Lehrbuch die lateinische Grammatik des englischen Arztes Thomas Linacer (London 1524). Von Amerbachs Ansichten über die Freundschaft war bereits an anderem Ort die Rede. Straub fungierte bei Taufen von Amerbachs zahlreichen Kindern als Pate. Lemnius erwähnt, dass Straub, der fachlich gleich ausgerichtet sei wie Amerbach, zu seinen Freunden und Förderern gehörte[12].

Straub war verheiratet. Von seinen Söhnen begann Johannes 1550 in Wittenberg ein Studium, er starb jedoch um den 7. April 1556[13]. Kaspar machte eine Karriere als Professor für niedere Mathematik in Wittenberg. Auf die als Kind verstorbene Straubs Tochter Anna verfasste Amerbach vier Epitaphien[14].

Beziehungen zwischen Straub und Rheticus bestanden zum einen durch die Landsmannschaft, zum andern durch Rheticus' engere Bindung an Amerbach und Lemnius, war aber auch fachlich begründet, da Straub als hochgebildeter Humanist (*vir sane eruditus*, sagt Lemnius), Physiker und Arzt galt.

1 Paul EBER, Calendarium historicum, Wittenberg 1579, unter dem 16. Februar, irrt, wenn er Staufen (Lkr. Breisgau-Hochschwarzwald) als Geburtsort angibt. | 2 MATTHIAE 1761, S. 193; FISCHER 1926, S. 4, 15 ff., 19 f., 24, 62 f., 95, 100. | 3 ERLER, Bd. 1, S. 515, B 13. | 4 Ebenda, S. 510, B 6. | 5 Ebenda, S. 515, Anm., S. 750. | 6 FÖRSTEMANN 1841, Bd. 1, S. 64b, 10. | 7 SCHLÜTER 2010, S. 327. | 8 KÖSTLIN 1888, S. 6. | 9 KAISER 1982, S. 135. | 10 Veit Amerbach 1541 bei FISCHER 1926, S. 95. | 11 FISCHER 1926, S. 192, Nr. 9. | 12 MUNDT 1983, Bd. 2, S. 188 f. | 13 FÖRSTEMANN 1841, Bd. 1, S. 253b, gratis; SPP 1556, Bd. 2, Bl. 168. | 14 Veit AMERBACH, Varia carmina, Basel: Oporin, 1550, Bl. h²r; Fischer 1926, S. 203 f., Nr. 33.

Straub, Kaspar

Kaspar Straub (Straube, Strieb, Strobius, Strubius), geboren in Wittenberg, gestorben nach 1597 in Bernburg (Salzlandkreis, Sachsen-Anhalt), Arzt[1].

In Wittenberg sind in kurzem zeitlichen Abstand zwei Studenten gleichen Namens immatrikuliert: Kaspar Strubius aus Wittenberg (1558) und Kaspar Straub aus Chemnitz (1565)[2]. In der Literatur wird der hier zu darzustellende Professor Dr. med. Kaspar Straub aus Wittenberg fälschlich dem Studiosus Kaspar Straub aus Chemnitz zugewiesen[3]; dagegen spricht, dass Straub in seiner Dissertation von 1578 ausdrücklich als *Wittenbergensis* bezeichnet wird. Es ist also nur eine Identifizierung mit dem Wittenberger Straub möglich, wie auch früher schon in der Literatur bejaht wurde[4].

Diese Zuweisung erscheint auch von der Herkunft des Wittenberger Kaspar Straub her plausibel; denn sein Vater Johannes Straub war der aus dem Allgäu gebürtige Arzt und Ratsherr in Wittenberg. *Caspar Strubius Wittebergensis* immatrikulierte sich in Wittenberg am 8. Juli 1558[5]. Er zeigte frühzeitig ein Interesse für die Medizin. Ohne graduiert zu sein wurde er der Nachfolger Fendts († 1564) als Armenarzt[6]. Er hielt auch an der Artistenfakultät private Vorlesungen zu mathematischen Fächern. So begann er am 2. September 1575 *privatim* eine Vorlesung zu Peurbachs *Theoricae planetarum*, die sich in einer Mitschrift erhalten hat[7]. Sein Medizinstudium schloss er am 6. Juni 1578 mit dem Grad eines Dr. med. in Wittenberg unter Salomon Alberti ab, zugleich mit Andreas Schato und Georg Mylius[8]. Dazu liegen die Thesen der drei Kandidaten in einem Druck vor: *Themata medica De morbibus mesenterii* [...], Wittenberg: Matthaeus Welack, typis Johannis Schwertelii, 1578. Im SS 1579 wurde Straub erstmals Dekan der Artistenfakultät[9]. 1581 übernahm er Rheticus' ehemaligen Lehrstuhl für niedere Mathematik[10]. 1585 besorgte er eine Neuauflage von Reinholds *Prutenicae Tabulae*, Wittenberg: Welack, 1585[11]. Im SS 1586 war er erneut Dekan der Artistenfakultät[12]. Im SS 1590 war *Caspar Strubius Witebergensis, philosophiae et medicinae doctor et matheamtum professor publicus* Rektor Magnificus[13]. 1591 wurde er des Kryptokalvinismus beschuldigt und seines Amtes enthoben[14]. Er verließ seine Heimatstadt Wittenberg und wurde in Bernburg als Arzt tätig[15].

Dem allgemeinen Brauch entsprechend hat sich auch Straub in Stammbüchern verewigt, so etwa in Wittenberg, am 29. Februar 1588, für den Nürnberger Theologen Georg Werner (1563-1624)[16].

Werke: Neben den Thesen von 1578 und der Neuauflage von Reinhold 1585 hat Straub veröffentlicht: *Kurtzer Bericht wie menniglich in jtzo gefehrlichen Sterbensleufften sich solle verhalten*, Wittenberg: Zacharias Lehmann, 1597.

Beziehungen zwischen Rheticus und Straub hat es nicht gegeben; doch steht Straub in der Tradition der Wittenberger Mathematikerschule um Melanchthon und Erasmus Reinhold, sodass er hier nicht übergangen werden konnte. Überdies war er einer der Nachfolger auf dem Rheticus-Lehrstuhl für niedere Mathematik in Wittenberg.

1 Völker 2002, S. 170 f. | 2 Förstemann/Hartwig 1894, Bd. 2, S, 95a. | 3 Friedensburg 1917, S. 317; Kaiser 1982, S. 162; Dauben 2008, S. 510. | 4 Fischer 1926, S. 15, Anm. 1. | 5 Förstemann 1841, Bd. 1, S. 348a. | 6 Böhmer 1982, S. 118. | 7 UB Erlangen-Nürnberg, Ms. 840, Bl. 1r-103r; vgl. dazu Menso Folkerts, in: Müller 1993, S. 43. | 8 Sennert 1678, S. 117, Scan 125; Matthiae 1761, S. 308. | 9 Sennert 1678, S. 125. | 10 Kathe 2002, S. 137, 463. | 11 VD 16 R 967, BSB München, digital; Kästner 1797, Bd. 2, S. 608-610. | 12 Sennert 1678, S. 125, Scan 133 | 13 Förstemann/Hartwig 1894, Bd. 2, S. 373. | 14 Friedensburg 1917, S. 348, 513. | 15 Kaiser 1982, S. 163. | 16 Kurras 1988, S. 14 f.

Strigel, Viktorin, 1524–1569

Viktorin Strigel (Striegel), geboren am 26. Dezember 1524 in Kaufbeuren (Schwaben), gestorben am 26. Juni 1569 in Heidelberg, Grab in der Peterskirche, ref., Humanist, Theologe, Mathematiker[1].

Der Sohn des Arztes Yvo Strigel (aus der Memminger Malerfamilie) bezog nach Besuch der Schule in Augsburg 1538 die Universität Freiburg. Im SS 1542 schrieb er sich an der Universität Leipzig ein[2], wechselte aber bereits im Oktober 1542 nach Wittenberg[3], wo er Schüler von Melanchthon und Luther wurde. Am 4. September 1544 promovierte er unter Wilhelm Rivenus zum Mag. art., wobei er den 6. Rang unter 34 Kandidaten errang[4]; vor ihm lagen Sebastian Dietrich (1. Rang), Justus Jonas d.J. (2. Rang), Matthäus Blochinger (5. Rang), Schlusslicht war Gervasius Marstaller (34. Rang). Melanchthon trat dafür ein, dass er weiterhin eine wissenschaftliche Laufbahn einschlagen sollte. Er hielt privatim Vorlesungen und erreichte große Schülerzahlen. Von April 1546 hat sich eine Kollegnachschrift von Strigels Schüler Bartholomäus Fabricius (Schmid) aus Kempten (Schwaben, Bayern) erhalten[5]. Nach der kriegsbedingten Schließung der Hochschule Ende 1546 ging Strigel (wie Melanchthon) zunächst nach Magdeburg, dann nach Erfurt, wo er sich im SS 1547 immatrikulierte[6]. Kurz darauf ging er nach Jena, wo er im März 1548 mit seinen theologischen Vorlesungen begann, gehörte aber auch der philosophischen Fakultät an (Physik, Ethik, Dialektik, Griechisch, Geschichte). Strigel und Stigel hatten einen Zulauf von Studenten. Schwere Kämpfe hatte Strigel 1558/60 mit Flacius Illyricus auszufechten. 1563 wechselte Strigel als Professor der Theologie nach Leipzig, wo er bei seinen Kollegen auf starke Einwände stieß. Johannes Pfeffinger drängte 1567 auf seine Entlassung, da man ihn des Kalvinismus verdächtigte. Kurfürst Friedrich III. berief ihn als Professor für Ethik nach Heidelberg. Am 27. Juni 1569 wurde er in der akademischen Sakristei der Peterskirche in Heidelberg beigesetzt (Grabschrift überliefert)[7]. Über seine Nachfolge, zu der Ramus berufen werden sollte, entstand ein heftiger Konflikt. Strigel heiratete 1549 in erste Ehe Barbara († 1552), Tochter des Kanzlers Franz Burckhardt; zu den Hochzeitsgästen gehörte J. B. Haintzel. 1553 heiratete er in zweiter Ehe Blandina, Tochter von Erhard Schnepf, Professors der Theologie in Jena.

Werke: Strigel hinterließ vor allen theologische und philologische Werke, darunter zahlreiche Bibelkommentare sowie Anmerkungen zu Cicero oder Vergil. Zwei Werke befassten sich mit Astronomie und Arithmetik.

Die **Beziehungen** von Rheticus und Strigel sind ein Grenzfall. Strigel studierte im SS 1542 in Leipzig, als Rheticus dort noch nicht wirkte. Im Oktober 1542 wechselte er nach Wittenberg, als

Rheticus seine Lehrtätigkeit in Leipzig aufnahm. Anscheinend fanden sie nie zueinander. Gewöhnlich wird Strigel auch als Schüler Melanchthons und Reinholds genannt. Strigel musste dennoch hier erwähnt werden, weil er nach Westman zum Melanchthonzirkel gehörte und auch Brosseder ihn zum weiteren Kreis der Wittenberger Astrologen zählt[8]. In Übereinstimmung mit Melanchthon vertrat Strigel die Idee von der Nützlichkeit der Astronomie für alle Lebensbereiche[9]. Er hielt auch daran fest, dass die Schüler mit der Astrologie vertraut gemacht werden sollten[10]. Aber Strigel sah die Erde unbeweglich in der Weltmitte. Er stand dem heliozentischen Lehre des Kopernikus ablehnend gegenüber. Als Quellen für seine *Epitome doctrinae de primo motu* (Leipzig: Offizin Vögelin, 1564[11]; weitere Auflage Wittenberg: Joh. Crato, 1565[12]) nennt er Ptolemäus, Proklos, Regiomontan, von seinen Zeitgenossen Reinhold, Bacmeister, Sebastian Dietrich, Peucer, Neander. Hingegen ignoriert er Kopernikus und Rheticus, wiewohl er sich mit ihnen auseinandergesetzt hat; denn Michael Maestlin kaufte 1570 Kopernikus' *De revolutionibus* (Nürnberg 1543) um 1 ½ Gulden von der Witwe Strigels[13]. Immerhin anerkennt Strigel, dass Kopernikus bessere Tafeln geliefert habe. Dasselbe gilt für Strigels *Arithmeticus libellus* (Leipzig: Offizin Vögelin, 1563[14]). Auch hier nennt Strigel Reinhold und Bacmeister seine Lehrer. Die Schrift weist zudem auch noch einen Nachruf Strigels auf den schon 1551 verstorbenen Bacmeister auf. Die Praefatio Strigels *De dignitate arithmeticae* greift ein auch von Rheticus behandeltes Thema auf und wurzelt in Melanchthon. Es hat den Anschein, als sei Strigel bewusst über Rheticus hinweggegangen. Aber auch in einer solchen Gegnerschaft liegt letztlich eine Beziehung.

1 PFRUNDNER, Thomas, Victorin Strigel, 1524-1569, Protestantischer Gelehrter, Theologe, Bekenner, in: Lebensbilder aus dem Bayerischen Schwaben 14 (1993), S. 55-83; MÜLLER 1993, S. 173; KLEINEIDAM 1980, Bd. 3, S. 77, 101 f.; STUPPERICH 1984, S. 204; KOCH, Ernst, in: SCHEIBLE 1997, S. 391-404; DRÜLL 2002, S. 523-525. | **2** ERLER, Bd. 1, S. 639, B 22. | **3** FÖRSTEMANN 1841, Bd. 1, S. 198b. | **4** KÖSTLIN 1890, S. 16. | **5** Evangelische Kirchenbibliothek Kempten, M 30. | **6** WEISSENBORN 1884, Bd. 2, S. 366a. | **7** Lat. Text und dt. Übers. bei PFRUNDNER 1993, S. 75. | **8** BROSSEDER 2004, S. 16. | **9** Ebenda, S. 317; STRIGEL, Epitome, 1563, Bl. A². | **10** BROSSEDER 2004, S. 145. | **11** ZINNER ²1964, S. 238, Nr. 2354; HILGERS, Robert/MÜLLER, Uwe, in: MÜLLER 1993, S. 173 f.; BSB München, digital. | **12** ZINNER ²1964, S. 240, Nr. 2385. | **13** GINGERICH 2002, S. 219 (Exemplar in der StB Schaffhausen). | **14** VD 16 S 9582; HILGERS, Robert/KOKOTT, Wolfgang, in: MÜLLER 1993; 242 f.; BSB München, digital.

Svansø, Niels, ca. 1500-1554

Niels (Nikolaus) Andersen Svansø (Schwanseus, Schwansius, Svanseus, Svansöe, Schwansius), geboren um 1500 in Ribe (Teil der Kommune Esbjerg, Syddanmark), gestorben 1554 in Varde (Syddanmark), luth., Theologe, Topograph[1].
Niels Svansø soll 1526 oder 1527 Priester an der St. Jakobi-Kirche (St. Ibs Kirke) in Varde geworden sein. Von den Katholiken verjagt, floh er nach Viborg (Midtjylland, Dänemark), wo er an der Domkirche Vor Frue Kirke als Lektor der Theologie tätig wurde. Svansø immatrikulierte sich im SS 1537 an der Universität Wittenberg[2]; Konsemester waren Christoph Langner, Hieronymus Besold, Melchior Isinder, Melchior Ayrer, Johannes Aurifaber *Vinariensis*. Am 11. Februar 1539 promovierte er unter Veit Amerbach zum Mag. art.; er erreichte den 3. Rang unter 13 Kandidaten; vor ihm platzierten sich Melchior Acontius (1. Rang), Theobald Thamer (4. Rang), die Finnen Mikael Agricola (5. Rang) und Martin Teit (10. Rang) sowie Hartmann Beyer (11. Rang)[3]. Am 27. November 1540 disputierte Svansø *De poenitentia*[4]. Im Mai 1541 versuchte Bugenhagen in einem Brief an König Christian III., Svansø an der Universität Kopenhagen unterzubringen oder ihm zur Fortsetzung seines Studiums in Wittenberg ein Stipendium auszusetzen. Der König jedoch antwortete am 15. Mai 1541 ablehnend, Svansø werde als Aufrührer angesehen, weil er sich gegen den Superintendenten von Ribe aufgelehnt habe[5]. Der König änderte jedoch seine Meinung; am 30. Januar 1543 schickte er aus Gottorp (Schleswig) an Bugenhagen 100 Gulden; davon sollte Petrus Genner 40 Gulden, Svansø 30 Gulden und Paul von Nimwegen ebenfalls 30 Gulden erhalten[6].

Nach seiner Rückkehr nach Dänemark wurde Svansø wieder als Pfarrer in Varde tätig. Am 12. Mai 1551 brannte die Kirche ab.

Werke: Svansø hat eine *Descriptio Daniae* in lat. Versen verfasst, die handschriftlich (KB Kopenhagen, GI.kgl. saml. 719, fol.) überliefert ist[7].

Beziehungen zu Rheticus: Da Svansø 1537 bis 1543 in Wittenberg (wenn auch mit Unterbrechungen) anwesend war, ist es sehr wahrscheinlich, dass er auch mit Rheticus zusammengekommen ist. Svansøs Beschreibung Dänemarks entspricht Rheticus' Bemühungen um die Chorographie, wie sie auch von Heinrich Zell und Sebastian Münster gepflegt wurde. Zu denken ist auch an Kaspar Bruschs *Vichtelberg* (1542) oder an andere seiner Gedichte geographischen Inhalts.

1 RØRDOM, H. F., in: Dansk biografisk lexikon 16 (1902), S. 611 f.; PETERSEN, Carl Sophus, Illustreret dansk litteraturhistorie, Bd. 1, Kopenhagen: Gyldendal, 1929, S. 420. | **2** FÖRSTEMANN 1841, Bd. 1, S. 166b. | **3** KÖSTLIN 1890, S. 11. | **4** KÖSTLIN 1890, S. 23. | **5** VOGT 1888/99, S. 224. | **6** Årsberetninger fra det Kongelige Geheimarchiv indeholdende bidrag, Bd. 1, Kopenhagen: C. A. Reitzel, 1855, S. 229 f. | **7** Antiqvariske annaler, Bd. 1, 1812, S. 8; PETERSEN 1929, S. 420.

Taig, Peter, ca. 1520 – nach 1560

Peter Taig (Tayg, Tychius), geboren um bzw. nach 1520 in Nürnberg, gestorben nach 1560 im Nürnberger Umland, luth., Schulmann, Theologe.

Die ÖNB in Wien besitzt eine Druckgrafik mit dem Porträt eines bärtigen Mannes mit der Inschrift *Petter Taig, Schneider vnd thes Klein Raths In Nürnberg. Starb 1547*[1]. Dieser Schneider und Ratsherr Peter Taig, der am Milchmarkt wohnte und im Dezember 1547 gestorben ist[2], könnte der Vater unseres Peter Taig sein. Taig immatrikulierte sich im SS 1538 unter dem Rektor Philipp Melanchthon an der Universität Wittenberg[3]. Am 17. Februar 1539 (Fasnacht) fand in Wittenberg eine Aufführung von Plautus' *Amphitruo* statt; Taig spielte die Rolle der Alkmene, der Gattin des Amphytryon[4]. An der Aufführung beteiligt waren auch Heinrich Zell, Besold, Mende, v. Stetten). Im SS 1540 promovierte Taig zum Bacc. art.[5]. Am 8. August 1542 erlangte Taig unter dem Dekan Paul Eber den Grad eines Mag. art. (23. Rang unter 30 Kandidaten)[6]. Mit ihm war auch Joachim Heller (6. Rang) Magister geworden. Am 10. August 1542 erteilte Melanchthon auf Veranlassung von Veit Dietrich Taig einen Tadel, versicherte aber, dass Taig fleißig und ordentlich sei und von ihm nur empfohlen werden könne[7]. Taig wurde lateinischer Schulmeister in Hersbruck (Lkr. Nürnberger Land) und auch im Kirchendienst verwendet, später wurde er Kaplan in Heideck (Lkr. Roth, Mittelfranken). Am 28. August 1551 wurde er mit der Verwesung einer Prädikatur beauftragt[8]. Für 1560 wird Taig als Pfarrer von Happurg (Lkr. Nürnberger Land) genannt. Damals fand eine Visitation statt, die vor allem untersuchen sollte, ob in der Gemeinde Wahrsager umgingen? Der Visitationskommission gehörte u.a. auch Taigs alter Freund Besold an, der Diener Sosias aus der Amphitryon-Aufführung, wobei allerdings offen bleibt, ob er auch in Happurg anwesend war. Das Ergebnis der Visitation war zumindest für Taig wenig schmeichelhaft. Wörtlich heißt es im Protokoll: *Der Pfarrer von Happurg, Peter Taig, sagte, er habe vor Schrecken nichts antworten können. Er hatte sich mit seiner Köchin vergessen. Die Schule daselbst war eingegangen. Es finden sich viele Zauberhändel*[9].

Beziehungen zu Rheticus waren zweifellos vorhanden. Taig könnte im SS 1538 oder im WS 1541/42 Vorlesungen von Rheticus gehört haben. Taig war zunächst Hörer von Paul Eber gewesen, der mit seinem Betragen und seinem Fleiß zufrieden war. Taig sei dann aber, sagt Melanchthon, in eine etwas freizügigere Gesellschaft geraten, womit vielleicht die Theatergruppe gemeint ist (Zell, von Stetten, Besold, Mende), habe sich aber nichts zuschulden kommen lassen. Auch habe er seine Studien keineswegs vernachlässigt, da Taigs Freund Hieronymus Schreiber darauf geachtet habe, *qui et gravitate morum et eruditione tanta praeditus est, ut nunc absentis Rhetici munus sustineat in schola* (der von großem sittlichen Ernst und so gelehrt ist, dass er jetzt in der Universität den Platz des abwesenden Rheticus einnimmt)[10]. Daraus könnte man ableiten, dass auch Rheticus sich zuvor um

Taig gekümmert habe; jedenfalls fällt hier der Name Taig im Zusammenhang mit Rheticus. Man ist auch versucht, eine Ursache solcher lebhaften Zauberhändel bei Rheticus zu suchen.

1 Bildarchivaustria.at/Bildarchiv//BA/847. | 2 Burger 1972, Bd. 3, S. 143, Nr. 3722. | 3 Förstemann 1841, Bd. 1, S. 172b. | 4 Stadtbibl. Lindau, Sign. Ca.III,482, Plautus, Comoediae (Basel: J. Herwagen, 1535). | 5 Köstlin 1890, S. 7. | 6 Köstlin 1890, S. 14. | 7 Scheible, MBW, Regesten, Bd. 3, 1979, Nr. 3021; CR IV, Sp. 854. | 8 Zeitschrift für bayerische Kirchengeschichte 24 (1958). | 9 Siebenkees, Johann Christian, Materialien zur Nürnbergischen Geschichte, Bd. 1, Nürnberg 1792, S. 238. | 10 CR IV, Sp. 854.

Teiti, Mårtin, † 1544

Mårten (Martin) Mattson (Mathei) Teiti (Teitti, Tetus, Deutus, de Villand), geboren in Pernaja (Provinz Uusimaa, Finnland), gestorben 1544 in Stockholm, luth., Theologe[1].
1535 hatte Teiti die königliche Pfründe St. Sigfrid im Domkapitel zu Turku (schwed. Åbo, Finnland) erhalten, um mit Hilfe dieses Stipendiums in Deutschland studieren zu können. Im SS 1536 immatrikulierte sich Teiti, gemeinsam mit Mikael Agricola, an der Universität Wittenberg[2] und wurde Schüler von Luther, Melanchthon und Bugenhagen. Agricola und Teiti kamen auch in einen näheren Kontakt mit Magister Konrad Lagus, der eine Privatschule unterhielt und bei dem sie möglicherweise gewohnt haben. 1538 kaufte Teiti in Wittenberg eine lat. Bibelkonkordanz (Lyon: Sebastian Gryphius, 1535), die er binden und mit seinen Initialen MMT 1538 versehen ließ[3]. Vermutlich hat Teiti Agricola bei seiner Übersetzung des Neuen Testaments ins Finnische geholfen. Am 11. Februar 1539 promovierte Teiti unter Veit Amerbach zum Mag. art. und erreichte den 10. Rang von 13 Kandidaten, seine Mitbewerber waren u.a. Acontius (1. Rang), Niels Svansø (3. Rang), Theobald Thamer (4. Rang), Mikael Agricola (5. Rang) und Hartmann Beyer (11. Rang)[4]. 1542 kam Teiti, vermutlich aufgrund einer Empfehlung von Georg Norman, als Prinzenerzieher an den Hof in Stockholm, wo er aber schon bald gestorben ist.

Beziehungen zu Rheticus hat es vermutlich gegeben, der als Lehrer von Teiti in Frage kommt. Vom SS 1536 bis SS 1538 konnte (und musste im Hinblick auf sein Magisterexamen) Teiti die Vorlesungen von Rheticus gehört haben. Seine Mitbewerber beim Magisterexamen waren größtenteils enge Freunde von Rheticus.

1 Gummerus 1941, S. 36; Callmer 1976, S. 20, Nr. 44; Heininen 1980, S. 21, 23-25, 28, 47, 53, 69, 98. | 2 Förstemann 1841, Bd. 1, S. 163b. | 3 Gymnasialbibliothek in Porvoo, Finnland, Sign. 553; Heininen 1980, S. 47, Anm. 43. | 4 Köstlin 1890, S. 11.

Tettelbach, Johannes, 1517–1598

Johannes Tettelbach (Tetelbach, Dettelbach), geboren 1517 in Dinkelsbühl (Lkr. Ansbach, Mittelfranken), gestorben am 25. März 1598 in Burglengenfeld (Lkr. Schwandorf, Oberpfalz), Begräbnis in der Kirche, luth., Schulmann, Theologe, Flazianer[1].
Tettelbach immatrikulierte sich am 16. Juni 1533 an der Universität Wittenberg[2], wo er 1535 unter dem Dekan Jakob Milich zum Bacc. art. promovierte[3]. Am 5. Februar 1540 wurde er unter dem Dekan Magister Christian Neumair zum Mag. art. kreiert; er belegte den 10. Rang von 15 Kandidaten[4]. Tettelbach wurde zunächst Pfarrer in Dinkelsbühl, 1547 jedoch abgesetzt. Als Greser nach Dresden kam, war er dort Supremus (Konrektor) an der Kreuzschule; er wurde »der kleine Magister« genannt[5]. 1549 wurde er Lehrer an der Schule von St. Afra in Meißen. 1554 erfolgte seine Ernennung zum Superintendenten von Chemnitz. Hier war er 1555 in eine schwierige Lage geraten, weil der katholische Gelehrte Georg Agricola in Chemnitz begraben werden sollte, doch verlangte der Hof in Dresden, dass eine solche Beerdigung ohne Feierlichkeit vonstattengehen sollte; das führte dann dazu, dass Agricola seine letzte Ruhestätte im Naumburger Dom fand[6]. 1566

wurde Tettelbach als Flazianer seines Amtes enthoben. Er wurde Pfarrer in Schwandorf (Oberpfalz), zuletzt 1580 Pfarrer und Superintendent in Burglengenfeld.

Werke: Hervorzuheben ist die in vielen Auflagen erschienene Schrift *Das Güldene Kleinodt, D. Martini Lutheri Catechismus*, 1571 (gewidmet den Söhnen des Chemnitzer Bürgermeisters Hans Arnold, versehen mit einem Vorwort von Tileman Heshusius vom 22. April 1569)[7].

Beziehungen zwischen Tettelbach und Rheticus bestanden in den Jahren 1533 bis 1538, vielleicht auch noch im WS 1541/42, danach aber wohl nicht mehr. In der Wittenberger Zeit waren beide, Tettelbach nur wenige Jahre jünger als Rheticus, Kommilitonen; nach 1536 kann Tettelbach die Vorlesungen von Rheticus besucht haben.

1 Kreyssig ²1898, S. 125. | 2 Förstemann 1841, Bd. 1, S. 149b. | 3 Köstlin 1888, S. 15. | 4 Köstlin 1890, S. 12. | 5 Greser 1587, BSB München, digital, image 74. | 6 Prescher, Hans, in: Viertel 1994, S. 49. | 7 BSB München digital; dort ebenfalls digital zugänglich die Auflage Frankfurt/Main: Franz Bassäus, 1577

Thamer, Theobald, 1515–1569

Theobald Thamer, Damerus, Thamerus, Theobaldus, geboren 1515 in Oberehnheim (Obernai, Bas-Rhin), gestorben am 23. Mai 1569 in Freiburg i. Br., Epitaph in der Universitätskapelle des Freiburger Münsters, luth., Universitätslektor (Griechisch, Rhetorik), Theologe, als Konvertit Polemiker[1].

Thamer immatrikulierte sich im SS 1535 (später aus der Matrikel gestrichen)[2], wurde Schüler von Luther und Melanchthon gefördert und hielt Vorlesungen über Aristoteles. Am 11. Februar 1539 promovierte er zum Magister artium; später als *Apostata sceleratus* bezeichnet[3]. Melanchthon forderte sogar die Todesstrafe für ihn. 1540 ging er als Gräzist an Universität Frankfurt/Oder[4]. 1543 folgte er Landgraf Philipp als Theologe nach Hessen (imm. Marburg 1543)[5] und wurde 1552 an den Frankfurter Dom als Prediger berufen. Hier wurde er von dem luthertreuen Hartmann Beyer mit der Schrift *Ein stück der predigt Theobaldi Thameri* (Frankfurt/Main: David Zöpfel, 1552) bekämpft; Thamer antwortete mit der *Apology wider W. Hartmann Beyer*[6] sowie einer *Apologia* (Mainz 1561). Auch Kaspar Goldwurm, der Thamer als Rhetoriker schätzte und ihn nicht nur für wortreich hielt, sondern auch gewandt im Ausdruck, geriet mit ihm in Konflikte. Goldwurm übersetzte einige lat. Predigten Thamers auf dessen Bitte ins Deutsche, er ermahnte ihn aber schon damals, von seinen Irrtümern abzustehen. 1551 griff Goldwurm Thamer in einer Predigt in Frankfurt/Main wegen seines gottlosen Abfalls scharf an; Thamer gab ihm daraufhin ein Buchmanuskript zu lesen, um dessen Rückgabe Thamer noch 1553 vergebens kämpfte, als er in Siena zum Dr. theol. promovierte[7]. Katholisch geworden, lehrte Thamer als Professor der Theologie an der Universität Mainz und seit 1566 in Freiburg i. Br.[8] 1568 war Thamer Dekan der theologischen Fakultät in Freiburg. Nach seinem Tod kam seine Bibliothek 1570 an die UB Freiburg (170 Bände, 38 Handschriften, darunter auch luth. Schriften)[9].

Die **Beziehungen** zwischen Rheticus und Thamer waren eng. Sie waren anfangs Kommilitonen, seit dem SS 1536 war Thamer Schüler von Rheticus. Thamer hatte in Wittenberg über Aristoteles gelesen, Lemnius hat einige boshafte Epigramme auf ihn (*Thelesius*) verfasst[10]; er wirft ihm Geschwätzigkeit vor, zählt ihn aber in seiner *Apologia* (Leipzig?, 1538) zugleich mit Rheticus als einem seiner Freunde in Jena[11] und beschreibt ihn als *homo maximi studii et probitatis* (Mann von größtem Fleiß und größter Rechtschaffenheit)[12].

1 Kraus, F. X., in: ADB; Höhle, 2002, passim. | 2 Förstemann 1841, Bd. 1, S. 158b. | 3 Köstlin 1890, S. 11. | 4 Friedländer 1887, Bd. 1, S. 85b; Höhle 2002, S. 484 f. | 5 Falckenheiner 1904, S. 163. | 6 CR 9 (Mel. Opp.), 135. | 7 Siller 2011, S. 58-61, 204, 236, 248-250, 266, 284, 296. | 8 Schreiber 1859, Bd. 2, S. 293-298. | 9 Rest 1925, S. 25. | 10 Mundt 1983, Bd. 2, Epigrammata I, 9, 59, 69; II, 53, 79. | 11 Mundt 1983, Bd. 2, S. 182 f | 12 Mundt 1983, Bd. 2, S. 190 f.

Thoming, Jakob, 1524–1576

Jakob Thoming (Toming, Töminck, Thomingius), geboren 1524 in Schwerin (Mecklenburg-Vorpommern), gestorben am 15. August 1576 in Leipzig, begraben auf dem alten Gottesacker[1], Leichpredigt von Selnecker[2], luth., Jurist (Rechtslehrer, kurfürstlicher Rat, Stadtrat und Bürgermeister von Leipzig, Inhaber eines Schöppenstuhls, von wesentlichem Einfluss auf die Gesetzgebung des Kf. August von Sachsen)[3].

Thoming immatrikulierte sich im WS 1548/49 unter dem Rektor Donat Zöllner an der Universität Leipzig[4]. Er gehörte der Sächsischen Nation an. Er promovierte 1553 zum Bacc. utr. iur. und zum Lic. utr. iur., am 6. März 1554 wurde er zum JUD promoviert[5]. 1562 wirkte er als Promotor in der Juristenfakultät. 1558 wurde Thoming Ratsherr und Prokonsul der Stadt Leipzig, zugleich Inhaber eines Schöppenstuhls. Er führte die gelehrten Beisitzer gegen den ungelehrten Hieronymus Rauscher an. 1565 wurde er Vizeordinarius, 1570 Ordinarius. Thoming stand in großer Hochachtung. er war nach Selnecker *von Verstand hoch, von Gaben, Kunst, Wolgeredenheit, Erfahrung vnd Redlichkeit trefflich gewest ... vnd das zeugnis hat, das er einer von den Juristen sey, davon D. Lutherus geschrieben vnd gesagt: Ein frommer Jurist, dem Billigkeit vnd Warheit lieb ist, ist ein Heiland des Landes.*

Werke: Rede vom 7. September 1574 anlässlich seiner Rückkehr zum Lehramt *Oratio [...] de ratione docendi discendique iuris* (Leipzig: Ernst Vögelin, 1576, Widmung an den Kurfürsten August von Sachsen, Leipzig, 1. April 1576, mit liter. Beigabe von Gregor Bersmann)[6]; *Iacobi Tomingii ... Decisiones quaestionum illustrium*, hg. v. seinen Söhnen Jakob und Nikolaus Thoming (Leipzig 1579)[7].

Thoming war verheiratet mit Maria Funck, einer Schwester des Leipziger Juristen Andreas Funck. Eine Tochter Maria Funck aus dieser Ehe ist unverheiratet am 19. September 1577 gestorben[8].

Die **Beziehungen** zwischen Rheticus und Thoming waren nur oberflächlich, da dieser sich in Leipzig von Anfang an dem Rechtsstudium widmete. Auch war Thoming bis 1551 nur ein einfacher Student und hatte noch nichts von der späteren Ausstrahlung seiner zahlreichen Ämter.

1 Inschrift überliefert bei STEPNER 1675 (1686), S. 338, Nr. 1832. | **2** SELNECKER 1590, Bd. 2, 2. Leichpredigt. | **3** EISENHART, August, in: ADB 38 (1894), S. 112; MELZER 1716, S. 512-514. | **4** ERLER, Bd. 1, S. 675, S 8. | **5** ERLER, Bd. 2, SW. 64; VOGEL 1714, S. 199. | **6** VD 16 T 1094; BSB München, digital. | **7** VD 16 T 1092; BSB München, digital. | **8** STEPNER 1675 (1686), S. 338, Nr. 1833; VOGEL 1714, S. 236.

Thym, Georg, 1520–1560

Georg Thym (Thieme, Thimius, Thymus, Thymius), geboren um 1520 in Zwickau, gestorben am 21. Dezember 1560 in Wittenberg, luth., Schulmann, Grammatiker, neulat. und dt. Dichter[1].

Georg Thym immatrikulierte sich, nach Besuch der Schule in Zwickau, an der Universität Wittenberg im WS 1539/40 unter dem Rektorat von Georg Curio[2], gleichzeitig mit seinem Mitbürger Simon Wilde. Er wurde Schüler von Luther und Melanchthon. Aus der frühen Studienzeit (1543) sind einige Briefe an den Zwickauer Stadtschreiber Stephan Roth erhalten, die über das Leben in der Universitätsstadt berichten, etwa über den Tod des Hebraisten Aurogallus[3]. 1544 nahm Thym eine Stelle als Unterlehrer in Magdeburg an, wo er Kollege des Musiktheoretikers und Komponisten Martin Agricola (1486-1556) wurde. Von da ging er an die Schule in Zerbst (Lkr. Anhalt-Bitterfeld). Er heiratete am 21. November 1547 in Weimar. Unter dem Dekan Melanchthon promovierte Thym im SS 1548 in Wittenberg zum Mag. art. (7. Rang von 13 Kandidaten)[4]. Der handschriftliche Zusatz *Die VII Februarii* [1548] in der Fakultätsmatrikel bezieht sich vermutlich auf das unten genannte Zeugnis. Am 7. Februar 1548 stellte Melanchthon Georg Thym ein Zeugnis aus[5]. Er habe bereits unter Petrus Plateanus in Zwickau die Grammatik erlernt, in Wittenberg sich in Latein und Griechisch geübt und sich dann den Elementen der Philosophie gewidmet, schreibe einen redegewandten Stil und verfasse gewissenhafte und reine Gedichte nach antikem Muster. *Adiunxit autem ad caeteras philosophiae partes arithmeticen, et initia doctrinae dulcissimae de motibus coelestibus, in qua vera, ut inquit Plato, grata Dei fama sparsa est. Nam mirificum ordo motuum coelestium testatur, hunc mundum et ordinem non frustra conditum esse et gubernari.* Schließlich habe er auch die Theologie studiert. Melanchthon empfiehlt ihn dem Rat von Zwickau. Diese Stadt, die fast Marseille vergleichbar sei, ist ein Zierde der Region und ein Schmuckstück für ganz Deutschland, aus deren Bürgern der hochberühmte Janus Cornarius hervorrage, der so viel Licht in Hippokrates und Galen gebracht habe. Im April 1548 wurde Thym Rektor der Lateinschule in Zwickau. Er eröffnete den Einzug in ein neues Gebäude mit einer Aufführung des *Eunuchus* von Terenz, an der Cruciger, Georg Major und der Leipziger Superintendent Pfeffinger teilnahmen[6]. Thym bemühte sich um die Hebung des Chorgesangs, wozu er für die Schuljugend die *Paraenesis Christiana, cum certo modo et ordine psallendi hymnos* (Wittenberg 1549) verfasste. Da er jedoch Mühe mit der Aufrechterhaltung der Disziplin hatte, wurde er am 9. Oktober 1549 wieder entlassen. Thym ging als Schulmeister nach Goslar (Niedersachsen), wo er auch Ratsherr wurde; dann nach Werningerode (Lkr. Harz, Sachsen-Anhalt). Am 18. Oktober 1555 wurde er in das Kollegium der Artistenfakultät in Wittenberg aufgenommen[7]. Hier unterhielt er eine Privatschule. Die Universität gewährte ihm eine feierliche Beerdigung, der Rektor Schneidewin hielt ihm einen ehrenden Nachruf.

Werke: Thym hinterließ zahlreiche Werke, insbesondere Gedichte, aber auch Schulbücher wie die *Exempla syntaxeos* (Wittenberg: Georg Rhau, 1548). Besonders zu erwähnen sind: *Hymni aliquot sacri* (mit Melodien von Martin Agricola), 1552[8]; *Allegoria picturae Christophori* (Wittenberg: Thomas Klug, 1555)[9]; die Sage *Thedel von Wallmoden* (Magdeburg 1558, Straßburg 1559, Wolfenbüttel 1563 u.ö.)[10].

Beziehungen zu Rheticus sind nicht bekannt, wären aber dennoch im WS 1541/42 möglich gewesen, als Rheticus Dekan der Artistenfakultät war. Auch spricht ja Melanchthon in seinem Zeugnis Thyms davon, dass die die Arithmetik und auch die *initia doctrinae dulcissimae de motibus coelestibus* gehört habe.

[1] Herzog 1869, S. 21, 77, Nr. 23; Buchwald 1894/1902, S. 69; Zimmermann, Paul, in: ADB 38 (1894), S. 234 f. | [2] Förstemann 1841, Bd- 1, S. 178a. | [3] Buchwald 1893, S. 164-168, 170, 172-175; Buchwald 1894/1902, S. 90, 91,99, 106 u.ö. | [4] Köstlin 1891, S. 6. | [5] CR VI, Sp. 806 f. | [6] Vgl. dazu Clemen, Otto, Zum Amtsantritt Georg Thyms als Schulmeister in Zwickau, in: Clemen/Koch 1984, Bd. 5, S. 515-518. | [7] Köstlin 1891, S. 28. | [8] Clemen/Koch 1984, Bd. 5, S. 47; dies. 1987, Bd. 8, S. 178. | [9] ULB Halle, digital. | [10] Thym, Georg, Thedel von Wallmoden (Neudrucke der deutschen Literaturwerke des 16. und 17. Jahrhunderts, 72), Halle: Niemeyer, 1888.

Thymäus, Johannes

Johannes Thymäus (Thimäus, Thymus, Timeus, Timus), geboren in Rochlitz (Lkr. Mittelsachsen), luth., Magister.
Thymäus immatrikulierte sich im WS 1545/46 unter dem Rektor Leonhard Badehorn an der Universität Leipzig[1]. Er gehörte der Meißner Nation an. Im WS 1548/49 wurde er nach dem 21. März 1549 unter dem Dekan Rheticus von Magister Ambros Borsdorfer zum Bacc. art. promoviert[2]. Im WS 1551/52 wurde Thymäus unter dem Dekan Peter Thomäus zum Mag. art. kreiert (zusammen u.a. mit Masbach, Erstberger, Peifer, Freyhube, Johannes Paceus, Georg Lüders, Pedelius, Path)[3].

Beziehungen zwischen Rheticus und Thymäus bestanden in den Jahren 1548 bis 1551. Die Promotion von Thymäus zum Bacc. art. fand unter den Dekanat von Rheticus statt, er musste für die Prüfungen zum Bakkalaureat die Vorlesungen von Rheticus hören.

[1] Erler, Bd. 1, S. 657, M 19. | [2] Erler, Bd. 2, S. 705. | [3] Erler, Bd. 2, S. 725.

Tilesius, Hieronymus, 1531–1566

Hieronymus Tilesius (Tilsch, Thilesius, alias *Silesius*), geboren 1531 in Hirschberg (poln. Jelenia Góra, Woiwodschaft Niederschlesien), gestorben am 17. September 1566 in Mühlhausen (Unstrut-Hainich-Kreis, Thüringen), luth., Theologe[1].

Tilesius immatrikuliert in Leipzig im SS 1548, zusammen mit Johannes Lauterbach, beide als Angehörige der polnischen Nation[2]; er studierte mit einem Stipendium des Kurfürsten August I. von Sachsen. Tilesius promovierte im SS 1549 unter Philipp Bech als Promotor zum Bacc. art.[3] und im WS 1552/53 unter dem Dekan Hommel (gleichzeitig mit Jakob Gesner) zum Mag. art.[4] In der Folge wandte er sich der Theologie und erlangte am 20. September 1554 unter dem Dekan Alexander Ales den Grad eines Bacc. theol. (gleichzeitig mit Johannes Paceus und Coelestinus)[5]. Auf die Empfehlung von Pfeffinger hin wurde Tilesius Prediger in Zörbig (Lkr. Anhalt-Bitterfeld) und 1555 Pfarrer und Superintendent in Delitzsch (Lkr. Nordsachsen). 1557 wurde er als Superintendent nach Mühlhausen geschickt, um dort die Reformation durchzuführen. 1564 führte er von Mühlhausen aus die Reformation in Eger (tschech. Cheb) ein. Er predigte am 19. und am 21. November 1564 (einem Marienfeiertag, an dem er den Marienkult angriff) in Eger das *rein lauter Gottes Wort*, dort eingeführt vom Landkomtur der Deutschordensballei Thüringen Wilhelm von Holdungshausen, dabei seit 1565 unterstützt von seinem Studienfreund Johannes Paceus. Tilesius wird als feuriger Redner und gelehrter Mann geschildert; er hielt am 18. Februar 1565 seine Abschiedspredigt, um nach Mühlhausen zurückzukehren. Er hatte 34mal in Eger gepredigt; der Rat machte ihm Geschenk von 50 Talern, viele Bürger begleiteten ihn aus der Stadt und die Frauen übergaben ihm einen vergoldeten Silberbecher von 51 ½ Lot Gewicht. Am 13. Februar 1565 hatte sein Freund Paceus sein Amt als Prediger in Eger angetreten[6]. Anlässlich seines Todes widmete ihm sein Studienfreund Ludwig Helmbold (imm. in Leipzig im WS 1547/48) eine lat. Elegia.

Tilesius war seit 1554 verheiratet mit Sibylla von Boeldick; zur Hochzeit verfasste David Peifer ein Gedicht *Elegia in nvptiis Hieronymi Tilesii* (Leipzig 1554). Tilesius' Sohn Melchior Tilesius (1562-1640) trat in die Fußstapfen seines Vaters wurde ein führender luth. Theologe und theologischer Schriftsteller[7]. Auch andere Söhne und Nachkommen spielten später in Mühlhausen eine bedeutende Rolle. Sie spiegelt sich in der gewachsenen Tilesius-Bibliothek im Stadtarchiv Mühlhausen wider[8].

Werke: Tilesius gab mit einer Vorrede des Pfarrers Dietrich Schernberg *Ein schön Spiel von Frau Jutten* (Eisleben 1565)[9] heraus.

Beziehungen zu Rheticus. Tilesius hatte die Gelegenheit, Rheticus im WS 1548/49 bis zum WS 1550/51 zu hören. Er war 1551 im Besitz von Kopernikus' *De Revolutionibus* (1543).[10] Als Tilesius nach seiner Promotion zum Mag. art. an die theologische Fakultät wechselte, ging sein Kopernikusexemplar 1553 an Johannes Barth und bald darauf an Valentin Thau über. Es mag noch bemerkt werden, dass Tilesius zugleich mit Rheticus' ehemaligen Assistenten Johannes Paceus zum Bacc. theol. promoviert wurde.

Mit Hieronymus Tilesius haben sich in Leipzig einige Verwandte eingeschrieben, die auch als Schüler von Rheticus in Frage kommen, hier aber nicht weiter dargestellt werden sollen. Im SS 1549 immatrikulierte sich ein Balthasar Tilesius[11], im WS 1549/50 gemeinsam ein anderer Balthasar Tilesius[12] und ein Melchior Tilesius[13]. Ein Balthasar Tilesius (1531-1592), einer der beiden, wurde luth. Prediger in Hirschberg[14].

Exkurs: Ein »Kopernikus-Seminar« in Leipzig

Das hier zur Diskussion gestellte Kopernikus-Seminar ist als solches in den Quellen nicht greifbar. Es gibt aber doch Hinweise darauf, dass es Ähnliches in Leipzig gegeben hat, was wir mit dem Notnamen Kopernikus-Seminar umschreiben können. Zunächst einmal war die Universität Leipzig, die durch ihren Reformationseifer seit Beginn der 1540er in einer Aufbruchstimmung war, von Anfang an aufgeschlossener gegenüber dem Phänomen Kopernikus, sei es nun, dass man das heliozentrische System im Sinne von Kopernikus und Rheticus für eine physikalische Wahrheit hielt, sei es dass man in einem mehr zurückhaltenden Sinn von Reinhold lediglich die Berechnungen des Kopernikus zu einer Grundlage machte. Nach der Berufung von Rheticus 1542, als man vom bevorstehenden Erscheinen des kopernikanischen Hauptwerkes *De revolutionibus* (Nürnberg 1543) wusste, war zu erwarten, dass man in Leipzig von dem strengen Tabu der kirchlichen Leugnung des Kopernikus, dessen Namen man mancherorts nicht einmal erwähnen durfte, eher abrücken würde. So war etwa Joachim Camerarius, seit 1541 an der Universität Leipzig tätig und hier so etwas wie eine graue Eminenz, von Anfang an in den Druck von Kopernikus' *De revolutionibus* eingebunden; für den Druck von 1543 schuf er ein griechisches Epigramm, das dann aber nicht gedruckt wurde, aber handschriftlich überliefert ist. Der Dekan des WS 1542/43 Leonhard Wolff, Lektor für Physik, hat sogleich das Buch für die Bibliothek der Artistenfakultät angeschafft. Rheticus selbst mag über mehrere Exemplare verfügt haben, in die er interessierten Studenten Einblick gewähren konnte. Nirgends konnten die Voraussetzungen zum Studium des Kopernikus besser sein als in Leipzig.

Wir können nun an Hand von drei Studenten auch eine besondere Beschäftigung mit Kopernikus feststellen. Es sind dies Hieronymus Tilesius, Johannes Barth und Valentin Thau, die ihrerseits wieder einer Gruppe von besonders strebsamer Studenten um die Zwillingsbrüder Hieronymus und Johannes Lauterbach und Paul Fabricius nahestehen. Alle diese Studenten waren noch sehr jung: Tilesius, die Brüder Lauterbach und Thau waren 16 Jahre alt, Fabricius 18 Jahre. Man kann diesen Kreis aber noch weiter fassen; denn Hieronymus Lauterbach und Paul Fabricius gehörten einem Kreis von mehr als einem Dutzend Schülern aus Görlitz, Bautzen und Lauben an, die der ehemalige Wittenberger Rheticus-Schüler Magister Georg Othmann im SS 1547 nach Leipzig geführt hatte, offenbar in der Absicht, ihnen etwas Besonderes zu bieten. Auffallend ist nun, dass alle diese Studenten der polnischen Nation angehörten. Diese hatte ihre eigenen Zusammenkünfte und Diskussionen, die das Band der Freundschaft in dieser Gruppe gefestigt hat. Und angesichts der großen Bedeutung, die der Landsmannschaft zukam, wäre es durchaus denkbar, dass es ihr Anliegen gewesen sein mag, für ihren weithin als Ketzer (diesen Ausdruck verwendet Achilles Pirmin Gasser bereits 1540) verpönten Landsmann Kopernikus einzutreten. Es kommen zu diesem Kreis auch noch andere gleichaltrige Studenten hinzu, die keine Poloni waren, wie etwa Johannes Barth oder Johannes Paceus, der Famulus von Rheticus, auch Valentin Meder und Moritz Steinmetz gehören dazu.

Zuerst sehen wir Hieronymus Tilesius (imm. SS 1548, Bacc. SS 1549, Mag. WS 1552/53 unter Hommel) um 1551 im Besitz eines Exemplars von *De revolutionibus*. Nachdem dieser Magister geworden war, wandte er sich der Theologie zu und gab 1553 seinen Kopernikus an Johannes Barth weiter. Dieser strebte jedoch bald nach einem bürgerlichen Beruf, sodass auch er das Buch spätestens 1558 an Valentin Thau weitergab (Jg. 1531, imm. SS 1549, Bacc. WS 1553/54, Mag. WS 1555/56, seit 1558 Stellvertreter Hommels, 1562 Nachfolger auf dem Lehrstuhl Hommels, Lehrer von Tycho Brahe). Hieronymus Lauterbach (imm. SS 1547, Bacc. WS 1548/49 unter Rheticus, Mag. 1556 in Wien, zugleich Professor für Mathematik, zuletzt in Graz einer der Vorgänger Keplers), Paul Fabricius (imm.SS 1547, 1553 Professor für Mathematik in Wien); der zusammen mit Tilesius im SS 1548 immatrikulierte Johannes Lauterbach ging 1549 nach Wittenberg, wurde 1558 Poeta laureatus in Wien und Rektor der Lateinschule in Heilbronn.

Tratziger, Adam, 1523–1584

1 HOLSTEIN, H., in: ADB 38 (1894), S. 298; ZEDLER 1745, Bd. 44, Sp. 150; SCHOLLMEYER, Gustav, M. Hieronymus Tilesius, der Reformator Mühlhausens. Halle: Jul. Fricke, 1883; Řezník, Miloš, Grenzraum und Transfer, Perspektiven der Geschichtswissenschaft in Sachsen und Tschechien (Chemnitzer Europastudien, 5). Berlin: Duncker & Humblot, 2007. | **2** ERLER, Bd. 1, S. 673, P 20. | **3** ERLER, Bd. 2, S. 708. | **4** ERLER, Bd. 2, S. 728. | **5** ERLER, Bd. 2, S. 33. | **6** WOLF 1850, S. 10-27, besonders S. 17-22. | **7** Über ihn ZEDLER 1745, Bd. 44, Sp. 150 f. | **8** MARWINSKI 1999, Bd. 20, S. 257. | **9** SCHRÖDER, Edward (Hg.), Dietrich Schernbergs Spiel von Frau Jutten (1480), Nach der einzigen Überlieferung im Druck des Hieronimus Tilesius (Eisleben 1565). | **10** GINGERICH 2002, S. 69, Forschungsbibliothek Gotha. Signatur Druck 4° 466, mit Abb. des Titelblattes. | **11** ERLER, Bd. 1, S. 676, P 10. | **12** ERLER, Bd. 1, S. 680, P 2. | **13** ERLER, Bd. 1, S. 680, P 3. | **14** FLEISCHER 1984, S. 127.

Tratziger, Adam, 1523–1584

Adam Tratziger (Dratzieher, Dratziher, Drothczyheer, Dratier, Tratczeer, Trotzieher, Trotczier, Dracigerus, Thracigerus), geboren um 1523 in Nürnberg, gestorben am 17. Oktober 1584 bei einem Unfall auf der Reise von Hamburg nach der Herzogsresidenz Gottorf (Kreis Schleswig-Flensburg), luth., Jurist (Rechtslehrer, Syndikus, Kanzler)[1].

Tratziger berichtet in seiner Rede *De dignitate et excellentia iurium* (Leipzig: Valentin Bapst, 1544) über seinen Studiengang. Er erscheint erstmals im WS 1538 an der Universität Frankfurt/Oder als *Adam Drazyrer Berolinensis*[2]. Im Oktober 1540 finden wir ihn in Leipzig (nicht in der Matrikel), als Camerarius für ihn bei Baumgärtner ein Stipendium der Stadt Nürnberg erbat[3]. Im April 1544 promovierte er zum Bacc. utr. iur. Für das Rechtsstudium war sein Vater oder auch Großvater Konrad Traziger das Vorbild; dieser hatte in Pavia den Grad eines Dr. decr. erworben[4]. Tratziger kehrte zunächst nach Frankfurt/Oder zurück, wo er privatim über römisches Recht las. 1545 begab er sich nach Italien, wo er am 17. November 1545 in Ferrara unter Prospero Pasetti zum Lic. leg. promovierte[5], um dann im September 1546 in Frankfurt/Oder zum Dr. legum kreiert zu werden. Die von ihm verteidigten Thesen liegen gedruckt vor: *Theses, quibus omnia fere in Pandectis et Codice ad Edictum Praetoris de edendo scripta* (Frankfurt/Oder: Wolrab, 1546). Unmittelbar nach seiner Promotion wurde Tratziger vom Rat der Stadt Rostock an die dortige Universität berufen[6]; er schrieb sich dort im Dezember 1546 gleichzeitig mit Mag. art. Paul von Eitzen in die Matrikel ein[7]. Für das WS 1547/48 und das SS 1548 wurde er zum Rektor Magnificus der Universität Rostock gewählt. Er las über das zweite Buch des Dekretalen (Prozessrecht) und gab als Ordinarius mehrere Thesen in Druck und fertigte Rechtsgutachten namens der Fakultät an. Tratziger wurde daneben auch Syndikus der Stadt Rostock *propter dona egregia memoriae, eloquentiae, ingenii causa* (wegen seiner herausragenden Gaben des Gedächtnisses, der Redegewandtheit und des Geistes). In eine heftige Kritik geriet Tratziger, als er 1551 in einer öffentlichen Disputation die These vertrat *Quod scortatio simplex non sit peccatum* (dass einfache Hurerei keine Sünde sei). Das führte vermutlich dazu, dass er die Universität Rostock verließ, um 1553 in Hamburg die Stelle eines zweiten Syndikus anzunehmen. Im gleichen Jahr heiratete Tratziger die angeblich streitsüchtige Gertrud, Tochter des Hamburger Bürgers Jürgen von Zeven. 1558 wurde Tratziger Kanzler des Herzogs Adolf von Holstein.

Tratzigers **Hauptwerk** wurde seine zunächst nur in Handschriften verbreitete *Chronica der Stadt Hamburg*, dann neu hg. v. J. M. Lappenberg (Hamburg: Perthes-Besser & Mauke, 1865)[8].

Beziehungen zwischen Rheticus und Tratziger sind offenkundig; denn Tratziger berichtet in seiner Rede *De dignitate et excellentia iurium* (1544), die seinen juristischen Lehrmeistern gewidmet ist, nämlich Ludwig Fach und allen anderen Doktoren der Leipziger Rechtsfakultät *praeceptoribus suis plurimum colendis*, er habe zunächst die philosophischen Fächer studiert, Rhetorik, dann die Naturwissenschaften, schließlich die mathematischen Fächer, das Zählen und Messen und nicht zuletzt auch die Astronomie und die Astrologie (*investigandi motuum et praedictionum eventuum futurorum*)[9]. In diesem Zusammenhang wurde irrtümlich Hommel als Lehrer von Tratziger genannt[10]. Zwar war Hommel schon immer ein vorzüglicher Mathematiker gewesen; als Lehrer der

Mathematik kam er jedoch erst 1548 nach Leipzig, als Tratziger längst fortgezogen war; so kommen also nur Rheticus und Camerarius als Lehrer in den mathematischen Fächern in Frage. Rheticus und Tratziger könnten sich auch 1545 in Italien begegnet sein. Schließlich verbindet auch die Chronistik Rheticus und Tratziger.

1 BECKER, Wilhelm, in: ADB 38 (1894), S. 501-504; WILCKENS, Nikolaus, Leben D. Adami Thracigeri (Hamburg: Gennagel, 1722). | **2** FRIEDLÄNDER 1887, Bd. 1, S. 78, Nr. 26; HÖHLE 2002, S. 456, 540, 543, 545, 627. | **3** CAMERARIUS, Joachim, Epistolarum familiarum libri VI (Frankfurt/Main: Wechel, 1583), S. 207 f.; BSB München, digital, Scan 224 f. | **4** So PARDI ²1900, S. 140. | **5** PARDI ²1900, S. 140 f. | **6** KRABBE 1867, Bd. 2, S. 460, 465-648, 492. | **7** HOFMEISTER 1891, Bd. 2, S. 111, Nr. 28 (v. Eitzen Nr. 24) | **8** BSB München, digital. | **9** TRATZIGER, De dignitate et excellentia iurium (1544), BSB München, digital, Scan 4. | **10** LAPPENBERG 1865, S. V.

Trautenbul, Christoph

Christoph Trautenbul (Trauttebull, Trauterbul, Trautenbule, Trauttenbuel, Trutenbulus), aus Halberstadt (Lkr. Harz, Sachsen-Anhalt), luth., Jurist (Syndikus)[1].
Christoph Trautenbul, Sohn des Goslarer Syndikus JUD Ludwig Trautenbul, immatrikulierte sich zusammen mit seinem jüngeren Bruder Johannes im SS 1534 an der Universität Wittenberg[2]. Christoph Trautenbul promovierte als Schüler von Hieronymus Schürpf, Kilian Goldstein und Melchior Kling am 19. Februar 1551 in Wittenberg zum JUD. Promotor war sein Bruder Johannes Trautenbul, damals Rektor Magnificus. Mitbewerber waren Johannes Schneidewein, Stephan Klodt, Andreas Wolf und Ulrich Sitzinger. Trautenbul trat danach in die Fußstapfen seines Vaters und wurde Syndikus der Stadt Goslar.

Beziehungen zu Rheticus sind nicht ausdrücklich erwähnt, aber anzunehmen. Beide waren über Jahre hinweg in Wittenberg Kommilitonen und Kollegen.

1 KNOD 1899, S. 583 f., Nr. 3890. | **2** FÖRSTEMANN 1841, Bd. 1, S. 154a.

Trautenbul, Johannes, 1521–1585

Johannes Trautenbul (Namensvarianten wie oben), geboren am 25. März 1521 in Halberstadt (Lkr. Harz, Sachsen-Anhalt), gestorben am 2. November 1585 in Halle/Saale, hölzernes Epitaph in der St. Ulrichskirche, luth., Jurist (Diplomat, Rat, Kanzler)[1].
Johannes Trautenbul, Sohn des Goslarer Syndikus JUD Ludwig Trautenbul, immatrikulierte sich zusammen mit seinem Bruder Christophorus im SS 1534 an der Universität Wittenberg[2]. Johannes Trautenbul wechselte im SS 1542 an die Universität Leipzig[3]. Er setzte dann sein Rechtsstudium in Italien fort, wo er in Padua, 1545/46 in Ferrara und 1546 in Bologna nachweisbar ist[4]; am 3. Oktober 1547 promovierte er in Ferrara zum JUD[5]. Er kehrte dann nach Wittenberg zurück, wo er einen Lehrstuhl an der juristischen Fakultät erhielt und für das WS 1550/51 zum Rektor Magnificus gewählt wurde[6]. Am 19. Februar 1551 promovierte er seinen Bruder Christoph zum JUD. 1554 ging er als Lüneburgischer Rat und Gesandter nach Frankfurt/Main. 1560 erscheint er als erzbischöflich Mainzischer Kanzler. 1563 wurde er Kanzler des Erzstiftes Magdeburg in Halle.

Johannes Trautenbul war verheiratet, in erster Ehe mit Magdalena, Tochter des Juristen und Leipziger Bürgermeisters Ludwig Fachs; in zweiter Ehe mit Margaretha, Tochter des Juristen Philipp Drachstedt, Beisitzers am Reichskammergericht in Speyer.

Werke (Auswahl): *Oratio de Duce Saxoniae Friderico Electore* (Wittenberg: Georg Rhaus Erben, 1551, aus Anlass der Promotion zum JUD von Johannes Schneidewein, Christoph Trautenbul, Ulrich Sitzinger u.a.); *Leges quae bis quotannis publice recitantur* (1553[7]).

Beziehungen zu Rheticus sind nicht bekannt, aber doch anzunehmen, auch wenn sie kaum intensiv gewesen sind. Beide waren von 1534 bis 1536 Kommilitonen, danach kam Rheticus bis zum Frühjahr 1542 als Lehrer und Kollege in Betracht. Vom WS 1542/43 bis SS 1545 mochten sie sich in Leipzig erneut begegnet sein, auch wenn sie dort verschiedenen Fakultäten angehörten.

1 Knod 1899, S. 583 f., Nr. 3890. | **2** Förstemann 1841, Bd. 1, S. 154a. | **3** Erler, Bd. 1, S. 640, S 11. | **4** Knod 1899, S. 583 f., Nr. 3890. | **5** Pardi 1900, S. 146 f. | **6** Förstemann 1841, Bd. 1, S. 261; SPP 1553, Bd. 1, 1540-1553, Emden, Johannes a Lasco Bibliothek, digital. | **7** VD 16 W 3758.

Trütiger, Valentin

Valentin Trütiger (Trutiger, Trasiger), geboren in Halle/Saale, luth., Universitätslektor, Arzt.
Trütiger immatrikulierte sich am 16. Dezember 1540 unter dem Rektor Georg Major an der Universität Wittenberg[1]. Am 7. Februar 1548 promovierte er unter dem Dekan Melanchthon zum Mag. art., wobei er den 13. Rang von 13 Kandidaten belegt[2]. Am 18. Oktober 1550 wurde Trütiger, gemeinsam mit Matthäus Lauterwaldt, in das Kollegium der philosophischen Fakultät aufgenommen[3]. Im SS 1552 schrieb sich Trütiger zugleich mit Kaspar Peucer und Balthasar Schneider, alle drei als *magistri Wittebergenses*, an der Universität Leipzig ein, um sich dem Studium der Medizin zu widmen. Von hier wandte er sich nach Italien, um in Bologna am 11. Dezember 1554 zum Dr. med. zu promovieren[4]. Im SS 1555 treffen wir ihn wiederum in Wittenberg an, wo er als Dekan der philosophischen Fakultät fungierte[5]. Am 28. Juli 1555 lud er zu einer Magisterpromotionsfeier auf den 2. August ein[6]. Trütiger heiratete Elisabeth Hoppe, Witwe des Universitätsökonomen Martin Hoppe, nach dessen Tod sie in längerem Witwenstand die Ökonomie weiterversah; sie brachte eine Tochter Elisabeth mit in die Ehe. Trütigers Schwester Dorothea heiratete 1555 den seit 1553 in Braunschweig (Niedersachsen) praktizieren Arzt Gervasius Marstaller, einen langjährigen Kommilitonen und Freund ihres Bruders.

Werke: *Oratio de similitudine* (Wittenberg: Veit Kreutzer, 1550, 1555; *Regiment wider die Pestilentz* (Wittenberg: Veit Kreutzer, 1563).

Gemeinsam mit seinem künftigen Schwager Gervasius Marstaller dürfte Trütiger im WS 1541/42 die Vorlesungen von Rheticus besucht haben. Seine mathematischen Interessen ergeben sich auch daraus, dass er einen Teil seiner Studien gemeinsam mit Kaspar Peucer und Balthasar Schneider machte.

1 Förstemann 1841, Bd. 1, S. 186b. | **2** Köstlin 1891, S. 6. | **3** Köstlin 1891, S. 26. | **4** Bronzino 1962, S. 49 (Valentinus Trasiger Germanus); Clemen/Koch 1984, Bd. 5, S. 407, Anm. 1; dies., 1985, Bd.6, S. 322 und 323., Anm. 1. | **5** Köstlin 1891, S. 28; SPP 1556, Bd. 2, Bl. 122 f.; Sennert 1678, S. 123. | **6** SPP 1556, Bd. 2, Bl. 125v-126v.

Tscherni, Daniel

(Johannes?)[1] Daniel Tscherni (Cerny, Černý), Leitmeritz (tschech. Litoměřice), luth., Student[2].
Daniel Tscherni Ludomericensis Boemus wird am 22. November 1540 an der Universität Wittenberg immatrikuliert.[3] Nach einem von ihm ausgelösten Tumult wurde er von seinen Vorgesetzten mehrfach ermahnt, bescheidener zu leben und seine wilde Natur zu zügeln. Er wurde dann aber erneut straffällig, als er mit einem Schwert in der Hand nachts einem Bürger der Stadt vor seinem Haus auflauerte, doch andere, die aus dem Haus kamen, entrissen ihm die Waffe. Die Sache kam vor den Senat, wobei auch das Schwert als Beweismittel vorgelegt wurde. Die Beweise waren so erdrückend, dass er sowohl die Tat als auch seinen Plan eingestand. Man stellte ihn vor Wahl, in den Karzer zu gehen oder als Relegierter aus der Stadt zu weichen. Tscherni entschied sich für den Karzer, hielt aber sein Versprechen nicht ein, sondern ging heimlich aus der Stadt. Daraufhin wurde er am 1. Dezember 1542 auf drei Jahre relegiert, um damit ein Exempel zu statuieren[4].

Beziehungen Tschernis zu Rheticus sind nicht bekannt; er könnte aber die Vorlesungen im WS 1541/42 gehört haben.

1 Anscheinend ein Doppelvorname mit der typischen Verbindung mit Johannes wie bei Birnstiel, Rösler u.a.. | 2 CLEMEN/KOCH 1987, Bd. 7, S. 520. | 3 FÖRSTEMANN 1841, Bd. 1, S. 185b. | 4 METZGER/PROBST 2002, S. 218, Pal. Lat. 1834, Bl. S. 59r-60r; Scripta Publice Proposita 1553, Bd. 1, S. 129v-130v.

Tschwirtzke, Georg

Georg Tschwirtzke (Tzwirtzke, Swirtzike), geboren in Liegnitz (poln. Legnica, Woiwodschaft Niederschlesien), gestorben in Liegnitz?, luth., Oberdiakon[1].

Tschwirtzke immatrikulierte sich 1534 gleichzeitig mit seinem Landsmann Hieronymus Haunold an der Universität Frankfurt/Oder[2]. Hier promovierte er am 7. März 1539 zum Bacc. art.[3] Im Oktober 1539 wechselte Tschwirtzke an die Universität Wittenberg[4], wo er wiederum mit Haunold zusammentraf. Am 17. März 1541 erscheint Tschwirtzke als Respondent einer These unter Alexander Ales über die Rechtfertigung aus dem Glauben allein (Röm.1)[5]. Diese Disputation wurde gedruckt unter dem Titel *De primo capite ad Romanos disputatio ... usque ad finem capitis primi*, Hanau 1541. Er hat wohl vor allem Theologie studiert. Während Haunold in Wittenberg zum Mag. art. promovierte, ging Tschwirtzke zurück nach Frankfurt/Oder, wo er 1545 den Grad eines Mag. art. erwarb[6]. 1546 ist er als Diakon tätig, 1569 bis 1573 als Oberdiakon in Liegnitz[7].

Beziehungen zu Rheticus wären im WS 1541/42 denkbar.

1 HÖHLE 2002, S. 501, Anm.651. | 2 FRIEDLÄNDER 1887, Bd. 1, S. 72, Nr. 21 f. (mit dem späteren Zusatz magister). | 3 BAUCH 1897, S. 83. | 4 FÖRSTEMANN 1841, Bd. 1, S. 177a. | 5 HÖHLE 2002, S. 500 f. | 6 BAUCH 1901, Bd. 2, S. 31. | 7 KRAFFERT, Adalbert Hermann, Chronik von Liegnitz, 1872, S. 323.

Tucher, Stephan, ca. 1512–1550

Stephan Tucher (Tucherus, Ducherus, Thucher), geboren um 1512 vermutlich in Wemding (Lkr. Donau-Ries, Schwaben), gestorben am 13. April 1550 in Magdeburg, luth., Theologe[1].

Tucher immatrikulierte sich im April 1535 an der Universität Wittenberg[2], wo er Schüler seines Landsmanns Veit Amerbach wurde[3]. Am 9. Februar 1542 promovierte er unter dem Dekan Rheticus zum Mag. art.; er erreichte den 4. Rang von 22 Kandidaten[4]. Im WS 1544/45 wurde er in das Kollegium der Artistenfakultät aufgenommen[5], trat jedoch bald darauf in den Kirchendienst und wurde Diakon an St. Ulrich in Magdeburg. 1547/48 wurde er von Herzog Albrecht auf eine Theologieprofessur nach Königsberg berufen. In einem Brief an den Herzog sprach Staphylus dem Tucher höchstes Lob aus. Tucher sei etwa in seinem Alter (demnach um 1512 geboren) und überrage viele in der Philosophie, Theologie und den Sprachen, er könne gut Hebräisch, Griechisch, und Latein, also *homo trilinguis*, sei in den Schriften des Augustinus, der anderen Kirchenväter und Luthers bewandert. Das könnten auch Melanchthon, Bugenhagen, Cruciger und Major bezeugen. Tucher hätte diese Professur gerne angenommen, lehnte aber ab dennoch, weil mit ihr eine Predigerstelle verbunden werden sollte und er eine zu große Belastung befürchtete. Tucher war ein Gegner des Interims und auch Osianders, er nahm Flacius Illyricus in sein Haus auf und wurde dessen Schwager. In seiner Ausgabe der letzten Predigt Luthers vom 17. Januar 1546 erzählt Tucher eine Anekdote: Luther habe vor vielen anderen, insbesondere aber vor Augustin Schürpf gesagt, *Nach meinem todt wirt keiner von diesen Theologen bestendig bleiben*. Das habe Schürpf Bugenhagen vorgehalten, als Wittenberg 1547 aufgegeben wurde, woraufhin dieser erzürnt weggelaufen sei. Es ist sicher kein Zufall, dass sich am 13. April 1550 am Totenbett Tuchers in Magdeburg die Gnesiolutheraner zusammenschlossen. Flacius hatte sich um Ostern 1549 von Melanchthon losgesagt und Wittenberg verlassen; er reiste über Magdeburg in Richtung Braunschweig. In Magedeburg baten ihn Amsdorf, Alberus,

Tucher u.a., zu bleiben, damit sie gemeinsam gegen das Interim schreiben könnten. Flacius aber warnte sie vor einer drohenden Belagerung, *und möchte es als denn meine Gesundheit nicht erleiden, das ich in solcher Not etwan gereuchert Speck und Fleisch, auch gesaltzne und gederrte Fische essen müste. Aber sie lacheten mein, und meineten nicht, das sie sollten belegert werden. Da sprach ich, sie würdens wol jnnen werden*[6]. In einem Brief an Pflug vom 21. April 1550 berichtete Valentin Paceus von diesen Aktivitäten der Magdeburger gegen das Interim, wobei er sich namentlich auf Amsdorf, Flacius, Nikolaus Gallus, Tucher und Alberus bezog[7].

Werke: Tucher (gemeinsam mit Dionysius Ludolph) *Duo Poemata gratulatoria Vito Amerbacho eius filiolo nuper nato scripta* (Wittenberg: Joseph Klug, 1538)[8]; *Die letzte Predigt Doct. Martini Lutheri* (Magdeburg 1549[9], weitere Ausgaben: Magdeburg: Christian Rödinger, 1549, Dresden: Bergen, 1558; 1592); Tucher (gemeinsam mit Georg Rörer) *Ennaratio 53. capitis Esaiae* (Magdeburg: Michael Lotter, 1550).

Beziehungen zu Rheticus sind über die Magisterpromotion von 1542 gegeben. Der anfangs stark zu den Wissenschaften neigende Tucher hatte 1535/38 und 1541/42 Gelegenheit, Rheticus' Vorlesungen zu besuchen. Möglicherweise ist ein *Prognosticum Stephani Norimbergensis* auf Tucher zu beziehen, das Nikolaus Gugler in seinem Kollegheft von 1536 überliefert hat[10]. Dieses Horoskop wurde im November 1534 in Bologna durch den berühmten Astrologen Luca Gaurico (1475-1558) erstellt und am 30. November 1538 im Hause Schöners von Gugler nach dem handschriftlichen Original Gauricos abgeschrieben und seinem Kollegheft beigefügt. Gaurico stand seit 1530 im Briefwechsel mit Melanchthon[11].

1 POLLET 1977, Bd. 3, S. 271, Anm. 5. | **2** FÖRSTEMANN 1841, Bd. 1, S. 156a. | **3** FISCHER 1926, S. 7; FRANK 1997, S. 104. | **4** KÖSTLIN 1890, S. 13. | **5** KÖSTLIN 1890, S. 22. | **6** Zitiert nach SCHNORR 1893, S. 94. | **7** POLLET 1977, Bd. 3, S. 269-273. | **8** Laut Worldcat nur ein Exemplar nachgewiesen in: The British Library, British National Bibliography, in Wetherby, West Yorkshire, LS23 7BQ, United Kingdom. | **9** VD 16 L 5441; BSB digital. | **10** BN Paris, Cod. 7395, Bl. 332 (Mikrofilm in UB Tübingen); BIRKENMAJER 1924, S. 357; KRAAI 2003, S. 34. | **11** SCHEIBLE, MBW, Bd. 12, 2005, S. 123; HOPPMANN 1999, S. 64-68 und passim.

Tuppius, Lorenz, 1528-1614

Lorenz (Laurentius) Tuppius (Tubbe), genannt *Pomeranus*, geboren 1528 in Greifswald, gestorben am 3. Mai 1614 in Straßburg, luth., Amateur-Astrologe, Jurist (Advokat, Rechtslehrer)[1].

Am 14. Mai 1553 immatrikulierte sich *Laurentius Tubbe* unter dem Rektor Melchior Fendt an der Universität Wittenberg[2], wo er Schüler Melanchthons wurde und in dessen Haus lebte. Bereits am 1. August 1555 legte Tuppius unter dem Dekan Valentin Trutiger das Magisterexamen ab[3]; er erreichte dabei den 5. Rang unter 39 Mitbewerbern; sein späterer Kollege Ernst Rhegius aus Celle kam nur auf den 31. Rang. Examinatoren waren u.a. Melanchthon, Trutiger, Peucer, Martin Simon. Tuppius wandte sich nun den Rechtswissenschaften zu, zunächst in Tübingen, von wo er sich nach Augsburg begab. Er ging dann nach Frankreich (Paris, Bourges, Orléans, Valence, Toulouse). In Bourges promovierte er zum JUD und wurde Advokat am Reichskammergericht in Speyer. 1563 wurde er in Straßburg Professor für Institutionen; seit 1574 las er auch über die Pandekten. 1564 wurde auch Chorherr an St. Thomas (ebenso wie 1568 Beuther).

Werke: *Adversus synodi Tridentinae restitutionem seu continuationem*, von Tuppius aus dem Deutschen ins Lateinische übersetzt (Straßburg: Samuel Emmel, 1565)[4]; weitere Ausgabe 1597. Es liegen einige juristische Thesenpapiere vor (Straßburg 1573, 1576, 1577).

Tuppius zeigte auch Interesse an mathematischen Fragen, er sah sich selbst als Amateur-Astrologe. Konrad Dasypodius schickte seinen Entwurf zu der Straßburger Münsteruhr sowohl an Beuther als auch an Tuppius, die nichts auszusetzen hatten[5]. In seiner Augsburger Zeit kam Tuppius mit Hieronymus Wolf, Cyprian Leowitz und dem Bergbauunternehmer Rosenberger in Kontakt, schließlich führte er zu Beginn der 1560er Jahre eine umfangreich Korrespondenz mit Nostradamus[6]; diese Aktivitäten von Tuppius sind eingehend dargestellt bei Anthony Grafton[7].

Beziehungen zwischen Rheticus und Tuppius waren aus Altersgründen nicht gegeben. Aber nicht nur Melanchthon war ein Bindeglied. Als Tuppius seine Tätigkeit an der Sturmschen Akademie in Straßburg begann, waren mehrere Rheticusscüler seine Kollegen: Valentin Erythräus, Johannes Marbach, Michael Beuther, zu nennen wären auch noch Elias Kyber und Ernst Rhegius, der Sohn des Urbanus Rhegius. Tuppius behauptet, dass der Konflikt zwischen Sturm und Marbach seine Ursache darin habe, dass Sturm es abgelehnt hatte, eine Tochter Marbachs zu ehelichen[8].

1 Zedler, Bd. 45, Sp.1834-1836. | 2 Förstemann 1841, Bd. 1, S. 281a. | 3 Köstlin 1891, S. 16. | 4 VD 16 S 8684; BSB München, digital. | 5 Oestmann ²2000, S. 46. | 6 Dupèbe 1983, S. 39, 45 f., auch dazu S. 69-75. | 7 Grafton 1999, deutsche Ausgabe, S. 226-228. | 8 Roehrich, Timotheus Wilhelm, Geschichte der Reformation im Elsaß, Straßburg: Heitz, 182, S. 151, Anm. 16.

Uelin, Matthäus, d.J.

Matthäus (Matthias, Matthis) Uelin (Ulianus, Jelin, Ylin) d.J., geboren in Ravensburg (Baden-Württemberg), kath., Jurist (Advokat am bischöflich-konstanzischen Chorgericht in Radolfzell (Lkr. Konstanz).

Der Sohn des Ravensburger Stadtarztes Matthäus Uelin d.Ä. studierte im SS 1525 zusammen mit seinem Bruder Ulrich Uelin in Wittenberg[1]; es mag sich aber auch um einen Verwandten handeln. Am 6. September 1529 bat der Zasiusschüler Lic. theol. Albrecht Kraus, Pfarrer in Wurzach (Lkr. Ravensburg), Bonifaz Amerbach[2] und Ulrich Zasius[3], sie sollten Matthäus Uelin wie seinen Bruder unterstützen. Dieser wolle in Freiburg studieren, wo er 1528/29 in die Matrikel eingeschrieben wurde[4]. Kraus ersuchte Zasius, er möge Uelin, der die Rechte studieren wolle, in sein Haus aufnehmen. Kraus erwähnt, dass Matthäus zwei Brüder habe, von denen einer nach dem Vorbild des Vaters Medizin studiere. Er bat überdies auch Jakob Milich um dessen Unterstützung. Später setzte Matthäus Uelin sein Studium in Pavia fort[5]. 1535 schickte er Gasser aus Pavia zwei medizinische Werke[6]. 1556 gab Matthäus Uelin sein Ravensburger Stadtrecht auf[7].

Beziehungen zu Rheticus sind nicht nachweisbar; der junge Matthäus Uelin gehört aber in den Freundeskreis um Rheticus.

1 Förstemann 1841, Bd. 1, S. 119b. | 2 Hartmann 1947, Bd. 3, S. 445-447. | 3 Winterberg 1961, S. 72 f., Nr. 75. | 4 Mayer 1907, Bd. 1, 1528/29, Nr. 32. | 5 Bonorand 1986/87.S. 344. | 6 Stevenson, Nr. 1268, 1269. | 7 Bonorand 1988, Bd. 4, S. 206-208.

Uelin, Oswald, † 1552

Oswald Uelin (Ulianus, Velyn), geboren in Ravensburg, luth., Arzt.

Der älteste (?) Sohn des des Ravensburger Stadtarztes Matthäus Uelin d.Ä. studierte im WS 1515/16 in Wittenberg[1], wo er mit Melanchthon in Kontakt trat und mit Thomas Blarer Freundschaft schloss[2]. Er beendete seine Studien in Montpellier, wo er sich am 24. Oktober 1528 Montpellier immatrikulierte und Prof. Jean Schyron zu seinem Patron erkor[3]. Studiengenossen waren außer seinem jüngeren Bruder Ulrich Uelin auch Georg Vögelin aus Konstanz und Achilles Pirmin Gasser aus Lindau, die er beide schon aus Wittenberg kannte. Im September 1529 heißt es von ihm, er habe es seinem Vater Matthäus Uelin d.Ä. an Titeln bereits gleichgetan. 1536 schenkte er, inzwischen Stadtarzt in Ravensburg, Gasser einen Hippokrateskommentar[4]. Geringe Reste der Bibliothek des Oswald Uelin sind erhalten, u.a. in Isny[5] und in Lindau (Quiricus de Augustis, Lumen apothecariorum, Cremona 1494, mit handschriftl. Rezepten)[6].

Beziehungen zu Rheticus sind nicht nachweisbar; Matthäus Uelin gehört aber in den Freundeskreis um Rheticus.

1 Förstemann 1841, Bd. 1, S. 61a. | 2 Bonorand 1988, Bd. 4, S. 206-208. | 3 Gouron 1957, S. 55, Nr. 907. | 4 Stevenson, Nr. 2473. | 5 Leuze, Isnyer Reformations-Drucke, S. 53, Nr. 72. | 6 Burmeister/Dobras, Wiegendrucke Lindau, 1976, S. 24, Nr. 19.

Uelin, Ulrich

Ulrich Uelin (Ulianus), geboren in Ravensburg, luth., Arzt.
Der Sohn des Ravensburger Stadtarztes Matthäus Uelin d. Ä. schrieb sich am 12. November 1521 in die Matrikel der Universität Freiburg ein[1]. Im SS 1523 wechselte er gemeinsam mit seinem Bruder Matthäus Uelin d.J. nach Wittenberg[2]. Am 24. Oktober 1528 begegnet er uns gemeinsam mit seinem älteren Bruder Oswald Uelin an der Universität Montpellier, wo beide den Prof. Jean Schyron zu ihrem Patron wählten[3]. Auch Ulrich Uelin hat offenbar Medizin studiert. Im Studienjahr 1538/39 schrieb sich Ulrich Uelin an der Universität Basel ein (falls identisch)[4].

Beziehungen zu Rheticus sind nicht nachweisbar; Matthäus Uelin gehört aber in den Freundeskreis um Rheticus.

1 Mayer 1907, Bd. 1, S. 256. | 2 Förstemann 1841, Bd. 1, S. 119b. | 3 Gouron 1957, S. 55, Nr. 908. | 4 Wackernagel 1956, Bd. 2, S. 20.

Ulmer, Johann Konrad, 1519–1600

Johann Konrad Ulmer (de Ulma, von Ulma, Ulmerus), geboren am 31. März 1519 in Schaffhausen, gestorben am 7. August 1600 in Schaffhausen, ref., Mathematiker, Theologe[1].
Ulmer begann sein Studium 1537 in Basel[2], und zwar fast gleichzeitig mit Konrad Gesner. Ulmer wohnte hier im Hause des Gräzisten und ref. Theologen Simon Grynaeus. 1538 wechselte er nach Straßburg. Später immatrikulierte er sich am 7. Oktober 1541 in Wittenberg[3] (gemeinsam mit seinen beiden Landsleuten Meier und Wellendinger). Am 20. April 1542 promovierten alle drei unter dem Dekan Rheticus zum Mag. art., wobei die drei Eidgenossen den 2., 3. und 5. Rang von zehn Kandidaten belegten[4].

In Wittenberg konnten die aus der Basler Studienzeit bestehende Freundschaft mit den Brüdern Haintzel erneuert und vertieft werden. *Tanta concordia inter nos fuit, in religione omnibusque rebus, ut maior ne fingi quidem possit. Suavissima erat consuetudo et societas* (eine so große Übereinstimmung herrschte unter uns, in der Religion und in allen Dingen, dass man sie sich nicht größer vorstellen könnte. Überaus angenehm war der Umgang und die Gemeinschaft). Noch nach Jahrzehnten wurde davon gesprochen. Johann Haintzel, Johann Baptist Haintzels Sohn, der in Zürich im Exil lebte, hatte Ulmer darum gebeten, ihm über die Jugendzeit seines Vaters und seines Onkels zu berichten[5].

Am 28. November 1543 wurde *Magister Joannes Conradus von Ulma* aus Schaffhausen durch Bugenhagen ordiniert und von der Universität weg zum Hofpredigamt nach Lohr (Lkr. Main-Spessart, Unterfranken) berufen[6]. Martin Luther und Melanchthon hatten ihn auf dieses Kirchenamt empfohlen. Hier führte Ulmer 1544 unter der Regierung des Grafen Philipp III. von Erbach († 1559) in der Grafschaft Rieneck und in deren Hauptstadt Lohr am Main die Reformation. Zugleich wirkte er auch als Erzieher des jungen Grafen Georg III. von Erbach. Ulmer heiratete 1544 Anna Helferich, die Tochter eines Bürgers von Lohr, mit der er neun Kinder hatte.

Als in Schaffhausen 1566 der Pfarrer am Münster Jakob Rüger d.Ä., der gleichzeitig mit Ulmer in Wittenberg studiert hatte, gestorben war, berief ihn der Rat zu seinem Nachfolger. In Lohr ließ man ihn nur ungern ziehen. Zahlreiche Bürger von Lohr begleiteten ihn ein Stück weit, als er mit zwei Lastwagen, neun Pferden und zwei Knechten nach Schaffhausen aufbrach. Er selbst ritt zu Pferd neben her, seine Frau saß mit sechs Kindern auf einem Wagen, ein Magd lief zu Fuß mit, ebenso ein Vetter als Konduckteur[7]. Das von dem flämischen Drucker und Kupferstecher Dominicus Custus um 1600 geschaffene Porträt des »zweiten Reformator von Schaffhausen« fasst in der Bildunterschrift dessen Lebenswerk zusammen, er habe mit prophetischem Mund den Schaffhausern und den Franken in Lohr die Geheimnisse des Himmels verkündet (ähnlich hat es Rheticus in einem Brief an Paul Eber ausgedrückt, in dem er auf das doppelte astrologische und theologische Wirken anspielte). Ulmer genoss in Schaffhausen und in der ganzen Schweiz, insbesondere auch bei Heinrich Bullinger, ein hohes Ansehen. Ulmer wirkte zunächst als Münsterpfarrer, seit 1569 als Pfarrer von St. Johann und als *vigilantissimus* Antistes der Schaffhauser Kirche. Er schuf einen Katechismus (1569), er verfasste das erste reformierte Gesangbuch (1569, 1579), erneuerte die Kirchenordnung (1592 und 1596) und förderte das Schulwesen durch eine Schul- und Stipendienordnung.

Wie Paul Eber, der nach Luthers Tod die Wittenberger Kirche führte, sein theologisches Wirken mit der Astrologie verbunden hat, so blieb auch der Theologe Ulmer der Sternkunde und den mathematischen Wissenschaften treu und damit auch seinen Lehrern. Ein Zeugnis dafür ist Ulmers Gedicht auf den neuen Stern von 1572 (handschriftlich in der StB Schaffhausen); es geht darin um die berühmte Supernova, die im Herbst 1572 in Sternbild der Kassiopeia sichtbar geworden war und von vielen Astronomen in Gedichten oder Traktaten beschrieben worden ist. So hat beispielsweise Egid Meißner eine *Elegiade comata, qui in principio anni 1573 in Tauri asterismo apparuit* gedichtet (Erfurt: C. Dreher, 1573).[8] Auch andere Rheticusschüler haben dieses Phänomen in eigenen Abhandlungen beschrieben, etwa Paul Haintzel, Cyprian Leovitz[9], David Chytraeus[10], Andreas Nolde[11], Kaspar Peucer[12], Johannes Praetorius und Wolfgang Schuler[13].

Als weitere mathematische Werke seien genannt: *De horologiis sciotericis* (Nürnberg: Joh. Berg und U. Neuber, 1556)[14]; *Geodaisia, Das ist: Von gewisser vnd bewährter Feldmessung eyn gründlicher bericht* (Straßburg: B. Jobin, 1580; Faksimileausgabe, hg. v. A. Dürst, Schaffhausen: Meier-Verlag, 1998). Mit seinem Sonnenuhrenbuch *De horologiis sciotericis* wollte Ulmer vor allem der studierenden Jugend gefällig sein. Dieses Buch ist zu Gefallen derjenigen Mathematikstudenten geschrieben, welche die Anfangsgründe der Sphaerik, der Wissenschaft von den Kreisen, schon erlernt haben (*in mathematices studiosorum gratiam conscripta, qui prima elementa de Sphaericis didicerunt*). Vorbild war für Ulmer die *Horologiographia* des Sebastian Münster (Basel: Heinrich Petri, 1533)[15], die allerdings, wie man sagt, an einige Stellen schwer verständlich und unklar ist.

Auch mit der *Geodesia* verfolgte Ulmer ein pädagogisches Interesse, wie sich schon darin zeigt, dass er dieses Buch in deutscher Sprache abfasste. Dieses Anliegen kommt aber auch darin zum Ausdruck, dass er sein Büchlein den Lehrern seiner Vaterstadt Loth Stimmer, Beat Müller und Georg Sebastian Weihen widmete samt *allen züchtigen Knaben inn der Teutschen Schul zu Schaffhausen.*

Beziehungen zu Rheticus. Ulmer hatte schon bevor er nach Wittenberg kam in Oswald Myconius einen gleichen Lehrer wie Rheticus gehabt, zugleich auch in Konrad Gesner einen gemeinsamen Freund. In Wittenberg wurde Ulmer ein Schüler von Rheticus, mit dem ihn auch der Freundeskreis um die Brüder Haintzel, Stigel, Brusch, Meier, Wellendinger verband.

1 Moser, Christian, Ulmer, Johann Konrad, in: Historisches Lexikon der Schweiz, e-HLS, Version vom 11.11.2011; Opp 1983, S. 87-109; Dürst 1998, S. 5-11; Zsindely, E., Johann Conrad Ulmer, in: Schaffhauser Beiträge 58 (1981), S. 358-369; Zinner ²1967, S. 567; Scherrer, E., Der erste Schaffhauser Katechismus von Johann Konrad Ulmer und der Kampf um denselben (1567-1569), in: Schaffhauser Beiträge 16 (1939), S. 179-199. | **2** Wackernagel 1956, Bd. 2, S. 16. | **3** Förstemann 1841, Bd. 1, S. 191a, 25. | **4** Köstlin 1890, S. 14. | **5** Schalch 1836, S. 75 f. | **6** Buchwald 1894, S. 35, Nr. 552. | **7** Schalch 1836, S. 99 f. | **8** Zinner 1964, S. 255, Nr. 2636. | **9** Zinner 1964, S. 254, Nr. 2631-2633. | **10** Zinner 1964, S. 262, Nr. 2768. | **11** Zinner 1964, S. 255, Nr. 2637; Burmeister 2010, S. 240-243. | **12** Zinner 1964, S. 255, Nr. 2640; Hamel/Roebel 2004, S. 348, Nr. 134; Weichenhan 2004/II, S. 108-110. | **13** Zinner 1964, S. 255, Nr. 2640; Hamel/Roebel 2004, S. 348, Nr. 134. | **14** Zinner 1964, Nr. 2166, digital bei e-rara.ch. | **15** Burmeister 1964, S. 53, Nr. 50; Hieronymus 1997, S. 461-463, Nr. 172.

Vach, Balthasar, ca. 1475/80–1541

Balthasar Vach (Fach, Fachus, Phacchus, Fabritius), nach seinem Herkunftsort benannt, geboren m 1475/80 in Vacha (Wartburgkreis, Thüringen), gestorben vor dem 15. Juli 1541 in Wittenberg, luth., Humanist, lat. Philologe[1].

Als Vachs Vater wird der Schmied Heinz Hederich vermutet. Nach 1493 begonnenem Studium und 1499 erlangtem Bacc. art. in Erfurt begab Vach sich 1502 mit dem dortigen Humanisten Nikolaus Marschalk (1470-1525) und dessen Schülern (Trebelius, Spalatin) auf die neu gegründete Universität Wittenberg. Hier promovierte er gemeinsam mit Spalatin im Februar 1503 zum Mag. art. Marschalk bildete mit seinen Schülern eine Keimzelle des Humanismus. Vach begann mit einer Schrift gegen den *Thomista* Kilian Reuter[2] (vor 1480-1516/17), den Vertreter der traditionellen Scholastik, zu polemisieren. Ulrich von Hutten wohnte 1510/11 bei Vach, der sich als *Hutteni coniuratus* bezeichnet. Der mit beiden befreundete Crotus Rubinaus (1480-1545) und Hutten gelten als Verfasser der satirischen *Epistolae obscurorum virorum* (Hagenau 1515, Köln 1516 und 1517)[3], der berühmten Dunkelmännerbriefe (1515/17), in denen es in den Jahren 1511-1520 zwischen den neuen Poeten gegen die alten Theologen letztlich um die Freiheit der Wissenschaften ging. Als Gegner der Dunkelmänner erscheint in den Dunkelmännerbriefen auch Vach sowie der wegen seiner Feindschaft gegen die Traditionalisten 1516 aus Leipzig relegierte Wanderlehrer Johannes Rhagius Aesticampianus, den Vach als Rektor 1517 an erster Stelle in die Wittenberger Matrikel einschrieb. Aesticampianus übernahm 1517 die Pliniusvorlesung, die er *privatim* las[4], und widmete 1518 Vach seine Schrift *C. Plinii Praefatio* (Wittenberg: 1518)[5]. Vach war im WS 1517/18 Rektor Magnificus. Er hatte bedeutenden Anteil an den 1517 eingeleiteten und von Melanchthon vollendeten Reformen der Universität[6]. Vach hatte dank seiner langen Lehrtätigkeit viele namhafter Schüler wie Engentinus, Hutten, Witzel, Joachim Camerarius, Mathesius usw.

Vach hatte 38 Jahre lang von 1503 bis 1541 den Lehrstuhl für Poetik inne. Sein Nachfolger in der Poetik wurde Johannes Marcellus, der bevorzugt über Ovid las. Von 1503 bis 1521 oblag Vach auch die Rhetotik[7]. Er las viele Jahre über Vergils *Aeneis*, Valerius Maximus und Sallusts *Bellum Iugurtinum*, trotz seiner Empfehlungen für das Griechische aber nie über griechische Autoren. Durch vier Jahrzehnte war Vach der herausragende Lehrer der Universität Wittenberg. Er selbst verstand sich nicht als Poet, sondern als Grammatiker, der in der Grammatik die Grundlage aller gelehrten Bildung sah. Der streitlustige[8] Humanist, Verehrer von Erasmus und Reuchlin widmete sich ganz seiner Lehrtätigkeit[9] und ging mit seiner Einstellung ähnlich wie Johannes Volmar[10] in die innere Emigration, insofern sein Verhältnis zu Luther und zur Reformation distanziert blieb. Andererseits nahm Vach an der Leipziger Disputation von 1519 teil[11], trat 1520 aus dem Klerikerstand aus, und spielte bei der Verbrennung der Bannandrohungsbulle des Papstes und der Dekretalen am 10. Dezember 1520 eine Rolle, als nämlich der Wagen mit den Büchern und brennbaren Materialien im Vorhof des Vach'schen Hauses zugerüstet und von dort auf den Universitätsplatz gezogen wurde[12]. Vach galt als unverheiratet[13], nach anderen Erkenntnissen heiratete er um 1530 in fortgeschrittenem Alter Anna von Farnrode, die letzte Nonne aus dem im Zuge der Reformation 1529 aufgehobenen Katharinenkloster der Zisterzienser in Eisenach[14].

Beziehung zu Rheticus: Schon im Hinblick auf die lange Dienstzeit Fachs muss dieser als einer der Lehrer von Rheticus gelten. Zwar hatte Rheticus bereits in Zürich das Trivium, die sprachlichen Fächer Grammatik, Dialektik, Rhetorik hinter sich gebracht. Dennoch konnte es von Nutzen sein, die Vergilvorlesung Vachs mit ihrem Schwerpunkt auf der Grammatik und der Syntax noch einmal zu hören und so, wie es Melanchthons Studienordnung von 1526 für Anfänger vorsah und es auch Mathesius 1529 aus eigener Erfahrung schildert, den Darlegungen des erfahrenen Lehrers über Vergil erneut zu folgen[15]. Darüber hinaus scheint es keine Verbindungen zwischen Vach und Rheticus zu geben. Der Rheticusschüler Hesperg hat eine Einladung des Rektors zur Beerdigung von

Vach handschriftlich überliefert[16], an der sein Lehrer wegen seiner Abwesenheit in Preußen nicht teilnehmen konnte.

1 Treu 1989/I; Treu 1989/II, S. 68-87; Scheible 2007, S. 17 f., 26, 29; Bauch 1900, S. 11, 20. | 2 Tewes, Götz-Rüdiger: Reuter (Reuther) von Mellrichstadt, Kilian, in: NDB 21 (2003), S. 471; Kathe 2002, S. 17, 20, 24 f., 462. | 3 Binder, Wilhelm (Übers.): Briefe der Dunkelmänner (dt., Originaltitel *Epistolae obscurorum virorum*). Rev., mit Anm. u. e. Nachw. vers. von Peter Amelung. München 1964. | 4 Treu 1989/II, S. 84. | 5 Höss 1956, S. 109-111; Lachmann, Erhard: Rhagius Aesticampianus, 1457-1520, Ein Lebensbild. Heidelberg 1961; Kathe 2002, S. 55 f. | 6 Treu 1939/II, S. 84; Kathe 2002, S. 54. | 7 Kathe 2002, S. 456, S. 467. | 8 Treu 1989/II, S. 79 und passim, vor allem S. 68-77. | 9 Kathe 2002, S. 22. | 10 Kathe 2002, S. 72. | 11 Germann 1899, S. 10. | 12 Clemen/Koch 1984, Bd. 6, S. 103, 107. | 13 Treu 1989/II, S. 85. | 14 Ditzel, Olaf: Fabricius Phacchus (Vach), in: BBKL 25 (2005), Sp. 408 f. | 15 Loesche 1971, Bd. 1, S. 46. | 16 Metzger/Probst 2002, S. 218, Pal. Lat. 1834, Bl. 121r.

Varnbüler, Ludwig, 1521–1553

(Johann) Ludwig Varnbüler, geboren 1521 in Lindau (Schwaben), gestorben 1553 bei der Belagerung von Metz (Departement Moselle), luth., Jurist[1].

Johann Ludwig Varnbüler war der Sohn des Lindauer Bürgermeisters Johannes Varnbüler und seiner Ehefrau Agatha Meuting aus Augsburg. 1541 machte Varnbüler in Antwerpen eine kaufmännische Lehre. Er immatrikulierte sich am 15. April 1542 unter dem Rektor Jakob Milich[2], mag aber schon einige Zeit in Wittenberg anwesend gewesen sein. Konsemester waren Gervasius Marstaller, Ulrich Sitzinger, Kyriak Spangenberg, Blasius Fabricius, Felix Fidler, Michael Stifel, Eusebius Menius, Philipp Bech. Im Juni 1542 publizierte Kaspar Brusch einige Verse auf Ludwig Varnbüler in seinem *Liber elegiarum et epirammatum* (im Anhang zu seinen *Encomia hubae Slaccenwaldensis* (Wittenberg: Joseph Klug, 1542)[3]. Varnbüler setzte sein Studium 1542 in Köln und 1543 in Tübingen fort. 1550 treffen wir ihn in Orléans, wo er Prokurator der Deutschen Nation war. Hier promovierte er zum JUD.

Beziehungen zu Rheticus ergaben sich aus der Landsmannschaft. Varnbüler konnte auch die Vorlesungen von Rheticus im WS 1541/42 hören. Auch weist die Freundschaft zu Kaspar Brusch auf ein Nahverhältnis Varnbülers zu Rheticus hin.

1 Ridderikhoff 1988, Bd. 2/1, S. 70. | 2 Förstemann 1841, Bd. 1, S. 194a. | 3 UB München, digital, Scan 21.

Venatorius, Thomas, 1488–1551

Thomas Venatorius[1] (Gechauff[2], Gächuff, Jagauf, Jeger, verfälschend die Rückübersetzung Venator), †geboren um 1488 in Feldkirch (Vorarlberg), gestorben am 4. Februar 1551 in Nürnberg, luth. Mathematiker und Theologe, neulat. Dichter.

Thomas Gechauf *cognomento* Venatorius ist vermutlich ein Sohn des Landsknechtsführers und Kelnhofinhabers Ritter Konrad Gechauf von Sigmundsee aus Kesswil (Bez. Arbon, Kanton Thurgau), der in den 1480/90er Jahren mit der Burghut in Feldkirch betraut war[3]; noch 1497 bezog er hier in Feldkirch seinen Sold[4]; danach ging er nach Nürnberg.[5] Venatorius nennt den Feldkircher Stadtarzt Achilles Pirmin Gasser seinen Schwager (*affinis*); diese Schwägerschaft wird auch in anderen Quellen angedeutet: Im Jahrzeitbuch des Johanniterhauses Feldkirch wurde am 12. Juli einer *Anna Gächuffin, Hans Waters frau* gedacht[6]; Anna Gechauf, Ehefrau eines Hans Watter, war wohl eine Schwester von Venatorius, die ihrerseits vermutlich wieder mit der ersten Frau Gassers, der Feldkircherin Katharina Werder verwandt war; diese war die Tochter des kaiserlichen Feldhauptmanns Hans Werder, eines Kameraden von Konrad Gechauf.

Venatorius, Thomas, 1488–1551

Thomas Venatorius trat angeblich in den Dominikanerorden ein (von Kolde bezweifelt); über ein Universitätsstudium ist nichts bekannt. Es scheint, dass er in Rom gewesen ist[7]. Er war vermutlich Besitzer einer *Biblia sacra* aus dem 13. Jahrhundert[8].

Befreundet mit dem humanistisch gesinnten Abt Kilian Leib vom Kloster Rebdorf in Eichstätt (Oberbayern), zeigte sich Venatorius 1519 als Frühmesser in Kornburg (Stadtteil von Nürnberg) als glühender Verehrer Reuchlins.[9] 1520 wandte sich Venatorius der Reformation zu; er wurde 1523 – von Pirckheimer geholt – der erste evangelische Prediger im Spital. 1533 wurde er Pastor an St. Jakob in Nürnberg. 1534 wurde ihm die Aufsicht über die Schulen anvertraut.

1544 führte Venatorius die Reformation in Rothenburg ob der Tauber ein; Rothenburg hatte zwei Bürgermeister nach Nürnberg geschickt, um einen christlichen Prediger und Schulvorsteher zu suchen. Der Rat half aus, indem er Venatorius auslieh, »welcher zwar eine etwas leise Stimme habe, aber ein geschickter, rechtschaffener und bescheidener Mann sei, der ohne Not und Bedacht nicht gerne viele Neuerungen anfange, auch mit Feder und Gespräch seinen Widersachern ordentlich zu begegnen wisse«[10]. Am Sonntag *Laetare* am 23. März 1544 hielt Venatorius die erste evangelische Predigt in St. Jakob in Rothenburg[11].

Werke: a) theologische Schriften: *Ermahnung zum Kreutz in der Zeit der Verfolgung*, 1520; Herausgeber von Bartholomäus Stenus, *Ducum, Judicum, Regum populi Israelitici historica methodus* (mit Widmung an Eoban Hessus, Nürnberg 1523[12]; Sleupner, Dominikus, Osiander, Andreas und Venatorius, *Ain gut vnderricht*, geschrieben 1524, Bamberg: Erlinger, 1524[13]; gedruckt Augsburg 1525[14]; *Axiomata quaedam rerum christianarum*, Nürnberg 1526, Widmung, Nürnberg, am 13. Februar 1526, an den (sonst unbekannten) Priester Melchior Modellio in Brixen[15]; *Ein kurtz underricht den sterbenden Menschen ganz tröstlich*, Nürnberg 1526, auch Nürnberg: Hans Stüchs, 1529, Widmung an den nicht näher bekannten Hartung Görel, Diener der Armen im Spital zu Nürnberg, (mit Vorrede Luthers)[16]; *Pro Baptismo et fide parvulorum adversus Anabaptistas defensio*, Nürnberg: Petreius, 1527, Widmung an Willibald Pirckheimer, Nürnberg, am 26. April 1527[17], beigebunden Venatorius, *Epiphania ceucis Theophili*[18]; *De virtute christiana libri III*, Nürnberg: 1529[19]; *Ermanung zum Creutz in der zeyt der verfolgung*, Nürnberg: Guldenmund, 1530, Widmung an den Spitalmeister Konrad Engelhart vom 19. September 1530[20]; *Eine kurze Unterricht von beiden Sacramenten, dem Tauf und Nachtmal Christi*, Nürnberg 1530[21]; *In divi Pauli apostoli priorem ad Timotheum epistolam distributiones XX*, Basel: Andreas Cratander, 1533 (Widmungsbrief, Nürnberg, am 27. März 1532, an Abt Joh. Schopper von Heilsbronn)[22]; *De sola fide iustificante nos in oculis dei epistola apologetica*, Nürnberg: Petreius, 1534, verfasst als Brief an Johannes Haner, datiert aus Nürnberg am 6. Mai 1534, Widmung an Jakob von Barth in Danzig[23]; auch weitere Ausgabe 1556; Catechismus minor Nürnberg: Petreius, 1535[24]; *Epistola Theologorum Nurnb. ad Rup. a Mosham*, 1539[25]; *Der Predikanten zu Nürembrg schrifft an Ruprecht von Mosheim, Dechant zu Passau, verteutscht*, Nürnberg: Petreius, um 1540; b) philologische Schriften: lat. Übers. der Komödie *Plutos* von Aristophanes, Nürnberg: Petrejus, 1531[26]; Herausgeber des griech. Textes und der lat. Übers. Pirckheimers von Xenophons *Hellenika*, Nürnberg 1532 (mit Widmung vom 21. April 1532 an Pirckheimers Neffen Sebald und Georg Geuder)[27], weitere griech. u. lat. Ausgabe Basel: Isingrin, 1551[28]; 1553[29]; Eoban Hessus hat ein Carmen von sieben Distichen *In Plutum Aristophanis a Thoma Venatorio versum* geschrieben, in: Hessus, *Operum farragines duae*, Schwäbisch Hall 1539; c) Poetisches und Mathematisches: *Monodia de Morte Alb. Düreri*, in: Eoban Hessus, *Epicedion in funere Alberti Dureri*, Nürnberg 1528; Draco mysticus, 1530[30]; *De Iove et Caesare carmen*, 7 Distichen, Widmung an den Priester Sebastian Hamaxurgus (Sebastian Wagner, der spätere Abt von Heilsbronn), in: Venatorius, *Querela ditis, dialogus*, s.l., 1530[31]; *Qui vis horrendum cognoscere forte Cometen*, lit. Beigabe, 3 Distichen, in: Joh. Regiomontan, hg. v. Joh. Schöner, *De cometae magnitudine*, Nürnberg: Friedr. Peypus, 1531, Widmung an Erasmus Ebner, Nürnberg, am 21. August 1531[32]; *Lectori*, lit. Beigabe, 6 Distichen, zu Johannes Schöner, *Ephemeris pro anno 1532*, Nürnberg: Petreius, 1531[33]; *De eclipsi* *solari ad annum 1532*, lit. Beigabe, 25 Distichen, zu Johannes Schöner, *Ephemeris pro anno 1532*, Nürnberg: Petreius, 1531[34]; *Ad Deum Opt. Max ode tricolos tetrastrophos*, in: *Catechismus minor*, Nürnberg: Petreius, 1535, Titelrückseite[35]; *Lectori*, lit. Beigabe, 7 Distichen, zu Johannes Schöner, *Tabulae astronomicae*, Nürnberg: Petreius, 1536[36]; lit. Beigabe, zwei *Carmina*, 5 bzw 2 Distichen, zu Vinzenz Obsopoeus, *De arte bibendi*, Nürnberg: Petreius, 1536[37] und 1537[38], dt. Übers. v. Gregor Wickgram, Gerichtsschreiber in Colmar, *Die biecher Vincentij Obsopei, Vonn der kunst zutrincken*, Freiburg: Faber, 1537 (ohne den Beitrag von Venatorius)[39]; weitere lat. Ausgabe Frankfurt/Main: Egenolphs Erben 1578; Frankfurt/Main: Lonicerus u.a., 1582[40]; *Lectori*, lit. Beigabe, 6 Distichen (wie 1531), zu Johannes Schöner, *Opusculum astrologicum*, Nürnberg: Petreius, 1539[41]; lit. Beigabe, Carmen in Form eines Briefes an Camerarius *amico suo incomparabili*, 22 Distichen, zur griech. Ausgabe des Obsopoeus von Diodorus Siculus, Historiae, Basel: Oporin und Winter, 1539[42]; *Vincentii Opsopoei tumulus*, lit. Beigabe, je 3 bzw. 2 Distichen, in: Opsopoeus. In *Graecorum epigrammatum annotationes*, Basel: Nik. Brylinger, 1540, Widmung an den Kanzler Sebastian Heller von 1539[43]; vier lat. Gedichte in: *Epitaphia Scripta Matronae Maria Cleophæ, coniugi viri clarissimi D. Georgij Vogleri*, Wittenberg: Rhauw, 1542; dt. Übers. der vier Gedichte, in: Schübel, Heinrich, *Christliche gedechtnüß- oder Grabschrifften* Nürnberg: Joh. Günther, 1543[44]; lit. Beigabe, εκφώνησις *in Prognostica anni 1544*, zu Achilles Pirmin Gasser, *Prognosticum astrologicum ad annum 1544*, Nürnberg: Petreius, 1543 (mit Widmung Gassers an Venatorius, Nürnberg, am 20. Juli 1543)[45]; d) mathematische Schriften: Hauptwerk des Mathematikers Venatorius ist seine griechische Erstausgabe der Werke des Archimedes, mit den Kommentaren des Eutokios von Askalon, mit lat. Übers., Basel: Joh. Herwagen, 1544, gewidmet dem Rat der Stadt Nürnberg[46] und besonderer Widmung des Eutokios an den polnischen Magnaten Severin Boner a Balitz.[47] Er gibt sich als Freund und Schüler Schöners zu erkennen: *amicum et in Mathematis studiis praeceptorem unice mihi dilectum* (und in mathematischen Studien von mir einzigartig geliebten Lehrer). Er lobt Stoeffler, Simon Grynaeus, Pirckheimer, Camerarius und Melanchthon, *hodie purioris literaturae et severioris philosophiae vindex* (heute der Beschützer der gereinigten Literatur und de ernsteren Philosophie). Darüber hinaus hebt er noch drei weitere zeitgenössische Mathematiker hervor: den Straßburger Christian Herlin, *virum longe doctissimum, hoc loco vel in primis ac iure celebrandum puto, quippe qui non solum bonorum artium studiosi, sed et ipsi Archimedis nostri manes plurimum debent, quod in hosce libros quo cum emendatiores, tum elegantius typis illustriores prodirent, studium haud leve impendit* (einen bei weitem hochgelehrten Mann, der ich, wie ich glaube, an dieser Stelle vor allen und mit Recht zu verherrlichen ist, weil ihm nicht nur die Liebhaber der schönen Künste, sondern auch die Manen unseres Archimedes sehr viel schulden, weil er nicht geringen Eifer auf diese Bücher verwendet hat, damit sie einerseits korrekter, andererseits auch mit eleganten Abbildungen anschaulicher herauskommen würden). Daraus folgt, dass Herlin an der Archimedesausgabe aktiv mitgearbeitet hat und für die Illustrationen verantwortlich war, so wie wenige Jahre später Sebastian Münster zu Johannes Scheubels griechisch-lateinischer Ausgabe von Euklid *sex libri priores* nicht weniger als 430 Zeichnungen lieferte, und zwar gleichfalls für einen Basler Druck des Johannes Herwagen.

Auch Achilles Gasser, *affinis noster*, bekommt sein Lob. *Reconditarum artium studioso, in primis quoque vero Astrologiae ac Medicinae supra quam dici queat perito, hoc parcius hic sum dicturus, quo scio illum esse modestiorem, quam ut laudes nostras in se agnoscere velit ullas, cum sit alioqui maximis laudibus dignus* (über diesen Liebhaber der wiederhergestellten Künste, deren er über das hinaus, was man sagen könnte, kundig ist, vor allem in der Astrologie und in der Medizin, über ihn werde ich hier nur wenig sagen, denn ich weiß, dass er zu bescheiden ist, als dass er unsere Lobeshymnen auf ihn irgendwie gelten lassen wollte, obwohl er an sich größter Lobsprüche würdig ist).

In seinen lat. Dichtungen überwiegen mathematische Themen, darunter das umfangreiche Epigramm *De eclipsi solari ad annum 1532*. Wie sehr der Theologe und Reformator Venatorius der Mathematik verpflichtet war, erhellt auch aus den gemeinsam von ihm und Eobanus Hessus veröffentlichten *Epicedia* auf Dürer (1528), worin es heißt: *Nicht bloß in der Kunst, sondern auch in der Wissenschaft, der Mathematik, hat er das Höchste geleistet; er lehrte die Städte befestigen und gab eine wissenschaftliche Theorie seiner Kunst. So ist sein Ruhm unsterblich*[48].

Venatorius hat einen lebhaften Briefwechsel unterhalten; doch sind nur vereinzelt Überreste davon erhalten.[49] Einen ersten Eindruck bieten die oben aufgezählten Widmungsbriefe. Briefpartner waren Erasmus von Rotterdam, Pirckheimer, Hieronymus Baumgartner, Veit Dietrich, Spalatin, Bucer, Johannes Heß, Wenzeslaus Link, Andreas Althamer, Achilles Gasser. Ablehnend verhielt sich Venatorius gegenüber Simon Lemnius[50].

Venatorius war zweimal verheiratet. Am 11. August 1527 heiratete er in der St. Lorenzkirche zu Nürnberg, die ehemalige Klosterfrau Margarethe Zechendorfer, die im Frühjahr 1542 verstarb. Bereits am 17. Juli 1542 ging er seine zweite Ehe ein mit Margarethe Kobolt[51].

Die **Beziehungen** zwischen Rheticus und Venatorius beruhen auf gemeinsamer Landsmannschaft; zudem waren sie als Mathematiker Fachgenossen. Venatorius sagt über Rheticus, *cive meo* (meinen [Feldkircher] Mitbürger), *quid non salutaris operae insumit, ut quam latissime odorem suum diffundant recta studia?* (was hat er nicht an nutzbringenden Bemühungen aufgewendet, dass treffliche wissenschaftliche Bestrebungen seinen Geist aufs weitläufigste bekannt gemacht hätten). Der Druck von Kopernikus' Hauptwerk hatte 1543 wegen des von Osiander unterschobenen Vorwortes zu einem Zerwürfnis zwischen Rheticus und Giese einerseits, Osiander und Petreius andererseits geführt. Am 20. Juli 1543 waren diese Beziehungen noch intakt; an diesem Tag schrieb Gasser an Venatorius, ihr gemeinsamer Freund Rheticus (*communis amicus noster*) habe ihn veranlasst, sein *Prognosticon* auf das Jahr 1544 in Druck zu geben[52]. Es erschien dann auch bei Petreius in Nürnberg. Am 26. Juli 1543 schrieb Giese seinen berühmten Brief an Rheticus, in dem er eine Bestrafung von Petreius forderte. Die Frage stellt sich, ob das für Venatorius ein Anlass gewesen könnte, seinen *Archimedes* (Basel: Herwagen, 1544) nicht bei Petreius in Druck zu geben, wie man eigentlich erwartet haben würde. Man wird aber eine solche Vermutung eher verneinen müssen. Denn die Geschäftsbeziehungen zwischen Rheticus, Gasser und Petreius blieben ungestört. Denn am 27. Juli 1545 widmete Gasser dem Rheticus sein lat. *Prognosticon* auf 1546, das bei Petreius in Druck ging[53].

1 DOPPELMAYR 1730, S. 51 f.; SCHWARZ, J.C.E., Thomas Venatorius, in: Theol. Studien, Jg. 1850, S. 79-142; TSCHACKERT, F.: in: ADB 39 (1895), S. 599 f.; KOLDE, Th., Thomas Venatorius, sein Leben und seine literarische Tätigkeit, in: Beiträge zur bayerischen Kirchengeschichte 13 (Erlangen, 1906), S. 97-195. | **2** Zur Familioe vgl. Artikel Gægauf (Gæchuff) in HBLS, Bd, 3, 1926, S. 371. | **3** TLA Innsbruck, Raitbuch 15, 1482, Bl. 74; auch Raitbuch 20, 1486, Bl.106 v. | **4** GATT, S. 116. | **5** Über ihn eingehende Studie von BOSSHARD, Ralph, Militärunternehmer aus dem Thurgau gegen Ende des 15. Jahrhunderts, in: Thurgauer Beiträge zur Geschichte 134 (1997), S. 3-116. | **6** ZÖSMAIR, Josef, Jahrzeitbuch des Johanniterhauses zu Feldkirch in Vorarlberg, Feldkirch 1892, S. 91. | **7** KOLDE 1906, S. 167. | **8** StB Nürnberg, Sign.: V, 87. | **9** GEIGER 1871, S. 466 f., 469. | **10** WEIGEL, M., Rothenburger Chronik, Rothenburg o.T. 1904, S. 179. | **11** WEIGEL 1904, S. 179. | **12** KOLDE 1906, S. 107 f. | **13** VD 16 S 2987, BSB digital. | **14** VD 16 S 2988, BSB digital. | **15** VD 16 G 609, BSB digital, KOLDE 1906, S. 108-110. | **16** VD 16 G 625, BSB digital, KOLDE 1906, S. 115-119. | **17** KOLDE 1906, S. 110. | **18** VD 16 G 640, BSB digital, KOLDE 1906, S. 114 f. | **19** KOLDE 1906, S. 157-161. | **20** VD 16 G 615, BSB digital, KOLDE 1906, S. 165 f. | **21** KOLDE 1906, S. 161-165. | **22** VD 16 B 5167, e-rara digital; KOLDE 1906, S. 169 f. | **23** VD 16 G 642, BSB digital, KOLDE 1906, S. 171-173. | **24** KOLDE 1906, S. 173-175. | **25** KOLDE 1906, S. 177. | **26** KOLDE 1906, S. 167. | **27** KOLDE 1906, S. 167. | **28** VD 16 X 13; e-rara digital. | **29** VD 16 X 14; e-rara digital. | **30** KOLDE 1906, S. 166. | **31** VD 16 G 641, BSB digital, image 2, KOLDE 1906, S. 167-169. | **32** SLUB Dresden, digital, image 5. | **33** VD 16 S 3468, BSB digital, scan 1. | **34** VD 16 S 3468, BSB digital, scan 4-5. | **35** KOLDE 1906, S. 175. | **36** VD 16 S 3505, BSB digital. | **37** VD 16 O 808, BSB digital, KOLDE 1906, S. 176. | **38** VD 16 O 809, e-rara digital., image 106 f. | **39** VD 16 O 812, BSB digital. | **40** VD 16 O 811, BSB digital, image 109. | **41** VD 16 D 1826, BSB digital, scan. 6. | **42** VD 16 D 1826, BSB digital, image 490 f., KOLDE 1906, S. 176. | **43** VD 16 O 814, BSB digital, image 17, KOLDE 1906, S. 177. | **44** VD 16 E 1751, BSB digital, image 25-29. | **45** BURMEISTER 1970, Bd. 2, S. 39 f., Nr. 14; ZINNER ²1964, S. 204. Nr. 1850, KOLDE 1906, S. 176. | **46** VD 16 A 3217, e-rara digital. | **47** KOLDE 1906, S. 179. | **48** KRAUSE 1879, Bd. 2, S. 48. | **49** KOLDE 1906, S. 175. | **50** KOLDE 1906, S. 184 f. | **51** SIMON, Matthias, Nürnbergisches Pfarrerbuch, Nürnberg 1965, S.235. | **52** BURMEISTER 1975, Bd. 3, S. 58-63. | **53** BURMEISTER 1970, Bd. 2, S. 42, Nr. 17.

Venediger, Georg von, 1519–1574

Georg von Venediger (Venetus), geboren 1519 in Venedien (poln. Wenecja) bei Mohrungen (poln. Morąg, Woiwodschaft Ermland-Masuren), gestorben am 3. November 1574 in Liebemühl (poln. Miłomłyn, Woiwodschaft Ermland-Masuren), luth., Theologe, Universitätsprofessor, Bischof von Pomesanien[1].

Der dem Adelsstand angehörige Venediger immatrikulierte sich im WS 1536/37 an der Universität Wittenberg[2]. Am 19. September 1550 respondierte er unter dem Vorsitz Melanchthons zum Lic. theol., am 2. Oktober 1550 unter dem Promotor Georg Major zum Dr. theol., worauf er zu einem *prandium magnificum* einlud[3]. Er trat dann in den Kirchendienst an der Marienkirche in Rostock. 1551 bis 1557 wirkte er als Professor für Theologie an der Universität Königsberg i. Pr. Gemeinsam mit Joachim Mörlin und Peter Hegemon wandte sich Venediger mit dem Buch *Von der Rechtfertigung des Glaubens* (Königsberg: Hans Lufft, 1552)[4] gegen die Lehren Osianders. Das führte zu seiner Entlassung und Rückkehr nach Rostock. 1558 wurde er zum Superintendenten des Stiftes Kolberg-Cammin. 1567 wurde er Bischof von Pomesanien, eingeführt von Joachim Mörlin.

Beziehungen zwischen Rheticus und Venediger sind nicht bekannt. Venediger hätte aber im WS 1536/37, SS 1537, WS 1537/38 und SS 1538 sowie im WS 1541/42 Vorlesungen von Rheticus hören können.

1 von Bülow, Gottfried, in: ADB 39 (1695), S. 604 f.; Freytag 1903, S. 35, Nr. 122; Stupperich 1984, S. 213. | 2 Förstemann 1841, Bd. 1, S. 162a. | 3 Förstemann 1838, S. 35 f. | 4 VD 16 V 561; BSB München, digital.

Vetter, Andreas, 1520 – ?

Andreas Vetter, geboren um 1520 in Feldkirch (Vorarlberg), kath./luth.?, Student.

Andreas Vetter war von Haus aus nicht begütert; er wurde gemeinsam mit seiner Mutter, der Schulmeisterswitwe Margaretha, Tochter des Apothekers Jos Remishuber, mit dem geringen Satz von vier Schilling besteuert. Nach der Rückkehr aus Zürich sehen wir Rheticus vereint mit Johannes Vetter und dessen Sohn Andreas bei der Osterbeichte des Jahres 1532. 1533 bezog Andreas Vetter die damals noch kath. Universität Tübingen. Er war als Sohn des Schulmeisters Johannes Vetter so gut vorgebildet, dass er noch 1533 den Grad eines Bacc. art. erwerben konnte[1]. Er immatrikulierte sich dann am 10. Oktober 1540 an der Universität Wittenberg, und zwar nicht nur als *pauper* (arm), sondern als *pauper omnino* (gänzlich arm)[2]. Sein weiteres Schicksal ist unbekannt.

Beziehungen zu Rheticus. Als Vetter im Oktober 1540 die Universität Wittenberg bezog, war Rheticus noch abwesend in Preußen. Er wurde jedoch zurückerwartet und hatte sogar eine Vorlesung über Ptolemäus angekündigt. Es ist also denkbar, dass Vetter deswegen zum Studium nach Wittenberg gekommen ist, um Rheticus zu hören, der ja mit seinem Vater bekannt war. Im WS 1541/42 hätte Vetter dann Rheticus hören können; doch ist darüber kein Nachweis zu führen.

1 Kuhn 1971, S. 247, Nr. 1259. | 2 Förstemann 1841, Bd. 1, S. 184a.

Vetter, Johannes, ca. 1500 –1539

Johannes Vetter, geboren um 1500 in Altenstadt (Stadtteil von Feldkirch, Vorarlberg), gestorben vor 1539 in Feldkirch, kath., Schulmeister, Notar[1].

Vetter studierte seit 1515 an der Universität Erfurt. Hier schloss er, so wird vermutet, 1518 seine Studien mit dem Grad eines Mag. art. ab[2]. Vetter trat noch im Jahr 1518 in die Lateinschule Feldkirch ein[3], als deren Rektor er bis 1532 bezeugt ist. Zugleich wurde er Bürger von Feldkirch. Neben dem Schulamt wirkte Vetter auch seit 1519 als Prokurator am geistlichen Gericht in Chur[4], seit 1526 auch als öffentlicher Notar in Feldkirch[5].

Vetter heiratete vor dem 22. Januar 1518 Margaretha Remishuber, die Tochter des Feldkircher Apothekers Jos Remishuber. Die Familie Remishuber zeigte sich bereits um die Mitte des 15. Jahrhundert für eine höhere Bildung aufgeschlossen, als Johannes Remishuber 1451 die vier Evangelien in einer lat. Handschrift zusammenstellte[6]. Ein Stefan Remishub, Sohn des Apothekers Jos Remishub, hatte 1496 in Ingolstadt und 1500 in Wien studiert[7]; er ist um 1531 als Arzt in Lindau gestorben. Dessen Bruder, Vetters Schwager Kaspar Remishuber hatte 1510 in Wittenberg (gemeinsam mit Jodok Mörlin)[8] und 1515 in Wien studiert[9].

Seinem Schüler Luzius Kiber, einem Sohn des Bludenzer Schulmeisters Michael Kiber, überließ Vetter einen Band theologischer Schriften, enthaltend Fr. Ant. Rampigolli, *Biblia aurea* (Straßburg 1509); Nikolaus de Plove, (Straßburg 1503); *Statuta synodalia ecclesiae Curiensis*; *Dogma moralium philosophorum* (Straßburg 1512); Hermann Torrentinus, *Elucidarius carminum et historiarum* (Straßburg 1510).[10] Vetter erscheint danach als ein wohl gebildeter lateinischer Schulmeister, doch ohne Kenntnisse des Griechischen oder des Hebräischen, weit entfernt von einem *homo trilinguis*, was wohl auch ein Grund dafür war, dass man Rheticus nach Zürich schickte. In seiner geistigen Einstellung ist Vetter vergleichbar mit dem Geistlichen Mag. art. Dominik Fröwis, der 1509 einen ähnlichen Sammelband käuflich erwarb.

Beziehungen zu Rheticus. Rheticus' Vater Dr. med. Georg Iserin ließ sich 1514 in Feldkirch nieder, Johannes Vetter spätestens im Januar 1518. Seit dieser Zeit gehörten Iserin und Vetter zur Bildungselite in Feldkirch. Sie mussten sich demnach gut kennen. Rheticus wurde dann 1528 im Alter von 14 Jahren auf die Frauenmünsterschule nach Zürich geschickt; bis zu diesem Zeitpunkt stand er der Feldkircher Lateinschule nahe und damit auch deren Rektor Vetter. Man darf annehmen, dass insbesondere die musikalische Ausbildung von Rheticus in den Händen Vetters und Müibergs lag. Der Schulmeister hatte die Aufgabe, am Sonntag die Knaben in die Kirche zu führen und dort zu beaufsichtigen; auch musste er ihnen die notwendigen Instruktionen für das Chorgebet und den Chorgesang erteilen. Die Hinrichtung seines Vaters Dr. Iserin 1528 und die Hinrichtung des Abtes Theodor Schlegel 1529 in Chur waren Ereignisse, die Rheticus stark berührt haben, nicht zuletzt aber auch Vetter, der 1523 der Anwalt Schlegels in einem Erblehensprozess gewesen war[11]. Andreas Vetter ging 1532 zum Studium in das zu dieser Zeit noch kath. Tübingen[12], promovierte dort im Februar 1535 zum Bacc. art.[13], wechselte dann aber im SS 1540 nach dem Tod seines Vaters nach Wittenberg, wo er als *pauper omnino* (gänzlich arm) immatrikuliert wurde[14].

1 ULMER 1947, S. 67, 69. | **2** LUDEWIG 1920, S. 49, Nr. 33. | **3** Folgt aus VASELLA 1948, S. 127, Nr. 193. | **4** VASELLA 1996, S. 91 f.; VASELLA 1932, S. 45. | **5** VASELLA 1996, S. 213-215; VASELLA 1954, S. 342, Anm. 2 (1529); VLA Bregenz, Urkunde Nr. 5420 vom 30. Mai 1530. | **6** BRUCKNER, A., Schreibschulen der Diözese Konstanz, Stadt und Landschaft (Scriptoria Medii Aevi Helvetica, 9), Genève 1964, S. 31. | **7** LUDEWIG 1920, S. 27; Matr. Wien, Bd. 2, S. 283. | **8** FÖRSTEMANN 1841, Bd. 1, S. 32a. | **9** VASELLA 1948, S. 127, Nr. 193. | **10** VASELLA 1932, S. 108, Anm. 180. | **11** VASELLA 1954, S. 25, Anm. 2. | **12** LUDEWIG, S. 117, Nr. 73. | **13** LUDEWIG, S. 117, Nr. 73. | **14** FÖRSTEMANN 1841, S. 184a; LUDEWIG, S. 131, Nr. 50.

Viborgius, Johannes, *siehe* Sadolin, Jørgen Jensen

Villenbach, Johann Wilhelm

Johann Wilhelm Villenbach, geboren in Straßburg, gestorben?, luth., Student, mehr nicht ermittelt.

Johann Wilhelm Villenbach war vermutlich der Sohn des ehemaligen Rottweiler Hofgerichtsadvokaten und -prokurators Mag. Peter Villenbach d.Ä. aus Bregenz. Von den Söhnen Peters von Villenbach ist Peter Villenbach d.J. der bekanntere, von dem die Zimmerische Chronik berichtet:

Sein Vatter, het auch Petter Villenbach gehaisen, war ein magister artium [...], *hat neben anderen Sönen den Doctor Peter gehabt. Der hett in seiner Jugent vil Jar in Frankreich, Italia und in deutschen Landen studiert, aber wenig in Sprachen oder sonst promoviert*[1]. 1530 bis 1538 lässt er sich in Tübingen nachweisen, 1532 in Bourges[2]. Dessen jüngerer Bruder Johann Wilhelm von Villenbach immatrikulierte sich im WS 1538/39 an der Universität Wittenberg[3]. Er wechselte im WS 1542/43 an die Universität Leipzig[4]. In Leipzig kam er gleichzeitig mit Rheticus und Alexander Ales sowie einer Gruppe von Wittenberger Studenten an: Melchior Ayrer und Philipp Bech. Man hat den Eindruck, dass diese Studenten bewusst Rheticus nach Leipzig gefolgt sind.

Zu Peter Villenbach d.J. (spöttisch *Fiel-in-Bach* genannt), dem Bruder Johann Wilhelms, bleibt noch eine Bemerkung aus der Zimmerschen Chronik nachzutragen, die zum Verständnis der Promotionsfeiern beiträgt, die oft in ihrem inoffiziellen Teil ausgeartet sind, indem Disputationen über unsinnige Probleme abgehalten wurden. *Doctor Villenbach hat ... uf der hochen schuel zu Straßburg ein doctorem juris creirt und formirt. Mit was groser geucherei das zugangen und ain lauters gespai und gelechter darauß ervolgt, darvon were ain aigner tractat zu schreiben*[5].

1 BARACK, Bd. 3, S. 521 ff., 446 f. | 2 LUDEWIG 1920, S. 117, Nr. 67; S. 196, Nr. 1. | 3 FÖRSTEMANN 1841, Bd. 1, S. 174a. | 4 ERLER, Bd. 1, S. 642, B 11. | 5 DECKER-HAUFF, Hansmartin, Die Chronik der Grafen von Zimmern, Bd. 3, Sigmaringen 1972, S. 303.

Vischer, Johannes, 1524–1587

Johannes Vischer (Fischer; Viscerus, Viserus), geboren am 16. Dezember 1524 in Wemding (Lkr. Donau-Ries, Schwaben), gestorben am 21. April 1587 in Tübingen, luth., Arzt, Professor für Medizin[1].

Der Sohn des Bürgermeisters Georg Vischer und seiner Frau Sibylla Fuchs, einer Schwester des berühmten Arztes und Botanikers Leonhard Fuchs, studierte seit 1537 in Tübingen; Konsemester waren die Brüder Hieronymus und Heinrich Wolf. Vischer promovierte 1539 zum Bacc. art., wechselte 1541 nach Straßburg und im SS 1542 nach Wittenberg[2], wo er Philosophie und Theologie studierte. 1546 ging er nach Paris und nach Straßburg, um hier Hebräisch und Griechisch zu studieren. 1548 kehrte er nach Wittenberg zurück und promovierte am 19. Februar 1549 unter dem Dekan Veit Oertel Winsheim zum Mag. art; er erreichte den 2. Rang von 45 Kandidaten, vor ihm rangierte auf dem 1. Rang Matthias Lauterwaldt[3]. Seit 1549 wandte sich Vischer in Tübingen, Venedig und Padua dem Studium der Medizin zu und erlangte am 8. Juli 1553 in Bologna des Grad eines Dr. med.[4] Danach half er in der Praxis von Heinrich Wolf in Nürnberg aus, wurde 1554 als Professor für Medizin an die Universität Ingolstadt berufen, nahm aber bereits 1555 seinen Abschied und wurde Stadtarzt in Nördlingen (bis 1562), dann Leibarzt des Markgrafen Georg Friedrich von Brandenburg-Ansbach. Nachdem Leonhard Fuchs 1566 gestorben war, wurde er 1568 als dessen Nachfolger zum Professor für Medizin nach Tübingen berufen. Vischer war 1573, 1578 und 1582 Vizekanzler der Universität Tübingen.

Vischer war dreimal verheiratet: In erster Ehe 1554 mit Sibylla Heinzius in Nördlingen, in zweite Ehe 1562 mit Barbara N., verwitwete Mögling, verwitwete Fettelsbach, in dritter Ehe mit Margaretha Königsbach, verwitwete Vogler. Ein Sohn Hieronymus Vischer, geboren 1556, studierte in Tübingen 1569 (dort Bacc. art. 1573), in Basel am 30. Juni 1578, Heidelberg 1579 und promovierte in Tübingen bei seinem Vater am 12. Januar 1582 zum Dr. med.[5]; er heiratete 1582 Rosina Wolf, die älteste Tochter seines Studienfreundes Heinrich Wolf. Eine Tochter Sibylle ehelichte 1577 den Dr. theol. Anton Varnbüler (1555-1591), später Propst im Kloster Hirsau (Stadtteil von Calw, Baden-Württemberg).

Werke (vorwiegend Disputationen): *Disputatio de frumentis et frumentariis* (Tübingen 1571); *Disputatio de affectu calculi* (Tübingen 1573)[6]; *Disputatio de medicamentis menses muliebres pro-*

vocantibus (Tübingen 1578); *Disputatio de usu atque officio splenis in homine* (Tübingen: Gruppenbach, 1578); *Disputatio de differentiis et causis affectuum iecinoris praeter naturam* (Tübingen: Gruppenbach, 1580); *Theses de affectibus uteri humani* (Tübingen 1581); *Disputatio de differentiis et causis affectuum pulmonis* (Tübingen 1581); *Disputatio de angina* (Tübingen: Gruppenbach, 1583); *Disputatio de dolorum thoracis dignotione* (Tübingen: Gruppenbach, 1584)[7]; *Disputatio de lactis eiusque partium natura et viribus* (Tübingen: Gruppenbach, 1586)[8]; *Disputatio de ratione explorandi et judicandi leprosos* (Tübingen: Alexander Hock, 1586)[9]; *Enarratio brevis aphorismorum Hippocratis*, hg. v. Hieronymus Vischer, 1591.

Beziehungen zwischen Rheticus und Vischer sind nicht bekannt, aber wohl anzunehmen. Dafür sprechen die engen Verbindungen die Vischer mit dem Umkreis um Rheticus hatte, insbesondere mit Camerarius, Melanchthon, den Gebrüdern Wolf, Lauterwaldt und vielen anderen mehr.

1 CELLIUS 1981, Bd. 1, S. 110 f. (Porträt), Bd. 2, S. 154 f.; KAISER 1982, S. 155, 162; BOEHM, in: Saur, Dictionary of German Biography, Berlin: de Gruyter, 2006, Bd. 10, S. 224. | **2** FÖRSTEMANN 1841, Bd. 1, S. 195b. | **3** KÖSTLIN 1891, S. 7. | **4** BRONZINO 1962, S. 46. | **5** WACKERNAGEL 1956, Bd. 2, S. 258, Nr. 11. | **6** MÜLLER 2004, S. 174, Nr. 1262. | **7** MÜLLER 2004, S. 395, Nr. 3345. | **8** MÜLLER 2004, S. 396, Nr. 3351. | **9** MÜLLER 2004, S. 394, Nr. 3333 und S. 396, Nr. 3351.

Vögelin, Ernst, 1529–1589

Ernst Vögelin (Vogelein, Vogelin), geboren am 10. August 1529 in Konstanz, gestorben am 20. September 1589 in Neustadt an der Weinstraße (Rheinland-Pfalz), luth., Kryptokalvnist, Gräzist, Theologe, Buchdrucker, Landschreiber[1].

Ernst Vögelin war der Sohn des Konstanzer Stadtschreibers und Chronisten Georg Vögelin d.Ä. und seiner zweiten Frau Margaretha Stoß, Halbbruder des frühen Kopernikaners Dr. med. Georg Vögelins d.J.[2], hatte seine erste Bildung an der Lateinschule seiner Heimatstadt Konstanz unter dem Rektorat des Matthias Schenck genossen. Im Studienjahr 1546/47 immatrikulierte sich Vögelin unter dem Rektorat des mit Gasser befreundeten Mathematikers und Theologen Martin Borrhaus an der Universität Basel[3]. Vermutlich war Vögelin im September bis November 1547 Schüler von Rheticus, als dieser einige Monate in Konstanz Mathematik lehrte und im Hause des Stadtschreibers Vögelin wohnte. Nach dem Konstanzer Sturm kam er als Glaubensflüchtling nach Leipzig, wo er sich im SS 1550 immatrikulierte[4]. Er promovierte im SS 1552 unter dem Dekan Maximus Geritz zum Bacc. art.[5] und relativ rasch danach im WS 1553/54 auch zum Mag. art.; hier waren unter seinen Prüfern u.a. Hommel und Bartolus Reich, Promotor war Maximus Geritz[6]. Anschließend widmete er sich dem Studium der Theologie. Zeitweise war Vögelin Hauslehrer bei Joachim Camerarius. Im SS 1554 las Vögelin griechische Grammatik[7]. Er stand als Dozent, wenn auch als *Ultimus*, in einer Reihe mit den Professoren der Artistenfakultät Camerarius, Meurer, Hommel, Häusler, Leonhard Wolf *Francus*, Wolfgang Fusius, Maximus Geritz, Bartolus Reich, Bernhard Rascher, Moritz Steinmetz und Hieronymus Zichenaus, die mehr oder weniger alle Rheticus nahestanden, der im April 1551 Leipzig verlassen hatte. Schon am 2. Oktober 1555 wurde Vögelin von Valentin Paceus zum Bacc. theol. präsentiert und durch Johannes Pfeffinger promoviert[8].

Die Karriere Vögelins lief auf eine Stelle im Kirchendienst hinaus, doch sollte es ganz anders kommen. Er hatte als Korrektor bei Valentin Papst († 1556) gewirkt, nach dessen Tod er die Leitung der Druckerei übernahm und 1557 in der Thomaskirche dessen Tochter Anna († 1573) geheiratet hat, mit der er neun Kinder hatte. Vögelin entwickelte die Druckerei zu einem leistungsfähigen und angesehenen Unternehmen[9]. Kein gutes Bild machte Vögelin, als er 1575 wegen der Pest aus der Stadt floh, obwohl er dringend ein Pestbüchlein mit Anweisungen an die Bevölkerung hätte drucken sollen[10]. Zum Verlagsprogramm gehörten auch mathematische Schriften, so z. B. von dem Melanchthonschüler Viktorin Strigel der *Arithmeticus Libellus* (1563) oder die *Epitome doctrinae de primo motu* (1564?)[11]. Zu den bei Vögelin gedruckten Büchern gehörte auch der von

Eusebius Menius herausgegebene Band *Poemata Georgii Sabini et aliis additis* (u.a mit Gedichten von Felix Fidler, Valerius Fidler, Johannes Schosser, Melchior Acontius), Leipzig 1563. Erwähnt sei auch die 1570 von Leonhard Wolf für die Studenten des Griechischen besorgte Ausgabe von Homers *Batrachomyomachia*; beigefügt war hier neben Anmerkungen von Melanchthon die lateinische Versübersetzung von Simon Lemnius[12]; ebenso noch die 1571/72 erschienenen Kommentare zu den Apostelbriefen von Nils Hemmingsen[13]. 1559 war Vögelin Bürger von Leipzig geworden. 1576 musste er als Kryptokalvinist aus Leipzig flüchten und seine Druckerei aufgeben.

Vögelin starb als Landschreiber zu Neustadt an der Weinstraße, wo 1596 bei Matthäus (Harnisius) Harnisch das *Opus Palatinum* aus Rheticus Nachlass erschienen ist. Der Drucker Matthäus Harnisch veröffentlichte 1590 einen Nachruf auf Vögelin, die *Epicedia in obitum C[larissimi] V[iri] Ernesti Voegelini Constantiensis*[14].

Ernst Vögelin unterhielt sehr enge **Beziehungen** zu Rheticus. Im Gegensatz zu dem Bregenzer Bartholomäus Wilhelm konnte der Konstanzer Ernst Vögelin, obwohl auch er Österreicher war, sein Studium in Leipzig aufnehmen, weil er sich als Protestant über die österreichischen Mandate hinwegsetzte, wenn auch mit der Folge, das er nie mehr in seine Heimat Konstanz zurückkehren konnte. Magister Philipp Bech, einer der Professoren an der Leipziger Artistenfakultät, teilte am 16. Mai 1549 dem Oswald Mykonius in Basel mit, ein Jüngling aus Konstanz, der mit den besten Talenten begabt sei, habe auf seine Empfehlung hin den Joachim Rheticus als Lehrer gewonnen, einen in der Mathematik und in der Medizin sehr erfahrenen Mann, von dem er im Studium der schönen Künste und Wissenschaften freigebig unterstützt würde. Er wohne auch bei ihm und gebrauche täglich seine Dienste[15]. Der Druck des *Opus Palatinum* in der Umgebung Vögelins, auch wenn dieser 1596 bereits verstorben war, bildete die Krönung dieses engen Verhältnisses zwischen Lehrer und Schüler.

1 Reske 2007, S. 523 f. | **2** Vogeli 1972, Bd. 1, S. 31. | **3** Wackernagel 1956, Bd. 2, S. 48. | **4** Erler, Bd. 1, S. 681, B 13. | **5** Erler, Bd. 2, S. 727. | **6** Erler, Bd. 2, S. 732. | **7** Erler, Bd. 2, S. 734. | **8** Erler, Bd. 2, S. 33. | **9** Benzing 1982, S. 280 f.; Reske 2007, S. 523 f. | **10** Ludwig 1909, S. 240. | **11** Müller 1993, S. 173 f., Nr. 26; S. 242, Nr. 83. | **12 u. 13** ULB Halle, digital. | **14** VD 16 E 1590. | **15** Staatsarchiv Zürich, E II 356, 78. »*... Constanziensis iuvenis, optima indole praeditus, mea commendatione Ioachimum Rheticum, Matheseos atque Medicinae virum peritissimum, nactus est, à quo in studiis bonarum artium atque disciplinarum liberaliter fovetur. Is apud illum quoque versatur atque opera ullius utitur*«.

Vögelin, Georg, d.J., 1508–1542

Georg Vögelin d.J., geboren 1508 in Konstanz, gestorben am 23. Oktober 1542 (an der Pest) in Bischofszell (Thurgau), luth., Arzt[1].

Vögelin war der Sohn des Konstanzer Stadtschreibers und Reformationschronisten Georg Vögelin d.Ä.[2], wohnhaft in der Inselstraße 30[3]. Er schrieb sich am 21. Juli 1523 Juli an der Universität Wittenberg ein[4], wo er drei Jahre lang bis zum Sommer 1526 blieb. Der hier von ihm angenommene Gelehrtenname *Avicula* (Vögelein)[5] konnte sich nicht durchsetzen. Gemeinsam mit Gasser besuchte Vögelin die mathematisch-astronomischen Vorlesungen von Johannes Volmar. Der Mathematiker und Dichter Abraham Gotthelf Kästner (1719-1800) beklagte, dass man so wenig von dem »berühmten Mathematiker« wisse,[6] was leicht durch den frühen Tod Vögelins zu erklären ist. Immerhin wird sein Interesse für die Mathematik von seinem Lehrer Melanchthon bestätigt, der in einem Brief vom Sommer 1526 an Thomas Blaurer Vögelins Charakter und Begeisterung für das Studium lobte. Vögelin sei nicht nur sein Hörer, sondern er habe deswegen besondere Freude an ihm, weil er sich auch den von ihm favorisierten mathematischen Wissenschaften widme; diese seien von besonderem Nutzen für die Medizin, zu der sich Vögelin schon früher hingezogen fühlte[7]. Wir wissen das auch aus den Wittenberger Kollegheften von Gasser, dass auch dieser von Anfang medizinische Vorlesungen besuchte. Das dürfte auch der Grund dafür sein, dass Vögelin und Gasser sich weder um den Grad eines Baccalaureus noch eines Magisters bemüht haben; beide waren wohl willens, den Doktorgrad im Ausland zu erwerben, wo man auf diese niederen Grade der *Artes* keinen Wert legte.

Ganz besonders pflegte Vögelin die Poetik, die von Balthasar Vach vertreten wurde[8]. Im März 1524 berichtete der Student Felix Rayter aus Buchhorn (heute Friedrichshafen, Bodenseekreis) an Thomas Blarer[9], dass er mit Betz, Richlin und Vögelin einen Freundeskreis bilde, in dem jeder seine besonderen Gaben pflege: Johannes Betz[10] aus Überlingen die göttliche und menschliche Wissenschaft, Andreas (Acroata) Richlin[11] aus Konstanz die Musik und Georg Vögelin die Dichtkunst. Am 31. Dezember 1524 schrieb Vögelin an Ambrosius Blarer einen Brief in Distichen und gab damit eine erste Probe seines Könnens[12]. In einem undatierten Brief bat Vögelin Thomas Blarer um Beurteilung seiner Gedichte[13]. Im April 1535 dankte Ambrosius Blarer Vögelin für seine hübschen Gedichte[14]. Im Dezember 1541 beabsichtigte Vögelin, ein Epitaph auf den am 16. November 1541 in Straßburg an der Pest verstorbenen Gräzisten Jakob Bedrot zu verfassen[15]. Solche Epitaphien sind überliefert von Jakob Sturm, Johannes Sapidus und Michael Toxites »Rhaeticus«[16].

Am 1. September 1527 immatrikulierte sich Vögelin an der in Europa führenden medizinischen Hochschule von Montpellier[17], wohin ihm am 12. Dezember 1527 Gasser nachfolgte.[18] Beide wählten Jean de Druholes (genannt Schyron) zu ihrem Patron (*disceptator et disputationum moderator*). Druholes wurde wenig später auch der Lehrer des berühmten François Rabelais, der ihn in seinem »Pantagruel« erwähnt. Es scheint nicht gesichert, dass Vögelin seinen Doktorgrad in Montpellier erworben hat. Seit 1529 besuchte auch Nostradamus die Universität Montpellier[19].

Für die Zueignung der zweiten Auflage der *Narratio prima* dankte Georg Vögelin 1541 mit einem lateinischen Gedicht auf die kopernikanische Lehre.[20]

GEORGIVS VOGELINVS ME-dicus Lectori

    Antiquis ignota Viris, mirandaque nostri
        Temporis ingenijs iste Libellus habet.
    Nam ratione nova stellarum quaeritur ordo,
        Terraque iam currit, credita stare prius.
    Artibus inventis celebris sit docta Vetustas,
        Ne modo laus studijs desit, honorque novis.
    Non hoc iudicium metuunt, limamque periti
        Ingenij, solus livor obesse potest.
    At valeat livor, paucis etiam ista probentur,
        Sufficiet, doctis si placuere Viris.

DER ARZT GEORG VÖGELIN AN DEN LESER.

    Lehren kündet dies Buch, die nicht kannten die Forscher der Alten,
        Selbst dem gelehrtesten Geist heute sie wunderbar sind.
    Denn nach neuem Gesetz wird gezeigt der Sterne Verhalten:
        Glaubtest, die Erde steh still, siehe, jetzt kreist sie geschwind.
    Rühme das Altertum, das so reich an Künstlern und Weisen,
        Doch auch neuem Bemühn weigre nicht Loblied und Ehr!
    Reifem Geiste nicht graut vor der Lehre und deren Beweisen;
        Schaden bringt Dir allein neidiger Menschen Begehr.
    Gräme Dich nicht, wenn auch nur selten ein Lob dies Büchlein nur findet;
        Billigt's ein trefflicher Mann, sei Dir Genüge getan.

Zu dieser Zeit war über den Druck von *De Revolutionibus* noch nicht entschieden. In seinem Widmungsbrief[21] von 1540 wollte Gasser Vögelin für einen Werbefeldzug gewinnen, um Kopernikus' Zustimmung zum Druck seines Hauptwerkes zu erhalten. Über das falsche Urteil der Allgemeinheit (gemeint waren vor allem Luther und Melanchthon) könne man nur lachen, schreibt Gasser, »zumal es unzweifelhaft feststeht, dass diese neue Entdeckung eines Tages leidenschaftslos von allen Gelehrten angenommen und sich als nützlich erweisen wird«. Ungeachtet dieser Prognose hätte sich Voegelin nicht träumen lassen, dass sein Gedicht bis ins 21. Jahrhundert immer wieder in viele Sprachen übersetzt abgedruckt werden würde[22].

Vögelin bemühte sich vom September 1531 bis Oktober 1536 viele Jahre vergeblich, eine Ehefrau zu finden[23], ehe er Margarete Lebzelter aus Ulm heiraten konnte. Diese verstarb jedoch nach kurzer Zeit im Juli 1537. Seine Bemühungen um eine Wiederverheiratung blieb wiederum jahrelang ohne Erfolg. Als er im Juli 1542 kurz vor dem Ziel stand, die Tochter des Ulmer Stadtarztes Dr. Wolfgang Stammler zu ehelichen, zögerten die Braut und deren Mutter, wegen der schweren Pestzeiten ihre Zustimmung zu geben. Tatsächlich wurde Vögelin schon wenig später ein Opfer der Pest. Es war ihm nicht vergönnt, eine Familie zu gründen.

Während der großen Pest von 1541/42 begab sich der Konstanzer Reformator Johannes Zwick in die von der Seuche schwer heimgesuchte Nachbarstadt Bischofszell, um dort geistlichen Beistand zu leisten. Der Rat forderte ihn am 14. Oktober, auf nach Konstanz zurückzukehren. Zwick erklärte sich dazu bereit, bat aber noch um ein paar Tage Aufschub, doch er steckte sich an und verstarb am 23. Oktober 1542 in Bischofszell. Als man in Konstanz von der Ansteckung erfuhr eilte Vögelin auf der Stelle zu ihm, um ihm ärztliche Hilfe zu bringen. Doch auch Vögelin steckte sich an und starb Ende Oktober an der Seuche. Dazu vermerkte Christoph Schulthaiss in seiner Chronik: *Der Vögele kam wider her mit großem frolocken, sagt, er habe erst recht gelernett sterben etc., lag sich och nider an der kranckhait, sagt Gott dem herren großen danck vmb sin gnad, sagt: Der herr hatt mich ain stuck der seligkait lassen sehen. Ist also wol getröst vnd, wie man sogar sagen mocht; mit fröden gestorben.*[24]

Der Brief Gassers an Vögelin

Im Jahre 1540 widmete Gasser die zweite Auflage von Rheticus' *Narrario prima* seinem Konstanzer Kollegen und Freund Vögelin, die dann in Basel bei Robert Winter 1541 erschienen ist[25]. Gasser hat die *Narratio prima* vermutlich im Frühjahr (April/Mai) 1540 von Rheticus erhalten. Er dürfte dann seine grundsätzlichen Überlegungen sehr bald an Vögelin mitgeteilt haben, wahrscheinlich noch vor dem 1. August 1540, an dem Johannes Petreius Rheticus drängte, nach dem Schöner gewidmeten ersten Bericht der *Narratio prima* (Danzig: Franz Rhode, 1540) jetzt auch das Hauptwerk des Kopernikus zum Druck zu befördern. Diese neue Lehre entspräche zwar nicht der Schulmeinung, wäre aber doch eine außerordentliche Bereicherung. *Magnam spem concipio futurum, ut tua opera plurimum lucis universo huic generi doctrinae afferatur* (dennoch hege ich große Hoffnungen, dass auf Deine Initiative sehr viel mehr Licht in diese gesamte Lehre gebracht würde)[26]. Etwa um diese Zeit dürfte auch der Brief Gassers an Vögelin anzusetzen sein.

Gasser stellt fest, dass das Werk des Kopernikus nicht nur mit einem einzelnen Satz der üblichen Schulmeinung widerspreche, sondern geradezu ketzerisch (*haereticus*) sei. Gasser sieht jedoch in dem kopernikanische Hauptwerk ein einzigartiges und göttliches Werk. Die *Narratio prima* gibt nur einen Vorgeschmack auf das köstliche Festmahl (gemeint *De revolutionibus*). Es wäre zu wünschen, dass uns eines Tages durch die Initiative und das unermüdliche Betreiben seines Freundes Rheticus das Ganze übermittelt werde. Vögelin möge für die Realisierung dieses Wunsches bei seinen Kollegen werben. Und er solle Gasser zuliebe über das Urteil der Allgemeinheit lachen, zumal

es völlig unzweifelhaft sei, dass diese neue Entdeckung eines Tages vorbehaltslos anerkannt werde. Vögelin entsprach dem Wunsch Gassers, insbesondere auch durch sein Epigramm, in dem es hieß:
> Rühme das Altertum, das so reich an Künstlern und Weisen,
> Doch auch neuem Bemühn weigre nicht Loblied und Ehr!

Gasser und Vögelin sind markante Gegenbeispiele gegen die Vorwürfe, die man gegen Rheticus erhoben habe, er handele lediglich aus Neuerungssucht; es sei dies ein Charakterfehler, für den man eine Entschuldigung in seiner Jugend finden könne; er solle heiraten, damit er auf andere Gedanken komme.

1 Zu ihm vgl. BURMEISTER 1999, S. 51-58. | 2 SCHULER 1987, Bd. 1., S. 485-487, Nr. 1420; VÖGELI 1972. | 3 Vgl. dazu BEYERLE, Konrad und MAURER, Anton, Konstanzer Häuserbuch, Bd. 2, Heidelberg 1908. | 4 FÖRSTEMANN 1841, Bd. 1, S. 119. | 5 SCHIESS 1910, Bd. 2, S. 780. | 6 KÄSTNER 1796/97, Bd. 1, S. 564; vgl. auch DERS., Bd. 2, S. 602. | 7 SCHIESS 1908, Bd. 1, S. 135 f. | 8 SCHEIBLE 2007, S. 17 f.; KATHE 2002, S. 456; TREU 1989, S. 68-87. | 9 SCHIESS 1908, Bd. 1, S. 95. | 10 FÖRSTEMANN 1841, Bd. 1, S. 118. | 11 FÖRSTEMANN 1841, Bd. 1, S. 120; SCHLÜTER 2010, S. 333. | 12 SCHIESS 1908, Bd. 1, S. 115 f. | 13 SCHIESS 1910, Bd. 2, S. 788. | 14 SCHIESS 1908, Bd. 1, S. 679. | 15 SCHIESS 1910, Bd. 2, S. 95, 97. | 16 BONORAND 1963, S. 102-111 mit den Abb. 9. 10 und 11. | 17 GOURON, S. 51, Nr. 862. | 18 GOURON, S. 51, Nr. 878. | 19 GOURON 1957, S. 58, Nr. 943. | 20 ZINNER 1943, S. 245; ZELLER 1943, S. 26 (deutsche Übersetzung). | 21 Text des Briefes im Wortlaut bei BURMEISTER 1968, Bd. 3, S. 15-19 (lat. u. dt.), ZELLER 1943, S. 27-29 (dt.), DANIELSON 2006, S. 212 f. (engl.). | 22 Zuletzt etwa bei ZEKL 1990, S. XV; MÜLLER 1993, S. 229; BURMEISTER 1999, S. 102 (lat., dt.); THILL 2002, S. 192 (engl.), DANIELSON 2006, S. 80 f. (lat., engl.); SCHÖBI-FINK 2010, S. 19. | 23 SCHIESS 1908, Bd. 1, passim (siehe Register). | 24 Zitiert nach MOELLER 1961, S. 244. | 25 Texte lat. und dt. bei BURMEISTER 1968, Bd. 3, S. 15-19; BURMEISTER 1975, Bd. 3, S. 50-55. | 26 Text lat. und dt. bei BURMEISTER 1968, Bd. 3, S. 19-25.

Vogler, Wolfgang, ca. 1520–1548

Wolfgang Vogler, geboren um 1520 in Gotha, gestorben 1548 in Nördlingen, luth., Schulmann[1]. Vogler immatrikulierte sich im SS 1537 an der Universität Wittenberg etwa gleichzeitig mit Melchior Isinder und Melchior Ayrer[2]. Er promovierte am 25. Januar 1543 unter Magister Christoph Jonas und erreichte den 2. Rang von 31 Kandidaten[3]. Mit einem Testimonium vom 9. Februar 1543 wurde er nach Nördlingen[4] empfohlen als *zu Regierung der Schul tüchtig, denn er sehr wohl gelahrt in Latein und der ganzen Philosophia*; er sei *fromm, gelahrt und friedsam*. Auch Melchior Fendt schrieb am gleichen Tag eine solche Empfehlung[5]. Vogler wurde angestellt und konnte in Nördlingen sehr erfolgreich wirken, starb jedoch vorzeitig. Über seine Krankheit und seinen Tod berichtet ausführlich Michael Maius in SCRIPTORVM PVBLICE PROPOSITORVM, Bd. 4, Wittenberg: Georg Rhaus Erben, 1561, Widmungsbrief an Bürgermeister und Rat von Nördlingen.

Beziehungen zu Rheticus sind anzunehmen, zumal sich Vogler *der ganzen Philosophia* gewidmet hatte. Er konnte Rheticus' Vorlesungen vom SS 1537 bis SS 1538 sowie im WS 1541/42 gehört haben.

1 DOLP, Daniel Eberhart, Gründlicher Bericht von dem alten Zustand und erfolgter Reformation der Stadt Nördlingen, Nördlingen 1738, S. 190, 192. | 2 FÖRSTEMANN 1841, Bd. 1, S. 166b. | 3 KÖSTLIN 1890, S. 14. | 4 CR V, Sp. 36 f. | 5 CLEMEN/KOCH 1985, S. 111; HAEFELE 1988, S. 270.

Volmar, Johannes, ca. 1480–1536

Johannes Volmar, geboren um 1480 in Villingen (Stadtteil von Villingen-Schwenningen, Schwarzwald-Baar-Kreis, Baden-Württemberg), gestorben nach dem 12. Mai 1536, vor dem 28. Mai 1536 in Wittenberg, luth., Mathematiker, Astronom und Astrologe, Instrumentenmacher[1]. Volmars Herkunft aus Villingen ist unzweifelhaft, auch wenn gelegentlich Feldkirch[2] angegeben wird. Rheticus bezeichnete Volmar nämlich als seinen Landsmann (*gentilis*), weil es in Feldkirch ein bekanntes Geschlecht dieses Namens gab; vielleicht meinte er aber »Landsmann« in einem übergeordneten politischen Sinne: Rheticus, Widnauer und Volmar waren Österreicher. Jedenfalls wollte Rheticus eine allen drei Personen gemeinsame Beziehung zum Ausdruck bringen.

Der Aufschwung, den die Universität Wittenberg in den mathematischen Fächern sozusagen aus dem Nichts machen konnte, lässt sich nicht zuletzt auf Einflüsse der Universität Krakau zurückführen, die über ein besonders qualifiziertes Studium der Mathematik verfügte. Die ersten Vertreter des Fachs Mathematik Erasmi und Volmar waren Absolventen der Universität Krakau. Volmar hatte dort 1498 bis 1501, Erasmi 1502 bis 1505 studiert. Eine gewisse Vorbildwirkung hatte wohl auch Johannes Virdung[3] von Hassfurt (1463-1538), der sein Studium 1481 in Leipzig begonnen hatte[4], 1484/87 in Krakau fortsetzte[5], schließlich wieder nach Leipzig zurückkehrte, wo er im WS 1491 zum Magister artium promovierte. Seit 1492 wirkte er in Heidelberg als Hofastrologe und Arzt, unterhielt aber auch Beziehungen zu Melanchthon[6]. Das *Iudicium Cracoviense* fand Nachahmung im *Iudicium Lipsense* oder in Volmars *Iudicium Wittebergense* oder *Iudicium Lipsense*. In Leipzig wurde sogar ein *Iudicium Cracoviense* auf 1494 gedruckt, dessen Autor der Krakauer Professor Michael von Breslau war[7]. Es war zweifellos werbewirksam, wenn Virdung seine Vorhersage für 1491 unter dem Titel *Practica baccalaurij Johannis Cracoviensis de Hasfurt* herausbrachte. Krakau bürgte für Qualität. Zu erwähnen bliebe auch noch der Wanderlehrer Johannes Aesticampianus (1520 in Wittenberg gestorben und in der Stadtkirche beigesetzt), der 1491, also gleichzeitig mit Kopernikus, in Krakau sein Studium der Naturgeschichte und Astronomie aufgenommen hatte; seit 1517 hatte er neben Volmar die naturwissenschaftliche *lectio Pliniana* inne[8].

Zahlreiche Lehrer boten in Krakau astronomische, astrologische und geographische Vorlesungen an, als Kopernikus 1491/95 an der blühenden Krakauer Hochschule seine Vorliebe für die Astronomie entdeckte[9]. Mit großem Fleiß verfassten die Studenten Vorlesungsnachschriften oder kopierten Bücher aus den reichen Beständen der Universitätsbibliothek. Reste solcher Büchersammlungen von Virdung[10], Kopernikus[11] oder Volmar haben sich bis heute erhalten. Als Volmar 1536 starb, zählte die junge Wittenberger Universitätsbibliothek zu ihren Beständen die *Summa astrologiae* des Jan von Glogau sowie die *Lectiones de astronomia in universitate Cracoviensi notatae per Johannem Volmar*[12]. Acht Handschriften aus Volmars Besitz bewahrt die LUB Jena[13], die größtenteils von ihm selbst geschrieben wurden, darunter eine Handschrift mit seinen Anmerkungen zur *Tabulae resolutae et quarta pars summae astrologiae* auf[14]. Erasmi hat einen Büchererwerb in Krakau wohl vernachlässigt; darin lag vielleicht ein Grund für seinen Rückzug und seine Hinwendung zur Theologie. Aus der Bibliothek Volmars sind hervorzuheben Ms. El f. 70 beginnend mit Horoskopschemata der Geburt Karl V. (29. Februar 1500)[15] und der Gründung der Universität Wittenberg (17. Oktober 1502)[16]. Man wird das wohl so zu verstehen haben, dass diese Schemata erst entstanden sind, als Volmar seinen astrologischen Briefwechsel mit Friedrich dem Weisen führte, also um 1519/21, als er in Wittenberg dozierte; nicht aber schon 1502[17], als er noch ein unbekannter Baccalaureus war. Ebenso wahrscheinlich ist auch das Geburtshoroskop für Kaiser Karl V. nicht 1500 entstanden, sondern erst nach 1520, als mit seiner Königswahl in Aachen am 22. Oktober 1520 das Interesse an ihm erwacht war[18]. Die kopierten Texte sind vorwiegend astronomischen und astrologischen Inhalts, Tafeln, Mathematisches, Geographisches, Wettervorhersagen, Medizinisches (Rezepte) usw. Durch eine größere Anzahl von Traktaten ist vertreten Petrus Gaszowiec (ca. 1430-1474), Jan von Glogau (1445-1507) und dessen Schüler Albert von Brudzewo (1446-1495). Die beiden Letzteren waren auch Lehrer von Kopernikus. Der Mathematiker Albert von Brudzewo, auch Wojciech Brudzewski, verfasste einen berühmten Kommentar zur Planetentheorie des Georg Peuerbach (gedruckt in Mailand 1495)[19]. Jan von Glogau (poln. Głogów, Woiwodschaft Niederschlesien) hielt zu der Zeit, als Kopernikus in Krakau weilte, zwar keine Vorlesungen über Astronomie und Astrologie, aber wahrscheinlich hörte er dessen philosophische Vorlesungen und verfolgte die samstags stattfindenden Disputationen. »He might then have heard Jan's thesis that the sun is the most noteworthy of all planets«[20]. Glogau war besonders auch als Astrologe einer der Lehrer Volmars, der kopierte und kommentierte dessen Schriften. Da es in Krakau Ziel der Lehre war, die Aufnahme fertigen Wissens zu vermitteln[21], standen solche Nachschriften hoch im Kurs. Zudem war ein solcher Bücherschatz ein »Steinbruch« für Volmars eigene Vorlesungen und wissenschaftlichen Arbeiten, aber auch für die seiner Schüler. Volmar, der die gleichen Autoren kopierte wie Virdung, verzichtete auf das Abschreiben von magischem und hermetischem Material[22].

Volmar wurde 1512 als *Baccalaureus artium Cracoviensis* in Wittenberg rezipiert[23], immatrikulierte sich aber erst 1514[24] im Hinblick auf das bevorstehende Magisterexamen. 1515 promovierte er unter Bonifacius Erasmi de Rode aus Zörbig (Lkr. Anhalt-Bitterfeld), der 1514-1519 den Lehrstuhl für Mathematik in Wittenberg innehatte, zum Magister artium[25]. 1516 erscheint Volmar als *Magister Wittebergensis* in der Matrikel von Leipzig[26]. Hier suchte er Kontakt zu zwei berühmten Astronomen und Kalendermachern, um seine Kenntnisse zu vertiefen. Zum einen bot sich Dr. med. Konrad Tockler genannt *Noricus* († 1530) an, der seit 1502 mehrere astronomische Bücher und Praktiken veröffentlicht hatte[27] und später in seiner Grabschrift als Ptolemäus in der Astronomie und als Aeskulap in der Medizin gefeiert wurde. Unter diesen Büchern befand sich eine Edition von Marsilius Ficinus' *De Sole* über die Stellung der Sonne und ihre Kräfte (Florenz 1493). Zum andern mochte ihn eine Begegnung mit Simon Eisenmann aus Dillingen reizen. Dieser hatte sich im SS 1505 immatrikuliert, war 1507 Baccalaureus artium und 1509 Magister artium geworden[28]. Er hielt im SS 1516, WS 1516 und WS 1517 die Vorlesung über Euklid[29]. Eisenmann publizierte eine *Practica dudesch* auf 1514 (Lübeck 1513)[30], lateinische und deutsche Praktiken auf 1514, 1516, 1517, 1518, 1519 und 1520[31]. Tockler war im SS 1512 Rektor der Universität Leipzig, Eisenmann im SS 1518.

Magister Johannes Volmar wurde am 29. Mai 1519 zum Acolytus und am 18. Juni 1519 zum Subdiakon geweiht[32]; nur zögernd bekannte er sich zur Reformation[33]. Er kehrte nach Wittenberg zurück, als sich dort für ihn eine Professur abzeichnete. Man vermutet, dass er die Berufung Erasmi verdankte[34]. Volmar korrespondierte 1519-1521 mit Georg Spalatin über astrologische Fragen[35]. Er übernahm den Lehrstuhl von Erasmi[36] und wurde am 8. Juni 1520 in die Artistenfakultät aufgenommen[37]. Volmar hatte zunächst eine Stiftsherrenstelle, die er 1521 von dem Feldkircher Johannes Döltsch übernommen hatte, worin eine bewusste Förderung der Mathematik lag[38]. 1523 las Volmar täglich eine mathematisch-astronomische Lektion[39]; dazu hatte er zweimal im Monat eine Disputation abzuhalten[40]. Als 1524 der Chor- und Messdienst aufgehoben war, widmete sich Volmar verstärkt seinem Lehramt[41]. Es hatte anfangs einen Streit um seine Versorgung gegeben[42]. Volmar behielt sein Fach auf Lebenszeit inne, wechselte also nicht an die medizinische Fakultät über (wie Augustin Schürpf oder Milich)[43]. Bis 1525 war Volmar Professor für die höhere und niedere, 1525-1536 für die höhere Mathematik. Vorbild für die doppelte Besetzung der Mathematik war die Wiener Artistenfakultät gewesen[44]. *Mathematica maior* umfasste die Astronomie, *mathematica minor* die Geometrie und Arithmetik, es gab jedoch Änderungen[45]. Das Fach nahm mit Volmar einen beachtlichen Aufschwung, der sich später unter seinen Schülern fortsetzte[46]. Volmars Schüler Reinhold und Rheticus gingen ganz in ihren mathematischen Fächern auf und schielten nicht nach einer medizinischen Professur; bei Rheticus war das in stärkerem Maße erst nach seinem Ausscheiden aus dem Lehramt der Fall. Volmar zur Seite standen im Bereich der niederen Mathematik 1525-1529 Johannes Longicampianus (ca. 1495-1529) aus Burglengenfeld (Lkr. Schwandorf, Oberpfalz), danach 1529-1536 Jakob Milich[47].

Bei der doppelten Ausgestaltung des mathematischen Lehrstuhls hat man gewöhnlich Mühe, die Grenzen festzulegen. Die Teilung in niedere Mathematik = Arithmetik (Rheticus) und höhere Mathematik = Astronomie (Reinhold) geht so nicht auf, da Rheticus auch durch astronomische Vorlesungen hervorgetreten ist. Einen Anhaltspunkt kann die 1666 in Wittenberg vorgenommene Teilung bieten, wonach der niederen Mathematik die rechnende Astronomie zuordnet wurde:

Sphärik, Planetenlauf, Finsternisse, Osterfestrechnung), während man zur höheren Mathematik die Theorie und Geschichte der Astronomie seit der Antike zuzählte[48].

Volmar war im WS 1524 Dekan der Artistenfakultät[49], im SS 1528 Rektor Magnificus[50]. Volmar hatte sich nur sehr zögernd zur Reformation bekannt. Volmar war unverheiratet. Am 12. Mai 1536 verfasste er sein Testament. Zum Freundeskreis Volmars gehörte der Jurist Hieronymus Schürpf. Als St. Galler feierte Schürpf nach heimatlicher Tradition den Gallustag (16. Oktober) mit einem Gastmahl in seinem Hause, zu dem er seine Freunde einlud. Hier stellte 1531 Luther Volmar die Frage, *was er vom Himmel hielte, ob derselbige noch lange stehen vnd vmblauffen kündte*; darauf habe Volmar geantwortet, des Himmels Lauf *were gleich wie ein Rad, das schier ausgelauffen hette vnd bald vber einen hauffen würde fallen*. Luther habe dieser Worte Volmars in Verbindung mit dem Jüngsten Tag oft gedacht[51]. Volmar vermachte Schürpf 1536 einen großen silbernen Becher[52]. Im Testament erwähnt Volmar auch eine Schuld des Organisten der Wittenberger Stadtkirche Johannes Weinmann, für die dieser einen silbernen Becher als Pfand eingesetzt hatte[53].

Mit Virdung von Hassfurt steht Volmar am Beginn der deutschen Kalenderliteratur.[54] Ihre *Practicae* sind Nachschlagewerke für die Zeitrechnung, Wetterregeln, medizinische Ratschläge, die Jahr für Jahr publiziert wurden, nach Jahresablauf aber nicht mehr aktuell waren und weggeworfen wurden. Volmar schuf u. a. ein Almanach bzw. eine Vorhersage auf 1519, davon eine für Wittenberg[55] und eine für Leipzig (Martin Landsberg)[56], eine *Practica Wittenbergensis teütsch* 1520[57], eine *Practica Wittenbergensis Teütsch auf 1522*, Nürnberg: Jobst Gutknecht, 1521[58], auf 1522 lat. Köln: Heinrich von Neuß, 1521, ebensolche Praktiken auf 1523[59], 1524[60] und 1525 (Leipzig: Nickel Schmidt, 1524)[61]. Als die für Februar 1524 prognostizierte Sintflut nicht eintrat, sagte Volmar diese für 1525 erneut voraus und machte auch Andeutungen auf den Bauernkrieg. Mit Bezug auf die Sintflut tadelte Luther die Narrheit der *Mathematicorum* und *Astrologorum* und warf den Sternguckern vor, vom Bauernkrieg habe kein *Astrologus* je ein Wort gesagt; er hatte offenbar Volmar nicht gelesen[62].

Volmar hat sich auch mit der Herstellung astronomischer Instrumente befasst. Er beschrieb 1510 ein azimutisches Gerät[63], 1519 stellt er ein Astrolab her und bot de Herstellung weiterer Geräte an[64]. Er zeichnete 1519 ein Zifferblatt für eine Sonnenuhr[65].

Rheticus rechnete, bevor er zu Kopernikus reiste, in den mathematischen Fächern Volmar zu seinem wichtigsten Lehrer, 1542 schrieb er an den Feldkircher Stadtammann Heinrich Widnauer: *Ex Ioanne Volmaro, gentili nostro, viro doctissimo, geometrica et astronomica praecepta didicissem* (von Johannes Volmar, unserem Landsmann, lernte ich die Lehrsätze der Geometrie und Astronomie)[66]. Rheticus und Reinhold, die Schüler Volmars, wurden seine Nachfolger. Beide wurden noch vor 1543, der Drucklegung von *De revolutionibus*, Kopernikaner der ersten Stunde. Diederich Wattenberg sieht darin einen Nachklang der gemeinsamen Lehrzeit bei Volmar[67]. Zwar hat sich Volmar nie zu Kopernikus geäußert. Da aber Kopernikus und Volmar aus der gleichen angesehenen Krakauer Schule hervorgegangen sind, ja sogar in Jan von Glogau den gleichen Lehrer hatten, möchte man fast meinen, dass ihnen sozusagen das Bekenntnis zur heliozentrischen Lehre in die Wiege gelegt worden war. Hatte nicht Glogau die Vorrangstellung der Sonne unter den Planeten betont? Volmar konnte auch über Apel und dessen Kollegen Hieronymus Schürpf von Kopernikus gehört haben. Noch zwei weitere Schüler Volmars bekannten sich bereits 1540 zur neuen Lehre des Kopernikus: Achilles Pirmin Gasser und Georg Vögelin[68]. Gasser hatte 1522/25, Vögelin 1527 in Wittenberg die mathematischen Fächer studiert. Als weitere Schüler Volmars bleiben noch Andreas Aurifaber, Flock oder auch Nikolaus Medler[69] zu nennen. Volmars Famulus war Jakob Schenck (*1508) aus Waldsee[70].

1 Goebel, M., in: Uni Halle, FB Math./Inf., History (20.04.2011); Tönnies 2002, S. 177; Friedensburg 1917, S. 134 f.; Müller ²1911, S. 343-350. | **2** Für Danielson 2006, S. 97; Feldkirch: Reich 1998, S. 113; Loesche 1971, Bd. 1, S. 47. | **3** Steinmetz 1981, S. 353-372; Birkenmajer 1970, S. 586-600. | **4** Erler, Bd. 1, S. 325, B 45. | **5** Bauch 1901, S. 33. | **6** Steinmetz 1981, S. 355; Brosseder 2004, S. 13. | **7** Titelblatt abgebildet bei Hamel 1994, S. 102, Bild 33;

ZINNER 1964, Nr. 555, nennt für 1494 eine lat. Krakauer Ausgabe, deren Verfasser Michael von Breslau ist. | **8** KATHE 2002, S. 55 f. | **9** HAMEL 1994, S. 100 f. gibt einen detaillierten Überblick über das Lehrangebot in den 1490er Jahren; ZWIERCAN 1993, S. 67-94. | **10** In der Vatikanischen Bibliothek in Rom, vgl. SCHUBA 1992, Nr. 1369, 1375, 1385, 1391, 1396, 1438. | **11** ZWIERCAN 1993, S. 69; HAMEL 1994, S. 101. | **12** SCHIPKE/HEYDECK 2000, S. 203, Nr. 389 (ULB Jena, Sign. EL.phil.q.3; KUSUKAWA 1995/II, S. 129 f., Nr. 774, 775, 781. | **13** BURDA/KOZLOWSKA 1989, S. 15-29, 33-35 = UB Jena Ms. El. f. 64, 70, 72, 73, 74, 77, Ms. El. Phil. q. 3; hinzukommt TÖNNIES 2002, S. 186-190 = Ms. El. F. 71. | **14** KUSUKAWA 1995/I, S. 26, Anm. 109; Sign. Ms. El. f. 77. | **15** BROSSEDER 2004, S. 29. | **16** Höss 1986, S. 123-127. | **17** Nach BROSSEDER 2004, S. 60, 163, hat Friedrich Weise 1502 Volmar beauftragt, das Gutachten für die Gründung der Universität anzufertigen. Auf einer späteren handschriftlichen Abschrift des Gründungshoroskops von 1632 scheint die Unterschrift des Astrologen weggeschnitten; vgl. WALTHER, Johannes, in: HAHNE 1929, S. 102, Anm. 1. | **18** LUB Jena, Ms. El. F. 70, Bl. 2r. | **19** Über ihn vgl. BROŻEK, Zofia Pawlikowska, Wojciech of Brudzewo, in: The Cracow Circle of Nicholas Copernicus (Copernicana Cracoviensia, 3), Kraków 1973, S. 61-75. | **20** ZWIERCAN 1973, S. 109. | **21** ZWIERCAN 1993, S. 68. | **22** LÁNG 2008, S. 258, vgl. dazu auch die Tabelle Appendix 2 auf S. 293. | **23** KÖSTLIN 1887, S. 16. | **24** FÖRSTEMANN 1841, Bd. 1, S. 52. | **25** KÖSTLIN 1887, S. 27. | **26** ERLER, Bd. 1, S. 548, B 1. | **27** Vgl. ZINNER 1964, Nr. 805, 806, 831, 847, 861, 881, 888, 889, 907, 916, 917, 941, 947, 962, 963, 1009, 1033. | **28** ERLER, Bd. 1, S. 467, Bd. 2, S. 429, 452. | **29** ERLER, Bd. 2, S. 512, 516 und 524. | **30** COLLIJN, Isak Gustaf Alfred, in: Nordisk tidskrift för bok- och bilioteksväsen 27 (1940), S. 205. | **31** ZINNER 1964, Nr. 999, 1000, 1051, 1052, 1070, 1087, 1088, 1110, 1127. Vgl auch BEĆKA, Josef, Kapitoly knihovědné a knihovnické: Janu Ernlorovi k šedesátce (Slovanská knihověda, 5), Prag 1938, S. 15. | **32** BUCHWALD 1926, S. 135. | **33** SCHEIBLE 2007, S. 16. | **34** FRIEDENSBURG 1917, S. 134 f. | **35** Höss 1956, S. 55 mit Hinweis auf LHA Weimar Reg O 144 (18 Briefe Volmars); Reg O 147, Bl. 41-59 und 79-113 enthält weitere astrologische Texte Volmars für Kf. Friedrich den Weisen; LUDOLPHY 1984, S. 371. | **36** KATHE 2002, S. 69. | **37** KÖSTLIN 1888, S. 21. | **38** KATHE 2002, S. 27, 69. | **39** BAUCH 1900, S. 11. | **40** BAUCH 1900, S. 15. | **41** KATHE 2002, S. 72. | **42** LUDOLPHY 1984, S. 331; SCHEIBLE 2007, S. 16, 29. | **43** KATHE 2002, S. 41 f. | **44** KATHE 2002, S. 70. | **45** KATHE 2002, S. 70. | **46** KATHE 2002, S. 114. | **47** ECKART 1998, S. 186, 195 f., 201; KOCH 1998, S. 209-211, 216; KATHE 2002, S. 463; REICH 1998, S. 115. | **48** KATHE 2002, S. 228. **49** KÖSTLIN 1888, S. 14, 19. **50** FÖRSTEMANN 1841, Bd. 1, S. 52. | **51** GERMANN 1899, S. 111. | **52** SCHAICH-KLOSE 1967, S. 36. | **53** SCHLÜTER 2010, S. 345 f. | **54** KILCHENMANN 1970, S. 12. | **55** VD 16, V 2297, Fragment in Makulatur eines Einbands erwähnt bei SCHMITT 2006, S. 65, Nr. 184-D; GREEN 2012, S. 202. | **56** VD 16, V 2298, Fragment in Makulatur eines Einbands erwähnt bei SCHMITT 2006, S. 65, Nr. 184-D; GREEN 2012, S. 202. | **57** TALKENBERGER 1990, S. 466. auch S. 326, Anm. 563. | **58** VD 16 V 2302; TALKENBERGER 1990, S. 466, auch S. 326, Anm. 563; GREEN 2012, S. 202. | **59** ZINNER 1964, Nr. 1228. | **60** VD 16 V 2300; ZINNER 1964, Nr. 1279; TALKENBERGER 1990, S. 261 f., S. 466, mit Abb. des Titelblattes S. 535, S36; GREEN 2012, S. 202. | **61** VD 16 V 2301; FISCHER 1988, S. 220-222; TALKENBERGER 1990, S. 351, Anm. 44, S. 466, mit Abb. des Titelblattes S. 563, P 17; GREEN 2012, S. 202. | **62** FISCHER 1988, S. 221 f. | **63** ZINNER 1967, S. 34, 162, 183-186; ZINNER 1925, Nr. 11.571. | **64** ZINNER 1967, S. 150; ZINNER 1925, Nr. 11.572a-c. | **65** ZINNER 1967, S. 34, 123, 148; ZINNER 1925, Nr. 11.566. | **66** BURMEISTER 1968, Bd. 3, S. 50. | **67** WATTENBERG 1973, S. 36. | **68** DANIELSON 2006, S. 233, Anm. 13. | **69** REICH 2003, S. 165. | **70** SEIDEMANN 1875, S. 1.

Wagner, Bartholomäus, *Regiomontanus*, 1520–1571

Bartholomäus Wagner, geboren um 1520 in Königsberg i. Pr., gestorben am 15. Mai 1571 in Danzig (Epitaph in der Marienkirche)[1], luth., Mathematiker, Arzt[2].
Bartholomäus Wagner, vermutlich Bruder von Dr. theol. Gregor Wagner (1511- 1557) aus Rössel (poln. Reszel, Woiwodschaft Ermland-Masuren), Stiefbruder von Jodok Willich, immatrikulierte sich 1536 an der Universität Frankfurt/Oder[3]. Hier promovierte er am 16. Juni 1541 zum Bacc. art.; zu seinen Examinatoren gehörte der Wittenberger Magister Theobald Thamer[4]. Im WS 1543/44 erlangte er den Grad eines Mag. der Philosophie.[5] Im September 1544 wechselt er nach Wittenberg[6]. Am 1. Mai 1545 wurde er von Melanchthon an Veit Dietrich in Nürnberg empfohlen, als Wagner sich zu Dr. med. Johannes Magenbuch (*metuens oculorum caliginem*) begeben wollte. 1546 übernahm Wagner die Vorlesung für Mathematik, die er aber nur kurzfristig innehielt. Im SS 1549 war er Dekan der Artistenfakultät, im SS 1551 Rektor Magnificus, wurde aber 1553 wegen seiner Einmischung in den Osiandrischen Streit entlassen. Am 14. August 1555 promovierte er in Bologna zum Dr. med.[7] und wurde 1562 Stadtphysikus in Danzig; am Tage vor ihm wurde in Bologna Valerius Fidler zum Dr. med. kreiert. Der 1576 in Rostock und 1586 in Basel[8] immatrikulierte Bartholomäus Wagner aus Danzig könnte ein Sohn gewesen sein.

Wagner veröffentlichte eine Pestschrift *Von der Pestilentz nützliche und gründliche Unterrichtunge*, die in mehreren Auflagen erschienen ist (Danzig: Jakob Rhode, 1564, auf dem Titel MDLIIII; Frankfurt/Oder: Eichhorn 1565); posthum erschien eine Auflage, hg. v. Dr. med. Jakob Schade († 1588) in Danzig: Jakob Rhode, 1569, weitere Ausgabe von Valerius Fidler, Danzig: Franz Rhode, 1588; Nachdruck bei Adam Matthew Publications, 1994.

Beziehungen zu Rheticus sind nicht feststellbar. Wagner war aber mit den Verhältnissen in Wittenberg aus eigener Anschauung vertraut, vermutlich hatte er außer Melanchthon auch Reinhold und Flock sowie die Wittenberger Mediziner Schürpf, Milich, Curio und Fendt gehört.

1 Gemalte Tafel in Danzig, Nationalmuseum. | 2 OTTER/BUCK 1764, S. 12 f.; FREYTAG 1903, Nr. 188; LAWRYNOWICZ 1999, S. 73 f.; HÖHLE 2002, S. 550 f. | 3 Matr. Ffo, Bd. 1, S. 73. | 4 BAUCH 1901, S. 26. | 5 BAUCH 1901, S. 29. | 6 FÖRSTEMANN 1841, Bd. 1, S. 216a. | 7 BRONZINO 1962, S. 49. | 8 WACKERNAGEL 1956, Bd. 2, S. 344, Nr. 1.

Wagner, Bartholomäus, *Weißenfelsensis*, ca. 1530–1562

Bartholomäus Wagner (Wagener, Wagenerus), geboren vor 1530 in Weißenfels (Burgenlandkreis, Sachsen-Anhalt), gestorben 1562 in ?, luth., Theologe[1].

Bartholomäus Wagner ist zu unterscheiden von dem gleichnamigen Magister und Arzt aus Königsberg in Preußen, aber auch von dem katholischen Prediger Bartholomäus Wagner aus Augsburg. Wagner immatrikulierte sich im WS 1540/41 an der Universität Leipzig[2]. Er promovierte im WS 1541/42 unter Franziskus Wagner, wohl seinem Bruder, zum Bacc. art.[3] Im WS 1548/49 erlangte er unter dem Dekanat des Rheticus die Würde eines Mag. art.[4] Gelegentlich war Wagner als Student Gast bei Martin Luther gewesen[5]. Magister Bartholomäus Wagner wurde 1549 *subdiaconus substitutus* bei St. Thomas in Leipzig, trat aber 1550 zurück, da er als Nachfolger von Franz Wagner Pfarrer und Superintendent von Glauchau (Lkr. Zwickau, Sachsen) wurde[6]. Schon in Leipzig begann Wagner seine schriftstellerische Laufbahn. Er übersetzte den *Catechismus Erasmi Sarcerii*, der seit 1548 Pastor an St. Thomas und der Vorgesetzte und Freund Wagners war (Leipzig: Wolf Günther, 1550)[7]; diese Schrift widmete er am 29. Juli 1550 aus Leipzig den Gebrüdern Georg, Haug und Wolf von Schönburg, seinen Herrschaften zu Glauchau. Im selben Jahr erschien Wagners Buch *Ein sehr schön ... gebet, wie die Kinder ... bitten sollen* (Leipzig: Wolfgang Günther, 1550)[8]; gewidmet hat Wagner in Leipzig am 22. August 1550 diesem Druck einem Leipziger Gönner Reinhart Sultz[9] und desssen Kindern. Als Pfarrer von Glauchau veröffentlichte Wagner eine Predigt unter dem Titel *Christliche Auslegung der schönen vnd herrlichen Prophecey von der heiligen Geburt und Menscheit Christi* (Leipzig: Wolf Günther, 1551); er widmete dieses Buch am 1. Januar 1551 dem Oberhauptmann der Herrschaft Schönburg Heinrich von Wolfersdorff[10]. Wenige Jahre später widmete er aus Glauchau am 22. Januar 1554 dem Kurfürsten August von Sachsen eine Predigt über Matth. 22,21 unter dem Titel *Christliche Auslegung des ... spruches Christi gebet dem Keiser, was des Keisers ist* (Leipzig: Wolf Günther, 1554)[11]. Am 18. Mai 1554 widmete er der Kurfürstin Anna von Sachsen, einer Tochter des Königs von Dänemark, eine weitere Predigt über Joh. 16,21 *Ganz christliche vnd tröstliche Auslegung ... Ein Weib wenn sie gebiret* (Leipzig: Wolf Günther, *wonhafftig bey S. Nicolaus*, 1554[12]. 1556 verließ er Glauchau wegen Misshelligkeiten mit dem Hofprediger und wurde außerordentlicher Archidiakon in Penig (Lkr. Mittelsachsen), Pfarrer und Superintendent war Nikolaus Böhme aus Annaberg. Beide wurden 1560/61 wegen Meinungsverschiedenheiten mit dem Leipziger Konsistorium entlassen und mussten das Land verlassen. Wagner war ein Gegner des Interims, das er als einen unzulässigen Eingriff der Obrigkeit in die kirchliche Lehrautonomie ansah[13].

Wo Wagner den Rest seines Lebens verbrachte, ist vorerst nicht bekannt. 1561 hielt Wagner im Schloss Weimar drei Predigten, die später gedruckt wurden unter dem Titel *Drey schöne tröstliche Predigten vom jüngsten Tage* (Straßburg: Samuel Emmel, 1564)[14]; Wagner hat dieses Buch dem herzoglich-sächsischen Statthalter von Weimar Oberst Anton von Lützelburg gewidmet, der Zuhörer seiner Predigten gewesen war.

Beziehungen zu Rheticus sind gegeben, insbesondere durch Wagners Magisterpromotion. Aber schon seit dem WS 1542/43 konnte Wagner Vorlesungen von Rheticus besuchen, auch noch im WS 1548/49. Wagner blieb auch danach zunächst noch in Leipzig, war aber wohl in erster Linie Theologe; man darf daher seine Verbindungen zu Rheticus nicht überbewerten. Es liegt hier ähnlich wie bei Philipp Wagner. Es ist wohl wahrscheinlich, dass sich Wagner und Rheticus gemeinsam mit Sarcerius getroffen haben. Rheticus und Wagner fanden sich wohl auch des öfteren über ihren gemeinsamen Buchdrucker Wolfgang Günther, dessen Drucke seit 1550 nachweisbar sind[15]. Günther druckte 1550 in seinem recht kleinen Betrieb, den er schon 1554 wieder schließen musste, zwei Werke Wagners (Juli, August, Dezember 1550), aber auch die *Ephemerides novae* von Rheticus (Oktober 1550)[16]; 1551 druckte Günther auch Rheticus' *Canon doctrinae triangulorum*[17].

1 ALBRECHT 1799, S. 359 f.; KREISSIG ²1898, S. 204, 325, 488; SCHORN-SCHÜTTE 2004, S. 217, Anm. 78. | **2** ERLER, Bd. 1, S. 634, M 11. | **3** ERLER, Bd. 2, S. 665. | **4** ERLER, Bd. 2, S. 705. | **5** LUTHER, Tischreden, 5582-5584. | **6** VOGEL 1714, S. 190. | **7** VD 16 S 1682, BSB München digital. | **8** VD 16 W 103, BSB München, digital. | **9** Immatrikuliert in Leipzig im SS 1548, ERLER, Bd. 1, S. 671, M 72. | **10** VD 16 W 98, BSB München, digital. | **11** VD 16 W 99, BSB München, digital; vgl. auch BERNDORFF 2007, S. 296, Anm. 282. | **12** VD 16 W 101; BSB München, digital. | **13** SCHORN-SCHÜTTE 2006, S. 97. | **14** VD 16 W 100, ULB Halle, digital. | **15** RESKE 2007, S. 521. | **16** VD 16 J 277, BSB München, digital; BURMEISTER 1968, Bd. 2, S. 75, Nr. 37. | **17** VD 16 J 272, BSB München, digital; BURMEISTER 1968, Bd. 2, S. 75, Nr. 38.

Wagner, Franz, † 1566

Franz Wagner aus Weißenfels (Burgenlandkreis, Sachsen-Anhalt), luth., Universitätslehrer (Griechisch, Physik), Theologe[1].

Franz Wagner immatrikulierte sich im SS 1532 an der Universität Leipzig[2]. Er promovierte im WS 1534/35 zum Bacc. art.[3]. Im WS 1539/40 erlangte er die Würde eines Mag. art.[4] Gegen Ende des WS 1541/42 wurde er in das Kollegium der Artistenfakultät aufgenommen[5]. Er führte vereinzelte Prüfungen von Bakkalaren durch. Franz Wagner hielt im SS 1539 eine Vorlesung für Bakkalare über Hesiod *graece*. Im SS 1541 und WS 1541/42 las er die *Physica Velcurionis* [Johannes Bernhardi], im SS 1542 die *Parva naturalia*. Nachdem er am 7. Februar 1543 noch drei Bakkalare (darunter Nikolaus Behem) geprüft hatte, nahm er am 21. April 1543 Abschied von der Fakultät[6]. Am 5. Juni 1546 ersuchte ihn der Dekan der Artistenfakultät Blasius Thammüller sich zu erklären, ob er seinen Platz in der Fakultät für immer oder nur zeitweilig aufgegeben habe[7].

Die hier nachgezeichnete geistliche Karriere ist nicht gesichert, erscheint aber durchaus im Bereich des Möglichen zu liegen. Danach wurde Wagner zunächst Substitut in Pirna (Lkr. Sächsische Schweiz und Osterzgebirge), 1539 Archidiakon in Pirna, 1541 abgesetzt, dann Konrektor in Pirna, vor 1546 Pfarrer in Glauchau (Lkr. Zwickau), 1555 Diakon in Liebstadt (Lkr. Sächsische Schweiz und Osterzgebirge) und zugleich Pfarrer in Döbra (Ortsteil von Liebstadt), 1557 *intercessione apud Electorem* Pfarrer nach Lichtenhain (Ortsteil von Sebnitz, Lkr. Sächsische Schweiz und Osterzgebirge) versetzt, weil die Gemeinde sich weigerte, *propter illius negligentiam et scandalosam vitam* (wegen seiner Nachlässigkeit und schändlichen Lebensführung) ihn anzunehmen. Wagner war verheiratet; Thammüller grüßt ihn 1546 mit seiner Frau *vive tu tuaque sponsa iocundissima* (lebe du wohl und deine überall beliebte Braut).

Die **Beziehungen** zwischen Rheticus und Wagner waren kaum intensiv. Rheticus kam im Herbst 1542 nach Leipzig, Wagner hat im April 1543 seinen Abschied von der Fakultät genommen. Rheticus war damit nur ein Semester lang Kollege Wagners.

1 KREYSSIG ²1898, S. 368, 373, 492. | **2** ERLER, Bd. 1, S. 608, M 26. | **3** ERLER, Bd. 2, S. 632. | **4** ERLER, Bd. 2, S. 655. | **5** ERLER, Bd. 2, S. 665. | **6** ERLER, Bd. 2, S. 670. | **7** STÜBEL 1879, S. 591, Nr. 65.

Wagner, Philipp, 1526–1572

Philipp Wagner, geboren 1526 in Pegau (Lkr. Leipzig), gestorben am 27. Oktober 1572 in Dresden (Sachsen), luth., Theologe, Kritiker des Philippismus[1].
Der Sohn eines Tuchmachers besuchte die Schule in Pegau unter Liborius Piscator und immatrikulierte sich im SS 1544 zugleich mit Eusebius Wildeck an der Universität Leipzig[2]. Er promovierte im WS 1545/46 zugleich mit Brambach, Wildeck, Brauer, Paul Schumann und David Peifer zum Bacc. art.[3] Im WS 1548/49 erlangte er unter dem Dekanat des Rheticus die Würde eines Mag. art.[4] Wagner trat noch im Jahre 1549 in den Kirchendienst ein. Er wurde 1549 Prediger und geistlicher Schulinspektor in Schulpforte (Ortsteil von Bad Kösen, Stadtteil von Naumburg, Burgenlandkreis). 1550 wurde er erster Bergprediger in Annaberg (Erzgebirgskreis). 1556 wurde er, als Pfarrer nach Annaberg berufen. Zu diesem Anlass erschien ein *Carmen gratulatorium* von Matthäus Behem, Wittenberg: Thomas Klug, 1556). 1557 wurde Wagner Superintendent in Annaberg. 1563 ging er als Hofprediger nach Dresden. Ein Porträt von ihm ist überliefert[5].

Werke: *Etliche schöne Exempel des heiligen Ehestandes*, 1569; *Jonas der prophet, geprediget vnd ausgelegt*, Bautzen: Hans Wolrab, 1570; *Einweihung des nawen Churfürstlichen Hauses Augustusburgk*, Dresden: Stöckel und Bergen, 1572, Widmungsbrief an Kurfürst August I. von Sachsen, datiert Augustusburg am 30. Januar 1572[6]; *Psalm 101, vom Stande der weltlichen Obrigkeit*, Dresden: Gimel Berg, 1579, mit Widmungsbrief, datiert Dresden, am 15. November o.J. an Kurfürst August I. von Sachsen; *Psalm 91 von Sterbensläufften*, Dresden: Gimel Berg, 1570 [auf dem Titelblatt 1580], mit Widmungsbrief, datiert Dresden, am 25. Dezember o.J. an Bürgermeister und Rat in Pegau[7]; *Psalm 128 vom hl. Ehestand*, Bautzen: Michael Wolrab, 1580, mit Widmungsbrief, datiert Dresden am 16. April 1570, an Pfalzgraf Johann Kasimir bei Rhein und Fräulein Elisabeth, Herzogin von Sachsen.

Beziehungen zu Rheticus sind gegeben, insbesondere durch Wagners Magisterpromotion. Aber schon seit dem SS 1544 konnte Wagner Vorlesungen von Rheticus besuchen. Wagner war jedoch (im Gegensatz etwa zu der Vorliebe Wildecks für die Medizin) in erster Linie theologisch interessiert und stand insofern Rheticus weniger nah. Es liegt hier ähnlich wie bei Bartholomäus Wagner.

1 SOMMER 2006, S. 63-78; CLEMEN/KOCH 1984, Bd. 5, S. 48, 274 f. | 2 ERLER, Bd. 1, S. 648, M 23. | 3 ERLER, Bd. 2, S. 686. | 4 ERLER, Bd. 2, S. 705. | 5 Abb. bei SOMMER 2006, S. 78. | 6 BSB München, digital. | 7 BSB München, digital.

Walber, Wolfgang

Wolfgang Walber (Walberus, Valberus, Welper), geboren in Dresden, luth., Theologe[1].
Walber immatrikulierte sich am 18. April 1541 an der Universität Wittenberg[2]. Er promovierte 1542 zum Bacc. art. Am 1. Oktober 1542 wurde er durch Sebastian Fröschel ordiniert und von der Universität zum Priesteramt nach Altmügeln bei Mügeln (Lkr. Nordsachsen) unter Herzog Moritz von Sachsen geschickt[3]. Von 1548 bis 1558 war er Pfarrer in Hof (Ortsteil von Naundorf, Lkr. Nordsachsen).

Beziehungen zu Rheticus sind gegeben durch die Promotion von Walber zum Bacc. art. kurz nach dem 23. Januar 1542 unter dessen Dekanat[4]. Er belegte dabei den vierzehnten Rang von 15 Kandidaten. Walber konnte Rheticus' Vorlesungen im WS 1541/42 gehört haben. Walber war jedoch in erster Linie Theologe.

1 KREYSSIG ²1898, S. 11; HANTZSCH 1906, S. 37, Nr. 369. | 2 FÖRSTEMANN 1841, Bd. 1, S. 188b. | 3 BUCHWALD 1894, S. 29, Nr. 449. | 4 KÖSTLIN 1890, S. 7.

Walther, Anton, † 1557

Anton Walther (Walter, Waltherus, Walterus, nach der Herkunft *Rhenanus*), geboren in Oberwesel (Rhein-Hunsrück-Kreis, Rheinland-Pfalz), gestorben am 10. Januar 1557 in Wittenberg (Sachsen-Anhalt), luth., Universitätsprofessor (Dialektik, Rhetorik), Schulmann, neulat. Dichter[1].

Walther wurde im SS 1532 an der Universität Wittenberg immatrikuliert[2]; seine Konsemester waren Rheticus, Paul Eber, Matthäus Delius d.J., Johannes Delius, Martin und Paul Pfintzing, Hieronymus Schreiber, Sebastian Schedel, Georg Helt, Jodok Neobulus. Unter dem Dekan Veit Oertel Winsheim promovierte Walther im Januar 1538 zum Mag. art.[3], wobei er den 15. Rang von 17 Mitbewerbern erreichte; Lorenz Lindemann kam auf den 1., Hieronymus Oder auf den 2., Erasmus Flock auf den 4., Johannes Aurifaber *Vratislaviensis* auf den 5. Rang. Da er wegen seines relativ schlechten Abschneidens nicht in den Rat der Artistenfakultät aufgenommen wurde, verließ er Wittenberg. Im Herbst 1539 wurde Walther dann aber der erste Dekan neben Scala als Rektor der im lutherischen Sinne reformierten Universität Greifswald (Mecklenburg-Vorpommern)[4]. Als solcher war er Promotor bei der ersten feierlichen Promotion von sechs Bakkalaren[5]. 1541 las Walther in Greifswald die *Dialectica Caesarii*. 1542 wechselte er von der Universität als Rektor an das Pädadogium in Stettin (poln. Szczecin, Woiwodschaft Westpommern). Von dort holte ihn Melanchthon 1553 nach Wittenberg zurück, wo er Professor für Rhetorik bei 80 Gulden Jahresgehalt wurde[6]. Er las über Cicero, so 1556 über die Rede *Pro Marco Coelio*[7]. Im WS 1555/56 bekleidete Walther in Wittenberg das Amt eines Dekans der philosophischen Fakultät. Zum Amtsantritt hielt er eine von Melanchthon konzipierte Rede, die unter dem Titel *De iudiciis ecclesiae et de discrimine poenae ecclesiasticae et politicae oratio* (Wittenberg 1556)[8] im Druck erschienen ist; beigefügt sind eine *Quaestio* von Kaspar Cruciger d.J.[9], eine *Responsio* von Georg Major[10], ein Gedicht Walthers[11], eine Einladung des Dekan zum öffentlichen Examen[12] und eine Einladung zur Promotion[13].

Ein Student, der am 8. September 1554 immatrikulierte Johannes Richardus aus Mansfeld, dichtete ein Epicedium[14]. Walther galt als eine fromme und friedfertige Persönlichkeit, die in der Lehrtätigkeit völlig aufgegangen ist. Er war verheiratet. Seine drei Söhne Basilius, Eustachius und Antonius sind am 5. August 1547 an der Universität Wittenberg immatrikuliert worden[15]. Eine zweijährige Tochter starb bei der Übersiedlung von Stettin nach Wittenberg; der Rektor bat am 4. Oktober 1553 die Kollegen und Hörer, sich um 12 Uhr zur Beerdigung auf dem Platz einzufinden, der zum Kornspeicher führt[16].

Weiteres Werk, angeblich von ihm, aber vermutlich eher seinem gleichnamigen Sohn zuzuschreiben: *Gnomologia historico-proverbialis, sive harmonicus gnomarum, adagiorum, apophthegmatum ... apparatus, editione priori locupletior* (Stettin: Georg Rhetius, 1639).

1 Friedensburg 1917, S. 286; Kosegarten 1857, Bd. 1, S. 197. | 2 Förstemann 1841, Bd. 1, S. 145b. | 3 Köstlin 1890, S. 10. | 4 Friedländer 1893, Bd. 1, S. 201 f. | 5 Friedländer 1893, Bd. 1, S. 203. | 6 Kathe 2002, S. 123. | 7 SPP, Bd. 2, Wittenberg 1556, Bl. 195r f. und 211r; VD 16 W 3759; UBL Sachsen-Anhalt Halle, digital. | 8 VD 16 M 3528; BSB München, digital. | 9 Ebenda Scan 22-27. | 10 Ebenda Scan 28-31. | 11 Ebenda Scan 32 f. | 12 Ebenda Scan 34-36. | 13 Ebenda Scan 36-38. | 14 SPP, Bd. 3, Wittenberg 1559, BSB München, digital, Scan 106-112. | 15 Förstemann 1841, Bd. 1, S. 332a. 16 SPP, Bd. 2, Wittenberg 1556, Bl. 30v; VD 16 W 3759; UBL Sachsen-Anhalt Halle, digital.

Wankel, Andreas, 1516 – ?

Andreas Wankel (Wanckel), geboren am 10. November 1516 in Hammelburg (Lkr. Bad Kissingen, Unterfranken), luth., Theologe[1].
Andreas Wankel, Bruder des Matthäus Wankel, immatrikulierte sich am 5. November 1534 an der Universität Wittenberg[2]; Konsemester waren Johannes Aurifaber *Vratislaviensis*, Melchior Acontius,

Ulrich Mordeisen, Stephan Tucher, Hans Crato, Friedrich Schwalbe, Hieronymus Rauscher *Norimbergensis*. Am 4. Juli 1536 erlangte Andreas Wankel unter Melchior Fendt gemeinsam mit seinem Bruder Matthäus den Grad eines Bacc. art.[3]. Am 22. Februar 1541 promovierte Andreas Wankel unter Erasmus Reinhold zum Mag. art.[4]; er kam auf den 19. Rang von 22 Kandidaten; Mitbewerber waren u.a. Friedrich Staphylus (1. Rang) und Johannes Hommel (2. Rang). Er ging darauf in seine Heimat Hammelburg zurück, wo er zunächst ohne Ordination predigte; am 21. September 1547 wurde er durch Bugenhagen ordiniert und zum Predigamt in Hammelburg berufen[5]. Später wurde er Pastor in Trebitz (Ortsteil von Bad Schmiedeberg) und dann im Kemberg unmittelbar benachbarten Bad Schmiedeberg (Lkr. Wittenberg).

Werke: Die Autorschaft eines *Carmen in natalem Domini nostri Iesu Christi* (Wittenberg: Crato, 1573) muss wohl einem andern gleichen Namens und gleicher Herkunft zugeschrieben werden.

Für die **Beziehungen** zwischen Rheticus und Andreas Wankel gilt Ähnliches wie für Matthäus Wankel. Beide waren 1534 bis 1536 Kommilitonen, später war Rheticus vermutlich auch der Lehrer Wankels. Vgl. dazu auch Bernhardi, Bartholomäus.

1 Pröhle, Heinrich, in: ADB 41 (1896), S. 137 f.; McEwan 1986, S. 30. | 2 Förstemann 1841, Bd. 1, S. 155b. | 3 Köstlin 1888, S. 15. | 4 Köstlin 1890, S. 12. | 5 Buchwald 1894, S. 56, Nr. 890.

Wankel, Matthäus, 1511–1571

Matthäus (Matthias) Wankel (Wanckel), geboren am 24. Februar 1511 in Hammelburg (Lkr. Bad Kissingen, Unterfranken), gestorben am 2. Februar 1571 in Kemberg (Lkr. Wittenberg), Begräbnis in bei der dortigen Kirche, luth., Universitätslektor, Schulmann, Theologe[1].

Der Sohn eines Kaufmanns Matthäus Wankel, älterer Bruder des Andreas Wankel, immatrikulierte sich am 28. Januar 1529 an der Universität Wittenberg[2]; Konsemester waren Johannes Marcellus, Peter Brubach, Johann Jakob Varnbüler[3] aus Lindau, Martin Gilbert, Christian Neumair, Georg Norman. Am 4. Juli 1536 erlangte Matthäus Wankel unter Melchior Fendt gemeinsam mit seinem Bruder Andreas den Grad eines Bacc. art.[4]. Unter dem Dekan Melanchthon wurde er im Januar 1537 zum Mag. art. kreiert[5]; er kam auf den 11. Rang von 14 Mitbewerbern, unter ihnen der Dichter Georg Aemilius (3. Rang) und Peter Hegemon (14. Rang). Am 18. Oktober 1541 wurde Wankel unter dem Dekan Rheticus in den Rat der Artistenfakultät aufgenommen[6]. Doch schon kurze Zeit später am 5. Juli 1542 wurde Wankel durch Bugenhagen ordiniert und auf das Predigamt nach Halle/Saale berufen[7] und von Justus Jonas als Pastor an St.Moritz eingeführt. 1551 folgte er dann seinem verstorbenen Schwiegervater Bernhardi als Propst von Kemberg nach; die Propstei wurde unter ihm in eine Superintendantur umgewandelt.

Matthäus Wankel hatte am 14. Juni 1540 die Tochter Katharina (* 1522) von Bartholomäus Bernhardi geheiratet[8]. Zu der Hochzeit waren *viel gelerter und ehrlicher leute geladen*, darunter auch die Verwandtschaft aus Hammelburg, weshalb die Fürsten von Anhalt gebeten wurde, etwas Wildbret zur Verfügung zu stellen. Da damals der heiße Jahrtausendsommer 1540 herrschte, fügte man dieser Bitte hinzu: *Weil aber die zeit itzt hitzig ist und das fleisch nicht wehret, wolten Efg die recht zeit bedencken, das das wildpret heute oder zu letzt morgen Sontags uber acht tage zu abend einkome*[9]. Justus Jonas, der Vormund der Braut, dankte am 13. Juni 1540 in Namen Bernhardis für die Übersendung eines Rehbocks[10]. Nach dem Tode seiner Frau heiratete Matthäus Wankel in zweiter Ehe Elisabeth Löffler, von der die Mehrzahl seiner insgesamt 13 Kinder stammen. Ein Sohn Johannes Wankel wirkte 1606 bis 1616 als Professor für Geschichte an der Universität Wittenberg[11]. Der Zusammenhalt unter den Mitgliedern der Familie Wankel unter einander war sehr ausgeprägt; so erscheinen am 5. Juni 1566 unter dem Rektor Veit Oertel Winsheim am gleichen Tag neben einander immatrikuliert Andreas Wankel aus Hammelburg, Johannes Wankel aus Kemberg und Peter und Martin

Wankel aus Schmiedeberg. Zu erwähnen wären noch die beiden Mathematiker Ambrosius Rhode d.Ä. (Urenkel Bernhardis) und Ambrosius Rhode d.J. (Ururenkel Bernhardis).

Aus der Bibliothek von Matthäus Wankel sind geringe Reste überliefert: Zwei Bände hat Wankel als Pfarrer der Moritzkirche in Halle/Saale dem Pfarrer Andreas Poach bei den Augustinern in Erfurt zum Geschenk gemacht, nämlich Melanchthons *Doctrina de poenitentia* (Wittenberg: Joseph Klug, 1549) und Flacius' *Gründliche Verlegung aller Sophistreien, so D. Pfeffinger, das Leipzigsche Interim zu beschönen, gebraucht* (Magdeburg: Christian Rüdinger, 1551)[12]. Seine Nachschrift von Luthers Predigt in Halle, 5. August 1545, widmete Wankel *suo Grego*[13].

Werke: Wankel hat zwei Predigten, die Luther im Januar 1546 in Halle gehalten hat, herausgegeben *Zwo Schöne vnd Tröstliche Predigt D. Martini Lutheri* (Nürnberg: Joh. Petreius, 1546, Widmung an Bürgermeister und Räte von Hammelburg, Halle, 6. April 1546)[14].

Die **Beziehungen** zwischen Rheticus und Wankel stehen außer Frage. Beide waren über Jahre Kommilitonen, später auch Kollegen. Unter Rheticus als Dekan wurde Wankel enger an die Fakultät gebunden. Erwähnenswert mag auch sein, dass Wankel seine Predigten Luthers bei Petreius in Nürnberg veröffentlicht hat (vgl. dazu auch Bernhardi, Bartholomäus).

Von ganz besonderem Interesse sind in diesem Zusammenhang auch die beiden Mathematiker Ambrosius Rhode d.Ä. und Ambrosius Rhode d.J. Auch wenn sie nicht in einer direkten Beziehung zu Rheticus stehen, sieht man vielleicht davon ab, dass der ältere Rhode Rheticus auf dem Lehrstuhl für niedere Mathematik nachfolgte, nach Flock, Johannes Aurifaber *Vratislaviensis*, Sebastian Dietrich, Matthäus Blochinger, Andreas Schato, Kaspar Straub und Johannes Hagius. Maria Wankel, nach 1541 geborene Tochter des Matthäus Wankel, heiratete den Bürgermeister von Kemberg Ambrosius Rhode. Der aus dieser Ehe hervorgegangene Sohn Ambrosius Rhode (1577-1616) d.Ä. wurde Mathematiker, Schüler von Tycho Brahe in Prag sowie auch Schüler von Kepler. Ein weiterer Sohn Jakob Rhode wurde Archidiakon von Kemberg, dieser hatte wiederum einen Sohn Ambrosius Rhode d.J.(1605-1696), der Schüler seines Onkels Ambrosius Rhode d.Ä., der u.a. in Norwegen als Sterndeuter und Arzt wirkte.

1 Pröhle, Heinrich, in: ADB 41 (1896), S. 137 f.; McEwan 1986, S. 30, 51, 54. | **2** Förstemann 1841, Bd. 1, S. 133a. | **3** Über ihn Burmeister 2004, S. 91. | **4** Köstlin 1888, S. 15. | **5** Köstlin 1888, S. 23. | **6** Köstlin 1890), S. 21. | **7** Buchwald 1894, S. 27, Nr. 415. | **8** McEwan 1986, S. 30. | **9** Zitiert nach McEwan 1986, S. 51 f. | **10** Kawerau 1884, Bd. 1, S. 395 f. | **11** Kathe 2002, S. 171 f., 175, 186, 459. | **12** Clemen/Koch 1984, Bd. 5, S. 49. | **13** Clemen/Koch 1984, Bd. 5, S. 49. | **14** VD 16 L 5736; BSB München, digital.

Warnhofer, Joachim

Joachim Warnhofer (Wärhofer), geboren in Hof (Oberfranken), luth., Bakkalaureus.
Warnhofer immatrikulierte sich im SS 1546 unter dem Rektor Joachim Camerarius an der Universität Leipzig[1]. Er gehörte der Bayerischen Nation an. Im WS 1548/49 wurde er nach dem 21. März 1549 unter dem Dekan Rheticus von Magister Ambros Borsdorfer zum Bacc. art. promoviert[2].

Beziehungen zwischen Rheticus und Warnhofer bestanden in den Jahren 1548 bis 1551. Warnhofers Promotion zum Bacc. art. fand unter den Dekanat von Rheticus statt, er musste für die Prüfungen zum Bakkalaureat die Vorlesungen von Rheticus hören.

1 Erler, Bd. 1, S. 659, B 1. **2** Erler, Bd. 2, S. 706.

Watzek, Christoph, † 1545

Christophorus Wenzeslai Watzek (Watzeck, Watzegk) a Zelewitz (Zelaviza, Zelawitz, Zelewicz, Zeuslitz) Bohemus, gestorben 1545 in Leipzig?, luth., Universitätsprofessor (Physik, Ethik).

Christoph Watzek immatrikulierte sich an der Universität Leipzig im WS 1515/16[1], promovierte im SS 1528 zum Bacc. art. und im WS 1535/36 (28. Dezember 1535) zum Mag. art.[2] Watzek übernahm im SS 1539 und WS 1539/40 die Vorlesung über die Physik, führte im SS 1540 Übungen zur Ethik durch und hatte im SS 1541 die *Lectio veteris artis*. Im Übrigen trat er in der Verwaltung der Artistenfakultät nicht hervor. Er war Kollegiat des kleinen Fürstenkollegs. Im WS 1542/43 versah er das Amt des Rektors Magnificus[3]. Unter ihm wurde 108 Studenten neu aufgenommen. Watzek war Besitzer eines Hauses und Hofes im Brühl; er war verheiratet mit einer Frau Anna NN. Das Ehepaar verkaufte am 2. Juli 1543 für 100 Gulden einen Zins von 5 Gulden von ihrem Haus[4]. **Beziehungen** zwischen Rheticus und Watzek bestanden insoweit, als Watzek Rektor war, als Rheticus im WS 1542/43 sein Amt in Leipzig antrat.

1 ERLER, Bd. 1, S. 546, P 8. | 2 ERLER, Bd. 2, S. 608, 635. | 3 GERSDORF 1869, S. 37. | 4 STÜBEL 1879, S. 558, Nr. 429.

Weicker, Erhard

Erhard Weicker (Vieckerus), geboren in Haßfurt (Lkr. Haßberge, Unterfranken), gestorben ?, luth., Bakkalaureus.

Weicker immatrikulierte sich im WS 1547/48 unter dem Rektor Wolfgang Meurer an der Universität Leipzig[1]. Er gehörte der Bayerischen Nation an. Im WS 1548/49 wurde er nach dem 21. März 1549 unter dem Dekan Rheticus von Magister Ambros Borsdorfer zum Bacc. art. promoviert[2].

Beziehungen zwischen Rheticus und Weicker bestanden in den Jahren 1548 bis 1551. Die Promotion von Weicker zum Bacc. art. fand unter den Dekanat von Rheticus statt, er musste für die Prüfungen zum Bakkalaureat die Vorlesungen von Rheticus hören.

1 ERLER, Bd. 1, S. 668, S 4. | 2 ERLER, Bd. 2, S. 706.

Weiher, Martin, 1512–1556

Martin Weiher (von Weiher, Weyher, Weger, Weiger), geboren 1512 in Leba (poln. Łeba, Woiwodschaft Westpommern), gestorben in Kolberg (poln. Kołobrzeg, Woiwodschaft Westpommern), begraben in Köslin (poln. Koszalin, Woiwodschaft Westpommern) auf dem Kirchhof der Michaeliskirche *extra muros*, luth., Theologe, Bischof von Cammin[1].

Martin Weiher wurde wegen seiner blassen Hautfarbe der *geele Bischof* genannt. Der Sohn des herzoglichen Vogtes Klaus von Weiher auf Leba und Neuhof besuchte die Lateinschule in Stolp (poln. Słupsk, Woiwodschaft Pommern). Er wurde im SS 1534 unter dem Rektor Dr. med. Kaspar Lindemann an der Universität Wittenberg immatikuliert[2]; Konsemester waren Flacius Illyricus, Balthasar Klein, Valentin Engelhardt, Hartmann Beyer. Dank einer vom Herzog von Pommern verliehenen Pfründe konnte Weiher seine Studien in Bologna fortsetzen. Weiher, seit 1548 Kantor des Domkapitels, wurde 1549/50 Bischof von Cammin; als solcher schwankte er zwischen Luther und dem Papst. Weiher galt als hochgebildeter Mann und Humanist. Er machte sich um die Förderung der Kirchenmusik verdient. **Beziehungen** zwischen Rheticus und Weiher sind nicht anzunehmen, da sie nur kurze Zeit 1534/35 Kommilitonen waren; gleichwohl mögen sie sich begegnet sein, da beide Schüler Melanchthons und Luthers waren.

1 BÜLOW, Gottfried von, in: ADB 20 (1884), S. 476-478; SCHMIDT, Roderich, in: NDB 16 (1990), S. 274 f. | 2 FÖRSTEMANN 1841, Bd. 1, S. 153a.

Weinman, Johannes, vor 1480–1542

Johannes Weinman (Weinmann, Weynman), geboren vor 1480 in Nürnberg, gestorben am 28./29. November 1542 in Wittenberg, luth., Organist[1].
Johannes Weinman wurde nach vorausgegangenem Studium im WS 1492/93 in Leipzig[2] und in Erfurt[3] im SS 1509 an der Universität Wittenberg immatrikuliert[4]; Martin Luther war ihm um ein Semester vorausgegangen. Er wurde Organist an der Schlosskirche, seit 1519 auch an der Stadtpfarrkirche in Wittenberg. Er war auch Mitglied des großen und kleinen Chors. 1521 heiratete er Walpurg Poff aus Wittenberg, nach dem Zeugnis von Justus Jonas *puellam elegantem et formosam*. Weinman bezog nur einen geringen Lohn in Geld und Naturalien und lebte daher in Schulden. Nebenbei erteilte er Musikunterricht. In Volmers Testament von 1536 stand Weinman bei ihm mit zwei Gulden in der Kreide, wofür er einen silbernen Becher als Pfand eingesetzt hatte.

Werke: *Vater unser im Himmelreich*, Wittenberg: Rhau, 1544[5].

Beziehungen zwischen Rheticus und Weinman sind anzunehmen, wenn auch nicht auf einer Lehrer-Schüler-Basis. Schon bei seiner Immatrikulation war Weinmann als *Dominus* ein gesetzter (geistlicher) Herr, kein Studiosus.

Rheticus hat sich aber vermutlich häufiger am Orgelspiel Weinmans erfreut.

Weinman ist wie etwa Georg Forster oder Martin Wolf dem Autorenkreis um den Musikdrucker Georg Rhau zuzurechnen. Auch gehörte Weinman zur Bekanntschaft Volmers.

1 SCHLÜTER 2010, S. 346. | 2 ERLER, Bd. 1, S. 394, B 34. | 3 WEISSENBORN 1884, Bd. 2, S. 303, 9. | 4 FÖRSTEMANN 1841, Bd. 1, S. 28a. | 5 EITNER 1877, S. 920.

Weinman, Martin

Martin Weinman (Weinmon), geboren in Heringen (Lkr. Nordhausen, Thüringen), luth., Bakkalaureus.
Weinman begann sein Studium in Wittenberg, wo er sich am 22. Mai 1546 unter dem Rektorat von Johannes Marcellus eingeschrieben hat[1]. Er immatrikulierte sich im SS 1548 unter dem Rektor Johannes Sinapius an der Universität Leipzig[2]. Er gehörte der Meißner Nation an. Im WS 1548/49 wurde er nach dem 21. März 1549 unter dem Dekan Rheticus von Magister Ambros Borsdorfer zum Bacc. art. promoviert[3].

Beziehungen zwischen Rheticus und Weinman bestanden in den Jahren 1548 bis 1551. Weinmans Promotion zum Bacc. art. fand unter den Dekanat von Rheticus statt, er musste für die Prüfungen zum Bakkalaureat die Vorlesungen von Rheticus hören.

1 FÖRSTEMANN 1841, Bd. 1, S. 232b. | 2 ERLER, Bd. 1, S. 659, B 1. | 3 ERLER, Bd. 2, S. 706.

Weißgerber, Johannes, † 1561

Johannes Weißgerber, geboren in Coburg (Oberfranken), gestorben Anfang August 1561 in Coburg, Begräbnis am 6. August 1561 auf dem Salvatorfriedhof, luth., Schulmann, Theologe[1].
Johannes Weißgerber, Sohn des 1509 ins Bürgerrecht von Coburg aufgenommenen Klaus Weißgerber, der 1513 ein Haus an der Ecke Herrengasse/Rückertstraße (Herrengasse 14) erbaute, immatrikulierte sich in der Universität Wittenberg am 23. Mai 1533 zugleich mit zwei Mitbürgern Sebastian Birnstiel und Jakob Albert[2]; Konsemester waren auch Christoph Sangner, Blasius Stöckel, Erasmus Flock, Alexander Ales. Am 31. Januar 1544 wurde er unter dem Dekan Erasmus Flock zum Mag. art. promoviert, erreichte aber nur den 29. Rang von 35 Kandidaten; Mitbewerber in

dieser starken Gruppe waren u.a. Sigismund Gelous (1. Rang), Christian Stella (3. Rang), Hieronymus Besold (4. Rang). Am 15. Mai 1544 wurde Magister Weißgerber von Melanchthon dem Rat von Coburg als *wolgelart und sittig* als Schulmeister empfohlen, bat aber zugleich um eine Verlängerung des bisher schon gewährten Stipendiums, damit er seine Kenntnisse erweitern könne, um damit der Stadt noch nützlicher zu dienen. Als er 1546 mit seiner Frau in Coburg ankam, gewährte ihm der Rat ein ehrenvolles Mahl. Weißgerber übernahm die Schule als Nachfolger von Simon, dessen Schulaufführungen er fortsetzte, u.a. mit den *Adelphoi* von Terenz (1555); es folgten die *Hecyra* des Terenz (1556), das beliebte deutsche Schauspiel *Vom verlorenen Sohn* (1559) und die Komödie *Phormio* des Terenz (1561). 1555 beschwor er sein Bürgerrecht und wurde mit dem Haus seines Vaters belehnt. 1561 wurde er zum Pfarrer von Hildburghausen (Thüringen) berufen. Er nahm diesen Ruf an, reiste zur Ordination nach Jena, erkrankte aber auf der Rückreise nach Coburg. Der Stadtphysikus Christoph Stathmion widmete ihm ein Epitaph. Auch das Kirchenbuch von St. Moritz gedachte seiner, nachdem er 15 Jahre die Kirche *magna cum laude* geleitet und damit großen Nutzen gestiftet hatte.

Weißgerber heiratete um 1545 in Wittenberg Anna Rhau, die Tochter des Buchdruckers Georg Rhau[3]. Der Stadtrat schenkte ihm aus diesem Anlass einen einen Becher im Wert von acht Gulden mit einem Etui. Am 17. Januar 1581 heiratete die Witwe Anna Weißgerber, geb. Rhau, den Coburger Superintendenten Maximilian Mörlin; sie wurde am 31. März 1584 zu Grabe getragen.

Der Liedersammler Georg Forster bringt in der 3. Auflage seiner *Frischen Teutschen Liedlein* (Nürnberg 1549) ein von ihm komponiertes, ziemlich schlüpfriges Lied *Ich bin ein weißgerber genant*[4]. Obwohl hier Weißgerber eine Berufsbezeichnung darstellt, werden es die Studenten bei ihren Zechgelagen auf ihren Kommilitonen Johannes Weißgerber bezogen haben. Forster studierte in Wittenberg 1534 bis 1539, Weißgerber 1533 bis 1546. Forster widmete diese Auflage dem am 31. Juli 1540 in Wittenberg immatrikulierten Jobst von Brandt, der Weißgerber ebenfalls kennen musste.

Beziehungen zu Rheticus hat es zweifelsfrei gegeben. Anfangs waren Rheticus und Weißgerber Kommilitonen, seit dem SS 1536 war Rheticus der Lehrer von Weißgerber. Dieser konnte seine Vorlesungen vom SS 1536 bis SS 1538 besuchen und im WS 1541/42 besuchen. Sein Konsemester und Landsmann Birnstiel war auch ein Rheticusschüler. Flock als Promotor beim Magisterexamen deutet auf ein absolviertes Studium der mathematischen Fächer hin. Stathmion, der ihm den Nachruf schrieb, war ein bekannter Astrologe.

1 Axmann 1997, S. 159-163. | 2 Förstemann 1841, Bd. 1, S. 149a. | 3 Clemen/Koch 1987, Bd. 8, S. 5, 250-256. | 4 Marriages 1903, S. 119, 243.

Wellendinger, Johann Ulrich, † 1577

Johannes Ulrich Wellendinger, genannt Meister Ulrich Hammerschmied, geboren in Bern, gestorben 1577 in Thun (Kanton Bern), vermutlich an der Pest (200 Opfer in diesem Jahr), ref., Theologe[1].

Wellendinger immatrikuliert sich in Wittenberg am 7. Oktober 1541 als *Joannes Vlricus ex Berna*[2] (gemeinsam mit seinen beiden Landsleuten Meier und Ulmer). Am 20. April 1542 promovierten alle drei unter dem Dekan Rheticus zum Mag. art., wobei die drei Eidgenossen den 2., 3. und 5. Rang von zehn Kandidaten belegten[3]. Kaspar Brusch hat im *Liber elegiarum et epirammatum* (im Anhang zu seinen *Encomia hubae Slaccenwaldensis* (Wittenberg: Joseph Klug, Juni 1542) einige Verse auf Wellendinger veröffentlicht[4].

Am 21. Februar 1543 wurde M. Joannes Ulricus Wellendinger durch Bugenhagen ordiniert und von der Universität weg auf Pfarramt in Königstein (Hochtaunuskreis, Hessen) berufen[5]. Hier hatte

Graf Ludwig zu Stolberg (1505-1574) im Jahre 1540 die Reformation eingeführt. Am 25. Februar 1543 stellte Melanchthon Wellendinger ein gutes Zeugnis aus[6]. Im Frühjahr 1543 kehrte Wellendinger in seine schweizerische Heimat zurück, wurde zunächst Prediger in Zofingen (Kanton Aargau), dann 1545 nach Wichtrach (Kanton Bern) versetzt, 1548 Pfarrer in Oberdiessbach (Kanton Bern), seit 1556 in Thun, zuletzt Dekan.

1 Pfister 1943, S. 141; Jenny 2000, S. 115 f., hier besonders Anm. 65. | **2** Förstemann 1841, Bd. 1, S. 191a, 24. | **3** Köstlin 1890, S. 14. | **4** UB München, digital, Scan 21. | **5** Buchwald 1894, S. 31, Nr. 475. | **6** MBW, Regg. Bd. 3, Nr. 3175.

Wenck, Andreas

Andreas Wenck (Weng, Wenigk), geboren in Weismain (Lkr. Lichtenfels, Oberfranken), luth., Bakkalaureus.

Wenck, möglicherweise ein Sohn des im SS 1520 in Wittenberg eingeschriebenen *Andreas weng de weisman*[1], immatrikulierte sich im WS 1545/46 unter dem Rektor Leonhard Badehorn an der Universität Leipzig[2]. Er gehörte der Bayerischen Nation an. Im WS 1548/49 wurde er nach dem 21. März 1549 unter dem Dekan Rheticus von Magister Ambros Borsdorfer zum Bacc. art. promoviert[3].

Beziehungen zwischen Rheticus und Wenck bestanden in den Jahren 1548 bis 1551. Die Promotion von Wenck zum Bacc. art. fand unter den Dekanat von Rheticus statt, er musste für die Prüfungen zum Bakkalaureat die Vorlesungen von Rheticus hören.

1 Förstemann 1841, Bd. 1, S. 94b. | **2** Erler, Bd. 1, S. 659, B 17. | **3** Erler, Bd. 2, S. 705.

Werden, Johannes von

Johann von Werden, poln. Jan Werden, geboren 1495 in Danzig (popln. Gdańsk, Woiwodschaft Pommern), gestorben am 25. August 1554 in Nassenhuben (poln. Mokry Dwór, Woiwodschaft Pommern), kath., 1526-1554 Bürgermeister von Danzig und königlicher Burggraf.

Johannes von Werden war mit den Familien Kopernikus in Thorn und Giese in Danzig verwandt und mit einer Tochter des Thorner Rates Ludwig Engelhart verheiratet[1]. Er war durch den polnischen Kanzler Szydlowiecki adoptiert und in den polnischen Adel aufgenommen worden. Er wurde darauf vom polnischen König Sigismund I. zu einem Rat von Danzig ernannt und gewann große Bedeutung in den Jahren 1526 bis 1554 als Ratsmitglied und Bürgermeister von Danzig. Als Diplomat war er für seine Stadt Danzig auf den preußischen Landtagen und in der Versammlungen der Hanse tätig, ebenso wie für den polnischen König und Herzog Albrecht von Preußen. Am 7. Juni 1536 hatte Johannes von Werden dem Herzog geschrieben, er wolle dessen Geschäfte am polnischen Hof wahrnehmen *ungeachtet der ungünstigen Aspekte der Gestirne*[2]. Giese wählte ihn zu seinem Testamentsvollstrecker.

Auf Bitten von Ahasver von Brandt schrieb Melanchthon schrieb am 8. Oktober 1543 an Johannes von Werden, *cuius virtus in multis regionibus celebratur* (dessen Tüchtigkeit in vielen Ländern gefeiert wird), eine Empfehlung für den jungen begabten Studenten Johannes aus Schlieben (Lkr. Elbe-Elster, Brandenburg), der sich in Wittenberg aufgehalten habe und jetzt nach Danzig reisen wolle[3]. Johannes Hoppe, Professor der Rhetorik in Königsberg, widmete die seinem ehemaligen Wittenberger Lehrer Konrad Lagus im November 1546 in der Universität gehaltene Leichenrede *Oratio funebris de obitu Cunradi Lagi* (Königsberg: Johann Weinreich, 1548) dem Danziger Bürgermeister Johannes von Werden[4].

Rheticus schreibt über ihn im *Encomium Borussiae* (1540), einer seiner Mäzene in Preußen sei der achtbare und tüchtige Bürgermeister Johannes von Werden gewesen. Dieser habe durch Freunde von seinen Studien gehört und ihn, den Unbekannten, seine persönlichen Grüße gesandt und ihn gebeten, ihn zu besuchen, bevor er Preußen verlasse. Als Kopernikus davon hörte, habe er sich um Rheticus willen sehr gefreut. Er habe von Werden so geschildert, dass Rheticus vermeinte, er werde geradezu von Homers Achill gerufen. »Denn abgesehen davon, dass er sich in den Künsten des Krieges und des Friedens auszeichnet, pflegt er als Liebling der Musen auch die Musik, bei deren süßestem Wohlklang er seinen Geist erholt und belebt für die Übernahme und Führung der mühevollen Staatsgeschäfte; er ist es wert, dass der allgütige und allmächtige Gott ihn [wie Rheticus wiederum in Anspielung auf Homer, Ilias, 2, 243 sagt] zum Hirten der Völker gemacht hat«[5].

1 Prowe 1883/84, Bd. 1/2, S. 461. | **2** Hubatsch ²1965, S. 269. | **3** CR V, Sp. 194 f. | **4** Clemen/Koch 1984, Bd. 5, S. 258; Troje 1997, S. 255-283. | **5** Übersetzung von Zeller 1943, S. 118.

Werdmüller, Otto, 1513–1552

Otto Werdmüller (Wertmüller, Werdmüllerus), Otto, geboren 1513 in Zürich, gestorben 1552 in Zürich, ref., Theologe, Gräzist, Mathematiker.

Werdmüller, aus angesehenem Zürcher Ratsgeschlecht, immatrikulierte sich 1532/33 an der Universität Basel, gleichzeitig mit Heinrich Zell[1]. Er wechselte 1535 nach Wittenberg, wo wegen der Pest der Betrieb nach dem Juli nach Jena verlegt wurde[2]. Bullinger schreibt im März 1538 an Luther, dass Vadian und Pellikan ihm alles Gute wünschen, zugleich bestellt er Grüße an Melanchthon, Cruciger und Jonas, ganz besonders aber empfiehlt er den Wittenbergern Otto Werdmüller[3]. Dieser wurde als Stipendiat des Zürcher Carolinums nach Wittenberg geschickt, um sich dort eine gründliche mathematisch-naturwissenschaftliche Ausbildung zu holen[4]. Im Sommer 1538 kehrte Werdmüller zurück und wurde Lehrer des Lateinischen am Pädagogium und Professor des Griechischen an der Universität in Basel. 1539 zog er über Paris nach Orléans, wo er im April 1540 als Rhetoriklehrer wirkte.[5] 1540 wurde er in das Zürcher Ministerium aufgenommen, während seit 1541 der mit ihm verwandte Konrad Gesner an der Schola Tigurina als Nachfolger von Otto Werdmüller die Physik (Naturphilosophie, Mathematik, Astronomie und Ethik) unterrichtete. Werdmüller wurde 1545 Leutpriester am Großmünster, 1547 Zweiter Archidiakon und Chorherr daselbst.

Werke in Auswahl: *Cicero, Oratio ad populum et equites* (Zürich: Chr. Froschauer 1551, gewidmet an JUD Martin Peyer in Schaffhausen)[6]; Aristoteles, *De Dignitate* (Basel: Hieron. Curio, 1545, Widmung an Heinrich Bullinger 1544)[7]; *Der Tod, wie sich ein Christ in seinen und anderer Todesnöten halten … sol* (Zürich: Augustin Friess, 1549, Widmung an Johansen Haab (Bürgermeister von Zürich) vom November 1549[8], andere Ausgabe Zürich: Andreas Gessner d.J., 1558)[9]; *Sermones III de ministro ecclesiae* (Zürich: Froschauer, 1551, Widmung an Oswald Myconius)[10]; *Houptsumma der waren Religionen* (Zürich: Christ. Froschauer, 1551, Widmung an Jos Ammann)[11]; *Summa fidei* (Zürich: Froschauer, 1559, Widmung vom Mai 1551 an Jos Ammann)[12]; *Vom höchsten artickel vier bücher* (Zürich: Christoffel Froschauer, 1552, Widmung an Propst und Kapitel des Großmünsterstifts)[13]; *Das Christenlich Läben* (Zürich: Rudolf Wyssenbach, 1550[14], andere Ausgabe Zürich: Jacob Gessner, 1564)[15]; *Ein Kleinot von Trost und Hilff* (Zürich: Jacob Gesner, 1564, Widmung an Hans Rudolf Lavater (Bürgermeister von Zürich) vom Februar 1548)[16]; Montanus, Johannes Fabricius, *Differentiae animalium quadrupedum secundum locos communes, opus ad animalium cognitionem apprime conducibile, Similitvdinvm Ab omni animalivm genere desvmptarvm libri VI, ex optimis quibusq[ue] athoribus sacris & profanis, Graecis et Latinis, per Othonem Vuerdmüllerum collecti […]*, Zürich: Gbr. Andreas und Jakob Gesner, 1555.

Beziehungen zu Rheticus. Werdmüller, nur ein Jahr älter als Rheticus, besuchte vermutlich gleichzeitig mit Rheticus die Frauenmünsterschule in Zürich. Werdmüller widmete 1551 Mykonius seine *Sermones III* als »seinem höchst zu verehrenden Vater« (*patri suo plurimum colendo*). Beide hörten wohl auch bei Konrad Pellikan dessen hebräischen und astronomischen Unterricht. In Wittenberg studierte Werdmüller zwar auch Theologie, hatte aber 1536 bis 1538 die Gelegenheit, die mathematischen Vorlesungen von Rheticus zu hören. Werdmüller bat später seinen Zürcher Freund Rudolph Gwalther, der auf der Ostermesse 1541 in Frankfurt weilte: *insuper autem eme mihi Narrationes Georgii Joachimi impressas Vitebergae, quae sunt de motu siderum* (darüber hinaus kaufe mir die Berichte des Georg Joachim, die in Wittenberg gedruckt sind, sie handeln von der Bewegung der Gestirne)[17]. Diese Tatsache könnte ein weiterer Fingerzeig dafür sein, dass man in Wittenberg schon früh über das heliozentrische System des Kopernikus diskutierte. Vermutlich hatte Werdmüller aber bereits 1532 in Basel als Schüler von Sebastian Münster von Kopernikus gehört; wie Münster und Konrad Gesner, so scheint auch Werdmüller mit Rücksicht auf die Zürcher Geistlichkeit das heliozentrische System nicht vorgetragen zu haben[18]. Der als Drucker Werdmüllers genannte Jakob Gesner, ein Verwandter Konrad Gesners, war ebenfalls ein Rheticusschüler; zusammen mit seinem auch erwähnten Bruder Andreas druckte er 1556 einen Kometenkatalog.

1 WACKERNAGEL 1956, Bd. 2, S. 2. | **2** FÖRSTEMANN 1841, Bd. 1, S. 158b. | **3** KOLDE 1883, S. 319 f. | **4** KAISER 1982, S. 141, auch S. 162. | **5** STEINMANN 1969, S. 114. | **6** VD 16 C 3273, BSB online. | **7** VD 16 W 1969, BSB online. | **8** VD 16 W 1985, e-rara, ZBZ online. | **9** VD 16 W 1987, e-rara, ZBZ online. | **10** VD 16 W 1983, BSB online. | **11** VD 16 W 1970, e-rara, ZBZ online. | **12** VD 16 W 1975, e-rara, ZBZ online. | **13** VD 16 W 1991, e-rara, ZBZ online. | **14** VD 16 ZV 15492, e-rara, ZBZ online. | **15** VD 16 ZV 15493, e-rara, ZBZ online. | **16** VD 16 W 1980, e-rara, ZBZ online. | **17** GERMANN 1994, S. 75. | **18** FISCHER 1966, S. 24.

Werlein, Johannes

Johannes Werlein (Weinterus), geboren Kulmbach (Oberfranken), luth., Bakkalaureus[1].
Werlein immatrikulierte sich im SS 1544 unter dem Rektor Joachim Camerarius an der Universität Leipzig[2]. Er gehörte der Bayerischen Nation an. Im WS 1548/49 wurde er nach dem 21. März 1549 unter dem Dekan Rheticus von Magister Ambros Borsdorfer zum Bacc. art. promoviert[3].

Beziehungen zwischen Rheticus und Werlein bestanden vielleicht schon 1544 und 1545, vor allem aber in den Jahren 1548 bis 1551. Die Promotion von Werlein zum Bacc. art. fand unter den Dekanat von Rheticus statt, er musste für die Prüfungen zum Bakkalaureat die Vorlesungen von Rheticus hören.

1 LEDERER 1967, S. 209 (hier jedoch keine weitergehenden Informationen). | **2** ERLER, Bd. 1, S. 647, B 85. | **3** ERLER, Bd. 2, S. 705.

Werner, Johannes, 1468–1522

Johannes Werner (Wernher, Vernerus), geboren am 14. Februar 1468 in Nürnberg, gestorben im Mai 1522 in Nürnberg, kath., zuletzt luth., Geistlicher, Mathematiker, Astronom, Astrologe, Instrumentenbauer, Kartograph[1].
Er immatrikulierte sich 1484 in Ingolstadt, wo er Mathematik und Theologie studierte; wurde 1490 angeblich Kaplan in Herzogenaurach (Lkr. Erlangen-Höchstadt, Mittelfranken). In Rom setzte er 1493/97 sein Studium fort, feierte am 29. April 1498 seine Primiz und wurde 1503 Vikar in Wöhrd (seit 1825 Stadtteil von Nürnberg), später Pfarrer an der Johanneskirche in Nürnberg. Kaiser Maximilian I. ernannte ihn zu seinem Hofkaplan. Im Rom hatte er keinen akademischen Grad erworben, sich aber wohl eine ausgesuchte Bibliothek zugelegt, die er offenbar dort zurück-

lassen musste (*ea bibliotheca, quam Romae olim habuerim*). Werner verfasste Nativitäten für viele seiner Nürnberger Mitbürger, u.a. von Sebald Schreyer († 1520), Pirckheimer († 1530), Christoph Scheurl († 1542). Der Bamberger Chorherr Lorenz Beheim bezeichnete sie als Lügen. Werner war befreundet mit Johannes Stabius († 1522), der ihn zur Herausgabe seiner Schriften veranlasste (2 Bände, Nürnberg 1514[2] und Wien 1522[3]). In der Universitätsbibliothek Wittenberg waren vor 1536 mehrere Werke Werners vorhanden: Werners lat. Übersetzung der *Geographia* des Ptolemäus (Nürnberg: J. Stuchs, 1514); Apians *Introductio geographica* (Ingolstadt 1533); Werners *Super XXII. elementis conicis* (Nürnberg: F. Peypus für L. Alantsee, 1522)[4]. Befreundet war Werner auch mit Pirckheimer und Dürer, dessen Mathematiklehrer er war. Kratzer, Schöner, Hartmann und Rheticus bemühten sich darum, Schriften aus dem Nachlass Werners in ihren Besitz zu bringen. Nach Werner benannt ist ein Mondkrater (28° 0'0" S, 90° 12' 0" O). In Nürnberg im Ortsteil Langwasser trägt eine Straße Werners Name.

Werke (in Auswahl): *Canones sicut brevissimi, complectentes praecepta et observationes de mutatione aurae*, Nürnberg: Joh. Montanus und Ulrich Neuber, 1546, undatierter Widmungsbrief von Johannes Schöner an Dr. med. Otto Flosser[5].

Beziehungen zu Rheticus persönlicher Art konnte es aus Altersgründen nicht geben. Werner ist aber eine feste Größe in jeder Biographie von Kopernikus, weil dieser ihn in seinem (nur handschriftlich verbreiteten) Brief an Werner[6] wegen der in *De motu octavae sphaerae* beschriebenen, im Mittelalter viel diskutierten Trepidationslehre mit herabsetzenden Worten heftig kritisiert hatte[7]. Georg Hartmann, dem Rheticus die Schrift des Kopernikus *De lateribus et triangelis* (Wittenberg 1542) gewidmet hatte, überließ diesem als Gegengabe zwei Schriften Werners. Diese Schriften Werners wollte Rheticus in Krakau bei Lazarus Andreae herausgeben; doch wurde nur der erste Bogen mit dem Vorwort an König Ferdinand I. gedruckt, dann aber der Druck abgebrochen, weil dieser sich angeblich nur in Deutschland durchführen lasse; Axel Anthon Björnbo vermutet jedoch, dass Rheticus die Theorien Werners als unfertig abgelehnt hat und überarbeiten wollte[8]. So blieb der Druck unvollendet. Dahinter mag auch stecken, dass Rheticus sich zunehmend von der Astronomie abgewandt und der Medizin zugewandt hat, worüber aus seinem Freundeskreis heftig geklagt wurde.

1 GÜNTHER, Siegmnd, in: ADB 42 (1897), S. 56-58; KRESSEL 1963, S. 287-304. | 2 VD 16 P 5208, 3SB digital; ZINNER ²1964, S. 148, Nr. 1019. | 3 VD 16 W 2042, BSB digital; ZINNER ²1964, S. 158, Nr. 1193. | 4 KUSUKAWA 1995, S. 121, Nr. 743b, S. 123, Nr. 749c, S. 130, Nr. 783. | 5 VD 16 W 2036, BSB digital; vgl. dazu FOLKERTS, Menso, in: MÜLLER 1993, S. 323 f., Nr. 146. Folkerts nennt Werner einen »Wegbereiter der modernen Wetterbeobachtung und -voraussage«. | 6 ROSEN/HILFSTEIN 1985, S. 127-165; HAMEL 1994, S. 196 f. | 7 Vgl. dazu auch CURTZE, Maximilian, Der Brief des Coppernicus an den Domherrn Wapowski zu Krakau über das Buch des Johannes Werner De motu octavae sphaerae, in: Mitteilungen des Coppernicus-Vereins für Wissenschaft und Kunst 1 (1878), S. 18-33. | 8 BJÖRNBO 1907, S. 164; v gl. dazu auch BURMEISTER 1967/68, Bd. 1, S. 134; Bd. 2, S. 78, Nr. 40; Bd. 3, S. 132-153.

Werthern, Anton von, 1528–1579

Anton von Werthern, aus thüringischem Adelsgeschlecht, Beichlingische Linie, geboren am 26. Mai 1528, gestorben am 6. Juni 1579, seit 1540 luth., zugleich mit seinen beiden älteren Brüdern Wolfgang und Philipp Reichserbkammertürhüter[1].

Anton von Werthern, Sohn des Dietrich von Werthern aus der Beichlingischen Linie, immatrikulierte sich im WS 1537/38 an der Universität Leipzig.[2] Am 10. Februar 1542 schrieb er sich gemeinsam mit seinem Bruder Philipp an der Universität Wittenberg ein[3], wo sie Schüler Melanchthons waren. In Beichlingen übernahm 1543 Georg Fabricius die Erziehung der Brüder Philipp und Anton, die er 1544 nach Straßburg begleitete und bis 1546 als Hauslehrer betreute[4]. Philipp und Anton setzten ihr Studium in Straßburg unter Johannes Sturm noch einige Jahre fort. Anschließend bereisten sie Frankreich und Italien. Georg Fabricius widmete ihm und seinem Bruder Anton am 14. August 1547 aus Meißen sein *Itinerum liber I*. (Basel: Joh. Oporin, 1560). Philipp und Anton sandten am 23. Juni 1548 aus Straßburg einen Brief an ihren Verwandten Julius Pflug[5]. Johannes Sturm widmete den Brüdern die Schrift *Ad Werteros fratres, Nobilitas literata liber unus* (Straßburg: Wendelin Rihel, 1549, wiederholt nachgedruckt). 1558 besuchte von Werthern Gesner in Zürich[6].

Von Werthern konnte im WS 1541/42 die Vorlesungen von Rheticus besucht haben.

1 Zedler 1732/54, Bd. 55, Sp. 693; Pollet 1973, Bd. 2, S. 104, Anm. 3, S. 565, Anm.1. | **2** Erler, Bd. 1, S. 624, M 1. | **3** Förstemann 1841, Bd. 1, S. 193b. | **4** Pollet 1973, Bd. 2, S. 565. | **5** Pollet 1977, Bd. 3, S. 98 f. | **6** Durling 1965, S. 147

Werthern, Christoph von, 1512–1566

Christoph von Werthern, aus thüringischem Adelsgeschlecht, Wiehische Linie, geboren am 2. September 1512 in Wiehe, gestorben am 20. Juni 1566 in Wiehe (Kyffhäuserkreis, Thüringen), Gutsherr, sächs. Amtsträger[1].

Christophorus von Werthern, Sohn von Johann von Werthern d. J. aus der Wiehischen Linie (1470-1534) und der Anna von Miltitz († 1538), immatrikulierte sich im SS 1528 an der Universität Leipzig[2] gemeinsam mit seinem Bruder Georg. Er wurde Rat des Herzog Moritz von Sachsen. Als sich nach der Schlacht von Mühlberg das Hochstift Merseburg dem Hz. Moritz unterwarf, beauftragte dieser Christoph von Werthern, dieses in seinem Namen in Besitz zu nehmen[3]. Christoph von Werthern heiratete 1536 Anna, die Tochter des Paris von Brandenstein († 1571), mit der er sechs Töchter hatte.

Beziehungen zu Rheticus sind nicht bekannt. Rheticus' Leipziger Famulus und Kopernikaner Johannes Paceus veröffentlichte ein *Prognosticon ...Auff das Jar M.D.LXI* (Augsburg: Gegler, 1560), gewidmet den Herren Christoph, Heinrich, Georg, Wolf und Philipp von Werthern[4].

1 Zedler 1732/54, Bd. 55, Sp. 694. | **2** Erler, Bd. 1, S. 598, M 2. | **3** Pollet 1973, Bd. 2, S. 732, Anm. 2. | **4** Zinner 1964, S. 232, Nr. 2264.

Werthern, Dietrich von, 1468–1536

Dietrich (Theodoricus) von Werthern, aus thüringischem Adelsgeschlecht, Beichlingische Linie, geboren am 28. September 1468 in Wiehe (Kyffhäuserkreis, Thüringen), gestorben 4. September 1536 in Kölleda (Lkr. Sömmerda, Thüringen), dort Epitaph in der Pfarrkirche, sächs. und kaiserl. Amtsträger, *Imperii Archicubicularius* **(Reichserbkammertürhüter),** *Eques auratus*[1].

Kleriker der Mainzer Diözese, studierte seit dem SS 1479 an der Universität Erfurt, 1487 in Bologna immatrikuliert, dort *utriusque iuris scholasticus*, Schüler von Giacopo Bovio und Filippo Beroaldo, 1489 Zeuge in Ferrara, 1491 Procurator der Deutschen Nation in Bologna, wurde am 9. April 1495 JUD in Bologna, Kanzler des Deutschordensmeisters Hz. Friedrich von Sachsen, dann Rat Hz. Georgs von Sachsen, auch in den kaiserl. Diensten Maximilians I., Karl V. und Ferdinands I., häufig als Gesandter zu den Reichstagen, auch 1530 u.ö. nach Polen. Heiratete am 22. September 1506 Margarethe von Miltitz, mit der er zwei Töchter und drei Söhne (Wolfgang, Philipp, Anton) zeugte.

Beziehungen zu Rheticus bestehen nicht, wohl aber für seine Söhne. Johannes Gigas in den *silvae* widmete ihm ein EPITAPHIUM THEODORICI a Werther, Doctoris.[2]

1 Zedler 1732/54, Bd. 55, Sp. 692 f.; Knod 1900, S. 623 f., Nr. 4185. | **2** Gigas, Silvae (Wittenberg 1540), Bl. 45b.

Werthern, Georg von, 1515–1576

Georg von Werthern, aus thüringischem Adelsgeschlecht, Wiehische Linie, geboren am 22. April 1515 auf Schloss Wiehe (Kyffhäuserkreis, Thüringen), gestorben am 25. November 1576 auf Schloss Wiehe, sächs. Amtsträger, zugleich mit seinen Brüdern Wolfgang und Philipp Reichserbkammertürhüter[1].

Georg von Werthern, Sohn von Johann von Werthern d. J. aus der Wiehischen Linie (1470-1534) und der Anna von Miltitz († 1538), immatrikulierte sich im SS 1528 an der Universität Leipzig[2] gemeinsam mit seinem Bruder Christoph. Mit Hz. Moritz von Sachsen zog er 1542 gegen die Türken nach Ungarn und nahm an der Belagerung von Ofen teil. Er wurde unter Kf. August I. von Sachsen herzogl. Rat und Assessor des Hofgerichts in Leipzig, auch Ober-Steuereinnehmer. 1562 begleitete er den Kurfürsten auf den Reichstag. Am 6. Januar 1574 weilte auf seinem Schloss Wiehe König Henri III. von Frankreich zu Gast, erwählter König von Polen, der am 21. Februar 1574 auf dem Schloss Wawel in Krakau gekrönt wurde.

Beziehungen zu Rheticus sind nicht bekannt. Rheticus' Leipziger Famulus und Kopernikaner Johannes Paceus veröffentlichte ein *Prognosticon...Auff das Jar M.D.LXI* (Augsburg: Gegler, 1560), gewidmet den Herren Christoph, Heinrich, Georg, Wolf und Philipp von Werthern.[3]

1 Zedler 1732/54, Bd. 55, Sp. 695. | 2 Erler, Bd. 1, S. 598, M 3. | 3 Zinner 1964, S. 232, Nr. 2264.

Werthern, Heinrich von, 1514–1566

Heinrich von Werthern, aus thüringischem Adelsgeschlecht, Wiehische Linie, geboren am 23. April 1514 in Wiehe, gestorben am 17. Juli 1566 in Wiehe, Gutsherr[1].

Heinrich von Werthern heiratete 1539 Margarethe von Hakin († 1566) in kinderloser Ehe. Von einem Studium und von **Beziehungen** zu Rheticus ist nichts bekannt. Rheticus' Leipziger Famulus und Kopernikaner Johannes Paceus veröffentlichte ein *Prognosticon...Auff das Jar M.D.LXI* (Augsburg: Gegler, 1560), gewidmet den Herren Christoph, Heinrich, Georg, Wolf und Philipp von Werthern[2].

1 Zedler 1732/54, Bd. 55, Sp. 694 f. | 2 Zinner 1964, S. 232, Nr. 2264.

Werthern, Philipp von, 1525–1588

Philipp von Werthern, aus thüringischem Adelsgeschlecht, Beichlingische Linie, geboren am 25. September 1525 auf Schloss Beichlingen (Lkr. Sömmerda, Thüringen), gestorben am 22. Dezember 1588, seit 1540 luth., sächs. Amtsträger, zugleich mit seinen Brüdern Wolfgang und Georg Reichserbkammertürhüter[1].

Philipp von Werthern, Sohn des Dietrich von Werthern aus der Beichlingischen Linie, immatrikulierte sich im SS 1536 an der Universität Leipzig[2]. Am 10. Februar 1542 schrieb er sich gemeinsam mit seinem Bruder Anton an der Universität Wittenberg ein[3], wo sie Schüler Melanchthons waren. In Beichlingen übernahm 1543 Georg Fabricius die Erziehung der Brüder Philipp und Anton, die er 1544 nach Straßburg begleitete und bis 1546 als Hauslehrer betreute[4]. Philipp und Anton setzten ihr Studium in Straßburg unter Johannes Sturm noch einige Jahre fort. Anschließend bereisten sie Frankreich und Italien. Philipp wurde Rat des Kf. August I. von Sachsen und Assessor des Hofgerichts in Leipzig. 1556 heiratete er Anna, die Tochter des Christoph von Hagen, († 1577); er starb ohne Leibeserben, sodass mit seinem Tod die Beichlingsche Linie ausgestorben ist. Eine Erhebung in den Reichsfürstenstand durch Kaiser Rudolf II. lehnte er ab.

Georg Fabricius widmete ihm und seinem Bruder Anton am 14. August 1547 aus Meißen sein *Itinerum liber I.* (Basel: Joh. Oporin, 1560). Philipp und Anton sandten am 23. Juni 1548 aus Straßburg einen Brief an ihren Verwandten Julius Pflug[5]. Johannes Sturm widmete den Brüdern die Schrift *Ad Werteros fratres, Nobilitas literata liber unus* (Straßburg: Wendelin Rihel, 1549, wiederholt nachgedruckt).

Von Werthern konnte im WS 1541/42 die Vorlesungen von Rheticus besucht haben. Rheticus' Leipziger Famulus und Kopernikaner Johannes Paceus veröffentlichte ein *Prognosticon ... Auff das Jar M.D.LXI* (Augsburg: Gegler, 1560), gewidmet den Herren Christoph, Heinrich, Georg, Wolf und Philipp von Werthern[6].

1 ZEDLER 1732/54, Bd. 55, Sp. 693. | 2 ERLER, Bd. 1, S. 620, M 21. | 3 FÖRSTEMANN 1841, Bd. 1, S. 193b. | 4 POLLET 1973, Bd. 2, S. 565. | 5 POLLET 1977, Bd. 3, S. 98 f. | 6 ZINNER 1964, S. 232, Nr. 2264.

Werthern, Wolfgang von, 1519–1583

Wolfgang (Wolf) von Werthern, aus thüringischem Adelsgeschlecht, Beichlingische Linie, geboren am 26. Juni 1519 auf Schloss Wiehe (Kyffhäuserkreis, Thüringen), gestorben am 10. Juni 1583 auf Schloss Beichlingen (Lkr. Sömmerda, Thüringen), begraben in der Stadtkirche von Kölleda (Lkr. Sömmerda), seit 1540 luth., Herrschaftsinhaber, zugleich mit seinen Brüdern Philipp und Georg Reichserbkammertürhüter[1].

Wolfgang von Werthern, Sohn des Dietrich von Werthern aus der Beichlingischen Linie, sollte nach dem Wunsch seines Vaters 1536 ein Jahr lang zum Studium der freien Künste nach Wittenberg gehen und dort Melanchthon anvertraut werden, doch legte Herzog Georg von Sachsen wegen »Ungleichheit der Religion« dagegen Widerspruch ein. So immatrikulierte er sich denn im SS 1537 an der Universität Leipzig[2]. Gigas widmete ihm ein lat. Gedicht WOLFGANGO WERTERO[3]. Im September 1542 schrieb er sich an der Universität Wittenberg ein[4]. Auf Rat seines Vetters Julius Pflug begab er sich mit seinem Erzieher Georg Fabricius auf eine Italienreise nach Padua, wo er Lazzaro Bonamico hörte, in die Lombardei, dann wieder nach Padua, am 31. Oktober 1542 erneuerte er das Wappen, das sein Vater als Procurator der Deutschen Nation hinterlassen hatte, weiter nach Rom, wo er bis zum März 1543 blieb, dann über Neapel zurück nach Padua, am 10. Oktober 1543 von Padua zurück nach Beichlingen. Fabricius hat diese Reise in seinem *Itinerum liber I.* (u.a. Basel: Joh. Oporin, 1560)[5] beschrieben. Einen akademischen Grad hatte er als Adliger nicht erworben. Herzog Moritz von Sachsen bot ihm eine Stellung als Rat nach Dresden ab, doch lehnte er ab. Es kam 1544 zu einer Entfremdung mit Hz. Moritz, weil Wolfgang den Reichstag von Speyer besucht hatte. Der Herzog ließ am 8. März 1544 Beichlingen überfallen, doch entkam Wolfgang, zuletzt am 29. Mai 1545 nach Straßburg, wo er zwei Jahre bei Johannes Sturm verbrachte. 1548 kehrte er über Paris zurück nach Beichlingen. Nach seiner Aussöhnung mit Herzog Moritz kämpfte er am 9. Juli 1553 in der Schlacht von Sievershausen (seit 1974 Stadtteil von Lehrte, Lkr. Region Hannover, Niedersachsen).

Wolfgang von Werthern, ein »sehr gelehrter und beredter Mann« (Knod), wurde *Orator Germaniae* genannt, beherrschte in Wort und Schrift das Lateinische, Italienische und Französische. Er führte europaweit einen umfangreichen Briefwechsel. Melanchthon widmete ihm seine *Commentarii utriusque linguae* (Basel: Johannes Herwagen, 1551). Wolfgang von Werthern blieb unverheiratet; er hatte keine Leibeserben, sodass seine Linie mit ihm ausstarb.

Beziehungen zu Rheticus sind nicht bekannt. Weder in Leipzig noch in Wittenberg konnte er mit Rheticus zusammentreffen. Er gehört aber zum Freundeskreis des Rheticus hinzu. Rheticus' Leipziger Famulus und Kopernikaner Johannes Paceus veröffentlichte ein *Prognosticon ...Auff das*

Jar M.D.LXI (Augsburg: Gegler, 1560), gewidmet den Herren Christoph, Heinrich, Georg, Wolf und Philipp von Werthern[6].

1 Zedler 1732/54, Bd. 55, Sp. 693; Knod 1899, S. 624, Nr. 4156; Pollet 1969, Bd. 1, S. 467 f., Anm. 6.; Pollet 1973, Bd. 2, S. 565, Anm.3. | **2** Erler, Bd. 1, S. 608, M 37. | **3** Gigas, Silvae (Wittenberg 1540, Bl. 23v. | **4** Förstemann 1841, Bd. 1, S. 193b. | **5** Text in Fabricius, Poemata, bei Camena digital. | **6** Zinner 1964, S. 232, Nr. 2264.

Wesling, Andreas, † 1577

Andreas Wesling (Wessel, Wesselius, Weissling, Wisling, Wislinger, Wisslingus, Wisling), geboren in Osnabrück (Niedersachsen), gestorben am 4. Januar 1577 in Rostock, luth., Universitätslehrer (Griechisch, Hebräisch), Theologe[1].

Andreas Wesling, Sohn des Johannes Wisling, hatte in Köln studiert und bereits dort den Grad eines Mag. art. erworben. Er immatrikulierte sich, nun bereits in vorgerücktem Alter, am 15. November 1540 unter dem Rektor Georg Major an der Universität Wittenberg[2]. Hier wohnte er im Haus von Bugenhagen, der ihn als einen *gelehrten frommen man* bezeichnete[3]. Am 7. April 1545 wurde Wesling in den Rat der Wittenberger Artistenfakultät aufgenommen[4]. 1546 ging er wegen der Schließung der Universität Wittenberg als Lektor der Hebräischen nach Königsberg in Preußen, von wo er 1551 wegen des Osiandrischen Streits nach Wittenberg zurückkehrte. Im WS 1551/52 war er Dekan der Artistenfakultät. In einem Brief vom 10. September 1552, den er Johannes Aurifaber *Vratislaviensis* nach Rostock überbrachte, empfahl ihn, *doctum et honestum senem*, Melanchthon als Hebraisten[5]; ähnliche Briefe schickte Melanchthon auch an Johannes Draconites und einen weiteren an Herzog Johann Albrecht von Mecklenburg[6]. Im Juli 1553 wurde Wesling in Rostock unter Draconites als Rektor immatrikuliert. Am 8. April 1556 wurde Wesling durch Bugenhagen ordiniert und zum Predigamt in Rostock berufen[7]. Wesling legte großen Wert darauf, seinen Studenten über die Erlernung des Hebräischen hinaus auch theologische Kenntnisse zu vermitteln. 1557 machte Wesling eine Stipendienstiftung.

Beziehungen zwischen Rheticus und Wesling waren wenig ausgeprägt. Es gab sie im WS 1541/42, als beide Kollegen waren und Rheticus als Dekan der Artistenfakultät vorstand.

1 Krabbe 1854, S. 547 f.; Freytag 1903, S. 96, Nr. 62; Bahlmann, P., in: ADB 42 (1897), S. 139. | **2** Förstemann 1841, Bd. 1, S. 185a. | **3** Vogt 1888/99, S. 377; vgl. auch S. 382, 384 und 548. | **4** Köstlin 1890, S. 22. | **5** CR VII, Sp. 1066 f. | **6** CR VII, Sp. 1069 und 1069 f. | **7** Buchwald 1894, S. 107, Nr. 1717.

Wiborg, Simon, Suecus, † 1550

Simon Wiborg (Wiporgh, Viburgensis, Suecus bzw. Suedus), auch Simon Henrici, auch Magister Simo, luth., Universitätslektor[1].

Simon Wiborg immatrikulierte sich im WS 1532/33 unter dem Rektor Franz Burckhart an der Universität Wittenberg[2]; Konsemester waren sein Landsmann Olof Larsson, Maximilian Mörlin, Georg Sabinus, Mads Hack. 1538 kehrte er nach Turku (Finnland) zurück, brach aber schon bald wieder nach Wittenberg auf. Am 22. Februar 1541 promovierte er unter dem Dekan Erasmus Reinhold um Mag. art., wobei er den 4. Rang von 22 Kandidaten erreichte[3]; von seinen Mitbewerbern kam Staphylus auf den 1. Rang, Hommel auf den 2. Rang, Andreas Wankel auf den 19. Rang. Am 1. Januar 1543 begab sich Wiborg zusammen mit seinen Landsleuten Nils Månsson und Olof Larsson auf eine Italienreise[4], von der er vor dem 1. Mai 1543 nach Wittenberg zurückkehrte. Denn am 1. Mai 1543 wurde er hier unter dem Dekan Christoph Jonas in den Rat der Artistenfakultät aufgenommen[5]. Im Oktober 1544 treffen wir Wiborg noch in Wittenberg, wo er als Magister Simon Henrici am Trinkgelage der Schweden und Finnen teilgenommen hat; hier versuchte er zu vermitteln, als die Streitigkeiten begannen[6]. Er wurde Chorherr in Turku.

Wiborg war ein besonders gründlicher Student. Er hörte die Vorlesungen von Luther und vertiefte diese an Hand eines Kommentars zum Alten Testament von Johannes Brenz[7]. Er hörte aber auch Rheticus und Reinhold; offenbar hat er Reinhold bei der Arbeit an den *Tabulae Prutenicae* unterstützt; hier finden wir die Breitengrade von elf schwedischen und drei finnischen Orten.

1 CALLMER 1976, S. 18, Nr. 34. | **2** FÖRSTEMANN 1841, Bd. 1, S. 147b. | **3** KÖSTLIN 1890, S. 12. | **4** HEININEN 1980, S. 17, hier besonders Anm. 35. | **5** KÖSTLIN 1890, S. 21. | **6** HEININEN 1980, S. 64 f. | **7** HEININEN 1980, S. 64 f., HEININEN 1980, S. 45-47.

Widmanstetter, Johann Albrecht, 1506–1557

Johann Albrecht Widmanstetter (Widmannstetter, Widmanstadt, Widmestadius, Oesiander/ Aesiander, abgeleitet von griech. οισυς = Weide, ανηρ = Mann, Lucretius, angeblich nach dem epikureischen Schriftsteller), geboren um 1506 in Nellingen (Alb-Donau-Kreis, Baden-Württemberg), gestorben am 27. März 1557 in Regensburg (Oberpfalz), kath., Jurist (Sekretär, Rat, Kanzler, Archivar), kaiserl. Hofpfalzgraf, Orientalist, früher Kopernikaner, Theologe (Diakon, Priester, Domherr)[1].

Widmanstetter, um 1520 ein Schüler von Eck, der ihn gut beurteilte[2], studierte in den 1520er Jahren die philosophischen Fächer und die Rechte in Tübingen, vermutlich auch in Heidelberg und Basel, ist aber an keiner dieser Universitäten immatrikuliert gewesen; er nennt aber seine Lehrer, insbesondere den Gräzisten und Hebraisten Jakob Jonas, den in Tübingen *celebritate magna docentem eruditi omnes venerabantur*, dann Sebastian Münster, Hieronymus Gemusaeus, Heinrich Glarean und in den Rechtswissenschaften Bonifaz Amerbach. Lehrer in den mathematischen Fächern könnten Gemusaeus, Glarean und der Stöfflerschüler Münster gewesen sein. Sein Studium der Rechte setzte er in Italien (Turin, Neapel, Rom) fort. Zugleich eignete er sich hier gründliche Kenntnisse im Syrischen und Arabischen an. 1538 traf er in Venedig mit Elia Levita zusammen; noch 1543 korrespondierte er mit Levita[3]. Am 26. September 1539 promovierte Widmanstetter alias Johannes Lucretius in Siena zum Dr. iur. civ.[4] Daneben verfolgte Widmanstetter auch eine geistliche Laufbahn: Er wurde 1541 Diakon, heiratete 1542 mit päpstlicher Erlaubnis und wurde nach dem Tod seiner Frau am 24. Februar 1557 zum Priester geweiht. Er trat in das Domkapitel Regensburg ein.

1533 wurde Widmanstetter päpstlicher Sekretär, zuerst bei Clemens VII., dann bei Paul III. 1533 hielt er *in hortis Vaticanis* Vorlesungen über das kopernikanische System, das er vermutlich aus dem *Commentariolus* kannte; denn wo hätte diese Schrift sonst hingelangen mögen wenn nicht nach Rom. 1535 wurde er Sekretär bei Kardinal von Schönberg, Erzbischof von Capua, der 1536 an Kopernikus schrieb und auf eine Veröffentlichung von *De revolutionibus* drängte.

1539 bis 1545 war Widmanstetter Rat bei seinem Schwiegervater Herzog Ludwig X. von Bayern, dann 1545 Rat bei dessen Bruder Herzog Ernst, Erzbischof von Salzburg, 1546 bis 1552 war er Kanzler und Archivar des Kardinals Otto von Waldburg, des Bischofs von Augsburg. 1551 wurde er zum kaiserl. Hofpfalzgrafen ernannt. 1552 bis 1556 war er niederösterreichischer Kanzler.

Widmanstetter wird meist in eine Reihe gestellt mit Andreas Masius und mit Gerard Veltwijk; aber er steht auch Jakob Jonas und Guillaume Postel sehr nahe. Er gilt als einer der Mitbegründer der Orientalistik, an der nicht zuletzt die Kirche in Rom großes Interesse hatte (Missionsgedanke). Auch sonst sind Vorbehalte angebracht, denn beispielsweise Widmanstetters Interesse an den Koranstudien entsprang nicht der wertfreien Wissbegierde eines humanistisch gebildeten Gelehrten, »sondern dem theologisch motivierten Bestreben, Affinitäten zwischen der neuen ›Häresie‹ der Lutheraner und der alten der ›Mahometistae‹ aufzuzeigen«[5]. Er befasste sich vor allem mit dem Syrischen und mit dem Arabischen. In diesem Bereich liegt auch der Schwerpunkt seiner **Werke:** *Sacrarum ceremoniarum ... romanae ecclesiae* (1541/42); *Notae contra Mohammedis dogmata* (1543); *Biblia Syriaca* (Wien: Michael Zimmermann, 1555, Kaiser Ferdinand I. gewidmet); *Syriacae linguae*

... *elementa* (1555, ²1572). Eine syrische und eine arabische Grammatik blieben ungedruckt. Widmanstetters *Autobiographie* ist verschollen.

Ein Porträt ist nicht überliefert, wohl aber eine idealisierende Denkmünze, in welcher er als Römer dargestellt ist[6]. Widmanstetter heiratete am 15. Januar 1542 Anna von Leonsberg († 1556), die illegitime Tochter des bayerischen Herzogs Ludwig X. Aus der Ehe ging eine Tochter Virginia Kassandra hervor. Widmanstetter hatte zudem einen unehelichen Sohn Sebastian[7]. Seine große Bibliothek ist in bedeutenden Resten in der Bayerischen Staatsbibliothek in München erhalten.

Beziehungen zwischen Rheticus und Widmanstetter sind nicht direkt überliefert, konnten sich aber bei verschiedenen Gelegenheiten ergeben haben. Als ein ganz früher Kopernikaner drängte Widmanstetter seit 1533 auf eine Veröffentlichung der heliozentrischen Lehre, also einige Jahre vor Rheticus; 1539 mochte ihm Kopernikus darüber berichtet haben. Am 2. März 1548 erhob Kaiser Karl V. auf dem Augsburger Reichstag Widmanstetter in den Ritterstand[8]; dieselbe Ehre wurde Rheticus am 28. April 1548 zuteil, womit allerdings nichts darüber gesagt sein soll, dass beide Kenntnis von einander gehabt haben. Es ist dies aber möglich, ja sogar wahrscheinlich. 1553 wird Widmanstetter in die Matrikel der Universität Wien eingetragen, 1554 wurde er Superintendent der Universität Wien und mit einer Reorganisation dieser Hochschule beauftragt. In diese Zeit fällt die Berufung von Rheticus nach Wien als dritter (d.h. vornehmster Mathematiker).

Wie viele andere Schulgesellen von Rheticus, u.a. Konrad Wolfhart, Gasser, Brusch, Dryander, Georg Agricola, Lorenz Fries, Sinapius, Lazius, Vadian, Vogelmann, Normann, Morsing, indirekt auch Rheticus selbst, war auch Widmannstetter ein Mitarbeiter von Münsters Kosmographie[9].

1 Müller 1907. | **2** Ankwicz, in: MIÖG 37 (1916), S. 76. | **3** Weil 1963, S. 244-246. | **4** Weigle 1944, S. 239, Nr. 532. | **5** Bobzin 1995, S. 7, unter Hinweis auf Hans Striedl, Der Humanist Johann Albrecht Widmanstetter (1506-1557) als klassischer Philologe, in: Festgabe der Bayer. Staatsbibliothek für E. Gratzl, Wiesbaden 1953, S. 96-120. | **6** Abb. bei Müller 1907, S. 113. | **7** Zeitschrift für Schwaben und Neuburg 38, S. 78. | **8** Urkunde im Wortlaut bei Müller 1907, S. 94-97; ebenda, S. 94-97 auch Abb. des Wappens. | **9** Münster, Cosmographia universalis, lat. Ausgabe, Basel: Heinrich Petri, 1554, S. 638 (Brief aus Salzburg, 1. Juli 1548).

Wigand, Johannes, 1523 –1587

Johannes Wigand, geboren um 1523 in Mansfeld (Lkr. Mansfeld-Südharz, Sachsen-Anhalt), gestorben am 21. Oktober 1587 in Liebemühl (poln. Miłomłyn, Woiwodschaft Ermland-Masuren), luth. Theologe, Gnesiolutheraner[1].

Nach Besuch der Schule in Mansfeld, wo er bereits zum *homo trilinguis* herangebildet wurde, immatrikulierte sich Wigand im SS 1538 an der Universität Wittenberg, wo er Schüler von Luther, Melanchthon, Cruciger, Justus Jonas und Veit Winsheim wurde, *privatim* wurde Johannes Marcellus sein Lehrer[2]. 1541 bis 1545 wirkte der Bacc. art. Wigand unter den Rektoren Johannes Kezmann (bis 1543) und Georg Sella an der Schule von St. Lorenz in Nürnberg als Lehrer (»Baccalaureus«), neben Johannes Kentmann, Mag. Johann Wenzel, Bacc. Johannes Wigand und Kantor Johann Schutz; auch Johannes Schöner hielt Vorlesungen an dieser Schule[3]. Zu seinen Lehrern gehörte auch Petrus Vincentius; regelmäßig hörte er die Predigten von Osiander, Veit Dietrich und Thomas Venatorius. Am 1. September 1545 promovierte er unter dem Dekan Johannes Aurifaber *Vratislaviensis* zum Mag. art.[4]

1546 wurde Wigand Pfarrer in Mansfeld, wo er auch an der Schule Dialektik, Physik (*initia doctrinae physicae*) und Botanik unterrichtete; in der Botanik hatte er vor allem in Wittenberg von Valerius Cordus profitiert. 1553 wurde er Pfarrer an St. Ulrich und Superintendent in Magdeburg, wo er mit Flacius und Matthäus Judex die Arbeit an den Magdeburger Zenturien begann. Nachdem er wiederholt als Professor in Jena (1560, 1568) tätig war; lehrte er zuletzt 1573/75 an der Universität Königsberg. Hier weihte ihn 1575 der samländische Bischof Tilemann Heshusius zum Bischof von Pomesanien, 1577 wurde Wigand als dessen Nachfolger zugleich auch Bischof von Samland. Er verfasste als Vorkämpfer der Flazianer und Feind der Calvinisten zahlreiche Streitschriften gegen die Philippisten und dessen Exponenten Kaspar Peucer.

Beziehungen zu Rheticus sind nicht bekannt. Wigand hätte allenfalls im SS 1538 Vorlesungen von Rheticus hören können. Dennoch war Wigand hier als Kommilitone von Heinrich Zell und Hieronymus Wolf, als Schüler von Valerius Cordus, als Lehrer und Kollege von Sella und Schöner, als Hörer der Predigten von Osiander oder Venatorius zu erwähnen. Da Rheticus sich 1542 mehrfach längere Zeit in Nürnberg aufgehalten hat, ist eine Begegnung mit Wigand gut möglich. Auch die Briefe Johannes *Aurifabers Vinariensis* an Gasser (*patrono suo colendissimo*) haben Wigand und Flacius zum Thema[5]. Wigand war Mitunterzeichner des Widmungsbriefes der 8. Magdeburger Zenturie (Basel 1564) an Gasser[6].

1 Brecher, Adolf, in: ADB 42 (1897), S. 452-454; | 2 Förstemann 1841, S. 170a. | 3 Helm 1973, S. 33 f. | 4 Köstlin 1890, S. 18. | 5 Burmeister 1975, Brief Nr. 58, 62, 63, 64. | 6 Burmeister 1975, S. 261-284, Brief Nr. 83.

Wigbolt, Bernart, ca. 1515–1556

Bernart (Bernt, Bernhard) Wigbolt (Wickboldt, Fries, Frisius, Arcturus), geboren um 1515 in Groningen (Niederlande), gestorben am 20. April 1556 in Rostock. JUD, neulat. Dichter, Prof. d. Rechte in Kopenhagen, königlich-dänischer Rat[1].

Im WS 1531/32 immatrikulierte er sich als Bernhardus vicboldt (ohne Herkunft) an der Universität Wittenberg. Aus dieser Eintragung lässt sich als Anagramm der Name Arcturus herauslesen:

A	Bernh **A** rdus vicboldt
R	Be **R** nhardus vicboldt
C	Bernhardus vi **C** boldt
T	Bernhardus vicbold **T**
U	Bernhard **U** s vicboldt
R	Bernha **R** dus vicboldt
V	Bernhardus **V** icboldt
S	Bernhardu **S** vicboldt

Da der Stern Arcturus im Sternbild des »Bärenhüters« liegt, konnte gerade auch der Vorname »Bernhard« für die Wahl des Namens Arcturus sprechen.»Bernhard«, zusammengesetzt aus »Bär« (ahd. bero, mhd. bër) und »hart« (ahd. hart, asächs. hard = stark, bedeutet »Bärenstark«. Eine ähnliche Bedeutung hat auch der Name »Wickbold«; er bedeutet »mutig im Kampf«. Beide Namen, »Bernhard« und »Wigbolt« entsprechen den Vorstellungen, die Griechen und Römer vom Arcturus hatten: Aratos (3. Jh. v. Chr.) nennt Arcturus δεινός (schrecklich, hart), Horaz (65-8 v. Chr.) *saevus* (schrecklich) und Plinius (ca. 23-79 n. Chr.) *horridum sidus* (schrecklicher Stern). Bei Plautus (ca.250-184 v. Chr.) sagt der personifizierte Stern über sich selbst: *vehemens sum, cum exorior, cum occido vehementior* (ich bin schrecklich, wenn ich aufgehe, und noch schrecklicher, wenn ich untergehe)[2].

Als *contubernalis* trat Wigbolt in ein Nahverhältnis zu Melanchthon, der sein Interesse auf die mathematischen Fächer lenkte. Auch Marcellus, Professor für Poetik, wurde einer seiner Lehrer. Wigbolt schloss sich eng an die Wittenberger Poeten um Lemnius, Sabinus, Stigel, Acontius und Aemilius an. Eine besondere Freundschaft pflegte er mit den drei Brüdern Reiffenstein. Nach dem Ende der Pest besuchte er im Sommer 1536 seinen gleichnamigen Vater in Groningen, um Forschungen über die *prima vestigia* (frühe Spuren) des auch von Melanchthon hoch geschätzten Humanisten Rudolf Agricola anzustellen. Im März 1537 befasste er sich gemeinsam mit Stigel mit Melanchthons Übersetzungen und Neufassungen für Georg Spalatin. *Stigelius et Frisius describunt tibi* *ea, quae partim verti, partim de novo composui*³. Daneben verfasste er einige lateinische Dichtungen wie seine Psalmenübersetzungen zu den Psalmen 84 und 133 oder ein Epigramm für Rubigallus⁴.

Vor allem aber widmete sich Wigbolt der Astronomie. Lemnius hat ihm 1538 ein Epigramm *Ad Arcturum Phrysium* gewidmet, aus dem dessen Übereifer für die Astronomie hervorgeht⁵:

> *Arcturum dum tu spectas pigrumque Booten,*
> *Et quid Phoebeios forte moretur equos*
> *Curque citis currat Phoebe subvecta quadrigis*
> *Et cur defessis illa laborat equis*
> *Ac cur pisce gelu, geminis ver, virgine messis*
> *Desinat et mutent haec tibi signa dies:*
> *Haec tu dum spectas intentis sydera coelo,*
> *Dic mihi, num videas, est quod et ante pedes.*

(dt. Übers. von Mundt: »An Arcturus Phrysius. Du beobachtest den Arcturus und den trägen Bootes und untersuchst, was möglicherweise die Pferde des Phoebus [Sonne] aufhält. warum Phoebe [Mond], aufgefahren, mit schnellem Viergespann dahineilt und sich mit den ermatteten Pferden abmüht, warum der Winter im Zeichen der Fische endet, der Frühling im Zeichen der Zwillinge und der Sommer im Zeichen der Jungfrau und warum diese Zeichen deine Tage verändern. Sag mir doch, ob du auch siehst, was vor deinen Füßen liegt, während du voller Eifer die Himmelszeichen erforschst!«)

Ein Epigramm an *Arcturus Frisius* richtete auch Johannes Gigas in seinen *Silvae* (Wittenberg 1540)⁶.

> Cum spectes rigido rutilantes crine comoetas
>   Et videas moesto tigna facesque polo
> Dic mihi, dic venient iucundae tempora pacis
>   An semper Martis triste manebit opus?
> E graeco ……..

(dt. Übers.: Während du rötlich schimmernde Kometen mit wildem Schweif beobachtest und am unheilvollen Himmel Balken und Fackeln erkennst, sage mir doch, ob erfreuliche Zeiten des Friedens kommen oder immer noch das traurige Kriegshandwerk andauern wird?).

Zu den astronomischen Studien Wigbolts gehört auch eine verschollene *Explicatio Ptolemaei*, bei deren Entstehung der Leipziger Astrologe Johannes Pfeil behilflich war. Es bedarf auch keines weiteren Hinweises, dass Volmar, Reinhold und Rheticus zu Wigbolts Lehrern gehört haben.

1541 wurde Wigbolt aufgrund einer Empfehlung aus Wittenberg vom dänischen König Christian III. an die Universität Kopenhagen auf einen Lehrstuhl der juristischen Fakultät berufen⁷. Dagegen erhob das Professorenkollegium Einwände, da er keinen Doktorgrad habe. Der König, der Wigbolt für »einen gelehrten und geschickten Mann hielt« schaltete Johannes Bugenhagen als Vermittler ein⁸. Die Professoren schlugen dem König vor, Wigbolt zum Lizentiat der Rechte zu kreieren, wie das von Papst, Kaiser und anderen Fürsten auch gehandhabt werde, ließen aber durchblicken, dass sie es vorziehen würden, wenn Wigbolt anderswo einen solchen Grad erwerben würde. Wigholt füllte bis 1545 seine Professur aus, entschloss sich dann aber, seine Studien wieder aufzunehmen⁹.

Wigbolt ist mit dem 18. März 1546 in Orléans nachweisbar¹⁰. Im April 1546 immatrikulierte sich *Bernhardus Wigbolt Groningensis*¹¹ in der deutschen Nation der in Europa führenden Rechtsschule von Orléans, um nach der modernen Methode des *Mos gallicus* die Rechte zu studieren. Ein wichtiger Beweggrund für die Aufnahme des Studiums in Orléans war auch das Erlernen der französischen Sprache¹². Wigbolt war allerdings kein einfacher Student, er beanspruchte als vom dänischen König kreierter *licentiatus iuris*, sogenannter *doctor bullatus*, und als ehemaliger Professor der Rechte einen Platz im Kollegium der Doktoren. Wigbolt stand auch bei seinen Kommilitonen in hohem Ansehen. Am 14. Dezember 1546 wurde er in einen Ausschuss gewählt, der die Aufgabe hatte, für den 6. Januar 1547, an dem traditionsgemäß das Fest der Nation stattfand, ein Lokal für das feierliche und kostspielige Gastmahl auszusuchen und zu inspizieren. Der Ausschuss entschied sich für das Lokal »La Monnoye« (Münze). Vom 26. Dezember 1546 bis 30. März 1547 übte Wigbolz *summa cum laude* das Amt eines Prokurators der deutschen Nation in Orléans aus[13].

Wigbolt wechselte noch einmal an die Universität Siena. Hier wurde er am 6. Oktober 1548 zur Prüfung zugelassen und am 7. Oktober 1548 zum JUD promoviert[14]. Er erhielt die äußeren Zeichen des Doktorats: das geschlossene und offene Buch, das Barett, den Doktorring, den Friedenskuss und den Segen[15].

In der Folge sehen wir Bernart Wigbolt in den dänischen Diensten[16]. Am 8. Juli 1549 wurde Bernart Wigbolt zu einem Rat und Diener des Königs und seines Sohnes, des Herzogs Friedrich, ernannt[17]. Als solcher erhielt er ein Jahresgehalt von 300 Talern sowie Hofkleidung, Pferdefutter und sonstige Naturalbezüge[18]. Der König verwandte Wigbolt hauptsächlich zu auswärtigen diplomatischen Missionen, u.a. 1551 nach Augsburg und Innsbruck, 1553 an die norddeutschen Fürstenhöfe. Am 6. Juni 1555 schlossen Dänemark und Norwegen in Rostock einen Vertrag, zu dessen Unterzeichnern Wigbolt gehörte[19]. Der Superintendent Daniel Greser berichtet von einem Besuch Wigbolts *in wichtigen vnd Fürstlichen gescheff́ten* in Dresden[20].

Wigbolt ließ sich in einem Haus in Kopenhagen nieder[21] und heiratete Magdalena Payens. Der König belehnte Wigbolt am 6. Februar 1552 mit einem Hof in Odense auf der Insel Fünen (Syddanmark)[22]. Wigbolts Witwe Magdalena wurde von der öffentlichen Hand standesgemäß versorgt, sie erhielt ein Gnadenjahr aus Roskilde. 1561 heiratete sie in zweiter Ehe den königlichen Leibarzt Dr. med. Cornelius von Hamsfort (1509-1580)[23].

Bernart Wigbolt ist am 20. April 1556 in Rostock gestorben, wo er in der dortigen Marienkirche begraben wurde. Die Grabschrift ist überliefert.[24]

> Musarum decus et cultissima gloria fandi,
>   Bernardus iacet hac contumulatus humo.
> Quo pietate prior, quo vix servantior aequi,
>   Extulit, aut legum clarior arte fuit:
> Gallia scit, scit Roma, nec infiabitur Albis,
>   Senaque[25] Doctoris quae dedit ipsa gradum.
> Magnus habebatur Danorum Regis in aula,
>   Consiliis, lingua, dexteritate, fide
> Donec in has missus non fausto sydere terras
>   Ocyus avertit de statione pedes.
> Scilicet octavi cecidit sub limine lustri,
>   Grandius hoc facit non Libitina nefas.
> Ad vada Vernonii corpus servatur in urna,
>   Spiritus aethereae gaudia sedis habet.

(dt. Übers.: Als Stolz der Musen und feinste Zierde des Rechts liegt Bernhard mit dieser Erde bedeckt. Wer übertraf ihn an Gerechtigkeit, wer eben in der Bedachtnahme auf die Billigkeit, wer ist glänzender in der Gesetzeskunst gewesen. Frankreich weiß es, Italien weiß es, nicht einmal Wittenberg stellt es in Abrede, und auch nicht Siena, das selbst ihm den Doktorgrad verlieh. Er galt viel am Hof des Königs der Dänen, mit Ratschlägen, Reden, Gewandtheit, Zuverlässigkeit, bis der unter einem unheilvollen Stern in dieses Land entsandte, die Füße zu früh von seinem Posten wegzog, ist er doch auf der Schwelle des achten Lustrums gestorben, größeres Unrecht konnte die Leichengöttin nicht begehen. An den Ufern der Warnaw wird sein Leichnam in einer Urne verwahrt, seine Seele genießt die Freuden des Sitzes im Himmel).

Im Gegensatz zu dem Epitaph gilt das *Epicedion in funere Bernhardi Wigboldi Frisij* als verschollen.²⁶ Der dänische Theologe Erasmus Michaelis Laetus alias Rasmus Glad (1526-1582) hat in seinen *Rerum Danicorum Libri XI* (1573) ihm einige lobende Verse gewidmet:

> […] Fuit hic Wichoboldus: at illo
> Edidit haud alium meliorem Frysia, seu quis
> Ingenium ac animi culturam spectet, honestos
> Seu studeat mores et nomina grata tueri.

(dt. Übers.: Hier ist Wigbolt gewesen: aber doch hat Friesland keinen anderen, der besser wäre als er, hervorgebracht, sei es, dass man sein Talent und seine Geistesbildung betrachtet, sei es dass man bemüht ist, seinen ehrbaren Wandel und werten Namen anzusehen).

Beziehungen zwischen Rheticus und Wigbolt dürfen, wie bereits angedeutet, als sicher angenommen werden. Diese Feststellung wird vollends dadurch bestätigt, dass Rheticus »seinem einzigartigen Freund« Wigbolt ein Exemplar der *Narratio prima* mit der handschriftlichen Widmung zugeeignet hat: *D[omino] Bernhardo Phrisio amico suo singulari d[onum] d[edit]*²⁷.

1 RØRDAM 1869, S. 425-428; SCHEIBLE, MBW, Bd. 12, Personen, 2005, S. 95 f. | 2 Zitate nach ALLEN 1963, S. 99 f. | 3 SCHEIBLE (Hg.), MBW, Bd. T7, 2006, S. 371 f., Nr. 1863, SCHEIBLE in: MBW Bd. 2, 1978, S. 303, Nr. 1863. | 4 OKÁL 1980, S. 1 f. | 5 MUNDT 1983, Bd. 2, S. 96 f. | 6 GIGAS, Johannes, Silvarum libri IV, Wittenberg 1540), Bl. F8recto (= S. 48r) = VD 16: H 3240; CLEMEN 1983, Bd. 3, S. 25, Anm. 2. | 7 RØRDAM 1869, S. 425-428. | 8 VOGT 1910, S. 249. | 9 RIDDERIKHOFF 1980, S. 447. | 10 SCHEURER/PETRIS 2008, S. 361. | 11 RIDDERIKHOFF 1980, S. 447; RIDDERIKHOFF 1971, S. 385. | 12 SCHEURER/PETRIS 2008, S. 368. | 13 RIDDERIKHOFF 1988, Bd. 2,1,1, S. 1-30. | 14 WEIGLE 1944, S. 240. | 15 WEIGLE 1944, S. 206 f. | 16 SCHWARZ LAUSTEN, Martin, Die heilige Stadt Wittenberg, Die Beziehungen des dänischen Königshauses zu Wittenberg in der Reformationszeit (Schriften der Stiftung Luthergedenkstätten in Sachsen-Anhalt, 10). Leipzig: Evangelische Verlagsanstalt, 2010), S. 161 f. | 17 Regesta diplomatica historiae Bd. 2, Teil, København 1895, S. 170, Nr. 2013. | 18 RØRDAM 1869, S. 427. | 19 LAURSEN, Laurs, Traités du Danemark et de la Norvège, Bd. 1, Danmark-Norges traktater 1523-1750, København 1907, S. 565. | 20 GRESER 1587, BSB online, image 29. | 21 Monumenta historiae danicae, Bd. 1, København 1873. | 22 RØRDAM 1869, S. 427. | 23 RØRDAM 1869, S. 428, Anm. 5 | 24 LOSSIUS 1580, S. 148 f. | 25 LOSSIUS hat Genaque gelesen, vielleicht irregeleitet durch den lat. Namen Genabum für Orléans. | 26 RØRDAM 1869, S. 428, Anm.6. | 27 Vgl. die Abb. des Titelblattes bei PILZ 1977, Tafel 22. Das Original befindet sich in der UB Erlangen.

Wilde, Simon, ca. 1520 – ca. 1560

Simon Wilde (Wild, Wildt, Bildeus), geboren um 1520 in Zwickau, gestorben um 1560 in Jena, luth., Arzt¹.

Wilde, dessen Mutter eine Schwester des Zwickauer Stadtschreibers Stephan Roth, Besitzers einer bedeutenden Bibliothek, wurde im WS 1539/40 in Wittenberg eingeschrieben². Hier wurde er Schüler von Veit Amerbach³. Am 20. April 1542 promovierte er unter dem Dekan Rheticus zum Mag. art.⁴ Danach wandte er sich auf den Rat Curios und Melanchthons der Medizin zu und übte ohne jeden medizinischen Grad den Arztberuf als Empiriker aus. Erst 1558 promovierte er in Jena zum Dr. med. Diesem Leben als Praktiker entspricht, dass Wilde so gut wie keine Veröffentlichungen hinterlassen hat. Die Ausnahme bilden wenige medizinische Consilia mit Rezepten, verzeichnet bei Johannes Wittich (1537-1596) *Consilia, observationes atque epistolae medicae* (Leipzig 1604), S. 112-116. Gemeinsam mit Otto Flösser gab er in Druck *Ein kurtzer Bericht, wie man sich in der Heupt Kranckheit halten soll* (Jena: Christian Rödinger d.Ä., 1554)⁵. Christoph Stathmion widmete Wilde seine Schrift *De tertiana febri astrologica experientia* (Wittenberg: Georg Rhaus Erben, 1556)⁶. Wilde zeigte großes Interesse an der Musik.⁷ So bat er seinen Onkel Stephan Roth, der eine bedeutende Musiksammlung besaß⁸, um Stimmbücher, damit er sich bisweilen am Gesang ergötzen könne.⁹ Wilde heiratete 1543 die Tochter des Hammelburger Bürgers Johannes Kraft.

Dank der Überlieferung ist Simon Wilde zu einem Musterbeispiel eines Wittenberger Studenten geworden, weshalb auf ihn hier etwas ausführlicher eingegangen werden muss. Mutter und Onkel

Stephan Roth förderten sein Studium in Wittenberg. Sein Präzeptor wurde im Mai 1540 Veit (Trolmann) Amerbach, der die Physik vortrug.[10] Wilde wurde oft von Notlagen geplagt, war schlecht untergebracht, wechselte häufig die Tischgenossenschaft oder die Bude, konnte sich nur schlecht kleiden. Trotz dieser Nöte machte er bei dem Ernst, mit dem sein Studium anging, gute Fortschritte, über die er sich Zeugnisse ausstellen ließ und laufend seinem Onkel berichtete. Zwar spielte die Fama bei der Beurteilung der Studienfortschritte eine erhebliche Rolle, doch was man Schwarz auf Weiß besitzt, kann man getrost nach Hause tragen. *Aber doch ich hab czeugnuß meines fleiß vnd studirns, nicht schlechte gesellen, sondern doctores vnd magistros, die mir bezeugen werden, was ich fleiß vnd muhe auff meine facultet vnd kunst wende, also auch das mir nicht allein meine präceptores, sonder auch andere gutte freund vnd herrn sehr geneiget vnd guttwillig sein.*[11]

Als sein Freund Adam Siber am 23. September 1540 zum Mag. art. promovierte[12], zeigte sich Wilde sehr beeindruckt und versprach seinem Onkel, mit Gottes Hilfe übers Jahr auch diese Würde zu erlangen. Im Januar 1541 zog er mit dem späteren Arzt und Botaniker Valerius Cordus zusammen, im April 1541 wurde er unter die Tischgenossen von Prof. Curio aufgenommen. Seither begann sich Wilde für das Studium der Medizin zu interessieren. Er studierte im April und Mai 1541 Anatomie, auch begleitete er Curio auf dessen Krankenbesuchen. Nach seiner Promotion zum Mag. art. trat Wilde im Februar 1543 ein Lehramt in Hammelburg (Lkr. Bad Kissingen, Unterfranken) an, kehrte jedoch schon bald nach Wittenberg zurück, um sein Medizinstudium unter Augustin Schürpf, Milich und Fendt zu vollenden. Am 20. Juli 1545 stellte ihm Fendt als Dekan der medizinischen Fakultät ein Absolutorium aus: Magister Simon Wilde habe mehr als vier Jahre *cum magno modestiae ac diligentiae laude* zugebracht, er habe die *artes* und die übrigen Teile der Philosophie studiert und den Magistergrad erworben, danach zwei Jahre lang die öffentlichen und privaten Vorlesungen und Disputationen über die medizinischen Schriftsteller gehört und habe sich die Heilmethoden, wie sie in Wittenberger Tradition sind, sorgfältig angeeignet, er kann daher als Arzt empfohlen werden. Mit Gottes Hilfe werde er vielen Menschen in ihren Krankheiten helfen können.[13] Wilde wurde 1546 als Stadtphysikus in Eisleben tätig. Am 18. Februar 1546 weilte Wilde am Sterbebett Martin Luthers.[14] 1558 wurde Wilde in Jena zum Dr. med. promoviert, zum Assessor der medizinischen Fakultät ernannt und als herzoglicher Leibarzt angenommen.

Beziehungen zu Rheticus: Simon Wilde, dessen astrologische Interessen klar bezeugt sind, war kein Mathematiker; wir können ihn nicht für den weiteren Kreis der Wittenberger Astrologen in Anspruch nehmen. Auch fallen seine Studien weitestgehend in die Zeit von Rheticus' Abwesenheit, sodass er seine Vorlesungen erst im letzten WS 1541/42 hören konnte. In dem Briefwechsel mit seinem Onkel kommt Wilde am 2. Dezember 1540 darauf zu sprechen, dass die Kenntnis der Arithmetik für alle anderen artes von Bedeutung sei. Dies ergebe sich schon aus dem ersten Kapitel der Sphaera des Sacrobosco, aber auch für die Physik oder die Medizin sei die Kenntnis der Arithmetik unerlässlich. (Nachdem ich also unerfahren in dieser Kunst bin, jetzt aber mich gerade mit diesen Studien befasse, in denen ich ohne diese nichts ausrichten kann, diese aber nicht öffentlich gelesen werden, bitte ich Dich, mir 1 Gulden zuzugestehen, mit dem ich mir sonst einen Pelzrock gekauft hätte, den ich aber eher entbehren kann, damit ich so mein angestrebtes Ziel leichter erreichen kann, indem ich von irgendeinem das privat erlernen kann. Damit kannst Du mir und meinen Studien keinen größeren Gefallen tun). Wir können hier die Streitfrage offen lassen, ob man mit Buchwald[15] oder mit Kraai[16] annehmen will, dass Rheticus 1540 eine *praelectio in sphaeram* gehalten hat oder nicht; denn es geht Wilde hier ja nicht um eine öffentliche Vorlesung über Sacrobosco, sondern um eine Arithmetik-Vorlesung, die er privat zu hören und eigens zu bezahlen gezwungen ist.

In der *Sphaera* des Sacrobosco taucht das angesprochene Problem gleich zu Beginn bei der Definition der Astronomie auf: *Astronomia est doctrina quae per geometriam et arithmeticam divinitus inquirit et demonstrat diversitatem motus coeli et aliosque corporum coelestium...* (Astronomie ist die Wissenschaft, die durch Geometrie und Arithmetik herrlich erforscht und darlegt die Verschiedenheit der Bewegungen des Himmels und der Himmelskörper...).[17] Rheticus kommt auf dieses Thema immer wieder zu sprechen. Auch in der Vorrede zu seiner Arithmetik-Vorlesung von 1536 hat er dieses Problem angesprochen: *Plurimum refert in scolis assidue inculcare et repeti Arithmeticen, quae cum maximos usus habet in omni vita, tum vero philosophiae initium est et aditum patefacit ad prestantissimam philosophiae partem de rebus coelestibus. Quare diligenter danda est opera, ne iuventus eam negligat*[18] (Es kommt sehr viel darauf an, in den Vorlesungen die Arithmetik beständig einzuprägen und zu wiederholen, die sowohl sehr große Nutzanwendungen im ganzen Leben hat als auch im besonderen ein Eingang zur Philosophie ist und einen Zugang zum vorzüglichsten Teil der Philosophie, die Himmelskunde betreffend, eröffnet. Deshalb muss man sich sorgfältig Mühe geben, dass die Jugend sie nicht vernachlässigt[19]).

Für Wilde war das alles neu, er wollte sich in dieses Gebiet einarbeiten. Die Astronomie begann ihn auch zu interessieren. Denn es ist kein Zufall, dass Wilde sich nach seinen akademischen Abschluss, den er mit dem Magisterium vorerst erlangt hatte, sich 1542 zwei Geburtshoroskope erstellen ließ. Ein erstes, dessen Autor wir nicht kennen, schien wenig tauglich zu sein. Denn Wilde wandte sich um eine zweite Nativität an den berühmten Nürnberger Mathematiker Magister Erasmus Flock, der Rheticus auf dessen Lehrstuhl nachgefolgt war. Flock sagte ihm viel Erfreuliches und weniger Erfreuliches voraus, manches davon stand auch im Widerspruch zu dem früheren Gutachten. Und Wilde staunte, welche geistigen Fähigkeiten Flock in sein Gutachten einfließen ließ, was er als sein Mitschüler auch gerne gemacht habe. Dennoch verlangte Flock ein Honorar von 3 Gulden, die Wilde ihm auch auszahlte.[20] Vermutlich war der hintergründige Anlass für diese beiden astrologischen Gutachten die bevorstehende Heirat Wildes. So verweist auch beispielsweise Brosseder[21] auf ein Horoskop, das Erasmus Reinhold um 1545 auf einen Anonymus erstellte, in dem er ihm zwei Ehen in Aussicht stellt: »Die erste Frau werde eine Witwe sein. Diese Frau sei eingebildet und würde das Schwert nicht aus der Hand geben. Die zweite Frau hingegen werde fromm sein, wenngleich sie ein wenig kränkeln würde. Es sei anzunehmen, dass er keine Kinder bekomme. Sollte er wider alles Erwarten doch Kinder bekommen, würden es zwei Töchter sein, die ungehorsam sein würden«.[22]

Wie schon erwähnt, promovierte Wilde am 20. April 1542 unter dem Dekan Rheticus zum Mag. art.[23] Diese Promotion stellt eine Besonderheit dar, weil Wilde am 29. April 1542 dazu einen ausführlichen Bericht schrieb und auch sonst darüber manches bekannt geworden ist. So musste sich Wilde von seinem Onkel den Promotionsring ausleihen, aber auch sonst machten ihm die Auslagen für die Promotion einiges Kopfzerbrechen, weshalb er seinen Bericht unter das Motto stellte *Gaudia mixta malis* (Freude gemischt mit Übel). Rheticus allein erhielt nach den Gebührenvorschriften von jedem Kandidaten acht Gulden, das waren insgesamt 80 Gulden, was genau einem Jahresgehalt entsprach. Die beiden Universitätspedelle, die Wilde die gute Neuigkeit mitteilten, dass er zum Examen und zur Ehrung zugelassen sei, bekamen zusammen einen Gulden. Vier Groschen kostete die Fackel, die dem neu kreierten Magister vorangetragen wurde. Der Wirtin, Frau Katharina Braunsdorffin, einer Schwägerin seines Onkels, zahlte Wilde drei Taler (= sechs Gulden) für ein Essen. Er musste aber weitere vier Taler (= acht Gulden) für den Doktorschmaus von seiner Wirtin und von einem Freund ausleihen. Aus nichtigem Anlass erhob sich ein Streit und rief einen so großen und so traurigen Wirrwarr um dieses Geld hervor, wie er es nie erlebt hatte und er gezwungen war, seine Bücher als Pfand zu versetzen, nur um die Wut zwar nicht zu besänftigen, aber doch abzumildern. Wilde fasst seine unangenehmen Erfahrungen schließlich in den Satz zusammen: *Credo me esse hominem extremae miseriae* (Ich glaube, ich bin ein Mensch äußersten Elends).

1 BUCHWALD 1894/1902, S. 61-111. | **2** FÖRSTEMANN 1841, S. 178a. | **3** FISCHER 1926, S. 5, 7; FRANK 1997, S. 104. | **4** KÖSTLIN 1890, S. 14. | **5** MÜLLER 2004, S. 348, Nr. 2832. | **6** Exemplar SLUB Dresden; AXMANN 1997, S. 187. | **7** PIETZSCH 1971, Musikleben, S. 167. | **8** SCHLÜTER 2010, S. 248-276. | **9** BUCHWALD 1894/1902, S. 68. | **10** BUCHWALD 1894/1902, S. 70, 86, 89; FISCHER 1926, S. 5. | **11** BUCHWALD 1894/1902, S. 98. | **12** KÖSTLIN 1890, S. 12. | **13** BUCHWALD 1894/1902, S. 78, dort der volle lateinische Wortlaut des Zeugnisses. | **14** KÜCHENMEISTER 1881, S. 109; KOLDE 1883,

S. 427. | **15** Buchwald 1894/1902, S. 93. | **16** Kraai 2003, S. 105-118. | **17** Zitiert nach Kraai 2003, S. 31. | **18** Deschauer 2003, S. 2. | **19** Übersetzung von Deschauer 2003, S. 3 f. | **20** Buchwald 1894/1902, S. 111. | **21** Brosseder 2004, S. 113-120. | **22** Brosseder 2004, S. 114. | **23** Köstlin 1890, S. 14.

Wildeck, Eusebius

Eusebius Wildeck, aus Zwickau, gestorben nach 1589, luth., Arzt, Ratsherr[1].
Eusebius Wildeck immatrikulierte sich im SS 1544 zugleich mit Philipp Wagner an der Universität Leipzig[2]. Er promovierte im WS 1545/46 zugleich mit Philipp Wagner, Brambach, Brauer, Paul Schumann und David Peifer zum Bacc. art.[3] Im WS 1548/49 erlangte er unter dem Dekanat des Rheticus die Würde eines Mag. art.[4] Wildeck widmete sich anschließend dem Studium der Medizin und promovierte zum Dr. med. Im Dezember 1558 wurde er zum Stadtphysikus von Zwickau bestellt. 1560 wurde er dort auch Ratsmitglied und Schulinspektor.

Wildeck war 1560 im Besitz eines Buches aus der Bibliothek des Stephan Roth, und zwar von Hieronymus Bock, New Kreutter Buch, Straßburg: Wendelin Rihel, 1539[5]. Wildeck war verheiratet. Eine Tochter Anna heiratete 1584 Hieronymus Klein, Stadtphysikus von Zeitz (Burgenlandkreis, Sachsen-Anhalt), Sohn des Leipziger Professors Balthasar Klein. Eine weitere Tochter Christina heiratete am 1. September 1589 Magister Simon Wexius in Jena, damals Dekan der philosophischen Fakultät.

Werk: *Kurtzer und einfeltiger Bericht, wie man sich für der schrecklichen Seuche der Pestilentz bewaren und sie curiren sol*, Leipzig: Johannes Rhambow, 1566, undatierte Widmung an Bürgermeister und Rat von Zwickau[6].

Beziehungen zu Rheticus sind gegeben, insbesondere durch Wildecks Magisterpromotion. Aber schon seit dem SS 1544 konnte Wildeck Vorlesungen von Rheticus besuchen. Beide hatten auch eine Vorliebe für die Medizin, deren Studium sie sich in Leipzig widmeten.

1 Clemen/Koch 1984, Bd. 5, S. 49 f. | **2** Erler, Bd. 1, S. 648, M 22. | **3** Erler, Bd. 2, S. 686. | **4** Erler, Bd. 2, S. 705. | **5** Clemen/Koch 1984, Bd. 5, S. 48; Clemen/Koch 1987, Bd. 8, S. 140. | **6** VD 16 W 3067; BSB München digital.

Wildfeuer, Thomas, † 1592

Thomas Wildfeuer (Wilfeuer), geboren in Oederan (Lkr. Mittelsachsen), gestorben 1592, luth., Theologe[1].
Wildfeuer besuchte seit 10. November 1543 Schulpforta[2] und immatrikulierte sich im SS 1548 unter dem Rektor Johannes Sinapius an der Universität Leipzig[3]. Er gehörte der Meißner Nation an. Im WS 1548/49 wurde er nach dem 21. März 1549 unter dem Dekan Rheticus von Magister Ambros Borsdorfer zum Bacc. art. promoviert[4]. 1561 wurde er Diakon in Ehrenfriedersdorf (Erzgebirgekreis, Sachsen), 1563 Diakon in Kleinolbersdorf (Stadtteil von Chemnitz, Sachsen), 1569 Diakon in Dorfschellenberg, heute Schellenberg (Ortsteil von Leubsdorf, Lkr. Mittelsachsen).

Beziehungen zwischen Rheticus und Wildfeuer bestanden in den Jahren 1548 bis 1551. Wildfeuers Promotion zum Bacc. art. fand unter dem Dekanat von Rheticus statt, er musste für die Prüfungen zum Bakkalaureat die Vorlesungen von Rheticus hören.

1 Kreyssig ²1898, S. 149. | **2** Bittcher 1843, S. 3. | **3** Erler, Bd. 1, S. 670, M 10. | **4** Erler, Bd. 2, S. 706.

Wilhelm, Bartholomäus, † ca. 1585

Bartholomäus Wilhelm aus Bregenz, gestorben um 1585, kath., Student, später Gastgeb.
Der Sohn des Kaufmanns Georg Wilhelm und seiner ersten Frau Ursula Mock, Stiefbruder von Rheticus, immatrikulierte sich im SS 1545 unter dem Rektor Joachim von Kneitlingen an der Universität Leipzig [1]. Da österreichische Untertanen nicht an protestantischen Universitäten studieren sollten, wandte sich der Vater Georg Wilhelm um 1548 an den Landesfürsten in Innsbruck, um für seinen Sohn Bartholomäus die Fortsetzung des Studiums in Leipzig zu erwirken. Er musste jedoch eine vom 18. Februar 1549 datierte Absage hinnehmen: ein Studium könne nur in Wien, Freiburg i. Br. oder Ingolstadt erlaubt werden [2]. Bartholomäus Wilhelm gab daraufhin seine Studienpläne auf. Er ist 1553 als Mohrenwirt in der Kirchgasse (Kirchstraße) in Bregenz bezeugt; er lebte noch 1585, 1588 und 1589 erscheint seine Witwe in den Quellen [3]. Auch 1564 wird Bartholome Wilham als »Morenwiert« genannt. Das behäbige Gasthaus zum Mohren, auch *Morenkünig*, lag in unmittelbarer Nachbarschaft von Rheticus' Bregenzer Wohnhaus in der Kirchstraße Nr. 13. Im Jahre 1604 bei der Einquartierung des Gefolges von Erzherzog Maximilian anlässlich eines Landtages gehörten zum Gasthaus Mohren *ain stuben, drey camern, sechs bettstatten und stallung auf 80 pferdt* [4].

1 ERLER, Bd. 1, S. 654, B 1; LUDEWIG, P. Anton, Vorarlberger an in- und ausländischen Hochschulen vom Ausgange des XIII. bis zur Mitte des XVII. Jahrhunderts, Bern/Bregenz/Stuttgart 1920, S. 58, Nr. 74. | 2 Tiroler Landesarchiv in Innsbruck, Buch Walgau, Bd. 4, Bl. 154 verso bis 155 recto; Wortlaut mitgeteilt bei HAEFELE 1927, S. 125. | 3 Vorarlberger Landesarchiv in Bregenz, Kartei KLEINER der Bregenzer Bürgerschaft unter Wilhelm, Bartholomäus. | 4 BILGERI 1948, S. 160 f., besonders Anm. 41.

Wilhelm, Georg, † 1553

Georg Wilhelm, geboren in Bregenz (Vorarlberg), gestorben um 1553 in Bregenz, Jahrzeit in der Stadtpfarrkirche St. Gallus, kath., Kaufmann (Garnhandel), Stadtammann von Bregenz [1].
Der reiche Kaufmann Georg Wilhelm war Mitglied des Stadtrats von Bregenz und wurde 1541 als Abgeordneter zum gesamtösterreichischen Ausschusslandtag nach Linz geschickt. 1542 bis 1548 wirkte er als Stadtammann von Bregenz. 1544 bestätigte ihm der Kaiser Karl V. in Speyer sein Wappen. Als Stadtammann erwirkte Wilhelm 1548 auf dem Augsburger Reichstag bei König Ferdinand I. ein Privileg für einen Wochenmarkt in Bregenz. Der König lobte ihm gegenüber auf einer Audienz die Stadt Bregenz, weil diese am katholischen Glauben unbeirrt festhielt. Bei Hof in Innsbruck wurde Wilhelm als guter Kenner der Schweiz geschätzt.

Wilhelm war in erster Ehe verheiratet mit Ursula Mock. Aus dieser Ehe ging ein Sohn Bartholomäus hervor. In zweiter Ehe heiratete Wilhelm die Witwe Dr. Georg Iserins Thomasina de Porris und wurde damit Stiefvater von Rheticus; auch brachte er seinen Sohn Bartholomäus als nunmehrigen Stiefbruder von Rheticus mit in die Ehe. In Wilhelms Haus in der Kirchstraße Nr. 13 in Bregenz fand Rheticus eine neue Heimat. Im April bis August 1547 während der Krankheit von Rheticus versuchten Georg Wilhelm und Thomasina de Porris diesen zu einer Wallfahrt nach Vergaville (Départment Moselle) zu bewegen; doch lehnte Rheticus diesen Wunsch ab.

1 BURMEISTER 1996, S. 352 f.

Willenbrock, Johannes, 1531–1587

Johannes Willenbrock (Willebrok, Wullenbruch, Willenbrochius), geboren am 9. Juni 1531 in Danzig, gestorben 1587, luth., neulat. Dichter, Arzt, überzeugter Paracelsist [1].
Willenbrock immatrikulierte sich an der Universität Wittenberg im November 1545 unter dem

Rektorat des Augustin Schürpf². Hier wurde er vor allem Schüler von Melanchthon, der 1556 seinen ehemaligen Hörer als *ingeniosus vir* bezeichnete. Willenbrock promovierte am 22. Februar 1552 zum Mag. art. und belegte dabei den 2. Rang von 33 Kandidaten³. Am 1. Mai 1554 wurde Willenbrock unter dem Dekan Matthäus Blochinger in den Rat der Artistenfakultät aufgenommen⁴. Zur Fortsetzung seines Studiums der Medizin begab sich Willenbrock nach Padua, von wo er 1556 an Melanchthon schrieb⁵. Nach seiner Promotion zum Dr. med. trat Willenbrock in die Dienste des Erzherzogs Ferdinand von Tirol in Innsbruck ein. 1567 bemühte sich der Rat von Danzig vergeblich darum, Willenbrock als Stadtphysikus anzustellen; er war jedoch noch in den 1580er Jahren als Leibarzt des Erzherzogs⁶.

Beziehungen von Rheticus zu Willenbrock sind nicht gegeben, da letzterer sein Studium in Wittenberg erst begann, als Rheticus bereits in Leipzig wirkte. Es besteht jedoch eine tiefere geistige Verwandtschaft dadurch, dass Willenbrocks Veröffentlichungen auf Melanchthon, Eber, Stigel, Johannes Marcellus, Peucer, Chyträus, Tilemann Stella, Pfeffinger und Reinhold Bezug nehmen. Reinhold vermittelte ihm wohl auch ein starkes Interesse für die Astronomie, wie es sich in dem von Garcaeus überlieferten Horoskop andeutet⁷, besonders aber auch in einem *Epicedium* auf Reinhold oder den Beigaben zu Reinholds Ausgabe von Peurbachs *Theoricae novae planetarum* (1553⁸, 1580⁹). Kaspar Peucers *De dimensione terrae*, Wittenberg: Johannes Krafft d.Ä., 1554¹⁰; Wittenberg: Joh. Lufft, 1579¹¹, fügte Willenbrock ein längeres Epigramm an den Leser bei, datiert vom 22. Februar 1554, dem zweiten Jahrestag seiner Promotion zum Mag.art. 1554 saßen Willenbrock und Kaspar Peucer in Wittenberg in der Prüfungskommission, als der Leipziger Rheticusschüler Heinrich Roth zum Magisterexamen antrat¹². Man konnte hier Willenbrock nicht übergehen, der sich ganz in den Wittenberger Kreis einfügte, den Rheticus 1542 (wie er später selbst bedauerte) verlassen hatte. Rheticus und Willenbrock stimmten schließlich auch darin überein, dass beide überzeugte Anhänger des Paracelsus waren.

1 Freytag 1903, S. 45, Nr. 198. | 2 Förstemann 1841, Bd. 1, S. 229a. | 3 Köstlin 1891, S. 12. | 4 Köstlin 1891, S. 27. | 5 Erwähnt in: CR VIII, Sp. 730. | 6 Simson 1967, S. 380. | 7 Gracaeus 1576, S. 152. | 8 VD 16 W 3124; Zinner ²1964, S. 219, Nr. 2072. | 9 VD 16 P 2067; Zinner ²1964, S. 274, Nr. 2951. | 10 VD 16 P 1981; Zinner ²1964, S. 221, Nr. 2097; BSB München, digital. | 11 VD 16 P 1982; BSB München, digital. | 12 Köstlin 1891, S. 15.

Willich, Jodok, 1501–1552

Jodocus Willich (Wilcke), geboren 1501 in Rössel (poln. Reszel, Woiwodschaft Ermland-Masuren), gestorben am 12. November 1552 in Halle/Saale, Grab in Frankfurt/Oder, Marienkirche, luth., Laientheologe, Philologe, Mathematiker, Arzt, Polyhistor¹.
Nach Studium an der Universität in Frankfurt/Oder wurde er dort 1524 Professor und blieb das Aushängeschild der 1506 gegründeten Hochschule.

1525 ging er in diplomatischer Mission an den polnischen Hof nach Krakau.

Bei einem Besuch in Wittenberg 1533 lernte er die führenden Reformatoren persönlich kennen; eine besondere Freundschaft verband ihn seither mit Melanchthon. Am 14. Dezember 1540 wurde er, zu dieser Zeit Professor für Griechisch und die Rechtswissenschaften, *in una aula* (in einem gemeinsamen Festakt) zum Dr. med. promoviert. Ähnlich wie später Nikolaus Gugler ließ er sich als *omnium humanorum artium professor* feiern². 1542 begleitete Willich den Kurfürsten von Brandenburg als Leibarzt auf einem Feldzug gegen die Türken.

Werke: Willich hat eine umfangreiche Liste von Publikationen hinterlassen, insbesondere Kommentare zu den antiken Klassikern (Aristoteles, Horaz, Vergil, Terenz, Tacitus), zur Rhetorik und Dialektik, aber auch Auslegungen zu einzelnen Büchern des Alten und Neuen Testaments sowie medizinische Bücher (Anatomie, Pest, Urinproben). Weitere Titel sind: *De Salinis Cracovianis* (1543), *De agricolarum instrumentis* (1544) und eine Komödie *Studentes* (posthum 1577).

Beziehungen zu Rheticus: Thorndike, Westman und Brosseder erwähnen den mit Melanchthon befreundeten Mathematiker nicht. Willich darf aber durchaus als Mathematiker bezeichnet werden, da er in seinen ersten Studienjahren ein Schüler des Inhabers des mathematischen Lehrstuhls von Ambrosius Lacher aus Meersburg (Bodenseekreis) war. Lacher mag als Mag. art., Bacc. decr. und Lic. med. ein Vorbild für den Polyhistor Willich gewesen sein. Lacher war es auch, der 1516 als Rektor Magnificus Willich in die Matrikel eingeschrieben hatte. Bis 1524, dem Jahr des Eintritts Willichs in das Kollegium der Artisten, war Lacher vor allem mit astrologischen Arbeiten hervorgetreten; die Bücher für seine Vorlesungen hatte er in seiner Privatdruckerei hergestellt. Erst nach 1524 wandte sich Lacher den höhern Fakultäten zu. In seinen eigenen Publikationen tritt bei Willich die Mathematik nicht besonders hervor. Aber er veröffentliche immerhin eine *Arithmetica* (Straßburg: Krafft Mylius, 1540) und *De civili quotidianorum et decrementorum lunaris luminum supputatione* (Frankfurt/Oder 1550[3]). Auch gehörte der mit ihm verwandte Königsberger Mathematiker Bartholomäus Wagner zu seinen Schülern.

1 Schwarze, Rudolf, Willich, Jodocus, in: ADB 43 (1898), S. 278–282. | **2** Bauch 1901, S. 25. | **3** Zinner ²1964, S. 214, Nr. 2005.

Winsheim, Veit, d.Ä., 1501–1570

Veit Oertel, genannt Winsheim (Vinshemius), geboren am 1. August 1501 in Windsheim (heute Bad Windsheim, Lkr. Neustadt a.d.Aisch-Bad Windsheim, Mittelfranken), gestorben am 3. Januar 1570 in Wittenberg, Epitaph von Cranach d.J. in der Stadtpfarrkirche, luth., Humanist, Gräzist, Arzt[1].

Nach Schulbesuch in Deventer, Studium in Wien und kurzer Lehrtätigkeit in Ofen immatrikulierte sich Winsheim im August 1523 an der Universität Wittenberg.[2] Er unterhielt dort eine Privatschule und schloss sich Melanchthon an. Am 30. April 1528 promovierte er zum Mag. art. und wurde am 18. Oktober 1528 in das Kollegium der Artisten aufgenommen.[3] In diese Zeit fällt auch seine Eheschließung mit Anna N. († 1590). Seit 1529 lehrte er zunächst Rhetorik, 1541 wurde er Melanchthons Nachfolger auf dem Lehrstuhl für griechische Sprache. Nach dem Lektionsplan von 1544/45 las er griechische Grammatik und Sophokles[4]. Winsheim übersetzte die griechischen Klassiker Demosthenes, Theokrit, Sophokles, Euripides, Thukydides sowie Galen. Während Lemnius ihn im in dem bösartigen Epigramm III, 14 *In Vitum Winshemium* negativ beurteilte und verspottete, weil, während er Vorlesungen hielt, ein Liebhaber seine Frau besuchte[5], widmete ihm Gigas lobende Epigramme[6]. Später wandte sich Winsheim der Medizin zu. Er promovierte 1550 unter Jakob Milich zum Dr. med. Winsheim hat sich große Verdienste um die Leukorea erworben, er war wiederholt Rektor Magnificus und Dekan der Artistenfakultät. Er war auch Ratsherr der Stadt Wittenberg. Viele Studenten erlangten unter ihm einen akademischen Grad. Es ist kein Zufall, dass Oertel sich auch in zahlreichen Stammbüchern verewigt hat[7].

Beziehungen zu Rheticus: Winsheim, dessen Horoskop Garcaeus[8] überliefert hat, gehörte dem weiteren Kreis Wittenberger Astrologen an[9]. Winsheim war Rheticus' Lehrer, später auch Kollege. Vermutlich gehört auch Winsheims Sohn zu den Schülern von Rheticus. Noch von Krakau aus unterhielt Rheticus eine freundschaftliche Verbindung zu Winsheim. 1564 ließ er in einem Brief an Paul Eber Winsheim *amanter* grüßen[10].

1 Hartfelder, Karl, in: ADB 43 (1898), S. 462 f.. | **2** Förstemann 1841, S. 119a. | **3** Köstlin 1888, S. 19, 24. | **4** Kathe 2002, S. 94. | **5** Mundt 1983, Bd. 2, S. 116 f., vgl. dazu auch S. 251. | **6** Gigas, Sylvae, Wittenberg 1540, Bl. 13v und Bl. 28v. | **7** Klose 1999, S. 233 f.: Eintragung 1551 für Abraham Ulrich. | **8** Garcaeus 1576, S. 336 (1501 August 1). | **9** Brosseder 2004, S. 17. | **10** Burmeister 1967/68, Bd. 3, S. 183 f.

Winsheim, Veit, d.J., ca. 1529–1608

Veit [Oertel, Ortel, Ortelius] Winsheim d.J., geboren um 1529 in Wittenberg, gestorben (angeblich im 87. Lebensjahr) am 13. November 1608 in Hamburg, luth., Humanist, Jurist[1].
Veit Winsheim d.J. immatrikulierte sich in Wittenberg am 12. Juni 1540 als Sohn des amtierenden Rektors[2]. Im Rahmen des Promotionsverfahrens von MacAlpin ließ man ihn am 6. Februar 1542 auftreten, wiewohl er noch im Knabenalter und noch nicht Bakkalaureus war. Winsheim legte dem Doktoranden MacAlpin die Frage vor, *quae fuerint initia collegiorem ecclesiasticorum, et an hoc tempore retineant formam primum institutam in Ecclesia?*[3] Der Auftritt des jungen Winsheim muss erfolgreich gewesen sein; denn ein Jahr später, am 20. Februar 1543, wandte er sich erneut mit einer Frage an den Promovenden, diesmal an Magister Johannes Marbach aus Lindau, *An in Synodo, in iudiciis dogmatum, soli Episcopi habeant suffragationem decisivam, ut vocant?*[4] Im Juli 1545 promovierte Winsheim unter dem Dekan Johannes Aurifaber Vratislaviensis zum Bacc. art.[5] Um die Wende 1545/46 wird Winsheim in einerv Liste der Schüler des Niederländers Adrianus Petit Coclico aufgeführt[6]. Den Magistergrad erwarb Winsheim am 11. August 1551 unter dem Dekan Lukas Hetzer; errang dabei den 2. Platz unter 40 Kandidaten. 1555 begegnet er uns in Padua, wo er am 27. Juli 1556 zum JUD promovierte und auf zwei Jahre die Bartolus-Professur übernahm. 1557 treffen wir ihn in Bologna. 1561 ist er Professor der Rechte in Wittenberg, 1563 Prorektor, 1580 Rektor. Winsheim war auch kurfürstlich-sächsisher Rat, 1587 Rat des dänischen Königs Friedrich II. und seit 1590 Dekan der Domkirche in Hamburg. Seit 1559 war er in erster Ehe verheiratet mit Euphrosyna (1536-1563), Tochter des Kanzlers Gregor Brück, in zweiter Ehe seit 1563 mit einer Witwe, geborene Anna Stümpfel († 1588). Fünf seiner Söhne haben in Wittenberg studiert. Winsheim hat sich im Stammbuch des Dr. med. Joachim Strupp verewigt[7].

Beziehungen zu Rheticus bestanden über den Vater Veit Winsheim d.Ä., aber auch der jüngere Winsheim könnte ein Schüler von Rheticus gewesen sein und dessen Vorlesungen im WS 1541/42 gehört haben. Spätestens bei der Feier am 9. Februar 1542 müssen sich Rheticus und Veit Winsheim d.J. begegnet sein.

1 Knod 1899, S. 389, Nr. 2651. | **2** Förstemann 1841, Bd. 1, S. 179a. | **3** CR X, Sp. 736-738; vgl. auch CR III, Sp. 1066; Quelle dazu ist Eber, Paul, Quaestiones academicae, Bl. 45v. | **4** CR X, Sp. 740 f. | **5** Köstlin 1890, S. 9. | **6** van Crevel 1940, S. 368; vgl. auch S. 13, 39 f., 86, 145, 419; Schlüter 2010, S. 327. | **7** Metzger-Probst 2002, S. 290.

Wittich, Johannes, 1537–1596

Johannes Wittich (Wittichius), geboren am 1. Mai 1537 in Weimar (Thüringen), gestorben am 23. September 1596 Arnstadt (Ilm-Kreis, Thüringen), er hat selbst eine Anzahl von Epitaphien auf sich verfasst[1], luth., Stadt- u. Leibarzt[2].
Ioannes Wittich Vinariensis, Sohn eines Apothekers, immatrikulierte sich nach dem 14. August 1553 unter dem Rektor Victorinus Strigel an der Universität Jena[3]. Danach setzte er 1559 sein Studium in Wien fort. Wenn er nicht in der Matrikel stand[4], spricht das nicht gegen ein Studium in Wien; denn hier hörte er u.a. Wolfgang Lazius, Matthias Cornax, Johannes Aichholz, Paul Fabricius und Charles de l'Écluse. Auch Crato gehört zu den Lehrern Wittichs. Besonders widmete sich Wittich der Botanik. Er schloss seine Studien mit dem Grad eines Mag. art. ab. Kurfürst August von Sachsen förderte Wittich und beauftragte ihn, ein *Vivum Herbarium* zu erstellen, in dem er sämtliche Pflanzen beschreiben und abmalen sollte.

Er wurde 1563 Stadtarzt in Sangerhausen (Lkr. Mansfeld-Südharz, Sachsen-Anhalt), zugleich Stadtarzt und Leibarzt in Eisleben (Lkr. Mansfeld-Südharz), wo Wittich auch eine Apotheke eröffnete. 1578 wurde er Leibarzt der Grafen von Schwarzburg und Stadtarzt in Arnstadt. Wittich war vor allem Praktiker, hat aber auch eine erhebliche Zahl von wissenschaftlichen Werken hinterlassen.

Er war ein Gegner des Paracelsus[5]. Es sind einige Pestbüchlein und Apothekenordnung von ihm bekannt. Großen Wert legte Wittich auf die Gesundheitsvorsorge.

Werke (in Auswahl): *Gründtliche vnd warhafftige Bericht, von dem Erschrecklichen vnd Wunderbarlichen Zeichen* (o.O., 1561)[6]; *Arcula Itineraria. Das ist: Reisekästlein* (Leipzig: Hans Steinmanns Erben für Henning Grosse, 1590)[7]; Rantzau, Heinrich von, *De conservanda valetudine: Das ist: Von erhaltung menschlicher gesundheit*, dt. Übers. v. Wittich (Leipzig: Hans Steinmann, 1587[8], andere Ausgabe Leipzig: Lantzenberger für Valentin Vögelin, 1594)[9]; *Haliologia. Von der wunderbaren Krafft unnd Wirckung ... des Saltzes* (Leipzig: Johann Beyer, 1594)[10]; *Vade Mecum. Das ist: Ein künstlich New Artzneybuch* (Leipzig: Valentin Beyer, 1595)[11]; *Consilia, observationes, atque epistolae medicae* (Leipzig: Henning Grosse, 1604).

Das Porträt Wittichs ist mehrfach überliefert[12]. Bemerkenswert ist, dass Wittich wie Kopernikus ein Maiglöckchen in der Hand hält, wie es in Ärzteporträts aber häufiger vorkommt. Sein Wappen zeigt eine nackte Frau, die auf der Erdkugel sitzt; er versinnbildlicht die Heilkunst auf der Erde[13], deutet aber auch auf die Beweglichkeit der Erde hin. Wittich heiratete 1562 in Weimar Magdalena Spieß, die Tochter des Wirtes *Zum güldenen Ring*. Aus dieser Ehe stammte ein Sohn Johannes, später kurfürstl.-sächs. Kanzleischreiber, der 1604 die *Consilia* seines Vaters herausgegeben hat.

Beziehungen zwischen Rheticus und Wittich hat es zunächst nicht gegeben; erst 1554 lässt sich nachweisen, dass Rheticus einen Brief an Wittich, der damals vermutlich bei Crato in Breslau weilte, geschrieben hat[14]. Vermutlich war es bereits in Wien im Zuge von Rheticus' Berufung und Aufenthalt dort zu ersten Kontakten zwischen Rheticus und Wittich gekommen; später bewegte sich Wittich bevorzugt im Kreise ehemaliger Rheticusgesellen wie Paul Fabricius oder Johannes Aichholz. Und in beachtlicher Dichte begegnen uns in Wittichs *Consilia* Ärzte, die Rheticus nahestanden, wie beispielsweise Jodok Willich, Kaspar Neefe, Joachim Camerarius d.J., Matthäus Ratzenberger, Isaak Schaller, Thomas Erast, Johannes Brambach[15].

1 HAFEMANN 1956, S. 76-78. | 2 HAFEMANN, Klaus, Magister Johann Wittich (1537-1596), Med. Diss. Würzburg 1956. | 3 LOCKEMANN/SCHNEIDER 1927, S. 43. | 4 Darauf verweisen GINGERICH/WESTMAN 1988, S. 11 Anm. 22, die jedoch nicht klar zwischen Johannes Wittich und Paul Wittich unterscheiden. | 5 HAFEMANN 1956, S. 75. | 6 VD 16 ZV 7093; Widmung datiert Weimar, 12. März 1561; BSB München, digital. | 7 VD 16 W 3794; BSB München, digital. | 8 VD 16 R 239; ULB Sachsen-Anhalt Halle, digital. | 9 VD 16 R 231; BSB München, digital. | 10 Stabi Berlin, PK. | 11 BSB München, digital; verschiedene Auflagen. | 12 Abb. bei HAFEMANN 1956, S. 2 und S. 70. | 13 Abb. bei HAFEMANN 1956, S. 72. | 14 BURMEISTER 1968, Bd. 3, S. 122. | 15 HAFEMANN 1956, S. 69.

Wolf, Heinrich, 1520–1581

Heinrich Wolf (Wolfius, Wolvius), geboren am 3. Februar 1520 in Oettingen (Lkr. Donau-Ries, Schwaben), gestorben am 21. Dezember 1581 in Nürnberg, Grab auf dem Johannisfriedhof, luth., Arzt, Paracelsist[1].

Der jüngere Bruder von Hieronymus Wolf besuchte zunächst die Sebalderschule und dann das Ägidien-Gymnasium in Nürnberg (unter Camerarius als Rektor). Er immatrikulierte sich 1536 an der Universität Tübingen, wo er am 28. Juni 1538 zum Bacc,. art. und am 2. Januar 1542 zum Mag. art. promovierte. Seine Lehrer waren Jakob Schegk, Leonhard Fuchs, Sebald Hauenreuter und Joachim Camerarius. Er selbst gab privat Unterricht in Latein und Griechisch, um Geld zu verdienen. 1542 bis 1548 unternahm er eine ausgedehnte Bildungsreise nach Frankreich; er studierte in Paris, Besançon, Dôle und Bourges. Im Frühjahr 1547 hörte er Hauenreuter, Winther von Andernach und Ludwig Gremp in Straßburg. Am 25. Oktober 1547 immatrikulierte er sich in Montpellier[2], begleitet von zwei Basler Kommilitonen Johann Heinrich Muntzinger und Michael Barisius, die alle drei bei Professor Guillaume Rondelet wohnten. Den Grad eines Dr. med. erlangte Wolf 1549, vermutlich in Avignon. 1550 wirkte er als Arzt in Oettingen. Danach ging er, um seine Ausbildung abzurunden, noch einmal nach Straßburg, wo er bei Hauenreuter wohnte, und zuletzt um 1552 zum Stadtarzt berufen wurde. Am 30. August 1553 beschloss der Nürnberger Rat, ihn gegen 100 Gulden jährlicher Besoldung und ein Übersiedlungsgeld von 25 Gulden zum Stadtarzt und Leibarzt des Rates anzustellen. Am 21. Mai 1554 heiratete er die Witwe Rosina Rosenzweig, geborene Göringer († 1596); aus der Ehe gingen mehrere Töchter hervor, ein Sohn ist als Kind gestorben. Die älteste Tochter Rosina heiratete den Tübinger Professor Johannes Vischer (1524-1587).

Wolf musste als Paracelsist das besondere Interesse von Rheticus finden. Wolf ging sogar so weit, dass er am 29. August 1580 mit dem Pharmazeuten Fidejustus Reinecker aus Saalfeld (Lkr. Saalfeld-Rudolstadt, Thüringen) einen »Goldmachervertrag« schloss, in dem er sich verpflichtete, das Geheimnis um den Stein der Weisen zu lüften[3]. Wolf war Iatromathematiker, ein Befürworter der Astrologie. Im Gegensatz zu Nikolaus Winkler, der Arzt war und über Jahrzehnte Praktiken herausgebracht hate, überließ Wolf dieses Feld seinem Nürnberger Mitarbeiter, dem Astrologen und Arzt Wolf Geuß[4]. Heinrich Wolf ist als Paracelsist häufig in die Kritik seiner Kollegen geraten. Ein Beispiel dafür ist die Anwendung des Pestmittels *Antidotum Magenpuchium* während der Pest 1561/62[5].

Werke: Im Jahre 1554 erschien unter dem Titel *Ein Erschrecklich und Wunderbarlich Zeychen, Aus frantzösischer Sprach Transsferiert von M. Joachim Heller*, ein Einblattdruck über einen von Nostradamus über Salon beobachteten Kometen, die erste Übersetzung des Nostradamus ins Deutsche. Diesem Beispiel seines Freundes Heller folgend unternahm Heinrich Wolf eine Übersetzung eines Werkes *De morbo gallico* aus dem Französischen ins Deutsche (1555), das aber auf Anraten von Hieronymus Wolf ungedruckt blieb und heute verschollen ist. Wolf war ein leidenschaftlicher Jäger. Er verfasste ein (heute verschollenes *Büchlein über das Wildpret*, das 1565 im Manuskript vorlag, aber wohl nicht gedruckt wurde. Dasselbe gilt für seine deutsche Übersetzung *Von falckenkunst*[6]. Erhalten hat sich ein handschriftliches Verzeichnis von Büchern zur Jagd des Dr. Heinrich Wolf zu Nürnberg, erstellt von einem Laboranten des Wolf Geuß namens Erhard Lector, 1576[7]. Wolf hinterließ auch neben einer Rezeptsammlung ein Gutachten über das Wasser des Wildbads Wemding. Weitere Schriften: Von der Hermetischen Philosophie (Straßburg: Christian Müller, 1574); *Herliche medicische Tractat* (Straßburg: Bernhart Jobin, 1576).

Beziehungen zwischen Rheticus und Wolf sind nicht bezeugt; es hat sie aber dennoch gegeben, sodass hier auf Heinrich Wolf nicht verzichtet werden konnte. Diese Beziehungen waren schon durch den vier Jahre älteren Bruder Hieronymus Wolf gegeben, der nach dem frühen Tod ihres Vaters die Sorge für das Studium von Heinrich Wolf in die Hände genommen hatte und dabei auch von seinen Schwestern tatkräftig unterstützt wurde. Auf ihren ausgedehnten Studienreisen sind sich Heinrich und Hieronymus auch immer wieder begegnet und haben sich gegenseitig beeinflusst. Hieronymus hat auch die Arbeiten seines Bruders Heinrich stets begutachtet. Nachdem Hieronymus Wolf 1580 in Augsburg gestorben war, nahm Heinrich Wolf einen Urlaub von drei Monaten, um die Beerdigung seines Bruders und die Regelung seines Nachlasses durchzuführen. Ins Gewicht fällt auch, dass Heinrich Wolf ebenso wie die Rheticusschüler Gugler oder Heller aus dem Aegidiengymnasium in Nürnberg hervorgegangen ist, wo Johannes Schöner ihr Lehrer war. Beide Brüder Hieronymus und Heinrich Wolf litten, vermutlich erblich bedingt, unter einem Verfolgungswahn; sie rechneten stets mit ihrem Tod und machten es sich besonders schwer, indem sie immer wieder ihre Nativitäten erkundeten, um Unglücksfälle voraussagen zu können. Beide waren überzeugte Anhänger der Astrologie, auch wenn sie kritisierten, dass es auf diesem Gebiet sehr viel Wildwuchs gab. So regte ja auch Nikolaus Gugler 1564 ein Reichsgesetz an, dass nur mehr eine auf wissenschaftlichen Grundsätzen beruhende Astrologie zulassen wollten. Ihr großes Vorbild war Nostradamus, mit dem Hieronymus in brieflichem Kontakt stand und der auch seinen Bruder Heinrich bei Nostradamus einführte. Wolf hatte eine hohe Meinung von Nostradamus, dessen Vorhersagen in den meisten Fällen sich als zutreffend erwiesen, wie man täglich feststellen könne. Nachdem am 11. Dezember

1558 seine Tochter Esther zur Welt gekommen war, teilte er seinem Bruder Hieronymus die genauen Zeiten mit, damit dieser ein exaktes Horoskop berechnen könne.

1 Brechtold 1959; Schmidtbauer 1963, S. 58 f., 64 f., 69-71. | **2** Gouron 1957, S. 109, Nr. 1689. | **3** Völker 1982, S. 76 f. | **4** Über ihn vgl. http://naa.net/ain/personen; Zinner ²1964, passim; Matthäus 1969, Sp. 1044, 1350. | **5** Assion/Telle 1972, S. 388. | **6** Telle (vgl. die folgende Anm.), S. 81 f. | **7** UB Heidelberg, Cod. Pal. germ. 454, zugänglich digital. ub.uni-heidelberg.de; vgl. dazu Telle, Joachim, Die Jagdschriften des Nürnberger Stadtarztes Heinrich Wolf nach einem handschriftlichen Buchregister vom Jahre 1576, in: Zeitschrift für Jagdwissenschaft 17 (1971), S. 78-94.

Wolf, Hieronymus, 1516–1580

Hieronymus Wolf (Wolff, Wolfius, Lycius, Ολβιος, Bolfius)[1], Hieronymus, geboren am 13. August 1516[2] in Oettingen (Lkr. Donau-Ries, Schwaben), gestorben am 8. Oktober 1580 in Augsburg, begraben daselbst bei St. Anna, Kreuzgang, Nordwand, *in Sixti Betuleii monumento,* **Grabschrift überliefert, luth., Schulmann, Gräzist, Astrologe, Bibliothekar, Vater der deutschen Byzantinistik[3].**

Hieronymus Wolf war der Sohn des Stadtvogt bzw. Landvogts von Oettingen Georg Wolf (1473-1536), der unter dem Hofgesinde der Gräfin Magdalena von Oettingen († 1525), der Gemahlin des Grafen Ulrich VII. von Montfort († 1520) aufgewachsen war und dort das Lesen, Schreiben und Rechnen gelernt hatte. Hieronymus begann nach Besuch der Schule in Nördlingen seine berufliche Laufbahn 1530 als Schreiber auf Schloss Harburg. Er wirkte auch als *praeceptor* an der Nürnberger Spitalschule (siehe dazu Flock), studierte 1535 bis 1537 in Tübingen und immatrikulierte sich im SS 1538 in Wittenberg[4]. In Tübingen musste er als Famulus an der Burse Geld verdienen. In Wittenberg nennt er als seine Lehrer Melanchthon, dessen *contubernalis*[5] er war, Luther, Veit Oertel Winsheim, Veit Amerbach, Rheticus und Reinhold. 1543 wurde Wolf von Melanchthon in Konkurrenz mit Joachim Heller für den Schuldienst nach Nürnberg empfohlen mit dem ausdrücklichen Bemerken, dass er als Kantor nicht in Frage komme; Wolf wurde nach Mühlhausen (Unstrut-Hainich-Kreis, Thüringen) berufen. Wolf und Heller steuerten literarischen Beigaben zur *Chronologia* des Johannes Funck bei (Vorwort vom 1. März 1545)[6]. 1548/49 immatrikulierte sich Wolf als *liberalium artium magister* an der Universität Basel.[7] Hier brachte er bei Johannes Oporin bedeutende kommentierte Ausgaben und lat. Übersetzungen der griech. Autoren Isokrates (1548, Widmung aus Straßburg an die Stadt Nürnberg)[8] und Demosthenes (6 Bände, 1549 [recte wohl 1550], Widmung an Hans Jakob Fugger)[9] heraus. 1550/51 ging er als *praeceptor* deutscher Studenten nach Paris, wo er sich mit Ramus befreundete. 1551 wurde er Bibliothekar bei Hans Jakob Fugger in Augsburg, 1557 Rektor des dortigen St. Annagymnasiums und zugleich Stadtbibliothekar. Kurz zuvor hatte er Konrad Gesner in Zürich besucht[10]. Die Basler Ausgabe von Funcks *Chronologia* erschien 1554 erneut mit dem griech. Epigramm von Wolf, während das lat. Epigramm Hellers durch eines von Brusch[11] ersetzt wurde.

Das redende Wappen Wolfs zeigt einen wachsenden Wolf auf einem Dreiberg. Wolf wohnte 1551-1563 im Fuggerhaus, dann ab 1563 bei Matthias Schenck im Annahof. Dort befand sich auch seine reiche Bibliothek, die er 1578 an das Gymnasium in Lauingen verkaufte, die aber heute noch greifbar ist in der Staatlichen Bibliothek Neuburg an der Donau. Sie zählt 62 Bände in Folio, 102 in Quart, 447 in Oktav (ursprünglich 1000 Bände). Wolf war unverheiratet und kinderlos, hatte aber 1561 und 1576 Heiratsabsichten. Eine Ehe mit seiner Magd wurde vom Rat nicht anerkannt. Wolf hatte einen großen Freundeskreis, namentlich Gesner, Gasser, Johann Baptist und Paul Haintzel, die Fugger[12], Ramus, Tycho Brahe[13]. Zu seinen Briefpartnern zählten u.a. Camerarius, Melanchthon[14], Brusch[15], der Basler Drucker Johannes Oporin, Dudith, Sambucus, …. In den *Ephemerides* von Leowitz (1557) erschien ein Epigramm Wolfs an Ottheinrich.

Beziehungen zu Rheticus: Wolf benennt seine Wittenberger Lehrer: *audiebam Melanchthonem, Lutherum, Winshemium, Amerbachium, Rheticum, Reinholdum, privatim etiam Henricum Luneburgensem* [Smedenstedt][16]. Wolf war in erster Linie Gräzist, sodass die Philologen Oertel Winsheim und Veit Amerbach Vorrang vor den Astronomen hatten. Dennoch bedeutete ihm die Astrologie sehr viel. Wolf suchte auch, nachdem Rheticus nach Leipzig gegangen war, den Kontakt aufrecht zu erhalten. Davon zeugt ein (nicht erhaltener) Brief, den Melanchthon mit einem Schreiben vom 22. Februar 1543 an Camerarius sandte, der ihn an Rheticus weiterleiten sollte[17]. Wolf sah sein ganzes persönliches Leben unter einem astrologischen Aspekt; oft glaubte der furchtsame Wolf drohende Unglücke wie beispielsweise Mordanschläge auf ihn zu erkennen. Hier ist an das Beispiel seines mathematischen Kollegen Valentin Nabot zu denken, der tatsächlich Opfer eines astrologisch vorausgesagten Mordanschlags wurde, als er diesen vermeiden wollte. Wolf gehörte zum Melanchthon-Zirkel nach Thorndike[18]. Größte Verehrung brachte er Cardano entgegen, der Rheticus seinen Freund nannte; Cardano sah in ihm wegen seines Kommentars zu Ptolemäus (Basel 1554) den Reformator der Astrologie und lobte ihn als *nostra aetate astrologus*.[19] Nicht weniger stand Nostradamus, mit dem Wolf in einen Briefwechsel eintrat, in seiner Hochachtung. Wolf bearbeitete griechische Kommentare zur *Tetrabiblos* des Ptolemäus (Basel 1559)[20], auch verfasste er, als Beigabe zu Leowitz, eine *Admonitio de astrologiae usu* (London 1558). Er sah in der Astrologie eine *divina ars* (göttliche Kunst); Gott selbst habe eine Schrift an den Himmel gemalt, aus der gelehrte Männer Erkenntnisse ablesen könnten[21]. Wolf schrieb eine lange Elegie zu den Ephemeriden des Leowitz (1557), in die er den Kern einer Astronomiegeschichte einbaute, von Regiomontan über Johannes Stöffler, Jakob Pflaum, Petrus Pitatus[22], Nicolaus Simus[23], Baptista Carellio[24] bis zu Leowitz. Bei Rheticus hatten diese Ephemeriden allerdings wenig Gnade gefunden. In seiner Stellungnahme zu Kopernikus war Wolf sehr zurückhaltend. Er ließ sich vom Vorwort Osianders leiten und sah in den Neuerungen des Kopernikus Hypothesen. Weder Rheticus noch Gasser konnten ihn ganz überzeugen. Noch in seinem letzten Brief an Tycho Brahe vom 8. Februar 1580 stellte Wolf fest, dass die wahre Bewegung der Sonne immer noch umstritten sei, und er erhoffte sich, dass sie durch Brahes genaue Beobachtungen sicher erkannt und bestimmt würde.

1 Zum Namen vergleiche FISCHER 1926, S. 8 f., Anm. 4. Veit Amerbach sah den Buchstaben W als barbarisch an; dieser Buchstabe sollte in einem lat. Text vermieden werden. | 2 GARCAEUS 1576, S. 155. | 3 BECK 1984; KÖBERLE 1931, S. 51-105; SCHMIDTBAUER 1963, S. 55-75. | 4 FÖRSTEMANN 1841, Bd. 1, S. 169b. | 5 CR V, Sp. 47. | 6 VD 16 F 3381, BSB München digital. | 7 WACKERNAGEL 1956, Bd. 2, S. 56. | 8 VS 16 I 402. | 9 ULB Düsseldorf, online. | 10 DURLING 1965, S. 147, 159. | 11 BEZZEL 1982, Sp. 457, Ziff. 118. | 12 HUSNER, Fritz, Die Editio princeps des »Corpus Historiae Byzantinae, Johannes Oporin, Hieronymus Wolf und die Fugger, in: Festschrift Karl Schwarber, Basel 1949, S. 143-162. | 13 KEIL/ZÄH 2004, S. 139-193, hier passim. | 14 CLEMEN/KOCH 1985, Bd. 6, S. 156-164. | 15 JENNY 2000, S. 184-186, besonders Anm. 263. | 16 Autobiographie Wolfs, in: REISKE, Johann Jakob, Oratorum Graecorum volumen octavum. Leipzig 1733, S. 772-876; vgl. auch BECK 1984. | 17 CR V, Sp. 47. | 18 BROSSEDER 2004, S. 12. | 19 BROSSEDER 2004, S. 157. | 20 GRAFTON 1999, S. 265. | 21 BROSSEDER 2004, S. 9, 20. | 22 Ephemerides Pitati ab anno 1544 ad 1577; ZINNER 1943, S. 441, Nr. 284. | 23 Ephemerides Nicolai Simi ab anno 1554 ad 1577; ZINNER 1943, S. 441, Nr. 283. | 24 Ephemerides Bapt. Carelli ab anno 1558 ad 1577; ZINNER 1943, S. 441, Nr. 285.

Wolf, Leonhard, *Carniolanus*

Leonhard Wolf (Wolff, Wolffius, Lupi, Lycus, Lycos, vulgo *Carniolanus*), von Kronau (slowen. Krajnska Gora in der Region Oberkrain/Gorenjska, Slowenien), gestorben?, luth., Universitätslehrer (Mathematik, Physik, Griechisch), Theologe.
In Leipzig im SS 1533 immatrikuliert[1], promovierte er im SS 1536 zum Bacc. art.[2] und im WS 1539/40 zum Mag. art.[3] Er las in den Hundstagen 1539 für die Bakkalare, die sich zum Magisterium gemeldet hatten, über Ciceros *De amicitia*[4]. Im WS 1541/42 wurde er in die Fakultät aufgenommen[5] und am 14. Oktober 1542 zum Dekan der Artisten gewählt[6]. Im WS 1541/42 las er die

mathemata[7], im SS 1542 die *physica Velcurionis*[8]. Wolf bekleidete verschiedene Ämter in der Fakultät und kam häufig gemeinsam mit Franz Wagner als Prüfer zum Einsatz. Im Übrigen studierte Wolf Theologie und promovierte am 28. Mai 1544 zum Bacc. theol.[9]; am gleichen Tag hatte Anton Musa den Grad eines Lic. theol. erworben. Mit dem Ende des WS 1545/46 scheint Wolf Leipzig verlassen zu haben; am 5. Juni 1546 ist die Rede davon, Wolff sei zur Hochzeit von Magister Franz Wagner gereist[10]. 1547 ist Magister Leonhard Wolf Diakon in Oschatz (Lkr. Nordsachsen); er heiratete hier Barbara, die Tochter des Franz von der Dahme; der gleichnamige Sohn aus dieser Ehe nannte sich Leonhard Lykus[11].

Beziehungen zu Rheticus. Wolf war aus der damaligen Sicht wie Rheticus Österreicher. Beide waren nicht nur Landsleute, sondern auch Fachkollegen. Wolf war Dekan der Artistenfakultät, als Rheticus im Oktober 1542 seine Professur in Leipzig antrat. Als Dekan kaufte Wolf, vermutlich auf Rheticus' Anregung hin, um 28 Groschen und 6 Pfennig ein Exemplar von Kopernikus' *De revolutionibus* für die Bibliothek des Paulinums an[12]. Dieser Ankauf betraf eines der ersten Exemplare dieses Buches, weil am 3. April 1543 bereits ein neuer Dekan gewählt wurde[13], mit dem die Amtszeit Wolfs zu Ende ging.

1 ERLER, Bd. 1, S. 611, B 1. | 2 ERLER, Bd. 2, S. 637. | 3 ERLER, Bd. 2, S. 655. | 4 ERLER, Bd. 2, S. 653. | 5 ERLER, Bd. 2, S. 665. | 6 ERLER, Bd. 2, S. 669. | 7 ERLER, Bd. 2, S. 662. | 8 ERLER, Bd. 2, S. 667. | 9 ERLER, Bd. 2, S. 32. | 10 STÜBEL 1879, S. 591. | 11 KREYSSIG ²1898, S. 475; HOFFMANN, Chronik von Oschatz, 8. Abt., Diakone, Nr. 7. | 12 BIRKENMAJER 1900, S. 647; ZINNER 1943, S. 255, 455; GINGERICH 2002, S. 77. | 13 ERLER, Bd. 2, S. 672.

Wolf, Leonhart, *Francus*, † 1570

Leonhart (Leonhartus, Leonhardus) Wolf (Wolff, Wolfius, Wolffius, Lupi, Lycius, Lycus, Lycos, nach der Herkunft *Francus*), von Hiltpoltstein (Lkr. Forchheim, Oberfranken), begraben am 11. Juli 1570 in Leipzig, Steintafel mit einer Darstellung des Falls Adams in der Paulinerkirche[1], luth., Universitätslehrer (Griechisch, Quintilian, Physik), Pädagoge.

In Leipzig im WS 1544/45 immatrikuliert[2], promovierte er am 15. Februar 1548 zum Bacc. art. (Promotor: Heinrich Cordes)[3] und am 29. Januar 1550 zum Mag. art.[4] Wolf verehrte vor allem in Camerarius seinen wichtigsten Lehrer; er nennt ihn *praeceptor meus in parentis loco colendus*. In den folgenden Semestern vom SS 1551 bis WS 1553/54 hatte er die Lektion über die griechische Grammatik. Am 26. Mai 1554 wurde er in den Senat der Artistenfakultät aufgenommen[5]. Die Griechischlektion ging jetzt an Ernst Vögelin über, während Wolf vom SS 1554 bis zum WS 1557/58 die Vorlesungen über die Institutionen des Quintilian (Rhetorik) übernahm. Im SS 1558 wurde Wolf die Lektion über die Physik übertragen. Wolf engagierte sich sehr stark in der Verwaltung der Fakultät. Er führte vom SS 1554 bis 1569 mit großer Regelmäßigkeit die Examina für die Bakklaureanden durch; 1568 war er Promotor der Bakkalare. 1562–1569 übernahm er auch die Prüfungen für die Magistranden. Wiederholt hatte er die Ämter eines Executors inne, vereinzelt auch das des Clavigerus. 1562 und 1568 war Wolf Rektor Magnificus, 1567 Vizekanzler. Zur Amtseinführung des Rektors hielt Heinrich Salmuth am 30. Mai 1562 eine panegyrische Rede[6]. Wolf war verheiratet, seine Frau und seine Tochter sind vor ihm gestorben (Begräbnis in der Paulinerkirche).

Werke: Wolf hat sich durch die Herausgabe einiger Schulbücher verdient gemacht. Zur Förderung des Griechischunterrichts veröffentlichte er den kommentierten griech. Text mit lat. Übersetzung des Pseudohomers *Batrachomyomachia* in einer ersten Auflage, angehängt sind Anmerkungen von Melanchthon und von Henri Étienne sowie die lat. Versübersetzung von Simon Lemnius, Leipzig: Ernst Vögelin, 1549. Dieses Werk wurde mit variierenden Widmungen oft abgedruckt, beispielsweise in Leipzig: Vögelinschen Offizin, 1566[7], zugeeignet von Wolf am 31. Juli 1566 aus dem kleinen Fürstenkolleg den Brüdern Johannes und Sigismund, den Söhnen des Juristen Leonhard Badehorn; diese waren im WS 1555/56 im Kindesalter immatrikuliert worden; sie blieben daher zunächst unvereidigt und leisteten erst 1568 Leonhard Wolf als dem amtierenden Rektor den Eid; Johannes Badehorn wurde am 23. März 1583 als JUD in die Leipziger Juristenfakultät aufgenommen[8]. Eine weitere Auflage Leipzig: Ernst Vögelin, 1570[9] ist von Wolf im April 1570 aus den kleinen Fürstenkolleg Noah und Christian Kiesewetter gewidmet, den Söhnen des sächsischen Kanzlers Hieronymus Kiesewetter. Eine Auflage Leipzig: Christoph Ellinger, 1621 widmete der Buchdrucker den Söhnen Leonhard und Isaak Öhlhafen, den Söhnen des Leipziger Richters Leonhard Öhlhafen[10].

Eine griech. Ausgabe mit lat. Übersetzung und Anmerkungen Wolfs galt Theophrast, *Notae et descriptiones morum vitiosorum*, Leipzig: Johannes Rhamba, 1561[11]. Wolf widmete dieses Buch dem Gottfried Camerarius, einem Sohn von Joachim Camerarius, der im SS 1558 unter dem Rektorat seiner Vaters im Kindesalter immatrikuliert wurde und unvereidigt blieb[12]. Der Widmungsbrief ist eingerahmt von einem griech. Epigramm von Camerarius und einem lat. Epigramm von Dr. med. Andreas Ellinger.

Wolf gab des weiteren die *Praecepta vitae honestae* der sieben griechischen Weisen *Septem Graeciae sapientium apophthegmata* für den Schulgebrauch heraus, die er am 14. April 1562 mit Beigaben von Camerarius dem Kurprinzen Alexander von Sachsen (1554-1565) widmete, dem Sohn des Kurfürsten August I. (Leipzig: Ernst Vögelin, 1562)[13].

Beziehungen zu Rheticus dürfen als gesichert gelten. Wolf konnte im WS 1544/45 und SS 1545 Rheticus' Schüler gewesen sein, desgleichen auch noch vom WS 1548/49 bis zum Frühjahr 1550. Der mit Ernst Vögelin befreundete Wolf könnte vor allem als Gräzist in das Blickfeld von Rheticus gekommen sein, der selbst über Euklid las und eine griech. Euklidausgabe bearbeitete; alle drei standen dabei dem großen Meister der griechischen Sprache Camerarius als dessen Schüler nahe.

1 STEPNER 1686, S. 17, Nr. 55. | 2 ERLER, Bd. 1, S. 651, B 33. | 3 ERLER, Bd. 2, S. 702. | 4 ERLER, Bd. 2, S. 710. | 5 ERLER, Bd. 2, S. 733. | 6 PFEFFINGER/SALMUTH 1588, Oratio IV, ULB Halle, digital. | 7 VD 16 H 4620, BSB München, digital. | 8 ERLER, Bd. 1, S. 706 f., M 1 und M 68. | 9 VD 16 H 4621, ULB Halle, digital. | 10 VD 17 3:627872M, ULB Halle, digital. | 11 VD 16 T 931, BSB München, digital. | 12 ERLER, Bd. 1, S. 722, M 72. | 13 VD 16 S 5892, ULB Halle, digital.

Wolf, Martin, 1510 – um 1580

Martin Wolf (Wolff, Wolffius), geboren 1510 in Oschatz (Lkr. Nordsachsen), gestorben nach 1580 im Exil in Österreich, luth., Schulmann, Theologe (Gnesiolutheraner), Komponist[1].

Wolf immatrikulierte sich im SS 1528 an der Universität Leipzig[2]. Er wechselte nach Wittenberg, wo er am 7. Mai 1531 *gratis* eingeschrieben wurde[3]; Konsemester waren Kaspar Brusch, Johannes Stigel, Hieronymus Hoffmann, Matthias Brassanus, Christian Seemann, Jean Perrin. Er war Schüler von Luther und Melanchthon. Am 19. September 1538 promovierte er unter Magister Konrad Lagus zum Mag. art. (9. Rang von 14 Kandidaten)[4], Mitbewerber waren Nikolaus Reinhold (1. Rang), Christoph Preuss (2. Rang), Matthäus Irenäus (3. Rang), der dänische Mathematiker Mads Hack (7. Rang), Maximilian Mörlin (11. Rang).

Wolf wurde Schulmeister in Rochlitz (Lkr. Mittelsachsen), wo der auch wegen seiner kirchenmusikalischen Kompositionen bekannte Anton Musa (1485-1547) Pfarrer und Superintendent war. Hier besuchte Kaspar Brusch seinen alten Freund Wolf und seine Frau Barbara und wurde Pate; Brusch schrieb einige Verse dazu, aus denen zu entnehmen ist, dass hier reichlich gebechert wurde. Auch in den *Sylvae* (Leipzig 1544) feierte Brusch seinen *Theseus* Magister Martin Wolf in scherzhaften Versen[5]. 1545 wurde Wolf Hofprediger und Superintendent in Colditz (Lkr. Leipzig, Sachsen). 1551 war er Mitunterzeichner der Sächsischen Konfession, die dem Konzil von Trient übergeben werden sollte. Auf Befehl des Kurfürsten August von Sachsen wurde er wegen politisch anstößiger Äußerungen in einer Predigt 1554 abgesetzt, ja sogar zu sechzehn Tagen Turm verurteilt und dann gegen Urfehde entlassen. Er wurde Pfarrer von Jeßnitz (Ortsteil von Raguhn-Jeßnitz,

Lkr. Anhalt-Bitterfeld). 1559 wurde er als Pfarrer und Superintendent nach Kahla (Saale-Holzland-Kreis, Thüringen) berufen, aber schon 1562 entlassen, weil er sich geweigert hatte, die Strigelsche Deklaration zu unterschreiben. Er wurde darauf Pfarrer in Helfta (Stadtteil der Lutherstadt Eisleben, Lkr. Mansfeld-Südharz) in der Grafschaft Mansfeld. 1567 wurde er mit anderen Theologen nach Antwerpen (Belgien) berufen, um dort ein evangelische Kirchwesen aufzubauen; er unterzeichnete die *Antorffische Konfession* von 1567. 1570 holte man ihn zweites Mal nach Kahla, doch wurde er bereits 1571 wieder als Flazianer entlassen. 1572 erscheint in Chur (Graubünden) und 1572 bis 1576 in Luzern ein Organist Meister Martinus Lupus alias Martin Wolf, der 1576 eingekerkert wird, weil er Spielschulden gemacht und neben seiner Ehefrau eine Dirne gehalten hatte[6]; da dieser jedoch italienischer Herkunft ist, lässt er sich nicht mit unserem Wolf gleichsetzen. Zudem stand Wolf auf dem katholischen Index der verbotenen Bücher in der Ersten Klasse, sodass er an katholischen Orten kaum tragbar war. Wie andere Flazianer wanderte Wolf ins Exil nach Österreich, wo er zuerst in Altlichtenwarth (Bez. Mistelbach, Niederösterreich), dann in Dobermannsdorf (Bez. Gänserndorf, Niederösterreich) Pfarrer wurde. Als Theologe hat Wolf eine Schrift hinterlassen, in der er den Flazianer und Rheticusschüler Magister Christoph Irenäus verteidigt: *Kurtze Antwort auff das flick, lester und Bossenwerck der Jhenischen Theologen* (1572)[7].

Martin Wolf wird als Komponist in der einschlägigen Literatur nur wenig beachtet. Vollhardt erwähnt unter den Kantoren von Rochlitz einen Martin, den er aber falsch identifizierte[8]. Schlüter geht in ihren Wittenberger Musiker-Prosopographien mangels entsprechender Vorarbeiten gänzlich über Wolf hinweg[9]. Wolf gehörte wohl musikalisch einer älteren Generation von Komponisten an[10]; zudem beschränkt sich sein musikalisches Schaffen auf seine Zeit als Student und junger Schulmeister, als Prediger und Superintendent galt sein Interesse mehr den theologischen Fragen; vielleicht wollte er sich auch als Pfarrer von seinen früheren *weltlichen* Liedern und den teilweise lasziven Texten der Forsterschen Sammlung distanzieren.

In der von Georg Forster veröffentlichten Liedersammlung *Ein ausbund schöner Teutscher Liedlein, zu singen, vnd auff allerley instrument zugebrauchen*, Nürnberg: Johannes von Berg & Ulrich Neuber, 1549[11], sind mehrere Lieder von Martin Wolff enthalten. Auch die 4. Auflage von Forsters Liederbuch, Nürnberg: Johannes von Berg & Ulrich Neuber, 1552, führt alle Lieder von Wolf auf[12]. Diese Lieder wurden erstmals in Forsters erster Ausgabe *Ein außzug guter alter vnd newer Teutscher liedlein* (Nürnberg: Johannes Petreius, 1539 enthalten und in einem von M. Elizabeth Marriage herausgegebenen Neudruck leicht zugänglich. Da der Name Wolf sehr häufig ist, bedarf die Frage der Identität noch einer näheren Überprüfung. Bedenken hinsichtlich der Chronologie aber bestehen nicht. Wolf studierte vom 7. Mai 1531 (bis 1538) in Wittenberg; hier begegnete er Georg Forster, der sich am 15. Oktober 1534 immatrikuliert hat[13]. Am 7. August 1531 hatte sich Kaspar Brusch in Wittenberg eingeschrieben. Wolf und Brusch waren somit Konsemester. Diese drei Scholaren Wolf, Brusch und Forster haben wohl manches von Gesängen begleitete Zechgelage mit einander zugebracht.

Die **Beziehungen** von Rheticus zu Martin Wolf werden durch den angedeuteten Freundeskreis deutlich. Rheticus und Wolf waren sechs Jahre lang Kommilitonen, seit 1536 war Rheticus Wolfs Lehrer. Wolf musste die Vorlesungen von Rheticus (und Erasmus Reinhold) hören, da er sich im September 1538 dem Magisterexamen stellte.

Wie wir von Georg Forster selbst wissen, brachte eines Abends eine Gruppe von Studenten dem Maler Lukas Cranach ein Ständchen, wobei Forster die Gelegenheit nutzte, sich die Taschen mit Äpfeln und Birnen aus dessen Garten vollzustecken[14]. Man kann sich gut vorstellen, dass sangesfreudige Kommilitonen wie Martin Wolf oder Kaspar Brusch auch zu dieser Gruppe gehört haben. Auch noch andere gehörten zu diesem Musikkreis wie beispielsweise Augustin Eck oder Johannes Weißgerber.

1 GERBER 1717, S. 142; RAUPACH 1741, S. 205 f. | 2 ERLER, Bd. 1, S. 598, M 12. | 3 FÖRSTEMANN 1841, Bd. 1, S. 143b. | 4 KÖSTLIN 1890, S. 10. | 5 HORAWITZ 1874, S. 76. | 6 BRUGGISSER-LANKER 2004, S. 94. | 7 BSB München, digital. | 8 VOLLHARDT 1899 (²1978), S. 278. | 9 SCHLÜTER 2010, S. 291-349. | 10 Nach http://www.cmme.org wäre Martin Wolf bereits 1502 gestorben. | 11 Die Partituren und Texte sind zugänglich bei Royal Holloway Research online. | 12 GOTTWALD 1993, S. 14 und Register S. 184. | 13 FÖRSTEMANN 1841, Bd. 1, S. 154b. | 14 REINHARDT 1939, S. 33.

Wolner, Melchior, † 1562

Melchior Wolner (Wölner, Wöllner, Wolnerus, Volnerus), aus Schneeberg (Erzgebirgekreis), gestorben am 10. April 1562 in Leipzig, luth., Universitätslektor (Mathematik, Rhetorik, lat. Grammatik, Dialektik), Theologe, Notar, Jurist (Stadtrat, Stadtrichter).

Wolner immatrikulierte sich an der Universität Leipzig im SS 1526[1]; Konsemester waren Blasius Thammüller, Lukas David und Johannes Spremberger. Wolner promovierte am 14. September 1532 zum Bacc. art.[2], gleichzeitig mit Donat Zöllner. Im WS 1538/39 trat er unter Magister Leonhard Badehorn erfolgreich zum Magisterexamen an[3]. Er wurde am 18. März 1542 in den Rat der Artistenfakultät aufgenommen[4]. Im SS 1540 hatte Wolner die Lektion *mathemata* inne[5], las aber dann seit dem SS 1541 Rhetorik nach Cicero im Wechsel mit lat. Grammatik, im WS 1545/46 auch Dialektik. Wiederholt fungierte er als Executor, Claviger und Examinator der Bakkalare, im SS 1546 war er Promotor der Bakkalare. Im SS 1544 war Wolner Dekan der Artistenfakultät[6]. Er war im Besitz eines eigenen Schlüssels zur Bibliothek, den er 1546 an Wolfgang Sybotus schenkte. Wolner trat um 1546 (oder auch schon vorher) in den Kirchendienst ein; er wurde Substitut des Pfarrers von Thekla (Ortsteil von Leipzig)[7]. Er wurde auch zum öffentlichen geschworenen kaiserlichen Notar kreiert und war zugleich Universitätsnotar; in dieser Eigenschaft wirkte er 1550 an einem Kopiale der Urkunden zur Universitätsgeschichte mit und versah dieses mit seinem Notarssignet[8]. Von 1552 bis 1562 saß Wolner im Leipziger Rat, 1553, 1556, 1557, 1559 und 1562 als Assessor, 1557 als Richter[9], erwähnt als Richter in der Turmknopfurkunde des Leipziger Rathauses von 1557[10]. Anlässlich seiner Beerdigung hielt im Pfarrer Heinrich Salmuth eine Abdankungsrede[11].

Beziehungen zwischen Rheticus und Wolner sind gegeben. Da Wolner 1540 die mathematische Lektion bestritt, muss er ein besonderes Interesse für dieses Fach gehabt haben, das ihn auch Rheticus nahebringen musste. Rheticus und Wolner waren vom WS 1542/43 bis SS 1545 Kollegen. Im SS 1544 stand Wolner Rheticus als Dekan gegenüber. Auch mit Wolner als Executor und Examinator hatte Rheticus sich auseinanderzusetzen. Schließlich mochte Rheticus auch die Dienste des Notars Wolner in Anspruch genommen haben. Es ist möglich, dass Wolner die beiden Inventare von Rheticus' Vermögen vom 20. Mai 1551 (verschollen) und 1. Dezember 1551[12] angefertigt hat, jedoch jeweils in Abwesenheit von Rheticus.

1 ERLER, Bd. 1, S. 594, M 2. | 2 ERLER, Bd. 2, S. 620. | 3 ERLER, Bd. 2, S. 649. | 4 ERLER, Bd. 2, S. 665. | 5 ERLER, Bd. 2, S. 656. | 6 ERLER, Bd. 2, S. 677 f. | 7 KREYSSIG ²1898, S. 633. | 8 ZARNCKE 1857, S. 532-548. | 9 OSSE 1717, S. 86 f. | 10 Wortlaut bei STEPNER 1675, S. 326-328, Nr. 1697. | 11 SALMUTH 1580/81, Bd. 2, 31. Predigt, VD 16 S 1444, ULB Halle, digital. | 12 BURMEISTER 2004, S. 160-168.

Wurstisen, Christian, 1544–1588

Christian Wurstisen (Wurstysius, Urstisius, Allasiderus, von griech. ἀλλᾶς = Wurst, σιδήρος = Eisen), geboren am 23. Dezember 1544 in Liestal (Kanton Baselland), gestorben am 29. März 1588 in Basel, ref., Theologe, Universitätsprofessor (Mathematik, Neues Testament), Stadtschreiber, Chronist[1].

Der Liestaler Weinhändler Pantaleon Walch, genannt Wurstisen, zog 1545 nach Basel und erhielt dort das Bürgerrecht. Sein Sohn Christian besuchte in Basel die Schule von Thomas Platter und bezog am 17. März 1558 die Universität Basel[2]. Er promovierte am 30. April 1560 zum Bacc. art., am 4. Februar 1562 zum Mag. art. und schloss dann ein Studium der Theologie an. 1563 war er Prediger in Hüningen (Haut-Rhin), 1564 bis 1566 Helfer an St. Theodor in Kleinbasel. Seit 1564 war er Professor für Mathematik an der Universität Basel. 1585 übernahm er die Professur für Neues Testament. Wurstisen war 1567, 1575 und 1587 Dekan der philosophischen Fakultät, 1577/78, 1583/84 und 1584/85 Rektor Magnificus. Auch wirkte er als Bibliothekar der Universitätsbibliothek. 1586 verließ er die Universität und wurde Stadtschreiber.

Werke (in Auswahl): *Quaestiones novae in Theoricas novas planetarum ... Purbachii* (Basel: Heinrich Petri, 1568)[3]; *Theoricae novae planetarum Georgii Purbachii* (Basel: Officina Henricpetrina, 1569)[4]; weitere Ausgabe 1573[5]; *Mela, De situ orbis/Solinus, Polyhistor*, hg. v. Wurstisen (Basel: Officina Henricpetrina, 1576); *Epitome Historiae Basiliensis* (Basel: Officina Henricpetrina, 1577)[6]; *Elementa arithmeticae* (Basel: Sebastian Henricpetri, 1579, ²1586[7]); *Baßler Chronick* (Basel: Sebastian Henricpetri, 1580, Reprint Genf 1978); Deutscher Wandkalender für 1581[8]. *Germaniae historicorum illustrium* (Franktfurt/Main: Andreas Wechels Erben, 1585; *Leichpredig* anlässlich des Begräbnisses von Johann Jakob Grynaeus, in: *Christliche Predigen* (Basel: Sebastian Henricpetri, 1588, beigefügt u.a. ein *Carmen arithmeticale*)[9].

Wurstisen hinterließ ein *Diarium* für die Jahre 1557-1581[10]. Er übersetzte neben Peurbach auch Ramus. Der Ramist Thomas Freigius widmete sein Lehrbuch *Quaestiones geometricae et stereometericae* (Basel: Sebastian Henricpetri, März 1583) seinen Kollegen, u.a. Wurstisen, Johannes Stadius und Konrad Dasypodius[11]. Wursisen war verheiratet mit Valeria Murer; ein Sohn Emanuel Wurstisen (*1572) wurde Arzt, ein Christophorus Wurstisen ist 1594 stud. iur. in Padua.

Beziehungen zwischen Rheticus und Wurstisen konnte es aus Altersgründen nicht geben. Wurstisen hat aber für die Akzeptanz des heliozentrischen Systems gekämpft, und zwar in mehrfacher Hinsicht. Während man sonst in Basel über Kopernikus schwieg, feierte ihn Wurstisen 1568 in *Quaestines novae* als einen sehr geschickten, mit wahrhaft göttlichem Geiste begnadeten Mann, der die Wiederherstellung der Astronomie mit Erfolg unternommen habe. Es wird vermutet, dass er die Anregung zum Druck der zweiten Auflage von Kopernikus' *De revolutionibus* (Basel. Heinrich Petri, 1566) gegeben hat, der zum besseren Verständnis auch Rheticus' *Narratio prima* (Basel: Winter, 1541) angefügt wurde. Auf diese Weise kamen auch Heinrich Petris Wittenberger Studienfreunde Achilles Gasser und Georg Vögelin zu Wort. Wurstisens Exemplar der Ausgabe von 1566 mit dem Besitzvermerk *Christiani Vurstisii sum, 1568* hat sich erhalten[12]. Wurstisen war und blieb ein Einzelkämpfer in der Schweiz, wo er auf heftigen Widerstand stieß. Als er das heliozentrische Weltbild lehren wollte, wurde ihm das seitens der Universität verboten. Der Druck eines ketzerischen Werkes wie das des Kopernikus wurde im Hinblick auf das Basler Handelsinteresse erlaubt, nicht aber die Lehre an der Universität[13].

Es wird angenommen, dass Galileo seine erste Kenntnis von Kopernikus Wurstisen verdankte. Jedenfalls berichtet das Galileo Galilei in seinem *Dialogo sopra i Due Massimi Sistemi del Mondo, Tolemaico e Copernicano* (Florenz 1632; lat. Ausgabe Leiden 1635). Sagredo, einer der Partner in dem nach dem Vorbild der platonischen Dialoge gestalteten Dialog, erwähnt beiläufig einen gewissen Christian Urstisius aus dem Norden, der Vorträge über Kopernikus gehalten hätte[14].

1 BURCKHARDT, Achilles, in: Beiträge zur vaterländischen Geschichte Basel 12 (1888), S. 357-398; BERNOUILLI, August, in: ADB 44 (1898), S. 346 f.; HESS, Stefan, in: HLS, 2013. | **2** WACKERNAGEL 1956, Bd. 2, S. 109, Nr. 65. | **3** HIERONYMUS 1997, S. 1409-1412, Nr. 513 Aa. | **4** HIERONYMUS 1997, S. 1409-1412, Nr. 513 Ab. | **5** ZINNER ²1964, S. 255, Nr. 2642. | **6** HIERONYMUS 1997, S. 1567-1570, Nr. 558. | **7** e-rara, digital. | **8** ZINNER ²1964, S. 277, Nr. 3022. | **9** HIERONYMUS 1997, S. 1533 f., Nr. 544. | **10** LUGINBÜHL, R., in: Basler Zeitschrift für Geschichte 1 (1902), S. 53-145. | **11** HIERONYMUS 1997, S. 1404 f., Nr.509. | **12** GINGERICH 2002, S. 217. | **13** HIERONYMUS 1997, S. 1345. | **14** HIERONYMUS 1997, S. 1345.

Zechendorfer, Gregor, ca. 1525–1575

Gregor Zechendorfer aus Lößnitz (Erzgebirgekreis), geboren um 1525, gestorben nach 1575, Arzt in Eger (tschech. Cheb), luth., Veterinärschriftsteller.

Gregor Zechendorfer war möglicherweise ein Verwandter der ersten Ehefrau Margaretha Zechendorfer des Nürnberger Mathematikers und Theologen Thomas Venatorius. Zechendorfer immatrikulierte sich im SS 1540 an der Universität Leipzig.[1] Hier gehörte er mit Johannes und Bernhard Schmiedel, Johannes Gribe, Johann Jakob Rost zum Schülerkreis von Kaspar Brusch. Er promovierte am 14. September 1544 zum Bacc. art.[2] Im WS 1548/49 erlangte er unter dem Dekanat des Rheticus die Würde eines Mag. art.[3] Am 9. Juni 1553 erlangte Magister Zechendorfer dem Grad eines Bacc. med.[4] Die Prüfung zum Doktor der Medizin erfolgte am 28. April 1557 durch den Dekan Martin von Drembach und den Compromotor Wolfgang Meurer. Die feierliche Promotion fand im Collegium Paulinum statt, in das die Beteiligten in einer Prozession *cum pompa* und *praeeuntibus musicis cum tibiis* (unter Vorantritt der Musiker mit Pfeifen) einzogen. Ihnen folgten prächtig gekleidete Knaben, und zwar drei für jeden Doktoranden, von denen zwei *scatulas*, der dritte einen goldenen Apfel vorantrug. Die Doktoren, Magister und vornehmeren Gäste trugen gute Barette und teilweise Pelzmützen und Handschuhe, die übrigen nur Handschuhe. Der Promotor, Compromotor und die Knaben führten dann die einzelne Akte durch, wie sie von den Statuten vorgeschrieben waren. *Prandium erat honestissimum in aedibus domini Ioannis Schilers edilis in regione Catharinae cum octo ferculis, Malvatico, Reinphalo, Renensi* (Der Doktorschmaus im Haus des Ädilen Johann Schiler war höchst ansehnlich mit acht Gängen, Malvasier, Rheinpfälzer und Rheinwein).[5] Zechendorfer wirkte danach als Arzt in Eger. Er trat schriftstellerisch hervor, indem er die Reitlehre des Federico Grisone (1507-1570), medizinische oder tiermedizinische Werke von Jacques Houllier (1498-1562), Jean Tagault oder Jean Ruelle (1474-1537) ins Deutsche übersetzte.

Werke: [Gregor Zechendorfer et al.]. *Quaestiones medicae, cum conclusionibus ac problematis annexis, candidatis doctoratus, pro insignibus doctoralibus, in künstlicher Bericht und Beschreibung, wie die streitbare Pferdt ... vollkommen aede Paulina* (Leipzig: Jakob Berwald, 1557); [Federico Grisone] *Hippokomikē: zu machen* (Augsburg: Michael Manger für Georg Willer, 1570); [Jean Ruelle] *Zwey Nützliche sehr gute Bücher von allerley gebrechen vnd kranckheitten, damit die Rosse, Maulesel, vnd andere vierfüssige Thier ... geplaget* (Eger: Burger, 1571); [Jean Tagault; Jacques Houllier] Gründtliche vnd rechte *Vnderweysung der Chirvrgiae oder Wundartzney* (Eger: Burger, 1571); *Joh. Tagaultii de chirurgia institutione libri V.*, ins Dt. übers. (Frankfurt/Main: 1574); [Jean Ruelle] *Roßartzney* (Nürnberg: Dieterich Gerlach, 1575); [Jean Ruelle] *Zwei Bücher von der Roßartzney* (Nürnberg 1577). Neuausgaben: Grisone, Hippokomike (Magstadt bei Stuttgart: Bissinger, 1961; Hildesheim/New York: Olms, 1972).

1 ERLER, Bd. 1, S. 632, M 4. | 2 ERLER, Bd. 2, S. 679. | 3 ERLER, Bd. 2, S. 705. | 4 ERLER, Bd. 2, S. 82. | 5 ERLER, Bd. 2, S. 84 f.

Zeger, Magdalena, ca. 1491–1568

Magdalena Zeger (Zegeria, Name ihres Mannes, ihr Mädchenname ist unbekannt), geboren um 1491 (1497?), gestorben am 16. Januar 1568 in Kolding (Syddanmark, Dänemark), luth., Astrologin, Kalendermacherin[1].

Magdalena Zeger gilt als eine der ersten Astronominnen der Renaissance; sie ging damit Sophie Brahe (1556-1643) voraus, der berühmten Schwester und Mitarbeiterin Tycho Brahes. Magdalena Zeger trat erst nach dem Tod ihres Ehegemahls, des Mathematikers und Professors der Medizin Thomas Zeger, der 1544 in Kopenhagen gestorben ist, aus dem Schatten ihres Mannes und wohl auch ihres Lehrers, um dessen Arbeit konsequent fortzusetzen. Ihre Herkunft ist nicht bekannt. Da ihr Mann Ende 1539 zugleich mit seinem Sohn Thomas d. J. in die Matrikel der Universität Rostock eingeschrieben wurde, dürfen wir vermuten, dass die Ehe wohl um 1527 geschlossen wurde, nachdem dieser zum ersten Mathematikprofessor der Universität Marburg berufen worden war. Danach stammte Magdalena Zeger aus Deutschland, worauf auch ihre in deutscher Sprache abgefasste Grabschrift hinweist. Vielleicht stammte sie aus den Kreisen der Marburger Professorenschaft. Da sie um diese Zeit bereits 36 Jahre alt war, könnte sie auch Witwe gewesen sein. Magdalena Zeger folgte ihrem Mann, der um 1531 Stadtarzt von Goslar wurde, dorthin, ebenso nach Hamburg, wo er 1532 bis 1537 als ranghöchster Stadtphysikus wirkte; 1537 erscheint er in Husum (Nordfriesland, Schleswig-Holstein) oder auf der ehemaligen Insel und heutigen Halbinsel Nordstrand (Nordfriesland). Von dort berief König Christian III. Thomas Zeger nach Kopenhagen, wo er seit 1. Februar 1538 als Professor der Medizin und zuvor schon als Arzt tätig war.

Nach dem Tod ihres Mannes verlegte Magdalena Zeger ihren ständigen Wohnsitz in die Hafenstadt Kolding, wo sie die Arbeit ihres Mannes selbständig fortsetzte. In der Astronomie sehr versiert, gab sie Kalender heraus und sagte die Zukunft voraus. Für viele war es neu und unerhört, dass eine Frau dazu in der Lage war, aus dem Lauf der Sterne die Zukunft vorauszusagen. Und so geriet sie in den Verdacht, nicht das richtige Verhältnis zu Gott zu haben. Bei vielen Bürgern stand sie in dem Ruf, eine Hexe zu sein. Der Priester, der ihr auf dem Totenbett die Beichte abnahm, befragte sie über ihre Astronomiekenntnisse und ihre Almanache, kam aber zu dem Schluss, dass sie in keiner Weise gegen den christlichen Glauben verstoßen habe. Es wird angenommen, dass sie unter dem Schutz der Königinwitwe Dorothea (1511-1571) stand, die nach dem Tod ihres Mannes, des Königs Christian III., 1559 in Kolding auf dem Schloss Koldinghus, ihrem Leibgeding, residierte.

Werke: *Prognosticatio edder Practica ... gecalculert upt Jaer 1561* (Hamburg: Wickradt, 1560, niederdeutsch); *Almanach vnd Practica ... Vppet Jaahr 1561* (Hamburg: Wickradt, 1560, niederdeutsch)[2]; *Almanach vnd Practica ... Vppet Jaahr 1563* (Hamburg: Wickradt, 1562, niederdeutsch)[3]. Es ist sehr wahrscheinlich, dass noch weitere Almanache aus ihrer Feder stammen. Almanache verlieren nach Jahr und Tag ihre Aktualität und werden zur Makulatur; Thomas Zeger hat das in seiner Practika auf 1531 deutlich zum Ausdruck gebracht.

Ihre letzte Ruhestätte fand Magdalena Zeger in einer Kapelle der Kirche von Kolding, wo ihr ein Epitaph gesetzt wurde, dessen Inschrift überliefert ist. *Hie ligt begraben die Tugentsame Frau Magdalena, des Hochgelarten Medici, Seliger, Thomae Zegeri, nachgelassene Wittwe, hat ein Christlich ehrlich leben gefürt, und im selben uf den 16. Jan. des 68 Jars, Ires Alters aber im LXXVII Jar zu Coldingen mit vorhergehender Bekenis Ires Christlichen Glaubens, darin Sie gantz Wolgegründet gewesen, Gott Seliglich entschlaffen.*

Beziehungen zu Rheticus sind nicht gegeben, doch war Magdalena Zeger als die selbständige erste Astrologin und Seherin hier um des Gesamtthemas willen aufzunehmen.

1 Thura, Albert Lauridsen, Gynaeceum Daniae litteratum, Altona: Jonas Korte, 1732, S. 132 f.; Moller 1744, Bd. 2, S. 1022; Poggendorff 1863, Bd. 2, Sp. 1400; Rørdam 1868, Bd. 1/1, S. 538; Fink-Jensen 2004, S. 74; Hamel, Jürgen, Magdalena Zeger und ihre astronomischen Arbeiten 1561-1563, in: Kosmos und Zahl, Beiträge zur Mathematik- und Astronomiegeschichte, Stuttgart: Franz Steiner Verlag, 2008, S. 425-446. | 2 Zinner ²1964, S. 461, Nr. 2272a und 2272b. | 3 Zinner ²1964, S. 462, Nr. 2328a und 2328b.

Zeger, Thomas, ca.1490–1544

Thomas Zeger (de Zeghers, auch Jeghers, Zegerius, Zegerus), geboren ca.1490 in Aardenburg (damals Grafschaft Flandern, Niederlande, heute Ortsteil von Sluis (Zeeland, Niederlande), gestorben 1544 in Kopenhagen, kath., später luth., Notar, Mathematiker, Universitätslektor in Basel, Universitätsprofessor in Marburg und Kopenhagen[1].

Zeger begann seine Studien an der Universität Löwen, immatrikuliert am 28. Februar 1507[2]. Als reicher Student konnte er es sich leisten, in der Lilienburse zu wohnen. 1510 promovierte Zeger in Löwen zum Mag. art., wobei er den 4. Rang von 148 Kandidaten errang[3]. Um diese Zeit, vielleicht aber schon vorher, trat Zeger in den geistlichen Stand ein; er wurde Kleriker des Bistums Doornik (französ. Tournai, heute Provinz Hennegau, Belgien). 1519 bis 1521 wirkte Zeger in s'Hertogenbosch (Provinz Nordbrabant, Niederlande) und in Antwerpen als Hilfsgeistlicher (*subplebanus*), in Antwerpen an Onze-Lieve-Vrouwekathedraal, zugleich auch an beiden Orten als Notar. Es sind verschiedene Notarsinstrumente mit seinem Signet und seinem Motto *Sustine et abstine* erhalten[4]. Im Studienjahr 1522/23 schrieb sich Zeger als magister Lovaniensis an der Universität Basel ein; er wurde 1523 in das Kollegium der Basler Magister aufgenommen[5].

1527 immatrikulierte sich Thomas Zeger als *Basiliensis mathematicus* an der Universität Marburg; er wurde der erste Professor für Mathematik an der am 20. Mai 1527 eröffneten Hochschule[6]. 1531 veröffentlichte er, inzwischen Stadtarzt von Goslar (Niedersachsen), eine astrologische Vorhersage *Prognosticon anni trigesimiprimi* (Marburg: Franz Rhode, 1531, gewidmet dem Bürgermeister von Goslar Joachim Wegener)[7]. Am 21. November 1539 wurde Zeger mit seinem Sohn Thomas Zeger d.J. und seinem *Famulus* Joachim Hake [vermutlich dem Dänen Joachim Hack] in die Matrikel der Universität Rostock eingeschrieben[8]. Zeger nahm die Verfertigung von Kalendern wieder auf; er übersetzte den Rostocker Kalender ins Schwedische und schuf damit den ersten schwedischen Kalender (1540)[9]. Einen eigenes *Prognosticon für 1545* erschien in Rostock bei L. Dietz, 1544[10]. Schon 1538 war Zeger als Professor für Medizin und königlicher Leibarzt nach Kopenhagen berufen worden. Doch bereits ein Jahr später übersiedelte er nach Rostock, von wo er jedoch 1542 wieder nach Kopenhagen zurückkehrte.

Zeger war verheiratet mit der astrologisch versierten Magdalena NN. (1491-1568). Aus dieser Ehe ist ein 1539 erwähnter Sohn Thomas hervorgegangen. Zwei weitere Söhne waren möglicherweise Elhard Zegerius († 1586) und Johann Zegerius, die als luth. Pastoren in Schleswig-Holstein wirkten[11].

Beziehungen zwischen Rheticus und Zeger sind nicht bezeugt. Zeger war jedoch als Kollege und Lehrherr von Joachim Hack hier aufzunehmen, nicht zuletzt aber auch als Ehemann der Magdalena Zeger.

1 A. H. P. van den Bichelaer, Het notariaat in Stad en Mejerij van s'Hertogenbosch tijdens de late Middeleeuwen (1306-1531), Amsterdam 1998; Rørdam 1868, Bd. 1, S. 536-538; Fink-Jensen 2004, S. 73 f. | 2 Schillings, Bd. 3, S. 328, Nr. 210. | 3 Reusens, 1865, S. 249. | 4 Oosterbosch, Michel, Het openbare notariaat in Antwerpen tijdens de Late Middeleeuwen (1314-1531), Leuven: Katholieke Universiteit, Departement Geschiedenis, 1992. | 5 Wackernagel 1956, Bd. 2, S. 353. | 6 Falckenheiner 1904, S. 180. | 7 VD 16 Z 219; Möncke 2010, S. 102; Exemplar SUB Göttingen. | 8 Hofmeister 1891, Bd. 2, S. 100a. | 9 Rühs, Friedrich, Geschichte Schwedens, 3. Teil, Halle 1805, S. 258, Anm. m. | 10 Zinner ²1564, S. 459, Nr. 1890a. | 11 Archiv für Staats- und Kirchengeschichte der Herzogtümer Schleswig, Holstein usw., Bd. 3, 1837, S. 255 f.

Zeler, Georg, † 1553

Georg Zeler (Celer, Zceler, Zeeler, Zeller, Tzeler, Czelerus), Sprottau (poln. Szprotawa, Woiwodschaft Lebus), gestorben am 18. Juni 1553 in Leipzig, begraben in der Paulinerkirche, Epitaph überliefert[1], luth., Universitätslehrer (Rhetorik), Theologe.

Zeler wurde im SS 1529 an der Universität Leipzig immatrikuliert[2]. Er promovierte im SS 1530 zum Bacc. art. und im WS 1536/37 zum Mag. art.[3] Er wurde im SS 1543 in den Senat der Artistenfakultät aufgenommen, deren Dekan er für das WS 1543/44 wurde[4]. Vom SS 1541 bis SS 1542 las er über Quintilian, im WS 1542/43 und SS 1543 die Rhetorik. 1543 bis 1553 war Zeler Kollegiat des *Collegiums beatae Mariae virginis*[5]. Er war auch Domherr zu Meißen. Zeler promovierte 1546 zum Bacc. theol., 1549 zum Lic. theol. und 1551 zum Dr. theol., 1552 wurde er in den Rat der theologischen Fakultät aufgenommen.[6] Schon im WS 1540/41 war er Rektor Magnificus gewesen; erneut wurde er Rektor Magnificus für das WS 1544/45 und das WS 1552/53[7]. Zeler war Rektor der Nikolaischule. Wiederholt war er *clavigerus* und *executor*. Zeler genoss hohes Ansehen an der Universität. Unter seinem 1. Rektorat setzten die Reformen ein[8].

Beziehungen zu Rheticus bestanden dadurch, dass beide über ein Jahrzehnt lang Kollegen waren. Beide wurden auch gemeinsam zu Exekutoren gewählt, sodass sie enger zuasammenarbeiten mussten. Zeler stand Rheticus im WS 1543/44 als Dekan vor, im WS 1544/45 als Rektor Magnificus gegenüber. Rheticus nahm vermutlich auch an Zelers Promotionsfeier am 3. Oktober 1549 teil, die gleichzeitig mit der Graduierung seines Freundes Valentin Paceus zum Bacc. theol. stattgefunden hat.

1 Vogel 1714, S. 195; Stepner 1675, S. 40, Nr. 117. | 2 Erler, Bd. 1, S. 600, P 1. | 3 Erler, Bd. 2, S. 615, 638. | 4 Erler, Bd. 2, S. 674. | 5 Zarncke 1857, S. 777, Nr. 31. | 6 Erler, Bd. 2, S. 32, 33. | 7 Gersdorf 1869, S. 37 f. | 8 Helbig 1953, S. 38, 95, 105.

Zell, Heinrich, 1518–1564

Heinrich (Heilrich, Heylrich, Heilrichus) Zell (Zeelius, Zellus, Zel, Zeel, Cella, Cellis, Czeel u.ä.), geboren 1518 in Köln, gestorben 1564 in Königsberg, luth., Schulmann, Buchdrucker, Kartograph, Astronom, Bibliothekar[1]. Die Identifizierung mit dem Theologen Heinrich Zelius (Bonn, Zweibrücken) bleibt weiterhin fragwürdig[2].

Heinrich Zell, *homo trilinguis*, der dazu auch noch Französisch sprach, war ein Neffe des Straßburger Reformators Matthäus Zell, eines Weinbauern Sohn aus Kaysersberg (Haut-Rhin). Zell immatrikulierte sich im WS 1532/33 an der Universität Basel (zugleich mit Münster und Grynäus)[3]. Er wurde ein Schüler Münsters, von dem er den Gebrauch der spanischen Variante der hebräischen Schrift übernahm, dürfte aber auch mit Interesse dessen *Typus cosmographicus* zur Kenntnis genommen haben. Er selbst bearbeitete um 1533 eine Europakarte, die er Kaiser Karl V. widmete (dem auch Münster seine lat. *Cosmographia* zueignen sollte). Nachdem Zell um 1536 als Helfer des Lateinschulmeisters an Alt-St. Peter in Straßburg tätig geworden war, immatrikulierte er sich im SS 1538 in Wittenberg[4], wo er Schüler von Rheticus wurde. Am 17. Februar 1539 spielte Zell bei einer Bacchanalien-Aufführung von Plautus Amphitryon die Titelrolle[5]; an der Aufführung beteiligt waren u.a. auch Besold, Taig, Mende, v. Stetten beteiligt; vgl. dazu Agricola, Mikael). Zell begleitete Rheticus auf seiner Reise nach Frauenburg. 1540 stellte er eine Liste der Errata der *Narratio prima* zusammen und übersetzte die griechischen Ausdrücke und Zitate ins Lateinische. Vereinzelt scheint man sogar in Zell der Autor der *Narratio prima* gesehen zu haben; denn der ihm zugeschriebene *Liber Astronomicus* (Danzig: Rhode, o.J. [um 1541]) mit einem Umfang von 9 Bogen in Quarto[6] ist wohl nichts anderes als die *Narratio prima*. Zell bearbeitete, einem Wunsch Münsters Folge leistend, eine Karte von Preußen, die er dem Danziger Bürger Johannes Clur widmete. Die Karte, die an Vorarbeiten von Kopernikus und Rheticus anknüpfte, wurde 1542 in Nürnberg gedruckt und gilt als Zells eigentliches Meisterwerk; Münster übernahm sie später in seine Kosmographie von 1550. Zell erhielt am 21. Januar 1546 durch Heirat das Straßburger Bürgerrecht; er blieb hier in den folgenden Jahren wohnhaft. 1548 arbeitete er an einer *Carta Marina*[7], 1549 öffnete und besah er den Himmelsglobus, den Hans Erstin 1546 geschaffen hatte und der später vor die Schauuhr im Münster gesetzt wurde[8]. Um 1550 schuf er zwei Deutschlandkarten, die nach 1552 häufig nachgedruckt wurden, und eine Gewässerkarte Deutschlands. 1553 druckte er einen Holzschnitt von der Eroberung der Stadt Thérouanne (Pas de Calais), an der er möglicherseise selbst teilgenommen hatte. Am 14. September 1555 trug sich Zell in die Matrikel der Universität Königsberg ein (als *mathematicus excellens et cosmographus* bezeichnet). Er trat 1555 in die Dienste des Herzogs Albrecht, der ihn 1557 als Nachfolger des astrologisch versierten Martin Chemnitz und des Arztes David Milesius als Schlossbibliothekar bestallte; Zell erwarb sich große Verdienste um die Reorganisation der Bibliothek. So integrierte er Andreas Aurifabers († 1559) bedeutende Büchersammlung[9].

Zell diente als Straßburger Bürger zu den Steltzen. Er heiratete hier um 1546 Margarethe, Tochter des Hans Schell. Aus seiner privaten Bibliothek hat sich eine Aldine erhalten, Ovids Metamorphosen (Venedig: Manutius, 1502), mit dem Besitzvermerk *Sum Heilrici Zeelij*[10]. Katharina Schütz Zell, Witwe des Theologen Matthäus Zell, vermachte in ihrem Testament vom 1. April 1562 Heinrich Zell ihren Ehering sowie einen vergoldeten Pokal mit Deckel[11].

Beziehungen zu Rheticus: Der als Schüler Münsters in der Hebraistik und der Kartographie bereits zum Lateinschullehrer avancierte Zell wurde 1538 in Wittenberg Rheticus' Schüler und begleitete ihn als wissenschaftlicher Gehilfe zu Kopernikus nach Frauenburg, wo er 1540 an der *Narratio prima* mitwirkte. Zell behielt seine Kontakte zu seinen Lehrern, sowohl zu Münster wie auch zu Rheticus, noch lange Zeit aufrecht. Als am 1. Dezember 1551 Rheticus' beschlagnahmtes Bücherlager inventarisiert wurde, erschienen in der Liste *1 rohe Mappa vber Germania* und *10 Deutschland vngeleimet*, womit vermutlich Karten von Zell gemeint sind[12]. In einem Brief an Paul Eber hatte Rheticus 1561 auf die genealogischen Arbeiten hingewiesen, wie sie Münster in seiner Kosmographie gepflegt und im Hinblick auf den Zusammenhang von Genealogie und Zeitrechnung entsprechende Studien angemahnt hatte. Zell scheint auch diese Idee aufgegriffen zu haben; denn sein letztes Werk war eine *Genealogia insignium Europae imperatorum* (Königsberg: Daubmann, 1563)[13].

In der Literatur gilt Zell als ein früher Kopernikaner. Das ergibt sich schon aus seiner aktiven Beteiligung am Druck der *Narratio prima*. Zell, ein geborener Bibliothekar, hat für die *Nova Bibliotheca*, den Grundstock der Universitätsbibliothek Königsberg, Copernicus' *De revolutionibus* (Nürnberg 1543) bibliothekarisch behandelt; Herzog Albrecht hatte dieses Buch, ein Geschenk Donners, der öffentlichen Bibliothek überlassen[14].

1 BURMEISTER 1978, S. 427-442; German Cartographers, Memphis, Tennessee, 2010, S. 59 f.; BAGROW, Leo, Der deutsche Kartograph Heinrich Zell, in: Petermanns Mitteilungen 1926, S. 63-66; CARACI, Giuseppe, Heinrich Zell, G. Gastaldi und einige der ältesten Karten von Deutschland, in: Petermanns Mitteilungen 1927, S. 200-205; BAGROW, Leo, Heinrich Zell, in: Petermanns Mitteilungen Erg.-Heft 210, 1930, S. 110-114; SCHUMACHER, Bruno, Heinrich Zell, Karte von Preussen (1942), in: Mitteilungen des Vereins für die Geschichte von Ost- und Westpreußen 10, 1935, S. 1-7; HORN, Werner, Die Karte von Preussen des Heinrich Zell (1942), in: Erdkunde 4, 1950, S. 67-81; KOLB, Albert, Der Kartograph Heinrich Zell, ein unbekannter Strassburger Drucker des 16. Jahrhunderts, in: Gutenberg-Jahrbuch 1972, S. 174-177. | **2** BURMEISTER, Karl Heinz, Heinricus Zelius Novesianus, Prediger in Bonn, in: Monatsblätter für Evangelische Kirchengeschichte des Rheinlandes 22 (Düsseldorf 1973), S. 38-42; FAULENBACH, Heiner, Zur Biographie des Heinrich Zell, in: Monatsblätter für Evangelische Kirchengeschichte des Rheinlandes 22 (Düsseldorf 1973), S. 43-45. | **3** WACKERNAGEL 1956, Bd. 2, S. 2. | **4** FÖRSTEMANN 1841, Bd. 1, S. 169b. | **5** Stadtbibl. Lindau, Sign. Ca.III,482, PLAUTUS, Comoediae (Basel: J. Herwagen, 1535). | **6** ZINNER ²1964, S. 458, Nr. 1791.b. | **7** KNAUER, Elfriede Regina, Die Carta Marina des Olaus Magnus von 1539, Ein kartographisches Meisterwerk und seine Wirkung (Gratia, Bamberger Schriften zur Renaissanceforschung, 10), Göttingen: Gratia-Verlag, 1981. | **8** ZINNER ²1967, S. 172; KOLB 1972, S. 175-177; OESTMANN ²2000, S. 95. | **9** THIELEN 1953, S. 129 ff., 177 ff. Zu Resten der Bibliothek Aurifabers vgl. auch KREMER 2010, S. 496 f., besonders Table 5. | **10** StB Überlingen. | **11** MCKEE, Elsie Anne, Katharina Schütz Zell, Leiden: Brill, 1998, S. 224. | **12** BURMEISTER 2004, S. 161 f. | **13** Google Books, digital. | **14** TONDEL 1991, S. 25-30.

Zenckfrei, Martin

Martin Zenckfrei, geboren in Sprottau (poln. Szprotawa, Woiwodschaft Lebus, Niederschlesien), luth., Theologe.

Martin Zenckfrei immatrikulierte sich im SS 1541 unter dem Rektor Kilian Goldstein an der Universität Wittenberg[1]. In seiner Begleitung befand sich ein *Joannes Zernick Freistadiensis*. Am 11. September 1543 promovierte er unter Andreas Aurifaber zum Mag. art[2], wobei er auf den 10. Rang von 29 Kanidaten kam. Am 22. Februar 1543 wurde Zenckfrei durch Bugenhagen ordiniert und nach

Freienstadt, vermutlich Frýštát (Stadtteil von Karviná, Moravskoslezský Kraj, Tschechien) berufen[3]. Ungeklärt bleibt, ob er der Autor des Katechismus *Ein new Kinder-Büchlein für die Jugendt* (Frankfurt/Main 1568) ist.

Zenckfrei konnte im WS 1541/42 die Vorlesungen von Rheticus gehört haben. Ein Hinweis dafür könnte sein, dass er bei Aurifaber zur Magisterprüfung angetreten ist.

1 FÖRSTEMANN 1841, Bd. 1, S. 189a. | **2** KÖSTLIN 1890, S. 15. | **3** BUCHWALD 1894, S. 58, Nr. 926.

Ziegler, Bernhard, 1496–1547

Bernhard Ziegler (Laterensis), geboren am 10. November 1496 auf dem Rittergut Gävernitz (Ortsteil der Gemeinde Priestewitz, Lkr. Meißen), gestorben am 2. Januar 1552 in Leipzig, luth., Hebraist, Theologe[1].

Als Zisterziensermönch des Kloster Altzella bei Nossen (Lkr. Meißen) studierte Ziegler seit 1512 in Leipzig, wo er seit 1521 als *Magister legens* eine Lehrtätigkeit ausübte. Seine Kenntnisse des Hebräischen erwarb Ziegler um 1522/26 bei Antonius Margarita, dem Sohn eines Rabbiners und späteren Konvertiten. 1526-1529 wirkte Ziegler in Liegnitz, 1529-1540 lebte er in Ansbach, wo er Propst des St. Gumprechtstiftes und Lehrer des Hebräischen war. Ziegler weilte häufiger zu Besuch in Wittenberg. 1540 wurde er Propst des säkularisierten Chorherrnstiftes Wilzburg. 1540 trafen Ziegler und der Wittenberger Hebraist Johannes Forster in Weimar mit Luther und Melanchthon zusammen[2]. Auf Empfehlung Melanchthons, der Ziegler als Hebraisten vorschlug[3], kam dieser 1540 nach Leipzig, wo er Hebräisch und Theologie lehrte. Er promovierte am 6. September 1541 zum Bacc. theol. und am 10. Oktober 1543 zum Dr. theol.[4]. Die Hebraistik nahm in Leipzig eine Zwischenstellung zwischen der theologischen und philosophischen Fakultät ein. Herzog Moritz übertrug Ziegler, der 1541 Kanonikus in Meißen wurde, am 1. Juni 1542 die hebräische Lektion[5]. Am 6. September 1541 promovierten Ziegler, Borner und Johannes Pfeffinger zu Bacc. und Lic. theol.[6] Am 21. September 1543 hielt Ales eine ganztätige feierliche Disputation, und tags darauf eine Rede auf die Theologie; *deditque prandium splendidum ad hoc invitatis doctoribus omnibus omnium professionum* (und gab ein prächtiges Mahl, zu dem alle Lehrer aller Fächer eingeladen waren)[7]. Am 10. Oktober 1543 wurden unter dem Dekan und Ales Ziegler, Borner und Pfeffinger zu Drs. theol. kreiert[8]. Am 4. Januar 1544 hielt Ziegler eine öffentliche Disputation ab; er wurde am 10.März 1544 in das Kollegium der Theologen aufgenommen. Besondere Verdienste erwarb sich Ziegler auch um die im WS 1541/42 eingeleitete Universitätsreform in Leipzig[9].

David Peifer, ein Schüler von Rheticus und später chursächsischer Kanzler, hat für seine Zeit in Kaspar Borner, Joachim Camerarius, Bernhard Ziegler, Alexander Ales, Peter Loriott und in Rheticus die größten Stützen der Universität Leipzig gesehen. »Ziegler, der aus dem meißnischen Adel stammte, zeichnete sich durch das Studium der Theologie aus und war in der hebräischen Literatur so ausgebildet, dass er Lehrer des Hebräischen, wenn einige angetroffen wurden, durchhechelte, sie aus den prophetischen Büchern mit den göttlichen Weissagungen mit der Kraft seiner Worte und der Natur der hebräischen Rede schlau in die Enge trieb und offensichtlich des Eigensinns und des Irrtums überführte«[10]. Das Urteil Peifers beruht ganz offensichtlich auf keinem geringeren als Melanchthon, der »solange Ziegler in Wittenberg war, sich mit ihm oft über die Schwierigkeiten dieser Sprache unterhielt«. Ziegler war ein überaus fähiger Mann; keiner, meinte Melanchthon, in Wittenberg und in Leipzig, »sei ihm vorzuziehen, namentlich da er seine Fähigkeiten zum Nutzen der Kirche verwende, und mit großer Geschicklichkeit die prophetischen Schriften erläutere«[11].

Rheticus und Ziegler waren sich durchaus dessen bewusst, dass sie Stützen der Universität Leipzig. Beide trafen mehr oder weniger täglich zusammen; sie saßen auch beide im Universitätsrat. Ihre Freundschaft geht in die Anfänge ihrer Tätigkeit in Leipzig zurück. Schon in Februar 1543 ließ Melnachthon durch Camerarius beiden, Ziegler und Rheticus, Grüße ausrichten[12]. Eine fachliche Verbindung bestand zwischen ihnen jedoch nicht, sieht man vielleicht davon ab, dass beiden Weissagungen etwas bedeutet haben. Seit 1540 lässt sich eine bereits früher entstandene Freundschaft zwischen Johannes Stigel, Johannes Gigas und Bernhard Ziegler beobachten. Gigas richtete in seinen *Silvae* (Wittenberg 1540) mehrere Epigramme an Stigel[13], ebenso auch ein Epigramm an Ziegler, in dem er ihn als Hebraisten anspricht[14], desgleichen auch an Borner[15]. Ein sechs Blätter umfassendes Gedicht auf Gigas' Hochzeit am 29. Januar 1543 mit dem Titel *Ex sacris literis conscriptum epithalamion Joanni Giganti Poetae, et Theologo* (Annaberg: Günther, 1543)[16] widmete der Autor Stigel eigenhändig Ziegler: *D[onum] D[edit] Bernhardo Ziglero Lipsensi*[17]. Daran knüpft nun offenbar das *Epithalamion* von Michael Toxites an, in dem er Melanchthon, Ziegler und den Mathematiker Rhetus zur Hochzeit Stigels einlud (o.O., 1545)[18]. Der Titel der Schrift, die acht Blätter umfasst, lautet *Micaeli Toxitae Rhoetici ... epithalamion de nuptiis nobilissimi poetae Johannis Stigelii, et Barbarae Kurheldin*[19].

Ziegler war wegen eines Unfalls, den er als Knabe erlitten hatte, leicht behindert, hierin vergleichbar mit dem ihm befreundeten Paul Eber, der Ziegler *virum excellentem ingenio, eruditione, iudicii rectitudine et fide, quo cum mihi dulcis amicitia fuit* (einen Mann herausragend durch Geist, Gelehrsamkeit, Gradlinigkeit des Urteils und Glauben) nannte[20]. Zur Promotion Zieglers am 10. Oktober 1543 in Gegenwart des gesamten Leipziger Rats erschienen auch Paul Eber und Kaspar Cruciger, Martin Luther entschuldigte sich eigenhändig für sein Fernbleiben. Auch Rheticus dürfte bei diesem akademischen Anlass nicht gefehlt haben. Zum Doktorschmaus hatte sich Ziegler über Melanchthon bei dem Fürsten Georg von Anhalt (1507-1553) Wildpret verschafft[21]. Bei Valentin Papst erschien 1544 eine Druckschrift über die Promotion wie auch die Rede Zieglers gedruckt wurde[22]. Ziegler, Camerarius, Borner und Ales bildeten von Anfang an den Freundeskreis um Rheticus in Leipzig. So ließ Melanchthon am 9. Mai 1543 über Camerarius Grüße ausrichten ließ: *Ziglero, Bornero, Rhetico et Scoto*[23]. Ein weiterer gemeinsamer Freund von Ziegler und Rheticus war Kaspar Brusch, der Ziegler als *decus scholae* (Zierde der Universität) bezeichnete und Ziegler in seinen *Silvae* (Leipzig: Michael Blum, 1543) ein Epigramm, in dem er sich eines Gastmahls erinnerte, das dieser mit trefflichen Witzen zu würzen wusste[24]. Zu denken wäre hier an das *prandium splendidum* vom 22. September 1543, zu dem auch Rheticus geladen war.

Wie Rheticus war auch Ziegler ein Freund der Musik. Als sich im März 1545 Studenten und freiwillige Mitsänger *in aede Paulina* versammelten *ad exercitium vocis ac spiritus*, nahm auch Ziegler an dieser Übung teil[25].

Ziegler war seit seiner Liegnitzer Zeit verheiratet. 1529 zog er mit seiner schwangeren Frau nach Ansbach, wo er anfangs im Hause des Lateinschulmeisters Vinzenz Obsopoeus wohnte. Hier kam im November 1529 ein Kind zur Welt[26]. Ein Sohn Christoph Ziegler wird 1550 erwähnt, als Melanchthon eine Vorrede zu Camerarius' Fabeln des Aesop an ihn richtete[27]. Melanchthon teilte am 7. Januar 1551 seinem Schwiegersohn Sabinus den Tod Zieglers mit[28]. Auf ihn schrieb Adam Siber ein Epitaph[29]. Seine an hebr. Handschriften reiche Bibliothek kam in den Besitz der Universität (Collegium Paulinum). Nachfolger auf dem Lehrstuhl für Hebraistik wurde sein Schüler Valentin Paceus, dessen Sohn Johannes bis April 1551 Rheticus' Famulus gewesen war.

Werke: Ziegler hat verhältnismäßig wenig publiziert. Meist handelt es sich um Thesen zu Disputationen wie beispielsweise die *Capita disputationis de ecclesia* (Leipzig: Val. Papst, 1544) und ähnliche mehr; *Oratio de coniunctione et unitate Christianorum* (Leipzig: Val. Papst, 1549). Hinzu kommen die Veröffentlichungen im Lauterwaldtschen Streit. Luther nutzte die Hebräischkenntnisse Zieglers bei seiner Bibelübersetzung. 1540 stellte Luther Ziegler, Münster und den Rostocker Hebraisten Andreas Wissling weit über die Septuaginta-Übersetzer, wandte aber gegen Münster ein, dass dieser den Rabbinen noch zuviel nachgebe, hingegen habe es Ziegler und Forster wider deren Erwarten sehr geholfen, dass sie mit uns hier konversiert haben[30].

Ziegler gehörte im Osiandrischen Streit 1549/52 bereits zu einem sehr frühen Zeitpunkt zu den Gegnern Osianders³¹. Im September 1549 hatte Ziegler an eine Leipziger Disputation ein *Problema* angehängt und (ohne Osiander namentlich zu nennen) behauptet, der Himmel sei schon vor der Schöpfung in der Welt gewesen. Osiander sah in dem Papier Zieglers eine Unterstützung für die von ihm als häretisch angesehene 40. und 41. These Lauterwaldts über 2 Kö [4 Kö] 20. 9-11. Osiander hatte in seiner *Epistola* (Königsberg: Hans Lufft Erben, 1549)³² Ziegler vorgeworfen, er habe ihn *dem Lauterwaldt zugefallen, mit gräulicher schwermerey zu verunglimpfen sich unterstanden*³³. Auch wenn Ziegler, der ja nicht in Königsberg lebte, anfangs nur von kleinen Reibereien ausging, so zeigte er sich 1551 doch erschrocken über Osianders *seltzame, weitleufige, hochfliegende und neufundige gedanken*³⁴.

1 Woitkowitz 2003, S. 94, Anm 3. | 2 Kolde 1883, S. 355. | 3 Horawitz 1874, S. 66 (irrtümlich auf Jakob Ziegler bezogen); Hartfelder 1889, S. 520. | 4 Erler, Bd. 2, S. 31. | 5 Geiger 1870, S. 108, Anm. 4; Zarncke, Urkundl. Quellen, S.543, Nr. 28. | 6 Erler, Bd. 2, S. 31. | 7 Erler, Bd. 2, S. 31. | 8 Erler, Bd. 2, S. 31. | 9 Vgl. dazu Woitkowitz 2003, S. 96 f., Anm. 14; Helbig 1961, S. 33-35; Krause 2003, S. 52-60. | 10 Peifer 1996, S. 56. | 11 Geiger 1870, S. 108. | 12 CR V, Sp. 53. | 13 Gigas, Silvae (Wittenberg 1540), Bl. C6r, D7r f., E5r f, F5v f. | 14 Gigas, Silvae (Wittenberg 1540), Bl. F6 recto. | 15 Gigas, Silvae (Wittenberg 1540), Bl. C5 recto. | 16 VD 16 S 9069.; BSB digital. | 17 BSB München, Signatur 4 L.impr.c.n.mss.1037, Beibd. 7. | 18 Exemplar in der Staatsbibliothek Berlin, Preussischer Kulturbesitz, | 19 Richtig: Kunholt, Barbara († 1556), vgl. Scheible, MBW, Bd. 12, 2005, S. 475. | 20 Eber, Paul, Oratio (Wittenberg: Georg Rhaws Erben, 1560, BSB online, S. 12. | 21 Jordan 1917, S. 145. | 22 Jordan 1917, S. 145 f. | 23 CR V, Sp. 103 f. | 24 Horawitz 1874, S.68, 78 f. | 25 Jordan 1917, S. 176. | 26 Jordan 1917, S. 129, 131 f., 139. | 27 Jordan 1917, S. 174; CR 7, 561-564. | 28 Sabinus, Georg, Poemata (Leipzig: Steinmann, 1589), BSB digital, S. 474. | 29 Abgedruckt bei Jordan 1917, S. 175. | 30 Jordan 1917, S. 172 f. | 31 Jordan 1917, S. 155-167; Stupperich 1973, S. 40, 53, 54-61, 69, 76 f., 96, 104, 216, 247. | 32 Seebass 1967, S. 42, Nr. 307. | 33 So Osiander in einem Brief an Herzog Albrecht. | 34 Stupperich 1973, S. 216.

Ziehenaus, Christoph, † 1567

Christoph Ziehenaus, geboren in Leipzig, gestorben vor 1567 in Leipzig, luth., Buchführer. Christoph Ziehenaus, aus einer Leipziger Buchbinderfamilie stammend, immatrikulierte sich als *pauper* im WS 1534/35 an der Universität Leipzig¹. Er erlangte keine Grade, sondern betätigte sich als Buchführer². Er war wohl ein Verwandter von Hieronymus Ziehenaus, da dieser ihn als Anwalt vertrat und nach Christophs Tod 1567 Vormund seiner hinterlassenen Kinder wurde. Ziehenaus hatte wegen hoher Schulden Leipzig verlassen. Am 26. August 1563 und am 4. Mai 1564 wurden die von ihm zurückgelassenen Mobilien (Geschirr, Kleider, Waffen, Bettzeug, Leuchter usw.) vom Amts wegen inventarisiert. Von besonderem Interesse sind die inventarisierten Buchbestände. Die Lagerbestände der Bücher sind teils gebunden, teils ungebunden; unter den Theologen finden wir Luther, Brenz, Melanchthon, Bugenhagen, Spangenberg, Urbanus Rhegius, aber auch Bucer, Calvin oder Bullinger; griech. und lat. Klassiker; *Dictionarium Monsterj Hebraicae, die Wundt Artzney Theophrastj Barocelsj*, Chroniken vieler deutscher und europäischer Länder, *Muscovia Herbersteinj*, neulat. Dichter wie Adam Siber oder Sabinus, Bebel oder Eobanus Hessus; die *Anatomie des Vesalius; Kirchen Kalender Caspar Goldwurm; Wunderwergk Casparj Goldwurmbs; Wunderwergk Licostennj; Calendarium historicum; Supputatio temporum; Cronica Carionis.* Man kann angesichts der ungeheuren Vielfalt hier nicht alles aufzählen. Die Mathematiker sind beachtlich vertreten, insbesondere Ptolemäus, Proklos, die *Sphaera* des Sacro Bosco, Opusculum Joannis de Sacrobusto, Rudimenta astronomica Alfraganj, Planeten büchlein cleinn, *Bonatus de astronomia, de nominibus Cometarum, Rudimenta Cosmographiae Joan Honderj*, die *Cosmographia Martini Borhaj* (in 13 Exemplaren), die *Cosmographia Monsterj*, Cardanos *De libris propriis, De astrorum iudiciis* und *De utilitate, Arithmetica Jacobi Fabri, Arithmetica Piscatoris, Arithmetica Frisij, Rechenbuch Nicolaj Werners, Rechenbuch Johann Alberts.* Besonders zu beachten sind die verschiedenen *Ephemeriden* von Regiomontanus, Giovan Battista Carelli und Kyprian Leowitz. Schriften von Rheticus fehlen bis auf den griech. Euklid. Vorrätig war auch *De libris Revolutionem Doctoris Nicolai Copernici* etc. [in Pappen vnd Pergament gebunden][3]; dieses Buch war in Leipzig seit seinem Erscheinungsjahr 1543 immer wieder gefragt; für die zweite Auflage Basel 1566 war die Anlage des Inventars um zwei Jahre zu früh.

1 ERLER, Bd. 1, S. 615, M 18. | **2** KIRCHHOFF 1894, S. 3-25; RÜDIGER 2005, S. 424. | **3** KIRCHHOFF 1894, S. 11

Ziehenaus, Hieroynmus, † vor 1587

Hieronymus Ziehenaus (Cihenaus, Zichenauß, Zcychnauß, Zynaus), geboren in Leipzig, gestorben vor 1587 in Leipzig, luth., Universitätslektor, Universitätsnotar.

Hieronymus Ziehenaus immatrikulierte sich im WS 1531/32 an der Universität Leipzig[1]; Konsemester war u.a. Wolfgang Scheib. Ziehenaus promovierte im SS 1542 zum Bacc. art. und im WS 1550/51 zum Mag. art.[2]; bei letzterer Prüfung waren auch die in der Mathematik versierten Valentin Meder und Moritz Steinmetz beteiligt. Im WS 1552/53 wurde er in den Rat der Fakultät aufgenommen. Im WS 1553/54 war er curator collegii novi. Ziehenaus las im SS 1554 bis SS 1555 lat. Grammatik und seit SS 1556 Dialektik (nach Melanchthon). Er war im WS 1557/58 Rektor Magnificus, im SS 1560 und SS 1566 Dekan der philosophischen Fakultät, wiederholt auch Vizekanzler. Hieronymus Ziehenaus war verheiratet mit Margaretha, die 1587 als seine Witwe erscheint; in ihrem Besitz befanden sich verschiedene Rechenbücher von Adam Ries, Peter Apian, Christoph Rudolf, Nikolaus Werner, Johannes Wolf, Johannes Fischer und Johannes Scheubel[3]. Im Hinblick auf die Magisterprüfung im WS 1550/51 dürfte der offenbar mathematisch interessierte Ziehenhaus die Vorlesungen von Rheticus besucht haben.

1 ERLER, Bd. 1, S. 606, M 19. | **2** ERLER, Bd. 2, S. 666, 718. | **3** RÜDIGER 2005, S. 432.

Zöberer, Johannes

Johannes Zöberer (Czöberer, Zauberer), geboren in Scheibenberg (Erzgebirgekreis), luth., Bakkalaureus.

Zöberer immatrikulierte sich im SS 1547 unter dem Rektor Paul Bussinus an der Universität Leipzig[1]. Er gehörte der Meißner Nation an. Im WS 1548/49 wurde er nach dem 21. März 1549 unter dem Dekan Rheticus von Magister Ambros Borsdorfer zum Bacc. art. promoviert[2].

Beziehungen zwischen Rheticus und Zöberer bestanden in den Jahren 1548 bis 1551. Zöberers Promotion zum Bacc. art. fand unter den Dekanat von Rheticus statt, er musste für die Prüfungen zum Bakkalaureat die Vorlesungen von Rheticus hören.

1 ERLER, Bd. 1, S. 666, M 8. | **2** ERLER, Bd. 2, S. 706.

Zöllner, Donat, † 1568

Donat Zöllner (Zcolner, Czolner, Zölner, Zelner, Tzolner, Zolnerus, Telonius), geboren in Kamenz (Lkr. Bautzen, Sachsen), gestorben 1568 in Leipzig, luth., Universitätsprofessor (lat. Grammatik, Dialektik).

Donat Zöllner immatrikulierte sich an der Universität Leipzig im WS 1529/30[1], promovierte im SS 1532 zum Bacc. art. und im WS 1534/35 zum Mag. art.[2] Am 9. Juni 1538 wurde er in den Senat der Artistenfakultät aufgenommen[3]. Im WS 1541/42 war er Dekan der Artistenfakultät und 1542 Vizekanzler, im WS 1548/49 Rektor Magnificus[4]. Er war 1545-1568 Mitglied des kleinen

Fürstenkollegs⁵. Im Unterrichtsbetrieb begann Zöllner im SS 1539 mit Anfängerübungen (*exercitia Bruttenorum*), im SS 1540 las er Terenz, im SS 1541 lat. Grammatik nach Linacer, ab dem WS 1541/42 Dialektik, im SS 1545 und WS 1545/46 wieder Grammatik. Dann hielt er keine öffentlichen Vorlesungen mehr, kam aber laufend bei den Examina der Bakkalaureanden, vereinzelt auch der Magistranden, zum Einsatz. Über zwei Jahrzehnte wurde er bis 1567 auch immer wieder als Executor und manchmal als Clavigerus tätig.

Beziehungen zwischen Rheticus und Zöllner bestanden nur insoweit, als beide 1542 bis 1551 Kollegen in der Artistenfakultät waren.

1 ERLER, Bd. 1, S. 601, P 5. | 2 ERLER, Bd. 2, S. 620, 631. | 3 ERLER, Bd. 2, S. 645. | 4 GERSDORF 1869, S. 37. | 5 ZARNCKE 1857, S. 766.

Zörler, Friedrich, 1522–1587

Friedrich Zörler, geboren am 5. April 1522 in Gelchsheim (Lkr. Würzburg, Unterfranken), gestorben am 31. Januar 1587 in Freiberg (Lkr. Mittelsachsen), begraben in der Domkirche St. Marien im Gang hinter den Predigtstühlen[1], Grabinschrift überliefert, luth., Schulmann, Theologe, Flazianer[2].

Zörler immatrikulierte sich an der Universität Wittenberg am 7. August 1540 (*gratis, pauper*)[3]. Hier nahm sich besonders Paul Eber seiner an (*in sinu Eberi nutritus*); er war aber auch mit Melanchthon, Georg Sabinus, Adam Siber, Georg Major, Paul Crell, Johannes Draconites, Abdias Praetorius und Kaspar Peucer befreundet. Am 23. Januar 1542 promovierte er zum Bacc. art.[4] und am 5. August 1546 zum Mag. art.[5] 1548 wurde er auf Empfehlung Melanchthons, der ihn *virum modestum et praeclare instructum eruditione in philosophia et utraque lingua* nannte[6], Konrektor am Gymnasium in Freiberg, 1571 Rektor der Kreuzschule in Dresden, 1581 kehrte er auf den Posten als Rektor nach Freiberg zurück. In Freiburg führte er 1582 zur Förderung der Gesangsausbildung der Jugend das Gregoriusfest der Schüler wieder ein[7].

Zörler heiratete am 25. November 1549 Sibylla, Tochter des Freiberger Bürgers und Messerschmieds Donat Mentzel, mit der er neun Kinder hatte. Der Sohn Johann (* 1552) war Pfarrer in Skassa (Ortsteil von Großenhain, Lkr. Meißen, Sachsen). Weitere Söhne waren Magister Friedrich (Pfarrer in Leubnitz, Stadtteil von Dresden), Magister Philipp (imm. Wittenberg 1576), Raphael (imm. 1580) und Andreas (imm. 1580); drei Töchter Maria, Anna und Sibylla waren 1585 vor ihm verstorben; ein Enkel Christian starb ebenfalls 1585. Zörler hatte einen Bruder Philipp. Der später berühmt gewordene Wittenberger Mathematiker Melchior Jöstel (1559–1611) lieferte zwei Beiträge zu der Gedenkschrift, ein längeres griech. Epigramm auf Zörler und ein griech. Epigramm auf dessen am 5. November 1585 verstorbene Tochter Maria Zörler.

Zörler hat nur sehr wenig publiziert. Er verfasste ein Epicedion auf den Kurprinzen Alexander von Sachsen, † 8. Oktober 1565, und den Superintendenten von Freiberg Kaspar Zeuner, † 1565 (Wittenberg 1566) unter dem Titel *Nomenes: Hegemon. Hierarchus, canentes epicedion* (Wittenberg 1566)[8]. Zörler führte in dt. und lat. Sprache eine Hauschronik (*domestica*). Seine Nachkommen, Freunde und Schüler widmeten ihm eine Gedenkschrift *Epitaphia in obitum ... M. Friderici Zorleri*, Wittenberg: Zacharias Krafft, 1587[9]. Verfasser von *Christliche Leichpredigt zum Begräbnis des Hansen Allnbecken Juengern auff Lockwitz* [Stadtteil von Dresden]... *gehalten zu Leubnitz den 27. Januarij*, Dresden: Matthes Stöckel d.J., 1587, ist nicht Zörler, sondern sein gleichnamiger Sohn Magister Friedrich Zörler jun.

Beziehungen zu Rheticus sind gegeben durch die Promotion Zörlers zum Bacc. art. am 23. Januar 1542 unter dessen Dekanat[10]. Er belegte dabei den zweiten Rang. Erfahrungsgemäß stehen die Schüler auf den ersten Rängen ihrem Lehrer besonders nahe. Zörler hat gewiss Rheticus' Vorlesungen im WS 1541/42 besucht. Zörler erwarb 1546 seinen Magistergrad unter dem Rheticusschüler Stigel als Dekan. Zörler war zwar in erster Linie Theologe, hatte aber als Schüler von Paul Eber, Melanchthon und Johannes Stigel auch eine Vorliebe für die Astronomie. In der von Christian August Freyberg erstellten Biographie (Dresden 1741) wird hervorgehoben: *Astronomus insuper et Astrologus, qui aliorum consuetudinem imitatus coelum ipse etiam tuebatur, et erectos ad sidera tollebat vultus* (darüber hinaus ein Astronom und Astrolog, der die Gewohnheit anderer nachahmend auch selbst den Himmel beobachtete und seinen aufmerksamen Blick zu den Sternen erhob). Die hier angedeutete »Nachahmung anderer« wird man auf Eber und Melanchthon beziehen müssen. Sein Freiberger Schüler Samuel Setler verfasste für die Gedenkschrift 1587 die Verse:

Ipsa planetarum septem per nubila tranans
Orbes, ascendit tecta beata poli.

(Selbst durch die Wolken durchkreuzte er die Kreise der sieben Planeten und erklomm die seligen Dächer des Himmels).

1 Aus Anlass seines Todes erschien eine Trauerschrift *Epitaphia in obitum* ...(Wittenberg: Crato, ca. 1587). | **2** FREYTAG, Christian August, M. Fridericum Zörlerum ... (Dresden: Stoesseliani, 1741), SLUB Dresden, digital., S. 4-9; HÄFELE 1988, Bd. 1, S. 530, Nr. 390; MÖLLER 1653, S. 306 f. | **3** FÖRSTEMANN 1841, S. 183b. | **4** KÖSTLIN 1890, S. 8. | **5** KÖSTLIN 1890, S. 18. | **6** CR VI, Sp. 892. | **7** KASPER, Hanns-Heinz/WÄCHTLER, Eberhard (Hg.), Geschichte der Bergstadt Freiberg, Weimar: Böhlaus Nachfolger, 1986., S. 137. | **8** SLUB Dresden. | **9** VD 16 ZV 5127, Ex. in Halle ULB Sachsen-Anhalt, digital zugänglich. | **10** KÖSTLIN 1890, S. 7.

Quellen- und Literaturverzeichnis

ABE, Jürgen, Meister der Uhrmacherkunst, 1. Auflage, Wuppertal 1977.
ADAM, Melchior, Vitae Germanorum medicorum, Heidelberg: Erben Jonas Rosa, 1620.
ALBRECHT, Erdmann Hannibal, Sächsische evangelisch-lutherische Kirchen- und Predigergeschichte, Bd. 1, Leipzig 1799, Google Books, digital.
ALBRECHT, Hans (Hg.), Caspar Othmayr, Ausgewählte Werke, I. Teil: Symbola, Leipzig: C. F. Peters, 1941.
ALBRECHT, Hans, Caspar Othmayr, Leben und Werk, Kassel/Basel: Bärenreiter-Verlag, 1950.
Allen, Richard Hinkley, Star Names, Their Lore and Meaning, New York 1963 (berichtigter Nachdruck der Ausgabe 1899).
ALMÁSI, Gabor, The Uses of Humanism: Johannes Sambucus (1531-1584), Andreas Dudith (1533-1589), and the Republic of Letters in East Central Europe (Brill's Studies in Intellectual History, 185), Leiden/Boston: Brill, 2009.
ALVERMANN, Dirk u.a. (Hg.), Die Universität Greifswald in der Bildungslandschaft des Ostseeraums (Nordische Geschichte, 5), Berlin: LIT Verlag, 2007.
ANSELMINO, Thomas, Medizin und Pharmazie am Hofe Herzog Albrechts von Preußen (1490-1568). Heidelberg: Palatina-Verl., 2003.
ARBENZ, Emil/WARTMANN, Hermann, Die Vadianische Briefsammlung der Stadtbibliothek St. Gallen, Bd. 1-7, St. Gallen 1890-1913.
ARCHIBALD, R. C., Rheticus, with Special Reference to his Opus Palatinum, in: Mathematical Tables and Other Aids to Computation 3/28 (1949), S. 552-561.
ASSION, Peter/TELLE, Joachim, Der Nürnberger Stadtarzt Johannes Magenbuch, Zu Leben und Werk eines Mediziners der Reformationszeit, in: Sudhoffs Archiv 56 (1972), S. 353-421.
AUBEL, Matthias, Michael Stifel: Ein Mathematiker im Zeitalter des Humanismus und der Reformation, Augsburg: Rauner, 2008.
AUGSBURGER STADTLEXIKON, hg. v. Günther Grünsteudel, Günter Hägele und Rudolf Frankenberger, Wißner-Verlag 2012, online www.stadtlexikon-augsburg.de (30. September 2012).
AXMANN, Rainer, Melanchthon und seine Beziehungen zu Coburg, in: Jahrbuch der Coburger Landesstiftung 42 (1997), S. 129-224.

BÄCHTOLD, Hans Ulrich, Schola Tigurina, Die Zürcher Hohe Schule und ihre Gelehrten um 1550, Katalog zur Ausstellung [...], Zürich/Freiburg i. Br.: Pano-Verlag, 1999.
BAGROW, Leo, Die Geschichte der Kartographie, Berlin 1951.
BAGROW, Leo und SKELTON, Raleigh Ashlin, Meister der Kartographie, Berlin ⁵1985.
BALSS, Heinrich, Antike Astronomie, München: Heimeran, 1949.
BAR, Christian von und DOPFFEL, Peter, Deutsches Internationales Privatrecht im 16. und 17. Jahrhundert, Tübingen: Mohr, Siebeck, 1995.
BARNI, Gian Luigi, Le Lettere di Andrea Alciato Giureconsulto, Firenze: Felice le Monnier, 1953.
BARROW, John, Eccentric Planet, A Play, New York: Wheelbarrow Books, 2013.
BASSERMANN-JORDAN, Ernst von, Geschichte der Räderuhr, 1905.
BÁTORI, Ingrid/WEYRAUCH, Erdmann, Die bürgerliche Elite der Stadt Kitzingen (Spätmittelalter und frühe Neuzeit, 11), Stuttgart: Klett-Cotta, 1982.
BAUCH, Gustav, Geschichte des Leipziger Frühhumanismus (Beiheft zum Zentralblatt für Bibliothekswesen, 22), Leipzig 1899, Reprint Nendeln: Kraus und Wiesbaden: Harrassowitz, 1968
BAUCH, Gustav, Die Einführung der Melanchthonischen Declamationen und andere gleichzeitige Reformen an der Universität zu Wittenberg, Breslau 1900, Reprint Kessinger Publishing's Legacy Reprints [2010].
BAUCH, Gustav, Deutsche Scholaren in Krakau in der Zeit der Renaissance (Sonderabdruck aus dem 78. Jahresbericht der Schlesischen Gesellschaft für vaterländische Cultur), Breslau 1901.
BAUCH, Gustav, Das älteste Decanatsbuch der philosophischen Facultät an der Universität zu Frankfurt a. O., Bd. 2, Breslau 1901.
BAUCH, Gustav, Geschichte des Breslauer Schulwesens in der Zeit der Reformation, Breslau 1911.

Quellen- und Literaturverzeichnis

BAUER, Barbara, Philipp Melanchthons Gedichte astronomischen Inhalts im Kontext der natur- und himmelskundlichen Lehrbücher, in: FRANK/RHEIN 1998, S. 137-181.

BAUER, Barbara (Hg.), Melanchthon und die Marburger Professoren (1527-1637), Bd. 1-2, Marburg: Völker & Ritter, 1999.

BAUER, Barbara, Die Chronica Carionis von 1552, Melanchthons und Peucers Bearbeitung und ihre Wirkungsgeschichte, in: Himmelszeichen und Erdenwege, Johannes Carion (1499-1537) und Sebastian Hornmold (1500-1581), Ubstadt-Weiher: Verlag Regionalkultur, 1999, S. 203-246.

BAUMGARTEN, Hermann, Sleidans Briefwechsel, Straßburg: Trübner, 1881.

BECK, Hans-Georg, Hieronymus Wolf, in: Lebensbilder aus dem bayerischen Schaben 9 (1966), S. 169-193.

BECK, Hans-Georg, Der Vater der deutschen Byzantinistik, Das Leben des Hieronymus Wolf von ihm selbst erzählt, München 1984.

BECKMANN, Johann, Beyträge zur Geschichte der Erfindungen, Bd. 4/1, Leipzig: Paul Gotthelf Kummer, 1795.

BEHRINGER, Wolfgang und ROECK, Bernd (Hg.), Das Bild der Stadt in der Neuzeit 1400-1800, München: C. H. Beck, 1999

BELLOT, Josef, Achilles Pirmin Gasser und seine »Annales Augustani«, in: WELSER, Markus, Chronica, Frankfurt/Main: Chistoph Egenolfs Erben 1595, (Faksimile Neusäß/Augsburg: Paul Kieser, 1984, Kommentarband), S. 33-43.

BENZING, J., Die Buchdrucker des 16. und 17. Jahrhunderts im deutschen Sprachgebiet, Wiesbaden ²1982.

BERGER, Christian-Paul, Rekonstruktion einer Mondfinsternis aus dem Jahre 1544, erwähnt in einem Briefe Matthias Lauterwalts an Georg Joachim Rheticus, in: Montfort, Vierteljahresschrift für Geschichte und Gegenwart Vorarlbergs 42 (1990), S. 257-271.

BERGER, Christian-Paul, Georg Joachim Rheticus' Geburtshoroskop aus astronomisch-chronologischer Sicht, in: Montfort, Vierteljahresschrift für Geschichte und Gegenwart Vorarlbergs 44 (1992), S. 144-150.

BERNDORFF, Lothar, Die Prediger der Grafschaft Mansfeld, Potsdam: Universitätsverlag, 2010 (zugänglich über Google Books 2009).

BERNHARDT, W., Philipp Melanchthon als Mathematiker und Physiker, Wittenberg 1865, Nachdruck Vaduz (ca. 1980).

BERNLEITHNER, Ernst, Rhetikus – ein Österreicher als Schüler und Freund des Kopernikus, in: Der Globusfreund 21/23 (1973), S. 50-60.

BERTUCH, Justin, Chronicon Portense, Bd. 1-2, Leipzig: Jakob Apel, 1612.

BETSCH, Gerhard., Südwestdeutsche Mathematici aus dem Kreis um Michael Mästlin, in: HANTSCHE 1996, S. 121-150.

BEZZEL, Irmgard, Kaspar Brusch (1518-1557), Poeta laureatus, Seine Bibliothek, seine Schriften, in: Archiv für Geschichte des Buchwesens 23 (1982), Sp. 389-480.

BEZZEL, Irmgard, Joachim Heller (ca. 1520-1560) als Drucker in Nürnberg und Eisleben, in: Archiv für Geschichte des Buchwesens 37 (1992), Sp. 295-330.

BIERI, Hans, Der Streit um das kopernikanische Weltsystem im 17. Jahrhundert, Galileo Galileis Akkommodationstheorie und ihre historischen Hintergründe, Quellen – Kommentare – Übersetzungen, unter Mitarbeit von Vergilio MASCIADRI, Bern: Peter Lang, 2008.

BILGERI, Benedikt, Die Chronik des Ulrich Im Graben von Feldkirch, in: Alemannia 10 (1937), S. 33-46 und S. 86-94.

BILGERI, Benedikt, Bregenz, Eine siedlungsgeschichtliche Untersuchung, Dornbirn 1948.

BILGERI, Benedikt, Zum 450. Geburtstag des Astronomen Rhätikus, in: Bodensee-Hefte 1965, Heft 9, S. 37 f.

BILGERI, Benedikt, Geschichte Vorarlberg, Bd. 3, Wien/Köln/Graz 1977.

BILGERI, Benedikt, Bregenz, Geschichte der Stadt, Wien/München 1980.

BILGERI, Benedikt, Politik, Wirtschaft, Verfassung der Stadt Feldkirch bis zum Ende des 18. Jahrhunderts (Geschichte der Stadt Feldkirch, hg. v. Karlheinz ALBRECHT, 1), Sigmaringen 1987, S. 75-387.

BINDER, Wilhelm (Übers.), Briefe der Dunkelmänner (dt., Originaltitel *Epistolae obscurorum virorum*). Rev., mit Anm. u. e. Nachw. vers. von Peter AMELUNG, München 1964.

BIRKENMAJER, Aleksander, Formula, in: DERS., Études d'histoire des science de de la philosophie du moyen age (Studia Copernicana, 1), Wrocław/Warszawa/Kraków 1970, S. 586-600.

BITTCHER, Carl Friedrich Heinrich, Pförtner Album, Verzeichnis sämtlicher Lehrer und Schüler der Königl. Preuß. Landesschule Pforta vom Jahre 1543 bis 1843, Eine Denkschrift zur dritten Säkularfeier der Anstalt den 21. Mai 1843, Leipzig: Vogel, 1843.

BJÖRNBO, Axel Anthon, Joannis Verneri De triangulis sphaericis libri IV, De meteoroscopiis libri VI, cum prooemio Georgii Joachimi Rhetici (Abhandlungen zur Geschichte der Mathematischen Wissenschaften, 24, 1-2), Leipzig 1907/13.

BOBINGER, Maximilian, Alt-Augsburger Kompaßmacher, Sonnen-, Mond- und Sternenuhren, Astronomische und mathematische Geräte, Räderuhren (Abhandlungen zur Geschichte der Stadt Augsburg, 16), Augsburg: Hans Rösler, 1966.

BOGNER, Ralf Georg, Der Autor im Nachruf, Formen und Funktionen der literarischen Memorialkultur von der Reformation bis zum Vormärz (Studien und Texte zur Sozialgeschichte der Literatur, 3), Tübingen: Niemeyer, 2006.

BOEHM, Laetitia (Hg,), Biographisches Lexikon der Ludwig-Maximilians-Universität München, Bd. 1, Ingolstadt-Landshut 1472-1826 (Ludovico Maximilianea, Forschungen, 18), Berlin: Duncker & Humblot, 1998.

BÖHMER, Wolfgang, Das Wittenberger Medizinalwesen der Reformationsära, in: KAISER/ VÖLKER 1982, S. 107-126.

BONER, Patrick, Finding Favour in the Heavens and the Earth: Stadius, Kepler and Astrological Calendars in Early Modern Graz, in: Richard L. KREMER und Jarosław WŁODARCZYK (Hg.): Johannes Kepler from Tübingen to Żagań (Studia Copernicana, 42), Instytut Historii Nauki PAN, Warszawa 2009, S. 159-178.

BONORAND, Conradin, Jacobus Bedrotus Pludentinus, in: Jahrbuch des Vorarlberger Landesmuseumsvereins 1962 (Bregenz 1963), S. 75-113.

BONORAND, Conradin, Personenkommentar II zum Vadianischen Briefwerk (Vadian-Studien, 11), St. Gallen: VGS, 1983.

BONORAND, Conradin, Mitteleuropäische Studenten in Pavia zur Zeit der Kriege in Italien (ca, 1500 bis ca. 1550), in: Pluteus 4/5 (1986/87), S. 295-357, hier S. 344.

BONORAND, Conradin, Vadians Humanistenkorrespondenz mit Schülern und Freunden aus seiner Wiener Zeit, Personenkommentar IV zum Vadianischen Briefwerk (Vadian-Studien, 15), St. Gallen 1988.

BOPP, Marie-Joseph, Die evangelischen Geistlichen und Theologen in Elsass und Lothringen, Neustadt a.d.Aisch 1959.

BORAWSKA, TERESA, TIEDEMANN GIESE (1480-1550), OLSZTYN: WYDAWNICTWO POJEZIERZE, 1984.

BORAWSKA, Teresa, Nicolaus Copernicus und die Welt seiner Bücher, in: WEGER, Tobias (Hg.), Grenzüberschreitende Biographien Biographien zwischen Ost- und Mitteleuropa, Wirkung – Interaktion – Rezeption (Mitteleuropa – Osteuropa, Oldenburger Beiträge zur Kultur und Geschichte Ostmitteleuropas, 11), Frankfurt/Main et.al. 2009, S. 179-207.

BORNKAMM, Heinrich, Kopernikus im Urteil der Reformatoren, in: Archiv für Reformationsgeschichte 40 (1943), S. 171-183.

BOSL, Karl, Bayerische Biographie, Bd. 1-2, Regensburg: Pustet, 1983.

BRAHE, Tyho, Opera omnia, Kopenhagen, 1913/29.

BRASEN, Justus C., Geschichte des freyen weltlichen Stifts Wunsterf, Hannover: Hahn, 1815.

BRAUN, Tina und LIERMANN, Elke, Feinde, Freunde, Zechkumpane: Freiburger Studentenkultur in der Frühen Neuzeit (Münsteraner Schriften zur Volkskunde, europäische Ethnologie, 12), Münster i. W. u.a.: Waxmann, 2007.

BRAUNMÜHL, A. von, Vorlesungen über Geschichte der Trigonometrie, Erster Teil, Leipzig: Teubner 1900.

BRECHTOLD, Wolfram, Dr. Heinrich Wolff (1520-1581), med. Diss. Würzburg 1959.

BRINKEL, Karl/HINTZENSTERN, Herbert von, Luthers Freunde und Schüler in Thüringen, Bd. 1-2, Berlin: Evangelische Verlagsanstalt, o.J [1961, 1962].

BRONZINO, Giovanni, Notitia Doctorum sive Catalogus doctorum qui in collegiis philosophiae et medicinae Bononiae laureati fuerunt ab anno 1480 usque ad annum 1800, Milano: Giuffrè, 1962.

BROSSEDER, Claudia, Im Bann der Sterne, Caspar Peucer, Philipp Melanchthon und andere Wittenberger Astrologen, Berlin 2004.

BRUGGISSER-LANKER, Therese, Musik und Liturgie im Kloster St. Gallen in Spätmittelalter und Renaissance, Göttingen: Vandenhoeck & Rupprecht, 2004.
BRUSNIAK, Friedhelm, Neue Aspekte der Messenkomposition und Werküberlieferung Conrad Reins, in: Augsburger Jahrbuch für Musikwissenschaft 1 (1984), S. 25-59.
BUCHWALD, Georg, Zur Wittenberger Stadt- und Universitäts-Geschichte in der Reformationszeit: Briefe aus Wittenberg an M. Stephan Roth in Zwickau, Leipzig 1893 (Reprint Charlestown, Mass., 1997).
BUCHWALD, Georg, Wittenberger Ordiniertenbuch 1537-1560, Bd. 1, Leipzig 1894.
BUCHWALD, Georg, Simon Wilde aus Zwickau, Ein Wittenberger Studentenleben zur Zeit der Reformation, in: Mitteilungen der Deutschen Gesellschaft zur Erforschung Vaterländischer Sprache und Alterthümer in Leipzig 9 (1894-1902), S. 61-111.
BUCHWALD, Georg, D. Paul Eber, der Freund, Mitarbeiter und Nachfolger der Reformatoren, Leipzig 1897.
BUCHWALD, Georg, Die Matrikel des Hochstifts Merseburg 1469 bis 1558, Weimar: Böhlau, 1926.
BUCHWALD, Reinhard, Luthers Briefe, Auswahl, Übersetzung und Erläuterung, Stuttgart: Alfred Kröner, 1956.
BUCZAY, Mihaly, Geschichte des Protestantismus in Ungarn, Stuttgart: Evangelische Verlagsanstalt, 1959.
BUECK, Friedrich Georg, Genealogische und biographische Notizen über die seit der Reformation verstorbenen hamburgischen Bürgermeister, Hamburg: Meißner, 1840.
BÜNZ, Enno und FUCHS, Franz (Hg.), Der Humanismus an der Universität Leipzig, Akten des in Zusammenarbeit mit dem Lehrstuhl für Sächsische Landesgeschichte an der Universität Leipzig, der Universitätsbibliothek Leipzig und dem Leipziger Geschichtsverein am 9./10. November 2007 in Leipzig veranstalteten Symposiums (Pirckheimer Jahrbuch zur Renaissance- und Humanismusforschung, 23), Wiesbaden: Harrassowitz, 2008.
BÜNZ, Enno, Die Universität Leipzig um 1500, in: BÜNZ/FUCHS 2008, S. 9-39.
BURCKHARDT, Paul, Das Tagebuch des Johannes Gast, Basel: Benno Schwabe & Co., 1945.
BURDA, Elzbieta und KOZLOWSKA, Anna, Handschriftliche Polonica in den Sammlungen der Universitätsbibliothek Jena, Jena 1989.
BURGER, Helene, Nürnberger Totengeläutbücher, Bd. 3, St. Sebald, 1517 – 1572, Nürnberg: Die Egge, 1972.
BURMEISTER, Karl Heinz, Sebastian Münster, Versuch eines biographischen Gesamtbildes (Basler Beiträge zur Geschichtswissenschaft, 91). Basel/Stuttgart: Helbing & Lichtenhahn, 1963.
BURMEISTER, Karl Heinz, Sebastian Münster. Eine Bibliographie, Wiesbaden: Guido Pressler, 1964.
BURMEISTER, Karl Heinz (Hg.), Briefe Sebastian Münsters, Lateinisch und Deutsch, Frankfurt/Main: Insel-Verlag, 1964.
BURMEISTER, Karl Heinz, Georg Joachim Rhetikus, Bd. 1-3, Wiesbaden: Guido Pressler 1967/68.
BURMEISTER, Karl Heinz, Achilles Pirmin Gasser, Bd. 1-3, Wiesbaden: Guido Pressler, 1970/75.
BURMEISTER, Karl Heinz, Die chemischen Schriften des Georg Joachim Rhetikus, in: Organon 10 (1974), S. 177-185.
BURMEISTER, Karl Heinz, Neue Forschungen über Georg Joachim Rhetikus, in: Jahrbuch des Vorarlberger Landesmuseumsvereins 1974/75, Bregenz 1977, S. 37-47.
BURMEISTER, Karl Heinz, Der Kartograph Heinrich Zell (1518-1564), in: HILFSTEIN, Erna et al. (Hg.), Science and History, Studies in Honor of Edward Rosen (Studia Copernicana 16), Ossolineum 1978, S. 427-442.
BURMEISTER, Karl Heinz, Kulturgeschichte der Stadt Feldkirch bis zum Beginn des 19. Jahrhunderts (Geschichte der Stadt Feldkirch, hg. v. Karlheinz ALBRECHT, 2), Sigmaringen 1985.
BURMEISTER, Karl Heinz, [Artikel] Rhetikus, in: Walther Killy, Literatur Lexikon, Autoren und Werke in deutscher Sprache, Bd. 9, Gütersloh/München 1991, S. 425-426.
BURMEISTER, Karl Heinz, Die Vorarlberger Abgeordneten auf dem Ausschuss-Landtag zu Linz im November 1541, in: Landesgeschichte und Archivwissenschaft, Festschrift zum 100jährigen Bestehen des OÖ. Landesarchivs (Mitteilungen des Oberösterreichischen Landesarchivs 18), Linz 1996, S. 347-355, hier S. 352 f. (betrifft den Stiefvater Georg Wilhelm).
BURMEISTER, Karl Heinz, Hinterlassenschaft der Thomasina de Porris (Inventar-Transkription, 2), Lauterach 1997, 9 Seiten.
BURMEISTER, Karl Heinz, Der Konstanzer Arzt Dr. med. Georg Vögelin (1508-1542), ein früher Anhänger des Kopernikus, in: Archiwum Historii i Filozofii Medycyny 62 (1999), S. 51-58.

Burmeister, Karl Heinz, Georg Joachim Rhetikus, zwischen Paracelsus und Kopernikus, in: Archiwum Historii i Filozofii Medycyny 63 (Poznań 2000), S. 3-14.

Burmeister, Karl Heinz, Bregenzer Reformatoren in Lindau: Sigismund Rötlin, Johannes Mock, Jakob Grötsch, Simon Stocker und Blasius Schmid, in: Montfort 54 (2002), S. 189-206.

Burmeister, Karl Heinz, »Mit subtilen fündlein und sinnreichen speculierungen...«, Die »Practica auff das M.D.XLvj« des Achilles Pirmin Gasser im Umfeld zeitgenössischer Astrologen, in: Montfort, Vierteljahresschrift für Geschichte und Gegenwart Vorarlbergs 55 (2003), S. 116-119.

Burmeister, Karl Heinz, Lindauer Studenten aus Stadt und Land, Vom Mittelalter bis zum Beginn des 19. Jahrhunderts (Neujahrsblatt des Museumsvereins Lindau, 44), Lindau 2004.

Burmeister, Karl Heinz, Ein Inventar des Georg Joachim Rhetikus von 1551, in: Montfort 56 (2004), S. 160-168.

Burmeister, Karl Heinz, Georg Joachim Rheticus – ein Bregenzer?, in: Montfort, Vierteljahresschrift für Geschichte und Gegenwart Vorarlbergs (2005), S. 308-327.

Burmeister, Karl Heinz, Magister Joachimus Aeliopolitanus, in: Beiträge zur Astronomiegeschichte 8 (2006), S. 7-18.

Burmeister, Karl Heinz, Ein Wappenbrief für Georg Joachim Rheticus, in: Montfort, Vierteljahresschrift für Geschichte und Gegenwart Vorarlbergs 58 (2006), S. 150-159.

Burmeister, Karl Heinz, Neue Erkenntnisse zur Biographie des Georg Joachim Rheticus, in: Dsieradzan, Wiesław (Hg.), Homines et Historia VIII, Die Vorträge der Gäste des Instituts für Geschichte und Archivkunde der Nikolaus-Kopernikus Universität im Studienjahr 2004/2005, Toruń 2006, S. 139-186.

Burmeister, Karl Heinz, Der Astronom Andreas Nolthius (+ 1597), in: Einbecker Jahrbuch 51 (2010), S. 231-255.

Burmeister, Karl Heinz, Bodolz, Eine Gemeinde am bayerischen Bodensee, Bodolz 2010.

Burmeister, Karl Heinz, Eine Empfangsbestätigung für ein Vierteljahresgehalt von Georg Joachim Rheticus vom 2. März 1539, in: Montfort 63/2 (2011), S. 111-116.

Burmeister, Karl Heinz, Georg Joachim Rheticus als Dekan in Wittenberg, in: Schöbi/Sonderegger 2014, S. 103-114.

Burmeister, Karl Heinz, Rheticus und die Religion, in: Schöbi/Sonderegger 2014, S. 133-142.

Burmeister, Karl Heinz und Schnetzer, Norbert, Rheticus-Bibliografie, in: Schöbi/Sonderegger 2014, S. 233-251.

Burmeister, Karl Heinz, Die Provenienz von Copernicus' Almagest, Basel 1538, in: W. R. Dick/J. Hamel (Hg.), Beiträge zur Astronomiegeschichte 12 (2014), S. 27-33.

Burmeister, Karl Heinz, Georg Joachim Rheticus, Varianten und Herkunft seines Namens, in: Bludenzer Geschichtsblätter 108 (2014), S. 55-63.

Buscher, Hans, Der Basler Arzt Heinrich Pantaleon (1522-1595) (Veröffentlichungen der Schweizerischen Gesellschaft für Geschichte der Medizin und der Naturwissenschaften, 17), Aarau: Verlag H. R. Sauerländer, 1947.

Büttner, Manfred/Burmeister, Karl Heinz, Georg Joachim Rheticus (1514-1574), in: Wandlungen im geographischen Denken von Aristoteles bis. Manfred Büttner (Abhandlungen und Quellen zur Geschichte der Geographie und Kosmologie, 1), Paderborn 1979, S. 129-137.

Büttner, Manfred/Burmeister, Karl Heinz, Georg Joachim Rheticus, 1514-1574, in: Bibliographical Studies 4 (1980), S. 121-126 (engl.).

Callmer, Christian, Svenska studenter i Wittenberg, Stockholm 1976.

Callmer, Christian, Svenska studenter i Rostock 1419-1828, Stockholm: Norstedts Tryckeri, 1988.

Camerarius, Joachim, Epistolae posteriores, Frankfurt/Main 1595.

Cante, Andreas: Der Bildhauer und Medailleur Hans Schenck oder Scheußlich, Ein Künstler der Renaissance in Zeiten der Reformation, Philos. Diss. FU Berlin, Hamburg/Berlin: digital business and printing GmbH, 2007.

Cellius, Erhard, Imagines Professorum Tubingensium 1596, hg. v. Hansmartin Decker-Hauff und Wilfried Setzler, Bd. 1-2, Sigmaringen: Jan Thorbecke, 1981.

Quellen- und Literaturverzeichnis

CHMIEL, Adam, Album studiosorum umiversitatis Cracoviensis, tom. II, fasc. I (1490-1515), Kraków: Typis universitatis Jagellonicae, 1892.

CHRIST-VON WEDEL, Christine (Hg.), Theodor Bibliander, 1505-1564, Ein Thurgauer im gelehrten Zürich der Reformationszeit, Zürich: Verlag Neue Zürcher Zeitung, 2005.

CLEMEN, Otto (Hg.), Georg Helts Briefwechsel (Archiv für Reformationsgeschichte, Erg.Bd. 2), Leipzig 1907.

CLEMEN, Otto, Kleine Schriften zur Reformationsgeschichte (1897-1944), hg. v. Ernst Koch, Bd. 4 - 8, Leipzig: Zentralantiquariat der DDR, 1984-1988.

CLEMEN, Otto (Hg.), Ein gleichaltriger Bericht über die Leipziger Disputation 1519, in: CLEMEN/KOCH 1984, Bd. 5, S. 496-509.

CLEMEN, Otto, Alexander Alesius, in: Clemen 1987, Bd. 8, S. 21-23.

CLEMEN, Otto, Georg Pylander, in: Clemen 1987, Bd. 8, S. 102-104.

CURTZE, Maximilian, Zur Biographie des Rheticus (Georgius Joachimus Rheticus), Sonder-Abdruck aus der Altpreußischen Monatsschrift, Bd. 31, Heft 5 und 6, 1894.

CYNARSKI, Stanisław, Das Problem der Verbreitung der copernicanischen Lehre im 17. Jahrhundert, in: Das 500jährige Jubiläum der Krakauer Studienzeit von Nicolaus Copernicus. Kraków 1993, S. 141-152.

CZARTORYSKI, Pawel, The Library of Copernicus, in: Science and History, Studies in Honor of Edward Rosen (= Studia Copernicana, 16), Wrocław/Warszawa/Kraków/Gdańsk: Ossolineum 1978, S. 355-396.

CZUBATYNSKI, Uwe, Evangelisches Pfarrerbuch der Altmark, Rühstädt ²2006, www.rambow.de/.../Evangelisches-Pfarrerbuch-fuer-die-Altmark.pdf.

DAAE, Ludvig, Matrikler over Nordiske Studerende ved fremmde Universiteter, Christiania 1885.

DANIELSON, Dennis. The First Copernican, Georg Joachim Rheticus and the Rise of the Copernican Revolution, New York 2006.

DANIELSON, Dennis, Georg Joachim Rheticus (1514-1574), der Feldkircher Kopernikaner, Festrede zum fünfhundertjährigem Jubiläum des Rheticus, 16. Februar 2014

DECKER-HAUFF, Hansmartin, Bausteine zur Reuchlin-Biographie, in: Johannes Reuchlin 1455-1522, Festgabe seiner Vaterstadt Pforzheim, hg. v. Manfred KREBS, Pforzheim 1955, S. 83-107.

DEFUNS, Marcus, La viulta, Una emprova dramatica, Lausanne: Selbstverlag, 1968; dt. Übers. Die Wende, Ein dramatischer Versuch, Lausanne: Selbstverlag, 1968; französ. Übers. La viulta, Pièce de theâtre, Lausanne: chez l'auteur, 1968.

DEFUNS, Marcus, Georg Joachim Rheticus (1514-1574), editur dallas ovras copernicanas ed emprem defensur dil sistem helicentric, in: Annalas de la Societad Retorumantscha 82 (1969), S. 113-120 (ETH-Bibliothek Zürich, digital).

DEMAITRE, Luke, Leprosy in Premodern Medicine, A Malady of the Whole Body, Baltimore, Md.: John Hopkins Univ. Press, 2007.

DESCHAUER, Stefan, Die Arithmetik-Vorlesung des Georg Joachim Rheticus Wittenberg 1536, Augsburg 2003.

DESCHAUER, Stefan, Das 2. Rechenbuch von Adam Ries – ein Bestseller für das Wirtschaftsleben des 16. Jahrhunderts, in: KIEFER/REICH 2003, S. 9-31.

DE SMET, Antoine, Gemma Frisius et Nicolas Copernic, in: Der Globusfreund 21/23 (1972/73/74), Wien 1973, S. 72-80.

DE SMET, Antoine, Gemma Frisius, in: National Biografisch Woordenboek, Bd. 6, Brussel 1974, Sp. 315-331.

DE SMET, Antoine, Gemma Frisius, in: Biographie Nationale, Bd. 44, Bruxelles 1986, Sp. 526-545.

DIEBNER, Bernd Jörg, Matthias Flacius Illyricus, Zur Hermeneutik der Melanchthon-Schule, in: SCHEIBLE 1997, S.157-182.

DIESTELMANN, Jürgen, Joachim Mörlin: Luthers Kaplan – »Papst der Lutheraner«, Ein Zeit- und Lebensbild aus dem 16. Jahrhundert. Freimund-Verl., 2003.

DILL, Urs, Zu Johannes Pedioneus' Basler Zeit (1541-1542), in: Aus der Werkstatt der Amerbach-Edition, Christoph Vischer zum 90. Geburtstag (Schriften der Universitätsbibliothek Basel, 2), Basel 2000, S. 77-92.

DILL, Urs und JENNY, Beat Rudolf, Gaspar Brusch und die Schweiz, Anhang: Quellentexte, in: Aus der Werkstatt der Amerbach-Edition, Christoph Vischer zum 90. Geburtstag (Schriften der Universitätsbibliothek Basel, 2), Basel 2000, S. 215-307, hier S. 254 f.

DISSELHORST, Rudolf, Die medizinische Fakultät der Universität Wittenberg und ihre Vertreter von 1503-1816, in: Walther 1929, S. 79-101.

DITTRICH, Anton/SPIRK, Anton, Statuta Universitatis Pragensis, Prag: Joh. Spurny, 1848.

DOBRAS, Werner, Lindauer Persönlichkeiten (Neujahrsblatt des Museumsvereins Lindau, 26), Lindau 1981.

DOBRAS, Werner, Kostbarkeiten der Reichsstädtischen Bibliothek Lindau, Lindau 1988.

DOPPELMAYR, Johann Gabriel, Historische Nachricht von den Nürnbergischen Mathematicis und Künstlern, Nürnberg 1730.

DORFMÜLLER, Petra, rectores portenses, Leben und Werke der Rektoren der Landesschule Pforta von 1543 bis 1935, Beucha 2006.

DREYER, John Louis Emil, Tycho Brahe, Edinburgh 1890, deutsche Übersetzung Karlsruhe 1894 (Reprint Vaduz 2005).

DRÜLL, Dagmar, Heidelberger Gelehrtenlexikon 1386-1651, Springer, 2002.

DUDITHIUS, Andreas, Epistolae, hg. v. Szczucki, Lechus und Szepessy, Tiburtius et al. (Bibliotheca Scriptorum Medii Recentisque Aevorem, Series Nova, 13/1-2), Bd. 1-2, Budapest 1992-1995.

DUKA ZOLYOMI, Norbert, Zum Aufenthalt von Paracelsus in Ungarn, in: KAISER/ VÖLKER 1982, S. 285-291.

DUNKEL, Johann Gottlieb Wilhelm, Historisch-critische Nachrichten von verstorbenen Gelehrten, Köthen 1753.

DUPÈBE, Jean (Hg.), Nostradamus, Lettres inédites, Genf: Droz, 1983.

DURLING, Richard J., Conrad Gesner's Liber amicorum 1555-1565, in: Gesnerus 22 (1965), S. 134-159.

DÜRST, Arthur (Hg.), Johann Conrad Ulmer, Geodaisia, Nachdruck der Ausgabe Straßburg 1580, Schaffhausen: Meier-Verlag, 1998.

EBER, Paul, Calendarium historicum, Wittenberg: Georg Rhau 1550.

EBERHARD, Winfried, Monarchie und Widerstand, Zur ständischen Oppositionsbildung im Herrschaftssystem Ferdinand I. in Böhmen, München: Oldenbourg, 1985.

ECKART, Wolfgang U., Philipp Melanchthon und die Medizin, in: FRANK/RHEIN 1998, S. 105-121.

EDER, Georg, Catalogus rectorum et illustrium virorum Archigymnasii Viennensis, Wien: 1559 (SLUB Dresden online).

EHRHARDT, Siegismund Justus, Evangelische Kirchen- und Prediger-Geschichte, Liegnitz 1789.

EHWALD, Rudolf, Beschreibung der Handschriften und Inkunabeln der Herzoglichen Gymnasialbibliothek zu Gotha nebst vier Briefen von Eobanus Hessus und Niclas von Amsdorff, Gotha: Engelhard-Reyer, 1893.

EITNER, Robert, Bibliographie der Musik-Sammelwerke des XVI. und XVII. Jahrhunderts, Berlin 1877 (Reprint Hildesheim 1977).

EITNER, Robert, Biographisch-Bibliographisches Quellen-Lexikon der Musiker und Musikgelehrten der christlichen Zeitrechnung bis zur Mitte des 19. Jahrhunderts, Bd. 1-10, Leipzig 1900-1904.

ELLINGER, Georg, Simon Lemnius als Lyriker, Bonn/Leipzig: K. Schroeder, 1921.

ENGELHART, Pankraz/BAIER, Andreas, Die Chroniken der Stadt Eger (Deutsche Chroniken aus Böhmen, 3), Prag 1884.

ERLER, Georg, Die Matrikel der Universität Leipzig, Bd. 1-3, Leipzig 1895/1902.

ERLER, Georg, Die jüngere Matrikel der Universität Leipzig 1559-1809, Bd. 1, Leipzig 1909 (Reprint Nendeln 1976).

ERLER, Georg, Die Matrikel der Albertus-Universität zu Königsberg in Preußen, 1544–1829 (Publikation des Vereins für die Geschichte von Ost- und Westpreussen, 16), Bd. 1-3, Leipzig: Duncker & Humblot, 1910–1917 (Reprint, Nendeln/Liechtenstein 1976).

ESTREICHER, Karol, Collegium Maius, Stammsitz der Jagellonischen Universität Krakau, Geschichte, Bräuche, Sammlungen, Warszawa: Verlag Interpress, 1974.

EUBEL, Conrad, Die in der Franziskaner-Minoritenkirche zu Würzburg Bestatteten aus dem Adels- und Bürgerstande, in: Archiv des historischen Vereins für Unterfranken und Aschaffenburg 27 (1884), S. 1-83.

FABIAN, Ekkehart, Die Entstehung des Schmalkadischen Bundes und seiner Verfassung, Tübingen 1956.1956
FABIAN, Ekkehart, Dr. Gregor Brück, 1557-1957, Lebensbild und Schriftenverzeichnis, Tübingen 1957.
FABIAN, Ernst Emil, Mag. Petrus Plateanus, Zwickau 1878.
FABÓ, Andreas, Monumenta aug. conf. in Hungaria historica, 1. Band, Brevis de vita superintendentum evangelicorum in Hungaria commentacio, Budapest 1861.
FABRICIUS, Theodor, Brevis vitae meae historia, in: HASAEUS, Theodor und LAMPE, Friedrich Adolph (Hg.), Bibliotheca Historica-philologico-theologica, Frankfurt/Main 1720, S. 65-105.
FALKENHEINER, Wilhelm, Personen- und Ortsregister zu der Matrikel und den Annalen der Universität Marburg 1527-1652, Marburg: N.G.Elwert'sche Verlagsbhdlg., 1904.
FECHTER, Daniel Albert (Hg.), Thomas Platter und Felix Platter, Zwei Autobiographien, Basel 1840.
FENLON, Iain und GROOTE, Inga Mai, Heinrich Glarean's Books, The Intellectual World of a Sixteenth-Century Musical Humanist, Cambridge, UK: University Press, 2013.
FIGALA, Karin, Die sogenannten Sieben Bücher über die Fundamente der chemischen Kunst von Georg Joachim Rhetikus (1514-1576), in: Sudhoffs Archiv 55 (1971), S. 247-256.
FINK-JENSEN, Morten, Fornuften undern troens lydighed, Naturfilosofi, mesdicin og teologi i Danmark 1536-1636, København : Tusculanums Forlag, 2004.
FISCHER, Friedrich Christoph Jonathan, Geschichte des teutschen Handels, Bd. 3, 1791.
FISCHER, Hans, Conrad Gessner, 1516-1565, in: Arzt und Humanismus. Das humanistische Weltbild in Naturwissenschaft und Medizin (Erasmus-Bibliothek), Zürich und Stuttgart: Artemis Verlag, 1962, S. 201-217.
FISCHER, Hans, Die kosmologische Anthropologie des Paracelsus als Grundlage seiner Medizin, Ein Beitrag zum Verständnis des Arztes Paracelsus, in: Arzt und Humanismus. Das humanistische Weltbild in Naturwissenschaft und Medizin (Erasmus-Bibliothek), Zürich und Stuttgart: Artemis Verlag, 1962, S. 142-200.
FISCHER, Hans, Conrad Gessner, (26. März 1516 – 13. Dezember 1565), Leben und Werk (Neujahrsblatt auf das Jahr 1966 als Veröffentlichung der Naturforschenden Gesellschaft in Zürich, 168), Zürich: Kommissionsverlag Leemann AG, 1966.
FISCHER, Hans, Die lateinischen Papierhandschriften der Universitätsbibliothek Erlangen, Wiesbaden: Harrassowitz, 1971.
FISCHER, Hubertus, Grammatik der Sterne und Ende der Welt, Die Sintflutprognose von 1524, in: Kultur und Alltag, hg. v. Hans-Georg SOEFFNER (Soziale Welt, Sonderband 6), Göttingen: Otto Schwartz & Co., 1988, S. 191-225.
FISCHER, Ludwig, Veit Trolmann von Wemding, genannt Vitus Amerpachius, als Professor in Wittenberg (1530-1543), (Studien und Darstellungen aus dem Gebiete der Geschichte 10/1), Freiburg i. Br.: Herder, 1926.
FLEMMING, Paul, Beiträge zum Briefwechsel Melanchthons aus der Briefsammlung Jacob Monaus in der Ste Geneviévebibliothek zu Paris. Naumburg 1904.
FLOOD, John L. und SHAW, David J., Johannes Sinapius (1505-1560), Hellenist and Physician in Germany and Italy (Travaux d'humanisme et renaissance, 311), Genève: Droz, 1997.
FÖRSTEMANN, Karl Eduard, Liber decanorum facultatis theologiae Academiae Vitebergensis, Leipzig: Tauchnitz, 1838.
FÖRSTEMANN, Karl Eduard, Album academiae Vitebergensis, Bd. 1, Leipzig 1841; Bd. 2, hg. v. Otto Hartwig, Halle 1894.
FRANK, Günter, Veit Amerbach (1503-1557), Von Wittenberg nach Ingolstadt, in: SCHEIBLE 1997, S. 103-128.
FRANK, Günter und RHEIN, Stefan (Hg.), Melanchthon und die Naturwissenschaften seiner Zeit (Melanchthon-Schriften der Stadt Bretten, 4), Sigmaringen: Thorbecke, 1998.
FRANK, Günter und TREU, Martin, Melanchthon und Europa, Teilband 1: Skandinavien und Mittelosteuropa, Stuttgart: Thorbecke, 2001.
FRANK, Karl Friedrich von, Standeserhebungen und Gnadenakte für das Deutsche Reich und die Österreichischen Erblande, Bd. 1-5, Schloss Senftenegg 1967/74.
FRASSEK, Ralf, Eherecht und Ehegerichtsbarkeit in der Reformationszeit, Tübingen: Mohr Siebeck, 2005.

Fraustadt, Albert, Geschichte des Geschlechtes von Schönberg Meißnischen Stammes, Bd. 1, Leipzig: Giesecke & Devrient, 1869, digital zugänglich bei books.google.de

Freely, John, Aladdin's Lamp, New York: A. Knopf, 2009.

Freely, John, Platon in Bagdad, Wie das Wissen der Antike zurück nach Europa kam, aus dem Englischen von Ina Pfitzner, Stuttgart: Klett-Cotta, 2012.

Freitag, Ruth S., Halley's Comet, A Bibliography, Washington, D.C.: Library of Congress, 1984.

Freytag, Hermann, Die Beziehungen Danzigs zu Wittenberg in der Zeit der Reformation, in: Zeitschrift des Westpreußischen Geschichtsvereins 38 (1898), S. 1-137.

Freytag, Hermann, Die Preußen auf der Universität Wittenberg und die nichtpreußischen Schüler Wittenbergs in Preußen von 1502 bis 1602, Eine Festgabe zur 400jährigen Gedächtnisfeier der Gründung der Universität Wittenberg, Leipzig: Duncker & Humblot, 1903.

Freytag, Hermann, Der preußische Humanismus bis 1550, in: Zeitschrift des Westpreußischen Geschichtsvereins 47 (1904), S. 41-64.

Friedberg, Emil, Die Leipziger Juristenfakultät, ihre Doktoren und ihr Heim, Leipzig: S. Hirzel, 1909.

Friedensburg, Walter, Geschichte der Universität Wittenberg, Halle 1917.

Friedensburg, Walter, Urkundenbuch der Universität Wittenberg, Bd. 1-2, 1926.

Friedländer, Ernst, Ältere Universitäts-Matrikeln, I. Universität Frankfurt an der Oder, Bd. 1, 1887 (Reprint Osnabrück 1965).

Friedländer, Ernst, Ältere Universitäts-Matrikeln, II. Universität Greifswald, Bd. 1, Leipzig 1893.

Friess, Herbert, Magister Nikolaus Mende, Ahnherr von Carl Zeiss, Jena: Lebensbild eines Pfarrers aus der Reformationszeit, 1965.

Fuchs, Thorsten, Philipp Melanchthon als neulateinischer Dichter in der Zeit der Reformation (NeoLatina, 14), Tübingen 2008.

Führer, André, Die Wandlung des Weltbildes im 16. Jh. unter besonderer Berücksichtigung von Kometenerscheinungen, Universität Hamburg, Vortrag im Rahmen der Vorlesung »Zur geschichtlichen Entwicklung der KQ und Ll-Schätzung« im SS 1998 von Dr. Silvelyn Zwanzig am Institut für Mathematische Schochastik.

Fürst, Dietmar/Hamel, Jürgen, Johann Carion (1499–1537), der erste Berliner Astronom (Vorträge und Schriften der Archenbold-Sternwarte, 67), Berlin 1988.

Gäbler, Ulrich/Herkenrath, Erland (Hg.), Heinrich Bullinger, 1504-1575, gesammelte Aufsätze zum 400. Todestag, Bd. 2 (Zürcher Beiträge zur Reformationsgeschichte, 8), Zürich 1975.

Garcaeus, Johannes, Methodus astrologiae, Basel 1576.

García Pinilla, Ignacio J. (Hg.), Francisco de Enzinas, Epistolario: Texto latino, traducción española y notas, Genf: Droz, 1995.

Gassendi, Pierre, with notes by Thill, Olivier, The Life of Copernicus (1473-1543), The Man Who Did Not Change the World, Fairfax, VA.: Xulon Press, 2002.

Gasser, Achilles Pirmin, Augsburgischer Chronicen Dritter Theil, in: Welser, Markus, Chronica, Frankfurt/Main: Chistoph Egenolfs Erben 1595, (Faksimile Neusäß/Augsburg: Paul Kieser, 1984), eigene Paginierung S. 1-141.

Gebhardt, Rainer (Hg.), Arithmetische und algebraische Schriften der frühen Neuzeit, Tagungsband zum wissenschaftlichen Kolloquium vom 22.-24. April 2005 in der Berg- und Adam-Ries-Stadt Annaberg-Buchholz (Schriften des Adam-Ries-Bundes Annaberg-Buchholz, 17), Annaberg-Buchholz: Adam-Ries-Bund, 2005.

Geck, Elisabeth/Pressler, Guido (Hg.), Festschrift für Josef Benzing zum sechzigsten Geburtstag 4. Februar 1964, Wiesbaden: Pressler, 1964.

Geiger, Ludwig, Johann Reuchlin, Sein Leben und seine Werke, Leipzig: Duncker & Humblot, 1871, Reprint Nieuwkoop: de Graaf, 1964.

Geiger, Ludwig, Das Studium der Hebräischen Sprache in Deutschland vom Ende des XV. bis zur Mitte des XVI. Jahrhunderts, Breslau 1870.

Geissler, Carl, Chronik der Stadt Eilenburg und der Umgebung, Delitzsch 1829.

GERBER, Christian, Die Unerkannten Wohlthaten Gottes in dem Chur-Fürstenthum Sachsen, Bd. 2, Dresden/Leipzig: Johann Jacob Wincklers Witwe, 1717.

GERICKE, H., Zur Geschichte der Mathematik an der Universität Freiburg i. Br. (Beiträge zur Freiburger Wissenschafts- und Universitätsgeschichte, 7), Freiburg i. Br.: Verlag Eberhard Albert Universitätsbuchhdlg, 1953.

GERMANN, Martin, Die reformierte Stiftsbibliothek am Großmünster Zürich im 16. Jahrhundert und die Anfänge der neuzeitlichen Bibliographie, Rekonstruktion des ... Inventars von 1532/1551 von Conrad Pellikan, Wiesbaden: Harrassowitz, 1994.

GERMANN, Oscar, Sebastian Fröschel, sein Leben und seine Schriften, in: Beiträge zur sächsischen Kirchengeschichte 14 (1899), S. 1-126.

GERSDORF, Ernst Gotthelf, Beitrag zur Geschichte der Universität Leipzig, Die Rectoren der Universität Leipzig, Leipzig 1869.

GESS, Felician, Die Leipziger Universität im Jahre 1502, in: Kleinere Beiträge zur Geschichte von Dozenten der Leipziger Hochschule, Festschrift zum Deutschen Historikertage in Leipzig Ostern 1894, Leipzig 1894, S. 177-190.

GILLET, J. F. A., Crato von Crafftheim und seine Freunde, Bd. 1-2, Frankfurt/Main: Brönner 1860-1861.

GINGERICH, Owen, Erasmus Reinhold and the Dissemination of Copernicus Theory, in: Studia Copernica. 6 (1973), S. 43-62 und S. 123-125.

GINGERICH, Owen, An Early Tradition of an Extended Errata List for Copernicus's »De Revolutionibus«, in: Journal for the History of Astronomy 12 (1981), S. 47-52.

GINGERICH, Owen: The Eye of Heaven, The American Institute of Physics 1993. S. 221-251.

GINGERICH, Owen, An Annotated Census of Copernicus's »De Revolutionibus« (Nuremberg, 1543 and Basel, 1566), Leiden/Boston/Köln 2002.

GINGERICH, Owen, The Book Nobody Read, Chasing the Revolutions of Nicolas Copernicus, London: Arrow Books, 2005.

GINGERICH, Owen/WESTMAN, Robert S., The Wittich Connection: Conflict and Priority in Late Sixteenth-Century Cosmology (Transactions of the American Philosophical Society 78/7), Philadelphia 1988.

GLESINGER, Lavoslav, Der Humanist Andreas Dudith im Kreise der Antiparacelsisten (Salzburger Beiträge zur Paracelsusforschung, 7), Wien 1967, S. 3-12.

GLOMSKI, Jacqueline: Patronage and Humanist Literature in the Age of the Jagiellons, Court and Career in the Writings of Rudolf Agricola Junior, Valentin Eck, and Leonhard Cox (Erasmus Studies), University of Toronto Press, 2007.

GNAPHEUS, Gulielmus, Morosophus, Ein törichter Weiser, Von der wahren und der scheinbaren Weisheit, Lateinisch und deutsch (Lateres, 8), hg. v. Hans-Dieter Hoffmann, Frankfurt/Main u.a.: Peter Lang, 2010.

GÖSSNER, Andreas, Die Studenten an der Universität Wittenberg, Studien zur Kulturgeschichte des studentischen Alltags und zum Stipendienwesen in der zweiten Hälfte des 16. Jahrhunderts, Leipzig: Evang. Verlagsanstalt, 2003.

GOTTWALD, Clytus, Katalog der Musikalien in der Schermar-Bibliothek Ulm (Veröffentlichungen der Stadtbibliothek Ulm, 17), Wiesbaden: Harrassowitz, 1993.

GOURON, Marcel, Matricule de l'université de médicine de Montpellier (1503-1599) (Travaux d'humanisme et renaissance, 25), Genève: Droz, 1957.

GRAFTON, Anthony, Cardano's Cosmos, The World and Works of a Renaissance Astrologer, Cambridge, Mass., 1999.

GRAFTON, Anthony, Cardanos Kosmos, Die Welten und Werke eines Renaissance-Astrologen (aus dem Amerikanischen übersetzt von Peter Knecht), Berlin 1999.

GRAFTON, Anthony, Geniture Collections, Origins and Uses of a Genre, in: FRASCA-SPADA, Marina/JARDINE, Nick (Hg.), Books and the Sciences in History, Cambridge: University Press, 2000, S. 49-68.

GRANADA, Miguel A., Giordano Brunos Deutung des Kopernikus als eines Gotterleuchteten und die »Narratio prima« von Rheticus, in: HEIPCKE, Klaus/NEUSER, Wolfgang/WICKE, Erhard (Hg.), Die Frankfurter Schriften Giordano Brunos und ihre Voraussetzungen, Weinheim: VCH Verlagsgesellschaft, 1991, S. 261-285.

GREEN, Jonathan, The First Copernican Astrologer, Andreas Aurifaber's Practica for 1541, in: Journal for the History of Astronomy 41 (2010), S. 157-165.
GREEN, Jonathan, Printing and Prophecy, Prognostication and Media Change, 1450-1550, Ann Arbor, Mich.: University of Michigan Press, 2012.
GREEN, Jonathan, Printing the Future, The Origin and Development of the »Practica Teutsch« to 1620, in: Archiv für die Geschichte des Buchwesens 67 (2012), S. 1-18.
GRESER, Daniel, Historia und Beschreibunge des gantzen Lauffs und Lebens, Dresden: Berg, 1587 (BSB München, digital).
GRIEB, Manfred H. (Hg.), Nürnberger Künstlerlexikon, Bd. 1-4, Berlin: de Gruyter, 2007.
GROHMANN, Johann Christian August, Annalen der Universität Wittenberg, Meißen 1801/02 (Neudruck Osnabrück: Biblio, 1969).
GROSSE, Hugo, Historische Rechenbücher des 16. und 17. Jahrhunderts und die Entwicklung ihrer Grundgedanken bis zur Neuzeit, Ein Beitrag zur Geschichte der Methodik des Rechenunterrichts, Dürr, 1901.
GRÖSSING, Helmuth, Humanistische Naturwissenschaft, Zur Geschichte der Wiener mathematischen Schulen des 15. und 16. Jahrhunderts, Baden-Baden: Valentin Koerner Verlag, 1983.
GRUBER, Hans, ... mehr Gelehrte als Rom, Feldkirch und der Humanismus, Feldkirch: Amt der Stadt Feldkirch, 2014.
GRÜNEWALD, Moritz, Meißner Chronik, Hayn 1829.
GUMMERUS, Jaakko, Michael Agricola, Die Reformation Finnlands, Sein Leben und sein Werk (Schriften der Luther-Agricola Gesellschaft in Finnland, 2), Helsinki 1941.
GÜNTHER, Johannes, Lebensskizzen des Professoren der Universität Jena seit 1558 bis 1858, Jena: Friedrich Mauke, 1858 (BSB München, digital).
GÜNTHER, Otto, Dr. Christophorus Heyl, ein rheinischer Humanist im Osten Deutschlands, in: Zeitschrift des Westpreußischen Geschichtsvereins 44 (1904), S. 243-264.
GÜNTHER, Siegmund, Peter und Philipp Apian, zwei deutsche Mathematiker und Kartographen, Prag 1882.
GÜNTHER, Simon, Thesaurus Practicantium, Speyer 1608.

HABERLING, Wilhelm, Alexander von Suchten, ein Danziger Arzt und Dichter, in: Zeitschrift des Westpreußischen Geschichsvereins 69 (1929), S. 175-230.
HÄFELE, Franz, Zur Frage der Herkunft des Astronomen Georg Joachim de Porris, in: Schriften des Vereins für Geschichte des Bodensees und seiner Umgebung 55 (1927), S. 122-137.
HÄFELE, Rolf, Die Studenten der Städte Nördlingen, Kitzingen, Mindelheim und Wunsiedel bis 1580 (Trierer Historische Forschungen, 13,1), Trier 1988.
HAFEMANN, Klaus, Magister Johann Wittich, 1537-1596, Diss. Würzburg 1956.
HAGEN, Erhardt Christian von, Biographie des ersten General-Superintendenten des Fürstenthums Bayreuth, des Dr. Johannes Streitberger, geboren 1517 und gestorben 1602, in: Archiv für Geschichte und Alterthumskunde von Oberfranken 6 (1855), S. 67-83.
HAGENMAIER, Winfried, Die abendländischen neuzeitlichen Handshriften der Universitätsbibliothek Freiburg im Breisgau, Freiburg i. Br.: Univ.-Bibl., 1996.
HAHNE, Hans, Die Wittenberger Horoskope, in: Walther, Johannes (Hg.), Leopoldina, Leipzig: Quelle & Meyer, 1929, S. 102-109.
HALLYN, Fernand, Gemma Frisius, A Convinced Copernican in 1555, in: Filozofski vestnik 25 (2004), S. 69-83.
HALLYN, Fernand, Gemma Frisius, arpenteur de la terre et du ciel (Les géographies du monde, 8), Paris: Honoré Champion, 2008.
HAMEL, Jürgen, Nikolaus Copernicus, Leben Werk und Wirkung. Heidelberg: Spektrum, 1994.
HAMEL, Jürgen/ROEBEL, Martin, Bibliographie der gedruckten Werke Caspar Peucers, in: HASSE/WARTENBERG 2004, S.327-368.
HAMELMANN, Hermann, Opera genealogico-historica de Westphalia et Saxoni inferiori, Lemgo: Heinrich Wilh. Meyer, 1711.
HAEMMERLE, Albert, Die Hochzeitsbücher der Augsburger Bürgerstube bis zum Ende der Reichsfreiheit, München 1936.

HANHART, Johannes, Conrad Geßner: ein Beytrag zur Geschichte des wissenschaftlichen Strebens und der Glaubensverbesserung im 16. Jahrhundert, Winterthur: Steiner, 1824.
HANTSCHE, Irmgard, Der mathematicus, Zur Entwicklung und Bedeutung einer neuen Berufsgruppe in der Zeit Gerhard Mercators (Duisburger Mercator Studien 4), Bochum: Brockmeyer, 1996.
HANTZSCH, Viktor, Beiträge zur älteren Geschichte der Kurfürstlichen Kunstkammer in Dresden, in: Neues Archiv für Sächsische Geschichte 28 (1902), S. 220-296.
HANTZSCH, Viktor, Dresdner auf Universitäten vom 14. bis zum 17. Jahrhundert (Mitteilungen des Vereins für Geschichte Dresdens, 19), Dresden: W. Baensch, 1906.
HARTFELDER, Karl, Philipp Melanchthon als Praeceptor Germaniae, Berlin 1889.
HARTMANN, Alfred und JENNY, Beat Rudolf: Die Amerbachkorrespondenz, 1-7, Basel 1942-1973.
HARTMANN, Johann Ludwig (Hg.), Tredecim celeberrimorum superioris saeculi theologorum Joh. Marbachii, … disputationes doctorales, Frankfurt/Main u. Gießen 1679.
HARTWIG, Otto, Album academiae Vitebergensis, Bd. 2, Halle: Niemeyer, 1894.
HASSE, Hans-Peter und WARTENBERG, Günther (Hg.), Caspar Peucer (1525-1602), Wissenschaft, Glaube und Politik im konfessionellen Zeitalter, Leipzig: Evang. Verlagsanstalt, 2004.
HATHAWAY, Nancy, The Friendly Guide to the Universe, A Down-to-Earth Tour of Space, Time and the Wonders of the Cosmos, New York et al.:Penguin Books, 1995.
HAUSMANN, Regina, Die historischen, philologischen und juristischen Handschriften der Hessischen Landesbibliothek in Fulda bis zum Jahr 1600, Wiesbaden: Harrassowitz, 2000.
HAUSSLEITER, Johannes, Aus der Schule Melanchthons, Theologische Disputationen und Promotionen zu Wittenberg in den Jahren 1546 – 1560, Greifswald 1897.
HAYE, Thomas (Hg.), Humanismus im Norden, Frühneuzeitliche Rezeption antiker Kultur und Literatur an Nord- und Ostsee, Amsterdam: Rodopi, 2000.
HAYE, Thomas, Humanismus in Schleswig und Holstein, Eine Anthologie lateinischer Gedichte des 16. und 17. Jahrhunderts, Kiel: Verlag Ludwig, 2001.
HEFELE, Hermann (Hg.), Des Girolamo Cardano von Mailand eigene Lebensberschreibung, München: Kösel, 1969.
HEININEN, Simo, Die finnischen Studenten in Wittenberg 1531 – 1552 (Schriften d. Luther-Agricola-Gesellschaft, A 19), Helsinki, 1980.
HELBLING, P. Leo, Dr. Johann Fabri, Generalvikar von Konstanz und Bischof von Wien, 1478-1541 (Reformationsgeschichtliche Studien und Texte, 67/68), Münster i. W. 1941.
HELD, Karl, Das Kreuzkantorat zu Dresden, Leipzig: Breitkopf und Härtel, 1894 (Reprint Kessinger Publishing, USA, o.J.).
HELLMAN, C. Doris, A Bibliography of Tracts and Treatises on the Comet of 1577, in: Isis 22 (1934), S. 60, Nr. 78.
HELM, Jürgen, Wittenberger Medizin im 16. Jahrhundert, in: LÜCK (Hg.) 1998, S. 95-115.
HENSCHEL, Adolf:, Dr. Johannes Heß, der Breslauer Reformator, Halle an der Saale, 1901.
HERING, Hermann, Doktor Pomeranus, Johannes Bugenhagen, Ein Lebensbild aus der Zeit der Reformation (Schriften des Vereins für Reformationsgeschichte, 22), Halle an der Saale: Kommissionsverlag von Max Niemeyer, 1888.
HERMELINK, Heinrich, Die Matrikeln der Universität Tübingen von 1477 – 1600, Bd. 1, Stuttgart 1906.
HERMELINK, Heinrich, Die theologische Fakultät in Tübingen vor der Reformation 1477-1534. Dissertation, Stuttgart: Union Deutsche Verlagsgesellschaft, 1906.
HERRLINGER, Robert, Volcher Coiter, 1534 – 1576 (Beiträge zur Geschichte der medizinischen und naturwissenschaftlichen Abbildung, 1), Nürnberg: M. Edelmann, 1952.
HERRMANN, Johannes [Bearb.], Politische Korrespondenz des Herzogs und Kurfürsten Moritz von Sachsen, 9. Januar 1551 – 1. Mai 1552. Berlin 1998.
HERRMANN, Rudolf: Magister Stephan Reich (Riccius), in: JAUERNIG, Reinhold: Luther in Thüringen, Gabe der Thüringer Kirche an das Thüringer Volk. Berlin: Evangelische Verlagsanstalt, 1952, S. 207-212.
HESS, Wilhelm, Himmels- und Naturerscheinungen in Einblattdrucken des XV. bis XVIII. Jahrhunderts, Leipzig 1911 (Reprint Nieuwkoop: B. de Graaf, 1973).

HIERONYMUS, Frank, 1488 Petri/Schwabe 1988, Eine traditionsreiche Basler Offizin im Spiegel ihrer frühen Drucke, Basel; Schwabe, 1997.

HILDEBRANDT, Stefan, Rheticus zum 500. Geburtstag, Mathematiker, Astronom, Arzt, Leipzig: Edition am Gutenbergplatz, 2014.

HILFSTEIN, Erna, Starowolski's Biographies of Copernicus (Studia Copernicana, 21), Wrocław u.a.: Ossolineum, 1980.

HILFSTEIN, Erna, Was Valentin Otho a Mathematics Professor at the University of Heidelberg?, in: Organon 22/23 (1986/87, 1988), S. 221-225.

Himmelszeichen und Erdenwege, Johannes Carion (1499-1537) und Sebastian Hornmold (1500-1581), Ubstadt-Weiher: Verlag Regionalkultur, 1999.

HIPLER, Franz, Die Chorographie des Joachim Rheticus, in: Zeitschrift für Mathematik und Physik 21 (1876), S. 125-150.

HOFFMANN, Carl Samuel, Chronik von Oschatz, Oschatz: Oldecop, 1813.

HOFMANN, Joseph E., Michael Stifel (1487?-1567), Leben, Wirken und Bedeutung für die Mathematik seiner Zeit (Sudhoffs Archiv, Beiheft 9), Wiesbaden 1968.

HOFMANN, Norbert, Die Artistenfakultät an der Universität Tübingen 1534-1601 (Contubernium, Beiträge zur Geschichte der Eberhard-Karls-Universität Tübingen, 28), Tübingen: Mohr, 1982.

HOFMEISTER, Adolph, Die Matrikel der Universität Rostock, Bd. 2, Rostock 1891.

HOHENBERGER, Thomas, Nikolaus Medler als Mitstreiter Martin Luthers, Der Beitrag eines Hofer Pädagogen und Theologen zur deutschen Reformationsgeschichte, in: Nikolaus Medler (1502-1551), Reformator – Pädagoge – Mathematiker, Hof: Nordoberfränkischer Verein für Natur-, Geschichts- und Landeskunde, 2003, S. 19-57.

HÖHLE, Michael, Universität und Reformation, Die Universität Frankfurt (Oder) von 1506 bis 1550 (Bonner Beiträge zur Kirchengeschichte, 25). Köln et al.: Böhlau, 2002.

HOLDER, Alfred, Die Handschriften der Badischen Landesbibliothek, Bd. 3: Die Durlacher und Rastatter Handschriften, Karlsruhe 1895.

HOOYKAAS, Reijer, Rheticus's lost treatise on Holy Scripture and the motion of the Earth, in: Journal for the History of Astronomy 15 (1984), S. 77-80.

HOOYKAAS, Reijer (Hg.), Rheticus, Georg Joachim, Treatise on Holy Scripture and the Motion of the Earth, With Translation, Annotations, Commentary and additional Chapters on Ramus – Rheticus and the Development of the Problem before 1650, Amsterdam 1984.

HOPPE, Brigitte, Die Vernetzung der mathematisch ausgerichteten Anwendungsgebiete mit den Fächern des Quadriviums in der Frühen Neuzeit, in: HANTSCHE 1996, S. 1-40.

HOPPMANN, Jürgen G. H.: Astrologie der Reformationszeit, Faust, Luther, Melanchthon und die Sterndeuterei, Berlin: Zerling, 1998, S. 128-130.

HORAWITZ, Adalbert, Caspar Bruschius, Ein Beitrag zur Geschichte des Humanismus und der Reformation, Prag/Wien 1874.

HORN, Hete siehe Hedwig von Lölhöffel

HORNING, Wilhelm, Dr. Johannes Marbach, Straßburg: Heitz, 1887.

HORNING, Wilhelm, Dr. Johann Pappus von Lindau, 1549-1610, Straßburg: Heitz, 1891.

HÖSS, Irmgard, Georg Spalatin, 1484-1545, Ein Leben in der Zeit des Humanismus und der Reformation, Weimar 1956.

HÖSS, Irmgard, Georg Spalatin and the Astrologers, in: ZAMBELLI 1986, S. 123-127.

HUBATSCH, Walther, Albrecht von Brandenburg-Ansbach, Deutschordensmeister und Herzog von Preußen 1490-1568, Köln/Berlin: Grote, ²1965.

HUBATSCH, Walther (Hg.), Wirkungen der deutschen Reformation bis 1555 (Wege der Forschung, 203), Darmstadt: Wissenschaftliche Buchges., 1967.

HUGONNARD-ROCHE, H[enri], ROSEN, Edward, VERDET, Jean-Pierre, Introductions à l'astronomie de Copernic, le Commentariolus de Copernic, la Narratio prima de Rheticus (Collection des Travaux de l'Académie internationale d'Histoire des Sciences, 21), Paris: Albert Blanchard, 1975.

Hundsnurscher, Franz, Die Investiturprotokolle der Diözese Konstanz aus dem 16. Jahrhundert, Teil I und II (Veröffentlichungen der Kommission für geschichtliche Landeskunde in Baden-Württemberg, Reihe A, 48), Stuttgart: W. Kohlhammer, 2008.

Jarzębowski, Leonard/Jurewiczówna, Filomena, Polonika nie umieszczone w Bibliografii Polskiej Estreicherów, starodruki, wiek XVI, Ze zbiorów biblioteki Głownej UMK w Toruniu, in: Zeszty Naukowe Uniwersytetu Mikołaja Kopernika w Toruniu, Nauki Humanistyczno Społeczne, Zeszyt 11, Łódź 1964, S. 93-142.

Jauernig, Reinhold, Luther in Thüringen, Berlin: Evang. Verlagsanstalt, [1951].

Jaumann, Herbert, Rheticus, in: Handbuch der Gelehrtenkultur der Frühen Neuzeit, Berlin 2004.

Jaumann, Herbert. Rheticus, in: Killy Literaturlexikon, 2. Aufl., Bd. 9, München 2010, S. 601-605.

Jenny, Beat R., Der Historiker-Poet Gaspar Brusch (1518-1557) und seine Beziehungen zur Schweiz, in: Aus der Werkstatt der Amerbach-Edition, Christoph Vischer zum 90. Geburtstag (Schriften der Universitätsbibliothek Basel, 2), Basel 2000, S. 93-214.

Jenny, Beat R., Humanismus und städtische Eliten in Basel im 16. Jahrhundert unter besonderer Berücksichtigung der Basler Lateinschulen von 1529-1589, in: Meyer/von Greyerz 2002, S. 77-121.

Jenny, Wilhelm, Johannes Comander, Lebensgeschichte des Reformators der Stadt Chur, Bd. 1-2, Zürich 1969/70.

Johnston, Stephen, The identity of the mathematical practitioner in 16th-century England; in: Hantsche 1996, S. 93-120.

Jordan, Hermann, Reformation und gelehrte Bildung in der Markgrafschaft Ansbach-Bayreuth (Quellen und Forschungen zur bayerischen Kirchengeschichte, 1), Leipzig 1917.

Jung, Martin H., Philipp Melanchthon und seine Zeit, Göttingen: Vandenhoeck und Ruprecht, 2010.

Jung, Otto, Michael Philipp Beuther, Generalsuperintendent des Herzogtums Zweibrücken (Veröffentlichungen des Vereins für Pfälzische Geschichte, 5), Landau/Pfalz 1954.

Jung, Otto, Dr. Michael Beuther aus Karlstadt, Ein Geschichtsschreiber des XVI. Jahrhunderts (1522-1587) (Mainfränkische Hefte, 27), Würzburg 1957.

Jürgensen, Renate, Bibliotheca Norica, Patrizier- und Gelehrtenbibliotheken in Nürnberg zwischen Mittelalter und Aufklärung, Bd.1-2, Wiesbaden: Harrassowitz, 2002.

Kaiser, Wolfram, Martin Luther und die Ars medica Vitebergensis, in: Kaiser/ Völker 1982, S. 9-31.

Kaiser, Wolfram, Ärzte und Naturwissenschaftlicher im Kreis um Luther und Melanchthon, in: Kaiser/ Völker 1982, S. 127-165.

Kaiser, Wolfram und Völker, Anna, Medizin und Naturwissenschaften in der Wittenberger Reformationsära, Halle/Saale: Martin-Luther-Universität Halle-Wittenberg, 1982.

Kalina von Jätenstein, Matthias, Nachrichten über böhmische Schriftsteller und Gelehrte, Prag: Gottlieb Haase, 1818.

Kalus, Peter, Die Fugger in der Slowakei (Materialien zur Geschichte der Fugger, 2), Augsburg: Wissner, 1999.

Kapp, Johann, Umständlichen Nachricht von der allgemeinen Kirchenvisitation in dem Fürstentum Bayreuth in den Jahren 1561-1564, 2. Stück, Bayreuth 1798.

Karcher, Johannes, Felix Platter, Lebensbild des Basler Stadtarztes, 1536-1614, Basel: Helbing & Lichtenhahn, 1949.

Kästner, Abraham Gotthelf, Geschichte der Mathematik seit der Wiederherstellung der Wissenschaften bis an das Ende des 18. Jahrhunderts. Göttingen 1796/97.

Kathe, Heinz, Die Wittenberger Philosophische Fakultät 1502-1817 (Mitteldeutsche Forschungen, 117), Köln/Weimar/Wien: Böhlau, 2002.

Kaufmann, Thomas, Martin Chemnitz (1522-1586), Zur Wirkungsgeschichte der theologischen Loci, in: Scheible 1997, S. 183-254.

Kaul, Theodor, Kleine Beiträge zur Geschichte des Reichskammergerichts in Speyer in der Mitte des 16. Jahrhunderts, in: Mitteilungen des Historischen Vereins der Pfalz 51 (1953), S. 181-230.

Kawerau, Gustav, Der Briefwechsel des Justus Jonas, Bd. 1-2, Halle/Saale 1884/85.

Keil, Inge, Brahe, in: Augsburger Stadtlexikon, hg. v. Günther Grünsteudel, Günter Hägele und Rudolf Frankenberger, Wißner-Verlag 2012, online www.stadtlexikon-augsburg.de

Keil, Inge und Zäh, Helmut, Die Aufenthalte Tycho Brahes in Augsburg 1569/70 und 1575, in: Beiträge zur Astronomiegeschichte 7 (2004), S. 45-98.

Keil, Inge/Zäh, Helmut, Tycho Brahe (1546-1601) und seine Beziehungen zu Augsburg, in: Zeitschrift des historischen Vereins für Schwaben 97 (2004), S. 139-193.

Kesten, Hermann, Copernicus und seine Welt. Amsterdam: Querido, 1948.

Kesten, Hermann, Copernicus and his World, Translated by E. B. Ashton and Norbert Guterman, Illustrated by Hugo Steiner-Prag, London: Secker & Warburg, ²1946.

Kesten, Hermann, Copernic et son temps (Copernicus und seine Welt), Traduit de l'allemand par Eugène Bestaux, Paris: Calmann-Lévy, 1951.

Kesten, Hermann, Copernico e il suo mondo, Unica traduzione autorizzata dal tedesc di Giuseppe Bianchetti, Milano: Arnoldo Mondadori, 1960.

Kesten, Hermann, Copernico y su mundo, Versión castellana por Gisela H. de Bernardi. Primera edición, Buenos Aires, Ediciones Antonio Zamora, 1948.

Kiefer, Jürgen/Reich, Karin, Gemeinnützige Mathematik, Adam Ries und seine Folgen (Acta Academiae Scientiarum, 8), Erfurt: Verlag der Akademie gemeinnütziger Wissenschaften, 2003.

Kilchenmann, Ruth J., Rezept für die bösen Weiber, Kalendergeschichten von Grimmelshausen bis Brecht, Wuppertal-Barmen: Peter Hammer, 1970.

Killy Literaturlexikon, Autoren und Werke des deutschsprachigen Kulturraums, hg. v. Wilhelm Kühlmann und Achim Aurnhammer, Bd. 1 ff., Berlin: de Gruyter, 2008 ff.

Kirchhoff, A., Das Sortimentslager von Christoph Ziehenaus in Leipzig 1563, in: Archiv für die Geschichte des deutschen Buchhandels 17 (1894), S. 3-25.

Kius, Otto, Die Preis- und Lebensverhältnisse des 16. Jahrhunderts in Thüringen, in: Jahrbücher für Ökonomie und Statistik 1 (1863), S. 513-536.

Klaus, Bernhard, Veit Dietrich, Leben und Werk (Einzelarbeiten aus der Kirchengeschichte Bayerns, 32); Nürnberg: Verein für bayerische Kirchengeschichte, 1958.

Klein, Johann Samuel, Nachrichten von den Lebensumständen und Schriften Evangelischer Prediger in allen Gemeinden des Königreichs Ungarn, Bd. 2, Leipzig/Ofen 1789, Google Books.

Kleineidam, Erich, Universitas Studii Erffordensis, Bd. 3, Die Zeit der Reformation und Gegenreformation 1521-1632, Leipzig: St. Benno-Verlag, 1980.

Kleiner, Viktor, Die Urkunden des Stadtarchivs in Bregenz, Archivalische Beilagen der Historischen Blätter 1/3 (1931/34).

Kleinert, Andreas, Eine handgreifliche Geschichtslüge, Wie Martin Luther zum Gegner des copernicanischen Weltsytems gemacht wurde, in: Berichte zur Wissenschaftsgeschichte 26 (2003), S. 101-111.

Klemm, Hans Gunther, »Von der Krafft und Tugent des Magneten«, Magnetismus-Beobachtungen bei den humanistischen Mathematikern und Georg Joachim Rheticus, Quellentexte mit Einleitung und Paraphrase, Erlangen 1994.

Klose, Wolfgang, Corpus Alborum Amicorum - CAAC, Stuttgart 1988.

Klose, Wolfgang, Wittenberger Gelehrtenstammbuch, Das Stammbuch von Abraham und David Ulrich, Benutzt von 1549-1577 sowie 1580-1623, Halle: Mitteldeutscher Verlag, 1999.

Knauer, Elfriede Regina, Die Carta Marina des Olaus Magnus von 1539, Ein kartographisches Meisterwerk und seine Wirkung, Göttingen: Gratia-Verlag 1981.

Knobloch, Eberhard, Melanchthon und Mercator: Kosmographie im 16. Jahrhundert, in: Frank/Rhein 1998, S. 253-272.

Knod, Gustav C., Deutsche Studenten in Bologna (1289 – 1562), Biographischer Index zu den Acta Germaniae universitatis Bononiensis, Berlin 1899.

Knod, Gustav, Oberrheinische Studenten im 16. und 17. Jahrhundert auf der Universität Padua, in: ZGO NF 15 (1900), S. 197-258 und S. 612-637.

Koch, Ernst: Magister Stephan Riccius, sein Leben und seine Schriften, Meiningen 1886.

Koch, Hans-Theodor, Bartholomäus Schönborn (1530-1585, Melanchthons de anima als medizinisches Lehrbuch, in: Scheible 1997, S. 323-340.
Koch, Hans-Theodor, Melanchthon und die Vesal-Rezeption in Wittenberg, in: Frank/Rhein 1998, S. 203-218.
Koch, Herbert, Johann Stigel. Jena 1939.
Koch, Uwe, Zwischen Katheder, Thron und Kerker, Leben und Werk des Humanisten Caspar Peucer, 1525-1602, Bautzen: Domowina-Verlag, 2002.
Koeberlin, Karl, Augsburger Studenten und Stipendiaten im 16. bis 18. Jahrhundert, in: Zeitschrift des Historischen Vereins für Schwaben und Neuburg. 40. Jahrgang (1914), S. 77-93.
Koeberlin, Karl, Geschichte des Hum. Gymnasiums bei St. Anna in Augsburg 1531 bis 1931, Zur Vierhundertjahrfeier der Anstalt, Augsburg: Selbstverlag, 1931.
König, Erich, Konrad Peutingers Briefwechsel, München: Beck, 1923.
Koestler, Arthur, The Sleepwalkers, A History of Man's Changing Vision of the Universe, London: Hutchinson, 1959, viele weitere Ausgaben.
Koestler, Arthur, Die Nachtwandler, Das Bild des Universums im Wandel der Zeit, Bern/Stuttgart/Wien: Alfred Scherz, 1959, viele weitere Ausgaben.
Koestler, Arthur, Les Somnambules, essai sur l'histoire des conceptions de l'Univers, Traduit de l'anglais par Georges Fradier, Paris: Les Belles Lettres, 2010.
Koestler, Arthur, I sonnambuli, Storia delle concezioni dell'universo, Traduzione dall'inglese di Massimo Giacometti, Quarta edizione, Milano: Jaca Book, 2010.
Koestler, Arthur, Los Sonámbulos, Historia de la cambiante cosmovisión del hombre, Traducida por Alberto Luis Bixio, Buenos Aires, Editorial universitaria de Buenos Aires, 1963.
Koestler, Arthur, Sömngångare, Om människans skiftande världsbild, Översättning av Nils Holmberg, Stockholm: Tidens förlag, 1960, 496 S.
Koestler, Arthur, Lunatycy, Historia zmiennych poglądów człowieka na wszechświat, wstęp Herbert Butterfield, przekład Tomasz Bieroń, Poznań 2002.
Köhler, Walther, Huldrych Zwingli, Leipzig: Koehler & Amelang, ²1954 (1. Aufl. 1943).
Kokott, Wolfgang, Die Kometen der Jahre 1531 bis 1539 und ihre Bedeutung für die spätere Entwicklung der Kometenforschung, Stuttgart: 1994.
Kolb, Robert, Caspar Peucer's Library, Portrait of a Wittenberg Professor of the Mid-Sixteenth Century (Sixteenth Century Bibliography, 5), St. Louis 1976.
Kolde, Theodor, Analecta Lutherana, Briefe und Actenstücke zur Geschichte Luthers, Gotha 1883.
König, Klaus G., Der Nürnberger Stadtarzt Dr. Georg Palma (1543-1591) (Medizin in Geschichte und Kultur, 1), Stuttgart: Gustav Fischer, 1961.
König, Walter, Der Reformator Urbanus Rhegius, Langenargen 2006,
Koppitz, Hans-Joachim, Die kaiserlichen Druckprivilegien im Haus-, Hof- und Staatsarchiv Wien, Wiesbaden: Harrassowitz, 2008.
Kosegarten, Joh. Gottfried Ludwig, Geschichte der Universität Greifswald, Bd. 1, Greifswald 1857 (Google Books, digital).
Köstlin, Julius, Die Baccalaurei und Magistri der Wittenberger philosophischen Facultät 1503-1537 (Osterprogramm der Universität Halle- Wittenberg 1887), Halle 1887.
Köstlin, Julius, Die Baccalaurei und Magistri der Wittenberger philosophischen Facultät 1518-1517 (Osterprogramm der Universität Halle-Wittenberg 1888), Halle 1888.
Köstlin, Julius, Die Baccalaurei und Magistri der Wittenberger philosophischen Facultät 1538-1546 (Osterprogramm der Universität Halle-Wittenberg 1890), Halle 1890.
Köstlin, Julius, Die Baccalaurei und Magistri der Wittenberger philosophischen Facultät 1548-1560 (Osterprogramm der Universität Halle-Wittenberg 1891), Halle 1891.
Kraai, Jesse, The newly-found Rheticus lectures (Acta Historica Astronomiae, 1), in: Beiträge zur Astronomiegeschichte 1 (1998), S. 32-40.
Kraai, Jesse, Georg Joachim Rheticus (1514-1574), Rheticus über Proclus, Alfraganus und die Astrologie, in: Gebhardt, Rainer (Hg.), Rechenbücher und mathematische Texte der frühen Neuzeit. Annaberg-Buchholz 1999, S. 185-195.

Kraai, Jesse, Rheticus' Poem ›Concerning the Beer of Breslau and the Twelve Signs of the Zodiac‹, in: Culture and Cosmos, Bristol/Trowbridge (Wiltshire): Cromwell Press, 2002, vol. 6, no. 2.

Kraai, Jesse, Rheticus' Heliocentric Providence, phil. Diss. Heidelberg, 2003 (www.ub.uni-heidelberg.de/archiv/3254).

Krajewski, Markus, Zettelwirtschaft, die Geburt der Kartei aus dem Geiste der Bibliothek (Copyrights, 4), Berlin: Kadmos, 2002.

Krabbe, Otto, Die Universität Rostock im fünfzehnten und sechzehnten Jahrhundert, Bd.1-2, Rostock: Adler's Erben, 1854.

Krafft, Fritz, Rheticus, Georg Joachim, in: Deutsche Biographische Enzyklopädie, hg. v. Rudolf Vierhaus, München: K. G. Saur Verlag, 2007, S.

Kraus, Dagmar, Die Investiturprotokolle der Diözese Konstanz aus dem 16. Jahrhundert, Teil III: Einführung, Verzeichnisse, Register Veröffentlichung der Kommission für Geschichtliche Landeskunde in Baden-Württemberg, Reihe A, 49), Stuttgart: W. Kohlhammer, 2010.

Krause, Carl, Helius Eobanus Hessus, sein Leben und seine Werke, Bd. 1-2, Gotha: Friedrich Andreas Perthes, 1879 (Reprint Nieuwkoop: B. de Graaf, 1963).

Krause, Konrad, Alma Mater Lipsiensis, Geschichte der Universität Leipzig von 1409 bis zur Gegenwart. Leipziger Universitätsverlag, 2003.

Krautwurst, F., Joachim Heller als Musiker, in: Heinrich Hüschen/D.-R. Moser (Hg), Convivium Musicorum, Festschrift Wolfgang Boetticher. Berlin: Merseburger, 1974, S. 151-162.

Krebs, Manfred (Hg.), Johannes Reuchlin 1455-1522. Festgabe seiner Vaterstadt Pforzheim zur 500. Wiederkehr seines Geburtstages. Pforzheim 1955.

Krekler, Ingeborg, Die Autographensammlung des Stuttgarter Konsistorialdirektors Friedrich Wilhelm Frommann (1707-1787). Wiesbaden: Harrassowitz, 1992.

Kremer, Hans-Jürgen, »Lesen, exercieren und examinieren«, die Geschichte der Pforzheimer Lateinschule, höhere Bildung in Südwestdeutschland vom Mittelalter zur Neuzeit (Katalog zur Ausstellung des Stadtarchivs Pforzheim im Stadtmuseum Pforzheim, 4), Ubstadt-Weiher: Verl. Regionalkultur, 1997.

Kremer, Richard L., Calculating with Andreas Aurifaber: A New Source for Copernican Astronomy in 1540, in: Journal for the History of Astronomy 41 (2010), S. 483-502.

Kressel, Hans, Hans Werner, Der gelehrte Pfarrherr von St. Johannis, Der Freund und wissenschaftliche Lehrmeister Albrecht Dürers, in: Mitteilungen des Vereins für Geschichte der Stadt Nürnberg 52 (1963/64), S. 287-304.

Kreyssig, August Hermann, Album der evangelisch-lutherischen Geistlichen im Königreiche Sachsen von der Reformationszeit bis zur Gegenwart, bearb. v. Paul Hermann und Otto Eduard Wilsdorf, Crimmitschau ²1898 (BSB München, digital).

Kroker, Ernst, Der Stammbaum der Familie Ayrer, in: Mitteilungen des Vereins für Geschichte der Stadt Nürnberg 14 (1901), S. 158-

Krömer, Peter, Die Magister der philosophischen Fakultät der Universität zu Prag und ihre Schriften im Zeitraum von 1550 bis 1621, Med. Diss. Univ. Erlangen-Nürnberg, Offsetdruck-Fotodruck, 1973.

Krüger, Nilüfer, Supellex epistolica Uffenbachii et Wolfiorum, Katalog der Schreiber (Katalog der Handschriften der Staats- und Universitätsbibliohek zu Hamburg, 8/1-2), Hamburg: Hauswedell, 1978.

Küchenmeister, Friedrich, Dr. Martin Luther's Krankengeschichte, Leipzig: Otto Wigand, 1881.

Kühlmann, Wilhelm, Reuchlins Freunde und Gegner, Kommunikative Konstellationen eines frühneuzeitlichen Medienereignisses (Pforzheimer Reuchlinschriften, 12), Ostfildern: Jan Thorbecke, 2010.

Kühlmann, Wilhelm und Telle, Joachim (Hg.), Der Frühparacelsismus, Berlin: Walter de Gruyter, 2004.

Kuhn, Werner, Die Studenten der Universität Tübingen zwischen 1477 und 1534, Ihr Studium und spätere Lebensstellung, Bd. 1 – 2, Göppingen 1971.

Kuropka, Nicole, Caspar Peucer und Philipp Melanchthon, Biographische Einblicke in eine reformatorische Gelehrtenfreundschaft, in: Hasse/Wartenberg (Hg.) 2004, S. 237-257.

Kusukawa, Sachiko, The Transformation of Natural Philosophy, The Case of Philip Melanchthon, Cambridge 1995, Paperbackausgabe 2006.

Kusukawa, Sachiko, A Wittenberg University Library Catalogue of 1536 (Libri Pertinentes, 3), Cambridge 1995.

Kusukawa, Sachiko, Philipp Melanchthon, Orations on Philosophy and Education (Cambridge Texts in the History of Philosophy), Cambridge: University Press, 1999.

Láng, Benedek, Unlocked Books, Manuscripts of Learned Magic in the Medieval Libraries of Central Europe, University Park, PA, 2008.

Langenn, Friedrich Albert von, Christoph von Carlowitz, Leipzig: Hinrichsche Buchhdlg, 1854.

Lattis, J. M., Between Copernicus and Galileo: Christoph Clavius and the Collapse of Ptolemaic Cosmology, Chicago 1994.

Lauterbach, Anton, M. Anton Lauterbach's, Diaconi zu Wittenberg, Tagebuch auf das Jahr 1538, Die Hauptquelle der Tischreden Luthers, Dresden 1872, Reprint Nabu-Press, 2010.

Lawrynowicz, Kasimir, Albertina, Zur Geschichte der Albertus-Universität zu Königsberg in Preußen, Aus dem Russ. übertr. von Gerhild Luschnat (Abhandlungen des Göttinger Arbeitskreises, 13), Berlin: Duncker & Humblot, 1999.

Layritz, Friedrich Wilhelm Anton, Ausführliche Geschichte der öffentlichen und Privatstipendien für Baireutische Landeskinder, Bd. 1, Hof 1804.

Lederer, Wilhelm, Bürgerbuch der Stadt Kulmbach 1250-1769 (Die Plassenburg, 26), Kulmbach 1967.

Lehmann, Johann Gottlieb, Chronik der Stadt Delitzsch, hg. v. Hermann Schulze, Bd. 1, Delitzsch 1852.

Lehnerdt, Johann Ludwig Carl, Matthias Lauterwald's Theilnahme an dem Osiandrischen Streit, in: Beiträge zur preußischen Kirchengeschichte 1 (1839), S. 184-188.

Lentz, Carl Georg Heinrich, Dr. Martin Kemnitz, …, Ein Lebensbild aus dem 16. Jahrhunderte, Gotha: Perthes, 1866.

Leonhard, Jürgen, Classics as Textbooks, A Study of the Humanistic Lectures on Cicero at the University of Leipzig, ca. 1515, in: Campi, 2008, S. 89-112, hier S. 103.

Levy, Richard, Martial und die deutsche Epigrammatik des siebzehnten Jahrhunderts, Philos. Diss Heidelberg, Stuttgart 1903.

Liebers, Andrea, Johannes Carions Arbeiten zur Horoskopie im Vergleich zum heutigen Stand der Astrologie, in: Himmelszeichen und Erdenwege, Johannes Carion (1499-1537) und Sebastian Hornmold (1500-1581), Ubstadt-Weiher: Verlag Regionalkultur, 1999, S. 303-332.

Liebmann, Maximilian, Urbanus Rhegius und die Anfänge der Reformation, Beiträge zu seinem Leben, seiner Lehre und seinem Wirken bis zum Augsburger Reichstag von 1530 mit einer Bibliographie seiner Schriften (Reformationsgeschichtliche Studien und Texte, 117), Münster i. W. 1980.

Liessem, Hermann Joseph, Hermann van dem Busche, Sein Leben und seine Schriften, in: Jahresberichte des Königlichen Kaiser Wilhelm-Gymnasium in Köln 1884-1908 (Reprint Nieuwkoop: B. de Graaaf, 1965).

List, Martha, Marginalien zum Handexemplar Keplers von Copernicus: De revolutionibus orbium coelestium (Nürnberg 1543), in: Science and History, Studies in Honor of Edward Rosen (Studia Copernicana 16), Wrocław/Warszawa/Kraków/Gdańsk: Ossolineum 1978, S. 443-460.

Littrow, Karl, Drei Quellen über den Kometen von 1556, in: Sitzungsberichte der Kaiserl. Akademie der Wissenschaften in Wien, Math.-Naturwiss. Kl., 20 (1856), S. 301-313.

Lockemann, Theodor und Schneider, Friedrich, Die Matrikel der Akademie zu Jena 1548/1557, Zwickau 1927.

Loesche, Georg, Johannes Mathesius, Ein Lebens- und Sitten-Bild aus der Reformationszeit, Bd. 1-2, Gotha: Perthes, 1895, ²1971.

Loesche, Georg, Luther, Melanthon und Calvin in Österreich-Ungarn: Zu Calvins vierter Jahrhundertfeier, Tübingen: Mohr, 1909.

Lölhöffel, Hedwig von (geb. Olfers, Pseud. Horn, Hete), Geheimnis des Doktor Nikolaus, Schauspiel zum 500. Geburtstag des Domherrn Nicolaus Coppernicus, München: Eigenverlag, 1972.

Loner, Josua, Ein Kurtze Leichpredigt, Welche bey dem Begrebnis... Chyliani Goldtsteins ...Hoffe-Raths, Geschehen zu Weymar den 27. Octobris Anno 1588, Jena: Donat Richtzenhan, 1588.

Lossius, Lukas, Επιταφια principum, ducum aliorumque, Wittenberg: Anton Schön, 1580.

Lötscher, Valentin (Hg.), Felix Platter, Tagebuch (Lebensbeschreibung) 1536-1567, Basel/Stuttgart: Schwabe 1976.

LUBECUS, Franziskus, Göttinger Annalen von den Anfängen bis zum Jahr 1588, hg. v. Reinhard VOGELSANG, Göttingen: Wallstein-Verl., 1994.
LUCIUS, Johann Gottlieb, Biographia Ephororum Bornensium, Leipzig 1712.
LÜCK, Heiner, Die Wittenberger Juristenfakultät im Sterbejahr Martin Luthers, in: LÜCK (Hg.) 1998, S. 73-93.
LÜCK, Heiner (Hg.), Martin Luther und seine Universität, Vorträge anlässlich des 450. Todestages des Reformators, Köln et al.: Böhlau, 1998.
LUDEWIG, P. Anton SJ, Vorarlberger an in- und ausländischen Hochschulen vom Ausgange des XIII. bis zur Mitte des XVII. Jahrhunderts (Forschungen zur Geschichte Vorarlbergs und Liechtensteins, Kulturgeschichtliche Abteilung, 1), Bern/Bregenz/Stuttgart 1920.
LUDOLPHY, Ingetraut, Friedrich der Weise, Kurfürst von Sachsen, 1463-1525, Göttingen: Vandenhoeck & Ruprecht, 1984.
LUDOLPHY, Ingetraut, Luther und die Astrologie, in: ZAMBELLI, Paola (Hg.), »Astrologi hallucinati«, Stars and the End of the World in Luther's Time, Berlin/New York: de Gruyter, 1986, S. 101-107.
LUDWIG, Frank, Dr. Simon Simonius in Leipzig, Ein Beitrag zur Geschichte der Universität von 1570 bis 1580, in: Neues Archiv für Sächsische Geschichte und Altertumskunde 30 (1909), S. 209-290.
LUDWIG, Ulrike, Caspar Peucer als Professor an der Artistenfakultät der Universität Wittenberg, in: HASSE/WARTENBERG (Hg.) 2004, S. 33-49.
LUDWIG, Walther, Die Kröll von Grimmenstein oder die Auflösung genealogischer Fiktionen, Hamburg 1984.
LUDWIG, Walther, Zur Verbreitung und Bedeutung der Epigramme des Simon Lemnius, in: Daphnis 23 (1994), S. 659-664.
LUDWIG, Walther (Hg.), Die Musen im Reformationszeitalter, Schriften der Stiftung Luthergedenkstätten in Sachsen-Anhalt, Leipzig: Evangelische Verlagsanstalt, 2001.
LUDWIG, Walther, Gaspar Bruschius als Historiograph deutscher Klöster und seine Rezeption, Göttingen: Vandenhoeck & Ruprecht, 2002.
LUDWIG, Walther, Opuscula aliquot elegantiora des Joachim Camerarius und die Tradition des Arat, in: Joachim Camerarius, hg. v. RAINER KÖSSLING und GÜNTHER WARTENBERG, Tübingen: Gunter Narr Verlag, 2003, S. 97-132.

MAHLMANN, Theodor, Theologie, in: BAUER 1999, Bd. 2, S. 599-674, hier S. 659.
MAHLMANN-BAUER, Barbara, Anschaulichkeit als humanistisches Ideal, Johannes Dryander, *Medicus atque Mathematicus Marpurgensis* (1500-1560), in: KIEFER/REICH 2003, S. 223-268.
MAJOR, Johannes, Opera omnia, Bd. 1-3, Wittenberg 1566, BSB München, digital.
MAŁŁEK, Janusz, Philipp Melanchthon und Polnisch-Preußen, in: FRANK, Günter und TREU, Martin (Hg.), Melanchthon und Europa, 1. Teilband, Skandinavien und Mittelosteuropa, Stuttgart: Thorbecke 2001, S. 175-183.
MALLY, Fritzi, Die Leutschauer Chronik des Caspar Hain, Prag: Volk und Reich Verlag, 1943.
MÄLZER, Gottfried, Die Inkunabeln der Universitätsbibliothek Würzburg, Würzburg: Univ-Bibl., 1986.
MARMOR, Johann Friedrich, Geschichtliche Topographie der Stadt Konstanz und ihrer nächsten Umgebung mit besonderer Berücksichtigung der Sitten- und Kulturgeschichte derselben, Konstanz 1860.
MARMOR, Johann Friedrich, Urkunden-Auszüge zur Geschichte der Stadt Konstanz vom Jahre 1155 bis zum Jahre 1808, in: Schrr VG Bodensee 4 (1873) -7 (1876), 9 (1878), Anhang.
MARR, Alexander (Hg.), The World of Oronce Fine, Mathematics, Instruments and Print in Renaissance-France, Donington (Linolnshire): Shaun Tyas, 2009.
MARRIAGE, M. Elizabeth, Georg Forsters Frische Teutsche Liedlein in fünf Teilen (Neudrucke deutscher Litteraturqwerke des XVI. und XVII. Jahrhunderts, 203-206), Halle/Saale: Max Niemeyer, 1903.
MARWINSKI, Felicitas, Handbuch der historischen Buchbestände in Deutschland, Bd. 20 und 21, Thüringen H-R, S-Z, hg. v. Friedhilde Krause, Hildesheim: Olms, 1999.
MATTHÄUS, Klaus, Zur Geschichte des Nürnberger Kalenderwesen, in: Archiv für Geschichte des Buchwesens 9 (1968), Sp. 965-1396, hier Sp. 1025-1038.
MATTHÄUS, Klaus, Die offiziellen Nürnberger Kalenderschreiber, in: WOLFSCHMIDT 2010, S. 185-195.

MATTHIAE, Georg, Conspectus historiae medicorum chronologicus, Göttingen 1761.
MAURER, Wilhelm, Der junge Melanchthon zwischen Humanismus und Reformation, Bd. 1-2, Göttingen 1967/69.
MBW = Melanchthons Briefwechsel, kritische und kommentierte Gesamtausgabe, hg. v. Heinz Scheible, Stuttgart-Bad Cannstatt: Frommann-Holzboog, 1977-2013.
MEINHARDT, Andreas, Dresden im Wandel, Akademie-Verlag 2009.
MEJER, Wolfgang, Der Buchdrucker Hans Lufft zu Wittenberg, Leipzig Hiersemann, ²1923.
MENNECKE-HAUSTEIN, Ute: Friedrich Staphylus (1512-1564), Von Wittenberg nach Ingolstadt, in: SCHEIBLE 1997, S. 405-426.
MENTZ, Georg, Die Matrikel der Universität Jena, Bd. 1: 1548-1662, Jena 1944 (Kraus Reprint, 1980).
MERKEL, Johannes, Heinrich Husanus (1536 bis 1587), Herzoglich Sächsischer Rath, Mecklenburgischer Kanzler, Lüneburgischer Syndicus, Eine Lebensschilderung. Göttingen: Lüder Horstmann, 1898.
MERKER, Paul, Simon Lemnius, ein Humanistenleben, Philos. Habilitationsschrift Univ. Leipzig, Straßburg: Trübner, 1908.
METZGER, Wolfgang/PROBST, Veit, Philipp Melanchthon und Wilhelm Reiffenstein, Eine Humanistenfreundschaft im Spiegel dreier unbekannter Melanchthonbriefe aus der Bibliotheca Palatina, in: Daphnis 27 (1998), S. 685-716.
METZGER, Wolfgang/PROBST, Veit, Die humanistischen, Triviums-und Reformationshandschriften der Codices Palatini in der Vatikanischen Bibliothek (Cod. Pal. Lat. 1461-1914) (Kataloge der Universitätsbibliothek Heidelberg, 4), Wiesbaden: Reichert, 2002.
METZLER, Regine (Hg.), Stephan Roth 1492-1546, Stadtschreiber in Zwickau und Bildungsbürger der Reformationszeit, Leipzig: Sächs. Akademie der Wissenschaften, 2008.
MEYER, Werner/VON GREYERZ, Kaspar (Hg.), Platteriana, Beiträge zum 500. Geburtstag des Thomas Platter (1499?-1582) (Basler Beiträge zur Geschichtswissenschaft, 175), Basel: Schwabe, 2002.
MEZGER, Johann J., Johann Jakob Rüger, Chronist von Schaffhausen, Schaffhausen: Hurtersche Buchhdlg., 1859.
MOEHSEN, Johann Karl Friedrich, Beiträge zur Geschichte der Wissenschaften in der Mark Brandenburg, Berlin/Leipzig 1783.
MOELLER, Friedwald: Altpreußisches evangelisches Pfarrerbuch von der Reformation bis zur Vertreibung im Jahre 1945, Bd. 1: Die Kirchspiele und ihre Stellenbesetzungen, Hamburg 1968.
MOHNIKE, Gottlieb Christian Friedrich (Hg.), Bartholomäi Sastrowen Herkommen, Geburt und Lauff seines gantzen Lebens, Bd. 1-3, Greifswald: Universitäts-Buchhandlung, 1823/24.
MOHNIKE, Gottlieb Christian Friedrich, Des Johannes Frederus Leben und geistliche Gesänge: in drei Abtheilungen, Band 2, Stralsund 1837 (Google Books, digital).
MÖLLER, Andreas, Theatrum Freibergense Chronicum, Bd. 1, Freiberg: Beuther, 1653.
MOLLER, Johannes, Cimbria literata, Bd. 2, Kopenhagen 1744 (BSB München, digital).
MÖLLER, Wilhelm, Andreas Osiander, Leben und ausgewählte Schriften, Elberfeld 1870 (Nachdruck Nieuwkoop: de Graaf, 1965), BSB München, digital.
MÖNCKE, Gisela, Marburger Drucke der Jahre 1527 bis 1566, Ergänzungen zur Bibliographie von Arrey von Dommers, in: Archiv für Geschichte des Buchwesens 65 (2010), S. 88-155.
MORAN, Michael E., Celestial Harmony, Religeous Acrimony, & Medical Redemption, Tuczon (AZ.) o. J.
MOULINIER-BROGI, Laurence, Un médecin et son image au XVIe siècle? Nicolas Gugler, de Nuremberg, in: Sudhoffs Archiv 89 (2005), S. 23-38.
MUCZKOWSKI, J. (Hg.), Statuta nec non liber promotionum philosophorum ordinis in universitate studiorum Jagellonica ab anno 1402 ad annum 1849, Krakau 1849.
MÜHLBERGER, Kurt/MAISEL, Thomas (Hg.), Aspekte der Bildungs- und Universitätsgeschichte, 16. bis 19. Jahrhundert, Wien: Universitätsverlag, 1993.
MÜLLER, Max, Johann Albrecht v. Widmanstetter, 1506-1557, Sein Leben und Wirken, Bamberg 1907.
MÜLLER, N., Die Wittenberger Bewegung, 1521 und 1522, Die Vorgänge in und um Wittenberg während Luthers Wartburgaufenthalt, Leipzig 1911.
MÜLLER, Uwe (Hg.): 450 Jahre Copernicus »De revolutionibus«, Astronomische und mathematische Bücher aus Schweinfurter Bibliotheken (Veröffentlichungen des Stadtarchivs Schweinfurt, 9), Schweinfurt 1993.

Müller, Winfried, Biographisches Lexikon der Ludwig-Maximilians-Universität München. Berlin: Duncker & Humblot, 1998.
Müller-Jahncke, Wolf-Dieter, Melanchthon und die Astrologie –Theoretisches und Mantisches, in: Frank/Rhein 1998, S. 123-135.
Müller-Jahncke, Wolf-Dieter, »Paganer« Protestantismus? Astrologie und Mantik bei den Reformatoren, in: Hasse/Wartenberg (Hg.) 2004, S. 75-90.
Mundt, Lothar, Lemnius und Luther, Studien und Texte zur Geschichte und Nachwirkung ihres Konflikts (1538/39), Bd. 1-2, Bern u.a 1983.
Mundt, Lothar (Hg.), Lemnius, Simon, Bucolica, Tübingen: Niemeyer, 1996.
Mundt, Lothar, Die sizilischen Musen in Wittenberg 2001, in: Ludwig 2001, S. 265-288.
Mundt, Lothar, Herzog Albrechts von Preußen zweite Hochzeit (Königsberg 1550) in zeitgenössischer bukolischer Darstellung, Zwei lateinische Eklogen von Georg Sabinus und Andreas Münzer (Muncerus), in: Daphnis 32 (2003), S. 435-490.
Murara, Marco, Rheticus, in: Hockey, Thomas, Biographical Encyclopedia of Astronomers, Bd. 1-2, New York: Springer, 2007, hier Bd. 2, S. 966 f.
Muther, Theodor, Aus dem Universitäts- und Gelehrtenleben im Zeitalter der Reformation, Erlangen: Andreas Deichert, 1866 (Reprint Amsterdam: Schippers, 1966).
Mykonius, Friedrich, Geschichte der Reformation, Fotomechanischer Neudruck der Orig.-Ausgabe Leipzig 1914, hg. v. Otto Clemen, Gotha: Forschungsbibliothek 1990.

Nausea, Friedrich (Hg.): *Epistolarum miscellanearum ad Fridericum Nauseam ... Libri X, Additus est ... eiusdem lucubratinum catalogus* (Basel: Joh. Oporin, März 1550), Uni Mannheim, 2008, digital.
NCG = Nikolaus Copernicus Gesamtausgabe, Bd. 1-9, hg. v. Folkerts, Menso / Nobis, Heribert M. / Kirschner, Stefan / Kühne, Andreas, Berlin: De Gruyter, 2011-2014.
Neddermeyer, Uwe, Kaspar Peucer (1525-1602), Melanchthons Universalgeschichtsschreibung, in: Scheible 1997, S. 69-101.
Negwer, Joseph, Konrad Wimpina, Ein katholischer Theologe aus der Reformationszeit, Breslau: G. P. Aderholz, 1909 (Reprint Nieuwkoop: de Graaf, 1967).
Neubert, Heinrich Moritz, Melanchthon und die Stadt Dresden, Lokalgeschichtliche Skizze, Dresden und Leipzig: W. Bock, 1860.
Nikolaus Medler (1502-1551), Reformator – Pädagoge – Mathematiker, Hof: Nordoberfränkischer Verein für Natur-. Geschichts- und Landeskunde, 2003.
Noack, Beate, Aristarch von Samos, Untersuchungen zur Überlieferungsgeschichte der Schrift περὶ μεγεθῶν καὶ ἀποστημάτων ἡλίου καὶ σελήνης, Wiesbaden: Reichert, 1992.
Noack, Lothar, Mark Brandenburg mit Berlin-Cölln 1506 -1640 (Bio-Bibliographien - brandenburgische Gelehrte der frühen Neuzeit, 4). Berlin: Akademie-Verlag. 2009.
Nussbaumer, Harry, Revolution am Himmel, Wie die kopernikanische Wende die Astronomie veränderte, Zürich: vdf, 2011.
Nussbaumer, Harry, Ohne Rheticus kein Kopernikus, in: Schöbi/Sonderegger 2014, S. 11-16.

Oediger, Friedrich Wilhem, Nordrhein-Westfälisches Hauptstaatsarchiv: Das Hauptstaatsarchiv Düsseldorf und seine Bestände. 1. Landes- und Gerichtsarchive von Jülich-Berg, Kleve-Mark, Moers und Geldern : Bestandsübersichten. Siegburg: Respublica-Verl., 1957.
Oehme, Rudhardt/Zögner, Lothar, Tilemann Stella (1525-1589), der Kartograph der Ämter Zweibrücken und Kirkel des Herzogtums Pfalz-Zweibrücken, Leben und Werk zwischen Wittenberg, Mecklenburg und Zweibrücken (Quellen zur Geschichte der deutschen Kartographie, 6), Lüneburg: Nordostdeutsches Kulturwerk, 1989.
Oestmann, Günther, Die astronomische Uhr des Strassburger Münsters, Funktion und Bedeutung eines Kosmos-Modells des 16. Jahrhunderts, Berlin/Diepholz: GNT-Verlag, ²2000 (Diss. Hamburg 1991, 1. Aufl. 1993).
Oestmann, Günther, Cyprian Leovitius, der Astronom und Astrologe Ottheinrichs, in: Zeitelhack 2002, S. 348-359.

Oestmann, Günther, Ephemeridenwerke des 16. Jahrhunderts, eine wichtige Arbeitsgrundlage für Astronomen und Astrologen, in: Kiefer/Reich 2003, S. 149-164.

Oestmann, Günther, Heinrich Rantzau und die Astrologie, Ein Beitrag zur Kulturgeschichte des 16. Jahrhunderts (Braunschweiger Beiträge zur Wissenschaftsgeschichte, 2), Braunschweig 2004.

Okál, Miloslavs, La vie et l'œuvre de Sigismond Gélous, in: Zborník filozofickej fakulty university Komenského, Graecalatina et orientalia 6 (1974), S. 105-155.

Okál, Miloslavs, Pauli Rubigalli Pannonii carmina (Bibliotheca scriptorum Graecorum et Romanorum Teubneriana), Leipzig: Teubner, 1980.

O'Malley, C. D., English Medical Humanists, Thomas Linacre and John Caius (Logan Clendening Lectures on the History and Philosophy of Medicine, 12), Lawrence, Kansas: The University of Kansas Press, 1965.

Omodeo, Pietro Daniel, Copernicus in the Cultural Debates of the Renaissance, Reception, Legagy, Transformation, Leiden: Koninglijke Brill NV, 2014.

Opp, Günter, Johann Konrad Ulmer, Der Reformator der Grafschaft Rieneck, in: Lohr a. Main, 1333-1983, 650 Jahre Stadtrecht. Stadt Lohr a. Main, 1983, S. 87- 109.

Osse, Melchior, D. Melchiors von Osse Testament gegen Hertzog Augusto, Churfürsten von Sachsen, 1556, Halle: Rengersche Buchhandlung, 1717.

Otter, P. Christian, Lebens-Beschreibungen derer verstorbenen Preußischen Mathematiker, hg. v. Friedrich Johann Buck, Köln/Leipzig: Joh. Heinr. Hartungs Erben und J. D. Zeise, 1764.

Pardi, Giuseppe, Titoli dottorali conferiti dallo studio di Ferrara nei sec. XV e XVI, Lucca 1900 (Reprint Bologna o. J.).

Päsler, Ralf G., Die Handschriftensammlungen der Staats- und Universitätsbibliothek, der Stadtbibliothek und des Staatsarchivs Königsberg, in: Walter, Axel E. (Hg.), Königsberger Buch- und Bibliotheksgeschichte, Köln/Weimar: Böhlau, 2004, S. 189-249.

Peifer, David, Das religiöse Leipzig oder Buch III des Leipziger Ursprungs und seiner Geschichte (Lipsia religiosa seu originum et rerum Lipsiensium liber III), Nach der Übers. von Erich von Reeken bearb. von Gerhard Löwe (Leipziger Hefte), Beucha: Sax-Verlag, 1996.

Peinlich, Richard, Die steirischen Landschaftsmathematiker vor Kepler, in: Archiv der Mathematik und Physik 54 (1872), S. 470-492.

Pelci, František Martin, Abbildungen böhmischer und mährischer Gelehrten und Künstler, Prag 1782.

Pfister, Silvia und Kalter, Isolde, Neu entdeckt - Melanchthon-Autographe in der Landesbibliothek Coburg, in: Bibliotheksforum Bayern 06(2012), S. 164-167, http://www.bibliotheksforum-bayern.de/fileadmin/archiv/2012-3/BFB_0312_05_Pfister_V03.pdf (23. Oktober 2013).

Pfister, Willy, Die Prädikanten des bernischen Aargaus im 16.-18. Jahrhundert: 1528-1798 (Quellen und Studien zur helvetischen Kirche, 11), Zürich: Zwingli-Verlag, 1943.

Pflanz, Hans-Henning, Johann Stigel als Theologe (1515-1562), Diss. Breslau 1936.

Pietzsch, Gerhard, Zur Pflege der Musik an den deutschen Universitäten bis zur Mitte des 16.Jahrhunderts, Hildesheim: G. Olms, 1971.

Pilz, Kurt, 600 Jahre Astronomie in Nürnberg, Nürnberg: Hans Carl, 1977.

Poeckern, Hans-Joachim, Die Pharmazie in Wittenberg zur Reformationszeit, in: Kaiser/ Völker 1982, S. 181-202.

Poensgen, Georg (Hg.), Ottheinrich, Gedenkschrift zur vierhundertjährigen Wiederkehr seiner Kurfürstenzeit in der Pfalz (1556-1559), Ruperto-Carola, Sonderband, Heidelberg 1956.

Poggendorf, Johann Christian, Biographisch-literarisches Handwörterbuch für Mathematik, Bd. 1-2, Leipzig 1863, Google Ebook.

Pollet, Jacques V., La correspondance inédite de Valentin Paceus avec Konrad Pellikan et Heinrich Bullinger, in: Gäbler/Herkenrath 1975, S. 157-176.

Pollet, Jacques V., Julius Pflug, Correspondance, Bd. 1-5/2, Leiden: E. J. Brill, 1977 ff.

Postel, Rainer, Die Reformation in Hamburg 1517-1528 (Quellen und Forschungen zur Reformationsgeschichte, 52, Gütersloh 1986.

Pozzo, Riccardo, Die Etablierung des naturwissenschaftlichen Unterrichts unter dem Einfluss Melanchthons, in: Frank/Rhein 1998, S. 273-287.

Prasch, Daniel, Epitaphia Augustana Vindelica, Augsburg: Joh. Schultes, 1624.

Preisendanz, Karl, Die Handschriften der Badischen Landesbibliothek, Bd. 8: Die Karlsruher Handschriften, Karlsruhe 1926.

Presas i Puig, Albert, Der Zirkel und das Weltbild; in: Hantsche 1996, S. 41-73.

Pressel, Theodor, Caspar Cruciger, Elberfeld 1862.

Pressel, Theodor, Paul Eber, Elberfeld 1862.

Prowe, Leopold, Nicolaus Coppernicus, Bd. I/1-2, Bd. II, Berlin: 1883/84, Neudruck Osnabrück: Otto Zeller, 1967.

Przypkowski, Tadeusz, La gnomonique de Nicolas Copernic et de Georges Joachim Rheticus, in: Actes du VIIIe Congrès International d'histoire des Sciences, Firenze 1958, Bd. 1, S. 400-409.

Pültz, Otto, Die deutschen Handschriften der Universitätsbibliothek Erlangen, Wiesbaden, Harrassowitz, 1973.

Puff, Helmut, Sodomy in Reformation Germany and Switzerland 1400-1600, Chicago: University Press, 2003.

Radlkofer, Max, Die volkstümliche und besonders dichterische Literatur zum Augsburger Kalenderstreit, in: Beiträge zur bayerischen Kirchengeschichte 7 (1901), S. 1-31, 49-70.

Ramsauer, Rembert, Nicolaus Coppernicus, Wandler des Weltbildes, Berlin: Dr. Georg Lüttke, 1943.

Raubenheimer, Richard, Paul Fagius aus Rheinzabern, Sein Leben und Wirken als Reformator und Gelehrter (Veröffentlichungen des Vereins für Pfälzische Kirchengeschichte, 6), Grünstadt 1957.

Rauschning, Dietrich u.a. (Hg.), Die Albertus-Universität zu Königsberg und ihre Professoren (Jahrbuch der Albertus-Universität zu Königsberg, Pr., 29), Berlin: Duncker & Humblot, 1995).

Recke, Johann Friedrich/Napiersky, Karl Eduard, Allgemeines Schriftsteller- und Gelehrten-Lexikon der Provinzen Livland, Estland und Kurland, Band 3, Mitau 1831.

Reich, Karin, Melanchthon und die Mathematik seiner Zeit, in: Frank/Rhein 1998, S. 105-121.

Reich, Karin, Gemeinnützige Mathematik – Mathematik als Wissenschaft, in: Kiefer/Reich 2003, S. 223-268.

Reich, Ulrich, 500 Jahre Johann Scheubel, in: Schriftenreihe des Stadtarchivs Kirchheim unter Teck 18 (1994), S. 59-90.

Reich, Ulrich, Johann Scheubel; in: Hantsche 1996, S. 151-182.

Reich, Ulrich, Johann Scheubel und die älteste Landkarte von Württemberg 1559 (Karlsruher Geowissenschaftliche Schriften, Reihe C, Alte Karten, 14). Karlsruhe: Fachhochschule – Hochschule für Technik, Fachbereich Geoinformationswesen, 2000.

Reich, Ulrich, Nikolaus Medler und sein Einsatz für die Mathematik, in: Nikolaus Medler (1502-1551), Reformator – Pädagoge – Mathematiker, Hof: Nordoberfränkischer Verein für Natur-. Geschichts- und Landeskunde, 2003, S. 139-166.

Reich, Ulrich und Schönemann, Hans, Bibliographie der Werke Medlers, in: Nikolaus Medler (1502-1551), Reformator – Pädagoge – Mathematiker, Hof: Nordoberfränkischer Verein für Natur-. Geschichts- und Landeskunde, 2003, S. 167-184.

Reid, Steven J. und Wilson, Emma Annette, Ramus, Pedagogy and the Liberal Arts, Ramism in Britain and the Wider World, Ashgate Publishing Ltd., 2011.

Reinhard, Wolfgang, Augsburger Eliten des 16. Jahrhunderts, Berlin 1996.

Reinhardt, Carl Philipp, Die Heidelberger Liedmeister des 16. Jahrhunderts (Heidelberger Studien zur Musikwissenschaft, 8), Kassel: Bärenreiter, 1939.

Repcheck, Jack, Copernicus' Secret: How the Scientific Revolution Began. New York 2007.

Repcheck, Jack, El Secreto de Copernico. Barcelona 2009.

Reske, Christoph, Die Buchdrucker des 16. und 17. Jahrhunderts im deutschen Sprachgebiet, Wiesbaden: Harrassowitz, 2007.

Rest, Josef, Freiburger Bibliotheken und Buchhandlungen im 15. und 16. Jahrhundert, in: Aus der Werkstatt, Den deutschen Bibliothekaren zu ihrer Tagung in Freiburg, Pfingsten 1925, dargebracht von der Universitätsbibliothek, Freiburg i. Br. 1925, S. 5-61.

Retter, Hein (Hrsg.), Fahrende Schüler zu Beginn der Neuzeit, Selbstzeugnisse aus dem 16. Jahrhundert (Abenteuerliche Lebensläufe, 12), Heidenheim (an der Brenz) : Heidenheimer Verlagsanstalt, 1972.

Reuschling, Heinzjürgen N., Die Regierung des Hochstiftes Würzburg 1495-1642, Zentralbehörden und führende Gruppe eines geistlichen Staates (Forschungen zur fränkischen Kirchen- und Theologiegeschichte, 10). 1984.

Reusens, Edmond Henri Joseph, Promotions de la Faculté des Arts de l'Université de Louvain, in: Analectes pour servir à l'histoire ecclésiastique de la Belgique 2 (1865), p.222-253.

Rhein, Stefan, Johannes Stigel (1515-1562), Dichtung im Umkreis Melanchthons, in: Scheible 1997, S. 31-49.

Rhein, Stefan, Philipp Melanchthon (Biographien zur Reformation), Wittenberg: Drei Kastanien Verlag, ²1998 (1. Aufl., 1997).

Richter, F. Th., Jahrbüchlein zur Geschichte Leipzigs und Kalender zu den Gedenktagen seiner merkwürdigsten Einwohner, Leipzig: Klinkhardt, 1863.

Ridderikhoff, Cornelia M., Les Livres des Procurateurs de la nation germanique de l'Ancienne Université d' Orléans, 1444-1602. I. Premier Livre des Procurateurs, 1444-1546. I, 1: Texte des Rapports des Procurateurs. I, 2: Biographies des Étudiants 1516-1546. I, 3: Tables, Additions et Corrections, Illustrations. II, 1-2, Deuxième livre des Procurateurs, 1546-1567. Leiden, 1971-1988.

Rieche, Juliane, Literatur im Melancholiekurs des 16. Jahrhunderts, volkssprachige Medizin, Astrologie, Theologie und Michael Lindeners »Katzipori« (1558), Stuttgart 2007.

Rienecker, Fritz (Hg.), Lexikon zur Bibel, Wuppertal: R. Brockhaus, ²1960.

Riggenbach, Bernhard, Das Chronikon des Konrad Pellikan, Basel: Bahnmaier's Verlag (C. Detloff), 1877.

Rodekamp, Volker (Hg.), Leipzig, Stadt der wa(h)ren Wunder, 500 Jahre Reichsmesseprivileg, Leipzig: Stadtgeschichtliches Museum Leipzig/Leipziger Messe Verlag, 1997.

Roebel, Martin/Eckart, Wolfgang U., Caspar Peucer als Mediziner, in: Zwischen Katheder, Thron und Kerker, Leben und Werk des Humanisten Caspar Peucer (Ausstellungskatalog des Stadtmuseums Bautzen), Bautzen 2002.

Roebel, Martin, Caspar Peucer als Humanist und Mediziner, in: Hasse/Wartenberg 2004, S. 51-73.

Roeck, Bernd, Humanistische Geschichtsschreibung im konfessionellen Zeitalter: Marcus Welser und seine Augsburger Chronik, in: Welser, Markus, Chronica, Frankfurt/Main: Christoph Egenolfs Erben 1595, (Faksimile Neusäß/Augsburg: Paul Kieser, 1984, Kommentarband), S. 7-32.

Röckelein, Hedwig, Die lateinischen Handschriften der Universitätsbibliothek Tübingen (Handschriftenkataloge der Universitätsbiliothek Tübingen, 1/1), Wiesbaden: Harrassowitz 1991.

Roegel, Denis, A reconstruction of the tables of Rheticus' Canon doctrinae triangulorum (1551), http://www.loria.fr/locomat.html (6. Dezember 2010).

Roegel, Denis, A reconstruction of the tables of Rheticus' Opus Palatinum (1596), http://www.loria.fr/locomat.html (11. Januar 2011).

Rørdam, Holger Frederik, Kjøbenhavns Universitets Historie fra 1537 til 1621, Bd. 1, 1. Teil, København: Bianco Luno, 1868/69.

Rørdam, Holger Frederik, Kjøbenhavns Universitets Historie fra 1537 til 1621, Bd. 4, Aktstykker og breve, København: Bianco Luno, 1874.

Rosen, Edward, Rheticus' Earliest Extant Letter to Paul Eber, in: Isis 61 (1970), S. 384.

Rosen, Edward, On the Revolutions, edited by Jerzy Dobrzycki, Translation and Commentary by Edward Rosen, Wrosław: Polskiej Akademii Nauk, 1978.

Rosen, Edward, in: The Yale University Library Gazette 56 (1982), S. 78-79. (Narratio prima 1540 mit Widmung an Valentin Hartung Paceus).

Rosen, Edward, Copernicus and the Scientific Revolution (Anvil Series), Malabar, FL.: Robert E. Krieger Publishing Company, 1984.

Rosen, Edward und Hilfstein, Erna, Nicholas Copernicus, Minor Works, Baltimore, Maryland: The Johns Hopkins University Press, 1985, Paperbacks edition 1992.

Rosen, Edward, Copernicus and his Successors, London: Hambledon Press, 2003.

Rosen, Edward, Rheticus, George Joachim, in: Complete Dictionary of Scientific Biography, 2008, http//www.encyclopedia.com/doc/1G2-2830903646.html

Rossmann, Fritz, Kopernikus, Nikolaus: Erster Entwurf seines Weltsystems sowie eine Auseinandersetzung Johannes Keplers mit Aristoteles über die Bewegung der Erde, München: Hermann Rinn, 1948.

Rössner, Maria Barbara, Konrad Braun (ca. 1495-1563), ein katholischer Jurist, Politiker, Kontroverstheologe und Kirchenreformer im konfessionellen Zeitalter (Reformationsgeschichtliche Studien und Texte, 130), Münster i. W.: Aschendorff, 1991.

Roth, Friedrich, Augsburgs Reformationsgeschichte, Bd. 3, 1539-1547, bzw. 1548, Bd. 4, 1547-1555, München: Theodor Ackermann, 1907 und 1911.

Röttel, Karl (Hg.), Peter Apian, Astronomie, Kosmographie und Mathematik am Beginn der Neuzeit, Buxheim – Eichstätt: Polygon-Verlag 1995.

Rüdiger, Bernd, Gedruckte Rechenbücher im Besitz von Leipziger Einwohnern bis 1600, in: Gebhardt 2005, S. 421-440.

Rüling, Johann Ludwig, Geschichte der Reformation in Meißen im Jahre 1539 und in den folgenden Jahren, Meißen 1839.

Rupprich, Hans, Die deutsche Literatur vom späten Mittelalter bis zum Barock, Band 4, Teil 2, Das Zeitalter der Reformation, 1520-1570, München 1973.

Rymaszewski, Bohdan, Toruń w Czasach Kopernika, Toruń 1969.

Rymaszewski, Bohdan, Toruń in the Days of Copernicus, Toruń 1973.

Salmuth, Heinrich, Leychpredigten, Bd. 1-3, Leipzig: Joh. Beyer, 1580-1581.

Salmuth, Heinrich, Leychpredigten, Bd. 1-3, Leipzig: Zacharias Bärwald, 1588.

Sanjosé, Axel, Literatur der Reformationszeit in Ost- und Westpreußen (Ost- und Westpreußen-Studien, 1), Oberschleißheim: Institut für Landeskunde Ost- und Westpreußens, 1993.

Schachtner, Petra, Johannes Dryander und die Aufwertung der angewandten Mathematik zur Universalwissenschaft, in: Bauer 1999, ²2000, Bd. 2, S. 789-821.

Schade, Herwarth von, Joachim Westphal und Peter Braubach. Hamburg 1981.

Schäfer, Bärbel, Johannes Stigelius' poetische Invektiven gegen Vertreter der römischen Kirche, Magisterarbeit Marburg 1994.

Schäfer, Bärbel, Johann Stigels antirömische Epigramme, in: Scheible 1997, S. 51-68.

Schaible, Heinrich, Geschichte der Deutschen in England von den ersten germanischen Ansiedlungen in Britannien bis zum Ende des 18. Jahrhunderts, Straßburg: Trübner, 1885.

Schaich-Klose, Wibke, D. Hieronimus Schürpf, Leben und Werk des Wittenberger Reformationsjuristen 1481-1554, Trogen 1967.

Schalch, Johann Jakob, Erinnerungen aus der Geschichte der Stadt Schaffhausen, Bd. 2, Schaffhausen 1836.

Scheible, Heinz, Melanchthon, Eine Biographie, München: Beck, 1997.

Scheible, Heinz (Hg.), Melanchthon in seinen Schülern (Wolfenbütteler Forschungen, 73). Wiesbaden 1997.

Scheible, Heinz, Melanchthons Briefwechsel, Bd. 11-12, Personen A-E, F-K, Stuttgart-Bad Cannstatt 2003/2005.

Scheible, Heinz, Aufsätze zu Melanchthon, Tübingen: Mohr Siebeck, 2010.

Scheible, Heinz, Die Philosophische Fakultät der Universität Wittenberg von der Gründung bis zur Vertreibung der Philippisten, in: Archiv für Reformationsgeschichte 98 (2007), S. 7-44.

Schenda, Rudolf, Gut bei Leibe, München: Beck, 1998.

Scheurer, Rémy/Petris, Loris, Correspondance du cardinal Jean du Bellay, Bd. 3. Paris 2008.

Schiess, Traugott, Briefwechsel der Brüder Ambrosius und Thomas Blaurer, Bd. 1-3, Freiburg i. Br. 1908/13.

Schilp, Thomas, Anleitung zum Rechnen mit arabischen Ziffern; in: Hantsche 1996, S. 183-199.

Schipke, Renate/Heydeck, Kurt, Handschriftencensus der kleineren Sammlungen in den östlichen Bundesländern Deutschlands, Wiesbaden 2000.

Schlüter, Marie, Musikgeschichte Wittenbergs im 16. Jahrhundert, Quellenkundliche und sozialgeschichtliche Untersuchungen (Abhandlungen zur Musikgeschichte, 18), Göttingen 2010.

Schlüter, Theodor C., Flug- und Streitschriften zur »Kölner Reformation«, die Publizistik um den Reformationsversuch des Kölner Erzbischofs und Kurfürsten Hermann von Wied (1515-1547), Wiesbaden: Harrassowitz, 2005.

SCHMEIDLER, Felix, Über die copernicanischen Ephemeriden des Rheticus für 1551, in: Sudhoffs Archiv 76 (1992), S. 122-125.

SCHMEIDLER, Felix, Die Vorgeschichte und Probleme der Veröffentlichung des Hauptwerkes von Copernicus in Nürnberg, in: Das 500jährige Jubiläum der Krakauer Studienzeit von Nicolaus Copernicus, Kraków 1993, S. 109-117.

SCHMIDT, Charles, La vie et les travaux de Jean Sturm, Strasbourg 1855 (Reprint Nieuwkoop: B. de Graaf, 1970).

SCHMIDBAUER, Richard, Die Augsburger Stadtbibliothekare durch vier Jahrhunderte (Abhandlungen zur Geschichte der Stadt Augsburg, 10), Augsburg: Verlag Die Brigg, o.J. (ca. 1963).

SCHMIDTKE, Martin, Königsberg in Preußen, Personen und Ereignisse 1255-1945 im Bild, Husum 1997.

SCHMITT, Anneliese, Die ehemalige Franziskanerbibliothek zu Brandenburg an der Havel, Rekonstruktion – Geschichte – Gegenwart, in: Archiv für Geschichte des Buchwesens 60 (2006), S. 1-175.

SCHNAASE, Eduard David, Andreas Aurifaber und seine Schola Dantiscana, in: Altpreußische Monatsschrift 11 (1874), S. 304-325 und 456-480.

SCHNEIDER, Bärbel, Die Anfänge der Universität Jena, Johann Stigels Briefwechsel im ersten Jahrfünft der Hohen Schule (12. März 1548 – 31. Mai 1553), Übersetzung und Kommentar. Neuried: Ars-et-Unitas, 2002.

SCHNEIDER, Erich, War der Humanist Georg Joachim Rheticus aus Feldkirch auch ein Musiktheoretiker?, in: Montfort, Vierteljahresschrift für Geschichte und Gegenwart Vorarlbergs 31 (1979), S. 309-310.

SCHNEIDER-GREBEHEM, Charlotte, Laudatio zum 430. Todestage für Professor-Ordinarius der Mathematik, Baccalaureus der Rechte, Magister der Philosophie Valentin Thau, Herbsleben 2005.

SCHÖBI, Philipp, Rheticus – der erste Kopernikaner, in: Wanner/Schöbi-Fink 2010, S. 7-44; in 2. Auflage SCHÖBI/SONDEREGGER 2014, S. 35-94.

SCHÖBI, Philipp, Der Commentariolus, in: SCHÖBI/SONDEREGGER 2014, S. 207-210.

SCHÖBI, Philipp, Gieses erhellender Brief an Rheticus, in: SCHÖBI/SONDEREGGER 2014, S. 115-120.

SCHÖBI, Philipp, Rheticus und Wolf Huber, in: SCHÖBI/SONDEREGGER 2014, S. 95-102.

SCHÖBI, Philipp, Die neue Lehre und die Bibel, in: SCHÖBI/SONDEREGGER 2014, S. 121-132.

SCHÖBI, Philipp, Rheticus und Jost Bürgi - die Grazer Handschrift, in: SCHÖBI/SONDEREGGER 2014, S. 211-223.

SCHÖBI, Philipp und Sonderegger, Helmut (Hg.), Georg Joachim Rheticus, Wegbereiter der Neuzeit, Eine Würdigung, Hohenems/Wien/Vaduz: Bucher Verlag, ²2014.

SCHÖCH, Johannes, Die religiösen Neuerungen des 16. Jahrhunderts in Vorarlberg bis 1540, in: Forschungen und Mitteilungen zur Geschichte Tirols und Vorarlbergs 9 (1912), S. 21-37; 81-107; 177-194 und 259-280.

SCHOLZ WILLIAMS, Gerhild, Ways of Knowing in Early Modern Germany, Johannes Praetorius as a witness to his time, Aldershot [u.a.] 2006.

SCHÖNER, Christoph, Mathematik und Astronomie an der Universität Ingolstadt in 15. und 16. Jahrhundert, 1994.

SCHORN-SCHÜTTE, Luise, Obrigkeitskritik und Widerstandsrecht, in: Aspekte der politischen Kommunikation im Europa des 16. und 17. Jahrhunderts, hg. von Luise Schorn-Schütte, Oldenbourg 2004, S. 195-232.

SCHORN-SCHÜTTE, Luise, Kommunikation über Herrschaft: Obrigkeitskritik im 16. Jahrhundert, in: Ideen als gesellschaftliche Gestaltungskraft im Europa der Neuzeit, Beiträge für eine erneuerte Geistesgeschichte, hg. v. Lutz Raphael und Heinz-Elmar Tenorth, Oldenbourg 2006, S. 71-108.

SCHOTTENLOHER, Karl, Die Widmungsvorrede im Buch des 16. Jahrhunderts, Münster i. W. 1953.

SCHRECKENFUCHS, Erasmus Oswald, ma-amar qināh ..., Oratio funebis ... de obitu doctissimi viri Sebastiani Munsteri praeceptoris sui, Basel: Henricpetri, 1553.

SCHRECKENFUCHS, Erasmus Oswald, Trauerrede zum Gedächtnis seines Lehrers Sebastian Münster (Beiträge zur Ingelheimer Geschichte, 12), Ingelheim 1960.

SCHREIBER, Heinrich, Geschichte der Albert-Ludwigs-Universität zu Freiburg i. Br., Bd. 1-2, Freiburg 1857/59.

Schröder, Hans, Lexikon der hamburgischen Schriftsteller bis zur Gegenwart, Bd. 6, Hamburg: Pertzhes-Besser und Mauke, 1873.

Schuba, Ludwig, Die Quadriviums-Handschriften der Codices Palatini Latini in der Vatikanischen Bibliothek, Wiesbaden 1992, S. 164-165 [zu Cod. Pal. Lat. 1397].

Schuler, Peter-Johannes, Südwestdeutsche Notarszeichen (Konstanzer Geschichts- und Rechtsquellen, 22), Sigmaringen 1976.

Schuler, Peter-Johannes, Notare Südwestdeutschlands, Ein prosopographisches Verzeichnis für die Zeit von 1300 bis ca. 1520, Bd. 1-2, Stuttgart 1987.

Schultz Jacobi, Johannes Christoffel, Oud en nieuw uit de geschiedenis der Nederlandsch-Lutherische kerk, Bd. 1, 1862 (google books, digital)

Schwarz Lausten, Martin, Die heilige Stadt Wittenberg, Die Beziehungen des dänischen Königshauses zu Wittenberg in der Reformationszeit, übers. v. Dietrich Harbsmeier, Leipzig: Evang. Verlagsanstalt, 2010.

Schwinges, Rainer C. und Wriedt, Klaus, Das Bakkalarenregister der Artistenfakultät der Universität Erfurt, Jena/Stuttgart: Gustav Fischer, 1995.

Scott, H. Hendrix, Buchbesprechung: Lothar Mundt, Lemnius und Luther, in: The Sixteenth Century Journal 16 (1985), S. 384 f.

Seebass, Gottfried, Das reformatorische Werk des Andreas Osiander (Einzelarbeiten aus der Kirchengeschichte Bayerns, 44), Nürnberg: Verein für Bayerische Kirchengeschichte, 1967.

Seelen, Johann Heinrich von, Athenae Lucensis, Bd. 4, Lübeck 1722, Google e Book.

Seidel, Hans-Joachim/Gastgeber, Christian, Wittenberger Humanismus im Umkreis Martin Luthers und Philipp Melanchthons, Der Mathematiker Erasmus Reinhold d. Ä. [...] In: Biblos 46 (1997, Heft 1), S. 19-51.

Seidemann, Johann Karl, Dr. Jacob Schenk, der vermeintliche Antinomer, Freibergs Reformator, Leipzig 1875 (Reprint LaVergue, TN., 2011).

Selnecker, Nikolaus, Christliche Leychpredigten, Magdeburg 1590.

Sennert, Andreas, Athenae, itemque inscriptiones Wittebergenses libri II., Wittenberg 1678 (BSB München, digital).

Sikorski, Jerzy, Mikołaj Kopernik na Warmii, Chronologia życia i działalności, Olsztyn: Polskiego Towarzystwa Historycznego, 1968.

Siller, Max (Hg.), Kaspar Goldwurm Athesinus (1524-1559), Zur 450. Wiederkehr seines Todesjahres (Schlern-Schriften, 354), Innsbruck: Universitätsverlag Wagner, 2011.

Simson, Paul, Geschichte der Stadt Danzig bis 1626, Bd. 2: 1517-1626, Danzig 1918/24, Neudruck Aalen: Scientia, 1967.

Siraisi, Nancy G., Communities of Learned Experience: Epistolary Medicine in the Renaissance, Baltimore, Md.: John Hopkins Univ. Press, 2012.

Sixt, Christian Heinrich, Dr. Paul Eber, der Schüler, Freund und Amtsgenosse der Reformatoren, Heidelberg 1843.

Sixt, Christian Heinrich, Paul Eber, Ein Stück Wittenberger Lebens aus den Jahren 1532 bis 1569, Ansbach 1857.

Sobel, Dava, A More Perfect Heaven, How Copernicus Revolutionised the Cosmos, London: Bloomsbury, 2011.

Sobel, Dava, Und die Sonne stand still, Wie Kopernikus unser Weltbild revolutionierte, dt. Übers. von Kurt Neff, Berlin: Bloomsbury Verlag, 2012.

Somweber, Erich, Der Zauberer und Hexenmeister Dr. Georg Iserin von Mazo, in: Montfort 20, 1968, S. 295-325.

Sommer, Wolfgang, Die Lutherischen Hofprediger in Dresden, Stuttgart: Franz Steiner, 2006.

Sonderegger, Helmut, Ein Denkmal für Rheticus, in: Schöbi/Sonderegger 2014, S. 145-176.

Sonderegger, Helmut, Astronomische Beobachtungsgeräte zu Rheticus' Zeiten, in: Schöbi/Sonderegger 2014, S. 177-190.

Sonderegger, Helmut, Rheticus und sein Obelisk in Krakau, in: Schöbi/Sonderegger 2014, S. 192-198.

Sonderegger, Helmut, Geschenke zwischen Bischof Giese und Herzog Albrecht, in: Schöbi/Sonderegger 2014, S. 199-204.

Staerkle, Paul, Beiträge zur spätmittelalterlichen Bildungsgeschichte St. Gallens (Mitteilungen zur vaterländischen Geschichte, 40), St. Gallen 1939.

Steinmann, Martin, Johannes Oporinus, Ein Basler Buchrucker um die Mitte des 16. Jahrhunderts (Basler Beiträge zur Geschichtswissenschaft 105), Basel und Stuttgart: Helbing & Lichtenhahn, 1967.

Steinmann, Martin, Aus dem Briefwechsel des Basler Druckers Johannes Oporinus, in: Basler Zeitschrift für Geschichte und Altertumskunde 69 (1969), S. 103-203.

Steinmetz, Hermann, Die waldeckischen Beamten vom Mittelalter bis zur Zeit der Befreiungskriege, in: Geschichtsblätter für Waldeck 56 (1964), S. 8 ff., hier S. 77 f., Nr. 206.

Steinmetz, Max (Hg.), Geschichte der Universität Jena 1548/58 – 1958, Festgabe zum vierhundertjährigen Universitätsjubiläum, Bd. 1-2, Jena 1962.

Steinmetz, Max, Johann Virdung von Haßfurt, sein Leben und seine astrologischen Flugschriften, in: H. Köhler (Hg.), Flugschriften als Massenmedien der Reformationszeit (Spätmittelalter und Frühe Neuzeit, 13), Tübingen 1981, S. 353-372; neu abgedruckt in: Zambelli 1986, S. 195-214.

Steitz, Georg Eduard, Der lutherische Prädikant Hartmann Beyer, ein Zeitbild aus Frankfurts Kirchengechichte im Jahrhundert der Reformation, Frankfurt/Main: S. Schmerber'sche Bhlg., 1852, BSB online.

Stepner, Salomon, Inscriptiones Lipsienses locorum publicorum academicorum pariter ac senatoriorum memorabiles, Leipzig 1675 (BSB digital).

Stern, Keith, Queers in History: The Comprehensive Encyclopedia of Historical Gays, Lesbians, Bisexuals, and Transgenders. Dallas, TX., 2009.

Steude, Wolfram, Untersuchungen zur mitteldeutschen Musiküberlieferung und Musikpflege im 16. Jahrhundert, Leipzig: Edition Peters, 1978.

Stevenson, Enrico, Inventario dei libri stampati Palatino-Vaticani,Bd. 1/1 bis Bd. 3, Rom 1886-1891.

Stoewer, Rudolf, Geschichte der Stadt Kolberg, Kolberg 1927.

Strauchenbruch, Elke, Wer war wo in Wittenberg? Wissenswertes zu 99 Gedenktafeln, Wittenberg: Drei Kastanien Verlag, 2008.

Strobel, Georg Theodor, Melanchthoniana, Altdorf: Lorenz Schüpfel, 1771.

Stübel, Bruno, Urkundenbuch der Universität Leipzig von 1409 – 1555 (Codex Diplomaticus Saxoniae Regiae, II, 11), Leipzig 1879.

Stupperich, Martin, Osiander in Preußen, 1549-1552 (Arbeiten zur Kirchengeschichte, 44). Berlin: De Gruyter, 1973.

Stupperich, Robert, Reformatorenlexikon, Gütersloh: Mohn, 1984.

Sutter, Berthold, Johannes Keplers Stellung innerhalb der Grazer Kalendertradition des 16. Jahrhunderts, in: Berthold Sutter und Paul Urban, Johannes Kepler 1571-1971, Eine Gedenkschrift der Universität Graz, Leykam, Graz, 1971, S. 209-373.

Szabó, András, Der Copernicus-Jünger Georg Joachim Rheticus in Ungarn, in: Kühlmann, Wilhelm und Schindeling, Anton (Hg.), Deutschland und Ungarn in ihren Bildungs- und Wissenschaftsbeziehungen während der Renaissance (Contubernium, Tübinger Beiträge zur Universitäts- und Wissenschaftsgeschichte, 62), Stuttgart 2004, S. 219-225.

Talkenberger, Heike, Sintflut, Prophetie und Zeitgeschehen in Texten und Holzschnitten astrologischer Flugschriften 1488-1528 (Studien und Texte zur Sozialgeschichte und Literatur, 26), Tübingen: Niemeyer, 1990.

Teichmann, Doris, Studien zur Geschichte und Kultur der Niederlausitz im 16. und 17. Jahrhundert (Schriften des Sorbischen Instituts, 16), Bautzen: Domowina-Verlag, 1998.

Thielen, Peter Gerrit, Die Kultur am Hofe Herzog Albrechts von Preußen (1525-1568) (Göttinger Bausteine zur Geschichtswissenschaft, 12), Göttingen: Musterschmidt 1953.

Thill, Olivier, Pierre Gassendi, The Life of Copernicus. Fairfax, VA., 2002.

Thimm, Werner, Georg Donner, Ein Freund des Copernicus aus Konitz, in: Westpreußen-Jahrbuch 23 (1973), S. 49-51.

Thomann, Johannes und Vogel, Matthias, Schattenspur, Sonnenfinsternisse in Wissenschaft, Kunst und Mythos, Basel: Naturhistorisches Museum, 1999.

THORNDIKE, Lynn, A History of Magic and Experimental Science, Bd. 5: The Sixteenth Century (History of Science Society Publications, N.S. 4), New York: Columbia Univ.-Press, ²1951.
THÜRINGER, Walter, Paul Eber (1511-1569), Melanchthons Physik und seine Stellung zu Copernicus, in: SCHEIBLE 1997, S. 285-321.
THYLESIUS, P. E., Handlingar till Sveriges Reformations- och Kyrkhistoria unter Konung Gustav I., Band 2, Stockholm: C. A. Bagges, 1845.
TODD, Deborah, Rheticus, in: The Facts on File Algebra Handbock, Infobase Publishing, 2009, S. 80.
TOEPKE, Gustav, Die Matrikel der Universität Heidelberg, Bd. 1-2, Heidelberg: C. Winter, 1884/86.
TOMEK, Václav Vladivoj, Geschichte der Prager Universität, Prag: Gottlieb Haase Söhne, 1849.
TONDEL, Janusz, Die Provenienz des Thorner Exemplars des Ausgabe von Nicolaus Copernicus' *De revolutionibus* (Nürnberg, 1543), in: Berichte zur Wissenschaftsgeschichte 14 (1991), S. 25-30.
TONDEL, Janusz, Biblioteka zamkowa (1529 - 1568) ksiecia Albrechta Pruskiego w Królewcu, Toruń: Uniwersytet Mikolaja Kopernika, 1992.
TONDEL, Janusz, Księgozbiór królewieckiego lekarza Andrzeja Aurifabra (1513-1559), in: DERS., Książka w dawnym Królewcu Pruskim, Toruń 2001, S. 51-129.
TÖPPEN, Max, Die Gründung der Universität zu Königsberg und das Leben ihres ersten Rectors Georg Sabinus, Königsberg 1844.
TREU, Martin, Balthasar Fabritius Phacchus, Wittenberger Humanist und Freund Ulrichs von Hutten, in: Archiv für Reformationsgeschichte 80 (1989), S. 68-87.
TROJE, Hans Erich, Konrad Lagus (ca. 1500-1546), Zur Rezeption der Loci-Methode in der Jurisprudenz, in: SCHEIBLE 1997, S. 255-283.
TROSS, C. L. P., Wolrad von Waldeck, Tagebuch während des Reichstages zu Augsburg 1543 (Bibliothek des Litterarischen Vereins in Stuttgart, 59). Stuttgart 1981 (Reprint Hildesheim: Olms, 1980).
TSCHACKERT, Paul, Urkundenbuch zur Reformationgeschichte des Herzogtums Preußen Publikationen aus den königlich-preußischen Staatsarchiven, 43-45), Bd. 1-3, Leipzig: Hirzel, 1890.
TSCHAIKNER, Manfred, Der verzauberte Dr. Iserin, in: Vorarlberger Oberland 2 (1989), S. 146-150.
TSCHAIKNER, Manfred, Der weiterhin verzauberte Doktor Iserin. Wurde der Feldkircher Stadtarzt als Zauberer und Hexenmeister oder als Dieb und Betrüger hingerichtet?, in: Montfort 63 (Innsbruck/Wien/Bozen: Studienverlag, 2011), S. 71-76.

ULBRICH, Heinrich, Friedrich Mykonius 1490-1546, Lebensbild und neue Funde zum Briefwechsel des Reformators, Tübingen: Osiandersche Buchhandlung,1962.
ULFF-MØLLER, Jens, Die Rechenbücher von Christiern Thorkelsen Morsing und Claus Lauridsen Scavenius, in: Gebhardt 2005, S. 383-399.
ULMER, Andreas, Bildungsverhältnisse in Alt-Feldkirch im Zeitalter des Humanismus, in: Montfort 2 (1947), S. 48-70.
UNGER, Friedrich, Die Methodik der praktischen Arithmetik in historischer Entwicklung vom Ausgange des Mittelalters bis auf die Gegenwart, Leipzig: Teubner, 1888.
UNVERFEHRT, Gerd, Da sah ich viel köstliche Dinge, Albrecht Dürers Reise in die Niederlande, Göttingen: Vandenhoeck & Rupprecht, 2006.
USHER, Peter D., Shakespeare and the Dawn of Modern Science, Amherst, N.Y.: Cambria Press, 2010.

VAN CREVEL, Marcus, Adrianus Petit Coclico, Leben und Beziehungen eines nach Deutschland emigrierten Josquinschülers, Den Haag: Martinus Nijhoff, 1940.
VAN ORTROY, Fernand, Bio-Bibliographie de Gemma Frisius, Fondateur de l'École Belge de Géographie, Bruxelles 1920 (Reprint Amsterdam 1964).
VAN ORTROY, Fernand, Bibliographie de l'oeuvre de Piere Apian, Amsterdam: Meridian Publishing Co.,1963.
VASELLA, Oskar, Untersuchungen über die Bildungsverhältnisse im Bistum Chur mit besonderer Berücksichtigung des Klerus, Vom Ausgang des 13. Jahrhunderts bis um 1530, in: JHGG 62, 1932, S. 1-212.
VASELLA, Oskar, Ergänzungen zu Ludewigs Verzeichnis der Vorarlberger Studenten, in: Montfort 3 (1948), S. 100-131.

Vasella, Oskar, Abt Theodul Schlegel von Chur und seine Zeit, 1515-1529 (Zeitschrift für Schweizerische Kirchengeschichte, Beiheft 13), Freiburg/Schweiz: Universitätsverlag 1954.

Vasella, Oskar, Geistliche und Bauern, Ausgewählte Aufsätze zu Spätmittelalter und Reformation in Graubünden und seinen Nachbargebieten, hg. v. Ursus Brunold und Werner Vogler, Chur 1996.

Vermij, Rienk, Mathematics at Leiden, in: Hantsche 1996, S. 75-92.

Viertel, Gabriele (Hg.), Georg Agricola und seine Familie (Aus dem Stadtarchiv Chemnitz, 1), Chemnitz: Ed. Reintzsch, 1994.

Vogel, Johann Jakob, Leipzigisches Geschichts-Buch, Leipzig 1714.

Vogel, Matthias, Das Bild im Zeitalter der Verschriftlichung, Zur didaktischen und ästhetischen Funktion der Buchillustrationen im 16. Jahrhundert, in: Meyer/von Greyerz 2002, S. 123-155.

Vögeli, Alfred (Hg.), Jörg Vögeli, Schriften zur Reformation in Konstanz 1519-1538, Bd. 1-2/2, Tübingen/Basel 1972.

Vogt, Otto, Dr. Johannes Bugenhagens Briefwechsel, Gotha 1910 (Reprint Hildesheim 1966).

Voigt, H. G., Valentin Paceus, seine Entwicklung vom protestantischen Führer zum altgläubigen Konvertiten, in: Zeitschrift des Vereins für Kirchengeschichte der Provinz Sachsen 22 (Magdeburg 1926), S. 1-25.

Voigt, Johannes, Briefwechsel der berühmtesten Gelehrten des Zeitalters der Reformation mit Herzog Albrecht von Preussen, Königsberg: Gebr. Bornträger, 1841.

Voigt, Martina/Schubert, Ernst, Die Inschriften der Stadt Zeitz, Akademie-Verlag, 2001.

Volaucnik, Christoph, Feldkirch zur Zeit des Rheticus, in: Schöbi/Sonderegger 2014, S. 27-34.

Völker, Arina, Die hallesche Dissertation »De sanitate, morbis et morte b. Lutheri« von 1750, in: Kaiser/Völker 1982, S. 249-271.

Vollhardt, Reinhard, Geschichte der Cantoren und Organisten von den Städten im Königreich Sachsen, Berlin: Wilhelm Issleib, 1899; Reprint Leipzig: Edition Peters, 1978.

Vulpinus, Theodor J. H., Die Hauschronik Konrad Pellikans von Rufach, Ein Lebensbild aus Der Reformationszeit, Straßburg: Theodor Heitz und Mundel, 1892.

Wachinger, Franz, Anmerkungen zu den Epigrammen des Simon Lemnius, in: Humanistica Lovaniensia, Journal of Neo-Latin-Studies 34b (1985), S. 114-132.

Wachinger, Franz, Lemnius und Melanchthon, in: Archiv für Reformationsgeschichte 77 (1986), S. 141-157.

Wackernagel, Hans Georg, Die Matrikel der Universität Basel, Bd. 1-2, Basel 1951/56.

Walther, Bartholomaeus, D. Wolfgangi Meureri vita, in: Meurer, Wolfgang, Commentarii meteorologici (Lipsia 1592), BSB online, image 21-56.

Wanner, Gerhard/Schöbi-Fink, Philipp (Hg.), Rheticus, Wegbereiter der Neuzeit (1514-1574), Eine Würdigung, (Schriftenreihe des Rheticus-Gesellschaft, 51), Feldkirch 2010.

Wardęska, Zofia, Copernicus und die deutschen Theologen des 16. Jahrhunderts, in: Nicolaus Copernicus zum 500. Geburtstag, hg. v. Friedrich Kaulbach et al., Köln/Wien 1973, S. 155-184.

Wattenberg., Diederich, Die Astronomie in Wittenberg zur Zeit des Copernicus, in: Die Sterne 49 (1973), S. 33-43.

Wehrli, Gustav Adolf, Der Zürcher Stadtarzt Dr. Christoph Clauser und seine Stellung zur Reformation der Heilkunde im XVI. Jahrhundert: nebst Faksimileausgabe seiner Harnschrift und seiner Kalender (*Veröffentlichungen der Schweizerischen Gesellschaft für Geschichte der Medizin und der Naturwissenschaften*, 2), Zürich: O. Füßli, 1924.

Weichenhan, Michael, »Ergo perit coelum…«, Die Supernova des Jahres 1572 und die Überwindung der aristotelischen Kosmologie, Wiesbaden 2004.

Weichenhan, Michael, Caspar Peucers Astronomie zwischen christlichem Humanismus und Nicolaus Copernicus, in: Hasse/Wartenberg (Hg.) 2004, S. 91-110.

Weigle, Fritz, Die deutschen Doktorpromotionen in Siena von 1485-1804, in: Quellen und Forschungen aus italienischen Archiven 33 (1944), S. 199-251.

Weigle, Fritz, Deutsche Studenten in Pisa, in: Quellen und Forschungen aus italienischen Archiven und Bibliotheken 39 (1959), S. 173-221.

Weil, Gérard E., Élie Lévita, Humaniste et Massorète (1469-1549) (Studia Post-Biblica, 7), Leiden: E.J.Brill, 1963.

Weiss, James Michael, The Six Lives of Rudolph Agricola: Forms and Functions of the Humanist Biography', in: Humanistica Lovaniensia 30 (1981), S. 19-39.

Weizenegger, Franz Joseph, Vorarlberg, bearb. v. Meinrad Merkle, Bd. 1-3, Innsbruck 1839 (Reprint Bregenz 1989).

Welser, Markus, Chronica, Frankfurt/Main: Chistoph Egenolfs Erben 1595, Faksimile Neusäß/Augsburg: Paul Kieser, 1984.

Wendehorst, Alfred, Die Benediktinerabtei und das Adelige Säkularkanonikerstift St. Burkhard in Würzburg (Germania sacra, NF 40: Die Bistümer der Kirchenprovinz Mainz: Das Bistum Würzburg, 6), Berlin: de Gruyter, 2001.

Werk, Franz Xaver, StiftungsUrkunden akademischer Stipendien, Freiburg i. Br.: Friedrich Wagner, 1842.

Westman, Robert S., The Melanchthon Circle, Rheticus, and the Wittenberg Interpretation of the Copernican Theory, in: Isis 66 (1975), S. 165-193.

Westman, Robert S., The Copernican Question: Prognostication, Skepticism, and Celestial Order, Berkeley et al.: University of California Press, 2011.

Wieacker, Franz, Ratschläge für das Studium der Rechte aus dem Wittenberger Humanistenkreise, in: ders., Gründer und Bewahrer, Göttingen: Vandenhoeck & Ruprecht, 1959, S.92-104.

Wiessner, Heinz, Germania sacra, Bistümer der Kirchenprovinz Magdeburg, Bd. 1, Teil 2, Das Bistum Naumburg, Berlin: de Gruyter, 1998.

Wilde, Manfred, Alte Heilkunst, Sozialgeschichte der Medizinbehandlung in Mitteldeutschland, München 1999.

Wilde, Manfred, Die Zauberei- und Hexenprozesse in Kursachsen, Köln u.a.: Böhlau, 2003.

Wilke, Georg, Georg Karg (Parsimonius), sein Katechismus und sein doppelter Lehrstreit, Diss. theol. Erlangen 1904.

Will, Georg Andreas, Nürnbergisches Gelehrten-Lexikon, Bd. 1-3, Nürnberg/Altdorf 1755-1757.

Will, Georg Andreas/Nopitsch, Christian Konrad, Nürnbergisches Gelehrten-Lexicon, Bd. 8, Altdorf bei Nürnberg 1808.

Wilsdorf, Helmut, Präludien zu Agricola (Freiberger Forschungshefte, Kultur und Technik, D 5), Berlin: Akademie-Verlag, 1954.

Witt, Reimer, Die Anfänge von Kartographie und Topographie Schleswig-Holsteins 1475-1652, Heide in Holstein: Westholsteinische Verlagsanstalt Boyens & Co, 1982.

Wittstock, Oskar, Johannes Honterus, Der Siebenbürger Humanist und Reformator (Kirche im Osten, 10), Göttingen: Vandenhoeck & Ruprecht, 1970.

Woitkowitz, Torsten, Die Briefe von Joachim Camerarius d.Ä. an Christoph von Karlowitz bis zum Jahr 1553, Edition, Übersetzung und Kommentar (Quellen und Forschungen zur sächsischen Geschichte, 24), Leipzig: Verlag d. Sächs. Akad. d. Wiss., 2003.

Woitkowitz, Torsten, Der Landvermesser, Kartograph, Astronom und Mechaniker Johannes Humelius (1518-1562) und die Leipziger Universität um die Mitte des 16. Jahrhunderts, in: Sudhoffs Archiv 92 (2008), S. 65-97.

Wolf, Adam, Über die Reformationsgeschichte der Stadt Eger, in: Sitzungsberichte der Kaiserlichen Akadmie der Wissenschaften in Wien, phil.-hist. Klasse, 4 (1850), S. 10-27.

Wolf, Rudolf, Geschichte der Astronomie, München: Oldenbourg, 1877.

Wolf, Rudolf, Paul Wittich aus Breslau (Beiträge zur Geschichte der Astronomie, 3). Leipzig 1882.

Wolfangel, Doris, Dr. Melchior Ayrer, Diss. med. Würzburg 1957.

Wolfart, Karl (Hg.), Geschichte der Stadt Lindau im Bodensee, Bd. 1-2, Lindau 1909.

Wolff, Helmut, Geschichte der Ingolstädter Juristenfakultät 1472-1625, Berlin: Duncker & Humblot, 1973.

Wolfschmidt, Gudrun: Sterne weisen den Weg - Geschichte der Navigation (Nuncius Hamburgensis, Beiträge zur Geschichte der Naturwissenschaften, 15), Hamburg 2009.

Wolfschmidt, Gudrun (Hg.), Astronomie in Nürnberg (Nuncius Hamburgensis, Beiträge zur Geschichte der Naturwissenschaften, 3), Hamburg: tredition science, 2010.

Wolfschmidt, Gudrun: Astronomie in Nürnberg – Zentrum des Instrumentenbaus, in: Wolfschmidt (Hg.) 2010, S. 19-144.
Worstbrock, Franz Joseph (Hg.), Die deutsche Literatur des Mittelalters: Deutscher Humanismus 1480-1520, Verfasserlexikon, A-K, Berlin: de Gruyter, 2009.
Wotschke, Theodor, Andreas Samuel und Johann Seklucyan, die beiden ersten Prediger des Evangeliums in Posen, in: Zeitschrift der Historischen Gesellschaft für Posen 17 (1902), S. 169-244, hier S. 169-196.
Wotschke, Theodor, Eustachius Trepka, Ein Prediger des Evangeliums in Posen, in: Zeitschrift der Historischen Gesellschaft für Posen 18 (1903), S. 87 ff.
Wróblewska, Kamila, Das Portrait in Preußen vom 16. bis zur Mitte des 17. Jahrhunderts, Tübingen 2001.
Wustmann, Gustav, Aus Leipzigs Vergangenheit, Gesammelte Aufsätze, Bd. 3. Leipzig: F. W. Grunow, 1909.

Zambelli, Paola (Hg.), »Astrologi hallucinati«, Stars and the End of the World in Luther's Time, Berlin/New York: de Gruyter, 1986.
Zarncke, Friedrich, Die urkundlichen Quellen zur Geschichte der Universität Leipzig in der ersten 150 Jahren ihres Bestehens, in: Abhandlungen der phil.-hist. Klasse der Königlich Sächsischen Gesellschaft der Wissenschaften zu Leipzig, 2), Leipzig: Hirzel, 1857, S. 509-922, BSB digital.
Zarncke, Friedrich: Acta Rectorum universitatis studii Lipsiensis (1524-1559). Leipzig 1859.
Zeitelhack, Barbara (Red.), Pfalzgraf Ottheinrich, Kunst und Wissenschaft im 16. Jahrhundert, hg. v. der Stadt Neuburg an der Donau, Regensburg: Pustet, 2002.
Zekert, Otto, Paracelsus, Stuttgart: W. Kohlhammer, 1968.
Zekl, Hans Günter, Das neue Weltbild, Drei Texte, Commentariolus, Briefe gegen Werner, De revolutionibus I, Im Anhang eine Auswahl aus der Narratio prima des G. J. Rheticus, Lateinisch-deutsch, (Philosophische Bibliothek, 300), Hamburg: Felix Meiner, 1990, Nachdruck 2006.
Zeller, Bernhard, Da Heilig-Geist-Spital zu Lindau im Bodensee von seinen Anfängen bis zum Ausgang des 16. Jahrhunderts (Schwäbische Geschichtsquellen und Forschungen, 4), Lindau 1952.
Zeller, Karl, Des Georg Joachim Rheticus Erster Bericht über die 6 Bücher des Kopernikus von den Kreisbewegungen der Himmelsbahnen, München/Berlin 1943.
Zimmermann. G., Die Publikation von »De revolutionibus orbium coelestium«, in: Zeitschrift für Kirchengeschichte 96 (1985), S. 320-343.
Zindel, Johann Andreas: Merckwürdige Lebens-Beschreibung des ehemaligen ansbachischen Theologi M. Martin Moninger, Schwabach 1754.
Zinner, Ernst, Verzeichnis der astronomischen Handschriften des deutschen Kulturgebietes, München 1925.
Zinner, Ernst: Entstehung und Ausbreitung der Copernicanischen Lehre, Erlangen 1943, 2. Aufl., durchges. u. erg. v. Heribert M. Nobis u. Felix Schmeidler, München: Beck 1988.
Zinner, Ernst, Geschichte und Bibliographie der astronomischen Literatur in Deutschland zur Zeit der Renaissance, Stuttgart ²1964.
Zinner, Ernst, Deutsche und niederländische astronomische Instrumente des 11. – 18. Jahrhunderts, München ²1967.
Zinner, Ernst, Leben und Wirken des Joh. Müller von Königsberg genannt Regiomontanus (Milliaria, 10/1). Osnabrück: Otto Zeller, ²1968.
Zon, Stephen, Petrus Lotichius Secundus, Neo-Latin Poet (American University Studies. Series I, Germanic Languages and Literatures, 13), New York: Peter Lang, 1983.
Zürcher, Christoph, Konrad Pellikans Wirken in Zürich 1526-1556 (Zürcher Beiträge zur Reformationsgeschichte, 4), Zürich: Theologischer Verlag, 1975.
Zwiercan, Marian, Jan of Glogów, in: The Cracow Circle of Nicholas Copernicus (Copernicana Cracoviensia, 3), Kraków 1973, S. 95-110.
Zwiercan, Marian, Die Krakauer Lehrmeister von Nicolaus Copernicus, in: Das 500jährige Jubiläum der Krakauer Studienzeit von Nicolaus Copernicus, Kraków 1993, S. 67-84.